BMBOOKS CHINESE-KOREAN DICTIONARY

實用漢字사전

국내 최초로 개발한
찾기 쉬운 옥편

새 방식 한자찾기 **시스템**

새로운 검색 방식의 「實用 漢字사전」을 펴내며

저희 성안당에서는 그 동안 중사전인 「라이브 한자사전」을 발간하여 독자 여러분의 큰 호응을 얻어 왔습니다. 하지만, 기존의 옥편들과 마찬가지로 한자(표제자)를 찾기 불편하다는 공통 과제를 안고 있었습니다. 이것을 해결하기 위해 고심하다가 새로운 검색방법을 개발하여 찾기 쉬운 「實用 漢字사전」을 발간하게 되었습니다. 이제 이 사전으로 일반인은 물론 중·고교생들이 실용적이고 간편하게 한자를 학습할 수 있을 것입니다.

이 사전은 아래와 같은 편집 원칙을 토대로 집필하였습니다.

1. 표제자는 국립 국어원의 사용빈도 조사 자료에서 추출한 3,096자와 일반적으로 통용되고 있는 속자, 약자 487자와 그 외 사용빈도가 많은 한자를 엄선하여 4,000자의 필수 실용 한자로 편찬하였습니다(아래 추출 근거표 참조).

(가) 국립 국어원(國立國語院)의 사용빈도(使用頻度) 조사 자료

합계		1. 교재	2. 교과	3. 교양	4. 문학	5. 신문
항목 (단어)	누적 사용 빈도					
58,437	1,484,463	73,885	103,562	372,112	273,977	289,198
		6. 잡지	7. 대본	8. 구어	9. 기타	비고
		207,129	40,929	46,221	77,450	

<자료: 국립 국어원 2003. 2.>

(나) 국어원 자료 중 사용된 한자 추출(抽出)

국어원 조사 단어		한자어 단어		
항목 (단어)	사용 빈도 누적	항목 (단어)	사용 빈도 누적	추출(抽出)된 한자(漢字)
58,437	1,484,463	40,639	645,796	3,096자
		69.5%	43.5%	

<자료: 편집위원회 분석>

2. 단어는 국립 국어원의 「학습용 어휘 선정을 위한 현대 한국어 어휘조사, 2003. 2.」자료를 기초로, 다양한 실생활과 학업

에 필요한 단어를 열거하였습니다. 특히 표제자가 첫 자 이후에 사용되는 단어를 다양하게 수록하여 한자어에 대한 폭넓은 이해력과 학습력을 키우는 길잡이가 되도록 하였습니다.
3. 단어 설명문에서 중요한 단어의 한자를 괄호 안에 넣어 자연스럽게 표제자와 관계되는 한자를 익히도록 하였습니다.
4. 중국어 발음[병음(倂音)]을 표기하여 중국어 학습자에게도 좋은 동반자가 되도록 하였습니다.
5. 한문 교육용 기초 한자(1,800자)에는 서체·육서·필순을 수록하여 초보 학습자들이 더욱 쉽게 기초를 다질 수 있도록 하였습니다.
6. 표제자의 부수/획수/총획수를 일목요연하게 표시하였습니다.
  예) 校 : 木 6 ⑩
7. 편리한 검색을 위하여 부록에 총획 색인, 자음 색인을 수록하였습니다.
8. 새로운 한자 찾기 방식(6 인자(因字) 검색(檢索) 시스템 : 별도 해설 참조)으로 편집하였습니다. 각 면마다 부수자·부수 획수 등 6가지 검색 인자를 견출시켜 놓고 운용함으로써, 부수에 익숙하지 않고 부수 순서를 기억하지 못하는 한문 초보자들도 「영어사전」이나 「국어사전」처럼 쉽고 편리하게 한자를 찾을 수 있게 하였습니다.

사용 중에 불편한 점이나 오류 등을 발견하시면 수정할 수 있게 연락해 주십시오. 여러분이 보내 주시는 귀중한 의견들은 개정판에 반영하여 보다 좋은 사전이 되도록 정성을 다하겠습니다. 항상 깊은 관심과 도움을 부탁 드립니다.

2009년 1월

도서출판 성안당
발 행 인 **이종춘**

이 책의 특징과 범례

1. 이 책은 국립 국어원에서 조사한 일상생활과 학업·언론·문예 분야 등에서 자주 쓰이는 한자 3,096자를 기초로 하고, 한·중·일·대만 4국에서 통용되고 있는 487개의 약자·속자 등과 그 외 빈번히 사용되는 한자를 포함한 4,000자로 구성되어 있는 간편 규모의 사전입니다.
2. 표제자는 물론, 표제자로 시작하는 단어까지 현재 중국에서 통용되는 발음[병음(倂音)]을 달아 중국어 전공자나 중국 관련 일을 하는 분들도 편리하게 활용할 수 있도록 하였습니다.
3. 각 표제자에는 일본어·영어의 간략한 뜻까지 표시하여 한·중·영·일 4개국어 사전의 역할도 할 수 있도록 하였습니다.
4. 한 표제자가 2개 이상의 독음을 가질 때에는 ①, ②, ③ 등의 네모 숫자로 구분하였습니다. 표제자의 해설이 여러 가지인 경우에는 ①, ②, ③ 아래에 ①, ②, ③과 같은 방식으로 기술하였습니다.
5. 표제자의 해의는 한글과 함께 한문을 괄호 안에 넣어 이해하기 쉽게 하였습니다. 대전, 소전, 고문 등 각종 서체와 필요한 경우 초서까지도 명시하여 다목적으로 사용할 수 있도록 하였습니다.
6. 표제자 중 「한문 교육용 기초 한자」는 색자로 하여 초보자들도 찾기 쉽게 하였고, 교육용 한자의 구분으로 (中學), (高校) 표시와 함께 육서와 필순을 표시하여 국가공인 한자자격시험 준비에 도움이 되도록 하였습니다.
7. 단어 해설에 나와 있는 한문은 한글과 함께 괄호 안에 해당 한자를 넣었습니다. 이로써 사전 이용 도중 자연스럽게 한자를 습득하는 데 도움이 되도록 하였습니다. 단어의 첫자에 표제자가 나오는 경우뿐만 아니라, 두 번째 자(字) 이후에

나오는 단어도 말미에 수록하여 어휘 확장을 시킴으로써 다양한 어휘 활용을 돕도록 하였습니다.
8. 보이는 획수와 관계없이 정자(正字) 부수의 획수로 헤아려서 총획을 찾도록 하였습니다. 이유로는, 편집의 전산화에 따라 활자 편집에서 사용되었던 모든 한자가 컴퓨터에서 이용되도록 폰트(자형)화되지 않았을 뿐만 아니라, 한·일·대만 3국에서 사용되는 폰트가 일본의 주도로 개발되어 일본식 한자가 우리나라의 컴퓨터에서도 자리잡고 있어, 총 획수를 헤아릴 때 자획이 맞지 않는 경우가 있기 때문입니다. 예를 들어 4획인 "艹"가 3획인 "艹"으로 자형화되어 10획의 "草"가 9획처럼(草) 보이는 경우입니다.
9. 권말 부록에는 총획 색인·자음 색인을 넣어 한자를 찾아가게 하였습니다.
10. 한자찾기 새 방식 「6 인자(因字) 검색(檢索) 시스템」으로 편집함으로써, 부수에 익숙하지 않고 부수 순서를 기억하지 못하는 한문 초보자들도 쉽고 편하게 한자를 찾을 수 있게 하였습니다.(「6 인자 검색 시스템」 해설 참조)
11. 본서에 사용된 약부(略符)

略符	略符
《法》: 法律用語	[國字]: 한국에서만 쓰이는 字
《佛》: 佛敎用語	[中字]: 중국에서만 쓰이는 字
《動》: 動物名	[日字]: 일본에서만 쓰이는 字
《故》: 故事成語	[新字]: 새로운 뜻의 漢字
《喩》: 比喩	
《哲》: 哲學	
⋮	

부록 안내
 1. 總畫 索引 / **958**
 2. 字音 索引 / **978**

部首 · 畫數 順 漢字辭典의 6 因子 檢索 시스템

각 面마다 6 因子(下記 ①~⑥)를 見出시켜 놓고 運用함으로써 쉽게 漢字를 檢索할 수 있다.

[보기] 校字를 檢索할 때

① 部首 획수 — 먼저 "校"字의 部首 "木"의 획수 "4"를 찾아간다.(面紙 左·右쪽 가장자리에 있는 부수 획수 숫자 중에서 ④표시 옆으로 책을 펼친다.)

② 部首 순서표 — ④획 견출 표시된 면을 펼치면 版面 상단에 4획 부수표가 보인다. 이 4획 部首 순서표를 보면서,

③ 部首 위치 표시 — "木"에 표시된 "○" 표시를 책 앞뒤로 찾아간다.

④ 部首 — 見出 표시 되어 있는 部首 "木"의 위치에 가서,

⑤ 部首 외 획수 — "校"가 部首字 "木" 외 6획이므로, 見出 표시 部首字 밑에 있는 "6"을 찾아가서

⑥ 총 획수 — "校"의 총 획수가 10획이므로, 10획字인 校를 찾을 수 있다.

418 4획 心 戈 戶 手 支 攴 文 斗 斤 方 无 日 曰 月 (木) 欠 止

柳 버들 류

書體 小篆 柳 草書 杨 (中學) 形聲

🔊 willow tree
① 버들 류(楊). ② 별 이름 류(宿名). ③ 성 류(姓).

柳綠花紅(유록화홍 liǔlǜhuāhóng) ① 봄의 아름다운 자연의 경치. ② 인공을 가하지 않은 자연 그대로의 것.
柳眉(유미 liǔméi) 버드나무 잎같이 가늘고 아름다운 눈썹. 곧 미인의 눈썹을 가리키는 말.
柳絲(유사 liǔsī) 버드나무의 가느다란 가지.
柳色(유색 liǔsè) ① 푸른 버드나무의 빛. ② 천 빛깔의 하나. 세로는 맹황(萌黃), 가로는 흰 실로 짰음.
柳絮(유서 liǔxù) 늦은 봄에 솜같이 흩날리는 버들개지. 버들강아지.
柳態(유태 liǔtài) 버드나무 가지와 같이 가늘고 부드럽게 한들거리는 모양.

▶ 細柳(세류)·花柳(화류).

栓 마개 전

🔊 shuān 일 セン, きくぎ
🔊 wooden peg
말뚝 전(木釘).

栗 밤 률

栗栗栗栗栗栗栗栗栗

🔊 lì 일 リツ, くり 🔊 chestnut
① 밤 률(果樹實有房多刺). ② 신주재목 률(主材). ③ 단단할 률(堅). ④ 무서울 률(威嚴). ⑤ 공손할 률(謹敬). ⑥ 곱송그릴 률(竦縮). ⑦ 쭉정이 률(穀不秕). ⑧ 건널 률(越等). ⑨ 풍류 이름 률(樂名).

書體 小篆 栗 草書 栗 (高校) 象形

校 학교 교:

校校校校校校校校校校

1 🔊 xiào 일 コウ, まなびや
🔊 school 2 🔊 jiào 일 キョウ, くらべる 🔊 compare

1 ① 틀 교(械). ② 교계할 교(計). ③ 이를 교, 보할 교(報). ④ 학교 교(學校). ⑤ 꿇을 교(檢). ⑥ 교정할 교(訂書). ⑦ 싸움 어우러질 교(戰交). ⑧ 장교 교(軍官). ⑨ 형틀 교(械格). 2 학궁 효(學宮).

書體 小篆 校 草書 杉 (中學) 形聲

校閱(교열 jiàoyuè) 문서나 책의 어귀나 글자의 잘못을 살피고 교정(校正)하며 검열(檢閱)함.
校定(교정 jiàodìng) 글자나 문장 등의 자구(字句)를 대조 비교하여 바르게 결정함.
校訂(교정 jiàodìng) 글이나 글자의 잘못된 곳을 바로 고침. 특히 이미 나온 도서(圖書)의 문장어귀를 고치는 것. → 교정(校正).
校正(교정 jiàozhèng) ① 틀린 글자를 고치는 일. ②《印》교정지와 원고를 대조하여 오자(誤字)·오식(誤植) 등의 잘못된 점을 바로 고치는 일. 준보기.
校註(교주 jiàozhù) 간행서(刊行書)의 글자나 문장 등을 원본(原本)과 대조하여 바르게 주석을 하는 것.
校誌(교지 xiàozhì) 학생들이 교내에서 편집 발행하는 잡지.

▶ 開校(개교)·高校(고교)·登校(등교)·母校(모교)·師範學校(사범학교)·愛校(애교)·入校(입교)·將校(장교)·退校(퇴교)·廢校(폐교)·捕校(포교)·下校(하교)·學校(학교)·鄕校(향교).

一 部
한 일

一 한 일

㉠ yī ㉥ イチ, イツ, ひと, ひとつ ㉤ one, only

① 한 일(數之始). ② 정성스러울 일(誠). ③ 순전할 일(純). ④ 오로지 일(專). ⑤ 같을 일(同). ⑥ 온통 일(統括의 辭). ⑦ 만약 일(或然의 辭). ⑧ 첫째 일(第之本). ⑨ 낱낱 일(個個). 【壹과 통함】

書體 小篆 一 古文 弌 中學 指事

一騎當千(일기당천 yīqídāngqiān) 한 사람이 천 사람을 당함. 《喩》무예가 뛰어남.
一網打盡(일망타진 yīwǎngdǎjìn) ① 그물을 한 번 쳐서 물고기를 모조리 잡음. ② 한꺼번에 죄다 잡음.
一脈相通(일맥상통 yīmàixiāngtōng) 어떤 면에서 서로 통함. 한 부분이 서로 비슷하여 통함.
一絲不亂(일사불란 yīsībùluàn) 질서가 바로 잡혀 있어 조금도 어지러움이 없음.
一瀉千里(일사천리 yīxièqiānlǐ) ① 물이 단번에 천리를 흐름. ② 일을 처리함이 매우 빠름.
一石二鳥(일석이조 yīshí'èrniǎo)=일거양득(一擧兩得).
一葉片舟(일엽편주 yīyèpiànzhōu) 한 조각의 조그마한 조각배.
一場春夢(일장춘몽 yīchǎngchūnmèng) 한바탕의 봄꿈처럼 사라진 인생의 헛된 영화. 《喩》인생의 허무함.
一朝一夕(일조일석 yīzhāoyīxī) 하루 아침이나 하루 저녁과 같이 짧은 시일.
一觸卽發(일촉즉발 yīchùjífā) 한 번 닿으면 곧 터짐. 위기가 절박한 모양.
一致團結(일치단결 yīzhìtuánjié) 여럿이 한 덩어리가 되어 결합함.
一攫千金(일확천금 yījuéqiānjīn) 단번에 큰 돈을 벌음. 많은 재물을 얻음.

▶加一層(가일층)·九死一生(구사일생)·君師父一體(군사부일체)·歸一(귀일)·均一(균일)·金一封(금일봉)·南北統一(남북통일)·單一(단일)·同一(동일)·萬一(만일)·滿場一致(만장일치)·無一(무일)·百聞不如一見(백문불여일견)·不如一見(불여일견)·非一非再(비일비재)·三位一體(삼위일체)·始終一貫(시종일관)·心機一轉(심기일전)·十匙一飯(십시일반)·兩者擇一(양자택일)·言行一致(언행일치)·唯一無二(유일무이)·一喜一悲(일희일비)·專一(전일)·第一聲(제일성)·祭政一致(제정일치)·進一步(진일보)·天人合一(천인합일)·千載一遇(천재일우)·千篇一律(천편일률)·天下第一(천하제일)·超一流(초일류)·初志一貫(초지일관)·擇一(택일)·統一(통일)·蔽一言(폐일언)·合一(합일)·渾然一體(혼연일체)·擴大一路(확대일로)·畫一主義(획일주의).

丁 고무래/장정 정

丁丁

1 ㉠ dīng ㉥ テイ, ひのと ㉤ adult
2 ㉠ zhēng ㉥ チョウ, わかもの

1 ① (나이 스무 살 된) 사나이 정(成年者). ② 넷째 천간 정(天干 第四位). ③ 당할 정(當). ④ 부리는 사람 정. ⑤ 외로울 정(孤). ⑥ 백정 정(庖丁). 2 나무 베는 소리 쟁.

書體 小篆 个 草 丁 中學 象形

丁年(정년 dīngnián) ① 태세(太歲)의 천간(天干)이 정(丁)으로 된 해. ② 남자의 20살. (당)唐은 21살.
丁憂(정우 dīngyōu) 부모의 상사를

당함.
丁祭(정제 dīngjì) 공자의 제일(祭日). 음력 3월과 8월의 각 첫 정일(丁日)에 지냄.

▶ 男丁(남정)·白丁(백정)·兵丁(병정)·壯丁(장정)·田丁(전정).

七 일곱 칠

一 七

중 qī 일 シチ, ななつ 영 seven

① 일곱 **칠**. ② 글체 이름 **칠**(文體名).

書體 小篆 ㄷ 小篆 十 草書 七 中學 指事

七去之惡(칠거지악 qīqùzhī'è) 아내를 내쫓는 이유의 일곱 가지. 곧 불순구고거(不順舅姑去), 무자거(無子去), 음거(淫去), 투거(妬去), 유악질거(有惡疾去), 다언거(多言去), 절도거(竊盜去)의 칠출(七出). =칠출(七出).
七經(칠경 qījīng) 시경(詩經)·서경(書經)·예기(禮記)·악기(樂記)·역경(易經)·논어(論語)·춘추(春秋)의 일곱 가지 경서(經書).
七教(칠교 qījiào) ① 부자(父子)·형제(兄弟)·부부(夫婦)·군신(君臣)·장유(長幼)·붕우(朋友)·빈객(賓客)에 대한 일곱 가지 교훈. ② 백성을 다스리는 일곱 가지 교훈.
七顛八起(칠전팔기 qīdiānbāqǐ) 여러 번 실패해도 꺾이지 않고 다시 분투하여 일어남.
七顛八倒(칠전팔도 qīdiānbādǎo) ① 몹시 어지러운 모양. ② 어려운 고비를 많이 겪음.
七情(칠정 qīqíng) ① 일곱 가지 감정. 곧 희·노·애·낙·애·오·욕(喜·怒·愛·樂·哀·惡·慾). ②《佛》희·노·우·구·애·증·욕(喜·怒·憂·懼·愛·憎·欲).
七七齋(칠칠재 qīqīzhāi) =49일재.

▶ 男女七歲不同席(남녀칠세부동석)·北斗七星(북두칠성).

万 일만[萬] 만:

① 중 wàn 일 バン, マン, よろず
영 ten thousand ② 중 mò

① 만. 뜻은【萬】을 보라. ② 성 **묵**(姓).

丈 긴/어른 장(:)

ナ 大 丈

중 zhàng 일 ジョウ, たけ
영 length

① 길 **장**, 열자 **장**(十尺). ② 어른 **장**(長老尊稱). ③ 지팡이 **장**(杖).

書體 小篆 ㄷ 草書 丈 高校 會意

丈夫(장부 zhàngfū) ① 장성한 남자. ② 재능이 뛰어난 훌륭한 사람. ③ 남자의 미칭(美稱).
丈席(장석 zhàngxí)《國》학문과 덕망이 높은 사람.
丈人(장인 zhàngrén) ① 노인. ② 어른에 대한 경칭. ③ 아내의 친정 아버지. ④ 아버지의 벗.
丈尺(장척 zhàngchǐ) 장대로 열 자 길이가 되게 만든 자.

▶ 氣高萬丈(기고만장)·老人丈(노인장)·大丈夫(대장부)·方丈(방장)·億丈(억장)·儀丈(의장)·波瀾萬丈(파란만장).

三 석 삼

一 二 三

중 sān 일 サン, みつ, みっつ
영 three

① 석 **삼**, 셋 **삼**, 세 번 **삼**(二之加一).
② 자주 **삼**(頻).

書體 小篆 三 古文 弎 草書 三 (中學) 指事

三綱(삼강 sāngāng) 군신(君臣)·부자(父子)·부부(夫婦)가 지켜야 할 기본적 도리.

三綱五倫(삼강오륜 sāngāngwǔlún) 군위신강(君爲臣綱), 부위자강(父爲子綱), 부위부강(夫爲婦綱)의 삼강(三綱)과 부자유친(父子有親), 군신유의(君臣有義), 부부유별(夫婦有別), 장유유서(長幼有序), 붕우유신(朋友有信)의 오륜(五倫)을 이름.

三更(삼경 sāngēng) 하룻밤을 오경으로 나눈 셋째 시각. 오후 11시부터 다음날 오전 1시 사이. 병야(丙夜).

三顧草廬(삼고초려 sāngùcǎolú) 《故》촉(蜀)의 유비(劉備)가 제갈량(諸葛亮)의 집을 세 번이나 찾아가서 그를 군사(軍師)로 삼은 일. 《轉》윗사람의 우대를 받음.

三刀之夢(삼도지몽 sāndāozhīmèng) 영전(榮轉)할 길몽(吉夢). 주자(州字)를 옛날에는 주(㐬)로 썼음. 《故》진대(晉代) 왕준(王濬)이 칼 세 개가 걸려 있는데 또 한 개가 더한 꿈을 꾸고 마음에 꺼리고 있을 때 이의(李毅)가 축하하면서 3도(刀)는 주자(州字)이니 익주(益州)의 지방장관이 되리라 했더니 과연 다음날 익주자사(益州刺史)에 임명되었다는 고사.

三昧(삼매 sānmèi) 《佛》마음을 한 가지 일에 집중시키는 일심불란의 경지. 사물에 열중함. 삼매경(三昧境). 삼마지(三摩地).

三寶(삼보 sānbǎo) ① 귀·입·눈. ② 토지·인민·정치. ③ 대농·대공·대상. ④ 《佛》불(佛)·법(法)·승(僧).

三思(삼사 sānsī) ① 세 번 생각함. 깊이 생각함. ② 장(長)·사(死)·궁(窮)의 세 가지 생각. 어릴 때는 자란 뒤를, 늙어서는 죽은 뒷일을, 넉넉할 때는 가난한 때를 생각하여 그에 대비함.

三友(삼우 sānyǒu) ① 친하게 할 수 있는 세 가지. 곧 ㉠ 시(詩)·주(酒)·금(琴). ㉡ 산수(山水)·송죽(松竹)·금주(琴酒). ㉢ 송(松)·죽(竹)·매(梅). ② 이익되는 세 벗 〈직우(直友)·양우(諒友)·다문우(多聞友)〉과 손해되는 세 벗 〈편벽우(便辟友)·선유우(善柔友)·편망우(便佞友)〉.

三虞祭(삼우제 sānyújì) 장사 치르고 나서 세 번째 지내는 제사. 삼우(三虞).

三災(삼재 sānzāi) ① 수재(水災)·화재(火災)·풍재(風災). ② 도병(刀兵)·기근(饑饉)·역려(疫癘).

三族(삼족 sānzú) ① 부모·형제·처자. ② 부모·형제·자손. ③ 친계·모계·처계.

三從(삼종 sāncóng) ① 여자가 지켜야 할 도리. 어렸을 때는 부모를, 출가 후에는 남편을, 남편이 죽은 뒤에는 아들을 따라야 한다는 것. ② 삼종형제(三從兄弟). 고조(高祖)가 같고 증조(曾祖)가 다른 형제. 8촌.

三尺童子(삼척동자 sānchǐtóngzǐ) 어린아이.

三遷(삼천 sānqiān) ① 세 번 옮김. ② 《故》맹자(孟子)의 교육을 위하여 그 어머니가 세 번이나 거처를 옮겼다는 고사. 맹모삼천지교(孟母三遷之敎).

三絃六角(삼현육각 sānxiánliùjiāo) 국악연주 악기편성의 한 형식. 피리 2개, 해금, 대금, 북, 장구로 편성. 3개의 선율악기를 포함 6개의 악기로 편성한 데서 유래함. 춤 반주와 시나위를 연주할 때 사용함.

三皇五帝(삼황오제 sānhuángwǔdì) 복희(伏羲)·신농(神農)·여와(女媧)의 삼황(三皇)과 황제(黃帝)·전욱(顓頊)·제곡(帝嚳)·요(堯)·순(舜)의 오제(五帝). 혹은 황제(黃帝) 대신에 소호(少昊)를 넣음.

▶ 讀書三昧境(독서삼매경)·孟母三遷(맹모삼천)·一日如三秋(일일여삼추)·再三(재

삼)·朝三暮四(조삼모사).

이상학).

$\overset{-}{\underset{③}{2}}$ 上 위 상:

丨 卜 上

1 음 shàng 일 ジョウ, うえ, あげる
영 upper **2** 음 shǎng

① 위 **상**, 높을 **상**(下之對). ② 물건의 위 **상**. ③ 바깥 **상**(外). ④ 임금 **상**(君). ⑤ 윗사람 **상**. ⑥ 뛰어나서 좋을 **상**. ⑦ 오를 **상**(昇). ⑧ 드릴 **상**(進).

書體 小篆 ⊥ 篆文 上 草書 ㄥ 中學 指事

上告(상고 shànggào) ①《法》상급 재판소에 내는 상소(上訴). ② 윗사람에게 고함.

上樑(상량 shàngliáng) ① 마룻대를 올림. ② 집을 지을 때 기둥에 보를 얹고 그 위에 마룻대를 올리는 일.

上梓(상자 → 상재 shàngzǐ) 문서를 판목(版木)에 새김.《轉》출판함.

上下撐石(상하탱석 shàngxiàhēngshí) 윗돌 빼서 아랫돌 괴고, 아랫돌 빼서 윗돌을 괴임.

上弦(상현 shàngxuán) 음력 7·8일께의 달. 활시위가 위쪽을 향한 형상임. ↔ 하현(下弦).

▶ 開發途上(개발도상)·格上(격상)·計上(계상)·錦上添花(금상첨화)·急浮上(급부상)·急上昇(급상승)·路上强盜(노상강도)·壘上(누상)·樓上(누상)·壇上(단상)·堂上(당상)·莫上莫下(막상막하)·賣上(매상)·無上(무상)·浮上(부상)·北上(북상)·飛上(비상)·氷上(빙상)·沙上樓閣(사상누각)·船上(선상)·雪上加霜(설상가상)·世上萬事(세상만사)·搜査線上(수사선상)·身上明細書(신상명세서)·年上(연상)·零上(영상)·屋上(옥상)·玉皇上帝(옥황상제)·陸上(육상)·以上(이상)·引上(인상)·切上(절상)·頂上(정상)·祖上(조상)·紙上(지상)·至上(지상)·誌上(지상)·地上權(지상권)·進上(진상)·天上(천상)·最上(최상)·卓上空論(탁상공론)·下剋上(하극상)·海上(해상)·向上(향상)·獻上(헌상)·形而上學(형

$\overset{-}{\underset{③}{2}}$ 下 아래 하:

下 下 下

1 음 xià 일 カ, ゲ 영 under
2 음 xià 일 した, さげる, くだる

① 아래 **하**, 밑 **하**(上之對). ② 낮을 **하**(賤). ③ 떨어질 **하**(落). ④ 내릴 **하**(自上而下). ⑤ 하늘에서 떨어질 **하**(降).

書體 小篆 下 篆文 下 草書 ᄉ 中學 指事

下剋上(하극상 xiàkèshàng) 하(下)가 상(上)을 이김. 하(下)가 상(上)을 범함.

下略(하략 xiàlüè) 문장 따위의 뒷부분을 줄임. → 상략(上略). 중략(中略).

下馬評(하마평 xiàmǎpíng) 어떠한 관직에 임명될 후보자에 관하여 세상에 떠도는 풍설.

下賜(하사 xiàcì) 높은 사람이 낮은 사람에게 물건을 줌.

下船(하선 xiàchuán) 배에서 내림.

下手人(하수인 xiàshǒurén) 사람을 살해할 목적으로 직접 손을 댄 사람.

下顎(하악 xià'è) 아래턱. ↔ 상악(上顎).

下野(하야 xiàyě) 관(官)에서 물러남. 야인(野人)으로 돌아감.

▶ 却下(각하)·閣下(각하)·降下(강하)·格下(격하)·啓下(계하)·高下莫論(고하막론)·貴下(귀하)·落下傘(낙하산)·廊下(낭하)·腦下腫體(뇌하수체)·途中下車(도중하차)·都下(도하)·莫上莫下(막상막하)·幕下(막하)·滿天下(만천하)·目下(목하)·門下(문하)·門下侍中(문하시중)·白日下(백일하)·部下(부하)·拂下(불하)·卑下(비하)·氷下(빙하)·象下(산하)·上衣下裳(상의하상)·手下(수하)·膝下(슬하)·乘下車(승하차)·臣下(신하)·眼下無人(안하무인)·零下(영하)·胃下垂(위하수)·以下(이하)·引下(인하)·一言之下(일언지하)·低下(저하)·殿下(전하)·切下(절하)·題下(제하)·中下

位圈(중하위권)·地下工作(지하공작)·地下商街(지하상가)·地下水(지하수)·地下資源(지하자원)·地下鐵(지하철)·天下無敵(천하무적)·天下壯士(천하장사)·天下之大本(천하지대본)·天下泰平(천하태평)·最下位圈(최하위권)·取下(취하)·層層下降(층층시하)·治下(치하)·沈下(침하)·投下(투하)·陛下(폐하)·皮下脂肪(피하지방)·麾下(휘하).

不 아닐 불/부

一 ③ ④

不ナ不不

1 음 bù
2 음 bù 일 フ, ブ, あらず 영 not

1 뜻이 정하지 않을 부(未定辭). **2** 아니 불, 없을 불(未, 非).【참고: [불의 "ㄹ"이 "ㄷ, ㅈ" 앞에서 탈락하여 [부]가 됨.】

書體 小篆 不 草書 ふ 中學 象形

不知其數(부지기수 bùzhīqíshù) 그 수를 알 수 없을 만큼 많음.
不知何歲月(부지하세월 bùzhīhésuìyuè) 언제 될 지 그 기한을 알지 못함.
不可思議(불가사의 bùkěsīyì) 사람의 생각으로는 헤아려 알 수 없음.
不可抗力(불가항력 bùkěkànglì) 사람의 힘으로는 도저히 막을 수 없는 큰 힘. 자연의 천재지변 따위.
不俱戴天(불구대천 bùjùdàitiān) 불구대천지수(不俱戴天之讐)의 약어. 불공대천(不共戴天).
不羈(불기 bùjī) ① 잡아 매이지 아니함. 구속을 받지 아니함. ② 학식이나 재능이 뛰어나서 억누를 수 없음.
不勞所得(불로소득 bùláosuǒdé) 생산적 노동에 직접 종사함이 없이 얻는 소득(자본의 이자 같은 것). ↔ 근로소득(勤勞所得).
不老長生(불로장생 bùlǎochángshēng) 늙지 않고 오래 삶.

不問可知(불문가지 bùwènkězhī) 묻지 않아도 가히 알 수가 있음.
不問曲直(불문곡직 bùwènqūzhí) 옳고 그름을 묻지 않고 함부로 함. 덮어놓고 마구함. 곡직불문(曲直不問).
不死鳥(불사조 bùsǐniǎo) 이집트 신화에 나오는 거듭 환생(還生)하여 없어지지 않는다는 새. 피닉스(phoenix).〈불사영생(不死永生)의 뜻으로 쓰임〉
不祥事(불상사 bùxiángshì) 상서롭지 못한 일. 좋지 못한 일.
不世出(불세출 bùshìchū) 좀처럼 세상에 나타나지 않을 만큼 드물고 훌륭함.
不夜城(불야성 bùyèchéng) ① 한대(漢代)에 밤에도 해가 떴다고 하는 동래군(東萊郡)에 있던 성(城) 이름. ② 전등불이나 달·눈 따위로 밤이 낮같이 밝음을 일컫는 말.
不如歸(불여귀 bùrúguī) 《動》 두견새. 소쩍새. 자규(子規). 두우(杜宇). 촉혼(蜀魂). (울음소리가 불여귀거(不如歸去)의 음(音)과 닮은 데서 온 말)
不撓不屈(불요불굴 bùnáobùqū) 마음이 굳세어 어려움에 흔들리지도 굽히지도 않음.
不遠將來(불원장래 bùyuǎnjiānglái) 멀지 않은 앞날.
不遠千里(불원천리 bùyuǎnqiānlǐ) 천리 길을 멀다 여기지 않고 감.
不肖(불초 bùxiào) ① 못난 아들(아버지나 하늘이나 현인(賢人)을 닮지 않음). ② 자기의 겸칭(謙稱). ③ 불초남(不肖男).
不恥下問(불치하문 bùchǐxiàwèn) 아랫사람에게도 물을 것은 꺼리지 않고 물음.
不偏不黨(불편부당 bùpiānbùdǎng) 어느 편에도 치우지지 않음. 공평·중립의 자리에 섬.

▶ 家庭不和(가정불화)·固定不變(고정불

변)·固執不通(고집불통)·過猶不及(과유불급)·難攻不落(난공불락)·男女七歲不同席(남녀칠세부동석)·獨不將軍(독불장군)·杜門不出(두문불출)·目不忍見(목불인견)·無所不能(무소불능)·無所不爲(무소불위)·默默不答(묵묵부답)·半身不隨(반신불수)·不得不(부득불)·不知不識間(부지불식간)·生面不知(생면부지)·神聖不可侵(신성불가침)·身土不二(신토불이)·語不成說(어불성설)·力不足(역부족)·永久不變(영구불변)·永遠不滅(영원불멸)·傲慢不遜(오만불손)·搖之不動(요지부동)·優柔不斷(우유부단)·人事不省(인사불성)·一絲不亂(일사불란)·正坐不動(정좌부동)·正體不明(정체불명)·坐不安席(좌불안석)·衆寡不敵(중과부적)·遲遲不進(지지부진)·天井不知(천정부지)·行方不明(행방불명)·確固不動(확고부동)

与 더불어 여:

【與(臼부7획)의 속자】

丑 소 축

フヌヨ丑

음 chǒu 일 チュウ, うし 영 cattle

1 ① 소 축(牛). ② 축시 축(四更). (밤 한시부터 세시까지의 사이) ③ 북북동 축(北北東). (「子」방위와 「寅」방위의 사이) **2** ① 사람 이름 추(人名). ② 수갑 추(手械).

書體 小篆丑 草書丑 中學 象形

丑方(축방 chǒufāng) 24방위(方位)의 하나. 정북으로부터 동쪽으로 30도 째의 방위를 중심한 좌우 15도의 방위. 북북동(北北東).

丑時(축시 chǒushí) 하루를 12시로 나눈 둘째. 곧 오전 1시부터 3시까지의 동안.

丑月(축월 chǒuyuè) 월건(月建)이 축(丑)으로 되는 달. 곧 음력 섣달.

丑日(축일 chǒurì) 일진(日辰)이 축(丑)인 날.

丑正(축정 chǒuzhèng) 하루를 12로 나눈 둘째 시간의 한 가운데. 곧 상오 2시. 사경(四更).

丑初(축초 chǒuchū) 12시(一二時)의 둘째. 곧 축시(丑時)의 처음. 1시.

且 또 차:

⽇且且且且

음 qiě, jū 일 シャ, また 영 and

1 ① 또 차(又). ② 그 위에 차. ③ 바야흐로 차(方). ④ 거의 차(幾). ⑤ 여기에 차(此). ⑥ (미정「未定」의 뜻을 나타냄) **2** ① (말투를 강하게 하기 위하여 쓰는) 어조사(語助辭) 저. ② 나아가지 않을 저(不進). ③ 많을 저(多). ④ 파초 저(芭蕉). ⑤ 공손할 저(恭).

書體 小篆且 古文⺁ 草書且 中學 象形

且驚且喜(차경차희 qiějīngqiěxǐ) 한편으로는 놀라면서 한편 기뻐함.

且信且疑(차신차의 qiěxìnqiěyí) 한편으로는 믿기도 하고, 또 한편으로는 의심하기도 함. 반신반의(半信半疑).

且月(차월 qiěyuè) 음력 6월의 이명.

且戰且走(차전차주 qiězhànqiězǒu) 한편으로 싸우면서 한편으로는 달아남.

且置勿論(차치물론 qiězhìwùlùn) 내버려두고 논의의 대상으로 삼지 않음.

▶ 苟且(구차)·重且大(중차대).

世 인간/세상/대 세:

一十卄丗世世

음 shì 일 セ, セイ, よ 영 world

① 인간 세, 세상 세(世界). ② 일평생 세(生涯). ③ 대대 세(代代). ④ 역대 세

(歷代). ⑤ 백년 세(百年).

世 書體 小篆 **世** 小篆 **丗** 草書 **弋** 中學 會意

世界觀(세계관) shìjièguān) 《哲》우주와 인생의 의의와 가치와 목적에 관한 견해.

世紀(세기 shìjì) ① 연대. 시대. ② 서력(西曆)에서 100년을 1기(期)로 세는 연대(年代)의 단위.

世念(세념 shìniàn) 세상살이에 대한 온갖 생각.

世帶(세대 shìdài) 가구(家口). 각 살림살이의 단위.

世上(세상 shìshàng) ① 사람이 살고 있는 바닥. 사회. ② 절이나 수도원, 또는 감옥 등의 격리된 사회 안에서 일컫는 바깥사회. 세간(世間). 속세(俗世). ③ 한 사람의 목숨이 살아있는 동안. 평생. ④ 나라를 다스리는 동안. ⑤ 한 계통이 이어가는 동안. ⑥ 마음대로 활동할 수 있는 무대. ⑦ 세상인심(世上人心)의 약어.

世波(세파 shìbō) ① 세상의 풍파. ② 괴로움이 많은 쓰라린 세상.

▶ 隔世之感(격세지감)·觀世音菩薩(관세음보살)·救世主(구세주)·極樂世界(극락세계)·近世(근세)·今世紀(금세기)·旣成世代(기성세대)·亂世(난세)·來世(내세)·帶妻帶宅(대처대주택)·末世(말세)·半世紀(반세기)·汎世界(범세계)·別世(별세)·四半世紀(사반세기)·娑婆世界(사바세계)·三世(삼세)·俗世(속세)·新世界(신세계)·新世紀(신세기)·厭世主義(염세주의)·二世(이세)·人世(인세)·立身出世(입신출세)·絶世美人(절세미인)·精神世界(정신세계)·中世(중세)·處世術(처세술)·最近世(최근세)·治世(치세)·現世(현세)·惑世誣民(혹세무민)·後世(후세).

丘 언덕 구

丘 丘 丘 丘 丘

訓 qiū 日 キュウ, おか 英 hill

① 언덕 구(阜). ② 클 구(大). ③ 모을 구(聚). ④ 높을 구(高). ⑤ 고을 구(邑).

書體 小篆 **丠** 古文 **坕** 草書 **丘** 高校 象形

丘墳(구분 qiūfén) ① 무덤. ② 언덕. ③ 고서(古書)의 이름. 구구 삼분(九丘 三墳)의 약어.

丘首(구수 qiūshǒu) ① 근본을 잊지 않음. 〈여우는 죽을 때 본디 살던 산 쪽으로 머리를 둔다고 함〉. ② 고향을 생각함.

丘墟(구허 qiūxū) ① 큰 언덕. ② 폐허(廢墟).

▶ 比丘(비구)·比丘尼(비구니)·沙丘(사구)·殘丘(잔구).

丙 남녘 병:

丙 丙 丙 丙 丙

訓 bǐng 日 ヘイ, ひのえ 英 third

① 천간 병(십간「十干」의 셋째). ② 남쪽 병(南方). ③ 밝을 병(明). ④ 물고기의 꼬리 병(魚尾).

書體 小篆 **丙** 草書 **丙** 中學 象形

丙方(병방 bǐngfāng) 24방위(方位)의 하나. 정남으로부터 동쪽으로 15도째의 방위를 중심으로 한 15도의 각도 안.

丙時(병시 bǐngshí) 24시(時)의 12째 시.

丙丁(병정 bǐngdīng) 불. 곧, 병·정(丙·丁)은 오행(五行)의 화(火)에 해당함.

丞 정승 승

訓 chéng 日 ジョウ, たすける 英 aid

① 이을 승(繼). ② 도울 승(佐). ③ 벼슬의 이름 승(丞相). ④ 향상할 승(向上).

【承과 통함】

丞相(승상 chéngxiāng) 중국의 옛날 벼슬 이름으로 임금을 돕는 최고의 벼슬. 재상. 우리나라의 정승에 해당함.
丞丞(승승 chéngchéng) 나아가는 모양.

両 두 량:

【兩(入부6획)의 속자】

丗 인간/세상/대 세:

【世(一부4획)의 속자】

耒 올 래(:)

【來(人부6획)의 속자】

並 나란히 병:

日 bìng 日 ヘイ, ならべる
영 abreast

① 아우를 **병**(倂). ② 견줄 **병**(比). ③ 함께 **병**(共).【竝과 통함】

並列(병렬 bìngliè) 나란히 늘어섬. 잇달아 벌여 섬.
並進(병진 bìngjìn) 같이 나란히 나아감.
並吞(병탄 bìngtūn) ① 남의 물건을 제 것으로 만들어 버림. ② 남의 나라를 자국의 영토로 함. 병탄(倂吞).

丨 部

뚫을 곤

个 낱 개(:)

중 gè 일 カ, かず 영 a piece 중 gě

❶ 낱 **개**(枚). (물건을 헤아리는 수, 개(箇)와 같음)【介와 통함】❷ 명당 결방 **가**(明堂傍室).

中 가운데 중

中 口 口 中

중 zhōng 일 チュウ, なか
영 midst, in 중 zhòng

① 가운데 **중**(四方之央). ② 안쪽 **중**(內). ③ 마음 **중**(心). ④ 바른 덕 **중**(正德). ⑤ 맞힐 **중**(至的). ⑥ 응할 **중**(應). ⑦ 당할 **중**(當).

書體 小篆 中 小篆 中 古文 中 大篆 中 (中學) 指事

中堅(중견 zhōngjiān) ① 단체나 회사의 중심이 되는 중요한 사람. ② 《軍》 주장(主將)에 직속한 정예부대인 중군(中軍). ③ 졸오(卒伍)의 이름. ④ 장군을 이름.
中庸(중용 zhōngyōng) ① 어느 쪽으로나 치우치지 않고 중정(中正)함. ③ 《書》 1권. 공자(孔子)의 손자(孫子)인 자사(子思)가 지었다 함. 원래 예기(禮記) 속의 한 편이었으나 뒤에 정자(程子)가 사서(四書)에 편입하였음. 유교(儒敎)의 종합적인 해명서(解明書).
中原(중원 zhōngyuán) ① 넓은 들. ② 나라의 중앙부. 중국(中國)·천하. ③ 다투고 겨루는 판.
中樞(중추 zhōngshū) 사물의 중심이 되는 중요한 부분.
中風(중풍 zhōngfēng) 《醫》 반신불수, 또는 팔다리가 마비되는 병. 흔히 뇌일혈(腦溢血)로 말미암아 생기는 마비 상태임.
中華(중화 zhōnghuá) 중(中)은 중앙, 화(華)는 문화. 중국(中國) 사람이 자기 나라를 높이어 일컫는 말 세계의 중앙에 있고 문화가 빛난다는 뜻.

▶ 空中分解(공중분해)·空中戰(공중전)·宮中(궁중)·劇中劇(극중극)·腦卒中(뇌졸중)·途中(도중)·忙中閑(망중한)·命中(명중)·謀略中傷(모략중상)·無意識中(무의식중)·門中(문중)·門下侍中(문하시중)·民族中興(민족중흥)·百發百中(백발백중)·伏中(복중)·生中繼(생중계)·手中(수중)·水中孤魂(수중고혼)·食中毒(식중독)·心室中隔(심실중격)·十中八九(십중팔구)·眼中(안중)·暗中摸索(암중모색)·於中間(어중간)·言中有骨(언중유골)·嚴正中立(엄정중립)·年中無休(연중무휴)·年中行事(연중행사)·熱中(열중)·五里霧中(오리무중)·獄中(옥중)·渦中(와중)·隱然中(은연중)·意中(의중)·人中(인중)·自己中心(자기중심)·在中(재중)·的中(적중)·正中(정중)·靜中動(정중동)·座中(좌중)·執中(집중)·集中(집중)·疊疊山中(첩첩산중)·初中高(초중고)·醉中(취중)·胎中(태중)·虛空中(허공중).

| 6 ⑦ **串** 꿸 **관** 땅 이름 **곶**

[1] [중]chuàn [일]カン, なれる [영]skilled
[2] [중]chuàn [일]セン, てがた [영]bill
[1] 습관 **관**, 익숙해질 **관**(狎習). [2] ① 수표 **천**(劵). ② 꿰미 **천**(連穿). [3] ① 땅이름 **곶**. ② 꼬챙이 **곶**(貫物竹釘).

串柹(관시 chuànshì) 곶감.
串狎(관압 chuànyà) 친압함.
串子(천자 chuànzǐ) ＝영수증(領收證).
串票(천표 chuànpiào) 관청에서 발행하는 세금의 영수증.

丶部
점 **주**

丶 2 ③ **丸** 둥글 **환**

丿九丸

[중]wán [일]ガン, まるい
[영]grain, ball
① 둥글 **환**(圜). ② 총알 **환**(彈丸). ③ 구를 **환**(轉).

[書體] 小篆 草書 [高校] 象形

丸熊(환웅 wánxióng) 《醫》 웅담(熊膽)을 둥글게 뭉친 것. 강장·흥분제로 씀.
丸彫(환조 wándiāo) 《美》 물체의 형상을 전부 두드러지게 새기는 조각법의 한 가지.

▶ 睾丸(고환)·銃丸(총환)·彈丸(탄환)·砲丸(포환).

丶 3 ④ **丹** 붉을 **단**

丹丹丹丹

[중]dān [일]たん, あか [영]red
[1] ① 붉을 **단**(赤色). ② 마음 **단**(衷心). ③ 붉은색의 흙 **단**. ④ 성실할 **단**(誠實). ⑤ 신약 **단**(神藥). [2] 꽃 이름 **란**(牡丹).

[書體] 小篆 古文 草書 [中學] 象形

丹骨(단골 dāngǔ) 《國》 ① 단골 무당. ② 늘 정해 놓고 거래하는 자리나 손님.
丹誠(단성 dānchéng) 진정에서 우러나는 정성. 단충(丹衷). 적성(赤誠).
丹霄(단소 dānxiāo) 저녁놀 등의 붉은 하늘. 천공(天空).
丹脣皓齒(단순호치 dānchúnhàochǐ) ① 붉은 입술과 하얀 이. ② 아름다운 여자의 얼굴 모양.
丹心(단심 dānxīn) 성심. 적심(赤心).
丹液(단액 dānyè) 불로불사(不老不死)의 약.
丹楹(단영 dānyíng) 붉은 칠을 한 기둥. 단주(丹柱).
丹田(단전 dāntián) 배꼽에서 한 치쯤

1

丶 3

아래 부분. 하복(下腹).

丹頂(단정 dāndǐng) 《動》 붉은 머리라는 뜻으로, 백학(白鶴)을 일컬음. 선학(仙鶴).

丹頂鶴(단정학 dāndǐnghè) 《動》 백학(白鶴).

丹靑(단청 dānqīng) ① 붉은 빛과 푸른 빛. ② 건물에 여러 가지 색으로 무늬를 그림. ③ 채색. 회화.

丹忠(단충 dānzhōng) 참된 마음에서부터 우러나는 충성.

丹衷(단충 dānzhōng) 속에서 우러나는 정성. 단성(丹誠).

丹漆(단칠 dānqī) 붉은 칠.

▶ 牧丹(목단; 모란). 一片丹心(일편단심).

主 임금/주인 주

丶 亠 主 主 主

@ zhǔ @ シュ, めし, つかさ
@ host, lord

① 주인 주(賓之對). ② 거느릴 주(領). ③ 임금 주(君). ④ 임금의 딸 주(公主). ⑤ 주장할 주(掌). ⑥ 어른 주(一家之長). ⑦ 지킬 주(守). ⑧ 신주 주(神靈宿所). ⑨ 맡을 주(寄). ⑩ 높일 주(宗).

書體 小篆 主 草書 主 中學 象形

主幹(주간 zhǔgàn) 어떤 일을 주장하여 처리함. 또는 그 사람.

主觀(주관 zhǔguān) ①《心》 대상을 지각(知覺)·사고(思考)·감동(感動)하는 자아(自我). ↔ 객관(客觀). ② 자기대로의 생각. ③ 물건 그 자체.

主軸(주축 zhǔzhóu) ①《數》 몇 개의 축을 가진 원형, 또는 물체에서 가장 주가 되는 축. ② 원동기(原動機)로부터 직접 동력을 전하는 전동축. ③ 중심 인물.

▶ 家庭主婦(가정주부)·客主(객주)·雇用主(고용주)·公主(공주)·官僚主義(관료주의)·廣告主(광고주)·敎條主義(교조주의)·敎主(교주)·球團主(구단주)·救世主(구세주)·救主(구주)·國家主席(국가주석)·國粹主義(국수주의)·君主(군주)·權威主義(권위주의)·企業主(기업주)·機會主義(기회주의)·樂觀主義(낙관주의)·浪漫主義(낭만주의)·冷笑主義(냉소주의)·奴隷主(노예주)·農場主(농장주)·大株主(대주주)·盟主(맹주)·冒險主義(모험주의)·無主見(무주견)·物質主義(물질주의)·民本主義(민본주의)·民主(민주)·民主改革(민주개혁)·民主主義(민주주의)·民主革命(민주혁명)·反共主義(반공주의)·拜金主義(배금주의)·排他主義(배타주의)·法治主義(법치주의)·保守主義(보수주의)·普遍主義(보편주의)·保護主義(보호주의)·副主席(부주석)·非主流(비주류)·事大主義(사대주의)·寫實主義(사실주의)·事業主(사업주)·使用主(사용주)·社主(사주)·社會主義(사회주의)·船主(선주)·城主(성주)·世帶主(세대주)·所有主(소유주)·修正主義(수정주의)·宿主(숙주)·施主(시주)·植民主義(식민주의)·植民地主義(식민지주의)·神秘主義(신비주의)·神主(신주)·實用主義(실용주의)·實存主義(실존주의)·業主(업주)·女主人公(여주인공)·厭世主義(염세주의)·領主(영주)·預金主(예금주)·完璧主義(완벽주의)·傭兵主義(용병주의)·利己主義(이기주의)·理想主義(이상주의)·人道主義(인도주의)·人本主義(인본주의)·自己中心主義(자기중심주의)·資本主義(자본주의)·自然主義(자연주의)·自由主義(자유주의)·自主(자주)·自主國防(자주국방)·自主獨立(자주독립)·自主精神(자주정신)·專制主義(전제주의)·田主(전주)·錢主(전주)·全體主義(전체주의)·傳統主義(전통주의)·帝國主義(제국주의)·祭主(제주)·造物主(조물주)·宗主(종주)·株主(주주)·重農主義(중농주의)·重商主義(중상주의)·地主(지주)·進步主義(진보주의)·僧主義(증주의)·創業主(창업주)·創造主(창조주)·天主(천주)·抽象主義(추상주의)·覇權主義(패권주의)·敗北主義(패배주의)·膨脹主義(팽창주의)·便宜主義(편의주의)·戶主(호주)·畫一主義(획일주의).

丿 部

삐침 **별**

丿 1 ② 乃 이에 내:

乃 乃

[중] nǎi [일] ダイ, ナイ, すなわち
[영] hereupon

① 어조사 **내**(語助辭). ② 곧 **내**(卽). ③ 겨우 **내**(僅). ④ 옛 **내**(古). ⑤ 너 **내**(汝). 【迺과 통함】

[書體] 小篆 小篆 大篆 草書

[中學] 象形

乃公(내공 nǎigōng) ① 임금이 신하에게 대하여 자기를 높여 일컫는 자칭. ② 아버지가 아들에게 대하여 일컫는 자칭.

乃心王室(내심왕실 nǎixīnwángshì) 마음을 왕실에 둠. 나라 일에 충성함.

乃至(내지 nǎizhì) 수나 정도를 나타냄에 있어, 그 사이를 줄일 적에 쓰는 말.

▶ 人乃天(인내천)·終乃(종내).

丿 2 ③ 久 오랠 구:

久 久 久

[중] jiǔ [일] キュウ, ひさしい
[영] long

① 오랠 **구**(暫之反). ② 기다릴 **구**(待).

[書體] 小篆 草書 [中學] 象形

久任責成(구임책성 jiǔrènzéchéng) 임기를 길게 하여 그 맡은 바 직책을 다하게 함.

久旱逢甘雨(구한봉감우 jiǔhànfénggānyǔ) 오랜 가뭄에 단비를 만난다는 뜻. 《喻》 곧 오랜 괴로움을 겪다가 즐거운 일을 만남.

久懷(구회 jiǔhuái) 오래된 회포.

▶ 耐久(내구)·未久(미구)·永久(영구)·永久不變(영구불변)·悠久(유구)·長久(장구)·持久力(지구력)·恒久(항구).

丿 3 ④ 之 갈 지

之 之 之 之

[중] zhī [일] シ, これ [영] this

① 갈 **지**(往). ② 이를 **지**(至). ③ 이 **지**(此). ④ 어조사 **지**(語助辭). ⑤ ~의 **지**(所有格). (있는 곳 등을 가리킬 때 씀.) ⑥ 이에 **지**(於).

[書體] 小篆 草書 [中學] 象形

之東之西(지동지서 zhīdōngzhīxī) 어떤 일에 주견이 없이 이리저리 갈팡질팡함.

之字路(지자로 zhīzìlù) 갈지자(之字) 모양으로 꼬불꼬불한 치받잇길.

▶ 感之德之(감지덕지)·居之半(거지반).

丿 4 ⑤ 乎 어조사 호

乎 乎 乎 乎 乎

[중] hū [일] コ, か, や
[영] exclamatory style

① 어조사 **호**(語助辭). (형용의 힘을 강하게 하기 위하여 붙이는 토) ② ~가 **호**(疑問辭). ③ 그런가 **호**(感歎詞). (감탄의 뜻을 표할 때 씀.) ④ ~에 **호**(于, 於). ⑤ ~를 **호**(于, 於). ⑥ 아! **호**(歎詞). (탄식의 뜻을 나타낼 때 씀.) ⑦ 뜻이 없는 토 **호**.

[書體] 小篆 草書 [中學] 象形

斷乎(단호 duànhū) (태도 등이) 칼로 자르듯이 엄격하다.

乏 모자랄 핍

음 fá 일 ボウ, とほしい
영 be exhausted

① 없을 **핍**(無). ② 옹색할 **핍**, 구차할 **핍**(貧). ③ 폐할 **핍**(廢). ④ 다할 **핍**(欠絶). ⑤ (가죽으로 만든, 화살을 막는) 살가림 **핍**(兵器).

乏困(핍곤 fákùn) 없어서 고생함. 생활이 어려움.

乏月(핍월 fáyuè) 음력 사월의 별칭. 겨울 곡식은 다하고 여름 곡식은 아직 익지 않은 철. 보릿고개라는 뜻.

▶ 缺乏(결핍)·困乏(곤핍)·窮乏(궁핍)·耐乏(내핍).

乖 어그러질 괴

음 guāi 일 カイ, そむく
영 deviate

① 어그러질 **괴**(戾). ② 다를 **괴**(異). ③ 배반할 **괴**(背).

乖覺(괴각 guāijué) ① 총명하고 재능이 있는 사람. ② 조숙한 사람.

乖離(괴리 guāilí) 서로 등지어 떨어짐. 괴천(乖舛). 괴반(乖反).

乖僻(괴벽 guāipì) 말과 행동이 기괴망측함.

乘 탈 승

【乘(丿부9획)의 속자】

乘 탈 승

乘 乘 乘 乘 乘 乘 乘 乘 乘

음 chéng, shèng 일 ジョウ, のる
영 ride

① 탈 **승**, 오를 **승**(駕). ② 올릴 **승**(上). ③ 꾀할 **승**(計). ④ 곱할 **승**(算). ⑤ 멍에 멜 **승**(駕). ⑥ 인할 **승**(因). ⑦ 다스릴 **승**(治). ⑧ 대 **승**(輛). (수레의 수를 헤아릴 때 씀). ⑨ 수레 **승** ⑩ 한 쌍 **승**(物雙). ⑪ 같은 물건 네 개 **승**. ⑫ 사기 **승**(史).

書體 小篆 古文 草書 (中學) 會意

乘勝長驅(승승장구 chéngshèng-chángqū) 싸움에 이긴 기세를 타고 거리낌 없이 휩쓸아치는 일.

乘夜逃走(승야도주 chéngyètáozǒu) 밤을 타서 도망함.

乘夜越墻(승야월장 chéngyèyuè-qiáng) 밤을 타서 남의 집의 담을 넘어 들어감.

乘危涉險(승위섭험 chéngwēishè-xiǎn) 위태하고 험난함을 무릅쓰고 나아감.

乘風破浪(승풍파랑 chéngfēngpò-làng) 《喻》 뜻이 원대함을 이르는 말.

乘昏(승혼 chénghūn) 황혼을 이용함.

▶ 大乘(대승)·同乘(동승)·無賃乘車(무임승차)·相乘效果(상승효과)·小乘(소승)·傳乘(전승)·搭乘(탑승)·便乘(편승)·合乘(합승)·換乘驛(환승역).

乙, ㄴ 部
새 을

乙 새 을

乙

음 yǐ 일 イツ, オツ, きのと 영 bird

① 새 **을**(鳥). ② 천간 이름 **을**(천간명(千干名), 「십간(十干)」의 둘째이고

오행「五行」의 목(木)에 맞음. 甲에 대하여 둘째) ③ (문서의 끊어지는 곳에 붓으로 점을 침). ④ (문장에 탈자「脫字」가 있을 때 그 옆에 표를 침). ⑤ 굽힐 을(屈). ⑥ 생선의 창자 을(魚腸). ⑦ 모모 을(某). (이름 대신으로 쓰는 글)

書體 小篆 乙 草書 乙 (中學) 象形

乙方(을방 yǐfāng) 24방위(二十四方位)의 하나. 남쪽에서 조금 동쪽에 가까운 방위.
乙時(을시 yǐshí) 24시(二十四時)의 여덟째. 곧 상오 6시 반부터 7시 반까지의 사이.
乙夜(을야 yǐyè) 하룻밤을 오경(五更)으로 나눈 그 둘째. 이경(二更).
乙乙(을을 yǐyǐ) ① 좋은 생각이 떠오르지 아니하여서 안타까워하는 모양. ② =일일(一一).
乙鳥(을조 yǐniǎo) 제비의 이명. 을금(乙禽). 현조(玄鳥).
乙坐(을좌 yǐzuò) 집터나 묏자리의 을방(乙方)을 등진 좌향(坐向).
乙坐辛向(을좌신향 yǐzuòxīnxiàng) 을방(乙方)을 등지고 신방(辛方)을 향한 좌향(坐向).

九 아홉 구

九 九

1 ⓐ jiǔ ⓙ キュウ ⓔ nine
2 ⓙ ク, ここのつ

1 ① 아홉 구(數名). ② (수가 많을 때 씀). 2 모을 규(聚).

書體 小篆 九 草書 九 (中學) 象形

九曲肝腸(구곡간장 jiǔqūgānchéng) 굽이굽이 사무친 마음속. 깊은 마음속.
九萬里長天(구만리장천 jiǔwànlǐchángtiān) 아주 높고 먼, 한없이 높고 넓은 하늘을 일컫는 말.

九死一生(구사일생 jiǔsǐyīshēng) 꼭 죽을 것 같은 경우를 여러 차례 당하였다가 겨우 살아남.
九牛一毛(구우일모 jiǔniúyīmáo)《喩》다수 중의 극소수. 대해(大海)의 일적(一滴).
九折羊腸(구절양장 jiǔzhéyángcháng) 양의 창자처럼 꼬불꼬불한 험한 산길.
九折坂(구절판 jiǔzhébǎn) 구절판 찬합(饌盒)에 담은 음식. 궁중식·민간식의 두 가지가 있음. 구절포(九折包).
九泉(구천 jiǔquán) ① 깊은 땅속. ② 황천(黃泉). 묘지(墓地).

▶ 山九折草(산구절초)·三旬九食(삼순구식)·十中八九(십중팔구)·正九(정구).

乞 빌 걸

乞 乞 乞

ⓐ qǐ ⓙ キツ, こう ⓔ beg

1 ① 구걸할 걸(求). ② 요구할 걸. ③ 원할 걸(願). ④ 거지 걸(乞人). 2 ① 빌릴 기(貸). ② 줄 기(與).

書體 小篆 乞 草書 乞 (高校) 象形

乞客(걸객 qǐkè) 의관을 갖추고 다니면서 얻어먹는 사람.
乞盟(걸맹 qǐméng) ① 적에게 화의(和議)를 구함. ② 맹세할 때 신에게 고(告)함.
乞不並行(걸불병행 qǐbùbìngxíng) 한꺼번에 요구하는 사람이 많으면 얻기가 어려움.
乞士(걸사 qǐshì) ① 중의 이칭(異稱). ② 거사(居士).
乞神(걸신 qǐshén) 음식을 몹시 탐내는 욕심.
乞人憐天(걸인연천 qǐrénliántiān) 거지가 하늘을 불쌍히 여김.《喩》부질없는 걱정을 한다는 뜻.

▶ 求乞(구걸)·哀乞(애걸).

也 이끼/어조사 야:

也也也

[音] yě [日] ヤ, なり

① 잇기 야, 라 야, 어조사 야(語之餘). (…라, 한 귀의 끝에 붙여서 결정의 뜻을 나타냄). ② (형용의 뜻을 강하게 하는) 토. ③ (뜻이 없는) 토. ④ [中字] 또 야(亦). (시「詩」혹은 속어「俗語」에 역(亦)과 같이 씀.)

書體: 小篆 也 古文 ㄵ 草書 や 中學 象形

也無妨(야무방 yěwúfāng) 해로울 것 없음.
也耶(야야 yěyé) 영탄(詠歎)하는 어조사(語助辭).
也有(야유 yěyǒu) 또 있음.
也矣(야이 yěyǐ) 단정(斷定)을 나타내는 어조사(語助詞).
也哉(야재 yězāi) 강한 단정(斷定)의 어조사(語助詞). 또는 영탄사(咏歎辭). 야여(也歟).
也乎(야호 yěhū) 강조(强調)의 뜻을 나타내는 어조사(語助辭).

▶ 及其也(급기야).

乱 어지러울 란:

【亂(乙부12획)의 속자】

乳 젖 유

乳乳乳乳乳乳乳

[音] rǔ [日] ニュウ, ちち [英] milk

① 젖 유(湩). ② 종유석 유(鍾乳石). ③ 낳을 유(生). ④ 젖 먹일 유(乳). ⑤ 기를 유(育). ⑥ (어머니 혹은 부모의 뜻으로 씀.)

書體: 小篆 乳 草書 乳 高校 會意

乳腺(유선 rǔxiàn) 《生》젖을 분비하는 선(腺).
乳臭(유취 rǔchòu) 젖에서 나는 냄새. 《喩》아직 나이가 어리고 경험이 부족한 것.
乳虎(유호 rǔhǔ) 새끼 가진 범. 이 때 성질이 가장 사납다 함. 《喩》무서운 것.

▶ 母乳(모유)·粉乳(분유)·産乳(산유)·石鍾乳(석종유)·授乳(수유)·羊乳(양유)·離乳(이유)·鍾乳(종유)·哺乳(포유).

乾 하늘/마를 건

乾乾乾乾乾乾乾乾乾

1 [音] qián [日] ケン, かわく
2 [音] gān [日] カン, かわく [英] dry

1 ① 하늘 건(天). ② 괘 이름 건(「주역(周易)」의 괘(卦)의 하나). ③ 서북쪽 건(戌亥方位). ④ 굳셀 건(健). ⑤ 사나이 건(男). ⑥ 임금 건(帝). ⑦ 쉬지 않고 일할 건. **2** ① 마를 간(燥). ② 마르게 할 간(燥之). ③ 엄중하게 금품을 바치게 할 간.

書體: 小篆 乾 大篆 乾 草書 乾 中學 會意

乾坤(건곤 qiánkūn) ① 역(易)의 두 괘(卦). 곧 건(乾)과 곤(坤). ② 하늘과 땅. ③ 음(陰)과 양(陽). ④ 북서(北西)와 남서(南西). ⑤ 남자와 여자. ⑥ 해와 달. ⑦ 상(上)·하(下).
乾坤一擲(건곤일척 qiánkūnyīzhì) 운명과 흥망을 걸고 단판 걸이로 승부나 성패(成敗)를 겨룸.
乾卦(건괘 qiánguà) 상형(象形)이 삼(三)인 팔괘(八卦)의 하나.
乾杯(건배 gānbēi) 술자리에서 서로 잔을 높이 들어 경사(慶事)나 상대방의 건강 또는 행운을 빎.
乾時(건시 qiánshí) 24시(二十四時)의 22째 시간(時間). 하오 8시 반부터 9시 반 사이.

乾元(건원 qiányuán) 하늘.
乾燥無味(건조무미 gānzàowúwèi) 깔깔하고 윤택이 없어 아무러한 운치가 없음.
乾播(건파 gānbō) 마른 논에 씨를 뿌림. 건부종(乾付種). 직파(直播).
乾木水生(간목수생 gānmùshuǐshēng) 마른 나무에서 물이 난다는 뜻.《喩》아무 것도 없는 사람에게 무엇을 무리하게 내라고 요구함.

▶ 無味乾燥(무미건조)·廢乾電池(폐건전지).

亂 어지러울 란:

乙 12 ③

亂 亂 亂 亂 亂 亂 亂 亂 亂 亂

음 luàn 일 ラン, みだれる
영 confuse

① 어지러울 란(不治). ② 얽힐 란(紊). ③ 섞어둘 란(混). ④ 내를 가로 건널 란(橫流而濟). ⑤ 난리 란(兵寇). ⑥ 음란할 란(淫行). ⑦ 다스릴 란(治). ⑧ 풍류 가락 란(樂章).

書體 小篆 亂 古文 亂 篆書 亂 草書 亂 (高校) 形聲

亂擣(난도 luàndǎo) 함부로 찧음. 짓이김.
亂麻(난마 luànmá) 뒤얽힌 삼 가닥.《喩》사건이나 세태가 어지럽게 뒤얽힘.
亂臣賊子(난신적자 luànchénzéizǐ) 나라를 어지럽게 하는 불충(不忠)한 무리.
亂鬪劇(난투극 luàndòujù) 난투가 벌어진 판국.

▶ 狂亂(광란)·攪亂(교란)·軍亂(군란)·內亂(내란)·大亂(대란)·大混亂(대혼란)·動亂(동란)·紊亂(문란)·民亂(민란)·叛亂(반란)·變亂(변란)·丙子胡亂(병자호란)·紛亂(분란)·散亂(산란)·生亂離(생난리)·騷亂(소란)·心亂(심란)·倭亂(왜란)·搖亂(요란)·淫亂(음란)·一絲不亂(일사불란)·壬辰倭亂(임진왜란)·戰亂(전란)·丁酉再亂(정유재란)·錯亂(착란)·避亂(피란)·混亂(혼란).

亅 部

갈고리 궐

了 마칠 료:

亅 1 ②

了 了

음 liǎo, le, liào 일 リョウ, おわる
영 finish

① 마칠 료(訖). ② 깨달을 료(理解). ③ 똑똑할 료(分明). ④ 드디어 료(遂). ⑤ 총명할 료(聰慧). ⑥ 어조사 료(語助辭). ⑦ 쾌할 료(快).

書體 小篆 了 草書 了 (高校) 象形

了勘(요감 liǎokān) 끝을 맺음. 요결(了結). 요결(了決).
了得(요득 liǎodé) 깨달음.
了知(요지 liǎozhī) 깨달아 앎.
了叉(요차 liǎochā) 공손히 손을 마주 잡음.
了債(요채 liǎozhài) ① 빚을 모두 갚음. ② 자기의 의무를 다함.

▶ 滿了(만료)·魅了(매료)·修了(수료)·完了(완료)·終了(종료).

予 나 여

亅 3 ④

予 予 予 予

① 음 yú 일 ヨ, あたえる, われ
영 myself ②③ 음 yǔ 일 ヨ 영 give

① 나 여(我). ② 줄 여(賜). ③ 취할 여(取).

書體 小篆 予 草書 予 (高校) 象形

事 일 사:

事事事事事事事事

- 音 shì
- 日 ジ, しごと, こと
- 英 work, affair

① 일 **사**(動作云爲). ② 일삼을 **사**. ③ 섬길 **사**(奉仕). ④ 벼슬 **사**(職). ⑤ 큰 일 **사**, 변사 **사**(異變). ⑥ 다스릴 **사**(治). ⑦ 경영할 **사**(營). ⑧ 반역 **사**(叛逆).

書體 小篆 事 古文 事 草書 了 中學 會意

事端(사단 shìduān) 사건(事件)의 단서(端緒).

事大思想(사대사상 shìdàsīxiǎng) 뚜렷한 주견 없이 그저 세력이 큰 것에 붙좇아 일시적인 안전을 꾀하려는 생각. 사대주의(事大主義).

事大主義(사대주의 shìdàzhǔyì) 세력이 큰 쪽에 붙좇아 자기의 안전을 꾀하려는 생각.

事事件件(사사건건 shìshìjiànjiàn) ① 모든 일. 만사. 만단(萬端). ② 일마다.

事事如意(사사여의 shìshìrúyì) 일마다 뜻대로 다 됨.

事必歸正(사필귀정 shìbìguīzhèng) 무슨 일이든 결국은 올바른 이치대로 되고 말음. 올바르지 못한 것이 오래 가지 못함.

▶ 家事(가사)·幹事(간사)·監事(감사)·檢事(검사)·慶事(경사)·慶弔事(경조사)·故事(고사)·工事(공사)·公益事業(공익사업)·關心事(관심사)·交通事故(교통사고)·軍事(군사)·記念行事(기념행사)·記事(기사)·旣定事實(기정사실)·吉事(길사)·農事(농사)·能事(능사)·茶飯事(다반사)·當事者(당사자)·大役事(대역사)·大慘事(대참사)·道知事(도지사)·洞事務所(동사무소)·萬事亨通(만사형통)·每事(매사)·面事務所(면사무소)·無事通過(무사통과)·民事(민사)·民刑事(민형사)·百科事典(백과사전)·不祥事(불상사)·非常事態(비상사태)·師事(사사)·社會事業(사회사업)·常務理事(상무이사)·敍事(서사)·成事(성사)·世上萬事(세상만사)·訟事(송사)·時事(시사)·食事(식사)·實事求是(실사구시)·安全事故(안전사고)·哀慶事(애경사)·役事(역사)·年例行事(연례행사)·年中行事(연중행사)·領事館(영사관)·獄事(옥사)·有事時(유사시)·議事日程(의사일정)·理事(이사)·人倫大事(인륜대사)·人名事典(인명사전)·人事(인사)·人事不省(인사불성)·人事移動(인사이동)·人情事情(인정사정)·日常事(일상사)·葬事(장사)·專務理事(전무이사)·情事(정사)·政事(정사)·從事員(종사원)·主事(주사)·州知事(주지사)·重大事(중대사)·知事(지사)·執事(집사)·慘事(참사)·參事官(참사관)·總領事(총영사)·炊事(취사)·恥事(치사)·通事(통사).

二 部

두 이

二 두 이:

二二

- 音 èr
- 日 ジ, ニ, ふた, ふたつ
- 英 two

① 두 **이**, 둘 **이**(數, 一之加一). ② 풍신 **이**(風神). ③ 같을 **이**(同). ④ 두 마음 **이**(異心). ⑤ 의심할 **이**(疑). ⑥ 둘로 나눌 **이**(分). ⑦ 거듭 **이**(重).

書體 小篆 二 古文 弍 草書 ぅ 中學 指事

二更(이경 èrgēng) 밤을 오경(五更)으로 나눈 둘째 번 시각. 오후 10시 또는 그 전후 2시간. 일설에는 그 후 두 시간이라고도 함. 해시(亥時)를 을 야(乙夜).

二姓之合(이성지합 èrxìngzhīhé) 성이 다른 남자와 여자의 혼인. 곧 결혼.

二十四方位(이십사방위 èrshísìfāngwèi) 24로 나눈 방위. 곧, 자방(子方)·계방(癸方)·축방(丑方)·간방(艮方)·인방(寅方)·갑방(甲方)·묘방(卯方)·을방(乙方)·진방(辰方)·손방(巽方)·사방(巳方)·병방(丙方)·오방(午方)·정방(丁方)·미방(未方)·곤방(坤方)·신방(申方)·경방(庚方)·유방(酉方)·신방(辛方)·술방(戌方)·건방(乾方)·해방(亥方)·임방(壬方)의 총칭.

二十四節氣(이십사절기 èrshísìjiéqì) 《天》 하늘을 360도로 나누고, 춘분을 0도로 정하고, 춘분으로부터 따져 하지를 90도, 추분을 180도, 동지를 270도, 다시 춘분에 돌아와 360도라 하고, 또 그것을 각각 6등분하여 이십사절기라 칭함. 24절(節)과 24기(氣)가 합하여 이십사절기(二十四節氣)가 됨.

二十四節候(이십사절후 èrshísìjiéhòu) =二十四節氣(이십사절기二十四節氣).

二律背反(이율배반 èrlǜbèifǎn)《論》 서로 대립되고 모순되는 두 개의 명제가 모두 타당성을 가지고 주장되는 일.

二重人格(이중인격 èrchóngréngé) 인격을 통일하는 힘이 없어서 앞뒤가 모순되는 행동을 하는 병적 인격.

二八靑春(이팔청춘 èrbāqīngchūn) 16세 전후의 젊은이.

▶ 身土不二(신토불이)·十二指(십이지)·十二支(십이지)·染淨無二(염정무이)·唯一無二(유일무이)·一石二鳥(일석이조).

于 어조사/토 우

于 于 于

🅐 yú 🅙 ウ、ここに 🅔 particle

① 갈 우(往). ② 여기 우(是). ③ 부터 우(於也, 乎). ④ 넓은 모양 우(廣大貌). ⑤ 만족할 우(自足貌). ⑥ 말할 우(曰). ⑦ 할 우(爲). 【於·迂와 통함】 ⑧ 어조사 우(語助辭). (탄식의 뜻을 나타냄.)

書體 小篆 ラ 草書 子 中學 象形

于山(우산 yúshān)《地》① 울릉도(鬱陵島)의 옛 이름. 우산(芋山). 우산도(于山島). ② 우산국(于山國)의 약어.
于嗟(우차 yújiē) 탄식하는 소리. 탄미하는 소리. 아아!

云 이를 운

云 云 云 云

🅐 yún 🅙 ウン、いう 🅔 tell

① 이를 운(曰). ② 움직일 운(運). ③ 이러저러할 운(衆語). ④ 여기에 운(뜻 없는 토). ⑤ 흥하는 모양 운(興貌). ⑥ 돌아갈 운(歸).

書體 小篆 云 草書 云 中學 象形

云云(운운 yúnyún) ① 글이나 말을 인용, 또는 생략할 때 이러이러함의 뜻으로 씀. ② 여러 가지의 말. 말이 많은 모양. ③ 성왕(盛旺)한 모양. ④ 구름이 뭉게뭉게 이는 모양.
云爲(운위 yúnwéi) ① 언동(言動). 동작동작(動作動作). ② 세상물정.

互 서로 호:

互 互 互 互

🅐 hù 🅙 コ、たがいに 🅔 mutual

① 서로 호(交). ② 서로 관계를 맺을 호(相關). ③ 맞대볼 호(較). ④ 어그러질 호(差). ⑤ 고기시렁 호(縣肉格).

書體 小篆 互 草書 亙 (高校) 象形

互流(호류 hùliú) 서로 엇바꿈. 서로 교류함.

互相(호상 hùxiāng) 서로. 상호.

互相往來(호상왕래 hùxiāngwǎnglái) 상호간에 가고오고 함.

互先(호선 hùxiān) 맞바둑.

互選(호선 hùxuǎn) 선거권(選擧權)을 가진 사람이 그 범위(範圍)에서 어떤 사람을 뽑는 방법.

互有長短(호유장단 hùyǒuchángduǎn) 서로 장처(長處)와 단처(短處)가 있음. 누구나 장단점을 갖고 있음.

互惠關稅(호혜관세 hùhuìguānshuì) 《經》호혜 조약에 의해 협정하는 관세.

互惠條約(호혜조약 hùhuìtiáoyuē) 《政》조약을 맺는 나라가 서로 통상상(通商上) 균등(均等)의 이익을 교환하는 조약. 상호조약(相互條約).

▶ 交互(교호)·相互(상호).

二2/4 五 다섯 오:

五 五 五 五

🌏 wǔ 🇯 ゴ, いつつ 🇬🇧 five

① 다섯 오(數名). ② 다섯 번 오(五回).
【伍와 통함】

書體 小篆 𠄡 古文 乂 草書 五 (中學) 指事

五更(오경 wǔgēng) ① 밤을 다섯으로 나눈 칭호. 여기에다 갑·을·병·정·무를 붙여 오아(五雅)라 일컬음. 초경(初更)〈갑야−술시(甲夜−戌時), 오후 7〜9시〉·이경(二更)〈을야−해시(乙夜−亥時), 오후 9〜11시〉·삼경(三更)〈병야−자시(丙夜−子時), 오후 11〜오전 1시〉·사경(四更)〈정야−축시(丁夜−丑時), 오전 1〜3시〉·오경(五更)〈무야−인시(戊夜−寅時), 오전 3〜5시〉. ② 인시(寅時) 오전 4시 또는 그 전후 2시간.

五倫(오륜 wǔlún) 유교(儒敎)의 다섯 가지의 인륜(人倫). 곧 부자(父子) 사이의 친애(親愛), 군신(君臣) 사이의 의리(義理), 부부(夫婦) 사이의 분별(分別), 장유(長幼) 사이의 차서(次序), 붕우(朋友) 사이의 신의(信義)가 있어야 함을 이름. 오품(五品). 오전(五典). 오상(五常). 오교(五敎). 오달도(五達道).

五里霧中(오리무중 wǔlǐwùzhōng) 짙은 안개가 끼어 방향을 알 수 없음. 무슨 일에 대하여 알 길이 없음을 일컫는 말. 《故》후한(後漢)의 장해(張楷)가 도술을 써서 5리에 이르는 안개를 일게 하였다 함.

五福(오복 wǔfú) 유교에의 다섯 가지의 복. ㉠ 수(壽)·부(富)·강녕(康寧)·유호덕(攸好德)·고종명(考終命). ㉡ 장수·부유·무병·식재(息災)·도덕. ㉢ 장수·부·귀·강녕(康寧)·다남(多男).

五色玲瓏(오색영롱 wǔsèlínglóng) 여러 가지 빛이 한데 섞여 찬란하게 비침.

五十步百步(오십보백보 wǔshíbùbǎibù)《喩》조금은 차이가 있으나 그 본질에 있어서는 같음. 대동소이(大同小異).

五列(오열 wǔliè) 국내의 대적통보자(對敵通報者). 이적(利敵)행위를 취하는 사람. 제오열(第五列). 간첩(間諜).

五臟六腑(오장육부 wǔzàngliùfǔ) 오장(五臟) 및 대장·소장·위·담·방광·삼초(三焦)의 육부(六腑).

五行(오행 wǔxíng) ①《民》우주 간에 운행하는 금·목·수·화·토의 다섯 가지 원소. 오행상생(五行相生)과 오행상극(五行相剋)의 이치로 우주 만물을 지배한다 함. ② =오상(五常). ③ 글귀의 다섯 줄. ④《佛》보시(布施)·지계(持戒)·인욕(忍辱)·정진(精進)·지관(止觀)의 다섯 가지 수행. ⑤《軍》방(方)·원(圓)·곡(曲)·직(直)·예(銳) 등 지형을 따라 치는 다섯 가지 진형(陣形).

▶ 四分五裂(사분오열)·四捨五入(사사오입)·四書三經(사서삼경)·三綱五倫(강강오륜)·三三五五(삼삼오오)·乙巳五賊(을사오적)·陰陽五行(음양오행).

井 우물 정(:)

$^2_4$

一 丁 井 井

[중] jǐng [일] セイ, いど [영] well

①우물 정(地穴出水). ②밭이랑「정자」로 그을 정(授田區劃). (은나라, 주나라 때 행해진 제도임). ③단정할 정(端正貌). ④천정 정(天井). ⑤괘 이름 정(卦名). 「주역(周易)의 괘 이름」. ⑥ 저자 정(市場). ⑦ 잇달을 정(相連). ⑧ 별 이름 정(宿名).

書體 小篆 井 草書 井 〈中學〉 象形

井間(정간 jǐngjiān) 바둑판 등과 같이 종횡으로 여러 줄을 그어 정자(井字) 모양으로 된 간살. 사란(絲欄).

井間紙(정간지 jǐngjiānzhǐ)《國》글씨를 쓸 때에 글자의 간격을 고르게 하기 위하여 종이 밑에 받치는 정간(井間)을 그은 종이. 영지(影紙).

井水(정수 jǐngshuǐ) 우물의 물.
井然(정연 jǐngrán) =정정(井井).
井鹽(정염 jǐngyán) 염분이 녹아 있는 지하수를 퍼 올려서 채취한 소금.
井蛙(정와 jǐngwā) =정저와(井底蛙).
井底蛙(정저와 jǐngdǐwā) 우물 안의 개구리란 말로 세상물정을 모름을 뜻함. 소견이 좁음. 정와(井蛙).
井井(정정 jǐngjǐng) ① 질서나 조리가 정연한 모양. 정연(井然). ② 왕래가 빈번한 모양.

井祭(정제 jǐngjì) 우물에 지내는 제사.
井華水(정화수 jǐnghuáshuǐ)《國》이른 새벽에 길은 우물 물. 정성을 들이는 일에나 약을 달이는 물로 쓰임.

▶ 市井(시정)·溫井(온정)·油井(유정)·天井不知(천정부지).

亘 베풀 선 뻗칠 긍:

$^2_4_6$

[중] gèn [일] セン, のべる
[일] カン, たけしい [영] bestow

1 ①베풀 선(揚布). ②구할 선(求). ③펼 선(布). **2** 굳셀 환(勇).【桓과 같음】 **3** 뻗칠 긍. 【亙】참조.

亙 뻗칠 긍:

$^2_4_6$

[중] sèn [일] コウ, わたる [영] extend

① 뻗칠 긍(延袤). ② 통할 긍(通). ③ 극진할 긍(極). ④ 마침 긍(竟).
亙古(긍고 sènggǔ) 옛날까지 뻗침.
亙萬古(긍만고 sènwànggǔ) 만고에 뻗침.

況 상황 황:

$^2_5_7$

[일] キョウ, いわんや [영] much more

(발어사) 황(發語辭).【況과 같고, 况과는 별자】

些 적을 사

$^2_5_7$

[중] xiē [일] シャ, わずか [영] little
[중] suò [일] サ, わずか

① 적을 사(少). ② 어조사 사(語助辭). 어세(語勢)를 강하게 하기 위한 뜻 없는 토.

些略(사략 xiēlüè) 작고 간략함.
些些(사사 xiēxiē) =사소(些少).
些事(사사 xiēshì) 자그마한 일. 세사(細事). 쇄사(瑣事).
些細(사세 xiēxì) 조금. 분량이 많지 않음.
些少(사소 xiēshǎo) 작고 적음. 하찮음. 사사(些些).

亞 버금/다음 아(:)

【亞(二部6획)의 속자】

亞 버금/다음 아(:)

亞亞亞亞亞亞亞亞

1 중 yà 일 ア, つぐ 영 next
2 일 アク, ぬりかざる

1 ① 버금 아(次). 「다음, 둘째」. ② 이어서 아. ③ 동서 아(同壻). ④ 「아세아주」의 준 말. ⑤ (가지 모양으로) 갈라질 아(岐). 2 칠을 하여 장식할 악(堊). 3 누를 압(壓).

書體 小篆 亞 草書 亞 (高校) 象形

亞流(아류 yàliú) ① 어떤 유파를 계승(繼承)한 사람. 같은 또래. ② 모방하는 사람. 제2류.
亞父(아부 yàfù) 아버지 다음으로 존경하는 사람. 초(楚)의 항우(項羽)가 범증(范增)을 존경한 말.
亞聖(아성 yàshèng) 성인(聖人) 다음가는 현인(賢人). 공자(孔子)를 성인(聖人)이라 하고 안연(顏淵)·맹자(孟子)를 아성(亞聖)이라 한다.
亞獻(아헌 yàxiàn) 제사 지낼 때 두 번째로 술잔을 올림. → 초헌(初獻). 종헌(終獻).

▶ 歐亞(구아)·東亞(동아)·復亞脫歐(복아탈구)·次亞(차아).

亠 部

돼지해머리

亡 망할/없어질 망

亠亡亡

1 중 wáng 일 ボウ, ほろぶ
영 be ruined
2 중 wú 일 モウ

1 ① 죽일 망(殺). ② 없어질 망(失). ③ 죽은 사람 망(亡人). ④ 망할 망(滅). ⑤ 죽을 망(死). ⑥ 도망할 망(逃亡). 2 없을 무(無).

書體 小篆 亾 草書 亡 (中學) 象形

亡家(망가 wángjiā) ① 망한 집. 결판이 난 집. ② 집안을 결판냄.
亡國(망국 wángguó) ① 폐망하여 없어진 나라. ② 나라를 망침.
亡國之恨(망국지한 wángguózhīhèn) 나라가 망함에 대한 한탄. 망국지탄(亡國之歎).
亡靈(망령 wánglíng) 죽은 이의 영혼.
亡命(망명 wángmìng) 남의 나라로 몸을 피하여 옮김.
亡命政府(망명정부 wángmìngzhèngfǔ) 외국 땅으로 망명한 정객들이 모여서 조직한 정부.
亡父(망부 wángfù) 돌아가신 아버지.
亡身(망신 wángshēn) 잘못하여 자기의 지위나 명예를 망침.
亡失(망실 wángshī) 없어짐. 잃어버림.
亡羊補牢(망양보뢰 wángyángbǔláo) 소 잃고 외양간 고친다는 뜻.
亡羊之歎(망양지탄 wángyángzhītàn) 갈래진 길에서 양을 잃고 탄식한다는 뜻으로 학문의 길도 여러 갈래라 길을 잡기 어렵다는 말. 어떤 일에 자기 힘이 미치지 못할 때 하는 탄식.

亡者(망자 wángzhě) ① 죽은 사람. ② 망한 사람. ③《佛》 죽은 사람의 혼백이 성불(成佛)하지 못하고 명도(冥道)에서 헤맴.

亡子計齒(망자계치 wángzǐjìchǐ) 《國》 죽은 자식 나이 세기.《喻》 이미 지나가버린 쓸 데 없는 일을 생각하고 애석하게 여긴다는 뜻.

亡兆(망조 wángzhào) 망징패조(亡徵敗兆)의 약어.

亡種(망종 wángzhǒng) ① 아주 몹쓸 놈의 종자. ② 아주 몹쓸 사람.

亡魂(망혼 wánghún) 죽은 사람의 혼. 망령(亡靈).

▶ 逃亡(도망)·滅亡(멸망)·未亡人(미망인)·死亡(사망)·存亡(존망)·敗家亡身(패가망신)·敗亡(패망)·興亡(흥망)·興亡盛衰(흥망성쇠).

亢 높을 항

㉿ kàng ㉿ コウ, くび ㉿ neck

① 목 항(頸). ② 새 목구멍 항(鳥嚨). (보통 吭자를 씀.) ③ 높을 항(高極). ④ 별 이름 항(星名). (二十八宿의 하나.) ⑤ 기둥 항(棟). ⑥ 겨룰 항(敵). ⑦ 가릴 항(蔽). ⑧ 자기 스스로 믿을 항(自尊). ⑨ 극진할 항(極).

亢羅(항라 kàngluó) 날을 셋 혹은 다섯씩을 몰아 성기게 짠 여름의 옷감.

亢龍有悔(항룡유회 kànglóngyǒuhuǐ) 《喻》 존귀한 지위에 있는 사람은 항상 그 몸가짐을 조심하지 않으면 실패할 우려가 있다는 말의 비유. 역(易)의 상구(上九)를 항룡(亢龍)에 비유하여 이르는 말.

亢進(항진 kàngjìn) 위세 좋게 뽐내고 나아감.

亢扞(항한 kànghàn) 대항하여 방비함.

亢旱(항한 kànghàn) 극심한 가뭄. 대한(大旱).

交 사귈 교

㉿ jiāo ㉿ コウ, まじわる ㉿ exchange

① 사귈 교(相合). ② 벗할 교(友). ③ 서로 주고받을 교(往來). ④ 바꿀 교(更代). ⑤ 서로 만나는 곳 교(相合之所). ⑥ 흘레할 교(媾合). ⑦ 한 달의 바뀌지는 때 교. (계절이 바뀔 때도 씀.) ⑧ 날아서 왕래할 교(鳥飛貌). ⑨ 옷깃 교(衣領).

書體 小篆 交 草書 交 中學 象形

交感(교감 jiāogǎn) ① 서로 접촉하여 느낌. ② 최면술을 쓰는 사람이 상대자를 최면시키는 관계.

交款(교관 jiāokuǎn) 서로 사귀어 즐김.

交戟(교극 jiāojǐ) 창을 엇걸리게 맞댐. 싸움.

交聘(교빙 jiāopìn) 나라와 나라 사이에 서로 사신을 보내는 일.

交惡(교오 jiāo'è) 서로 미워함.

交錯(교착 jiāocuò) 서로 엇갈리고 얼크러짐.

交響曲(교향곡 jiāoxiǎngqǔ) 《樂》 관현악곡(管絃樂曲)의 하나. 보통 4악장으로 된 소나타 형식의 곡임. 심포니(symphony).

交互(교호 jiāohù) 피차. 서로서로. 번갈아.

▶ 結交(결교)·管鮑之交(관포지교)·舊交(구교)·國交(국교)·斷交(단교)·大衆交通(대중교통)·刎頸之交(문경지교)·社交(사교)·性交(성교)·世代交替(세대교체)·修交(수교)·外交(외교)·絶交(절교)·情交(정교)·親交(친교).

亥 돼지 해:

亥亥亥亥亥亥

音 hài 日 ガイ、い

① 끝지지 해(支之末位). 「십이지(十二支)의 맨 끝의 이름」. ② 방위 해(方位). 「서북쪽과 북쪽과의 사이」. ③ 해시 해(지금의 오후 열시「亥時」). ④ (음력) 시월 해(十月). ⑤ 돼지 해(豚).

書體 小篆 亥 古文 豕 古文 亥 草書 亥 (中學) 象形

亥年(해년 hàinián) 《民》 태세(太歲)가 해(亥)로 된 해.
亥末(해말 hàimò) 《民》 해시(亥時)의 마지막 시각. 곧 하오 11시쯤 되기 바로 전 시각.
亥方(해방 hàifāng) 《民》 이십사방위의 하나. 북쪽에서 조금 서쪽에 가까운 방위.
亥坐巳向(해좌사향 hàizuòsìxiàng) 《民》 묘 자리나 집터 따위가 해방(亥方) 곧 북북서(北北西)를 등지고, 사방(巳方) 곧 남남동(南南東)을 바라보고 앉음.
亥初(해초 hàichū) 《民》 ① 12시로 나눈 12째의 시간의 처음. 곧 하오 9시 지난 시각. ② 24시로 나눈 23째 시각의 처음. 곧 오후 9시 반이 지난 시각.

亦 또 역

亦亦亦亦亦亦

音 yì 日 エキ、ヤク、また 英 too, also
① 또 역(又). ② 또한 역(承上之辭). ③ 클 역(大). ④ 모두 역(總). ⑤ 어조사 역(語助辭).

書體 小篆 亦 草書 亦 (中學) 指事

亦各(역각 yìgè) ① 이것저것. ② 제가끔.
亦是(역시 yìshì) ① 또한. ② 전에 생각했던 대로.
亦如是(역여시 yìrúshì) 이것도 또한.
亦然(역연 yìrán) 이 또한 그러함.
亦參其中(역참기중 yìcānqízhōng) 남의 일에 참여함.

亨 형통할 형

亨亨亨亨亨亨亨

1 音 hēng 日 キョウ、とおる
2 音 héng 日 コウ、にる 英 go well

1 ① 형통할 형(通). ② 남을 형(餘).
2 삶을 팽(煮). 【烹과 같음】 3 드릴 향(獻). 【享과 통함】

書體 草書 亨 (高校) 象形

亨嘉(형가 hēngjiā) 좋은 시기에 만남.
亨途(형도 hēngtú) 평탄한 길.
亨通(형통 hēngtōng) ① 모든 일이 뜻과 같이 잘 됨. ② 운이 좋아서 출세함.
亨熟(팽숙 hēngshú) 충분히 삶음.

▶ 萬事亨通(만사형통).

享 누릴 향:

享享享享享享享享

音 xiǎng 日 キョウ、もてなす
英 enjoy
① 드릴 향(獻). ② 제사 지낼 향(享祀, 時享). ③ 흠향할 향(祭享, 歆). ④ 잔치 향(宴). 【亨과 통함】

書體 小篆 享 文 盒 草書 亨 (高校) 象形

享年(향년 xiǎngnián) 한 평생을 살아 누릴 나이. 곧 죽은 사람의 나이를 가리키는 말. 이 세상에 생존한 햇수.

享春客(향춘객 xiǎngchūnkè) 봄을 향락하는 사람.

▶ 臘享(납향).

京 서울 경

京京京京京京京京

⊕ jīng ⊕ ケイ, キョウ, みやこ
⊕ capital

① 서울 경(首都). ② 클 경(大). ③ 언덕 경(丘). ④ 수의 이름 경(數名). (兆의 열곱). ⑤ 곳집 경(倉). ⑥ 근심할 경(憂).

書體 小篆 京 草書 京 中學 象形

京觀(경관 jīngguān) ① 굉장한 구경거리. ② 무공(武功)을 보이기 위하여 전쟁이 끝난 뒤에 적의 시체를 쌓아 올리고 흙으로 덮은 큰 무덤.
京畿(경기 jīngjī) ① 서울 부근. ② 서울. 경사(京師). ③ 경기도.
京湖(경호 jīnghú) ① 경기도와 충청도의 병칭. ② 경기도·충청도·전라도의 병칭.
京華(경화 jīnghuá) ① 번화한 서울. 수도. ② 서울의 번화한 것.

▶ 歸京(귀경)·東京(동경)·上京(상경)·入京(입경)·出京(출경)·皇京(황경).

亭 정자 정

亭亭亭亭亭亭亭亭

⊕ tíng ⊕ テイ, あずまや ⊕ arbor
① 정자 정(觀覽處). ② 여관 정(宿所). ③ 평평할 정(平). ④ 고를 정(調). ⑤ 곧을 정(直). ⑥ 이를 정(至). ⑦ 자라날 정(育). ⑧ 우뚝할 정(聳立貌).

書體 小篆 亭 草書 亭 高校 形聲

亭當(정당 tíngdāng) ① 어떤 일이나 사태가 안정된 모양. ② 타당(妥當). 정당(停當).
亭子(정자 tíngzi) 놀기 위하여 산수(山水)가 좋은 곳에 지은 집. 〈子는 조사(助辭)〉.
亭亭(정정 tíngtíng) ① 나무가 곧게 서 있는 모양. 정연(亭然). 정직(亭直). ② 멀리 까마득한 모양. ③ 고독한 모양. ④ 아름다운 모양. ⑤《地》산 이름. 태산(泰山)의 지봉(支峰)을 일컬음.

▶ 老人亭(노인정)·料亭(요정)·土亭秘訣(토정비결)·八角亭(팔각정).

亮 밝을 량

⊕ liàng
⊕ liáng ⊕ リョウ, あきらか
⊕ bright

① 밝을 량(明). ② 알 량(諒). ③ 믿을 량(信). ④ 도울 량(佐).

亮察(양찰 liàngchá) ① 밝게 살핌. ② =양찰(諒察).
亮許(양허 liàngxǔ) 사정을 잘 알아서 용서하거나 허용함.

人, 亻 部
사람 인

人 사람 인

人人

⊕ rén ⊕ ジン, ニン, ひと
⊕ man, people

① 사람 인(動物最靈者). ② 나랏사람 인(國民). ③ 남 인(己之對). ④ 성질 인(性質). ⑤ 잘난 사람 인(賢良人). ⑥

사람 됨됨이 **인**(爲人). ⑦ (가벼운 뜻으로 토 모양으로 씀.「助辭也」). ⑧ (사람 수를 헤아릴 때 씀.) ⑨ 관명(官名) 혹은 직업의 이름으로 씀.

書體 小篆 人 草書 人 中學 象形

人間萬事塞翁馬(인간만사새옹마 rénjiānwànshìsàiwēngmǎ) 인생(人生)의 화(禍)와 복(福)은 일정치 않다는 뜻. 행(幸)이 불행(不幸)이 되고, 화(禍)가 복(福)이 될 때와 같은 경우에 씀.《故》변방(邊方)에 살던 한 노인이 자기 말[馬] 때문에 화(禍)가 복(福)이 되었다는 고사. → 새옹마(塞翁馬).

人面獸心(인면수심 rénmiànshòuxīn) 얼굴은 사람이나 마음은 짐승과 같다는 말.《喩》의리도 인정도 없음. 또는 그 사람. 인비인(人非人).

人命在天(인명재천 rénmìngzàitiān) 사람의 수명은 하늘에 매여 있음.

人事不省(인사불성 rénshìbùshěng) 병이나 중상(重傷) 등으로 의식을 잃고 정신을 차리지 못함.

人山人海(인산인해 rénshānrénhǎi) 사람이 헤아릴 수 없이 많이 모인 모양.

人生七十古來稀(인생칠십고래희 rénshēngqīshígǔláixī) 사람이 일흔 살까지 산다는 것이 예로부터 드문 일이라는 말.

人身攻擊(인신공격 rénshēngōngjī) 다른 사람의 신상에 관한 일을 들어 비난함.

人才登用(인재등용 réncáidēngyòng) 인재를 뽑아 벼슬을 시킴.

人之常情(인지상정 rénzhīchángqíng) 사람의 보통 가질 수 있는 인정.

人體(인체 réntǐ) 사람의 몸뚱이.

▶ 架空人物(가공인물)·家庭婦人(가정부인)·看病人(간병인)·巨人(거인)·乞人(걸인)·經營人(경영인)·經濟人(경제인)·告發人(고발인)·告訴人(고소인)·雇傭人(고용인)·故人(고인)·公人(공인)·公證人(공증인)·關係人(관계인)·管理人(관리인)·狂人(광인)·敎養人(교양인)·敎人(교인)·求人(구인)·國內人(국내인)·國際人(국제인)·軍人(군인)·貴婦人(귀부인)·貴人(귀인)·金融人(금융인)·機能人(기능인)·基督敎人(기독교인)·企業人(기업인)·奇人(기인)·浪人(낭인)·內國人(내국인)·老人(노인)·老人亭(노인정)·達人(달인)·當該人(당해인)·代理人(대리인)·代辯人(대변인)·對人關係(대인관계)·渡來人(도래인)·同居人(동거인)·同名異人(동명이인)·東洋人(동양인)·同行人(동행인)·登錄人(등록인)·登山人(등산인)·登場人物(등장인물)·萬能人(만능인)·盲人(맹인)·名人(명인)·無人島(무인도)·無人之境(무인지경)·文明人(문명인)·文人(문인)·文人畫(문인화)·文學人(문학인)·文化人(문화인)·未開人(미개인)·未亡人(미망인)·美人計(미인계)·美人薄命(미인박명)·民間人(민간인)·民願人(민원인)·半神半人(반신반인)·反人倫(반인륜)·發信人(발신인)·發行人(발행인)·放浪人(방랑인)·放送人(방송인)·白人(백인)·凡人(범인)·犯人(범인)·犯罪人(범죄인)·法人(법인)·法曹人(법조인)·辯護人(변호인)·保證人(보증인)·服人(복인)

 什 열사람 **십** 세간 **집**

① 음 shén 일 ジュウ, とお 영 ten
② 음 shí

① ① 열사람 **십**(十人). ② 열 **십**(十). ③ 책권 **십**(卷). ② 세간 **집**(什物器類).

什麼(십마 shénme)《中》어떻게. 무엇. 의문사(疑問詞). (소설에 씀)

什長(십장 shícháng) ① 병졸 열 사람의 우두머리. ② 인부(人夫)를 직접 지시·감독하는 두목.

什器(집기 shíqì) 집물(什物).

什物(집물 shíwù) 일상생활에 쓰는 도구. 가구(家具). 집구(什具).

仁 어질 **인**

亻 仁 仁 仁

음 rén 일 ジン, ニン, いつくしむ
영 humane

① 어질 **인**, 착할 **인**(心之德愛). ② 사람 됨의 근본 **인**(人道之根本). ③ 동정할 **인**(同情). ④ 덕 있는 사람 **인**(有德人). ⑤ 사람 **인**(人). ⑥ 열매 씨 **인**(果核中實).

[書體] 小篆 仁 古文 𡰥 草書 仁 [中學] 會意

仁德(인덕 réndé) 인정이 깊은 지선(至善)의 덕.

仁義(인의 rényì) 어질고 의로움. 신애(信愛)의 마음과 도리에 알맞은 것. 박애(博愛)와 정의(正義).

仁者無敵(인자무적 rénzhěwúdí) 어진 사람은 사람을 사랑하기 때문에 적이 없음.

仁兄(인형 rénxiōng) 친구를 부를 때 쓰는 존칭. 귀형(貴兄). 존형(尊兄). 대형(大兄).

仁厚(인후 rénhòu) 마음이 어질고 무던함.

▶ 寬仁(관인)·不仁(불인)·至仁(지인).

人 2 ④ 仄 기울 측

[중] zè [일] ソク, かたむく [영] incline

① 기울 **측**(傾). (또는 기울게 하다.) ② 한자 음운(音韻)인 사성(四聲)에서 「평성(平聲)」을 뺀 「상성(上聲)」, 「거성(去聲)」, 「입성(入聲)」의 3성(聲). ③ 물이 콸콸 흐를 **측**(水流貌). ④ 희미할 **측**(幽). ⑤ 옆 **측**(側). ⑥ 돈 이름 **측**(錢名). 【側과 통함】

仄起(측기 zèqǐ) 절구시(絕句詩)의 기구(起句) 둘째 자(字)가 측자(仄字)인 것 또는 그 한시(漢詩). → 평기(平起).

仄陋(측루 zèlòu) 비천한 신분. 측루(側陋).

仄聞(측문 zèwén) 소문에 들음. 풍문에 들음. 측문(側聞).

仄聲(측성 zèshēng) =측운(仄韻).

仄韻(측운 zèyùn) 평성(平聲) 이외의 운(韻). 상(上)·거(去)·입(入)의 삼성(三聲)에 속하는 운자(韻字). 측운(仄韻)에 속하는 자(字)를 측자(仄字)라 함. 측성(仄聲). → 평측(平仄).

仄日(측일 zèrì) =사양(斜陽).

仄行(측행 zèxíng) 옆으로 비켜서 길을 사양하며 걸음. 측행(側行).

人 2 ④ 仇 원수 구

[중] chóu, qiú [일] キュウ, あだ, かたき [영] enemy

① 짝 **구**(匹). ② 원수 **구**(怨敵). ③ 거만할 **구**(傲). ④ 짝될 인연이 없을 **구**(緣無). ⑤ 잔질할 **구**(以手挹酒).

仇家(구가 chóujiā) ① 원수의 집. ② 적(敵). 원수.

仇校(구교 chóuxiào) 두 가지 서적을 대조하여 잘못된 데를 바로 잡음. 교정(校正). 교합(校合).

仇偶(구우 chóu'ǒu) =배우(配偶).

仇怨(구원 chóuyuàn) 원한. 원수.

仇匹(구필 chóupǐ) 같은 친구. 동배(同輩).

人 2 ④ 今 이제 금

今 今 今 今

[중] jīn [일] キン, コン, いま [영] now

① 이제 **금**(對古之稱). ② 곧 **금**(急辭, 卽). ③ 말머리에 쓰이는 조사(發語辭). ④ 오늘 **금**(今日).

[書體] 小篆 今 草書 今 [中學] 象形

今昔(금석 jīnxī) ① 이제와 옛날. 현재와 과거. 고금. ② 엊저녁. 작야(昨夜).

今昔之感(금석지감 jīnxīzhīgǎn) 현재와 과거를 비교하여 생각할 때 그 차이가 심함을 보고 느끼는 정.

今始初聞(금시초문 jīnshǐchūwén) 이제야 비로소 처음 들음.

▶古今(고금)·方今(방금)·尙今(상금)·而今(이금)·自今(자금)·昨今(작금)·只今(지금)·至今(지금)·現今(현금).

介 낄 개:

人 2/4

介介介介

音 jiè 音 カイ, はさまる 英 medium
① 낄 개(際). ② 도울 개(助). ③ 맬 개(繫). ④ 클 개(大). ⑤ 인할 개(因). ⑥ 중매할 개(仲媒). ⑦ 갑옷 개(甲). ⑧ 딱지 개(鱗). ⑨ 기슭 개(側畔). ⑩ 성질이 단단하고 깨끗할 개(耿耿). ⑪ 절개 개(節介). ⑫ 굳을 개(堅確). ⑬ 임금의 아들 개(王子). ⑭ 사신 개(使臣). ⑮ 홀로 개(孤立). ⑯ 견식 개(見識). ⑰ 홀짐승 개(無偶獸). 【芥와 같음】

書體 小篆 介 草書 尒 高校 象形

介意(개의 jièyì) 마음에 두고 생각함. 개회(介懷).
介入(개입 jièrù) 사이에 끼어 들어감. 사건에 관계하게 됨.
介在(개재 jièzài) 중간에 끼어 있는 것. 개거(介居). 개립(介立).

▶媒介(매개)·紹介(소개)·魚介(어개)·一介(일개)·自己紹介(자기소개)·仲介(중개)·職業紹介所(직업소개소).

仔 자세할 자

人 3/5

仔仔仔仔仔

音 zǐ, zǎi, zī 音 シ, こまかに 英 minute
① 맡길 자(任). ② 이길 자(克). ③ 질 자(負). ④ 자세할 자(仔細).
仔詳(자상 zǐxiáng) 찬찬하고 자세함.

仕 벼슬 사(:)

人 3/5

仕仕仕仕仕

音 shì 音 ジ, つかえる
英 official life
① 벼슬할 사(宦). ② 벼슬 사(官). ③ 살필 사(察). ④ 배울 사(學). ⑤ 【事 혹은 士와 통함】

書體 小篆 仕 草書 仕 中學 形聲

仕隱(사은 shìyǐn) 큰 재주가 있으면서 하리(下吏)로 있어 세상을 풍류(風流)로 잊음.
仕入(사입 shìrù) 판매 또는 생산하고 상품이나 원료를 사들임.

▶給仕(급사)·奉仕(봉사)·致仕(치사).

他 다를 타

人 3/5

他他他他他

音 tā 音 タ, ほか 英 other
① 다를 타(異). ② 남 타, 저 타(彼). ③ 누구 타(誰). ④ 간사할 타(邪). ⑤ 다른 마음 타(異心).

書體 金文 他 草書 他 中學 形聲

他界(타계 tājiè) 다른 곳의 세계. 《轉》 ㉠ 귀인의 죽음. ㉡ 《佛》 저승.
他山之石(타산지석 tāshānzhīshí) 다른 산에서 나는 거친 돌이라도 나의 옥을 가는 데 도움이 됨. 《喩》 모범이 되지 않는 남의 언행도 나의 지식과 인격을 닦는 데 도움이 됨.
他律(타율 tālǜ) ① 다른 규율. ② 《倫》 남의 지시에 따라 움직임. ↔ 자율(自律).

▶其他(기타)·排他(배타)·愛他(애타)·利他(이타)·自他(자타)·出他(출타).

仗 의장(儀仗) 장

人 3/5

音 zhàng 音 ジョウ, つわもの
英 guard

① 의장 **장**(兵衛儀仗). (당나라 제도로서 궁전을 지키는 병사). ② 지팡이 **장**(杖器). ③ 짚을 **장**(馮依). ④ 기댈 **장**(倚). ⑤ 무기 **장**(武器).【杖과 통함】

仗隊(장대 zhàngduì) 의장(儀仗)의 대열(隊列).

仗馬(장마 zhàngmǎ) 의장(儀仗)에 참여한 말.《轉》무서워 감히 말을 못함.

仗勢(장세 zhàngshì) 세력을 믿고 잘난체함.

仗衛(장위 zhàngwèi) ① 신분(身分)을 보호하는 부대. ② 의장(儀仗)을 호위(護衛)하는 것.

仗義(장의 zhàngyì) 정의(正義)로써 일을 행함.

付 부칠 부:

亻 亻 仁 付 付

音 fù 日 フ, つける 英 stick to

① 부칠 **부**(畀). ② 줄 **부**(與). ③ 부탁 **부**(託).

書體 小篆 付 草書 付 (高校) 會意

付囑(부촉 fùzhǔ) 부탁하여 위촉(委囑)함. 부탁함.

付票(부표 fùpiào) 쪽지를 붙임.

▶ 景品付(경품부)·交付(교부)·給付(급부)·反對給付(반대급부)·發付(발부)·配付(배부)·送付(송부)·受付(수부)·申申當付(신신당부)·還付(환부)

仙 신선 선

仙 仙 仙 仙 仙

音 xiān 日 セン, せんじん
英 fairy beings

① 신선 **선**(不老不死者). (산중에 들어가서 늙지 않고 죽지 않는 술(術)을 얻은 사람) ② 신선스러울 **선**(凡庸對稱). (보통사람으로서 할 수 없는 힘, 또 그 사람). ③ 가볍게 날 **선**(輕擧貌).

書體 草書 仙 仙 (中學) 形聲

仙骨(선골 xiāngǔ) ① 비범한 골상(骨相). ②《生》척추의 하단부. 곧 요부(腰部)에 있는 이등변삼각형의 뼈. 다섯 개의 천추(薦椎)가 유합(癒合)한 것으로 미골(尾骨)과 더불어 골반의 후벽(後壁)을 이룸.

仙丹(선단 xiāndān) 신선이 만든 불사(不死)의 약.《轉》먹으면 효과가 현저한 약. 선약(仙藥). 영단(靈丹). 신약(神藥).

仙風道骨(선풍도골 xiānfēngdàogǔ) 선인(仙人), 도사(道師)의 골상(骨相)의 뜻.《轉》남보다 뛰어난 풍채.

仝 간가지[同] 동

音 tóng 日 トウ, おなじ 英 same

① 「동(同)」의 고자(古字). ② 성 **동**(姓).

仝異(동이 tóngyì) =동이(同異).

代 대신 대:

代 代 代 代 代

音 dài 日 タイ, かわる, よ
英 substitute generation

① 대신 **대**(代身, 代理). ② 갈아들 **대**(更也, 替). ③ 번 갈을 **대**(交替). ④ 대수 **대**(世). ⑤ 맥이 순조롭지 못할 **대**(脈不定).

書體 小篆 代 草書 代 (中學) 形聲

代辯(대변 dàibiàn) 대신하여 의견을 말함.

代案(대안 dài'àn) 어떤 안(案)에 대신할 안(案).

代替(대체 dàitì) 다른 것으로 바꿈.

代充(대충 dàichōng) 다른 것으로 대신 채움.

▶古代(고대)·近代(근대)·旣成世代(기성세대)·屢代(누대)·當代(당대)·副代辯人(부대변인)·三代(삼대)·先代(선대)·聖代(성대)·世代交替(세대교체)·首席代表(수석대표)·時代(시대)·時代精神(시대정신)·時代錯誤(시대착오)·新陳代謝(신진대사)·暗黑時代(암흑시대)·歷代(역대)·年代(연대)·堯舜時代(요순시대)·一代記(일대기)·子孫萬代(자손만대)·前代未聞(전대미문)·全盛時代(전성시대)·地代(지대)·初代(초대)·超現代式(초현대식)·太平聖代(태평성대)·現代(현대)·花代(화대)·黃金時代(황금시대)·後代(후대)·稀代(희대).

人 ⑤ 令 하여금/명령할 령(:)

人 人 人 今 令

일 líng, lǐng 일 レイ, ふれ, おきて
영 ordination

① 하여금 령(使). ② 시킬 령, 하게끔할 령(俾). ③ 가령 령(假令). ④ 개 목소리 령(犬聲). ⑤ 명령할 령(命). ⑥ 법률 령(法也, 律). ⑦ 벼슬 이름 령, 원 령(官名). (한 지방의 장관) ⑧ 착할 령(善). ⑨ 철 령(時). ⑩ 성 령(復姓令狐). ⑪ 벽돌 령.【領과 통함】

書體 小篆 舍 草書 〻 中學 會意

令監(영감 lǐngjiān) ① 國 정삼품(正三品)·종이품(從二品) 관원을 일컫던 말. ② 좀 나이가 많은 남편이나 늙은이를 일컫는 말. ③ 면장(面長)·군수(郡守)·국회의원 등 지체가 높은 사람을 옛날 습성으로 존대하여 일컫는 말.
令達(영달 lǐngdá) 명령으로서 전함. 명령의 통지.
令夫人(영부인 lǐngfūrén) =영정(令正). 귀부인(貴夫人).
令息(영식 lǐngxī) 남의 아들에 대한 경칭. 영자(令子).
令愛(영애 lǐng'ài) 남의 딸에 대한 경칭. 영원(令媛).
令孃(영양 lǐngniáng) =영원(令媛). 영애(令愛).
令狀(영장 lǐngzhuàng)《法》법원이나 행정 기관에서 내는 명령의 서장(書狀). 소집영장·징발영장·구류영장·체포영장·수색영장 이 있음.

▶假令(가령)·苛令(가령)·口令(구령)·軍令(군령)·軍司令部(군사령부)·禁令(금령)·待令(대령)·大統領令(대통령령)·命令(명령)·發令(발령)·法令(법령)·非常勤務令(비상근무령)·辭令(사령)·使令(사령)·司令塔(사령탑)·設令(설령)·施行令案(시행령안)·律令(율령)·傳令(전령)·朝令暮改(조령모개)·指令(지령)·總司令塔(총사령탑)·勅令(칙령)·縣令(현령)·號令(호령)·訓令(훈령).

人 ⑤ 以 써 이:

以 以 以 以 以

일 yǐ 일 イ, もって 영 with

① 할 이(爲). ② 써 이(用)(「를」의 뜻에 씀). ③ 쓸 이(用). ④ 까닭 이(因). ⑤ 함께 이(與). ⑥ 거느릴 이(率). ⑦ 생각할 이(思).【已와 같고, 似와 통함】

書體 小篆 草書 中學 指事

以南(이남 yǐnán) 어떤 한계로부터의 남쪽.
以卵投石(이란투석 yǐluǎntóushí) 알로 돌을 친다는 말.《喻》당할 수 없다는 것. 번번이 실패함.
以民爲天(이민위천 yǐmínwéitiān) 백성을 생각하기를 하늘같이 여긴다는 말로서, 백성을 소중히 여겨 치국(治國)의 근본으로 삼음.
以直報怨(이직보원 yǐzhíbàoyuàn) 원한을 가진 사람에게도 덕으로 대함. 원수를 정의로 대함.
以此於彼(이차어피 yǐcǐyúbǐ) 거기나 여기나. 이것이나 그것이나. 이러나 저러나.

以天捉虎(이천착호 yǐtiānzhuōhū) 《國》하늘로 범 잡기. 《喩》아주 쉬운 일이라는 뜻.
以湯止沸(이탕지불 yǐtāngzhǐfèi) 끓는 물로써 끓음을 멎게 한다는 말. 《喩》아무리 하여도 막을 수 없고 더욱 무익함.
以蝦釣鯉(이하조리 yǐxiādiàolǐ) 《國》새우로 잉어 낚기. 《喩》적은 밑천을 들여 큰 이익을 얻는다는 뜻.
以血洗血(이혈세혈 yǐxiěxǐxiě) = 골육상쟁(骨肉相爭).

▶ 所以(소이).

仮 거짓 가:

【假(人부9획)의 약자】
【反(又부2획)과 같음】

仰 우러를 앙:

仰 仰 仰 仰 仰 仰

- 音 yǎng 日 ギョウ, ゴウ, あおぐ
- 英 respect

① 우러러볼 앙, 쳐다볼 앙(擧首望). ② 사모할 앙(敬慕). ③ 임금의 분부 앙(王命). ④ 의뢰할 앙(依賴). ⑤ 믿을 앙(恃). ⑥ 자뢰할 앙(資).

書體 小篆 仰 草書 仰 中學 形聲

仰角(앙각 yǎngjiǎo) 높은 데 있는 물건을 관측할 때 시선과 지평선이 이루는 각. 부각(俯角).
仰禱(앙도 yǎngdǎo) 우러러 기도함.
仰望(앙망 yǎngwàng) ① 우러러 봄. ② 삼가 바람.
仰釜日影(앙부일영 yǎngfǔrìyǐng) 해의 그림자로 시각을 가리키던 해시계의 한 가지.
仰訴(앙소 yǎngsù) 우러러 하소연함. 우러러 상소함.
仰婚(앙혼 yǎnghūn) 자기보다 문벌이 높은 사람과 혼인함. ↔ 강혼(降婚).

▶ 景仰(경앙)·崇仰(숭앙)·信仰(신앙)·推仰(추앙)·欽仰(흠앙).

仲 버금 중(:)

仲 仲 仲 仲 仲 仲

- 音 zhòng 日 チュウ, なか
- 英 medium

① 다음 중, 버금 중(次). ② 가운데 중(中). ③ 악기 이름 중(樂器名). ④ 중개 중(仲介). 【中과 통함】

書體 小篆 仲 草書 仲 高校 形聲

仲裁(중재 zhòngcái) 다투는 쌍방의 중간에 들어 화해를 붙임.
仲秋節(중추절 zhòngqiūjié) 팔월 보름을 명절로서 일컫는 말. 추석.

▶ 伯仲(백중).

件 물건/조건 건

件 件 件 件 件 件

- 音 jiàn 日 ケン, わける
- 英 classification

① 조건 건(條件). ② 가지 건(物別). ③ 구별할 건, 나눌 건(區別).

書體 篆文 件 草書 件 高校 會意

件件事事(건건사사 jiànjiànshìshì) 모든 일. 온갖 일마다. 하는 짓마다.
件名(건명 jiànmíng) ① 일이나 물건의 이름. ② 서류의 제목.

▶ 無條件(무조건)·本件(본건)·事件(사건)·事事件件(사사건건)·惡條件(악조건)·案件(안건)·與件(여건)·要件(요건)·用件(용건)·立件(입건)·條件(조건)·充分

條件(충분조건)·必要條件(필요조건)·必要充分條件(필요충분조건)·環境條件(환경조건).

任 맡길 임(:)

任任任任任任

- 🀄 rèn, rén 🇯🇵 エン, まかせる
- 🇬🇧 charge, entrust

① 맡길 **임**(以恩相信). ② 믿을 **임**(信). ③ 일 **임**(事也, 職務). ④ 임신할 **임**(姙). ⑤ 성 **임**(姓). ⑥ 마음대로 **임**(所爲). ⑦ 쓸 **임**(用). ⑧ 부세를 맡게 할 **임**(賦稅負擔).【壬·妊·姙과 통함】. ⑨ 당할 **임**(當). ⑩ 맡아서 책임질 **임**(負擔). ⑪ 짐 **임**(荷物). ⑫ 견딜 **임**(堪). ⑬ 두터울 **임**(誠篤). ⑭ 보증할 **임**(保證). ⑮ 질 **임**(所負).

書體 小篆 任 草書 任 (高校) 形聲

任官(임관 rènguān) ① 관직에 임명됨. ② 사관후보생 또는 사관학교 생도가 졸업 후 장교로 임명됨.

任大責重(임대책중 rèndàzézhòng) 임무가 크고 책임이 무거움.

任免(임면 rènmiǎn) 관직에 등용하는 것과 그만두게 하는 것. 임용과 파면.

任天(임천 rèntiān) 하늘에 맡김.

任置(임치 rènzhì) 남에게 돈이나 물건을 맡기어 둠.

任俠(임협 rènxiá) ① 약자를 돕고 강자를 물리치는 것. ② 체면을 소중히 여기고 신의를 지킴.

▶ 兼任(겸임)·單任(단임)·擔任敎師(담임교사)·無責任(무책임)·放任(방임)·背任受財(배임수재)·補任(보임)·赴任(부임)·辭任(사임)·常任(상임)·先任(선임)·還任(선임)·所任(소임)·受任(수임)·授任(수임)·信任(신임)·新任(신임)·歷任(역임)·連任(연임)·委任(위임)·留任(유임)·離任(이임)·一任(일임)·自由放任(자유방임)·自任(자임)·再任(재임)·在任(재임)·再任用(재임용)·適任(적임)·前任(전임)·專任(전임)·轉任(전임)·主任(주임)·重任(중임)·責任(책임)·初任(초임)·總責任者(총책임자)·就任(취임)·退任(퇴임)·解任(해임)·後任(후임).

企 바랄/꾀할 기

企企企企企企

- 🀄 qǐ 🇯🇵 キ, くわだてる 🇬🇧 plan

① 바랄 **기**(擧踵望). ② 계획할 **기**(計畫). ③ 절실하게 생각할 **기**.

書體 小篆 企 古文 企 草書 企 (高校) 象形

企望(기망 qǐwàng) 까치발을 하여 바라봄.《轉》어떠한 일이 이루어지기를 원하고 바람. 희망(希望). 기앙(企仰).

企羨(기선 qǐxiàn) 바라고 원함.

企業(기업 qǐyè) ① 사업을 기획하여 일으킴. 또는 계획한 사업. ②《經》영리를 목적으로, 생산 요소를 종합하여 계속적으로 경영하는 경제적 사업.

▶ 公企業(공기업)·大企業(대기업)·母企業(모기업)·私企業(사기업)·小企業(소기업)·安企部(안기부)·中企(중기)·中小企業(중소기업).

伊 저[彼] 이

- 🀄 yī 🇯🇵 イ, これ 🇬🇧 this

① 저 **이**(彼). ② 이 **이**(是). ③ 오직 이, 다만 이(維, 惟). ④ 발어사 **이**(發語辭). ⑤ (소리 혹은 동작을 형용하는 뜻 없는 토로 씀.) ⑥ 답답할 **이**(不舒爽).

伊伐湌(이벌찬 yīfācān)《制》신라 십칠관등(十七官等) 중 첫째 위계(位階). 진골(眞骨)만이 하는 벼슬.

伊鬱(이울 yīyù) ① 몹시 무더운 모양. ② 마음이 울적한 모양.

伊尹太公之謀(이윤태공지모 yīyǐntàigōngzhīmóu) 천하를 다스리는 계

책. 〈이윤(伊尹)은 은(殷)의 양상(良相), 태공(太公)은 주(周)의 명신(名臣)〉.

伍 사람 오:

人/4/6

음 wǔ 훈 コ, くみ, なかま 영 squad

① 다섯 오(五). ② 다섯 사람 오(五人). ③ (옛날 제도로 다섯 호의 조합). ④ 항오 오(軍列). ⑤ 무리 속에 들 오(同列). 【五와 같음】

伍伴(오반 wǔbàn) 같은 또래. 친구. 반려.

伍列(오열 wǔliè) 대(隊)를 만듦, 또는 그 사람.

▶ 隊伍(대오)·落伍(낙오).

伏 엎드릴 복

人/4/6

伏伏伏伏伏伏

음 fú 훈 フク, ふせる 영 lie flat
훈 ホク, はらばう 영 crawl

1 ① 엎드릴 복(跧也, 偃). ② 공경할 복(伏慕, 伏望). ③ 숨을 복(隱匿). ④ 숨은 죄 복(隱秘). ⑤ 복(음력 유월의 철 이름으로, 하지 후의 제3경(三庚)을 초복(初伏), 제4경(四庚)을 중복(中伏), 입추(立秋) 후의 초경(初庚)을 말복(末伏)이라 함). ⑥ 굴복할 복(屈服). **2** 새가 알을 품을 부(鳥抱卵). **3** 길 북(匍匐). 【匐과 같음】

書體 小篆 伏 草書 伏 中學 會意

伏龍(복룡 fúlóng) 숨은 재사(才士), 또는 호걸(豪傑).

伏龍鳳雛(복룡봉추 fúlóngfèngchú) 누운 용과 봉황의 새끼. 촉한(蜀漢)의 명신(名臣) 제갈량(諸葛亮)과 방통(龐統)을 형용한 말.《喩》숨어 있는 큰 인물.

伏魔殿(복마전 fúmódiàn) 악마가 숨어 있는 곳.《轉》화(禍)의 근원지.

伏白(복백 fúbái) "엎드려서 사뢴다"는 뜻의 한문투 편지에 쓰는 말.

伏線(복선 fúxiàn) ① 소설이나 희곡 등에서 뒤에 나올 이야기를 앞에서 암시하는 것. ② 뒷일의 준비로서 미리 암시해 두는 것.

伏羲(복희 fúxī) 《人》중국 고대 전설상의 임금. 처음으로 백성에게 고기 잡이·사냥·목축 등을 가르치고 팔괘(八卦)와 문자를 만들었다고 함. 복희(伏犧). 포희(抱犧).

▶ 屈伏(굴복)·起伏(기복)·末伏(말복)·埋伏(매복)·拜伏(배복)·俯伏(부복)·三伏(삼복)·潛伏(잠복)·中伏(중복)·初伏(초복)·降伏(항복).

伐 칠[討]/정벌할 벌

人/4/6

伐伐伐伐伐伐

음 fá, fā 훈 バツ, うつ 영 fell

① 칠 벌(征). ② 벨 벌(斫木). ③ 공 벌(功). ④ 자랑할 벌(自矜). ⑤ 방패 벌(干). ⑥ 갈아 눕힌 흙 벌(耦土). 【閥·坺과 같음】

書體 小篆 伐 草書 伐 中學 會意

伐性之斧(벌성지부 fáxìngzhīfǔ) 성명(性命)을 끊는 도끼.《喩》여색에 빠지면 사람의 성명(性命)에 해롭다는 말.

伐閱(벌열 fáyuè) 공로와 경력.

伐罪(벌죄 fázuì) 죄를 추궁함. 처벌함.

▶ 開伐(간벌)·攻伐(공벌)·濫伐(남벌)·殺伐(살벌)·征伐(정벌)·採伐(채벌)·侵伐(침벌)·討伐(토벌).

休 쉴 휴

人/4/6

休休休休休休

음 xiū 훈 キュウ, やすむ 영 rest

① 쉴 휴(暇息). ② 아름다울 휴(美也, 善). ③ 기쁠 휴(慶). ④ 겨를 휴(暇). ⑤ 물러갈 휴(休退致仕). ⑥ 넉넉할 휴(有容). ⑦ 죄를 놓을 휴(宥). ⑧ 검소할 휴(儉). ⑨ 그칠 휴(止). ⑩ 탄식할 휴, 한탄할 휴(歎). 【痛·歎·咻와 같음】

書體 小篆 休 草書 休 中學 會意

休暇(휴가 xiūxiá) ① 학교(學校)·직장(職場) 따위에서 일정한 동안 쉬는 일. ② 직장에 있는 사람이 다른 일로 쉬게 된 겨를. 방가(放暇).

休刊(휴간 xiūkān) 신문 잡지들의 발행을 한 때 쉬는 일.

休講(휴강 xiūjiǎng) 계속되는 강의를 한때 쉼.

休憩(휴게 xiūqì) 잠깐 쉬는 일. 휴식.

休校(휴교 xiūxiào) ① 학교가 수업을 한동안 쉼. ② 학생이 학교 수업을 쉼.

休眠(휴면 xiūmián) ① 외계의 상태가 생존에 맞지 않게 될 때 동식물이 그 생활 기능을 활발하게 하지 않고 일정 기간을 지내는 일. ② 부화한 누에가 어느 정도 성장한 후 잠을 자는 일.

休息(휴식 xiūxī) ① 일의 도중에서 잠깐 동안 쉼. ② =휴게(休憩).

休養(휴양 xiūyǎng) 피로(疲勞)의 회복이나 다음 활동을 위하여 심신(心身)을 편안히 보양(保養)함.

休業(휴업 xiūyè) 학업이나 영업을 하루 또는 얼마 동안 쉼.

休日(휴일 xiūrì) 보는 일을 중지하고 노는 날. 공휴일. 정휴(定休).

休載(휴재 xiūzài) 신문·잡지 따위에 연재(連載)하던 글을 한동안 싣지 않음.

休戰(휴전 xiūzhàn) 《軍》 ① 전쟁을 중지함. ② 교전국이 서로 협의하여 군사 행동을 일시적으로 멈춤.

休廷(휴정 xiūtíng) 재판(裁判) 도중에 쉬는 일.

休紙(휴지 xiūzhǐ) ① 못쓰게 된 종이. ② 허드렛종이. 화장지(化粧紙).

休止(휴지 xiūzhǐ) 그만 둠. 쉼. 끝남. 휴헐(休歇).

休職(휴직 xiūzhí) ① 공무원·사원 등이 그 신분을 유보(留保)하면서 일정한 기간 그 직무를 쉬는 일. ② 장교가 보임을 받지 않고 쉼.

休診(휴진 xiūzhěn) 의료 기관의 휴업. 한동안 진찰을 않음.

休學(휴학 xiūxué) 병환(病患) 기타 원인으로 재적한 채 한동안 학교를 쉼. 학문하는 것을 쉼.

休閑(휴한 xiūxián) 토양을 개량하기 위하여 어느 기간 경작을 쉬는 일.

休火山(휴화산 xiūhuǒshān) 《地》 옛날에는 분화(噴火)하였으나 현재는 분화(噴火)를 멈춘 화산.

休會(휴회 xiūhuì) ① 회의 도중에 쉼. ② 회의체(會議體)가 스스로 의사(議事)를 중지하고 쉼. ③ 《經》 거래소에서 입회를 휴지(休止)하는 일.

▶ 公休(공휴)·歸休(귀휴)·不休(불휴)·遊休(유휴)·定休(정휴)·週休(주휴).

人4 6획 伯 낱/개인 개(:)

【個(人부8획)의 약자】

人4 6획 会 모일 회(:)

【會(日부9획)의 약·속자】

人4 6획 伝 전할 전

【傳(人부11획)의 약자】

人5 7획 伯 맏 백

1 음 bó 일 ハク, かしら, おさ 영 chief **2** 음 bǎi 영 elder

1 ① 맏 **백**(長). ② 벼슬 이름 **백**(爵名).〈다섯 작위(爵位)의 셋째 이름.〉 ③ 백부 **백**(伯父). ④ 형 **백**(兄). ⑤ 남편 **백**(夫之稱). ⑥ 세간 **백**(巷間). ⑦ 말의 신 **백**(馬祖).〈말을 맡아 보는 별이름 '천마성(天馬星)'.〉 **2** 우두머리 **패**, 으뜸 **패**(盟主).〈중국 제후(諸侯)의 우두머리.〉

書體 小篆 伯 小篆 伯 草書 伯 (高校) 形聲

伯母(백모 bómǔ) 큰어머니.
伯父(백부 bófù) ① 큰아버지. ② 임금이 동성(同姓)의 제후를 존칭하던 말. → 백구(伯舅).
伯叔(백숙 bóshū) ① 형과 아우. ② 아버지의 형과 아버지의 아우. 백부와 숙부.
伯氏(백씨 bóshì) 남의 맏형을 일컫는 말. 백형(伯兄).
伯牙(백아 bóyá)《人》춘추시대(春秋時代)의 저명한 고금가(鼓琴家).
伯夷叔齊(백이숙제 bóyíshūqí)《人》은(殷)의 고죽군(孤竹君)의 아들이며 형제지간. 무왕(武王)이 은(殷)을 치려는 것을 말리다가 듣지 않으므로 형제는 주(周)의 녹을 먹기를 부끄럽게 여기어 수양산(首陽山)에 들어가 고사리를 캐어 먹으며 숨어 살다가 굶어 죽었다는 전설(傳說)이 있음.
伯爵(백작 bójué) 다섯 가지 작(爵) 중의 셋째 번 작위.
伯仲叔季(백중숙계 bózhòngshūjì) 형제의 순서. 맏형을 백(伯), 그 다음을 중(仲), 또 다음을 숙(叔), 끝의 아우를 계(季)라 일컬음.
伯仲之間(백중지간 bózhòngzhījiān)《喩》큰 차이가 없음. 비슷함. 백(伯)은 형, 중(仲)은 제로 서로 비슷한 사이라는 뜻.
伯兄(백형 bóxiōng) 맏형.

▶ 伍伯(오백)·畫伯(화백).

人 5 ⑦ 你 너 니

음 nǐ 일 ニ, ジ, なんじ 영 you
너 **니**(汝).

人 5 ⑦ 伴 짝 반:

伴伴伴伴伴伴伴
음 bàn 일 ハン, つれ, とも
영 companion

① 짝 **반**, 벗 **반**, 동무 **반**(友). ② 동반할 **반**(同伴). ③ 의지할 **반**(倚也, 依). ④ 모실 **반**(陪). ⑤ 한가할 **반**(閒暇). ⑥ 늘어질 **반**(縱弛, 伴奐).

書體 小篆 伴 草書 伴 (高校) 形聲

伴侶(반려 bànlǚ) 친구. 짝이 되는 동무.
伴奏(반주 bànzòu)《樂》성악이나 기악의 주주부(主奏部)를 좇아 다른 악기로 이를 돕는 주악(奏樂).
伴寢(반침 bànqǐn) = 동숙(同宿).
伴行(반행 bànxíng) = 동행(同行).

▶ 同伴(동반)·相伴(상반)·隨伴(수반).

人 5 ⑦ 伸 펼 신

伸伸伸伸伸伸伸
음 shēn 일 シン, のびる
영 straighten

① 펼 **신**(舒). ② 다스릴 **신**(理). ③ 기지개 켤 **신**(欠伸).

書體 小篆 伸 草書 伸 (高校) 形聲

伸寃雪恥(신원설치 shēnyuānxuěchǐ) 마음에 맺힌 원한을 풀고 수치스러운 일을 씻어 버림.

伸張(신장 shēnzhāng) 늘려 넓게 폄.
伸鐵(신철 shēntiě) 강철 부스러기를 재료로 하여 달궈서 만든 강철.
伸縮(신축 shēnsuō) 늘어남과 줄어들음. 이장(弛張).

▶ 急伸張(급신장)·追伸(추신).

人 5 ⑦ **似** 같을/비슷할 **사:**

[중] sì [일] シ, ジ, にる [영] resemble
[중] shì [일] ジ, にる

① 같을 **사**(肖). ② 본뜰 **사**(模倣). ③ 이을 **사**(嗣). ④ 드릴 **사**(捧). ⑤ 받들 **사**(奉).

[書體] 小篆 草書 [高校] 形聲

似類(사류 sìlèi) 비슷하게 닮음. 유사(類似).
似續(사속 sìxù) ① 이음. 대를 이음. ② 자손(子孫).
似是而非(사시이비 sìshì'érfēi) 보기에는 그럴듯하나 사실은 틀림.
似而非(사이비 sì'érfēi) 겉으로는 같아 보이나 실제로는 다름.
似虎(사호 sìhū) 《動》 고양이의 이명.

▶ 近似値(근사치)·非夢似夢(비몽사몽)·相似(상사)·類似(유사)·擬似(의사)·恰似(흡사).

人 5 ⑦ **伽** 절 **가**

[중] qié, jiā, gā [일] カ, てら
[영] temple

절 **가**(僧居). (梵語의 〈ka, ga〉음을 나타냄에 씀.) 【茄와 통함】

伽藍(가람 qiélán) 《梵》 sarighā-rāmā의 음역(音譯). 절[寺]. 불도(佛道)를 수업(修業)하는 곳. 정사(精舍).
伽倻琴(가야금 qiéyēqín) 《國》 우리나라 고유의 현악기의 하나. 신라 진흥왕 때 가야국 가실왕(嘉實王)이 악사 우륵(于勒)을 시키어 만들었음. 판은 오동나무이고 길이 5자 4치, 너비 8치 5푼, 두께 2치 2푼으로 줄이 열두 개 있음.

▶ 僧伽(승가).

人 5 ⑦ **但** 다만 **단:**

[중] dàn [일] タン, ただ, ただし
[영] but

① 다만 **단**, 한갓 **단**, 홀로 **단**, 오직 **단**(徒). ② 특별히 **단**(特). ③ 그러나 **단**(然). ④ 부질없을 **단**(空).

[書體] 小篆 草書 [中學] 形聲

但書(단서 dànshū) 본문 다음에 단(但)자를 덧 붙여서, 어떤 조건이나 예외의 뜻을 나타내는 글.
但只(단지 dànzhǐ) 다만. 겨우. 오직.

▶ 非但(비단).

人 5 ⑦ **位** 자리 **위**

[중] wèi [일] イ, くらい [영] position

① 벼슬 **위**. ② 임금의 신분 **위**(王身分). ③ 위치 **위**(位置). ④ 자리가 정해 있을 **위**(安其所). ⑤ 바를 **위**(正). ⑥ 분 **위**(다른 사람에게 대하는 존댓말「敬辭也」). ⑦ 벌일 **위**(列). ⑧ 방위 **위**(方角).

[書體] 小篆 草書 [中學] 會意

位畓(위답 wèidá) 수확을 어떠한 목적에 쓰기 위하여 장만한 논.

位品(위품 wèipǐn) 관직의 품계(品階).

▶ 高位(고위)·高品位(고품위)·官位(관위)·闕位(궐위)·單位(단위)·代位(대위)·同位(동위)·滿水位(만수위)·方位(방위)·寶位(보위)·本位(본위)·復位(복위)·部位(부위)·三位一體(삼위일체)·首位(수위)·順位(순위)·神位(신위)·讓位(양위)·劣位(열위)·零順位(영순위)·王位(왕위)·優先順位(우선순위)·優位(우위)·原位置(원위치)·爵位(작위)·在位(재위)·低位(저위)·電位(전위)·諸位(제위)·中下位圈(중하위권)·卽位(즉위)·地位(지위)·職位(직위)·次位(차위)·次順位者(차순위자)·次位(차위)·簒位(찬위)·體位(체위)·村主位畓(촌주위답)·最高位(최고위)·最下位圈(최하위권)·退位(퇴위)·廢位(폐위)·品位(품위)·學位(학위)·向壁設位(향벽설위)·向我設位(향아설위)·虛位(허위).

低 낮을 저:
5/7

低低低低低低低

음 dī 일 テイ, ひくい 영 low

① 낮을 저(高之反, 下). ② 값쌀 저(賤價). ③ 구부릴 저(俛). ④ 소리 약할 저(音弱). ⑤ 숙일 저(垂). ⑥ 머뭇거릴 저(留連). 【氐와 통함】

書體 小篆 低 草書 低 中學 形聲

低頭平身(저두평신 dītóupíngshēn) 머리를 숙이고 몸을 굽힘.《喩》사죄하는 모습.
低眉(저미 dīméi) ① 고개를 숙임. ② 굴복함.

▶ 高低(고저)·最低(최저)·最低價(최저가)·最低位(최저위).

住 살/머므를 주:
5/7

住住住住住住

음 zhù 일 チュ, ジュウ, すむ 영 dwell

① 머무를 주(留). ② 거처할 주(居). ③ 그칠 주(止). ④ 설 주(立).

書體 小篆 住 中學 形聲

住持(주지 zhùchí)《佛》한 절을 주관하는 중. 주직(住職).

▶ 居住(거주)·常住(상주)·安住(안주)·永住(영주)·移住(이주)·定住(정주).

佐 도울/보좌할 좌:
5/7

佐佐佐佐佐佐佐

음 zuǒ 일 サ, たすける 영 help

① 도울 좌(輔). ② 보좌관 좌. ③ 버금 좌(貳).

書體 草書 佐 高校 形聲

佐飯(좌반→자반 zuǒfàn) 생선을 소금에 절인 반찬. 굴비·암치·어란(魚卵) 등.
佐書(좌서 zuǒshū) 서체(書體)의 이름. 예서(隸書). 왕망(王莽)의 육체서(六體書) 중의 하나. 이해하기 쉽도록 한 서체(書體). 좌례(佐隸).

▶ 補佐(보좌)·輔佐官室(보좌관실).

佑 도울 우:
5/7

음 yòu 일 ユウ, たすける 영 help

① 도울 우(助). ② 도움이 될 우(佑之).
【右·祐와 통함】

佑命(우명 yòumìng) ① 하늘이 도움. 천우(天祐). 행운(幸運). ② 왕명(王命)을 도움.
佑助(우조 yòuzhù) 도움. 보좌(輔佐). 보필(輔弼).

▶ 保佑(보우)·陰佑(음우).

体 용렬할 분 / 몸 체

1 음 tǐ 일 ホン, おとる 영 mediocrity
2 음 tǐ

1 ① 용렬할 분(劣). ② 추할 분(麤貌). ③ 거칠 분(荒). ④ 상여꾼 분(轎丁体夫). **2** 체. 뜻은 【體】에 보라.【體의 속자】

何 어찌 하

何何何何何何何

①-⑥ 일 カ, なに 영 what
⑦ 음 hé 일 カ, どれ

① 어찌 하, 무엇 하(曷). ② 누구 하, 어느 하(孰). ③ 어조사 하(詰辭). ④ 어찌하지 못할 하(莫敢). ⑤ 얼마 안 되어서 하(未多時). ⑥ 꾸짖을 하(譴責). ⑦ 멜 하(擔).

書體 小篆 何 草書 日 中學 形聲

何面目(하면목 hémiànmù) 무슨 면목. 볼 낯이 없다는 뜻.
何厚何薄(하후하박 héhòuhébáo) 한 편은 후하게 하고 한 편은 박하게 함. 곧 차별이 있게 대하는 것을 원망하는 말.

▶ 幾何(기하)·幾何級數(기하급수)·如何(여하)·六何原則(육하원칙).

余 나 여

余余余余余余余

음 yú 일 ヨ, われ, あまる
영 I, remainder

① 나 여(我). ② 남을 여(餘). ③ 달 이름 여(음력 사월의 별칭). ④ 마래기 여(冠之一種).【予와 같음】

書體 小篆 余 草書 余 中學 象形

余等(여등 yúděng) 우리들. ↔ 여등(汝等).
余輩(여배 yúbèi) 우리들.

佛 부처 불

佛佛佛佛佛佛佛

1 음 fó 일 フツ, ほとけ 영 Buddha
2 음 fú

1 ① 부처 불(釋迦牟尼). ② 어기어질 불(戾). ③ 도울 불(輔). ④ 비슷할 불(不審貌). ⑤ 깨달을 불(覺). **2** ① 흥할 필(興). ② 도울 필(輔).

書體 小篆 佛 草書 佛 中學 形聲

佛戒(불계 fójiè) 《佛》 불도(佛道)의 금제(禁制)의 계율.
佛果(불과 fóguǒ) 《佛》 불도 수행의 결과 얻게 되는 부처의 위치. 성불(成佛)의 증과(證果).
佛敎(불교 fójiào) 《佛》 B.C. 500년 무렵 인도(印度)의 석가모니가 베푼 종교. 전미개오(轉迷開悟)·성불득탈(成佛得脫)을 종지(宗旨)로 함. 석교(釋敎). 불도(佛道). 불법(佛法).
佛紀(불기 fójì) 《佛》 불교의 기원(紀元)으로부터 헤아리는 불교의 햇수. 불교의 기원(紀元)은 석가모니 부처가 입멸(入滅)한 B.C. 544년임. 〈서기 2006년은 불기 2550년임. 브리태니커 백과사전 1994년판 참조〉
佛門(불문 fómén) ① 부처의 길. ② 불교를 믿는 사람. 또는 그들의 사회. 불법계(佛法界). 석문(釋門). 승문(僧門). 선문(禪門). 안문(雁門).
佛法(불법 fófǎ) ① 석가(釋迦)의 가르침. 불교(佛敎). ② 프랑스 법률의 약칭.
佛法僧(불법승 fófǎsēng) ① 《佛》 삼보(三寶). 곧 우주의 진리를 깨닫은 불타(佛陀). 불타(佛陀)가 말한 교법(敎法). 교법(敎法)을 따라 수행하는 승려. ②《動》새 이름(*Eurystomus orientalis*). 불법승과(佛法僧科)에 속함. 열대지방과 고산 밀림 속에 살며 우는 소리가 불(佛)·법(法)·승(僧)이라 함과 같기 때문에 이런 이름을 붙였음. 일명 삼보조(三寶鳥).

佛寶(불보 fóbǎo) ① 세상에 보배가 된다는 뜻으로 석가모니 이하 모든 부처를 일컫는 말. ② 묘지(妙智)를 이루어 그 도가 원각(圓覺)에 오름을 가리키는 말.

佛舍利(불사리 fóshèlì)《佛》석가(釋迦)의 유골. 불사리(佛沙利).

佛乘(불승 fóchéng)《佛》중생(衆生)을 싣고 깨달음의 세계로 이르게 하는, 곧 중생(衆生)을 성불(成佛)하게 하는 길을 설명한 교법(敎法).

佛眼(불안 fóyǎn) ① 불교를 깨달은 사람의 안식(眼識). ② 자비스러운 눈.

佛月(불월 fóyuè)《佛》① 부처의 광명(光明). 부처는 달과 같이 능히 중생(衆生)의 치암(癡闇)을 살필 수 있기 때문임. ② 중생(衆生)의 마음이 맑으면 부처는 이에 응하여 나타남. 부처는 물 속의 달과 같기 때문임.

佛日(불일 fórì)《佛》부처의 자비는 무궁무진하여 모든 중생(衆生)에게 빠짐없이 널리 미침. 해가 어둠을 없애는 것처럼 부처는 중생(衆生)의 번뇌를 없앨 수 있기 때문임.

佛左鬚(불좌수 fózuǒxū) 연꽃의 꽃술. 연예(蓮蕊).

佛刹(불찰 fóchà)《梵》Buddhaksetra의 음역(音譯). 절. 찰(刹)은 토(土)로서 불토(佛土)라는 뜻. 불탑(佛塔). 불각(佛閣). 불사(佛寺).

佛陀(불타 fótuó)《梵》Buddha의 음역(音譯). 각자(覺者)라는 뜻. 부처. 석가(釋迦). 부도(浮屠). 부도(浮圖). 보리(菩提). 불도(佛圖).

佛誕日(불탄일 fódànrì)《佛》석가 (釋迦)의 탄생일. 곧 음력 4월 8일. 이 날 관불(灌佛)을 행함. 불생일(佛生日).

佛然(필연 fórán) 성하게 일어나는 모양. 발연(勃然). 발연(浡然).

▶ 見性成佛(견성성불)·空念佛(공염불)·未來佛(미래불)·彌勒佛(미륵불)·排佛(배불)·本尊佛(본존불)·生佛(생불)·石佛(석불)·成佛(성불)·阿彌陀佛(아미타불)·抑佛(억불)·念佛(염불)·禮佛(예불)·儒佛仙(유불선)·主佛(주불)·斥佛(척불)·統佛(통불)·通佛(통불)·現世佛(현세불)·護佛(호불)·後佛(후불)·興佛(흥불).

作 지을 작

⑤
⑦

作作作作作作作

1 음 zuò 일 サク 2 음 zuō 일 サ, つくる 영 make 3 음 zuó

1 ① 지을 작(造). ② 이룰 작(成). ③ 비롯할 작(始). ④ 일할 작(事). ⑤ 일어날 작(興起). 2 ① 할 자(爲). ② 지을 자(做). 3 만들 주(造).【做와 같음】

書體 小篆 作 草書 作 中學 形聲

作故(작고 zuògù) 죽음. 사망함.

作法自斃(작법자폐 zuòfǎzìbì) 자기가 만든 법에 자신이 해를 입음.

作舍道傍(작사도방 zuòshèdàobàng)《喩》이론이 많아 일을 이루기에 힘듦. 길가에 집을 지을 때 왕래하는 사람들의 의견이 많아서 잘 결정이 내려지지 않는 것과 같다는 뜻.

作心三日(작심삼일 zuòxīnsānrì) 결심이 사흘을 가지 못함.《喩》결심이 굳지 못함.

▶ 佳作(가작)·改作(개작)·傑作(걸작)·耕作(경작)·工作(공작)·劇作(극작)·近作(근작)·農作(농작)·代作(대작)·大作(대작)·盜作(도작)·稻作(도작)·動作(동작)·連作(연작)·勞作(노작)·名作(명작)·模作(모작)·無作爲(무작위)·米作(미작)·反作用(반작

용)·發作(발작)·副作用(부작용)·不作爲 (부작위)·小作農(소작농)·秀作(수작)·手作業(수작업)·習作(습작)·始作(시작)·詩作(시작)·始作鐘(시작종)·夜間作業(야간작업)·力作(역작)·逆作用(역작용)·聯作(연작)·英作(영작)·原作(원작)·僞作(위작)·遺作展(유작전)·自作(자작)·自作農(자작농)·自作業(자작업)·著作權者(저작권자)·全作(전작)·前作(전작)·田作(전작)·製作(제작)·操作(조작)·造作劇(조작극)·拙作(졸작)·地下工作(지하공작)·振作(진작)·創作(창작)·處女作(처녀작)·打作(타작)·破作(파작)·平作(평작)·豊作(풍작)·合作(합작)·凶作(흉작)·興作(흥작).

佩 찰[帶] 패:

人6⑧

음 pèi 일 ハイ, ヒ, おびる 영 wear
① 패옥 패(大帶佩玉). (옛날의 의복 제도로서 큰 띠에 붙이는 장식하는 구슬) ② 찰 패(帶之). ③ 마음에 먹을 패(心服). ④ 물이 흘러서 합할 패(合流). 【珮와 같음】

佩劍(패검 pèijiàn) 차는 칼. 또는 칼참.
佩韋(패위 pèiwéi) 성질이 급함을 늦춤. 《故》위(韋)는 다룸가죽. 곧 부드러운 것. 이것을 지녀 성급함을 고치려고 했다는 서문표(西門豹)의 이야기.
佩瓢(패표 pèipiáo) 쪽박을 찬다는 뜻으로, 곧 구차하여 빌어먹는다는 말.
佩弦(패현 pèixuán) 마음의 해이함을 고침. 《故》현(弦)은 활시위로 긴장(緊張)을 뜻함. 이것을 몸에 차고 느린 마음을 고치려고 했다는 동안우(董安于)의 이야기.

▶ 感佩(감패)·銘佩(명패)·玉佩(옥패).

佳 아름다울 가:

人6⑧

佳佳佳佳佳佳佳佳

1 음 jiā 일 カイ, よい 영 good

2 일 カ

1 ① 아름다울 가(美). ② 기릴 가(褒).
【嘉와 같음】 **2** ① 착할 개(善). ② 좋을 개(好). ③ 좋아할 개(好).

 小篆 佳 草書 佳 中學 形聲

佳景(가경 jiājǐng) 좋은 경치. 호경(好景). 절경(絕景). 승경(勝景).
佳郞(가랑 jiāláng) 잘난 신랑. 잘난 소년.
佳麗(가려 jiālì) 용모·경치 같은 것이 곱고 아름다움.
佳配(가배 jiāpèi) 좋은 배우자. 가우(佳偶). 가대(佳對). 가배(嘉配).
佳約(가약 jiāyuē) ① 좋은 언약. ② 연인과 만날 언약. ③ 부부가 될 언약.
佳人薄命(가인박명 jiārénbáomìng) 용모가 아름다운 여자는 대개 수명이 짧은 사람이 많다는 뜻.
佳作(가작 jiāzuó) ① = 가집(佳什). ② 당선작으로 인정되기는 어려우나 꽤 잘된 작품.
佳節(가절 jiājié) 경사스러운 날. 좋은 때. 양신(良辰). 길신(吉辰).
佳趣(가취 jiāqù) 좋은 취미. 재미. 즐거운 맛. 가치(佳致).
佳話(가화 jiāhuà) ① 재미있고 좋은 이야기. ② 아름다운 이야기.
佳花(가화 jiāhuā) 좋은 꽃. 아름다운 꽃. 가화(嘉花).
佳會(가회 jiāhuì) 즐거운 모임.
佳肴(가효 jiāyáo) 좋은 안주. 좋은 음식.

▶ 百年佳約(백년가약)·漸入佳境(점입가경).

倂 아우를 병:

人6⑧

음 bìng 일 ヘイ, ならぶ 영 abreast
① 나란할 병(竝). ② 다툴 병(競). ③ 물리칠 병(屛棄). ④ 겸할 병(兼). ⑤

아우를 병(竝). ⑥ 합할 병(合).【倂의 약자】

併科(병과) bìngkē) 도형(徒刑)과 벌금형(罰金刑)을 아울러서 처함.

併發(병발) bìngfā) 동시에 발생함.

併用(병용) bìngyòng) 아울러 같이 씀. 병용(竝用).

併存(병존) bìngcún) 함께 존재함. 병존(竝存).

併進(병진) bìngjìn) 함께 나란히 나감.

併吞(병탄) bìngtūn) 남의 물건을 한데 아울러서 제 것으로 만듦. 병유(倂有). 병략(倂略).

併合(병합) bìnghé) ① 둘 이상의 사물을 합쳐서 하나로 만듦. ② 어떤 나라가 다른 나라와 결합하여 한 개의 나라를 구성하는 일. 합방(合邦). 합병(合倂).

▶ 兼倂(겸병)·合倂(합병).

佹 포갤 궤:

중 guǐ 일 キ, もとる 영 be against

① 포갤 궤(重累). ② 의지할 궤(依). ③ 어길 궤(戾). ④ 주추 궤(支柱). 【詭와 통함】

佹得佹失(궤득궤실 guǐdéguǐshī) 우연히 얻었다가 우연히 잃어버림.

佹辯(궤변 guǐbiàn) 억지로 꾸며대는 말. 궤변(詭辯).

使 하여금/부릴 사:

중 shǐ, shì 일 シ, つかう
영 employ, mission

① 부릴 사(役). ② 하여금 사(令). ③ 가령 사(假定辭). ④ 사신 사(將命者). ⑤ 심부름시킬 사(命).

書體 小篆 傳 草書 使 中學 形聲

使徒行傳(사도행전 shǐtúxíngchuán)《宗》초대(初代) 기독교의 발전을 적은 신약성서(新約聖書) 중의 한 편.

使臂使指(사비사지 shǐbìshǐzhǐ)《喩》지시하고 명령함을 뜻과 같이 자유자재로 할 수 있다는 말.

使嗾(사주 shǐsǒu) 남을 부추기어 나쁜 일을 시킴. 지주(指嗾)의 오용(誤用).

▶ 客使(객사)·公使(공사)·觀察使(관찰사)·驅使(구사)·勞使(노사)·大使(대사)·勞使政(노사정)·牧使(목사)·武力行使(무력행사)·密使(밀사)·設使(설사)·再使用(재사용)·節度使(절도사)·正使(정사)·執杖使令(집장사령)·天使(천사)·勅使(칙사)·通信使(통신사)·特使(특사)·行使(행사)·酷使(혹사).

來 올 래(:)

중 lái 일 ライ, くる, いたる 영 come

① 올 래(至). ② 부를 래(呼). ③ 돌아올 래(還). ④ 보리 래(麥名). ⑤ 오대손 래(孫). ⑥ (어세를 강하게 하기 위하여 붙이는 뜻 없는 토씨). ⑦ 부터 래(自). ⑧ 이르를 래(至). ⑨ 위로할 래(撫其至者).

書體 小篆 來 草書 來 中學 象形

來歷(내력 láilì) 지나온 경력. 유래.

來賓(내빈 láibīn) 어떤 모임에 청을 받고 찾아온 손님.

來聘(내빙 láipìn) 외국인이 예물을 가지고 찾아옴. 내공(來貢).

來世思想(내세사상 láishìsīxiǎng)《宗》내세에 진정한 인간의 행복과 평화가 있다고 생각하는 종교적 사상.

來襲(내습 láixí) 습격해옴.

來往(내왕 láiwǎng) 오고감. 왕래.

來由(내유 láiyóu) 사물(事物)의 내력.

유래. 원인.

來者不拒(내자불거 láizhěbùjù) 오는 사람을 막지 말라는 뜻으로, 자유(自由) 의사(意思)에 맡기라는 말. ↔ 거자불추(去者不追).

▶ 去來(거래)·去來先(거래선)·古來稀(고래희)·空手來空手去(공수래공수거)·捲土重來(권토중래)·近來(근래)·到來(도래)·渡來(도래)·未來(미래)·未來學者(미래학자)·舶來(박래)·本來(본래)·商去來(상거래)·實去來(실거래)·阿彌陀如來(아미타여래)·暗去來(암거래)·如來(여래)·往來(왕래)·外來文化(외래문화)·外來語(외래어)·元來(원래)·由來(유래)·以來(이래)·將來(장래)·再來(재래)·在來(재래)·在來市場(재래시장)·在來種(재래종)·傳來(전래)·從來(종래)·直去來(직거래)·招來(초래)·出來(출래).

侈 사치할 치

人6/8

🔊 chǐ 🇯 シ, イ, おごる 🇬🇧 luxury

① 사치할 **치**(奢侈, 驕). ② 넓을 **치**(廣). (크게 떠벌려 있는 것). ③ 많을 **치**(多). ④ 풍부할 **치**(饒). 【参와 같음】

書體 小篆 侈 草書 侈 中學 形聲

侈端(치단 chǐduān) 낭비의 시초. 사치의 시초.
侈濫(치람 chǐlàn) 지나치게 사치하여 분수에 넘침.
侈費(치비 chǐfèi) 분수없이 씀. 사비(奢費).
侈奢(치사 chǐshē) =사치(奢侈).
侈風(치풍 chǐfēng) 사치스러운 풍속.

▶ 驕侈(교치)·奢侈(사치).

例 본보기/견줄 례:

人6/8

🔊 lì 🇯 レイ, たとえば 🇬🇧 example

① 법식 **례**(法式). ② 전례 **례**(前例). ③ 견줄 **례**(比). ④ 대강 **례**(槩). ⑤ 대부분 **례**(大部分). ⑥ 같을 **례**(類).

書體 小篆 例 草書 例 中學 形聲

例規(예규 lìguī) ① 관례와 규칙. ② 관례로 되어 있는 규칙.
例症(예증 lìzhèng) 늘 앓고 있는 병.
例證(예증 lìzhèng) ① 증거가 되는 전례. ② 예를 들어 증명함.

▶ 古例(고례)·慣例(관례)·文例(문례)·凡例(범례)·比例(비례)·事例(사례)·常例(상례)·先例(선례)·實例(실례)·惡例(악례)·用例(용례)·類例(유례)·典例(전례)·前例(전례)·定例(정례)·條例(조례)·特例(특례)·判例(판례).

侍 모실/시중할 시:

人6/8

侍 侍 侍 侍 侍 侍 侍 侍

🔊 shì 🇯 シ, ジ, はべる 🇬🇧 attend

① 모실 **시**(陪側). ② 모시는 사람 **시**(侍人). ③ 가까울 **시**(近). ④ 좇을 **시**(從). 【寺와 통함】

書體 小篆 侍 草書 侍 高校 形聲

侍女(시녀 shìnǚ) ① 궁녀. ② 가까이 있어 시중드는 여인.
侍立(시립 shìlì) 웃어른을 모시고 섬.
侍墓(시묘 shìmù) 부모의 거상 중에 무덤 옆에 막을 짓고 지냄.
侍奉(시봉 shìfèng) 부모를 모시어 받들음.
侍婢(시비 shìbì) 가까이 모시고 시중드는 계집 종.
侍率(시솔 shìshuài) 웃어른을 모시고 아랫사람을 거느림.
侍臣(시신 shìchén) 임금을 가까이 모시는 신하.
侍衛(시위 shìwèi) 임금의 옆에서 호위함. 또는 그 무관(武官).
侍醫(시의 shìyī) 임금에게 딸린 의사.
侍者(시자 shìzhě) ①《佛》설법사(說法師)를 모시는 사람. ② 가까이 모시는 사람.

侍從(시종 shìcóng) 임금의 옆에서 여러 가지 일을 받들음. 또는 그 벼슬.
侍蕩(시탕 shìdàng) 부모의 병환에 약시중하는 일.
侍下(시하 shìxià) 부모나 조부모가 살아 있어 모시고 있는 사람.

▶ 內侍(내시)·門下侍中(문하시중)·奉侍(봉시)·常侍(상시)·層層侍下(층층시하)·宦侍(환시).

供 이바지할/바칠 공ː

供 仁 什 件 供 供 供

①② 음 gōng 일 キョウ, そなう
영 provide ③–⑤ 음 gòng 일 ク, そなう
① 베풀 공(設). ② 이바지할 공(給). 【共과 통함】③ 갖출 공(具). ④ 받들 공(奉). ⑤ 문초받을 공(審問取招).

書體 小篆 供 草書 佚 (高校) 形聲

供覽(공람 gōnglǎn) 관람에 제공함. 관람케 함.
供述(공술 gòngshù) 《法》 법관이나 검사 등의 신문(訊問)에 피고인·피의자·증인 등이 행하는 진술.
供養(공양 gòngyǎng) ① 맛있는 것을 갖추어 어버이를 섬김. ② 《佛》 부처 또는 죽은 사람에게 음식·옷 따위를 바침. 공시(供施).
供託(공탁 gòngtuō) 《法》 ① 물건을 제공하고 기탁함. ② 법령의 규정에 따라 금전·유가증권 또는 다른 물건을 공탁소(供託所) 또는 일정인(一定人)에게 기탁(寄託)하는 일.

▶ 提供(제공).

依 의지할 의

依 依 佚 佚 依 依 依

①–⑥ 음 yī 일 イ, よる 영 depend
⑦–⑨ 일 エ

① 의지할 의, 기댈 의(倚也, 賴). ② 비슷할 의(彷佛). ③ 따를 의(循). ④ 그대로 의(依然). ⑤ 나무가 우거진 모양 의. ⑥ 붙일 의(附). ⑦ 비유할 의(譬喩). ⑧ 평온할 의(安). ⑨ 병풍 의(屛類).

書體 小篆 依 草書 依 (中學) 形聲

依準(의준 yīzhǔn) ① 의거함. 준거(準據). ② 청원을 들어 줌.
依遵(의준 yīzūn) 전례(前例)에 따라 행함.

▶ 歸依(귀의).

侮 업신여길 모(ː)

侮 侮 侮 侮 侮 侮 侮 侮

음 wǔ 일 ブ, あなどる 영 despice
업신여길 모(慢易).

書體 小篆 侮 古文 侮 草書 侮 (高校) 形聲

侮弄(모롱 wǔnòng) 얕보고 조롱함.
侮慢(모만 wǔmàn) 남을 얕보고 저만이 스스로 잘난 체함.
侮罵(모매 wǔmà) 업신여기고 꾸짖음.
侮蔑(모멸 wǔmiè) 멸시하고 낮봄. 경멸(輕蔑).
侮笑(모소 wǔxiào) 비웃음. 냉소(冷笑).
侮押(모압 wǔyà) 업신여김. 무시함.
侮辱(모욕 wǔrǔ) 깔보아 욕되게 함.

▶ 輕侮(경모)·凌侮(능모)·慢侮(만모)·受侮(수모).

侯 임금/제후 후

侯 侯 侯 侯 侯 侯 侯 侯

음 hóu 일 コウ, きみ 영 marquis
① 벼슬 이름 후(五爵第二位). ② 과녁 후(射布). ③ 임금 후(君). ④ 영주 후

(領主). ⑤ 아름다울 **후**(美). ⑥ (왕성서 떨어져 있는) 五백리의 땅. ⑦ 어조사 **후**(語助辭, 維·惟·伊).

書體 小篆 斿 草書 侯 [高校] 會意

侯爵(후작 jiàojué) 다섯 작위(爵位)의 둘째 번.

▶ 君侯(군후)·封侯(봉후)·列侯(열후)·王侯(왕후)·諸侯(제후)·徹侯(철후).

侵 침노할/젖을 침

侵侵侵侵侵侵侵侵侵

音 qīn 日 シン, おかす 英 invade
① 범할 **침**, 노할 **침**(犯). ② 점점 **침**(漸進). ③ 습격할 **침**(襲). ④ 흉할 **침**(凶作). ⑤ 용모가 초라할 **침**(貌不揚).

書體 小篆 侵 草書 侵 [高校] 形聲

侵陵(침릉 qīnlíng) 남을 침해하여 욕보임.
侵侮(침모 qīnwǔ) 침해하고 업신여김.
侵蝕(침식 qīnshí) 오랜 기간을 걸쳐 비바람 등이 먹어 들어감. 남의 땅을 점점 침범하여 들어감.

▶ 南侵(남침)·來侵(내침)·不可侵(불가침)·神聖不可侵(신성불가침)·外侵(외침)·被侵害(피침해).

侶 짝 려ː

音 lǚ 日 リョ, ロ, ともがら 英 companion
① 짝 **려**(徒伴). ② 벗할 **려**, 함께 **려**. ③ 동행할 **려**(同行).

侶伴(여반 lǚbàn) 친구. 길동무. 반려(伴侶).
侶儔(여주 lǚchóu) 짝. 친구. 주려(儔侶).

▶ 伴侶(반려)·僧侶(승려).

便 편할 편(ː) / 오줌 변

便便便便便便便便

1 音 bián 日 ベン, たやすい 英 convenience
2 音 biàn 日 ビン 3 音 pián

1 ① 편할 **편**(安). ② 소식 **편**(消息). ③ 편리할 **편**(利). ④ 익힐 **편**(習). ⑤ 오줌 **편**(溲). ⑥ 오로지 **편**(輒). **2** ① 비위맞출 **변**(便辟足恭). ② 말 잘할 **변**(明辯). ③ 배 뚱뚱할 **변**(肥大). ④ 똥오줌 **변**(屎尿大便小便). ⑤ 아담할 **변**(媚). ⑥ 같을 **변**(平). **3** **1**의 ③과 같음.

書體 小篆 便 草書 便 [中學] 會意

便佞(편녕 biànnìng) ① 일 처리에서 말만 앞세우고 실속이 없음. ② 말솜씨가 좋고 아첨을 잘함.
便辟(편벽 piánpì) 남의 뜻을 받아 비위를 맞춤.
便娟(편연 biànjuān) 아름다운 자태(姿态). 민첩하고 단정함.
便殿(편전 biàndiàn) 임금이 평상시에 거처하는 어전(御殿).

▶ 簡便(간편)·客車便(객차편)·交通便(교통편)·男便(남편)·方便(방편)·不便(불편)·相射便(상대편)·船便(선편)·速達便(속달편)·宿便(숙변)·雨便(양편)·女便(여편)·戀愛便紙(연애편지)·列車便(열차편)·用便(용변)·右便(우편)·郵便(우편)·郵便函(우편함)·郵便換(우편환)·慰問便紙(위문편지)·晉便(음편)·人便(인편)·臨時方便(임시방편)·自己便(자기편)·左便(좌편)·車便(차편)·超簡便(초간편)·快便(쾌변)·風便(풍편)·航空便(항공편)·行旅便(행려편)·形便(형편).

係 맬/맺을 계ː

係係係係係係係係

音 xì 일 ゲイ, かかる 영 unite
① 맬 계(縛). ② 이을 계(繼). ③ 맞이을 계(連屬). ④ 당길 계(曳). 【系와 통함】

書體 小篆 係 草書 伀 (高校) 形聲

係累(계루 xìlèi) ① 이어서 얽매임. 계루(係縲). ② 몸에 얽매인 누. 처자·권속(眷屬)들의 누. 가루(家累).
係著(계착 xìzhù) 마음에 늘 꺼림하여 걸리어 있음.

▶ 關係(관계)·刑事係長(형사계장).

促 재촉할 촉
人7⑨

促促促促促促促促促

音 cù 일 ソク, うながす 영 pressing
① 핍박할 촉(迫). ② 촉박할 촉(急). ③ 재촉할 촉(催). ④ 쪼그릴 촉(小). ⑤ 좁을 촉(狹). ⑥ 짧을 촉(短). ⑦ 빠를 촉(速).

書體 小篆 促 草書 伀 (高校) 形聲

促急(촉급 cùjí) 촉박하여 급함.
促迫(촉박 cùpò) 기일이 바짝 다가옴.
促發(촉발 cùfā) 재촉하여 내게 함. 재촉하여 떠나게 함.
促步(촉보 cùbù) 바쁘게 걸음.
促成(촉성 cùchéng) 빨리 이루어지게 재촉함.
促膝(촉슬 cùxī) 무릎을 대고 마주앉음.
促進(촉진 cùjìn) 재촉해 빨리 나아가게 함.

▶ 督促(독촉)·再促求(재촉구)·催促(최촉)·販促(판촉).

俄 아까 아
人7⑨

音 é 일 ガ, にわか 영 sudden

① 아까 아(短速). ② 잠깐 아(須臾). ③ 기울어질 아(傾). ④ 헌걸찰 아(大貌).

俄頃(아경 éqǐng) 조금 있다가. 아까. 잠깐 동안. 경각(頃刻).
俄然(아연 érán) 갑자기. 갑작스러운 모양. 졸연(卒然). 돌연(突然).

俊 준걸/뛰어날 준:
人7⑨

俊俊俊俊俊俊俊俊俊

音 jùn 일 シュン, すぐれる 영 outstand
① 준걸할 준(傑秀). ② 준수할 준. ③ 재주가 뛰어난 사람 준. ④ 높을 준(峻). ⑤ 클 준(大). 【儁·駿과 통함】

書體 小篆 俊 草書 俊 (高校) 形聲

俊傑(준걸 jùnjié) 지덕(智德)이 뛰어난 사람. 재주와 슬기가 뭇사람보다 뛰어남. 또는 그와 같은 모양이나 사람. 준호(俊豪). 준걸(俊桀). 준걸(儁傑).
俊骨(준골 jùngǔ) ① 뭇사람보다 뛰어나게 생긴 골격. ② 준걸(俊傑).
俊秀(준수 jùnxiù) 재주·슬기·풍채가 남달리 뛰어남. 준걸(俊傑).
俊逸(준일 jùnyì) 재능이 뛰어남. 또는 그 사람.
俊才(준재 jùncái) 뛰어난 재주. 또는 재주가 뛰어난 사람. 준재(俊材).
俊豪(준호 jùnháo) 기국(器局)이 보통사람 보다도 뛰어남. 또는 그런 사람. 도량이 크고 호탕함.

▶ 英俊(영준)·才俊(재준).

俗 풍속 속
人7⑨

俗俗俗俗俗俗俗俗俗

音 sú 일 ゾク, ならわし

俗

영 manners

① 익힐 속(習). ② 버릇 속. ③ 풍속 속(風俗). ④ 세상 속(世上). ⑤ 평범할 속(平凡). ⑥ 속인 속(俗人). ⑦ 하고자할 속(欲).

書體 小篆 俗 草書 俗 中學 形聲

俗家(속가 sújiā) ① 불교나 도교를 믿지 않는 사람의 집. ② 중이 중 되기 전에 태어난 집.

俗界(속계 sújiè) ① 속인(俗人)의 세계. 속경(俗境). 속환(俗寰). 속지(俗地). 진지(塵地). ↔종교계(宗教界). ② 세속(世俗) 일에 얽매이어 지내는 곳. ↔선계(仙界).

俗談(속담 sútán) ① 옛적부터 내려오는 민간의 격언. ② 속된 이야기. 속설(俗說). 속화(俗話).

俗物(속물 súwù) ① 배움이 없거나, 식견(識見)이 좁거나, 풍류를 모르는 사람. ② 속된 물건.

俗說(속설 súshuō) ① 세상 사람이 흔히 말하는 설. ② 속담(俗談).

俗語(속어 súyǔ) ① 통속적으로 쓰이는 저속한 말. ② 상말. 이언(俚言). 이어(俚語). ③ 속담(俗談).

俗緣(속연 súyuán) ① 속세와의 인연. 속인(俗人)으로서의 연고. ② 《佛》중이 속세에 있었을 때의 친척 또는 연고자. 진연(塵緣).

俗字(속자 súzì) 세간에서 두루 쓰여지는 자획(字畫)이 올바르지 않은 한자(漢字). 괴(怪)·치(恥)를 恠·耻로 쓰는 것과 같음. ↔정자(正字).

▶ 巫俗(무속)·美風良俗(미풍양속)·民俗(민속)·凡俗(범속)·卑俗(비속)·世俗(세속)·習俗(습속)·新風俗(신풍속)·雅俗(아속)·惡俗(악속)·野俗(야속)·良俗(양속)·禮俗相交(예속상교)·流俗(유속)·遺俗(유속)·異俗(이속)·低俗(저속)·眞俗(진속)·賤俗(천속)·超俗(초속)·脫俗(탈속)·土俗(토속).

保 보전할/지킬 보(ː)

保保保保保保保保

음 bǎo 일 ホウ, ホ, たもつ
영 integrity, keep

① 맡을 보(任). ② 지닐 보(持). ③ 보전할 보(全之). ④ 도울 보(佑). ⑤ 편안할 보(安). ⑥ 기를 보(養). ⑦ 머슴 보(傭). ⑧ 가까이서 일보는 사람 보「保母」. ⑨ 중매할 보(仲媒人). ⑩ 작은 성 이름 보(小城名). ⑪ 편안할 보(安). 【褓와 통함】

書體 小篆 保 古文 保 草書 保 中學 形聲

保健(보건 bǎojiàn) 건강을 보전함.

保姆(보모 bǎomǔ) ① 소아를 돌보아 주는 여자. 여사(女師). 보모(保姆). 보부(保傅). ② 유치원의 여선생.

保釋(보석 bǎoshì) 《法》 미결수가 보증금 또는 다른 보증을 하고 석방되는 일.

保稅(보세 bǎoshuì) 《法》 수입세의 부과를 유예하는 일.

保守(보수 bǎoshǒu) 현상(現狀) 또는 구습을 지킴.

保障(보장 bǎozhàng) ① 장해(障害)가 없도록 보증함. ② 장애가 되지 않게 보호함 ③ 조세를 가볍게 하여 백성을 편안케 하는 정치.

保證(보증 bǎozhèng) ① 책임지고 틀림이 없음을 증명함. ② 《法》 채무자가 채무를 이행하지 않을 경우, 대신하여 채무를 이행할 것을 부담하는 일.

保證手票(보증수표 bǎozhèngshǒupiào) 《經》 수표 액면(額面)의 지불을 보증하기 위하여 은행에서 발행하는 수표.

保險(보험 bǎoxiǎn) 《法》 손해를 물어 주겠다는 보증. 확실하다는 보증.

保護(보호 bǎohù) 잘 돌보아 지킴. 보

전하여 호위함.

▶ 強保合勢(강보합세)·過剩保護(과잉보호)·擔保(담보)·生命保險(생명보험)·損保(손보)·新保守主義(신보수주의)·安保(안보)·留保(유보)·醫保(의보)·隣保(인보)·自然保護(자연보호)·酒保(주보)·被保護(피보호)·確保(확보).

俞 대답할/인월도 유

【兪(人부7획)의 俗字】

俠 의기로울 협

중 xiá 일 キョウ, おとこだて
영 chivalry

1 ① 의기 협(權力輔人). ② 사이에 낄 협(挾). **2** ① 아우를 겹(竝). ② 곁 겸(傍). 【挾과 통함】

俠客(협객 xiákè) 장자를 꺾고 약자를 돕는 협기를 지닌 사람.

▶ 姦俠(간협)·武俠誌(무협지)·遊俠(유협)·義俠(의협)·豪俠(호협).

信 믿을 신:

信信信信信信信信信

중 xìn 일 シン, まこと 영 believe
① 믿을 신(不疑). ② 참될 신(眞). ③ 밝힐 신(明). ④ 징험할 신(驗). ⑤ 인장 신(印). ⑥ 맡길 신(任). ⑦ 이틀 밤 잘 신(再宿). ⑧ 소식 신(消息). ⑨ 사신 신(使). ⑩ 펼 신(伸). 【伸·申과 같음】

書體 小篆 倍 古文 𣍉 草書 信 中學 會意

信憑(신빙 xìnpíng)=신뢰(信賴).
信賞必罰(신상필벌 xìnshǎngbìfá) 공이 있는 사람에게는 반드시 상을 주고 죄가 있는 사람에게는 반드시 벌을 줌. 곧 상벌을 공정·엄중히 하는 일.
信條(신조 xìntiáo) ① 신앙의 조목. ② 꼭 믿고 있는 일.
信託(신탁 xìntuō) ① 신용하여 위탁함. ②《法》일정한 목적에 따라서 재산의 관리·처분을 위탁하는 일.
信標(신표 xìnbiāo) 훗날에 틀림없음을 보이기 위하여 나누어 가지는 표.
信厚(신후 xìnhòu) 신의가 있고 인품이 너그러움.

▶ 過信(과신)·狂信(광신)·交信(교신)·來信(내신)·電信(전신)·短信(단신)·答信(답신)·篤信(독신)·盲信(맹신)·迷信(미신)·半信半疑(반신반의)·發信(발신)·背信(배신)·不信(불신)·朋友有信(붕우유신)·相信(상신)·生活信條(생활신조)·書信(서신)·所信(소신)·送受信(송수신)·受信(수신)·受信高(수신고)·受信人(수신인)·雁信(안신)·與信(여신)·女信徒(여신도)·聯合通信(연합통신)·外信(외신)·威信(위신)·靑信號(청신호)·仁義禮智信(인의예지신)·自信(자신)·自信滿滿(자신만만)·赤信號(적신호)·電信(전신)·電信柱(전신주)·靑信號(청신호)·遞信(체신)·春信(춘신)·投信(투신)·偏信(편신)·平信徒(평신도)·花信(화신)·確信(확신)·回信(회신)·興信業(흥신업).

修 닦을 수

修修修修修修修修修

중 xiū 일 シュウ, おさめる
영 cultivate

① 닦을 수(飭). ② 옳게 할 수(正). ③ 정리할 수(整理). ④ 꾸밀 수(飾). ⑤ 엮을 수(編纂). ⑥ 다스릴 수(葺理). ⑦ 길 수(長). ⑧ 훌륭한 사람을 일컬음. ⑨ 키 높이 수(身長). 【脩와 통함】

書體 小篆 修 草書 恢 中學 形聲

修交(수교 xiūjiāo) 나라와 나라 사이에 국교를 맺음. 수호(修好).
修羅場(수라장 xiūluóchǎng) ① 《佛》아수라손(阿修羅率)이 제석

천(帝釋天)과 싸운 곳. ② 뒤범벅이 되어 야단이 난 곳. 모진 싸움으로 비참하게 된 곳.

修辭(수사 xiūcí) ① 말이나 문장을 수식(修飾)하여 보다 묘하고 아름답게 함. 또는 그 기술. ② 문교(文敎)를 수행(修行)함.

修身齊家(수신제가 xiūshēnqíjiā) 자기의 심신(心身)을 닦고 집안을 다스리는 일. 수제(修齊).

修人事(수인사 xiūrénshì) ① 늘 하는 인사. 일상의 예절. ② 인사를 닦음.

修撰(수찬 xiūzhuàn) ① 서책(書册)을 편집하여 찬술함. ②《制》사서(史書)를 편찬하는 벼슬 이름. ③ 고려 때 예문춘추관(藝文春秋館)의 정칠품(正七品) 벼슬. ④ 고려 때 예문관(藝文館)과 춘추관(春秋館)의 정팔품(正八品) 벼슬. ⑤ 조선 때 홍문관(弘文館)의 정육품(正六品) 벼슬.

▶ 監修(감수)·改修(개수)·補修(보수)·阿修羅場(아수라장)·研修(연수)·練修院(연수원)·履修(이수)·漸修(점수)·精修(정수)·靜修(정수)·定慧雙修(정혜쌍수)·重修(중수)·編修(편수)

俯 구부릴 부ː

중 fǔ 일 フ, ふせる 영 bow

① 구부릴 부(俛). ② 머리를 숙일 부(垂). ③ 깊숙이 숨어 있을 부(潛伏). ④ 굽을 부(曲).【頫와 같음】

俯角(부각 fǔjiǎo)《數》높은 곳에서 낮은 곳에 있는 지점을 내려다 볼 때 그 시선과 수평면이 이루는 각. ↔ 앙각(仰角).

俯瞰(부감 fǔkàn) 고개를 숙이고 봄. 내려다 봄. 부시(俯視). 부관(俯觀). 하감(下瞰).

俯瞰圖(부감도 fǔkàntú) =조감도(鳥瞰圖).

俯伏(부복 fǔfú) ① 고개를 숙이고 엎드림. 평신저두(平身低頭). 면복(俛伏). ② 몸가짐. 기거동작(起居動作).

俯仰無愧(부앙무괴 fǔyǎngwúkuì) 하늘을 우러러 보나 세상을 굽어보나 양심에 부끄러움이 없음.

俯察仰觀(부찰앙관 fǔcháyǎngguān) 아랫사람의 형편을 두루 굽어 살피고 윗사람을 존경하는 마음으로 우러러 봄. 편지 용어.

俱 함께 구

俱俱俱俱俱俱俱俱俱

중 jù 일 ク, ともに 영 together

① 다 구(皆). ② 함께 구(偕). ③ 갖출 구(具). ④ 동반할 구(伴).

書體 小篆 俱 草書 俱 (高校) 形聲

俱樂部(구락부 jùlèbù) 연구·친목 등 공통된 목적으로 결합된 사람들의 단체. 또는 그 집합소.

俱備(구비 jùbèi) 골고루 갖춤.

俱存(구존 jùcún) 어버이가 모두 살아 계심. ↔ 구몰(俱沒).

俱現(구현 jùxiàn) 내용이 죄다 드러남.

▶ 不俱戴天(불구대천)

俳 배우 배

중 pái 일 ハイ, わざおぎ 영 player

① 광대 배(雜戱). ② 배우 배. ③ 어슷거릴 배(徊).【俳와 같음】

俳諧(배해 páixié) 우스갯소리. 남을 웃기기 위한 악의없는 말. 농담. 희언(戱言). 배학(俳謔).

俳諧(배회 páihuí) 희롱(戱弄). 실없는 장난.

▶ 演劇俳優(연극배우)·映畫俳優(영화배우)

俸 녹(祿) 봉

🔊 fèng 🇯🇵 ホウ, ふち 🇬🇧 salary

① 녹 **봉**(秩祿). ② 급료 **봉**(給料). 【奉과 통함】

俸給(봉급 fènggěi) 직무보수(職務報酬)로 주는 돈. 봉질(俸秩).
俸祿(봉록 fènglù) =녹봉(祿俸).

▶ 減俸(감봉)·薄俸(박봉)·本俸(본봉)·年俸(연봉)·月俸(월봉)·總年俸(총연봉).

倂 아우를 병:

🔊 bìng 🇯🇵 ヘイ, ならべる 🇬🇧 abreast

① 나란할 **병**(竝). ② 다툴 **병**(競). ③ 물리칠 **병**(屛棄). ④ 겸할 **병**(兼). ⑤ 아우를 **병**(竝). ⑥ 합할 **병**(合). 【并과 같음】

倂倨(병거 bìngjù) 나란히 함. 병거(倂踞).
倂氣(병기 bìngqì) 기운을 모음. 마음을 하나로 함.
倂起(병기 bìngqǐ) 나란히 일어남. 다투어 일어섬.
倂力(병력 bìnglì) 힘을 합함. 협력(協力).

▶ 兼倂(겸병)·合倂(합병).

倆 재주 량

🔊 liǎ, liǎng 🇯🇵 リョウ, たくみ 🇬🇧 talent

재주 **량**, 공교할 **량**(技也, 巧).

▶ 技倆(기량).

個 낱/개인 개(:)

個個個個個個個個個

🔊 gè, gě 🇯🇵 カ, コ, ひとつ 🇬🇧 a piece

① 낱 **개**(枚). ② 치우칠 **개**(偏). 【个·箇와 같음】

書體 草書 **个** 中學 形聲

個人主義(개인주의 gèrénzhǔyì) ① 개인의 독립자유를 중히 여기는 주의. ↔ 전체주의(全體主義). ② 국가나 사회와 관계없이 개성 발달만을 교육의 목적으로 삼는 주의. ③《經》경제 활동에 있어 자유방임을 주장하는 주의. individualism.

▶ 各個(각개)·沒個性化(몰개성화)·別個(별개)·數個月(수개월).

倉 곳집/창고 창(:)

倉倉倉倉倉倉倉倉倉倉

🔊 cāng 🇯🇵 ソウ, くら 🇬🇧 warehouse

① 곳집 **창**(穀藏). (곡식 넣는 창고). ② 갑자기 **창**(卒). ③ 졸급할 **창**(遽). (옛날은 「蒼」「臟」 혹은 「滄」과 통함.) ④ 초상날 **창**(喪). ⑤ 슬퍼할 **창**(愴). 【愴과 통함】

書體 小篆 **倉** 古文 **夆** 草書 **玄** 高校 象形

倉廩(창름 cānglǐn) ① 곡물 창고. ② 비장(脾臟). 위장(胃臟).
倉氏庫氏(창씨고씨 cāngshìkùshì) 사물이 오래도록 변하지 않음을 가리키는 말.《故》옛날 중국에서 창씨(倉氏)와 고씨(庫氏)가 세습적으로 곳집을 맡아 보았다 함.
倉卒間(창졸간 cāngcùjiān) 급작스러운 동안.
倉頡(창힐 cāngxié)《人》상고, 황제 때의 좌사(左史). 처음으로 한자를 만든 사람. 창힐(蒼頡).

▶穀倉(곡창)·史倉(사창)·營倉(영창)·製造倉(제조창).

倍 갑절/곱 배(ː)
人 8 ⑩

倍倍倍倍倍倍倍倍倍倍

🅟 bèi 🅙 バイ, ます 🅔 double

1 ①곱 배, 갑절 배(加等, 加). ②겸할 배(兼). ③더욱더 배(益). **2** ①어길 패(背). ②떨어질 패(絶). ③비패할 패(鄙俗). ④암송할 패(暗誦).

書體 小篆 倍 草書 倍 (高校) 形聲

倍加(배가 bèijiā) ①갑절을 더함. ②점점 더함. 익익(益益).
倍達(배달 bèidá) 《國》대종교(大倧敎)에서 말하는 상고시대 우리나라의 이름.
倍騰(배등 bèiténg) 물건 값이 갑절이나 오름.
倍量(배량 bèiliáng) 갑절 되는 양.
倍反(배반 bèifǎn) 신의(信義)를 저버리고 돌아섬. 배반(背反). 배반(背叛). 배반(倍畔).
倍償(배상 bèicháng) 남에게 끼친 손해를 물어줌. 배환(倍還). 배상(賠償).
倍數(배수 bèishù) ①갑절이 되는 수. ②《數》자연 수 甲이 자연수 乙로 나누어질 때 乙에 대한 甲의 일컬음. ↔약수(約數).
倍額(배액 bèi'é) 갑절의 금액(金額). 갑절의 값.
倍率(배율 bèilǜ)=확대율(擴大率).
倍前(배전 bèiqián) 전보다 더함.
倍增(배증 bèizēng) 갑절을 증가함.
倍版(배판 bèibǎn) 어떠한 규격의 배가 되는 책의 크기.

▶數倍(수배)·勇氣百倍(용기백배).

倒 넘어질/거꾸러질 도ː
人 8 ⑩

倒倒倒倒倒倒倒倒倒倒

🅟 dǎo dào 🅙 トウ, たおれる 🅔 upset

①엎드러질 도(僵). ②넘어뜨릴 도(仆). ③(과격한 동작을 나타낼 때 쓰는 글자). ④간앉을 도, 요절할 도(極笑貌). ⑤헛늙을 도(老). ⑥거꾸로 도. ⑦뒤집어질 도(顚倒). ⑧거스릴 도(逆).

書體 小篆 草書 倒 (高校) 形聲

倒閣(도각 dǎogé) 내각을 넘어뜨림.
倒戈(도과 dàogē) 창을 거꾸로 함. 《喩》아군을 배반하여 적에게 통함. 변절함. 반역함.
倒壞(도괴 dǎohuài) 무너뜨림. 무너짐.
倒立(도립 dàolì) 거꾸로 섬.
倒屣(도사 dàoxǐ) 당황하여 신을 거꾸로 신고 사람을 영접함.《喩》진심으로 사람을 환영함.
倒産(도산 dàochǎn) ①가산을 기울임. 가산을 탕진함. 가산이 쓰러짐. 파산. ②《醫》아이를 거꾸로 낳음. 역산.
倒葬(도장 dàozàng) 조상 묘지의 윗자리에 자손의 묘를 씀.
倒顚(도전 dǎodiān) 거꾸로 됨. 뒤집힘. 전도(顚倒).
倒着(도착 dàozhuó) 옷을 거꾸로 입음.
倒錯(도착 dàocuò) 아래 위가 전도(顚倒)되어 뒤섞임.
倒置(도치 dàozhì) 거꾸로 놓음. 순서를 뒤바꾸어 둠.

▶驚倒(경도)·傾倒(경도)·壓倒(압도)·顚倒(전도)·絶倒(절도)·卒倒(졸도)·打倒(타도)·七顚八倒(칠전팔도).

倖 요행 행:

🅰 xìng 🅹 コウ、さいわい
🅴 good luck

① 괴일 행(寵). ② 아첨할 행(佞). ③ 친할 행(親). ④ 요행 행(僥倖). 【幸과 통함】

倖利(행리 xìnglì) 뜻밖에 얻은 행운. 요행(僥倖).
倖望(행망 xìngwàng) 요행을 바람.

▶ 射倖(사행)·僥倖(요행).

候 기다릴/기후 후:

候候候候候候候候候候

🅰 hòu, hóu 🅹 コウ、うかがう
🅴 inquire, peep

① 물을 후(訪). ② 살필 후(伺). ③ 생각할 후. ④ 점칠 후(占). ⑤ 바랄 후(望). ⑥ 모실 후(侍). ⑦ 기다릴 후(待). ⑧ 망군 후(斥候). ⑨ 징조 후(兆). ⑩ 철 후(節). (일 년을 72로 나눈 시절의 일컬음). ⑪ 날씨 후(天氣).

書體 小篆 候 草書 伇 (高校) 形聲

候兵(후병 hòubīng) ① 적의 형편을 살펴보는 병사. 척후병(斥候兵). 후졸(候卒). ② 병란(兵亂)을 살펴 봄.
候鐘(후종 hòuzhōng) 시계.

▶ 氣候(기후)·立候補(입후보)·士官候補生(사관후보생)·時候(시후)·全天候(전천후)·節候(절후)·症候(증후)·徵候(징후)·斥候(척후)·天候(천후)·測候(측후).

倚 기댈 의

🅛 🅰 yǐ 🅹 イ、よる 🅴 depend
🅜 🅹 キ、よる

🅛 ① 기댈 의(依). ② 인할 의(因). ③ 의지할 의. ④ 믿을 의(恃). ⑤ 장단에 맞출 의(合調). ⑥ 더할 의(加). 🅜 ① 설 기(立). ②【奇、畸와 통함】

倚傾(의경 yǐqīng) 한 쪽으로 기울어짐. 경사짐.
倚靠(의고 yǐkào) 기댐. 의장(倚仗). 의고(依靠).
倚閭之望(의려지망 yǐlǘzhīwàng) 부모가 그 자녀의 돌아오기를 몹시 기다림.
倚老賣老(의로매로 yǐlǎomàilǎo) 손위임을 믿고 남을 얕봄. 젊은이를 억누름.
倚門(의문 yǐmén) ① 고향에 계신 어머니. ② 의문지망(依門之望)의 약어.
倚門之望(의문지망 yǐménzhīwàng) 자녀가 돌아오기를 초조히 기다리는 어머니의 마음. 의문의려(依門倚閭). 의문지려(依門之閭).
倚勢(의세 yǐshì) 앉을 때에 몸을 편안히 뒤로 기대는 물건. 세력을 믿고 떠세함.
倚託(의탁 yǐtuō) 남에게 의뢰함. 남에게 의존함. 의탁(依托). 의탁(依託). 의뢰(依賴).

借 빌릴 차:

借借借借借借借借借借

🅰 jiè 🅹 シャ、かりる 🅴 borrow

🅛 ① 빌릴 차(假). ② 빚 차(貸). ③ 도울 차(助). ④ 허락할 차(許). ⑤ 가령 차(設辭). 🅜 적. 뜻은 🅛과 같음.

書體 小篆 借 草書 偌 (中學) 形聲

借家(차가 jièjiā) 셋집. 세를 주고 사는 집. 차택(借宅). 차옥(借屋).
借款(차관 jièkuǎn) ① 국제간의 자금의 대차. ② 차금(借金)의 조건.
借光(차광 jièguāng) ① 암체(暗體)가 발광체의 빛을 받아 빛을 내는 일.

달과 같은 것. ② 남의 덕을 입음. 도광(叨光).

借金(차금 jièjīn) 돈을 빌림. 빌린 돈. 꾼 돈. 빚. 차은(借銀). 차채(借債). 차전(借錢). 부채(負債). 차재(借財).

借刀殺人(차도살인 jièdāoshārén) 남의 칼을 빌어 사람을 죽임. 《喩》남을 이용하여 사람을 해침. 음험한 수단.

借力(차력 jièlì) 《國》약의 힘이나 신령의 힘을 빌려 몸과 기운이 굳세어진다는 것.

借名(차명 jièmíng) 딴 이름을 빌려 씀.

借邊(차변 jièbiān) 《經》부기(簿記)에서 현재 소유하고 있는 재산. 곧 토지·건물·집기·유가 증권·상품·원료·현금·예금 따위를 기입하는 쪽. ↔대변(貸邊).

借用(차용 jièyòng) 물건이나 돈을 빌리거나 꾸어 씀.

借越(차월 jièyuè) 《經》대월(貸越)을 예금자 측에서 일컫는 말. 곧 예금액 이상으로 차입 받는 일.

借賃(차임 jièlìn) 물건을 빌려 쓰고 치르는 돈.

借入(차입 jièrù) 돈이나 물건을 꾸어 들임.

借助(차조 jièzhù) 도움.

借主(차주 jièzhǔ) 돈이나 물건을 빌려 쓴 사람.

借地(차지 jièdì) 남에게서 빌린 토지.

借廳入室(차청입실 jiètīngrùshì) 남에게 의지하여 있다가 나중에는 그의 권리까지를 침범함의 비유.

借廳借閨(차청차규 jiètīngjièguī) 《國》마루를 빌려 주면 방까지 빌리려 함. 《喩》남의 호의를 이용하여 차츰차츰 그의 권리를 침해하는 것.

借風使船(차풍사선 jièfēngshǐchuán) 바람을 빌려 배를 달림. 《喩》남의 힘을 빌려 저의 이익(利益)을 도모(圖謀)함. 차수행주(借水行舟).

借筆(차필 jièbǐ) 글씨를 남에게 대신 쓰게 함. 또는 그 글씨.

借啣(차함 jièhán) 《國》실제로 근무하지 아니하고 이름만을 비는 벼슬. 차명(借名)·차함(借銜). 영직(影職).

▶ 假借(가차)·貸借(대차)·賃貸借(임대차)·賃借人(임차인)·租借(조차).

倡 광대 창:

①-④ cāng ショウ, わざおぎ
actress ⑤-⑦ chàng, càng
① 가무 창(歌舞). ② 미치광이 창(狂). ③ 기생 창(倡妓). ④ 번창할 창(昌). 【娼과 같음】 ⑤ 부를 창(唱). ⑥ 노래마디 창. ⑦ 인도할 창(導). 【唱과 통함】

倡優(창우 chàngyōu) 광대. 배우. 〈소리하는 사람을 倡, 놀이하는 사람을 優라 함〉. 창우(娼優).

倡義(창의 chàngyì) 국란(國亂)을 당하여 의병을 일으킴.

倡和(창화 chànghé) 한 사람이 선창(先唱)하면 다른 사람이 이에 따라 부르는 일. 창화(唱和).

倣 모방할/본받을 방:

倣倣倣倣倣倣倣倣倣

fǎng ホウ, ならう imitate
① 본받을 방(倣). ② 의방할 방(依).

書體 草書 倣 (高校) 形聲

倣刻(방각 fǎngkè) 모방하여 새김.
倣古(방고 fǎnggǔ) 옛것을 모방함.
倣似(방사 fǎngsì) 비슷함.

▶ 模倣(모방).

値 값 치

値値値値値値値値値値

🅞 zhí 🅙 チ, あたい 🅔 value
① 만날 치(遇). ② 당할 치. ③ 가질 치(持). ④ 값 치(價). ⑤ 가치가 있을 치(價). 【直과 통함】

書體 小篆 値 草書 値 (高校) 形聲

値遇(치우 zhíyù) 우연히 만남. 뜻밖에 서로 만남.

▶ 價値(가치)·觀測値(관측치)·近似値(근사치)·期待値(기대치)·基準値(기준치)·數値(수치)·汚染値(오염치)·展望値(전망치)·絕對値(절대치)·最高値(최고치)·最大値(최대치)·最低値(최저치)·推定値(추정치)·測定値(측정치)·平均値(평균치).

倦 게으를 권:

🅞 juàn 🅙 ケン, うむ 🅔 lazy
① 게으를 권(懈). ② 고달플 권(疲). ③ 수고할 권(勞).

倦憩(권게 juànqì) 권태를 느끼어 쉼.
倦厭(권염 juànyàn) 게을러지고 염증이 남.
倦怠(권태 juàndài) 싫증을 느끼어 게을러짐.

倨 거만할 거:

🅞 jù 🅙 キョ, おごる
🅔 arrogance
① 거만할 거(不遜). ② 걸터앉을 거(箕坐). ③ 굽을 거(曲).

倨慢(거만 jùmàn) 겸손하지 못하고 뽐냄. 잘난 체하고 남을 업신여김. 거오(倨傲). 교만(驕慢).
倨視(거시 jùshì) 거만하게 남을 멸시함.

倫 인륜 륜

伦 伦 伦 伦 伦 伦 伦 伦 伦

🅞 lún 🅙 リン, たぐい, みち
🅔 truth, morals

① 인륜 륜(人道). ② 무리 륜(類). ③ 조리 륜(條理). ④ 의리 륜(理). ⑤ 떳떳할 륜(常). ⑥ 가릴 륜(擇).

書體 小篆 倫 草書 倫 (中學) 形聲

倫理(윤리 lúnlǐ) ① 사람이 지켜야 할 도리. ② 인륜 도덕의 원리. 그 학(學)을 윤리학(倫理學)·도의학(道義學)이라 함. ethics.
倫匹(윤필 lúnpǐ) ① 나이나 신분이 서로 같거나 비슷한 사이의 사람. 윤비(倫比). 윤주(倫儔). 등배(等輩). 유배(流輩). 제배(儕輩). ② 배우자. 아내.

▶ 亂倫(난륜)·明倫(명륜)·不倫(불륜)·三綱五倫(삼강오륜)·人倫(인륜)·人倫大事(인륜대사)·絕倫(절륜)·職業倫理(직업윤리)·天倫(천륜)·悖倫(패륜).

倭 왜나라 왜

１ 🅞 wō 🅙 イ, やまと 🅔 japan
２ 🅙 ワ, やまと

１ ① 순한 모양 위(順貌). ② 뺑돌 위(回遠). ２ 나라 이름 왜(日本).

倭遲(위지 wōchí) 먼 모양.
倭寇(왜구 wōkòu) 고려 말과 조선 초(중국에서는 원말(元末) ~ 명초(明初), 일본에서는 요시노(吉野) ~ 아시카가(足利) 시대)에 남·북조(南北朝)의 전란(戰亂)이 있었는데 남조가 패한 뒤에 그 유민(遺民)이 유리(流離)하여 해구(海寇)가 되어 고려와 중국 동남 연안을 노략질하던 무리. 고려에서는 최영(崔瑩)·이성계(李成桂), 명(明)에서는 호종헌(胡宗憲)·유대유(俞大猷)·척계광(戚繼光) 등이 토평(討平)하였으나 근절되지 않고 오랫동안 양국의 두통거리였음.

儉 검소할 검:

人8획 ⑬

【儉(人부13획)의 약자】

偁 일컬을 칭

人9획 ⑪

【稱(禾부9획)의 본자】

假 거짓 가:

人9획 ⑪

/ 假假假假假假假假

- 흠 jiǎ 일 カ, かり 영 provisional
- 흠 jià 일 ケ, かり

1 ① 거짓 가(非眞). ② 빌릴 가(借). ③ 잠시 가(非永久). ④ 클 가(大). ⑤ 아름다울 가(美). ⑥ 인할 가(因). ⑦ 빌려줄 가(貸). ⑧ 가령 가(設辭). ⑨ 좋은 운 가(嘏). ⑩용서할 가(恕). 【嘏·嘉와 통함】 ⑪ 꿀 가(貸). ⑫ 여가 가(暇). **2** 아득할 하(遐). **3** 이르를 격(至). 【格과 같음】

書體 小篆 假 草書 仮 (中學) 形聲

假橋(가교 jiǎqiáo) 임시로 놓은 다리.

假登記(가등기 jiǎdēngjì) 《法》 본등기(本登記)를 형식적(形式的) 또는 실질적(實質的) 요건이 갖추어지지 못하였을 때, 앞으로 할 본등기의 차례를 보전하기 위해 미리 해두는 등기.

假樂(가락 jiālè) ① 칭찬하고 즐거워함. 즐거움. ② 시경(詩經) 대아(大雅)의 편명(篇名). 주성왕(周成王)의 성덕(盛德)을 기리어 지음.

假想敵(가상적 jiǎxiǎngdí) 실제와는 관계없이 가정적으로 생각한 적.

假釋放(가석방 jiǎshìfàng) 《法》 징역 또는 금고(禁錮)의 형집행중(刑執行中)에 있는 자에 대한 행정처분에 의한 석방.

假調印(가조인 jiǎdiàoyìn) 약정한 문서에 정식 조인을 하기 전에 그 초안에 우선 임시로 하는 조인.

假執行(가집행 jiǎzhíxíng) 《法》 승소자(勝訴者)의 불이익을 피하기 위하여 법원이 직권 또는 신청에 의하여 확정되지 않은 판결의 취지를 임시로 집행함.

假處分(가처분 jiǎchǔfēn) ①《法》 법원이 민사의 계쟁물(係爭物)에 대해 장래의 강제 집행을 보전하기 위하여 허락하는 처분. ② 임시로 어떤 사물을 처분함.

▶ 狐假虎威(호가호위).

偉 거룩할/클 위

人9획 ⑪

偉偉偉偉偉偉偉偉偉

- 흠 wěi 일 イ, すぐれる 영 great

① 클 위, 넉넉할 위, 거룩할 위(大). ② 기특할 위(奇也, 怪). ③ 잘난 이 위(大人物).

書體 小篆 草書 偉 (中學) 形聲

偉大(위대 wěidà) 국량이 매우 큼. 거룩함.

偉力(위력 wěilì) 위대한 힘. 뛰어난 힘.

偉業(위업 wěiyè) 위대한 사업이나 업적. 업(業). 비업(丕業). 대사업(大事業).

偉烈(위열 wěiliè) ① 큰 공훈. 위공(偉功). 위훈(偉勳). ② 위대한 공로를 남긴 사람.

偉人(위인 wěirén) 훌륭한 사람. 뛰어난 사람. 대인물. 위사(偉士).

偉壯(위장 wěizhuàng) 체격이 크고 훌륭함.

偉績(위적 wěijì) ① 뛰어난 업적. ② = 위열(偉烈).

偉蹟(위적 wěijì) ① 위대한 사업의 자취. ② = 위열(偉烈).

偉勳(위훈 wěixūn) = 위열(偉烈).

▶ 英偉(영위).

偏 치우칠 편

偏偏偏偏偏偏偏偏偏

중 piān 일 ヘン, かたよる 영 lean
① 치우칠 편(側). ② 불공평할 편(不公平). ③ 반신 편(半體). ④ 무리 편(屬). ⑤ 오십명 편(오십 사람을 한 반으로 한 일컬음). ⑥ 간사한 모양 편(邪). ⑦ 넓을 편(廣). ⑧ 한마음 편(專心). ⑨ 왼쪽 획 편(변)〈만들은 글자의 왼쪽의 획, 「傍의 對」〉.

書體 小篆 偏 草書 偏 高校 形聲

偏見(편견 piānjiàn) 공정하지 못하고 한 쪽으로 치우친 의견. 불공평한 견해. 벽견(僻見).
偏斷(편단 piānduàn) 불공평한 단정(斷定). 편벽되게 결정함.
偏黨(편당 piāndǎng) ① 한 당파에 치우침. ② 한 쪽의 당파.
遍讀(편독 piāndú) 한 방면에 치우쳐서 책을 읽음.
偏頭痛(편두통 piāntóutòng) 한 쪽 머리가 아픈 병. 광선이나 소리의 감각이 날카로워짐.
偏母侍下(편모시하 piānmǔshìxià) 홀로 남은 어머니를 모시고 있는 처지. 편모슬하(偏母膝下).
偏僻(편벽 piānpì) ① 마음이 한 쪽으로만 치우침. ② 도회지에서 먼 두메.
偏鋒(편봉 piānfēng) 필봉이 한편으로 치우치는 자세를 취하는 운필법(運筆法). 《轉》 문장·언론·행위 따위가 한편으로 치우치는 태도. ↔ 중봉(衆鋒).
偏西風(편서풍 piānxīfēng) 중위도의 고기압대와 극지방과의 사이에 부는 서풍. 탁월서풍(卓越西風).
偏成(편성 piānchéng) ① 엮어서 만들음. ② 모아서 조직함. ③ 모아서 책을 이룸.
偏食(편식 piānshí) 어떤 음식만을 편벽되게 즐기거나 가려 먹음.
偏愛(편애 piān'ài) 하나에 치우쳐 사랑함. 한 사람만을 유달리 사랑함.
偏在(편재 piānzài) 어느 한 곳에만 치우쳐 존재함. ↔편재(遍在).
偏舟(편주 piānzhōu) 조각배. 작은 배. 편주(扁舟). 편주(片舟).
偏執(편집 piānzhí) 편견을 고집하고 남의 말을 듣지 않음. 편협(偏狹).
偏差(편차 piānchā) ① = 편의(偏倚). ② = 편각(偏角).
偏聽(편청 piāntīng) 한편 말만 듣고 신용함.
偏親(편친 piānqīn) 홀로 된 어버이.
偏狹(편협 piānxiá) 마음이 한 쪽으로 치우치고 좁음. 편집(偏執).

▶ 不偏(불편)·不偏不黨(불편부당).

偕 함께 해

중 xié 일 カイ, ともに 영 together
1 ① 함께할 해, 같이 해(俱). ② 굳셀 해(强壯貌). **2** ① 화할 혜(適). ② 같을 혜(齊).
偕老(해로 xiélǎo) 부부가 일생을 함께 늙음.

▶ 百年偕老(백년해로).

做 지을 주

중 zuò 일 サ, つくる 영 make
1 지을 주(造). **2** 자. 뜻은 **1**과 같음. 【作의 속자】
做作浮言(주작부언 zuòzuófúyán) 터무니없는 말을 지어냄.
做錯(주착 zuòcuò) 잘못을 알면서 저지른 허물.

▶ 看做(간주).

停 머무를 정

停停停停停停停停停停

音 tíng 일 テイ, とどまる
영 stay, stop

① 머무를 정(行中止). ② 정할 정(定). ③ 늦어질 정(延滯). ④ 더부룩할 정(草木樸遬不長).

書體 小篆 停 草書 停 中學 形聲

停刊(정간 tíngkān) 감독관청의 명령으로 신문 등의 간행을 한때 중지함.
停車(정거 : 정차 tíngchē) 가던 차를 멈춤.
停年(정년 tíngnián) 연령제한(年齡制限)에 따라 공직(公職)에서 당연히 물러나게 되는 나이.
停留場(정류장 tíngliúchǎng) 자동차(自動車)·전차(電車) 따위가 정류하기 위하여 잠시 멈추는 곳.
停泊(정박 tíngbó) ① 머무름. 유숙(留宿)함. 정류(停留). 숙박(宿泊). ② 배 같은 것이 항구에 머무름. 정박(碇泊).
停船(정선 tíngchuán) 배가 항행(航行)을 멈춤.
停電(정전 tíngdiàn) 송전(送電)이 한 때 중지됨.
停戰(정전 tíngzhàn) 전투 행위를 중지함.
停止(정지 tíngzhǐ) 일을 중도에서 그치거나 머무름.
停職(정직 tíngzhí) 징계 처분하는 한 가지로, 얼마 동안 그 맡은 바 직권의 행사(行使)를 금하는 일.
停滯(정체 tíngzhì) 머물러 있어 통하지 않음. 사물이 그쳐서 쌓임. 삽체(澁滯). 지체(遲滯).
停學(정학 tíngxué) 학생의 어떤 잘못에 대한 처벌 방법의 하나로서, 학교가 그의 등교를 얼마 동안 정지시키는 처분.

停會(정회 tínghuì) ① 회의를 정지함. ② 국회의 개회중에 그 활동을 정지함.

▶ 急停車(급정거)·調停(조정)·無期停學(무기정학)·一旦停止(일단정지).

健 굳셀/건장할 건:

健健健健健健健健健健健

音 jiàn 일 ケン, すこやか
영 healthy

① 굳셀 건(强有力). ② 병 없을 건(無病). ③ 탐할 건(貪).

書體 小篆 健 草書 健 高校 形聲

健脚(건각 jiànjiǎo) 다리가 튼튼하고 걸음이 씩씩함. 또는 그 다리. 건보(健步). 건족(健足).
健勝(건승 jiànshèng) 좋은 건강(健康) 상태. 건강함.
健鬪(건투 jiàndòu) 용감하게 싸움. 잘 싸움. 건전(健戰).

▶ 剛健(강건)·康健(강건)·强健(강건)·保健(보건)·不健全(불건전)·穩健(온건)·雄健(웅건)·壯健(장건).

側 곁 측

側側側側側側側側側側側

音 cè, zè, zhāi 일 ソク, そば
영 side

① 곁 측(傍). ② 기울어진 쪽 측. ③ 기울을 측(傾). ④ 저물 측(日暮). ⑤ 배반할 측(反). ⑥ 미천할 측(微賤). ⑦ 가까울 측(近). ⑧ 홀로 측(獨). ⑨ 아플 측(痛). ⑩ 절실하게 느끼는 모양 측(痛感貌). ⑪ 소문 측(仄). 【ㅅ과 같고, 特과 통합】

書體 小篆 草書 側 高校 形聲

側近(측근 cèjìn) ① 길의 가까운 곳. ② 항상 가까이 있어 친한 사람.
側僻(측벽 cèpì) ① 편벽되고 천함. ② 정직하지 못함.
側席(측석 cèxí) 감히 바로 앉지 못함. ㉠근심이 있는 사람이 마음이 불안하여 옆으로 앉음. ㉡어진 이를 존대하기 위하여 상석(上席)을 비워놓고 옆 자리에 앉음. 옆 자리.
側聽(측청 cètīng) ① 귀를 기울이고 들음. 엿들음. ② 옆에서 들음.

▶ 反側(반측)·兩側(양측)·外側(외측)·右側(우측)·左側通行(좌측통행).

偵 염탐할 정

人⁹⁽¹¹⁾

중 zhēn 일 テイ, うかがう 영 detective

① 정탐군 정(斥侯). ② 엿볼 정(探伺). ③ 정탐할 정. ④ 물을 정(問).

偵察(정찰 zhēnchá) ① 적의 형편을 몰래 살핌. ② 더듬어서 알아 냄.
偵探(정탐 zhēntàn) 비밀 사항과 범죄 증거를 몰래 조사하는 일. 맡은 임무에 따라 국제(國際)·군사(軍事)·법경정탐(法警偵探)의 구별이 있음.
偵候(정후 zhēnhòu) 정탐(偵探)하여 찾아냄. 또는 그 일을 하는 사람. 정첩(偵諜). 척후(斥候)

▶ 探偵(탐정).

偶 짝 우:

人⁹⁽¹¹⁾

偶偶偶偶偶偶偶偶偶

중 ǒu 일 グウ, つい, たまたま 영 even, coincide

① 짝셈 우(雙數). ② 짝 지울 우(匹). ③ 무리 우(類類, 同類). ④ 허수아비 우(俑). ⑤ 만날 우(遇). ⑥ 뜻밖의 우(偶然). ⑦ 마침 우(適).

書體 小篆 偶 草書 偶 (高校) 形聲

偶對(우대 ǒuduì) ① 마주 앉음. ② 대구(對句). 배우(排偶). ③ 우연히 서로 대(對)함. 우연히 동좌(同坐)함.
偶發(우발 ǒufā) 뜻밖에 일어남. 갑자기 일어남. 일이 우연히 일어남.
偶像(우상 ǒuxiàng) ① 목석(木石) 또는 쇠붙이 따위로 만든 신불(神佛)이나 사람의 상(像). ② 미신(迷信) 등의 대상이 되는 신(神). ③ 하나님에 대하여 인위적으로 만들어 낸 신(神)의 형상이나 개념.
偶數(우수 ǒushù) 짝수. ↔ 기수(奇數).
偶然(우연 ǒurán) 뜻하지 않은 일. 뜻밖에 마침. 무심(無心)히.
偶人(우인 ǒurén) 허수아비. 인형(人形). 우상(偶像). 괴뢰(傀儡).
偶日(우일 ǒurì) 짝수의 날. ↔ 기일(奇日).
偶合(우합 ǒuhé) 뜻밖에 만남. 뜻밖에 일치함.

▶ 對偶(대우)·配偶(배우)·土偶(토우).

偸 훔칠 투

人⁹⁽¹¹⁾

중 tōu 일 トウ, ぬすむ 영 steal

① 훔칠 투(盜). ② 엷을 투(薄). ③ 구차할 투(苟且). ④ 인정이 경박할 투. ⑤ 도적 투(盜賊).

偸鷄摸狗(투계모구 tōujīmōgǒu)《喩》손버릇이 나쁜 것. 살금살금 나쁜 짓만 함.
偸桃(투도 tōutáo)《故》한(漢)의 동방삭(東方朔)이 천국에 있는 불로장생(不老長生)의 복숭아를 훔쳐 먹고 선인(仙人)이 되었다 함.

偽 거짓 위

人⁹⁽¹¹⁾

【僞(人부12획)의 약자】

傀 허수아비 괴:

①-③ 음 kuǐ 일 クワイ, あやにんぎょう ④ 음 guī 영 puppet

① 엄전할 **괴**(大貌). ② 클 **괴**(偉). ③ 괴이할 **괴**(怪異). ④ 망석중탈 **괴**(傀儡木偶).

傀儡(괴뢰 kuǐlěi) ① 허수아비. 꼭두각시. 망석중이. ② 마음에 일정한 주견이 없이 남의 앞잡이가 되어 이용당하는 사람.

▶ 北傀(북괴).

傅 스승 부:

음 fù 일 フ, たすける 영 teacher

① 스승 **부**(師也, 輔佐). ② 이르를 **부**(至). ③ 붙을 **부**(麗著). ④ 가까울 **부**(近). ⑤ 가깝게할 **부**(近). ⑥ 수표 **부**(手書). 【付·附와 같음】 ⑦ 베풀 **부**(敷). 【敷와 같음】

傅會(부회 fùhuì) ① 억지로 갖다 붙임. 부회(附會). ② 문장의 수미(首尾)를 완성함. ③ 연결하여 합침.

▶ 師傅(사부).

傍 곁 방:

1 ①② 음 bàng ③④ 음 páng 일 ホウ, かたわら 영 side
2 음 bāng 일 ボウ

1 ① 의지할 **방**(倚). ② 가까이 할 **방**(近). ③ 곁 **방**(並通側). ④ 좌우에 시종할 **방**(侍). **2** 마지못할 **팽**(不得已, 傍徨).

傍觀(방관 pángguān) 옆에서 봄. 그 일에 관계하지 않고 추이(推移)를 보고만 있는 일.

傍孫(방손 pángsūn) 방계혈족의 자손.

傍若無人(방약무인 pángruòwúrén) 여러 사람 앞에서도 거리낌 없이 마음대로 언행(言行)함.

傍點(방점 pángdiǎn) ①《國》특히 주의를 요하는 글자 곁이나 위에 찍는 점. ②《中》사성점(四聲點). ③ 정오에 가까운 때.

▶ 袖手傍觀(수수방관).

傑 호걸/뛰어날 걸

음 jié 일 ケツ, すぐれる
영 outstanding

① 준걸 **걸**, 호걸 **걸**(俊). ② 뛰어날 **걸**(傑出). ③ 빼어날 **걸**(秀). ④ 떡잎 **걸**(苗之先長者). ⑤ 거만할 **걸**(傲).

傑句(걸구 jiéjù) 썩 잘 지은 글귀. 뛰어나게 잘 지은 시구(詩句).

傑物(걸물 jiéwù) ① 걸출한 인물을 좀 가볍게 일컫는 말. ② 뛰어난 물건.

傑作(걸작 jiézuò) 뛰어나게 좋은 작품. 명작.

傑出(걸출 jiéchū) 썩 뛰어남. 또는 그러한 사람.

▶ 女傑(여걸)·英傑(영걸)·俊傑(준걸)·豪傑(호걸).

傘 우산 산

음 sǎn 일 サン, かさ 영 umbrella

우산 **산**, 양산 **산**(蓋).

傘緣(산연 sǎnyuán) 강장동물의 삿갓같이 생긴 몸의 가장자리.

傘下(산하 sǎnxià) 어떤 인물이나 단체를 중심으로 하여 동지적으로 결합된 세력의 그늘. 보호를 받는 어떤 세력의 그늘.

▶ 落下傘(낙하산)·陽傘(양산)·雨傘(우산)·日傘(일산)·核雨傘(핵우산).

備 갖출 비:

人 10 ⑫

備備備備備備備備備

⑧ bèi ⑨ ヒ, そなえる
⑳ possess, assort

① 갖출 비(具). ② 이룰 비(成). ③ 족할 비(足). ④ 방비할 비(防). ⑤ 마음을 쓸 비(用意). ⑥ 긴 병장기 비(長兵). ⑦ 다할 비(盡). ⑧ 더할 비(加).

書體 小篆 備 古文 俻 草書 俻 中學 形聲

備擧(비거 bèijǔ) 하나 빠짐없이 완전하게 갖춤.
備忘錄(비망록 bèiwànglù) 잊어버리지 않기 위하여 기록하는 책. 메모.
備嘗艱苦(비상간고 bèichángjiānkǔ) 온갖 고생을 고루고루 맛봄.
備悉(비실 bèixī) ① 충분히 준비함. 비구(備具). 구비(具備). 완비(完備). ② 잘 앎. 자세한 것을 잘 앎.
備荒(비황 bèihuāng) 흉년·변재에 대한 준비. 만일의 준비.

▶ 兼備(겸비)·具備(구비)·軍備(군비)·對備(대비)·未備(미비)·防備(방비)·不備(불비)·常備(상비)·設備(설비)·守備(수비)·豫備(예비)·完備(완비)·裝備(장비)·整備(정비)·準備(준비)·後備(후비).

催 재촉할 최:

人 11 ⑬

催催催催催催催催催

⑧ cuī ⑨ サイ, うながす
⑳ pressing

① 재촉할 최(促). ② 핍박할 최(迫). ③ 일어날 최(起). ④ 열 최(主催).

書體 小篆 催 草書 僱 高校 形聲

催告(최고 cuīgào) ① 독촉하는 뜻으로 내는 통지. ②《法》서면(書面)·사자(使者)·집달리(執達吏)·배달증명우편(配達證明郵便)·공시(公示) 따위로 독촉의 뜻을 의무자(義務者)에게 알리는 일.
催淚彈(최루탄 cuīlèidàn) 최루 가스를 다져 넣은 탄환. 권총탄이나 폭탄 등이 있음.
催眠(최면 cuīmián) ① 잠이 들게 함. ② 정신에 아무 생각이 없게 하는 상태.
催花雨(최화우 cuīhuāyǔ) 꽃 피기를 재촉하는 비. 봄비.

▶ 開催(개최)·主催(주최).

傭 품팔 용

人 11 ⑬

⑧ yōng ⑨ ヨウ, やとう ⑳ labor

❶ ① 머슴 용, 품팔이꾼 용(雇役人). ② 지을 용(作). ③ 삯 용(賃金). ❷ ① 고를 충(均). ② 가지런할 충(齊).

傭耕(용경 yōnggēng) 남에게 고용되어 논밭을 갈음.
傭兵(용병 yōngbīng) 지원하여 봉급을 받고 병역에 복무하는 일. 또는 그런 사람.
傭船(용선 yōngchuán) 세를 내어 빌린 배.
傭員(용원 yōngyuán) ① 관청에 임시로 채용된 사람. ② 품팔이꾼.

▶ 雇傭(고용)·雇傭人(고용인)·日傭(일용).

傲 거만할/오만할 오:

人 11 ⑬

傲傲傲傲傲傲傲傲傲

图 ào 일 オウ, おごる
영 arrogance

① 업신여길 오(慢). ② 거만할 오(倨). ③ 놀 오(遊). ④ 즐길 오(樂). 【傲와 같음】

書體 小篆 傲 草書 傲 (高校) 形聲

傲骨(오골 àogǔ) 교만하여 남에게 굽히지 않는 기골(氣骨).
傲氣(오기 àoqì) ① 오만스러운 기운. ② 남에게 지기 싫어하는 마음.
傲慢(오만 àomàn) 태도가 거만함. 또는 그 태도.
傲視(오시 àoshì) 교만하여 남을 깔봄.
傲狎(오압 àoxiá) 교만하여 남을 업신여기는 일. 거만하여 남을 넘봄.
傲然(오연 àorán) 교만하여 뽐내는 모양.
傲倪(오예 àonì) ① 존대한 체하여 공정하지 못함. ② 거드름 피우며 흘겨봄.
傲侈(오치 àochǐ) 거만하고 사치함. 치오(侈傲). 사오(奢傲).
傲惰(오타 àoduò) 교만하고 게으름. 타오(惰傲). 태오(怠傲).

傳 전할 전
人 11
⑬

傳傳傳傳傳傳傳傳傳

①-⑤ 图 chuán 일 テン, つたう
영 hand over, transmit
⑥-⑨ 图 zhuàn

① 전할 전(轉). ② 줄 전(授). ③ 펼 전(布). ④ 이을 전(續). ⑤ 옮길 전(移). ⑥ 주막 전 ⑦ 나그네의 집 전(旅舍). ⑧ 역말 전(驛遞). ⑨ 보람 전, 통부 전(竹信). ⑩ 책 전(書). ⑪ 경서의 설명 전(經書之明). ⑫ 전할 전(記錄).

書體 小篆 傳 草書 傳 (中學) 形聲

傳家(전가 chuánjiā) ① 어버이가 자손에게 물려 줌. ② 대대로 그 집안에 전하여 내려 옴.
傳家之寶(전가지보 chuánjiāzhībǎo) 대대로 가문에 전해 내려오는 보배로운 물건.
傳教(전교 chuánjiào) ① 가르쳐 하는 일. ② 불도(佛道)를 이어 받아 남을 가르치는 일. ③《制》임금의 명령. 하교(下敎).
傳記(전기 zhuànjì) ① 한 사람의 일대의 삶을 기록한 것. ② 현인(賢人)이 쓴 사실을 기록한 것.
傳單(전단 chuándān) 선전의 취지를 기재한. 삐라. 선전 삐라.
傳道(전도 chuándào) ① 선성(先聖)의 도(道)를 널리 세상에 전하여 가르침. ② 예전부터 전래(傳來)하는 설(說). ③《宗》기독교의 교육을 전하여 신앙을 갖게 하는 일.
傳導(전도 chuándǎo) ① 전하여 인도함. ②《物》열 또는 전기가 물체의 일단(一端)에서 다른 곳으로 옮아가는 현상.
傳來(전래 chuánlái) ① 전하여 내려옴. ② 외국에서부터 전하여 들어옴.
傳來之風(전래지풍 chuánláizhīfēng) 예전부터 전하여 내려오는 풍속.
傳聞(전문 chuánwén) 전하여 들음. 인편에 전하는 말을 들음.
傳法(전법 chuánfǎ)《佛》교법을 전하여 주는 일.
傳烽(전봉 chuánfēng) 신호의 봉화.
傳舍(전사 chuánshè) 주막. 여관. 역려(逆旅).
傳寫(전사 chuánxiě) ① 전해 가며 베낌. ② 제각기 베낌. ③ 베낀 것을 다시 베낌. 복사(複寫).
傳書(전서 chuánshū) 편지를 전함.
傳書鳩(전서구 chuánshūjiū) 비둘기의 귀소성(歸巢性)을 이용하여, 교통(交通)이 불편한 지방의 통신(通信)에 이용하도록 훈련된 비둘기.
傳貰(전세 chuánshì) 일정한 돈을 주

인에게 맡기고 어느 기간까지 집이나 물건을 빌어 쓰는 일.

傳受(전수 chuánshòu) 차례차례로 전하여 받음.

傳授(전수 chuánshòu) ① 전하여 줌. ② 비술(秘術)을 전하여 가르침.

傳襲(전습 chuánxí) 전하여 오는 것을 물려받음. 전하여 내려오는 그대로 따라 함.

傳承(전승 chuánchéng) 계통을 이어 받음.

傳乘(전승 chuánchéng) ① 다른 말·차·배 등에 바꾸어 탐. ② 역참(驛站)에 비치(備置)하는 수레. ③ 전차(傳車)에 탐.

傳薪(전신 chuánxīn) 땔감이 불이 꺼지지 않도록 다음 땔감에 불을 전함. 《喩》사람은 죽어도 정신은 상존함. 사제(師弟)가 도(道)를 전승(傳承)함.

傳心(전심 chuánxīn) 언어·문자 등에 의하지 않고, 마음에서 마음으로 전하여 자연히 해득하는 일.

傳染(전염 chuánrǎn) ① 좋지 않은 풍속이 옮아서 물들음. ② 병이 남에게 옮음. 감염(感染).

傳之子孫(전지자손 chuánzhīzǐsūn) 대대로 자손에게 물리어 줌.

傳統(전통 chuántǒng) ① 계통(系統)을 전함. 이어 받은 혈통(血統). ② 재래(在來)의 풍속·습관·도덕 같은 것을 전승(傳承)하는 일.

傳票(전표 chuánpiào) ① 회계사무상 금품(金品)의 출납 또는 거래 내용 등을 간단히 기재하여, 책임을 분명히 하는 표. ② 소환장(召喚狀).

▶ 敎外別傳(교외별전)·口傳(구전)·民間傳承(민간전승)·父傳子傳(부전자전)·宣傳(선전)·驛傳(역전)·列傳(열전)·熱傳導性(열전도성)·訛傳(와전)·遺傳(유전)·偉人傳(위인전)·以心傳心(이심전심)·自己宣傳(자기선전)·自敍傳(자서전)·自傳(자전)·超傳導(초전도)·黑色宣傳(흑색선전).

債 빛 채:

人 11 ⑬

債債債債債債債債債

🔊 zhài 🇯🇵 サイ, かり 🔤 debt

① 빚 채, 빚질 채(負財). ② 빌릴 채(貸).

書體 小篆 債 草書 債 [高校] 形聲

債券(채권 zhàiquàn) ① 차용증서(借用證書). ② 정부·공공단체 따위가 그 채무를 증명하기 위해 발행하는 유가증권(有價證券).

債權(채권 zhàiquán) 《法》 재산권의 하나. 어느 특정인에 대하여 어떤 행위·급부를 청구할 수 있는 권리. ↔ 채무(債務).

▶ 公債(공채)·國債(국채)·起債(기채)·負債(부채)·社債(사채)·私債(사채).

傷 상할/다칠 상

人 11 ⑬

傷傷傷傷傷傷傷傷傷

🔊 shāng 🇯🇵 ショウ, いたむ 🔤 injure

① 아플 상(痛). ② 근심할 상(憂思). ③ 상할 상(創損). ④ 해할 상(戕害). 「中傷」.

書體 小篆 傷 草書 傷 [中學] 形聲

傷弓之鳥(상궁지조 shānggōngzhīniǎo) 한번 시상(矢傷)을 입은 새. 《喩》먼저 일에 질려서 항상 공포를 느끼고 있음.

傷風敗俗(상풍패속 shāngfēngbàisú) 풍속(風俗)을 문란하게 함. 또는 부패하고 문란한 풍속.

傷魂(상혼 shānghún) 애를 상함. 마음을 태움. 상심(傷心)

傷痕(상흔 shānghén) 다친 자리. 다친 흉터.

▶ 感傷(감상)·輕傷(경상)·落傷(낙상)·謀略中傷(모략중상)·負傷(부상)·死傷(사상)·殺傷(살상)·損傷(손상)·食傷(식상)·哀傷(애상)·外傷(외상)·戰傷(전상)·重傷(중상)·中傷謀略(중상모략)·銃傷(총상)·火傷(화상)·毀傷(훼상).

傾 기울/기울어질 경

傾傾傾傾傾傾傾傾傾

음 qīng 일 ケイ, かたむく 영 incline

① 기울어질 **경**(側). ② 엎드러질 **경**(伏). ③ 무너질 **경**(圮). ④ 곁눈질 할 **경**(流視). ⑤ 귀기울여들을 **경**(聽). ⑥ 잠깐 **경**(少選). ⑦ 약하게 할 **경**(弱). ⑧ 섞을 **경**(交). ⑨ 없을 **경**(無). ⑩ 다할 **경**(盡). ⑪ 엷을 **경**(薄). ⑫ 위태할 **경**(危). 【頃과 통함】

書體 小篆 傾 草書 伙 高校 形聲

傾國(경국 qīngguó) ① 나라를 위태롭게 함. ② 나라를 기울여 망하게 할만한 미인(美人). 경성(傾城).
傾國之色(경국지색 qīngguózhīsè) 뛰어난 미인.
傾倒(경도 qīngdǎo) ① 기울어져 넘어짐. ② 충심(衷心)으로 사모하고 그리워함. 감복(感服)함. 심절(心折). ③ 술을 많이 마심. ④ 속에 있는 것을 남김없이 내 쏟아 버림.
傾駭(경해 qīnghài) 몹시 놀람. 깜짝 놀람.
傾羲(경희 qīngxī) 기울어지는 해. 저녁 해. 낙일(落日). 낙휘(落暉).

▶ 急傾斜(급경사)·緩傾斜(완경사)·右傾(우경)·左傾(좌경).

僅 겨우 근ː

僅僅僅僅僅僅僅僅僅

음 jǐn, jìn 일 キン, わずか

영 barely, scarcely

① 겨우 **근**(纔). ② 적을 **근**(少). ③ 남을 **근**(餘). ④ 거의 **근**(庶幾). 【菫과 통함】

書體 小篆 僅 草書 偅 高校 形聲

僅僅得生(근근득생 jǐnjǐndéshēng) 겨우겨우 삶을 이어감. 간신히 살아감.
僅僅扶持(근근부지 jǐnjǐnfúchí) 겨우 배겨 나감.

僉 다/여러 첨

음 qiān 일 セン, みな 영 all

① 다 **첨**(咸). ② 여럿 **첨**(皆). ③ 도리깨 **첨**(打穀具).
僉意(첨의 qiānyì) 여러 사람의 의견. 중의(衆意).
僉議(첨의 qiānyì) 여러 사람의 의논.
僉尊(첨존 qiānzūn) 「여러분」의 존칭.

働 굼닐 동ː

음 dòng 일 ドウ, はたらく 영 work

굼닐 **동**(行動竭力).

像 형상/모양 상

像像像像像像像像像

음 xiàng 일 ショウ, ゾウ, かたち

영 form

① 모양 **상**, 꼴 **상**(形象). ② 같을 **상**, 닮을 **상**(肖似). ③ 모 뜰 **상**【象과 통함】

書體 小篆 像 草書 像 高校 形聲

像形(상형 xiàngxíng) 어떤 물건의 모양을 본따서 비슷하게 만들음. 또는 비슷한 모양. 물건의 형상을 시늉함. 상형(象形).

▶ 假像(가상)·銅像(동상)·佛像(불상)·想像(상상)·石像(석상)·聖像(성상)·塑像(소상)·實像(실상)·影像(영상)·偶像(우상)·肖像(초상)·畫像(화상)·幻像(환상).

僑 더부살이 교

人 12 (14)

音 qiáo 日 キョウ, かりずまい
英 temporary abode

① 높을 교(高). ② 붙어살 교(旅寓).

僑胞(교포 qiáobāo) 외국(外國)에 나가 사는 동포(同胞).

僕 종 복

人 12 (14)

音 pú, pū 日 ボク, しもべ
英 man-servant

① 시중꾼 복(給事者). ② 마부 복(御者). ③ 황송한 체할 복(煩猥貌). ④ 붙일 복(附). ⑤ 종 복(隸). ⑥ 숨길 복(隱). ⑦ 무리 복(徒). ⑧ 저 복(自謙辭).

僕虜(복로 púlŭ) 강제로 잡아와 부리는 노복.

▶ 公僕(공복)·奴僕(노복).

僚 동료 료

人 12 (14)

音 liáo 日 リョウ, とも 英 comrade

① 벗 료(朋). ② 동관 료(同官). ③ 어여쁠 료(好貌). ④ 희롱할 료(戲).

書體 小篆 僚 草書 僚 高校 形聲

僚友(요우 liáoyŏu) 같은 일자리에 있는 벗. 계급적으로 보아 아래에 딸린 동료. 동료(同僚). 요배(僚輩).

僚誼(요의 liáoyì) 동료 사이의 정분(情分).

▶ 閣僚(각료)·官僚(관료)·黨僚(당료)·同僚(동료)·同僚愛(동료애)·幕僚(막료)·屬僚(속료).

僞 거짓 위

人 12 (14)

音 wěi 日 ギ, いつわる 英 falsehood

① 거짓 위(假). ② 속일 위(詭). 【訛와 통함】

書體 小篆 僞 草書 偽 高校 形聲

僞計(위계 wěijì) 거짓된 꾀. 속이는 수단. 허위로 꾸민 계획. 궤계(詭計).

僞本(위본 wěiběn) 고서(古書)의 체(體)와 같게 만든 책. 거짓으로 만든 책. 위서(僞書). ↔ 진본(眞本).

僞史(위사 wěishĭ) 거짓으로 꾸민 역사. 정통(正統)이 아닌 역사.

僞善者(위선자 wěishànzhě) 선인(善人)을 가장한 사람. 위군자(僞君子). 위선가(僞善家).

僞作(위작 wěizuò) ① 거짓으로 만든 물건. 위물(僞物). ② 남의 저작권(著作權)을 범(犯)한 저작물(著作物). 위조(僞造).

僞裝(위장 wěizhuāng) 거짓 꾸밈. 상대편을 속이기 위하여 의장(擬裝)을 함.

僞證(위증 wěizhèng) ① 거짓의 증거. ② 법원에 호출된 증인이 일부러 거짓으로 진술함.

僞幣(위폐 wěibì) 위조지폐. 위조 화폐.

僞筆(위필 wěibĭ) 거짓으로 꾸며 쓴 필적(筆跡).

▶ 詐僞(사위)·眞僞(진위)·虛僞(허위).

僥 요행 요

人 12 (14)

音 jiǎo, yáo 日 ギョウ, さいわい

fortunate

① 거짓 요(僞). ② 난장이 요(短人). ③ 까딱수 요(詐數). ④ 요행 요(僥倖覬非望).

僥倖(요행 jiǎoxìng) ① 욕심이 많은 모양. 요행(僥幸). ② 생각지 않은 뜻밖의 다행(多幸). 또는 그것을 구하는 것. ③ 어가(御駕)가 이르는 곳. 다행히도 천자(天子)가 거둥하는 곳에서는 백성이 그 은혜(恩惠)를 입어 행복하다는 데서 온 말.

僧 중 승

人12 ⑭

僧僧僧僧僧僧僧僧僧僧

音 sēng 日 ソウ, ぼうず 英 monk
① 중(從浮屠敎者). ② 범어(梵語) Sangha : 음역(音譯) 「승가(僧伽)」의 약어.

書體 小篆 僧 草書 僧 (高校) 形聲

僧家(승가 sēngjiā) ① 중이 사는 집. ② 절.
僧綱(승강 sēnggāng) 《佛》 승관(僧官)·승위(僧位)의 높은 계급. 관(官)은 승정(僧正)·승도(僧都)·율사(律師). 위(位)는 법사(法師)·법안(法眼)·법교(法橋)의 일컬음.
僧祇(승기 sēngqí) 《佛》 대다수의 뜻. 무수(無數). 무량(無量).
僧尼(승니 sēngní) 《佛》 중과 여승.
僧畓(승답 sēngdá) 《佛》 중의 소유로 있는 논.
僧堂(승당 sēngtáng) 《佛》 중이 좌선(座禪)하며 거처하는 집.
僧徒(승도 sēngtú) 《佛》 중. 수행중의 중.
僧臘(승랍 sēnglà) 중노릇을 한 햇수.
僧侶(승려 sēnglǚ) 《佛》 ① 중. ② 승도(僧徒). 승가(僧伽).
僧律(승률 sēnglǜ) 승니(僧尼)가 지켜야 할 불교의 계율(戒律). 불률(佛律).
僧名(승명 sēngmíng) 《佛》 = 법명(法名).
僧舞(승무 sēngwǔ) 춤의 한 가지. 고깔을 쓰고 장삼을 입어 중처럼 차리고 때때로 법고(法鼓)를 치며 풍류에 맞춰 추는 춤.
僧門(승문 sēngmén) 《佛》 불가(佛家). 불문(佛門).
僧梳(승소 sēngshū) 《國》 중의 빗. 《喩》 필요 없는 물건을 말함.
僧俗(승속 sēngsú) ① 승려(僧侶)와 속인(俗人). ② 출가(出家)와 재가(在家).
僧籍(승적 sēngjí) 《佛》 승니(僧尼)의 이름. 득도(得度) 같은 것을 기록한 호적(戶籍).
僧職(승직 sēngzhí) 중의 벼슬. 승관(僧官).

▶ 高僧(고승)·老僧(노승)·帶妻僧(대처승)·名僧(명승)·佛法僧(불법승)·比丘僧(비구승)·山僧(산승)·禪僧(선승)·小僧(소승)·雲水僧(운수승)·托鉢僧(탁발승)·破戒僧(파계승)·化主僧(화주승).

僭 주제넘을 참:

人12 ⑭

音 jiàn 日 セン, なぞらえる
英 presumptuous
① 참람할 참(儗). ② 거짓 참(假). ③ 어지러울 참(亂). ④ 어기어질 참(差).
僭亂(참란 jiànluàn) 분수없이 질서를 어지럽힘.
僭濫(참람 jiànlàn) 분수없이 예의에 거슬림. 제 분수를 지나쳐서 방자스러움. 참월(僭越).
僭禮(참례 jiànlǐ) 지나친 예의(禮義). 자기 분수(分數)에 넘친 예절(禮節).
僭奢(참사 jiànshē) 자기 몸에 어울리지 않는 지나친 사치.
僭越(참월 jiànyuè) 분수(分數)에 넘치게 함부로 함.

僭僞(참위 jiànwěi) 분수(分數)없이 지위를 탐냄. 반신(叛臣)의 왕호(王號).

僭恣(참자 jiànzì) 자기의 신분에 지나치게 방자(放恣)함.

僭稱(참칭 qīnchēng) 자기의 신분에 넘친 칭호를 자칭함. 또는 그 칭호. 참호(僭號).

價 값 가

價價價價價價價價價

음 jià, jiè, jiè 일 カ, あたい
영 value, price

① 값 가(物直). ② 가치 가(品位).【賈와 같음】

書體 小篆 價 草書 價 中學 形聲

價格(가격 jiàgé) ① 값. 가치(價値). ②《經》재물 교환의 비례. ③《經》상품에 대하여 지불되는 화폐액. 화폐 가격.

價値(가치 jiàzhí) ① 값. 가격(價格). 가치(價直). ② 값어치. 자격(資格). 품위(品位).

▶ 減價(감가)·代價(대가)·買價(매가)·賣價(매가)·物價(물가)·聲價(성가)·時價(시가)·廉價(염가)·原價(원가)·定價(정가)·地價(지가)·紙價(지가)·眞價(진가)·特價(특가)·評價(평가)·歇價(헐가)·呼價(호가)·換價(환가).

僻 궁벽할 벽

1 음 pì 일 ヘキ, かたよる
영 eccentricity
2 일 ヒ, かたよる

1 ① 후미질 벽, 궁벽할 벽(陋). ② 치우칠 벽(偏). ③ 간사할 벽(邪). ④ 괴벽할 벽(乖). ⑤ 방탕할 벽(放僻). ⑥ 깊숙할 벽(幽). 2 피할 피(避).

僻見(벽견 pìjiàn) 편벽된 견해(見解). 편견(偏見).

僻路(벽로 pìlù) 사람이 드물게 다니는 으슥한 길.

僻論(벽론 pìlùn) 한 편으로 치우쳐 도리에 맞지 않는 언론.

僻陋(벽루 pìlòu) ① 도시(都市)에서 떨어져 문화(文化)가 뒤떨어진 곳. ② 사람의 성질이 괴벽하고 까다로움.

僻邪(벽사 pìxié) 편벽하고 간사함.

僻書(벽서 pìshū) ① 세상에 알려지지 않은 책. ② 편벽된 것을 기록(記錄)한 책.

僻說(벽설 pìshuō) ① 편벽되어서 바르지 못한 말. ② 도리에 맞지 않는 말.

僻姓(벽성 pìxìng) 썩 드문 성.

僻幽(벽유 pìyōu) 한 편으로 치우쳐 멀고 쓸쓸한 곳.

僻邑(벽읍 pìyì) 외딴 곳에 떨어져 있는 궁벽한 고을.

僻字(벽자 pìzì) 흔히 쓰지 않는 괴벽한 글자.

僻地(벽지 pìdì) 한적하고 궁벽한 곳.

僻處(벽처 pìchù) 궁벽한 곳.

僻村(벽촌 pìcūn) 외딴 곳에 떨어져 있는 궁벽한 마을.

僻脫(벽탈 pìtuō) 신속(迅速)히 일을 처리함. 민첩한 모양.

僻巷(벽항 pìxiàng) 변두리의 궁벽한 동네. 또는 거리.

僻鄕(벽향 pìxiāng) 외딴 곳에 떨어져 있는 궁벽한 시골.

僻好(벽호 pìhào) 좋아하는 것이 치우침. 치우친 기호.

▶ 乖僻(괴벽)·偏僻(편벽)·山間僻地(산간벽지).

儀 거동 의

儀儀儀儀儀儀儀儀儀

음 yí 일 ギ, のり, のっとる

뜻 model, law and system
① 꼴 의(形). ② 모양 의(容). ③ 짝 의(匹). ④ 쪽 의(兩儀天地). ⑤ 잴 의(度). ⑥ 법도 의(法). ⑦ 좋을 의(宜). ⑧ 올 의(來). ⑨ 천체의 측도에 쓰는 기구 의. ⑩ 형상 의(象). ⑪ 본뜰 의(擬). 【擬와 같음】

書體 小篆 儀 草書 儀 (高校) 形聲

儀觀(의관 yíguān) 위엄이 있는 몸가짐.
儀禮(의례 yílǐ) ① 예절. 예식(禮式). ②《書》17권. 주대(周代)의 관혼상제(冠婚喪祭) 등을 기록함. 주례(周禮)·예기(禮記)와 합쳐서 삼례(三禮)라고 함. 모두 13경(經)에 들음.
儀範(의범 yífàn) 본이 되는 규범(規範). 예의범절의 모범이 되는 태도. 의구(儀矩).
儀飾(의식 yíshì) 의식에 쓰는 장식품(裝飾品)의 이름.
儀式(의식 yíshì) 공사(公事)·제사(祭祀)·불사(佛事)·신사(神事)·경조(慶弔) 등이 있을 때 행하는 예법. 식전(式典).
儀仗(의장 yízhàng) 의식(儀式)에 쓰이는 무기(武器). 또는 물건.
儀表(의표 yíbiǎo) 본. 모범(模範). 법칙 (法則).

▶ 禮儀(예의)·威儀(위의)·葬儀(장의)·地球儀(지구의)·祝儀(축의)·渾儀(혼의).

人13⑤ 俊 영특할 준:

音 jūn 日 シュン, すぐれる
뜻 excellence
① 영특할 준(絕異卓特). ② 훌륭할 준(俊). 【俊과 같음】
俊傑(준걸 jūnjié) 뛰어남. 또는 그 사람.
俊才(준재 jūncái) 뛰어난 일. 또는 그 사람. 준재(俊才).
俊出(준출 jūnchū) 훌륭하고 뛰어남.

人13⑤ 億 억[數字] 억

音 yì 日 オク, おく
뜻 hundred million
① 억 억(數名).「만의 만배」. ② 편안할 억(安). ③ 이바지할 억(供). ④ 헤아릴 억(料度). ⑤ 많을 억(衆多). ⑥ 인민 억(人民). 【憶과 통함】

書體 小篆 億 草書 億 (中學) 形聲

億劫(억겁 yìjié) 《佛》 겁(劫)은 때를 말하며, 일겁(一劫)은 만만배(萬萬倍)의 뜻.《轉》무한(無限)히 길고 오랜 동안. 또는 그 세상.
億兆蒼生(억조창생 yìzhàocāngshēng) 수많은 백성. 수많은 세상사람.

人13⑤ 儉 검소할 검:

音 jiǎn 日 ケン, つづまやか
뜻 frugality
① 검소할 검(約). ② 흉년들 검(歲歉). ③ 적을 검(少). ④ 다할 검(乏). ⑤ 가난할 검(貧). 【險과 통함】

書體 小篆 儉 草書 儉 (高校) 形聲

儉年(검년 jiǎnnián) 작물(作物)의 결실(結實)이 잘 안 되는 해. 흉년(凶年).
儉德(검덕 jiǎndé) 검소한 덕(德).
儉吝(검린 jiǎnlìn) ① 수수하고 아낌. ② 인색함.
儉朴(검박 jiǎnpǔ) 검소(儉素)하고 질박(質朴)함.
儉薄(검박 jiǎnbó) 너무 검약(儉約)해서 야박함.

儉腹(검복 jiǎnfù) 지식이 짧음을 말함.
儉省(검생 jiǎnxǐng) 절약해서 비용을 덜 들게 함. 낭비하지 않음.
儉素(검소 jiǎnsù) 검약하고 질소함. 사치하지 않고 수수함.
儉約(검약 jiǎnyuē) 검소하고 절약함. 비용을 적게 함.

▶ 恭儉(공검)·勤儉(근검)·勤儉節約(근검절약)·節儉(절검).

儒 선비 유

人 14 (16)

儒儒儒儒儒儒儒儒儒

음 rú 일 ジュ, がくしゃ 영 scholar
① 선비 유(學者). ② 난쟁이 유(侏儒, 短人). ③ 유도 유(孔子를 시조로 하는 도). ④ 광대 유(俳優).

書體 小篆 儒 草書 儒 (高校) 形聲

儒敎(유교 rújiào) 중국의 전통적인 정교일치(政敎一致)를 주지(主旨)로 하는 교(敎). 공자(孔子)를 시조(始祖)로 함.
儒林(유림 rúlín) ① 유자(儒者)의 동료(同僚). ② 유교(儒敎)의 도(道)를 닦는 학자들. 사림(士林).
儒釋(유석 rúshì) 유교와 불교.
儒賢(유현 rúxián) 유교(儒敎)에 정통하고 언행(言行)이 바른 선비.

▶ 大儒(대유)·名儒(명유)·腐儒(부유)·俗儒(속유)·崇儒(숭유)·新儒(신유).

償 갚을 상

人 15 (17)

償償償償償償償償償

음 cháng 일 ショウ, つぐなう
영 return, pay
① 갚을 상(還). ② 보답할 상(酬報).
③ 값 상(代價). ④ 속죄할 상(贖).

書體 小篆 償 草書 償 (高校) 形聲

償却(상각 chángquè) = 상환(償還).
償金(상금 chángjīn) ① 갚는 돈. ② 배상하여 주는 돈. ③ 배상금(賠償金)의 약어.
償命(상명 chángmìng) 목숨으로 갚음. 사람을 죽인 대가로 자기도 죽임을 당함. 살인한 사람을 죽임.
償債(상채 chángzhài) 빚을 갚음.
償責(상책 chángzé) 채무(債務)를 변상함.
償還(상환 chángfuán) ① 대상(代價)으로 돌려 줌. ② 빚을 갚음.

▶ 減價償却費(감가상각비)·求償(구상)·代價(대상)·無償(무상)·賠償(배상)·辨償(변상)·報償金(보상금)·損害賠償(손해배상)·有償(유상).

儡 꼭두각시 뢰:

人 15 (17)

음 lěi 일 ライ, でく 영 puppet
① 꼭두각시 뢰, 허수아비 뢰. ② 허술할 뢰(敗壞貌). ③ 피곤할 뢰(疲).
儡儡(뇌뢰 lěilěi) ① 실패해서 위험한 모양. ② 피로해서 지친 모양.
儡身(뇌신 lěishēn) ① 꼭두각시. 허수아비. 괴뢰(傀儡). ② 실패해서 영락(零落)한 몸.

▶ 傀儡(괴뢰).

優 뛰어날/넉넉할 우

人 15 (17)

優優優優優優優優優

음 yōu 일 ユウ, まさる
영 superiority
① 넉넉할 우(寬饒). ② 화할 우(和).
③ 부드러울 우(優游和柔). ④ 아양 우(戱). ⑤ 광대놀이 우(伊優佞媚貌). ⑥ 나을 우(劣之對). ⑦ 이길 우(勝). ⑧

優待(우대 yōudài) 특별히 잘 우대함.
優生學(우생학 yōushēngxué)《生》 영어(英語) eugenics의 역(譯). 유전(遺傳)의 법칙(法則)에 의하여, 나쁜 혈통을 제거(除去)하고 우량한 혈통을 보존하기 위하여 연구하는 학문.
優先權(우선권 yōuxiānquán) ① 남보다 먼저 행사할 수 있는 권리. ② 금전이나 물건의 처분·차지·이익 배당 등을 남보다 먼저 특전을 받을 수 있는 권리.
優性(우성 yōuxìng)《生》 생물의 유전에 있어서 잡종(雜種)일 경우에 어떤 형질(形質)의 유전자(遺傳子)가 둘이 있으나 그 중에 실제에 발현된 쪽의 유전질. ↔열성(劣性).
優雅(우아 yōuyǎ) 점잖고 아담함.
優劣(우열 yōuliè) 우등(優等)과 열등(劣等). 훌륭한 것과 뒤떨어지는 것. 승렬(勝劣).
優越(우월 yōuyuè) 뛰어남. 탁월함.
優位(우위 yōuwèi) ① 여럿 가운데서 빼어난 자리. ② 우등의 자리. ③ 나은 자리. 높은 자리.
優柔不斷(우유부단 yōuróubùduàn) ① 유약해서 결단성이 없음. ② 활발하지 않음.
優游自適(우유자적 yōuyóuzìshì) 편안하고 한가롭게 마음대로 즐김.

▶ 俳優(배우)·聲優(성우)·準優勝(준우승)·最優良品(최우량품)·最優先(최우선)·最優秀(최우수).

 儷 짝 려

【儷(人부19획)의 약자】

儼 엄연할 엄

图 yǎn 日 ゲン, おごそか 영 solemn
① 공경할 엄(恭也, 敬). ② 엄전할 엄(矜莊).
儼恪(엄각 yǎnkè) 공경하고 삼감. 〈각(恪)은 공경(恭敬).〉
儼雅(엄아 yǎnyǎ) 엄연(儼然)하고 고아(高雅)함.
儼然(엄연 yǎnrán) ① 엄숙한 모양. ② 겉모양이 씩씩하고 점잖은 모양. 위엄 있는 모양. ③ 아무리 해도 움직일 수 없는 모양.

儿 部

어진사람 인

允 맏[伯] 윤:

图 yǔn 日 イン, まこと 영 reliable
① 미쁠 윤(信). ② 마땅할 윤(當). ③ 옳게 여길 윤(肯). ④ 진실로 윤(眞實). ⑤ 허락할 윤(諾也, 允許). ⑥ 좇을 윤(從).
允可(윤가 yǔnkě) 임금의 재가(裁可). 윤허(允許).
允恭(윤공 yǔngōng) 진실로 공손함. 성실근공(誠實謹恭).
允納(윤납 yǔnnà) 허락하여 받아들임.
允當(윤당 yǔndàng) 진실로 맞음. 이치(理致)에 적합함.
允若(윤약 yǔnruò) 진심(眞心)으로 순종(順從)함. 〈약(若)은 순(順)〉.
允俞(윤유 yǔnyú) 임금이 허가함. 윤허(允許).
允藏(윤장 yǔncáng) 매우 착함.

允下(윤하 yǔnxià) 임금이 허가함. 윤가(允可).
允諧(윤해 yǔnxié) 잘 어울림. 성실(誠實)히 화합(和合)됨. 윤협(允協).

元 으뜸 원

元元元元

음 yuán 일 ゲン, もと
영 foundation

① 으뜸 원(原). ② 착하고 어질 원(善良). ③ 착한 사람 원(善人). ④ 일 년의 맨 첫날 원(元旦). 「元日」. ⑤ 연호 원(年號). ⑥ 두목 원(頭首). ⑦ 임금 원(君). ⑧ 백성 원(民). ⑨ 클 원(大). ⑩ 기운 원(氣). ⑪ 하늘 원(天). ⑫ 길 원(長).

書體 小篆 元 草書 え 中學 象形

元老(원로 yuánlǎo) ① 국가(國家)에 큰 공(功)이 있는 늙은 신하. ② 오래 그 일에 종사하여 공로가 있는 연로자.
元帥(원수 yuánshuài) 장수의 으뜸. 군대(軍隊)를 통솔하는 주장(主將).
元祖(원조 yuánzǔ) ① 물건이나 일을 창시(創始)한 사람. 비조(鼻祖). ② 인류의 시조(始祖).
元勳(원훈 yuánxūn) 건국(建國) 혹은 국정(國政)에 이바지한 큰 공. 또는 공이 큰 사람. 원공(元功).

▶ 紀元(기원)·復元(복원)·身元(신원)·一元(일원)·中元(중원)·次元(차원)·天元(천원)·還元(환원).

兄 맏/형 형

兄兄兄兄兄

1 음 xiōng 일 ケイ, あに
영 elder brother
2 일 キョウ, あに

1 ① 맏 형(同胞兄弟). ② 어른 형(長). ③ 친구를 부를 때 높이는 칭호(敬稱). 2 ① 부를 황(滋). ② 민망할 황(悦). ③ 클 황(大). ④ 근심할 황(憂). ⑤ 하물며 황(況). 【悦·況과 통함】

書體 小篆 兄 草書 え 中學 會意

兄公(형공 xiōnggōng) 남편의 형을 부르는 경칭.
兄亡弟及(형망제급 xiōngwángdìjí) 《國》장남(長男)이 사망할 경우 다음 동생이 후사(後嗣)를 이음.
兄夫(형부 xiōngfū) 언니의 남편. 형랑(兄郎).
兄事(형사 xiōngshì) 남을 내 형처럼 공경함. 형의 예(禮)로써 섬김.
兄嫂(형수 xiōngsǎo) 형의 아내.
兄氏(형씨 xiōngshì) 남을 높여서 부르는 말.
兄友弟恭(형우제공 xiōngyǒudìgōng) 형제간에 서로 우애(友愛)를 다함.
兄丈(형장 xiōngzhàng) 나이가 엇비슷한 친구 사이에서 상대방을 높이어 일컫는 말.
兄弟(형제 xiōngdì) ① 형과 아우. 곤계(昆季). 곤제(昆弟). ② 선배와 후배.
兄弟間(형제간 xiōngdìjiān) 형과 아우의 사이.
兄弟姊妹(형제자매 xiōngdìzǐmèi) ① 형제와 자매. ② 동기(同氣).
兄弟之國(형제지국 xiōngdìzhīguó) 사이가 친밀하고 가깝게 지내는 나라. 또는 서로 혼인관계를 이룬 나라.
兄弟之誼(형제지의 xiōngdìzhīyì) 형제간의 우애처럼 지내는 정다운 친구의 정의.

▶ 家兄(가형)·貴兄(귀형)·老兄(노형)·大兄(대형)·妹兄(매형)·舍兄(사형)·實兄(실형)·雅兄(아형)·令兄(영형)·畏兄(외형)·義兄(의형)·異腹兄弟(이복형제)·仁兄(인형)·姻兄(인형)·姉兄(자형)·慈兄(자형)·長兄(장형)·尊兄(존형)·從兄(종형)·仲兄(중

형)·妻兄(처형)·親兄弟(친형제)·學父兄(학부형)·學兄(학형).

充 채울 충

充充充充充充

🅗 chōng 🅙 ジュウ, みたす
🅔 be full, enough

① 가득 찰 충(滿·實). ② 막을 충(塞). ③ 찰 충(實). ④ 당할 충(當). ⑤ 번거로울 충(煩). ⑥ 어찌할 줄 모를 충(度失). ⑦ 길 충(長). ⑧ 궁급할 충(窮急之容). ⑨ 아름다울 충(美).

書體 小篆 充 草書 充 中學 象形

充當(충당 chōngdāng) 모자라는 것을 채워서 메움. 충전(充塡).
充滿(충만 chōngmǎn) ① 가득하게 참. ②《宗》하나님의 덕과 능력이 가득 차서 완전한 상태.
充腹(충복 chōngfù) 좋고 나쁨을 가리지 않고 아무런 음식으로나 고픈 배를 채움.
充分(충분 chōngfèn) 부족함이 없음.
充塞(충색 chōngsāi) 꽉 차서 막힘. 또는 꽉 채워서 막음.
充實(충실 chōngshí) ① 속이 올차서 단단하고 여물음. ② 몸이 굳세어서 튼튼함. ③ 맡은 일을 열심히 하여 정성스러움. ④ 원만하고 성실함.
充額(충액 chōng'é) 미리 정한 액수를 채움.
充慾(충욕 chōngyù) 욕망을 채움.
充溢(충일 chōngyì) 가득 차서 넘치흐름.
充電(충전 chōngdiàn)《物》축전지에 외부의 전원으로부터 전류를 흐르게 하여 에너지를 축적함.
充塡(충전 chōngtián) 집어넣어서 막음. 채우는 일. 충당(充當).
充足(충족 chōngzú) 일정한 분량(分量)에 차도록 하거나 채움. 또는 넉넉하여 차서 모자람이 없음.
充虛(충허 chōngxū) 가득 찬 것과 빈 것. 영허(盈虛).
充血(충혈 chōngxiě)《醫》어느 국부의 혈관 속을 흐르는 혈액의 양이 많아진 상태.

▶ 補充(보충)·補充役(보충역)·不充分(불충분)·自充(자충)·再充(재충)·必要充分條件(필요충분조건)·擴充(확충).

充 채울 충

【充(儿부3획)의 와자(譌字)】

兆 억조 조

兆兆兆兆兆兆

🅗 zhào 🅙 チョウ, きざし
🅔 symptoms

① 조짐 조(未作意). ② 점괘 조(卜筮). ③ 뫼 조(塋域). ④ 조 조(十億). ⑤ 빌미 조(兆朕未作意). ⑥ 많을 조(衆). ⑦ 백성 조(民).

書體 小篆 川 古文 川 草書 兆 中學 象形

兆京(조경 zhàojīng) 무척 많은 수를 형용함. 억조(億兆).
兆民(조민 zhàomín) 많은 인민. 억조창생(億兆蒼生). 만민(萬民). 조서(兆庶).
兆朕(조짐 zhàozhèn) 길(吉)·흉(凶)이 일어날 기미가 미리 보이는 변화 현상. 조후(兆候).

▶ 吉兆(길조)·亡兆(망조)·祥兆(상조)·數兆(수조)·億兆(억조)·一兆(일조)·前兆(전조)·占兆(점조)·徵兆(징조).

兇 흉악할 흉

🅗 xiōng 🅙 キョウ, わるい 🅔 evil

① 흉할 **흉**(惡). ② 사나울 **흉**(惡). ③ 두려울 **흉**(恐).【凶과 같음】④ 소동할 **흉**(懼聲).【恟과 같음】

兇懼(흉구 xiōngjù) 매우 무서워함. 두려워함.

兇暴(흉포 xiōngbào) 흉악(兇惡)하고 사나움.

兇行(흉행 xiōngxíng) 사람을 해하는 나쁜 행동.

▶ 嚻兇(소흉)·元兇(원흉).

先 먼저 선

先先先先先先

🔊 xiān 🇯🇵 セン, さき 🇬🇧 previous

① 먼저 **선**(始).「조선(祖先)」. ② 비로소 **선**(始). ③ 선조 **선**(先祖). ④ 앞 **선**(前). ⑤ 이를 **선**(早). ⑥ 우두머리 **선**. ⑦ 옛 **선**(古). ⑧ 이끌 **선**(導). ⑨ 끝 **선**(端). ⑩ 먼저 할 **선**(先之). ⑪ 동서 **선**(娣姒). ⑫ 앞에 있을 **선**(前). ⑬ 뒷것이 앞에 될 선.【洗와 통함】

書體 小篆 先 草書 先 中學 會意

先覺(선각 xiānjué) 남보다 먼저 깨달음. 선지(先知).

先見之明(선견지명 xiānjiànzhīmíng) 일이 생기기 전에 미리 아는 밝은 슬기.

先公後私(선공후사 xiāngōnghòusī) 먼저 공사(公事)를 하고 사사(私事)를 나중에 함.

先驅(선구 xiānqū) ① 선구자(先驅者)의 약어(略語). 어떤 사상(思想)이나 일에 있어 그 시대의 다른 사람보다 앞선 사람. ② 말탄 행렬의 앞장선 사람. 전구(前驅).

先妣(선비 xiānbǐ) ① 돌아가신 어머니. ② 선조(先祖)의 비(妣).

先塋(선영 xiānyíng) 선조의 묘. 선분(先墳).선롱(先壟).

先入見(선입견 xiānrùjiàn) 선입주견(先入主見)의 약어.

先哲(선철 xiānzhé) 옛날의 현철(賢哲). 선정(先正). 선현(先賢).

先親(선친 xiānqīn) 돌아가신 아버지.

先賢(선현 xiānxián) 옛날의 현철(賢哲). 선철(先哲).

先後倒錯(선후도착 xiānhòudǎocuò) 앞뒤가 뒤바뀜.

▶ 去來先(거래선)·急先務(급선무)·機先制壓(기선제압)·擔任先生(담임선생)·大先輩(대선배)·率先垂範(솔선수범)·于先(우선)·優先(우선)·優先順位(우선순위)·祖先(조선)·最先(최선)·最優先(최우선)·行先(행선)·後先(후선).

光 빛 광

光光光光光光

🔊 guāng 🇯🇵 コウ, ひかり 🇬🇧 light

① 빛 **광**(明室). ② 빛날 **광**(華采). ③ 색 **광**(景色). ④ 기운 **광**(勢). ⑤ 문물의 아름다울 **광**(文化). ⑥ 영광 **광**(名譽). ⑦ 비출 **광**(照). ⑧ 위엄 **광**(威).

書體 小篆 光 古文 茣 草書 光 中學 會意

光臨(광림 guānglín) 내방(來訪)에 대한 경칭.

光明正大(광명정대 guāngmíngzhèngdà) 마음이 결백하고 언행이 공정함.

光陰如流(광음여류 guāngyīnrúliú) 세월의 가는 것이 흐르는 물과 같이 빠름.

光風霽月(광풍제월 guāngfēngjìyuè) ① 화창한 바람과 우후(雨後)의 달. ② 마음이 상쾌하고 깨끗함의 형용. ③ 태평세월을 말함.

▶ 脚光(각광)·感光(감광)·觀光(관광)·極光(극광)·微光(미광)·觀光(관광)·白光(백광)·分光(분광)·散光(산광)·生鏡光紬(생경광주)·生光(생광)·曙光(서광)·瑞光(서광)·閃光(섬광)·晨光(신광)·夜光(야광)·陽

光(양광)·濾光(여광)·餘光(여광)·逆光(역광)·榮光(영광)·容光(용광)·圓光(원광)·月光(월광)·威光(위광)·流光(유광)·燐光(인광)·日光(일광)·日光浴(일광욕)·電光石火(전광석화)·直射光線(직사광선)·燭光(촉광)·秋光(추광)·春光(춘광)·風光(풍광)·螢光燈(형광등)·和光(화광)·火光(화광)·曉光(효광)·後光(후광).

克 이길 극

兀 5 ⑦

一 十 古 古 克 克 克

[한] kè [일] コク, かつ [영] overcome

① 이길 극(勝). ② 능할 극(能). ③ 마음을 억누를 극(抑心). ④ 세금 많이 받을 극(掊克聚斂). ⑤ 멜 극(肩任).【剋과 통함】

書體 小篆 古文 草書 高校 象形

克己(극기 kèjǐ) ① 자기의 사욕을 이지(理智)로써 눌러 이김. ② 충격·욕망·감정 같은 것의 과도한 발동을 억제함. ③ 자제함.

克明(극명 kèmíng) 주의를 기울여 속속들이 잘 밝힘.

克服(극복 kèfú) ① 적을 이기어 굴복시킴. ② 곤란을 이겨내어 마음대로 함.

兌 바꿀/기쁠 태

兀 5 ⑦

[한] duì [일] タイ, よろこぶ [영] be glad

1 ① 기쁠 태(悅). ② 지름길 태(磎). ③ 모일 태(聚). ④ 통할 태(通). ⑤ 곧을 태(直). ⑥ 구멍 태(穴). ⑦ 바꿀 태(易). ⑧ 괘 이름 태(卦名).【隊와 통함】**2** 날카로울 예(銳).

兌方(태방 duìfāng) 팔방의 하나. 정서(正西)를 중심으로 한 45도의 각거리(角距離)를 이름.

兌換(태환 duìhuàn) ①《經》지폐 또는 은행권을 정화(正貨)와 바꾸는 일. ② 바꿈.

兌換制度(태환제도 duìhuànzhìdù)《經》은행이나 정부가 발행한 보조화폐인 지폐를 가진 이의 요구에 따라서 언제라도 본위화폐인 정화(正貨)와 바꿀 수 있는 화폐제도.

兌換紙幣(태환지폐 duìhuànzhǐbì)《經》언제나 본위화폐(本位貨幣)로 바꿀 수 있는 보조화폐.

免 면할 면:

兀 5 ⑦

ク 各 各 台 台 免 免

[한] miǎn [일] メン, まぬかれる [영] escape

1 ① 벗을 면(脫). ② 면할 면(脫). ③ 피할 면(避). ④ 놓을 면(縱). ⑤ 죄를 용서할 면(宥). **2** ① 해산할 문(娩). ② 통건 쓸 문(喪冠).

書體 小篆 草書 中學 象形

免稅(면세 miǎnshuì) 세금을 면제함. 면조(免租).

免訴(면소 miǎnsù)《法》일단 발생한 형벌권의 소멸을 언도(言渡)함. 확정판결·사면·공소시효(公訴時效)의 완성 및 범죄 후 법령의 개정으로 형이 폐지된 경우에 면소를 선고함.

免役(면역 miǎnyì) ① 복역(服役)의 의무를 면함. ② 정역수(定役囚)가 취역을 면함. ③ 병역을 면제함.

免疫(면역 miǎnyì)《醫》어떤 전염성 질병에 잘 걸리지 않는 저항력을 갖는 일. 제역(除役).

免辱(면욕 miǎnrǔ) 치욕을 면함.

免狀(면장 miǎnzhuàng) 면허장(免許狀)의 약어.

免除(면제 miǎnchú) ① 책임이나 의무를 지우지 아니함. ② 채무를 면함.

免租(면조 miǎnzū)《制》조세를 면제함. 면세(免稅).

免罪(면죄 miǎnzuì) 죄를 면함.
免罪符(면죄부 miǎnzuìfú) 《宗》중세기 로마 교황청에서 발급한 부권(符券)으로 이것을 가지면, 그 죄악의 전부 혹은 일부를 사면 받는다고 하였음. 800년 경 레오 3세가 시작하여 대대로 교회운영의 재원으로 상품화되어 신도를 착취하여 오다가 드디어 루터 등에 의한 종교개혁의 원인이 되었음.
免職(면직 miǎnzhí) 일자리를 면하거나 물러나게 함. 면관(免官).
免責(면책 miǎnzé) 책망이나 책임을 벗어남.
免醜(면추 miǎnchǒu) 《國》여자의 얼굴이 겨우 추악함을 면함.
免黜(면출 miǎnchù) 벼슬을 떼고 그 지위를 떨어뜨림.
免脫(면탈 miǎntuō) 죄를 벗어남.
免許(면허 miǎnxǔ) 《法》특정한 행위(行爲)나 영업(營業)을 특정인에게 허락(許諾)하는 행정처분(行政處分).
免禍(면화 miǎnhuò) 재앙을 면함.
免凶(면흉 miǎnxiōng) 흉년을 면함. 면겸(免歉).

兒 아이 아

【兒(儿부 6획)의 속자】

兎 토끼 토

【兔(儿부 6획)의 속자】

兎死狐悲(토사호비 tùsǐhúbēi) 토끼가 죽으니 여우가 슬퍼함. 《轉》동류가 서로 동정함을 말함.
兎死狗烹(토사구팽 tùsǐgǒupēng) 토끼를 잡고나면 그 토끼를 잡은 엽견(獵犬)도 필요가 없으니까, 삶아서 먹음. 《轉》적국이 망하면 공 있는 모신(謀臣)을 죽인다는 말. 즉 필요할 때는 사용하고 필요 없을 때는 버린다는 뜻.
兎營三窟(토영삼굴 tùyíngsānkū) 토끼가 위난을 피하려고 구멍 셋을 만든다는 뜻으로, 자신의 안전을 위하여 미리 몇 가지의 계책을 짜놓음을 가리키는 말.
兎怨猴不平(토원후불평 tùyuànhóubùpíng) 궁합에서 토끼띠는 원숭이띠를 꺼린다는 원진살(元嗔煞)의 하나.
兎月(토월 tùyuè) 월(月)의 이칭. 토백(兎魄). 토영(兎影).

▶ 赤兎馬(적토마).

兒 아이 아

儿 6 (8)

兒兒兒兒兒兒兒兒

1 음 ér 일 ニ, こども 영 child
2 음 ní 일 ジ, こども 영 infant

1 ① 아이 아, 아기 아(孩子). ② 아이가 어른에 대하여 하는 자칭 아(自稱).
2 ① 어릴 예(幼弱). ② 성 예(姓).【倪와 통함】

書體 小篆 兒 草書 兒 中學 象形

兒童走卒(아동주졸 értóngzǒuzú) 철없는 아이들과 어리석은 사람들.
兒塚(아총 érzhǒng) 어린애의 무덤.
兒齒(아치 érchǐ) 노인의 이가 빠지고 다시 난 이(오래 살 징조라 함).

▶ 健兒(건아)·缺食兒童(결식아동)·孤兒(고아)·棄兒(기아)·畸形兒(기형아)·男兒(남아)·聾兒(농아)·多胎兒(다태아)·豚兒(돈아)·盲兒(맹아)·問題兒(문제아)·未熟兒(미숙아)·迷兒(미아)·迷兒保護所(미아보호소)·反抗兒(반항아)·放蕩兒(방탕아)·浮浪兒(부랑아)·非行兒(비행아)·私生兒(사생아)·小兒(소아)·小兒科(소아과)·小兒痲痺(소아마비)·授乳兒(수유아)·新生兒(신생아)·雙生兒(쌍생아)·嬰兒(영아)·遺腹兒(유복아)·乳兒(유아)·幼兒(유아)·育兒(육아)·入養兒(입양아)·自閉兒(자폐아)·障碍兒(장애아)·低能兒(저능아)·正常

兒(정상아)·精神薄弱兒(정신박약아)·寵兒(총아)·託兒(탁아)·託兒院(탁아원)·落兒(탁아)·胎兒(태아)·悖倫兒(패륜아)·風雲兒(풍운아)·混血兒(혼혈아).

兔 토끼 토
几6(8)

音 tū 日 ト, うさぎ 英 rabbit

토끼 **토**(獸名).

党 무리 당
几8(10)

音 dǎng 日 トウ, えびす 英 savage

① 오랑캐 **당**(羌種, 党項). ② 사람의 성 **당**(姓). 【黨의 약자】

兜 투구 두 / 도솔천 도
几9(11)

音 dōu 日 トウ, かぶと 英 helmet

① 투구 **두**(首鎧). ② 아주 반할 **두**(惑). 【俗音(속음)으로 '도'로 통용됨】

兜率天(도솔천 dōushuàitiān) 욕계(欲界) 육천(六天) 가운데 넷째가 는 하늘.

兜侵(두침 dōuqīn) 관리가 공금을 횡령함.

兢 떨릴 긍:
几12(14)

音 jīng 日 キョウ, つつしむ

英 caution

① 조심스러울 **긍**(戒慎). ② 공경스러울 **긍**(敬). ③ 굳셀 **긍**(彊). ④ 떨리는 데 **긍**(寒,凉戰慄氣).

兢恪(긍각 jīngkè) 두려워하고 조심함.
兢戒(긍계 jīngjiè) 삼가고 조심함.
兢懼(긍구 jīngjù) 삼가고 두려워함.
兢兢(긍긍 jīngjīng) 두려워하고 삼감.
兢兢業業(긍긍업업 jīngjīngyèyè) 항상 조심하여 공경하고 삼감.
兢惕(긍척 jīngtì) 경계하고 두렵게 여김.
兢惶(긍황 jīnghuáng) 삼가고 두려워함.

▶ 戰戰兢兢(전전긍긍).

入 部

들 **입**

入 들 입
入0(2)

ノ 入

音 rù 日 ニュウ, はいる 英 enter

① 들 **입**(出之對). ② 넣을 **입**. ③ 드릴 **입**(納). ④ 빠질 **입**(沒). ⑤ 받을 **입**(受). ⑥ 뺏을 **입**(取). ⑦ 해칠 **입**(侵害). ⑧ 들을 **입**(聽).

書體 小篆 入 草書 入 中學 象形

入閣(입각 rùgé) 내각 조직에 일원으로서 참가함.
入棺(입관 rùgòng) 시체(屍體)를 관 속에 넣음. 납관(納棺).
入觀(입관 rùguān)《佛》어지러운 마음을 가라앉히고 제법(諸法)의 이치를 관조(觀照)하는 경지에 들어감.
入國査證(입국사증 rùguozhāzhèng) 외국에 갈 때에 상대국의 주재기관으로부터 받는 입국허가. 사증(査證).
入滅(입멸 rùmiè)《佛》죽음. 입적(入寂).
入沒(입몰 rùmò) ① 들어가 빠짐. ② 죽음.
入門書(입문서 rùménshū) 처음 배우는 사람을 위하여 알기 쉽게 쓴 서적.
入聲(입성 rùshēng) 한자(漢字)의 사

성(四聲)의 하나. 높고 촉추(促追)하며 급히 끝을 막는 소리인데, 운자(韻字)는 옥(屋)·옥(沃)·각(覺)·질(質)·물(物)·월(月)·갈(曷)·힐(黠)·설(屑)·약(藥)·맥(陌)·석(錫)·직(職)·집(緝)·합(合)·엽(葉)·흡(洽)의 17운(韻)으로, 대개는 ㄱ·ㅂ·ㄹ·ㅅ·ㄷ이 붙는 무성음(無聲音)임.

入營(입영 rùyíng) 병정이 되기 위하여 군문에 들어감.

入寂(입적 rùjì) 《佛》 승려의 죽음. 생사의 고계(苦界)를 벗어나 열반(涅槃)에 든다는 뜻. 입멸(入滅). 열반(涅槃).

入籍(입적 rùjí) 《法》 ① 다른 나라에 귀화(歸化)하여 그 국적에 편입되는 일. ② 출생·결혼으로 그 집 호적에 듦.

入札(입찰 rùzhá) 《經》 일의 도급(都給)이나 물건의 매매에 있어서 제일 유리한 내용을 표시한 사람과 계약을 할 조건으로 희망자에게 예정 가격을 써 내어 경쟁하게 하는 계약 체결 방법의 한 가지.

入荷(입하 rùhé) 물건이 들어 옴.

▶ 加入(가입)·介入(개입)·購入(구입)·求入難(구입난)·記入(기입)·亂入(난입)·納入(납입)·納入金(납입금)·單刀直入(단도직입)·大入(대입)·導入(도입)·突入(돌입)·亂入(난입)·買入(매입)·沒入(몰입)·無料入場(무료입장)·未記入(미기입)·密搬入(밀반입)·搬入(반입)·搬出入(반출입)·不介入(불개입)·拂入(불입)·拂入額(불입액)·四捨五入(사사오입)·算入(산입)·揷入(삽입)·先入見(선입견)·歲入(세입)·貰入(세입)·收入(수입)·輸入(수입)·收入額(수입액)·收入源(수입원)·輸出入(수출입)·純收入(순수입)·新入(신입)·迎入(영입)·豫入(예입)·誤入(오입)·月收入(월수입)·流入(유입)·移入(이입)·引入(인입)·潛入(잠입)·再來入(재출입)·轉入(전입)·漸入佳境(점입가경)·注入(주입)·進入(진입)·借入金(차입금)·出入(출입)·出入港(출입항)·吹入(취입)·侵入(침입)·投入(투입)·闖入(틈입)·編入(편입)·陷入(함입)·吸入(흡입).

內 안 내:

內 冂 內 內

1 중 nèi 일 ダイ, うち 영 inside
2 일 ナイ 영 terior

1 ① 안 내, 속 내(裏). ② 방 내(房). ③ 우리나라 내(我國). ④ 마음 내(心). ⑤ 대궐 안 내(禁裏). ⑥ 중할 내(重). ⑦ 처 내(妻). ⑧ 비밀 내(秘密). ⑨ 불러들일 내(入). ⑩ 가운데 내(中). 2 ① 받을 납(受). ② 들일 납(入). 3 여관 나(女官).

書體 小篆 內 草書 內 中學 象形

內閣(내각 nèigé) 《制》 국가 행정권을 담당하는 최고 기관으로 수상(首相)·장관(長官)으로 조직되는 합의체(合議體)임.

內間(내간 nèijiān) 아낙이 거처하는 곳. 내정(內庭).

內簡(내간 nèijiān) 집안 아녀자들의 내왕 편지.

內幕(내막 nèimù) 일의 속내.

內部分裂(내부분열 nèibùfēnliè) 한 개체가 내부의 불화(不和)로 인하여 여럿으로 갈라짐.

內部抵抗(내부저항 nèibùdǐkàng) 《物》 전지(電池)의 내부에 존재한다고 생각되는 저항.

內疏外親(내소외친 nèishūwàiqīn) 마음속으로는 소홀히 하고 겉으로는 친한 체함.

內侍(내시 nèishì) 《制》 ① 금중(禁中)에서 봉시(奉侍)하는 것. 또는 그 관직. ② 수·당대(隋·唐代)의 벼슬 이름. 내시성(內侍省)에 속하여 잡역(雜役)을 맡음.

內憂外患(내우외환 nèiyōuwàihuán) 나라 안의 걱정과 나라 밖에서 오는 환란.

內子(내자 nèizǐ) ① 옛날 중국에서 경대부(卿大夫)의 정실을 일컬음. ②

남에게 대하여 자기의 아내를 일컬음. ③ 남의 아내를 일컬음.

內虛外飾(내허외식 nèixūwàishì) 속은 비고 겉치레만 함.

內訌(내홍 nèihòng) 내부에서 저희끼리 일으키는 분쟁. 내분(內紛).

▶ 家內(가내)・境內(경내)・管內(관내)・校內(교내)・構內(구내)・構內食堂(구내식당)・構內電話(구내전화)・國內(국내)・國內産(국내산)・國內外(국내외)・國內人(국내인)・關內(궐내)・機內(기내)・綠內障(녹내장)・黨內(당내)・對內(대내)・對內外(대내외)・道內(도내)・冬內衣(동내의)・社內(사내)・線內(선내)・船內(선내)・城內(성내)・省內(성내)・市內(시내)・室內(실내)・室內照明(실내조명)・室內靴(실내화)・案內(안내)・驛區內(역구내)・域內(역내)・年內(연내)・營內(영내)・屋內(옥내)・院內(원내)・邑內(읍내)・以內(이내)・場內(장내)・腸內(장내)・店內(점내)・體內(체내)・胎內(태내)・學內(학내).

全 온전/온전할 전

全全全全全全

- 음 quán 일 ゼン, まったく
- 영 perfect, all

① 온전 **전**, 온통 **전**(完). ② 순전할 **전**(純). ③ 갖출 **전**(具). ④ 생명을 잃지 않을 **전**. ⑤ 상하지 않을 **전**(傷). ⑥ 모두 **전**(全).

書體 小篆 仝 大篆 全 草書 る 中學 會意

全權(전권 quánquán) ① 위임된 어떤 일을 처리하는 일체의 권한. ② 전권위원(全權委員)의 약어.

全燒(전소 quánshāo) 모두 타 없어짐.

全勝(전승 quánshèng) 한 번도 지지 않고 모조리 이김.

全身不髓(전신불수 quánshēnbùsuǐ) 《醫》풍중으로 온 몸을 마음대로 쓰지 못하는 병.

全載(전재 quánzǎi) 소설・논문 따위의 전체의 글을 한꺼번에 실음.

全帙(전질 quánzhì) 빠짐이 없는 책의 온 질.

全集(전집 quánjí) 개인의 저작을 전부 모은 간행물. 또는 같은 종류 혹은 같은 시대의 저작물을 다 모은 간행물.

▶ 健全(건전)・交通安全(교통안전)・萬全(만전)・保全(보전)・心不全症(심부전증)・安全(안전)・安全瓣(안전판)・完全(완전).

兩 두 량ː

兩兩兩兩兩兩兩兩

- 음 liǎng 일 リョウ, ふたつ
- 영 both

① 둘 **량**(再). ② 쌍 **량**(雙). ③ 짝 **량**(耦). ④ 필 **량**(匹). ⑤ 근량 **량**(斤量, 十六兩爲一斤). ⑥ 냥 **량**(錢數百分). ⑦ 수레 **량**(車數). 【輛과 같음】

書體 小篆 兩 小篆 兩 草書 中學 象形

兩脚(양각 liǎngjiǎo) 두 다리.

兩極(양극 liǎngjí) 《地》지구의 양단(兩端). 북극과 남극.

兩端(양단 liǎngduān) ① 양방(兩方)의 끝. ② 둘의 극단. ③ 처음과 끝. 본말(本末).

兩豆塞耳(양두색이 liǎngdòusāiěr) 콩알 두 개로 귀를 막으면 아무 것도 안 들림. 《轉》조그만 것이 큰 지장(支障)을 초래함을 말함.

兩立(양립 liǎnglì) ① 둘이 함께 맞섬. ② 양방(兩方)이 다 존재함.

兩眉間(양미간 liǎngméijiān) 두 눈썹 사이. 미간(眉間).

兩班(양반 liǎngbān) ① 《制》동반(東班)과 서반(西班). ② 근세(近世) 조선 중엽 이후에 있어 지체나 신분이 높은 사람을 일컫던 말.

兩棲類(양서류 liǎngqīlèi) 《動》Amphibia: 척추동물에 속한 한 강(綱). 어류와 파충류의 중간으로 육생・수생하는데, 어류의 가슴지느러

미와 배지느러미는 네 발로 변하고 부레는 허파로 발달되었으며, 비강은 구강과 통함. 비늘·털 등은 거의 없고 심장은 이심방·일심실, 늑골은 흉골과 연락되지 아니함. 난생(卵生) 또는 난태생(卵胎生)이고 냉혈성이며 변태발생을 함. 개구리·영원(蠑蚖 : 도룡뇽) 등이 이에 속함.

兩袖淸風(양수청풍 liǎngxiùqīngfēng) 관리의 청렴결백한 모양.

兩是雙非(양시쌍비 liǎngshìshuāngfēi) 양편에 다 이유가 있어, 시비를 분간하기 어려운 경우를 이름.

兩虎相鬪(양호상투 liǎnghǔxiāngdòu) 두 사람의 영웅, 또는 두 강국이 서로 싸움.

俞 대답할/인월도(人月刂)
入/7/⑨

음 yú 일 しかり 영 such

① 그럴 유(然). ② 대답할 유. ③ 공손스러울 유(和恭貌).

俞音(유음 yúyīn) 신하의 아뢰는 말에 대하여 내리는 임금의 대답.

俞扁(유편 yúpiān) 황제(黃帝) 때의 유부(俞跗)와 주대(周代)의 편작(扁鵲). 모두 이름난 의원.

俞扁之門(유편지문 yúpiānzhīmén) 명의의 문(門).

八 部
여덟 팔

八 여덟 팔
八/0/②

ハ 八

음 bā, bá 일 ハチ, やつ 영 eight

여덟 팔(數名). 【捌과 같음】

書體 小篆 八 草書 八 中學 指事

八戒(팔계 bājiè) ① 자기의 몸을 수양하기 위하여 지켜야 할 여덟 가지 계명(戒銘). 곧 굴기(屈己)·임운(任運)·관행(觀行)·수일(守一)·망언(忘言)·성기(省己)·존신(存神)·양미(量味). ②《佛》우파새(優婆塞)「신사(信士)」·우파니(優婆尼)「신녀(信女)」가 지켜야 할 여덟 가지 경계(儆戒). 즉, 불살생계(不殺生戒)·불투도계(不偸盜戒)·불사음계(不邪婬戒)·불망어계(不妄語戒)·불음주계(不飮酒戒) 이상 오계(五戒)와 불좌고대광상계(不坐高大廣牀戒)·불저화만영락계(不著花鬘瓔珞戒)·불습가무희악계(不習歌舞戲樂戒)의 팔계(八戒).

八苦(팔고 bākǔ)《佛》인생이 겪는 여덟 가지 괴로움. 곧 생고(生苦)·노고(老苦)·병고(病苦)·사고(死苦)·애별리고(愛別離苦)·원증회고(怨憎會苦)·오음성고(五陰盛苦)·구부득고(求不得苦).

八卦(팔괘 bāguà) 8종의 괘. 건(乾) ☰·태(兌) ☱·이(離) ☲·진(震) ☳·손(巽) ☴·감(坎) ☵·간(艮) ☶·곤(坤) ☷을 일컬음.〈卦는 괘(掛)로 물(物)의 상을 본따서 사람을 표시한 뜻.〉

八難(팔난 bānàn) ① 여덟 가지의 재난. 기(飢)·갈(渴)·한(寒)·서(暑)·수(水)·화(火)·도(刀)·병(兵). ②《佛》여덟 가지의 지장이 되는 어려운 것. 지옥(地獄)·축생(畜生)·아귀(餓鬼)·장수천(長壽天)·북울단월(北鬱單越)·맹롱음아(盲聾瘖瘂)·세지변총(世智辨聰)·생재불전불후(生在佛前佛後).

八年風塵(팔년풍진 bāniánfēngchén) 여러 해의 고생함을 가리키는 말. 《故》유방(劉邦)이 8년이나 걸려 항우(項羽)를 멸망시켰다는 데서 나옴.

八等身(팔등신 bāděngshēn) =팔두

신(八頭身).

八萬大藏經(팔만대장경 bāwàndàcángjīng)《佛》 대장경(大藏經)을 일컫는 말. 8만 4천의 법문(法門)이 있는 까닭임.

八面玲瓏(팔면영롱 bāmiànlínglóng) ① 어느 방면이든지 다 투명하고 밝음. ② 마음이 상쾌하고 막힘이 없음. ③ 대인 관계가 원만하여 사교성이 있음.

八方美人(팔방미인 bāfāngměirén) 어디로 보든지 아름다운 미인.《轉》 ㉠ 어떤 사람을 대해서든지 두루 곱게 행동하는 사람. ㉡여러 방면에 능통함.

八不用(팔불용 bābùyòng) 몹시 어리석은 사람을 가리키는 말. 팔불출(八不出). 팔불취(八不取).

八朔童(팔삭동 bāshuòtóng). ① 제달을 다 채우지 못하고 여덟 달 만에 낳은 아이. ② 똑똑하지 못한 사람을 조롱하는 말.

八字(팔자 bāzì) ① 출생한 연·월·일·시에 해당되는 간지(干支) 여덟 글자. 이것으로 사람의 화·복·생·사를 판단함. 갑자년(甲子年)·병인월(丙寅月)·정축일(丁丑日)·계묘시(癸卯時) 따위. ②《佛》 열반경(涅槃經) 안에 성행품(聖行品)을 풀이한 설산(雪山) 여덟 글자. 곧 생멸멸이 적멸위영(生滅滅已寂滅爲榮).

▶ 望八(망팔)·四面八方(사면팔방)·四柱八字(사주팔자)·上八字(상팔자)·十中八九(십중팔구)·二八靑春(이팔청춘)·七顚八起(칠전팔기).

公 공평할/귀인 공

公公公公

음 gōng コウ, おおやけ
뜻 impartiality, public

①공변될 공(平分無私). ② 한 가지 공(共). ③ 밝을 공(明白). ④ 벼슬 이름 공(五爵之首). ⑤ 마을 공(官所). ⑥ 어른 공(尊稱). ⑦ 그대 공(相互之稱). ⑧ 아비 공(父). ⑨ 시아비 공(婦謂舅).【功과 통함】

書體 小篆 草書 中學 象形

公暇(공가 gōngxiá) ① 공무상의 한가한 틈. ② 공무원에게 공식으로 인정되어 있는 휴가.

公開(공개 gōngkāi) 여러 사람에 널리 개방함.

公共(공공 gōnggòng) ① 일반 사회 공중과 모든 힘을 함께 함. ② 공중(公衆). 사회 일반.

公課(공과 gōngkè) ① 국가나 공공단체가 국민에게 부과하는 조세 및 기타의 공법상의 부담. ② 조세 이외에 국가 또는 공공 단체가 부과하는 금전 부담. 부역이나 각종 조합비 따위 같은 것.

公權(공권 gōngquán)《法》공법상의 권리. 병역이나 세금을 과하는 국가의 공권과 선거에 관한 개인의 공권이 있음.

公金流用(공금유용 gōngjīnliúyòng) 공금을 사사로이 정해진 용도 외의 곳에 돌려 씀.

公金橫領(공금횡령 gōngjīnhénglǐng) 공금을 가로채어 축냄.

公論(공론 gōnglùn) ① 공평한 의견. 공의(公議). ② 사회 일반의 공통된 여론.

公明正大(공명정대 gōngmíngzhèngdà) 마음이 공명하고 정대함. 떳떳함.

公務(공무 gōngwù) ① 국가 또는 공공 단체의 사무나 직무. ② 여러 사람에 관한 사무.

公報(공보 gōngbào) ① 관청에서 국민 일반에게 널리 알리는 보고. ② 지방 관청이 관보(官報)에 준하여 내는 보고. ③ 관청에서 딴 관청으로 내는 보고. ↔사보(私報).

公社(공사 gōngshè)《法》정부 경영

의 공공 기업 기관으로서 경제상 독립한 존재가 된 공법상의 법인.

公私(공사 gōngsī) ① 공공의 일과 사사로운 일. ② 정부와 민간인. ③ 사회와 개인.

公使館(공사관 gōngshǐguǎn) 《法》 공사가 주재지에서 사무를 보살피는 곳. 국제법상 본국의 영토와 동일하게 인정되어, 주재국의 주권이 미치지 못함.

公序良俗(공서양속 gōngxùliángsú) 《法》 법률 행위 판단의 기준이 되는 사회의 일반적 도덕관념. 공공의 질서와 선량한 풍속.

公訴(공소 gōngsù) 《法》 검사가 특정한 형사 사건에 관하여 법원에 기소장을 제출하여 그 심판을 요구하는 의사 표시 및 행위.

公示催告(공시최고 gōngshìcuīgào) 《法》 분명하지 않은 상대자나 이해 관계인에게 권리 청구의 신고, 증서의 제출을 기한을 정하여 일정한 기한 안에 시키기 위하여 공시(公示)하는 재판상의 최고(催告).

公式(공식 gōngshì) ① 관청의 의식. ② 관청에서 규정한 형식. 정식. ↔ 비공식(非公式). ③ 《數》 수의 계산 법칙. 또는 이론 및 실험에서 얻은 어떤 양의 계산법 같은 것을 수학상의 기호를 써서 나타낸 식.

公案(공안 gōngàn) ① 공사(公事)의 안문(案文). ② 관청의 조서. ③ 공론에 의하여 결정한 안건. ④ 《佛》 석가(釋迦)의 말과 행동. ⑤ 《佛》 선종(禪宗)에서 수행자(修行者)의 마음을 연마하기 위하여 과(課)하는 시험 문제. 〈한 사람의 사안(私案)이 아니고 조사(祖師)들이 공정(公定)함.〉

公約(공약 gōngyuē) 《法》 ① 공법상의 계약. ② 공중에 대하여 약속하는 일.

公言(공언 gōngyán) ① 공개하여 하는 말. ② 공평한 말. ③ 공식적인 발언.

公演(공연 gōngyǎn) 여러 사람 앞에서 연극·음악·무용 따위를 연출 공개함.

公營(공영 gōngyíng) ① 관청의 경영. ② 공공 단체, 특히 지방 자치 단체가 경영·설립 관리함. 또는 그 사업.

公用(공용 gōngyòng) ① 관용(官用). 공무(公務). ② 관청이나 공공단체의 용무나 비용.

公園(공원 gōngyuán) ① 공중의 보건·교화(敎化)·휴양·유락(遊樂) 등을 위하여 누구든지 놀 수 있게 시설한 유원지(遊園地). ② 관(官)의 정원(庭園).

公有(공유 gōngyǒu) 《法》 국가 또는 공공 단체의 소유. ↔사유(私有).

公益(공익 gōngyì) 사회 공중의 이익. ↔ 사익(私益).

公認(공인 gōngrèn) 국가 또는 공공 단체가 어느 행위나 물건에 대하여 인정함.

公正(공정 gōngzhèng) 공평하고 올바름. 공평하고 정대함.

公衆道德(공중도덕 gōngzhòngdàodé) 공덕(公德).

公衆衛生(공중위생 gōngzhòngwèishēng) 사회 일반의 공동 건강을 꾀하는 위생. 개인위생.

公衆電話(공중전화 gōngzhòngdiànhuà) 일반 공중이 쓸 수 있도록 거리의 요긴한 요소에 설치한 전화.

公證(공증 gōngzhèng) ① 공변된 증거. ② 겉으로 드러난 증거. ③ 《法》 국가 또는 공공 단체가 직권으로써 어떤 사실을 증명한 증서. 각종의 등기부, 선거인 명부 등에 관한 등기와 등록과 시험 합격증서, 은급증서, 여권, 감찰 따위.

公職(공직 gōngzhí) 관청이나 공공단체의 직무.

公債(공채 gōngzhài) ① 공금을 소비하여 진 빚이나 또는 공과미납(公課未納)으로 진 빚. ② 《法》 국가나 또는 지방 자치 단체가 수지의 적합을 기도하여 임시로 부담하는 금전 채무. 국가의 공채(公債)를 국채, 지방 자치 단체의 공채를 지방채(地方債)라고 함.

公薦(공천) gōngjiàn ① 여러 사람의 합의에 의하여 천거함. ②《政》정당 단체에서 공적으로 선거에 출마할 후보자를 내세움.

公聽會(공청회) gōngtīnghuì 국가나 공공 단체 기관이 그 권한으로써 일반 국민에게 큰 영향이 있는 안건을 의결함에 앞서, 일반 국민 또는 학자 관련 단체들이 참석하여, 그 의견을 듣는 공개회의.

公稱(공칭) gōngchēng 공식 명칭. 공적인 이름.

公判(공판) gōngpàn《法》형사 피고인의 유죄·무죄를 심리 판결하는 소송절차(訴訟節次).

公平(공평) gōngpíng 치우침이 없이 공정함.

公平無私(공평무사) gōngpíngwúsī 공평하여 사사로운 점이 없음.

公布(공포) gōngbù ① 일반에게 널리 공포하여 알림. ②《法》이미 확정된 법률·조약·명령·예산 같은 것을 정부 및 국민이 이것을 따르도록 의무를 지우기 위하여 고시함.

公休日(공휴일) gōngxiūrì 공휴하는 날.

▶ 姜太公(강태공)·官公署(관공서)·國公立(국공립)·國立公園(국립공원)·貴公子(귀공자)·滅私奉公(멸사봉공)·名實公(명실공)·無公害(무공해)·奉公(봉공)·不公正(불공정)·不公平(불공평)·非公開性(비공개성)·非公式化(비공식화)·非公認(비공인).

六 여섯 **륙**
八 2 4

六 二 テ 六

음 liù, lù 일 ロク, むつ 영 six

① 여섯 **륙**(數名). ② 여섯 번째. ③ 나라 이름 **륙**(春秋時國名).【陸과 통함】

書體 小篆 **六** 草書 **六** (中學) 象形

六甲(육갑) liùjiǎ ① 육십갑자(六十甲子)의 약칭. ② 시일의 간지(干支). 갑자(甲子)·갑술(甲戌)·갑신(甲申)·갑오(甲午)·갑진(甲辰)·갑인(甲寅) 따위. ③ 둔갑술.

六法(육법) liùfǎ ①《法》여섯 가지의 기본 법률. 곧 헌법·형법·민법·상법·형사소송법·민사소송법. ② 여섯 가지의 서법. 기운생동(氣韻生動)·골법용필(骨法用筆)·응물상형(應物象形)·수류부채(隨類賦彩)·경영위치(經營位置)·전사이사(轉寫移寫). ③ 제작하는 데에 있어서의 여섯 요구. 곧 규(規)·구(矩)·권(權)·형(衡)·준(準)·승(繩).

六十甲子(육십갑자) liùshíjiǎzǐ 갑(甲)·을(乙)·병(丙)·정(丁)·무(戊)·기(己)·경(庚)·신(辛)·임(壬)·계(癸)와 자(子)·축(丑)·인(寅)·묘(卯)·진(辰)·사(巳)·오(午)·미(未)·신(申)·유(酉)·술(戌)·해(亥)를 차례로 조합(組合)하여 60년을 일주(一周)로 한 것임.

六曹判書(육조판서) liùcáopànshū《制》육조의 각 판서. 육경(六卿).

六寸(육촌) liùcùn ① 여섯 치. ② 재종(再從)간의 형제·자매의 통칭. 재종(再從).

六穴砲(육혈포) liùxuépào 총알을 재어 넣는 구멍이 여섯 개가 있는 권총.

兮 어조사 **혜**
八 2 4

兮 兮 兮 兮

음 xī 일 ケイ, や, か

① 말 멈출 **혜**(語有所稽). ② 노래 후렴 **혜**(歌辭). ③ 어조사 **혜**(語助辭).

書體 小篆 **兮** 草書 **兮** (高校) 象形

共 한가지 공:

六 共 共 共 共 共

音 gòng 日 キョウ, ともに
英 together

① 한가지 공, 함께 공(同). ② 향할 공(向). ③ 다 공(皆). ④ 모둘 공(合). ⑤ 공변될 공(公). ⑥ 무리 공(衆). 【供과 같음】 ⑦ 공경 공(敬). ⑧ 법될 공(法). 【恭과 통함】

書體 小篆 古文 草書 中學 會意

共同(공동 gòngtóng) 여러 사람이 일을 같이 함. ↔단독(單獨).
共濟(공제 gòngjì) ① 힘을 같이 하여 일함. ② 서로 힘을 합하여 도움.
共存共榮(공존공영 gòngcúngòngróng) 같이 살고 같이 잘됨. 함께 잘 살아 나아감.
共和國(공화국 gònghéguó) 공화 정치 체계를 띤 나라. ↔군주국(君主國).

▶ 公共福利(공공복리)·公共施設(공공시설)·公共秩序(공공질서).

兵 군사 병

兵 兵 兵 兵 兵 兵 兵

音 bīng 日 ヘイ, ヒョウ, つわもの
英 soldier

① 군사 병(從戰鬪者). ② 무기 병(戎器). ③ 재난 병(災). ④ 전쟁 병(戰爭). ⑤ 도적 병(寇). ⑥ 적을 무찌를 병(擊敵).

書體 小篆 古文 草書 中學 會意

兵家常事(병가상사 bīngjiāchángshì) 전쟁에서 이기고 지는 일은 보통 있는 일. 실패에 낙심 말라는 뜻.

兵權(병권 bīngquán) 병마를 다스리는 권리. 병마지권(兵馬之權)의 약어.
兵法(병법 bīngfǎ) 전쟁의 요령과 방법. 전술(戰術). 병술(兵術). 병서(兵書).
兵船(병선 bīngchuán) ① 전쟁에 쓰는 모든 배. 군함. 전함. 전선(戰船). ②《制》소맹선(小猛船)의 고친 이름.
兵役(병역 bīngyì)《法》국민의 의무로서 병사가 되어 군무(軍務)에 종사하는 일.
兵營(병영 bīngyíng) ① 군대들이 거처하는 건물. ②《國》병마절도사가 있던 영문(營門).
兵籍(병적 bīngjí) ① 병사(兵事)관계의 기록문서. 군인의 적(籍). ② 군인의 신분. ③ 병적부.
兵站(병참 bīngzhàn) 전선 뒤에서 군대의 행동 및 인마나 군수품의 보충·운반 따위를 맡아 보는 곳.

▶ 强兵(강병)·擧兵(거병)·工兵(공병)·騎兵(기병)·民兵(민병)·白兵(백병)·步兵(보병)·伏兵(복병)·士兵(사병)·傷兵(상병)·養兵(양병)·練兵(연병)·閱兵(열병)·傭兵(용병)·衛兵(위병)·殘兵(잔병)·將兵(장병)·精兵(정병)·卒兵(졸병)·徵兵(징병)·斥兵(척병)·尖兵(첨병)·哨兵(초병)·出兵(출병)·充兵(충병)·派兵(파병)·砲兵(포병)·學兵(학병)·海兵(해병)·憲兵(헌병)·訓兵(훈병).

其 그 기

其 其 其 其 其 其 其 其

①② 音 qí ③ 音 jī 日 キ, その
英 it, the

① 그 기, 그것 기(指物辭). ② 어조사 기(語助辭). ③ 토씨 기(助辭). 【居와 통함】

書體 小篆 大篆 草書 中學 象形

其勢兩難(기세양난 qíshìliǎngnán) 이리하기도 어렵고 저리하기도 어려움.

▶ 及其也(급기야)·不知其數(부지기수).

具 갖출 구(:)

具具具具具具具具

音 jù 日 ク, そなわる
영 possess, assort

① 갖출 구(備). ② 판비할 구(辦). ③ 함께 구, 다 구(俱). ④ 그릇 구, 제구 구(器).「도구(道具), 기구(器具)」. ⑤ 옆에 사람을 둘 구(附人). ⑥ 가질 구(持). ⑦ 완비할 구(完備). ⑧ 만족할 구(足). ⑨ 설비할 구(設備). ⑩ 일할 구(動). ⑪ 필요할 구(要).【俱와 통함】

書體 小篆 具 草書 具 高校 會意

具格(구격 jùgé) 격식에 맞음. 격식을 갖춤.
具慶(구경 jùqìng) 양친 모두 살아계심.
具色親舊(구색친구 jùsèqīnjiù) 각 방면의 사람과 널리 사귀는 친구.
具眼者(구안자 jùyǎnzhě) 옳고 그름을 가릴 수 있는 안식(眼識)을 가진 사람.
具眼之士(구안지사 jùyǎnzhīshì) 견식을 갖춘 선비. 안식이 있는 선비.

▶ 家具(가구)·敬具(경구)·工具(공구)·教具(교구)·校具(교구)·器具(기구)·機具(기구)·農具(농구)·茶具(다구)·道具(도구)·文具(문구)·不具(불구)·佛具(불구)·非具象(비구상)·船具(선구)·洗面道具(세면도구)·漁具(어구)·玩具(완구)·用具(용구)·雨具(우구)·運具(운구)·葬具(장구)·裝具(장구)·裝身具(장신구)·炊事道具(취사도구)·治具(치구)·寢具(침구)·唾具(타구)·表具(표구)·筆記道具(필기도구)

典 법 전:

典典典典典典典典

音 diǎn 日 テン, のり, みち
영 regulations

① 법 전(法). ② 맡을 전(主). ③ 책 전(書). ④ 전당 잡힐 전(質貸). ⑤ 도덕 전(道德). ⑥ 떳떳할 전(常). ⑦ 본보기 전(模範).

書體 小篆 典 古文 典 草書 典 中學 會意

典據(전거 diǎnjù) 바른 증거. 전증(典證). 내력(來歷). 출전(出典).
典故(전고 diǎngù) 전례(典例). 전해오는 예. 고사(故事). 고실(故實). 구관(舊慣).
典當鋪(전당포 diǎndàngpù) 전당을 잡고 돈을 꾸어 주는 집.
典例(전례 diǎnlì) 전거(典據)가 되는 선례(先例). 법칙.
典禮(전례 diǎnlǐ) ① 전법(典法)과 예의(禮儀). 고례(古禮)에 대한 의식. ②《制》벼슬 이름. 예(禮)를 맡음.
典範(전범 diǎnfàn) 규칙. 법. 본보기.
典法(전법 diǎnfǎ) 규칙. 법. 모범. 전칙(典則). 전형(典刑). 전형(典型). 법식(法式). 법례(法例).
典獄(전옥 diǎnyù) ① 죄수를 가두던 감옥. ② 형무소에 근무하는 공무원의 한 관명(官名).
典章(전장 diǎnzhāng) 법. 규칙. 본보기. 제도문물(制度文物). 전제(典制).
典籍(전적 diǎnjí) 소중한 고서. 서적. 도서.
典型(전형 diǎnxíng) 같은 부류의 특징을 가장 잘 나타낸 형(型).

▶ 經典(경전)·古典(고전)·敎典(교전)·國語辭典(국어사전)·大辭典(대사전)·大典(대전)·大祭典(대제전)·百科事典(백과사전)·法典(법전)·寶典(보전)·佛典(불전)·

典(사전)·辭典(사전)·上典(상전)·盛典(성전)·聖典(성전)·式典(식전)·樂典(악전)·英韓辭典(영한사전)·原典(원전)·六典(육전)·恩典(은전)·儀典(의전)·字典(자전)·祭典(제전)·執典(집전)·體典(체전)·祝典(축전)·出典(출전).

八 8 ⑩ **真** 참 **진**

【眞(目부5획)의 약자】

八 8 ⑩ **兼** 겸할/아우를 **겸**

[중] jiān [일] ケン, かねる [영] combine

① 겸할 **겸**, 아우를 **겸**(幷). ② 둘 얻을 **겸**(兩得). ③ 불을 **겸**(增). ④ 모을 **겸**(總).

[書體] 小篆  草書  [高校] 會意

兼備(겸비 jiānbèi) 아울러 겸하여 가짐.
兼善(겸선 jiānshàn) 나만이 아니라 겸해서 다른 사람에게도 감화시켜서 착하게 함.
兼容(겸용 jiānróng) 도량이 넓음.
兼有(겸유 jiānyǒu) 겸하여 가짐.
兼任(겸임 jiānrèn) 한 사람이 두 임무를 겸함.
兼全(겸전 jiānquán) 여러 가지를 다 갖추어 완전함.
兼察(겸찰 jiānchá) 한 사람이 두 가지 이상의 일을 맡아 봄.
兼學(겸학 jiānxué) 여러 가지 학문을 겸하여 배움.
兼行(겸행 jiānxíng) 두 가지 일을 겸하여 함.

八 9 ⑪ **與** 더불어/줄 **여:**

【與(臼부6획)의 약자】

八 14 ⑯ **冀** 바랄 **기**

[중] jì [일] キ, こいねがう
[영] expect, want

① 하고자할 **기**(欲). ② 고을 이름 **기**(州名冀州). ③ 나라 이름 **기**. ④ 바랄 **기**(望). ⑤ 원할 **기**(願).

冀圖(기도 jìtú) 원하는 것이 있어 도모함.
冀望(기망 jìwàng) =희망(希望).
冀北(기북 jìběi) 기주(冀州)의 북쪽. (말의 산지).
冀願(기원 jìyuàn) =기망(冀望).

冂 部

멀 **경**

冂 2 ④ **円** 둥글 **원**

【圓(囗부10획)의 속자】

冂 3 ⑤ **冊** 책 **책**

[중] cè [일] サク, サツ, ほん [영] book

① 책 **책**(簡編). ② 병부 **책**(符命). ③ 세울 **책**(立). ④ 꾀 **책**(謀). 【策·册과 같고 柵과 통함】

[書體] 小篆  古文  草書  [中學] 象形

冊櫃(책궤 cèguì) 책을 넣어 두는 궤짝.
冊曆(책력 cèlì) 천체를 측정하여 해와 달의 돌아감과 절기를 적은 책. 역서(曆書).
冊房(책방 cèfáng) ① 서점. ② 고을

2

冂 3

원의 비서를 맡아 보던 사람. 관제(官制)에 있는 것이 아니고 사사로이 임용했음.

冊封(책봉 cèfēng)《制》왕세자(王世子)·세손(世孫)·후(后)·비(妃)·빈(嬪) 등의 봉작(封爵)을 하는 일.
冊肆(책사 cèsì) 서점.
冊欌(책장 cèzàng) 책을 넣어 두는 장.
冊張(책장 cèzhāng) 책의 낱장.

▶ 空冊(공책)·別冊(별책)·小冊子(소책자)·帳冊(장책)·置簿冊(치부책).

冊 책 책

口 3 ⑤

【冊(前條)과 같음】

再 두/다시/두번 재:

口 4 ⑥

冉 冉 冉 冉 再 再

⊕ zài ⊕ サイ, ふたたび ⊕ again
① 두 번 재(兩). ② 거듭 재(重). ③ 두 개 재(二).

書體 小篆 冉 草書 名 中學 會意

再嫁(재가 zàijià) 한 번 혼인한 여자가 다시 다른 사람에게 시집감. 재초(再醮).
再臨(재림 zàilín) ① 두 번째 옴. ②《宗》기독교에서 때가 이르면 다시 인간을 심판하러 예수가 이 세상에 내려오리라는 일.
再請(재청 zàiqǐng) ① 두 번 다시 청함. ② 다른 사람의 동의(動議)에 대하여 찬성하는 뜻으로 거듭 청함.

▶ 丁酉再亂(정유재란)·非一非再(비일비재).

冐 무릅쓸 모

口 6 ⑧

【冒(冂부7획)의 속자】

冑 투구 주

口 7 ⑨

⊕ zhòu ⊕ チュウ, かぶと
⊕ helmet

투구 주(兜). 【鞫와 같음】
冑題(주제 zhòutí) 투구의 전면(前面).〈題는 액(額)〉.

▶ 甲冑(갑주).

冒 무릅쓸 모

口 7 ⑨

冒 冒 冒 冒 冒 冒 冒 冒

1 ⊕ mào ⊕ ボウ, おかす ⊕ dare
2 ⊕ mò

1 ① 가릴 모(蔽). ② 쓰개 모(帽). ③ 시기할 모(忌). ④ 거짓 쓸 모(假稱). ⑤ 겁내지 않을 모, 무릅쓸 모(冒失石). ⑥ 받힐 모(觸). ⑦ 간섭할 모(涉). ⑧ 공격할 모(攻). **2** ① 탐할 묵(貪). ② 범할 묵, 무릅쓸 묵(犯). ③ 선우 이름 묵(單于名冒頓).

書體 小篆 冒 或體 冐 草書 冒 高校 會意

冒瀆(모독 màodú) 침범하여 욕되게 함. 무례한 짓을 함.
冒頭(모두 màotóu) 말이나 글의 첫 머리.
冒廉(모렴 màolián) 염치없는 줄을 알면서도 이를 무릅쓰고 함. 모몰염치(冒沒廉恥)의 약어.
冒名(모명 màomíng) 이름을 거짓으로 꾸며 댐. 또는 그 이름. 위명(僞名).
冒沒廉恥(모몰염치 màomòliánchǐ) 염치없는 줄을 알면서도 이를 무릅쓰고 함.
冒寒(모한 màohán) 추위를 무릅씀.
冒險(모험 màoxiǎn) 위험을 무릅씀. 위험스러운 일을 자진해서 함.

冕 면류관 면:

🔊 miǎn 🇯🇵 ベン, かんむり
🇬🇧 crown

면류관 면. 【統・絻과 통함】

冕旒(면류 miǎnliú) 옛날 임금 또는 대부(大夫) 이상의 귀인의 조의(朝儀)나 제례(祭禮) 때에 정복에 갖추어 쓰던 관(冠).
冕旒冠(면류관 miǎnliúguān) = 면류(冕旒).
冕服(면복 miǎnfú) 옛날 제왕의 정복인 면류관과 곤룡포(袞龍袍). 귀인의 예복으로 쓰는 관(冠)과 입는 옷.

一 部

덮을 **멱** / 민갓머리

冠 갓관

①-③ 🔊 guān ④-⑦ 🔊 guàn
🇯🇵 カン, かんむり 🇬🇧 crown

① 갓 **관**(冕弁總名). ② 새벽 **관**(雞冠). ③ 물건 위의 장식 **관**. ④ 갓 쓸 **관**. ⑤ (남자로서 어른이 될 때) 처음 갓 쓸 **관**(元服). ⑥ 어른이 될 **관**(成人). ⑦ 우두머리 **관**(為衆之首).

書體: 小篆 冠 小篆 冠 草書 冠 (高校) 形聲

冠禮(관례 guànlǐ) 남자 20세가 되어 관을 쓰는 성인이 되는 예식.
冠歲(관세 guànsuì) 남자 20세의 일컬음. 관년(冠年).
冠婚喪祭(관혼상제 guànhūnsāngjì)

성례(成禮)·혼례(婚禮)·장례(葬禮)·제례(祭禮)의 사대 의식(儀式).

▶ 金冠(금관)·戴冠(대관)·寶冠(보관)·紗帽冠帶(사모관대)·弱冠(약관)·榮冠(영관)·王冠(왕관)·衣冠(의관)·定冠(정관)·朝冠(조관)·着冠(착관).

冤 원통할 원(:)

🔊 yuān 🇯🇵 エン, うらみ
🇬🇧 resentment

① 원통할 **원**(冤屈枉). ② 억울할 **원**. ③ 원한 **원**(怨). ④ 원수 **원**(仇). 【寃과 같음】

冤鬼(원귀 yuānguǐ) 무고한 죄로 죽은 사람의 망령.
冤淚(원루 yuānlèi) 원통하여 흘리는 눈물.
冤死(원사 yuānsǐ) 억울한 죄로 죽음.
冤罪(원죄 yuānzuì) 억울하게 뒤집어 쓴 죄.
冤痛(원통 yuāntòng) ① 분하고 억울함. ② 몹시 원망스러움.
冤魂(원혼 yuānhún) 원통하게 죽은 사람의 혼령.

冥 어두울 명

🔊 míng 🇯🇵 メイ, くらい 🇬🇧 dark

① 어둘 **명**(昏晦). ② 밤 **명**(夜). ③ 어릴 **명**(幼). ④ 바다 **명**(海). ⑤ 지식이 없을 **명**(無知).「우명(愚冥), 완명(頑冥)」. ⑥ 어리석을 **명**(愚). ⑦ 하늘 **명**(天). ⑧ 물귀신 **명**(水神). ⑨ 저승 **명**(他界). 【溟과 통함】

書體: 小篆 冥 草書 冥 (高校) 會意

冥界(명계 míngjiè) = 명도(冥途).
冥鬼(명귀 míngguǐ) 저승 귀신.
冥福(명복 míngfú) 명계(冥界)에서

받는 복. 죽은 뒤의 행복. 추선(追善).
冥府(명부 míngfǔ) 저승. 황천.
冥想(명상 míngxiǎng) 고요히 눈을 감고 생각함. 침사묵고(沈思默考).
冥王(명왕 míngwáng) 《佛》 염마대왕(閻魔大王).
冥王星(명왕성 míngwángxīng) 《天》 태양계의 가장 밖을 도는 행성(行星).
冥護(명호 mínghù) 드러나지 않는 신불(神佛)의 보호함.

冪 덮을 멱

14획 ⑯

音 mì 日 ベキ, おおう 英 cover

① 덮을 **멱**, 덮개 **멱**(疏布). ② 장막 **멱**(幕). ③ 수 **멱**(數). 〈자승멱(自乘冪); 평방), 삼승멱(三乘冪; 입방)〉【幂과 통함】

冪歷(멱력 mìlì) 널리 퍼져 있는 모양.
冪冪(멱멱 mìmì) ① 구름 같은 것이 덮여 있는 모양. ② 음산한 모양.

冫部

얼음 **빙**, 이수변

冬 겨울 동(ː)

3획 ⑤

夂夂久冬冬

音 dōng 日 トウ, ふゆ 英 winter
① 겨울 **동**(閉藏節). ② 겨울 지낼 **동**(過冬).

書體 小篆 夅 古文 夂 草書 冬 中學 會意

冬柏(동백 dōngbǎi) 동백나무의 열매.

冬扇夏爐(동선하로 dōngshānxiàlú) 겨울에는 부채, 여름에는 화로. 《喩》 시기에 맞지 않는 쓸데없는 물건.
冬溫夏淸(동온하청 dōngwēnxiàqīng) 겨울에는 따습게 하고 여름에는 시원하게 함. 《喩》 자식된 자로 부모에게 효행을 닦는 예의.
冬至(동지 dōngzhì) 이십사절기의 하나. 밤이 가장 길고 낮이 가장 짧은 날. 양력 12월 22·23일경. ↔ 하지(夏至).

▶ 暖冬(난동)·晚冬(만동)·孟冬(맹동)·暮冬(모동)·三冬(삼동)·盛冬(성동)·嚴冬雪寒(엄동설한)·越冬(월동)·忍冬(인동)·立冬(입동)·仲冬(중동)·初冬(초동)·秋冬(추동)·春夏秋冬(춘하추동)·夏扇冬曆(하선동력).

冰 얼음 빙

4획 ⑥

音 bīng 日 ヒョウ, こおり 英 ice
① 얼음 **빙**(凍). ② 살통뚜껑 **빙**(矢箭蓋). 【氷의 본자】

沖 화(和)할 충

4획 ⑥

音 chōng, chòng
日 チュウ, やわらぐ 英 mix
① 화할 **충**(和). ② 깊을 **충**(深). ③ 어릴 **충**(稚). ④ 얼음 끄는 소리 **충**(鑿氷聲). ⑤ 드림 느릴 **충**(垂飾貌). ⑥ 까맣게 뜰 **충**(上飛貌). ⑦ 빌 **충**(虛). 【沖과 같고, 衝과 통함】

決 결단할 결

4획 ⑥

【決(水부4획)의 속자】

況 하물며/상황 황ː

5획 ⑦

【況(水부5획)의 속자】

冶 풀무 야:

음 yě 일 ヤ, いる 영 liquefy

① 풀무 야(爐鑄). ② 녹일 야(銷). ③ 쇠 불릴 야(鎔). ④ 대장장이 야(鑄匠). ⑤ 단장할 야(粧飾). ⑥ 잘 닦을 야(精鍊).

冶金(야금 yějīn) 광석에서 쇠붙이를 공업적으로 골라내거나 합금을 만드는 일.
冶爐(야로 yělú) 풀무.
冶匠間(야장간 yějiàngjiān) 대장간.

▶ 陶冶(도야).

冷 찰 랭:

冷冷冷冷冷冷冷

음 lěng 일 レイ, ひえる, つめたい 영 cold, cool

① 찰 랭, 추울 랭(寒). ② 맑을 랭(淸). ③ 쓸쓸할 랭(寂). ④ 몸에 스밀 랭(身). ⑤ (官職이) 여가 있을 랭. ⑥ 동정심이 없을 랭(無情). ⑦ 업신여기는 모양 랭 ⑧ 열심히 하지 않을 랭. ⑨ 쌀쌀할 랭(薄情). ⑩ 식을 랭(退熱).

書體 小篆 冷 草書 冷 冷 中學 形聲

冷罵(냉매 lěngmà) 놀리고 욕함. 비웃고 놀림. 조매(嘲罵). 냉소하고 꾸짖음.
冷麪(냉면 lěngmiàn) 냉국이나 또는 무김치, 동치미 국물 같은 것에 말아서 먹는 메밀국수.
冷笑(냉소 lěngxiào) 쌀쌀한 태도로 업신여겨 비웃음. 깔보고 웃는 웃음.
冷戰(냉전 lěngzhàn) =냉정전쟁(冷靜戰爭).
冷靜(냉정 lěngjìng) 침착하여 감정에 움직이지 않고 사물에 동하지 않음.
冷徹(냉철 lěngchè) 침착(沈着)하고 사리(事理)가 밝음.

▶ 高冷(고랭)·脫冷戰(탈냉전)·寒冷(한랭).

凄 바람찰 처

음 qī 일 セイ, さびしい 영 gloomly and chilly

① 바람찰 처(風寒). ② 찰 처(寒). ③ 심할 처(烈). 【悽와 통함】

凄凉(처량 qīliáng) 매우 쓸쓸함.
凄然(처연 qīrán) =처처(凄凄).
凄切(처절 qīqiè) 몹시 처량함. 참혹하리만큼 슬픔.
凄慘(처참 qīcǎn) 심히 구슬픔. 매우 가련(可憐)함.

准 비준 준

음 zhǔn 일 ジュン, なぞらえる 영 conform to

① 평평할 준(平). ② 비준할 준, 견줄 준(有比照之意). ③ 대전 준(以金錢代禮). ④ 준거할 준(依據). ⑤ 윤허할 준(允許). 【準과 통함】

准可(준가 zhǔnkě) 허가함.

▶ 批准(비준)·認准(인준).

淸 서늘할 청

음 qìng 일 セイ, すずしい 영 cool
서늘할 청(薄寒).

涼 서늘할 량

음 liáng, liàng 일 リョウ, すずしい 영 cool
서늘할 량(輕寒). 【涼과 통함】

▶ 冷凉(냉량)·凌凉(처량)·清凉(청량)·清凉飲料(청량음료)·荒凉(황량).

淨 찰 정

图 jìng 일 ソウ, ひややか 영 cold

찰 정(冷貌).【淨과 통함】

凋 시들 조

图 diāo 일 チョウ, しぼむ
영 weary, fade

① 시들 조(凋落半傷). ② 느른할 조(力盡貌). ③ 여읠 조(悴傷).【彫와 통함】

凋枯(조고 diāokū) 시들어 말라 버림. 조고(凋槁).

凋落(조락 diāoluò) 시들어 떨어짐. 형편이 망함. 조령(凋零).

凋萎(조위 diāowěi) 식물의 수분이 아주 적어졌기 때문에 잎·줄기 따위가 시드는 현상.

凋殘(조잔 diāocán) 잎이 떨어진 나무가 쓸쓸하게 남아 있는 모양.《轉》망해 버린 집안의 쓸쓸한 모양.

凌 업신여길 릉

图 líng 일 リョウ, しのぐ
영 surpass

① 빙고 릉(氷室). ② 지날 릉(歷). ③ 떨 릉(凌遽, 戰慄). ④ 두꺼운 얼음 릉(厚氷). ⑤ 업신여길 릉(輕視). ⑥ 얼음 릉(氷).

凌駕(능가 língjià) 남을 뛰어 넘어서 그 위에 나감. 능가(陵駕).

凌蔑(능멸 língmiè) 업신여겨 깔봄.

凌侮(능모 língwǔ) 오만한 태도로 남을 업신여김.

凌辱(능욕 língrǔ) ① 호되게 부끄러움을 줌. 무례한 짓을 가함. ② 폭력으로 여자에게 음란한 짓을 함.

凍 얼 동:

凍凍凍凍凍凍凍凍凍

图 dòng 일 トウ, こおる 영 freeze

① 꽁꽁 얼 동(氷壯). ② 얼음 동(氷). ③ 추울 동(寒感).

書體 小篆 煉 草書 凍 高校 形聲

凍裂(동렬 dòngliè) 얼어서 찢어짐.

凍傷(동상 dòngshāng) 얼어서 살가죽이 상함.

凍屍(동시 dòngshī) 얼어 죽은 시체. 강시(殭屍).

凍餓(동아 dòngè) 입을 것과 먹을 것이 없어서 춥고 배고픔. 동뇌(凍餒).

凍足放尿(동족방뇨 dòngzúfàngniào) 언 발에 오줌누기라는 뜻.《喩》한때의 급함을 구할 뿐 곧 효력이 없어짐.

凍瘡(동창 dòngchuāng) = 동상(凍傷).

凍太(동태 dòngtài)《國》겨울에 잡아 얼린 명태. 동명태(凍明太)의 약어.

▶ 冷凍(냉동)·解凍(해동).

減 덜 감:

【減(水부9획)의 속자】

準 준할 준:

【準(水부10획)의 속자】

潔 깨끗할/맑을 결

【潔(水부12획)의 속자】

凜 찰 름

음 lǐn 일 リン, さむい 영 chilly
찰 름(寒).

凜凜(늠름 lǐnlǐn) ① = 늠렬(凜冽). ② = 늠호(凜乎). ③ 용기가 왕성한 모양. ④ 두려워 삼가는 모양.

凜 찰 름

【凜(前條)의 속자】

凝 엉길 응:

음 níng 일 ギョウ, こる
영 congeal

① 엉길 응(結). ② 이룰 응(成). ③ 열중할 응(熱中). ④ (눈 또는 마음을) 한쪽에 둘 응(凝視). ⑤ 정할 응(定). ⑥ 엄숙할 응(嚴整). ⑦ 물 얼을 응(氷堅止水).

書體 小篆 草書 高校 形聲

凝結(응결 níngjié) ① 엉기어 뭉침. 얼어붙음. ②《物》기체가 액체로, 액체가 고체로 변함.
凝固(응고 nínggù) ①《物》액체가 열이 식어서 고체로 변함. ② 엉기어 뭉쳐짐. 얼어서 굳어짐. 응합(凝合).
凝視(응시 níngshì) 눈을 한 곳에 집중해서 바라봄. 응조(凝眺). 응정(凝睛). 응망(凝望).
凝集力(응집력 níngjílì)《物》한 개의 물질 가운데 인접해 있는 부분이 서로 끌어당기는 힘. 고체는 이 힘이 강하고 액체는 약함.
凝縮(응축 níngsuō) 엉기어 굳어져 줄어짐.
凝血(응혈 níngxiě) 엉기어 뭉쳐진 피.

几 部

안석, 책상 **궤**

几 안석 궤:

음 jī 일 キ, おしまずき
영 cushion for the back

① 안석 궤(凭座). ② 책상 궤(机). ③ 제기 궤(祭享載牲器). ④ 진중할 궤(安重貌). 【机와 통함】

几筵(궤연 jīyán) ① 죽은 이의 혼백이나 신주를 모셔 두는 곳. ② = 영좌(靈坐).

凡 평범할/무릇 범(:)

凡 凡 凡

음 fán 일 ボン, およそ
영 general, common

① 대강 범(大指). ② 범상할 범(常). ③ 총계할 범(總計). ④ 다 범(皆). ⑤ 속인 범(俗人). ⑥ 이 세상 범(俗界). ⑦ 무릇 범(大槪). ⑧ 우두머리 범(最目最凡諸凡之).

書體 小篆 尺 草書 凡 中學 象形

凡例(범례 fánlì) 책머리에 그 책을 읽어 나가는 데에 필요한 사항 등을 본보기로 따서 적은 글. 일러두기.
凡夫(범부 fánfū) ① 보통 사람. ②《佛》번뇌(煩惱)에 얽매여서 생사를 초월하지 못하는 사람.
凡事(범사 fánshì) ① 모든 일. ② 평범한 일.
凡常(범상 fáncháng) 대수롭지 않음. 보통.
凡俗(범속 fánsú) 평범하고 속됨. 용속(庸俗).

凡眼(범안 fányǎn) ① 범상(凡常)한 사람의 안목(眼目)과 식견(識見). ② 범인의 눈.
凡人(범인 fánrén) 평범한 사람.
凡才(범재 fáncái) 평범한 재주. 범기(凡器)·범인(凡人)·상인(常人).
凡材(범재 fáncái) 평범한 인재.
凡宰(범재 fánzǎi) 평범한 재상(宰相).
凡節(범절 fánjié) 《國》 일상 생활의 모든 일.

▶ 非凡(비범)·禮儀凡節(예의범절)·超凡(초범)·平凡(평범).

処 곳 처:

【處(虍부5획)의 약자】

凰 봉황 황

🇨🇳 huáng 🇯🇵 オウ, おおとり
🇬🇧 phoenix(female)

암 봉황새 황(雌鳳). 【皇과 통함】

▶ 鳳凰(봉황).

凱 개선할 개:

🇨🇳 kǎi 🇯🇵 ガイ, かち 🇬🇧 victory

① 싸움 이긴 풍류 개(凱歌軍勝樂). ② 착할 개(善). ③ 화할 개(和). ④ 마파람 개(南風). ⑤ 즐거울 개(樂). ⑥ 좋은 사람 개(善人). ⑦ 이길 개(戰勝).

凱旋(개선 kǎixuán) 싸움을 이기고 돌아옴.
凱風(개풍 kǎifēng) ① 온화한 바람. 남풍(南風). ② 시경(詩經) 패풍(邶風)의 편명(篇名).

凵 部

입 벌릴 **감**, 위터진입구

凶 흉할/흉년 흉

凵 凶 凶 凶

🇨🇳 xiōng 🇯🇵 キョウ, わるい
🇬🇧 bad, evil

① 흉할 흉(吉之反). ② 재앙 흉(禍). ③ 요사할 흉(短折). ④ 두려울 흉(憂懼). ⑤ 흉한 사람 흉(兇人). ⑥ 흉년 흉(五穀不實). ⑦ 사나울 흉(暴虐). ⑧ 악한 놈 흉(惡人). 【恟과 통하고, 兇과 같음】

小篆	草書	中學
凶	凶	指事

凶夢(흉몽 xiōngmèng) 불길한 꿈. 언짢은 꿈. 꿈자리가 흉악한 꿈. ↔길몽(吉夢).
凶惡罔測(흉악망측 xiōng'èwǎngcè) 몹시 흉악함.
凶兆(흉조 xiōngzhào) 불길한 조짐. 불길한 징조. 흉증(凶證). ↔길조(吉兆).
凶測(흉측 xiōngcè) 흉악망측(凶惡罔測)의 약어(略語).
凶凶(흉흉 xiōngxiōng) ① 시끄럽게 떠드는 소리. ② 두려워하는 소리.

▶ 吉凶(길흉)·吉凶禍福(길흉화복)·大凶年(대흉년)·陰凶(음흉).

凸 볼록할 철

🇨🇳 tū 🇯🇵 トツ, でる, でこ
🇬🇧 convex

1 ① 뾰족할 **철**. ② 내밀 **철**(出貌). ③ 도도록할 **철**(高貌). 【垤과 통함】 **2**

돌. 뜻은 **1**과 같음.

凸起(철기 tūqǐ) 가운데가 볼록하게 솟음. 볼록하게 솟아 나옴.

凸凹(철요 tū'āo) 볼록하게 솟음과 오목하게 들어감. 높고 낮음. 요철(凹凸).

凸字(철자 tūzì) 뛰어나온 문자. 점자(點字)와 같은 것.

凸花(철화 tūhuā) ① 가득히 솟아 오른 꽃. ② 도드라지게 한 조각의 모양.

凹 오목할 요
ㄴ 3 5

🔤 āo, wā 🇯🇵 オウ, なかくぼ
🇬🇧 concave

오목할 요(窊也, 凸之對).【坳와 같음】

凹面(요면 āomiàn) 가운데가 오목하게 들어간 면. ↔철면(凸面).

凹心硯(요심연 āoxīnyàn) 먹을 간 부분이 오목하게 들어간 벼루.

凹彫(요조 āodiāo) = 음각(陰刻).

凹地湖(요지호 āodìhú)《地》해면보다 낮은 수면을 가진 호수.

凹處(요처 āochù) 오목한 곳.

凹凸(요철 āotū) 오목하게 들어감과 볼록하게 솟음. 높고 낮음.

凹版印刷(요판인쇄 āobǎnyìnshuā) 오프셋 판. 쇠판과 같이 판면(板面)에 요철(凹凸)이 없는 인쇄 기술의 한 가지.

出 날[生] 출
ㄴ 3 5

⼁ 屮 ヰ 出 出

🔤 chū 🇯🇵 シュツ, でる
🇬🇧 come out, exit

1 ① 날 출(進). ② 게울 출, 토할 출(吐). ③ 도망할 출(逃). ④ 보일 출(見). ⑤ 낳을 출(生). ⑥ 물러갈 출(出之). ⑦ (집 또는 나라의) 밖에 나갈 출. ⑧ 갈릴 출(離). ⑨ 잃을 출(失). ⑩ 갈 출(往). ⑪ 표할 출(表). ⑫ 발족할 출(發足). ⑬ 자리에서 떠날 출(退席). ⑭ 자손 출(子孫). ⑮ 생질 출(甥). **2** 내 보낼 추(自內而外之). **1**의 他動詞).

| 書體 | 小篆 山 | 草書 出 | 中學 | 象形 |

出嫁(출가 chūjià) 처녀가 시집을 감.

出嫁外人(출가외인 chūjiàwàirén) 시집간 딸은 친정 사람이 아니고 남과 다름이 없다는 뜻.

出頭(출두 chūtóu) ① 두각(頭角)을 나타냄. 남보다 뛰어남. ② 어느 장소에 나옴. 출석. ③ 관청에 나가는 것.

出藍(출람 chūlán) 남(藍: 쪽[染靑草])에서 뽑아낸 청색(靑色)이 오히려 원천인 남(藍)보다 더 푸른 것.《喻》제자가 스승보다 뛰어남. 청출어람(靑出於藍).

出馬(출마 chūmǎ) ① 말을 타고 나아감. ② 전장(戰場)에 나아감. 출진(出陣). ③ 자신이 현장(現場)에 나아감.《轉》책임지(責任地)에 부임함. ④ 선거에 입후보(立候補)함.

出沒(출몰 chūmò) 나타났다 숨었다 함. 은견(隱見).

出仕(출사 chūshì) ① 관리가 됨. ② 관청에 나아감. 출근함.

出師(출사 chūshī) 출병(出兵). 행군(行軍).

出師表(출사표 chūshībiǎo) 출병(出兵)할 것을 임금에게 여쭙는 글발.

出世(출세 chūshì) ① 이 세상에 태어남. ② 속계를 떠남. 세상을 버림. 출가(出家). 출세간(出世間). ③ 사회에 나와 입신 성공함. ④《佛》부처가 중생을 구하기 위하여 이 세상에 태어남. 출세간(出世間).

出捐(출연 chūjuān) 금품(金品)을 내어 원조함.

出征(출정 chūzhēng) 싸움터로 나아감. 전지(戰地)로 나아감. 정벌(征伐)하러 나아감.

出荷(출하 chūhé) ① 하물(荷物)을

내어 보내거나 실림. ② 상품을 시장(市場)으로 내보냄.
出廻(출회 chūhuí) 물건이 시장에 나옴.

▶ 家出(가출)·醵出(각출)·傑出(걸출)·檢出(검출)·屆出(계출)·供出(공출)·救出(구출)·露出(노출)·腦出血(뇌출혈)·漏出(누출)·大賣出(대매출)·貸出(대출)·導出(도출)·突出(돌출)·杜門不出(두문불출)·賣出(매출)·猛虎出林形(맹호출림형)·描出(묘출)·搬出(반출)·放出(방출)·排出(배출)·噴出(분출)·射出(사출)·散出(산출)·算出(산출)·索出(색출)·選出(선출)·歲出(세출)·所出(소출)·續出(속출)·輸出(수출)·輸出入(수출입)·壓出(압출)·逆輸出(역수출)·演出(연출)·捻出(염출)·外出(외출)·流出(유출)·引出(인출)·日出(일출)·立身出世(입신출세)·轉出(전출)·提出(제출)·支出(지출)·進出(진출)·差出(차출)·創出(창출)·靑出於藍(청출어람)·抽出液(추출액)·逐出(축출)·脫出(탈출)·退出(퇴출)·派出婦(파출부)·表出(표출)·呼出(호출).

函 함[凾] 함

ㄴ 6획 ⑧

음 hán 일 カン, はこ 영 case, box

① 휩쌀 함(包容). ② 갑옷 함(鎧). ③ 함 함(箱). ④ 관 이름 함(關名函谷). ⑤ 편지 함, 글월 함(書). ⑥ 갑 함(匣). ⑦ 악기 함(樂器).

函蓋相應(함개상응 hángàixiāngyīng) 상자와 뚜껑이 잘 맞음. 《喩》 피차(彼此) 잘 맞아서 동일체(同一體)가 되는 것.
函封(함봉 hánfēng) 상자에 넣어서 봉함. 또는 상자의 봉(封).

凾 함 함
ㄴ 7획 ⑨

【函(ㄴ부6획)의 속자】

齒 이 치
ㄴ 10획 ⑫

【齒(齒부0획)의 약자】

刀, 刂 部
칼 도, 선칼도방

刀 칼 도
刀 0획 ②

フ 刀

음 dāo 일 トウ, かたな 영 sabre
① 칼 도(兵刃). ② 거루 도(小船). ③ 돈 이름 도(錢).

書體 小篆 刀 草書 勹 中學 象形

刀圭家(도규가 dāoguījiā) 의사(醫師).
刀斧手(도부수 dāofǔshǒu) 《制》 큰 칼과 큰 도끼를 쓰는 군사.
刀折矢盡(도절시진 dāozhéshǐjìn) 칼이 부러지고 화살이 다함. 《轉》 기진맥진하여 싸울 기력이 없는 모양.

▶ 果刀(과도)·亂刀(난도)·短刀(단도)·單刀直入(단도직입)·面刀(면도)·寶刀(보도)·食刀(식도)·銀粧刀(은장도)·一刀兩斷(일도양단)·執刀(집도)·快刀亂麻(쾌도난마).

刃 칼날 인:
刀 1획 ③

음 rèn 일 ジン, ニン, やいば
영 edge

① 칼날 인(刀鋒). ② 갑옷미늘 인(刀加距). ③ 병장기 인(兵).

刃迎縷解(인영루해 rènyínglǚjiě) 칼로 실을 끊듯이 도리를 풀어냄.
刃創(인창 rènchuàng) 칼날에 다침. 인상(刃傷)·금창(金創).

刃 칼날 인:
두 량:
刀 1획 ③

1 【刃(刀부1획)의 속자】

②【兩(入부6획)의 약자】

分 나눌 분(:)

分分分分

① fēn 일 フン, わける 영 part
② fèn 일 ブン, わける 영 divide

① ① 나눌 분(割). ② 쪼갤 분(總division成大數). ③ 분별할 분(辨別). ④ 찢을 분(裂). ⑤ 나누어 줄 분(施). ⑥ 반쪽 분(半). ⑦ 한 푼 분(十黍). 【紛과 통함】 ⑧ 분수 분, 지위 분(位). ⑨ 몫 분(均). ⑩ 헤칠 분(散). ② 푼 푼(尺度單位寸之下).

書體 小篆 分 草書 ろ 中學 會意

分家(분가 fēnjiā) 큰 집에서 나와 딴 살림을 차림. 또는 그 집. 분호(分戶).
分揀(분간 jiǎnjiǎn) ① 가리어 헤아림. ② 범죄를 행한 형편을 보아 용서함.
分科(분과 fēnkē) 따로 갈라놓은 학과.
分權(분권 fēnquán) 권력을 분산함. ↔집권(集權).
分岐(분기 fēnqí) 나누어짐. 둘로 나누어짐. 지분(支分).
分擔(분담 fēndān) 갈라서 맡음.
分黨(분당 fēndǎng) 패를 가름. 갈라진 패.
分類(분류 fēnlèi) ① 종류에 따라 가름. ② 개념의 외연(外延)을 일정한 표준에 의하여 분해함으로써 그 외연이 완전한 조직을 가진 것으로 정돈함.
分離(분리 fēnlí) 갈라서 떼어 놓음. 또는 따로 떨어짐.
分娩(분만 fēnmiǎn) 아이를 낳음. 출산. 분신(分身).
分明(분명 fēnmíng) 똑똑하게 앎음. 똑똑함. 명백(明白). 명료(明瞭). 판연(判然).

分配(분배 fēnpèi) ① 몫몫이 고르게 나눠 줌. ② 개개인이 생산물을 사회적 법칙에 의거하여 나누는 일.
分辨(분변 fēnbiàn) 사물의 같지 않은 것을 알아 냄. 분별(分別). 변별(辨別).
分別(분별 fēnbié) ① 종류에 따라 각각 나누어 가름. ② 차별. 구별. ③ 사리(事理)를 따져서 가려냄.
分付(분부 fēnfù) ① 많은 사람에게 나누어서 시킴. ② 아랫사람에게 명령을 내림.
分泌(분비 fēnbì) ①《生》체내에서 특수한 액즙(液汁)을 내는 작용. ② 액즙(液汁)이 스며 나옴.
分散(분산 fēnsàn) 이리저리 흩어짐. 나누어 흩어지게 함. 이산(離散).
分析(분석 fēnxī) ① 나누어 가름. 분리(分離). ②《化》화합물에 있는 원소를 갈라내고 또 그 양의 비(比)를 찾는 일. ③《論》개념을 그 속성(屬性)으로 분해함.
分水嶺(분수령 fēnshuǐlǐng)《地》분수계를 이룬 경계나 산마루. 분수산맥(分水山脈).
分身(분신 fēnshēn) ① 몸을 나눔. 한 몸이 여러 개로 나누어짐. 《轉》신출귀몰(神出鬼沒)함. ② 몸이 둘로 됨. 아이를 낳음. ③ 관리가 임지(任地)를 떠남. ④《佛》부처가 여러 형태의 몸으로 변하여 나타나는 모양.
分野(분야 fēnyě) ① 중국 전국시대 천문가(天文家)가 중국 전토(全土)를 이십팔수(二十八宿)로 나누어서 구별한 이름. ② 영역. 범위. 구역.
分讓(분양 fēnràng) 갈라서 넘겨줌.
分業(분업 fēnyè) ① 손을 나누어 일 하는 것. ②《經》각자의 장점에 따라서 노력을 일에 종사함. 하나의 물품을 생산할 때 분담(分擔)을 달리하는 두 사람 이상의 손을 거쳐서 비로소 완성하는 작업(作業).

分裂(분열 fēnliè) ① 나누어 찢어짐. 또는 찢어져 갈라짐. ②《物》원자핵(原子核)이 다량의 방사능(放射能)과 열을 방출하면서 쪼개지는 현상.

分掌(분장 fēnzhǎng) 일을 나누어 봄. 분담(分擔).

分派(분파 fēnpài) ① 나뉘어 갈라짐. ② 학설(學說)·가명(家名)·명의(名義) 등이 나뉘어진 갈래. ③《中》㉠ 나누어 파견함. ㉡ 명령. 지시. ㉢ 분배함.

分布(분포 fēnbù) ① 흩어져 퍼져 있음. ② 나누어 널리 퍼뜨림.

分轄(분할 fēnxiá) 나누어 지배(支配)함. 나누어 관할함. 분관(分管).

分割(분할 fēngē) 나눔. 나누어 가짐.

分解(분해 fēnjiě) ① 풀어 나눔. 해부(解剖)함. ②《化》화합물(化合物)·합성물(合成物)이 분리(分離)하여 두 가지 이상의 물질(物質)로 되는 것.

分畫(분획 fēnhuà) 여러 구획으로 나눔.

▶ 假處分(가처분)·空中分解(공중분해)·共通分母(공통분모)·過分(과분)·交分(교분)·區分(구분)·均分(균분)·極烈分子(극렬분자)·氣分(기분)·內分泌(내분비)·多分(다분)·糖分(당분)·當分間(당분간)·大義名分(대의명분)·德分(덕분)·等分(등분)·名分(명분)·微分(미분)·微積分(미적분)·半分(반분)·配分(배분)·本分(본분)·部分(부분)·不可分(불가분)·不分明(불분명)·不純分子(불순분자)·不充分(불충분)·四分五裂(사분오열)·成分(성분)·細分(세분)·水分(수분)·身分(신분)·十分(십분)·兩分(양분)·養分(양분)·餘分(여분)·餘裕分(여유분)·緣分(연분)·鹽分(염분)·營養分(영양분)·油分(유분)·應分(응분)·滋養分(자양분)·精分(정분)·積分(적분)·情分(정분)·主成分(주성분)·持分(지분)·職分(직분)·處分(처분)·天生緣分(천생연분)·鐵分(철분)·秋分(추분)·春分(춘분)·充分(충분)·親分(친분)·土性分定(토성분정)·必要充分條件(필요충분조건)·核分裂(핵분열)·灰色分子(회색분자).

刀 2 ④ 切

자를/끊을 **절**
온통 **체**

切 切 切 切

① 圖 qiē 圓 セツ、きる 圓 cut
② 圖 qiè 圓 サイ

① ① 끊을 절, 저밀 절(割). ② 새길 절(刻). ③ 급할 절(急). ④ 정성스러울 절(慤). ⑤ 중요로울 절(要). ⑥ 진맥할 절(按). ⑦ 문지방 절(門限), 분간 절(分揀). ⑧ 반절 절(反). ⑨ 간절할 절(懇切). **②** ① 온통 체(大凡). ② 대강 체(大略). ③ 급할 체(急).

書體 小篆 切 小篆 切 草書 切 (高校) 形聲

切要(절요 qièyào) 적절하고 중요함. 매우 중요함. 긴요(緊要).

切磋琢磨(절차탁마 qiēcuōzhuómó) 옥석(玉石)을 쪼고 갈음.《喩》사람이 덕을 쌓고 학문을 이루는 것도 그와 같이 전력을 다하여 닦고 다듬어야 한다는 뜻. 또는 붕우(朋友)가 서로 격려한다는 것. 절마마권(切劘磨勸).

切齒腐心(절치부심 qièchǐfǔxīn) 분을 못 이겨 이를 갈고 속을 썩임.

切逼(절핍 qièbí) 아주 절박하게 다급하고 궁핍함.

▶ 懇切(간절)·貸切(대절)·不親切(불친절)·時期適切(시기적절)·十六切紙(십육절지)·哀切(애절)·有效適切(유효적절)·一切(일절;일체)·適切(적절)·凄切(처절)·親切(친절).

刀 3 ⑤ 刊

간행할/새길 **간**

刊 刊 刊 刊 刊

圖 kān 圓 カン、けずる
圓 shave, carve

① 깎을 간(削). ② 나무 쪼갤 간(木斫). ③ 새길 간(刻).【栞과 통합】

書體 小篆 刋 草書 刋 (高校) 形聲

刊刻(간각 kānkè) =간행(刊行).
刊經都監(간경도감 kānjīngdūjiān) 《歷》조선 세조 3년(1457)에 불경(佛經)을 언해(諺解 ; 한글번역)하기 위하여 설치했던 기관. 신미(信眉)·한계희(韓繼禧) 등이 중심이 됨.
刊校(간교 kānjiào) =간정(刊定).
刊落(간락 kānluò) 잘라 냄.
刊剝(간박 kānbō) 깎아냄. 벗겨냄.
刊本(간본 kānběn) 간행본(刊行本)의 약어(略語). 간행한 책.
刊印(간인 kānyìn) 인쇄물을 인쇄(印刷)함. 간행(刊行)함. 출판(出版)함.
刊定(간정 kāndìng) 쓸 데 없는 문자(文字)를 삭제하고 잘못을 올바르게 함. 간교(刊校).
刊出(간출 kānchū) 인쇄물을 간행함.
刊布(간포 kānbù) 발간(發刊)하여 널리 폄.
刊行(간행 kānxíng) 문서를 판(版)으로 찍어서 세상에 내놓음. 출판함. 인행(印行). 발행(發行).
刊行物(간행물 kānxíngwù) 인쇄하여 펴낸 도서.

▶ 隔月刊(격월간)·季刊(계간)·旣刊(기간)·發刊(발간)·夕刊(석간)·續刊(속간)·新刊(신간)·完刊(완간)·月刊(월간)·日刊(일간)·朝刊(조간)·定刊(정간)·朝刊(조간)·週刊(주간)·創刊(창간)·出刊(출간)·廢刊(폐간)·休刊(휴간).

刎 목 자를 문

음 wěn 일 フン、はねる 영 behead
① 목 자를 문(剄). ② 벨 문(割).
刎頸之交(문경지교 wěnjǐngzhījiāo) 죽고 살기를 같이 하여 목이 떨어져도 두려워하지 않을 만큼 친한 사귐. 또는 그런 벗.

刑 형벌 형

刑 刑 刑 刑 刑 刑

음 xíng 일 ケイ、つみ、しおき
영 crime
① 형벌 형(罰總名). ② 본받을 형(效則). ③ 옛 법 형(舊法). ④ 국그릇 형(盛羹器). ⑤ 법률 형(法律). ⑥ 본보기 형(法). ⑦ 모범될 형(模範). ⑧ 될 형(成). ⑨ 죽일 형(殺). 【形과 통함】

書體 小篆 刑 小篆 刑 草書 刑 (中學) 形聲

刑配(형배 xíngpèi) 《制》죄인을 벌하여 귀양을 보냄.
刑事(형사 xíngshì) ① 형법의 적용(適用)을 받는 사건. ② 형사순경(刑事巡警)의 약칭(略稱).
刑場(형장 xíngchǎng) 사형을 집행하는 장소.
刑曹(형조 xíngcáo) 《制》조선(朝鮮) 때 육조(六曹)의 하나. 법률·소송·형옥(刑獄)·노예(奴隸) 등에 관한 일을 맡아 봄. 지금의 법무부(法務部)에 해당함.

▶ 減刑(감형)·絞首刑(교수형)·拘留刑(구류형)·求刑(구형)·極刑(극형)·無期刑(무기형)·罰金刑(벌금형)·法定刑(법정형)·死刑(사형)·私刑(사형)·死刑囚(사형수)·實刑(실형)·流刑(유형)·終身刑(종신형)·罪刑(죄형)·重刑(중형)·懲役刑(징역형)·處刑(처형)·天刑(천형)·體刑(체형)·火刑(화형).

列 벌일 렬

列 列 列 列 列 列

음 liè 일 レツ、ならぶ 영 line, row
① 벌일 렬(分解). ② 반열 렬(位序). ③ 무리에 들어갈 렬(仲間). ④ 항렬 렬(行次). ⑤ 펼 렬(布). ⑥ 베풀 렬(陳). ⑦ 항오 렬(軍伍).

列强(열강 lièqiáng) 많은 강대한 나라들.

列擧(열거 lièjǔ) 모조리 들어 말함.

列女(열녀 liènǚ) 성품이 단정하고 정조(貞操)가 굳은 여자. 열녀(烈女).

列島(열도 lièdǎo) 연달아 있는 섬.

列士(열사 lièshì) ① 많은 선비. ② 지조(志操)가 굳은 사람. 또는 훌륭한 사람.

列傳(열전 lièzhuàn) ① 많은 사람의 전기(傳記)를 각각 서술한 책. ② 역대(歷代)의 사서(史書)에서 군신제가(群臣諸家)의 사적을 열서(列敍)한 책. 한(漢) 사마천(司馬遷)이 사기(史記)에서 처음으로 체제를 만들었음.

▶ 假裝行列(가장행렬)·系列(계열)·急行列車(급행열차)·羅列(나열)·隊列(대열)·配列(배열)·竝列(병렬)·分列(분열)·序列(서열)·順列(순열)·一列橫隊(일렬횡대)·戰列(전열)·整列(정렬)·直列(직렬)·陳列(진열)·陳列欌(진열장)·齒列(치열)·行列(항렬)·行列字(항렬자)·後列(후열).

刂 4 刘 6
죽일/묘금도 **류**

【劉(刀부13획)의 약자】

刀 5 初 7
처음 **초**

初初初初初初初

음 chū 일 ショ、はじめ
영 beginning, first

① 처음 **초**, 비롯할 **초**(始). ② 근본 **초**(本原). ③ 이전 **초**(以前). ④ 옛 **초**(故). ⑤ 맨 앞 **초**(最前).

書體 小篆 衸 草書 初 中學 會意

初更(초경 chūgēng) 지금의 하오 8시. 술시(戌時)로서 일야(一夜)를 오경으로 나눈 최초 시각. 초야(初夜). 갑야(甲夜).

初校(초교 chūjiào) 인쇄물의 맨 첫 번의 교정. 초준(初準).

初段(초단 chūduàn) ① 첫 번째의 계단. ② 태권도·유도·검도·바둑 따위에 있어서의 첫째의 단.

初度巡視(초도순시 chūdùxúnshì) 한 기관의 책임자나 감독관 따위가 부임하여 처음으로 그의 관할하는 곳을 시찰하는 일.

初伏(초복 chūfú) 삼복(三伏)의 하나. 하지가 지난 뒤의 셋째 경일(庚日).

初喪(초상 chūsāng) 사람이 죽음. 사람이 죽어서 장사지내는 날까지의 동안.

初夜(초야 chūyè) ① =초경(初更). ② 결혼 첫날 밤.

初志(초지 chūzhì) 최초로 세운 생각. 최초부터의 희망. 초심(初心). 초일념(初一念). 소지(素志).

初八日(초파일 chūbārì) 《佛》 4월 8일. 불탄일(佛誕日).

初版(초판 chūbǎn) ① 첫 판. ② 서적(書籍)의 제일판(第一版).

初獻(초헌 chūxiàn) 제전(祭典) 또는 빈객(賓客)을 접대하는 예식에서 첫 번째의 술을 바치는 것. 첫째 번을 초헌(初獻), 둘째 번을 아헌(亞獻), 셋째 번을 삼헌(三獻) 또는 종헌(終獻)이라 함.

▶ 今時初聞(금시초문)·端初(단초)·當初(당초)·歲初(세초)·始初(시초)·年初(연초)·原初(원초)·月初(월초)·自初至終(자초지종)·正初(정초)·週初(주초)·最初(최초)·太初(태초).

刀 5 判 7
판단할/쪼갤 **판**

判判判判判判判

음 pàn 일 ハン、わける、さばく
영 split, judge

① 판단할 **판**(斷). [재판(裁判)], 신언

서판(身言書判)]. ② 쪼갤 **판**(剖). ③ 나눌 **판**(分). ④ 한쪽 **판**(半). ⑤ 맡을 **판**(任). 【牉과 통함】

書體 小篆 𠛍 草書 𠛍 中學 形聲

判決(판결 pànjué) ① 시비곡직(是非曲直)을 바르게 가려냄. ②《法》법원에서 법규를 적용하여 소송 사건을 결정(決定)·종결(結結)시키는 판정(判定).
判例(판례 pànlì)《法》소송 사건을 판결한 선례(先例). 판결례(判決例).
判異(판이 pànyì) 아주 다름.
判定勝(판정승 pàndìngshèng) 판정으로 이김. 권투·레슬링 등의 경기에서 규정된 시간 내에 승부를 결정짓지 못할 경우 반칙(反則)의 유무·다과(多寡)·펀치 수를 따라 결정된 승리.

▶ 決判(결판)·公判(공판)·菊判(국판)·談判(담판)·名唧判(명판판)·批判(비판)·審判(심판)·連判(연판)·誤判(오판)·自己批判(자기비판)·自我批判(자아비판)·自(자판)·裁判(재판)·參判(참판)·天壤之判(천양지판)·評判(평판)·戶判(호판).

刀 5 ⑦ 別 다를/분별할 별

別 別 别 別 別 別

중 bié 일 ベツ, わける 영 classify

① 다를 **별**(異). ② 나눌 **별**(分解). ③ 분별할 **별**, 가를 **별**(辨). ④ 이별할 **별**(離別). ⑤ 문서 **별**(券書). ⑥ 떠날 **별**, 이별 **별**(分手). ⑦ 영결할 **별**(訣). ⑧ 차이 **별**(差異).

書體 小篆 𠛠 草書 𠛠 中學 會意

別世(별세 biéshì) 이 세상을 떠남. 죽음.
別天地(별천지 biétiāndì) =별세계(別世界).
別號(별호 biéhào) ① 본 이름 이외에 따로 지어 부르는 이름. 호(號) 또는 별자(字)라고도 함. 별호(別號)를 사용한 것은 전국시대(戰國時代)부터였음. ② 별명(別名)처럼 지은 호.

▶ 各別(각별)·鑑別(감별)·個別(개별)·訣別(결별)·告別(고별)·敎外別傳(교외별전)·區別(구별)·奇別(기별)·男女有別(남녀유별)·離別(이별)·辨別(변별)·夫婦有別(부부유별)·分別(분별)·死別(사별)·生離別(생이별)·選別(선별)·性別(성별)·送別(송별)·識別(식별)·愛別離苦(애별리고)·有別(유별)·類別(유별)·離別(이별)·作別(작별)·餞別(전별)·種別(종별)·差別(차별)·千差萬別(천차만별)·特別(특별)·派別(파별)·判別(판별).

刀 5 ⑦ 別 다를/분별할 별

【別(前條)의 속자】

刀 5 ⑦ 利 이할/이로울 리:

利 利 利 利 利 利 利

중 lì 일 リ, とし, もうけ 영 benefit

① 날카로울 **리**, 날랠 **리**(銛). ② 길할 **리**, 이로울 **리**(吉). ③ 탐할 **리**(貪). ④ 편리할 **리**(便好). ⑤ 이자 **리**, 변리 **리**(子金).

書體 小篆 𥝢 古文 𥝢 草書 𥝢 中學 會意

利器(이기 lìqì) ① 아주 날카로운 연장. 예리한 무기. ② 나라를 다스리는 권력. 또는 군대의 힘. ③ 이용 가치가 있는 훌륭한 기구. 편리한 기계. ④ 재주가 비상하여 쓸모 있는 인물. 비상한 재능.
利殖(이식 lìzhí) 재물이 더 늘어감.
利害得失(이해득실 lìhàidéshī) 이익과 손해와 얻음과 잃음.
利害相半(이해상반 lìhàixiāngbàn) 이로움과 해로움이 반반으로 맞섬.

▶ 高金利(고금리)·公共福利(공공복리)·

公利(공리)·共利(공리)·功利(공리)·國利民福(국리민복)·權利(권리)·單利(단리)·黨利黨略(당리당략)·名利(명리)·謀利輩(모리배)·無權利(무권리)·薄利(박리)·邊利(변리)·福利(복리)·複利(복리)·不利(불리)·不利益(불이익)·私利私慾(사리사욕)·舍利塔(사리탑)·水利(수리)·純利益率(순이익률)·勝利(승리)·實利(실리)·漁夫之利(어부지리)·年利(연리)·營利(영리)·銳利(예리)·元利金(원리금)·有利(유리)·長利(장리)·財利(재리)·低利(저리)·戰利品(전리품)·地利(지리)·抽利(추리)·便利(편리)·暴利(폭리).

▶ 當到(당도)·殺到(쇄도)·用意周到(용의주도)·周到綿密(주도면밀).

刀 6획 ⑧ 制 지을/절제할 제:

制 制 制 制 制 制 制 制

音 zhì 일 セイ, さだめる
英 enactment

① 마를 제(裁). ② 지을 제(造). ③ 절제할 제(節). ④ 어거할 제(御). ⑤ 단속할 제(檢). ⑥ 금할 제(禁). 「금제(禁制)」. ⑦ 제서 제(制書王言). ⑧ 법도 제(成法). ⑨ 직분 제(職分). ⑩ 제 마음대로 할 제. ⑪ 모양 제(形).

書體 小篆 㓝 古文 㓞 草書 制 (高校) 會意

刀 6획 ⑧ 刮 긁을 괄

音 guā 일 カツ, けずる 英 scratch
① 깎을 괄(削). ② 쪼갤 괄(刿). ③ 긁을 괄(磨).

刮垢剛光(괄구마광 guāgòumáguāng) 때를 벗기고 닦아 광채를 낸다는 뜻. 《轉》사람의 결점을 고치고 장점을 발휘하게 함.
刮目(괄목 guāmù) 그 전보다 썩 잘된 것을 만나, 눈을 비비고 다시 봄.
刮目相待(괄목상대 guāmùxiāngdài) 눈을 비비고 다시 봄. 《轉》남의 학식이 부쩍 는 것에 놀라는 데 쓰는 말.

制空權(제공권 zhìkōngquán) 공군에 의하여 공중을 지배하는 권력. 주로 영토·국가의 권익(權益)을 보호하는 공중 제패권(制覇權).
制度(제도 zhìdù) ① 국가의 법률과 명령으로 만든 법칙. ② 사회생활을 하는 데 필요한 법칙.
制壓(제압 zhìyā) 위력이나 위엄으로 남을 꽉 눌러서 통제함.
制御(제어 zhìyù) 억눌러서 마음대로 함. 지배함. 좌우(左右)함. 제어(制馭).
制慾(제욕 zhìyù) 욕심을 억누름.
制裁(제재 zhìcái) ① 잘못한 것에 대하여 나무라거나 처벌함. ②《法》국가의 법을 위반한 사람에게 벌을 줌.
制節(제절 zhìjié) ① 알맞게 조절함. 적당한 정도를 지킴. ② 비용을 절약함.
制覇(제패 zhìbà) ① 어떤 분류에서 으뜸가는 세력을 차지함. ② 시합에서 우승함.
制憲(제헌 zhìxiàn) 헌법의 제정.

刀 6획 ⑧ 到 이를 도:

到 到 到 到 到 到 到 到

音 dào 일 トウ, いたる 英 reach
① 이를 도(至). ② 주밀할 도(周密).

書體 小篆 㔟 草書 到 (中學) 形聲

到底(도저 dàodǐ) ① 드디어. 필경(畢竟). 결국(結局). ② 끝까지. 철저(徹底).
到處狼狽(도처낭패 dàochùlángbèi) ① 하는 일마다 모두 실패함. ② 가는 곳마다 봉변함.

▶ 强制(강제)·牽制(견제)·官制(관제)·管

制塔(관제탑)·規制(규제)·急制動(급제동)·無制限(무제한)·法制(법제)·辯護人制(변호인제)·封建制(봉건제)·副統領制(부통령제)·喪制(상제)·先制(선제)·稅制(세제)·壓制(압제)·抑制(억제)·擬制(의제)·衣制(의제)·以夷制夷(이이제이)·自制(자제)·專制(전제)·節制(절제)·職制(직제)·體制(체제)·統制(통제)·編制(편제)·學制(학제)·休息年制(휴식년제).

刷 인쇄할 쇄:
刀 6 8

刷刷刷刷刷刷刷刷

音 shuā, shuà 日 サツ, する
英 scratch

① 긁을 쇄(刮). ② 고칠 쇄(改). ③ 빗을 쇄, 쓰다듬을 쇄, 솔질할 쇄(理馬毛). ④ 파볼 쇄, 궁구할 쇄(尋究). ⑤ 인쇄할 쇄(印刷). ⑥ 문지를 쇄(拭).

書體 小篆 刷 草書 刷 (高校) 形聲

刷掃(쇄소 shuāsǎo) 쓸고 털음. 소제하여 깨끗이 함.
刷新(쇄신 shuāxīn) 묵은 것을 없애고 새롭게 함. 새로운 것으로 고침. 혁신(革新).
刷子(쇄자 shuāzi) 《中》 모자나 옷을 터는 솔.
刷剔(쇄척 shuātī) 긁어 깎음. 긁어 팜.
刷恥(쇄치 shuāchǐ) 부끄러움을 제거함. 치욕을 씻음.
刷行(쇄행 shuāxíng) 판에 박아서 세상에 내어 놓음. 인쇄발행(印刷發行).
刷還(쇄환 shuāhuán) 외국에서 유랑하는 동포를 본국으로 데리고 옴.

▶ 印刷(인쇄)·縮刷(축쇄)·版刷(판쇄).

券 문서 권
刀 6 8

券券券券券券券券

音 quàn, xuàn 日 ケン, てがた
英 bill

① 문서 권(錄). ② 어음쪽 권(契). ③ 계약서 권(契約書).

書體 小篆 券 草書 券 (高校) 形聲

券契(권계 quànxiè) 약속어음. 계권(契券).
券臺(권대 quàntái) 묘전(墓前)의 제대(祭臺).
券面額(권면액 quànmiàn'é) 권면에 기록한 금액.
券書(권서 quànshū) 약속한 증서(證書). 권부(券符).

▶ 福券(복권)·食券(식권)·旅券(여권)·優待券(우대권)·有價證券(유가증권)·銀行券(은행권)·入場券(입장권)·株券(주권)·證券(증권)·債券(채권)·招待券(초대권)·割引券(할인권).

刹 절 찰
刀 6 8

音 chà, shā 日 サツ, セツ, てら

① 절 찰(僧寺). ② 탑 찰(佛塔). 「범어(梵語) Ksetra의 음역(音譯)」.
刹竿(찰간 chàgān) 《佛》 큰 절 앞에 세우는 깃대와 비슷한 물건. 예전에 도덕이 높은 중을 사람에게 알리기 위하여 세웠는데, 나무나 쇠로 만들었음. 충청남도(忠清南道) 계룡산(鷄龍山)의 갑사(甲寺) 등지에 있음. 당간(幢竿).
刹那(찰나 chànà) 《梵》 Ksana의 음역(音譯). 차나(叉拏)라고도 음역(音譯)함. 일념(一念)은 그 음역(音譯). 지극히 짧은 시간의 일컬음.
刹土(찰토 chàtǔ) 《佛》 불교에서 국토를 이르는 말.
刹海(찰해 chàhǎi) 《梵》 수륙(水陸). 육지와 바다. 〈刹는 토전(土田)〉.

▶ 公刹(공찰)·大寺刹(대사찰)·寺刹(사찰)·十刹(십찰).

刺 찌를 자:/척 수라 라
刀 8 ⑥

丆 丆 丆 朿 朿 束 刺 刺 刺

1 日 cì シ, さす 영 pierce
2 日 cī セキ

1 ① 찌를 자(直傷). ② 벨 자(刻除). ③ 뽑을 자, 추릴 자(采取). ④ 바늘 자(針之). ⑤ 가시 자(棘芒). ⑥ 명함 자(姓名).「명자(名刺), 통자(通刺)」. ⑦ 신문할 자(訊決). ⑧ 기롱할 자(譏). **2** ① 찌를 척(叉之). ② 자자할 척(黥). ③ 정탐할 척(偵伺). ④ 잡아당길 척(挈). ⑤ 소근거릴 척(私語貌). ⑥ 바느질할 척(針縫). **3** 수라 라(御食日水刺).

書體 小篆 朿 草書 刺 (高校) 形聲

刺客(①자객 ②척객 cìkè) ① 몰래 사람을 찔러 죽이는 사람. 암살자(暗殺者). ② 미옥(美玉)의 이름. 매괴(玫瑰), 곧 불구슬.
刺戟(자극 cìjī) ① 감각을 흥분시키는 일. ②《生》생물체(生物體)에 어떤 영향을 주는 외계(外界)의 조건. ③《心》외적(外的) 조건의 변화가 감각 기관을 흥분시켜 그로 하여금 독특한 감각을 일으키게 하는 일.
刺舌(자설 cìshé) 말을 삼감.《故》옛날 중국 북주(北周)의 하약돈(賀若敦)이 송곳으로 그의 아들 필(弼)의 혀를 찔러 말을 삼가라고 징계(懲戒)한 고사.
刺繡(자수 cìxiù) 수를 놓음. 수를 놓은 것.
刺探(척탐 cìtàn) 형편을 살핌. 상황(狀況)을 정탐함. 사후(刺候). 정찰(偵察).

▶亂刺(난자)·諷刺(풍자).

刻 새길 각
刀 8 ⑥

刻 刻 刻 刻 刻 刻 刻 刻

日 kè, kē コク, きざむ 영 carve
① 새길 각(鏤). ② 몹시 각(痛). ③ 긁을 각(割剝).「조각(彫刻)」. ④ 각색할 각(慘覈). ⑤ 해할 각(害). ⑥ 돼지 발자취 각(豕跡). ⑦ 줄을 붙일 각. ⑧ 시각 각(晷刻漏箭).

書體 小篆 刻 古文 刻 (高校) 形聲

刻苦(각고 kèkǔ) 몹시 애씀. 대단히 힘들임.
刻骨難忘(각골난망 kègǔnánwàng) 남의 은혜를 마음속 깊이 새겨 잊지 않음.
刻銘(각명 kèmíng) ① 금석(金石)에 새긴 명(銘). 또는 명(銘)을 새김. ② 화살의 깃과 깃 사이에 활 임자의 성명을 쓰거나 새김.
刻木(각목 kèmù) 나무를 깎거나 새김.
刻薄(각박 kèbó) ① 혹독하고 인정이 없음. 잔인하고 박정함. 냉혹(冷酷). 잔인(殘忍). ② 창피를 줌. 무례하게 취급함.
刻章琢句(각장탁구 kèzhāngzhuójù) 갈고 닦아 수식한 시문(詩文)의 장구(章句).
刻舟求劍(각주구검 kèzhōuqiújiàn) 배에서 물속으로 칼을 떨어뜨리고는 뱃전에다 표를 해놓고, 칼이 떨어진 장소의 표증으로 생각하여 칼을 찾고자 함. 배가 움직여 가고 있는 사실을 알지 못하였다는 뜻.《喻》너무나 몽매하여 세상 물정에 어두운 것.
刻畫(각화 kèhuà) 새겨 그림.

▶木刻(목각)·倣刻(방각)·時刻(시각)·深刻(심각)·嚴刻(엄각)·印刻(인각)·正刻(정각)·彫刻(조각)·雕刻(조각)·遲刻(지각)·寸刻(촌각)·板刻(판각).

則 곧 즉 법칙 칙
刀 7 ⑨

刂 刂 刂 冃 冃 貝 貝 則 則

日 zé 日 ソク, のり, すなわち

영 regulation

1 곧 즉, 어조사 즉(助辭). **2** ① 법칙 칙(常法). ② 본받을 칙(法可當效). ③ 법 칙(天理). ④ 모범 칙(模範). ⑤ 때 칙(時). ⑥ 그 후 칙(其後). ⑦ 혹은 칙(或). ⑧ 조목 칙(條目).

書體 小篆 古文 大篆 草書 (中學) 會意

則度(칙도 zédù) 법(法). 법도(法度). 표준.
則效(칙효 zéxiào) 모범을 삼아 배움. 칙효(則傚).

▶ 戒則(계칙)·敎則(교칙)·校則(교칙)·規則(규칙)·內則(내칙)·反則(반칙)·罰則(벌칙)·法則(법칙)·變則(변칙)·附則(부칙)·四則(사칙)·社則(사칙)·細則(세칙)·守則(수칙)·原則(원칙)·六何原則(육하원칙)·自然法則(자연법칙)·雜則(잡칙)·正則(정칙)·準則(준칙)·天則(천칙)·鐵則(철칙)·通則(통칙)·學則(학칙)·會則(회칙).

削 깎을 삭
刀 7 ⑨

削 削 削 削 削 削 削 削

음 xiāo, xuē 일 サク, けずる
영 shave

① 깎을 삭, 저밀 삭(刮). ② 지근댈 삭(小侵). ③ 약할 삭(弱). ④ 빼앗을 삭(鄭除). ⑤ 새김칼 삭(書刀). ⑥ 제할 삭(除). ⑦ 침노할 삭(侵).

書體 小篆 草書 (高校) 會意

削減(삭감 xuējiǎn) 깎아서 줄임. ↔ 첨가(添加).
削磨(삭마 xiāomó) 깎아 지움.
削抹(삭말 xiāomǒ) 삭제하고 말살(抹削)함.
削剝(삭박 xuēbō) ① 닳아서 벗어짐. ② 깎아 벗김.
削髮(삭발 xiāofà) ① 머리털을 깎음. ② 중이 됨. ③ 초목이나 채소를 마구 벰을 비유하는 말.
削髮染衣(삭발염의 xiāofàrǎnyī) 《佛》 중이 되어 머리를 깎고, 검은 옷을 입음.
削足適履(삭족적구 xiāozúshìjù) 발을 깎아서 신에 맞춤.《喩》 ㉠본말(本末)과 주객이 뒤집힘. ㉡잘 하려 한 것이 오히려 나쁘게 됨.
削奪官職(삭탈관직 xuēduóguānzhí) 《制》 죄 지은 사람의 벼슬과 품계를 빼앗는 일.

▶ 掘削(굴삭)·減削(감삭)·添削(첨삭).

剋 이길 극
刀 7 ⑨

음 kè, kēi 일 コク, かつ
영 overcome

① 반드시 극(必). ② 급할 극(急). ③ 이길 극(勝). ④ 깎일 극(損削). ⑤ 가릴 극, 뽑 극(涓選). ⑥ 심할 극(嚴酷).【克과 통하고, 剋과 같음】

剋期(극기 kèqī) 굳게 기한을 정함.
剋復(극복 kèfù) 국란을 평정하여 원상으로 돌림.
剋意(극의 kèyì) 애를 씀. 정성을 들임. 전심(專心). 각의(刻意).

▶ 相剋(상극)·下剋上(하극상).

剌 발랄할 랄
刀 7 ⑨

음 là, lá 일 ラツ, もとる 영 deviate

① 어그러질 랄(戾). ② 활 다리는 소리 랄(弓聲). ③ 물고기 뛰는 소리 랄(魚躍聲).

剌剌(날랄 làlà) ① 바람 소리. 삽삽(颯颯). ② 어그러지는 모양. 불평하는 모양.
剌謬(날류 làmiù) 상반(相反)함.
剌子(날자 làzi) ① 홍색 보석의 한 가지. ② 성질이 잔학하여 도리에 어긋난 사람. ③《中》유리로 만든 병.

▶ 潑剌(발랄).

前 앞 전

前前前前前前前前

- 중 qián 일 ゼン, まえ
- 영 front, previous

① 앞 전(後之對). ② 일찌기 전(曾). ③ 앞설 전(先之). ④ 옛 전(故). ⑤ 인도할 전(導). ⑥ 연 검은 빛 전(淺黑色). ⑦ 가는 곳 전(行先). ⑧ 걸을 전(步).

書體 小篆 肯 小篆 筋 草書 荀 中學 形聲

前鑑(전감 qiánjiàn) 앞의 일을 거울삼아 비쳐보는 일.
前功可惜(전공가석 qiángōngkěxī) 애써서 하던 일을 중도에 폐지함이 아까움.
前過(전과 qiánguò) 앞서 저지른 과실. 이전의 죄과.
前科(전과 qiánkē) 이전에 범한 죄과.
前矩(전구 qiánjǔ) 예전 사람이 끼친 모범. 전규(前規).
前代未聞(전대미문 qiándàiwèiwén) 지금까지 들어본 적이 없음. 미증유(未曾有).
前途遙遠(전도요원 qiántúyáoyuǎn) ① 앞으로 갈 길이 아득히 멀음. ② 목적하는 바에 이르기에는 아직도 멀음.
前立腺(전립선 qiánlìxiàn)《生》남성 요도의 방광의 뒤 쪽 아래 직장(直腸)의 앞에 있는 밤알 크기의 분비선(分泌腺). 요도 및 사정관이 통하고 있음. 분비액은 정자의 운동을 활발하게 함.
前事勿論(전사물론 qiánshìwùlùn) 지난날의 시비를 논하지 아니함. 전사삭제(前事削除).
前衛(전위 qiánwèi) ① 앞에서 먼저 나가는 호위. ② 본대(本隊)의 전방(前方)을 경유하는 부대. ③《體》복식 정구·배구·빙구 따위 경기의 앞쪽 수비자.
前提(전제 qiántí) ① 어떠한 사물을 논의할 때 맨 먼저 내세우는 기본이 되는 것. ②《論》추리를 할 때 결론의 기초가 되는 판단. 삼단논법의 대소(大小)의 두 전제.
前轍(전철 qiánzhé) 앞에 지나간 수레바퀴의 자국.《轉》이전 사람의 그릇된 일이나 행동의 자취. 전차(前車).
前後曲折(전후곡절 qiánhòuqūzhé) 일의 앞뒤의 자세한 사정이나 내용. 전후사연(前後事緣).

▶ 空前(공전)·紀元前(기원전)·大前提(대전제)·面前(면전)·目前(목전)·門前成市(문전성시)·倍前(배전)·食前(식전)·如前(여전)·驛前(역전)·午前(오전)·以前(이전)·戰前(전전)·從前(종전)·直前(직전)·最前方(최전방)·風前(풍전)·婚前(혼전).

剔 뼈바를 척

- 중 tī 일 テキ, えぐる 영 crack

① 뼈 발라낼 척(解骨). ② 뺄 척(拔).
剔抉(척결 tījué) 파헤침. 파 헤쳐 냄. 뼈나 살을 발라냄.

剖 쪼갤 부:

- 중 pōu 일 ボウ, さく, わる 영 split

① 쪼갤 부. ② 뻐갤 부(中分判). ③ 깨뜨릴 부(破). ④ 가를 부(割). ⑤ 나눌 부(分).【培와 통함】
剖決(부결 pōujué) 선악을 나누어 정함. 판단함. 재결(裁決).
剖棺斬屍(부관참시 pōuguānzhǎnshī)《制》죽은 후에 큰 죄가 드러났을 때 관을 쪼개어 목을 베어 극형(極刑)을 추시(追施)하던 일.

▶ 解剖(해부).

剛 굳셀 강

剛剛剛剛剛剛剛剛剛剛

中 gāng 日 ゴウ, かたい 영 firm

① 굳을 강(堅). ② 굳셀 강(勁). ③ 꼬장할 강(剛健强斷). ④ 바야흐로 강.

書體 小篆 剛 草書 宏 (高校) 形聲

剛健(강건 gāngjiàn) ① 마음이 곧고 뜻이 굳세고 건전함. ② 필력이나 문세(文勢)가 강하고 씩씩함.
剛梗(강경 gānggěng) 성질이 두려움. 성질이 유순하지 못함.
剛斷(강단 gāngduàn) ① 강기(剛氣) 있게 결단하는 힘. ② 참고 버티어 가는 힘.
剛柔兼全(강유겸전 gāngróujiānquán) 강하고 부드러움을 아울러 갖춤
剛直(강직 gāngzhí) 마음이 굳세고 곧음.

▶ 金剛(금강)·內剛(내강)·外剛(외강).

剝 벗길 박

中 bāo, bō 日 ハク, はぐ 영 peel

① 찢을 박(裂). ② 떨어질 박(落). ③ 벗겨질 박(脫). ④ 두드릴 박(力擊). ⑤ 괘 이름 박(卦名).

剝奪(박탈 bōduó) 벗겨 빼앗음. 세력을 빙자하여 무리하게 빼앗음.
剝皮(박피 bōpí) 껍질을 벗김.

剪 가위 전(:)

中 jiǎn 日 セン, きる 영 scissoring

① 가위 전(翦刀). ② 싹 벨 전(齊斷).
【揃과 통하고, 翦과 같음】

剪枝(전지 jiǎnzhī) 초목의 가지를 가위질하여 벰.

副 버금/다음 부:

副副副副副副副副副副

1 中 fù 日 フク, そう 영 next
2 中 ア, そう

1 ① 버금 부(次). ② 다음 부, 둘째 부(貳). ③ 알맞을 부(稱). ④ 첩지 부(首飾). ⑤ 찢을 부(裂). 2 쪼갤 복(析). 3 순산될 벽(難産析副).

書體 小篆 副 小篆 副 大篆 鵬 草書 勀

(高校) 形聲

副産物(부산물 fùchǎnwù) 주되는 물건을 만드는 데에 따라 곁들여 생산되는 물건.
副賞(부상 fùshǎng) 상장(賞狀)과 정식 시상품(施賞品) 외에 따로 덧붙여 주는 상품.
副署(부서 fùshǔ) 《法》 법령이나 대통령의 국무에 관한 문서에 대통령과 함께 국무총리와 관계 각 국무위원이 서명하는 것. 대통령의 행위에 동의를 표시함.
副收入(부수입 fùshōurù) ① 목적한 수입 밖에 가외로 생기는 수입. ② 음성 수입.
副食(부식 fùshí) 부식물(副食物)의 약어. ↔ 주식(主食).
副應(부응 fùyīng) 무엇에 좇아서 응함.
副意識(부의식 fùyìshí) 잠재의식.
副作用(부작용 fùzuòyòng) 약의 주되는 효과 밖에 생기는 딴 작용.
副葬品(부장품 fùzàngpǐn) 장사 지낼 때에 함께 묻는 죽은 이의 소지품. 배장품(陪葬品).
副題(부제 fùtí) 서적이나 글의 부표제(副表題).
副總裁(부총재 fùzǒngcái) 총재의 다음 자리.

▶ 正副(정부).

剩 남을 잉:

刀 10 ⑫

shèng ジョウ, あまる
remain, surplus

① 남을 잉(餘). ② 더할 잉(益). ③ 멀쑥할 잉(冗長). ④ 뿐 아닐 잉(不啻).

剩餘(잉여 shèngyú) 다 쓰고 난 나머지. 나머지. 잔여(殘餘). 여분(餘分).

▶ 過剩(과잉)·過剩保護(과잉보호).

割 벨할

刀 10 ⑫

割割割割割割割割割割

gē カツ, さく, わる
divide, part

① 벨 할, 저밀 할(截). ② 긁을 할(剝). ③ 나눌 할(分). ④ 찢을 할(裂). ⑤ 십분지 일 할(十分之一). ⑥ 해로울 할(害).

書體 小篆 劇 草書 割 (高校) 形聲

割據(할거 gējù) 한 곳을 분할하여 웅거함. 한 지방을 점령하여 자웅을 다툼.

割鷄焉用牛刀(할계언용우도 gējīyānyòngniúdāo) 닭을 죽이는 데 소 잡는 큰 칼을 쓸 필요까지는 없음. 《喻》조그만 일을 처리하는 데 지나치게 대대적인 수단을 쓸 필요는 없음.

割禮(할례 gēlǐ) 《宗》남자가 난 지 여드레 만에 자지 끝의 껍질을 조금 끊어 내는 종교적 관습. 유태교도(猶太敎徒)·회교도(回敎徒)가 행하는 관례적인 의식의 한 가지.

割半之痛(할반지통 gēbànzhītòng) 몸의 반쪽을 베어내는 고통. 동기(同氣)가 죽은 슬픔.

割席分坐(할석분좌 gēxífēnzuò) 교분을 끊고 같은 자리에 앉지 아니함.

割愛(할애 gē'ài) 아깝게 생각하는 것을 선뜻 나누어 줌.

割恩斷情(할은단정 gē'ēnduànqíng) 은정(恩情)을 끊음.

▶ 大割引(대할인)·分割(분할)·役割(역할)·役割劇(역할극).

創 비롯할/비로소 창:

刀 10 ⑫

創創創創創創創創創創

①② chuāng ソウ, きず be cut ③-⑤ chuàng ソウ, はじめ begin

① 날에 다칠 창(刃所傷). ② 부스럼 창.【瘡과 통함】③ 비로소 창(始). ④ 아플 창(傷). ⑤ 징계할 창(懲).【刱과 같음】

書體 小篆 創 小篆 創 草書 創 (高校) 形聲

創傷(창상 chuāngshāng) 다침. 상처를 입혀 해침.

創設(창설 chuàngshè) 처음으로 베풂. 창립.

創始(창시 chuàngshǐ) 일을 처음 시작함.

創氏(창씨 chuàngshì) 일제가 우리의 성(姓)을 일본식으로 고치던 만행(蠻行).

創案(창안 chuàng'àn) 지금껏 없던 것을 처음으로 생각하여 냄. 또는 그 고안(考案).

創業(창업 chuàngyè) ① 사업을 처음으로 시작함. ② 기초를 세움. 나라의 기틀을 세움.

創出(창출 chuàngchū) ① 처음으로 이뤄 생겨 남. ② 비롯하여 지어 냄.

▶ 開創(개창)·巨創(거창)·獨創(독창)·再創(재창)·再創造(재창조)·草創(초창).

剽 겁박할 표

刀 11 ⑬

음 piāo 일 ヒョウ, おびやかす
영 threat

① 표독할 표(輕急). ② 중 쇠북 표(鐘之中者). ③ 끝 표(末). ④ 긁을 표(刺). ⑤ 끊을 표(截). ⑥ 겁박할 표(劫). ⑦ 찌를 표(刺). ⑧ 빠를 표(輕疾). 【剽와 통함】

剽竊(표절 piāoqiè) ① 노략질하여 훔침. 표적(剽賊). ② 남의 시(詩)나 문장(文章)을 따다가 자기 것으로 발표(發表)함.

劃 그을 획

刀 12 ⑭

음 huà, huá, huài 일 カク, かぎる
영 draw

① 새길 획(刻). ② 그을 획(以刀破物). ③ 계획할 획(作事, 計劃). ④ 송곳칼 획(錐刀).

書體 小篆 劃 小篆 劃 古文 劃 草書 劃
高校 形聲

劃然(획연 huàrán) 명확하게 구별된 모양. 분명하여 이지러짐이 없는 모양.

▶ 計劃(계획)·計劃紙(계획지)·區劃(구획)·企劃(기획)·企劃社(기획사)·企劃院(기획원)·無計劃(무계획)·無計劃性(무계획성)·家族計劃(가족계획)·國家計劃(국가계획).

劇 심할/연극 극

刀 13 ⑮

劇 劇 劇 劇 劇 劇 劇 劇 劇 劇

음 jù 일 ゲキ, はげしい, しばい
영 extreme, drama

① 심할 극, 대단할 극, 몹시 극(甚). ② 어려울 극(艱). ③ 연극 극(演劇). ④ 더할 극(增). ⑤ 많을 극(多). ⑥ 바쁠 극(忙). ⑦ 아플 극(痛).

書體 小篆 劇 草書 劇 高校 形聲

劇烈(극렬 jùliè) 과격하고 맹렬함. 격렬(激烈).

劇甚(극심 jùshèn) 극도로 심함. 태심(太甚).

劇藥(극약 jùyào) 사용법을 그르치면 생명이 위험하거나 기능에 해가 되는 독한 약. 극제(劇劑).

劇場(극장 jùchǎng) 영화·연극을 상연하는 곳. 극원(劇院).

劇的(극적 jùdè) 영화나 연극을 보듯이 감격적이며 인상적인 것.

▶ 歌劇(가극)·假面劇(가면극)·短幕劇(단막극)·大逆戰劇(대역전극)·毒劇(독극)·亂鬪劇(난투극)·無言劇(무언극)·飜案劇(번안극)·飜譯劇(번역극)·悲劇(비극)·史劇(사극)·詐欺劇(사기극)·狀況劇(상황극)·西部劇(서부극)·敍事劇(서사극)·野外劇場(야외극장)·演劇(연극)·連續劇(연속극)·人形劇(인형극)·自作劇(자작극)·造作劇(조작극)·慘劇(참극)·寸劇(촌극)·推理劇(추리극)·諷刺劇(풍자극)·活劇(활극)·喜劇(희극)·喜悲劇(희비극).

劈 쪼갤 벽

刀 13 ⑮

음 pī, pǐ 일 ヘキ, つんざく 영 split
쪼갤 벽, 팰 벽(剖破).

劈開(벽개 pīkāi) ① 쪼개져서 갈라짐. 쪼갬. 찢어짐. ② 광물이 평면으로 일정한 방향에 따라 쪼개지는 것. 또는 그 성질. ③ 《地》 지각의 횡압력(橫壓力)에 의해 수성암에 일정하게 켜가 생기는 일.

劈斷(벽단 pīduàn) 절단함. 끊음.

劈頭(벽두 pītóu) ① 글이나 말의 첫머리. ② 일의 시작.

劉 죽일/묘금도(卯金刀) 류
刀13 / ⑮

[音] liú [日] リュウ, かつ [英] overcome

① 이길 류(尅). ② 죽일 류(殺). ③ 베풀 류(敷陣). ④ 쇠잔할 류(衰). ⑤ 자귀 류(斧屬). ⑥ 성 류(姓). 〈묘·금·도(卯·金·刀)로 구성된 한자라 하여 묘금도 류(劉)라고도 함〉

劉邦(유방 liúbāng) 《人》 B.C. 256~B.C. 195 한(漢) 초대(初代)의 황제인 고조(高祖). 자(字)는 계(季), 지금의 강소성(江蘇省) 패현(沛縣) 출신. 진(秦) 이세황제(二世皇帝) 때 기병(起兵)하여 함양(咸陽)을 공략하여 한왕(漢王)이 되고, 항우(項羽)를 해하(垓下)에서 격파하여 제위(帝位)에 올라 국호를 한(漢)이라 하고 장안(長安)에 도읍함. 재위 12년.

劉備(유비 liúbèi) 《人》 161~223. 삼국시대(三國時代) 촉한(蜀漢)의 시조(始祖). 자(字)는 현덕(玄德), 묘호(廟號)는 소열황제(昭烈皇帝). 후한(後漢) 영제(靈帝) 때 황건적(黃巾賊)을 쳐서 공을 세움. 뒤에 제갈량(諸葛亮)을 얻어 성도(成都)에 도읍하여 한(漢)의 후계자로서 위·오(魏·吳)와 대립함. 백제성(白帝城)에서 병사(病死)함. 유선생(劉先生).

劍 칼 검:
刀13 / ⑮

[音] jiàn [日] ケン, つるぎ [英] sword

① 칼 검(兵器). ② 칼로써 찔러 죽일 검(斬殺). ③ 칼을 쓰는 법 검(使法). 【劎과 같음】

書體: 小篆, 大篆, 草書 (高校) 形聲

劍道(검도 jiàndào) 검술을 닦는 무도의 한 부문.

▶ 短劍(단검)·帶劍(대검)·寶劍(보검)·雙劍(쌍검)·長劍(장검)·槍劍(창검)·銃劍(총검).

劑 약제 제
刀14 / ⑯

1 [日] セイ, てがた **2** [音] jì [日] ザイ, くすり [英] bill, medicine

1 ① 싹 문지를 자(剒齊). ② 어음 쪽 자(券書). **2** ① 나눌 제(分). ② 약재료 제(藥劑). 【齊와 통함】

劑熟(제숙 jìshú) 잘 조합함.
劑錢(제전 jìqián) 약가(藥價).

▶ 洗劑(세제)·藥劑(약제)·錠劑(정제)·製劑(제제)·調劑(조제).

劒 칼 검:
刀14 / ⑯

【劍(刀부13획)과 같음】

力 部
힘 력

力 힘 력
力0 / ②

力力

[音] lì [日] リョク, リキ, ちから
[英] strength, power

① 힘 력(筋力). ② 육체 력(肉體). ③ 부지런할 력(勤). ④ 심할 력(甚). ⑤ 종 부릴 력(僕役). ⑥ (물건의) 특유한 일 력. ⑦ 일할 력(勞). ⑧ 덕 력(恩德). ⑨ 위엄 력(權威). ⑩ 용기 력(勇氣). ⑪ 힘쓸 력(盡力). ⑫ 작용할 력(作用).「인력(引力), 탄력(彈力)」.

書體 小篆 力 小篆 力 草書 力 中學 象形

力道(역도) lìdào)《體》역기운동을 통하여 몸과 마음을 수련하는 도.

力量(역량) lìliàng) 일을 해 낼 수 있는 힘. 또는 힘의 정도.

力拔山氣蓋世(역발산기개세 lìbáshānqìgàishì) 산을 뽑고, 세상을 덮을 정도로 기력이 웅대함. 발산개세(拔山蓋世)의 용기. 초(楚)의 항우(項羽)가 한고조(漢高祖)에게 해하(垓下)에서 패하였을 때 지은 시의 일절(一節).

力不及(역불급 lìbùjí) 힘이 다 미치지 못함.

力說(역설 lìshuō) 극력 주장하다. 다짐을 주어 말함. 힘써 말함.

力作(역작 lìzuò) ① 애써서 지은 작품. 훌륭한 작품. ② 애써서 지음.

力著(역저 lìzhù) 힘을 들여서 지은 책. 훌륭한 저서.

力學(역학 lìxué) ① 힘써 배움. 면학(勉學). ②《物》물체의 동정, 운동의 지속, 힘의 작용 등의 관계를 연구하는 학문.

力行(역행 lìxíng) ① 힘써 행함. 노력함. ② 힘을 들여 나아감.

▶ 强力(강력)·怪力(괴력)·國力(국력)·權力(권력)·筋力(근력)·氣力(기력)·金力(금력)·努力(노력)·勞動力(노동력)·能力(능력)·膽力(담력)·動力(동력)·馬力(마력)·魔力(마력)·萬有引力(만유인력)·魅力(매력)·武力示威(무력시위)·微力(미력)·迫力(박력)·背力(배력)·兵力(병력)·浮力(부력)·不可抗力(불가항력)·死力(사력)·省力(생력)·勢力(세력)·速力(속력)·視力(시력)·實力(실력)·握力(악력)·壓力(압력)·餘力(여력)·腕力(완력)·勇力(용력)·威力(위력)·引力(인력)·入力(입력)·底力(저력)·資力(자력)·自力更生(자력갱생)·張力(장력)·財力(재력)·底力(저력)·全力(전력)·專力(전력)·戰力(전력)·電力(전력)·全力投球(전력투구)·專心力(전심력)·主力(주력)·走力(주력)·重力(중력)·知力(지력)·盡力(진력)·借力(차력)·聽力(청력)·體力(체력)·總力戰(총력전)·出力(출력)·彈力(탄력)·暴力(폭력)·暴力輩(폭력배)·風力(풍력)·筆力(필력)·學力(학력)·協力(협력)·火力(화력)·活力(활력)·效力(효력)

功 공[勳]/공로 공

功功功功功

㊅ gōng ㊐ コウ, ク, てがら
㊂ services, merits

① 공 공(勞之績). ② 공치사할 공(自以爲功之). ③ 복 입을 공(喪服). ④ 일할 공(事). ⑤ 사업의 공로 공(功績). ⑥ 이용할 공(利用).【公과 통함】

書體 小篆 功 草書 功 中學 形聲

功過(공과 gōngguò) 공로와 허물. 공로와 과실.

功過相反(공과상반 gōngguòxiāngfǎn) 공로와 허물이 서로 반반임.

功致辭(공치사 gōngzhìcí) 자기의 공로를 스스로 칭찬하고 자랑함.

功勳(공훈 gōngxūn) =훈공(勳功).

功虧一簣(공휴일궤 gōngkuīyīkuì) 산을 쌓아 최후의 한 삼태기의 흙을 게을리 하여 드디어는 완성을 보지 못함.《喩》거의 성취한 일을 중지함.

▶ 論功行賞(논공행상)·成功(성공)·年功序列(연공서열)·有功(유공)·恩功(은공)·積功(적공)·戰功(전공).

加 더할 가

加加加加加

㊅ jiā ㊐ カ, くわえる ㊂ add

① 더할 가(增). ② 업신여길 가(凌). ③ 미칠 가(及). ④ 붙일 가(著). ⑤ 침노할 가(侵). ⑥ 당할 가(當). ⑦ 더욱 가(益). ⑧ 합할 가(算法).「가감승제

(加減乘除)」.

書體 小篆 草書 [中學] 會意

加減(가감 jiājiǎn) ① 보탬과 뺌. ② 더하거나 덜하여 알맞게 함. ③ 가법(加法)과 감법(減法).

加減乘除(가감승제 jiājiǎnchéngchú) 더하기·빼기·곱하기·나누기의 네 가지 셈법.

加工(가공 jiāgōng) ① 자연물(自然物)이나 덜 된 물건에 인공(人工)을 더함. ②《法》 남의 동산(動産)에 공작(工作)을 가하여 새 물건으로 만드는 것.

加擔(가담 jiādān) ① 어떤 일이나 무리에 한 몫 낌. ② 한 편이 되어 거들어 줌.

加盟(가맹 jiāméng) 동맹이나 연맹에 가입함.

加算(가산 jiāsuàn) 더하여 셈함. ↔ 감산 (減算).

加設(가설 jiāshè) ① 더 베풀음. ②《制》 소정의 관직 이외에 관직을 더 설치함.

加勢(가세 jiāshì) 힘을 보탬. 거들음.

加速度(가속도 jiāsùdù) ① 속도를 점점 늘임. ②《物》 단위시간에 속도가 얼마 만큼 바뀌는가를 나타내는 양.

加熱(가열 jiārè) ① 어떤 물질에 열을 줌. ② 열을 더 세게 함.

加外(가외 jiāwài) ① 일정한 것 밖에 더함. 넘음. ② 생각 밖의 것. ③ 신분(身分)에 넘침.

加一層(가일층 jiāyīcéng) 더 한층. 한층 더함.

加重(가중 jiāzhòng) ① 더 무거워짐. 더 무겁게 함. ② 죄가 더 무거워짐. 형벌을 더함.

加鞭(가편 jiābiān) 채찍질하여 걸음을 더 재촉함. 주마가편(走馬加鞭).

加被力(가피력 jiābèilì)《佛》 부처나 보살이 사람에게 주는 힘.

加筆(가필 jiābǐ) 붓을 대어 글씨를 고치거나 글을 첨삭(添削)함.

加害(가해 jiāhài) ① 남에게 해를 끼침. ② 남에게 상해를 입힘.

▶ 倍加(배가)·附加(부가)·雪上加霜(설상가상)·五加皮(오가피)·增加(증가)·參加(참가)·添加(첨가)·追加(추가).

力 4 ⑥ **劣** 용렬할/열등할 **렬**

[중] liè [일] レツ, おとる [영] inferior

① 용렬할 **렬**(拙弱). ② 못날 **렬**(優之反). ③ 어릴 **렬**(弱少). ④ 서툴 **렬**. ⑤ 조금 **렬**(僅). ⑥ 더러울 **렬**(鄙薄).

書體 小篆 小篆 草書 [高校] 會意

劣等(열등 lièděng) ① 낮은 등급. ② 등급의 낮음.

劣勢(열세 lièshì) 세력이나 힘이 줄어들음. 또 그 상태. ↔ 우세.

劣惡(열악 lièwù) 저열하고 나쁨.

▶ 卑劣(비열)·鄙劣(비열)·優劣(우열)·愚劣(우열)·低劣(저열)·拙劣(졸렬)·下劣(하열).

力 5 ⑦ **助** 도울 **조**:

[중] zhù [일] ジョ, たすける
[영] help, assist

① 도울 **조**(輔佐). ② 자뢰할 **조**(藉). ③ 유익할 **조**(益). 【鋤와 같음】

書體 小篆 草書 [中學] 形聲

助敎(조교 zhùjiào)《制》 ① 교수 다음의 벼슬. ② 대학에서 교수의 지시를 받아 학술 연구 및 사무를 돕는 직위. 또는 그 사람.

助敎授(조교수 zhùjiàoshòu) 대학 교

助動詞(조동사 zhùdòngcí) = 보조동사(輔助動詞).

助力(조력 zhùlì) 힘을 도와 줌.

助詞(조사 zhùcí) 명사나 부사 따위 아래에 붙어서 다른 말과의 관계 또는 그 말의 뜻을 도와주는 품사.

助産(조산 zhùchǎn) ① 분만(分娩)을 도움. ② 산업(産業)을 조성(助成)하는 것.

助成(조성 zhùchéng) 도와서 이루게 함.

助手(조수 zhùshǒu) ① 주장되는 사람의 일을 도와 주는 사람. ② 교수의 지휘를 받아 학술의 연구 또는 사무에 시중을 드는 사람. 조교(助敎).

助言(조언 zhùyán) 옆에서 말참견하여 남의 말을 도움. 또는 돕는 말.

助役(조역 zhùyì) ① 일을 도와주는 사람. ② 주역(主役)의 역할이 돋보이도록 해주는 보조역.

助演(조연 zhùyǎn) 연극(演劇)에서 주역(主役)의 연기를 돕는 사람. 또 그러한 역을 맡은 사람.

助長(조장 zhùcháng) ① 무리하게 도와서 도리어 해가 됨. ② 도와서 더 자라게 함.

助婚(조혼 zhùhūn) ① 혼인의 비용을 도와줌. ② 혼인 때에 신부 집의 생활이 구차한 경우에 신랑 집에서 돈을 보태줌.

▶ 共助(공조)·救助(구조)·內助(내조)·補助(보조)·扶助(부조)·相扶相助(상부상조)·相助(상조)·援助(원조)·贊助(찬조)·協助(협조).

努 힘쓸 노
力 5
⑦

ㄥ ㄥˊ ㄥˇ 女 奴 努 努

🅒 nǔ 🅙 ド, つとめる
🅔 make efforts

① 힘쓸 노(勉). ② 힘들일 노(用力).

書體 草書 **努** (高校) 形聲

努力(노력 nǔlì) 힘을 들이어 애를 씀. 힘을 다함.

努目(노목 nǔmù) 성을 내어 눈을 부라림.

努肉(노육 nǔròu) 궂은 살.

劫 위협할 겁
力 5
⑦

🅒 jié 🅙 キョウ, おびやかす, キョウ, コウ 🅔 threat

① 위협할 겁(勢脅). ② 겁탈할 겁(强取). ③ 부지런할 겁(勤). ④ 대궐층계 겁(宮殿階級). ⑤ 겁 겁(佛一世之稱). ⑥ (전쟁으로 일어나는) 화재 겁(兵燹). ⑦ 불한당 겁(强盜劫盜).【刧과 통함】

劫姦(겁간 jiéjiān) 폭력으로 간음함. 강간.

劫奪(겁탈 jiéduó) 위협(威脅)하여 탈취(奪取)함.

劫婚(겁혼 jiéhūn) 혼인을 하고자 하나 가난하거나 조건이 맞지 않을때, 신부감을 힘으로 탈취해 와서 결혼하는 일. 강제 결혼.

▶ 億劫(억겁)·永劫(영겁).

励 힘쓸/가다듬을 려:
力 5
⑦

【勵(力부15획)의 약자】

労 수고로울/일할 로
力 5
⑦

【勞(力부10획)의 약자】

券 게으를 권:
力 6
⑧

🅙 ケン, なまける 🅔 lazy

① 게으를 권(倦). ② 고달플 권(勞).

③ 수고로울 권(苦).【倦과 같음】

效 본받을 효:
力6 ⑧

【效(攴部6회)의 속자】

劾 꾸짖을 핵
力6 ⑧

음 hé 일 ガイ, きわめる
영 verification

1 ① 힘쓸 해(用力). ② 공 해(功). ③ 안찰할 해(按). **2** ① 캐고 물을 핵(推窮罪人). ② 핵실할 핵(彈治).

劾論(핵론 hélùn) 허물을 들어 논박함.
劾奏(핵주 hézòu) 관리의 죄과를 탄핵(彈劾)하여 임금이나 상관에게 아룀.

▶ 彈劾(탄핵).

勁 굳셀 경
力7 ⑨

음 jìn, jìng 일 ケイ, キョウ, つよい
영 firm

굳셀 경(强健).【勍과 통함】
勁健(경건 jìnjiàn) ① 필력이 대단히 굳세고 건장함. ② 굳세고 건장함.
勁勇(경용 jìnyǒng) 굳세고 용감함.
勁敵(경적 jìndí) 억센 대적. 상대. 강적(强敵).
勁卒(경졸 jìnzú) 씩씩하고 굳센 병졸.
勁直(경직 jìnzhí) 굳세고 바름.

▶ 强勁(강경)·强勁論者(강경론자)·超强勁(초강경).

勃 노할 발
力7 ⑨

음 bó 일 ボツ, おこる 영 spirited

① 활발할 발(興起). ② 발끈할 발(變色貌). ③ 번성할 발(盛貌). ④ 화난 모양 발(怒貌). ⑤ 때마침 발(卒). ⑥ 밀칠 발(排).【渤과 같고, 艴과 통함】

勃然大怒(발연대로 bórándànù) 갑자기 와락 성을 냄.
勃然變色(발연변색 bóránbiànsè) 갑자기 와락 성이 나서 얼굴빛이 변함.

勅 칙서 칙
力7 ⑨

음 chì 일 チョク, みことのり
영 imperial command

① 신칙할 칙(誡). ② 칙령 칙(天子制書).【敕·勑과 같음】

勅令(칙령 chìlìng) 임금의 명령. 칙명(勅命).
勅命(칙명 chìmìng) 임금의 명령. 칙지(勅旨). 칙령(勅令).
勅使(칙사 chìshǐ) 칙명(勅命)으로 가는 사신. 임금의 명령을 받은 사신.
勅書(칙서 chìshū) 칙명(勅命)을 적은 문서. 조서(詔書).
勅詔(칙조 chìzhào) 임금의 명령. 칙선(勅宣). 칙명(勅命).

▶ 密勅(밀칙)·遺勅(유칙)·詔勅(조칙).

勇 날랠 용:
力7 ⑨

勇 勇 勇 勇 勇 勇 勇 勇

음 yǒng 일 ユウ, いさましい
영 bravery

① 날랠 용(氣健, 銳). ② 용맹할 용(果敢).「고답용퇴(高踏勇退)」. ③ 용기 용(勇氣). ④ 기운차게 할 용. ⑤ 억센 사람 용(猛士).

書體 小篆 勈 或體 戩 古文 㒀 草書 勇

(中學) 形聲

勇敢(용감 yǒnggǎn) 씩씩하고 겁이 없으며, 기운참. 용기가 있고 과단성 있게 일을 함.
勇敢無雙(용감무쌍 yǒnggǎnwúshuāng) 용감하기 짝이 없음. 매우 용감함.
勇氣(용기 yǒngqì) 씩씩하고 굳센 기운.
勇斷(용단 yǒngduàn) 어떤 일을 용기 있게 결단함. 과단(果斷). 용결(勇決).
勇猛(용맹 yǒngměng) 날쌔고 사나움.
勇往邁進(용왕매진 yǒngwǎngmàijìn) 거리낌 없이 용감하게 나아감. 옆도 돌보지 않고 용기 있게 나아감.
勇將(용장 yǒngjiàng) 용감한 장수. ↔용장(庸將).
勇退(용퇴 yǒngtuì) 관리가 은퇴하는 데에 조금도 꺼리지 않고 시원스럽게 물러 나감.

▶ 武勇談(무용담)·傷痍勇士(상이용사)·義勇(의용).

勉 힘쓸 면ː

miǎn ベン、つとめる make efforts

① 힘쓸 면(勗). ② 부지런할 면(勤). ③ 강인할 면(强). ④ 장려할 면(勵).

書體 小篆 草書 中學 形聲

勉强(면강 miǎnqiáng) ① 애써 힘씀. 노력을 함. ② 억지로 시킴.
勉勵(면려 miǎnlì) ① 스스로 힘써 함. ② 남을 힘쓰게 함. 면려(勉厲). 면려(勉礪).
勉學(면학 miǎnxué) 학문에 힘씀.
勉行(면행 miǎnxíng) 힘써 행함.

▶ 勸勉(권면)·勤勉(근면).

勒 굴레 륵

lè ロク、くつわ bridle

① 굴레 륵(絡銜). ② 억지로 할 륵(抑). ③ 새길 륵(刻). ④ 엄중할 륵(嚴重). ⑤ 정돈할 륵(整頓).

勒買(늑매 lèmǎi) 강제로 물건을 삼.
勒約(늑약 lèdīng) 강제로 약정하게 함. 을사늑약(乙巳勒約).
勒奪(늑탈 lèduó) 폭력으로 빼앗음.
勒婚(늑혼 lèhūn) 억지로 허락받은 혼인.

▶ 鉤勒(구륵)·彌勒(미륵)·彌勒佛(미륵불).

動 움직일 동ː

dòng ドウ、うごく move

① 움직일 동(靜之對). ② 지을 동(作). ③ 감응 동(感應). ④ 나올 동(出). ⑤ 마음 진정치 않을 동. ⑥ 난리 동(亂). ⑦ 행동 동(行動, 擧動). ⑧ 동물 동(動物). ⑨ 움직이게 할 동(動之).

書體 小篆 或體 草書 中學 形聲

動機(동기 dòngjī) ① 의사를 결정하는 원인. 행위를 결정하는 목적. 행동의 직접 원인. 모티브(motive).
動脈(동맥 dòngmài) 《生》 심장에서 나오는 피를 몸 안의 모든 기관으로 보내는 맥관 계통. ↔정맥.
動兵(동병 dòngbīng) 군사를 움직여 일으킴.
動搖(동요 dòngyáo) 움직이고 흔들림.
動議(동의 dòngyì) 회의 중에 의원이 의제를 제출함. 또는 그 의제.
動靜(동정 dòngjìng) ① 행동의 상황. 동지(動止). ② 동물과 식물. ③ 사

動靜. 소식. 안부(安否).
動態(동태 dòngtài) 움직여 나아가는 상태.

▶ 稼動(가동)·感動(감동)·擧動(거동)·激動(격동)·鼓動(고동)·驅動(구동)·國民運動(국민운동)·急制動(급제동)·機動(기동)·亂動(난동)·勞動(노동)·能動(능동)·妄動(망동)·脈動(맥동)·鳴動(명동)·物動(물동)·微動(미동)·搏動(박동)·反動(반동)·發動(발동)·變動(변동)·別動(별동)·不動(부동)·浮動(부동)·不動産(부동산)·不動姿勢(부동자세)·生動(생동)·煽動(선동)·成就動機(성취동기)·騷動(소동)·受動(수동)·手動(수동)·始動(시동)·躍動(약동)·言動(언동)·力動(역동)·聯動(연동)·搖動(요동)·搖之不動(요지부동)·運動(운동)·原動(원동)·流動(유동)·肉體勞動(육체노동)·律動(율동)·移動(이동)·自動車(자동차)·自動販賣機(자동판매기)·作動(작동)·電動(전동)·靜中動(정중동)·制動(제동)·主動(주동)·蠢動(준동)·重勞動(중노동)·振動(진동)·震動(진동)·出動(출동)·衝動(충동)·胎動(태동)·波動(파동)·暴動(폭동)·被動(피동)·行動(행동)·確固不動(확고부동)·活動(활동).

勘 헤아릴 감

力⁹ ⑪

㉿ kān ㉿ カン, しめきり ㉿ closing

① 정할 **감**(定). ② 마감할 **감**(磨勘). ③ 죄를 정할 **감**(鞫囚). ④ 감당할 **감**(勘當).

勘考(감고 kānkǎo) 생각함. 심사(深思)함. 숙고(熟考).
勘校(감교 kānjiào) 조사 또는 대조하여 잘못을 바로 고침. 교량(校量). 교감(校勘). 교정(校正).
勘誤(감오 kānwù) 문자의 착오를 교정함.

▶ 磨勘(마감).

務 힘쓸 무:

力⁹ ⑪

㉿ wù ㉿ ム, つとめる
㉿ make efforts

① 힘쓸 **무**(勉强). ② 일 **무**(事). ③ 직분 **무**(職分). 길 **무**(懋와 같음) ⑥ 산 무. (앞이 높고 뒤가 낮은 산). 【侮와 같음】

務望(무망 wùwàng) 힘써 바람.
務實(무실 wùshí) 실사(實事)에 힘씀.
務職(무직 wùzhí) 직분에 힘을 다함.
務進(무진 wùjìn) 애씀.

▶ 激務(격무)·兼務(겸무)·公務(공무)·國務(국무)·軍務(군무)·勤務(근무)·急務(급무)·内務(본무)·事務(사무)·常務(상무)·庶務(서무)·業務(업무)·外務(외무)·要務(요무)·用務(용무)·義務(의무)·任務(임무)·財務(재무)·專務(전무)·政務(정무)·職務(직무)·執務(집무)·債務(채무)·總務(총무)·特務(특무).

勝 이길 승

力¹⁰ ⑫

①-⑤ shèng ㉿ ショウ, かつ ㉿ win ⑥-⑨ shèng ㉿ ショウ, まさる ㉿ overcome

① 이길 **승**(負之對). ② 나을 **승**(優). ③ 경치가 좋을 **승**. ④ 화관 **승**(首飾). ⑤ 새 이름 **승**(鳥名戴勝). ⑥ 맡을 **승**(任). ⑦ 가질 **승**(持). ⑧ 들 **승**(擧). ⑨ 남지 않을 **승**(悉).

勝率(승률 shènglǜ) 시합 따위에서 이긴 비율.
勝利(승리 shènglì) 다투거나 싸움에 이김.
勝負(승부 shèngfù) 이김과 짐. 승패(勝敗).
勝算(승산 shèngsuàn) ① 이길 가망성. ② 이길 모책(謀策).

勝勢(승세) shèngshì 이길 기세. ↔패세(敗勢).

勝訴(승소) shèngsù 소송에 이김. 득송(得訟).

勝友(승우) shèngyǒu 훌륭한 동무. 좋은 벗. 양우(良友).

勝戰(승전) shèngzhàn 싸움에 이김. 승첩(勝捷).

勝地(승지) shèngdì ① 경치가 좋은 곳. 승구(勝區). 승경(勝境). 승소(勝所). ② 지형이 뛰어난 곳.

勝敗(승패) shèngbài 이김과 짐. 승부.

▶ 健勝(건승)·決勝(결승)·樂勝(낙승)·大勝(대승)·名勝(명승부)·無勝負(무승부)·百戰百勝(백전백승)·乘勝長驅(승승장구)·辛勝(신승)·壓勝(압승)·逆轉勝(역전승)·連勝(연승)·完勝(완승)·優勝(우승)·全勝(전승)·準決勝(준결승)·準優勝(준우승)·快勝(쾌승)·判定勝(판정승)·必勝(필승).

力 10
勞 수고로울/일할 로
⑫

勞勞勞勞勞勞勞勞勞勞

음 láo 일 ロウ, つかれる
영 trouble, work

① 일할 로(勤). ② 수고로울 로(事功). ③ 고단할 로(苦役). ④ 근심할 로. ⑤ 부지런할 로(勉). ⑥ 이 없는 쓰레 로(無齒農具). ⑦ 위로할 로(慰).

書體 小篆 勞 古文 勞 草書 労 中學 會意

勞苦(노고) láokǔ 수고스럽게 애씀. 몸과 마음을 괴롭게 함.

勞困(노곤) láokùn 고달프고 고단함. 피곤함. 피곤. 피로.

勞農(노농) láonóng 노동자와 농민.

勞動(노동) láodòng ① 체력이나 정신을 써서 일함. ② 임금·이익을 얻기 위하여 몸과 마음을 써서 일함.

勞動力(노동력) láodònglì 《經》 노동으로써 이루어진 생산 능력.

勞動者(노동자) láodòngzhě 육체노동을 하여 생활해 나아가는 사람. 근로자(勤勞者).

勞力(노력) láolì ① 힘을 씀. 몸을 수고함. ② 물건을 생산하기 위하여 힘쓰는 몸과 정신의 활동.

勞務(노무) láowù 노력을 들이는 노동. 근무.

勞心焦思(노심초사) láoxīnjiāosī 애쓰고 속을 태움.

勞役(노역) láoyì 매우 수고로운 노동. 고역(苦役).

勞而無功(노이무공) láoérwúgōng 애를 썼으나 공이 없음. 애쓴 보람이 없음.

勞賃(노임) láolìn 품삯. 노동에 대한 보수.

勞作(노작) láozuò ① 수고하여 만듦. 또는 그 작품. ② 힘써 일함. 작업함.

勞瘁(노췌) láocuì 몹시 고달파서 파리함.

▶ 功勞(공로)·過勞(과로)·勤勞(근로)·徒勞(도로)·慰勞(위로)·精神勞動(정신노동)·重勞動(중노동)·就勞(취로)·疲勞(피로).

力 11
募 뽑을/모을 모
⑬

募募募募募募草莫募募

음 mù 일 ボ, つのる 영 call, want

① 널리 구할 모(廣求). ② 부를 모(召). ③ 고용 살 모(雇).

書體 小篆 募 草書 募 高校 形聲

募兵(모병) mùbīng 병정을 모집함. 급료지급을 조건으로 병정을 뽑음. 또는 뽑은 병정. 징병과는 구별됨.

募集(모집) mùjí 뽑아서 모음.

▶ 公募(공모)·急募(급모)·應募(응모)·徵募(징모).

勢 형세 세:

力 11 ⑬

勢勢勢勢勢勢勢勢勢勢

[中] shì [日] セイ, いきおい [英] power

① 권세 세(權力). ② 위엄 세(氣燄). ③ 형세 세(形勢).「지세, 자세, 대세(大勢)」. ④ 불알 세(外腎). ⑤ 사람을 좌우하는 위력 세. ⑥ 기회 세(機會). ⑦ 당연할 세(當然). ⑧ 전장에 나가는 군인 세(軍隊).

書體 小篆 勢 草書 勢 (中學) 形聲

勢家(세가 shìjiā) ① 권세가 있는 집안. 권문(權門). 세문(勢門). ② 세력가(勢力家).
勢客(세객 shìkè) 세도 있는 사람. 세력가.
勢交(세교 shìjiāo) 권리나 이익을 얻기 위하여 하는 교제. 오교(五交)의 하나. 세리지교(勢利之交)의 약어. ↔도의지교(道義之交).
勢窮力盡(세궁역진 shìqióng lìjìn) 기세가 꺾이고 힘이 없어짐.
勢道(세도 shìdào) ① 정치상의 권세를 장악함. ②《歷》조선 정조 이후에 권문(權門) 척신(戚臣)이 왕의 신임을 받아 정권을 쥐고 행사하던 일. 세도정치(勢道政治).
勢力(세력 shìlì) ① 권세의 힘. ② 일을 하는 데 필요한 힘.
勢無十年(세무십년 shìwúshínián) 십년 누릴 권세가 없음.《喩》아무리 권세가 있다고 마구 뽐내어도 멀지 않아 한번은 세도를 잃는다는 뜻.
勢不兩立(세불양립 shìbùliǎnglì) 세력 있는 두 가지의 것은 동시에 존재할 수 없다는 말.
勢如破竹(세여파죽 shìrúpòzhú) 기세가 맹렬하여 대항할 적이 없는 모양. 파죽지세(破竹之勢).

▶ 加勢(가세)·强保合勢(강보합세)·强勢(강세)·去勢(거세)·攻勢(공세)·權門勢族(권문세족)·權勢(권세)·急反騰勢(급반등세)·氣勢騰騰(기세등등)·得勢(득세)·病勢(병세)·不動姿勢(부동자세)·山勢(산세)·西մ東占(서점동점)·世界情勢(세계정세)·守勢(수세)·時勢(시세)·實勢(실세)·弱勢(약세)·餘勢(여세)·驛勢圈(역세권)·劣勢(열세)·優勢(우세)·運勢(운세)·威勢(위세)·姿勢(자세)·戰勢(전세)·情勢(정세)·政勢(정세)·症勢(증세)·趨勢(추세)·態勢(태세)·破竹之勢(파죽지세)·合勢(합세)·虛勢(허세)·虛張聲勢(허장성세)·現勢(현세)·形勢(형세)

勤 부지런할 근(:)

力 11 ⑬

勤勤勤勤勤勤勤勤勤勤

[中] qín [日] キン, つとめる [英] diligent

① 부지런할 근(勤力). ② 도타울 근(篤厚). ③ 수고할 근(勤勞, 勤役).

書體 小篆 勤 草書 勤 (中學) 形聲

勤儉(근검 qínjiǎn) 부지런하고 검소함.
勤苦(근고 qínkǔ) 근로와 고생. 근로.
勤勞(근로 qínláo) ① =근고(勤苦). ②《國》㉠ 부지런히 일함. ㉡ 일정한 시간 안에 일정한 노무에 당하는 일.
勤勉(근면 qínmiǎn) 부지런하게 힘씀.
勤務(근무 qínwù) ① 힘써 일을 봄. ② 봉급을 받고 어느 일터에 나아가 일을 함. 직무에 종사함.
勤續(근속 qínxù) 근무를 계속함.
勤愼(근신 qínshèn) 힘써 삼가함. 각신(恪愼).
勤實(근실 qínshí) 부지런하고 착실함.
勤王兵(근왕병 qínwángbīng) 임금에게 충성을 다하는 군사.
勤政殿(근정전 qínzhèngdiàn) 경복궁 안에 있는 정전(正殿). 조선 때 임금이 조회를 행하던 곳. 고종 4년(1867) 11월에 준공됨.

勤怠(근태 qíndài) 부지런함과 게으름.
勤學(근학 qínxué) 부지런히 배워 학문에 힘씀. 부지런히 배움.

▶ 皆勤(개근)·缺勤(결근)·滿勤(만근)·無斷缺勤(무단결근)·非常勤務(비상근무)·常勤(상근)·夜勤(야근)·潛伏勤務(잠복근무)·轉勤(전근)·精勤(정근)·出勤(출근)·出退勤(출퇴근)·忠勤(충근)·通勤(통근)·退勤(퇴근)·特勤(특근).

勸 권할 권:

力 11 ⑬

【勸(力부18획)의 속자】

勱 힘쓸 매

力 13 ⑮

🈷 mài 🇯🇵 マイ, つとめる
🇬🇧 make effort

힘쓸 매(勉力).

勱相(매상 màixiāng) 부지런히 도움. 힘써 다스림.

勳 공(功) 훈

力 14 ⑯

🈷 xūn 🇯🇵 クン, いさお
🇬🇧 services, merit

① 공 훈(功). ② 거느릴 훈(帥).

勳功(훈공 xūngōng) 나라에 정성을 다하여 이룩한 공로. 훈로(勳勞).
勳臣(훈신 xūnchén) 훈공을 세운 신하.
勳蔭(훈음 xūnyìn) 부조(父祖)의 공업(功業)에 의하여 그 자손들이 관작(官爵)을 받는 것.

▶ 功勳(공훈)·大勳(대훈)·武勳(무훈)·報勳(보훈)·殊勳(수훈)·首勳(수훈)·元勳(원훈)·忠勳(충훈).

勵 힘쓸/가다듬을 려:

力 15 ⑰

勵 勵 勵 勵 勵 勵 勵 勵 勵

🈷 lì 🇯🇵 レイ, はげむ 🇬🇧 endeavor

① 힘쓸 려, 다잡을 려(勉). ② 권할 려(勸勉). ③ 가다듬을 려(飾). ④ 할 려(爲).

書體 草書 勵 高校 形聲

勵行(여행 lìxíng) 힘써 행함. 또는 행하기를 장려함.

▶ 激勵(격려)·督勵(독려)·勉勵(면려)·獎勵(장려)·精勵(정려).

勸 권할 권:

力 18 ⑳

勸 勸 勸 勸 勸 勸 勸 勸 勸 勸

🈷 xiāng, ráng 🇯🇵 カン, すすめる
🇬🇧 advise

① 권할 권(勉). ② 도울 권(助). ③ 가르칠 권(敎). ④ 힘껏 할 권(力行). ⑤ 순종할 권.

書體 小篆 勸 草書 勸 中學 形聲

勸告(권고 quàngào) 하도록 타일러 권함.
勸賣買鬪則解(권매매투즉해 quànmàimǎidòuzéjiě) 《國》흥정은 붙이고 싸움은 말려라. 《喩》좋은 일은 권하고 나쁜 일은 화해시키라는 뜻.
勸善懲惡(권선징악 quànshànchéng'è) 선행을 권하고 악행을 징계함. 권징(勸懲).
勸酒歌(권주가 quànjiǔgē) 술자리에서 서로 술 마시기를 권하는 노래.

▶ 强勸(강권)·德業相勸(덕업상권).

勹部

쌀 포

勿 말[禁]/금지할 물

勹勹勿勿

1 음 wù 일 フツ, なかれ 영 don't
2 일 モチ, なかれ

1 ① 없을 물(毋). ② 말 물(禁言). ③ 깃발 물(州里建旗). ④ 정성스러울 물(慇愛貌). ⑤ 급한 모양 물(急貌).【無와 통함】 2 먼지채 물(掃塵).

書體 小篆 勿 草書 勿 (中學) 象形

勿驚(물경 wùjīng) 엄청난 것을 말할 때 놀라지 말라는 뜻으로 앞에 오는 말.
勿拘(물구 wùjū) =불구(不拘).
勿禁(물금 wùjìn)《制》관청에서 금한 일을 특별히 허가하여 줌.
勿論(물론 wùlùn) 더 말할 것도 없음.
勿入(물입 wùrù) 들어오지 말 것.

包 쌀[裹] 포(ː)

勹勹勹勹包

음 bāo 일 ホウ, つつむ 영 pack

① 쌀 포, 꾸릴 포(裹). ② 용납할 포(容). ③ 더부룩이 날 포(叢生). ④ 숨길 포(隱). ⑤ 보퉁이 포, 보따리 포(裹).【苞·匏와 통함】

書體 小篆 包 草書 包 (高校) 象形

包括(포괄 bāokuò) 하나로 휩쓸어 묶음.
包攝(포섭 bāoshè) ① 받아들임. 가담시킴. ②《論》어떤 개념의 외연이 다른 개념의 외연을 자기의 일부로서 포함하는 관계.
包容(포용 bāoróng) ① 휩싸서 들임. 포함. ② 마음씨가 너그러워 남의 잘못을 감싸 줌.
包圍(포위 bāowéi) 언저리를 둘러 에워쌈.
包裝禍心(포장화심 bāozhuānghuòxīn) 남에게 해칠 마음을 품음.

▶ 空包(공포)·小包(소포).

匈 오랑캐 흉

음 xiōng 일 キョウ, さわぐ 영 breast
일 むね 영 noisy

① 가슴 흉(膺). ② 떠들썩할 흉(喧擾意). ③ 지껄일 흉. ④ 흉할 흉(不好). ⑤ 오랑캐 흉(匈奴). ⑥ 나라 이름 흉(匈牙利; 헝가리).【胸과 통함】

匈奴(흉노 xiōngnú)《歷》북적(北狄)의 한 종족. 몽고족 또는 터키족의 분파(分派)라 함.
匈劂腹詛(흉리복조 xiōnglǐfùzǔ) 마음속으로 비난함.
匈匈(흉흉 xiōngxiōng) 시끄럽게 떠들음. 또는 그 소리.

길 포

음 pú 일 ホ, はらばう 영 crawl

① 엉금엉금 길 포(手行而伏). ② 엎드러질 포(顚蹶).【扶와 같음】

匍球(포구 púqiú)《體》야구에서 배트(bat)에 맞아 땅위를 굴러가는 공.
匍伏(포복 púfú) =포복(匍匐)①.
匍匐(포복 púfú) ① 땅에 배를 대고 엉금엉금 김. 포복(匍伏). ② 넘어져서 굴러감. ③ 힘을 다하여 서두르는 모양.

匐 길 복

🔊 fú 🇯🇵 フク, はう 🇬🇧 crawl

1 ① 엄금엉금 길 **복**(手行). ② 달음박질할 **복**(盡力奔趨). **2** 북. 뜻은 **1**과 같음.

匐枝(복지 fúzhī) 땅으로 뻗어가며 뿌리를 땅에 박고 자라는 가지.

▶ 匍匐(포복).

匕 部

비수 비

匕 비수 비ː

🔊 bǐ 🇯🇵 ヒ, さじ 🇬🇧 spoon

① 술 **비**, 숟가락 **비**(匙). ② 비수 **비**(劍名).

匕首(비수 bǐshǒu) 썩 잘 드는 단도. 날이 날카로운 단도(短刀).
匕箸(비저 bǐzhù) 숟가락과 저.

化 될/달라질 화(ː)

化化化化

㊀ 🔊 huā 🇯🇵 カ, かわる ばける 🇬🇧 change ㊁ 🔊 huà 🇯🇵 ケ 🇬🇧 turn

① 될 **화**, 화할 **화**(造化). ② 변화할 **화**(變). ③ 본받을 **화**(敎). ④ 무역 **화**(貿易). ⑤ 마술 **화**(魔法). ⑥ 죽을 **화**(死). ⑦ 저절로 생길 **화**. ⑧ 중이 동냥할 **화**(乞施).

書體 小篆 化 草書 化 中學 會意

化膿(화농 huànóng) 종기가 성종(成腫)이 되어 고름이 생김. 성농(成膿).
化身(화신 huàshēn) 《佛》 삼신(三身)의 하나. 중생을 제도(濟度)하기 위하여 중생의 근기(根器)에 알맞은 대상으로 형상을 바꾸어 이 세상에 나타난 몸. 응화신(應化身). 변화신(變化身).

▶ 感化(감화)·强化(강화)·開化(개화)·激化(격화)·硬化(경화)·敎化(교화)·歸化(귀화)·老化(노화)·綠化(녹화)·多角化(다각화)·多邊化(다변화)·多樣化(다양화)·多元化(다원화)·德化(덕화)·同化(동화)·鈍化(둔화)·文化(문화)·文化財(문화재)·文化祭(문화제)·美化(미화)·變化(변화)·變化無雙(변화무쌍)·富饒養化(부영양화)·孵化(부화)·酸化(산화)·消化(소화)·純化(순화)·醇化(순화)·深化(심화)·惡化(악화)·液化(액화)·弱化(약화)·鹽化(염화)·油化(유화)·人間文化財(인간문화재)·傳統文化(전통문화)·精神文化(정신문화)·淨化(정화)·淨化槽(정화조)·造化(조화)·進化(진화)·千變萬化(천변만화)·天地造化(천지조화).

北 북녘 북 / 질/달아날 배ː

北北北北北

1 🔊 běi, bó 🇯🇵 ホク, きた 🇬🇧 north
2 🔊 bei 🇯🇵 ハイ, そむく 🇬🇧 run away

1 ① 뒤 **북**, 북녘 **북**(朔方). ② 북쪽에 갈 **북**(北行). **2** ① 패하여 달아날 **배**(敗走). ② 배반할 **배**(背). ③ 나눌 **배**(分離).

書體 小篆 北 草書 北 中學 會意

北歐(북구 běiōu) 《地》 북유럽. 곧 아이슬란드·스웨덴·덴마크·노르웨이 따위의 나라.
北極(북극 běijí) ① 지구의 북단(北端). ↔남극(南極). ②《天》 별 이름. 북극성. ③ 임금의 자리.

北極星(북극성 běijíxīng)《天》소웅좌(小熊座)의 주성(主星). 육안으로 보이는 별 중에서 이 별이 가장 북극에 가까우므로 북극성이라 일컬음.

北斗七星(북두칠성 běidǒuqīxīng)《天》큰곰자리에서 가장 뚜렷한 일곱 개의 별. 국자 형상으로 보이며 북극 둘레를 원형을 그리면서 돎.

北邙山(북망산 běimángshān) 묘지가 있는 곳. 사람이 죽어서 가는 곳.

北緯線(북위선 běiwěixiàn)《地》적도 북쪽의 위도를 표시하는 선. ↔ 남위선(南緯線).

北進(북진 běijìn) 북쪽으로 나아감.

▶ 南北統一(남북통일)·拉北(납북)·東西南北(동서남북)·敗北(패배).

匕⁹⁺² 匙 숟가락 시:

중 chí, shi 일 シ, ジ, さじ 영 spoon

① 술 시, 숟가락 시(匕). ② 열쇠 시(鍵).

匙箸(시저 chízhù) 숟가락과 젓가락.
匙楪(시접 chídié) 수저를 담는 놋그릇.

▶ 十匙一飯(십시일반).

匚 部

상자 **방**, 터진입구몸

匚⁴⁺² 匠 장인 장

중 jiàng 일 シウ, たくみ
영 artisan

① 바치 장, 장인 장, 장색 장(作器). ② 대목 장(木工). ③ 직공 장(職工). ④ 만들 장(製作). ⑤ 고안할 장(考案).

匠色(장색 jiàngsè) 물건 만드는 일을 업으로 삼는 사람. 장인(匠人).
匠意(장의 jiàngyì) 고안(考案). 창작욕. 장심(匠心).
匠人(장인 jiàngrén) ① 주로 궁실·성곽 등을 짓는 목수. 대목. ② 하관(下棺)하는 사람. ③《制》주대의 벼슬 이름. 백공의 일을 맡아 봄. 장씨(匠氏).

▶ 巨匠(거장)·名匠(명장)·意匠(의장).

匚⁴⁺² 匡 바를 광

중 kuāng 일 キョウ, ただす
영 straight

① 바를 광(正). ② 바로 잡을 광(改正). ③ 비뚤어질 광(斜柱). ④ 도울 광(輔助). ⑤ 겁날 광(恐). ⑥ 모날 광(方). ⑦ 밥 그릇 광(飯器). ⑧ 구원할 광(救).

【恇과 같고, 眶과 통함】

匡諫(광간 kuāngjiàn) 올바르게 간함. 간계(諫戒)함.
匡困(광곤 kuāngkùn) 가난한 사람을 광구(匡救)함.
匡復(광복 kuāngfù) 나라의 위태로움을 광구(匡救)하여 회복함. 광정(匡正)하여 회복함.
匡正(광정 kuāngzhèng) 바르게 고침. 교정.
匡濟(광제 kuāngjì) 잘못을 바로잡고 널리 도와 줌. 광정(匡正). 광구(匡救). 광증(匡拯).
匡護(광호 kuānghù) 돕고 보호함.

匚⁵⁺² 匣 갑(匣) 갑

중 xiá 일 コウ, はこ 영 case

① 궤 갑(匱). ② 상자 갑(箱子).

匣奩(갑렴 xiálián) 빗을 넣어 두는 궤. 경대.

▶ 文匣(문갑)·手匣(수갑)·銀匣(은갑)·掌匣(장갑)·紙匣(지갑).

匪 비적 비:
8획/10획

1 音 fěi 日 ヒ, あらず 英 not
2 音 fēn 日 フン, はこ 英 bamboo case
1 ① 아닐 비(非). ② 대상자 비(竹器). ③ 빛날 비(采貌). ④ 악할 비(惡). ⑤ 말이 멈추지 않을 비. 2 나눌 분(分). 【分과 통함】

匪魁(비괴 fěikuí) 비적(匪賊)의 괴수.
匪徒(비도 fěitú) 비적(匪賊)의 무리. 비류(匪類).
匪賊(비적 fěizéi) 무리를 지어 돌아다니며 재물을 약탈하는 도둑. 비도(匪徒).

匚 部

감출 혜, 터진에운담

匹 짝(필)(疋) 필
2획/4획

匹 匹 匹 匹

1 音 pǐ 日 ヒツ, ひき 英 head
1 ① 짝 필(偶). ② 짝 지을 필(配合). ③ 한끝 필(束帛). ④ 한 마리 필(馬). ⑤ 벗 필(朋友). ⑥ 무리 필(儕輩). ⑦ 변변치 못할 필. 【疋과 통함】 2 집오리 목(家鴨).

書體 小篆 匹 草書 匹 中學 象形

匹馬單騎(필마단기 pǐmǎdānqí) 혼자 한 필의 말을 타고 감.
匹馬單鎗(필마단창 pǐmǎdānqiāng) 한 필의 말과 한 자루의 창(槍). 간단한 무장(武裝).
匹夫之勇(필부지용 pǐfūzhīyǒng) 혈기에서 나오는 소용(小勇). 소인의 깊은 생각 없이 혈기에서 나오는 용기.
匹夫匹婦(필부필부 pǐfūpǐfù) ① 한 사람의 남자와 한 사람의 여자. ② 평범한 남녀. 미천(微賤)한 남녀.
匹敵(필적 pǐdí) ① 어깨를 견줌. 우열이 없는 적수. ② 부처(夫妻).

区 구역/구분할 구
2획/4획

【區(匚부9획)의 약자】

医 의원/의사 의
5획/7획

音 yì 日 エイ, うつぼ 英 quiver
1 활집 예, 동개 예(矢器). 2 【醫의 약자】

匿 숨길 닉
9획/11획

音 nì 日 トク, かくす 英 hide
① 숨을 닉(隱). ② 숨길 닉(藏亡). ③ 덮어 둘 닉(掩覆). ④ 몰래 붙을 닉(陰姦). ⑤ 쌀 닉(包). ⑥ 술 담는 그릇 닉(酒器).

匿名(익명 nìmíng) 본 이름을 숨김.
匿怨(익원 nìyuàn) 원한을 숨김. 마음에는 원한을 품고 있으나 겉으로는 친한 것처럼 꾸밈.

▶ 隱匿(은닉).

區 구역/구분할 구
9획/11획

區 區 區 區 區 區 區 區 區 區

1 音 qū 日 ク, わける 英 distinguish
2 音 ōu 日 オウ, かくす 英 hide

1 ① 감출 **구**(藏). ② 작은 방 **구**(小室). ③ 나눌 **구**(別). ④ 옥 다섯 쌍 **구**(玉五殼). ⑤ 조그마할 **구**(小貌). **2** ① 갈필 우, 지경 우(域). ② 저울 네 눈 우(量名四豆). ③ 숨길 우(匿).

書體 小篆 區 草書 区 (高校) 會意

區間(구간) qūjiān) 일정한 지점 사이.
區區(구구 qūqū) ① 조그마한 모양. ② 득의의 모양. 뜻을 이룬 모양. ③ 사랑. ④ 부지런히 일하는 모양. ⑤ 변변하지 못함. ⑥ 각각 다름.
區內(구내 qūnèi) 한 구역의 안.
區別(구별 qūbié) ① 구역별의 약어. ② 따로 따로 종류에 따라 갈라 놓음.
區分(구분 qūfēn) ① 구별하여 나눔. ② 구역으로 분할함.
區域(구역 qūyù) 갈라놓은 지역.
區廳(구청 qūtīng) 시의 행정 구역의 하나. 구의 행정 사무를 맡아 보는 관청.
區畫(구획 qūhuà) 경계를 갈라 정함. 구분.

▶管區(관구)·選擧區(선거구)·地區(지구)·學區(학구).

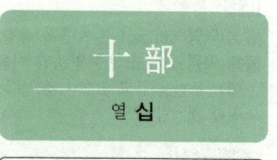

열 십

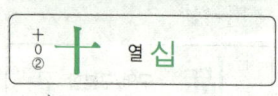

十 十

음 shí **일** ジュウ, とお **영** ten
① 열 **십**(數名). ② 열 번 **십**. ③ 완전할 **십**(完全). ④ 열배 **십**(十倍). ⑤ 십자가 **십**(十字街). 【什·拾과 통함】

書體 篆文 十 草書 十 (中學) 指事

十年減壽(십년감수 shíniánjiǎnshòu) 수명이 10년은 줄었다는 뜻. 대단한 고통이나 몹시 위험한 일을 당하여 놀랐을 때 쓰는 말.
十年知己(십년지기 shíniánzhījǐ) 오래 전부터 사귀어 온 친구. 절친한 친구.
十目所視(십목소시 shímùsuǒshì) 여러 사람이 다 같이 보고 있음. 《喻》세상 사람을 속일 수 없음을 가리키는 말.
十目十手(십목십수 shímùshíshǒu) 보는 사람과 손가락질을 하는 사람이 많음.
十伐之木(십벌지목 shífázhīmù) 열 번 찍어서 안 넘어가는 나무가 없다는 뜻. 《喻》기어이 성취하고 만다는 말.
十常八九(십상팔구 shícháng bājiǔ) 열 가운데 여덟 아홉은 그러함. 십중팔구.
十生九死(십생구사 shíshēngjiǔsǐ) =구사일생(九死一生).
十勝之地(십승지지 shíshèngzhīdì) 풍수가가 일컫는 기근·병화에 염려가 없어서 피난에 적당하다고 하는 열 곳의 땅. 곧 공주(公州)의 유구(維鳩)·마곡(麻谷)〈유마양수지간(維麻兩水之間)〉, 무주(茂朱)의 무풍(茂豊), 보은(報恩)의 속리산(俗離山), 부안(扶安)의 변산(邊山), 성주(星州)의 만수동(萬壽洞), 봉화(奉化)의 춘양(春陽), 예천(醴泉)의 금당동(金堂洞), 영월(寧越)의 정동상류(正東上流), 운봉(雲峰)의 두류산(頭流山), 풍기(豊基)의 금계촌(金鷄村).
十匙一飯(십시일반 shíyǐyìfàn) 열 술이면 한 사람이 먹을 분량이 된다는 뜻. 《喻》여러 사람이 힘을 합하면 한 사람을 구제하기는 쉽다는 말.
十二士禍(십이사화 shíèrshìhuò)《歷》

조선 단종 때부터 경종까지에 일어난 사화(士禍)의 총칭. 곧, 계유(癸酉)사화·병자(丙子)사화·무오(戊午)사화·갑자(甲子)사화·기묘(己卯)사화·신사(辛巳)사화·을사(乙巳)사화·정미(丁未)사화·기유(己酉)사화·계축(癸丑)사화·기사(己巳)사화·신임(辛壬)사화.

十二支(십이지 shíerzhī) ① 자(子)·축(丑)·인(寅)·묘(卯)·진(辰)·사(巳)·오(午)·미(未)·신(申)·유(酉)·술(戌)·해(亥)의 열두 가지 지지(地支). 십간(十干)과 차례로 맞추어 세시와 인사의 변화·운용에 쓰임. ②《佛》십이인연(一二因緣).

十人十色(십인십색 shírénshíse) 생각이나 좋아하는 바가 사람에 따라 제마다 다름을 가리키는 말. 각인각색.

十字架(십자가 shízìjià) ① 고대 서양에서 죄인을 사형하던「十」자형의 형구. ②《宗》예수가 이 형구에 사형을 받았으므로 기독교의 표지(標識)로 교인들이 받드는 십자가 모양의 표.

十長生(십장생 shíchángshēng) 장생불사한다는 열 가지의 물건. 곧 해·산·물·돌·구름·소나무·불로초·거북·학·사슴.

千 일천 천

千 二 千

🔈 qiān 🔈 セン, ち, せん
🔈 thousand

① 일천 **천**(數名十百). ② 천 번 **천**. ③ 많을 **천**(數多). ④ 길 **천**(南北通路). ⑤ 성 **천**(姓).【阡과 통함】

書體 小篆 千 草書 千 中學 形聲

千難萬苦(천난만고 qiānnánwànkǔ) =천고만난(千苦萬難)

千慮一失(천려일실 qiānlǜyīshī) 지혜 있는 사람이라도 많은 생각 속에는 한 가지의 실책(失策)이 있음. ↔ 천려일득(千慮一得).

千里馬(천리마 qiānlǐmǎ) 하루에 천 리를 달릴만한 썩 좋은 말. 《轉》재지(才智)가 뛰어난 사람. 천리구(千里駒).

千里眼(천리안 qiānlǐyǎn) 천리 밖의 것을 볼 수 있는 안력. 《喻》먼 데서 일어난 일을 직각적으로 감지하는 능력.

千萬(천만 qiānwàn) ① 천과 만. 여러 가지. ② 썩 많은 수. ③ 매우. 아주. 수 없이. ④ 절대로. 결단코.

千萬多幸(천만다행 qiānwànduōxìng) 아주 다행함. 만다행(萬多幸).

千不當萬不當(천부당만부당 qiānbùdāngwànbùdāng) 도무지 이치에 맞지 않음. 만만부당.

千思萬考(천사만고 qiānsīwànkǎo) 여러 가지로 생각함.

千思萬慮(천사만려 qiānsīwànlǜ) 여러 가지의 근심 또는 걱정.

千緒萬端(천서만단 qiānxùwànduān) 많은 갈피. 일일이 가려낼 수 없을 만큼 많은 일의 갈피.

千辛萬苦(천신만고 qiānxīnwànkǔ) 무한히 애를 씀.

千紫萬紅(천자만홍 qiānzǐwànhóng) 가지가지의 빛깔. 또는 그 꽃.

千字文(천자문 qiānzìwén) 《書》1권. 양(梁)의 주흥사(周興嗣) 지음. 넉 자로 된 성구(成句) 2백 50귀를 만들어 일천자를 모은 것. 이밖에 명(明)의 주이정(周履靖)이 지은 광천자문(廣千字文) 및 이천자문(易千字文)이 있음.

千載一遇(천재일우 qiānzǎiyīyù) 천년에 한 번 만남. 《轉》좀처럼 만나기 어려운 기회. 천재일시(千載一時).

千差萬別(천차만별 qiānchāwànbié) 여러 가지 물건이 각각 차이와 구별이 있음.

千秋萬歲(천추만세 qiānqiūwànsuì)

① 천년만년. 천만년이나 오래 살기를 비는 말. ② 죽은 뒤. 임금이나 어른이 죽은 뒤를 높이어 일컫는 말. ③ 후세.
千秋遺恨(천추유한 qiānqiūyíhèn) 오랜 세월을 두고 잊지 못할 원한.
千態萬象(천태만상 qiāntàiwànxiàng) 천차만별의 상태.
千波萬波(천파만파 qiānbōwànbō) 끝없이 넓은 물에 생긴 물결.
千篇一律(천편일률 qiānpiānyílǜ) 여러 시문의 글귀가 거의 비슷비슷하여 변화가 없음.《喩》여러 사물이 죄다 대동소이하여 변화가 없음.

▶ 幾千(기천)·危險千萬(위험천만)·一瀉千里(일사천리)·一攫千金(일확천금).

卄 스물(卄) 입
+1 ³

【廿(卄부1획)의 속자】

卅 서른 삽
+2 ⁴

음 sà 일 ソウ, みそ 영 thirty

서른 삽(三十).

升 되 승
+2 ⁴

음 shēng 일 ショウ, ます, のぼる 영 measure, ascend

① 되 승(十合). ② 오를 승(登). ③ 이룰 승(成). ④ 새 승(布縷; 피륙의 짜인 날을 세는 單位). ⑤ 태평할 승(平). ⑥ 진급할 승(昇級). ⑦ 권할 승. ⑧ 번성할 승(盛). ⑨ 곡식이 익을 승(成熟). ⑩ 괘이름 승(卦名).【昇·陞과 같음】

升降(승강 shēngjiàng) ① 오름과 내림. ② 성함과 쇠함. 영고. ③《國》자기 주장을 서로 고집하여 결정짓지 못함. 시애(撕挨).
升堂入室(승당입실 shēngtángrùshì) 마루에 올라 방으로 들어옴.《喩》학문이 차츰 깊어짐.
升斗之利(승두지리 shēngdǒuzhīlì) 한 되 한 말의 이익.《喩》대수롭지 아니한 이익.
升遐(승하 shēngxiá) 멀리 올라감.《轉》임금이 세상을 떠남. 예척(禮陟). 등하(登遐). 붕어(崩御).
升華(승화 shēnghuá) ① 영화로운 지위에 승진함. 승영(升榮). ②《化》고체에 열을 가하면 액체가 되는 일이 없이 직접 기체로 되는 현상. 승화(昇華). ③《心》정신분석학의 용어.

午 낮/한낮 오:
+2 ⁴

午午午午

음 wǔ 일 ゴ, まひる, うま 영 noon

① 낮 오(日中). ② 일곱째 지지 오(地支). ③ 남쪽 오(正南). ④ 거역할 오(逆). ⑤ 말 오(馬). ⑥ 오월 오(五月). ⑦ 어수선할 오 ⑧ 난잡할 오 ⑨ 어긋날 오(戾).

書體 篆文 午 草書 午 中學 象形

午睡(오수 wǔshuì) 낮잠.
午正(오정 wǔzhèng) 낮 12시. 태양이 자오선을 통과하는 시간. 정오 ↔ 자정(子正).

▶ 端午(단오)·上午(상오)·子午(자오)·正午(정오)·下午(하오).

卉 풀 훼
+3 ⁵

음 huì 일 くさ 영 grass

① 풀 훼(草). ② 많을 훼(衆).

卉木(훼목 huìmù) 풀과 나무. 초목.

▶ 花卉(화훼).

半 반(半)/절반 반ː

半半半半半

🔊 bàn 🇯🇵 ハン, なかば 🇬🇧 half
① 절반 반(物中分). ② 조각 반(大片). ③ 가운데 반(中). ④ 조금 반. ⑤ 덜 될 반(未成).

書體: 小篆 半 / 草書 半 / 中學 / 會意

半減(반감 bànjiǎn) ① 절반을 덜음. ② 절반으로 줄음.
半開(반개 bànkāi) ① 반쯤 열거나, 열림. 또는 반쯤 벌어지거나 벌림. ② 꽃이 반쯤 핌. ③ 인류사회의 개화가 다 되지 못함.
半徑(반경 bànjìng) 《數》 직경의 반절. 반지름.
半官半民(반관반민 bànguānbànmín) 어떤 사업체를 정부와 민간이 공동으로 경영함.
半球(반구 bànqiú) ① 구(球)의 절반. ② 《地》 지구를 두 쪽으로 나눈 반쪽.
半旗(반기 bànqí) 조의를 표하여 보통보다 내려서 다는 국기.
半島(반도 bàndǎo) 《地》 삼면이 바다로 둘러싸인 육지. 이것이 작은 것은 갑(岬)이라 함.
半面(반면 bànmiàn) ① 얼굴의 반. ② 물건의 한쪽. 일면. 편면(片面). ③ 조금의 면식(面識). →반면지식(半面之識). ④ 얼굴을 가리는 기구.
半面之識(반면지식 bànmiànzhīshí) 극히 얕은 면식. 일면지식도 되는 안면.
半生(반생 bànshēng) 한 평생의 절반.
半睡半醒(반수반성 bànshuìbànxǐng) 얕게 든 잠.
半信半疑(반신반의 bànxìnbànyí) 반쯤은 믿고 반쯤은 의심함.
半身不隨(반신불수 bànshēnbùsuí) 《醫》 몸의 절반을 쓰지 못하는 증상. 또는 그런 사람.
半折(반절 bànzhé) 똑같이 반으로 가름.
半醉半醒(반취반성 bànzuìbànxǐng) 술이 얼근히 취한 듯도 하고 깬 듯도 싶음.

▶ 過半(과반)·夜半(야반)·折半(절반)·後半(후반).

卋 인간/세상/대 세ː

【世(一부4획)와 같음】

卌 마흔 십

🔊 xì 🇯🇵 シュウ, よお 🇬🇧 forty
마흔 십(四十). 【卌과 같음】

卍 만 만ː

🔊 wàn 🇯🇵 バン, まんじ
만(萬)자 만(불서(佛書)에서 사용).
卍字(만자 wànzì) 《佛》 ① 불심(佛心)에 나타나는 길상만덕(吉祥萬德). ② 만(卍)과 같은 형상의 문(紋). 완자문(卍字紋)
卍字窓(완자창 wànzìchuāng) 만자(卍字) 모양의 창.

卑 낮을/천할 비ː

🔊 bēi 🇯🇵 ヒ, いやしい 🇬🇧 mean
① 낮을 비(下). ② 천할 비(賤). ③ 하여금 비(使). ④ 작을 비(小). ⑤ 산 이름 비(山名鮮卑). 【婢와 같음】

書體: 小篆 𤰞 / 草書 卑 / 高校 / 會意

卑怯(비겁 bēiqiè) ① 용기가 없음. 겁이 많아서 더럽게 태도를 취함. ②

정정당당하지 못하고 야비함.
卑屈(비굴 bēiqū) 사람이 줏대가 없고 하는 짓이 천함. 못남.
卑近(비근 bēijìn) 우리 주위에 흔하고 가까움. 고상하지 못함. 통속(通俗).
卑金屬(비금속 bēijīnshǔ) 공기 속에서 쉽사리 녹이 나고 산알카리 따위에 잘 침식당하는 금속. ↔ 귀금속(貴金屬).
卑陋(비루 bēilòu) ① 낮고 좁음. 더러움. ② 마음이 고상하지 못하고 하는 짓이 더러움. ③ 비천한 지위.
卑鄙(비비 bēibǐ) 비루(卑陋)함. 신분(身分)이 비천(卑賤)함.
卑小(비소 bēixiǎo) 보잘 것 없이 작음.
卑俗(비속 bēisú) 아주 속됨. 고상(高尙)하지 못하고 천함. 비천(卑賤)한 풍속(風俗).
卑汙(비오 bēiwū) ① 경멸하여 더럽힘. 낮추 봄. ② 낮은 지위. 하천(下賤)한 지위.
卑劣(비열 bēiliè) 사람이 아주 못남.
卑賤(비천 bēijiàn) 신분이 낮고 천함. 비미(卑微).
卑稱(비칭 bēichēng) ① 낮춰 일컫는 말. ② 인칭대명사의 낮춤을 나타내는 말. ↔존칭(尊稱).
卑下(비하 bēixià) ① 땅이 낮음. ② 지위가 낮음. ③ 낮춰 내림.

▶ 官尊民卑(관존민비)·男尊女卑(남존여비)·野卑(야비)·尊卑(존비).

+6 / 8획 卒 군사/마칠 졸

卒卒卒卒卒卒卒卒

1 音 zú 일 ソツ, しもべ
영 soldier
2 音 cù 일 ソツ, おわる 영 finish
1 ① 하인 졸(軍伍). ② 바쁠 졸(忽遽). ③ 별안간 졸(倉卒). ④ 종 졸(僕卒從卒). **2** ① 마칠 졸(終盡). ② 죽을 줄(死). ③ 마침내 줄(竟). ④ 다할 줄(盡). ⑤ 이미 줄(旣).【猝과 같음】

書體 小篆 𠔽 草書 亥 中學 會意

卒哭(졸곡 zúkū) 삼우제(三虞祭)를 지낸 뒤 석 달 만에 정일(丁日)이나 해일(亥日)을 택해 지내는 제사.
卒年(졸년 zúnián) 죽은 해. 몰년(沒年).
卒然(졸연 cùrán) 별안간. 갑자기.

▶ 兵卒(병졸)·士卒(사졸)·驛卒(역졸)·獄卒(옥졸)·將卒(장졸)·從卒(종졸).

+6 / 8획 卓 높을 탁

卓卓卓卓卓卓卓卓

音 zhuō 일 タく, たかい, つくえ
영 aloft, table

① 높을 탁(高). ② 우뚝할 탁(特立). ③ 뛰어날 탁(偉). ④ 책상 탁(机). ⑤ 설 탁(立). ⑥ 성 탁(姓).

書體 小篆 帛 小篆 桌 古文 卓 草書 卓 高校 會意

卓見(탁견 zhuōjiàn) 뛰어난 식견. 뛰어난 생각. 뛰어난 의견이나 견식.
卓識(탁식 zhuōshí) 뛰어난 식견. 탁견(卓見).
卓越(탁월 zhuōyuè) 남보다 훨씬 뛰어남. 탁궤(卓詭). 탁락(卓犖). 탁발(卓拔). 탁절(卓絕). 탁출(卓出). 탁일(卓逸).

▶ 教卓(교탁)·書卓(서탁)·食卓(식탁)·圓卓會議(원탁회의).

+6 / 8획 協 화할/협동 협

協協協協協協協協

音 xié 일 キョウ, あわせる

⑧ harmony
① 화할 협(和). ② 맞을 협(合). ③ 복종할 협(服從). ④ 도울 협(助).

書體 小篆 協 古文 叶 草書 協 (中學) 形聲

協商(협상 xiéshāng) ① 협의함. 협의하여 계획함. ② 약식조약(略式條約)의 한 가지. 두 나라 이상의 사이에 통첩(通牒)·서한(書翰) 등의 외교문서를 교환하여 어떤 일을 약속하는 일.
協約(협약 xiéyuē) 협상조약(協商條約)의 약어.
協業(협업 xiéyè) 《經》① 어느 생산 과정에 있어 많은 노동자가 생산력을 높이려고 계획적으로 협동하여 일함. ② 분업(分業).
協奏(협주 xiézòu) 둘 이상의 악기로써 동시에 연주하는 일. 합주.
協贊(협찬 xiézàn) 힘을 합하여 도와 줌. 협동하여 찬성함. 협부(協扶).
協會(협회 xiéhuì) 어떤 공통 목적을 위하여 회원이 상호 협력하여 설립 유지하는 단체.

▶ 經協(경협)·不協和音(불협화음)·安協(타협)·平和協定(평화협정)·和協(화협).

+
9 南 남녘 남

南 南 南 南 南 南 南 南

㊀ nán ㊁ ナン, みなみ ㊂ south
① 남녘 남(午方). ② 금 남(金名). ③ 앞 남(前). ④ 합장 배례할 남(拜禮). ⑤ 성 남(姓). ⑥ 남쪽에 갈 남.

書體 小篆 ㊗ 古文 ㊗ 草書 㐮 (中學) 形聲

南柯夢(남가몽 nánkēmèng) 한 때의 헛된 부귀를 일컫는 말. 꿈과 같이 헛된 한 때의 부귀와 영화. 《故》당(唐)의 순우분(淳于棼)이 느티나무의 남쪽 가지 밑에서 잠이 들었다가 꿈에 괴안국(槐安國)에 이르러 임금의 딸을 맞아 아내를 삼고 남가군(南柯郡)의 태수(太守)가 되어 영화를 누렸다는 고사. 《轉》허무한 꿈을 말함. 남가일몽(南柯一夢). 괴안몽(槐安夢).
南郊(남교 nánjiāo) 남쪽 들판. 남쪽 교외.
南橘北枳(남귤북지 nánjúběizhǐ) 강남의 귤을 강북에 옮겨 심으면 탱자나무로 변함. 《喩》사람은 사는 곳의 환경에 따라 착하게도 되고 악하게도 됨.
南極(남극 nánjí) ① 지축(地軸)의 남쪽 끝. ② 별 이름. 남극 가까이 있어 수명을 맡아 본다는 별. 남극노인성(南極老人星). ③ 남쪽을 가리키는 자침(磁針). ↔ 북극(北極).
南男北女(남남북녀 nánnánběinǚ) 우리나라에서 미남(美男)은 남쪽에서, 미녀(美女)는 북쪽에서 많이 태어난다는 말.
南無阿彌陀佛(남무아미타불→나무아미타불 nánwú'ēmítuófó) 《佛》"아미타불에 귀의(歸依)하겠습니다"는 뜻으로 염불하는 소리의 한 가지.
南山之壽(남산지수 nánshānzhīshòu) 장수를 비는 말. 남산과 같이 오래도록 사는 수명.
南船北馬(남선북마 nánchuánběimǎ) 중국의 교통은 남쪽은 강이 많아 배를 쓰고, 북쪽은 지형과 기후의 관계로 말을 많이 탄다는 것. 《轉》사방으로 늘 여행함. 바쁘게 돌아다님. 남행북주(南行北走). 동분서주(東奔西走).
南下(남하 nánxià) ① 남쪽을 향하여 내려감. ② 북쪽 나라가 남쪽 나라를 잠식(蠶食)함.
南行列車(남행열차 nánxínglièchē) 남쪽으로 향하여 달리는 열차. ↔ 북행열차(北行列車).
南向(남향 nánxiàng) 남쪽으로 향함.
南回歸線(남회귀선 nánhuíguīxiàn)

적도에서 남쪽으로 23도 27분 떨어진 위도(緯度)의 선. 동지에 해가 이 선에 이름. 동지선(冬至線). ↔ 북회귀선(北回歸線).

▶ 江南(강남)·東西南北(동서남북)·三南(삼남)·西南端(서남단)·嶺南(영남)·越南(월남)·以南(이남)·指南(지남)·最南端(최남단)·海南(해남)·湖南(호남).

单 홀 단

【單(口부9획)의 약자】

博 넓을 박

博博博博博博博博博博博

중 bó 일 ハク, ひろい
영 comprehensive

① 넓을 박(廣). ② 많을 박. 풍부할 박(多). ③ 장기 박(局戱). ④ 무역할 박(貿易). ⑤ 통할 박(通). ⑥ 클 박(大). ⑦ 학문 있을 박(博學). ⑧ 노름 박(賭博). ⑨ 거문고 곡조 박(曲).

書體 小篆 隷書 草書 博 (高校) 形聲

博覽(박람 bólǎn) ① 사물을 널리 봄. ② 많은 책을 읽음.
博文(박문 bówén) 학문을 널리 닦음.
博物(박물 bówù) ① 사물에 대하여 널리 잘 앎. ② 박물학(博物學). 자연과학의 하나. ③ 동물·식물·광물의 총칭.
博物館(박물관 bówùguǎn) 자연물·생산품·역사자료·예술품 등을 널리 모아 진열하여 보이는 곳.
博士(박사 bóshì) ①《制》벼슬 이름. 교학(教學)을 맡아 보던 벼슬. 《國》성균관(成均館)·홍문관(弘文館)에 있던 정칠품(正七品) 벼슬. 교학(教學)을 맡아 보았음. ②《法》일정한 학술을 전공(專攻)하여 낸 논문을 심사하여 주는 가장 높은 학위 또는 그 사람. ③ 학문이 훌륭한 학자.
博施(박시 bóshī) 뭇 사람에게 널리 사랑과 은혜를 베풂음.
博施濟衆(박시제중 bóshījìzhòng) 널리 사랑과 은혜를 베풀어 뭇 사람을 구제함.
博識(박식 bóshí) 보고 들은 것이 넓어서 아는 것이 많음.
博愛(박애 bóài) 온 사람을 널리 평등하게 사랑함.
博學(박학 bóxué) 학문이 매우 넓음. 널리 배움.
博學多識(박학다식 bóxuéduōshí) 학문이 넓고 식견이 많음.

▶ 賭博(도박)·該博(해박)·名譽博士(명예박사).

卜 部

점 복

卜 점 복

卜 卜

중 bǔ, bo 일 ボク, うらなう
영 fortunetelling

① 점 복(問龜). ② 점칠 복(占之). ③ 줄 복(賜與). ④ 가릴 복(選). ⑤ 기대할 복(期). ⑥ [國字] 짐바리 복(擔).

書體 小篆 卜 古文 卜 草書 卜 (高校) 象形

卜居(복거 bǔjū) ① 살만한 곳을 가려서 정함. 복지(卜地). ② 초사(楚辭)의 편명(篇名). 굴원(屈原)이 지음.
卜吉(복길 bǔjí) 길한 날자를 가려서 받음.
卜日(복일 bǔrì) 좋은 날을 점침. 점으

로 좋은 날을 가림.

卜晝卜夜(복주복야 bǔzhòubǔyè) ① 낮 또는 밤의 길흉을 점침. ② 술 마시고 노는 것이 절도가 없이 주야로 계속됨을 일컬음.

卜債(복채 bǔzhài) 점을 쳐 준 값으로 내는 돈.

卜 2 ④ **卞** 성(姓) **변:**

[중] biàn [일] ベン, かるがるしい [영] hasty temper

① 법 **변**(法). ② 조급할 **변**(躁疾). ③ 손바닥 칠 **변**(手博). ④ 성 **변**(姓). ⑤ 땅 이름 **변**(地名).

卞急(변급 biànjí) 마음이 참을성 없이 급함. 조급(躁急).

卞正(변정 biànzhèng) 변명하여 바로 잡음. 변정(辨正).

▶ 抗卞(항변).

卜 3 ⑤ **占** 점령할 **점:** 점칠 **점**

占 占 占 占 占

①-③ [중] zhān ④-⑦ [중] zhàn [일] セン, うらない [영] fortunetelling

① 점칠 **점**(問卜). ② 날씨 볼 **점**(候). ③ 점 **점**(視兆). ④ 점령할 **점**(擅據). ⑤ 입으로 부를 **점**(口授). ⑥ 가질 **점**(持). ⑦ 있을 **점**(有).

[書體] 小篆 占 草書 占 [高校] 會意

占據(점거 zhànjù) ① 일정한 곳을 차지하여 자리 잡음. ② 점령.

占卦(점괘 zhānguà) 점에 나오는 괘.

占有(점유 zhànyǒu) ① 자기의 소유로 함. 자기의 영유(領有)로 함. ② 《法》 자기를 위할 의사로써 유체물(有體物)을 소지하는 일. 물권(物權)의 하나.

占奪(점탈 zhànduó) 남의 것을 빼앗아 차지함.

▶ 强占(강점)·寡占(과점)·獨占(독점)·買占(매점)·西勢東占(서세동점)·先占(선점).

卜 6 ⑧ **卦** 점괘 **괘**

[중] guà [일] カイ, ケ, うらなう [영] divination sign

점괘 **괘**(筮兆).

卦辭(괘사 guàcí) ① 역괘(易卦)의 의의(意義)를 풀이해 놓은 글. ② 점괘를 푼 글이나 말.

挂筮(괘서 guàshì) 점치는 일. 점괘(占卦). 점서(占筮).

卦兆(괘조 guàzhào) 점괘의 길흉의 현상. 점형(占形). 점상(占象).

▶ 吉卦(길괘)·占卦(점괘)·凶卦(흉괘).

卜 9 ⑪ **卨** 사람 이름 **설**

[중] xiè [일] セツ

은나라 시조 이름 **설**(殷國祖名). 성(姓) **설**.

卩, 㔾 部

병부 **절**

卩 3 ⑤ **卯** 토끼 **묘:**

卯 卯 卯 卯 卯

[중] mǎo [일] ボウ, う [영] rabbit

① 넷째 지지 **묘**, 토끼 **묘**(地支). ② 무성할 **묘**(茂). ③ 동쪽 **묘**(東方).

2

卩 3

卯

書體: 小篆 卯, 古文 夘, 草書 卯 (中學) 象形

卯飯(묘반 mǎofàn) 아침 밥. 조반(朝飯).

卯時(묘시 mǎoshí) 《民》① 하루 12시간 중(十二時間中) 넷째. 곧 상오 5시로부터 7시까지의 사이. ② 스물넷으로 나눈 하루의 일곱째 시간. 상오 6시 반부터 7시 반까지의.

卯月(묘월 mǎoyuè) 월건(月建)이 묘(卯)로 된 음력 2월.

印 도장 인

印 印 印 印 印 印

🌐 yìn 🇯🇵 イン、はん、いん 🇬🇧 seal

1 ① 도장 인(刻文). ② 찍을 인, 박을 인(印之). **2** 끝 끝(官簿之末端書字).

書體: 小篆 𠨘, 草書 印 (中學) 會意

印鑑(인감 yìnjiàn) ①《法》인감부(印鑑簿)에 찍힌 도장과 대조하여 그 진부(眞否)를 확인코자 시청·구청·면사무소 기타 거래처 등에 미리 신고하여 둔 도장. ② 도장.

印象(인상 yìnxiàng) ① 대상이 마음에 끼치는 직접의 영향. ② 깊이 마음에 새겨져 오래도록 잘 잊혀지지 않는 일.

印稅(인세 yìnshuì) ① 인지세(印紙稅). ② 서적의 발행자가 저작자에게 주는 돈.

印紙(인지 yìnzhǐ) 《法》① 세금·수수료 따위를 징수하기 위하여 정부에서 발행하는 증표(證票). ② 재산권의 변경 따위를 하는 사람에게 부과하는 세.

▶ 刻印(각인)·檢印(검인)·官印(관인)·拇印(무인)·法印(법인)·封印(봉인)·私印(사인)·社印(사인)·實印(실인)·心印(심인)·僞印(위인)·認印(인인)·調印(조인)·證印(증인).

危 위태할 위

危 危 危 危 危 危

🌐 wēi 🇯🇵 キ、あやうい 🇬🇧 danger

① 위태할 위(不安). ② 무너질 위(隤). ③ 병이 더할 위(重病, 危篤). ④ 상할 위(像). ⑤ 높을 위(高). ⑥ 기울 위(不正). ⑦ 별 이름 위(星名).

書體: 小篆 危, 草書 危 (中學) 形聲

危局(위국 wēijú) 위태한 시국. 위태한 형국(形局).

危機(위기 wēijī) 위험한 경우. 위험한 동기(動機).

危機一髮(위기일발 wēijīyīfà) 조금도 여유가 없는 위급한 고비에 다다른 순간.

危難(위난 wēinàn) 위급함과 곤란한 경우.

危篤(위독 wēidǔ) 병세가 매우 중하여 생명이 위태로움.

危亂(위란 wēiluàn) 나라가 위태하고 혼란함.

危如累卵(위여누란 wēirúlěiluǎn) 위험함이 여러 개 쌓아 놓은 달걀과 같음. 《轉》 극히 위험한 일을 가리키는 말.

危殆(위태 wēidài) ① 형세가 매우 어려움. ② 마음을 놓을 수 없음. ③ 안전하지 못하고 위험함.

危險(위험 wēixiǎn) ① 위태함. ② 안전하지 못함.

危險千萬(위험천만 wēixiǎnqiānwàn) 매우 위험함. 위험하기 짝이 없음.

▶ 安危(안위).

即 곧 즉

【卽(卩부7획)과 같음】

却 물리칠 각

却却却却却却却

音 què 日 キャク, しりぞく
英 repulse

① 물리칠 **각**(斥). ② 물러갈 **각**(退).
③ 사양할 **각**(不受). ④ 막을 **각**(拒).
⑤ 도리어 **각**(反). ⑥ 쳐다 볼 **각**(仰).
【郤과 같음】

書體 小篆 却 草書 (高校) 形聲

却說(각설 quèshuō) 화제를 돌리어 딴 말을 꺼낼 때 첫 머리에 쓰는 말.
却下(각하 quèxià) 서류 따위를 물리쳐 내림.
却行(각행 quèxíng) ① 뒤로 물러감. ② 뒷걸음질하는 벌레.

▶ 減價償却費(감가상각비)·棄却(기각)·冷却(냉각)·忘却(망각)·賣却(매각)·沒却(몰각)·消却(소각)·燒却(소각)·脫却(탈각)·退却(퇴각).

卵 알 란

卵卵卵卵卵卵卵

音 luǎn 日 ラン, たまご
英 egg, spawn

① 알 **란**(凡物無乳生者). ② 기를 **란**(抚育). ③ 클 **란**(大). ④ 불알 **란**(睾丸).

書體 小篆 卵 古文 卝 草書 卵 (中學) 象形

卵巢(난소 luǎncháo) 《生》 난자(卵子)를 만들어 내며 또한 특수한 분비물을 분비하는 여자의 생식기의 한 부분. ↔정소(精巢).
卵翼(난익 luǎnyì) 어미닭이 알을 품어 기르듯이, 부모가 자녀를 키우는 것.

▶ 鷄卵(계란)·金鷄抱卵型(금계포란형)·累卵(누란)·孵卵(부란)·産卵(산란)·受精卵(수정란)·種卵(종란)·土卵(토란)·抱卵(포란).

卷 책 권(:)

卷卷卷卷卷卷卷

①② 音 juàn 日 ケン, まきもの
英 volume ③〜⑤ 音 juǎn 日 カン, まく 英 roll

① 책권 **권**(書帙). ② 오금 **권**(膝曲). ③ 접을 **권**(卷舒). ④ 풀 이름 **권**(草名). ⑤ 아리따울 **권**(美). 【捲과 같음】 ⑥ 굽을 **권**(曲). ⑦ 정성 **권**(誠). 【惓과 통함】

書體 小篆 卷 草書 卷 (中學) 形聲

卷頭言(권두언 juàntóuyán) 책의 머리말.
卷積雲(권적운 juǎnjīyún) 조그마한 여러 조각으로 된 청어의 무늬 같은 흰 구름.
卷尺(권척 juǎnchǐ) 줄자. 강철·헝겊 등으로 만들며 둥근 갑 속에 말아 두었다가 사용할 때에 갑에서 풀어내어 씀.

▶ 開卷(개권)·席卷(석권)·壓卷(압권).

卽 곧 즉

【卽(次條)의 속자】

卽 곧 즉

卽卽卽卽卽卽卽卽

音 jí 日 ソク, すなわち 英 namely

① 이제 **즉**, 곧 **즉**(今). ② 가까울 **즉**(近). ③ 나아갈 **즉**(就). ④ 다만 **즉**(只). ⑤ 불똥 **즉**(燭炬燼). ⑥ 진작 **즉**(直時).

⑦ 가득할 즉(滿). ⑧ 만일 즉(萬一).
【則과 통함】

書體 小篆 [篆書] 草書 [초서] 中學 會意

卽心是佛(즉심시불) jíxīnshìfó 《佛》 내 마음이 곧 부처라는 뜻. 《轉》 깨달아서 얻는 나의 마음이 부처 마음과 같으며 그 밖에는 부처가 없다는 말.
卽位(즉위) jíwèi ① 임금이 왕위에 오르는 것. ② 자리에 앉음.
卽瘥(즉차) jíchài) 병이 곧 나음.
卽效(즉효) jíxiào ① 약 같은 것의 즉시에 나타나는 효험. ② 곧 드러나는 보람.
卽興(즉흥) jíxìng ① 즉석에서 일어난 흥미. ② 즉석(卽席)에서 흥겨워 시가(詩歌)를 지음. 즉영(卽詠).

▶ 開口卽錯(개구즉착)···一觸卽發(일촉즉발)·天卽理(천즉리).

卿 벼슬 경
10 ⑫

卿卿卿卿卿卿卿卿卿卿

음 qīng 일 ケイ, キョウ, きみ
영 lord, sir

① 밝힐 경(章). ② 향할 경(嚮). ③ 벼슬 경(爵). ④ 귀공 경(貴公). ⑤ 스승 경(先生). ⑥ 자네 경(對女呼稱).

書體 小篆 [篆書] 草書 [초서] 高校 會意

卿老(경로) qīnglǎo 벼슬을 물러나더라도 공경(公卿)의 대우를 받음. 또는 그 사람.
卿雲(경운) qīngyún 상서로운 구름. 태평한 서기.

▶ 樞機卿(추기경).

厂 部

굴바위 엄, 민엄호

厄 재양 액
2 ④

厄厄厄厄

음 è 일 ヤク, わざわい
영 misfortune

① 재앙 액(災也, 禍). ② 옹이 액, 혹 액(木節).【戹과 같고, 危와 통함】

書體 小篆 [篆書] 草書 [초서] 高校 象形

厄難(액난) ènàn) 재앙과 어려움. 액재(厄災).
厄年(액년) ènián) 점술가(占術家)가 말하는 일생 중 재난에 부닥치게 될 연령. 남자는 25·42·60, 여자는 19·33·37세 되는 해가 이에 해당한다 함.
厄運(액운) èyùn) 악운. 불행.
厄禍(액화) èhuò) 액으로 말미암아 입는 재앙.

厉 숫돌 려
3 ⑤

【厲(厂부13획)의 약자】

厘 다스릴 리
7 ⑨ 가게 전:

음 lí 일 リン, りん

❶ ① 이 리(貨幣之最少單位, 一錢之十分一). ② 티끌 리(塵). ❷ 전. 뜻은 「廛」에 보라.

厘毛(이모) límáo) ① 리(厘)와 모(毛). 극히 근소(僅少)한 금액. ② 조금. 사소(些少). 호리(毫釐).

厚 두터울 후:

厚厚厚厚厚厚厚厚厚

🔖 hòu 🇯🇵 コウ, あつい 🇬🇧 thick

① 두터울 **후**(不薄). ② 무거울 **후**(重). ③ 클 **후**(大). ④ 무르녹을 **후**(釀). ⑤ 친절할 **후**(厚情). ⑥ 많을 **후**(多).

書體 小篆 厚 草書 厚 (中學) 會意

厚德(후덕 hòudé) 생김새나 하는 짓이 두텁고 덕스러움. ↔박덕(薄德).
厚薄(후박 hòubáo) ① 두꺼움과 얇음. ② 후하게 하는 일과 박하게 구는 일.
厚賜(후사 hòucì) 남에게 금품(金品)을 받은 것에 대한 존칭.
厚顔(후안 hòuyán) 피부가 두터운 얼굴. 《轉》염치와 체면을 모르는 사람. 무치(無恥).

▶ 濃厚(농후)·篤厚(독후)·敦厚(돈후)·醇厚(순후)·深厚(심후)·溫厚(온후)·仁厚(인후)·重厚(중후).

原 언덕 원

原原原原原原原原原

🔖 yuán 🇯🇵 ゲン, はら, もと
🇬🇧 field, original

① 근본 **원**(本). ② 거듭 **원**(重再). ③ 언덕 **원**, 둔덕 **원**(地高平). ④ 미룰 **원**(推). ⑤ 용서할 **원**(宥罪). ⑥ 원인 **원**(基因). ⑦ 추구할 **원**(究). ⑧ 뫼 **원**(墓地). ⑨ 들 **원**(野). 【源과 통함】

書體 小篆 原 古文 厵 草書 原 (中學) 會意

原稿(원고 yuángǎo) ① 글월의 초벌. ② 인쇄하기 위하여 쓴 글. 초고(草稿). 초안(草案).
原動力(원동력 yuándònglì) ① 사물을 활동시키는 근원이 되는 힘. ② 물체나 기계 의 운동을 일으키는 힘. 수력·풍력·전력 따위.
原流(원류 yuánliú) ① 근본이 되는 유풍(遺風). 주가 되는 유파(流派). ② 내나 강의 주가 되는 줄기. 본류(本流). ↔ 지류(支流).
原理(원리 yuánlǐ) ① 모든 현상이 성립될 수 있는 기본적 원칙. ② 설명 또는 판단의 근거가 되는 진리. ③ 행위의 진리가 성립할 수 있는 근본 규범. ④ 학문의 출발점이어야 할 개념.
原狀回復(원상회복 yuánzhuànghuífù) 종전의 상태로 회복함. 종전 상태로 돌아감.
原子(원자 yuánzǐ) 《物》물질을 이루는 기본적인 단위. 원소(元素)의 화학적 성질을 지니고 있는 최소 단위로, 원자핵(原子核)과 전자(電子)로 이루어져 있다.
原作(원작 yuánzuò) 본래의 저작(著作). 또는 제작(製作). 번역·개작에 대한 원저작(原著作).
原罪(원죄 yuánzuì) 《宗》기독교에서 인류의 조상인 아담과 이브가 금단(禁斷)의 열매를 따 먹은 결과 인간이 날 때부터 가지고 있다는 죄.
原爆(원폭 yuánbào) 원자폭탄(原子爆彈)의 약어.

▶ 高原(고원)·得點原(득점원)·病原(병원)·上水原(상수원)·生命原(생명원)·雪原(설원)·始原(시원)·燎原(요원)·六何原則(육하원칙)·主原因(주원인)·中原(중원)·草原(초원)·平原(평원)·抗原(항원).

厠 뒷간 측

【厠(广부9획)과 같음】

厥 그[其] 궐

厥厥厥厥厥厥厥厥厥

❶ 🔖 jué 🇯🇵 ケツ, それ 🇬🇧 the

2 圕 クツ, それ

1 ① 그 궐, 그것 궐(其也, 助辭). ② 짧을 궐(短). ③ 절할 궐(頓).【撅과 통함】 **2** 나라 이름 굴(蕢國, 突厥).

書體 小篆 厥 草書 厥 (高校) 形聲

厥角稽首(궐각계수 juéjuéjīshǒu) 이마를 땅에 대고 하는 경례(敬禮)로서 최대(最大)의 경의(敬意)를 표시함을 이름.
厥明(궐명 juémíng) ① 미명(未明). ② 그 다음 날.

厨 부엌 주

【廚(广부12획)와 같음】

厭 싫어할 염:

윰 yàn 읽 エン, あきる
열 unwilling, dislike

1 ① 편할 염(安). ② 만족할 염(足). ③ 미워할 염(惡). ④ 싫을 염. ⑤ 넉넉할 염(足). ⑥ 찰 염(滿). ⑦ 아름다울 염. ⑧ 게으를 염(倦). **2** ① 빠질 암(沈溺). ② 막힐 암(閉). ③ 검붉을 암. **3** ① 제사할 엽(禳). ② 모을 엽(合). ③ 덜 엽(損). ④ 누를 엽(鎭壓). ⑤ 축축할 엽(濕意). ⑥ 마를 엽(乾). ⑦ 괴로울 엽(疲). ⑧ 끊을 엽(絕). ⑨ 업신여길 엽. ⑩ 가까워질 엽(近迫). ⑪ 나쁜 꿈꿀 엽(惡夢). ⑫ 숨길 엽(藏).

厭忌(염기 yànjì) 싫어하고 꺼림.
厭世(염세 yànshì) 세상이 귀찮음. 인생이 싫어짐.
厭惡(염오 yànwù) 싫어하고 미워함. 혐오(嫌惡).
厭症(염증 yànzhèng) 싫증.

嚴 엄할 엄

【嚴(口부17획)의 약자】

ム 部

사사로울 **사**, 마늘모

去 갈/버릴 거:

去去去去去

윰 qù 읽 キョ, さる 열 go

① 갈 거(離也, 行). ② 버릴 거(棄). ③ 오래될 거(時隔). ④ 떨어질 거(距). ⑤ 도망칠 거(亡). ⑥ 내쫓을 거(放逐). ⑦ 예전 거(過時).「과거(過去), 생전(生前), 전세(前世)」. ⑧ 지나갈 거(通過). ⑨ 덜 거(除).【弆와 같음】

書體 小篆 去 草書 去 (中學) 會意

去冷(거냉 qùlěng) 좀 데워서 찬 기운을 없앰.
去毒(거독 qùdú) 약의 독기를 없앰.
去頭(거두 qùtóu) 머리를 잘라 없앰.
去頭截尾(거두절미 qùtóujiéwěi) ① 머리와 꼬리를 잘라 버림. ② 앞뒤의 잔 사설은 빼놓고 요점만 말함.
去來(거래 qùlái) 돈이나 물건을 서로 꾸고 갚거나 주고 받고 함. 상거래의 하나.
去留(거류 qùliú) 가는 것과 머무르는 것.《轉》일의 성공과 실패.
去聲(거성 qùshēng) 한자(漢字) 사성중(四聲中)의 하나. 송(送), 송(宋), 강(絳), 치(寘), 미(未), 어(御), 우(遇), 제(霽), 태(泰), 괘(卦), 대(隊), 진(震), 문(問), 원(願), 한(翰), 간(諫), 산(霰), 소(嘯), 효(效), 호(號), 개(箇), 마(禡), 양(漾), 경(敬), 경(徑), 유

(宥), 심(沁), 감(勘), 염(豔), 함(陷)의 30운(韻)으로 나누어짐. 이에 속하는 자는 모두 측자(仄字)임.

去勢(거세 qùshì**)** ① 세력을 제거함. ② 수컷의 불알 또는 암컷의 난소를 제거하는 것.

去就(거취 qùjiù**)** 가는 것과 나가는 것. 《轉》출처(出處)·진퇴(進退) 등의 뜻으로 씀.

去弊生弊(거폐생폐 qùbìshēngbì**)** 폐해를 없애려다가 도리어 딴 폐해가 생김.

▶ 空手來空手去(공수래공수거)·過去(과거)·分離散去(분리산거)·死去(사거)·辭去(사거)·商去來(상거래)·逝去(서거)·收去(수거)·實去來(실거래)·暗去來(암거래)·除去(제거)·撤去(철거)·七去之惡(칠거지악)·退去(퇴거).

参 참여할 **참**
석 **삼**

【參(ㅿ부9회)의 약자】

參 참여할 **참**
석 **삼**

參 參 參 參 參 叅 叅 叅 參

1 음 shēn 일 サン, みつ 영 three
2 음 cān 일 シン, まじわる
영 participation 3 음 cēn

1 셋 삼, 석 삼(數名, 三). 2 ① 참여할 참(間厠干與). ② 보일 참(謁). ③ 북장단 참(鼓曲). ④ 빽빽이 들어설 참(叢位). ⑤ 층날 참, 가지런치 않을 참(不齊). ⑥ 긴 모양 참(長貌). 【摻과 같음】 3 ① 삼 심(藥名). ② 별 이름 심(星名).

書體 小篆 叅 或體 叅 草書 叅 中學 形聲

參加(참가 cānjiā**)** ① 어떠한 모임이나 단체에 참여함. ② 정한 인원 밖에 더 들어감. ③ 어떤 법률관계에 당사자 이외의 제삼자가 가입하는 것.

參究(참구 cānjiū**)** ① 참고하여 연구함. ② 《佛》선(禪)에 참예하여 진리를 연구함.

參謀(참모 cānmóu**)** ① 모의(謀議)에 참여하는 일. 또는 그 중심(中心) 인물. ② 작전·용병(用兵) 등의 계획과 지도를 맡아보는 장교.

參政權(참정권 cānzhèngquán**)**《法》정치에 참여하는 권리. 선거권·피선거권·공무원이 되는 권리·공무원 파면권 따위가 있으나, 선거권이 그 대표적임.

▶ 古參(고참)·同參(동참)·不參(불참)·運參(지참)·最古參(최고참)·合參(합참).

又 部

또 우

又 또 우:

ㄱ 又

음 yòu 일 ユウ, ウ, 영 また

① 또 우(更). ② 용서할 우(宥). ③ 다시 우(復). 【宥와 통함】

書體 小篆 彐 草書 乀 中學 象形

叉 갈래 차

음 chā, chá, chǎ, chà
일 サ, ふたまた 영 crotched

① 손길 잡을 차(手指錯交). ② 귀밑 이름 차(夜叉). ③ 가닥진 비녀 차(婦人歧笄). ④ 가장귀 차, 양 갈래 차(兩枝).
【釵와 같음】

叉路(차로 chālù) 두 갈래로 갈라진 길. 교차로.

叉手(차수 chāshǒu) 두 손을 어긋껴 마주 잡음.

叉鬟(차환 chāhuán)《制》주인 가까이 모시는 젊은 여자 종. 머리를 얹어 준 여자종.

▶ 交叉(교차)·夜叉(야차)

及 미칠 급

及 及 及 及

音 jí 일 キュウ, および 영 reach

① 미칠 급(逮). ② 미쳐갈 급(覃被). ③ 죄 미칠 급(連累). ④ 및 급, 과(와) 급(兼詞). ⑤ 찰 급(滿). ⑥ 때가 올 급(時來). ⑦ 더불어 급(與). ⑧ 같을 급(如).

書體 小篆 及 古文 弓 古文 递 草書 及

中學 會意

及其也(급기야 jíqíyě) 필경에는.

及門(급문 jímén) 배우기 위하여 문앞에까지 온다는 뜻. 《轉》문하생(門下生). 제자가 됨.

及第(급제 jídì) 과거(科擧)에 합격함. 시험에 합격함. 등제(登第). ↔낙제(落第).

▶ 可及(가급)·過猶不及(과유불급)·普及(보급)·溯及(소급)·言及(언급)·波及(파급)·後悔莫及(후회막급)

友 벗 우ː

友 大 方 友

音 yǒu 일 ユウ, とも 영 friend

① 벗 우, 친구 우(同志相交). ② 우애 우(善於兄弟). ③ 합할 우(合).

書體 小篆 ヨ 古文 艹 古文 習 草書 友

中學 會意

友邦(우방 yǒubāng) = 우방국(友邦國).

友誼(우의 yǒuyì) 친구간의 정의. 우정.

友好(우호 yǒuhǎo) ① 형제. 친구의 사이가 좋은 것 ② 나라와 나라 사이가 좋은 것.

▶ 故友(고우)·校友(교우)·級友(급우)·文友(문우)·朋友有信(붕우유신)·良友(양우)·畏友(외우)·益友(익우)·戰友(전우)·竹馬故友(죽마고우)·知己之友(지기지우)·知友(지우)·親友(친우)·學友(학우)·鄕友(향우)·賢友(현우)·血友(혈우)·好友(호우)·孝友(효우)

双 두/쌍 쌍

【雙(佳부10획)의 속자】

收 거둘 수

【收(攴부2획)의 속자】

反 돌이킬/돌아올 반ː

反 反 反 反

1 音 fǎn 일 ハン, かえる 영 opposition 2 일 ヘン, そむく

1 ① 돌이킬 반(正之對). ② 엎을 반, 덮을 반(覆). ③ 배반할 반(叛), 모반할 반(謀反). ④ 돌아올 반(還). ⑤ 제법 반(果). ⑥ 그런데 반. ⑦ 돌아볼 반(內省). ⑧ 생각할 반(思考). ⑨ 듬직할 반, 신중할 반(愼重). 2 뒤칠 번, 이치에 뒤칠 번(平反理枉). 【翻과 통함】

書體 小篆 反 古文 反 草書 反 中學 會意

反顧(반고 fǎngù) 뒤를 돌아 봄. 《轉》집을 그리워함. 되돌아가고 싶은 생각.
反共(반공 fǎngòng) 《社》공산주의에 반대함.
反旗(반기 fǎnqí) ① 반란을 일으킨 사람들이 든 기. ② 반대 의사를 가지는 행동.
反動(반동 fǎndòng) ① 어떤 쪽으로 힘이 작용할 때 그 작용점(作用點)에서 반대쪽으로부터의 꼭 같은 크기의 힘을 받는 일. ② 어떤 동작이나 세력에 대하여 반대로 일어나는 동작이나 세력.
反目(반목 fǎnmù) 서로 못 사귀어 미워함. 사이가 좋지 않음.
反目嫉視(반목질시 fǎnmùjíshì) 서로 미워하고 질투하는 눈으로 봄.
反駁(반박 fǎnbó) 남의 의견을 반대하여 공격함.
反撥(반발 fǎnbō) ① 되받아 튕김. ② 남의 행위, 의사 등에 대하여 반대하는 것.
反射(반사 fǎnshè) ① 일정한 방향으로 나아가는 빛이나 음의 결이 딴 물체의 면에 부딪쳐 그 방향을 반대쪽으로 얼마간 바꾸는 현상. ② 의지와는 관계없이 자극에 대하여 일어나는 반응.
反噬(반서 fǎnshì) 길러 준 주인을 물음. 《轉》은혜를 원수로 갚음.
反訴(반소 fǎnsù) 소송 계속(繫屬)중 그 소송 절차를 이용하여 피고가 반대로 원고를 상대로 하여 제기하는 소송.
反手(반수 fǎnshǒu) ① 손바닥을 뒤집음. 《轉》일이 매우 쉬운 것을 일컬음. 반장(反掌). ② 뒷짐지는 것. ③ 손등.
反作用(반작용 fǎnzuòyòng) 작과와 그 크기가 같고 방향이 반대인 힘.
反掌(반장 fǎnzhǎng) =반수(反手) ①②.
反轉(반전 fǎnzhuǎn) ① 반대로 굴음. ② 일의 형세가 뒤바뀜.
反芻(반추 fǎnchú) 소나 염소 따위가 일단 먹어 삼켰던 음식물을 되새기는 새김질.

▶ 決死反對(결사반대)·急反騰(급반등)·大反擊(대반격)·謀反(모반)·背反(배반)·相反(상반)·違反(위반)·離反(이반)·二律背反(이율배반)·賊反荷杖(적반하장)·正反對(정반대)·贊反兩論(찬반양론)·總反擊(총반격).

又6⁄8 叔 아저씨/아재비 숙

叔叔叔叔叔叔叔叔叔

音 shū 日 シュク, おじ 英 uncle

① 아재비 숙, 삼촌 숙(伯叔季父). ② 주울 숙(收拾). ③ 어릴 숙(幼稱). ④ 끝 숙(末). ⑤ 콩 숙(菽). ⑥ 성 숙(姓).【菽과 통함】

書體 小篆 叔 或體 村 草書 叔 中學 形聲

叔季(숙계 shūjì) ① 끝 동생. 말제(末弟). ② 말세(末世).
叔伯(숙백 shūbó) 아우와 형. 형제.
叔父(숙부 shūfù) 아버지의 동생.
叔世(숙세 shūshì) 정치·도덕·풍속 등이 쇠퇴하여 망해가는 시대. 말세(末世).
叔行(숙항 shūháng) 아저씨뻘의 항렬.

▶ 堂叔(당숙)·伯叔(백숙)·媤叔(시숙)·外叔(외숙)·外叔父(외숙부).

又6⁄8 取 가질 취:

取取取取取取取

音 qǔ 日 シュ, とる 英 take

① 거둘 취(收). ② 받을 취(受). ③ 찾을

取(索). ④ 빼앗을 취(奪). ⑤ 들 취(擧). ⑥ 장가 들 취(娶).

書體 小篆 甲 草書 取 **中華** 會意

取捨選擇(취사선택) qǔshěxuǎnzé) 쓸 것은 취하고 버릴 것은 버려서 골라잡음.

取消(취소 qǔxiāo) ① 글로 적거나 또는 진술한 사실을 말살함. ② 법률 행위의 효력을 소급(遡及)하여 소멸시키는 행위.

取調(취조 qǔdiào) 범죄 사실을 속속들이 조사함.

▶ 看取(간취)·喝取(갈취)·先取(선취)·攝取(섭취)·受取人(수취인)·略取(약취)·爭取(쟁취)·戰取(전취)·進取(진취)·搾取(착취)·採取(채취)·聽取(청취)·奪取(탈취).

受 받을 수(ː)

受受受受受受受受

㉠ shòu **㉡** ジュ, うける **㉢** receive

① 이을 수(繼承). ② 얻을 수(得). ③ 담을 수(盛). ④ 용납할 수(容物). ⑤ 받을 수(相付). ⑥ 입을 수(被).

書體 小篆 受 草書 受 **中華** 形聲

受難(수난 shòunàn) 어려운 일을 당함.

受納(수납 shòunà) 받아 넣음. 승낙함.
受諾(수락 shòunuò) =승낙(承諾).
受領(수령 shòulǐng) 받아들임.
受賂(수뢰 shòulù) 뇌물을 받아들임.
受侮(수모 shòuwǔ) 남에게 모욕을 당함.
受粉(수분 shòufěn) 꽃의 암술이 수술의 꽃가루를 받음.
受拂(수불 shòufú) 받음과 치름.
受賞(수상 shòushǎng) 상을 받음.
受授(수수 shòushòu) 받음과 줌. 수수(授受).

受信(수신 shòuxìn) ① 편지·전보 따위의 통신을 받음. ↔ 발신(發信). ② 금융 기관이 고객으로부터 신용을 받는 일. 곧 고객이 금융기관을 신용하는 일. ↔여신(與信).
受辱(수욕 shòurǔ) 남에게서 치욕을 당함.
受容(수용 shòuróng) 받아 넣어 담음.
受恩罔極(수은망극 shòuēnwǎngjí) 입은 은혜가 한이 없음.
受益(수익 shòuyì) 이익을 얻음.
受益者負擔(수익자부담 shòuyìzhěfùdān) 특정한 공적 사업에 요하는 경비에 충당하기 위하여 그 사업으로 인하여 특별한 이익을 받는 자에게 지우는 부담.
受任(수임 shòurèn) ① 임무를 받음. ② 위임을 받음.
受精(수정 shòujīng) 《動》 암컷의 난자(卵子)가 수컷의 정자(精子)와 결합하여 생식(生殖) 작용을 영위(營爲)하는 것.
受贈(수증 shòuzèng) 선물을 받음.
受取(수취 shòuqǔ) 받음.
受託(수탁 shòutuō) 부탁을 받음.
受胎(수태 shòutāi) 아이를 뱀.
受荷人(수하인 shòuhérén) 짐을 받을 사람.
受驗(수험 shòuyàn) 시험을 치름.
受刑(수형 shòuxíng) 죄인이 형(刑)을 받음.

▶ 感受(감수)·甘受(감수)·買受(매수)·拜受(배수)·背任受財(배임수재)·送受話器(송수화기)·授受(수수)·讓受(양수)·與受(여수)·豫受金(예수금)·引受(인수)·引受引繼(인수인계)·傳受(전수)·接受(접수)·享受(향수).

叛 배반할 반ː

叛叛叛叛叛叛叛叛

㉠ pàn **㉡** ハン, ホン, そむく **㉢** betrayal

① 배반할 **반**(背). ② 달아날 **반**(離). ③ 나눌 **반**(叛散). 【畔과 통함】

書體 小篆 叛 草書 牧 (高校) 形聲

叛起(반기 pànqǐ) 배반하여 일어남.
叛徒(반도 pàntú) 반란(叛亂)을 도모(圖謀)하는 무리.
叛臣(반신 pànchén) 배반한 신하.
叛逆(반역 pànnì) 배반하고 모역(謀逆)함.
叛將(반장 pànjiàng) 반란을 일으킨 장수(將帥).
叛賊(반적 pànzéi) 모반(謀叛)한 역적(逆賊).

▶ 謀叛(모반)·背叛(배반)·離叛(이반).

又 14/16 **叡** 밝을 예:

📖 ruì 🇯🇵 エイ, あきらか 🇬🇧 bright

① 밝을 **예**(深明通達). ② 임금 **예**(王). ③ 성인 **예**(聖人). ④ 어질 **예**(賢). 【睿는 고자】

叡智(예지 ruìzhì) 마음이 맑고 뛰어난 지혜. 훌륭한 작용. 예재(叡才). 영재(英才).
叡哲(예철 ruìzhé) 지혜가 깊고 사리에 밝음. 예철(睿哲). 영철(英哲).

又 16/18 **叢** 떨기/모일 총

📖 cóng 🇯🇵 ソウ, くさむら 🇬🇧 cluster

① 떨기 **총**(灌木密生). ② 모을 **총**(聚). ③ 번잡할 **총**(煩雜). 【叢과 같음】

叢論(총론 cónglùn) 여러 가지 문장·논의(論議)를 모아 놓은 글.
叢林(총림 cónglín) 수목이 우거진 숲. 《轉》 중[승(僧)]들의 모여 있는 곳.
叢書(총서 cóngshū) ① 일정한 형식에 따라 계속해서 간행되는 출판물. ② 갖가지 책을 모아 한 질(帙)로 한 것.
叢說(총설 cóngshuō) 여러 학설을 모아 놓은 것.

口部

입 구

0/3 **口** 입 구(:)

ㅁ ㅁ ㅁ

📖 kǒu 🇯🇵 コウ, ク, くち 🇬🇧 mouth

① 입 **구**(人所以言食). ② 인구 **구**(人口). ③ 어귀 **구**(洞口港口). ④ 말할 **구**(辯舌). ⑤ 구멍 **구**(孔穴). ⑥ 실마리 **구**(緒).

書體 小篆 ㅂ 草書 ㄥ (中學) 象形

口腔(구강 kǒuqiāng) 《生》 입안의 빈 곳. 곧 소화관의 최선단부(最先端部)로 입에서 목구멍에 이르는 부분.
口蓋音化(구개음화 kǒugàiyīnhuà) 입천장소리되기. 전(前) 구개음 아닌 자음(子音)이 모음「ㅣ」나 선행모음(先行母音)「ㅣ」 위에서 전(前) 구개음으로 변하는 현상. 「탸·텨·티」가「차·처·치」로, 「댜·뎌·디」가「자·저·지」로 변하는 따위.
口蜜腹劍(구밀복검 kǒumìfùjiàn) 말은 달콤하나 속으로는 해칠 생각을 가짐.
口腹之計(구복지계 kǒufùzhījì) 살아가는 방법. 생계.
口碑文學(구비문학 kǒubēiwénxué) 문자의 힘을 빌지 않고 입으로 전해 온 문학. 구전문학(口傳文學).
口舌數(구설수 kǒushéshù) 구설을 듣게 되는 운수.

▶ 家口(가구)·江口(강구)·開口卽錯(개구즉착)·小口徑(소구경)·食口(식구)·有口無言(유구무언)·異口同聲(이구동성)·耳目口鼻(이목구비)·人口(인구)·入口(입구)·衆口難防(중구난방)·窓口(창구)·出口(출구)·閉口(폐구)·浦口(포구)·緘口(함구)·港口(항구)·險口(험구)·戶口(호구)·糊口(호구)·虎口(호구).

古 예 고:

古古古古古

음 gǔ 일 コ, むかし, ふるい
영 antiquity

① 예 고(昔). ② 옛일 고(古事). ③ 선조 고(先祖). ④ 하늘 고(天). ⑤ 비롯할 고(始).【故와 통함】

書體 小篆 古 古文 闠 草書 古 (中學) 會意

古德(고덕 gǔdé) 덕행이 높은 옛 중.
古色蒼然(고색창연 gǔsècāngrán) 보기에도 낡아 예스러운 모습.
古典(고전 gǔdiǎn) ① 옛날의 의식이나 법식. ② 옛날의 서적으로 후세에 남을 가치 있는 책. 고대의 경서(經書).
古態依然(고태의연 gǔtàiyīrán) 옛 모습이 조금도 변하지 않고 그대로 있음.
古稀(고희 gǔxī) 고래(古來)로 드문 연령의 뜻.《轉》일흔 살.

▶ 考古(고고)·東西古今(동서고금)·萬古(만고)·復古(복고)·擬古(의고)·自古(자고)·中古(중고)·最古(최고)·太古(태고)·懷古(회고).

句 글귀 구

句句句句句

1 음 jù 일 ク, く 영 paragraph
2 음 gōu 일 コウ, くぎり

1 구절 귀(章句止處).【고음은 「구」】
2 ① 나라 이름 구(國名高句麗). ② 거리낄 구(拘). ③ 맡아볼 구(句當, 辨理). ④ 굽을 구(曲). ⑤ 귀신 이름 구(身名句芒). ⑥ 활을 잡아당길 구(弓引). ⑦ 땅 이름 구(地名須句).【勾와 같음】

書體 小篆 㔾 草書 勾 (中學) 形聲

句引(구인 jùyǐn) ① 유인함. ② 결탁함. ③ 내응함.
句中眼(구중안 jùzhōngyǎn) 시구 가운데서 눈이라고 할 만한 중요로운 한 자(字).

▶ 佳句(가구)·結句(결구)·警句(경구)·起句(기구)·短句(단구)·對句(대구)·名句(명구)·妙句(묘구)·文句(문구)·美辭麗句(미사여구)·首句(수구)·詩句(시구)·語句(어구)·聯句(연구)·一言半句(일언반구)·字句(자구)·絕句(절구).

叩 두드릴 고

음 kòu 일 コウ, たたく 영 knock

① 두드릴 고(擊). ② 꾸벅거릴 고(稽顙). ③ 물을 고(問). ④ 알게 할 고(啓發). ⑤ 끌어 잡아당길 고(引止). ⑥ 상처 고(喪表).

叩叩(고고 kòukòu) ① 문 같은 것을 똑똑 두드리는 모양. ② 친절한 모양.
叩頭謝罪(고두사죄 kòutóuxièzuì) 머리를 숙여 사죄함.
叩門(고문 kòumén) 남을 방문하여 문을 두드림.
叩齒(고치 kòuchǐ) 위아래의 이를 자꾸 마주 부딪쳐서 치근(齒根)을 단단하게 함.

只 다만 지

只只只只只

음 zhǐ, zhī 일 シ, ただ 영 only

① 다만 지(但). ② 말을 그칠 지(語助辭).

書體 小篆 只 草書 只 (中學) 指事

只今(지금 zhǐjīn) 이제. 현재. 현금(現今). 여금(如今).

▶ 但只(단지).

叫 부르짖을 규

叫叫叫叫叫

음 jiào 일 キョウ, さけぶ 영 cry
① 부르짖을 규(嘑). ② 헌칠할 규(高擧). ③ 이치에 맞지 않을 규(事理不當). ④ 멀리 들릴 규(遠聞聲). ⑤ 종달새 규(雲雀).

書體 小篆 叫 草書 叫 (高校) 形聲

叫號(규호 jiàoháo) 큰 소리를 내어 부르짖음. 호규(號叫).
叫喚(규환 jiàohuàn) 부르짖고 외침

▶ 大叫(대규)·阿鼻叫喚(아비규환)·絶叫(절규).

召 부를 소

召召召召召

음 zhào 일 ショウ, めす 영 call

1 ① 부를 소(呼). ② 청할 소(招). ③ 과부 소(寡婦召史).【고음은「조」】 **2** 대추 조(棗).

書體 小篆 召 草書 召 (高校) 形聲

召命(소명 zhàomìng) 임금이 신하를 부르는 명령.
召集(소집 zhàojí) ① 불러서 모음. ② 국회를 열려고 의원들을 모음.
召喚(소환 zhàohuàn) 관청에서 오라고 부름.

▶ 應召(응소)·再召喚(재소환).

叭 나팔 팔

음 bā 일 ハツ, ひらく 영 trumpet
① 입 벌릴 팔(口開). ② 나팔 팔(喇叭軍中吹器).

▶ 喇叭(나팔)·就寢喇叭(취침나팔).

可 옳을 가:

可可可可可

음 kě 일 カ, よい 영 right

1 ① 옳을 가(否之對). ② 허락할 가(許). ③ 가히 가(肯). ④ 바 가(所). ⑤ 마땅할 가(宜). ⑥ 착할 가(善). ⑦ 만큼 가(程). ⑧ 겨우 가(僅). **2** ① 오랑캐 극(突厥酋長日可汗). ② 아내 극(妻日可敦).

書體 小篆 可 草書 可 (中學) 會意

可恐(가공 kěkǒng) 두려워할 만함.
可憐(가련 kělián) ① 귀여움. ② 신세가 딱하고 가엾음. 불쌍함.
可燃性(가연성 kěránxìng) 잘 탈 수 있는 성질.

▶ 莫無可奈(막무가내)·不可缺(불가결)·不可思議(불가사의)·不可侵(불가침)·不可避(불가피)·不可抗力(불가항력)·不可解(불가해)·不聞可知(불문가지)·神聖不可侵(신성불가침)·日可日否(왈가왈부)·認可(인가)·裁可(재가)·許可(허가).

台 별 태

1 음 tái 일 タイ, われ 영 myself
2 음 tāi 일 イ, われ

1 ① 별 태(三台星). ② 늙을 태(大老).【臺의 약자】 **2** ① 나 이(我). ② 기쁠 이(悅). ③ 기를 이(養).

台德(이덕 táidé) 나의 덕. 임금의 덕. 〈이(台)는 나(我)로 임금이 자기 덕을 일컬음.

台啓(태계 táiqǐ) 편지 봉투에 수신인(受信人)의 이름 밑에 쓰는 말.

台臨(태림 táilín) 훌륭한 분의 왕림.

台安(태안 táiān) 건강·평안 등의 서신 용어.

▶ 天台宗(천태종).

叱 꾸짖을 질

口 2획 / 5

叱 chì 일 シツ. しかる 영 scold

꾸짖을 질(叱咤, 大訶發怒).

叱正(질정 chìzhèng) 꾸짖어 바르게 함.《轉》시문의 첨삭(添削).

叱責(질책 chìzé) 꾸짖어서 나무람.

叱咤(질타 chìzhà) 언성을 높여 꾸짖음.

史 사기(史記)/역사 사ː

口 2획 / 5

史 史 史 史 史

史 shǐ 일 シ, れきし 영 history

① 사기 사, 역사 사(册).「역사(歷史)」.
② 사관 사(太史掌書官). ③ 빛날 사(華美). ④ 성 사(姓).

書體: 小篆 史 草書 史 中學 會意

史庫(사고 shǐkù) 조선 때 나라의 사기(史記)와 중요한 서적을 저장해 두던 정부의 곳집.

史乘(사승 shǐchéng) 역사를 적은 서적.〈승(乘)은 써서 실린다는 뜻〉. 사첩(史牒).

史草(사초 shǐcǎo) 사관(史官)이 기록하여 둔 사서(史書)의 초고(草稿).

史禍(사화 shǐhuò) ① 사필(史筆)로 말미암아 입는 화(禍). ② 사필(史筆)에 관계하는 옥사.

▶ 國史(국사)·東洋史(동양사)·先史(선사)·召史(소사)·暗行御史(암행어사)·野史(야사)·女史(여사)·歷史(역사)·年史(연사)·有史以來(유사이래)·戰史(전사)·正史(정사)·青史(청사)·通史(통사).

右 오른/오른쪽 우ː

口 2획 / 5

右 右 右 右 右

右 yòu 일 ユウ, ウ, みぎ 영 right

① 오른쪽 우(左之對). ② 높일 우(尊).
③ 강할 우(强). ④ 도울 우(助). ⑤ 위우(上). ⑥ 곁 우(側).【祐·佑와 통함】

書體: 小篆 右 草書 右 中學 會意

右往左往(우왕좌왕 yòuwǎngzuǒwǎng) 이리저리로 왔다갔다함. 갈팡질팡함. 좌왕우왕(左往右往).

右翼(우익 yòuyì) ① 새의 오른 쪽 날개. ② =우군(右軍). ③ 대열의 오른쪽. ④ 보수파(保守派)·국수주의파(國粹主義派)의 정당 단체. ↔좌익(左翼).

右舷(우현 yòuxián) 배의 뒤쪽에서 배의 머리를 향하여 오른쪽의 뱃전.

▶ 極右(극우)·左右間(좌우간)·左右翼(좌우익)·右左之間(우좌지간)·左之右之(좌지우지)·左衝右突(좌충우돌)·前後左右(전후좌우).

号 이름 호(ː)

口 2획 / 5

【號(虍부7획)의 약자】

司 맡을 사

口 2획 / 5

司 司 司 司 司

囗 sī 囯 シ, つかさどる
囯 take charge of
① 맡을 사(主). ② 벼슬 사(有司職事).
③ 엿볼 사(伺). ④ 차지할 사(占). ⑤ 마을 사(府).

書體 小篆 司 草書 司 (高校) 會意

司諫(사간 sījiàn)《制》① 임금의 잘못[실정(失政)]을 간하는 일을 맡던 벼슬. ② 조선 때 사간원(司諫院)의 종삼품(從三品) 벼슬.
司令(사령 sīlìng) 군대가 함대를 통솔하는 직책의 한 가지.
司令官(사령관 sīlìngguān) 사령의 직책을 맡은 무관.
司令塔(사령탑 sīlìngtǎ) 군함에서 사령이 지휘하기에 편리하도록 만든 탑.
司法(사법 sīfǎ)《法》개인 사이, 또는 개인과 국가 사이에 쟁송(爭訟)이 있을 때, 올바른 법을 적용함을 보장하는 국가의 작용. 독립된 법원에 의하여 행하여지며, 행정과 더불어 국가 삼권의 하나.
司書(사서 sīshū) ① 서적을 맡아보던 벼슬. ② 국·공립 도서관의 직원. ③ 《制》조선 때 시강원(侍講院)의 정육품(正六品) 벼슬.
司會(사회 sīhuì) 집회에서 진행을 맡아 돕는 사람. 또는 그 일.

▶ 上司(상사).

叺 가마니 입

囗 rù 囯 かます 囯 straw-sack
가마니 입, 섬 입.【日字】

各 각각/제각기 각

久冬冬各各

囗 gè, gě 囯 カク, おのおの 囯 each

각각 각, 따로따로 각, 제각기 각(異辭).

書體 小篆 各 草書 各 (中學) 會意

各論(각론 gèlùn) 논설문이나 책 따위의 각 세목에 대한 논설. ↔ 총론(總論).
各樣各式(각양각식 gèyànggèshì) 여러 가지 양식.
各人各色(각인각색 gèréngèsè) ① 각 사람의 여러 모양. ② 사람에 따라 각각 다름.
各地各處(각지각처 gèdìgèchù) 여러 지방. 여러 곳.

合 합할 합

亽亼合合合

囗 hé 囯 ゴウ, あう 囯 sum
囗 gě

① ① 합할 합(結合). ② 같을 합(同). ③ 짝 합(配). ④ 모일 합(會). ⑤ 모을 합(聚). ⑥ 대답할 합(答). ② ① 부를 갑(呼). ② 화할 갑(和). ③ 홉 갑(量名 十龠).

書體 小篆 合 草書 合 (中學) 會意

合當(합당 hédàng) 꼭 알맞음.
合理(합리 hélǐ) ① 이치에 합당함. ② 논리적인 필연성에 의하여 지배되는 것.
合法(합법 héfǎ) 법령 또는 법식에 맞음. ↔ 불법(不法).
合倂(합병 hébìng) 둘 이상의 기관을 합하여 하나로 만들음. 병합(倂合).
合意(합의 héyì) ① 서로 의사가 일치함. ② 당사자 간의 뜻이 합치함.
合作(합작 hézuò) ① 힘을 합하여 만들음. ② 작품을 두 사람 이상이 서로 의논하여 지음.
合葬(합장 hézàng) 한 무덤에 묻음.
合掌(합장 hézhǎng) 두 손바닥을 마주 합침. 또는 그와 같이 하고 절을 합.

合竹扇(합죽선 hézhúshàn) 얇게 깎은 겉대를 맞붙여서 부채 살을 만든 질부채.

合窆(합폄 hébiǎn) =합장(合葬).

合歡(합환 héhuān) ① 기쁨을 같이 함. ② 남녀가 동거함.

合歡酒(합환주 héhuānjiǔ) 혼례 때 신랑 신부가 서로 잔을 바꾸어 마시는 술.

▶ 强保合勢(강보합세)·結合(결합)·競合(경합)·咬合(교합)·宮合(궁합)·糾合(규합)·氣合(기합)·團合(단합)·談合(담합)·配合(배합)·百合花(백합화)·倂合(병합)·保合(보합)·複合(복합)·烽合(봉합)·不適合(부적합)·附合(부합)·乘合(승합)·試合(시합)·暗合(암합)·野合(야합)·聯合(연합)·迎合(영합)·烏合之卒(오합지졸)·融合(융합)·意気投合(의기투합)·離合集散(이합집산)·適合(적합)·接合(접합)·整合(정합)·組合(조합)·調合(조합)·綜合(종합)·重合(중합)·集合(집합)·天人合一(천인합일)·總合(총합)·聚合(취합)·統廢合(통폐합)·統合(통합)·核融合(핵융합)·協同組合(협동조합)·混合(혼합)·和合(화합)·會合(회합).

吉 길할/좋을 길

³⁶

吉吉吉吉吉吉

☒ jí ㋐ キツ, キチ, よい ㋺ good

① 길할 길(嘉祥). ② 즐거울 길(慶). ③ 이로울 길(利). ④ 초하룻날 길(朔日). ⑤ 착할 길(善).

書體 小篆 吉 草書 中學 會意

吉祥(길상 jíxiáng) 운수가 좋은 조짐. 경사가 날 조짐.

吉祥善事(길상선사 jíxiángshànshì) 매우 기쁘고 좋은 일.

吉兆(길조 jízhào) 좋은 일이 있을 징조. 또는 표시. ↔흉조(凶兆).

吉土(길토 jítǔ) 좋은 땅.

吉凶(길흉 jíxiōng) 좋은 일과 언짢은 일. 행복과 재앙.

吉凶禍福(길흉화복 jíxiōnghuòfú) 좋고 복된 일과 언짢은 일.

▶ 庫吉祥사(고길상사)·大吉(대길)·不吉(불길)·立春大吉(입춘대길).

吊 조상할 조ː

³⁶

【弔(弓부1획)의 속자】

吋 인치 촌

³⁶

㋐ トウ, しかる ㋺ scold

1 인치 촌(英國度名〈inch〉). **2** 꾸짖을 두(叱).

同 한가지 동

³⁶

冂冂冂同同同

☒ tóng, tòng ㋐ ドウ, おなじ
㋺ same

① 한가지 동(共). ② 모을 동(會合). ③ 무리 동(輩). ④ 가지런히 할 동(齊). ⑤ 화할 동(和). ⑥ 같이할 동(等). ⑦ 사방 백리의 땅 동(地方百里). 【소과 통합】

書體 小篆 同 草書 同 中學 會意

同價紅裳(동가홍상 tóngjiàhóngsháng) 같은 값이면 다홍치마라는 뜻. 《轉》 같은 값인 경우에는 품질이 좋은 것을 고름.

同苦同樂(동고동락 tóngkǔtónglè) 고락을 같이 함.

同期(동기 tóngqī) ① 같은 시기. ② 동기 동창.

同病相憐(동병상련 tóngbìngxiānglián) 같은 병에 고민하는 사람은 서로 불쌍히 여김. 《轉》 경우가 같은 사람은 곤란(困難)이 있을 때 서로 동정(同情)함.

同牀異夢(동상이몽) tóngchuángyìmèng) 한 자리에 자면서 꿈은 다름. 《喩》같이 살면서 생각을 달리함.
同棲(동서 tóngqī) 한 집에서 같이 살음. 부부가 같이 살음. 또는 그 일.
同壻(동서 tóngxù) 자매의 남편끼리 서로 일컫는 말.
同姓同本(동성동본 tóngxìngtóngběn) 성(姓)과 본관(本貫)이 같음. 한 씨족(氏族).
同心協力(동심협력 tóngxīnxiélì) 같은 마음으로 힘을 내어 도움.
同硯(동연 tóngyàn) 같은 곳에서 함께 공부함. 또는 그 사람. 동창(同窓). 동학(同學).
同族相殘(동족상잔 tóngzúxiāngcán) 동족끼리 서로 싸우고 죽임.
同胞(동포 tóngbāo) 같은 어머니로부터 태어난 형제자매. 《轉》한 나라 한 민족에 속하는 사람.
同好人(동호인 tónghǎorén) 어떠한 것을 같이 좋아하는 사람. 동호자(同好者).

▶ 共同(공동)·男女七歲不同席(남녀칠세부동석)·大同團結(대동단결)·大同小異(대동소이)·附和雷同(부화뇌동)·不同(부동)·四海同胞(사해동포)·異口同聲(이구동성)·異同(이동)·異腹同生(이복동생)·一同(일동)·贊同(찬동)·總同門會(총동문회)·合同(합동)·協同(협동)·混同(혼동)·和同(화동)·會同(회동).

名 이름 명

⟨3/6⟩

ノククタ名名

음 míng 일 メイ, ミョウ, な
영 name, famous

① 이름 명(聲稱號). ② 이름 지을 명(命名). ③ 공 명(功). ④ 사람 명(수를 나타낼 때 씀). ⑤ 글 명(文字). ⑥ 명령할 명(命令). ⑦ 말뿐 명(虛有名無實).

書體 小篆 名 草書 名 中學 會意

名家(명가 míngjiā) ① = 명문(名門). ② 중국 전국시대(戰國時代)의 입론(立論)의 법칙을 연구하는 학파. 또 그 학파의 학자. 논리학자.
名曲(명곡 míngqǔ) 유명한 악곡. 뛰어나게 잘된 악곡.
名妓(명기 míngjì) 이름난 기생.
名單(명단 míngdān) 관계자의 이름을 적은 것.
名利(명리 mínglì) 명예와 이익.
名望(명망 míngwàng) 명예와 인망.
名目(명목 míngmù) ① 사물을 지정해 부르는 이름. 이름. 명칭. ② 구실. 이유.
名文(명문 míngwén) 유명한 글. 썩 잘된 글.
名門(명문 míngmén) 문벌이 좋은 집안. 명가(名家).
名門巨族(명문거족 míngménjùzú) 이름난 집안과 권세 있는 겨레.
名分(명분 míngfèn) 신분에 의하여 반드시 지켜야 할 도의상(道義上)의 본분(本分). 표면적인 구실.
名不虛傳(명불허전 míngbùxūchuán) 이름이 공연히 전하여진 것이 아님.
名士(명사 míngshì) 명성이 높은 사람. 재덕(才德)이 뛰어난 사람.
名山大川(명산대천 míngshāndàchuān) 경치 좋고 이름난 산천. 이름난 산과 큰 내.
名相(명상 míngxiàng) ① 유명한 관상가. ② 유명한 재상.
名色(명색 míngsè) ①《佛》오온(五蘊)의 총칭. ② 명목(名目). 구실(口實). ③ 미인. 이름난 기생.
名聲(명성 míngshēng) 세상에 떨친 이름. 명예. 평판. 성명(聲名). 성문(聲聞).
名所(명소 míngsuǒ) 유명하고 경치가 좋은 곳. 고적으로 유명한 곳. 명승(名勝).

名勝古蹟(명승고적 míngshènggǔjī) 명승과 고적.

名臣(명신 míngchén) 이름난 신하. 훌륭한 신하.

名實相符(명실상부 míngshíxiāngfú) 이름과 실상이 서로 부합함.

名案(명안 míngàn) 뛰어난 고안(考案).

名言(명언 míngyán) 이치에 맞게 썩 잘한 말.

名譯(명역 míngyì) 썩 잘된 번역. 훌륭하게 잘된 번역. 또는 그 작품.

名譽(명예 míngyù) ① 자랑. ② 이름 높은 평판. 명성. ③ 유명함. 저명함.

名譽毀損(명예훼손 míngyùhuǐsǔn) 《法》 남의 이름을 더럽히고 떨어 뜨림.

名義(명의 míngyì) ① 이름. ② 명분(名分).

名將(명장 míngjiàng) 이름이 높은 장군. 이름난 장수.

名匠(명장 míngjiàng) 이름난 장인(匠人). 조각·건축 등의 일을 하는 사람. 명공(名工).

名著(명저 míngzhù) 훌륭한 저술.

名節(명절 míngjié) ① 명예와 절조. ②《國》명일(名日) 때의 좋은 시절.

名刹(명찰 míngchà) 유명한 절[사(寺)].

名札(명찰 míngzhá) 이름을 써서 가슴에 다는 표.

名唱(명창 míngchàng) 잘 부르는 노래. 또는 노래를 잘 부르는 사람.

名稱(명칭 míngchēng) 부르는 이름.

名牌(명패 míngpái) 성명을 쓴 패.

名筆(명필 míngbǐ) 글씨를 썩 잘 쓰는 사람. 또는 그 글씨.

名銜(명함 míngxián) 자기의 성명·주소·직업·신분 등을 박은 종이쪽. 명함(名啣).

▶ 假名(가명)·改名(개명)·擧名(거명)·高名(고명)·功名(공명)·國名(국명)·記名(기명)·陋名(누명)·大義名分(대의명분)·盜名(도명)·同名異人(동명이인)·命名(명명)·無記名(무기명)·美名(미명)·芳名(방명)·法名(법명)·別名(별명)·病名(병명)·本名(본명)·不名譽(불명예)·署名(서명)·姓名(성명)·聲名(성명)·洗禮名(세례명)·俗名(속명)·實名(실명)·惡名(악명)·御名(어명)·連名(연명)·藝名(예명)·汚名(오명)·威名(위명)·有名無實(유명무실)·匿名(익명)·人名事典(인명사전)·立場ература(입신양명)·作名(작명)·著名人士(저명인사)·除名(제명)·罪名(죄명)·地名(지명)·指名(지명)·借名(차명)·創氏改名(창씨개명)·通姓名(통성명)·品名(품명)·學名(학명)·虛名(허명)·呼名(호명)·諱名(휘명).

后 임금/왕후 후:

🔤 hòu 🇯🇵 コウ, きさき 🇬🇧 empress

① 임금 후(君). ② 뒤 후(後). ③ 왕비 후(王妃). ④ 땅을 맡은 귀신 후(社神后土). 【後와 통용】

后宮(후궁 hòugōng) 궁중의 여관(女官)이 있는 곳. 후궁(後宮).

后妃(후비 hòufēi) 임금의 정실(正室). 황후(皇后).

后王(후왕 hòuwáng) 임금. 천자(天子). 군주(君主).

后帝(후제 hòudì) 천제(天帝). 하늘.

▶ 母后(모후)·王后(왕후)·太后(태후)·皇后(황후)·皇太后(황태후).

吏 아전/관리 리:

吏 吏 吏 吏 吏 吏

🔤 lì 🇯🇵 リ, つかさ 🇬🇧 subordinate

① 아전 리(府吏). ② 관리 리(治政官人).

書體 小篆 吏 隸書 草書 吏 高校 會意

吏讀(이두 lìdú) 《國》 삼국시대(三國時代)부터 한자(漢字)의 음과 뜻을 빌어서 우리말을 표기한 한자. 이도(吏道). 이토(吏吐).

吏曹(이조 lìcáo)《制》① 조선(朝鮮) 때 육조(六曹)의 하나. 문관의 선임과 훈봉(勳封), 관인의 성적 고사 포폄(褒貶)에 관한 일을 맡던 관청. ② 고려 때 육조(六曹)의 하나. 문관(文官)의 선임 공훈 봉작에 관한 사무를 담당. 전리사(典理司)를 고친 이름.

吏曹判書(이조판서 lìcáopànshū)《制》이조(吏曹)의 정이품(正二品) 으뜸 벼슬. 아전(雅典).

▶ 官吏(관리)·稅吏(세리)·良吏(양리)·汚吏(오리)·獄吏(옥리)·執達吏(집달리)·貪官汚吏(탐관오리)·鄕吏(향리)·酷吏(혹리).

吐 토할 토:

吐吐吐吐吐吐

🔊 tǔ 🇯🇵 ト, はく 🇬🇧 vomit

① 토할 **토**(口歐). ② 펼 **토**(出也, 舒). ③ 게울 **토**(吐出物). ④ 나올 **토**(吐露).

書體 小篆 吐 草書 吐 (高校) 形聲

吐剛如柔(토강여유 tǔgāngrúróu) 딱딱한 것은 뱉고 부드러운 것은 먹는다는 뜻《喩》강한 것은 두려워하고 약한 것은 업신여김.

吐露(토로 tǔlòu) 속마음을 드러내어 말함.

吐瀉癨亂(토사곽란 tǔxièhuòluàn)《醫》토하고 설사하면서 배가 뒤틀리듯이 몹시 아픈 증세.

吐盡肝膽(토진간담 tǔjìngāndǎn) 거짓 없는 실정을 숨김없이 모두 말함.

吐血(토혈 tǔxiě) 피를 토함.

▶ 嘔吐(구토)·實吐(실토)·呑吐(탄토).

向 향할 향:

向向向向向向

🔊 xiàng 🇯🇵 キョウ, むかう 🇬🇧 toward ② 🇯🇵 コウ

① 향할 **향**(對). ② 나아갈 **향**(趨). ③ 접때 **향**(昔). ④ 북쪽 창 **향**(北出牖). ⑤ 앞설 **향**(嚮). ⑥ 기울어질 **향**(傾向).
【嚮·鄕과 통함】② 성 **상**(姓).

書體 小篆 向 小篆 向 小篆 向 草書 向

(中學) 象形

向方(향방 xiàngfāng) 향하는 곳.

向背(향배 xiàngbèi) ① 앞과 뒤. ② 좇음과 등짐. 붙음과 떨어짐. ③ 형편.

向上(향상 xiàngshàng) ① 위로 향하여 나아가는 일. 진보. ② 현재의 상태의 만족하지 않고 다시 발전하려고 노력하는 일.

向時(향시 xiàngshí) ① 접때. ② 지난번.

向學(향학 xiàngxué) 학문에 뜻을 두고 그 길로 나아감.

向後(향후 xiànghòu) 이 다음. 이 뒤.

▶ 傾向(경향)·動向(동향)·方向(방향)·性向(성향)·意向(의향)·轉向(전향)·坐向(좌향)·指向(지향)·趣向(취향)·偏向(편향)·風向(풍향).

君 임금 군

君君君君君君君

🔊 jūn 🇯🇵 クン, きみ 🇬🇧 king, you

① 임금 **군**(至尊). ② 아버지 **군**(嚴父). ③ 아내 **군**(妻). ④ 남편 **군**(夫). ⑤ 선조 **군**(先祖稱). ⑥ 그대 **군**(彼此通稱). ⑦ 귀신의 존칭 **군**「상군(湘君)」.

書體 小篆 君 小篆 君 草書 君 (中學) 會意

君臨(군림 jūnlín) ① 가장 높은 자리에 섬. ② 임금이 되어 나라를 다스림.

君師父(군사부) jūnshīfù) 임금과 스승과 아버지.
君臣有義(군신유의 jūnchényǒuyì) 오륜(五倫)의 하나. 임금과 신하 사이에 의리가 있어야 함.
君子(군자 jūnzǐ) ① 학식과 덕망이 높은 사람. ② 높은 관직에 있는 사람. ③ 아내가 자기 남편을 가리키는 말. ④ 대나무의 이칭.
君侯(군후 jūnjiào) ① 제후. ② 재상의 존칭.

▶ 欺君罔上(기군망상)·郎君(낭군)·明君(명군)·夫君(부군)·府君(부군)·聖君(성군)·聖人君子(성인군자)·主君(주군)·暴君(폭군)·賢君(현군).

吞 삼킬 탄

口/4/7

🔊 ドン, のむ 🔤 gulp down

① 삼킬 탄(咽). ② 휩쓸 탄(幷包). ③ 감출 탄(藏). ④ 멸할 탄(滅).
吞剝(탄박 tūnbō) 강제로 빼앗음.
吞噬(탄서 tūnshì) ① 삼키고 물음. 서로 물음. ② 다른 나라를 병합함.
吞吐(탄토 tūntǔ) 삼키거나 뱉는 일.

▶ 幷吞(병탄).

吟 읊을 음

口/4/7

吟吟吟吟吟吟吟

🔊 yín 🔊 ギン, うたう 🔤 recite

① 읊을 음(咏). ② 끙끙거릴 음(呻). ③ 탄식할 음(歎). 【嗆과 같음】 ④ 턱 끄덕거릴 음(頷頤貌). ⑤ 노래할 음(長咏). ⑥ 말더듬을 음(吃). ⑦ 울 음(鳴).

書體 小篆 吟 或體 訡 草書 吟 中學 形聲

吟客(음객 yínkè) 시인을 가리키는 말.
吟味(음미 yínwèi) 시나 노래를 읊어 그 뜻을 살핌. 사물의 의미를 새겨서 궁구함.
吟詠(음영 yínyǒng) 시가를 읊음. 또는 그 시가. 음영(吟詠). 음풍(吟諷).
吟風詠月(음풍영월 yínfēngyǒngyuè) 시를 짓고 흥취를 자아내어 놀음.

▶ 朗吟(낭음)·微吟(미음)·呻吟(신음).

否 아닐 부ː

口/4/7

否否否否否否否

1 🔊 fǒu 🔊 ヒ, いな 🔤 no
2 🔊 pǐ 🔊 ヒ, いな 🔤 not

1 ① 아닐 부(口不許). ② 틀릴 부(違). ③ 없을 부(無). ④ 인정치 않을 부(不肯). 【不과 통함】 2 ① 막힐 비(塞). ② 더러울 비(穢). ③ 악할 비(惡).

書體 小篆 否 草書 否 中學 會意

否決(부결 fǒujué) 회의에 제출된 의안을 옳지 않다고 하여 성립시키지 않는 의결. ↔가결(可決).
否認(부인 fǒurèn) 그렇지 않다고 보거나 주장함. 동의하지 아니함.
否定(부정 fǒudìng) ① 그렇지 않다고 인정함. ②《論》주사(主辭)·빈사(賓辭)의 두 개념이 일치하지 않음을 말함. ↔긍정(肯定).
否票(부표 fǒupiào) 옳지 않다는 뜻을 나타낸 표. ↔가표(可票).

▶ 拒否(거부)·當否(당부)·安否(안부)·與否(여부)·日可日否(왈가왈부)·適否(적부)·正否(정부)·眞否(진부)·贊否(찬부).

含 머금을 함

口/4/7

含含含含含含含

🔊 hán 🔊 ガン, ふくむ 🔤 hold in mouth

1 ① 머금을 함(銜). ② 용납할 함(包

容). ③ 참을 함(忍). **2** 무궁주 합(飯含).

書體 小篆 含 小篆 含 草書 含 (高校) 形聲

含默(함묵 hánmò) 입을 다물고 조용하게 있음.
含憤蓄怨(함분축원 hánfènxùyuàn) 분한 마음을 품고 원통한 마음을 가짐.
含笑(함소 hánxiào) 웃음을 머금거나 띔.
含蓄(함축 hánxù) 깊이 간직하여 드러내지 않음. 내공이 있음. 깊은 뜻을 간직함.
含苞(함파 hánpā) 꽃봉오리.

▶ 阿含經(아함경)·包含(포함).

呈 드릴 정

중 chéng 일 テイ, あらわす
영 show, appear

① 보일 정(示). ② 드러낼 정(露). ③ 드릴 정(獻). ④ 정도 정(程). ⑤ 평평할 정(平). 【程과 통함】

呈納(정납 chéngnà) 물건을 보내서 드림. 정상(呈上). 정송(呈送).
呈露(정로 chénglù) 드러내어 나타냄.
呈上(정상 chéngshàng) 올려 받침. 헌상함. 진상(進上).
呈示(정시 chéngshì) ① 나타내어 보임. 또 그 일. ②《經》어음·수표 그 밖의 증권 등을 가진 사람이 인수나 지불을 요구하기 위하여 지불인 또는 인수인에게 제출하여 보이는 것.

▶ 露呈(노정)·拜呈(배정)·贈呈(증정)·進呈(진정).

吳 성(姓) 오

중 wú 일 ゴ, くれ 영 family name
1 ① 오나라 오(國名). ② 큰소리할 오(大言). ③ 성 오(姓). **2** 지껄일 우(譁).

吳越同舟(오월동주 wúyuètóngzhōu)《喩》원수끼리 같은 처지에 모인 경우. 사이가 서로 나쁜 오(吳)나라 사람과 월(越)나라 사람이 배를 같이 탄다는 뜻.
吳回(오회 wúhuí) 불의 신.

吸 마실/빨 흡

중 xī 일 キュウ, すう 영 sip

① 숨 들이쉴 흡(內息). ② 마실 흡(飮). ③ 구름이 떠다닐 흡(雲動).

書體 小篆 吸 草書 吸 (高校) 形聲

吸收(흡수 xīshōu) ① 빨아들임. ② 물건을 모아들임. ③ 여러 물질을 혈관이나 임파관 속으로 옮겨 넣는 작용. ④ 액체·고체가 기체를 녹이는 현상.
吸煙(흡연 xīyān) 담배를 피움.
吸引(흡인 xīyǐn) 빨아들임. 끌어들임.
吸入(흡입 xīrù) 빨아들임.
吸著(흡착 xīzhuó)《物》기체가 고체의 겉에 달라붙는 현상.
吸血(흡혈 xīxuè) 피를 빨아들임.
吸血鬼(흡혈귀 xīxiěguǐ) ① 사람의 피를 빨아먹는다는 귀신. ② 남의 재물을 악독하게 빼앗아가는 사람.

▶ 間接吸煙(간접흡연)·丹田呼吸(단전호흡)·呼吸(호흡).

吹 불 취:

중 chuī 일 スイ, ふく
영 blow, exhale

① 불 취(出氣噓). ② 숨쉴 취(息吐). ③ 악기 불 취(奏). ④ 부를 취(皷吹).

⑤ 바람 **취**(風). ⑥ 충돌할 **취**, 부추길 **취**(衝).

[書體] 小篆 草書 [中學] 會意

吹毛求疵(취모구자 chuīmáoqiúci) 남의 잘못을 꼬치꼬치 캐내는 것.

吹入(취입 chuīrù) ① 공기를 불어 넣음. ② 레코드에 소리를 불어 넣음.

吹奏(취주 chuīzòu) 관악기, 곧 취주 악기를 입으로 불어 연주함.

吹打(취타 chuīdǎ) 군중에서 나팔·호적·대각 따위를 불고 나(鑼)·정(鉦)·바라·징·북 따위를 치던 군악.

▶ 鼓吹(고취).

口 4 ⑦ 吻 입술 문

[중] wěn [일] ブン, フン, くちさき [영] lip

① 입술 **문**(口脣邊). ② 뾰족 나온 **문**(物出邊).

吻合(문합 wěnhé) 입술이 딱 맞음. 사물이 잘 맞는 것.

口 4 ⑦ 吼 울부짖을 후:

[중] hǒu [일] コウ, ク, [영] ほえる roar

① 소우는 소리 **후**(牛鳴). ② 사자 우는 소리 **후**(獅鳴). ③ 높고 긴 소리 **후**(高長聲). ④ 원성 **후**(怨聲). ⑤ 범 성낸 소리 **후**(虎怒聲).

吼怒(후노 hǒunù) 범이나 사자가 큰 소리치며 성냄.

吼號(후호 hǒuhào) 소리 높이 외침.

▶ 獅子吼(사자후).

口 4 ⑦ 吾 나 오

吾 吾 吾 吾 吾 吾 吾

[중] wú [일] ゴ, われ [영] I

① 나 **오**(我). ② 내 **오**(自己). ③ 아들 **오**(子稱). ④ 웅얼거릴 **오**(伊吾讀書聲). ⑤ 벼슬 이름 **오**(官名執金吾). 【晤와 통함】

[書體] 小篆 草書 [中學] 形聲

吾等(오등 wúděng) 우리들.

吾不關焉(오불관언 wúbùguānyān) 자기는 그 일에 상관하지 않음.

吾鼻三尺(오비삼척 wúbísānchǐ) 《喻》 자기가 곤궁에 허덕여 남의 사정을 돌아볼 사이가 없다는 뜻.

吾子(오자 wúzǐ) ① 내 아들이라는 뜻. ② 친하게 사람을 부르는 호칭.

口 4 ⑦ 告 고할 고:

告 告 告 告 告 告 告

[일] コク, つげる tell, [영] declare

[1] ① 알릴 **고**(報). ② 여쭐 **고**(啓). ③ 칙지 **고**(授官). ④ 쉴 **고**(告寧休暇). ⑤ 물을 **고**(問). ⑥ 가르칠 **고**(敎). [2] ① 청할 **곡**(請). ② 보일 **곡**(示). ③ 찾을 **곡**(尋).

[書體] 小篆 草書 [中學] 會意

告發(고발 gàofā) 범죄에 직접 관계가 없는 제삼자가 수사 기관에 범죄 사실을 신고, 소추(訴追)를 구하는 행위.

告白(고백 gàobái) 숨김없이 사실대로 말함. 고하여 말함.

告訃(고부 gàofù) 사람의 죽음을 알림.

告祀(고사 gàosì) 집안이 잘 되기를 바라며 지내는 제사.

告辭(고사 gàocí) 의식 때에 글로써 훈계하는 말.

告訴(고소 gàosù) 《法》 피해자, 또는 다른 소권(訴權)이 있는 사람이 그

범죄자, 또는 범인이 있는 곳의 검사나 사법 경찰관에게 구두·서면으로 해를 입는 사실을 신고하여 범인의 소추(訴追)를 구하는 행위.
告示(고시 gàoshì) ① 고하여 알림. ② 관청에서 여러 사람에게 알리는 문서.
告知(고지 gàozhī) 통지하여 알림.
告天文(고천문 gàotiānwén) 혼례식 따위 예식에서 하느님에게 아뢰는 글발.
告解(고해 gàojiě)《宗》본죄를 용서받는 성사(聖事). 칠대성사(七大聖事)의 하나.

▶ 警告(경고)·戒告(계고)·公告(공고)·廣告(광고)·勸告(권고)·誣告(무고)·密告(밀고)·報告(보고)·誥告(고고)·上告(상고)·宣告(선고)·申告(신고)·豫告(예고)·原告(원고)·諭告(유고)·以實直告(이실직고)·催告(최고)·忠告(충고)·親告罪(친고죄)·通告(통고)·布告(포고)·被告(피고)·抗告(항고)·訓告(훈고).

呂 성(姓)/법칙 려:

🔊 lǚ 🇯 リョ, ロ, せぼね 🇬 vertebra
① 풍류 려(陰律). ② 등골 뼈 려(脊骨). ③ 성 려(姓). ④ 종 이름 려(鍾名). ⑤ 칼 이름 려(刃名).

呂宋煙(여송연 lǚsòngyān) 필리핀의 루손 도(島)에서 나는 향기가 좋고 독한 엽궐련.

呎 피트 척

🔊 chǐ 🇯 シャク, フィート 🇬 foot
피트 척(feet, 英國尺名).

呀 갤런 승

① 갤런 승(gallon, 英美의 容量單位). ② 쿼트(quart).

呪 빌 주:

🔊 zhòu 🇯 ジュ, のろう 🇬 curse
① 방자할 주(請神加殃). ② 저주할 주(咀呪).

呪文(주문 zhòuwén) 술가(術家)가 술법(術法)을 쓸 때 외는 저주의 글.
呪誦(주송 zhòusòng) 주문을 읽음.
呪術(주술 zhòushù) ① 무당 등이 신(神)의 힘이나 신비력으로 재액을 물리치거나 내려 달라고 비는 술법. 주저(呪咀). ② 마술(魔術).
呪咀(주저 zhòujǔ) ① 주술(呪術). ② 《中》주저(呪詛). (呪는 선악에 다 쓰이고, 詛는 악한 기도에만 씀).

▶ 念呪(염주)·詛呪(저주).

周 두루 주

周周周周周周周周

🔊 zhōu 🇯 シュウ, めぐる 🇬 round
① 두를 주(匝). ② 주밀할 주(密). ③ 두루할 주(偏). ④ 미쁠 주(忠信). ⑤ 구할 주(救助). ⑥ 구부러질 주(曲所). ⑦ 나라 이름 주(國名). 【賙와 통함】

書體 小篆 周 古文 岕 草書 周 週 高校 會意

周到(주도 zhōudào) 주의가 두루 미쳐 실수가 없음.
周覽(주람 zhōulǎn) 두루 봄. 두루 살핌. 주견(周見).
周密(주밀 zhōumì) 어떤 일에든지 빈틈이 없고 자세함. 주도(周到)하고 세밀함.
周鉢(주발 zhōubō) 놋쇠로 만든 밥 그릇.
周旋(주선 zhōuxuán) ① 돌아다님. 주잡(周匝)·주유(周游). ② 몸가짐. 동작. ③ 일이 잘 되도록 보살펴 줌. 가운데서 중재 알선함. ④ 뒤

쫓아 감.
周易(주역 zhōuyì) 《書》 주대(周代), 문왕(文王)과 주공(周公)·공자(孔子)에 의하여 대성(大成)된 역학(易學). 또는 그 책. 역경(易經).
周知(주지 zhōuzhī) 여러 사람이 두루 앎.
周親(주친 zhōuqīn) 더할 수 없이 친한 사이. 지친(至親).
周行(주행 zhōuxíng) ① 두루 돌아다님. 순행(巡行). 순유(巡遊). ② 지도(至道). 최상의 도(道). ③ 주(周) 조정의 열위(列位). ④ 대도(大道). 도로(道路).

▶ 用意周到(용의주도)·圓周(원주)·一周(일주).

味 맛 미:
口 5 8

味味味味味味味味

음 wèi 일 ミ, ビ, あじ 영 taste

① 맛 미(滋味物之精液). ② 기분 미(氣分). ③ 뜻 미(意味). ④ 맛볼 미(嘗味).

書體 小篆 味 草書 味 中學 形聲

味覺(미각 wèijué) = 미감(味感).
味感(미감 wèigǎn) 맛을 느끼는 감각. 혀의 미각 신경에 의하여 생기는 감각.
味神經(미신경 wèishénjīng) 혀의 점막에 있어 미각을 맡은 신경.

▶ 佳味(가미)·加味(가미)·嘉味(가미)·甘味(감미)·苦味(고미)·口味(구미)·氣味(기미)·妙味(묘미)·無味乾燥(무미건조)·美味(미미)·別味(별미)·酸味(산미)·山海珍味(산해진미)·嘗味(상미)·性味(성미)·辛味(신미)·五味(오미)·吟味(음미)·意味(의미)·一味(일미)·滋味(자미)·正味(정미)·調味(조미)·珍味(진미)·眞味(진미)·趣味(취미)·風味(풍미)·鹹味(함미)·香味(향미)·興味(흥미)·興味津津(흥미진진).

呵 꾸짖을 가:
口 5 8

음 hē 일 カ, しかる 영 scold

① 꾸짖을 가(怒責). ② 내불 가(氣出). ③ 깔깔 웃을 가(笑聲). ④ 꾸지람할 가(責讓). ⑤ 불 가(噓氣).

呵呵(가가 hēhē) 깔깔 웃는 모양. 가연(呵然).
呵喝(가갈 hēhè) 큰 잘못을 소리로 꾸짖어 그치게 함.
呵引(가인 heyǐn) 귀인의 행차에 선도자(先導者)가 행인을 꾸짖어 물리치고 길을 인도하는 것. 가도(呵導). 경필(警蹕).
呵止(가지 hēzhǐ) 꾸짖어 하던 일을 못하게 함. 가금(呵禁).
呵叱(가질 hēchì) 큰 소리로 꾸짖는 것.
呵責(가책 hēzé) 엄하게 꾸짖음. 가책(苛責). 가견(加譴).
呵噓(가허 hēxū) 입김을 내부는 것.
呵護(가호 hēhù) 방해자를 꾸짖어 그 일을 못하게 함.
呵欠(가흠 heqiàn) 하품.

呻 읊조릴 신
口 5 8

음 shēn 일 シン, うめく 영 moaning

① 읊조릴 신(吟咏聲). ② 끙끙거릴 신(呻吟, 殿屎).

呻吟(신음 shēnyín) ① 괴로워 끙끙거리는 소리를 냄. ② 괴로움을 잊고자 시 따위를 중얼거림.
呻畢(신필 shēnbì) 글을 읽는 것. 글의 뜻과 내용은 모르면서 글자만을 읽어가는 것.
呻呼(신호 shēnhū) 괴로움을 견디지 못하여 소리 지름.

呼 부를 호
口 5 8

呼呼呼呼呼呼呼呼

呼

日 hū 日 コ、よぶ 영 call

① 숨 내쉴 **호**(外息). ② 부를 **호**(喚). ③ 슬퍼할 **호**(鳴呼歎辭). ④ 부르짖을 **호**(號). ⑤ 청할 **호**(招).

書體 小篆 呼 草書 吟 中學 形聲

呼訴無處(호소무처 hūsùwúchù) 원통한 사정을 호소할 곳이 없음.
呼應(호응 hūyìng) ① 한 쪽이 부르면 상대편이 이에 답함. ② 기맥이 서로 통함. ③ 글월의 앞뒤의 뜻이 서로 맞아 어울림.
呼出(호출 hūchū) ① 불러 냄. ② 소환(召喚).
呼兄呼弟(호형호제 hūxiōnghūdì) 형이니 아우니 할 정도로 매우 가까운 친구의 사이임을 나타내는 말.

▶ 丹田呼吸(단전호흡)·連呼(연호)·鳴呼哀哉(오호애재)·鳴呼痛哉(오호통재)·點呼(점호)·指呼(지호)·歡呼(환호).

命 목숨 명:

合 合 合 合 命 命 命 命

日 mìng 日 メイ、ミョウ、いのち、いいつけ 영 life, command

① 목숨 **명**(天之所賦人所稟受). ② 명령할 **명**(敎令). ③ 이름 **명**(名). ④ 도 **명**(道). ⑤ 운수 **명**(運). ⑥ 일러 보일 **명**(告示).

書體 小篆 命 草書 命 中學 會意

命脈(명맥 mìngmài) ① 목숨과 혈맥. ② 살아가는 데 요긴한 것. 목숨을 이어가는 근본. (轉) 중요한 사물을 말함.
命在頃刻(명재경각 mìngzàiqǐngkè) 숨이 곧 끊어질 지경에 이름. 거의 죽게 됨.
命題(명제 mìngtí) ① 제명(題名)을 붙이는 일. 또는 그 제(題). 명제. ② 《論》 판단을 언어로써 표현한 것.

▶ 考終命(고종명)·救命(구명)·歸命(귀명)·短命(단명)·黨命(당명)·大命(대명)·待命(대명)·亡命(망명)·美人薄命(미인박명)·拜命(배명)·復命(복명)·非命(비명)·非命橫死(비명횡사)·使命(사명)·上命(상명)·生命(생명)·召命(소명)·壽命(수명)·宿命(숙명)·受命(수명)·御命(어명)·嚴命(엄명)·餘命(여명)·易姓革命(역성혁명)·延命(연명)·王命(왕명)·殞命(운명)·運命(운명)·遺命(유명)·人命(인명)·任命(임명)·殘命(잔명)·詔命(조명)·天命(천명)·戴命(치명)·致命打(치명타)·勅命(칙명)·下命(하명)·抗命(항명)·革命(혁명)·醫命(현명).

咆 고함지를 포

日 páo 日 ホウ、ほえる 영 roar

① 고함지를 **포**(哮). ② 짐승 소리 **포**(咆哮熊虎聲). ③ 성 불끈 낼 **포**(咆勃怒貌).

咆哮(포효 páoxiāo) ① 사나운 짐승이 으르렁거림. ② 성내어 고함지름. 사람이 크게 외침. 포휴(咆烋).

和 화할 화

和 和 和 和 和 和 和

①-⑥ 日 hé, huó ⑦-⑫ 日 huò
日 ワ、カ、やわらぐ 영 peaceful

① 순할 **화**(順). ② 화할 **화**(諧). ③ 합할 **화**(合). ④ 알맞을 **화**(過不及). ⑤ 세피리 **화**(小笙). ⑥ 사이좋을 **화**(睦). ⑦ 화답할 **화**(聲相應). ⑧ 곡조 **화**(調). ⑨ 섞을 **화**(調味). ⑩ 더할 **화**(加). ⑪ 본받을 **화**(見習). ⑫ 줄 **화**(與).

書體 小篆 咊 草書 和 中學 形聲

和姦(화간 héjiān) 부부(夫婦)가 아닌 남녀가 합의(合意)하에 간통(姦通)함. ↔강간(強姦).
和氣(화기 héqì) ① 따뜻한 양기. 온화한 날. ② 온화한 기색. 화목한 기운.
和氣靄靄(화기애애 héqì'ǎi'ǎi) 여럿

이 모인 자리에 따스하고 부드러운 기운이 넘쳐흐르는 모양.
和睦(화목 hémù) 서로 뜻이 맞고 정다움. 화락하고 친목함. 화친(和親). 화합(和合).
和尚(화상 héshàng) 《佛》중의 존칭. 화상(和上).
和音(화음 héyīn) ① 고저가 다른 둘 이상의 소리가 한 때에 함께 어울리는 소리. ② 한자의 일본음(日本音).
和議(화의 héyì) ① 화해하고자 하는 의논. 강화의 평의(評議). ②《法》채무자에게 파산의 원인이 있어 파산 선고를 받아야 할 상태에 있을 때, 그 선고를 예방하기 위한 강제 화의.
和戰(화전 hézhàn) 평화와 전쟁.
和暢(화창 héchàng) 온화하고 맑음.
和平(화평 hépíng) 온화하고 태평함. 싸움이 없이 평화로움. 평화.
和風(화풍 héfēng) ① 부드러운 바람. 봄바람. ② 일본풍(日本風).
和風甘雨(화풍감우 héfēnggānyǔ) 부드러운 바람과 단비.

▶ 家庭不和(가정불화)·講和(강화)·共和(공화)·不協和音(불협화음)·不和(불화)·溫和(온화)·緩和(완화)·違和(위화)·宥和(유화)·融和(융화)·人和(인화)·調和(조화)·總和(총화)·親和(친화)·平和(평화)·飽和(포화)·協和(협화).

⁵⁄₈ 咏 읊을 영:

🔊 yǒng 🇯🇵 エイ, うたう 🇬🇧 chant
① 노래할 **영**(歌). ② 읊을 **영**(吟). 【詠과 같음】

⁵⁄₈ 咐 분부할/불[吹] 부

🔊 fù 🇯🇵 フ, いいつける 🇬🇧 instruct
① 불 **부**(噓). ② 분부할 **부**(吩).
咐囑(부촉 fùzhǔ) 부탁하여 위촉함.

⁵⁄₈ 咖 커피차 가

🔊 kā, ga 🇯🇵 コーヒー 🇬🇧 coffee
커피차 **가**(熱帶産植物茶名, 啡).
咖啡(가비 kāfēi) 커피. coffee의 음역. 가배(珈琲).

⁶⁄₉ 咤 꾸짖을 타

🔊 zhà, zhā 🇯🇵 タ, しかる 🇬🇧 scold
① 꾸짖을 **타**(叱怒). ② 슬플 **타**(悲). ③ 뿜을 **타**(噴). ④ 혀 찰 **타**(舌打). ⑤ 쩍쩍 씹는 소리 **타**(食物口鳴).
咤食(타식 zhàshí) 음식을 먹을 때 혓소리를 내며 먹음.
咤叱(타질 zhàchì) 큰 소리로 꾸짖음. 질타(叱咤).

⁶⁄₉ 咫 여덟 치 지

🔊 zhǐ 🇯🇵 シ, すこし 🇬🇧 little
① 여덟 치 **지**(八寸). ② 적을 **지**(少). ③ 짧을 **지**(短).
咫尺(지척 zhǐchǐ) ① 매우 가까운 거리. 주제(周制)에서 지(咫)는 8치(寸), 척(尺)은 10치를 일컬음. ② 짧음. 간단한 것. 근소(僅少). ③ 임금에게 배알하는 것.
咫尺不辨(지척불변 zhǐchǐbùbiàn) 몹시 어두워서 가까운 곳도 분별하지 못함.
咫尺千里(지척천리 zhǐchǐqiānlǐ)《國》가까이 있으면서도 소식이 없어 떨어져 사는 것과 같다는 말.

⁶⁄₉ 咲 웃을 소:

🇯🇵 ショウ, わらう 🇬🇧 laugh
웃을 **소**(笑). 【笑의 고자】

咸 다 함

咸咸咸咸咸咸咸咸咸

음 xián 일 カン, みな 영 all

① 다 함(悉). ② 같을 함(同). ③ 골고루 함(徧). ④ 괘 이름 함(卦名).

書體 小篆 咸 草書 咸 (高校) 會意

咸告(함고 xiángào) 빠지지 않고 모두 고함. 다 일러바침.

咸池(함지 xiánchí) ① 해가 미역 감는다는 천상(天上)의 곳. 곧 해가 지는 곳. 서쪽 바다. 천지(天池). ② 요제(堯帝) 때의 음악 이름. 대함(大咸). ③ 천신(天神). ④ 오곡을 맡아 보는 별 이름.

咸興差使(함흥차사 xiánxīngchāshǐ) 심부름을 가서 소식(消息)이 아주 없거나 회답(回答)이 더디 옴.《故》조선 때 태조가 선위(禪位)하고 함흥에 가서 은퇴(隱退)하고 있을 때 태종이 보낸 사신(使臣)을 혹은 죽이고 혹은 잡아 가두어 돌려보내지 아니하였음.

咽 목구멍 인 / 목멜 열 / 삼킬 연

1 음 yān 일 エン, のど 영 throat
2 음 yàn 일 イン, のど

1 목구멍 인(咽喉, 嗌). 2 ① 삼킬 연(吞). ② 빨리 치는 북소리 연(早急打鼓聲). 3 ① 목멜 열(鳴咽聲塞). ② 막힐 열(塞).

咽頭(인두 yāntóu)《生》위로는 비강(鼻腔), 앞으로는 구강(口腔)으로 이어지고 식도(食道) 및 후두(喉頭)에 접속된 누두상(漏斗狀)의 근육성 기관. 입과 목과의 접경(接境).

咽喉(인후 yānhóu) ①《生》목구멍. ② 급소(急所).

咽喉之地(인후지지 yānhóuzhīdì) 매우 요긴한 요새의 땅.

▶ 嗚咽(오열)·耳鼻咽喉科(이비인후과).

哀 슬플 애

哀哀哀哀哀哀哀哀哀

음 āi 일 アイ, あわれむ 영 pitiful

① 서러울 애(傷). ② 민망할 애(悶). ③ 슬플 애(痛). ④ 불쌍할 애(憐). ⑤ 사랑할 애(愛). ⑥ 기중 애(喪中).

書體 小篆 哀 草書 哀 (中學) 形聲

哀乞伏乞(애걸복걸 āiqǐfúqǐ) 갖은 수단으로 머리 숙여 자꾸 빌고 원함.

哀慶(애경 āiqìng) 슬픈 일과 경사스러운 일.

哀憐(애련 āilián) 애처롭고 가엾게 여김.

哀戀(애련 āiliàn) 서로 사랑하면서 부득이 헤어질 슬픈 연애.

哀慕(애모 āimù) 죽은 사람을 슬퍼하고 사모함.

哀惜(애석 āixī) 슬프고 아까움.

哀訴(애소 āisù) 슬프게 호소함.

哀愁(애수 āichóu) 가슴에 스며드는 슬픈 근심.

哀怨(애원 āiyuàn) 슬픈 소리로 원망함.

哀泣(애읍 āiqì) 슬프게 울음.

哀子(애자 āizǐ) ① 부모의 상중(喪中)에 있는 아들. 〈축문(祝文)에는 졸곡(卒哭) 전을 애자(哀子), 졸곡(卒哭) 후는 효자(孝子)라고 씀〉. ② 어머니는 죽고 아버지만이 있는 아들.

▶ 悲哀(비애)·嗚呼哀哉(오호애재)·喜怒哀樂(희로애락).

品 성품/물건 품:

品品品品品品品品品

음 pǐn 일 ヒン, しな, がら
영 kind, character

① 뭇 品(類). ② 품수 品(格). ③ 가지 品(物件). ④ 벼슬 차례 品(官級). ⑤ 법 品(式). ⑥ 한 가지 品(齊). ⑦ 평할 品(批評).

書體 小篆 品 草書 品 中學 會意

品階(품계 pǐnjiē) 직품과 관계(官階). 품질(品秩).
品詞(품사 pǐncí) 단어를 문법상 의미·상태·기능에 따라 분류한 종별. 명사·동사 따위.
品性(품성 pǐnxìng) ① 품격과 성질. 사람됨. 인품. ② 윤리학에서 성격을 도덕적 가치로 볼 때의 용어. 인격.
品位(품위 pǐnwèi) ① 물품의 등급. ② 직품(職品)과 지위. ③ 광석·지금(地金)·화폐 따위에 포함되어 있는 금속의 비례. ④ 인간이 가지는 절대적 가치로서 존경을 받을 특질·위엄·존엄.
品節(품절 pǐnjié) 정리하여 등차를 정함.
品種改良(품종개량 pǐnzhǒnggǎiliáng) 《生》 유전학을 이용하여 인간에게 한층 더 유리한 품종을 만들려고 함.
品切(품절 pǐnqiē) =절품(切品).
品質(품질 pǐnzhì) 물건의 성질과 바탕.
品評(품평 pǐnpíng) 물품의 좋고 나쁨과 가치를 평정(評定)함. 등차를 정함.
品行(품행 pǐnxíng) 품성과 행실. 인품. 몸가짐.

▶ 佳品(가품)·景品(경품)·骨董品(골동품)·金品(금품)·氣品(기품)·納品(납품)·斷品(단품)·名品(명품)·物品(물품)·舶來品(박래품)·部品(부품)·備品(비품)·上品(상품)·商品(상품)·賞品(상품)·性品(성품)·消耗品(소모품)·小品(소품)·食品(식품)·新品(신품)·神品(신품)·藥品(약품)·洋品(양품)·用品(용품)·遺品(유품)·人品(인품)·一品(일품)·逸品(일품)·作品(작품)·製品(제품)·粗品(조품)·珍品(진품)·眞品(진품)·出品(출품)·特品(특품)·廢品(폐품)·下品(하품)·化粧品(화장품).

哉 어조사 재

口 6 9

哉 哉 哉 哉 哉 哉 哉 哉 哉

음 zāi 일 サイ, はじめ
영 for the first time

① 비로소 哉(始). ② 답다 哉(間隔辭). ③ 그런가 哉(疑辭). ④ 어조사 哉(語助辭). 【材·載와 통함】

書體 小篆 哉 草書 哉 中學 形聲

哉生明(재생명 zāishēngmíng) 처음으로 빛을 발하는 것.《轉》달이 처음으로 보이는 때. 곧 음력 초사흘.
哉生魄(재생백 zāishēngpò) 달에 처음으로 백(魄)이 생긴다는 뜻. 곧 음력의 16일. 〈魄은 달 둘레의 빛 없는 곳.〉

▶ 嗚呼痛哉(오호통재)·快哉(쾌재).

員 인원/관원 원

口 7 10

員 員 員 員 員 員 員 員 員

1 음 yuán, yún 일 イン, かず
영 number
2 음 yùn 일 エン 영 member

1 ① 관원 員(官數). ② 둥글 員(幅員周). 2 ① 더할 운(益). ② 땅 이름 운(鳥員). 【云·鄖과 통함】

書體 小篆 員 大篆 員 草書 員 高校 會意

員數(원수 yuánshù) 물건의 수. 사람의 수.
員外(원외 yuánwài) 정원 밖의 수효.

▶ 各員(각원)·閣員(각원)·減員(감원)·客

員(객원)·缺員(결원)·契員(계원)·公務員(공무원)·工員(공원)·工作員(공작원)·官員(관원)·鑛員(광원)·敎員(교원)·交換員(교환원)·構成員(구성원)·國會議員(국회의원)·機關員(기관원)·勞組員(노조원)·論說委員(논설위원)·農民會員(농민회원)·團束班員(단속반원)·團員(단원)·黨員(당원)·隊員(대원)·代議員(대의원)·動員(동원)·滿員(만원)·盟員(맹원)·社員(사원)·船員(선원)·成員(성원)·修習社員(수습사원)·隨行員(수행원)·乘務員(승무원)·案內員(안내원)·延人員(연인원)·外販員(외판원)·要員(요원)·傭員(용원)·委員(위원)·議員(의원)·醫員(의원)·人員(인원)·一員(일원)·任員(임원)·任職員(임직원)·全員(전원).

哥 성(姓) 가

🔊 gē 🇯🇵 カ, あに, うたう
🇬🇧 elder brother, sing

① 언니 **가**(呼兄). ② 노래할 **가**(歌). ③ [國字]성 지명할 **가**(指稱姓氏).【歌의 고자】

哥哥(가가 gēgē) ① 형을 부르는 말. ② 남을 부르는 경어(敬語). ③ 옛날 아들이 아버지를 말할 때 쓴 말.
哥窯紋(가요문 gēyáowén) 잘게 갈라진 것처럼 보이는 도자기의 무늬.

哨 망볼 초

🔊 shào 🇯🇵 ショウ, みはり
🇬🇧 picket

1 ① 방수꾼 **초**(巡哨屯戍防盜處). ② 청대의 군제 **초**(淸代軍制, 百人一隊稱). ③ 피리 **초**(喇叭一種). **2** ① 입 비뚤어질 **소**(口不正). ② 잔말할 **소**(多言).

哨戒(초계 shàojiè) 적의 기습에 대비하여 전비를 갖추어 감시를 게을리 하지 않는 일.
哨戒艇(초계정 shàojiètǐng) 초계하는 함정(艦艇).
哨兵(초병 shàobīng) 보초 선 병사. 보초병.
哨堡(초보 shàobǎo) 적의 동태를 살피기 위하여 쌓은 보루.
哨船(초선 shàochuán) 보초의 임무를 지닌 배.
哨哨(초초 shàoshào) 말이 많은 모양.

▶ 動哨(동초)·步哨(보초)·前哨(전초)·前哨戰(전초전).

哩 어조사/마일(mile) 리

① 🔊 li, lī, lǐ, yīng 🇯🇵 リ, マイル 🇬🇧 mile ② 🔊 lǐ

① 어조사 **리**(語助詞). ② 마일 **리**(英美의 里程 mile).

哩囉(이라 liluó) 어린이의 말[言]. 어린이의 서투른 말.

哭 울 곡

哭 哭 哭 哭 哭 哭 哭 哭 哭

🔊 kū 🇯🇵 コク, なく 🇬🇧 wail

① 울 **곡**(哀之發聲). ② 곡례 **곡**(哭禮).

書體 小篆 哭 草書 哭 (高校) 形聲

哭臨(곡림 kūlín) ① 뭇 사람이 슬퍼서 울음. ② 《國》임금이 친히 죽은 신하를 조문함.
哭聲(곡성 kūshēng) 곡하는 소리.
哭泣(곡읍 kūqì) 소리 내어 슬피 울음.

▶ 鬼哭聲(귀곡성)·大聲痛哭(대성통곡)·放聲大哭(방성대곡)·哀哭(애곡)·痛哭(통곡)·號哭(호곡).

哲 밝을 철

哲 哲 哲 哲 哲 哲 哲 哲 哲 哲

🔊 zhé 🇯🇵 テツ, あきらか
🇬🇧 sagacious

① 밝을 철(明). ② 슬기로울 철(智). ③ 슬기로운 이 철(知者).【喆과 같음】

書體 小篆 𠇀 或體 𠏃 古文 喆 草書 𠂹 高校 形聲

哲理(철리 zhélǐ) ① 철학의 이치. ② 아주 깊고 묘한 이치.
哲辟(철벽 zhébì) 밝고 어진 임금.
哲人(철인 zhérén) 사물의 이치에 밝고, 식견이 높은 사람. 현인(賢人). 철사(哲士).
哲匠(철장 zhéjiàng) ① 현명하고 재예가 있는 사람. ② ㉠현명한 대신을 일컬음. ㉡문인(文人)을 일컬음. ㉢화가를 일컬음.
哲學(철학 zhéxué)《哲》인생의 의의, 세계의 본체 등 궁극의 근본 원리를 연구하는 학문. philosophy.

▶ 滿哲(만철)·明哲(명철)·先哲(선철)·聖哲(성철)·英哲(영철)·前哲(전철)·賢哲(현철).

哺 먹일 포:

音 bǔ 日 ホ、くらう 英 eat
① 씹어 먹을 포(口中嚼食). ② 먹일 포(哺之).【餔와 통함】
哺乳(포유 bǔrǔ) 젖을 먹임.

唆 부추길 사

音 suǒ 日 サ、そそのかす 英 tempt
① 아이들 군호할 사(小兒相應聲). ② 꾀일 사(誘).
唆囑(사촉 suǒzhǔ) 사주(使嗾).

▶ 敎唆(교사)·示唆(시사).

唐 당나라/갑자기 당(:)

音 táng 日 トウ、ほら 英 humbug
① 당나라 당(國名). ② 황당할 당(荒唐大言). ③ 복도 당(堂途). ④ 갑자기 당(遽). ⑤ 제방 당(塘).

書體 小篆 㫻 古文 喸 草書 唐 高校 形聲

唐突(당돌 tángtū) ① 저촉함. 부딪침. 저촉(抵觸). ② 돌연. 갑자기. 뜻밖에. 졸지(卒爾). ③ 올차서 조금도 꺼리는 마음이 없음.
唐慌(당황 tánghuāng) 놀라서 어찌할 줄을 모름. 당황(唐惶).

▶ 荒唐(황당)·荒唐無稽(황당무계).

唯 오직 유

音 wéi 日 イ、ただ 英 only
① 오직 유. 뿐 유(專辭獨). ② 허락할 유(許). ③ 어조사 유(語助辭).

書體 小篆 唯 草書 唯 中學 形聲

唯物論(유물론 wéiwùlùn)《哲》물질만이 종국의 실재이며, 정신상의 현상은 모두 물질의 작용에 불과하다는 학설. ↔ 유심론(唯心論).
唯心(유심 wéixīn)《佛》일심(一心) 곧 진여(眞如) 또는 중생의 내심으로써 만법 전개의 주체로 삼음.
唯我獨尊(유아독존 wéiwǒdúzūn) ①《佛》오직 나 하나뿐이고, 천지간에는 나에게 따를 사람이 없다는 뜻. ② 이 세상에서는 내가 제일이라고 자만하는 것.
唯一(유일 wéiyī) 오직 하나. 이것 뿐.
唯一無二(유일무이 wéiyīwú'èr) 오직 하나만 있고 둘은 없음.

唱 부를 창:

[중] chàng [일] ショウ, うたう [영] sing

① 노래할 **창**(發歌). ② 인도할 **창**(導).

[書體] 小篆 草書 [中學] 形聲

唱酬(창수 chàngchóu) 시가나 문장을 서로 주고받음.

唱和(창화 chànghé) ① 한 쪽에서 부르면 다른 한 쪽에서 이에 따라 부름. 가락을 맞춤. ② 남의 시의 운에 맞추어 시를 지음. 시가를 서로 증답함.

▶ 歌唱(가창)·獨唱(독창)·名唱(명창)·復唱(복창)·三唱(삼창)·先唱(선창)·咏唱(영창)·輪唱(윤창)·二重唱(이중창)·絶唱(절창)·提唱(제창)·齊唱(제창)·主唱(주창)·重唱(중창)·合唱(합창).

口 8 ⑪ **唾** 침 **타:**

[중] tuò [일] ダ, つば [영] spittle

① 침 **타**(口液). ② 버릴 **타**(唾罵). 【涶와 같음】

唾具(타구 tuòjù) 가래침을 뱉아 넣는 그릇.

唾棄(타기 tuòqì) 침을 뱉아 버리는 것과 같이, 버려 돌보지 않음. 《轉》 미워하고 싫어하는 것.

唾罵(타매 tuòmà) 침을 뱉고 욕설을 함. 심히 싫어하여 욕을 함.

唾面(타면 tuòmiàn) 얼굴에 침을 뱉음. 남을 심히 모욕함.

唾液(타액 tuòyè) 침.

口 8 ⑪ **啄** 쪼을 **탁**

[중] zhuó [일] タク, ついばむ [영] peck

① 쪼을 탁(鳥食). ② 문 두드릴 탁(叩門剝啄).

啄木(탁목 zhuómù) 《動》 딱따구리. 탁목조(啄木鳥).

啄啄(탁탁 zhuózhuó) ① 새가 나무 따위를 쪼는 소리. ② 문을 두드림. 사람의 발소리의 형용. ③ 닭소리.

口 8 ⑪ **商** 장사 **상**

[중] hāng [일] ショウ, あきない [영] trade

① 장사 **상**(行貨商賈). ② 헤아릴 **상**(裁度). ③ 상나라 **상**(國號). ④ 쇳소리 **상**(金音).

[書體] 小篆 古文 大篆 草書 [中學] 形聲

商圈(상권 shāngquān) 특정한 상업 중심지와 물자의 직접 거래가 행하여지는 지역.

商量(상량 shāngliáng) 헤아려 생각함. 상도(商度).

商程(상정 shāngchéng) 정도를 헤아림. 헤아려 정함.

商標(상표 shāngbiāo) 다른 사람의 제품과 구별하기 위하여 자기의 제품에 붙인 문자, 도형·기호 따위의 일정한 표지.

商魂(상혼 shānghún) 상인의 장사에 대한 정신 및 의욕.

▶ 物商客主(물상객주)·褓商(보상)·負商(부상)·士農工商(사농공상)·暗去來商(암거래상)·地下商街(지하상가)·潛商(잠상)·雜商人(잡상인)·政商輩(정상배)·通商(통상)·行商(행상)·協商(협상)·豪商(호상)·畫商(화상)·華商(화상).

口 8 ⑪ **問** 물을 **문:**

[중] wèn [일] ブン, モン, とう [영] ask

① 물을 **문**(訊). ② 문안할 **문**(訪). ③ 문초할 **문**(訊罪). ④ 분부할 **문**(命令).

[書體] 小篆 草書 [中學] 形聲

3

口 8

問答(문답 wèndá) 물음과 대답.
問東答西(문동답서 wèndōngdáxī) 동쪽을 물으니 서쪽을 답함.《喩》어떤 물음에 대하여 당치도 않은 엉뚱한 대답을 하는 것. 동문서답.
問禮(문례 wènlǐ) 예절을 물음.
問病(문병 wènbìng) 앓는 이를 찾아가 위로함.
問喪(문상 wènsāng) ① 예기(禮記)의 편명(篇名). 문답체로 거상의 예를 기술한 것. ② =조상(弔喪).
問世(문세 wènshì) ① 세상에 물음. 그에 대한 평가를 기대하고 저작물의 출판 또는 언론의 발표를 하는 것. ② 속계에 나와서 세상 사람들과 서로 사귀는 것.
問安(문안 wèn'ān) 아랫사람이 웃어른에게 안부의 말씀을 여쭘.
問題(문제 wèntí) ① 대답을 얻기 위한 물음. ② 당면한 연구 사항. 의문의 요점. ③ 다툼의 중심이 된 사건. 논의의 제목.
問罪(문죄 wènzuì) ① 죄를 캐내어 밝힘. 죄를 책망함. ② 반역자를 토벌함.
問責(문책 wènzé) 일의 잘못을 물어 책망함. 책임을 물음.
問招(문초 wènzhāo) 죄인을 신문함.
問候(문후 wènhòu) ① 찾아가 봄. ② 편지로 문안함.

▶ 顧問(고문)·拷問(고문)·鞫問(국문)·難問(난문)·訪問(방문)·設問紙(설문지)·審問(심문)·尋問(심문)·慰問(위문)·疑問(의문)·弔問(조문)·質問(질문)·責問(책문)·下問(하문)·學問(학문).

啐 부를 쵀

① 图 cuì 圓 サイ, おどろく 圓 surprise ② 图 ソツ.

① ①부를 쵀(呼). ②놀랄 쵀(啐啐驚). ③ 맛볼 쵀(嘗). ② ①지껄일 줄(衆声嘈啐). ②쭉쭉 빨 줄(吮声).

啐啄同時(줄탁동시 cuìzhuótóngshí) 닭이 달걀을 안아 병아리를 깔 때, 병아리가 막 껍질을 깨고 밖으로 나오려고 할 때 안에서 쪼는 것을 줄(啐), 암탉이 밖에서 쪼는 일을 탁(啄)이라 하고, 이 두 가지 일이 동시에 행하여진다는 말.《喩》사제간의 인연이 어느 기회를 맞아 더욱 두터워진다는 것.

啓 열 계:

啓啓啓户啓啓改改啓啓

圖 qǐ 圓 ケイ, ひらく 圓 cultivate
① 열 계, 가르칠 계(開發). ② 열어볼 계(開). ③ 인도할 계(導). ④ 여쭐 계(奏事). ⑤ 떠날 계(發足). ⑥ 꿇을 계(跪).
【启와 같음】

書體	小篆	草書	(高校)	形聲
	啓	啓		

啓導(계도 qǐdǎo) 깨치어 지도함.
啓蒙(계몽 qǐméng) ① 우매한 사람을 가르쳐 지식을 넓혀 줌. 어린이를 가르쳐 줌. 훈몽. ② 일반 대중의 편견을 없애고 합리적으로 생각하도록 하는 것.
啓發(계발 qǐfā) ① 뜻을 열어 줌. 지식을 넓힘. 사물의 이치에 밝아짐. 의문을 풀음. ② 열어 줌.
啓示(계시 qǐshì) ① 가르치어 보임. 빠짐없이 보여 줌. 타일러 가르침. ②《宗》신이 인심의 무지를 열어 진리를 교시하는 것. 묵시.

▶ 謹啓(근계)·拜啓(배계)·復啓(복계)·覆啓(복계)·狀啓(장계).

啞 벙어리 아(:)

① 图 yā 圓 アク, おし 圓 mute ② 图 yǎ 圓 ア, おし

① ①벙어리 아(病瘂不言).【瘂와 같음】② 까마귀 소리 아(烏聲). ② 깔깔

웃을 **액**(笑聲).

啞鈴(아령 yǎlíng) Dumbbell의 역어. 운동 기구.

啞然(① 아연 ② 액연 yǎrán) ① 어이 없어 입을 딱 벌리고 있는 모양. 기가 막혀 말을 못하고 있는 모양. ② 크게 웃는 모양. 맥없이 웃는 모양.

啞者(아자 yǎzhě) 벙어리.

啞咤(아타 yǎzhà) ① 소리가 시끄럽 게 나는 모양. ② 혀가 잘 돌아가지 않음. 귀여운 소리.

啞嘔(아후 yǎōu) ① 겨우 말을 배운 어린이의 말. ② 노젓는 소리.

啞咿(액이 yāyī) 웃는 소리.

▶ 聾啞(농아)·盲啞(맹아).

唅 재갈 함

⁸⁄₁₁

【銜(金부 6획)의 속자】

喀 토할 객

⁹⁄₁₂

음 kā, kē 일 カク, キャク, はく 영 spew

① 기침할 **객**(欬声). ② 토할 **객**(吐).

喀痰(객담 kātán) 담을 뱉음.

喀血(객혈 kāxiě) 피를 토함. 각혈(咯血).

善 착할 선:

⁹⁄₁₂

善善善善善善善善善善

음 shàn 일 ゼン, よい 영 good

① 착할 **선**(良). ② 길할 **선**(吉). ③ 많을 **선**(多). ④ 좋을 선, 좋아할 **선**(好). ⑤ 옳게 여길 **선**(善之).

書體 篆 小篆 善 古文 古文 𦎫 草書 草書 𦎫 (中學) 會意

善果(선과 shànguǒ)《佛》선업(善業)에 의하여 받은 좋은 과보(果報). 좋은 결과.

善根(선근 shàngēn)《佛》① 좋은 과 보를 받을 좋은 원인이라는 뜻. 착한 행업(行業)의 공덕(功德). 선인(善因). ② 온갖 선을 내는 근본.

善德(선덕 shàndé) 바르고 착한 덕행. ↔악덕(惡德).

善導(선도 shàndǎo) 올바른 길로 인도함.

善隣(선린 shànlín) 이웃 나라와 화친함. 이웃 나라와 사이좋게 지내는 것.

善惡(선악 shàn'è) 착함과 악함.

善業(선업 shànyè) =선근(善根).

善友(선우 shànyǒu) 좋은 친구.

善因善果(선인선과 shànrénshànguǒ)《佛》선업을 닦으면 그로 말미암아 반드시 좋은 업과를 받음. ↔ 악인악과(惡因惡果).

善政(선정 shànzhèng) 훌륭한 정치. 또는 바르고 착하게 집정함. ↔ 악정(惡政).

善處(선처 shànchǔ) 적당한 방법으로 잘 처리함. 좋도록 처리(處理)함.

善後策(선후책 shànhòucè) 뒤처리 를 잘 하는 조치. 실패(失敗)한 앞 서의 일을 회복(回復)할 수 있는 꾀. 뒤처리.

▶ 改過遷善(개과천선)·改善(개선)·勸善懲惡(권선징악)·多多益善(다다익선)·獨善(독선)·僞善(위선)·慈善(자선)·積善(적선)·眞善(진선)·最善(최선)·次善(차선)·親善(친선).

喆 밝을/쌍길[吉] 철

⁹⁄₁₂

음 zhé 일 テツ, あきらか 영 bright

① 밝을 **철**. ② 쌍길 **철**(雙吉).【哲과 같음】

喇 말 급히 할 랄

⁹⁄₁₂

1 음 lā, lá, là 일 ラツ, はやくち

영 chatter ❷ 음 lǎ

❶ 말 급히 할 랄(言急喝喇). ❷ ① 나팔 라(喇叭). ② 나마교 라(喇嘛).
喇叭(나팔 lǎbā) 금속으로 만든 관악기의 한 가지.
喇嘴(날취 lázuǐ) 호언장담하는 것. 허풍을 침.
喇唬(날호 láhǔ) 사기꾼. 야바위꾼.

喉 목구멍 후

음 hóu 일 コウ, のど 영 throat

목구멍 후(咽).
喉頭(후두 hóutóu) =인두(咽頭).
喉舌(후설 hóushé) ① 목구멍과 혀. 《轉》중요한 곳. ② 말. ③ 임금의 말을 아래에 전하는 사람. 즉 재상.

▶ 咽喉(인후).

喊 소리칠 함:

음 hǎn 일 カン, さけぶ 영 shout

① 고함지를 함(譁聲). ② 입 다물 함(持意口閉). ③ 성낸 소리할 함(怒聲). ④ 꾸짖을 함(呵).
喊聲(함성 hǎnshēng) 여러 사람이 함께 높이 지르는 고함소리.
喊喧酬酢(함훤수작 hǎnxuānchóuzuò) 큰 소리로 외치며 떠들썩하게 서로 주고받는 수작.

▶ 高喊(고함)·鼓喊(고함)·吶喊(눌함).

喘 숨찰 천:

음 chuǎn 일 ゼン, あえぐ 영 pant

헐떡거릴 천, 숨찰 천(疾息). 【歂과 같음】
喘息(천식 chuǎnxī) ① 헐떡임. 숨찬 것. ② 기침이 나는 병.

▶ 餘喘(여천)·欬喘(해천).

喙 부리 훼

음 huì 일 カイ, くちばし 영 bill

① 부리 훼, 주둥아리 훼(鳥獸口). ② 숨 쉴 훼(息). ③ 괴로울 훼(苦).
喙息(훼식 huìxī) 주둥이로 숨쉬는 것. 조수(鳥獸)의 유(類).

▶ 烏喙(오훼)·容喙(용훼).

喚 부를 환

음 huàn 일 カン, よぶ 영 call

① 부를 환(呼). ② 새 이름 환(禽名喚起).
喚起(환기 huànqǐ) ① 사라지려는 기억을 불러일으킴. ② 새[鳥]의 이름.
喚想(환상 huànxiǎng) 지나간 생각을 불러일으킴. 상기.
喚醒(환성 huànxǐng) 잠자는 사람이나 어리석은 사람을 깨우침.
喚呼(환호 huànhū) 소리 높이 부름.

▶ 使喚(사환)·召喚(소환)·阿鼻叫喚(아비규환).

喜 기쁠 희

喜 喜 喜 喜 喜 喜 喜 喜 喜

음 xǐ 일 キ, よろこぶ 영 glad

① 기쁠 희, 즐거울 희(樂). ② 좋아할 희(好).

書體 小篆 喜 古文 㐷 草書 喜 中學 會意

喜劇(희극 xǐjù) ① 사람을 웃기는 연극. 결과가 행복으로 끝나는 연극. ↔비극. ② 웃음거리가 될 만한 사건.

喜怒哀樂(희노애락 → 희로애락 xǐnù'āilè) 기쁨과 노여움과 슬픔과 즐거움. 곧 사람의 온갖 감정.

喜報(희보) xǐbào) 기쁜 기별. 기쁜 소식.

喜悲(희비) xǐbēi) 기쁨과 슬픔.

喜捨(희사) xǐshě) ①《佛》기쁘게 재물(財物)을 베풀어 줌. 주로 삼보(三寶)에 공양(供養)하기 위하여 돈이나 물건을 기부(寄附)하는 것 ② 사람 또는 어떤 일을 위하여 재물을 베풀어 줌.

喜色滿面(희색만면 xǐsèmǎnmiàn) 아주 기쁜 듯이 보임.

喜壽(희수) xǐshòu) 일흔일곱 살.

喜悅(희열) xǐyuè) = 희락(喜樂).

喜鵲(희작) xǐquè) ① 까치의 이명(異名). 〈까치의 우는 소리를 들으면, 경사가 있다는 속담에 의하여 喜자를 붙임〉. ② 당(唐), 보신(寶申)의 이명. ③《地》호남성 건성(乾城)현의 동북에 있는 땅.

喜喜樂樂(희희낙락 xǐxǐlèlè) 매우 기뻐함.

▶ 慶喜(경희)·一喜一悲(일희일비)·歡喜(환희)·欣喜(흔희).

喝 꾸짖을 갈

1 중 hē 일 カツ, しかる 영 chide
2 중 hè 일 アイ

1 ① 꾸짖을 갈(訶). ② 성낸 소리 갈(怒聲). 2 목쉴 애(嘶聲).

喝采(갈채 hècǎi) 소리를 지르며 칭찬하여 줌.

喝破(갈파 hèpò) ① 큰 소리로 꾸짖음. ② 다른 사람의 언론을 설파(說破)함. ③ 부정을 물리치고 진리를 말하여 밝힘.

▶ 怒喝(노갈)·大喝(대갈)·拍手喝采(박수갈채)·一喝(일갈)·傳喝(전갈).

喧 지껄일 훤

중 xuān 일 ケン, やかましい
영 chatter

① 지껄일 훤, 들렐 훤, 야만스럽게 떠들 훤(大語嘩). ② 싸움할 훤(争).【嚾과 같음】

喧鬧(훤뇨 xuān) 여러 사람이 냅다 떠들음.

喧騰(훤등 xuānténg) ① 시끄럽게 떠들음. ② 평판이 높음.

喧訴(훤소 xuānsù) 떠들썩하게 호소함.

喧騷(훤소 xuānsāo) 뒤떠들어서 소란스러움.

喧爭(훤쟁 xuānzhēng) 떠들고 다툼.

喧傳(훤전 xuānchuán) 뭇 사람의 입에 오르내려 왁자하게 됨. 시끄럽게 말을 이리저리 퍼뜨림.

喧呼(훤호 xuānhū) 떠들며 부름.

喧嘩(훤화 xuānhuá) 시끄러운 것. 훤화(喧譁).

喩 깨우칠 유

중 yù 일 ユ, さとす, たとえる
영 enligher, simile

① 효유할 유, 깨우쳐 줄 유, 알려 줄 유(曉諭). ② 고할 유(告). ③ 비유할 유(譬). ④ 좋아할 유(好).【諭와 같음】

▶ 比喩(비유)·譬喩(비유)·隱喩(은유)·換喩(환유)·訓喩(훈유).

喪 잃을/죽을 상(ː)

喪喪喪喪喪喪喪喪喪喪

중 sāng, sàng 일 ソウ, うしなう
영 lose, die

① 상사 상, 복 입을 상(持服曰喪). ②

죽을 상, 구낄 상(亡). ③ 없어질 상, 잃어 버릴 상(失).

書體 小篆 喪 草書 㐻 中學 會意

喪家狗(상가구 sāngjiāgǒu) 상갓집 개.《喻》몹시 쇠약한 사람을 일컫는 말. 상가는 슬퍼하는 나머지 개밥도 제대로 주지 못하므로 그 개는 몹시 여위었다는 데서 온 말.

喪亂(상란 sāngluàn) 전쟁·전염병·천재지변 따위로 인하여 사람이 많이 죽는 일.

喪杖(상장 sāngzhàng) 상제가 짚는 지팡이. 부상(父喪)에는 대, 모상(母喪)에는 오동나무를 씀. 모든 예식.

喪章(상장 sāngzhāng) 상복 대신으로 평복에 붙인 상중의 표지(標識).

喪主(상주 sāngzhǔ) 주장이 되는 상제.

▶ 冠婚喪祭(관혼상제)·國喪(국상)·問喪(문상)·心喪(심상)·哀喪(애상)·沮喪(저상)·弔喪(조상)·初喪(초상)·脫喪(탈상)·好喪(호상)·護喪(호상).

喫 먹을 끽

音 chī 日 ケキ, キツ, くらう, のむ
영 eat, drink

【본음은「긱」】먹을 끽, 마실 끽(食飲).

喫茶(끽다 chīchá) 차(茶)를 마심.
喫煙(끽연 chīyān) 담배를 피움.
喫虧(끽휴 chīkuī) 손해를 봄. 결손이 남.

▶ 滿喫(만끽).

喬 높을 교

音 qiáo 日 キョウ, たかい
영 tall tree

① 큰 나무 교(大樹 : 松, 柏, 檜, 杉類).
② 높을 교(高). ③ 창갈구리 교(矛上句). ④ 교만할 교(驕).【驕와 통합】

喬才(교재 qiáocái) ① 거짓말을 잘 하는 사람. 거짓말을 잘 하는 재지(才智). ② 재지(才智)가 있다고 자만하는 사람. 바보. ③ 교활한 것.

單 홑 단

單單單單單單單單單單

1 音 dān 日 タン, ひとつ 영 single
2 音 chán 日 セン, ひとつ

1 ① 홀로 단, 홑 단(獨). ② 다할 단(盡). ③ 클 단(大). ④ 엷을 단(薄). 2 ① 오랑캐 임금 선(廣大貌單于). ② 선(姓氏). ③ 고을 이름 선(縣名, 單父).

書體 小篆 單 草書 单 中學 象形

單光(단광 dānguāng)《物》한 가지의 빛으로만 되어 프리즘에 흩어지지 않는 빛.

單刀直入(단도직입 dāndāozhírù) ① 홀몸으로 칼을 휘두르며 거침없이 적진에 쳐 들어감. ② 문장이나 언론 등에 있어 요점을 바로 풀이하여 들어감. 비유나 보기를 들지 않고 바로 설파함.

單一民族(단일민족 dānyīmínzú) 같은 인종으로만 된 민족.

單子(단자 ① dānzi ② dānzǐ) ① 부조(扶助)하는 물건의 수량이나 이름을 적은 종이. ② 우주(宇宙) 만물을 조직한 개체적 실재(實在)의 요소(要素).

單調(단조 dāndiào) 변화가 없이 싱거운 가락.

單行本(단행본 dānxíngběn) 어떤 한 가지 주제로 단독으로 출판한 책.

▶ 簡單明瞭(간단명료)·名單(명단)·四柱單子(사주단자)·食單(식단)·傳單(전단)·子子單身(혈혈단신).

營 경영할 영

【營(火부13획)의 약자】

嗅 맡을 후:

音 xiù 日 キュウ, かく 英 smell
① 냄새 맡을 후(以鼻取氣). ② 냄새 날 후(就臭).【臭와 통함】
嗅覺(후각 xiùjué) 냄새를 맡는 감각.
嗅感(후감 xiùgǎn) =후각.
嗅官(후관 xiùguǎn)《生》오관의 하나. 냄새를 맡는 기관이고 코를 일컬음.

嗇 아낄 색

音 sè 日 ショク, おしむ 英 stingy
① 아낄 색(愛). ② 인색할 색, 다라울 색(慳). ③ 탐낼 색(貪). ④ 권농 색, 농부 색(嗇夫田畯).【穡과 같음】
嗇夫(색부 sèfū) ① 농부. 백성. ② 《制》고대 중국의 벼슬 이름. ③《制》자리가 낮은 벼슬. 소신(小臣).

▶ 吝嗇(인색)·吞嗇(탄색).

嗔 성낼 진

音 chēn 日 シン, いかる 英 scold
성낼 진(怒).【瞋과 같음】
嗔心(진심 chēnxīn) 성을 왈칵 내는 마음.
嗔責(진책 chēnzé) 꾸짖어 나무람.

嗚 슬플/탄식할 오

嗚 嗚 嗚 嗚 叫 呵 呵 呵 嗚 嗚

音 wū 日 オ, ウ, 英 ああ oh
① 탄식할 오(歎辭). ② 노래 이름 오(歌).

書體 草書 嗚 (高校) 形聲

嗜 즐길 기

音 shì 日 シ, たし 英 なむ amuse
① 즐길 기, 욕심낼 기(慾). ② 좋을 기(好).【耆와 같음】
嗜僻(기벽 shìpì) 치우쳐 좋아하는 버릇.
嗜好(기호 shìhào) 음식물이나 어떤 일에 대하여 즐기고 좋아함.

嗣 이을 사:

音 sì 日 シ, つぐ 英 succeed
① 이을 사(續也, 繼). ② 익힐 사(習). ③ 자손 사(子孫).
嗣君(사군 sìjūn) 대를 이어 임금이 될 사람.
嗣續(사속 sìxù) 아버지의 대를 이음. 대를 이음.
嗣子(사자 sìzǐ) 대를 이은 아들.

▶ 繼嗣(계사)·後嗣(후사).

嗽 기침할 수

音 sòu 日 ソウ, せき 英 cough
❶ ① 기침할 수(濕口上氣疾). ② 입 가실 수(漱). ❷ ① 마실 삭(口噏). ② 빨 삭(吮).
嗽咳(수해 sòuke) 기침. 기침을 함.
嗽獲(수획 sòuhuò) 중풍으로 입을 실룩거리는 모양.

▶ 咳嗽(해수).

嗾 부추길 주

音 sǒu 日 ソウ, そそのかす

영 instigate

1 ① 개 부릴 **수**(使犬聲). ② 얼러 시킬 **수**(勸爲). **2** 부추길 **주**(口造)

嗾囑(주촉 sǒuzhǔ) 남을 꾀어 부추겨서 시킴.

▶ 使嗾(사주).

嘆 한숨쉴 탄
口 11 / 14

음 tàn 일 タン, なげく 영 sigh

한숨쉴 **탄**(呑歎太息).【歎과 같음】
嘆哭(탄곡 tànkū) 탄식하여 울음.
嘆息(탄식 tànxī) =탄식(歎息).
嘆嗟(탄차 tànjiē) 한탄함.

▶ 感嘆(감탄)·慨嘆(개탄)·悲嘆(비탄)·賞嘆(상탄)·詠嘆(영탄)·讚嘆(찬탄).

嘉 아름다울 가
口 11 / 14

음 jiā 일 カ, よい
영 beautiful, good

① 아름다울 **가**(美). ② 착할 **가**(善).
③ 기릴 **가**(褒). ④ 즐거울 **가**(樂). ⑤ 기꺼울 **가**(慶). ⑥ 맛있을 **가**(味).【佳와 같음】

嘉納(가납 jiānà) ① 충고하는 말을 기꺼이 들음. ② 바치는 물건을 달갑게 받아들임.
嘉俳節(가배절 jiāpáijié) 《國》 가윗날. 음력 8월 15일의 명절. 가배절(嘉排節). 추석.
嘉賓(가빈 jiābīn) ① 좋은 손. 마음이 통하는 손. 가객(佳客). ② 참새의 이명. 손과 같이 언제나 인가에 모여 살기 때문임.
嘉祥(가상 jiāxiáng) 좋은 징조. 길조. 길상(吉祥).
嘉日(가일 jiārì) 경사스럽고 반가운 날.

嘔 노래 구
口 11 / 14

1 ①②음 ōu ③음 ǒu 일 オウ, はく vomit
2 음 o 일 ク, はく

1 ① 노래할 **구**(謳). ② 소리 **구**(物聲). ③ 게울 **구**(吐).【歐와 같음】 **2** 기꺼이 말할 **후**(悅言)

嘔氣(구기 ǒuqì) 게울 듯한 기분.
嘔心(구심 ǒuxīn) 심혈을 기울임. 몹시 생각함
嘔軋(구알 ōugá) 삐걱거리는 소리. 의알(呀軋). 알력(軋轢).
嘔逆(구역 ǒunì) 욕지기. 메스꺼워 토할 듯한 느낌.
嘔喻(구유 ǒuyù) 마음이 화평하여 즐거운 모양.
嘔吐(구토 ǒutù) 토함. 게움.
嘔吐泄瀉(구토설사 ǒutùxièxiè) 게우고 설사함.

嘗 일찍/맛볼 상
口 11 / 14

嘗嘗嘗嘗嘗嘗嘗嘗嘗嘗

음 cháng 일 ショウ, なめる 영 taste

① 맛볼 **상**(探味). ② 시험할 **상**(試). ③ 일찍 **상**(曾). ④ 가을 제사 **상**(秋祭名).【甞과 같음】

書體 小篆 嘗 草書 嘗 (高校) 形聲

嘗膽(상담 chángdǎn) 쓸개를 맛봄. 《喩》 원수를 갚고자 고생을 참고 견딤. 와신상담(臥薪嘗膽).
嘗味(상미 chángwèi) 맛을 봄. 조금 먹어봄.

囑 부탁할 촉
口 12 / 15

【囑(口부21획)과 같음】

嘲 비웃을 조

중 cháo, zhāo 일 チョウ, あさける 영 mockery

① 희롱할 조(謔). ② 경멸할 조(輕蔑).
【啁와 통함】
嘲弄(조롱 cháonòng) ① 비웃고 놀림. ② 깔보고 희롱함.
嘲罵(조매 cháomà) 비웃고 비난함.
嘲笑(조소 cháoxiào) 조롱하는 웃음. 조쇄(嘲晒).

▶ 自嘲(자조).

嗇 아낄 색

중 sè 일 ショウ, おしむ 영 stingy
인색할 색(愛惜).【㐲과 같음】

器 그릇 기

器器器器器器器器器器

중 qì 일 キ, うつわ 영 vessel

① 그릇 기(成形皿). ② 도량 기(度量).
③ 쓰일 기(使用物). ④ 그릇다울 기(才量).
⑤ 중히 여길 기(重).

書體 小篆 𠾭 草書 𠾭 器 (高校) 會意

器量(기량 qìliàng) ① 정해진 양. ② 재능과 덕량(德量). 재기(才器)와 도량.
器樂(기악 qìyuè)《樂》주로 악기만으로 연주하는 음악. ↔성악(聲樂).

▶ 計器(계기)·高麗瓷器(고려자기)·農器(농기)·茶器(다기)·德器(덕기)·陶器(도기)·鈍器(둔기)·武器(무기)·兵器(병기)·粉青沙器(분청사기)·石器(석기)·性器(성기)·食器(식기)·樂器(악기)·力器(역기)·用器(용기)·鍮器(유기)·利器(이기)·瓷器(자기)·臟器(장기)·才器(재기)·祭器(제기)·什器(집기)·鐵器(철기)·銃器(총기)·漆器(칠기)·土器(토기)·火器(화기)·凶器(흉기).

噴 뿜을 분

①-③ 중 pēn ④⑤ 중 pèn 일 フン, ふく 영 spout

① 뿜을 분(嚏). ② 코 소리 낼 분(鼻鳴). ③ 재채기할 분(皷鼻). ④ 후 내불 분(吐氣). ⑤ 꾸짖을 분(叱).

噴氣(분기 pēnqì) ① 가스를 뿜어 냄. 또는 그 가스. ② 뿜어 낸 기운. 기운을 뿜어 냄.
噴沫(분말 pēnmò) 물방울. 거품을 내뿜음.
噴霧器(분무기 pēnwùqì) 액체를 뿜어 뿌리는 기구.
噴射(분사 pēnshè) 뿜어서 쏘아 냄.
噴雪(분설 pēnxuě) ① 파도가 부서지는 모양. ② 흰 꽃잎이 흩날리는 모양.
噴水(분수 pēnshuǐ) ① 뿜어져 나오는 물. ② 물을 뿜어내게 만든 설비.
噴泉(분천 pēnquán) 땅에서 솟아오르는 샘물.
噴出(분출 pēnchū) 내뿜음. 뿜어냄.
噴泡(분포 pēnpào) 거품을 흘림.
噴火口(분화구 pēnhuǒkǒu)《地》화산의 불을 내뿜는 구멍.

噸 톤 돈

중 dūn 일 トン 영 ton
톤 돈(英國의 量目, ton, 1,000kg, 270貫950匁4分).

嚆 울릴 효

중 hāo 일 コウ, さけぶ 영 shout

① 부르짖을 효(叫). ② 우는 화살 효(嚆矢鳴鏑).
嚆矢(효시 hāoshǐ) 우는 화살. 향전

(響箭).《喩》일의 맨 처음 시작. 옛날 개전(開戰)의 신호로 먼저 우는 살을 적진에 쏘았다는 고사. 남상(濫觴).

嚴 엄할 엄

嚴 yán ケン, きびしい severe
① 굳셀 엄(毅). ② 엄할 엄(威). ③ 높을 엄(尊). ④ 공경할 엄(敬). ⑤ 씩씩할 엄(莊). ⑥ 계엄할 엄(戒嚴防備). ⑦ 혹독할 엄(寒氣凛冽). ⑧ 무서울 엄(甚恐).

書體 小篆 嚴 古文 嚴 草書 嚴 家 中學 形聲

嚴冬雪寒(엄동설한 yándōngxuěhán) 눈이 오고 매우 추운 겨울.
嚴父(엄부 yánfù) ① 엄격한 아버지. ② 자기 아버지의 경칭. 엄군(嚴君). 엄시(嚴侍).
嚴師(엄사 yánshī) 엄격한 스승.
嚴然(엄연 yánrán) 엄숙한 모양. 위엄이 있어 넘보기 어려운 모양.
嚴正中立(엄정중립 yánzhèngzhōnglì) ① 어느 편에도 기울지 않음. ② 국외(局外) 중립의 위치를 엄격히 지킴.
嚴妻侍下(엄처시하 yánqīshìxià) 아내에게 쥐어 사는 남편을 조롱하여 이르는 말.
嚴訓(엄훈 yánxùn) 엄중한 훈계.

▶ 家嚴(가엄)·戒嚴(계엄)·謹嚴(근엄)·端嚴(단엄)·冷嚴(냉엄)·無嚴(무엄)·非常戒嚴(비상계엄)·森嚴(삼엄)·威嚴(위엄)·莊嚴(장엄)·尊嚴(존엄)·峻嚴(준엄)·至嚴(지엄)·華嚴經(화엄경).

囊 주머니 낭

囊 náng ノウ, ふくろ sack

① 주머니 낭(有底橐) ② 자루 낭(袋). ③ 큰 구멍 낭(大穴). ④ 떠들썩할 낭(囊囊亂貌). ⑤ 쌀 낭(包藏). ⑥ 지갑 낭(財布).

囊刀(낭도 nángdāo) 주머니칼.
囊中取物(낭중취물 nángzhōngqǔwù) 아주 쉽게 얻어 가질 수 있음을 비유(比喻)하는 말.
囊螢(낭형 nángyíng) ① 개똥벌레를 주머니에 넣음. 주머니에 넣은 개똥벌레. ② 고생하며 학문을 닦음.《故》진(晉)의 차윤(車胤)이 개똥벌레를 주머니에 넣어서 그 빛으로 책을 읽었다는 고사.

▶ 背囊(배낭)·胚囊(배낭)·水囊(수낭)·繡囊(수낭)·心囊(심낭)·精囊(정낭)·寢囊(침낭).

囍 쌍희(雙喜) 희

쌍희 희(雙喜).

囑 부탁할 촉

囑 zhǔ ショク, たのむ request
부탁할 촉(付託).

囑望(촉망 zhǔwàng) 잘 되기를 바라고 기대함. 속망(屬望).
囑言(촉언 zhǔyán) 뒷일을 남에게 부탁하고 당부하여 두는 말.
囑託(촉탁 zhǔtuō) ① 부탁하여 맡김. 부탁. ②《國》정부 기관이나 공공 단체에서 임시로 어떤 일을 맡아 보는 사람. 속탁(屬託).

▶ 懇囑(간촉)·咐囑(부촉)·委囑(위촉).

囓 깨물 설

囓 niè ゲツ, かむ bite
씹을 설(噬).【齧과 같음】

口 部

에울 **위**, 큰입구몸

口 나라 국

【國(口부8획)의 고자】 ❷ 【위】圍(口부9획)의 고자】 ❸ 큰 입구[部首名]

囚 가둘 수

囗 冂 冂 囚 囚

音 qiú 日 シュウ, とらえる
英 be confined

① 가둘 수(獄囚拘繫). ② 갇힐 수(被獄拘繫). ③ 묶일 수(束縛). ④ 갇힌 사람 수(罪人). ⑤ 사로잡힌 사람 수(俘虜). ⑥ 재판의 말 수(獄辭).

書體 小篆 草書 囚 高校 會意

囚車(수거 qiúchē) 죄인을 호송하는 수레.
囚人(수인 qiúrén) 옥에 갇힌 사람. 죄수.

▶ 男囚(남수)·橫範囚(모범수)·俘囚(부수)·死刑囚(사형수)·良心囚(양심수)·女囚(여수)·女罪囚(여죄수)·幽囚(유수)·流刑囚(유형수)·長期囚(장기수)·罪囚(죄수)·脫獄囚(탈옥수).

四 넉 사:

囗 冂 冂 四 四

音 sì 日 シ, よつ, 英 よん four

① 넷 사, 넉 사(數名). ② 사방 사(四方). ③ 네 번 사(四次). 【肆과 통함】

書體 小篆 四 大篆 三 草書 四 中學 指事

四更(사경 sìgēng) 밤을 오경으로 나눈 그 넷째. 새벽 두시 전후. 정야(丁夜).
四季(사계 sìjì) 봄·여름·가을·겨울. 사시.
四顧無親(사고무친 sìgùwúqīn) 의지할 사람이 없음.
四君子(사군자 sìjūnzi) 고절함이 군자와 같다는 네 가지 식물. 곧 매(梅)·난(蘭)·국(菊)·죽(竹).
四窮(사궁 sìqióng) 늙은 홀아비, 홀어미, 부모 없는 아이, 자식 없는 늙은 이의 네 가지 불행.
四德(사덕 sìdè) ① 역(易)에서 건(乾)의 사덕(四德). 원(元)·형(亨)·이(利)·정(貞). ② 여자의 네 가지 덕. 언(言)〈사령(辭令)〉·덕(德)〈정순(貞順)〉·공(功)〈사마(絲麻)〉·용(容)〈완만(婉娩)〉.
四面楚歌(사면초가 sìmiànchǔgē) 고립무원(孤立無援)이 되는 경우. 《故》 초(楚)나라 항우(項羽)가 해하(垓下)에서 한고조(漢高祖) 유방(劉邦)의 군사에게 포위되었을 때, 밤중에 사면(四面)의 한(漢)나라 군사 중에서 초(楚) 나라의 노래가 들려오는 것을 듣고, 초(楚) 나라 백성이 이미 한(漢)에게 항복했는가 하고 탄식한 고사(故事).
四分五裂(사분오열 sìfēnwǔliè) ① 네 갈래 다섯 갈래로 나눠지고 찢어짐. 이리저리 갈기갈기 찢어짐. ② 천하가 심히 어지러움. 지리멸렬(支離滅裂).
四色(사색 sìsè) 《歷》 조선 때 당쟁(黨爭)을 일삼던 네 당파. 노론(老論)·소론(小論)·남인(南人)·북인(北人).
四書(사서 sìshū) ① 논어(論語)·맹자(孟子)·대학(大學)·중용(中庸)의 총칭. ② 논어(論語)·효경(孝經)·대학(大學)·중용(中庸). ③ 서경(書經)의 편명(篇名)으로 우서(虞書)·하서(夏書)·상서(商書)·주

서(周書).

四聲(사성 sìshēng) 《言》 한자(漢字)가 갖는 고(高)·저(低)·장(長)·단(短) 네 종류의 음. 평성(平聲)·상성(上聲)·거성(去聲)·입성(入聲).

四聖(사성 sìshèng) ① 네 사람의 성인(聖人). 곧 공자(孔子)·석가(釋迦)·예수·소크라테스. 또는 마호메트. ②《佛》 불(佛)·보살·연각(緣覺)·성문(聲聞)의 사계(四界). ③ 중국의 네 사람의 성인(聖人). 복희씨(伏羲氏)·문왕(文王)·주공(周公)·공자(孔子).

四友(사우 sìyǒu) ① 눈 속에서 피는 네 가지 꽃. 옥매(玉梅)·납매(臘梅)·수선(水仙)·산다화(山茶花). ② 네 가지 문방구. 곧 지(紙)·필·묵·연(硯).

四圍(사위 sìwéi) 사방의 둘레. 주위.

四柱(사주 sìzhù) ① 사람의 생년·월·일·시의 네 간지(干支). 또는 점술가(占術家)가 네 간지에 의하여 운수를 치는 일. → 팔자(八字). 사주단자(四柱單子). ② 돈 이름. 양(梁)의 경제(敬帝) 때 주조한 것. ③ 네 개의 기둥.

四則(사칙 sìzé) 《數》 가·감·승·제의 네 가지 계산법.

四通五達(사통오달 sìtōngwǔdá) 길이 사방으로 막힘없이 통함.

▶ 朝三暮四(조삼모사).

口 3 ⑥ 回 돌아올 회

[중] huí [일] カイ, めぐる
[영] turn, return

① 돌아올 **회**(返). ② 돌이킬 **회**(旋). ③ 간사할 **회**(邪曲). ④ 어길 **회**(違). ⑤ 머뭇거릴 **회**(低回紆衍貌). ⑥ 굽을 **회**(曲折). ⑦ 둘레 **회**(周圍). ⑧ 도수 **회**(度數). 【迴와 통함】 ⑨ 돌 **회**(遶). ⑩ 피할 **회**(畏避).

書體 小篆 古文 草書 [中學] 象形

回甲(회갑 huíjiǎ) 나이 61세를 가리키는 말. 환갑. 주갑(周甲).

回覽(회람 huílǎn) 여럿이 차례로 돌려가면서 봄.

回診(회진 huízhěn) 《醫》 병원에서 의사가 환자의 병실을 돌아다니며 하는 진찰.

回春(회춘 huíchūn) ① 봄이 다시 돌아 옴. ② 중한 병에서 다시 건강(健康)을 회복(回復)함.

回婚(회혼 huíhūn) 《國》 해로(偕老)하는 부부의 혼인한지 60주년의 일컬음. 회근(回巹).

回遑(회황 huíhuáng) 방황. 회황(徊徨).

▶ 空回轉(공회전)·今回(금회)·急旋回(급선회)·急回轉(급회전)·起死回生(기사회생)·挽回(만회)·每回(매회)·旋回(선회)·迂廻(우회)·右回轉(우회전)·原狀回復(원상회복)·一回用品(일회용품)·周回(주회)·次回(차회)·撤回(철회).

口 3 ⑥ 因 인할 인

[중] yīn [일] イン, よる [영] be due to

① 인할 **인**(仍). ② 이을 **인**(襲). ③ 헤질 **인**(析). ④ 말미암을 **인**(由). ⑤ 의지할 **인**(依). ⑥ 부탁할 **인**(托). ⑦ 인연 **인**(緣). ⑧ 따를 **인**(隨). ⑨ 겹칠 **인**(重合). ⑩ 근본 **인**(本). ⑪ 까닭 **인**(理由).

書體 小篆 草書 [中學] 會意

因果(인과 yīnguǒ) ①《佛》 인연(因緣)과 과보(果報). 과거의 인연으로 말미암은 현재의 과보와, 현재의 인연으로 말미암은 미래의 과보 따위. ②《哲》 원인과 결과.

因果律(인과율 yīnguǒlǜ) 《哲》 자연계에서 어떤 현상이 일어나는 데는 반드시 그 원인이 되는 것이 있다는 법칙. 인과법칙(因果法則).

因果應報(인과응보 yīnguǒyìngbào) 《佛》 좋은 원인에는 좋은 결과가 나오고, 나쁜 원인에는 나쁜 결과가 나오는 것처럼, 사람이 짓는 선악의 인업(因業)에 응하여 반드시 거기에 상응하는 과보(果報)가 있다는 말.

因山(인산 yīnshān) 《國》 태상황과 그 비, 왕과 왕비, 황태자 부부, 황태손 부부의 장례.

因習(인습 yīnxí) 이전부터 전하여 내려오는 몸에 젖은 습관.

因襲(인습 yīnxí) 재래의 습관과 예절을 그대로 좇아 고치지 아니함. 인습(因習). 인잉(因仍).

因襲道德(인습도덕 yīnxídàodé) ① 예로부터 지켜 내려오고 고침이 없는 도덕. ② 현대생활에 안 맞는 인습(因襲)에 사로잡혀 자각(自覺)없이 그저 지켜 조금도 개선이 없는 형식적인 도덕.

因時制宜(인시제의 yīnshízhìyí) 시대의 변함에 따라 그 시대에 맞도록 함.

因人成事(인인성사 yīnrénchéngshì) 남에게 의뢰하여 남의 힘으로 일을 이룸.

因忽不見(인홀불견 yīnhūbùjiàn) 언뜻 보이다가 바로 없어지고 아니 보임.

▶ 近因(근인)·基因(기인)·起因(기인)·動因(동인)·死因(사인)·勝因(승인)·惡因(악인)·業因(업인)·要因(요인)·原因(원인)·遠因(원인)·誘因(유인)·主因(주인)·敗因(패인)·火因(화인).

団 둥글 단
□ 3 ⑥

【團(口부11획)의 약자】

囬 돌아올 회
□ 4 ⑦

【回(口부3획)의 속자】

困 곤할/괴로울 곤:
□ 4 ⑦

困 囷 囷 囷 囷 困 困

音 kùn 日 コン, こまる
英 distress, difficult

① 곤할 곤(窮苦). ② 노곤할 곤(倦極力乏悴). ③ 지칠 곤. ④ 고심할 곤(苦心). ⑤ 게으를 곤(倦也力乏). ⑥ 언짢을 곤(苦). ⑦ 어지러울 곤(亂心). ⑧ 괘이름 곤(易卦名).

書體 小篆 困 古文 困 朱書 困 草書 困 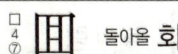 會意

困塞(곤색 kùnsāi) ① 돈의 융통이 막힘. ② 가난하고 운수가 막히어 생활이 곤궁함.

困獸猶鬪(곤수유투 kùnshòuyóudòu) 쫓기는 짐승이 사람을 향해 덤빔.

困阨(곤애 kùnài) 어려움. 괴로움. 곤액(困阨).

困厄(곤액 kùn'è) 곤란(困難)과 재액(災厄). 재난(災難).

困乏(곤핍 kùnfá) ① 고달퍼서 힘이 없음. ② 가난함. 궁핍.

▶ 窮困(궁곤)·飢困(기곤)·勞困(노곤)·貧困(빈곤)·疲困(피곤)·昏困(혼곤).

囲 에울/에워쌀 위
□ 4 ⑦

【圍(口부9획)의 약자】

図 그림 도
□ 4 ⑦

【圖(口부11획)의 약자】

囹 옥(獄) 령

음 líng 일 レイ、ひとや 영 prison

옥 령(囹圄獄).

囹圄(영어 língyu) 감옥. 죄수를 가두는 곳. 영어(囹圉).
囹圉(영어 língyǔ) = 영어(囹圄).

固 굳을/진실로 고(:)

1 П П П П 周 固 固

음 gù 일 コ、たい 영 solid

① 굳을 고(堅). ② 막힐 고(險塞). ③ 굳이 고(再辭). ④ 고집할 고(執一不通). ⑤ 심할 고(甚). ⑥ 고루할 고(鄙陋). ⑦ 진실로 고(本然之辭). ⑧ 이미 고(已然之辭). ⑨ 떳떳할 고(常然之辭). ⑩ 셀 고(强). ⑪ 완할 고(不變通頑固). ⑫ 천할 고(禮儀不得心). ⑬ 고질 고(固疾). 【錮와 통함】

書體 小篆 固 草書 固 中學 形聲

固結(고결 gùjié) 굳게 뭉쳐짐. 굳게 단결함.
固窮讀書(고궁독서 gùqióngdúshū) 가난함을 분수로 여기고 학문을 즐김.
固陋(고루 gùlòu) 견문(見聞)이 좁고 완고(頑固)함. 구습(舊習)에 젖어 있어 진보(進步)를 꺼리는 일.
固辭(고사 gùcí) 굳이 사양함.
固定觀念(고정관념 gùdìngguānniàn) ① 사람의 마음에 늘 자리잡고 있어 흔들림 없는 생각. 고착관념(固着觀念). ②《樂》고정악상(固定樂想).
固執不通(고집불통 gùzhíbùtōng) 고집이 너무 세어서 조금도 변통성이 없음.
固形體(고형체 gùxíngtǐ) 바탕이 일정한 모양으로 굳고 단단한 물체.

▶ 强固(강고)·堅固(견고)·鞏固(공고)·壅固執(옹고집)·頑固(완고)·凝固(응고)·準固定(준고정)·確固不動(확고부동).

国 나라 국

【國(□부8획)의 속자】

圃 채마밭 포

음 pǔ 일 ホ、はたけ 영 vegetable garden

① 채전 포(種菜場). ② 밭갈 포(田作). ③ 곳 포(場所). ④ 산 이름 포(崑崙山名縣圃).
圃蔘(포삼 pǔshēn) 삼포에서 재배한 인삼.
圃田(포전 pǔtián) ① 반반하게 생긴 좋은 밭. ② 채소·과실을 심는 밭. 남새밭.

圄 옥 어

음 yǔ 일 ギョ、ゴ、ろうや 영 prison

① 옥 어(囹圄獄). ② 가둘 어(囚). 【圉과 통함】

圈 우리[牢] 권

③ 음 juān ④-⑦ 음 quān 일 ケン、おり 영 cage

① 채 그릇 권(屈木爲器). ② 술잔 권(杯).【棬과 같음】③ 우리 권(獸欄). ④ 우리 권(養畜欄). ⑤ 비척거릴 권(曳轉植地而行). ⑥ 돌 권(轉). ⑦ 둥글 권(圓形).
圈內(권내 quānnèi) 금을 그은 테두리 안.
圈牢(권뢰 quānláo) 짐승을 가두어 두

는 우리. 권함(圈檻).

圈外(권외 quānwài) ① 둘레 밖. ② 범위 밖.

▶ 當選圈(당선권)·大氣圈(대기권)·北極圈(북극권)·商圈(상권)·成層圈(성층권)·勢圈(세권)·野圈(야권)·與圈(여권)·一日生活圈(일일생활권).

國 나라 국

㊀ 鲁 guó ㊁ コク, くに ㊂ nation

① 나라 **國**(邦). ② 고향 **國**(故國).

書體 小篆 國 草書 囯 中學 會意

國家(국가 guójiā) 나라. 일정한 영토에서 주권에 의하여 통치되는 인민의 집단. 방국(邦國). 방가(邦家).

國軍(국군 guójūn) 그 나라의 군대. 정부군.

國基(국기 guójī) 나라가 이루어진 본바탕. 국초(國礎).

國旗(국기 guóqí) ① 그 나라의 표지(標識)로서 정해진 기(旗). ②《國》태극기.

國難(국난 guónàn) 국가가 당면한 중대한 위기.

國論(국론 guólùn) 국민 일반의 의견. 국내의 공론. 세론.

國利民福(국리민복 guólìmínfú) 나라와 국민의 복리. 국가의 이익과 국민의 행복.

國變(국변 guóbiàn) 나라의 큰 변고.

國寶(국보 guóbǎo) ① 나라의 보배. ② 고사찰(古寺刹)의 건조물 및 장품 중에서 제작이 훌륭한 것, 또는 특별한 유서가 있는 것 등 나라의 보배로서 정부가 보호하고 있는 것. ③ 그 나라의 유일무이한 학자나 기술자 따위.

國富(국부 guófù)《經》① 한 나라의 부. ② 국민과 국가가 가지고 있는 재화의 총량을 화폐의 단위로서 평가한 총액.

國史(국사 guóshǐ) ① 자기 나라의 역사. 한 나라의 역사. ②《國》우리 나라 역사. 한국사.

國璽(국새 guóxǐ)《制》① 국가의 표지(標識)로서 사용하는 관인. ② 임금의 도장. 옥새. 어보. 국보

國粹主義(국수주의 guócuìzhǔyì) 자기 나라의 국민적 특수성만을 가장 우수한 것으로 믿고 행동하여, 남의 나라 것을 배척하는 주의.

國是(국시 guóshì) 온 나라 국민의 옳다고 지지를 받고 확정되어 있는 정치 방침.

國樂(국악 guóyuè) ① 각 나라의 고유한 음악. ② 우리나라 고유의 음악. 향악(鄕樂)·아악(雅樂)·민속악(民俗樂) 등.

國語(국어 guóyǔ) ① 국민 전체가 쓰는 그 나라 말. ② 한나라의 고유의 말. 우리말.

國威宣揚(국위선양 guówēixuānyáng) 나라의 위엄을 드러냄.

國籍(국적 guójí)《法》그 나라 국민임을 표시하는 호적.

國際(국제 guójì) ① 나라와 나라 사이의 교제 또는 그 관계. 국교. ② 세계 각국에 관한 일.

國恥(국치 guóchǐ) 나라의 수치. 나라의 불명예. 국욕(國辱).

國泰民安(국태민안 guótàimínān) 나라 안이 평화롭고 백성이 살기가 편안함.

國漢文混用(국한문혼용 guóhànwénhùnyòng)《用》국문과 한문을 섞어 씀.

▶ 强國(강국)·開國(개국)·開發途上國(개발도상국)·擧國(거국)·建國(건국)·經國(경국)·故國(고국)·救國(구국)·歸國(귀국)·多國籍(다국적)·當國(당국)·亡國(망국)·賣國奴(매국노)·母國(모국)·民國(민국)·汎國(범국)·報國(보국)·本國(본국)·富國强兵(부국강병)·貧國(빈국)·屬國(속

국)·殉國(순국)·我國(아국)·愛國(애국)·列國(열국)·倭國(왜국)·外國換(외국환)·憂國(우국)·異國情趣(이국정취)·入國(입국)·立國(입국)·自主國防(자주국방)·敵國(적국)·全國(전국)·帝國(제국)·祖國(조국)·超强大國(초강대국)·出國(출국)·他國(타국)·韓國(한국)·護國(호국)·還國(환국)·興國(흥국).

圍 에울/에워쌀 위

□9획 ⑫

圍 圍 圍 圍 圍 圍 圍 圍 圍 圍

음 wéi 일 イ, かこむ 영 surround
① 둘레 위(繞). ② 에울 위(環). ③ 에워쌀 위(遮知禽獸). ④ 한 아람 위(五寸日圍一抱日圍). ⑤ 둘러싸일 위(敵包四方ով). ⑥ 지킬 위(衛). ⑦ 지킬 위(守).

書體 小篆 圍 草書 圍 (高校) 形聲

圍棋(위기) wéiqí 바둑을 두는 일. 바둑. 위기(圍碁).
圍籬(위리) wéilí《制》유배인이 사는 배소에 가시로 울타리를 치던 일. 위극(圍棘).
圍木(위목) wéimù 두 팔을 벌려 안을 정도의 큰 나무. 한 아름드리의 나무.

▶ 範圍(범위)·雰圍氣(분위기)·四圍(사위)·周圍(주위)·包圍(포위).

圓 둥글 원

□9획 ⑫

【圓(□부10획)의 속자】

園 동산 원

□10획 ⑬

園 園 園 園 園 園 園 園 園 園

음 yuán 일 エン, その 영 garden
① 동산 원(圃之樊樹果所). ② 능 원(寢園陵). ③ 울타리 원(樊). ④ 절 원(祇園佛界).

書體 小篆 園 草書 園 (中學) 形聲

園頭幕(원두막) yuántóumù《農》참외·수박들의 밭을 지키기 위하여 만든 막.
園藝(원예) yuányì《農》채소·화초·과목 따위를 심어 가꾸는 일.
園丁(원정) yuándīng 정원을 맡아 보살피는 사람.

▶ 公園(공원)·果樹園(과수원)·樂園(낙원)·農園(농원)·動物園(동물원)·樹木園(수목원)·植物園(식물원)·遊園地(유원지)·幼稚園(유치원)·薔薇園(장미원)·莊園(장원)·田園(전원)·庭園(정원)·葡萄園(포도원)·花園(화원)·後園(후원).

圓 둥글 원

□10획 ⑬

圓 圓 圓 圓 圓 圓 圓 圓 圓 圓

음 yuán 일 エン, まるい 영 round
① 둥글 원(方之對). ② 원만할 원(豊滿). ③ 둥근 꼴 원(圓形). ④ 둘레 원(周). ⑤ 온전할 원(全). ⑥ 화폐의 단위 원(貨幣單位). ⑦ 뚜렷할 원【圜과 통함】

書體 小篆 圓 草書 圓 (中學) 形聲

圓滿(원만) yuánmǎn ① 모난 데가 없이 둥글둥글하고 복스러움. ② 서로 의좋게 지냄. ③ 마음에 흡족하게 여김.
圓舞(원무) yuánwǔ ① 원무곡에 맞춰 추는 활발한 춤. ② 원무곡(圓舞曲)의 약어.
圓盤(원반) yuánpán 원반던지기에 쓰는 운동 기구의 하나. 중심과 둘레는 쇠붙이, 그 밖은 목재로 되었음.
圓熟(원숙) yuánshú ① 무르익음. ② 매우 숙련함. ③ 인격·지식 따위가 오묘한 지경에 이름. 빈틈이 없음.
圓運動(원운동) yuányùndòng 한 원

주 위의 운동.
圓融(원융 yuánróng) ①《佛》일체의 사리가 구별 없이 널리 융통하여 하나가 됨. ② 거침없이 융통함.
圓點(원점 yuándiǎn) ① 둥근 점. ②《制》조선 때 성균관(成均館) 유생(儒生)의 출·결석을 점검하기 위하여 식당에 들어갈 때 식당지기가 찍은 점. 아침·저녁 두 끼로써 한 점, 50점에 이르면 과거 볼 자격이 있음.
圓周(원주 yuánzhōu)《數》원의 둘레. 일평면 위에서 일정점으로부터 같은 거리에 있는 점의 궤적.
圓柱(원주 yuánzhù) ① 둥근 기둥. 원기둥. ②《數》원통형의 입체. 원도(圓墻).
圓柱形(원주형 yuánzhùxíng) 둥근 기둥 같이 생긴 모양이나 형상.
圓錐(원추 yuánzhuī)《數》① 원추체. ② 원추면.
圓卓(원탁 yuánzhuō) 둥근 탁자.
圓卓會議(원탁회의 yuánzhuōhuìyì) 원탁을 둘러싸고 하는 회의. 석순(席順)을 다투는 일을 방지하기 위하여 국제회의는 대개 이 형식을 사용함.
圓形劇場(원형극장 yuánxíngjùchǎng) 계단으로 된 관람석에 둘러싸인 중앙에 베푼 원형의 무대. 1932년 미국의 휴즈(Glenn Hughes)에 의해 고대 그리스의 극장을 본떠 고안됨.
圓滑(원활 yuánhuá) ① 모난 데가 없이 원만함. ② 일이 거침없이 술술 진행되는 것.

▶ 大團圓(대단원)·同心圓(동심원)·半圓(반원)·一圓(일원)·楕圓(타원).

圖 그림 도

圖 tú ト, ズ, えがく, え
picture, map

① 그림 도(畫). ② 꾀할 도(謀). ③ 다스릴 도(除治). ④ 헤아릴 도(度). ⑤ 지도 도(版圖簿籍). ⑥ 탑 도(浮圖寺塔). ⑦ 고안할 도(考).

書體 小篆 草書 (中學) 形聲

圖謀(도모 túmóu) 앞으로 할 일에 대하여 이루기 위하여 수단과 방법을 꾀함.
圖書(도서 túshū) ① 서적. 책. 그림과 책 등의 총칭. ② 하도낙서(河圖洛書)의 약어.《故》성대(聖代)에는 황하(黃河)에서 그림이 나오고, 낙수(洛水)에서 글씨가 나왔다는 고사.
圖書館(도서관 túshūguǎn) 많은 책을 모아 두고 여러 사람에게 보이는 곳.
圖案(도안 tú'àn) 미술·공예 작품을 제작할 때 빛깔·모양·배합 따위의 의장(意匠)을 그림으로 나타낸 것.
圖形(도형 túxíng) ① 그림의 모양. ② 도식(圖式).

▶ 構圖(구도)·企圖(기도)·讀圖(독도)·附圖(부도)·試圖(시도)·略圖(약도)·原圖(원도)·意圖(의도)·全圖(전도)·製圖(제도)·地圖(지도)·地理附圖(지리부도)·天氣圖(천기도)·縮圖(축도)·版圖(판도)·海圖(해도)·畫圖(화도).

團 둥글 단

團 tuán ダン, あつまり group
① 둥글 단(圓). ② 모을 단(聚). ③ 군대 반 짤 단(軍團). ④ 이슬 많을 단(露多貌). ⑤ 덩이질 단(聚結貌). ⑥ 빙빙 돌 단(旋轉狀). 【專과 통함】

書體 小篆 草書 (高校) 形聲

團結(단결 tuánjié) ① 많은 사람이

뭉쳐 행동하는 일. ② 단체를 맺음. 조합을 만들음. ③《制》당(唐)·송(宋) 시대의 병제(兵制)의 하나. 그 지방의 주민을 가을과 겨울에 군으로서 모집(募集)하던 일. 또는 그 군사.

團欒(단란 tuánluán) ① 친한 사람끼리의 모임. 단란(團圞). ② 둥글음. ③ 경단처럼 둥글게 만들음.

團鍊(단련 tuánliàn) 의용병의 편대(編隊)를 교련(敎練)하는 것.

團束(단속 tuánshù)《國》잡도리를 단단히 함. 신칙(申飭)하여 단단히 다잡음.

團長(단장 tuánzhǎng) 단(團)자가 붙은 단체의 우두머리.

團體(단체 tuántǐ) 단결한 동아리. 같은 목적을 가진 사람들의 두 사람 이상의 집단.

團合(단합 tuánhé) = 단결.

▶ 結團(결단)·敎團(교단)·交響樂團(교향악단)·球團(구단)·劇團(극단)·大團圓(대단원)·大同團結(대동단결)·門團束(문단속)·師團(사단)·社團(사단)·使節團(사절단)·視察團(시찰단)·樂團(악단)·旅團(여단)·一團(일단)·一致團結(일치단결)·財團(재단)·宗團(종단)·集團(집단)·創團(창단).

圜 두를 환 / 둥글 원

1 ⓗyuán ⓙエン, めぐる ⓔbe surrounded
2 ⓗhuán ⓙカン

1 ① 옥담 원(獄城). ② 둥글 원(圓). ③ 제단 원(祭天檀曰圜丘).【圓과 같음】 2 ① 둘릴 환(繞). ② 에울 환(圍).

圜冠(원관 yuánguān) 둥근 갓. 유자(儒者)의 갓을 일컬음.

圜丘(원구 yuánqiū) 임금이 동짓날에 천제(天祭)를 지내던 곳. 천단(天壇).

圜牆(원장 yuánqiáng) 감옥. 빙 둘러 싼 감옥. 원토(圜土).

圜土(원토 yuántǔ) 둥글게 둘러 싼 감옥.

圜流(환류 huánliú) 빙 둘러 흐름. 환류(環流).

圜視(환시 huánshì) ① 뭇 사람이 둘러서서 봄. 빙 둘러 서서 주목함. ② 사방을 두루 둘러봄. 환시(環視).

土 部

흙 토

土 흙 토

土 十 土

1 ⓗtǔ ⓙト, つち ⓔearth
2 ⓙト, ド, つち

1 ① 흙 토(五行之一, 地). ② 뿌리 토(根). ③ 나라 토(邦土). ④ 곳 토(場所). ⑤ 땅신 토(土神). ⑥ 뭍 토(陸). ⑦ 고향 토(故鄕). ⑧ 악기 토(八音之一). ⑨ 땅 토(生物蕃植適所). ⑩ 평지 토(平地). 2 뽕뿌리 토(桑根).

書體 小篆 土 草書 圡 中學 會意

土建(토건 tǔjiàn) 토목(土木)과 건축(建築).

土窟(토굴 tǔkū) 흙을 파낸 큰 구덩이. 땅속에 뚫린 굴.

土克水(토극수 tǔkèshuǐ)《國》오행(五行)의 운행(運行)에서 흙이 물을 이긴다는 뜻.

土器(토기 tǔqì) ① 진흙으로 만들어 잿물을 올리지 않고 구운 그릇. ② 원시 시대에 쓰이던 토제(土製)그릇의 유기.

土臺(토대 tǔtái) ① 흙만 가지고 높게 쌓아 올린 대. ② 세운 집의 맨 아랫부분이 되는 바탕. ③ 어느 사업(事業) 같은 것의 기초(基礎).

土木(토목 tǔmù) ① 나무·흙·돌을 써서 하는 공사. 토목지역(土木之役). 토공(土工). ② 몸차림을 하지 않는다는 뜻으로 모양이 허술함을 이름.

土砂(토사 tǔshā) 흙과 모래.

土産(토산 tǔchǎn) ① 그 땅의 산물(産物). 토지소산(土地所産). ② 그 땅에서 생산한 것으로 된 선물.

土俗(토속 tǔsú) 그 지방의 특유한 풍속. 그 땅의 풍습.

土壤(토양 tǔrǎng) ① 흙. ② 곡물 등이 생장할 수 있는 흙.

土亭秘訣(토정비결 tǔtíngmìjué) 토정(土亭) 이지함(李之菡)이 지었다는 책으로 일년 신수를 보는 책.

土地(토지 tǔdì) ① 땅. 지면. ② 고을. 그 지방. ③ 영토. ④ 토지의 신. 향토의 신. ⑤ 지형을 잼. 땅을 잼.

土炭(토탄 tǔtàn) 햇수가 오래지 않아서 완전히 탄화(炭火)하지 못한 석탄의 한 종류.

土豪(토호 tǔháo) ① 지방(地方)에서 양반을 떠세할 만큼 세력(勢力)이 있는 사람. ② 지방에 웅거(雄據)하여 세력을 떨치는 호족(豪族).

▶ 高嶺土(고령토)·國土(국토)·捲土重來(권토중래)·極樂淨土(극락정토)·樂土(낙토)·農土(농토)·陶土(도토)·凍土(동토)·領土(영토)·邦土(방토)·覆土(복토)·本土(본토)·封土(봉토)·腐植土(부식토)·身土不二(신토불이)·壞土(양토)·領土(영토)·穢土(예토)·沃土(옥토)·赤土(적토)·田土(전토)·粘土(점토)·淨土(정토)·瘠土(척토)·拓土(척토)·焦土(초토)·寸土(촌토)·出土(출토)·表土(표토)·風土(풍토)·解土(해토)·鄕土(향토)·荒土(황토)·黃土(황토).

压 누를/억누를 압

【壓(土부14획)의 약자】

在 있을 재:

在在在在在在

일 ザイ, ある 영 be, stay

① 있을 재(存). ② 살 재(居). ③ 살필 재(察). ④ 곳 재(所).

書體 小篆 扗 草書 㐁 中學 形聲

在庫品(재고품 zàikùpǐn) 팔고 남아서 곳간에 쌓여 있는 물품.

在留民(재류민 zàiliúmín) 외국에 있는 거류민.

在席(재석 zàixí) 자리에 있음.

在野(재야 zàiyě) 초야(草野)에 있다는 뜻. 벼슬하지 않고 시골에 박혀 있는 일. ↔ 재조(在朝).

在籍(재적 zàijí) ① 학적에 있음. ② 호적에 있음. ③ 어떤 합의체(合議體)에 적이 있음.

在職(재직 zàizhí) ① 직장에 직을 두고 있음. ② 관직에 있음.

在學(재학 zàixué) 학교에 적을 두고 공부함.

在鄕軍人(재향군인 zàixiāngjūnrén) 현역에서 물러나 고향에 돌아와 있는 군인.

▶ 介在(개재)·健在(건재)·散在(산재)·所在(소재)·實在(실재)·自由自在(자유자재)·殘在(잔재)·潛在意識(잠재의식)·存在(존재)·駐在(주재)·滯在(체재)·偏在(편재)·現在(현재)·顯在(현재).

圭 서옥(瑞玉)/쌍토 규

음 gūi 일 ケイ, たま 영 gem

① 홀 규(上圓下方瑞玉). ② 일영표 규(土圭, 測日景). ③ 달 규(圭刀製藥). ④ 저울눈 이름 규(量名六十四黍爲圭).

圭復(규복 guīfù) 남에게서 온 편지를

몇 번이고 되풀이하여 읽는 일. 《故》 남용(南容)이 백규(白圭)의 시를 여러 번 되풀이하여 읽었다는 고사.
圭勺(규작 guīsháo) 극히 작은 분량. 사소한 것.

土 3 ⑥ **地** 땅 **지**

地 地 地 地 地 地

[중] dì, de [일] チ, ジ, つち [영] earth
① 땅 **지**(天之對, 載萬物坤). ② 뭍 **지**(陸). ③ 아래 **지**(下). ④ 나라 **지**(領土). ⑤ 곳 **지**(所). ⑥ 예비할 **지**(豫備). 【第와 통함】

[書體] 小篆 大篆 草書 [中學] 形聲

地殼(지각 dìqiào) 《地》 지구의 외각. 바위로 복잡하게 이루어진 지구의 거죽.
地官(지관 dìguān) ① 《制》 벼슬 이름. 주대(周代) 육직(六職)의 하나. 교육과 토지·인사에 관한 일을 맡아보던 벼슬. 사도(司徒). ② 집터·묏자리를 잘 잡는 사람. 지사(地師). 풍수(風水).
地雷(지뢰 dìléi) 《軍》 적을 살상시키거나 건물을 파괴할 목적으로 땅속에 묻는 폭약.
地脈(지맥 dìmài) ① 지층의 맥락(脈絡). 상맥(上脈). ② 땅 속에 흐르는 물의 통로.
地盤(지반 dìpán) ① 지구 외부의 암석으로 구성된 견고한 여러 층계. 지각. ② 건물 따위의 토대로 되어 있는 땅. ③ 활동의 발판. 근거지. ④ 일을 행하는 노력 범위. ⑤ 토대. 기초.
地變(지변 dìbiàn) ① 땅의 이변. ② 지각의 운동. ③ 지이(地異).
地上權(지상권 dìshàngquán) 타인의 토지에서 공작물 또는 수목(樹木)을 소유하기 위하여 남의 토지를 사용하는 물권(物權).

地籍(지적 dìjí) ① 땅의 소속. ② 땅에 대한 여러 가지 사항을 적은 기록.
地震(지진 dìzhèn) ① 땅이 흔들려 움직이는 일. ② 지각의 한 부분의 급격한 변화로 지반이 진동하는 현상.
地質(지질 dìzhì) ① 땅의 성질. 본바탕. ② 지층(地層)의 상태. 지각을 가진 온갖 성질이나 상태의 총칭.
地軸(지축 dìzhóu) ① 대지(垈地)를 지탱(支撑)한다고 상상되는 축. ② 지구의 남북 양극 간을 연결하는 축. 지구 자전(自轉)의 회전축(回轉軸).
地平線(지평선 dìpíngxiàn) 《地》 대지와 하늘이 서로 접하는 것처럼 보이는 수평직선.
地形(지형 dìxíng) 땅의 생긴 모양이나 형세.

▶ 干瀉地(간사지)·客地(객지)·居留地(거류지)·見地(견지)·境地(경지)·耕地(경지)·空地(공지)·國有地(국유지)·局地戰(국지전)·窮地(궁지)·根據地(근거지)·基地(기지)·吉地(길지)·樂地(낙지)·綠地(녹지)·農地(농지)·團地(단지)·大明天地(대명천지)·垈地(대지)·陸地(육지)·立地(입지)·墓地(묘지)·番地(번지)·僻地(벽지)·邊地(변지)·別天地(별천지)·敷地(부지)·盆地(분지)·死角地帶(사각지대)·私有地(사유지)·死地(사지)·産地(산지)·聖地(성지)·所有地(소유지)·素地(소지)·濕地(습지)·實地(실지)·陽地(양지)·餘地(여지)·奧地(오지)·要地(요지)·用地(용지)·陸地(육지)·陰地(음지)·任地(임지)·葬地(장지)·敵地(적지)·適地(적지)·轉地訓鍊(전지훈련)·整地(정지)·猝地(졸지)·震源地(진원지)·陣地(진지)·着地(착지)·處地(처지)·天方地軸(천방지축)·天災地變(천재지변)·天地開闢(천지개벽)·草地(초지)·寸地(촌지)·縮地(축지)·宅地(택지)·土地(토지)·平地(평지).

土 4 ⑦ **圾** 휘뚝거릴 **급**

[일] キュウ, あやうい [영] danger
① 휘뚝거릴 **급**(危殆). ② 산 높을 **급**(高貌圾圾). 【岌과 같음】
圾圾(급급 jíjí) 위태한 모양. 급급(岌

圾乎(급호 jīhū) 위태한 모양. 급호(岌乎).

址 터 지

㊀ zhǐ ㊁ シ, もとい ㊂ site

터 지(基).【阯와 같음】

址臺(지대 zhǐtái) 담·집채들의 지면에 터전을 잡고 돌로 쌓은 부분.
址臺石(지대석 zhǐtáishí) 지댓돌.

▶ 寺院址(사원지).

坂 언덕 판

㊀ bǎn ㊁ ハン, さか ㊂ slope

① 언덕 판(坡址). ② 산비탈 판(山脅). ③ 순나라 서울 이름 판(舜都名蒲坂).【阪과 같음】

坂路(판로 bǎnlù) 고갯길. 비탈진 길. 판로(阪路).

▶ 山坂(산판).

均 고를 균

均均均均均均均

㊀ jūn, jùn, yùn ㊁ キン, ひとしい ㊂ even

① 고를 균(調). ② 반듯할 균, 평할 균(平). ③ 두루할 균(徧). ④ 기와를 만드는 틀 균(造瓦具). ⑤ 장단 균(節樂器). ⑥ 싸움옷 균(戎服). ⑦ 평등할 균. ⑧ 학교 이름 균(學名).【鈞과 통함】

書體 小篆 坰 草書 均 中學 形聲

均分(균분 jūnfēn) 여럿에 똑같도록 나눔. 고르게 나눔.
均一(균일 jūnyī) 한결같이 고름. 차이가 없음. 똑같음. 평등. 평균.
均霑(균점 jūnzhān) 평등히 이익을 받음. 평등히 혜택을 입음. 균첨(均沾).
均齊(균제 jūnjì) ① 균형이 잡혀 잘 어울림. ② 고르고 가지런함. 균정(均整).
均質(균질 jūnzhì) ① 성질이 같음. 등질(等質). ② 하나의 물체 가운데 어느 부분을 취하여도 성분·성질이 일정함.
均衡(균형 jūnhéng) 어느 한 쪽으로 치우침이 없이 쪽 고름. 평형.

▶ 平均(평균).

坊 동네 방

㊀ fāng, fáng ㊁ ボウ, ちまた ㊂ village

① 골 이름 방(邑里之名). ② 방 방(房). ③ 막을 방(障). ④ 승사 방(僧舍).【防과 통함】

坊坊曲曲(방방곡곡 fāngfāngqūqū) 나라 안의 모든 곳. 곳곳마다.
坊本(방본 fāngběn) 민간 서점에서 출판한 책.

▶ 敎坊(교방)·街坊(가방)·洞坊(동방)·部里坊制(부리방제)·條坊(조방).

坎 구덩이 감

㊀ kǎn ㊁ カン, あな ㊂ hollow

① 구덩이 감(穴). ② 험할 감(險). ③ 작은 잔 감(小皿). ④ 힘쓰는 소리 감(力聲). ⑤ 괘 이름 감(卦). ⑥ 불우하여 뜻을 이루지 못할 감(失志). ⑦ 북쪽 감(北方).【埳·坅과 같음】

坎方(감방 kǎnfāng) 팔방의 하나. 북쪽.
坎中連(감중련 kǎnzhōnglián) 팔괘의 하나. 감괘(坎卦)의 상형(象形)인「☵」의 일컬음.

坎止(감지 kǎnzhǐ) 험난한 지경에 다 달아 그만두는 일.

坐 앉을 좌:
4 / 7 (土)

坐 坐 坐 坐 坐 坐 坐

음 zuò 일 ザ, すわる 영 sit

① 앉을 좌(行之對). ② 무릎을 꿇 좌(跪). ③ 자리 좌(席). ④ 지킬 좌(守護). ⑤ 죄를 입을 좌(被罪人). ⑥ 대심할 좌(罪人對律). ⑦ 자리 좌(行所止). ⑧ 손발을 움직이지 않을 좌(手足不動). 【座와 통함】

書體 小篆 聖 古文 坐 草書 坐 中學 會意

坐骨(좌골 zuògǔ) 《生》엉덩이뼈. 골반(骨盤) 중의 하부로서 일체이지(一體二枝)의 뼈.

坐不安席(좌불안석 zuòbùānxí) 마음이 불안(不安)해서 한 군데만 오래 앉아 있지 못함.

坐禪(좌선 zuòchán) 《佛》도사리고 앉아서 오도(悟道)를 구함. 말없이 정좌(靜坐)하여 불도(佛道)의 묘리를 궁구(窮究)하는 수업. 주로 선종(禪宗)에서 행함.

坐視(좌시 zuòshì) 간섭하지 않고 가만히 두고 보기만 함.

坐礁(좌초 zuòjiāo) 함선이 암초에 얹혀 가지 못함.

坐向(좌향 zuòxiàng) 《國》묘지나 집터 따위의 등진 방위에서 정면으로 바라보이는 방향.

▶ 跏趺坐(가부좌)·對坐(대좌)·半跏趺坐(반가부좌)·連坐示威(연좌시위)·長坐不臥(장좌불와)·正坐(정좌).

坑 구덩이 갱
4 / 7 (土)

음 kēng 일 コウ, あな 영 pit

① 빠질 갱(陷). ② 묻을 갱(埋). ③ 구덩이 갱(陂塹). 【阬과 통함】

坑口(갱구 kēngkǒu) 《鑛》굴의 어귀. 갱도의 들머리. 굴문.

坑內(갱내 kēngnèi) 《鑛》① 구덩이의 안. ② 광산의 땅속의 굴 안.

坑道(갱도 kēngdào) ① 《鑛》광산 따위의 갱내의 통로. ② 요새전(要塞戰)에서 땅 밑에 판 길.

坑木(갱목 kēngmù) 갱도나 갱내에 버티어 대는 데 쓰는 통나무.

坑夫(갱부 kēngfū) 광산·탄갱 따위에서 채광하는 노동자. 광부.

▶ 鑛坑(광갱)·金坑(금갱)·炭坑(탄갱).

坡 언덕 파
5 / 8 (土)

음 pō 일 ハ, ヒ, さか 영 hill

① 언덕 파(阪). ② 제방 파(堤).

坡岸(파안 pō'àn) 강 언덕.

坡陀(파타 pōtuó) 험준한 모양.

坤 땅 곤
5 / 8 (土)

坤 坤 坤 坤 坤 坤 坤 坤

음 kūn 일 コン, つち 영 earth

① 땅 곤(地). ② 순할 곤(順). ③ 괘 이름 곤(卦名). ④ 황후 곤(皇后). ⑤ 계집 곤(女稱坤命).

書體 小篆 坤 草書 坤 中學 形聲

坤方(곤방 kūnfāng) 팔방(八方)의 하나. 서남.

坤時(곤시 kūnshí) 상오 3~4시 사이.

▶ 乾坤(건곤).

坦 평탄할 탄:
5 / 8 (土)

음 tǎn 일 タン, たいらか 영 even, level

① 너그러울 **탄**(寬). ② 평평할 **탄**(平). ③ 넓을 **탄**(廣).

坦坦(탄탄 tǎntǎn) ① 넓고 평평한 모양. ② 남보다 월등(越等)한 점이 없는 모양. 평범함.

坦坦大路(탄탄대로 tǎntǎndàlù) 높고 낮은 데가 없이 편편하고 아주 넓은 큰 길.

▶ 平坦(평탄).

坪 들[野] 평

㊥ píng ㊐ ヘイ、たいらか ㊖ field

① 벌판 **평**(大野). ② 들 **평**. ③ 평평할 **평**(平). ④ 평수 **평**(地積, 四方六尺爲一坪).

坪當(평당 píngdāng) 한 평에 대한 비율.

▶ 建坪(건평)·延建坪(연건평).

垂 드리울 수

垂 垂 垂 垂 垂 垂 垂 垂

㊐ スイ、たれる ㊖ hang down

① 드리울 **수**(自下縋上). ② 변방 **수**(邊). ③ 거의 **수**, 미칠 **수**(將及幾). ④ 남길 **수**(殘). ⑤ 천한 사람이 귀한 사람에게 간원(懇願) 또는 경의(敬意)를 표할 때에 쓰는 말.

書體 小篆 垂 草書 垂 (高校) 會意

垂簾(수렴 chuílián) ① 발을 늘임. 또는 늘인 발. ② 수렴청정의 약어.

垂簾聽政(수렴청정 chuíliántīngzhèng) 왕대비(王大妃)가 어린 임금을 대신(代身)하여 정사(政事)를 들음. 발을 늘어뜨리고 신하(臣下)의 의견(意見)을 듣고 다스리므로 하는 말.

垂範(수범 chuífàn) 착한 일로써 몸소 모든 사람이 모범이 되게 함.

垂直(수직 chuízhí) ① 똑바로 드리움. 또는 그 상태. ②《轉》하나의 평면(平面) 또는 직선에 대하여 90도의 각도(角度)를 이루는 일.

垂訓(수훈 chuíxùn) 후세에 전하는 교훈.

▶ 率先垂範(솔선수범)·懸垂幕(현수막).

垈 집터 대

집터 **대**(宅地).

垈地(대지 dàidì) 집터.

型 모형 형

㊥ xíng ㊐ ケイ、かた ㊖ type

① 본 **형**(鑄式). ② 모범 **형**(模範).

▶ 金鷄抱卵型(금계포란형)·金型(금형)·模型(모형)·母型(모형)·模型實驗(모형실험)·木型(목형)·無定型性(무정형성)·成型(성형)·新型(신형)·原型(원형)·類型(유형)·定型(정형)·鑄型(주형)·紙型(지형)·體型(체형)·草型(초형)·判型(판형).

垢 때 구

㊥ gòu ㊐ コウ、ク、あか ㊖ dirt

① 때 **구**(塵滓). ② 더러울 **구**(汚). ③ 때가 묻을 **구**. ④ 부끄러울 **구**(恥).

垢故(구고 gòugù) 때가 묻고 낡음.
垢衣(구의 gòuyī) 때 묻은 옷.

▶ 無垢(무구)·天眞無垢(천진무구).

埃 티끌 애

㊥ āi ㊐ アイ、ほこり ㊖ dust

티끌 **애**(塵).

埃及(애급 āijí) 《地》 이집트, Egypt의 음역. 나라 이름. 아프리카 동북부. 서울은 카이로. 지금의 이집트 아랍 공화국(Alab Republic of Egypt).
埃滅(애멸 āimiè) 티끌처럼 망해버림.
埃霧(애무 āiwù) 티끌이 안개처럼 일어남.

▶ 塵埃(진애).

埈 높을 준:

シュン, たかい   lofty, high
높을 준(高).

埋 묻을 매

埋埋埋埋埋埋埋埋埋

mái, mán   マイ, うめる   bury

① 묻을 매(瘞). ② 감출 매(藏). 【薶와 같음】

埋立(매립 máilì) 땅을 메워 올림. 묻어 쌓음.
埋伏(매복 máifú) 숨어서 엎드림. 《轉》 복병(伏兵).
埋玉(매옥 máiyù) 옥을 땅에 묻음. 《喻》 영재(英才)나 미인의 죽음을 슬퍼함.
埋葬(매장 máizàng) ① 송장을 땅에 묻음. ② 사회에서 몰아 냄. ③ 광물이 땅에 묻혀있음.

城 성/재 성

城城城城城城城城城

セイ, ジョウ, しろ   castle

① 재 성(築土所以盛民). ② 서울 성(都邑). ③ 보루 성(堡壘). 「방비(防備)를 위하여 흙돌을 쌓아서 만든 성」. 보루(堡壘). ④ 성을 만들 성.

城郭(성곽 chéngkuò) 내성과 외성 전부. 성의 둘레.
城廊(성랑 chéngláng) 성 위의 군데군데 세운 다락집.
城樓(성루 chénglóu) 성문 위에 세운 높은 망루.
城壁(성벽 chéngbì) 성곽의 벽. 성의 담벼락.
城池(성지 chéngchí) 성 둘레에 파놓은 못. 성호(城濠).
城址(성지 chéngzhǐ) 성 터.
城下之盟(성하지맹 chéngxiàzhīméng) 성벽 밑까지 공격당하여 맺는 강화(講和). 굴욕(屈辱)의 강화(講和).
城狐社鼠(성호사서 chénghúshèshǔ) 성중(城中)에 사는 여우와 사중(社中)에 사는 쥐. 《喻》 몸을 안전한 곳에 두고 나쁜 짓을 하는 사람. 곧 임금 곁에 있는 간신(姦臣).
城隍(성황 chénghuáng) ① 성(城)과 호(壕). 또는 성(城)의 호(壕). ② 《國》 서낭신이 붙어 있다는 나무.

▶ 干城(간성)·京城(경성)·古城(고성)·宮城(궁성)·籠城(농성)·都城(도성)·萬里長城(만리장성)·不夜城(불야성)·守城(수성)·牙城(아성)·甕城(옹성)·入城(입성)·長城(장성)·鐵甕城(철옹성)·築城(축성)·土城(토성)·皇城(황성).

域 지경 역

域域域域域域域域域

yù   イキ, ヨク, さかい   boundary

① 지경 역(界局). ② 범위 역(範圍). ③ 나라 역(邦域). ④ 경계를 만들 역.

域內(역내 yùnèi) =역중(域中).

▶ 疆域(강역)·廣域(광역)·區域(구역)·圈域(권역)·聖域(성역)·領域(영역)·流域(유역)·異域萬里(이역만리)·全域(전역)·地域(지역)·海域(해역).

執 잡을 집

執 执 执 执 执 幸 執 執 執

中 zhí 日 シュウ, シツ, とる
英 catch

① 잡을 집(操持). ② 지킬 집(守). ③ 잡을 집(捕). ④ 막을 집(塞). ⑤ 벗 집(友).「뜻을 같이 하는 벗」.

執權(집권 zhíquán) ① 정권을 잡음. ② 권력을 가짐.
執達吏(집달리 zhídálì)《法》지방 법원에 배치되어 송달(送達) 및 강제 집행에 관한 처분을 행하는 공무원.
執禮(집례 zhílǐ) 예식을 집행함.
執拗(집요 zhíniù) 고집이 셈. 어디까지나 자기 고집을 관철하려고 끈질김.
執政(집정 zhízhèng) ① 정치를 맡아서 행함. 또는 그 사람. 재상 따위를 일컬음. ② 집정관의 약어.
執着(집착 zhízhuó)《佛》사물을 깊이 생각함. 딱 붙어서 떨어지지 않음. 집착.

▶ 固執(고집)·我執(아집)·壅固執(옹고집).

培 북돋울/배양할 배:

培 培 培 培 培 培 培 培 培

① péi 日 バイ, つちかう
英 earth up

② 日 ホウ
① ① 북 돋울 배(助養). ② 북 배(敦土). ② 두둑할 부(小阜).

培 (高校)

培根(배근 péigēn) 뿌리를 북돋아 줌.
培養(배양 péiyǎng) ① 식물을 북돋아 기름. ② 사물을 발달시킴. ③ 미생물이나 조직의 한 부분을 인공적으로 번식(繁殖)시키는 일.
培栽(배재 péizāi) 재배.

▶ 栽培(재배).

基 터 기

基 基 基 基 基 基 基 基 基

中 jī 日 キ, もとい 英 basis

① 터 기(址). ② 근본 기(本). ③ 업 기(業). ④ 웅거할 기(據). ⑤ 호미 기(旧器鎡基). ⑥ 풍류 이름 기(樂名立基).

基金(기금 jījīn) ① 밑천. 기본금. ② 어떤 목적을 위하여 모아서 준비해 놓은 자금.
基督(기독 jīdū)《宗》그리스도(Christ). 구세주의 뜻. 보통 예수를 일컬어 기독(基督)이라 함.
基盤(기반 jīpán) 터전. 기본이 되는 자리.
基調(기조 jīdiào) ① 주조음(主調音). ② 사상의 근저(根柢).
基礎(기초 jīchǔ) ① 건물의 주춧돌. 또는 토대. ② 사물의 밑자리. 근저(根柢).

▶ 國基(국기)·根基(근기)·鹽基(염기).

堂 집 당

堂 堂 堂 堂 堂 堂 堂 堂 堂

堂

음 táng 일 ドウ, おもてざしき
영 hall

① 마루 당(正寢). ② 번듯할 당, 정당할 당(正). ③ 집무하는 곳 당(政事堂). ④ 가까운 친척 당(堂內·堂弟·堂叔). ⑤ 훌륭한 태도 당(容儀). ⑥ 훌륭한 용모 당(容貌).

書體 小篆 堂 大篆 堂 草書 堂 中學 形聲

堂堂(당당 tángtáng) 위엄스럽고 훌륭한 모양. 위의(威儀)가 어연번듯한 모양. 《喩》 공명정대한 모양.
堂山(당산 tángshān) 토지나 마을의 수호신이 있다고 이르는 곳.
堂上(당상 tángshàng) ① 마루 위. 대청 위. 궁전(宮殿) 위. ② 부모의 일컬음. 마루 위에 계시므로 이와 같이 말함. ③ 공경(公卿) 곧 장관을 일컬음. 당상(堂上)에서 일을 다스린 데서 온 말. 당관(堂官). ④《國》정이품(正二品) 이상의 문무관. 당상관(堂上官).
堂叔(당숙 tángshū) 종숙(從叔)의 친근한 일컬음.
堂姪(당질 tángzhí) 종질(從姪)을 친근하게 일컫는 말.

▶ 講堂(강당)·金堂(금당)·滿堂(만당)·明堂(명당)·法堂(법당)·別堂(별당)·步武堂(보무당)·本堂(본당)·佛堂(불당)·祠堂(사당)·書堂(서당)·聖堂(성당)·食堂(식당)·威風堂堂(위풍당당)·慈堂(자당)·殿堂(전당)·正正堂堂(정정당당)·天堂(천당)·草堂(초당)·學堂(학당).

堅 굳을 견

堅堅堅堅臤臤臤堅堅

음 jiān 일 ケン, かたい 영 solid

① 굳을 견(固). ② 굳셀 견(勁). ③ 변하지 않을 견. ④ 반드시 견(必). ⑤ 강할 견(剛).

書體 小篆 堅 草書 堅 中學 形聲

堅剛(견강 jiāngāng) 성질이 매우 야무지고 단단함.
堅強(견강 jiānqiáng) 매우 굳세고 힘이 강함.
堅固(견고 jiāngù) ① 굳세고 단단함. ② 확실함.
堅果(견과 jiānguǒ) 밤 따위와 같이 굳은 껍질에 싸여 있는 종류의 과실.
堅實(견실 jiānshí) ① 딱딱한 과실. ② 확실하고 틀림없음. 굳고 착실함.
堅持(견지 jiānchí) 굳게 지님. 굳게 지지함.

▶ 中堅(중견).

堆 쌓을 퇴:

음 duī, zuī 일 タイ, うずだかい
영 heap of earth

① 흙무더기 퇴(聚土). ② 놓을 퇴(舍). ③ 수두룩하게 쌓일 퇴(積貌). ④ 언덕 퇴(阜). ⑤ 돌 퇴(捵).

堆肥(퇴비 duīféi) 두엄·풀이나 폐물을 쌓아 올려서 썩힌 거름.
堆積(퇴적 duījī) 높이 쌓임.
堆疊(퇴첩 duīdié) 우뚝하게 겹쳐 쌓음.

堊 흰흙 악

음 è 일 アク, しろつち 영 white soil

① 색흙 악(色土). ② 회색 벽 악(飾壁). ③ 여막 악(不塗堊).

堊塗(악도 ètú) 흰 흙칠을 함. 또는 칠하는 일.

堗 굴뚝 돌

일 トツ, えんとつ 영 chimney

① 굴뚝 돌(烟突). ② 부엌 창 돌(竈窓).

▶ 難堪(난감).

堡 작은성 보:

㊀ bǎo, bǔ, pù ㊁ ホウ, ホ, とりで
㊂ fort

① 방축 보, 둑 보(堤). ② 작은 성 보(小城).
堡壘(보루 bǎolěi) ① 적을 막기 위해 구축(構築)한 진지. 보채(堡砦). 요새(要塞). ② 가장 튼튼한 발판.

堤 둑/언덕 제

堤 堤 堤 堤 堤 堤 堤 堤 堤 堤

㊀ dī ㊁ テイ, つつみ ㊂ dike
① 막을 제(滯也, 防). ② 방축 제(築土遏水). ③ 이랑 제(頃畝).【隄와 통함】

堤堰(제언 dīyàn) 물을 가두어 놓기 위하여 강이나 계곡을 가로 질러 쌓아 올려 막은 둑. 댐. 언제(堰堤).

▶ 防潮堤(방조제)·防波堤(방파제)·堰堤(언제).

堪 견딜 감

㊀ kān ㊁ カン, たえる ㊂ endure
① 견딜 감, 이길 감(勝). ② 맡을 감(任). ③ 하늘 감(天). ④ 산 모양이 기괴할 감(山奇態貌).
堪耐(감내 kānnài) 어려움을 참고 견딤.
勘當(감당 kāndāng) ① 일을 능히 해냄. ② 죄에 견주어 법을 적용시킴.
堪忍(감인 kānrěn) ① 참고 견딤. 꾹 참음. 인내. ② 남의 허물을 용서(容恕)한다는 일.

堯 요임금 요

㊀ yáo ㊁ ギョウ, たかくとおい
㊂ high and far

① 높을 요(高嶢貌). ② 멀 요(遠). ③ 요임금 요(陶唐氏號).
堯桀(요걸 yáojié) 성자(聖者)인 요(堯)와 폭군인 걸(桀).《轉》성군과 폭군. 또는 선인과 악인.
堯舜(요순 yáoshùn) 중국 고대의 성군(聖君)인 요(堯) 임금과 순(舜) 임금.《轉》성군. 명군(名君).

報 갚을/알릴 보:

報 報 報 報 報 報 報 報 報

1 ㊀ bào ㊁ ホウ, むくいる ㊂ repay
2 ㊂ report

1 ① 대답할 보(酬答). ② 고할 보(告). ③ 갚을 보(復). ④ 합할 보(合). ⑤ 공초를 받아 올릴 보(論囚). ⑥ 치 붙을 보(下姪上). 2 빠를 부(急疾).【赴와 통함】

報告(보고 bàogào) ① 어떤 임무를 띤 사람이 그 일에 대한 내용이나 결과를 말로나 글로 알림. ② 보고서.
報果(보과 bàoguǒ) 한 일의 보람. 일에 대한 보답으로 돌아오는 결과.
報仇(보구 bàochóu) 앙갚음.
報國(보국 bàoguó) 나라의 은혜를 갚음. 나라를 위해 충성을 다함.
報答(보답 bàodá) 호의나 은혜 따위를 갚음.
報道(보도 bàodào) ① 신문 따위의 뉴스. ② 일을 전하여 알림. 보고(報告).
報復(보복 bàofù) ① 원수를 갚음. 앙

갚음. ② 답장을 보냄. 답서(答書).
報償(보상 bàocháng) ① 손해를 배상하는 일. ② 앙갚음하는 일. 보복.
報酬(보수 bàochóu) ① 갚음. 사례. ② 일한 것에 대하여 금품을 주는 일. 또는 그 금품.
報施(보시 bàoshī) 선행(善行)에 대하여 행복을 줌.
報恩(보은 bào'ēn) 은혜(恩惠)를 갚음. ↔ 배은(背恩).
報應(보응 bàoyīng) 인과에 따라 선악(善惡)이 대갚음됨.

▶ 警報(경보)·公報(공보)·官報(관보)·急報(급보)·吉報(길보)·朗報(낭보)·壁報(벽보)·本報(본보)·悲報(비보)·詳報(상보)·速報(속보)·旬報(순보)·業報(업보)·豫報(예보)·誤報(오보)·因果應報(인과응보)·電報(전보)·情報(정보)·提報(제보)·諜報(첩보)·通報(통보)·特報(특보)·弘報(홍보)·畫報(화보)·會報(회보)·凶報(흉보).

堰 둑 언
土9
⑫

🔊 yàn 🇯🇵 エン, せき 🇬🇧 bank
방축 언(壅水爲埭).
堰堤(언제 yàndī) 댐(dam). 제언(堤堰).

場 마당 장
土9
⑫

場場場場場場場場場

🔊 cháng, chǎng 🇯🇵 ジョウ, にわ, ば 🇬🇧 garden
① 마당 장(除地). ② 제사하는 곳 장(祭場, 齊場). ③ 싸움터 장(戰場). 【塲과 같음】

書體 小篆 場 草書 塲 中學 形聲

場內(장내 chǎngnèi) 장소(場所)의 안. 회장(會場)의 내부.
場面(장면 chǎngmiàn) ① 어떠한 장소의 겉에 드러난 면. 또는 그 광경.
② 어떤 사실이 연극이나 영화 등을 통해서 표현되는 정경(情景). 신(scene).
場所(장소 chǎngsuǒ) ① 처소. ② 자리, 좌석.
場外(장외 chǎngwài) ① 어떠한 처소(處所)의 바깥. ②《制》과장(科場)의 밖. 포장(布帳) 밖.
場打令(장타령 chǎngdǎlíng) 속된 잡가(雜歌)의 한 가지. 동냥하는 사람이 장판이나 길거리로 돌아다니면서 부르는 노래.

▶ 開場(개장)·客場(객장)·缺場(결장)·廣場(광장)·劇場(극장)·亂場(난장)·農場(농장)·當場(당장)·道場(도장;도량)·登場(등장)·滿場一致(만장일치)·賣場(매장)·牧場(목장)·上場(상장)·市場(시장)·式場(식장)·阿修羅場(아수라장)·一場春夢(일장춘몽)·入場(입장)·立場(입장)·磁場(자장)·戰場(전장)·職場(직장)·出場(출장)·退場(퇴장)·罷場(파장)·閉場(폐장)·現場(현장)·刑場(형장)·會議場(회의장).

堵 담 도
土9
⑫

🔊 dǔ 🇯🇵 ト, かき 🇬🇧 wall
① 담 도(垣). ② 저것 도(若箇這兀的日阿堵). ③ 편안히 살 도(相安).
堵列(도열 dǔliè) 죽 늘어섬. 늘어선 열.
堵牆(도장 dǔqiáng) 담. 울타리.

▶ 安堵(안도).

塊 덩어리/흙덩이 괴
土10
⑬

塊塊塊塊塊塊塊塊塊

🔊 kuài 🇯🇵 カイ, つちくれ 🇬🇧 clod
① 흙덩이 괴(墣). ② 땅덩이 괴(造物名). ③ 가슴이 뭉클할 괴(胷中不平). ④ 흙덩이 물 괴(銜塊請罪). ⑤ 나 괴(我). ⑥ 고독한 모양 괴(孤獨貌).

塊 흙덩이 괴

書體: 小篆 塊 / 草書 坎 / 高校 / 形聲

塊根(괴근 kuàigēn)《植》고구마·토란 같이 괴상(塊狀)으로 생긴 뿌리. 덩이뿌리.
塊金(괴금 kuàijīn) 흙 속에서 저절로 나오는 과립상으로 된 천연산의 금 덩이.
塊狀(괴상 kuàizhuàng) 덩어리로 된 모양.
塊然(괴연 kuàirán) 홀로 있는 모양. 독거(獨居)하는 모양.
塊鐵(괴철 kuàitiě) 쇳덩이.
塊炭(괴탄 kuàitàn)《鑛》덩이로 된 석탄.

▶ 金塊(금괴)·石塊(석괴)·肉塊(육괴)·銀塊(은괴)·腫塊(종괴)·土塊(토괴).

塋 무덤 영

图 yíng 일 エイ, はか 영 grave

① 무덤 영(墓). ② 산소 영(葬地). 【塋은 별자】

塋墓(영묘 yíngmù) = 영역(塋域).
塋樹(영수 yíngshù) 묘지에 심은 나무.
塋域(영역 yíngyù) 산소. 무덤. 묘지.

▶ 先塋(선영).

塑 흙빚을 소

图 sù 일 ソ, でく 영 scarecrow

허수아비 소(挺土象物).

塑像(소상 sùxiàng) 진흙으로 만든 불상(佛像). 또는 인상(人像). 진흙에 지푸라기·운모(雲母) 등을 섞어 이긴 것을 재료로 한 주물(鑄物)의 원형(原型).
塑造(소조 sùzào) 소상(塑像)을 만듦.

▶ 彫塑(조소).

墒 해 시

图 shí 일 シ, ジ, ねぐら 영 perch

해 시(鑿垣而棲鷄).

墒鷄(시계 shíjī) 둥우리 안에 있는 닭.
墒圈(시권 shíjuān) 새나 짐승을 넣어 두는 곳.

塔 탑 탑

塔塔塔塔塔塔塔塔塔塔

图 tǎ 일 トウ, そとば 영 pagoda

탑 탑(西域浮圖).

書體: 篆文 塔 / 草書 塔 / 高校 / 形聲

塔影(탑영 tǎyǐng) 탑의 그림자.
塔尖(탑첨 tǎjiān) 탑의 끝이 뾰족한 곳.

▶ 監視塔(감시탑)·管制塔(관제탑)·金字塔(금자탑)·記念塔(기념탑)·佛塔(불탑)·斜塔(사탑)·司令塔(사령탑)·舍利塔(사리탑)·象牙塔(상아탑)·釋迦塔(석가탑)·慰靈塔(위령탑)·鐵塔(철탑)·尖塔(첨탑)·忠烈塔(충렬탑)·顯忠塔(현충탑).

塗 진흙 도

塗塗塗塗塗塗塗塗塗塗

图 tú 일 ト, ぬる 영 coat

① 진흙 도(泥). ② 바를 도(泥飾). ③ 더럽힐 도(汚). ④ 두터운 모양 도(厚貌). ⑤ 길 도(路). ⑥ 흐리멍덩할 도(不分曉). ⑦ 글자를 고칠 도(改竄). 【途와 통함】

書體: 小篆 塗 / 草書 塗 / 高校 / 形聲

塗料(도료 túliào) ① 물감. 채료(彩料). ② 물건(物件)에 칠하여 그것을 미화(美化)하거나 보호(保護)하기 위한 것. 페인트·니스 따위.

塗裝(도장 túzhuāng) 칠 따위를 발라서 꾸밈.
塗聽塗說(도청도설 tútīngtúshuō) 길거리에 퍼져 돌아다니는 뜬소문.
塗炭(도탄 tútàn) ① 진흙물과 숯불. 《轉》수화(水火)의 고통. 극심한 괴로움. ② 진흙과 먹. 《轉》더러운 것.
塗巷(도항 túxiàng) 거리. 세상.

▶ 蘇塗(소도)·汚塗(오도)·糊塗(호도).

塘 못[池] 당

音 táng 日 トウ, いけ 英 pond

① 못 당(鑿池注水). ② 방축 당(陂也堤岸).
塘池(당지 tángchí) 둑을 쌓아서 물이 괴게 한 못. 용수지(用水池).

塚 무덤 총

【冢(冖부8획)의 속자】
塚墓(총묘 zhǒngmù) 무덤.
塚主(총주 zhǒngzhǔ) 무덤을 지키는 임자.

▶ 古塚(고총)·疑塚(의총)·貝塚(패총).

塞 변방 새 / 막을 색

塞塞塞塞塞塞塞塞塞塞

1 音 sāi, sài 日 サイ, ふさぐ 英 wall up
2 音 sè 日 サイ, とりで 英 fortress

1 ① 변방 새(邊界). ② 주사위 새(戲具). 2 ① 막을 색(塡也), 窒). ② 채울 색, 찰 색(滿). ③ 막힐 색(阨險).

書體 小篆 塞 草書 塞 (高校) 形聲

塞翁得失(새옹득실 sàiwēngdéshī) 한 때의 이(利)가 장래에는 도리어 해(害)가 되기도 하고, 화(禍)가 오히려 복(福)이 되기도 함을 뜻하는 말.
塞翁之馬(새옹지마 sàiwēngzhīmǎ) 인생의 길흉화복(吉凶禍福)은 변화(變化)가 많음을 비유하는 말. 《故》북방(北方)의 한 노옹(老翁)이 기르던 말이 호지(胡地)로 달아난 일이 있었는데 그것을 위로(慰勞)하는 사람에게 옹(翁)은 오히려 행복(幸福)한 결과가 될는지 누가 아느냐고 대답을 하였는데 몇 달 후 그 말이 한 필의 준마(駿馬)를 데리고 돌아왔으매 동리 사람들은 다시 행운(幸運)을 치하(致賀)하니 노옹(老翁)은 되려 불행이 될는지 누가 아느냐는 대답이었다. 그 후 노옹(老翁)의 아들이 승마(乘馬)를 즐기다가 말에서 떨어져 다리를 다쳤다. 그래서 또 동리 사람들은 다시 불행(不幸)을 위문(慰問)하게 되었는데, 노옹(老翁)은 또 행복(幸福)이 될는지 누가 아느냐는 대답이었다. 그로부터 1년 후 호인(胡人)이 대학입구(大擧入寇)하여 장정(壯丁)들이 전장(戰場)으로 불려나가 8, 9할이 사망하였건만 노옹(老翁)의 아들만은 절름발이여서 전장(戰場)에 안 나가고 부자(父子)가 상보(相保)하였다는 고사(古事). 새옹실마(塞翁失馬). 새옹득실(塞翁得失).
塞翁禍福(새옹화복 sàiwēnghuòfú) =새옹지마(塞翁之馬).

▶ 要塞(요새).

塡 메울 전

音 tián 日 テン, うずめる
英 fill up

1 ① 오랠 진(久). ② 편안할 진(安). ③ 정할 진(定). ④ 눌릴 진(壓). ⑤ 가라앉을 진, 진정할 진. 【鎭과 통함】 2 ① 메일 전(塞). ② 북 소리 전(鼓聲). ③ 순종할 전(順). ④ 병이 들 전(病).

⑤ 엄정하고 왕성한 모양 **전**(嚴盛貌).
塡補(전보 tiánbǔ) ① 메워서 보충함. ② 기입함.
塡充(전충 tiánchōng) 빈 곳을 채워서 매움.

▶ 補塡(보전)·裝塡(장전)·充塡(충전).

塩 소금 염
[土10획/13획]

【鹽(鹵부13획)의 속자】

塲 장
[土11획/14획]

【場(土부9획)의 속자】

塵 티끌 진
[土11획/14획]

음 lù 일 ジン, ちり 영 dust

① 티끌 **진**, 먼지 **진**(埃). ② 때 낄 **진**(塺垢). ③ 오래될 **진**(久). ④ 더러울 **진**(汚). ⑤ 시끄러울 **진**(喧).
塵芥(진개 chénjiè) 티끌과 쓰레기. 먼지.
塵事(진사 chénshì) 세속(世俗)의 일. 세사(世事).
塵埃(진애 chén'āi) ① 티끌과 먼지. ② 더러운 세상. 속세(俗世).
塵土(진토 chéntǔ) 티끌과 흙.
塵合泰山(진합태산 chénhétàishān) 《俗》 티끌 모아 태산. 《諭》 작은 것도 많이 모이면 나중에는 크게 이루어짐.

▶ 蒙塵(몽진)·微塵(미진)·粉塵(분진)·沙塵(사진)·餘塵(여진)·集塵(집진)·紅塵(홍진)·黃塵(황진).

塹 구덩이 참
[土11획/14획]

음 qiàn, jiǎn 일 ザン, ほり 영 trench

① 구덩이 **참**(坑). ② 해자 **참**(遶城水).

③ 땅을 팔 **참**.
塹壕(참호 qiànháo) ① 성 둘레의 호(壕). ② 적의 공격에 대비(對備)하기 위하여 판 구덩이.

▶ 坑塹(갱참)·天塹(천참).

塼 벽돌 전
[土11획/14획]

음 zhuān 일 セン, かわら 영 brick

벽돌 **전**(燒甓甎). 【甎과 같음】
塼甓(전벽 zhuānpì) 벽돌.

塾 글방 숙
[土11획/14획]

음 shú 일 シュク, まなびどころ
영 private school

① 사랑 방 **숙**(門側室). ② 글방 **숙**(校舍). ③ (학교의) 기숙사 **숙**(寄宿舍).
塾堂(숙당 shútáng) 학업을 연구하는 집. 학사(學舍). 숙사(塾舍).
塾師(숙사 shúshī) 숙사(塾舍)의 스승.
塾舍(숙사 shúshè) 학업을 닦는 집. 또는 숙생(塾生)이 묵는 집.

▶ 家塾(가숙)·義塾(의숙).

境 지경 경
[土11획/14획]

境 境 境 境 境 境 境 境 境

음 jìng 일 ケイ, キョウ, さかい
영 boundary

① 갈피 **경**, 지경 **경**(界). ② 마칠 **경**(竟). ③ 곳 **경**(場所).

書體 小篆 境 草書 境 (高校) 形聲

境界(경계 jìngjiè) ① 사물의 구별이 되는 데가 서로 맞닿은 자리. ② 땅이 서로 이어진 곳. 계경(界境).

境遇(경우 jìngyù) ① 환경(環境). 장소. ② 일신의 형편. 처지.
境地(경지 jìngdì) ① 한 곳의 풍치(風致). ② 현재의 환경(環境). 처지(處地). ③ 현재의 심경(心境).

▶ 苦境(고경)·困境(곤경)·國境(국경)·難境(난경)·老境(노경)·陶醉境(도취경)·末境(말경)·妙境(묘경)·無我境(무아경)·無我之境(무아지경)·邊境(변경)·秘境(비경)·死境(사경)·仙境(선경)·順境(순경)·心境(심경)·逆境(역경)·靈境(영경)·隣境(인경)·自然環境(자연환경)·絶境(절경)·漸入佳境(점입가경)·接境(접경)·地境(지경)·出境(출경)·環境(환경)·恍惚境(황홀경).

墓 무덤 묘:

음 mù 일 ボ, はか 영 grave

【본음은「모」】무덤 묘(冢).

墓碑(묘비 mùbēi) 죽은 사람의 신분·사적 등을 새기어 무덤 앞에 세우는 돌의 총칭. 비석.
墓祭(묘제 mùjì) 산소에서 지내는 제사.
墓地(묘지 mùdì) 무덤.
墓穴(묘혈 mùxué) 무덤 구멍. 곧 죽은 사람을 묻는 구멍.

▶ 共同墓地(공동묘지)·墳墓(분묘)·省墓(성묘)·侍墓(시묘)·支石墓(지석묘).

墜 떨어질 추

음 zhuì 일 ツイ, おちる 영 fall

① 떨어질 추(落). ② 잃을 추(亡失).
墜落(추락 zhuìluò) ① 높은 곳에서 떨어짐. ②《國》아버지나 할아버지의 공덕을 따르지 못하고 떨어짐.
墜典(추전 zhuìdiǎn) 문란해진 법도.
墜穽(추정 zhuìjǐng) 함정에 빠짐.

▶ 擊墜(격추)·失墜(실추).

增 더할/불을 증

음 zēng 일 ソウ, ます 영 increase

① 더할 증(益). ② 점점 증. ③ 많을 증(衆). ④ 거듭 증(重).

增減(증감 zēngjiǎn) 많아지는 것과 적어지는 것. 늘임과 줄임. 증손(增損).
增强(증강 zēngqiáng) 더하여 굳세게 함.
增給(증급 zēnggěi) 월급·일급 따위를 올림. 또는 올려서 줌.
增大(증대 zēngdà) 더하여 늘음. 또는 커짐.
增補(증보 zēngbǔ) 책이나 글의 미비(未備)한 것을 더 보태고 기워서 채움. 또는 그와 같이 한 것.
增産(증산 zēngchǎn) 생산량을 늘림. 산출량이 늘음.
增稅(증세 zēngshuì) 조세액(租稅額)을 더 매기나 또는 세율을 높임. ↔감세(減稅).
增殖(증식 zēngzhí) ① 더욱 늘음. 더하여 늘임. ②《生》생물 또는 그 조직(組織)·세포(細胞) 등이 생식 또는 분열(分裂)에 의하여 그 수가 늘어남.
增額(증액 zēng'é) 급액을 늘임. 원수(員數)·분량 따위를 늘임. 또는 늘인 액수.
增員(증원 zēngyuán) 사람을 늘임. ↔감원(減員).
增築(증축 zēngzhù) 이미 서 있는 건축물에 덧붙여 더 늘여 지음.
增幅(증폭 zēngfú)《物》라디오 따위에서 전압·전류의 진폭을 늘여서 감도(感度)를 좋게 함.

▶ 急增(급증)·累增(누증)·漸增(점증)·遞增(체증)·爆增(폭증)·割增(할증).

墟 터 허

⊕ xū ⊕ キョ, しろあと
⊕ ruins of a castle

① 큰 두덕 허(大丘). ② 옛터 허(古城). ③ 장 허(商賈物貨輻湊處).

墟落(허락 xūluò) 황폐한 마을. 촌락(村落).

墟墓(허묘 xūmù) 풀 속에 묻힌, 제사 지내는 사람이 없는 무덤.

▶ 遺墟碑(유허비)·廢墟(폐허).

墨 먹 묵

⊕ mò ⊕ ボク, すみ ⊕ carbon

① 그을음 묵(煤). ② 먹 묵. ③ 먹줄 묵(度). ④ 자자할 묵(五刑之一黥). ⑤ 탐할 묵(貪). ⑥ 어두울 묵(暗). ⑦ 말을 하지 않을 묵. ⑧ 오척(五尺)의 길이 묵.

書體 小篆 墨 草書 墨 中學 會意

墨客(묵객 mòkè) 글씨 쓰기나 그림 그리기를 잘 하는 사람.

墨迹(묵적 mòjì) ① 필적. ② 육필(肉筆)로 쓴 책. 묵적(墨跡).

墨竹(묵죽 mòzhú) ① 먹으로 그린 대나무. ② 대나무의 한 가지.

墨畫(묵화 mòhuà) 먹으로 그린 그림.

▶ 濃墨(농묵)·水墨畫(수묵화)·遺墨(유묵)·紙筆墨(지필묵)·筆墨(필묵).

墮 떨어질/타락할 타:

① ⊕ duò ⊕ タ, おちる ⊕ fall
② ⊕ huī ⊕ ダ

① ① 떨어질 타(落). ② 상투 타(髻). ③ 잃을 타(失). ② ① 무너뜨릴 휴(壞). ② 게으를 휴(惰).

書體 草書 墮 高校 形聲

墮落(타락 duòluò) ① 실패함. ② 시들어 떨어짐. ③ 도심(道心)을 잃고 악도(惡道)에 떨어짐. ④ 품행이 좋지 못하여 못된 구렁에 빠짐.

墳 무덤 분

墳墳墳墳墳墳墳墳墳

⊕ fén ⊕ フン, はか ⊕ tomb

① 봉분 분(土之高者墓). ② 클 분(大). ③ 보둑 분(大防). ④ 책 이름 분(書名). ⑤ 걸찰 분(土肥膏). ⑥ 흙이 부풀어 오를 분(土沸起).

書體 小篆 墳 草書 墳 高校 形聲

墳壚(분로 fénlù) 부풀어 오른 검은 석비례. 토질이 하등(下等)에 들어감.
墳墓(분묘 fénmù) 무덤.
墳樹(분수 fénshù) 무덤에 난 나무.

墻 담 장

墻墻墻墻墻墻墻墻墻

【牆(爿부13획)과 같음】

書體 小篆 墻 草書 墻 高校 形聲

墾 개간할 간

⊕ kěn ⊕ コン, ひらく
⊕ cultivation

① 밭갈 간(耕). ② 김맬 간(治田). ③

땅 이룰 간(開田反土). ④ 상할 간(傷).
墾耕(간경 kěngēng) 땅을 파서 갈음.
墾闢(간벽 kěnpì) 논밭을 개간함. 개탁
(開拓).
墾殖(간식 kěnzhí) 갈아서 심음.
墾田(간전 kěntián) 개간함. 새로 만든
전지(田地).
墾荒(간황 kěnhuāng) 거친 땅을 갈아
서 전지(田地)를 이룸.

▶ 開墾(개간).

土 13 ⑯ 壁 벽 벽

壁 壁 壁 壁 壁 壁 壁 壁 壁

圖 bì 圓 ヘキ, かべ 圓 wall
① 바람벽 벽(屋垣). ② 진 벽(軍壘). ③
돌 비탈 벽(石厓之峭削). ④ 별 이름 벽
(宿名二十八宿之一).【壁은 별자】

書體 小篆 壁 草書 壁 (高校) 形聲

壁煖爐(벽난로 bìnuǎnlú) 벽에다 아
궁이를 내고 굴뚝은 벽 속으로 통하
게 하여 만든 서양식 난방 장치의 한
가지.
壁欌(벽장 bìzàng) 바람벽을 뚫어 만
든 장.
壁紙(벽지 bìzhǐ) 벽을 도배하는 종이.
壁畫(벽화 bìhuà) 바람벽에 그린 그
림.

▶ 奇巖絶壁(기암절벽)·登壁(등벽)·防壁
(방벽)·氷壁(빙벽)·坡壁(성벽)·守備壁(수
비벽)·巖壁(암벽)·巖壁畫(암벽화)·擁壁
(옹벽)·完壁(완벽)·外壁(외벽)·胃壁(위
벽)·障壁(장벽)·絶壁(절벽)·鐵壁(철벽)·向
壁(향벽).

土 13 ⑯ 甕 막을 옹

圖 yōng 圓 ヨウ, ふさぐ
圓 be closed
① 막을 옹(塞). ② 막힐 옹(障). ③ 북돋

을 옹(培).
甕固執(옹고집 yōnggùzhí) 억지가
몹시 심한 고집.
甕塞(옹색 yōngsè) ① 쓰려는 것이 귀
하고 없어 생활이 매우 곤란함. ②
매우 비좁음. ③ 막음. 막힘.
甕拙(옹졸 yōngzuō) 성질이 너그럽지
못하고 생각이 좁음.

土 13 ⑯ 壇 단/제터 단

壇 壇 壇 壇 壇 壇 壇 壇 壇

圖 tán 圓 タン, ダン, だん, たかだい
圓 attar
① 제터 단(墠也, 祀場). ② 단 단(封
土).

書體 小篆 壇 草書 壇 (高校) 形聲

壇上(단상 tánshàng) 단(壇)의 위쪽.
교단(教壇)·강단(講壇) 등의 단(壇)
위.

▶ 基壇(기단)·講壇(강단)·論壇(논단)·登
壇(등단)·文壇(문단)·社稷壇(사직단)·演
壇(연단)·祭壇(제단)·評壇(평단)·畫壇(화
단)·花壇(화단).

土 13 ⑯ 壞 무너질 괴:

【壞(土부16획)의 약자】

土 14 ⑰ 璽 옥새(玉璽) 새

圓 シ, おうじやの しるし
圓 imperial seal

옥새 새(帝印).【璽와 같음】

土 14 ⑰ 壓 누를/억누를 압

壓 壓 壓 壓 壓 壓 壓 壓 壓

🔊 yā, yà 🇯🇵 アツ, おす 🇬🇧 press
① 누를 **압**(鎭). ② 짤 **압**(笮). ③ 엎드러질 **압**(覆壓). ④ 틈을 막을 **압**(塞補). ⑤ 눌릴 **압**. ⑥ 죽일 **압**(殺). ⑦ 무너뜨릴 **압**(壞).

書體 小篆 壓 草書 壓 (高校) 形聲

壓倒(압도 yādǎo) ① 상대방을 눌러 넘어뜨림. 굴복시킴. 크게 이김. ② 뛰어나서 남을 능가함.
壓迫(압박 yāpò) ① 누르고 구박함. ② 위압으로 굴복시킴.
壓政(압정 yāzhèng) 권력으로 국민을 억압하여 행하는 정치.
壓搾(압착 yāzhà) 눌러서 짜 냄.

▶ 强壓(강압)·高血壓(고혈압)·氣壓(기압)·耐壓(내압)·滲透壓(삼투압)·水壓(수압)·昇壓(승압)·抑壓(억압)·外壓(외압)·威壓(위압)·電壓(전압)·制壓(제압)·重壓(중압)·指壓(지압)·鎭壓(진압)·彈壓(탄압)·暴壓(폭압)·被壓迫(피압박)·筆壓(필압)·血壓(혈압)·橫壓(횡압).

壕 해자 호

🔊 háo 🇯🇵 ゴウ, ほり 🇬🇧 trench
해자 **호**(城下池).
壕塹(호참 háoqiàn) ① 보루·포대 따위의 둘레에 판 구덩이. ② 야전에서 수비선에 구덩이를 파서 그 흙으로 앞을 막아 가리어 적에 대비하는 설비. 참호.

▶ 防空壕(방공호)·塹壕(참호).

壘 보루 루

🔊 lěi 🇯🇵 ルイ, とりで 🇬🇧 camp
1 ① 진 **루**(軍壁). ② 늘비할 **루**(相連貌). **2** 끌밋할 **뢰**(壯貌).
壘審(누심 lěishěn) 야구할 때 베이스(base)에서 뛰는 사람이 죽고 사는 것을 판단하는 심판.

▶ 盜壘(도루)·盜壘王(도루왕)·走壘(주루)·出壘率(출루율).

壙 구덩이 광:

🔊 kuàng 🇯🇵 コウ, あな 🇬🇧 hollow
① 구덩이 **광**(墓穴). ② 들이 휑할 **광**(野空貌). ③ 들 **광**(野). ④ 텅 빌 **광**(空虛).
壙壙(광광 kuàngguǎng) 들이 넓고 큰 모양. 망망(茫茫).
壙埌(광랑 kuànglàng) 들이 아득하게 넓은 모양.
壙穴(광혈 kuàngxué) 시체를 묻는 구덩이. 묘혈(墓穴).

壞 무너질/무너뜨릴 괴

壞 壞 壞 壞 壞 壞 壞 壞

🔊 huài 🇯🇵 カイ, やぶる 🇬🇧 destroy
1 무너뜨릴 **괴**(毀之). **2** 무너질 **회**(自敗).

書體 小篆 壞 古文 㯻 草書 壞 (高校) 形聲

壞滅(괴멸 huàimiè) 무너뜨려 멸망시킴. 무너져 멸망함.
壞損(괴손 huàisǔn) 체면을 더럽힘. 훼손.
壞坐(괴좌 huàizuò) 앉음새를 고쳐 앉아서 편하게 함.
壞血病(괴혈병 huàixuèbìng) 《醫》 비타민 C가 부족해서 오는 병. 잇몸이 부어 피가 나기 쉽고, 피부 빛이 흙빛으로 됨.

▶ 崩壞(붕괴)·非破壞性(비파괴성)·破壞(파괴).

壟 밭두덕 롱:

🔊 lǒng 🇯🇵 ロウ, はか 🇬🇧 grave

① 무덤 **롱**(冢). ② 두둑 **롱**(田中高處). ③ 언덕 **롱**(丘). 【隴과 같음】
壟斷(농단 lǒngduàn) ① 둔덕이 깎아 세운 듯이 높은 곳. ② 이익을 독점함. 옛날 어떤 사람이 높은 곳에 올라가서 시장(市場)을 살펴보고 자기 물건을 팔기에 적당한 곳으로 가서 시리(市利)를 독점했다는 고사.

壤 흙덩이/흙 양:

壤 壤 壤 壤 壤 壤 壤 壤 壤

ráng ジョウ, つち earth
① 고운 흙 **양**(柔土無塊). ② 쓰레기 **양**(糞掃之餘積). ③ 풍족할 **양**(富足). 【穰과 통함】

書體 小篆 壤 草書 壤 (高校) 形聲

壤地(양지 rǎngdì) 강토. 토지. 국토.
壤土(양토 rǎngtǔ) ① 흙. 토지. ② 모래 3, 점토(黏土) 6의 비율 및 유기물이 섞인 흙. 모든 농작물을 가꾸기에 알맞음. ③ 거처하는 곳.

▶ 天壤之判(천양지판).

土部
선비 사

士 선비 사:

士 士 士

shì シ, さむらい
scholar, knight
① 선비 **사**(儒也, 四民之首). ② 벼슬 **사**(官之總名). ③ 일 **사**(事). ④ 군사 **사**(士氣, 勇士, 兵士). ⑤ 남자 **사**(尊稱). ⑥ 살필 **사**(察). 【仕·事와 통함】

書體 小篆 士 草書 士 (中學) 象形

士官(사관 shìguān) 병졸을 지휘하는 무관. 장교(將校).
士君子(사군자 shìjūnzǐ) 학문이 있고 덕행이 높은 사람. 상류 사회의 사람.
士氣旺盛(사기왕성 shìqìwàngshèng) 군사의 기운이 크게 성함.
士大夫(사대부 shìdàfū) ① 관직에 있는 사람. ② 군대의 장교. ③ 벼슬이나 문벌이 높은 사람. 사족(士族).

▶ 居士(거사)·軍士(군사)·勸士(권사)·棋士(기사)·騎士(기사)·道士(도사)·名士(명사)·武士(무사)·博士(박사)·辯護士(변호사)·兵士(병사)·山林處士(산림처사)·傷痍勇士(상이용사)·碩士(석사)·紳士(신사)·演士(연사)·烈士(열사)·勇士(용사)·陸士(육사)·義士(의사)·人士(인사)·壯士(장사)·戰士(전사)·志士(지사)·進士(진사)·天下壯士(천하장사)·鬪士(투사)·學士(학사).

壬 북방 임:

壬 壬 壬 壬

rén ジン, ニン, みずのえ, おおいなり vast
① 북방 **임**(北方位). ② 아홉째 천간 **임**(干名). ③ 간사할 **임**(巧言). ④ 클 **임**(大). ⑤ 짊어질 **임**(擔). 【任과 통함】

書體 小篆 壬 草書 壬 (中學) 象形

壬午軍亂(임오군란 rénwǔjūnluàn) 《歷》조선 말 고종 19년에 일어난 군인의 난. 군제개혁과 척신(戚臣)에 대한 불평으로 일어남.
壬辰倭亂(임진왜란 rénchénwōluàn) 《歷》조선 선조 25년에 일본의 침략으로 일어난 전쟁.

壯 장할 장:

【壯(士부4획)의 약·속자】

壯 씩씩할/장할 장:

丬 丬 爿 爿 壯 壯 壯

🀄 zhuàng 🇯🇵 ソウ, さかんなり
🇬🇧 prosperous

① 장할 장(大). ② 굳셀 장(彊). ③ 클 장(大). ④ 왕성할 장(血氣盛). ⑤ 성하게 할 장(盛). ⑥ 젊을 장(盛年). ⑦ 팔월의 다른 이름 장(八月別稱). ⑧ 상할 장(傷).

書體 小篆 壯 草書 壯 中學 形聲

壯觀(장관 zhuàngguān) 웅장한 경치. 대관(大觀). 위관(偉觀).
壯佼(장교 zhuàngjiǎo) 몸이 건장하고 잘 생긴 젊은이.
壯年(장년 zhuàngnián) 기운이 씩씩하고 한창인 30~40세 안팎 될 때, 또 그 나이의 사람.
壯烈(장렬 zhuàngliè) 씩씩하고 열렬(熱烈)함.
壯士(장사 zhuàngshì) ① =장정. ② 혈기에 넘치는 용감한 사나이.
壯丁(장정 zhuàngdīng) 기운이 좋은 젊은 사나이.

▶强壯(강장)·健壯(건장)·宏壯(굉장)·悲壯(비장)·雄壯(웅장)·天下壯士(천하장사)·豪言壯談(호언장담).

声 소리 성

【聲(耳부11획)의 속자】

壱 한/갖은 한 일

【壹(士부9획)의 약자】

売 팔 매(:)

【賣(貝부8획)의 약자】

壹 한/갖은 한 일

🀄 yī 🇯🇵 イツ, イチ, ひとつ 🇬🇧 one

① 한결 일(專). ② 정성 일(誠). ③ 순박할 일(醇). ④ 모두 일(全). ⑤ 통일할 일.

壺 병 호

🀄 hú 🇯🇵 コ, つぼ 🇬🇧 bottle

① (입 좁고 배 벌어진 항아리) 병 호(酒器). ② 박 호(匏). ③ 흙으로 만든 악기 호(土樂器). ④ 산 이름 호(三神山).
【壷는 동자(同字), 壺는 별자(別字)】

壺裏乾坤(호리건곤 húlǐqiánkūn) 언제나 술 취한 속에 있음을 일컬음.
壺狀(호상 húzhuàng) 병이나 항아리처럼 아가리가 벌어진 모양.
壺中天(호중천 húzhōngtiān) 별세계. 별천지. 선경(仙境)의 뜻. 술로써 속세를 잊는 즐거움. 【故】한대(漢代)에 선인 호공(壺公)이 하나의 항아리를 집으로 삼고, 술을 즐기며 속세를 잊었다함. 호천(壺天). 호중천지(壺中天地).

▶投壺(투호).

壻 사위 서

🀄 xù 🇯🇵 セイ, むこ 🇬🇧 son-in-law

① 사위 서(女之夫). ② 남자 서(男子). ③ 땅 이름 서(公壻). 【婿는 동자(同字), 聟는 속자】

壻郞(서랑 xùláng) 남의 사위의 존칭.
壻甥(서생 xùshēng) 사위. 여서(女壻).

婿養子(서양자 xùyǎngzǐ) 사위를 아들로 삼음. 또는 그 양자.

▶ 同壻(동서).

壽 목숨 수
士 11 (14)

壽壽壽壽壽壽壽壽壽壽

🔤 shòu 🇯🇵 ジュ, いのち, とし
🇬🇧 life

① 목숨 수(命). ② 명이 길 수(長命).
③ 나이 수(年齡). 「천수(天壽)」. ④ 오래 살 수(長生). ⑤ 축복할 수(祝福).
⑥ 윗사람에게 잔 드릴 수(献酬).

書體 小篆 壽 草書 夛 中學 形聲

壽具(수구 shòujù) 죽은 뒤 염할 때에 쓰는 옷·베개·이불 따위.
壽命長壽(수명장수 shòumìngchángshòu) ① 목숨이 길어 오래 살음. ② 어린 아이의 명이 아무쪼록 길기를 빌어서 하는 말.
壽福(수복 shòufú) ① 오래 잘 사는 일과 행복(幸福)을 누리는 일. ② 댕기나 비녀 따위에 수(壽)·복(福) 글자를 박거나 새기는 일.
壽福康寧(수복강녕 shòufúkāngníng) 오래살고 복되며 건강한 몸에 편안함.
壽富多男子(수부다남자 shòufùduōnánzǐ) 오래 살고 살림이 매우 넉넉하고 아들이 많음.
壽筵(수연 shòuyán) 오래 삶을 축하하는 잔치. 또는 그 자리. 회갑잔치.
壽宴(수연 shòuyàn) 오래 삶을 축하하는 잔치.
壽則多辱(수즉다욕 shòuzéduōrǔ) 오래 살면 욕됨이 많음. 곧 오래 살수록 고생이나 망신이 많음.

▶ 米壽(미수)·白壽(백수)·長壽(장수)·卒壽(졸수)·天壽(천수)·喜壽(희수)·稀壽(희수)

夂 部
뒤져올 **치**

夆 서로 바동거릴 봉
夂 4 (7)

🔤 féng 🇯🇵 ホウ, あう 🇬🇧 meet

① 서로 바동거릴 봉, 끌어당길 봉(相逆悟牽挽). ② 만날 봉(逢).

麦 보리 맥
夂 4 (7)

【麥(麥부0획)의 약자】

夊 部
천천히 걸을 **쇠**

夏 여름 하:
夊 7 (10)

夏夏夏夏夏夏夏夏夏夏

① 🔤 xià 🇯🇵 カ, なつ
②-⑤ 🇯🇵 ゲ, なつ 🇬🇧 summer

① 여름 하(春之次季). ② 나라 하(中國別稱). ③ 하나라 하(禹國號). ④ 오색 하(五色).〈청·황·적·백·흑(靑·黃·赤·白·黑)〉. ⑤ 클 하(大). 【厦와 통함】

書體 小篆 夏 草書 夏 中學 象形

夏穀(하곡 xiàgǔ) 보리와 밀 따위의 여름에 익어서 거두는 곡식.
夏期休暇(하기휴가 xiàqīxiūxià) 여름철에 건강과 휴양을 위하여 쉼. 또는 그 일.

壯 장할 장:

【壯(士부4획)의 약·속자】

壯 씩씩할/장할 장:

壯 壯 壯 壯 壯 壯 壯

음 zhuàng 일 ソウ, さかんなり
영 prosperous

① 장할 장(大). ② 굳셀 장(疆). ③ 클 장(大). ④ 왕성할 장(血氣盛). ⑤ 성하게 할 장(盛). ⑥ 젊을 장(盛年). ⑦ 팔월의 다른 이름 장(八月別稱). ⑧ 상할 장(傷).

書體 小篆 壯 草書 壯 中學 形聲

壯觀(장관 zhuàngguān) 웅장한 경치. 대관(大觀). 위관(偉觀).
壯佼(장교 zhuàngjiǎo) 몸이 건장하고 잘 생긴 젊은이.
壯年(장년 zhuàngnián) 기운이 씩씩하고 한창인 30∼40세 안팎 될 때, 또 그 나이의 사람.
壯烈(장렬 zhuàngliè) 씩씩하고 열렬(熱烈)함.
壯士(장사 zhuàngshì) ① =장정. ② 혈기에 넘치는 용감한 사나이.
壯丁(장정 zhuàngdīng) 기운이 좋은 젊은 사나이.

▶ 强壯(강장)·健壯(건장)·宏壯(굉장)·悲壯(비장)·雄壯(웅장)·天下壯士(천하장사)·豪言壯談(호언장담).

声 소리 성

【聲(耳부11획)의 속자】

壱 한/갖은한 일

【壹(士부9획)의 약자】

売 팔 매(:)

【賣(貝부8획)의 약자】

壹 한/갖은한 일

음 yī 일 イツ, イチ, ひとつ 영 one
① 한결 일(專). ② 정성 일(誠). ③ 순박할 일(醇). ④ 모두 일(全). ⑤ 통일할 일.

壺 병 호

음 hú 일 コ, つぼ 영 bottle
① (입 좁고 배 벌어진 항아리) 병 호(酒器). ② 박 호(匏). ③ 흙으로 만든 악기 호(土樂器). ④ 산 이름 호(三神山).
【壷는 동자(同字), 壼는 별자(別字)】

壺裏乾坤(호리건곤 húlǐqiánkūn) 언제나 술 취한 속에 있음을 일컬음.
壺狀(호상 húzhuàng) 병이나 항아리처럼 아가리가 벌어진 모양.
壺中天(호중천 húzhōngtiān) 별세계. 별천지. 선경(仙境)의 뜻. 술로써 속세를 잊는 즐거움.《故》한대(漢代)에 선인 호공(壺公)이 하나의 항아리를 집으로 삼고, 술을 즐기며 속세를 잊었다함. 호천(壺天). 호중천지(壺中天地).

▶ 投壺(투호).

壻 사위 서

음 xù 일 セイ, むこ 영 son-in-law
① 사위 서(女之夫). ② 남자 서(男子). ③ 땅 이름 서(公壻).【婿는 동자(同字), 聟는 속자】

壻郞(서랑 xùláng) 남의 사위의 존칭.
壻甥(서생 xùshēng) 사위. 여서(女壻).

壻養子(서양자 xùyǎngzǐ) 사위를 아들로 삼음. 또는 그 양자.

▶ 同壻(동서).

壽 목숨 수

士 11획 / ⑭

壽壽壽壽壽壽壽壽壽壽

中 shòu 日 ジュ, いのち, とし
英 life

① 목숨 수(命). ② 명이 길 수(長命).
③ 나이 수(年齡). 「천수(天壽)」. ④ 오래 살 수(長生). ⑤ 축복할 수(祝福).
⑥ 윗사람에게 잔 드릴 수(獻酬).

書體 小篆 草書 (中學) 形聲

壽具(수구 shòujù) 죽은 뒤 염할 때에 쓰는 옷·베개·이불 따위.
壽命長壽(수명장수 shòumìngchángshòu) ① 목숨이 길어 오래 삶.
② 어린 아이의 명이 아무쪼록 길기를 빌어서 하는 말.
壽福(수복 shòufú) ① 오래 잘 사는 일과 행복(幸福)을 누리는 일. ② 댕기나 비녀 따위에 수(壽)·복(福) 글자를 박거나 새기는 일.
壽福康寧(수복강녕 shòufúkāngníng) 오래살고 복되며 건강한 몸에 편안함.
壽富多男子(수부다남자 shòufùduōnánzǐ) 오래 살고 살림이 매우 넉넉하고 아들이 많음.
壽筵(수연 shòuyán) 오래 삶을 축하하는 잔치. 또는 그 자리. 회갑잔치.
壽宴(수연 shòuyàn) 오래 삶을 축하하는 잔치.
壽則多辱(수즉다욕 shòuzéduōrǔ) 오래 살면 욕됨이 많음. 곧 오래 살수록 고생이나 망신이 많음.

▶ 米壽(미수)·白壽(백수)·長壽(장수)·卒壽(졸수)·天壽(천수)·喜壽(희수)·稀壽(희수)

夊部

뒤져올 치

夆 서로 바동거릴 봉

夊 4획 / ⑦

中 féng 日 ホウ, あう 英 meet

① 서로 바동거릴 봉, 끌어당길 봉(相逆悟牽挽). ② 만날 봉(逢).

麦 보리 맥

夊 4획 / ⑦

【麥(麥부0획)의 약자】

夂部

천천히 걸을 쇠

夏 여름 하:

夂 7획 / ⑩

夏夏夏夏夏夏夏夏夏夏

① 中 xià 日 カ, なつ
②-⑤ 日 ゲ, なつ 英 summer

① 여름 하(春之次季). ② 나라 하(中國別稱). ③ 하나라 하(禹國號). ④ 오색 하(五色). 〈청·황·적·백·흑(青·黃·赤·白·黑)〉. ⑤ 클 하(大). 【厦와 통함】

書體 小篆 草書 (中學) 象形

夏穀(하곡 xiàgǔ) 보리와 밀 따위의 여름에 익어서 거두는 곡식.
夏期休暇(하기휴가 xiàqīxiūxiá) 여름철에 건강과 휴양을 위하여 쉼. 또는 그 일.

夏爐冬扇(하로동선 xiàlúdōngshàn) 여름의 화로, 겨울의 부채. 《喩》쓸데없는 사물이나 무익한 언론·재능.

夏服(하복 xiàfú) 여름에 입는 옷. 여름옷.

夏扇冬曆(하선동력 xiàshàndōnglì) 여름의 부채와 겨울의 책력(册曆). 곧 철에 맞게 선사하는 물건을 일컬음.

夏安居(하안거 xiàānjū) 《佛》스님들이 여름장마 때인 음력 4월 15일부터 3개월간 선방(禪房)에 안거(安居)하며 수도(修道)하는 일. ↔ 동안거(冬安居).

夏至(하지 xiàzhì) 이십사 절후의 하나. 6월 21·22일 경. 일년 중 해가 가장 긴 날. ↔동지(冬至).

▶ 立夏(입하)·春夏秋冬(춘하추동).

夕 部

저녁 **석**

夕 ³⑤ 저녁 **석**

ノク夕

中 xī 日 セキ, ゆうべ 英 evening

1 ① 저녁 석(朝之對). ② 저물 석(暮). ③ 밤 석(夜間). ④ 제할 석(除). ⑤ 쏠릴 석(斜). ⑥ 서녘 석(西方).【昔과 통함】 **2** 한 움큼 사(一握).

書體 小篆 ? 草書 夕 中學 象形

夕刊新聞(석간신문 xīkānxīnwén) 저녁 때 발행되는 신문. ↔ 조간신문(朝刊新聞).

夕陽(석양 xīyáng) ① 저녁해. ② 산의 서쪽. 《喩》노년. ③ 저녁나절.

夕照(석조 xīzhào) 저녁 놀. 사조(斜照). 석휘(夕暉). 사양(斜陽).

▶ 朝變夕改(조변석개)·朝夕刊制(조석간제)·秋夕(추석)·七夕(칠석).

外 ⑤ ²⑤ 바깥/밖 **외**:

ノ ク タ 外 外

中 wài 日 ガイ, ゲ, ほか, そと 英 outside, exterior

① 바깥 외(內之對). ② 다를 외(他). ③ 겉 외(表面). ④ 다른 나라 외(他國). ⑤ 멀리할 외(疏斥遠之). ⑥ 잃을 외(忘). ⑦ 버릴 외(棄). ⑧ 제할 외(除). ⑨ 아버지 외.

書體 小篆 外 古文 外 草書 外 中學 會意

外間男子(외간남자 wàijiānnánzǐ) 친척 밖의 남자를 여자가 일컫는 말.

外剛內柔(외강내유 wàigāngnèiróu) 겉으로는 굳게 보이나 속은 부드러움. ↔ 외유내강(外柔內剛).

外廓(외곽 wàikuò) 바깥 테두리.

外觀(외관 wàiguān) ① 겉으로 본 모양. 볼품. ② 외부에 있는 궁전.

外貌(외모 wàimào) 거죽 모양. 겉으로의 모습.

外泊(외박 wàibó) 자기 집이나 정하여 둔 숙소 아닌 곳에 나가서 자는 일.

外賓(외빈 wàibīn) ① 바깥에서 온 귀한 손. ② 나라 잔치에 참석하던 조신(朝臣).

外勢(외세 wàishì) ① 바깥의 형세. ② 외부의 세력. 외국의 세력.

外憂(외우 wàiyōu) ① 아버지나 친할아버지의 상사(喪事). 외간(外艱). ② 외적이 침입하는 근심. 외환(外患).

外遊(외유 wàiyóu) ① 외국에 여행함. ② 해외로 유학함.

外戚(외척 wàiqī) 황후 또는 어머니의 친정 친척.

外套(외투 wàitào) ① 청대(清代)에 상의(上衣) 위에 덮어 입던 옷. ② 겨울에 추위 따위를 막기 위해서 의복 위에 덮어 입는 옷.

外換(외환 wàihuàn) 외국환(外國換)의 약어.

外患(외환 wàihuàn) 밖에서 오는 근심. 외국에 대한 근심.

▶ 課外(과외)·郊外(교외)·敎外別傳(교외별전)·奇想天外(기상천외)·內憂外患(내우외환)·論外(논외)·對內外(대내외)·對外秘(대외비)·門外漢(문외한)·涉外(섭외)·疏外(소외)·野外(야외)·域外(역외)·列外(열외)·豫想外(예상외)·例外(예외)·屋外(옥외)·意外(의외)·以外(이외)·場外(장외)·除外(제외)·海外(해외)·號外(호외)·婚外(혼외).

夕 3 ⑥ 多 많을 다

[중] duō [일] タ, おおい [영] abundant

① 많을 **다**(衆). ② 뛰어날 **다**(勝). ③ 마침 **다**, 다만 **다**. ④ 넓을 **다**(廣). ⑤ 아름다울 **다**(稱美). ⑥ 과할 **다**(過).

[書體] 小篆 古文 草書 [中學] 會意

多岐亡羊(다기망양 duōqíwángyáng) 학문이 다방면에 미치면 얻기가 어려움. 《故》 달아난 양을 찾는 사람이 여러 갈래길에 이르러 마침내 양을 잃어버렸다 함.

多多益善(다다익선 duōduōyìshàn) 많으면 많을수록 더욱 좋음.

多忙(다망 duōmáng) 매우 바쁨. 일이 많음.

多情多感(다정다감 duōqíngduōgǎn) 다정하고 다감함. 생각과 느낌이 많음.

多血質(다혈질 duōxuèzhì) 감각이 빠르고 외물의 자극을 쉽게 받으며 그러나 오래 지니지 못하는 기질.

▶ 過多(과다)·博學多識(박학다식)·煩多(번다)·複雜多岐(복잡다기)·複雜多端(복잡다단)·富貴多男(부귀다남)·三多島(삼다도)·五枝選多(오지선다)·雜多(잡다)·絕對多數(절대다수)·千萬多幸(천만다행)·最多(최다)·播多(파다)·許多(허다)·好事多魔(호사다마).

夕 5 ⑧ 夜 밤 야:

[1] [중] yè [일] ヤ, よる [영] night
[2] [일] ヤ, よ

[1] ① 밤 **야**(晝之對). ② 해질 **야**「晨夜」. ③ 어두울 **야**(暗). ④ 광중 **야**(墓穴夜台). ⑤ 풀이름 **야**(草之名). ⑥ 쉴 **야**(休). [2] 고을 이름 **액**(東海縣名).

[書體] 小篆 草書 [中學] 形聲

夜半無禮(야반무례 yèbànwúlǐ) 어두운 밤중에는 예의를 갖추지 못한다는 뜻.

夜襲(야습 yèxí) 적을 밤에 엄습하여 침. 야공(夜攻).

夜行被繡(야행피수 yèxíngbèixiù) 수놓은 좋은 옷을 입고 밤길을 걸음. 《喻》 공명이 세상에 알려지지 않음.

夜話(야화 yèhuà) 밤에 모여 앉아 하는 이야기.

夜會(야회 yèhuì) ① 밤에 모여 만남. ② 밤에 하는 연회나 유흥을 위한 모임.

▶ 不夜城(불야성)·不撤晝夜(불철주야)·小夜曲(소야곡)·深夜(심야)·前夜祭(전야제)·徹夜(철야)·初夜(초야).

夕 8 ⑪ 梦 꿈 몽

【夢(夕부11획)의 속자】

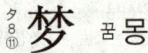

夢 꿈 몽

夢 夢 夢 夢 夢 夢 夢 夢 夢 夢 夢

① 音 mèng 日 ボウ, ゆめ
②-④ 音 ム, ゆめ 英 dream

① 꿈 몽(寐中神遊). 【꿈·夢은 속자】
② 어두울 몽, 희미할 몽(不明). ③ 상상할 몽(想像). ④ 환상 몽(幻像).

書體 小篆 夢 小篆 夢 草書 夢 (高校) 形聲

夢寐(몽매 mèngmèi) 잠을 자며 꿈을 꿈.
夢想(몽상 mèngxiǎng) ① 꿈에서까지 생각함. 또는 그 생각. ② 되지 않을 헛된 생각.
夢泄(몽설 mèngxiè) 잠을 자다가 저절로 정액이 나옴. 몽유(夢遺). 몽정(夢精).
夢囈(몽예 mèngyì) 잠꼬대.
夢外之事(몽외지사 mèngwàizhīshì) 뜻밖의 일.
夢遊(몽유 mèngyóu) 꿈에 놀음.
夢遺(몽유 mèngyí) 몽설(夢泄). 몽정(夢精).
夢中夢(몽중몽 mèngzhōngmèng) ① 꿈속에서 또 꿈을 꿈. ② 인생이 덧없음을 일컬음. 몽중점몽(夢中占夢).

大 部
큰 대

大 큰 대(ː)

大 大 大

❶ 音 dà 日 タイ, ダイ, おおきい 英 big ❷ 音 dài large

❶ ① 큰 대(小之對). ② 지날 대(過). ③ 길 대(長). ④ 높이는 말 대(尊稱). 【太와 같음】 ❷ ① 극할 대(極). ② 심할 다(甚). ❸ 태. 뜻은 「太」에 보라.

書體 小篆 大 大篆 大 中書 大 (中學) 象形

大哥(대가 dàgē) 형. 대형.
大家(대가 dàjiā) ① 큰 집. ② ㉠ 부잣집. ㉡ 권세(權勢)가 많은 집. ㉢ 신분이 높은 집. ③ ㉠ 전문가 가운데서도 이름이 높은 사람. ㉡ 학문이나 예술이 뛰어난 사람. ④ 여러 사람. ⑤ 근시(近侍)가 임금을 부르는 말. ⑥ 시어머니. ⑦ 여자의 존칭.
大覺(대각 dàjué) ① 크게 깨달음. 또는 그 사람. ② 부처의 별칭.
大驚失色(대경실색 dàjīngshīsè) 몹시 놀라 얼굴빛이 질림.
大觀(대관 dàguān) ① 사물의 도리를 깊이 이해함. ② 대국적(大局的)인 견지(見地)에서 사물을 관찰함. ③ 웅대한 경치.
大權(대권 dàquán) ① 국가의 원수가 국가를 통치하는 헌법상의 권한. ② 임금의 권력.
大器晩成(대기만성 dàqìwǎnchéng) 큰 그릇은 늦게 이루어짐. 《轉》 크게 될 인물은 오랜 공적을 쌓아 늦게 이루어진다는 뜻.
大團圓(대단원 dàtuányuán) ① 맨 끝. 대미(大尾). ② 연극 같은 데서 사건의 엉킨 실마리를 풀어 결말을 짓는 결정적인 고비.
大同團結(대동단결 dàtóngtuánjié) 파당(派黨), 파벌(派閥)이 같은 목적을 이룩하기 위해서 작은 차이를 버리고 뭉쳐 한 덩이로 됨.
大同小異(대동소이 dàtóngxiǎoyì) 거의 같고 조금 다름.
大理石(대리석 dàlǐshí) 《鑛》 석회암이 높은 온도와 강한 압력으로 변질된 반드럽고 아름다운 돌. 흰 빛이 보통이나 검정, 빨강, 노랑빛의 돌이 있고 건축이나 조각에 많이 씀. 운남성(雲南省) 대리부(大理府)에서 난다고 하여 이름함.

大馬不死(대마불사 dàmǎbùsǐ) 바둑에서 둔 말은 잘 죽지 않음.

大乘(대승 dàchéng) 소승(小乘)과 더불어 불교의 두 가지 큰 파의 하나. 소승(小乘)이 개인적 해탈을 위한 교법인 데 대하여 대승(大乘)은 널리 인간의 전반적 구제를 목표로 한 교법을 풀어 불교의 심오하고 높은 이치의 뜻을 말한 제법(諸法)의 변저(邊底)를 다한 교법. ↔ 소승(小乘).

大乘佛敎(대승불교 dàchéngfójiào)《佛》대승(大乘)의 교리를 주지로 하는 교파의 총칭. ↔ 소승불교(小乘佛敎).

大言壯言(대언장언 dàyánzhuàngyán) ① 큰소리로 장담하는 말. ② 지기 주제에 맞지도 않는 소리로 지껄이는 장담.

大悟(대오 dàwù) 번뇌가 없어지고 진리를 깨달음.

大慈大悲(대자대비 dàcídàbēi) ① 부처, 보살의 한없이 큰 자비를 이름. ② 넓고 커서 가이 없는 자비.

大刹(대찰 dàchà)《佛》 큰 절. 거추(巨秋). 이름난 절.

大腿(대퇴 dàtuǐ) 넓적다리.

大風流(대풍류 dàfēngliú) 피리·적(笛)·태평소들을 불[취(吹)]고, 장구·북을 치[타(打)]는 음악. 〈국악의 연주형식의 일종인 대[竹]풍류를 잘못 표기한 것임〉. ↔ 줄[絃]풍류〈가야금·거문고·아쟁·해금 등의 현금(絃琴) 위주로 구성〉.

大學(대학 dàxué) ① 고등 교육을 베푸는 학교. 국가와 인류사회 발전에 필요한 원리, 응용 방법을 교수, 연구하며 지도적 인격을 도야한 지성인을 양성함을 목적으로 하며, 단과대학, 종합대학, 대학원의 셋으로 구분.

② 《書》 1권. 원래 예기(禮記) 중의 한 편(篇). 송(宋) 이후 사서(四書)의 하나로 함. 저자(著者)는 증자(曾子)라고 하는데 미상(未詳). 주자(朱子)가 경일장전십장(經一章傳十章)으로 나누어 주석(註釋)한 것을 대학장구(大學章句)라 함. 삼강령팔조목(三綱領八條目)으로 된 윤리·정치의 이념을 가르친 경전(經典).

大韓民國(대한민국 dàhánmínguó)《地》 우리나라의 현 국호.

▶ 強大(강대)·巨大(거대)·公明正大(공명정대)·誇大妄想(과대망상)·過大評價(과대평가)·寬大(관대)·廣大無邊(광대무변)·極大(극대)·農大(농대)·多大(다대)·單大(단대)·膽大(담대)·莫大(막대)·茫茫大海(망망대해)·拍掌大笑(박장대소)·尨大(방대)·放聲大哭(방성대곡)·百年大計(백년대계)·百年之大計(백년지대계)·肥大(비대)·事大(사대)·士大夫(사대부)·事大思想(사대사상)·事大主義(사대주의)·盛大(성대)·甚大(심대)·與小野大(여소야대)·雄大(웅대)·遠大(원대)·偉大(위대)·人倫大事(인륜대사)·立春大吉(입춘대길)·壯大(장대)·長大(장대)·絶大(절대)·重大(중대)·增大(증대)·至大(지대)·集大成(집대성)·天下之大本(천하지대본)·超大(초대)·最大(최대)·針小棒大(침소봉대)·坦坦大路(탄탄대로)·特大(특대)·擴大一路(확대일로).

天
1
④ 하늘 천

天天天天

① テン, あま, あめ, そら
② heaven, sky

① 하늘 천(乾). ② 만물의 근본 천(萬物之根本). ③ 조물주 천(造物主). ④ 진리 천(眞理). ⑤ 임금의 경칭 천(帝王之敬稱). ⑥ 운명 천(運命). ⑦ 날 천(出生). ⑧ 아버지 천. ⑨ 지아비 천. ⑩ 중요할 천(重要).

書體 小篆 夭 草書 て 中學 會意

天干(천간 tiāngān) 십간(十干). 십간

(十干)은 갑(甲)·을(乙)·병(丙)·정(丁)·무(戊)·기(己)·경(庚)·신(辛)·임(壬)·계(癸).

天啓(천계 tiānqǐ) 하늘의 계시. 하늘의 인도.

天高馬肥(천고마비 tiāngāomǎféi) 하늘이 높고 말이 살찜. 가을의 좋은 계절을 이름.

天國(천국 tiānguó) 하늘나라. 기독교에서 죄사함 받은 영혼이 죽은 뒤에 간다는 천상계(天上界). 천당. ↔ 지옥(地獄).

天機漏泄(천기누설 tiānjīlòuxiè) 중대한 비밀이 새어서 나감. 임금의 밀지가 새어 나감.

天良(천량 tiānliáng) 타고난 선심. 양심.

天倫(천륜 tiānlún) 부자(父子), 형제(兄弟)의 떳떳한 도리.

天罰(천벌 tiānfá) 하늘이 내리는 형벌. 천주(天誅). 천형(天刑).

天福(천복 tiānfú) 하늘에서 내려준 복.

天使(천사 tiānshǐ) ① 해와 달. ② 유성. ③ 천제의 사자를 제후국(諸侯國)에서 일컫는 말. ④《宗》기독교에서 신의 뜻을 인간에게 전하고, 인간의 기원을 신에게 전하는 사자(使者).

天上天下唯我獨尊(천상천하유아독존 tiānshàngtiānxiàwéiwǒdúzūn) 천지 사이에 내가 가장 존귀함. 즉 인간은 신(神)을 포함한 어떠한 절대자(絶對者)에도 귀속되지 않는 절대자유(絶對自由)의 본성(本性)을 가지고 태어난다는 사상. 〈석가모니(釋迦牟尼)가 처음 태어났을 때 한 말〉.

天生配匹(천생배필 tiānshēngpèipǐ) 하늘이 미리 마련하여 준 배필. 저절로 이루어지는 배필. 천정배필(天定配匹).

天生緣分(천생연분 tiānshēngyuánfēn) 하늘에서 미리 마련하여 준 연분. 천생인연.

天壽(천수 tiānshòu) 타고난 수명. 천명(天命).

天水畓(천수답 tiānshuǐdá)《農》천둥지기.

天壤之判(천양지판 tiānrǎngzhīpàn) 차이가 대단히 심한 사이. 소양지판(霄壤之判).

天然(천연 tiānrán) 자연 그대로. 타고난 그대로.

天佑神助(천우신조 tiānyòushénzhù) 하늘의 도움과 신령의 협조.

天運(천운 tiānyùn) ① 타고난 운명. 천수(天數). ② 천체의 운행. ③ 하늘이 정한 운수.

天人共怒(천인공노 tiānréngòngnù) 하늘과 땅이 함께 노한다는 뜻으로, 도저히 용납 못함.

天災地變(천재지변 tiānzāidìbiàn) 하늘의 재화와 땅의 괴변.

天井不知(천정부지 tiānjǐngbùzhī) 물건 값이 자꾸 오르기만 함을 일컫는 말.

天主教(천주교 tiānzhǔjiào)《宗》기독교의 구파. 로마 가톨릭교.

天地開闢(천지개벽 tiāndìkāipì) 하늘과 땅이 맨 처음으로 열림.

天地神明(천지신명 tiāndìshénmíng) 천지의 여러 조화를 맡은 신. 천신. 지신.

天地震動(천지진동 tiāndìzhèndòng) 하늘과 땅이 뒤흔들림.《喩》소리가 굉장함을 이르는 말.

天職(천직 tiānzhí) ① 천제의 직분. ② 임금의 직분. ③ 하늘의 명령을 받은 직분. ④ 그 사람의 몸에 저절로 갖추어진 직분.

天眞爛漫(천진난만 tiānzhēnlànmàn) 조금도 꾸미지 않고 있는 그대로를 언동(言動)에 나타냄.

天竺(천축 tiānzhú)《地》인도(印度)의 옛 이름.

天台宗(천태종 tiāntáizōng)《佛》중국 북제(北齊)의 지의(智顗)를 개

조(開祖)로 하는 불교의 한 종파. 한국에서는 고려 숙종 때 대각국사(大覺大師)가 국청사(國淸寺)에서 처음으로 개창하였음.

天稟(천품 tiānbǐng) = 천성.

天下壯士(천하장사 tiānxiàzhuàngshì) 힘이 대단히 센 사람. 세상에 드문 장사.

天惠(천혜 tiānhuì) ① 하늘이 베풀어 준 은혜. 곧 인간이 많은 재원(財源)을 받는 자연의 은혜. ②《宗》천주(天主)의 은혜.

天荒(천황 tiānhuāng) ① 천지가 미개한 때의 혼돈한 모양. ② 한없이 넓고 먼 땅.

▶ 感天(감천)·開天(개천)·奇想天外(기상천외)·樂天(낙천)·大明天地(대명천지)·戴天之怨讐(대천지원수)·兜率天(도솔천)·摩天樓(마천루)·滿天下(만천하)·舞天(무천)·白日靑天(백일청천)·憤氣撑天(분기탱천)·不俱戴天(불구대천)·飛天(비천)·士氣衝天(사기충천)·事人如天(사인여천)·昇天(승천)·仰天(앙천)·雨天(우천)·旭日昇天(욱일승천)·長天(장천)·全天候(전천후)·中天(중천)·晴天(청천)·靑天(청천)·靑天霹靂(청천벽력)·衝天(충천)·破天荒(파천황)·渾天儀(혼천의)·曉天(효천).

太 클/콩 태

太大太太

음 tài 일 タイ, ふとい 영 thick, big

① 클 태(大). ② 굵을 태(細之對). ③ 심할 태(甚). ④ 처음 태(最初). ⑤ [國字] 콩 태(大豆). 【太·泰와 통합】

書體 小篆 亣 草書 大 中學 形聲

太極(태극 tàijí)《哲》천지가 개벽하기 전의 혼돈한 상태. 우주 만물 구성의 근원이 되는 본체.

太陽(태양 tàiyáng) ① 해. ② 양기(陽氣)만 있고 음기(陰氣)가 조금도 없는 상태. ③ 여름. ④《醫》맥의 이름.

太平聖代(태평성대 tàipíngshèngdài) 어질고 착한 임금이 잘 다스려 태평한 세상.

太虛(태허 tàixū) ① 하늘. ② 우주의 근본 원리.

▶ 姜太公(강태공)·凍太(동태)·明太(명태)·猶太人(유태인)·皇太子(황태자).

夫 사나이/지아비 부

一二夫夫

음 fū 일 フ, おとこ, おっと 영 man, husband

① 사내 부(男子通稱, 丈夫) ② 지아비 부(配匹). ③ 선생 부(先生夫子). ④ 어조사 부(語助辭). ⑤ 저 부(其). ⑥ 계집 벼슬 부(女職, 夫人).

書體 小篆 亦 草書 夫 中學 象形

夫婦(부부 fūfù) 남편과 아내. 부처(夫妻).

夫婦有別(부부유별 fūfùyǒubié) 오륜(五倫)의 하나로 엄격한 구별이 있어야 할 내외간의 도리.

夫倡婦隨(부창부수 fūchàngfùsuí) 남편이 부르면 아내가 따름. 부부의 도리. 부창부수(夫唱婦隨).

夫妻(부처 fūqī) 남편과 아내. 가시버시. 부부(夫婦).

▶ 坑夫(갱부)·鑛夫(광부)·老夫婦(노부부)·農夫(농부)·大丈夫(대장부)·望夫石(망부석)·妹夫(매부)·凡夫(범부)·士大夫(사대부)·新婚夫婦(신혼부부)·漁夫(어부)·漁夫之利(어부지리)·壯夫(장부)·情夫(정부)·匹夫(필부)·兄夫(형부)·孝夫(효부).

夭 일찍죽을 요

음 yāo 일 ヨウ, わかじに

📄 premature death

1 ① 어여쁠 요(少好貌夭夭). ② 얼굴 빛 화할 요(色愉夭夭). ③ 무성할 요(茂盛). ④ 재앙 요(災). ⑤ 일찍 죽을 요(短折). ⑥ 굽을 요(屈). ⑦ 뱃속에 든 아이 요(胎兒). **2** ① 끊어 죽일 오(斷殺). ② 어릴 오(物穉).

夭逝(요서 yāoshì) =요사(夭死). 요절(夭折).

夭折(요절 yāozhé) 젊어서 죽음. 요찰(夭札). 요상(夭殤). 요서(夭逝).

央 가운데/중앙 앙

央央央央央

🔤 yāng 🇯🇵 オウ, なかば 🇬🇧 center

① 가운데 앙(中). ② 반 앙(半). ③ 다할 앙(盡). ④ 넓을 앙(廣). ⑤ 맑고 밝을 앙(鮮明).

書體 小篆 㫃 草書 央 (高校) 象形

▶ 中央(중앙)·中央銀行(중앙은행).

失 잃을 실

失失失失失

🔤 shī 🇯🇵 シツ, うしなう 🇬🇧 miss, forget

① 잃을 실(得之反). ② 그릇될 실(錯). ③ 틀릴 실(差誤). ④ 허물 실(過). ⑤ 잊을 실(忘).

書體 小篆 失 草書 失 (中學) 形聲

失脚(실각 shījiǎo) ① 발을 헛디딤. ② 지위를 잃음.
失格(실격 shīgé) 자격을 잃음.
失權(실권 shīquán) 권리를 잃음. 권세를 잃음.
失期(실기 shīqī) 기회를 놓침.
失念(실념 shīniàn) 잊음. 망각.
失德(실덕 shīdé) ① 덕망을 잃음. ② 점잖은 이의 과실.
失樂園(실락원 shīlèyuán) 기쁨과 즐거움을 잃은 실망의 동산.《書》청교도적(淸敎徒的) 세계관을 전개하면서 천제(天帝)와 마왕(魔王)과의 싸움을 묘사한 영국 밀턴의 서사시(敍事詩). 전(全) 12권.
失禮(실례 shīlǐ) 예의를 잃음. 예의에서 벗어남. 무례.
失望(실망 shīwàng) 희망을 잃음.
失明(실명 shīmíng) 눈이 멀음. 장님이 됨.
失名(실명 shīmíng) 이름이 드러나지 않아 전하지 않음.
失色(실색 shīsè) ① 엄숙한 얼굴빛을 잃음. ② 놀라서 얼굴빛이 달라짐.
失笑(실소 shīxiào) ① 픽 웃는 웃음. ② 알지 못하는 사이에 나오는 웃음. ③ 실수로 웃는 웃음.
失手(실수 shīshǒu) 무슨 일에서 잘못함.
失神(실신 shīshén) 본 정신을 잃음.
失業(실업 shīyè) 직업을 잃음. 생활의 길을 잃음. 실직(失職).
失戀(실연 shīliàn) 이루지 못한 연애. 또는 바라는 연애가 이루어지지 않음.
失意(실의 shīyì) 뜻과 같이 되지 않음. 실망(失望). ↔ 득의(得意).
失政(실정 shīzhèng) 정치를 잘못함. 잘못된 정치.
失踪(실종 shīzōng) 종적을 잃어서 있는 곳이나 생사를 알 수 없게 됨. 실종(失踪).
失職(실직 shīzhí) =실업(失業).
失策(실책 shīcè) 잘못된 계책. 실계(失計).
失體(실체 shītǐ) 체면을 잃음. 체면이 상함. 면목을 잃음.
失墜(실추 shīzhuì) 떨어짐. 실패함.
失敗(실패 shībài) 일이 목적과는 반대로 헛일이 됨. 일을 잘못하여 그르침. ↔ 성공(成功).

失火(실화 shīhuǒ) 잘못하여 불을 냄.
失效(실효 shīxiào) 효력을 잃음.

▶ 過失(과실)·得失(득실)·亡失(망실)·茫
然自失(망연자실)·滅失(멸실)·紛失(분
실)·喪失(상실)·消失(소실)·燒失(소실)·損
失(손실)·流失(유실)·遺失(유실)·利害得
失(이해득실).

夷 큰 활/오랑캐 이
大 3 / 6

夷 夷 夷 夷 夷 夷

圖 yí 일 イ、えびす 영 savage
① 평평할 이(平). ② 동쪽 오랑캐 이
(東方蠻人). ③ 기꺼울 이(悅). ④ 상
할 이(傷). ⑤ 베풀 이(陳). ⑥ 무리 이
(等). ⑦ 멸할 이(誅滅). ⑧ 벨 이(芟).
⑨ 괘 이름 이(卦名).

書體 小篆 夷 草書 夷 (高校) 會意

夷靡(이미 yímí) ① 무너져서 평평해
짐. ② 음악의 가락이 느림.
夷傷(이상 yíshāng) 상처가 남. 또는
상처가 난 것.
夷坦(이탄 yítǎn) ① 길이 평탄함. ②
마음이 편함.

▶ 東夷(동이)·以夷制夷(이이제이).

夾 낄 협
大 4 / 7

①-④ 圖 jiā 일 キ 영 はさむ side ⑤
-⑩ 圖 jié 일 ウ

① 곁 협(傍). ② 잡을 협(把). ③ 칼 이
름 협(劍名). ④ 성 협(姓). ⑤ 곁에서
부축할 협(左右持). ⑥ 낄 협(挾). ⑦ 가
까울 협(近). ⑧ 잡될 협(雜). ⑨ 겸할
협(兼). ⑩ 가질 협(持).

夾攻(협공 jiāgōng) = 협격(夾擊).
夾路(협로 jiālù) 큰 길에서 갈린 좁은
길.
夾輔(협보 jiāfǔ) 좌우에서 도움.

夾侍(협시 jiāshì) 좌우에서 가까이 모
심.
夾紙(협지 jiāzhǐ) 편지 가운데에 따로
끼어 넣는 종이.

奇 기이할/기특할 기
大 5 / 8

奇 奇 奇 奇 奇 奇 奇 奇

圖 qí 일 キ、めずらしい 영 strange
① 이상할 기(異). ② 괴휼 기(詭). ③
숨길 기(秘). ④ 홀수 기(偶數之對). ⑤
때 못 만날 기(不遇). ⑥ 정년 미만(丁年
未滿)의 남자 기.

書體 小篆 奇 草書 奇 (高校) 形聲

奇計縱橫(기계종횡 qíjìzònghéng)
교묘한 꾀를 마음대로 부림.
奇骨(기골 qígǔ) 보통과 다른 기골(氣
骨). 기걸스럽고 기력이 왕성한 성
격. 또는 그 사람.
奇怪罔測(기괴망측 qíguàiwǎngcè)
너무 기괴하여 말할 수 없음.
奇巧(기교 qíqiǎo) 기이하고 교묘함.
奇譚(기담 qítán) 이상야릇하고 재미
있는 이야기.
奇妙(기묘 qímiào) 기이하고 신묘함.
奇拔(기발 qíbá) ① 아주 빼어남. 유
달리 뛰어남. ② 남이 생각지도 못
하는 것.
奇僻(기벽 qípì) 괴팍한 버릇. 편벽.
奇想天外(기상천외 qíxiǎngtiānwài)
상식을 벗어난 아주 엉뚱한 생각.
奇數(기수 qíshù) 둘로 나눌 수 없는
정수. ↔ 우수(偶數).
奇襲(기습 qíxí) 불의(不意)에 적을 습
격(襲擊)함.
奇巖怪石(기암괴석 qíyánguàishí)
기이하고 괴상한 바위와 돌.
奇遇(기우 qíyù) 기이한 인연으로 만
남. 의외에 만남.
奇蹟(기적 qíjì) ① 사람의 심력(心力)
으로는 도저히 할 수 없는 아주 신기

한 일. ② 기지(既知)의 자연 법칙을 초월(超越)하여 종교적(宗敎的) 불가사의(不可思議)한 조짐으로 간주(看做)되는 것.

奇特(기특 qítè) ① 기이하고 특수함. ② 이상한 효험(效驗).

奇花異草(기화이초 qíhuāyìcǎo) 보기 드문 이상스러운 꽃과 풀.

奇畫(기획 qíhuà) 뛰어난 계획. 기계(奇計). 기책(奇策).

▶ 怪奇(괴기)·神奇(신기)·獵奇(엽기)·珍奇(진기)·好奇(호기).

奈 어찌 내
大 5 / 8

奈 奈 奈 奈 奈 奈 奈 奈

1 음 nài 일 ナ, いかに 영 why
2 일 ナイ 영 how

1 ① 어찌 내(那). ② 어찌할꼬 내(如何奈何).【柰와 같음】 2 뜻은 1과 같음.

書體 草書 奈 (高校) 形聲

奈落(나락 nàiluò)《梵》Naraks의 음역(音譯). 불가락(不可樂). 타라(墮落). 지옥(地獄). ↔ 극락(極樂).

▶ 莫無可奈(막무가내).

奉 받들 봉:
大 5 / 8

奉 奉 奉 奉 奉 奉 奉 奉

음 fèng 일 ホウ, フ, たてつる 영 respect

① 받들 봉(恭承). ② 드릴 봉(獻). ③ 높일 봉(尊). ④ 봉양할 봉(養). ⑤ 기다릴 봉(待). ⑥ 살아갈 봉(奉身儉薄). ⑦ 녹 봉(祿·秩祿, 給料).【俸과 통함】

書體 小篆 奉 草書 奉 (中學) 形聲

奉公(봉공 fènggōng) 국가나 사회를 위하여 심력(心力)을 다함. 봉직(奉職).

奉老(봉로 fènglǎo) 늙은 부모를 모심.

奉祿(봉록 fènglù) = 봉록(俸祿).

奉仕(봉사 fèngshì) ① 남을 위하여 일함. ② 남을 받들어 섬김. 봉사.

奉祀(봉사 fèngsì) 조상의 제사를 받들음. 봉제사(奉祭祀).

奉送(봉송 fèngsòng) 높은 분을 배웅함.

奉安(봉안 fēngān) ① 신주 또는 화상을 받들어 모심. ② 임금의 관을 빈궁(殯宮)에서 산릉(山陵)으로 옮겨 장사함.

奉養(봉양 fèngyǎng) 어버이나 조부모를 받들어 모심. 어른을 받들어 모심.

奉呈(봉정 fèngchéng) 삼가 받들어서 드림. 봉헌(奉獻).

奉職(봉직 fèngzhí) 공무에 종사함.

奉祝(봉축 fèngzhù) 삼가 축하함.

奉獻(봉헌 fèngxiàn) 삼가 받들어 드림. 봉정(奉呈).

▶ 滅私奉公(멸사봉공)·社會奉仕(사회봉사)·信奉(신봉).

奌 점 점(:)
大 5 / 8

【點(黑부5획)의 약자】

奎 별 규
大 6 / 9

음 kuí 일 ケイ, ほくし 영 star

① 별 규(西方星名). ② 꽁무니 규(兩髀間).

奎章(규장 kuízhāng) 임금의 글이나 글씨. 규한(奎翰).

奎章閣(규장각 kuízhānggé)《制》역대 임금의 글·글씨·고명(顧命)·유교(遺敎)·선보(璿譜)·보감(寶鑑)

등과 정조(正祖)의 어진(御眞)을 보관하던 관청. 정조(正祖) 원년(元年)에 설치. 고종(高宗) 31년에 관내부(官內府)에 두고 이듬해에 규장원(奎章院)이라고 고쳤다가 34년에 다시 본 이름으로 회복함.

奏 아뢸 주(ː)

奏奏奏奏奏奏奏奏奏

📖 zòu 🇯🇵 ソウ, もうし あげる
🇬🇧 inform

① 아뢸 주(進言). ② 천거할 주(薦).
③ 풍류 주(音樂). ④ 상소할 주(上疏).
⑤ 편지 주(簡類). 【輳·腠·湊와 통함】

書體 小篆 / 古文 / 草書 (高校) 會意

奏樂(주악 zòuyuè) 음악을 연주하는 일. 또는 연주하는 음악.
奏請(주청 zòuqǐng) 상주하여 재가(裁可)를 청함.
奏效(주효 zòuxiào) ① 효력이 나타남. ② 일이 성취됨.

▶ 間奏(간주)·伴奏(반주)·變奏(변주)·變奏曲(변주곡)·演奏(연주)·獨奏(연주)·演奏曲(연주곡)·演奏人(연주인)·二重奏(이중주)·合奏(합주)·協奏(협주)·協奏曲(협주곡).

契 계약/맺을 계ː

契契契契契契契契

1 📖 qì 🇯🇵 ケイ, ちぎり 🇬🇧 contract
2 🇯🇵 セツ 4 📖 xiè

1 ① 계약할 계(約). ② 문서 계(券文書契). ③ 합할 계(合). ④ 근심하고 괴로워할 계(契闊憂苦). 【鍥·挈과 통함】
2 나라 이름 글 「契丹(글안→거란).
3 근고할 결(勤苦契闊). 4 사람 이름 설(殷湯王의 先祖의 名).

書體 小篆 契 草書 契 (高校) 形聲

契約(계약 qìyuē) ① 사람과 사람 사이의 약속. ② 일정한 법률적 발생을 목적으로 하는 두 개 이상의 의사 표시의 합치(合致)에 의해서 성립하는 법률 행위. ③ 하나님이 구령(求靈)의 업을 이루기 위하여 인간에게 표시한 특별한 의사. 약정.
契印(계인 qìyìn) 관련된 두 종이에 걸쳐 찍는 계자(契字)를 새긴 도장. 할인(割印).

▶ 假契約(가계약)·闕契(관계)·默契(묵계)·親睦契(친목계).

奔 달아날/분주할 분

奔奔奔奔奔奔奔奔

① ② bēn ③ bén ④ ⑤ 📖 bèn
🇯🇵 ホン, はしる 🇬🇧 run

① 달아날 분, 빨리 갈 분(走). ② 부주할 분(趨事恐後). ③ 급히 달아날 분(有變急赴). ④ 패할 분(追奔覆敗). ⑤ 야합할 분(野合).

書體 小篆 草書 奔 (高校) 會意

奔騰(분등 bēnténg) 물건 값이 갑자기 올라감.
奔流(분류 bēnliú) 매우 빨리 흐름. 급류.
奔忙(분망 bēnmáng) 매우 바쁨.
奔放(분방 bēnfàng) ① 힘차게 달림. ② 상규(常規)에 따르지 않고 제멋대로임. ③ 수세(水勢)가 빠름. 시문(詩文)의 기세가 좋은 형용.
奔注(분주 bēnzhù) 기운차게 물이 흘러감.
奔走(분주 bēnzǒu) ① 몹시 바쁨. ② 진력(盡力)함.

▶ 狂奔(광분)·東奔西走(동분서주)·自由奔放(자유분방)·出奔(출분).

套 씌울 투

🔊 tào 🇯🇵 トウ, かさねる 🇬🇧 pile

1 ① 장대할 투(長大). ② 들씌우는 어리 투(圈套). ③ 씌울 투(重也襲). ④ 껍질 투(外函).「필투(筆套), 봉투(封套), 외투(外套)」. ⑤ 캐캐 묵을 투.「진투(陳套), 구투(舊套)」. ⑥ 땅이 굽어진 곳 투.「하투(河套); 하곡(河曲)」. ⑦ 버릇 투, 솜씨 투【속음은「투」】. **2** 전례 투(前例).

套袖(투수 tàoxiù) 토시. 겨울에 손목에 끼는 것.
套語(투어 tàoyǔ) 진부(陳腐)한 말. 정해진 문구. 상투어(常套語).

▶ 封套(봉투)·常套(상투)·語套(어투)·外套(외투).

奚 어찌 해

奚奚奚奚奚奚奚奚奚

🔊 xī 🇯🇵 ケイ, なんぞ 🇬🇧 why

① 어찌 해(問疑辭何). ② 종 해(隸役). ③ 큰 배 해(大腹). ④ 종족의 이름 해.「수당(隋唐)나라 때 열하(熱河)의 땅에 있던 종족(種族)의 이름」.

書體 小篆 奚 草書 奚 (高校) 形聲

奚琴(해금 xīqín) 악기의 이름. 해족(奚族)이 좋아하던 악기.

▶ 辛亥革命(신해혁명)·乙亥(을해).

奠 정할/제사 전:

🔊 diàn 🇯🇵 テン, さだめる 🇬🇧 decide

① 정할 전(定). ② 둘 전(置). ③ 올릴 전(薦). ④ 베풀 전(陳).

奠居(전거 diànjū) 있을 곳을 정함. 전접(奠接).

奠雁(전안 diànyàn) 혼인 때 신랑이 기러기를 가지고 신부 집에 가서 상 위에 놓고 절하는 예.

奢 사치할 사

🔊 shē 🇯🇵 シャ, おごる 🇬🇧 luxury

① 사치할 사(侈). ② 조카사위 사(姻婿阿奢).

奢侈(사치 shēchǐ) 지나치게 향락적인 소비를 함. 필요 이상으로 치장함.
奢華(사화 shēhuá) 사치하고 호화스러움.

▶ 豪奢(호사)·華奢(화사).

奥 물굽이 오(ː)

【奧(대부10획)의 속자】

奧 물굽이 오(ː)

🔊 ào 🇯🇵 オウ, おく 🇬🇧 profundity

1 ① 속 오(內). ② 아랫목 오(室隅). ③ 물의 굽이쳐들어간 낭떠러질 오. ④ 비밀 오(秘密). ⑤ 맨끝 오(極所, 極點). ⑥ 깊을 오(深). ⑦ 알기 어려울 오(幽冥, 深遠). ⑧ 쌓을 오(積聚). ⑨ 삶을 오(烹和). ⑩ 돼지우리 오【懊와 같고, 澳와 통함】. **2** ① 따슷할 욱(暖). ② 모퉁이 욱(隩).

奧妙(오묘 àomiào) 심오하고 미묘함.
奧密稠密(오밀조밀 àomìchóumì) ① 의장(意匠)의 기술이 세밀함. ② 마음이 자상스러움.

▶ 深奧(심오).

奪 빼앗을/탈취할 탈

奪奪奪奪奪奪奪奪奪

204

[音] duó [日] ダツ, タツ, うばう [英] rob
① 빼앗을 탈(强取). ② 잃어버릴 탈(失). ③ 빼앗길 탈. ④ 좁은 길 탈(狹路). ⑤ 깎을 탈(削除). ⑥ 갈 탈(去). 【敓과 통함】

書體 小篆 / 草書 / 高校 / 會意

奪取(탈취 duóqǔ) 빼앗아 가짐.
奪胎(탈태 duótāi) 형태나 형식을 아주 바꾸어 버림.

▶ 强奪(강탈)·劫奪(겁탈)·剝奪(박탈)·收奪(수탈)·掠奪(약탈)·簒奪(찬탈)·侵奪(침탈)·換骨奪胎(환골탈태).

奬 장려할 장(ː)

【獎(犬部11획)의 약자】

奭 클/쌍백 석

[音] shì [日] セキ, さかん
[英] prosperous

❶ ① 클 석(大). ② 성할 석(盛). ③ 성낼 석(怒). ④ 사람 이름 석(召公名). 「무왕(武王)의 신(臣)」. ❷ 붉은 모양 학(赤貌). 「奭과 같음】

奭然(석연 shìrán) 풀리는 모양.

奮 떨칠 분ː

[音] fèn [日] フン, ふるう [英] arise
① 드날릴 분(揚). ② 뽐낼 분(勇起). ③ 떨칠 분(震動). ④ 날개칠 분(飛上). ⑤ 일어날 분(奮起). ⑥ 날랠 분(奮戰力鬪). ⑦ 날개 분(翬). ⑧ 성낼 분(怒). ⑨ 분격할 분(憤激).

書體 小篆 / 草書 / 高校 / 會意

奮激(분격 fènjī) 급격하게 마음을 떨쳐 일으킴.
奮起(분기 fènqǐ) 기운을 내어 일어남. 분발(奮發).
奮怒(분노 fènnù) 분하여 몹시 성냄. 분노(忿怒). 분노(憤怒).
奮勵(분려 fènlì) 기운을 내어 힘씀. 분려(奮厲).
奮發(분발 fènfā) 마음을 단단히 먹고 기운을 내어 일어남. 발분(發奮).
奮然(분연 fènrán) 떨치고 일어나는 모양.
奮戰(분전 fènzhàn) 분발하여 싸움. 힘껏 싸움. 분투.
奮戰力鬪(분전역투 fènzhànlìdòu) 있는 힘을 다하여 싸움.
奮鬪(분투 fèndòu) =분전(奮戰).

▶ 感奮(감분)·孤軍奮鬪(고군분투)·發奮(발분)·興奮(흥분).

女 部

계집 녀

女 여자/계집 녀

女女女

①-④ [音] nǚ [日] ジョ, おんな
[英] female ⑤ [日] ニョ, おんな

① 계집 녀, 딸 녀(婦人未嫁). ② 여녀, 아낙네 녀(婦人總稱). ③ 너 녀(汝). 【汝의 고자】 ④ 별 이름 녀(星名). ⑤ 시집보낼 녀(以女妻人).

書體 小篆 / 草書 / 中學 / 象形

女傑(여걸 nǚjié) 호걸다운 여자. 여장부.
女史(여사 nǚshǐ) 시집간 여자나 사

회적으로 이름이 있는 여자에 대한 경칭.

女裝(여장 nǚzhuāng) 남자가 여자의 복장으로 꾸미는 일. ↔ 남장(男裝).

女丈夫(여장부 nǚzhàngfū) 남자 같이 헌걸차고 기개가 있는 여자.

女尊男卑(여존남비 nǚzūnnánbēi) 권리, 지위에 있어서 여자가 남자보다 높은 일. ↔ 남존여비(男尊女卑).

女必從夫(여필종부 nǚbìcóngfū) 아내는 반드시 남편을 따라야 한다는 말.

女婚(여혼 nǚhūn) 딸자식의 혼인.

▶ 宮女(궁녀)·禁女(금녀)·男女(남녀)·男女老少(남녀노소)·男女有別(남녀유별)·男女七歲不同席(남녀칠세부동석)·男女平等(남녀평등)·老處女(노처녀)·母女(모녀)·無男獨女(무남독녀)·美女(미녀)·婦女(부녀)·父女(부녀)·善男善女(선남선녀)·仙女(선녀)·聖女(성녀)·少女(소녀)·孫女(손녀)·修女(수녀)·淑女(숙녀)·侍女(시녀)·約婚女(약혼녀)·養女(양녀)·烈女(열녀)·有夫女(유부녀)·子女(자녀)·織女(직녀)·娼女(창녀)·處女(처녀)·蕩女(탕녀)·下女(하녀)·海女(해녀)·孝女(효녀).

奴 종 노
女 2 ⑤

奴奴奴奴奴

㉿ nú ㉿ ド, ヌ, やつ ㉿ slave

① 종 노(僕). ② 남을 천하게 일컫는 말 노(賤稱). ③ 포로 노(俘虜).

書體 小篆 奴 古文 𡜪 艸書 奴 (高校) 會意

奴婢(노비 núbì) ① 남자 종과, 여자 종. ② 옛날 가벼운 죄를 진 죄인으로 관가에서 잡역(雜役)을 하던 사람.

奴隸(노예 núlì) ① 종. ② 자유(自由)를 구속(拘束)당하고 남에게 부림을 당하는 사람. ③ 권력(權力)이나 돈 때문에 자유를 잃은 사람.

▶ 官奴(관노)·農奴(농노)·賣國奴(매국노)·守錢奴(수전노).

奸 간사할 간
女 3 ⑥

㉿ jiān ㉿ カン, よこしま ㉿ wicked

① 간음할 간(犯淫). ② 어지러울 간(亂). ③ 거짓 간(詐).

奸計(간계 jiānjì) 간사한 꾀. 좋지 못한 계략(計略). 간책(奸策).

奸巧(간교 jiānqiǎo) 간사하고 교묘하게 속이는 태도가 있음.

奸邪(간사 jiānxié) 성품이 간교하고 올바르지 못함.

奸臣(간신 jiānchén) 간사스러운 신하. 간신(姦臣). 간웅(奸雄). 육사(六邪)의 하나.

奸惡(간악 jiān'è) 간사하고 악독함. 간곡(奸曲).

奸猾(간활 jiānhuá) 간사하고 교활함. 또는 그러한 사람.

▶ 弄奸(농간).

好 좋을 호:
女 3 ⑥

好好好好好好

①-④ ㉿ hǎo ㉿ コウ, このむ ㉿ good ⑤-⑧ ㉿ hào ㉿ よい ㉿ like

① 좋을 호(善). ② 아름다울 호(美). ③ 좋아할 호(相愛). ④ 친할 호(親善). ⑤ 사랑할 호(愛). ⑥ 구슬 구멍 호(璧孔). ⑦ 사귈 호(交). ⑧ 심할 호(甚).

書體 小篆 好 艸書 好 (中學) 會意

好感(호감 hǎogǎn) 호감정(好感情)의 약어(略語).

好機(호기 hǎojī) 좋은 기회(機會). 호기회(好機會)의 약어(略語).

好奇心(호기심 hàoqí) 신기한 것을 좋아하거나 모르는 일을 알고 싶어하는 마음.

好事多魔(호사다마 hǎoshìduōmó) 좋은 일에는 방해되는 일이 생기기 쉬움.

好喪(호상 hǎosāng) 많은 나이에 복을 많이 누리다가 죽은 사람의 상사(喪事).

好色(호색 hàosè) 여색을 좋아함.

好衣好食(호의호식 hǎoyīhǎoshí) 잘 입고, 잘 먹음. ↔ 악의악식(惡衣惡食).

好轉(호전 hǎozhuǎn) ① 잘 되지 않던 일이 잘 되어 감. ② 병 증세가 차차 나아짐.

好評(호평 hǎopíng) 좋은 평판. 평판이 좋음.

▶ 交好(교호)·嗜好(기호)·同好(동호)·相好(상호)·選好(선호)·愛好(애호)·良好(양호)·友好(우호)·絶好(절호).

如 같을 여

女 3 6

如 如 如 如 如 如

음 rú 일 ニョ, ジョ, ごとし
영 likewise

① 같을 여(似). ② 무리들 여(等). ③ 맞먹을 여, 등비할 여(等比). ④ 만약 여(若). ⑤ 그러할 여(語助辭, 然). ⑥ 어떠할 여(疑問辭). 「여하(如何)」. ⑦ 이를 여(至). ⑧ 갈 여(行). ⑨ 미칠 여(及). ⑩ 부처 이름 여(釋迦如來). ⑪ 첩 여(如夫人). ⑫ 이월 여(二月名).

書體 篆 如 草書 女 中學 形聲

如來(여래 rúlái) ①《佛》석가모니(釋迦牟尼)의 존칭. ② 중생(衆生)의 번뇌 속에 숨겨져 있는 청정(淸淨)한 절대 불변의 본성(本性).

如反掌(여반장 rúfǎnzhǎng) 손바닥을 뒤집는 것처럼 아주 쉽다는 말.

如此(여차 rúcǐ) 이러함. 이와 같음. 약시(若是). 약차(若此). 여사(如斯). 여시(如是).

▶ 缺如(결여)·不如一見(불여일견)·眞如(진여)·何如(하여).

妃 왕비 비

女 3 6

妃 妃 妃 妃 妃 妃

음 fēi 일 ヒ, きさき 영 queen

1 ① 왕비 비(后妃). ② 짝 비(配). ③ 태자비 비(太子妃). **2** 짝 배(配).【配와 같음】

書體 篆 妃 草書 妃 高校 形聲

妃嬪(비빈 fēipín)《制》비(妃)와 빈(嬪). ㉠ 황제의 첩(妾). 또는 황족의 아내와 궁중(宮中)의 고급(高級) 여관(女官). ㉡《國》왕후와 임금의 첩(妾).

妃妾(비첩 fēiqiè) 첩. 소실(小室).

▶ 大妃(대비)·王妃(왕비)·寵妃(총비)·廢妃(폐비).

妄 망령될 망:

女 3 6

妄 妄 妄 妄 妄 妄

음 wàng 일 ボウ, モウ, みだり
영 dotage

① 망녕될 망(虛誕). ② 허망할 망(虛妄). ③ 성실하지 않을 망(不誠實). ④ 범상할 망(凡). ⑤ 속일 망(罔). ⑥ 법에 어긋날 망. ⑦ 괘 이름 망(卦名).

書體 篆 妄 草書 妄 高校 形聲

妄念(망념 wàngniàn) ① 이치에 맞지 않는 망령(妄靈)된 생각. ②《心》병적 원인에 의해서 생기는, 객관적으로 불합리한 그릇된 주관적 신념(信念). ③《佛》미(迷)의 심념(心念). 망상(妄想).

妄身(망신 wàngshēn) 자기의 지위나 명예를 망침.

▶ 誇大妄想(과대망상)·老妄(노망)·迷妄(미망)·被害妄想症(피해망상증)·虛妄(허망).

妊 아이 밸 임:

女/4/⑦

[일] rèn [일] ジン, ニン, はらむ
[영] pregnancy

아이 밸 **임**(懷孕). 【姙과 같음】
妊婦(임부) rènfù) 아이 밴 부녀.
妊娠(임신 rènshēn) 아이를 뱀. 또는 그 일. 회잉(懷孕).

▶ 不妊(불임)·避妊(피임)·懷妊(회임).

妓 기생 기:

女/4/⑦

[일] jì [일] キ, ギ, うたいめ
[영] singing girl

① 기생 **기**(女樂). ② 갈보 **기**(遊女).
妓女(기녀 jìnǚ) ① 기생. ② 옛날 재봉(裁縫)·가무(歌舞) 등을 배워 익히던 관비(官婢)의 총칭.
妓生(기생 jìshēng) 노래나 춤 따위를 배워 술자리에 나아가 흥을 돕는 것으로 직업을 삼는 여자.

▶ 娼妓(창기).

妖 요사할 요

女/4/⑦

[일] yāo [일] ヨウ, あやしい [영] wicked

① 요괴로울 **요**(異擘). ② 요사한 귀신 **요**(奇怪). ③ 고울 **요**(艶). ④ 아양 부릴 **요**(媚). ⑤ 생긋생긋 웃는 모양 **요**(巧笑貌).
妖妄(요망 yāowàng) ① 요사스럽고 망령(妄靈)됨. ② 언행이 경솔함.
妖物(요물 yāowù) ① 요망스러운 물건. ② 말과 행동(行動)이 간악(奸惡)한 사람을 가리키는 말.
妖艶(요염 yāoyàn) 사람이 홀릴 만큼 얼굴이 아리따움. 요망스럽게 아리따움. 요려(妖麗).
妖精(요정 yāojīng) 요사스러운 정령(精靈). 〈정기(精氣)〉. 요괴(妖怪).

妙 묘할 묘:

女/4/⑦

妙 妙 妙 妙 妙 妙 妙

[일] miào [일] ミョウ, たえ [영] strange

① 묘할 **묘**(神化不測). ② 신비할 **묘**(神秘). ③ 정미할 **묘**(精微). ④ 예쁠 **묘**(美). ⑤ 간들거릴 **묘**(纖婚). ⑥ 젊을 **묘**(少年). 【玅와 통함】

書體 小篆 妙 草書 妙 中學 形聲

妙境(묘경 miàojìng) ① 말로써 다 형언할 수 없는 예술의 극치. ② 좋은 땅. 매우 뛰어난 경치. 가경(佳境).
妙齡(묘령 miàolíng) 젊은 여자의 꽃다운 나이. 곧 20세 전후의 여자 나이. 묘년(妙年).
妙法(묘법 miàofǎ) ① 기묘한 방법. ② 〈佛〉불교의 대승(大乘)의 총칭. 특히 법화경(法華經)의 존칭.
妙策(묘책 miàocè) 매우 교묘한 꾀. 묘계(妙計).

▶ 巧妙(교묘)·奇妙(기묘)·美妙(미묘)·神妙(신묘)·靈妙(영묘)·奧妙(오묘)·絶妙(절묘)·珍妙(진묘)·玄妙(현묘).

妣 죽은어머니 비

女/4/⑦

[일] bǐ [일] ヒ, なきはは
[영] deceased mother

죽은어머니 **비**(歿母).
妣考(비고 bǐkǎo) 돌아가신 어머니와 돌아가신 아버지.

妥 타당할/온당할 타:

女/4/⑦

妥 妥 妥 妥 妥 妥 妥

🔊 tuǒ 🇯🇵 ダ, やすらか 🇬🇧 peaceful
① 편안할 타(安). ② 일 없을 타(平穩).
③ 타협할 타(協). ④ 떨어질 타. 【墮와 통함】

書體: 小篆 妥 / 草書 妥 / (高校) 會意

妥結(타결 tuǒjié) 두 편의 뜻을 서로 절충하여 서로가 좋도록 이야기를 마무름.
妥當(타당 tuǒdàng) ① 사리(事理)에 마땅하고 온당함. ② 《哲》 사물의 판단(判斷)이 인식상(認識上)의 가치(價値)를 가지고 있음.
妥協(타협 tuǒxié) 두 편이 서로 좋도록 협의함.

▶ 普遍妥當(보편타당)·非妥協(비타협).

妨 방해할/해로울 방 (女 4 / 7)

妨 妨 妨 妨 妨 妨 妨

🔊 fāng 🔊 fáng 🇯🇵 ホウ, ボウ, さまたげる 🇬🇧 disturbance
① 해로울 방(害). ② 방해할 방(障害).
③ 거리낄 방(礙).

書體: 小篆 妨 / 草書 妨 / (高校) 形聲

妨工害事(방공해사 fánggōnghàishì) 해살을 놓아 해롭게 함. 남의 일을 방해함.
妨害(방해 fánghài) 해살을 놓아 해를 끼침. 방애(妨礙).

▶ 無妨(무방).

妬 샘낼 투 (女 5 / 8)

🔊 dù 🇯🇵 ト, ねたむ 🇬🇧 jealous
① 자식 없는 계집 투(女無子). ② 투기할 투(妒). 【妒와 혼용】
妬忌(투기 dùjì) 질투. 강새암.

妬心(투심 dùxīn) 미워하고 시기(猜忌)하는 마음.
妬嫉(투질 dùjí) 질투하고 미워함. 투질(妬疾).

▶ 嫉妬(질투).

妹 누이 매 (女 5 / 8)

妹 妹 妹 妹 妹 妹 妹 妹

🔊 mèi 🇯🇵 マイ, いもうと
🇬🇧 younger sister
① 손아랫누이 매(女弟). ② 성이 다른 누이 매(同母異父女弟). ③ 계집아이 매. ④ 괘 이름 매(卦名).

書體: 小篆 妹 / 草書 妹 / (中學) 形聲

妹夫(매부 mèifū) 누이의 남편.
妹婿(매서 mèixù) 매제. 누이동생의 남편.
妹弟(매제 mèidì) 손아랫누이의 남편.
妹兄(매형 mèixiōng) 손윗누이의 남편.

▶ 男妹(남매)·男妹間(남매간)·令妹(영매)·義妹(의매)·姉妹(자매)·姉妹篇(자매편)·親姉妹(친자매)·兄弟姉妹(형제자매).

妻 아내 처 (女 5 / 8)

妻 妻 妻 妻 妻 妻 妻 妻

① 🔊 qī 🇯🇵 サイ, つま 🇬🇧 wife
② 🔊 qì
① 아내 처, 마누라 처(婦也室人). ② 시집보낼 처(以女嫁人).

書體: 小篆 妻 / 古文 妻 / 古文 妻 / 草書 妻 / (中學) 象形

妻德(처덕 qīdé) ① 아내의 은덕. ② 아내의 덕행.
妻喪(처상 qīsāng) 아내의 상고(喪

故).

妻侍下(처시하 qīshìxià) 아내에게 눌려 지내는 사람을 조롱하는 말.

▶ 恐妻(공처)·亡妻(망처)·本妻(본처)·夫妻(부처)·喪妻(상처)·愛妻(애처)·愚妻(우처)·疑妻(의처)·糟糠之妻(조강지처)·賢良妻(현량처)·荊妻(형처)·後妻(후처).

妾 첩 첩
女 5 ⑧

妾 妾 妾 妾 妾 妾 妾

㊅ qiè ㊐ ショウ, めかけ
㊉ concubine

① 첩 첩(側室不聘). ② 작은집 첩(小室). ③ 처녀 계집 첩(童女). ④ 나 첩(女自卑稱).

書體 小篆 㚵 草書 㚴 (高校) 會意

▶ 愛妾(애첩)·妻妾(처첩)·蓄妾(축첩).

姊 손윗누이/누이 자
女 5 ⑧

姊 姊 姊 姊 姊 姊 姊

㊅ zǐ ㊐ シ, あね ㊉ elder sister

맏누이 자, 웃누이 자(女兄).【姊·姐와 같음】【姉의 속자】

書體 小篆 姊 草書 姉 (中學) 形聲

姉妹(자매 zǐmèi) ① 손윗누이와 손아랫누이. ② 여자끼리의 언니와 아우. ③ 같은 계통에 속하고 있는 많은 유사점(類似點)을 가지고 있는 일.
姉夫(자부 zǐfū) 매형. 손윗누이의 남편.
姉兄(자형 zǐxiōng) 손위의 매부. 매형.

姉 손윗누이/누이 자
女 5 ⑧

【姊(前條)의 정자】

始 비로소 시:
女 5 ⑧

始 始 始 始 始 始 始 始

㊅ shǐ ㊐ シ, はじめ ㊉ beginning

① 비로소 시, 처음 시(初). ② 시작할 시(新起). ③ 풍류 이름 시(樂名華始). ④ 별 이름 시(星名旬始). ⑤ 바야흐로 시(方).

書體 小篆 姒 草書 始 (中學) 形聲

始根(시근 shǐgēn) 근본의 원인.
始動(시동 shǐdòng) 움직이기 시작함.
始末(시말 shǐmò) ① 시작과 끝. ② 일의 내력.
始發(시발 shǐfā) 첫 출발 또는 발차.
始業(시업 shǐyè) 영업·학업 따위를 시작함.
始原(시원 shǐyuán) 처음. 원시(原始).
始作(시작 shǐzuò) 처음으로 함. 하기를 비롯함.
始終一貫(시종일관 shǐzhōngyīguàn) 처음부터 끝까지 한결같이 관철함. 시종여일(始終如一).
始唱(시창 shǐchàng) ① 처음으로 부름. ② 학설 등을 처음으로 주창함.
始創(시창 shǐchuàng) 처음으로 만들어 냄.
始初(시초 shǐchū) 처음. 애초.

▶ 開始(개시)·年始(연시)·原始(원시)·爲始(위시)·終始(종시)·創始(창시).

姑 시어머니 고
女 5 ⑧

姑 姑 姑 姑 姑 姑 姑 姑

㊅ gū ㊐ コ, しゅうとめ
㊉ husband's mother

① 시어머니 고(夫之母). ② 고모 고(父之姊妹). ③ 시누이 고(夫之女弟小姑). ④ 아직 고(姑息). ⑤ 장모 고(妻之

母). ⑥ 별 이름 고(星名黃姑). ⑦ 살 이름 고(矢名). ⑧ 꽃 이름 고(花名鼠姑).

書體: 小篆 姑 / 草書 姑 / (高校) 形聲

姑息(고식 gūxī) ① 우선 당장 탈 없이 편안함. ② 부녀자와 어린아이.
姑息之計(고식지계 gūxīzhījì) 당장에 편한 것만 취하는 계책. 고식책(姑息策).
姑息策(고식책 gūxīcè) =고식지계(姑息之計).
姑姊(고자 gūzǐ) 아버지의 손윗누이.
姑從(고종 gūcóng) =고종사촌(姑從四寸).
姑從四寸(고종사촌 gūcóngsìcùn) 고모의 자녀.

▶ 堂姑母(당고모)·大姑母(대고모).

姓 성씨/성(姓) 성:

女5/⑧

姓 姓 姓 姓 姓 姓 姓

中 xìng 日 セイ, ショウ, うじ
英 family name

① 성씨 성(氏系總稱). ② 일가 성(一族). ③ 아이 낳을 성(生子). ④ 백성 성(百姓).

書體: 小篆 姓 / 草書 姓 / (中學) 形聲

姓銜(성함 xìngxián) 성명의 존칭.
姓鄕(성향 xìngxiāng) =관향(貫鄕).

▶ 同姓同本(동성동본)·同姓異本(동성이본)·百姓(백성)·本姓(본성)·俗姓(속성)·易姓革命(역성혁명)·異姓(이성)·集姓村(집성촌)·通姓名(통성명).

委 맡길 위

女5/⑧

委 委 委 委 委 委 委 委

①-④ 中 wēi ⑤-⑩ 中 wěi
⑪-⑬ 日 イ, ゆだねる 英 entrust

① 맘에 든든할 위(自得貌). ② 벼이삭 고개 숙일 위(委曲禾垂穗貌). ③ 외곡할 위(曲). ④ 아름다울 위(美). ⑤ 버릴 위(棄). ⑥ 맡을 위, 맡길 위(任). ⑦ 붙일 위(屬). ⑧ 시들어질 위(萎). ⑨ 예복 위(禮服端委). ⑩ 자세할 위(精細). ⑪ 쌓을 위(積). ⑫ 쇠할 위(委靡不振). ⑬ 끝 위(末).

書體: 小篆 委 / 草書 委 / (高校) 形聲

委員(위원 wěiyuán) ① 일반 단체에 있어서 지명 또는 선거에 의하여 특정한 사무를 위임 맡은 사람. ②《法》위원회·심의회(審議會) 등의 구성원.
委任(위임 wěirèn) ① 일임(一任)함. ② 사무의 처리를 다른 사람에게 맡김. ③《法》당사자의 일방이 법률행위(法律行爲)·기타 사무 처리를 상대방에게 위탁(委託)하여 상대방이 이것을 승낙(承諾)함으로써 성립(成立)되는 계약(契約).
委囑(위촉 wěizhǔ) 남에게 맡겨서 부탁함.
委託(위탁 wěituō) ① 남에게 맡김. 의뢰하는 일. ② 다른 기관이나 사람에게 어떤 법률상의 행위나 사실상의 행위를 행할 것을 의뢰하는 일.

▶ 論設委員(논설위원)·對策委(대책위)·受任委(수임위)·爭委(쟁위)·特委(특위).

姙 아이밸(妊) 임:

女6/⑨

中 rèn 【妊(女부4획)과 같음】
姙婦(임부 rènfù) 아이 밴 여자. 잉부(孕婦).
姙娠(임신 rènshēn) 아이를 뱀.

姜 성(姓) 강

女6/⑨

中 jiāng 日 キョウ, うじのな

🄚 family name
① 성 강(人姓). ② 개울 이름 강(川名).
③ 강할 강(强).

姦 간사할/간악할 간:

女 / 9획

丿 ナ 女 女 妺 姦 姦 姦 姦

🄚 jiān 🄙 カン, よこしま
🄔 wicked
① 간사할 간(詐). ② 간음할 간(婬).
③ 강간할 간(强姦). ④ 나쁜 사람 간
(惡漢). ⑤ 도적 간(寇賊). ⑥ 거짓 간
(僞). 【奸과 통함】

書體 小篆 姦 古文 姦 草書 姦 (高校) 會意

姦計(간계 jiānjì) 간사한 꾀. 좋지 못
 한 계략. 간계(奸計)
姦吏(간리 jiānlì) 간사한 관리. 간리
 (奸吏).
姦夫(간부 jiānfū) 간통한 사내. ↔ 간
 부(姦婦).
姦婦(간부 jiānfù) 간통한 여자. ↔ 간
 부(姦夫).
姦邪(간사 jiānxié) 간교함. 또는 그런
 사람. 부정(不正).
姦惡(간악 jiān'è) 간사하고 나쁨. 사악
 (邪惡). 간곡(奸曲).
姦淫(간음 jiānyín) 부부 아닌 남녀가
 성적 관계를 맺음.
姦通(간통 jiāntōng) ① 남녀 사이의
 불의의 밀통. ②【法】배우자가 있
 는 사람이 배우자 이외의 이성과 합
 의에 의한 성적 관계.

▶ 强姦(강간)·近親相姦(근친상간)·輪姦
 (윤간).

姨 이모 이

女 / 9획

🄚 yí 🄙 イ, はらから
🄔 maternal ant

① 이모 이(母之姉妹). ② 처 이모 이
(妻之姉妹).
姨母(이모 yímǔ) 어머니의 여형제.
姨從(이종 yícóng) 이종사촌(姨從四
 寸)의 약어.
姨兄弟(이형제 yíxiōngdì) 이종 사촌
 형제.

姬 계집 희

女 / 9획

🄚 ī 🄙 キ, ひめ 🄔 young lady
① 아씨 희(婦人美稱). ② 황후 희, 왕비
 희(皇后). ③ 첩 희(妾). ④ 주의 성 희
 (周姓).

▶ 舞姬(무희).

姪 조카 질

女 / 9획

女 女 妷 妷 妷 妷 妷 姪 姪

1 🄚 zhí 🄙 テツ, めい 🄔 nephew
2 🄙 テツ, おい
1 ① 조카 질(兄弟之子). ② 조카딸 질
 (姪女). ③ 처질 질. (아내의 형이나 아
 우가 낳은 자식). 2 절 뜻은 1과 같
 음.

書體 小篆 姪 草書 姪 (高校) 形聲

姪女(질녀 zhínǚ) 조카딸.
姪婦(질부 zhífù) 조카며느리.
姪壻(질서 zhíxù) 조카사위.

▶ 叔姪(숙질).

姮 항아(姮娥) 항

女 / 9획

🄚 héng 🄙 コウ, ゴウ, つき
🄔 another name of moon
① 항아 항, 달에 사는 미인 항(姮娥, 羿
 妻). ② 달의 이명(異名). 【嫦과 같음】
姮宮(항궁 hénggōng) 달의 이명. 또

는 달나라에 있다고 하는 궁전 이름. 항아(姮娥)가 산다고 하는 월궁전(月宮殿). 항아(姮娥).
姮娥(항아 héng'é) 달의 이명. 또는 달나라에 산다고 하는 미인의 이름.

妍 고울 연

음 yán 일 ケン, うつくしい 영 pretty

① 고울 연(麗). ② 사랑스러울 연(媚). ③ 총명할 연(慧). ④ 안존할 연(安).
妍麗(연려 yánlì) 어여쁘고 아름답고 화려함.

姻 혼인 인

음 yīn 일 イン, よめいり 영 marry

① 혼인할 인(婚姻). ② 사위집 인(夫曰婚, 婦曰姻). ③ 시집 인. ④ 아내 인(妻). ⑤ 인연 인(因緣). 【婣와 같음】

書體 小篆 姻 大篆 草書 姻 (高校) 形聲

姻戚(인척 yīnqī) 외가와 처가에 딸린 붙이.

▶ 外姻(외인)·婚姻(혼인).

姿 모양/맵시 자:

姿姿姿姿姿姿姿姿姿

음 zī 일 シ, すがた 영 figure

① 맵시 자, 태도 자(態). ② 성품 자(性品). ③ 취미 자(趣味). ④ 맵시를 꾸밀 자, 모양을 낼 자. 【資와 같음】

書體 小篆 姿 草書 姿 (高校) 形聲

姿貌(자모 zīmào) =자용(姿容).
姿媚(자미 zīmèi) 맵시를 내고 애교를 부림.
姿色(자색 zīsè) 여자의 예쁜 얼굴.
姿勢(자세 zīshì) 몸을 가진 모양과 그 태도.
姿容(자용 zīróng) 얼굴 모양. 용자(容姿). 자태.
姿態(자태 zītài) =자용(姿容).

▶ 高姿勢(고자세)·容姿(용자)·雄姿(웅자)·低姿勢(저자세)·風姿(풍자).

威 위엄 위

威威威威威威威威威

음 wēi 일 イ, たけしい 영 dignity

① 위엄 위(尊嚴). ② 세력 위(勢). ③ 으를 위(懼). ④ 거동 위(儀). ⑤ 두려울 위. 【畏와 같음】

書體 小篆 威 草書 威 (中學) 會意

威信(위신 wēixìn) 위엄과 신의(信義).
威脅(위협 wēixié) 위력으로 으르고 협박함.

▶ 國威(국위)·權威(권위)·猛威(맹위)·示威(시위)·狐假虎威(호가호위).

娑 춤출/사바세상 사

①-⑥ 음 suō 일 サ, まいめぐる 영 fluttering ⑦⑧ 음 sā, shā 일 シャ, まいめぐる

① 춤추는 모양 사(舞貌). ② 걸어 다니는 모양 사. ③ 옷 너울거리는 모양 사(衣揚貌). ④ 앉아 있는 모양 사. ⑤ 편히 앉은 모양 사. ⑥ 거문고 소리 사. ⑦ 오랑캐 도읍 이름 사(吐蕃國都名邏娑). ⑧ 세상 사(塵世娑婆).

娑婆(사파→사바 suōpó) ① 《梵》 Sahā의 음역. 감인(堪忍). 인토(忍土)라는 뜻. ② 괴로움이 많은 이 세상. 사파(娑婆) 세계의 약칭. ③ 석가가 탄생하여 살았던 이 세상.
娑婆世界(사파세계→사바세계 suōpóshìjiè) =사파(娑婆).

娘 여자 낭
女 7 ⑩

ㄣ ㄧ ㄤ ㄤ ㄤ ㄤ ㄤ 娘 娘 娘

音 niáng 日 ジョウ, むすめ 英 girl
① 아가씨 낭, 소녀 낭. ② 처녀의 이름에 붙여 쓰는 말 낭. ③ 속어(俗語)로 어머니를 말함.

書體 小篆 懷 草書 娘 高校 會意

娘子(낭자 niángzǐ) ① 처녀. 소녀. ② 어머니. ③ 아내. ④ 궁녀. 창기(娼妓). ⑤《地》관(關)의 이름.

娛 즐길 오:
女 7 ⑩

娛 娛 娛 娛 娛 娛 娛 娛 娛

音 yú 日 ゴ, たのしむ 英 amuse
① 즐거울 오(樂). ② 기쁠 오(喜).

書體 小篆 娛 草書 娛 高校 形聲

娛樂(오락 yúlè) 재미있게 놀아서 기분을 즐겁게 함.
娛樂室(오락실 yúlèshì) 오락에 필요한 시설을 해 놓은 방. 환락할 수 있는 방.

▶ 娛樂(오락)·電子娛樂(전자오락).

娟 예쁠 연
女 7 ⑩

音 juān 日 ケン, エン, うつくしい
英 pretty
① 어여쁠 연(美好). ② 아당할 연(媚). 얼굴이 고울 연. ③ 아름다운 모양 연. ④ 춤추는 모양 연. ⑤ 가볍게 움직이는 모양 연. ⑥ 아득히 멀 연(幽遠).

娠 아이밸 신
女 7 ⑩

音 shēn 日 シン, はらむ
英 pregnancy
① 아이밸 신(懷孕). ② 마부 신(養馬者).【身과 통함】

▶ 姙娠(임신)·姙娠率(임신율)·姙娠婦(임신부).

娩 낳을 만:
女 7 ⑩

1 音 wǎn 日 ベン, うむ 英 bear
2 音 miǎn 日 メン
1 해산할 만(産子). 2 유순할 면(柔順).
娩痛(면통 miǎntòng) 아이를 낳을 때의 복통. 진통(陳痛).

▶ 分娩(분만).

娶 장가들 취:
女 8 ⑪

音 qǔ 日 シュ, めとる
英 take a wife
① 장가들 취(取妻). ② 중매인 취(商娶).
娶嫁(취가 qǔjià) 시집가고 장가드는 일. 가취(嫁娶).
娶禮(취례 qǔlǐ) 아내를 맞는 예. 혼례.
娶妻(취처 qǔqī) 아내를 얻음. 장가들음.

娼 창녀 창(:)
女 8 ⑪

音 chāng 日 ショウ, あそびめ
英 prostitute
① 창녀 창, 여광대 창(女樂). ② 노는계

집 창(戲女). ③ 갈보 창(賣淫女).【倡의 속자】

娼婦(창부 chāngfù) =창기(娼妓). 창녀(娼女).

▶ 私娼(사창).

婆 할머니 파
女 8 ⑪

음 pó 일 バ, ばば 영 old woman

① 할머니 파(老嫗). ② 춤 너풀너풀 출 파(婆舞貌). ③ 조모 파(祖母).【娑와 통함】

婆羅門(파라문→바라문 póluómén)《梵》① Brahamana의 음역(音譯). 인도(印度) 사성(四姓) 가운데 가장 높은 지위의 승족(僧族). ②《宗》석가 이전에 일어난 인도(印度)의 종교 이름.

婆娑(파사→바사 pósuō) ① 춤추는 소매가 날리는 모양. ② 몸이 가냘픈 모양. ③ 초목의 잎이 떨어지고 가지가 성긴 모양. ④ 거문고의 소리가 꺾이는 모양.

婆心(파심 póxīn) 노파는 친절하므로, 친절한 마음씨.

▶ 老婆(노파)·娑婆世界(사바세계)·産婆(산파)·産婆役(산파역).

婉 순할/아름다울 완:
女 8 ⑪

음 wǎn 일 エン, しなやか
영 obedient

① 순할 완(順). ② 예쁠 완, 아름다울 완(美). ③ 젊을 완(少). ④ 간들거릴 완.

婉曲(완곡 wǎnqū) ① 언행(言行)을 빙 둘러서 함. 노골적이 아님. ② 말씨가 곱고 차근차근함.

婉容(완용 wǎnróng) 상냥스러운 모양. 유순하고 온화한 몸가짐.

婉轉(완전 wǎnzhuǎn) ① 순탄하고 원활하여 군색하지 아니함. ② 완완

(婉婉).

婚 혼인 혼
女 8 ⑪

음 hūn 일 コン, えんぐみ
영 marriage

① 혼인할 혼(結婚). ② 처가 혼(妻家). ③ 장가들 혼(取婦).

書體 小篆 大篆 籀文 草書 [婚] 中學 形聲

婚談(혼담 hūntán) 혼인을 정하기 위하여 오고가는 말. 연담(緣談).
婚需(혼수 hūnxū) 혼인에 드는 물건이나 비용. 혼물(婚物).

▶ 結婚(결혼)·冠婚喪祭(관혼상제)·求婚(구혼)·旣婚(기혼)·晩婚(만혼)·未婚(미혼)·未婚母(미혼모)·成婚(성혼)·新婚夫婦(신혼부부)·約婚(약혼)·離婚(이혼)·再婚(재혼)·定婚(정혼)·早婚(조혼)·請婚(청혼)·初婚(초혼)·破婚(파혼)·許婚(허혼)·回婚禮(회혼례).

婢 여자종 비:
女 8 ⑪

음 bì 일 ヒ, はしため
영 female slave

① 계집종 비(女奴). ② 하녀 비(下女). ③ 천한 여자 비(賤女). ④ 여자가 자기를 낮추어 일컫는 말 비.

書體 小篆 草書 [婢] 高校 形聲

婢僕(비복 bìpú) 계집종과 사내종.
婢妾(비첩 bìqiè) 종으로 첩이 된 계집.

▶ 官婢(관비)·奴婢(노비).

婦 부인/며느리 부
女 8 ⑪

婦 fù

[음] fù [일] フ, フウ, おんな, よめ
[영] wife, daughter-in-law

① 며느리 부(子之妻). ② 지어미 부, 아내 부(妻). ③ 여자 부(女子). ④ 암컷 부(雌, 牝). ⑤ 예쁠 부(美好).

書體 小篆 婦 草書 妇 中學 會意

婦德(부덕 fùdé) 부녀로서 지켜야 할 덕행.
婦道(부도 fùdào) 여자가 마땅히 지켜야 할 도리.
婦有三不去(부유삼불거 fùyǒusānbùqū) 아내를 쫓아버리지 않을 세가지 경우. 곧, 이혼 후 돌아갈 곳이 없는 경우, 시부모의 삼년상을 치른 경우, 남편이 어려울 때 시집와서 부귀하게 된 경우.

▶ 家政婦(가정부)·家庭主婦(가정주부)·姑婦(고부)·寡婦(과부)·夫婦(부부)·夫婦有別(부부유별)·新婦(신부)·新婚夫婦(신혼부부)·烈婦(열부)·妖婦(요부)·慰安婦(위안부)·妊婦(임부)·妊娠婦(임신부)·孕婦(잉부)·酌婦(작부)·接待婦(접대부)·情婦(정부)·主婦(주부)·青孀寡婦(청상과부)·派出婦(파출부)·孝婦(효부).

婬 간통할 음
女8획 (11)

[음] yín [일] イン, みだら [영] adultery

① 간통할 음(姦婬). ② 샛서방질할 음(私通女). ③ 음탕할 음(蕩). ④ 놀 음(遊). ⑤ 희학질할 음(戱). 【淫과 통함】

婾 엷을 유
女9획 (12)

① [음] ユ, たのしむ [영] glad
② [음] tōu [일] トウ, ぬすむ [영] steal

① ① 엷을 유(薄). ② 즐거울 유(樂). 【愉에 통함】 ② ① 간교할 투(巧黠). ② 도둑질할 투(偸). 【偸와 같음】

婾薄(투박 tōubó) 언행(言行)이 경솔(輕率)하고 천박(淺薄)함.

婿 사위 서:
女9획 (12)

【壻(士부9획)와 같음】

媒 중매 매
女9획 (12)

妓 妒 妌 妞 妡 妠 妡 妢 媒

[음] méi [일] バイ, なかだち
[영] match-making

① 중매 매, 중신 매(仲媒). ② 탐낼 매(貪). ③ 술을 빚을 매(醸). ④ 용마 매(駿馬龍媒). ⑤ 어둘 매(昧).

書體 小篆 媒 草書 媒 高校 形聲

媒介(매개 méijiè) 중간에서 관계(關係)를 맺어 줌.
媒煙(매연 méiyān) ① 그을음이 섞인 연기. ② 석탄 연기. ③ 철매.
媒婆(매파 méipó) 중매하는 할멈.

▶ 冷媒(냉매)·多媒(다매)·仲媒(중매)·觸媒(촉매).

媚 아첨할/예쁠 미
女9획 (12)

[음] mèi [일] ミ, ビ, こびる [영] flatter

① 아첨할 미(諂). ② 사랑할 미(愛). ③ 상긋거릴 미(悅). ④ 부닐 미(親順). ⑤ 아름다운 모양 미.「풍월명미(風月明媚)」.

媚笑(미소 mèixiào) 아양 부리는 웃음.
媚態(미태 mèitài) 아양 떠는 태도.

媛 계집 원
女9획 (12)

①-③ [음] yuán [일] エン, みめよい
[영] beautiful woman ④ [음] yuàn

① 아리따운 여자 원(美女). ② 아름다

울 원(美). ③ 여자 벼슬 원(女官). ④ 맘에 당길 원(牽引貌).

媛妃(원비 yuánfēi) 아리따운 여자. 미녀.

▶ 才媛(재원).

媳 시집 시
女 9 ⑫

🔊 shì

시집 시(夫家).

媤家(시가 shìjiā) 시부모(媤父母)가 있는 집. 시집.
媤母(시모 shìmǔ) 시어머니.
媤父(시부 shìfù) 시아버지.
媤叔(시숙 shìshū) 남편의 형제. 아주버니.

媧 여자 이름 왜
女 9 ⑫

1 🔊 wā 일 カイ, めかみ
영 goddess **2** 🔊 カ

1 여자 이름 왜(女媧古女聖名). **2** 과. 뜻은 **1**과 같음.

媧皇(왜황 wāhuáng) 여왜씨(女媧氏)를 말함.

媳 며느리 식
女 10 ⑬

🔊 xí 일 セキ, よめ
영 daughter in law

며느리 식(子婦).

媳婦(식부 xífù) 며느리. 아들의 아내.

嫁 시집갈 가
女 10 ⑬

🔊 jià 일 カ, とつぐ, よめ 영 marry

① 시집갈 가(女適人). ② 갈 가(往). ③ 떠넘길 가(嫁禍推惡于人).

嫁期(가기 jiàqī) ① 시집갈만한 나이. ② 시집갈 시기. 혼기(婚期).
嫁罪(가죄 jiàzuì) 죄를 남에게 덮어씌움.
嫁娶(가취 jiàqǔ) 혼인함. 시집가고 장가들음.
嫁禍(가화 jiàhuò) 화를 남에게 전가(轉嫁)시킴.

▶ 改嫁(개가)·再嫁(재가)·轉嫁(전가)·出嫁(출가)·出嫁外人(출가외인).

嫂 형수 수
女 10 ⑬

🔊 sǎo 일 ソウ, あによめ
영 elder brother's wife

형수 수(兄之妻).

嫉 미워할 질
女 10 ⑬

🔊 jí 일 シツ, ねたむ 영 jealous

① 미워할 질(妒). ② 투기할 질(妬).

嫉視(질시 jíshì) 흘겨봄. 시기하여 봄.
嫉惡(질오 jíwù) 시새워 몹시 미워함.
嫉妬(질투 jídù) ① 강새암. 우월한 사람을 시기하고, 증오하는 감정. 질투(嫉妒). ②《宗》천주교 칠죄종(七罪宗)의 하나.

嫌 싫어할 혐
女 10 ⑬

く 女 女 好 好 娇 娇 嫌 嫌 嫌

🔊 xián 일 ケン, きらう 영 hate

① 의심할 혐(疑). ② 협의할 혐(不平於心). ③ 싫어할 혐(不好). ④ 유쾌하지 않을 혐(不愉快). 【慊과 같음】

書體 小篆 嫌 草書 嫌 (高校) 形聲

嫌忌(혐기 xiánjì) 싫어서 꺼림.
嫌猜(혐시 xiáncāi) 싫어하고 꺼리는 일과 시기하고 새암 내는 일.

嫌惡(혐오 xiánwù) 싫어하고 미워함.
嫌疑(혐의 xiányí) ① 의심쩍음. ② 꺼리고 미워함. ③ 범죄를 저지른 사실이 있으리라는 의심.

嫠 홀어미 리

女 11 (14)

🅒 lí 🅙 リ, ごけ, やもめ 🅔 widow

홀어미 리, 과부 리(寡婦).

嫠不恤緯(이불휼위 líbùxùwěi) 옛날 주대(周代)에 길쌈하던 한 과부(寡婦)가 부족(不足)한 씨 걱정은 하지 않고, 주(周) 나라가 망하여 화(禍)가 자신(自身)에게 미침을 두려워하였다는 말. "초야(草野)의 이름 없는 과부(寡婦)도 이러하거늘 하물며 대장부(大丈夫)로서 나라를 근심하는 마음이 없어서야 되겠느냐"라는 뜻.

嫡 정실 적

女 11 (14)

🅒 dí 🅙 テキ, チャク, よつぎ 🅔 legal wife

① 정실 적, 큰마누라 적(正室). ② 맏아들 적(本妻所生子).

嫡子(적자 dízǐ) 정실(正室) 아내가 낳은 아들. 적남(嫡男). ↔ 서자(庶子).
嫡妻(적처 díqī) 정식으로 예를 갖추어 맞은 아내.
嫡出(적출 díchū) 정실(正室)의 몸에서 난 소생.

嬌 아리따울 교

女 12 (15)

🅒 jiāo 🅙 キョウ, なまめかしい 🅔 coquet

① 맵시 교, 태도 교(態). ② 아리따울 교(妖嬌). ③ 여자 교, 처녀 교(女兒).
嬌聲(교성 jiāoshēng) 아양떠는 소리.
嬌態(교태 jiāotài) 예쁘고 아양부리는 자태. 교자(嬌姿).

▶ 愛嬌(애교).

嬪 궁녀벼슬이름 빈

女 14 (17)

🅒 pín 🅙 ヒン, ひめ 🅔 lady

① 지어미 빈(婦). ② 복종할 빈(服). ③ 귀녀 빈(女子敬稱). ④ 궁녀 벼슬 이름 빈(嬪官名). ⑤ 많을 빈(多).
嬪宮(빈궁 píngōng) 왕의 자리를 이어 받을 왕자의 비(妃).

▶ 妃嬪(비빈).

嬰 어린아이 영

女 14 (17)

🅒 yīng 🅙 エイ, あかご 🅔 baby

① 어릴 영(孩). 「男曰孩女曰嬰」. ② 더할 영(加). ③ 씨를 영(觸). ④ 둘릴 영(繞). ⑤ 얽힐 영(絆). ⑥ 머리치장할 영(女首飾). ⑦ 걸릴 영(縈). ⑧ 병에 걸릴 영(罹). ⑨ 물요괴 영(水怪).
嬰兒(영아 yīng'ér) 젖먹이. 유아(乳兒).
嬰孺(영유 yīngrú) 젖먹이.
嬰孩(영해 yīnghái) 어린아이.

孀 홀어미 상

女 17 (20)

🅒 shuāng 🅙 ソウ, やもめ 🅔 widow

과부 상(寡婦).
孀閨(상규 shuāngguī) 과부가 거처하는 방.
孀婦(상부 shuāngfù) =상아(孀娥).
孀娥(상아 shuāng'é) 홀어미. 과부.

▶ 靑孀寡婦(청상과부).

孃 아가씨 양

女 17 (20)

🅒 niáng 🅙 ジョウ, むすめ

영 virgin, miss
① 어머니 냥(阿孃母稱). ② 아씨 냥(處女尊稱).【娘과 같음, 俗音「양」】

▶ 案內孃(안내양).

子 部

아들 자

子 아들 자 ③

子子子

음 zǐ, zi 일 シ, ス, むすこ 영 son
① 아들 자, 자식 자(嗣也, 息). ② 종자 자, 씨 자(卵子, 種子). ③ 당신 자, 남 자(男子美稱). ④ 어르신네 자(子孫稱其先人曰子). ⑤ 임자 자(夫婦互稱). ⑥ 자네 자(貴公). ⑦ 사람 자(人). ⑧ 벼슬 이름 자(公侯伯子男). ⑨ 첫째지지 자(地支第一位).「정북(正北)의 방각(方角). 오후 열두시」. ⑩ 칠 자, 기를 자(人君愛養百姓曰子). ⑪ 열매 자(草木之實). ⑫ 쥐 자(鼠).【慈와 통함】

書體 小篆 ❦ 古文 ❡ 大篆 ❦ 草書 子

(中學) 象形

子宮(자궁 zǐgōng)《生》 여성 생식기의 하나. 아기집. 포궁(胞宮). 수정란을 양육하는 기관.
子規(자규 zǐguī) 두견(杜鵑). 소쩍새.
子午線(자오선 zǐwǔxiàn)《天》 지구남북의 양극(兩極)을 통하여 그은 가상의 권선(圈線).〈子는 북, 午는 남〉.
子音(자음 zǐyīn) 발음할 때 입이나 코로 나오는 길에 여러 가지의 막음을 입어서 거칠게 나는 소리. 반드시 모음에 닿아서 남. 닿소리. ↔ 모음(母音).
子正(자정 zǐzhèng) 하루를 12시로 나눈 자시(子時)의 한가운데. 곧, 영시(零時).

▶ 格子(격자)·骨子(골자)·菓子(과자)·轎子(교자)·君子(군자)·男子(남자)·杻子(납자)·娘子(낭자)·內子(내자)·獨子(독자)·瞳子(동자)·童子(동자)·帽子(모자)·母子(모자)·拍子(박자)·父子有親(부자유친)·父傳子傳(부전자전)·分子(분자)·嗣子(사자)·獅子(사자)·箱子(상자)·庶子(서자)·世子(세자)·素粒子(소립자)·孫子(손자)·庵子(암자)·額子(액자)·量子(양자)·養子(양자)·女子(여자)·玉童子(옥동자)·王子(왕자)·原子(원자)·遺傳子(유전자)·倚子(의자)·利子(이자)·因子(인자)·粒子(입자)·長子(장자)·嫡子(적자)·電子(전자)·亭子(정자)·精子(정자)·弟子(제자)·族子(족자)·椅子(의자)·種子(종자)·曾孫子(증손자)·振動子(진동자)·册子(책자)·妻子(처자).

孑 외로울 혈 ③

음 jié 일 ケツ, ひとり 영 solitary
① 외로울 혈(孤也單). ② 나머지 혈(餘). ③ 특출할 혈(子特出貌). ④ 창갈구리 혈(戟).
孑孑(혈혈 jiéjié) ① 우뚝하게 외로이 선 모양. ② 오똑한 모양. ③ 아주 작은 모양.
孑孑孤蹤(혈혈고종 jiéjiégūzōng) 객지에 있어서 적적한 나그네의 종적.
孑孑單身(혈혈단신 jiéjiédānshēn) 외로워서 의지할 곳이 없는 홀몸.
孑孑無依(혈혈무의 jiéjiéwúyī) 홀몸으로 의지할 곳 없음.

孔 구멍 공:

孔孔孔孔

음 kǒng 일 コウ, あな 영 hole

① 구멍 **공**(穴).「안공(眼孔), 비공(鼻孔)」. ② 매우 **공**, 심히 **공**(甚). ③ 통할 **공**(通). ④ 성 **공**(姓).

書體 小篆 𪓐 草書 孔 (高校) 象形

孔老(공로 kǒnglǎo) 공자(孔子)와 노자(老子).
孔孟(공맹 kǒngmèng) 공자(孔子)와 맹자(孟子).
孔明(공명 kǒngmíng) ① 대단히 밝음. ②《人》 제갈량(諸葛亮)의 자(字).
孔門(공문 kǒngmén) 공자(孔子)의 제자. 성문(聖門).
孔子(공자 kǒngzǐ)《人》 B.C. 552~479 중국의 성인(聖人)으로 노(魯)나라 추읍(陬邑)〈산동성 곡부현(山東省 曲阜縣)〉사람. 이름은 구(丘), 자(字)는 중니(仲尼), 인(仁)과 예(禮)의 도(道)로써 3천의 문제(門弟)를 교육시키고, 시서(詩書)를 산술(刪述)하였음. 후세의 유교(儒敎)의 시조(始祖)가 되고 세계 4성(聖)의 한 사람으로 존앙(尊仰)됨. 그의 언행을 적은 논어(論語)가 있음.
孔雀(공작 kǒngquè)《動》 순계과(鶉鷄科)에 딸린 새. 원산은 인도임. 문금(文禽).
孔懷(공회 kǒnghuái) 형제간의 우애.

▶ 瞳孔(동공)·毛孔(모공)·鼻孔(비공)·眼孔(안공)·穿孔(천공).

孕 아이밸 잉:

图 yùn 일 ヨウ, はらむ
영 pregnancy

아이밸 **잉**(懷妊).
孕母(잉모 yùnmǔ) = 잉부(孕婦).
孕胎(잉태 yùntāi) 아이를 뱀.

字 글자 자

字字字字字字

图 zì 일 ジ, もじ 영 letter

① 글자 **자**, 글씨 **자**(文字). ② 자 **자**(副名).「실명(實名)의 외에 붙이는 일명」. ③ 시집보낼 **자** ④ 젖먹일 **자**(乳). ⑤ 사랑할 **자**(愛). ⑥ 암컷 **자**(畜牝). ⑦ 기를 **자**(養育).

書體 小篆 𡥆 草書 字 (中學) 形聲

字幕(자막 zìmù) 영화에서 표제·배역·설명 따위를 글자로 나타낸 것. 타이틀
書體(자원 zìyuán) 글자가 이루어진 근원.〈한자(漢字)의 지(地)는 토(土)와 야(也)·신(信)은 인(人)과 언(言)으로써 이루어진 것 따위〉.
字音(자음 zìyīn) ① 글자의 음. ② 한자(漢字)의 음.
字義(자의 zìyì) 글자의 뜻.
字典(자전 zìdiǎn) 글자를 모아 발음·뜻·발생원인 따위를 해석한 책. 자서(字書).
字解(자해 zìjiě) 글자의 풀이. 문자의 해석(解釋).
字形(자형 zìxíng) 글자가 되어진 꼴. 곧 변이나 머리나 받침 따위의 획이나 점의 생김새. 글자의 모양.
字畫(자획 zìhuà) 글자를 구성하는 점이나 획.
字彙(자휘 zìhuì) ① 자전. ②《書》명(明)의 매응조(梅膺祚)가 지은 자전. ③ 글자의 수효.

▶ 簡體字(간체자)·金字塔(금자탑)·文字(문자)·別字(별자)·本字(본자)·四柱八字(사주팔자)·俗字(속자)·數字(숫자)·習字(습자)·植字(식자)·新字(신자)·十字(십자)·略字(약자)·英文字(영문자)·誤字(오자)·肉頭文字(육두문자)·赤字(적자)·點字(점자)·正字(정자)·綴字(철자)·打字(타자)·脫字(탈자)·退字(퇴자)·漢字(한자)·衛

字(글자자)·行列字(항렬자)·活字(활자)·黑字(흑자).

存 있을 존

존 cún 일 ゾン, ソン, ある 영 exist

① 있을 존(在). ② 존문할 존(告存恤問). ③ 보존할 존(保存). ④ 살필 존(省).

書體 小篆 抨 草書 存 中學 會意

存在(존재 cúnzài) ① 현존하여 있음. ②《哲》경험적 존재 및 사유. 가능한 경험적인 것.
存廢(존폐 cúnfèi) 남아 있는 것과 없어짐. 존속과 폐지.

▶ 共存(공존)·旣存(기존)·竝存(병존)·保存(보존)·賦存(부존)·尙存(상존)·常存(상존)·實存(실존)·安存(안존)·嚴存(엄존)·依存(의존)·自存(자존)·殘存(잔존)·適者生存(적자생존)·現存(현존).

孝 효도 효ː

효 xiào 일 コウ, こうこう
영 filial piety

① 효도 효(善事父母). ② 상복 입을 효(喪服).

書體 小篆 孝 草書 孝 中學 會意

孝敬(효경 xiàojìng) 부모를 잘 섬기고 공경함.
孝道(효도 xiàodào) 부모를 잘 섬기는 도리. 효행(孝行)의 도(道).
孝廉(효렴 xiàolián) ① 효행(孝行)이 있고 마음이 결백한 사람. ②《制》한대(漢代)의 관리의 특별임용의 한 가지.
孝鳥(효조 xiàoniǎo) 까마귀. 까마귀는 커서 먹이를 물어다 어미에게 주어 보은한다는 데서 온 말. 효오(孝烏).
孝親(효친 xiàoqīn) 어버이에게 효도함.
孝行(효행 xiàoxíng) 부모를 잘 섬기는 행실.

▶ 篤孝(독효)·不孝(불효)·不孝莫甚(불효막심)·忠孝(충효).

孟 맏 맹(ː)

1 맹 mèng 일 モウ, おさ 영 the eldest 2 일 モウ, かしら

1 ① 맏 맹(長). ② 첫 맹(始).「孟春(맹춘). 맹하(孟夏)」. ③ 힘쓸 맹(勉). ④ 클 맹(大). 2 맹랑할 망(孟浪不精要貌).

書體 小篆 孟 古文 孟 草書 孟 高校 形聲

孟浪(맹랑 mènglàng) ① 아주 거짓이 많아 믿을 수 없음. ② 생각보다 똑똑하거나 까다로워 허수로 볼 수 없음.
孟母斷機(맹모단기 mèngmǔduànjī)《故》맹자(孟子)가 학업을 중도에 폐지하고 돌아 왔을 때 그 어머니가 짜던 베를 칼로 잘라서 훈계하여 학업을 완성하게 했다 함.
孟母三遷(맹모삼천 mèngmǔsānqiān)《故》맹자(孟子)의 어머니가 맹자를 가르치기 위하여 세 번 이사했다 함. 처음에 공동묘지 가까이 살았는데 맹자가 장사 지내는 흉내를 내서, 시장 가까이 옮겼더니 물건 파는 흉내를 내므로, 다시 글방 있는 곳으로 옮겨서 공부를 시켰다고 함.
孟子(맹자 mèngzǐ) ①《人》B.C. 372〜289 중국 전국시대(戰國時代)의

추인(鄒人). 이름은 가(軻), 자(字)는 자여(子輿) 또는 자거(子車). 공자(孔子)의 도(道)를 이어 제국(諸國)을 순회하며 왕도정치(王道政治)와 인의를 주창하였음. ②《書》 칠서(七書)의 하나. 맹자(孟子)의 제자들이 맹자(孟子)의 언행을 모아 기록한 것.

▶ 虛無孟浪(허무맹랑).

季 계절 계:
子 5 8

季 季 千 禾 禾 季 季 季

음 jì 일 キ, すえ 영 the last, season
① 끝 계(末). 「계세(季世), 계춘(季春)」. ② 막내 계. 「백중숙계(伯仲叔季)」. ③ 사철 계(四時). ④ 말세 계(末世). 「계세(季世), 요계(澆季)」.

書體 小篆 草書 (中學) 會意

季父(계부 jìfu) 아버지의 막내아우. 막내 삼촌. ↔ 백부(伯父).
季嫂(계수 jìsǎo) 아우의 아내. 제수.
季氏(계씨 jìshì)《國》남의 남자 아우에 대한 존칭.
季札挂劍(계찰괘검 jìzháguàjiàn) 신의를 중히 여긴다는 뜻으로 쓰임. 《故》오(吳)의 계찰(季札)이 사신으로 갈 때 서국(徐國)을 지나가게 되었던 바 서국(徐國) 군주는 찰(札)의 검을 얻었으면 하고 생각하였고 찰(札)도 또한 자기의 검을 그에게 주려고 생각하고 있었으나 찰(札)이 돌아오는 길에 서국(徐國)에 들렀더니 서국(徐國) 군주는 이미 죽은 뒤라 이 때 찰(札)은 그의 묘소에 검을 걸어 놓고 돌아왔다고 함.

▶ 乾季(건계)·冬季(동계)·四季(사계)·時季(시계)·雨季(우계)·節季(절계)·秋季(추계)·春季(춘계)·夏季(하계).

孤 외로울 고
子 5 8

孤 孤 孤 孤 孤 孤 孤 孤

음 gū 일 コ, ひとり 영 solitude
① 외로울 고(獨). ② 아비 없을 고(無父). ③ 배반할 고(背). ④ 우뚝할 고(特). ⑤ 나 고(王侯之謙稱). ⑥ 벼슬 이름 고(官名三公之次日三孤).

書體 小篆 草書 (高校) 形聲

孤軍奮鬪(고군분투 gūjūnfèndòu) 고립된 군력으로 분발하여 싸움.
孤陋(고루 gūlòu) 견문이 적어서 세상 물정에 어둡고 고집이 셈.
孤立無依(고립무의 gūlìwúyī) 외톨져 기댈 곳이 없음.
孤寂(고적 gūjì) 외롭고도 쓸쓸함.
孤枕單衾(고침단금 gūzhěndānqīn) 홀로 쓸쓸히 자는 여자의 이부자리.
孤子單身(고혈단신 gūjiédānshēn) 혈육이 없는 외로운 홀몸.
孤魂(고혼 gūhún) 의지할 곳 없이 외로이 떠돌아다니는 넋.

▶ 水中孤魂(수중고혼).

学 배울 학
子 5 8

【學(子부13획)의 약자】

孫 손자 손(:)
子 7 10

孫 孫 孫 孫 孫 孫 孫 孫 孫 孫

음 sūn 일 ソン, まご 영 grandson
① 손자 손(子之子). ② 움돋을 손(物再生). 「如 稻孫」. ③ 겸손할 손(謙遜). ④ 순할 손(順). ⑤ 피할 손(避).【遜과 통합】

書體 小篆 草書 (中學) 會意

孫女(손녀 sūnnǚ) 아들의 딸. ↔ 손자(孫子).

孫婦(손부 sūnfù) 손자의 아내.

孫辭(손사 sūncí) ① 겸손한 말. ② 둔사(遁辭).

孫子(손자 sūnzi) ① 아들의 아들. ② 손무(孫武)의 존칭. ③《書》1권 13편. 주(周)의 손무(孫武) 지음. 병서(兵書) 중에 가장 유명함.

孫行(손항 sūnháng) 손자뻘 되는 항렬.

▶世孫(세손)·外孫(외손)·子孫(자손)·子孫萬代(자손만대)·長孫(장손)·嫡孫(적손)·曾孫(증손)·直系孫(직계손)·玄孫(현손)·後孫(후손).

孰 누구 숙

孰 shú ジュク, いずれ what
① 누구 숙(誰). ② 어느 숙(何). ③ 살필 숙(審). ④ 익을 숙(熟).【熟과 통함】

孰能禦之(숙능어지 shúnéngyùzhī) 막기 어려움.

孵 알깔 부

孵 fū フ, かえる hatching
알 깔 부(孵化).

孵卵(부란 fūluǎn) 달걀·물고기알 따위를 깜. 부화(孵化).

孵化(부화 fūhuà) ① 달걀을 까서 병아리가 되게 함. ② 동물(動物)의 알이 까짐. 부화(孚化).

學 배울 학

學 xué ガク, まなぶ learn
① 배울 학(效也受教傳覺悟). ② 글방 학(序序總名). ③ 공부 학

學究(학구 xuéjiū) ① 학문을 깊이 연구(研究)함. ② 글방의 선생. 훈장(訓長). ③ 학궁(學窮).

學德(학덕 xuédé) 학식과 덕행.

學力(학력 xuélì) ① 학문의 역량. ② 학문을 쌓은 정도.

學歷(학력 xuélì) 수학(修學)한 이력(履歷).

學齡(학령 xuélíng) 의무교육을 받아야 할 나이. 만 6세부터 만 12세까지.

學問(학문 xuéwèn) ① 배우고 닦음.〈學은 모르는 것을 배우고, 問은 의문을 물음〉. ② 배워 익힌 학예.

學閥(학벌 xuéfá) 같은 학교 출신자가 세력을 떨치려는 배타적인 파벌.

學舍(학사 xuéshè) 학교 또는 교사(校舍).

學術(학술 xuéshù) ① 학문과 예술 또는 기술. ② 응용방면을 포함한 학문의 방법. ③ 일정한 학문을 가리킴.

學識(학식 xuéshí) ① 학문과 식견.② 학문에서 얻은 식견.

學藝(학예 xuéyì) ① 학문과 기예. ② 덕행 및 육예(六藝)를 배움. 도예(道藝)를 배움.

學籍(학적 xuéjí) 재학생의 성명·생년월일·주소·보호자 따위의 기록.

學點(학점 xuédiǎn) 대학(大學)에서 학생(學生)들의 학과 이수(履修)를 계산하는 단위(單位).

學派(학파 xuépài) 학문상의 유파. 학문상(學問上)의 주장(主張)을 달리하는 갈래. 학류(學流).

學風(학풍 xuéfēng) ① 학문상의 태도 및 경향. ② 학교의 기풍. 교풍.

學會(학회 xuéhuì) ① 학술의 연구·장려를 목적으로 조직된 단체. ②《佛》

불학을 닦는 사람들이 모이는 곳.

▶ 開學(개학)·見學(견학)·苦學(고학)·高學歷(고학력)·曲學(곡학)·工學(공학)·共學(공학)·敎學(교학)·科學(과학)·官學(관학)·光學(광학)·國學(국학)·國文學(국문학계)·國文學界(국문학계)·農學(농학)·丹學(단학)·大學(대학)·道學(도학)·獨學(독학)·篤學(독학)·同學(동학)·晩學(만학)·勉學(면학)·無學(무학)·文學(문학)·美學(미학)·博學(박학)·放學(방학)·法學(법학)·復學(복학)·史學(사학)·私學(사학)·四學(사학)·産學(산학)·碩學(석학)·小學(소학)·俗學(속학)·數學(수학)·修學(수학)·修學旅行(수학여행)·神學(신학)·實學(실학)

孼 서자 얼
子 16 ⑲

中 niè 일 ゲツ, わきばら
영 child born to a concubine

① 첩 자식 얼(庶子). ② 치장할 얼(孼孼盛飾). ③ 요물 얼(妖害).「요얼(妖孼)」.【蘖과 통함】

孼孫(얼손 nièsūn) 자식(子息)의 첩(妾)이 낳은 아이.
孼子(얼자 nièzǐ) = 서자(庶子).

广 部
집 면 / 갓머리

宅 집 택/댁
3 ⑥

宅宅宅宅宅宅

중 zhái, zhè 일 タク, すまい
영 house

① 집 택(所托居处). ② 살 택(居). ③ 자리 택(位置). ④ 정할 택(定). ⑤ 묘구덩이 택(墓穴). ⑥ 집안 댁.

書體 小篆 宅 古文 宅 古文 庆 草書 宅
中學 形聲

宅居(택거 zháijū) 집에 거처함.
宅地(택지 zháidì) 집터. 대지(垈地).
宅內(댁내 zháinèi) 남의 집안의 존칭.

▶ 家宅(가택)·居宅(거택)·故宅(고택)·舊宅(구택)·歸宅(귀택)·別宅(별택)·社宅(사택)·媤宅(시댁)·自宅(자택)·邸宅(저택)·住宅(주택).

宇 집/우주 우:
3 ⑥

宇宇宇宇宇宇

중 yǔ 일 ウ, やね, いえ 영 roof

① 집 우(居處之屋). ② 처마 기슭 우(屋邊簷下). ③ 하늘 우(上下四方). ④ 품성 우(品性).「기우(器宇)」. ⑤ 끝 우(端).

書體 小篆 宇 大篆 宇 草書 宇 中學 形聲

宇宙(우주 yǔzhòu) ① 천지사방과 고금.〈宇는 천지(天地)사방, 宙는 고왕금래(古往今來)〉. ② 세계. 천지. ③《天》천체 그 밖의 만물을 포함하는 전 공간.
宇下(우하 yǔxià) 처마 밑.

▶ 氣宇(기우)·基宇(기우)·御宇(어우)·屋宇(옥우)·天宇(천우).

守 지킬 수
3 ⑥

守守守守守守

중 shǒu 일 シュ, ス, まもる
영 defend, keep

① 지킬 수(護也勿失). ② 보살필 수(主管其事). ③ 벼슬 이름 수(官名). ④ 서리 수(官之署理). ⑤ 기다릴 수(待).

【狩와 통함】

書體: 小篆 宇 / 草書 弓 / 中學 / 會意

守誡(수계 shǒujiè)《宗》계명을 지킴.

守舊(수구 shǒujiù) 묵은 습관을 지킴. 보수. 묵수.

守令(수령 shǒulìng) ① 태수(太守)와 읍령(邑令). ②《制》조선 때 동반(東班)의 외관직(外官職)으로 각 고을을 다스리던 관찰사(觀察使) 이하의 부윤(府尹)·목사(牧使)·부사(府使)·군수(郡守)·현감(縣監)·현령(縣令)의 총칭(總稱). 자목지임(字牧之任).

守成(수성 shǒuchéng) 부조(父祖)의 업을 지킴. 성립된 업을 지킴.

守身(수신 shǒushēn) 자기 몸을 지켜 불의에 빠지지 않음.

守節(수절 shǒujié) ① 절개를 지킴. ② 과부가 재가(再嫁)하지 않고 있음.

▶ 看守(간수)·堅守(견수)·固守(고수)·攻守(공수)·保守(보수)·死守(사수)·押守(압수)·遵守(준수)·把守(파수)

安 편안 안 (3/6)

安安安安安安

ān / アン, やすい

peaceful, comfortable

① 편안할 안(危之對). ② 고요할 안(靜也, 徐也, 定). ③ 즐거울 안(佚樂). ④ 무엇 안, 어느 안(何). ⑤ 자리 잡을 안(位置其物). 「안치(安置), 안방(安放)」. ⑥ 값쌀 안(廉價). 「안가(安價)」.

書體: 小篆 安 / 草書 安 / 中學 / 會意

安康(안강 ānkāng) 편안하고 건강함. 아무 탈도 없음. 안녕. 안태(安泰).
안정(安靖). 태평무사.

安堵(안도 āndǔ) ① 자기 있는 곳에서 편안히 삶음. ② 마음을 놓음. 안심함.

安排(안배 ānpái) ① 알맞게 배치하거나 벌림. 적당히 처리함. 안배. ② 있는 그대로 만족함.

安分(안분 ānfèn) 현재의 자기의 분수를 지킴.

安貧樂道(안빈낙도 ānpínlèdào) 몹시 곤궁하게 살면서도 평안한 마음으로 천도(天道)를 지킴.

安養(안양 ānyǎng)《佛》마음을 편안하게 지니고 몸을 쉬게 함.

安慰(안위 ānwèi) 신심을 평안하게 하여 마음을 위로함. 위안(慰安).

安逸(안일 ānyì) 편하고 한가함. 편하게 즐김. 편하게 놀고 지냄. 안일(安佚).

安靜(안정 ānjìng) 정신과 마음이 고요하고 편안함.

安定(안정 āndìng) ① 안전하게 자리 잡음. 편안히 좌정함. ② 송대(宋代) 호원(胡瑗)의 칭호.

安著(안착 ānzhuó) 아무 탈 없이 도착함. 안착(安着).

▶ 公安(공안)·交通安全(교통안전)·國泰民安(국태민안)·問安(문안)·未安(미안)·輔國安民(보국안민)·保安燈(보안등)·奉安(봉안)·不安定(불안정)·慰安(위안)·長安(장안)·坐不安席(좌불안석)·治安(치안)·便安(편안)·平安(평안).

寫 베낄 사 (3/6)

【寫(宀부12획)의 약자】

宋 성(姓) 송: (4/7)

sòng / ソウ

① 송나라 송(國名). ② 성 송(姓).

完 완전할 완 (4/7)

完完完完完完完

音 wán 訓 カン, まったい
뜻 perfect

① 완전할 완(全). ② 끝날 완(事畢).
③ 지킬 완(保全). ④ 꾸밀 완(繕). ⑤
지을 완(作). ⑥ 튼튼할 완(堅好).

書體 小篆 小篆 草書 中學 形聲

完璧(완벽 wánbì) 빌렸던 물건을 온 전히 돌려보냄.《故》전국시대(戰國時代) 조(趙)의 관상여(藺相如)가 구슬[璧]을 가지고 진(秦)에 사신으로 갔다가 그 구슬을 빼앗기지 않고 무사히 갖고 돌아왔다 함.《轉》흠없는 구슬. 사물의 완전함.
完遂(완수 wánsuí) 뜻한 바를 완전히 이룸.
完熟(완숙 wánshú) 완전히 익음. 속속들이 익음. 무르익음.
完譯(완역 wányì) 완전하게 번역함. 죄다 번역함. 또는 그것. ↔초역(抄譯).
完然(완연 wánrán) 완전한 모양.
完全無缺(완전무결 wánquánwúquē) 부족이나 결점이 없고 충분함. 완전무흠(完全無欠).

▶ 未完(미완)·未完成(미완성)·補完(보완)·不完全(불완전).

宏 클 굉

音 hóng 訓 コウ, ひろい 뜻 vast

① 넓을 굉(廣大). ② 클 굉(博大). ③ 넓힐 굉(恢宏).
宏大(굉대 hóngdà) 굉장히 큼.
宏壯(굉장 hóngzhuàng) 넓거나 규모가 커서 으리으리함. 크고 훌륭함.
宏闊(굉활 hóngkuò) 큼직하고 시원스럽게 넓음.

宗 마루 종

宗宗宗宗宗宗宗宗

音 zōng 訓 ソウ, シュウ, もと
뜻 root, family

① 밑둥 종, 밑 종(本). ② 높을 종(尊).
③ 일가 종, 겨레 종(同姓). ④ 종묘 종(宗廟). ⑤ 교파 종(敎派). ⑥ 학파 종(學派). ⑦ 우러러 받들 종(奉). ⑧ 조회불 종(朝見).

書體 小篆 草書 中學 會意

宗家(종가 zōngjiā) 한 문중의 본가. 큰집.
宗敎(종교 zōngjiào)《宗》무한·절대의 초인간적인 신불(神佛)을 숭배하고 신앙하여, 이로 말미암아 선악을 권계(勸戒)하고 위안(慰安)·안심입명(安心立命)·행복(幸福)을 얻고자 하는 길. 고래(古來)로 그 교리·의식 등의 차이에 따라 불교·기독교·마호메트교의 3대종교 등 여러 종교가 있음.
宗嗣(종사 zōngsì) 종가 계통의 후손.
宗山(종산 zōngshān) ① 종중(宗中)의 산. ② 묏자리의 혈(穴)에서 가깝고 높은 용의 봉우리.
宗孫(종손 zōngsūn) 종가의 맏손자.
宗氏(종씨 zōngshì) 같은 성으로서 촌수를 따지지 아니하는 겨레에 대한 호칭.
宗族(종족 zōngzú) ① 부(父)의 일족. ② 일가. 일문. 친족. 친척(宗戚). 종류(宗類). ③ 동종의 족속.
宗旨(종지 zōngzhǐ) ① 주요한 뜻. 주지(主旨). ②《佛》㉠ 그 종문의 취지. 종문의 교의. ㉡ 종파(宗派).
宗親(종친 zōngqīn) ① 임금의 친족. 친족. ② 친속. ③ 동모형제.
宗會(종회 zōnghuì) 한 문중의 모임.

▶ 改宗(개종)·敎宗(교종)·軍宗(군종)·禪宗(선종)·正宗(정종)·曹溪宗(조계종).

官 벼슬 관

官官官官官官官官

音 guān, guǎn 日 カン, つかさ
영 government post

① 벼슬 관(職).「관직(官職)」. ② 관가 관, 마을 관(朝廷治事處). ③ 부릴 관(使). ④ 공변될 관(公). ⑤ 일 관(事). ⑥ 맡을 관(司).

書體 小篆 宮 草書 官 中學 會意

官界(관계 guānjiè) 관리의 사회.
官權(관권 guānquán) ① 정부가 행할 권한. ② 관청의 권력.
官紀肅清(관기숙청 guānjìsùqīng) 해이된 관기(官紀)를 깨끗이 하고 엄하게 함.
官能(관능 guānnéng) ① 관리의 재능. ② 재능이 있는 이를 벼슬에 맡김. ③《生》생물이 가지고 있는 생리상의 능력. 오관의 작용(시각·청각·후각·미각·촉각 등의 감각 기관의 기능).
官選(관선 guānxuǎn)《法》관청에서 뽑음. ↔ 민선(民選).
官需(관수 guānxū) 관청의 수요. ↔ 민수(民需).
官印(관인 guānyìn) ① 정부의 인장(印章). ② 관리가 관청에서 쓰는 공식의 인장(印章). 공인(公印). ↔ 사인(私印).

▶ 警官(경관)·高官大爵(고관대작)·敎官(교관)·器官(기관)·武官(무관)·法官(법관)·輔佐官(보좌관)·秘書官(비서관)·史官(사관)·士官(사관)·士官學校(사관학교)·上官(상관)·譯官(역관)·領官(영관)·爲人設官(위인설관)·任官(임관)·將官(장관)·前官(전관)·貪官汚吏(탐관오리)·宦官(환관).

宙 집 주:

宙宙宙宙宙宙宙宙
音 zhòu 日 チュウ, あめ, そら
영 heaven, sky

① 집 주(居). ② 하늘 주(天).「우주(宇宙)」. ③ 때 주(無限時間).

書體 小篆 宙 草書 宙 中學 形聲

▶ 大宇宙(대우주)·小宇宙(소우주)·宇宙(우주)·宇宙戰(우주전).

定 정할 정:

定定定定定定定定
音 dìng 日 テイ, ジョウ, さだめる
영 decide, fix

① 정할 정(決). ② 바를 정(正). ③ 편안할 정(安). ④ 고요할 정(靜). ⑤ 그칠 정(止). ⑥ 이마 정(額). ⑦ 익은 고기 정(羹定熟肉). ⑧ 별 이름 정(宿名).

書體 小篆 定 草書 定 中學 形聲

定款(정관 dìngkuǎn)《法》사단법인(社團法人)의 조직 및 업무집행에 관한 근본 규칙.
定道(정도 dìngdào) 자연으로 작정된 도리(道理). 일정하여져 있어서 바꿀 수 없는 도리.
定足數(정족수 dìngzúshù)《法》의사의 결의에 있어 필요하다고 규정(規定)된 의원의 출석수.
定著(정착 dìngzhuó) ① 달라붙어 떠나지 않음. ② 사진 필름을 현상하여 감광판의 감광력을 없애 버림. ③ 일정한 곳에 자리 잡아 정주(定住)함. 정착(定着).
定礎(정초 dìngchǔ) 주춧돌을 놓음.

▶ 假定(가정)·鑑定(감정)·改定(개정)·檢定(검정)·決定(결정)·固定(고정)·選定(선정)·安定(안정)·豫定(예정)·議定(의정)·認定(인정)·暫定(잠정)·裁定(재정)·制定(제정)·坐定(좌정)·指定(지정)·策定(책정)·推定(추정)·測定(측정)·特定(특정)·判定(판정)·平定(평정)·限定(한정)·協定(협정)·確定(확정)·劃定(획정).

宛 완연할 완

1. 🔊 wǎn 🇯🇵 エン, あたかも
   🇬🇧 indistinct
2. 🔊 yuān

1 ① 어슴푸레할 완(宛然). ② 지정할 완(指定處). ③ 언덕 위 언덕 완(丘上有丘). ④ 작을 완(小). ⑤ 여전할 완(依然). **2** 서쪽 나라 이름 원(西域國名, 大宛). **3** 쌓일 울(積).

宛然(완연 wǎnrán) ① 마치. 흡사. 서로 비슷함. ② 교묘하게 사람을 피함.

宜 마땅 의

宜宜宜宜宜宜宜宜

🔊 yí 🇯🇵 ギ, よろしい 🇬🇧 suitable

① 옳을 의(所安適事). ② 마땅할 의(當). ③ 유순할 의(和順). ④ 일할 의(事). ⑤ 제 이름 의(祭名). ⑥ 좋아할 의(好).

書體 小篆 宜 小篆 宜 草書 宜 (高校) 形聲

宜家(의가 yíjiā) 한 가정을 화목케 함.
宜當(의당 yídāng) 마땅히 그러함.
宜乎(의호 yíhū) 당연한 모양. 마땅한 모양.

▶ 機宜(기의)·時宜(시의)·適宜(적의)·便宜(편의).

宝 보배 보:

【寶(宀부17획)의 약자】

実 열매 실

【實(宀부11획)의 약자】

客 손/손님 객

客客客客客客客客客

🔊 kè 🇯🇵 キャク, きゃく, まらうど
🇬🇧 guest

① 손 객(賓也主之對). ② 부칠 객(寄). ③ 나그네 객(客于他鄕). ④ 지날 객(過去). ⑤ 사람 객(人).

書體 小篆 客 草書 客 (中學) 形聲

客車(① 객거 ② 객차 kèchē) ① 빈객이 타는 수레. ② 여객이 타는 열차. 여객열차. ↔화차(貨車).
客苦(객고 kèkǔ) 객지에서 당하는 고생. 나그네로서의 고생.
客觀(객관 kèguān) 《哲》영어 object의 역. 자기 이외의 모든 것. 자기의 식의 목적물 또는 대상이 되는 일체의 현상. ↔주관(主觀).
客氣(객기 kèqì) 쓸데없는 혈기. 혈기에서 나온 용기.
客談(객담 kètán) 그 일에 직접 필요없는 이야기.
客死(객사 kèsǐ) 타향에서 죽음. 여행지에서 죽음.
客舍(객사 kèshè) ① 객지의 숙소. 여관. 여사. 객관. ②《制》조선 때 지방관아의 하나로 각 고을마다 둠. 궐패(闕牌)를 모시어 두고 초하루와 보름에 전 관리가 식을 올렸고 임금의 명을 받아 지방에 내려오는 벼슬아치를 접대함. 구조는 정전·중문·외문·낭무(廊廡) 등이며 현존하는 것 중에 강릉과 성천(成川)의 것은 건축상 유명함.
客席(객석 kèxí) 손님이 앉는 자리.
客說(객설 kèshuō) 객적은 말. 군소리.
客主(객주 kèzhǔ) 《國》조선 때 일종의 상업기관(商業機關). 상품이 집산(集散)하는 서울에서 도매업(都賣業)·창고업(倉庫業)·위탁판매업(委託販賣業)을 하였으며, 또는 상품의 운송(運送)을 맡고 지방 하주(荷主)를 위해 여관업(旅館業)·금융업(金融業)까지도 대행함. 대상(對象)이 되는 상품은 주로 곡류(穀類)·담배·우피(牛皮)·어류 등이며 독점적(獨占的) 경향(傾向)을 가졌고 개국 후에는 외국무역을 담당함.

客地(객지) kèdì 제 집을 떠나 임시로 가 있는 곳.

客車(객차) kèchē 손님을 태우는 수레.

▶ 歌客(가객)·劍客(검객)·顧客(고객)·過客(과객)·觀客(관객)·來客(내객)·物商客主(물상객주)·訪問客(방문객)·賓客(빈객)·乘客(승객)·食客(식객)·旅客(여객)·刺客(자객)·接客業所(접객업소)·弔客(조객)·主客(주객)·酒客(주객)·珍客(진객)·逐客(축객)·醉客(취객)·賀客(하객)·俠客(협객)·豪客(호객)·黃泉客(황천객).

宣 베풀 선

宣宣宣宣宣宣宣宣宣

🇨 xuān 🇯 セン、のべる
🇬 proclaim

① 베풀 선(布). ② 펼 선(弘). ③ 밝힐 선(明). ④ 흩을 선(散). ⑤ 통할 선(通). ⑥ 보일 선(示). ⑦ 다할 선(盡). ⑧ 일찍 셀 선(宣髮早白). ⑨ 임금이 스스로 말할 선.【瑄과 같음】

書體 小篆 圎 草書 宣 高校 形聲

宣撫工作(선무공작) xuānfǔgōngzuò 지방의 점령지의 대중에게 국가 또는 본국의 정책을 이해(理解)시키며 민심(民心)을 안정(安定)시키는 활동.

宣誓(선서) xuānshì 맹서(盟誓)를 세워 말함. 성실함을 확실히 보증하기 위하여 맹세함.

宣揚(선양) xuānyáng 널리 떨치게 함. 선동(宣騰). 현양(顯揚).

宣戰(선전) xuānzhàn 상대국에 대하여 전쟁을 개시한다는 일방적인 의사 표시를 국내외에 널리 선포함. 선전포고.

宣傳(선전) xuānchuán ① 백성에게 명령을 전하는 것. ② 영어의 propaganda의 역. 어떤 사물이나 사상·주의 등을 많은 사람에게 퍼뜨려 설명해서 이해와 공명을 구함.

宣布(선포) xuānbù 세상에 널리 펴 알림. 공포(公布).

▶ 良心宣言(양심선언)·自己宣傳(자기선전)·爆彈宣言(폭탄선언)·畫宣紙(화선지)·黑色宣傳(흑색선전).

室 방/집 실

室室室室室室室室室

🇨 shì 🇯 シツ、へや 🇬 room

① 집 실(家宮). ② 방 실(房). ③ 아내 실(夫謂婦). ④ 묘의 구멍 실(墓穴). ⑤ 칼집 실(鞘). ⑥ 토굴 실(土窟).「석실(石室), 빙실(冰室)」

書體 小篆 圎 草書 家 中學 會意

室人(실인) shìrén ① 주인. ② 처첩의 통칭. ③ 남편의 자매와 제사(娣姒). ④ 가인(家人). ⑤ 송(宋)나라 부인의 봉증(封贈). 후에 의인(宜人)이라고 고침.

▶ 嫡室(적실)·前室(전실)·正室(정실)·特室(특실)·後室(후실).

宥 너그러울 유

🇨 yòu 🇯 ユウ、なだめる
🇬 lenient

① 너그러울 유(許容). ② 죄사할 유(赦罪). ③ 도울 유(助).

宥恕減刑(유서감형) yòushùjiǎnxíng 범죄 성립의 요건은 갖춰 있으나 정상을 참작하여 형량을 감하여 주는 감형의 하나.
宥和(유화 yòuhé) 너그러운 태도로 사이좋게 지냄. 유화 정책.

宦 벼슬 환:

⁶⁄₉

音 huàn 日 カン, つかさ
英 government post

① 벼슬 환(官). ② 부릴 환(仕). ③ 내관 환(奄人). ④ 배울 환(學).

宦官(환관 huànguān) ① 궁중시봉(宮中侍奉)의 벼슬. ② 사환(仕宦)의 통칭.

宮 집/궁궐 궁

⁷⁄₁₀

宮宮宮宮宮宮宮宮宮宮

音 gōng 日 キュウ, グウ, みや
英 palace

① 집 궁(宮). ② 궁궐 궁(至尊所居). ③ 종묘 궁(宗廟). ④ 음 소리 궁(五音律之中聲). ⑤ 불알 썩힐 궁(腐刑). ⑥ 담 궁(坦).

書體 小篆 宮 草書 宮 (高校) 會意

宮商角徵羽(궁상각치우 gōngshāngjiǎozhēngyǔ) 음악 오음(五音)의 명칭. 오성(五聲). 군·신·민·사·물(君·臣·民·事·物)로 나눔.

宮合(궁합 gōnghé) 혼인할 신랑, 신부의 사주를 오행(五行)에 맞추어 보아서 길흉을 점치는 방술(方術).

▶ 古宮(고궁)·九重宮闕(구중궁궐)·迷宮(미궁)·嬪宮(빈궁)·尚宮(상궁)·神宮(신궁)·王宮(왕궁)·龍宮(용궁)·月宮(월궁)·離宮(이궁)·子宮(자궁)·寂滅寶宮(적멸보궁)·行宮(행궁)·皇宮(황궁)·後宮(후궁).

宰 재상 재:

⁷⁄₁₀

宰宰宰宰宰宰宰宰宰宰

音 zǎi 日 サイ, つかさ
英 minister

① 주관할 재(主). ② 다스릴 재(治). ③ 재상 재(大臣). ④ 으뜸 재(首). ⑤ 잡을 재(屠). ⑥ 삶을 재(烹).

書體 小篆 宰 小篆 宰 草書 宰 (高校) 會意

宰相(재상 zǎixiàng) ① 임금을 돕고 백료(百僚)를 지휘 감독하는 최고의 관직(官職). 주공(周公)이 몽충재(冢冢宰)가 되어 성왕(成王)을 도운 데서 이름. ② 당대(唐代)의 어사(御史). ③ 수상(首相).

▶ 主宰(주재).

害 해할 해:

⁷⁄₁₀

害害害害害害害害害害

音 hài 日 ガイ, そこなう 英 harm

1 ① 해할 해(傷也, 禍). ② 방해할 해(妨). ③ 시기할 해(忌). ④ 죽일 해(殺)
2 어찌 할(何). 【曷과 통함】

書體 小篆 害 草書 害 (中學) 形聲

害毒(해독 hàidú) ① 선량한 것을 언짢게 함. ② 해치고 독을 끼침. ③ 해와 독. 해악(害惡). 악사(惡事). 악학(惡虐).

害惡(해악 hài'è) 해가 되는 나쁜 일.

害蟲(해충 hàichóng) 사람이나 농작물에 대하여 해를 끼치는 벌레의 총칭. ↔ 익충(益蟲).

害虐(해학 hài'nüè) 해를 끼치고 학대함.

▶ 加害(가해)·公害(공해)·冷害(냉해)·毒害(독해)·迫害(박해)·妨害(방해)·病蟲害(병충해)·殺害(살해)·傷害(상해)·損害(손해)·水害(수해)·弑害(시해)·危害(위해)·有害(유해)·陰害(음해)·利害(이해)·自然災害(자연재해)·自害(자해)·障害(장해)·災害(재해)·沮害(저해)·侵害(침해)·弊害(폐해)·風水害(풍수해)·被侵害(피침해)·被害(피해)·旱害(한해).

宴 잔치 연:

宴宴宴宴宴宴宴宴宴宴

음 yàn 일 エン, さかもり 영 banquet

① 잔치 연(饗). ② 즐길 연(樂). ③ 편안할 연(安).

書體 小篆 宴 草書 宴 (高校) 形聲

宴席(연석 yànxí) 연회를 베푸는 자리.
宴會(연회 yànhuì) 주연(酒宴). 축하·위로·환영·석별(惜別) 따위를 위하여 여러 사람이 모여 베푸는 잔치.

▶酒宴(주연)·祝賀宴(축하연)·披露宴(피로연)·饗宴(향연).

宵 밤[夜] 소

음 xiāo 일 ショウ, よい, よる
영 night

① 밤 소(夜). ② 작을 소(小). ③ 벌레 이름 소(蟲名宵行).

宵明(소명 xiāomíng) ① 밤이 밝은 것. ②《植》밤에 빛을 낸다는 풀.
宵行(소행 xiāoxíng) ① 야행(夜行). 밤길을 걸음. ② 개똥벌레의 이명. 소촉(宵燭).

家 집 가

家家家家家家家家家家

음 jiā 일 カ, ケ, いえ, や
영 house, home

① 집 가(住居). ② 가문 가, 일족 가(一族). ③ 남편 가(婦謂大夫君). ④ 속 가(內家). ⑤ 용한 이 가(有專長者) ⑥ 학파 가(學派).

書體 小篆 家 草書 家 (中學) 會意

家豚(가돈 jiātún) 남에게 대하여 자기의 아들을 일컫는 말. 자기의 미련한 아들이라는 뜻.
家譜(가보 jiāpǔ) ① 한 집안의 계보. ② 한 집안의 족보.
家寶(가보 jiābǎo) ① 대대로 전하여 내려오는 집안의 보물. ② 한 집안의 보배.
家率(가솔 jiāshuài) 집안의 권속(眷屬).
家乘(가승 jiāchéng) 한 집안의 역사. 한 집안의 기록. 가사(家史). 가계보(家系譜). 가보(家譜).
家兒(가아 jiā'ér) 남에게 대하여 자기의 아들을 일컫는 말. 가돈(家豚). 돈아(豚兒). 미돈(迷豚). 미식(迷息). 미아(迷兒).
家人(가인 jiārén) ① 집안의 사람. 처자권속. 가족. ② 하복(下僕). 하인. 노예. ③ 국민. 서민. ④ 역(易)의 64괘의 하나. 이하손상(離下巽上). 가내외중정(家內外中正)의 상태.
家傳(가전 jiāchuán) ① 그 집에 대대로 전하는 것. ② 가사(家史). 가승(家乘). 한 집안의 전기(傳記).
家親(가친 jiāqīn) 남에게 대하여 자기 아버지를 일컫는 말.
家風(가풍 jiāfēng) 한 집안의 규율과 풍습. 각 가정의 특유한 생활 형식. 가례(家例). 가속(家俗).
家訓(가훈 jiāxùn) 가정의 교훈. 선조의 유훈. 가계(家戒). 가계(家誡). 정훈(庭訓).

▶國家(국가)·歸家(귀가)·農家(농가)·無斷家出(무단가출)·百家爭鳴(백가쟁명)·本家(본가)·喪家(상가)·俗家(속가)·媤家(시가)·安家(안가)·離散家族(이산가족)·自家撞着(자가당착)·作家(작가)·傳家(전가)·宗家(종가)·妻家(처가)·親家(친가)·敗家亡身(패가망신)·核家族(핵가족).

容 얼굴 용

容容容容容容容容容容

容 ráng 日 ヨウ, かたち 영 figure
① 얼굴 용(貌). ② 모양 용(儀). ③ 쌀 용(包). ④ 놓을 용(置). ⑤ 용납할 용(受). ⑥ 용서할 용(宥). ⑦ 쓸 용(用). ⑧ 내용 용(內容). ⑨ 안존할 용(安). ⑩ 펄렁거릴 용(飛揚貌). ⑪ 천천할 용(從). ⑫ 조사 용(助辭).

書體 小篆 容 小篆 容 古文 宮 草書 客 中學 形聲

容共(용공 rónggòng) 공산주의 또는 그 정책을 용인하는 일.
容恕(용서 róngshù) ① 놓아 줌. ② 죄를 면하여 줌. ③ 꾸짖지 아니함. 용사(容赦). 용대(容貸).
容疑者(용의자 róngyízhě) 범죄의 혐의를 받고 있는 사람. 피의자(被疑者).
容忍(용인 róngrěn) 용서해 주고 참음. 관용(寬容)·인내(忍耐)의 뜻.
容態(용태 róngtài) 얼굴 모양과 몸맵시. 용모와 태도.

▶ 寬容(관용)·內容(내용)·美容(미용)·變容(변용)·受容(수용)·收容(수용)·威容(위용)·理容(이용)·認容(인용)·陣容(진용)·處容舞(처용무)·捕虜收容所(포로수용소)·包容(포용)·許容(허용)·形容(형용).

宿 잘 숙
별자리 수

宿 宿 宿 宿 宿 宿 宿 宿 宿

1 음 sù 일 シュク, やどる 영 lodge
2 음 xiŭ, xiù

1 ① 잘 숙(夜止). ② 드샐 숙(夜止). ③ 지킬 숙(守). ④ 여숙 숙(旅宿). ⑤ 쉴 숙(休). ⑥ 머무를 숙(留). ⑦ 본디 숙(素). ⑧ 클 숙(大). 2 ① 떼별 수(列星). ② 성좌 수(星座).

書體 小篆 宿 草書 宿 中學 會意

宿命(숙명 sùmìng) ① 날 때부터 정해진 운명. 선천적으로 타고 난 운명. 숙운(宿運). ②《佛》 과거의 인연에 의한 운명.
宿泊(숙박 sùbó) 여관이나 어떤 곳에서 잠을 자고 머무름.
宿舍(숙사 sùshè) 숙박하는 집. 여관.
宿願(숙원 sùyuàn) 오래 전부터의 소망.
宿敵(숙적 sùdí) 오래된 적.
宿直(숙직 sùzhí) 직장에서 잠을 자며 지키는 일. 또는 그 사람.
宿醉(숙취 sùzuì) 이튿날까지 깨지 않고 취함. 숙성(宿醒).
宿弊(숙폐 sùbì) 오래 된 폐해. 이전부터의 폐단.
宿患(숙환 sùhuàn) =숙아(宿痾).

▶ 寄宿舍(기숙사)·露宿(노숙)·星宿(성수)·快宿(앙숙)·野宿(야숙)·旅宿(여숙)·留宿(유숙)·日宿直(일숙직)·投宿(투숙)·下宿(하숙)·合宿(합숙).

寂 고요할 적

寂 寂 寂 寂 寂 寂 寂 寂 寂

음 jì 일 セキ, ジャク, しずか
영 desolate

① 고요할 적(靜也, 安). ② 쓸쓸할 적(廖). ③ 적막할 적(寂寞).

書體 小篆 寂 或體 誅 草書 宮 高校 形聲

寂寞(적막 jìmò) 고요하고 쓸쓸함. 적막(寂莫). 적막(寂漠). 적요(寂寥). 적막(寂寞).
寂滅(적멸 jìmiè) ① 사라져 없어짐. ②《佛》 ㉠ 번뇌의 경지를 떠남. ㉡ 죽음. 열반(涅槃). 범어(梵語)의 의역(意譯).
寂寂(적적 jìjì) 외롭고 쓸쓸함. 적연(寂然).
寂靜(적정 jìjìng) ① 쓸쓸하고 고요함. ② 몸과 마음이 흔들리지 않고 아주 고요함. ③《佛》 번뇌를 떠나 고(苦)

를 멸한 해탈. 열반(涅槃)의 경지.

▶ 孤寂(고적)·涅槃寂靜(열반적정)·鬱寂(울적)·入寂(입적)·潛寂(잠적)·靜寂(정적)·破寂(파적)·閑寂(한적).

冤 원통할 원(:)

⊕ 8 ⑪

闾 yuān 일 エン, うらみ 영 grudge

① 원통할 원(怨). ② 굽힐 원(屈). ③ 죄 없을 원(無罪). 【寃과 같음】

寄 부칠/기여할 기

⊕ 8 ⑪

寄寄寄寄寄寄寄寄寄寄

闾 jì 일 キ, よる 영 request, rely

① 붙어 있을 기(寓). ② 부칠 기(送). ③ 줄 기(與). ④ 맡길 기(付托). ⑤ 전할 기(傳). ⑥ 방게 기(小蟹). ⑦ 부탁할 기(請寄猶囑托). ⑧ 향할 기(向). ⑨ 기울어질 기(傾). ⑩ 모을 기(集).

書體 小篆 寄 草書 寄 高校 形聲

寄稿(기고 jìgǎo) 원고(原稿)를 신문사(新聞社)나 잡지사(雜誌社) 같은 데에 보냄. 투고(投稿). 기서(寄書).
寄骨(기골 jígǔ) 평범하지 않은 특이한 골상(骨相)이나 성품.
寄生(기생 jìshēng) ① 남에게 붙어삶. 《生》다른 동식물의 체표(體表)나 체내에 부착하여 영양을 섭취하며 생활하는 일.
寄與(기여 jìyǔ) ① 부치어 줌. 보내줌. 증여. ② 이바지함. 공헌.
寄贈(기증 jìzèng) 선사하는 물품을 보내 줌. 증정.
寄託(기탁 jìtuō) ① 부탁하여 맡겨 둠. 위탁. ② 몸을 맡김. 의지함. ③ 말 밖에 깊은 뜻을 품음. 풍자함. ④《法》당사자의 일방이 상대방에게 받은 것을 보관하는 계약. 신민법에 임치(任置)라고 함.

寄航(기항 jìháng) 항해중의 배가 항구에 들름. 기항(寄港).

寅 범[虎]/동방 인

⊕ 8 ⑪

寅寅寅寅寅寅寅寅寅寅

1 闾 yín 일 イン, つつしむ 영 respect
2 일 イン, とら 영 tiger

1 ① 공경할 인(敬). ② 셋째 지지(地支) 인(十二支中第三位). ③ 동북 인(東北) 〈정확히는 東北東〉. ④ 범 인(虎). ⑤ 동관 인(同官). 2 이. 뜻은 1 과 같음.

書體 小篆 寅 古文 寅 草書 寅 中學 象形

寅亮(인량 yínliàng) 삼가 밝힘. 삼가 정성을 다함. 경신(敬信).
寅方(인방 yínfāng) 24방위(方位)의 하나. 동북동(東北東).
寅時(인시 yínshí) ① 자시(子時)부터 셋째 시. ② 12시의 셋째 시.
寅誼(인의 yínyì) 동료간의 정의.
寅坐(인좌 yínzuò) 인방(寅方:동북동(東北東))을 등진 묏자리나 집터 따위의 자리.

▶ 丙寅(병인)·丙寅洋擾(병인양요).

密 빽빽할 밀

⊕ 8 ⑪

密密密密密密密密密密

闾 mì 일 ミツ, しげる, ひそか 영 thick, secrecy

① 빽빽할 밀(稠). ② 가만할 밀(秘). ③ 깊을 밀(深). ④ 촘촘할 밀.「면밀(綿密), 주밀(周密)」. ⑤ 매우 가까울 밀(切近). ⑥ 차근차근할 밀(緻密). ⑦ 조용할 밀(靜). ⑧ 잘 밀(細). 【宓과 같음】

密 (밀)

書體: 小篆 密, 草書 密 (中學) 形聲

密偵(밀정 mìzhēn) 비밀로 탐정함. 또는 그 사람.

密旨(밀지 mìzhǐ) 비밀의 명령. 또는 칙지(勅旨). 밀지(密指). 밀의(密意).

密緻(밀치 mìzhì) ① 자상하고 꼼꼼함. ② 썩 곱고 빽빽함. 치밀(緻密).

密行(밀행 mìxíng) ① 비밀히 다님. ② 비밀히 어떤 곳에 감. ③ 수상한 사람의 뒤를 몰래 따라감. ④《佛》오로지 불도(佛道)의 수행에만 힘쓰는 일.

密會(밀회 mìhuì,kuài) ① 비밀히 모임. ② 남녀가 비밀히 만남. ③ 심중에 깊이 서로 통함.

▶高精密度(고정밀도)·過密(과밀)·機密(기밀)·緊密(긴밀)·內密(내밀)·綿密(면밀)·秘密(비밀)·細密(세밀)·嚴密(엄밀)·奧密稠密(오밀조밀)·隱密(은밀)·精密(정밀)·稠密(조밀)·周到綿密(주도면밀)·周密(주밀)·緻密(치밀).

寇 도적 구

⼋ ⼗⼀

음 kòu 일 コウ, かすめとる 영 seizure

① 떼도둑 구(群賊). ② 사나울 구(暴). ③ 겁탈할 구(劫取). ④ 원수 구(讐). ⑤ 해칠 구(害). 【寇는 속자】

寇亂(구란 kòuluàn) 외구와 내란. 적.

寇掠(구략 kòulüè) 외국에 쳐들어가 재물 등을 빼앗아 감. 구양(寇攘). 구투(寇偸). 구략(寇略).

寇竊(구절 kòuqiè) 노략질. 떼를 지어 재물을 약탈함. 또는 약탈하는 자. 구도(寇盜).

▶倭寇(왜구).

富 부자 부:

⼇ ⼗⼆

富富富富富富富富富富

음 fù 일 フウ, フ, とむ 영 rich

① 많을 부(豊). ② 넉넉할 부(裕). ③ 충실할 부(滿足). ④ 부자 부(豊財). ⑤ 어릴 부(年幼).【富로도 씀】

書體: 小篆 富, 草書 富 (中學) 形聲

富强(부강 fùqiáng) 부하고 강함. 나라가 부하고 강함.

富國(부국 fùguó) ① 재물이 풍부한 나라. 부유한 나라. ② 나라를 부요하게 만듦.

富貴(부귀 fùguì) 재산이 많고 지위가 높음.

富益富(부익부 fùyìfù) ① 부(富)가 부(富)를 더 쉽게 증식하게 함. ② 부자가 더욱 부자가 됨. ↔ 빈익빈(貧益貧).

富豪(부호 fùháo) 재산이 많고 권세가 있는 사람.

▶甲富(갑부)·巨富(거부)·國富(국부)·貧富貴賤(빈부귀천)·猝富(졸부)·致富(치부)·豊富(풍부)·豪富(호부).

寐 잘 매:

⼇ ⼗⼆

음 mèi 일 ビ, ねむる 영 sleep

① 잠잘 매(寢). ② 쉴 매(息).

寐語(매어 mèiyǔ) 잠꼬대. 예어(囈語).

▶夢寐(몽매).

寒 찰 한

⼇ ⼗⼆

寒寒寒寒寒寒寒寒寒

음 hán 일 カン, さむい 영 cold

① 추울 한(暑之對). ② 찰 한(冷). ③ 떨릴 한(戰慄).「심한(心寒), 담한(膽寒)」. ④ 뼈에 사무칠 한. ⑤ 쓸쓸할 한. ⑥ 가난할 한(窮窘). ⑦ 추워서 얼 한.

「기한(飢寒)」. ⑧ 그만 둘 **한**(歇). ⑨ 겨울 **한**(冬).

[書體] 小篆 草書 [中學] 會意

寒家(한가 hánjiā) ① 가난한 집. 빈가(貧家). ② 가난한 집안. 한문(寒門).

寒菊(한국 hánjú) 겨울에 피는 국화(菊花).

寒暖(한란 hánnuǎn) 추움과 따뜻함. 한기와 난기.

寒冷(한랭 hánlěng) 춥고 참.

寒冷前線(한랭전선 hánlěngqiánxiàn) 기상학상의 불연속선의 하나로 한·냉온도가 같은 지점을 연결한 선.

寒凉(한량 hánliáng) 기운이 없고 얼굴이 파리함.

寒露(한로 hánlù) ① 이십사절기의 하나. 추분과 상강 사이에 있는 절기로 양력 10월 8·9일 경이 됨. ② 찬 이슬.

寒流(한류 hánliú) ① 겨울 냇물. 찬 냇물. ② 온도가 비교적 낮은 해류. 양극에서 나와 대륙을 연해서 적도를 향해 흐름이 보통임. ③ 가난하고 천한 사람. 한토(寒土).

寒暑(한서 hánshǔ) ① 추위와 더위. ② 겨울과 여름.

寒食(한식 hánshí) 명절 이름. 동지(冬至)로부터 105일 째 되는 날. 4월 5·6일 쯤임. 이 날 나라에서는 종묘(宗廟)와 각 능원에 제향(祭享)을 지내고 민간에서도 성묘(省墓)를 함.

寒心(한심 hánxīn) ① 몹시 두려워 몸이 떨림. 전율(戰慄). ② 기가 막힘.

寒天(한천 hántiān) ① 추운 하늘. 겨울 하늘. ② 우무. 우뭇가사리의 점장(粘漿)을 동결(凍結)·건조한 젤라틴 투명막. 여름에 물에 식히어 식용 또는 공업으로 씀.

寒波(한파 hánbō) 기온(氣溫)이 갑자기 내려서 심한 한기(寒氣)가 오는 현상. ↔ 난파(暖波).

寒害(한해 hánhài) 겨울에 심한 추위로 말미암아 작물이 입는 해. →상해(霜害).

▶ 極寒(극한)·飢寒(기한)·防寒(방한)·北風寒雪(북풍한설)·貧寒(빈한)·嚴冬雪寒(엄동설한)·惡寒(오한)·避寒(피한)·酷寒(혹한).

宀 9 ⑫ **寓** 부칠[寄] **우:**

[중] yù [일] グウ, よる, やど
[영] lodging

① 부칠 **우**(寄). ② 살 **우**(居). ③ 부탁할 **우**(托). ④ 방자할 **우**.

寓話(우화 yùhuà) 우언(寓言). 교훈의 뜻을 품고 있는 비유의 이야기.

宀 10 ⑬ **寬** 너그러울 **관**

【寬(宀부12획)의 속자】

宀 10 ⑬ **寧** 편안/편안할 **녕**

【寧(宀부11획)의 속자】

宀 10 ⑬ **寢** 잘 **침:**

【寢(宀부11획)의 속자】

宀 11 ⑭ **寞** 고요할 **막**

[중] mò [일] バク, さびしい [영] solitary

① 쓸쓸할 **막**(寂寥). ② 고요할 **막**(無聲寂寞). ③ 잠잠할 **막**(靜).

寞寞(막막 mòmò) 쓸쓸하고 괴괴한 모양.

寞寞江山(막막강산 mòmòjiāngshān) 막막한 땅. 또는 그 곳.

寞寞窮山(막막궁산 mòmòqióngshān) 쓸쓸하고 깊숙한 높은 산.

▶ 寂寞(적막).

察 . 살필 찰
11획 / 14획

察察察察察察察察察察

음 chá 일 サツ, しらべる 영 watch

① 살필 **찰**(監). ② 알 **찰**(知). ③ 볼 **찰**(觀). ④ 밝힐 **찰**(明). ⑤ 환히 드러날 **찰**(昭著). ⑥ 깨끗할 **찰**(潔貌). ⑦ 편벽되게 볼 **찰**(偏見苛察). ⑧ 상고할 **찰**(考).

書體 小篆 察 草書 察 (中學) 形聲

察問(찰문 cháwèn) 잘 살펴서 조사함. 심문.
察色(찰색 chásè) ① 얼굴색을 보살핌. ② 얼굴색을 보아서 병을 진찰함.

▶ 監察(감찰)·檢察(검찰)·警察(경찰)·考察(고찰)·觀察(관찰)·秘密警察(비밀경찰)·査察(사찰)·詳察(상찰)·省察(성찰)·巡察(순찰)·親察(시찰)·偵察(정찰)·診察(진찰)·洞察(통찰)·賢察(현찰).

寡 적을/홀어미 과:
11획 / 14획

寡寡寡寡寡寡寡寡寡

음 guǎ 일 カ, すくない 영 few

① 적을 **과**(少). ② 드물 **과**(罕). ③ 과부 **과**(喪夫者皆曰寡). ④ 나 **과**(諸侯自稱).

書體 小篆 寡 草書 寡 (高校) 會意

寡默(과묵 guǎmò) 말이 적음. 말을 삼가서 적게 함. 과언(寡言).
寡聞(과문 guǎwén) 들은 바가 적음. 견문이 적음.
寡聞淺識(과문천식 guǎwénqiǎnshí) 견문이 적고 학식이 얕음.
寡不敵衆(과부적중 guǎbùdízhòng) 적은 것이 많은 것을 대적할 수 없음.

▶ 多寡(다과)·衆寡不敵(중과부적)·靑孀寡婦(청상과부).

寢 잘/잠잘 침:
11획 / 14획

寢寢寢寢寢寢寢寢寢

음 qǐn 일 シン, ねる 영 sleep

① 잘 **침**(臥). ② 쉴 **침**(息). ③ 방 **침**(堂室). ④ 정자각 **침**(陵寢). ⑤ 사당 **침**(祠堂). ⑥ 못 생길 **침**(醜貌).

書體 小篆 寢 草書 寢 (高校) 形聲

寢不安席(침불안석 qǐnbùānxí) 걱정이 많아서 평안히 자지 못함.
寢殿(침전 qǐndiàn) ① 임금의 침방(寢房)이 있는 집. ② 능 앞에 있는 정자형(丁字形)으로 지은 집. 그 안에서 제사를 지냄. 정자각(丁字閣). ③ =침묘(寢廟). ④ 정전(正殿).

▶ 同寢(동침)·不寢番(불침번)·就寢(취침).

寤 잠깰 오
11획 / 14획

寤寤寤寤寤寤寤寤寤

음 wù 일 ゴ, さめる 영 awake

① 잠깰 **오**(寐覺). ② 깨달을 **오**(覺).
【悟와 통함】
寤寐不忘(오매불망 wùmèibùwàng) 자나 깨나 항상 잊지 못함.
寤言(오언 wùyán) 잠꼬대. 헛소리.

實 열매 실
11획 / 14획

實實實實實實實實實實

음 shí 일 ジツ, みのる 영 real, fruit

① 열매 **실**(草木子). ② 넉넉할 **실**(富). ③ 찰 **실**(充滿). ④ 참스러울 **실**(誠). ⑤ 사실 **실**(事跡). ⑥ 물건 **실**(物品). ⑦ 실

상 **실**(名實). ⑧ 당할 **실**(當).

書體: 小篆 實, 草書 宲, 中學, 會意

實錄(실록 shílù) ① 사실을 있는 그대로 적은 기록. ②《歷》한 임금의 재위연간의 사실(史實)을 적은 사체(史體). 그 임금이 세상을 떠난 뒤에 실록청(實錄廳)을 두고 시정기(時政記)를 거두어 찬수(撰修)함. 조선실록은 5부를 작성. 원본은 서울에 두고 나머지는 오대산(五臺山) 등 다섯 곳에 각각 보관하였음.

實寫(실사 shíxiě) 실물·실경을 그리거나 적음. 또는 그림이나 사진.

實事求是(실사구시 shíshìqiúshì) 《哲》사실에 토대를 두고 진리·진상을 탐구하는 일. 공론(公論)만 일삼는 양명학(陽明學)에 대한 반동으로서 청조(淸朝)의 고증학파가 내세운 표어로, 문헌학적인 학문의 태도를 말함.

實狀(실상 shízhuàng) 실제의 형편.

實像(실상 shíxiàng) 발광체로부터 발사된 빛이 반사·굴절 따위에 의하여 어떤 물건에 집중하여 생기는 실제의 상. ↔허상(虛像).

實相(실상 shíxiàng) ① 실제의 모양. 또는 형편. 있는 그대로의 상황. 정체. 진상. ②《佛》이 세상의 자연계. 곧 생멸무상(生滅無常)의 상을 떠난 만유의 진상인 불변의 진리와 실재. 진여(眞如). 진체(眞諦).

實業(실업 shíyè) 농·공·상·광업 따위의 실지·실용·실리를 주로 하는 경제적·생산적 사업. 또는 업무.

實演(실연 shíyǎn) 실제로 연출함.

實在(실재 shízài) ① 실제로 존재함. ②《哲》주관을 떠나 객관적으로 존재함. 곧 우리의 인식·사유를 떠나 독립하여 존재하는 사물. ③ 장부상의 재고가 아닌 실사재고(實査在高).

實存(실존 shícún) 《哲》인간이 이 세상에서 자기의 존재에 관심을 가지면서, 그 존재이유를 자기 자신이 결정하여 나아갈 수 있다는 일.

實證(실증 shízhèng) ① 확실한 증거·증명. 확증. ② 사실에 의하여 증명함. 실험.

實踐躬行(실천궁행 shíjiàngōngxíng) 몸소 실제로 이행함.

實體(실체 shítǐ) ① 정체. 본체. 주체. ②《哲》생멸변화(生滅變化)하는 현상의 배후에 있는 영구히 변하지 않는 본체. 영원히 변하지 않는 본질적 존재.

實學(실학 shíxué) ① 실지로 소용(所用)되는 학문. 실천궁행(實踐躬行)의 학문. ②《歷》조선의 임진·병자의 두 난리 뒤에 국민적 자각과, 청(淸)나라를 통한 서양문물의 영향을 받아서 유교 이외의 실생활의 유익함을 목표로 실사구시와 이용후생(利用厚生)에 관하여 연구하던 학문.

▶ 健實(건실)·堅實(견실)·結實(결실)·果實(과실)·口實(구실)·勤實(근실)·旣定事實(기정사실)·內實(내실)·篤實(독실)·梅實(매실)·名實相符(명실상부)·不實施工(부실시공)·事實(사실)·史實(사실)·寫實(사실)·事實無根(사실무근)·誠實(성실)·信實(신실)·如實(여실)·有名無實(유명무실)·以實直告(이실직고)·自我實現(자아실현)·切實(절실)·情實(정실)·眞實(진실)·質實(질실)·着實(착실)·超現實(초현실)·充實(충실)·行實(행실)·虛實(허실)·現實(현실)·確實(확실).

寧 편안/편안할 **녕**

寧寧寧寧寧寧寧寧寧

①-⑥ níng ⑦⑧ nìng 木イ, やすい peaceful

① 편안할 **녕**(安). ② 차라리 **녕**(願詞). ③ 문안할 **녕**(省視). ④ 어찌 **녕**(何). ⑤ 거상할 **녕**(居喪丁寧). ⑥ 정녕 **녕**(諄復丁寧). ⑦ 저리할 **녕**(如何). ⑧ 땅 이름 **녕**(地名).

寧 편안/편안할 녕

書體: 小篆 寍 / 小篆 寧 / 草書 / (高校) / 形聲

寧居(영거 níngjū) ① 안심하고 편안히 삶. ② 마음 편하게 있음. 또는 그 곳. 영처(寧處).
寧息(영식 níngxī) ① 편안히 쉼. ② 평온하게 다스림.
寧日(영일 níngrì) 일이 없고 편안한 날. 평화로운 세월. 영세(寧歲).
寧處(영처 níngchù) 마음을 놓음. 자기가 있는 곳에서 평안히 삶음.

▶ 康寧(강녕)·保寧(보령)·安寧(안녕)·丁寧(정녕)·會寧(회령).

寧 편안/편안할 녕
(11/14)

【寧(前條)과 같음】

寨 목책(木柵) 채
(11/14)

зhài / サイ、とりで / fortress

① 나무우리 채(藩落木柵). ② 재 채(營壘). 【砦와 통함】

寨內(채내 zhàinèi) 성채(城砦)의 안.
寨外(채외 zhàiwài) 성채(城砦)의 밖.
寨主(채주 zhàizhǔ) 성채(城砦) 안의 장수(將帥).

審 살필 심(:)
(12/15)

shěn / シン、つまびらか / examine

① 살필 심(詳). ② 알아낼 심(鞫事). ③ 심문할 심.「심리(審理)」. ④ 묶을 심(束). ⑤ 참으로 심, 과연 심(然).

書體: 小篆 / 古文 / 草書 / (高校) / 會意

審決(심결 shěnjué) ① 조사하여 결정함. ②《法》심판에서의 심리의 결정.
審理(심리 shěnlǐ) 사실이나 조리를 자세히 조사하여 처리함.
審問(심문 shěnwèn) 자세히 따져서 물음.
審美(심미 shěnměi) 미와 추(醜)를 분별해 살핌.
審査(심사 shěnchá) 자세히 조사함. 심의하여 사정(査定)함. 심검(審檢).
審議(심의 shěnyì) 심사하여 논의함.
審正(심정 shěnzhèng) 자세하고 바름. 철저하고 바름.
審判(심판 shěnpàn) ①《法》소송에 있어서 어떤 사건을 심리하여 판단함. 또는 그 판결. ② 운동 경기에 있어서 반칙 행위와 우열 순위를 가리는 일. 또는 그 사람. ③《宗》하나님이 사람이 행한 대로 선과 악을 구별하여 의로운 사람에게는 영생을 주고 불의한 사람은 지옥으로 보낸다는 일.

▶ 結審(결심)·陪審員(배심원)·宣告審(선고심)·上告審(상고심)·原審(원심)·適否審(적부심)·最終審(최종심)·下級審(하급심)·抗訴審(항소심).

寫 베낄/쓸 사
(12/15)

寫寫寫寫寫寫寫寫寫寫

シャ、うつす / trace, copy

① 모뜰 사(模畫). ② 베낄 사(謄鈔). ③ 쏟을 사(洩). ④ 부어 만들 사(鑄像).

書體: 小篆 / 草書 / (高校) / 形聲

寫生(사생 xiěshēng) 자연의 물상(物象)을 있는 그대로 묘사하는 일. 또는 그 화법.
寫實(사실 xiěshí) 사물을 실지로 있는 그대로 그려냄.

▶ 謄寫(등사)·模寫(모사)·描寫(묘사)·複寫(복사)·試寫(시사)·映寫(영사)·誤寫(오

사)·移寫(이사)·轉寫(전사)·靑寫眞(청사진)·筆寫(필사).

寬 너그러울 관

寬 寬 寬 寬 寬 寬 寬 寬 寬 寬

- kuān
- カン, ひろい
- generous

① 너그러울 관(裕). ② 놓을 관(宥). ③ 용서할 관(恕).

書體 小篆 寬 草書 寬 (高校) 形聲

寬待(관대 kuāndài) 너그럽게 대접함. 우대. 후대.
寬恕(관서 kuānshù) 너그럽게 용서함. 관인(寬仁).
寬容(관용 kuānróng) 너그럽게 받아들이거나 용서함.
寬厚(관후 kuānhòu) 너그럽고 후함. 마음이 너그럽고 친절함.

寵 사랑할 총:

- chǒng
- チョウ, いつくしむ
- favour

① 사랑할 총(愛). ② 임금께 총애 받을 총(君主之愛). ③ 은혜 총(恩). ④ 영화로울 총(尊榮). ⑤ 첩 총(俗謂妾曰寵). 【龍과 통함】

寵臣(총신 chǒngchén) 특별히 사랑을 받는 신하.
寵兒(총아 chǒng'ér) ① 사람들에게 특별히 귀여움을 받는 아이. 총자(寵子). 애자(愛子). ② 어떤 방면에서 인기가 좋은 사람. ③ 행운아.
寵愛(총애 chǒng'ài) ① 특별히 귀엽게 여겨 사랑함. 총행(寵幸). ② 천주(天主)의 사랑.
寵恩(총은 chǒng'ēn) ① 은혜. 또는 총애의 은혜. ② 성총(聖寵)과 은우(恩佑).

▶ 盛寵(성총)·恩寵(은총).

寶 보배 보:

寶 寶 寶 寶 寶 寶 寶 寶 寶 寶

- bǎo
- ホウ, たから
- treasure

① 보배 보(珍也, 瑞). ② 귀할 보(貴). ③ 옥새 보(符璽). ④ 돈 보(錢幣).「상평통보(常平通寶)」.【葆와 통함】

書體 小篆 寶 小篆 寶 草書 寶 (高校) 形聲

寶劍(보검 bǎojiàn) ① 보배로운 칼. 보도(寶刀). ② 의장으로 쓰던 칼.
寶齡(보령 bǎolíng) 임금의 나이.
寶石(보석 bǎoshí)《鑛》아름답고 귀한 옥돌. 질이 단단하고 빛깔·광택이 아름답고 굴절률이 큼. 변질하지 않기 때문에 신변의 장식품으로 씀. 보옥(寶玉). 보벽(寶璧).
寶位(보위 bǎowèi) 임금의 자리. 보조(寶祚).
寶座(보좌 bǎozuò) ① 임금이 앉는 자리. 옥좌(玉座). ②《佛》부처의 앉는 자리. 연화(蓮華)의 자리. 연좌보좌(蓮座寶坐).

▶ 家寶(가보)·國寶(국보)·大雄寶殿(대웅보전)·寂滅寶宮(적멸보궁).

寸 部

마디 촌

寸 마디 촌:

寸 寸 寸

- cùn
- スン, ソン, ながさ

영 Korean inch
① 치 촌(度名十分). ② 마디 촌(節).
③ 헤아릴 촌(忖). ④ 조금 촌(少).

書體 小篆 ⺸ 草書 ⺸ 中學 會意

寸暇(촌가 cùnxiá) 아주 짧은 겨를. 얼마 안 되는 겨를. 촌극(寸隙). 촌한(寸閑).
寸刻(촌각 cùnkè) =촌음(寸陰).
寸劇(촌극 cùnjù) 아주 짧은 연극.
寸誠(촌성 cùnchéng) 얼마 안 되는 성의. 자기의 진심에 대한 겸칭(謙稱). 미충(微衷). 충단(衷丹).
寸數(촌수 cùnshù) 친족간의 관계를 나타내는 수.
寸陰(촌음 cùnyīn) 아주 짧은 시간. 눈 깜짝할 사이. 촌각(寸刻). 촌시(寸時). 촌귀(寸晷).
寸志(촌지 cùnzhì) ① 자그마한 뜻. 자기 의지의 겸칭. ② 자그마한 성의를 나타내는 적은 선물. 촌심(寸心). 미충(微忠).
寸鐵(촌철 cùntiě) 짧은 칼, 작은 칼, 작은 무기. 《轉》 혀를 뜻함.
寸鐵殺人(촌철살인 cùntiěshārén) 한 치밖에 안 되는 혀[舌]가 살인도 한다는 뜻으로, 말을 조심하라는 뜻. 또는 짤막한 경구(警句)로 사람의 마음을 찔러 감동시킴을 일컬음.

▶ 四寸(사촌)·三寸(삼촌)·五寸(오촌)·外四寸(외사촌)·外三寸(외삼촌)·六寸(육촌)·七寸(칠촌)

寸 3 ⑥ 寺 절 사

寺寺寺寺寺寺

영 sì 일 ジ, シ, 영 てら temple

❶ ① 절 사(僧居). ② 범찰 사(梵刹).
③ 마을 사(官舍). ❷ 내관 시(宦寺).
【侍와 통함】

書體 小篆 ⺸ 草書 ⺸ 中學 形聲

寺黨(사당 sìdǎng) 떼를 지어 돌아다니며 노래와 춤을 팔던 여자.
寺門(사문 sìmén) ① 절에 들어가는 문. 절.
寺人(시인 sìrén) ① 임금 곁에서 섬기는 소신(小臣). 후궁의 사무를 맡은 벼슬. 환관. ② 주대(周代) 천관(天官)에 딸린 나인(內人). 여관(女官)의 계급을 맡음.

▶ 大寺刹(대사찰)·佛寺(불사)·司僕寺(사복시):[註]'사복사'가 아니고 '사복시'임.

寸 4 ⑦ 壽 목숨 수

【壽(士부11획)의 속자】

寸 4 ⑦ 対 대할 대:

【對(寸부11획)의 약자】

寸 6 ⑨ 封 봉할 봉

封封封封封封封封封

①-⑧ 영 fēng 일 ホウ, とじる
영 close ⑨ フウ, とじる

① 무덤 봉(聚土). ② 지경 봉(封疆).
③ 클 봉(大). ④ 제후의 영지 봉(諸侯領地). ⑤ 북돋을 봉(培). ⑥ 봉선제 봉(封禪祭). ⑦ 봉할 봉(緘). ⑧ 닫을 봉(封鎖). ⑨ 부자 봉(素封富厚).

書體 小篆 ⺸ 古文 ⺸ 草書 ⺸ 高校 會意

封建(봉건 fēngjiàn) 《制》 천자가 사방 천리 〈기내(畿內)의 직할지(直轄地)〉 이외의 토지를 나누어 주고 제후를 세우던 옛날 제도. 봉건제도(封建制度)의 약어.
封墳(봉분 fēngfén) 흙을 올려 덮어서 무덤을 만들음. 무덤.

▶ 開封(개봉)·同封(동봉)·密封(밀봉)·册封(책봉)·緘封(함봉).

射 쏠 사(ː)
寸 7획 / 총10획

射射身身身身身身射射射

shè シャ, いる shoot

1 ① 쏠 사(發矢). ② 화살같이 빠를 사(速如矢). (躲와 같음) **2** ① 맞춰 취할 석(指物而取). ② 목표를 잡을 석. ③ 숨겨둔 것을 알아맞힐 석. **3** 벼슬 이름 야(官名). **4** 싫을 역(厭).

書體: 小篆 射 / 古文 躲 / 草書 射 / 中學 / 會意

射擊(사격 shèjī) 총포(銃砲)를 쏘아서 목적물을 맞히거나 공격함.
射亭(사정 shètíng) 한량(閑良)들이 모여 활을 쏘는 활터의 정자(亭子). 활터에 세운 정자(亭子).
射精(사정 shèjīng) 《生》성교의 절정기(絕頂期)에 남성이 정액(精液)을 사출(射出)하는 것.
射倖(사행 shèxìng) 우연한 이익을 얻고자 요행을 노림.

▶ 高射砲(고사포)·亂射(난사)·反射(반사)·發射(발사)·放射(방사)·放射能(방사능)·伏射(복사)·輻射(복사)·噴射(분사)·掃射(소사)·速射(속사)·日射(일사)·入射角(입사각)·注射(주사)·直射光線(직사광선)·投射(투사)·透射(투사).

将 장수/장차 장(ː)
寸 7획 / 총10획

【將(寸부8획)의 약자】

將 장수/장차 장(ː)
寸 8획 / 총11획

丬丬丬爿爿炉护將將將將

①–㉑ jiāng ショウ, まさに in future ㉒–㉔ jiàng ショウ, ひきいる general

① 장차 장(漸). ② 거의 장(幾). ③ 문득 장(抑然辭). ④ 또 장(且). ⑤ 기를 장(養). ⑥ 도울 장(助). ⑦ 보낼 장(送). ⑧ 클 장(大). ⑨ 받들 장(奉). ⑩ 이을 장(承). ⑪ 곧 장(即). ⑫ 거느릴 장(領). ⑬ 나아갈 장(進). ⑭ 행할 장(行). ⑮ 가질 장(持). ⑯ 곁붙을 장(扶持). ⑰ 함께할 장. ⑱ 청컨대 장(請). ⑲ 쟁그렁쟁그렁할 장(聲). ⑳ 으리으리할 장. ㉑으로서 장(以). ㉒ 장수 장(將帥). ㉓ 대장 장(大將). ㉔ 거느릴 장(將).

書體: 草書 將 / 中學 / 形聲

將校(장교 jiāngxiào) ① 육해공군의 소위(少尉) 이상의 무관(武官). ② 군대의 지휘관. 군관의 총칭. ③ 《制》각 군영에 딸린 권무군관(勸武軍官)·별무관(別武官) 따위와 지방 관청에서 군무에 종사하던 속역(屬役)의 총칭.
將軍(장군 jiāngjūn) ① ㉠ 장관(將官)〈준장(准將) 이상〉자리의 장성(將星). ㉡ 군의 지휘자. 총대장(總大將). ② 《植》여지(荔枝)의 한 가지. 일명 여주박과에 속하는 1년생 만초(蔓草). 꽃은 자웅동주(雌雄同株)이며 열매는 달걀 모양임.
將相之材(장상지재 jiàngxiàngzhīcái) 《制》장수나 재상이 될 만한 인재.
將星(장성 jiāngxīng) ① 장군의 미칭. ② 어떤 사람에게든지 각각 그 응한 별. ③ 하괴성(河魁星).
將帥(장수 jiàngshuài) 《制》전군(全軍)을 거느리는 우두머리. 대장(大將). 장령(將領). 장솔(將率).
將卒(장졸 jiàngzú) 장교와 사졸. 장교와 병졸. 장사(將士). 장병(將兵).
將就(장취 jiāngjiù) ① 앞으로 늘어 나감. 순조롭게 나감. ② 이대로 좋음. ③ 일장월취(日將月就)의 약어.

▶ 老將(노장)·大將(대장)·獨不將軍式(독불장군식)·猛將(맹장)·名將(명장)·武將(무장)·先鋒將(선봉장)·守門將(수문장)·日就月將(일취월장)·敵將(적장)·主將(주장)·敗將(패장)

專 오로지 전

⼨8⑪

專專專專專專專專專專

음 zhuān 일 セン, もっぱら
영 entirely, only

① 오로지 **전**(獨). ② 전일할 **전**(壹也誠). ③ 주로 할 **전**(主). ④ 저대로 할 **전**(擅).

書體 小篆 🀫 草書 🀫 (高校) 形聲

專決(전결) zhuānjué 제 마음대로 결정함. 전단(專斷). 전재(專裁).

專攻(전공) zhuāngōng 한 가지를 전문적으로 연구함. 전수(專修). 전념(專念).

專權(전권) zhuānquán 권리를 마음대로 휘두름.

專斷(전단) zhuānduàn 제 마음대로 일을 단행함.

專擔(전담) zhuāndān 전문적으로 어떤 일의 전부를 담당함. 전당(專當).

專賣(전매) zhuānmài ①《法》전매권(專賣權)에 의하여 일정한 물건을 독점(獨占)하여 판매함. ② 국고(國庫) 수입의 확보를 꾀하여 담배, 소금 따위를 정부가 독점하여 사업함.

專門(전문) zhuānmén 한 가지 일에 오로지 함.

專業(전업) zhuānyè 전문으로 하는 직업이나 사업.

專擅(전천) zhuānshàn 오로지 마음대로 함.

專寵(전총) zhuānchǒng 총애를 한 몸에 받음.

專行(전행) zhuānxíng 오로지 제 마음대로 결단(決斷)하여 행함. 전천(專擅). 천행(擅行).

專橫(전횡) zhuānhèng 권세를 독차지하여 마음대로 함.

▶ 副專攻(부전공)·非專門性(비전문성).

尉 벼슬 위

⼨8⑪

1 음 wèi 일 イ, やすんじる
영 comfort 2 음 yù

1 ① 벼슬 이름 **위**(官名). ② 기다릴 **위**(候). ③ 눌일 **위**(按). ④ 평안하게 할 **위**(安). 2 성 **울**(覆性尉遲).

尉官(위관 wèiguān)《制》① 군인의 계급의 하나. 정위(正尉)·참위(參尉)·부위(副尉) 따위. ② 육해공군의 대위(大尉)·중위(中尉)·소위(少尉) 따위.

慰藉(위자 wèijí) 위로하고 도와줌.

▶ 大尉(대위)·准尉(준위).

尊 높을/높일 존

⼨9⑫

尊尊尊尊尊尊尊尊尊尊尊

음 zūn 일 ソン, たっとぶ
영 respect

1 ① 높을 **존**(貴也, 高). ② 어른 **존**(君父稱). ③ 공경할 **존**(敬). 2 술 **준**(酒器).【樽과 통함】

書體 小篆 🀫 或體 🀫 草書 🀫 (中學) 會意

尊堂(존당) zūntáng 남의 어머니의 경칭. 영당(令堂). 존모(尊母). 훤당(萱堂).

尊待(존대) zūndài 받들어 대접함. ↔하대(下待).

尊卑貴賤(존비귀천) zūnbēiguìjiàn 지위, 신분의 높고 낮음과 귀하고 천함.

尊屬(존속) zūnshǔ 자기 부모와 그 윗대의 직계 혈족(血族). 〈조부모는 직계 존속이며 숙부, 숙모 등은 방계 존속임). ↔ 비속(卑屬).
尊啣(존함 zūnxián) 상대자의 이름의 존칭.

▶ 官尊民卑(관존민비)·男尊女卑(남존여비)·釋尊(석존)·世尊(세존)·唯我獨尊(유아독존)·自尊(자존)·至尊(지존).

尋 찾을 심
寸 9 ⑫

尋尋尋尋尋尋尋尋尋尋尋尋

[중] xún [일] ジン、たずねる
[영] look for, visit

① 찾을 심(繹也, 搜也, 求). ② 인할 심(仍). ③ 이을 심(繼). ④ 쓸 심(用). ⑤ 고처들을 심(尋問). ⑥ 아까 심(俄). ⑦ 여덟 자 심(度名八尺). ⑧ 항상 심(尋常一樣).【燖과 통함】

書體 小篆 草書 (高校) 會意

尋問(심문 xúnwèn) = 심방(尋訪).
尋訪(심방 xúnfǎng) 방문하여 찾아봄. 심문(尋問).
尋思(심사 xúnsī) 마음을 침착히 하여 깊이 사색함. 심사(深思).
尋常(심상 xúncháng) 대수롭지 않고 예사스러움. 범상(凡常). 〈尋은 8척, 常은 1장(丈) 6척〉. 《轉》 얼마 안 되는 길이.
尋人(심인 xúnrén) 찾는 사람.

▶ 推尋(추심).

對 대할/대답 대:
寸 11 ⑭

對對對對對對對對對對

[중] duì [일] タイ、ツイ、こたえる
[영] answer

① 마주볼 대(物竝峙). ② 대답할 대(答). ③ 당할 대(當). ④ 짝 대(配). ⑤ 마주 대(偶).

書體 小篆 或體 草書 (中學) 會意

對局(대국 duìjú) ① 어떤 형편이나 시국(時局)에 당면하여 대함. ② 상대하여 장기나 바둑을 둠.
對辯(대변 duìbiàn) 맞서서 변호함.
對案(대안 duìàn) ① 마주 향하여 앉음. ② 일에 대처(對處)할 안.
對岸(대안 duì'àn) 건너편에 있는 언덕.
對譯(대역 duìyì) 원문과 대조하면서 하는 번역.
對酌(대작 duìzhuó) 마주 대하여 술을 마심. 대음(對飲).
對敵(대적 duìdí) ① 적과 마주 대함. 대두(對頭). ② 재주나 힘이 상대되는 적. 적수(敵手).
對質(대질 duìzhì) 맞대해서 물음.
對替(대체 duìtì) 어떤 계산 자리의 금액을 다른 계산자리에 옮겨 적는 일.
對峙(대치 duìzhì) 서로 마주 대하여 버팀.

▶ 決死反對(결사반대)·空對空(공대공)·獨對(독대)·反對給付(반대급부)·相對(상대)·應對(응대)·敵對(적대)·絶對(절대)·正反對(정반대)·地對空(지대공).

導 인도할/이끌 도:
寸 13 ⑯

導導導導導導導導導導

[중] dǎo [일] ドウ、みちびく [영] lead

① 이끌 도(引). ② 인도할 도. ③ 다스릴 도(治). ④ 통할 도(通). ⑤ 열어줄 도(啓迪). 【道와 통함】

書體 小篆 小篆 草書 (高校) 形聲

導達(도달 dǎodá) 웃사람이 알지 못하는 사정을 아랫사람이 때때로 넌지시 알려줌.
導體(도체 dǎotǐ) 《物》 열이나 전기 따위를 전하는 물체.

導火線(도화선 dǎohuǒxiàn) ① 화약을 터지게 하는 심지. ② 사건을 일으킨 직접 원인. 발단(發端).

導訓(도훈 dǎoxùn) 인도하여 가르침.

▶ 啓導(계도)·矯導(교도)·半導(반도)·輔導(보도)·先導(선도)·善導(선도)·領導(영도)·誤導(오도)·誘導(유도)·引導(인도)·傳導(전도)·主導(주도)·指導(지도)·嚮導(향도)·訓導(훈도).

小 部

작을 소

小 작을 소:

丨 小 小

음 xiǎo 일 ショウ, ちいさい
영 small, little

① 작을 소(微). ② 잘 소(細). ③ 좁을 소(狹隘). ④ 짧을 소(短). ⑤ 적을 소(少). ⑥ 어릴 소(幼). ⑦ 천할 소(賤). ⑧ 적게 여길 소(輕之). ⑨ 첩 소(妾).

書體 小篆 小 草書 ⺌ 中學 會意

小康(소강 xiǎokāng) ① 소란하던 형세가 다소 안정됨. ② 정치·교화(敎化)가 행해서 세상이 태평함을 이름.

小祥(소상 xiǎoxiáng) 죽은 뒤 1년 만에 행하는 제사. 일주기.

小暑(소서 xiǎoshǔ) 이십사절기의 하나. 하지 다음 절후.

小雪(소설 xiǎoxuě) 이십사절기의 하나. 입동 다음 절후.

小乘(소승 xiǎochéng) 《佛》상구보리(上求菩提) 하화중생(下化衆生)을 이상(理想)으로 하는 북방의 대승(大乘) 불교측에서 하화중생은 도외시(度外視)하고 상구보리만을 추구(追求)하는 남방 불교를 비하(卑下)하여 일컫는 말. 〈乘은 싣고 운반하는 뜻〉. ↔ 대승(大乘).

小我(소아 xiǎowǒ) ① 본능에 따르는 나. ② 현상계(現象界)의 나. ↔ 대아(大我).

小篆(소전 xiǎozhuàn) 서체(書體)의 이름. 진시황(秦始皇) 때 이사(李斯)가 창작하였다함. 혹은 정막(程邈)의 작이라고도 함.

小貪大失(소탐대실 xiǎotāndàshī) 작은 이익을 탐하다가 큰 손실을 봄.

小學(소학 xiǎoxué) ① 아이들을 가르치는 학교. 옛날에는 8세에 들어갔으며, 15세에는 대학에 들어갔다 함. ② 글자의 형상·훈고(訓詁)·음운(音韻) 등을 연구하는 학문. ③ 《書》6권 송(宋)나라 주희(朱熹) 지음. 아이들이 수행할 쇄소(灑掃)·응대(應對)·진퇴(進退)등을 기록함.

小寒(소한 xiǎohán) 이십사절기의 하나. 동지 다음 절후임.

▶ 極小(극소)·過小評價(과소평가)·群小(군소)·極小(극소)·短小(단소)·大同小異(대동소이)·微小(미소)·弱小(약소)·與小野大(여소야대)·連載小說(연재소설)·矮小(왜소)·中小企業(중소기업)·最小(최소)·縮小(축소)·狹小(협소).

少 적을/젊을 소:

丨 小 少 少

①-⑤ 음 shǎo ⑥⑦ 음 shào 일 ショウ, すくない 영 little, young

① 적을 소(不多). ② 조금 소. ③ 멸시할 소(蔑視). ④ 잠깐 소(暫時). ⑤ 작게 여길 소(短之). ⑥ 젊을 소(老之對). ⑦ 버금 소(副貳).

書體 小篆 少 小篆 少 草書 少 中學 會意

少女(소녀 shàonǚ) 어린 여자 아이.

동녀(童女).
少年(소년 shàonián) ① 《書》계몽잡지. 조선 말 융희 3년(1909)에 최남선(崔南善)이 발행함. 신문학 및 해외의 지식을 소개하기에 힘쓴 잡지 이름. 최남선(崔南善)이 최초의 신시(新詩)를 여기에 발표함. ② 나이가 어린 사내 아이.
少量(소량 shǎoliàng) 적은 분량.
少論(소론 shàolùn) 조선 당파의 하나. 숙종 때에 서인(西人) 가운데 그 영수인 송시열(宋時烈)과의 불화 반목으로 윤증(尹拯)·조지겸(趙持謙)·한태동(韓泰東) 등의 소장파가 갈리어 나와 세운 당파.
少少(소소 shǎoshǎo) 적게. 얼마 안 되는. 소소(小小). 쇄소(瑣小).
少數(소수 shǎoshù) 적은 수효. ↔ 다수(多數).
少時(소시 shàoshí) ① 젊을 때. ② 잠깐. 소경(少頃).
少額(소액 shǎo'é) 적은 액수. 과액(寡額).
少妾(소첩 shàoqiè) 나이가 어린 첩.

▶ 減少(감소)·輕薄短少(경박단소)·寡少(과소)·過少(과소)·極少(극소)·僅少(근소)·男女老少(남녀노소)·多少(다소)·些少(사소)·略少(약소)·幼少年(유소년)·靑少年(청소년)·最少(최소)·稀少(희소).

介 그렇다할 니
<small>小 2 ⑤</small>

중 ěr 일 ジ, なんじ 영 you
① 그렇다할 니(然也, 助辭). ② 너 니(爾).

尖 뽀족할 첨
<small>小 3 ⑥</small>

尖 尖 尖 尖 尖 尖

중 jiān 일 セン, とがる
영 sharp-pointed
① 뽀족할 첨(末銳). ② 날카로울 첨(先銳).

書體 草書 尖 高校 會意

尖端(첨단 jiānduān) ① 물건의 뾰족하게 모난 끝. ② 유행(流行)의 시초(始初). 선구(先驅).
尖利(첨리 jiānlì) 뾰족하고 날카로움. 첨예(尖銳).
尖兵(첨병 jiānbīng) 적 가까이 행군할 때 행군부대의 전방에서 적정을 살피고 경계하는 소부대의 군사.
尖銳(첨예 jiānruì) 뾰족하고 날카로움. 첨리(尖利).

▶ 角尖(각첨)·最尖端(최첨단)

当 마땅 당
<small>小 3 ⑥</small>

【當(田부8획)의 약자】

尙 오히려 상(:)
<small>小 5 ⑧</small>

尙 尙 尙 尙 尙 尙 尙 尙

①~⑪ 중 shàng 일 ショウ, なお
영 rather ⑫ 일 ショウ, たっとぶ
영 respect
① 일찍 상(曾). ② 거의 상(庶幾). ③ 높일 상(尊). ④ 숭상할 상(崇). ⑤ 더할 상(加). ⑥ 귀하게 여길 상(貴). ⑦ 꾸밀 상(飾). ⑧ 짝지을 상(配). ⑨ 자랑할 상(矜伐). ⑩ 가상할 상(嘉). ⑪ 오히려 상(猶). ⑫ 주관할 상(主).

書體 小篆 尙 草書 尙 高校 形聲

尙古(상고 shànggǔ) 옛적의 문물을 소중히 여김.
尙宮(상궁 shànggōng)《制》① 여관(女官)의 하나. 당(唐)에서 둠. 궁의 웃어른을 중궁(中宮)으로 인도하는 일을 맡음. ② 고려 때 여관(女官)의 하나. ③ 조선 때 여관(女官)의 정오품(正五品) 벼슬.

尙武(상무 shàngwǔ) 무덕(武德)을 숭상함. ↔ 상문(尙文).
尙文(상문 shàngwén) 문예를 숭상함. ↔ 상무(尙武).
尙存(상존 shàngcún) 아직 존재함.

▶ 嘉尙(가상)·慶尙(경상)·高尙(고상)·崇尙(숭상)·時機尙早(시기상조)·和尙(화상).

尢,尣,兀 部
절름발이 왕

尤 더욱 우

ナ 尢 尢 尤

음 yóu 일 ユウ, もっとも
영 most, blame

① 가장 우(最). ② 더욱 우(甚). ③ 탓할 우(咎). ④ 허물할 우(怨).

書體 小篆 尤 草書 尤 中學 形聲

尨 삽살개 방

1 음 máng 일 ボウ, むくいぬ
영 shaggy dog 2 음 méng

1 ① 삽살개 방(犬多毛者). ② 무럭무럭하게 클 방. ③ 얼룩질 방(雜). 2 헝클어진 모양 봉.

尨犬(방견 mángquǎn) 매우 큰 개.
尨大(방대 mángdà) 형상이나 부피가 매우 큼.

就 나아갈 취:

亠 亣 亣 京 京 京 就 就 就

음 jiù 일 シュウ, ジュ, つく
영 follow, take

① 좇을 취(從). ② 이룰 취(成). ③ 곧 취(即). ④ 가령 취(假令). ⑤ 능할 취(能). ⑥ 마칠 취(終). ⑦ 저자 취(市).

書體 小篆 就 或體 就 草書 就 中學 會意

就籍(취적 jiùjí) 호적에 빠진 사람을 실음.
就寢(취침 jiùqǐn) 잠자리에 들음. 잠을 잠.
就航(취항 jiùháng) 항해하기 위해 배가 떠남.

▶ 去就(거취)·成就(성취)·成就動機(성취동기)·日就月將(일취월장).

尸 部
주검 시

尸 주검 시

음 shī 일 シ, しかばね
영 dead body

① 시동 시(尸童神像). ② 주검 시. ③ 주관할 시. ④ 진칠 시.

尹 성(姓) 윤:

음 yǐn 일 イン, おさめる 영 govern
① 다스릴 윤(治). ② 바를 윤(正). ③ 벼슬 이름 윤(官名). ④ 성실할 윤(誠信). ⑤ 믿을 윤(信). ⑥ 포 윤(脯日, 尹祭).

▶ 府尹(부윤)·判尹(판윤).

尺 자 척

尺尺尺尺

音 chǐ, chě, chè 日 シャク, ものさし
영 ruler

① 자 척(度名, 十寸爲尺). ② 가까울 척(近距離). ③ 법 척(法).

書體 小篆 尺 草書 ㄟ 中學 象形

尺貫法(척관법 chǐguànfǎ) 길이의 단위를 척(尺), 양의 단위를 관(貫)으로 하는 도량형법.
尺度(척도 chǐdù) ① 물건을 재는 자. ② 계량의 표준.
尺蠖之屈(척확지굴 chǐhuòzhīqū) 자벌레가 몸을 굽히는 것은 다음에 몸을 펴고자 함임.《喻》다른 날에 성공을 기하기 위하여 잠깐 몸을 굽힘을 일컬음.

▶ 曲尺(곡척)·大縮尺(대축척)·三尺童子(삼척동자)·越尺(월척)·咫尺(지척)·縮尺(축척).

尼 여승 니

1 音 ní 日 ジ, あま 영 nun
2 日 ニ, あま

1 ① 여승 니(女僧). ② 화할 니(和).
2 ① 가까울 닐(近). ② 정할 닐(定).
③ 그칠 닐(止).【柅와 통함】

尼房(이방 nífáng) 여승(女僧)인 비구니(比丘尼)들이 기거(起居)하는 거처(居處).
尼寺(이사 nísì)《佛》비구니(比丘尼)들이 있는 절. 신중절. 여승당. 이원(尼院).
尼僧(이승 nísēng)《佛》여자 중. 여승(女僧).

▶ 摩尼(마니)·僧尼(승니)·比丘尼(비구니).

尽 다할 진ː

【盡(皿부9획)의 속자】

尾 꼬리 미ː

尾尾尾尾尾尾尾

音 wěi, yǐ 日 ビ, お, しっぽ 영 tail

① 꼬리 미(鳥獸蟲魚之末稍). ② 뒤 미(後). ③ 끝 미(終). ④ 흘레할 미(交尾).

書體 小篆 尾 草書 尾 中學 會意

尾大(미대 wěidà) ① 꼬리가 큼. ② 일의 끝이 크게 벌어짐.
尾大難掉(미대난도 wěidànándiào) 일의 끝이 크게 벌어져서 처리하기가 힘들음. 미대부도(尾大不掉).
尾蔘(미삼 wěishēn)《國》인삼(人蔘)의 잔뿌리.
尾行(미행 wěixíng) 몰래 뒤를 밟음. 남의 뒤를 몰래 따라감.

▶ 交尾(교미)·大尾(대미)·末尾(말미)·船尾(선미)·語尾(어미)·龍頭蛇尾(용두사미)·徹頭徹尾(철두철미)·後尾(후미).

尿 오줌 뇨

音 niào, suī 日 ニョウ, しょうべん
영 urine

오줌 뇨(小便).【溺와 같음】

尿道(요도 niàodào)《生》오줌을 방광에서 몸 밖으로 내보내는 구실을 하는 관. 오줌길.
尿素(요소 niàosù)《化》주정(酒精)에 잘 녹는 무색 주상(柱狀)의 결정.
尿血(요혈 niàoxiě)《醫》오줌에 피가 섞여 나오는 병. 요도 기관의 병이나 그 외의 중독 때문에 생김.

▶ 檢尿(검뇨)·糖尿(당뇨)·放尿(방뇨)·排

尿(배뇨)·糞尿(분뇨)·泌尿(비뇨)·夜尿(야뇨)·利尿(이뇨)·血尿(혈뇨).

局 판(形局) 국

局局局局局局局

중 jú 일 キョク, つぼね
영 part, bureau

① 마을 국(官署). ② 방 국(部署).「총무국(總務局)」. ③ 판 국(部分). ④ 굽힐 국(曲身). ⑤ 거리낄 국(拘). ⑥ 말릴 국(卷). ⑦ 줄 국(縮小). ⑧ 판 국(棋盤). ⑨ 시절 국(世運時會).

書體 小篆 局 草書 局 高校 會意

局度(국도 júdù) 사물을 처리하고 사람을 포섭하는 도량.
局量(국량 júliáng) ① 도량과 재간. ② 자로 재거나 되로 되는 것. 두량(斗量). ③ 너그러운 마음과 깊은 생각.
局面(국면 júmiàn) ① 일이 되어가는 상태. ② 승패를 겨루기 위한 장기, 바둑판의 형세.
局地(국지 júdì) 한정된 한 구역의 땅.

▶開局(개국)·結局(결국)·難局(난국)·當局(당국)·大局(대국)·對局(대국)·亂局(난국)·本局(본국)·非常時局(비상시국)·藥局(약국)·危局(위국)·全局(전국)·戰局(전국)·政局(정국)·終局(종국)·破局(파국)·編輯局(편집국)·形局(형국).

居 살 거

居居居居居居居居

1 중 jū 일 キョ, いる 영 dwell
2 일 キョ, すむ

1 ① 살 거(居之). ② 곳 거(處). ③ 앉을 거(坐). ④ 항상 있을 거. ⑤ 놓을 거(置). ⑥ 쌓을 거(貯蓄).【據와 통함】

2 어조사 기(語助辭).【其와 통함】

書體 小篆 居 或體 踞 草書 居 中學 形聲

居間(거간 jūjiān) 사이에 들어 흥정을 붙임. 거중(居中).
居士(거사 jūshì) ① 도예(道藝)가 깊은 사람으로 벼슬을 하지 않는 은자(隱者). 처사(處士). ② 승려. ③ 불문(佛門)에 귀의한 남자. ④ 법호(法號)·아호(雅號) 밑에 덧붙여 쓰는 말.
居喪(거상 jūsāng) ① 부모상을 당하고 있음. 상중(喪中). ② 어버이의 상사에 입는 상복의 비칭. 상복.

▶群居(군거)·寄居(기거)·起居(기거)·獨居(독거)·同居(동거)·別居(별거)·安居(안거)·寓居(우거)·幽居(유거)·隱居(은거)·移居(이거)·離居(이거)·雜居(잡거)·轉居(전거)·住居(주거)·蟄居(칩거)·閑居(한거)·閒居(한거)·穴居(혈거).

届 이를 계:

중 jiè 일 カイ, とどける
영 extend to

① 이를 계(至). ② 극할 계(極).

届出(계출 jièchū) 어떠한 일을 상사나 관청에 신고함.

▶缺席届(결석계).

屆 이를 계:

【届(前條)의 속자】

屈 굽힐/굴복할 굴

屈屈屈屈屈屈屈

중 qū 일 クツ, かがむ
영 bend, bow

① 굽을 굴(曲). ② 굽힐 굴(屈節). ③

짧을 굴(短). ④ 다할 굴(竭). ⑤ 줄일 굴(縮). ⑥ 강할 굴(强).

書體 小篆 屈 草書 屈 (高校) 形聲

屈强(굴강 qūjiàng) 고집이 세서 사람에게 굽히지 않음. 굴강(屈彊).
屈伏(굴복) ① 항복하거나 힘에 겨워 꿇어 엎드림. ② 굴복(屈服).
屈指(굴지) qūzhǐ ① 손가락을 꼽음. 손가락을 꼽아 셈. ② 여럿 중에서 몇째 감.

▶ 不屈(불굴)·卑屈(비굴).

屋 집 옥

屋屋屋屋屋屋屋屋

音 wū 일 オク, いえ, や 영 house
① 집 옥(舍). ② 지붕 옥(舍蓋). ③ 큰 도마 옥(大俎夏屋). ④ 수레 덮개 옥(車蓋黃屋). ⑤ 거북껍질 옥(龜甲神屋).

書體 小篆 屋 大篆 屋 古文 屋 草書 屋 (中學) 會意

屋上架屋(옥상가옥 wūshàngjiàwū) 지붕 위에 지붕을 더 한다는 뜻. 옥상가옥(屋上加屋).《喩》겹치는 것은 무익(無益)함을 일컬음.

▶ 家屋(가옥)·社屋(사옥)·洋屋(양옥)·韓屋(한옥).

屍 주검 시:

音 shī 일 シ, かばね 영 dead body
주검 시, 송장 시(死體).【尸와 통함】
屍身(시신) shīshēn 송장. 시체.
屍體(시체) shītǐ 송장. 죽은 신체. 사체(死體).

▶ 變屍(변시)·戮屍(육시).

屎 똥 시

1 音 shī 일 シ, くそ 영 dung
2 音 xī
1 아파서 끙끙거릴 히(殿屎呻吟). 2 똥 시(糞).【矢와 통함】
屎尿(시뇨) shīniào 똥과 오줌.

屑 가루 설

音 xiè 일 セツ, くず
영 pieces, powder
① 초촐할 설(潔). ② 수고스러울 설(勞). ③ 가루 설(碎末). ④ 마음이 편치 않을 설(屑屑不安). ⑤ 가벼이 볼 설(輕視). ⑥ 좋아하지 않을 설.

▶ 廢屑(폐설).

展 펼 전:

展展展展展展展展展

音 zhǎn 일 テン, のべる 영 unfold
① 펼 전(舒). ② 열 전(開). ③ 늘일 전(寬). ④ 열릴 전(發). ⑤ 중히 여길 전(重). ⑥ 맞갖출 전(適). ⑦ 살필 전(省視, 審). ⑧ 진실로 전(誠). ⑨ 적을 전(錄).

書體 小篆 展 草書 展 (中學) 會意

展開(전개 zhǎnkāi) ① 펴서 벌임. ② 주제를 발전시키는 것. ③ 늘여 폄.
展轉(전전 zhǎnzhuǎn) 되돌아감. 되풀이함. 반복(反覆).

▶ 個人展(개인전)·交換展(교환전)·國展(국전)·急進展(급진전)·發展(발전)·展開(전개)·展覽(전람)·展望(전망)·展示(전시)·展轉(전전)·進展(진전)·招請展(초청전)·親展(친전)·.

屏 병풍 병(:)

屏屏尸尸屏屏屏屏屏

①-③ 중 píng 일 ヘイ, びょうぶ 영 folding screen ④⑤ 중 bǐng ⑥ 일 ヒョウ, びょうぶ

① 병풍 병(屏風). ② 덮을 병(蔽). ③ 비맡은 귀신 병(雨師屏翳). ④ 앞가림 병, 울타리 병(屏風蔽). ⑤ 겁낼 병(恐). 「병영(屏營)」. ⑥ 물리칠 병(斥退).

書體 小篆 屏 草書 屎 高校 形聲

屏障(병장 píngzhàng) 보이지 않게 가리는 휘장(揮帳). 또는 병풍(屏風). 장지(壯紙)

屏風(병풍 píngfēng) 바람을 막고 무엇을 가리기 위하여 방안에 치는 물건. 잇달아 접었다 폈다 함.

属 붙일/이을 속

【屬(尸부18획)의 속자】

屠 죽일 도

1 중 tú 일 ト, ほうる 영 butcher
2 일 ト, ころす

1 ① 죽일 도(殺). ② 잡을 도. ③ 백정 도(殺畜者). ④ 가를 도(割層). **2** 흉노왕의 이름 저(匈奴王號).

屠戮(도륙 túlù) 모두 무찔러 죽여 버림.
屠殺(도살 túshā) 짐승을 죽임.

屢 여러/자주 루:

屢屢屢屢屢屢屢屢屢

중 lǚ 일 ル, しばしば 영 frequent

① 여러 루(數). ② 자주 루(頻). ③ 빠를 루(疾).

書體 小篆 屢 草書 屡 高校 形聲

屢次(누차 lǚcì) ① 여러 차례. 여러 번. ② 가끔. 때때로.

層 층[層階] 층

層層層層層層層層層

중 céng 일 ソウ, かさなり 영 ply

① 겹 층(累). ② 거듭 층(重). ③ 층층대 층(級). ④ 층 층(級). 【曾과 통함】

書體 小篆 層 草書 屠 高校 形聲

層層侍下(층층시하 céngcéngshìxià) 부모, 조부모가 다 살아 계셔 모시고 있는 처지.

▶ 加一層(가일층)·各界各層(각계각층)·階層(계층)·基層(기층)·多層(다층)·單層(단층)·斷層(단층)·成層(성층)·深層(심층).

履 밟을/신 리:

履履履履履履履履履

중 lǚ 일 リ, はく, ふむ 영 wear

① 가죽신 리(皮靴). ② 신을 리(以履加足). ③ 밟을 리(踏). ④ 녹 리(祿).

書體 小篆 履 古文 頭 草書 履 高校 會意

履歷書(이력서 lǚlìshū) 이력을 적은 서면.
履修(이수 lǚxiū) 차례를 밟아 학과를 마침.
履行(이행 lǚxíng) 실제로 몸소 행함. 실행함.

▶ 木履(목리)·不履行(불이행)·敝履(창리).

屬 붙일/이을 속

尸 尸 屚 屚 屚 屚 屬 屬 屬 屬

1 음 zhǔ 일 ショク、つづく 영 belong **2** 음 shǔ

1 ① 이을 촉(續). ② 닿을 촉(接). ③ 붙일 촉(附著). ④ 부탁할 촉(托). ⑤ 모을 촉(會). ⑥ 돌볼 촉(恤). ⑦ 조심할 촉(屬屬恭貌). **2** ① 무리 속(儕等, 類). ② 쫓을 속(從). ③ 붙이 속(親脊). ④ 동관 속(官僚). ⑤ 거느릴 속(部曲). ⑥ 엮을 속(綴文字曰屬文). ⑦ 마침 속(適).

書體 小篆 屬 草書 屠 (高校) 形聲

屬望(촉망 zhǔwàng) 희망을 가짐. 마음을 붙임.
屬託(촉탁 zhǔtuō) ① 의뢰함. 일을 부탁함. ② 부탁을 맡은 사람.
屬服(속복 shǔfú) 영속(營屬)되어 복종(服從)함.
屬地(속지 shǔdì) 부속된 땅. 어느 나라에 딸려 있는 땅. 속토(屬土).

▶ 官屬(관속)·歸屬(귀속)·貴金屬(귀금속)·金屬(금속)·無所屬(무소속)·配屬(배속)·服屬(복속)·卑屬(비속)·所屬(소속)·連屬(연속)·營屬(영속)·隷屬(예속)·移屬(이속)·專屬(전속)·族屬(족속)·尊屬(존속)·從屬(종속)·直屬(직속).

屮 部

풀 철, 왼손 좌

屯 진칠 둔

屯 屯 屯 屯

1 음 tún 일 トン、たむろ 영 cantonment
2 음 zhūn 일 チュン、たむろ

1 ① 모일 둔(聚). ② 둔칠 둔(勒兵守). ③ 둔전 둔(屯田兵耕). **2** ① 어려울 준(難). ② 두터울 준(厚). ③ 아낄 준(吝). ④ 괘 이름 준(卦名). ⑤ 머뭇거릴 준(難行).

書體 小篆 屯 草書 屯 (高校) 象形

屯據(둔거 túnjù) 머물러 웅거(雄據)함.
屯田(둔전 túntián) 군인이 일선을 지키면서 농사를 짓던 밭. 둔경(屯耕). 둔간(屯墾).

▶ 駐屯(주둔).

山 部

메 산

山 메/산 산

丨 山 山

음 shān 일 サン、やま 영 mountain
메 산(峰嶺等總稱).

書體 小篆 山 草書 山 (中學) 象形

山間僻地(산간벽지 shānjiānpìdì) 산간의 구석진 산골.
山麓(산록 shānlù) 산기슭. 산족(山足). 산각(山脚).
山明水麗(산명수려 shānmíngshuǐlì) 산과 물. 곧 자연의 경치가 아름다움.
山門(산문 shānmén) ①《佛》절. ② 절의 바깥.

山蔘(산삼 shānshēn) 깊은 산 속에 저절로 나서 자란 인삼. 약효가 썩 좋다 함.

山上寶訓(산상보훈 shānshàngbǎoxùn) 《宗》예수가 갈릴리 호숫가의 산 위에서 기독교인으로서의 덕에 관하여 행한 설교. 신약 성경 마태복음 5~7장에 있음.

山勢(산세 shānshì) 산의 형세.

山水(산수 shānshuǐ) ① 산과 물. ② 자연의 경치. 산천(山川). ③ 산수화(山水畫)의 약어.

山役(산역 shānyì) 뫼를 만드는 일.

山陰(산음 shānyīn) 산의 북쪽. 산 그늘.

山蔭(산음 shānyìn) 좋은 자리에 뫼를 씀으로써 그 자손이 받는다는 복.

山紫水明(산자수명 shānzǐshuǐmíng) 햇빛을 받아 산은 보랏빛으로, 물은 맑게 또렷이 보임. 곧 산수(山水)의 경치(景致)가 맑고 아름다움.

山積(산적 shānjī) 산과 같이 쌓여 겹침. 누적(累積).

山戰水戰(산전수전 shānzhànshuǐzhàn) 세상의 온갖 고생과 어려움을 다 겪어 경험이 많음.

山頂(산정 shāndǐng) 산마루. 산꼭대기. 산전(山巔).

山珍海味(산진해미 shānzhēnhǎiwèi) =산해진미(山海珍味).

山菜(산채 shāncài) ① 산나물. ② 멧나물.

山川草木(산천초목 shānchuāncǎomù) 산천(山川)과 초목(草木). 산과 물과 풀과 나무. 곧 자연(自然).

山汰(산태 shāntài) 산비탈이 무너져 생기는 사태(沙汰).

山海珍味(산해진미 shānhǎizhēnwèi) 산의 산물과 바다의 산물을 다 갖추어 썩 잘 차린 진귀한 음식. 산진해미(山珍海味).

山行(산행 shānxíng) 산길을 걸어감.

▶ 江山(강산)·登山帽(등산모)·錦繡江山(금수강산)·登山(등산)·名山(명산)·背山臨水(배산임수)·氷山(빙산)·雪山(설산)·深山(심산)·案山(안산)·野山(야산)·入山(입산)·低山(저산)·祖山(조산)·主山(주산)·眞景山水(진경산수)·鎭山(진산)·疊疊山中(첩첩산중)·靑山(청산)·他山之石(타산지석)·泰山峻嶺(태산준령)·八道江山(팔도강산)·活火山(활화산).

岐 갈림길 기
山 4 / 7

[中] qí [日] キ, えだみち [英] rugged

① 높을 기(峨). ② 두개로 갈라질 기(分支). ③ 산 이름 기(山名).

岐路(기로 qílù) 갈림길. 몇 갈래로 갈라진 길. 기도(岐途).

▶ 多岐(다기)·複雜多岐(복잡다기)·分岐(분기)·安岐(안기).

岡 산등성이 강
山 5 / 8

[中] gāng [日] コウ, おか
[英] mountain ridge

멧둥 강, 산등성이 강(山脊). 【崗은 속자】

岡陵(강릉 gānglíng) 언덕이나 작은 산. 구릉(丘陵).

岩 바위 암
山 5 / 8

【嵓(山부9획), 巖(山부20획)의 속자】

岩窟(암굴 yánkū) 바위 굴.

岩石(암석 yánshí) 바위와 돌. 암석(巖石).

岬 곶(串) 갑
山 5 / 8

[中] jiǎ [日] コウ, みさき [英] cape

① 산 허구리 갑(山脅). ② 줄이 느런할

갑(岬碣接連貌).
岬角(갑각 jiǎjiāo) 육지가 바다 안으로 돌출(突出)한 첨단(尖端)의 부분. 곶[갑(岬)].
岬寺(갑사 jiǎsì)《地》충청남도 공주시(公州市) 계룡면(鷄龍面) 계룡산(鷄龍山)에 있는 절. 백제 구이신왕(久爾辛王) 때 아도(阿道) 화상(和尙)이 창건. 문무왕(文武王) 19년에 의상(義湘)이 계룡갑사(鷄龍岬寺)를 갑사(甲寺)로 고침. 국보는 무쇠 당간지주(幢竿支柱)·부도(浮屠)·월인천강지곡(月印千江之曲) 목간판(木刊板)이 있음. 관광지로 유명함.

岳 멧부리/큰 산 **악**

岳岳岳岳岳岳岳岳

음 yuè 일 ガク, たけ
영 great mountain

① 큰 산 **악**(山宗).「오악(五嶽)」. ② 엄하고 위엄 있는 모양 **악**.【嶽(山부14획)과 같음】

書體 甲骨 篆文 草書 岳 (高校) 象形

岳頭(악두 yuètóu) 산꼭대기. 정상(頂上).
岳母(악모 yuèmǔ) 아내의 어머니. 장모(丈母).
岳父(악부 yuèfù) 아내의 아버지. 장인(丈人).

▶ 山岳(산악)·五岳(오악).

岸 언덕 **안:**

岸岸岸岸岸岸岸岸

음 àn 일 ガン, ぎし 영 cliff, shore

① 언덕 **안**(厓). ② 낭떠러지 **안**(水涯接處). ③ 섬돌 **안**(階). ④ 기운찰 **안**(魁岸

雄傑). ⑤ 갓 비스듬히 쓸 **안**(露頂). ⑥ 나타낼 **안**(岸幘). ⑦ 옥 이름 **안**(獄名).

書體 小篆 岸 草書 岸 (高校) 形聲

岸畔(안반 ànpàn) 물기슭 가. 부둣가. 안두(岸頭).
岸壁(안벽 ànbì) ① 선박(船舶)을 옆으로 대기에 편리하도록 수심(水深)을 깊게 하여 부두에 쌓은 옹벽(擁壁). ② 깎아지른 듯이 험한 물가.

▶ 江岸(강안)·對岸(대안)·沿岸(연안)·彼岸(피안)·海岸(해안)·湖岸(호안).

峙 언덕 **치**

음 zhì, shì 일 ジ, そばだつ 영 aloft

① 산이 우뚝 솟을 **치**(屹立). ② 갖출 **치**(具也, 共). ③ 쌓을 **치**(積).【跱와 같음】

峙立(치립 zhìlì) 산이 높게 우뚝 섬. 흘립(屹立).
峙積(치적 zhìjī) 갖추어 쌓음. 모아 쌓음.

峠 고개 **상**

음 shàng 일 とうげ
영 (mountain) pass

고개 **상**, 재 **상**(山嶺).

峯 봉우리 **봉**

峯峯峯峯峯峯峯峯峯

음 fēng 일 ホウ, みね 영 peak

봉우리 **봉**(直上而銳).

書體 小篆 峯 草書 峯 (高校) 形聲

峯頭(봉두 fēngtóu) 산봉우리. 맨 꼭대기. 산봉(山峯). 산정(山頂).

峯巒(봉만 fēngluán) 산꼭대기의 날카로운 봉우리들.
峯勢(봉세 fēngshì) 산봉우리의 형태.
峯崖(봉애 fēngyá) 산의 낭떠러지.
峯嶂(봉장 fēngzhàng) 산봉우리. 산정(山頂).

▶ 巨峯(거봉)·孤峯(고봉)·高峯(고봉)·群峯(군봉)·起峯(기봉)·連峯(연봉)·靈峯(영봉)·主峯(주봉)·針峯(침봉)·希望峯(희망봉).

峰 봉우리 봉

【峯(前條)과 같음】

峴 고개 현:

xiàn ケン, ゲン, とうげ ridge

① 재 현, 고개 현(嶺小高). ② 산 이름 현(호북성(湖北省) 양양(襄陽)에 있는 산).

島 섬 도

島島島島島島島島島島

dǎo トウ, しま island
섬 도(海中有山可居). 【嶋·嶌로도 씀】

書體 小篆 草書 中學 形聲

島嶼(도서 dǎoyǔ) 섬. 〈島는 큰 섬. 嶼는 작은 섬〉.

▶ 孤島(고도)·群島(군도)·多島海(다도해)·落島(낙도)·半島(반도)·列島(열도)·絶海孤島(절해고도)·諸島(제도)·珍島(진도)·海島(해도).

峻 높을/준엄할 준:

jùn シュン, けわしい

steep

① 높을 준(高). ② 높고 클 준(高大). ③ 혹독할 준(嚴). ④ 클 준(大). ⑤ 험할 준(險). 【駿과 통함】

峻嶺(준령 jùnlǐng) 높은 산봉우리. 준봉(峻峯).
峻路(준로 jùnlù) 험악한 길. 험로(險路).
峻論(준론 jùnlùn) 심각한 의론.
峻嚴(준엄 jùnyán) ① 엄숙함. 엄준(嚴峻). 엄각(嚴刻). ② 험하고 높음.
峻責(준책 jùnzé) 준엄하게 꾸짖음.
峻險(준험 jùnxiǎn) 산이 높고 험악함. 험준(險峻).

▶ 險峻(험준)·泰山峻嶺(태산준령).

峽 골짜기 협

xiá キョウ, はさま gorge

① 물 낀 두메 협, 물 낀 산골 협(山峭夾水). ② 산 이름 협(山名).

峽谷(협곡 xiágǔ) 산의 골짜기. 계곡(谿谷).
峽路(협로 xiálù) 산 속의 길. 두멧길.

▶ 山峽(산협)·地峽(지협)·海峽(해협).

崇 높을 숭

崇崇崇崇崇崇崇崇崇

chóng シュウ, ス, たかい nobility

① 높을 숭(高貴). ② 높일 숭(尊). 「숭배(崇拜), 숭경(崇敬)」. ③ 공경할 숭(敬). ④ 채울 숭(充). ⑤ 모을 숭(聚). ⑥ 마칠 숭(終). ⑦ 귀인 숭(貴人). ⑧ 산 이름 숭(山名五岳之一).

書體 小篆 草書 中學 形聲

崇高(숭고 chónggāo) 뜻이 존엄하고

고상함.
崇慕(숭모 chóngmù) 우러러 사모함.
崇文(숭문 chóngwén) 글을 숭상함. 또는 문학(文學)을 높임.
崇佛(숭불 chóngfó)《佛》부처를 숭상함. 불교를 숭상함.
崇尙(숭상 chóngshàng) 공경하여 높임.

▶ 隆崇(융숭)·尊崇(존숭).

崔 성(姓)/높을 최
山 8 ⑪

🔊 cuī 🇯🇵 サイ, たかい 🇬🇧 aloft
① 산 우뚝할 **최**(山高貌崔嵬). ② 높고 가파를 **최**. ③ 성 **최**(姓). ④ 고을 이름 **최**(齊邑名).
崔魏(최위 cuīwèi) 산이 높고 험함.
崔崒(최줄 cuīcuī) 높고 험악한 모양.
崔判官(최판관 cuīpànguān) 죽은 사람의 생전의 선악을 판단한다는 저승의 벼슬.

崑 산이름 곤
山 8 ⑪

🔊 kūn 🇯🇵 コン name of a mountain
곤륜산 **곤**(山名崑崙山).
崑岡(곤강 kūngāng) 곤륜산(崑崙山)의 이명(異名).
崑崙(곤륜 kūnlún)《地》산 이름. 중국의 서방에 있는 최대의 영산(靈山). 서방의 낙토(樂土)로 서왕모(西王母)가 산다고 하며 미옥(美玉)이 난다고 함.

崖 언덕 애
山 8 ⑪

1 🔊 yá 🇯🇵 ガイ, がけ 🇬🇧 cliff
2 🔊 ái 🇯🇵 ギ
1 ① 낭떠러지 **애**(水邊崖岸). ② 변

덕 많을 **애**. **2** 언덕 **의**(岸).
崖壁(애벽 yábì) 낭떠러지의 벽. 단애(斷崖).
崖岸(애안 yá'àn) ① 물가의 단애(斷厓). ② 오만하여 남과 어울리지 않음.

▶ 斷崖(단애).

崙 산이름 륜
山 8 ⑪

🔊 lún 🇯🇵 ロン
🇬🇧 name of a mountain
① 곤륜산 **륜**(崑崙山名). ② 나라 이름 **륜**(荒服國名).【崘과 통함】

崩 무너질/붕괴할 붕
山 8 ⑪

崩 崩 崩 崩 崩 崩 崩 崩

🔊 bēng 🇯🇵 ホウ, くずれる
🇬🇧 collapse
① 산 무너질 **붕**(自上墜下山壞). ② 황제가 죽을 **붕**(殂落). ③ 부서질 **붕**(破).

書體 小篆崩 古文崩 草書崩 高校崩 形聲

崩壞(붕괴 bēnghuài) =붕궤(崩潰).
崩潰(붕궤 bēngkuì) 무너져 흩어짐. 붕괴(崩壞).
崩落(붕락 bēngluò) 무너져 떨어짐. 붕추(崩墜).
崩御(붕어 bēngyù) 임금의 죽음(임금의 죽음은 산이 무너짐과 같다는 뜻). 선어(仙馭). 등하(登遐). 승하(升遐). 붕조(崩殂).

▶ 山崩(산붕)·土崩(토붕).

崗 언덕 강
山 8 ⑪

【岡(山부5획)의 속자】

嵒 바위 암

山 9획 ⑫

🅐 yán 🅑 ガン, いわお 🅔 rock
① 바위 암(山巖). ② 산 우뚝할 암(嶄嵒山高貌). 【巖과 통함】

嶮 산 가파를 험:

山 13획 ⑯

🅐 xiǎn 🅑 ケン, けわしい 🅔 steep
산 가파를 험(高峻貌).

嶮路(험로 xiǎnlù) 험한 길.
嶮惡(험악 xiǎn'è) 험하고 나쁨.
嶮阨(험애 xiǎn'ài) 지형(地形) 따위가 험하고 좁음.
嶮峻(험준 xiǎnjùn) 험하고 가파름. 험준(險峻).

嶺 고개 령

山 14획 ⑰

嶺嶺嶺嶺嶺嶺嶺嶺嶺

🅐 lǐng 🅑 レイ, みね, とうげ 🅔 ridge
① 고개 령, 재 령(山肩通路). ② 산길 령. ③ 산봉우리 령(山峯). 【領과 통함】

書體 小篆 嶺 草書 𡵉 (高校) 形聲

▶ 高嶺(고령)·分水嶺(분수령)·泰山峻嶺(태산준령).

嶼 섬 서(:)

山 14획 ⑰

🅐 yǔ 🅑 ショ, しま 🅔 island
섬 서, 물에 뜬 섬(陸島). 〈수중(水中)에 있는 작은 산, 또는 주(洲). 도서(島嶼)의 島는 大, 嶼는 小〉.

島嶼(도서).

嶽 큰 산[岳] 악

山 14획 ⑰

🅐 yuè 🅑 ガク, たけ 🅔 great mountain
① 큰 산 악(山宗). 「오악(五嶽)」. ② 엄하고 위엄 있는 모양 악.

嶽崇海豁(악숭해활 yuèchónghǎihuò) 산과 같이 높고 바다와 같이 넓음.

巌 바위 암

山 17획 ⑳

【巖(山부·20획)과 같음】

巖 바위 암

山 20획 ㉓

巖巖巖巖巖巖巖巖巖

① 🅐 yán 🅑 ガン, いわお 🅔 rock
② 🅑 ケン, いわお

① ① 바위 암(石窟). ② 험할 암(險). ③ 산 가파를 암(高峻貌). ④ 대궐 곁채 암(巖廊殿廡). 【嵒과 같음】 ② 높을 엄(高貌).

書體 小篆 巖 草書 𡵉 (中學) 形聲

巖窟(암굴 yánkū) 바위의 굴. 암혈(巖穴).
巖壁(암벽 yánbì) 깎아지른 듯이 험하게 솟아 있는 바위. 벽 모양으로 높이 솟은 바위. 절벽.
巖山(암산 yánshān) 바위가 많은 산. 거산(鋸山).

▶ 奇巖怪石(기암괴석)·奇巖絕壁(기암절벽)·變成巖(변성암)·沙巖(사암)·石灰巖(석회암)·水成巖(수성암)·鎔巖流(용암류)·堆積巖(퇴적암)·片麻巖(편마암)·片巖(편암)·玄武巖(현무암)·花崗巖(화강암).

巛, 川 部

개미허리 **천**, 내 **천**

川 내/냇물 **천**

川 川 川

- 訓 chuān 日 セン, かわ 英 stream

① 내 천(流通水). ② 굴 천(坑).

書體: 小篆 巛 / 草書 川 / 中學 / 象形

川芎(천궁 chuānxiōng)《植》 이름. 천궁이, 궁궁이의 뿌리. 성질이 따뜻하고 맛이 시며, 혈액 순환을 돕는 약재로 쓰임.

川獵(천렵 chuānliè) 냇물에서 고기잡이를 함.

▶ 山川草木(산천초목)·漣川(연천)·支川(지천)·河川(하천).

州 고을 **주**

州 州 州 州 州 州

- 訓 zhōu 日 シュウ, ス, さと, くに 英 country

① 고을 주(郡縣). ② 주 주(行政區劃名). ③ 섬 주(水中可居).【洲와 통함】

書體: 小篆 丗 / 古文 州 / 草書 / 高校 / 象形

州閭(주려 zhōulǘ) 마을. 향당(鄕黨). 향리(鄕里). 촌락(村落). 주항(州巷).

▶ 九州(구주)·安州(안주)·濟州(제주).

巡 돌[廻]/순행할 **순**

巛 巛 巛 巡 巡 巡 巡

- 訓 xún 日 ジュン, めぐる
- 英 patrol, circulate

① 돌 순(廻). ② 순행할 순(視行). ③ 돌려 살필 순. ④ 두루 순(徧).

書體: 小篆 巡 / 草書 巡 / 高校 / 形聲

巡邏(순라 xúnluó) 순찰하며 경계함. 순찰(巡察). 순검(巡檢).
巡洋艦(순양함 xúnyángjiàn) 고속으로 항속력(航續力)이 크며 배수량(排水量)이 많은 군함.

▶ 交通巡警(교통순경).

巢 새집 **소**

- 訓 cháo 日 ソウ, す 英 nest

① 새집 소(鳥棲). ② 집 지을 소. ③ 새 보금자리 소. ④ 적진 망보는 높은 수레 소(輣車). ⑤ 도둑굴 소(賊窟). ⑥ 큰피리 소(大笙). ⑦ 채소 이름 소(菜名).

巢居(소거 cháojū) 새의 보금자리처럼 나무 위에 집을 얽음. 또는 얽어 살음. 암서(巖棲).
巢窟(소굴 cháokū) ① 나무 위에 집을 얽고 사는 것과, 땅에 굴을 파고 사는 것. 소혈(巢穴). ② 도둑, 악한의 무리가 자리 잡고 사는 곳.

▶ 古巢(고소)·歸巢(귀소)·卵巢(난소)·病巢(병소)·燕巢(연소)·留巢(유소).

巢 새집 **소**

【巢(前條)의 약자】

工 部

장인 공

工 장인 공

ㅜ T 工

🔤 gōng 🇯🇵 コウ, ク, たくみ, さいく
🇬🇧 artisan

① 공교할 공(巧). ② 장인 공, 공장 공(匠). ③ 벼슬 공(官). ④ 만들 공(製作).

書體 小篆 工 古文 工 草書 工 （中學） 象形

工率(공률 gōnglǜ) ① 기계가 단위 시간 안에 하는 일의 능률. ② 작업이 진행되는 율.

工作(공작 gōngzuò) ① 물건을 만듦. 일을 계획하여 경영함. ② 방책과 수단을 꾸밈. 즉 정치공작(政治工作) 같은 것임.

工程(공정 gōngchéng) ① 공부하는 정도. ② 작업의 정도 또는 분량. ③ 《物》 공률(工率).

▶ 加工(가공)·見習工(견습공)·起工(기공)·技能工(기능공)·技術工(기술공)·陶工(도공)·不實施工(부실시공)·士農工商(사농공상)·商工(상공)·手工(수공)·修理工(수리공)·熟練工(숙련공)·施工(시공)·試驗工夫(시험공부)·完工(완공)·理工(이공)·人工衛星(인공위성)·人工呼吸(인공호흡)·精工(정공)·竣工(준공)·重工業(중공업)·着工(착공).

左 왼/왼쪽 좌:

ー ナ 左 左 左

🔤 zuǒ 🇯🇵 サ, ひだり 🇬🇧 left

① 왼 좌(右之對). ② 왼쪽 갈 좌(左行). ③ 그를 좌, 어긋날 좌(反). ④ 심술궂을 좌, 패리 좌(悖理). ⑤ 물리칠 좌(黜). ⑥ 증거할 좌(證). ⑦ 도울 좌(助). 【佐와 통함】

書體 小篆 左 草書 左 （中學） 會意

左傾(좌경 zuǒqīng) ① 왼쪽으로 기울음. 마음이 공평하지 못함의 비유. ② 급진적으로 과격한 사상에 기울음. 좌익사상(左翼思想)을 가짐.

左旋(좌선 zuǒxuán) 시계 바늘이 도는 반대방향으로 돌림. 왼쪽으로 돌음. counterclockwise. ↔ 우선(右旋 clockwise).

左往右往(좌왕우왕 zuǒwǎngyòuwǎng) ① 왔다 갔다 하여 몹시 바쁨. ② 갈팡질팡함.

左翼(좌익 zuǒyì) ① 왼쪽 날개. ② 《軍》 군대의 왼쪽 진영(陣營). ③ 급진적(急進的), 과격적(過激的)인 당파. 프랑스 대혁명(大革命) 이후 의회(議會)에서 급진 과격파인 자코방(Jacobin)당(黨)이 왼쪽의 석(席)을 차지한 데서 옴. ④ 《社》 과격(過激)하고 파괴적(破壞的)인 공산당(共産黨)을 일컫는 말.

左提右挈(좌제우설 zuǒtíyòuqiè) 서로 의지해서 도움. 왼쪽으로 끌고 오른쪽으로 이끌음.

左遮右欄(좌차우란 zuǒzhēyòulán) 온갖 힘을 다하여 이리저리 막아 냄.

左遷(좌천 zuǒqiān) 높은 지위에서 낮은 지위로 떨어짐. 중앙에서 지방으로 전근됨.

左衝右突(좌충우돌 zuǒchōngyòutū) 이리저리 막 치고박고 함.

左側通行(좌측통행 zuǒcètōngxíng) 질서 있는 교통을 위해 사람은 왼편 길을 택해 걷는 일.

左派(좌파 zuǒpài) 정당(政黨) 가운데의 급진파(急進派).

左舷(좌현 zuǒxián) 선미(船尾)에서 뱃머리를 향해서 왼쪽의 뱃전.

▶ 極左(극좌)·新左翼(신좌익)·右往左往(우왕좌왕)·前後左右(전후좌우).

巧 공교할 교

巧巧巧巧巧

음 qiǎo 일 コウ, たくみ
영 skill, tactful

① 교묘할 교(拙之反). ② 훌륭한 솜씨 교. ③ 거짓말을 꾸밀 교. ④ 재능 교(技能). ⑤ 공교할 교(機巧). ⑥ 똑똑할 교(點慧). ⑦ 어여쁠 교(好).

書體 小篆 巧 草書 巧 高校 形聲

巧妙(교묘 qiǎomiào) 썩 잘 되고 묘함.
巧言令色(교언영색 qiǎoyánlìngsè) 남의 환심을 사기 위하여 말로 교묘하게 꾸며 대며 얼굴빛을 좋게 하여 아첨함. 간사한 사람의 모양.
巧態(교태 qiǎotài) 아름답게 아양부리는 모양. 미태(媚態).
巧猾(교활 qiǎohuá) 간사한 꾀가 많음. 교힐(巧黠). 교활(狡猾).

▶ 奸巧(간교)·計巧(계교)·工巧(공교)·機巧(기교)·精巧(정교).

巨 클 거:

巨巨巨巨巨

음 jù 일 キョ, おおきい
영 big, huge

① 클 거(大). ② 많을 거(鉅). ③ 억 거(萬萬數).【鉅와 같음】

書體 小篆 巨 或體 榘 古文 㠭 草書 ⼱ 中學 象形

巨視的(거시적 jùshìde) 우리들의 감각으로 직접 식별할 수 있는 정도와 크기의 대상에 관하여 이르는 말. ↔ 미시적(微視的).
巨儒(거유 jùrú) ① 이름난 유학자(儒學者). ② 학식(學識)이 많은 선비. 대유(大儒)·석유(碩儒).
巨匠(거장 jùjiàng) 위대한 예술가. 대가(大家).
巨刹(거찰 jùchà) 큰 절. 큰 사찰(寺刹). 대가람(大伽藍).

▶ 老巨(노거)·名門巨族(명문거족).

巫 무당 무:

음 wū 일 フ, みこ 영 witch

① 무당 무(祝者無形以舞降神者). ② 산 이름 무(廬縣山名).

巫鼓(무고 wūgǔ) 터무니없는 말. 망설(妄說).
巫女(무녀 wūnǚ) 무당.
巫堂(무당 wūtáng) 신과 인간의 중개 구실을 한다 하여 길흉을 점치고 굿을 하는 여자. 무녀(巫女). 무자(巫子).
巫俗(무속 wūsú) 무당의 풍속. 무당들의 세계에서만 관용되는 풍속.
巫術(무술 wūshù) ① 무당의 술법. 마법(魔法). ② 宗 샤머니즘.

▶ 降神巫(강신무)·入巫(입무).

差 어긋날 차

差差差差差差差差差

1 음 chà 일 サ, たがう
영 difference 2 음 cī 일 シ
3 ①-④ 음 chāi ⑤-⑦ 음 chā

1 ① 어기어질 차(舛). ② 가릴 차(擇). ③ 이름 차(人名). ④ 다를 차(異). 2 ① 어긋날 치(不齊). ② 오르락내리락할 치(燕飛). ③ 구분지을 치(區分).「등차(等差)」. 3 ① 버금 채(貳). ② 가릴 채(擇). ③ 부릴 채(使). ④ 보낼 채(送). ⑤ 지나칠 채(過). ⑥ 견줄 채(較). ⑦ 병 나을 채(病愈).

差減(차감 chājiǎn) 비교하여 덜어 냄.
差別待遇(차별대우 chābiédàiyù) 각각 차별을 두고서하는 대우.
差備(차비 chāibèi) ① 갖추어 차림. 채비. ②《制》특별한 사무를 맡기려고 임시로 임명함.
差上差下(차상차하 chāshàngchāxià) 좀 낫기도 하고 못하기도 함. 막상막하(莫上莫下).
差先差後(차선차후 chāxiānchāhòu) 앞서기도 하고 뒤서기도 함.
差押(차압 chāyà)《法》압류(押留)의 구칭(舊稱).
差入(차입 chārù) ① 물건을 넣어 줌. ② 미결수에게 음식이나 물건을 넣어 줌.
差出(차출 chāichū) ① 인원이나 물자를 빼어서 냄. 제출(提出). 제공(提供). ② 관원(官員)을 임명함.

▶ 隔差(격차)·見解差(견해차)·落差(낙차)·時差(시차)·視角差(시각차)·時差(시차)·誤差(오차)·雲泥之差(운니지차)·比較差(비교차)·潮差(조차)·千差萬別(천차만별)·快差(쾌차)·偏差(편차)·換差益(환차익).

己 部

몸 기

己 몸 기

ㄱ ㄱ 己

音 jǐ 日 キ, コ, 国 おのれ self
① 몸 기, 저 기(身). ② 사사 기(私). ③ 마련할 기(紀). ④ 여섯째 천간 기(天干第六位).【已·巳는 별자】

己未運動(기미운동 jǐwèiyùndòng)《歷》1919년 기미년(己未年)에 일어난 독립 운동. 손병희(孫秉熙) 등 33인이 중심되어 독립선언서(獨立宣言書)를 낭독한 뒤, 온 겨레가 독립 만세를 부르고 일본 관헌(官憲)과 대항하여 싸워서 많은 희생자를 낸 민족 운동.

▶ 舊面知己(구면지기)·克己(극기)·利己(이기)·自己感情(자기감정)·自己陶醉(자기도취)·自己矛盾(자기모순)·自己批判(자기비판)·自己紹介(자기소개)·自己中心(자기중심)·自己犧牲(자기희생)·知己之友(지기지우).

已 이미 이:

ㄱ ㄱ 已

音 yǐ 日 イ, すでに 国 already
① 이미 이(過事語辭). ② 그칠 이(止也, 訖). ③ 말 이(卒事之辭). ④ 버릴 이(去). ⑤ 너무 이(太過). ⑥ 조금 있다가 이(踰時). ⑦ 뿐 이, 따름 이(啻). ⑧ 병 나을 이(病愈).【已·巳와는 別字】

已過之事(이과지사 yǐguòzhīshì) = 이왕지사(已往之事).
已發之矢(이발지시 yǐfāzhīshǐ) 쏘아 놓은 화살. 이왕 시작한 일을 중지하기 어려움을 가리키는 말.
已往之事(이왕지사 yǐwǎngzhīshì) 이미 지나간 일. 이과지사(已過之事).

▶ 不得已(부득이).

巳 뱀 사:

ㄱ ㄱ 巳

巳 뱀 사

㊀ sì ㊁ シ, み

① 여섯째 지지 **사**(地支第六位).「방각(方角)」으로서는 동남. 시각(時刻)으로는 오전 열시. ② 뱀 **사**(蛇). 【己·已는 별자】

書體: 小篆 �� 草書 己 (中學) 會意

巳方(사방 sìfāng) 24방위(方位)의 하나. 정남에서 동으로 30도 됨.
巳時(사시 sìshí) ① 12시(時)의 6째 시. 곧 상오 9시부터 11시까지의 사이. ② 24시(時)의 11째 시. 곧 상오 10시부터 11시까지의 사이.

▶ 乙巳五賊(을사오적).

巴 꼬리 파

㊀ bā ㊁ ハ, ともえ ㊂ tail

① 땅 이름 **파**(地名). ② 뱀 **파**(食象蛇). ③ 꼬리 **파**(尾).

▶ 三巴戰(삼파전)·淋巴腺(임파선).

祀 제사 사

→ 示부 3획

巷 거리 항:

 巷巷巷巷共共共巷

㊀ xiàng, hàng ㊁ コウ, ちまた ㊂ street

① 거리 **항**, 골목 **항**(里中道). ② 마을 **항**(邑里). ③ 복도 **항**(宮中長廡). ④ 내시 **항**(巷伯). 【衖과 통함】

書體: 小篆 㸌 大篆 蘭 草書 荟 (高校) 會意

巷間(항간 xiàngjiān) 보통 민중들 사이. 여항간(閻巷間).
巷說(항설 xiàngshuō) 거리의 풍설. 세상의 풍설(風說). 한 동네의 이야기가 거리로 이 사람 저 사람의 입에 옮겨지는 말. 항담(巷談). 항어(巷語). 항의(巷議).
巷議(항의 xiàngyì) ① 세상의 평판. 길거리의 뜬소문. ② 세상에 떠도는 비난.
巷戰(항전 xiàngzhàn) 시가전(市街戰).

▶ 寒深柳巷(한심유항).

巽 부드러울 손

㊀ xùn ㊁ ソン, ゆずる ㊂ modest

① 사양할 **손**(讓). ② 낮은 체할 **손**(卑). ③ 부드러울 **손**(柔). ④ 괘 이름 **손**(卦名). ⑤ 동남간방 **손**(東南間方). 【遜과 통함】

巽坐乾向(손좌건향 xùnzuòqiánxiàng) 손방(巽方)을 등지고 건방(乾方)을 향하게 된 좌향. 곧 동남에서 서북쪽으로 바라보고 앉음.

巾 部

수건 **건**

巾 수건 건

㊀ jīn ㊁ キン, ふきん ㊂ towel

① 수건 **건**(帨). ② 머리건 **건**(首飾蒙). ③ 건 **건**(男子冠). ④ 덮을 **건**(羃).

巾櫛(건즐 jīnzhì) ① 수건과 빗. ② 낯 씻고 머리를 빗는 일.
巾布(건포 jīnbù) 두건(頭巾)을 만들 베.
巾幅(건폭 jīnfú) 나비. 서화(書畫) 등의 종이나, 비단 등의 나비.

市 저자/장 시:

市 市 市 市 市

음 fú 일 シ, いち 영 market, city

① 저자 시, 장 시(賣買所之市場). ② 흥정할 시(賣). ③ 집이 많은 동리 시(都邑). 「성시(城市), 도시(都市)」.

書體 小篆 朿 草書 市 (中學) 形聲

市價(시가 shìjià) 상품이 시장에서 매매되는 값. 시장의 시가시세(時價時勢).

市勢(시세 shìshì) ① 시(市)의 종합적인 상태. ② 경제계(經濟界)에 있어서 수요(需要)와 공급(供給)이 잘 되어 나가는 정도(程度).

市井(시정 shìjǐng) ① 인가가 모인 곳. 시가(市街). 거리. 〈옛날 우물이 있는 곳에 사람이 모여 살았으므로, 또 상품을 우물에 먼저 씻어 팔기 때문에, 또 정전(井田)에 의하여 시가(市街)가 되었다고 하는 설도 있음〉. ② 거리의 장사치. 거민. ③ 세상(世上).

市況(시황 shìkuàng) 시장의 매매, 거래, 경기. 상황(商況).

▶ 都市(도시)·城市(성시)·夜市(야시).

布 베/펼 포(:)

市 ナ オ 右 布

음 bù 일 フ, ホ, ぬの, しく 영 cloth

1 ① 베 포(麻枲葛織). ② 피륙 포(織物總絲). ③ 벌일 포(陳). ④ 돈 포(錢). ⑤ 베풀 포(施). **2** 보시 보(普施).

書體 小篆 㞢 草書 布 (中學) 形聲

布告(포고 bùgào) ① 고시하여 널리 일반에게 알림. ② 국가의 결정적 의사를 공식으로 일반에게 알리는 것.

布石(포석 bùshí) ① 바둑 둘 때 처음에 돌을 벌여 놓는 것. ② 장래를 준비함.

布施(① 포시 ② 보시 bùshī) ① 남에게 물건을 베풂. ② Dana의 역(譯). 탐욕이 없는 깨끗한 마음으로 불보살(佛菩薩), 중, 가난한 사람에게 의식(衣食)을 베풂. ③ 베푼 물품이나 돈.

布陣(포진 bùzhèn) ① 전쟁이나 경기 등을 하기 위하여 진(陣)을 침. ② 품평회나 상점의 창안에 물건을 진열하여 펴 놓음.

▶ 葛布(갈포)·絹布(견포)·公布(공포)·塗布(도포)·麻布(마포)·綿布(면포)·毛布(모포)·頒布(반포)·配布(배포)·北布(북포)·分布(분포)·散布(산포)·撒布(살포)·宣布(선포)·瀑布(폭포).

帆 돛 범:

㇐ 음 fān
ㄱ 음 fán 일 ハン, ほ 영 sail

돛 범(舟上幔使風).【颿과 같음】

帆船(범선 fānchuán) 돛단배.
帆布(범포 fānbù) 돛을 만드는 포목.

▶ 白帆(백범)·出帆(출범).

师 스승 사

【師(巾부7획)의 약자】

希 바랄 희

希 希 希 希 希 希

음 xī 일 キ, まれ, ねがう
영 rare, hope

① 드물 희(罕). ② 바랄 희(望). ③ 적을 희(寡).【稀와 통함】

書體 草書 希 (中學) 會意

希臘神話(희랍신화) xīlàshénhuà) 그리스 반도에서 B.C. 11세기 경부터 아리안 족(族)에 전하여진 신화들.

希微(희미) xīwēi) ① 또렷하지 못함. 매우 작음. 희미(熹微). ② 희(希)와 미(微). 〈희(希)는 소리가 또렷하지 못하고, 미(微)는 모습이 있는데 잡히지 않음〉.

帖 문서 첩

^巾₅⁸

1 ①-④ 🀄 tiē ⑤ 🀄 tiě 🇯 チョウ, かきつけ 🇬🇧 archives
2 🀄 tié

1 ① 문서 **첩**(卷). ② 타첩할 **첩**(定). 「첩안(帖安)」. ③ 상 앞휘장 **첩**(牀前帷). ④ 습자 책 **첩**. 「법첩(法帖)」. 【貼과 같음】 ⑤ 봉지 **첩**(一帖, 藥帖). 2 체지 **체**(帖紙).

帖息(첩식 tiēxī) 마음을 놓음. 안도(安堵).

帖耳(첩이 tiēěr) 아첨해 가며 동정을 바람. 첩복(帖伏). 첩복(帖服).

帖子(첩자 tiězi) ① 수첩. 장부. 접은 책. ②《中》태환권(兌換券)·관첩(官帖)과 사첩(私帖)이 있음. ③ 명함·안내장·소집장(召集狀) 따위.

帖著(첩착 tiēzhuó) 딱 붙어서 떨어지지 않게 함. 첩부(帖付). 첩부(貼附).

▶ 寫眞帖(사진첩)·手帖(수첩).

帙 책권 차례 질

^巾₅⁸

🀄 zhì 🇯 チツ, ふまき 🇬🇧 jacket

① 책갑 **질**(書衣). ② 책권 차례 **질**(書卷編次). ③ 작은 주머니 **질**(小囊).

帙冊(질책 zhìcè) 여러 권으로 된 한 벌의 책.

帛 비단 백

^巾₅⁸

🀄 bó 🇯 ハク, きぬ 🇬🇧 silk fabric

① 비단 **백**(絹). ② 폐백 **백**(幣). ③ 죽백 **백**(史名).

▶ 幣帛(폐백).

帝 임금 제:

^巾₆⁹

帝 帝 帝 帝 帝 帝 帝 帝

🀄 dì 🇯 テイ, タイ, みかど 🇬🇧 emperor

① 임금 **제**, 제왕 **제**(王天下之號君). ② 하느님 **제**(上帝天).

書體 小篆 帝 古文 帝 草書 帝 (中學) 象形

帝國主義(제국주의 dìguózhǔyì)《政》해외시장을 얻기 위해 될 수 있는 대로 영토를 넓히며 또는 세력 범위를 넓히려고 하는 근대적 침략주의의 한 형태.

帝王切開手術(제왕절개수술 dìwáng-qiēkāishǒushù)《醫》복벽(腹壁) 및 자궁벽을 절개하여 태아를 꺼내는 수술. 대왕수술(大王手術).

▶ 日帝(일제)·天帝(천제)·稱帝(칭제)·皇帝(황제).

帥 장수 수

^巾₆⁹

帥 帥 帥 帥 帥 帥 帥 帥

1 🀄 shuài 🇯 スイ, かしら 🇬🇧 general
2 🀄 스イ, おさ

1 ① 거느릴 **솔**(領兵). ② 좇을 **솔**(循).
2 ① 주장할 **수**(主). ② 장수 **수**(將帥).

書體 小篆 帥 或體 帨 草書 帥 (中學) 形聲

帥臣(수신 shuàichén) 병사(兵使)와 수사(水使)를 일컫던 말.

▶ 元帥(원수)·將帥(장수)·統帥(통수).

師 스승 사

巾⁷⁄⑩

師師師師師師師師師師

음 shī 일 ジ, せんせい
영 master, teacher

① 스승 사, 선생님 사(敎人以道者範). ② 본받을 사(效). ③ 어른 사(長). ④ 군사 사(軍旅稱衆). ⑤ 서울 사(京師). ⑥ 벼슬 이름 사(官名). ⑦ 신 이름 사(神名). ⑧ 괘 이름 사(卦名). ⑨ 뭇 사람 사(衆人).

書體 小篆 師 古文 𢼄 草書 泡 中學 會意

師君(사군 shījūn) 스승의 경칭.
師範(사범 shīfàn) ① 스승으로서 모범이 될 만한 사람. 모범. 사표(師表). ② 유도(柔道) 따위의 무술을 가르치는 사람.
師父(사부 shīfù) ① 스승에 대한 존칭. ②《宗》승려(僧侶)·도사(道士)들에 대한 존칭. ③ 스승과 아버지.
師事(사사 shīshì) 스승으로 섬김. 스승으로 삼고 가르침을 받음.
師子吼(사자후 shīzǐhǒu)《佛》불교도(佛敎徒)가 모든 박해(迫害)를 두려워하지 않고 큰 소리를 내어 설법을 하는 것.〈사(師)는 사(獅)와 같으며, 사(獅)가 포효(咆哮)하면 모든 짐승이 두려움에서 나온 비유의 말.》《轉》큰 소리로 기운차게 연설함. =사자후(獅子吼).
師表(사표 shībiǎo) 학식과 인격이 높아 남의 모범이 될만한 사람. 모범이 되는 것. 귀감(龜鑑). 사범(師範).

▶ 講師(강사)·敎師(교사)·技師(기사)·擔任敎師(담임교사)·牧師(목사)·反面敎師(반면교사)·法師(법사)·禪師(선사)·藥師

(약사)·恩師(은사)·醫師(의사)·出師表(출사표).

席 자리 석

巾⁷⁄⑩

席席席席席席席席席席

음 xí 일 セキ, むしろ
영 seat

① 돗 석, 자리 석(簟). ② 깔 석(藉). ③ 걷을 석(卷). ④ 자리할 석(資). ⑤ 인할 석(因). ⑥ 베풀 석(陳).

書體 小篆 席 古文 𥩓 書 席 中學 形聲

席藁待罪(석고대죄 xígǎodàizuì) 거적을 깔고 엎드려 처벌을 기다리는 것.
席卷(석권 xíjuǎn) 자리를 둘둘 말듯이 너른 땅이나 세력(勢力)을 쳐서 빼앗음. 석권(席捲). 무서운 기세(氣勢)로 세력을 펼쳐 나감.

▶ 客席(객석)·缺席(결석)·公席(공석)·國家主席(국가주석)·闕席(궐석)·男女七歲不同席(남녀칠세부동석)·同席(동석)·末席(말석)·陪席(배석)·私席(사석)·首席(수석)·連席會議(연석회의)·宴會席(연회석)·立席(입석)·坐不安席(좌불안석)·坐席(좌석)·座席(좌석)·主席(주석)·卽席(즉석)·着席(착석)·參席(참석)·出席(출석)·合席(합석)·花紋席(화문석)·會席(회석).

帰 돌아갈 귀

巾⁷⁄⑩

【歸(止부14획)의 속자】

帳 장막 장:

巾⁸⁄⑪

帳帳帳帳帳帳帳帳帳帳帳

음 zhàng 일 チョウ, とばり
영 curtain

① 휘장 장(帷). ② 장막 장(幕). ③ 앙장 장(幬). ④ 치부책 장(計簿).

帳

書體 小篆 帳 草書 帳 (中學) 形聲

帳記(장기 zhàngjì) 물건이나 논밭의 매매에 관한 물목(物目)을 적는 장부(帳簿). 장기(掌記).

▶記帳(기장)·臺帳(대장)·元帳(원장)·通帳(통장)·布帳馬車(포장마차)·揮帳(휘장).

帶

巾8 (11) 帶 띠 대(:)

帶帶帶帶帶帶帶帶帶帶

音 dài 日 タイ, おび 英 belt

① 띠 대(紳). ② 찰 대(佩). ③ 데릴 대(隨行). ④ 뱀 대(蛇). ⑤ 둘레 대(圓). ⑥ 쪽 대(邊). ⑦ 골 이름 대(朝鮮郡名). ⑧ 가질 대(持). ⑨ 대하증 대(婦人病). ⑩ 풀 이름 대(草名).

書體 小篆 帶 草書 帶 (中學) 象形

帶電(대전 dàidiàn) 물체가 전기를 띠는 일.
帶妻(대처 dàiqī) 아내를 둠.

▶冠帶(관대)·丘陵地帶(구릉지대)·暖帶(난대)·附帶施設(부대시설)·繃帶(붕대)·死角地帶(사각지대)·紗帽冠帶(사모관대)·聲帶模寫(성대모사)·世帶(세대)·眼帶(안대)·安全地帶(안전지대)·連帶(연대)·熱帶(열대)·溫帶(온대)·紐帶(유대)·靭帶(인대)·一帶(일대)·地帶(지대)·寒帶(한대)·革帶(혁대)·橫携帶(휴대)·胸帶(흉대).

常

巾8 (11) 常 떳떳할/항상 상

常常常常常常常常常常

音 cháng 日 ショウ, つね 英 always

① 항상 상, 늘 상(恒久). ② 떳떳할 상(庸). ③ 두 길 상(數名倍尋). ④ 아가위 상(棣). ⑤ 오랠 상(久). ⑥ 벼슬 이름 상(官名). 【裳과 통함】

書體 小篆 常 草書 常 (中學) 形聲

常軌(상궤 chángguǐ) 항상 행할 떳떳하고 바른 길. 상도(常道).
常道(상도 chángdào) ① 때와 곳에 따라 변하지 않는, 사람이 항상 지켜야 할 도리. 불변불역(不變不易)의 도. 상궤(常軌). ② 보통의 수단.
常綠樹(상록수 chánglǜshù)《植》나무 잎이 사시(四時)에 언제나 푸른 나무. 상반목(常磐木). ↔ 낙엽수(落葉樹).
常民(상민 chángmín) 상사람. 상인(常人). ↔양반(兩班).
常班(상반 chángbān) 평민과 양반.
常識(상식 chángshí) ① 보통 사람이 지니거나 또는 지녀야 할 표준지력(標準知力). 견식(見識). 덕성(德性). ② 보통의 지식 또는 평범한 생각.
常套(상투 chángtào) 보통으로 하는 투. 예사의 투.
常套手段(상투수단 chángtàoshǒuduàn) 버릇이 되어서 예사(例事)로 쓰는 투의 수단(手段).
常平通寶(상평통보 chángpíngtōngbǎo)《制》조선 때 쓰던 엽전(葉錢)의 이름. 인조 11년에 처음 만들어 쓰고, 숙종 11년에 두 번째 만들어 씀.

▶經常(경상)·怪常罔測(괴상망측)·沒常識(몰상식)·班常(반상)·凡常(범상)·非常警報(비상경보)·非常措置(비상조치)·殊常(수상)·尋常(심상)·十常(십상)·例常(예상)·異常(이상)·人之常情(인지상정)·日常茶飯事(일상다반사)·正常(정상)·諸行無常(제행무상)·通常(통상)·平常(평상)·恒常(항상).

帽

巾8 (11) 帽 모자 모

【帽(巾부9획)의 속자】

巾9 (12) 帽 모자 모

音 mào 日 ボウ, モウ, ぼうし, かぶ

りもの 영 hat, cap
① 모자 모(冠). ② 무릅쓸 모(冒). 【冒와 통함】

帽標(모표 màobiāo) 모자표(帽子標)의 약어.

▶冠帽(관모)·登山帽(등산모)·紗帽冠帶(사모관대)·着帽(착모)·鐵帽(철모)·脫帽(탈모).

幀 그림족자 정

음 zhèng 일 テイ, きぬえ
영 picture

그림족자 정(張畫繪).

幀畫(정화→탱화 zhènghuà) 《佛》 그림으로 그려서 벽에 거는 불상(佛像). 불가에서는 탱화라 읽음.

▶影幀(영정).

幅 폭/너비 폭

음 fú 일 フク, はば 영 width

❶ ① 폭 폭(布帛廣狹). ② 겉치레할 폭(外飾). ③ 가득 찰 폭(滿). ❷ 행전 핍(行縢). ❸ 복건 복(幅巾, 頭巾).

書體 小篆 幅 草書 幅 (中學) 形聲

幅廣(폭광 fúguǎng) 한 폭이 될 만한 너비.

▶廣幅(광폭)·落幅(낙폭)·大幅(대폭)·路幅(노폭)·增幅(증폭)·振幅(진폭)·畫幅(화폭)·橫幅(횡폭).

幇 도울 방

음 bāng 일 ホウ, たすける 영 help

① 곁들 방(事物傍取者). ② 도울 방(助). ③ 구할 방(救). ④ 신가시 꾸미개 방(神帖治履邊).

幇助(방조 bāngzhù) 도움. 옆에서 힘을 보탬.

幕 장막 막

음 mù 일 マク, バク, まく 영 curtain

① 장막 막(帷在上). ② 장군 막(將軍之稱) ③ 군막 막(軍旅無常居故以帳幕之). ④ 가릴 막(蔽). ⑤ 덮을 막(被覆). 【莫과 통함】

書體 小篆 幕 草書 幕 (中學) 形聲

幕僚(막료 mùliáo) ① 장군(將軍)을 보좌(輔佐)하는 참모(參謀). 막우(幕友).《轉》 남의 의논에 참여하는 사람. 고문. 막빈(幕賓). ②《制》 조선 때 비장(裨將)·감사(監司)·유수(留守)·병사(兵使)들을 따라다니던 관리의 하나. 막객(幕客). 막비(幕裨). ③《制》 군주의 유악(帷幄). ④ 육·해·공군의 참모총장·사령관 등에 직속하여 참모 사무 및 부관임무(副官任務)를 수행하는 장교.

幕府(막부 mùfǔ) ① 대장군(大將軍)의 본영(本營). 장소가 일정하지 않고 필요한 곳에 막을 치고 군사를 지휘(指揮)하였음에서 온 말. 막부(莫府). ②《日》《歷》 장군이 정치를 집무(執務)하던 곳. 무인(武人)의 정부. 가마쿠라(鎌倉)·무로마치(室町)·에도(江戶) 삼시대(三時代)에 걸쳐 막부정치(幕府政治)를 하였음. ③ 절도사(節度使)가 있던 곳.

幕天席地(막천석지 mùtiānxídì) 하늘을 장막으로 삼고 땅을 자리로 삼는다는 뜻.《喻》지기(志氣)가 장대(壯大)한 형용.

▶開幕(개막)·內幕(내막)·序幕(서막)·園頭幕(원두막)·銀幕(은막)·字幕(자막)·帳幕(장막)·除幕(제막)·終幕(종막)·酒幕(주막)·天幕(천막)·閉幕(폐막)·汗蒸幕(한증막)·懸垂幕(현수막)·黑幕(흑막).

幟 기(旗) 치

음 シ, のぼり 영 banner

① 깃대 **치**, 표기 **치**(旌旗屬標). ② 기 **치**(幟).

幟竿(치간 zhìgān) 기를 매달아 세우는 장대.

▶旗幟(기치).

幢 기 당

음 chuáng, zhuàng 일 トウ, はた 영 flag

① 기 **당**(旌旗屬麾). ② 수레드림 **당**(車幰). ③ 장목 너풀거릴 **당**(幢幢羽貌).

幢戟(당극 chuángjǐ) 기(旗)가 달린 창(槍).

幣 폐백/화폐 폐:

幣幣幣幣幣幣幣幣幣幣

음 bì 일 ヘイ, ぬさ, きぬ 영 gift

① 폐백 **폐**(帛). ② 예물 **폐**(禮物). ③ 재물 **폐**(財). ④ 돈 **폐**(錢).

書體 小篆 幣 草書 幣 中學 形聲

幣帛(폐백 bìbó) ① 일반적인 모든 예물. ②《國》신부가 처음으로 시부모를 뵐 때 큰 절을 하고 올리는 대추나 건치(乾雉). ③ 선물하는 물품.

▶納幣(납폐)·僞造紙幣(위조지폐)·僞幣(위폐)·造幣(조폐)·貨幣(화폐).

巾
12

干部

방패 간

干 방패 간

干干干

음 gān, gàn 일 カン, たて, おかす 영 shield

① 방패 **간**(盾). ② 범할 **간**(犯). ③ 구할 **간**(求). ④ 막을 **간**(扞). ⑤ 물가 **간**(水涯). ⑥ 얼마 **간**(幾許). ⑦ 천간 **간**(天干自甲至癸). ⑧ 기울 **간**(橫斜貌). ⑨ 눈물 줄줄 흘릴 **간**(淚流貌). ⑩ 난간 **간**(欄干). ⑪ 모시 **간**(紵). ⑫ 마를 **간**(乾). ⑬ 골짝 **간**(澗). ⑭ 간여할 **간**(與).

書體 小篆 干 草書 干 中學 象形

干戈(간과 gāngē) ① 창(槍)과 방패[盾]. 〔轉〕② 무기의 총칭. ③ 싸움. 전쟁.

干連(간련 gānlián) 남의 범죄에 관계있음. 연대관계가 있음.

干潟地(간석지 gānxìdì) 바닷물이 드나드는 개펄.

干涉(간섭 gānshè) ① 남의 일에 뛰어들어가 관계(關係)함. ② 남의 일에 참견(參見)함. 남의 일에 지시와 방해를 함. ③《法》국제법상(國際法上) 한 나라가 다른 나라의 내정을 참견함. ④《物》둘 이상의 광파·음파 등의 파동이 서로 겹쳐서 진폭이 커졌다 작아졌다 하여 다른 빛·소리를 일으키는 현상.

干城(간성 gānchéng) 방패와 성(城). 나라의 밖을 막고 안을 지키는 것. 〔轉〕나라를 지키는 군인.

干與(간여 gānyǔ) 관계함. 관여(關與). 간예(干預).

干潮(간조 gāncháo) 썰물. 갈. ↔ 만

조(滿潮：참).

干證(간증 gānzhèng) ① 범죄에 관계 있는 증인. ②《宗》기독교에서 지은 죄를 밝혀 자복(自服)하고 신앙을 고백하는 일.

干拓(간척 gāntuò) 바다 따위를 막고 물을 빼어 육지로 만드는 일.

▶ 欄干(난간)·不干涉(불간섭)·若干(약간)·如干(여간)·天干(천간).

平 평평할 평

平平平平平

1 음 píng 일 ヘイ, たいらか
   영 flat
2 음 ヒョウ, たいらか 영 even

1 ① 평탄할 평(坦). ② 바를 평(正). ③ 화할 평(和). ④ 다스릴 평(治). ⑤ 고를 평(均). ⑥ 풍년들 평(歲稔). ⑦ 중도위 평(定物價). ⑧ 벼슬 이름 평(官名廷尉平). ⑨ 재판관 평(裁判官). ⑩ 소리 평(發音上四聲中一). ⑪ 재판관 평(裁判官). ⑫ 소리 평(發音上四聲中一). 2 편편할 편(辨治). 【辯과 통함】

書體 小篆 㡊 古文 㢱 草書 㐭 中學 會意

平價切下(평가절하 píngjiàqièxià)《經》① 본위화폐(本位貨幣) 가운데 포함된 순금분(純金分)을 적게 하는 일. ② 통화(通貨)의 대외가치를 떨어뜨리는 일.

平聲(평성 píngshēng) 사성(四聲)의 하나로, 낮은 소리임. 상평(上平)과 하평(下平)의 두 가지있으며, 글자의 좌하(左下)에 부호로서 권점(圈點)을 찍음.

平時調(평시조 píngshídiào)《國》① 목소리를 순평(順平)하게 내어 부르는 시조창법(時調唱法)의 한 가지. ② 시조의 한 가지. 초장이 3·4·3(4)·4, 중장이 3·4·3·4, 종장이 3·5·4·3으로 글자 총수가 45자 내외(內外)의 가장 기본적이고 대표적인 시조형태.

平穩(평온 píngwěn) 고요하고 안온함.

平靜(평정 píngjìng) 평안하고 고요함. 고요하여 동요하지 않음. 영정(寧靜). 안정(安靜).

平地風波(평지풍파 píngdìfēngbō) 평온한 곳에 억지로 풍파를 일으킨다는 뜻. 《喻》뜻밖에 분쟁이 일어남을 비유하는 말.

平坦(평탄 píngtǎn) ① 지면이 편편함. ② 마음이 안온(安穩)함. ③ 일이 순조롭게 되어감.

平衡(평형 pínghéng) ① 바른 저울. 저울을 바르게 함. ② 한 쪽으로 치우치지 않고 평균을 취함. ③ 허리를 굽혀 머리와 허리가 일직선이 되도록 하여 절을 함.

平滑(평활 pínghuá) 평평하고 미끄러움.

▶ 公平無私(공평무사)·男女平等(남녀평등)·不平(불평)·水平(수평)·年平均(연평균)·地平(지평)·天下泰平(천하태평)·太平聖代(태평성대)·太平烟月(태평연월)·太平洋(태평양)·衡平(형평)·和平(화평).

年 해 년

年年年年年年

음 nián 일 ネン, とし 영 year, age
① 해 년(穀一熟歲). ② 나이 년(齡). ③ 나갈 년(進).

書體 小篆 秊 草書 年 中學 形聲

年鑑(연감 niánjiàn) 1년 동안에 일어난 여러 가지 일이나 기록을 모아 엮은 매년의 정기간행물.

年金(연금 niánjīn) 공로나 사회 정책상 일정한 기간 또는 종신토록 매년 정기적으로 급여하는 금액.

年頭辭(연두사 niántóucí) 연초에 행하는 새해의 인사 말씀. 새해의 포부·계획·희망 따위를 발표하는 말이나 글.

年輪(연륜 niánlún) 《植》나자식물 및 쌍자엽식물의 목질부 횡단면에 보이는 바퀴 모양의 나이테. 해마다 층이 생기게 되므로 나무의 나이를 알 수 있음.

年晚(연만 niánwǎn) ① 나이가 많음. 연만(年滿). ② 해가 저묾.

年輩(연배 niánbèi) ① 서로 비슷한 나이. 또는 그런 사람. 연갑(年甲). ② 나이. 나이의 정도. ③ 그 일에 상응한 나이. 세상일에 통한 나이. 연배(年配).

年賦(연부 niánfù) 갚아야 할 돈을 해마다 얼마씩 나누어 갚기로 정한 것.

年富力强(연부역강 niánfùlìqiáng) 나이가 젊고 혈기가 왕성함.

年齒(연치 niánchǐ) 나이의 경칭. 연령.

▶ 更年(갱년)·隔年(격년)·過年(과년)·光年(광년)·舊年(구년)·近年(근년)·當年(당년)·大凶年(대흉년)·老年(노년)·晚年(만년)·萬年(만년)·萬年筆(만년필)·暮年(모년)·百年佳約(백년가약)·百年大計(백년대계)·百年偕老(백년해로)·不惑之年(불혹지년)·弱年(약년)·餘年(여년)·往年(왕년)·幼少年(유소년)·閏年(윤년)·翌年(익년)·昨年(작년)·壯年(장년)·前年(전년)·丁年(정년)·停年退職(정년퇴직)·靑少年(청소년)·靑壯年(청장년)·豊年(풍년)·享年(향년)·休息年制(휴식년제)·凶年(흉년).

并 합할 병:

①-③ bīng ④⑤ bìng ヘイ, あわせる merge

① 합할 **병**(合). ② 미칠 **병**(及). ③ 같을 **병**(同).【倂과 같음】④ 아우를 **병**(竝). ⑤ 겸할 **병**(兼).

并呑(병탄 bìngtūn) 아울러 마심. 남의 것을 한데 아울러 모두 자기 것으로 함. 삼켜버림. 병합(併合).

并合(병합 bìnghé) 합하여 하나로 함. 병합(併合).

幸 다행 행:

xìng コウ, さいわい luck happy

① 다행할 **행**(福善稱幸). ② 고일 **행**(寵愛). ③ 바랄 **행**(冀). ④ 요행 **행**(非分而得). ⑤ 거동 **행**(車駕所至).【倖과 같음】

幸福(행복 xìngfú) ① 복된 좋은 운수. ② 심신(心身)의 욕구가 만족감을 느끼는 상태.

幸甚(행심 xìngshèn) ① 다행. 매우 고마움. ② 편지의 끝에 쓰는 말.

幸運(행운 xìngyùn) 행복한 운명이나 운수. 좋은 운수. 호운(好運).

▶ 陵幸(능행)·多幸(다행)·不幸(불행)·千萬多幸(천만다행)·天幸(천행).

幹 줄기 간

gàn カン, みき trunk

① 줄기 **간**(草木莖). ② 등마루 뼈 **간**(脊骨). ③ 몸둥이 **간**(體). ④ 일 맡을 **간**(堪事). ⑤ 재능 **간**(才能).「문간(文幹), 재간(才幹)」. ⑥ 천간 **간**(干支).【榦·管과 통함】

幹部(간부 gànbù) ① 단체의 우두머리[주간(主幹)] 되는 사람들. 수뇌부(首腦部). ② 군대에서 장교를 일

킬음.
幹事(간사 gàn) 회(會)나 단체의 주가 되어 일을 맡아 보는 사람. 일을 주선하는 사람.
幹線(간선 gànxiàn) 철도·도로·전선 등의 주요한 선(線). ↔지선(支線).

▶ 骨幹(골간)·軀幹(구간)·根幹(근간)·勤幹(근간)·基幹(기간)·本幹(본간)·才幹(재간)·主幹(주간).

幺 部

작을 요

幻 헛보일 환:

圕 huàn 圕 ゲン, まどわす
圕 witchcraft

① 변화할 환(化). ② 미혹할 환(惑). ③ 요술 환(妖術). ④ 허깨비 환(幻形).

幻覺(환각 huànjué)《心》대응(對應)하는 자극이 외부에 없음에도 그것이 실재(實在)하는 것처럼 지각표상(知覺表象)을 가지는 일. 환시(幻視)·환청(幻聽)·환후(幻嗅)·환미(幻味) 등이 있음.
幻滅(환멸 huànmiè) ① 환상에서 깨어 현실로 돌아옴. 지금까지의 미화(美化)되고 이상화되었던 사실이 헛것에 지나지 않음을 깨달음. ② 환상과 같이 사라짐.
幻影(환영 huànyǐng) ① 환상과 그림자. 환상(幻像).《喻》허무. 몽환포영(夢幻泡影). ②《心》감각의 착오로 사실 아닌 것을 사실처럼 인식하는 현상. 유영(幽靈). 허깨비 따위.

▶ 夢幻(몽환)·變幻(변환).

幼 어릴 유

幼 幼 幼 幼 幼

圕 yòu 圕 ヨウ, おさない
圕 very young

① 어릴 유(穉). ② 어린 아이 유(小兒). ③ 사랑할 유(愛).

幼弱(유약 yòuruò) 나약하고 어림. 또는 그런 사람. 요약(幺弱).
幼稚(유치 yòuzhì) 나이가 어림. 유소(幼少). 유치(幼穉).《轉》미숙한 것.

▶ 老幼(노유)·長幼(장유)·長幼有序(장유유서).

幽 그윽할 유

幽 幽 幽 幽 幽 幽 幽 幽 幽

圕 yōu 圕 ユウ, ふかくしずか
圕 hushed and still

① 숨을 유(隱). ② 그윽할 유(深). ③ 적을 유(微). ④ 어두울 유(闇). ⑤ 가둘 유(囚). ⑥ 귀신 유(鬼神). ⑦ 저승 유(冥途). ⑧ 고을 이름 유(州名).【黝와 통함】

幽深(유심 yōushēn) ① 고요하고 아늑함. 깊숙하고 그윽함. 유수(幽邃). ② 고상하고 의미가 깊음.
幽玄(유현 yōuxuán) 이치(理致)가 매우 깊어 알기 어려움. 미묘(微妙).

幾 몇 기

幾 幾 幾 幾 幾 幾 幾 幾 幾 幾

①② 圕 jǐ ③-⑨ 圕 jī 圕 キ, いくば

〈 国 some several

① 얼마 기(幾何多少). ② 얼마 못될 기(無幾物無多). ③ 기미 기(幾微). ④ 위태할 기(危). ⑤ 기약할 기(期). ⑥ 자못 기(殆). ⑦ 거의 기, 거진 기(庶幾向). ⑧ 가까울 기(近). ⑨ 살필 기(察).

書體 小篆 䋮 草書 篆 中學 會意

幾死僅生(기사근생 jīsǐjǐnshēng) 거의 다 죽을 뻔하였다가 겨우 살아남.

广 部

바윗집 엄, 엄호엄

广 ³⁰ 바윗집 엄

国 ān, yǎn 国 ゲン, いわや 国 rock house

바윗집 엄(巖屋).

庁 ²₅ 관청 청

① ② 国 テイ, たいら 国 even
③ 国 チョウ, たいら

① 평평할 청(平). ② 마루 청(廳).
【廳의 약자】

広 ²₅ 넓을 광

【廣(广부12획)의 약자】

庇 ⁴₇ 덮을 비:

国 bì 国 ヒ, おおう 国 hide, conceal

① 덮을 비(庇廕, 覆). ② 가릴 비(蔽).
【芘와 통함】

庇護(비호 bìhù) ① 감싸서 보호함. ② 도움.

床 ⁴₇ 상상

【牀(爿부 4획)의 속자】

床床床床床床床

書體 小篆 床 草書 庄 高校 形聲

序 ⁴₇ 차례 서:

序序序序序序序

国 xù 国 ジョ, ついで 国 order

① 차례 서(次第). ② 학교 서(學). ③ 서지을 서(陳經旨). 【叙와 통함】

書體 小篆 序 草書 序 中學 形聲

序曲(서곡 xùqǔ) 《樂》 ① 가극(歌劇)이나 성극(聖劇) 등의 주요한 부분을 시작하기 전에 연주(演奏)하는 기악곡(器樂曲). ② 관현악(管絃樂)의 처음 부분. 전주곡(前奏曲).

序論(서론 xùlùn) 머리말의 논설. 본론(本論)의 단서가 되는 논문(論文). 서론(緒論). 서설(序說).

序幕(서막 xùmù) ① 연극 따위에서 처음 여는 막. ② 일의 처음 시작.

序文(서문 xùwén) 머리말. 서언(序言). 서문(叙文). 서언(緒言).

序跋(서발 xùbá) 책의 서문(序文)과 발문(跋文). 제발(題跋).

序詩(서시 xùshī) ① 책 첫머리에 서문 대신으로 쓰는 시. ② 장시(長詩)에서 서문 비슷하게 첫머리에 딴 장을 마련하여 쓴 시.

序言(서언 xùyán) =서문(序文).

序列(서열 xùliè) ① 차례대로 늘어짐. ② 순서(順序).

序次(서차 xùcì) ① 차례. 순서(順序). ② 차례를 세움.

▶ 階序(계서)·公共秩序(공공질서)·順序(순서)·年功序列(연공서열)·位階秩序(위계질서)·自序(자서)·長幼有序(장유유서)·秩序(질서)·花序(화서).

底 밑 저:

底底底底底底底

① dǐ ⑪ テイ, そこ ⑫ bottom
② de

① ① 이룰 지(致). ② 정할 지(定). ③ 이를 지(至).【砥와 통함】② ① 밑 저(下). ② 그칠 저(止). ③ 무슨 저, 어쩐 저(設疑辭).

書體 小篆 底 草書 底 (高校) 形聲

底力(저력 dǐlì) 속에 간직한 끈기 있는 힘.
底意(저의 dǐyì) 속마음. 본의(本意).

▶ 根底(근저)·基底(기저).

庖 부엌 포

① páo ⑪ ホウ, くりや
⑫ butcher's shop

① 푸줏간 포, 관 포(庖廚宰殺所). ② 부엌 포(廚).

庖肆(포사 bāosì) 푸줏간.
庖稅(포세 bāoshuì) 관청(官廳)의 허가(許可)를 맡고 가축(家畜)을 잡아파는 곳에 물리는 세.
庖廚(포주 bāochú) ① 부엌. 주방. 포옥(庖屋). ② 푸주.

店 가게 점:

店店店店店店店

① diàn ⑪ テン, みせ ⑫ shop
가게 점, 주막 점(商舖).【坫과 통함】

書體 草書 店 (中學) 形聲

店房(점방 diànfáng) 가겟방.
店肆(점사 diànsì) 점포(店鋪). 상점(商店). 가게. 사점(肆店).
店鋪(점포 diànpù) ① 집. 방. ② 가게. 상점(商店).

▶ 開店(개점)·露店(노점)·賣店(매점)·商店(상점)·書店(서점)·酒店(주점)·閉店(폐점).

庚 별 경

庚庚庚庚庚庚庚

① gēng ⑪ コウ, かわる, かのえ
⑫ correct

① 일곱째 천간 경(天干第七位). ② 고칠 경(更). ③ 갚을 경(償). ④ 곡식 경(庚癸穀水). ⑤ 나이 경(同庚年齒). ⑥ 굳셀 경(堅強). ⑦ 길 경(道). ⑧ 초저녁 별 이름 경(星長庚). ⑨ 새 이름 경(鳥名倉庚). ⑩ 풀이름 경(草名盜庚).

書體 小篆 庚 草書 庚 (中學) 象形

庚戌(경술 gēngxū) 육십갑자의 47째.
庚時(경시 gēngshí) 24시의 18째. 하오 5시부터 6시까지의 사이.

府 관청/마을 부(:)

府府府府府府府府

① fǔ ⑪ フ, やくしょ
⑫ government office

① 마을 부(官舍). ② 곳집 부(藏文書財幣所). ③ 고을 부(州). ④ 서울 부(都府). ⑤ 죽은 조상 부(府君).【腑·俯와 통함】

書體 小篆 府 草書 府 (高校) 形聲

度 법도 도(ː) / 헤아릴 탁
广 6 / 9

度度度度度度度度度度

1 ⓒ dù ⓙ ド, のり, たび ⓔ ruler
2 ⓒ duó ⓙ タク, はかる ⓔ conjecture

1 ① 법도 도(法制). ② 잴 도(丈尺). ③ 지날 도(過). ④ 국량 도(度量). ⑤ 뼘 잴 도(布指知尺). ⑥ 모양 도(姿態). ⑦ 번 도(數量單位). ⑧ 때 도(時). ⑨ 도수 도(溫度). 2 ① 꾀할 탁(謀). ② 헤아릴 탁(忖). ③ 벼슬 이름 탁(官名度支).

書體 小篆 **度** 草書 *度* (中學) 形聲

度量(도량 dùliàng) ① 자[尺]와 말[斗]. ② 마음이 너그러워 사물을 잘 포용(包容)하는 품성. 국량(局量). =아량(雅量).
度外視(도외시 dùwàishì) 문제로 삼지 않고 가의 것으로 보아 넘김.
度外置之(도외치지 dùwàizhìzhī) 문제로 삼지 않고 생각 밖으로 내버려 둠. 치지도외(置之度外).

▶ 角度(각도)·剛度(강도)·强度(강도)·傾度(경도)·硬度(경도)·經度(경도)·高度(고도)·過度(과도)·極度(극도)·襟度(금도)·濃度(농도)·糖度(당도)·得度(득도)·密度(밀도)·法度(법도)·頻度(빈도)·速度(속도)·速度比(속도비)·濕度(습도)·深度(심도)·溫度(온도)·緯度(위도)·節度(절도)·程度(정도)·制度(제도)·濟度(제도)·進度(진도)·差度(차도)·彩度(채도)·尺度(척도)·態度(태도)·限度(한도).

座 자리 좌ː
广 7 / 10

座座座座座座座座座

ⓒ zuò ⓙ ザ, すわるところ, しきもの ⓔ seat

① 지위 좌(位). ② 자리 좌(坐具).【坐와 통함】

書體 草書 *座* (高校) 形聲

座上(좌상 zuòshàng) ① 여러 사람이 모인 자리. 좌중(座中). 석상(席上). ② 그 좌석에서 가장 으뜸이 되는 사람.
座右銘(좌우명 zuòyòumíng) 늘 자리 옆에 갖추어 두고 반성(反省)의 재료로 삼는 격언. 한(漢)의 최원(崔瑗)이 처음 이를 만듦.
座標(좌표 zuòbiāo) 어떤 위치(位置)나 점(點)의 자리를 나타내는 표준이 되는 요소. 한 점(點)의 위치를 나타내기 위하여 일정한 위치와 관계를 나타내는 표(標).
座下(좌하 zuòxià) 편지를 받을 사람의 이름 아래에 공대하여 쓰는 말. 좌전(座前).

▶ 講座(강좌)·硬座(경좌)·計座(계좌)·口座(구좌)·權座(권좌)·當座(당좌)·滿座(만좌)·獅子座(사자좌)·上座(상좌)·星座(성좌)·御座(어좌)·軟座(연좌)·蓮座(연좌)·玉座(옥좌)·炭座(탄좌).

庫 곳집 고
广 7 / 10

庫庫庫庫庫庫庫庫庫庫

ⓒ kù ⓙ コ, ク, くら ⓔ warehouse
곳집 고(貯物舍兵車藏).

書體 小篆 **庫** 草書 *座* (高校) 會意

庫間(고간 kùjiān) 곳집.

▶ 國庫(국고)·金庫(금고)·冷藏庫(냉장고)·武器庫(무기고)·文庫(문고)·寶庫(보고)·史庫(사고)·書庫(서고)·受信庫(수신고)·受託庫(수탁고)·入庫(입고)·在庫(재고)·貯藏庫(저장고)·車庫(차고)·倉庫(창고)·出庫(출고).

庭 뜰 정
广 7 (10)

庭庭庭庭庭庭庭庭庭

- 🅐 tíng 🅙 テイ、にわ 🅔 yard

① 뜰 **정**(堂階前). ② 곧을 **정**(直). ③ 동안 뜰 **정**(逕庭隔遠貌).

書體 小篆 庭 草書 庭 (中學) 形聲

庭球(정구 tíngqiú) 《運》 테니스(tennis). 코트에 네트를 치고 양쪽에서 라켓으로 고무공을 받고 치고 하는 운동 경기. 공에는 경(硬)·연(軟) 두 가지가 있고, 경기에는 단식(單式)·복식(複式)의 종별이 있음.

庭園(정원 tíngyuán) 집 안의 뜰. 미관(美觀)이나 실용을 목적으로 수목(樹木) 따위를 심은 땅.

庭訓(정훈 tíngxùn) 가정에서 가르침. 가정에서의 교훈(敎訓). 《故》 공자(孔子)의 아들 이(鯉)가 뜰을 달려 지나갈 때, 공자(孔子)가 불러 세우고 시(詩)와 예(禮)를 배워야 한다고 가르친 고사.

▶ 家庭(가정)·校庭(교정)·法庭(법정)·親庭(친정).

庵 암자 암
广 8 (11)

- 🅐 ān 🅙 アン、いおり 🅔 hermitage

암자 **암**, 초막 **암**(小草舍). 【菴과 같음】

庶 무리/서민 서
广 8 (11)

庶庶庶庶庶庶庶庶庶

- 🅐 shù 🅙 ショ、もろもろ 🅔 numerous

① 무리 **서**, 뭇 **서**, 여럿 **서**(衆). ② 바랄 **서**(冀). ③ 거의 **서**(庶幾). ④ 백성 **서**(人民). ⑤ 많을 **서**(多). ⑥ 서자 **서**(支子).

書體 小篆 庶 草書 庶 (高校) 會意

庶母(서모 shùmǔ) ① 아버지의 첩으로서 자기의 생모(生母). ②《國》 아버지의 첩.

庶孼(서얼 shùniè) 첩의 자식. 서자와 그 자손.

庶子(서자 shùzǐ) ① 첩의 몸에서 난 자식. 얼자(孽子). ↔ 적자(嫡子). ②《法》 아버지가 인지(認知)한 사생아(私生兒).

庶政(서정 shùzhèng) 여러 가지의 정사(政事). 만기(萬機).

庶出(서출 shùchū) 첩의 소생. 측출(側出). ↔ 적출(嫡出).

▶ 士庶(사서)·中庶(중서)·衆庶(중서).

康 편안 강
广 8 (11)

康康庚庚庚康康康康

- 🅐 kāng 🅙 コウ、やすらか
- 🅔 peaceful, healthy

① 편안할 **강**(安). ② 즐거울 **강**(樂). ③ 화할 **강**(和). ④ 다섯 거리 **강**(五達衢). ⑤ 풍년들 **강**(年豐). ⑥ 헛될 **강**(空). ⑦ 성 **강**(姓).

書體 小篆 蘭 草書 康 (高校) 形聲

康寧(강녕 kāngníng) 몸이 튼튼하고 마음이 편안함. 평안(平安)함.

康熙字典(강희자전 kāngxīzìdiǎn) 《書》 42권. 12집 239부. 청(淸) 성조(聖祖) 강희(康熙) 55년(1716) 장옥서(張玉書)·진정경(陳廷敬) 등이 명을 받아 지음. 설문(說文)·옥편(玉篇)을 기본으로 하여 매자마다 성음훈고(聲音訓詁)를 달은 고금 자서(字書) 중 가장 상세한 자전(字典). 뜻과 예(例)가 정밀하고 고증(考證)이 넓음. 총자수(總字數) 4만

5천여 자. 도광(道光) 7년 왕인지(王引之)가 2천 5백여 조(條)를 정정(訂正)하여 자전고증(字典考證) 12권을 만듦.

▶ 健康(건강)·小康(소강)·安康(안강).

庸 떳떳할 용

庸庸庸庸庸庸庸庸庸庸

- yōng ヨウ, つね, もちいる
- always, use

① 쓸 용(用). ② 떳떳할 용, 항상 용(常). ③ 공 용(功). ④ 수고로울 용(勞). ⑤ 화할 용(和). ⑥ 어리석을 용(愚). ⑦ 어찌 용(豈). ⑧ 부용 나라 용(附庸, 小國). ⑨ 물도랑 용(水庸溝). ⑩ 부세 용(賦法租庸).【鄘·墉·傭·鏞과 통함】

書體 小篆 庸 草書 庸 (高校) 形聲

庸劣(용렬 yōngliè) 못생기어 재주가 남만 못하고 어리석음.
庸弱(용약 yōngruò) 재주가 없고 의지(意志)가 약함.
庸拙(용졸 yōngzhuō) 용렬하고 초라함.

▶ 登庸(등용)·凡庸(범용)·中庸(중용).

廁 뒷간 측

① cè シ, かわや
- water-closet ② sī シク

① ① 뒷간 측, 치(圊溷). ② 평상 가장자리 치(牀邊側). ③ 섞일 치(雜). ④ 버금 치(次). ② 기울 측(側).【厠(厂부 9획)과 같음】

廃 폐할/버릴 폐:

【廢(广부12획)의 약자】

廈 큰집 하:

- shà, xià カ, いえ
- building

① 큰집 하(大屋). ② 허수청 하(門之廡). ③ 곁방 하, 행랑 하(旁屋).【夏와 통함】

廈屋(하옥 shàwū) 크나큰 집.
廈氈(하전 shàzhān) 임금이 기거하는 곳. 우주진(宇宙眞).

廉 청렴할 렴

廉廉廉廉廉廉廉廉廉廉

- lián レン, いさぎよい
- integrity

① 맑을 렴(淸). ② 조촐할 렴(潔). ③ 청렴할 렴(不貪). ④ 검소할 렴(儉). ⑤ 모 렴(廉隅棱). ⑥ 살필 렴(察). ⑦ 서슬 렴(嚴利). ⑧ 값쌀 렴(安價).

書體 小篆 廉 草書 廉 (高校) 形聲

廉恥(염치 liánchǐ) 조촐하고 깨끗하여 부끄러움을 아는 마음. 염괴(廉愧).
廉探(염탐 liántàn) 남 몰래 사정(事情)을 조사(調査)함.

▶ 低廉(저렴)·淸廉(청렴).

廊 행랑/사랑채 랑

廊廊廊廊廊廊廊廊廊廊

- láng ロウ, ろうか
- servants rooms

① 곁채 랑, 행랑 랑(東西序廡). ② 묘당 랑(巖廊廟殿下外屋).

書體 小篆 廊 草書 廊 (高校) 形聲

廊下(낭하 lángxià) ① 행랑. 회랑(廻廊). ② 길게 골목진 마루. 복도.

▶ 舍廊(사랑)·行廊(행랑)·畫廊(화랑)·回廊(회랑).

廓 클 확 / 둘레 곽
$^{广}_{11}$ $^{(14)}$

🔊 kuò 🈁 カク, おおきい 🔤 big

① 클 확(大). ② 훵할 확(空). ③ 열 확(開). ④ 둘레 곽(外廓)

廓大(확대 kuòdà) 아주 넓혀서 크게 함. 확대(擴大).

廓正(확정 kuòzhèng) 잘못을 바로잡음.

▶ 輪廓(윤곽).

廔 집대마루 루
$^{广}_{11}$ $^{(14)}$

🔊 lóu 🈁 ロウ, むね 🔤 ridge

① 집대마루 루(屋脊). ② 깁창 루(綺窓).

廚 부엌 주
$^{广}_{12}$ $^{(15)}$

🔊 chú 🈁 チュウ, くりや 🔤 kitchen

① 부엌 주(熟食炊). ② 푸줏간 주, 고깃간 주(庖屋). ③ 버섯 주(廚廚菌).

廚房(주방 chúfáng) 음식을 차리는 방. 음식을 만드는 곳. 부엌. 주포(廚庖).

廚庖(주포 chúpáo) =주방(廚房).

廛 가게 전:
$^{广}_{12}$ $^{(15)}$

🔊 chán 🈁 テン, みせ 🔤 shop

① 터전 전(百畝一家之居). ② 전방 전, 누달 전(市邸).

廛房(전방 chánfáng) 가게의 방. 상점(商店). 전포(廛鋪).

廛市(전시 chánshì) 가게. 저자. 상점.

廛鋪(전포 chánpù) 점포. 가게. 전사(廛肆).

▶ 市廛(시전)·布木廛(포목전).

廟 사당 묘:
$^{广}_{12}$ $^{(15)}$

广 广 广 庐 庐 庐 廟 廟 廟

🔊 miào 🈁 ビョウ, たまや
🔤 shrine

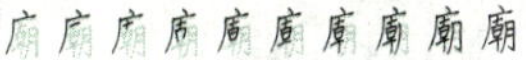

① 모양 묘(貌). ② 사당 묘(宗廟祠). ③ 묘당 묘(廊廟前殿).

| 書體 | 小篆 廟 | 古文 庿 | 草書 庙 | (高校) | 會意 |

廠 공장 창
$^{广}_{12}$ $^{(15)}$

🔊 chǎng 🈁 ショウ, しごとば
🔤 barn

① 헛간 창(露舍屋無壁). ② 곳집 창(庫).

▶ 船廠(선창)·整備廠(정비창).

廢 폐할/버릴 폐:
$^{广}_{12}$ $^{(15)}$

广 广 广 庐 庐 庑 廃 廃 廢 廢

🔊 fèi 🈁 ハイ, すたれる
🔤 dilapidated

① 집 쏠릴 폐(屋傾). ② 폐할 폐(止). ③ 내칠 폐(放). ④ 클 폐(大). ⑤ 떨어질 폐(墮). 【癈와 통함】

| 書體 | 小篆 廢 | 草書 废 | (高校) | 形聲 |

廢塞(폐색 fèisāi) ① 버림받아 길이 막힘. ② 영락(零落)됨. ③ 불운(不運)하여 승진의 길이 막힘.

廢黜(폐출 fèichù) 관직을 면함. 벼슬을 떼고 내어 보냄. 면출(免黜).

廢頹(폐퇴 fèituí) 기강(紀綱)이나 도덕(道德) 등이 황폐(荒廢)하여 무너짐. 퇴폐(頹廢).

▶ 改廢(개폐)·老廢(노폐)·自廢(자폐)·全廢(전폐)·存廢(존폐)·撤廢(철폐)·統廢合(통폐합)·頹廢(퇴폐)·核廢棄物(핵폐기물)·荒廢(황폐).

廣 넓을 광:

廣廣廣廣廣廣廣廣廣廣

- guǎng コウ, ひろい wide
① 넓을 광(闊). ② 너비 광(橫量). ③ 클 광(大).

書體 小篆 廣 草書 廣 （中學） 形聲

廣軌(광궤 guǎngguǐ) 궤도의 폭이 1.435m 이상 되는 철도 선로. ↔ 협궤(狹軌).
廣漠(광막 guǎngmò) 한 없이 넓음. 넓고 아득함. 광막(廣莫).
廣長舌(광장설 guǎngchángshé)《佛》32상(相)의 하나. 혀가 길어서 머리까지 이르는 사람.《轉》말을 잘함. 능변(能辯). 웅변(雄辯)
廣濟(광제 guǎngjì) 세상 사람을 널리 구제함.
廣闊(광활 guǎngkuò) 훤하게 전망(展望)이 트이어 너름.

▶ 長廣舌(장광설).

廳 관청/대청 청

廳廳廳廳廳廳廳廳廳

- tīng チョウ, やくしょ
- government office

대청 청, 관청 청(治官處).

書體 草書 廳 （高校） 形聲

▶ 官廳(관청)·大廳(대청)·本廳(본청)·市廳(시청)·退廳(퇴청).

廴 部

길게 걸을 인, 민책받침

延 뻗칠/늘일 연

延延延延延延延

- yán エン, のばす extend
① 미칠 연(及). ② 드릴 연(納). ③ 미적거릴 연(遷延淹久). ④ 뻗칠 연, 벋을 연(延袤遠). ⑤ 서릴 연(宛延盤屈貌). ⑥ 맞을 연(迎).

書體 小篆 延 草書 延 （高校） 會意

延命(연명 yánmìng) ① =만연(蔓延). ② 목숨을 겨우 이어 살아감.
延人員(연인원 yánrényuán) 어떤 일에 관계된 총인원을 하루 한 사람 꼴로 계산한 것.
延日數(연일수 yánrìshù) 어떤 일에 걸린 총 일수를 하루 한 사람 꼴로 계산한 일수.
延坪數(연평수 yánpíngshù) 여러 층으로 된 건물(建物)에서 각 층의 평수를 통틀어 합친 평수.

▶ 冷延(냉연)·蔓延(만연)·順延(순연)·新延(신연)·外延(외연)·遲延(지연).

廷 조정 정

廷廷廷廷廷廷廷

- tíng テイ, つかさ
- imperial court

① 조정 정(朝廷). ② 바를 정(正). ③ 곧을 정(直). ④ 벼슬 이름 정(秦官名廷尉).

書體 小篆 廷 草書 廷 （高校） 形聲

▶ 宮廷(궁정)·法廷(법정)·裁判廷(재판정)·朝廷(조정)·退廷(퇴정).

建 세울 건:

迠廷廷廷廷津建建建

音 jiàn 日 ケン, コン, たてる
영 build

① 세울 건, 설 건(立). ② 둘 건(置). ③ 심을 건(樹). ④ 별 이름 건(星名). ⑤ 칼집 건(韜).【鍵과 통함】

書體 小篆 建 草書 建 中學 會意

建議(건의 jiànyì) ① 의견을 내어 말함. 개인이나 단체가 정부에 희망을 개진(開陳)함. ② 국가 또는 상급단체에 개진(開陳) 또는 표시한 의견.
建坪(건평 jiànpíng) 건물이 자리 잡은 밑바닥의 평수. 지평(地坪).

▶ 假建物(가건물)·公共建物(공공건물)·封建(봉건)·延建築面積(연건축면적)·延建坪(연건평)·重建(중건)·創建(창건)·土建(토건).

廻 돌[旋] 회

音 huí 日 カイ, めぐる
영 come back

① 돌아올 회(還). ② 파할 회(避).【回와 같음】

廻顧(회고 huígù) ① 돌아다 봄. ② 지난 일을 생각해 봄. 회고(回顧).
廻廊(회랑 huíláng) 정당(正堂)의 양 옆으로 있는 기다란 복도(複道). 방을 중심(中心)으로 둘러댄 마루. 행각(行閣). 회랑(回廊).
廻轉(회전 huízhuàn) 빙빙 돌음. 회전(回轉).

▶ 上廻(상회)·巡廻(순회)·迂廻(우회)·輪廻(윤회).

廾部
받들 **공**, 스물입발

廾 스물 입

日 ニジュウ, にじゅう 영 twenty
스물 입(二十).

弄 희롱할 롱:

弄弄弄弄弄弄弄

音 nòng, lòng 日 ロウ, もてあそぶ
영 mock

① 구경할 롱(玩). ② 희롱할 롱(戱). ③ 업신여길 롱(侮). ④ 곡조 롱(樂曲). ⑤ 골목 롱.

書體 小篆 弄 草書 弄 高校 會意

弄玩(농완 nòngwán) 가지고 놀음. 희롱함. 완물(玩弄).
弄月(농월 nòngyuè) 달을 바라보고 즐김. → 음풍농월(吟風弄月).

▶ 半弄談(반농담)·翻弄(번롱)·性戱弄(성희롱)·玩弄(완롱)·愚弄(우롱)·才弄(재롱)·嘲弄(조롱)·戱弄(희롱).

弊 해질/폐단 폐:

弊弊弊弊弊弊弊弊弊

音 bì 日 ヘイ, やぶれる 영 wear out
① 해질 폐(壞敗). ② 폐단 폐(惡). ③ 곤할 폐(困). ④ 곰팡 궁리할 폐. ⑤ 결단할 폐(斷). ⑥ 엎드릴 폐(頓仆).【斃와 같음】

書體 小篆 弊 或體 弊 草書 弊 高校 形聲

弊客(폐객 bìkè) ① 남에게 괴로움을 끼치는 사람. ② 찾아다니며 귀찮게 구는 사람.

弊困(폐곤 bìkùn) 피로하여 괴로움. 곤폐.

弊局(폐국 bìjú) 폐해가 많아 일이 거의 결딴나게 된 판국.

弊端(폐단 bìduān) 괴롭고 번거로운 일.

弊政(폐정 bìzhèng) 나쁜 정치. 비정(秕政). 악정(惡政).

弊風(폐풍 bìfēng) ① 나쁜 버릇. 폐습(弊習). ② 폐해가 되는 어지러운 풍속. 폐속(弊俗).

▶ 舊弊(구폐)·民弊(민폐)·病弊(병폐)·惡弊(악폐)·語弊(어폐)·積弊(적폐)·疲弊(피폐).

弋 部

주살 익

弋 주살 익

음 yì 일 ヨク, いぐるみ 영 arrow

① 주살 익(繳射). ② 취할 익(取). ③ 해 익(害). ④ 검을 익(黑). ⑤ 벼슬 이름 익(官名鉤弋). ⑥ 오랑캐 익(羌部名無弋).

弋獵(익렵 yìliè) 사냥질을 함. 〈弋은 새, 獵은 짐승의 사냥질〉. 익사(弋射).

式 법 식

式 式 式 式 式 式

음 shì 일 シキ, しき, のり

영 system, ceremony

① 법 식(法). ② 쓸 식(用). ③ 제도 식(制度). ④ 구푸릴 식(敬而俛). ⑤ 수레 앞 가로막대 식(車前橫木). ⑥ 발어사 식(發語辭). 【拭과 통함】

式例(식례 shìlì) 일정한 전례(前例).

式辭(식사 shìcí) 식장에서 그 식에 대하여 인사로 하는 말이나 글.

式順(식순 shìshùn) 의식을 진행하는 순서.

式場(식장 shìchǎng) 의식을 거행하는 장소.

式典(식전 shìdiǎn) ① 구법(舊法)을 모범 삼아 배움. ② 의식(儀式). 전례(典禮).

▶ 格式(격식)·結婚式(결혼식)·公式(공식)·舊式(구식)·圖式(도식)·等式(등식)·方式(방식)·數式(수식)·複式(복식)·思考方式(사고방식)·生活樣式(생활양식)·書式(서식)·數式(수식)·施賞式場(시상식장)·新式(신식)·略式(약식)·樣式(양식)·禮式(예식)·倭式(왜식)·要式(요식)·儀式(의식)·定式(정식)·正式(정식)·祭式(제식)·卒業式(졸업식)·坐式(좌식)·株式會社(주식회사)·標式(표식)·韓式(한식)·型式(형식)·形式(형식)·歡迎式場(환영식장).

弒 윗사람 죽일 시:

음 shì 일 シ, ころす 영 regicide

윗사람 죽일 시(下殺上).

弒殺(시살 shìshā) 부모나 임금을 죽이는 일. 시역(弒逆). 시해(弒害).

弒逆(시역 shìnì) 신하가 임금을 죽이는 일. 시군(弒君).

弓 部

활 궁

弓 활궁

弓 弓 弓

🔖 gōng 🇯🇵 キュウ, ゆみ 🇬🇧 bow

① 활 궁(射器弧). ② 땅재는 자 궁(量地數). ③ 성 궁(姓).

書體 小篆 弓 草書 弓 (中學) 象形

弓弩(궁노 gōngnǔ) 활과 쇠뇌. 활.
弓術(궁술 gōngshù) 활을 쏘는 기술. 사법(射法).
弓矢(궁시 gōngshǐ) 활과 화살. 궁전(弓箭).
弓箭(궁전 gōngjiàn) 활과 화살. 궁시(弓矢).

▶ 强弓(강궁)·大弓(대궁)·名弓(명궁)·洋弓(양궁)·禮弓(예궁).

弔 조상할 조:

弔 弔 弔 弔

🔖 diào 🇯🇵 チョウ, とむらう
🇬🇧 condolence

1 ① 조상할 조(問終). ② 서러울 조(傷). ③ 불쌍히 여길 조(愍). 【吊와 같음】 **2** 이를 적(至).

書體 小篆 弔 草書 弔 (高校) 會意

弔歌(조가 diàogē) 죽은 사람을 애도하는 노래. 만가(挽歌).
弔客(조객 diàokè) ① 조상하러 온 손. 조자(弔者). ② 총진(叢辰)의 이름.
弔哭(조곡 diàokū) 조상(弔喪)하며 우는 울음.
弔旗(조기 diàoqí) 조의를 표하는 뜻으로 검은 헝겊을 단 기. 반기(半旗).
弔悼(조도 diàodào) 사람의 죽음을 애석하게 여김. 조문(弔問)하고 추도(追悼)함.
弔禮(조례 diàolǐ) 조상하는 예절. 남의 상(喪)에 대하여 슬픈 뜻을 표함.
弔文(조문 diàowén) 고인의 생전의 업적을 기리고 그의 명복을 비는 글. 조문체(弔文體)에는 사언체(四言體)와 소체(騷體)가 있음.
弔死(조사 diàosǐ) ① 남의 죽음을 조상함. ② 목을 매어 자살함. 또는 자살한 사람.
弔詞(조사 diàocí) 조상하는 글. 조사(弔辭). 조문(弔文).
弔喪(조상 diàosāng) 사람의 죽음에 대하여 슬퍼하는 뜻을 표함.
弔慰(조위 diàowèi) 죽은 이를 조상하고 유족을 위로함.
弔意(조의 diàoyì) 죽은 이를 슬퍼하여 조상하는 마음. 애도의 마음.
弔電(조전 diàodiàn) 조상의 뜻으로 보내는 전보(電報).
弔鐘(조종 diàozhōng) ① 죽은 사람에게 대하여 슬퍼하는 뜻으로 치는 종. ② 어떤 일의 마지막을 뜻하는 말.
弔砲(조포 diàopào) 나라에 공로가 있는 사람의 장의(葬儀) 때에 조의(弔意)를 표하기 위하여 쏘는 예포(禮砲).
弔橋(적교 diàoqiáo) 양쪽 언덕에 줄이나 쇠사슬 따위를 건너질러 거기에 의지하여 매달아 놓은 다리. 적교(吊橋).

▶ 慶弔事(경조사).

引 끌 인

引 引 引 引

🔖 yǐn 🇯🇵 イン, ひく 🇬🇧 pull

① 활 당길 인(開弓). ② 이끌 인(相率). ③ 인도할 인(薦引導). ④ 기운 들여 마실 인(道引服氣法). ⑤ 열길 인(十丈). ⑥ 노래 곡조 인(歌曲).

書體 小篆 引 草書 31 中學 會意

引據(인거 yǐnjù) 인용하여 근거로 함.
引繼(인계 yǐnjì) 하던 일을 넘겨 줌.
引上(인상 yǐnshàng) ① 끌어 올림. ② 물건 값. 요금·봉급 등을 올림. ↔ 인하(引下).
引用(인용 yǐnyòng) ① 남의 글, 남의 말을 글이나 말 가운데 끌어 씀. ② 남을 채용함.
引致(인치 yǐnzhì) ① 가까이 불러다 임. 데리고 다님. ② 사람을 강제로 끌어가거나 끌어 옴. ③《法》어떤 사건의 수사를 위하여 권력으로써 강제로 수사 기관에 출두(出頭)케 함. 구인(拘引).

▶ 牽引(견인)·拘引(구인)·萬有引力(만유인력)·索引(색인)·先引受(선인수)·誘引(유인)·割引(할인)·吸引(흡인).

弓 2 5 弗 아닐/말[勿] 불

중 fú 일 フツ, あらず 영 violate

① 어길 불(違). ② 말 불(不). ③ 버릴 불(去). ④ [新字]미국의 화폐 단위, 달러(dollar).

弗貨(불화 fúhuò)《經》달러(dollar)를 본위로 하는 화폐. 곧 미화(美貨).

弓 2 5 弘 클 홍

弘 弘 弘 弘

중 hóng 일 コウ, ひろい 영 vast

① 클 홍(大). ② 크게 할 홍(大之).

書體 小篆 弘 草書 弘 高校 形聲

弘文(홍문 hóngwén) 학문을 넓힘.
弘法(홍법 hóngfǎ)《佛》불도(佛道)를 세상에 널리 펴는 일. 포교(布敎).
弘益人間(홍익인간 hóngyìrénjiān) 널리 인간 세계를 이롭게 한다는 뜻. 단군의 건국이념(建國理念).

▶ 寬弘(관홍).

弓 3 6 弛 늦출 이:

중 chí 일 シ, ゆるむ 영 loosen

① 늦출 이(緩). ② 활 부릴 이(弓解弦). ③ 방탕할 이(放). ④ 해이할 이, 풀어질 이(解). ⑤ 놓을 이(釋).

弛緩(이완 chíhuǎn) ① 늦추어짐. 맥이 풀리고 힘이 없어짐.
弛解(이해 chíjiě) 느즈러지고 풀어짐.

▶ 解弛(해이).

弓 4 7 弟 아우 제:

弟 弟 弟 弟 弟 弟 弟

① 중 dì 일 テイ, おとうと 영 younger brother ②③ ダイ

① 아우 제, 동생 제(男子後生). ② 공경 제(善事兄). ③ 순할 제(順).【悌와 통함】

書體 小篆 弟 古文 弟 草書 弟 中學 象形

弟嫂(제수 dìsǎo) 아우의 아내. 계수(季嫂).
弟子(제자 dìzǐ) ① 스승의 가르침을 받은 사람. 문인(門人). ② 아우 또는 자식. 나이가 어린 사람. ③ 창기(倡伎).

▶ 徒弟(도제)·妹弟(매제)·師弟(사제)·舍弟(사제)·師弟之間(사제지간)·首弟子(수제자)·實弟(실제)·令弟(영제)·子弟(자제)·妻弟(처제)·親兄弟(친형제)·賢弟(현제).

兄弟姉妹(형제자매).

弧 활호
⑧(8)

㊀ hú ㊊ コ, きゆみ ㊐ wooden bow
① 나무활 호(木弓). ② 기 이름 호(旗名螢弧). ③ 벌레 이름 호(蟲名短弧).
弧形(호형 húxíng) ① 활의 모양. ② 활과 같이 굽은 형상.

▶ 括弧(괄호)·圓弧(원호).

弦 시위현
⑧(8)

㊀ xuán ㊊ ゲン, つる, いと
㊐ bow string
① 시위 현(弓絲). ② 반달 현(半月). ③ 맥박 잦을 현(脈數). ④ 땅 이름 현(地名弦蒲, 弦中). ⑤ 풍류 줄 현(樂器絲). 【絃과 통함】
弦琴(현금 xuánqín) ① 여러 줄로 만든 악기의 총칭. ② 현악기(弦樂器)를 탐.
弦樂(현악 xuányuè) 현악기(弦樂器)로 연주하는 음악.
弦匏(현포 xuánpáo) 현악기(弦樂器)와 관악기(管樂器).

▶ 上弦(상현)·正弦(정현)·下弦(하현).

弱 약할약
⑦(10)

㊀ ruò ㊊ ジャク, ニャク, よわい
㊐ weak
① 약할 약(强之對). ② 못생길 약(尪劣). ③ 어릴 약(未壯). ④ 나약할 약(懦). ⑤ 부들 약(體柔貌). ⑥ 절룸발이 약(跛). ⑦ 죽을 약(喪). ⑧ 패할 약(敗). ⑨ 몸져누울 약(萎). ⑩ 활 이름 약

(弓名). ⑪ 침노할 약(侵).

書體 小篆 弱 草書 弱 (中學) 象形

弱冠(약관 ruòguān) 20세의 남자. 주대(周代)에는 20세가 된 남자는 원복식(元服式)을 행하였기 때문임. 《轉》 20세 전후의 나이를 일컬음.
弱肉强食(약육강식 ruòròuqiángshí) 약자의 살은 강자의 먹이가 됨. 약자의 살을 강자가 먹음. 《轉》 강한 자가 약한 자를 침해함. 우승열패(優勝劣敗).
弱質(약질 ruòzhì) 약한 체질. 또는 그러한 사람. 포류질(蒲柳質).

▶ 强弱(강약)·懦弱(나약)·老弱(노약)·文弱(문약)·微弱(미약)·薄弱(박약)·病弱(병약)·貧弱(빈약)·衰弱(쇠약)·心弱(심약)·軟弱(연약)·劣弱(열약)·幼弱(유약)·柔弱(유약)·精神薄弱(정신박약)·脆弱(취약)·虛弱(허약).

張 베풀장
⑧(11)

張張張張張張張張張

㊀ zhāng ㊊ チョウ, はる
㊐ hold, widen
① 베풀 장(施). ② 활시위 얹을 장(施弓弦). ③ 벌일 장(開). ④ 자랑할 장(夸). ⑤ 벌 장, 장 장(計數張, 물건을 헤아릴 때 씀). ⑥ 속일 장(訑). ⑦ 어기어질 장(相戾). ⑧ 고칠 장(更). ⑨ 차려 놓을 장(設). ⑩ 큰체할 장(自大). ⑪ 별 이름 장(星名). 【帳·脹과 통함】

書體 小篆 張 草書 張 (高校) 形聲

張冠李戴(장관이대 zhāngguānlǐdài) 명성과 실제가 일치하지 않음.
張本(장본 zhāngběn) ① 일의 발단(發端)이 되는 근원(根源). ② 글의 머리말. ③ 장본인(張本人).
張本人(장본인 zhāngběnrén) ① 일을 일으킨 주장자. 주모자. ② 일의

근본이 되는 사람.

張三李四(장삼이사 zhāngsānlǐsì) 신분도 없고 이름도 나지 않은 사람. 평범한 사람. 중국에서 가장 흔한 성(姓)인 장씨(張氏)의 셋째 아들과 이씨(李氏)의 넷째 아들이라는 뜻.

張弛(장이 zhāngchí) ① 팽팽하게 캥기는 것과 늦추는 것. ② 성함과 쇠함. 이장(弛張).

▶ 甲午更張(갑오경장)·誇張(과장)·緊張(긴장)·落張(낙장)·白紙張(백지장)·伸張(신장)·主張(주장)·冊張(책장)·出張(출장)·虛張聲勢(허장성세)·花鬪張(화투장)·擴張(확장).

強 강할 강(:) 弓8획 ⑪

【强(弓부9획)의 본자】

强 강할 강(:) 弓9획 ⑫

强 强 强 强 强 强 强 强 强

①-③ 중 qiáng, qiǎng 일 キョウ, つよい strong ④-⑥ 중 jiàng 일 ゴウ, つよい

① 강할 강(過優). ② 나머지 강(數餘). ③ 바구미 강(米中蠹). 【强으로 씀】 ④ 힘쓸 강(勉). ⑤ 굳셀 강(不屈). ⑥ 뻐득뻐득할 강(自是). 【彊과 통함】

 書體 小篆·草書 强 中學 形聲

强諫(강간 qiángjiàn) 굳세게 간함. 절간(切諫). 고간(固諫).
强健(강건 qiángjiàn) 몸이 튼튼하고 건전함.
强骨(강골 qiánggǔ) 단단한 기질. 굽히지 않는 성품.
强迫(강박 qiángpò) ① 강제로 핍박함. ② 협박하여 강제로 자기의 의사를 좇게 함. ③《法》민법상 위법행위로 해를 끼칠 것을 통고하여 상대방에게 공포심을 일으켜서 의지(意志)를 꺾음.

强辯(강변 qiángbiàn) ① 자기의 주장을 끝까지 굽히지 않는 변론. ② 이유를 붙여서 굳이 변명함.
强壯(강장 qiángzhuàng) ① 몸이 강하고 혈기가 왕성함. ② 30·40대를 이름.
强將下無弱兵(강장하무약병 qiángjiàngxiàwúruòbīng) 강한 대장 밑에는 약한 병졸이 없음.
强直(강직 qiángzhí) ① 마음이 강하고 정직함. 강직(剛直). ②《醫》근육을 어떤 빈도(頻度) 이상으로 자극할 때 이것이 지속적으로 크게 수축되는 상태.
强打(강타 qiángdǎ) ① 강하게 때림. 세게 침. ② 치명적인 타격을 가함.
强暴(강포 qiángbào) 완강하고 포악함. 우악스럽고 사나움. 또는 그러한 사람. 맹폭(猛暴).
强豪(강호 qiángháo) ① 세력이 강하고 대들기 어려운 상대. ② 힘세고 영특한 사람. ③ 아주 강한 힘.

▶ 路上强盜(노상강도)·莫强(막강)·補强(보강)·富强(부강)·富國强兵(부국강병)·弱肉强食(약육강식)·列强(열강)·頑强(완강)·增强(증강)·超强(초강)·最强(최강).

弼 도울 필 弓9획 ⑫

중 bì 일 ヒツ, たすける 영 help
① 도울 필(輔). ② 도지개 필(正弓器). ③ 거듭 필(重). 【弗과 같음】

弹 탄알 탄: 弓9획 ⑫

【彈(弓부12획)의 약자】

彈 탄알 탄: 弓12획 ⑮

彈 彈 彈 彈 彈 彈 彈 彈 彈

🔊 dàn, 일 tán ダン, はじく, たま
영 shot

① 탄알 **탄**(丸射). ② 탈 **탄**(皷瓜日彈).
③ 탄핵할 **탄**(劾). ④ 탄자 **탄**(行丸).

書體 小篆 彈 或體 弾 或體 弓草書 彈

高校 形聲

彈琴(탄금 tánqín) 거문고·가야금 등
을 탐. 탄쟁(彈箏).
彈道彈(탄도탄 tándàodàn) 《軍》유
도(誘道)장치가 없고 포물선의 탄도
(彈道)를 갖는 장거리 포탄.
彈雨(탄우 dànyǔ) 빗발처럼 퍼붓는
총탄.
彈著距離(탄착거리 tánzhuójùlí) ①
탄알이 발사된 지점으로부터 그 도
착 지점까지의 거리. ② 총포(銃砲)
의 최대의 사정(射程). 착탄거리(著
彈距離).
彈劾(탄핵 tánhé) ① 남의 비행이나
관리의 죄과를 조사하여 그 책임을
추궁하거나 상관에게 보고함. ②
《法》행정부의 수뇌급이나 법관
등 그 신분이 보장되어 있는 공무
원의 비행을 국회의 소추(訴追)에
의하여 파면 또는 처벌하는 특별한
절차.

▶ 糾彈(규탄)·防彈(방탄)·不發彈(불발
탄)·飛彈(비탄)·霰彈(산탄)·手榴彈(수류
탄)·實彈(실탄)·原子彈(원자탄)·榴彈(유
탄)·流彈(유탄)·裝彈(장탄)·敵彈(적탄)·指
彈(지탄)·催淚彈(최루탄)·砲彈(포탄)·爆
彈(폭탄)·核爆彈(핵폭탄).

弓 13획 ⑯ 彊 굳셀 강

🔊 ①-④ qiáng ⑤⑥ qiǎng
⑦⑧ 🔊 jiàng 일 キョウ, つよい
영 firm

① 센 활 **강**(有力弓). ② 굳셀 **강**(健).
③ 꿋꿋할 **강**(壯盛). ④ 사나울 **강**(暴).
【強과 같음】 ⑤ 힘쓸 **강**(勉). ⑥ 강잉
할 **강**(抑之使然). ⑦ 뻐득뻐득할 **강**
(自是). ⑧ 송장 뻣뻣할 **강**(屍硬).【殭
과 통함(:)】

彊要(강요 qiángyào) 무리하게 요구
함. 강요(強要).
彊壯(강장 qiángzhuàng) 힘이 세고
원기가 왕성함.

弓 14획 ⑰ 彌 미륵/오랠 미

🔊 mí 일 ミ, ビ, あまねし
영 all around

① 활 부릴 **미**(弛弓). ② 두루 **미**(徧).
③ 더할 **미**(益). ④ 오랠 **미**(久). ⑤ 마
칠 **미**(終). ⑥ 기울 **미**(補闕). ⑦ 꿰맬
미(彌縫). ⑧ 조곰 **미**(稍).【弥와 같
음】 ⑨ 그칠 **미**(止息).【弭와 같음】

彌勒(미륵 mílè) ①《佛》범어(梵語)
Maitreya의 음역(音譯). 보살(菩
薩)의 하나. 석존(釋尊) 입멸(入滅)
후 56억 7천 만 년이 지나면 다시
이 사바(娑婆) 세계에 출현하여 중
생을 제도(濟度)한다. 미륵 보살. ② 돌
부처의 범칭(凡稱).
彌縫(미봉 míféng) ① 떨어진 곳을
꿰맴. ② 결점이나 잘못된 것을 임
시변통(臨時變通)으로 이리저리 주
선(周旋)해서 꾸며대어 숨김.
彌縫策(미봉책 míféngcè) 임시로 꾸
며대어 눈가림만 하는 일시적(一時
的)인 계책(計策).

▶ 沙彌僧(사미승)·須彌(수미)·阿彌陀佛
(아미타불)·阿彌陀如來(아미타여래).

弓 19획 ㉒ 彎 굽을 만

🔊 wān 일 ワン, ひく 영 まがる

① 당길 **만**(引). ② 활에 살 먹일 **만**(持
弓關矢). ③ 굽을 **만**「만곡(彎曲), 만
굴(彎屈)」.

彎曲(만곡 wānqū) 활처럼 굽음. 만굴

(彎屈).
彎弓(만궁 wāngōng) 화살을 쏘려고 활시위를 잡아당김.

크, ⺕, ⼹ 部
돼지머리 **계**, 터진가로왈

当 마땅 **당**
【當(田부8획)의 약자】

彗 살별 **혜:**
중 huì 일 ケイ, スイ, ほうき 영 broom
① 비 **혜**(竹箒).【篲와 같음】 ② 살별 **혜**, 꼬리 별 **혜**(攙搶妖星).
彗星(혜성 huìxīng)《天》별 이름. 살별. 패성(孛星).《喻》뛰어나게 뚜렷함.

彙 무리 **휘**
중 huì 일 イ, あつめる 영 gather
① 무리 **휘**(類). ② 모을 **휘**(集). ③ 고슴도치 **휘**(蝟). ④ 휘 **휘**(十五斗斛).
彙類(휘류 huìlèi) 같은 종류를 모음.
彙報(휘보 huìbào) 종류(種類)로 분류(分類)해서 한데 모은 보고(報告). 또는 그 잡지(雜誌).
彙集(휘집 huìjí) 같은 종류의 물건을 갈래를 따라 모음. 유취(類聚).
彙纂(휘찬 huìzuǎn) 여러 가지의 사실을 모아, 그 종류에 따라 갈라서 편찬함. 유찬(類纂).

▶ **語彙**(어휘)·**辭彙**(사휘).

彝 떳떳할 **이**
【彝(⺕부15획)의 속자】

彝 떳떳할 **이**
중 yì 일 イ, つね 영 normal
① 떳떳할 **이**(常). ② 법 **이**(法). ③ 종묘 제기 **이**(廟器名尊彝). ④ 술통 **이**(樽).
彝倫(이륜 yílún) 사람으로서 떳떳이 지켜야 할 도리.
彝儀(이의 yíyí) 언제나 지켜야 할 도리. 상도(常道).
彝則(이칙 yízé) 항상 지켜야 할 법칙. 상도(常道).
彝憲(이헌 yìxiàn) 언제나 변하지 않는 도리. 상법(常法). 상칙(常則).
彝訓(이훈 yìxùn) 사람으로서 떳떳이 지켜야 할 교훈.

彡 部
터럭 **삼**

形 모양/형상 **형**
形 形 形 形 形 形
중 xíng 일 ケイ, ギョウ, かたち 영 form
① 형상 **형**(體). ② 형상할 **형**(象). ③ 나타날 **형**(現). ④ 형편 **형**(形勢).

書體 小篆 形 草書 形 (中學) 形聲

形鋼(형강 xínggāng) 절단한 면이 일정한 모양으로 이루어진 압연(壓延)시킨 철강재(鐵鋼材).

形而上學(형이상학) xíng'érshàngxué 《哲》 사물의 근거(根底)에 있는 근본 원리. 곧 우주 인생의 궁극적인 원리를 탐구하는 학문. 이것이 근세 경험과학이 발달하고 나서부터는 초경험적인 것에 관계되는 학문의 뜻으로 됨. ↔ 형이하학(形而下學).

形而下學(형이하학) xíng'érxiàxué 《哲》 형체를 갖추고 있는 사물에 관한 학문. 자연과학 같은 것. ↔ 형이상학(形而上學).

形跡(형적) xíngjì 뒤에 남는 흔적. 형적(形迹).

形形色色(형형색색) xíngxíngsèsè 가지각색.

▶ 矩形(구형)·奇形(기형)·畸形兒(기형아)·圖形(도형)·無形(무형)·方形(방형)·變形(변형)·成形術(성형술)·外形(외형)·原形(원형)·圓形(원형)·造形(조형)·體形(체형)·環形(환형).

彦 선비 언:

일 ゲン, ひこ 영 meek scholar

① 착한 선비 언(美士). ② 클 언(碩).
【彦은 속자】

彦士(언사) yànshì 재덕(才德)이 뛰어난 남자. 훌륭한 인물. 언준(彦俊).

彦聖(언성) yànshèng 뛰어나고 현철(賢哲)한 인물.

彦俊(언준) yànjùn = 언사(彦士).

彩 채색 채:

중 cǎi 일 サイ, いろどる 영 colour

① 채색 채(文色精光). ② 빛날 채(光). ③ 무늬 채(文色). 【采와 통함】

書體 小篆 彩 草書 彩 (高校) 形聲

彩色(채색) cǎisè ① 그림 같은 데에 색을 칠함. ② 여러 가지의 고운 빛깔.

彩飾(채식) cǎishì 아름다운 빛깔로 꾸밈.

彩虹(채홍) cǎihóng 아름다운 무지개.

彩畫(채화) cǎihuà 채색을 재료로 써서 그린 그림.

▶ 光彩(광채)·濃彩(농채)·多彩(다채)·淡彩(담채)·文彩(문채)·色彩(색채)·水彩畫(수채화)·異彩(이채).

彫 새길 조

중 diāo 일 チョウ, きざむ, ほる 영 carve

① 새길 조(鏤). ② 그릴 조(畫文). ③ 문채낼 조(文飾). ④ 조잔할 조(瘁).
【琱·雕와 통함】

彫刻(조각) diāokè 조형미술(造形美術)의 하나. 글씨·그림·물건의 형상 등을 돌이나 나무·금속 따위에 새김. 조전(彫鐫). 조착(彫斲). 조각(彫劇).

彫像(조상) diāoxiàng ① 조각(彫刻)한 상(像). ② 여러 가지 형상(形像)을 조각함.

彫塑(조소) diāosù ① 조각과 소상(塑像). ② 찰흙이나 석고에 상(像)을 새김.

彫琢(조탁) diāozhuó 새기고 쪼음. 문장의 자구(字句)를 아름답게 다듬음. 조각탁마(彫刻琢磨). 조탁(彫琢).

▶ 木彫(목조)·浮彫(부조).

彬 빛날 빈

중 bīn 일 ヒン, あきらか 영 bright

빛날 빈, 잘 갖추어질 빈(文質備). 【份·斌과 통함】

彭 성(姓) 팽

1 중 péng 일 ホウ, たて 영 shield

② 일 ホウ, ふくれる 영 swell
1 ① 성 팽(姓). ② 땅 이름 팽(地名). 「팽성(彭城)」. ③ 방패 팽(盾也彭非). ④ 총소리 팽(銃聲彭彭). ⑤ 북소리 팽(鼓聲). **2** ① 가까울 방(近). ② 장할 방(壯). ③ 웅기중기 갈 방(多衆貌).

彭湃(팽배 péngpài) 물결이 맞 부쳐 솟구침. 물이 넘치는 모양. 파도가 넘실거리는 모양. 팽배(澎湃).

彰 드러날 창

음 zhāng 일 ショウ, あきらか 영 bright

① 나타날 창(著). ② 밝을 창(明). ③ 드러낼 창(著明之). ④ 문채 창(文飾). 「직문조창(織文鳥彰)」.

彰德(창덕 zhāngdé) 사람의 선행이나 미덕 따위를 세상에 밝힘.
彰明(창명 zhāngmíng) 밝게 드러냄. 명백(明白). 소명(昭明). 창병(彰炳).
彰善(창선 zhāngshàn) 남의 착한 행실을 드러냄.

▶ 表彰(표창)·顯彰(현창).

影 그림자 영:

影影影影 另 另 昂 昂 影 影

음 yǐng 일 エイ, かげ 영 shadow

① 그림자 영(物之陰形). ② 형상 영(形). ③ 말 이름 영(馬名躡影). 【景과 같음】

書體 草書 影 (高校) 形聲

影幀(영정 yǐngzhèngzhèng) 화상을 그린 족자. 영상(影像).
影響(영향 yǐngxiǎng) ① 그림자와 울림. ② 형상(形象)에 그림자, 소리에 울림이 따르는 것과 같이 한 사물의 변화가 다른 사물의 변화의 원인이 됨. 《喩》 밀접(密接)한 관계.

▶ 眞影(진영)·撮影(촬영)·投影(투영)·幻影(환영).

彳 部
자축거릴 **척**, 두인변

彷 헤맬 방(:)

①② fǎng ③ páng 일 ホウ, さよう 영 wander

① 방황할 방(徘徊). ② 어정거릴 방. ③ 비슷할 방(彷髴, 相似). 【仿·髣과 같음】

彷彿(방불 fǎngfú) ① 거의 비슷함. 근사함. ② 멍하여 분명하지 못한 모양. 방불(髣髴).
彷徨(방황 fǎnghuáng) ① 일정한 목적이나 방향이 없이 어정어정 돌아다님. 방양(彷徉). 배회(徘徊). ② 《動》 모양은 뱀 같고, 머리가 둘 있으며, 오색(五色)의 무늬가 있는 벌레.

役 부릴 역

役役役役役役役

음 yì 일 エキ, ヤク, つかう 영 work, use

① 부릴 역(使). ② 국경을 지킬 역(戍役, 行役). ③ 부역 역(賦役). ④ 벌여 설 역(列). ⑤ 부림꾼 역(使人). ⑥ 전쟁 역(戰爭). ⑦ 일 역(職務). ⑧ 힘써 일할 역(勉). ⑨ 골몰할 역(有所求而不止).

書體 小篆 役 古文 役 草書 役 (高校) 會意

役割(역할 yìgē) 소임. 구실.

▶ 監査役(감사역)·苦役(고역)·勞役(노역)·端役(단역)·代役(대역)·大役事(대역사)·免役(면역)·配役(배역)·兵役(병역)·補充役(보충역)·負役(부역)·使役(사역)·相談役(상담역)·兒役(아역)·惡役(악역)·豫備役(예비역)·用役(용역)·雜役(잡역)·適役(적역)·轉役(전역)·助役(조역)·主役(주역)·重役(중역)·職役(직역)·懲役(징역)·退役(퇴역)·荷役(하역)·現役(현역).

彼 저 피:

彼彼彼彼彼彼彼彼

音 bǐ 日 ヒ, かれ, あれ 英 he, that
① 저 피(此之對). ② 저것 피(外之辭).

書體 小篆 彼 古文 彼 草書 彼 (中學) 形聲

彼岸(피안 bǐ'àn) ① 저쪽 물가 언덕. ②《佛》이승의 번뇌를 해탈하여 열반의 세계에 도달함. 또는 그 경지. 생사를 바다에 비유하여 번뇌의 이승을 차안(此岸), 열반(涅槃)의 정토(淨土)를 피안(彼岸)이라 함. 도피안(到彼岸)의 준말. ↔ 차안(此岸).
彼此(피차 bǐcǐ) ① 저것과 이것. 저일과 이일. ② 서로.
彼此一般(피차일반) 쌍방이 서로 같음.

▶ 於此彼(어차피)·此日彼日(차일피일).

佛 비슷할 불

音 fú 日 フツ, にる 英 similar
① 비슷할 불(彷彿). ② 비슷할 불(相似). 【髴과 같음】

往 갈 왕:

往往往往往往往往

音 wǎng 日 オウ, ゆく 英 go
① 갈 왕(去). ② 옛 왕(昔). ③ 이따금 왕(時時). ④ 뒤 왕(後). 【徃으로 씀】 ⑤ 향할 왕(向).

書體 小篆 徃 古文 徃 草書 徃 法 (中學) 形聲

往年(왕년 wǎngnián) ① 지나간 해. ② 옛날.
往來(왕래 wǎnglái) ① 오고 가고 함. 왕복(往復). 왕환(往還). ② 노자(路資).
往復(왕복 wǎngfù) ① 갔다가 돌아옴. 왕반(往返). 왕반(往反). ② 문서나 편지의 왕래(往來).
往生極樂(왕생극락 wǎngshēngjílè)《佛》죽은 후에 극락세계(極樂世界)에서 태어남을 이름.
往診(왕진 wǎngzhěn) 의사가 환자 집에 가서 진찰함. ↔ 택진(宅診).

▶ 旣往(기왕)·來往(내왕)·右往左往(우왕좌왕)·已往(이왕).

征 칠 정

征征征征征征征征

音 zhēng 日 セイ, うつ 英 attack
① 갈 정(行). ② 세 받을 정(取稅). ③ 찾을 정(索). ④ 칠 정(上伐下).

書體 小篆 延 古文 征 草書 证 (高校) 形聲

征途(정도 zhēngtú) ① 전쟁에 나가는 길. ② 여행하는 길. ③ 체육경기에 참가하려고 떠나는 길.
征伐(정벌 zhēngfá) ① 죄 있는 무리를 군대로 침. ② 죄 있는 사람을 벌을 주어 바르게 함. 〈征(정)은 정(正)〉.
征服(정복 zhēngfú) ① 정벌하여 복종시킴. ② 어려운 일을 꺾어 이겨냄.

▶ 遠征(원정)·出征(출정)·親征(친정).

径 지름길/길 경

⁵⁄₈ 彳

【徑(彳부7획)의 약자】

待 기다릴/대접 대:

⁶⁄₉ 彳

待待待待待待待待

음 dài, dāi 일 タイ, まつ 영 wait

① 기다릴 대(俟). ② 대접할 대(遇). ③ 막을 대(備禦).

書體 小篆 待 草書 待 中學 形聲

待罪(대죄 dàizuì) ① 죄인이 처벌의 명령이 있기를 기다림. ② 관리가 그 벼슬에 있는 것을 겸칭함.
待避(대피 dàibì) ① 상대방이 지나가기를 피하여 기다림. ② 난을 피하여 때를 기다림.

▶ 苦待(고대)·恭待(공대)·寬待(관대)·期待(기대)·冷待(냉대)·薄待(박대)·禮待(예대)·優待(우대)·接待(접대)·尊待(존대)·賤待(천대)·招待(초대)·虐待(학대)·鶴首苦待(학수고대)·忽待(홀대)·歡待(환대)·厚待(후대).

徊 머뭇거릴 회

⁶⁄₉ 彳

음 huái, huí 일 カイ, さまよう
영 loitering

① 배회할 회(彷徨). ② 어정거릴 회(低). 【佪와 같음】

徊翔(회상 huáixiáng) 새가 빙빙 날아 돎. 《轉》진급(進級)이 늦음을 일컬음.
徊徨(회황 huáihuáng) 정처 없이 이리저리 떠돌아다님. 회황(廻遑). 회황(回皇).

▶ 徘徊(배회).

律 법칙 률

⁶⁄₉ 彳

律律律律律律律律

음 lǜ 일 リツ, おきて 영 law

① 법률(法). ② 풍류 률(律呂). ③ 지을 률(述).【后와 같음】

書體 小篆 律 草書 律 中學 形聲

律客(율객 lǜkè) ① 음률(音律)에 밝은 사람. ② 가객(歌客).
律動(율동 lǜdòng) ① 규칙적인 운동. ② 음률(音律)의 곡조. ③ 리듬에 맞추어 추는 춤.
律呂(율려 lǜlǚ) ① 육률(六律)과 육려(六呂). ② 음악. 또는 그 가락.
律師(율사 lǜshī) ① 변호사. ②《佛》계율을 잘 아는 중. ③ 당(唐) 나라 때 도사의 존호(尊號). ④《佛》승관(僧官)의 하나. 불제(佛制)에 의하여 10법을 갖추고 계율을 잘 지키는 계율의 사범을 이름.

▶ 規律(규율)·法律(법률)·自律(자율)·他律(타율)·千篇一律(천편일률).

後 뒤 후:

⁶⁄₉ 彳

後後後後後後後後

①-③ 음 hòu 일 コウ, のち 영 rear
④⑤ 일 ゴ, うしろ 영 late

① 뒤 후(前之對). ② 늦을 후(遲). ③ 아들 후(嗣).【后와 같음】 ④ 뒤질 후(後之). ⑤ 시대가 지날 후(經).

書體 小篆 後 古文 㢟 草書 後 中學 會意

後見(후견 hòujiàn) ① 회합(會合) 시간에 늦음. ② 옛적 군주나 가장(家長)이 어릴 때, 그 대리로서 보좌함. ③《法》미성년자 또는 금치산자(禁治産者)를 보호, 대리하여 재산 관리를 하는 일. ④ 숨어 앉아 돌보아 줌.
後約(후약 hòuyuē) 뒷날의 기약(期約).
後裔(후예 hòuyì) 대수(代數)가 먼 후손. 자손.
後娶(후취 hòuqǔ) 본처가 없게 되어 두 번째 장가드는 일. 후실(後室). 후처(後妻).

▶ 落後(낙후)·讀後感(독후감)·幕後(막후)·物後(물후)·背後(배후)·死後(사후)·産後(산후)·先後(선후)·豫後(예후)·午後(오후)·雨後竹筍(우후죽순)·以後(이후)·前無後無(전무후무)·前後(전후)·戰後(전후)·直後(직후)·此後(차후)·最後通牒(최후통첩)·追後(추후)·向後(향후).

徐 천천할 서(:)

徐徐徐徐徐徐徐徐徐徐

음 xú 일 ジョ, おもむろ 영 slow

① 천천할 서(安行). ② 천천히 서(緩). ③ 한가할 서(安穩貌). ④ 찬찬할 서(威儀貌). ⑤ 더딜 서(遲緩). ⑥ 땅 이름 서(地名). 【舒와 통함】

書體 小篆 徐 草書 徐 高校 形聲

徐步(서보 xúbù) 천천히 걸음.
徐行(서행 xúxíng) 천천히 감. 조용히 걸음. 서보(徐步).

徑 지름길/길 경

徑徑徑徑徑徑徑徑徑徑

음 jìng 일 ケイ, ちかみち
영 short cut

① 지름길 경(小路). ② 빠를 경(疾). ③ 곧을 경(直). ④ 방법 경(法). ⑤ 곧 경(竟). ⑥ 지날 경(行過). ⑦ 드디어 경(竟).

書體 小篆 徑 草書 徑 高校 形聲

徑路(경로 jìnglù) 오솔길. 지름길. 첩경(捷徑).
徑行(경행 jìngxíng) 조금도 사양함이 없이 생각한 그대로를 행함.

▶ 口徑(구경)·半直徑(직경)·捷徑(첩경).

徒 무리 도

徒徒徒徒徒徒徒徒徒徒

음 tú 일 ト, ともがら, むだ
영 group

① 걸어다닐 도(步行). ② 보병 도(步兵). ③ 무리 도(輩). ④ 다만 도(但). ⑤ 종 도(隷). ⑥ 제자 도(弟子). ⑦ 학업을 닦는 사람 도(修業者). ⑧ 형벌의 이름 도(徒刑名).

書體 小篆 辻 古文 徒 草書 㳺 中學 形聲

徒勞(도로 túláo) 보람 없이 애씀. 헛되이 수고함.
徒手體操(도수체조 túshǒutǐcāo) 맨손 체조.
徒食(도식 túshí) ① 놀고먹음. 좌식(坐食)·유식(遊食). ② 일은 하지 않고 놀고서 세월을 보냄. ③ 육식(肉食)을 아니함.
徒弟(도제 túdì) ① 제자. 문인(門人). ② 직업에 필요한 지식·기능을 습득하기 위하여 남의 밑에서 노무에 종사하는 어린 직공.

▶ 敎徒(교도)·無爲徒食(무위도식)·門徒(문도)·信徒(신도)·逆徒(역도)·暴徒(폭도)·學徒(학도).

得 얻을 득

得得得得得得得得得得

음 dé, de, děi 일 トク, とく, える
영 gain

① 얻을 득(獲). ② 탐할 득(貪). ③ 상득

할 득(與人契合). ④ 만족할 득(滿足). ⑤ 잡을 득(捕). ⑥ 잘할 득(能).

書體 小篆 得 古文 𢔟 草書 𢔟 (中學) 形聲

得道(득도 dédào) ① 바른 길을 얻음. ② =득탈(得脫).
得隴望蜀(득롱망촉 délǒngwàngshǔ) 욕심은 한이 없음을 이르는 말. 《故》 한(漢) 광무제(光武帝)가 농(隴)을 평정한 뒤에 또 촉(蜀)을 친 데서 나온 말.
得意揚揚(득의양양 déyìyángyáng) 뜻하는 바를 이루어서 뽐내고 우쭐거림.

▶ 高所得(고소득)·求得難(구득난)·旣得權(기득권)·納得(납득)·晩得(만득)·設得(설득)·所得(소득)·拾得(습득)·習得(습득)·利得(이득)·利害得失(이해득실)·一擧兩得(일거양득)·自業自得(자업자득)·體得(체득)·取得(취득)·攄得(터득)·解得(해득)·獲得(획득).

徘 어정거릴 배

음 pái 일 ハイ, さまよう
영 loiter about

① 배회할 배(彷徨). ② 어슷거릴 배(低). 【俳·裵와 같음】
徘徊(배회 páihuái) ① 정처 없이 이리저리 떠돌아다님. ② 마음이 안정되지 않음. 주저준순(躊躇逡巡).

徙 옮길 사:

음 xǐ 일 シ, うつる 영 remove

① 옮길 사(遷移). ② 귀양갈 사(謫). ③ 의지할 사(倚). ④ 넘을 사(踰).
徙木之信(사목지신 xǐmùzhīxìn) 위정자(爲政者)는 백성을 속이지 않는다는 뜻. 속이지 않음을 밝혀 둠. 《故》 전국시대(戰國時代) 진(秦)의 상앙(商鞅)은 정령(政令)을 내림에 앞서, 백성이 이를 믿지 않을까 걱정하여, 세 길이나 되는 나무를 남문(南門)에 세우고, 현상금을 걸어서 북문(北門)에 옮겼다 함.

徙植(사식 xǐzhí) 옮겨 심음. 이식(移植).
徙業(사업 xǐyè) 다른 직업으로 옮김. 전직(轉職).

▶ 移徙(이사).

從 좇을 종(:)

從從從從從從從從從

음 cóng 일 ショウ, ジュウ, したがう
영 obey

① 따를 종, 좇을 종(隨). ② 말을 들을 종(相聽). ③ 허락할 종(許). ④ 나갈 종(就). ⑤ 부터 종(自). ⑥ 순할 종(順). ⑦ 종용할 종(舒緩貌). ⑧ 상투가 우뚝할 종(從高). ⑨ 친척 종(同宗). ⑩ 따르는 사람 종(隨行者).

書體 小篆 從 小篆 從 草書 𢔟 (中學) 會意

從犯(종범 cóngfàn) 《法》 ① 정범(正犯)을 방조하는 범죄. ② 정범(正犯)을 방조하는 범인.
從心所欲(종심소욕 cóngxīnsuǒyù) 마음에 하고 싶은 대로 좇아서 함.
從容(종용 cóngróng) ① 자연스럽고 태연한 모양. 떠들지 않고 유유한 모양. ② 하는 일 없이 유유히 지남. ③ 오래. ④ 꾀어서 권함. 종용(慫慂). ⑤ 행동거지. ⑥ 슬슬 거닐음. ⑦ 조용히 부드럽게 말하는 모양. ⑧ 안온하게 조화되어 있음.
從橫(종횡 cónghèng) ① 세로와 가로. ② 남북과 동서. ③ 전국시대(戰國時代) 소진(蘇秦)의 합종설(合從說)과 장의(張儀)의 연형설(連衡說). ④ 공수(攻守)·화전(和戰)의 계략(計略). ⑤ 뜻대로. 자유로이.

▶ 姑從(고종)·屈從(굴종)·盲從(맹종)·面從(면종)·面從腹背(면종복배)·服從(복종)·三從之道(삼종지도)·相從(상종)·順從(순종)·侍從(시종)·類類相從(유유상종)·主從(주종)·追從(추종)·合從連衡(합종연형).

御 모실 어:

御御御御御御御御御御

1 읽 yù 일 ギョ, おさめる
뜻 reign over **2** 읽 ゴ, はべる

1 ① 모실 어(侍). ② 거느릴 어(統). ③ 나아갈 어(進). ④ 주장할 어(主). ⑤ 마부 어(使馬). ⑥ 부인을 사랑할 어(寵愛). ⑦ 왕후 어(后). ⑧ 임금에 대한 경칭 어.【馭와 같음】⑨ 막을 어(禦). **2** 맞을 아(迎).【迓와 같음】

書體 小篆 御 古文 𢒟 草書 泃 高校 會意

御賜(어사 yùcì) 임금이 금품(金品)을 내림.
御史(어사 yùshǐ)《國》임금의 명령으로 특별한 사명을 띠고 지방에 파견되는 임시적 관리. 감진어사, 암행어사 등.
御史出頭(어사출두; 어사출또 yùshǐchūtóu)《國》옛날 암행어사가 지방 관청에 이르러 중요한 일을 처리하기 위하여 좌기(坐起)를 벌임.
御賜花(어사화 yùcìhuā)《制》임금이 문무과에 급제한 사람에게 내리던 종이로 만든 꽃.
御試(어시 yùshì) 임금이 친히 하는 진사(進士)의 시험.
御用(어용 yùyòng) ① 임금이 쓰는 물건. 어물(御物). ② 정부에서 씀. ③ 포리(捕吏)가 죄인(罪人)을 잡음.

▶ 崩御(붕어)·暗行御史(암행어사)·制御(제어)·統御(통어)·還御(환어).

徧 두루 변/편

뜻 biàn, piàn 일 ヘン, あまねし
뜻 all around

① 두루 변(周). ② 널리 변(普).【遍과 같음】

徨 헤맬 황

뜻 huáng 일 コウ, さまよう
뜻 wander

방황할 황(徘徊).
徨徨(황황 huánghuáng) 방황하는 모양. 어슷거리는 모양.

▶ 彷徨(방황).

復 돌아올 복 / 다시 부:

復復復復復復復復復

1 읽 fù 일 フク, かえる 뜻 revive
2 일 フウ

1 ① 돌아올 복(返). ② 대답할 복(答). ③ 되돌이할 복(反). ④ 회복할 복(興復). ⑤ 아뢸 복(白). ⑥ 제할 복(除). ⑦ 거듭될 복(重). ⑧ 심부름을 갔다 올 복(反命). ⑨ 죽은 사람의 혼을 부르는 의식 복. ⑩ 덮을 복(覆). ⑪ 갚을 복(報). ⑫ 괘 이름 복(卦名). **2** 다시 부, 또 부(又也, 再).

書體 小篆 復 草書 復 中學 形聲

復古(복고 fùgǔ) ① 옛 상태로 돌아감. ② 본래의 상태로 돌아옴. ③ 손실을 회복함.
復權(복권 fùquán)《法》① 법원의 선고(宣告)로 일정한 자격이나 권리가 상실 또는 정지된 사람에 대해서, 그 자격 또는 권리를 회복시킴. ② 파산자(破産者)가 파산관련 채권자로부터 모든 채무(債務)의 면책(免責)을 받았을 때에 파산자의 신청(申請)에 따라 법원에서 완전한 능력자

(能力者)로 허가하여 주는 일.
復籍(복적 fùjí) 혼인이나 양자(養子)로 인연을 맺어 남의 집에 입적(入籍)하였던 사람이 이혼이나 이연(離緣)으로 말미암아 도로 이전의 호적에 돌아감.
復唱(복창 fùchàng) 명령이나 남의 말을 그대로 받아서 다시 욈.
復活(부활 fùhuó) ① 죽었다가 다시 되살아남. 복생(復生). 복명(復命). 소생(蘇生). ② 일단 폐지하였던 것을 다시 씀. ③ 쇠퇴하였던 것을 다시 흥하게 함. 부흥(復興). 재흥(再興). ④《宗》기독교에서 사람이 죽은 뒤에 생명을 다시 회복하고 영원한 생명을 지녀 영광스럽게 된다고 하는 믿음.
復興(부흥 fùxīng) ① 어떤 일을 다시 일으킴. ② 쇠(衰)했던 것이 전과 같이 다시 흥함. 재흥(再興). 중흥(中興).

▶ 光復(광복)·克復(극복)·反復(반복)·報復(보복)·收復(수복)·往復(왕복)·回復(회복).

循 좇을/순환할 순

循 循 循 循 循 循 循 循 循 循

🔊 xún 🇯🇵 ジュン, めぐる
🇬🇧 circulate

① 좇을 순(行順). ② 의지할 순(依). ③ 돌 순(循環). ④ 차례 순(次序). ⑤ 돌아다닐 순(巡). ⑥ 위로할 순(安慰). ⑦ 착할 순(善). ⑧ 지을 순(述).

書體 小篆 循 草書 循 （高校） 形聲

循次(순차 xúncì) 차례를 좇음.
循行(순행 xúnxíng) ① 여러 곳으로 돌아다님. 순행(巡行). ② 명령에 따라 행함.
循環(순환 xúnhuán) ① 쉬지 않고 연해 돎. ② 원인과 결과가 서로 쉬지 않고 돎. ③ 돈을 내돌림. ④《生》생물이 영양분을 몸의 각 부분에 운반함.
循環之理(순환지리 xúnhuánzhīlǐ) 흥망성쇠가 순환하는 이치.

▶ 惡循環(악순환).

傍 붙어갈 방ː

🔊 páng, bàng 🇯🇵 ホウ, かたわら
🇬🇧 adore

① 붙어갈 방(附行). ② 방황할 방(徘徊彷徉).【傍과 같음】

傍徨(방황 pánghuáng) ① 정처 없이 이리저리 돌아다님. 방황(彷徨). ② 화살 이름.

微 작을/적을 미

微 微 微 微 微 微 微 微 微 微

🔊 wēi 🇯🇵 ビ, ミ, こまか 🇬🇧 delicate

① 은미할 미(隱). ② 작을 미, 가늘 미(細). ③ 희미할 미(不明). ④ 쇠약할 미(衰). ⑤ 아닐 미(非). ⑥ 없을 미(無). ⑦ 기찰할 미(伺察). ⑧ 숨길 미(匿). ⑨ 천할 미(賤).【微로도 씀】

書體 小篆 微 草書 微 （高校） 形聲

微官末職(미관말직 wēiguānmòzhí) 지위가 아주 낮은 벼슬. 미말지직(微末之職).
微粒子(미립자 wēilìzi)《物》아주 작은 입자(粒子).
微明(미명 wēimíng) ① 희미하게 밝음. ② 아주 깊은 생각.
微服潛行(미복잠행 wēifúqiánxíng) 남이 모르도록 미복으로 슬그머니 다님.
微生物(미생물 wēishēngwù)《動》박테리아·원생동물(原生動物) 따위와 같이 현미경이 아니고는 볼 수

없는 매우 미세한 생물의 총칭.
微賤(미천 wēijiàn) 신분이나 지위가 미약하고 비천함.

▶ 輕微(경미)·極微(극미)·幾微(기미)·隱微(은미)·顯微鏡(현미경).

徵 부를/징수 징

徵 徵 徵 徵 徵 徵 徵 徵 徵 徵

1 중 zhēng 일 チョウ, めす 영 call, collect 2 중 zhǐ

1 ① 부를 징(召). ② 효험 징, 징험 징(驗). ③ 조세를 거둘 징(斂). ④ 구할 징(求). ⑤ 이룰 징(成). 2 치성 치(五音之一).

書體 小篆 徵 古文 𢽰 草書 徵 (高校) 形聲

徵發(징발 zhēngfā) ① 전시(戰時) 또는 사변의 경우에 인부(人夫)나 물자·시설 등을 백성들에게서 모집·징수하는 일. ② 남에게서 물품을 강제적으로 거둠.
徵罰(징벌 zhēngfá) ① 장래를 경계하기 위하여 벌을 과함. ② 공무원 등의 부정 또는 부당한 행위에 대하여 제재를 가함.
徵役(징역 zhēngyì) 징소(徵召)하여 일을 시킴. 징소(徵召)되어 일을 함.
徵用(징용 zhēngyòng) ① 징수하여 사용함. 징발하여 씀. 징용(徵庸). ② 국가의 권력으로 국민을 강제적으로 일정한 업무에 종사시킴.

▶ 象徵(상징)·性徵(성징)·雨徵(우징)·追徵(추징)·特徵(특징)·表徵(표징).

德 큰 덕

德 德 德 德 德 德 德 德 德

일 トク, とく, めぐみ 영 virtue

① 큰 덕(行道有得). ② 품행 덕(品行). ③ 은혜 덕(惠). ④ 덕되게 여길 덕(荷恩). ⑤ 날 덕(生). ⑥ 덕 있는 사람 덕, 군자 덕. ⑦ 좋은 가르침 덕(感化). ⑧ 별 이름 덕(木星). ⑨ 왕기 덕(四時旺氣).【惠과 통함】【德은 약자】

書體 小篆 德 古文 德 草書 德 (中學) 形聲

德器(덕기 déqì) ① 덕행과 기량(器量). 덕과 재능. ② 덕량(德量)의 기국(器局). 훌륭한 인격.
德望(덕망 déwàng) ① 덕행과 인망(人望). ② 많은 사람이 그의 덕을 경모하여 따르는 일.
德惠(덕혜 déhuì) 덕이 있으며 은혜가 있는 일. 은혜. 인혜(仁惠).
德化(덕화 déhuà) 덕행(德行)으로써 교화(敎化)시킴.

▶ 功德(공덕)·道德(도덕)·明德(명덕)·美德(미덕)·薄德(박덕)·變德(변덕)·福德(복덕)·不德(부덕)·婦德(부덕)·頌德碑(송덕비)·惡德(악덕)·遺德(유덕)·恩德(은덕)·隱德(은덕)·蔭德(음덕)·陰德(음덕)·人德(인덕)·仁德(인덕)·積德(적덕)·地德(지덕)·厚德(후덕).

徹 통할/사무칠 철

徹 徹 徹 徹 徹 徹 徹 徹 徹 徹

중 chè 일 テツ, とおる 영 pierce

① 통할 철(通). ② 사무칠 철(達). ③ 다스릴 철(治). ④ 버릴 철(去). ⑤ 벗겨갈 철(剝取). ⑥ 벌일 철(列). ⑦ 주나라 세금 철(周稅徹田).

書體 小篆 徹 古文 徹 草書 徹 (高校) 形聲

徹頭徹尾(철두철미 chètóuchèwěi) ① 처음부터 끝까지. 하나에서 열까지. ② 조금도. 결단코. 철저히. 철상철하(徹上徹下).
徹兵(철병 chèbīng) 파견하였던 군대를 철수함. 철병(撤兵).
徹夜(철야 chèyè) 잠을 자지 아니하고

밤을 새움. 철소(徹宵). 통소(通宵).
徹底(철저 chèdǐ) ① 속 깊이 밑바닥까지 투철함. ② 의사(意思)가 구석구석까지 잘 통함. ③ 학문이 오의(奧義)에 달함.
徹天之冤(철천지원 chètiānzhīyuān) 하늘에 사무치는 크나큰 원한. 철천지한(徹天之恨).

▶ 貫徹(관철)·冷徹(냉철)·洞徹(통철)·通徹(통철)·透徹(투철).

徽 아름다울 휘
彳 14 / 17

🅐 huī 🅙 キ, はたじるし 🅔 banner
① 아름다울 휘(美). ② 좋을 휘(善). ③ 세 겹 노 휘(三糾繩). ④ 기 휘(幟). ⑤ 달릴 휘(奔馳貌). ⑥ 거문고기러기발 휘(琴節).
徽音(휘음 huīyīn) ① 좋은 말. 영예(令譽)·영문(令聞). ② 아름다운 음악. ③《國》후비(后妃)의 아름다운 덕행(德行)과 언언.
徽章(휘장 huīzhāng) ① =휘호(徽號). ② 표지·신문·직무 또는 명예를 나타내기 위하여 옷이나 모자에 붙이는 표장(表章). 마크.

心, 忄, 小 部
마음 심, 심방변

心 마음 심
心 0 / 4

心心心心

🅐 xīn 🅙 シン, こころ 🅔 mind
① 마음 심(形之君而神明之主). ② 가운데 심(中). ③ 염통 심(臟). ④ 가지

끝 심(木尖刺). ⑤ 근본 심(根本). ⑥ 별 이름 심(星名).

書體 小篆 草書 中學 象形

心怯(심겁 xīnqiè) 마음이 약하여 대단하지 않은 일에 겁을 냄.
心琴(심금 xīnqín) 외부의 자극을 받아 움직이는 미묘한 마음.
心機一轉(심기일전 xīnjīyīzhuàn) 어떠한 동기(動機)에서 기분이 급히 변함. 마음이 홱 달라짐.
心服(심복 xīnfú) 즐거운 마음으로 복종함. 심열성복(心悅誠服)의 약어.
心腹(심복 xīnfù) ① 가슴과 배. ② 관계가 밀접하여 없으면 안 될 일이나 물건. ③ 심복지인(心腹之人)의 약어. 극히 친밀한 사람. 마음 놓고 믿을 수 있는 둘도 없는 부하.
心眼(심안 xīnyǎn) ① 마음과 눈. ② 사물을 관찰하고 식별하는 마음의 작용. ↔ 육안(肉眼).《佛》관념(觀念)의 마음.
心證(심증 xīnzhèng) ① 마음에 받은 인상(印象). ②《法》재판의 심리에서 변론이나 증거 등에서 얻은 재판관의 인식 또는 확신.
心醉(심취 xīnzuì) ① 어떤 일에 빠져 마음을 빼앗기는 일. ② 어떤 사람을 흠모(欽慕)하여 감심(感心)함.
心血(심혈 xīnxuè) ① 심장의 피. ② 마음껏. 온 정신. ③ 있는 대로의 힘.

▶ 見物生心(견물생심)·決心(결심)·苦心(고심)·關心(관심)·求心(구심)·欺心(기심)·落心(낙심)·勞心焦思(노심초사)·丹心(단심)·盜心(도심)·道心(도심)·都心(도심)·童心(동심)·銘心(명심)·民心(민심)·放心(방심)·變心(변심)·本心(본심)·復讎心(복수심)·腐心(부심)·忿心(분심)·佛心(불심)·私心(사심)·辭讓之心(사양지심)·傷心(상심)·善心(선심)·誠心誠意(성심성의)·細心(세심)·愁心(수심)·獸心(수심)·羞惡之心(수오지심)·是非之心(시비지심)·信心(신심)·惡心(악심)·安心(안심)·快心(앙심)·野心(야심)·養心(양심)·良心宣言(양심선언)·敢敢生心(언감생심)·熱心(열심)·

欲心(욕심)·憂心(우심)·唯心(유심)·疑心(의심)·以心傳心(이심전심)·一片丹心(일편단심)·自激之心(자격지심)·作心(작심)·專心(전심)·點心(점심)·操心(조심)·中心(중심)·重心(중심)·嘆心(진심)·眞心(진심)·焦心(초심)·忠心(충심)·衷心(충심)·惻隱之心(측은지심)·寒心(한심)·恒心(항심)·核心(핵심)·坦坦大路(허심탄회)·虛榮心(허영심)·歡心(환심)·回心(회심)·孝心(효심)·黑心(흑심).

必 반드시 필

必ソ必必必

🔊 bì 🔊 ヒツ, かならず
🔊 without fail, must

① 반드시 필(定辭). ② 그럴 필(然). ③ 오로지 필(專). ④ 살필 필(審). ⑤ 기약 필(期必).

書體 小篆 ᴎ 草書 必 (中學) 形聲

必需(필수 bìxū) 꼭 있어야 함. 필요. 필용(必用).
必須(필수 bìxū) 반드시 없어서는 안 됨. 필요. 필용(必用).
必有曲折(필유곡절 bìyǒuqūzhé) 반드시 무슨 까닭이 있음.

▶ 期必(기필)·事必歸正(사필귀정)·生活必需品(생활필수품)·言必稱(언필칭)·何必(하필).

忌 꺼릴 기

忌忌己己忌忌忌

🔊 jì 🔊 キ, いむ 🔊 shun

① 미워할 기(憎惡). ② 질투할 기(嫉). ③ 꺼릴 기(憚). ④ 원망할 기(怨). ⑤ 경계할 기(戒). ⑥ 공경할 기(敬). ⑦ 제사 기(忌日).

書體 小篆 忌 草書 忌 (高校) 形聲

忌克(기극 jìkè) 남의 재능을 시새워 거기에 이기려고 함. 기극(忌剋). 기극(忌尅).
忌日(기일 jìrì) ① 어버이가 죽은 날. ② 사람이 죽은 날. 기신(忌辰). ③ 꺼려야 할 불길한 날.
忌祭祀(기제사 jìjìsì) 기일(忌日)에 지내는 제사.
忌中(기중 jìzhōng) 상(喪)을 입어 언행 범절을 삼가는 기간.
忌憚(기탄 jìdān) 꺼림. 어려워함.
忌避(기피 jìbì) ① 꺼리어 피함. 기휘(忌諱). ②《法》소송법사전에서 불공평한 재판을 할 우려가 있을 때 그 판사의 재판을 받음을 거절함.
忌嫌(기혐 jìxián) 꺼리고 싫어함.
忌諱(기휘 jìhuì) 어떤 말이나 행동을 꺼리거나 피함. 또는 풍속이나 습관상 불길하다고 피하는 말이나 일.

▶ 禁忌(금기)·猜忌(시기)·妬忌(투기).

忍 참을 인

忍刀刃刃忍忍忍

🔊 rěn 🔊 ジン, ニン, しのぶ
🔊 bear

① 참을 인(耐). ② 강인할 인(强). ③ 차마 할 인(安於不仁). ④ 차마 못할 인. ⑤ 마음을 억제할 인.

書體 小篆 忍 草書 忍 (中學) 形聲

忍苦(인고 rěnkǔ) 고통을 참음. 괴로움을 참고 견딤.
忍耐(인내 rěnnài) 참고 견딤.
忍冬草(인동초 rěndōngcǎo)《植》겨우살이 덩굴.
忍辱(인욕 rěnrǔ) ① 욕되는 일을 견디어 참음. ②《佛》어떠한 모욕이나 고뇌 또는 박해에도 견디어 참아 마음을 움직이지 아니함.

▶ 目不忍見(목불인견)·隱忍自重(은인자중)·殘忍(잔인)·殘忍無道(잔인무도).

志 뜻지

志志志志志志志

🔊 zhì 🇯🇵 シ, こころざし 🇬🇧 will

① 뜻 **지**(心之所之). ② 뜻할 **지**(意向). ③ 맞출 **지**(中). ④ 기록할 **지**(記). ⑤ 살촉 **지**(箭鏃). ⑥ 원할 **지**, 희망할 **지**(希望). ⑦ 기억할 **지**(記憶).【誌와 통함】

書體: 小篆 志 草書 志 中學 形聲

志節(지절 zhìjié) 굳게 지키어 변함없는 절개. 지조(志操).
志操(지조 zhìcāo) 굳은 절개. 굳은 뜻.
志學(지학 zhìxué) ① 학문에 뜻을 둠. ② 뜻을 두는 것과 배우는 것. ③ 15세를 일컬음. 《故》공자(孔子)가 15세에 학문에 뜻을 두었다 함.

▶ 篤志(독지)·同志(동지)·遺志(유지)·意志(의지)·立志(입지)·初志一貫(초지일관)·寸志(촌지)·鬪志(투지).

忘 잊을망

忘忘忘忘忘忘忘

①-④ wáng ⑤ wàng 🇯🇵 ボウ, わすれる 🇬🇧 forget

① 깜짝할 **망**(忽). ② 잃어버릴 **망**(失). ③ 기억이 없을 **망**(不記). ④ 없애 버릴 **망**(忘憂). ⑤ 잊을 **망**(遺志忘不在).

書體: 小篆 忘 草書 忘 中學 形聲

忘却(망각 wàngquè) 잊어버림. 망실(忘失).
忘我(망아 wàngwǒ) ① 자기 자신을 잊음. ② 어떤 일에 열중함.
忘恩(망은 wàng'ēn) 은혜를 잊음. 은혜를 모름.

▶ 健忘(건망)·不忘(불망)·備忘(비망).

忙 바쁠망

忙忙忙忙忙忙

🔊 máng 🇯🇵 ボウ, モウ, いそがしい 🇬🇧 busy

① 바쁠 **망**(怱忙, 心迫). ② 빠를 **망**(急迫). ③ 일이 많을 **망**(繁忙, 多忙).

書體: 草書 忙 中學 形聲

忙月(망월 mángyuè) 일년 중에서 농사일에 가장 바쁜 달. ↔ 한월(閒月).
忙中有閑(망중유한 mángzhōngyǒuxián) 바쁜 중에도 또 한가한 짬이 있음. 바쁜 중에 마음의 한가한 짬을 얻음.
忙中閑(망중한 mángzhōngxián) 망중유한(忙中有閑)의 약어.

▶ 多忙(다망)·煩忙(번망)·繁忙(번망)·奔忙(분망)·慌忙(황망)·惚忙(황망).

応 응할응:

【應(心부13획)의 약자】

忠 충성충

忠忠忠忠忠忠忠忠

🔊 zhōng 🇯🇵 チュウ, ちゅう, まこと 🇬🇧 loyal

① 충성 **충**(盡心不欺). ② 곧을 **충**(直). ③ 정성껏 할 **충**(竭誠). ④ 공변될 **충**(無私).

書體: 小篆 忠 草書 忠 中學 形聲

忠僕(충복 zhōngpú) 진심으로 주인을 섬기는 종. 충노(忠奴).
忠言逆耳(충언역이 zhōngyánnì'ěr) 정성스럽고 바르게 하는 말은 귀에 거슬림.
忠節(충절 zhōngjié) 충성(忠誠)스러

운 절개(節槪). 굳게 충의(忠義)를 지키는 지조(志操).

忠貞(충정 zhōngzhēn) 마음이 참되고 지조(志操)가 곧음.

▶ 孤忠(고충)·不忠(불충)·誠忠(성충)·盡忠(진충)·顚忠坯忝(현충탑).

快 쾌할 쾌

快快快快快快快

🔊 kuài 🇯🇵 カイ, こころよい
🇬🇧 pleasant

① 쾌할 쾌(稱心). ② 기분이 좋을 쾌. ③ 가할 쾌(可). ④ 시원할 쾌(爽). ⑤ 마음을 편하게 할 쾌. ⑥ 빠를 쾌(急).

書體 小篆 㤟 草書 快 (中學) 形聲

快男兒(쾌남아 kuàinán'ér) = 쾌남자(快男子).

快刀亂麻(쾌도난마 kuàidāoluànmá) 잘 드는 칼로 헝클어진 삼 가닥을 자름.《喩》어지럽게 뒤섞인 사물을 명쾌하게 처단함.

快勝(쾌승 kuàishèng) 통쾌한 승리. 시원스럽게 이김.

快癒(쾌유 kuàiyù) 병이 다 나음. 쾌차(快差). 쾌복(快復).

快哉(쾌재 kuàizāi) 뜻대로 잘 되어 매우 만족스럽게 여김.

快擲(쾌척 kuàizhì) ① 시원스럽게 내던짐. ② 돈 따위를 마땅히 쓸 자리에 시원스럽게 내어 줌.

快晴(쾌청 kuàiqíng) 하늘이 상쾌하도록 맑게 갬.

▶ 輕快(경쾌)·明快(명쾌)·不快指數(불쾌지수)·爽快(상쾌)·完快(완쾌)·愉快(유쾌)·壯快(장쾌)·痛快(통쾌)·豪快(호쾌)·欣快(흔쾌).

念 생각 념:

念念念念念念念念

🔊 niàn 🇯🇵 ネン, おもう 🇬🇧 remind

① 생각할 념(常思). ② 읽을 념(念誦). ③ 스물 념(二十日念). ④《佛》대단히 짧은 시간 념.

書體 小篆 念 草書 念 (中學) 形聲

念慮(염려 niànlǜ) 마음을 놓지 못함. 걱정하는 마음.

念佛三昧(염불삼매 niànfósānmèi)《佛》일심불란(一心不亂)으로 염불하는 일. 염불의 법으로써 잡념을 없애버리고 영지(靈知)가 열려 부처를 보게 되는 경지(境地).

念珠(염주 niànzhū) ①《佛》보리(菩提)나무 열매를 실에 꿰어서 염불할 때에 쓰는 물건. ②《植》㉠ 피나무과의 낙엽 교목 열매로 염주를 만듦으로 절에서 많이 재배함. 보리수(菩提樹). ㉡ 포아풀과의 일년생 풀.〈열매·껍질은 단단한 법랑질(琺瑯質)로 되었는데, 이것으로 염주(念珠)를 만듦〉.

▶ 槪念(개념)·觀念(관념)·掛念(괘념)·紀念(기념)·斷念(단념)·邪念(사념)·想念(상념)·信念(신념)·餘念(여념)·忽念(원념)·留念(유념)·雜念(잡념)·專念(전념)·執念(집념)·諦念(체념)·通念(통념)·黙念(묵념).

忽 문득/홀연 홀

忽忽忽忽忽忽忽

🔊 hū 🇯🇵 コツ, たちまち
🇬🇧 suddenly

① 깜짝할 홀(卒). ② 잊을 홀(忘). ③ 올 홀(蠶吐絲). ④ 가벼이 여길 홀(輕).
【昜과 같음】

書體 小篆 忽 草書 忽 (高校) 形聲

忽待(홀대 hūdài) 탐탁하지 않은 대접. 소홀히 대접함.

忽然(홀연 hūrán) ① = 홀지(忽地). ② 홀홀(忽忽). ③ 일을 소홀(疏忽)

怒 성낼 노:

女 女 奴 奴 奴 怒 怒 怒

🔖 nù 🇯🇵 ド, いかる 🇬🇧 angry

① 성낼 **노**. 짜증낼 **노**(憤激). ② 뽐낼 **노**(奮).

書體 小篆 怒　草書 怒　(中學) 形聲

怒甲移乙(노갑이을 nùjiǎyǐyǐ) 어떤 사람에게서 당한 노염을 딴 사람에게 화풀이함.
怒氣(노기 nùqì) 노여운 기색.
怒氣騰騰(노기등등 nùqìténgténg) 노기가 얼굴에 잔뜩 오름.
怒氣沖天(노기충천 nùqìchōngtiān) 잔뜩 성이 나서 걷잡을 수 없는 상태.
怒濤(노도 nùtāo) 무섭게 몰려오는 큰 파도(波濤).
怒目(노목 nùmù) 성이 나서 눈을 부릅뜨고 바라봄.
怒發大發(노발대발 nùfādàfā) 성을 매섭게 냄.
怒聲(노성 nùshēng) 성난 목소리. 성을 내서 지르는 소리.
怒蠅拔劍(노승발검 nùyíngbájiàn) 파리들의 성화에 골내어 칼을 뺌. 《喩》 사소한 일에 화를 냄. 견문발검(見蚊拔劍).
怒號(노호 nùháo) ① 성내어 부르짖음. ② 바람·물결 따위의 세찬 소리.

▶ 激怒(격노)·憤怒(분노)·忿怒(분노)·瞋怒(진노)·震怒(진로)·疾風怒濤(질풍노도)·喜怒哀樂(희로애락).

---

298 4획 心 戈 戶 手 支 攴 文 斗 斤 方 无 日 曰 月 木 欠 止

히 여기는 모양. ④ 근거(根據)가 없는 모양. ⑤ 손쉬운 모양.
忽傲(홀오 hūāo) 사물(事物)을 깔보고 소홀(疏忽)히 함.
忽往忽來(홀왕홀래 hūwǎnghūlái) 걸핏하면 가고 걸핏하면 오는 일.
忽地風波(홀지풍파 hūdìfēngbō) ① 갑자기 야단이 일어나는 풍파. ② 뜻하지 않은 사이에 일어나는 소란.
忽顯忽沒(홀현홀몰 hūxiǎnhūmò) 문득 나타났다가 문득 없어짐.

▶ 疏忽(소홀).

忿 성낼 분:

🔖 fèn 🇯🇵 フン, いかる 🇬🇧 anger

① 분할 **분**(恨). ② 한할 **분**(恨怨). ③ 노할 **분**(忿怒). 【憤과 통함】

忿激(분격 fènjī) 몹시 성냄. 크게 노함.
忿怒(분노 fènnù) 분하여 몹시 성냄. 분노(憤怒). 분에(憤恚).
忿病(분병 fènbìng) 통분한 일로 생긴 병.
忿心(분심 fènxīn) 분한 마음.
忿然(분연 fènrán) 노여움을 드러내는 모양. 분함을 벌컥 드러내는 모양.
忿爭(분쟁 fènzhēng) 성이 나서 다툼. 분쟁(忿諍).

怏 원망할 앙

🔖 yàng 🇯🇵 オウ, うらむ 🇬🇧 vengeance

① 앙심먹을 **앙**(情不滿足). ② 원망할 **앙**(怨). 【鞅과 통함】

怏忿(앙분 yàngfèn) 분하여 앙갚음할 마음을 품음.
怏宿(앙숙 yàngsù) 원한을 품고 있어 서로의 사이가 좋지 못함.
怏心(앙심 yàngxīn) 원한을 품고 앙갚음하기를 벼르는 마음.

怖 두려워할 포

🔖 bù 🇯🇵 フ, おそれる 🇬🇧 dread

① 두려울 **포**(惶懼). ② 놀라게 할 **포**(懼之).

怖懼(포구 bùjù) 두려워함. 포습(怖慴).

怖伏(포복 bùfú) 무서워 땅에 엎드림.
怖畏(포외 bùwèi) 무섭고 두려움.
怖慄(포율 bùlì) 겁이 나서 떨림.

▶ 驚怖(경포)·恐怖(공포).

思 생각 사(:)

㇐ ㇑ ㇐ ㇐ 田 田 田 思 思 思

㊀-㊂ sī ㊃㊄ sāi 일 シ, おもう 영 think

① 생각할 사(念). ② 원할 사(願). ③ 어조사 사(助語辭). ④ 생각 사(慮). ⑤ 의사 사(意思情緒).

書體 小篆 小篆 草書 中學 會意

思想(사상 sīxiǎng) ① 생각. ② 사회 및 인생에 대한 일정한 견해. ③ 통일 있는 판단의 체계(體系). ④《哲》판단과 추리를 거쳐서 생긴 의식 내용.
思惟(사유 sīwéi) ① 생각할. ② 생각. ③《哲》정신의 이론적 추리적 활동. 경험을 통하여 주어진 감각 내용과 표상(表象)을 마음속에서 구별·결합하여 판단을 내리는 이성(理性)의 작용. ④《佛》㉠ 대상을 분별하는 일. ㉡ 정토(淨土)의 장엄(莊嚴)을 관찰하는 일.
思潮(사조 sīcháo) 한 시대 사람들의 사상의 일반적인 경향. 사상의 흐름.
思春期(사춘기 sīchūnqī) 이성(異性)에 대해 관심을 갖게 되고 춘정(春情)을 느낄 만한 나이. 청춘기.

▶ 勞心焦思(노심초사)·不可思議(불가사의)·相思(상사)·熟思(숙사)·心思(심사)·深思熟考(심사숙고)·意思(의사).

怠 게으를 태

㇐ ㇑ ㇐ ㇐ ㇐ ㇐ 怠 怠 怠

일 dài 일 タイ, おこたる 영 lazy

① 게으를 태(惰). ② 느릴 태(遲). ③ 거만할 태(慢).

書體 小篆 草書 高校 形聲

怠倦(태권 dàijuàn) 싫증이 나서 게을러짐. 권태(倦怠).
怠慢(태만 dàimàn) 게으름. 느림. 태만(怠嫚). 태홀(怠忽).
怠業(태업 dàiyè) ① 게으름을 피우는 일. ② 노동쟁의(勞動爭議)의 한 가지. 일을 다 끝내기도 전에 걷어치우거나 능률을 늦추거나 하여, 기업주에 대해 손해를 끼침으로써 분쟁(紛爭)의 해결을 꾀하는 일.
怠解(태해 dàixiè) 게을러 마음이 풀어짐.

▶ 過怠(과태)·倦怠(권태)·懶怠(나태).

怡 기쁠 이

일 yí 일 イ, よろこぶ 영 be pleased

① 기쁠 이(悅). ② 즐거울 이(樂). ③ 화할 이(和).

怡顔(이안 yíyán) 기쁜 낯을 함. 안색을 부드럽게 함.
怡悅(이열 yíyuè) 기뻐서 좋아함. 기쁨. 이역(怡懌).
怡和(이화 yíhé) 기뻐하고 화락함. 화열(和悅).

急 급할 급

㇐ ㇑ ㇐ ㇐ ㇐ ㇐ 急 急 急

일 jí 일 キュウ, いそぐ 영 rapid

① 빠를 급(疾). ② 급할 급(迫). ③ 좁을 급(褊). ④ 군색할 급(窘).

書體 小篆 草書 中學 形聲

急遽(급거 jíjù) 갑자기. 썩 급하게.
急擊勿失(급격물실 jíjīwùshī) 급히

쳐서 때를 놓치지 아니함.
急煞(급살 jíshà) 운수가 아주 나쁜 갑작스런 재앙.
急逝(급서 jíshì) 갑자기 세상을 떠남.
急所(급소 jísuǒ) ① 사물의 가장 중요한 곳. ②《醫》몸 가운데의 다치거나 해롭게 하면 목숨이 위험한 자리.
急轉直下(급전직하 jízhuǎnzhíxià) 형세가 갑자기 변하여 걷잡을 수 없이 막 내리 밀림.

▶ 救急(구급)·緊急(긴급)·性急(성급)·時急(시급)·緩急(완급)·危急(위급)·應急措置(응급조치)·躁急(조급)·特急(특급)·火急(화급)·遑急(황급).

性 성품 성:

性性性性性性性

음 xìng 일 セイ, ショウ, たち
영 personality, character

① 성품 성(賦命自然). ② 마음 성(性情, 性本). ③ 바탕 성(質). ④ 색욕 성(性慾).

書體 小篆 性 草書 性 中學 形聲

性格描寫(성격묘사 xìnggémiáoxiě) 소설이나 희곡(戲曲)·영화 등에서 개인의 성격적 특색을 그려내는 일.
性靈(성령 xìnglíng) ① 영혼. ②《宗》성령(聖靈).
性癖(성벽 xìngpǐ) ① 성미처럼 되어 있는 버릇. 선천적 또는 주관적으로 정욕(情慾)의 만족을 지향하는 소질. ② 성격과 버릇.
性的魅力(성적 매력 xìngdèmèilì) 성욕상으로 이성의 상대자를 호리는 힘.
性徵(성징 xìngzhēng) 남녀·자웅(雌雄)의 특이적 성질(特異的 性質). 성적 특징.
性稟(성품 xìngbǐng) 사람이 본디 가지고 있는 성질. 성정(性情).

▶ 惡性(감성)·個性(개성)·見性成佛(견성불)·慣性(관성)·根性(근성)·急性(급성)·男性(남성)·耐性(내성)·德性(덕성)·毒性(독성)·同性(동성)·魔性(마성)·慢性(만성)·母性(모성)·本性(본성)·佛性(불성)·酸性(산성)·屬性(속성)·習性(습성)·食性(식성)·神性(신성)·失性(실성)·心性(심성)·惡性(악성)·野性(야성)·女性(여성)·軟性(연성)·劣性(열성)·靈性(영성)·雄性(웅성)·理性(이성)·異性(이성)·人性(인성)·磁性(자성)·自性(자성)·雌性(자성)·適性(적성)·知性(지성)·至性(지성)·眞性(진성)·天性(천성)·惰性(타성)·彈性(탄성)·特性(특성)·品性(품성)·稟性(품성)·活性(활성).

怨 원망할 원(:)

怨怨怨怨怨怨怨怨

음 yuàn 일 エン, うらむ 영 grudge

① 원망 원(恨). ② 원수 원(仇). ③ 원수 원(讐). ④ 분낼 원(恚).

書體 小篆 怨 古文 怨 會書 怨 中學 形聲

怨仇(원구 yuànchóu) 원망스러운 원수. 원적(怨敵).
怨望(원망 yuànwàng) 남을 못마땅하게 여기고 탓함. 마음에 불평을 품고 미워함.
怨入骨髓(원입골수 yuànrùgǔsuǐ) 원한(怨恨)이 골수(骨髓)에 사무침. 원철골수(怨徹骨髓).《喩》몹시 원망하는 모양.
怨鳥(원조 yuànniǎo)《動》두견새. 자규(子規)의 별명.

▶ 不俱戴天之怨讐(불구대천지원수)·私怨(사원)·哀怨(애원).

怪 괴이할/기이할 괴(:)

怪怪怪怪怪怪怪怪

음 guài 일 カイ, ケ, あやしい
영 strange

歹殳毋比毛氏气水火爪父爻爿片牙牛犬

① 기이할 **괴**(奇). ② 의심할 **괴**(疑). ③ 궤술 **괴**(詭異). ④ 괴이할 **괴**(異). ⑤ 괴물 **괴**(人妖物孽). ⑥ 요괴 **괴**(妖). ⑦ 깜짝 놀랄 **괴**(驚歎辭). 【傀와 같음】

書體 小篆 怪 草書 恠 (高校) 形聲

怪傑(괴걸 guàijié) 괴상한 재주나 힘이 있는 호걸. 이상할 만큼 뛰어난 인물.
怪癖(괴벽 guàipǐ) 괴인한 버릇.
怪石奇草(괴석기초 guàishíqícǎo) 이상하게 생긴 돌과 기이한 풀.

▶ 奇怪(기괴)·奇巖怪石(기암괴석)·變怪(변괴)·駭怪罔測(해괴망측)

怯 겁낼 겁
心5/8

🔤 qiè 🇯🇵 キョウ, おそれる 🇬🇧 dread
① 무서워할 **겁**(多畏). ② 겁낼 **겁**(恐). ③ 으를 **겁**(恐脅). 【㥘과 같음】

怯劣(겁렬 qièliè) 비겁하고 용렬함. 나열(懦劣).
怯弱(겁약 qièruò) 겁이 많고 마음이 나약함. 겁나(怯懦).
怯怖(겁포 qièbù) 겁이 나서 두려워함. 겁섭(怯懾).

▶ 氣怯(기겁)·卑怯(비겁).

怱 바쁠 총
心5/9

【悤(心-부7획)의 속자】

怱急(총급 cōngjí) 대단스럽게 바쁨. 홀망(忽忙).
怱忙(총망 cōngmáng) 매우 급하고 바쁨.
怱擾(총요 cōngráo) 바쁘고 부산함.
怱卒(총졸 cōngzú) ① 조급하게 총총거림. 안정되지 않는 모양. ② 바쁜 것. 창졸(倉卒). 홀망(忽忙).

怱怱(총총 cōngcōng) ① 일이 매우 급하고 바쁜 모양. ② 몹시 급하게 몰리는 모양.

恒 항상 항
心6/9

恒恒恒恒恒恒恒恒恒

🔤 héng 🇯🇵 コウ, つね 🇬🇧 always
1 ① 늘 **항**(久). ② 항상 **항**(常). ③ 옛 **항**(故). ④ 언제든지 **항**(平素). 【恆과 같음】 **2** ① 시위 **긍**(弦). ② 두루 할 **긍**(徧).

書體 小篆 亙 古文 亙 草書 恒 (中學) 形聲

恒久(항구 héngjiǔ) 바뀌지 아니하고 오래오래 감. 영구(永久). 영원(永遠).
恒茶飯(항다반 héngcháfàn) 《喩》예사로 늘 있어 이상하거나 신통할 것이 없는 일.
恒星(항성 héngxīng) 《天》스스로 빛을 내며, 천구상(天球上)의 상대위치를 변하지 않는 별. 붙박이별. ↔ 혹성(惑星). 유성(遊星). 위성(衛星). 혜성(彗星).

恋 그리워할/그릴 련:
心6/10

【戀(心-부19획)의 속자】

恍 황홀할 황
心6/9

🔤 huǎng 🇯🇵 コウ, ほのか 🇬🇧 vague, dim
① 어두울 **황**(昏). ② 황홀할 **황**(不明恍惚). ③ 흐리멍덩할 **황**(不明). 【慌·怳과 같음】

恍惚(황홀 huǎnghū) ① 아름다운 물건 따위에 마음이 팔려 멍하니 서 있는 모양 ② 광채가 어른어른하여 빛남. 황홀(怳忽).

恐 두려울 공(ː)

丁 干 干 邛 巩 巩 巩 恐 恐 恐

🔊 kǒng 🇯🇵 キョウ, おそれる
🇬🇧 fear

① 두려울 공(懼). ② 겁을 낼 공(怵). ③ 놀라게 할 공(恐嚇). ④ 염려할 공(慮). ⑤ 의심 낼 공(疑). ⑥ 속대중할 공(億度).

書體 小篆 古文 草書 高校 形聲

恐喝罪(공갈죄 kǒnghèzuì) 《法》사람을 공갈하여 재물의 교부를 받거나, 재산상의 불법이익을 취득하는 죄.
恐懼(공구 kǒngjù) ① 몹시 두려워함. ② 편지의 종말(終末)에 쓰는 말.
恐怖政治(공포정치 kǒngbùzhèngzhì) 폭력으로써 반대당(反對黨)을 탄압하여 행하는 정치.
恐慌(공황 kǒnghuāng) ① 급변한 사태에 놀랍고 두려워 허둥지둥함. ② 《經》경제공황(經濟恐慌)의 약어. 물자의 생산과 소비가 균형이 잡히지 않고, 가격의 격변·실업의 증대 등을 야기(惹起)시켜, 경제가 불안과 혼란에 빠지는 상태.

▶ 可恐(가공)·惶恐(황공).

恕 용서할 서ː

ㄥ 女 女 奴 奴 如 如 恕 恕 恕

🔊 shù 🇯🇵 ショ, ゆるす 🇬🇧 pardon

① 어질 서(仁). ② 헤아릴 서(忖). ③ 용서할 서(以己體人). ④ 동정심 서(同情心).

書體 小篆 古文 草書 高校 形聲

恕諒(서량 shùliàng) 용서하고 양해함.

恕免(서면 shùmiǎn) 죄를 용서하여 면하게 함.
恕宥(서유 shùyòu) 관대하게 용서함. 남의 잘못을 용서함.

▶ 容恕(용서).

恟 흉할 흉

🔊 xiōng 🇯🇵 キョウ, おそれる
🇬🇧 fear

두려울 흉(懼).【凶과 같음】

恟恟(흉흉 xiōngxiōng) ① 두려워서 설레는 모양. ② 인심이 몹시 어지러워 어수선한 모양.

恢 넓을 회

🔊 huī 🇯🇵 カイ, ひろい 🇬🇧 wide

① 넓을 회(志大). ② 넓힐 회(拓).

恢復(회복 huīfù) ① 이전의 상태대로 돌이킴. 회복(回復). ② 소멸(消滅)한 등기(登記)의 회복을 목적으로 하는 등기.
恢弘(회홍 huīhóng) ① 넓고 큼. 광대함. ② 널리 폄.

恣 방자할 자ː

恣 恣 恣 恣 恣 恣 恣 恣 恣 恣

🔊 zì 🇯🇵 シ, ほしいまま
🇬🇧 self-indulgent

① 방자할 자(放恣縱). ② 제멋대로 자(放).

書體 小篆 草書 高校 形聲

恣樂(자락 zìlè) 삼가지 않고 제멋대로 즐김.
恣放(자방 zìfàng) 제멋대로 놀음. 방자(放恣). 자일(恣逸). 사방(肆放). 치방(侈放).

恣縱(자종 zìzòng) 마음대로 함. 제멋대로 함. 방종(放縱). 자사(恣肆). 종자(縱恣).

▶ 放恣(방자).

恤 불쌍할 휼

㉠ xù ㉯ ジュツ, あわれむ ㉰ compassion

① 근심할 휼(憂). ② 기민 먹일 휼(賑). ③ 사랑할 휼(相愛). ④ 불쌍히 여길 휼(愍).

恤米(휼미 xùmǐ) 정부에서 이재민(罹災民)에게 지급(支給)하는 쌀.
恤民(휼민 xùmín) 이재민(罹災民)을 구제함.
恤兵(휼병 xùbīng) 전쟁(戰爭)에 나간 병사(兵士)에게 물품(物品)이나 금품(金品)을 보내어 위로(慰勞)함.
恤貧(휼빈 xùpín) 가난한 사람을 구제함.

▶ 救恤(구휼)·矜恤(긍휼)·撫恤(무휼)·賑恤(진휼)·患難相恤(환난상휼).

恥 부끄러울 치

㉠ chǐ ㉯ チ, はじ ㉰ shame

① 부끄럼 치(慚). ② 부끄러울 치. ③ 욕될 치(辱).【耻는 속자】

恥骨(치골 chǐgǔ)《生》불두덩뼈. 장골(腸骨)·좌골(座骨)과 유합(癒合)하여 곤골(髖骨)을 이루는 뼈. 골반(骨盤)에 에워싼 뼈.
恥辱(치욕 chǐrǔ) 부끄러움과 욕심. 수치와 모욕. 불명예(不名譽).

▶ 庚戌國恥(경술국치)·羞恥(수치)·廉恥(염치)·破廉恥(파렴치).

恨 한할/슬플 한ː

㉠ hèn ㉯ コン, うらむ ㉰ deploring

① 한할 한(怨之極). ② 뉘우칠 한(悔).

恨歎(한탄 hèntàn) 원통한 일이나 뉘우침이 있을 때 한숨쉬며 탄식함.
恨悔(한회 hènhuǐ) 한탄하고 후회함. 분하게 생각함.

▶ 怨恨(원한)·痛恨(통한)·悔恨(회한).

恩 은혜 은

㉠ ēn ㉯ オン, めぐみ ㉰ benefit

① 은혜 은, 덕택 은, 신세 은(惠澤). ② 사랑할 은(愛). ③ 사사 은(私).

恩暇(은가 ēnxiá) 은혜로서 베풀어 주는 휴가. 임금이 내려 주는 휴가. 은가(恩假).
恩功(은공 ēngōng) 은혜와 공로.
恩德(은덕 ēndé) 은혜와 덕. 은혜로서의 신세.
恩師(은사 ēnshī) ① 은혜를 많이 입은 스승. 가르침을 받은 선생. ②《佛》처음 중이 된 후 길러 준 스님.
恩人(은인 ēnrén) 은혜를 베풀어 준 사람.
恩典(은전 ēndiǎn) ① 은혜를 베푸는 일. ② 나라에서 내리는 혜택에 관한 특전. 특전(特典).
恩情(은정 ēnqíng) 은혜로 사랑하는 마음. 인정스러운 마음. 은애(恩愛)의 마음.
恩寵(은총 ēnchǒng) ① 높은 이로부터 받는 특별한 은혜와 사랑. ②

《宗》기독교에서 하나님의 인류에 대한 사랑.
恩惠(은혜 ēnhuì) ① 베풀어 주는 혜택. 고마움. 신세. 인혜(仁惠). 은대(恩貸). ② 하나님의 은총.

▶ 感恩(감은)·背恩(배은)·報恩(보은)·師恩(사은)·謝恩(사은)·鴻恩(홍은)·厚恩(후은).

恪 삼갈 각

중 kè 일 カク, つつしむ 영 careful
① 정성 각(誠). ② 삼가할 각(謹). ③ 공경할 각(敬).
恪別(각별 kèbié) 유다름. 특별함.
恪別操心(각별조심 kèbiécāoxīn) 각별히 조심함.

恭 공손할 공

恭 恭 恭 共 共 共 恭 恭 恭
일 キョウ, うやうやしい
영 submissive
① 공손할 공(從和). ② 엄숙할 공(肅). ③ 공경할 공(敬). ④ 받들 공(奉). 【共과 통함】
恭謙(공겸 gōngqiān) 삼가 자기를 낮춤. 공양(恭讓).
恭順(공순 gōngshùn) 고분고분함. 공손하고 온순함.
恭賀新年(공하신년 gōnghèxīnnián) 삼가 새해를 축하함. 근하신년(謹賀新年).

息 쉴 식

息 息 息 自 自 自 息 息 息 息
중 xī 일 ソク, いき, むすこ
영 breath, son
① 쉴 식(休). ② 그칠 식(止). ③ 처할 식(處). ④ 숨쉴 식(呼吸). ⑤ 한숨쉴 식(太息大歎). ⑥ 아직 편할 식(安). ⑦ 자식 식(子). ⑧ 이자 식(錢生子, 利子). ⑨ 기를 식(養). ⑩ 날 식(生).

息耕(식경 xīgēng) ① 논밭의 면적을 어림으로 헤아리는 말. 한 참에 갈 만한 넓이. ② 하루갈이를 여섯에 나눈 면적.
息婦(식부 xīfù) ① 며느리. 자부(子婦). ② 처(妻)의 비칭(卑稱). 식부(媳婦).
息子(식자 xīzǐ) 자기 아들. 자식(子息).
息借(식차 xījiè) 이자를 주고 돈을 빌음.
息禍(식화 xīhuò) 재화(災禍)를 없앰.

▶ 姑息(고식)·棲息(서식)·消息(소식)·瞬息間(순식간)·安息(안식)·利息(이식)·子息(자식)·窒息(질식)·妻子息(처자식)·喘息(천식)·嘆息(탄식)·歎息(탄식)·休息(휴식).

恰 흡사할 흡

중 qià 일 コウ, あたかも 영 similar
① 흡족할 흡(恰足). ② 마침 흡(適當辭). ③ 새우는 소리 흡(鳥鳴聲). ④ 흡사할 흡(宛然).
恰似(흡사 qiàsì) 거의 같음. 그럴 듯하게 비슷함.

悅 기쁠 열

悅 悅 悅 悅 悅 悅 悅 悅 悅 悅
중 yuè 일 エツ, よろこぶ 영 glad
① 즐거울 열(樂). ② 기꺼울 열(喜). ③ 복종할 열(服). ④ 성 열(姓). 【說과 통함】

万殳毋比毛氏气水火爪父爻爿片牙牛犬

悉 다 실

書體: 草書
中學 形聲

悅口(열구 yuèkǒu) 음식이 입에 맞음.
悅色(열색 yuèsè) ① 기쁜 얼굴빛. ② 해죽해죽하면서 마음에 들게 굶.
悅愛(열애 yuè'ài) 기쁜 마음으로 사랑함. 애열(愛悅).
悅澤(열택 yuèzé) 광택이 아름답고 윤이 남.

▶ 法悅(법열)·喜悅(희열).

悉 다 실

음 xī 일 シツ, ことごとく
영 without exception

① 다 알 실(詳盡知). ② 궁구할 실(窮究). ③ 다 실(皆).

悉皆(실개 xījiē) 다. 모두. 남김없이. 전부.
悉數(실수 xīshù) 하나하나 자세하게 설명함.
悉心(실심 xīxīn) 마음을 다함.
悉知(실지 xīzhī) 다 알음.

悌 공손할 제:

음 tì 일 テイ, すなお 영 polite

① 개제할 제(愷悌樂易). ② 부드러울 제(柔). ③ 공경할 제(善兄弟).

悌友(제우 tìyǒu) 형제 또는 친구 사이가 화목함.

▶ 流悌(유제)·泣悌(읍제)·孝悌(효제).

悔 뉘우칠 회:

悔悔悔悔悔悔悔悔
음 huǐ 일 カイ, くいる 영 regret
① 뉘우칠 회(悟). ② 실패할 회(失敗).
③ 고칠 회(改). ④ 한할 회(恨). ⑤ 후회할 회(後悔).

書體: 小篆 草書
高校 形聲

悔過自責(회과자책 huǐguòzìzé) 자기의 잘못을 비판하여 허물을 뉘우치고 제 스스로 책망함.
悔淚(회루 huǐlèi) 잘못을 뉘우치는 눈물.
悔悛(회전 huǐquān) ① 잘못을 뉘우치어 고침. 개전(改悛). ②《宗》기독교에서 세례를 받아 죄를 용서 받는 일.

▶ 慙悔(참회)·後悔莫及(후회막급).

悖 거스를 패:

1 음 bèi 일 ハイ, さからう
영 oppose 2 음 bó 일 ボツ

1 ① 어지러울 패(亂). ② 거스를 패(逆). ③ 어기어질 패(戾). ④ 성할 패(盛貌). 2 발. 뜻은 1의 ② 와 같음.
【勃과 같음】

悖德(패덕 bèidé) 덕의(德義)에 어그러짐. 도리에 어그러진 행실.
悖倫(패륜 bèilún) 사람으로서 마땅히 지켜야 할 도리에 어긋남. 파륜(破倫).
悖理(패리 bèilǐ) 사리에 어긋남.
悖逆(패역 bèinì) 모반함. 모반. 패반(悖反).
悖出悖入(패출패입 bèichūbèirù) 도리에 벗어난 일을 하면 역시 도리에 어그러진 갚음을 받는다는 뜻. 패입패출(悖入悖出).

▶ 淫談悖說(음담패설)·行悖(행패).

悚 두려울 송:

음 sǒng, sóng 일 ショウ, おそれる
영 fear

① 두려울 송(怖). ② 송구할 송(懼).

悚愧(송괴 sǒngkuì) 황송하고 부끄러움.

悚懼(송구 sǒngjù) 마음에 두렵고 미안함. 외구(畏懼). 포구(怖懼). 상구(惕懼).

悚慄(송름 sǒnglǐn) 두려워서 마음이 떨림.

悚然(송연 sǒngrán) 두려워하는 모양. 송송(悚悚).

悚縮(송축 sǒngsuō) 송구스러워 몸을 움츠림.

悚汗(송한 sǒnghàn) 송구스러워 흘리는 땀.

悚惶(송황 sǒnghuáng) 송구스럽고 황송함.

▶ 罪悚(죄송)·惶悚(황송).

悛 고칠 전:

心 7 ⑩

quān セン、シュン、あらためる
correct

① 고칠 전(改). ② 그칠 전(止). ③ 차례 전(次). ④ 마음 꾸짖을 전(責心).

悛改(전개 quāngǎi) 과거의 잘못을 뉘우쳐 마음을 바르게 고침. 전환(悛換). 개전(改悛).

悛心(전심 quānxīn) 잘못을 바로 잡는 마음.

悛容(전용 quānróng) ① 위의(威儀)를 차려 얼굴색을 고침. ② 잘못을 뉘우친 모양.

悛悛(전전 quānquān) 정성이 넘치고 말이 적은 모양. 근후(謹厚)한 모양. 순순(恂恂).

▶ 改悛(개전).

悟 깨달을 오:

心 7 ⑩

悟悟悟悟悟悟悟悟悟悟

wù ゴ、さとる realize

① 깨달을 오(覺). ② 깰 오(覺). ③ 깨우쳐줄 오(啓發人). 【寤와 통함】

書體 小篆 悟 古文 悟 篆書 悟 (中學) 形聲

悟空(오공 wùkōng) 《佛》 삼라만상의 실체가 공(空)임을 깨달음.

悟道(오도 wùdào) 《佛》 ① 번뇌를 해탈하고 불계(佛界)에 들어갈 수 있는 길. ② 도(道)를 깨침.

悟悅(오열 wùyuè) 깨달아 희열을 느낌.

悟悔(오회 wùhuǐ) 깨닫고 뉘우침.

▶ 覺悟(각오)·大悟(대오)·頓悟(돈오)·漸悟(점오)·悔悟(회오).

悠 멀/유구할 유

心 7 ⑪

悠悠悠悠悠悠悠悠悠悠

yōu ユウ、はるか far

① 멀 유(遠). ② 생각할 유(思). ③ 아득할 유(眇邈無期貌). ④ 한가할 유(閑暇貌). ⑤ 근심하는 모양 유. 【攸와 통함】

書體 小篆 悠 草書 悠 (高校) 形聲

悠久(유구 yōujiǔ) 연대가 아득히 오래됨. 유원(悠遠).

悠闇(유암 yōuàn) 멀고 컴컴함.

悠然(유연 yōurán) 침착(沈着)하여 서둘지 않는 모양. 태도(態度)나 마음이 태연(泰然)한 모양.

悠悠(유유 yōuyōu) ① 걱정하는 모양. ② 썩 먼 모양. ③ 매우 한가한 모양. ④ 느릿느릿한 모양. ⑤ 널리 퍼지는 모양. ⑥ 많은 모양.

悠悠渡日(유유도일 yōuyōudùrì) 아무 하는 일이 없이 세월만 보냄.

悠悠自適(유유자적 yōuyōuzìshì) 속세(俗世)를 떠나서 마음대로 한가한 세월을 보냄.

悠悠蒼天(유유창천 yōuyōucāngtiān)

한 없이 멀고 푸른 하늘.

患 근심 환:
心 7 ⑪

患患患患患患患患患患

- huàn ② カン, うれえる
- anxious, ill

① 근심 환, 근심할 환(憂). ② 재앙 환(禍). ③ 병들 환(疾). ④ 어려울 환(難). ⑤ 괴로울 환(苦).

書體 小篆 患 古文 悶 草書 患 中學 形聲

患苦(환고 huànkǔ) 근심 때문에 생기는 고통. 질고(疾苦).
患忌(환기 huànjì) 근심하고 미워함.
患難(환난 huànnàn) 근심과 재난.
患難相救(환난상구 huànnànxiāngjiù) 어려운 일을 서로 구해 줌. 환난상고(患難相顧).
患得患失(환득환실 huàndéhuànshī) 이익이나 지위를 얻지 못하여 근심하고, 얻으면 잃어버릴까 하여 걱정함. 이래저래 근심 걱정이 끊일 사이 없음.
患亂(환란 huànluàn) 재앙. 변란(變亂). 병란(兵亂).
患累(환루 huànlèi) ① 재앙. ② 근심 걱정.
患部(환부 huànbù) 병 또는 상처가 난 곳. 환소(患所). 병처(病處).
患憂(환우 huànyōu) 근심 걱정.
患者(환자 huànzhě) 병을 앓는 사람. 병자(病者).
患節(환절 huànjié) 병환. 편지 용어로 씀.
患害(환해 huànhài) 환난(患難)으로 생기는 피해.
患悔(환회 huànhuǐ) 근심하고 뉘우침.
患候(환후 huànhòu) 웃어른의 병을 높이어 일컫는 말.

▶ 內憂外患(내우외환)·老患(노환)·病患(병환)·宿患(숙환)·憂患(우환)·有備無患

(유비무환)·重患(중환)·疾患(질환).

悤 바쁠 총
心 7 ⑪

- cōng ② ソウ, あわただしい
- hasty

① 바쁠 총(急遽). ② 총총할 총. ③ 덤빌 총. 【忽과 같음】

悩 번뇌할 뇌
心 7 ⑩

【惱(心부9획)의 약자】

悪 모질/악할 악 미워할 오
心 7 ⑪

【惡(心부8획)의 속자】

悲 슬플 비:
心 8 ⑫

悲悲悲悲悲悲悲悲悲悲

- bēi ② ヒ, かなしむ
- sorrow, pathetic

① 슬플 비(痛). ② 불쌍히 여길 비. ③ 한심할 비(寒心).

書體 小篆 悲 草書 悲 中學 形聲

悲悼(비도 bēidào) 몹시 슬퍼함. 비척(悲戚). 애도(哀悼). 비통(悲痛). 비측(悲惻).
悲戀(비련 bēiliàn) ① 슬피 사모함. ② 슬픈 결말로 끝나는 연애.
悲淚(비루 bēilèi) 슬픈 눈물. 슬퍼서 흘리는 눈물.
悲鳴(비명 bēimíng) ① 슬픈 소리로 욺. 또는 그 소리. ② 애처로운 울음소리. ③ 다급할 때 지르는 애처로운 소리.
悲憤慷慨(비분강개 bēifènkāngkǎi) 슬프고 분하여 마음이 몹시 북받침.
悲傷(비상 bēishāng) 마음이 슬프고

상함. 상비(傷悲). 비통(悲痛). 비창(悲愴). 애상(哀傷).
悲願(비원 bēiyuàn) ①《佛》보살(菩薩)이 중생(衆生)을 구제하려는 자비로운 대원(大願). ②기필코 이루어 보려는 비장한 소원.
悲痛(비통 bēitòng) 마음이 슬프고 아픔. 몹시 슬픔.
悲風慘雨(비풍참우 bēifēngcǎnyǔ) 비참한 처지. 인생·생활이 비참함을 일컫는 말.
悲恨(비한 bēihèn) 슬퍼하고 한탄함.

▶ 大慈大悲(대자대비)·一喜一悲(일희일비)·慈悲(자비)·喜悲(희비).

心⁸⁄⑫ 悳 큰[德] 덕

【德(彳부12획)과 같음】

心⁸⁄⑫ 悶 답답할 민

한 mēn, mèn 일 モン, もだえる
영 agonize

①민망할 민(滿). ②속 답답할 민(心煩鬱). ③번민할 민「번민(煩悶)」.
悶沓(민답 mèntà) 딱한 생각으로 가슴이 답답함. 민울(悶鬱).
悶歎(민탄 mèntàn) 고민하고 탄식함.
悶懷(민회 mènhuái) 고민하는 마음속에 품은 생각.

▶ 苦悶(고민)·煩悶(번민)·憂悶(우민).

心⁸⁄⑪ 悼 슬퍼할 도

한 dào 일 トウ, あわれむ 영 mourn

①슬퍼할 도(傷). ②일찍 죽을 도(早夭). ③속 썩이며 한탄할 도.
悼歌(도가 dàogē) 죽은 이를 애도하는 노래. 장송(葬送)할 때 부르는 노래. 만가(挽歌).

悼懼(도구 dàojù) 애통하고 두려워함.
悼喪(도상 dào) 남의 상사를 슬퍼함.
悼惜(도석 dàoxī) 죽은 사람을 아깝고 애처롭게 여기어 슬퍼함.
悼慄(도율 dàolì) 비통하고 두려워함. 도구(悼懼).
悼二將歌(도이장가 dàoèrjiànggē) 향가체(鄕歌體)의 가사(歌詞). 고려(高麗) 예종(睿宗) 지음. 고려 태조(太祖)를 위해 순사(殉死)한 신숭겸(申崇謙)·김낙(金樂) 두 장수를 찬양한 내용.
悼痛(도통 dàotòng) 몹시 슬퍼함. 슬프고 마음 아픔.

▶ 哀悼(애도)·追悼(추도)·痛悼(통도).

心⁸⁄⑪ 悽 슬퍼할 처:

한 qī 일 セイ, いたむ 영 sad

①슬플 처(悲). ②아플 처(痛).
悽然(처연 qīrán) 마음이 쓸쓸하고 구슬픈 모양.
悽絕(처절 qījué) 더할 나위 없이 애처로움.
悽慘(처참 qīcǎn) 구슬프고 참혹함. 처고(悽苦).

心⁸⁄⑪ 情 뜻 정

情 情 情 情 情 情 情 情

한 qíng 일 セイ, ジョウ, なさけ
영 feeling

①뜻 정(性之動意). ②실상 정(實). ③마음속 정(心中).【情은 속자】

 小篆 情 草書 怡 中學 形聲

情景(정경 qíngjǐng) ①정취와 경치. 광경. ②민망한 정상. ③가엾은 정상.
情交(정교 qíngjiāo) ①친한 교제. ②색정(色情)의 교제. 남녀간의 연애.

또는 남녀간의 성교(性交).

情露(정로 qínglòu) 실정이 드러남. 숨기는 바가 없음.

情理(정리 qínglǐ) ① 인정에 따른 의리. ② 감정과 도리. ③ 사정(事情)의 대강.

情報網(정보망 qíngbàowǎng) 정보를 수집하기 위하여 그물과 같이 널리 편 조직.

情狀(정상 qíngzhuàng) ① 情(마음 속에 움직이는 것)과 狀(마음 밖에 나타나는 것). ② 정황(情況).

情狀酌量(정상작량 qíngzhuàngzhuóliáng) 《法》 재판관이 범죄의 사정의 정상(情狀)을 헤아려서 형벌을 가볍게 하는 일.

情緖(정서 qíngxù) ① 어떤 일을 생각함에 따라 일어나는 감정의 실마리. ② 《心》 영어 emotion의 역(譯). 희·노·애·락 등의 복합 감정. 특히 안근육(顔筋肉)의 활동에 의한 표정에 따름.

情疏(정소 qíngshū) 따뜻한 정의에 틈이 생겨 멀어짐. 정분(情分)이 멀어짐.

情田(정전 qíngtián) 《喩》 온갖 정욕(情慾)을 낳게 하는 밭이란 뜻으로 인정(人情)을 비유한 말.

情操(정조 qíngcāo) 《心》 높은 정신 활동에 따라 일어나는 감정. 정서보다 지적 관념(知的觀念)이 더하여 안정감이 있음. 대상에 따라 지적(知的)·도덕적(道德的)·미적·종교적 정조로 나눔.

情趣(정취 qíngqù) 정조(情調)와 흥취. 정미(情味).

情致(정치 qíngzhì) 정을 돋구는 흥치. 풍치(風致). (致는 취(趣)).

情況(정황 qíngkuàng) 인정상 어렵고 딱한 형편. 정형(情形). 정적(情迹).

情懷(정회 qínghuái) 생각하는 마음. 정서와 회포.

▶ 惑情(감정)·憾情(감정)·激情(격정)·多情多感(다정다감)·冷情(냉정)·慕情(모정)·母情(모정)·薄情(박정)·父情(부정)·非情(비정)·事情(사정)·私情(사정)·色情(색정)·抒情(서정)·煽情(선정)·性情(성정)·殉情(순정)·純情(순정)·純正(순정)·實情(실정)·心情(심정)·愛情(애정)·旅情(여정)·餘情(여정)·逆情(역정)·戀情(연정)·熱情(열정)·溫情(온정)·欲情(욕정)·友情(우정)·雲雨之情(운우지정)·恩情(은정)·眞情(진정)·陳情(진정)·衷情(충정)·癡情(치정)·表情(표정)·風情(풍정)·厚情(후정).

惑 미혹할 혹

万 百 百 戸 或 或 或 惑 惑

🔊 huò 🇯🇵 ワク, まどう 🇬🇧 bewitch

① 미혹할 혹(迷). ② 의심 낼 혹(疑). ③ 현란할 혹(眩亂). ④ 헤맬 혹(無定處).
【或과 통함】

書體 小篆 惑 草書 惑 (高校) 形聲

惑星(혹성 huòxīng) ① 《天》 유성(遊星). ② 수완·역량(力量) 등이 아직 알려지지 않은 유력한 인물.

惑世誣民(혹세무민 huòshìwūmín) 세상 사람을 미혹하게 하여 세상을 어지럽힘.

▶ 困惑(곤혹)·當惑(당혹)·魅惑(매혹)·迷惑(미혹)·不惑之年(불혹지년)·誘惑(유혹)·疑惑(의혹)·眩惑(현혹)·幻惑(환혹).

惘 멍할 망

🔊 wǎng 🇯🇵 ボウ, モウ, あわてる
🇬🇧 confused

① 경황없을 망(惘悵失志貌). ② 실심할 망(失心).【罔과 통함】

惘然(망연 wǎngrán) 맥이 풀려 멍한 모양.

惚 황홀할 홀

心 8획 ⑪

음 hū 일 コツ, うっとりする
영 ecstasy

① 황홀할 홀(怳惚微妙不測貌). ② 망창할 홀(心志惘懱貌). 【忽·芴과 통함】

惚恍(홀황 hūhuǎng) 황홀한 모양.

惜 아낄 석

心 8획 ⑪

음 xī 일 セキ, シャク, おしむ
영 pitiful, sorry

① 아낄 석, 아까울 석(恪). ② 중하게 여길 석. ③ 가엾을 석(憐). ④ 불쌍히 여길 석. ⑤ 사랑할 석(愛).

書體 小篆 惜 草書 愔 (中學) 形聲

惜別(석별 xībié) 서로 헤어지기를 애석하게 여김. 작별을 섭섭히 여김.
惜敗(석패 xībài) 아깝게 짐. 분한 패배.

▶ 哀惜(애석)·愛惜(애석)·痛惜(통석).

惟 생각할 유

心 8획 ⑪

음 wéi 일 イ, おもう, ただ
영 considerate, only

① 꾀 유, 꾀할 유(謀). ② 생각할 유(思). ③ 오직 유(獨). ④ 어조사 유(助語辭).【唯와 같음】

書體 小篆 惟 草書 惟 (高校) 形聲

惟獨(유독 wéidú) 오직 홀로. 유독(唯獨).
惟一(유일 wéiyī) 오직 하나. 유일(唯

一).

▶ 思惟(사유).

惠 은혜 혜:

心 8획 ⑫

음 huì 일 ケイ, エ, めぐむ 영 benefit

① 어질 혜(仁). ② 순할 혜(順). ③ 은혜 혜, 덕택 혜(恩). ④ 줄 혜(賜). ⑤ 세모창 혜(三隅矛).

書體 小篆 惠 古文 草書 惠 (中學) 形聲

惠民院(혜민원 huìmínruǎn) 《制》 조선 말에 구차한 백성에게 시료(施療)하는 일을 맡았던 관청. 고종 광무 5년(1901)에 베풀어서 7년에 폐함.
惠書(혜서 huìshū) 받은 편지에 대한 존칭. 혜음(惠音). 혜찰(惠札). 혜한(惠翰).
惠政(혜정 huìzhèng) 인자한 정치. 인정(仁政).
惠化(혜화 huìhuà) 은혜를 베풀어 남을 교화(敎化)함. 은혜로운 감화(感化). 덕화(德化). 은화(恩化). 인화(仁化).

▶ 恩惠(은혜)·天惠(천혜)·受惠(수혜)·施惠(시혜)·最惠(최혜)·特惠(특혜)·互惠(호혜).

惡 모질/악할 악 미워할 오

心 8획 ⑫

1 음 è, ě 일 アク, わるい 영 bad
2 ①─③ 음 wù ④⑤ 음 wū 일 オ, にくむ 영 evil

1 ① 악할 악, 모질 악(不善). ② 더러울 악(醜陋). ③ 나쁠 악(不良). **2** ① 미워할 오(憎). ② 부끄러울 오(心心). ③ 욕설할 오(辱). ④ 어찌 오(何). ⑤

허 오(歎辭).

惡

書體: 小篆 惡, 小篆 惡, 草書 乤 (中學) 形聲

惡口(악구 èkǒu) ① 남을 헐어서 말하기를 좋아하는 짓. 험구(險口). 악언(惡言). ②〖佛〗십악(十惡)의 하나. 남에게 악한 말을 하는 짓. 악설(惡說).

惡談(악담 ètán) ① 남이 잘되지 못하도록 저주하는 말. ② 남의 일을 나쁘게 말하는 짓.

惡辣(악랄 èlà) 매섭고 표독함.

惡夢(악몽 èmèng) 흉악한 꿈. 앞으로 좋지 못한 일이 닥칠 것을 알리는 듯한 꿈. ↔길몽(吉夢).

惡癖(악벽 èpǐ) 고치기 힘든 나쁜 버릇.

惡循環(악순환 èxúnhuán) ① 순환이 좋지 않음. 순환이 나쁨. ②〖經〗물가와 임금이 한없이 악화되어 가는 일.

惡疫(악역 èyì) 나쁜 돌림병. 악질적인 유행병. 악려(惡癘).

惡緣(악연 èyuán) ① 화목하지 못하거나 또는 헤어지는 남녀의 인연 관계. ② 맺어서 좋지 않은 인연. 불행한 인연.

惡戰苦鬪(악전고투 èzhànkǔdòu) 죽을 힘을 다하여 몹시 싸움.

惡臭(악취 èchòu) ① 흉악한 냄새. ② 물건이 썩는 냄새.

惡貨(악화 èhuò) 품질(品質)이 나쁜 화폐. 실제의 가치가 표기(表記)되어 있는 것보다 퍽 떨어지는 화폐.

▶ 奸惡(간악)·改惡(개악)·勸善懲惡(권선징악)·極惡(극악)·發惡(발악)·邪惡(사악)·善惡(선악)·劣惡(열악)·靈惡(영악)·殘惡(잔악)·粗惡(조악)·罪惡(죄악)·最惡(최악)·醜惡(추악)·七去之惡(칠거지악)·暴惡(포악)·害惡(해악)·行惡(행악)·險惡(험악)·凶惡(흉악).

惰

게으를 타:

자 huī

자 duò 일 タ, ダ, おこたる 영 lazy

① 게으를 타(懈惰懶). ② 태만할 타(怠).【媠와 같음】

惰性(타성 duòxìng) ① 오래 되어 굳어진 버릇. ②〖物〗물체가 외부의 힘을 받지 않는 한 현재의 상태를 지속하려고 하는 성질. 관성(慣性).

惰怠(타태 duòdài) 게으르고 느림. 태타(怠惰)·해태(懈怠).

▶ 懶惰(나타)·遊惰(유타)·怠惰(태타).

惱

번뇌할 뇌

자 nǎo 일 ノウ, なやむ 영 anguish

① 다릴 뇌, 고달플 뇌(事物撓心). ② 한할 뇌(懊惱恨). ③ 번뇌할 뇌(煩惱). ④ 걱정할 뇌(憂).

書體: 小篆 惱, 草書 悩 (高校) 形聲

惱苦(뇌고 nǎokǔ) 몹시 괴로움.

惱悶(뇌민 nǎomèn) 괴로워 고민함. 괴로운 고민.

惱殺(뇌쇄 nǎoshā) 애가 타도록 몹시 괴롭힘. 특히 여자가 아름다운 용모로써 남자를 매혹하게 하는 일. 〈쇄(殺)는 조사(助辭)〉.

▶ 苦惱(고뇌)·煩惱(번뇌)·心惱(심뇌).

想

생각 상:

想 想 想 想 想 想 想 想 想

자 xiǎng 일 ソウ, おもう 영 think, consider

① 생각 상, 생각할 상(思). ② 뜻할 상(意之). ③ 희망할 상(冀思).

書體: 小篆 想, 草書 怘 (中學) 形聲

想見(상견 xiǎngjiàn) 생각하여 봄.

想起(상기 xiǎngqǐ) ① 지난 일을 다시 생각해 냄. 환상(喚想). ②《心》체험된 것을 의식적으로 다시 재생시킴.

想念(상념 xiǎngniàn) 마음에 떠오르는 생각.

想像(상상 xiǎngxiàng) ① 미루어 생각함. 맞대어 짐작함. ②《心》이미 아는 사실이나 관념을 재료삼아 새로운 사실이나 관념을 만드는 정신 작용. 영어 imagination의 역(譯). ③ 공상(空想).

想像力(상상력 xiǎngxiànglì)《哲》상상하는 힘.

▶ 假想(가상)·感想(감상)·空想(공상)·誇大妄想(과대망상)·構想(구상)·奇想天外(기상천외)·斷想(단상)·妄想(망상)·冥想(명상)·夢想(몽상)·默想(묵상)·發想(발상)·思想(사상)·隨想(수상)·詩想(시상)·聯想(연상)·豫想(예상)·理想(이상)·着想(착상)·追想(추상)·被害妄想(피해망상)·畫想(화상)·幻想(환상)·回想(회상).

惶 두려울 황

심⑨②

㊥ huáng ㊐ コウ, おそれる
㊇ fear

① 두려울 황(恐懼). ② 혹할 황(惑). ③ 급할 황(遽).

惶怯(황겁 huángqiè) 두려워서 겁이 남.
惶恐(황공 huángkǒng) 높은 자리에 눌리어서 두려움. 황송(惶悚). 황름(惶懍).
惶恐無地(황공무지 huángkǒngwúdì) 황공하여 몸 둘 자리를 모름.
惶急(황급 huángjí) 황황하고 급박함.
惶忙(황망 huángmáng) 황황해서 매우 바쁨.
惶悚(황송 huángsǒng) =황공(惶恐).

▶ 驚惶(경황)·恐惶(공황).

惹 이끌 야:

심⑨③

㊥ rě ㊐ ジャ, ジャク, ひく ㊇ cause

① 끌 야, 끌릴 야(引著). ② 어지러울 야(亂). ③ 속일 야(諼). ④ 생각케 할 야(惹起).

惹起(야기 rěqǐ) 끌어 일으킴.

▶ 惹起(야기)·惹端(야단).

惺 깨달을 성

심⑨②

㊥ xīng ㊐ セイ, さとる ㊇ perceive

① 깰 성, 깨달을 성(悟). ② 똑똑할 성(惺憶了慧). ③ 조용할 성.

惻 슬플 측

심⑨②

㊥ cè ㊐ ショク, ソク, いたむ
㊇ lamenting

① 슬플 측(痛). ② 감창할 측(惻惻愴). ③ 아플 측(痛愴). ④ 불쌍할 측(惻隱).

惻隱(측은 cèyǐn) 딱하고 가엾음.
惻隱之心(측은지심 cèyǐnzhīxīn) 사단(四端)의 하나. 불쌍하고 가엾게 여기는 마음.

愁 근심/시름 수

심⑨③

千 禾 禾 利 秋 秋 愁 愁 愁

㊥ chóu ㊐ シュウ, うれう ㊇ worry

① 근심 수, 근심할 수(憂). ② 염려할 수(慮). ③ 생각하며 괴로워할 수(憫). ④ 탄식할 수(歎).

書體 小篆 愁 草書 愁 中學 形聲

愁眉(수미 chóuméi) ① 근심으로 잠긴 눈썹. ② 근심스러운 안색(顔色).
愁悶(수민 chóumèn) 근심하고 괴로

위함. 우민(憂悶). 수만(愁滿).

愁色(수색 chóusè) 근심스러운 기색. 우색(憂色).

愁心(수심 chóuxīn) 근심스러운 마음. 걱정하는 마음. 수의(愁意). 수사(愁思).

愁顔(수안 chóuyán) 근심스러운 얼굴.

▶ 悲愁(비수)·深愁(심수)·哀愁(애수)·憂愁(우수)·鄕愁(향수).

愈 나을/치유할 유

음 yù 일 ユ, まさる 영 get well

① 나을 유(勝也過). ② 어질 유(賢). ③ 더욱 유(益). ④ 심할 유(甚). 【癒와 같음】

書體 草書 (高校) 形聲

意 뜻 의:

음 yì 일 イ, こころ
영 intention, mean

① 뜻 의, 뜻할 의(志之發心所憶). ② 생각 의(思). ③ 의리 의(義理). ④ 형세 의(勢). 【抑과 통함】

書體 小篆 草書 (中學) 會意

意氣銷沈(의기소침 yìqìxiāochén) 의기가 쇠하여 사그라짐.

意氣揚揚(의기양양 yìqìyángyáng) 뜻대로 되어 기쁘고 으쓱거리는 기상이 펼찰함.

意氣衝天(의기충천 yìqìchōngtiān) 득의한 마음이 하늘을 찌를 듯이 솟아 오름.

意氣投合(의기투합 yìqìtóuhé) 마음이 서로 맞음. 의기상투(意氣相投).

意思相通(의사상통 yìsīxiāngtōng) 의사가 서로 통함. 뜻이 서로 통함.

意思表示(의사표시 yìsībiǎoshì) ① 자기의 의사를 발표함. ②《法》사법상(私法上)의 권리·의무에 관한 법률상의 효과가 생기게 하기 위하여 그 의사를 표시하는 일.

意識(의식 yìshí) ① 마음에 깨달음. ②《佛》육식(六識) 또는 팔식(八識)의 하나. 대상을 총괄해서 판단 분별하는 마음의 작용. 분별심(分別心). ③《心》지(知)·정(情)·의(意)를 포함한 정신 현상.

意義(의의 yìyì) ① 의미·취의(趣意)·이유. ② 가치. 중요한 정도. ③《哲》어떤 말·일·행위 등이 현실의 구체적 연관에 있어서 가지는 가치·내용.

意匠(의장 yìjiàng) ① 고안(考案)을 실제로 응용하는 일. ② 물품의 외관을 아름답게 하기 위하여 모양·빛깔 따위의 조화를 더하는 고안.

意中(의중 yìzhōng) ① 마음속. ② 마음속으로 생각하는 일. 의중인(意中人).

▶ 介意(개의)·隔意(격의)·決意(결의)·敬意(경의)·故意(고의)·得意滿面(득의만면)·論意(논의)·本意(본의)·民意(민의)·翻意(번의)·便意(변의)·本意(본의)·謝意(사의)·辭意(사의)·殺意(살의)·善意(선의)·誠心誠意(성심성의)·隨意(수의)·失意(실의)·惡意(악의)·如意(여의)·熱意(열의)·銳意(예의)·用意周到(용의주도)·留意(유의)·異意(이의)·任意(임의)·恣意(자의)·自意(자의)·潛在意識(잠재의식)·底意(저의)·敵意(적의)·注意(주의)·眞意(진의)·贊意(찬의)·創意(창의)·合意(합의)·好意(호의)·厚意(후의).

愕 놀랄 악

음 è 일 ガク, おどろく 영 frighten
① 깜짝 놀랄 악(錯愕倉卒驚遽貌). ② 악지 쓸 악(阻礙不依順).

愚 어리석을 우

愚愚愚愚愚愚愚愚愚愚

🔤 yú 🇯🇵 グ, おろか 🇬🇧 foolish

① 어리석을 우(癡). ② 고지식할 우(愚直). ③ 어두울 우(闇昧). ④ 우준할 우(蠢). ⑤ 업신여길 우(愚弄).

書體 小篆 愚 草書 愚 高校 形聲

愚弄(우롱 yúnòng) 남을 바보로 만들어 놀려댐. 조롱(嘲弄).
愚昧(우매 yúmèi) 어리석고 사리에 어두움. 우몽(愚瞢). 우몽(愚蒙). 폐(愚蔽). 우몽(愚矇). 우암(愚闇).
愚直(우직 yúzhí) 어리석고 고지식함.

▶ 萬愚節(만우절)·賢愚(현우).

愛 사랑 애(:)

愛愛愛愛愛愛愛愛愛

🔤 ài 🇯🇵 アイ, あいする 🇬🇧 love

① 사랑 애(仁之發). ② 친할 애(親). ③ 은혜 애(恩). ④ 어여삐 여길 애(憐). ⑤ 괴일 애(寵). ⑥ 사모할 애(慕). ⑦ 측은히 여길 애(隱). ⑧ 아낄 애(吝惜). ⑨ 좋아할 애, 기뻐할 애(喜). ⑩ 몰래 간통할 애(密通).

書體 小篆 愛 古文 愛 草書 愛 中學 形聲

愛敬(애경 àijìng) ① 존경하고 사랑함. 경애(敬愛). ② 귀엽게 보이는 태도. 애교(愛嬌).
愛嬌(애교 àijiāo) ＝애경(愛敬)②. 남에게 귀엽게 보이는 일.
愛戀(애련 àiliàn) 사랑하여 그리워함. 연애(戀愛).
愛慕(애모 àimù) 사랑하고 사모함.
愛撫(애무 àifǔ) 사랑하여 어루만짐. 무애(撫愛).
愛惜(애석 àixī) ① 아까워 중하게 여김. ② 사랑스럽고 아까움.
愛誦(애송 àisòng) 글이나 노래를 즐겨서 욈.
愛玩(애완 àiwán) ① 매우 비장(祕藏)함. ② 귀여워 사랑함. 애완(愛翫).
愛憎(애증 àizēng) 사랑함과 미워함. 사랑과 미움. 증애(憎愛).
愛之重之(애지중지 àizhīzhòngzhī) 매우 사랑하고 소중히 여기는 모양.
愛著(애착 àizhuó) 애정에 사로잡혀 단념할 수 없음. 사랑하여 떨어질 수 없음.

▶ 渴愛(갈애)·敬愛(경애)·求愛(구애)·同志愛(동지애)·同胞愛(동포애)·母性愛(모성애)·博愛(박애)·殉愛譜(순애보)·熱愛(열애)·솜愛(영애)·友愛(우애)·人類愛(인류애)·慈愛(자애)·寵愛(총애)·親愛(친애)·偏愛(편애).

感 느낄 감:

感感感感感感感感感

🔤 gǎn 🇯🇵 カン, かんずる 🇬🇧 emotion, feel

① 감동할 감(動). ② 감격할 감(格). ③ 한할 감(恨). ④ 찌를 감(觸). ⑤ 깨달을 감(覺). ⑥ 느낄 감(應).

書體 小篆 感 草書 感 中學 形聲

感覺(감각 gǎnjué) ① 느끼어 깨달음. ②《心》눈·귀·코·혀·살갗 등의 감각 기관(器官)이 받은 자극에 의하여 일어나는 의식 내용.
感慨無量(감개무량 gǎnkǎiwúliàng) 사물에 대한 회포의 느낌이 한이 없음.
感淚(감루 gǎnlèi) 깊이 감동하여 흐르는 눈물. 감격의 눈물.
感銘(감명 gǎnmíng) 감격하여 명심함. 깊이 느끼어 마음속 깊이 새겨

듦. 명감(銘感). 감전(感篆). 감패(感佩).

感傷(감상 gǎnshāng) ① 느끼어 마음 아파함. 마음에 느끼어 슬퍼함. ② 《心》 감정이 하찮은 자극에도 쉽사리 흔들리어 움직이는 심적 경향.

感賞(감상 gǎnshǎng) ① 마음에 감동하여 칭찬함. ② 선행에 대하여 그 아름다움에 상을 내리는 것.

感想(감상 gǎnxiǎng) ① 마음에 느끼어 생각함. ② 느끼어 일어나는 생각.

感受(감수 gǎnshòu) ① 밖으로부터의 영향을 수동적으로 받음. ② 《心》 감각 신경에 의하여 외계의 자극을 받아들임.

感染(감염 gǎnrǎn) ① 병이 옮음. 전염(傳染). ② 다른 풍습이 옮아서 물이 들음.

感應(감응 gǎnyīng) ① 마음이 사물에 감촉되어 감동함. ② 두 가지 물건이 서로 느끼어 반응이 생김. ③ 《佛》 신심의 정성이 신불(神佛)에 통함. ④ 《物》 도체가 전기(電氣)나 자기(磁氣)를 띠게 됨.

感之德之(감지덕지 gǎnzhīdézhī) 분에 넘치는 듯이 고맙게 여김. 대단히 고맙게 여김.

感化(감화 gǎnhuà) ① 남의 마음을 감동케 하여 착하게 만듦. ② 남의 영향을 받아 마음이 착하여짐.

▶ 隔世之感(격세지감)·共感(공감)·交感(교감)·多情多感(다정다감)·毒感(독감)·鈍感(둔감)·敏感(민감)·反感(반감)·所感(소감)·實感(실감)·劣等感(열등감)·靈感(영감)·豫感(예감)·切感(절감)·情感(정감)·直感(직감)·質感(질감)·體感(체감)·觸感(촉감)·快感(쾌감)·痛感(통감)·好感(호감).

愧 부끄러울 괴:

心 10 ③

愧 愧 愧 愧 愧 愧 愧 愧 愧

🈳 kuì 🇯🇵 キ, はじる 🇬🇧 shameful

부끄러울 **괴**(慙).

書體 草書 愧 (高校) 形聲

▶ 羞愧(수괴)·自愧(자괴)·慙愧(참괴).

愰 밝을 황

心 10 ③

🈳 huǎng, huàng 🇯🇵 コウ, あきらか
🇬🇧 bright

① 밝을 **황**(明). ② 마음 달뜰 **황**(愰懷心不定). ③ 마음 청백할 **황**(心明).

愴 슬플 창:

心 10 ③

🈳 chuàng 🇯🇵 ソウ, かなしむ
🇬🇧 grievous

① 슬플 **창**(悲). ② 서러울 **창**(傷). ③ 아플 **창**(傷).

愴惘(창망 chàngwǎng) 몹시 섭섭하여 아무 경황이 없음.

愴然(창연 chuàngrán) 슬픈 모양. 슬퍼 상심하는 모양. 몹시 슬퍼함. 창창(愴愴).

愴恨(창한 chuànghèn) 몹시 한탄함.

愼 삼갈 신:

心 10 ③

愼 愼 愼 愼 愼 愼 愼 愼 愼

🈳 shèn 🇯🇵 シン, つつしむ
🇬🇧 discreet

① 삼갈 **신**(謹). ② 정성스러울 **신**(誠). ③ 고요할 **신**(靜). ④ 생각할 **신**(思). ⑤ 삼가하게 할 **신**(禁戒).

書體 小篆 愼 古文 愼 草書 愼 (高校) 形聲

愼謹(신근 shènjǐn) 삼감. 근신(謹愼). 언행이나 행동을 조심함.

愼慮(신려 shènlǜ) 정신 차려 생각함. 정중히 생각함.

愼重(신중 shènzhòng) 삼가 하여 경

솔하지 않음. 매우 조심스러움. 신후(愼厚). 근후(謹厚).

▶謹愼(근신).

慄 떨릴 률
심 10 ⑬

㊀ lì ㊁ リツ, おののく
㊂ shivering
① 두려울 률(懼). ② 쭈그릴 률(竦縮). ③ 슬플 률(悽愴貌). ④ 떨 률(戰慄). ⑤ 송구할 률(竦縮). ⑥ 처량할 률(悽愴). 【栗과 통함】

▶戰慄(전율).

慈 사랑 자
심 10 ⑭

慈 慈 慈 慈 慈 慈 慈 慈 慈 慈

㊀ cí ㊁ ジ, いつくしむ
㊂ humane, love
① 사랑 자(愛). ② 착할 자(善). ③ 어질 자(仁). ④ 부드러울 자(柔). ⑤ 어머니 자(母). ⑥ 불쌍할 자(憐).

書體 小篆 慈 古文 慈 草書 慈 中學 形聲

慈憐(자련 cílián) 사랑하여 가엾이 여김.
慈悲(자비 cíbēi) ①《佛》 중생(衆生)에게 복을 주어서 괴로움을 없애 주는 일. ② 크게 사랑하고 가엾게 여김.
慈善(자선 císhàn) ① 불쌍히 여겨 은혜를 베풂. ② 불쌍한 사람을 도와줌.
慈雨(자우 cíyǔ) ① 만물을 촉촉이 적셔 자라게 하는 비. ② 오래 가물다가 오는 비. 택우(澤雨). 감우(甘雨). 고우(膏雨). 혜우(惠雨).
慈惠(자혜 cíhuì) 인자하게 사랑하는 은혜. 자인(慈仁).

▶大慈大悲(대자대비)·無慈悲(무자비)·嚴父慈母(엄부자모)·仁慈(인자).

慌 어리둥절할 황
심 10 ⑬

㊀ huāng ㊁ コウ, うっとりする
㊂ be at a loss
① 어리둥절할 황(慌慌昏). ② 흐리멍덩할 황(慌惚不分明). ③ 잊어버릴 황(忘). 【恍과 같음】

恐慌(공황)·唐慌(당황).

慊 앙심먹을 겸
족할 협
심 10 ⑬

1 qiàn ㊁ ケン, きらう ㊂ grudge
2 què ㊁ キョウ

1 ① 앙심먹을 겸(切齒恨). ② 미덥지 않을 겸(意不滿). ③ 불만족하게 생각할 겸. ④ 싫을 겸(厭). ⑤ 마음에 맞을 겸(愜). 2 족할 협(足).

慊如(겸여 qiànrú) 미덥지 않는 모양. 불만스러운 모양. 겸연(慊然).
慊然(겸연 qiànrán) ① 마음에 차지 않는 모양. ② 너무 미안하여 면목이 없는 모양.

態 태도/모습 태:
심 10 ⑭

態 態 態 態 態 態 態 態 態

㊀ tài ㊁ タイ, ありさま ㊂ posture
① 태도 태(作姿). ② 모양 태(姿). ③ 뜻 태(情態意).

書體 小篆 態 或體 㑷 草書 態 高校 形聲

態度(태도 tàidù) 몸가짐. 모양. 몸 가지는 품.
態勢(태세 tàishì) 상태와 모양. 상태와 형세. 적에 대비하는 자세.

▶狂態(광태)·嬌態(교태)·舊態依然(구

태의연)·動態(동태)·變態(변태)·事態(사태)·狀態(상태)·生態(생태)·世態(세태)·實態(실태)·樣態(양태)·容態(용태)·危態(위태)·姿態(자태)·作態(작태)·靜態(정태)·醜態(추태)·行態(행태)·形態(형태)·昏睡狀態(혼수상태).

慕 사모할 모:

心11 (15)

mù ボ, したう longing

① 생각할 모(思). ② 사모할 모(係戀不忘). ③ 모 뜰 모(愛習模範).

書體 小篆 草書 高校 形聲

慕戀(모련 mùliàn) 그리워하며 늘 생각함. 그리워서 사모함.

▶ 思慕(사모)·戀慕(연모)·追慕(추모)·欽慕(흠모).

慘 슬플/비참할 참

心11 (14)

cǎn サン, むごい severity

1 근심할 조(憂). 【慺와 같음】 **2** ① 슬플 참(痛感). ② 성낼 참(慍). ③ 근심할 참(愁). ④ 혹독할 참(酷毒).

書體 小篆 草書 高校 形聲

慘景(참경 cǎnjǐng) 끔찍 참혹한 광경이나 정상.
慘劇(참극 cǎnjù) ① 참혹한 줄거리의 연극. ② 참혹한 사건.
慘澹(참담 cǎndàn) ① 몹시 암담함. ② 괴롭고 슬픔. ③ 근심 걱정이 가득히 보임. ④ 얼굴에 독기가 있음.
慘變(참변 cǎnbiàn) 참혹한 변.
慘不忍見(참불인견 cǎnbùrěnjiàn) 끔찍이 참혹하여 차마 눈으로 볼 수가 없음.
慘死(참사 cǎnsǐ) 아주 참혹하게 죽음.
慘事(참사 cǎnshì) 참혹한 사건. 비참한 일.
慘狀(참상 cǎnzhuàng) 참혹한 상태.
慘敗(참패 cǎnbài) 비참하고 혹독하게 실패함.
慘刑(참형 cǎnxíng) 참혹한 형벌. 혹형(酷刑).
慘酷(참혹 cǎnkù) 끔찍하게 불쌍함. 끔찍하게 비참함. 참가(慘苛). 참각(慘刻). 참렬(慘烈).
慘禍(참화 cǎnhuò) 비참한 재화. 참혹한 재화.

▶ 無慘(무참)·悲慘(비참)·悽慘(처참).

慙 부끄러울 참

心11 (15)

cǎn ザン, はじる shame

부끄러울 참(愧).

書體 小篆 草書 高校 形聲

慙愧(참괴 cǎnkuì) 부끄러워함. 부끄러움. 참작(慙怍). 참수(慙羞).
慙羞(참수 cǎnxiū) 부끄러워함. 부끄러워서 얼굴을 붉힘. 참괴(慙愧).
慙悔(참회 cǎnhuǐ) 부끄러워서 뉘우침.

憫 총명할 민

心11 (15)

mǐn ビン, かしこい clever

① 총명할 민(聰). ② 슬플 민(悲).

慟 서러워할 통:

心11 (14)

tòng トウ, なげく grievous

서러울 통(哀過·心動).

慟哭(통곡 tòngkū) 매우 슬퍼서 큰 소

리로 울음. 통읍(慟泣).

傲 거만할 오:
心 11 ⑭

🔊 ào 🇯🇵 ゴウ, おごる 🇬🇧 arrogant

거만할 오(倨). 【傲와 같음】

傲慢(오만 àomàn) 태도가 거만함. 방자함. 오만(傲慢). 교만(驕慢).

慢 거만할 만:
心 11 ⑭

慢慢慢慢慢慢慢慢慢

🔊 màn 🇯🇵 マン, おこたる 🇬🇧 lazy

① 게으를 만(怠). ② 아무렇게나 할 만(等閑). ③ 업신여길 만. ④ 거만할 만(倨). ⑤ 방자할 만(放肆). ⑥ 느릴 만(緩). 【謾과 같음】

書體 小篆 慢 草書 慢 高校 形聲

慢性(만성 mànxìng) 병의 경과가 오래 끌어 쉽사리 완쾌되지 않는 성질. ↔ 급성(急性).
慢然(만연 mànrán) ① 교만하여 의기양양한 모양. ② 완만하여 결단성이 없는 모양. ③ 막연하여 분명하지 않은 모양. 막연(漠然).

▶ 倨慢(거만)·驕慢(교만)·傲慢不遜(오만불손)·緩慢(완만)·頑慢(완만)·自慢(자만)·怠慢(태만).

慣 익숙할 관
心 11 ⑭

慣慣慣慣慣慣慣慣慣

🔊 guàn 🇯🇵 カン, なれる 🇬🇧 skilful

① 익을 관, 익숙할 관(習熟). ② 버릇 관(習慣). 【串·貫과 통함】

書體 小篆 慣 草書 慣 高校 形聲

慣例(관례 guànlì) 습관이 된 전례(前例).
慣面(관면 guànmiàn) 낯이 익음.
慣聞(관문 guànwén) 귀에 익히 들음.
慣性(관성 guànxìng) 《物》 물체가 외부로부터 힘을 가하지 않으면, 그대로 정지해 있거나, 또는 일정한 속도로 일정한 방향으로 나가는 성질을 갖고 있는 일.
慣習(관습 guànxí) ① 버릇. 익은 습관. ② 사회의 습관. 습관. 풍습.
慣用(관용 guànyòng) 늘 많이 씀. 습관적으로 사용함.
慣行(관행 guànxíng) 늘 행함. 습관이 되어서 늘 행하여지는 일.

▶ 舊慣(구관)·習慣(습관).

慧 지혜 혜:
心 11 ⑮

慧慧慧慧慧慧慧慧慧慧

🔊 huì 🇯🇵 ケイ, エ, かしこい 🇬🇧 sagacity

① 총명할 혜(智). ② 밝을 혜(明). ③ 영리할 혜(儇敏). ④ 똑똑할 혜(妍黠). ⑤ 요요할 혜(了). ⑥ 지혜 혜(才智). 【惠와 통함】

書體 小篆 慧 草書 慧 高校 形聲

慧眼(혜안 huìyǎn) ① 안식이 예리함. 활안(活眼). ② 《佛》 오안(五眼)의 하나. 이 세상의 진리를 식별(識別)하는 심안(心眼).
慧智(혜지 huìzhì) 총명한 슬기. 총명하고 지혜 있음.

▶ 定慧雙修(정혜쌍수)·智慧(지혜).

慨 슬퍼할 개:
心 11 ⑭

慨慨慨慨慨慨慨慨慨

🔊 kǎi 🇯🇵 ガイ, なげく 🇬🇧 indignant

① 분할 개(高亢憤激). ② 강개할 개(慷

慨失意壯士不得志). ③ 슬플 개(悲).
【愾와 같음】

書體 小篆 憪 草書 怅 (高校) 形聲

慨想(개상 kǎixiǎng) 탄식하고 생각함.
慨嘆(개탄 kǎitàn) 한탄함. 의분이 북받쳐 탄식함.
慨恨(개한 kǎihèn) 탄식하고 원망함.

▶ 感慨(감개)·感慨無量(감개무량)·憤慨(분개)·悲憤慷慨(비분강개).

慫 권할 종

心 11 ⑮

🔊 sǒng 🇯🇵 ショウ, おどろく
🇬🇧 amaze

① 놀랄 종(驚). ② 곁들어 말할 종(慫慂旁勸). ③ 권할 종(慫慂).
慫慂(종용 sǒngyǒng) ① 피어서 권함. ② 잘 설명하고 달래어 하게 함.

慮 생각할 려:

心 11 ⑮

虑 虑 虑 虑 虑 虑 虑 慮 慮 慮

🔊 lǜ 🇯🇵 リョ, おもんばかる
🇬🇧 consider

① 생각 려(謀思). ② 염려할 려, 걱정할 려(憂). ③ 의심할 려(疑). ④ 기 려(慮無軍前幡). ⑤ 칡 려(諸慮葛). ⑥ 땅 이름 려(地名).

書體 小篆 慮 小篆 慮 草書 忎 (高校) 形聲

慮外(여외 lǜwài) ① 뜻밖. 의외(意外). 안외(案外). ② 어처구니없는 일.

▶ 考慮(고려)·顧慮(고려)·配慮(배려)·思慮(사려)·熟慮(숙려)·心慮(심려)·念慮(염려)·憂慮(우려)·遠慮(원려)·千慮(천려).

慰 위로할 위

心 11 ⑮

尸 尸 尽 尽 层 尉 尉 尉 慰 慰

🔊 wèi 🇯🇵 イ, なぐさめる
🇬🇧 comfort

① 위로할 위(安之以慰其情). ② 유쾌할 위(愉). ③ 앓은 체할 위【尉와 통함】

書體 小篆 𢡖 草書 慰 (高校) 形聲

慰靈祭(위령제 wèilíngjì) 죽은 혼령을 위로하는 제사.
慰勞(위로 wèiláo) 어루만져 괴로움을 잊게 함. 수고를 치사함.
慰撫(위무 wèifǔ) 위로하고 어루만져 달래는 일. 위부(慰拊).
慰問(위문 wèiwèn) 위로하기 위하여 문안함.
慰安(위안 wèiān) 위로함. 위로하여 마음을 편안케 함.
慰藉料(위자료 wèijièliào) 《法》 생명·신체·명예·자유 따위를 침범당한 일에 대한 정신적 손해 배상으로서 산정(算定)된 금액.

▶ 安慰(안위)·自慰(자위)·弔慰(조위).

慶 경사 경:

心 11 ⑮

广 庐 庐 序 序 序 慶 慶 慶 慶

1 🔊 qìng 🇯🇵 ケイ, めでたい
🇬🇧 happy event **2** 🇯🇵 キョウ

1 ① 경사 경(福). ② 착할 경(善). ③ 하례할 경(賀). ④ 즐거워할 경. ⑤ 포상할 경. **2** ① 복 강(福). ② 이에 강(乃).

書體 小篆 廌 草書 蔆 (中學) 會意

慶事(경사 qìngshì) 경축할 만한 일. 기쁜 일.
慶筵(경연 qìngyán) 경사스러울 때 베푸는 잔치 자리.

慶弔(경조 qìngdiào) 혼인·회갑 따위의 경사스러운 일과, 초상·장사 따위의 불행한 일. 경사와 흉사. 경언(慶唁).
慶祝(경축 qìngzhù) 기쁘고 좋은 일을 축하함.
慶賀(경하 qìnghè) 경사스러운 일을 치하함. 축하(祝賀). 하경(賀慶).

▶ 國慶(국경)·哀慶事(애경사).

慷 슬플 강:

음 kāng 일 コウ, なげく 영 deplore
강개할 강(慷慨激昂). 【忼과 같음】
慷慨(강개 kāngkǎi) ① 의분이 북받쳐 슬퍼하고 한탄함. ② 뜻을 얻지 못한 모양.

慾 욕심 욕

음 yù 일 ヨク, ほしがる 영 desire
① 욕심 욕(情所好嗜). ② 탐낼 욕(貪). ③ 하고자 할 욕(欲). 【欲과 같음】

慾界(욕계 yùjiè) 《佛》 욕심이 많은 세상. 욕계(欲界). 즉 현세(現世).
慾情(욕정 yùqíng) ① 한 때의 충동으로 일어나는 욕심(慾心). ② 색욕(色慾).

▶ 過慾(과욕)·禁慾(금욕)·物慾(물욕)·私利私慾(사리사욕)·性慾(성욕)·勝負慾(승부욕)·食慾(식욕)·愛慾(애욕)·野慾(야욕)·肉慾(육욕)·情慾(정욕)·貪慾(탐욕).

憂 근심 우

음 yōu 일 ユウ, うれえる 영 anxious
① 근심 우(愁思). ② 걱정할 우. ③ 상제될 우(居喪). ④ 병 우(疾). ⑤ 그윽할 우(幽). ⑥ 욕될 우(辱).

憂國(우국 yōuguó) 나라 일을 걱정함. 국사(國事)를 우려(憂慮)함.
憂愁(우수 yōuchóu) 걱정과 근심. 우울과 수심.
憂鬱(우울 yōuyù) 걱정되는 일이 있어 마음이 답답함.
憂患(우환 yōuhuàn) ① 근심. 근심함. ②《國》 질병(疾病).

▶ 杞憂(기우)·內憂外患(내우외환)·忘憂(망우)·銷憂(소우)·外憂(외우).

憍 자랑할 교

음 jiāo 일 キョウ, ほこる 영 proud
① 자랑할 교(矜). ② 방자할 교(恣). ③ 교만할 교(逸). 【驕와 통함】
憍奢(교사 jiāoshē) 교만하고 사치스러움.
憍泄(교설 jiāoxiè) 교만함.
憍暴(교포 jiāobào) 교만하고 포악함.

憎 미울 증

음 zēng 일 ゾウ, にくむ 영 hate
미울 증, 미워할 증(惡).

憎惡(증오 zēngwù) 미워함. 싫어함. 꺼림. 증질(憎疾). 질악(疾惡).
憎嫉(증질 zēngjí) 미워하고 질투함. 증투(憎妒). 증질(憎疾).
憎唾(증타 zēngtuò) 증오하고 침 뱉음.

憎嫌(증혐 zēngxián) 미워하고 싫어함. 염오(厭惡).

▶ 可憎(가증)·愛憎(애증).

憐 불쌍히 여길 련

心 12 ⑤

憐 憐 憐 憐 憐 憐 憐 憐 憐

음 lián 일 レン, あわれむ 영 pitiful

① 불쌍할 련(哀). ② 사랑할 련(愛). ③ 가련할 련(可哀).

書體 小篆 憐 草書 憐 [高校] 形聲

憐悼(연도 liándào) 죽은 사람을 불쌍히 여김. 불쌍히 여겨 슬퍼함. 애도(哀悼). 민도(憫悼).
憐憫(연민 liánmǐn) 불쌍하고 가련함. 불쌍히 여김. 가엾이 여김. 연민(憐愍). 연민(憐憫).
憐惜(연석 liánxī) 불쌍히 여기며 아낌.
憐愛(연애 lián'ài) 불쌍히 여겨 사랑함.
憐恤(연휼 liánxù) 가엾이 여겨 물건을 베풀어 도와줌.

▶ 可憐(가련)·同病相憐(동병상련)·哀憐(애련).

憑 기댈[依] 빙

心 12 ⑯

음 píng 일 ヒョウ, よる, たよる 영 pretext

① 기댈 빙, 의지할 빙(依). ② 부탁할 빙(托). ③ 성할 빙(盛). ④ 증거 빙(據憑, 憑票).

書體 草書 憑 形聲

憑據(빙거 píngjù) ① 사실의 증명이 될 만한 근거. 전거(典據). ② 근거(根據)로 함.
憑藉(빙자 píngjiè) ① 남의 힘을 빌어서 의지함. ② 내세워서 핑계함. 빙시(憑恃).

憑險(빙험 píngxiǎn) 험한 지세(地勢)를 근거로 하여 의지함.

▶ 信憑(신빙)·證憑(증빙).

憙 빛날 희

心 12 ⑯

음 xǐ, xī 일 キ, よろこぶ 영 please

① 기뻐할 희(悅). ② 좋아할 희(好). 【喜와 같음】

喜獵(희렵 xǐliè) 사냥을 좋아함.

憤 분할 분:

心 12 ⑤

憤 憤 憤 憤 憤 憤 憤 憤 憤 憤

음 fèn 일 フン, いきどおる 영 indigant

분할 분, 결낼 분(懣). 【賁과 같음】

書體 小篆 憤 草書 憤 [高校] 形聲

憤慨(분개 fènkǎi) ① 분하여 한탄함. ② 분노(憤怒)와 개탄(慨歎). 강개(忼慨). 분탄(憤歎).
憤愾(분개 fènkài) 몹시 분하게 여김. 분개(憤慨).
憤然(분연 fènrán) 분이 벌컥 치미는 모양.
憤鬱(분울 fènyù) 분한 마음 때문에 속이 답답함. 분만(憤懣).
憤痛(분통 fèntòng) 몹시 분하여 마음이 쓰리고 아픔.

▶ 激憤(격분)·公憤(공분)·發憤(발분)·悲憤慷慨(비분강개)·雪憤(설분)·鬱憤(울분)·義憤(의분).

憧 동경할 동:

心 12 ⑤

음 chōng 일 ドウ, あこがれる 영 aspire for

① 뜻 정치 못할 동, 마음 동할 동(憧憧意不定). ② 흐리멍덩할 동(駸昏).

憧憬(동경 chōngjǐng) 어떤 일에 마음이 팔리어 그것만을 그리워하고 못내 생각함.

憩 쉴 게:
心 12 / 16

音 qì 日 ケイ, いこう 英 rest

쉴 게(息). 【憇와 같음】
憩泊(게박 qìbó) 쉬어 머무름. 머물러서 휴식함.
憩息(게식 qìxī) 쉼. 휴식(休息). 휴게(休憩).
憩止(게지 qìzhǐ) 쉼. 쉬는 일. 휴지(休止).

▶小憩(소게)·休憩(휴게).

憫 민망할 민
心 12 / 15

音 mǐn 日 ビン, あわれむ 英 pitiful
① 딱할 민(憂恤). ② 잠잠할 민(默). ③ 불쌍할 민(憐). ④ 근심할 민(憂).

書體 草書 高校 形聲

憫惘(민망 mǐnwǎng) 답답하고 딱하여 걱정스러움.

憲 법 헌:
心 12 / 16

音 xiàn 日 ケン, のり 英 law, charter
① 법 헌(法). ② 표준될 헌(表). ③ 민첩할 헌(敏). ④ 고시할 헌(懸法示人). ⑤ 밝힐 헌(明). ⑥ 기뻐할 헌(悅貌). ⑦ 성할 헌(盛貌).

書體 小篆 草書 高校 形聲

憲法(헌법 xiànfǎ)《法》① 나라의 근본이 되는 법률. ② 나라를 다스리고 국사(國事)를 행하는 방법과 국민의 권리·의무를 규정하고 있는 최고의 근본적인 법률. 다른 모든 법률·명령보다 우선(優先)이 됨.
憲法機關(헌법기관 xiànfǎjīguān)《法》헌법 조규(條規)에 의하여 성립된 국가 기관. 대통령·국회·국무위원·법원의 총칭.
憲章(헌장 xiànzhāng)《法》① 본받아 명백히 함. ② 법률. 법칙. ③ 헌법의 전장(典章).
憲典(헌전 xiàndiǎn) 헌법(憲法).
憲政(헌정 xiànzhèng)《政》헌법에 의하여 행하는 정치. 입헌정치.
憲制(헌제 xiànzhì) 국가의 법률.

憶 생각할 억
心 13 / 16

音 yì 日 オク, おぼえる 英 memory
① 생각 억(念). ② 기억할 억(回憶記也).

書體 小篆 草書 中學 形聲

憶念(억념 yìniàn)《佛》생각함. 깊이 생각에 잠김. 그 기억. 사념(思念).
憶想(억상 yìxiǎng) 생각함. 생각.
憶說(억설 yìshuō) 확실히 근거가 없는 추측의 말. 억측의 말. 미루어 생각하는 일.

憺 참담할 담
心 13 / 16

音 dàn 日 タン, やすらか 英 peaceful
① 편안할 담(安). ② 고요할 담(靜). ③ 움직일 담(動).

憺畏(담외 dànwèi) 두려워함. 외구(畏懼).

▶慘憺(참담).

憾 섭섭할 감:

① hàn ② カン, うらむ ③ sorry
한할 감, 섭섭할 감(恨).

憾怨(감원 hànyuàn) 원망함.
憾情(감정 hànqíng) 마음에 언짢게 여기어 원망하거나 성내는 마음.

▶ 宿憾(숙감)·遺憾(유감).

懆 근심할 조

① cǎo ② ソウ, うれえる ③ anxious
근심할 조(懆懆憂).

懆懆(조조 cǎocǎo) 근심하여 마음이 편안하지 못한 모양.

懇 간절할 간:

① kěn ② コン, ていねい ③ sincerity

① 정성 간(悃). ② 믿을 간(信). ③ 간곡할 간(懇惻至誠).

書體 小篆 懇 草書 (高校) 形聲

懇曲(간곡 kěnqū) 간절하고 극진함.
懇談(간담 kěntán) 마음을 털어 놓고 정답게 이야기함. 정다운 이야기.
懇切(간절 kěnqiè) 지성스럽고 절실함. 절실(切實).
懇請(간청 kěnqǐng) 간절히 청함. 충심(衷心)으로 원함.

懈 게으를 해:

① xiè ② カイ, おこたる ③ lazy
게으를 해(懶怠).
懈慢(해만 xièmàn) 게으르고 거만함. 게으름. 태만(怠慢).

懈弛(해이 xièchí) 게을러서 마음이 늘어짐. 게으름을 피워 일을 소홀히 함.
懈惰(해타 xièduò) 게으름. 해태(懈怠).
懈怠(해태 xièdài) 게으름. 태만(怠慢)함. 마음이 느려 일을 소홀히 함. 해타(懈惰). 태해(怠懈). 해태(解怠).

應 응할 응:

應广庁庐庐應應應應應

① yīng ② オウ, こたえる ③ answer

① 응당 응, 꼭 응(度度辭當). ② 사랑할 응(愛).【膺과 통함】③ 대답할 응(答). ④ 응할 응(物相感). ⑤ 승낙할 응(承諾). ⑥ 풍류 이름 응(樂名應鼓).

書體 小篆 懕 草書 夜 (中學) 形聲

應當(응당 yīngdāng) 꼭. 반드시. 의례.
應對(응대 yīngduì) ① 남의 말에 따라서 대답하여 줌. 응접(應接). 수답(酬答). ② 만나서 이야기함.
應變(응변 yīngbiàn) 그때그때 그에 임하여 적당히 일을 처리함. 임기응변(臨機應變)의 약칭.
應報(응보 yīngbào) ① 보답함. ② 선악(善惡)의 인연에 응하여 화복(禍福)의 갚음을 받음. 인과응보(因果應報).
應用(응용 yīngyòng) ① 어떤 일에서 얻은 이론(理論)이나 기술(技術)을 다른 일에 대하여 씀. 사물(事物)에 따라 활용(活用)함. ② 어떠한 원리를 실제로 이끌어 활용함. ③ 사용(使用)함.
應援(응원 yīngyuán) 한 편이 되어 도와 줌. 뒤에서 성원(聲援)함. 가세(加勢)함. 후원(後援)함.

應戰(응전 yīngzhàn) 적의 공격에 응하여 싸움. 싸움에 응함.

▶ 對應(대응)·反應(반응)·副應(부응)·不應(불응)·順應(순응)·因果應報(인과응보)·臨機應變(임기응변)·適應(적응)·饗應(향응)·呼應(호응).

懊 한할 오:
心13 ⑯

🔵 ào 🟢 オウ, うらむ 🟡 deplore
① 한할 오(懊惱恨). ② 원망할 오(怨).
③ 번뇌할 오(惱). ④ 사랑할 오(忱).
懊惱(오뇌 àonǎo) 근심하고 괴로워함. 뉘우쳐 한탄하고 괴로워함. 애태움.

懐 품을 회
心13 ⑯

【懷(心·부16획)의 약자】

懦 나약할 나:
心14 ⑰

1 🔵 nuò 🟢 ジュ, よわい 🟡 weak
2 🟢 ダ, よわい
1 ① 만만할 유, 나약할 유(弱). ② 잔약할 연(劣弱). 3 부드러울 나(柔).
懦怯(나겁 nuòqiè) 겁이 많음. 비겁함. 외나(畏懦). 겁나(怯懦).
懦弱(나약 nuòruò) 의지가 굳세지 못함. 유약(柔弱). 왕약(尪弱).

懲 징계할 징
心15 ⑲

徴 徴 徴 徵 徵 徵 徵 懲 懲 懲

🔵 chéng 🟢 チョウ, こらす 🟡 punish
징계할 징(懲創戒).

書體 小篆 懲 草書 懲 (高校) 形聲

懲戒(징계 chéngjiè) 잘못을 뉘우치게 경계하고 나무람. 징예(懲乂). 징창(懲創). 징경(懲警).
懲罰(징벌 chéngfá) 장래를 경계하기 위하여 벌(罰)을 과함.
懲役(징역 chéngyì)《法》죄인을 제재하기 위하여 교도소(矯導所)에 넣어서 정해진 기간(期間)에 노역(勞役)을 치르게 하는 일.
懲兆(징조 chéngzhào) 미리 보이는 조짐(兆朕).

▶ 勸善懲惡(권선징악)·膺懲(응징)·重懲戒(중징계).

懶 게으를 라:
心16 ⑲

1 🔵 lǎn 🟢 ラン, おこたる 🟡 idle
2 🟢 ライ
1 ① 게으를 라(解怠). ② 누울 라(臥).
③ 미워할 란(嫌惡).【本音 란】 2 혐오할 뢰.
懶惰(난타→나타 lǎnduò) 어수선하여 게을러짐. 게으르고 느림. 나태(懶怠).
懶怠(난태→나태 lǎndài) 게으름.

懷 품을 회
心16 ⑲

懷 懷 懷 懷 懷 懷 懷 懷 懷

🔵 huái 🟢 カイ, おもう 🟡 think
① 생각할 회(念思). ② 돌아갈 회(歸).
③ 올 회(來). ④ 편안할 회(安). ⑤ 품을 회(藏). ⑥ 서러울 회(傷). ⑦ 사사 회(私). ⑧ 쌀 회(包). ⑨ 가슴 회(懷抱胃臆). ⑩ 위로할 회(慰). ⑪ 가질 회(持).
⑫ 성 회(姓).

書體 小篆 懷 草書 懷 (高校) 形聲

懷顧(회고 huáigù) 지난 일을 돌이켜 생각함.
懷誘(회유 huáiyòu) 잘 달래어 유혹함.

懷柔(회유 huáiróu) 어루만져 잘 달램. 교묘한 수단으로 설복시킴. 열복(悅服)시킴.

懷妊(회임 huáirèn) 애기를 뱀. 임신(姙娠)함. 회태(懷胎)함.

懷胎(회태 huáitāi) 아이를 뱀. 임신(姙娠)함. 회임(懷妊).

懷抱(회포 huáibào) ① 가슴에 품음. 어버이가 자식을 가슴에 품기도 하고 안기도 하여 기르는 일. ② 마음속으로 생각함. 마음속에 품은 생각.

▶ 感懷(감회)·悲懷(비회)·鄙懷(비회)·所懷(소회)·述懷(술회)·虛心坦懷(허심탄회).

懸 매달 현:
心 16 ②

xuán ケン, かける hang

① 달 현, 달릴 현(揭也, 繫). ② 멀 현(懸隔, 遠).【縣과 같음】

書體 草書 高校 形聲

懸隔(현격 xuángé) 크게 동떨어짐. 차이가 매우 심함. 현절(懸絶).

懸橋(현교 xuánqiáo) 매어 단 다리. 적교(吊橋).

懸賞金(현상금 xuánshǎngjīn) 현상(懸賞)으로 건 돈.

懸垂(현수 xuánchuí) ① 아래로 곧게 드리워짐. ② 철봉(鐵棒)에 매달려 몸을 올렸다 내렸다 하는 일. 턱걸이. 현수운동(懸垂運動)의 약어.

懸案(현안 xuánàn) 이전부터 의논하여 아직 결정을 못 지은 의안(議案). 해결되지 아니한 문제.

懸崖(현애 xuányá) ① 깎아지른듯한 낭떠러지. 현애(懸厓). 단애(斷崖). 절벽(絶壁). ② 분재(盆栽)의 간지(幹枝), 또는 경지(莖枝)가 뿌리보다 낮게 처지도록 만든 것.

懺 뉘우칠 참
心 17 ②

chàn サン, ザン, くいる

repent

① 뉘우칠 참(悔過). ② 회계할 참(戒).

懺悔(참회 chànhuǐ)《佛》과거의 죄악을 회개(悔改)하고, 부처와 사람에게 고(告)하여 사죄(謝罪)함. 이렇게 함으로써 그 죄나 과실이 소멸된다고 함.

懺悔滅罪(참회멸죄 chànhuǐmièzuì)《佛》참회를 함으로써 전생의 죄 지은 것을 소멸하는 일.

懼 두려울 구
心 18 ②

jù ク, おそれる fearful

① 두려울 구(恐). ② 근심할 구(憂). ③ 조심할 구(愼). ④ 깜짝 놀랄 구(驚).【瞿와 같음】

書體 小篆 古文 草書 高校 形聲

戀 그리워할 련:
心 19 ②

liàn, lián レン, こい, こう

adore

① 생각 련(眷念). ② 생각킬 련(係慕). ③ 사모할 련(慕).【恋은 약자】

書體 篆文 草書 高校 形聲

▶ 悲戀(비련).

戈 部

창 과

戈 창 과

음 gē 일 カ, ほく 영 spear

① 창 과(短兵平頭戟). ② 전쟁 과(戰爭).
戈甲(과갑 gējiǎ) 창과 갑옷. 무구(武具).
戈劍(과검 gējiàn) 창과 칼. 무기(武器).
戈盾(과순 gēdùn) 창과 방패.

戊 별/천간 무:

ノ 厂 戊 戊

음 wù 일 ボウ, モ, つちのえ

① 다섯째 천간 무(天干第五位). ② 물건 무성할 무(物茂盛).

書體 小篆 戊 草書 戊 中學 象形

戊夜(무야 wùyè) 오전(午前) 4시 경. 인시(寅時). 오경(五更).
戊午士禍(무오사화 wùwǔshìhuò) 《歷》조선(朝鮮) 연산군(燕山君) 4년(1498)에 일어난 사화(士禍). 유자광(柳子光) 등의 무고(誣告)로 김종직(金宗直)이 부관참시(剖棺斬屍)를 당하고 많은 신진유신(新進儒臣)들이 사사(賜死)·유배(流配)된 사건.
戊辰(무진 wùchén) 육십갑자(甲子)의 5째.

戌 개 술

戌 戊 戌 戌 戌

음 xū, qù 일 ジュツ, いぬ 영 dog

① 개 술(犬). ② 열한째 지지 술(地支第十一位). ③ 때려 부술 술(破).

書體 小篆 戌 草書 戌 中學 會意

戌時(술시 xūshí)《國》① 12시(時)의 11째. 하오 7시부터 하오 9시까지의 시각. 유시(酉時)와 해시(亥時)의 사이. ② 24시(時)의 21째. 하오 7시 반부터 8시 반까지의 시각. 신시(辛時)와 건시(乾時)의 사이.
戌座辰向(술좌진향 xūzuòchénxiàng) 술방(戌方)에서 신방(辰方)으로 향함. 곧 서북서에서 동남동으로 향한 좌향(坐向).

戍 수자리 수

음 shù 일 ジュ, まもる
영 frontier guards

① 수자리 수(守邊). ② 막을 수(遏). ③ 집 수(舍).
戍樓(수루 shùlóu) 적군의 동정을 망보려고 성 위에 만든 누각(樓閣).
戍兵(수병 shùbīng) 국경을 지키는 병사(兵士). 수졸(戍卒).
戍衛(수위 shùwèi) 국경을 굳게 지키는 일. 또는 그 병사(兵士).

戎 병장기/오랑캐 융

음 róng 일 ジュウ, えびす, つわもの
영 weapons

① 병장기 융(兵).「군기(軍器)의 총칭」. ② 싸움 수레 융(元戎, 小戎, 兵車名). ③ 클 융(大). ④ 너 융(汝). ⑤ 도울 융(相). ⑥ 서쪽 오랑캐 융(蠻族).
戎功(융공 rónggōng) 큰 공훈(功勳). 대공(大功).
戎器(융기 róngqì)《軍》싸움에 쓰는

도구. 병장기(兵仗器). 무기(武器).

戎裝(융장 róngzhuāng) 싸움의 장비(裝備). 전쟁 준비. 군장(軍裝). 무장(武裝).

戎狄(융적 róngdí) 미개(未開)한 나라. 오랑캐. 〈융(戎)은 서쪽, 적(狄)은 북쪽의 이민족(異民族)〉. 융이(戎夷). 이적(夷狄).

成 이룰 성

成成成成成成

chéng セイ, ジョウ, なる
achieve, complete

① 이룰 성(就也畢). ② 평할 성(平). ③ 거듭 성(重). ④ 마칠 성(終). ⑤ 사방 십리 땅 성(方十里). ⑥ 될 성(爲). ⑦ 화목할 성(和睦).

書體 小篆 古文 草書 中學 形聲

成家(성가 chéngjiā) ① 따로 한 집을 이룸. ② 학문이나 기술로 한 체계를 이룸. ③ 성취(成娶).

成道(성도 chéngdào) 《佛》 불도(佛道)의 진리(眞理)를 완전(完全)히 깨달음. 오도(悟道).

成禮(성례 chénglǐ) 혼인의 예식을 지냄.

成佛(성불 chéngfó) 《佛》 ① 모든 번뇌를 해탈하여 불과(佛果)를 얻음. ② 죽어서 부처가 됨.

成事(성사 chéngshì) ① 이미 이루어진 일. 다 된 일. 수사(遂事). ② 일을 완수함. 일이 완성됨.

成就(성취 chéngjiù) ① 일을 이룸. 일을 완성함. 성공(成功). ② 출세함. ③ 《佛》 소원이 이루어짐.

成婚(성혼 chénghūn) 결혼이 성립됨. 결혼함. 결쌍(成雙).

▶ 見性成佛(견성성불)・結ествен성)・構(구성)・既成(기성)・落成(낙성)・達成(달성)・大器晩成(대기만성)・門前成市(문전성

시)・生成(생성)・速成(속성)・守成(수성)・熟成(숙성)・養成(양성)・語不成說(어불성설)・完成(완성)・育成(육성)・作成(작성)・長成(장성)・低成長(저성장)・助成(조성)・造成(조성)・主成分(주성분)・集成(집성)・贊成(찬성)・編成(편성)・合成纖維(합성섬유)・合成樹脂(합성수지)・形成(형성)・混成(혼성).

我 나 아:

我我我我我我

wǒ ガ, わ, われ, わが

① 나 아(自謂己身). ② 이쪽 아(此側). ③ 고집 쓸 아(執). ④ 우리 아(我軍, 我輩).

書體 小篆 古文 草書 中學 形聲

我慢(아만 wǒmàn) ① 《佛》 자기 자신을 자랑하면서 남을 업신여기는 마음. 자만(自慢). ② 《轉》 아집(我執)과 같음.

我邦(아방 wǒbāng) 우리나라. 아국(我國).

我田引水(아전인수 wǒtiányǐnshuǐ) 《國》 자기 논에만 물을 끌어넣는다는 뜻. 자기 형편에 좋도록만 생각하거나 행하는 것.

▶ 沒我(몰아)・無我境(무아경)・唯我獨尊(유아독존)・自我(자아)・彼我(피아)

戒 경계할 계:

戒戒戒戒戒戒

jiè カイ, いましめる warn

① 경계할 계(警). ② 타이를 계(諭). ③ 고할 계(告). ④ 방비할 계(備). ⑤ 조심할 계(肅然警惕). ⑥ 지킬 계(守). ⑦ 삼가할 계(愼). 【界·誡와 같음】

書體 小篆 草書 高校 會意

戒告(계고 jièigào) ① 경계(警戒)함. ②《法》의무를 완수(完遂)하지 않을 때, 일정한 기간을 두고 의무를 완수하도록 통고(通告)하는 일.

戒令(계령 jièlìng)《制》병졸의 품행(品行)과 복무(服務)에 대하여 단속하던 여덟 가지의 명령.

戒名(계명 jièmíng)《佛》스님이 수계(受戒)시에 계사(戒師)스님에게서 받는 이름. 법호(法號). 법명(法名). ↔ 속명(俗名).

戒嚴(계엄 jièyán) 전쟁이나 큰 사변이 일어났을 때에 군대로써 어떤 지역을 경계하며, 그 지역의 사법권과 행정권을 군 사령관이 관할하는 일.

戒律(계율 jièlǜ)《佛》승니(僧尼)가 지켜야 할 불교(佛敎)의 교훈(敎訓)과 규칙(規則). 계(戒)와 율(律).

▶ 警戒(경계)·沐浴齋戒(목욕재계)·非常戒嚴(비상계엄)·受戒(수계)·一罰百戒(일벌백계)·懲戒(징계)·破戒(파계)·訓戒(훈계).

或 혹시 혹
戈 4 / 8

或 或 或 或 或 或 或 或

🔊 huò 🇯🇵 ワク, あるいは 🇬🇧 some, or

① 의심 낼 혹(疑). ② 혹 혹, 아마 혹(未定辭). ③ 괴이할 혹(怪). ④ 어떤 사람 이 혹(誰人). ⑤ 있을 혹(有).【惑과 통함】

書體 小篆 域 或體 或 草書 玄 （中學） 會意

或時(혹시 huòshí) 어떠한 때.
或如(혹여 huòrú) = 혹시(或是).
或者(혹자 huòzhě) 혹시. 또는 어떤 사람.

▶ 間或(간혹)·設或(설혹).

哉 어조사 재
戈 5 / 9

→口부6획

威 위엄 위
戈 5 / 9

→女부6획

咸 다 함
戈 5 / 9

→口부6획

戚 겨레/친척 척
戈 7 / 11

 戚 戚 戚 戊 戊 戚 戚 戚

🔊 qī 🇯🇵 セキ, みうち 🇬🇧 relation

① 겨레 척(親). ② 도끼 척(戈類斧). ③ 분낼 척(憤). ④ 슬플 척(哀). ⑤ 근심할 척(憂).【慼·慽과 통함】

書體 小篆 戚 草書 戉 （高校） 形聲

戚屬(척속 qīshǔ) 친척이 되는 겨레붙이. 친척. 척족(戚族).
戚叔(척숙 qīshū) 친척이 되는 사람 가운데 아저씨의 항렬이 되는 외척 (外戚).
戚臣(척신 qīchén) 임금과 외척 관계가 있는 신하.
戚誼(척의 qīyì) 인척간의 정의(情誼).
戚弟(척제 qīdì) 아우뻘이 되는 외척.
戚姪(척질 qīzhí) 조카뻘이 되는 외척.

▶ 外戚(외척)·姻戚(인척)·親戚(친척).

戟 창 극
戈 8 / 12

🔊 jǐ 🇯🇵 ゲキ, ほこ 🇬🇧 spear

갈래진 창 극(有枝兵).【棘과 통함】

戟手(극수 jǐshǒu) 소리 지를 때, 두 손

을 창 가지처럼 펼침. 또는 주먹을 불끈 쥐고 내저음.
戟盾(극순 jǐdùn) 창과 방패.

▶ 大戟(대극)·刺戟(자극).

截 끊을 절

戈 10 ⑭

🔤 jié 🇯🇵 セツ, きる, たつ 🇬🇧 cut

① 끊을 **절**(斷). ② 말 잘할 **절**(截截辯給). ③ 분명할 **절**(分明).

截斷(절단 jiéduàn) 자름. 끊어 버림. 잘라 냄. 절단(切斷).
截取(절취 jiéqǔ) 도려 냄. 잘라 냄.

戮 죽일 륙

戈 11 ⑮

🔤 lù 🇯🇵 リク, ころす 🇬🇧 kill

① 죽일 **륙**(殺). ② 육시할 **륙**(刑). ③ 욕할 **륙**(辱). 【勠·勤과 통함】

戮屍(육시 lùshī) 이미 죽은 사람에게 참형(斬刑)을 행함.

▶ 屠戮(도륙)·殺戮(살육).

戰 싸움/싸울 전:

戈 12 ⑯

戰戰戰戰戰單戰戰戰

🔤 zhàn 🇯🇵 セン, たたかう
🇬🇧 fight, battle

① 싸움 **전**(鬪). ② 경쟁할 **전**(競). ③ 무서워 떨 **전**(轉戰懼).

書體 小篆 戰 草書 戔 中學 形聲

戰局(전국 zhànjú) 전쟁의 상황. 전쟁의 되어가는 국면(局面). 싸움이 벌어지고 있는 국면(局面).
戰亂(전란 zhànluàn) 전쟁 때문에 세상이 어지러운 것. 국가의 혼란. 병란(兵亂).
戰利品(전리품 zhànlìpǐn) 전쟁에 이겨서 노획(鹵獲)한 물품.
戰犯(전범 zhànfàn) 전쟁을 일으킨 죄. 전쟁에서 범한 죄. 전쟁범죄(戰爭犯罪). 또는 전쟁범죄인(戰爭犯罪人)의 약칭.
戰傷(전상 zhànshāng) 전쟁에서 입은 상처. 또는 부상당함.
戰線(전선 zhànxiàn) ① 적과 아군이 서로 마주 향하여 진지를 구축하고 있는 지대. ② 전투가 행해지고 있는 지대.
戰術(전술 zhànshù) ① 전쟁하는 방법. 작전(作戰)의 술책(術策). 전법(戰法). ② 정치 운동 등에 있어서 투쟁의 방법.
戰雲(전운 zhànyún) 전쟁이 일어날 듯한 살기 띤 형세.
戰慄(전율 zhànlì) 두려워서 몸이 벌벌 떨림.
戰戰兢兢(전전긍긍 zhànzhànjīngjīng) 두려워서 몸을 벌벌 떨며 조심하는 모양.
戰塵(전진 zhànchén) ① 전장에서 일어나는 풍진(風塵). ② 전쟁의 시끄러움.

▶ 角逐戰(각축전)·開戰(개전)·激戰(격전)·決勝戰(결승전)·苦戰(고전)·攻防戰(공방전)·觀戰(관전)·交戰(교전)·內戰(내전)·冷戰(냉전)·論戰(논전)·對戰(대전)·大接戰(대접전)·對抗戰(대항전)·挑戰(도전)·督戰(독전)·反戰(반전)·復活戰(부활전)·奮戰(분전)·山戰水戰(산전수전)·三巴戰(삼파전)·舌戰(설전)·宣戰(선전)·雪辱戰(설욕전)·舌戰(설전)·聖戰(성전)·勝戰(승전)·實戰(실전)·野戰(야전)·歷戰(역전)·逆戰(역전)·連戰(연전)·熱戰(열전)·遊擊戰(유격전)·肉彈戰(육탄전)·臨戰無退(임전무퇴)·作戰(작전)·爭奪戰(쟁탈전)·前哨戰(전초전)·接戰(접전)·停戰(정전)·終戰(종전)·參戰(참전)·銃擊戰(총격전)·敗戰(패전)·抗戰(항전)·血戰(혈전)·好戰(호전)·休戰(휴전).

 놀이 희

戈 12 ⑯

【戲(戈부13획)의 속자】

戱 놀이 희 _{戈 13 (17)}

戱戱戱戱戱戱戱戱戱戱

1 음 xì 일 ギ, たわむれる 영 play
2 음 hū 일 キ, 3 일 ケ, たわむれる

1 기 휘(大將旗).【麾와 같음】 **2** ① 탄식할 희(於戱歎美辭). ② 희롱할 희(弄). ③ 희학질할 희(謔). ④ 농탕칠 희(嬉). **3** 서러울 호(鳴戱哀傷辭).【乎·呼와 같음】

書體 篆文 戱 草書 戱 (高校) 形聲

戱曲(희곡 xìqǔ) ① 연극의 각본(脚本). 대본(臺本). ② 주로 회화(會話)와 연기로 표현되는 문학작품(文學作品). 드라마.

▶ 性戱弄(성희롱)·遊戱(유희)·作戱(작희).

戴 일[首荷] 대 _{戈 14 (18)}

음 dài 일 タイ, いただく
영 carry on one's head

① 머리에 일 대(以首荷). ② 덤을 받을 대(分物得增益). ③ 모실 대(推戴).

戴冠(대관 dàiguān) 대관식에서 왕관을 씀.

戴天之怨讐(대천지원수 dàitiānzhīyuànchóu) 함께 한 하늘 아래서 살 수 없는 원수. 불공대천지원수(不共戴天之怨讐).

▶ 不俱戴天(불구대천)·推戴(추대).

戶 部

지게 호

戶 집 호: _{戶 0 (4)}

戶戶戶戶

음 hù 일 コ, と, 영 いえ door

① 지게 호(室口). ② 백성의 집 호(編戶民居). ③ 집의 출입구 호(出入口). ④ 머무를 호(留).

書體 小篆 戶 小文 戶 古文 戶 草書 戶 (中學) 象形

戶口(호구 hùkǒu) 집 수와 사람 수.
戶籍(호적 hùjí) ① 호수(戶數) 및 인구를 기록한 장부. ②《法》한 쌍의 부부를 중심으로 하여 그 가족(家族)의 본적지(本籍地)·가족관계·생년월일 등을 기입(記入)한 공문서.

▶ 家家戶戶(가가호호)·門戶(문호)·窓戶(창호).

戾 어그러질 려: _{戶 4 (8)}

음 lì 일 レイ, もとる 영 deviate

1 ① 어기어질 려(乖). ② 허물 려(罪). ③ 이를 려(至). ④ 그칠 려(止血, 定). ⑤ 휘어질 려(斜曲). ⑥ 사나울 려(狠). **2** 렬. 뜻은 **1**과 같음.

戾疫(여역 lìyì) 악역(惡疫). 여역(癘疫).
戾天(여천 lìtiān) 하늘에 이름.
戾蟲(여충 lìchóng) 호랑이의 이명. 포학(暴虐)한 동물이라는 뜻.

戶 4 ⑧ 房 방 방

房 房 房 房 房 房

[중] fáng [일] ボウ, へや [영] room

① 방 **방**(室在旁). ② 살집 **방**(箭室). ③ 별 이름 **방**(星名). ④ 궁 이름 **방**(宮名阿房). ⑤ 제기 **방**(俎).

[書體] 小篆 草書 [中學] 形聲

房事(방사 fángshì) 침실 안에서의 일. 규중(閨中)의 비밀스런 일. 남녀가 성교(性交)하는 일.

房貰(방세 fángshì) 방을 빌린 세.

▶ 監房(감방)·空房(공방)·官房(관방)·妓房(기방)·暖房(난방)·冷房(냉방)·茶房(다방)·獨房(독방)·洞房(동방)·文房具(문방구)·禪房(선방)·貰房(세방;셋방)·藥房(약방)·乳房(유방)·廚房(주방)·冊房(책방)·寢房(침방).

戶 4 ⑧ 所 바 소:

所 所 所 所 所 所 所 所

[중] suǒ [일] ショ, ところ [영] place

① 바 **소**, 것 **소**(語辭). ② 곳 **소**(處). ③ 쯤 **소**(許). ④ 연고 **소**(所以). ⑤ 가질 **소**(所有). ⑥ 얼마 **소**(幾何).

[書體] 小篆 草書 [中學] 形聲

所願成就(소원성취 suǒyuànchéngjiù) 원하고 있던 것을 이룸. 소원을 달성함.

所謂(소위 suǒwèi) 이른 바. 세상에서 말하는 바.

所藏(소장 suǒcáng,zàng) 자기의 것으로서 간직하고 있는 물건. 간직하여 둔 물건.

所懷(소회 suǒhuái) 마음에 생각하는 일. 생각. 회포(懷抱).

▶ 居所(거소)·公共場所(공공장소)·局所(국소)·急所(급소)·名所(명소)·墓所(묘소)·無所不爲(무소불위)·無所屬(무소속)·便所(변소)·殯所(빈소)·宿所(숙소)·業所(업소)·場所(장소)·適所(적소)·住所(주소)·哨所(초소)·出所(출소).

戶 4 ⑧ 肩 어깨 견

→肉부4획

戶 5 ⑨ 扁 작을 편

[1] [중] biǎn [일] ヘン, ひらたい [영] flat [2] [중] piān

[1] ① 특별할 **편**(特). ② 작을 **편**(小). ③ 거룻배 **편**(小舟). [2] ① 현판 **변**(署門額). ② 모진 그릇 **변**(器物不圓者). ③ 낮을 **변**(卑).

扁桃腺(편도선 biǎntáoxiàn) 《生》 후두부(後頭部)의 좌우에 있는 복숭아처럼 생긴 모양의 임파선(淋巴腺).

扁桃腺炎(편도선염 biǎntáoxiànyán) 《醫》 편도선이 붓고 음식을 넘기지 못하며 호흡이 곤란한 편도선에 생기는 염증.

扁額(편액 biǎné) =현판(縣板).

扁鵲(편작 biǎnquè) 《人》 전국시대(戰國時代)의 명의(名醫).

戶 6 ⑩ 扇 부채 선

[중] shàn, shān [일] セン, うちわ [영] fan

① 부채질할 **선**(扇凉). ② 부채 **선**(箑). ③ 사리 짝 **선**(扉). ④ 부칠 **선**(吹揚動).

扇惑(선혹 shānhuò) 치켜세워서 현혹하게 함. 선동유혹(煽動誘惑).

▶ 團扇(단선)·舞扇(무선)·文扇(문선)·秋扇(추선)·太極扇(태극선)·風扇(풍선)·夏扇冬曆(하선동력).

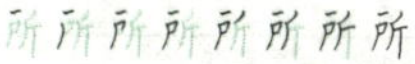

戶 7획 ⑪ 扈 따를 호:

音 hù 일 コ, したがう 영 follow
① 뒤 따를 호(後從). ② 통발 될 호(跋扈强梁). ③ 입을 호(被). ④ 넓을 호(扈廣). ⑤ 나라 이름 호(國名有扈).

扈駕(호가 hùjià) 임금이 타는 수레에 수행(隨行)함. 치필(扈蹕).

▶ 跋扈(발호).

戶 8획 ⑫ 扉 사립문 비

音 fēi 일 ヒ, とびら 영 door
① 사립문 비(門扉). ② 닫을 비(閉).

▶ 水密扉(수밀비).

戶 8획 ⑫ 雇 품팔 고

→佳부4획

手, 扌 部
손 수, 재방변

手 0획 ④ 手 손 수(:)

手手三手

音 shǒu 일 シュ, て 영 hand
① 손 수(肢). ② 잡을 수(執). ③ 칠 수(擊).

書體 小篆 手 古文 手 草書 手 中學 象形

手決(수결 shǒujué) 옛날에 도장 대신으로 자기 성명이나 직함 아래에 쓰는 일정한 자형(字形). 수압(手押). 서명(署名; signature)

手記(수기 shǒujì) ① 자기의 체험을 손수 적음. 또는 그 기록. 수서(手書). ② 부인의 손 가락지. ③ 수표(手標).

手腕(수완 shǒuwàn) ① 팔. 손목. ② 일을 꾸미거나 처리 나가는 재간. 능력(能力).

手下(수하 shǒuxià) ① 부하(部下)의 병대(兵隊). ② 손아래. ↔ 수상(手上).

▶ 擧手敬禮(거수경례)·拱手(공수)·空手來空手去(공수래공수거)·交通手段(교통수단)·騎手(기수)·能手能爛(능수능란)·魔手(마수)·名手(명수)·妙手(묘수)·拍手喝采(박수갈채)·白手(백수)·射手(사수)·選手(선수)·洗手(세수)·束手無策(속수무책)·袖手傍觀(수수방관)·失手(실수)·雙手(쌍수)·握手(악수)·按手(안수)·一擧手一投足(일거수일투족)·狙擊手(저격수)·敵手(적수)·赤手(적수)·着手(착수)·下手人(하수인).

手 0획 ③ 才 재주 재

一 ナ 才

音 cái 일 サイ, ちえ, わざ 영 talent
① 재주 재(技能). ② 능할 재(能). ③ 현인 재(賢人). ④ 바탕 재(質). ⑤ 근근이 재(僅). ⑥ 재단 재(裁).

書體 小篆 古書 才 草書 才 中學 指事

才幹(재간 cáigàn) 재주. 〈간(幹)은 능의 뜻〉.

才器(재기 cáiqì) 재지(才知)와 기량(器量). 재주 있는 바탕. 또는 그런 사람.

才德兼備(재덕겸비 cáidéjiānbèi) 재주와 덕행을 함께 갖춤.

才勝德薄(재승덕박 cáishèngdébáo) 재주는 많아도 덕이 적음.

才媛(재원 cáiyuán) 재기(才氣)가 있

는 젊은 여자. 시나 문장 따위에 뛰어난 여자. 규수(閨秀).
才俊(재준 cáijùn) 재주가 뛰어난 사람. 준재(俊才). 수재(秀才). 재준(才儁).

▶ 鬼才(귀재)·器才(기재)·多才多能(다재다능)·文才(문재)·三才(삼재)·殊才(수재)·秀才(수재)·英才(영재)·俊才(준재).

打 칠 타:

打打打打打

1 음 dǎ 일 ダ, うつ 영 beat
2 음 dá

1 칠 타(擊). 2 정. 뜻은 1과 같음.

書體 小篆 𢪏 草書 打 (中學) 形聲

打棄(타기 dǎqì) 냉정히 끊어서 버림.
打破(타파 dǎpò) 규율(規律)이나 관례(慣例) 따위를 깨뜨려 버림.

▶ 强打(강타)·毆打(구타)·亂打(난타)·代打(대타)·滿壘打(만루타)·本壘打(본루타)·安打(안타)·連打(연타)·誤打(오타)·利害打算(이해타산)·長打(장타)·適時打(적시타)·致命打(치명타)·被安打(피안타).

托 의탁할 탁

托托托托托托

음 tuō 일 タク, おす 영 push
① 밀칠 탁(手推). ② 떡국 탁(湯餅日不托). ③ 차반 탁(承茶杯者).【飥과 같음】

書體 草書 托 (高校) 形聲

托鉢(탁발 tuōbō)《佛》수행(修行)의 한 과정으로 중생에게 보시(布施)의 의미를 깨우쳐 주기 위하여 바리를 들고 구걸하는 것.

扮 꾸밀 분

음 bàn 일 フン, よそおう
영 disguise

1 ① 움킬 분(握). ② 잡을 분(握). 2 꾸밀 반(裝飾).

扮飾(분식 bànshì) 몸치장함.
扮裝(분장 bànzhuāng) ① 몸을 매만져 꾸밈. ② 출연 배우가 그 이야기의 어느 인물로 꾸미어 나옴. 즉 어느 인물의 역을 함.

扱 거둘 급
꽂을 삽

1 음 chá, jí 일 キュウ, おさめる
영 gather 2 음 xī

1 걷어가질 급(斂取). 2 ① 거둘 삽(收). ② 들 삽(舉). ③ 당길 삽(引). ④ 가질 삽(取). ⑤ 깊을 삽(拜手至地).

▶ 取扱(취급).

扶 붙들 부

扶扶扶扶扶扶

음 fú 일 フ, たすける help
① 도울 부(佐). ② 붙들 부(持). ③ 호위할 부(護). ④ 어리광부릴 부(幼貌). ⑤ 땅 이름 부(地名).

書體 小篆 𢪏 古文 𢨋 草書 扶 (中學) 形聲

扶老(부로 fúlǎo) ① 노인의 지팡이. ② 지팡이의 자료가 되는 대[竹]의 이름.

▶ 相扶相助(상부상조).

批 비평할/깎을 비:

批批批批批批

[1] [중] pī [일] ヘイ, おす [영] push
[2] [일] ヒ, おす

[1] ① 손으로 칠 **비**(手擊). 【剕·搥와 통합】 ② 밀칠 **비**(推). ③ 깎을 **비**(削). ④ 칠 **비**(擊). ⑤ 보여줄 **비**(示). [2] 찔러 밀칠 **별**(觸擊).

[書體] 小篆 小篆 草書 [高校] 形聲

批准(비준 pīzhǔn) ① 신하가 제출(提出)한 문서에 임금이 가부(可否)를 결정하여 허가하던 일. ② 허가(許可). ③《法》 전권위원(全權委員)이 서명(署名)·조인(調印)한 조약을 국가의 주권자(主權者)가 확인(確認)하는 일.

批判(비판 pīpàn) ① 재상(宰相)이 신하의 주장(奏狀)에 의견을 가하던 일. ② 사물의 시비를 판정(判定)함. ③ 비평(批評)하여 판단(判斷)함.

批評(비평 pīpíng) 사물의 선악(善惡)·시비(是非)·미추(美醜)를 평가(評價)하여 논하는 일.

▶ 自我批判(자아비판).

手 4 ⑧ 承 이을 승

[중] chéng [일] ショウ, うける
[영] inheritance

① 받들 **승**(奉). ② 받을 **승**(受). ③ 이을 **승**(繼). ④ 도울 **승**(佐). ⑤ 차례 **승**(順序). 【丞과 통합】

[書體] 小篆 小篆 草書 [中學] 會意

承繼(승계 chéngjì) ① 받아서 이음. 뒤를 이어받음. 승습(承襲). 계승(繼承). ② 남의 아들을 자기의 아들로 삼는 일. 또는 남에게로 가서 그의 후사(後嗣)가 되는 일.

承諾(승낙 chéngnuò) 청하는 말을 들어 주는 것.

承服(승복 chéngfú) ① 잘 이해하여 복종함. 납득(納得)함. 승복(承伏). ② 죄를 스스로 고백함.

承襲(승습 chéngxí) 이어 받음. 습작(襲爵).

承認(승인 chéngrèn) ① 옳다고 인정하여 승낙함. 승지(承知). 인낙(認諾). 인가(認可). ② 들어 주는 일.

▶ 繼承(계승)·拜承(배승)·傳承(전승).

手 4 ⑦ 技 재주 기

[중] jì [일] ギ, たくみ, わざ [영] talent

① 재주 **기**(藝). ② 공교할 **기**(巧). ③ 능할 **기**(能). ④ 술법 **기**(方術). 【伎와 통합】

[書體] 小篆 草書 [中學] 形聲

技巧(기교 jìqiǎo) ① 손재주가 아주 교묘(巧妙)함. 기교(伎巧). ② 무기(武技). ③ 예술의 창작(創作). 또는 표현상의 솜씨나 수단(手段).

技倆(기량 jìliǎng) 기능(技能). 수완(手腕). 재주.

▶ 競技(경기)·科技(과기)·球技(구기)·妙技(묘기)·武技(무기)·神技(신기)·實技(실기)·演技(연기)·雜技(잡기)·長技(장기)·特技(특기).

手 4 ⑦ 抄 뽑을/베낄 초

[중] chāo [일] ショウ, うつす [영] copy

① 가릴 **초**(取). ② 노략질할 **초**(略抄). ③ 베낄 **초**(謄寫). ④ 번역할 **초**. ⑤ 책제목 **초**(寫錄之目). ⑥ 훔칠 **초**, 가로챌 **초**(掠). 【鈔와 통합】

[書體] 草書 [高校] 形聲

抄錄(초록 chāolù) 소용될 만한 것만 뽑아서 적음. 초본(抄本).

抄本(초본 chāoběn) ① 발췌(拔萃)한 책. ② 문서의 일부분을 빼내어 쓴 것.

抄譯(초역 chāoyì) 원문의 어느 일부분을 빼내서 번역함. 또는 그 번역. ↔전역(全譯).

把 잡을 파:

把把把把把把把

음 bǎ, bà 일 ハ, にぎる 영 catch
① 줌 파(握). ② 잡을 파(持也, 執). ③ 헤칠 파(播). ④ [國字]발 파(庪). 【爬와 통함】

書體 小篆 把 俗體 杷 草書 把 (高校) 形聲

把守(파수 bǎshǒu) 경계하여 지킴. 또는 그 사람. 파수꾼[把守軍].

把守兵(파수병 bǎshǒubīng) 파수를 보는 병정.

把握(파악 bǎwò) ① 꽉 잡아 쥠. 어떠한 일을 잘 이해하여 확실하게 바로 바로 아는 일. ② 한줌 정도의 근소(僅少)한 양(量). 또는 좁은 범위.

抑 누를 억

抑抑抑抑抑抑抑

음 yì 일 ヨク, おさえる 영 oppress
① 누를 억(按). ② 억울할 억(屈). ③ 핍박할 억(逼). ④ 덜릴 억(損). ⑤ 물러갈 억(退). ⑥ 막을 억(遏). ⑦ 그칠 억(止). ⑧ 또한 억(轉語亦然辭). ⑨ 문득 억(發語辭). ⑩ 삼갈 억(抑抑愼密貌).

書體 小篆 𢬃 俗體 抑 草書 抑 (高校) 會意

抑强扶弱(억강부약 yìqiángfúruò) 강자를 누르고 약자를 도와 줌. ↔억약부강.

抑留(억류 yìliú) 억지로 머물게 함. 자유를 구속함.

抑壓(억압 yìyā) 억제하여 압박함.

抑揚(억양 yìyáng) ① 거문고의 음조(音調)를 누르기도 하고 올리기도 함. ② 문장(文章)의 문세(文勢)를 올리기도 하고 내리기도 함. ③ 칭찬(稱讚)하기도 하고 내리깎기도 함. 훼예(毁譽). ④ 시세(時勢)를 따라 나오기도 하고 들어가기도 함. 부침(浮沈).

抑鬱(억울 yìyù) 눌러서 마음이 활발하지 못함. 애먼 일을 당해서 원통(寃痛)하고 답답함.

抑制(억제 yìzhì) 억눌러 못하게 함. =억지(抑止).

抑止(억지 yìzhǐ) 억눌러 제지함. =억제(抑制).

抒 풀 서:

1 음 shū 일 ジョ, くみあげる 영 suck up 2 일 チョ
1 ① 당길 서(挹). ② 물 자아올릴 서(浚水). ③ 쏟을 서(泄). ④ 덜 서(除).
2 ① 당길 저(挹). ② 북 저(織具行緯). 【杼와 같음】

抒情(서정 shūqíng) 자기(自己) 감정을 펴서 나타냄.

投 던질 투

投投投投投投投

음 tóu 일 トウ, なげる 영 throw
① 던질 투(擲). ② 버릴 투(棄). ③ 드릴 투(贈). ④ 의탁할 투(適也, 託). ⑤ 나아갈 투(進).

書體 小篆 投 草書 投 (中學) 形聲

投戈(투과 tóugē) 전쟁을 그만 둠. 휴

전(休戰).

投機(투기 tóujī) ① 기회를 엿보아 큰 이익을 보려는 짓. ② 득실(得失)이 불확실(不確實)한 이익을 얻으려는 사행적 행위(射倖的行爲).

投錨(투묘 tóumáo) 닻을 물 속에 던져 배를 세우는 일. 배의 닻을 내림. ↔ 발묘(拔錨).

投射(투사 tóushè) ① 기회(機會)를 타서 이득(利得)을 보는 일. ②《物》소리 또는 빛의 파동이 한 물질내(物質內)를 통과하여 다른 물질(物質)과의 경계면(境界面)에 도달하는 일. 입사(入射).

投影(투영 tóuyǐng) ① 물체가 비치는 그림자. ②《數》물체를 어떤 지점(地點)에서 본 형상의 평면도(平面圖). 사영(射影).

投擲(투척 tóuzhì) 내던짐. 던짐. 포척(抛擲).

▶ 意氣投合(의기투합)·全力投球(전력투구)·暴投(폭투).

抗 항거할/막을 항ː

手 4획 ⑦

抗抗抗抗抗抗抗

音 kàng 日 コウ, ふせぐ 英 resist
① 막을 항(扞). ② 들 항(擧). ③ 겨룰 항(敵). ④ 항거할 항(拒).【亢과 통하고, 고음(古音)은「강」】

書體 小篆 𢪛 小篆 𢪛 或體 𢪛 草書 抗

高校 形聲

抗告(항고 kànggào)《法》법원의 판결에 불복하고 다시 상급 재판소에 불복상소(不服上訴)하는 일.

抗體(항체 kàngtǐ)《生》혈액(血液) 속에 항원(抗原)이 들어간 경우, 그 해독(解毒) 작용을 막기 위하여 혈장(血漿) 가운데 생기는 항원의 기운을 없게 만드는 물질. 항체(抗體)가 생긴 경우에 면역(免疫)이 됐다고 이름.

▶ 對抗(대항)·反抗(반항)·不可抗力(불가항력)·抵抗(저항).

折 꺾을 절

手 4획 ⑦

折折折折折折折

1 音 zhé 日 セツ, おる 英 break
2 音 shé 3 音 zhē

1 천천히 할 제(安徐貌). 2 ① 꺾을 절, 분지를 절(拗). ② 절단할 절(斷之). ③ 알맞을 절(折中). ④ 휠 절(曲). ⑤ 굽힐 절(屈). ⑥ 억박지를 절(挫). ⑦ 헐 절(毁). ⑧ 일찍 죽을 절(夭). 3 부러질 설(斷猶連).

書體 小篆 𣂟 大篆 𣂟 篆文 𣂟 草書 折

高校 會意

折價(절가 zhéjià) ① 물건 값을 작정함. 결가(決價). ② 물건을 서로 바꿀 때, 값을 겨누어 그 수량을 정함.

折伏(절복 zhéfú) ① 적을 눌러서 복종하게 함. ②《佛》부처의 가르침을 말하여 악인(惡人)·악법(惡法)을 굴복(屈服)시킴. 파사(破邪). ↔ 섭수(攝受).

折草(절초 zhécǎo) 풀이나 나무를 벰.

折衷(절충 zhézhōng) 한 편에 치우치지 않고 알맞은 것을 취하는 일. 상반(相反)하는 의견을 취사(取捨)하여 그 중간의 의견을 취하는 일. 절중(折中).

▶ 曲折(곡절)·骨折(골절)·屈折(굴절)·夭折(요절)·迂餘曲折(우여곡절)·挫折(좌절)·波瀾曲折(파란곡절).

擇 가릴 택

手 4획 ⑦

【擇(手부13획)의 약자】

披 헤칠 피

手 5 ⑧

음 pī 일 ヒ, ひらく 영 turn up
① 헤칠 **피**(開). ② 흩어질 **피**(散). ③ 나눌 **피**(分). ④ 흩을 **피**(散). ⑤ 찢어질 **피**(裂). ⑥ 쓰러질 **피**(披靡震伏貌).

披瀝(피력 pīlì) 평소에 먹은 마음을 조금도 숨기지 않고 털어 놓음.
披露宴(피로연 pīlùyàn) 기쁜 일을 널리 알리기 위하여 베푸는 연회.

▶ 猖披(창피).

抱 안을 포:

手 5 ⑧

抱抱抱抱抱抱抱抱

음 bào 일 ホウ, いだく 영 embrace
① 안을 **포**, 품을 **포**(懷持). ② 아름 **포**(圍). ③ 낄 **포**(挾). ④ 알 안을 **포**(伏鷄). 【袌와 같음】

書體 小篆 袖 草書 抱 (中學) 形聲

抱腹絶倒(포복절도 bàofùjuédǎo) 몹시 우스워서 참을 수가 없어 배를 안고 웃음.
抱擁(포옹 bàoyōng) 품에 껴안음. 얼싸안음.
抱懷(포회 bàohuái) 마음에 품고 있는 생각. 회포(懷抱).

▶ 金鷄抱卵型(금계포란형)·懷抱(회포).

抵 막을[抗] 저:

手 5 ⑧

抵抵抵抵抵抵抵

1 음 dǐ 일 テイ, ふれる 영 conflict
2 일 シ

1 칠 **지**(擊). 【抶와 같음】 2 ① 밀칠 **저**(擠). ② 닥드릴 **저**(觸). ③ 당할 **저**(當). ④ 막을 **저**(拒). ⑤ 다달을 **저**(至). ⑥ 던질 **저**(擲). ⑦ 하우 **저**, 대저 **저**(大抵大凡). ⑧ 씨름할 **저**, 씨름 **저**(角抵技戲). 【牴와 통함】

書體 小篆 抵 草書 抵 (高校) 形聲

抵當(저당 dǐdàng) ① 저항(抵抗)함. 저적(抵敵). ②《經》채무(債務)의 담보물.
抵觸(저촉 dǐchù) ① 부딪침. 충돌(衝突)함. 저오(抵牾). ② 서로 스쳐감. 서로 모순(矛盾)됨.
抵抗(저항 dǐkàng) ① 대항함. 적대(敵對)함. ②《物》어떤 힘에 대하여 그것과는 반대(反對)의 방향으로 작용하는 힘. ③ 전류의 통과를 방해하는 성질. 저항운동(抵抗運動).

▶ 大抵(대저)·無抵抗(무저항).

抹 지울 말

手 5 ⑧

음 mǒ, mā, mò 일 マツ, けす
영 erase
① 바를 **말**(塗). ② 삭힐 **말**, 지울 **말**(塵抹撥滅). ③ 마락이 **말**(抹領巾名).

抹殺(말살 mǒshā) ① 지워 버림. 말거(抹去). 소멸(掃滅). 말살(末殺). 말살(抹撥). ② 남의 존재를 무시(無視)하여 버림.
抹消(말소 mǒxiāo) 있는 사실을 지워 없애 버림. 말살(抹殺).

▶ 一抹(일말).

押 수결(手決) 압

手 5 ⑧

押押押押押押押

1 음 yà 일 オウ, おす 영 press
2 일 コウ

1 ① 수결 둘 **압**(手決). ② 이름 쓸 **압**(署). ③ 찍을 **압**, 누를 **압**(按). ④ 거느릴 **압**, 관리할 **압**(管拘). ⑤ 저당 잡힐 **압**(典當). ⑥ 운자 찍을 **압**(詩賦點韻). **2** ① 도울 **갑**(輔). ② 단속할 **갑**, 잡아들일 **갑**(檢束).【壓·狎과 통함】

書體 草書 押 高校 形聲

押領(압령 yàlǐng) ① 죄인을 데리고 옴. ② 강제로 빼앗음.
押留(압류 yàliú)《法》국가권력(國家權力)으로 특정(特定)의 유체물(有體物), 또는 권리에 대하여 사인(私人)의 사실상 또는 법률상(法律上)의 처분(處分)을 금(禁)하는 행위.
押送(압송 yàsòng) 죄인을 어떤 장소에서 다른 장소로 호송(護送)함. 죄인을 잡아 보냄.
押收(압수 yàshōu) 관리가 직권(職權)으로 증거물이나 혹은 국민의 재산을 몰수하여야 된다고 사료되는 것을 강제로 빼앗는 일.
押印(압인 yàyìn) 도장 따위를 누름.

▶ 差押(차압)·花押(화압).

手5⑧ 抽 뽑을/뺄 추

抽 抽 抽 抽 抽 抽 抽 抽

音 chōu 日 チュウ, ぬく 英 abstract
① 뺄 **추**, 뽑을 **추**(拔). ② 거둘 **추**(收). ③ 당길 **추**(引).【紬와 통함】

書體 小篆 抽 草書 抽 高校 形聲

抽象(추상 chōuxiàng)《心》구체적인 사물이나 관념(觀念)에서 일반적으로 공통된 속성을 추려내어 종합하는 정신작용. ↔구체(具體).
抽籤(추첨 chōuqiān) 제비를 뽑음. 제비뽑기.
抽出(추출 chōuchū) 빼냄. 뽑아냄.

手5⑧ 拂 떨칠 불

拂 拂 拂 拂 拂 拂 拂 拂

1 音 fú 日 ヒツ, はらう 英 shake
2 日 フツ, はらう 英 assist
1 도울 **필**(輔).【弼과 통함】**2** ① 떨칠 **불**, 건드릴 **불**(擊而過之). ② 씻어버릴 **불**(拭除). ③ 거스를 **불**(逆). ④ 어길 **불**(違戾). ⑤ 먼지 채 **불**(塵具).

書體 小篆 拂 草書 拂 高校 形聲

拂拭(불식 fúshì) ① 더러운 것을 털어버림. 깨끗하게 닦음. ② 군주(君主)의 총애(寵愛)를 받는 일.
拂下(불하 fúxià) 관공서(官公署)에서 일반인(一般人)에게 물건(物件)을 팔아넘기는 일.

▶ 支拂(지불)·滯拂(체불).

手5⑧ 担 멜 담

1 音 dān 日 タン, あげる 英 lift
2 音 dàn 日 ケツ
1 ① 떨칠 **단**(拂). ② 칠 **단**(擊). **2** 번쩍들 **결**(担搞, 軒擧). **3** 멜 **담**【擔의 속자】

手5⑧ 拇 엄지손가락 무:

音 mǔ 日 ボ, ボウ, おやゆび 英 thumb

엄지손가락 **무**(手大指).
拇印(무인 mǔyìn) 엄지손가락으로 도장을 대신하여 찍은 것. 손도장.
拇指(무지 mǔzhǐ) 엄지손가락. 거지(巨指). 벽지(擘指). 장지(將指).

拈 집을 념 / 집을 점

1 음 niān 일 デン, つまむ 영 pick
2 음 niǎn 일 ネン

1 집을 념, 딸 념(指取物). **2** 집을 점

拈華微笑(염화미소 niānhuáwēixiào) 《佛》 문자(文字)나 말에 의하지 않고 마음에서 마음으로 전하는 일. 석가모니(釋迦牟尼)가 연화(蓮華)를 따서 제자들에게 어떤 뜻을 암시(暗示)했으나 아무도 모르고 다만 가섭(迦葉)만이 그 뜻을 알아 혼자 미소(微笑)했다는 고사(故事). 염화시중(拈華示衆).

拉 끌 랍

음 lā, lá, lǎ, là 일 ロウ, ラツ, くじく
영 break, catch

① 꺾을 랍, 분지를 랍(摧折). ② 바람 휙 불 랍(拉風聲). ③ 잡아갈 랍(拉致).
④ 끌 랍(牽).

拉致(납치 lāzhì) 강제 수단을 써서 억지로 데리고 감.

抛 던질 포:

일 ホウ, なげうつ 영 throw

① 버릴 포(棄). ② 던질 포(擲). ③ 돌 쇠뇌 포(抛車發石機).

抛棄(포기 pāoqì) ① 하던 일을 중도에서 그만 두어 버림. ② 자기의 권리나 자격을 내버려 사용하지 않음. 방기(放棄).

抛物線(포물선 pāowùxiàn) 《數》 중심을 가지지 않는 원추곡선(圓錐曲線). 평면 위의 한 정점(定點)과 한 정직선(正直線)으로부터 같은 거리에 있는 모든 점을 연결하는 곡선.

拍 칠 박

拍 拍 拍 拍 拍 拍 拍 拍

음 pāi, pò 일 ハク, たたく
영 applaud

① 칠 박(搏). ② 노래 곡절 박(樂句).
③ 손뼉 칠 박(拍張手搏摔胡之戱).

書體 小篆 栢 草書 拍 高校 形聲

拍手(박수 pāishǒu) 두 손뼉을 마주 두드림. 기쁘거나 찬성(贊成)·환영(歡迎)할 때 손뼉을 치는 일.

拍手喝采(박수갈채 pāishǒuhēcǎi) 두 손뼉을 쳐서 칭찬하거나 환영함.

拍子(박자 pāizi) 《樂》 ① 악곡의 리듬의 근본이 되는 주기적인 소구분(小區分). ② 음악(音樂)의 진행을 도와주는 그 장단을 맞추는 일.

拍掌(박장 pāizhǎng) 손뼉을 침.

拍掌大笑(박장대소 pāizhǎngdàxiào) 손뼉을 치며 크게 웃음.

拍車(박차 pāichē) 말을 탈 때 신 뒤축에 붙인 쇠로 만든 물건. 말을 달리게 하기 위하여 말의 복부(腹部)를 자극(刺戟)하는 기구(器具).

拏 잡을 나:

음 ná, rú 일 ナ, ダ, ひくとる 영 haul

① 맞당길 나(相牽引). ② 잡을 나(拘捕). ③ 연좌될 나(罪相連引). 【拿·拏와 같음】

拐 후릴 괴

음 guǎi 일 カイ, さそう 영 allure

① 유인할 괴(誘). ② 훔쳐 팔 괴(拐賣).
③ 지팡이 괴(杖).

拒 막을 거:

手 5획 ⑧

拒 拒 拒 拒 拒 拒 拒

① 음 jù 일 キョ, こばむ 영 refuse
② 일 ク, こばむ

① ① 막을 거(禦). ② 맞설 거(捍). ③ 다닥칠 거(格). ④ 다다를 거(抵).【距와 통함】② 진 이름 구(陳名).

書體 草書 拒 (高校) 形聲

拒否(거부 jùfǒu) 승낙하지 않고 물리침. 거절(拒絕).
拒逆(거역 jùnì) 윗사람의 뜻이나 명령을 항거하여 거슬림.
拒絕(거절 jùjué) 응낙하지 않고 물리침. 거절하여 끊어버림.

▶ 抗拒(항거).

拓 개척할/열 척 박을 탁

手 5획 ⑧

拓 拓 拓 拓 拓 拓 拓

① 음 tuò 일 タク, ひらく 영 repulse
② 음 tà 일 セキ

① ① 물리칠 탁, 헤칠 탁(斥開). ② 밀칠 탁(手推物). ③ 낙척할 탁(落拓不羈). ② 주울 척(拾).【摭과 같음】

書體 小篆 拓 草書 拓 (高校) 形聲

拓本(탁본 tuòběn) 금석(金石)에 새긴 글씨나 그림을 그대로 종이에 박아냄. 또는 그 박은 종이. 탑본(搨本).
拓地(척지 tuòdì) 토지를 개척함. 척토(拓土).

▶ 干拓(간척)·開拓(개척)·落拓(낙척)·未開拓(미개척).

拔 뺄/뽑을 발

手 5획 ⑧

拔 拔 拔 拔 拔 拔 拔

① 음 bá 일 バツ, ぬく 영 pull out
② 일 ハイ, ぬく

① ① 뺄 발, 뽑을 발(抽). ② 돌아올 발(廻). ③ 빠를 발(疾). ④ 오늬 발(矢末). ⑤ 덜어버릴 발(除). ⑥ 빼어날 발(挺也特立貌). ⑦ 가릴 발(擢).【茇과 통함】② ① 밋밋할 패(挺然). ② 휘어 꺾을 패(拂取).

書體 小篆 拔 草書 拔 (高校) 形聲

拔群(발군 báqún) 여럿 가운데서 특별히 뛰어남. 걸출(傑出). 초군(超群). 발췌(拔萃).
拔錨(발묘 bámáo) 닻을 거두어 올림. 곧 배가 떠난다는 뜻. ↔ 투묘(投錨).
拔本塞源(발본색원 bábēnsāiyuán) 근본을 빼내고 원천(源泉)을 막아버림. 사물의 잘못을 그 근원에 거슬러 올라가서 처치(處置)한다는 것.
拔萃(발췌 bácuì) ① 여럿 가운데서 특별히 뛰어남. 발군(拔群). 출군(出群). ② 서책(書冊) 속에서 요점(要點)을 빼내는 일. 또는 그렇게 해서 만든 책. 초록(抄錄).
拔擢(발탁 bázhuó) 여러 사람 가운데서 특별히 빼내어 일을 맡김. 탁발(擢拔).

▶ 奇拔(기발)·選拔(선발)·海拔(해발).

우길 요

手 5획 ⑧

① 음 niù 일 ヨウ, くじく 영 pluck
② 음 ào, ǎo 일 オウ

① 꺾을 요, 부지는 요(手拉折). ② 고집스러울 요(心戾振).

拗怒(요노 niùnù) 노여움을 누름. 분노를 억제함.

▶ 執拗(집요).

拘 거리낄/잡을 구

手5⑧

拘拘拘拘拘拘拘拘

音 jū ㄑ, コウ, とらえる 뜻 hold
① 잡을 구(執). ② 거리낄 구(曲礙).
【均는 속자】

書體 小篆 拘 草書 拘 高校 形聲

拘禁(구금 jūjìn)《法》붙잡아 두어 밖에 나가지 못하게 함. 신체를 구속(拘束)하여 감금(監禁)함. 구인(拘引). 감금(監禁).

拘留(구류 jūliú) ① 붙잡아 머물러 둠. ②《法》법원(法院)이 피의자(被疑者) 또는 피고인(被告人)을 구금(拘禁)하는 강제처분(强制處分).

拘束(구속 jūshù) ①《法》체포하여 속박함. ② 관직(官職)·도덕에 얽매어 자유롭지 못함. ③ 속박당한 것 같아서 유유(悠悠)한 기분이 없음. ④《法》자유 행동을 제한·정지시킴.

拘引(구인 jūyǐn) ① 체포하여 데리고 감. ②《法》법원(法院)이 어떤 사람을 심문(審問)하기 위하여 강제적으로 일정한 장소에 출두(出頭) 시키는 일.

拘致(구치 jūzhì) 붙잡아 데리고 옴. 구인(拘引). 인치(引致).

拘置(구치 jūzhì) ① 붙잡아 둠. ②《法》형사피고인(刑事被告人)을 구속(拘束)하여 일정한 장소에 머물러 있게 함.

▶不拘(불구)·被拘束者(피구속자).

拙 못날/졸할 졸

手5⑧

拙拙拙拙拙拙拙拙

音 zhuō 뜻 セツ, つたない 뜻 bad
① 못날 졸, 졸할 졸(不巧). ② 무딜 졸(物屈不用). ③ 나 졸(自己謙稱).

書體 小篆 拙 草書 拙 高校 形聲

拙稿(졸고 zhuōgǎo) 자기가 쓴 원고의 겸칭.

拙技(졸기 zhuōjì) ① 졸렬한 기예(技藝). ② 자기 기예(技藝)의 겸칭.

拙劣(졸렬 zhuōliè) 옹졸하고 비열함.

拙速(졸속 zhuōsù) 서투르나 빠름. 불비(不備)한 점은 있어도 성취(成就)는 빠른 것.

拙作(졸작 zhuōzuò) ① 졸렬한 작품. ② 보잘 것 없는 저작. 자기 작품의 겸칭.

拙丈夫(졸장부 zhuōzhàngfū) 기국(器局)이 좁고 용렬한 남자. ↔ 대장부.

拙著(졸저 zhuōzhù) ① 졸렬한 저작(著作). ② 자기 저작물(著作物)의 겸칭.

拙策(졸책 zhuōcè) ① 어리석은 계책(計策). 졸렬한 방책(方策). ② 자기 계획의 겸칭. 졸계(拙計).

拙妻(졸처 zhuōqī) 자기 아내의 겸칭. 형처(荊妻). 산처(山妻). 졸형(拙荊).

拙筆(졸필 zhuōbǐ) ① 조잡(粗雜)한 붓. ② 졸렬한 글씨. ③ 글씨를 잘 쓰지 못하는 사람. ↔달필(達筆). ④ 자기 글씨의 겸칭.

▶古拙(고졸)·巧拙(교졸)·守拙(수졸)·愚拙(우졸)·稚拙(치졸).

招 부를 초

手5⑧

招招招招招招招招

1 音 zhāo 뜻 シ, まねく 뜻 invite
2 뜻 ウ, まねく

1 ① 손짓할 초(手呼). ② 불러올 초(來之). 2 ① 들 교(擧). ② 높이들 교(揭).

書體 小篆 招 草書 招 中學 形聲

招來(초래 zhāolái) 불러서 오게 함. 초치(招致). 초래(招徠).
招聘(초빙 zhāopìn) 예(禮)를 두터이 하여 부름. 정중(鄭重)히 모심.
招魂(초혼 zhāohún) ① 죽은 사람의 혼을 불러오는 것. 복혼(復魂). ②《民》사람이 죽었을 때 그 사람의 죽은 혼을 불러내기 위하여 마당에서 북쪽을 향해 "아무 동네 아무개 복(復)"이라고 세 번 부르는 일. 이 일이 끝나고 발상(發喪)함. ③ 초사(楚辭)의 편명(篇名).

▶ 問招(문초)·自招(자초).

拜 절 배:

拜拜拜拜拜拜拜拜拜

🇨🇳 bài 🇯🇵 ハイ, おがむ 🇬🇧 bow

① 절 배, 절할 배(兩手下稽首至地). ② 굴복할 배(服). ③ 벼슬 줄 배(授官). ④ 예할 배(禮). 【抔와 같음】

書體 小篆 拜 或體 拜 古文 拜 草書 拜
中學 會意

拜見(배견 bàijiàn) ① 귀인을 봄. 배알. 배관(拜觀). ② 삼가 봄. 본다는 말의 겸칭.
拜啓(배계 bàiqǐ) 절하고 사뢴다는 뜻. 편지의 첫머리에 쓰는 말. 배정(拜呈). 근구(謹咎). 배백(拜白).
拜禮(배례 bàilǐ) 절하는 예(禮). 절을 함. 예배(禮拜).
拜命(배명 bàimìng) ① 삼가 명령을 받음. ② 관직(官職)을 삼가 받음. 배관(拜官).
拜上(배상 bàishàng) 절하고 올림. 삼가 올림. 편지 끝에 흔히 씀.
拜送(배송 bàisòng) ① 삼가 보냄. 보냄의 겸칭. ②《國》천연두(天然痘)를 앓은 뒤 열사흘 만에 두신(痘神)을 전송(餞送)하는 일. ③《佛》밥을 주고 경문을 읽은 후 신들을 보내는 일.
拜受(배수 bàishòu) 공경하여 삼가 받음. 받음의 겸칭. 배대(拜戴).
拜謁(배알 bàiyè) 삼가 만나 뵘. 귀인에게 면회(面會)하는 일에 대한 존칭.
拜呈(배정 bàichéng) ① 삼가 올림. 선물을 보낼 때의 존칭. 진상(進上). 정상(呈上). ② 삼가 사룀. 편지의 맨 처음에 쓰는 말. 배계(拜啓). 근계(謹啓).

▶ 敬拜(경배)·稽手拜(계수배)·叩頭拜(고두배)·拱手拜(공수배)·謹拜(근배)·答拜(답배)·頓首拜(돈수배)·半拜(반배)·歲拜(세배)·肅拜(숙배)·崇拜(숭배)·禮拜(예배)·遙拜(요배)·再拜(재배)·參拜(참배)·平拜(평배).

拠 근거 거:

【據(手부13획)의 속자】

括 묶을 괄

🇨🇳 guā, kuò 🇯🇵 カツ, くくる 🇬🇧 wrap

① 맺을 괄(絜也結). ② 쌀 괄(包). ③ 이를 괄(至). ④ 검사할 괄(檢). ⑤ 궁구할 괄(根刷). ⑥ 오늬 괄(矢末). ⑦ 모을 괄(會). ⑧ 닿을 괄(閉). 【髺·筈과 통함】

括約筋(괄약근 kuòyuējīn)《生》항문(肛門) 따위의 늘였다 오므렸다 하는 근육.
括弧(괄호 kuòhú) 말이나 글 또는 산식(算式)을 한데 묶기 위하여 사용하는 부호.「 」·[ ]·( ) 따위.

▶ 槪括(개괄)·一括(일괄)·總括(총괄)·統括(통괄)·包括(포괄).

拭 씻을 식

shì ショク, シキ, ぬぐう
wipe

① 닦을 식, 지울 식(拔拭揩). ② 다듬을 식(刷).

拭目(식목 shìmù) 눈을 씻고 자세히 봄.
拭拂(식불 shìfú) 털고 훔침. 불식(拂拭).
拭淨(식정 shìjìng) 씻어서 깨끗하게 함.
拭清(식청 shìqīng) 말끔히 씻어서 깨끗하게 함. 악폐(惡弊)를 제거(除去)함. 식정(拭淨).

拱 팔짱낄 공:

gǒng キョウ, こまぬく
fold one's arms

① 팔짱낄 공(斂手). ② 손길 잡을 공(兩手大指相柱). ③ 아름 공(兩手合把).

拱手(공수 gǒngshǒu) ① 두 손을 겹쳐 모아 행하는 절. 길사(吉事)에는 남자(男子)는 왼손, 여자(女子)는 오른손을 앞으로 하고, 흉사(凶事)에는 그 반대(反對)로 함. ② 손을 마주 잡고 아무 일도 하지 않음. 수수(袖手). 수공(垂拱).

拳 주먹 권:

quán ケン, こぶし fist

① 주먹 권(屈手). ② 근실할 권(憂). ③ 부지런할 권(勤懇). ④ 맘에 품을 권(奉持貌). 【惓과 같음】

書體 小篆 草書 高校 形聲

拳匪(권비 quánfěi) 비밀결사. 곧 의화단(義和團).
拳菜(권채 quáncǎi) 《植》고사리. 처음 돋아 나올 때의 모양이 주먹과 비슷하므로 이런 이름이 생김.
拳銃(권총 quánchòng) 총의 한 가지. 피스톨. 단총(短銃).

▶ 空拳(공권) · 鐵拳(철권) · 跆拳(태권).

拷 칠 고

kǎo コウ, たたく whip

매 때릴 고(拷掠打).

拷問(고문 kǎowèn) 자백(自白)시키기 위하여 엄중하게 문책(問責)함. 고통(苦痛)을 주어서 자백(自白)시킴. 국문(鞫問). 안문(按問).

拾 주울 습 열 십

1 shí シュウ, ひろう pick up 2 shě 3 shè ジュウ gather

1 ① 주울 습, 집을 습(掇). ② 거둘 습(收). ③ 팔찌 습(射鞲). ④ 벼슬 이름 습(官名拾遺). 2 열 십(十). (「十·什」과 같음) 3 다시 갑(更). 4 건널 섭(拾級涉).

書體 小篆 草書 中學 形聲

拾得(습득 shídé) ① 주움. ②《人》당(唐)의 고승(高僧). 한산(寒山)과 함께 문주(文殊)·보현(普賢) 두 보살(菩薩)의 화신(化身)이라 함. → 한산습득(寒山拾得).
拾遺(습유 shíyí) ① 떨어뜨린 것을 주음. 빠진 것을 보충(補充)함. ② 고기록(古記錄)에 빠진 글을 주워 모아 기재(記載)함. ③ 임금이 모르고 있는 과실(過失)을 들어 간(諫)함. ④《制》당(唐)의 벼슬 이름. 간관(諫

拿 잡을 나:

手6획 ⑩

【𢪙(手부5획)의 속자】

拿問(나문 náwèn) 죄인을 잡아 놓고 심문함.

拿捕(나포 nábǔ) 죄인(罪人)을 붙잡는 일. 죄인(罪人)이나 적선(敵船) 같은 것을 붙잡음.

拿獲(나획 náhuò) 죄인을 잡거나 그 사람의 물건을 빼앗는 일. 나포(拿捕).

▶ 推拿(추나).

持 가질 지

手6획 ⑨

持持持持持持持持持

音 chí 일 チ, ジ, 훈 もつ hold

① 가질 지, 잡을 지(執). ② 물장군 지(軍持汲水具). ③ 지킬 지(守).

書體 小篆 持 草書 持 中學 形聲

持論(지론 chílùn) 늘 가지고 있는 의견. 지설(持說).

持斧伏闕(지부복궐 chífǔfúquē) 상소(上疏)를 할 때 도끼를 가지고 대궐문 밖에 나아가 엎드리는 일. 〖喩〗중난(重難)한 일에 대하여 간(諫)할 때 죽음을 각오(覺悟)하는 것.

▶ 堅持(견지)·筋持久力(근지구력)·矜持(긍지)·保持(보지)·所持(소지)·受持(수지)·維持(유지)·住持(주지)·支持(지지)·護持(호지).

指 손가락/가리킬 지

手6획 ⑨

指指指指指指指指指

音 zhǐ 일 シ, ゆび, さす

훈 fingers, point

① 손가락 지, 발가락 지(手足端). ② 가리킬 지(示). ③ 뜻 지(歸趣). ④ 벼슬이름 지(官名直指). ⑤ 아름다울 지(美). 【旨·脂와 통함】

書體 小篆 指 草書 指 中學 形聲

指南(지남 zhǐnán) ① 가르쳐 지시함. 지도(指導). 교수(敎授). ② 안내함. 지침(指針).

指導(지도 zhǐdǎo) 가르쳐 인도함.

指東指西(지동지서 zhǐdōngzhǐxī) 말하는 요지를 잘 모르고 엉뚱한 소리를 함.

指令(지령 zhǐlìng) 지휘(指揮). 명령(命令).

指目(지목 zhǐmù) ① 남들이 손가락질하며 봄. 남의 주의(注意)를 끎음. ② 사람이나 사물이 어떠하다고 가리키어 정함.

指紋(지문 zhǐwén) 손가락 끝마디 안쪽에 있는 피부의 주름. 또는 그것이 어떤 물건에 남긴 흔적. 지문(指文). 인장 대용에도 사용.

指數(지수 zhǐshù) ① 《數》 어떤 수(數) 또는 문자(文字)의 바른 쪽 위에 부기(附記)하여 그것의 승멱(乘冪), 또는 승근(乘根)을 표시하는 숫자(數字). 또는 문자(文字). ② 《經》 물가(物價)·노동·생산·지능 등의 시기적 변동을 일정한 때를 100으로 하여 비교하는 숫자(數字).

指壓(지압 zhǐyā) 손가락 끝 따위로 누르거나 두드림.

指章(지장 zhǐzhāng) 손도장. 지문(指紋)을 찍는 일.

指摘(지적 zhǐzhāi) ① 손가락질하여 가리킴. 잘못을 지시하여 적발함. ② 손가락으로 집어 줌. 골라서 씀.

指針(지침 zhǐzhēn) ① 지시(指示) 장치에 붙어 있는 바늘. 시계·나침반(羅針盤)의 바늘 같은 것. ② 사물의 방침(方針). ③ 남을 지시·인도하는 요인(要因).

指彈(지탄 zhǐdàn) ① 손가락을 튀김. ② 짧은 시간. ③ 비난함. 지목(指目)하여 비방함.

指標(지표 zhǐbiāo) ① 방향을 가리키는 표지. 목적이 되는 표지. 지시의 표지. ②《數》상용대수(常用對數)의 정수(整數) 부분.

指呼之間(지호지간 zhǐhūzhījiān) 부르면 이내 대답할 만한 가까운 거리.

指揮(지휘 zhǐhuī) 어떤 일의 해야 할 방도를 지시하여 시킴. 지휘(指麾).

▶ 屈指(굴지)·無名指(무명지)·不快指數(불쾌지수)·食指(식지)·十二指腸(십이지장)·藥指(약지)·運指(운지)·陣頭指揮(진두지휘)·彈指(탄지).

按 누를 안(:) 手6⑨

① 音 àn 日 アン, おさえる 英 press
② 日 アツ
① ① 누를 안(抑). ② 그칠 안(止). ③ 어루만질 안(撫). ④ 당길 안(控). ⑤ 살필 안(察). ⑥ 안험할 안, 알아볼 안(驗). ⑦ 핵실할 안, 중험할 안(劾). ② 막을 알(遏).【遏과 통함】

按舞(안무 ànwǔ) 가곡(歌曲)·가요(歌謠)에 수반하는 동작을 연구하여 창안함. 또 연기자에게 가르치는 일. 또는 그 사람.

按撫(안무 ànfǔ) 민정(民情)을 잘 보살펴 어루만져 위로함.

按配(안배 ànpèi) 적당히 처리함. 안배(按排).

拏 잡을 나: 手6⑩

① 音 rú, ná 日 ダ, ひく 英 pull
② 音 ráo 日 ジョ, ひく

① 끌어당길 나(牽引).【拿와 같음】
② ① 끌 녀(牽). ② 번거로울 녀(煩).

拏攫(여확 nájué) 서로 움켜잡고 싸움. 확나(攫拏).

挑 돋울/도발할 도 手6⑨

挑 挑 挑 挑 挑 挑 挑 挑 挑

① 音 ① tiāo ②-⑥ tiǎo
  日 チョウ, はねる 英 jump
② 日 トウ, はねる 英 chose
① ① 절구 조(抒物器). ② 긁을 조(撥). ③ 뽑을 조, 가릴 조(揀選取). ④ 멜 조(肩荷). ⑤ 희롱할 조(弄). ⑥ 돋울 조(引調).【佻와 통함】② ① 뛸 도(輕儇跳躍貌). ② 끌어낼 도(引出).

書體 小篆 挑 小篆 挑 草書 挑

（高校）形聲

挑發(도발 tiǎofā) ① 집적거리어 일이 일어나게 함. 선동함. ② 색정(色情)이 일어나게 함.

挑戰(도전 tiǎozhàn) ① 싸움을 걸거나 돋움. 전쟁을 도발(挑發)함. ② 경기(競技)를 하여 승패(勝敗)를 겨룰 것을 신청함.

▶ 再挑發(재도발)·再挑戰(재도전).

挫 꺾을 좌: 手7⑩

音 cuò 日 ザ, くじく 英 break
① 꺾을 좌, 꺾어질 좌(摧折). ② 바로잡을 좌(抑).

挫折(좌절 cuòzhé) ① 눌러서 꺾음. 세력(勢力)을 꺾음. ② 눌려서 꺾임. 실패(失敗)함. 돈좌(頓挫). 최절(摧折). 좌돈(挫頓).

▶ 頓挫(돈좌)·捻挫(염좌).

振 떨칠 진:

手7 / 10획

振振振振振振振振振

🔊 zhèn 🇯🇵 シン, ふるう 🇬🇧 shake

① 무던할 진(仁厚). ② 성할 진(盛貌).
③ 들 진(擧). ④ 떨칠 진, 움직일 진(奮). ⑤ 건질 진(拯). ⑥ 구원할 진(救).
⑦ 진동할 진(震). ⑧ 정돈할 진(整). ⑨ 발할 진(發). ⑩ 거둘 진(收). ⑪ 그칠 진(止). ⑫ 떼지어 날 진(羣飛貌).【賑와 통함】

書體 小篆 振 草書 振 (高校) 形聲

振替(진체 zhèntì) ① 뒤바꿈. 일시 유용함. ② 부기(簿記)에 있어서 하나의 계정과목(計定科目)과 다른 계정 과목간에 대체(對替) 처리함. 대체(對替)의 일본식 용어. → 대체(對替)

振幅(진폭 zhènfú)《物》진동하는 물체의 정지위치(靜止位置)로부터 진동의 바른편과 왼편의 극점(極點)까지의 거리.

▶ 堅振(견진)·不振(부진).

挺 빼어날 정

手7 / 10획

🔊 tǐng 🇯🇵 テイ, ぬく
🇬🇧 outstanding

① 빼어날 정(拔出). ② 너그러울 정(寬). ③ 당길 정(引). ④ 꼿꼿할 정(直).
⑤ 향초 이름 정(香草名荔挺).

挺身(정신 tǐngshēn) ① 남들보다 앞서서 자진(自進)하여 나아감. ② 솔선(率先)함. ③ 몸을 빼어 감. 간신히 면함.
挺然(정연 tǐngrán) 남들보다 뛰어난 모양.
挺節(정절 tǐngjié) 절개를 굳게 지키고 굽히지 아니함.

挽 당길 만:

手7 / 10획

🔊 wǎn 🇯🇵 バン, ベン, ひく 🇬🇧 draw

① 당길 만(引). ② 상여꾼 노래 만(挽歌).

挽歌(만가 wǎngē) ① 한국 구전(口傳) 민요의 하나. 장례식 때 상여를 메는 사람들이 부르는 노래. 만가(輓歌). 상여소리. ② 사자(死者)를 슬퍼하는 시가(詩歌). 만시(挽詩).
挽留(만류 wǎnliú) 붙잡고 못하게 말림. 만주(挽住).
挽回(만회 wǎnhuí) 바로 잡아 회복함. 처음 상태로 돌아감.

挾 낄 협

手7 / 10획

🔊 jiá, xiá 🇯🇵 キョウ, はさむ
🇬🇧 insert

① 낄 협(挾). ② 가질 협(持). ③ 도울 협(輔). ④ 감출 협(藏). ⑤ 품을 협(懷).
⑥ 띠 협(帶).【夾과 같음】

挾擊(협격 jiájī) 양쪽에서 공격함. 협공(挾攻).
挾攻(협공 jiágōng) 양쪽으로 끼고 들이침.
挾雜(협잡 jiázá) 옳지 않은 짓으로 남을 속이는 일.

挿 꽂을 삽

手7 / 10획

【插(手부9획)과 같음】

捉 잡을/포착할 착

手7 / 10획

捉捉捉捉捉捉捉捉

🔊 zhuō 🇯🇵 サク, ソク, とる
🇬🇧 catch

① 낄 착(搤). ② 잡을 착(握). ③ 사로

잡을 **착**(捕). ④ 수자리살 **착**(守捉邊戍).

書體 小篆 捉 草書 担 (高校) 形聲

捉去(착거) zhuōqù) 붙잡아 감.
捉來(착래 zhuōlái) 붙잡아 옴.
捉送(착송 zhuōsòng) 붙잡아서 보냄.

▶ 捕捉(포착).

捏 꾸밀 날

手 7 ⑩

音 niē 日 ネツ, おさえる 英 press
① 꼭 찍을 **날**(捺). ② 꽉 누를 **날**(搯).
③ 주워 모을 **날**(捻聚). ④ 만들 **날**(作).
⑤ 꾸며댈 **날**(僞造)

捏造(날조 niēzào) ① 흙 같은 것으로 빚어서 물건의 형상을 만들음. ② 무근(無根)한 일을 사실처럼 조작(造作)함. 터무니 없는 사실을 꾸며 댐.

捐 버릴 연:

手 7 ⑩

音 juān 日 エン, すてる 英 throw
① 버릴 **연**(棄). ② 덜릴 **연**(除去損). ③ 병들어 죽을 **연**(捐瘠病死).

捐金(연금 juānjīn) 돈을 버림. 돈을 기부(寄附)함.
捐納(연납 juānnà) 돈이나 곡식(穀食)을 상납(上納)하고 벼슬자리를 얻는 일. 진(秦)·한(漢) 이래로 명(明)·청(淸)에 이르기까지 기민구제(飢民救濟)나 대공사비(大工事費)의 염출(捻出) 등을 위하여 이러한 방법을 썼음.
捐廩(연름 juānlǐn) 공익(公益)을 위하여 관리(官吏)들이 봉록(俸祿)의 일부분을 덜어 내어서 보태는 일.
捐助(연조 juānzhù) 남을 도와 줌. 연보(捐補).

▶ 義捐金(의연금)·出捐(출연).

捕 잡을 포:

手 7 ⑩

捕捕捕捕捕捕捕捕捕

音 bǔ, bù 日 ホ, ブ, とらえる
英 catch

사로잡을 **포**(逮捕擒捉).

書體 小篆 捕 草書 捕 (高校) 形聲

捕鯨(포경 bǔjīng) 고래를 잡음.
捕繫(포계 bǔjì) 잡아서 묶음. 잡아 묶어서 옥에 매어 둠.
捕盜(포도 bǔdào) 도둑을 잡음.
捕虜(포로 bǔlǔ) 전투에서 사로잡힌 적의 군사. 부로(俘虜).
捕亡(포망 bǔwáng) 도망한 사람을 잡음.
捕縛(포박 bǔfù) 붙잡아서 결박함.
捕繩(포승 bǔshéng) 죄인을 결박하는 노끈. 박승(縛繩).
捕捉(포착 bǔzhuō) ① 꼭 붙잡음. 파착(把捉). ② 요점(要點)이나 요령(要領)을 얻음.
捕獲(포획 bǔhuò) ① 적병을 사로잡음. 포나(捕拿). ② 짐승이나 물고기를 잡음. ③《法》전시(戰時)에 적선(敵船) 또는 중립위반(中立違反)의 중립국 선박(船舶)에 대하여 정지·임검(臨檢)·수색을 하고 나포하는 일.

▶ 拿捕(나포)·生捕(생포)·逮捕(체포).

搜 찾을 수

手 7 ⑩

【搜(手부10획)의 약자】

捧 받들 봉

手 8 ⑪

音 pěng 日 ホウ, ささげる 英 raise
① 받들 **봉**(兩手承). ② 움큼 **봉**(掬).

【奉과 같음】
捧納(봉납 pěngnà) 물건을 바치는 일. 봉상(捧上). 봉입(捧入).
捧腹絕倒(봉복절도 pěngfùjuédǎo) 거의 숨을 못 쉬어 넘어질 정도로 몹시 웃음. 포복절도(抱腹絕倒).

捨 버릴 사:
手8(11)

捨 捨 捨 捨 捨 捨 捨 捨 捨 捨

中 hě, shè 日 シャ, すてる 英 throw
① 놓을 사(釋). ② 버릴 사(棄). ③ 베풀 사(施). ④ 줄 사(與).【舍와 같음】

書體 小篆 捨 草書 捨 (高校) 形聲

捨象(사상 shěxiàng) 사물과 표상(表象)을 추상(抽象)하는 반면에 다른 성질을 버리는 일.
捨小取大(사소취대 shěxiǎoqǔdà) 작은 것을 버리고 큰 것을 취함.

▶ 姑捨(고사)·取捨(취사)·喜捨(희사).

据 일할/의거할 거
手8(11)

①② 中 jù 日 キョ, よる 英 hold
③④ 中 jū

① 가질 거(戟揭持). ② 길거할 거(拮据手足爲事). ③ 의지할 거(依). ④ 손병 거(手病).【據와 같음】

据置(거치 jùzhì) ① 현상대로 두어둠. ②《經》예금·연금·채권 등을 일정 기간 상환 또는 지불하지 않는 것.

捲 거둘/말 권
手8(11)

①② 中 juǎn 日 ケン, こぶし
英 clench one's fist ③ 中 juàn

① 주먹 부르쥘 권(氣勢). ② 힘 우쩍우쩍 쓸 권(捲捲用力貌). ③ 걷을 권(歛).

【卷과 같음】
捲土重來(권토중래 juǎntǔchónglái) 사진(砂塵)을 말아 일으킨 형세로 다시 옴. 세력을 만회하여 옴.

捷 빠를 첩
手8(11)

中 jié 日 ショウ, かつ 英 win, fact
① 사냥할 첩(獵). ② 이길 첩(剋). ③ 첩서 첩(捷書, 報勝). ④ 빠를 첩(敏疾).
捷徑(첩경 jiéjìng) ① 지름길. 첩로(捷路). ② 반드시 정도(正道)를 따른 것은 아니나 목적을 달성하는 데에 손쉬운 방법. ③ 일의 귀결이 쉽게 되리라는 뜻.
捷路(첩로 jiélù) = 첩경(捷徑) ①.

▶ 勁捷(경첩)·輕捷(경첩)·大捷(대첩)·敏捷(민첩)·戰捷(전첩).

捺 누를 날
手8(11)

中 nà 日 ナツ, おす 英 stamp
① 손가락으로 누를 날, 수장 찍을 날(手重按). ② 도장 찍을 날(押印). ③ 삐칠 날(書法有捺).
捺印(날인 nàyìn) 도장을 찍음. 날장(捺章).
捺章(날장 nàzhāng) = 날인(捺印).

捻 비틀 념
手8(11)

中 niǎn 日 ネン, おす 英 press
손가락으로 찍을 념(指捻捏).
捻出(염출 niǎnchū) 짜아 냄.

掃 쓸[掃除] 소(:)
手8(11)

掃 掃 掃 掃 掃 掃 掃 掃

中 sǎo, sào 日 ソウ, はく 英 sweep

歹殳毋比毛氏气水火爪父爻爿片牙牛犬

① 쓸 소(灑掃拚除). ② 상투 소(髻名鬠掃).【埽와 같음】

書體 篆文 埽 草書 掃 (高校) 形聲

掃射(소사 sǎoshè) 기관총 등을 상하좌우로 휘둘러 연달아 쏘는 일.
掃灑(소새→소쇄 sǎosǎ) 쓸고 물을 뿌림. 소제(掃除). 쇄소(灑掃). 주소(酒掃).
掃拭(소식 sǎoshì) 털고 닦음. 소제(掃除). 불식(拂拭).
掃滌(소척 sǎodí) 제거하여 깨끗하게 함. 소쇄(掃灑).

▶ 一掃(일소)·眞空淸掃器(진공청소기)·淸掃(청소)·淸掃夫(청소부).

授 줄 수
手 8 ⑪

shòu ジュ, さずける give

① 줄 수(予). ② 부칠 수(付).

書體 小篆 授 (中學) 形聲

授戒(수계 shòujiè) 《佛》처음으로 불문(佛門)에 들어오는 사람에게 스승이 오계(五戒)·십계(十戒) 등의 계율(戒律)을 주는 일.
授與(수여 shòuyǔ) 증서·상장·상품 또는 훈장 같은 것을 줌.

▶ 敎授(교수)·傳授(전수)·助敎授(조교수).

掌 손바닥 장:
手 8 ⑫

zhǎng ショウ, てのひら palm

① 손바닥 장(手心). ② 맡을 장(職掌主). ③ 고달플 장(鞅掌失容).

書體 小篆 掌 草書 掌 (高校) 形聲

▶ 管掌(관장)·拍掌大笑(박장대소)·分掌(분장)·仙人掌(선인장)·合掌(합장).

排 물리칠/밀칠 배
手 8 ⑪

pái, pǎi ハイ, おしのける reject

① 떠밀 배, 내밀 배, 밀칠 배(推也擠). ② 물리칠 배(斥). ③ 벌려놓을 배(安置列).

書體 小篆 排 草書 拂 (高校) 形聲

排擊(배격 páijí) 배척하고 공격함. 악평하며 물리침. 배척공격(排斥攻擊).
排卵(배란 páiluǎn) 난소(卵巢)가 난자를 배출함.
排泄物(배설물 páixièwù) 똥·오줌 따위의 배설된 물질.
排他(배타 páitā) 남을 배척함. ↔ 의타(依他).

▶ 給排水(급배수)·按排(안배).

掖 낄/겨드랑이 액
手 8 ⑪

yè, yē エキ, わきばさむ join

① 낄 액, 곁들 액, 부액할 액(挾扶). ② 겨드랑이 액(臂下). ③ 큰 소매 옷 액(大袂衣). ④ 궁궐채 액(掖庭宮傍舍). ⑤ 대궐 곁 담 액(掖垣殿傍垣).【腋과 통함】

掘 팔 굴
手 8 ⑪

1 jué クツ, ほる dig
2 コツ, ほる

1 ① 팔 굴(掘). ② 굴 팔 굴(穿地). ③ 우뚝할 굴(特起貌). **2** 뚫을 궐(穿).
【闕·窟과 통함】

掘鑿(굴착 juézáo) 파서 구멍을 뚫음. 굴천(掘穿).

掘塚(굴총 juézhǒng) 무덤을 팜. 발총(發塚).

▶ 露天掘(노천굴)·盜掘(도굴)·發掘(발굴)·試掘(시굴)·採掘(채굴).

手 8 ⑪ 掛 걸[懸] 괘

丨 扌 扌 扩 抖 抖 挂 挂 掛 掛

음 guà 일 カ, ケイ, かける 영 hang

① 걸 괘, 걸릴 괘, 달 괘(懸). ② 달아둘 괘(掛置).【挂와 같음】

書體 草書 掛 高校 形聲

掛冠(괘관 guàguān) 관(冠)을 쓰지 않고 걸어둠.《轉》사직(辭職). 괘관(掛冠).

掛念(괘념 guàniàn) 마음에 두고 잊지 아니함. 괘의(掛意). 괘심(掛心).

掛圖(괘도 guàtú) 걸어 놓고 보는 학습용의 그림이나 지도. 벽에 걸게 된 그림.

掛鐘(괘종 guàzhōng) 걸어 놓는 시계. ↔ 좌종(坐鐘).

手 8 ⑪ 掠 노략질할 략

扌 扌 扌 扩 扩 护 护 掠 掠 掠

1 음 lüè 일 リョウ, かすむ 영 plunder **2** 음 lüè 일 リャク

1 ① 빼앗을 략, 앗을 략(鹵掠奪取). ② 볼기칠 량(拷掠搒笞). **2** ① 노략질 할 략(抄掠劫人財物). ② 휙 차갈 략(拂過).【略·剠과 통함】

書體 小篆 掠 草書 掠 高校 形聲

掠盜(약도 lüèdào) 탈취하여 도둑질 함. 표략(剽掠). 도략(盜掠).

掠奪(약탈 lüèduó) 폭력을 써서 무리하게 빼앗음. 양탈(攘奪). 약탈(略奪). 탈략(奪掠). 노략(鹵掠). 약겁(掠劫).

▶ 攻掠(공략)·侵掠(침략).

手 8 ⑪ 採 캘 채:

扌 扌 扌 扩 扩 护 拧 採 採 採

음 cǎi, cài 일 サイ, つみとる 영 pick up

① 딸 채, 캘 채(摘). ② 취할 채(取).【采와 통함】

書體 草書 採 中學 形聲

採光(채광 cǎiguāng) 건축물에 창 따위를 내어 빛을 받아들임.

採鑛(채광 cǎikuàng) 광물을 캐어 내는 일.

採掘(채굴 cǎijué) 땅을 파서 광석 따위를 캐어 냄.

採算(채산 cǎisuàn) 장사나 사업의 수입·지출을 셈해 보는 일.

採石場(채석장 cǎishíchǎng) 돌을 떠내는 곳.

採用(채용 cǎiyòng) 채택하여 씀. 사람을 씀. 인재를 등용함.

採集(채집 cǎijí) 찾아서 식물 동물 등의 종류를 모음. 표본을 찾아 모음.

採取(채취 cǎiqǔ) ① 땅에서 캐어 냄. ② 풀·나무 등을 베거나 캐어 내는 일.

採擇(채택 cǎizé) 골라서 가려 냄. 가려서 택함.

採血(채혈 cǎixiě) 진단이나 수혈을 하기 위하여 피를 뽑음.

▶ 公採(공채)·伐採(벌채)·特採(특채).

探 더듬을/찾을 탐

探探探探探探探探探

音 tàn 日 タン, さぐる 英 grope

① 더듬을 **탐**(遠取之). ② 찾을 **탐**(闖索). ③ 취할 **탐**(取). ④ 시험할 **탐**(試). ⑤ 염탐할 탐(伺). 【撢과 같음】

書體 小篆 探 草書 探 中學 形聲

探問(탐문 tànwèn) 더듬어 찾아서 물음. 캐어물음. 채문(採問).

探聞(탐문 tànwén) 수소문하여 찾아서 들음.

▶ 內探(내탐)·密探(밀탐)·搜探(수탐)·漁探(어탐)·廉探(염탐)·偵探(정탐).

接 접할 접

接接接接接接接接接

音 jiē 日 セツ, まじわる
英 associate

① 사귈 **접**(交). ② 합할 **접**, 더칠 **접**(合). ③ 모을 **접**(會). ④ 가질 **접**(持). ⑤ 받을 **접**(受). ⑥ 이을 **접**(承). ⑦ 연할 **접**, 잇닿을 **접**(接續連). ⑧ 가까울 **접**(近).

書體 小篆 接 草書 接 中學 形聲

接客(접객 jiēkè) 손님을 대접함. 접빈(接賓).

接見(접견 jiējiàn) 맞아 들여 직접 대하여 봄. 접면(接面). 회견(會見).

接賓(접빈 jiēbīn) 손님을 대접함. 접객(接客).

接收(접수 jiēshōu) 받아서 거둠. 물건이나 돈을 받아서 거둠.

接受(접수 jiēshòu) 받아서 들임. 관청·공공 단체·회사 따위에서 서류를 받아들이는 일. 또는 받아들임.

接膝(접슬 jiēxī) 바싹 가까이 하여 무릎이 서로 닿을 정도로 앉음.

接戰(접전 jiēzhàn) ① 가까이 다가가서 싸움. 또는 그러한 싸움. 합전(合戰). ② 서로 힘이 비슷하여 승부가 쉽게 나지 않는 싸움.

接觸作用(접촉작용 jiēchùzuòyòng) 《化》 자신은 변화를 받지 않고 딴 물질의 화학 변화를 돕는 작용. 또는 방해하는 작용.

接合(접합 jiēhé) 이어 합함. 잇대어서 하나가 됨. 꼭 붙음. 용접(鎔接).

▶ 間接(간접)·近接(근접)·待接(대접)·大接戰(대접전)·面接(면접)·密接(밀접)·迎接(영접)·鎔接(용접)·應接(응접)·隣接(인접)·直接(직접)·抱接(포접).

控 당길 공:

音 kòng 日 コウ, ひかえる 英 pull

1 ① 당길 **공**(引). ② 고할 **공**(告). ③ 경마 잡을 **공**(操制勒止). ④ 던질 **공**(投). **2** 칠 **강**(打).

控訴(공소 kòngsù) 《法》 상소(上訴)의 방법 하나. 제1심의 판결에 불복일 때, 상소(上訴)의 재판소에 재심을 구하는 것.

控訴審(공소심 kòngsùshěn) 《法》 제1심 법원의 판결에 대하여 공소가 있을 때에 개시되는 공소법원의 심리. 곧 공소 절차.

控除(공제 kòngchú) 금전·수량 등을 빼어 버림.

推 밀 추/퇴

推推推推推推推推推

1 音 tuī 日 スイ, おす 英 push
2 日 タイ, おす 英 chose

1 ① 옮길 **추**(順遷). ② 가릴 **추**(擇). ③ 기릴 **추**(獎). ④ 궁구할 **추**(尋繹). ⑤

파물을 추(窮詰). ❷ 밀 퇴(排).

書體 小篆 推 草書 推 中學 形聲

推敲(퇴고 tuīqiāo) 시문(詩文)을 지을 때 자구(字句)를 여러 번 생각하여 고치는 일. 《故》당(唐)의 시인(詩人) 가도(賈島)가 마상(馬上)에서 승고월하문(僧敲月下門)의 시구(詩句)를 얻어 퇴(推)로 할까 고(敲)로 할까 골똘히 궁리하다가 당시의 대문장가(大文章家)인 한유(韓愈)의 권고로 고(敲)로 정했다는 고사.

推考(추고 tuīkǎo) ① 미루어 생각함. ② 벼슬아치의 허물을 추문(推問)하여 고찰함.

推戴(추대 tuīdài) 밀어 올림. 모셔 올려 받들음. 임금으로 모심. 윗사람으로 받들음.

推尋(추심 tuīxún) 찾아내어 가져옴.

推移(추이 tuīyí) 일이나 형편이 점점 변하여 옮아감. 또는 차차 변함.

手 掩 가릴 엄:
8
⑪

字 yǎn 日 エン, おおう 英 screen
① 거둘 엄(斂). ② 가릴 엄, 막을 엄(隱翳遮). ③ 닫을 엄(閉). ④ 속속 잡을 엄(襲取).【揜과 같음】

掩卷輒忘(엄권첩망 yǎnjuǎnzhéwàng) 책을 덮으면 곧 잊어버림.《轉》기억력이 부족함.

掩蔽(엄폐 yǎnbì) ① 덮어 숨김. 엄닉(掩匿)·엄휘(掩諱). ② 남의 견문을 방해함. ③《天》달에 의하여 혹성(惑星)이나 항성(恒星)이 가리워지는 일.

掩捕(엄포 yǎnbǔ) 붙잡음. 체포함.

掩護(엄호 yǎnhù) 보호하며 지킴. 적이 쳐오는 것을 막고, 자기편을 숨겨서 보호함. 또는 자기편의 행동·목적을 숨겨서 적의 공격을 받지 않게 함.

手 措 둘[置] 조
8
⑪

❶ 字 cuò 日 ソ, おく 英 put
❷ 日 シャク, おく
❶ ① 둘 조(置). ② 들 조(擧). ③ 베풀 조(施布). ④ 정돈할 조(頓). ❷ 좇아 잡을 책(追捕).

措處(조처 cuòchǔ) 일을 잘 정돈하여 처리함. 조치(措置).

措置(조치 cuòzhì) ① 일의 결말을 지음. 조처(措處). ② 손발을 편히 둠. 곧 편안히 있는 것.

▶ 擧措(거조)·應急措置(응급조치).

手 掬 움킬 국
8
⑪

字 jú 日 キク, すくう 英 grasp
① 움킬 국(兩手撮動). ② 움큼 국(屈掌).

掬水(국수 júshuǐ) 물을 양 손에 움켜 뜸. 또는 움켜 뜬 물.

掬月(국월 júyuè) 수중(水中)의 달을 움켜 쥠.

掬飲(국음 júyǐn) 물을 움켜 마심.

手 揀 가릴 간:
9
⑫

❶ 字 jiǎn 日 カン, えらぶ
英 choose ❷ 日 レン
❶ ① 뺄 간, 가릴 간(選擇). ② 가를 간, 분별할 간(分別之).【柬과 같음】❷ 련 뜻은 ❶과 같음.

揀選(간선 jiǎnxuǎn) ① 인재를 선택함. 선간(選揀). 간택(揀擇). ② 선발한 후에 임명함. 간선(簡選).

揀擇(간택 jiǎnzé) ① 분간(分揀)하여 선택함. ② 임금·왕자·왕녀의 배우자를 고르는 일.

▶ 分揀(분간).

揆 헤아릴 규

중 kuí 일 キ, はかる 영 calculate

① 헤아릴 규(度). ② 법도 규(法). ③ 벼슬 규(官名百揆).

揆度(규탁 kuídù) 헤아림. 미루어 헤아림. 헤아려 생각함.

描 그릴 묘:

중 miáo 일 ビョウ, えがく 영 picture

그릴 묘, 모뜰 묘(摹畫).

描寫(묘사 miáoxiě) ① 사물을 있는 그대로 그리어 냄. ② 예술작품에 있어서 어떤 대상을 객관적·구체적으로 표현하여 옮김. 묘모(描摹).
描出(묘출 miáochū) 그려서 드러냄.
描畫(묘화 miáohuà) ① 그림을 그림. 또는 그린 그림. ② 다른 그림을 본떠서 그림.

提 끌 제

提提提提提提提提提

1 ①~④ 중 tí 일 テイ, ひっさげる 영 hold ⑤ 중 dī シ

1 ① 들 제(擧). ② 끌 제, 당길 제(挈). ③ 젓가락 제(箸). ④ 가만가만 걸을 제(提提行步安諦). ⑤ 던질 제(擲). **2** ① 떼지어날 시(群飛貌). ② 고을 이름 시(縣名朱提). **3** 보리수 리(菩提樹).

書小 提 草 提 (高校) 形
體篆 書   聲

提案(제안 tí'àn) ① 서면으로 의안(議案)을 의회에 제출함. 제출된 의안(議案). ② 자기 생각을 말하거나 상대방의 의견을 물음.
提議(제의 tíyì) 어떤 의논 또는 의안(議案)을 제출함. 제출한 의논 또는 의안(議案).
提唱(제창 tíchàng) ① 어떤 의견을 주장함. ②《佛》선종(禪宗)에서 종사(宗師)가 대중을 위하여 종지(宗旨)의 대강(大綱)을 제시하여 설법(說法)함.
提携(제휴 tíxié) ① 손을 맞잡음. 서로 도와줌. ② 협동(協同)하여 일함. ③ 주의와 의견이 맞는 사람들이 연합함.

▶ 菩提(보리)·前提(전제).

捏 꾸밀 날

중 niē 일 ゲツ, あつめる 영 collect

① 주워 모을 날(捻聚). ② 성 날(姓).

插 꽂을 삽

중 chā 일 ソウ, さしはさむ 영 insert

① 꽂을 삽(刺入). ② 질 삽(擔).

插匙(삽시 chāchí) 제사 때 숟가락을 밥그릇에 꽂는 의식.
插嘴(삽취 chāzuǐ) 말참견을 함. 불필요한 말참견을 함.
插畫(삽화 chāhuà) 신문·잡지·책 따위의 가운데 그려 넣은 그림. 삽도(插圖). 삽회(插繪).

揖 읍할 읍

1 중 yī 일 ユウ, えしゃく 영 bow
2 일 シュウ

1 ① 읍할 읍(拱手上下). ② 나아갈 읍(進). ③ 깍지 낄 읍(拱). ④ 공손할 읍(遜). **2** 모을 즙(聚). 【輯·挹과 통함】

揖禮(읍례 yīlǐ) 읍을 하는 예법(禮法).

▶ 上揖禮(상읍례)·中揖禮(중읍례)·下揖禮(하읍례).

揚 날릴 양
手 9획 / 12획

音 yáng 日 ヨウ、あげる 英 raise

① 드날릴 양(飛擧). ② 필 양(發). ③ 나타낼 양(顯). ④ 들 양(擧). ⑤ 칭찬할 양(稱說). ⑥ 까부를 양(簸去糠秕). ⑦ 도끼 양(戚阝鉞).

書體 小篆 揚 古文 䄦 草書 揚 (中學) 形聲

揚力(양력 yánglì) 날개에 의하여 비행기를 공중에 뜨게 하는 힘.
揚名(양명 yángmíng) 이름을 높이 날림.

▶ 揚揚(게양)·激揚(격양)·高揚(고양)·浮揚(부양)·飛揚(비양)·宣揚(선양)·煽揚(선양)·昂揚(앙양)·抑揚(억양)·意氣揚揚(의기양양)·引揚(인양)·立身揚名(입신양명)·止揚(지양)·讚揚(찬양).

換 바꿀 환:
手 9획 / 12획

音 huàn 日 カン、かえる 英 exchange

① 바꿀 환(易). ② 교역할 환(交易). ③ 방자할 환(畔渙強恣貌).

書體 小篆 換 草書 換 (高校) 形聲

換骨奪胎(환골탈태 huàngǔduótāi) ① 용모가 전보다 훨씬 예뻐짐. ② 고인(古人)의 시문(詩文)의 취의(趣意)를 취하여 어구(語句)·결구(結構)만을 바꾸어 자작(自作)처럼 꾸미는 일.
換氣(환기 huànqì) 공기를 바꾸어 넣음. 통풍(通風).
換算(환산 huànsuàn) ① 어떤 단위를 다른 단위로 계산하여 고침. ② 돈을 바꿈.
換率(환율 huànshuài) 《經》두 나라 사이의 통화의 교환율.

▶ 交換(교환)·變換(변환)·相換(상환)·外換(외환)·郵便換(우편환)·引換(인환)·積換(적환)·轉換(전환)·置換(치환)·兌換(태환)·互換(호환).

握 쥘 악
手 9획 / 12획

音 wò 日 アク、にぎる 英 grasp

① 움큼 악, 줌 악(掌). ② 조그마할 악(少貌).

握力(악력 wòlì) 손아귀로 물건을 쥐는 힘.
握手(악수 wòshǒu) ① 손을 서로 잡음. 서로 손을 붙잡아 사랑의 정(情)을 표시함. ② 서양식 예법(禮法). 서로 손을 맞잡고 하는 인사.
握齪(악착 wòchuò) 마음이 좁고 여유가 없는 모양. 착착(齪齪). 악촉(握促). 악추(握齺). 국촉(局促).

▶ 掌握(장악)·把握(파악).

揭 높이들/걸 게:
手 9획 / 12획

1 音 jiē 日 ケイ、あげる 英 hoist
2 日 ケツ、あげる

1 ① 높이 들 게(高擧). ② 옷 걷고 물 건널 게(褰衣涉水). ③ 등에 질 게. 2 갈. 뜻은 1과 같음. 3 ① 들 걸(擧). ② 세울 걸(竪). ③ 길 걸(長貌). ④ 일어날 걸(起).

揭榜(게방 jiēbǎng) 방문(榜文)을 내어 붙임.
揭示(게시 jiēshì) 여러 사람에게 알리기 위하여 내어 걸거나 붙이어 보게 함. 또는 그 글. 게첩(揭帖). 게첩(揭貼).
揭揚(게양 jiēyáng) 높이 걸음.
揭載(게재 jiēzǎi) 신문·잡지 등에 문장·광고 등을 올리어 실음.
揭帖(게첩 jiētiē) 내어 걸어 붙임. 또는

歹殳毋比毛氏气水火爪父爻爿片牙牛犬　　　　　　355

그 문서. 게첩(揭貼).

揮 휘두를/지휘할 휘
手9⑫

揮揮揮揮揮揮揮揮揮

音 huī 日 キ, ふるう 英 flourish
① 뽐낼 휘(奮). ② 휘두를 휘(振). ③ 글 그림을 그릴 휘(書畫). ④ 헤칠 휘(散). ⑤ 지휘할 휘(指揮). ⑥ 분별할 휘(分別). ⑦ 휘동할 휘(動).

書體　小篆 揮　草書 揮　(高校) 形聲

揮發(휘발 huīfā) 《物》액체가 보통 온도에서 기체가 되어 증발함.
揮帳(휘장 huīzhàng) 여러 폭의 피륙을 이어서 둘러치는 막.
揮毫(휘호 huīháo) 붓을 휘두름. 글씨를 쓰고 그림을 그림.

▶ 發揮(발휘)·一筆揮之(일필휘지)·指揮(지휘)·陣頭指揮(진두지휘).

援 도울/구원할 원
手9⑫

援援援援援援援援援

音 yuán 日 エン, たすける 英 help
① 당길 원(引). ② 사다리 원(鉤梯). ③ 끌어 잡을 원(牽持). ④ 잡을 원(執). ⑤ 뺄 원(拔). ⑥ 구원할 원(救助). ⑦ 접할 원(接).

書體　小篆 援　草書 援　(高校) 形聲

援用(원용 yuányòng) ① 끌어다가 이용함. ②《法》자기 이익을 위하여 어떤 다른 사실이나 예를 끌어서 증거로 삼는 일.
援筆(원필 yuánbǐ) 붓을 잡아 씀.
援護(원호 yuánhù) 도와주고 보호함. 원비(援庇). 엄호(掩護).

▶ 孤立無援(고립무원)·救援(구원)·聲援

(성원)·應援(응원)·增援(증원)·支援(지원)·後方支援(후방지원)·後援(후원).

揶 야유할 야
手9⑫

音 yé, yú 日 ヤ, からかう 英 mockery

희롱할 야(戱). 【挪와 같음】

損 덜/축날 손
手10⑬

損損損損損損損損損損

音 sǔn 日 ソン, へる 英 injure, loss
① 덜 손, 감할 손(減). ② 잃어버릴 손(失). ③ 피곤할 손(疲困). ④ 삼가할 손(愼). ⑤ 상할 손(傷). ⑥ 깨어질 손(破也, 破損). ⑦ 괘 이름 손(卦名).

書體　小篆 損　草書 損　(高校) 形聲

損耗(손모 sǔnhào) 씀에 따라 닳아 없어짐.
損友(손우 sǔnyǒu) 사귀어서 이롭지 못한 벗. ↔익우(益友).
損益(손익 sǔnyì) ① 손해와 이익. 경영의 결과로 생긴 자본 총액의 줄어짐과 많아짐. 증감(增減). 증손(增損). ② 줄고 늘음. ③ 역(易)의 손괘(損卦)와 익괘(益卦).
損弟(손제 sǔndì) 친구끼리 편지를 할 때 자기의 겸칭.
損害賠償(손해배상 sǔnhàipéicháng) 《法》법률의 규정에 따라 남에게 끼친 손해를 메꾸어 줌. 또는 그 돈이나 물건.

▶ 缺損(결손)·汚損(오손)·破損(파손)·評價損(평가손)·毀損(훼손).

搏 두드릴 박
手10⑬

音 bó 日 ハク, うつ 英 stroke

① 어루만질 **박**(拊). ② 두드릴 **박**(拍). ③ 취할 **박**(取). ④ 손바닥으로 칠 **박**(手擊). ⑤ 잡을 **박**(捕).

搏擊(박격 bójī) 때림. 몹시 후려침.
搏殺(박살 bóshā) 손으로 쳐서 죽임.
搏戰(박전 bózhàn) 격투(格鬪).
搏鬪(박투 bódòu) 서로 치고 때리고 싸움.

▶ 脈搏(맥박)·龍虎相搏(용호상박).

搔 긁을 소

🈺 sāo 🈁 ソウ, かく 🈂 scratch

① 긁을 **소**(手爬). ② 휘저을 **소**. ③ 분분할 **소**(騷).

搔首(소수 sāoshǒu) ① 머리를 긁음. ② 걱정이 되어서 착심이 안 되는 모양.
搔癢(소양 sāoyǎng) 가려운 데를 긁음. 소양(搔痒).
搔擾(소요 sāorǎo) 여럿이 떠들썩하여 어수선함. 소요(騷擾).
搔爬手術(소파수술 sāopáshǒushù) 《醫》 인공유산(人工流産) 등을 시킬 때 그 조직을 긁어내는 수술.

搖 흔들 요

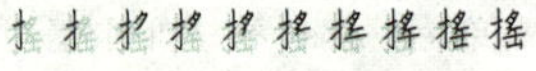

🈺 yáo 🈁 ヨウ, ゆるがす 🈂 shake

① 흔들 **요**(動). ② 움직일 **요**(動). ③ 회오리바람 불 **요**(暴風扶搖). ④ 별 이름 **요**(星名招搖). ⑤ 머리치장할 **요**(首飾步搖).

書體 小篆 搖 草書 搖 (高校) 形聲

搖動(요동 yáodòng) 흔들림. 요탕(搖蕩). 요탕(搖盪).
搖籃(요람 yáolán) 젖먹이를 담아 달아 놓고, 가끔 흔들어주어 잠들게 하는 그네. 《轉》 ㉠고향. ㉡유년시대(幼年時代). ㉢사물의 단서(端緒).
搖鈴(요령 yáolíng) ① 놋쇠로 만든 흔들어서 치는 작은 종. 솔발(금鈸). ②《佛》불가(佛家)에서 예식 때에 흔드는 제구.
搖之不動(요지부동 yáozhībùdòng) 흔들어도 꿈쩍도 하지 않음.

▶ 動搖(동요).

搗 찧을 도

🈺 dǎo 🈁 トウ, つく 🈂 pound

① 찧을 **도**(舂). ② 다듬을 **도**(手椎). ③ 방망이질할 **도**(椎). 【擣와 같음】

搜 찾을 수

搜 搜 搜 搜 搜 搜 搜 搜 搜

🈺 sōu 🈁 ソウ, さがす 🈂 search

① 찾을 **수**(索). ② 더듬을 **수**. ③ 화살빨리 가는 소리 **수**(矢行勁疾). ④ 어지러울 **수**(亂). 【蒐와 같음】

書體 小篆 搜 草書 搜 (高校) 形聲

搜査(수사 sōuchá) ① 찾아다니며 조사함. ② 범인의 행방을 찾거나 또는 증거를 모음.
搜索(수색 sōusuǒ) ① 더듬어서 찾음. 수구(搜求). 수토(搜討).
搜所聞(수소문 sōusuǒ) 세상에 떠돌아다니는 소문을 더듬어 살핌.

▶ 再搜査(재수사)·中搜(중수).

搬 옮길 반

🈺 bān 🈁 ハン, はこぶ 🈂 transport

① 옮길 **반**(運). ② 운반할 **반**(運搬). ③ 덜 **반**(除).

搬運(반운 bānyùn) 물건을 실어 나름. 운반(運搬).

搬移(반이 bānyí) 세간을 날라 이사함.

搬入(반입 bānrù) 운반하여 들임. ↔ 반출(搬出).

搬出(반출 bānchū) 운반하여 냄. ↔ 반입(搬入).

▶ 密搬入(밀반입)·密搬出(밀반출)·運搬(운반)·直搬入(직반입).

搭 탈[乘] 탑
手10 ⑬

🈳 dā 🇯🇵 トウ, かける 🇬🇧 hang

1 ① 붙을 탑(附). ② 걸 탑(掛). ③ 얹을 탑(載). ④ 태울 탑(乘). ⑤ 칠 탑(擊). **2** ① 모들 탑(模). ② 박을 탑(摸搭).【搨과 같음】

搭船(탑선 dāchuán) 배를 탐.

搭乘(탑승 dāchéng) 자동차·비행기·배 따위에 올라탐.

搭載(탑재 dāzǎi) 자동차·비행기·배 따위에 물건을 실음.

携 끌/가질 휴
手10 ⑬

【攜(手부18획)의 속자】

扌 扌 扌 扩 护 拐 拨 携 携

書體 小篆 攜 草書 拨 高校 形聲

携帯(휴대 xiéqióng) 몸에 들거나 몸에 지님. 제휴(提携). 부휴(扶携).

携抱(휴포 xiébào) 끌어안음.

▶ 提携(제휴).

搾 짤 착
手10 ⑬

🈳 zhà 🇯🇵 サク, しぼる 🇬🇧 squeeze

① 짤 착(壓);. ② 압박할 착.

搾乳(착유 zhàrǔ) 젖을 짬.

搾取(착취 zhàqǔ) ① 몹시 누르거나 비틀어서 즙을 짜냄. ② 자본가(資本家)가 노동자(勞動者)를 시간 이상으로 부려서 생긴 이득을 독점(獨占)함.

▶ 壓搾(압착)·中間搾取(중간착취).

摘 딸[手收]/적발할 적
手11 ⑭

摘 摘 摘 摘 摘 摘 摘 摘 摘

🈳 zhāi 🇯🇵 テキ, つむ 🇬🇧 pick

① 딸 적(手收). ② 돋구어낼 적(挑發). ③ 움직일 적(動).【擿과 같음】

書體 小篆 摘 草書 摘 高校 形聲

摘發(적발 zhāifā) 숨어 드러나지 않는 것을 들추어 냄. 적결(摘抉)·도발(挑發)·척결(剔抉).

摘要(적요 zhāiyào) 요점을 뽑아 적음.

摘載(적재 zhāizǎi) 요점만을 따서 기록하여 실음. 적기(摘記).

▶ 指摘(지적).

摠 거느릴 총:
手11 ⑭

🈳 zǒng 🇯🇵 ソウ, すべて 🇬🇧 all

① 거느릴 총(統). ② 모을 총(合). ③ 다 총, 모두 총(皆). ④ 무리 총(衆). ⑤ 장수 총(將領). ⑥ 맺을 총(結).【總과 같음】

摠持(총지 zǒngchí)《佛》진언(眞言)을 외어서 모든 법(法)을 가짐. 다라니(陀羅尼).

摩 문지를 마
手11 ⑮

🈳 mó, mā 🇯🇵 マ, する 🇬🇧 polish

① 갈 마(研). ② 닦을 마(揩). ③ 가까워질 마(迫). ④ 미칠 마(及). ⑤ 멸할

마(滅). ⑥ 헤아릴 **마**(揣摩).

摩拳擦掌(마권찰장 móquáncāzhǎng) 주먹과 손바닥을 비빔. 《轉》 기운을 모아서 용진(勇進)할 태세를 갖추고 기회를 엿봄.

摩撫(마무 mófǔ) 무마(撫摩).

摩崖(마애 móyá) 바위 벼랑 벽에 비문(碑文)·경문(經文)·불상(佛像)·시부(詩賦)·찬송(讚) 등을 새김.

摩擦(마찰 mócā) ① 서로 닿아서 비빔. ② 뜻이 맞지 않아서 옥신각신함.

摩擦音(마찰음 mócāyīn) 조음기관(調音器官)의 어느 부문의 장애를 받아 숨이 마찰하여 일어나는 소리.

摩天樓(마천루 mótiānlóu) 아주 높은 고층 건물.

▶ 斷末摩(단말마)·撫摩(무마)·按摩(안마).

手 11 ⑮ **摯** 잡을 **지**

[중] zhì [일] シ, とる, まこと [영] grasp

① 잡을 **지**(握持). ② 지극할 **지**(至). ③ 폐백 **지**(執物相見禮). ④ 나아갈 **지**(進). ⑤ 극진할 **지**(極). ⑥ 사나울 **지**(猛).

▶ 眞摯(진지).

手 11 ⑭ **摸** 더듬을 **모**

[1] [중] mō [일] ボ, うつす [영] model
[2] [중] mó [일] モ, うつす

[1] ① 규모 **모**(規摸). ② 본뜰 **모**(規倣摸範). [2] 더듬을 **막**(手捉)

摸索(모색 mōsuǒ) 더듬어 찾음.

摸捉(모착 mōzhuō) =모색(摸索).

摸出(모출 mōchū) 집어 냄. 들추어 냄.

▶ 暗中摸索(암중모색).

手 11 ⑭ **㨿** 근거 **거:**

【據(手부13획)의 속자】

手 12 ⑮ **撈** 건질 **로**

[중] lāo [일] ロウ, とる [영] scoop up

① 건져낼 **로**(鉤撈沈取). ② [國字] 끙개 **로**(農具曳介).

▶ 漁撈(어로).

手 12 ⑮ **撑** 버틸 **탱**

【撐(次條)의 속자】

手 12 ⑮ **撐** 버틸 **탱**

[중] hēng [일] トウ, ささえる
[영] support

① 버틸 **탱**(以柱撐物). ② 취할 **탱**(取). ③ 헤칠 **탱**(撥).

撐抉(탱결 hēngjué) 지탱함.

撐柱(탱주 hēngzhù) 지탱해 나갈 기둥. 넘어지지 않게 버티는 기둥.

撐中(탱중 hēngzhōng) 화나 어떠한 욕심이 가슴 속에 가득 차 있음.

撐天(탱천 hēngtiān) =충천(衝天).

手 12 ⑮ **撓** 휠 **뇨:**

[중] náo [일] ドウ, みだれる [영] scratch

① 긁을 **뇨**(抓搔). ② 흔들 **뇨**(擾). ③ 교란할 **뇨**(攪). ④ 굴할 **뇨**(屈).

撓改不得(요개부득 náogǎibùdé) 도무지 고칠 도리가 없음.

撓亂(요란 náoluàn) 시끄럽고 떠들썩함. 교란(攪亂).

撓折(요절 náozhé) 꺾음. 최절(摧折).

撒 뿌릴 살

sā, sǎ / サシ, さらす, まく / sprinkle

① 흩여버릴 살(散放). ② 흩어질 살(散). ③ 뿌릴 살(撒水).

撒水(살수 sǎshuǐ) 물을 흩어서 뿌림.
撒布(살포 sǎbù) 뿌림.

撚 비빌 년

niǎn, yān / ネン, デン, ふむ / trample

① 잡을 년(執). ② 닦을 년(以手拭物). ③ 밟을 년(踩). ④ 손끝으로 비빌 년(指頭相摩).

撚絲(연사 niǎnsī) 꼰 실. 착사(繿絲).
撚紙(연지 niǎnzhǐ) 책 같은 것을 매기 위하여 손 끝으로 비벼 꼰 종이 끈. 염지(捻紙). 연자(撚子).

撞 칠 당

zhuàng / トウ, つく / pound

① 칠 당, 두드릴 당(擊). ② 지찔을 당(手擣). ③ 부딪칠 당(衝).

撞球(당구 zhuàngqiú) 실내경기의 한 가지. 대(臺) 위에 상아(象牙)로 만든 붉은 공과 흰 공을 놓고 당봉(撞棒)으로 쳐서 굴려 맞혀 승부를 겨룸.
撞突(당돌 zhuàngtū) 서로 부딪침.
撞著(당착 zhuàngzhuó) 앞뒤가 서로 맞지 않음. 모순. =당착(撞着).

▶ 自家撞着(자가당착).

撤 거둘 철

chè / テツ, のぞく / vacate

① 거둘 철, 치울 철(除). ② 피울 철(發). ③ 빼낼 철(抽). ④ 긁을 철(剝).

撤去(철거 chèqù) 거둬 치워 버림. 철수(撤收). 철폐(撤廢). 철제(撤除). 철각(撤却).
撤廢(철폐 chèfèi) 거두어서 폐지함.
撤回(철회 chèhuí) ① 일단 제출했던 것을 도로 돌려 들임. ② 철거.

▶ 不撤晝夜(불철주야).

撥 다스릴 발

bō / ハツ, おさめる / govern

① 다스릴 발(治). ② 제할 발(除). ③ 뒤집을 발(轉之). ④ 상엿줄 발(葬具紼). ⑤ 채 발(鼓絃物). ⑥ 말 이름 발(良馬名叱撥).

撥剌(발랄 bōlà) ① 활을 당기는 모양. ② 바르지 않음. ③ 물고기가 뛰는 소리. 발랄(潑剌).
撥簾(발렴 bōlián) 발을 치는 것.

▶ 反撥(반발).

撩 가릴 료

①-③ liāo, liáo ④⑤ liào / リョウ, すくう / seize

① 가릴 료(理). ② 움킬 료(取物). ③ 으를 료(挑弄).【繚와 같음】④ 붙들 료(扶). ⑤ 취할 료(取).

撩亂(요란 liāoluàn) 가지런하지 못하고 어지러움.

撫 어루만질 무(ː)

fǔ / ブ, なでる / caress

① 누를 무(按). ② 어루만질 무(安存). ③ 위로할 무(慰勉). ④ 쫓을 무(循). ⑤ 두드릴 무(拍).

撫摩(무마 fǔmó) ① 손으로 어루만짐.

② 마음을 달래어 위로함. 무순(撫循).

撫恤(무휼 fǔxù) 어루만져 도와 줌. 무술(撫卹).

▶ 愛撫(애무)·慰撫(위무).

播 뿌릴/씨뿌릴 파(:)
手 12 ⑤

扌 扌 扩 扩 扩 拧 拧 搔 播 播

音 bō 日 ハ、まく 英 sow

① 심을 파(種). ② 펼 파(布). ③ 버릴 파(棄). ④ 헤칠 파(散). ⑤ 까불 파(揚). ⑥ 달아날 파(逋).

書體 小篆 播 草書 播 齡 高校 形聲

播種(파종 bōzhǒng) 논밭에 곡식의 씨앗을 뿌림.

播遷(파천 bōqiān) 임금이 서울을 떠나 난을 피함. 유리천도(流離遷徒).

▶ 乾播(건파)·傳播(전파)·直播(직파).

撮 모을/사진찍을 촬
手 12 ⑤

音 cuō, zuō 日 サツ、つまむ 英 gather

① 잡을 촬(兩指取). ② 머리꼬덩이 잡을 촬(撮). ③ 당길 촬(挽). ④ 비칠 촬(映). ⑤ 모을 촬(聚).

撮影(촬영 cuōyǐng) 형상을 사진이나 영화로 찍음.

撮土(촬토 cuōtǔ) 한 줌의 흙. 적은 토지.

撰 지을 찬:
手 12 ⑤

1 音 zhuàn 日 サン、そなえる 英 compose 2 日 セン、そなえる

1 ① 갖출 찬(具). ② 일 찬(事). ③ 글 지을 찬(撰求屬辭記事). ④ 법 찬(則). 【篡과 같음】 2 천. ① 뜻은 1 의 ②와 같음. ② 지을 천(述). ③ 가질 천(持). ④ 모을 천(集). ⑤ 고를 천(擇). 【譔과 같음】

撰錄(찬록 zhuànlù) 글을 골라 모아 가지고 기록함. 찬술(撰述)하고 기록함. 개찬(改撰). 강찬(剛撰). 찬집저록(撰集著錄).

撰文(찬문 zhuànwén) 글을 지음. 또는 그 글.

撰集(찬집 zhuànjí) 골라 모음. 또는 골라 모은 그것. 특히 시문(詩文) 같은 편집.

撲 칠 박
手 12 ⑤

音 pū 日 ボク、うつ 英 strike

1 ① 두드릴 복(拂擊). ② 씨름할 복(相撲挨). ③ 엎드러질 복(踣). 【扑과 통함】 2 ① 맞부딪칠 박(相撲挨). ② 엎드러질 박(踣). ③ 없앨 박(滅). ④ 칠 박(擊).

撲滅(박멸 pūmiè) 짓두드려서 없앰.
撲殺(박살 pūshā) 때려죽임.

▶ 打撲(타박).

撻 때릴 달
手 13 ⑯

音 tà 日 タツ、むちうつ 英 flog

① 종아리칠 달(打). ② 매 맞을 달. ③ 빨리 달릴 달(疾). ④ 농기구 이름 달(農機具名).

辱(달욕 tàrǔ) 매질하여 욕을 보임. 달륙(撻戮). 태욕(笞辱). 방욕(榜辱).

[撻楚(달초 tàchǔ) 잘못을 저질렀을 때 아버지나 스승이 훈계하느라고 회초리로 볼기나 종아리를 때림.

擁 안을 옹:
手 13 ⑯

扌 扌 扌 扩 扩 扩 抋 挤 擁 擁 擁

擁

🔉 yōng, wěng 🇯🇵 ヨウ、いだく
🔤 embrace

① 안을 옹, 품을 옹(抱). ② 낄 옹, 가질 옹(持). ③ 옹위할 옹(羣從衛). ④ 가릴 옹(撫). ⑤ 이바지 옹【壅과 통함】

書體 小篆 擁 草書 拥 (高校) 形聲

擁立(옹립 yōnglì) 받들어서 임금의 자리에 모시어 세움.
擁護(옹호 yōnghù) 부축하여 보호함. 옹위(擁衛).

▶ 抱擁(포옹).

擄

노략질할 로

🔉 lǔ 🇯🇵 ロ、かすめる 🔤 seize

① 노략질할 로(掠). ② 사로잡을 로(獲). ③ 항복 받을 로(服).【虜와 같음】

擄掠(노략 lǔlüè) 떼를 지어 재물을 약탈함.

▶ 捕擄(포로).

擇

가릴 택

擇擇擇擇擇擇擇擇擇

🔉 zé, zhái 🇯🇵 タク、えらぶ
🔤 select

① 가릴 택, 추릴 택, 뽑을 택(選). ② 차별할 택(差).

書體 小篆 擇 古文 擇 草書 择 (高校) 形聲

擇吉(택길 zéjí) 좋은 날을 가림. 택일(擇日).
擇地(택지 zédì) ① 땅을 가림. 장소를 가림. ② 행동을 삼가는 모양.
擇賢(택현 zéxián) 현자(賢者)를 고름.

▶ 揀擇(간택)·選擇(선택)·兩者擇一(양자택일)·採擇(채택)·取捨選擇(취사선택).

擊

칠[打] 격

擊擊擊擊擊擊擊擊擊

🔉 jī 🇯🇵 ゲキ、うつ 🔤 strike

① 칠 격(打). ② 두드릴 격(撲). ③ 눈에 마주칠 격(目擊觸). ④ 죽일 격(殺).

書體 小篆 擊 草書 击 (高校) 形聲

擊鼓(격고 jīgǔ) ① 북을 침. ②《制》거동 때에 원통한 일을 임금에게 상소하기 위하여 북을 쳐서 하문(下問)을 기다림.
擊琴(격금 jīqín) 거문고를 탐. 고금(鼓琴).
擊壤歌(격양가 jīrǎnggē) 옛날 중국 요(堯) 때에 늙은 농부가 천하가 태평함을 즐거워하여 격양하면서 부른 노래.
擊破(격파 jīpò) 쳐서 부숨.

▶ 加擊(가격)·攻擊(공격)·拳擊(권격)·雷擊(뇌격)·突擊(돌격)·猛追擊(맹추격)·目擊(목격)·迫擊砲(박격포)·反擊(반격)·排擊(배격)·奮擊(분격)·射擊(사격)·襲擊(습격)·邀擊(요격)·遊擊(유격)·一擊(일격)·狙擊(저격)·電擊(전격)·進擊(진격)·直擊(직격)·陣擊(진격)·銃擊(총격)·追擊(추격)·出擊(출격)·衝擊(충격)·打擊(타격)·砲擊(포격)·爆擊(폭격)·被擊(피격).

操

잡을 조(:)

操操操操操操操操操

🔉 ①-③ cāo 🇯🇵 ソウ、もつ 🔤 grasp
④-⑥ 🇯🇵 ソウ、とる

① 잡을 조(把持). ② 움켜질 조(握). ③ 조종할 조(操從). ④ 지조 조(所守志行). ⑤ 풍치 조(風調). ⑥ 가락 조, 곡조 조(琴曲).

書體 小篆 操 草書 操 (高校) 形聲

操弄(조롱 cāonòng) 마음대로 다루면

서 데리고 놀음.
操作(조작 cāozuò) ① 기계 따위를 다루어 움직이게 함. ② 물자(物資)·자금(資金) 따위를 둘러 대어 편의를 도모(圖謀)함. ③ 취급(取扱)하여 처리함.
操縱(조종 cāozòng) 마음대로 다루어 부림.

▶ 節操(절조)·情操(정조)·貞操(정조)·志操(지조)·體操(체조).

擔 멜/부담할 담
手 13 ⑯

擔擔擔擔擔擔擔擔擔

음 dān, dǎn ③ 음 dàn
일 タン, になう 영 undertake
① 멜 담(肩荷). ② 맡을 담(任). ③ 짐 담(所負).

書體 篆文 儋 草書 擔 高校 形聲

擔保(담보 dānbǎo) ① 맡아서 보관함. ②《法》채권의 안전과 확실성을 보장하기 위하여, 채무자가 채권자에게 제공하는 물건이나 증권.
擔任(담임 dānrèn) 책임을 지고 일에 당(當)함. 임무를 맡음. 또는 맡아 보는 사람.

▶ 加擔(가담)·負擔(부담)·專擔(전담).

攜 이끌 휴
手 13 ⑯

【攜(手부18획)의 속자】

據 의거할/근거 거:
手 13 ⑯

據據據據據據據據據

음 jù, jū 일 キョ, コ, よる
영 depend
① 의지할 거, 기댈 거(依). ② 웅거할 거

(拒守). ③ 의탁할 거(依托). ④ 짚을 거(杖). ⑤ 누를 거(按).

書體 小篆 據 草書 據 高校 形聲

據點(거점 jùdiǎn) 의거(依據)하여 지키는 곳. 활동의 근거가 되는 지점.

▶ 根據(근거)·本據(본거)·雄據(웅거)·依據(의거)·典據(전거)·占據(점거)·準據(준거)·證據(증거)·割據(할거).

擡 들[擧] 대
手 14 ⑰

음 tái 일 タイ, もたげる 영 raise
들 대(擧). ② 움직일 대(擡擧動).
[擡頭(대두 táitóu) ① 머리를 쳐듦. ② 남보다 앞서 세력(勢力)을 뻗기 시작함. ③ 문중(文中)의 귀인의 성명(姓名)·경어(敬語)를 표시해야 할 때에 다른 줄보다 올려서 쓰는 서식.

擦 문지를 찰
手 14 ⑰

음 cā 일 サツ, こする 영 friction
① 비빌 찰(摩急). ② 문지를 찰(摩擦).

▶ 摩擦(마찰).

擧 들/들어올릴 거:
手 14 ⑱

擧擧擧擧擧擧擧擧擧擧擧

음 jǔ 일 キョ, あげる 영 raise
① 들 거(扛). ② 받들 거(擎). ③ 움직일 거(動). ④ 일컬을 거(稱也揚). ⑤ 뺄 거(拔). ⑥ 왼통 거, 모두 거(皆). ⑦ 행할 거(行). ⑧ 말할 거(言). ⑨ 합할 거(合). ⑩ 일으킬 거(起). ⑪ 날을 거(鳥飛).

書體 小篆 擧 中學 形聲

擧皆(거개 jujiē) 거의 전부. 거의 다.

擧論(거론 jǔlùn) 말을 들어 논제(論題)를 삼음.
擧手可決(거수가결 jǔshǒukějué) 회의 때 손을 드는 방법으로 가부(可否)를 결정함.
擧證(거증 jǔzhèng) 증거를 들어 제시함. 입증(立證).

▶ 檢擧(검거)·經擧(경거)·公明選擧(공명선거)·科擧(과거)·大擧(대거)·大選擧區制(대선거구제)·枚擧(매거)·未擧(미거)·美擧(미거)·選擧(선거)·小選擧區(소선거구)·仰擧(앙거)·列擧(열거)·義擧(의거)·一擧(일거)·一擧手一投足(일거수일투족)·一擧兩得(일거양득)·自由選擧(자유선거)·壯擧(장거)·再選擧(재선거)·中選擧區制(중선거구제)·薦擧(천거)·總選擧(총선거)·推擧(추거)·快擧(쾌거)·暴擧(폭거)·被選擧權(피선거권)·行動擧止(행동거지).

擬 비길 의: 手14 ⑰

중 nǐ 일 ギ, はかる 영 estimate

① 의론할 의(議). ② 추측할 의(推測). ③ 헤아릴 의(度). ④ 적용할 의(適用). ⑤ 비길 의(比擬像). ⑥ 흡사할 의(摸像擬比).

擬似(의사 nǐsì) 어느 죄에 해당이 되는가를 평의함.
擬聲(의성 nǐshēng) 소리를 흉내 냄.
擬人(의인 nǐrén) ① 사람이 아닌 것을 사람처럼 다룸. ② 자연인(自然人)이 아닌 일정 요건을 갖춘 회사, 단체 등에 법률상 인격을 부여하는 일. 또는 그 인격. →법인(法人).
擬製(의제 nǐzhì) 본떠서 비슷하게 만들음.
擬制(의제 nǐzhì) 본질이 다른 것을 일정한 법률상 다룸에 있어, 같은 것으로 보고 같은 효과를 줌. 또는 그와 같이 간주함.
擬態(의태 nǐtài) ① 어느 모양이나 짓을 흉내 냄. ② 《生》동물이 그 모양 빛깔 등을 다른 동물과 흡사(恰似)

하게 함. 또는 그 모양. 나비가 마른 잎과 비슷하게 되는 것 따위.

▶ 模擬(모의)·模擬實驗(모의실험).

擭 잡을 획 手14 ⑰

1 중 hú 일 カク, わな 영 snare
2 중 huá 3 중 huò
1 ① 덫 획(捕獸檻). ② 함정 화(檻).
2 확. 뜻은 1과 같음. 3 잡을 획(手取).

擲 던질 척 手15 ⑱

중 zhì 일 テキ, チャク, なげうつ
영 throw

① 던질 척(投也, 抛). ② 던져버릴 척, 방기할 척【擿과 같음】
擲梭(척사 zhìsuō) 북〈베 짤 때 씨줄을 가로 넣는 도구〉을 질러 베를 짬.
擲柶(척사 zhìsì) 《國》 윷놀이.

▶ 投擲(투척).

擴 넓힐 확 手15 ⑱

扩 扩 扩 扩 擴 擴 擴 擴 擴

중 kuò 일 カ, ひろめる 영 enlarge

1 채울 광(充). 2 늘일 확, 넓힐 확(張小使大).

書體 草書 擴 (高校) 形聲

擴大鏡(확대경 kuòdàjìng) 물체를 크게 하여 보여 주는 렌즈. 돋보기.
擴散(확산 kuòsàn) 어떤 액체나 기체에 다른 액체나 기체를 넣을 때, 두 액체나 기체가 차차 혼합되는 현상.
擴聲器(확성기 kuòshēngqì) 음성을 확대하는 장치. 마이크로폰. 스피커.

擴充(확충 kuòchōng) 확대하여 가득 채움. 인의예지(仁義禮智)의 본성은 인심에 구비되어 있는데 이것을 넓혀서 완전하게 해야 한다는 맹자(孟子)의 설(說)에서 나온 말.

擺 벌릴/열 파
手 15 ⑱

음 bǎi 일 ハイ, ひらく 영 spread
① 열 파(開). ② 제거할 파(排而振之). ③ 헤칠 파(撥). ④ 손뼉 칠 파(兩手擊).

擺撥馬(파발마 bǎibōmǎ)《制》공무로 급히 다른 지방에 가는 사람이 타던 말. 서울과 의주(義州) 사이의 각 역참(驛站)에 준비해 두었다가 제공하였음.
擺脫(파탈 bǎituō) 털어서 없애 버림. 제거해버림. 예절이나 구속에서 벗어남.

擾 시끄러울 요
手 15 ⑱

①-3 음 ráo, nǎo ④-6 음 rǎo
일 ジョウ, みだれる 영 disturb
① 길들일 요(馴). ② 순할 요(順). ③ 온화할 요. ④ 번거로울 요(煩). ⑤ 난잡할 요(亂雜). ⑥ 어지러울 요(亂).

擾亂(요란 rǎoluàn) 시끄럽고 떠들썩함.

▶ 丙寅洋擾(병인양요)·騷擾(소요).

攀 더위잡을 반
手 15 ⑲

음 pān 일 ハン, ひく 영 drag
① 더위잡을 반(自下援上). ② 당길 반(引).

攀登(반등 pāndēng) 더위잡고 오름. 등반(登攀). 반제(攀躋).

▶ 登攀(등반).

攄 펼 터:
手 15 ⑱

음 shū 일 チョ, のべる 영 spread
① 펼 터(舒也, 布). ② 흩을 터(散). ③ 날칠 터(騰). ④ 비길 터(擬).

攄得(터득 shūdé) 잘 이해하여서 모조리 자기 것으로 만들음.
攄破(터파 shūpò) 내가 품은 속마음을 모두 말하여 남이 지녔던 의혹을 풀어 줌.
攄懷(터회 shūhuái) 자기의 생각을 말함.

攝 당길 섭
手 18 ㉑

攝攝攝攝攝攝攝攝攝

1 음 shè 일 ショウ, ひく 영 draw
2 일 セツ, とる 영 take
1 ① 몰아 잡을 섭(總持). ② 끌 섭(引持). ③ 단정히 할 섭(整飾). ④ 겸할 섭(兼). ⑤ 거둘 섭(收斂). ⑥ 꾸밀 섭(假貸). ⑦ 기록할 섭(錄). ⑧ 좇아 잡을 섭(追捕). ⑨ 항복할 섭(降服). ⑩ 이을 섭(結). ⑪ 기를 섭(養). 2 ① 가질 녑(持). ② 고요할 녑(靜謐貌).

書體 小篆 攝 草書 攝 (高校) 形聲

攝理(섭리 shèlǐ) ① 병을 조섭함. ② 대신하여 처리하고 다스림. ③ 신(神)·정령(精靈)이 인간을 위하여 세상을 다스리는 일. ④《宗》기독교에서 하나님이 인간을 위하여 세상이 좋아지도록 인도하는 질서와 그 은혜.
攝生(섭생 shèshēng) 적당(適當)한 운동(運動)과 식사로써 건강(健康)을 유지하도록 꾀함.
攝政(섭정 shèzhèng) 임금을 대신하여 정치를 함. 또는 그 사람.
攝取(섭취 shèqǔ) ① 영양물을 빨아들임. ②《佛》부처가 자비의 광명으로써 중생(衆生)을 제도함.

▶ 包攝(포섭).

手 18 ④ 攜 끌/가질 휴

音 xī, xié 日 ケイ, たずさえる
英 draw

① 끌 휴(提). ② 가질 휴(持). ③ 떠날 휴(離). ④ 나눌 휴(分離). ⑤ 연속할 휴(連續). 【携는 속자】

▶ 提攜(제휴).

手 19 ④ 攣 손발굽을 련

音 luán 日 レン, つながる
英 bind, tie

① 맬 련(係). ② 손발이 구부러질 련, 손발병신 련(手足曲病). ③ 사모할 련(慕). 【戀과 통함】

攣拘(연구 luánjū) 묶임. 속박(束縛)됨. 구속(拘束).

▶ 痙攣(경련)·胃痙攣(위경련).

手 20 ④ 攪 흔들 교

音 jiǎo 日 カク, コウ, かきみだす
英 stir

① 어지러울 교(亂). ② 흔들릴 교(撓). ③ 손 놀릴 교(手動).

攪亂(교란 jiǎoluàn) 뒤흔들어 어지럽게 함.

攪亂力(교란력 jiǎoluànlì) 공간에 있어서의 두 물체의 본래의 운동에 섭동(攝動)을 일으키는 제삼(第三) 물체의 인력.

攪拌(교반 jiǎobàn) 휘저어 섞음.

手 20 ④ 攫 움킬 확

音 jué 日 カク, つかむ 英 snatch

① 후리칠 확(搏). ② 움킬 확(以瓜撲取).

攫金(확금 juéjīn) 돈을 움켜쥠.
攫搏(확박 juébó) 후려갈김.
攫奪(확탈 juéduó) 갈기고 빼앗음.

▶ 一攫千金(일확천금).

支 部

지탱할 지

支 0 ④ 支 지탱할 지

ラ支支支

音 zhī 日 シ, えだ, ささえる
英 branch

① 고일 지, 버틸 지, 지탱할 지(拄). ② 헤아릴 지(度). ③ 내줄 지(出). ④ 뭇 지(庶). ⑤ 초목의 가지 지. ⑥ 흩어질 지(支離分散). ⑦ 문서 지(券). ⑧ 나누어질 지(分). ⑨ 이바지할 지. ⑩ 지지 지(地支, 十二支名).【肢·枝와 통함】

書體 小篆 古文 草書 中學 會意

支干(지간 zhīgàn) 십이지(十二支)와 십간(十干). 간지(干支).
支離滅裂(지리멸렬 zhīlímièliè) 이러저리 어지러워지고 흩어져 갈피를 잡을 수 없음.
支石(지석 zhīshí) ① 굄돌. ② 고인돌. ↔입석(立石).
支障(지장 zhīzhàng) 일을 하는 데 거치적거리며 방해가 됨.

支持(지지 zhíchí) ① 붙들어서 버팀. 부지하여 지님. ② 어떤 사람이나 단체의 정책(政策)·의견(意見) 등에 찬동하여 협조함.
支撐(지탱 zhīchēng) 버티어 나감.

▶ 干支(간지)·氣管支(기관지)·收支(수지)·十二干支(십이간지)·依支(의지)·總支配人(총지배인).

收藏(수장 shōucáng) 물건 따위를 거두어서 깊이 간직함. 저장(貯藏)하여 둠.
收穫(수확 shōuhuò) 곡식 따위를 거두어들임. 또는 그 소출.
收賄(수회 shōuhuì) 뇌물을 받음.

▶ 減收(감수)·高收益(고수익)·多收穫(다수확)·買收(매수)·沒收(몰수)·未收(미수)·分離收去(분리수거)·稅收(세수)·純收益(순수익)·純收入(순수입)·押收(압수)·領收(영수)·月收(월수)·日收(일수)·接收(접수)·徵收(징수)·撤收(철수)·總收益(총수익)·總收入(총수입)·秋收(추수)·捕虜收容所(포로수용소)·還收(환수)·回收(회수)·吸收(흡수).

攴, 攵 部

칠 복, 등글월문

收 거둘 수

收 收 收 收 収 収

shōu シュウ, おさめる
collect, harvest

① 모을 수(聚). ② 거둘 수(斂). ③ 잡을 수(捕). ④ 쉴 수(息). ⑤ 떨칠 수(振). ⑥ 수레바퀴 수(車軫). ⑦ 정돈할 수(整). ⑧ 추수할 수(穧多). ⑨ 걷어 올릴 수(汲取). ⑩ 거두게 할 수(斂之).

小篆 㪡 草書 収 中學 形聲

收監(수감 shōujiān) 잡아서 옥(獄)에 감금(監禁)함.
收斂(수렴 shōuliǎn) ① 돈이나 물품을 모아 거둠. ② 세금을 받아들임.
收用(수용 shōuyòng) ① 거둬들여서 씀. ②《法》공공의 이익을 위하여, 본인의 의사를 묻지 않고 강제적으로 재산권을 취득하여 국가나 제삼자의 소유로 옮김.
收容所(수용소 shōuróngsuǒ) 많은 사람을 집단적으로 한데 가둔 곳.
收益(수익 shōuyì) 이익을 얻음.

攸 아득할 유

yōu ユウ, ところ place

① 곳 유(所). ② 휙 달아날 유(攸然迅走). ③ 어조사 유(語助辭所). ④ 아득할 유(遠貌). ⑤ 대롱거릴 유(攸懸危貌).

攸然(유연 yōurán) ① 빨리 물 속을 가는 모양. ② 침착하여 서둘지 않는 모양. 유연(悠然).
攸攸(유유 yōuyōuyōu) ① 썩 먼 모양. ② 느릿느릿한 모양. ③ 마음이나 태도(態度)가 매우 여유가 있고 한가(閑暇)한 모양. 유유(悠悠).

改 고칠 개(ː)

改 改 改 改 改 改 改

gǎi カイ, あらためる
reform

① 고칠 개(更). ② 거듭할 개(再). ③ 바꿀 개(易). ④ 새롭게 할 개(新). ⑤ 지을 개(造).

小篆 改 草書 改 中學 形聲

改嫁(개가 gǎijià) 시집갔던 여자가 다

시 다른 남자에게 시집감.
改過遷善(개과천선 gǎiguòqiānshàn) 허물을 고쳐 착하게 됨.
改頭換面(개두환면 gǎitóuhuànmiàn) 일을 근본적으로 고치지 않고 사람만 갈아 시킴.
改譯(개역 gǎiyì) 번역하였던 것을 고쳐 다시 번역함.
改訂(개정 gǎidìng) 글의 잘못된 것을 바르게 고침. 정정(訂正)함.
改正(개정 gǎizhèng) ① 잘못된 것을 바르게 고침. ② 정삭(正朔) 곧 역(曆)을 고침.
改宗(개종 gǎizōng) ① 과거에 믿던 종교를 버리고 다른 종교를 믿음. ② 사상(思想)과 태도(態度)를 고침.
改革(개혁 gǎigé) 새롭게 뜯어 고침. 개예(改易).
改悔(개회 gǎihuǐ) 잘못을 뉘우쳐 고침.

▶ 甲午改革(갑오개혁)·大改編(대개편)·民主改革(민주개혁)·變改(변개)·朝令暮改(조령모개)·朝變夕改(조변석개)·悔改(회개).

攻 칠[擊] 공:
支 3 7

攻攻攻攻攻攻攻

图 gōng 일 コウ、せめる 영 attack
① 칠 공(擊). ② 남의 허물을 말할 공(摘人過失). ③ 익힐 공(習). ④ 다스릴 공(治). ⑤ 굳을 공(堅). ⑥ 지을 공(作). ⑦ 갈 공(研).

書體 小篆 攻 草書 攻 (高校) 形聲

攻擊(공격 gōngjī) ① 나아가 적을 침. ② 엄하게 논박(論駁)함.
攻略(공략 gōnglüè) 남의 땅을 쳐서 빼앗음.
攻駁(공박 gōngbó) 남의 잘못된 점을 드러내어 공격함.
攻防戰(공방전 gōngfángzhàn) 서로 공격하고 방어하며 하는 싸움.

▶ 强攻(강공)·近攻(근공)·難攻不落(난공불락)·內攻(내공)·不專攻(부전공)·非攻擊(비공격)·先攻(선공)·速攻(속공)·水攻(수공)·逆攻(역공)·遠攻(원공)·人身攻擊(인신공격)·專攻(전공)·專攻科目(전공과목)·專攻製(전공의)·正太法(정공법)·總攻擊(총공격)·侵攻(침공)·特攻(특공)·挾攻(협공)·火攻(화공).

放 놓을 방(:)
支 4 8

放放放方方放放放

图 fàng 일 ホウ、はなつ 영 loosen
① 쫓을 방, 내칠 방, 귀양살이 방(逐). ② 버릴 방(棄也去). ③ 놓을 방(釋). ④ 내놓을 방(縱). ⑤ 놓아먹일 방(逸). ⑥ 흩어질 방(散). ⑦ 방자할 방(肆). ⑧ 본받을 방(效). ⑨ 이를 방(至). ⑩ 넓힐 방(弘). ⑪ 고할 방(示). ⑫ 걸어놓을 방(指置).

書體 篆 放 草書 放 (中學) 形聲

放棄(방기 fàngqì) ① 방면(放免). ② 내버려 둠.
放談(방담 fàngtán) 생각대로 거리낌 없이 말함.
放免(방면 fàngmiǎn) ① 용서함. ② 구류(拘留)중인 피의자(被疑者)를 놓아 줌. ③ 형기(刑期)를 마친 수인(囚人)을 출옥(出獄)케 함.
放牧(방목 fàngmù) 우(牛)·마(馬)·양(羊) 따위를 놓아먹임.
放射能(방사능 fàngshènéng)《物》라듐·우라늄과 같은 원소(元素)는 자연히 붕괴하여 알파선·베타선·감마선 등과 같은 방사선을 방출하는 성질이 있는데 이 현상을 일컬음.
放聲大哭(방성대곡 fàngshēngdàkū) 몹시 슬퍼 목을 놓아 크게 울음. 대성통곡(大聲痛哭).
放縱(방종 fàngzòng) = 방일(放逸).
放蕩(방탕 fàngdàng) ① 방자(放恣).

② 주색에 빠져 난봉을 부림.
放學(방학 fàngxué) 학교에서 일정한 기간 동안 학교생활을 쉬는 것.

▶ 開放(개방)·百花齊放(백화제방)·奔放(분방)·釋放(석방)·自由放任(자유방임)·自由奔放(자유분방)·追放(추방)·解放(해방)·豪放(호방).

政 정사(政事) 정

攴 4획 / 총 8획

음 zhèng 일 セイ, まつりごと
영 administration, politic

① 정사 정(以法正民). ② 바르게 할 정(正). ③ 조세 정(租稅).【征과 통함】

書體 小篆 政 草書 (中學) 形聲

政黨(정당 zhèngdǎng) 정치상으로 정견(政見)이 같은 사람들이 그들의 정책을 실현하기 위하여 모인 단체.
政變(정변 zhèngbiàn) ① 정치상의 큰 변동. ② 내각 또는 정체가 변동되는 것.
政策(정책 zhèngcè) 국가가 국리민복(國利民福)을 증진하려고 하는 시정(施政)의 방법. 방책(方策).
政訓(정훈 zhèngxùn) 군대에서 교육과 보도(報道)에 관한 일을 맡은 한 분야.

▶ 家政(가정)·苛政(가정)·國政(국정)·軍政(군정)·內政(내정)·薰政(당정)·德政(덕정)·毒政(독정)·獨政(독정)·無政府(무정부)·民政(민정)·秕政(비정)·善政(선정)·攝政(섭정)·施政(시정)·失政(실정)·惡政(악정)·橫政(횡정)·聯政(연정)·領政(영정)·王政復古(왕정복고)·倭政(왜정)·右議政(우의정)·郵政(우정)·議政(의정)·仁政(인정)·臨政(임정)·財政(재정)·祭政(제정)·制定일치(집정)·參政(참정)·親政(친정)·暴政(폭정)·虐政(학정)·行政(행정)·憲政(헌정)·酷政(혹정).

攴 4

故 연고/까닭 고(:)

攴 5획 / 총 9획

음 gù 일 コ, もと, ふるい
영 reason, ancient

① 예 고(舊). ② 연고 고(緣故). ③ 일 고(事). ④ 사건 고(事件). ⑤ 변사 고(變事). ⑥ 옛 습관 고(先例). ⑦ 죽을 고(物故死). ⑧ 까닭 고(理由). ⑨ 그러므로 고(承上起下語). ⑩ 짐짓 고(固爲之). ⑪ 과실 고(過失). ⑫ 초상날 고(大故喪事). ⑬ 글의 뜻 고(指義).

書體 小篆 故 草書 (中學) 形聲

故國(고국 gùguó) ① 옛 나라. ② 타국(他國)에 있으면서 출생(出生)한 자기의 나라를 일컫는 말.
故意(고의 gùyì) ① 일부러 함. ② 《法》남의 권리를 침해하는 줄 알면서도 행하는 의사(意思).
故人(고인 gùrén) ① 죽은 사람. ② 벗. 친구. ③ 오래 전부터 사귀어 오는 사이.

▶ 交通事故(교통사고)·事故(사고)·喪故(상고)·緣故(연고)·溫故知新(온고지신)·有故(유고)·作故(작고)·竹馬故友(죽마고우).

效 본받을 효:

攴 6획 / 총 10획

음 xiào 일 ヨウ, ききめ, ならう
영 effect, follow

① 효험 효(驗). ② 공 효(功). ③ 본받을 효. 닮을 효(像). ④ 배울 효(學). ⑤ 형상할 효(象). ⑥ 힘쓸 효(勉). ⑦ 이를 효(致). ⑧ 드릴 효(獻). ⑨ 줄 효(授). ⑩ 법 받을 효(法).【傚·効와 같음】

書體 小篆 效 草書 (中學) 形聲

效力(효력 xiàolì) ① 효험(效驗). 공로(功勞). 보람. 효능. ② 효과·효험·보람·공로·효능을 나타내는 힘. ③ 힘을 쓰다.

效驗(효험 xiàoyàn) 일의 좋은 보람. 일의 공. 효력(效力). 효용(效用).

▶ 功效(공효)·無效(무효)·發效(발효)·相乘效果(상승효과)·時效(시효)·失效(실효)·實效(실효)·藥效(약효)·逆效果(역효과)·有效(유효)·有效適切(유효적절)·奏效(주효)·特效(특효).

攵 7 ⑾ 敍 베풀/지을 서:

敍敍敍敍敍敍敍敍敍敍

[중] xù [일] ショ, のべる [영] describe

① 베풀 서(陳). ② 지을 서(述). ③ 쓸 서(用). ④ 차례 서(次第). ⑤ 서문 서(序文). ⑥ 단서 서(端緖). ⑦ 지위를 줄 서(敍五七位). 【叙와 같음】

書體 小篆 敍 草書 敍 高校 形聲

敍景(서경 xùjǐng) 경치를 글로 그려 나타냄.

敍事詩(서사시 xùshìshī) 사회 집단의 흥망이나 영웅의 운명 따위를 노래한 운문(韻文). 서정시(抒情詩)보다 이야기에 가깝고 그 형식(形式)도 긴 것이 많다. ↔ 서정시(抒情詩).

敍述(서술 xùshù) 차례로 좇아 진술함.

敍情詩(서정시 xùqíngshī) 작자의 주관적인 감정을 언어의 가락·음감에 의하여 나타내는 시. ↔ 서사시(敍事詩).

敍勳(서훈 xùxūn) 훈공의 차례대로 훈장을 내림.

▶ 大敍事詩(대서사시)·陞敍(승서)·自敍傳(자서전)·追敍(추서).

攵 7 ⑾ 教 가르칠 교:

【教(次條)와 같음】

攵 7 ⑾ 教 가르칠 교:

教教教教教教教教教教

[중] jiào, jiāo [일] キョウ, おしえる [영] teach, religion

① 본 받을 교(效). ② 하여금 교(使爲). ③ 가르칠 교(訓). ④ 알릴 교(告). ⑤ 훈계할 교(訓戒). ⑥ 학문 교(學). ⑦ 도덕 교(道德). ⑧ 줄 교(授). ⑨ 종교 교(宗敎). ⑩ 법령 교(敎令). ⑪ 교서 교(王命).

書體 小篆 教 古文 教 草書 教 中學 會意

教唆(교사 jiàosuō) ① 남을 선동하여 못된 일을 하게 하는 것. ②《法》㉠ 형법상(刑法上) 범의(犯意)를 갖지 아니한 사람을 범의를 갖게 하는 행위. ㉡민법상(民法上) 남에게 불법(不法) 행위를 할 의사를 결정시키는 것.

教書(교서 jiāoshū) ① 글을 가르침. ② 미국에서 대통령 또는 주지사(州知事)가 국회(國會) 또는 주의회(州議會)에 제출하는 정치상(政治上)의 의견서. 또는 국민에 대해서 어떤 입법 또는 정책을 추진하며 이해시키기 위하여 발하는 서면(書面). →연두교서(年頭敎書).

教養(교양 jiàoyǎng) ① 가르쳐서 기름. ② 지식을 넓히고 정서(情緖)를 풍부하게 하며 인격을 닦음.

教諭(교유 jiàoyù) 가르치고 타이름.

教條(교조 jiāotiáo) ① 법규(法規). ② 학생이 지켜야 할 조규(條規).

教旨(교지 jiàozhǐ) ①《制》사품(四品) 이상 벼슬의 사령(辭令). ②《宗》종교의 취지.

教鞭(교편 jiàobiān) 가르칠 때 교사가 가지는 회초리. 《轉》교직(敎職).

教化(교화 jiàohuà) ① 가르쳐 착한 길로 인도함. ②《佛》불법(佛法)으로 가르쳐서 착하게 함.

敎皇(교황 jiàohuáng) Pope의 역(譯). 가톨릭교회〈천주교(天主敎)〉의 최고의 지도자(指導者). 본래 로마의 주교(主敎)였는데 5세기에 레오 1세가 처음으로 이 칭호(稱號)를 가지고 각 교회(敎會)를 통할(統轄)했음.

▶ 家庭敎育(가정교육)·舊敎(구교)·基督敎(기독교)·大學敎授(대학교수)·德敎(덕교)·道敎(도교)·文敎(문교)·密敎(밀교)·反面敎師(반면교사)·佛敎(불교)·邪敎(사교)·仙敎(선교)·宣敎(선교)·禪敎(선교)·宣敎用(선교용)·說敎(설교)·殉敎(순교)·耶蘇敎(야소교)·儒敎(유교)·遺敎(유교)·猶太敎(유태교)·異敎(이교)·入敎(입교)·宗敎(종교)·天主敎(천주교)·胎敎(태교)·布敎(포교)·下敎(하교)·回敎(회교).

敏 민첩할 민

支 7 ⑪

敏 敏 敏 敏 敏 敏 敏 敏 敏 敏

🀄 mǐn 🇯🇵 ビン, すばやい 🇬🇧 agile
① 빠를 민(疾). ② 민첩할 민(敏捷). ③ 총명할 민(聰). ④ 통달할 민(達). ⑤ 공손할 민(恭). ⑥ 민망할 민(閔). ⑦ 엄지발가락 민(足大指). ⑧ 힘쓸 민(勉).

書體 小篆 敏 草書 敏 (高校) 形聲

敏腕(민완 mǐnwàn) 민첩한 수완.
敏捷(민첩 mǐnjié) 재빠르고 날램.
敏活(민활 mǐnhuó) 날쌔고 활발함. 기민(機敏).

▶ 過敏(과민)·機敏(기민)·明敏(명민)·不敏(불민)·英敏(영민)·銳敏(예민)·精敏(정민).

救 구원할 구:

支 7 ⑪

救 救 救 救 救 救 救 救 救 救

🀄 jiù 🇯🇵 キュウ, すくう 🇬🇧 save, aid
① 건질 구(拯). ② 구원할 구(救援). ③ 그칠 구(止). ④ 도울 구(助). ⑤ 두둔할 구(護). ⑥ 바를 구(正).【捄와 통함】

書體 小篆 救 草書 救 (中學) 形聲

救世濟民(구세제민 jiùshìjìmín) 세상(世上)과 민생(民生)을 구제(救濟)함. 중생(衆生)을 고통(苦痛)에서 구제함. 인류(人類)를 죄악(罪惡)에서 구함.
救荒(구황 jiùhuāng) 흉년에 사람들의 굶주림을 도와 줌.

▶ 自救策(자구책).

敗 패할 패:

支 7 ⑪

敗 敗 敗 敗 敗 敗 敗 敗 敗 敗

🀄 bài 🇯🇵 ハイ, やぶれる 🇬🇧 defeat
① 헐어질 패(毁). ② 무너질 패(壞也, 潰). ③ 깨어질 패(破). ④ 멸망할 패(滅亡). ⑤ 털릴 패(損). ⑥ 엎드러질 패(覆). ⑦ 썩을 패(腐).

書體 小篆 敗 大篆 敗 草書 敗 (中學) 形聲

敗家亡身(패가망신 bàijiāwángshēn) 가산을 다 써 없애고 몸을 망침.
敗軍之將(패군지장 bàijūnzhījiàng) 전쟁에 진 장군.
敗亡(패망 bàiwáng) 패하여 망해 버림. 패배(敗北).
敗北(패배 bàiběi) 싸움에 짐. 싸움에 지고 도망감. 패주(敗走).
敗殘兵(패잔병 bàicánbīng) 싸움에 패하여 얼마 남지 않은 병정.
敗將(패장 bàijiāng) 패군지장(敗軍之將)의 약어.
敗退(패퇴 bàituì) 싸움에 지고 물러섬.

▶ 連敗(연패)·劣敗(열패)·腐敗(부패)·憤敗(분패)·惜敗(석패)·勝敗(승패)·失敗(실패)·逆轉敗(역전패)·連敗(연패)·劣敗(열패)·零敗(영패)·完敗(완패)·慘敗(참패)·退敗(퇴패)·判定敗(판정패).

歹殳毋比毛氏气水火爪父爻爿片牙牛犬

敢 구태여/감히 감:

敢敢敢敢敢敢敢敢敢

gǎn カン、あえて dare

① 구태여 감(忍爲). ② 과단성 있을 감(果感). ③ 감히 감(冒昧辭). ④ 날랠 감(勇). ⑤ 용맹스러울 감, 굳셀 감(勇敢). ⑥ 범할 감(犯).

書體 小篆 𠭖 大篆 𢼸 古文 𣀟 草書

𢼳 中學 象形

敢不生心(감불생심 gǎnbùshēngxīn) 감히 엄두도 내지 못함.
敢行(감행 gǎnxíng) 어려움을 참고 행하여 목적을 달함.

▶ 果敢(과감)·不敢請(불감청)·焉敢生心(언감생심)·勇敢(용감).

散 흩을/흩어질 산:

散散散散散散散散散散

①-⑩ sǎn ⑪⑫ sàn
⑬ サン、ちる scatter

① 흩어질 산, 펼 산(分). ② 허탄할 산(誕). ③ 헤어질 산(分離). ④ 술잔 산(尊). ⑤ 방출할 산(放). ⑥ 없어질 산(消). ⑦ 짬 산(暇). ⑧ 쓸모가 없을 산(散木, 木人). ⑨ 가루약 산(藥石屑). ⑩ 거문고 곡조 산(琴曲名廣陵散).【본자는 㪚과 같음】⑪ 놓을 산(放). ⑫ 어슷거릴 산(閒散). ⑬ 절뚝거릴 산(跛行貌).

書體 小篆 𢾅 草書 散 中學 會意

散亂(산란 sǎnluàn) ① 흩어져 어지러움. ② 번뇌로 인하여 정신이 어지러움. ③《物》파동(波動)·입자선(粒子線) 등이 물체·분자·원자 등에 닿아서 방향을 바꾸어 불규칙하게 흩어지는 현상.
散漫(산만 sǎnmàn) 흩어져 어수선함.
散賣(산매 sǎnmài) 물건을 낱개로 팖. 소매(小賣).
散策(산책 sàncè) 이리 저리 거닐어 다님.
散村(산촌 sǎncūn) 집들이 한곳에 모여 있지 않고 각 집이 사방에 흩어져 있는 마을.

▶ 霧散(무산)·發散(발산)·飛散(비산)·離散(이산)·離合集散(이합집산)·集散(집산)·退散(퇴산)·破散(파산)·敗散(패산)·風飛雹散(풍비박산)·閑散(한산)·解散(해산)·魂飛魄散(혼비백산)·擴散(확산).

敦 도타울 돈

敦敦敦敦敦敦敦敦敦

1 dūn タイ、まこと esteem
2 duì タン、まこと
3 トン、あつい

1 ① 쪼은 퇴(琢). ② 모을 퇴(聚). ③ 다스릴 퇴(治). ④ 끊을 퇴(斷). ⑤ 곱송거릴 퇴(敦然獨宿貌). ⑥ 성낼 퇴(怒).【追와 통함】 2 ① 옥쟁반 대(玉敦槃類). ② 서직 담는 그릇 대(盛黍稷器). 3 ① 성낼 돈(怒). ② 알소할 돈, 꾸짖을 돈(詆). ③ 도타울 돈(厚). ④ 핍박할 돈(迫). ⑤ 힘쓸 돈(勉). ⑥ 누구 돈(誰何). ⑦ 클 돈(大). ⑧ 뒤섞일 돈(渾敦不開通貌). ⑨ 막연한 모양 돈(混沌). ⑩ 세울 돈(竪). 4 ① 모을 단(聚). ② 외조롱 달릴 단(瓜繫蔓貌). 5 ① 아로새길 조(彫). ② 그림 그린 활 조(畫弓).【彫와 통함】

書體 小篆 𣀷 草書 敦 高校 形聲

敦篤(돈독 dūndǔ) = 돈후(敦厚).
敦睦(돈목 dūnmù) 사이가 두텁고 서로 화목함.
敦朴(돈박 dūnpǔ) 진실한 마음에서

우러나오는 인정이 두터운 것.
敦化(돈화 dūnhuà) 두터운 교화(教化).

敬 공경 경:
支 8획 ⑫

【敬(支부9획)의 약자】

敬 공경 경:
支 9획 ⑬

敬 敬 敬 敬 敬 敬 敬 敬 敬

🔊 jìng 🇯🇵 ケイ, うやまう 🇬🇧 respect

① 공경할 경(恭). ② 엄숙할 경(肅). ③ 경동할 경(警). ④ 삼갈 경(謹慎).

書體 | 小篆 敬 | 草書 敬 | 中學 | 形聲

敬虔(경건 jìngqián) 공경하는 마음으로 삼가 조심함.
敬啓(경계 jìngqǐ) 삼가 사뢴다는 뜻으로 편지 첫머리에 쓰는 말.
敬畏(경외 jìngwèi) 공경하여 두려워함. 경구(敬懼).
敬遠(경원 jìngyuǎn) ① 겉으로는 공경하는 체 하면서 속으로는 멀리 함. ② 존경하나 가까이 하지 않음.
敬聽(경청 jìngtīng) 공경하여 들음.
敬憚(경탄 jìngdàn) 공경하고 두려워함.
敬歎(경탄 jìngtàn) 공경하고 탄복함.

▶ 舉手敬禮(거수경례)·恭敬(공경)·愛敬(애경)·畏敬(외경)·尊敬(존경).

數 셈 수:
支 9획 ⑬

【數(支부11획)의 약자】

敲 두드릴 고
支 10획 ⑭

🔊 qiāo 🇯🇵 コウ, たたく 🇬🇧 beat

❶ ① 두드릴 고(叩). ② 짧은 매 고(短杖). ③ 칠 고(擊). ④ 후려칠 고(橫擊).
❷ 곁매 칠 교(從傍擊).

敲金戛石(고금알석 qiāojīnjiáshí) 쇠를 두드리고 돌을 울림. 《喩》 시나 문장의 어울림이 뛰어남.
敲門(고문 qiāomén) 문을 똑똑 두드림.

▶ 推敲(퇴고).

敵 대적할 적
支 11획 ⑮

敵 敵 敵 敵 敵 敵 敵 敵 敵

🔊 dí 🇯🇵 テキ, あた, かたき
🇬🇧 enemy

① 대적할 적(當). ② 원수 적(仇). ③ 짝 적(匹). ④ 대할 적(對). ⑤ 무리 적(輩). ⑥ 막을 적(拒抵).

書體 | 小篆 敵 | 草書 敵 | 中學 | 形聲

敵愾(적개 díkài) ① 군주(君主)의 원한을 풀려고 하는 마음. ② 적대하려는 의분. 적과 싸우려고 하는 의기.
敵魁(적괴 díkuí) 적의 우두머리.
敵手(적수 díshǒu) ① 적(敵). ② 자기와 비슷한 힘을 가진 상대방(相對方).

▶ 強敵(강적)·公敵(공적)·難敵(난적)·對敵(대적)·無敵(무적)·宿敵(숙적)·戀敵(연적)·倭敵(왜적)·政敵(정적)·衆寡不敵(중과부적)·天下無敵(천하무적)·匹敵(필적).

敷 펼 부(:)
支 11획 ⑮

🔊 fū 🇯🇵 フ, しく 🇬🇧 disclose

① 베풀 부(陳). ② 펼 부(布). ③ 흩을 부(散). ④ 너를 부(廣索). 【傅와 같음】

敷設(부설 fūshè) 깔아서 설치함. 선로(線路) 등을, 깔음.
敷衍(부연 fūyǎn) ① 널리 폄. ② 뜻을 더 자세히 풀이함. ③ 《中》 ㉠ 일을 대강 해둠. ㉡융통(融通)함.
敷地(부지 fūdì) 어떠한 용도로 쓰이는 땅.
敷土(부토 fūtǔ) 흙이나 모래를 펴서 깔음. 또는 그 흙.

▶ 高水敷地(고수부지).

數 셈 수:
攴 11획
⑮

數數數數數數數數數

❶①-③ 🔊 shǔ 🇯🇵 サク, かぞえる
🇬🇧 count ④-⑧ 🔊 shù 🇯🇵 スウ
🇬🇧 number **❷** 🔊 shuò

❶ ① 헤아릴 수, 셈 칠 수(計). ② 수죄할 수(責). ③ 몇 수, 두어 수(幾). ④ 셈 수(算數枚). ⑤ 이치 수(理致). ⑥ 팔자 수(命數). ⑦ 운수 수(運數). ⑧ 기술 수(術). **❷** 빽빽할 촉(細密). **❸** ① 자주 삭, 여러 번 삭(頻屢). ② 빠를 삭(疾).

書體 小篆 數 草書 数 (中學) 形聲

數數(삭삭 shùshù) ① 자주 되풀이함. ② 바쁜 모양.
數遞(삭체 shuòdì) 벼슬아치가 자주 바뀜.
數間斗屋(수간두옥 shùjiāndǒuwū) 두서너 칸 밖에 안 되는 아주 작은 집.
數爻(수효 shùyáo) 사물의 수.
數罟(촉고 shùgǔ) 눈이 썩 잔 그물.

▶ 係數(계수)·計數(계수)·公倍數(공배수)·公約數(공약수)·權謀術數(권모술수)·級數(급수)·奇數(기수)·幾何級數(기하급수)·多數決(다수결)·代數(대수)·度數(도수)·倍數(배수)·變數(변수)·複數(복수)·負數(부수)·部數(부수)·不知其數(부지기수)·分數(분수)·不快指數(불쾌지수)·算數(산수)·常數(상수)·素數(소수)·術數(술수)·乘數(승수)·實數(실수)·額數(액수)·約數(약수)·陽數(양수)·曆數(역수)·逆數(역수)·偶數(우수)·運數(운수)·陰數(음수)·易數(역수)·里數(이수)·因數(인수)·自然數(자연수)·張數(장수)·財數(재수)·底數(저수)·絶對多數(절대다수)·點數(점수)·除數(제수)·指數(지수)·寸數(촌수)·最大公約數(최대공약수)·最小公倍數(최소공배수)·坪數(평수)·票數(표수)·函數(함수)·恒數(항수)·虛數(허수)·戶數(호수)·回數(횟수).

整 가지런할 정:
攴 12획
⑯

整整整整整整整整整

🔊 zhěng 🇯🇵 セイ, ととのえる
🇬🇧 arrange

① 가지런할 정, 정돈할 정(齊). ② 신칙할 정(飭).

書體 小篆 整 正書 整 (高校) 形聲

整頓(정돈 zhěngdùn) 가지런히 바로 잡음. 정리(整理).
整齊(정제 zhěngqí) 정돈되어 가지런함.

▶ 修整(수정)·再整備(재정비)·調整(조정).

斂 거둘 렴:
攴 13획
⑰

🔊 liǎn 🇯🇵 レン, おさめる
🇬🇧 withdraw

① 거둘 렴(收). ② 모을 렴(聚). ③ 감출 렴(藏). ④ 취할 렴(取). 【殮과 같음】

斂膝端坐(염슬단좌 liǎnxīduānzuò) 옷을 바르게 하고 단정히 앉음.
斂錢(염전 liǎnqián) 거둬 모은 돈. 돈을 거두어 모음.
斂昏(염혼 liǎnhūn) 땅거미. 황혼(黃昏)

▶ 收斂(수렴).

嚴 엄할 엄
攴 13획
⑰

【嚴(口부17획)의 속자】

文 部

글월 문

文 글월 문

文 文 文 文

①-⑬ 음 wén 일 ブン, ふみ
영 literature ⑭ ⑮ 일 モン
영 sentence

① 글 문, 글월 문(錯畫). ② 글자 문(文字書契). ③ 문채 문(文章). ④ 어귀 문(語句). ⑤ 빛날 문(華). ⑥ 법 문(法). ⑦ 착할 문(善). ⑧ 아롱질 문(斑). ⑨ 현상 문(現象). ⑩ 꾸밀 문(飾). ⑪ 아름다울 문(美). ⑫ 채색 문(彩色). ⑬ 결 문(理). ⑭ 꾸밀 문(飾). ⑮ 수식할 문(修飾).

書體 小篆 文 草書 文 中學 象形

文交(문교) wénjiāo) 글로써 사귐.
文德(문덕) wéndé) 학문·교양에서 오는 덕. ↔무덕(武德).
文林(문림) wénlín) ① 문학의 세계. 문학자의 모임. ② 시(詩)·문장(文章)을 모은 것.
文脈(문맥) wénmài) 문장의 줄기. 문리(文理).
文盲退治(문맹퇴치 wénmángtuìzhì) =문맹타파(文盲打破).
文明(문명) wénmíng) ① 문덕(文德)이 빛나는 것. ② 사람의 지혜가 열리고 정신적, 물질적 생활이 풍부하게 됨. 문화에 비하여 기계적, 물질적 방면을 포함한 뜻을 더 가짐.
文廟(문묘) wénmiào) 공자(孔子)를 모신 사당.
文武兼備(문무겸비 wénwǔjiānbèi) 문예와 무사(武事)를 아울러 갖춤. 또는 그런 사람.
文物(문물) wénwù) 문화의 산물. 학문·예술·교육·제도 등 문명(文明)의 발달에 의하여 만들어진 것.
文房四友(문방사우 wénfángsìyǒu) 종이·붓·먹·벼루의 네 가지.
文選(문선) wénxuǎn) ① 좋은 글을 뽑아 모음. 또는 그 책. ② 활판소(活版所)에서 채자(採字)하는 것. ③《書》30권. 양(梁)의 명소태자(明昭太子) 소통(蕭統)이 당시의 훌륭한 시문(詩文)을 모은 것.
文殊菩薩(문수보살 wénshūpúsà)《佛》여래(如來)의 왼편에 있는 보살로 지혜(智慧)를 맡은 보살.
文弱(문약) wénruò) 오직 글만 숭상하여 상무(尙武)의 풍이 없어지고 약해짐.
文獻(문헌) wénxiàn) ① 책과 현인(賢人). ② 옛날의 제도·문물을 알 수 있는 증거가 되는 것. ③ 문물제도(文物制度)를 기록한 책. ④ 학문(學問) 연구(研究)에 참고가 될 만한 기록이나 책.
文化(문화) wénhuà) ① 문덕(文德)으로써 교화함. ② 자연을 이용하여 인류의 이상을 실현하여 나아가는 정신 활동. ③ 세상이 개명(開明)해 가고 학문(學問)·예술(藝術) 등이 진보(進步)하는 것.

▶ 檄文(격문)·構文(구문)·紀行文(기행문)·論文(논문)·獨文(독문)·明文(명문)·美文(미문)·反文化(반문화)·跋文(발문)·煩文(번문)·法文(법문)·本文(본문)·佛文(불문)·不文律(불문률)·碑文(비문)·死文(사문)·散文(산문)·序文(서문)·設文(설문)·詩文(시문)·例文(예문)·韻文(운문)·原文(원문)·肉頭文字(육두문자)·人文(인문)·作文(작문)·雜文(잡문)·電文(전문)·節文(절문)·祭文(제문)·弔文(조문)·條文(조문)·呪文(주문)·注文(주문)·祝文(축문)·漢文(한문).

齊 가지런할 제

【齊(齊부0회)의 약자】

斗(星名北斗, 南斗). ⑤ 문득 두(忽).

書體 小篆 毛 草書 斗 中學 象形

斗斛(두곡 dǒuhú) ① 말. ② 얼마 안 되는 분량. ③ 되질하는 일.
斗頓(두돈→두둔 dǒudùn) 편들어 감 싸 줌.
斗落(두락 dǒuluò) 논밭의 면적 단위. 마지기.
斗量(두량 ① dǒuliáng ② ldǒuiàng) ① 말로 분량을 됨. ② 말로 될 만큼 분량이 많음.
斗星(두성 dǒuxīng) 《天》북두칠성 (北斗七星)의 약어.
斗屋(두옥 dǒuwū) 아주 작은 집.
斗絶(두절 dǒujué) ① 매우 험준함. ② 멀리 떨어짐.
斗酒不辭(두주불사 dǒujiǔbùcí) 말술 도 사양하지 않음. 주량이 매우 큼.
斗護(두호 dǒuhù) 돌보아 씀. 두둔함.

▶ 南斗(남두)·漏斗(누두)·大斗(대두)·北斗(북두)·小斗(소두)·泰斗(태두).

料 헤아릴 료(:)

料料料料料料料料

音 liào 日 リョウ, はかる
英 estimate cost

① 될 료, 말질할 료(量). ② 교계할 료(料計). ③ 셀 료(數). ④ 잡아 다릴 료(捋). ⑤ 소고 료(樂器小鼓). ⑥ 대금 료(代金). ⑦ 헤아릴 료(度). ⑧ 다스릴 료(理). ⑨ 녹 료(祿). ⑩ 거리 료, 가음 료(人物材質).

書體 小篆 糈 草書 料 中學 會意

料金(요금 liàojīn) 수수료로 주는 돈.
料得(요득 liàodé) 헤아려 얻음. 상상 하여 알음.
料理(요리 liàolǐ) ① 처리함. 관리함. ② 시중들음. 주선해 줌. ③ 음식물

375

奢 기릴/명예 예:
【譽(言부14획)의 약자】

竟 깨달을 각
【覺(見부13획)의 약자】

斋 재개할/집 재
【齋(齊부3획)의 약자】

斑 아롱질 반

音 bān 日 ハン, まだら 英 spotted

① 아롱질 반(雜色). ② 얼룩질 반.
斑紋(반문 bānwén) 얼룩진 무늬.
斑白(반백 bānbái) 흰 머리털이 절반 이나 섞임. 또는 그 사람. 반백(半白).
斑點(반점 bāndiǎn) 얼룩진 점.
斑指(반지 bānzhǐ) 한 짝으로만 된 가락지.

▶ 紅斑(홍반).

斗 部
말 두

斗 말 두

丶亠二斗

音 dǒu, dòu 日 ト, トウ, ます
英 Korean measure

① 말 두(量名, 十升). ② 구기 두(酒器勺). ③ 글씨 두(科斗書形). ④ 별 이름

을 조리함. 또는 그 음식.
料率(요율 liàoshuài) 요금의 정도. 비율.
料亭(요정 liàotíng) 요릿집.

▶ 穀料(곡료)·科料(과료)·給料(급료)·無料(무료)·肥料(비료)·史料(사료)·思料(사료)·飼料(사료)·食料(식료)·燃料(연료)·染料(염료)·原料(원료)·飮料(음료)·衣料(의료)·資料(자료)·資材料(재료)·香料(향료).

斜 비낄/경사(傾斜) 사
斗 7획 ⑪

斜 斜 斜 斜 斜 斜 斜 斜 斜 斜 斜

음 xié 일 シャ, ななめ 영 inclined
1 ① 비낄 **사**(不正橫). ② 흩어질 **사**(散). ③ 잡아당길 **사**(抒). **2** 고을 이름 **야**(梁州谷名㟎斜).

書體 小篆 斜 草書 斜 (高校) 形聲

斜角(사각 xiéjiǎo) 《數》 직각(直角)에 대하여 예각(銳角)·둔각(鈍角)의 총칭. 빗각.
斜面(사면 xiémiàn) ① 비스듬한 바닥. ② 《數》 하나의 평면(平面)에 대하여 직각 이외의 각을 이룬 평면(平面). ③ 고개나 산록(山麓)과 같이 비스듬하게 생긴 지면(地面).
斜視(사시 xiéshì) ① 눈을 흘겨 봄. ② 사팔눈으로 봄.

▶ 傾斜(경사)·急斜面(급사면)·緩斜面(완사면)·橫斜(횡사).

斟 짐작할 짐
斗 9획 ⑬

음 zhēn 일 シン, くむ 영 dip up
① 구기 **짐**(勻). ② 짐작할 **짐**(斟酌計). ③ 마음 머뭇거릴 **짐**(斟斟遲疑).
斟量(짐량 zhēnliáng) = 짐작(斟酌).
斟酌(짐작 zhēnzhuó) ① 술 따위를 따

라 서로 주고받음. ② 사물을 헤아리고 사정(事情)을 참작하여 잘 처리함. ③ 어림으로 헤아림.

斡 돌 알
斗 10획 ⑭

1 음 wò 일 カン, めぐる 영 manage
2 음 ǎn 일 アツ
1 ① 구를 **간**(轉). ② 옮길 **간**(運). ③ 주장할 **간**(主). ④ 자루 **간**(柄). **2** 돌 **알**(旋).

斡流(알류 wòliú) 돌아 흐름.
斡旋(알선 wòxuán) ① 돌음. 돌림. ② 세력을 되돌려서 모자란 데를 보충함. ③ 남의 일을 돌보아 줌. 주선(周旋).
斡運(알운 wòyùn) 돌아감. 선전운행(旋轉運行).
斡維(알유 wòwéi) 빙빙 회전하는 물건을 잡아매어 두는 중축(中軸).

斤 部

도끼 근

斤 도끼/날 근
斤 0획 ④

斤 斤 斤 斤

음 jīn 일 キン, おの 영 axe
① 근 **근**, 열엿량중 **근**(權輕重器十六兩). ② 도끼 **근**(斫木器). ③ 날 **근**(劍鋼總稱). ④ 도끼 **근**(斫). ⑤ 밝게 살필 **근**(明察).

書體 小篆 斤 草書 斤 (高校) 象形

斤斧(근부 jīnfǔ) 큰 도끼.

斤數(근수 jīnshù) 근 단위로 된 저울 무게의 셈.

▶ 千斤萬斤(천근만근).

斥 물리칠 척

斥斥斥斥

中 chì 日 セキ, しりぞける
英 repulse

① 가리킬 척(指). ② 개척할 척(開). ③ 넓힐 척(廣). ④ 쫓을 척(逐). ⑤물리칠 척(擯). ⑥ 개펄 척(鹹). ⑦ 언덕 척(澤厓). ⑧ 내칠 척(屛除). ⑨ 망군 척(斥候望). ⑩ 나타날 척(現).

書體 小篆 斥 草書 斥 (高校) 象形

斥兵(척병 chìbīng) =척후(斥候)..
斥邪(척사 chìxié) 사기(邪氣)나 사교(邪敎)를 물리침.
斥黜(척출 chìchù) 내침. 물리침.
斥和(척화 chìhé) 화의(和議)를 물리침.
斥候(척후 chìhòu) 몰래 적의 형편을 살핌. 또는 그 군사. 척병(斥兵).

▶ 排斥(배척)·擯斥(빈척)·衛正斥邪(위정척사)·逐斥(축척).

斧 도끼 부

中 fǔ 日 フ, おの 英 axe

① 도끼 부(斫木器). ② 연월도 부(斧鉞倚伏). 【鈇와 통함】

斧斤(부근 fǔjīn) 도끼.
斧鉞(부월 fǔyuè) ① 큰 도끼. 《轉》 무거운 형벌. ② 임금이 출정(出征)하는 대장(大將)에게 주던 도끼. ③ 손을 봄. 수정(修正)하는 것.
斧鑿痕(부착흔 fǔzáohén) ① 도끼와 끌로 다듬은 흔적. ② 시(詩)나 문장(文章)에 기교(技巧)를 다한 흔적(痕迹).

斫 쪼갤 작

中 zhuó 日 シャク, きる
英 cut with a sword

① 쪼갤 작, 찍을 작(刀斫擊). ② 베어낼 작(切).

斫刀(작도 zhuódāo) 작두.
斫伐(작벌 zhuófá) 나무를 찍어서 냄.
斫破(작파 zhuópò) 찍어 둘로 쪼갬.

斬 벨 참(:)

中 zhǎn 日 ザン, きる 英 cut

① 끊을 참, 벨 참(截). ② 목 베일 참(斷首). ③ 죽일 참(殺). ④ 상복에 도련 아니 할 참(斬衰喪服不緝). ⑤거상 입을 참(居喪).

斬死(참사 zhǎnsǐ) 칼 맞아 죽음.
斬殺(참살 zhǎnshā) ① 목을 베어 죽임. ②《制》 형벌의 이름. 〈참(斬)은 도끼로 죽이고, 살(殺)은 칼로 죽임.〉
斬首(참수 zhǎnshǒu) 목을 벰. 또는 그 머리.
斬新(참신 zhǎnxīn) 가장 새로움. 참신(嶄新). 〈당대(唐代)의 방언(方言)으로 참(斬)은 「매우, 대단히」의 뜻〉.

▶ 泣斬馬謖(읍참마속).

斷 끊을 단:

【斷(斤부·14획)의 약자】

斯 이 사

斯斯斯斯斯斯斯斯斯

[중] sī [일] シ, この, これ [영] this

① 쪼갤 **사**(析). ② 이 **사**(此). ③ 곧 **사**(即). ④ 말 그칠 **사**(語已辭). ⑤ 천할 **사**(賤).

[書體] 小篆  草書  [高校] 形聲

斯界(사계 sījiè) 이 방면의 사회.
斯道(사도 sīdào) 이 길. 성인(聖人)의 길. 유도(儒道).
斯世(사세 sīshì) 이 세상(世上).
斯學(사학 sīxué) 이 학문. 그 학문.

斤 9 ⑬ 新 새 신

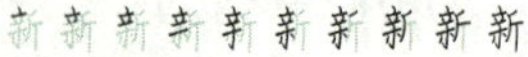

[중] xīn [일] シン, あたらしい
[영] new, fresh

① 새 **신**, 처음 **신**, 새로울 **신**(初). ②고울 **신**(鮮). ③ 새롭게 할 **신**(革其舊). ④ 옛 나라 이름 **신**.

[書體] 小篆  草書  [中學] 形聲

新紀元(신기원 xīnjìyuán) ① 새로운 기원. ② 획기적(劃期的)인 사실로 말미암아 새로운 방향으로 나아가게 된 새로운 시대.
新機軸(신기축 xīnjīzhóu) 새로 생각해 낸 방법.
新約(신약 xīnyuē) 《宗》 ① 그리스도가 이 세상에 온 뒤 하나님이 인간에게 한 약속. ↔ 구약(舊約). ② 신약성경(新約聖經)의 약어.
新陳代謝(신진대사 xīnchéndàixiè) ① 새것과 묵은 것이 바뀜. ② 《生》 생명을 유지하기 위하여 필요한 것을 섭취하고 불필요한 것을 배설하는 현상.

▶ 改新(개신)·更新(경신)·刷新(쇄신)·溫故知新(온고지신)·維新(유신)·日新(일신)·斬新(참신)·嶄新(참신)·淸新(청신)·最新(최신)·探新(탐신)·革新(혁신).

斤 14 ⑱ 斷 끊을 단:

[중] duàn [일] ダン, たちきる [영] cut

① 끊을 **단**(截). ② 갈길 **단**(翦). ③ 끊어질 **단**(絕之). ④ 결단할 **단**(決). ⑤ 조각낼 **단**(段). ⑥ 한결같을 **단**(斷斷專一).

[書體] 小篆  大篆  草書  [高校] 會意

斷機之戒(단기지계 duànjīzhījiè) 학문을 중도에서 그만 둠에 대한 훈계. 《故》 맹자(孟子)의 어머니가 맹자(孟子)를 훈계하기 위하여 짜던 베를 끊었다함.
斷末魔(단말마 duànmòmó) 《佛》 숨이 끊어질 때의 고통. 숨이 끊어질 순간.
斷想(단상 duànxiǎng) ① 생각을 끊음. ② 단편적인 생각.
斷案(단안 duànàn) ① 옳고 그름을 판단함. ② 어떤 안(案)을 딱 잘라 정함. 또는 그 안(案).
斷崖(단애 duànyá) 깎은 듯한 낭떠러지.
斷腸(단장 duàncháng) ① 창자가 끊어짐. ② 《喩》 더할 수 없이 슬픔.
斷截(단절 duànjié) 끊음. 끊어버림. 잘라버림. 단절(斷切).

▶ 決斷(결단)·果斷(과단)·禁斷(금단)·壟斷(농단)·道斷(도단)·獨斷(독단)·武斷(무단)·無斷(무단)·不斷(부단)·分斷(분단)·速斷(속단)·言語道斷(언어도단)·嚴斷(엄단)·豫斷(예단)·勇斷(용단)·優柔不斷(우유부단)·一刀兩斷(일도양단)·裁斷(재단)·切斷(절단)·絕斷(절단)·中斷(중단)·診斷(진단)·遮斷(차단)·處斷(처단)·判斷(판단)·橫斷(횡단).

4
斤 9

方部

모 방

方 모[稜]/방법 방

方 方 方 方

- fāng ホウ, かど
- square, direction

① 모 **方**(矩). ② 방위 **方**(嚮). ③ 이제 **방**(今). ④ 떳떳할 **방**(常). ⑤ 견줄 **방**(比). ⑥ 또한 **방**, 바야흐로 **방**(且). ⑦ 있을 **방**(有). ⑧ 배 아울러 맬 **방**(倂舟). ⑨ 방법 **방**(術法). ⑩ 책 **방**(簡策). ⑪ 방서 **방**(醫書).

書體 小篆 方 草書 方 **中學** 象形

方略(방략 fānglüè) 무슨 일을 하는 방법과 둘러대는 꾀. 방법(方法)과 재략(才略). 방책(方策). 방계(方計).

方眼紙(방안지 fāngyǎnzhǐ) 세로줄과 가로줄이 일정한 간격으로 그어져 있는 종이. 그래프 용지.

方言(방언 fāngyán) ① 한 지방에만 쓰는 말. 사투리. ② 《書》 13권. 한대(漢代) 양웅(揚雄)이 지었다고 함. 각 지방의 사투리를 수록함.

方便(방편 fāngbiàn) ① 기회. ② 《佛》 중생을 건지기 위하여 세운 수단방법. ③ 수단. ④ 《中》 좋은 형편. 알맞은 형편.

▶ 近方(근방)·今方(금방)·東方(동방)·等方(등방)·萬方(만방)·百方(백방)·邊方(변방)·本方(본방)·秘方(비방)·四方八方(사방팔방)·朔方(삭방)·相對方(상대방)·雙方(쌍방)·藥方(약방)·臨時方便(임시방편)·前方(전방)·地方(지방)·處方(처방)·天方地軸(천방지축)·八方美人(팔방미인)·漢方(한방)·韓方(한방)·行方(행방)·向方(향방)·後方(후방).

於 어조사 어 / 탄식할 오

於 方 方 方 於 於 於 於

1. yú, wú オ, よる on, at
2. yū オ

1 ① 어조사 **어**(語助辭). ② 에 **어**(句讀). ③ 거할 **어**, 살 **어**(居). ④ 갈 **어**(往). ⑤ 대신할 **어**(代). ⑥ 여기 **어**(此). ⑦ 이보다 **어**(此). **2** ① 탄식할 **오**(歎辭). ② 땅 이름 **오**(地名商於).

書體 小篆 於 草書 扒 **中學** 象形

於焉間(어언간 yúyānjiān) 알지 못하는 사이에 어느덧. 어언지간(於焉之間).

於音(어음 yúyīn) 《國》 ① 돈 지불을 약속하는 표쪽. ② 《經》 일정한 금액을 일정한 시기에 일정한 장소에서 무조건으로 지불할 사항을 기재하고 서명(署名)한 유가증권(有價證券).

於中間(어중간 yúzhōngjiān) ① 거의 중간이 되는 곳. ② 《國》 엉거주춤한 형편.

於此於彼(어차어피 yúcǐyúbǐ) 이렇게 하든지, 저렇게 하든지. 어차피.

▶ 期於(기어)·甚至於(심지어)·靑出於藍(청출어람).

施 베풀 시:

施 施 施 施 施 施 施 施 施

1. shī シ, ほどこす bestow
2. セ

1 ① 베풀 **시**(設). ② 쓸 **시**(用). ③ 더할 **시**(加). ④ 안짝곱사등이 **시**(戚施不能仰). ⑤ 벙글거릴 **시**(施施喜悅貌). ⑥ 성 **시**(姓). ⑦ 버릴 **시**(捨).【弛와 같음】⑧ 줄 **시**(與). ⑨ 펼 **시**(布). ⑩ 은혜

시(惠). ⑪ 공로 시(勞). **2** ① 잘난체할 이(施施自得貌). ② 비뚤어질 이(斜). 【訑와 같음】 ③ 옮길 이(移). ④ 벗을 이(延). ⑤ 미칠 이(及).

書體 小篆 施 草書 施 中學 形聲

施療(시료 shīliáo) 병을 고쳐 줌. 치료를 함.
施肥(시비 shīféi) 논밭에 거름을 줌.
施政(시정 shīzhèng) 정치를 베풂. 정치를 함.
施主(시주 shīzhǔ) 《佛》 ① 중이나 절에 물건을 바침. 시주(施助). 또는 바치는 사람. 단나(檀那). 화주(化主). ② 장례나 법회(法會) 때 그 주인이 됨.
施惠(시혜 shīhuì) 은혜(恩惠)를 베풂. 또 그 은혜.

▶公共施設(공공시설)·普施(보시)·實施(실시)·布施(포시; 보시).

旁 곁 방:

方⑥⑩

음 páng 일 ボウ, かたわら 영 side

1 ① 넓을 방(廣). ② 클 방(大). ③ 두 갈래 길 방(岐道). ④ 덩어리 방(旁礴混同). ⑤ 오락가락할 방(旁午交橫). 【傍과 같음】 ⑥ 왕래할 방(往來). **2** 휘몰아갈 팽(旁旁驅馳不息貌).

旁系(방계 pángxì) 직계에서 갈려 나간 계통. ↔직계(直系).
旁觀(방관 pángguān) ① 곁에서 바라봄. ② 상관하지 않고 곁에서 보고만 있음. 방관(傍觀).
旁若無人(방약무인 pángruòwúrén) 제 세상인 듯이 함부로 버릇없이 행동하는 모양. 방약무인(傍若無人).
旁行(방행 pángxíng) ① 천하(天下)를 두루 돌아다님. ② 글을 가로줄로 씀. 횡서(橫書). ③ 옆으로 감. 걸음이 정확(正確)하지 못함.

旅 나그네 려

方⑥⑩

旅旅旅旅旅旅旅旅旅

음 lǚ 일 リョ, たび 영 travel

① 나그네 려, 손님 려(羇旅寄客). ② 무리 려(衆). ③ 군사 려(五百人爲旅軍). ④ 베풀 려(陳). ⑤ 오랑캐 어른 려(西戎之長曰西旅). ⑥ 괘 이름 려(卦名). ⑦ 제 이름 려(祭名).

書體 小篆 旅 古文 㫃 草書 旅 中學 會意

旅券(여권 lǚquàn) 외국을 여행하는 사람에게 주는 정부의 허가증.
旅愁(여수 lǚchóu) 여행(旅行)에서 느끼는 쓸쓸함.
旅裝(여장 lǚzhuāng) 길 떠날 차림. 여행의 몸차림.
旅程(여정 lǚchéng) 여행하는 일수(日數)나 이수(里數)나 길의 차례.
旅抱(여포 lǚbào) 여정(旅情). 나그네의 회포. 여사(旅思).

▶背囊旅行(배낭여행)·行旅者(행려자).

旋 돌[廻] 선

方⑦⑪

旋旋旋旋旋旋旋旋旋旋

①~⑦ 음 xuán ⑧ 음 xuàn 일 セン, めぐる 영 revolve

① 돌이킬 선(反). ② 빠를 선(疾). ③ 오줌 선(小便). ④ 쇠북꼭지 선(鐘懸). ⑤ 주선할 선(周旋指麾). ⑥ 돌아다닐 선(盤旋廻). ⑦ 구를 선(幹旋轉). ⑧ 돌릴 선(逐旋遶). 【還과 통함】

書體 小篆 旋 草書 旋 高校 會意

旋乾轉坤(선건전곤 xuánqiánzhuǎnkūn) 천지가 회전함. 곧 나라의 폐풍(弊風)을 뿌리째 고치는 일.
旋毛(선모 xuànmáo) 곱슬곱슬한 털.

旋盤(선반 xuánpán) 같이 기계. 쇠를 갈거나 구멍을 뚫는 기계.

旋律(선율 xuánlǜ) 음악의 고저(高低)·장단(長短)의 변화가 일정한 리듬으로써 연속적으로 울려 나오는 것. 멜로디.

旋風(선풍 xuànfēng) ① 회오리바람. ② 갑자기 큰 영향을 일으키는 사건.

▶ 凱旋(개선)·螺旋(나선)·盤旋(반선)·斡旋(알선)·渦旋(와선)·右旋(우선)·轉旋(전선)·左旋(좌선)·周旋(주선)·回旋(회선)·廻旋(회선).

旌 기(旗) 정
方 7획 ⑪

음 jīng 일 セイ, しるし 영 signal

① 장목기 정(旗名析羽置竿). ② 표할 정(旌別表).

旌竿(정간 jīnggān) 깃대.
旌鼓(정고 jīnggǔ) 기와 북.
旌旗(정기 jīngqí) 기. 정패(旌旆).
旌閭(정려 jīnglǘ) 충신(忠信)·효자(孝子)·열녀(烈女)들이 살던 고을에 정문(旌門)을 세워서 표창(表彰)하던 일.
旌銘(정명 jīngmíng) 죽은 사람의 이름을 쓴 기. 명정(銘旌).
旌門(정문 jīngmén) ① 왕이 머무는 곳에 기를 세워서 표한 문. ② 나라에 공이 많은 사람이나 효도(孝道)나 절개(節槪)가 뛰어난 사람 집 앞에 나라에서 표창하고자 세운 붉은 문.
旌表(정표 jīngbiǎo) 선행(善行)을 칭찬하여 여러 사람에게 알림.

▶ 銘旌(명정).

族 겨레 족
方 7획 ⑪

族族族族族族族族族族

❶ 음 zú 일 ゾク, みうち 영 family
❷ 일 ゾク, やから

❶ ① 무리 족(衆). ② 일가 족. 겨레 족(宗族). ③ 동류 족(同類). ④ 성씨 족(姓氏). ⑤ 모일 족(簇也, 聚). [蔟과 같음] ❷ 풍류가락 주(節族樂變). 【奏와 통함】

書體 小篆 旅 草書 族 中學 會意

族譜(족보 zúpǔ) 한 족속의 세계(世系)를 적은 책.
族長(족장 zúcháng, zhǎng) ① 일족(一族) 가운데 제일 어른이 되는 사람. ② 일족 가운데 제일 연장자.
族親(족친 zúqīn) 유복친(有服親) 이외의 한 집안.
族兄(족형 zúxiōng) 동종유복친(同宗有服親) 이외의 형뻘이 되는 남자.

▶ 家族(가족)·擧族(거족)·權門勢族(권문세족)·貴族(귀족)·同族相殘(동족상잔)·民族魂(민족혼)·背囊族(배낭족)·白衣民族(백의민족)·閥族(벌족)·汎民族(범민족)·勢族(세족)·氏族(씨족)·愛族(애족)·遺族(유족)·種族(종족)·親族(친족)·土着族(토착족)·核家族(핵가족)·血族(혈족)·豪族(호족)·皇族(황족).

旗 기/깃발 기
方 10획 ⑭

旗旗方 方 扩 浐 旃 旗 旗 旗

음 qí 일 キ, はた 영 flag, banner

① 기 기(軍將所建). ② 대장기 기(將旗). ③ 표할 기(標).

書體 小篆 旗 草書 旗 高校 形聲

旗竿(기간 qígān) 깃대.
旗手(기수 qíshǒu) ① 기(旗)를 가지고 신호(信號)를 일삼는 사람. ② 기를 들거나 받는 군사.
旗章(기장 qízhāng) 표지(標識)로 하는 기. 국기·군함기 따위 등의 총칭.
旗幟(기치 qízhì) ① 군중(軍中)에서 쓰는 온갖 기. ② 처지. 태도.
旗下(기하 qíxià) ① 대장기(大將旗)

의 아래. 본진(本陣). ② 대장 직속의 군인. 막하(幕下). ③ 휘하(麾下).
旗艦(기함 qíjiàn) 사령관이 타고 있는 군함.
旗行列(기행렬 qíhánglìè) 축하나 환영의 뜻을 나타내기 위하여 기(旗)를 들고 열을 지어 돌아다니는 일.

▶ 降旗(강기)·國旗(국기)·反旗(반기)·叛旗(반기)·白旗(백기)·優勝旗(우승기)·弔旗(조기)·太極旗(태극기).

无, 旡 部

없을 무, 이미기방

无 ⁴⁄₀ 없을 무

【無(火부8획)의 고자】
无疆(무강 wújiāng) 한계가 없음.
无妄(무망 wúwàng) ① 괘(卦)의 이름. 진하건상(震下乾上). ② 진실하고 속임이 없는 것.

旡 ⁵⁄₉ 이미 기

【旣(旡부7획)의 와자】

旣 ⁷⁄₁₁ 이미 기

旣旣旣旣旣旣旣旣旣旣

 jì 日 キ, すでに 영 already
① 이미 기(已). ② 다할 기(盡). ③ 끝날 기(畢). ④ 작게 먹을 기(小食).

書體 小篆 古文 草書 中學 形聲

旣往之事(기왕지사 jìwǎngzhīshì) 이미 지나간 일.
旣定事實(기정사실 jìdìngshìshí) 이미 정하여진 사실.

日 部

날 일

日 ⁴⁄₀ 날 일

日 日 日 日

音 rì 日 ジツ, ニチ, ひ, ひる
영 sun, day

① 날 일, 해 일(太陽精人君象). ② 하루 일, 날자 일. ③ 먼저 일(往者). ④ 날 점칠 일.

書體 小篆 日 古文 草書 日 中學 象形

日加月增(일가월증 rìjiāyuèzēng) 날로 달로 더하여 감.
日較差(일교차 rìjiàochā) 《地》기온·습도 따위의 하루 동안에 바뀌는 차이.
日久月深(일구월심 rìjiǔyuèshēn) 날이 오래고 달이 깊어짐. 곧 골똘히 바람을 이름.
日暮途遠(일모도원 rìmùtúyuǎn) 날은 저물었는데 갈 길은 멀음.《喻》이미 늙어서 앞으로 목적한 것을 쉽게 달성 못함.
日沒(일몰 rìmò) 해가 짐. 또는 그 무렵. 일입(日入). ↔ 일출(日出).
日邊(일변 rìbiān) 하루하루 셈 치는 변리.
日賦(일부 rìfù) 얼마의 금액을 며칠에 나누어 나날이 갚아서 상환함.
日附變更線(일부변경선 rìfùbiàngēngxiàn) 180도의 경선을 중심으로 하

여 설정한 선. 이 선을 동 쪽으로 향하여 넘으면 같은 날짜를 되풀이하고, 서쪽으로 향하여 넘으면 하루가 빨라짐.

日附印(일부인 rìfùyìn) 서류 등에 그 날 그 날의 날짜를 넣어 찍는 도장.

日蝕(일식 rìshí)《天》달이 태양과 지구의 사이에 끼어서 태양을 가로막는 현상.

日新(일신 rìxīn) 날로 결점을 고쳐 새로 됨.

日長月就(일장월취 rìchángyuèjiù) =일취월장(日就月將).

日增月加(일증월가 rìzēngyuèjiā) 날로 붇고 달로 불어 늘어감.

日辰(일진 rìchén) 날의 간지(干支)를 이름. 곧 갑자일(甲子日)·을축일(乙丑日) 따위.

日進月步(일진월보 rìjìnyuèbù) 날로 달로 진보함. 끊임없이 진보 발전함. 일취월장(日就月將).

日淺(일천 rìqiǎn) 날짜가 많지 않음. 시작한 지가 오래 되지 않음.

日就月將(일취월장 rìjiùyuèjiāng) 학문이 날로 달로 나아감.

日昃(일측 rìzè) 해가 기울음. 오후 두 시쯤. 미시(未時).

▶ 隔日(격일)·空日(공일)·課日(과일)·忌日(기일)·期日(기일)·吉日(길일)·落日(낙일)·來日(내일)·當日(당일)·白日夢(백일몽)·消日(소일)·連日(연일)·旭日昇天(욱일승천)·翌日(익일)·祭日(제일)·終日(종일)·此日彼日(차일피일)·擇日(택일)·抗日(항일).

旦 아침 단

日 1 5

日 日 日 旦 旦

⊙ dàn ⊙ タン, よあけ ⊙ dawn

① 아침 단(朝). ② 새벽 단(曉). ③ 일찍 단(早). ④ 밝을 단(明). ⑤ 간칙할 단(旦旦懇惻欵誠). ⑥ 밤에 우는 새 단(夜鳴求旦之鳥).

書體 小篆 旦 草書 旦 (高校) 象形

旦明(단명 dànmíng) 새벽. 아침. 여명(黎明).

旦暮(단모 dànmù) ① 아침과 저녁. 조석(朝夕). ② 아침이나 저녁이나 늘. 언제나. ③ 절박해짐. 목숨이 얼마 남지 않은 것.

▶ 元旦(원단)·一旦(일단)·一旦停止(일단정지).

旨 뜻 지

日 2 6

⊙ zhǐ ⊙ シ, むね ⊙ meaning

① 뜻 지, 뜻할 지(意向). ② 아름다울 지(美). ③ 맛 지(味). ④ 조서 지(詔旨王言).

旨甘(지감 zhǐgān) 어버이를 봉양하는 음식. 맛좋은 음식.

旨趣(지취 zhǐqù) ① 어떠한 일에 대하여 마음먹고 있는 뜻. ② =취지(趣旨).

▶ 密旨(밀지)·宣旨(선지)·宗旨(종지)·趣旨(취지)·勅旨(칙지).

早 일찍/이를 조:

日 2 6

早 早 早 早 早 早

⊙ zǎo ⊙ ソウ, はやい ⊙ early

① 새벽 조, 일찍 조, 이를 조(晨). ② 먼저 조(先).

書體 小篆 早 草書 早 (中學) 會意

早老(조로 zǎolǎo) 나이보다 일찍 늙음.

早晚間(조만간 zǎowǎnjiān) 멀지 않아. 이르든지 늦든지 필경은 어느 때에든지.

早喪父母(조상부모 zǎosāngfùmǔ) 어려서 부모를 잃음. 조실부모(早失父母).

早失父母(조실부모 zǎoshīfùmǔ) = 조상부모(早喪父母).

▶ 時機尙早(시기상조).

旬 열흘 순

旬 勹 句 旬 旬 旬

음 xún 일 ジュン, とおか
영 a period of ten days

① 열흘 순(十日). ② 두루할 순(徧). ③ 고를 순(均). ④ 가득할 순(滿). ⑤ 요괴로운 별 순(妖星牙始).

書體 小篆 旬 草書 旬 (高校) 會意

旬刊(순간 xúnkān) 열흘 만에 한 번씩 발행함. 또는 그 간행물.
旬年(순년 xúnnián) 10년.
旬報(순보 xúnbào) 열흘 만에 한 번씩 내는 보고서. 순간(旬刊)의 신문 또는 잡지.

▶ 三旬九食(삼순구식).

旭 아침해 욱

음 xù 일 キョク, あきらか
영 bright

① 빛날 욱(明). ② 햇살 치밀 욱(日初出貌). ③ 교만할 욱(旭旭小人憍蹇貌).
旭光(욱광 xùguāng) 솟아오르는 아침 햇빛.
旭日(욱일 xùrì) 아침 해.
旭日昇天(욱일승천 xùrìshēngtiān) 아침 해가 하늘에 떠오름. 또는 그러한 기세.

旱 가물 한:

旱 旱 旱 旱 旱 旱 旱

음 hàn 일 カン, ひでり
영 dry weather

① 가물 한(亢陽不雨). ② 물 없을 한(渴水).

書體 小篆 旱 草書 旱 (高校) 會意

旱魃(한발 hànbá) ① 가뭄. ② 가뭄을 맡고 있다는 귀신.
旱害(한해 hànhài) 가뭄으로써 오는 재해(災害).

▶ 大旱(대한).

旺 왕성할 왕:

음 wàng 일 オウ, さかん
영 prosper

① 고울 왕(光美). ② 햇무리 왕(日暈). ③ 성할 왕(物之始盛). ④ 일 왕(興旺, 盛旺). 【旺과 같음】
旺氣(왕기 wàngqì) ① 왕성한 기운. ② 행복스럽게 될 조짐.
旺盛(왕성 wàngshèng) 잘 되어 한창 성(盛)함.
旺盛期(왕성기 wàngshèngqī) 한창 왕성한 시기. 가장 번창(繁昌)할 때.
旺運(왕운 wàngyùn) 한창 성한 운수.
旺興(왕흥 wàngxīng) = 흥왕(興旺).

昂 높을 앙

음 áng 일 コウ, あがる
영 bright, high

① 밝을 앙(明). ② 들 앙(擧). ③ 높을 앙(高). ④ 말 성큼성큼 걸을 앙(昂昂馬行貌). 【卬·仰과 통함】
昂貴(앙귀 ángguì) 값이 오름.
昂騰(앙등 ángténg) 높아짐. 물건 값이 오름. 등귀(騰貴). 고등(高騰).
昂奮(앙분 ángfèn) ① 매우 흥분함. ② 《醫》 자극에 의하여 생물체에 일어나는 일시적 상태의 변화. 흥분.

昂揚(앙양 ángyáng) 높이 올라감. 높이 올림.

昃 해 기울어질 측
日 4 (8)

🔊 zè 🇯🇵 ショク, ソク, かたむく
🇬🇧 decline

해 기울어질 측(日斜).

昆 맏 곤
日 4 (8)

🔊 kūn 🇯🇵 コン, あに
🇬🇧 eldest brother

1 ① 맏 곤, 언니 곤, 형 곤(兄). ② 뒤 곤(後). ③ 손자 곤(後昆孫). ④ 같을 곤(同). ⑤ 다 곤(咸).【崑·崐과 통함】**2** ① 덩어리 혼(昆侖形). ② 서쪽오랑캐 이름 혼(渾·混과 통함).

昆弟(곤제 kūndì) 형과 아우. 형제.
昆蟲(곤충 kūnchóng) 《動》 ① 벌레의 총칭. ② 곤충류에 딸린 동물.

昇 오를 승
日 4 (8)

昇 昇 昇 昇 昇 昇 昇 昇

🔊 shēng 🇯🇵 ショウ, のぼる
🇬🇧 ascend

① 해 돋을 승(日上). ② 풍년들 승(昇平). ③ 오를 승.【升과 통함】

書體 小篆 ![] 草書 昇 (高校) 形聲

昇天(승천 shēngtiān) ① 하늘에 오름. ② 사물이 왕성한 모양. ③ 《宗》 기독교에서 신자(信者)의 죽음을 일컬음.
昇遐(승하 shēngxiá) 임금이 세상을 떠남.
昇華(승화 shēnghuá) 《化》 고체가 액체로 변하지 않고 직접 기체로 되는 현상.

昊 하늘 호:
日 4 (8)

🔊 hào 🇯🇵 コウ, なつぞら
🇬🇧 clear summer sky

① 여름하늘 호(夏天). ② 기운이 넓을 호(昊天罔極).【皞와 통함】

昊蒼(호창 hàocāng) 하늘. 호천(昊天).
昊天(호천 hàotiān) ① 하늘. ② 사천(四天)의 하나. 여름 하늘. ③ 하늘의 신(神).
昊天罔極(호천망극 hàotiānwǎngjí) 끝이 없는 하늘과 같이 부모의 은혜가 크다는 것을 일컫는 말.

昌 창성할 창(:)
日 4 (8)

昌 昌 昌 昌 昌 昌 昌 昌

🔊 chāng 🇯🇵 ショウ, さかん
🇬🇧 make prosperious

① 창성할 창(盛). ② 나타날 창(顯). ③ 착할 창(美言善). ④ 물건 창(物). ⑤ 날빛 창(日光).

書體 小篆 ![] 或體 ![] 草書 ![] (中學) 會意

昌盛(창성 chāngshèng) 번성하고 잘 되어 감.
昌運(창운 chāngyùn) ① 번창할 운수. ② 사물이 번영해질 시기.

▶ 繁昌(번창)·隆昌(융창)·猖昌(창창).

明 밝을 명
日 4 (8)

明 明 明 明 明 明 明 明

🔊 míng 🇯🇵 メイ, ミョウ, あきらか
🇬🇧 bright, clear

① 밝을 명(照). ② 분별할 명(辨). ③ 총명할 명(聰). ④ 나타날 명(著). ⑤ 확실할 명(確). ⑥ 볼 명(視). ⑦ 밝힐 명

(顯). ⑧ 날이 샐 명(夜明). ⑨ 낮 명(晝). ⑩ 현세 명(現世). ⑪ 신령스러울 명(神靈). ⑫ 왕조의 이름 명(中國王朝名). ⑬ 깨달을 명(曉). ⑭ 빛 명(光). ⑮ 흴 명(白). ⑯ 통할 명(通). ⑰ 살필 명(察). 【盟·孟과 통함】

書體 小篆 㘈 古文 㘉 草書 㘊 (中學) 會意

明鑑(명감 míngjiàn) ① 밝은 거울. ② 똑똑하게 감식(鑑識)함. ③ 밝고 높은 식견.

明鏡止水(명경지수 míngjìngzhǐshuǐ) ① 맑은 거울과 잔잔한 물. ② 맑고 깨끗한 마음.

明堂(명당 míngtáng) ① 임금이 정치에 대해서 묻고 혹은 나라의 제사를 지내던 집. ②《天》별 이름. ③《醫》침을 놓을 자리 또는 뜸을 뜰 자리. ④ 아주 좋은 묏자리.

明渡(명도 míngdù) 토지나 집을 남에게 넘김.

明眸皓齒(명모호치 míngmóuhàochǐ) 맑은 눈동자와 흰 이. 미인(美人)을 형용하는 말.

明晳(명석 míngxī) 분명하고 똑똑함.

明悉(명실 míngxī) 환하게 죄다 알음.

明若觀火(명약관화 míngruòguānhuǒ) 환하기가 불을 봄과 같음.《喩》장차의 일이 뻔함.

明月(명월 míngyuè) ① 밝은 달. ② 보름달. 특히 팔월 보름달. ③ 구슬 이름. 밤에도 빛난다 함.

明旌(명정 míngjīng) 죽은 사람의 관직·성명을 기록한 기.

明澄(명징 míngchéng) 밝고 맑음.

明哲(명철 míngzhé) 총명하고 사리에 밝고 똑똑함. 또는 그런 사람.

▶ 簡單明瞭(간단명료)·簡明(간명)·公明(공명)·光明(광명)·糾明(규명)·克明(극명)·大明天地(대명천지)·未明(미명)·半透明(반투명)·發明(발명)·辨明(변명)·不明(불명)·分明(분명)·朦朧(석명)·鮮明(선명)·說明(설명)·聲明(성명)·疏明(소명)·失明(실명)·言明(언명)·黎明(여명)·自明(자명)·再闡明(재천명)·著明(저명)·正體不明(정체불명)·照明(조명)·證明(증명)·闡明(천명)·淸明(청명)·聰明(총명)·透明(투명)·判明(판명)·表明(표명)·解明(해명)·行方不明(행방불명)·賢明(현명).

昏 어두울 혼

日 4획 (8)

昏 昏 昏 昏 昏 昏 昏 昏

音 hūn 日 コン, くらい 英 dusk, twilight

① 날 저물 혼(日冥). ② 어두울 혼(闇). ③ 어지러울 혼(亂). ④ 어려서 죽을 혼(夭死). 【昬과 같음】

書體 小篆 昏 草書 昏 (高校) 會意

昏禮(혼례 hūnlǐ) 결혼의 예절. 혼례(婚禮).

昏昧(혼매 hūnmèi) 어리석어서 사리에 어둡고 아무 것도 모름.

昏迷(혼미 hūnmí) 사리에 어둡고 마음이 흐리멍덩함. 마음이 어지러워 희미함. 혼미(混迷).

昏睡狀態(혼수상태 hūnshuìzhuàngtài) 의식을 잃고 자극을 주어도 눈을 뜨지 못하는 상태. 인사불성이 된 상태.

昏定晨省(혼정신성 hūndìngchénxǐng) 혼정(昏定)과 신성(晨省). 저녁에는 잠자리를 보아 드리고 아침에는 문안을 드림. 곧 부모를 섬기는 도리.

▶ 黃昏(황혼).

易 바꿀 역 / 쉬울 이:

日 4획 (8)

易 易 易 易 易 易 易 易

① 音 yì 日 イ, やすい 英 easy
② 日 エキ, かわる 英 change

① ① 다스릴 이(治). ② 홀하게 여길 이, 쉽게 여길 이(忽). ③ 쉬울 이(不難). ④

게으를 이(輕惰). ⑤ 편할 이(安). **2** ① 변할 역(變). ② 바꿀 역(換). ③ 형상할 역(象). ④ 물 이름 역(溹郡水名). ⑤ 역서 역(易書, 易經).

書體 小篆 易 草書 为 中學 象形

易理(이리 yìlǐ) ① 역(易)의 법칙. ② 다스리기 쉬움.

易地思之(역지사지 yìdìsīzhī) 처지를 바꾸어서 생각함.

▶ 簡易(간이)·輕易(경이)·難易(난이)·貿易(무역)·容易(용이)·便易(편이)·平易(평이)·變易(변역)·歲易(세역).

日 4 (8) 昔 옛/예[古] 석

昔 昔 昔 昔 昔 昔 昔 昔

1 音 xī 訓 セキ, むかし 英 old, ancient **2** 音 シャク

1 ① 옛 석(古). ② 오랠 석(久). ③ 어제 석(去日). ④ 밤 석(夜). ⑤ 옛적 석(前代). ⑥ 접때 석(疇日). ⑦ 비롯할 석(始). 【腊과 같음】 **2** 쇠뿔 비틀릴 착(牛角理錯).

書體 小篆 昝 大篆 昝 草書 昔 中學 會意

昔年(석년 xīnián) 이전. 여러 해 전. 왕년(往年).

昔日(석일 xīrì) ① 옛날. ② 이전 날. 선일(先日).

日 5 (9) 星 별 성

星 星 星 星 星 星 星 星 星

音 xīng 訓 セイ, ショウ, ほし 英 star

① 별 성(列宿總名). ② 희뜩희뜩할 성(星амп点點). ③ 세월 성(歲月). ④ 천문 성(天文). ⑤ 성 성(姓).

書體 小篆 星 古文 星 或體 星 中學 形聲

星霜(성상 xīngshuāng) 세월. 별은 1년에 하늘을 일주하고 서리는 1년에 한 철씩 내린다는 뜻에서 옴.《轉》1년.

星宿(성수 xīngsù) ① 별의 한 묶음의 단위. 성좌(星座) 또는 온갖 성좌(星座)의 별들. 신수(辰宿). ② 성좌(星座) 이름. 이십팔수(二十八宿)의 하나. 주조칠수(朱鳥七宿)의 제4수(宿).

星辰(성신 xīngchén) ① 별. ② 성좌(星座). 〈星은 사방의 중성(中星), 辰은 해와 달이 서로 마주치는 위치〉.

星座(성좌 xīngzuò) 《天》 별의 위치를 표시하기 위한 성군(星群)의 구역. 옛 동양에서는 3원(垣) 28수(宿)로 대별(大別)하고 다시 3백의 성좌(星座)로 나누었고, 현재는 대웅좌 오리온좌 88개임. 별자리. 성차(星次). 성수(星宿).

▶ 金星(금성)·綺羅星(기라성)·冥王星(명왕성)·木星(목성)·北斗七星(북두칠성)·水星(수성)·衛星(위성)·流星(유성)·遊星(유성)·人工衛星(인공위성)·將星(장성)·占星術(점성술)·天王星(천왕성)·超新星(초신성)·土星(토성)·恒星(항성)·海王星(해왕성)·行星(행성)·彗星(혜성)·惑星(혹성)·火星(화성).

日 5 (9) 映 비칠 영:

映 映 映 映 映 映 映 映

音 yìng 訓 エイ, うつす 英 reflect
① 비칠 영(明相照). ② 빛날 영(照). 【暎과 같음】

書體 小篆 映 草書 吠 高校 形聲

映寫(영사 yìngxiě) ① 원도(原圖)와 같이 정밀하게 옮겨 그림. ② 영화나 환등(幻燈)을 상영함.

映像(영상 yìngxiàng) ①《物》광선의 굴곡 혹은 반사를 따라 물상(物

像)이 나타나는 것. ② 비치는 그림자. 이미지(image).

映窓(영창 yìngchuāng) 방이 밝도록 방과 마루 사이에 낸 두 쪽의 미닫이문.

映畵(영화 yìnghuà) ① 시·공간적으로 토막진 화상(畵像)을 연속시킨 일련의 필름을 영사기(映寫機)로 스크린에 비춰서 거기에 나타나는 영상이 어떤 의미를 가지게 제작한 것. 시네마. ② 영화극.

▶ 劇映畵(극영화)·動映像(동영상)·反映(반영)·放映(방영)·上映(상영)·演映(연영)·終映(종영).

春 봄 춘

春春春春春春春春春

🀄 chūn 🇯 シュン, はる 🇬🇧 spring
① 봄 춘(歲之始, 四時首). ② 남녀의 정사 춘(男女情事). ③ 술 춘(酒之異名). ④ 화할 춘(和). ⑤ 해 춘(歲).

書體 篆文 草書 (中學) 形聲

春困(춘곤 chūnkùn) 봄철에 느껴지는 몸의 고달픈 기운.
春窮(춘궁 chūnqióng) 농가에서 양식이 떨어져서 궁하게 지낼 때. 보릿고개. 곧 음력 3, 4월 경. 궁춘(窮春).
春機(춘기 chūnjī) ① 이성(異性)이 그리워지는 마음. 남녀간의 정욕(情慾). ② 춘의(春意).
春夢(춘몽 chūnmèng) ① 봄밤에 꾸는 짧은 꿈. ②《喻》인생(人生)의 덧없음을 일컬음. ③《中》공상.
春府丈(춘부장 chūnfǔzhàng) 남의 아버지의 존칭. 춘당(春堂). 춘정(春庭). 춘부대인(春府大人).
春思(춘사 chūnsī) ① 이성(異性)을 느끼는 어수선하고 산란한 생각. ② 춘심(春心). ③ 색정(色情).
春陽(춘양 chūnyáng) ① 봄의 햇빛. ② 봄의 이칭(異稱). ③ 임금이 맹춘(孟春; 음력정월)에 거처하는 동당(東堂). ④ 눈[目]이 맑고 밝음. ⑤ 복성(複性).

春秋(춘추 chūnqiū) ① 봄과 가을. ② 세월. 나이의 경칭(敬稱). ③《書》오경(五經)의 하나. 노(魯)의 사관(史官)이 지음. 공자가 가필(加筆)했다는 역사책.
春風秋雨(춘풍추우 chūnfēngqiūyǔ) 봄철에 부는 바람과 가을에 내리는 비.《喻》지나간 세월을 가리키는 말.
春夏秋冬(춘하추동 chūnxiàqiūdōng) 1년의 4계절.
春寒老健(춘한노건 chūnhánlǎojiàn) 봄추위와 늙은이의 건강처럼 모든 사물이 오래가지 않음을 가리키는 말.

▶ 晩春(만춘)·買春(매춘)·賣春(매춘)·孟春(맹춘)·暮春(모춘)·芳春(방춘)·思春(사춘)·賞春(상춘)·二八靑春(이팔청춘)·春夢(춘몽)·立春大吉(입춘대길)·仲春(중춘)·靑春(청춘)·回春(회춘).

昧 어두울 매

①② 🀄 mèi 🇯 バイ, よあけ 🇬🇧 dawn
③-⑤ 🇯 マイ, よあけ
① 어두울 매(冥). ② 먼동 틀 매(昧爽微明). ③ 무릅쓸 매(貪冒). ④ 어두울 매(暗). ⑤ 둔할 매(愚).

昧者(매자 mèizhě) 어리석고 둔한 사람. 우인(愚人).

▶ 蒙昧(몽매)·三昧(삼매)·曖昧(애매)·曖昧模糊(애매모호)·愚昧(우매).

昨 어제 작

昨昨昨昨昨昨昨昨

🀄 zuó 🇯 サク, きのう
🇬🇧 yesterday, last

① 어제 작, 어저께 작(隔一宵). ② 엊그

제 작(昨日).

書體 小篆 昨 草書 昨 (中學) 形聲

昨今(작금 zuójīn) 어제와 오늘. 요즈음.
昨年(작년 zuónián) 금년의 전해.
昨冬(작동 zuódōng) 작년 겨울. 지난 겨울.
昨晚(작만 zuówǎn) 어젯저녁. 어젯밤.
昨夢(작몽 zuómèng) ① 지난밤의 꿈. ② 지나간 일의 비유.
昨非今是(작비금시 zuófēijīnshì) ① 어제까지 그르다고 생각한 것이 오늘은 옳음. ② 환경이 갑자기 바뀜.
昨夕(작석 zuóxī) 어젯저녁.
昨宵(작소 zuóxiāo) 어젯저녁.
昨夜(작야 zuóyè) 어젯밤.
昨日(작일 zuórì) 어제.
昨秋(작추 zuóqiū) 지난 가을.
昨春(작춘 zuóchūn) 지난 봄.
昨醉未醒(작취미성 zuózuìwèixǐng) 어제 마신 술이 아직 깨지 아니함.
昨夏(작하 zuóxià) 지난 여름.

▶ 再昨年(재작년)·再再昨年(재재작년).

昭 밝을 소
日 5
⑨

1 ⬜ 昭 ⬜ 昭 ⬜ 昭 ⬜ 昭 ⬜ 昭 昭 昭 昭 昭

1 ⬜ zhāo ⬜ ショウ, あきらか ⬜ bright 2 ⬜ luminous

1 ① 소명할 소(詳). ② 소목 소(昭穆廟位). ③ 태평세월 소(昭代).【佋와 같음】 2 ① 나타날 조(著). ② 빛날 조(光). ③ 깰 조(曉).【炤와 같음】 ④ 밝을 조(昭昭明).

書體 小篆 昭 草書 昭 (高校) 形聲

昭詳(소상 zhāoxiáng) 분명하고 자세함.
昭詳分明(소상분명 zhāoxiángfēnmíng) 밝고 자세함. 상세하여 분명함.
昭雪(소설 zhāoxuě) 누명을 씻음.
昭回(소회 zhāohuí) 은하수가 하늘을 따라 밝게 돌음.

是 이[斯]/옳을 시:
日 5
⑨

是 是 是 是 是 是 是 是 是

⬜ shì ⬜ シ, ゼ, よい, これ ⬜ right, this

① 이 시(此). ② 바를 시(正). ③ 곧을 시(直). ④ 옳을 시(非之對).

書體 小篆 是 大篆 是 金文 是 草書 是 (中學) 會意

是非曲直(시비곡직 shìfēiqūzhí) 일의 옳고 그름. 정사(正邪). 시비선악(是非善惡).
是是非非(시시비비 shìshìfēifēi) 옳은 것을 옳다, 그른 것은 그르다고 함. 사리를 공정하게 판단하는 것.
是耶非耶(시야비야 shìyéfēiyé) 좋고 나쁜 것에 미혹하여 판단하지 못하는 것. 왈시왈비(日是日非).
是正(시정 shìzhèng) 잘못된 것을 바로 고침.

▶ 國是(국시)·都是(도시)·本是(본시)·實事求是(실사구시)·兩是(양시)·亦是(역시)·必是(필시)·或是(혹시).

昱 햇빛 밝을 욱
日 5
⑨

⬜ yù ⬜ イク, あきらか ⬜ bright

햇빛 밝을 욱(日光明).
昱耀(욱요 yùyào) 밝게 빛남.
昱昱(욱욱 yùyù) 햇빛이 빛나는 모양.

時 때 시
日 6
⑩

時 時 時 時 時 時 時 時 時

🔊 shí ジ, シ, とき, これ
🔊 time, period
① 때 시, 끼니 시(辰). ② 기약 시(期).
③ 이 시(是). ④ 엿볼 시(伺). ⑤ 가끔 시(往往).

書體 小篆 晴 古文 岩 草書 吋 中學 形聲

時機尚早(시기상조 shíjīshàngzǎo) 아직 시기가 이르다는 말. 아직 때가 덜 되었다는 말.

時代感覺(시대감각 shídàigǎnjué) 시대의 특성을 느낄 수 있는 감각.

時代錯誤(시대착오 shídàicuòwù) ① 그 시대의 일반적인 사고방식과 다른, 시대에 뒤떨어진 생각. ② 역사상의 시대 흐름에 걸맞지 않으려는 뜻.

時論(시론 shílùn) ① 그 시대의 일반적인 여론. ② 시사에 관한 평론.

時流(시류 shíliú) ① 당시의 사람. 시인. ② 그 시대의 유행. 당시의. 풍조(風潮).

時事(시사 shíshì) ① 그 시대나 당시에 일어난 사건. ② 작금(昨今)에 일어난 일. 근시(近時)의 회사사상(會社事象).

時運(시운 shíyùn) 시세(時勢)의 되어감. 세태(世態)의 움직임.

時宜(시의 shíyí) 그 시대 사정에 맞는 것.

時調(시조 shídiào) 고려(高麗) 말엽부터 발달하여 온 우리나라 고유의 정형시(定型詩)의 한 형태. 시조에는 창곡(唱曲)에 따라, 평시조·사설(辭說)시조·중머리시조·지름시조의 네 가지가 있음. 시절가(時節歌). 시조(詩調).

時效(시효 shíxiào)《法》같은 상태가 일정한 기간이 계속됨에 따라 권리(權利)를 얻거나 상실하는 것.

▶ 近時(근시)·今時初聞(금시초문)·當時(당시)·同時代人(동시대인)·晚時之歎(만

시지탄)·非常時局(비상시국)·常時(상시)·歲時(세시)·隨時(수시)·瞬時(순시)·零時(영시)·臨時(임시)·暫時(잠시)·適時(적시)·戰時(전시)·定時(정시)·即時(즉시)·天時(천시)·寸時(촌시)·縮時(축시)·通時(통시)·片時(편시)·平時(평시)·限時(한시)·恒時(항시).

晉 진:

日 6획
⑩

🔊 jìn 🔊 シン, すすむ 🔊 advance
① 나아갈 진(進). ② 억제할 진(抑). ③ 꽂을 진(挿). ④ 나라 이름 진(國名). ⑤ 괘 이름 진【晉은 속자】

晋 진:

日 6획
⑩

【晉(前條)의 속자】

晚 늦을 만:

日 7획
⑪

晚 晚 晚 晚 晚 晚 晚 晚

🔊 バン, マン, くれ 🔊 evening
① 저물 만, 늦을 만(暮). ② 뒤질 만(後). ③ 저녁 만(夕). ④ 끝날 만(末).

書體 小篆 晚 草書 晚 中學 形聲

晚覺(만각 wǎnjué) 늦게야 깨달음.

晚年(만년 wǎnnián) 사람의 일생 중에서 나이 많은 노인의 시절. 노년(老年). 노후(老後).

晚得(만득 wǎndé) 늦게 자식을 얻음.

晚成(만성 wǎnchéng) 늦게 이루어짐. 많은 시일을 소비하여 성취함. 나이가 든 후에 성공함.

晚時之歎(만시지탄 wǎnshízhītàn) 시기를 잃은 탄식. 기회를 놓친 한탄.

晚鐘(만종 wǎnzhōng) 저녁을 알리는 종소리. 모종(暮鐘).

晚餐(만찬 wǎncān) 저녁 식사. 만향(晚餉).

歹殳毋比毛氏气水火爪父爻爿片牙牛犬

▶ 年晚(연만)·緩晚(완만)·早晚(조만)·朝晚(조만)·早晚間(조만간).

晝 낮 주

日 7 ⑪

晝晝晝晝晝晝晝晝晝

음 zhòu 일 チュウ, ひる 영 daytime

① 낮 주(與夜爲界). ② 대낮 주, 한낮 주(日中). ③ 땅 이름 주(地名).

書體 小篆 晝 大篆 晝 草書 晝 中學 會意

晝間(주간 zhòujiān) 낮 동안. ↔야간(夜間).

晝耕夜讀(주경야독 zhòugēngyèdú) ① 낮에는 농사짓고 밤에는 공부하는 한가하고 운치 있는 생활. ② 바쁜 틈을 타서 어렵게 공부함.

晝宵(주소 zhòuxiāo) 낮과 밤. 주야(晝夜).

晝食(주식 zhòushí) 점심밥.

晝夜不息(주야불식 zhòuyèbùxī) 낮이나 밤이나 쉬지 아니함. 썩 열심히 함.

晝寢夜梳(주침야소 zhòuqīnyèshū) 낮에 자고 밤에 머리를 빗는다는 뜻으로, 몸에 좋지 아니한 일을 일컬음.

▶ 白晝(백주)·不撤晝夜(불철주야).

晟 밝을 성

日 7 ⑪

음 shèng 일 セイ, あきらか 영 bright

① 밝을 성(明). ② 햇살 퍼질 성(日光充盛). ③ 성할 성(熾).

晨 새벽 신

日 7 ⑪

晨晨晨晨晨晨晨晨晨

음 chén 일 シン, あさ 영 dawn

① 샛별 신(星名). ② 새일녘 신(昧爽). ③ 아침을 아뢸 신(告晨).

書體 小篆 晨 或體 晨 草書 晨 高校 形聲

晨鷄(신계 chénjī) 새벽에 우는 닭. 새벽을 알리는 닭. 아침을 고하는 닭.

晨光(신광 chénguāng) 아침의 햇빛. 서광(曙光).

晨旦(신단 chéngàn) 아침. 신조(晨朝).

晨夕(신석 chénxī) 아침과 저녁. 조석(朝夕). 조만(朝晚).

晨省(신성 chénxǐng) 아침 일찍 일어나 부모의 침소에 가서 밤새의 안부를 살피는 일.

晨入夜出(신입야출 chénrùyèchū) 아침 일찍이 관청에 들어가고 밤늦게 퇴근하는 일. 신입야귀(晨入夜歸).

普 넓을/널리 보:

日 8 ⑫

普普普普普普普普普普

음 pǔ 일 フ, あまねく 영 general

① 넓을 보(博). ② 클 보(大). ③ 두루 보(徧). ④ 침침할 보(日無色).

書體 小篆 普 草書 普 高校 形聲

普及(보급 pǔjí) 널리 미침. 세상에 널리 퍼뜨려 실행되게 함.

普施(보시 pǔshī) 은혜를 널리 베풂음.

普信閣(보신각 pǔxìngé) 서울 종로(鍾路)에 있는 종각(鐘閣). 보신각종(普信閣鐘).

普遍(보편 pǔbiàn) ① 두루 널리 미침. ②《哲》많거나 적거나 일정수(一定數)의 대상에 공통하여 예외가 없는 일. 좁든 지 넓든지 간에 일정한 범위 안에 있는 모든 사상(事象)에 두루 합당한 일. ↔특수(特殊).

▶ 高普(고보).

景 볕 경(ː)

景景景景景景景景景景

jǐng ケイ, けしき view

1 ① 빛 경(光). ② 경치 경. ③ 밝을 경(明). ④ 클 경(大). ⑤ 형상할 경(像). ⑥ 사모할 경(慕). **2** ① 그림자 영(物之陰影). ② 옷 영(衣). 【影과 통함】

書體 篆 小篆 景 草書 景 中學 形聲

景概絕勝(경개절승 jǐnggàijuéshèng) 경치가 대단히 아름답고 좋음.

景福(경복 jǐngfú) 커다란 행복. 크나큰 복. 경조(景祚).

景品(경품 jǐngpǐn) 상품을 사는 손님에게 곁들이어 주거나 또는 경품권을 주어 제비를 뽑아 타게 하는 물품.

景況(경황 jǐngkuàng) 모양. 상태. 상황.

▶ 佳景(가경)·光景(광경)·近景(근경)·晩景(만경)·暮景(모경)·背景(배경)·山景(산경)·殺景(살경)·敍景(서경)·雪景(설경)·勝景(승경)·夜景(야경)·遠景(원경)·絕景(절경)·情景(정경)·珍景(진경)·眞景山水(진경산수)·珍風景(진풍경)·風景(풍경)

晴 갤/날갤 청

晴晴晴晴晴晴晴晴晴

qíng セイ, はれる fair weather

① 갤 청(雨止無雲). ② 맑은 날씨 청【暒·姓과 같음】

書體 篆文 㬳 草書 晴 中學 形聲

晴耕雨讀(청경우독 qínggēngyǔdú) 갠 날에는 밖에 나가 농사일을 하고, 비 오는 날에는 책을 읽음. 부지런히 일하며 공부함.

晴曇(청담 qíngtán) 날씨의 갬과 흐림. 청음(晴陰).

晴天(청천 qíngtiān) 맑게 갠 하늘. 좋은 날씨. 호천기(好天氣).

晴天白日(청천백일 qíngtiānbáirì) ① 맑게 갠 날씨. ② 심사(心事)의 명백(明白)함. 조금도 뒤가 어둡거나 거리끼는 점이 없음. 청천백일(靑天白日).

晴天霹靂(청천벽력 qíngtiānpīlì) 맑은 하늘에 벼락침.《轉》갑자기 일어난 변동이나 타격. 의외의 사건. 청천벽력(靑天霹靂).

▶ 快晴(쾌청)·秋晴(추청)

晳 밝을 석

xī セキ, あきらか discriminate

분석할 석(明辨). 【晰과 같음】

晳次(석차 xīcì) 청(淸) 양희(梁熙)의 호(號).

▶ 明晳(명석)

晶 맑을 정

jīng ショウ, すいしょう crystal

① 맑을 정(精光). ② 빛날 정(光). ③ 《鑛》함са 정(美石). ④ 수정 정(水晶).

▶ 巨晶(거정)·結晶(결정)·單結晶(단결정)·氷晶(빙정)·水晶(수정)·紫水晶(자수정).

智 지혜 지

智智智智智智智智智

zhì チ, かしこい, ちえ wisdom

① 슬기 **지**(心有所知有所合). ② 사리에 밝을 **지**(聰明睿智).

書體 草書 智 (高校) 形聲

智能(지능 zhìnéng) ① 지식과 재능. ② 경험을 이용하여 새로운 경우에 대처할 적당한 처리 방법을 알아내는 지적 활동의 능력.
智能犯(지능범 zhìnéngfàn) 《法》문서 위조·사기배임 따위의 지능을 이용하여 범한 죄. 또는 그 사람.
智略(지략 zhìlüè) 슬기로운 계략.
智力(지력 zhìlì) ① 슬기의 힘. 재지(才智)와 용력(勇力). ② 나쁜 재주. 교활(狡猾).
智謀(지모 zhìmóu) 슬기로운 계책(計策). 지술(智術).
智識(지식 zhìshí) ① 안다는 의식의 작용. 지력(知力). ② 사리를 잘 분별하는 사람. ③《佛》선지식(善智識).
智勇(지용 zhìyǒng) 지혜와 용기. 지모(智謀)와 무용(武勇).
智仁勇(지인용 zhìrényǒng) 지혜와 인자(仁慈)와 용기(勇氣).
智慧(지혜 zhìhuì) ① 슬기. 분별하는 마음의 작용. ②《佛》사물(事物)의 실상(實相)을 관조(觀照)하여 의혹을 끊고 정각(正覺)을 얻는 힘. 〈智는 결단(決斷), 慧는 간택(簡擇)의 뜻〉. ③《人》당(唐)의 고승(高僧). 북천축(北天竺) 사람.

▶ 好智(간지)·機智(기지)·金剛智(금강지)·無智(무지)·敏智(민지)·分別智(분별지)·叡智(예지)·銳智(예지)·理智(이지)·仁義禮智信(인의예지신)·慧智(혜지).

日 9 ⑬ 暄 따뜻할 훤

xuān ケン、あたたか warm
① 따뜻할 **훤**(日暖). ② 따스할 **훤**(溫).
暄暖(훤난 xuānnuǎn) 따뜻함. 온난(溫暖). 훤온(暄溫).
暄天(훤천 xuāntiān) 따뜻한 천기.
暄風(훤풍 xuānfēng) 따뜻한 바람. 봄바람.
暄和(훤화 xuānhé) 따뜻하고 화창함. 난화(暖和).

日 9 ⑬ 暇 겨를/틈 가:

暇暇暇暇暇暇暇暇暇暇

xiá カ、いとま leisure
① 한가할 **가**(閒). ② 겨를 **가**(休暇).

書體 小篆 暇 草書 暇 (高校) 形聲

暇隙(가극 xiáxì) 여가. 틈. 겨를.
暇餘(가여 xiáyú) 겨를. 틈. 여가(餘暇).
暇日(가일 xiárì) 틈이 있는 날. 한가한 날. 휴일(休日).

▶ 公暇(공가)·賜暇(사가)·餘暇(여가)·請暇(청가)·閑暇(한가)·休暇(휴가).

日 9 ⑬ 暎 비칠 영:

【映(日부5획)과 같음】

日 9 ⑬ 暑 더울 서:

暑暑暑暑暑暑暑暑暑暑

shǔ ショ、あつい
hot, heat of summer
① 더위 **서**, 더울 **서**(熱). ② 여름철 **서**.

書體 小篆 暑 草書 暑 (中學) 形聲

暑氣(서기 shǔqì) ① 더위. 서열(暑熱). 더운 기운. ② 더위에 걸린 병.
暑熱(서열 shǔrè) = 서기(暑氣).

▶ 炎暑(염서)·殘暑(잔서)·處暑(처서)·暴暑(폭서)·避暑(피서)·酷暑(혹서).

暖 따뜻할 난:

日 9 ③

🔊 nuǎn 🇯🇵 ダン, あたたかい
🇬🇧 warm ② 🇯🇵 ナン

① 더울 난(溫).【煖과 같음】② 부드러울 훤(柔貌).

書體 篆文 煖 草書 暖 (中學) 形聲

暖流(난류 nuǎnliú) 해류(海流)의 한 가지. 적도 부근에서 고위도의 방향으로 흐르는 해류(海流).

暖色(난색 nuǎnsè) 따뜻한 느낌을 주는 빛. 노랑·빨강 따위. ↔ 한색(寒色).

暖衣飽食(난의포식 nuǎnyībǎoshí) 옷을 덥게 입고 몸을 따뜻하게 하고 음식을 배부르게 먹음. 곧 사치스러운 생활.

▶ 冷暖(냉난)·壁暖爐(벽난로)·溫暖(온난)·中央暖房(중앙난방).

暗 어두울 암:

日 9 ③

🔊 àn 🇯🇵 アン, くらい 🇬🇧 dark

① 어두울 암(不明). ② 침침할 암(深空貌). ③ 몰래할 암(秘).

書體 小篆 暗 草書 晴 (中學) 形聲

暗渠(암거 ànqú) 땅 속으로 낸 도랑. 지하를 흐르는 개천. 지하구(地下溝). 암구(暗溝).

暗澹(암담 àndàn) 희미하여 선명하지 못한 모양. 전도에 희망이 없는 모양.

暗默(암묵 ànmò) ① 보이지도 않고 들리지도 않음. ② 자기 의사를 밖에 나타내지 않음. 침묵(沈默).

暗躍(암약 ànyuè) 암중비약(暗中飛躍)의 약어.

暗中摸索(암중모색 ànzhōngmōsuǒ) ① 어둠 속에서 손더듬으로 물건을 찾음. 짐작으로 맞춤. 《轉》목표가 없이 사물(事物)을 추구(追求)하는 것. ② 옛 사람의 글을 뜻도 모르고 덮어 놓고 인용(引用)함.

暗礁(암초 ànjiāo) 물 속에서 숨겨 있어 보이지 않는 암석(岩石). (暗은 보이지 않는다는 뜻. 礁는 숨어 있는 바위).

暗行御史(암행어사 ànxíngyùshǐ)《制》조선 때 방백(方伯)의 치적(治績)을 살피고 백성의 질고를 실지로 조사하기 위하여 왕명(王命)으로 비밀히 파견하던 특사(特使). 직지사(直持使).

▶ 明暗(명암)·溶暗(용암)·黑暗(흑암).

暝 저물 명

日 10 ⑭

🔊 míng 🇯🇵 メイ, くらい 🇬🇧 dark

① 캄캄할 명(暗). ② 어두울 명(幽).【冥과 같음】③ 저물 명(暮). ④ 쓸쓸할 명(寂).

暝暝(명명 míngmíng) ① 쓸쓸한 모양. ② 어두운 모양.

暢 화창할 창:

日 10 ⑭

🔊 chàng 🇯🇵 チョウ, のべる
🇬🇧 be understood

① 길 창(長). ② 통할 창(通). ③ 사무칠 창(達). ④ 찰 창(充). ⑤ 거문고 가락 창(琴曲).

書體 草書 暢 (高校) 形聲

暢達(창달 chàngdá) ① 뻗어 자람. ② 구김살 없이 발달함.

暢茂(창무 chàngmào) 풀과 나무가 잘 자라서 무성함.

暢快(창쾌 chàngkuài) 마음에 무슨 거리낌이 없어 썩 시원함.
暢懷(창회 chànghuái) 마음속을 헤쳐서 시원하게 함.

▶ 流暢(유창)·和暢(화창).

暫 잠깐 잠(:)

日 11 ⑤

暫暫暫暫暫暫暫暫暫

音 zàn 日 ザン, しばらく
英 meanwhile, moment

① 잠깐 **잠**, 얼른 **잠**(不久須臾). ② 마칠 **잠**(卒).

書體 小篆 斬 草書 暫 (高校) 形聲

暫間(잠간 zànjiān) 매우 짧은 동안. 잠깐.
暫見(잠견 zànjiàn) 잠깐 봄.
暫留(잠류 zànliú) 잠시 머무름.
暫別(잠별 zànbié) 잠시 동안의 이별.
暫逢(잠봉 zànféng) 잠시 서로 만남.
暫時(잠시 zànshí) 얼마 되지 않는 동안. 잠깐. 한동안. 잠차(暫且).
暫定(잠정 zànding) ① 일시의 안정. ② 일시적인 결정. 사실이 분명하지 아니하여 임시적으로 정하는 것.
暫借(잠차 zànjiè) 잠시 동안 빌림.
暫許(잠허 zànxǔ) 잠깐 허락함. 잠시 허가함.

暮 저물 모:

日 11 ⑤

暮暮暮暮莫莫莫莫莫莫

音 mù 日 ボ, くれる 英 sunset

① 저물 **모**, 늦을 **모**(日晚). ② 더딜 **모**(遲).

書體 小篆 暮 草書 暮 (中學) 形聲

暮景(모경 mùjǐng) ① 날 저문 때의 경치. ② 늙었을 때. 노경(老境). 만

경(晚景).
暮年(모년 mùnián) 늙바탕. 노년(老年). 만년(晚年). 모령(暮齡).
暮色(모색 mùsè) 해질 무렵의 경치. 날이 저물어 가는 어스레한 풍경.

▶ 薄暮(박모)·朝令暮改(조령모개)·朝暮(조모)·朝三暮四(조삼모사).

暴 사나울 폭 / 모질 포:

日 11 ⑤

暴暴暴暴暴暴暴暴暴暴

1 音 bào 日 ボウ, はげしい 英 rough
2 音 pù 日 ボウ, あらい

1 ① 사나울 **포**(猛). ② 침노할 **포**(侵). ③ 가로채갈 **포**(橫取). ④ 급할 **포**(急). ⑤ 맨손으로 칠 **포**(徒搏). ⑥ 불끈 일어날 **포**(卒起貌). ⑦ 마를 **포**(乾). ⑧ 상할 **포**(傷). **2** ① 햇빛 쪼일 **폭**(日乾). ② 나타날 **폭**(顯). ③ 드러날 **폭**(露).【본음은「포」】【曝과 같음】

書體 小篆 暴 草書 暴 (中學) 會意

暴棄(포기 bàoqì) 자포자기(自暴自棄)의 약어. 마음에 불만이 있어 행동 되는 대로 마구 취하고 스스로 자신을 돌아보지 아니함.
暴惡(포악 bào'è) 성질이 사납고 악함.
暴恣(포자 bàozì) 난폭하고 방자함. 음식을 함부로 먹음.
暴疾(포질 bàojí) ① 거칠고 빠름. ② 갑자기일어난 병.
暴虐無道(포학무도 bàonüèwúdào) 성질이 포악하고 잔인하여 도리에 어긋남.
暴擧(《慣》폭거 bàojǔ) 난폭의 행동.【暴의 본음은「포」, 이하 같음】
暴炎(《慣》폭염 bàoyán) 혹서(酷暑). 폭서(暴署).
暴政(《慣》폭정 bàozhèng) 난폭하고 무자비한 정치. 포학하고 가혹한 정치. 나쁜 정치.

暴投(《慣》폭투 bàotóu) 야구경기에서 투수가 타자에게 대하여 포수(捕手)가 잡을 수 없을 정도로 공을 나쁘게 던짐.

▶ 亂暴(난폭)·自暴自棄(자포자기)·自暴(자폭)·橫暴(횡포)·凶暴(흉폭).

曆 책력 력

曆曆曆曆曆曆曆曆曆

音 lì 日 レキ、こよみ 英 calendar

① 셀 력(數). ② 책력 력(曆象). ③ 세월 력(歲月). 【歷과 통함】

書體 小篆 曆 草書 曆 (高校) 形聲

曆年(역년 lìnián) 책력(冊曆)에서 정한 1년. 곧 태양력(太陽曆)에서는 365일. 윤년은 366일임.

曆法(역법 lìfǎ) 책력에 관한 법칙. 또는 책력을 만드는 법.

曆書(역서 lìshū) 책력. 연·월·일·시를 기록한 책. 시헌서(時憲書)라고도 함.

▶ 西曆(서력)·陽曆(양력)·月曆(월력)·陰曆(음력)·麟德曆(인덕력)·日曆(일력)·冊曆(책력)·太陰曆(태음력)·夏扇冬曆(하선동력).

曇 흐릴 담

音 tán 日 タン、ドン、くもる 英 cloudy

① 구름낄 담(雲布). ② 부처 이름 담(西國呼世尊瞿曇).

曇天(담천 tántiān) 흐린 날. 구름 낀 하늘. ↔청천(晴天).

曉 새벽 효:

曉曉曉曉曉曉曉曉曉曉曉

音 xiǎo 日 ギョウ、あかつき
英 dawn

① 밝을 효(明). ② 날샐 효, 새벽 효(曙). ③ 깨달을 효(知). ④ 사뢸 효(白). ⑤ 효유할 효(開喩). ⑥ 만날 효(遇). ⑦ 달랠 효(說). ⑧ 쾌할 효(快).

書體 小篆 曉 小篆 曉 草書 曉 (高校) 形聲

曉星(효성 xiǎoxīng) 새벽 하늘에 드문드문 보이는 별. 《轉》수가 적은 것. 신성(晨星).

曉悟(효오 xiǎowù) 깨달음. 요해(了解). 효해(曉解).

曉天(효천 xiǎotiān) 새벽 하늘. 새벽녘.

曉解(효해 xiǎojiě) 깨달음. 터득함. 효득(曉得). 효오(曉悟).

▶ 今曉(금효)·明曉(명효)·通曉(통효).

曖 희미할 애

音 ài 日 アイ、うすくらい、かげる
英 obscure

① 해 희미할 애(日不明). ② 침침할 애(昏昧貌). ③ 덮을 애(翳).

曖昧(애매 àimèi) 확실하지 못함. 희미함. 모호(模糊).

曖昧模糊(애매모호 àimèimóhú) 확실하지 못하고 희미함.

曙 새벽 서:

音 shǔ 日 ショ、あけぼの 英 dawn

① 새벽 서, 샐 서(曉). ② 동이 틀 서(東方明). ③ 밝을 서(明).

曙光(서광 shǔguāng) ① 새벽의 동터 오는 빛. ② 캄캄한 속에서 처음 나타나는 밝은 빛. 《轉》좋은 일이 일어나려는 징조.

曙星(서성 shǔxīng) 새벽별. 명성(明星). 효성(曉星).

曙鐘(서종 shǔzhōng) 새벽종. 동틀 때 울리는 종소리. 효종(曉鐘).

曉天(서천 shǔtiān) 새벽 하늘. 동틀 무렵. 효천(曉天).

曚 몽롱할 몽
日 14 / 18

🈺 rú 🇯 モウ、くらい 🇬🇧 dark

샐녘 몽(曚曨日未明).
曚昧(몽매 rúmèi) ① 어두움. ② 어리석음. 도리에 어두움. 몽매(蒙昧).

曜 빛날 요:
日 14 / 18

🈺 yào 🇯 ヨウ、かがやく 🇬🇧 glorious

① 해 비칠 요(日光照). ② 빛날 요(燿). ③ 요일 요(七曜).
曜靈(요령 yàolíng) 해. 요령(燿靈).
曜魄(요백 yàopò) 북두성(北斗星)의 별칭.
曜日(요일 yàorì) 그 주(週) 칠요(七曜) 중의 하루.

▶ 金曜(금요)·木曜(목요)·水曜(수요)·月曜(월요)·日曜(일요)·土曜(토요)·火曜(화요).

曝 쪼일 폭 / 쪼일 포
日 15 / 19

① 🈺 pù 🇯 バク、さらす 🇬🇧 expose
② 🈺 bào

① 볕 쬘 포, 쏘일 포(曝). ② 햇볕에 말릴 폭(日乾).
曝白(포백 bàobái) 베·무명 따위를 삶아 익혀서 볕에 바램.
曝書(포서 bàoshū) 서책(書册)을 햇볕에 쬐고 바람에 쏘임. 쇄서(曬書).
曝陽(폭양 bàoyáng) 쨍쨍 쪼이는 햇볕.

曠 빛 광:
日 15 / 19

🈺 kuàng 🇯 コウ、むなしい
🇬🇧 vacant

① 밝을 광(明). ② 빌 광(空). ③ 멀 광(遠). ④ 클 광(大). ⑤ 오랠 광(久). ⑥ 넓을 광, 훵할 광(豁). ⑦ 홀아비 광(曠夫男壯無室).
曠劫(광겁 kuàngjié) 넓고 끝없는 세상.
曠古(광고 kuànggǔ) 전례(前例)가 없음. 전대미문(前代未聞).
曠世英雄(광세영웅 kuàngshìyīngxióng) 세상에 보기 드문 영웅.
曠野(광야 kuàngyè) ① 광대한 뜰. 허허 벌판. 광원(曠原). ② 배[복(腹)]의 별칭.

曬 햇빛 쬘 쇄
日 19 / 23

🈺 shài, shà, shì 🇯 サイ、さらす
🇬🇧 expose

① 햇빛 쬘 쇄(曝). ② 햇빛 쬐어 말릴 쇄(日乾物). 【晒와 같음】
曬書(쇄서 shàishū) 책을 볕에 말림. 진(晉)의 학융(郝隆)이 볕을 쪼이고 누워서 뱃속에 있는 책을 말린다고 했다는 고사.
曬燥(쇄조 shàizào) 볕에 말림.
曬風(쇄풍 shàifēng) 바람을 쏘임.

日 部

가로 왈

日 가로/가로되 왈
日 0 / 4

日 日 日 日

🈺 yuē 🇯 エツ、いわく、いう
🇬🇧 it is said

① 가로 왈, 가라사대 왈(語端). ② 이를 왈(謂). ③ 일컬을 왈(稱). ④ ~에 왈(於). ⑤ ~의 왈(之). ⑥ 말씀 왈(發語辭). ⑦ [國字] 얌전하지 못한 계집 왈(日字, 日牌)

書體 小篆 草書 中學 指事

日可日否(왈가왈부 yuēkěyuēfǒu) 어떤 일에 옳거니, 옳지 않거니 하고 말함.
日牌(왈패 yuēpái) 언행이 단정하지 못하고 수선스러운 사람. 흔히 여자에게 씀.
日兄日弟(왈형왈제 yuēxiōngyuēdì) 서로 형이니 아우니 하고 부름.

曲 굽을 곡

曲 囚 舟 曲 曲 曲

qū, qǔ キョク, まがる, うた
bnt, tune

① 굽을 곡(不直). ② 곡절 곡(委曲節目). ③ 누에 발 곡(養蠶器). ④ 곡조 곡, 가락 곡(歌詞調).

書體 小篆 古文 草書 中學 象形

曲流(곡류 qūliú) 굽이쳐 흘러가는 물.
曲馬團(곡마단 qūmǎtuán) 곡마와 기술(奇術) 따위를 부려서 각지로 흥행하는 영리 단체. 서커스(circus).
曲辯(곡변 qūbiàn) ① 말을 교묘히 돌려 댐. 비(非)를 시(是)라고 우기는 말. ② 상세히 말함.
曲蔘(곡삼 qūshēn) 《國》 굵은 꼬리를 꼬부려 말린 백삼(白蔘). →직삼(直蔘).
曲折(곡절 qūzhé) ① 꾸부러지고 꺾어짐. ② 글의 문맥 같은 것이 복잡하고 변화가 많음. 까닭. 《轉》 자세한 사정. 복잡한 내용.
曲尺(곡척 qūchǐ) ① 곱자. 목수(木手)가 직각(直角)을 구할 때에 쓰는 「ㄱ」자 모양의 금속제(金屬製)의 자. 긴 쪽이 1자 5치, 짧은 쪽이 7치 5푼의 금이 새겨져 있음. ② 직각(直角)으로 굽은 형태.
曲筆(곡필 qūbǐ) 사실을 거짓으로 꾸며서 씀. 붓끝으로 잔꾀를 부림. 무문(舞文).
曲學(곡학 qūxué) 사곡(邪曲)의 학문. 진리를 그르친 정도(正道)가 아닌 학문.
曲學阿世(곡학아세 qūxué'āshì) 정도(正道)에서 벗어난 학문을 수득(修得)하고서 사악(邪惡)에 굽혀 아첨함. 부정(不正)한 학문을 닦고 속세(俗世)의 인기(人氣)를 얻으려고 애씀. 《故》 한(漢)의 원고(轅固)가 공손홍(公孫弘)을 징계한 말.

▶ 歌曲(가곡)·歌謠曲(가요곡)·交響曲(교향곡)·屈曲(굴곡)·坊坊曲曲(방방곡곡)·不問曲直(불문곡직)·悲曲(비곡)·序曲(서곡)·小夜曲(소야곡)·雙曲線(쌍곡선)·樂曲(악곡)·婉曲(완곡)·歪曲(왜곡)·迂餘曲折(우여곡절)·作曲(작곡)·鎭魂曲(진혼곡)·波瀾曲折(파란곡절)·編曲(편곡)·行進曲(행진곡)·協奏曲(협주곡)·戲曲(희곡).

曳 끌 예:

曳 yè エイ, ひく drag

① 끌 예(牽). ② 당길 예(引). ③ 천천히 할 예(徐). 【拽와 같음】
曳光彈(예광탄 yèguāngdàn) 탄도(彈道)를 알 수 있도록 빛을 내며 나는 탄환.
曳船(예선 yèchuán) ① 배에다 줄을 매어 끎. 또는 그 끄는 배. ② 선유악(船遊樂) 춤을 출 때 배를 끄는 여기(女妓).

更 고칠 경 다시 갱:

更 更 更 更 更 更 更

1 gēng コウ, あらためる

[영] again
2 [중] gèng [일] コウ, かわる [영] change
1 ① 고칠 **경**(改). ② 대신할 **경**(代). ③ 지날 **경**(歷). ④ 경점할 **경**(督夜行鼓). **2** 다시 **갱**(再). 【叓의 속자】

[書體] 小篆  草書  [中學] 形聲

更起(갱기 gēngqǐ) 다시 일어나거나 다시 일으킴.
更年期(갱년기 gēngniánqī) 여성의 생식 기능 소실의 한 증후(症候)로서 월경폐지가 오는 시기. 보통 40~50세. 정신적·신체적으로 여러 가지 장해가 일어남.
更生(갱생 gēngshēng) ① 죽을 지경에서 다시 살아남. 소생함. 회생(回生). 소생(蘇生). 재생(再生). ② 국화(菊花)의 별칭.
更新(경신 gēngxīn) 고치어 새롭게 함. 혁신(革新). 개혁.
更張(경장 gēngzhāng) ① 고치어 새롭게 함. 지금까지 늦춘 것을 고쳐서 가지런히 함. ② 현금(弦琴) 등의 줄을 바꾸어 갈음. ③ 사회적·정치적으로 부패한 제도를 바르게 고침.
更正(경정 gēngzhèng) 바르게 고침. 개정함.
更訂(경정 gēngdìng) 변경시키어 고침.
更迭(경질 gēngdié) 서로 바꿈. 교대(交代).

▶ 甲午更張(갑오경장)·變更(변경)·追更(추경).

曷 어찌 갈
日 5 ⑨

[중] hé [일] カツ, なんぞ [영] why
① 어찌 **갈**(何). ② 그칠 **갈**(止). ③어찌 아니 하리요 할 **갈**(盍). ④ 벌레 이름 **갈**(蝎).

曷其(갈기 héqí) 언젠가. 어느 날엔가.
曷爲(갈위 héwèi) 왜. 무엇 때문에.

書 글 서
日 6 ⑩

[중] shū [일] ショ, かく, ふみ
[영] write, book
① 쓸 **서**, 적을 **서**, 기록할 **서**(紀). ② 글씨 **서**(六藝之一). ③ 글 지을 **서**(著). ④ 글 **서**(文). ⑤ 책 **서**, 서적 **서**(經籍總名). ⑥ 편지 **서**(牘).

[書體] 小篆  草書  [中學] 形聲

書簡(서간 shūjiǎn) 편지. 서한(書翰). 서찰(書札). 서간(書柬).
書簡文(서간문 shūjiǎnwén) 편지글.
書面審理(서면심리 shūmiànshěnlǐ) 법원이 오로지 당사자가 제출한 서면에 의하여 사건을 심리함. ↔ 구두심리(口頭審理).
書齋(서재 shūzhāi) 공부방. 서실(書室). 독서하는 방.
書帖(서첩 shūtiě) 이름난 이의 글씨를 모은 장첩(粧帖). 명필(名筆)을 모아 꾸민 책. 흔히 여러 겹으로 접게 되었음. 묵첩(墨帖).
書標(서표 shūbiāo) 책장의 읽던 곳을 찾기 쉽도록 끼워 두는 종이 오리.
書翰(서한 shūhàn) ① 편지. 서간(書簡). ② 서적(書蹟).

▶ 覺書(각서)·契約書(계약서)·敎書(교서)·禁書(금서)·落書(낙서)·但書(단서)·圖書(도서)·讀書(독서)·文書(문서)·白面書生(백면서생)·白書(백서)·秘書(비서)·史書(사서)·司書(사서)·私書函(사서함)·聖書(성서)·良書(양서)·易書(역서)·曆書(역서)·譯書(역서)·戀書(연서)·葉書(엽서)·外書(외서)·原書(원서)·願書(원서)·遺書(유서)·藏書(장서)·著書(저서)·全書(전서)·篆書(전서)·淨書(정서)·精書(정서)·調書(조서)·證書(증서)·珍書(진서)·眞書(진서)·草書(초서)·叢書(총서)·親書(친서)·投書(투서)·楷書(해서)·行書(행서)·稀書(희서).

曹 무리 조
日 7 / ⑪

音 cáo 日 ソウ, つかさ
뜻 government official

① 마을 조(局). ② 무리 조(輩也, 衆).
③ 나라 이름 조(國名). ④ 성 조(姓).

曹溪宗(조계종 cáoxīzōng) 《佛》 고려(高麗) 때 신라(新羅)의 구산선문(九山禪門)을 합친 종파(宗派). 천태종(天台宗)에 대해서 일컫는 말.

▶ 法曹(법조)·戶曹(호조).

曾 일찍 증
日 8 / ⑫

音 zēng, céng 日 ソウ, かって
뜻 last time

① 일찍 증(嘗). ② 지난번 증(經). ③ 이에 증(乃). ④ 곧 증(則). ⑤ 거듭 증(重). ⑥ 성 증(姓).

書體 小篆 曾 草書 合 中學 象形

曾大父(증대부 zēngdàfù) 촌수가 먼 유복(有服) 이외의 증조항렬(曾祖行列)의 남자.
曾思(증사 céngsī) 거듭 깊이 생각함.
曾孫(증손 zēngsūn) 아들의 손자.
曾祖(증조 zēngzǔ) 증조부(曾祖父)의 약(略).

▶ 未曾有(미증유).

替 바꿀/대체할 체
日 8 / ⑫

音 tì 日 テイ, タイ, かえる
뜻 instead

① 갈아들일 체(代), 대체할 체 ② 폐할 체, 시들 체(廢). ③ 바꿀 체(交).

書體 篆文 替 草書 替 皆 高校 形聲

替代(체대 tìdài) 서로 번갈아 대신함. 교체(交替).
替換(체환 tìhuàn) 바꿈. 대신함. 갈아들임. 교대(交代). 대환(大換). 개환(改換).

▶ 改替(개체)·交替(교체)·代替(대체)·世代交替(세대교체)·移替(이체).

最 가장 최ː
日 8 / ⑫

最最最最最最最最最最

音 zuì 日 サイ, もっとも
뜻 most, superior

① 가장 최(第一). ② 극진할 최(極). ③ 우뚝할 최(尤). ④ 나을 최(勝). ⑤ 넉넉할 최(優). ⑥ 잘할 최(善). ⑦ 백성 모을 최(聚民).

書體 小篆 冣 草書 最 中學 會意

最嗜(최기 zuìshì) 가장 즐기거나 좋아함.
最緊(최긴 zuìjǐn) 매우 긴요함. 가장 중요하고 긴함.
最惠國(최혜국 zuìhuìguó) 《法》 통상조약(通商條約)을 체결한 나라 중에서 가장 유리한 취급을 받는 나라.

會 모일/모을 회ː
日 9 / ⑬

會會會會會會會會會會

❶ 音 huì 日 カイ, あつまり
뜻 meet ❷ 音 kuài 뜻 society

❶ ① 모을 회(聚衆). ② 모둘 회(合). ③ 맞출 회(適). ④ 맹세할 회(盟). ⑤ 조회할 회(朝覲). ⑥ 고깔혼솔 회(弁中縫). ❷ 그릴 괴(畫). 【繪와 통합】

書體 小篆 會 古文 㑹 行書 会 草書 会 中學 象形

會見(회견 huìjiàn) 만남. 면회(面會)함. 대면(對面)함.

會計(회계 kuàijì) ① 금전이나 물품 등의 출납(出納)을 계산함. ② 잘 따져서 셈함. ③ 한데 몰아서 셈함. 연말의 총결산. ④ 물건의 값이나 월급 등을 지불하는 일. ⑤ 재산 및 수입·지출의 관리와 운용에 관한 계산제도. ⑥ 사람을 모아서 그 공을 셈함. 회계(會稽).

會盟(회맹 huìméng) ① 모여서 서로 맹세함. ② 임금이 공신(功臣)들과 산 짐승을 잡아 하늘에 제사 지내고 그 피를 서로 나누어 빨며 단결을 맹세하던 일. ③ 각국이 회합하여 서로 약속을 맺음. 제후가 합동(合同)하여 동맹을 맺음.

會社(회사 huìshè) 《法》 상행위(商行爲)를 목적으로 하는 두 사람 이상이 협동하여 설립한 영리(營利)사업을 경영하는 법인 조직의 단체. 주식회사(株式會社)·합자회사(合資會社)·주식합자회사(株式合資會社)·합명회사(合名會社) 등이 있음. → 공사(公司).

會戰(회전 huìzhàn) 쌍방이 서로 어우러져 싸움. 합전(合戰).

▶ 開會(개회)·公聽會(공청회)·敎會(교회)·國會(국회)·機會(기회)·茶菓會(다과회)·都會(도회)·面會(면회)·牧會(목회)·密會(밀회)·法會(법회)·本會議(본회의)·司會(사회)·商會(상회)·屬會(속회)·雅會(아회)·夜會(야회)·連席會議(연석회의)·宴會(연회)·議會(의회)·立會(입회)·入會(입회)·再會(재회)·朝會(조회)·照會(조회)·宗會(종회)·座談會(좌담회)·集會(집회)·總會(총회)·親睦會(친목회)·閉會(폐회)·學會(학회)·協會(협회).

月部

달 월

月 달월

月 月 月 月

中 yuè 日 ゲツ, ガツ, つき
英 moon, month

① 달 월(太陰精水精土精). ② 한달 월(三十日).

書體 小篆 ⟨月⟩ 小篆 ⟨D⟩ 古文 ⟨D⟩ 草書 ⟨月⟩

中學 象形

月刊(월간 yuèkān) 매달 한 차례씩 인쇄물을 발행함. 또는 그 간행물.

月建(월건 yuèjiàn) 달의 간지(干支).

月經(월경 yuèjīng) 《生》 성숙한 여자가 임신 또는 수유(授乳)의 기간을 제외하고 매달 주기적으로 자궁에서 분비·배출하는 생리적 혈액. 멘스. 경수(經水). 월사(月事). 월신(月信). 월객(月客). 경도(經度).

月桂冠(월계관 yuèguìguān) 아폴로 신의 영수(靈樹)로 치던 월계수(月桂樹)의 잎으로 장식하여 만든 관. 옛날 그리스에서 경기에 우승한 사람에게 명예와 영광의 표장으로서 머리에 씌우던 관(冠). 《轉》 우승자의 명예. 가장 명예로운 지위. 승리의 표지.

月宮姮娥(월궁항아 yuègōnghéng'é) 《喩》 미인을 가리키는 말.

月滿則虧(월만즉휴 yuèmǎnzékuī) 달이 차서 만월(滿月)이 되어 둥글어지면 반드시 또 이지러짐. 《喩》 무슨 일이든지 성하면 반드시 또 쇠(衰)하게 됨. 월영즉식(月盈則蝕).

月蝕(월식 yuèshí) 《天》 지구의 그림자가 달을 가림으로 인하여 달의 전부 또는 일부분이 보이지 않게 되는 현상. 개기월식(皆旣月蝕)과 부분월식(部分月蝕)의 두 가지가 있음.

月將(월장 yuèjiāng) 달마다 진보함. 〈將은 진(進)의 뜻〉.

月下氷人(월하빙인 yuèxiàbīngrén) 부부(夫婦)의 인연을 맺어 주는 신. 혼인을 중매하는 사람. 월하로(月下老)와 빙상인(氷上人)과의 고사에서 나온 말. 월하로(月下老). 빙상인(氷上人).

月暈(월훈 yuèyùn) 달무리. 달 주위에 생기는 둥근 운기(雲氣).

▶ 隔月(격월)·過月(과월)·吉月(길월)·臘月(납월)·滿月(만월)·歲月(세월)·心月(심월)·迎月(영월)·日就月將(일취월장)·臨月(임월)·殘月(잔월)·正月(정월)·秋月(추월)·風月(풍월)·寒月(한월)·虛送歲月(허송세월).

有 있을 유:

有 有 有 有 有 有

①~⑦ 음 yǒu 일 ユウ, ある 영 is
⑧ 음 yòu 일 ユウ, もつ 영 have

① 있을 유(無之對). ② 얻을 유(得). ③ 취할 유(取). ④ 질정할 유(質). ⑤ 과연 유(果然). ⑥ 가질 유(保). ⑦ 친할 유(親). ⑧ 또 유(又).

書體 小篆 草書 中學 形聲

有價證券(유가증권 yǒujiàzhèngquàn) 재산권을 표시하는 증권. 그 권리의 이용에 있어서는 반드시 증권으로써 행하여질 것을 요구함. 어음·수표·채권·주권 따위.

有口無言(유구무언 yǒukǒuwúyán) 아무 소리도 못함.《轉》변명할 여지가 없음.

有機(유기 yǒujī) 동식물처럼 생활 기능을 갖추어 생활력이 있는 것. ↔ 무기(無機).

有名無實(유명무실 yǒumíngwúshí) ① 이름만 훌륭하고 그 내용이 비어 있음. ②《佛》가명(假名) 뿐이고 실체(實體)가 없는 것.

有無相通(유무상통 yǒuwúxiāngtōng) 있고 없는 것을 서로 융통함.

有別(유별 yǒubié) 다름이 있음. 구별이 있음.

有耶無耶(유야무야 yǒuyēwúyē) 어느 쪽도 아님. 애매함. 흐지부지함. 흐리멍덩함.

有爲(유위 yǒuwéi) ① 능력이 있음. 재능이 있음. 쓸모가 있음. 유능(有能). ② 직무(職務)가 있음. ③《梵》Samskrta. 〈爲는 위작(爲作)〉. 인연으로 말미암아 조작되는 모든 현상.

有終之美(유종지미 yǒuzhōngzhīměi) 마지막 결과가 훌륭히 이루어짐.

有害無益(유해무익 yǒuhàiwúyì) 해는 있으되 이익은 없음.

▶ 兼有(겸유)·固有(고유)·公有(공유)·共有(공유)·國有(국유)·君臣有義(군신유의)·男女有別(남녀유별)·萬有引力(만유인력)·妙有(묘유)·未曾有(미증유)·保有(보유)·夫婦有別(부부유별)·父子有親(부자유친)·朋友有信(붕우유신)·私有(사유)·所有(소유)·所有權者(소유권자)·實有(실유)·言中有骨(언중유골)·領有(영유)·長幼有序(장유유서)·前途有望(전도유망)·專有(전유)·占有(점유)·特有(특유)·含有(함유)·享有(향유).

朋 벗 붕

朋 朋 朋 朋 朋 朋 朋

음 péng 일 ホウ, とも 영 friend

① 벗 붕(友也, 同門同門同道). ② 무리 붕(羣). ③ 패물 붕(五貝). ④ 두 단지 붕(兩尊).

書體 草書 中學 象形

朋黨(붕당 péngdǎng) ① 벗. 동료. ②

주의·이해(利害)를 같이한 사람이 하나로 결합하여 다른 사람을 배척하는 단체.

朋友(붕우 péngyǒu) ① 벗. 친구. 〈朋은 동사(同師)·동문(同門)의 벗. 友는 동지(同志)의 벗〉 우붕(友朋). 붕지(朋知). ② 군신(群臣)을 이름.

朋友有信(붕우유신 péngyǒuyǒuxìn) 오륜(五倫)의 하나. 벗과 사귀는 도리는 믿음에 있음.

朋友責善(붕우책선 péngyǒuzéshàn) 벗끼리 서로 좋은 일을 권함.

月/4/⑧ 服 옷/의복 복

服 服 服 服 服 服 服

일 フク, きもの, したがう
영 clothes, obey

① 옷 복(衣). ② 수레 첫째 멍에 복(車右騎). ③ 직분 복(職). ④ 생각할 복(思). ⑤ 다스릴 복(治). ⑥ 익힐 복(習). ⑦ 행할 복(行). ⑧ 좇을 복(從). ⑨ 일 복(事). ⑩ 갓 복(冠). ⑪ 제후 나라 복(邦國). ⑫ 동개 복(盛矢器). ⑬ 친숙할 복(親).

書體 小篆 服 古文 刖 草書 服 (中學) 形聲

服劍(복검 fújiàn) ① 칼을 참. ② 짧은 칼. 단도(短刀). 복도(服刀).

服屬(복속 fúshǔ) ① 좇고 따름. 부하가 됨. 종속(從屬). 복종(服從). ② 복(服)을 입을 친속(親屬). 유복친(有服親).

服飾(복식 fúshì) ① 의복과 장신구(裝身具). 의복의 장식품. ② 복색(服色)의 꾸밈.

▶ 感服(감복)·敬服(경복)·公服(공복)·冠服(관복)·官服(관복)·屈服(굴복)·克服(극복)·法服(법복)·變服(변복)·不服(불복)·私服(사복)·喪服(상복)·尙服(상복)·素服(소복)·僧服(승복)·承服(승복)·心服(심복)·洋服(양복)·禮服(예복)·威服(위복)·衣服(의복)·征服(정복)·制服(제복)·祭服(제복)·除服(제복)·朝服(조복)·着服(착복)·衰服(최복)·歎服(탄복)·便服(편복)·平服(평복)·被服(피복)·下服(하복)·夏服(하복)·韓服(한복).

月/6/⑩ 朔 초하루 삭

朔 朔 朔 朔 朔 朔 朔 朔 朔 朔

일 shuò 일 サク, ついたち
영 new moon, north

① 초하루 삭(月一日). ② 처음 삭(初).
③ 북방 삭(北方).

書體 小篆 朔 草書 朔 (高校) 形聲

朔漠(삭막 shuòmò) 북방의 사막.
朔望(삭망 shuòwàng) 초하루와 보름. 음력의 1일과 15일.
朔方(삭방 shuòfāng) 북쪽. 북방.
朔月貰(삭월세 shuòyuèshì) ① 남의 집을 빌려 살면서 다달이 내는 일정한 세. 달세. ② 삭월세집.
朔風(삭풍 shuòfēng) 겨울철의 북풍(北風). 삭취(朔吹).

▶ 滿朔(만삭)·七朔(칠삭).

月/6/⑩ 朕 나 짐:

일 zhèn 일 チン, われ
영 me, Emperor

① 나 짐(我). ② 조짐 짐, 빌미 짐(兆).

月/7/⑪ 朗 밝을 랑:

일 lǎng 일 ロウ, ほがらか 영 right
밝을 랑(明).

朗讀(낭독 lǎngdú) 소리를 높여 읽음. 맑은 소리로 명확히 읽음. 낭송(朗誦).
朗報(낭보 lǎngbào) 명랑한 보도. 반

가운 소식.
朗誦(낭송 lǎngsòng) 소리를 높이어 글을 욈. 낭독(朗讀).

▶ 朗朗(낭랑)·明朗(명랑)·淸朗(청랑).

望 바랄 망:
月 7 ⑪

望望望望望望望望望

① ② 일 ボウ, のぞむ 영 hope
③-⑨ 일 モウ 영 watch

① 볼 망(瞻). ② 원망할 망(怨). ③ 바라볼 망(遠視). ④ 이름 망(名). ⑤ 우러러볼 망(爲人所仰). ⑥ 책망할 망(責). ⑦ 보름달 망(弦望月體). ⑧ 망제 망(祭名). ⑨ 돌아보지 않고 갈 망(去而不顧).

書體 小篆 望 草書 望 中學 形聲

望間(망간 wàngjiān) 보름께.
望哭(망곡 wàngkū) ① 먼 곳에서 임금이나 부모의 상사(喪事)를 당한 때나 곡(哭)을 할 자리에 몸소 가지 못할 때, 그 쪽을 향하여 애곡(哀哭)하는 일. ② 국상(國喪)을 당하여 대궐 문 앞에서 백성들이 모여 우는 일. ③ 사모하여 욺.
望斷(망단 wàngduàn) 바라던 일이 실패함.
望達(망달 wàngdá) 출세를 바람. 영달(榮達)을 희망함.
望臺(망대 wàngtái) 먼 곳을 바라보기 위하여 또는 적군의 동정을 살피기 위하여 만든 높은 대(臺). 망루(望樓).
望樓(망루 wànglóu) = 망대(望臺).
望拜(망배 wàngbài) 멀리서 연고가 있는 쪽을 바라보고 하는 절. 요배(遙拜).
望夫石(망부석 wàngfūshí) 정렬(貞烈)한 아내가 멀리 떠난 남편을 기다리다 그대로 죽어 화석(化石)이 되었다는 전설적인 돌. 또는 그 위에서 기다렸다는 돌.
望洋之歎(망양지탄 wàngyángzhītàn) 어떤 일에 자기의 힘이 미치지 못할 때에 나오는 탄식.
望雲之情(망운지정 wàngyúnzhīqíng) 객지에서 부모를 생각하는 마음. 어버이를 그리워하는 심정.
望遠鏡(망원경 wàngyuǎnjìng) 두 개 이상의 볼록 렌즈를 맞추어서 멀리 있는 물체를 크게 보이도록 만든 장치. 만리경(萬里鏡). 천리경(千里鏡). 축원경(縮遠鏡).
望月(망월 wàngyuè) ① 달을 바라봄. ② 음력 보름날 밤의 달. 만월(滿月).
望日(망일 wàngrì) ① 망(望)이 되는 날. ② 보름날.
望蜀(망촉 wàngshǔ) 하나의 욕망을 달성하고 다시 더 욕심을 냄. 끝없는 탐욕으로 만족하지 아니함. 농득망촉(隴得望蜀).《故》한(漢) 광무제(光武帝)가 농(隴)을 평정한 뒤에 또 촉(蜀) 나라를 친 일.
望鄕(망향 wàngxiāng) 고향을 바라봄. 사향(思鄕). 회향(懷鄕).

▶ 可望(가망)·渴望(갈망)·觀望(관망)·落望(낙망)·大望(대망)·待望(대망)·名望(명망)·無望(무망)·物望(물망)·羨望(선망)·所望(소망)·信望(신망)·失望(실망)·野望(야망)·輿望(여망)·熱望(열망)·欲望(욕망)·怨望(원망)·遠望(원망)·有望(유망)·人望(인망)·一望(일망)·潛望鏡(잠망경)·前途有望(전도유망)·展望(전망)·絶望(절망)·眺望(조망)·志望(지망)·責望(책망)·囑望(촉망)·希望(희망).

望 바랄 망:
月 7 ⑪

【望(前條)과 같음】

朝 아침 조
月 8 ⑫

朝朝朝朝朝朝朝朝朝

중 zhāo, cháo 일 チョウ, あさ

옝 morning, court

① 아침 조, 이를 조(早). ② 보일 조(臣下觀君). ③ 조회 받을 조(朝會人君視政). ④ 조정 조(朝廷). ⑤ 찾을 조(訪). ⑥ 나라 이름 조(國名朝鮮).

書體 小篆 草書 中學 形聲

朝東暮西(조동모서 zhāodōngmùxī) 정착된 주소가 없이 여기 저기 옮겨 다님.
朝令暮改(조령모개 zhāolìngmùgǎi) ① 아침에 명령(命令)을 내리고서 저녁에 다시 변경(變更)함.《喩》법령의 나옴이 너무 빈번하여 믿을 수가 없음. 조개모변(朝改暮變). ② 아침에 조세(租稅)를 부과(賦課)하고 저녁에 벌써 걷어 들임. 〈개(改)는 득(得)의 뜻〉.
朝露人生(조로인생 zhāolùrénshēng) 아침 이슬과 같이 덧없는 인생. 초로인생(草露人生).
朝聞夕死(조문석사 zhāowénxīsǐ) 아침에 사람으로서의 도리를 듣고 알게 된다면, 그 저녁에 죽는다 하여도 조금도 후회하지 아니한다.《喩》도를 알지 아니하면 안 된다는 사실을 극언(極言)한 말.
早飯夕粥(조반석죽 zhāofànxīzhōu) 아침에는 밥을 먹고 저녁에는 죽을 먹음.《喩》몹시 군색한 생활을 일컫는 말.
朝三暮四(조삼모사 zhāosānmùsì) 기만술을 써서 사람을 우롱(愚弄)함.《故》춘추시대(春秋時代) 송(宋)의 저공(狙公)이 기르고 있는 원숭이에게 아침에 셋, 저녁에 넷씩 상수리의 열매를 준다고 하였더니 원숭이가 크게 성을 내므로 그럼 아침에 넷, 저녁에 셋씩 준다고 하였더니 매우 좋아하였다는 고사.
朝野(조야 cháoyě) ① 조정(朝廷)과 민간(民間). 관리와 민간인. ② 천하(天下). 세상(世上).

▶ 歸朝(귀조)·來朝(내조)·王朝(왕조)·李朝(이조)·入朝(입조)·早朝(조조).

月 8 ⑫ 期 기약할 기

期 期 期 期 期 期 期 期

음 qī, jī 일 キ, ちぎる, とき
옝 promise, period

① 기약할 기(期約). ② 모을 기(會). ③ 돌 기(周年). ④ 반드시 기(必). ⑤ 백 살 기(百年). ⑥ 당할 기(當). ⑦ 기다릴 기(待). ⑧ 때 기(時). ⑨ 언약할 기(契約). ⑩ 믿을 기(信). ⑪ 한정할 기(限). ⑫ 네거리 기(四道交出). ⑬ 떠듬거릴 기(口吃).

書體 小篆 古文 草書 中學 形聲

期圖(기도 qītú) 기약하여 꾀함.
期約(기약 qīyuē) 때를 정하고 약속함. 한정된 약속.
期必(기필 qībì) 확정하여 틀림이 없음. 반드시 됨을 기약함.

▶ 納期(납기)·農繁期(농번기)·短期(단기)·滿期(만기)·末期(말기)·無期(무기)·分期(분기)·所期(소기)·時期適切(시기적절)·延期(연기)·豫期(예기)·雨期(우기)·有期(유기)·幼兒期(유아기)·任期(임기)·長期(장기)·適期(적기)·定期(정기)·早期(조기)·週期(주기)·學期(학기)·好期(호기)·婚期(혼기)·會期(회기)·劃期(획기).

月 14 ⑱ 朧 몽롱할 몽

음 méng 일 モウ, おぼろ 옝 dim

① 지는 달빛 어른거릴 몽(朦朧月將入).
② 정신 희미할 몽(朦朧).
朦朧(몽롱 ménglóng) ① 달빛이 흐릿한 모양. ② 희미하게 보이는 모양. 확실하지 않은 모양. ③ 사리가 불확실함. 의식이 분명하지 아니함.

朧 몽롱할 롱

月 16/20

中 lóng 日 ロウ, おぼろ 英 dim
① 달빛 훤히 치밀 롱(朧朧月欲明). ②
달빛 침침할 롱(月將入朧).

朧朧(농동 lóngtóng) 장고(長鼓)나
북 소리가 연달아 겹쳐서 울리는 모
양. 농동(朧橦). 농동(籠銅). 농동
(籠僮).

木 部

나무 목

木 나무 목

木 0/4

木 十 才 木

1 中 mù 日 ボク, き 英 tree
2 日 モク, き 英 wood

1 ① 나무 목(東方位). ② 질박할 목
(木訥質樸). ③ 뻣뻣할 목(不和柔貌).
④ [國字]무명 목(綿織). **2** 모과 모(木瓜).

書體 小篆 木 草書 木 中學 象形

木刻(목각 mùkè) ① 나무에 서화를
새김. ②《印》목각활자의 약어.
木槿(목근 mùjǐn)《植》무궁화.
木魚(목어 mùyú)《佛》① 목탁. ②
불교의 경전(經典)을 읽을 때에 두
드리는 잉어처럼 만든 제구. ③《動》
도루묵.
木造(목조 mùzào) 나무로 만든 물건.
나무로 지은 집. 목제(木製).
木柵(목책 mùzhà) 말뚝을 박아 만든
울짱.
木鐸(목탁 mùduó) ①《佛》불공·예

불 등 염불할 때 치는 속이 비고 둥글
게 만든 나무 방울. ② 세상 사람을
지도할만한 사람이나 기관.
木炭(목탄 mùtàn) ① 숯. ②《美》그
림을 그리는 데 쓰는 숯.

▶ 角木(각목)·坑木(갱목)·巨木(거목)·古
木(고목)·枯木(고목)·灌木(관목)·喬木(교
목)·都木手(도목수)·苗木(묘목)·伐木(벌
목)·山川草木(산천초목)·揷木(삽목)·樹木
(수목)·植木(식목)·欝木(영목)·玉洋木(옥
양목)·原木(원목)·林木(임목)·立木(입목)·
雜木(잡목)·材木(재목)·接木(접목)·草根
木皮(초근목피)·草木(초목)·春陽木(춘양
목)·治木(치목)·土木(토목)·香木(향목)·稀
貴木(희귀목).

未 아닐 미(ː)

木 1/5

 未 未 未 未

中 wèi 日 ビ, ミ, いまだ
英 not, yet

① 아닐 미, 못할 미(不). ② 여덟째 지지
미(地支第八位).

書體 小篆 未 草書 未 中學 指事

未墾地(미간지 wèikěndì) 개간하지
아니한 땅.
未勘(미감 wèikān) 아직 끝마감을 하
지 못함.
未決囚(미결수 wèijuéqiú)《法》범
죄 혐의로 미결감에 가두어 둔 심리
중의 형사 피고인. ↔기결수(旣決
囚).
未亡人(미망인 wèiwángrén) 남편이
죽고 홀로 남아 사는 부인. 과부.
未遂犯(미수범 wèisuífàn)《法》범죄
의 실행에 착수했으나 그 행위를 끝
내지 못했거나 결과가 발생하지 않
은 범죄. 또 그 사람.
未曾有(미증유 wèicéngyǒu) 아직까
지 있어 본 일이 없음.
未洽(미흡 wèiqià) 넉넉하지 못함. 흡
족하지 못한 부분.

木 1 ⑤ **末** 끝 **말**

末 末 末 末 末

[중] mò, mè [일] マツ, すえ
[영] end, final

① 끝 **말**(木端). ② 이마 **말**(顚). ③ 다할 **말**(盡). ④ 마칠 **말**(終). ⑤ 덜 **말**(減). ⑥ 장사 **말**(商). ⑦ 없을 **말**(無).

[書體] 小篆 末 小篆 末 草書 末 [中學] 指事

末端(말단 mòduān) 사물의 맨 끄트머리. 가장 뒤 끝.

末路(말로 mòlù) ① 가는 길의 마지막. ② 일생의 끝날 무렵. 만년(晚年). ③ 일이 망해 가는 길.

末世(말세 mòshì) ① 정치·도덕·풍속 등이 아주 쇠퇴한 시대. 망해 가는 세상. ②《佛》말법(末法)의 세상. ③《宗》예수의 재림(再臨)이 가까운 세상. 어지러운 세상(世上).

末葉(말엽 mòyè) 맨 끝 무렵의 시대. 말세(末世). 말대(末代).

末梢神經(말초신경 mòshāoshénjīng)《生》외부의 자극을 받아들이고 중추부(中樞部)의 명령에 좇아 지각(知覺) 운동을 맡아 보는 신경.

▶ 結末(결말)·舊韓末(구한말)·期末(기말)·綠末(녹말)·斷末摩(단말마)·本末(본말)·粉末(분말)·始末(시말)·年末年始(연말연시)·顚末(전말)·終末(종말).

木 1 ⑤ **本** 근본 **본**

本 本 本 本 本

[중] běn [일] ホン, もと
[영] root, origin

① 밑 **본**, 뿌리 **본**(草木根柢). ② 비롯할 **본**(始). ③ 옛 **본**(舊). ④ 아래 **본**(下). ⑤ 장본 **본**(張本豫爲後地). ⑥ 밑천 **본**(資本). ⑦ 정말 **본**(眞正). ⑧ 나**본**(本國我). ⑨ 체법 **본**(書畫法帖). ⑩ 당자 **본**(本人當者). ⑪ 이 **본**(本日今). ⑫ 책 **본**(冊).

[書體] 小篆 本 古文 本 小篆 本 草書 本 [中學] 指事

本據地(본거지 běnjūdì) 근거지(根據地).

本絹(본견 běnjuàn) 명주실로 짠 비단. ↔인견(人絹).

本貫(본관 běnguàn) ① 시조(始祖)의 고향. 관향(貫鄕). ② =본적(本籍). 원적지(原籍地).

本來無一物(본래무일물 běnláiwúyīwù)《佛》만유(萬有)는 본디 공(空)이므로 집착(執著) 없는 심경(心鏡).

本末顚倒(본말전도 běnmòdiāndǎo) 일의 본질을 잊고 사소한 부분에만 사로잡힘.

本山(본산 běnshān)《佛》① 각 말사(末寺)를 통솔하는 절. 본사(本寺). ② 자기가 있는 절.

本色(본색 běnsè) ① 본디의 면목. ② 본디의 형태. ③ 본래의 색(色). 천연색(天然色).

本籍(본적 běnjí)《法》호적이 있는 곳. 원적(原籍).

本尊(본존 běnzūn)《佛》① 숭배하는 중심이 되는 주불(主佛). ② 한 절에서 공양 예배하는 여러 불상 중에 특히 중요한 불상. ③ 주인공(主人公). 본인(本人). 장본(張本).

本初子午線(본초자오선 běnchūzǐwǔxiàn)《地》지구의 경도(經度)를 측정할 때에 기준이 되는 남북 경선(經線). 영국의 그리니치 천문대를 기점으로 함.

▶ 脚本(각본)·絹本(견본)·見本(견본)·敎本(교본)·劇本(극본)·根本(근본)·基本(기본)·農本(농본)·臺本(대본)·貸本(대본)·讀本(독본)·謄本(등본)·拔本塞源(발본색원)·飜譯本(번역본)·複寫本(복사본)·備

本(비본)·寫本(사본)·譯本(역본)·影印本(영인본)·原本(원본)·僞本(위본)·異本(이본)·資本(자본)·張本(장본)·藏本(장본)·製本(제본)·珍本(진본)·眞本(진본)·抄本(초본)·拓本(탁본)·標本(표본).

札 편지 찰

木(1) 5

음 zhá 일 サツ, ふだ 영 letter

① 편지 찰(小簡). ② 갑옷미늘 찰(甲葉). ③ 젊어죽을 찰(夭死). ④ 노 찰(撥水櫂).

札記(찰기 zhájì) 간략하게 기록하는 일. 또는 그러한 잡기장(雜記帳).
札駐(찰주 zházhù) 공무를 띠고 외국에 머물러 있음. 주차(駐箚).
札翰(찰한 zháhàn) 편지.

▶ 簡札(간찰)·鑑札(감찰)·落札(낙찰)·名札(명찰)·書札(서찰)·應札(응찰)·入札(입찰)·出札(출찰)·現札(현찰).

朱 붉을 주

木 2 6

음 zhū 일 シュ, あか 영 red

붉을 주(赤色, 南方位).【侏와 통합】

書體 小篆 朱 草書 朱 中學 指事

朱螺(주라 zhūluó)《樂》붉은 칠을 한 소라 껍질로 만든 대각(大角). 민속 취주(吹奏) 악기의 일종.
朱欄畫閣(주란화각 zhūlánhuàgé) 단청(丹靑) 칠을 곱게 하여 화려하게 꾸민 누각(樓閣). 주루화각(朱樓畫閣).
朱脣晧齒(주순호치 zhūchúnhàochǐ) ① 붉은 입술과 흰 이. 단순호치(丹脣晧齒). ② 아름다운 여자의 얼굴.
朱雀(주작 zhūquè)《國》남쪽에 있는 성수(星宿)로서 그곳을 지키는 신령. 붉은 봉황을 형상하여 옛부터 관(棺)의 앞쪽에 그렸음.

▶ 印朱(인주)·紫朱(자주).

朴 소박할/성(姓) 박

木 2 6

음 pō, piáo, pǔ 일 ボク, すなお 영 unsophisticated

① 진실할 박(質). ② 밑둥 박, 등걸 박(本). ③ 약 이름 박(藥名厚朴).【撲과 같음】

書體 小篆 朴 草書 朴 中學 形聲

朴鈍(박둔 pǔdùn) 단단하지 못한 그릇.
朴魯(박로 pǔlǔ) 꾸밈이 없고 어리석음.
朴茂(박무 pǔmào) 정직하고 인정이 두터움.
朴素(박소 pǔsù) ① 수수하고 검소함. ② 사람의 손을 대지 않은 그대로임.
朴野(박야 pǔyě) 꾸밈이 없이 촌스러움. 소박하고 조야(粗野)한 일.
朴質(박질 pǔzhì) 꾸밈없이 성실함. 박충(朴忠).

▶ 素朴(소박)·淳朴(순박)·質朴(질박).

机 책상 궤:

木 2 6

음 jī 일 キ, つくえ 영 desk

① 궤나무 궤(木名). ② 책상 궤(安屬).【几와 통합】

机上(궤상 jīshàng) 책상 위.
机案(궤안 jī'àn) 책상.
机下(궤하 jīxià) ① 편지 겉봉에서 상대편의 이름 밑에 붙여 쓰는 경칭(敬稱). ② 책상 아래.

朽 썩을 후:

木 2/6

xiǔ 일 キュウ, くちる 영 rot

① 썩을 후(腐). ② 냄새 후(臭). ③ 망할 후(亡). 【㱙와 같음】

朽老(후로 xiǔlǎo) 나이 많아 기력이 쇠약해짐. 또는 그러한 사람.

朽損(후손 xiǔsǔn) 나무 같은 것이 썩어서 헐어짐.

▶ 老朽(노후)·不朽(불후).

杆 몽둥이 간

木 3/7

gān, gǎn 일 カン, ぼう, てこ 영 pole

① 박달나무 간(檀木). ② 쓰러진 나무 간(僵木). ③ 몽둥이 간(木挺). ④ 방패 간(盾). ⑤ 팔찌 간(臂衣).

杆棒(간봉 gānbàng) 몽둥이. 막대기

▶ 操縱杆(조종간).

李 오얏/성(姓) 리:

木 3/7

一 十 才 木 本 李 李

lǐ 일 リ, すもも 영 plum

① 오얏 리(果名似桃). ② 선비천거할 리(桃李薦士). ③ 역말 리(行李關驛). ④ 행장 리, 보따리 리(行裝). 【理와 통함】

書體 小篆 古文 杍 草書 李 中學 會意

李桃(이도 lǐtáo) 앵두의 별명.

李杜(이두 lǐdù) 당(唐)의 이백(李白)과 두보(杜甫)의 병칭(並稱).

李朝實錄(이조실록 lǐcháoshílù) 조선왕조실록(朝鮮王朝實錄). 조선왕조실록을 일본 사관(史觀)의 입장에서 조선역사를 폄하하기 위하여 부르는 말.〈사용해서는 안 됨〉.

李下不正冠(이하부정관 lǐxiàbùzhèngguān) 오얏나무 밑에서 갓을 고쳐 쓰면 도둑으로 오해받기 쉬우므로 그런 곳에서는 갓을 고쳐 쓰지 말라는 뜻.《喩》남에게 의심 받을 만한 일은 아예 하지 말라는 뜻.

杏 살구 행:

木 3/7

xìng 일 キョウ, あんず 영 apricot

① 살구 행(果名). ② 은행 행(樹名).

杏林(행림 xìnglín) 의원(醫員)의 미칭. 또는 의술(醫術)에 종사(從事)하는 사람.《故》동봉(董奉)이라는 사람이 병자(病者)를 치료한 사례로 중증자(重症者)에게 다섯 그루, 경증자(輕症者)에게는 한 그루의 살구나무를 심게 하여 이것을 동선(董仙)의 행림(杏林)이라 하였음.

杏仁(행인 xìngrén)《醫》살구씨의 알맹이. 기침·변비(便秘)의 약재(藥材)로 씀.

杏花(행화 xìnghuā) 살구꽃. 행화(杏華).

▶ 銀杏(은행).

材 재목 재

木 3/7

一 十 才 村 村 材 材

cái 일 ザイ, まるた 영 stuff, tact

① 재목 재, 늘이 재(木直堪用). ② 자품 재(性質). ③ 재주 재(才). 【才·財와 통함】

書體 篆文 杍 草書 材 中學 形聲

材器(재기 cáiqì) 사람의 됨됨이나 기량(器量). 재주가 있어 쓸모가 있는 바탕. 재간(材幹).

材能(재능 cáinéng) 재주와 능력. 재능(才能).

410　4획　心 戈 戶 手 支 攴 文 斗 斤 方 无 日 曰 月 ⊛木 欠 止

材略(재략 cáilüè) 재주가 있는 꾀. 재략(才略).
材料(재료 cáiliào) ① 물건을 만드는 감. ② 어떤 일을 할 거리.
材木(재목 cáimù) 건축이나 기구를 만드는 데 재료가 되는 나무.
材勇(재용 cáiyǒng) 재주와 용기. 재무(才武).
材質(재질 cáizhì) 재국(才局)과 성질.

▶乾材(건재)·建材(건재)·骨材(골재)·敎材(교재)·機資材(기자재)·器材(기재)·內裝材(내장재)·斷熱材(단열재)·木材(목재)·素材(소재)·新素材(신소재)·惡材(악재)·雄材(웅재)·原資材(원자재)·人材(인재)·資材(자재)·適材(적재)·製材(제재)·取材(취재)·好材(호재).

村 마을 촌:
木 3 ⑦

村 村 村 村 村 村 村

음 cūn 일 ソン, むら 영 village
① 마을 촌(聚落). ② 밭집 촌(墅). ③ 시골 촌(山村).【邨과 같음】

書體 篆文 蝌書 草書 お 中學 形聲

村落(촌락 cūnluò) 촌에 이루어진 부락. 시골의 마을. ↔도시(都市).
村俗(촌속 cūnsú) 시골의 풍속.

▶江村(강촌)·農村(농촌)·僻村(벽촌)·富村(부촌)·貧村(빈촌)·散村(산촌)·漁村(어촌)·驛村(역촌)·集村(집촌)·千村萬落(천촌만락)·寒村(한촌)·閑村(한촌)·鄕村(향촌).

杓 북두자루 표
木 3 ⑦

1 음 sháo 일 ヒョウ, ひしゃく 영 small ladle 2 음 biāo
1 북두자루 표(斗柄). 2 ① 구기 작(飮器). ② 당길 작(引). ③ 묶일 작(繫).【勺과 같음】

杖 지팡이 장(:)
木 3 ⑦

음 zhàng 일 ジョウ, つえ 영 stick
① 지팡이 장(所以扶行). ② 몽둥이 장(大梃). ③ 가릴 장(持). ④ 기댈 장, 의지할 장(憑倚).【仗과 통함】

杖鼓(장고 zhànggǔ) 장구. 장고(長鼓). 요고(腰鼓).

▶棍杖(곤장)·短杖(단장)·錫杖(석장)·賊反荷杖(적반하장).

杜 막을 두
木 3 ⑦

음 dù 일 ト, ズ, やまなし
영 hawthorn, shut
① 아가위 두(甘棠). ② 막을 두(塞). ③ 향초 이름 두(香草名).

杜鵑(두견 dùjuān)《動》두견새. 소쩍새. 두우(杜宇).
杜鵑花(두견화 dùjuānhuā)《植》진달래꽃. 척촉(躑躅). 산석류(山石榴).
杜口(두구 dùkǒu) 입을 다물음. 함구(緘口).
杜門不出(두문불출 dùménbùchū) 집에만 있고 사회의 일이나 관직에 나가지 않음.
杜絶(두절 dùjué) 어떤 불의의 사고로 교통이나 통신이 막히고 끊어짐.

杞 구기자(枸杞子) 기
木 3 ⑦

음 qǐ 일 キ, こぶやなぎ 영 willow
① 산버들 기(柳屬). ② 개버들 기(可爲栲棬之屬). ③ 약 이름 기(藥名). ④ 나라 이름 기(國名).

杞菊茶(기국다 qǐjúchá) 산국화(山菊花)·구기자(枸杞子)·검은깨·작설(雀舌) 등을 곱게 갈아 소금을 친 뒤에 타락(駝酪)을 붓고 달인 차.

杞棘(기극 qǐjí) 기나무와 가시나무.

杞憂(기우 qǐyōu) 장래의 일에 대한 쓸데없는 군걱정. 《故》중국 기(杞)나라 사람이 하늘이 무너져 내려 않을까 걱정했다 함. 기인우(杞人憂). 기인우천(杞人憂天).

▶ 枸杞子(구기자).

束 묶을 속 (木 3/⑦)

東 東 東 東 東 東 東

중 shù 일 ソク, たばねる 영 bundle
① 묶을 속, 동일 속, 얽을 속(縛). ② 단나무 속(束薪). ③ 약속할 속(約). ④ 비단 다섯 끝 속(錦五疋爲束).

書體 小篆 束 草書 束 (高校) 會意

束縛(속박 shùfù) ① 몸을 자유롭지 못하게 얽어 맴. ② 자유(自由)를 빼앗고 억제(抑制)함.

束手(속수 shùshǒu) ① 손을 묶음. 어찌할 방책(方策)이 없어 아무 것도 하지 못함. ② 저항하지 않고 순종함.

束手無策(속수무책 shùshǒuwúcè) 어찌할 도리가 없어 손을 묶은 듯이 꼼짝 못함.

▶ 檢束(검속)·結束(결속)·拘束(구속)·羈束(기속)·團束(단속)·約束(약속)·解束(해속).

条 가지 조 (木 3/⑦)

【條(木부7획)의 약자】

来 올 래(:) (木 3/⑦)

【來(人부6획)의 약자】

杯 잔 배 (木 4/⑧)

杯 杯 杯 杯 杯 杯 杯 杯

중 bēi 일 ハイ, さかずき 영 cup
① 잔 배(飲酒器). ② 국바리 배(羹盂).
【盃·桮와 같음】

書體 小篆 楠 大篆 區 大篆 區 草書 杯 (中學) 形聲

杯盤(배반 bēipán) 술을 마시는 잔과 그릇.

杯觴(배상 bēishāng) 술잔. 〈상(觴)은 술잔을 뜻함〉.

杯中蛇影(배중사영 bēizhōngshéyǐng) 신경질(神經質)이 많아 자기 스스로 의혹(疑惑)된 마음이 생겨 고민(苦悶)하는 일. 《故》악광(樂廣)의 친구가 벽에 걸린 활의 그림자가 술잔에 비친 것을 뱀으로 잘못 알고 뱀을 삼켰다고 생각하여 병이 나서 앓다가 악광(樂廣)의 자세한 이야기를 듣고야 병이 나았다 함.

杯池(배지 bēichí) 잔과 같이 작은 연못.

▶ 乾杯(건배)·巡杯(순배)·優勝杯(우승배)·酒杯(주배)·祝杯(축배).

東 동녘 동 (木 4/⑧)

東 東 東 東 東 東 東

중 dōng 일 トウ, ひがし 영 east
① 동녘 동, 오른쪽 동(日出方). ② 봄 동(春). 「오행설(五行說)」.

書體 小篆 東 草書 东 (中學) 會意

東塗西抹(동도서말 dōngtúxīmǒ) 이리저리 간신히 꾸며 대어 맞춤.

東問西答(동문서답 dōngwènxīdá) 어떤 물음에 대하여 당치도 않은 엉한 대답을 함.
東奔西走(동분서주 dōngbēnxīzǒu) 이리저리 사방으로 매우 바삐 돌아다님.
東西不辨(동서불변 dōngxībùbiàn) 동쪽과 서쪽도 못 가릴 정도로 아무 것도 모름.
東閃西忽(동섬서홀 dōngshǎnxīhū) 동에서 번쩍 서에서 얼씬한다는 뜻으로 바쁘게 이리 왔다 저리 갔다 함을 일컫는 말.
東征西伐(동정서벌 dōngzhēngxīfá) 여러 나라를 이리저리 정벌함.
東取西貸(동취서대 dōngqǔxīdài) 여기저기 여러 곳에서 빚짐. 동서대취(東西貸取).
東敗西喪(동패서상 dōngbàixīsàng) 이르는 곳마다 실패하거나 패망함.
東風吹馬耳(동풍취마이 dōngfēngchuīmǎěr) 말의 귀에 동풍한다는 것과 같이 아무런 감각이나 반응(反應)이 없음을 비유하는 말.

▶古today東西(고금동서)·極東(극동)·馬耳東風(마이동풍)·西勢東占(서세동점)·嶺東(영동)·海東(해동).

杳 아득할 묘

ヨウ, はるか remote
① 아득할 묘(冥). ② 깊을 묘(深). ③ 너그러울 묘(寬). ④ 고요할 묘(寂).
杳然(묘연 yǎorán) 아득한 모양.

松 소나무/솔 송

十才才松松松松
sōng ショウ, まつ pine-tree
① 솔 송, 소나무 송(百木之長). ② 향풀 송(香草名). ③ 땅 이름 송(地名松州). ④ 강 이름 송(江名松江).

 小篆 松 或體 㮤 草書 松 中學 形聲

松都三絕(송도삼절 sōngdūsānjué) 개성(開城)의 유명한 세 가지 뛰어난 존재. 곧 서화담(徐花潭), 황진이(黃眞伊), 박연폭포(朴淵瀑布). 황진이(黃眞伊)가 칭한 말.
松蔘(송삼 sōngshēn)《國》개성(開城)에서 생산되는 인삼. 질이 좋음.
松栮(송이 sōngróng) 솔밭에 나는 버섯으로, 맛이 좋아 여러 가지 음식에 많이 쓰임.
松竹梅(송죽매 sōngzhúméi) 소나무·대나무·매화나무. 이것을 세한삼우(歲寒三友)라고 함.

▶孤松(고송)·枯松(고송)·落葉松(낙엽송)·老松(노송)·落落長松(낙락장송)·靑松(청송)·海松(해송).

板 널 판

板板板板板板板板
bǎn ハン, いた boards
① 널조각 판(木片). ② 널기와 판(木瓦). ③ 홀 판(笏). ④ 뒤칠 판(反側). ⑤ 부판 판(喪服背著). ⑥ 풍류 이름 판(打樂器).【版과 같음】

書體 草書 板 高校 形聲

板刻(판각 bǎnkè) 글씨나 그림을 판에 새김.
板橋(판교 bǎnqiáo) 널다리.
板本(판본 bǎnběn) 판목으로 인쇄한 책. 각본(刻本). ↔ 사본(寫本).
板紙(판지 bǎnzhǐ) 널판처럼 단단하고 두껍게 만든 종이.

▶看板(간판)·甲板(갑판)·鋼板(강판)·基板(기판)·登板(등판)·氷板(빙판)·松板(송판)·圓板(원판)·字板(자판)·坐板(좌판)·籌板(주판)·鐵板(철판)·合板(합판)·懸板(현판)·黑板(흑판).

析 쪼갤/꺾을 석

析析析析析析析析

음 xī 일 セキ, さける 영 devide

① 쪼갤 석, 빠갤 석(破木). ② 나눌 석(分). ③ 무지개 석(析翳).

書體 小篆 析 草書 析 高校 會意

析別(석별 xībié) 나뉘어 헤어짐. 이별.
析出(석출 xīchū) 화합물을 분석하여 어떤 물질을 골라 냄.

▶ 分析(분석)·解析(해석).

枕 베개 침ː

枕枕枕枕枕枕枕枕

①③ 음 zhěn 일 シン, まくら
④ 일 チン, まくら

① 베개 침(首具). ② 수레 뒤 가로댄 나무 침(車後橫木). ③ 소말뚝 침(繫牛柱). ④ 벨 침(枕之).

書體 小篆 枕 草書 枕 高校 形聲

枕囊(침낭 zhěnnáng) 베개의 한 가지. 속에 솜 따위를 넣고 양 마구리를 메워 만든 베개.
枕木(침목 zhěnmù) ① 길고 큰 물건 밑을 괴어 놓는 큰 나무 토막. ② 철도 재료의 하나. 궤도의 도상(道床) 위에 깔아 궤도를 받치어 궤도가 받는 차량 하중을 도상 위에 분포시키는 목재.
枕席(침석 zhěnxí) ① 베개와 자리. ② 자는 자리.

▶ 木枕(목침)·鴛鴦衾枕(원앙금침).

林 수풀 림

林林林林林林林林

음 lín 일 リン, はやし 영 forest

① 수풀 림(叢木). ② 더북더북 날 림(林林叢生盛貌).

書體 小篆 林 草書 林 中學 會意

林間(임간 línjiān) 수풀 사이. 숲 속.
林産(임산 línchǎn) 재목(材木)이나 신탄(薪炭) 등이 삼림(森林)에서 남. 또는 그 산물.
林野(임야 línyě) 나무가 늘어서 있는 넓은 땅. 곧 삼림 지대. 삼림과 원야.
林地(임지 líndì) 수목이 많이 자라고 있는 땅.
林泉(임천 línquán) ① 수풀과 샘물. 또는 수풀 속에 있는 샘. ② 은사의 정원을 이르는 말.
林壑(임학 línhè) 산림의 깊숙하고 으슥한 곳.

▶ 灌木林(관목림)·農林(농림)·猛虎出林形(맹호출림형)·密林(밀림)·防風林(방풍림)·山林(산림)·森林(삼림)·松林(송림)·樹林(수림)·純林(순림)·原始林(원시림)·儒林(유림)·造林(조림)·處女林(처녀림)·針葉樹林(침엽수림)·休養林(휴양림).

枚 낱 매

음 méi 일 マイ, みき, かぞえる
영 piece, page

① 줄기 매(幹). ② 낱 매(箇). ③ 셀 매(數物). ④ 말채찍 매(馬鞭). ⑤ 함오 매(銜枚止喧). ⑥ 조밀할 매(枚擧密).

枚擧(매거 méijǔ) 낱낱이 들어서 말함.
枚陳(매진 méichén) 낱낱이 들어 진술함.

果 실과/열매 과ː

果果果果果果果果

음 guǒ 일 カ, くだもの 영 fruit

① 열매 과, 열음 과, 실 과(木實). ②

감히 할 **과**(敢). ③ 과연 **과**(驗). ④ 냅뜰 **과**(勇). ⑤ 결단할 **과**(決). ⑥ 배 불룩할 **과**(果然飽腹). ⑦ 짐승 이름 **과**(獸名). ⑧ 맺힐 **과**(因果). ⑨ 모실 **과**(女侍).
【蝶·顆와 통함】

書體 小篆 果 草書 采 中學 象形

果敢(과감 guǒgǎn) 과단성이 있고 용감스러움. 결단성이 강함.
果斷(과단 guǒduàn) ① 딱 잘라 결정함. ② 용기 있게 결정함.
果報(과보 guǒbào)《佛》① 인과응보(因果應報)의 약어. ② 과보토(果報土)의 약어.
果樹(과수 guǒshù) 과실나무.
果然(과연 guǒrán) ① 알고 보니 정말 그러함. ② 배가 부른 모양. →과복(果腹). ③ 원숭이의 한 가지.

▶ 乾果(건과)·堅果(견과)·結果(결과)·佛果(불과)·相乘效果(상승효과)·成果(성과)·逆效果(역효과)·因果應報(인과응보)·珍果(진과)·效果(효과).

木4⑧ 枝 가지 지

枝枝枝枝枝枝枝枝

🀄 zhī, qí 🇯🇵 シ, えだ 🇬🇧 branch

① 가지 **지**(木別生柯). ② 흩어질 **지**(散). ③ 버틸 **지**(持). ④ 손마디 **지**(手節). 【支와 통함】

書體 小篆 枝 草書 枝 中學 形聲

枝幹(지간 zhīgàn) ① 십간(十干)과 십이지(十二支). 간지(干支). ② 가지와 줄기. ③ 수족(手足)과 몸.
枝莖(지경 zhījīng) 나뭇가지와 줄기.
枝葉(지엽 zhīyè) ① 가지와 잎. ② 본체에서 갈라져 나간 중요하지 않은 부분. ↔ 근간(根幹). ③ 갈래. 자손(子孫).
枝節(지절 zhījié) ① 가지와 마디. ②

곡절이 많은 사단(事端)의 비유.

▶ 金枝玉葉(금지옥엽)·分枝(분지)·連枝(연지)·五枝選多(오지선다)·剪枝(전지).

木5⑨ 枯 마를 고

枯枯枯枯枯枯枯枯枯

🀄 kū 🇯🇵 コ, かれき
🇬🇧 dead tree, dry

① 마른 나무 **고**(藁木). ② 마를 **고**(乾). ③ 몸이 여월 **고**(身弱).

書體 小篆 枯 草書 枯 高校 形聲

枯淡(고담 kūdàn) 청렴결백하여 욕심이 없음.
枯木發榮(고목발영 kūmùfāróng) 마른 나무에 꽃이 핌. 죽은 사람이 살아 돌아옴.
枯木生花(고목생화 kūmùshēnghuā)《喩》 마른 나무에서 꽃이 핀다는 말로 불운(不運)한 사람이 행운(幸運)을 만남을 가리키는 말.
枯死(고사 kūsǐ) 말라 죽음.
枯葉(고엽 kūyè) 마른 잎. 시들은 잎.
枯腸(고장 kūcháng) ① 말라붙은 창자. 곧 굶주린 창자. ② 문장의 재주가 없음.
枯井(고정 kūjǐng) 물이 마른 우물.
枯凋(고조 kūdiāo) ① 말라서 시들음. ② 일의 형편이 이롭지 못하게 됨.

▶ 乾枯(건고)·榮枯盛衰(영고성쇠).

木5⑨ 架 시렁 가:

架架架架架架架架架

🀄 jià 🇯🇵 カ, たな, いこう
🇬🇧 helf, clothesrack

① 틀가락 **가**, 장강 틀 **가**(枳也所以擧物). ② 사닥다리 **가**(棚). ③ 횃대 **가**(衣架). ④ 세울 **가**(起).

架(가) 書體 草書 高校 形聲

架空(가공 jiàkōng) ① 공중에 가로 건너지름. ② 사실이 아님. 거짓.
架橋(가교 jiàqiáo) 다리를 놓음. 교량을 가설함.
架設(가설 jiàshè) ① 건너지름. ② 깔음.

▶ 開架(개가)·擔架(담가)·書架(서가)·衣架(의가)·筆架(필가)·十字架(십자가).

枸 구기자(枸杞子) 木5/9

③ jǔ ②③ gōu ④ 圖 gǒu ク, 圖 まがる bent

① 구나무 구(似樞爲醬).【蒟와 같음】
② 굽을 구(曲). ③ 탱자 구(枸橘枳名).
④ 구기자 구(枸杞).

枸杞子(구기자 gǒuqǐzǐ) 구기자나무의 열매.
枸櫞酸(구연산 gōuyuǎnsuān)《化》레몬·밀감(蜜柑) 등의 속에 있는 염기성산. 레몬산(citric acid).

柹 감 시: 木5/9

圖 shì 圖 シ, かき 圖 persimmons
감 시(赤實果).

柹葉(시엽 shìyè) ① 감나무 잎. ② 비단 이름.

柿 감 시: 木5/9

【柹(前條)의 본자】

杮 감 시: 木5/9

【柹(前前條)의 속자】

柁 키[正船木] 타 木5/9

圖 tuó 圖 タ, ダ, かじ 圖 rudder
키 타(正船木設於舟尾).【舵와 같음】
柁手(타수 tuóshǒu) 배의 키를 조종하는 사람.

柄 자루 병: 木5/9

圖 bǐng 圖 ヘイ, え, とって
圖 handle

① 자루 병(柯). ② 권세 병(權). ③ 잡을 병(持).【枋·秉과 통함】

柄手(병수 bǐngshǒu) 권력을 내려줌.
柄臣(병신 bǐngchén) 권력을 잡고 있는 신하. 또는 사람. 권신(權臣).

▶ 身柄(신병)·葉柄(엽병).

柏 측백 백 木5/9

圖 bǎi, bó, bò 圖 ハク, かしわ
圖 oriental arborvitae

① 측백나무 백, 측백나무 백(栢). ② 잣나무 백(柏松).【栢은 속자】

柏葉(백엽 bǎiyè) 잣나무의 잎.
柏子(백자 bǎizǐ)《植》잣. 잣나무 열매.

▶ 冬柏(동백)·側柏(측백).

某 아무 모: 木5/9

㝹 㝹 㝹 㝹 甘 某 芽 某

圖 mǒu 圖 ボウ, それがし
圖 so and so

1 아무 모(不知名者).【古音「무」】
2 매화나무 매(梅).【梅의 고자】

書體 小篆 古文 草書 高校 會意

某某(모모 mǒumǒu) 아무아무. 누구누구.
某氏(모씨 mǒushì) 아무 양반. 아무개.

某處(모처 mǒuchù) 아무 곳. 모소(某所).

木 5 ⑨ 柑 귤 감

[중] gān [일] カン, みかん [영] orange

1 감자 **감**, 감귤 **감**(橘屬). **2** 나무재갈 **겸**(以木銜馬口). 【鉗·拑과 통함】

柑果(감과 gānguǒ) 귤의 열매.

柑子(감자 gānzǐ) ① 귤의 열매. ② 당대(唐代) 원외(員外)의 별명.

柑子正果(감자정과 gānzǐzhèngguǒ) 감자(柑子)의 속 또는 껍질 또는 통채 썰어서 꿀에 잰 정과.

柑皮(감피 gānpí) 감자(柑子)나 밀감(蜜柑)의 껍질.

木 5 ⑨ 染 물들일 염:

[중] rǎn [일] セン, そめる [영] dye

① 꼭두서니 **염**(茜屬). ② 물들일 **염**(以繒綵爲色). ③ 흘부들할 **염**(柔貌). ④ 물 젖을 **염**(漬也汚).

[書體] 小篆 草書 [高校] 形聲

染病(염병 rǎnbìng) 《國》 ① 장질부사. ② 전염병.

染俗(염속 rǎnsú) 세속(世俗)에 물듦임.

染汚(염오 rǎnwū) 물들어 더렵혀짐.

染化(염화 rǎnhuà) 감화(感化)시킴.

▶ 感染(감염)·捺染(날염)·汚染(오염)·傳染(전염)·天染(천염)·浸染(침염)·環境汚染(환경오염).

木 5 ⑨ 柔 부드러울 유

[중] róu [일] ジュウ, ニュウ, やわらか [영] soft

① 부드러울 **유**(剛之反). ② 순할 **유**(順). ③ 편안할 **유**(安). ④ 연약할 **유**(耎弱). ⑤ 싹 나올 **유**(草木新生). ⑥ 복종할 **유**(服).

[書體] 小篆 草書 [中學] 形聲

柔强(유강 róuqiáng) 부드럽고 강함. 강인(强靭).

柔能制剛(유능제강 róunéngzhìgāng) 부드러운 것이 도리어 굳센 것을 이김.

柔和(유화 róuhé) 성질이 부드럽고 온화함.

▶ 剛柔(강유)·溫柔(온유)·優柔不斷(우유부단)·和柔(화유)·懷柔(회유).

木 5 ⑨ 查 조사할/살필 사

[일] サ, しらべる [영] seek, survey

① 떼 **사**(水中浮木). ② 조사할 **사**, 캐물을 **사**(考察). 【槎와 같음】

[書體] 草書 [高校] 形聲

查頓(사돈 chádùn) ① 《國》 사위와 며느리의 부모가 서로 부르는 말. ② 혼인 관계로 된 친척 관계.

查頓八寸(사돈팔촌 chádùnbācùn) 《國》 사돈 쪽의 팔촌. 《喩》 소원(疎遠)한 친척으로 남이나 다름이 없는 사이라는 뜻.

查夫人(사부인 cháfūrén) 사돈댁의 존칭.

查收(사수 cháshōu) 조사하여 받음.

查閱(사열 cháyuè) ① 실지로 하나하나 조사하여 봄. ② 군대에서 장병을 정렬시켜 놓고 장비와 사기 등을 실지로 검열하는 일.

查證(사증 cházhèng) ① 조사하여 증명함. ② 외국인의 입국(入國) 허가

(許可)의 증명. 비자(visa).

▶ 監査(감사)·檢査(검사)·考査(고사)·內査(내사)·踏査(답사)·搜査(수사)·實査(실사)·審査(심사)·照査(조사)·調査(조사)·探査(탐사).

柩 널[棺] 구
木 5 / 9

음 jiù 일 キュウ, ひつぎ 영 coffin

널 구(棺).

柩車(구거 jiùchē) 시체를 싣는 수레. 영구차.

▶ 靈柩(영구)·運柩(운구).

柰 사과/어찌 내
木 5 / 9

음 nài 일 ダイ, ナイ, べにりんご 영 how

① 사과 내(果名). ② 어찌 내(那).

柰何(내하 nàihé) 어떻게. 여하(如何)히.

柱 기둥 주
木 5 / 9

柱 柱 柱 柱 柱 柱 柱 柱

음 zhù 일 チュウ, はしら 영 pillar

① 기둥 주(楹). ② 버틸 주(撐). ③ 고일 주(支). ④ 막을 주(塞). 【拄와 통함】

書體 小篆 柱 草書 柱 (高校) 形聲

柱幹(주간 zhùgàn) 일의 중심. 또는 그 사람.

柱單(주단 zhùdān) =사주단자(四柱單子).

柱聯(주련 zhùlián) 기둥이나 바람벽 등에 장식으로 그림이나 글씨를 써넣어 걸치는 물건. 또는 그 연구(聯句). 영련(楹聯).

柱石(주석 zhùshí) ① 기둥과 주추. 또는 주추. ② 가장 중요한 위치에 있는 사람을 가리키는 말

柱礎(주초 zhùchǔ) 《建》 주춧돌.

▶ 門柱(문주)·四柱單子(사주단자)·四柱八字(사주팔자)·水銀柱(수은주)·列柱(열주)·圓柱(원주)·電柱(전주)·支柱(지주).

柴 섶[薪] 시ː
木 5 / 9

1 음 chái, cī 일 シ, しば 영 brushwood 2 음 zhài, zì

1 ① 섶 시, 불 땔 나무 시(小木散材). ② 시제 지낼 시(燔柴). 2 ① 막을 채(塞). ② 지킬 채(護). ③ 울 채(藩落). 【寨와 통함】

柴糧(시량 cháiliáng) 땔나무와 양식.
柴門(시문 cháimén) ① 사립짝으로 된 문. 사립문. ② 문을 닫음. 두문(杜門).
柴扉(시비 cháifēi) 사립문.
柴薪(시신 cháixīn) 땔나무. 섶나무. 신시(薪柴).

柵 울타리 책
木 5 / 9

음 zhà, shān 일 サク, やらい 영 palisade

① 우리 책, 울 책, 목책 책(塞). ② 사닥다리 책(棧).

柵壘(책루 zhàlěi) 나무 울타리로써 둘러친 보루.
柵門(책문 zhàmén) 울타리를 둘러친 문.

▶ 木柵(목책)·鐵柵(철책).

柳 버들/버드나무 류(ː)
木 5 / 9

柳 柳 柳 柳 柳 柳 柳 柳

음 liǔ 일 リュウ, やなぎ

영 willow tree
① 버들 류(楊). ② 별 이름 류(宿名).
③ 성 류(姓).

書體 小篆 柳 草書 杨 中學 形聲

柳綠花紅(유록화홍 liǔlǜhuāhóng)
① 봄의 아름다운 자연의 경치. ②
인공을 가하지 않은 자연 그대로
의 것.
柳眉(유미 liǔméi) 버드나무 잎같이
가늘고 아름다운 눈썹. 곧 미인의 눈
썹을 가리키는 말.
柳絲(유사 liǔsī) 버드나무의 가느다란
가지.
柳色(유색 liǔsè) ① 푸른 버드나무의
빛. ② 천 빛깔의 하나. 세로는 맹황
(萌黃), 가로는 흰 실로 짰음.
柳絮(유서 liǔxù) 늦은 봄에 솜같이 흩
날리는 버들개지. 버들강아지.
柳態(유태 liǔtài) 버드나무 가지와 같
이 가늘고 부드럽게 한들거리는 모
양.

▶ 細柳(세류)·花柳(화류).

栓 마개 전

영 shuān 일 セン, きくぎ
영 wooden peg

말뚝 전(木釘).

木6⑩ 栗 밤 률

영 lì 일 リツ, くり 영 chestnut
① 밤(果樹實有房多刺). ② 신주재
목 률(主material). ③ 단단할 률(堅). ④ 무서
울 률(威懼). ⑤ 공손할 률(謹敬). ⑥ 곱
송거릴 률(竦縮). ⑦ 쭉정이 률(穀不
秕). ⑧ 건널 률(越等). ⑨ 풍류 이름 률
(樂名).

木6⑩ 校 학교 교:

1 영 xiào 일 コウ, まなびや
영 school 2 영 jiào 일 キョウ, くら
べる 영 compare

1 ① 틀 교(械). ② 교계할 교(計). ③
이를 교, 보할 교(報). ④ 학교 교(學校).
⑤ 끊을 교(檢). ⑥ 교정할 교(訂書). ⑦
싸움 어우러질 교(戰交). ⑧ 장교 교(軍
官). ⑨ 마구간 교(廏格). 2 학궁 효(學
宮).

書體 小篆 校 草書 校 中學 形聲

校閱(교열 jiàoyuè) 문서나 책의 어귀
나 글자의 잘못을 살피고 교정(校
正)하며 검열(檢閱)함.
校定(교정 jiàodìng) 글자나 문장 등
의 자구(字句)를 대조 비교하여 바
르게 결정함.
校訂(교정 jiàodìng) 글이나 글자의
잘못된 곳을 바로 고침. 특히 이미 나
온 도서(圖書)의 문장어귀를 고치는
것. → 교정(校正).
校正(교정 jiàozhèng) ① 틀린 글자
를 고치는 일. ②《印》 교정지와 원
고를 대조하여 오자(誤字)·오식(誤
植) 등의 잘못된 점을 바로 고치는
일. 준보기.
校註(교주 jiàozhù) 간행서(刊行書)
의 글자나 문장 등을 원본(原本)과
대조하여 바르게 주석을 하는 것.
校誌(교지 xiàozhì) 학생들이 교내에
서 편집 발행하는 잡지.

▶ 開校(개교)·高校(고교)·登校(등교)·母
校(모교)·師範學校(사범학교)·愛校(애
교)·入校(입교)·將校(장교)·退校(퇴교)·廢
校(폐교)·捕校(포교)·下校(하교)·學校(학
교)·鄕校(향교).

株 그루 주

株株株株株株株株株株

音 zhū 日 シュ, チュ, かぶ
英 trunk of a tree

① 뿌리 주(根). ② 그루 주, 나무 주(木數). ③ 줄기 주(幹).

書體 小篆 株 草書 株 高校 形聲

株價(주가 zhūjià) 《經》 주식(株式)·주권(株券)의 가격(價格).
株券(주권 zhūquàn) 《經》 회사의 주식을 소유하고 있음을 증명하는 증서(證書).
株戮(주륙 zhūlù) 모조리 죽임. 주륙(誅戮).
株式(주식 zhūshì) 《經》 ① 주식회사의 총자본을 주의 수에 따라 나눈 자본의 구성단위. ② 주식거래의 약어.
株式會社(주식회사 zhūshìhuìshè) 《經》 주주(株主)로써 조직된 유한책임의 회사.
株主(주주 zhūzhǔ) 《經》 주식회사에 있어서 주권을 가진 사람.

▶ 公募株(공모주)·守株(수주)·新株(신주)·優良株(우량주)·有望株(유망주)·持株(지주).

核 씨 핵

核核核核核核核核核核

1 音 hé 日 カク, さね 英 kernel
2 音 hú 日 カク, しん

1 씨 홀(果中實). 2 ① 실과 핵(豆實). ② 각골할 핵(剋核). ③ 자세할 핵(綜核).

書體 小篆 核 草書 核 高校 形聲

核果(핵과 héguǒ) 《植》 다육과(多肉果)의 하나. 외과피(外果皮)는 엷고, 중과피(中果皮)는 다육(多肉) 다장(多漿)하며 내과피(內果皮)는 야무지고 딱딱한 핵으로 변한 과실. 살구·복숭아 따위.
核心(핵심 héxīn) 사물(事物)의 중심이 되는 가장 요긴한 부분. 곧 물건이나 일의 알속.

▶ 結核(결핵)·原子核(원자핵)·中核(중핵).

根 뿌리 근

根根根根根根根根根根

音 gēn 日 コン, ね, しん
英 root, base

① 뿌리 근(柢). ② 밑 근, 밑둥 근(本). ③ 그루 근(木株). ④ 시작될 근(始). ⑤ 별 이름 근(星名).

書體 小篆 根 草書 根 中學 形聲

根幹(근간 gēngàn) ① 뿌리와 줄기. ② 어떤 사물(事物)의 바탕이나 중심(中心)이 되는 부분.
根據(근거 gēnjù) ① 근본이 되는 토대. ② 사물의 근본이 되는 의거.
根滅(근멸 gēnmiè) 뿌리째 없애 버림.
根治(근치 gēnzhì) 병을 근본적으로 고침.

▶ 球根(구근)·菌根(균근)·男根(남근)·事實無根(사실무근)·善根(선근)·宿根(숙근)·着根(착근)·草根木皮(초근목피)·齒根(치근)·禍根(화근).

格 격식/이를(至) 격

格格格格格格格格格格

1 音 gé 日 カク, のり 英 pattern
2 音 gē 日 キャク, しな 英 rule

1 ① 이를 격(至). ② 올 격(來). ③ 바를 격(正). ④ 오를 격(登). ⑤ 대적할 격

(敵). ⑥ 감동할 격(感通). ⑦ 고칠 격(變革). ⑧ 법식 격(法式). ⑨ 궁구할 격(窮究). ⑩ 시렬 격(庋格). ⑪ 표준 격(標準). ⑫ 자품 격(資格). **2** 막힐 락(不入). **3** ① 휘추리 각(樹枝). ② 그칠 각(止). ③ 막을 각(阻格). ④ 씨름할 각(格五角戲).

書體 小篆 椯 草書 挌 (高校) 形聲

格納庫(격납고 génàkù) 비행기 따위를 넣는 창고.
格物致知(격물치지 géwùzhìzhī) 사물의 이치를 연구하여 지식을 명확히 함. 격치(格致).
格言(격언 géyán) 사리에 맞아 교훈이 될만한 짧은 말. → 금언(金言).

▶ 價格(가격)·缺格(결격)·骨格(골격)·規格(규격)·同格(동격)·性格(성격)·昇格(승격)·失格(실격)·嚴格(엄격)·人格(인격)·資格(자격)·適格(적격)·體格(체격)·破格(파격)·品格(품격)·風格(풍격)·合格(합격).

木 6 ⑩ 栽 심을/재배할 재:

栽 栽 栽 栽 栽 栽 栽 栽 栽 栽

音 zāi 日 サイ, うえる 영 plant

1 심을 재(種). **2** 토담틀 재(築墻長板).

書體 小篆 栽 草書 栽 (中學) 形聲

栽培(재배 zāipéi) 초목을 심고 북돋아 가꿈. 또는 그 일.
栽挿(재삽) 꽂아서 심음.
栽植(재식 zāizhí) 초목이나 농작물을 심음.

▶ 盆栽(분재)·植栽(식재).

木 6 ⑩ 桂 계수나무 계:

桂 桂 桂 桂 桂 桂 桂 桂 桂 桂

音 guì 日 ケイ, かつら
영 cinnamon
계수나무 계(江南木百藥之長).

書體 小篆 桂 草書 桂 (高校) 形聲

桂樹(계수 guìshù)《植》계수나무. 월계수(月桂樹).
桂皮(계피 guìpí)《藥》계수나무의 얇은 껍질.
桂花(계화 guìhuā) ① 계수나무 꽃. ② 달의 이명.

▶ 官桂(관계)·月桂(월계)·肉桂(육계).

木 6 ⑩ 桃 복숭아 도

桃 桃 桃 桃 桃 桃 桃 桃 桃 桃

音 táo 日 トウ, もも 영 peach

① 복숭아 도(果名). ② 앵도 도(果名櫻桃). ③ 대나무 이름 도(桃枝).

書體 小篆 桃 小篆 桃 草書 桃 (高校) 形聲

桃源(도원 táoyuán) 무릉도원(武陵桃源)의 약어.
桃仁(도인 táorén) 복숭아씨의 알맹이.
桃花(도화 táohuā) 복숭아꽃.

▶ 蟠桃(반도)·櫻桃(앵도)·扁桃腺(편도선)·胡桃(호도).

木 6 ⑩ 案 책상 안:

案 案 案 案 案 案 案 案 案 案

音 àn 日 アン, つくえ, あん
영 table, plan

① 안석 안(几屬). ② 지경 안(界). ③ 상고할 안(考). ④ 어루만질 안(撫). ⑤ 등록 안(登錄). ⑥ 글초 잡을 안(著書起義). ⑦ 책상 안(書床).【按과 통함】

案 (안)

書體: 小篆 寒, 草書 案 (中學) 形聲

- **案内**(안내 ànnèi) 인도하여 내용을 알려 줌. 그 일. 또는 그 서류.
- **案堵**(안도 āndǔ) ① 마음을 놓음. 안도(安堵). ② 자기가 있는 곳에서 편안히 삶.
- **案摩**(안마 ànmó) 손으로 몸을 두드리거나 주물러서 혈액의 순환을 돕는 일. 안마(按摩).
- **案撫**(안무 ànfǔ) 보살피고 어루만져서 위로함. 안무(按撫).
- **案出**(안출 ànchū) 생각하고 연구하여 냄.

▶ 勘案(감안)·改訂案(개정안)·考案(고안)·教案(교안)·起案(기안)·斷案(단안)·答案(답안)·代案(대안)·圖案(도안)·名案(명안)·妙案(묘안)·文案(문안)·方案(방안)·翻案(번안)·腹案(복안)·私案(사안)·試案(시안)·原案(원안)·議案(의안)·立案(입안)·提案(제안)·創案(창안)·草案(초안)·懸案(현안).

桎 차꼬 질

- 중 zhì 일 シツ, あしかせ 영 fetters
- ① 수갑 **질**(足械). ② 구멍 **질**(窒).
- **桎檻**(질함 zhìjiàn) 발에 칼을 씌워 감옥에 넣음. 수질(囚桎).
- **桎梏**(질곡 zhìgù) 차꼬와 수갑. 《轉》 자유를 몹시 속박함.

桐 오동나무 동

- 중 tóng 일 トウ, きり
- 영 Paulownia coreana
- 오동나무 **동**, 머귀 **동**(木名).
- **桐君**(동군 tóngjūn) ① 거문고의 이명(異名). ② 《人》 진시황제(秦始皇帝) 때 사람. 약성(藥性)·삼품약물(三品藥物) 등의 책을 지었다 함.
- **桐孫**(동손 tóngsūn) 오동나무의 작은 가지.

桑 뽕나무 상

桑桑桑桑桑桑桑桑桑桑

- 중 sāng 일 ソウ, くわ
- 영 mulberry tree
- ① 뽕나무 **상**(蠶食葉). ② 동쪽 **상**(日出處日扶桑).

書體: 小篆 桑, 草書 桑 (高校) 象形

- **桑葉**(상엽 sāngyè) 뽕나무의 잎사귀.
- **桑田碧海**(상전벽해 sāngtiánbìhǎi) 뽕나무 밭이 푸른 바다가 되고, 푸른 바다가 뽕나무 밭이 되듯이 세상일이 덧없이 변천함을 비유(比喩)하는 말. 창상(滄桑).

▶ 農桑(농상)·扶桑(부상).

桓 굳셀 환

- 중 huán 일 カン, しるしのき
- 영 signpost
- ① 모감주나무 **환**(木名). ② 표목 **환**(郵亭表). ③ 굳셀 **환**(武貌). ④ 머뭇거릴 **환**(難進貌). ⑤ 어여머리 **환**(髻). ⑥ 하관틀 **환**(下棺木). ⑦ 홀 **환**(桓圭公爵所執).
- **桓桓**(환환 huánhuán) 굳세고 강한 모양. 무용(武勇).

桜 앵두 앵

【櫻(木부17획)의 약자】

桷 서까래 각

- 중 jué 일 カク, たるき 영 rafer
- ① 서까래 **각**(榱也, 椽). ② 가로 벋은

가지 **각**(平柯).
桷榱(각쇠 juécuī) 서까래.

梁 들보/돌다리 량

梁 梁 梁 汎 汎 梁 梁 梁 梁 梁

음 liáng 일 リョウ, はり
영 ridgepole

① 대들보 **량**(負棟木). ② 나무다리 **량**(木橋). ③ 돌다리 **량**, 징검다리 **량**(石絕水爲梁). ④ 발 담 **량**(以箭捕魚). ⑤ 달음박질할 **량**(亂走貌). ⑥ 팔팔 뛸 **량**(跳梁). ⑦ 굳셀 **량**(彊梁). 【樑과 같음】

書體 小篆 小篆 古文 草書 形聲 高校

梁棟(양동 liángdòng) ① 들보와 마룻대. ② 중요한 인물. 동량(棟梁).
梁上君子(양상군자 liángshàngjūnzi) ① 도둑. 《故》후한(後漢)의 진식(陳寔)이 들보 위에 숨어 있는 도둑을 가리켜 한 말. ② 쥐를 일컫는 말.
梁上塗灰(양상도회 liángshàngtúhuī) 들보 위에 회를 바름. 《喩》여자가 얼굴에 분을 많이 바른 것을 비웃는 말.
梁材(양재 liángcái) 들보가 될 수 있는 큰 재목.

▶ 橋梁(교량).

梅 매화 매

梅 梅 梅 梅 梅 梅 梅 梅 梅 梅

음 méi 일 バイ, マイ, うめ 영 plum

① 매화나무 **매**(似杏實酢). ② 갈매나무 **매**(雀梅). ③ 양매나무 **매**(楊梅). ④ 얼굴 칙칙할 **매**(梅梅猶昧昧居喪之容).

書體 小篆 或體 草書 高校 形聲

梅毒(매독 méidú)《醫》성병(性病)의 한 가지. 창병(瘡病).
梅信(매신 méixìn) 매화꽃이 피기 시작한 소식. 봄소식.
梅實(매실 méishí) 매화나무의 열매.
梅雨(매우 méiyǔ) 양력 6·7월경 양자강 유역(流域)에서 일본에 걸친 지역에 내리는 장마.
梅竹(매죽 méizhú) 매화나무와 대나무.
梅香(매향 méixiāng) 매화의 향기.
梅花(매화 méihuā) ① 매화나무. ② 매화꽃.

梏 수갑 곡

음 gù 일 コク, てかせ 영 handcuffs

① 수갑 **곡**, 조막손이 **곡**(手械). ② 어지러울 **곡**(亂). ③ 뚫을 **곡**(貫).

梏亡(곡망 gùwáng) ① 자유를 속박당함. ② 이욕(利慾) 때문에 본심을 잃음.
梏桎(곡질 gùzhì) ① 차꼬와 수갑. ② 자유를 몹시 속박함. 질곡(桎梏).

▶ 桎梏(질곡).

梔 치자나무 치:

음 zhī 일 シ, くちなし
영 cape fasmine

치자 **치**(梔桃一名鮮支實可染黃).

梔子(치자 zhīzǐ)《植》치자나무의 열매.
梔子色(치자색 zhī zǐsè) 치자나무 열매로 들인 짙은 누른빛에 조금 붉은 색을 띤 빛깔.

梗 줄기/막힐 경:

음 gěng 일 コウ, やまにれ, とげ 영 thorny tree

① 산 느릅나무 경(山枌榆). ② 곧을 경(直). ③ 막힐 경(塞). ④ 흔들 경(撓). ⑤ 해로울 경(害). ⑥ 병들 경(病). ⑦ 대개 경(梗槪大略). ⑧ 장난감 경, 놀이감 경(人形, 土偶).

梗槪(경개 gěnggài) 소설·희곡 따위의 대강의 줄거리. 대략(大略). 개략(槪略).
梗塞(경색 gěngsè) 사물(事物), 특히 금전(金錢)이 잘 융통(融通)되지 않고 꽉 막힘. 경색(硬塞).

條 가지 조

음 tiáo 일 ジョウ, えだ, すじ
영 branch, strand

① 곁가지 조(小枝). ② 귤 조(橘屬). ③ 조리 조, 가닥 조(條理). ④ 노끈 조(繩). ⑤ 사무칠 조(達). ⑥ 조목 조(條目枚擧). ⑦ 요란할 조(擾亂). ⑧ 길 조(長). ⑨ 땅 이름 조(地名鳴條).

書體 小篆 草書 高校 形聲

條例(조례 tiáolì) ① 조항을 좇아 적은 규례(規例). ②《法》지방 자치 행정의 집행의 주체가 되는 예규(例規). ③ 회사나 조합의 정관(定款).
條鐵(조철 tiáotiě) 가늘고 길게 생긴 철재(鐵材).

▶ 敎條主義(교조주의)·金科玉條(금과옥조)·無條件(무조건)·法條文(법조문)·不條理(부조리)·生活信條(생활신조)·約條(약조)·逐條(축조)·充分條件(충분조건)·必要條件(필요조건)·必要充分條件(필요충분조건)·環境條件(환경조건).

梦 꿈 몽:

【夢(夕부11획)의 속자】

梧 오동나무 오(:)

음 wú 일 ゴ, あおぎり
영 Paulownia coreana

① 오동 오, 머귀나무 오(梧桐, 木名). ② 버틸 오(支). ③ 허울찰 오(魁梧奇偉貌).

梧桐(오동 wútóng)《植》현삼과(玄蔘科)에 딸린 낙엽 교목. 오동나무.
梧桐喪杖(오동상장 wútóngsāngzhàng) 모친상에 짚는 오동나무 지팡이.
梧桐一葉(오동일엽 wútóngyīyè) 오동나무 잎이 하나 떨어지는 것으로써 가을이 옴을 알게 된다는 뜻. 따라서 사물이 쇠(衰)해짐을 보이는 징조를 이름.

梨 배/배나무 리

음 lí 일 リ, なし 영 pear

① 배 리(山樆). ② 벌레 이름 리(蟲名蛤梨). 【棃와 같음】

書體 小篆 草書 高校 形聲

梨花(이화 líhuā) 배꽃. 이설(梨雪).

梭 북[織具] 사

음 suō 일 サ, ひ 영 weaver's shuttle

북 **사**(織具).

梭杼(사저 suōzhù) 베틀의 북. 기저(機杼).

木 7 ⑪ 梯 사닥다리 제

[중] tī [일] テイ, はしご [영] ladder

① 사닥다리 **제**(木階). ② 층 **제**(階梯). ③ 모 없을 **제**(無隅角者). ④ 휘추리 **제**(木稚).

梯階(제계 tījiē) ① 사다리. ② 일이 잘 되거나, 벼슬이 차츰차츰 올라가는 순서.

梯形(제형 tīxíng) 《數》 사다리꼴. 네 변에서 한 쌍의 맞서는 두 변이 평행(平行)된 사변형(四邊形).

▶ 階梯(계제).

木 7 ⑪ 械 기계 계:

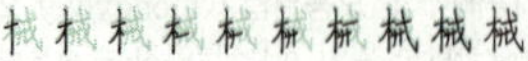

[중] xiè [일] カイ, どうぐ

[영] implement

① 틀 **계**, 기계 **계**(器之總名). ② 형구 **계**(桎梏). ③ 무기 **계**(武器).

[書體] 小篆 械 草書 械 [高校] 形聲

械器(계기 xièqì) 기계나 기구.

械用(계용 xièyòng) 도구. 기물(器物).

▶ 器械(기계)·機械(기계).

木 7 ⑪ 梱 문지방 곤

[중] kǔn [일] コン, しきみ [영] threshold

① 문지방 **곤**(門橛). ② 마무를 **곤**(成就貌). ③ 상자 **곤**(柳箱子).

木 7 ⑪ 梳 얼레빗 소

[중] shū [일] ソ, くし [영] comb

얼레빗 **소**(理髮櫛).

梳沐(소목 shūmù) 머리를 빗어 내리며 씻음. 소세(梳洗).

梳洗(소세 shūxǐ) 머리를 빗고 낯을 씻음.

梳帚(소추 shūzhǒu) 칫솔.

木 7 ⑪ 梵 불경 범:

[중] fàn [일] ボン, ぼんご [영] Brahman

① 서역 글 **범**(西域釋書). ② 웅얼거릴 **범**(梵唄吟聲).

梵文(범문 fànwén) 범어(梵語)로 된 글이나 책.

梵我一如(범아일여 fànwǒyīrú) 인도 우파니샤드 철학. 〈우주의 근본 원리인 브라만[범(梵)]과 개인의 중심인 아트만[아(我)]는 동일하다는 설〉. 종교적으로는 범신론(汎神論).

梵語(범어 fànyǔ) 고대 인도의 언어.

梵鐘(범종 fànzhōng) 《佛》 절에 걸어 둔 종. 사종(寺鐘).

梵刹(범찰 fànchà) 《佛》 절.

梵唄(범패 fànbài) 《佛》 여래(如來)의 공덕(功德)을 찬미(讚美)하는 범음(梵音)의 노래.

▶ 梵文(범문)·梵本(범본)·梵我一如(범아일여)·梵鐘(범종)·梵刹(범찰)·梵唄(범패).

木 8 ⑫ 棄 버릴 기

[중] qì [일] キ, すてる [영] abandon

① 버릴 **기**(捐). ② 잊어버릴 **기**(忘). ③ 잃을 **기**(遺).

棄 (버릴 기)

書體: 小篆, 古文, 或體, 彙, 草書
(高校) 會意

棄却(기각 qìquè) ① 버려두어 쓰지 않음. ②《法》법원(法院)이 소송(訴訟) 당사자의 신청의 내용을 이유 없다고 하여 도로 물리치는 일.
棄世隱遁(기세은둔 qìshìyǐndùn) 세상을 멀리 하고 숨어 지냄.
棄兒(기아 qí'ér) ① 버림받은 아이. ② 어린애를 내버림.

▶ 放棄(방기)·遺棄(유기)·自暴自棄(자포자기)·唾棄(타기)·投棄(투기)·破棄(파기)·廢棄(폐기)·抛棄(포기).

棉 목화 면
木 8 ⑫

중 mián 일 メン, わた 영 cotton

목화나무 면, 주라나무 면(木棉).
棉實油(면실유 miánshíyóu) 목화씨의 기름.

棋 바둑 기
木 8 ⑫

중 qí 일 キ, ゴ, ごいし
영 game of chess

① 바둑 기(圍棋奕子). ② 뿌리 기(根).
【碁·棊와 같음】

棋界(기계 qíjiè) 장기나 바둑을 즐기는 사람들의 세계.
棋譜(기보 qípǔ) 바둑 두는 법을 여러 가지로 모아 적은 책.

▶ 將棋(장기).

棊 바둑 기
木 8 ⑫

【棋(前條)와 같음】

棍 몽둥이 곤
木 8 ⑫

중 gùn 일 コン, たばねる 영 bundle

① 나무 묶을 혼(束木). ② 곤장 곤(棍棒 刑具).

棍棒(곤봉 gùnbàng) ① 몽둥이. 곤장(棍杖). ② 운동용구(運動用具)의 하나.
棍杖(곤장 gùnzhàng) 《制》도둑이나 군율(軍律)을 어긴 죄인의 볼기를 치는 형구(刑具)의 하나.

▶ 決棍(결곤)·治盜棍(치도곤).

棒 막대 봉
木 8 ⑫

중 bàng 일 ホウ, ぼう, つえ 영 club

① 몽둥이 봉(杖). ② 칠 봉

棒高跳(봉고도 bànggāotiào) 《運》 긴 막대를 짚고 넘는 높이뛰기 경기.
棒術(봉술 bàngshù) 막대기를 사용한 호신술(護身術)의 한 가지.

▶ 棍棒(곤봉)·指揮棒(지휘봉)·鐵棒(철봉)·聽診棒(청진봉)·平行棒(평행봉).

棗 대추 조
木 8 ⑫

중 zǎo 일 ソウ, なつめ 영 jujube

대추 조(棘實赤心果).

棗東栗西(조동율서 zǎodōnglìxī) 제물을 놓을 때에 대추는 동쪽으로, 밤은 서쪽으로 놓는다는 말.
棗騮馬(조류마 zǎoliúmǎ) 말의 한 가지. 갈기와 꼬리는 검고, 배는 흰 말.
棗本(조본 zǎoběn) 대추나무의 판본(板本).
棗栗(조율 zǎolì) ① 대추와 밤. ② 부인이 사용하는 예물.
棗栗梨柿(조율이시 zǎolìlíshì) 제사

에 쓰는 대추·밤·배·감 따위.

棘 가시 극

木8⑫

🔊 jí 🇯🇵 キョク, いばら
🇬🇧 thorny brambles

① 가시나무 극(小棘叢生). ② 큰 창 극(大戟). ③ 가시성 쌀을 극(執囚之處). ④ 곧 극(速). ⑤ 약 이름 극(藥名天棘).
【戟과 통함】

棘人(극인 jírén) 부모의 상(喪)중에 있는 사람이 자기를 일컫는 말. 상제(喪制).
棘針(극침 jízhēn) ① 가시. ② 살을 에는 듯한 찬바람.
棘皮動物(극피동물 jípídòngwù) 《動》 동물 분류의 한 부문으로, 바다에 살며, 해삼·갯고사리·섬게 등이 이에 속함.

▶ 荊棘(형극).

棚 사다리 붕

木8⑫

🔊 péng, pēng 🇯🇵 ホウ, たな
🇬🇧 ladder

① 사다리 붕(棧). ② 누각 붕(閣). ③ 전동 붕(矢藏).

棚棧(붕잔 péngzhàn) 계곡을 가로질러 높이 걸쳐 놓은 다리. 부두(埠頭)에서 선박에 걸쳐 놓아 화물과 선객에게 편하도록 물 위에 가설한 구조물. 잔교(棧橋).

▶ 大陸棚(대륙붕).

棟 마룻대 동

木8⑫

🔊 dòng 🇯🇵 トウ, むね 🇬🇧 pillar

동자기둥 동(屋脊檼).
棟樑(동량 dòngliáng) 마룻대와 들보. 《喩》 일가 또는 일국의 중임을 담당하는 사람. 주석. 중진(重鎭). 동량지재의 약어.
棟梁之材(동량지재 dòngliángzhīcái) 한 집안이나 나라의 기둥이 될 만한 인물.
棟折榱崩(동절최붕 dòngzhécuībēng) 대들보가 부러지면 서까래도 무너짐. 《轉》 주종(主從)관계에서 윗사람이 망하면 아랫사람도 자연히 그 영향을 받아 온전할 수 없다는 뜻.

▶ 病棟(병동)·傳棟(전동).

棧 사다리 잔

木8⑫

🔊 zhàn 🇯🇵 サン, かけはし 🇬🇧 ladder

① 사다리 잔(棚). ② 복도 잔(閣). ③ 장갑를 잔(柩車). ④ 마판 잔(馬棧). ⑤ 작은 쇠북 잔(小鐘).

棧橋(잔교 zhànqiáo) ① 계곡을 가로질러 높이 걸쳐 놓은 다리. ② 부두에서 수중(水中)으로 삐쭉 나가게 만들어 놓은 다리.
棧豆之戀(잔두지련 zhàndòuzhīliàn) 사소한 이익을 단념하지 못함을 가리키는 말.

森 수풀 삼

木8⑫

🔊 sēn 🇯🇵 シン, おおい, もり
🇬🇧 luxuriant tree

① 나무 빽 들어설 삼(木多貌). ② 심을 삼(植). ③ 성할 삼(盛).

森羅(삼라 sēnluó) ① 나무가 무성하게 늘어섬. ② 땅 위에 있는 온갖 물건의 모양.
森羅萬象(삼라만상 sēnluówànxiàng) 우주 사이에 있는 온갖 물건과 모든 현상. 만물(萬物).
森林(삼림 sēnlín) 나무가 많이 우거져 있는 곳. 천연림(天然林)·시업림(施

業林)·단순림(單純林)·혼효림(混淆林) 등의 종류가 있음.

森嚴(삼엄 sēnyán) 질서가 바로서고 무서우리만큼 엄숙함. 장엄(莊嚴).

森閑(삼한 sēnxián) 아무 소리도 안 들리고 조용함. 심한(深閑).

棲 깃들일 서:

木 8 ⑫

음 qī, xī 일 セイ, すむ 영 dwell

① 쉴 서(息). ② 깃들일 서(鳥棲). ③ 평상 서(牀). ④ 서성거릴 서(往來貌). ⑤ 물풀 이름 서(水草名棲苴).【栖와 같음】

棲遁(서둔 qīdùn) 세상을 피하여 숨어서 살음. 은거(隱居).
棲宿(서숙 qīsù) 깃들임. 서식(棲息).
棲息(서식 qīxī) ① 살음. 생존함. ② 새 따위가 나무에 깃들임. 서숙(棲宿).

▶ 兩棲類(양서류).

棹 노 도 / 책상 탁

木 8 ⑫

음 zhào 일 トウ, さお, かい 영 oar
노 도(楫).

棹歌(도가 zhàogē) 뱃노래. 도창(棹唱).
棹聲(도성 zhàoshēng) ① 상앗대의 소리. ② =도창(棹唱).
棹唱(도창 zhàochàng) 뱃노래. 상앗대로 배를 저어가면서 부르는 노래. 도가(櫂歌).

棺 널 관

木 8 ⑫

음 guān 일 カン, ひつぎ 영 coffin

① 널 관(掩尸關). ② 염할 관(斂).

棺槨(관곽 guānguǒ) 송장을 넣는 속널과 겉널.

棺上銘旌(관상명정 guānshàngmíngjīng) 시체가 든 관 위에 죽은 이의 벼슬과 성명을 쓴 명정(銘旌).

▶ 入棺(입관)·下棺(하관).

椄 나무 접붙일 접

木 8 ⑫

음 jiē 일 セツ, つぎき 영 graft

① 나무 접붙일 접(續木). ② 형벌 틀 접(械). ③ 문설주 접(楔).

椄木(접목 jiēmù) 식물체의 일부분을 끊어 내어 다른 식물의 일부에 결합 유착(結合癒着)시키는 일. 나무를 접붙임.
椄本(접본 jiēběn) 접을 붙일 때 그 바탕이 되는 나무. 대목(臺木).
椄枝(접지 jiēzhī) 나무를 접붙일 때 접본(椄本)에 꽂는 나뭇가지. 또는 그러한 일.

椅 의자 의

木 8 ⑫

① 음 yǐ 일 イ, いす 영 chair ② yī

① 가래나무 의(梓). ② 교의 의(椅子坐凳).

椅几(의궤 yǐjǐ) ① 대신이나 중신이 치사(致仕)할 때 임금이 주는 것. ② 앉았을 때 팔을 기대어 몸을 편하게 하는 것.
椅子(의자 yǐzi) 뒤에 등받이가 있는 걸상.

▶ 藤椅子(등의자)·安樂椅子(안락의자)·回轉椅子(회전의자).

植 심을 식

木 8 ⑫

十 柏 柏 柏 柏 植 植 植 植 植

음 zhí 일 ショク, うえる 영 plant

❶ ① 심을 식(栽). ② 세울 식(樹立). ③ 둘 식(置). ④ 초목 식(草木). ❷ ①

방망이 **치**(椎). ② 심을 **치**(種). ③ 세울 **치**(立). ④ 기댈 **치**(倚). ⑤ 달굿대 **치**(枝幹築城楨). ⑥ 두목 **치**(將領主帥).

書體 小篆 植 草書 植 中學 形聲

植民(식민 zhímín) 본국(本國) 이외에 있고, 본국과 정치적(政治的) 종속(從屬) 관계에 있는 땅에 인민(人民)을 이주(移住)시켜서 그 곳을 경제적(經濟的)으로 개척(開拓)하여 활동하는 일. 또는 그 이주민(移住民)들로써 개척된 땅. 식민지(植民地).

植松望亭(식송망정 zhísōngwàng-tíng)《喩》솔 심어 정자를 바라본다는 뜻으로, 작은 일을 하여도 큰일을 바라보고 한다는 말.

植樹(식수 zhíshù) 나무를 심음. 식목(植木).

植耳(식이 zhíěr) 귀를 기울임.

植字(식자 zhízì)《印》활판(活版) 인쇄에서 활자(活字)를 원고대로 늘여 짜는 일. 조판(組版).

▶ 假植(가식)·耕植(경식)·扶植(부식)·腐植(부식)·寫植(사식)·誤植(오식)·移植(이식).

木 8 ② 椎 쇠뭉치/등골 **추**

chuí, zhuī ツイ, つち club

① 쇠뭉둥이 **추**, 쇠뭉치 **추**(鐵椎). ② 칠 **추**(擊). ③ 짓찧을 **추**(擣). ④ 뻣뻣할 **추**(椎鈍不曲撓). ⑤ 참나무 **추**(櫟).【槌와 같음】

椎擊(추격 chuíjī) 방망이나 쇠뭉치로 침.

椎骨(추골 zhuīgǔ)《生》등골뼈.

▶ 頸椎(경추)·無脊椎(무척추)·腰椎(요추)·脊椎(척추)·胸椎(흉추).

木 8 ② 椒 산초나무 **초**

jiāo ショウ, こしょう pepper

① 후추 **초**. ② 난디나무 **초**(山椒). ③ 산이마 **초**(山巓). ④ 향기로울 **초**(香).

椒蘭(초란 jiāolán) 향기가 좋은 훈향(薰香).

椒酒(초주 jiāojiǔ) 산초(山椒)와 그 밖에 약재를 섞어서 빚은 술. 도소주(屠蘇酒) 따위.

▶ 山椒(산초).

木 9 ③ 椰 야자나무 **야**

yē ヤ, やし coconut

야자나무 **야**(木名).【椰와 같음】

椰樹(야수 yēshù)《植》야자나무. 그 열매를 야자라고 함.

椰子(야자 yēzi)《植》① 야자나무. 야수(椰樹). ② 야자나무의 열매.

椰子油(야자유 yēziyóu) 야자열매의 씨로 짠 기름.

木 9 ③ 椿 참죽나무 **춘**

chūn チュン, チン, たまつばき

① 참죽나무 **춘**(香橁). ② 대춘나무 **춘**(壽木大椿). ③ 어르신네 **춘**(椿堂·椿丈).

椿堂(춘당 chūntáng) 남의 아버지를 높여 일컫는 말. 춘부(椿府).

椿府(춘부 chūnfǔ) =춘당(椿堂).

椿府丈(춘부장 chūnfǔzhàng) 남의 아버지의 존칭. 춘부장(椿府丈). 춘부(椿府). 춘당(椿堂).

椿事(춘사 chūnshì) 뜻밖에 일어난 불행한 일.

楊 버들/버드나무 양

ᅩ ᅩ ᅩ ᅩ 楊 楊 楊 楊 楊

음 yáng 일 ヨウ, やなぎ 영 willow
① 메버들 양(蒲柳白楊). ② 왕버들 양(葉長靑楊). ③ 사시나무 양(圓葉弱蔕微風大搖). ④ 회양나무 양(黃楊).

書體 小篆 楊 小篆 楊 草書 楊 (高校) 形聲

楊柳(양류 yángliǔ)《植》버드나무. 〈楊은 갯버들, 柳는 수양버들〉.

▶ 白楊(백양)·垂楊(수양).

楓 단풍 풍

음 fēng 일 フウ, かえで 영 maple
단풍나무 풍, 신나무 풍(檍).
楓嶽(풍악 fēngyuè)《地》풍악산(楓嶽山). 곧 가을의 금강산의 별칭.
楓葉(풍엽 fēngyè) 단풍나무의 잎사귀.

▶ 丹楓(단풍)·唐丹楓(당단풍).

楔 문설주 설

음 xiē 일 セツ, ケツ, ほこだち 영 gatepost
① 문설주 설(梱). ② 기둥 설(柱). ③ 노가주나무 설(似松有刺). ④ 앵도 설(櫻桃). ⑤ 칠 설(鼓).

楔子(설자 xiēzi) ① 문설주. ② 원곡(元曲)에서 서막(序幕). 또는 간막(間幕)의 뜻.
楔形(설형 xiēxíng) 쐐기의 모양.
楔形文字(설형문자 xiēxíngwénzì) 옛날에 바빌로니아와 앗시리아 및 고대 페르샤에서 쓰던 쐐기 모양의 글자.

櫛 율나무 즐

음 jí, jié 일 シツ, くし 영 comb
① 율나무 즐(木名櫛栗). ② 빗 즐(櫛). ③ 고을 이름 즐(縣名櫛裴). ④ 새김장이 즐, 각수장이 즐(雕人刮工).

楗 문빗장 건

음 jiàn 일 ケン, かんぬき 영 bar
① 문빗장 건(鎖門橫木). ② 문지방 건(限門木關楗).

楚 초나라 초

음 chǔ 일 ソ, うばら, むち
영 white oak, whip
① 휘추리 초(叢木). ② 가시나무 초(荊). ③ 고울 초(鮮明貌). ④ 초나라 초(國名). ⑤ 높을 초(高也翹楚). ⑥ 종아리 칠 초(扑撻犯禮).【憷와 통함】⑦ 쓰라릴 초(辛痛).

楚歌(초가 chǔgē) 초(楚)나라 사람의 노래. 초나라 곡조의 노래.
楚撻(초달 chǔtà) 회초리로 볼기나 종아리를 때림.
楚腰(초요 chǔyāo) 미인의 가느스름한 허리. 유요(柳腰). 섬요(纖腰).
楚越(초월 chǔyuè) 초(楚)나라와 월(越)나라. 즉 서로 떨어져 상관이 없는 사이.
楚材晉用(초재진용 chǔcáijìnyòng)《喩》제 나라의 인재를 딴 나라에서 이용함을 가리키는 말.
楚漢(초한 chǔhàn) 진말(秦末) 항우(項羽)와 유방(劉邦)이 할거(割據)하여 왕이라 칭호하면서 싸우던 시대를 일컬음. 또는 그 할거하던 지방.

▶ 苦楚(고초)·四面楚歌(사면초가)·淸楚(청초).

楞 네모질[四角] 릉

음 léng 일 リョウ, かど 영 angle
네모질 릉(四方木柧). 【棱과 같음】

楞伽經(능가경 léngjiājīng) 《佛》 대승불교의 경전(經典)의 하나.
楞嚴經(능엄경 léngyánjīng) 《佛》 불경의 이름.

楫 노 즙

1 음 jí 일 シュウ, かい 영 oar
2 일 シュウ, かじ
1 돛대 즙, 노 즙(棹). 2 노 접(短棹曰楫). 【檝과 같음】

楫師(즙사 jíshī) 노 젓는 사람. 뱃사공.

業 업 업

業業業業業業業業業業

음 yè 일 ギョウ, わざ
영 work, business

① 일 업(事). ② 일할 업(事之). ③ 위태할 업(危). ④ 씩씩할 업(壯). ⑤ 종다는 널조각 업(懸鐘具大板). ⑥ 벌써 업, 이미 업(已然). ⑦ 처음 업(創). ⑧ 공경할 업(敬).

書體 小篆 業 古文 業 草書 業 中學 象形

業果(업과 yèguǒ) 《佛》 전생(前生)에서 한 일에 대하여 이승에서 받는 선악의 갚음. 업보(業報).
業力(업력 yèlì) ① 사업에 기울이는 힘. 활동(活動). ②《佛》업과(業果) 〈과보(果報)〉를 갖고 오는 업(業)의 큰 힘.
業報(업보 yèbào) 《佛》 = 업과(業果).
業因(업인 yèyīn) 《佛》선악의 과보(果報)를 일으키는 원인이 되는 행위.

▶ 家業(가업)·開業(개업)·兼業(겸업)·工業(공업)·課業(과업)·勸業(권업)·企業(기업)·基業(기업)·農業(농업)·德業(덕업)·德業相勸(덕업상권)·本業(본업)·副業(부업)·分業(분업)·事業(사업)·社會事業(사회사업)·産業(산업)·商業(상업)·生業(생업)·成業(성업)·盛業(성업)·修業(수업)·受業(수업)·授業(수업)·手作業(수작업)·新裝開業(신장개업)·失業(실업)·實業(실업)·營業(영업)·窯業(요업)·偉業(위업)·作業(작업)·殘業(잔업)·專業(전업)·轉業(전업)·操業(조업)·卒業(졸업)·終業(종업)·從業員(종업원)·罪業(죄업)·主業(주업)·職業(직업)·創業(창업)·就業(취업)·息業(태업)·罷業(파업)·廢業(폐업)·下請業(하청업)·學業(학업)·現業(현업)·協業(협업)·休業(휴업)·興業(흥업).

極 극진할/다할 극

極極極極極極極極極極極極

음 jí 일 キョク, ゴク, きわまる
영 utmost point, pole

① 대마루 극, 한마루 극(棟). ② 덩어리 극(天地未分前). ③ 한가운데 극(大中). ④ 한끝 극(方隅). ⑤ 별 극(辰). ⑥ 지극할 극(至). ⑦ 다할 극(盡). ⑧ 멀 극(遠). ⑨ 궁진할 극(盡). ⑩ 마칠 극(終).

書體 小篆 極 草書 極 中學 形聲

極艱(극간 jíjiān) 극히 어렵고 가난함.
極諫(극간 jíjiàn) 극력으로 간(諫)함. 끝까지 간(諫)함.
極光(극광 jíguāng) 《地》지구의 양극 지방에서, 공중에 나타나는 일종의 아름다운 광선. 오로라(aurora).
極東(극동 jídōng) ① 동쪽 끝. ②《地》한국·중국·일본 및 아시아 대륙의 동북 지방. 구미(歐美)에서 일컬음. 원동(遠東).
極樂(극락 jílè) ① 한껏 즐김. ②《佛》㉠ 아미타불이 있다는 지극히 즐겁고 안락한 세계. 극락정토(極樂淨土). ③ 극히 안락한 처지.
極樂往生(극락왕생 jílèwǎngshēng) 《佛》 죽어서 극락정토(極樂淨土)에 가서 다시 태어나는 일.
極盛則敗(극성즉패 jíshèngzébài) 왕성함이 지나치면 도리어 패망함.
極刑(극형 jíxíng) 극히 중한 형벌. 사형(死刑). 극벌(極罰).

▶ 究極(구극)·窮極(궁극)·南極(남극)·登極(등극)·罔極(망극)·北極(북극)·消極(소극)·陽極(양극)·陰極(음극)·積極(적극)·終極(종극)·至極(지극)·太極(태극).

木 9획 (13) 楷 본보기 해

㉠ kǎi, jiè ㉥ カイ, のり, てほん
㉣ written

① 해나무 해(孔子冢木). ② 본뜰 해, 본고기 해(模). ③ 법 해(法式). ④ 해자 해(書名).
楷書(해서 kǎishū) 서체(書體)의 이름. 글자의 획(畫)을 똑바로 방정(方正)하게 세워서 쓰는 일. 또는 그 글자.
楷字(해자 kǎizì) 예서(隸書)에서 발달된 해서체(楷書體)의 글자.
楷正(해정 kǎizhèng) 글자의 획이 똑바른 것.

木 9획 (13) 楼 다락 루

【樓(木부11획)의 속자】

木 10획 (14) 榜 방(榜)붙일 방

1 bǎng ㉥ ホウ, ふだ ㉣ public notice **2** bàng ㉥ ボウ, ふだ

1 ① 게시판 방(揭示). ② 방 써 붙일 방(標題). ③ 방목 방(選職次序發表榜目). ④ 볼기 칠 방, 매 방(笞). ⑤ 배

저을 방(進船). ⑥ 뱃사공 방(舟人).
2 병. 뜻은 **1**과 같음.
榜文(방문 bǎngwén) 여러 사람에게 알리기 위하여 길이나 사람이 많이 모이는 곳에 써 붙이는 글.
榜示(방시 bǎngshì) 《制》 방문(榜文)을 써서 판(板)에 붙이어 널리 보임. 게시함.

▶ 落榜(낙방)·紙榜(지방)·標榜(표방).

木 10획 (14) 榮 영화/빛날 영

榮 榮 榮 榮 榮 榮 榮 榮 榮 榮

㉠ róng ㉥ エイ, さかえる
㉣ glory, honour

① 영화 영(辱之反). ② 오동나무 영(桐木). ③ 추녀 영(屋梠之兩頭起者). ④ 꽃다울 영(華). ⑤ 무성할 영(茂). ⑥ 명예 영(名譽). ⑦ 피 영(血氣).

| 書體 | 小篆 | 榮 | 草書 | 榮 | 中學 | 形聲 |

榮枯盛衰(영고성쇠 róngkūshèngshuāi) 성하고 쇠함이 서로 뒤바뀌는 일.
榮轉(영전 róngzhuǎn) 먼저 있던 자리보다 좋은 지위나 높은 자리로 옮김.
榮華(영화 rónghuá) 몸이 귀하게 되어서 이름이 남.

▶ 共榮(공영)·光榮(광영)·繁榮(번영)·富貴榮華(부귀영화)·虛榮(허영).

木 10획 (14) 榴 석류 류

【榴(木부12획)의 속자】

㉠ liú

榴散彈(유산탄 liúsǎndàn) 파열(破裂)할 때 많은 작은 탄자(彈子)가 비산(飛散)하는 포탄.

榴花(유화 liúhuā) 석류나무의 꽃.

▶ 石榴(석류)·手榴彈(수류탄).

榻 긴 걸상 탑
木 10 ⑭

音 tā 日 トウ, こしかけ
英 flat wooden bed

① 평상 탑(牀). ② 모직 탑(布). ③ 자리 탑(座). 【榻과 같음】

榻本(탑본 tāběn) 금석(金石)에 새긴 글씨나 그림을 그대로 박아 냄. 또는 그 박은 종이.

榻床(탑상 tāchuáng) 의자. 와상(卧床) 따위의 총칭.

榻影(탑영 tāyǐng) 원형을 본떠서 그림.

槁 마를 고
木 10 ⑭

音 gǎo 日 コウ, かれき
英 dry wood

① 마른나무 고(枯木). ② 말린 고기 고(乾魚). ③ 쌓일 고(積).

槁木(고목 gǎomù) 마른 나무. 고목(枯木).

槁木死灰(고목사회 gǎomùsǐhuī) 외형은 고목(枯木)과 같고, 마음은 사회(死灰)[죽은 재]처럼 되어 생기(生氣)가 없음. 의욕이 없는 사람을 이르는 말.

槁壤(고양 gǎorǎng) 마른 흙.

槃 쟁반 반
木 10 ⑭

音 pán 日 ハン, たらい 英 tray

① 쟁반 반(承皿). ② 즐거울 반(樂). ③ 머뭇거릴 반(不進).【盤과 같음】

▶ 涅槃(열반)·涅槃寂靜(열반적정).

構 얽을 구
木 10 ⑭

十 木 木 杧 杧 椹 椹 構 構 構

音 gòu 日 コウ, かまえる
英 build, consist

① 닥나무 구(楮). ② 집 세울 구(屋架). ③ 모일 구(合). ④ 이룰 구(成). ⑤ 글 미리 지을 구(宿構). ⑥ 이을 구(結).

書體 小篆 構 草書 構 (高校) 形聲

構圖(구도 gòutú) ① 꾀하여 도모함. ② 미적 효과를 얻기 위하여 모든 부분을 전체적으로 조화되게 배치하는 도면구성.

構築(구축 gòuzhù) ① 얽어 만들어 쌓아 올림. ② 집이나 진지(陣地) 따위를 세움.

構虛捏造(구허날조 gòuxūniēzào) 터무니없는 거짓을 꾸며 냄. 구날(構捏).

▶ 結構(결구)·機構(기구)·築構(축구)·虛構(허구).

槌 칠[擊] 추 / 방아쇠 퇴
木 10 ⑭

① chuí 日 ツイ, つち 英 club
② duī, zhuí

① 칠 추(擊). ② ① 몽둥이 퇴(棒). ② 너스레 퇴, 누에시렁 퇴(架蠶簿木). ③ 딸 퇴(摘). ④ 던질 퇴(投).

槌碎(추쇄 chuísuì) 망치로 두드려 부숨.

槌杵(추저 chuíchǔ) 망치.

▶ 鐵槌(철퇴).

槍 창 창
木 10 ⑭

音 qiāng 日 ソウ, やり 英 spear

① ① 나무창 **창**(矟). ② 막을 **창**(距). ③ 낮을 **창**(低). ② 혜성 **쟁**(彗星).

槍劍(창검 qiāngjiàn) 창(槍)과 검(劍).
槍矛(창모 qiāngmáo) 창. 외가지 창과 쌍가지 창. 창(槍)과 모(矛).
槍術(창술 qiāngshù) 창을 쓰는 기술. 창법(槍法).

▶ 三枝槍(삼지창)·竹槍(죽창).

木 10 ⑭ 槎 떼 사

중 chá, zhā 일 サ, いかだ 영 raft
① 떼 **사**(桴). ② 엇 찍을 **사**, 비스듬히 깎을 **사**(斜斫). 【고음은 「차」, 查와 같음】

木 10 ⑭ 槓 지렛대 공

중 gàng, gāng 일 コウ, てこ
영 handspike
지렛대 **공**(梃也槓扞).

槓杆(공간 gànggǎn) ① 지레. ② 《物》고정점을 통하는 축(軸)의 주위를 자유로이 회전할 수 있는 막대기.

木 10 ⑭ 槐 회화나무/느티나무 괴:

중 huái 일 カイ, えんじゅ
영 pagoda-tree
① 회화나무 **괴**, 느티나무 **괴**(木名花可染黃色). ② 삼공 **괴**(三公). 【본음은 「회」, 懷와 같음】

槐木(괴목 huáimù) 《植》홰나무.

木 10 ⑭ 樣 모양 양

【樣(木부11획)의 약자】

木 11 ⑮ 槨 외관(外棺) 곽

중 guǒ 일 カク, そとひつぎ
영 outer coffin
덧관 **곽**(葬具外棺). 【椁과 같음】

槨柩(곽구 guǒjiù) 덧널. 〈柩는 관(棺)의 외곽(外槨)〉.

木 11 ⑮ 槪 대개 개:

木 木 木 杧 杧 杧 柠 柠 槢 槪

중 gài 일 ガイ, あらまし
영 out-line
① 평두목 **개**(平斗斛). ② 절개 **개**(意氣節槪). ③ 대강 **개**(大率梗槪). ④ 거리낄 **개**(感觸經心). ⑤ 칠한 술통 **개**(漆樽). 【槩와 같음】

書體 小篆 隸書 草書 槪 (高校) 形聲

槪括(개괄 gàikuò) 유사한 사물을 하나로 통괄함. 총괄. 일반화(一般化). 추상(抽象). ↔한정(限定).
槪念(개념 gàiniàn) 《哲》여러 관념 중에 공통된 요소를 추상하여 종합(綜合)한 하나의 관념.
槪況(개황 gàikuàng) 대개의 상황(狀況). 대강의 형편과 모양.

▶ 景槪(경개)·氣槪(기개)·大槪(대개)·節槪(절개).

木 11 ⑮ 槽 구유 조

중 cáo 일 ソウ, かいおけ 영 manger
① 말구유통 **조**. ② 차 거르는 틀 **조**. ③ 주사 틀 **조**(酒槽). ④ 과실 이름 **조**(枸槽子).

槽櫪(조력 cáolì) 말구유와 마판. 말을 기르는 곳.

▶ 水槽(수조)·浴槽(욕조)·油槽(유조)·淨化槽(정화조).

槿 무궁화 근:

- ㈜ jǐn ㈜ キン, むくげ
- ㈜ rose of sharon

무궁화 근(木槿無窮花, 一名槾, 一名櫬).

槿籬(근리 jǐnlí) 무궁화의 울타리.
槿域(근역 jǐnyù) 우리나라의 별칭(別稱). 무궁화(無窮花)가 아름답게 피는 지역이라는 뜻.
槿花(근화 jǐnhuā)《植》무궁화.《喻》변천이 빠른 것.

▶ 棟槿(동근)·上槿(상근).

樁 말뚝 장

1 ㈜ zhuāng ㈜ トウ, くい ㈜ stake
2 ㈜ ショウ

1 말뚝 장(杙). 2 두드릴 용(撞).

樂 즐길 락 / 풍류 악 / 좋아할 요

樂樂樂樂樂樂樂樂樂樂

1 ㈜ lè ㈜ ガク, おんがく ㈜ music
2 ㈜ yào pleasure
3 ㈜ yuè ㈜ ラク, たのしい

1 ① 풍류 악(八音之總名). ② 풍류인 악(風流人). ③ 사람 이름 악(人名). 2 ① 좋아할 요(好). ② 하고자할 요(欲). 3 즐길 락(喜).

書體 小篆 樂 草書 樂 中學 象形

樂器(악기 yuèqì) 음악을 연주하는 데 쓰이는 기구의 총칭.
樂團(악단 yuètuán) ① 음악을 연주하는 단체. 밴드(band). ② 악극단의 약어.
樂壇(악단 yuètán) ① 문화면(文化面)에서의 음악의 분야. ② 음악가들의 사회. 악계(樂界).
樂聖(악성 yuèshèng) 음악세계에서 성인이라고도 이를만한 대음악가.
樂匠(악장 yuèjiàng) 음악에 통달한 사람. 음악의 스승.
樂章(악장 yuèzhāng) ① 나라의 제전(祭典), 연례(宴禮)에 쓰는 주악(奏樂)을 기록한 가사(歌辭). 악부(樂府). ② 교향곡 등을 구성하는 한 악곡의 각 부분의 곡.
樂學軌範(악학궤범 yuèxuéguǐfàn)《書》9권 3책. 음악서. 조선 성종(朝鮮 成宗) 때 성현(成俔)·유자광(柳子光)·신미평(申未平) 등이 왕명으로 지음. 장악원(掌樂院)에 있던 의궤(儀軌)·악보를 정리하여 편찬한 것.
樂觀(낙관 lèguān) ① 모든 사물을 형편에 좋게 봄. ② 장래의 진전을 밝고 희망적으로 관측함. ↔비관(悲觀).
樂樂(낙락 lèlè) 매우 즐거운 모양. 안락한 모양.

▶ 苦樂(고락)·道樂(도락)·同樂(동락)·安樂(안락)·哀樂(애락)·娛樂(오락)·至樂(지락)·快樂(쾌락)·偕樂(해락)·行樂(행락)·享樂(향락)·和樂(화락)·歡樂(환락)·管樂(관악)·國樂(국악)·農樂(농악)·聲樂(성악)·室룹樂(음악)·打樂(타악)·風樂(풍악)·絃樂(현악).

樋 어름나무 통

㈜ tōng ㈜ トウ, かけい ㈜ gutter
① 어름나무 통(木名). ② 대홈통 통(通水竹筧).

樓 다락 루

樓樓樓樓樓樓樓樓樓樓

[중] lóu [일] ロウ, たかどの [영] tower

① 다락 **루**(重屋). ② 봉우리 **루**(山之銳嶺). ③ 문 **루**(城樓). ④ 어깨 **루**(兩肩). ⑤ 모일 **루**(聚).

[書體] 小篆 草書 [高校] 形聲

樓閣(누각 lóugé) 사방을 바라볼 수 있게 높이 지은 다락집. 누관(樓觀).

樓臺(누대 lóutái) 높은 건물. 이층 이상의 대. 누각(樓閣)과 누사(樓榭).

樓船(누선 lóuchuán) 다락이 있는 배. 안에 이층으로 집을 지은 배. 높고 큰 배.

▶ 高樓(고루)·登樓(등루)·摩天樓(마천루)·望樓(망루)·門樓(문루)·沙上樓閣(사상누각)·蜃氣樓(신기루)·鐘樓(종루).

木 11 ⑮ 標 표할 표

[중] biāo [일] ヒョウ, しるし
[영] mark, signal

① 표할 **표**(表). ② 높은 가지 **표**(高枝). ③ 적을 **표**(記). ④ 쓸 **표**(書). ⑤ 들 **표**(擧). ⑥ 기 **표**(旌旗). ⑦ 나무 끝 **표**(木末).

[書體] 小篆 草書 [高校] 形聲

標高(표고 biāogāo) 바다의 수준면(水準面)에서 지표(地表)의 어느 지점에 이르는 수직의 거리.

標榜(표방 biāobǎng) ① 남의 선행(善行) 사실을 기록하여 그 집 문호(門戶)에 게시하는 것. 《轉》 남의 선행(善行)을 널리 세상에 알리거나, 또는 칭찬함. ② 자기주의·주장 또는 처지를 어떤 명목을 붙여서 앞에 내세움.

標識(표지 biāoshí) 어떤 사물을 표하기 위한 기록. 표치(標幟).

▶ 課標(과표)·目標(목표)·浮標(부표)·商標(상표)·安全標識板(안전표지판)·元標(원표)·音標(음표)·里程標(이정표)·座標(좌표)·指標(지표)·徵標(징표).

木 11 ⑮ 樞 지도리 추

1 [중] shū [일] スウ, ねもと [영] root
2 [일] スウ, かなめ [영] central

1 ① 밑둥 **추**(本). ② 지도리 **추**(椳). ③ 고동 **추**(樞機制動之主). ④ 북두 첫째별 **추**(北斗第一星). ⑤ 긴요할 **추**(要). ⑥ 가운데 **추**(中). ⑦ 달 **추**(月). ⑧ 벼슬 이름 **추**(官名樞密). **2** 느릅나무 **우**(樞楡木名).

樞機(추기 shūjī) ① 중추(中樞)가 되는 기관. ② 매우 요긴한 정무.

樞機卿(추기경 shūjīqīng) 《宗》 바티칸 법황(法皇)의 최고 고문. 11세기에 확립된 교직으로 모두 70명인데 이들 중에서 교황이 선출됨. 교회 내에서 전하의 호칭을 받음.

樞密(추밀 shūmì) ① 군사나 정무에 관한 중요한 사항. ② 중대하고 종요로운 기밀.

樞要(추요 shūyào) 가장 요긴하고 중요로움. 긴요(緊要).

樞軸(추축 shūzhóu) ① 사물의 가장 중요한 부분. ② 권력이나 정치의 중심.

▶ 中樞(중추).

木 11 ⑮ 樟 녹나무 장

[중] zhāng [일] ショウ, くすのき
[영] camphor-laurel

예장나무 **장**(木名, 豫章). 【章과 통함】

樟腦(장뇌 zhāngnǎo) 장목(樟木)을 증류(蒸溜)하여 얻는 방향이 있는 백색 결정(結晶). 향료 또는 방충제·방취제로 쓰임.

模 본뜰 모

木 11 ⑮

模模模模模模模模模

중 mó, mú 일 ボ, モ, のり, かた 영 pattern, style

① 법 모(法). ② 모범할 모(形). ③ 본뜰 모(爲規). ④ 주공묘에 난 나무 모(周公墓木). 【摹·橅와 같음】

書體 小篆 模 草書 模 (高校) 形聲

模倣(모방 mófǎng) 본받음. 본뜸. 모방(摹放). 모방(摹倣).
模索(모색 mósuǒ) 손으로 더듬어서 물건을 찾음. 더듬어 찾음. 모색(摸索).
模擬(모의 mónǐ) 남의 흉내를 냄. 흉내내어 실물처럼 보이게 함.
模造(모조 mózào) 본떠서 만듦. 모방하여 만듦.
模糊(모호 móhú) 분명하지 않은 모양. 모호(摸糊).

▶ 規模(규모)·聲帶模寫(성대모사)·曖昧模糊(애매모호)

樣 모양 양

木 11 ⑮

樣樣樣樣樣樣樣樣樣

① 중 yàng 일 ヨウ, さま 영 pattern
② 일 ヨウ, かた 영 style

① 모양 양(式也貌樣). ② 도토리 상(栩實).

書體 小篆 樣 草書 樣 (高校) 形聲

樣式(양식 yàngshì) ① 일정한 형식. ② 모양. 격식(格式). 꼴. ③ 예술에 있어서의 스타일.
樣態(양태 yàngtài) 모양. 형편.

▶ 各樣各色(각양각색)·多樣(다양)·模樣

(모양)·貌樣(모양)·文樣(문양)·仕樣(사양)·生活樣式(생활양식)·態樣(태양).

樵 나무할 초

木 12 ⑯

중 qiáo 일 ショウ, きこり 영 firewood

① 땔나무 초(散木). ② 나무할 초(采薪). ③ 나무하는 이 초(采薪者). ④ 불사를 초(焚).【譙와 통함】

樵歌(초가 qiáogē) 나무꾼들이 부르는 노래.
樵汲(초급 qiáojí) 나무하는 일과 물 긷는 일.
樵童(초동 qiáotóng) 땔나무를 하는 시골 아이.
樵蘇(초소 qiáosū) ① 나무를 찍고 풀을 벰. 또는 그 일. 추초(芻樵). 추요(芻蕘). ② 시골 사람의 생계.

樹 나무 수

木 12 ⑯

樹樹樹樹樹樹樹樹樹樹

①-③ 중 shù 일 ジュ, き 영 tree
④⑤ 일 ジュ, うえる 영 plant

① 나무 수(生植之總名). ② 막을 수(屛). ③ 동물 이름 수(獸名). ④ 세울 수(立). ⑤ 심을 수(植).

書體 小篆 樹 大篆 樹 草書 樹 (中學) 形聲

樹齡(수령 shùlíng) 나무의 나이. 나무의 자란 연수.
樹林(수림 shùlín) 나무가 우거진 숲.
樹木(수목 shùmù) 살아 있는 나무.
樹液(수액 shùyè) 땅 속에서 빨아올려 나무의 양분이 되는 액.
樹陰(수음 shùyīn) 나무의 그늘.
樹種(수종 shùzhǒng) ① 나무의 종자. ② 곡식이나 초목을 심어 가꿈.
樹脂(수지 shùzhī) 나무에서 나오는

진. 나무에서 취하는 기름. 주로 침엽수(針葉樹)에서 분비되며, 바니스의 원료로 쓰임.
樹枝(수지 shùzhī) 나뭇가지.
樹海(수해 shùhǎi) 《喩》 울창한 살림의 광대함을 바다에 비유하여 일컫는 말.
樹勳(수훈 shùxūn) 공훈을 세움.

▶ 街路樹(가로수)·果樹園(과수원)·落葉樹(낙엽수)·芳樹(방수)·常綠樹(상록수)·植樹(식수)·針葉樹(침엽수)·合成樹脂(합성수지)·花樹(화수)·闊葉樹(활엽수).

樽 술통 준

[중]zūn [일]ソン, たる [영]wine-jar
① 술단지 준(樽彛酒器). ② 그칠 준(止).
樽杓(준작 zūnsháo) 술병과 술잔. 주준(酒樽)과 배작(杯杓).
樽俎折衝(준조절충) 평화스러운 교제로써 적의 예봉(銳鋒)을 누르는 일. 《轉》 외교상의 담판(談判)으로 국위를 빛내는 일. 외교교섭.
樽酒(준주 zūnjiǔ) 통술. 존주(尊酒).

橋 다리 교

[중]qiáo [일]キョウ, はし [영]bridge
① 다리 교(水梁). ② 줄 늘여서 잴 교(懸蠅以度). ③ 드레박 틀 교(桔橰上衡). ④ 업신여길 교(橋泄嫚). ⑤ 강할 교(强). ⑥ 교나무 교(橋梓木名). ⑦ 땅이름 교(魯地名陽橋).

橋架(교가 qiáojià) 다리의 기둥과 기둥 위를 가로 질러 놓아, 집의 도리와 같은 구실을 하는 것.

橋脚(교각 qiáojiǎo) 교체(橋體)를 받치는 기둥.
橋頭堡(교두보 qiáotóubǎo) ① 다리를 방위할 목적으로 다리의 앞뒤, 또는 필요한 곳에 축조하는 보루(堡壘). ② 아군(我軍)의 공격·퇴각을 돕기 위하여 적진(敵陣) 가까이 설치한 진지.
橋梁(교량 qiáoliáng) 다리.
橋下叱倅(교하질쉬 qiáoxiàchìcuì) 《國》 다리 밑에서 원 욕하기. 《喩》 듣지 못하는 곳에서 헐뜯어 욕한다는 뜻.

▶ 架橋(가교)·踏橋(답교)·跳開橋(도개교)·獨木橋(독목교)·浮橋(부교)·陸橋(육교)·鐵橋(철교).

樘 버틸 탱

[중]chēng [일]トウ, ささえ [영]prop
버팀대 탱(斜柱).
樘刺(탱척 chēngcì) 배에 삿대질을 함. 배를 저음.

橘 귤 귤

[중]jú [일]キツ, みかん [영]orange
귤 귤(柚屬一名木奴).
橘顆(귤과 júkē) 귤나무의 과실. 귤. 귤알.
橘餠(귤병 júkē) 귤을 꿀이나 사탕에 조려 만든 중국식 음식. 당속(糖屬).
橘中之樂(귤중지락 júzhōngzhīlè) 《轉》 바둑을 두는 즐거움. 《故》 옛날 파인(巴印) 사는 사람이 귤의 큰 열매를 쪼개 보니 두 노인이 바둑을 두고 있었다는 고사.
橘皮(귤피 júpí) 귤의 껍질. 보위·담증·해수 등 여러 가지 약재로 씀.

▶ 柑橘(감귤).

橛 말뚝 궐

- 중 jué 일 ケツ, くい, とじきみ
- 영 stake, threshold

① 말뚝 궐(杙). ② 문지방 궐(門梱). ③ 토막나무 궐(斷木). ④ 말 재갈 궐(馬銜). ⑤ 북채 궐(擊鼓槌).

橛橛(궐궐 juéjué) 믿는 데가 있어서 움직이지 않는 모양. 움직이지 않고 의연하게 있는 모양.

機 틀 기

杞 杧 杪 杫 林 梼 梼 榪 機 機

- 중 jī 일 キ, しかけ, ばね
- 영 machine

① 고동 기(發動所由). ② 기미 기, 기틀 기(氣運之變化). ③ 기계 기(機械巧術). ④ 베틀 기(織具). ⑤ 천진 기(天眞). ⑥ 기회 기(機會). ⑦ 별 이름 기(星名, 握機). 【幾와 통함】

書體 小篆 機 草書 機 高校 形聲

機甲(기갑 jījiǎ) 최신 과학을 응용한 병기. 기계 따위로 장비하는 일.
機動(기동 jīdòng) ① 조직적이며 기민한 행동. ② 교전(交戰) 전후 또는 교전 간에 군대가 취하는 행동.
機略(기략 jīlüè) 기회에 응한 적합한 계책(計策). 임기응변의 계략. 기획(機畫). 기모(機謀).
機務(기무 jīwù) 국가의 가장 중요한 정무. 기밀의 정무.
機敏(기민 jīmǐn) ① 민첩하고 영리함. ② 요령(要領)이 있고 슬기로움.
機先(기선 jīxiān) 사물이 일어나려고 하는 직전(直前)에 그것을 알고 먼저 그 일을 착수함. 조짐(兆朕).
機首(기수 jīshǒu) 항공기의 앞머리.
機銃掃射(기총소사 jīchòngsǎoshè) 기관총을 비질하듯 쏨.
機會均等(기회균등 jīhuìjūnděng) ① 어떠한 사람에게 하는 대우를 다른 일반 사람에게도 같이 함. ② 외교정책에 있어서 통상·사업경영 등에 관하여 어떤 나라에 준 대우를 다른 나라에도 줌.

▶ 契機(계기)·軍機(군기)·待機(대기)·動機(동기)·萬機(만기)·無機(무기)·時機尙早(시기상조)·失機(실기)·心機一轉(심기일전)·危機(위기)·有機(유기)·臨機應變(임기응변)·敵機(적기)·轉機(전기)·重機(중기)·織機(직기)·天機(천기)·樞機卿(추기경)·投機(투기)·好機(호기)·禍機(화기)

橢 둥글길죽할 타

- 중 tuǒ 일 ダ, こばんがた 영 oval

① 둥글길죽할 타(器之圓而長者). ② 수레통 가운데 그릇 타(車笭中器). ③ 길죽한 그릇 타(器之狹長).

橢圓(타원 tuǒyuán) 《數》 원추(圓錐)곡선의 한 가지. 평면 위에서 두 정점에서의 거리의 합이 일정하게 되는 점의 궤적. 타원(楕圓).

橤 꽃술 예:

- 중 ruǐ 일 ズイ, しべ
- 영 flower-centre

① 여의(꽃술) 예, 꽃술방울 예(花鬚頭點). ② 드리울 예(垂).

橫 비낄/가로 횡

杧 杫 杫 椊 椊 棤 棤 椿 橫

①② 중 héng 일 コウ, よこ 영 width
③④ 중 hèng 일 オウ, ぬき

① 비낄 횡, 가로 횡(縱之對). ② 난간목 횡(闌木). 【衡과 통함】 ③ 거스를 횡(橫逆, 不順理). ④ 사나울 횡(橫暴).

書體 小篆 橫 草書 橫 (高校) 形聲

橫擊(횡격 héngjī) 옆에서 침. 적군을 측면에서 공격함.
橫領(횡령 hènglǐng) 제멋대로 영유(領有)함. 남의 물건을 불법적으로 가로채거나 빼앗음.
橫死(횡사 hèngsǐ) 살인·재해 등에 의하여 비명(非命)에 죽음. 횡액으로 죽음. 변사(變死).
橫書(횡서 héngshū) ① 글씨를 가로 줄로 씀. 또는 그 글씨. ② 가로 글씨.
橫說竪說(횡설수설 héngshuōshùshuō) 조리가 없는 말을 되는대로 지껄임. 횡수설거(橫竪說去). 횡수설화(橫竪說話).
橫竪(횡수 héngshù) ① 가로와 세로. ② 공간과 시간. ③《佛》타력과 자력. ④ 가로길이.
橫厄(횡액 hèng'è) 뜻밖에 닥쳐오는 재액(災厄).
橫財(횡재 hèngcái) 뜻밖에 재물을 얻음. 또는 그 재물.
橫暴(횡포 hèngbào) 제 멋대로 굴며 난폭함.
橫行(횡행 hèngxíng) ① 모로 감. ② 마음대로 행동함. ③ 널리 돌아다님. ④ 마음대로 시행됨. 종횡(縱橫)으로 시행됨.

▶非命橫死(비명횡사)·一列橫隊(일렬횡대)·專橫(전횡)·縱橫無盡(종횡무진).

木 13 ⑰ 檀 박달나무 단

檀 檀 檀 檀 檀 檀 檀 檀 檀

중 tán 일 ダン, まゆみ
영 Betula schmidtii
① 박달나무 단(善木). ② 향나무 단(香木).

書體 小篆 檀 草書 檀 (高校) 形聲

檀君(단군 tánjūn) 우리나라 태초의 임금. 기원 전 24세기 경 단군조선을 건국하였다 하며, 한국 민족의 시조신(始祖神)으로 신봉되고 있음.
檀紀(단기 tánjǐ) 단군기원(檀君紀元)의 약어(略語).
檀木(단목 tánmù)《植》박달나무.

木 13 ⑰ 檄 격문(檄文) 격

중 xí 일 ゲキ, めしぶみ
① 격서 격(徵兵書). ② 격문 격(敵惡諭告). ③ 과격할 격(過檄).
檄文(격문 xíwén) 급히 군병(軍兵) 또는 동지(同志)를 징집하거나, 혹은 세상 사람들의 흥분을 일으키려고 할 때 발표하는 글.
檄書(격서 xíshū) =격문(檄文).
檄召(격소 xízhào) 격문을 돌려 동지를 불러 모음.
格致(격치 xízhì) =격소(檄召).

木 13 ⑰ 檇 찧을 취

중 zuì 일 スイ, つく 영 pound
① 찧을 취(以木所擣). ② 땅 이름 취(地名, 檇李).

木 13 ⑰ 檎 능금 금

중 qín 일 キン, りんご 영 apple
능금 금(果名).

木 13 ⑰ 檐 추녀 첨

중 yán 일 セン, ひさし 영 eaves
① 추녀 첨, 처마 첨(屋四垂). ② 멜 첨(擔). 【고음은 「염」, 簷과 같음】
檐階(첨계 yánjiē) 댓돌.
檐端(첨단 yánduān) 처마 끝. 첨단

(簷端).

簷鈴(첨령 yánlíng) 처마 끝에 다는 풍경.

簷雨(첨우 yányǔ) 처마 끝에서 방울 방울 떨어지는 비.

簷鐸(첨탁 yánduó) 처마 끝에 다는 풍경(風磬) 따위를 이름. 영마(鈴馬).

簷下(첨하 yánxià) 처마 밑.

檢 검사할 검:
木 13 ⑰

检检检检检检检检检檢檢

중 jiǎn 일 ケン, しらべる
영 inspect, check

① 교정할 검(校). ② 금제할 검(制). ③ 법 검(式). ④ 봉함 검(書署). ⑤ 책메뚜기 검, 수결 둘 검(書表之簽). ⑥ 검소할 검(束). ⑦ 벼슬 이름 검(官名).

書體 小篆 檢 草書 檢 高校 形聲

檢擧(검거 jiǎnjǔ) 《法》 ㉠ 범죄의 증거를 조사하여 모음. ㉡ 검찰관 또는 사법 경찰관이 범죄인이나 피의자를 관서(官署)에 연행하는 일.

檢問(검문 jiǎnwèn) 조사하고 묻는 일.

檢事(검사 jiǎnshì) 《法》 형사의 공소(公訴)를 제기해서 법률의 적용을 청구하고, 형벌의 집행을 감독하며, 민사에도 때로 관계하는 사법 행정관의 하나. → 검찰관(檢察官).

檢屍(검시 jiǎnshī) 변사자(變死者)의 시체를 검사함. 검시(檢視).

檢定(검정 jiǎndìng) 검사하여 가치·자격·품격 등을 결정함.

檢出(검출 jiǎnchū) 검사하여 냄. 검색하여 적출(摘出)함.

▶ 剖檢(부검)·巡檢(순검)·身體檢査(신체검사)·臨檢(임검)·點檢(점검)·地檢(지검)·特檢(특검)·判檢事(판검사).

檣 돛대 장
木 13 ⑰

중 qiáng 일 ショウ, ほばしら
영 mast

돛대 장(帆柱).【檣과 같음】

檣竿(장간 qiánggān) 돛대. 범주(帆柱). 범장(帆檣).

檃 은행나무 은
木 14 ⑱

중 yín 일 ギン, いちょう 영 ginko

은행나무 은(檃杏).

檻 난간 함:
木 14 ⑱

중 jiàn, kǎn 일 カン, てすり, おり
영 railing, cage

① 난간 함(欄). ② 죄인 타는 수레 함(檻車). ③ 진차할 함(進車貌). ④ 어리 함(圈). ⑤ 물이 솟아오를 함. ⑥ 수레구르는 소리 함(車行聲) 【轞과 통함】

檻穽(함정 jiànjǐng) 짐승을 잡기 위하여 파 놓은 구덩이. 허벙다리. 《喻》 소생할 길이 없는 경우.

檻倉(함창 jiàncāng) 감옥. 뇌옥(牢獄).

櫂 상앗대 도
木 14 ⑱

중 zhào 일 トウ, かい, かじ 영 oar

노 도(所以進船楫).【棹와 같음】

櫂歌(도가 zhàogē) 뱃노래. 도창(櫂唱). 도구(櫂謳).

櫂舟(도주 zhàozhōu) 배에 삿대를 대어 저음.

櫃 궤짝 궤:
木 14 ⑱

중 guì 일 キ, ひつ, はこ

歹殳母比毛氏气水火爪父爻爿片牙牛犬

🔊 wooden box
① 궤 궤(櫃). ② 상자 궤(篋).【匱와 같음】

櫝櫝(궤독 guìdú) 궤짝. 궤협(匱篋).
櫝封(궤봉 guìfēng) 물건 따위를 궤에 넣어 둠.

櫓 노/방패 로
木 15 ⑲

🔊 lǔ 🔊 ロ, やぐら 🔊 watch-tower
① 큰 방패 로(大盾). ② 망대 로(望樓). ③ 망보는 수레 로(戰陣高巢車). ④ 노 로(進船具).【艣와 같음】

櫓歌(노가 lǔgē) 뱃노래. 선부(船夫)들이 노를 저으면서 부르는 노래. 배 따라기.
櫓棹(노도 lǔzhào) 노와 삿대.
櫓聲(노성 lǔshēng) 배를 젓는 노소리.

櫛 빗 즐
木 15 ⑲

🔊 zhì 🔊 シツ, くし 🔊 comb
① 빗 즐(梳枇總名). ② 빗질할 즐(理髮). ③ 즐비할 즐(如櫛齒櫛比).

櫛沐(즐목 zhìmù) 머리를 빗고 목욕을 함. 소목(梳沐).
櫛比(즐비 zhìbǐ) 많은 것이 빗살과 같이 가지런히 늘어서 있음.
櫛風沐雨(즐풍목우 zhìfēngmùyǔ) 바람으로 머리를 빗고 비로 몸을 씻음. 즉 온몸이 풍우에 시달림.《喩》긴 세월을 객지에서 떠돌며 갖은 고생을 다함. 풍찬노숙(風餐露宿).

櫡 젓가락 저
木 15 ⑲

🔊 zhù, zhuó 🔊 チョ, はし
🔊 chopstick
젓가락 저(飯具匙櫡).【箸와 같음】

櫻 앵두 앵
木 17 ㉑

🔊 yīng 🔊 オウ, さくら 🔊 cherry
① 앵두 앵, 버찌 앵(櫻桃一名含桃). ② 벚나무 앵(黑櫻).

櫻桃(앵도 yīngtáo)《植》앵두. 앵도과의 낙엽관목(落葉灌木).
櫻脣(앵순 yīngchún) 앵두처럼 붉은 입술.《轉》미인의 입술.
櫻花(앵화 yīnghuā) ① 앵두나무의 꽃. ② 벚꽃.

欄 난간 란
木 17 ㉑

木 杧 枘 柯 柯 欄 欄 欄 欄 欄

🔊 lán 🔊 ラン, てすり 🔊 railing
① 난간 란(階除木). ② 외양간 란(牛圈).【闌과 통함】

書體 小篆 欄 草書 欄 (高校) 形聲

欄干(난간 lángān) ① 난간. 층계나 다리 등의 가장자리에 종횡(縱橫)으로 나무나 쇠를 건너 세워 놓은 살. 사람이 떨어지는 것을 막고 또 장식으로도 삼음. ② 눈물 같은 것이 많이 나오는 모양.
欄外(난외 lánwài) ① 난간의 바깥. ② 신문이나 책 같은 것의 본문 주위의 여백(餘白). 신문·책의 둘레의 줄의 바깥.
欄阻(난조 lánzǔ) 가로막힘.

▶ 概要欄(개요란)·決裁欄(결재란)·廣告欄(광고란)·讀者欄(독자란)·文藝欄(문예란)·社說欄(사설란)·照會欄(조회란)·職業欄(직업란)·投稿欄(투고란).

權 권세 권
木 18 ㉒

木 朾 朾 柯 柯 柙 椚 椚 椚 權 權

🗿 quán 🗾 ケン, いきおい
🇬🇧 authority, right

① 권세 권, 사나울 권(權柄). ② 저울
질할 권(秤錘). ③ 평할 권(平). ④ 권도
권(反經合道). ⑤ 벼슬 겸할 권(攝官).
⑥ 비롯할 권(權輿如). ⑦ 모사할 권
(謀).

書體 小篆 權 草書 檀 中學 形聲

權謀術數(권모술수 quánmóushùshù)
목적을 위해서는 수단·방법을 가리
지 않고 교묘하게 남을 속이는 술책.
權門勢家(권문세가 quánménshìjiā)
대대로 권세 있고 관위가 높은 집안.
權不十年(권불십년 quánbùshínián)
아무리 높은 권세라도 10년을 가지
못함.
權勢(권세 quánshì) ① 권력과 세력.
② 남을 복종시키는 세력.
權威(권위 quánwēi) ① 권력과 위세.
남을 복종하게 하는 위력. ② =권위
자(權威者).
權益(권익 quányì) 권리와 이익.

▶ 強權(강권)·公權(공권)·官權(관권)·敎
權(교권)·棄權(기권)·黨權(당권)·物權(물
권)·民權(민권)·法權(법권)·兵權(병권)·
復權(복권)·分權(분권)·商權(상권)·選擧
權(선거권)·所有權(소유권)·授權(수권)·
實權(실권)·王權(왕권)·利權(이권)·著作
權(저작권)·全權(전권)·專權(전권)·占有
權(점유권)·政權(정권)·宗權(종권)·主權
(주권)·職權(직권)·質權(질권)·執權(집
권)·債權(채권)·親權(친권)·特權(특권)·
特許權(특허권)·版權(판권)·覇權(패권).

木 18 22 欌 장롱 장:

의장 장, 장롱 장(所以衣藏).
欌籠(장롱 zànglóng) 옷들을 넣은 장.

木 19 欐 울타리 리

🇰🇷 리, まがき 🇬🇧 endow

① 울타리 리(藩). ② 베풀 리(布).【籬
와 같음】

木 20 24 欏 보습 곽

🗿 guò 🗾 カク, すき
🇬🇧 ploughshare
① 보습 곽(犂). ② 가래 곽(鍬).

木 22 欝 답답할 울

【鬱(鬯부19획)과 같음】

欠 部

하품 흠

欠 하품 흠:

🗿 qiàn 🗾 ケン, あくび 🇬🇧 yawn
1 ① 하품할 흠(張口氣解). ② 기지개
켤 흠(欠伸疲乏貌). ③ 이지러질 흠(不
足). ④ 빌릴 흠(負債). ⑤ 빠질 흠. ⑥
구부릴 흠(欠身). **2** 감. 뜻은 **1**과 같
음.
欠缺(흠결 qiànquē) 일정한 수에서 부
족이 생김.
欠席(흠석 qiànxí) =결석(缺席).
欠身答禮(흠신답례 qiànshēndálǐ) 몸
을 굽히어 답례함.
欠員(흠원 qiànyuán) =결원(缺員)
欠字(흠자 qiànzì) 문장 속에 부족된
글자.
欠節(흠절 qiànjié)《國》부족하거나
잘못된 점. 모자라는 곳. 흠집.

次 버금/다음 차

次次次次次次

㉿ cì 日 シ, ジ, つぎ
영 next, secondary

① 버금 차(亞). ② 차례 차(第). ③ 군사 머무를 차(師止). ④ 사처 차(舍). ⑤ 이를 차(至). ⑥ 장막 차(帳). ⑦ 가슴 차, 속 차(中). ⑧ 갑자기 차(急遽貌). ⑨ 머리 꾸밀 차(編髮). ⑩ 곳 차(所). ⑪ 위치 차(位置). ⑫ 행차 차(行).

書體 小篆 㳄 古文 㳄 籀書 㳄 草書 次 中學 形聲

次骨(차골 cìgǔ) 원한이 뼈에 사무침.
次元(차원 cìyuán) 《數》 ① 서로 독립하여 취할 수 있는 성분(成分)의 수(數). ② 기하학에서 직선은 일차원, 평면은 이차원, 입체는 삼차원이라 함.

▶ 高次元(고차원)·屢次(누차)·多次元(다차원)·等次(등차)·目次(목차)·副次(부차)·序次(서차)·席次(석차)·順次(순차)·將次(장차)·再次(재차)·節次(절차)·漸次(점차)·特次(특차)·編次(편차)·航次(항차).

欣 기쁠 흔

㉿ xīn 日 キン, よろこぶ
영 joy, delight

① 기쁠 흔(笑喜). ② 좋아할 흔(好). ③ 짐승이 힘셀 흔(獸有力). ④ 초목이 생생할 흔. 【忻과 같음】

欣感(흔감 xīngǎn) 기뻐하고 감동함.
欣慕(흔모 xīnmù) 기쁜 마음으로 사모함. 흠모(欽慕).
欣服(흔복 xīnfú) 기쁜 마음으로 복종함.
欣賞(흔상 xīnshǎng) 기쁜 마음으로 칭찬함.
欣躍(흔약 xīnyuè) 기뻐서 날뜀.

欣然(흔연 xīnrán) 기뻐하는 모양. 흔흔(欣欣).
欣然待接(흔연대접 xīnránjiēdài) 기쁜 마음으로 대접함.
欣快(흔쾌 xīnkuài) 마음이 기쁘고 시원스러움.

歐 구라파/칠 구

【歐(欠부11획)의 약자】

欬 기침할 해

1 ㉿ ké 日 ガイ, せき 영 cough
2 ㉿ kài

1 ① 기침할 해(欬嗽因風逆氣). ② 크게 부를 해(大呼). ③ 일깨울 해(疾言). **2** 배불러 숨찰 애(飽氣息).

欬嗽(해수 késòu) 기침. 해수(咳嗽).
欬唾(해타kétuò) 기침을 하고 가래를 뱉음. 또는 그 가래.

欲 하고자할 욕

欲欲欲欲欲欲欲欲欲欲

㉿ yù 日 ヨク, ほっする
영 want, desire

① 탐낼 욕, 욕심낼 욕(貪). ② 하고자할 욕(期願). ③ 사랑할 욕(愛). ④ 장차 욕(將然). ⑤ 필요할 욕(要). 【慾과 같음】

書體 小篆 㮆 草書 欲 中學 形聲

欲界(욕계 yùjiè) 《佛》 삼계(色界·無色界·欲界)의 하나. 욕심이 많은 유정(有情)이 머물고 있는 경계.
欲界三欲(욕계삼욕 yùjièsānyù) 《佛》 욕계의 세 가지 욕심. 곧 음식욕(飮食欲)·수면욕(睡眠欲)·음욕(淫欲)을 이름.
欲哭逢打(욕곡봉타 yùkūféngdǎ) 울

려고 하는 아이를 때리어 마침내 울게 한다는 뜻. 《喻》불평을 품고 있는 사람을 선동함.

欲巧反拙(욕교반졸 yùqiǎofǎnzhuō) 잘 만들려고 너무 기교를 다하다가 도리어 졸렬하게 만들었다는 말. 《喻》너무 잘하려 하면 도리어 안 됨을 일컬음.

欲死無地(욕사무지 yùsǐwúdì) 죽으려고 하여도 죽을 만한 곳이 없음. 아주 분하고 원통함을 뜻함.

欲速不達(욕속부달 yùsùbùdá) 일을 속히 하고자 하나 도리어 이루지 못함.

欲吐未吐(욕토미토 yùtǔwèitǔ) 말을 금방 할 듯 할 듯하고 아직 하지 않음.

▶ 無欲(무욕)·意欲(의욕).

欺 속일 기

欺欺欺欺欺欺欺欺

원 qī 일 キ, あざむく 영 deceive
① 속일 기(謾). ② 거짓말할 기(詐). ③ 업신여길 기(陵). ④ 망령될 기(妄). ⑤ 속을 기(自昧其心).

書體 小篆 草書 高校 形聲

欺瞞(기만 qīmán) 남을 그럴듯하게 속임. 기만(欺慢).
欺罔(기망 qīwǎng) 속임. 거짓말을 함.
欺詐(기사 qīzhà) = 사기(詐欺).

▶ 詐欺(사기)·自己欺瞞(자기기만).

欽 공경할 흠

원 qīn 일 キン, つつしむ 영 respect
① 공경할 흠(敬). ② 공손할 흠(恭). ③ 물끄러미 쳐다볼 흠(思望意). ④ 임금의 말 흠(欽差皇敕). ⑤ 쇠북 절도 있게 맞춰 칠 흠(鐘聲有節). ⑥ 근심할 흠(憂).

欽慕(흠모 qīnmù) 기쁜 마음으로 사모함.
欽服(흠복 qīnfú) 공경하고 복종함.
欽羨(흠선 qīnxiàn) 사모하고 부러워함. 흠선(欽羨).
欽崇(흠숭 qīnchóng) 공경하고 숭배함. 흠상(欽尚).
欽仰(흠앙 qīnyǎng) 공경하고 앙모함.
欽快(흠쾌 qīnkuài) 기쁘고 상쾌함.

款 항목 관:

원 kuǎn 일 カン, まこと, かじょう 영 sincere, item
① 정성스러울 관(衷曲誠). ② 사랑할 관(敬愛). ③ 막힐 관(塞). ④ 두드릴 관(叩). ⑤ 이를 관(至). ⑥ 머무를 관(留). ⑦ 관곡할 관(款曲). ⑧ 조목 관(條列科). ⑨ 기록할 관(誌). ⑩ 하고자할 관(心所欲). ⑪ 말 파리할 관(馬疲). ⑫ 낙관 관(落款).

款談(관담 kuǎntán) 터놓고 하는 이야기.

▶ 落款(낙관)·文款(문관)·約款(약관)·定款(정관)·借款(차관)·通款(통관).

歆 흠향할 흠

원 xīn 일 キン, うける 영 feed, desire
① 흠향할 흠(飮享神食氣). ② 먹일 흠(饗). ③ 으쓱할 흠(動). ④ 부러워할 흠(羨貪). ⑤ 욕심낼 흠(慾).

歆格(흠격 xīngé) ① 신명에 감응함. ② 신명이 감응하여 소원에 응해 줌.
歆羨(흠선 xīnxiàn) 우러러 흠앙하여 부러워함. 흠선(欽羨). 흠염(歆豔).
歆艶(흠염 xīnyàn) = 흠선(歆羨).

歇 쉴 헐

음 xiē 일 ケツ, カツ, やむ, つきる 영 rest, stop

① 쉴 헐(休息). ② 나른할 헐(氣泄無餘). ③ 다할 헐(竭). ④ 으슥할 헐(幽邃貌). ⑤ 스러질 헐(消散). ⑥ 흩어질 헐(消散). ⑦ 개의 종류 헐(犬種). ⑧ 쌀 헐, 헐할 헐(不貴).

書體 小篆 [그림] 草書 [그림] 中學 形聲

歇價(헐가 xiējià) 싼 값.
歇價放賣(헐가방매 xiējiàfàngmài) 싼 값으로 팔음.
歇息(헐식 xiēxī) 쉼. 휴식.

▶ 間歇(간헐).

歌 노래 가

음 gē 일 カ, うたう, うた 영 song

① 노래 가(聲音). ② 읊조릴 가(詠). ③ 장단 맞출 가(曲合樂).

書體 小篆 [그림] 草書 [그림] 中學 形聲

歌劇(가극 gējù) 관현악의 반주로 대사를 부르면서 하는 연극. 오페라.
歌詞(가사 gēcí) ① 노래의 내용이 되는 글. ② 사사조(四四調) 연속체의 운문과 산문의 중간적인 한국 고유의 문학 형식.
歌辭(가사 gēcí) 조선 초기에 3⋅4, 4⋅4조를 기조로 하여 발생한 비교적 장편의 율문시(律文詩). 음악 상의 가사와 구별하여 쓰는 말.
歌人琴客(가인금객 gērénqínkè) 가인과 금객(琴客).

▶ 凱歌(개가)⋅謳歌(구가)⋅軍歌(군가)⋅短歌(단가)⋅牧歌(목가)⋅聖歌(성가)⋅詩歌(시가)⋅戀歌(연가)⋅唱歌(창가)⋅祝歌(축가)⋅鄕歌(향가).

歎 탄식할 탄:

음 tàn 일 タン, なげく 영 lament

① 탄식할 탄, 한숨 쉴 탄(吟息). ② 아름답다할 탄(稱美). ③ 화답할 탄(讚和).
【嘆과 통함】

書體 小篆 [그림] 大篆 [그림] 草書 [그림] 高校 形聲

歎辭(탄사 tàncí) ① 감탄하여 하는 말. ② 탄식하여 하는 말.
歎傷(탄상 tànshāng) 원통(寃痛)한 일이 있거나 뉘우침으로 말미암아 마음이 몹시 상함.
歎賞(탄상 tànshǎng) ① 탄복하여 크게 칭찬함. ② 심히 감탄하면서 구경함. 탄상(嘆賞).
歎願(탄원 tànyuàn) 사정을 말하여 도와주기를 몹시 바람.

▶ 感歎(감탄)⋅慨歎(개탄)⋅敬歎(경탄)⋅驚歎(경탄)⋅晩時之歎(만시지탄)⋅悲歎(비탄)⋅愁歎(수탄)⋅詠歎(영탄)⋅自歎(자탄)⋅長歎息(장탄식)⋅讚歎(찬탄)⋅痛歎(통탄)⋅恨歎(한탄).

歐 구라파/칠 구

음 ōu 일 オウ, はく 영 vomit

① 성 구(姓). ② 토할 구(吐). ③ 쥐어박을 구(捶擊). ④ 노래할 구(歌). ⑤ [中字] 칼 이름 구. [新字] 유럽 구(Europe).

歐美(구미 ōuměi) 유럽(Europe) 및 미국. 또는 단순히 서양(西洋) 여러 나라ان 으로도 쓰임.
歐吐(구토 ōutù) 뱃속에 들어 있는 물건을 입 밖으로 게움. 구토(嘔吐).

▶ 南歐(남구)⋅東歐(동구)⋅復亞股歐(복아탈구)⋅北歐(북구)⋅西歐(서구).

歡 기쁠 환

歡歡歡歡歡歡歡歡歡

중 huān 일 カン, よろこぶ 영 joyful

① 기꺼울 환, 좋아할 환(喜樂). ② 친할 환(親). ③ 기뻐할 환(忻). ④ 술 이름 환(歡伯). ⑤ 나무 이름 환(木名).【懽·驩와 통함】

書體 小篆 歡 草書 歡 (中學) 形聲

歡談(환담 huāntán) 정답고 즐겁게 서로 주고받는 이야기.
歡聲(환성 huānshēng) 기뻐서 고함치는 소리.

▶ 交歡(교환)·哀歡(애환)·合歡(합환).

止 部

그칠 지

止 그칠 지

止 止 止 止

중 zhǐ 일 シ, とまる 영 stop

① 말 지(已). ② 그칠 지(停). ③ 고요할 지(靜). ④ 쉴 지(息). ⑤ 살 지(居). ⑥ 마음 편할 지(心安). ⑦ 머무를 지(留). ⑧ 예절 지(禮節). ⑨ 거동 지(行儀). ⑩ 이를 지(至). ⑪ 어조사 지(語助辭).

書體 小篆 止 草書 (中學) 象形

止戈(지과 zhǐgē) 전쟁을 멈춤. 휴전(休戰).

止揚(지양 zhǐyáng) 《哲》변증법(辯證法)에서의 중요한 개념으로, 어떤 것을 그 자체로서는 부정하면서 도리어 한층 고차(高次)의 단계에서 이것을 살려가는 일. 모순 대립하는 것을 고차(高次)의 통일에서 해결하여 현재보다 높은 곳으로 진보하는 일. 양기(揚棄).
止痛(지통 zhǐtòng) 아픔이 그침.
止汗劑(지한제 zhǐhànjì) 《醫》 발한(發汗)을 억제하거나 방지하는 약제. 아트로핀 따위.
止血劑(지혈제 zhǐxiějì) 《醫》 나오는 피를 그치게 하는 약제.

▶ 禁止(금지)·防止(방지)·抑止(억지)·沮止(저지)·停止(정지)·靜止(정지)·制止(제지)·終止符(종지부)·中止(중지)·廢止(폐지)·解止(해지)·行動擧止(행동거지)·休止(휴지).

正 바를 정(:)

正 正 正 正 正

①-③ 중 zhēng 일 セイ, ただしい 영 straight ④-⑭ 중 zhèng 일 ショウ, ただしい 영 right, true

① 첫 정, 정월 정(歲首). ② 과녁 정(射矢畫布中). ③ 남쪽 창 정(室內向明處). ④ 바를 정(方直不曲). ⑤ 평할 정(平). ⑥ 마땅할 정(當). ⑦ 정할 정(定). ⑧ 어른 정(長). ⑨ 떳떳할 정(常). ⑩ 분별할 정(分辨). ⑪ 질정할 정(平質). ⑫ 미리 작정할 정(預期). ⑬ 살코기 정(征肉). ⑭ 시우쇠 정(正鐵).

書體 小篆 正 古文 正 草書 正 (中學) 會意

正價(정가 zhèngjià) 정당한 가격.
正覺(정각 zhèngjué) 《佛》 올바른 깨달음. 곧 망혹(妄惑)을 단멸(斷滅)한 여래(如來)의 참되고 바른 각지(覺智).
正格(정격 zhènggé) ① 바른 격식. 정

당한 규격. 정칙(正則). ② 한시의 작법상(作法上) 절구(絶句)·율시(律詩) 등에 있어서 첫 구(句)의 둘째 자(字)가 측자(仄字)로 시작되는 일. ↔ 편격(偏格).

正見(정견 zhèngjiàn) 《佛》 올바른 깨달음. 곧 불교의 정도리(正道理)를 시인(是認)한 견해. ↔ 사견(邪見).

正鵠(정곡 zhènggǔ) ① 과녁의 중심점. ② 바르고 중요로운 목표.

正道(정도 zhèngdào) ① 올바른 길. 정당한 도리. ↔ 사도(邪道). ② 《佛》 삼승(三乘)을 행하는 도(道). 곧 무루(無漏)의 진정한 도(道). → 팔정도(八正道).

正論(정론 zhènglùn) ① 정당한 언론. 이치에 합당한 의론(議論). ② 순자(荀子)의 편명(篇名).

正理(정리 zhènglǐ) 올바른 도리.

正反合(정반합 zhèngfǎnhé,gě) 《哲》 헤겔에 의하여 정식화(正式化)된 변증법에 있어서의 논리 전개의 삼위(三位). 정립(定立)·반립(反立)·종합(綜合)의 뜻.

正犯(정범 zhèngfàn) 《法》 형법상 범죄 행위를 실행한 사람. 원범(元犯). 주범(主犯). ↔ 종범(從犯). 교사범(敎唆犯).

正色(정색 zhèngsè) ① 안색(顔色)을 바르게 함. ② 얼굴에 나타난 엄정(嚴正)한 빛. ③ 섞임이 없는 순수한 빛. 곧 청(靑)·황(黃)·적(赤)·백(白)·흑(黑)의 오색(五色).

正室(정실 zhèngshì) ① 본 아내. 본실(本室). 본처(本妻). ↔ 측실(側室). ② 맏아들. 적자(嫡子). 장자(長子). ③ 집의 몸채. 정침(正寢).

正言(정언 zhèngyán) ① 이치에 맞는 올바른 말. ② 바른 말. 직언(直言). ③ 《制》 ㉠조선 때 사간원(司諫院)의 정육품(正六品) 벼슬. ㉡고려 중서문하성(中書門下省)의 낭사(郎舍) 벼슬.

正業(정업 zhèngyè) ① 정당한 직업. ② 살생(殺生)·음도(淫盜) 따위의 속된 짓을 하지 않는 일.

正音(정음 zhèngyīn) ① 글자의 바른 음. ② 훈민정음(訓民正音)의 약어.

正正堂堂(정정당당 zhèngzhèngtángtáng) ① 태도나 수단이 공정하고 떳떳함. 바르고 정연(整然)하여 기세가 당당한 모양. ② 정정지기(正正之旗), 당당지진(堂堂之陣)의 약(略).

正行(정행 zhèngxíng) 《佛》 ① 극락 세계에 가기 위하여 마음을 닦는 바른 행업(行業). ② 맑고 깨끗한 행실 또는 그러한 사람.

▶ 改正(개정)·更正(경정)·公明正大(공명정대)·匡正(광정)·校正(교정)·矯正(교정)·舊正(구정)·歸正(귀정)·端正(단정)·方正(방정)·補正(보정)·司正(사정)·査正(사정)·事必歸正(사필귀정)·修正(수정)·肅正(숙정)·純正(순정)·是正(시정)·嚴正中立(엄정중립)·午正(오정)·衛正斥邪(위정척사)·仁祖反正(인조반정)·子正(자정)·適正(적정)·訂正(정정)·眞正(진정)·叱正(질정)·質正(하정).

此 이 차

cǐ シ, これ, この this

① 그칠 **차**(止). ② 이 **차**(彼之對).

書體 小篆 草書 (中學) 會意

此日彼日(차일피일 cǐrìbǐrì) 오늘 내일 하고 기한을 미룸.

▶ 於此彼(어차피)·如此(여차)·彼此(피차)·彼此間(피차간).

步 걸을 **보:**

bù ホ, ブ, あるく

walk, step

① 걸을 보, 다닐 보(徒行). ② 두 발자취 보(倍跬). ③ 하나 보, 독보 보(人才特出). ④ 운수 보(運). ⑤ 나루 보(水際渡頭). ⑥ 머리치장할 보(首飾日步搖).

書體 小篆 步 草書 步 中學 會意

步武堂堂(보무당당 bùwǔtángtáng) 걸음걸이가 활발하고 버젓함.

步合(보합 bùhé) 같은 종류의 두 가지 양의 한 쪽을 100으로 잡은 데 대한 다른 한쪽의 비.

▶驅步(구보)·踏步(답보)·徒步(도보)·獨步(독보)·漫步(만보)·散步(산보)·徐步(서보)·速步(속보)·讓步(양보)·五十步百步(오십보백보)·緩步(완보)·日進月步(일진월보)·進步(진보)·進一步(진일보)·初步(초보)·退步(퇴보)·行步(행보)·闊步(활보)·橫斷步道(횡단보도)·橫步(횡보).

武 무사(호반)/군사 무:

止4 (8)

武 武 武 武 武 武 武 武

wǔ ム, つよい bravery ブ, つよい military

① 건장할 무(健). ② 위엄스러울 무(威). ③ 날랠 무(勇). ④ 강할 무(剛). ⑤ 자취 무(迹). ⑥ 이을 무(繼). ⑦ 무단할 무(武斷). ⑧ 풍류 이름 무(樂名). ⑨ 현무 무(北方星名玄武). ⑩ [國字] 호반 무(軍官虎班).

書體 小篆 武 草書 武 中學 會意

武功(무공 wǔgōng) 싸운 공적. 군사상의 공적. 군공(軍功). 무열(武烈).

武斷政治(무단정치 wǔduànzhèngzhì) 오로지 무력으로만 다스리는 전제적(專制的) 정치.

武陵桃源(무릉도원 wǔlíngtáoyuán) 별천지(別天地)의 뜻.《故》진(晉)의 태원연대(太元年代)(376~396)에 무릉(武陵)이라는 곳의 한 어부가 배를 저어 복숭아꽃이 아름답게 핀 수원지를 올라가 어떤 굴속에서 진(秦)의 난리를 피하여 온 사람들을 만났는데 그들은 그 동안 바깥세상의 변천과 세월이 지난 줄도 모르고 살고 있었다 함.

武烈(무열 wǔliè) ① 굳세고 용맹스러움. ② 무공(武功).

武勳(무훈 wǔxūn) 군사상(軍事上)의 공적. 무공(武功).

▶文武(문무)·步武堂堂(보무당당)·非武裝(비무장)·鍊武(연무)·練武(연무)·核武器(핵무기)·玄武巖(현무암).

步 걸음 보:

止4 (8)

【步(止부3획)의 속자】

歪 기울 왜 비뚤 의

止5 (9)

wāi, wǎi ワイ, ゆがむ aslant

기울 왜, 비뚤 의(不正).

歪曲(왜곡 wāiqū) ① 비틀리어 구부러짐. ② 비꼬아 곱새김. ③ 비틀어 곱새김.

이 치

止8 (12)

【齒(齒부0획)의 속자】

歲 해 세:

止9 (13)

歲 歲 歲 歲 歲 歲 歲 歲 歲

suì セイ, サイ, とし year, age

① 해 세(年). ② 곡식 익을 세(年穀之成). ③ 돌 세, 일년 세(周年). ④ 새해 세(新年). ⑤ 풍년 세(豊). ⑥ 별 이름

歹殳毋比毛氏气水火爪父爻爿片牙牛犬

세(星名). ⑦ 절후 세(時候). ⑧ 나이 세(年齡). ⑨ 세월 세(光陰).

書體 小篆 歲 草書 (中學) 形聲

歲暮(세모 suìmù) ① 세밑. 세말(歲末). ② 연로(年老).

歲費(세비 suìfèi) ① 일년 동안의 경비. ② 국회의원에게 그 보수로 지출되는 1년간(間)의 수당(手當).

歲歲年年(세세연년 suìsuìniánnián) 해마다. 매년.

歲月如流(세월여류 suìyuèrúliú) 세월이 물과 같이 빨리 흘러 감. 곧 덧없이 흐르는 세월을 이르는 말.

歲饌(세찬 suìzhuàn) 《國》 ① 세배 온 사람에게 대접하는 음식. ② 세의(歲儀).

歲寒三友(세한삼우 suìhánsānyǒu) ① 겨울의 관상용(觀賞用)의 세 가지 나무. 곧 소나무·대나무·매화나무. ② 퇴폐한 세상에서 벗으로 삼을 세 가지 것. 산수(山水)·송죽(松竹)·금주(琴酒). ③ 매(梅)·죽(竹)·수선(水仙)의 세 가지 화제(畫題). 흔히 동양화(東洋畫)의 화제(畫題)가 됨.

▶ 男女七歲不同席(남녀칠세부동석)·萬歲(만세)·年歲(연세)·終歲(종세)·千秋萬歲(천추만세)·虛送歲月(허송세월).

止 12 16 **歷** 지낼/지날 력

歷歷歷歷歷歷歷歷

音 lì 日 レキ、へる、すぎる
英 pass, story

① 겪을 력, 지낼 력(過). ② 전할 력(傳). ③ 지날 력, 차례 력(次). ④ 다할 력(盡). ⑤ 넘을 력(踰越). ⑥ 다닐 력(行). ⑦ 가마 력(釜鬲). ⑧ 고요할 력(靜). ⑨ 문채날 력(文章貌). ⑩ 줄로 설 력, 나란히 설 력(行列貌). ⑪ 역력할 력(明). 【曆·靂과 통함】

書體 小篆 歷 草書 歷 (中學) 形聲

歷訪(역방 lìfǎng) ① 사람을 차례차례 방문함. ② 명승지(名勝地)를 차례차례 돌아봄.

歷史(역사 lìshǐ) ① 인류 사회의 변천과 흥망의 과정. 또는 그 기록. ② 개인의 일생에 있는 경력. 내력(來歷).

歷程(역정 lìchéng) 거치어 밟아온 길.

▶ 經歷(경력)·來歷(내력)·病歷(병력)·略歷(약력)·歷歷(역력)·履歷(이력)·前歷(전력)·遍歷(편력).

止 14 18 **歸** 돌아갈/돌아올 귀:

歸歸歸歸歸歸歸歸歸歸

音 guī 日 キ、かえる 英 return

1 ① 돌아올 귀, 돌아갈 귀(還). ② 돌려보낼 귀(還ır所取之物). ③ 던질 귀(投). ④ 붙좇을 귀(附). ⑤ 허락할 귀(許). ⑥ 시집갈 귀(嫁). ⑦ 사물의 끝 귀. ⑧ 괘이름 귀(卦名). 【故·歸와 같음】 **2** 먹일 궤(餉). 【饋와 같음】

書體 小篆 歸 小篆 歸 草書 (中學) 形聲

歸去來(귀거래 guīqùlái) 관직을 물러서서 고향으로 돌아가자는 말. 진(晋)나라 때 도연명(陶淵明)의 귀거래사(歸去來辭)에서 나옴.

歸結(귀결 guījié) ① 끝을 맺음. 생각이나 의론 따위의 결론을 맺음. ② 어떤 가정(假定)에서 추리(推理)하여 얻는 결과. 낙착(落着). 결착(結着).

歸咎(귀구 guījiù) 허물을 남에게 돌림.

歸納(귀납 guīnà) 《哲》 개개의 구체적인 사실에서 공통점을 가려내어 그 원리에서 일반적인 법칙을 유도해 내는 일. ↔연역(演繹).

歸納法(귀납법 guīnàfǎ) 《論》 귀납적

(歸納的) 연구법(研究法). 예를 들면 사람·짐승·초목은 모두 죽는다. 사람·짐승·초목은 생물이다. 그러므로 생물은 다 죽는다. ↔ 연역법(演繹法).

歸省(귀성 guīshěng) 객지에서 부모를 뵈러 고향에 돌아감.

歸順(귀순 guīshùn) 적이 굴복하고 순종함.

歸依(귀의 guīyī) ① 종교에 의지함. ②《佛》교(教)를 믿어 부처에게 순종하고 신앙하는 일.

歸一(귀일 guīyī) ① 하나로 합침. 한 군데로 돌아감. ② 귀착하는 바가 같음.

歸趣(귀취 guīqù) 귀착되는 방면. 또는 그 곳.

歸化(귀화 guīhuà) ① 귀순하여 복종함. ② 남의 나라의 국적(國籍)을 얻어 그 나라 국민이 됨.

▶ 復歸(복귀)·不歸(불귀)·事必歸正(사필귀정)·回歸(회귀).

歹 部

죽을사변

死 죽을 사:

死死死死死死

㉠ sǐ ㉰ シ, しぬ ㉺ die, death

① 죽을 사(澌精氣竭). ② 끊일 사(絕). ③ 마칠 사(終). ④ 다할 사(盡). ⑤ 기운 흘러질 사(氣散). ⑥ 위태할 사(危險). ⑦ 나라 이름 사(國名).

書體 小篆 古文 草書 (中學) 會意

死角(사각 sǐjiǎo) 총알이나 대포알이 미칠 수 있는 거리 안에 있으면서도 장애물 때문에 도저히 사격할 수 없는 범위.

死文(사문 sǐwén) ① 조문(條文)만 있을 뿐 실제로는 효력(效力)이 없는 법령(法令)이나 규칙(規則). 공문(空文). ② 내용(內容)·정신(精神)이 없는 문장(文章).

死生決斷(사생결단 sǐshēngjuéduàn) 죽음을 각오하고 대들어 끝장 냄.

死生關頭(사생관두 sǐshēngguāntóu) 죽고 삶이 달려있는 위태한 고비. 생사관두(生死關頭).

死生同苦(사생동고 sǐshēngtóngkǔ) 죽고 삶을 같이함. 사지동고(死地同苦).

死線(사선 sǐxiàn) ① 죽을 고비. ② 전선(戰線), 감옥(監獄) 주위에 일정 구역을 설정하고 이를 넘어서면 총살(銃殺)하게 된 한계선(限界線).

死且不朽(사차불후 sǐqiěbùxiǔ) 몸은 죽어서 없어지지만 그의 명성은 그대로 후세에 남음.

▶ 假死(가사)·客死(객사)·決死反對(결사반대)·枯死(고사)·壞死(괴사)·九死一生(구사일생)·急死(급사)·起死回生(기사회생)·突然死(돌연사)·凍死(동사)·夢死(몽사)·變死(변사)·病死(병사)·非命橫死(비명횡사)·瀕死(빈사)·四死五入(사사오입)·生老病死(생로병사)·燒死(소사)·餓死(아사)·夭死(요사)·溺死(익사)·戰死(전사)·情死(정사)·卽死(즉사)·醉生夢死(취생몽사)·致死(치사)·兔死狗烹(토사구팽)·必死(필사)·橫死(횡사).

殁 죽을 몰

㉠ mò ㉰ ボツ, しぬ ㉺ expire, die

① 죽을 몰(死). ② 천천할 몰(舒緩貌).

殀 일찍줄을 요:

㉠ yǎo ㉰ ヨウ, わかじに

៙ early death
① 단명할 요, 요사할 요(壽之反短折).
② 끊을 요(斷殺).【夭와 같음】

殀壽(요수 yǎoshòu) 요서(夭逝)와 장수(長壽).

殃 재앙 앙

殃殃殃殃殃殃殃殃殃

㉠ yāng ㉡ オウ, わざわい
៙ misfortune
① 허물 앙(咎). ② 재앙 앙(禍). ③ 벌내릴 앙(罰).【殃과 같음】

書體 小篆 殃 草書 殃 高校 形聲

殃及子孫(앙급자손 yāngjízǐsūn) 죄악의 갚음이 자손에게 미침.
殃災(앙재 yāngzāi) 재앙. 재앙(災殃).
殃禍(앙화 yānghuò) 죄의 앙갚음으로 받는 재앙. 앙구(殃咎).

▶ 災殃(재앙).

殆 위태할/거의 태

殆殆殆殆殆殆殆殆殆

㉠ dài ㉡ タイ, あやうい
៙ near, danger
① 위태할 태(危). ② 가까이할 태(近).
③ 자못 태(幾). ④ 비롯할 태(始). ⑤ 장차 태(將).

書體 小篆 殆 草書 殆 高校 形聲

殆無(태무 dàiwú) 거의 없음.
殆半(태반 dàibàn) 거의 절반.

▶ 危殆(위태).

殉 따라 죽을/죽을 순

殉殉殉殉殉殉殉殉殉

㉠ xùn ㉡ ジュン, おいじに
៙ die for
① 죽은 사람을 따라 죽을 순(以人從葬).
② 구할 순(求). ③ 경영할 순(營). ④ 좇을 순(從).

書體 草書 殉 高校 形聲

殉敎(순교 xùnjiào) 자기의 믿는 종교를 위해 목숨을 버림. 목숨을 바침.
殉國(순국 xùnguó) 나라를 위하여 목숨을 바침. 순난(殉難).
殉葬(순장 xùnzàng) 《制》 옛날 임금 또는 귀족의 장례에 그를 추종하던 사람·동물·애용(愛用)하던 기물 따위를 죽은 이의 옆에 같이 묻던 일.
殉職(순직 xùnzhí) 직무를 다하다가 목숨을 잃음.

殊 다를 수

殊殊殊殊殊殊殊殊殊

㉠ shū ㉡ シュ, ころす, ことに
៙ die, special
① 죽을 수(死). ② 베일 수(誅). ③ 끊어질 수(絕). ④ 다를 수(異). ⑤ 상할 수(傷). ⑥ 지나갈 수(過去). ⑦ 어조사 수(語助辭).

書體 小篆 殊 草書 殊 高校 形聲

殊勝(수승 shūshèng) 뛰어나고 훌륭함.
殊勳(수훈 shūxūn) 특수한 큰 공훈. 뛰어난 공훈.

▶ 萬殊(만수)·特殊(특수)·懸殊(현수).

殘 남을 잔
〔歹6 10〕

【殘(歹부8획)의 약자】

殖 불릴 식
〔歹8 12〕

[중] zhí, shi [일] ショク, ふやす
[영] prosper

① 날 식(生). ② 심을 식(種). ③ 성할 식, 불을 식(蕃). ④ 많아질 식(增). ⑤ 자라날 식(長). ⑥ 세울 식(立). ⑦ 반듯할 식(平). ⑧ 불릴 식(興生財利).

殖民(식민 zhímín) 본국 이외의 미개지(未開地)에 이주(移住)시키어 개척하는 일. 또는 그 이민(移民).
植樹(식수 zhíshù) 나무를 심음.
殖財(식재 zhícái) 재산을 불림. 돈을 모음. 식산(殖産). 식화(殖貨).

▶ 繁殖(번식)·生殖(생식)·利殖(이식)·增殖(증식)·貨殖(화식).

殘 남을 잔
〔歹8 12〕

殘殘殘殘殘殘殘殘殘

[중] cán [일] ザン, そこなう, のこる
[영] injure, remainder

① 쇠잔할 잔(凋傷). ② 해할 잔(害). ③ 나머지 잔(餘).

書體 小篆 殘 草書 殘 [高校] 形聲

殘匪(잔비 cánfěi) 소탕(掃蕩)당하고 남은 비적.
殘暑(잔서 cánshǔ) 입추(立秋) 뒤의 더위. 잔염(殘炎).
殘忍(잔인 cánrěn) 인정이 없고 몹시 모질음. 무자비(無慈悲). 냉혹(冷酷). 잔혹(殘酷).
殘虐(잔학 cánnüè) 잔인하고 포악함.
殘骸(잔해 cánhái) ① 남아 있는 사해(死骸)나 물건의 뼈대. ② 정신은 나간 채 남아 있는 육체.

▶ 同族相殘(동족상잔)·衰殘(쇠잔).

殞 죽을 운ː
〔歹10 14〕

[중] yǔn [일] イン, しぬ [영] die

① 죽을 운(歿). ② 떨어질 운(落).

殞命(운명 yǔnmìng) 목숨이 끊어짐. 죽음.
殞石(운석 yǔnshí) 지구(地球) 위에 떨어진 별똥.

殮 염(殮)할 렴ː
〔歹13 17〕

[중] liàn [일] レン, おさめる
[영] shroud

① 염할 렴(着衣于屍). ② 빈소할 렴(殯). 【斂과 통함】

殮襲(염습 liànxí) 죽은 이의 몸을 씻긴 후에 옷을 입히는 일. 습염(襲殮).
殮布(염포 liànbù) 염습할 때에 시체를 묶는 베. 교포(絞布).

殯 빈소 빈
〔歹14 18〕

[중] bìn [일] ヒン, かりもがり
[영] shrouding

① 염할 빈(殮). ② 빈소 빈(死在棺將遷葬柩賓遇之). ③ 상여 소리 빈(送葬歌).

殯所(빈소 bìnsuǒ) 발인 때까지 관(棺)을 두는 곳.

殲 다죽일 섬
〔歹17 21〕

[중] jiān [일] セン, つきる [영] destroy

① 다할 섬(盡). ② 멸할 섬(滅).

殲滅(섬멸 jiānmiè) 남김없이 모두 무

찔러 멸망시킴.
殲撲(섬박 jiānpū) 때려 부숨.

殳 部

칠 **수**, 갖은 등글월문

殳 5 ⑨ **段** 층계/조각 **단**

[중] duàn [일] タン, ダン, わける, しきり [영] step, stairs

① 가릴 **단**, 고를 **단**(推物). ② 조각 **단**(分片). ③ 층 **단**(階). ④ 성 **단**(姓).

[書體] 小篆 草書 [高校] 形聲

段階(단계 duànjiē) ① 일이 차례를 따라 나아가는 과정. ② 순서. 차례. 등급.
段落(단락 duànluò) ① 일이 다 된 끝. ② 긴 문장 중에 크게 끊은 곳.

▶ 階段(계단)·交通手段(교통수단)·多段階(다단계)·文段(문단)·手段(수단)·一段落(일단락)·特段(특단).

殳 6 ⑩ **殷** 은나라 **은**

[1] ①-④ [중] yīn ⑤⑥ [중] yǐn [일] イン, さかん [영] abundant
[2] [중] yān [일] アン, おおきい

[1] ① 많을 **은**, 무리 **은**(衆). ② 클 **은**(大). ③ 가운데 **은**(中). ④ 은나라 **은**(成湯國號). ⑤ 융성할 **은**(盛貌). ⑥ 천둥소리 **은**(雷發聲). [2] 검붉을 **안**(黑赤色).

殷鑑不遠(은감불원 yīnjiànbùyuǎn) 경계를 삼을만한 좋은 전례(前例)는 의외로 가까운 곳에 있다는 뜻.
殷盛(은성 yīnshèng) 번화하고 성함. 은창(殷昌).

殳 6 ⑩ **殺** 죽일 **살** 감할 **쇄:**

【殺(殳부7획)의 속자】

殳 7 ⑪ **殸** 소리 **성**

【聲(耳부11획)의 고자】

殳 7 ⑪ **殺** 죽일 **살** 감할 **쇄:**

[1] [중] shā [일] サツ, ころす [영] kill
[2] [중] shài [일] サイ

[1] ① 죽일 **살**(戮). ② 살촉 **살**(矢鏃). ③ 어수선할 **살**, 흩어질 **살**(散貌). ④ 늘어질 **살**(垂貌). [2] ① 내릴 **쇄**(降). ② 감할 **쇄**(減). ③ 빠를 **쇄**(疾). ④ 옷에 무어댈 **쇄**(前縫). ⑤ 널 하모막이 **쇄**(韜尸之具上日質下日殺). [3] 죽일 **시**(弑).

[書體] 小篆 古文 草書 [中學] 形聲

殺氣(살기 shāqì) ① 무섭고 거친 기운. 살벌한 기상. ② 가을이나 겨울에 나무를 말라 죽게 하는 차가운 기운.
殺伐(살벌 shāfá) ① 죽임. ② 거동이 거칠고 무시무시함. ③ 죽이고 들이침.
殺身成仁(살신성인 shāshēnchéngrén) 절개를 지켜서 목숨을 버림. 자기를 희생하여 인(仁)을 이룸.
殺戮(살육 shālù) 사람을 마구 죽임.
殺人未遂(살인미수 shārénwèisuí) 《法》 ① 살인을 하려다가 못 죽이고 말음. ② 모살미수(謀殺未遂).
殺風景(살풍경 shāfēngjǐng) ① 아주 보잘 것 없는 풍경. ② 매몰하고 흥취가 없음. ③ 살기를 띤 광경.

殺到(쇄도 shàidào) 한꺼번에 세차게 몰려들음.

▶ 絞殺(교살)·惱殺(뇌쇄)·毒殺(독살)·抹殺(말살)·沒殺(몰살)·默殺(묵살)·焚身自殺(분신자살)·射殺(사살)·相殺(상쇄)·燒殺(소살)·暗殺(암살)·壓殺(압살)·轢殺(역살)·自殺(자살)·誅殺(주살)·銃殺(총살)·他殺(타살)·打殺(타살)·被殺(피살)·虐殺(학살).

殼 껍질 각

음 qiào, ké 일 カク, から
영 shell, skin

① 껍질 각(皮甲). ② 내리칠 각(打). ③ 본디 각(素). ④ 바탕 각(物之質).
殼果(각과 qiàoguǒ) = 견과(堅果).
殼物(각물 kéwù) 조개류. 각족(殼族).

殿 큰집 전:

음 diàn 일 ラン, デン, との
영 palace

① 대궐 전, 전각 전(宸居宮殿). ② 후군 전(後軍). ③ 적은 공 전(下功). ④ 궁궁거릴 전(殿屎呻). ⑤ 진정할 전(鎭定).

書體 小篆 殿 草書 殿 高校 形聲

殿閣(전각 diàngé) ① 임금이 거처하는 궁전. ② 궁전과 누각(樓閣). ③ 옛날 중국의 관청.
殿陛(전폐 diànbì) 전각(殿閣)의 섬돌.
殿下(전하 diànxià) ① 왕이나 왕비의 존칭. ② 황태자·황자·황녀의 존칭. ③ 천주교에서 추기경(樞機卿)에 대한 존칭.

▶ 宮殿(궁전)·極樂殿(극락전)·大雄殿(대웅전)·冥府殿(명부전)·佛殿(불전)·毘盧殿(비로전)·御殿(어전)·寢殿(침전)·便殿(편전).

毀 헐/훼손할 훼:

음 huǐ 일 キ, こわれる
영 ruin, destroy

① 헐 훼, 무너질 훼(壞). ② 험담할 훼(訾). ③ 이갈 훼(小兒去齒). ④ 상제 얼굴 파리할 훼(瘠). ⑤ 헐어질 훼(非自壞而隳毀之).

書體 小篆 毀 草書 毀 高校 形聲

毀家黜送(훼가출송 huǐjiāchùsòng) 〈國〉 한 고을이나 한 동리에서 풍속을 어지럽힌 집을 없애고 동리 밖으로 내쫓음. 훼가출동(毀家黜洞).
毀謗(훼방 huǐbàng) ① 남을 헐뜯어 비방함. ② 남의 일을 방해함.
毀損(훼손 huǐsǔn) ① 체면이나 명예를 손상함. ② 헐거나 깨뜨려 못쓰게 함.
毁言(훼언 huǐyán) 욕설. 남을 비방하는 말.

▶ 毀家黜送(훼가출송)·毀壞(훼괴)·毀棄(훼기)·毀滅(훼멸)·毀謗(훼방)·毀傷(훼상)·毀損(훼손)·毀譽(훼예).

毅 굳셀 의

음 yì 일 キ, つよい 영 firm

① 굳셀 의(果敢). ② 성 발끈 낼 의(妄怒).
毅武(의무 yìwǔ) 굳세고 씩씩함.
毅魄(의백 yìpò) 굳세고 단단한 정신.
毅然(의연 yìrán) 지조가 굳고 끄떡없는 모양.
毅勇(의용 yìyǒng) 굳세고 용감함.

毆 때릴 구

음 ōu 일 オウ, たたく 영 beat

쥐어박을 구(搥擊).
毆縛(구박 ōufù) 때려서 묶음. 때려서 결박함.
毆打(구타 ōudǎ) 때림. 두들김.

毋部

말 무

毋 말[勿] 무

①-④ 🔊 wú 🇯🇵 ブ, なかれ 🇬🇧 no
⑤ 🇯🇵 ム, なかれ 🇬🇧 not

① 말 무(止之). ② 없을 무(莫). ③ 말게할 무(禁之勿爲辭). ④ 땅 이름 무(地名鬲毋).【無와 통함】⑤ 관 이름 무(夏后冠毋追).

毋寧(무녕 wúníng) 도리어. 더욱. 차라리. 어찌.
毋慮(무려 wúlǜ) 대개 여분(餘分)이 있는 그만큼은 넉넉하게.
毋害(무해 wúhài) 해로운 것이 없음. 무해(無害).

母 어머니/어미 모:

🔊 mǔ 🇯🇵 ボ, モ, 🇬🇧 はは mother

① 어미 모, 어머니 모(父之配). ② 장모 모(妻母). ③ 암컷 모(禽獸之牝). ④ 모체 모(母體).

書體 小篆 草書 あ 中學 象形

母性愛(모성애 mǔxìngài) 자식(子息)에 대한 선천적(先天的)이고 본능적(本能的)인 어머니의 사랑.

母乳(모유 mǔrǔ) 자기를 낳아 준 어머니의 젖.
母音調和(모음조화 mǔyīntiáohé) 출랑출랑·출렁출렁 따위와 같이 모음끼리 서로 직접으로 또는 간접으로 연결될 때, 뒤의 것이 앞의 것을 닮아서, 될 수 있는 대로 그의 가까운, 또는 아주 같은 소리가 되는 것을 이름. 홀소리 어울림.
母胎(모태 mǔtāi) ① 어머니의 태 안. ② 친정 편.
母艦(모함 mǔjiàn) 항공모함(航空母艦)의 약칭.
母型(모형 mǔxíng) 활자를 부어 만들어 내는 판. 자모(字母). 모형(模型).

▶ 繼母(계모)·姑母(고모)·老父母(노부모)·孟母三遷(맹모삼천)·未婚母(미혼모)·伯母(백모)·保母(보모)·父母(부모)·師母(사모)·産母(산모)·穀母蛇(살모사)·生母(생모)·庶母(서모)·叔母(숙모)·媤父母(시부모)·食母(식모)·嚴父慈母(엄부자모)·雲母(운모)·乳母(유모)·姨母(이모)·姉母(자모)·慈母(자모)·丈母(장모)·針母(침모)·航空母艦(항공모함)·航母(항모)·賢母良妻(현모양처)·酵母(효모)·黑雲母(흑운모).

每 매양/늘 매(:)

🔊 měi 🇯🇵 マイ, つねに, しきり 🇬🇧 every, each

① 매양 매, 늘 매, 일상 매(常). ② 각각 매(各). ③ 무릇 매(凡). ④ 비록 매(雖). ⑤ 탐할 매(貪). ⑥ 여러 번 매(屢). ⑦ 셀 매(數). ⑧ 좋은 밭 매(美田). ⑨ 풀 더부룩할 매(草盛貌).

書體 小篆 草書 あ 中學 形聲

每事不成(매사불성 měishìbùchéng) 일마다 실패함.
每朔(매삭 měishuò) 다달이. 매달.
每樣(매양 měiyàng) 항상 그 모양으로.

毒 독할 독

毒毒毒毒毒毒毒毒

음 dú 일 ドク, どく 영 poison, evil
① 독할 독, 악할 독(惡). ② 해할 독(害). ③ 아플 독(痛). ④ 괴로울 독(苦). ⑤ 한할 독(恨). ⑥ 미워할 독(憎). ⑦ 기를 독(育). ⑧ 나라 이름 독(國名).

書體 小篆 古文 古文 草書 (高校) 會意

毒舌(독설 dúshé) 악독하게 입을 놀려 남을 해치는 말.
毒性(독성 dúxìng) 독기가 있는 성분.
毒素(독소 dúsù) ① 독이 되는 요소. ②《化》유기물질. 특히 고기·단백질 따위가 썩어서 생기는 유독한 화합물.
毒矢(독시 dúshǐ) ① 촉에 독을 바른 화살. ②《動》 살무사.

▶ 極毒(극독)·梅毒(매독)·猛毒(맹독)·防毒(방독)·消毒(소독)·惡毒(악독)·旅毒(여독)·中毒(중독)·至毒(지독)·胎毒(태독)·害毒(해독)·解毒(해독)·酷毒(혹독).

比 部
견줄 비

比 견줄 비:

比比比比

1 음 bǐ 일 ヒ, くらべる 영 compare
2 음 bì

1 ① 고를 비(和). ② 아우를 비(比鄰並). ③ 차례 비(次). ④ 범의 가죽 비(虎皮). ⑤ 혁대 갈고리 비(胡革帶鉤). ⑥ 비교할 비(較). ⑦ 무리 비(類). ⑧ 의방할 비(方). ⑨ 견줄 비(比例). ⑩ 빽빽할 비(密). ⑪ 미칠 비(及). ⑫ 기다릴 비(待). ⑬ 무리 비(黨). ⑭ 편벽될 비(偏). ⑮ 가까울 비(近). ⑯ 가지런할 비(齊). ⑰ 좇을 비(從). ⑱ 오늬 비(矢括). ⑲ 자주 비(頻). ⑳ 빗 비(比余櫛具). 2 차례 필(櫛比次).

書體 小篆 古文 草書 (中學) 會意

比肩(비견 bǐjiān) ① 어깨를 나란히 함. ② 우열(優劣)이 없이 비등함. ③ 나란히 걸어감. 병행(並行).
比較(비교 bǐjiào) 서로 견주어 봄.
比丘(비구 bǐqiū) 《佛》 출가(出家)하여 불문(佛門)에 들어간 남자.
比丘尼(비구니 bǐqiūní) 《佛》 출가(出家)하여 불문(佛門)에 들어간 여자.
比喩(비유 bǐyù) 사물의 설명에 있어서 그와 비슷한 다른 사물을 빌어 표현하는 일.
比率(비율 bǐlǜ) ① 비교하여 헤아림. ② 어떤 수나 양의 다른 수나 양에 대한 비(比).

▶ 對比(대비)·等比(등비)·無比(무비)·反比例(반비례)·性比(성비)·速度比(속도비)·連比(연비)·櫛比(즐비).

毗 도울 비

음 pí 일 ヒ, あつい 영 thick
① 밝을 비(明). ② 두터울 비(厚). ③ 도울 비(輔也, 助). ④ 몸 굽신거릴 비(體柔). ⑤ 혁대 갈고리 비(革帶鉤犀毗).

毗輔(비보 pífǔ) 도와서 모자람을 채움.

毗沙門(비사문 píshāmén)《佛》사천왕(四天王)의 하나. 북방을 지키어 재보(財寶)를 맡아 보며 불법(佛法)을 수호하는 선신(善神).

毗益(비익 píyì) 도와서 이익이 되게 함. 보태어 도움. 보익(輔益).

毗翼(비익 píyì) 도와서 힘을 보탬. 보좌(輔佐)함. 조력(助力)함.

毗贊(비찬 pízàn) 도와 줌. 익찬(翼贊).

毘 도울 비

【毗(前條)와 같음】

毛部
터럭 모

毛 터럭 모

毛毛毛毛

음 máo 일 モウ, け, けもの
영 hair, fur

① 터럭 모, 털 모(眉髮之屬毫). ② 나이차례 모(序齒). ③ 반쯤 셀 모(二髮班白). ④ 풀 모(草). ⑤ 퇴할 모(去毛). ⑥ 양 모(羊). ⑦ 떼 모(莎草).

書體 小篆 毛 草書 毛 中學 象形

毛孔(모공 máokǒng) 털구멍. 살갗에서 털이 나오는 구멍.

毛根(모근 máogēn) 털구멍 속에 박힌 터럭의 뿌리. 털이 박힌 부분.

毛起(모기 máoqǐ) 두려워 할 때나 놀랐을 때, 몸의 털이 곤추 섬. 또는 소름이 끼침.

毛髮(모발 máofà) ① 사람의 머리털. ② 사람의 몸에 있는 터럭의 총칭.

毛絲(모사 máosī) 털실.

毛細管現象(모세관현상 máoxìguǎn-xiànxiàng) 가는 유리관을 액체에 세웠을 때, 관(管) 속에 있는 액체가 그 액체의 표면장력(表面張力) 때문에 관 밖의 액체면 보다 높이 올라가거나 내려가는 현상.

毛銖(모수 máozhū) 극히 적은 분량.

毛羽(모우 máoyǔ) ① 짐승의 털과 날짐승의 깃. 우모(羽毛). ② 길짐승과 날짐승.

毛綃(모초 máoxiāo) 날은 가늘고 씨는 굵은 올로 짠 비단의 한 가지.

毛布(모포 máobù) 담요.

毛皮(모피 máopí) ① 털가죽. ② 털이 붙은 채 벗긴 짐승의 가죽.

毛筆(모필 máobǐ) 짐승의 털로 만든 붓.

毛筆畫(모필화 máobǐhuà) 모필을 써서 그린 그림. 붓으로 그린 그림.

▶ 發毛(발모)·不毛(불모)·絨毛(융모)·陰毛(음모)·靑鼠毛(청설모)·體毛(체모)·恥毛(치모)·脫毛(탈모).

毫 터럭/털 호

毫毫毫毫毫毫毫毫毫

음 háo 일 ゴウ, ほさげ 영 long hair

① 긴 털끝 호(長銳毛). ② 호 호(數名, 十絲). ③ 붓 호(筆). ④ 조금 호(少). ⑤ 가늘 호(細). 【豪와 통함】

書體 草書 毫 高校 形聲

毫釐(호리 háolí) ① 자의 눈. 저울눈의 호(毫)와 리(釐). ② 아주 적은 분량.

毫釐不差(호리불차 háolíbùchā, chāi) 털끝만큼도 틀리지 아니함.

毫釐之差(호리지차 háolízhīchà) 아

주 작은 차이.

毫釐千里(호리천리 háolíqiānlǐ) 처음은 조금의 차이지만 나중에는 대단한 차가 생김을 일컬음.

毫髮不動(호발부동 háofàbùdòng) 꿈쩍도 아니함.

▶秋毫(추호)·揮毫(휘호).

氏 部

성씨 씨

氏 ⁰/₄ 氏 성씨(姓氏)/각시 씨

氏氏氏氏

1 음 shì 일 シ, うじ 영 name of family 2 음 zhī

1 ①성 씨(氏族姓之所分). ②씨 씨(婦人例稱). 2 땅 이름 지(西域地名月氏, 單于妻名閼氏).

書體 小篆 氏 草書 氏 (中學) 象形

氏族(씨족 shìzú) 같은 조상을 가진 여러 가족의 성원으로 구성되어, 그 선조의 직계(直系)를 수장(首長)으로 하는 사회 집단.

▶攝氏(섭씨)·姓氏(성씨)·創氏(창씨).

氏 ⁰/₅ 民 백성 민

民民民民民

음 mín 일 ミン, ビン, たみ 영 people

백성 민(衆庶黎首).

書體 小篆 民 古文 民 古文 中 (中學) 象形

民窮財渴(민궁재갈 mínqióngcáikě) 국민은 곤궁하고 재물은 다 없어짐.

民權(민권 mínquán) 국민의 권리. 곧 국민의 신체·재산을 보호하고 유지하는 권리와, 국민이 정치에 참여하는 권리.

民度(민도 míndù) 국민의 빈부(貧富)와 개명(開明)의 정도.

民生(민생 mínshēng) ① 국민의 생계(生計). 국민의 생활. ② 일반 국민. ③ 사람의 천성(天性). ④ 백성의 생명. 인명(人命).

民主主義(민주주의 mínzhǔzhǔyì) 주권(主權)이 국민(國民)에게 있고, 국민의 의사에 의하여 국민을 위한 정치(政治)를 하는 주의.

民弊(민폐 mínbì) 《國》 국민에게 폐가 되는 일. 민막(民瘼).

▶官尊民卑(관존민비)·僑民(교민)·國利民福(국리민복)·國民(국민)·國泰民安(국태민안)·飢民(기민)·難民(난민)·農民(농민)·萬民(만민)·白衣民族(백의민족)·輔國安民(보국안민)·貧民(빈민)·常民(상민)·庶民(서민)·選民意識(선민의식)·市民(시민)·植民(식민)·安民(안민)·良民(양민)·漁民(어민)·愚民(우민)·憂民(우민)·流民(유민)·利民(이민)·移民(이민)·異民族(이민족)·齊民(제민)·住民(주민)·賤民(천민)·平民(평민)·惑世誣民(혹세무민).

气 部

기운 기

气 ²/₆ 気 기운 기

【氣(气부6획)의 약자】

氣 기운 기

氣氣氣氣氣氣氣氣氣氣

- 🔊 qì 🇯🇵 キ, ケ, き, いき
- 🇬🇧 air, breath, weather

① 날씨 **기**, 기후 **기**(候). ② 숨 **기**(息).
③ 공기 **기**(空氣). ④ 힘 **기**(活動力). ⑤ 생기 **기**, 정기 **기**(生之元精氣).

書體 小篆 氣 或體 氣 草書 氣 氣 中學 形聲

氣高萬丈(기고만장) qìgāowànzhàng)
일이 뜻대로 잘 될 때에 지나치게 득의연(得意然)하거나, 또는 성을 낼 때에 지나치게 자만하는 기운이 펄펄 나는 일.

氣魄(기백) qìpò) 기력(氣力). 정신(精神). 근기(根氣).

氣盡脈盡(기진맥진) qìjìnmàijìn) = 기진역진(氣盡力盡).

氣稟(기품) qìbǐng) 타고난 기질. 천부(天賦)의 성질. 기성(氣性).

氣風(기풍) qìfēng) 기상과 풍채. 기질(氣質). 기성(氣性).

▶感氣(감기)·客氣(객기)·景氣(경기)·驚氣(경기)·空氣(공기)·狂氣(광기)·軍氣(군기)·氣根(기근)·冷氣(냉기)·怒氣(노기)·毒氣(독기)·買氣(매기)·排氣(배기)·浮氣(부기)·憤氣撐天(분기탱천)·雰圍氣(분위기)·士氣衝天(사기충천)·殺氣(살기)·生氣(생기)·水氣(수기)·水蒸氣(수증기)·濕氣(습기)·蜃氣樓(신기루)·心氣(심기)·陽氣(양기)·煙氣(연기)·熱氣(열기)·鹽氣(염기)·傲氣(오기)·溫氣(온기)·勇氣百倍(용기백배)·窮氣(궁기)·潤氣(윤기)·陰氣(음기)·磁氣(자기)·才氣(재기)·電氣(전기)·節氣(절기)·精氣(정기)·腫氣(종기)·蒸氣(증기)·聰氣(총기)·醉氣(취기)·稚氣(치기)·通氣(통기)·覇氣(패기)·寒氣(한기)·香氣(향기)·眩氣(현기)·血氣(혈기)·豪氣(호기)·浩然之氣(호연지기)·火氣(화기)·和氣靄靄(화기애애)·換氣(환기)·活氣(활기)·薰氣(훈기).

水, 氺, 氵部

물 **수**. 삼수변

水 물수

水水水水

- 🔊 shuǐ 🇯🇵 スイ, みず 🇬🇧 water, river

① 물 **수**(地之血氣). ② 강 **수**(河川).
③ 홍수 **수**(大水). ④ 물길을 댈 **수**(水汲).
⑤ 국물 **수**(漿液). ⑥ 고를 **수**(橫平準).

書體 小篆 水 草書 水 中學 象形

水閘(수갑) shuǐzhá) 물문. 수문(水門).

水客(수객) shuǐkè) ① 뱃사공. 주인(舟人). ② 수로(水路)를 가는 여객. 선객(船客). ③《植》마름의 별명.

水克火(수극화) shuǐkèhuǒ) 오행운행(五行運行)에서 말하는 물이 불을 이긴다는 말.

水陸珍味(수륙진미) shuǐlùzhēnwèi) 산과 바다에서 나는 맛있는 음식물. 산해진미(山海珍味).

水利(수리) shuǐlì) 물의 편리. 관개(灌漑)·음료 또는 선박의 왕래에 편리한 것.

水魚之交(수어지교) shuǐyúzhījiāo)《喩》① 물과 고기의 관계처럼 뗄 수 없이 친한 교제. 친교(親交). ② 임금과 신하가 서로 친함. ③ 부부가 화목함.

水鄕(수향) shuǐxiāng) 강가나 바닷가에 있는 마을. 물이 많은 고장. 수촌(水村). 수곽(水郭).

水火相克(수화상극) shuǐhuǒxiāngkè) 물과 불이 서로 용납하지 못함과 같이 서로 원수 같은 사이가 됨.

▶渴水(갈수)·降水量(강수량)·硬水(경

수)·輕水爐(경수로)·耐水(내수)·冷却水(냉각수)·漏水(누수)·斷水(단수)·淡水(담수)·湛水(담수)·防水(방수)·背山臨水(배산임수)·排水(배수)·背水陣(배수진)·腹水(복수)·噴水(분수)·分水嶺(분수령)·氷水(빙수)·山戰水戰(산전수전)·上水原(상수원)·上下水道(상하수도)·石間수(석간수)·送水(송수)·食水難(식수난)·食水源(식수원)·食鹽水(식염수)·藥水(약수)·揚水(양수)·軟水(연수)·汚水(오수)·溫水(온수)·用水(용수)·雨水(우수)·銀河水(은하수)·飲料水(음료수)·臨水(임수)·潛水(잠수)·貯水池(저수지)·淨水(정수)·潮水(조수)·眞景山水(진경산수)·泉水(천수)·清水(청수)·出水(출수)·治水(치수)·浸水(침수)·濁水(탁수)·脫水(탈수)·廢水(폐수)·風水地理(풍수지리)·下水溝(하수구)·海水浴場(해수욕장)·香水(향수)·湖水(호수)·洪水(홍수)·吸水(흡수).

氷 얼음 빙 ⑤

氷 氷 氷 氷 氷

[음] bīng 【冰(氵부4획)의 속자】

書體 篆文 氷 草書 氷 中學 形聲

氷庫(빙고 bīngkù) ① 얼음을 넣어 두는 창고. ②《制》궁중(宮中)에서 장빙(藏氷)에 관한 사무를 맡아 보던 관아. 조선 초에 설치하였으며 고종 3년에 폐지하였음.

氷山(빙산 bīngshān) ① 얼음의 산. 극지(極地)의 빙하의 얼음이 밀려 내려와 바다에 산처럼 떠있는 얼음 덩어리. ②《喩》불을 안 때어 몹시 찬 방.

氷消瓦解(빙소와해 bīngxiāowǎjiě) 얼음이 녹고 기와가 깨어짐. 《喩》자취도 없이 소멸함.

氷廚(빙주 bīngchú) 냉장고(冷藏庫). 빙상(氷箱).

氷清玉潔(빙청옥결 bīngqīngyùjié) 얼음과 같이 맑고 구슬같이 깨끗한 심성(心性). 《喩》청렴결백(清廉潔白)한 절조(節操)·덕행(德行).

▶ 間氷(간빙)·結氷(결빙)·薄氷(박빙)·小氷河期(소빙하기)·解氷(해빙).

永 길 영: ⑤

永 永 永 永 永

[음] yǒng [일] エイ, ながい
[영] eternal, long

① 길 영(長). ② 오랠 영(久). ③ 멀 영(遠).

書體 小篆 永 草書 永 中學 象形

永劫(영겁 yǒngjié) 《佛》대단히 긴 세월. (劫은 長時間).

永訣(영결 yǒngjué) 죽은 사람과 산 사람이 영원히 헤어짐. 사별(死別). 영별(永別).

永久(영구 yǒngjiǔ) ① 길고 오램. 장구(長久). ② 언제까지나. 영원(永遠).

永眠(영면 yǒngmián) 영원한 잠. 죽음. 영서(永逝).

永世不忘(영세불망 yǒngshìbùwàng) 길이길이 잊지 않음.

永遠無窮(영원무궁 yǒngyuǎnwúqióng) 다함이 없이 오래고 오램.

永字八法(영자팔법 yǒngzìbāfǎ) 진(晉) 왕희지(王羲之)가 발명한 필법(筆法). 영(永)의 한 글자로 운필(運筆)의 팔법(八法)을 설명한 것임. 이설(異說)로는 한(漢)의 채옹(蔡邕)의 창의(創意)로 최원(崔瑗), 장지(張芝), 종요(鍾繇), 왕희지(王羲之) 순(順)으로 전해 온 것이라고 함.

永嘆(영탄 yǒngtàn) 오래 탄식하며 괴로워 함. 장탄(長嘆). 장태식(長太息).

▶ 半永久(반영구).

氾 넘칠 범:

- fàn ハン, ひろがる
- overflow

① 넘칠 **범**(氾濫水漫延). ② 들뜰 **범**(未定之辭). ③ 넓을 **범**(汎). ④ 물 이름 **범**(瀿陰水名). ⑤ 땅 이름 **범**(鄭地名). ⑥ 성 **범**(姓).

氾濫(범람 fànlàn) ① 물이 넘쳐흐름. ② 제 분수에 넘침.

汀 물가 정

- tīng テイ, なぎさ beach

① 물가 **정**(水際平地). ② 수렁 **정**(汀瀿泥淖).

汀岸(정안 tīngàn) 물가.
汀洲(정주 tīngzhōu) 편편한 물가에 토사가 쌓여서 이룬 땅.

汁 즙 즙

- zhī シュウ, ジュウ, しる
- juice

1 ① 진액 **즙**(液). ② 진눈깨비 **즙**(雨雪雜下). ③ 국 **즙**(吸物).【叶과 통하며, 본음은 「집」】 **2** 맞을 **협**, 화합할 **협**.【協과 통함】

汁液(즙액 zhīyè) 짜 내서 된 액.
汁醬(즙장 zhījiàng) =집장(汁醬).

求 구할[索] 구

- qiú キュウ, もとめる
- get, ask

① 구할 **구**(覓). ② 구걸할 **구**(乞). ③ 찾을 **구**(索). ④ 짝 **구**(等). ⑤ 책할 **구**(咎). ⑥ 요할 **구**(要). ⑦ 탐낼 **구**(貪).

⑧ 바랄 **구**(所望).

書體 篆文 求 草書 永 中學 象形

求償(구상 qiúcháng) 배상 또는 상환(償還)을 청구함.
求心力(구심력 qiúxīnlì)《物》원(圓) 운동을 하는 물체를 원심에 끌어당기는 힘. ↔ 원심력(遠心力).

▶ 苛斂誅求(가렴주구)·懇求(간구)·渴求(갈구)·講求(강구)·祈求(기구)·實事求是(실사구시)·要求(요구)·欲求(욕구)·請求(청구)·促求(촉구)·追求(추구)·探求(탐구)·希求(희구).

汎 넓을 범:

- fàn ハン, うかぶ float

1 뜰 **봉**(浮). **2** ① 떠나갈 **범**(任風波自縱). ② 둥둥 뜰 **범**(漂). ③ 가벼울 **범**(汎劓輕). ④ 넓을 **범**(博). ⑤ 물 이름 **범**(水名).【泛과 통함】

汎濫(범람 fànlàn) ① 물이 흘러 넘침. ② 널리 모든 일에 통함. ③ 멋대로 지껄이는 말.
汎美(범미 fànměi) 남·북 양 아메리카주의 통칭.
汎稱(범칭 fànchēng) 널리 일컬음. 넓은 범위로 쓰는 명칭. 총칭.

▶ 大汎(대범).

汐 조수 석

- xī セキ, うしお
- ebbing tide

썰물 **석**, 날물 **석**(潮汐海濤).
汐曇(석담 xītán) 썰물이 밀고 오는 수기(水氣)로 구름이 낌.
汐水(석수 xīshuǐ) 썰물(汐水). ↔밀물. 조수(潮水).
汐潮(석조 xīcháo) 썰물(汐水)과 밀물(潮水). 조석(潮汐).

▶ 潮汐(조석).

汏 사태 날 대

음 dà 일 タイ, つなみ, あらう 영 deluge, be washed
① 사태 날 대(水激過). ② 씻길 대(洗).

汗 땀 한(ː)

汗汗汗汗汗汗
①~③ 음 hàn ④⑤ 음 hán 일 カン, あせ 영 sweat
① 땀 한(人液). ② 물 질펀할 한(瀾汗水長貌). ③ 단청 환할 한(灆汗符采映耀貌). ④ 오랑캐 이름 한(突厥酋長號曰可汗). ⑤ 땅 이름 한(地名番汗).

書體 小篆 汗 草書 汗 高校 形聲

汗馬之勞(한마지로 hànmǎzhīláo) ① 싸움터의 노고, 분주한 노고. ② 전쟁에 이긴 공로, 전공(戰功).
汗斑(한반 hànbān) 《醫》땀띠. 사상균(絲狀菌)의 기생으로 생기는 만성(慢性) 피부병.
汗牛充棟(한우충동 hànniúchōngdòng) 책을 수레에 싣고 끌게 하니 소가 땀을 흘리고, 쌓아 올리니 마룻보에 닿음. 《喻》책을 많이 가지고 있음.
汗蒸(한증 hànzhēng) 《國》사방이 막히고 뜨거운 화혈(火穴) 속에 들어가 몸을 덥게 하고 땀을 흘리게 하여 병을 고치는 방법.

▶ 冷汗(냉한)·盜汗(도한)·發汗(발한)·不汗(불한)·油汗(유한).

污 더러울 오ː

污污污污污污

1 음 wū 일 オ, みずたまり 영 puddle
2 일 ワ, よごれる 영 dirty
1 ① 웅덩이 오(窊下). ② 낮을 오(隆污降殺). ③ 논 오(污邪下田). 【洿와 같음】 ④ 더러울 오(穢染). ⑤ 작은 못 오(小池). ⑥ 굽을 오(意曲). ⑦ 빨 오(去垢). 2 ① 술 구덩이 와(污尊鑿地爲尊). ② 더럽힐 와(泥著污).

書體 篆文 污 草書 污 高校 形聲

污吏(오리 wūlì) 부정(不正)을 행하는 관리.
污染(오염 wūrǎn) 더러움에 물들음. 더러움. 옷 따위에 묻은 때.
污濁(오탁 wūzhuó) 더럽혀짐. 더럽고 탁함.

▶ 貪官污吏(탐관오리)·環境污染(환경오염).

汝 너 여ː

汝汝汝汝汝汝
음 rǔ 일 ジョ, ニョ, なんじ 영 you
① 너 여(爾). ② 물 이름 여(弘農水名). ③ 성 여(姓). ④ 고을 이름 여(州名). 【女와 통함】

書體 小篆 汝 草書 汝 中學 形聲

汝等(여등 rǔděng) 너희들.
汝墻折角(여장절각 rǔqiángzhéjiǎo) 《喻》자기의 허물을 남에게 넘기려고 함의 비유.

江 강/강물 강

江江江江江江
음 jiāng 일 コウ, かわ 영 river
① 강 강, 가람 강, 큰 내 강(川之大者).

② 물 강, 강수 강(岷山水名).

書體 小篆 江 草書 江 (中學) 形聲

江畔(강반 jiāngpàn) 강가의 판판한 땅. 강가. 강빈(江濱).
江湖(강호 jiānghú) ① 강과 호수. 《轉》세상. ② 조정에 대한 시골의 칭호.

▶ 錦繡江山(금수강산)·渡江(도강)·八道江山(팔도강산).

水 3 ⑥ 池 못 지

池池池池池池

1 음 chí 일 チ, いけ 영 pond
2 영 pool

1 ① 못 지(穿地通水). ② 섞바꿔 나를 지(差池飛不齊貌). ③ 풍류 이름 지(黃帝樂名咸池). **2** 물 이름 타(并州水名, 滹池).【沱와 통함】

書體 小篆 池 草書 池 (高校) 形聲

池塘(지당 chítáng) 못. 연못.
池畔(지반 chípàn) 못가.
池魚籠鳥(지어농조 chíyúlóngniǎo) 못의 고기와 조롱의 새. 《轉》부자유한 신세.
池魚之殃(지어지앙 chíyúzhīyāng) 생각지 않던 재난. 《故》중국 송(宋)나라의 성문(城門)이 타는데 옆의 못의 물로 불을 껐기 때문에 고기가 모조리 죽었다는 고사. 《轉》화재.

▶ 乾電池(건전지)·水源池(수원지)·瑤池鏡(요지경)·貯水池(저수지)·蓄電池(축전지).

水 4 ⑦ 汰 일[淘] 태

음 tài 일 タイ, タ, よなげる, あらう
영 rinse

① 미끄러울 태(滑). ② 넘칠 태(太過). ③ 사태 태(沙汰). ④ 씻길 태, 밀릴 태(洮汰洗也亦作陶汰). ⑤ 사치할 태(奢). ⑥ 쫓아낼 태(汰去).

汰沙(태사 tàishā) 물로 일어서 좋고 나쁜 것을 갈라놓음.
汰侈(태치 tàichǐ) 신분에 맞지 않는 사치. 사태(奢汰).

▶ 淘汰(도태)·沙汰(사태).

水 4 ⑦ 汲 물 길을 급

음 jí 일 キュウ, くむ 영 draw water
① 물 길을 급(引水於井). ② 당길 급(引). ③ 급할 급(遽).

汲古(급고 jígǔ) 옛 책을 탐독(耽讀)하는 것.
汲汲(급급 jíjí) 쉬지 않고 노력함. 분주한 모양. 건건(乾乾). 자자(孜孜).
汲水(급수 jíshuǐ) 물을 길음. 물긷기.
汲水功德(급수공덕 jíshuǐgōngdé) 《佛》목마른 사람에게 물을 주는 착한 행실.
汲引(급인 jíyǐn) ① 물을 길어 올림. 물을 끌어 댐. ② 사람을 끌어 올려 씀. 인진(引進).

水 4 ⑦ 決 결단할 결

決決決決決決決

음 jué 일 ケツ, きまる 영 decide
① 결단할 결(斷). ② 물 이름 결(北方水有名). ③ 물꼬 터놓을 결(行流). ④ 판단할 결(判). ⑤ 끊을 결(絕). ⑥ 이별할 결(別). ⑦ 깨뜨릴 결(破). ⑧ 깍지 결(決拾射具). ⑨ 물어뜯을 결(物絕齒).【訣·缺과 통함】

書體 小篆 決 草書 決 (中學) 形聲

決隙(결극 juéxì) 틈. 벽(壁)의 갈라진 틈. 결극(缺隙).
決斷力(결단력 juéduànlì) 결단하는 능력.
決然(결연 juérán) ① 마음을 굳게 하는 모양. ② 별안간 급히. 결지(決志).
決行(결행 juéxíng) 결단하여 실행함. 단행(斷行).

▶ 可決(가결)·旣決(기결)·論決(논결)·多數決(다수결)·對決(대결)·未決(미결)·未解決(미해결)·否決(부결)·死生決斷(사생결단)·速裁速決(속재속결)·手決(수결)·豫決(예결)·完決(완결)·議決(의결)·自決(자결)·裁決(재결)·專決(전결)·終決(종결)·即決(즉결)·處決(처결)·判決(판결)·評決(평결)·票決(표결)·品決(품결)·解決(해결).

汽 물 끓는 김 기

水 4 ⑦

1 🕀 qì 🇯 キ, ゆげ 🇬 steam
2 🇬 vapour

1 물 끓는 김 기(湯水蒸氣). 2 거의.
汽罐(기관 qìguàn) 물을 중기로 변화시키는 장치의 솥. 보일러.
汽壓(기압 qìyā) 기관(汽罐) 안의 중기의 압력.

沃 기름질 옥

水 4 ⑦

🕀 wò 🇯 ヨク, こえる 🇬 fertile

① 기름질 옥, 윤택할 옥(潤). ② 물로 추길 옥(灌漑). ③ 부드러울 옥(柔). ④ 성할 옥(盛). ⑤ 걸찰 옥(沃壤土腴). ⑥ 손 씻을 옥(盥手). ⑦ 아리따울 옥(壯姣). ⑧ 유순한 모양 옥(馴順貌).
沃畓(옥답 wòdá) 지질이 아주 좋은 논.
沃野千里(옥야천리 wòyěqiānlǐ) 기름진 땅이 넓게 잇달아 펼쳐져 있는 들.
沃土(옥토 wòtǔ) 기름진 땅. 옥지(沃地). 옥양(沃壤).

▶ 肥沃(비옥)·門前沃畓(문전옥답).

沈 잠길 침(:) 성(姓) 심:

水 4 ⑦

沈沈沈沈沈沈沈

1 🕀 chén 🇯 チン, しずむ 🇬 sink
2 🕀 shěn 🇯 シン

1 ① 장마물 침(陵上滈水). ② 진펄 침(莽). ③ 잠길 침(沒). ④ 채색할 침(綠沈采色). ⑤ 고요할 침(沈悶). ⑥ 빠질 침(溺).【沉과 같음】 2 ① 즙낼 심(汁). ② 성 심(人姓沈德潛). ③ 나라이름 심(國名臺駘所封). ④ 으슥할 심(宮殿奧深貌).

書體 小篆 草書 沈 (高校) 形聲

沈溺(침닉 chénnì) ① 물에 빠져 가라앉음. ② 사물에 미쳐 버림. 탐닉(耽溺). ③ 곤란에 빠짐. ④《醫》습기로 인한 병. 습질(濕疾).
沈潛(침잠 chénqián) ① 물 밑에 깊이 숨는 것. ② 마음이 가라앉아 생각이 깊음. ③ 마음을 가라앉혀 생각을 숨김.

▶ 擊沈(격침)·浮沈(부침)·鎖沈(쇄침)·陰沈(음침)·意氣銷沈(의기소침).

沌 엉길 돈

水 4 ⑦

🕀 dùn, zhuàn 🇯 トン, ふさがる 🇬 meander

① 기운 덩어리질 돈(混沌元氣末判). ② 뭉킬 돈(不開通貌). ③ 물 기운 돈(水勢形容). ④ 돌 돈(轉轉). ⑤ 막힐 돈(不通塞). ⑥ 어리석을 돈(愚)

▶ 混沌(혼돈).

沐 머리감을 목

水 4 ⑦

중 mù 일 モク, ボク, あらう
영 wash one's hair

① 머리감을 목(濯髮). ② 다스릴 목(治). ③ 추길 목(潤澤之意). ④ 이슬비 목(溟沐密細之雨).

沐浴(목욕 mùyù) ① 머리를 씻고 더운 물에 몸을 감는 일. 탕수(湯水)를 사용하여 몸을 깨끗이 함. ② 은혜를 입은 것.
沐浴湯(목욕탕 mùyùtāng) 여러 사람이 목욕할 수 있도록 꾸민 곳.
沐雨(목우 mùyù) 목욕하다시피 비를 흠뻑 맞음. 《喩》풍우(風雨)에 시달리며 노력하는 것. 고생하는 것.
沐恩(목은 mù'ēn) 은혜를 입음. 욕은(浴恩).

▶ 公衆沐浴湯(공중목욕탕).

沒 빠질 몰

水 4 ⑦

沒沒沒沒沒沒沒

중 méi, mò 일 モツ, ボツ, しずむ
영 sink, die

① 잠길 몰(沈). ② 다할 몰(盡). ③ 지날 몰(過). ④ 건으로 빼앗을 몰(乾沒無潤澤而取他人). ⑤ 명이 끝날 몰(死). ⑥ 마칠 몰(悉). ⑦ 숨을 몰(隱). ⑧ 망할 몰(泯). 【歿과 같음】

書體 小篆 沒 草書 没 (高校) 形聲

沒頭(몰두 mòtóu) ① 목을 자름. ② 어떤 한 가지 일에 열중함.
沒常識(몰상식 mòchángshí) 상식이 없음. 보통 사람의 지식·판단력이 없음. 비상식(非常識).
沒我(몰아 mòwǒ) 자기를 몰각한 상태. 자기를 잊는 것.
沒入(몰입 mòrù)《制》① 범죄인의 재산과 살림을 강제로 정부가 압수하고 죄인은 노예로 사용하는 일. 몰수(沒收). ② 한 가지 일에 깊이 파고드는 것.

▶ 汨沒(골몰)·埋沒(매몰)·神出鬼沒(신출귀몰)·日沒(일몰)·潛沒(잠몰)·出沒(출몰)·沈沒(침몰)·陷沒(함몰).

沖 화(和)할 충

水 4 ⑦

중 chōng, chòng 일 チュウ, ふかい
영 deep

① 빌 충(虛). ② 화할 충(和). ③ 깊을 충(深). ④ 흔들릴 충(搖動). ⑤ 위로 날 충(上飛). ⑥ 어릴 충(幼少). ⑦ 드리울 충(垂飾貌). ⑧ 얼음 끄는 소리 충(鑿氷聲).

沖積(충적 chōngjī) 흐르는 물에 의하여 쌓임.
沖天(충천 chōngtiān) 하늘 높이 솟음. 하늘에 날아오름. 마음이 북받쳐 오름.

沙 모래 사

水 4 ⑦

沙沙沙沙沙沙沙

중 shā, shà 일 サ, シャ, すな 영 sand

① 모래 사(疏土). ② 바닷가 사(海邊). ③ 소수 이름 사(數名十塵爲沙). ④ 고을 이름 사(長沙郡名).【砂와 같음】

書體 小篆 沙 或體 砂 草書 沙 (高校) 形聲

沙工(사공 shāgōng)《國》뱃사공.
沙門(사문 shāmén)《梵》Sramana의 음역(音譯). 출가(出家)하여 불도(佛道)를 닦는 사람. 승(僧).
沙彌(사미 shāmí)《梵》Sramanera의 음역(音譯). 불문에 들어가 수행(修行)중인 어린 중.
沙鉢通文(사발통문 shābōtōngwén)

주모자가 드러나지 않도록 관계자의 이름을 뺑 돌려 적은 통문.

沙上樓閣(사상누각 shāshànglóugé) 모래 위에 지은 집. 곧 헛된 일.

沙石(사석 shāshí) 모래와 돌.

沙汰(사태 shātài) ① 쌀을 물에 일어서 돌을 가려 냄. 《轉》선과 악을 가림. 도태(淘汰). 태사(汰沙). ②《國》비로 인하여 산의 흙이 씻겨 모래 등이 밀려 나온 현상. 《喩》사람이나 물건이 한꺼번에 주체할 수 없이 많이 몰려나옴.

▶ 白沙(백사)·粉青沙器(분청사기)·山沙汰(산사태)·熱沙(열사)·黄沙(황사).

沢 못 택
水 4획 ⑦

【澤(水부13획)의 약자】

沫 물거품 말
水 5획 ⑧

음 mò 일 マツ, バツ, あわだつ 영 froth

① 침 말(涎). ② 땀 말(汗). ③ 물방울 말(跳波). ④ 끓는 거품 말(泡也, 湯華). ⑤ 말 말(已). ⑥ 물 이름 말(西域水名).

沫泣(말읍 mòqì) 눈물이 흐르는 모양.

▶ 噴沫(분말)·泡沫(포말).

沮 막을[遮] 저:
水 5획 ⑧

①-⑤ 음 jǔ ⑥ 음 jù ⑦⑧ 일 ショ, ソ, やむ 영 stop

① 그칠 저(止). ② 막을 저(拒). ③ 무너질 저(壞). ④ 공갈할 저(恐怖). ⑤ 샐 저(漏). ⑥ 물이 번질 저(漸濕). ⑦ 물 이름 저(扶風水名). ⑧ 나라 이름 저(朝鮮國名, 沃沮).

沮止(저지 jǔzhǐ) 막아서 못하게 함.

沮害(저해 jǔhài) 막아서 못하게 해침.

河 물/강 하
水 5획 ⑧

河河河河河河河河

음 hé 일 カ, ガ, 일 かわ 영 river

① 물 하, 강물 하, 내 하(大川). ② 황하수 하(四江之一). ③ 은하수 하(天漢). ④ 복통 하(腹痛).

書體 小篆 河 草書 河 中學 形聲

河渠(하거 héqú) 강과 개천.

河梁(하량 héliáng) 강에 걸려 있는 다리.

河伯(하백 hébó) ① 물귀신. 수신(水神). 하종(河宗). ②《書》초사(楚辭)의 구가(九歌) 중의 편명(篇名). ③ 오징어(오적(烏賊))의 이칭. 하백종사(河伯從事).

河淸(하청 héqīng) 황하의 탁류(濁流)가 맑아지는 일.《喩》언제나 탁해 있는 황하의 물이 맑기를 기다린다는 뜻에서 온 말. 백년하청(百年河淸).

河海之澤(하해지택 héhǎizhīzé) 하해(河海)와 같이 크고 넓은 은혜.

▶ 渡河(도하)·百年河淸(백년하청)·氷河(빙하)·山河(산하)·運河(운하)·銀河水(은하수).

沸 끓을 비: 용솟음할 불
水 5획 ⑧

1 음 fèi 일 ヒ, わく 영 boil
2 일 フツ, わく

1 끓을 비(涫). 2 물이 용솟음칠 불(泉涌貌).

沸騰(비등 fèiténg) ① 끓어오름. 펄떡펄떡 끓음. ② 의논이 떠들썩하게 일어남. 의론이 분분함.

沸湯(비탕 fèitāng) 끓고 있는 물. 열탕(熱湯).

歹殳毋比毛氏气⑳水火爪父爻爿片牙牛犬

水5획/8획 油 기름 유

油油油油汨汨油油

音 yóu 日 ユ, あぶら 英 oil

① 기름 유(膏). ② 구름 피어오를 유(雲盛貌). ③ 공손할 유(和謹貌). ④ 물 이름 유(無陵水名).

書體 小篆 油 草書 油 中學 形聲

油榨(유자 yóuzhà) 기름을 짜는 기계.
油汗(유한 yóuhán) 식은땀. 진땀. 유한(柔汗).

▶ 肝油(간유)·輕油(경유)·給油(급유)·燈油(등유)·産油(산유)·石油(석유)·送油(송유)·原油(원유)·潤滑油(윤활유)·貯油(저유)·精油(정유)·注油(주유)·重油(중유)·廢油(폐유)·揮發油(휘발유).

水5획/8획 治 다스릴 치

治治治治治治治治

音 zhì 日 チ, おさめる 英 govern

① 가릴 치, 다스릴 치(理). ② 칠 치, 다듬을 치(功). ③ 다스릴 치, 효험 치(理效). ④ 익을 치(簡習). ⑤ 비교할 치(較). ⑥ 치료할 치(治療). ⑦ 도읍 치(所都處). ⑧ 고을 치(州郡所駐).

書體 小篆 治 草書 治 中學 形聲

治山(치산 zhìshān) ① 산을 다스림. 나무를 심어 수해를 막는 것. ② 산소를 매만짐.
治喪(치상 zhìsāng) 초상을 치름.
治外法權(치외법권 zhìwàifǎquán) 《法》 외국에 있으면서 그 나라의 법률의 적용을 받지 않는 특권. 또는 그 토지.
治癒(치유 zhìyù) 의사의 치료를 받고 병이 나음.

▶ 官治(관치)·根治(근치)·內治(내치)·萬病通治(만병통치)·民治(민치)·法治(법치)·不治(불치)·修己治人(수기치인)·完治(완치)·以熱治熱(이열치열)·自然治療(자연치료)·自治(자치)·政治(정치)·統治(통치).

水5획/8획 沼 못 소

音 zhǎo 日 ショウ, ぬま 英 marsh

못 소, 늪 소(曲池).

沼畔(소반 zhǎopàn) 늪 언저리.
沼澤(소택 zhǎozé) 늪과 못.

水5획/8획 沾 젖을 첨

1 音 zhān 日 セン, うるおう
 英 moisten
2 音 チョウ

1 ① 젖을 첨(濡). ② 절일 첨(漬). 2 ① 경박할 접(輕薄). ② 스스로 기뻐할 접(自喜貌).

沾濕(첨습 zhānshī) 젖음. 젖게 함. 습윤(濕潤).
沾洽(첨흡 zhānqià) ① 빠진 데 없이 널리 퍼짐. ② 학문이 널리 전해짐. 박흡(博洽).

水5획/8획 沿 물가/물따라갈 연(:)

沿沿沿沿沿沿沿沿

音 yán 日 エン, そう 英 along

① 물 따라 내려갈 연(緣水而下). ② 좇을 연(循).

書體 小篆 沿 草書 沿 高校 形聲

沿邊(연변 yánbiān) 국경이나 강가 또는 큰길가의 언저리 일대의 지방.
沿襲(연습 yánxí) 옛 습관에 따름. 전례(前例)를 좇음. 도습(蹈襲). 인습(因襲).

沿革(연혁 yángé) 변천. 처음부터 지금까지의 변해 달라진 것. 〈沿은 재래의 습관에 따라 변하지 않는 것. 革은 그것을 고쳐 새롭게 하는 것〉. 변천(變遷).

況 하물며/상황 황ː

況況況況況況況況

음 kuàng 일 キョウ, いわんや
영 much more

① 비유할 황(譬). ② 하물며 황(矧). ③ 이에 황(玆). ④ 불어날 황(益). ⑤ 찾아올 황(臨訪). ⑥ 줄 황(賜). ⑦ 모양 황(樣). ⑧ 찰물 황(寒水). 【況과 통함】

書體 小篆 況 小篆 況 草書 況 高校 形聲

況味(황미 kuàngwèi) 체험의 맛. 환경의 맛. 경지(境地)
況榮(황영 kuàngróng) 광영(光榮)을 하사(下賜)함. 광영(光榮)을 나타냄.

▶ 景況(경황)·近況(근황)·不況(불황)·狀況(상황)·盛況裏(성황리)·市況(시황)·實況(실황)·情況(정황)·現況(현황)·好況(호황)·活況(활황).

泂 멀 형

음 jiǒng 일 ケイ, とおい 영 distant
① 찰 형(寒). ② 멀 형(遠). ③ 깊고 넓을 형(深廣). 【洞과 같음】

泄 샐 설

1 음 xiè 일 エイ, もる 영 leak
2 일 セツ, くだす 영 flux
1 ① 내칠 예(出) ② 발할 예(發). ③ 날개 훨훨 칠 예(皷翼舒緩貌). ④ 흩어질 예(散). ⑤ 느릴 예(怠緩貌). 2 ①

샐 설(漏). ② 피어날 설, 발설할 설(發越). ③ 설사 설, 물찌똥 설(瀉病). ④ 업신여길 설(嫚). 【洩과 같음】

泄瀉(설사 xièxiè) 배탈이 날 적에 자주 누는 묽은 똥.

▶ 漏泄(누설)·排泄(배설).

泉 샘 천

泉泉泉泉泉泉泉泉泉

음 quán 일 セン, いずみ
영 spring, fountain

① 샘 천(水源). ② 폭포수 천(瀑布立泉). ③ 돈 천(錢). ④ 칼 이름 천(劍名).

書體 小篆 泉 草書 泉 中學 象形

泉脈(천맥 quánmài) 땅 속에 있는 샘줄기.
泉源(천원 quányuán) 물이 흐르는 근원.
泉下(천하 quánxià) 사람이 죽어서 가는 곳. 저 세상. 명도(冥途). 황천(黃泉).

▶ 甘泉(감천)·鑛泉(광천)·冷泉(냉천)·噴泉(분천)·深泉(심천)·溫泉(온천)·源泉(원천).

泊 머무를/배댈 박

泊泊泊泊泊泊泊泊

음 bó 일 ハク, とまる
영 anchor (vessel's)

① 그칠 박(止). ② 배 머무를 박(舟附岸). ③ 말쑥할 박(澹). ④ 떠돌아다닐 박(流寓). ⑤ 고요할 박(靜). ⑥ 쉴 박(休宿). 【薄과 같음】

書體 篆文 泊 草書 泊 高校 形聲

泊如(박여 bórú) ① 마음이 고요하고,

무욕(無慾)한 모양. ② 물이 넓은 모양.
泊舟(박주 bózhōu) 배를 육지에 댐. 박선(泊船).
泊懷(박회 bóhuái) 담백하여 세상일에 번민하지 않는 마음.

▶ 淡泊(담박)·民泊(민박)·宿泊(숙박)·外泊(외박)·碇泊(정박).

泌 분비할 비: 스며흐를 필

1 ㊀ mì ㊁ ヒ, いずみ ㊂ gush forth 2 ㊀ bì ㊁ ヒツ

1 샘물 졸졸 흐를 비(泉水涓流貌). 2 도랑물 필, 개천물 필(水狹流).

泌尿器(비뇨기 mìniàoqì) 《生》 오줌의 분비와 배설을 맡고 있는 기관. 신장(腎臟)·윤뇨관(輪尿管)·방광·요도(尿道)로 되어 있음.

法 법 법

法法法法法法法法

㊀ fǎ, fá, fà ㊁ ホウ, のり ㊂ law, rule

① 법 법(制度憲章). ② 본받을 법(效). ③ 형벌 법(刑). ④ 떳떳할 법(常). ⑤ 형상 법(象). ⑥ 가사 법, 장삼 법(法衣).

書體 小篆 古文 恪書 法 中學 會意

法界(법계 fǎjiè) 《佛》 ① 전 우주. ② 불법(佛法)의 본체. 변화하지 않는 만유(萬有)의 실체. 실상(實相). ③ 불도, ④ 불교 신자(信者)의 사회. 불문(佛門).
法供養(법공양 fǎgòngyǎng) 《佛》 ① 불경을 읽어 들려줌. ② 법답게 대중공양(大衆供養)을 하는 일.
法久弊生(법구폐생 fǎjiǔbìshēng) 좋은 법도 오래 되면 폐가 생김.
法度(법도 fǎdù) ① 법. 규칙. 법률과 제도. ② 본. 모범.
法臘(법랍 fǎlà) 《佛》 수계(受戒)로부터 치는 나이. 법세(法歲).
法力(법력 fǎlì) 《佛》 ① 불법(佛法)의 힘. 불법(佛法)의 위력. ② 《法》 법률(法律)의 효력.
法門(법문 fǎmén) ① 《佛》 불법에 들어가는 길. 불문(佛門). ② 남문(南門). ③ 면학(勉學)이나 일을 시작하는 방법. 순서(順序).
法問(법문 fǎwèn) 《佛》 불법(佛法)을 묻고 대답하는 일.
法寶(법보 fǎbǎo) 《佛》 삼보(三寶)에서 불경을 보배로 보아 일컫는 말.
法師(법사 fǎshī) ① 《佛》 출가승(出家僧). 또는 그의 존칭. ②《宗》 도사(道師)의 존칭.
法床(법상 fǎchuáng) 《佛》 설법(說法)하는 큰스님이 올라앉는 고좌상(高座床).
法眼(법안 fǎyǎn) ① 바른 안식(眼識). ② 《佛》 불도(佛道)를 깨침.
法悅(법열 fǎyuè) ① 《佛》 신앙함으로써 참된 깨달음을 얻는 마음의 기쁨. ② 진리에 사무칠 때의 기쁨.
法人(법인 fǎrén) 사람 또는 재화(財貨)의 집합체(集合體)를 일정한도에서 권리·의무의 주체(主體)로 인정하는 법률상의 인격체로 보는 것. 회사(會社) 사단법인(社團法人), 재단법인(財團法人) 등.
法治主義(법치주의 fǎzhìzhǔyì) 나라의 정치가 원칙적으로 의회에 의하여 제정된 법률로써 행해져야 한다고 하는 주의.
法華三昧(법화삼매 fǎhuásānmèi) 《佛》 법화경(法華經)을 꾸준히 읽어 그 묘리를 깨달음.

▶ 苛法(가법)·劍法(검법)·公法(공법)·工法(공법)·舊法(구법)·國法(국법)·拳法(권법)·歸法(귀법)·技法(기법)·論法(논법)·讀法(독법)·魔法(마법)·末法(말법)·目的法(목적법)·描法(묘법)·無法(무법)·文法(문법)·民法(민법)·方法(방법)·犯法(범법)·兵

法(병법)·不法(불법)·佛法(불법)·秘法(비법)·司法(사법)·事事無礙法界(사사무애법계)·三法印(삼법인)·商法(상법)·說法(설법)·稅法(세법)·心法(심법)·惡法(악법)·曆法(역법)·泳法(영법)·禮法(예법)·療法(요법)·人工呼吸法(인공호흡법)·立法(입법)·自然法則(자연법칙)·自然辨證法(자연변증법)·作法(작법)·適法(적법)·傳法(전법)·戰法(전법)·正法(정법)·製法(제법)·依法(의법)·宗法(종법)·主法(주법)·遵法(준법)·築法(축법)·脫法(탈법)·通法(통법)·便法(편법)·筆法(필법)·合法(합법)·解法(해법)·憲法(헌법)·刑法(형법)·護法(호법)·話法(화법).

泡 거품 포

水5/8

音 pào, pāo 日 ホウ, あわ 英 foam

① 물거품 포(水上浮漚). ② 물이 솟아날 포(泉出貌). ③ 물 흐를 포(水流貌). ④ 성할 포(盛貌).

泡起(포기 pàoqǐ) 물거품과 같이 부풀어 오름.
泡沫(포말 pàomò) 거품. 물거품. 〈沫은 공중에 튀어 흩어지는 물방울로서 허무한 것에 대한 비유〉
泡影(포영 pàoyǐng) 물거품과 그림자. 〈喩〉 세상일의 허무함을 일컬음.
泡花(포화 pàohuā) 물거품.
泡幻(포환 pàohuàn) 물거품과 환상. 세상이 허무하고 허전한 것. 몽환(夢幻).

▶ 氣泡(기포)·發泡(발포)·水泡(수포).

波 물결 파

水5/8

波波波波波波波波

音 bō 日 ハ, なみ 英 wave

① 물결 파(浪). ② 물 젖을 파(潤). ③ 눈 광채 파(目光). ④ 움직일 파(動). ⑤ 달빛 파(月光). ⑥ 책 이름 파(書名偃波).

書體 小篆 𣵀 草書 波 中學 形聲

波瀾(파란 bōlán) ① 파도. ② 일이 평온하지 못함. 소동. 갈등.
波瀾曲折(파란곡절 bōlánqūzhé) 생활 또는 일의 진행에서 일어나는 많은 곤란과 변화.
波瀾萬丈(파란만장 bōlánwànzhàng) 일의 진행에서 일어나는 몹시 심한 기복(起伏)과 변화.
波瀾重疊(파란중첩 bōlánchóngdié) 일의 진행에 있어서 온갖 변화와 난관이 많음.
波狀攻擊(파상공격 bōzhuànggōngjī) 끊임없이 공격을 계속하는 것.

▶ 光波(광파)·金波(금파)·腦波(뇌파)·短波(단파)·萬波(만파)·般若波羅蜜(반야바라밀)·防波堤(방파제)·世波(세파)·餘波(여파)·月波(월파)·六波羅蜜(육바라밀)·銀波(은파)·音波(음파)·人波(인파)·一波萬波(일파만파)·長波(장파)·電波(전파)·周波(주파)·滄波(창파)·秋波(추파)·風波(풍파)·寒波(한파)·橫波(횡파).

泣 울 읍

水5/8

泣泣泣泣泣泣泣

音 qì 日 キュウ, なく 英 weep

① 눈물 줄줄 흘릴 읍, 소리 없이 울 읍(無聲出涕). ② 부글부글 끓는 소리 읍(沸聲). ③ 울 읍(哭).

書體 小篆 𣲎 草書 泣 中學 會意

泣諫(읍간 qìjiàn) 울면서 간(諫)함.
泣哭(읍곡 qìkū) 소리를 내어 슬피 통곡함.
泣訴(읍소 qìsù) 눈물로써 하소연함.
泣請(읍청 qìqǐng) 울면서 간절히 청함.

▶ 感泣(감읍)·悲泣(비읍)·哀泣(애읍)·號泣(호읍).

泥 진흙 니

泥泥泥泥泥泥泥泥泥

① ~ ⑤ 음 ní 일 テイ, どろ 영 mud
⑥ ⑦ 음 nì

① 수렁 니, 진흙 니(水和土). ② 물이 더러워질 니(水濁). ③ 미장이 니(泥匠). ④ 흙손 니(泥鏝). ⑤ 술 취할 니(醉). ⑥ 이슬 맺힐 니(露濃貌). ⑦ 아들할 니(柔澤貌).【苨와 같음】⑧ 막힐 니(滯).

書體 小篆 泥 草書 泥 高校 形聲

泥塗(이도 nítú) ① 진 흙. 진흙탕. ② 천한 위치·경우. ③ 천해서 쓰일 곳 없음. 더럽혀진 곳. 분토(糞土). 진토(塵土).

泥土(이토 nítǔ) 진흙.

泥行(이행 níxíng) 진흙탕 길을 감.

▶ 汚泥(오니).

注 물댈/부을 주:

注注注注注注注注

음 zhù 일 チュウ, そそぐ
영 irrigate, intend

① 물댈 주(灌). ② 물 쏟을 주(水流射). ③ 뜻 둘 주(意所嚮). ④ 기록할 주(記). ⑤ 조처할 주(措置). ⑥ 주낼 주, 풀이할 주. 【註와 통함】

書體 小篆 注 草書 注 中學 形聲

注脚(주각 zhùjiǎo) 해석. 본문의 일부분의 보족(補足). 주석(注釋). 〈본문의 중간에 들어가는 것을 注, 아래로 들어가는 것을 脚이라 함〉.

注力(주력 zhùlì) 힘을 있는 대로 다 들임.

注釋(주석 zhùshì) 본문의 해석. 문장등의 해석. 주해.

注疏(주소 zhùshū) 경서(經書) 등의 본문의 해석·설명. 〈注〉는 사서오경(四書五經) 등의 경문(經文)을 해석한 전(傳)·전(箋) 등으로 불리워지는 것. 疏는 注를 다시 해석 또는 부연(敷衍)한 것〉.

▶ 傾注(경주)·發注(발주)·不注意(부주의)·受注(수주)·外注(외주)·要注意(요주의)·集注(집주)·暴注(폭주).

泰 클 태

泰泰泰泰泰泰泰泰泰泰

음 tài 일 タイ, ヤス, やすらか
영 peaceful, huge

① 클 태(大). ② 통할 태(通). ③ 심할 태(甚). ④ 너그러울 태(寬). ⑤ 편안할 태(安). ⑥ 사치할 태(侈). ⑦ 산 이름 태(山名). ⑧ 괘 이름 태(卦名). ⑨ 서양 태(泰西).【太와 같음】

書體 小篆 泰 古文 泰 草書 泰 中學 形聲

泰斗(태두 tàidǒu) ① 태산북두(泰山北斗) 의 약어. 세인(世人)으로부터 우러러 존경을 받는 사람. ② 학문·학술의 권위자(權威者).

泰山北斗(태산북두 tàishānběidǒu) 태산(泰山)과 북두성. 〔喩〕사람을 우러러 보며 존경함. 사람들이 존경하는 훌륭한 인물. 태두(泰斗).

泰山峻嶺(태산준령 tàishānjùnlǐng) 큰 산과 험한 고개.

泰然自若(태연자약 tàiránzìruò) 마음에 무슨 충동을 받아도 듬직하고 천연스러움.

泰平(태평 tàipíng) ① 몸이나 마음이나 집안이 평안함. ② 세상이 잘 다스려짐. 썩 평화롭게 다스려짐. 태평(太平).

▶ 國泰民安(국태민안)·天下泰平(천하태평).

泳 헤엄칠 영:

泳泳泳泳泳泳泳泳

音 yǒng 日 エイ, およぐ 英 swim

헤엄칠 영, 무자맥질할 영(潛行水中).

書體 小篆 草書 泳 (高校) 形聲

▶ 水泳(수영)·背泳(배영)·游泳(유영)·遊泳(유영)·蝶泳(접영)·平泳(평영).

盥 손 씻는 그릇 관

日 カン, てあらいかん 英 wash-basin
손 씻는 그릇 관(洗手器).

洋 큰 바다 양

洋洋洋洋洋洋洋洋洋

音 yáng 日 ヨウ, おおうみ, ひろい
英 ocean, wide

① 큰 바다 양(大海). ② 물결 양(瀾). ③ 물 출렁출렁할 양(水盛貌). ④ 넓을 양(廣). ⑤ 클 양(大). ⑥ 서양 양(西洋).

書體 小篆 草書 洋 (中學) 形聲

洋洋(양양 yángyáng) ① 넓고도 큰 모양. ② 성대한 모양. 물의 성한 모양. 도도(滔滔). ③ 많은 모양. ④ 충만한 모양. 빠진 데 없이 꽉 차 있는 모양. ⑤ 한없이 넓은 모양. ⑥ 훌륭하고 아름다운 모양. ⑦ 의지할 곳이 없는 모양. ⑧ 득의한 모양. 의기(意氣)가 오르는 모양.

洋擾(양요 yángráo) 《國》서양 사람에 의하여 일어난 난리. 조선 고종 3년(1860)에 프랑스 군함이 강화도(江華島)에 침입한 난리와 고종 8년에 미국 군함이 강화도(江華島)에 침입한 난리. 양란(洋亂).

▶ 輕洋食(경양식)·東西洋(동서양)·東洋(동양)·東洋蘭(동양란)·丙寅洋擾(병인양요)·北氷洋(북빙양)·辛未洋擾(신미양요)·五大洋(오대양)·遠洋(원양)·前途洋洋(전도양양)·海洋(해양).

洗 씻을 세:

洗洗洗洗洗洗洗洗洗

1 音 xǐ 日 セイ, あらう 英 wash
2 音 xiǎn 日 セン

1 ① 씻을 세(滌). ② 세숫대야 세. 〔洒와 같음〕 2 ① 조촐할 선(潔). ② 율이름 선(律名, 姑洗).

書體 小篆 小篆 草書 洗 (中學) 形聲

洗腦(세뇌 xǐnǎo) 사상을 개조하기 위하여 새로운 사상을 주입함.

洗禮(세례 xǐlǐ) ①《宗》기독교 신자(信者)가 될 때의 의식(儀式). 물로 죄와 더러움을 깨끗이 씻고 새로운 생명으로 소생(蘇生)한다는 뜻으로 머리에 점수(點水)함. 침례(浸禮). ② 그 도(道)의 사람이 되기 위하여 필요한 경험. 또는 그 시련.

洗心(세심 xǐxīn) 마음이 언짢은 것을 깨끗이 씻음. 마음을 깨끗하게 함.

洗眼(세안 xǐyǎn) 눈을 씻음. 《轉》경치(景致)가 아름다워 바라봄. 악(惡)한 것을 시인(是認)하고 개심(改心)하는 것.

洗塵(세진 xǐchén) 멀리서 온 손님 또는 여행하고 돌아온 사람을 향응(饗應)하는 것. 접풍(接風).

洗滌(세척 xǐdí) 깨끗이 빨음. 또는 그 일.

▶ 水洗(수세)·領洗(영세)·筆洗(필세).

洙 물가 수

音 zhū 日 シュ, ほとり 英 beach

① 물가 수(水涯). ② 물 이름 수(泰山 水名洙泗).

洛 물이름 락
水 6
⑨

音 luò 日 ラク, みやこ 英 capital

① 낙수 락(水名). ② 서울 락(都也洛 陽).

洛陽(낙양 luòyáng) 《地》 동주(東 周)·후한(後漢)·위(魏)·서진(西 晉)·남북조(南北朝)의 북위(北魏)· 당(唐) 등의 서울. 지금의 하남성 (河南省) 낙양현(洛陽縣). 낙수(洛 水)의 북(北)쪽에 있음. 낙경(洛京). 낙사(洛師). 낙성(洛城). 낙읍(洛 邑). 서경(西京). 낙양(雒陽).

洞 골/마을 동:
水 6   통할 통:
⑨

洞洞洞洞洞洞洞洞洞

1 ⑶-⑻ 音 dòng 日 トウ, あな 英 cave, hole **2** 日 ウ, ほら

1 ① 공손할 동, 조심할 동(質慤貌). ② 덩어리질 동(相連貌). ③ 골 동, 구멍 동 (幽壑). ④ 깊을 동(深). ⑤ 빌 동(空). ⑥ 꿸 동(貫). ⑦ 빨리 흐를 동(疾流). ⑧ 밝을 동(朗徹). **2** 통. 뜻은 **1**의 ④⑧과 같음.

書體 小篆 洞 草書 泂 中學 形聲

洞房花燭(동방화촉 dòngfánghuā- zhú) ① 부인방의 등불이 휘황한 것. ② 신혼(新婚), 또는 결혼의 축 하. ③ 혼례 뒤에 신랑이 신부의 방에 서 자는 일.

洞開(통개 tóngkāi) 널리 열음. 환히 열음.

洞貫(통관 tóngguàn) 뚫음. 뚫어서 통 (通)함.

洞觀(통관 tóngguān) ① = 통견(洞 見). ② 추리(推理)·사고(思考)의 작 용에 의하지 않고 단번에 진리(眞 理)를 깨닫는 것. 돈오(頓悟). ↔ 점 오(漸悟).

洞達(통달 tóngdá) 환히 통함. 확실히 깨달음. 명철(明徹).

洞察(통찰 tóngchá) 온통 밝혀서 살 핌. 전체를 환하게 내다 봄.

洞徹(통철 tóngchè) 깊이 살펴서 환하 게 깨달음. 환히 통함.

洞燭(통촉 tóngzhú) 양찰(諒察)의 존 칭.

▶ 空洞(공동)·近洞(근동)·大洞契(대동 계)·山洞(산동)·樹洞(수동).

津 나루 진(:)
水 6
⑨

音 jīn 日 シン, わたしば 英 ferry

① 진액 진, 침 진(液). ② 나루 진(水渡 處). ③ 넘칠 진(溢).

津口(진구 jīnkǒu) 나루터.

津渡(진도 jīndù) 나루.

津船(진선 jīnchuán) 나룻배.

津液(진액 jīnyè) ① 침. 진타(津唾). ② 새어 나오는 즙(汁).

津唾(진타 jīntuò) 침. 진액(津液). 타 액(唾液).

▶ 松津(송진)·興味津津(흥미진진).

洩 샐 설
水 6 퍼질 예
⑨

1 音 xiè 日 エイ, もれる 英 leak **2** 日 セツ

1 ① 퍼질 예(舒散). ② 날개 훨훨 칠 예(飛翔貌). **2** ① 쉴 설(歇). ② 샐 설 (漏). ③ 발설할 설(發越). ④ 덜 설(減). 【泄·渫과 같음】

洩漏(설루 xièlòu) 새는 것. 또는 새어 나감. 사람에게 비밀이 새어 나감. 또 는 알려짐. 누설(漏洩).

洪 넓을 홍

洪洪洪洪洪洪洪洪洪

中 hóng 日 コウ, おおきい 영 vast

① 클 홍, 넓을 홍(大). ② 큰물 홍(洚水). ③ 성 홍(姓). 【鴻·洚과 통함】

書體 小篆 / 草書 (高校) 形聲

洪範(홍범 hóngfàn) ①《歷》하(夏)의 우왕(禹王) 때 낙수(落水)에서 난 신귀(神龜)의 등에서 나타났다는 구장(九章)의 글로서 천하를 다스리는 대법(大法). ② 위대한 본. 천지의 대법(大法). 홍궤(洪軌). ③《書》서경의 편명(篇名).
洪水(홍수 hóngshuǐ) 큰물. 강물이 넘쳐흐르는 것. 홍료(洪潦). 대수(大水).
洪業(홍업 hóngyè) 큰 사업. 건국(建國)의 대업.
洪荒(홍황 hónghuāng) ① 끝없이 넓고 큰 모양. ② 세계의 시초. 천지가 아직 열리지 않은 때를 말함. 태고(太古).

▶ 洪濤(홍도)·洪福(홍복)·洪水(홍수)·洪魚(홍어)·洪業(홍업)·洪恩(홍은)·洪才(홍재)·洪荒(홍황)·洪勳(홍훈).

洲 물가 주

洲洲洲洲洲洲洲洲洲

中 zhōu 日 シュウ, ス, す, しま 영 island

① 섬 주(島). ② 뭍 주(陸地). ③ 물가 주(水際).

書體 草書 (高校) 形聲

洲島(주도 zhōudǎo) ①《地》 주서(洲嶼). ②《地》 하구(河口)에 삼각주(三角洲) 모양으로 토사(土砂)가 퇴적하여 이루어진 섬.
洲嶼(주서 zhōuyǔ) 섬. 주도(洲島).
洲汀(주정 zhōutīng) 토사(土砂)로 이룩된 섬. 주저(洲渚).

▶ 三角洲(삼각주)·六大洲(육대주).

活 살 활

活活活活活活活活活

1 中 huó 日 カツ, いきる 영 live
2 영 active

1 ① 살 활, 살릴 활(生). ② 활발할 활(盛動). ③ 올가미 활(活細子). 2 물 콸콸 흐를 괄(水流聲).

書體 小篆 / 或體 / 草書 (中學) 形聲

活絡(활락 huóluò) 원활(圓滑)한 것. 구애(拘碍)받지 않는 것. 거리끼지 않는 것.
活躍(활약 huóyuè) ① 힘차게 뛰어 다님. ② 힘차게 활동함. 눈부시게 일을 함.
活況(활황 huókuàng) 활기 있는 상황. 호황(好況). ↔ 불황(不況).
活訓(활훈 huóxùn) 산 교훈. 가치 있는 교훈. 실천적인 교훈.

▶ 農活(농활)·猛活躍(맹활약)·文化生活(문화생활)·敏活(민활)·復活(부활)·私生活(사생활)·死活(사활)·社會生活(사회생활)·生活(생활)·信仰生活(신앙생활)·日常生活(일상생활)·再活(재활)·再活用(재활용)·快活(쾌활)·特活(특활)·肺活量(폐활량).

洽 흡족할 흡

中 qià 日 コウ, あう
영 harmony and unity

① 화할 흡(和). ② 합할 흡(合). ③ 두루할 흡, 한길 흡(周徧). ④ 젖을 흡(霑濡).
洽足(흡족 qiàzú) 아주 넉넉하고 두루

퍼져 조금도 모자람이 없음.
洽汗(흡한 qiàhàn) 흠뻑 땀에 젖음.

派 갈래 파
水 6 ⑨

派派派派派派派派派

음 pài, pā, paì 일 ハ, わかれ, わける
영 branch

① 물 가닥 파, 물갈래 파(分流). ② 보낼 파(派遣). ③ 나눌 파(分). ④ 파벌 파(派閥).

書體 小篆 草書 (高校) 形聲

派遣(파견 pàiqiǎn) ① 일할 사람을 나누어 보내는 것. ② 사람에게 용무를 띠워서 출장을 보냄.
派閥(파벌 pàifá) 출신(出身)·소속(所屬) 등을 같이 하는 사람끼리의 신분적(身分的)인 연결(聯結).
派生(파생 pàishēng) 어떤 사물(事物)의 주체(主體)로부터 갈리어 나와 생김. 또는 갈라져 나오는 것.

▶ 黨派(당파)·流波(유파)·宗派(종파)·學派(학파).

流 흐를 류
水 6 ⑨

流流流流流流流流流

음 liú 일 リュウ, ル, ながれる
영 flow

① 흐를 류(水行). ② 번져나갈 류(覃). ③ 구할 류(求). ④ 내릴 류(下). ⑤ 내칠 류(放). ⑥ 펼 류(布). ⑦ 달아날 류(走). ⑧ 무리 류(類). ⑨ 귀양 보낼 류(刑罰之一流配). ⑩ 근거 없을 류(不確實流言). ⑪ 등급 류(等級上流下流). ⑫ 은혜 류(恩澤). ⑬ 돌림 류(移行). ⑭ 갈래 류(派).

書體 小篆 古文 草書 (中學) 會意

流麗(유려 liúlì) 글이나 말이 유창하고 아름다움. 시문(詩文)·서법(書法) 등을 비평하는 데 쓰임.
流言蜚語(유언비어 liúyánfēiyǔ) 도무지 근거가 없이 널리 퍼진 소문.
流入(유입 liúrù) 흘러 들어옴.
流轉(유전 liúzhuǎn) ① 끊임없이 변천함. ② 사람의 생사(生死) 등이 변전(變轉)하여 그치지 않는 것. ③ 여기저기 떠돌아다님. 윤류(輪流).
流派(유파 liúpài) ① 어떠한 파에서 갈려 나온 갈래. ② 예능(藝能) 등에서 각자의 특유한 유의(流儀)를 지키고 있는 일파.

▶ 激流(격류)·溪流(계류)·貫流(관류)·交流(교류)·急流(급류)·氣流(기류)·亂氣流(난기류)·亂流(난류)·暖流(난류)·冷氣流(냉기류)·對流(대류)·大流行(대유행)·物流(물류).

浅 얕을 천:
水 6 ⑨

【淺(水부8획)의 약자】

浚 깊게할 준:
水 7 ⑩

음 jùn, xùn 일 シュン, ふかい
영 deep

① 깊을 준(深). ② 일 준(淘). ③ 취할 준(取). ④ 모름지기 준(須). ⑤ 팔 준(堀). ⑥ 마을 이름 준(衛邑名).

浚民膏澤(준민고택 jùnmíngāozé) 국민의 재물을 몹시 착취함.
浚渫(준설 jùnxiè) 하천·항만 등의 바닥에 쌓인 흙을 퍼내어 바다를 깊게 함.
浚井(준정 jùnjǐng) 우물을 쳐내어 더 깊게 함.

浡 우쩍 일어날 발
水 7 ⑩

음 bó 일 ボツ, おこる 영 rise

① 우쩍 일어날 **발**(興起貌). ② 바다 이름 **발**(海名浡海).【勃과 통함】

浡潏(발휼 bóyù) 물이 콸콸 솟음.

浦 물가/나루 포

水 7 ⑩

浦浦浦浦浦浦浦浦浦浦

중 pǔ 일 ホ, うら 영 creek

① 물가 포(瀕). ② 개 포(大水有小口別通曰浦).

書體 小篆 浦 草書 浦 高校 形聲

浦口(포구 pǔkǒu) 개의 어귀. 작은 항구.
浦村(포촌 pǔcūn) 해변가나 강가에서 고기잡이 같은 것으로 살아가는 마을.
浦港(포항 pǔgǎng) 포구 및 항구.

浩 넓을 호:

水 7 ⑩

浩浩浩浩浩浩浩浩浩浩

중 hào 일 コウ, おおきい, ひろい 영 vast

① 물 질펀할 호(大水貌). ② 넓고 클 호(廣大).

書體 小篆 浩 草書 浩 高校 形聲

浩渺(호묘 hàomiǎo) 넓고 아득한 모양.
浩博(호박 hàobó) 넓은 것.
浩然之氣(호연지기 hàoránzhīqì) ① 하늘과 땅 사이에 넘치도록 가득 찬, 바르고 강한 큰 원기. ② 도의(道義)에 뿌리를 박고 공명정대(公明正大)하여 조금도 부끄러울 바 없는 도덕적 용기. ③ 사물에서 해방된 넓고 풍성한 마음.
浩浩湯湯(호호탕탕 hàohàotāngtāng) 물이 광대(廣大)하게 흐르는 모양.

호탕(浩湯).

浪 물결 랑(:)

水 7 ⑩

浪浪浪浪浪浪浪浪浪浪

중 làng 일 ロウ, なみ 영 wave

① 물 절절 흐를 **랑**(流貌) ② 물 이름 **랑**(荊山水名).「창랑(滄浪)」③ 고을 이름 **랑**(朝鮮地名樂浪). ④ 맹랑할 **랑**(不精要). ⑤ 희롱거리할 **랑**(不敬). ⑥ 함부로 쓸 **랑**(浪費). ⑦ 물결 **랑**(波).

書體 小篆 浪 草書 浪 中學 形聲

浪漫的(낭만적 làngmàndè) 현실적이 아니고 공상적인 것. 로맨틱.
浪費(낭비 làngfèi) 쓸데없는 일에 시간과 돈을 씀.
浪說(낭설 làngshuō) 터무니없는 소문.
浪說藉藉(낭설자자 làngshuōjíjí) 헛된 소문이 여러 사람의 입에 오르내림.
浪人(낭인 làngrén) 관직(官職)이 없이 유랑(流浪)하는 사람.

▶ 激浪(격랑)·孟浪(맹랑)·放浪(방랑)·浮浪(부랑)·流浪(유랑)·波浪(파랑)·風浪(풍랑)·虛無孟浪(허무맹랑).

浬 해리 리

水 7 ⑩

중 lǐ 일 リ, ノット 영 nautical mile

① 추장 이름 **리**(浬泥, 波斯酋長). ② [新字]바다 리수 **리**(海之里數, 海里). 1,852m.

浮 뜰 부

水 7 ⑩

浮浮浮浮浮浮浮浮浮浮

중 fú 일 フ, フウ, うかぶ 영 float

① 뜰 **부**(汎). ② 넘칠 **부**(溢). ③ 지날

부(過). ④ 떠내려 갈 부(順流). ⑤ 물 창일할 부(水盛貌). ⑥ 매인 데 없을 부(無定意).

書體 小篆 草書 浮 中學 形聲

浮橋(부교 fúqiáo) ① 배나 뗏목을 여러 개 잇대어 그 위에 널판을 깔아 만든 다리. ② 널빤지만을 걸쳐 놓은 나무다리.
浮揚(부양 fúyáng) 떠오름. 가라앉은 배 같은 것을 띄워 올림.
浮言流說(부언유설 fúyánliúshuō) 떠돌아다니는 근거 없는 말.
浮榮(부영 fúróng) 뜬세상의 헛된 영화. 세속적(世俗的)인 영화. 허영(虛榮).
浮雲(부운 fúyún) ① 하늘에 떠 있는 구름. ② 하늘에 떠 있는 구름처럼 멀리 떨어져 있어 하등 관계가 없는 것. 또는 종잡을 수 없는 것. ③ 덕이 없는 소인(小人)을 말함.
浮雲之志(부운지지 fúyúnzhīzhì) 하늘에 떠도는 구름처럼 부귀(富貴)에 사로잡히지 않는 마음.
浮標(부표 fúbiāo) ① 물 위에 띄워 어떤 표적을 삼는 물건. ② 항로표지(航路標識)의 하나. 물 위에 띄워 암초나 기타의 소재 및 항로(航路) 등을 가리켜 보이는 여러 도구. ③ 진실이 아닌 것. ④ 어망(漁網)과 어구(魚具)의 낚시찌.

▶ 輕浮(경부)·急浮上(급부상)·沈浮(침부).

水7 浴10 몸씻을/목욕 욕

浴浴浴浴浴浴浴浴浴浴

⊗ yù ⊚ ヨク, あびる ⊚ bath

① 미역감을 욕, 목욕할 욕(灑身). ② 깨끗이 할 욕(潔治意). ③ 물 이름 욕(水名).

書體 小篆 草書 浴 中學 形聲

浴衣(욕의 yùyī) 목욕한 후, 또는 여름철에 입는 무명·베옷.
浴槽(욕조 yùcáo) 목욕탕. 목욕할 때 쓰는 나무통.
浴湯(욕탕 yùtāng) 목욕탕(沐浴湯)의 약어.
浴化(욕화 yùhuà) 높은 덕(德)으로써 행하는 교화를 받음. 덕행(德行)의 감화(感化)를 받음.

▶ 公衆沐浴湯(공중목욕탕)·冷水浴(냉수욕)·日光浴(일광욕)·入浴(입욕)·海水浴場(해수욕장).

水7 海10 바다 해:

海海海海海海海海海海

⊗ hǎi ⊚ カイ, うみ ⊚ sea

① 바다 해(滄海百川朝宗). ② 세계 해(世界). ③ 많을 해(多). ④ 넓을 해(廣).

書體 小篆 草書 海 中學 形聲

海鷗(해구 hǎi'ōu) 《動》 바다갈매기.
海東青(해동청 hǎidōngqīng) 《動》 매의 일종. 보라매. 송골매.
海量(해량 hǎiliàng) 상대방에 용서를 빌 때에 쓰는 말로 "너른 도량으로 잘 헤아려줌"의 뜻. 해량(海諒).
海里(해리 hǎilǐ) 해상(海上) 거리의 단위. 1해리는 경도 1분 거리의 평균치로 1,852m〈배의 속도표시는 1해리를 1노트로 함. 즉, 40노트라 함은 1시간에 40해리를 항진(航進)하는 배의 속도(速度)를 일컬음〉.
海拔(해발 hǎibá) 해면(海面)을 기준으로 한 육지나 산의 높이.
海堰(해언 hǎiyàn) 조수(潮水)나 파도를 막는 둑. 방파제(防波堤).
海印(해인 hǎiyìn) 바다의 풍랑(風浪)이 잔잔하여져 만상을 있는 그대로 나타낸다는 뜻. 《喩》 부처의 슬기를 일컫는 말.

海藻(해조 haǐzǎo) 《植》 ① 바다의 조류(藻類)의 총칭. 그 빛에 따라 녹조(綠藻)·갈조(褐藻)·홍조(紅藻)로 나눔. ② 풀가사리. ③ 미역.

▶ 苦海(고해)·公海(공해)·近海(근해)·多島海(다도해)·渡海(도해)·茫茫大海(망망대해)·四海同胞(사해동포)·山海珍味(산해진미)·桑海(상해)·深海(심해)·沿海(연해)·領海(영해)·外海(외해)·雲海(운해)·遠海(원해)·陸海空軍(육해공군)·臨海(임해)·絶海(절해)·滄海(창해)·航海(항해).

浸 젖을/잠길 침:

浸浸浸浸浸浸浸浸浸浸

音 jìn 日 シン, ひたる 英 soak, dip

① 적실 침(漬). ② 불릴 침(潤). ③ 번질 침(漸). ④ 빠질 침(沒). ⑤ 잠길 침(沈). ⑥ 젖을 침(涵). ⑦ 큰못 침(澤之總名).

書體 小篆 草書 浸 (高校) 形聲

浸禮敎會(침례교회 jìnlǐjiàohuì) 《宗》 침례를 중요시하는 신교의 한 파.
浸蝕(침식 jìnshí) 물이 점점 스며들어 바위나 지표(地表) 따위를 허물어뜨림.
浸透(침투 jìntòu) ① 물 같은 것이 스며들음. ② 주의(主義)나 사상이 점점 사람의 마음에 스며들어감.

浿 강 이름 패:

音 bèi, pài, pèi 日 パイ, かわ 英 river

① 물 이름 패(大同江名). ② 물가 패(水涯).

浿水(패수 bèishuǐ) 《歷》 고조선 때 강 이름. 압록강·대동강·청천강(淸川江) 등 여러 설이 있음.
浿營(패영 bèiyíng) 평안도의 감영(監營). 기영(箕營).

涅 열반(涅槃) 녈

1 音 niè 日 ネツ, くろつち
英 black mud 2 日 デツ

1 ① 앙금흙 날, 개흙 날(水中黑土). ② 검은 물들일 날(染黑). 2 죽을 녈, 극락 갈 녈(佛經歸依曰涅槃).

涅槃(열반 nièpán) 《佛》 범어(梵語) Nirvana의 음역(音譯). ① 안락적멸(安樂寂滅) 또는 불생불멸(不生不滅)로 음역(音譯)함. 생사(生死)의 인과(因果)를 떠나 모든 번뇌를 없애고 여래(如來)의 법신(法身)에 귀일(歸一)함. ② 죽는 것. 입적(入寂). 입멸(入滅).

消 사라질/지울 소

消消消消消消消消消消

音 xiāo 日 ショウ, きえる 英 extinguish

① 다할 소(盡). ② 꺼질 소, 사라질 소(滅). ③ 풀릴 소(釋). ④ 해어질 소(歇).

書體 小篆 草書 消 (中學) 形聲

消却(소각 xiāoquè) 지워 버림. 써서 덜어 버림.
消磨歲月(소마세월 xiāomósuìyuè) 하는 일 없이 헛되이 세월만 보냄.
消散(소산 xiāosàn) 흩어져 사라짐.
消搖(소요 xiāoyáo) ① 목적(目的) 없이 슬슬 돌아다님. 소요(逍遙). ② 멀리 바라봄.
消印(소인 xiāoyìn) 지움을 표하는 도장. 또는 그 도장을 찍음.
消沈(소침 xiāoshén) ① 사라져 가라앉음. ② 기분(氣分)이 가라앉음. ③

歹殳母比毛氏气㊄火爪父爻爿片牙牛犬

불경기(不景氣)가 되는 것.
消蕩(소탕 xiāodàng) 없어어 평정함.

▶ 過消費(과소비)·抹消(말소)·無消息(무소식)·雲散霧消(운산무소)·終無消息(종무소식)·取消(취소)·解消(해소).

涉 건널 섭

水7 ⑩

涉涉涉涉涉涉涉涉涉涉

중 shè 일 ショウ, わたる 영 cross
① 물 건널 섭(涉水). ② 거칠 섭, 지나쳐 볼 섭(經). ③ 돌아다닐 섭. ④경과할 섭(經過).

書體 小篆 古文 草書 涉 (高校) 會意

涉歷(섭력 shèlì) 물을 건너고 산을 넘었다는 말로, 여러 가지 경험을 가졌다는 뜻.
涉獵(섭렵 shèliè) ① 여기저기로 찾아다님. ② 널리 책을 찾아내어 읽음.
涉世(섭세 shèshì) 세상을 살아 나감.
涉外(섭외 shèwài) ① 외국 또는 외부(外部)와 연락·교섭(交涉)하는 것. ② 어떤 법률상의 일이 국내외와 관계를 가지는 것.
涉險(섭험 shèxiǎn) 위험함을 무릅씀. 섭위(涉危).

▶ 干涉(간섭)·交涉(교섭)·渡涉(도섭).

涕 눈물 체

水7 ⑩

중 tì 일 テイ, なみだ 영 tears
① 눈물 체(淚). ② 울 체(泣).
涕淚(체루 tìlèi) 눈물.
涕泗(체사 tìsì) 눈물과 콧물. 〈涕는 흘러나오는 눈물, 泗는 콧물〉.
涕泣(체읍 tìqì) 눈물을 흘리며 울음. 읍체(泣涕).

涯 물가 애

水8 ⑪

涯涯涯涯涯涯涯涯涯涯

1 중 yá 일 ガイ, みぎわ 영 shore
2 일 ガイ, きし

1 ① 물가 애, 물언덕 애(水畔). ②물 이름 애(水名).【厓와 같음】 2 의. 뜻은 1과 같음. 3 ① 물가 아(水際). ② 다할 아(窮盡意).

書體 小篆 涯 草書 涯 (高校) 形聲

涯岸(애안 yá'àn) ① 물가. 수애(水涯). 애제(涯際). ② 끝. 경계. 애제(涯際). 애한(涯限).
涯際(애제 yájì) ① 물가. ② 끝 근처. 경계. 제애(際涯).
涯限(애한 yáxiàn) 끝 가까이. 경계.

▶ 無涯(무애)·生涯(생애).

液 진 액

水8 ⑪

중 yè 일 エキ, しる 영 liquid
① 진 액, 즙 액(汁也津液). ② 헤칠 액(解散). ③ 불릴 액(潤). ④ 물 액(水).

液果(액과 yèguǒ) 껍질에 살이 많고 즙액이 많은 과실. 호과(瓠果)·감과(柑果) 따위.
液肥(액비 yèféi) 똥물·오줌 따위와 같은 묽은 거름. 수비(水肥).
液狀(액상 yèzhuàng) 액체의 상태. 액체와 같은 상태. 액체상(液體狀).
液汁(액즙 yèzhī) 국물. 물. 장(漿).
液體(액체 yètǐ) 《物》일정한 부피는 있으나 일정한 모양이 없이 유동(流動)하는 물질. 물·기름 따위. ↔고체(固體).

▶ 樹液(수액)·溶液(용액)·原液(원액)·流出液(유출액)·精液(정액)·注射液(주사액)·體液(체액)·催淚液(최루액)·抽出液

(추출액)·唾液腺(타액선)·血液(혈액).

涵 젖을 함

🅢 hán 🅙 カン, うるおう 🅔 soak
① 젖을 함(濡). ② 잠길 함(沈). ③ 용납할 함(容). ④ 넓을 함(廣).

涵養(함양 hányǎng) ① 자연적으로 차차 길러냄. 서서히 양성함. ② 은혜를 베풂. ③ 차차 학문·견식이 몸에 배도록 양성시킴. 수양(修養)함.
涵濡(함유 hánrú) 젖게 함. 적시어 윤택하게 함. 《轉》은택(恩澤)을 베풂. 은택(恩澤)을 입음. 침지(浸漬).

涼 서늘할 량

涼涼涼涼涼涼涼涼涼涼
①② 🅢 liáng ③~⑤ 🅢 liàng
🅙 リョウ, すずしい 🅔 cool
① 엷을 량(薄). ② 서늘할 량(微冷).【凉과 통함】③ 도울 량(佐). ④ 미쁠 량(信). ⑤ 적적하고 슬플 량(哀).【諒과 통함】

書體 小篆 涼 草書 涼 中學 形聲

涼氣(양기 liángqì) 서늘한 기운.
涼秋(양추 liángqiū) 음력 9월의 이칭.
涼風(양풍 liángfēng) 선들바람.

▶ 納涼(납량)·冷涼(냉량)·新涼(신량)·凄涼(처량)·淸涼飮料(청량음료)·秋涼(추량).

淋 임질 림

🅢 lín, lìn 🅙 リン, そそぐ
🅔 wet, drip
① 축일 림(以水沃). ② 지적지적할 림(山下水貌). ③ 번지르르할 림(淋漓渥

貌). ④ 물 댈 림(澆). ⑤ 쓸쓸할 림(寂). ⑥ 임질 림(病名).【痳과 통함】

淋毒(임독 líndú) 임질의 독.
淋疾(임질 línjí) 《醫》성병의 한 가지.
淋巴腺(임파선 línbāxiàn) 《生》임파액(淋巴液)이 흐르는 임파관(淋巴管)의 여러 곳에 있는 입상(粒狀)의 결절(結節).

淑 맑을 숙

淑淑淑淑淑淑淑淑淑淑
🅢 shū 🅙 シュク, よい
🅔 good, clear
① 맑을 숙(淸湛). ② 화할 숙(和). ③ 착할 숙(善). ④ 사모할 숙(私淑).【俶과 같음】

書體 小篆 淑 草書 淑 中學 形聲

淑德(숙덕 shūdé) 올바르고 착한 덕(德). 주로 부인의 선미(善美)한 덕행의 일컬음.
淑媛(숙원 shūyuán) ① 재덕(才德)이 뛰어난 부인. 숙녀(淑女). ② 여관(女官)의 일컬음.
淑姿(숙자 shūzī) 얌전하고 훌륭한 모습.
淑淸(숙청 shūqīng) 성품과 언행이 맑고 깨끗함.

▶ 私淑(사숙)·貞淑(정숙).

凄 쓸쓸할 처

１ 🅢 qī 🅙 セイ, さむい 🅔 cold
２ 🅢 qiàn 🅙 サイ
１ ① 구름 피어오를 처(雲起貌). ② 쓸쓸할 처(寒涼). ２ 빠를 천(凄洌疾貌).
【淒와 같음】

凄涼(처량 qīliáng) ① 쓸쓸하고 구슬픔. 처창(悽愴). ② 쓸쓸함. 적요(寂

寥).
凄然(처연 qīrán) 춥고 매서운 모양. 으스스함.
凄風(처풍 qīfēng) ① 쌀쌀한 바람. 고추바람. ② 서남풍(西南風).

淘 쌀일 도
水 8 ⑪

음 táo 일 トウ, ながれる 영 scour
① 쌀일 도(淅米). ② 물 흐를 도(水流).
淘金(도금 táojīn) 금(金)을 골라서 가름.
淘淘(도도 táotáo) 물이 흐르는 모양. 도도(滔滔).
淘汰(도태 táotài) ① 씻어 깨끗하게 함. ② 가려서 고름. 좋은 것을 골라 냄. 정선(精選). ③《生》 적자생존(適者生存)의 이치에 의하여 생물 중 환경이나 조건 등에 알맞은 것만이 살아남고 그렇지 아니한 것은 죽어 없어지는 현상.

淚 눈물 루:
水 8 ⑪

淚淚淚淚淚淚淚淚淚淚

음 lèi 일 ルイ, なみだ 영 tears
눈물 루(目液).

書體 篆文 淚 草書 淚 (高校) 形聲

淚眼(누안 lèiyǎn) 눈물을 머금은 눈. 눈물에 어린 눈.
淚液(누액 lèiyè) 눈물.
淚珠(누주 lèizhū) 눈물의 구슬. 눈물.

▶ 感淚(감루)·落淚(낙루)·悲淚(비루)·聲淚(성루)·暗淚(암루)·熱淚(열루)·催淚彈(최루탄)·血淚(혈루)·紅淚(홍루).

淡 맑을 담
水 8 ⑪

淡淡淡淡淡淡淡淡淡淡

음 dàn 일 タン, あわい, うすい
영 insipid
① 물 맑을 담(水淨).【澹과 같음】② 싱거울 담, 슴슴할 담(薄味). ③ 물질펀할 담(安流平滿貌). ④ 묽을 담(濃之對).

書體 小篆 淡 草書 淡 (高校) 形聲

淡淡(담담 dàndàn) ① 말쑥한 모양. 산뜻한 모양. ② 물이 순순히 흘러 편편하게 차는 모양. ③ 물이 흔들어 움직이는 모양. ④ 사물의 그림자가 아른아른한 모양.
淡泊(담박 dànbó) ① 빛깔과 맛이 담백한 것. ② 기분이 맑고 꾸밈이 없음. ③ 욕심이 없는 것.
淡水(담수 dànshuǐ) 짠맛이 없는 맑은 물. 단물. ↔함수(鹹水).

▶ 冷淡(냉담)·濃淡(농담)·雅淡(아담)·淸淡(청담).

淨 깨끗할 정
水 8 ⑪

淨淨淨淨淨淨淨淨淨淨

음 jìng 일 セイ, ジョウ, きよい
영 clear
① 조촐할 정, 깨끗할 정(無垢潔). ② 맑을 정(淸).

書體 小篆 淨 草書 淨 (中學) 形聲

淨飯王(정반왕 jìngfànwáng) 범어(梵語) Suddhodana의 역어(譯語). 석가모니의 아버지. 인도 가비라성(迦毘羅城)에 있는 석가족(釋迦族)의 왕.
淨水(정수 jìngshuǐ) 깨끗한 물.
淨財(정재 jìngcái) 사원(寺院)에 내는 기부금(寄附金). 또는 자선금(慈善金). 희사금(喜捨金). 정사(淨捨).
淨齋所(정재소 jìngzhāisuǒ) 절에서 밥을 짓는 곳.
淨土(정토 jìngtǔ)《佛》 더럽혀지지

않은 나라. 번뇌로부터 해탈된 더럽혀지지 않은 나라. 극락(極樂). 극락정토(極樂淨土).

▶ 極樂淨土(극락정토)·不淨腐敗(부정부패)·洗淨(세정)·自淨(자정)·淸淨(청정).

淫 음란할 음
水 8획 ⑪

淫淫淫淫淫淫淫淫淫淫

훈 yín 일 イン, みだら 영 obscene

① 방탕할 음(放). ② 간음할 음(奸). ③ 음란할 음(亂). ④ 넘칠 음(溢). ⑤ 과할 음(過). ⑥ 심할 음(甚). ⑦ 적실 음(漬). ⑧ 오랠 음(久). 【婬와 통함】

書體 小篆 淫 草書 淫 高校 形聲

淫談悖說(음담패설 yíntánbèishuō) 음탕하고 상스러운 이야기.
淫亂(음란 yínluàn) 음탕하고 난잡함.
淫蕩(음탕 yíndàng) 주색에 빠져 얼빠짐.

▶ 姦淫(간음)·觀淫(관음)·賣淫(매음).

淳 순박할 순
水 8획 ⑪

훈 chún 일 ジュン, すなお
영 pure, genuine

① 맑을 순(淸). ② 순박할 순, 순할 순(質樸). ③ 짠땅 순(鹹地). ④ 빙빙 돌 순(流動貌).

淳良(순량 chúnliáng) 순하고 선량함.
淳朴(순박 chúnpǔ) 선량하고 꾸밈이 없음. 순박(淳樸). 인정이 두텁고 순량(淳良)함.
淳風(순풍 chúnfēng) 순박한 기풍.

深 깊을 심
水 8획 ⑪

深深深深深深深深深深

훈 shēn 일 シン, ふかい 영 deep

① 으슥할 심(邃). ② 깊을 심(淺之對). ③ 멀 심(遠). ④ 감출 심(藏). ⑤ 잴 심(度淺深). ⑥ 옷 이름 심(衣名).

書體 小篆 深 草書 深 中學 形聲

深根固柢(심근고저 shēngēngùdǐ) 깊이 뿌리가 땅에 뻗어 있어 움직이지 않는 것. 《喩》 기초와 근본이 견실(堅實)한 것.
深山幽谷(심산유곡 shēnshānyōugǔ) 깊숙하고 고요한 산과 골짜기. 심산궁곡(深山窮谷).
深深山川(심심산천 shēnshēnshānchuān) 아주 깊은 산속.
深深藏之(심심장지 shēnshēncángzhī) 소중한 물건을 깊이 감추어 둠.

▶ 水深(수심)·夜深(야심)·幽深(유심)·海深(해심).

淵 못 연
水 8획 ⑪

훈 yuān 일 エン, ふち 영 pond

① 못 연(池). ② 깊을 연(深). ③ 북소리 둥둥할 연(鼓聲). ④ 모래톱 연(江中沙地).

淵源(연원 yuānyuán) 사물의 근원. 본원(本源).

▶ 深淵(심연).

混 섞일/섞을 혼ː
水 8획 ⑪

混混混混混混混混混

① hùn 일 コン, まじる 영 mix
② hún

① ① 덩어리질 혼(混沌氣未分). ② 섞일 혼(雜). ③ 흐릴 혼(濁). ② 오랑캐 곤(西戎名混夷).

書體 小篆 混 草書 混 中學 形聲

混沌(혼돈 húndùn) ① 천지개벽(天地開闢) 초에 천지가 아직 갈라지지 않은 모양. 혼돈(渾沌). 혼륜(混淪). ② 사물의 구별이 확실치 않은 모양. ③ 악한 짐승의 이름. ④ 가죽 주머니. 피대(皮袋). 시이(鴟夷).

混迷(혼미 hùnmí) ① 뒤섞여 모르게 됨. ② 마음이 흐리고 사리에 어두움.

混濁(혼탁 hùnzhuó) ① 진흙과 더러운 물건이 섞이어 탁함. 맑지 아니함. ② 세상이 어지러움.

混血兒(혼혈아 hùnxuè'ér) 인종이 다른 부모 사이에서 태어난 아이.

淸 맑을 청
水 8 ⑪

淸淸淸淸淸淸淸淸淸淸

中 qīng 日 セイ、きよい
英 clear, pure

① 맑을 청(去濁遠穢澄). ② 고요할 청(靜). ③ 조촐할 청(潔). ④ 청렴할 청(廉直).

書體 小篆 淸 草書 淸 中學 形聲

淸談(청담 qīngtán) ① 세속을 떠난 풍류적인 이야기. 한담(閑談)하는 것. ② 위(魏)·진(晋) 시대 선비들이 노장(老莊)의 공리(空理)에 대하여 논하던 일. 죽림(竹林)의 칠현(七賢)은 특히 유명함.

淸凉(청량 qīngliáng) 맑고 상량(爽凉)함.

淸廉(청렴 qīnglián) 마음이 깨끗하고 욕심이 없으며 행실이 올바름.

淸白吏(청백리 qīngbáilì) ① 결백한 관리. ②《國》의정부(議政府)·육조(六曹)·경조(京兆)의 이품(二品) 이상의 당상관(堂上官)과 사헌부(司憲府)·사간원(司諫院)의 우두머리가 천거하여 뽑힌 결백한 관리(官吏).

淸心寡慾(청심과욕 qīngxīnguǎyù) 마음을 깨끗이 가지고 욕심을 적게 함.

淸雅(청아 qīngyǎ) 맑고 아담한 것. 수려(秀麗). 고상(高尙).

淸酒(청주 qīngjiǔ) 맑은 술. 정종(正宗).

淸澄(청징 qīngchéng) 깨끗하고 맑음.

▶ 大淸(대청)·肅淸(숙청)·眞空淸掃器(진공청소기)·血淸(혈청).

淸 맑을 청
水 8 ⑪

【淸(前條)과 같음】

淺 얕을 천:
水 8 ⑪

淺淺淺淺淺淺淺淺淺淺

中 qiǎn 日 jiān セン、あさい
英 shallow

① 얕을 천(水不深). ② 고루할 천, 견문 좁을 천(少聞). ③ 범의 가죽 천(虎皮).

書體 小篆 淺 草書 淺 中學 形聲

淺見(천견 qiǎnjiàn) ① 얕은 생각. 천려(淺慮). ② 자기 생각을 낮추어 일컬음.

淺薄(천박 qiǎnbó) 생각과 학문이 얕음.

淺學(천학 qiǎnxué) ① 얕은 학문. 학식이 얕은 것. ② 자기의 학식의 겸칭. 박학(薄學).

▶ 鄙淺(비천)·日淺(일천).

添 더할/덧붙일 첨
水 8 ⑪

添添添添添添添添添添

中 tiān 日 テン、そえる
英 add, attach

더할 첨(益也加付).

書體: 草書 添 (高校) 形聲

添杯(첨배 tiānbēi) 술이 들어 있는 술잔에 술을 더 따름. 첨잔(添盞). 첨작(添酌).
添付(첨부 tiānfù) 더함. 같이 붙임. 첨부(添附).
添削(첨삭 tiānxiāo) 글·글자를 더하거나 지우거나 해서 시문(詩文)을 바르게 함. 첨산(添刪). 첨찬(添竄).

▶ 加添(가첨)·錦上添花(금상첨화).

水 8 ⑪ 澁 떫을 삽

【澁(水부12획)의 약자】

水 9 ⑫ 減 덜/덜어낼 감:

減 氵 沪 沪 沪 沪 沪 减 减 减

音 jiǎn 日 ゲン, カン, へる 英 decrease

① 덜 감(損). ② 무지러질 감(耗). ③ 가벼울 감(輕). ④ 물 이름 감(水名).

書體: 小篆 減 草書 減 (中學) 形聲

減價償却(감가상각 jiǎnjiàchángquè) 손익 계산 또는 자산 평가를 정확히 하기 위하여 토지(土地)를 제외한 고정 자산의 소모 손상에 의한 가치의 감소를 각 연도에 할당해서 계산하여 그 자산(資産) 가격을 줄여 가는 일.
減耗(감모 jiǎnhào) 줄어듦. 닳아 무지러짐.
減衰(감쇠 jiǎnshuāi) 힘이 줄어 약하여짐. 힘을 쇠약하게 함.
減壽(감수 jiǎnshòu) 목숨이 줄어짐.

▶ 加減(가감)·激減(격감)·輕減(경감)·半減(반감)·削減(삭감)·衰減(최감)·低減(저감)·節減(절감)·增減(증감)·差減(차감)·縮減(축감)·蕩減(탕감).

水 9 ⑫ 渠 개천 거

音 qú 日 キョ, みぞ 英 drain, gutter

① 개천 거, 도랑 거(溝). ② 휑덩그렁할 거(深廣貌). ③ 클 거(大). ④ 껄껄 웃을 거(笑貌). ⑤ 저 거(俗謂他人爲渠儕). ⑥ 무엇 거(何). 【詎·遽와 통함】

渠水(거수 qúshuǐ) 땅을 파서 통하게 한 수로(水路).
渠堰(거언 qúyàn) 개천과 둑.

水 9 ⑫ 渡 건널 도

渡 渡 渡 渡 渡 渡 渡 渡 渡 渡

音 dù 日 ト, わたる 英 cross over

① 건널 도(濟). ② 통할 도(通). ③ 나루 도(津).

書體: 小篆 渡 草書 渡 (高校) 形聲

渡江(도강 dùjiāng) 강을 건너는 일.
渡來(도래 dùlái) 외국에서 건너 옴. 물을 건너서 옴.
渡船(도선 dùchuán) 나룻배.
渡津(도진 dùjīn) 나루.
渡河(도하 dùhé) 강물을 건너는 것. 도강(渡江).
渡航(도항 dùháng) 배로 바다를 건너 감.

▶ 過渡(과도)·買渡(매도)·賣渡(매도)·明渡(명도)·不渡(부도)·讓渡(양도)·引渡(인도).

水 9 ⑫ 渤 바다이름 발

音 bó 日 ホツ, きりかかる 英 foggy

① 바다 발(海別名). ② 안개 자욱할 발

(霧出貌). ③ 나라 이름 발(渤海, 後高句麗國名).

渤海(발해 bóhǎi) ①《歷》고구려(高句麗) 사람 대조영(大祚榮)이 세운 나라. ②《地》산동반도(山東半島)와 요동반도(遼東半島)에 둘러싸인 황해(黃海)의 만(灣).

水 9 ⑫ 渦 소용돌이 와

2 음 wō 일 ワ, うずまく
영 whirlpool 2 음 guō 일 カ
1 ① 웅덩이 와, 소용돌이 와(水回). ② 시끄러울 와(騷). 2 과. 뜻은 1과 같음.

渦狀(와상 wōzhuàng) =와형(渦形).
渦旋(와선 wōxuán) 소용돌이 침.
渦中(와중 wōzhōng) ① 소용돌이치며 흐르는 물의 가운데. ② 시끄럽게 떠도는 사건의 중심.

水 9 ⑫ 溫 따뜻할 온

【溫(水부10획)의 속자】

水 9 ⑫ 渫 파낼 설

1 음 xiè 일 セツ, ちる 영 scatter
2 음 チョウ, もらす 2 leak
1 ① 헤어질 설(散). ② 쉴 설(歇). ③ 샐 설(漏). ④ 더러울 설(汚). ⑤ 업신여길 설(慢). ⑥ 씻어버릴 설(除去). ⑦ 우물칠 설(治井). 【洩과 같음】 2 물결 출렁출렁 접(波連貌).

▶ 浚渫(준설).

水 9 ⑫ 測 헤아릴/측량할 측

음 cè 일 ソク, はかる 영 measure
① 측량할 측, 잴 측(度). ② 깊을 측(深). ③ 맑을 측(淸). ④ 날카로울 측(刃利意).

測量(측량 cèliáng) ① 추측하는 것. 다른 사람의 마음을 추측함. ② 기계를 써서 땅의 넓이·높이, 바다나 강의 깊이 같은 것을 조사하여 재는 것.
測定(측정 cèdìng) 헤아려서 정함.
測候(측후 cèhòu) 기상(氣象)을 관측(觀測)함.

▶ 計測(계측)·觀測(관측)·怪常罔測(괴상망측)·不測(불측)·實測(실측)·臆測(억측)·豫測(예측)·推測(추측)·駭怪罔測(해괴망측)·凶測(흉측).

水 9 ⑫ 港 항구 항:

음 gǎng 일 コウ, みなと
영 port, harbour
① 물 갈라질 항(水分流). ② 뱃길 항(水中行舟道). ③ 땅 이름 항(地名香港). ④ 항구 항(港口).

港口(항구 gǎngkǒu) 선박(船舶)의 출입구. 항문(港門).
港灣(항만 gǎngwān) 해안의 만곡(彎曲)한 지점에 방파제·부두·잔교(棧橋) 등의 시설을 한 수역(水域).
港市(항시 gǎngshì) 항구도시(港口都市).

▶ 開港(개항)·空港(공항)·軍港(군항)·歸港(귀항)·寄港(기항)·目的港(목적항)·貿易港(무역항)·商港(상항)·漁港(어항)·外港(외항)·要港(요항)·入港(입항)·自由港(자유항)·築港(축항)·出港(출항)·避港(피항)·河港(하항).

渴 목마를 갈

1. ㉠ kě ㉡ カツ,かわく ㉢ thirsty
2. ㉡ ケツ

① ① 목마를 갈(欲飲). ② 급할 갈(急).
② 물 잦을 걸(水涸).

書體 小篆 渴 草書 渇 中學 形聲

渴急(갈급 kějí) 목마른 듯이 몹시 급함.
渴愛(갈애 kě'ài) ① 매우 사랑함. 대단한 애정. ②《佛》범인(凡人)이 목마를 때 물을 바라듯 오욕(五慾)에 애착하는 일.

▶ 枯渴(고갈)·飢渴(기갈).

游 헤엄칠 유

㉠ yóu ㉡ ユウ,およぐ,うかぶ ㉢ swim, float

① 헤엄칠 유(浮行). ② 떠내려갈 유(順流). ③ 노닐 유(玩物適情). ④ 깃발 유(旗旒).【遊와 통함】

游擊(유격 yóují) ① 일정한 임무를 갖지 않고 기회를 보고 출동(出動)하여 적을 무찌르는 것. 게릴라. 유격(遊擊). ②《制》벼슬 이름. ㉠ 한대(漢代) 잡호장군(雜號將軍)의 하나. 유격장군(遊擊將軍). ㉡ 청대(淸代)의 육군소좌(陸軍少佐). 중군관(中軍官).
游說(유세 yóushuì) ① 내치외교(內治外交) 등의 시책을 사방에 있는 제후(諸侯)들에게 설명하며 돌아다니는 것. ② 자기의 의견(意見)이나 자기 소속 정당(政黨) 등의 주의(主義)와 주장(主張) 등을 연설하고 다니는 것. 유세(遊說).
游泳(유영 yóuyǒng) 헤엄침. 수영(水泳). 수련(水練). 유영(遊泳).

渾 흐릴 혼:

㉠ hún ㉡ コン,にごる ㉢ confused

① 흐릴 혼(濁). ② 오랑캐 혼(戎名吐谷渾).【混과 같음】③ 섞일 혼(雜). ④ 혼후할 혼(厚貌).

渾沌(혼돈 húndùn) ① 하늘과 땅이 아직 갈라지지 않은 상태. ② 사물의 구별이 확실치 않은 모양. 혼돈(混沌).
渾然(혼연 húnrán) ① 모아 찌그러진 데가 없는 둥근 모양. ② 물이 조금도 다른 것이 섞이지 않은 모양. ③ 차별(差別)이 없는 모양.
渾融(혼융 húnróng) 아주 섞이어 차별이 없게 하나가 됨.
渾天儀(혼천의 húntiānyí) 옛날 천체(天體) 관측에 쓰던 기계.
渾濁(혼탁 húnzhuó) 맑지 아니함. 흐림. 탁해지는 것.

湖 호수 호

㉠ hú ㉡ コ,みずうみ ㉢ lake

큰못 호, 물 호(大坡).

書體 小篆 湖 草書 湖 中學 形聲

湖堂(호당 hútáng)《國》조선 때의 독서당(讀書堂). 또는 이곳에서 공부하던 사람. 후에 규장각(奎章閣)의 기구를 넓히어 이를 폐하였음.
湖畔(호반 húpàn) 호숫가. 못 언저리. 호상(湖上). 호변(湖邊).
湖水(호수 húshuǐ) ① 큰 못. ② 호수의 물.
湖心(호심 húxīn) =호중(湖中).
湖中(호중 húzhōng) 호수의 한가운데.

湜 물맑을 식

音 shí 日 ショク, きよい 英 clear
① 물 맑을 식(水淸). ② 엄숙할 식(持正貌).

湧 물솟을 용

【涌(水부7획)의 속자】

湧泉(용천 yǒngquán) ① 솟아오르는 샘. 분천(噴泉). ② 좋은 생각이 그칠 사이 없이 솟는다는 뜻.
湧出(용출 yǒngchū) 샘솟아 나옴. 분출(噴出).

湮 묻힐 인

音 yān, yīn 日 イン, エン, しずむ 英 fall into
① 빠질 인(沒). ② 막힐 인(塞). ③ 떨어질 인(落).
湮滅(인멸 yānmiè) 자취도 없이 죄다 없어짐. 인몰(湮沒).
湮沒(인몰 yānmò) 깊숙이 숨음. 흔적도 없이 사라져 버림. 인멸(湮滅).

湯 끓을 탕:

湯湯湯湯湯湯湯湯湯湯

1 音 tāng 日 トウ,ゆ 英 hot water
2 音 shāng 日 トウ,わかす 英 boil

1 ① 물 끓을 탕, 끓을 탕(熱水). ② 물 이름 탕(水名). ③ 씻을 탕(熱沃盪). **2** 물결 꿈틀거릴 상, 출렁거릴 상(波動貌).

書體 小篆 湯 草書 湯 (高校) 形聲

湯麵(탕면 tāngmiàn) 국에 만 국수.
湯飯(탕반 tāngfǎn) 국밥.
湯水(탕수 tāngshuǐ) 더운 물. 끓는 물.
湯藥(탕약 tāngyào) ① 달여서 먹는 한약. 탕제(湯劑). ② 탕치(湯治)와 복약(服藥).
湯治(탕치 tāngzhì) 온천에서 목욕하여 병을 고치는 일.

▶ 男湯(남탕)·大衆湯(대중탕)·冷湯(냉탕)·沐浴湯(목욕탕)·補身湯(보신탕)·蔘鷄湯(삼계탕)·藥湯(약탕)·女湯(여탕)·熱湯(열탕)·溫湯(온탕)·浴湯(욕탕)·雜湯(잡탕)·再湯(재탕)·足湯(족탕)·重湯(중탕)·汗蒸湯(한증탕)·海物湯(해물탕).

滿 찰 만(ː)

【滿(水부11획)의 약자】

溏 연못 당

音 táng 日 トウ, いけ 英 pool
① 연못 당(池). ② 진흙수렁 당(㳘).

源 근원 원

源源源源源源源源源源

音 yuán 日 ゲン, みなもと 英 source
① 근원 원, 샘물 원(泉本). ② 계속할 원(續).

書體 小篆 源 大篆 源 草書 源 (高校) 形聲

源流(원류 yuánliú) ① 물이 흐르는 원천. ② 사물이 일어나는 근원.
源泉(원천 yuánquán) ① 물이 솟아 나오는 근원. ② 사물의 근원. ③《喻》글의 뜻이 넓음.

▶ 供給源(공급원)·根源(근원)·起源(기원)·蜜源(밀원)·拔本塞源(발본색원)·發源(발원)·本源(본원)·賦存資源(부존자원)·稅源(세원)·水源(수원)·收入源(수입원)·水資源(수자원)·語源(어원)·淵源(연원)·營養源(영양원)·汚染源(오염원)·資金源(자금원)·字源(자원)·資源(자원)·財源(재원)·電源(전원)·情報源(정보원)·地下資源(지하자원)·震源(진원)·天然資源(천연자원)·取材源(취재원)·河源(하원).

準 법/준할 준:
水10 ⑬

沁冫冫沪沪汁 沖 淮 準 準

1 🔊 zhǔn 🇯🇵 ジュン, たいらか 🇬🇧 flat **2** 🔊 セツ, のり 🇬🇧 rule
1 ① 평평할 준(平). ② 고를 준(均). ③ 법도 준(度也·則). ④ 비길 준, 보기 준(擬也·倣). ⑤ 악기 이름 준(樂器名). **2** 코마루 절(隆準鼻).

書體 小篆 準 草書 凖 (高校) 形聲

準據(준거 zhǔnjù) 표준을 삼아서 의거(依據)함.
準則(준칙 zhǔnzé) 표준으로 삼아서 따라야 할 규칙. 준규(準規).
準行(준행 zhǔnxíng) 표준에 따라 해 나감.

▶ 規準(규준)·基準(기준)·非平準化(비평준화)·生活水準(생활수준)·水準(수준)·照準(조준)·支援率(지준율)·平準化(평준화)·標準(표준).

溜 처마물 류
水10 ⑬

🔊 liū, liù 🇯🇵 リュウ, したたる, しずく 🇬🇧 falling from the eaves
① 처마물 류, 낙수물 류(檐水流下).
② 증류수 류(蒸溜水).【霤와 통함】
溜槽(유조 liùcáo) 빗물을 받는 큰 통.

▶ 沼溜(소류)·蒸溜(증류)·蒸溜水(증류수)·蒸溜酒(증류주).

溝 도랑 구
水10 ⑬

🔊 gōu 🇯🇵 コウ, みぞ 🇬🇧 ditch
① 개천 구, 도랑 구(水瀆). ② 성 밑 두덩이 구(城塹). ③ 밭도랑 구(田間水道洫).
溝渠(구거 gōuqú) 도랑. 하수(下水). 개골창.
溝池(구지 gōuchí) ① 적이 침범하지 못하도록 성 밑에 파놓은 못 ② 도랑과 못.

▶ 下水溝(하수구).

溢 넘칠 일
水10 ⑬

🔊 yì 🇯🇵 イツ, あふれる 🇬🇧 overflow
① 넘칠 일(器滿). ② 찰 일(盈). ③ 치렁치렁할 일(洋溢).【鎰과 같음】
溢流(일류 yìliú) 넘쳐흐름.
溢譽(일예 yìyù) 사실과는 벗어난 칭찬.
溢血(일혈 yìxiě) 《醫》 신체 조직의 내부에서 일어나는 출혈(出血).
溢喜(일희 yìxǐ) 더 이상 없는 기쁨.

▶ 充溢(충일).

溪 시내 계
水10 ⑬

【谿(谷부10획)와 같음】

淫浮浮浮浮浮浮浮溪溪

書體 小篆 谿 草書 溪 (中學) 形聲

溪谷(계곡 xīgǔ) 물이 흐르는 산골짜기.
溪流(계류 xīliú) 산골짜기에서 흐르는 시냇물.
溪聲(계성 xīshēng) 개울물 소리.

溪泉(계천 xīquán) 개울물 샘. 간천(澗泉).

▶ 曹溪宗(조계종)·청계천(淸溪川).

水 10 ⑬ 溫 따뜻할/온화할 온

溫溫溫溫溫溫溫溫溫溫

①-⑥ 음 wēn ⑦ yūn 일 オン, あたたかい 영 warm, mild

① 따뜻할 온(暖). ② 데울 온(燂). ③ 익힐 온(習). ④ 화할 온(和). ⑤ 부드러울 온(柔). ⑥ 샘 이름 온(泉名). ⑦ 온자할 온(克自勝).

書體 小篆 溫 草書 溫 中學 形聲

溫故知新(온고지신 wēngùzhīxīn) 옛것을 익히고 그것을 미루어서 새 것을 앎.
溫雅(온아 wēnyǎ) 온순하고 아담함. 온순하고 부드러움.
溫言順辭(온언순사 wēnyánshùncí) 따뜻하고 부드러운 말씨.
溫厚(온후 wēnhòu) 성질(性質)이 온화하고 덕이 있음.

▶ 氣溫(기온)·冷溫房機(냉온방기)·冷溫風機(냉온풍기)·微溫(미온)·保溫(보온)·常溫(상온)·水溫(수온)·室溫(실온)·低溫(저온)·體溫(체온)·恒溫(항온).

水 10 ⑬ 溯 거슬러 올라갈 소

음 sù 일 ソ, さかのぼる
영 flowing back-ward

1 거슬러 올라갈 소(逆流). **2** ① 물 이름 삭(川名). ② 빨래한 물 삭.

溯考(소고 sùkǎo) 옛일을 거슬러 올라가서 자세히 상고함.
溯及(소급 sùjí) 지나간 일에까지 거슬러 올라가서 미침.
溯源(소원 sùyuán) 물의 근원을 찾아 거슬러 올라감. 《轉》사물의 근본을 찾음.

水 10 ⑬ 溶 녹을 용

음 róng 일 ヨウ, とける 영 melt

① 물 질펀히 흐를 용(安流). ② 적적할 용(閒暇貌). ③ 곱송거려 뜰 용(竦踊貌). ④ 녹일 용(溶解).

溶鑛爐(용광로 róngkuànglú) 광석을 녹여서 금속을 제련해 내는 가마.
溶媒(용매 róngméi) 《化》타물(他物)을 용해하는 데 중매가 되는 것. 물·주정(酒精)·수은(水銀) 따위.
溶解(용해 róngjiě) ① 녹이는 일. ② 《化》 물질이 액체(液體) 중에 녹아서 균일한 액체가 됨. ③ 금속(金屬)이 녹아서 액체가 됨.

▶ 水溶液(수용액).

水 10 ⑬ 溺 빠질 닉

1 음 nì 일 ニョウ, おぼれる
영 drown **2** 음 niào 일 デキ, おばれる 영 sink

1 ① 오줌 뇨(溲). ② 오줌 눌 뇨(用便). **2** ① 빠질 닉(沒). ② 약할 닉(溺). ③ 헤어 나오지 못할 닉(沈湎不反).

溺沒(익몰 nìmò) 물속에 빠져 버림. 침몰(沈沒).
溺死(익사 nìsǐ) 물에 빠져 죽음.
溺愛(익애 nì'ài) 몹시 사랑함. 사랑에 빠짐.

▶ 耽溺(탐닉).

水 10 ⑬ 溼 젖을 습

【濕(水부14획)의 본자】

泮 물가 반
水10 ⑬

중 pàn 일 ハン, みぎわ
영 water's edge

물가 반(水涯).

滄 큰바다 창
水10 ⑬

중 cāng 일 ソウ, さむい 영 cold
① 찰 창(寒). ② 물 이름 창(東海均州水名, 滄浪). ③ 큰 바다 창(大海).

滄茫(창망 cāngmáng) 물이 푸르고 넓어 아득한 모양.
滄桑之變(창상지변 cāngsāngzhībiàn) 창해(滄海)가 상전(桑田)이 되듯이 시세(時勢)의 변화가 무상(無常)함을 이름.
滄波(창파 cāngbō) 넓은 바다의 물결. 창랑(滄浪).
滄海(창해 cānghǎi) ① 넓고 큰 바다. 창명(滄溟). ② 선인(仙人)이 있는 곳.
滄海一粟(창해일속 cānghǎiyīsù) 넓은 바다 속에 한 알의 좁쌀인 격으로, 비교할 수 없을 만큼 극히 작은 것. 또는 이 세상에서 인간(人間)의 존재(存在)의 허무(虛無)함.

滅 멸할/꺼질 멸
水10 ⑬

滅 滅 滅 滅 滅 滅 滅 滅 滅 滅

중 miè 일 メツ, ほろびる 영 destroy
① 멸할 멸, 다할 멸(盡). ② 끊을 멸(絕). ③ 빠뜨릴 멸(沒). ④ 불 꺼질 멸(火熄).

書體 小篆 滅 草書 滅 (高校) 形聲

滅却(멸각 mièquè) 없애 버림.
滅裂(멸렬 mièliè) ① 파괴되어 형체조차 없이 찢기고 흩어져 없어짐. ② 지리멸렬(支離滅裂)의 약어.
滅門之禍(멸문지화 mièménzhīhuò) 멸문의 큰 재앙.
滅族(멸족 mièzú) 한 가족 한 겨레가 망하여 없어짐.

▶ 擊滅(격멸)·苦集滅道(고집멸도)·壞滅(괴멸)·潰滅(궤멸)·明滅(명멸)·撲滅(박멸)·不滅(불멸)·死滅(사멸)·生滅(생멸)·殲滅(섬멸)·掃滅(소멸)·消滅(소멸)·永遠不滅(영원불멸)·湮滅(인멸)·入滅(입멸)·自滅(자멸)·寂滅(적멸)·寂滅寶宮(적멸보궁)·全滅(전멸)·點滅(점멸)·支離滅裂(지리멸렬)·討滅(토멸)·破滅(파멸)·幻滅(환멸).

滋 불을[益] 자
水10 ⑬

중 zī 일 シ, ジ, うまみ, おおい
영 nourish, abundant
① 맛 자(味旨). ② 많을 자(多). ③ 번성할 자(蕃). ④ 진액 자(液). ⑤ 잠길 자(浸). ⑥ 더할 자(益). ⑦ 흐릴 자(濁).

滋味(자미 zīwèi) ① 맛이 좋고 자양분이 많은 음식. ② 재미.
滋養(자양 zīyǎng) ① 보호하여 기름. ② 몸의 영양을 붙게 함. 또는 그 음식물(飲食物).
滋雨(자우 zīyǔ) 생물에게 혜택을 주는 비.

滑 미끄러울 활 / 익살스러울 골
水10 ⑬

1 중 huá 일 カツ, なめらか
영 slippery 2 일 コツ
1 ① 어지러울 골(亂). ② 다스릴 골(治). ③ 익살스러울 골(俳諧滑稽). 2 ① 이로울 활(利). ② 미끄러울 활(澾). ③ 땅 이름 활(鄭地名).

滑降(활강 huájiàng) 비탈진 곳을 미끄러져 내림.
滑空(활공 huákōng) ① 비행기의 엔진을 중지하든가 또는 아주 늦은 회전(回轉)으로 프로펠러의 추진력을 없애고 지면(地面)을 향하여 비스듬하게 내림. ② 글라이더로 공중을 미끄러져 날음.

滑氷(활빙 huábīng) 얼음지치기. 스케이팅.

滑石(활석 huáshí) 《鑛》 함수규산(含水硅酸)과 마그네슘을 성분으로 하는 광물. 몸은 무르고 겉은 반질반질함. 상품(上品)은 빛이 희고 하품(下品)은 누르며 임질·외과 등의 약품(藥品)으로도 쓰임.

滑走路(활주로 huázǒulù) 비행장(飛行場) 안에서 비행기가 뜨거나 앉거나 할 때 달리는 길.

滑稽(골계 huájī) 익살. 해학(諧謔).

▶ 圓滑(원활)·潤滑油(윤활유).

水 10 ⑬ **滔** 물넘칠 **도**

[중] tāo [일] トウ,はびこる [영] overflow

① 물 창일할 **도**(水滔滔大貌) ② 물 질펀히 흐를 **도**(流貌). ③ 게으를 **도**(慢). ④ 물 같이 흐르는 모양 **도**. ⑤ 동풍 **도**(東方風). ⑥ 모일 **도**(聚).

滔滔(도도 tāotāo) ① 광대(廣大)한 모양. 큰물이 흘러가는 모양. 《轉》 시대의 조류(潮流)에 따라 감. ② 지나가는 모양.

水 10 ⑬ **滓** 찌끼 **재**

[중] zǐ [일] シ, おり, かす
[영] sediment

앙금 **재**, 찌끼 **재**(澱).

滓濁(재탁 zǐzhuó) 속세의 더러움.

▶ 殘滓(잔재).

氺 10 ⑮ **滕** 물이 솟아오를 **등**

[중] téng [일] トウ, わく, あがる
[영] spring out

① 물이 솟아오를 **등**(水超涌). ② 말 줄줄 할 **등**(張口騁辭貌). ③ 나라 이름 **등**(魯附庸國名). 【騰과 통함】

水 11 ⑭ **滌** 씻을 **척**

[일] テキ, あらう [영] wash

① 씻을 **척**(洗). ② 닦을 **척**(除). ③ 바싹바싹 마를 **척**(旱氣). ④ 바람이 훈훈할 **척**(煖風). ⑤ 우리 **척**(牲養室).

滌煩(척번 dífán) 차(茶)의 별명. 세상의 어질고 번거함을 씻어 없애버리는 물건이라는 뜻.

滌暑(척서 díshǔ) 더위를 씻어 버림.

滌洗(척세 díxǐ) 씻어서 깨끗이 함. 세척(洗滌).

▶ 洗滌(세척).

水 11 ⑭ **滯** 막힐 **체**

[중] zhì [일] タイ, とどこおる
[영] clog, stay

① 엉길 **체**(凝). ② 쌓일 **체**(積). ③ 샐 **체**(漏). ④ 막힐 **체**(淹). ⑤ 머물 **체**(留). ⑥ 폐할 **체**(廢).

書體 小篆  草書  [高校] 形聲

滯納(체납 zhìnà) 세금이나 회비(會費) 따위의 납부할 의무를 가진 사람이 기한내(期限內)에 납부하지 않음.

滯念(체념 zhìniàn) 풀지 못하고 오래 동안 쌓인 생각.

滯留(체류 zhìliú) =체재(滯在).

滯在(체재 zhìzài) 타향(他鄉)이나 외국에 머물러 있음. 체류(滯留).

滯症(체증 zhìzhèng)《醫》체하여 소화가 잘 되지 않는 증세.

滯貨(체화 zhìhuò) 운송(運送)이 잘 되지 않아 밀려 쌓인 화물. 상품이 잘 팔리지 않아 남은 물건.

▶ 急滯(급체)·澁滯(삽체)·食滯(식체)·延滯(연체)·積滯(적체)·停滯(정체)·遲滯(지체)·沈滯(침체).

渗 스밀 삼

shèn シン, しみこむ

soak into

① 거를 삼(漉). ② 깃 함치르르할 삼(毛羽始生貌). ③ 샐 삼(下漉漏). ④ 물 스며 들 삼(流貌).

渗漏(삼루 shènlòu) 액체가 스며 나옴. 삼설(渗泄).

渗入(삼입 shènrù) 물 같은 것이 스며들음.

渗出(삼출 shènchū) 스며 나옴. 새어 나옴.

渗透(삼투 shèntòu) 잔뜩 스며듦. 침투 (浸透).

滴 물방울 적

滴滴滴滴滴滴滴滴滴滴

dī テキ, したたる

drop of water

① 물방울 적(水點). ② 스며 내릴 적(瀝下). ③ 물댈 적(水注).

滴瀝(적력 dīlì) 물방울이 똑똑 떨어짐. 또는 그 소리.

滴露(적로 dīlòu) 방울지어 똑똑 떨어지는 이슬.

滴水(적수 dīshuǐ) 물방울.

▶ 水滴(수적)·餘滴(여적)·硯滴(연적)·雨滴(우적)·一滴(일적)·點滴(점적).

滿 찰/가득할 만(ː)

滿滿滿滿滿滿滿滿滿滿滿

mǎn マン, みちる full

① 넘칠 만(盈溢). ② 찰 만, 가득할 만(充). ③ 교만할 만(慢). ④ 땅 이름 만(地名, 滿洲).

滿腔(만강 mǎnqiāng) 가슴속에 가득 참.

滿乾坤(만건곤 mǎngānkūn) 천지(天地)에 가득 참.

滿喫(만끽 mǎnchī) ① 마음껏 먹음. ② 욕망을 충분히 만족시킴.

滿面愁色(만면수색 mǎnmiànchóusè) 얼굴에 가득 찬 수심의 빛.

滿面羞慚(만면수참 mǎnmiànxiūcán) 부끄러워하는 빛이 온 얼굴에 가득 차 있음.

滿面喜色(만면희색 mǎnmiànxǐsè) 얼굴에 가득 차 있는 기쁜 빛.

滿目蕭然(만목소연 mǎnmùxiāorán) 눈에 띄는 것마다 모두가 쓸쓸함.

滿目愁慘(만목수참 mǎnmùchóucǎn) 눈에 띄는 것마다 모두 슬프고 처참함.

滿目荒凉(만목황량 mǎnmùhuāngliáng) 눈에 띄는 것마다 모두 거칠고 처량함.

滿盤珍羞(만반진수 mǎnpánzhēnxiū) 소반이나 상에 가득 차린 귀하고 맛있는 음식.

滿朔(만삭 mǎnshuò) 아이 낳을 달이 참. 만월(滿月).

滿身瘡(만신창 mǎnshēnchuāng)《醫》온 몸에 퍼진 부스럼. 만신창이 (滿身瘡痍).

滿心歡喜(만심환희 mǎnxīnhuānxǐ) 마음에 만족히 여겨 기뻐함.

滿場一致(만장일치 mǎnchǎngyīzhì) 회의장에 모인 여러 사람의 뜻이 다 일치함.

▶ 干滿(간만)·得意滿滿(득의만만)·得意滿面(득의만면)·未滿(미만)·不滿(불만)·不滿足(불만족)·不平不滿(불평불만)·肥滿(비만)·圓滿(원만)·自己滿足(자기만족)·自信滿滿(자신만만)·脹滿(창만)·超滿員(초만원)·充滿(충만)·飽滿(포만)·豐滿(풍만).

漁 고기 잡을 어
水 11 ⑭

漁漁漁漁漁漁漁漁漁漁

中 yú 일 ギョ, りょう, いさり
영 fishing

① 물고기 잡을 **어**(捕魚). ② 낚아 빼앗을 **어**(侵取). ③ 낚시터 **어**(漁磯).

書體 小篆 大篆 草書 漁 (中學) 形聲

漁撈(어로 yúláo) 수산물을 잡음.
漁父之利(어부지리 yúfùzhīlì) 《故》 둘이 서로 싸우하는 사이에 제삼자가 와서 이익을 본다는 말임.
漁獲(어획 yúhuò) 물고기나 해초(海草) 등을 취함. 또는 그 취한 물건.

▶ 禁漁(금어)·出漁(출어)·豐漁(풍어).

漂 뜰/표류할 표
水 11 ⑭

漂漂漂漂漂漂漂漂漂

①~④ piāo ⑤ piǎo 일 ヒョウ, ただよう 영 float

① 뜰 **표**(浮). ② 움직일 **표**(動). ③ 으스스할 **표**(寒). ④ 높이 훨훨 날 **표**(高飛貌).【飄와 같음】 ⑤ 빨래할 **표**(水中打絮).

書體 小篆 草書 漂 (高校) 形聲

漂浪(표랑 piāolàng) ① 물 위에 떠돌아다님. ② =표박(漂泊).
漂白(표백 piǎobái) 빨아서 하얗게 함. 바래서 희게 함.

▶ 浮漂(부표).

漆 옻 칠
水 11 ⑭

漆漆漆漆漆漆漆漆漆漆

中 qī 일 シツ, うるし 영 lacquer

① 옻칠할 **칠**(髹物木汁). ② 옻나무 **칠**(木名). ③ 검을 **칠**(黑). ④ 캄캄할 **칠**(暗也漆夜). ⑤ 물 이름 **칠**(岐周水名).
【桼과 통함】

書體 小篆 草書 漆 (高校) 形聲

漆工(칠공 qīgōng) 칠장이.
漆器(칠기 qīqì) 옻칠을 하여 아름답게 만든 기물(器物).
漆室之憂(칠실지우 qīshìzhīyōu) 제 신분에 맞지 않는 근심을 가리키는 말. 《故》 노(魯)나라의 한 천부(賤婦)가 캄캄한 방에서 나라의 일을 근심하였다 함.
漆夜(칠야 qīyè) 매우 캄캄한 밤. 앞이 안 보이는 어두운 밤. 흑야(黑夜).
漆板(칠판 qībǎn) 분필로 글씨를 쓰는 흑판(黑板) 따위. 대체로 검은 칠을 바른 판.
漆黑(칠흑 qīhēi) 옻처럼 검음.

▶ 乾漆(건칠)·粉漆(분칠)·色漆(색칠)·小漆(소칠)·灰漆(회칠)·黑漆(흑칠).

漏 샐 루:
水 11 ⑭

漏漏漏漏漏漏漏漏漏漏

中 lòu 일 ロウ, ル, もる, もらす
영 leak, drip

① 샐 **루**(泄). ② 뚫을 **루**(穿). ③ 구멍

루(漊). ④ 잃어버릴 루(遺失). ⑤ 누수 루, 물시계 루(知時刻). ⑥ 집 서북모퉁이 루(屋西北隅). ⑦ 병 이름 루(病名).

書體 小篆 漏 草書 漏 (高校) 形聲

漏決(누결 lòujué) 물이 새어 제방(堤防) 따위가 무너짐.

漏泄(누설 lòuxiè) ① 새어 나감. ② 비밀이 샘. 누설(漏洩).

漏說(누설 lòushuō) 비밀을 새게 말함.

▶ 疎漏(소루)·遺漏(유루)·早漏(조루)·痔漏(치루)·脫漏(탈루).

水 11 ⑭ 溉 물댈 개:

🔵 gài 🔴 ガイ, そそぐ 🟢 irrigate
① 물댈 개(灌). ② 씻을 개(滌). ③ 물 천천히 흐를 개(徐流). 【旣와 통함】
溉灌(개관 gàiguàn) 물을 댐. 관개(灌溉).

▶ 灌溉(관개).

水 11 ⑭ 演 펼/넓을 연:

演演演演演演演演演演

🔵 yǎn 🔴 エン, のべる
🟢 perform, exercise
① 펼 연(演劇, 演出). ② 긴 물줄기 연(長流). ③ 통할 연(通). ④ 윤택할 연(潤). ⑤ 당길 연(引). ⑥ 넓힐 연(廣). ⑦ 스며 흐를 연(水潛行). ⑧ 행할 연(行). ⑨ 익힐 연(習). 【衍과 같음】

書體 小篆 演 草書 演 (高校) 形聲

演繹(연역 yǎnyì) ① 한 사실(事實)에서 다른 사실을 추론(推論)함. ② 《論》 일반 원리(原理)를 바탕으로 하여 여기에 특수 원리를 이끌어 내는 추리(推理). ↔ 귀납(歸納).

演義(연의 yǎnyì) ① 도리와 사실을 자세히 설명함. ② 역사상의 사실을 수식부연(修飾敷衍)하여 속어(俗語)로 서술(敍述)함.

演出(연출 yǎnchū) 각본을 기준으로 하여 배우의 연기와 기타의 요소를 종합하여 무대 영화에 표현함.

▶ 講演(강연)·開演(개연)·競演(경연)·公演(공연)·共演(공연)·口演(구연)·基調演說(기조연설)·上演(상연)·試演(시연)·實演(실연)·熱演(열연)·再演(재연)·助演(조연)·主演(주연)·初演(초연)·招演(초연)·總出演(총출연)·出演(출연)·協演(협연)·好演(호연).

水 11 ⑭ 漕 배로 실어나를 조

① ② 🔵 cáo 🔴 ソウ, こぐ 🟢 row
③ 🔴 ソウ, はこぶ 🟢 marine transportation
① 배로 실어올 조(水運). ② 배질할 조(航船). ③ 고을 이름 조(衛邑名).

漕輓(조만 cáowǎn) 배나 수레로써 짐을 실어 나르는 일.

漕船(조선 cáochuán) 물건을 운반하는 배.

漕運(조운 cáoyùn) 배로 물건을 운반하는 것. 전조(轉漕). 조전(漕轉).

水 11 ⑭ 漠 아득할 막

漠漠漠漠漠漠漠漠漠漠

🔵 mò 🔴 バク, すなはら
🟢 sandy desert
① 모래벌 막, 사막 막(磧鹵沙漠). ② 멀 막, 아득할 막(漫). ③ 맑을 막(淸). ④ 베풀 막(施). ⑤ 고요할 막(恬靜貌). ⑥ 벌릴 막(布列貌). 【莫과 통함】

 書體 小篆 漠 草書 漠 (高校) 形聲

歺殳毋比毛氏气㊄火爪父爻爿片牙牛犬

漠漠(막막 mòmò) 넓고 아득함.
漠漠大海(막막대해 mòmòdàhǎi) 넓고 큰 바다.
漠然(막연 mòrán) 아득한 모양. 막연(邈然).
漠然不知(막연부지 mòránbùzhī) 막연해서 알 수 없음.

▶ 廣漠(광막)·沙漠(사막)·荒漠(황막).

水 11 ⑭ 漢 한수/나라 한:

漢漢漢漢漢漢漢漢漢漢

hàn カン, あまの がわ
Milky Way

① 한수 한(嶓冢水名). ② 은하수 한(天河). ③ 놈 한(男子賤稱). ④ 나라 한, 나라 한(國名).

書體 小篆 漢 古 漢 草 漢 (中學) 形聲

漢江(한강 hànjiāng)《地》① =한수(漢水). ② 태백산맥에서 강원·충북·경기도를 동서로 흘러 황해로 들어가는 강.
漢文(한문 hànwén) ① 중국 한대(漢代)의 문장·문학. ② 한의 문제(文帝). ③ 한자(漢字)만으로 쓰인 문장(文章).
漢方(한방 hànfāng) 중국으로부터 전해 온 의술(醫術). 한의처방(漢醫處方).
漢字(한자 hànzì) 중국어를 표기(表記)하는 중국 고유(固有)의 문자(文字). 그 기원(起源)은 명확하지 않으나 기원전(紀元前) 십수세기(十數世紀)의 은 나라 때 이미 사용되었다 함.

▶ 怪漢(괴한)·門外漢(문외한)·常用漢字(상용한자)·惡漢(악한)·賤漢(천한)·癡漢(치한)·好漢(호한).

水 11 ⑭ 漫 퍼질 만:

漫漫漫漫漫漫漫漫漫漫

①② màn バン, あまねし
spreading ③~⑦ マン

① 물 질펀할 만(長遠貌). ② 물러터질 만(水浸淫敗物). ③ 두루할 만(徧). ④ 부질없을 만(謾). ⑤ 아득할 만(渺茫貌). ⑥ 흩어질 만(分散之形). ⑦ 구름 빛 만(雲色).

書體 草書 漫 (高校) 形聲

漫談(만담 màntán) 재미있고 우습게 세상과 인정을 비판하고 풍자하는 이야기.
漫步(만보 mànbù) 한가히 거니는 걸음. 산보(散步).
漫遊(만유 mànyóu) 할 일 없이 여기저기 떠돌아다니며 놂.
漫評(만평 mànpíng) 일정한 체계 없이 생각나는 대로 하는 비평.
漫筆(만필 mànbǐ) 붓 가는 대로 생각한 바를 쓴 글.
漫畵(만화 mànhuà) 붓 가는 대로 그린 그림. 시대(時代)·인정(人情)을 풍자(諷刺)하는 우스운 그림.

▶ 爛漫(난만)·浪漫(낭만)·放漫(방만)·散漫(산만)·天眞爛漫(천진난만).

水 11 ⑭ 漱 양치할 수

shù ソウ, くちすすぐ
rinse the mouth

① 양치질할 수(盥口). ② 빨래할 수(澣).【潄와 같음】

漱刷(수쇄 shùshuā) 씻어서 깨끗이 함.
漱滌(수척 shùdí) 양치질을 하고 씻음.

漸 점점 점:

漸漸漸漸漸漸漸漸漸漸

㉠-⑤ 음 jiān ⑥-⑧ jiàn 일 ゼン, ようやく 영 gradually

1 ① 번질 점(浸入). ② 묻을 점(染). ③ 물 흘러 들어갈 점(流). ④ 젖을 점(濕). ⑤ 흡족할 점(洽). ⑥ 점점 점(稍). ⑦ 차차 점(次). ⑧ 나아갈 점(進). **2** 높을 참(高). 【㔾과 같음】

書體 小篆 漸 草書 漸 (高校) 形聲

漸摩(점마 jiànmó) 숫돌로 가는 것처럼 점점 선량하게 감.
漸滅(점멸 jiànmiè) 차차 멸망하여 감. 차차 없어짐.
漸悟(점오 jiànwù) 《佛》 차차 깊이 깨달음.
漸移(점이 jiànyí) 차차 옮아감.
漸入佳境(점입가경 jiànrùjiājìng) 점점 아름다운 산수(山水)의 경치나 문장의 내용에 들어간다는 뜻. 또는 점점 흥미를 깨달음.

漿 즙 장

음 jiāng 일 ショウ, のみもの, しる 영 thick fluid

① 초 장(酢). ② 미음 장(水米汁相將). ③ 파리 장(咸草寒漿). ④ 조개 장(蚌). ⑤ 마실 것 장(水漿). ⑥ 풀먹일 장.

漿果(장과 jiāngguǒ) 《植》 다육과(多肉果)의 한 가지. 살과 물이 많은 열매. 감·포도 따위.

潑 물 뿌릴 발

음 pō 일 ハツ, そそぐ 영 sprinkle

① 물 뿌릴 발(散水). ② 물 샐 발(水漏). ③ 활발할 발(盛勢活潑). ④ 물고기 펄펄 뛸 발(魚跳).

潑剌(발랄 pōlà) ① 고기가 물에서 뛰는 모양. ② 원기가 왕성함. ③ 활을 당긴 모양.
潑潑(발발 pōpō) 고기가 기세(氣勢) 좋게 물에서 노는 모양.

潔 깨끗할/맑을 결

潔潔潔潔潔潔潔潔潔潔

음 jié 일 ケツ, いさぎよい 영 clean, pure

① 맑을 결, 정결할 결(清也, 淨). ② 조촐할 결(厚志隱行).

書體 小篆 潔 草書 潔 (中學) 形聲

潔廉(결렴 jiélián) 마음이 깨끗하고 욕심이 적음.
潔白(결백 jiébái) ① 깨끗함. ② 허물이 없음.
潔癖(결벽 jiépǐ) 남달리 불결(不潔)한 것을 싫어하는 성벽(性癖).
潔齋(결재 jiézhāi) 제사가 있든지 신에게 기도를 해야 할 때 며칠 전부터 주색(酒色)을 금하고 잡념(雜念)을 버려 심신(心身)을 깨끗이 하는 것.

▶ 簡潔(간결)·高潔(고결)·不潔(불결)·聖潔(성결)·純潔(순결)·淨潔(정결)·清潔(청결)·清廉潔白(청렴결백).

潛 잠길 잠

潛潛潛潛潛潛潛潛潛潛

음 qián 일 セン, もぐる 영 dive

① 잠길 잠(沉). ② 자맥질할 잠(游). ③ 감출 잠(藏). ④ 깊을 잠(深). ⑤ 너겁 잠(魚所息).

書體 小篆 潛 草書 潛 (高校) 形聲

潛匿(잠닉 qiánnì) 행방을 감추어 남이 그 소재(所在)를 모르게 함. 잠복 장닉(潛伏藏匿)의 약어.
潛德幽光(잠덕유광 qiándéyōuguāng) 세상에 알려지지 않은 유덕자(有德者)의 숨은 빛.
潛龍(잠룡 qiánlóng) ① 연못에 깊이 숨어 있어 아직 하늘에 올라가지 않은 용. ②《轉》임금이 아직 왕위1에 오르기 이전의 일컬음. 또는 일어설 기회를 아직 얻지 못한 대인(大人)·군자(君子)의 비유.
潛在(잠재 qiánzài) ① 속에 숨어 겉으로 드러나지 않음. ② 능력·가능성·에너지 따위가 아직 제대로 작용하지 않는 힘으로서 저장되어 있음.
潛行(잠행 qiánxíng) ① 남몰래 다님. 숨어서 감. ② 물속에 잠기어 감.

▶ 對潛水艦(대잠수함)·沈潛(침잠).

潟 개펄 석

한 xì 일 セキ, かた 영 salt-land

염밭 석, 개펄 석(鹹土鹵地).
潟口(석구 xìkǒu) 강의 어귀가 섬 또는 모래 개펄 따위로 둘러싸여 만을 이룬 것.
潟滷(석로 xìlǔ) 바닷가의 소금밭[(함토)鹹土]. 염밭.

潤 윤택할/불을 윤:

한 rùn 일 ジュン, うるおう 영 shine

① 불을 윤(滋). ② 윤택할 윤, 번지르르할 윤(澤). ③ 더할 윤(益). ④ 꾸밀 윤(飾). ⑤ 촉나라 베 윤(蜀布名黃潤).

書體 小篆 潤 草書 潤 高校 形聲

潤氣(윤기 rùnqì) 윤택(潤澤)이 나는 기운.
潤澤(윤택 rùnzé) 아름답게 윤이 나는 빛.
潤滑(윤활 rùnhuá) ① 광택(光澤)이 나고 반질반질함. ② 습윤하여 매끄러움.

▶ 濕潤(습윤)·利潤(이윤)·浸潤(침윤).

潭 못[池] 담

한 tán 일 タン, ふかい 영 deep

① 소 담, 연못 담(淵). ② 깊을 담(深). ③ 물가 담(岸). ④ 물 이름 담(武陵水名).

潭水(담수 tánshuǐ) 못에 있는 물. 깊은 물.
潭深(담심 tánshēn) ① 못이 깊음. ② 연구가 깊음.
潭淵(담연 tányuān) 깊은 못.

潮 밀물/조수 조

潮潮潮潮潮潮潮潮潮潮

한 cháo 일 チョウ, うしお 영 tide

① 조수 조, 밀물 조(地之血脈隨氣進退). ② 나타날 조(潮紅). ③ 꼴뚜기 조(望潮魚名). ④ 고을 이름 조(州名).

書體 小篆 潮 草書 潮 高校 形聲

潮流(조류 cháoliú) ① 바닷물의 흐름. ② 시세(時勢)의 경향. 세태(世態)의 기울어져 가는 형세.
潮水(조수 cháoshuǐ)《地》해와 달, 특히 달의 인력(引力)에 의하여 일정한 시간을 두고 주기적(週期的)으로 해면(海面)의 수준이 올라갔다 내려갔다 하는 현상을 이루는 바닷물.
潮退(조퇴 cháotuì) 조수가 물러감.

▶ 干潮(간조)·滿潮(만조)·防潮堤(방조제)·思潮(사조)·最高潮(최고조)·退潮(퇴조)·風潮(풍조)·紅潮(홍조).

潰 무너질 궤:
水 12 ⑮

음 kuì, huì 일 カイ, ついえる
영 destroy

① 무너뜨릴 궤(旁決). ② 어지러울 궤(亂). ③ 흩어질 궤(散). ④ 성낼 궤(怒). ⑤ 물 엇걸려 흐를 궤(水相交過).

潰裂(궤렬 kuìliè) 헤쳐 찢어짐.

▶ 胃潰瘍(위궤양).

澁 떫을 삽
水 12 ⑮

음 sè 일 シュウ, しぶい 영 astringent

① 껄끄러울 삽, 깔깔할 삽(不滑). ② 담 밑에 수문 놓고 쌓을 삽(牆疊石作水文). ③ 떫을 삽(酸苦). ④ 대 이름 삽(竹名).

澁劑(삽제 sèjì) 맛이 몹시 떫은 약.
澁滯(삽체 sèzhì) 막힘. 부진(不進)함.

▶ 難澁(난삽).

澄 맑을 징
水 12 ⑮

음 chéng, dèng 일 チョウ, きよい, すむ 영 clear

① 맑을 징(清). ② 술 이름 징(酒名).
【瀓과 같음】

澄潭(징담 chéngtán) 물이 맑은 못.
澄明(징명 chéngmíng) 맑고 확실함.
澄淸(징청 chéngqīng) ① 맑음. ② 세상의 어지러움을 다스려 맑게 함. ③ 안정(安靜)하게 함. 청등(清登).

澈 맑을 철
水 12 ⑮

음 chè 일 テツ, すむ, きよい

영 clear
물 맑을 철(水澄).

澎 물소리 팽
水 12 ⑮

음 péng 일 ホウ, みずおと
영 sound of waves

① 물소리 팽(水聲). ② 물결 부딪는 형세 팽(水激勢).

澎湃(팽배 péngpài) ① 물이나 물결이 부딪치는 소리. 또는 물이 솟아 나오는 모양. ② 규모나 수량이 늘어남.
澎脹(팽창 péngzhàng) ① 띵띵하게 부풀음. ②《物》물체가 열을 만나서 그 부피가 커짐. ③ 크게 늘어 퍼짐.

澤 못 택
水 13 ⑯

澤澤澤澤澤澤澤澤澤澤

1 zé タク, さわ lake
2 セキ, さわ 영 glazed

1 ① 못 택(水之鐘聚陂). ② 진펄 택(水草兒). ③ 진액 택(液). ④ 윤택할 택(光潤). ⑤ 비와 이슬 택(雨露). ⑥ 덕택 택(德). ⑦ 기름 택(油). 2 풀 석(解).
【釋과 통함】

書體 小篆 澤 或體 澤 草書 澤 (高校) 形聲

澤及萬世(택급만세 zéjíwànshì) 혜택이 영원히 미침.
澤畔(택반 zépàn) 못가. 지반(池畔).
澤雨(택우 zéyǔ) 만물을 적시어 주는 좋은 비. 자우(慈雨).

▶ 光澤(광택)·德澤(덕택)·潤澤(윤택)·惠澤(혜택)·厚澤(후택).

澱 앙금 전:
水 13 ⑯

음 diàn 일 テン, よどむ 영 stagnate

① 찌끼 전(滓). ② 물 고일 전(淀).
澱粉(전분 diànfěn)《化》식물의 영양 저장물질로서 근경(根莖)이나 구근(球根) 같은 데 포함되어 있는 탄수화물 녹말.

▶ 沈澱(침전).

澳 깊을 오:
水 13 ⑯

① ào 일 オウ, ふかい 영 deep
② 일 イク
① ① 깊을 오(深). ② 물 이름 오(水名). ② 벼랑 욱(水隈).
澳溟(오명 àomíng) 깊고 어두운 것.
澳洲(오주 àozhōu) 대양주(大洋洲) 또는 호주(濠洲).

激 격할/거셀 격
水 13 ⑯

激激激激激激激激激激

음 jī 일 ゲキ, ケキ, はげしい
영 violent
① 물결 부딪쳐 흐를 격(疾波). ② 찌를 격(衝). ③ 맑은 소리 격(淸聲). ④ 말 과격히 할 격(言論過直). ⑤ 심할 격(甚).

書體 小篆 激 草書 液 高校 形聲

激動(격동 jīdòng) ① 급격(急激)하게 움직임. 심하게 진동(振動)함. ② 몹시 감동(感動)함.
激勵(격려 jīlì) 분기시킴. 마음이나 기운을 북돋아 힘쓰도록 함.
激揚(격양 jīyáng) 감정이나 기운이 격발(激發)하여 드날림.
激鬪(격투 jīdòu) 몹시 심하게 싸움.
激化一路(격화일로 jīhuàyīlù) 오로지 격화하여 갈 뿐임.

▶ 感激(감격)·過激(과격)·急激(급격)·憤激(분격)·自激之心(자격지심)·再激突(재

격돌)·衝激(충격).

濁 흐릴 탁
水 13 ⑯

濁濁濁濁濁濁濁濁濁濁

음 zhuó 일 ダク, にごる 영 impure
① 흐릴 탁(水不淸). ② 더러울 탁(汚). ③ 물 이름 탁(涿州水名).

書體 小篆 濁 草書 濁 高校 形聲

濁世(탁세 zhuóshì) 《佛》 이 세상. 속세(俗世). 도덕(道德)과 풍교(風敎)가 흐려지고 어지럽게 무너진 세상.
濁酒(탁주 zhuójiǔ) 막걸리. 탁료(濁醪).

▶ 鈍濁(둔탁)·汚濁(오탁)·淸濁(청탁)·混濁(혼탁).

濃 짙을 농:
水 13 ⑯

음 nóng 일 ノウ, こい
영 thick, dense
① 두터울 농(厚). ② 무르녹을 농(淡之對). ③ 이슬 맺힐 농(露多貌).【醲과 같음】
濃淡(농담 nóngdàn) 짙음과 엷음. 진함과 묽음.
濃艶(농염 nóngyàn) 화사하고 아름다움.
濃縮(농축 nóngsuō) 즙액(汁液) 등이 진하게 엉기어 바짝 졸아듦.
濃厚(농후 nónghòu) ① 빛깔이 매우 짙음. ② 액체가 묽지 않고 진함. ③ 가망성(可望性)이 다분히 있음.

濕 젖을 습
水 14 ⑰

濕濕濕濕濕濕濕濕濕

濕 shī シツ, うるおす wet
① 젖을 습, 축축할 습(霑潤). ② 소 귀 벌룩거릴 습(牛呴動耳貌). ③ 근심 습, 낙심 습(愁).【隰과 같음】

書體 小篆 濕 / 小篆 濕 / 草書 湿 / 高校 形聲

濕氣(습기 shīqì) 축축한 기운.
濕度(습도 shīdù)《物》공기중에 들어 있는 수증기(水蒸氣)의 정도.
濕笑(습소 shīxiào) 쓴 웃음.
濕潤(습윤 shīrùn) 젖어서 질척질척 함. 젖음. 적심.

▶乾濕(건습)·冷濕(냉습)·肥濕(비습)·溫濕(온습).

濟 건널 제:

濟濟濟濟濟濟濟濟濟濟濟

①-④ jì セイ, わたる cross a stream ⑤-⑦ jǐ サイ
① 정할 제(定). ② 그칠 제(止). ③ 단정할 제(多威儀). ④ 물 이름 제(水名). ⑤ 건널 제(渡). ⑥ 구할 제(救). ⑦ 일 이룰 제(事遂).

書體 小篆 濟 / 草書 済 / 高校 形聲

濟度(제도 jìdù) ① 물을 건넘. 〈도는 渡〉. ②《佛》일체 중생을 고해(苦海)에서 건져 극락(極樂)으로 인도하여 줌.
濟衆生(제도중생 jìdùzhòngshēng)《佛》고해(苦海)의 중생을 건져 주는 일.
濟世安民(제세안민 jìshìānmín) 세상을 구제하고 백성을 편안하게 함.
濟世之才(제세지재 jìshìzhīcái) 세상을 구제할만한 뛰어난 재주·역량. 제세재(濟世才).

▶決濟(결제)·經濟(경제).

濠 호수 호

háo ゴウ, ほり moat
① 호수 호(鐘離水名). ② 해자 호(城下池). ③ 고을 이름 호(州名).【壕와 통함】

濠洲(호주 háozhōu) =호태랄리(濠太剌利). 오스트레일리아.

濤 물결 도

tāo トウ, なみ billow
물결 도(大波).
濤波(도파 tāobō) 큰 파도. 거랑(巨浪).

▶怒濤(노도)·疾風怒濤(질풍노도)·波濤(파도).

濫 넘칠 람:

濫濫濫濫濫濫濫濫濫濫

làn ラン, あふれる overflow
❶ ① 넘칠 람(溢). ② 담글 람(漬). ③ 남형할 람(刑濫). ④ 번질 람(水延漫汜). ⑤ 외람할 람(叨). ⑥ 말 헤프게 돌을 람(失實). ⑦ 뜬말 람, 풍설 람(浮辭). ⑧ 풍류소리 음란할 람(亂音). ⑨ 냉국 람(蕰漿). ❷ ① 목욕통 함(浴器). ② 샘 용솟을 함(泉涌).

書體 小篆 濫 / 草書 濫 / 高校 形聲

濫讀(남독 làndú) 순서도 방법도 없이 아무렇게나 읽음.
濫觴(남상 lànshāng) 사물의 시초·기원(起源)·효시(嚆矢).〈양자강(揚子江) 같은 큰 강도 근원을 따라 올라가면 지상(只觴;술잔을 띄울 [람(濫)]만한 세류(細流)라는 뜻에서 옴〉.

▶ 過濫(과람)·汎濫(범람)·猥濫(외람).

濬 깊을 준:
水 14 ⑰

음 jùn 일 シュン, ふかい 영 deep
① 깊을 준(幽深). ② 팔 준, 개천을 칠 준(深通川)
濬哲(준철 jùnzhé) 깊은 지혜가 있음. 그 사람.

濯 씻을/세탁할 탁
水 14 ⑰

濯濯濯濯濯濯濯濯濯濯

음 zhuó 일 タク, あらう
영 wash, cleanse
① 씻을 탁, 빨래할 탁(澣). ② 적실 탁(漑). ③ 클 탁(大). ④ 빛날 탁(光明). ⑤ 산 민둥민둥할 탁(山無草木貌). ⑥ 살찔 탁(肥澤). ⑦ 놀 탁(遊貌).

書體 小篆 濯 草書 濯 高校 形聲

濯船(탁선 zhuóchuán) 배 부리는 일.
濯足(탁족 zhuózú) ① 발을 씻음. 세족(洗足). 세속(世俗)을 떠남. ② 멀리 여행 갔다 온 사람을 초대함.

▶ 洗濯(세탁).

濱 물가 빈
水 14 ⑰

음 bīn 일 ヒン, はま 영 shore
① 물가 빈(水際). ② 가까울 빈(地近). ③ 끝 빈(限). 【瀕과 같음】
濱死(빈사 bīnsǐ) 죽음이 가까워 오는 것. 죽어감. 빈사(瀕死).

▶ 海濱(해빈).

濾 거를 려:
水 15 ⑱

음 lǜ 일 リョ, こす 영 strain
① 씻을 려(洗). ② 맑을 려(澄). ③ 거를 려(漉水去澤).
濾過(여과 lǜguò) 거름. 걸러 냄.

瀆 도랑/더럽힐 독
水 15 ⑱

음 dú 일 トク, みぞ 영 drain
① 개천 독(溝). ② 흐릴 독(濁). ③ 거만할 독(慢). ④ 욕될 독, 어지러울 독(辱). ⑤ 변경할 독(變更).
瀆慢(독만 dúmàn) 거만함.
瀆汚(독오 dúwū) 더러움. 더럽힘.
瀆職(독직 dúzhí) 직무(職務)상 잘못한 일로 직을 더럽힘. 오직(汚職).

瀉 쏟을 사(:)
水 15 ⑱

①② 음 xiè ③④ 음 xiě 일 シャ, そそぐ, はく 영 pour out
① 쏟을 사(傾). ② 쏟아질 사(瀉水). ③ 토할 사, 게울 사(吐). ④ 설사할 사(泄).
瀉痢(사리 xièlì)《醫》설사(泄瀉).
瀉劑(사제 xièjì)《醫》설사를 내리게 하는 약제.

▶ 泄瀉(설사)·泄瀉藥(설사약)·一瀉千里(일사천리)·吐瀉(토사).

瀑 폭포 폭 / 소나기 포
水 15 ⑱

1 음 pù 일 バク, たき 영 waterfall
2 음 bào
1 ① 소나기 포(疾雨). ② 물거품 포(水泡). 2 폭포수 폭(飛泉).
瀑布(폭포 pùbù) 흐르는 물이 수직이나 그와 비슷한 경사로 떨어짐. 폭포

瀕 물가/가까울 빈

音 bīn 日 ヒン, はま 英 shore, beach
① 물가 빈(水厓). ② 임박할 빈(迫).
【濱과 같음】

瀕死(빈사 bīnsǐ) 죽게 될 지경에 이름.
瀕海(빈해 bīnhǎi) 바다에 연해 있는 곳. 욕해(浴海). 해빈(海濱).

瀟 물이름 소

音 xiāo 日 ショウ, きよい 英 clear
① 비바람 칠 소(風雨暴疾貌). ② 물 맑을 소(水淸深). ③ 강 이름 소(永州江名).

瀟瀟(소소 xiāoxiāo) ① 비가 적막하게 오는 모양. ② 비바람이 심한 모양.
瀟洒(소쇄 xiāosǎ) ① 산뜻하고 깨끗함. ② 깨끗하여 질(質)이 좋음.
瀟灑(소쇄 xiāosǎ) =소쇄(瀟洒).
瀟寂(소적 xiāojì) 쓸쓸하고 적적함. 또는 그 모양.

潛 잠길 잠

【潛(水부12획)의 속자】

灌 물댈 관

音 guàn 日 カン, そそぐ
英 irrigate
① 물댈 관(漑). ② 물 따를 관(注). ③ 적실 관(漬). ④ 물줄 관(澆). ⑤ 회추리나무 관(木叢生). ⑥ 정성껏 이를 관(盡誠相ят). ⑦ 새 이름 관(鳥名). 【祼과 같음】

灌漑(관개 guàngài) 논밭을 경작하는 데 필요한 물을 끌어 댐.

灌木(관목 guànmù) 《植》 목본 식물의 한 가지. 키가 낮고 줄기는 가늘고 뿌리로부터 총생(叢生)함. 진달래·앵두·모란·찔레 따위.
灌佛(관불 guànfó) 《佛》 불상(佛像)에 향수를 뿌리는 일. 욕불(浴佛).
灌水(관수 guànshuǐ) 물을 댐. 관개(灌漑).
灌浴(관욕 guànyù) 《佛》 재(齋)를 올릴 때 불상(佛像)을 목욕시키는 일. 관불(灌佛).
灌腸(관장 guàncháng) 약물을 항문으로부터 직장(直腸) 또는 대장에 넣어 변을 통하게 함.

灑 뿌릴 쇄:

1 音 sǎ 日 サイ, そそぐ 英 sprinkle
2 シャ

1 ① 뿌릴 새(汛). ② 깜짝 놀랄 새(驚貌).【洒와 같음】 2 쇄. 뜻은 1과 같음. 3 ① 깨끗할 사(灑落). ② 쇄. 뜻은 1과 같음.

灑掃(쇄소 sǎsǎo) 물 뿌리고 비로 쓺.
灑然(쇄연 sǎrán) ① 놀라는 모양. ② 깨끗하고 산뜻한 모양.
灑塵(쇄진 sǎchén) 물 뿌려 먼지를 씻어 내림.

灘 여울 탄

音 tān 日 タン, はやせ
英 swift current

1 여울 탄(湍). 2 해 이름 탄(歲名, 涒灘, 申年).

灘聲(탄성 tānshēng) 여울의 물이 흐르는 소리.

灣 물굽이 만

[중] wān [일] ワン, いりえ
[영] bay, curved shore
① 물굽이 **만**(水曲). ② 배대는 곳 **만**(港灣).

灣泊(만박 wānbó) 항구. 항만(港灣). 박(泊)은 배가 멎는 곳.

火, 灬 部

불 **화**, 연화발

火 0 ④ **火** 불 **화(ː)**

火 火 火 火

[중] huǒ [일] カ, ひ [영] fire, flame
① 불 **화**(物燒而生光熱). ② 사를 **화**(燒). ③ 등불 **화**(燈火). ④ 빛날 **화**(光). ⑤ 불날 **화**(火災). ⑥ 빨갈 **화**(物體熾熱而成赤). ⑦ 탈 **화**(燃). ⑧ 급할 **화**(急). ⑨ 화날 **화**(逆上心火). ⑩ 불 **화**(南方位五行一). ⑪ 베 이름 **화**(火瀞). ⑫ 별 이름 **화**(星名).

[書體] 小篆  草書  [中學] 象形

火克金(화극금 huǒkèjīn) 음양오행설(陰陽五行說)에서 불[火]은 곧 쇠[金]를 이긴다는 말.

火病(화병 huǒbìng) =울화병(鬱火病).

火印(화인 huǒyìn) ① 낙인(烙印). ② 옛날에 시장에서 쓰던 되. 시승(市升).

火箭(화전 huǒjiàn) ① 옛날 싸움에서 불을 달아 쏘던 화살. ② 《軍》 함선(艦船)에서 쓰이는 신호용의 기구.

火田(화전 huǒtián) ① 《農》 농지(農地)를 개간하기 위하여 산림(山林)·원야(原野) 등을 불살음. ② 산화전(山火田)의 약어. 부대밭.

火宅(화택 huǒzhái) 《佛》 고민이 많은 세상. 고민이 많은 세상을 화중(火中)에 있는 집에 비유한 말.

▶ 鬼火(귀화)·大火災(대화재)·導火線(도화선)·燈火(등화)·發火(발화)·放火(방화)·防火(방화)·兵火(병화)·烽火(봉화)·噴火(분화)·焚火(분화)·飛火(비화)·聖火(성화)·消火(소화)·燒火(소화)·失火(실화)·心火(심화)·熱火(열화)·鬱火(울화)·引火(인화)·電光石火(전광석화)·點火(점화)·重火(중화)·鎭火(진화)·採火(채화)·炭火(탄화)·砲火(포화)·花火(화화)·活火山(활화산).

火 2 ⑥ **灯** 불꽃 **등**

[중] dēng, dīng [일] トウ, チン, ドン, ひ
[영] flame
불꽃 **등**(烈火). 【燈과 통함】

火 2 ⑥ **灰** 재 **회**

[중] huī [일] カイ, はい [영] ashes
① 재 **회**(火餘燼). ② 활기 없을 **회**(灰心). ③ 석회 **회**(石灰).

灰滅(회멸 huīmiè) 타서 없어짐.

灰壁(회벽 huībì) 석회(石灰)로 바른 벽.

灰分(회분 huīfèn) 석회질(石灰質)의 성분.

灰色(회색 huīsè) ① 잿빛. ② 소속이나 주의(主義)가 분명하지 않음. ③ 가치(價値)도 흥미도 없음.

灰色分子(회색분자 huīsèfēnzǐ) 소속·주의·노선 등이 뚜렷하지 못한 사람.

▶ 淡灰葛色(담회갈색)·白灰(백회)·生灰(생회)·石灰(석회)·石灰巖(석회암)·暗灰(암회)·暗灰褐色(암회갈색).

灵 신령 령

【靈(雨부16획)의 약·속자】

灸 뜸 구:

음 jiǔ 일 キュウ, やいと 영 cauterize
① 구울 구, 지질 구(灼). ② 불사를 구(燒). ③ 뜸질할 구(灼體病).

灸師(구사 jiǔshī) 뜸질을 하여 병을 고치는 사람.
灸所(구소 jiǔsuǒ) 《醫》 뜸을 뜰 수 있는 몸의 어느 국부(局部). 염혈(炎穴) 등.
灸術(구술 jiǔsuǒ) =구치(灸治).
灸治(구치 jiǔzhì) 《醫》 뜸으로써 병을 고침. 구술(灸術).
灸穴(구혈 jiǔxué) 몸의 뜸을 뜰 수 있는 자리.

▶ 面灸(면구)·鍼灸(침구).

灼 불사를 작

음 zhuó 일 シャク, やく
영 burn, cauterize
① 지질 작, 사를 작(燒). ② 구울 작(炙). ③ 밝을 작(昭). ④ 졸아 없어질 작, 잦아 없어질 작(煎盡). ⑤ 꽃 활짝 필 작(花盛貌). ⑥ 빛날 작(光).

灼熱(작열 zhuórè) 불에 새빨갛게 달음.

災 재앙 재

巛 巛 巜 災 災 災 災

음 zāi 일 サイ, わざわい
영 calamity
① 재앙 재, 천벌 재(天火). ② 횡액 재

(禍害). 【菑와 같음】

書體 小篆 𢦏 大篆 災 古文 𢦏 草書 災

高校 會意

災難(재난 zāinàn) 뜻밖에 일어나는 불행한 일.
災殃(재앙 zāiyāng) 천변지이(天變地異)로 말미암은 불행한 탈.
災厄(재액 zāi'è) 재앙과 액운(厄運).

▶ 産災(산재)·水災(수재)·罹災(이재)·人災(인재)·自然災害(자연재해)·戰災(전재)·震災(진재)·天災(천재)·天災地變(천재지변)·避災(피재)·旱災(한재)·火災警報器(화재경보기).

炉 화로 로

【爐(火부16획)의 속자】

炊 불땔 취:

음 chuī 일 スイ, かしぐ 영 cook
① 불땔 취(燃). ② 밥지을 취(炊事, 自炊). ③ 땅 이름 취(地名炊鼻).

炊飯(취반 chuīfàn) 밥을 지음.

▶ 自炊(자취).

炎 불꽃/불길 염

炎 炎 炎 炎 炎 炎 炎 炎

음 yán 일 エン, ほのお, もえる
영 flame, burn
① 불꽃 염(火光上). ② 불 붙일 염, 불태울 염(焚). ③ 더울 염(熱). ④ 불꽃 성할 염(熾). ⑤ 훗훗할 염(熏). ⑥ 임금의 호 염(神農帝號).

書體 小篆 炎 草書 炎 中學 會意

炎凉世態(염량세태 yánliángshìtài) 권세가 있을 때는 아첨하여 좇고, 세력이 없어지면 푸대접하는 세상 인심.
炎署(염서 yánshǔ) 여름의 모진 더위.
炎天(염천 yántiān) ① 몹시 더운 여름철. ② 남쪽 하늘. 구천(九天)의 하나.
炎旱(염한 yánhàn) 한여름의 찌는 듯한 가물음.

▶ 角膜炎(각막염)·肝炎(간염)·結膜炎(결막염)·關節炎(관절염)·氣管支炎(기관지염)·腦炎(뇌염)·肋膜炎(늑막염)·大腸炎(대장염)·盲腸炎(맹장염)·腹膜炎(복막염)·暑炎(비염)·暑炎(서염)·腎臟炎(신장염)·尿道炎(요도염)·胃炎(위염)·胃腸炎(위장염)·膵臟炎(췌장염)·肺炎(폐렴)·暴炎(폭염)·皮膚炎(피부염)·喉頭炎(후두염).

炙 구울 자 / 구울 적
火4⁸

① zhì 일 ジャ, あぶる 영 roast
② 일 セキ, キ, あぶる

① ① 고기구이 자(燔肉). ② 김 쏘일 자, 친근할 자(親近而薫之). ③ 냄새 퍼질 자(膾炙). ② 적. 뜻은 ①과 같음.
炙背(적배 zhìbèi) 등가죽을 태양에 쪼임.《喩》기분이 좋음.
炙膾(적회 zhìhuì) 산적.

▶ 膾炙(회자).

炭 숯 탄:
火5⁹

炭炭炭炭炭炭炭炭
중 tàn 일 タン, すみ 영 charcoal
① 숯 탄(燒木未灰). ② 불똥 탄(炧). ③ 붉을 탄(泥火). ④ 원소 이름 탄(元素名). ⑤ 석탄 탄(石炭).

書體 小篆 炭 草書 炭 高校 形聲

炭坑(탄갱 tànkēng) 석탄을 파내는 굴.
炭酸同化作用(탄산동화작용 tànsuāntónghuàzuòyòng)《植》식물이 외계로부터 무기 탄소를 취하여 이것을 자체 내에서 유기 탄수화물로 만들어 버리는 영양작용. 탄소동화작용(炭素同化作用).
炭層(탄층 tàncéng)《地》지층(地層)의 사이에 쌓여 있는 석탄(石炭)의 층(層). 탄상(炭床).

▶ 褐炭(갈탄)·塗炭(도탄)·煉炭(연탄)·木炭(목탄)·無煙炭(무연탄)·石炭(석탄)·選炭(선탄)·煉炭(연탄)·有煙炭(유연탄)·二酸化炭素(이산화탄소)·一酸化炭素(일산화탄소)·採炭(채탄)·土炭(토탄)·活性炭(활성탄)·黑炭(흑탄).

炯 빛날 형
火5⁹

중 jiǒng 일 ケイ, キョウ, あきらか 영 bright
① 빛날 형(光). ② 밝게 살필 형(明). ③ 불 환히 비칠 형(火明貌).
炯心(형심 jiǒngxīn) 광명한 마음.
炯眼(형안 jiǒngyǎn) 날카로운 눈. 명찰(明察)하는 눈.
炯然(형연 jiǒngrán) ① 밝은 모양. ② 밝게 비치는 모양. ③ 안광(眼光)이 예민한 모양.

炳 불꽃 병:
火5⁹

중 bǐng 일 ヘイ, あきらか 영 bright
① 밝을 병(明). ② 나타날 병(著).【昺과 같음】
炳然(병연 bǐngrán) 빛이 비쳐 밝은 모양.
炳燿(병요 bǐngyào) 빛나고 번쩍거림.
炳煜(병욱 bǐngyù) 밝게 빛남.

炸 터질 작
火5/9

1. 圕 zhà
2. 曰 サク, さく 曲 explosion

1 불 터질 사. 2 ① 불 터질 작(爆). ② 기름에 지질 작(灼).

炸裂(작렬 zhàliè) 화약에 의하여 탄환(彈丸)이 폭발함. 폭렬(爆裂).
炸發(작발 zhàfā) 화약이 발화·폭발함.
炸藥(작약 zhàyào) 포탄(砲彈) 속에 들어 있어 발사시(發射時)에 폭발시키는 화약.
炸彈(작탄 zhàdàn) ① 작약(炸藥)을 채운 탄환(彈丸). 폭탄(爆彈). ② 작약(炸藥)을 관(罐) 속에 채운 것.

点 점[點] 점(:)
火5/9

【點(黑부 5획)의 약자】

烈 매울 렬
火6/10

烈烈烈烈烈烈烈烈烈烈

圕 liè 曰 レツ, はげしい
曲 burning violently

① 불 활활 붙을 렬(火猛). ② 빛날 렬(光). ③ 공 렬(業). ④ 아름다울 렬(美). ⑤ 위엄스러울 렬(威). ⑥ 독할 렬(毒). ⑦ 사나울 렬(暴). ⑧ 매울 렬(寒氣). ⑨ 충직할 렬(忠直). 【列과 통함】

書體 小篆 草書 中學 形聲

烈女(열녀 liènǚ) 정절(貞節)이 곧은 여자.
烈士(열사 lièshì) 절의(節義)를 굳게 지키는 사람.
烈火(열화 lièhuǒ) 맹렬하게 타오르는 불. 맹화(猛火).

▶ 強烈(강렬)·激烈(격렬)·極烈(극렬)·猛烈(맹렬)·先烈(선열)·熱烈(열렬)·義烈(의열)·壯烈(장렬)·慘烈(참렬)·忠烈(충렬)·酷烈(혹렬).

休 아름다울 휴
火6/10

1 圕 xiū 曰 コウ, うつくしい
曲 beautiful 2 healthy

1 기운 건장할 효. 뽐낼 효(氣健貌). 2 ① 아름다울 휴(美). ② 화할 휴(和). ③ 복 휴(福祿). ④ 경사 휴(慶善). 【休와 통함】

烏 까마귀 오
火6/10

烏烏烏烏烏烏烏烏烏烏

圕 wū, wù 曰 ウ, からす 曲 crow

① 까마귀 오(孝烏). ② 검을 오(黑). ③ 어찌 오, 어디 오(何). ④ 탄식할 오(歎辭). ⑤ 곡조 이름 오(奏曲名). 【嗚와 같음】

書體 小篆 古文 古文 草書 中學 象形

烏鷄(오계 wūjī) ① 털이 온통 새까만 닭. ② 오골계(烏骨鷄)의 약어.
烏口(오구 wūkǒu) 까마귀의 주둥이 모양으로 되어 있는 제도용구(製圖用具). 줄을 긋는 데 씀.
烏飛梨落(오비이락 wūfēilíluò) 《國》 까마귀 날자 배 떨어지기. 《喩》 아무 관계없이 한 일이 공교롭게 다른 일과 때가 같으므로 무슨 관련이 있는 것처럼 혐의를 받게 되는 것.
烏鵲橋(오작교 wūquèqiáo) 칠월 칠석에 견우·직녀 두 별을 서로 만나게 하기 위하여 까마귀와 까치가 모여 은하에 놓는다고 하는 가상적(假想的)인 다리.

烏烏私情(오조사정 wūwūsīqíng) 까마귀가 새끼 때 어미가 길러 준 그 은혜를 갚은 애정.《喩》자식이 부모에게 효성을 다하려는 마음.

烏之雌雄(오지자웅 wūzhīcíxióng) 까마귀의 암컷과 수컷을 구별하기 곤란한 것과 같이 일의 시비선악(是非善惡)을 구별하기 곤란함.

烏集之交(오집지교 wūjízhījiāo) 거짓이 많고 신용이 없는 사귐.

烏合之卒(오합지졸 wūhézhīzú) 갑자기 모인 훈련(訓練)이 안 된 병정. 오합지중(烏合之衆).

烏合之衆(오합지중 wūhézhīzhòng) 까마귀 떼와 같이 질서(秩序)가 없이 문란하게 모여 있는 군중. 또는 그러한 군대. 오합지졸(烏合之卒).

烏乎(오호 wūhū) 슬플 때나 탄식할 때에 내는 소리. 오호(嗚呼).

烏呼(오호 wūhū) = 오호(嗚呼).

烙 지질 락

火 6 ⑩

🔤 lào, luò 🇯 ラク, やく
🇬 fry, frizzle

① 지질 락(灼). ② 사를 락(燒). ③ 단근질할 락(火鐵).

烙殺(낙살 làoshā) 사람을 단근질하여 죽임.

烙印(낙인 làoyìn) ① 불에 달구어 찍는 쇠도장. ② 씻기 어려운 좋지 못한 이름.

烙竹(낙죽 làozhú) 달군 쇠로 지져서 여러 가지 무늬를 새긴 대.

烙刑(낙형 làoxíng) 단근질하는 형벌.

烙畫(낙화 làohuà)《美》인두로 지져서 그린 그림.

烝 찔/뭇 증

火 6 ⑩

🔤 zhēng 🇯 ジョウ, むす 🇬 steam

① 김 오를 증(熏). ② 찔 증(炊). ③ 불길 증(火氣上行). ④ 임금 증(君). ⑤ 무리 증(衆). ⑥ 두터울 증(厚). ⑦ 나아갈 증(進). ⑧ 윗사람과 상피붙을 증(上淫). ⑨ 어조사 증(發語辭). ⑩ 겨울 제사 이름 증(冬祭名).【蒸과 통함】

▶ 水蒸氣(수증기)·汗蒸幕(한증막)·汗蒸湯(한증탕)·燻蒸(훈증).

烟 연기 연

火 6 ⑩

【煙(火부9획)과 같음】

烹 삶을 팽

火 7 ⑪

🔤 pēng 🇯 ホウ, にる 🇬 boil, cook

① 삶을 팽(煮). ② 요리 팽(料理).

烹卵(팽란 pēngluǎn) 삶은 달걀. 숙란(熟卵). 돌알.

烹熟(팽숙 pēngshú) 충분히 삶음. 팽임(烹飪).

▶ 兎死狗烹(토사구팽).

烽 봉화 봉

火 7 ⑪

🔤 fēng 🇯 ホウ, のろし
🇬 signal-fire

봉화 봉(煙火警邊).【燧와 같음】

烽戍(봉수 fēngshù) 봉화를 지켜보는 일. 봉화(烽火).

烽燧(봉수 fēngsuì) 변란이 있음을 알리는 불. 〈烽은 밤에 올리는 봉화, 燧는 낮에 올리는 봉연(烽煙)〉. 봉화(烽火).

烽火(봉화 fēnghuǒ) 병란(丙亂)이 있을 때에 변경(邊境)에서부터 서울까지 경보(警報)를 알리는 불. 산꼭대기에서 불을 올리는데 미리 정한 신호로써 알려 전해 올라감. 봉수(烽燧).《轉》변란(變亂). 병란

(兵亂).

焉 어조사/어찌 언
火7⑪

焉焉焉焉焉焉焉焉焉焉
음 yān 일 エン, いずくんぞ
영 how, why

① 어찌 언, 어디 언(何). ② 의심쩍을 언(疑). ③ 이에 언(於是). ④ 어조사 언(語助辭).

書體 小篆 焉 草書 も 高校 象形

焉敢(언감 yāngǎn) 어찌 감히.
焉敢生心(언감생심 yāngǎnshēngxīn) 감히 그런 생각을 일으킬 수도 없음.

▶ 於焉間(어언간)·終焉(종언).

黑 검을 흑
火7⑪

【黑(黑부 0획)의 약자】

焚 불사를 분
火8⑫

음 fén 일 フン, やく 영 burn

① 불사를 분(燒). ② 불땔 분.
焚棄(분기 fénqì) 불살라 없애 버림. 소기(燒棄).
焚滅(분멸 fénmiè) ① 불에 태워 멸망케 함. ② 불에 타서 망함.
焚書坑儒(분서갱유 fénshūkēngrú) 학문·사상이 탄압당하는 일. 《故》 진시황(秦始皇)이 시서(詩書) 육경(六經)을 불태우고, 유학자(儒學者)를 땅에 묻어 죽인 일.
焚香(분향 fénxiāng) 향료를 불에 피움. 소향(燒香).
焚火(분화 fénhuǒ) ① 불을 사름. ② 사르는 불. 모닥불.

無 없을 무
火8⑫

無無無無無無無無無無
음 wú, mó 일 ブ, ム, ない
영 none, lack

① 없앨 무(有之對). ② 아닐 무(不). ③ 말 무(勿). ④ 빌 무(空虛). ⑤ 풀 이름 무(草名文無). 【毋와 통함】

書體 小篆 無 草書 无 中學 假借

無辜(무고 wúgū) 아무 죄가 없음. 또는 그 사람.
無骨好人(무골호인 wúgǔhǎorén) 뼈 없이 좋은 사람. 아주 순하여 남의 비위에 두루 맞는 사람.
無窮無盡(무궁무진 wúqióngwújìn) 끝과 다함이 없음.
無念無想(무념무상 wúniànwúxiǎng) 무아(無我)의 경지에 들어가 모든 생각을 벗어남. 무상(無想). 무념(無念).
無道(무도 wúdào) ① 도덕에 어긋남. 인도에 어그러진 좋지 못한 행실. 또는 그 사람. ② 세상에 도덕이 행하여지지 않음.
無賴漢(무뢰한 wúlàihàn) 일정한 직업이 없이 돌아다니는 불량한 사람. 불량배(不良輩).
無聊(무료 wúliáo) ① 심심함. ② 부끄럽고 멋쩍음.
無味乾燥(무미건조 wúwèigānzào) ① 재미가 없고 메마름. ② 깜깜하여 운치가 없음.
無邊曠野(무변광야 wúbiānkuàngyě) 끝이 없이 넓은 벌판.
無不干涉(무불간섭 wúbùgānshè) 두루 간섭하지 않는 것이 없음.
無雙(무쌍 wúshuāng) 견줄 데 없으리만큼 뛰어남. 무비무이(無比無二).
無我(무아 wúwǒ) ① 자기를 잊음. 아

의(我意)가 없음. ②《佛》자기의 존재를 부정함. 소승불교(小乘佛敎)에서는 인무아(人無我)를, 대승불교(大乘佛敎)에서는 인무아(人無我)와 법무아(法無我)를 주장함.

無碍(무애 wúài) 거리낌이 없음. 방해물이 없음.

無爲(무위 wúwéi) ① 아무 일도 아니함. 간섭하지 않음. ② 자연 그대로 두어 인공을 가하지 않음. ③《佛》생(生)·멸(滅)이 변화하지 않고 상주(常住) 불변(不變)하는 존재(存在). ↔ 유위(有爲).

無爲徒食(무위도식 wúwéitúshí) 아무 하는 일 없이 먹고 놀기만 함.

無盡藏(무진장 wújìnzàng) 다함이 없이 줄곧 많이 있음. 수량이 많음을 형용.

▶ 感慨無量(감개무량)·孤立無援(고립무원)·公平無私(공평무사)·廣大無邊(광대무변)·臨機無遌(임전무원)·莫無可奈(막무가내)·百害無益(백해무익)·變化無雙(변화무쌍)·事實無根(사실무근)·束手無策(속수무책)·眼下無人(안하무인)·年中無休(연중무휴)·染淨無二(염정무이)·完全無缺(완전무결)·有口無言(유구무언)·有名無實(유명무실)·有備無患(유비무환)·有耶無耶(유야무야)·唯一無二(유일무이)·有形無形(유형무형)·一字無識(일자무식)·適任無人(적임무인)·全無(전무)·前無後無(전무후무)·諸法無我(제법무아)·諸行無常(제행무상)·終無消息(종무소식)·縱橫無盡(종횡무진)·天衣無縫(천의무봉)·天眞無垢(천진무구)·天下無敵(천하무적)·虛無(허무)·虛無孟浪(허무맹랑)·荒唐無稽(황당무계)·後無(후무).

焦 탈 초

音 jiāo 日 ショウ, こがす 英 scorch

① 그슬릴 초, 델 초(火所傷). ② 불내 날 초(火之臭). ③ 구울 초(炙). ④ 볶을 초, 탈 초(火燒黑). ⑤ 속 태울 초(思煩). ⑥ 마를 초(乾). ⑦ 모일 초(焦點). ⑧ 삼초 초(水穀之道曰三焦).

焦眉(초미 jiāoméi) 매우 위급함을 일컫는 말.

焦點(초점 jiāodiǎn) ①《物》광선이 요면경(凹面鏡)·렌즈 따위에 반사하거나, 또는 굴절하여 다시 집중하는 점. ② 사물의 중요로운 부분. 중심점. 목표.

焦燥(초조 jiāozào) 몹시 애타움. 초조(焦躁).

焦土(초토 jiāotǔ) ① 까맣게 탄 흙. ② 불타 없어진 자리. 전화(戰火)의 흔적.

▶ 枯焦(고초)·勞心焦思(노심초사).

焰 불꽃 염

音 yàn 日 エン, ほのお 英 flame

불빛 염(火光). 【爓과 통함】

焰摩天(염마천 yànmótiān)《佛》욕계천(欲界天)의 이름.

焰室(염실 yànshì) 종묘(宗廟)의 신주(神主)를 모신 방.

▶ 氣焰(기염)·火焰(화염).

然 그럴 연

火 夕 夕 夕 夘 然 然 然 然 然

音 rán 日 ネン, ゼン, もえる, しかり
英 burn, certainly

① 사를 연(燒). ② 그럴 연, 그렇다할 연(言如是). ③ 허락할 연(許). ④ 그럴듯할 연(如). ⑤ 그러나 연(承上接語). ⑥ 이렇다할 연(斷定). ⑦ 그렇게 연(而). ⑧ 체 연(假飾). ⑨ 어미에 붙여 꾸밀 연(修飾爲添語句尾). ⑩ 산 이름 연(山名燕然). ⑪ 뱀 이름 연(蛇名牽然). ⑫ 원숭이 연(猿屬果然).

書體 小篆 然 或體 燃 草書 中學 形聲

然後(연후 ránhòu) 그런 뒤.

▶ 蓋然(개연)·決然(결연)·慊然(겸연)·古色蒼然(고색창연)·公公然(공공연)·果然(과연)·舊態依然(구태의연)·斷然(단연)·當然(당연)·道德君子然(도덕군자연)·突然(돌연)·突然死(돌연사)·漠然(막연)·茫然自失(망연자실)·未然(미연)·本然(본연)·奮然(분연)·不然其然(불연기연)·釋然(석연)·鮮然(선연)·騷然(소연)·悚然(송연)·肅然(숙연)·啞然(아연)·儼然(엄연)·歷然(역연)·完然(완연)·偶然(우연)·悠然(유연)·隱然(은연)·毅然(의연)·一目瞭然(일목요연)·自然(자연)·自然淘汰(자연도태)·整然(정연)·知識人然(지식인연)·燦然(찬연)·悽然(처연)·天然(천연)·天然痘(천연두)·超然(초연)·泰然(태연)·泰然自若(태연자약)·必然(필연)·浩然(호연)·浩然之氣(호연지기)·渾然一體(혼연일체)·忽然(홀연)·確然(확연)·欣然(흔연).

火 9 ⑬ 輝 빛날 휘/햇무리 운

1 ㉠ huī ㉑ キ, かがやく ㉓ bright
2 ㉑ コン 3 ㉑ ケン 4 ㉑ ウン
1 빛날 **휘**(光).【輝와 같음】 2 지질 **훈**(灼). 3 햇무리 **운**(日光氣).【暈과 같음】 4 ① 벌걸 **혼**(赤色). ② 불빛 **혼**(煌火光).【焜과 같음】

火 9 ⑬ 煉 달굴 련

㉠ liàn ㉑ レン, ねる ㉓ refine
① 쇠 부릴 **련**(鍊:冶金). ② 반죽할 **련**(煉炭).【鍊과 같음】
煉獄(연옥 liànyù)《宗》죄를 범한 사람이 회개하고 천국에 가기 위하여 구속(救贖)을 기다리는 곳. 천국과 지옥의 사이에 있다 함.
煉瓦(연와 liànwǎ) 벽돌. 진흙을 이기어 장방형으로 구워 낸 것. 토목건축의 재료가 됨.
煉乳(연유 liànrǔ) 묽은 것을 진하게 달인 우유.
煉炭(연탄 liàntàn) 가루 석탄을 반죽하여 만든 연료.

火 9 ⑬ 煌 빛날 황

㉠ huáng ㉑ コウ, かがやく
㉓ luminous
① 빛날 **황**(輝). ② 환히 밝을 **황**(光明). ③ 성할 **황**(盛). ④ 고을 이름 **황**(郡名敦煌).【皇과 통함】
煌熠(황습 huángyǐ) 반짝거리며 빛남. 또는 태양(太陽).

火 9 ⑬ 煎 달일 전(ː)

㉠ jiān ㉑ セン, いる ㉓ fry in fat
① 달일 **전**, 지질 **전**(熬). ② 불에 말릴 **전**(火乾). ③ 졸일 **전**(水煮). ④ 향 이름 **전**(香名甲煎). ⑤ 속 태울 **전**(胸焦). ⑥ 급히 닥칠 **전**(急迫). ⑦ 익힐 **전**(熟).
煎果(전과 jiānguǒ) 정과(正果).
煎茶(전다 jiānchá) 차를 달임. 달인 차. 팽다(烹茶).
煎悶(전민 jiānmèn) ① 몹시 걱정함. ② 가슴을 태우며 몹시 민망히 여김.
煎藥(전약 jiānyào) 달인 약. 달여 먹는 약.
煎油(전유 jiānyóu) 지짐질하는 일.
煎烹(전팽 jiānpēng) 삶음. 팽전(烹煎).

火 9 ⑬ 煮 삶을 자(ː)

㉠ zhǔ ㉑ ショ, シャ, にる
㉓ boil, cook
① 삶을 **자**, 지질 **자**, 달일 **자**(烹). ② 삶아 먹을 **자**(烹食). ③ 익힐 **자**(熟).
煮醬(자장 zhǔjiàng) 장조림.

火 9 ⑬ 熙 빛날 희

㉑ キ, ひかる ㉓ bright

① 빛날 희(光). ② 일어날 희(興). ③ 넓을 희(廣). ④ 화할 희(和). ⑤ 기뻐할 희(嬉).

煖 더울 난:

图 nuǎn, xuān 日 ダン, ナン, あたたか 英 warm

① 더울 난, 따뜻할 난(溫). ② 불김 난(火氣). ③ 날씨 난(日氣). 【暖과 통함】

煖氣(난기 nuǎnqì) 더운 기운. 따뜻한 기운. 난기(暖氣). 온기(溫氣).
煖爐(난로 nuǎnlú) 화덕. 스토브. 불을 때어 방 안을 따뜻이 하는 장치.
煖房(난방 nuǎnfáng) 방을 덥게 함. 또는 그런 방. ↔냉방(冷房).
煖衣飽食(난의포식 nuǎnyībǎopáoshí) 따뜻한 옷에 배불리 밥을 먹음. 《喩》 사치한 생활. 풍족한 생활.

煙 연기 연

煙 煙 煙 煙 煙 煙 煙 煙 煙

1 图 yān 日 エン, けむり 英 smoke
2 yīn

1 연기 연, 내 연(火鬱氣). 【烟과 같음】 2 ① 김 인, 기운 인(煙熅氣). ② 안개 인(霞靄類). ③ 숯 그을음 인(煤).

書體 小篆 煙 草書 煙 (中學) 形聲

煙毒(연독 yāndú) 연기 속에 있는 독기.
煙突(연돌 yāntū) 굴뚝. 불을 땔 때 연기가 빠지도록 만든 장치. 연통(煙筒). 연돌개(煙堗).
煙幕(연막 yānmù) 자기편의 행동이나 사격의 목표가 될 물건을 적으로부터 가리기 위해 내는 진한 연기.
煉煤(연매 yānméi) ① 철매. ② 그을음.
煙霧(연무 yānwù) ① 연기와 안개. ② 먼지가 떠올라 공중에 보얗게 흐리는 것. 연애(煙靄). 연하(煙霞).
煙月(연월 yānyuè) 연기 어린 은은한 달빛. 안개 속에 보이는 달.
煙塵(연진 yānchén) ① 연기와 먼지. ② 전장의 티끌. 병마가 왕래할 때 일어나는 보얀 먼지. 《轉》 거친 전장판. 전란(戰亂). 병진(兵塵). 전진(戰塵).

▶ 間接吸煙(간접흡연)·卷煙草(권연초·궐련초)·禁煙(금연)·喫煙(끽연)·煤煙(매연)·暮煙(모연)·愛煙(애연)·雲煙(운연)·有煙炭(유연탄)·紫煙(자연)·炊煙(취연)·砲煙(포연)·香煙(향연)·吸煙(흡연).

煞 죽일 살

1 图 shà 日 サツ, ころす 英 kill
2 图 shā

1 ① 감할 쇄(減). ② 내릴 쇄(降). 2 죽일 살(殺). 【殺과 같음】

煤 그을음 매

图 méi 日 バイ, すず 英 charcoal

① 그을음 매(煙墨). ② 석탄 매(石炭). ③ 먹 매(墨).

煤煙(매연 méiyān) ① 그을음이 섞인 연기. 매연(煤烟). ② 석탄 그을음. ③ 철매.
煤炭(매탄 méiyóu) 석탄(石炭).

煥 빛날 환:

图 huàn 日 カン, あきらか
英 flaming

① 불빛 환(火光). ② 밝을 환(明). ③ 빛날 환(爛文貌).

照 비칠 조:

火9⑬

照 照 照 照 照 照 照 照 照 照

음 zhào 일 ショウ, てらす
영 illumine

① 비칠 조(明所燭). ② 빛날 조(光發). ③ 비교할 조(比較). 【炤와 같음】

書體 小篆 照 草書 ル (高校) 形聲

照明(조명 zhàomíng) ① 밝게 비침. ② 광선(光線)을 이용하여 비추어 밝게 하는 것. ③ 연극(演劇)에서 무대 효과(效果)를, 영화(映畫)에서 촬영(撮影) 효과를 높이기 위하여 사용하는 광선.
照査(조사 zhàochá) 맞대어 조사함.
照會(조회 zhàohuì) ① 서면으로 사실 여부를 물어봄. ② 의논하거나 알아보기 위하여 보내는 공문. 또는 그 공문서(公文書).

▶ 觀照(관조)·落照(낙조)·對照(대조)·査照(사조)·色照明(색조명)·夕照(석조)·室內照明(실내조명)·日照(일조)·自照(자조)·再照明(재조명)·前照燈(전조등)·參照(참조).

煩 번거로울 번

火9⑬

煩 煩 煩 煩 煩 煩 煩 煩 煩

음 fán 일 ハン, ボン, わずらう
영 annoy

① 번열증 날 번(熱頭痛). ② 번거로울 번(不簡). ③ 간섭할 번(干). ④ 수고로울 번(勞). ⑤ 민망할 번(悶). ⑥ 괴로울 번(思惱).

書體 小篆 煩 草書 ル (高校) 會意

煩惱(번뇌 fánnǎo) ① 고뇌의 마음으로 인한 괴로움. ②《佛》마음의 미혹. 인간의 욕정에 기인하는 미혹. ↔ 보리(菩提).
煩多(번다 fánduō) 번거로울 정도로 많음.
煩亂(번란 fánluàn) ① 마음이 번잡하고 어지러움. ② 번거롭고 난잡한 것.
煩禮(번례 fánlǐ) 번거로운 예법. 욕례(縟禮).
煩勞(번로 fánláo) 번거롭고 수고로움.
煩論(번론 fánlùn) 번거로운 언론.
煩忙(번망 fánmáng) 번거롭고 매우 바쁨.
煩文(번문 fánwén) 번거롭고 까다로운 문장. 또는 예문(禮文).
煩悶(번민 fánmèn) 마음이 번거로워 답답함. 번만(煩懣).
煩數(번삭 fánshù) 번거로울 정도로 잦음.
煩雜(번잡 fánzá) 번거롭고 뒤섞여 어수선함.
煩弊(번폐 fánbì) 번거로운 폐단. 번루(煩累).

煽 부채질할 선

火10⑭

음 shān, shàn 일 セン, あおる
영 blaze up

① 성할 선(熾盛). ② 부붙일 선(使熾). ③ 부추길 선(煽動).

煽動(선동 shāndòng) ① 남을 꾀어서 부추김. ② 주로 감정에 호소하여 대중을 일정한 행동으로 몰아넣음.
煽揚(선양 shānyáng) 선동하여 일으킴.
煽惑(선혹 shānhuò) 선동하여 현혹하게 함.

熄 불꺼질 식

火10⑭

음 xī 일 ソク, きえる
영 extinguish

① 불 담을 식(畜火). ② 불 꺼질 식(滅化). ③ 불 끌 식(鎭火). ④ 없어질

歹殳毋比毛氏气 ㊋火 爪父爻爿片牙牛犬

(亡). ⑤ 마칠 식(終).
熄滅(식멸 xīmiè) 망해 버림. 흔적도 없이 사라져 버림. 그침.
熄火山(식화산 xīhuǒshān)《地》불을 뿜던 형적은 있으나 지금은 뿜지 않는 화산.

▶ 終熄(종식).

火10(14) 熙 빛날 희

【熙(火부9획)의 속자】

火10(14) 熊 곰 웅

음 xióng 일 ユウ, くま 영 bear
① 곰 웅(獸名, 似豕山居冬蟄). ② 빛날 웅(光).
熊膽(웅담 xióngdǎn) ① 곰의 쓸개. ②《醫》곰의 쓸개를 말린 것. 열병·등창·오래된 이질·심통·안질 등에 쓰임.
熊虎之將(웅호지장 xiónghǔzhījiāng) 곰과 범과 같은 용맹스러운 대장(大將).

火10(14) 熏 불길 훈

음 xūn, xùn 일 クン, ふすぶる
영 roast, smoke
① 불김 훈(火炎上出). ② 지질 훈(灼也). ③ 연기 오를 훈(煙氣). ④ 좋아할 훈(和悅). [燻과 같음]
熏風(훈풍 xūnfēng) =남동풍(南東風). 청명풍(清明風).
熏熏(훈훈 xūnxūn) 온화하고 기뻐하는 모양.

火10(14) 熔 녹을 용

【鎔(金부10획)의 속자】

火11(15) 熟 익을 숙

熟熟熟熟熟熟熟熟熟
음 shú, shóu 일 ジュク, みのる, にる
영 ripe, cooked
① 익힐 숙, 익을 숙(食飪, 生之反). ② 삶을 숙(煮). ③ 무르익을 숙(爛). ④ 이룰 숙(稔歲成). ⑤ 한참동안 숙(頃久). ⑥ 자세할 숙(精審). ⑦ 숙달할 숙(充分習得). ⑧ 흐물흐물할 숙(深煮). ⑨ 풍년들 숙(歲稔).

書體 草書 熟 高校 形聲

熟讀玩味(숙독완미 shúdúwánwèi) 익숙하도록 읽어 뜻을 깊이 음미함.
熟慮(숙려 shúlǜ) 곰곰이 잘 생각함. 익히 고려함.
熟省(숙성 shúshěng) 깊이 반성함.
熟語(숙어 shúyǔ, yù) 두 가지 이상의 말을 한데 합하여 한 뜻으로 나타내어 마치 하나의 단어(單語)처럼 쓰이는 말. 익은 말.

▶ 爛熟(난숙)·能熟(능숙)·晩熟(만숙)·末熟(미숙)·半熟(반숙)·生熟(생숙)·成熟(성숙)·習熟(습숙)·深思熟考(심사숙고)·諫熟(연숙)·完熟(완숙)·圓熟(원숙)·早熟(조숙)·親熟(친숙).

火11(15) 熱 더울/뜨거울 열

熱熱熱熱熱熱熱熱熱
음 rè 일 ネツ, あつい 영 hot, heat
① 더울 열, 뜨거울 열(溫). ② 더위 열(暑度). ③ 불길 열(炎氣). ④ 흥분할 열(激昂). ⑤ 정성 열(誠). ⑥ 쏠릴 열, 하고자할 열(一心).

書體 小篆 熱 草書 熱 中學 形聲

熱惱(열뇌 rènǎo)《佛》몹시 심한 고

뇌(苦惱).
熱愛(열애 rèài) 열렬히 사랑함. 열렬한 사랑.
熱演(열연 rèyǎn) 연극이나 음악 등을 열렬하게 연출함.

▶ 加熱(가열)·高熱(고열)·過熱(과열)·敎育熱(교육열)·耐熱(내열)·斷熱(단열)·微熱(미열)·發熱(발열)·放熱(방열)·白熱燈(백열등)·産後熱(산후열)·亞熱帶(아열대)·餘熱(여열)·炎熱(염열)·豫熱(예열)·以熱治熱(이열치열)·灼熱(작열)·情熱(정열)·創作熱(창작열)·體熱(체열)·超耐熱(초내열)·出血熱(출혈열)·太陽熱(태양열)·學究熱(학구열)·解熱(해열)·黃熱(황열).

熹 기뻐할 희
火 12 16

音 xī 日 キ, さかん 英 prosperous
① 성할 희(盛也, 熾). ② 빛날 희(光). ③ 밝을 희(明). ④ 넓을 희(博). ⑤ 희미할 희(微貌). ⑥ 찔 희(烝). ⑦ 더울 희(暑). ⑧ 구울 희(炙). ⑨ 주자 이름 희(朱子名).

熾 성할 치
火 12 16

音 chì 日 シ, さかん 英 severe
① 불 활활 붙을 치(火盛). ② 불 땔 치(炊).
熾烈(치열 chìliè) ① 세력이 불길같이 맹렬함. ② 불길이나 햇볕이 매우 성함.
熾熱(치열 chìrè) 열이 매우 높음. 매우 뜨거움.

燁 빛날 엽
火 12 16

音 yè 日 ヨウ, かがやく 英 flaming
① 불 이글이글할 엽(火盛). ② 번쩍번쩍할 엽(輝貌).

燃 불사를 연
火 12 16

火 火 火 火 炸 炒 炒 炒 燃 燃

音 rán 日 ネン, もえる 英 burn
① 불사를 연, 불탈 연(燒). ② 태울 연(使燒). ③ 연등절 연(燃燈節).【然과 통함】

書體 草書 燃 高校 形聲

燃料(연료 ránliào) 열이나 빛을 이용하기 위하여 태우는 재료. 석탄·나무·석유·가스 따위.
燃燒(연소 ránshāo) ① 불탐. ②《物》물질이 공중의 산소와 결합하여 산화할 때 열·빛을 내는 현상.

▶ 可燃(가연)·難燃(난연)·內燃(내연)·不燃(불연)·再燃(재연)·核燃料(핵연료).

燈 등불/등잔 등
火 12 16

火 火 火 炒 炒 炒 燈 燈 燈 燈

音 dēng 日 トウ, ともしび 英 lamp
① 등잔 등, 등 등(錠中置燭). ② 촛불 등(燭火). ③ 등불 등(黙火取明). ④ [佛]불도 등(佛道). ⑤ 풀 이름 등(靈草名, 金燈).【鐙과 같음】

書體 草書 燈 中學 形聲

燈下不明(등하불명 dēngxiàbùmíng)《國》등잔 밑이 어두움.《喩》자기 근방에서 생긴 일을 먼데 일보다 더 모른다는 뜻.
燈火可親(등화가친 dēnghuǒkěqīn) 가을밤은 등불을 가까이 하여 글 읽기에 시원하여 좋다는 말.
燈火管制(등화관제 dēnghuǒguǎnzhì) 적(敵)의 야간 공습을 막기 위하여 일정한 구역에서 등불을 끄게 하는 제도.

▶ 街路燈(가로등)·尾燈(미등)·反射燈(반사등)·防犯燈(방범등)·白熱燈(백열등)·法燈(법등)·保安燈(보안등)·石燈(석등)·水銀燈(수은등)·信號燈(신호등)·燃燈(연등)·電燈(전등)·前照燈(전조등)·點燈(점등)·照明燈(조명등)·走馬燈(주마등)·集魚燈(집어등)·標示燈(표시등)·軒燈(헌등)·螢光燈(형광등)·幻燈(환등).

燐 도깨비불 린
火12/16

- 日 lín 日 リン, おにび
- 영 ghost's fire

① 도깨비불 린(鬼火). ② 반딧불 린(螢火). ③ [化]원소 이름 린(元素之一). ⑤ 불 일어날 린(自起煌).【燊과 같음】⑥ [日字]성냥 린(燐寸).

燐鑛(인광 línkuàng).《鑛》인(燐)을 파내는 광산. 인산비료(燐酸肥料) 제조의 원료가 되는 광석.

燐光(인광 línguāng) ①《化》황린(黃燐)을 공기 중에 방치할 때 그 자연 변화에 의하여 발하는 빛. ②《物》어떤 물체에 빛을 낸 후에 이 자극광을 없애도 발광(發光) 작용이 남는 현상.

燐火(인화 línhuǒ) ① 인(燐)이 타는 파란 불. ② 한 곳에서 인(燐)이 산화(酸化)하여 자연히 일어나는 불빛. 도깨비불.

燒 불사를 소(:)
火12/16

- 日 shāo 日 ショウ, やく 영 burn

① 불붙을 소(焚). ② 불 사를 소(燃). ③ 탈 소(燔). ④ 들불 소(野火). ⑤ 불땔 소(燔). ⑥ 불 놓을 소(放火).

書體 小篆 燒 草書 烧 (高校) 形聲

燒散(소산 shāosàn) ① 불살라 흩어 버림. ② 화장(火葬).

燒夷彈(소이탄 shāoyídàn)《軍》소이제(燒夷劑)와 작약(炸藥)을 넣은 폭탄. 폭발하면 불을 뿜음.

燒酒(소주 shāojiǔ) 쌀이나 잡곡 등으로 담가서 만든 알코올 성분이 강한 술. 화주(火酒).

燒痕(소흔 shāohén) 불탄 흔적. 불탄 자리.

▶ 燃燒(연소)·全燒(전소).

燕 제비 연(:)
火12/16

①-④ 日 yàn ⑤⑥ 日 yān 日 エン, つばめ 영 swallow

① 제비 연(玄鳥). ② 편안할 연(安). ③ 쉴 연(息). ④ 잔치 연(宴). ⑤ 나라 이름 연(國名, 召公所封). ⑥ 땅 이름 연(地名, 直隸省地方).【讌과 통함】

書體 小篆 燕 草書 燕 (高校) 象形

燕尾服(연미복 yànwěifú) 남자용 예복(禮服)의 한 가지. 빛깔은 검고, 저고리 뒷모양이 제비꼬리 같음.

燕雀(연작 yànquè) 제비와 참새. 소조(小鳥).《喩》도량(度量)이 좁은 사람. 작은 인물.

燕雀不生鳳(연작불생봉 yànquèbùshēngfèng) 불초한 사람에게서 어진 자식이 나오기 어렵다는 비유.

燕支(연지 yànzhī) 연지(燕脂). 여자가 단장할 때에 양쪽 뺨에 찍는 화장품. 연지(臙脂). 언지(焉支).

營 경영할 영
火13/17

1 日 yíng 日 エイ, いとなむ
영 manage, camp

2 日 ヨウ, いとなむ

■ ① 지을 **영**(造). ② 헤아릴 **영**(度).
③ 다스릴 **영**(治). ④ 경영할 **영**(經營).
⑤ 오락가락 **영**(往來貌). ⑥ 영문 영,
진 **영**(軍壘). ⑦ 황송할 **영**(惶恐意屛
營). ❷ 별 이름 **형**(星名熒惑).

書體 小篆 / 草書 / 高校 形聲

營繕(영선 yíngshàn) 건축하고 수리
함. 건축물 따위의 신축과 수선.
營倉(영창 yíngcāng) 《軍》 군대의 유
치장(留置場).

▶ 經營(경영)·公營(공영)·共營(공영)·官
營(관영)·國營(국영)·軍營(군영)·民營(민
영)·民族陣營(민족진영)·密營(밀영)·兵
營(병영)·本營(본영)·富營養化(부영양
화)·私營(사영)·宿營(숙영)·市營(시영)·
野營(야영)·運營(운영)·入營(입영)·自營
(자영)·直營(직영)·陣營(진영)·脫營(탈
영).

燥 마를/건조할 조

음 zào 일 ソウ, かわく 영 dry
① 마를 **조**(乾). ② 녹일 **조**(爍). ③ 물
기 없을 **조**(水氣無). ④ 재미없을 **조**(無
趣味).

書體 小篆 / 草書 / 高校 形聲

燥渴(조갈 zàokě) 목이 타는 듯이 마
름.
燥急症(조급증 zàojízhèng) 조급하게
서두는 성질. 조급증(躁急症).

▶ 乾燥(건조)·高燥(고조)·無味乾燥(무미
건조)·焦燥(초조).

燦 빛날 찬:

음 càn 일 サン, あきらか
영 brilliant
빛날 **찬**, 찬란할 **찬**, 밝을 **찬**(燦爛明滿).

【粲과 통함】
燦爛(찬란 cànlàn) ① 빛이 번쩍여 눈
부시게 아름다움. ② =찬연(燦然).
燦然(찬연 cànrán) 번쩍거리어 빛나
는 모양.

▶ 五色燦爛(오색찬란)·輝煌燦爛(휘황찬
란).

燧 봉화 수

음 suì 일 スイ, ひうち 영 strike fire
① 봉화 **수**(烽火). ② 불 **수**(火). ③ 나
무 문질러 불 얻을 **수**(取火於木, 鑽燧).
④ 햇볕으로 불 얻을 **수**(取火於日, 金
燧). ⑤ [中字]성냥 **수**(自來火).【遂와
통함】
燧烽(수봉 suìfēng) 봉화(烽火)불. 낭
화(狼火).

燭 촛불 촉

음 zhú 일 ショク, ともしび 영 candle
① 촛불 **촉**(蠟炬). ② 비칠 **촉**(照). ③
밝을 **촉**(明). ④ 약 이름 **촉**(藥名). ⑤
풀 이름 **촉**(草名).

書體 小篆 / 草書 / 高校 形聲

燭光(촉광 zhúguāng) ① 등불 빛. ②
촛불의 빛. ③《物》광도(光度)의
단위. 촉력(燭力).
燭臺(촉대 zhútái) 촛대. 촉가(燭架).
燭淚(촉루 zhúlèi) 《喩》촉농. 초가 녹
아서 떨어지는 모양을 눈물에 비긴
말.

燮 불꽃 섭

음 xiè 일 ショウ, やわらく
영 harmonize

① 불에 익힐 섭(火熟). ② 화할 섭(和). ③ 불꽃 섭(炎).

燮伐(섭벌 xièfá) 협동하여 정벌(征伐)함.
燮友(섭우 xièyǒu) 협화하여 친근함.
燮和(섭화 xièhé) 조화시켜 알맞게 함. 《轉》재상 벼슬.

燻 연기 치밀 훈
火 14 / 18

음 huī 일 クン, ふすぶる 영 fumes

① 불기운 훈, 불길 치밀 훈(火氣盛貌). ② 불 사를 훈(灼). ③ 연기 치밀 훈(煙上). ④ 기뻐할 훈(和氣燻燻). 【薰과 통함】

燻肉(훈육 huīròu) 훈제(燻製)된 짐승 고기나 물고기.
燻製(훈제 huīzhì) 짐승 고기나 물고기 따위를 나무 부스러기 같은 것을 태운 훈기(燻氣)로 말려서, 직접적으로는 부패를 방지하고, 간접적으로는 특수한 향미를 부여하는 일. 온훈법(溫燻法)과 냉훈법(冷燻法)이 있음.
燻造(훈조 huīzào) 메주.

爀 불빛 혁
火 14 / 18

음 hè 일 カク, ひのいろ 영 flame

① 불빛 혁(火色). ② 빛날 혁(煇). 【赫과 통함】

爆 불 터질/폭발할 폭
火 15 / 19

爌 爌 爌 爌 爌 爌 爌 爆 爆

1 음 bào 일 バク, さく 영 burst
2 일 バク 영 explode

1 불 터질 폭, 폭발할 폭(火裂). 2 ① 지질 박(灼). ② 사를 박(燒). ③ 불에 말릴 박(火乾).

書體 小篆 爌 草書 爌 (高校) 形聲

爆笑(폭소 bàoxiào) 마구 터져 나오는 웃음. 많은 사람들이 일시에 웃음을 터뜨림.
爆沈(폭침 bàoshēn) 폭발시켜 물속으로 가라앉힘.
爆破(폭파 bàopò) 폭발시켜 부수어 버림.
爆風(폭풍 bàofēng) 폭발로 인하여 일어나는 바람. 공기의 파도로 압력이 매우 높은 곳과 얕은 곳이 있으며 건물을 부서뜨리거나 사람의 내장까지도 파열함.

▶ 空爆(공폭)·起爆(기폭)·大爆發(대폭발)·猛爆(맹폭)·水爆(수폭)·時限爆彈(시한폭탄)·原爆(원폭)·自爆(자폭)·戰爆(전폭)·被爆(피폭)·核爆彈(핵폭탄).

爐 화로 로
火 16 / 20

爐 爐 爐 爐 爐 爐 爐 爐 爐 爐

음 lú 일 ロ, いろり, ひばち 영 brazier

① 화로 로(火器). ② 되약볕 로(烈陽洪爐). 【鑪와 같음】

書體 草書 爐 (高校) 形聲

爐邊(노변 lúbiān) 화로의 변두리. 난로가.
爐邊談(노변담 lúbiāntán) 화로(火爐)가에 모여 앉아서 주고받는 이야기.

▶ 輕水爐(경수로)·暖爐(난로)·反射爐(반사로)·壁暖爐(벽난로)·燒却爐(소각로)·神仙爐(신선로)·鎔鑛爐(용광로)·原子爐(원자로)·電氣爐(전기로)·風爐(풍로)·香爐(향로)·火爐(화로).

爛 빛날 란:
火 17 / 21

음 làn 일 ラン, ただれる

영 brilliant
① 촛불 빛 란(燭光). ② 밝을 란(明, 燦爛). ③ 익을 란(熟也, 糜爛). ④ 난만할 란(漫). ⑤ 썩을 란(腐敗). ⑥ 데어서 벗어질 란(潰也, 火傷).
爛縵(난만 lànmàn) ① 빛나며 번쩍이는 모양. 난만(爛漫). ② 헤맴. 방황.
爛漫(난만 lànmàn) ① 꽃이 만발하여 한창 무르녹는 모양. ② 화려한 광채가 흐르는 모양. ③ 빛나 번쩍이는 모양. 난만(爛縵). ④ 어지럽게 흩어짐. ⑤ 잘 잠든 모양. ⑥ 똑똑히 나타나 보이는 모양.
爛然(난연 lànrán) ① 밝은 모양. 찬연(燦然). ② 눈부시게 아름다운 모양. 찬란(燦爛).

▶ 能爛(능란)·能手能爛(능수능란)·五色燦爛(오색찬란)·燦爛(찬란)·絢爛(현란)·輝煌燦爛(휘황찬란).

火21⑤ 爥 촛불 촉

중 chú, zhú 일 ショク, てらす
영 light

비칠 촉(昭). 【燭·矚과 같음】
爥夜(촉야 zhúyè) 닭의 딴 이름. 촉야(燭夜).

爪, 爫 部
손톱 조, 손톱조머리

爪4⓪ 爪 손톱 조

중 zhǎo, zhuǎ 일 ソウ, つめ
영 nail

① 손발톱 조(手足甲). ② 긁어 다릴 조, 할퀼 조(覆手取物扢).
爪甲(조갑 zhǎojiǎ) 손톱이나 발톱. 지갑(指甲).
爪痕(조흔 zhǎohén) 손톱으로 할퀸 흔적.

爪4④ 爬 긁을 파

중 pá 일 ハ, かく 영 scratch
① 긁을 파(搔). ② 기어다닐 파.
爬痒(파양 páyǎng) 가려운 데를 긁음. 소양(搔痒).
爬蟲類(파충류 páchónglèi) 《動》 척추동물(脊椎動物)의 한 부문(部門). 냉혈(冷血)이며 폐(肺)로 호흡함. 대개 난생(卵生). 거북·악어·뱀·도룡뇽 따위.
爬行(파행 páxíng) 벌레·뱀 따위가 땅에 몸을 대고 기어감.

爪4⑧ 爭 다툴 쟁

爭 爭 爭 爭 爭 爭 爭 爭

중 zhēng 일 ソウ, あらそう
영 fight

① 다툴 쟁(競). ② 다스릴 쟁(理). ③ 분별할 쟁(辨). ④ 싸울 쟁(戰). ⑤ 옳다 그르다할 쟁(辨難). ⑥ 간할 쟁(諍).【諍과 같음】

書體 小篆 草書 中學 會意

爭權(쟁권 zhēngquán) 권리를 다툼. 권력을 다툼.
爭議(쟁의 zhēngyì) ① 서로 다른 의견으로 다툼. ② 노동자와 기업주(企業主) 사이에 노동 문제 등을 중심으로 일어나는 다툼. 노동쟁의(勞動爭議).
爭取(쟁취 zhēngjìn) 싸워서 빼앗아 가짐.
爭奪(쟁탈 zhēngduó) 다투어 빼앗음.

爭霸(쟁패 zhēngbà) ① 지배자(支配者)의 지위를 다툼. ② 우승(優勝)을 다툼. 패권(霸權)을 다툼.

▶ 競爭(경쟁)·階級鬪爭(계급투쟁)·公開競爭(공개경쟁)·論爭(논쟁)·黨爭(당쟁)·百家爭鳴(백가쟁명)·紛爭(분쟁)·四色黨爭(사색당쟁)·言爭(언쟁)·戰爭(전쟁)·政爭(정쟁)·鬪爭(투쟁)·派爭(파쟁)·抗爭(항쟁)·核戰爭(핵전쟁).

爪 8 ⑫ 爲 할/하 위(ː)

爲爲爲爲爲爲爲爲爲爲

🔊 wéi, wèi 🔊 イ, なす
🔊 do, act, for

① 하 위, 할 위(造). ② 다스릴 위(治). ③ 하여금 위(使). ④ 어조사 위(語助辭). ⑤ 어미원숭이 위(母猴). ⑥ 인연 위(緣). ⑦ 지을 위(著作). ⑧ 만들 위(生産). ⑨ 이룰 위(成). ⑩ 행할 위(行). ⑪ 이름지을 위(名稱). ⑫ 생각할 위(思). ⑬ 배울 위(學). ⑭ 써 위(所以). ⑮ 흉내 낼 위(擬). ⑯ 위할 위(助). ⑰ 호위할 위(護位).

書體 小篆 古文 草書 爲 中學 象形

爲國(위국 wèiguó) 나라를 위함.
爲民(위민 wèimín) 국민을 위함.
爲先(위선 wèixiān) ① 우선. ② 위선사(爲先事)의 약어.
爲業(위업 wéiyè) 생업으로 함.
爲人(위인 wéirén) 사람된 품.
爲政(위정 wéizhèng) ① 정치를 행하는 일. ② 논어(論語)의 편명(篇名).
爲親(위친 wèiqīn) 어버이를 위함.

▶ 旣爲(기위)·當爲(당위)·無所不爲(무소불위)·無爲(무위)·無爲自然(무위자연)·無作爲(무작위)·不作爲(부작위)·不正行爲(부정행위)·削髮爲僧(삭발위승)·商行爲(상행위)·營爲(영위)·越權行爲(월권행위)·人爲(인위)·自慰行爲(자위행위)·作爲(작위)·轉禍爲福(전화위복)·行爲(행위).

爪 14 ⑱ 爵 벼슬 작

爵爵爵爵爵爵爵爵爵爵

🔊 jué 🔊 シャク, くらい
🔊 peerage

① 벼슬 작, 작위 작(位). ② 봉할 작(封). ③ 술잔 작(飮器受一升). ④ 벼슬 줄 작(授位階). ⑤ 참새 작(雀). 【雀과 통함】

書體 小篆 古文 草書 壽 高校 象形

爵位(작위 juéwèi) 지위. 작호(爵號)와 위계(位階).
爵號(작호 juéhào) 작위(爵位)의 이름. 공(公)·후(侯)·백(伯)·자(子)·남(男).

▶ 高官大爵(고관대작)·公爵(공작)·男爵(남작)·伯爵(백작)·封爵(봉작)·襲爵(습작)·子爵(자작)·侯爵(후작).

父 部

아비 부

父 0 ④ 父 아버지/아비 부

父父父父

1 🔊 fù 🔊 フ, ちち 🔊 father
2 🔊 ホ, ちち

1 ① 아비 부, 아버지 부(生己者). ② 늙으신네 부, 할아범 부(老叟之稱). 2 남자의 미칭 보(男子美稱).【甫와 통함】

書體 小篆 草書 父 中學 指事

父系(부계 fùxì) 아버지의 계통. ↔모계(母系).

父道(부도 fùdào) ① 아버지가 행하여 온 길. ② 아버지로서 지켜야 할 도리.

父母俱沒(부모구몰 fùmǔjùméi) 양친이 다 돌아가심.

父母俱存(부모구존 fùmǔjùcún) 양친이 다 살아계심.

父子有親(부자유친 fùzǐyǒuqīn) 오륜(五倫)의 하나. 아버지와 아들의 도리는 친애(親愛)에 있음. 아버지는 아들을 귀여워하고, 아들은 아버지를 잘 섬김으로써 그 사이에 진정한 정이 있음.

父傳子承(부전자승 fùchuánzǐchéng) =부전자전(父傳子傳).

父傳子傳(부전자전 fùchuánzǐchuán) 대대로 아버지가 아들에게 전함. 부전자승(父傳子承).

父兄姉妹(부형자매 fùxiōngzǐmèi) ① 부형과 자매. ② 겨레붙이. 동포의 뜻으로 쓰는 말.

▶ 家父長(가부장)·繼父(계부)·君師父一體(군사부일체)·老父母(노부모)·代父(대부)·伯父(백부)·師父(사부)·叔父(숙부)·媤父母(시부모)·神父(신부)·養父母(양부모)·嚴父慈母(엄부자모)·外叔父(외숙부)·外祖父母(외조부모)·義父(의부)·祖父母(조부모)·親父母(친부모)·學父母(학부모)·學父兄(학부형)

爻 部

점괘 **효**, 본받을 **효**

爻₀⁴ 爻 사귈 **효**

🖭 yáo 🖯 コウ、まじわる
🖱 complicate

① 사귈 **효**(交). ② 변할 **효**(變). ③ 본받을 **효**, 닮을 **효**(效). ④ 형상할 **효**(象). ⑤ 괘 이름 **효**(易卦六十四爻).

爻象(효상 yáoxiàng) ① 좋지 못한 상태. ② 괘상.

爻周(효주 yáozhōu) 글자를 효(爻)자 모양의 표를 그어 지워 버림.

爻₇¹¹ 爽 시원할 **상:**

🖭 shuǎng 🖯 ソウ、さわやか
🖱 bright

① 밝을 **상**(明). ② 어기어질 **상**, 어길 **상**(差也, 忒). ③ 지나칠 **상**(過). ④ 새벽 **상**(早旦). ⑤ 시원할 **상**(淸快爽塏). ⑥ 잃어버릴 **상**(失). ⑦ 매울 **상**(烈). ⑧ 광활할 **상**(廣貌). ⑨ 혼이 밝을 **상**(神靈明). ⑩ 반짝일 **상**(輝).

爽凉(상량 shuǎngliáng) 산뜻하고 시원함.

爽快(상쾌 shuǎngkuài) 기분이 썩 시원하고 유쾌함. 상활(爽闊).

爻₁₀¹⁴ 爾 너 **이:**

🖭 ěr 🖯 ジ、ニ 🖱 you, so

① 너 **이**(汝). ② 가까울 **이**(近). ③ 어조사 **이**(語助辭). ④ 오직 이, 뿐 **이**(唯). ⑤ 그러할 **이**(然). ⑥ 그 **이**(其). ⑦ 말 **이**(而已). 【尒·尔와 같음】

爾今(이금 ěrjīn) 지금부터. 이후. 자금(自今).

爾來(이래 ěrlái) ① 그 후부터. 그 때부터. 자래(自來). ② 요사이. 근래(近來).

爾時(이시 ěrshí) 그 때. 그 당시.

爾汝(이여 ěrrǔ) ① 너희들. 남을 비하(卑下)하여 일컬음. ② 너. 썩 친한 사이의 이인칭. 이녁.

爾後(이후 ěrhòu) 그 뒤. 이후. 자후(自後).

爿 部

조각널 장. 장수장변

牀 평상 상

音 chuáng 日 ショウ, ねだい, ゆか
英 couch, floor

① 평상 상(臥榻牀簀). ② 우물 난간 상(井幹). ③ 마루 상(人所座臥). ④ 걸상 상(跨床).

牀几(상궤 chuángjǐ) ① 침상과 안석. ② 접을 수 있는 걸상의 일종.
牀榻(상탑 chuángtā) 깔고 앉거나 눕거나 하는 제구(諸具). 걸상·침대 같은 것.

▶ 起牀(기상)·同牀異夢(동상이몽)·寢牀(침상)·平牀(평상).

牆 담 장

音 qiáng 日 ショウ, かき
英 fence, wall

① 담 장(垣蔽). ② 차면담 장(蕭牆門屛). ③ 옥 장(圜牆獄). ④ 사모할 장(追慕). 【墻과 같음】

牆內(장내 qiángnèi) 담 안. ↔장외(墻外).
牆壁(장벽 qiángbì) 담과 벽.

▶ 越牆(월장).

片 部

조각 편

片 조각 편(ː)

片片片片

音 piàn, piān 日 ヘン, かた, きれ
英 piece, side

① 조각 편(析開木半). ② 쪼갤 편(判). ③ 화판 편(瓣). ④ 짝 편(二物事中一方). ⑤ 성 편(姓).

書體 小篆 片 草書 片 中學 指事

片鱗(편린 piànlín) 한 조각의 비늘. 《喩》극히 작은 부분.
片麻巖(편마암 piànmàyàn) 《鑛》변성암(變成巖)의 하나. 석영(石英)·장석(長石)·운모(雲母)를 주성분으로 하는 알갱이 조각의 암석.
片心(편심 piànxīn) ① 작은 마음. ② 일방적인 마음. 편심(偏心).
片紙(편지 piànzhǐ) ① 어떤 볼 일로 남에게 보내는 글. 서간(書簡). ② 종이 조각. 지편(紙片).
片鐵(편철 piàntiě) 쇳조각.
片片沃土(편편옥토 piànpiànwòtǔ) 어느 땅이나 모두 기름짐.

斷片(단편)·阿片(아편)·裂片(열편)·一葉片舟(일엽편주)·一片丹心(일편단심)·紙片(지편)·鐵片(철편)·破片(파편).

版 조각/판목 판

版版版版版版版

音 bǎn 日 ハン, いた, ふだ
英 board, edition

① 조각 판, 쪽 판(判). ② 담틀 판(築牆版). ③ 호적 판, 국경 판(戶籍版圖). ④ 홀 판(笏). ⑤ 궁벽할 판(僻). ⑥ 한길 판(一丈長). ⑦ 인쇄할 판(版權, 出版).
【板과 같음】

書體 小篆 版 草書 版 高校 形聲

版局(판국 bǎnjú) ① 어느 사건이 벌어진 판. ② 집터 또는 산소 자리의 위치나 형국(形局).

版權(판권 bǎnquán)《法》재산권(財産權)의 한 가지. 책을 출판(出版)하여 발행하는 권리.

版權張(판권장 bǎnquánzhāng) 책자 따위의 출판물 맨 끝에 그 출판물의 인쇄·간행 일자와 저작권자(著作權者) 및 출판권자의 주소·성명을 밝힌 종잇장.

版圖(판도 bǎntú) 한 국가의 통치 아래에 있는 영토. 영지(領地). 영토(領土).

版本(판본 bǎnběn) 목판(木版)으로 박은 책. 판본(板本). 목판본(木版本). 판각본(板刻本). ↔사본(寫本).

版勢(판세 bǎnshì) 판국의 형세.

版行(판행 bǎnxíng) 책을 인쇄하여 발행함. 출판.

版畫(판화 bǎnhuà) 목판(木版)·석판(石版)·동판(銅版) 등으로 찍어낸 그림. 특히 목판화(木版畫) 등을 가리킴.

▶ 刻版(각판)·舊版(구판)·大藏經版(대장경판)·銅版(동판)·木版(목판)·附版(부판)·寫眞版(사진판)·三色版(삼색판)·石版(석판)·鉛版(연판)·原色版(원색판)·原版(원판)·印版(인판)·壯版紙(장판지)·再版(재판)·重版(중판)·初版(초판)·出版(출판)·活版(활판).

牌 패(牌) 패
片 8 ⑫

日 pái 日 ハイ, ふだ 日 sign-board
❶ ① 방 붙일 패(牓). ② 호패 패(籍也 簧牌). ③ 방패 패(楯). ❷ 배지 배(下書于賤者曰牌旨).

▶ 骨牌(골패)·金牌(금패)·名牌(명패)·木牌(목패)·門牌(문패)·防牌(방패)·賜牌(사패)·賞牌(상패)·位牌(위패)·銀牌(은패)·號牌(호패)·火賊牌(화적패).

牒 편지 첩
片 9 ⑬

日 dié 日 チョウ, ふだ, かきもの
日 letter

① 편지 첩(札也簡). ② 글씨판 첩(書板). ③ 족보 첩(譜). ④ 무늬 놓은 베 첩(疊布). ⑤ 공문 첩(官廳公文通牒). ⑥ 송사 첩(訟辭). ⑦ [中字]첩지 첩(判任授官牒紙).

牒報(첩보 diébào) 상관(上官)에게 서면으로 보고함.

牒紙(첩지 diézhǐ)《制》조선 말 판임관(判任官)의 임명서(任命書).

▶ 度牒(도첩)·譜牒(보첩)·移牒(이첩)·請牒(청첩)·通牒(통첩).

牓 방(榜) 붙일 방:
片 10 ⑭

日 bǎng 日 ホウ, ふだ 日 register
① 패 꽂을 방(牌). ② 표할 방(標). ③ 방 붙일 방(題). ④ 나뭇조각 방(木片).
【榜과 통함】

牓示(방시 bǎngshì) 게시(揭示)함.
牓札(방찰 bǎngzhá) 간판. 패방(牌牓).

牙 部

어금니 아

牙 어금니 아
牙 0 ④

牙 두 牙 牙

日 yá 日 ガ, ゲ 日 きば molar
① 어금니 아(牡齒). ② 대장기 아(大將

旗). ③ 짐승 이름 아(獸名騎牙). ④ 코끼리 어금니 아(象牡齒). ⑤ 북틀 아(崇牙).

書體 小篆 `牙` 古文 `㸦` 草書 `牙` (高校) 象形

牙旗(아기 yáqí) 대장군의 기. 대장군의 기는 상아(象牙)로 장식되었으므로 생긴 말. 아당(牙幢).
牙輪(아륜 yálún) 《國》 톱니바퀴.
牙齒(아치 yáchǐ) 어금니.

▶ 象牙(상아)·象牙塔(상아탑)·西班牙語(서반아어)·齒牙(치아).

牛, 牛部
소 우, 소우변

牛 (牛 0, 4) 소 우

牛 午 牛 牛

음 niú **일** ギュウ, ゴ, うし **영** ox, cow

① 소 우(耕畜大牲). ② 별 이름 우(星名牽牛).

書體 小篆 `牛` 草書 `牛` (中學) 象形

牛踏不破(우답불파 niútàbùpò) 《喩》 물건의 굳고 튼튼함의 비유.
牛刀割鷄(우도할계 niúdāogējī) 소 잡는 칼로 닭을 잡음. 《喩》 작은 일을 하는 데에 큰 기구를 씀. 대사(大事)를 처리하는 재능을 소사(小事)에 쓰는 것.
牛耳讀經(우이독경 niú'ěrdújīng) = 우이송경(牛耳誦經).
牛耳誦經(우이송경 niú'ěrsòngjīng) 《國》 쇠귀에 경 읽기. 《喩》 어리석은 사람에게는 아무리 가르쳐도 깨닫지 못한다는 뜻.
牛黃(우황 niúhuáng) 《醫》 소의 쓸개에 생긴 담석(膽石). 강장제(强壯劑)·경간약(驚癎藥)으로 씀.

▶ 耕牛(경우)·農牛(농우)·野牛(야우)·乳牛(유우)·天牛(천우)·鬪牛(투우).

牝 (牛 2, 6) 암컷 빈

음 pìn **일** ヒン, めす
영 female of animals

① 암 짐승 빈, 암컷 빈(獸之雌). ② 골 빈(虛牝, 谿谷). ③ 열쇠 구멍 빈(鎖孔).

牝鷄之晨(빈계지신 pìnjīzhīchén) 새벽에 암탉이 울음. 《喩》 여자가 세력을 부리는 것. 빈계신명(牝鷄晨鳴). 빈계사신(牝鷄司晨).
牝牡(빈모 pìnmǔ) ① 짐승의 암컷과 수컷. 암수. 자웅(雌雄). ② 《天》 별의 위치. 태백성(太白星)이 남쪽에 있고, 태세성(太歲星)이 북쪽에 있는 위치.
牝瓦(빈와 pìnwǎ) 암키와. ↔수키와 [牝牡].

牟 (牛 2, 6) 성(姓)/보리 모

음 móu, mù **일** ボウ, モ, ム, なく, とる **영** low, capture

① 소울 모(牛鳴). ② 클 모(大). ③ 침노할 모(侵). ④ 취할 모(取). ⑤ 빼앗을 모(奪). ⑥ 곱 모, 갑절 모(倍). ⑦ 보리 모(麥). ⑧ 복도 모(牟首, 閤道). ⑨ 제기 모, 그릇 모(敦牟, 黍稷器). ⑩ 땅 이름 모(地名, 中牟). ⑪ 나라 이름 모(國名).

牟尼(모니 móuní) 《佛》 ① 적묵(寂黙)의 뜻. ② 선인(仙人)이라는 뜻으로 석가(釋迦)의 존칭.
牟利輩(모리배 móulìbèi) 모리(謀利)하는 사람들. 모리배(謀利輩). 모리

지배(謀利之輩).

牛 3 ⑦ 牡 수컷 모

音 mǔ 日 ボウ, ボ, おす
訓 male of animals

① 숫짐승 모, 수컷 모(雄畜). ② 빗장 모(門關鍵). ③ 열쇠 모(鍵). ④ 모란 모(牡丹).

牡丹(모단→모란 mǔdān) 《植》 작약과(芍藥科)의 낙엽관목. 중국 원산으로 관상용임. 뿌리의 껍질은 진통(鎭痛)·지혈(止血)·건위(健胃) 등의 약재로 씀. 목단(牡丹).

牡瓦(모와 mǔwǎ) 수키와. 엎어 이는 기와. 동와(童瓦). 부와(夫瓦). ↔빈와(牝瓦).

牛 3 ⑦ 牢 굳을/우리 로

1 音 láo 日 ロウ, おり 訓 prison
2 訓 firm

1 ① 굳을 로(堅固). ② 애오라지 로(聊). ③ 우리 로(養獸圈). ④ 옥 로(狴犴). ⑤ 소 로(牛也, 太牢). ⑥ 양 로(羊也, 小牢). ⑦ 바다짐승 로(海獸名, 蒲牢). ⑧ 쓸쓸할 로(愁). 2 우리(畜舍) 뢰.

牢鎖(뇌쇄 láosuǒ) 굳게 잠금.
牢囚(뇌수 láoqiú) 단단히 가둠. 또는 그 죄수.
牢獄(뇌옥 láoyù) 죄인을 가두는 곳. 감옥. 뇌함(牢檻).

牛 4 ⑧ 牧 기를/칠 목

牧牧牧牧牧牧牧

音 mù 日 ボク, はなしかい, まきば
訓 cattle breeding

① 기를 목, 칠 목(畜養). ② 다스릴 목(治). ③ 임할 목(臨). ④ 맡을 목(司). ⑤ 살필 목(察). ⑥ 교외 목(郊外). ⑦ 권농관 목(田官). ⑧ 목장 목(養畜場). ⑨ 목단 목(牧丹, 丹皮).

書體 小篆 牧 草書 牧 (高校) 會意

牧丹(목단 mùdān) =모단(牡丹). → 모란.
牧民(목민 mùmín) 지방의 백성을 보살피고 다스림.
牧者(목자 mùzhě) ① 양을 치는 사람. ② 목사(牧師). ③ 신자를 보호하고 지도하는 성직자(聖職者).
牧笛(목적 mùdí) 목동이 부는 피리.
牧畜(목축 mùchù) 말·소·양 따위의 가축을 다량으로 기름.

▶ 放牧(방목)·遊牧(유목)·人牧(인목).

牛 4 ⑧ 物 만물/물건 물

物物物物物物物

音 wù 日 ブツ, モツ, もの
訓 substance, thing

① 만물 물, 물건 물(有形萬物). ② 일 물(事). ③ 무리 물(類). ④ 재물 물(財). ⑤ 헤아릴 물(相度). ⑥ 만날 물(相). ⑦ 색깔 물(色).

書體 小篆 物 草書 物 (中學) 形聲

物權(물권 wùquán) 《法》 재산권의 한 가지. 특정한 물건을 직접 지배하는 것을 내용으로 하는 권리. 소유권·점유권·지상권(地上權)·저당권(抵當權) 따위.
物物交換(물물교환 wùwùjiāohuàn) 《經》 화폐 따위의 매개 없이 직접 물건과 물건을 교환하는 매매(賣買)의 원시적 형태. 물교(物交).
物色(물색 wùsè) ① 물건의 빛깔. ② 유능한 사람을 고름. 어떤 표준 하에 쓸만한 사람이나 물건을 찾아 고름. ③ 인상서(人相書)로 사람을 찾음.

④ 희생(犧牲)으로 바칠 동물의 털빛깔. ⑤ 모양. 모습. ⑥ 풍경. ⑦ 여러 가지 물건. 만상.

物情(물정 wùqíng) ① 사물의 모양. 사물의 성질. ② 세상의 인심. ③ 세상 형편. ④ 사철의 경치.

▶ 格物(격물)·古物(고물)·官物(관물)·鑛物(광물)·怪物(괴물)·産物(산물)·生物(생물)·俗物(속물)·贓物(장물)·植物(식물)·魚物(어물)·靈物(영물)·禮物(예물)·留物(유물)·遺物(유물)·異物(이물)·人物(인물)·臟物(장물)·裝飾物(장식물)·在物調査(재물조사)·財物(재물)·靜物(정물)·造物(조물)·從物(종물)·呪物(주물)·鑄物(주물)·珍奇鐵物(진기철물)·珍物(진물)·廢物(폐물)·風物(풍물)·荷物(하물)·海物(해물)·貨物(화물)·海産物(해산물).

牲 희생 생

牛 5 ⑨

shēng / セイ, いけにえ / sacrifice

① 희생 생(犧牲, 將殺牛羊豕). ② 짐승 생(獸類總稱).

牲犢(생독 shēngdú) 희생으로 쓰는 송아지.

▶ 自己犧牲(자기희생)·犧牲(희생)·犧牲羊(희생양)·犧牲精神(희생정신).

特 특별할 특

牛 6 ⑩

特 特 特 特 特 特 特 特

tè / トク, おうし, ぬきんでる / ox, special

① 우뚝할 특, 특별할 특, 가장 특(挺立). ② 숫소(朴牡牛父). ③ 뛰어날 특(格別). ④ 짝 특(匹). ⑤ 수컷 특(雄). ⑥ 홀짐승 특(獨). ⑦ 다만 특(但). ⑧ 세살먹은 짐승 특(獸三歲).

書體 小篆 犢 草書 牿 中學 形聲

特免(특면 tèmiǎn) ① 특별히 허가함. 특별히 허가됨. ② 특히 죄를 면하여 줌.

特赦(특사 tèshè) 《法》복역(服役)중에 있는 특정한 죄인에게 형(刑)의 집행을 면제하는 일.

特約(특약 tèyuē) ① 특별 조건을 붙인 약속. ② 특별한 편의(便宜) 또는 이익이 있는 계약.

特用作物(특용작물 tèyòngzuòwù) 식료(食料)가 아니고 다른 데에 이용할 목적으로 재배하는 작물. 삼. 뽕.

特典(특전 tèdiǎn) ① 특별히 베푸는 은전(恩典). ② 특별한 규칙. ③ 특별한 의식(儀式).

特輯(특집 tèjí) 특정한 문제를 중심으로 신문·잡지 따위를 편집함. 특정한 문제를 중심으로 한 편집.

特許(특허 tèxǔ) ① 특별히 허가함. ② 정부가 전기·가스 따위의 공사업의 영업권을 특별히 허가함. ③ 《法》공업상의 발명품에 대한 권리를 그 사람에게만 주는 행정행위(行政行爲). 특허권(特許權).

特惠(특혜 tèhuì) 특별히 베푸는 은혜.

▶ 經濟特區(경제특구)·奇特(기특)·大特輯(대서특필)·獨特(독특)·英特(영특)·主特技(주특기)·超特級(초특급).

牽 끌 견

牛 7 ⑪

牽 牽 牽 牽 牽 牽 牽 牽

qiān / ケン, ひく / pull, drag

① 당길 견, 이끌 견(引). ② 빠를 견(速). ③ 거리낄 견(拘). ④ 희생 견(牲). ⑤ 별이름 견(星名牽牛). ⑥ 잡아당길 견(挽). ⑦ 뱃줄 견(百文牽舟索). ⑧ 나팔꽃 견(薛花). ⑨ 연할 견(連).

書體 小篆 牽 草書 牽 高校 形聲

牽强(견강 qiānqiáng) 억지로 끌어당김.
牽强附會(견강부회 qiānqiángfùhuì) 자기에게 편리하도록 가당치도 않은 말을 억지로 끌어다 붙여 조리에 닿는 것처럼 말함.
牽牛(견우 qiānniú) ① =견우성(牽牛星). ② 소를 이끌음. ③《植》나팔꽃.
牽牛星(견우성 qiānniúxīng)《天》은하수 동쪽에 있는 별 이름.
牽引(견인 qiānyǐn) 서로 끌어당김.
牽制(견제 qiānzhì) ① 지나친 자유행동을 끌어 잡아 자유를 제약함. 견체(牽掣). ② 아군의 이로운 방향으로 끌어 들이거나 눌러 둠. ③ 마음이 끌리어 결단을 내리지 못함.

犁 쟁기 려 / 얼룩소 리
牛 8획 ②

1 음 lí 일 レイ, からすき 영 plowshare
2 음 lí, からすき **3** 음 liú

1 ① 보습 려(耕田貝). ② 밭갈 려(耕). ③ 새벽 려(夜明頃). ④ 검을 려(黑). **2** ① 얼룩소 리(駁牛). ② 늙은이 살결 리(老人皮膚). **3** 무서워 떨 류(恐貌).

犁老(이로 lílǎo) 노인. 늙은이.
犁明(이명 límíng) 동이 틀 무렵. 여명.
犁然(이연 lírán) ① 두려워서 벌벌 떠는 모양. ② 분명한 모양.
犁牛(이우 líniú) 얼룩소.
犁黑(이흑 líhēi) ① 검음. ② 검은 빛. 흑색(黑色).

犢 송아지 독
牛 15획 ⑲

음 dú 일 トク, こうし 영 calf
송아지 독(牛子).
犢車(독거 dúchē) 송아지에 끌리는 수레.
犢牛(독우 dúniú) 송아지.

犧 희생 희
牛 16획 ⑳

음 xī 일 ギ, いけにえ 영 sacrifice
1 희생 희(宗廟之牲). **2** 술통 사(犧樽, 酒器).【獻·戲와 같음】

犧牲(희생 xīshēng) ① 천지·묘사(廟祠)에 제사 지낼 때 바치는 짐승. 소·양·돼지 따위. 생뢰(牲牢). ② 남을 구하기 위하여 자기 목숨을 바침.《故》은(殷)의 탕왕(湯王)이 자기 목숨을 희생하여 하늘에 기우제(祈雨祭)를 지낸 고사.

犬, 犭部
개 **견**, 개사슴록변

犬 개 견
犬 04

丶ナ大犬

음 quǎn 일 ケン, いぬ 영 dog
개 견(大狗).

書體 小篆 犬 草書 犬 中學 象形

犬馬(견마 quǎnmǎ) ① 개와 말. ② 윗사람에게 자기를 낮추어 일컫는 말.
犬馬之勞(견마지로 quǎnmǎzhīláo) ① 자기가 남을 위하여 일한 것의 겸칭(謙稱). ② 임금이나 나라에 충성을 다하는 노력.
犬馬之齒(견마지치 quǎnmǎzhīchǐ) 자기 나이의 겸칭(謙稱).
犬猫(견묘 quǎnmiāo) 개와 고양이.
犬猿(견원 quǎnyuán) ① 개와 원숭이. ② 서로 사이가 나쁜 두 사람.

犬吠(견폐 quǎnfèi) 개가 짖음.《喻》여러 사람이 떠드는 소리.

▶ 鷄犬(계견)·狂犬(광견)·猛犬(맹견)·愛犬(애견)·獵犬(엽견)·鬪犬(투견).

犯 범할 범:
犬⑤ ②

犯犯犯犯犯

音 fàn, fán 日 ハン, おかす
英 offence, invade

① 범할 범(干). ② 침노할 범(侵). ③ 다닥칠 범(抵觸). ④ 참람할 범(僭). ⑤ 이길 범(打勝). ⑥ 일으킬 범(起).

書體 小篆 犯 草書 犯 (高校) 形聲

犯戒(범계 fànjiè)《佛》계율을 범함.
犯界(범계 fànjiè) 남의 경계선을 넘어 들어감.
犯分亂理(범분난리 fànfēnluànlǐ) 예의를 범하고 질서를 어지럽힘.
犯意(범의 fànyì) 죄를 범하려는 의사(意思).
犯則(범칙 fànzé) 규칙을 범함.
犯行(범행 fànxíng) 범죄의 행위.

▶ 輕犯(경범)·競合犯(경합범)·共犯(공범)·累犯(누범)·未遂犯(미수범)·防犯(방범)·性犯罪(성범죄)·人身賣買犯(인신매매범)·戰犯(전범)·正犯(정범)·從犯(종범)·主犯(주범)·初犯(초범)·侵犯(침범)·破廉恥犯(파렴치범).

狀 모양 상 문서 장:
犬④ ⑧

狀狀狀狀狀狀狀

書體 小篆 狀 古文 狀 草書 狀 (高校) 形聲

1 音 zhuàng 日 ジョウ, さま 英 form shape
2 日 ジョウ, かたどる

1 ① 모양 상, 형상 상(形). ② 형상할 상(形容之). ③ 같을 상(類). 2 ① 베풀 장(陳). ② 문서 장(牒). ③ 편지 장(札).

狀啓(장계 zhuàngqǐ)《制》벼슬아치가 임금의 명을 받들고 지방에 나가 민정(民情)을 살핀 결과를 글로써 올리던 계(啓).
狀元(장원 zhuàngyuán) ①《制》과거(科擧)의 갑과(甲科)에서 수석(首席)으로 급제한 사람. ② 시험성적이 첫째로 뽑힌 사람.
狀況(상황 zhuàngkuàng) 형편과 모양.

▶ 甲狀腺(갑상선)·告發狀(고발장)·窮狀(궁상)·卵狀(난상)·帶狀(대상)·脈狀(맥상)·白紙狀態(백지상태)·飛躍狀(비약상)·賞狀(상장)·原狀回復(원상회복)·情狀(정상)·症狀(증상)·慘狀(참상)·板狀(판상)·險狀(험상)·昏睡狀態(혼수상태)·混濁狀(혼탁상)·活動狀(활동상)·召喚狀(소환장)·信用狀(신용장)·信任狀(신임장)·連判狀(연판장)·年賀狀(연하장)·令狀(영장)·委任狀(위임장)·呪狀(주상)·差別狀(차별상)·請牒狀(청첩장)·招待狀(초대장)·推薦狀(추천장)·行狀(행상)·現狀(현상)·形狀(형상).

狂 미칠 광
犬④ ⑦

狂狂狂狂狂狂狂

音 kuáng 日 キョウ, くるう 英 mad

① 미칠 광(心病). ② 경망할 광(躁妄). ③ 정신 잃을 광(失情錯亂). ④ 사나울 광(暴).

書體 小篆 狂 古文 狂 草書 狂 (高校) 形聲

狂談悖說(광담패설 kuángtánbèishuō) 이치에 맞지 않고 도의에 어그러지는 말. 광언망설(狂言妄說).
狂亂(광란 kuángluàn) ① 미친 듯이 어지러움. ② 어지러운 짓을 함.
狂言綺語(광언기어 kuángyánqǐyǔ) 인기를 끌려고 여러 가지로 꾸민 말. 소설 따위.

狂風(광풍 kuángfēng) 미친 듯이 휩쓸어 일어나는 바람.

▶ 發狂(발광)·色狂(색광)·熱狂(열광)·酒狂(주광)·醉狂(취광).

狐 여우 호
犬 5 ⑧

🅰 hú 🅹 コ, きつね 🅴 fox
① 여우 호(天獸). ② 의심할 호(疑詞).

狐假虎威(호가호위 hújiǎhǔwēi) 여우가 범의 위력을 빌어 다른 짐승들을 놀라게 함.《喩》남의 권세를 빌어 위세를 부리는 소인.
狐死首丘(호사수구 húsǐshǒuqiū) 여우가 죽을 때는 머리를 제가 살던 굴 있는 언덕으로 돌림.《喩》㉠ 근본(根本)을 잊지 아니함. ㉡고향(故鄕)을 그리워함. 수구초심(首丘初心).
狐死兔泣(호사토읍 húsǐtùqì) 친구의 불행을 슬퍼함을 이르는 말.

狗 개 구
犬 5 ⑧

狗 狗 狗 狗 狗 狗 狗 狗

🅰 gǒu 🅹 コウ, ク, いぬ 🅴 dog
① 개 구(犬). ② 강아지 구(未成毫犬).

書體 小篆 榴 草書 狗 (高校) 形聲

狗馬之心(구마지심 gǒumǎzhīxīn) 개나 말이 주인에게 충성을 다하는 진심이라는 뜻으로 자기의 진심의 비칭(卑稱).
狗飯橡實(구반상실 gǒufànxiàngshí)《國》개밥에 도토리.《喩》혼자서 외롭게 돈다는 뜻. 개가 밥에 든 도토리를 골라 놓는다는 데서 온 말.
狗逐鷄屋只睇(구축계옥지제 gǒuzhújīwūzhǐdì)《國》닭 쫓던 개 지붕 쳐다보기.《喩》일에 실패하고 낙

심만 한다는 뜻.
狗吠(구폐 gǒufèi) ① 개가 짖음. 또는 소리. ② 개가 제 주인 이외의 사람을 의심하여 짖음. ③ 수상한 것이 왕래함.

▶ 走狗(주구)·兔死狗烹(토사구팽)·黃狗(황구).

狙 원숭이/엿볼 저:
犬 5 ⑧

1 🅰 jū 🅹 ショ, さる 🅴 monkey
2 🅹 ソ, うかがう 🅴 spy out

1 ① 원숭이 저(猿屬). ② 엿볼 저, 살필 저(伺也, 注視). **2** ① 어미 원숭이 처(玃屬). ② 간사할 처(詐). ③ 견줄 처(見積).
狙擊(저격 jūjī) 노려서 쏘거나 침. 날쌔게 습격함.
狙害(저해 jūhài) 엿보아 해침.

狡 교활할 교
犬 6 ⑨

🅹 キョウ, わるがしこい
🅴 sly, wiliness

① 하룻강아지 교(小狗). ② 간교할 교(猾). ③ 미칠 교(狂). ④ 빠를 교(疾).
狡猾(교활 jiǎohuá) 간사한 꾀가 많음. 교회(狡獪).

狩 사냥할 수
犬 6 ⑨

🅰 shòu 🅹 シュウ, シュ, かり
🅴 hunting in winter

① 겨울 사냥 수(冬獵). ② 순행할 수(巡).
狩獵(수렵 shòuliè) 사냥.
狩田(수전 shòutián) 사냥. 겨울의 사냥.

▶ 巡狩(순수).

独 홀로 독
【獨(犬부13획)의 약자】

狹 좁을 협
중 xiá 일 キョウ, せまい 영 narrow
좁을 협(陜). 【陜과 같음】

狹軌(협궤 xiáguǐ) 세계의 표준 철도 궤간(軌間)인 1.435m보다 좁은 궤간(軌間). ↔ 광궤(廣軌).
狹路相逢(협로상봉 xiálùxiāngféng) 좁은 길에서 두 사람이 마주 만남. 《喻》원수.
狹薄(협박 xiábó) 좁고 토질이 나쁜 토지.
狹小(협소 xiáxiǎo) 좁고 작음. 아주 좁음.
狹隘(협애 xiáài) ① 터전이 좁음. ② 마음이 너그럽지 못하고 좁음.
狹義(협의 xiáyì) 범위가 좁은 의미. ↔ 광의(廣義).
狹長(협장 xiácháng) 폭이 좁고 길음.
狹窄(협착 xiázhǎi) 자리·터전이 썩 좁음.

▶ 偏狹(편협).

狼 이리 랑:
중 láng 일 ロウ, おおかみ 영 wolf
① 이리 랑(獸名, 似大銳頭白頰). ② 어수선할 랑, 낭자할 랑(狼藉). ③ 땅 이름 랑(地名博狼). ④ 낭패 랑(狼狽). ⑤ 별 이름 랑(星名). 【浪과 통함】

狼藉(낭자 lángjí) 흩어져서 어지러운 모양. 이리가 풀을 깔고 자고난 뒤에 어지럽게 흩어져 있는 모양이라는 뜻에서 온 말.
狼狽(낭패 lángbèi) ① 당황함. 〈패(狽)는 낭(狼)의 한 가지. 狼은 앞다리가 길고 뒷다리가 짧으며 狽는 그와 반대이므로 그 두 짐승이 같이 나란히 걷다가 서로 사이가 떨어지면 넘어지게 되므로 당황함을 나타내는 말로 씀〉. ② 중도에 실패함. ③ 일이 뜻대로 되지 않아 몹시 딱한 형편이 됨.

狽 이리 패:
일 バイ, おおかみ 영 wolf
이리 패(獸名, 狼屬).

猖 미쳐날뛸 창
중 chāng 일 ショウ, くるう 영 mad
① 놀랄 창, 미칠 창(駭也, 猖狂). ② 너풀거릴 창, 펄쩍 창(縱裂貌).

猖獗(창궐 chāngjué) ① 좋지 못한 세력이 자꾸 걷잡을 수 없이 일어나서 퍼짐. ② 한 편으로 쏠리어 넘어감.
猖披(창피 chāngpī) 모양이 사나와지거나 또는 아니꼬움에 대한 부끄러움.

猛 사나울 맹:
중 měng 일 モウ, たけしい 영 fierce
① 날랠 맹(勇). ② 엄할 맹(嚴). ③ 모질 맹, 사나울 맹(惡). ④ 위엄스러울 맹(威). ⑤ 짐승 이름 맹(獸名猛氏如熊). ⑥ 고을 이름 맹(縣名).

書體 小篆 猛 草書 猛 (高校) 形聲

猛省(맹성 měngxǐng) 깊이 반성함. 심성(深省).
猛練習(맹연습 měngliànxí) 맹렬하게 하는 연습.
猛威(맹위 měngwēi) 사나운 위세.
猛毅(맹의 měngyì) 뜻이 강한 모양.

猛進(맹진 měngjìn) 맹렬한 기세로 나아감.
猛虎(맹호 měnghǔ) 몹시 사나운 범. 《喩》 맹렬하고 강한 것.
猛活躍(맹활약 měnghuóyuè) 눈부신 활약.

▶ 强猛(강맹)·勇猛(용맹).

猜 시기할 시

犬⁸⑪

중 cāi 일 サイ

① 의심 낼 시(疑). ② 시기할 시, 샘낼 시(恨). ③ 두려워할 시(懼). ④ 사나울 시(狼).
猜忌(시기 cāijì) 시샘하여 미워함.
猜畏(시외 cāiwèi) 미워하고 두려워함.
猜疑(시의 cāiyí) 새암하고 의심함.
猜妒(시투 cāidù) 시새워 남을 미워함.

猝 갑자기 졸

犬⁸⑪

중 cù 일 ソツ, たわか 영 suddenly

① 갑자기 졸, 별안간 졸(忽然). ② 뛰어나올 졸(突出).
猝難變通(졸난변통 cùnánbiàntōng) 뜻밖에 일을 당하여 조처(措處)할 도리가 없음.
猝富(졸부 cùfù) 벼락부자.
猝富貴不祥(졸부귀불상 cùfùguìbùxiáng) 벼락 부귀는 도리어 상서롭지 못해 재액이 뒤따르기 쉽다는 뜻.
猝死(졸사 cùsǐ) 별안간 죽음.
猝乍間(졸사간 cùzhàjiān) 갑작스러운 짧은 동안.
猝然(졸연 cùrán) 갑작스러움. 아연(俄然). 졸연(卒然).
猝地(졸지 cùdì) 갑작스러운 판.
猝地風破(졸지풍파 cùdìfēngpò) 별안간 일어나는 풍파.
猝寒(졸한 cùhán) 갑자기 닥쳐오는 추위.

獵 사냥 렵

犬⁸⑪

【獵(犬부15획)의 약자】

猪 돼지 저

犬⁹⑫

중 zhū 일 チョ, いのしし 영 boar, pig

돼지 저(豕). 【豬의 속자】
猪肝(저간 zhūgān)《醫》 돼지의 간. 어린애의 경간과 어른의 각기·대하증 따위에 약으로 씀.
猪膽(저담 zhūdǎn)《醫》 돼지의 쓸개. 번갈·안질·외과 등에 약으로 쓰임.
猪突(저돌 hūtū) 앞뒤를 돌아보지 않고 산돼지처럼 막 덤벼듦.
猪突豨勇(저돌희용 zhūtūxīyǒng)《喩》 앞뒤를 생각지 않고 용맹스럽게 돌진함.
猪毛筆(저모필 zhūmáobǐ) 돼지 털로 만든 붓.
猪勇(저용 zhūyǒng) 산돼지 모양으로 앞뒤를 생각지 않고 함부로 덤비는 용기.
猪肉(저육 zhūròu) 돼지고기.
猪脂(저지 zhūzhī) 돼지의 기름.
猪胎(저태 zhūtāi) 돼지의 뱃속에 든 새끼.
猪八戒(저팔계 zhūbājiè) 중국소설 서유기에 나오는 돼지 정령(精靈)의 이름. 《喩》 성질이 모질고 흉악한 사람의 별명.

猫 고양이 묘:

犬⁹⑫

중 māo, máo 일 ビョウ, ミョウ, ねこ 영 cat

고양이 묘(捕鼠獸). 【貓의 속자】
猫頭瓦(묘두와 māotóuwǎ) 막새. 처마 끝을 막는 수키와.

猫頭懸鈴(묘두현령) māotóuxuán-líng 《國》고양이가 머리에 방울 달기. 《喩》불가능한 일을 의논하는 것. 여러 쥐들이 고양이의 습격을 방지하기 위하여 의논한 결과 고양이 목에다 방울을 달면 고양이가 오는 것을 알 수 있어 피할 수 있다는 묘안을 냈으나 방울을 달아 놓을 쥐가 없었다는 얘기.

猫鼠同眠(묘서동면) māoshǔtóng-mián 《喩》상하가 부정하게 결탁하여 나쁜 짓을 하는 것.

猫睛(묘정) māojīng ① 고양이의 눈동자. 《轉》때에 따라서 항상 변함. ②《鑛》보석의 한 가지. 묘아안(猫兒眼). 묘안석(猫眼石).

獻 드릴 헌:
犬 9 ⑬

【獻(犬부16획)의 속자】

猶 오히려 유
犬 9 ⑫

猶 猶 猶 猶 猶 猶 猶 猶 猶 猶

①-⑥ 音 yóu 日 ユウ, さる 英 monkey ⑦ 日 ユウ, なお 英 yet
① 어미 원숭이 유(夒屬). ② 같을 유(似). ③ 오히려 유(尙). ④ 가히 유(可). ⑤ 느릿느릿할 유(舒遲). ⑥ 한 가지 유(同一). ⑦ 머뭇거릴 유(不決猶豫).

書體 小篆 猶 草書 犭 中學 形聲

猶與(유여) yóuyǔ 의심하여 주저함.
猶豫(유예) yóuyù ① 일이나 날짜를 미루어 감. ② 유여(猶與).
猶豫未決(유예미결) yóuyùwèijué 뒤로 미루어 결정을 짓지 못함.
猶太(유태) yóutài 《歷》① 종족(種族) 이름. 팔레스타나를 원주지로 하는 셈족의 일파인 아람(Aram)족의 일부. 히브리 민족. ② 유대(Judea). 나라 이름. B.C. 10~6세기 경에 팔레스티나 지방에 있었던 유태 민족의 왕국. 지금의 이스라엘 공화국(共和國)임.
猶太敎(유태교) yóutàijiào 《宗》모세의 율법을 기초로 유일신 여호와를 신봉하는 B.C. 4세기경부터 발달한 유태인의 민족 종교.

▶ 過猶不及(과유불급).

猾 교활할 활
犬 10 ⑬

音 huá 日 カツ, わるがしこい
英 sly, cunning

① 간활할 활, 교활할 활(狡). ② 어지러울 활(亂). ③ 꾀부리기 활, 꾀 많을 활(黠). ④ 짐승 이름 활(獸名).

猾吏(활리 huálì) 교활한 관리. 교리.
猾民(활민 huámín) 교활한 백성.
猾惡(활악 huá'è) 교활함. 활회(猾獪).
猾僞(활위 huáwěi) 교활하고 거짓말함.

▶ 狡猾(교활).

猿 원숭이 원
犬 10 ⑬

音 yuán 日 エン, さる 英 monkey
원숭이 원(猴屬). 【猨와 같음】

猿臂(원비 yuánbì) 원숭이와 같이 긴 팔. 활을 쏘기에 안성맞춤인 좋은 팔.
猿臂之勢(원비지세) yuánbìzhīshì 군대의 진퇴와 공수를 자유자재로 하는 것.
猿嘯(원소 yuánxiào) 원숭이의 울음소리.
猿狖(원유 yuányòu) 팔이 긴 원숭이와 꼬리가 긴 원숭이.

▶ 類人猿(유인원).

獅 사자 사(:)
犬 10 ⑬

🇯 シ, しし 🇪 lion
사자 **사**(猛獸, 狻猊食虎豹).
獅孫(사손 shīsūn) = 외손(外孫).
獅子(사자 shīzi)《動》맹수의 이름. 인도와 아프리카에 많이 있음.
獅子吼(사자후 shīzihǒu) ① 기운차게 썩 잘하는 연설. ②《佛》부처의 설법이 악마를 항복시킴의 비유. ③ 질투심이 많은 여자가 남편에게 앙칼스럽게 대들어 떠드는 소리.
獅豹(사표 shībào) 사자와 표범.

獄 옥/감옥 옥

🇯 yù 🇪 ゴク, ひとや 🇪 prison
① 옥 옥, 우리 옥(所以繫囚牢). ② 송사 옥(訟事).

書體 小篆 獄 草書 獄 (高校) 會意

獄牢(옥뢰 yùláo) 죄인을 가두어 두는 곳. 옥사(獄舍). 뇌옥(牢獄).
獄吏(옥리 yùlì)《制》옥에서 일보는 관리. 옥서(獄胥).
獄死(옥사 yùsǐ) 옥중에서 죽음. 뇌사(牢死).
獄事(옥사 yùshì)《制》역적·살인범 등의 중대한 범죄를 다스리는 일. 또는 그 사건 죄옥.
獄中(옥중 yùzhōng) 옥 속. 감옥의 안.

▶ 監獄(감옥)·交通地獄(교통지옥)·牢獄(뇌옥)·煉獄(연옥)·疑獄(의옥)·入試地獄(입시지옥)·地獄(지옥)·出獄(출옥)·脫獄(탈옥)·脫獄囚(탈옥수)·投獄(투옥)·下獄(하옥)·刑獄(형옥).

獎 장려할/권할 장(:)

🇯 jiǎng 🇪 ショウ, すすめる
🇪 encourage

① 권면할 장(勸). ② 유도할 장(誘導). ③ 표창할 장(賞). ④ 도울 장(助). ⑤ 이을 장(承). ⑥ 개 부길 장, 개 버릇 사납게 가르칠 장(嗾犬厲之).【獎과 같음, 奬의 본자】

書體 小篆 獎 草書 獎 (高校) 形聲

獎勸(장권 jiǎngquàn) = 장려(獎勵).
獎勵(장려 jiǎnglì) 권하여 좋은 일에 힘쓰게 북돋아 줌.
獎拔(장발 jiǎngbá) 장점을 추켜 주고 골라서 뽑음.
將順(장순 jiǎngshùn) 권하여 따라 행하게 함.
獎進(장진 jiǎngjìn) ① 사람을 권해서 관계에 나가게 함. ② 이끌어 세움.
獎忠壇(장충단 jiǎngzhōngtán) 군인의 영령을 제사하던 곳.
獎學(장학 jiǎngxué) ① 배움을 장려함. ② 학문을 장려함.
獎訓(장훈 jiǎngxùn) 권장하고 가르침.

▶ 勸獎(권장)·推獎(추장).

獗 날뛸 궐

🇯 ケツ, たけしい 🇪 rampancy
뛰놀 궐, 도적형세 성할 궐(猖獗賊勢).

▶ 猖獗(창궐).

獨 홀로 독

🇯 dú 🇪 ドク, ひとり
🇪 only, solitary

① 홀로 독(單). ② 외로울 독(孤). ③ 독 짐승 독(獸名, 食猿). ④ 나라 이름 독(獨逸).

書體 小篆 獨 草書 獨 (中學) 形聲

獨工(독공) dúgōng) 홀로 공부함.
獨斷(독단 dúduàn) ① 자기 혼자 결정함. ② 근본적인 연구도 없이 자기 혼자 판단함. ③《書》2권. 한(漢) 채옹(蔡邕) 지음. 옛 제도에 대하여 쓴 것.
獨立(독립 dúlì) ① 남에게 의지하지 않고 혼자 힘으로 섬. ② 한 나라가 완전히 독립권을 행사할 수 있는 일. ③ 고립. ④ 속세 밖에 있는 일.
獨木橋(독목교 dúmùqiáo) 외나무다리.
獨木橋寃家遭(독목교원가조 dúmùqiáoyuānjiāzāo)《國》원수는 외나무다리에서 만남.《喩》회피할 수 없는 경우를 가리킴. 일이 나쁜 형태로 공교롭게 마주치는 것.
獨舞臺(독무대 dúwǔtái) ① 배우가 혼자서 연기하는 일. ② 많은 사람 가운데서 혼자만이 특히 활동을 독차지함. ③ 혼자의 천하.
獨白(독백 dúbái) ① 혼잣말. ② 연극에서 배우가 대상자 없이 혼자 말하는 대사.
獨不將軍(독불장군 dúbùjiāngjūn) ① 사람들에게 따돌린 외로운 사람. ② 모든 일을 혼자 처리하는 사람.
獨善(독선 dúshàn) ① 자기만을 좋게 함. ② 자기만이 옳다고 생각함.
獨守空房(독수공방 dúshǒukōngfáng) = 독숙공방(獨宿空房).
獨宿空房(독숙공방 dúsùkōngfáng) 부부가 한 방에 살지 아니한. 빈 방에서 혼자 지냄.
獨掌不鳴(독장불명 dúzhǎngbùmíng)《國》한쪽 손만으로는 소리가 안 남.《喩》상대가 없이 싸움이 일어나지 않는다는 뜻. 고장난명(孤掌難鳴).
獨行獨步(독행독보 dúxíngdúbù) 남의 힘을 빌지 않고 혼자의 힘으로 일을 처리하여 감.

▶ 孤獨(고독)·軍獨(군독)·無男獨女(무남독녀)·反獨裁(반독재)·愼獨(신독)·唯獨(유독)·幽獨(유독)·自主獨立(자주독립)·在獨(재독)·統獨(통독).

獪 교활할 회: 교활할 쾌:
犬 13 ⑯

1 ⓒ kuài 일 カイ, わるがしこい 영 sly 2 ⓒ cunning
1 간교할 회, 교활할 회(狡). 2 쾌. 뜻은 1과 같음.

獪猾(회활 kuàihuá) 간악하고 교활함.

▶ 老獪(노회).

獲 얻을 획
犬 14 ⑰

獲獲獲獲獲獲獲獲獲獲

1 ⓒ huò 일 カク, うる 영 acquire
2 일 カク, えもの 영 catch
1 ① 얻을 획(得). ② 노비 획, 종 획(奴婢). 2 ① 실심할 확(困迫失志貌). ② 더럽힐 확(汙也).

書體 小篆 獲 草書 獲 (高校) 形聲

獲得(획득 huòdé) 얻어 가짐. 손에 넣음.
獲利(획리 huòlì) 이익을 얻는 일. 자기에게 유리한 입장을 얻는 일. 득리.
獲麟(획린 huòlín) ① 절필(絕筆). 집필을 중지함. ②《故》공자가 춘추(春秋)를 비판 수정할 때 노애공(魯哀公) 14년에 애공(哀公)이 순행하다가 기린(麒麟)을 잡았는데 공자는 획린(獲麟)의 기사(記事)에서 그를 마감하였음. ③ 사물의 종말.

▶ 拿獲(나획)·濫獲(남획)·漁獲(어획)·漁獲高(어획고)·戰獲(전획)·捕獲(포획).

獵 사냥할 렵
犬 14 ⑰

【獵(犬부15획)의 속자】

獵 사냥할 렵

獵獵獵獵獵獵獵獵獵獵

- 중 liè 일 リョウ, かり 영 hunting
① 사냥 렵, 사냥질할 렵(捷取禽獸). ② 진동할 렵(震). ③ 어긋날 렵(相差次). ④ 바람소리 렵(風聲).

書體 小篆 獵 草書 獵 (高校) 形聲

獵官(엽관 lièguān) ① 관직을 얻으려고 운동하는 일. ②《政》엽관 제도.
獵奇(엽기 lièqí) 기이한 일이나 물건을 즐겨서 좇아다님.
獵夫(엽부 lièfū) 사냥꾼.
獵銃(엽총 lièchòng) 사냥총.
獵戶(엽호 lièhù) ① 사냥꾼의 집. ② 사냥꾼.

獸 짐승 수

獸獸獸獸獸獸獸獸

- 중 shòu 일 ジュウ, けだもの 영 beast, animal
짐승 수(四足而毛).

書體 小篆 獸 草書 獸 (高校) 形聲

獸窮則齧(수궁즉설 shòuqióngzénie) 짐승의 고통이 극도에 달하면 사람을 물음. 《喩》사람도 곤궁이 심하게 되면 나쁜 짓을 하게 된다는 말.
獸性(수성 shòuxìng) ① 짐승의 성질. ② 인간이 갖고 있는 이성(理性)에 반(反)하는 동물적인 성질. ③ 육체상의 정욕.
獸醫(수의 shòuyī) 《醫》가축의 병을 치료하여 고치는 의사.
獸患(수환 shòuhuàn) 짐승의 피해로 인한 근심.

▶ 禽獸(금수)·猛獸(맹수)·野獸(야수)·鳥獸(조수)·海獸(해수).

獻 드릴/바칠 헌:

獻獻獻獻獻獻獻獻獻獻

1 중 xiàn 일 ケン, たてまつる 영 offer 2 일 コン, 영 present
1 ① 바칠 헌(呈). ② 드릴 헌(進). ③ 음식 헌(羞). ④ 개 헌(犬也, 羹獻). ⑤ 어진 이 헌(賢). 【獻과 같음】 2 술단지 사(酒樽).

書體 小篆 獻 草書 獻 (高校) 形聲

獻納(헌납 xiànnà) ① 임금에게 충언(忠言)을 올림. ② 금품을 바침.
獻上(헌상 xiànshàng) 임금께 바침. 물건을 올림.
獻壽(헌수 xiànshòu) 환갑잔치 등에 장수를 비는 뜻으로 술잔을 올림. 상수(上壽).
獻酌(헌작 xiànzhuó) 제사 때에 술잔을 올림.
獻呈(헌정 xiànchéng) 물품을 올림. 증정.

▶ 貢獻(공헌)·文獻(문헌)·奉獻(봉헌)·進獻(진헌).

玄 部

검을 현

玄 감을/검을 현

玄玄玄玄玄

일 ゲン, くろ, あめ
영 black, heaven

① 검을 현(黑). ② 검붉을 현(黑赤). ③ 하늘 현(天). ④ 아득할 현(幽遠). ⑤ 고요할 현(淸靜). ⑥ 현묘할 현(理之妙). ⑦ 현손 현(曾孫之子).

書體 小篆 古文 草書 玄 (高校) 會意

玄關(현관 xuánguān) ①《佛》현묘한 도로 들어가는 문. 불도로 귀의하는 문. ② 주택의 문. ③《佛》선사에서 객전으로 들어가는 문. ④《日》집의 정문.
玄琴(현금 xuánqín) 거문고.
玄機(현기 xuánjī) 심오한 도리. 현묘(玄妙)한 이치.
玄談(현담 xuántán) 넓고 깊은 이치를 말하는 이야기. 노장(老壯)의 심오한 도에 관한 이야기.
玄德(현덕 xuándé) ① 속에 깊숙이 간직하고 있고 밖에 나타내지 않는 덕. 심원한 덕. 현묘한 덕. ② 천지의 현묘한 도리. 심오하여 그 뜻을 측량할 수 없는 이법(理法).
玄同(현동 xuántóng) ① 자기의 재능이나 지력을 숨겨 두어 나타내지 않고 속인과 같이 평범하게 지내는 일. ② 피차의 구별 없이 하나로 어울림. 차별이 없음. 무차별. 평등.
玄理(현리 xuánlǐ) ① 심오한 도리. ② 노자(老子)·장자(莊子)의 도(道).
玄謀(현모 xuánmóu) 원대한 계책. 심모.
玄妙(현묘 xuánmiào) 심오하고 미묘함. 또는 그 도리.
玄武(현무 xuánwǔ) ① 북방의 신. 수신으로 동방의 청룡, 남방의 주작, 서방의 백호와 함께 사신이라 일컬음. 형상은 거북과 뱀이 하나로 된 모양. ② 현무기(玄武旗)의 약어. 현무(玄武)를 그린 기(旗). ③《天》북방에 있는 일곱 개의 성수(星宿). 두(斗)·우(牛)·여(女)·허(虛)·위(危)·실(室)·벽(壁)의 총칭.
玄米(현미 xuánmǐ) 벼의 껍질만 벗기고 쓸지 않은 쌀. 매조미쌀. ↔ 백미(白米).
玄聖(현성 xuánshèng) ① 지극히 뛰어난 성인. ② 공자·노자를 일컬음.
玄孫(현손 xuánsūn) 증손의 아들. 손자의 손자.
玄鳥(현조 xuánniǎo)《動》① 제비의 별칭. ② 학의 별칭.
玄祖(현조 xuánzǔ) 고조(高祖)의 아버지. 오대조(五代祖).
玄天(현천 xuántiān) ① 구천(九天)의 하나. 북쪽 하늘. ② 넓은 하늘. 현궁(玄宮).
玄學(현학 xuánxué) ① 심원한 학문. ② 도교의 학문.
玄鶴(현학 xuánhè)《動》늙은 학. 천년이 지나서 털빛이 검정색이 된 학.
玄海灘(현해탄 xuánhǎitān)《地》대한해협의 남쪽, 일본 후쿠오카현(福岡縣)의 서북쪽에 있는 바다.
玄黃(현황 xuánhuáng) ① 검은 하늘빛과 누른 땅빛. ② 천지. 우주. ③ 흑과 황과의 폐백. ④ 말이 병들어 쇠약해짐. 검은 털의 말이 병을 치르고 나면 털이 누런빛을 띠게 되므로 그렇게 일컬음. ⑤ 아름다운 빛.

▶ 幽玄(유현).

玄 5 ⑩ 茲 이 자

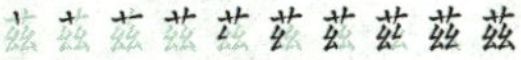

茲 茲 茲 茲 茲 茲 茲 茲 茲 茲

1 🈁 zī 🈁 シ, この 🈁 this
2 🈁 cí 🈁 シ, これ
1 ① 이 자(此也). ② 흐릴 자(濁也).
2 검을 현(黑也). 【玄과 통함】

書體 小篆 草書 茲 (高校) 會意

玄 6 ⑪ 率 비율 률 거느릴 솔

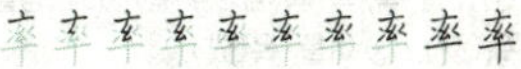

率 率 率 率 率 率 率 率 率 率

1 훈 スイ, したがう **2** 음 shuài 훈 ソツ 영 lead **3** 음 lǜ 훈 リツ, わりあい, ひきいる 영 rate

1 ① 새 그물 수(鳥網). ② 장수 수(渠率). **2** ① 거느릴 솔(領). ② 좇을 솔(循). ③ 다 솔(皆). ④ 쓸 솔(用). ⑤ 행할 솔(行). ⑥ 대강 솔(大略). ⑦ 소탈할 솔(坦率). ⑧ 경솔할 솔(輕遽貌). ⑨ 뱀 이름 솔(蛇名). **3** ① 셈 이름 률(約數). ② 표할 률, 과녁 률(表的). ③ 헤아릴 률(計). ④ 활 한껏 당길 률(彎弓之限). ⑤ 띠공구를 률(帶綫). ⑥ 비례 률(比例).

書體 小篆 率 草書 卆 (高校) 象形

率兵(솔병) shuàibīng 병사를 통솔함.
率先(솔선) shuàixiān 남보다 앞섬. 무엇이든지 남보다 먼저 나섬.
率直(솔직) shuàizhí 거짓이나 꾸밈이나 숨김이 없이 바르고 곧음.
率下(솔하) shuàixià 거느리고 있는 부하.

▶ 輕率(경솔)·高率(고율)·能率(능률)·兜率天(도솔천)·百分率(백분율)·比率(비율)·食率(식솔)·利率(이율)·低率(저율)·周率(주율)·眞率(진솔)·統率(통솔)·割引率(할인율)·效率(효율).

玉, 王, 王 部
구슬 옥, 구슬옥 변

玉⁵₅ 구슬 옥

玉 玉 王 玉 玉

음 yù 훈 ギョク, たま
영 jewel, precious stone

① 구슬 옥, 옥 옥(石之美者). ② 사랑할 옥(愛). ③ 이룰 옥(成).

書體 小篆 王 古文 禾 草書 玉 (中學) 象形

玉稿(옥고) yùgǎo 다른 사람의 원고의 존칭.
玉高粱(옥고량) yùgāoliáng 《植》옥수수. 옥촉서(玉蜀黍)의 별칭.
玉女(옥녀) yùnǚ ① 미녀. ② 남의 딸에 대한 존칭. ③ 선녀. 신녀. ④ 《植》쁘리 газа는 갈대의 별칭. ⑤ 옥과 같이 훌륭하게 함. ⑥ 마음과 몸이 옥같이 깨끗한 여자.
玉童子(옥동자) yùtóngzǐ 옥같이 귀여운 어린 아들. 몹시 소중한 아들. 옥동.
玉貌(옥모) yùmào ① 위엄이 있고 고상한 얼굴. ② 옥과 같이 아름다운 얼굴의 생김새. 옥자.
玉璽(옥새) yùxǐ 임금의 도장. 어새(御璽). 옥으로 만든 국새.
玉碎(옥쇄) yùsuì 옥처럼 아름답게 부서진다는 뜻으로 공명이나 충절을 위하여 깨끗하게 죽음.
玉齒(옥치) yùchǐ ① 임금의 이. ② 아름다운 이. ③ 옥(玉)니.
玉篇(옥편) yùpiān ① 한문 글자를 차례로 배열하고 그 글자의 음과 새김을 적어 엮은 책. 자전(字典). ② 《書》 30권. 양(梁)나라 고야왕(顧野王) 지음. 이아(爾雅)·설법(說法)과 같이 최고의 자서(字書).
玉虹(옥홍) yùhóng ① 무지개. ② 교량의 미칭.
玉皇上帝(옥황상제) yùhuángshàngdì 도가에서 말하는 하느님.

▶ 金科玉條(금과옥조)·金枝玉葉(금지옥엽)·白玉(백옥)·珠玉(주옥).

王⁵₄ 임금 왕

王 王 王 王

①② 음 wáng ③-⑥ 음 wàng 훈 オウ, きみ 영 king

① 임금 **왕**(君). ② 할아버지 **왕**(祖父之尊稱王父). ③ 왕 노릇할 **왕**(五霸身臨天下). ④ 어른 **왕**(長). ⑤ 왕성할 **왕**(盛). ⑥ 갈 **왕**(往).

書體 小篆 王 古文 玉 草書 王 中學 象形

王道(왕도 wángdào) ① 임금으로서 마땅히 행해야 할 도리. 하(夏)·은(殷)·주(周) 삼대의 공명정대(公明正大)·무사무편(無私無偏)의 도(道). ② 윤리에 의하여 천하를 다스리는 정치의 방법. 맹자(孟子)가 패도(覇道)에 대하여 주창(主唱)한 것.
王陵(왕릉 wánglíng) 임금의 능.
王尊丈(왕존장 wángzūnzhàng) 남의 할아버지의 존칭. 할아버지와 나이가 비슷한 어른에 대한 존칭.
王侯(왕후 wánghóu) 임금과 제후.
王后(왕후 wánghòu) 임금의 아내. 왕비(王妃).

▶ 國王(국왕)·君王(군왕)·盜賊王(도루왕)·得點王(득점왕)·羅王(나왕)·魔王(마왕)·冥王星(명왕성)·法王(법왕)·四天王(사천왕)·先王(선왕)·聖王(성왕)·新人王戰(신인왕전)·女王(여왕)·龍王(용왕)·帝王(제왕)·廢王(폐왕)·海王星(해왕성)·賢王(현왕).

玗 옥돌 우

[音] yú [日] ウ, たま [英] jade

① 옥돌 **우**, 옥 같은 돌 **우**(石似玉). ② 우기나무 **우**(玗琪樹名).

玩 즐길 완:

[音] wán [日] カン, もてあそぶ [英] toy

① 희롱할 **완**(弄). ② 익힐 **완**(習). ③ 보배 **완**(珍). ④ 가지고 놀 **완**(玩賞).
玩具(완구 wánjù) ① 장난감. ② 완호지물(玩好之物).
玩讀(완독 wándú) ① 글 뜻을 깊이 생각하며 읽음. 완송(玩誦). ② 비판적으로 읽지 않고 그냥 읽음.
玩賞(완상 wánshǎng) 즐겨 구경함.

▶ 愛玩犬(애완견)·愛玩動物(애완동물).

玲 옥 소리 령

[音] líng [日] レイ, たまおと [英] sound of jade pendants

① 쟁그렁거릴 **령**, 옥 소리 **령**(金玉聲). ② 아롱아롱할 **령**(瑚鏤貌). ③ 정교할 **령**(精巧). ④ 선명할 **령**(鮮明).
玲瓏(영롱 línglóng) ① 구슬이 울리는 소리. ② 산명(山名). ③ 정교한 것

玼 옥티 자

[1] [音] cǐ [日] セイ, きず [英] blemish of jade [2] シ

[1] 옥티 **자**(玉病).【疵와 통함】 [2] 옥빛 **차**(玉色). [3] 옥빛 고울 **체**, 옥빛 깨끗할 **체**(玉色鮮潔貌).
玼玼(① 차차 ② 자자 cǐcǐ) ① 선명(鮮明)한 모양. ② 옥빛이 고운 모양.
玼吝(차린 cǐlìn) 더러운 마음씨.

珀 호박(琥珀) 박

[音] pò [日] ハク, こはく [英] amber

호박 **박**(琥珀, 茯苓所化).

▶ 琥珀(호박).

珊 산호 산

[音] shān [日] サン, さんご [英] coral

① 산호 **산**(海中産動物, 珊瑚). ② 조잔할 **산**(凋殘貌). ③ 패옥소리 **산**(珮聲).
珊瑚(산호 shānhú) ① 산호충의 군

체(群體)의 중축골격(中軸骨骼). 군체(群體)는 괴상(塊狀) 또는 수지상(樹枝狀)을 이루었으며, 바깥쪽은 무르고 속은 단단한 석회질(石灰質)로 되어 있어 겉은 긁어 버리고 속만을 장식품으로 씀. 도색(桃色) 산호(珊瑚)와 적색산호(赤色珊瑚)가 있음. ② =산호충(珊瑚蟲).

珍 보배 진

玉 5 / 9

珍珍珍珍珍珍珍珍珍

🀄 チン, たから 🔤 treasure, good

① 보배 **진**(寶). ② 서옥 **진**(瑞玉). ③ 귀중할 **진**(貴重). ④ 맛좋을 **진**(食之美者).

書體 小篆 珍 草書 珍 (高校) 形聲

珍客(진객 zhēnkè) 귀한 손님. 진귀한 손님.
珍奇(진기 zhēnqí) 보배롭고 기이함. 진이(珍異).
珍味(진미 zhēnwèi) ① 음식의 썩 좋은 맛. ② 진기한 요리.
珍寶(진보 zhēnbǎo) 진기한 보물. 보배의 총칭.
珍本(진본 zhēnběn) 진기한 책. 진서(珍書).
珍書(진서 zhēnshū) 진귀한 서적. 진본(珍本). 기서(奇書).
珍羞盛饌(진수성찬 zhēnxiūshèngzhuàn) 썩 맛이 좋은 음식. 보기 드물게 잘 차린 음식.
珍品(진품 zhēnpǐn) 진귀한 물품.
珍貨(진화 zhēnhuò) 진귀한 보물.

▶ 山海珍味(산해진미).

珏 쌍옥 각

玉 5 / 9

① 🀄 jué 🔤 カク, ついたま
🔤 double gem ② 🀄 コク

① 쌍옥 **각**(雙玉). ② 곡. 뜻은 ①과 같음.

珠 구슬 주

玉 6 / 10

珠珠珠珠珠珠珠珠珠珠

🀄 zhū 🔤 シュ, ジュ, たま
🔤 pearl, bead

① 구슬 **주**(蚌胎所生). ② 진주 **주**(眞珠). ③ 눈동자 **주**(眼珠).

書體 小篆 瑞 草書 珠 (高校) 形聲

珠璣(주기 zhūjī) 구슬. 보석. 〈珠는 둥근 구슬. 璣는 둥글지 않은 구슬〉. 사복시(司僕寺)·규장각(奎章閣)들의 벼슬아치가 타는 말머리의 꾸밈새.
珠簾(주렴 zhūlián) 구슬을 꿰어 꾸민 발.
珠算(주산 zhūsuàn) 주판(珠板)으로 하는 계산.
珠玉(주옥 zhūyù) ① 구슬과 옥. ② 아름답고 훌륭한 물건. ③ 존귀한 물건.
珠簪(주잠 zhūzān) 옥비녀.
珠貝(주패 zhūbèi) 진주.

▶ 明珠(명주)·默珠(묵주)·寶珠(보주)·如意珠(여의주)·念珠(염주)·眞珠(진주).

珪 홀 규

玉 6 / 10

🀄 guī 🔤 ケイ, しるしたま
🔤 jade mace

① 서옥 **규**(瑞玉). ② [化]원소 이름 **규**(珪素).【圭와 같음】

珪璋(규장 guīzhāng) 옥으로 만든 귀중한 그릇.《喩》훌륭한 인품.
珪組(규조 guīzǔ) 규옥(圭玉)의 끈.
珪幣(규폐 guībì) 신에게 바치는 귀중한 예물.
珪灰石(규회석 guīhuīshí)《鑛》칼슘

의 규산염을 주분분으로 한 광물. 무색·회백색 따위.

班 나눌/반열 반

班班班班班班班班班班

- 音 bān 日 ハン, ならべる
- 英 class, order

① 벌여 설 반(列). ② 반차 반(次). ③ 이별할 반(別). ④ 나누어 줄 반(頒與). ⑤ 수레 소리 반(車聲). ⑥ 같을 반(同). ⑦ 얼룩질 반(斑). 【般과 통함】

書體 小篆 班 草書 班 (高校) 會意

班家(반가 bānjiā) 《國》 양반의 집안. 양반집.

班列(반열 bānliè) ① 신분·등급의 차례. ② 품계의 차례. 반차(班次).

班白(반백 bānbái) 백발이 섞임. 또 그 노인. 50세쯤의 노인. 반백(斑白). 반백(頒白).

班常(반상 bāncháng) 《國》 양반과 상인(常人).

班鄕(반향 bānxiāng) 《國》 양반이 많이 사는 시골.

▶ 國家首班(국가수반)·團東班(단속반)·武班(무반)·文班(문반)·西班牙語(서반아어)·首班(수반)·兩班(양반)·越班(월반).

珮 찰[帶] 패:

- 音 pèi 日 ハイ, おびもの
- 英 jade pendants

찰 패(帶也, 珮玉). 【佩와 같음】

琉 유리 류

- 音 liú 日 リュウ, るり 英 emerald

① 유리 돌 류(西域采石, 琉璃). ② 나라 이름 류(泉州國名, 琉球).

琉璃(유리 liúlí) ① 칠보의 하나. 청색의 보옥. ②《化》 유리·규사(硅砂)·소다회·석회 따위를 섞어서 녹인 다음 급히 냉각시켜 만듦. 단단하나 깨어지기 쉬우며 투명함.

琉璃窓(유리창 liúlíchuāng) 유리를 끼워 만든 창(窓).

現 나타날/보일 현:

現現現現現現現現現現現

- 音 xiàn 日 ゲン, あらわれる
- 英 appear, present

① 옥빛 현(玉光). ② 나타날 현, 보일 현(顯). ③ 지금 현, 당장 현(今). 【見과 통함】

書體 草書 现 (中學) 形聲

現夢(현몽 xiànmèng) 망인(亡人)이나 신령이 꿈에 나타남.

現世(현세 xiànshì) ① 이 세상. ②《佛》 삼세의 하나.

現況(현황 xiànkuàng) 현재의 형편. 또는 상황.

▶ 具現(구현)·奇現象(기현상)·發現(발현)·跋現(발현)·示現(시현)·實現(실현)·自己表現(자기표현)·自然現象(자연현상)·自現(자현)·再現(재현)·超現實(초현실)·出現(출현)·表現(표현)·顯現(현현).

球 공 구

球球球球球球球球球球球

- 音 qiú 日 キュウ, たま
- 英 round gem, ball

① 옥경쇠 구(玉磬). ② 아름다운 옥 구(美玉). ③ 둥글 구(圓). ④ 공 구(毬). ⑤ 지구 구(地球). ⑥ 나라 이름 구(國名琉球).

書體 小篆 球 或體 璆 草書 球 (高校) 形聲

球莖(구경 qiújīng) 《植》 토란 따위처럼 뿌리가 구형을 이룬 지하경.

球面(구면 qiúmiàn) ① 구의 표면. ② 《數》 어느 일정한 점에서 입체적으로 일정한 거리에 있는 점의 궤적

球狀(구상 qiúzhuàng) 공같이 둥근 모형. 구형(球形).

▶強速球(강속구)·氣球(기구)·撞球(당구)·籠球(농구)·美式蹴球(미식축구)·排球(배구)·白血球(백혈구)·變化球(변화구)·北半球(북반구)·飛行船球(비행기구)·四球(사구)·送球(송구)·水球(수구)·眼球(안구)·野球(야구)·電球(전구)·全力投球(전력투구)·庭球(정구)·地球(지구)·直球(직구)·天球(천구)·蹴球(축구)·卓球(탁구)·投球(투구)

理 다스릴 리:

理理理理理理理理理理

[자] lǐ [일] り, おさめる, みち
[영] rule, reason

① 다스릴 리(治). ② 바를 리(正). ③ 무늬 낼 리(治玉). ④ 성품 리(性). ⑤ 이치 리, 도리 리(道). ⑥ 고칠 리, 정리할 리(修理整理). ⑦ 처리할 리(處置). ⑧ 나뭇결 리(木理). ⑨ 힘입을 리(賴).

書體 小篆 理 草書 理 中學 形聲

理工(이공 lǐgōng) 이학과 공학. 곧 자연과학과 공업에 관한 학문.

理科(이과 lǐkē) 자연 과학의 여러 가지 사물 및 현상을 연구하는 학문.

理氣(이기 lǐqì) ① 호흡을 가지런히 함. ② 송대(宋代) 유자(儒者)들의 학설로서 이(理)와 기(氣)임. 〈理는 우주의 본체, 氣는 그 현상〉. ③ 태극과 음양.

理念(이념 lǐniàn) ① 생각. 관념. 의식 내용. ② 《哲》이성(理性)의 판단으로 얻은 최고의 개념. 온 경험을 통제하는 주체.

理事(이사 lǐshì) ① 도급(都給) 맡은 일을 취급하는 소임. ② 《法》법인을 대표하여 사무를 처리하며, 권리를 행사하는 사람. 또는 그 사람의 직함.

理想(이상 lǐxiǎng) ① 사람이 공상적으로 생각해 낸 이상(理想)의 나라. 실현될 수 있다고 생각되는 최고의 상태. ↔ 현실(現實). ② 《哲》이성(理性)에 의하여 상상할 수 있는 최선의 상태.

理想鄕(이상향 lǐxiǎngxiāng) ① 실제로는 존재하지 않는 이상적(理想的) 세계. 유토피아. ② 토마스 모어의 소설. 유토피아 속에 그려진 세계.

理性(이성 lǐxìng) ① 사물의 이치를 생각하는 능력. ② 《哲》사람이 본디 타고난 세 가지 정신 능력, 곧 지(知)·정(情)·의(意) 중에 지적(知的) 능력. 개념을 사유하는 능력. ③ 양심(良心).

理智(이지 lǐzhì) ① 이성과 지혜. ② 사물을 분별하고 이해하는 슬기. ③ 《佛》진여(眞如)를 이해하는 지혜.

▶監理(감리)·健康管理(건강관리)·經理(경리)·公理(공리)·空理空論(공리공론)·管理(관리)·敎理(교리)·交通管理(교통관리)·國務總理(국무총리)·群衆心理(군중심리)·窮理(궁리)·論理(논리)·代理(대리)·道理(도리)·無理(무리)·文理(문리)·物理(물리)·法理(법리)·病理(병리)·不條理(부조리)·副總理(부총리)·不合理(불합리)·事理(사리)·常務理事(상무이사)·生理(생리)·署理(서리)·攝理(섭리)·性理(성리)·修理(수리)·數理(수리)·水理(수리)·修理工(수리공)·順理(순리)·審理(심리)·心理(심리)·熱處理(열처리)·料理(요리)·原理(원리)·危機管理(위기관리)·倫理(윤리)·義理(의리)·一品料理(일품요리)·專務理事(전무이사)·整理(정리)·條理(조리)·調理(조리)·卽刻無利息處理(즉각무이식처리)·地理(지리)·眞理(진리)·處理(처리)·天理(천리)·哲理(철리)·總理(총리)·總整理(총정리)·推理(추리)·脫理念(탈이념)·風水地理(풍수지리)·合理主義(합리주의)·核物理(핵물리)·後處理(후처리).

白皮皿目矛矢石示内禾穴立

琢 다듬을 탁

⊕zhuó, zuó 囲タク, みがく
英carving and polishing

① 쪼을 탁, 옥 다듬을 탁(治玉). ② 가릴 탁(選擇).

琢句(탁구 zhuójù) 자구(字句)를 갈고 닦음. 조구(造句).
琢磨(탁마 zhuómó) ① 옥석을 쪼고 갈음. ② 학문의 도를 연마함.
琢玉(탁옥 zhuóyù) 옥을 닦는 일. 공옥(攻玉).

琥 호박(琥珀) 호:

⊕hǔ 囲コ, こはく 英amber

① 옥병부 호, 옥호부 호(發兵瑞玉爲虎文). ② 호박 호(松脂所化, 琥珀).

琥珀(호박 hǔpò) 《鑛》 지질시대의 수지(樹脂)가 땅속에 묻히어 산소·수소·탄소 등과 화합하여 굳어진 광물. 황색투명체로 광택이 있고 타기 쉬움. 여러 가지 장식품으로 씀.

琴 거문고 금

琴琴琴琴琴琴琴琴琴琴

⊕qín 囲キン, ゴン, こと
英Chinese harp

거문고 금(七絃樂).

書體 小篆 珡 古文 琹 草書 琴 高校 象形

琴曲(금곡 qínqǔ) 거문고의 곡조.
琴譜(금보 qínpǔ) 거문고의 악보.
琴瑟(금슬 qínsè) ① 거문고와 비파. ② 부부 사이의 화락한 즐거움.
琴心(금심 qínxīn) 거문고의 소리에 맡긴 탄주자(彈奏者)의 마음.
琴鶴(금학 qínhè) 거문고와 학. 둘 다 세속을 떠난 고아한 사람이 좋아하는 물건.

▶伽倻琴(가야금)·木琴(목금)·心琴(심금)·洋琴(양금)·提琴(제금)·彈琴(탄금)·風琴(풍금)·奚琴(해금).

琵 비파 비

⊕pí 囲ヒ, ビ, びわ 英flute

비파 비(胡琴馬上樂器, 琵琶).

琵琶(비파 pípá) ① 현악기의 한 가지. 몸은 길이 2~3척. 모양은 둥글고 길며 타원형으로 가지 모양임. 자루는 곧고 4현(絃), 때로는 5현(絃)을 사용함. ② 나무의 이름. 비파(枇杷).

琶 비파 파

⊕pá 囲ハ, びわ 英flute

비파 파(馬上樂器琵琶).

琺 법랑 법

⊕fà 囲ホウ, ほうろう 英enamel

법랑 법(琺瑯, enamel).

琺瑯(법랑 fàláng) 불투명한 유리질 모양의 물질. 금속·기물의 표면에 칠하여 장식하고, 또는 부식을 막음.

瑕 허물 하

⊕xiá 囲カ, きず 英blemish

① 옥티 하(玉玷). ② 붉은 옥 하(赤玉). ③ 허물 하(過). ④ 멀 하(遠). 【遐와 통한】

瑕累(하루 xiálèi) 흠. 결점. 하자(瑕疵).
瑕疵(하자 xiácī) 흠. 결점.

瑚 산호 호

⊕hú 囲コ, もりものだい 英vessel

① 호련 호(宗廟祭器). ② 산호 호.

瑞 상서 서:
玉 9 (13)

읍 ruì 일 ズイ, めでたい
영 happy, augury

① 상서 서(祥). ② 홀 서(信玉, 符瑞).

瑞光(서광 ruìguāng) ① 상서로운 빛. ② 길한 일의 조짐. 상광(祥光).
瑞夢(서몽 ruìmèng) 상서로운 꿈. 어떤 일이 일어날 것을 미리 알리는 꿈.
瑞雪(서설 ruìxuě) 풍년(豊年)이 징조(徵兆)가 되는 눈.
瑞獸(서수 ruìshòu) 상서로운 징조로 나타나는 짐승. 기린.
瑞雲(서운 ruìyún) 길한 징조(徵兆)의 구름. 경운(慶雲).
瑞兆(서조 ruìzhào) 상서(祥瑞)로운 징조. 서상(瑞相). 서징(瑞徵). 길조(吉兆).
瑞鳥(서조 ruìniǎo) 봉황과 같이 상서로운 새.

▶ 祥瑞(상서).

瑟 큰거문고 슬
玉 9 (13)

읍 sè 일 シツ, おおごと
영 Korean-harp

① 실 풍류 슬, 비파고 슬(絃樂二十五絃). ② 깨끗한 체할 슬(潔鮮矜莊貌). ③ 바람소리 슬(風聲).
瑟瑟(슬슬 sèsè) 매우 쓸쓸함. 적막(寂寞)함. 바람이 솔솔 부는 소리의 형용(形容).

▶ 琴瑟(금슬).

瑠 유리 류
玉 10 (14)

【瑠(玉부12획)의 속자】

瑣 옥가루 쇄
玉 10 (14)

읍 suǒ 일 サ, こまかい 영 fragment

① 옥가루 쇄(玉屑). ② 잘 쇄, 가늘 쇄(細小). ③ 좀스러울 쇄(繁猥貌). ④ 대궐문 아로새길 쇄(靑瑣天子門制上鏤花紋).
瑣吶(쇄납 suǒnà) 날라리.

瑤 아름다운 옥 요
玉 10 (14)

읍 yáo 일 ヨウ, たま
영 precious jade

① 아름다운 옥 요(瑤瓊皆美玉). ② 북두 자루 요(斗杓瑤光). ③ 못 이름 요(瑤池).
瑤顏(요안 yáoyán) 아름다운 얼굴. 옥과 같은 얼굴.
瑤池鏡(요지경 yáochíjìng) 돋보기를 대고 통 안에 있는 여러 가지 그림을 들여다보는 장난감.

璃 유리 리
玉 11 (15)

읍 lí 일 リ, るり 영 glass
유리 리, 구슬 이름 리(西國寶).

璇 옥 선
玉 11 (15)

읍 xuán 일 セン, たま 영 gem

① 옥 이름 선(玉名, 瑰玉). ② 별이름 선(星名, 璇璣).【璿과 같음】

璨 옥빛 찬:
玉 13 (17)

읍 càn 일 サン, ひかる 영 lustrous

① 옥빛 찬란할 찬(璨也玉光). ② 구슬 주렁주렁 달릴 찬(珠垂貌).

環 고리 환(:)
玉 13 ⑰

環環環環環環環環環

🔊 huán 🇯🇵 カン, たまき 🇬🇧 ring

① 도리 옥 환(璧屬). ② 옥고리 환(圓成無端). ③ 둘릴 환(繞). ④ 둘레 환(周廻).

書體 小篆 環　草書 環　(高校) 形聲

環境(환경 huánjìng) ① 사람의 생활체를 둘러싸고 있는 사물·사정·상태. ② 둘러싸인 구역 또는 경계. 환상(環象).

環攻(환공 huángōng) 사방을 포위하고 공격함.

環象(환상 huánxiàng) 둘레를 둘러싸고 있는 일체의 현상. 개인을 둘러싸고 있는 사회현상 따위.

環狀線(환상선 huánzhuàngxiàn) 환상(環狀)의 철도선로(鐵道線路).

環形(환형 huánxíng) 고리처럼 둥근 모양.

▶ 家庭環境(가정환경)·金環(금환)·循環(순환)·惡循環(악순환)·連環(연환)·耳環(이환)·一環(일환)·自然環境(자연환경)·再循環(재순환)·指環(지환)·花環(화환).

璿 구슬 선
玉 14 ⑱

🔊 xuán 🇯🇵 セン, たま
🇬🇧 precious jade

① 아름다운 옥 선(美玉名). ② 선기 옥 선(渾天器).

璿璣玉衡(선기옥형 xuánjīyùhéng) 천체를 관측하던 기계. 선기(璇璣). 기형(璣衡). 혼천의.

璿源大鄕(선원대향 xuányuándàxiāng) 조선(朝鮮) 왕실(王室)의 본관(本貫)의 존칭.

璽 옥새 새
玉 14 ⑲

🔊 xǐ 🇯🇵 ジ, おして 🇬🇧 imperial seal
옥새 새(王者印).

璽寶(새보 xǐbǎo) 옥새와 옥보.

瓊 구슬 경
玉 15 ⑲

🔊 qióng 🇯🇵 ケイ, あかたま
🇬🇧 reddish gem
붉은 옥 경(赤玉).

瓊玉膏(경옥고 qióngyùgāo) 《醫》 정혈(精血)을 돕는 보약의 한 가지.

瓊音(경음 qióngyīn) 옥(玉)의 소리. 맑고 고운 소리. 옥음(玉音).

瓊姿(경자 qióngzī) 옥(玉)과 같이 아름다운 모양. 옥자(玉姿).

瓊章(경장 qióngzhāng) 남이 지은 글을 높이어 일컫는 말. 경십(瓊什). 운경(韻瓊).

瓏 옥소리 롱
玉 16 ⑳

🔊 lóng 🇯🇵 ロウ, たまおと
🇬🇧 sound of gem

① 환할 롱(明貌). ② 옥 소리 쟁그렁거릴 롱(玉聲).

瓏玲(농령 lónglíng) ① 말방울 소리. ② 밝은 모양. 밝게 보이는 모양.

瓏瓏(농롱 lónglóng) ① 선명한 모양. 영롱(玲瓏). ② 옥(玉)이 부딪쳐서 나는 소리.

▶ 玲瓏(영롱).

瓚 옥잔 찬
玉 19 ㉓

🔊 zàn 🇯🇵 サン, たまの さかつき
🇬🇧 ladle of jade

① 옥잔 찬(宗廟祭器). ② 큰홀 찬(大圭).

瓜 部
오이 과

瓜 오이 과
⑤ 5획 ⑪

圕 guā 圓 カ, うり 圓 cucumber
① 참외 과, 오이 과(蔓生菰). ② 모과 과(木瓜).

瓜年(과년 guānián) ① 여자가 혼기(婚期)에 이른 나이. ②《制》벼슬이 임기(任期)가 찬 해.

瓜滿(과만 guāmǎn) ① 벼슬 임기가 다 됨. ② 여자의 혼인할 나이가 다 참.

瓜田不納履(과전불납리 guātiánbùnàlǚ) 남의 오이 밭에서 몸을 굽혀 신발을 고쳐 신지 말라. 《喻》의심 받을 만한 일은 하지 말라. 혐의(嫌疑)를 피함. →과전리하(瓜田李下).

瓠 박 호
⑥ 6획 ⑪

圕 hù 圓 コ, ひさご 圓 gourd
① 표주박 호(瓢). ② 질그릇 호(瓦器). ③ 깨어진 독 호(破甖). ④ 박 호(瓠).

瓠尊(호준 hùzūn) 박 모양의 술통. 〈尊은 준(樽)〉.

瓢 표주박 표
⑪ 11획 ⑯

圕 piáo 圓 ヒョウ, ふくべ 圓 gourd
① 박 표(瓠瓜). ② 표주박 표(容器).

瓢簞(표단 piáodān) ① 표주박과 도시락. 술을 넣는 표주박과 밥을 담는 도시락. ②《植》오이의 한 가지.

瓢勺(표작 piáosháo) 표주박을 반으로 쪼개어 만든 잔.

瓢樽(표준 piáozūn) 바가지와 술통. 술을 담는 그릇. 호존(瓠尊).

瓢壺(표호 piáohú) 뒤웅박. 표주박. 또는 뒤웅박과 단지. 표호(瓢瓠). 표단(瓢簞).

瓣 꽃잎/날름막 판
⑭ 14획 ⑲

圕 bàn 圓 ベン, うりたね
圓 cucumber seeds
① 외씨 판(瓜中實). ② 실과씨 판(果中實). ③ 꽃잎 판(花片).

瓣膜(판막 bànmó)《生》혈관(血管) 속에 있어 혈액(血液)의 역행(逆行)을 막는 판(瓣). 정맥 속에 정맥판(靜脈瓣), 심장(心臟) 속에는 심이(心耳)와 심실 사이 오른쪽에 삼첨판(三尖瓣), 왼쪽에 이첨판(二尖瓣), 심실과 동맥의 사이에 좌우로 반월판(半月瓣)이 있음.

瓦 部
기와 와

瓦 기와 와:
⑤ 5획 ⑪

瓦 瓦 瓦 瓦 瓦

圕 wǎ, wà 圓 ガ, かわら
圓 tile, brick
① 질그릇 와(陶器總名). ② 기와 와(燒土蓋屋). ③ 길삼 벽돌 와(紡塼). ④ 방패의 뒤쪽 와(楯背). ⑤ [新字]그램 와(국제기본중량단위, 〈g, gram〉, 중국 衡二分六厘六毛餘).

書體 小篆 ⰔⰊ 草書 瓦 中學 象形

瓦當(와당 wǎdāng) 기와의 마구리. 기와의 한쪽의 둥글게 모양을 낸 부분.

瓦釜雷鳴(와부뇌명 wǎfǔléimíng) 질솥이 우뢰와 같이 큰 소리를 냄. 《喩》배우지 못한 사람이 아는 척하고 과장함. 또는 현자(賢者)가 때를 잃고 우자(愚者)가 높은 자리에 중용(重用)됨.

瓦窯(와요 wǎyáo) 기와를 구워내는 굴. 와부(瓦釜).

瓦全(와전 wǎquán) 옥으로 되지 못하고, 가치 없는 기와가 되어서 안전하게 남는다는 뜻.《喩》아무 보람도 없이 목숨을 보전하여 감. 겨우 구명(救命)·도생(圖生)함. ↔ 옥쇄(玉碎).

瓦合(와합 wǎhé) ① 깨진 기와를 아무리 모아도 쓸 데가 없음.《喩》오합지중(烏合之衆)을 일컬음. ② 자기(自己)의 정당성(正當性)을 굽히고 모 안 나게 여러 사람과 사귐. 〈瓦는 범속(凡俗)의 중인(衆人)이라는 뜻〉.

瓦解(와해 wǎjiě) 기와가 깨어지듯이 사물이 깨어져 산산이 흩어짐.

▶瓦家(와가)·瓦溝(와구)·瓦器(와기)·瓦當(와당)·瓦斯(와사)·瓦屋(와옥)·瓦窯(와요)·瓦匠(와장)·瓦全(와전)·瓦合(와합)·瓦解(와해)·瓦解冰銷(와해빙소)·瓦解土崩(와해토붕).

瓦2⁷ 瓩 데카그램 십

訓 shí 日 デカグラム

데카그램 십, 10그램(decagram, 10 g).

瓦3⁸ 瓩 천 그램/킬로그램 천

訓 qiān 日 キログラム

① 천 그램, 킬로그램 천(kilogram, 1,000g, 1kg). ② 킬로와트 천(電力單位, kilowatt, 1,000W, 1kW).

瓦4⁹ 瓰 데시그램 분

訓 fēn 日 デシグラム

데시그램 분(decigram, 1/10g, 1dg).

瓦4⁹ 瓱 밀리그램 모

訓 máo 日 ミリグラム

밀리그램 모(milligram, 1/1,000g).

瓦4⁹ 瓲 톤 돈

訓 tún 日 キロトン

톤 돈(ton, 1,000kg, 1ton).

瓦6⑪ 瓷 사기그릇 자

訓 cí 日 シ, やきもの
英 China crockery

사기그릇 자(陶器堅緻者).

瓷器(자기 cíqì) 사기그릇.

瓷土(자토 cítǔ) 도자기(陶瓷器)를 만드는 데 쓰이는 흙. 도토(陶土). 백토(白土). 고령토(高嶺土).

▶高麗瓷器(고려자기)·高麗靑瓷(고려청자)·陶瓷(도자)·白瓷(백자).

瓦6⑪ 瓶 병 병

訓 píng 日 ヘイ, かめ 英 bottle

① 물장군 병(汲水器). ② 병 병(酒水等所入器).

瓶盆(병분 píngpén) 항아리와 분.
瓶花(병화 pínghuā) 화병에 꽂은 꽃.

瓦6⑪ 瓸 헥토그램 백

日 ヘクトグラム

헥토그램 백(hectogram, 100g).

甄 질그릇 견
瓦9⑭

㉠ zhēn ㉰ シン, すえもの
㉲ earthen ware

1 질그릇 장인 **진**(陶工). **2** ① 질그릇 **견**(陶). ② 살필 **견**(察). ③ 표할 **견**(表). ④ 질그릇 만들 **견**(埴器). ⑤ 진 이름 **견**(陣名). ⑥ 밝을 **견**(明). ⑦ 면할 **견**(免). ⑧ 새가 날을 **견**(鳥飛貌).

甄拔(견발 zhēnbá) 재능(才能)이 있고 없고를 잘 밝히어 인재(人才)를 등용(登用)함. 선발(選拔).
甄別(견별 zhēnbié) 뚜렷하게 나눔.
甄綜(견종 zhēnzōng) 모두 모아 시비를 밝게 살피고 가림.
甄表(견표 zhēnbiǎo) 뚜렷이 밝히어 나타냄. 기특한 행동을 밝혀 드러냄.

甅 센티그램 리
瓦9⑭

㉠ lí ㉰ センチグラム

센티그램 **리**(centigram, 1/100g).

甑 시루 증
瓦12⑰

㉠ zèng ㉰ ソウ, こしき
㉲ implement to steam rice

① 시루 **증**(甑屬). ② 고리 **증**(鬵屬).

甑餠(증병 zèngbǐng) 시루떡.
甑已破矣(증이파의 zèngyǐpòyǐ) 시루는 이미 깨어짐.《喩》이미 그릇된 일을 뉘우쳐도 소용이 없음.
甑塵釜魚(증진부어 zèngchénfǔyú) 가난하여 오랫동안 불을 때지 못해서 시루 속에는 먼지가 쌓이고 솥 속에서는 물고기가 생길 지경(地境)이라는 말.《喩》극히 가난함. 증중생진 부중생어(甑中生塵釜中生魚).

甓 벽돌 벽
瓦13⑱

㉠ pì, bō ㉰ ヘキ, しきがわら
㉲ brick

벽돌 **벽**(甎).

甓瓦(벽와 pìwǎ) 벽돌.

甕 독 옹:
瓦13⑱

㉠ wèng ㉰ オウ, ヨウ, もたい, かめ
㉲ earthen jar

① 독 **옹**(罌). ② 물장군 **옹**(汲水器).

甕器(옹기 wèngqì) 옹기 그릇.
甕裏醯鷄(옹리혜계 wènglǐxījī) 소견(所見)이 좁음.《故》공자(孔子)가 노자(老子)를 만나고 와서 안회(顔回)에게 자기(自己)는 항아리 속의 초파리와 같이 변변하지 못한 존재(存在)라고 말하였다 함.
甕算(옹산 wèngsuàn) 독장수 셈. 쓸데없이 치는 셈이나 헛수고로 애만 씀. 옛날 옹기장수가 길에서 독을 쓰고 자다가 꿈에 큰 부자가 되어 좋아서 뛰는 바람에 깨고 보니 독만 깨어졌더라는 이야기에서 나온 말.
甕算畵餠(옹산화병 wèngsuànhuàbǐng) "독장수 셈과 그림의 떡"이란 뜻으로, 실속이 없음을 가리키는 말.
甕天(옹천 wèngtiān)《喩》견문이 좁음. 견해가 좁음.

甘 部
달 감

甘 달 감
甘0⑤

甘甘甘甘甘

音 gān 음 カン, あまい 영 sweet
① 달 감(五味之一). ② 달게 여길 감(嗜). ③ 맛 감(美味). ④ 싫을 감(厭).
⑤ 마음 상쾌할 감(快意).

書體 小篆 甘 草書 廿 (中學) 指事

甘露(감로 gānlù) ① 달콤한 이슬. 옛날에 천하가 태평하면 하늘이 상서(祥瑞)로 내리는 것이라 함. ②《梵》Amrta의 음역(音譯). 아밀리다(阿密哩多). 불사(不死)·천주(天酒)라 번역. 즉 도리천(忉利天)에 있는 달콤한 영액(靈液)으로 한 방울만 먹어도 모든 괴로움이 없어지고 산 사람은 불로장생(不老長生)하고 죽은 사람은 부활한다고 함.
甘眠(감면 gānmián) 잠을 잘 잠. 달게 잠. 집착(執著), 욕념(慾念)을 떠나서 마음 편히 잠. 안면(安眠).
甘薯(감서 gānshǔ)《植》고구마. 메꽃과에 속하는 다년초. 감저(甘藷).
甘言利說(감언이설 gānyánlìshuō) 남의 비위에 들도록 꾸민 달콤한 말과 이로운 조건을 내세워 남을 꾀는 말.
甘雨(감우 gānyǔ) 좋은 비. 때에 알맞은 비. 만물을 소생시키는 데 적절한 비. 단비. 시우(時雨). 자우(滋雨). 고우(膏雨).
甘藷(감저 gānchú)《植》① 감자. ② 고구마. =감서.
甘酒(감주 gānjiǔ) ① 좋은 술. ② 단술. 예주(醴酒). ③ 술을 좋아함.
甘泉(감천 gānquán) 맛이 좋은 물이 솟는 샘.
甘吞苦吐(감탄고토 gāntūnkǔtǔ) 자기의 비위에 맞으면 좋아 덥비고 안 맞으면 돌아섬.

甘 4획 ⑨ 甚 심할 심:

甚 甚 甚 甚 甚 甚 甚 甚 甚

① ② shèn, shén ③ 음 shí 일 ジン, はなはだしい 영 extremely
① 심할 심(劇). ② 몹시 심, 더욱 심(尤). ③ 무엇 심(何).

書體 小篆 是 古文 医 草書 甚 (中學) 會意

甚急(심급 shènjí) =지급(至急).
甚難(심난 shènnán) 매우 어려움.
甚深(심심 shènshēn) 마음이 깊음.
甚雨(심우 shènyǔ) 심히 퍼붓는 비. 대우(大雨). 호우(豪雨).
甚至於(심지어 shènzhìyú) 심하면. 심하게는.

▶ 激甚(격심)·極甚(극심)·不孝莫甚(불효막심)·酷甚(혹심).

甘 8획 ⑬ 嘗 맛볼 상

【嘗(口부11획)과 같음】

生 部

날 생·

生 0획 ⑤ 生 날/낳을 생

生 노 느 牛 生

음 shēng 일 セイ, ショウ, うむ, いきる 영 born, live

① 낳을 생(産). ② 날 생(出). ③ 익지 않을 생, 날것 생(未熟, 未烹). ④ 살 생(死之對). ⑤ 목숨 생(生命). ⑥ 생활 생(生活). ⑦ 어조사 생(語助辭). ⑧ 끝이 없을 생(不窮). ⑨ 접때 생(平生疇昔). ⑩ 닭이 알 낳을 생(鷄産卵). ⑪ 자랄 생(成長). ⑫ 나 생(自己謙稱). ⑬ 저절로 생(天然). ⑭ 늘일 생(殖).

生

書體 小篆 生　草書 生　中學　象形

生硬(생경) shēngyìng ① 세상의 사정에 통하지 않고 완고함. ② 익지 아니하여 딱딱함. ③ 시문(詩文) 따위가 세련되지 못함.
生靈(생령) shēnglíng ① 생명(生命). ② 백성. 생민(生民). 생려(生黎).
生老病死(생로병사) shēnglǎobìngsǐ 《佛》인생이 반드시 받아야만 하는 네 가지 고통. 곧 나고[生]·늙고[老]·병들고[病]·죽고[死] 하는 일.
生面不知(생면부지) shēngmiànbùzhī 한번도 만나 본 일이 없음. 도무지 모르는 처음 보는 사람.
生滅(생멸) shēngmiè 우주만물의 생김과 없어짐.
生佛(생불) shēngfó 《佛》① 산 여래(如來). 산 보살. 석존(釋尊)과 같은 이름인데 대자대비(大慈大悲)한 고승(高僧). 대덕(大德)을 존경하고 찬미하는 말. ② 중생(衆生)과 부처. ③《中》여러 끼를 굶은 사람.
生疎(생소) shēngshū ① 친하지 못함. ② 서투름.
生辰(생신) shēngchén 생일의 존칭.
生存競爭(생존경쟁) shēngcúnjìngzhēng ① 모든 생물이 각각 자기의 생명의 계속을 도모하기 위하여 서로 경쟁하는 결과로 적자(適者)는 끝까지 살아남고 부적자(不適者)는 도태(淘汰)되는 현상. ② 서로 악착같이 살려고 다투는 것.
生態(생태) shēngtài 살아가는 모양. 생활하는 상태.《轉》모양. 실태. 살아나감.

▶ 更生(갱생)·見物生心(견물생심)·苦生(고생)·共生(공생)·廣漠蒼生(광막창생)·敎生(교생)·九死一生(구사일생)·極樂往生(극락왕생)·起死回生(기사회생)·妓生(기생)·騎生(기생)·同生(동생)·未生馬(미생마)·民生(민생)·發生(발생)·白面書生(백면서생)·不老長生(불로장생)·死生決斷(사생결단)·私生兒(사생아)·先生(선생)·攝生(섭생)·蘇生(소생)·濕生(습생)·植生(식생)·雙生兒(쌍생아)·野生(야생)·野生馬(야생마)·養生(양생)·焉敢生心(언감생심)·餘生(여생)·永生(영생)·往生(왕생)·衛生(위생)·儒生(유생)·人生(인생)·自力更生(자력갱생)·長生(장생)·再生(재생)·適者生存(적자생존)·前生(전생)·衆生(중생)·蒼生(창생)·天生緣分(천생연분)·出生(출생)·醉生夢死(취생몽사)·誕生(탄생)·胎生(태생)·派生(파생)·平生(평생)·現生(현생)·學生(학생)·抗生(항생)·現生(현생)·混生(혼생)·化生放(화생방)·還生(환생)·回生(회생)·厚生(후생)·後生(후생).

産

낳을 **산**:

産 産 産 産 産 産 産 産 産

음 chǎn 일 サン, うむ
영 bear, production

① 낳을 산, 해산할 산(生). ② 생산할 산(民業生産). ③ 난 곳 산, 생산된 곳 산(産地, 國産, 外國産).

書體 小篆 産　草書 産　中學　形聲

産朔(산삭) chǎnshuò 임신한 부인이 아이를 낳을 달. 산월(産月).
産地(산지) chǎndì ① 산출지(産出地)의 약어. 그 물품을 산출하는 곳. 물품이 생산된 곳. ② 사람이 출생한 곳.
産出(산출) chǎnchū ① 천연적으로나 인공적으로 산물(産物)이 나옴. ② 물품을 생산하여 냄.
産婆(산파) chǎnpó = 조산원(助産員)

▶ 家産(가산)·共産主義(공산주의)·國産(국산)·基幹産業(기간산업)·農産(농산)·農畜産物(농축산물)·多産(다산)·斷産(단산)·倒産(도산)·動産(동산)·名産(명산)·文化遺産(문화유산)·物産(물산)·不動産(부동산)·副産(부산)·死産(사산)·生産(생산)·所産(소산)·水産(수산)·順産(순산)·安産(안산)·量産(양산)·年産(연산)·原産(원산)·流産(유산)·遺産(유산)·林産(임산)·妊産婦(임산부)·資産(자산)·自然産(자연산)·財産(재산)

白皮皿目矛矢石示内禾穴立　　　　549

甦 깨어날 소

生7㉻

- 🔊 sū 📖 ソ, ス, よみがえる
- 🌐 revival

① 쉴 소(息). ② 깨날 소(死而復生).

甦息(소식 sūxī) 다시 살아나는 것.

甥 생질 생

生7㉻

- 🔊 shēng 📖 セイ, ソウ, おい
- 🌐 nephew

① 생질 생(姉妹之子). ② 사위 생(女婿). ③ 외손자 생(外孫).

甥姪(생질 shēngzhí) 누이의 아들.

用 部
쓸 용

用 쓸 용:

用0⑤

丿 刀 月 月 用

- 🔊 yòng 📖 ヨウ, もちいる
- 🌐 use, consume

① 쓸 용(可施行). ② 쓰일 용, 부릴 용(使也, 利用). ③ 써 용(以). ④ 재물 용(貨). ⑤ 그릇 용, 도구 용(器). ⑥ 맡길 용(任). ⑦ 통할 용(通).

書體 小篆 用 草書 闬 中學 象形

用件(용건 yòngjiàn) 볼 일.
用具(용구 yòngjù) 무엇을 하거나 만드는 데에 쓰는 기구.
用達(용달 yòngdá) 일과 물건을 전수(傳授)하거나 배달함. 또는 그 일.
用途(용도 yòngtú) 쓰이는 곳. 또는 쓰는 법.
用量(용량 yòngliàng) 사용해야 할 일정한 분량. 주로 약제를 말함.
用例(용례 yònglì) 전부터 써 오던 사례(事例). 쓰이는 본보기.
用務(용무 yòngwù) 볼 일. 필요한 임무(任務).
用兵(용병 yòngbīng) 군사를 부림. 병기를 씀. 전쟁을 함.
用水(용수 yòngshuǐ) ① 음료수에 대하여 허드렛물을 일컫는 말. ② 물을 씀. 또는 그 물. ③ 관개(灌漑)·방화(防火)·음료에 쓰기 위하여 먼 곳에서 물을 대어 오거나 또는 그 물을 일컬음.
用語(용어 yòngyǔ) 일상생활에 쓰는 말. 쓰는 자구(字句).
用役(용역 yòngyì) 물자의 형태를 막론하고, 생산과 소비에 필요한 물품을 제공하는 일.
用意(용의 yòngyì) ① 마음을 씀. ② 마음의 준비.
用紙(용지 yòngzhǐ) 어떤 일에 쓰이는 종이.

▶ 可用(가용)·兼用(겸용)·雇用(고용)·共用(공용)·過用(과용)·官用(관용)·慣用(관용)·軍需用(군수용)·軍用(군용)·起用(기용)·濫用(남용)·多用途(다용도)·代用(대용)·盜用(도용)·登用(등용)·無用(무용)·無用之物(무용지물)·反作用(반작용)·防禦用(방어용)·竝用(병용)·服用(복용)·副作用(부작용)·費用(비용)·使用(사용)·私用(사용)·産業用(산업용)·商用(상용)·常用(상용)·常用漢字(상용한자)·善用(선용)·所用(소용)·收用(수용)·乘用(승용)·試用(시용)·食用(식용)·信用(신용)·實用(실용)·惡用(악용)·愛用(애용)·兩用(양용)·御用(어용)·逆利用(역이용)·逆作用(역작용)·運用(운용)·援用(원용)·有用(유용)·流用(유용)·融用(융용)·飮用(음용)·應用(응용)·利用(이용)·引用(인용)·日用(일용)·任用(임용)·作用(작용)·財用(재용)·再利用(재이용)·再任用(재임용)·再活用(재활용)·低費用(저비용)·適用(적용)·特用(특용)·被用人(피용인)·學用(학용)·混用(혼용)·活用(활용)·效用(효용)·携帶用(휴대용).

田 部
밭 전

田 밭 전
田口曰田田

🅗 tián 🅙 デン、た、はたけ
🅔 field, farm

① 밭 전(耕地). ② 사냥할 전(獵). ③ 북 이름 전(鼓名). ④ 수레 이름 전(車名). ⑤ 연잎 둥글둥글할 전(蓮葉貌). ⑥ [日字]논 전(水田).

書體 小篆 田 草書 中學 象形

田穀(전곡 tiángǔ) 밭에서 나는 곡식.
田畓(전답 tiándá) 밭과 논.
田野(전야 tiányě) ① 시골. ② 논과 들. ③ 밭, 또는 들.
田園(전원 tiányuán) ① 논밭과 동산. ② 도시에서 떨어져 있는 시골.
田作(전작 tiánzuò) 밭농사. 또는 그 곡식.
田土(전토 tiántǔ) 논밭.

▶ 公田(공전)·丹田(단전)·私田(사전)·寺田(사전)·賜田(사전)·塩田(염전)·油田(유전)·山田水田(산전수전).

由 말미암을 유
由口曰由由

🅗 yóu 🅙 ユウ、ユ、よる、わけ
🅔 be derived, motive

① 말미암을 유(從也, 自). ② 행할 유(行). ③ 쓸 유(用). ④ 마음에 든든할 유(自得貌). ⑤ 까닭 유(理由, 由緖). ⑥ 인할 유(因). ⑦ 지날 유(經).

書體 小篆 田 草書 由 中學 象形

由來(유래 yóulái) ① 까닭. 어떤 사실이 일어날 때부터 겪어 온 자취. 내력(來歷). ② 애당초부터. 원래(元來). ③ 지금까지. 이 때까지.
由緖(유서 yóuxù) 까닭. 전래(傳來)하여 온 유래(由來). 줄거리. 내력(來歷).

▶ 經由(경유)·事由(사유)·緣由(연유)·理由(이유)·自由(자유).

甲 갑옷 갑
甲口日日甲

🅗 jiǎ 🅙 コウ、よろい、きのえ
🅔 armour, begin

① 갑옷 갑(介冑). ② 첫째 천간 갑(十干之首). ③ 비롯할 갑(始). ④ 떡잎 날 갑(草木初生之芽). ⑤ 법령 갑(法令). ⑥ 과거 갑(科第). ⑦ 첫째 갑, 으뜸 갑(第一). ⑧ 껍질 갑(魚蟲介殼). ⑨ 대궐 갑(甲帳, 殿). ⑩ 아무 갑(某).

書體 小篆 甲 古文 令 草書 甲 中學 象形

甲殼(갑각 jiǎké) 게[해(蟹)] 따위와 같은 절족동물(節足動物)의 피부가 석회질(石灰質)을 많이 포함하여 단단한 딱지로 된 等따지.
甲骨文字(갑골문자 jiǎgǔwénzì) 옛날 중국에서 귀갑(龜甲)과 짐승의 뼈에 새긴 상형문자(象形文字). 중국 문자의 시초이며 점복(占卜)의 기록을 새긴 것으로 지금의 하남성(河南省) 안양현(安陽縣) 은허(殷墟)에서 많이 발굴되었음. 은허문자(殷墟文字)·은허서계(殷墟書契)·정복문자(貞卜文字)·은허복사(殷墟卜辭)·계문(契文)·귀갑문(龜甲文)이라고도 함.
甲論乙駁(갑론을박 jiǎlùnyǐbó) 서로 논란(論難)하고 반박함.

甲紗(갑사 jiǎshā) 품질이 좋은 얇은 비단.

甲時(갑시 jiǎshí) 24시의 여섯째. 상오 네시 반부터 다섯시 반까지의 동안.

甲乙(갑을 jiǎyǐ) ① 십간(十干)의 이름, 갑(甲)과 을(乙). ② 순서(順序)·우열(優劣)을 가리키는 말. 제1과 제2. ③ 이름을 모르는 사람이나 가정(假定)의 사물을 들어서 하는 말. 이사람 저사람. 이것저것. ④《書》갑을경(甲乙經)의 약어.

甲子(갑자 jiǎzǐ) ① 갑(甲)은 십간(十干). 자(子)는 십이지(十二支). 즉 간지(干支)의 총칭. 육갑(六甲). ② 간지(干支)의 제1, 해의 제1일. 또는 달의 제1일. 年의 제1시. ③ 해. 나이. ④ 연월(年月). 세월(歲月). ⑤ 책력. 시절(時節). 절후(節候).

甲坐(갑좌 jiǎzuò) 갑방(甲方)을 등지고 앉은 묏자리. 또는 집터.

▶ 同甲(동갑)·遁甲(둔갑)·兵甲(병갑)·三千甲子(삼천갑자)·六甲(육갑)·六十甲子(육십갑자)·裝甲(장갑)·進甲(진갑)·鐵甲(철갑)·還甲(환갑)·回甲(회갑).

田 ⓪ ⑤ 申 알릴/원숭이 신

申 申 申 申 申

훈 shēn 일 シン, さる, もうす
영 stretch

① 펼 신(伸). ② 기지개 켤 신(欠伸). ③ 거듭 신(重). ④ 낯설 펼 신(容舒). ⑤ 아홉째 지지 신(地支之第九位). ⑥ 원숭이 신(猿). 【伸과 통합】

書體 小篆 㫃 古文 ⓡ 古文 ㉟ 草書 申

中學 象形

申込(신립 shēnrù) 신청(申請).

申末(신말 shēnmò) 《國》신시(申時)의 마지막 시각. 지금의 오후 다섯 시 직전.

申聞鼓(신문고 shēnwéngǔ)《制》조선 태종(太宗) 때부터 백성의 원통한 일을 호소하여 상부에서 이를 알도록 치게 한 북. 대궐 문루(門樓)에 달아 두었음. 등문고(登聞鼓). 승문고(升聞鼓).

申時(신시 shēnshí) 자시(子時)부터 아홉째. 곧 오후 3시부터 5시까지.

▶ 具申(구신)·內申(내신)·上申(상신)·被申請人(피신청인).

田 ② ⑦ 男 남자/사내 남

男 男 男 男 男 男 男

훈 nán 일 ダン, ナン, おとこ, むすこ
영 male, son

① 사내 남(丈夫). ② 아들 남(子對父母曰男). ③ 벼슬 이름 남(爵名, 五等之末).

書體 小篆 㽕 草書 ㊚ 中學 會意

男莖(남경 nánjīng)《生》자지. 남자의 생식기.

男女(남녀 nánnǚ) 남자와 여자.

男女有別(남녀유별 nánnǚyǒubié) 남자와 여자 사이에는 서로 지켜야 할 예의와 분별이 있음.

男負女戴(남부여대 nánfùnǚdài) 사내는 짐을 지고 계집은 이고 감. 곧 가난한 사람이 떠돌아다니면서 사는 것을 일컫는 말.

男寺黨(남사당 nánsìdǎng) 사당 복색을 하고, 이리저리 돌아다니면서 소리나 춤을 팔고 사당처럼 노는 사내.

男尊女卑(남존여비 nánzūnnǚbēi) 사회의 습관상 남자는 높고 귀하며 여자는 낮고 천하다는 말.

男婚女嫁(남혼여가 nánhūnnǚjià) 아들은 장가가고 딸은 시집감.

男欣女悅(남흔여열 nánxīnnǚyuè)

부부가 화락함.

▶ 禁男(금남)·童貞男(동정남)·得男(득남)·無男獨女(무남독녀)·美男(미남)·富貴多男(부귀다남)·生男(생남)·善男善女(선남선녀)·離婚男(이혼남)·長男(장남)·丁男(정남)·次男(차남)·妻男(처남)·快男(쾌남)·好男(호남).

町 밭두둑 정
田 2 ⑦

图 tīng, dīng 일 テイ, チョウ, あぜ 영 ridge between fields

① 밭두둑 정(町畦, 田間畔埒). ② 정보 정, 지적 정(三千坪爲町步). ③ [日字] 시가 정, 장거리 정(市街, 商街).

町步(정보 tīngbù) 한 정(町)으로 끝이 나고 단수(端數)가 없을 때의 일컬음.

町畦(정휴 tīngqí) 밭두둑. 또는 이랑. 《轉》 경계. 구획(區劃).

画 그림 화: 그을 획
田 3 ⑧

【畫(田부7획)와 같음】

畂 이랑 무: 이랑 묘:
田 4 ⑨

【畝(田부5획)의 본자】

界 지경 계:
田 4 ⑨

界界界界界界界界界

图 jiè 일 カイ, さかい 영 boundary

① 지경 계, 갈피 계, 경계 계(境). ② 한정할 계(分畫, 限). ③ 이간할 계(離間). ④ 둘레 계(範圍).

書體 小篆 畍 小篆 界 草書 𥝱 中學 形聲

界面調(계면조 jièmiàndiào) 《國》 노래나 풍악에서 슬프고 처절한 가락. 양악(洋樂)의 단조(短調)와 비슷함.

▶ 境界(경계)·經濟界(경제계)·教育界(교육계)·三界(삼계)·世界(세계)·視界(시계)·眼界(안계)·業界(업계)·外界(외계)·財界(재계)·政界(정계)·宗教界(종교계)·學界(학계)·限界(한계).

畏 두려울 외:
田 4 ⑨

畏畏畏畏畏畏畏畏畏

图 wèi 일 イ, おそれる

영 dread, fear

① 겁낼 외(怯). ② 두려울 외(懼). ③ 놀랄 외(驚). ④ 꺼릴 외(忌).

書體 小篆 𤰞 古文 㽡 草書 畏 高校 會意

畏怯(외겁 wèiqiè) 두렵게 여기고 겁냄.

畏敬(외경 wèijìng) 두려워하며 공경함. 심복(心服)하여 존경함.

畏友(외우 wèiyǒu) 심복(心腹)하고 존경하는 벗. 가장 아껴 외경(畏敬)하는 벗.

▶ 敬畏(경외).

畓 논 답
田 4 ⑨

畓畓畓畓畓畓畓畓畓

高校 會意

논 답(水田).

畓穀(답곡 dágǔ) 논에서 나는 곡식. 벼.

畓農(답농 dánóng) 논농사.

畓土(답토 dátǔ) 논으로 된 땅.

▶ 奉畓(봉답)·水畓(수답)·田畓(전답)·宗畓(종답)·天水畓(천수답).

畔 밭두둑 반
田 5 ⑩

图 pàn 일 ハン, あぜ

白皮皿目矛矢石示内禾穴立

᳇ ridge between fields
① 밭두둑 반(田界). ② 도랑도랑할 반(畔援, 跋扈). ③ 갑절 반, 곱 반(倍). ④ 가 반(邊側皆曰畔).

畔路(반로 pànlù) 밭 사이의 소로(小路). 두둑길.

畔岸(반안 pànàn) ① 밭두둑과 개울 두둑. 《轉》끝. 한(限). 변(邊). ② 간격(間隔)이 떨어짐. 사람을 멀리하여 가까이하지 않음. ③ 방자(放恣)한 것.

▶ 河畔(하반)·湖畔(호반).

留 머무를 류

留留留留留留留留留

᳇ liú ᳇ リュウ, とどまる
᳇ stay, detain

① 머무를 류(住). ② 그칠 류(止). ③ 오랠 류(久). ④ 더딜 류(遲). ⑤ 횡사할 류(費留凶命). ⑥ 막힐 류(滯). ⑦ 꾀꼬리 류(黃鳥). ⑧ 멈출 류(停待). ⑨ 기다릴 류(待). 〔畱는 본자〕

書體 小篆 畱 草書 畱 中學 形聲

留念(유념 liúniàn) 마음에 기억하여 둠.
留置(유치 liúzhì) ① 머물러 둠. ② 《法》 사람이나 물건을 일정한 지배(支配) 아래 둠. 범죄(犯罪)의 의심이 있는 사람을 일시적으로 경찰에 머물러 둠.
留學(유학 liúxué) 외국에 재류(在留)하면서 공부함. 유학(遊學).

▶ 居留(거류)·拘留(구류)·寄留(기류)·保留(보류)·抑留(억류)·遺留(유류)·停留(정류)·滯留(체류).

畜 기를 축

畜畜畜畜畜畜畜畜畜

❶ ᳇ chù ᳇ チク, たくわえる
᳇ accumulate domestic animals
❷ ᳇ xù ᳇ チク, かう

❶ ① 육축 축, 가축 축(家畜 六畜).「牛·馬·羊·鷄·犬·豕를 六畜이라 함」. ② 쌓을 축(積). ③ 그칠 축(止). ❷ ① 기를 휵(養). ② 용납할 휵(容). ❸ 기름직한 짐승 휴(獸可養). ❹ 집짐승 추(家養獸).

書體 小篆 畜 古文 畜 古文 畜 草書 畜

高校 會意

畜生(축생 chùshēng) ① 사람에게 길리우는 온갖 짐승. ② 축생도(畜生道)의 약어.
蓄積(축적 chùjī) 많이 모여서 쌓음. 저축(貯蓄).

▶ 家畜(가축)·鬼畜(귀축)·牧畜(목축)·養畜(양축)·人畜(인축).

畝 이랑 무: 이랑 묘:

᳇ mǔ ᳇ ボウ, ホ, うね, あぜ
᳇ ridge

밭이랑 무(田壟).

異 다를 이:

【異(田부7획)와 같음】

畢 마칠 필

畢畢畢畢畢畢畢畢畢

᳇ bì ᳇ ヒツ, おわる ᳇ finish
① 마칠 필(竟). ② 다할 필(盡). ③ 토끼그물 필(兎網). ④ 편지 필, 책 필(簡札). ⑤ 희생 꿰는 나무 필, 고기 꿰다는

나무 필(貫牲體木). ⑥ 별 이름 필(星名, 二十八宿之一).

書體 小篆 畢 草書 㐷 高校 象形

畢竟(필경 bìjìng) 마침내. 결국에는. 요컨대. 구경(究竟).
畢生(필생 bìshēng) 목숨이 끊어질 때까지. 일생(一生). 평생(平生).
畢婚(필혼 bìhūn) 아들 딸 간에 맨 끝으로 치르는 혼인. ↔ 개혼(開婚).

▶ 未畢(미필).

略 간략할/꾀 략
田 6획 ⑪

略 略 略 略 略 略 略 略 略

lüè リャク, はぶく, はかる
summary, plan

① 간략할 략, 약간 략(簡). ② 날카로운 략(利). ③ 꾀 략(謀也,方略). ④ 지경 략(界). ⑤ 대강 략(要). ⑥ 노략질할 략(略定, 行取). ⑦ 홀할 략(忽). ⑧ 다스릴 략(理). ⑨ 범할 략(犯).【掠와 통함】

書體 小篆 略 草書 略 高校 形聲

略歷(약력 lüèlì) 대강 적은 이력.
略字(약자 lüèzì) 글씨의 획을 줄이어 간단하게 쓴 글.
略取(약취 lüèqǔ) ① 빼앗아 가짐. ②《法》폭행·협박의 수단으로써 빼앗는 일.

▶ 簡略(간략)·概略(개략)·計略(계략)·攻略(공략)·軍略(군략)·機略(기략)·黨略(당략)·黨利黨略(당리당략)·大略(대략)·謀略(모략)·省略(생략)·戰略(전략)·政略(정략)·中傷謀略(중상모략)·策略(책략)·侵略(침략)·核戰略(핵전략)·後略(후략).

番 차례 번
田 7획 ⑫

番 番 番 番 番 番 番 番 番

1 fān ハン, ばん, かず
time 2 pān バン, ばん
number

1 ① 번수 번, 한번 번(數). ② 번들 번(直宿更). 2 ① 땅 이름 반(南海地名番禺). ② 갈릴 반(遞). ③ 차례 반(次). 3 ① 날랠 파(勇貌). ② 하얗게 늙을 파(老貌).

書體 小篆 番 古文 𤲃 或體 𤲅 草書 番 中學 象形

番地(번지 fāndì) ① 번호를 붙여 나누는 땅. ② 남의 나라. 번지(蕃地). 이역(異域).
番次(번차 fāncì) 번이 드는 차례.
番號(번호 fānhào) 차례를 표시하는 숫자와 부호.

▶ 交番(교번)·局番(국번)·軍番(군번)·當番(당번)·每番(매번)·不寢番(불침번)·順番(순번)·零番(영번)·輪番(윤번)·一連番號(일련번호)·電話番號(전화번호)·週番(주번)·學番(학번).

畫 그림 화: 그을 획
田 7획 ⑫

畫 畫 畫 畫 畫 畫 畫 畫 畫

1 huà ガ, えがく picture
2 huò カク, かぎる
section

1 그림 화(形像繪). 2 ① 그을 획, 나눌 획(分畫). ② 한정할 획(界限). ③ 꾀할 획(計策). ④ 그칠 획(截止). ⑤ 지휘할 획(規畫). ⑥ 글씨 획(書).

書體 小篆 畫 古文 畵 古文 劃 草書 畫 中學 會意

畫壇(화단 huàtán) ① 회화의 진열장(陳列場). ② 화가들의 사회.
畫廊(화랑 huàláng) ① 색채를 넣거나 또는 벽화(壁畫)로써 아름답게 장식한 복도. ② 회화(繪畫)로 장식

된 서양식 건축(西洋式建築)의 긴 복도.《轉》그림이 걸려 있는 방. 또는 예술적(藝術的) 작품의 진열(陳列)을 목적으로 하는 공공(公共) 건축물(建築物)의 점포(店鋪). ③ 화상(畫商)의 점포(店鋪).

畫龍(화룡 huàlóng) 그림 속의 용. 또는 용을 그림.

畫龍點睛(화룡점정 huàlóngdiǎnjīng)《故》양(梁)의 유명한 화가(畫家) 장승요(張僧繇)가 용(龍)을 눈동자를 빼고 그렸는데, 뒷날에 눈동자를 그려 넣었더니 그 용이 홀연 구름을 타고 하늘로 날아 올라갔다 함.《轉》㉠ 사물의 가장 요긴한 부분을 끝내어 완성시킴을 일컫는 말. ㉡ 문중(文中)의 주지(主旨)가 있는 곳을 발휘하는 것 등을 형용(形容)하는 말.《喩》조그만 것일지라도 그것에 의하여 전체(全體)가 살며 활기(活氣)를 띠움.

畫伯(화백 huàbó) 화가(畫家)의 경칭(敬稱). 그림에 조예가 깊은 사람.

畫餅(화병 huàbǐng) 떡을 그림으로 그림. 그림의 떡.《喩》그림 속의 떡은 먹을 수가 없다는 뜻에서, 실용(實用)이 되지 못함을 말함. 또는 무효(無效). 화중지병(畫中之餅).

畫蛇添足(화사첨족 huàshétiānzú) 쓸데없는 짓을 덧붙여 하다가 도리어 실패함을 가리키는 말.

畫六法(화육법 huàliùfǎ) 동양화를 그리는 여섯 가지 방법. 곧 기운생동(氣韻生動)·골법용필(骨法用筆)·응물상형(應物象形)·수류부채(隨類賦彩)·경영위치(經營位置)·전이모사(傳移模寫).

畫中之餅(화중지병 huàzhōngzhībǐng) =화병(畫餅).

畫虎不成(화호불성 huàhǔbùchéng) 범을 그리려다가 범은 안되고 강아지를 그린다는 뜻.《喩》서투른 솜씨로 남의 언행(言行)을 흉내 내려 하거나, 어려운 일을 하려 하여도 되지 아니함.

畫期的(획기적 huàqīdè) 새 시대를 긋는 상태. 새로운 기원(紀元)을 여는 모양. 획기적(劃期的).

畫然(획연 huàrán) 확실한 모양. 분명히 구별되는 모양. 획연(劃然).

畫一(획일 huàyī) ① 일자(一字)를 그은 것처럼 가지런히 바르게 된 것. 또는 사물이 똑같이 고른 것. ② 한결같이 변함이 없음.

▶ 劇映畫(극영화)·劇畫(극화)·記錄畫(기록화)·南畫(남화)·裸體畫(나체화)·錄畫(녹화)·圖畫(도화)·東洋畫(동양화)·漫畫(만화)·名畫(명화)·木版畫(목판화)·墨畫(묵화)·文人畫(문인화)·民俗畫(민속화)·民畫(민화)·壁畫(벽화)·山水畫(산수화)·揷畫(삽화)·西洋畫(서양화)·書畫(서화)·禪畫(선화)·水墨畫(수묵화)·水彩畫(수채화)·詩畫(시화)·嚴壁畫(암벽화)·映畫(영화)·外畫(외화)·油畫(유화)·遺畫(유화)·淫畫(음화)·人物畫(인물화)·印畫(인화)·自畫像(자화상)·靜物畫(정물화)·幀畫(정화)·彩色畫(채색화)·肖像畫(초상화)·抽象畫(추상화)·春畫(춘화)·版畫(판화)·風景畫(풍경화)·風俗畫(풍속화)·韓國畫(한국화)·花鳥畫(화조화)·繪畫(회화)·繪畫展(회화전)·戱畫(희화)·計畫(계획)·字畫(자획)·點畫(점획)·筆畫(필획).

異 다를 이:

田 7 ⑫

異異異異異異異異異異

음 yì 일 イ, ことなる
영 different, strange

① 다를 이(不同). ② 괴이할 이(怪). ③ 나눌 이(分). ④ 기이할 이(奇).

書體 小篆 異 草書 异 中學 象形

異口同聲(이구동성 yìkǒutóngshēng) ① 백(百)이면 백(百), 천(千)이면 천(千) 사람이 다 똑같은 음성(音聲)을 냄. 많은 사람이 소리를 같이 하여 말함. ② 여러 사람의 주장이 일치하여 다같이 찬성의 소리를 올림. 이구동음(異口同音).

異端(이단 yìduān) ① 옳지 않은 도(道). 정통(正統)이 아닌 도(道). 사도(邪道). ② 그 시대에 용납되지 못하는 사상(思想)이나 학설(學說). ③《佛》외도(外道). 또는 이안심(異安心). ④ 유교(儒敎)에서 다른 사상(思想) 곧 노자(老子)·장자(莊子)·양자(楊子)·묵자(墨子) 등의 제자백가(諸子百家)를 일컫는 말.

異邦人(이방인 yìbāngrén) ① 다른 나라 사람. 이국인(異國人). 외국인(外國人). ② 언어·풍속·사고방식 따위가 아주 다른 사람. ③ 유대 사람이 선민의식(選民意識)에서 다른 민족을 이른 말.

異議(이의 yìyì) 달리하는 주장. 보통과 다른 의사(意思)나 의논(議論). ↔ 동의(同議).

異蹟(이적 yìjì) ① 기이한 행적. ② 신(神)의 힘으로 되는 기적(奇蹟). ③《宗》인간의 능력으로는 불가능(不可能)한 일을 하나님의 성령의 힘을 입은 특수한 사람이 행하는 일.

異體同心(이체동심 yìtǐtóngxīn) 몸은 다르나 마음은 한가지임. 의기상투(意氣相投)함을 말함.

▶ 驚異(경이)·怪異(괴이)·奇異(기이)·大同小異(대동소이)·突然變異(돌연변이)·同名異人(동명이인)·同牀異夢(동상이몽)·變異(변이)·相異(상이)·差異(차이)·特異(특이)·判異(판이).

田 8 **畫** 그림 화:
⑬ 그을 획

【畫(田부7획)의 속자】

田 8 **當** 마땅 당
⑬

当当当堂堂堂常常當

①-⑫ 중 dāng ⑬-⑯ 중 dàng 일 ト ウ, あたる 영 undertake, right

① 마땅 당(理合如是). ② 대적할 당(敵). ③ 적합할 당, 순응할 당(順應). ④ 당할 당(値). ⑤ 방비할 당, 막을 당(防). ⑥ 벌 당(秦當, 斷罪). ⑦ 마땅할 당(適可). ⑧ 번들 당(當直, 夕直). ⑨ 일 도맡아할 당(幹事). ⑩ 다다칠 당(抵). ⑪ 이을 당(承). ⑫ 주장할 당(主). ⑬ 전당할 당(出物質當). ⑭ 뽑힐 당(選). ⑮ 밑당(底). ⑯ 맞을 당(中).

書體 小篆 **當** 草書 **当** 中學 形聲

當局(당국 dāngjú) ① 어떤 일을 처리하는 임무를 맡고 있음. 어떤 일을 담당함. 또는 그 곳. ② 정무(政務)의 중요한 자리를 차지하는 기관. 어떤 정무를 맡아 보는 관청. ③ 바둑을 둠. 대국(對局).

當爲(당위 dāngwéi)《倫》마땅히 하여야 됨. 졸렌(Sollen). ↔ 불가불존재(不可不存在).

當座預金(당좌예금 dāngzuòyùjīn) 예금자가 발행한 수표에 의하여 약정한도 내에서 언제든지 지급해 주도록 되어 있는 예금.

當直(당직 dāngzhí) ① 당번으로서 일직(日直)이나 숙직(宿直)을 함. ②《制》의금부(義禁府)의 도사(都事)가 당직청(當直廳)에 번(番)을 들음.

當籤(당첨 dāngqiān) 추첨에 당선됨. 제비뽑기에 뽑힘.

▶ 堪當(감당)·過當(과당)·擔當(담당)·配當(배당)·普遍妥當(보편타당)·不當(부당)·相當(상당)·手當(수당)·申申當付(신신당부)·穩當(온당)·應當(응당)·宜當(의당)·日當(일당)·抵當(저당)·適當(적당)·典當鋪(전당포)·正當(정당)·至當(지당)·充當(충당)·妥當(타당)·割當(할당)·合當(합당)·該當(해당).

田 8 **畸** 뙈기밭 기
⑬

중 jī 일 キ, わりのこり

🅔 odd pieces of the land
① 때기밭 기(殘田). ② 셈 나머지 기(畸零數餘). ③ 기이할 기(奇異).

畸人(기인 jīrén) ① 성질이나 행동이 보통 사람과 다른 사람. 기인(奇人). ② 병신. 불구자(不具者).

畸形兒(기형아 jīxíng'ér) 기형인 아이. 병신.

| 田 8 ⑬ | 畺 | 지경 **강** |

【疆(田부14획)과 같음】

| 田 10 ⑮ | 畿 | 경기(京畿) **기** |

畿 畿 畿 畿 畿 畿 畿 畿 畿

🅙 キ, きない 🅔 royal domains
① 경기 기(王國千里). ② 문안 기(門內). ③ 지경 기(疆界).

書體 小篆 畿 草書 畿 畿 高校 形聲

畿內(기내 jīnèi) ① 왕성(王城)을 중심으로 하여 사방 오백리(五百里) 이내의 임금이 직할(直轄)하는 땅. 기전(畿甸). 《國》 경기도(京畿道) 안.

畿湖(기호 jīhú) 《地》 한국(韓國) 서쪽 중앙부를 차지하고 있는 경기도·황해도 남부·충청북도·충청남도 북부를 포함한 지역. 동쪽은 관동(關東)지방과 접경하며 서쪽은 황해(黃海)의 경기만, 남쪽은 차령산맥(車嶺山脈)으로 호남(湖南)지방과 경계하고, 북쪽은 멸악산맥(滅惡山脈)으로 관서(關西) 지방과 경계함.

| 田 14 ⑲ | 疆 | 지경 **강** |

🅙 jiāng 🅙 キョウ, さかい
🅔 boundary
① 지경 강, 갈피 강(境界). ② 굳셀 강(堅). ③ 변방 강(邊方). ④ 한끝 강(限).
【畺과 같음】

疆界(강계 jiāngjiè) 국경(國境). 경역(境域). 경계(境界).

疆域(강역 jiāngyù) 나라의 지경. 국경(國境). 또는 경내(境內)의 땅. 봉역(封域). 강장(疆場).

疆宇(강우 jiāngyǔ) 국토(國土). 영토(領土). 경우(境宇).

疆土(강토 jiāngtǔ) 그 나라 국경 안에 있는 땅. 경토(境土).

| 田 14 ⑲ | 疇 | 밭/무리 **주** |

🅙 chóu 🅙 チュウ, たはた
🅔 arable land
① 밭(田也, 穀田曰田, 麻田曰疇).
② 누구 주(誰). ③ 같을 주(等). ④ 무리 주(類). ⑤ 지난 번 주, 접때 주(曩).
⑥ 짝 주(匹).

疇輩(주배 chóubèi) 같은 무리. 동배(同輩). 주배(儔輩).

疇生(주생 chóushēng) 같은 종류의 것이 같은 곳에 모여서 생김.

| 田 17 ㉒ | 疊 | 거듭 **첩** |

🅙 dié 🅙 チョウ, ジョウ, かさなる
🅔 pile up
① 거듭 첩(重). ② 포갤 첩(累). ③ 쌓을 첩(積). ④ 굽힐 첩(屈). ⑤ 두려울 첩(震懼). ⑥ 베 이름 첩(白疊, 布名).

疊峰(첩봉 diéfēng) 연이어 겹쳐 있는 산봉우리. 첩령(疊嶺). 첩만(疊巒).

疊書(첩서 diéshū) 같은 글귀나 글자를 거듭 씀.

疊紙(첩지 diézhǐ) ① 겹으로 접어서 품 속에 넣어 두었다가 시가(詩歌)의 초안(草案)이나 휴지 등으로 사용하던 종이. 회지(懷紙). ② 두꺼운 종이에 칠이나 기름을 먹여 의류(衣類) 등을 포장하는 것.

疊疊山中(첩첩산중 diédiéshānzhōng) 산이 겹겹이 둘러쌓인 깊은 산속.

疋部

발 소, 필 필

疋 짝/끝 필

1 음 pǐ, yǎ 일 ショ, あし 영 foot
2 음 shū 일 ヒツ, ひき 영 roll

1 발 소(足). 2 ① 짝 필(偶). ② 끝 필, 필 필(布疋, 匹).

疋緞(필단 pǐshūduàn) 필로 된 비단.
疋頭(필두 pǐshūtóu) 《中》 피륙. 직물 (織物).
疋木(필목 pǐshūmù) 목으로 짠 무명 의 총칭.
疋帛(필백 pǐshūbó) 비단 피륙.

疏 성길 소

음 shū 일 ソ, とおる, わかれる
영 drain, part

① 뚫릴 소(通). ② 나눌 소(分). ③ 멀 소(遠). ④ 추할 소(麤). ⑤ 드물 소(稀).

書體 小篆 疏 草書 䟽 高校 形聲

疏遠(소원 shūyuǎn) ① =疎隔 (疏隔). ② 오랫동안 만나지 않음. ③ 평 시에 친근하지 아니함. 또는 그 사람.
疎脫(소탈 shūtuō) 언행이나 예절이 까다롭거나 거만하지 않고, 솔직하 고 수월함.

疏通(소통 shūtōng) ① 막히지 않고 서로 통함. ② 뜻이 서로 통함. ③ 속 이 트임. 사리에 밝음.
疏忽(소홀 shūhū) 경솔함. 조율(粗率) 함. 홀소(忽疎).

▶ 上疏(상소)·生疎(생소)·意思疏通(의사 소통).

疑 의심 의

1 음 yí 일 ギ, うたがう 영 doubt
2 음 níng, うたがう 영 fear

1 ① 의심 할 의, 머뭇거릴 의(不正, 惑). ② 두려워할 의(恐). ③ 혐의할 의 (嫌). ④ 그럴듯할 의(似). 2 정할 응 (定). 3 바로 설 을(正立). 4 익. 뜻은 3 과 같음.

書體 小篆 疑 草書 疑 高校 形聲

疑懼(의구 yíjù) 의심하고 두려워함. 의구(疑懼).
疑團(의단 yítuán) 의심의 덩어리. 쉽 게 풀리지 않는 의념(疑念).
疑問(의문 yíwèn) ① 의심하여 물음. ② 의심스러운 점이나 문제.
疑似(의사 yísì) ① 비슷하여 가려내기 가 어려움. ② 엇갈려서 판별하기가 곤란함.
疑心(의심 yíxīn) ① 마음에 미심하게 여기는 생각. ② 믿지 못하는 마음.
疑訝(의아 yíyà) 의심스럽고 괴이쩍 음.
疑案(의안 yíàn) 의심스러운 안건.
疑點(의점 yídiǎn) 의심스러운 점.
疑惑(의혹 yíhuò) 의심하여 분별하기 어려움.

▶ 半信半疑(반신반의)·容疑者(용의자)· 質疑(질의)·被疑(피의)·嫌疑(혐의)·懷疑 (회의).

疒部

병들 녁, 병질 엄

疤 흉터 파

⾳ bā 日 ハ, できものあと 英 scar
흉터 파, 헌데 자리 파(瘡痕).

疥 옴 개

⾳ jiè 日 カイ, ひぜん 英 itch scabies
옴 개(痒疾).
疥癘(개려 jièlì)《醫》작은 결절(結節)이 형성되고 몹시 가려운 신경성 피부병의 하나. 양질(痒疾).
疥癬(개선 jièxuǎn) ①《醫》옴. 개선충(疥癬蟲) 기생에 의하여 생기는 전염성 피부병의 한 가지. 충개(蟲疥). ② 극히 가벼운 외환(外患).
疥瘡(개창 jièchuāng) = 개선(疥癬).

疫 전염병 역

⾳ yì 日 エキ, ヤク, えきびよう 英 plague, epidemic
염병 역, 시환 역(厲鬼爲災).

書體 小篆 疫 草書 疫 (高校) 形聲

疫鬼(역귀 yìguǐ) 전염병(傳染病)을 일으키는 귀신.
疫病(역병 yìbìng) 전염병. 열병(熱病). 악성의 유행병. 역려(疫癘).
疫神(역신 yìshén) ① 호구별성(戶口別星). ② 두창(痘瘡).
疫疾(역질 yìjí)《醫》천연두(天然痘).

▶檢疫(검역)·免疫(면역)·防疫(방역)·獸疫(수역)·惡疫(악역)·疾疫(질역).

疱 물집 포:

⾳ pào 日 ホウ, もがさ
英 get a blister
부플 포, 부르틀 포(腫病).
疱瘡(포창 pàochuāng)《醫》천연두(天然痘). 두창(痘瘡).

疲 가쁠/피곤할 피

疲疲疲疲疲疲疲疲疲疲

⾳ pí 日 ヒ, つかれる 英 tired, weary
① 피곤할 피(乏). ② 느른할 피, 나른할 피(勞力, 倦).【罷와 통함】

書體 小篆 疲 草書 疲 (高校) 形聲

疲困(피곤 píkùn) 피로하여 괴로워함. 피비(疲憊).
疲勞(피로 píláo) 피곤함. 느른함. 또는 그러한 것.
疲弊(피폐 píbì) 피로하고 약해짐. 피로하고 아픔. 피췌(疲悴).

疳 감질 감

⾳ gān 日 カン, ひかん 英 ulcer
① 감질병 감(小兒食病). ② 종기 아플 감(腫痛). ③ 창병 감(花柳病).

疵 허물 자

⾳ cī 日 シ, きず 英 flaw, blemish
① 죽은 깨 자(黑顆疵). ② 흠 자, 흠집 자(瘢痕). ③ 병 자(病).
疵國(자국 cīguó) 정치가 문란하고 풍속이 타락한 나라.

疵病(자병 cībìng) ① 상처. ② 흠. 결점.
疵瑕(자하 cīxiá) ① 흠. 결점. 과실. ② 상처. 상처를 입힘. 해(害)침.
疵釁(자흔 cīxìn) 상처. 흠. 허물.

疸 황달 달

音 dǎn 日 タン, おうたん
英 jaundice

① 황달 달(黃病). ② 쥐부스럼 달(疙疽, 頭瘡).
疸病(달병 dǎnbìng) 《醫》 간장(肝臟)의 탈로 인한 부차증장(副次症狀)으로서 담즙(膽汁)의 색소(色素)가 혈액(血液)에 들어가서 생기는 병. 달기(疸氣). 달증(疸症). 황달(黃疸).

疹 마마 진

音 zhěn 日 シン, はしか
英 samall pox

① 마마 진, 역질 진, 손님 진(痘瘡). ② 두드러기 진(癮疹皮外小起). ③ 홍역 진(紅疹). ④ 화병 진, 열병 진(熱病).
疹粟(진속 zhěnsù) 추위 때문에 피부에 생기는 좁쌀 같은 것.
疹恙(진양 zhěnyàng) 피부에 생기는 병.
疹疾(진질 zhěnjí) 악질(惡疾)을 앓음. 아파서 괴로워함.

疾 병 질

疾疾疾疾疾疾疾疾疾疾

音 jí 日 シツ, やまい
英 disease, sickness

① 병 질(病). ② 근심할 질(患). ③ 투기할 질(妬). ④ 급할 질(急). ⑤ 몹쓸 질(惡). ⑥ 원망할 질(怨). ⑦ 빠를 질(速).

書體: 小篆 㑴 大篆 𤵜 古文 𤶅 草書 疾
高校 形聲

疾苦(질고 jíkǔ) 근심하고 괴로워함. 또는 괴롭히고 고통을 줌. 고통(苦痛).
疾病(질병 jíbìng) ① 병. 질환(疾患). ② 병이 악화됨.
疾速(질속 jísù) 빠름. 민첩함. 신속(迅速). 급속(急速).
疾惡(① 질악 ② 질오 jiè) ① 악인을 미워함. ② 미워함. 증오함. 증오(憎惡).
疾疫(질역 jíyì) 유행병. 질려(疾癘).
疾走(질주 jízǒu) 빨리 달림. 빠르게 달림.
疾風(질풍 jífēng) ① 빠르고 센 바람. ② 잎이 우거진 나무가 흔들리며 바다 수면에 거의 흰 물결을 이루는 정도의 바람. 1초에 6~10m의 속력을 가짐.
疾患(질환 jíhuàn) 병. 질병(疾病). 질양(疾恙).

▶ 癎疾(간질)·痼疾(고질)·宿疾(숙질)·惡疾(악질)·眼疾(안질)·痢疾(이질)·痔疾(치질).

痂 헌데 딱지 가

音 jiā 日 カ, かさぶた
英 scad, eschar

헌데 딱지 가(乾瘍).

症 증세 증(ː)

症症症症症症症症症症

音 zhèng, zhēng 日 ショウ, しるし
英 symptoms

병 증세 증(病勢).

書體: 草書 症 高校 形聲

症勢(증세 zhèngshì) 병으로 앓는 여러 가지 모양. 증후(症候). 증정(症情).
症候(증후 zhènghòu) =증세(症勢)

▶ 病症(병증)·不姙症(불임증)·炎症(염증)·重症(중증)·痛症(통증)·虛症(허증)

病 병/병들 병(:)

病病疒疒疒疒病病病病

훈 bìng 일 ヘイ, ビョウ, やまい
영 disease, illness

①병들 병, 병 터질 병, 앓을 병(疾加). ②근심할 병(憂). ③괴로울 병(苦). ④곤할 병(困). ⑤아플 병(痛). ⑥병통 병(短處, 缺點).

書體 小篆 病 草書 病 中學 形聲

病救援(병구원 bìngjiùyuán) 앓는 사람을 곁에서 잘 돌보아 주는 일. 병구완.
病魔(병마 bìngmó) 병을 악마에 비유한 일컬음. 병을 앓게 하는 악마.
病入骨髓(병입골수 bìngrùgǔsuǐ) 병이 뼛속 깊이 스며듦.
病弊(병폐 bìngbì) 병통과 폐단.

▶ 看病(간병)·急病(급병)·癩病(나병)·冷病(냉병)·老病(노병)·同病相憐(동병상련)·萬病通治(만병통치)·問病(문병)·發病率(발병률)·生老病死(생로병사)·性病(성병)·神病(신병)·疫病(역병)·染病(염병)·流行病(유행병)·傳染病(전염병)·重病(중병)·持病(지병)·疾病(질병)·鬪病(투병)·肺病(폐병)·旅行病者(행려병자)

痍 상처 이

훈 yí 일 イ, きず 영 wound, injury
①상할 이, 다칠 이(傷). ②흠집 이(傷痕).【夷와 통함】

痒 가려울 양:

훈 yǎng 일 ヨウ, かさ 영 itch
①옴 양(疥疾). ②병 양(病).【瘍과 같음】③가려울 양(膚欲搔).【癢과 같음】

痒疹(양진 yǎngzhěn) 《醫》몸의 각 부에 가려운 증세가 있는 만성 피부병의 한 가지.
痒痛(양통 yǎngtòng) 가려워서 긁은 뒤의 아픔.

痔 치질 치

훈 zhì 일 チ, ジ, しもがさ 영 piles
치질 치(隱瘡後病).

痔漏(치루 zhìlòu) 《醫》항문 가에 작은 구멍이 생기고 고름 또는 묽은 똥물이 새어나오는 치질의 한 가지.
痔疾(치질 zhìjí) 《醫》항문(肛門)의 안팎에 나는 병의 총칭(總稱). 암치질과 수치질로 가름.
痔核(치핵 zhìhé) 《醫》직장(直腸)의 청맥(靑脈)이 늘어져서 항문의 둘레에 혹과 같이 된 일종의 종기. 내치핵(內痔核)과 외치핵(外痔核)이 있음.

痕 흔적 흔

훈 hén 일 コン, あと 영 scar, traces
①헌데 자욱 흔, 흉터 흔(瘢). ②흔적 흔, 자취 흔(凡物之跡).

痕跡(흔적 hénjì) 남은 자취. 뒤에 남은 자국. 흔적(痕蹟).
痕蹟(흔적 hénjì) =흔적(痕跡).

痘 역질 두

훈 dòu 일 トウ, もがさ

영 small-pox

마마 두, 손님 두, 역질 두(痘瘡, 胎毒).

痘疹(두진 dòuzhěn) 《醫》 두창(痘瘡)의 겉 증세.

痘瘡(두창 dòuchuāng) ① 《醫》 마마. 천연두(天然痘). 두병(痘病). 두역(痘疫). 역신(疫神). ② 천포창(天疱瘡).

痘痕(두흔 dòuhén) 천연두(天然痘)의 헌 자국. 얽은 자국.

▶ 水痘(수두)·牛痘(우두)·種痘(종두).

痉 경련(痙攣) 경
疒 7획 / 총 12획

음 jìng 일 ケイ, ひきつる
영 convulsions

중풍 들 경, 목 뻣뻣할 경, 바람맞을 경(彊急, 筋急縮而屈伸不利).

痙攣(경련 jìngluán) 《醫》 근육이 자기의 의사(意思)에 반하여 발작적(發作的)으로 수축(收縮)하는 현상.

痛 아플 통:
疒 7획 / 총 12획

痛 痛 痛 痛 痛 痛 痛 痛 痛

음 tòng 일 トウ, ツウ, いたむ
영 ache, pain

① 아플 통(疼楚). ② 상할 통, 다칠 통(傷). ③ 심할 통(甚). ④ 몹시 통(凡事盡力). ⑤ 병 통(病).

書體 小篆 痛 草書 痛 (高校) 形聲

痛駁(통박 tòngbó) 통렬하게 공박함.
痛憤(통분 tòngfèn) 원통(冤痛)하고 분함. 몹시 분노함.
痛惜(통석 tòngxī) 몹시 애석하게 여김. 매우 유감으로 여김.

▶ 肩臂痛(견비통)·苦痛(고통)·極痛(극통)·筋膜痛(근막통)·筋肉痛(근육통)·大聲痛哭(대성통곡)·頭痛(두통)·腹痛(복통)·憤痛(분통)·悲痛(비통)·生理痛(생리통)·神經痛(신경통)·心痛(심통)·眼痛(안통)·壓痛(압통)·哀痛(애통)·嗚呼痛哉(오호재)·腰痛(요통)·寃痛(원통)·胃痛(위통)·切痛(절통)·止痛(지통)·鎭痛(진통)·陣痛(진통)·疾痛(질통)·齒痛(치통)·沈痛(침통)·偏頭痛(편두통)·胸痛(흉통).

痢 이질 리:
疒 7획 / 총 12획

음 lì 일 リ, はらくだり
영 loose bowels

이질 리, 곱똥 리, 설사 리(腹痛瀉疾).

痢疾(이질 lìjí) = 이증(痢症).
痢症(이증 lìzhèng) 《醫》 똥에 곱이 이어 나오면서 뒤가 잦고 당기는 증세. 이질(痢疾).

痤 뽀루지 좌
疒 7획 / 총 12획

음 cuó 일 ザ, はれもの 영 boil

① 뽀루지 좌(小腫). ② 멍울 좌(癤).

痤接(좌접 zuòjiē) 과실 이름. 맥계(麥季).
痤瘡(좌창 cuóchuāng) 여드름. 면포(面皰). 청년좌창(青年痤瘡).

痰 가래 담:
疒 8획 / 총 13획

음 tán 일 タン, たん
영 phlegm sputum

담 담, 가래 담(痰癖, 胃鬲水病).

痰病(담병 tánbìng) 《醫》 몸의 분비액(分泌液)이 큰 열을 만나서 일어나는 온갖 병의 이름.
痰喘(담천 tánchuǎn) 가래가 끓어서 숨이 가쁨.
痰唾(담타 tántuò) 가래와 침.
痰咳(담해 tánké) ① 가래와 기침. ② 가래가 나오는 기침.

麻 저릴 마

中má 日マ, しびれる 英paralysis
① 마목 마, 홍역 마(風熱病, 麻木). ② 저릴 마(體失感覺).

麻痺(마비 mábì)《醫》신경이나 힘줄이 그 구실을 못하거나 없어져서 생기는 병. 마비(痲痺).

麻藥(마약 máyào)《醫》① 보통 아편·모르핀 및 코카인 등과 같이 마취작용을 하고 습관성을 가진 약으로 장복(長服)하면 중독 증상을 나타내는 물질의 총칭. 마취약(痲醉藥). ② 모르핀. 아편.

麻醉(마취 mázuì) 독물(毒物)이나 약물로 말미암아 생물체의 일부 또는 전체가 감각을 잃고 자극에 반응할 수 없게 된 상태.

痳 임질 림

中lín 日リン, りんびょう
英gonorrhoea
① 임질 림(小便難病). ② 산증 림(疝痛).

痳疾(임질 línjí)《醫》임균(痳菌)에 의하여 일어나는 요도점막(尿道粘膜)의 염증. 임병(痳病). 임질(淋疾). 음질(陰疾).

痴 어리석을 치

【癡(疒부14획)의 속자】

痻 병들 민

中hūn, mín 日ヒン, やむ 英fall ill
병들 민(病). 【瘖과 같음】

痼 고질 고

中gù 日コ, じびょう
英chronic disease
고질 고(久固病).

痼癖(고벽 gùpǐ) 아주 인이 박혀서 고치기 어려운 버릇.

痼疾(고질 gùjí) 오래도록 낫지 않아 고치기 어려운 병.《轉》오래된 나쁜 습관. 어떤 사물에 마음이 엉겨서 뭉쳐짐.

痼弊(고폐 gùbì) 오래되어 바로잡기 어려운 폐단. 고막(痼瘼).

痿 습병 위

中wěi 日イ, しびれる
英impotency
① 습병 위(濕病). ② 잘록거릴 위(兩足不能相及). ③ 음위증 위(陰痿, 不能御婦人). ④ 마비될 위(麻痺).

痿蹶(위궐 wěijué) ① 몸이 저려서 쓰러짐. ② 각기와 같은 종류의 병.
痿痺(위비 wěibì)《醫》수족(手足)이 저린 병. 각기.《喻》정치가 해이(解弛)해서 펼치지 못함.
痿弱(위약 wěiruò) 몹시 약함. 허약(虛弱)함.

瘂 벙어리 아(:)

中yǎ 日ア, おし 英dumb
벙어리 아(不能言, 瘖瘂).【啞와 같음】

瘀 어혈질 어:

中yù 日ヨ, オ, やまい
英clot of blood
어혈질 어(血壅病).

瘀傷(어상 yūshāng) 병으로 몸이 마르고 약해짐.
瘀血(어혈 yùxiě)《醫》무엇에 부딪쳐서 살 속에 피가 맺혀 생기는 병. 멍.

瘀血腰痛(어혈요통 yùxiěyāotòng) 《醫》허리가 타박상이나 접질림으로 인하여 피가 엉겨 아픈 병.

瘁 병들 췌
(疒 8획 / 13획)

訓cuì 日スイ, つかれる
영become emaciated

① 병들 췌(病). ② 수고로운 췌, 파리할 췌(勞也, 焦瘁).

瘁攝(췌섭 cuìshè) 병들고 피로함.
瘁音(췌음 cuìyīn) 지치고 쇠한 느낌이 나는 음악.

瘉 병나을 유
(疒 9획 / 14획)

【癒(疒부13획)와 같음】

瘋 두풍 풍
(疒 9획 / 14획)

訓fēng 日フウ, ずつう
영headache

① 두풍 풍(頭瘋病). ② 미치광이 풍(瘋癲).
瘋癲(풍전 fēngdiān) 지랄장이. 후천적(後天的) 정신병(精神病) 중에서 언행(言行)의 착란(錯亂), 의식(意識)의 혼탁(溷濁), 감정의 격발이 현저한 사람의 속칭. 광인(狂人).

瘐 죄인 주려 죽을 유
(疒 9획 / 14획)

日ュ, やむ 영death from disease
① 죄인 주려 죽을 유, 죄수 병나 죽을 유(罪囚病死). ② 근심하여 병될 유(憂而成病).
瘐死(유사 yǔsǐ) ① 옥중(獄中)에서 병사(病死)함. ② 죄수가 고문(拷問)·기한(飢寒)·질병(疾病) 등으로 사망함.

瘙 피부병 소
(疒 10획 / 15획)

訓sào 日ショウ, ひぜん 영scabies
① 옴 소(疥). ② 종기 소(腫).

瘠 여윌 척
(疒 10획 / 15획)

訓jí 日セキ, やせる 영haggard
① 파리할 척, 여윌 척(瘦). ② 줄 척(減少).
瘠薄(척박 jíbáo) 땅이 기름지지 못하고 메마름.
瘠瘦(척수 jíshòu) 몸이 여위고 파리함.
瘠土(척토 jítǔ) 몹시 메마른 땅. 척박(瘠薄).

瘡 부스럼 창
(疒 10획 / 15획)

訓chuāng 日ソウ, かさ, きず
영tumor

① 부스럼 창(瘍). ② 상할 창(痍). ③ 헌자리 창(疻). ④ 연장에 다칠 창(金瘡).
【創과 통함】
瘡腫(창종 chuāngzhǒng) 《醫》종기. 부스럼. 창양(瘡瘍).
瘡疾(창질 chuāngjí) 《醫》화류병(花柳病)의 한 가지. 창병(瘡病).

▶凍瘡(동창)·痘瘡(두창)·鼻瘡(비창)·惡瘡(악창)·合瘡(합창).

瘦 여윌 수
(疒 10획 / 15획)

訓shòu 日シュウ, ソウ, やせる
영haggard

① 파리할 수, 여윌 수(臞瘠). ② 가늘 수(細). 【瘦의 본자】
瘦軀(수구 shòuqū) 여윈 몸. 마른 몸. 수신(瘦身).

白皮皿目矛矢石示内禾穴立 565

瘦面(수면 shòumiàn) 여윈 얼굴. 파리한 얼굴.
瘦容(수용 shòuróng) 여윈 모양. 수척한 얼굴.

瘧 학질 학
疒 10 ⑮

⊗nüè, yào ⓔギャク, おこく
ⓔmalaria

학질 학(痁也, 寒熱病).
瘧疾(학질 nüèjí) 《醫》 일정한 시간이 되면 오한(惡寒)이 나고 발열(發熱)하는 병. 병원충(病原蟲)에 세 종류가 있어서 각 삼일열·사일열·열대열(熱帶熱) 따위가 있음. 말라리아.

療 병 고칠 료
疒 12 ⑰

⊗liáo ⓔリョウ, いやす
ⓔheal, treat

병 나을 료, 병 고칠 료(醫治止病).
療法(요법 liáofǎ) 병을 고치는 방법.
療養(요양 liáoyǎng) 몸을 보양(保養)함. 또는 치료와 양생(養生).
療治(요치 liáozhì) 병을 고침. 치료(治療).
療護(요호 liáohù) 병간호.

▶加療(가료)·施療(시료)·醫療(의료)·診療(진료)·治療(치료).

癎 간질 간(ː)
疒 12 ⑰

⊗xián ⓔカン, かんびょう
ⓔepilepsy

① 간기 간(小兒瘨病). ② 간질 간, 지랄 간(癲癎).
癎疾(간질 xiánjí) 《醫》 지랄병. 갑자기 몸을 떨며 눈을 뒤집어쓰고 거품을 내뿜으며 뻗는 병. 나간(癩癎).

癈 폐할/버릴 폐ː
疒 12 ⑰

⊗fèi ⓔハイ, かたわ
ⓔdisablement

고질 폐(痼疾).
癈人(폐인 fèifei) =불구자(不具者).
癈疾(폐질 fèijí) ① 고치기 어려운 병. ② 불구자가 되는 병.

癌 암 암ː
疒 12 ⑰

⊗yán ⓔガン, がん ⓔcancer

① 암 암, 고약한 종기 암(內腔生腫). ② 괴병 암(怪病).
癌腫(암종 yánzhǒng) 《醫》 암(癌). 병리학상의 악성종양(惡性腫瘍)의 한 가지.

癒 병 나을 유
疒 13 ⑱

⊗yù ⓔユ, いえる ⓔcure

① 병 나을 유(病瘳). 【愈와 통함】 ② 병들 유(病).
癒著(유착 yùzhù) ① 《醫》 한 기관이 생리적으로 관계없는 다른 기관에 조직적으로 결합하는 일. ② 사물이 깊은 관계로 결합되어 있음.
癒合(유합 yùhé) 상처가 나아서 아물음. 찢어진 피부나 근육이 나아서 맞붙음.
癒合力(유합력 yùhélì) 유합시키는 힘.

▶治癒(치유)·快癒(쾌유).

癖 버릇 벽
疒 13 ⑱

⊗pǐ ⓔヘキ, くせ ⓔhabit

① 적병 벽(腹病, 積聚). ② 즐길 벽, 인

박일 **벽**(嗜好).

癖痼(벽고 pǐgù) 오랫동안 낫지 않는 병. 고벽(痼癖).

癖病(벽병 pǐbìng) 나쁜 버릇.

癖性(벽성 pǐxìng) 버릇. 성벽(性癖).

癡 어리석을 **치**

⾳ chī 日 チ, おろか 英 foolish

① 어리석을 **치**, 지더릴 **치**, 미련할 **치**(心神不慧). ② 미치광이 **치**(狂). ③ 주근깨 **치**(疵病).

癡骨(치골 chīgǔ) 어리석고 못생긴 사람.

癡鈍(치둔 chīdùn) 어리석고 무딤. 몹시 어리석고 하는 짓이 굼떠서 흐리터분함.

癡呆(치태→치매 chīdāi) 멍청이. 천치. 〈呆는 우(愚)〉.

癡情(치정 chīqíng) 남녀간의 사랑에 있어서 생기는 온갖 어지러운 정.

癡漢(치한 chīhàn) ① =치인(癡人). ② 여자를 희롱하는 남자.

▶ 白癡(백치)·愚癡(우치)·天癡(천치).

癢 가려울 **양**

⾳ yǎng 日 ヨウ, かゆい 英 itchy

① 가려울 **양**(搔病). ② 마음 간지러울 **양**(伎癢). 〔痒과 같음〕

癢痛(양통 yǎngtòng) 가렵고 아픔. 통양(痛痒).

癩 문둥이 **라**

⾳ lài, là 日 ライ, らいびょう 英 leprosy

옴 **라**(疹). ② 문둥이 **라**(惡疾).

癩病(나병 làibìng) 《醫》 문둥병.

癬 버짐 **선**

⾳ xuǎn 日 セン, たむし 英 itch

마른옴 **선**, 버짐 **선**(乾瘍).

癶 部

걸을 **발**, 필발머리

癸 북방 **계**

癸癸癸癸癸癸癸癸

⾳ guǐ 日 キ, みずのと

① 열째 천간 **계**(天干之終). ② 물 **계**(庚癸, 癸水). ③ 북방 **계**(北方). ④ 몸날 **계**, 몸때 **계**, 월경 **계**(天癸, 婦人經水).

書體 小篆 癸 或體 癸 草書 癸 中學 象形

癸方(계방 guǐfāng) 24방위(方位)의 하나. 동쪽에서 북쪽에 가까운 방위.

癸坐(계좌 guǐzuò) 묏자리나 집터의 계방(癸方)을 등진 좌향.

発 필/출발할 **발**

【發(癶부7획)의 약자】

登 오를 **등**

登登登登登登登登登

⾳ dēng 日 トウ, ト, のぼる
英 rise, ascend

① 오를 등(升). ② 나아갈 등(進). ③ 벼슬에 오를 등(登位). ④ 이룰 등(成). ⑤ 높일 등(高). ⑥ 익을 등(熟). ⑦ 높을 등(尊之). ⑧ 탈 등(乘). ⑨ 담쌓는 소리 등(築牆用力相應聲). ⑩ 많을 등, 무리 등(衆).

書體	小篆	大篆	草書	中學	象形

登降(등강 dēngjiàng) ① 오르내림. 승강(昇降). ② 상하(上下). 존비(尊卑).

登科(등과 dēngkē)《制》과거에 급제함. 등제(登第).

登校(등교 dēngxiào) 학교에 출석함. ↔ 하교(下校).

登極(등극 dēngjí) 등조(登祚). 임금의 위(位)를 북극성에 비유해서 쓴 말.

登記(등기 dēngjì) ① 장부(帳簿)에 기재(記載)함. ②《法》민법상(民法上)의 권리(權利)관계 또는 사실을 널리 밝히기 위하여 일정한 사항을 등기소(登記所)에 비치(備置)한 장부에 적는 일. ③ 등기우편(登記郵便)의 약어.

登錄(등록 dēnglù) ① 문서나 장부에 올림. ②《法》법령(法令)의 규정에 의한 어떠한 권리 관계 또는 신분 관계 등의 사항을 공중(公衆)에 대하여 관계되는 관청(官廳)의 장부에 기재(記載)하는 일.

登龍門(등용문 dēnglóngmén)《喩》입신출세(立身出世)의 관문(關門). 뜻을 이루어 크게 영달(榮達)함. 〈용문(龍門)은 황하(黃河) 상류에 있는 급류(急流)로서 잉어가 이에 오르면 용으로 화(化)한다는 전설에서 온 말〉.

登攀(등반 dēngpān) 높고 험한 곳에 기어오름.

登山(등산 dēngshān) 산에 오름. 산에 오르기.

登仙(등선 dēngxiān) 신선이 되어서 하늘로 올라감. 등선(登僊). 등진(登眞).《喩》귀인의 죽음을 가리키는 말.

登禪(등선 dēngchán) 양위(讓位)를 받아 임금의 위(位)에 오름.

登用(등용 dēngyòng) 인재를 골라 뽑아 씀. 등용(登庸). 거용(擧用).

登場(등장 dēngchǎng) ① 배우 등이 무대 같은 데에 나옴. ② 무슨 일에 어떠한 사람이 그 장소에 나타남.

登載(등재 dēngzài) 신문·잡지 또는 서적(書籍) 같은 데에 기사(記事)로서 올려 실음. 게재(揭載).

登程(등정 dēngchéng) 여정(旅程)에 오름. 등도(登途).

登天(등천 dēngtiān) = 승천(昇天).

燈擢(등탁 dēngzhuó) 인재를 뽑아 등용함.

▶ 未登記(미등기)·攀登(반등).

부수	필/출발할 발
癶 7획 12	發

發發發發發發發發發發

音 fā 訓 ハツ, ホツ, おこる, はなつ
英 occur, issue

① 일어날 발(起). ② 찾아낼 발(發見). ③ 일으킬 발(興). ④ 펄 발(舒). ⑤ 열 발(開). ⑥ 쏟을 발(洩). ⑦ 밝힐 발(明). ⑧ 들날릴 발(揚). ⑨ 떠날 발(行). ⑩ 쏠 발(放矢). ⑪ 빠를 발(發發疾貌).

書體	小篆	草書	中學	形聲

發見(발견 fājiàn) ① 나타나 나옴. 발현(發現). ② 남이 미처 보지 못한 사물을 먼저 찾아 냄. 처음으로 찾아 냄.

發端(발단 fāduān) ① 일이 처음으로 일어남. 또는 일의 실마리. ② 말머리를 꺼냄. ③ 율시(律詩)의 제일(第一)·제이(第二)의 구(句).

發明(발명) fāmíng) ① 경사(經史)의 뜻을 스스로 깨달아서 밝힘. ② 무죄를 변명함. 변백(辨白). ③ 아직까지 없던 어떠한 물건이나 방법을 새로 만들어 냄. 알려지지 않은 일을 생각해 냄. ④ 새 이름. 오방신조(五方神鳥)의 하나. 동방에 속함. ⑤ 봉황이 아침에 울음.

發祥(발상 fāxiáng) ① 천명(天命)을 받아 임금이 됨. 길조(吉兆)를 나타냄. ② 제왕(帝王)이나 그 조상의 출생. ③ 상서로운 일이 생김. 행복의 조짐이 나타남. ④ 기원(起源). ⑤ 일어나기 시작함. 일어남의 시초.

發源(발원 fāyuán) ① 물의 근원. 물이 비롯하여 흐르는 근원(根源). ② 사물이 일어나는 근원(根源). 기원(起源).

發議(발의 fāyì) ① 의견(意見)·이의(異議)를 제창(提唱)함. ② 회의(會議)에서 의안(議案)을 제출(提出)함.

發靷(발인 fāyǐn) 장사(葬事) 때 상여가 묘지를 향해 집에서 떠남. 상여를 끌어 냄. 〈靷은 구차(柩車) 또는 상여 앞에 묶어 맨 줄〉. 발인(發引).

發行(발행 fāxíng) ① 길을 떠나감. ② 도서를 출판하여 세상에 폄. 발한(發汗). 상재(上梓). ③ 사채(社債)·증권(證券)·상품권(商品券)·주권(株券)·어음·수표(手票)·화폐(貨幣) 등을 만들어 세상에 내 놓음.

▶ 開發(개발)·擊發(격발)·啓發(계발)·告發(고발)·亂發(난발)·濫發(남발)·單發(단발)·挑發(도발)·突發(돌발)·滿發(만발)·妄發(망발)·勃發(발발)·百發百中(백발백중)·奮發(분발)·頻發(빈발)·散發(산발)·先發(선발)·瞬發(순발)·始發(시발)·雙發(쌍발)·連發(연발)·誤發(오발)·偶發(우발)·誘發(유발)·一觸卽發(일촉즉발)·低開發(저개발)·摘發(적발)·增發(증발)·蒸發(증발)·徵發(징발)·著發(착발)·觸發(촉발)·出發(출발)·爆發(폭발)·後發(후발)·揮發油(휘발유).

白部

흰 백

白 흰 백

白 白 白 白 白

1 중 bái 일 ハク, しろ 영 white
2 인 ヒャク, しろい

1 ① 흰 백(西方色素). ② 분명할 백(明). ③ 밝을 백(光線). ④ 깨끗할 백, 결백할 백(潔). ⑤ 말할 백, 아뢸 백(告). ⑥ 아무것도 없을 백(無). ⑦ 성 백(姓). ⑧ 책 이름 백(書名飛白). 2 땅 이름 배(白川).

書體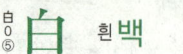

(中學) 指事

白骨難忘(백골난망 báigǔnánwàng) 죽어 백골이 된 뒤에도 은혜를 잊을 수 없음.

白駒過隙(백구과극 báijūguòxì) 백마를 타고 빨리 달리는 것을 벽(壁)틈으로 봄. 《喩》세월이 덧없이 흘러 인생 일생은 몹시 짧다는 뜻.

白旗(백기 báiqí) ① 흰 기. ② 적(敵)에게 항복할 때 세우는 기.

白面書生(백면서생 báimiànshūshēng) 글만 읽고 세상일에 경험이 없는 선비.

白眉(백미 báiméi) ① 흰 눈썹. ② 여럿 가운데서 가장 뛰어남. 《故》옛날 촉(蜀)의 마씨(馬氏) 집안 오형제 중 눈썹에 흰털이 섞인 마량(馬良)이 제일 뛰어났던 데에서 온 말.

白兵戰(백병전 báibīngzhàn) 적과 아군이 백병(白兵)으로 서로 맞붙어 싸우는 전투.

白色恐怖(백색공포 báisèkǒngbù) 1917년 러시아 혁명 때에 정부가 혁명 운동에 대하여 가한 탄압. 백색 테러.

白書(백서 báishū) ① 나무를 깎아 희게 된 곳에 쓴 글자. ② 정부가 발표하는 공식적인 실정보고서. 현재의 실정을 설명하고 장래의 정책을 성명(聲明)함.

白眼視(백안시 báiyǎnshì) 싫거나 미워서 흘겨봄. ↔ 청안시(靑眼視).

白夜(백야 báiyè) 북극이나 남극에 가까운 지방에서 여름 일몰(日沒) 후에도 반영(反映)하는 태양광선 때문에 박명상태(薄明狀態)가 계속됨. 또는 그런 상태의 밤.

白衣從軍(백의종군 báiyīcóngjūn) 벼슬함이 없이 군대를 따라 전장에 나감.

白日夢(백일몽 báirìmèng) 대낮의 꿈. 《喩》 도저히 실현될 수 없는 일을 공상만 함.

白日場(백일장 báirìchǎng) 《制》 유생(儒生)의 학업을 장려하려고 각 지방에서 베풀던 시문(詩文)을 짓는 시험. 현재에도 한시(漢詩)·시조·자유시 등의 백일장(白日場)이 있음. 시문경작대회(詩文競作大會).

白戰(백전 báizhàn) ① 무기 없이 맨손으로 싸우는 싸움. ② 시인들이 재주를 겨루는 싸움.

白丁(백정 báidīng) ① 무위(無位) 무관(無官)의 평민(平民). 백민(白民). 백신(白身). ② 백장. 가축류의 도살을 주업으로 하고 고리를 겯는 일을 부업으로 삼는 사람.

白癡(백치 báichī) 지능(知能) 정도가 몹시 열등(劣等)한 사람. 바보.

▶ 潔白(결백)·告白(고백)·空白(공백)·淡白(담백)·明白(명백)·美白(미백)·半白(반백)·斑白(반백)·頒白(반백)·素白(소백)·純白(순백)·純白瓷(순백자)·餘白(여백)·右白虎(우백호)·銀白(은백)·自白(자백)·精白(정백)·蒼白(창백)·清廉潔白(청렴결

백)·清白吏(청백리)·漂白(표백)·黑白(흑백).

百 일백 백

百百百百百百

1 ⓗ bǎi ⓙ ヒャク, もも ⓔ hundred
2 ⓗ bó

1 일백 백(十之十倍). 2 ① 힘쓸 맥(勵). ② 길잡이 맥(行杖道驅人日五百).

書體 小篆 百 古文 百 草書 る 中學 會意

百劫(백겁 bǎijié) 몹시 오랜 세월.

百計無策(백계무책 bǎijìwúcè) 베풀 만한 꾀가 전혀 없음. 계무소출(計無所出).

百年佳約(백년가약 bǎiniánjiāyuē) 결혼하여 평생을 같이 지낼 언약.

百年河淸(백년하청 bǎiniánhéqīng) 아무리 기다려도 일이 해결될 가망이 없음.

百年偕老(백년해로 bǎiniánxiélǎo) 부부가 화락하게 함께 늙음.

百里之才(백리지재 bǎilǐzhīcái) 백리쯤 되는 땅을 다스릴 만한 재주. 국량이 보통 이상은 되나 그다지 출중하지 못한 사람.

百萬長者(백만장자 bǎiwànzhǎngzhě) 재산이 썩 많은 사람. 아주 큰 부자.

百聞不如一見(백문불여일견 bǎiwénbùrúyíjiàn) 백 번 듣느니보다 한 번 보는 것이 더 정확하다는 뜻.

百發百中(백발백중 bǎifābǎizhòng) ① 총·활 같은 것이 겨눈 곳에 꼭꼭 맞음. ② 앞서 생각한 일들이 꼭꼭 들어맞음.

百拜謝禮(백배사례 bǎibàixièlǐ) 몹시 고마워 거듭거듭 사례함.

百藥無效(백약무효 bǎiyàowúxiào) 온갖 약을 써도 효력이 없음.

百戰老將(백전노장 bǎizhànlǎojiàng) 온갖 세상 풍파를 다 겪은 사람.

百戰百勝(백전백승 bǎizhànbǎishèng) 백 번 싸워서 백 번 이김. 한 번도 패전(敗戰)하지 않음.

百折不屈(백절불굴 bǎizhébùqū) 백 번 꺾어도 굽히지 않음. 백절불요(百折不撓).

百折不撓(백절불요 bǎizhébùnáo) 아무리 억눌러도 뜻을 굽히지 않음. 의지가 무척 강함. 백절불굴(百折不屈).

百尺竿頭(백척간두 bǎichǐgāntóu) 대단히 위태로운 지경.

百八煩惱(백팔번뇌 bǎibāfánnǎo) 《佛》중생(衆生)의 번뇌수(煩惱數)가 108이라는 말. 인간의 과거·현재·미래를 통한 일체의 미혹.

百害無益(백해무익 bǎihàiwúyì) 해롭기만 하고 하나도 이로울 것이 없음.

百花爛漫(백화난만 bǎihuālànmàn) 온갖 꽃이 피어 흩어지고 흐무러짐.

▶ 五十步百步(오십보백보)·勇氣百倍(용기백배)·一罰百戒(일벌백계).

的 과녁 적

白 3 / 8

的 的 的 的 的 的 的 的

🔊 dè, dí, dì 🇯🇵 テキ, まと 🇬🇧 target, of

① 밝을 적(明). ② 꼭 그러할 적, 적실할 적(實). ③ 표할 적, 표준 적, 목표 적(標準). ④ 과녁 적(射板). ⑤ 의 적, 것 적(形容助辭).

書體 篆文 旳 草書 的 中學 形聲

的當(적당 dídàng) ① 명확하게 맞음. 꼭 들어맞음. ② 확실(確實). 적확(的確).

的例(적례 dílì) 꼭 들어맞는 선례(先例). 적례(適例).

的否(적부 dífǒu) 틀림없이 꼭 맞음과 안 맞음.

的中(적중 dízhòng) ① 연밥[연실(蓮實)]의 속. ② 화살이 과녁에 맞음. 잘 맞음. 정확히 맞음.

的確(적확 díquè) 틀림없음. 확실(確實).

▶ 狂的(광적)·劇的(극적)·端的(단적)·目的(목적)·美的(미적)·射的(사적)·標的(표적).

皆 다 개

白 4 / 9

皆 皆 皆 皆 皆 皆 皆 皆 皆

🔊 jiē 🇯🇵 カイ, みな 🇬🇧 all, every

① 다 개(俱辭). ② 한 가지 개, 같을 개(同). 【偕와 통함】

書體 小篆 皆 草書 皆 中學 會意

皆勤(개근 jiēqín) 일정한 기간 동안에 휴일 외에는 하루도 빠짐없이 출석, 또는 출근함.

皆旣蝕(개기식 jiējìshí) 개기일식(皆旣日蝕)과 개기월식(皆旣月蝕)의 총칭. ↔ 부분식(部分蝕).

皆濟(개제 jiējì) ① 다 돌려주거나 바침. ② 일이 다 끝남.

皇 임금 황

白 4 / 9

皇 皇 皇 皇 皇 皇 皇 皇 皇

🔊 huáng 🇯🇵 コウ, きみ 🇬🇧 emperor

1 ① 임금 황(君). ② 클 황(大). ③ 바를 황(正). ④ 비롯할 황(始). ⑤ 아름다울 황(歎美貌). ⑥ 성할 황(美盛貌). ⑦ 성 황(皇甫, 複姓). **2** 엄숙할 왕(皇皇祭儀嚴肅貌).

書體 小篆 皇 草書 皇 中學 會意

皇帝(황제 huángdì) ① 임금. 천자(天

子). ② 삼황오제(三皇五帝)의 약어.

皇太子(황태자 huángtàizǐ) 황위(皇位)를 계승할 황자(皇子). 황저(皇儲). 동궁(東宮).

皇統(황통 huángtǒng) 임금의 혈통(血統).

皇后(황후 huánghòu) ① 임금의 정실(正室). 황비(皇妃). ② 중국 상고시대(上古時代)에는 임금을 일컫던 말.

▶ 敎皇(교황)·法皇(법황)·三皇(삼황)·上皇(상황)·女皇(여황).

白⑨ 皈 돌아갈 귀:

【歸(止부14회)와 같음】

白⑥ 皎 달 밝을 교

음 jiǎo 일 コウ, あきらか 영 bright
① 달 밝을 교(月之白). ② 햇빛 교(日光). ③ 흴 교(白).

皎潔(교결 jiǎojié) 희고 맑아 더럽지 않음. 희고 깨끗함.
皎鏡(교경 jiǎojìng) 밝은 거울. 《轉》 달을 가리키는 말. 명경(明鏡).
皎皎(교교 jiǎojiǎo) ① 매우 흰 모양. 호호(皓皓). ② 빛나고 밝은 모양.
皎皎月色(교교월색 jiǎojiǎoyuèsè) 매우 희고 맑은 달빛.
皎朗(교랑 jiǎolǎng) 밝음. 정랑(晶朗).
皎月(교월 jiǎoyuè) 희고 맑게 비치는 달. 호월(皓月).

白⑦ 皓 밝을 호:

음 hào 일 コウ, あきらか, しろい
영 white
① 빛 호(光). ② 흴 호(白). ③ 밝을 호(明). ④ 깨끗할 호(潔). ⑤ 늙은이 호(皓皓白髮).

皓然(호연 hàorán) ① 썩 흰 모양. ② 아주 명백한 모양.
皓齒(호치 hàochǐ) 하얀 이. 미인의 아름다운 이.

皮 部

가죽 **피**

皮⓪ 皮 가죽 피

皮 尸 皮 皮 皮

음 pí 일 ヒ, かわ 영 skin, leather
① 가죽 피(剝取獸革). ② 껍질 피, 거죽 피(體表, 凡物之表皆曰皮). ③ 성 피(姓).

書體 小篆 皮 古文 皮 大篆 皮 草書 皮

中學 象形

皮甲(피갑 píjiǎ) 돼지의 가죽으로 자그마하게 미늘을 만들어 녹피로 얽어 맨 갑옷.
皮穀(피곡 pígǔ) 겉곡식. 겉껍질을 벗겨내지 않은 곡식.
皮骨相接(피골상접 pígǔxiāngjiē) 살가죽과 뼈가 서로 맞붙을 정도로 몸이 몹시 마름.
皮封(피봉 pífēng) 《國》 겉봉. 편지를 봉투에 넣고 다시 싸서 봉한 종이. 외봉(外封).
皮膚(피부 pífū) 사람이나 동물의 몸뚱이의 표면을 둘러 싼 겉 부분. 살가죽. 살갗.
皮相的(피상적 píxiàngdè) 수박 겉핥기로 겉으로만 아는 것.

皮革(피혁 pígé) ① 날가죽과 다른 가죽. ② 가죽의 총칭.

▶ 薄皮(박피)·樹皮(수피)·獸皮(수피)·羊皮(양피)·竹皮(죽피)·表皮(표피)·豹皮(표피)·鐵面皮(철면피)·草根木皮(초근목피).

皿 部
그릇 명

皿 그릇 명:
皿 0획 / 5획

음 mǐn 일 ベイ, さら 영 vessel
그릇 명(食器盤盂之屬).

盃 잔 배
皿 4획 / 9획

【杯(木부4획)의 속자】

盆 동이 분
皿 4획 / 9획

음 pén 일 ボン, はち 영 basin
① 동이 분(瓦器, 盆). ② 젖통이 웃뼈 분, 젖 가슴뼈 분(乳房上骨). ③ 딸기 분, 약 이름 분(藥名, 覆盆).
盆景(분경 pénjǐng) ① 평화분에 돌이나 모래 같은 것을 쌓아서 산수(山水)의 경치를 이루어 놓음. 분석(盆石). ② 규모가 작은 정원(庭園).
盆栽(분재 pénzāi) 화분에 초목을 심어 가꾸어 자연의 축소판 같은 풍광을 창조해내는 화훼 재배방식.
盆種(분종 pénzhǒng) 화초를 화분에 심음. 또는 그 화초.
盆地(분지 péndì) 〈地〉산이나 대지(臺地)로 둘러싸인 평지.
盆畫(분화 pénhuà) 여러 가지 색채로 물들인 토사(土砂)로 동이 표면에 산수(山水)·화조(花鳥) 따위를 그림. 또는 그렇게 그린 그림. 분회(盆繪).

▶ 花盆(화분).

盈 찰 영
皿 4획 / 9획

음 yíng 일 エイ, みちる 영 full, fill
① 찰 영, 가득할 영(充滿). ② 넘칠 영(溢). ③ 남을 영(盈縮). ④ 물 흐를 영(流水貌).
盈缺(영결 yíngquē) ①〈天〉천체의 빛이 그 위치에 의하여 증멸(增滅)하는 현상. ② 참과 이즈러짐. 영허(盈虛). 영휴(盈虧).
盈滿(영만 yíngmǎn) ① 가득하게 참. ② 부귀·권세 등이 성(盛)한 모양.
盈羨(영선 yíngxiàn) 가득 차 넘침. 영일(盈溢).
盈盛(영성 yíngshèng) 가득 차고 성(盛)함.
盈月(영월 yíngyuè) 만월(滿月). 보름달.
盈溢(영일 yíngyì) 가득 차서 넘침.
盈縮(영축 yíngsuō) 가득 차는 것과 줄어드는 것. 남음과 모자람. 신축(伸縮).
盈虛(영허 yíngxū) 가득 차는 일과 텅 비는 일. 영결(盈缺).

益 더할 익
皿 5획 / 10획

益 益 益 益 益 益 益 益 益

음 yì 일 エキ, ヤク, ます
영 increase, gain
① 더할 익(增加). ② 나아갈 익(進). ③ 넉넉할 익(饒). ④ 많을 익(多). ⑤ 넘칠 익(盈溢). ⑥ 괘 이름 익(卦名).

書體 小篆 益 草書 益 中學 會意

益壽(익수 yìshòu) 오래 살음. 장생(長生)함.
益友(익우 yìyǒu) 교제하여 자기에게 유익한 친구.
益者三友(익자삼우 yìzhěsānyǒu) 사귀어서 자기에게 유익한 세 가지 종류의 벗. 곧 정직한 사람, 친구의 도리를 지키는 사람, 지식이 있는 사람.

▶ 高收益(고수익)·公益(공익)·國益(국익)·多多益善(다다익선)·百害無益(백해무익)·富益富(부익부)·貧益貧(빈익빈)·損益(손익)·收益(수익)·純收益(순수익)·純利益(순이익)·純益(순익)·受利益(수리익)·實益(실익)·有益(유익)·利益(이익)·差益(차익)·便益(편익)·弘益人間(홍익인간)·換差益(환차익)·效益(효익).

益 더할 익

【盆(前條)과 같음】

盒 소반 뚜껑 합

🅦 hé 🅙 コウ、はちの ふた 🅔 small brass vessel

① 소반 뚜껑 합(盤覆). ② 합 합(有蓋食器, 饌盒).

蓋 덮을 개(:)

【蓋(艸部10획)의 속자】

盛 성할 성:

盛 盛 盛 盛 盛 盛 盛 盛 盛
①-③ 🅦 chéng ④-⑧ 🅦 shèng
🅙 セイ、さかえる 🅔 prosperous
① 담을 성(容受薦穀). ② 이룰 성(成). ③ 정제할 성(整). ④ 성할 성(茂). ⑤ 장할 성(壯). ⑥ 많을 성(多). ⑦ 길 성(長). ⑧ 클 성(大).

書體 小篆 盛 草書 盛 (中學) 形聲

盛事(성사 shèngshì) ① 크게 경사로운 일. ② 훌륭한 일. 성대한 사업.
盛衰(성쇠 shèngshuāi) 성(盛)하는 것과 쇠(衰)하는 것. 융체(隆替).
盛業(성업 shèngyè) ① 성대한 사업. 대사업(大事業). ② 사업이 번창함.
盛饌(성찬 shèngzhuàn) 풍성하게 잘 차린 음식. 정중하게 잘 차린 음식.
盛夏(성하 shèngxià) 한고비에 다다른 여름.

▶ 强盛(강성)·極盛(극성)·大盛況(대성황)·茂盛(무성)·榮枯盛衰(영고성쇠)·旺盛(왕성)·隆盛(융성)·全盛(전성)·珍羞盛饌(진수성찬)·豊盛(풍성)·興亡盛衰(흥망성쇠).

盜 도둑 도(:)

盜 盜 盜 盜 盜 盜 盜 盜 盜 盜
🅦 dào 🅙 トウ、ぬすむ 🅔 steal, rob
도적 도, 훔칠 도(盜賊).

書體 小篆 盜 草書 盜 (高校) 會意

盜掘(도굴 dàojué) 몰래 광물을 캐냄.
盜難(도난 dàonàn) 물건을 도둑맞는 재난.
盜掠(도략 dàolüè) 도둑질하고 노략질함. 탈략(奪掠).
盜賣(도매 dàomài) 남의 물건을 훔쳐서 파는 일.
盜伐(도벌 dàofá) 자기 소유가 아닌 산림의 나무를 몰래 벰.
盜犯(도범 dàofàn) 도둑질한 범죄.
盜癖(도벽 dàopǐ) 남의 것을 훔치는 나쁜 버릇.
盜用(도용 dàoyòng) 남의 명의나 물건을 몰래 씀.
盜作(도작 dàozuò) 남의 작품을 본떠서 지음. 또는 그 작품.
盜賊(도적 dàozéi) 도둑놈. 도인(盜

盜竊(도절 dàoqiè) 훔침. 도둑질. 절도(竊盜).
盜聽(도청 dàotīng) ① 몰래 엿들음. ② 금지하는 것을 몰래 들음.
盜取(도취 dàoqǔ) 훔쳐 가짐.
盜汗(도한 dàohàn) 몸이 허약하여 잠자는 중에 나는 식은땀.

▶ 强盜(강도)·群盜(군도)·路上强盜(노상강도)·大盜(대도)·竊盜(절도).

盞 잔 잔

皿 8 ⑬

zhǎn サン, さかずき
wine-cup

술잔 잔(最小杯).【琖과 같음】
盞臺(잔대 zhǎntái) 술잔을 받쳐 놓는 그릇.

盟 맹세 맹

皿 8 ⑬

①②méng ③ míng
メイ, ちかう oath, swear

① 맹세 맹(誓約). ② 미쁠 맹, 믿을 맹(信). ③ 고을 이름 맹(河内邑名盟津).

書體 小篆 大篆 古文 草書 高校 形聲

盟邦(맹방 méngbāng) 동맹을 맺은 나라.
盟誓(맹서→맹세 méngshì) ① 신불(神佛) 앞에 약속함. ② 장래를 두고 다짐하여 약속함. 맹약(盟約).
盟約(맹약 méngyuē) 서약(誓約)함. 맹서(盟誓).
盟主(맹주 méngzhǔ) 동맹(同盟)의 주재자(主宰者). 맹수(盟首).

▶ 加盟(가맹)·結盟(결맹)·同盟(동맹)·總聯盟(총연맹).

盡 다할 진:

皿 9 ⑭

①-⑥ jǐn ⑦ jìn ジン, つきる exhaust, entirely

① 다할 진(竭也, 悉). ② 마칠 진(終也, 月終日盡). ③ 다 진, 모두 진(皆). ④ 비록 진(縱令). ⑤ 자세할 진(詳). ⑥ 극진할 진(極). ⑦ 다하게 할 진(盡之).

書體 小篆 草書 中學 形聲

盡力(진력 jìnlì) ① 힘닿는 데까지 함. ② 갖은 힘을 다함.
盡心(진심 jìnxīn) ① 마음에 고유(固有)한 본연(本然)의 덕성(德性)을 다하여 천명(闡明)함. ② 마음을 다 기울여 씀. ③ 맹자(孟子)의 편명(篇名).
盡心竭力(진심갈력 jìnxīnjiélì) 마음과 힘을 다함.
盡言(진언 jìnyán) 생각한 바를 기탄(忌憚)없이 다 말해 버림. 말을 극진(極盡)히 하여 간(諫)함. 극언(極言).
盡日(진일 jìnrì) ① 온종일. 하루 종일. ② 그 달의 마지막 날. 그믐날.
盡忠報國(진충보국 jìnzhōngbàoguó) 충성을 다하여 나라의 은혜에 보답함.

▶ 極盡(극진)·氣盡脈盡(기진맥진)·賣盡(매진)·無窮無盡(무궁무진)·無盡藏(무진장)·消盡(소진)·燒盡(소진)·一網打盡(일망타진)·自盡(자진)·縱橫無盡(종횡무진)·脫盡(탈진)·蕩盡(탕진).

監 볼/살필 감

皿 9 ⑭

①-③ jiān ④-⑨ jiàn カン, みはる oversee, charge

① 거느릴 **감**(領). ② 살필 **감**(察). ③ 감독할 **감**(監督). ④ 볼 **감**(視). ⑤ 벼슬 **감**(官). ⑥ 임할 **감**(臨). ⑦ 거울 **감**(鑑). ⑧ 감옥 **감**(獄). ⑨ 별 이름 **감**(東方星名監德).【鑑·鑒과 같음】

書體 小篆 㽃 古文 㽃 草書 监 (高校) 會意

監督(감독 jiāndū) ① 감시하여 단속함. 또는 그런 일을 하는 사람. ②《制》청대(清代)의 벼슬 이름.

監理(감리 jiānlǐ) ① 감독하고 관리함. ②《制》감리서(監理署)의 우두머리.

監事(감사 jiānshì) ① 단체의 서무를 맡아 보는 사람. ② 법인(法人)의 재산·업무를 감독하는 사람. ③《佛》감무(監務)와 주지(住持)를 보좌하고 절의 금곡(金穀)의 출납을 맡은 승직(僧職).

監查(감사 jiānchá) 감독(監督)하여 검사(檢査)함.

監修(감수 jiānxiū) 문서(文書)·서책(書冊) 등의 저술(著述)이나 편집을 감독함. 또는 그 일을 하는 사람.

▶警監(경감)·校監(교감)·大監(대감)·都監(도감)·別監(별감)·上監(상감)·乘監(승감)·女監(여감)·令監(영감)·總監督(총감독)·出監(출감)·學監(학감)·憲兵監(헌병감)·縣監(현감).

皿 10 ⑤ 盤 소반 반

丿 丬 爿 爿 舟 舟 舥 般 盤 盤

音 pán 日 ハン, バン, さら, たい
英 vessel

① 소반 **반**(杯盤盛物器承槃). ② 즐길 **반**(樂). ③ 어정거릴 **반**(盤桓, 不進). ④ 목욕통 **반**(浴器). ⑤ 서릴 **반**(屈曲). ⑥ 편안할 **반**(安).

書體 草書 盈 (高校) 形聲

盤石(반석 pánshí) 매우 넓고 평평한 큰 바위.《喻》매우 견고한 것. 안정되어 움직이지 않음.

盤遊(반유 pányóu) 즐거이 놀음.

盤坐(반좌 pánzuò) 책상다리하고 앉음.

▶鍵盤(건반)·骨盤(골반)·基盤(기반)·羅針盤(나침반)·旋盤(선반)·巖盤(암반)·玉盤(옥반)·圓盤(원반)·銀盤(은반)·音盤(음반)·錚盤(쟁반)·地盤(지반)·初盤(초반)·胎盤(태반).

皿 11 ⑯ 盧 성(姓) 로

音 lú 日 ロ, さかば, くろ
英 wineshop, black

① 술집 **로**, 술청 **로**(賣酒家). ② 사냥개 **로**(田犬). ③ 검은 빛 **로**(黑色). ④ 주사위 **로**(樗蒲戲). ⑤ 창 **로**(矛屬). ⑥ 둥글 **로**(盧牟, 規矩). ⑦ 깔깔 웃을 **로**(笑). ⑧ 나나니벌 **로**(蒲盧蜾蠃). ⑨ 말머리 꾸미개 **로**(當盧馬首飾). ⑩ 눈동자 **로**(目中黑子). ⑪ 성 **로**(姓). ⑫ 포 이름 **로**(匏). ⑬ 말 이름 **로**(的盧, 馬名).

盧生之夢(노생지몽 lúshēngzhīmèng) 인생의 영고성쇠(榮枯盛衰)는 일장(一場)의 꿈처럼 덧없다는 뜻.《故》옛날 노생(盧生)이 감단(邯鄲)의 여숙(旅宿)에서 신선을 만나, 밥 한 끼를 끓이는 짧은 동안의 꿈속에서 일생의 성쇠(盛衰)를 꿈꾸었다는 고사. →일취지몽(一炊之夢). 감단지몽(邯鄲之夢).

▶毘盧峯(비로봉).

目, 罒 部

눈 목

目 눈 목

目 目 目 目 目

음 mù 일 モク, ボク, め, みる
영 eye, see

① 눈 목(眼). ② 눈동자 목(人眼童子). ③ 눈여겨볼 목(注視貌之). ④ 조목 목(條件). ⑤ 제목 목(品藻, 題나). ⑥ 지금 목, 당장 목(目下). ⑦ 두목 목(首魁). ⑧ 중요로울 목(要). ⑨ 그물코 목(綱目). ⑩ 명색 목(名也, 名目).

書體 小篆 目 古文 ⊙ 草書 目 (中學) 象形

目擊(목격 mùjī) 그 자리에서 실제로 봄. 분명히 봄.
目睹(목도 mùdǔ) 눈으로 봄. 실지로 봄. 목격(目擊). 목견(目見).
目不識丁(목불식정 mùbùshídīng) 정자(丁字)도 알지 못함.《喻》일자(一字)도 모르는 무식. 낫 놓고 기역자도 모른다.
目不忍見(목불인견 mùbùrěnjiàn) 눈으로 참아 더 볼 수 없음. 또는 그러한 참상(慘狀).
目算(목산 mùsuàn) ① 눈어림. ② 예상(豫想). 계획(計畫).

▶ 綱目(강목)·講目(강목)·曲目(곡목)·科目(과목)·刮目(괄목)·多目的(다목적)·頭目(두목)·盲目(맹목)·面目(면목)·名目(명목)·反目(반목)·費目(비목)·細目(세목)·眼目(안목)·要目(요목)·耳目(이목)·耳目口鼻(이목구비)·一目瞭然(일목요연)·專攻科目(전공과목)·題目(제목)·條目(조목)·種目(종목)·罪目(죄목)·注目(주목)·地目(지목)·指目(지목)·眞面目(진면목)·篇目(편목)·品目(품목)·合目(합목)·項目(항목).

盲 눈멀/소경 맹

盲 盲 盲 盲 盲 盲 盲 盲

음 máng 일 ボウ, モウ, めくら
영 blind

① 청맹과니 맹, 판수 맹, 장님 맹(目無瞳). ② 어두울 맹(暗). ③ 몽매할 맹(蒙昧).

書體 小篆 盲 草書 盲 (高校) 形聲

盲龜遇木(맹귀우목 mángguīyùmù) 눈먼 거북이 뜬 나무를 만남.《喻》어려운 판에 좋은 일을 만남.
盲聾(맹롱 mánglóng) 장님과 벙어리.
盲啞(맹아 mángyǎ) 소경과 벙어리. 맹음(盲瘖).
盲者丹靑(맹자단청 mángzhědānqīng) 소경의 단청구경.《喻》사물을 감정할 능력이 없이 보는 것.
盲者正門(맹자정문 mángzhězhèngmén) 소경이 문을 바로 찾음.《喻》우매한 사람이 우연히 이치에 들어맞는 일을 함. 맹인직문(盲人直門).
盲進(맹진 mángjìn) 앞뒤를 살피지 않고 마구 나아감.

▶ 文盲(문맹)·色盲(색맹).

直 곧을 직

直 直 直 直 直 直 直 直

1 음 zhí 일 チョク, ただしい
영 straight
2 일 ジキ, すぐに 영 honest

1 ① 바를 직(正). ② 곧을 직(不曲). ③ 당할 직(準當). ④ 다만 직(但). ⑤ 펼 직(伸). ⑥ 곧게할 직(理枉). ⑦ 번들 직(待也, 當直, 宿直). ⑧ 바로 직(卽也, 直接, 直面). 2 값 치(物價).【値와 통함】

白皮皿 目 矛矢石示内禾穴立

直 곧을 직

書體 小篆 直　草書 ち　中學　會意

直覺(직각) zhíjué ① 추리(推理) 또는 경험에 의하지 않고 대상을 직접으로 파악하는 것. ② 감관(感官)의 작용에 의하여 직접으로 외계사물의 지식을 얻는 방법. 직관(直觀).

直諫(직간) zhíjiàn 소신(所信)을 기탄없이 말하여 간(諫)함. 맞대하여 잘못을 간(諫)함.

直系(직계) zhíxì 직접(直接)으로 핏줄을 받아 이음. 선조(先祖)로부터 자손(子孫)에게 직선(直線)으로 이어진 혈족(血族) 관계. ↔ 방계(傍系).

直系卑屬(직계비속) zhíxìbēishǔ 자기로부터 직계적(直系的)으로 내려간 혈연(血緣)의 겨레붙이. 곧 아들·손자·증손자(曾孫子) 등.

直系姻族(직계인족) zhíxìyīnzú 배우자의 직계가 되는 혈연의 겨레붙이.

直系尊屬(직계존속) zhíxìzūnshǔ 조상으로부터 직계로 자기에게 이르는 혈연(血緣)의 겨레붙이. 곧 부모·조부모·증조(曾祖)부모 등.

直系血族(직계혈족) zhíxìxuèzú 직계친의 사이에 계속된 혈연의 겨레붙이.

直告(직고) zhígào 바른 대로 고해바침.

直觀(직관) zhíguān ① 판단·추리 따위의 사유작용을 가하는 일이 없이 대상을 직접으로 파악하는 것. 또는 그 내용. ② 감각을 통하여 외계 사물에 관한 구체적 지각을 얻는 것.

直言(직언) zhíyán ① 바르다고 생각하는 바를 무서워하지 않고 기탄없이 말함. 또는 그러한 말. ② 절대적이고 무조건인 말.

直譯(직역) zhíyì 원문(原文)의 문자(文字)·구법(句法)을 그대로 충실하게 번역함. ↔ 의역(意譯).

直轄(직할) zhíxiá 직접적으로 지배하여 직접 관할함.

▶ 剛直(강직)·硬直(경직)·單刀直入(단도직입)·當直(당직)·不問曲直(불문곡직)·率直(솔직)·垂直(수직)·宿直(숙직)·愚直(우직)·以實直告(이실직고)·日宿直(일숙직)·日直(일직)·正直(정직)·忠直(충직)·下直(하직).

相 서로 상

目 4 ⑨

相相相相相相相相相

①② xiāng 日 ショウ, あい
영 mutual ③-⑪ 한 xiàng
日 ソウ, かたち 영 aspect

① 서로 상(共). ② 바탕 상(質). ③ 볼 상(視). ④ 도울 상(助). ⑤ 손님 맞는 사신 상(儐, 接待者). ⑥ 인도할 상(導). ⑦ 붙들 상(扶). ⑧ 정승 상(官名). ⑨ 상볼 상(相術). ⑩ 가릴 상(選擇). ⑪ 풍류 이름 상(似鼓, 樂器名).

書體 小篆 相　草書 わ　中學　會意

相剋(상극) xiàngkè ① 오행(五行)의 운행(運行)에서 서로 이기는 관계. 곧 목(木)은 토(土)에, 토(土)는 수(水)에, 수(水)는 화(火)에, 화(火)는 금(金)에, 금(金)은 목(木)에 이김. ↔ 상생(相生). ② 둘 사이에 서로 마음이 화합(和合)하지 못하고 항상 충돌함.

想思(상사) xiāngsī 서로 생각함. 서로 사모함. 어떤 대상을 사모함.

相似(상사) xiāngsì ① 서로 모양이 비슷함. ②《生》이종(異種)의 생물의 기관(器官)에서 발생하여 계통상 그 기원과 구조는 다르나 그 형상과 작용에 있어서 서로 일치하는 현상. ③《數》하나의 원형을 균등(均等)하게 확대 또는 축소하면 다른 도형과 모양이 똑 같이 되는 것.

相殺(①① 상살 ② 상쇄 xiàngshā) ① 서로 죽임. ② ㉠ 셈을 서로 비김. ㉡ 《法》채권소멸(債權消滅) 원인의 하나. 두 사람이 서로 같은 종류의 채권을 가지는 경우, 피차의 채권에서 같은 액면만을 소멸시키는 것.

相生(상생 xiāngshēng) 오행(五行)의 운행(運行)에 있어서 피차(彼此)에 서로 생(生)하는 관계. 곧 목(木)은 화(火), 화(火)는 토(土), 토(土)는 금(金), 금(金)은 수(水), 수(水)는 목(木)을 생(生)하는 일. ↔ 상극(相剋).

相殘(상잔 xiāngcán) 서로 다투고 싸움.

相從(상종 xiāngcóng) 서로 의좋게 지냄. 과종(過從).

相衝(상충 xiāngchōng) 맞지 않고 서로 어긋남.

相通(상통 xiāngtōng) ① 서로 막힘 없이 길이 트임. ② 서로 마음이나 정을 주고받음. ③ 서로의 뜻을 알음. ④ 서로가 어떤 일에 공통되는 바 있음.

▶ 假相(가상)·骨相(골상)·觀相(관상)·吉相(길상)·內相(내상)·德業相勸(덕업상권)·同病相憐(동병상련)·同族相殘(동족상잔)·名相(명상)·名實相符(명실상부)·色相(색상)·首相(수상)·丞相(승상)·實相(실상)·我相(아상)·樣相(양상)·良相(양상)·外相(외상)·龍虎相搏(용호상박)·位相(위상)·類相(유상)·類相(유유상종)·人相(인상)·一脈相通(일맥상통)·將相(장상)·宰相(재상)·中道實相(중도실상)·眞相(진상)·皮相(피상)·賢相(현상)·患難相恤(환난상휼).

盾 방패 순

目 4 ⑨

1 중 dùn 일 ジュン, たて 영 shield
2 일 トン, たて

1 ① 방패 순(扞身蔽目). ② 벼슬 이름 순(官名, 鉤盾). 2 사람 이름 돈(趙盾).

▶ 矛盾(모순)·矛盾律(모순율)·自己矛盾(자기모순).

省 살필 성 / 덜 생

目 4 ⑨

1 중 shěng 일 セイ, かえりみる 영 reflect 2 중 xǐng 일 ショウ 영 watch

1 ① 볼 성(視). ② 살필 성(察也, 審). 2 ① 덜 생(簡少). ② 아낄 생, 인색할 생(嗇). ③ 대궐 안 마을 생(禁署). ④ 생략할 생, 치워버릴 생(省略).

書體 小篆 省 古文 省 草書 省 中學 形聲

省墓(성묘 xǐngmù) 조상의 산소를 찾아가서 살피어 돌봄. 간산(看山). 성추(省楸).

省察(성찰 xǐngchá) 지난 일의 선악(善惡)·시비(是非)를 반성하여 살핌.

省減(생감 shěngjiǎn) 줄이고 뺌.
省略(생략 shěnglüè) 간단하게 덜어서 줄임.
省畫(생획 shěnghuà) 글자의 획을 줄여 씀.

▶ 歸省(귀성)·內省(내성)·反省(반성).

眈 노려볼 탐

目 4 ⑨

중 dān 일 タン, ねらいみる 영 glare

① 노려볼 탐(視貌). ② 즐길 탐(樂).

眈眈(탐탐 dāndān) ① 범이 내려다보는 모양. ② 그윽하고 깊은 모양.

眉 눈썹 미

目 4 ⑨

중 méi 일 ミ, ビ, まゆげ, まゆ 영 eye-brow

① 눈썹 미(目上毛). ② 가 미, 둘레 미,

白皮皿(目)矛矢石示内禾穴立

언저리 **미**(側邊).

書體: 小篆 眉 草書 盾 (高校) 象形

眉間(미간 méijiān) 양미간. 두 눈썹 사이.
眉目(미목 méimù) ① 눈썹과 눈. 《喩》매우 가까운 것.
眉目秀麗(미목수려 méimùxiùlì) 얼굴이 빼어나게 아름다움.
眉壽(미수 méishòu) ① 눈썹이 세도록 오래 살음. ② 노인(老人). 장수(長壽)하는 사람.
眉睫(미첩 méijié) 눈썹과 속눈썹. 《喩》접근함. 절박(切迫)함. 목첩(目睫).

▶ 白眉(백미)·兩眉間(양미간)·焦眉(초미).

看 볼/보살필 **간**
目 4 ⑨

看看看看看看看看

kàn, kān カン, みる
watch, guard

① 볼 **간**(視). ② 지킬 **간**(看護員, 看守)

書體: 小篆 眼 小篆 看 草書 看 (中學) 會意

看過(간과 kànguò) ① 대충 보아 넘기다가 빠뜨림. ② 보고도 본체만체함. 보기만 하고 내버려 둠.
看色(간색 kànsè) ① 물건의 좋고 나쁨을 알기 위하여 견본(見本) 삼아 일부분을 봄. ② 구색(具色)으로 일부분씩 내놓는 눈비음. 감색(監色).
看做(간주 kànzuò) 그러한 듯이 보아 둠. 그렇다고 침.
看取(간취 kànqǔ) 그 내용을 보아서 알아차림.
看護(간호 kānhù) 병상자(病傷者)나 약한 늙은이나 어린애를 보살피어 돌봄.

▶ 病看護(병간호)·産看(산간).

昧 눈어둘 **매**
目 5 ⑩

バイ, マイ, くらい blind
눈어둘 **매**(目不明).

▶ 昏昧(혼매).

眠 잘/졸 **면**
目 5 ⑩

眠眠眠眠眠眠眠眠眠眠

mián ミン, ねむる sleep

① 졸음 **면**, 졸 **면**(翕目). ② 잘 **면**(寐). ③ 우거질 **면**(茂密貌). ④ 지각(知覺)없을 **면**(無知). ⑤ 어지러울 **면**(亂).

書體: 篆文 眠 草書 眠 (中學) 形聲

眠牀(면상 miánchuáng) 침대(寢臺).
眠睡(면수 miánshuì) 졸음과 잠. 잠을 잠.
眠食(면식 miánshí) 침식(寢食).

▶ 冬眠(동면)·睡眠(수면)·熟眠(숙면)·安眠(안면)·永眠(영면).

眞 참 **진**
目 5 ⑩

眞眞眞眞眞眞眞眞眞眞

zhēn シン, まこと
true, real

① 참 **진**(僞之反). ② 진실할 **진**(實). ③ 정신 **진**(神). ④ 정할 **진**(精). ⑤ 바를 **진**(正). ⑥ 초상 **진**(肖像). ⑦ 순박할 **진**(淳). ⑧ 천진 **진**, 근본 **진**(本元, 原質, 天眞). ⑨ 진서 **진**(楷書, 書體之一). ⑩ 하늘 **진**(眞宰, 天).

書體: 小篆 眞 大篆 㱾 草書 㱾 (中學) 會意

眞金不鍍(진금부도 zhēnjīnbùdù) 진

정한 금은 도금할 필요가 없음.《喻》 진정한 재주는 꾸밀 필요가 없음.

眞面目(진면목 zhēnmiànmù) ① 있는 그대로의 모양. 진상(眞相). 실상(實相). ② 정성스러운 태도.

眞善美(진선미 zhēnshànměi) 진(眞)과 선(善)과 미(美). 이상(理想)에 합치된 상태.

眞率(진솔 zhēnshuài) 정직하여 꾸밈이 없음. 진실(眞實).

眞髓(진수 zhēnsuǐ) 사물의 중심이 되는 요긴한 곳. 신수(神髓). 정수(精髓).

眞如(진여 zhēnrú) ①《佛》영구(永久)히 변화(變化)하지 않는 일체 만유(萬有)의 진성(眞性).〈眞은 허망(虛妄)하지 않음을 의미하고 如는 여상(如常)을 의미함〉. ②《宗》도교(道敎)에서 인간 본래의 성(性)을 일컬음.

眞諦(진체→진제 zhēndì)《佛》진실하여 잘못이 없는 깊은 도리. 평등 무차별(無差別)의 이치. 출세간(出世間)의 법(法). 실상(實相). ↔ 속체(俗諦).

▶ 迫眞(박진)·寫眞(사진)·純眞(순진)·正眞(정진)·天眞(천진)·天眞無垢(천진무구)·靑寫眞(청사진).

目 5 ⑩ **眞** 참 진

【眞(前條)의 약자】

目 5 ⑩ **眩** 어지러울 현:

🔊 xuàn 🗾 ケン, めまい
🔤 giddiness

1 ① 아찔할 현(瞑眩, 潰亂). ② 의혹할 현, 현혹할 현(惑). ③ 어질병 현(風疾). ④ 어둘 현(暗). **2** ① 요술 환(妖術). ② 미혹할 환(惑).

眩氣(현기 xuànqì) 눈이 아찔하고 머리가 어지러운 기운.

眩亂(현란 xuànluàn) 정신이 헷갈려 어수선함.

眩惑(현혹 xuànhuò) 정신이 혼미하여 어지러운 홀림에 빠져 미혹함.

目 6 ⑪ **眷** 돌볼 권:

🔊 juàn 🗾 ケン, かえりみる
🔤 look after

① 돌아 볼 권, 돌봐 줄 권(回視顧念). ② 붙이 권, 친척 권(親屬). ③ 건념할 권(眷眷謹厚意).【睠과 같음】

眷顧(권고 juàngù) ① 돌아봄. ② 정(情)을 두고 돌봄. 애고(愛顧).

眷屬(권속 juànshǔ) ① 친족(親族). ② 한 집안의 식구.

眷率(권솔 juànshuài) 한 집에서 생활을 같이 하는, 자기가 거느린 식구.

眷愛(권애 juànài) 보살펴 사랑함. 정을 둠. 귀여워함.

目 6 ⑪ **眸** 눈동자 모

🔊 móu 🗾 ボウ, ひとみ 🔤 pupil

눈동자 모(眸子, 目瞳).

眸子(모자 móuzi) 눈동자.

眸前(모전 móuqián) 눈 앞. 일전(目前). 안전(眼前).

目 6 ⑪ **眺** 볼 조:

🔊 tiào 🗾 チョウ, ながめる
🔤 look, gaze at

① 멀리볼 조(遠視). ② 바라볼 조(望).

眺望(조망 tiàowàng) ① 멀리 바라봄. ② 전망(展望).

目 6 ⑪ **眼** 눈 안:

眼 眼 眼 眼 眼 眼 眼 眼

白皮皿目矛矢石示内禾穴立

眼 yǎn ガン、ゲン、め、まなこ
eye, see

① 눈 안(目). ② 볼 안(視). ③ 과실 이름 안(果名, 龍眼).

書體 小篆 眼 草書 眼 (中學) 形聲

眼目(안목 yǎnmù) ① 사물의 요긴한 곳. 요점(要點). 주안점(主眼點). ② 눈매. 눈동자.
眼鼻莫開(안비막개 yǎnbímòkāi) 《國》 일이 분주하여 눈코 뜰 사이가 없음.
眼識(안식 yǎnshí) ① 사물의 진가(眞價)를 알아내는 힘. 또는 그러한 안목(眼目)과 식견(識見). 안광(眼光). ②《佛》육식(六識)의 하나. 안근(眼根)에 의하여 생기며 색경(色境)을 판별하는 것.
眼中無人(안중무인 yǎnzhōngwúrén) 스스로 교만하여 남을 사람으로 보지 않음. 안하무인(眼下無人).
眼下無人(안하무인 yǎnxiàwúrén) 성질이 교만하여 모든 사람을 업신여김. 안중무인(眼中無人).
眼昏(안혼) 시력이 흐림.

▶ 開眼(개안)·檢眼(검안)·近視眼(근시안)·老眼(노안)·白眼(백안)·法眼(법안)·碧眼(벽안)·瞥眼間(별안간)·斜眼(사안)·色眼鏡(색안경)·雙眼鏡(쌍안경)·肉眼(육안)·主眼(주안)·着眼(착안)·千手千眼(천수천안)·醉眼(취안)·血眼(혈안)·慧眼(혜안).

眾 무리 중:

シュウ、おおい abundant

① 많을 중(多). ② 무리 중(衆人). ③ 민심 중(庶民之心). ④ 고비 뿌리 중(貫眾, 藥名).【衆(血부 6획)의 본자】

着 닿을/붙을 착

【著(艸부9획)의 속자】

書體 草書 着 (中學) 形聲

睛 눈동자 정

jīng セイ、ひとみ pupil
눈 검은자위 정, 눈동자 정(目珠).

睡 졸음 수

shuì スイ、ねむる sleep
졸음 수, 졸 수, 잘 수(坐寐眠).

書體 小篆 睡 草書 睡 (高校) 形聲

睡魔(수마 shuìmó) 못 견디게 오는 졸음.〈졸음을 마력(魔力)에 비유하여 일컫는 말〉.
睡眠(수면 shuìmián) 잠을 잠. 잠.
睡鄕(수향 shuìxiāng) 꿈나라. 잠자는 동안에 혼이 가는 곳.

▶ 熟睡(숙수)·午睡(오수)·昏睡(혼수).

督 감독할 독

dū トク、みる、うながす oversee

① 감독할 독, 동독할 독(董). ② 거느릴 독(率). ③ 살필 독(察). ④ 권할 독(勸). ⑤ 재촉할 독(催趣). ⑥ 꾸짖을 독(責). ⑦ 신칙할 독(敕戒). ⑧ 가운데 독(中央). ⑨ 맏아들 독(家督, 長子). ⑩ 대장 독(大將).

書體 小篆 督 草書 督 (高校) 形聲

督勵(독려 dūlì) 감독하여 격려함.
督戰(독전 dūzhàn) 싸움을 감독(監督)함. 우리 편 군대가 분전(奮戰)하도록 격려(激勵)함.
督促(독촉 dūcù) 재촉함. 나쁜 점을 꾸짖고 재촉함.

▶ 監督(감독)·基督教(기독교)·提督(제독)·總督(총독).

睦 화목할 목
目 8획 ⑬

睦 睦 睦 睦 睦 睦 睦 睦 睦

音 mù 日 ボク, むつまじい
英 friendly

① 눈매 고울 목(目順). ② 친목할 목(親信). ③ 화목할 목(和). ④ 공경할 목(恭敬). ⑤ 성 목(姓).

書體 小篆 睦 古文 𣎴 草書 睦

高校 形聲

睦友(목우 mùyǒu) 형제(兄弟)간의 사이가 좋음.
睦親(목친 mùqīn) ① 화목하여 즐거워함. 친목(親睦). ② 절친(切親)한 친척.

▶ 親睦(친목)·和睦(화목).

睹 볼 도
目 9획 ⑭

音 dǔ 日 ト, みる 英 see, look

볼 도(見).【覩와 같음】
睹聞(도문 dǔwén) 보고 들음. 견문(見聞).

▶ 目睹(목도).

睾 불알 고
目 9획 ⑭

音 gāo 日 コウ, きんたま
英 testicles

① 불알 고, 불알맹이 고(腎丸). ② 질펀할 고, 윤택할 고(睾如, 澤貌).
睾丸(고환 gāowán)《生》불알. 남자 생식기(生殖器)의 일부.

睿 슬기 예:
目 9획 ⑭

音 ruì 日 エイ, さとい, かしこい
英 wisdom

① 슬기 예(智). ② 통달 예(通). ③ 밝을 예(深明). ④ 성인 예(聖睿).
睿達(예달 ruìdá) 슬기롭고 사리(事理)에 통달(通達)함.
睿智(예지 ruìzhì) ① 마음이 밝고 생각이 뛰어나게 지혜로움. 예지(叡智). ②《哲》인식(認識)을 얻기 위한 정신활동(精神活動)의 전체.

瞋 부릅뜰 진
目 10획 ⑮

音 chēn 日 シン, いかる
英 angry eyes

눈부릅뜰 진(怒而張目).
瞋怒(진노 chēnnù) 눈을 부릅뜨고 성냄.
瞋眸(진모 chēnmào) 눈을 부릅뜸. 성난 눈.
瞋恚(진에 chēnhuì) ① 성이 나서 남을 원망하고 미워함. 분노함. ②《佛》삼독(三毒)의 하나. 자기 마음에 맞지 않는 것을 성내고 원망함.

瞑 눈감을 명
目 10획 ⑮

1 音 míng 日 メイ, つぶる
英 close one's eyes
2 日 ミョウ, つぶる

1 ① 눈감을 면(翕目). ② 아찔한 면(瞑眩, 憒亂). ③ 심할 면(劇). 2 ① 눈흐릴 명(目不明). ② 눈감을 명(翕目).
瞑瞑(명명 míngmíng) 분명하지 않아

잘 알 수 없는 모양.
瞑想(명상 míngxiǎng) 눈을 감고 깊은 생각에 잠김.

瞞 속일 만

目 11 / 16

중 mán 일 マン, モン, たます
영 deceive

① 눈 거슴츠레할 **만**(目瞞低). ② 속일 **만**(匿情相欺). ③ 반듯한 눈 **만**(平目). ④ 부끄러울 **만**(慚).
瞞報(만보 mánbào) 거짓으로 내는 보고. 속여서 하는 보고.
瞞然(만연 mánrán) ① 분명히 보이지 않는 모양. ② 부끄러워하는 모양.
瞞著(만착 mánzhuó) 속임. 남의 눈을 속임.

▶ 欺瞞(기만).

瞥 눈깜작할 별

目 12 / 17

중 piē 일 ヘツ, みる 영 glance at
눈깜작할 **별**, 잠깐 볼 **별**(瞥然, 暫見).
瞥見(별견 piējiàn) 얼른 슬쩍 봄.
瞥觀(별관 piēguān) =별견(瞥見).
瞥眼間(별안간 piēyǎnjiān) 갑자기.
瞥然(별연 piērán) 힐끗 보는 모양. 잠깐 보는 모양.

▶ 一瞥(일별).

瞬 순간/눈깜작할 순

目 12 / 17

瞬 瞬 瞬 瞬 瞬 瞬 瞬 瞬 瞬

일 シュン, またたく 영 blink, wink
① 눈깜작일 **순**(目自動). ② 잠깐 **순**(瞬息須臾).

| 書體 | 篆文 | 草書 | 瞬 | (高校) | 形聲 |

瞬間(순간 shùnjiān) 잠깐 동안.
瞬視(순시 shùnshì) 눈을 깜작이면서 봄.
瞬息間(순식간 shùnxījiān) 눈을 한 번 깜작하거나, 숨을 한 번 쉴 만한 짧은 시간. 매우 짧은 시간. 순식(瞬息).

▶ 一瞬(일순).

瞰 굽어볼 감

目 12 / 17

중 kàn 일 カン, みる
영 look down
굽어볼 **감**, 내려다볼 **감**(俯視).

▶ 鳥瞰圖(조감도).

瞭 밝을 료

目 12 / 17

중 liǎo, liào 일 リョウ, あきらか
영 clear-sighted

① 아득하게 보일 **료**(遠視). ② 눈자위 맑을 **료**, 눈 밝을 **료**(目睛明).

▶ 簡單明瞭(간단명료)·明瞭(명료)·一目瞭然(일목요연).

瞳 눈동자 동:

目 12 / 17

중 tóng 일 トウ, ひとみ
영 pupil of the eye
눈동자 **동**(目珠瞳子腎之精).
瞳孔(동공 tóngkǒng) 눈동자. 동자(瞳子). 동정(瞳睛).
瞳睛(동정 tóngjīng) 눈동자.

瞻 볼 첨

目 13 / 18

중 zhān 일 セン, みる 영 look up

쳐다볼 **첨**, 우러러볼 **첨**(仰視).

瞻戴(첨대 zhāndài) 우러러 받들음.

瞻望(첨망 zhānwàng) ① 바라봄. 멀리서 우러러봄. ② 앙모(仰慕)함.

瞻慕(첨모 zhānmù) 우러러 사모함. 앙모(仰慕). 첨앙(瞻仰).

瞻視(첨시 zhānshì) 바라다봄. 휘둘러봄.

瞻星臺(첨성대 zhānxīngtái) 《歷》 경상북도(慶尙北道) 경주시(慶州市)에 있음. 신라(新羅) 선덕여왕(善德女王) 때에 세운 동양(東洋)에서 가장 오래된 천문대(天文臺). 돌로 둥글게 쌓아 올렸는데 밑면의 직경(直徑) 5.5m, 위의 직경 2.5m, 높이 9m 가량임.

瞻仰(첨앙 zhānyǎng) ① 우러러봄. ② 존경하고 사모함.

目 14 ⑲ 矇 청맹과니 **몽**

[중] mēng, méng [일] ボウ, モウ, めくら, めしい [영] blind

청맹과니 **몽**(矇瞍, 靑盲, 有瞳未見).

矇昧(몽매 mēngmèi) 사물의 이치에 어두움. 어리석음. 몽매(蒙昧).

矇矇(몽몽 mēngmēng) 어두운 모양. 분명하지 않은 모양.

矇然(몽연 mēngrán) 똑똑히 보이지 않는 모양. 분명하지 않은 모양.

目 19 ㉔ 矗 우뚝솟을 **촉**

[중] chù [일] チョク, まっすぐ [영] straight

① 곧을 **촉**(直). ② 우뚝솟을 **촉**(聳上貌).

矗立(촉립 chùlì) 똑바로 섬. 솟아 있음.

矛 部
창 **모**

矛 0 ⑤ 矛 창 **모**

[중] máo [일] ボウ, ム, ほこ [영] spear

세모진 창 **모**(鉤兵).

矛盾(모순 máodùn) ① 창(槍)과 방패(防牌). ② 말의 앞뒤가 서로 맞지 않음. 《故》 한비자(韓非子)에 실린 창과 방패를 동시(同時)에 팔던 초(楚) 나라 사람의 앞뒤 이치(理致)가 맞지 않는 이야기. ③ 양립(兩立)하지 않음. 자가당착(自家撞着). 모순(矛楯).

矛 4 ⑨ 矜 자랑할 **긍:**

[1] [중] qín [일] キン, あわれむ [영] pity
[2] [중] quān [일] カン [영] pride
[3] [중] jīn [일] キョウ

[1] 창자루 **근**(矛柄). [2] 홀아비 **환**(老無妻). [3] ① 창자루 **긍**(戟鋋杷). ② 민망할 **긍**(愍). ③ 자랑할 **긍**(自賢). ④ 아낄 **긍**(惜). ⑤ 공경할 **긍**(敬). ⑥ 곱송그릴 **긍**(竦). ⑦ 높일 **긍**(尙). ⑧ 불쌍할 **긍**(哀). ⑨ 꾸밀 **긍**(飾). ⑩ 교만할 **긍**(驕).

矜驕(긍교 jīnjiāo) 뽐내고 방자함.

矜持(긍지 jīnchí) ① 자신을 눌러 조심함. ② 스스로 자신(自身)을 잘난 듯이 꾸밈. ③ 자신(自信)하는 바가 있어 자랑함.

矜恤(긍휼 jīnxù) 불쌍히 여겨 도와 줌. 연휼(憐恤). 긍련(矜憐).

▶ 自矜(자긍).

白 皮 皿 目 矛 矢 石 示 内 禾 穴 立

矢 部
화살 시

矢 화살 시ː

矢矢乍乍矢

🔊 shǐ 🇯🇵 シ, や 🇬🇧 arrow

① 살 **시**(箭). ② 소리살 **시**(嚆矢響箭). ③ 곧을 **시**(直). ④ 베풀 **시**(陳也, 施). ⑤ 맹세 **시**(誓). ⑥ 똥 **시**(糞).

書體 小篆 夨 草書 矢 （高校） 象形

矢句(시구 shǐjù) 마음대로 지껄임.
矢心(시심 shǐxīn) 마음속으로 맹세함.
矢言(시언 shíyán) 맹세하는 말. 서언(誓言).
矢鏃(시촉 shǐzú) 화살촉. 화살 끝에 박은 쇠. 전족(箭鏃).

▶ 弓矢(궁시)·毒矢(독시)·飛矢(비시)·流矢(유시)·嚆矢(효시).

矣 어조사 의

矣矣矣矣矣矣矣

🔊 yǐ 🇯🇵 イ

① 말 그칠 **의**(語已辭). ② 어조사 **의**(語助辭).

書體 小篆 㠯 草書 矣 （中學） 形聲

矣夫(의부 yǐfū) 영탄(詠歎)의 조사(助辭).
矣哥(의가 yǐgē) 영탄(詠歎)의 조사(助辭).

知 알 지

知知知矢矢知知

🔊 zhī 🇯🇵 チ, しる 🇬🇧 know

① 알 **지**(識). ② 깨달을 **지**(覺). ③ 생각할 **지**(生覺). ④ 기억할 **지**(記憶). ⑤ 이를 **지**(諭). ⑥ 하고자할 **지**(欲). ⑦ 주장할 **지**(知府, 主).

書體 小篆 知 草書 知 （中學） 會意

知己之友(지기지우 zhījǐzhīyǒu) 서로 마음이 통하는 친한 벗.
知命(지명 zhīmìng) ① 천명(天命)을 앎. ② 인생 50세를 이르는 말.
知斧斫足(지부작족 zhīfǔzhuózú) 《國》 믿던 도끼에 발등 찍히기. 《喩》 믿던 사람에게 해를 당했거나 받았다는 뜻.
知性(지성 zhīxìng) ① 명철(名哲)한 성질. ② 성(性)을 앎. 사람의 본성(本性)을 앎. ③ 《哲》 지적 작용(知的作用)에 관한 성능(性能). 인식(認識)과 이해의 능력. 사고하는 힘.
知識(지식 zhīshi) ① 지혜. 사고하는 작용. ② 알고 있는 내용. ③ 《哲》 외계(外界)를 감지(感知)하고 이해하는 작용. ④ 《佛》 ㉠ 번뇌(煩惱)를 버리고 정법(正法)을 앎. ㉡ 불도(佛道)의 선배. 선지식(善知識).
知悉(지실 zhīxī) 자세히 앎.
知恩報恩(지은보은 zhīēnbàoēn) 은혜를 알고 그 은혜를 갚음.
知音(지음 zhīyīn) ① 거문고 소리를 듣고 그 뜻을 분간함. ② 자기 마음을 잘 아는 사람. 지기지우(知己之友). 《故》 백아(伯牙)가 타는 거문고 소리를 종자기(鍾子期)가 듣고 그 곡조를 잘 알아들었다는 고사. → 절현(絶絃). ③ 자기를 잘 알아서 뒤를 돌아보아 주는 사람.
知足(지족 zhīzú) 만족함을 앎. 분을 지켜 너무 탐내지 않음.
知彼知己(지피지기 zhībǐzhījǐ) 남과 나의 세력의 강약을 살펴 앎.

▶ 感知(감지)·告知(고지)·公知(공지)·舊

面知己(구면지기)·道知事(도지사)·沒知覺(몰지각)·無知莫知(무지막지)·親知(친지)·不告知罪(불고지죄)·不問可知(불문가지)·生面不知(생면부지)·熟知(숙지)·視知覺(시지각)·諒知(양지)·豫備知識(예비지식)·豫知(예지)·溫故知新(온고지신)·認知(인지)·全知全能(전지전능)·周知(주지)·州知事(주지사)·天非不知(천정부지)·親知(친지)·探知(탐지)·通知(통지)·行為知難(행이지난).

矩 모날/법 구

音 jǔ 日 ク, さしがね, さし
영 carpenter's square

① 곡척 구(正方器). ② 법 구(法). ③ 거동 구(儀). ④ 모질 구(廉隅).

矩度(구도 jǔdù) ① 법도(法度). 법칙(法則). ② 기거동작(起居動作)의 규율법칙(規律法則).

矩步(구보 jǔbù) 바른 걸음걸이. 보행(步行)이 법도(法度)에 맞음.

矩形(구형 jǔxíng) 《數》 장방형(長方形). 기하학(幾何學)에서 각각의 각이 직각을 이루는 사변형. 네모꼴.

短 짧을 단ː

短 短 短 短 短 短 短 短 短

音 duǎn 日 タン, みじかい 영 short

① 짧을 단(不長促). ② 남의 허물 지목할 단(指人過失). ③ 잘못 단(缺點). ④ 젊어서 죽을 단(夭死).

書體 小篆 短 草書 短 中學 形聲

短慮(단려 duǎnlǜ) 얕은 생각. 생각이 얕은 것. 천려(淺慮). 단견(短見).

短袖(단수 duǎnxiù) 짧은 소매.

短視(단시 duǎnshì) 마음이 트이지 못하여 먼 앞일을 내다보지 못함.

短音階(단음계 duǎnyīnjiē) 둘째와 셋째, 다섯째와 여섯째 음 사이의 음정이 반음인 음계. 고요하고 슬픈 느낌을 나타내기에 알맞은 음계임. ↔ 장음계(長音階).

短長(단장 duǎncháng) ① 짧은 것과 긴 것. ② 단점과 장점. 우열(優劣). ③ 단명(短命)과 장수(長壽).

▶輕薄短少(경박단소)·極超短波(극초단파)·實長短(실장단)·一長一短(일장일단)·長短(장단)·誅短(주단)·最短(최단).

矮 난쟁이 왜

音 ǎi 日 ワイ, こびと, ちぢむ
영 dwarfish

① 난쟁이 왜(短人). ② 줄일 왜(縮).

矮小(왜소 ǎixiǎo) 키가 낮고 작은 것.
矮人(왜인 ǎirén) 난쟁이.
矮縮(왜축 ǎisuō) 납작하게 쪼그라짐.

矯 바로 잡을 교ː

矯 矯 矯 矯 矯 矯 矯 矯 矯 矯

音 jiǎo, jiáo 日 キョウ, ためる
영 reform, correct

① 살 바로 잡을 교(揉箭正曲). ② 거짓 교(詐). ③ 천단할 교(擅). ④ 핑계할 교(妄托). ⑤ 들 교(擧). ⑥ 날랠 교(勇貌). ⑦ 굳셀 교(强).

書體 小篆 矯 草書 矯 高校 形聲

矯聲(교성 jiǎoshēng) 아름다운 소리.
矯正(교정 jiǎozhèng) 곧게 바로잡음. 바로잡음.
矯奪(교탈 jiǎoduó) 속여서 빼앗음.

石部

돌 석

石 돌 석

石石石石石

🔊 shí, dàn 🇯🇵 セキ, シャク, いし
🔤 stone

① 돌 **석**(山骨). ② 저울 **석**(衡名, 百二十斤). ③ 단단할 **석**(心如鐵石). ④ 섬 **석**(量名, 十斗). ⑤ 경쇠 **석**(樂器八音之一).

書體 小篆 石　草書 石　(中學) 象形

石刻(석각 shíkè) 돌에 글자나 그림을 새김.
石間水(석간수 shíjiànshuǐ) 바위 새로 흘러나오는 물.
石鹼(석검 shíjiǎn)《日》비누.
石膏(석고 shígāo)《鑛》무색 또는 황색의 광석으로 황산칼슘으로 이루어진 광물로서 산(酸)에 녹음.
石綿(석면 shímián)《鑛》돌솜. 솜과 같이 부드러운 전기(電氣)·열(熱)의 부도체(不導體)인 광물(鑛物).
石蜜(석밀 shímì) = 석청(石淸).
石氷庫(석빙고 shíbīngkù) 신라 때 얼음을 저장(貯藏)하던 창고(倉庫). 경상북도 경주 월성의 토벽(土壁) 안에 있으며 화강석으로 축조(築造)됨. 신라 지증왕(智證王) 때 지었음.
石築(석축 shízhù) 돌로 쌓은 옹벽(擁壁)의 한 가지. 흙이 무너지지 아니하도록 가장자리에 돌을 쌓아 올린 벽.

▶ 巨石(거석)·鑛石(광석)·塊石(괴석)·怪石(괴석)·舊石器人(구석기인)·金石(금석)·基石(기석)·奇巖怪石(기암괴석)·大理石(대리석)·臺石(대석)·萬石(만석)·盤石(반석)·寶石(보석)·浮石(부석)·碑石(비석)·床石(상석)·試金石(시금석)·新石器人(신석기인)·岩石(암석)·巖石(암석)·烏石(오석)·玉石(옥석)·隕石(운석)·原石(원석)·一石二鳥(일석이조)·磁石(자석)·電光石火(전광석화)·定石(정석)·柱石(주석)·誌石(지석)·支石墓(지석묘)·採石(채석)·鐵石(철석)·硝石(초석)·他山之石(타산지석)·投石(투석)·布石(포석)·標石(표석)·化石(화석)·麾石(휘석).

砂 모래 사

🔊 shā 🇯🇵 サ, シャ, すな 🔤 sand

① 모래 **사**(沙). ② 주사 **사**(丹砂, 辰砂). ③ 약 이름 **사**(藥名, 縮砂).【沙와 통함】

砂金(사금 shājīn)《鑛》모래·자갈에 섞여 나오는 모래알과 같이 잔 금(金). 사금(沙金).
砂礫(사력 shālì) 모래와 조약돌. 사력(沙礫).
砂防(사방 shāfáng) 산이나 바닷가의 흙이나 모래의 이동(移動)을 막기 위한 시설(施設).
砂布(사포 shābù) 금강사(金剛砂)나 유리의 고운 가루를 헝겊이나 종이에 발라 붙인 것. 쇠붙이를 닦는 데 쓰임. 사지(砂紙).

硏 갈 연ː

【硏(石부6획)의 속자】

砲 대포 포ː

🔊 pào 🇯🇵 ホウ, おおつつ
🔤 heavy gun

① 돌 쇠뇌 **포** 돌 튀기는 화살 **포**(以機發石). ② 큰 대포 **포**(大砲, 砲擊).

砲煙彈雨(포연탄우 pàoyāndànyǔ) 대포의 연기와 빗발처럼 쏟아지는 탄알이라는 뜻.《喩》격렬한 전투.

砲艦(포함 pàojiàn) 경포(輕砲)를 장비한 소형 군함. 연안(沿岸) 하천(河川)의 공·방어를 주요 임무로 함.

砲火(포화 pàohuǒ) ① 대포 또는 철포(鐵砲)를 쏠 때 일어나는 불. 또는 발사된 탄알. ② 전쟁(戰爭).

▶ 巨砲(거포)·高射砲(고사포)·空砲(공포)·大砲(대포)·榴彈砲(유탄포)·追擊砲(박격포)·雙砲(쌍포)·野砲(야포)·長距離砲(장거리포)·銃砲(총포)·祝砲(축포)·艦砲(함포)·火砲(화포)

破 깨뜨릴 파:

破破破破破破破破

음 ハ, 훈 やぶる break, destroy
① 깨질 파, 깨뜨릴 파(裂也, 劈). ② 군사 패할 파(敗師). ③ 다할 파(讀破, 盡). ④ 갈라질 파(割也, 破竹之勢).

書體 小篆 𥖣 草書 破 中學 形聲

破鏡(파경 pòjìng) ① 깨어진 거울. ② 이지러진 달. ③ 부부의 사이가 깨어져 이혼하는 것. ④ 아비를 잡아먹는다는 악수(惡獸)의 이름. 파경(破獍).

破戒(파계 pòjiè) ①《佛》불계(佛戒)를 깨뜨리어 지키지 아니함. ② 훈계(訓戒)를 깨뜨림.

破瓜期(파과기 pòguāqī) 여자가 경도(經度)를 처음 시작하는 15~16세 되는 시기.

破瓜之年(파과지년 pòguāzhīnián)「과(瓜)」를 종횡(縱橫)으로 해자(解字)하면 두 개의「팔(八)」자(字)가 되는 데서 나옴. ① 여자의 16세(8×2=16). ② 남자의 64세(8×8=64).

破廉恥(파렴치 pòliánchǐ) 염치를 모름. 철면피(鐵面皮).

破門(파문 pòmén) ①《宗》신도의 자격을 박탈하고 종문(宗門)으로부터 추방함. ② 스승이 불의(不義)의 제자에 대하여 사제 관계를 끊고 문인(門人)으로부터 제적(除斥)함.

破邪顯正(파사현정 pòxiéxiǎnzhèng)《佛》사도(邪道)를 깨뜨리고 정도(正道)를 나타냄.

破碎(파쇄 pòsuì) 조각조각 깨어져서 부스러짐. 깨트리어 부수어 버림.

破字(파자 pòzì)《國》① 한자의 자획(字畫)을 분할(分合)하여 맞추는 수수께끼. 곧「강(姜)」을 분해하여 팔왕녀(八王女)라 하고,「파과(破瓜)」의「과(瓜)」를 두개의 팔(八)자로 보아「16세」라 하고,「황견유부(黃絹幼婦)」의「황견(黃絹)」은「색사(色絲)」로「절(絶)」자(字),「유부(幼婦)」는「소녀」로「묘(妙)」곧「절묘(絶妙)」라고 보는 따위. ② 점술가(占術家)가 점치는 법의 한 가지. 한자(漢字)를 풀어 보아서 좋고 언짢음을 알아냄.

破竹之勢(파죽지세 pòzhúzhīshì) 세력이 강하여 막을 수 없는 모양 또는 그 세력.

破綻(파탄 pòzhàn) ① 찢어지고 망함. ② 일이 이루어지지 못하고 탈남. ③《經》상점·회사 따위가 지불 정지로 됨.

▶ 看破(간파)·喝破(갈파)·擊破(격파)·難破(난파)·論破(논파)·踏破(답파)·大破(대파)·突破(돌파)·描破(묘파)·發破(발파)·說破(설파)·完破(완파)·走破(주파)·打破(타파)·爆破(폭파)

硅 유리 만드는 흙 규

음 guī 훈 ケイ, けいそ

유리 만드는 흙 규(硅素, silicon)

硅砂(규사 guīshā) 석영을 함유한 바위가 분해되어 생긴 모래. 유리 원료로 씀.

硅酸(규산 guīsuān) 규소·산소·물 따위의 화합물. 천연으로는 수정·석영

硅素(규소 guīsù) 《化》석영·수정 따위에 화합되어 있는 원소의 하나.

硅藻土(규조토 guīzǎotǔ) 규조가 쌓여 된 흰 빛깔의 흙. 계조토.

硏 갈 연ː

研研研研研研研研研

- 음 yán, yàn 일 ケン, みがく
- 영 grind, rud fine

① 갈 연, 연마할 연(䃺). ② 연구할 연, 궁구할 연(窮究).

書體 小篆 研 草書 硑 中學 形聲

硏考(연고 yánkǎo) 연구하고 생각함. 고구(考究).

硏究(연구 yánjiū) 깊이 조사하고 생각함.

硏磨(연마 yánmó) ① 갈고 닦음. ② 노력을 거듭하여 정신이나 기술을 닦음.

硏武(연무 yánwǔ) 무술을 닦음.

硏修(연수 yánxiū) 학업을 연구하여 닦음.

硏鑽(연찬 yánzuān) 학문을 깊이 연구함.

硝 화약 초

- 음 xiāo 일 ショウ, しょうせき
- 영 nitre

망초 초(硇硝, 石藥). 【古音 : 소】

硝酸(초산 xiāosuān) 《化》질산(窒酸). 무색(無色)이며 심한 냄새가 나는 액체. 셀룰로이드·약품(藥品)·폭약(爆藥)·초산염(硝酸鹽) 등의 제조에 씀.

硝煙(초연 xiāoyān) 대포나 철포(鐵砲) 등을 쏘았을 때 나오는 화약의 연기.

硝子(초자 xiāozi) 《化》석영(石英)·탄산(炭酸) 나트륨·석탄석(石炭石) 등을 원료로 하여 만든 단단하나 깨지기 쉬운 투명한 물체. 유리.

硫 유황 류

- 음 liú 일 リュウ, ゆおう 영 sulphur

석류황 류, 황 류, 유황 류(硫黃, 石樂).

硫酸(유산 liúsuān) 《化》무색(無色)·무취(無臭)의 유장(油狀) 액체. 산성(酸性)이 강하고 금(金)과 백금(白金) 이외의 모든 금속을 녹이고 물에 혼합하여 많은 열을 냄. 황산(黃酸).

硫黃(유황 liúhuáng) 《化》비금속(非金屬) 원소(元素)의 한 가지. 황색(黃色)·무취(無臭)의 결정(結晶)으로 물에 녹지 않음. 화약(火藥)·성냥·의약(醫藥)·공업약품(工業藥品) 등의 원료로 씀.

硬 굳을 경ː

硬硬硬硬硬硬硬硬硬

- 음 yìng 일 コウ, かたい
- 영 hard, stiff

① 단단할 경(堅牢). ② 강할 경(强).

書體 草書 硬 高校 形聲

硬骨(경골 yìnggǔ, gū) 절조가 굳고 남에게 쉽게 굴하지 않는 기골(氣骨).

硬度(경도 yìngdù) ① 물체의 경연(硬軟)의 정도. ②《鑛》고체(固體)의 광물(鑛物)이 이를 가루로 부수려는 힘에 저항하는 정도. ③《物》X선(線)의 투과도의 크기. ④《化》경수(硬水)의 정도.

硬派(경파 yìngpài) 강한 의견, 또는 주의를 가지고 있는 당파(黨派).

▶ 强硬(강경)·肝硬變症(간경변증)·生硬(생경)·超硬(초경).

硯 벼루 연:

yàn ケン, すずり ink-slab
① 벼루 연(石可硏墨). ② 돌 연(石滑).
硯匣(연갑 yànxiá) 벼룻집.
硯滴(연적 yàndī) 벼루에 쓸 물을 담아 두는 그릇.

硼 붕사(硼砂) 붕

péng ホウ, うさん borax
1 돌명 평(石名). **2** 약 이름 붕(藥名).
硼礚(붕개 péngkē) 돌이 맞부딪치는 소리.
硼砂(붕사 péngshā) 〖鑛〗 붕소(硼素)의 화합물(化合物). 야금(冶金) 등에 쓰는 이외에 에나멜·비누 등의 제조에 씀.
硼酸(붕산 péngsuān) 〖醫〗 약품의 한 가지. 흰 빛의 투명하고 비늘 모양의 광택이 있는 결정체(結晶體). 붕사에 황산을 작용시켜 만들음. 방부제 등으로 씀.
硼素(붕소 péngsù) 붕산(硼酸)·붕사(硼砂)가 주성분으로 된 물질. 검은 갈색의 비금속 원소. 자연에서 산출되나 붕산을 처리하여 만들 수 있음.

碁 바둑 기

qí キ, ご oriental chess
바둑 기(圍碁). 【棊와 같음】

碇 닻 정

dìng テイ, いかり anchor
① 닻돌 정(錘舟石). ② 배 멈출 정(碇泊).

碇泊(정박 dìngbó) 닻을 내리고 배를 멈춤.

碍 거리낄 애:

ài ガイ, さえぎる obstacle
막힐 애, 거리낄 애(阻). 【礙와 같음】
碍子(애자 àizi) 〖理〗 전선을 지주(支柱)에 맬 때 쓰는 사기그릇의 절연체(絕緣體).

▶ 拘碍(구애)·無碍(무애)·身體障碍(신체장애)·身體障碍者(신체장애자).

碎 부술 쇄:

suì サイ, くだく break
① 부술 쇄, 부서질 쇄(細破). ② 잘 쇄(煩碎, 靡密).
碎骨粉身(쇄골분신 suìgǔfěnshēn) =분골쇄신(粉骨碎身).
碎劇(쇄극 suìjù) 매우 일이 바쁨.
碎屑(쇄설 suìxiè) 부스러진 가루. 잔 부스러기.
碎身(쇄신 suìshēn) 몸을 아끼지 않고 일하는 것.

▶ 煩碎(번쇄)·粉碎(분쇄)·玉碎(옥쇄)·破碎(파쇄).

碑 비석 비

碑 碑 碑 碑 碑 碑 碑 碑

bēi ヒ, たていし
stone monument
비 비, 비석 비(刻石紀功德).

書體 小篆 碑 草書 碑 (高校) 形聲

碑閣(비각 bēigé) 안에 비(碑)를 세워 놓은 집.
碑銘(비명 bēimíng) 성명(姓名)·본적

白皮皿目矛矢㊁示内禾穴立

(本籍)·성행(性行)·경력(經歷) 등을 새겨서 묘 앞에 세운 것. 비(碑)에 새긴 글.

▶ 古碑(고비)·口碑(구비)·禁標碑(금표비)·記念碑(기념비)·墓碑(묘비)·頌德碑(송덕비)·詩碑(시비)·時調碑(시조비)·慰靈碑(위령비)·遺墟碑(유허비)·追慕碑(추모비).

碧 푸를 벽
石9 ㊁14

㊂ bì ㊐ ヘキ, あおみどり ㊀ blue

① 푸를 벽(深靑色). ② 청강석 벽(靑美石).

書體 小篆 碧 草書 碧 (高校) 形聲

碧溪(벽계 bìxī) 푸른 물이 흐르는 골짜기.
碧眼(벽안 bìyǎn) 눈동자가 파란 눈. 《轉》백색인종(白色人種).
碧眼紫髥(벽안자염 bìyǎnzǐrán) 푸른 눈과 붉은 수염.
碧梧(벽오 bìwú) 《植》벽오동(碧梧桐). 벽오동과에 딸린 낙엽(落葉) 교목(喬木). 나무가 늙어도 껍질의 푸른 빛이 그대로 있음.
碧海(벽해 bìhǎi) 푸른 바다.

碩 클 석
石9 ㊁14

㊂ shuò ㊐ セキ, おおきい
㊀ great, large

① 클 석(大). ② 충실할 석(充實).

碩德(석덕 shuòdé) ① 높은 덕(德). ② 덕이 높은 사람. ③《佛》덕이 높은 중.
碩士(석사 shuòshì) ① 대학원에서 석사학위 과정을 마치고 논문이 통과된 사람에게 수여되는 학위(學位). ② 벼슬이 없는 선비의 경칭(敬稱).

인격(人格)이 훌륭한 사람. 현사(賢士).
碩儒(석유 shuòrú) = 석학(碩學).
碩學(석학 shuòxué) 대학자(大學者). 훌륭한 학자. 석유(碩儒).

確 굳을 확
石10 ㊁15

㊂ què ㊐ カク, たしか ㊀ certainly

① 확실할 확(堅實). ② 굳을 확(堅).

書體 草書 確 (高校) 形聲

確固不動(확고부동 quègùbùdòng) 확실하고 든든하여 마음이 움직이지 않음.
確率(확률 quèlǜ) 《數》① 어떤 일의 일어날 도수(度數)나 일어난 도수(度數)를 확실하게 모를 경우, 어떤 가정 밑에서 그것이 일어날 수 있는 도수(度數)를 나타낸 비율. ② 공산(公算).
確然(확연 quèrán) 확실한 모양.
確證(확증 quèzhèng) 확실한 증거.

碼 옥돌 마
石10 ㊁15

㊂ mǎ ㊐ バ, メ ㊀ めのう agate

① 옥돌 마(碼磁, 美石次玉). ② [新字]야드 마(英國度名, 〈yard〉).

磁 자석 자
石10 ㊁15

㊂ cí ㊐ ジ, じしゃく ㊀ magnet

① 지남석 자, 자석 자(石名, 可以引鐵). ② 옹기 자, 사기그릇 자(磁器).

磁器(자기 cíqì) 사기그릇. 하남성(河南省) 자주(磁州)에서 많이 산출되는 데서 온 말.
磁場(자장 cíchǎng) 《物》자석(磁石)

磐 너럭바위 반

石 10 ⑮

🅗 pán 🅙 バン, いわ 🅔 rock

① 반석 **반**, 너럭바위 **반**(大石). ② 연이을 **반**(磐牙, 連結). ③ 휑덩그렁할 **반**(磐礴, 廣大貌).

磐石(반석 pánshí) ① 큰 암석. 넓고 편편하게 된 큰 돌. ② 안정되어 움직이지 않음. 반석(盤石).

磚 벽돌 전

石 11 ⑯

🅗 zhuān 🅙 セン, かわら 🅔 tile

① 벽돌 **전**(燒墼磚). ② 기와 **전**(瓦).
磚壁(전벽 zhuānbì) 벽돌로 쌓은 벽.

磨 갈 마

石 11 ⑯

磨磨磨磨磨磨磨磨磨

①② 🅗 mó 🅙 マ, みがく 🅔 whet
③-⑤ 🅗 mò 🅙 バ, みがく 🅔 rub

① 갈 **마**(治石). ② 숫돌 **마**(礪石). ③ 맷돌 **마**(石磴). ④ 만질 **마**(摩擦). ⑤ [中字]돌 **마**(轉).

書體 小篆 䃺 草書 磨 (高校) 形聲

磨鍊(마련 móliàn) 일이나 물건을 이리저리 마름질하여 계획을 세움.
磨滅(마멸 mómiè) 갈리어 닳아 없어짐. 갈아서 없앰. 마멸(摩滅).
磨墨(마묵 mómò) 벼루에 먹을 갊음.
磨碎(마쇄 mósuì) 갈아서 부수어 버림. 갈아서 잘게 만들음.
摩擦(마찰 mócā) ① 서로 닿아서 비빔. ② 뜻이 맞지 않아서 옥신각신함.
磨琢(마탁 mózhuó) = 탁마(琢磨).

▶ 粉磨(분마)·研磨(연마)·琢磨(탁마).

磬 경쇠 경:

石 11 ⑯

🅗 qìng 🅙 ケイ, うちいし
🅔 drive, scuttle

① 경쇠 **경**, 경석 **경**(玉磬, 石磬, 樂器). ② 말 달릴 **경**(騁馬). ③ 몸 구부릴 **경**(磬折, 僂身). ④ 목맬 **경**(縊). ⑤ 일 충동일 **경**(磬掉, 激事).

磬鐘(경종 qìngzhōng) 돌로 만든 경(磬)과 쇠로 만든 종. 진악(秦樂)의 기본이 되는 악기.

礁 암초 초

石 12 ⑰

🅗 jiāo 🅙 ショウ, かくれいわ
🅔 half-tide rocks

① 물속 돌 **초**(水中石). ② 암초 **초**(水中巖暗礁).

礁石(초석 jiāoshí) 물속에 들어 있어서 표면에 나타나지 않은 돌.
礁標(초표 jiāobiāo) 바닷길의 암초 따위 위험지대를 알리는 표지(標識).

▶ 暗礁(암초)·坐礁(좌초)·環礁(환초).

礎 주춧돌 초

石 13 ⑱

礎礎礎礎礎礎礎礎礎

🅗 chǔ 🅙 ソ, ショ, いしずえ
🅔 foundation stone

주춧돌 **초**(柱下石礩).

書體 小篆 礎 草書 礎 (高校) 形聲

礎段(초단 chǔduàn) 지반이 건축물의 무게를 골고루 받게 하기 위하여 벽·기둥 따위의 밑을 넓게 만든 부분.
礎石(초석 chǔshí) 주춧돌.
礎材(초재 chǔcái) 토대(土臺)의 재료로 쓰이는 돌과 나무 따위.
礎柱(초주 chǔzhù) 주춧돌과 기둥.

石 14 ⑲ **礙** 거리낄 **애:**

[중] ài [일] ガイ, ゲ, さえぎる
[영] disturb

① 그칠 **애**(止). ② 거리낄 **애**(阻). ③ 막을 **애**(距). ④ 해롭게 할 **애**(妨). ⑤ 한정할 **애**(限). 【碍와 같음】

礙子(애자 àizi)《電》사기로 만든 전류절연체(電流絕緣體). 애자(碍子).

石 15 ⑳ **礦** 쇳돌 **광:**

【磺(石부12획)과 같음】
【鑛(金부15획)과 같음】

◦示, 礻部

보일 **시**, 보일**시**변

示 0 ⑤ **示** 보일 **시:**

示 示 示 示

[1] [중] shì [일] シ, しめす [영] show
[2] [일] ジ, しめす

[1] 땅귀신 **기**(神示). [2] ① 보일 **시**(垂示). ② 바뀔 **시**(呈). ③ 가르칠 **시**(教).

[書體] 小篆 示 古文 示 草書 示 [中學] 指事

示唆(시사 shìsuǒ) 미리 암시(暗示)하여 알려 줌.
示威(시위 shìwēi) 위력(威力)이나 기세를 드러내어 보임.

▶ 揭示(게시)·告示(고시)·公示(공시)·誇示(과시)·教示(교시)·拈華示衆(염화시중)·明示(명시)·武力示威(무력시위)·默示(묵시)·暗示(암시)·連坐示威(연좌시위)·例示(예시)·豫示(예시)·摘示(적시)·展示(전시)·提示(제시)·指示(지시)·集示(집시)·判示(판시)·標示(표시)·表示(표시)·顯示(현시)·訓示(훈시).

示 1 ⑤ **礼** 예도 **례:**

【禮(示부13획)의 약자】

示 3 ⑧ **社** 모일/사직 **사**

社 社 社 社 社 社 社 社

[중] shè [일] シャ, やしろ
[영] earthly deities

① 땅 귀신 **사**, 사직 **사**(社稷, 主土神). ② 사일 **사**(社日). ③ 둘레 **사**, 모일 **사**(結社, 賓朋聚會). ④ 단체 **사**(社團, 會社). ⑤ 세상 **사**(社說).

[書體] 小篆 社 古文 社 草書 社 [高校] 會意

社壇(사단 shètán) 사직(社稷)을 모신 제단. 사직단(社稷壇)의 약어.
社團法人(사단법인 shètuánfǎ)《法》사람의 집합체인 단체 곧 사단이 법인으로서 법률상 자연인(自然人)과 같은 권리 의무의 주체로 인정받는 것. 공익(公益) 사단법인과 영리(營利) 사단법인이 있음.
社說(사설 shèshuō) 신문이나 잡지에서 그 발행자(發行者)의 주장으로서 발표하는 논설(論說).
社稷(사직 shèjì) ①《制》옛날 중국에서 새로 건국(建國)하였을 때 천자(天子)나 제후가 단을 세워 제사 지내는 토지신과 곡신(穀神). ② 국가 또는 조정(朝廷). ③《制》태사(太社)와 태직(太稷).

▶ 結社(결사)·競爭社(경쟁사)·系列社(계열사)·公社(공사)·救社(구사)·當社(당사)·本社(본사)·商社(상사)·船社(선사)·修習社員(수습사원)·愛社(애사)·入社(입사)·自社(자사)·株式會社(주식회사)·支社(지사)·創社(창사)·他社(타사)·退社(퇴사)·會社(회사).

社 모일 사
示3/⑦

【社(前條)와 같음】

祀 제사 사
示3/⑧

祀祀祀祀祀祀祀祀

音 sì 日 シ, まつり
英 religious service

① 제사 사(祭). ② 해 사(年).

書體 小篆 祀 或體 禩 草書 祀 (高校) 形聲

祀孔(사공 sìkǒng) 중국에서 공자(孔子)를 제사지내는 것. 석전(釋奠).
祀天(사천 sìtiān) 하늘에 제사를 지냄.

▶ 告祀(고사)·奉祀(봉사)·祭祀(제사)·合祀(합사).

祈 빌 기
示4/⑨

祈祈祈祈祈祈祈祈

音 qí 日 キ, いのる 英 pray

① 빌 기(求福禱). ② 고할 기(告). ③ 갚을 기(報). ④ 천천히 할 기(祇祇徐).

書體 小篆 祈 草書 祈 (高校) 形聲

祈雨祭(기우제 qíyǔjì) 비오기를 비는 제사.

祈晴祭(기청제 qíqíngjì)《制》입추(立秋) 뒤까지 장마가 질 때에 날이 개기를 비는 나라의 제사.
祈嚮(기향 qíxiàng) 일이 뜻대로 성취되도록 빎.

祉 복(福) 지
示4/⑨

音 zhǐ 日 チ, シ, さいわい
英 happiness

복 지(福).
祉福(지복 zhǐfú) 행복. 다행. 복지(福祉).

▶ 福祉(복지).

祐 도울 우:
示5/⑩

音 yòu 日 ユウ, たすける
英 god's help

① 도울 우(神助). ② 다행할 우(幸).

祐助(우조 yòuzhù) 하늘의 도움. 신조(神助).

祔 부제사 부:
示5/⑩

音 fù 日 フ, まつる
英 burying together

① 부제사 부(祭石). ② 합장할 부(合葬).

祔右(부우 fùyòu) 부부를 합장(合葬)할 때 아내를 남편의 오른편에 묻는 일.
祔左(부좌 fùzuǒ) 부부를 합장(合葬)하는 데 아내를 남편의 왼 편에 묻음.
祔窆(부폄 fùbiǎn) 함께 장사지냄. 합장(合葬).

祕 숨길/신비할 비:
示5/⑩

祕祕祕祕祕祕祕祕祕

白皮皿目矛矢石示内禾穴立

祕 중 bì, pì 일 ヒ, ひそめる 영 secret

① 귀신 비(神). ② 비밀할 비(密). ③ 가만히 할 비(隱). ④ 신비할 비(神祕).
【祕는 속자】

書體 小篆 祕 草書 祕 (高校) 形聲

祕訣(비결 bìjué) 숨겨 두고 혼자만이 쓰는 썩 좋은 방법.
祕密漏泄(비밀누설 bìmìlòuxiè) 비밀을 남에게 알리거나 또는 알려짐.
祕史(비사 bìshǐ) ① 비밀히 감추어 둔 역사. ② 세상에 알려지지 아니한 이면사(裏面史).
祕苑(비원 bìyuàn) ① 대궐 안에 마련된 동산, 또는 그 경내(境內). 금원(禁苑). ②《地》서울 창덕궁(昌德宮) 안에 있는 궁원(宮苑).
祕藏(비장 bìcáng) 비밀히 감추어서 소중히 간직함.
祕傳(비전 bìchuán) 비밀히 전하여 내려 옴. 또는 비밀의 전수(傳授).

▶ 極祕(극비)·黨祕(당비)·對外祕(대외비)·默祕(묵비)·便祕(변비)·神祕(신비)·神祕主義(신비주의)·神祕主義性(신비주의성)·神祕主義者(신비주의자)·總祕(총비)·土亭祕訣(토정비결).

祖 할아버지/할아비 조

중 zǔ 일 ソ, とおつおや
영 grandfather

① 할아비 조(父之父, 大父). ② 비롯할 조(始). ③ 근본 조(本). ④ 길 제사 조(道神祭).

書體 小篆 祖 草書 祖 (中學) 形聲

祖考(조고 zǔkǎo) 돌아가신 할아버지. 망조부(亡祖父). 왕고(王考).
祖國(조국 zǔguó) 자기의 조상적부터 살던 나라. 본국국민이 갈려 나온 그 본디의 나라. 자기가 난 나라. 모국(母國). 부모지방(父母之邦).
祖師(조사 zǔshī) ① 어떤 학파(學派)의 개조(開祖). ②《佛》한 종파(宗派)를 세우고, 그 종지(宗旨)를 열어 주장한 사람의 존칭.
祖業(조업 zǔyè) 조상 때부터 전하여 오는 가업(家業).
祖訓(조훈 zǔxùn) 조상이 남긴 훈계(訓戒).

▶ 開祖(개조)·高祖(고조)·教祖(교조)·國祖(국조)·先祖(선조)·崇祖(숭조)·始祖(시조)·元祖(원조)·從祖父(종조부)·曾祖(증조)·親祖父母(친조부모)·太祖(태조)·回龍顧祖(회룡고조).

祝 빌 축

祝祝祝祝祝祝祝祝

중 zhù 일 シュク, いわう
영 celebrate

1 축문 주(祭主贊詞願).【呪와 같음】
2 ① 빌 축(巫祝贊主人響神者). ② 짤 축(織). ③ 끊을 축(斷). ④ 비로소 축(始).

書體 小篆 祝 小篆 祝 草書 祝 (中學) 會意

祝壽(축수 zhùshòu) 오래 살기를 빎.
祝宴(축연 zhùyàn) 축하하는 잔치.
祝筵(축연 zhùyán) 축하의 뜻을 표시하는 자리.
祝願(축원 zhùyuàn) =기양(祈禳).
祝儀(축의 zhùyí) 축하하는 의례(儀禮). 축전(祝典).
祝祭(축제 zhùjì) 축하하고 제사지냄.

▶ 慶祝(경축)·奉祝(봉축)·自祝(자축).

神 귀신 신

神神神神神神神神神

[중] shén [일] シン, ジン, かみ
[영] god, spirit

① 천신 **신**, 하느님 **신**(天神, 引出萬物者). ② 영검할 **신**(靈). ③ 신명 **신**, 신통할 **신**(神明). ④ 정신 **신**(神經).

[書體] 小篆 神 草書 神 [中學] 形聲

神經(신경 shénjīng) 《生》 중추(中樞)의 흥분을 몸의 여러 부분에 전하고, 몸의 각 부부에서의 자극을 중추에 전도(傳導)하는 기관.

神農(신농 shénnóng) 《人》 중국 고대(古代) 전설에 나오는 제왕(帝王)의 하나. 농사짓는 법을 처음으로 가르치고, 팔괘(八卦)를 겹쳐서 64괘(卦)를 만들었다 함. 신농씨(神農氏).

神祕境(신비경 shénmìjìng) 신비스러운 지경.

神出鬼沒(신출귀몰 shénchūguǐmò) 나타났다 숨었다 함이 귀신처럼 빠르고 자유자재로움.

神品(신품 shénpǐn) ① 인공(人工)으로서는 만들 수 없는 매우 훌륭한 물건. ② 고상한 품격. 일품(逸品). 절품(絕品).

▶ 降神巫(강신무)·乞神(걸신)·鬼神(귀신)·腦神經(뇌신경)·半神半人(반신반인)·汎神(범신)·山神靈(산신령)·守護神(수호신)·失神(실신)·愛國精神(애국정신)·唯一神(유일신)·人格神(인격신)·入神(입신)·接神(접신)·精神(정신)·太陽神(태양신)·土着神(토착신)·魂神(혼신)·犧牲精神(희생정신).

示 5 ⑩ 祠 사당 사

[중] cí [일] シ, まつる [영] shrine

봄 제사 **사**(春祭名). ② 사당 **사**(廟)

祠堂(사당 cítáng) ① 신주를 모셔둔 집. 가묘(家廟). ② 사원(寺院).

示 6 ⑪ 祥 상서/상서로울 상

祥祥祥祥祥祥祥祥祥祥

[중] xiáng [일] ショウ, さいわい
[영] good luck

① 복 **상**(福). ② 상서 **상**(吉). ③ 착할 **상**(善). ④ 재앙 **상**(災異). ⑤ 상제사 **상**(祭名). 【詳과 통함】

[書體] 小篆 祥 草書 祥 [高校] 形聲

祥慶(상경 xiángqìng) 상서롭고 경사스러움. 길경(吉慶).

祥夢(상몽 xiángmèng) 상서(祥瑞)가 있는 꿈. 길(吉)한 조짐이 있는 꿈. 길몽(吉夢). 상몽(上夢).

詳密(상밀 xiángmì) 속속들이 자상함. 세밀(細密).

祥瑞(상서 xiángruì) 경사롭고 길한 징조 길조(吉兆).

祥雲(상운 xiángyún) 상서로운 구름. 서운(瑞雲)

▶ 吉祥(길상)·發祥(발상)·不祥(불상)·瑞祥(서상).

示 6 ⑪ 票 표/투표 표

票票票票票票票票票票

[중] piào [일] ヒョウ, てがた
[영] bill, ticket

① 불 날릴 **표**(火飛). ② 훌쩍 날 **표**(輕擧貌). ③ 문서 **표**, 표 **표**, 쪽지 **표**(傳票). ④ 날랠 **표**(票姚, 勁疾).

[書體] 小篆 票 草書 票 [高校] 形聲

票決(표결 piàojué) 투표로 결정함.

票然(표연 piàorán) 가볍게 올라가는 모양. 표연(飄然).

▶ 開票(개표)·檢票(검표)·記票(기표)·得票(득표)·買票(매표)·賣票(매표)·福票(복

표)·散票(산표)·手票(수표)·郵票(우표)·傳票(전표)·錢票(전표)·證票(증표)·車票(차표)·投票(투표).

示 6 ⑪ **祭** 제사 **제:**

[1] [중] jì [일] セイ, まつる
[영] sacrifice service [2] [일] サイ

[1] 제사 **제**, 기고 **제**(祀). [2] ① 성 **채**(姓). ② 읍 이름 **채**(邑名).

[書體] 小篆  草書  [中學] 會意

祭官(제관 jìguān) ① 제사를 맡은 관리. 향관(享官). ② 제사에 참여하는 사람.

祭犢(제독 jìdú) 제사 때 희생을 바치는 송아지.

祭需(제수 jìxū) ① 제사에 소용되는 여러 가지 음식이나 재료. ② 제물(祭物).

祭政一致(제정일치 jìzhèngyīzhì) 신(神)을 제사(祭祀)하는 것과 정치(政治)하는 것이 일치(一致)한다는 것. 고대(古代) 국가의 정치방식의 하나.

祭享(제향 jìxiǎng) ① 나라에서 지내는 제사. ② 제사의 존칭.

▶ 歌謠祭(가요제)·冠婚喪祭(관혼상제)·祈雨祭(기우제)·忌祭(기제)·祈豊祭(기풍제)·路祭(노제)·墓祭(묘제)·民俗祭(민속제)·復活祭(부활제)·司祭(사제)·時祭(시제)·始祖祭(시조제)·演劇祭(연극제)·映畫祭(영화제)·藝術祭(예술제)·音樂祭(음악제)·赤道祭(적도제)·前夜祭(전야제)·追慕祭(추모제)·祝祭(축제).

示 8 ⑬ **祿** 복록/녹 **록**

[중] lù [일] ロク, さいわい
[영] gift, salary

① 복 **록**(福). ② 녹봉 **록**, 요 **록**(俸給). ③ 착할 **록**(善). ④ 불귀신 **록**(回祿, 火神). ⑤ 죽을 **록**(不祿卒). ⑥ 곡식 **록**(祿米, 祿食).

[書體] 小篆  草書  [高校] 形聲

祿俸(녹봉 lùfèng) 《制》 벼슬아치에게 주던 봉급.

祿不疊受(녹불첩수 lùbùdiéshòu) 두 가지 벼슬을 겸한 사람이 한 가지 벼슬의 녹(祿)만 받음.

祿爵(녹작 lùjué) 녹질(祿秩)과 작위(爵位). 봉급(俸給)과 등위(等位). 녹위(祿位).

祿地(녹지 lùdì) 영지(領地). 봉토(封土).

祿牌(녹패 lùpái) 《制》 녹(祿)을 받는 이에게 증거(證據)로 주던 종이로 만든 표(票).

▶ 貫祿(관록)·國祿(국록)·俸祿(봉록).

示 8 ⑬ **稟** 줄 **품**

[중] lǐn, bǐn [일] ヒン, あたえる
[영] tell

① 줄 **품**(給). ② 받을 **품**(受命). ③ 여쭐 **품**, 사뢸 **품**(白事). ④ 성품 **품**(天賦性質).

稟帖(품첩 lǐntiē) 백성이 정부에 바치는 원서(願書).

示 8 ⑬ **禁** 금할/금지할 **금:**

①-③ [중] jìn ④-⑦ [중] jīn [일] キン, とめる [영] forbid

① 이길 **금**(勝). ② 당할 **금**(當). ③ 금할 **금**(禁持). ④ 금지할 **금**(制止). ⑤ 대궐 **금**(宮禁, 天子所居). ⑥ 술잔 **금**(承酒

尊器). ⑦ 옥 금(獄).

書體 小篆 禁 草書 禁 (中學) 形聲

禁戒(금계 jìnjiè) ① 금하여 경계함. ②《佛》부처가 정해 놓은 계법(戒法).

禁錮(금고 jìngù)《法》형법이 규정하는 자유형(自由刑)의 하나. 단순히 형무소에 수용될 뿐, 노역(勞役)을 과(課)하지 않는 점에서 징역(懲役)과 다름.

禁忌(금기 jìnjì) 금하는 것과 꺼리는 것. 꺼리어서 싫어함. 일월(日月)·방위(方位)·의약(醫藥)·음식물(飲食物)에 대하여 꺼리는 것.

禁治產(금치산 jìnzhìchǎn)《法》자기 행위의 성질을 판단할 능력이 없는 정신 상실자(喪失者)에 대하여 일정한 사람이 청구에 따라 법원(法院)에서 그 재산의 처분을 못하게 하는 것.

▶ 監禁(감금)·拘禁(구금)·嚴禁(엄금)·軟禁(연금)·出禁(출금)·通行禁止(통행금지)·解禁(해금).

禍 재앙 화:

禍禍禍禍禍禍禍禍禍

음 huò 중 カ, わざわい 영 calamity

① 앙화 화(殃). ② 재앙 화(災害).

書體 小篆 禍 草書 禍 (高校) 形聲

禍根(화근 huògēn) 재화의 근원.

禍難(화난 huònàn) 재앙과 환난(患難).

禍福(화복 huòfú) 재앙(災殃)과 복록(福祿).

禍福無門(화복무문 huòfúwúmén) 화복은 운명이 아니고, 선악(善惡)에 따라서 각기 받는다는 말.

禍厄(화액 huò'è) 재앙과 곤란.

禍泉(화천 huòquán) 술의 이명.

▶ 吉凶禍福(길흉화복)·滅門之禍(멸문지화)·生死禍福(생사화복)·輪禍(윤화)·轉禍爲福(전화위복)·慘禍(참화).

福 복복

福福福福福福福福福

음 fú 중 フク, さいわい 영 fortune, happiness

① 복 복(祐). ② 안락할 복(休). ③ 착할 복(善). ④ 상서 복(祥). ⑤ 음복할 복(祭祀胙肉).

書體 小篆 福 草書 福 (中學) 形聲

福過災生(복과재생 fúguòzāishēng) 복(福)이 너무 지나치면 도리어 재앙(災殃)이 생긴다는 것.

福券(복권 fúquàn) 제비를 뽑아 큰 배당을 받게 되는 채권. 복표(福票).

福德(복덕 fúdé) ① 복(福)과 덕(德). 불가(佛家)에서의 일체(一切)의 선행을 말함. 또 선행에 의해서 얻은 복리(福利). ②《民》12궁(十二宮)의 하나.

福音(복음 fúyīn)《宗》① 그리스도에 의해 사람이 구원을 받게 된다는 기쁜 소식. 《轉》좋은 소식. 행복을 가져다 주는 내방(來訪). ② 그리스도의 가르치심.

福因福果(복인복과 fúyīnfúguǒ) 좋은 일이 원인이 되어 좋은 결과를 얻음.

▶ 公共福利(공공복리)·祈福(기복)·吉福(길복)·吉凶禍福(길흉화복)·萬福(만복)·冥福(명복)·生死禍福(생사화복)·裕福(유복)·飲福(음복)·人福(인복)·財福(재복)·轉禍爲福(전화위복)·至福(지복)·淸福(청복)·祝福(축복)·幸福(행복)·洪福(홍복)·禍福(화복).

福 복복

【福(前條)과 같음】

禦 막을 어:

🈁 yù 🈂 ギョ, ふせぐ 🈃 resist
① 막을 어(扞拒). ② 그칠 어(止).
禦敵(어적 yùdí) 적의 침략을 막음.
禦戰(어전 yùzhàn) 방어(防禦)하여 싸움. 방전(防戰).
禦寒(어한 yùhán) 추위를 막음.
禦扞(어한 yùhán) 막음. 방어(防禦).

▶ 防禦(방어)·守禦(수어).

禧 복(福)희

🈁 xǐ 🈂 キ, さいわい
🈃 good, fortune
① 복 희(福). ② 길할 희(吉).
禧年(희년 xǐnián)《宗》50년마다 한 번씩 돌아오는 복스러운 해. 이 해에는 종도 놓아 주고 빚도 탕감(蕩減)하는 습관이 있음.

▶ 新禧(신희).

禪 참선 선

禪禪禪禪禪禪禪禪

①② 🈁 chán 🈂 ゼン, ゆずる
🈃 abdication ③④ 🈁 shàn
① 고요할 선(靜). ② 중 선(僧). ③ 자리 전할 선(傳位). ④ 터 닦을 선(封禪, 除地).

書體 小篆 禪 草書 禅 (高校) 形聲

禪客(선객 chánkè)《佛》참선(參禪)하는 중.

禪敎(선교 chánjiào)《佛》선종(禪宗)과 교종(敎宗).
禪讓(선양 chánràng) =선위(禪位).
禪悅(선열 chányuè)《佛》선정(禪定)에 들어선 법열(法悅).
禪悅法喜(선열법희 chányuèfǎxǐ) 선정(禪定)에 들어간 즐거움과 부처의 교법(敎法)을 듣는 즐거움.
禪位(선위 chánwèi) 임금이 왕위를 물려 줌. 양위(讓位).
禪宗(선종 chánzōng)《佛》불교(佛敎)의 한 종파(宗派). 어려운 설교(說敎)와 경문(經文)에 주력(主力)하지 않고 참선(參禪)에 의하여 본성(本性)을 터득하려는 불교(佛敎)의 한 파. 석가(釋迦) 이후 28조(祖) 달마(達磨) 대사(大師)에 의하여 양 무제(梁武帝) 때 중국에 전해지고, 신라 말 중국에서 우리나라로 전래됨. 불심종(佛心宗).

▶ 敎禪(교선)·九山禪門(구산선문)·坐禪(좌선)·參禪(참선)·話頭禪(화두선).

禮 예도 례:

禮禮禮禮禮禮禮禮禮

🈁 lǐ 🈂 レイ, れい 🈃 good manners
① 예도 례(節文仁義). ② 절 례, 인사 례(敬禮, 禮拜).

書體 小篆 禮 古文 ㄚ 草書 礼 (中學) 形聲

禮緞(예단 lǐduàn) 예폐(禮幣)로 주는 비단.
禮訪(예방 lǐfǎng) 예로써 방문함.
禮煩(예번 lǐfán) 예의가 번폐스러움.
禮讚(예찬 lǐzàn) ① 칭찬하는 것. ②《佛》삼보(三寶)를 예배(禮拜)하고 그 공덕을 찬탄하는 것.

▶ 嘉禮(가례)·家庭儀禮(가정의례)·擧手敬禮(거수경례)·缺禮(결례)·敬禮(경례)·冠禮(관례)·軍禮(군례)·答禮(답례)·目禮

(목례)·無禮(무례)·謝禮(사례)·相見禮(상견례)·洗禮(세례)·俗禮(속례)·巡禮(순례)·失禮(실례)·揖禮(읍례)·儀禮(의례)·葬禮(장례)·接禮(접례)·祭禮(제례)·弔禮(조례)·終禮(종례)·主禮(주례)·茶禮(차례)·參禮(참례)·賀禮(하례)·虛禮(허례)·婚禮(혼례)·回婚禮(회혼례).

禱 빌 도
示 14 ⑲

중 dǎo 일 トウ, いのる 영 pray

빌 도(祈神求福).

禱祈(도기 dǎoqí) 기도함.
禱祀(도사 dǎosì) 기도하여 제사함.
禱請(도청 dǎoqǐng) 신불(神佛)에 기도하여 소원 성취를 빎.

▶ 祈禱(기도)·黙禱(묵도)·祝禱(축도).

内 部
짐승발자국 유

内 짐승 발자국 유
内 0 ⑤

중 róu 일 ジュウ, あしあと
영 foot print

짐승 발자국 유(獸足蹂地).

禹 성(姓) 우(ː)
内 4 ⑨

중 yǔ 일 ウ, ゆるむ 영 slow

① 하우씨 우(夏禹名). ② 성 우(姓). ③ 펼 우(舒). ④ 느지러질 우(緩).

禹步(우보 yǔbù) 느릿느릿한 걸음걸이.
禹湯(우탕 yǔtāng) 중국 고대(古代)의 성인(聖人). 하(夏)의 우왕(禹王)과 은(殷)의 탕왕(湯王).
禹行舜趨(우행순추 yǔxíngshùnqū) 겉으로만 우(禹)와 순(舜) 같은 성인(聖人)의 흉내를 내고, 학식과 인격이 없는 것.

离 떠날 리ː
内 6 ⑪

중 lí 일 リ, チ, ちりさる 영 leave

① 밝을 리(明). ② 고울 리(麗). ③ 헤질 리(散). ④ 괘 이름 리(卦名). ⑤ 짐승 이름 리(獸名).【離와 같음】

离坎(이감 líkǎn) 이(离)는 이(離)로서 남방의 괘(卦), 감(坎)은 북방의 괘(卦). 오행설(五行說)에 의하면 남(南)은 적(赤), 북(北)은 흑(黑).

禽 새 금
内 8 ⑬

禽禽禽禽禽禽禽禽禽禽

중 qín 일 キン, とり 영 birds

① 새 금(飛禽, 鳥). ② 사로잡을 금(戰勝執獲).

書體 小篆 禽 草書 禽 (高校) 象形

禽犢之行(금독지행 qíndúzhīxíng) 친척 사이에서 발생한 음탕한 짓.
禽獸(금수 qínshòu) 새와 길짐승의 총칭.
禽獲(금획 qínhuò) 사로잡음. 금획(擒獲).

禾部
벼 화

禾 벼 화

禾示千禾禾

음 hé 일 カ, いね 영 rice-plant

벼 화, 곡식 화(穀類總名).

書體 小篆 禾 草書 禾 (高校) 象形

禾稼(화가 héjià) 곡물(穀物). 곡류(穀類).
禾穗(화수 hésuì) 벼 이삭.

禿 대머리 독

음 tū 일 トク, はげ 영 baldhead

① 모지랄 독(無髮). ② 대머리 독(禿頭). ③ 민둥산 독(禿山).

禿頭(독두 tūtóu) 대머리.
禿山(독산 tūshān) 수목(樹木)이 없는 산. 민둥산.

秀 빼어날 수

秀秀千禾禾秀秀

일 シュウ, シュ, ひいでる
영 distinguish

① 빼어날 수(榮茂). ② 이삭 수, 벼 패일 수(禾吐華). ③ 선비 수(秀才). ④ 아름다울 수(美). ⑤ 무성할 수(秀盛).

書體 小篆 秀 草書 秀 (中學) 象形

秀麗(수려 xiùlì) 산수(山水)의 경치가 뛰어나고 아름다움.
秀逸(수일 xiùyì) 빼어나게 뛰어남.

秀才(수재 xiùcái) ① 학문·재능이 뛰어난 사람. 뛰어난 재주. ② 미혼 남자의 존칭. ③ 과거에 급제한 사람. ④《制》과거의 시험과목 이름. 재무(才茂).

▶ 閨秀(규수)·優秀(우수)·俊秀(준수)·淸秀(청수)·最優秀(최우수).

私 사사로울 사

私私禾禾私私私

음 sī 일 シ, わたくし 영 private

① 사사 사, 사정 사(不公). ② 나 사(己稱). ③ 간사할 사(自營姦褻). ④ 여 형제의 남편 사, 형부 사(女子之姉妹夫謂私).

書體 小篆 私 草書 私 (中學) 形聲

私見(사견 sījiàn) ① 자기 개인의 의견. ② 자기의 생각에 대한 겸칭(謙稱).
私利私慾(사리사욕 sīlìsīyù) 사사로운 이익과 욕심. 사리사복(私利私腹).
私生兒(사생아 sīshēng'ér)《法》여자가 정당한 혼인관계 밖에서 낳은 아이. 아버지를 아는 아이는 서자(庶子)가 되고 아버지를 모르는 아이는 사생아가 됨.
私書函(사서함 sīshūhán) 개인 또는 단체전용의 우편물을 담기 위하여 우체국(郵遞局)에 따로 만들어 놓은 상자.
私用(사용 sīyòng) ① 공용물을 사사로이 씀. ② 개인의 용건. ↔공용(公用).
私有(사유 sīyǒu) 개인의 소유(所有). 개인이 가짐.
私邸(사저 sīdǐ) 개인의 저택.

▶ 公私(공사)·公平無私(공평무사)·滅私(멸사)·陰私(음사).

秉 잡을 병:

禾3⑧

🔊 bǐng 🇯🇵 ヘイ、たば 🇬🇧 grasp

① 잡을 **병**(把). ② 움큼 **병**, 벼묶음 **병**(禾束). ③ 열여섯 휘 **병**(十六斛).

秉權(병권 bǐngquán) 정권의 권력을 잡음.
秉彝(병이 bǐngyí) 타고난 천성(天性)을 지킴.

秊 해[年] 년

禾3⑧

【年(干부3획)의 본자】

秋 가을 추

禾4⑨

秋秋秋秋秋秋秋秋秋

🔊 qiū 🇯🇵 シュウ、あき 🇬🇧 autumn

① 가을 **추**(金行之時白藏節). ② 세월 **추**(歲月, 千秋). ③ 때 **추**(時). ④ 말이 뛰놀 **추**(秋秋馬騰貌). ⑤ 성 **추**(姓).

書體 小篆 烁 大篆 秌 草書 秋 中學 會意

秋霜(추상 qiūshuāng) ① 가을의 찬 서리. 《喻》 ㉠ 두려운 위엄이나 엄한 형벌. 추상열일(秋霜烈日). ㉡ 백발(白髮). ② 서슬이 퍼런 칼.
秋色(추색 qiūsè) 가을의 경치.
秋夕(추석 qiūxī) 음력 8월 15일. 한가위.
秋月寒江(추월한강 qiūyuèhánjiāng) 덕 있는 사람의 깨끗한 마음.
秋波(추파 qiūbō) ① 가을철의 잔잔하고 아름다운 물결. ② 은근한 정을 나타내는 눈짓. 또는 그 눈. 윙크.
秋風過耳(추풍과이 qiūfēngguò'ěr) ① 가을바람이 귀를 스쳐감. 《喻》 어떤 말을 귀담아 듣지 않고 무관심함. ② 어떤 일에 집념(執念)하지 않음.
秋風落葉(추풍낙엽 qiūfēngluòyè) 가을바람에 떨어지는 낙엽. 《喻》 세력 같은 것이 낙엽처럼 시들어 우수수 떨어짐.
秋毫(추호 qiūháo) 가을철의 가늘어진 짐승의 털. 《喻》 썩 작음. 미소(微少)함.

▶ 晚秋(만추)·暮秋(모추)·三秋(삼추)·凉秋(양추)·立秋(입추)·仲秋(중추)·千秋(천추)·春秋(춘추).

科 과목 과

禾4⑨

科科科科科科科科科

🔊 kē 🇯🇵 カ、わかちほど 🇬🇧 class, science

① 과정 **과**(程). ② 근본 **관**(本). ③ 품수 **과**(品). ④ 조목 **과**(條). ⑤ 무리 **과**(等). ⑥ 웅덩이 **과**(坎). ⑦ 과거 **과**(官吏登用試驗). ⑧ 법 쓸 **과**(罪責處罰科料). ⑨ 과학 **과**(科學). ⑩ 법 **과**(法).

書體 小篆 枓 草書 科 中學 會意

科擧(과거 kējǔ) 《制》 옛날 중국 및 우리나라에서 행하여진 관리 채용 시험. 과목에 따라 인재를 뽑아 쓰다는 뜻.
科料(과료 kēliào) 《法》 형벌의 하나. 가벼운 범죄에 과(課)하는 벌금형(罰金刑).

▶ 工科(공과)·敎科(교과)·金科玉條(금과옥조)·內科(내과)·農科(농과)·腦神經外科(뇌신경외과)·單科(단과)·登科(등과)·文科(문과)·百科事典(백과사전)·罰科金(벌과금)·法科(법과)·倂科(병과)·兵科(병과)·本科(본과)·産婦人科(산부인과)·商科(상과)·生化學科(생화학과)·選科(선과)·僧科(승과)·眼科(안과)·豫科(예과)·外科(외과)·醫科(의과)·理科(이과)·專攻科目(전공과목)·全科(전과)·前科(전과)·轉科(전과)·齒科(치과)·學科(학과)·胸部外科(흉부외과).

秒 초초
禾 4 ⑨

秒秒秒秒秒秒秒秒秒

🔤 miǎo 🇯🇵 ビョウ, のぎ
🇬🇧 beard, second

1 ① 벼까락 **묘**(禾芒). ② 세미할 **묘**(秒忽, 微妙). **2** 초침 **초**(秒針).

書體 小篆 秒 草書 秒 (高校) 形聲

秒速(초속 miǎosù) 운동하는 것의 1초 동안의 속도.
秒針(초침 miǎozhēn) 시계의 초를 가리키는 바늘.

秕 쭉정이 비:
禾 4 ⑨

🔤 bǐ 🇯🇵 ヒ, しいな 🇬🇧 blasted ear

① 쭉정이 **비**(穀不成實). ② 가라지 **비**(稗). ③ 더러울 **비**(穢).

秕糠(비강 bǐkāng) ① 쌀겨. ② 남은 찌꺼기. 재강. 강비(糠秕). 비당(秕糖).
秕政(비정 bǐzhèng) 국민을 몹시 괴롭히고 나라를 그르치는 정치. 악정(惡政). 비정(粃政).

秘 숨길 비:
禾 5 ⑩

【祕(示部5획)의 속자】

租 조세 조
禾 5 ⑩

租租租租租租租租租租

🔤 zū 🇯🇵 ソ, みつぎ 🇬🇧 tax, rant

① 구실 **조**(田賦). ② 쌀 **조**(積). ③ 부세 **조**(稅). ④ [中字]벼 **조**(己收禾正).

書體 小篆 租 草書 租 (高校) 形聲

租稅(조세 zūshuì) ① 공물(貢物). ② 《法》국가 또는 자치(自治) 단체가 필요한 경비를 쓰기 위하여 국민으로부터 받아들이는 세금.
租入(조입 zūrù) 공물(貢物)·조세 등을 받아들임.
租借(조차 zūjiè) ① 가옥(家屋) 또는 토지(土地)를 빌림. ② 《法》한 나라가 다른 나라의 영토(領土) 일부분에 대한 통치권(統治權)을 얻어 지배(支配)하는 일.

▶ 貢租(공조)·賭租(도조)·免租(면조)·歲租(세조)·受租(수조)·收租(수조)·收租權者(수조권자)·田租(전조).

秤 저울 칭
禾 5 ⑩

🔤 chèn, chèng 🇯🇵 ショウ, はかり
🇬🇧 balance

① 저울 **칭**(衡). ② [國字]백근 **칭**(百斤).

秤拐(칭괴 chèngguǎi) 저울대. 칭간(秤竿).
秤心(칭심 chèngxīn) 공평한 마음.
秤錘(칭추 chèngchuí) 저울추.
秤板(칭판 chèngbǎn) 저울판.

▶ 天秤(천칭).

秦 성(姓) 진
禾 5 ⑩

🔤 qín 🇯🇵 シン 🇬🇧 nation

① 진벼 **진**(禾名). ② 진나라 **진**(伯翳所封國名).

秦始皇(진시황 qínshǐhuáng)《人》B.C. 256~B.C. 210 진(秦)의 제1세(第一世) 임금. 성은 영(嬴), 이름은 정(政), 장양왕(莊襄王)의 아들. 육국(六國)을 멸하고 천하를 통일하여 스스로 자기를 시황제(始皇帝)라 일컬음.
秦皮(진피 qínpí)《醫》물푸레나무의

껍질. 약재로 씀.

秧 모 앙

- 音 yāng 日 オウ, なえ
- 英 rice-sprouts

모 앙(禾苗).

秧稻(앙도 yāngdào) 볏모.
秧田(앙전 yāngtián) 못자리. 앙상(秧床).
秧板(앙판 yāngbǎn) 못자리.

秩 차례 질

秩秩秩秩秩秩秩秩秩秩

- 音 zhì 日 チツ, ついで
- 英 order, rank

① 차례 질(次序). ② 품수 질(品秩, 祿廩). ③ 흘러갈 질(流行貌). ④ 맑을 질(清明). ⑤ 떳떳할 질(常). ⑥ 삼갈 질(謹). ⑦ 봉급 질(俸給). ⑧ 십년 동안 질(十年間).

書體 小篆 秩 草書 秩 高校 形聲

秩序(질서 zhìxù) 사물의 조리. 또는 그 순서.

▶ 公共秩序(공공질서)·交通秩序(교통질서)·無秩序(무질서)·法秩序(법질서)·新秩序(신질서)·位階秩序(위계질서).

移 옮길 이

移移移移移移移移移移

- 音 yí 日 イ, うつる 英 remove

① 모낼 이(禾相倚遷). ② 옮길 이(遷). ③ 변할 이(變).

書體 小篆 移 草書 移 中學 形聲

移監(이감 yíjiān)《法》한 교도소에서 다른 교도소로 수감자(收監者)를 옮김.
移管(이관 yíguǎn) 관할을 한 곳에서 다른 곳으로 옮김. 옮기어 관할함.
移動(이동 yídòng) 옮겨 움직임. 자리를 변동하여 바꿈.
移民(이민 yímín) ① 흉년이 든 때에 백성을 구제하는 방법으로서 어떤 지방에 흉년이 들면 그 주민(住民)을 딴 지방에 옮기고 그 곳의 곡식을 흉년든 지방에 보내어 노인·부녀자들을 구원하던 것. ② 자기 나라를 떠나 외국 영토에 이주하는 것. 또는 이주하는 사람.
移徙(이사 yíxǐ) ① 집을 옮김. ② 이식(移植)함.
移設(이설 yíshè) 딴 곳으로 옮겨 설치함.
移送(이송 yísòng) ① 옮겨 보냄. ② 소송(訴訟) 또는 행정(行政)의 절차에 있어서 사건의 처리를 어느 관청에서 다른 관청으로 옮기는 것.
移植(이식 yízhí) 옮겨 심음.
移秧(이앙 yíyāng) 모내기.
移讓(이양 yíràng) 남에게 옮기어 넘겨 줌.
移越(이월 yíyuè) 옮겨 넘김. 한 회계연도(會計年度)의 순손익금(純損益金) 및 잔금(殘金)을 차기(次期)로 옮겨 넘김.
移葬(이장 yízàng) 무덤을 옮김.
移籍(이적 yíjí)《法》혼인(婚姻)·양자(養子) 등의 경우에 있어서 호적(戶籍)을 다른 곳으로 옮김.
移轉(이전 yízhuǎn) ① 장소·주소를 옮김. ② 옮기어 바꿈. ③ 권리를 옮김. ④ 사물의 소재(所在)를 옮김. ⑤ 이사(移徙).
移住(이주 yízhù) 집을 옮겨서 삶.
移職(이직 yízhí) 작업을 옮김.
移牒(이첩 yídié) 받은 통첩을 다음 곳으로 다시 알림.
移替(이체 yítì) 서로 갈리고 바뀜. 교

白皮皿目矛矢石示内禾穴立

질(交迭). 교체(交替). 교체(交遞).
移項(이항 yíxiàng) 항목을 옮김.
移行(이행 yíxíng) 옮아 감. 변해 감.

▶ 大移動(대이동)·轉移(전이)·漸移(점이)·推移(추이).

稀 드물 희
禾7⑫

稀稀稀稀稀稀稀稀稀

음 xī 일 キ, まれ 영 rare

① 성길 **희**, 드물 **희**(疏). ② 적을 **희**(小). ③ 맑을 **희**, 묽을 **희**(淡).

書體 小篆 稀 草書 稀 (高校) 形聲

稀怪(희괴 xīguài) 매우 드물어서 괴이함.
稀貴(희귀 xīguì) 드물어서 매우 진귀(珍貴)함.
稀金屬(희금속 xījīnshǔ) 매우 적게 산출되는 금속.
稀年(희년 xīnián) 나이 70의 일컬음. 고시(古詩) 인생칠십고래희(人生七十古來稀)에서 온 말.
稀代(희대 xīdài) 희세(稀世).
稀微(희미 xīwēi) 분명하지 못하고 어렴풋함. 똑똑치 못하고 아리송함.
稀薄(희박 xībó) 기체·액체의 밀도가 작음.
稀釋(희석 xīshì) 《化》 용액에 물 또는 다른 물질을 가하여 농도를 묽게 하는 일.
稀世之才(희세지재 xīshìzhīcái) 세상에 보기 드문 재지(才智). 또는 그런 사람.
稀少(희소 xīshǎo) 드물고 썩 적음.
稀罕(희한 xīhǎn) ① 매우 드물음. ② 아름답고 좋은 일에 흔히 쓰는 말.

▶ 古稀(고희)·人生七十古來稀(인생칠십고래희).

稅 세금 세:
禾7⑫

稅稅稅稅稅稅稅稅稅稅

1 음 shuì 일 ゼイ, みつぎ 영 tax
2 일 タイ, みつぎ **3** 일 タツ

1 ① 구실 **세**, 부세 **세**, 세납 **세**(租). ② 거둘 **세**(斂). ③ 놓을 **세**(舍). ④ 쉴 **세**(稅駕, 休息). **2** 추복 입을 **태**(追服). **3** 풀 **탈**, 끄를 **탈**(解).

書體 小篆 稅 草書 稅 (中學) 形聲

稅目(세목 shuìmù) 《法》 조세(租稅)의 종목. 소득세(所得稅)·영업세(營業稅) 따위.
稅源(세원 shuìyuán) 《經》 세금을 매기게 되는 근원으로서의 소득과 재산.
稅率(세율 shuìlǜ) 《經》 세금을 매기는 비율.
稅制(세제 shuìzhì) 조세(租稅) 관계의 제도.

▶ 減稅(감세)·課稅(과세)·關稅(관세)·國稅(국세)·納稅(납세)·累進稅(누진세)·累退稅(누퇴세)·擔稅(담세)·免稅(면세)·保稅(보세)·賦稅(부세)·所得稅(소득세)·收稅(수세)·輸入稅(수입세)·輸出稅(수출세)·漁稅(어세)·印稅(인세)·自動車稅(자동차세)·場稅(장세)·財産稅(재산세)·租稅(조세)·住民稅(주민세)·增稅(증세)·地方稅(지방세)·直接稅(직접세)·徵稅(징세)·脫稅(탈세)·血稅(혈세).

程 길/법식 정
禾7⑫

程程程程程程程程程

음 chéng 일 テイ, ほど, みち
영 degree, way

① 법 **정**(式). ② 한정 **정**(限). ③ 과정 **정**(課程). ④ 품수 **정**(品). ⑤ 헤아릴 **정**(量). ⑥ 길 **정**(道里). ⑦ 도수 **정**(程度). ⑧ 준할 **정**(準).

書體: 小篆 程 草書 程 (高校) 形聲

程道(정도 chéngdào) ① 길의 이수(里數). ② 여행의 경로. 노정(路程).
程度(정도 chéngdù) ① 알맞은 한도. ② 얼마의 분량. ③ 고저(高低)·강약(强弱)의 한도. ④ 다른 것과 비교하여 우열(優劣)의 어떠함.
程門立雪(정문입설 chéngménlìxuě) 제자가 스승을 존경함을 일컫는 말. 《故》유초(游酢)와 양시(楊時)가 정이천(程伊川)을 처음 찾아 갔을 때, 이천(伊川)은 눈을 감고 명상(瞑想)에 잠겨 있었기 때문에 두 사람은 서서 기다리다가, 이천(伊川)이 이들에게 물러가라고 명하였을 때에는 문 밖에 눈이 한자나 쌓여있었다 함.

▶ 工程(공정)·課程(과정)·過程(과정)·規程(규정)·路程(노정)·大長程(대장정)·道程(도정)·登程(등정)·方程式(방정식)·射程(사정)·射程距離(사정거리)·上程(상정)·旅程(여정)·歷程(역정)·豫程(예정)·音程(음정)·里程標(이정표)·日程(일정)·長程(장정).

稚 어릴 치
禾8⑬

音 zhì 日 チ, おさない
英 young, infant

① 어린 벼 치(幼禾). ② 어릴 치(幼穉小). ③ 늦을 치(晩). 【穉와 같음】
稚氣(치기 zhìqì) 유치한 모양이나 행동. 어린애 같은 짓.
稚老(치로 zhìlǎo) 어린이와 늙은이.
稚拙(치졸 zhìzhuō) 어리석고 졸렬(拙劣)함.

▶ 工程(공정)·科程(과정).

稜 모날 릉
禾8⑬

①-③ 音 léng 日 リョウ, かど
英 corner ④⑤ 音 líng 日 ロウ, か

と 英 edge

① 모 릉, 모질 릉(觚稜, 廉角) ② 서슬 릉(神靈之威). ③ 형편 릉(勢). ④ 밭뚝 릉(畦稜). ⑤ 약 이름 릉(藥名, 三稜).
稜線(능선 léngxiàn) 산등을 따라 죽 이어진 봉우리의 선.
稜岸(능안 léngàn) 위엄(威嚴)이 있고 늠름(凜凜)함.
稜威(능위 léngwēi) 존엄스러운 위세(威勢).

稟 여쭐 품
禾8⑬

音 bǐng 日 ヒン, もうす 英 tell, say

① 줄 품(給). ② 받을 품(受命). ③ 여쭐 품, 사뢸 품(白事). ④ 성품 품(天賦性質).
稟決(품결 bǐngjué) 품고(稟告)해서 처결함.
稟達(품달 bǐngdá) 웃어른 또는 상사(上司)에게 여쭘. 품신(稟申).
稟命(품명 bǐngmìng) 명령을 받음.
稟性(품성 bǐngxìng) 천생으로 타고난 성품. 나면서부터 가지고 있는 성질. 품분(稟分).
稟申(품신 bǐngshēn) 웃어른이나 상사(上司)에게 여쭘. 품고(稟告). 품백(稟白).
稟議(품의 bǐngyì) 웃어른 또는 상사(上司)에게 글이나 말로 여쭈어 의논함.

▶ 氣稟(기품)·天稟(천품).

稠 빽빽할 주
禾8⑬

日 チュウ, しげる 英 dense, thick

① 주밀할 주, 빽빽할 주(密). ② 많을 주(多). ③ 무르녹을 주(濃).
稠密(주밀→조밀 chóumì) 몹시 빽빽함.

稠人廣衆(주인광중 chóurénguǎngzhòng) 사람이 빽빽하게 많이 모임.
稠適(주적 chóushì) 알맞고 적당함.

種 씨 종(:)

禾 9 ⑭

種種種種種種種種種

🅰 zhǒng 🅹 zhòng シュ, たね 🅴 seed, sort

① 종류 종(類). ② 머리털 모지라질 종(種種髮短). ③ 씨 종(種子). ④ 가지 종(物類). ⑤ 심을 종(蓺植). ⑥ 펼 종(布).

書體 小篆 種 草書 種 中學 形聲

種瓜得瓜(종과득과 zhòngguādéguā) 오이를 심으면 반드시 오이가 남. 《喻》원인이 있으면 반드시 결과가 있음.

種痘(종두 zhòngdòu) 《醫》우두(牛痘)를 인체 안에 접종(接種)하여 천연두(天然痘)를 예방하는 법.

▶ 各種(각종)·同種(동종)·變種(변종)·別種(별종)·純種(순종)·良種(양종)·異種(이종)·人種(인종)·業種(업종)·雜種(잡종)·接種(접종)·品種(품종).

稱 일컬을 칭

禾 9 ⑭

稱稱稱稱稱稱稱稱稱

①-⑥ 🅰 chēng 🅹 ショウ, となえる 🅴 call ⑦-⑪ 🅰 chèn 🅹 ショウ, ほまれ 🅴 praise

① 저울질할 칭(銓). ② 날릴 칭(揚). ③ 일컬을 칭(言). ④ 들 칭(擧). ⑤ 이름할 칭(名號). ⑥ 저울 칭(衡). ⑦ 헤아릴 칭(量度). ⑧ 맞을 칭(副). ⑨ 맞갖을 칭(愜意). ⑩ 같을 칭(參稱, 相等). ⑪ 벌 칭(衣單複具).

書體 小篆 稱 草書 稱 高校 形聲

稱道(칭도 chēngdào) 마음에 그리워하여 입으로 늘 칭송함. 칭술(稱述).
稱量(칭량 chēngliáng) ① 저울로 닮. ② 사정이나 형편을 헤아림.
稱慕(칭모 chēngmù) 칭찬하고 경모(敬慕)함.
稱病(칭병 chēngbìng) 병을 핑계 삼음.
稱頌(칭송 chēngsòng) 공덕을 칭찬하여 기림. 찬양하여 일컬음.
稱讚(칭찬 chēngzàn) ① 잘한다고 추어 줌. 좋은 점을 말하여 기림. ② 훌륭한 명망.

▶ 假稱(가칭)·改稱(개칭)·謙稱(겸칭)·敬稱(경칭)·公稱(공칭)·對稱(대칭)·名稱(명칭)·美稱(미칭)·別稱(별칭)·非對稱(비대칭)·卑稱(비칭)·詐稱(사칭)·世稱(세칭)·俗稱(속칭)·愛稱(애칭)·略稱(약칭)·言必稱(언필칭)·異稱(이칭)·人稱(인칭)·自稱(자칭)·尊稱(존칭)·指稱(지칭)·總稱(총칭)·他稱(타칭)·通稱(통칭)·互稱(호칭)·呼稱(호칭).

稷 피 직

禾 10 ⑮

🅰 jì 🅹 ショク, きび 🅴 millet

① 피 직, 메기장 직(黍屬五穀之長). ② 농관 직(后稷農官). ③ 사직 직, 흙귀신 직(社稷, 土神).

稷神(직신 jìshén) 곡식을 맡은 신(神).
稷狐(직호 jíhú) 오곡(五穀)의 신(神)을 모신 사당(祠堂)에 사는 여우. 《轉》임금 옆에서 아첨하는 간신(奸臣).

▶ 社稷(사직)·社稷壇(사직단)

稻 벼 도

禾 10 ⑮

稻稻稻稻稻稻稻稻稻

🅰 dào 🅹 トウ, いね 🅴 rice-plant

벼 도(秫稻, 水田種穀).

小篆 稻 **草書** 稻 (高校) 形聲

稻熱病(도열병 dàorèbìng) 벼에 생기는 병의 한 가지. 자란 줄기와 잎에 감갈색의 점이 박히며 이삭이 돋아 나지 않게 됨.

稻作(도작 dàozuò) 벼농사.

▶ 水稻(수도)·陸稻(육도)·早稻(조도).

稼 심을 가

🔤 jià 🔤 カ, うえる, うえつけ
🔤 plant, sow

심을 **가**(種穀).

稼動(가동 jiàdòng) 사람이나 기계가 움직여 일함.

稽 머무를 계:

①-⑦ 🔤 jī ⑧⑨ 🔤 qǐ 🔤 ケイ, かんがえる 🔤 examine

① 상고할 **계**(考). ② 계교할 **계**(計). ③ 의논할 **계**(議). ④ 이를 **계**(至). ⑤ 같을 **계**(同). ⑥ 저축할 **계**(留止貯滯). ⑦ 익살 부릴 **계**(滑稽轉貌). ⑧ 머리 숙일 **계**(下首). ⑨ 머물 **계**(留).

稽考(계고 jīkǎo) 지난 일을 상고함.

▶ 荒唐無稽(황당무계).

稿 원고 고

稿 稿 稿 稿 稿 稿 稿 稿 稿

🔤 gǎo 🔤 コウ, わら 🔤 straw

① 볏짚 **고**(禾稈). ② 사초 **고**, 원고 **고**(文草).

篆文 稾 **草書** 稿 (高校) 形聲

稿料(고료 gǎoliào) 저서(著書) 또는 쓴 글에 대한 보수. 원고료(原稿料)의 약어.

稿本(고본 gǎoběn) ① 원고를 맨 책. ↔ 간행본(刊行本). ②《植》 향초(香草)의 이름.

稿草(고초 gǎocǎo) 볏짚.

▶ 寄稿(기고)·送稿(송고)·玉稿(옥고)·原稿(원고)·原稿紙(원고지)·遺稿(유고)·拙稿(졸고)·草稿(초고)·脫稿(탈고)·投稿(투고)·投稿欄(투고란).

穀 곡식 곡

穀 穀 穀 穀 穀 穀 穀 穀 穀 穀

1 🔤 gǔ 🔤 コク, たなつもの
🔤 grain **2** corn

1 ① 곡식 **곡**, 낟알 **곡**(禾稼總名). ② 착할 **곡**(善). ③ 녹 **곡**(祿). ④ 살 **곡**(生). ⑤ 기를 **곡**(養). **2** 녹 **구**(祿).

小篆 穀 **草書** 穀 (中學) 形聲

穀價(곡가 gǔjià) 곡식의 가격.

穀氣(곡기 gǔqì) 밥·죽·떡 등의 곡식으로 만든 음식의 총칭. 인체의 영양(榮養)이 되는 오곡(五穀).

穀物(곡물 gǔwù) 사람이 주식(主食)으로 하는 곡식. 쌀·보리·조·기장·콩 따위의 총칭. 곡식.

穀商(곡상 gǔshāng) 곡식 장사.

穀雨(곡우 gǔyǔ) 이십사절기(節氣)의 여섯 째. 청명(淸明)의 다음. 봄 절기의 마지막. 양력 4월 20일 경.

穀酒(곡주 gǔjiǔ) 곡식으로 만든 술.

穀倉(곡창 gǔcāng) ① 곡식을 간직하는 창고. ② = 곡향(穀鄕).

▶ 米穀(미곡)·稅穀(세곡)·新穀(신곡)·糧穀(양곡)·麵穀(잡곡)·主穀(주곡)·秋穀(추곡)·脫穀(탈곡)·夏穀(하곡).

穅 겨 강

음 kāng 일 コウ, ぬか 영 chaffs

① 겨 **강**(穀皮). ② 악기 이름 **강**(樂器名).【糠과 같음】

穅秕(강비 kāngbǐ) 겨와 쭉정이.《轉》 쓸모 없는 물건.

穆 화목할 목

음 mù 일 ボク, やわらぐ 영 harmony

① 공경할 **목**(敬). ② 화할 **목**(和). ③ 아름다울 **목**(美). ④ 사당 차례 **목**(昭穆, 廟序).

穆然(목연 mùrán) ① 조용히 생각하는 모양. 깊이 생각하는 모양. ② 소리가 까마득히 들리는 모양. ③ 온화(溫和)하고 공경(恭敬)하는 모양.

穆清(목청 mùqīng) ① 깊고 깨끗함. ② 세상이 평온하게 다스려짐.

穎 이삭 영

음 yǐng 일 エイ, ほ, ほさき 영 ear, spike

① 이삭 **영**(穗). ② 송곳 끝 **영**(錐鋩). ③ 빼어날 **영**(才能拔類).

穎敏(영민 yǐngmǐn) 재지(才智)나 감각·행동 등이 날카롭고 민첩함. 예민(銳敏). 민첩(敏捷).

穎悟(영오 yǐngwù) 남보다 뛰어나게 총명함.

穎才(영재 yǐngcái) 특히 뛰어난 재지(才智). 또는 그러한 사람. 수재(秀才).

穎哲(영철 yǐngzhé) 뛰어나고 현명함. 또는 그러한 사람.

積 쌓을 적

秆 秆 秆 積 積 積 積 積 積

1 음 jī 일 セキ, つむ 영 pile
2 영 load

1 쌓을 **자**, 저축할 **자**(委積儲). **2**① 포갤 **적**, 모을 **적**(累聚堆疊). ② 넓이 **적**(積量, 面積). ③ 부피 **적**(容積).

書體 小篆 穡 草書 積 高校 形聲

積慶(적경 jīqìng) 거듭 생기는 좋은 경사.

積德(적덕 jīdé) =적선(積善).

積善(적선 jīshàn) 착한 일을 여러 번 함. 적덕(積德). ↔적악(積惡).

積小成大(적소성대 jīxiǎochéngdà) ① 작은 것을 쌓이면 크게 됨. ② 적은 것도 모아 쌓이면 많아짐.

積水成淵(적수성연 jīshuǐchéngyuān) 한 방울 한 방울의 물이 모여 연못이 됨. 적토성산(積土成山).

積鬱(적울 jīyù) ① 쌓인 근심. ② 오랫동안 쌓인 불만. ③ 오래 계속하여 침울함.

積怨(적원 jīyuàn) 오랫동안 쌓여 있는 원한(怨恨). 적한(積恨).

積阻(적조 jīzǔ) 오랫동안 서로 떨어져서 소식이 막힘.

▶ 見積(견적)·露積(노적)·累積(누적)·面積(면적)·微積分(미적분)·山積(산적)·船積(선적)·延面積(연면적)·容積(용적)·集積(집적)·滯積(체적)·體積(체적)·總面積(총면적)·蓄積(축적)·充積(충적)·沖積(충적)·堆積(퇴적)·堆積巖(퇴적암)·偏積(편적)·表面積(표면적).

穗 이삭 수

음 suì 일 スイ, ほ 영 ear, spike

이삭 **수**(禾成秀).

穗穗(수수 suìsuì) 잘 결실한 벼를 형

용하는 말.

穢 더러울 예:
^禾 13 ⑱

🔊 huì ㋾ ワイ, エ, けがれる
🌐 dirty, unclean

① 더러울 예(惡也, 汙). ② 거칠 예(蕪). ③ 더럽힐 예(使汙). ④ 김 예(田中雜草).

穢氣(예기 huìqì) 더러운 냄새.
穢德(예덕 huìdé) =악덕(惡德).
穢貊(예맥 huìmò) =예맥(濊貊).
穢物(예물 huìwù) 더러운 물건.
穢濕(예습 huìshī) 더럽고 축축함.
穢心(예심 huìxīn) 깨끗하지 못한 마음.
穢惡(예악 huì'è) ① 남의 명예를 더럽히고 욕되게 함. 오악(汙惡). 오욕(汙辱). ② 더러운 것.
穢語(예어 huìyǔ) 욕지거리. 욕설(辱說).
穢慾(예욕 huìyù) 깨끗하지 못한 욕심.
穢政(예정 huìzhèng) 악정(惡政).
穢濁(예탁 huìzhuó) 더럽고 탁함. 탁예(濁穢).
穢行(예행 huìxíng) 더러운 행동. 추한 행위. 추행(醜行).

穩 편안할 온
^禾 14 ⑲

🔊 wěn ㋾ オン, おだやか 🌐 quiet

① 편안할 온(安). ② 곡식 걷어 모을 온(穀聚).

穩健(온건 wěnjiàn) 온당하고 건전함.
穩當(온당 wěndāng) 사리에 어그러지지 않고 알맞음.
穩穩(온온 wěnwěn) 편안한 모양.
穩全(온전 wěnquán) 결점이 없고 완전함.

▶ 不穩(불온)·安穩(안온)·靜穩(정온)·平穩(평온).

穫 거둘 확
^禾 14 ⑲

穫穫穫穫穫穫穫穫穫穫

🔊 huò ㋾ カク, かる 🌐 harvest

1 땅 이름 호(摐穫). **2** ① 곡식 거둘 확(刈穀). ② 곤박할 확(隕穫, 困迫).

書體 小篆 穫 草書 穫 高校 形聲

穫稻(확도 huòdào) 벼를 거두어들임.

▶ 多收穫(다수확)·收穫(수확)·收穫高(수확고)·收穫分(수확분)·收穫祭(수확제).

穴 部
구멍 혈

穴 구멍/굴 혈
^穴 0 ⑤

穴穴穴穴穴

🔊 xué ㋾ ケツ, あな 🌐 cave, hole

① 굴 혈, 구멍 혈(窟). ② 움 혈(土室). ③ 틈 혈(孔隙). ④ 굿 혈, 광중 혈(壙).

書體 小篆 穴 草書 穴 高校 象形

穴居(혈거 xuéjū) 동굴에 삶음. 선사시대의 인류의 주거처(住居處).
穴竅(혈규 xuéqiào) 움. 동굴.
穴鼻(혈비 xuébí) 《動》 토끼의 이명.
穴處(혈처 xuéchù) ① =혈거(穴居). ② 《喩》 견식(見識)이 천박함.
穴盒(혈합 xuéhé) 서랍.

▶ 經穴(경혈)·灸穴(구혈)·氣穴(기혈)·墓穴(묘혈)·巢穴(소혈).

穴 2 ⑦ **究** 연구할/궁구 **구**

[중] jiū [일] キュウ, ク, きわめる
[영] inquiry

① 다할 **구**(極). ② 꾀할 **구**(謀). ③ 마칠 **구**(竟). ④ 궁구할 **구**(推尋). ⑤ 미워할 **구**(究究相憎惡).

[書體] 小篆 草書 [中學] 形聲

究竟(구경 jiūjìng) ① 구극(究極). ② 《佛》 사리(事理)의 마지막. 곧 천태종(天台宗)에서 육즉(六即) 〈보살행(菩薩行)의 6계급(階級)〉 중에서 일체(一切)의 법(法)을 대오(大悟)한 최상(最上)의 자리.

究極(구극 jiūjí) ① 극도에 달함. 궁극(窮極). ② 마지막.

究明(구명 jiūmíng) 사리를 궁구하여 밝힘.

究察(구찰 jiūchá) 샅샅이 조사하여 밝힘. 구심(究審).

▶ 講究(강구)·考究(고구)·窮究(궁구)·論究(논구)·研究(연구)·參究(참구)·推究(추구)·追究(추구)·深究(탐구)·探究(탐구)·討究(토구)·學究(학구).

穴 3 ⑧ **空** 빌 **공**

①-④ [중] kōng [일] クウ, むなしい [영] empty ⑥-⑨ [중] kòng [일] コウ, そら [영] sky

① 다할 **공**(罄). ② 빌 **공**(虛). ③ 하늘 **공**(太空, 天空). ④ 클 **공**(大). ⑤ 구멍 **공**(穴竅). ⑥ 궁할 **공**(窮). ⑦ 이지러질 **공**(缺). ⑧ 없을 **공**(空乏). ⑨ 벼슬 이름 **공**(官名, 司空).

[書體] 小篆 草書 [中學] 形聲

空間(공간 kōngjiān) ① 집을 쓰지 않고 비워 둔 간. ② 하늘과 땅 사이. ③ 《哲》 상하·전후·좌우로 무한하게 퍼져 있는 빈 곳. 시간과 아울러 물질의 존재를 설명하는 필요조건. ↔ 시간(時間).

空界(공계 kòngjiè) ① 《佛》 아무 것도 없는 공의 세계. 무변(無邊)의 허공(虛空). ② 공간(空間).

空閨(공규 kòngguī) 오랫동안 남편 없이 아내 혼자 쓸쓸히 사는 방. 공방(空房).

空洞(공동 kòngdòng) ① 아무 것도 없이 텅 빈 굴. 《喻》 도량(度量)이 넓음. ② 《醫》 신체의 조직 내에 괴사(壞死)가 일어나 그것이 배출된 뒤에 생기는 구멍. 결핵균에 의(依)해 생기는 폐의 동공.

空山明月(공산명월 kòngshānmíngyuè) ① 적적한 산에 비치는 밝은 달. ② 대머리를 놀리는 말. ③ 화투장의 하나.

空手來空手去(공수래공수거 kōngshǒuláikōngshǒuqù) 《佛》 사람이 세상에 났다가 헛되이 죽는 것을 일컬음.

空念佛(공염불 kōngniànfó) ① 입으로만 외는 헛된 염불. ② 실행이나 내용이 따르지 않는 주장이나 선전. ③ 아무리 타일러도 허사가 되는 말.

空寂(공적 kòngjì) ① 텅 비고 쓸쓸함. 적요(寂寥). ② 《佛》 우주만물(宇宙萬物)의 그 실체(實體)는 모두 공(空)이라는 것.

空挺部隊(공정부대 kōngtǐngbùduì) = 낙하산부대(落下傘部隊).

空卽是色(공즉시색 kōngjíshìsè) 《佛》 중생(衆生)이나 만물이 모두 인연화합(因緣和合)으로 말미암은 임시의 존재이기는 하나, 인연의 상관관계(相關關係)에 의해서 각각 다른 형상으로서 존재함의 일컬음. ↔ 색즉시공(色即是空).

▶ 架空(가공)·國際空港(국제공항)·對空(대공)·洞空(동공)·防空壕(방공호)·碧空(벽공)·上空(상공)·翔空(상공)·時空間(시공간)·領空(영공)·陸海空(육해공)·制空(제공)·地對空(지대공)·眞空(진공)·蒼空(창공)·晴空(청공)·青空(청공)·卓上空論(탁상공론)·航空(항공)·虛空(허공)·滑空(활공).

穴 4 ⑨ 穽 함정 정

중 jǐng 일 セイ, おとしあな 영 pit

구덩이 **정**, 함정 **정**(穿地陷獸坑).

穽井(정정 jǐngjǐng) 함정. 함정(陷穽).

穽陷(정함 jǐngxiàn) 함정.

穴 4 ⑨ 穿 뚫을 천:

중 chuān 일 セン, うがつ

영 go through

① 통할 **천**(通). ② 구멍 **천**(穴). ③ 팔 **천**(掘). ④ 뚫을 **천**(鑽). ⑤ 펠 **천**(貫).

穿結(천결 chuānjié) 떨어진 옷을 꿰맴. 또는 너덜너덜 떨어진 옷.

穿孔(천공 chuānkǒng) 큰 바위를 떠내기 위하여 구멍을 뚫는 일.

穿鑿(천착 chuānzáo) ① 구멍을 뚫음. ② 학문(學問)을 깊이 파고 들어감. ③ 꼬치꼬치 캠.

穴 4 ⑨ 突 갑자기/부딪칠 돌

突 突 突 突 突 突 突 突 突

중 tū 일 トツ, つく, にわか

영 rush out

① 우뚝할 **돌**(出貌). ② 다닥칠 **돌**(衝突, 觸). ③ 속일 **돌**(唐突, 欺). ④ 별안간 **돌**(猝). ⑤ 굴뚝 **돌**(煙出竈).

書體 小篆 草書 高校 會意

突起(돌기 tūqǐ) 불쑥 솟음. 또는 그 물건.

突然(돌연 tūrán) 별안간. 갑작스럽게.

突風(돌풍 tūfēng) 갑자기 부는 억센 바람.

▶ 激突(격돌)·唐突(당돌)·煙突(연돌)·溫突(온돌)·豬突(저돌)·正面衝突(정면충돌)·左衝右突(좌충우돌)·追突(추돌)·衝突(충돌).

穴 4 ⑨ 牢 짐승우리 로

중 láo 일 ロウ, おり 영 cage

① 짐승우리 **로**(獸圈). ② 굳을 **로**, 채울 **로**(實).

穴 4 ⑨ 窃 훔칠 절

【竊(穴부17획)의 속자】

穴 5 ⑩ 窆 하관할 폄

중 biǎn 일 ヘン, ほうむる

영 taking down the coffin

① 하관할 **폄**(葬下棺). ② 광중 **폄**(埋穴, 墓穴).

窆器(폄기 biǎnqì) 옛날 관(棺)을 묘혈(墓穴)에 내릴 때에 쓰던 주석(柱石)의 유(類).

窆石(폄석 biǎnshí) 관(棺)을 묘혈(墓穴)에 내릴 때 사용하던 돌.

▶ 合窆(합폄).

穴 5 ⑩ 窈 고요할 요:

중 yǎo 일 ヨウ, ふかい 영 secluded

① 고요할 **요**(窈窈靜). ② 깊을 **요**(深). ③ 안존할 **요**(窈窕幽閒).

窈糾(요규 yǎojiū) 그윽하고 조용한

白 皮 皿 目 矛 矢 石 示 内 禾 穴 立

여자의 모습.
窈渺(요묘 yǎomiǎo) 매우 넓은 모양. 요묘(首渺).
窈然(요연 yǎorán) 멀고 아득한 모양.
窈窱(요조 yǎodiào) 깊고 먼 모양.
窈窕(요조 yǎotiǎo) ① 산중(山中)·궁궐 따위가 아늑한 모양. ② 여자의 마음이 얌전하고 고움. 유간(幽閒). ③ 남자의 행동이 얌전하고 조용함. ④ 요염(妖艶)한 모양. 요야(妖冶).
窈窕淑女(요조숙녀 yǎotiǎoshūnǚ) 안존(安存)한 여자. 얌전한 부녀.

窒 막힐 질
穴 6 ⑪

1 zhì 일 チツ, ふさがる
영 shut 2 テツ

1 ① 막을 질, 막힐 질(塞). ② 가득할 질(滿). ③ 원소 이름 질(窒素, 淡氣). 2 절. 뜻은 1과 같음.
窒死(질사 zhìsǐ) 숨이 막히어 죽음.
窒塞(질색 zhìsāi) ① 음력 7월과 8월의 병칭(倂稱). 〈달이 庚에 있는 것을 窒, 辛에 있는 것을 塞〉. ② 폐색(閉塞)함. 기운이 막힘. ③ 몹시 싫거나 놀라서 기막힐 지경의 일컬음.
窒息(질식 zhìxī) 숨이 막혀 통하지 아니함.

窓 창문 창
穴 6 ⑪

窓窓窓窓窓窓窓窓窓窓

중 chuāng 일 ソウ, まど 영 window
창 창, 지게문 창(戶也, 通孔). 【窗의 속자】

書體 篆文 囪 草書 窓 中學 形聲

窓架(창가 chuāngjià) 문틀. 창틀.
窓鏡(창경 chuāngjìng) 창문에 단 유리.
窓口(창구 chuāngkǒu) 사무실에서 바깥 손님을 상대하여 문서나 돈 따위를 받아들이거나 내어 주기 위하여 자그마하게 만든 창문.
窓門(창문 chuāngmén) 채광(彩光)·통풍(通風)을 위하여 벽에 만들어 놓은 문.
窓戶(창호 chuānghù) 창과 지게문의 총칭.

▶ 客窓(객창)·同窓(동창)·賣票窓口(매표창구)·封窓(봉창)·船窓(선창)·琉璃窓(유리창)·接受窓口(접수창구)·陳列窓(진열창)·車窓(차창)·鐵窓(철창)·學窓(학창).

窕 그윽할 조
穴 6 ⑪

중 tiǎo 일 チョウ, ヨウ, しとやか
영 peaceful

① 안존할 조(窈窕, 幽閒). ② 으슥할 조(窈窕, 深). ③ 고요할 조(靜). ④ 가늘 조(細).

▶ 窈窕淑女(요조숙녀).

寇 도적 구
穴 7 ⑫

일 コウ, あらい 영 wild

① 노략질할 구(鈔). ② 사나울 구(暴).
【寇의 譌字】

▶ 倭寇(왜구).

窟 굴 굴
穴 8 ⑬

중 kū 일 クツ, あな 영 cave, hole

① 굴 굴(穴孔). ② 움 굴(土室).
窟居(굴거 kūjū) 동굴에서 삶음. 또는 그 굴.
窟穴(굴혈 kūxué) ① 굴 속. ② 도적·비도(匪徒)·악한들의 근거지. 소굴(巢窟).

▶ 洞窟(동굴)·石窟(석굴)·巢窟(소굴)·土窟(토굴).

窮 궁할/다할 궁

穴 10 ⑤

窮窮窮窮窮窮窮窮窮

[중] qióng [일] キュウ, きわまる
[영] exhausted

① 다할 궁(極). ② 궁구할 궁(究). ③ 마칠 궁(竟). ④ 막힐 궁(困屈).【窮과 같음】

書體 小篆 窮 草書 窮 (高校) 形聲

窮竟(궁경 qióngjìng) ① 마지막. 끝. ② 끝까지 캐어 밝힘.
窮計(궁계 qióngjì) 구차한 계책(計策). 곤궁한 끝에 생각해낸 마지막 계책. 하계(下計).
窮究(궁구 qióngjiū) 속 깊이 연구함. 토구(討究).
窮極(궁극 qióngjí) ① 극도에 달함. 끝마침. 구극(究極). ② 마지막 끝. ③ 곤궁(困窮)이 극도에 달함.
窮僻(궁벽 qióngpì) 매우 후미져 으슥함.
窮鼠嚙猫(궁서설묘 qióngshǔnièmāo) 쫓기어 몰린 쥐가 도리어 고양이를 물음.《轉》약자라도 극도에 이르면 강자에게 맞서 대항함.
窮餘之策(궁여지책 qióngyúzhīcè) 매우 궁박한 나머지 짜낸 한 계책. 궁여일책(窮餘一策).
窮地(궁지 qióngdì) ① 어떤 일에 있어 막다른 경우. ② 생활이 곤궁한 지경. ③ 궁벽한 지방. 벽지(僻地).
窮村僻地(궁촌벽지 qióngcūnpìdì) 가난한 마을과 궁벽한 곳.
窮乏(궁핍 qióngfá) 몹시 가난하고 궁함.

▶ 困窮(곤궁)·無窮無盡(무궁무진)·無窮花(무궁화)·貧窮(빈궁)·追窮(추궁).

窯 기와가마 요

穴 10 ⑥

[중] yáo [일] ヨウ, かま [영] kiln

① 기와가마 요(燒瓦竈). ② 오지그릇 요(陶器).

窯業(요업 yáoyè) 질그릇·사기그릇 따위를 구어 만드는 산업(産業).

窺 엿볼 규

穴 11 ⑯

[중] kuī [일] キ, うかがう [영] peep, spy

엿볼 규(小視).

窺見(규견 kuījiàn) 몰래 엿봄.
窺伺(규사 kuīsì) 몰래 엿봄. 틈을 엿봄.
窺視(규시 kuīshì) 엿봄. 규첨(窺覘).
窺覦(규유 kuīyú) ① 틈을 엿봄. ② 부정(不正)한 야망(野望)을 가짐. 규유(窺覬).
窺知(규지 kuīzhī) 엿보아 앎.

竊 훔칠 절

穴 17 ㉒

竊竊竊竊竊竊竊竊竊

[중] qiè [일] セツ, ぬすむ [영] steal

① 좀도둑 절(盜). ② 사사 절(私). ③ 얕을 절(淺). ④ 간간할 절(竊竊察察貌).

書體 小篆 竊 草書 竊 (高校) 形聲

竊念(절념 qiènià n) 저 혼자 가만히 여러 모로 생각함.
竊盜(절도 qièdào) ① 남의 물건을 몰래 훔치는 도둑. 구절(狗竊). ② 물건을 훔침. 도절(盜竊). 양절(攘竊).
竊名(절명 qièmíng) 헛되고 실속이 없이 명예만 높음.
竊命(절명 qièmìng) 신하가 임금의 실권(實權)을 빼앗아 나라를 다스리는 것.

竊聽(절청 qiètīng) 비밀을 몰래 엿들음.
竊取(절취 qièqǔ) 몰래 훔쳐 가짐.

▶ 剽竊(표절).

立 部

설 립

立 설 립

立立立立立

音 lì 日 リツ, リュウ, たつ
英 stand, set

① 설 립(起住). ② 세울 립(樹也, 建). ③ 이룰 립(成). ④ 굳을 립(堅). ⑤ 곧 립(速意). ⑥ 밝힐 립(明). ⑦ 정할 립(設格). ⑧ [新字]리터 립(litre, SI단위명).

書體 小篆 ☆ 草書 ☆ 中學 會意

立脚(입각 lìjiǎo) 근거를 두어 그 입장에 섬.
立件(입건 lìjiàn) 《法》 혐의 사실을 인정하여 사건을 성립시킴.
立稻先賣(입도선매 lìdàoxiānmài) 벼를 아직 베기 전에 논에 세워 둔 채로 돈을 받고 팔음.
立身揚名(입신양명 lìshēnyángmíng) 출세하여 자기의 이름이 세상에 떨치게 됨.
立唱(입창 lìchàng) 선소리. 서서 부르는 노래. →좌창.

▶ 建立(건립)·孤立無援(고립무원)·公立(공립)·公私立(공사립)·國公立(국공립)·國立(국립)·起立(기립)·亂立(난립)·對立(대립)·獨立(독립)·埋立(매립)·竝立(병립)·私立(사립)·設立(설립)·成立(성립)·竪立(수립)·兩立(양립)·嚴正中立(엄정중립)·聯立(연립)·擁立(옹립)·王立(왕립)·自立(자립)·自主獨立(자주독립)·積立(적립)·前立腺癌(전립선암)·定立(정립)·正立(정립)·鼎立(정립)·組立(조립)·存立(존립)·中立(중립)·直立(직립)·創立(창립)·確立(확립).

竍 데카리터 십

音 shí 日 デカリットル

데카리터 십(decalitre. SI 단위명, 10리터).

竏 킬로리터 천

音 qiān 日 キロリットル

킬로리터 천(kilolitre. SI 단위명, 1,000리터).

竓 밀리리터 모

音 máo 日 ミリリットル

밀리리터 모(millilitre. SI 단위명, 1/1,000리터).

竔 리터 승

音 shēng 日 リットル

리터 승(litre. SI 단위명).

竕 데시리터 분

音 fēn 日 デシリットル

데시리터 분(decilitre. SI 단위명, 1/10리터).

竜 용 룡

【龍(龍부0획)의 약자】

站 역마을 참(ː)

zhàn タン, しゅくば
stage of a journey

① 역마을 참(驛). ② 우두커니 설 참(久立貌, 俗言獨立). ③ 술잔 받치는 그릇 참(承奠器).

站路(참로 zhànlù) 역참(驛站)을 지나가는 길.

▶ 兵站(병참).

竝 아우를 병ː

竝竝竝竝竝竝

1 bìng ヘイ, ならぶ
coexist **2** together

1 ① 짝할 반(與人同處). ② 고을 이름 반(幷柯郡名). **2** 연할 방(連也, 近). **3** ① 견줄 병(比). ② 다 병(皆). ③ 아우를 병(併). ④ 붙을 병(相扶). ⑤ 함께 병(偕). ⑥ 가까울 병(近).

書體 小篆 竝 草書 조 (高校) 會意

竝記(병기 bìngjì) 함께 아울러 기록하는 일. 또는 그 기록.
竝立(병립 bìnglì) 나란히 섬.
竝發(병발 bìngfā) 한꺼번에 두 가지 이상의 일이 일어남.
竝書(병서 bìngshū) 자음(子音) 두 글자나 세 글자를 가로 나란히 씀. ㄲ·ㄸ 따위.
竝唱(병창 bìngchàng) ① 둘이서 소리를 맞추어서 노래를 부름. ② 한 사람이 악기를 연주하면서, 그에 맞추어 노래를 부르는 국악(國樂) 연주(演奏) 양식.
竝行(병행 bìngxíng) ① 나란히 감. ② 두 가지 일을 한꺼번에 아울러 행함.

竟 마침내 경ː

竟竟竟竟竟竟竟竟竟

jìng ケイ, キョウ, おわり
end, at last

① 마칠 경(終). ② 궁진할 경, 다할 경(窮). ③ 지음 경(際). ④ 필경 경(畢竟).

書體 小篆 竟 草書 冬 (高校) 會意

竟境(경경 jìngjìng) 경계(境界). 국경(國境).
竟夜(경야 jìngyè) 밤새도록. 달야(達夜).
竟域(경역 jìngchǎng) 경계. 강역(疆域).

▶ 完竟(구경)·畢竟(필경).

章 글월/글 장

章章章章章章章章章章章

zhāng ショウ, ふみ
sentence

① 문채 장(文彩). ② 표할 장(表). ③ 장정 장(章程, 條). ④ 글 장(文). ⑤ 밝을 장(明). ⑥ 큰 재목 장(大材木). ⑦ 문장 장(禮文曰文章). ⑧ 인장 장(圖書曰印章).

書體 小篆 章 草書 孝 (中學) 會意

章句(장구 zhāngjù) ① 글의 장(章)과 구(句). ② 장(章)을 나누고 구(句)를 자르는 일. 문장의 단락(段落).
章程(장정 zhāngchéng) 규칙(規則). 법률(法律).

▶ 肩章(견장)·圖章(도장)·輓章(만장)·文章(문장)·紋章(문장)·賞章(상장)·序章(서장)·樂章(악장)·腕章(완장)·終章(종장)·憲章(헌장)·勳章(훈장)·徽章(휘장).

佰 헥토리터 백

立 6 ⑪

중 bǎi 일 ヘクトリットル

헥토리터 **백**(hectolitre. SI 단위명, 100 리터).

竣 마칠 준:

立 7 ⑫

1 중 jùn 일 シュン, おわる 영 finish **2** 일 シュン

1 ① 일 마칠 **준**(事畢). ② 물러설 **준**(退立). ③ 그칠 **준**(止). **2** 전. 뜻은 **1**과 같음.

竣工(준공 jùngōng) 공사(工事)를 끝마침. 공역(工役)을 완성함. 준공(竣功). 준역(竣役).
竣事(준사 jùnshì) 하던 일을 마침.
竣役(준역 jùnyì) =준공(竣工).

童 아이 동(ː)

立 7 ⑫

童童童童童音音音童童

중 tóng 일 ドウ, わらべ 영 child

① 아이 **동**(童蒙, 幼). ② 우뚝우뚝할 **동**(盛貌). ③ 민둥산 **동**(山無草木). ④ 뿔 없는 양 **동**(無角羊).

書體 小篆 **童** 草書 **童** 中學 形聲

童男童女(동남동녀 tóngnántóngnǚ) 사내아이와 계집아이.
童顔(동안 tóngyán) ① 어린 아이의 얼굴. ② 어린 아이와 같은 얼굴.
童貞(동정 tóngzhēn) 이성(異性)과 전연 성적 접촉을 하지 않은 일. 또는 그 사람. 처녀성(處女性). 주로 남자에게 이름.
童眞(동진 tóngzhēn) 《佛》 한평생 여자와 관계하지 않은 사람.

▶ 口演童話(구연동화)·牧童(목동)·便童(사동)·三尺童子(삼척동자)·神童(신동)·兒童(아동)·惡童(악동)·玉童子(옥동자)·村童(촌동)·學童(학동)

竭 다할 갈

立 9 ⑭

중 jié 일 カツ, つきる 영 exhaust

1 ① 다할 **갈**(盡). ② 마를 **갈**(涸). **2** 걸. 뜻은 **1**과 같음.

竭力(갈력 jiélì) 모든 힘을 다함.
竭誠(갈성 jiéchéng) 온 정성을 기울임.
竭忠報國(갈충보국 jiézhōngbàoguó) 충성을 다하여 나라의 은혜를 갚음. 진충보국(盡忠報國).

端 끝 단

立 9 ⑭

端端端端端端端端端

중 duān 일 タン, ただす 영 correct, right

① 바를 **단**(正). ② 머리 **단**(首). ③ 싹 **단**(萌). ④ 비롯할 **단**(始). ⑤ 실마리 **단**(緖). ⑥ 오로지 **단**(專). ⑦ 살필 **단**(審). ⑧ 근본 **단**(本源). ⑨ 끝 **단**(末). ⑩ 단오 **단**(端午). ⑪ 성 **단**(姓).

書體 小篆 **端** 草書 **端** 中學 形聲

端境期(단경기 duānjìngqī) 묵은 것 대신에 새것이 나오는 철 바뀌는 때.
端緖(단서 duānxù) 일의 처음. 일의 실마리. 단서(端序).
端身(단신 duānshēn) 몸을 단정히 함.
端雅(단아 duānyǎ) 바르고 아담함.
端午(단오 duānwǔ) 음력 5월 5일의 명절. 천중절(天中節). 수릿날. 단오(端五). 단양(端陽).
端莊(단장 duānzhuāng) 단정(端正)하고 장중(莊重)함. 단정(端整).
端正(단정 duānzhèng) 얌전하고 바름.

端整(단정 duānzhěng) 마음이 바르고 자세가 엄정함.

▶ 極端(극단)·多端(다단)·萬端(만단)·末端(말단)·發端(발단)·複雜多端(복잡다단)·事端(사단)·惹端(야단)·兩極端(양극단)·兩端(양단)·異端(이단)·一端(일단)·爭端(쟁단)·戰端(전단)·尖端(첨단)·弊端(폐단).

㹩 센티리터 리

立9⑭

[중]Ⅱ センチリットル

센티리터 리(centilitre. SI 단위명, 1/100리터).

競 다툴 경:

立15⑳

競競競競競競競競競競

[중] jìng [일] ケイ, キョウ, きそう
[영] compete

① 성할 경(盛). ② 굳셀 경(彊). ③ 다툴 경(爭). ④ 쫓을 경(逐). ⑤ 높을 경(高). ⑥ 급할 경(遽).

書體 小篆 競 草書 競 中學 會意

競落(경락 jìngluò) ① 경매에 의하여 최고액의 신청을 한 경매자(競買者)와 매매의 계약을 맺음. ② 경매에 의하여 소유권을 취득함.
競買(경매 jìngmǎi) 경매물을 사들임.
競賣(경매 jìngmài) ① 살 사람이 값을 다투어 부르게 하여 가장 최고액 신청자에게 파는 일. ②《法》차압한 물건을 공매에 의하여 파는 일.
競合(경합 jìnghé)《法》어떤 하나의 사실이나 요건에 대한 평가 또는 평가의 효과가 중복되는 일. 특히 형법에서는 한 행위가 몇 개의 죄명에 해당되는 일.

▶ 公開競爭(공개경쟁)·紛競(분경).

竹, ⺮ 部

대 죽, 대죽머리

竹 대/대나무 죽

竹⓪⑥

竹竹竹竹竹竹

[중] zhú [일] チク, たけ [영] bamboo

① 대 죽(冬生草). ② 피리 죽(笛). ③ 성 죽(姓).

書體 小篆 竹 草書 竹 中學 象形

竹簡(죽간 zhújiǎn) 대나무 조각에 쓴 글. 죽책(竹册).
竹馬故友(죽마고우 zhúmǎgùyǒu) 어릴 때부터 같이 놀며 자란 친구. 죽마구우(竹馬舊友).
竹夫人(죽부인 zhúfūrén) 대오리로 길고 둥글게 만든 것. 여름에 더위를 덜기 위하여 끼고 잠.
竹杖芒鞋(죽장망혜 zhúzhàngmángxié) ① 대지팡이와 짚신. ② 간단한 보행(步行)이나 여행의 차림.

▶ 松竹(송죽)·雨後竹筍(우후죽순)·長竹(장죽)·翠竹(취죽)·破竹之勢(파죽지세)·爆竹(폭죽).

竿 낚싯대 간

竹③⑨

[중] gān [일] カン, さお [영] pole

낚싯대 간(竹挺漁竿).

竿頭(간두 gāntóu) 장대의 끝. 매우 위험한 지경.
竿頭過三年(간두과삼년 gāntóuguòsānnián)《國》대나무 끝에서 3년 남.《喩》괴로움을 오랫동안 참고 지낸다는 뜻.
竿頭之勢(간두지세 gāntóuzhīshì) 궁

自 至 臼 舌 舛 舟 艮 色 艸 虍 虫 血 行 衣 襾

박한 형세.

竹 4 ⑩ 笑 웃음 소ː

笑笑笑笑笑笑笑笑笑笑

음 xiào 일 ショウ, わらう 영 laugh

웃을 소, 웃을 소(喜而解顔啓齒欣).

書體 小篆 笑 小篆 关 草書 笑 中學 形聲

笑納(소납 xiàonà) 자기가 보내는 물건이 보잘것없는 것이니, 웃고 받아 달라는 뜻으로 겸손하게 일컫는 말. 편지에 씀.

笑談(소담 xiàotán) ① 웃으면서 이야기함. ② 농담.

笑貌(소모 xiàomào) 웃는 모양. 웃는 얼굴.

笑聲(소성 xiàoshēng) 웃음소리.

笑顔(소안 xiàoyán) 웃는 얼굴.

▶ 呵呵大笑(가가대소)·可笑(가소)·苦笑(고소)·冷笑(냉소)·談笑(담소)·微笑(미소)·拍掌大笑(박장대소)·失笑(실소)·嘲笑(조소)·爆笑(폭소).

竹 5 ⑪ 笙 생황 생

음 shēng 일 ソウ, ショウ, たかむしろ 영 split-bamboo

① 생황 생(笙簧, 樂器名, 女媧所作).
② 대자리 생(桃笙, 竹席).

笙磬(생경 shēngqìng) ① 동쪽에 놓여 있는 생(笙). 〈생(笙)은 아악(雅樂)에서 쓰이는 관악기(管樂器)의 하나〉. ② 생(笙)과 경(磬).

笙簫(생소 shēngxiāo) 생(笙)과 소(簫).

笙鐘(생종 shēngzhōng) 동쪽에 위치한 종(鐘)[악기]. 생(笙)은 만물이 생성(生成)되는 방위(方位)라는 데서 일컬어지는 말. 생경(笙磬).

笙簧(생황 shēnghuáng) 아악(雅樂)에 쓰는 관악기의 하나.

竹 5 ⑪ 笛 피리 적

음 dí 일 テキ, ふえ 영 flute

① 피리 적, 저 적(樂管七孔簫). ② 날라리 적(羌笛, 三孔).

笛聲(적성 díshēng) 피리를 부는 소리.

▶ 警笛(경적)·汽笛(기적)·牧笛(목적)·霧笛(무적)·玉笛(옥적)·草笛(초적).

竹 5 ⑪ 笞 볼기칠 태

음 chī 일 チ, むちうつ 영 spank

볼기칠 태(捶擊).

笞擊(태격 chījī) 매질. 호된 매질. 편태(鞭笞). 편달(鞭撻). 태달(笞撻).

笞罰(태벌 chífá) 태장(笞杖)으로 볼기를 치는 형벌.

笞刑(태형 chīxíng) 《制》 ① 매로 볼기를 치는 형벌. ② 당률(唐律)·명률(明律)의 오형(五刑)의 하나.

竹 5 ⑪ 笠 삿갓 립

음 lì 일 リツ, リュウ, かさ
영 bamboo-hat

① 삿갓 립(簦). ② 우산 립(笠穀). ③ 갓 립(頭冠). ④ 갓양태 립(笠檐).

笠帽(입모 lìmào) 갈모.

竹 5 ⑪ 符 병부/부호 부(ː)

符符符符符符符符符符

음 fú 일 フ, しるし 영 mark, sign

① 보람 부, 병부 부, 증거 부(信也, 驗也, 證). ② 꼭 맞을 부(符合). ③ 상서 부(符

符 (草書/小篆) 高校 形聲

符同(부동) fútóng ① 옳지 못한 일을 하기 위하여 몇 사람이 결탁(結託)함. ② 서로 합치함. 부합함.
符瑞(부서) fúruì 상서로운 징조. 길조(吉兆). 서조(瑞兆).
符籍(부적) fújí ① 미신(迷信)을 믿는 집에서 악귀(惡鬼)나 잡신(雜神)을 쫓고, 재액(災厄)을 물리치기 위하여 야릇한 붉은 글씨로 그리어 붙이는 종이. 부작(符作). ② 여행권(旅行券)과 호적(戶籍).
符合(부합) fúhé 꼭 들어맞음. 둘이 서로 틀림이 없음.
符號(부호) fúhào ① 기호(記號). ② 《數》수의 성질 또는 셈을 할 때 쓰는 +·-·×·÷·=·〈·〉 따위의 기호.

▶ 免罪符(면죄부)·名實相符(명실상부)·終止符(종지부)·天符印(천부인).

第 차례 제:

第第第第第第第第第

dì テイ, ダイ, ついで
order, time

① 차례 제(次). ② 집 제(宅). ③ 다만 제(但). ④ 또 제(且). ⑤ 과거 제(等第).

第 (草書/小篆) 中學 形聲

第次(제차) dìcì 차례.

▶ 及第(급제)·落第(낙제)·登第(등제)·次第(차제).

筆 붓 필

筆筆筆筆筆筆筆筆筆

bǐ ヒツ, ふで
writing brush

① 붓 필(作字述書, 一名不律). ② 오랑캐 이름 필(辛夷別名, 木筆).

筆 (草書/小篆) 中學 會意

筆耕(필경) bǐgēng ① 보수를 받고 글자를 베껴 씀. ② 문필(文筆)로써 생계를 세움.
筆談(필담) bǐtán 글로 써서 의사를 통함. 말로 뜻이 통하지 못하는 사람에게 글자를 써서 문답함.
筆墨紙硯(필묵지연) bǐmòzhǐyàn 붓·먹과 종이와 벼루.
筆順(필순) bǐshùn 글씨는 쓰는 자획(字劃)의 차례.
筆蹟(필적) bǐjì 손수 쓴 글씨나 그린 그림의 형적이나 그 솜씨. 수적(手蹟).
筆致(필치) bǐzhì 글씨나 문장을 쓰는 솜씨. 필세(筆勢)의 운치(韻致).
筆翰如流(필한여류) bǐhànrúliú 문장을 거침없이 써내려가는 모양. 운필(運筆)이 물 흐르듯이 빠른 일. 필한(筆翰)은 붓, 또는 글자를 쓰는 것.
筆禍(필화) bǐhuò 쓴 글로 말미암아 법률상 또는 사회상의 제재를 받는 일.

▶ 加筆(가필)·擱筆(각필)·曲筆(곡필)·亂筆(난필)·能筆(능필)·運筆(운필)·僞筆(위필)·一筆揮之(일필휘지)·自筆(자필)·才筆(재필)·切筆(절필)·停筆(정필)·拙筆(졸필)·主筆(주필)·直筆(직필)·眞筆(진필)·執筆(집필)·鐵筆(철필)·親筆(친필)·畫筆(화필).

等 무리/같을 등:

等等等等等等等等等

děng トウ, ひとしい
equal, grade

① 가지런할 등(齊). ② 무리 등(類也, 輩). ③ 등급 등(級). ④ 헤아릴 등(稱量

自至臼舌舛舟艮色艸虍虫血行衣襾

輕重). ⑤ 기다릴 등(待). ⑥ 계단 등(階段). ⑦ 같을 등(均).

書體 小篆 蓉 草書 才 **中學** 會意

等身大(등신대 děngshēndà) 사람 몸의 크기와 같은 정도의 크기.
等閑(등한 děngxián) ① 소홀. 등한(等閑). ② 서로 떨어져 있어서 소원(疎遠)하여짐.
等閑視(등한시 děngxiánshì) 마음에 두지 않고 대수롭지 않게 보아 넘김.

▶ 降等(강등)·官等(관등)·均等(균등)·對等(대등)·同等(동등)·劣等(열등)·不均等(불균등)·劣等(열등)·優等(우등)·越等(월등)·一等(일등)·差等(차등)·次等(차등)·初等學校(초등학교)·平等(평등)·何等(하등).

筋 힘줄 근
竹 6 ⑫

🔊 jīn 🇯🇵 キン, すじ 🇬🇧 muscle
① 힘줄 근(骨絡肉力). ② 힘 근, 기운 근(力).

筋骨(근골 jīngǔ) ① 힘줄과 뼈. 근육과 골격(骨格). ② 체력(體力). 신체. ③ 필법(筆法).
筋力(근력 jīnlì) 근육의 힘. 체력.
筋骸(근해 jīnhái) 근육과 뼈. 근격(筋骸).

▶ 骨格筋(골격근)·括約筋(괄약근)·大胸筋(대흉근)·腹直筋(복직근)·三角筋(삼각근)·三頭膊筋(삼두박근)·心筋(심근)·鐵筋(철근).

筍 죽순 순
竹 6 ⑫

🔊 sǔn 🇯🇵 ジュン, たけのこ
🇬🇧 bamboo shoot
① 죽순 순, 대싹 순(竹胎萌生嫩芽).
② 대의 푸른 껍질 순(竹之靑).

筍席(순석 sǔnxí) 죽순 껍질로 만든 방석.

▶ 雨後竹筍(우후죽순)·竹筍(죽순).

筏 뗏목 벌
竹 6 ⑫

🔊 fá 🇯🇵 バツ, ハツ, いかだ 🇬🇧 raft
떼 벌(編竹渡水桴).

筏舫(벌방 fáfǎng) 뗏목.
筏夫(벌부 fáfū) 뗏목을 물에 띄워 타고 가는 사공.

筒 통 통
竹 6 ⑫

🔊 tǒng 🇯🇵 トウ, つつ 🇬🇧 tube, pipe
① 사통대 통(射筒, 竹名). ② 통 통(詩筒, 律筒).

▶ 水筒(수통)·煙筒(연통)·郵遞筒(우체통)·圓筒(원통)·貯金筒(저금통)·筆筒(필통)·換氣筒(환기통).

答 대답 답
竹 6 ⑫

⺈ 𥫗 𥫗 𥫗 答 答 答 答 答

🔊 dá, dā 🇯🇵 トウ, こたえる
🇬🇧 reply, answer

① 대답 답(對). ② 갚을 답(報). ③ 그렇다할 답(然). ④ 합당할 답(合當). ⑤ 굵은 베 답(麤布).

書體 草書 笞 **中學** 形聲

答辯(답변 dábiàn) 물음에 대답하는 말.
答辭(답사 dácí) ① 대답하는 말. 답언(答言). ② 식장에서 식사(式辭)나 축사(祝辭)에서 대한 대답의 말.
答申(답신 dáshēn) 상사(上司)의 물음에 대답하는 신고(申告).
答案(답안 dá'àn) ① 시험 문제를 풀어 대답함. 또는 그 종이. ② 대답의 안건(案件).

▶ 對答(대답)·明答(명답)·無應答(무응답)·默默不答(묵묵부답)·問答(문답)·報答(보답)·禪問答(선문답)·誤答(오답)·應答(응답)·一問一答(일문일답)·自問自答(자문자답)·正答(정답)·卽答(즉답)·筆答(필답)·解答(해답)·和答(화답)·確答(확답)·回答(회답).

竹 6 ⑫ 策 꾀 책

策東策策策策策策策策

음 cè 일 サク, はかりごと 영 plan

① 꾀 책(籌策, 謀). ② 책 책(簡冊). ③ 채찍 책(馬箠). ④ 시초 책(龜策, 蓍). ⑤ 잎 떨어지는 소리 책(策策落葉聲). ⑥ 쇠지팡이 책(金策, 錫杖). ⑦ 별 이름 책(星名, 天策).

書體 小篆 萊 草書 策 高校 形聲

策動(책동 cèdòng) ① 꾀를 부려서 남 몰래 행동함. ② 남으로 하여금 움직이게 부추김.
策略(책략 cèlüè) 어떤 일을 처리하는 꾀와 방법. 책모(策謀).
策士(책사 cèshì) 책략(策略)을 잘 쓰는 사람.
策定(책정 cèdìng) 계책을 세워서 결정함.
策勳(책훈 cèxūn) 공훈이 있는 사람의 이름을 책에 기록하는 일. 또는 공훈을 찬양하고 상(賞)을 주는 일.

▶ 警策(경책)·計策(계책)·苦肉之策(고육지책)·國策(국책)·窮餘之策(궁여지책)·奇策(기책)·對策(대책)·得策(득책)·妙策(묘책)·方策(방책)·秘策(비책)·散策(산책)·善後之策(선후지책)·束手無策(속수무책)·術策(술책)·施策(시책)·時策(시책)·失策(실책)·實策(실책)·政策(정책)·拙策(졸책)·獻策(헌책)·劃策(획책)·後策(후책).

竹 7 ⑬ 筵 대자리 연

음 yán 일 エン, むしろ 영 mat

① 대자리 연. ② 왕이 강하는 자리 연.
筵敎(연교 yánjiào) 《制》연석(筵席)에서 내리는 임금의 명령.
筵席(연석 yánxí) ① 대자리. ② 장소. ③ 주석(酒席). ④《制》임금과 신하가 모여 자문주답(諮問奏答)하던 자리. 연중(筵中).
筵說(연설 yánshuō) 연석(筵席)에서 임금의 자문에 답하여 올리는 말.
筵奏(연주 yánzòu) 《制》임금의 면전(面前)에서 아뢰는 일. 연품(筵稟).
筵飭(연칙 yánchì) 연석(筵席)에서 임금이 단단히 훈계함.

竹 8 ⑭ 箇 낱 개(:)

음 gè 일 カ, コ, 영 かず piece

낱 개, 개수 개(數也, 枚).
箇箇(개개 gègè) 하나하나. 낱낱. 개수(個數).
箇數(개수 gèshù) 물건의 수효. 개수(個數).
箇人(개인 gèrén) 국가나 사회에 대한 하나하나의 사람. 개인(個人).
箇中(개중 gèzhōng) 여럿이 있는 그 가운데.

竹 8 ⑭ 箋 기록할 전

음 jiān 일 セン, はりふだ
영 memorandum

① 기록할 전(表識書). ② 주낼 전(註). ③ 전문 전(文體名). ④ 글 전(書).
箋注(전주 jiānzhù) 본문(本文)의 뜻을 풀이함. 전주(箋註). 전석(箋釋).
箋註(전주 jiānzhù) =전주(箋注).
箋惠(전혜 jiānhuì) 남에게서 받은 편지의 경칭(敬稱).

竹 8 ⑭ 箏 쟁[악기 이름] 쟁

음 zhēng 일 ソウ, そうのこと

自至臼舌舛舟艮色艸虍虫血行衣襾

영 a kind of harp
① 쟁 쟁(合筝瑟類). ② 풍경 쟁(風箏).
箏箏然(쟁쟁연 zhēngzhēngrán) 쟁
 (箏) 소리의 형용.

箔 발[簾] 박
竹 8 (14)

중 bó 일 ハク, すだれ
영 bamboo-blind
① 발 박(簾). ② 금박 박(金屬薄展金).

算 셈할/계산할 산
竹 8 (14)

算算算算算算算算算算

중 suàn 일 サン, かず, かぞえる
영 count
① 셈 놓을 산(計數). ② 산술 산, 줏가지
 산(籌).【筭과 같음】

書體 小篆 筭 草書 筭 中學 會意

算法(산법 suànfǎ) 계산의 방법. 셈하
 는 법.
算數(산수 suànshù) ① 수. ② 계산.
 산법(算法). ③ 초등학교 교과의 하
 나. 산술(算術).
算術(산술 suànshù) ① =산법(算
 法). ②《數》초등수학. 산수(算數)
 ③.
算入(산입 suànrù) 셈하여 넣음.
算定(산정 suàndìng) 셈하여 정함.
算出(산출 suànchū) 셈하여 냄. 계산
 하여 구함.

▶ 假算(가산)·加算(가산)·檢算(검산)·決
 算(결산)·計算(계산)·起算(기산)·目算(목
 산)·勝算(승산)·心算(심산)·暗算(암산)·
 逆算(역산)·演算(연산)·豫算(예산)·誤算
 (오산)·利害打算(이해타산)·電算(전산)·
 精算(정산)·珠算(주산)·電子計算機(전자
 계산기)·採算(채산)·淸算(청산)·推算(추
 산)·打算(타산)·通算(통산)·筆算(필산)·
 合算(합산)·換算(환산).

箘 살대 균
竹 8 (14)

중 jùn 일 キン, しのだけ
영 bamboo
① 살대 균(美竹箭材). ② 균계나무 균
 (箘桂, 木名). ③ 죽순 균(筍).
箘桂(균계 jùnguì) 향목(香木)의 이
 름. 계수(桂樹)의 일종(一種). 대나
 무와 비슷함.

管 대롱/주관할 관
竹 8 (14)

管管管管管管管管管管

중 guǎn 일 カン, くだ, ふえ
영 tube, flute
① 쌍피리 관(樂器如篪六孔). ② 주관
 할 관(主當). ③ 붓대 관(筆彄). ④ 고
 동 관(樞要). ⑤ 열쇠 관(管鍵). ⑥ 살
 대구멍 관(小兒管窺). ⑦ 대통 관(截
 竹).

書體 小篆 管 草書 管 高校 形聲

管樂器(관악기 guǎnyuèqì) 긴 통을
 이용한 악기. 목관악기(木管樂器)와
 금관악기(金管樂器)의 총칭. 피리·
 나팔 따위. 취주악기(吹奏樂器).
管鮑之交(관포지교 guǎnbàozhījiāo)
 썩 친밀한 교제.《故》관자(管子)와
 포숙(鮑叔)의 사귐에서 온 말.
管絃樂(관현악 guǎnxiányuè) 관악
 기·현악기·타악기로 합주하는 음악.
 오케스트라.

▶ 鋼管(강관)·健康管理(건강관리)·氣管
 支炎(기관지염)·卵管(난관)·淚管(누관)·
 雷管(뇌관)·毛管(모관)·配管(배관)·保管
 (보관)·所管(소관)·煙管(연관)·鉛管(연
 관)·危機管理(위기관리)·移管(이관)·精
 管(정관)·主管(주관)·鐵管(철관)·下水道
 管(하수도관)·航空管制(항공관제)·血管
 (혈관).

竹 8

箭 살[矢] 전:

音 jiàn 日 セン, ゼン, やだけ, や
英 arrow

① 살 전(矢). ② 약 이름 전(藥名赤箭).
箭書(전서 jiànshū) 글을 활촉에 매어 쏘아 소식을 전함.
箭窓(전창 jiànchuāng) 살창.
箭鏃(전촉 jiànxuàn) 화살촉.
箭筒(전통 jiàntǒng) 화살을 넣어 두는 통(筒). 가죽으로 만들어 뚜껑이 있으며 표면에 칠을 한 것.

箱 상자 상

音 xiāng 日 ソウ, ショウ, はこ
英 box, chest

① 상자 상(篋也, 箱子). ② 수레곳간 상(車服). ③ 곳집 상(廩).
箱子(상자 xiāngzi) 나무·대·종이 따위로 만든 그릇. 상협(箱篋).

箴 경계 잠

音 zhēn 日 シン, はり 英 needle

① 경계할 잠(規戒誨辭). ② 바늘 잠(綴衣). ③ 돌침 잠(石刺病).
箴言(잠언 zhēnyán) ① 경계가 되는 말. ②《宗》구약성서(舊約聖書)의 편명(篇名).
箴訓(잠훈 zhēnxùn) 경계. 경계하여 가르침. 훈계(訓戒).

箸 젓가락 저

音 zhù 日 チョ, はし 英 chopstick

젓가락 저(匙箸, 飯具).【節와 같음】
箸臺(저대 zhùdài) 젓가락을 놓는 대(臺).
箸箱(저상 zhùxiāng) 젓가락을 넣어 놓는 상자.
箸筒(저통 zhùtǒng) 수저를 꽂아 두는 통.

節 마디 절

節節節節節節節節節節

音 jié, jiē 日 セツ, ふし
英 joint, chapter

① 절개 절(操). ② 절제할 절(檢制). ③ 인 절(所以示信制符節). ④ 때 절(時節). ⑤ 마디 절(竹節). ⑥ 풍류가락 절(樂節). ⑦ 기 절(旄). ⑧ 우뚝할 절(高峻貌). ⑨ 뼈마디 절(骨節). ⑩ 구절 절(句節, 文之一段). ⑪ 예절 절(禮節). ⑫ 악기 이름 절(樂器名).

書體 小篆 節 草書 節 中學 形聲

節度(절도 jiédù) ① 일이나 행동을 똑똑 끊어 맺는 마디. ② 알맞은 법도(法度).
節省(절생 jiéshěng) = 절약(節約).
節操(절조 jiécāo) ① 지조를 굳게 지켜 마음을 변하지 않음. ② 부인이 정조를 굳게 지켜 불의의 행동을 하지 않음.
節候(절후 jiéjiāo) 사철의 절기.

▶ 季節(계절)·孤節(고절)·苦節(고절)·高節(고절)·曲節(곡절)·關節(관절)·句句節節(구구절절)·句節(구절)·九節草(구절초)·勤儉節約(근검절약)·基本禮節(기본예절)·名節(명절)·晩節(만절)·使節(사절)·守節(수절)·時節(시절)·禮儀凡節(예의범절)·禮節(예절)·音節(음절)·貞節(정절)·調節(조절)·忠節(충절)·寒節(한절)·環節(환절)·欠節(흠절).

範 모범/법 범:

範範範範範範範範範範

音 fàn 日 ハン, のり 英 pattern, law

① 법 범(法式). ② 골 범, 본보기 범

自 至 臼 舌 舛 舟 艮 色 艸 虍 虫 血 行 衣 襾

(模). ③ 떳떳할 **범**(常).

書體 小篆 範 草書 範 (高校) 形聲

範軌(범궤 fànguǐ) 규범. 격식(格式). 궤범(軌範).
範式(범식 fànshì) 본보기. 범형(範型). 모범(模範).
範圍(범위 fànwéi) 제한된 둘레의 언저리. 테두리.
範疇(범주 fànchóu) ① 같은 성질의 것이 속하여야 할 부류(部類). 부속(部屬). 범위(範圍). ②《哲》대상을 인식하여 개념으로 삼는 경우에 있어서 반드시 의존하지 않으면 안 될 사유의 형식. 사고의 근본 형식.

▶ 廣範(광범)·敎範(교범)·規範(규범)·模範(모범)·師範(사범)·率先垂範(솔선수범)·垂範(수범)·示範(시범)·中範圍(중범위).

竹 9 ⑮ **篆** 전자(篆字)**전:**

🔊 zhuàn 🇯🇵 テン, かきかた 🇬🇧 a form of Chinese writing

① 전자 **전**(書). ② 하전 수레 **전**(夏篆, 轂約). ③ 쇠북 띠 **전**(鐘帶).

篆刻(전각 zhuànkè) 전자(篆字)로 도장을 새김.《轉》꾸밈이 많고 실질이 없는 문장.
篆隸(전례 zhuànlì) 전서(篆書)와 예서(隸書).
篆書(전서 zhuànshū) ① 전자(篆字)로 쓴 글씨. ② 전자(篆字).
篆額(전액 zhuàné) 전자(篆字)로 새긴 석비(石碑)의 제자(題字).
篆字(전자 zhuànzì) 전체(篆體)의 글자. 전문(篆文). 전서(篆書).

竹 9 ⑮ **篇** 책 **편**

🔊 piān 🇯🇵 ヘン, ふみ 🇬🇧 book, edit

① 책 **편**(簡成章). ② 편찬할 **편**(編次). ③ 글 **편**(篇章).

書體 小篆 篇 草書 篇 (中學) 形聲

篇技(편기 piānjì) 문학의 기술.
篇次(편차 piāncì) 책을 각 순서대로 나눔. 목차(目次).

▶ 短篇(단편)·續篇(속편)·詩篇(시편)·豫告篇(예고편)·玉篇(옥편)·姉妹篇(자매편)·長篇(장편)·全篇(전편)·前篇(전편)·中篇(중편)·千篇一律(천편일률)·後篇(후편).

竹 10 ⑯ **築** 쌓을 **축**

築築築築築築築築築築

🔊 zhù 🇯🇵 チク, きずく 🇬🇧 build

① 다질 **축**(擣). ② 쌓을 **축**(積重).

書體 小篆 築 草書 築 (高校) 形聲

築臺(축대 zhùtái) ① 높게 쌓아 올린 대. ② 대(臺)를 쌓음.
築城(축성 zhùchéng) ① 성을 쌓음. ② 요새(要塞)·보루(堡壘)·참호(塹壕) 따위 구조물의 총칭.
築墻(축장 zhùqiáng) 담을 쌓아 올림.
築堤(축제 zhùdī) 둑을 쌓음.

▶ 改築(개축)·建築(건축)·構築(구축)·石築(석축)·修築(수축)·新築(신축)·延建築面積(연건축면적)·重築(중축)·增改築(증개축)·增築(증축).

竹 10 ⑯ **簒** 빼앗을 **찬:**

🔊 cuàn 🇯🇵 サン, うばう 🇬🇧 usurp

빼앗을 **찬**(逆奪).

簒逆(찬역 cuànnì) 신하가 모반하여 임금의 자리를 빼앗음.
簒位(찬위 cuànwèi) 임금의 자리를

빼앗음.
簒奪(찬탈 cuànduó)＝찬위(簒位).
簒虐(찬학 cuànnüè) 죽이고 자리를 빼앗음.

竹 10 ⑯ **篤** 도타울 **독**

[중] dǔ [일] トク, あつい
[영] warm-hearted
① 도타울 **독**(厚). ② 굳을 **독**(固). ③ 순전할 **독**(純). ④ 병이 위독할 **독**(疾甚). ⑤ 말 걸음 느릴 **독**(馬行頓遲).

[書體] 小篆 草書 [高校] 形聲

篤工(독공 dǔgōng) 학업에 독실하게 힘씀.
篤信(독신 dǔxìn) ① 독실하게 믿음. ② 신앙심이 두터움.
篤實(독실 dǔshí) 열성 있고 진실함.
篤志家(독지가 dǔzhìjiā) ① 돈독한 뜻을 가지는 사람. ② 어떠한 일에 원조하는 사람.

▶ 懇篤(간독)·敦篤(돈독)·危篤(위독).

竹 11 ⑰ **簇** 가는 대 **족**

[1] [중] cù [일] ソク, たけ [영] gather
[2] [일] ソク, あつまり
[1] ① 가는 대 **족**(小竹). ② 모을 **족**(聚). [2] 추. 뜻은 [1]과 같음.
簇子(족자 cùzi) ① 글씨나 그림 따위를 꾸며서 벽에 거는 물건. ② 정재(呈才) 때에 쓰던 의장구(儀仗具)의 한 가지.

竹 12 ⑱ **簡** 대쪽/간략할 **간(:)**

[중] jiǎn [일] カン, ふだ, はぶく
[영] letter, abridge
① 편지 **간**(札). ② 홀 **간**(手板). ③ 구할 **간**(求). ④ 가릴 **간**(選). ⑤ 분별할 **간**(分別). ⑥ 점고할 **간**(閱). ⑦ 중요로울 **간**(要). ⑧ 간략할 **간**(略). ⑨ 클 **간**(簡簡大). ⑩ 쉬울 **간**(易). ⑪ 정성 **간**(誠). ⑫ 간할 **간**(諫). ⑬ 만홀할 **간**(慢忽).

[書體] 小篆 草書 [高校] 形聲

簡單明瞭(간단명료 jiǎndānmíngliǎo) 간단하고 분명함.
簡字(간자 jiǎnzì) 획수를 덜어 쓴 한자의 체재. →간화체(簡化體). ↔번자(繁字).
簡札(간찰 jiǎnzhá) 편지. 서간(書簡). 서한(書翰). 간독(簡牘). 간첩(簡牒).
簡擇(간택 jiǎnzé) 여럿 중에서 골라냄. 간선(簡選).

▶ 書簡(서간)·錯簡(착간).

竹 12 ⑱ **簫** 퉁소 **소**

[중] xiāo [일] ショウ, ふえ
[영] bamboo clarinet
① 퉁소 **소**(管樂). ② 소소풍류 **소**(簫韶舜樂). ③ 활고지 **소**(弓末).
簫鼓(소고 xiāogǔ) 퉁소와 북.
簫寂(소적 xiāojì) 피리. 소관(簫管).

竹 13 ⑲ **簷** 처마 **첨**

[중] yán [일] セン, のき [영] eaves .
처마 **첨**, 기슭 **첨**(屋檐).
簷燈(첨등 yándēng) 처마 밑의 등.
簷響(첨향 yánxiǎng) 처마의 빗방울 떨어지는 소리.

竹 13 ⑲ **簾** 발 **렴**

[중] lián [일] レン, とばり すすだれ

自 至 臼 舌 舛 舟 艮 色 艸 虍 虫 血 行 衣 襾

ⓔ bamboo-blind
발 렴(箔).
簾幕(염막 liánmù) 발과 장막.

簿 문서 부: 竹13 ⑲

簿簿簿簿簿簿簿簿簿簿

① ⓒ bù ⓙ ボ, ちょうめん
ⓔ book ② ⓙ ハク ⓔ register
① ① 적바림 부, 문서 부, 치부 부(籍也). ② 거느릴 부(領). ③ 홀 부(手版).
② 누에 발 박(養蠶具).

書體 草書 簿 高校 形聲

簿記(부기 bùjì) ① 장부에 기입함. ② 《經》한 경제주체(經濟主體)에 딸린 재산의 변동을 기록(記錄)·계산(計算)·정리(整理)하여 그 결과(結果)를 명확(明確)하게 하는 방법(方法).
簿錄(부록 bùlù) 장부에 치부함.
簿牒(부첩 bùdié) 장부. 부책(簿册).

▶ 家計簿(가계부)·記錄簿(기록부)·登記簿(등기부)·登錄簿(등록부)·名簿(명부)·原簿(원부)·帳簿(장부)·電話番號簿(전화번호부)·出納簿(출납부)·出席簿(출석부)·置簿(치부)·通信簿(통신부)·學籍簿(학적부).

籌 산가지/헤아릴 주: 竹14 ⑳

ⓒ chóu ⓙ チュウ, かずとり
ⓔ counting stick

① 셈대 주, 숫가지 주(筭). ② 셈 놓을 주(籌畫). ③ 투호살 주(壺矢). ④ 모략할 주(籌略). ⑤ 제비 주(籖).
籌決(주결 chóujué) 좋고 나쁨을 헤아려 정함.
籌備(주비 chóubèi) ① 도합(都合)하는 것. 조달(調達)하는 것. ② 준비(準備). 획계(畫計).

籍 문서 적 竹14 ⑳

籍籍籍籍籍籍籍籍籍籍

ⓒ jí ⓙ セキ, ジャク, ふみ
ⓔ book, list

① 문서 적(典籍, 簿書). ② 왁자할 적(狼籍). ③ 호적 적(圖籍, 戶口). ④ 재재거릴 적(籍籍語聲). ⑤ 서적 적(書籍). ⑥ 압수할 적(籍沒).

書體 小篆 籍 草書 籍 高校 形聲

籍籍(적적 jíjí) ① 난잡한 모양. ② 여러 사람의 입에 오르내리는 모양. 자자(藉藉).
籍田(적전 jítián) 임금이 몸소 갈던 밭.

▶ 貫籍(관적)·國籍(국적)·多國籍(다국적)·黨籍(당적)·兵籍(병적)·復籍(복적)·本籍(본적)·符籍(부적)·書籍(서적)·船籍(선적)·原籍(원적)·移籍(이적)·入籍(입적)·典籍(전적)·除籍(제적)·地籍(지적)·就籍(취적)·脫籍(탈적)·版籍(판적)·學籍(학적)·戶籍(호적).

籐 등나무 등 竹15 ㉑

ⓒ téng ⓙ トウ, とう
ⓔ Wistaria japonica

등나무 등, 등 등(熱地生植物).
籐椅子(등의자 téngyǐzi) 등(籐)나무로 만든 의자.
籐枕(등침 téngzhěn) 베개의 일종. 등나무를 얽어서 만든 것.
籐榻(등탑 téngtā) 등나무로 만든 안락의자.

籠 대바구니 롱(ː) 竹16 ㉒

①-⑤ ⓒ lóng ⑥ ⓒ lǒng

일 ロウ, かご 영 basket

① 농 롱, 채롱 롱(箱屬). ② 종다래끼 롱(笭). ③ 얽을 롱(包擧籠物). ④ 새장 롱(鳥檻). ⑤ 전동 롱(矢服). ⑥ 대상자 롱(箱籠, 竹器).

籠球(농구 lóngqiú) 구기(球技)의 한 가지. 바스켓에 공을 넣어 득점의 다소를 다루는 경기. 바스켓 볼. 광구(筐球). 남구(籃球).

籠球靴(농구화 lóngqiúxuē) 농구 경기를 할 때 신는 운동화.

籠東(농동 lóngdōng) 싸움에 참패함. 최패(摧敗).

籠絡(농락 lóngluò) 교묘한 수단으로 남을 속이어 넘겨 마음대로 놀림. 뇌롱(牢籠).

籠絆(농반 lóngbàn) 얽매어 자유를 주지 않음.

籠樊(농번 lóngfán) ① 가두어 두는 장. 번롱(樊籠). ② 남의 자유를 빼앗음.

籠城(농성 lóngchéng) 성문을 굳게 닫고 성을 지킴. 《轉》 어떤 목적 달성을 위하여 한 곳에 들어박힘.

籠欌(농장 lóngzàng) 옷을 넣어 두는 궤.

籠鳥(농조 lóngniǎo) 새장에 기르는 새. 농중조(籠中鳥). 농금(籠禽). 《喩》 자유 없는 신세.

▶ 鳥籠(조롱)·竹籠(죽롱).

籤 제비(점대) 첨

竹 17 획

음 qiān 일 セン, くじ 영 lot

① 찌 붙일 첨(標識). ② 증험할 첨(驗). ③ 서상대 첨(書籤). ④ 점대 첨(竹籤, 用以卜者). ⑤ 벼슬 이름 첨(典籤).

籤辭(첨사 qiāncí) 점대에 적힌 길흉의 점괘.

籤捐(첨연 qiānjuān) 복권(福券).

籤子(첨자 qiānzi) ① 점대. ② 장도(粧刀)가 칼집에서 빠지지 못하게 하는 장식물.

籤紙(첨지 qiānzhǐ) 책 따위에 무엇을 표하기 위하여 붙이는 쪽지.

▶ 當籤(당첨)·抽籤(추첨).

米 部

쌀 미

米 쌀 미

米 0획

米米米米米米

음 mǐ 일 ベイ, マイ, こめ, よね
영 rice

① 쌀 미, 낟알 미(穀實精鑿). ② [新字] 미터(meter. SI 단위명). 【粎와 통함】

書體 小篆 米 草書 米 中學 象形

米價(미가 mǐjià) 쌀값. 쌀 시세.

米穀(미곡 mǐgǔ) ① 쌀. ② 곡류(穀類). 곡식.

米國(미국 mǐguó) ①《歷》소무(昭武) 구성(九姓)의 하나. ② 당대(唐代), 서역(西域)의 나라 이름. 당(唐) 고종(高宗) 영휘(永徽)년간에 대식국(大食國)에게 멸망됨. 지금의 사마르칸트의 동남부. 미말하(弭秣賀)와 비슷함. ③《日》미국(美國).

米糧(미량 mǐliáng) 쌀 양식.

米壽(미수 mǐshòu) 여든 여덟 살.

米鹽博辯(미염박변 mǐyánbóbiàn) 세세한 일까지 상세하게 논함.

米飮(미음 mǐyǐn) 환자가 먹는 묽은 쌀죽.

米作(미작 mǐzuò) 벼농사. 도작(稻作).

米包(미포 mǐbāo) 쌀을 넣는 부대.

▶ 供養米(공양미)·飯米(반미)·白米(백미)·節米(절미)·精米(정미)·糙米(조미)·玄米(현미)·還米(환미).

籿 데카미터 십

🔊 shí 🇯🇵 デカメートル

데카미터(decameter. SI 단위명, 10m).

粁 킬로미터 천

🔊 qiān 🇯🇵 キロメートル

킬로미터(kilometer. SI 단위명, 1,000m).

粃 쭉정이 비

🔊 bǐ 🇯🇵 ヒ, しいな 🇬🇧 blasted ear

① 쭉정이 비(粃糠, 不成粟). ② 나쁜 정치 비(粃政).

粃糠(비강 bǐkāng) 쭉정이와 겨.《喩》소용 없는 하찮은 것.
粃政(비정 bǐzhèng) 잘못되어 어지러운 정치. 비정(秕政)

粆 사탕 사

サ, さと sugar

사탕 사(沙糖).

粉 가루 분(:)

粉 粉 粉 半 粉 粉 粉 粉 粉

🔊 fěn 🇯🇵 フン, こな 🇬🇧 powder

① 가루 분(物之碎末). ② 분 바를 분(粉飾). ③ 회벽칠할 분(白灰塗壁). ④ [新字]데시미터(decimeter. SI 단위명, 1/10m).

書體 小篆 粉 草書 粉 (高校) 形聲

粉骨碎身(분골쇄신 fěngǔsuìshēn) 뼈를 가루로 만들고 몸을 부숨.《喩》 ㉠ 죽을힘을 다하여 애씀. ㉡ 참혹하게 죽거나 죽임.

粉碎(분쇄 fěnsuì) 아주 잘게 부스러뜨림.
粉飾(분식 fěnshì) ① 분을 발라 화장함. ② 겉치만을 꾸밈. ③ 남을 칭찬함.
粉紅(분홍 fěnhóng) 분홍빛의 약칭.

▶ 穀粉(곡분)·豆粉(두분)·麥粉(맥분)·米粉(미분)·白粉(백분)·銀粉(은분)·製粉(제분)·脂粉(지분)·汞粉(홍분)·花粉(화분).

粍 밀리미터 모

🔊 máo 🇯🇵 ミリメートル

밀리미터(millimeter. SI 단위명, 1/1,000m).

粒 낟알 립

🔊 lì 🇯🇵 リュウ, つぶ 🇬🇧 grain, corn

① 낟알 립, 쌀알 립(米顆). ② 쌀밥 립(粒食). ③ 알갱이 립(細物, 微粒子).

粒米(입미 lìmǐ) 쌀 낟알.
粒狀(입상 lìzhuàng) 알갱이 모양.
粒子(입자 lìzi) ① 알갱이. ②《物》물질을 구성하는 가장 미세한 알갱이.

▶ 豆粒(두립)·米粒(미립)·微粒(미립)·飯粒(반립)·砂粒(사립)·細粒(세립).

粗 거칠 조

1 🔊 cū 🇯🇵 ソ, あらい 🇬🇧 rough
2 🇬🇧 rude

1 ① 클 추(大). ② 추할 추(疏). ③ 거치를 추, 무거리 추(物不精). 2 간략할

조(略).

粗米(조미 cūmǐ) 거친 쌀. 현미(玄米). ↔정미(精米).

粗放(조방 cūfàng) 거칠고 소홀함.

粗惡(조악 cū'è) 물건의 품질이 거칠고 나쁨.

粗雜(조잡 cūzá) 거칠고 어수선함. ↔정밀(精密).

粗製品(조제품 cūzhìpǐn) 거칠게 만들어 낸 물건. 막치.

粘 붙을 점
米 5 ⑪

[중] zhān, nián [일] ネン, デン, ねばる, つく [영] glutinous, paste

①붙을 점, 붙일 점(相著). ②끈끈할 점(飯粘).

粘力(점력 niánlì) 질기고 차진 힘. 점력(黏力).

粘膜(점막 niánmó) 《生》 장기(臟器)의 내면을 덮고 있는 부드러운 막. 거죽에 점액을 분비하여 늘 젖어 있음. 점액막(粘液膜).

粘液(점액 niányè) 끈끈한 액체(液體). 점액(黏液).

粘著(점착 niánzhuó) 찰싹 달라붙음. →접착(接著).

粘著力(점착력 niánzhuólì) 《化》 두 다른 물체의 분자가 서로 달라붙는 힘.

粟 조 속
米 6 ⑫

粟粟粟粟粟粟粟粟粟粟

[중] sù [일] ゾク, あわ [영] millet

①조 속, 좁쌀 속(黍屬禾有殼稱). ②껍질곡식 속(米有殼者).

書體 小篆 梁 大篆 薬 草書 薬 (高校) 會意

粟散(속산 sùsǎn) 좁쌀알을 헤친 것같이 산산이 흩어짐.《喻》작고 많은 것의 비유(比喻).

粥 죽 죽
米 6 ⑫

1 [중] zhōu [일] シュク, かゆ [영] gruel 2 [중] yù [일] イク

1 ①미음 죽, 죽 죽(糜粥, 饘粥). ②어리석은 체할 죽(卑謙貌). 2 ①팔 육(賣). ②북쪽 오랑캐 육(北狄鬻粥).

粥飯僧(죽반승 zhōufànsēng) 죽과 밥만 많이 먹는 무능한 중.《喻》무능한 사람. 밥통.

粧 단장할 장
米 6 ⑫

粧粧粧粧粧粧粧粧粧粧

[중] zhuāng [일] ソウ, ショウ, よそおい [영] embellish

단장할 장(粉飾).

書體 篆文 粧 草書 粧 (高校) 形聲

粧鏡(장경 zhuāngjìng) 경대. 화장용(化粧用) 거울.

粧飾(장식 zhuāngshì) 외양의 꾸밈새. 또는 그 꾸밈. 식장(飾粧).

粧帖(장첩 zhuāngtiē) 장정(裝幀)을 아담하게 꾸며 만든 서화첩(書畫帖).

▶ 丹粧(단장)·淡粧(담장)·美粧(미장)·盛粧(성장)·新粧(신장)·化粧(화장).

粨 헥토미터 백
米 6 ⑫

[중] bǎi [일] ヘクトミートル

헥토미터(hectometer. SI 단위명, 100m).

粮 양식 량
米 7 ⑬

[중] liáng [일] リョウ, ロウ, かて

自至臼舌舛舟艮色艸虍虫血行衣襾

provisions
양식 량(糧).【糧과 같음】

粱 기장 량
米7(13)

liáng リョウ, おおあわ
millet

기장 량(稻穀名).
粱米(양미 liángmǐ) 좋은 쌀. 〈중국에서는 기장을 귀중하게 여김에서 나온 말〉.
粱肉(양육 liángròu) ① 맛있는 쌀과 고기. ② 사치스러운 음식.

粹 순수할 수
米8(14)

cuì スイ, まじりけない
pure

① 정할 수, 순수할 수(純粹, 精). ② 온전할 수(全).
粹美(수미 cuìměi) 잡된 것이 없이 아름다움. 순미(純美). 순미(醇美).
粹白(수백 cuìbái) ① 아주. ② 아주 흰 빛. 순백(純白). 백정(白精).

▶ 國粹(국수)·純粹(순수)·精粹(정수).

精 정할/정성스러울 정
米8(14)

精 精 精 精 精 精 精 精

jīng セイ, ショウ, くわしい
fine and delicate

① 정할 정, 가릴 정(擇). ② 세밀할 정(細). ③ 전일할 정(專一). ④ 정교할 정(精巧). ⑤ 정미할 정(精米). ⑥ 정신 정, 정기 정(眞氣). ⑦ 밝을 정(明). ⑧ 성실할 정(誠實). ⑨ 신령 정(神靈). ⑩ 익숙할 정(熟). ⑪ 깨끗할 정(潔). 휠 정. ⑫ 정충 정, 정액 정(精蟲).

書體 小篆 精 草書 精 (中學) 形聲

精潔(정결 jīngjié) 깨끗하고 조촐함.
精巧(정교 jīngqiǎo) 세밀하고 교묘함.
精讀(정독 jīngdú) 정신 들여 잘 읽음. 자세히 읽음. =숙독(熟讀).
精密(정밀 jīngmì) 가늘고 촘촘함. 아주 잘고 자세함. 정치(精緻). 치밀(緻密).
精髓(정수 jīngsuǐ) ① 뼛속에 있는 골. 골수. ② 사물의 가장 중심이 되는 요점. 신수(神髓). 심수(心髓).
精銳(정예 jīngruì) 썩 날래고 용맹스러움. 또는 그러한 군사.
精進(정진 jīngjìn) ① 정력(精力)을 다하여 나아감. ② 정묘한 경지에 도달하여 일을 잘 봄. ③《佛》㉠ 잡념(雜念)을 버리고 오로지 불도에만 열중함. ㉡ 심신(心身)을 깨끗이 함. ㉢ 육식을 하지 않고 채식(菜食)을 함.
精華(정화 jīnghuá) ① 깨끗하고 매우 순수함. 또는 그러한 부분. 정수(精粹). ② 뛰어나게 우수함. ③ 광채(光彩).

▶ 團體精神(단체정신)·搗精(도정)·夢精(몽정)·民族精氣(민족정기)·射精(사정)·山精(산정)·受精(수정)·受精卵(수정란)·妖精(요정)·酒精(주정)·正精進(정정진)·遵法精神(준법정신)·超精密(초정밀)·犧牲精神(희생정신).

糊 풀칠할 호
米9(15)

hú, hū, hù コ, のり paste

① 풀 호, 풀칠할 호(黏). ② 모호할 호(模糊, 漫貌).
糊口之策(호구지책 húkǒuzhīcè) 가난한 살림에서 그저 겨우 먹고 살아가는 방책. 호구지계(糊口之計). 호구지방(糊口之方).
糊塗(호도 hútú) ① 성정(性情)이 분명하지 못하고 흐리터분함. ② 일시적으로 우물우물 덮어 버림. ③《中》바보. 엉터리.

糎 센티미터 리

音 lì 日 センチメートル

센티미터(centimeter. SI 단위명, 1/100m).

穀 곡식 곡

【穀(禾부10획)의 속자】

糕 떡 고

音 gāo 日 コウ, もち 英 rice-cake

떡 고(餈糕餌).【餻와 같음】

糖 엿 당

音 táng 日 トウ, あめ 英 sugar

① 엿 당(飴). ② 사탕 당(沙糖).

書體 小篆 糖 草書 糖 (高校) 形聲

糖尿(당뇨 tángniào)《生》포도당이 많이 섞여 나오는 병적인 오줌.
糖類(당류 tánglèi) 수소·탄소·산소로 되어 있으며 단맛이 있는 화합물.
糖蜜(당밀 tángmì) ① 사탕을 제조할 때에 결정당(結晶糖)을 분리한 나머지의 액체. ② 사탕을 녹인 액체.
糖乳(당유 tángrǔ) 진하게 달인 우유. 연유(煉乳).

▶ 果糖(과당)·麥芽糖(맥아당)·乳糖(유당)·精糖(정당)·製糖(제당)·粗糖(조당)·葡萄糖(포도당)·白雪糖(백설탕)·砂糖(사탕)·黑砂糖(흑사탕).

糞 똥 분

音 fèn 日 フン, くそ, こえ
英 excrement

① 똥 분(糞土, 穢). ② 거름 줄 분(治也, 培). ③ 쓸 분(掃除).【坋과 같음】

糞尿(분뇨 fènniào) 똥과 오줌. 대소변(大小便).
糞土(분토 fèntǔ) ① 똥과 흙. ② 썩은 흙.《喩》더러운 물건. 비루한 것.

糟 지게미 조

音 zāo 日 ソウ, かす 英 lees

지게미 조, 재강 조(糟粕, 酒滓).
糟糠(조강 zāokāng) 술재강과 쌀겨.《喩》변변치 않은 음식.
糟糠之妻(조강지처 zāokāngzhīqī) 가난할 때 술재강이나 쌀겨 같은 음식을 먹어가며 고생을 같이하던 아내. 조강지부(糟糠之婦).

糠 겨 강

音 kāng 日 コウ, ぬか 英 chaffs

① 겨 강(穀皮). ② 번쇄할 강(秕糠, 煩碎).

糠糜(강미 kāngmí) 겨로 만든 죽.
糠秕(강비 kāngbǐ) ① 겨와 쭉정이. ② 거친 식사.
糠粥(강죽 kāngzhōu) 겨로 쑨 죽. 겨죽.

▶ 糟糠之妻(조강지처)

糧 양식 량

音 liáng 日 リョウ, かて
英 food, provision

양식 량, 먹이 량(穀食).【粮과 같음】

書體 小篆 糧 草書 糧 (高校) 形聲

糧穀(양곡 liánggǔ) 양식으로 상용하는 곡식.
糧食(양식 liángshí) 먹고 살 거리. 식량(食糧).
糧草(양초 liángcǎo) 군량과 말을 먹일 꼴.

이어 통일됨. ② 일족(一族)의 혈통. ③ 개개의 사물 사이의 관계를 통일된 원칙 밑에 순서를 따라 벌림.

▶ 家系(가계)·同系(동계)·母系(모계)·傍系(방계)·父系(부계)·直系(직계)·直系孫(직계손)·體系(체계).

糸 部

실 사

糸 실 사

1 音 mì 日 ベキ, ほそいと
英 thread 2 音 sī 日 シ

1 가는 실 멱(細絲). 2 극히 적은 수 사(絲之半數). 【絲의 약자】

系 계통/맬 계:

系 系 至 至 系 系 系

音 xì 日 ケイ, つながる
英 connection

① 맬 계(繫). ② 실마디 계(緒). ③ 이을 계(繼). ④ 맏아들 계(胤). ⑤ 혈통 계(血統).

書體 小篆 果 草書 糸 (高校) 象形

系圖(계도 xìtú) 대대(代代)의 계통을 표시한 표.
系譜(계보 xìpǔ) 집안의 혈연관계(血緣關係), 예술에서의 사제관계(師弟關係), 불교(佛敎)의 계통 따위를 도표로 나타낸 책.
系列(계열 xìliè) 조직적인 차례. 통일된 사물의 배열.
系統(계통 xìtǒng) ① 차례를 따라 연

糾 얽힐 규

糾 糾 糾 糾 糾 糾 糾

1 音 jiū 日 キュウ, あざなう
英 rally 2 英 convoke

1 ① 맺힐 교(紛糾, 愁結). ② 삿갓 가뜬할 교(笠之輕擧). 2 ① 세겹노 규(繩三合). ② 모을 규(合). ③ 들 규(擧). ④ 살필 규(察). ⑤ 탄핵할 규(彈). ⑥ 살핏할 규(糾糾葛屨寒凉意). ⑦ 동독할 규(督). ⑧ 어그러질 규(戾). ⑨ 물을 규(質問). ⑩ 동여맬 규(纏). ⑪ 꼬을 규(絢).

書體 小篆 糾 草書 糾 (高校) 形聲

糾明(규명 jiūmíng) 철저(徹底)히 조사(調査)하여 그릇된 사실(事實)을 밝힘. 규찰(糾察).
糾彈(규탄 jiūtán) 죄를 꼬집어 내어 비난하고 탄핵함.
糾合(규합 jiūhé) 모아서 합침.

▶ 紛糾(분규).

紀 벼리 기

紀 紀 紀 紀 紀 紀 紀 紀

音 jì, jǐ 日 キ, しるす, もとい
英 record, epoch

① 벼리 기(維). ② 기록할 기(記). ③ 터 기(基). ④ 열두해 기(十二年). ⑤ 법기(法也, 綱). ⑥ 해 기(歲). ⑦ 다스릴 기(理).

書體: 小篆 紀 草書 紀 (高校) 形聲

紀綱(기강) jìgāng) ① 기율과 법강. ② 나라를 다스리는 법강(法綱). 강기(綱紀).
紀年(기년 jìnián) ① 세기(世紀)와 연월(年月). ② 역사(歷史). ③ 기원(紀元)에서부터 차례로 센 햇수. ④ 간지(干支)를 배합하여 연(年)을 기록함.
紀念(기념 jìniàn) 어떠한 일을 오래도록 사적(事蹟)을 전하여 잊지 않음.
紀元(기원 jìyuán) ① 나라를 세운 첫 해. ② 연대(年代)를 세는 기초가 되는 해.
紀律(기율 jìlǜ) ① 질서 있게 하기 위한 행동의 규정. 규율(規律). ② 순서.
紀行文(기행문 jìxíngwén) 여행에서 듣고, 본 것을 기록한 글.
紀號(기호 jìhào) ① 명칭. ② 연호.

▶ 綱紀(강기)·官紀(관기)·校紀(교기)·國紀(국기)·軍紀(군기)·檀紀(단기)·芳紀(방기)·西紀(서기)·書紀(서기)·世紀(세기)·風紀(풍기)·創世紀(창세기).

約 언약/맺을 약

約約約約約約約約

1 음 yāo 일 ヤク, ちぎり 영 promise 2 음 yuē 일 ヤク, むすぶ 영 agree with

1 약속할 요, 미쁠 요(契也, 信). 2 ① 검소할 약(儉). ② 간략할 약(簡). ③ 나긋나긋할 약(淖約, 柔弱). ④ 단속할 약(縛也, 檢). ⑤ 맹세할 약(誓). ⑥ 기약할 약(期). ⑦ 대략 약(大率). ⑧ 덜 약(減). ⑨ 맺을 약(結). ⑩ 구차할 약(貧窮).

書體: 小篆 約 草書 約 (中學) 形聲

約款(약관 yuēkuǎn) 약속하고 정한 조목.
約誓(약서 yuēshì) 맹세하고 약속함. 맹세. 서약(誓約).
約束(약속 yuēshù) ① 모아서 묶음. ② 장래 일에 대하여 상대자와 미리 결정하여 둠. ③ 법령(法令)에 의해 단속함.
約定(약정 yuēdìng) 약속하여 작정함.
約條(약조 yuētiáo) 조건을 붙여 약속함. 또는 그러한 약속.
約婚(약혼 yuēhūn) 결혼하기로 약속함. 혼약(婚約).

▶ 儉約(검약)·契約(계약)·公約(공약)·空約(공약)·括約筋(괄약근)·舊約(구약)·規約(규약)·勤儉節約(근검절약)·期約(기약)·盟約(맹약)·密約(밀약)·百年佳約(백년가약)·誓約(서약)·新約(신약)·言約(언약)·豫約(예약)·要約(요약)·違約(위약)·節約(절약)·制約(제약)·條約(조약)·集約(집약)·請約(청약)·締約(체약)·特約(특약)·解約(해약)·鄕約(향약)·協約(협약)·婚約(혼약)·確約(확약).

紅 붉을 홍

紅紅紅紅紅紅紅紅

1 음 hóng 일 コウ, くれない 영 red
2 음 gōng 일 グ

1 ① 붉을 홍(南方色, 絳). ② 연지(顔料臙脂). 2 ① 길쌈 공(紅女).【功·工과 통함】

書體: 小篆 紅 草書 紅 (中學) 形聲

紅茶(홍다《慣》홍차 hóngchá) 차(茶)의 한 가지. 찻잎을 발효시켜 말린 찻잎.
紅爐點雪(홍로점설 hónglúdiǎnxuě) 뜨거운 불 위에 놓인 한 점의 눈. 곧 녹아버림.《喩》㉠ 도(道)를 깨달아 마음속이 탁 트여 맑음. ㉡ 커다란 일에 작은 힘이 조금도 보람이 없음.
紅絲燈籠(홍사등롱 hóngsīdēnglóng)

붉은 운문사(雲紋紗)를 둘러치고 푸른 운문사로 위아래에 등을 달아서 걸을 장식한 등롱(燈籠).

紅蔘(홍삼) hóngshēn 수삼(水蔘)을 쪄서 말린 붉은 빛깔의 인삼.

紅裳(홍상) hóngsháng ① 다홍치마. 여자가 입는 붉은 빛깔의 치마. ② 《制》조복(朝服)에 딸린 아래 옷. 붉은 빛깔의 바탕에 검은 선을 둘렀음.

紅一點(홍일점) hóngyīdiǎn 푸른 풀 속에 한 떨기의 붉은 꽃. 《喻》㉠ 여러 남자들 중에 홀로 끼어 있는 여자. ㉡ 여럿 속에서 특별히 뛰어남.

紅塵(홍진) hóngchén ① 번화한 곳에 일어나는 티끌. ② 세상의 번거로운 일.

▶ 濃紅(농홍)·淡紅(담홍)·薄紅(박홍)·百日紅(백일홍)·粉紅(분홍)·鮮紅(선홍)·軟粉紅(연분홍)·一點紅(일점홍)·朱紅(주홍)·眞紅(진홍)·千紫萬紅(천자만홍)·靑紅(청홍).

紊 어지러울/문란할 문

⊖ wěn ⊖ ブン, ビン, みだれる
⊖ disorder

얽힐 문, 어지러울 문(亂).

紊亂(문란) wěnluàn 도덕이나 질서·규칙 등이 어지러움. 어지럽힘.
紊碎(문쇄) wěnsuì 어지럽게 부서짐.

紋 무늬 문

⊖ wén, wèn ⊖ モン, ブン, しわ, あや ⊖ pattern, figure

① 무늬 문(織紋). ② 문채 문(文彩).

紋樣(문양) wényàng 무늬의 모양.
紋織(문직) wénzhī ① 무늬를 넣어 짬. ② 무늬가 돋아나게 짠 옷감.
紋片(문편) wénpiàn 도자기의 잿물에 난 무늬 같은 금. 단문(斷紋).

▶ 金紋(금문)·斑紋(반문)·雲紋(운문)·指紋(지문)·花紋(화문).

納 드릴 납

⊖ nà ⊖ ノウ, ドウ, おさめる
⊖ pay, offer

① 들일 납(入). ② 받을 납(受). ③ 바칠 납(獻). ④ 너그러울 납(包容).

納涼(납량) nàliáng 더운 여름에 시원한 곳에서 서늘함을 맛봄.
納采(납채) nàcǎi 약혼하였을 때 신랑 집에서 신부 집에 보내는 물건. 푸른 비단과 붉은 비단을 보냄. 납폐(納幣). 납징(納徵).

▶ 格納(격납)·金納(금납)·物納(물납)·未納(미납)·分納(분납)·上納(상납)·笑納(소납)·收納(수납)·完納(완납)·滯納(체납)·出納(출납)·獻納(헌납).

紐 맺을 뉴

⊖ niǔ ⊖ チュウ, ひも ⊖ knot, tie

① 단추 뉴, 맺을 뉴, 맬 뉴(結). ② [中字]수단추 뉴(牡鈕).

紐釦(유구) niǔkǒu 《中》① 경첩. ② 단추.
紐帶(유대) niǔdài 상호 관계. 결합시키는 기능과 조건.

純 순수할 순

1 ⊖ chún ⊖ ジュン, まじりけない ⊖ pure 2 ⊖ トン

1 ① 실 순(絲). ② 순수할 순(粹). ③ 온전할 순(全). ④ 천진할 순(天眞). ⑤

클 순(大). ⑥ 부드러울 순(柔). ⑦ 도타울 순(篤). ⑧ 전일할 순(專). **2** ① 선두를 준(冠飾). ② 옷선 준(衣緣). **3** 꾸밀 돈, 묶을 돈(包束).

書體 小篆 純 草書 純 中學 形聲

純潔(순결 chúnjié) ① 아주 깨끗함. ② 처녀·총각이 아직 이성(異性)과 관계를 맺지 않고 있음. ③ 마음이 결백함.

純潔無垢(순결무구 chúnjiéwúgòu) 몸가짐이 아주 깨끗하여 조금도 더러운 티가 없음.

純味(순미 chúnwèi) 다른 맛이 섞이지 않은 순수한 맛.

純朴(순박 chúnpǔ) 꾸밈이 없고 솔직함. 순박(純樸).

純粹(순수 chúncuì) 다른 것이 섞임이 없음. 순수(醇粹).

▶ 單純(단순)·不純(불순)·不純分子(불순분자)·至純(지순)·淸純(청순).

紗 비단 사

㊥ shā ㊐ サ, シャ, うすぎぬ
㊄ thin silk

① 깁 사(絹屬縠). ② 나사 사(毛織物).

紗羅(사라 shāluó) 깁. 얇은 비단.

紙 종이 지

㊥ zhǐ ㊐ シ, かみ ㊄ paper

① 종이 지(楮皮所成). ② 편지 지(赫號).

書體 小篆 紙 草書 紙 中學 形聲

紙榜(지방 zhǐbǎng) 《國》종이 조각에 글을 써서 만든 신주(神主).

紙筆硯墨(지필연묵 zhǐbǐyànmò) 종이·붓·벼루·먹을 함께 일컫는 말. 문방사우(文房四友).

▶ 感光紙(감광지)·計劃紙(계획지)·罫紙(괘지)·校紙(교지)·權威紙(권위지)·機關紙(기관지)·答案紙(답안지)·唐紙(당지)·塗褙紙(도배지)·圖畫紙(도화지)·馬糞紙(마분지)·漫畫紙(만화지)·問題紙(문제지)·白紙(백지)·壁紙(벽지)·本紙(본지)·封紙(봉지)·鼻紙(비지)·色紙(색지)·生紙(생지)·設問紙(설문지)·消息紙(소식지)·試驗紙(시험지)·藥封紙(약봉지)·洋紙(양지)·戀愛便紙(연애편지)·染紙(염지)·英字紙(영자지)·五線紙(오선지)·外紙(외지)·用紙(용지)·原稿紙(원고지)·慰問便紙(위문편지)·僞造貨幣(위조지폐)·油紙(유지)·銀箔紙(은박지)·印紙(인지)·印畫紙(인화지)·日刊紙(일간지)·出版紙(출판지)·切紙(절지)·製紙(제지)·週刊紙(주간지)·地方紙(지방지)·質問紙(질문지)·窓戶紙(창호지)·透明紙(투명지)·投票紙(투표지)·破紙(파지)·板紙(판지)·便紙(편지)·廢紙(폐지)·包裝紙(포장지)·表紙(표지)·韓紙(한지)·畫宣紙(화선지)·化粧紙(화장지)·休紙(휴지)·休紙桶(휴지통).

級 등급 급

㊥ jí ㊐ キュウ, しな, わかち
㊄ degree, class

① 등급 급, 차례 급, 층 급(等次). ② 실 갈피 급(絲次第). ③ 《國字》두름 급(編魚二十).

書體 小篆 級 草書 級 高校 形聲

級長(급장 jízhǎng) 학급을 맡아 다스리는 학생.

給次(급차 jǐcì) 지위의 순서. 등급(等級).

▶ 各級(각급)·幹部級(간부급)·階級(계급)·高級(고급)·高位級(고위급)·幾何級數(기하급수)·同級(동급)·等級(등급)·無制限級(무제한급)·算術級數(산술급수)·上級(상급)·首級(수급)·水準級(수준급)·昇級(승급)·甚級(심급)·低級(저급)·頂上級(정상급)·中級(중급)·中下級(중하급)·指導級(지도급)·職級(직급)·進級(진급)·體級(체

급·初級(초급)·超特級(초특급)·最高級(최고급)·最上級(최상급)·特級(특급)·下級(하급)·學級(학급).

紛 어지러울 분

糸 4 ⑩

紛紛紛紛紛紛紛紛紛紛

中 fēn 日 フン, みだれる 英 confused

① 분잡할 분(雜). ② 많을 분(衆). ③ 어지러울 분(紛紛亂).

書體 小篆 / 草書 / 高校 形聲

紛糾(분규 fēnjiū) 일이 뒤얽혀서 말썽이 많고 시끄러움.
紛起(분기 fēnqǐ) 여기저기에서 일어남.
紛亂(분란 fēnluàn) ① 엉클어져 어지러움. ② 일이 뒤얽힘. 분나(紛拏). 분우(紛擾).
紛紛(분분 fēnfēn) ① 꽃 따위가 흩어져 어지러운 모양. ② 일이 뒤얽혀 갈피를 잡을 수 없음.
紛失(분실 fēnshī) 물건을 잃어버림.
紛雜(분잡 fēnzá) 여러 사람이 북적거림.
紛爭(분쟁 fēnzhēng) 엉클어져 다툼. 분경(紛競).

▶ 內紛(내분).

素 본디/소박할 소(ː)

糸 4 ⑩

素素素素素素素素素素

中 sù 日 ソ, しろ, もと
英 white, source

① 흴 소(白). ② 생초 소(生帛). ③ 빌 소(空). ④ 질박할 소(物朴). ⑤ 바탕 소, 본디 소(本). ⑥ 성심 소(誠). ⑦ 원래 소(元來). ⑧ 순색 소(無色). ⑨ 원소 소(元素).

書體 小篆 / 草書 / 中學 會意

素描(소묘 sùmiáo) 단색 특히 흑색의 선(線), 또는 점으로 그린 그림. 데생.
素懷(소회 sùhuái) 평소부터 마음속에 품고 있던 생각.

▶ 簡素(간소)·儉素(검소)·酸素(산소)·水素(수소)·鹽素(염소)·葉綠素(엽록소)·要素(요소)·元素(원소)·窒素(질소)·臭素(취소)·炭素(탄소)·酵素(효소).

紡 길쌈 방

糸 4 ⑩

中 fǎng 日 ボウ, つむぐ 英 spin

길쌈할 방, 자을 방(紡績網絲治麻). 실 방.

紡毛(방모 fǎngmáo) 털실을 뽑음. 올이 굵은 털실 또는 그 직물(織物). ↔ 소모(梳毛)
紡績(방적 fǎngjī) 실을 뽑는 것. 또는 그 실.
紡織(방직 fǎngzhī) 실을 뽑는 것과 피륙을 짜는 것.

▶ 綿紡(면방)·梳毛紡(소모방)·混紡(혼방).

索 새끼줄 삭 / 찾을 색

糸 4 ⑩

索索索索索索索索索索

1 中 suǒ 日 サク, なわ
2 中 suò 日 サク, つな

1 ① 노 삭, 새끼 삭(繩). ② 얽힐 삭(縈紆). ③ 다할 삭(盡). ④ 흩어질 삭, 헤어질 삭(散). ⑤ 두려울 삭(索索懼貌). ⑥ 소삭할 삭, 쓸쓸할 삭(蕭素). 2 ① 찾을 색(求). ② 더듬을 색(搜). ③ 법 색(法).

書體 小篆 / 草書 / 高校 會意

索莫(삭막 suǒmò) ① 황폐하여 쓸쓸한 모양. ② 실심한 모양. 삭막(索寞). 삭막(索漠).
索漠(삭막 suǒmò) =삭막(索莫).

紫 자줏빛 자

🅐 zǐ 🅙 シ, むらさき 🅔 purple

자줏빛 **자**(帛靑赤色).

書體 小篆 紫 草書 紫 (高校) 形聲

紫葛色(자갈색 zǐgésè) 검고 누른 바탕에 조금 붉은 빛을 띤 빛깔.
紫色(자색 zǐsè) 자줏빛.
紫水晶(자수정 zǐshuǐjīng) 보라색의 수정. 자석영(紫石英).
紫煙(자연 zǐyān) ① 자색의 연기. 또는 안개. ② 산에서 나는 수증기가 햇빛에 비쳐 자줏빛으로 보이는 모양. ③ 담배의 연기.
紫外線(자외선 zǐwàixiàn) 《物》스펙트럼을 통해 볼 때에 자색 밖에 있는 복사선(輻射線)의 일컬음.
紫紅色(자홍색 zǐhóngsè) 자줏빛이 나는 붉은 색.

累 포갤/여러 루:

① 🅐 lěi ②③ 🅐 léi ④~⑦ 🅐 lèi
ルイ, しばる 🅔 tie, repeat

① 맬 **루**, 동일 **루**(係累繫). ② 더할 **루**(增). ③ 여러 것이 포갤 **루**(疊). ④ 더럽힐 **루**(玷). ⑤ 얽힐 **루**(縈). ⑥ 연좌할 **루**(緣坐). ⑦ [中字] 여럿 **루**(多貌).

書體 篆文 累 草書 累 (高校) 形聲

累計(누계 lěijì) 수를 합계함. 모든 수의 합계. 총계.
累德(누덕 lěidé) ① 선행에 방해가 되는 악행. ② 덕을 쌓음. 적덕(積德).
累卵之危(누란지위 lěiluǎnzhīwēi) 쌓여 있는 알처럼 매우 위태로운 형세.

▶ 係累(계루)·物累(물루)·連累(연루).

細 가늘 세:

🅐 xì 🅙 サイ, セイ, ほそい
🅔 thin, slender

① 가늘 **세**, 세밀할 **세**(微也密). ② 잘 **세**, 작을 **세**(小). ③ 좀놈 **세**(奸細).

書體 小篆 細 小篆 細 草書 細 (中學) 形聲

細雨(세우 xìyǔ) 가랑비.
細察(세찰 xìchá) 자세히 살핌.

▶ 腦細胞(뇌세포)·明細(명세)·毛細(모세)·微細(미세)·詳細(상세)·纖細(섬세)·身上明細書(신상명세서)·癌細胞(암세포)·零細(영세)·仔細(자세)·竹細工(죽세공).

紳 띠[帶] 신:

🅐 shēn 🅙 シン, おおおび
🅔 girdle

① 큰 띠 **신**(大帶). ② 벼슬아치 **신**(縉紳仕宦). ③ 점잖은 사람 **신**(紳士).

紳士(신사 shēnshì) ① 일반 남자에 대한 미칭(美稱). 젠틀맨. ② 교양이 있고 덕망(德望)이 높은 남자. 상류사회(上流社會)의 사람. ③ 부귀한 사람.
紳士道(신사도 shēnshìdào) 신사로서 마땅히 지켜야 할 도리.

紵 모시 저:

훈 zhù 일 チョ, あさぬの
영 ramie cloth

모시 저(絺紵纔屬).

紵麻(저마 zhùmá) 《植》 모시풀.
紵衣(저의 zhùyī) 모시옷.

紹 이을 소

훈 shào 일 ショウ, とりもつ
영 introduce

① 이을 소(繼). ② 얽을 소(緊糾). ③ 소개할 소(紹介, 相佐助).

紹介(소개 shàojiè) 모르는 사이를 알도록 관계를 맺어줌. 두 사람 사이에 서서 어떤 일을 어울리게 함.

紺 감색/연보라 감

훈 gàn 일 カン, コン, こん
영 dark blue

아청 감, 보랏빛 감(靑而含赤色).

紺色(감색 gànsè) 검은 빛을 띤 남.
紺靑(감청 gànqīng) 짙고 산뜻한 쪽빛. 아청(鴉靑).

終 마침/마칠 종

훈 zhōng 일 シュウ, おわる
영 end, finish

① 마지막 종, 다할 종(窮極). ② 미칠 종, 마칠 종(竟). ③ 죽을 종(卒). ④ 끝 종(末).

終無消息(종무소식 zhōngwúxiāoxī) 끝끝내 아무 소식 없음.

終熄(종식 zhōngxī) 그침. 끝남. 종지(終止).
終身(종신 zhōngshēn) ① 한평생. 죽을 때까지. ② 임종(臨終).
終天之痛(종천지통 zhōngtiānzhītòng) 이 세상에서는 다시 또 없을 만한 극도의 슬픔.
終孝(종효 zhōngxiào) 부모의 임종 때에 곁에 모셔 효성을 다함.

▶ 考終命(고종명)·臨終(임종)·始終一貫(시종일관)·有終(유종)·自初至終(자초지종)·盡終(진종)·最終(최종).

絃 줄 현

훈 xián 일 ゲン, いと
영 string of instrument

줄 풍류 현(管絃, 八音之絲).

絃琴(현금 xiánqín) 거문고.
絃樂(현악 xiányuè) 현악기(絃樂器)를 탄주(彈奏)하는 음악. ↔ 관악(管樂).

組 짤/조직 조

훈 zǔ 일 ソ, くむ 영 constitute

① 인끈 조(印紋, 綬). ② 땋은 실 조(組紃, 條). ③ 짤 조(組織). ④ 만들 조(組成).

組閣(조각 zǔgé) 《政》 내각(內閣)을 조직하는 것.
組版(조판 zǔbǎn) 활판을 꾸며 짬. 제판(製版).

▶ 骨組(골조)·勞動組合(노동조합)·複式組(복식조)·乘組員(승조원)·再組立(재조립)·平組織(평조직)·協同組合(협동조합).

絆 얽어맬 반
糸 5 ⑪

🅐 bàn 🅙 ハン, きずな 🅔 bridle
① 얽어맬 반(羈絆, 馬繫). ② 말굴레 반(馬繩).
絆拘(반구 bànjū) 얽어 묶음.
絆緣(반연 bànyuán) 얽어서 맺는 인연.
絆創膏(반창고 bànchuānggāo) 《醫》 헝겊에 약품을 발라서 만든 고약의 한 가지. 흔히 무슨 약을 붙이고 그 위에 걸쳐 붙이는 데에 씀.

▶ 脚絆(각반)·羈絆(기반).

経 글/지날 경
糸 5 ⑪

[經(糸부7획과 같음]

結 맺을 결
糸 6 ⑫

結 結 結 結 結 結 結 結

🅐 jié, jiē 🅙 ケツ, むすぶ
🅔 bind, tie
① 맺을 결(締). ② 마칠 결(終結). ③ 나중 결(結局). ④ [國字]묶 결(稅禾百負).

書體 小篆 結 書 草 (中學) 形聲

結攬(결람 jiélǎn) 동지를 모아들임.
結社(결사 jiéshè) 주의(主義)·사상(思想)·의견(意見)이 같은 사람이 모여 한 단체를 만드는 것. 또는 그 단체.
結緣(결연 jiéyuán) ① 인연을 맺음. 관계를 맺음. 친근(親近)해짐. ② 《佛》 불도(佛道)에 인연을 맺음. 불도(佛道)에 귀의하는 것.
結者解之(결자해지 jiézhějiězhī) 《國》 맺은 사람이 풀어야 한다는 뜻으로 처음에 일을 벌여 놓은 사람이 끝을 맺어야 한다는 뜻.
結晶(결정 jiéjīng) ① 물체가 일정한 평면(平面)들로 둘러싸여 내부의 원자(原子) 배열(配列)이 규칙적(規則的)으로 됨. 또는 그런 물체(物體). ② 뭉치어서 단단함. ③ 노력 등에 의하여 이루어진 일.
結託(결탁 jiétuō) ① 결납(結納). ② 한 패가 됨.

▶ 歸結(귀결)·團結(단결)·凍結(동결)·氷結(빙결)·連結(연결)·戀愛結婚(연애결혼)·完結(완결)·凝結(응결)·一致團結(일치단결)·終結(종결)·仲媒結婚(중매결혼)·直結(직결)·集結(집결)·締結(체결)·總結(총결집)·妥結(타결).

絶 끊을 절
糸 6 ⑫

絶 絶 絶 絶 絶 絶 絶 絶

🅙 ゼツ, たつ, たえる
🅔 cut, break off
① 끊을 절(斷). ② 으뜸 절(冠). ③ 뛰어날 절(超). ④ 지날 절(過). ⑤ 막을 절(謝絶). ⑥ 멸할 절(滅). ⑦ 극진할 절(極). ⑧ 폐할 절(廢也絶食). ⑨ 막힐 절(隔). ⑩ 자를 절(橫斷). ⑪ 기이할 절(奇). ⑫ 그칠 절(止). ⑬ 결단할 절(決). ⑭ 아득할 절(相距遼遠).

書體 小篆 絕 古文 草書 (中學) 形聲

絶景(절경 juéjǐng) 더할 나위 없이 훌륭한 경치.
絶叫(절규 juéjiào) 힘을 다하여 부르짖음. 또는 외침.
絶對多數(절대다수 juéduìduōshù) 전체의 거의 모두를 차지할만한 수. 압도적으로 많은 수.
絶勝(절승 juéshèng) ① 경치가 아주

뛰어나게 좋은 곳. 절경(絕景). ② 매우 뛰어남.

絕筆(절필 juébǐ) ① 글씨 쓰는 것을 그침. 각필(擱筆). ② 뛰어난 필적(筆跡). ③ 생존 중에 마지막 쓴 글씨. 또는 그 작품.

絕海孤島(절해고도 juéhǎigūdǎo) 아주 멀리 떨어져 있는 바다 가운데 외떨어진 섬.

絕後(절후 juéhòu) ① 앞으로 그와 같은 예가 다시는 없음. ② 대(代)를 이을 사람이 없음. ③ 죽은 다음. 사후(死後).

▶ 拒絕(거절)·根絕(근절)·奇巖絕壁(기암절벽)·氣絕(기절)·斷絕(단절)·杜絕(두절)·謝絕(사절)·義絕(의절)·中絕(중절)·悽絕(처절)·超絕(초절)·抱腹絕倒(포복절도)·昏絕(혼절).

絞 목맬 교

㊀ jiǎo ㊁ コウ, くびる ㊂ hang

① 급할 교(急). ② 목맬 교(死刑, 縊). ③ 염매 교, 염포 교(斂布).

絞殺(교살 jiǎoshā) = 교수(絞首).
絞首(교수 jiǎoshǒu) 목을 매어 죽임.

絡 이을/얽을 락

㊀ luò, lào ㊁ ラク, からむ ㊂ bind, cord

① 둘릴 락(籠絡, 繞). ② 맥 락(經絡, 脈). ③ 쌀 락(包絡). ④ 이을 락, 연락할 락(聯). ⑤ 생삼 락(生麻). ⑥ 얽을 락(連). ⑦ 담쟁이 락(絡石).

書體 小篆 絡 草書 (高校) 形聲

絡車(낙거 luòchē) 실을 감는 물레.

▶ 經絡(경락)·籠絡(농락)·脈絡(맥락)·連絡(연락).

絢 무늬 현:

㊀ xuàn ㊁ ケン, あや, うつくしい ㊂ stylish

채색무늬 현(采成文).

絢爛(현란 xuànlàn) ① 윤이 있어서 번쩍번쩍 빛나 아름다운 것. 눈부시게 빛남. ② 문장(文章)·시가(詩歌) 따위의 글귀가 맑고 아름다운 것.
絢飾(현식 xuànshì) 아름답게 꾸밈.

給 줄 급

㊀ gěi, jǐ ㊁ キュウ, あてがう ㊂ give, supply

① 넉넉할 급(贍也, 足). ② 줄 급(供給). ③ 말 민첩할 급, 말 잘할 급(口捷).

書體 小篆 給 草書 (中學) 形聲

給付(급부 jǐfù) 줌. 재물을 공급(供給)·교부(交付)하는 것.
給與(급여 jǐyǔ) 돈이나 물건을 줌. 또는 그 돈과 물건.

▶ 加給(가급)·假支給金(가지급금)·減給(감급)·固定給(고정급)·供給(공급)·官給(관급)·基本給(기본급)·都給(도급)·無給(무급)·反對給付(반대급부)·發給(발급)·配給(배급)·補給(보급)·俸給(봉급)·需給(수급)·昇給(승급)·女給(여급)·年給(연급)·月給(월급)·有給(유급)·恩給(은급)·日給(일급)·自給自足(자급자족)·雜給(잡급)·週給(주급)·支給(지급)·下都給(하도급).

統 거느릴 통:

㊀ tǒng ㊁ トウ, すべるのり ㊂ control, rule

① 거느릴 통(總). ② 벼리 통(紀). ③

실마디 **통**(緒). ④ 근본 **통**(本). ⑤ 이을 통(承). ⑥ 혈통 **통**(血統). ⑦ 합칠 **통**(統計, 統一).

書體 小篆 綂 草書 统 中學 形聲

統計(통계 tǒngjì) ① 《數》같은 범위에 딸리는 개개의 현상(現象)을 모아 숫자 계산에 의하여 그 상태(狀態) 또는 형세를 나타내는 것. ② 온통 몰아서 계산함.

統括(통괄 tǒngkuò) 낱낱의 일을 하나로 몰아 잡음.

統帥權(통수권 tǒngshuàiquán) 《法》한 나라의 병력을 지휘 통수하는 권한.

統一(통일 tǒngyī) 여럿을 몰아서 관계를 지어 하나로 만들음. 일통(一統).

統治(통치 tǒngzhì) ① 도맡아 다스림. ② 한 나라의 원수(元首)의 주권으로 국토(國土)·국민을 지배하는 것.

▶ 系統(계통)·繼統(계통)·南北統一(남북통일)·大統領(대통령)·法統(법통)·副統領(부통령)·再統一(재통일)·再統合(재통합)·傳統(전통)·傳統文化(전통문화)·正統(정통)·體統(체통)·總統(총통)·血統(혈통).

絲 실 사

📖 sī 🇯🇵 シ、いと 🇬🇧 thread, string

① 실 **사**(蠶所吐, 細條之稱). ② 풍류 이름 **사**(絃器). ③ 사수 **사**(數名, 十忽). ④ 음의 하나 **사**(八音之一).

書體 小篆 絲 草書 妙 中學 會意

絲狀(사상 sīzhuàng) 실같이 가늘고 긴 모양.

▶ 絹絲(견사)·經絲(경사)·金絲(금사)·螺絲(나사)·緯絲(위사)·一絲不亂(일사불란)·鐵絲(철사)·太絲(태사).

條 땋은 실 조

📖 tāo 🇯🇵 トウ、ひらひも
🇬🇧 braid string

① 땋은 실 **조**(編絲繩). ② 끈 **조**(纓飾).

絹 비단 견

絹 絹 絹 絹 絹 絹 絹 絹 絹

📖 juàn 🇯🇵 ケン、きぬ 🇬🇧 silk

깁 **견**, 비단 **견**(繒如麥稍).

書體 小篆 絹 草書 狷 高校 形聲

絹本(견본 juànběn) ① 비단에 그린 서화(書畫). ② 서화(書畫)를 쓴 비단의 족자. ↔지본(紙本).

絹絲(견사 juànsī) 누에고치에서 뽑은 실.

絹織物(견직물 juànzhīwù) 명주실로 짠 피륙.

絹布(견포 juànbù) 비단과 포목(布木). 견직물(絹織物).

▶ 錦絹(금견)·綺絹(기견)·羅絹(나견)·白絹(백견)·本絹(본견)·紗絹(사견)·生絹(생견)·熟絹(숙견)·純絹(순견)·人絹(인견)·早絹(조견)·紬絹(주견).

經 글/지날 경

經 經 經 經 經 經 經 經 經

①-⑨ 📖 jīng 🇯🇵 ケイ、たて 🇬🇧 stripe ⑩⑪ 📖 jìng 🇯🇵 キョウ、いとなむ 🇬🇧 manage

① 날 **경**(經緯, 織). ② 떳떳할 **경**(常). ③ 글 **경**, 경서 **경**(書). ④ 경영할 **경**(營). ⑤ 법 **경**(法). ⑥ 지낼 **경**(過). ⑦ 지경 **경**(界). ⑧ 곧을 **경**(直). ⑨ 다스릴 **경**(治). ⑩ 목맬 **경**(縊). ⑪ 씨 **경**(織綜絲).

經 경

書體: 小篆 經, 草書 經, 中學, 形聲

經界(경계 jīngjiè) ① 시비·선악(善惡)이 분간되는 한계(限界). ② 경계(境界).

經國(경국 jīngguó) 나라를 다스리는 것.

經絡(경락 jīngluò) 《醫》 오장육부에 생긴 병이 몸 밖에 나타난 곳으로 침(鍼) 따위를 놓는 자리.

經略(경략 jīnglüè) ① 나라를 다스림. ② 천하를 경영하고 사방을 쳐 국위(國威)를 높임.

經論(경론 jīnglùn) 《佛》 부처가 친히 한 말을 적은 경(經)과 이를 해석한 논(論).

經世濟民(경세제민 jīngshìjìmín) 세상을 다스려 백성을 구제함.

經筵(경연 jīngyán) 임금 앞에서 경서(經書)를 강론(講論)하는 자리.

經穴(경혈 jīngxué) 《醫》 경로(經路)에 있어서 침을 놓거나 뜸을 뜨기에 알맞은 자리.

▶ 腦神經(뇌신경)·大藏經(대장경)·讀經(독경)·東經(동경)·佛經(불경)·四書三經(사서삼경)·聖經(성경)·誦經(송경)·神經(신경)·阿含經(아함경)·月經(월경)·財經(재경)·政經(정경)·初經(초경)·齒神經(치신경)·閉經(폐경)·華嚴經(화엄경).

縫 꿰맬 봉

【縫(糸부11획)과 같음】

継 이을 계:

【繼(糸부14획)의 속자】

続 이을 속

【續(糸부15획)의 약자】

綜 모을 종

zōng, zèng 일 ソウ, すべる
영 synthesize

① 씨 종(機樓以絲交錯). ② 모을 종(總聚). ③ 자세할 종(綜核).

綜括(종괄 zōngkuò) 전체를 종합하여 묶음. 총괄(總括).

綜覽(종람 zōnglǎn) 전체(全體)를 봄. 종합(綜合)하여 봄.

綜理(종리 zōnglǐ) 빈틈없고 조리가 정연하게 처리함.

綜合(종합 zōnghé) ① 여러 갈래로 나뉘어진 부분을 한데 합함. ② 개개의 개념·관념·판단을 하데 모아 새로운 개념(概念)·관념(觀念)·판단(判斷)을 이룩함. ③ 변증법(辨證法)에서 정립(定立)·반립(反立)을 지양(止揚)함.

綜核(종핵 zōnghé) 사물의 본말(本末)을 밝힘. 종핵(綜覈).

▶ 錯綜(착종).

綠 푸를 록

綠 綠 綠 綠 綠 綠 綠 綠 綠

lǜ, lù 일 リョク, ロク, みどり
영 green

① 초록빛 록(靑黃間色). ② 옥 이름 록(玉名, 結綠).

書體: 小篆 綠, 草書 綠, 中學, 形聲

綠茶(녹차 lǜchá) 녹차. 푸른색이 나도록 말린 차.

綠瞳(녹동 lǜtóng) 푸른 눈동자. 외국 사람의 눈. 벽안(碧眼).

綠豆(녹두 lǜdòu) 《植》 녹두. 콩과에 속하는 일년초.

綠色(녹색 lǜsè) 청색과 황색의 중간 색.

綠水靑山(녹수청산 lùshuǐqīngshān) 푸른 물과 푸른 산.
綠葉(녹엽 lǜyè) 푸른 잎.
綠陰芳草(녹음방초 lǜyīnfāngcǎo) 우거진 나무 그늘과 꽃다운 풀. 여름철을 가리키는 말.
綠衣紅裳(녹의홍상 lǜyīhóngshàng) 연두저고리에 다홍치마, 곧 젊은 여자의 곱게 치장한 복색.
綠地(녹지 lǜdì) ① 초목(草木)이 무성한 곳 ② 도시 안에 초목(草木)이 많이 있는 곳.
綠化(녹화 lǜhuà) 산과 들 또는 도시의 공지(空地)에 초목(草木)을 심어 푸르게 함.

▶ 淡綠(담록)·常綠(상록)·新綠(신록)·草綠(초록)·紅綠(홍록).

維 얽을/벼리 유

維維維維維維維維維

🔊 wéi 🗾 イ, ユイ, つなぐ
🅔 tie, hold

① 맬 유, 이을 유(係). ② 벼리 유(綱). ③ 맺을 유(連結). ④ 모퉁이 유(方隅). ⑤ 오직 유(獨). ⑥ 이 유(此). ⑦ 발어사 유(發語辭). ⑧ 개혁 유(維新). ⑨ 끌어갈 유(維持).

書體 小篆 維 草書 (高校) 形聲

維綱(유강 wéigāng) 정치를 뒷받침하는 법도(法度).
維歲次(유세차 wéisuìcì) 제문(祭文)의 첫머리에 쓰는 말. 해의 차례. 또는 「생각건대」, 「간지(干支)를 따라서 정한 해로 말하면」의 뜻.
維新(유신 wéixīn) ① 만사(萬事)가 개신(改新)됨. ② 정치 체제(禮制)가 새롭게 혁신(革新)되는 것.
維持(유지 wéichí) 지탱하여 나감. 또는 지탱하여 가짐.

▶ 保維(보유)·纖維(섬유)·纖維素(섬유소)·進退維谷(진퇴유곡).

綱 벼리 강

綱綱綱綱綱綱綱綱綱

🔊 gāng 🗾 コウ, おおづな
🅔 large rope

① 벼리 강(總綱大繩). ② 근본 강(總要). ③ 법 강(法紀). ④ 대강 강(綱領, 紀綱).

書體 小篆 綱 古文 林書 草書 (高校) 形聲

綱紀(강기 gāngjì) ① 큰 줄과 작은 줄. ② 나라를 다스리는 대법(大法)과 세칙(細則). 강조(綱條). 기강(紀綱). ③ 나라를 다스리는 것.
綱領(강령 gānglǐng) ① 일의 으뜸되는 줄거리. ② 정당(政黨)·단체(團體)의 입장·목적·계획·방침 또는 운동의 순서·규범(規範) 등을 요약한 것.
綱目(강목 gāngmù) 사물을 분류 정리하는 대단위(大單位) 강(綱)과 소단위(小單位) 목(目).
綱常(강상 gāngcháng) ① 사람이 행하여야 할 도덕. 삼강(三綱)〈군신(君臣)·부자(父子)·부부(夫婦)〉과 오상(五常)〈인(仁)·의(義)·예(禮)·지(知)·신(信)〉. ② 사원(寺院)에서 사무를 보는 사람.
綱常之變(강상지변 gāngchángzhībiàn) 삼강오상(三綱五常)에 어그러진 변고.
綱要(강요 gāngyào) 일의 중요한 요점.

▶ 紀綱(기강)·大綱(대강)·三綱五倫(삼강오륜)·要綱(요강)·政綱(정강).

網 그물 망

網 wǎng

음 wǎng 일 ボウ, あみ 영 net

① 그물 **망**(佃漁). ② 그물질 **망**(張網). ③ 법 **망**(法). ④ 온통 **망**(網羅). ⑤ 망태기 **망**(網橐).

網擧目張(망거목장 wǎngjǔmùzhāng) 그물을 들면 그물눈이 저절로 열린다는 뜻.《喻》아래는 위를 따르고, 적은 것은 큰 것을 따름. 요점(要點)을 잡으면 뒤에 딸린 문제는 자연히 해결됨.

網巾(망건 wǎngjīn) 머리가 흐트러지지 않게 실로 그물처럼 짜서 쓰는 건(巾).

網羅(망라 wǎngluó) ① 모든 그물.〈網은 물고기 잡는 그물. 羅는 새 잡는 그물〉. ② 빠짐없이 모음.

網膜(망막 wǎngmó)《生》안구(眼球)의 안벽에 있는 얇은 막. 시각을 일으킴.

▶ 交通網(교통망)·放送網(방송망)·法網(법망)·神經網(신경망)·漁網(어망)·情報網(정보망)·鐵網(철망)·總網羅(총망라)·通信網(통신망)·投網(투망).

綴 엮을 철

1 음 zhuì 일 テツ, つづる
영 baste together 2 일 テイ

1 ① 연폭할 **체**, 연결할 **체**(連). ② 가선할 **체**, 선두를 **체**(緝). 2 ① 잇댈 **철**(聯). ② 춤을 느런할 출 **철**(舞列). ③ 맺을 **철**(結). ④ 그칠 **철**(止).

綴字(철자 zhuìzì)《言》자음과 모음을 맞추어 한 글자를 만듦.

綴輯(철집 zhuìjí) ① 편집(編輯). ② 철(綴)하여 모음.

▶ 點綴(점철)·編綴(편철).

綺 비단 기

음 qǐ 일 キ, あやぎぬ 영 thin silk

① 무늬 놓은 비단 **기**(文繪). ② 아름다울 **기**(美).

綺年(기년 qǐnián) 소년 시절. 유년(幼年).

綺談(기담 qǐtán) 이상야릇하고 재미있는 이야기. 기담(奇談).

綺羅星(기라성 qǐluóxīng) 어두운 밤에 반짝이는 무수한 별.

綻 터질 탄:

음 zhàn 일 タン, ほころびる 영 rip

① 옷 터질 **탄**(衣縫解). ② 나타날 **탄**(綻露). ③ 파할 **탄**(破綻).

綻露(탄로 zhànlù) 숨겨 남에게 알리지 않던 일이 드러남.

綻裂(탄열 zhànliè) 터져서 찢어짐.

▶ 破綻(파탄).

綾 비단 릉

음 líng 일 リョウ, あやぎぬ
영 figured silk

무늬 놓은 비단 **릉**(綾紈).

綾羅(능라 língluó) ① 무늬 있는 비단과 엷은 비단. ② 아름다운 의복. 사치스러운 의복.

綾織物(능직물 língzhīwù) 무늬를 넣어 짠 아름다운 직물(織物).

▶ 白無紋綾(백무문능)·平地綾文綾(평지능문능).

綿 솜 면

糸糸糸糸糸綿綿綿綿

음 mián 일 メン, わた 영 cotton

① 솜 **면**(纊). ② 동일 **면**, 얽을 **면**(纏). ③ 끊어지지 않을 **면**, 연이을 **면**(連綿). ④ 잘 **면**(細).

646   6획 竹米糸缶网羊羽老而耒耳聿肉臣

書體 篆文 綿 草書 𦈛 (高校) 會意

綿綿(면면 miánmián) ① 오래 계속하여 끊어지지 않는 모양. ② 속속들이 자상함. 상밀(詳密). ③ 편안하고 조용한 모양. ④ 아득한 모양.
綿密(면밀 miánmì) 찬찬하여 소홀(疎忽)함이 없는 것.
綿紡(면방 miánfǎng) 솜에서 실을 뽑음.
綿絲(면사 miánsī) 무명실.

▶ 木綿(목면)·石綿(석면)·純綿(순면)·連綿(연면)·海綿(해면).

緊 요긴할/급할 긴
糸 8 14

𦈛 𦈛 𦈛 𦈛 𦈛 𦈛 𦈛 緊 緊

音 jǐn 日 キン, しめる, きびしい
英 vital, urgent
① 착착 얽을 긴(急也, 糾). ② 딴딴할 긴(堅). ③ 급할 긴(緊急). ④ 요긴할 긴(緊要). ⑤ 움츠릴 긴(縮).

書體 小篆 緊 草書 𦈛 (高校) 形聲

緊腦(긴뇌 jǐnnǎo) 빈틈없는 머리.
緊密(긴밀 jǐnmì) 바싹 가까워 빈틈이 없음. 매우 밀접함. ↔ 이완(弛緩).
緊迫(긴박 jǐnpò) 아주 요긴(要緊)하고도 급(急)함.
緊要(긴요 jǐnyào) 꼭 소용이 됨.
緊託(긴탁 jǐntuō) 꼭 들어주어야 할 부탁. 긴촉(緊囑).

▶ 喫緊(끽긴)·要緊(요긴)·超緊張(초긴장).

総 대[皆] 총
糸 8 14

【總(糸부11획과 같음】

緖 실마리 서:
糸 9 15

緖 緖 緖 緖 緖 緖 緖 緖 緖

音 ショ, いとぐち, こぐち 英 clue
① 실마리 서, 실끝 서(絲耑). ② 기업 서, 사업 서(基緖, 事業). ③ 나머지 서(殘餘). ④ 끄트머리 서, 시초 서(端緖, 發端).

書體 小篆 緖 草書 𦈛 (高校) 形聲

緖論(서론 xùlùn) 본론(本論)의 머리말이 되는 논설(論說). 서론(叙論).
緖言(서언 xùyán) ① 논설(論說)의 실마리, 첫마디 말. ② 서적(書籍)의 머리말. 서언(序言).

▶ 端緖(단서)·由緖(유서)·情緖(정서).

緘 봉할 함
糸 9 15

音 jiān 日 カン, とじる
英 close, bind
① 묶을 함(束篋). ② 꿰맬 함(縢). ③ 봉할 함(封).

緘口勿說(함구물설 jiānkǒuwùshuō) 입을 다물고 말을 하지 못하게 함.
緘封(함봉 jiānfēng) 닫음. 다물음. 봉(封)함. 봉함(封緘).

▶ 封緘(봉함).

線 줄 선
糸 9 15

線 線 線 線 線 線 線 線

音 xiàn 日 セン, いと
英 wire, thread
① 실 선(縷). ② 바느질할 선(針線). ③ 줄 선(面界). ④ 줄칠 선(畫線). ⑤ 발 선(有線, 視線, 光線). ⑥ 길 선(路).

書體 篆文 緣 草書 緣 中學 形聲

線路(선로 xiànlù) ① 가늘고 긴 길. ② 기차(汽車)·전차(電車)의 궤도(軌道).

線形(선형 xiànxíng) 엽편(葉片)의 형상이 너비가 좁고 길며 엽연(葉緣)이 고른 모양.

▶ 脚線(각선)·幹線(간선)·曲線(곡선)·光線(광선)·路線(노선)·稜線(능선)·斷線(단선)·動線(동선)·無線(무선)·放射線形(방사선형)·伏線(복선)·複線(복선)·斜線(사선)·死線(사선)·視線(시선)·實線(실선)·熱線(열선)·五線紙(오선지)·遠赤外線(원적외선)·有線(유선)·一線(일선)·前線(전선)·戰線(전선)·電線(전선)·點線(점선)·支線(지선)·地平線(지평선)·直射光線(직사광선)·直線(직선)·車線(차선)·鐵線(철선)·軸線(축선)·針線(침선)·脫線(탈선)·平和線(평화선)·篆線(전선)·合線(합선)·海岸線(해안선)·混線(혼선)·回線(회선)·橫線(횡선).

糸9[5] 緜 솜 면

㊥ mián ㊐ メン, わた ㊎ cotton
① 햇솜 면(新絮). ② 눈물 벋을 면, 끊어지지 않을 면(緜緜不絕). ③ 꾀꼬리 소리 면(緜蠻, 鳥聲). ④ 얽을 면(纏緜, 綢繆). ⑤ 길 면(長). ⑥ 연할 면(連). 【綿과 같음】

緜矩(면구 miánjŭ) 솜을 잣는 데 쓰이는 기구(器具).

糸9[5] 締 맺을 체

㊥ dì ㊐ テイ, むすぶ ㊎ fasten
① 꼭 맺을 체(結不解). ② 닫을 체, 닫힐 체(閉).

締結(체결 dìjié) ① 얽어서 맺음. ② 계약(契約)이나 조약(條約)을 맺음.
締交(체교 dìjiāo) 사귐을 맺음. 결교(結交).
締盟(체맹 dìméng) 동맹(同盟)을 맺음.
締約(체약 dìyuē) 약속을 맺음. 또는 그 약속.
締姻(체인 dìyīn) 부부의 인연을 맺음.

糸9[5] 緣 인연 연

緣 緣 緣 緣 緣 緣 緣 緣 緣 緣

① ㊥ yuán ㊐ タン, ちなみ
㊎ connection ② ㊐ エン, ふちどる
① 단옷 단(后服). ② ① 인연 연(因). ② 인연할 연(連絡). ③ 선 두를 연(飾). ④ 기어오를 연.

書體 小篆 緣 草書 緣 高校 形聲

緣覺(연각 yuánjué)《佛》① 자기 스스로 열반(涅槃)을 구하여 그를 깨쳐 남에게 설법 교화하지 않는 성인. ② 연각승(緣覺乘)의 약칭.
緣故(연고 yuángù)《佛》① 까닭. 이유(理由). ② 인연(因緣). 관계(關係).
緣起(연기 yuánqǐ) ①《佛》사물의 기원(起源). 유래(由來). ② 신사(神祠)·사원(寺院) 등의 창건(創建)한 유래(由來). 또는 그 문서. ③ 저자(著者)가 자기 책에 쓴 서문(序文).
緣木求魚(연목구어 yuánmùqiúyú) "나무에 올라가서 고기를 구한다"는 뜻으로, 되지 못할 일을 무리하게 하려고 함을 비유(比喩)한 말.
緣分(연분 yuánfèn) ① 서로 걸리게 되는 인연. ② 부부가 될 수 있는 인연.
緣由(연유 yuányóu) 까닭. 관계(關係).

▶ 結緣(결연)·舊緣(구연)·內緣(내연)·事緣(사연)·私緣(사연)·惡緣(악연)·因緣(인연)·絕緣(절연)·地緣(지연)·天生緣分(천생연분)·超血緣(초혈연)·學緣(학연)·血緣(혈연).

編 엮을 편

- 🇨🇳 biān 🇯🇵 ヘン, あむ 🇬🇧 compile

1 ① 책편 편(次簡). ② 적을 편, 기록할 편(緣). ③ 첩지 편(婦人假紒). ④ 엮을 편(織). ⑤ 벌일 편(列). **2** 땋을 변(編髮).

書體 小篆 編 草書 编 (高校) 形聲

編磬(편경 biānqìng)《樂》아악기(雅樂器)의 한 가지. 두 층으로 된 걸이가 있고 한 층에 여덟 개 씩 매어 단 경(磬)쇠.

編年(편년 biānnián) 연대순으로 역사를 엮음.

編修(편수 biānxiū) ① 예의(禮儀)가 단정하고 바름. ② 여러 가지 재료를 모아 책을 지어내는 것. 편찬(編纂). ③《制》고대(古代) 중국에서 국사(國史)를 편찬하는 사관(史官).

編述(편술 biānshù) 글을 모아 엮어 책을 지어 냄.

編著(편저 biānzhù) 창작이 아니고 편집하여 저술함.

編鐘(편종 biānzhōng)《樂》금부(金部)에 딸린 아악기(雅樂器)의 하나. 한 개가 한 음 씩 내는 종을 여러 개 엮어서 된 것이나 시대에 따라 그 수효는 일정치 않음. 가장 최근의 것은 12율(律)의 순서로 조율(調律)된 종(鐘)을 여덟 개씩 두 단(段)에다 16개를 달음.

編輯(편집 biānjí) 여러 가지 재료를 모아 책이나 신문을 만듦. 편찬(編纂).

編纂(편찬 biānzuǎn) = 편집(編輯).

▶ 共編(공편)·改編(개편)·續編(속편)·新編(신편)·完結編(완결편).

緩 느릴 완:

- 🇨🇳 huǎn 🇯🇵 カン, ゆるむ
- 🇬🇧 slow, loose

① 느즈러질 완, 더딜 완(遲緩). ② 너그러울 완(寬).

書體 小篆 緩 或體 緩 草書 缓 (高校) 形聲

緩急(완급 huǎnjí) ① 느린 것과 빠른 것. ② 절박(切迫)함. 위급(危急).

緩慢(완만 huǎnmàn) 모양이나 행동이 느릿느릿함.

緩衝地帶(완충지대 huǎnchōngdìdài) 이해가 다른 두 나라 또는 수개국 사이에 있어서 충돌을 완화시키기 위하여 설정한 중립 지대.

▶ 弛緩(이완).

緯 씨/씨줄 위

- 🇨🇳 wěi 🇯🇵 イ, よこ
- 🇬🇧 woof, latitude

① 씨 위, 경위 위(橫絲). ② 별 오른편으로 돌 위(星右旋). ③ 첨서 위(圖緯).

書體 小篆 緯 草書 纬 (高校) 形聲

緯經(위경 wěijīng) 가로 줄과 세로 줄. 날과 씨.

緯度(위도 wěidù)《地》적도에서 남북으로 걸침을 나타내는 좌표(座標). 적도를 영도(零度)로 하여 남북으로 각각 90도임. ↔경도(經度).

緯書(위서 wěishū) 미래의 일이나 길흉화복(吉凶禍福)을 예언(豫言)한 서적(書籍). 경서(經書)의 대(對).

緯世(위세 wěishì) 천하를 다스림.

緯線(위선 wěixiàn) 지구상의 위치를

나타내기 위하여 가정한 선. 적도와 평행으로 지표를 일주함. ↔경선(經線).

▶ 經緯(경위)·南緯(남위)·北緯(북위).

練 익힐 련:

糸 9 ⑮

練練練練練練練練練練

음 liàn 일 レン, ねる
영 refine, practise

① 이길 련, 눌 련(涷繒). ② 연복 련(小祥服). ③ 익힐 련(凡技能之求其熟). ④ 겪을 련(閱歷). ⑤ 마전할 련(煮漚). ⑥ 가릴 련(選).

書體 小篆 練 草書 陳 中學 形聲

練磨(연마 liànmó) 학문이나 기술을 갈고 닦음.
練武(연무 liànwǔ) 무예를 익힘.
練兵(연병 liànbīng) 병사(兵事)를 훈련함.
練絲(연사 liànsī) 마전하여 보드랍게 한 견사(絹絲). ↔생사(生絲).
練習(연습 liànxí) 자꾸 되풀이하여 익힘.

▶ 未練(미련)·洗練(세련)·修練(수련)·熟練(숙련)·精練(정련)·訓練(훈련).

緻 빽빽할 치

糸 9 ⑮

음 zhì 일 チ, こまやか
영 minuteness

① 톡톡할 치, 빽빽할 치(密). ② 헌옷 기울 치(縫補敝衣).
緻密(치밀 zhìmì) ① 자상하고 꼼꼼함. ② 곱고 빽빽함. ③ 포목 따위가 올이 배고 톡톡함. ④ 실수가 없음.

▶ 精緻(정치).

繩 노끈 승

糸 9 ⑮

【繩(糸부13획)의 속자】

縚 땋은 실 도

糸 10 ⑯

【絛(糸부7획)와 같음】

縛 얽을 박

糸 10 ⑯

음 fù 일 バク, しばる 영 bind, tie

① 묶을 박(束). ② 얽을 박(繫).
縛格(박격 fùgé) 묶어 매질함.
縛擒(박금 fùqín) 사로잡아 묶음. 포박(捕縛).
縛束(박속 fùshù) 얽어 묶음. 속박(束縛).
縛繩(박승 fùshéng) =포승(捕繩).

▶ 結縛(결박)·緊縛(긴박)·面縛(면박)·束縛(속박)·捕縛(포박).

縣 고을 현:

糸 10 ⑯

縣縣縣縣縣縣縣縣縣

①② 음 xiàn 일 ケン, かかる
영 hang ③ 영 county

① 달 현, 매달릴 현(繫). ② 끊어질 현(絕). ③ 고을 현(州縣, 行政區域).

書體 小篆 縣 草書 縣 高校 會意

縣監(현감 xiànjiān) 《制》조선 때 작은 현(縣)의 원. 종육품(從六品) 벼슬.
縣鼓(현고 xiàngǔ) 매달은 북.
縣軍孤鬪(현군고투 xiànjūngūdòu) 적군 진영으로 깊이 들어가서 본부와 연락도 없고 후원군도 없이 외롭게 싸움.

縫 꿰맬 봉

糸 11 ⑰

①-③ 囗 féng ④ 囗 fèng 일 ホウ, ぬう 영 sew

① 꿰맬 봉(以鍼紩衣). ② 마무를 봉, 미봉 봉(彌縫, 補合). ③ 큰옷 봉(縫掖, 大衣). ④ 혼솔 봉(縫會).

縫紉(봉인 féngrèn) 실로 꿰맴. 옷을 기운 실.
縫刺(봉자 féngcì) 재봉(裁縫)과 자수(刺繡).
縫織(봉직 féngzhī) 깁는 것과 짜는 것. 재봉(裁縫)과 기직(機織).
縫合(봉합 fénghé) ① 기워 합침. ②《醫》외과수술에서 절개(切開)한 자리를 꿰맴. ③《生》두개골에 있는 톱니 모양으로 짜여 합쳐진 뼈.

▶假縫(가봉)·彌縫策(미봉책)·裁縫(재봉)·天衣無縫(천의무봉).

縮 줄일 축

糸 11 ⑰

囗 suō, sù 일 シュク, ちぢむ 영 shrink

① 거둘 축(收也, 斂). ② 물러갈 축(退). ③ 오그라질 축(贏之反). ④ 곧을 축(直). ⑤ 모자랄 축(不及). ⑥ 쭈그릴 축(局縮).

書體 小篆 縮 草書 縮 高校 形聲

縮圖(축도 suōtú) 원형(原形)보다 줄여 그린 그림. 축소시킨 그림.
縮慄(축률 suōlì) 위축하여 두려워함.
縮錢(축전 suōqián)《國》일정한 액수(額數)에서 축이난 돈. 부족한 돈
縮尺(축척 suōchǐ) 제도(製圖)에서 원형보다 축소한 그림을 그릴 때 축소하는 일정한 비례의 값어치.

▶減縮(감축)·軍縮(군축)·緊縮(긴축)·濃縮(농축)·短縮(단축)·收縮(수축)·伸縮(신축)·壓縮(압축)·萎縮(위축)·凝縮(응축).

縱 세로 종

糸 11 ⑰

1 囗 zòng 일 ショウ, ゆるい 영 vertical 2 일 ジュウ, たて

1 바쁠 총(急遽). 2 ① 세로 종(橫之對直). ② 세울 종(竪). ③ 늘어질 종(緩). ④ 놓을 종(放). ⑤ 비록 종(雖). ⑥ 어지러울 종(亂). ⑦ 둘 종(置).

書體 小篆 縱 草書 縱 高校 形聲

縱貫(종관 zòngguàn) ① 세로로 꿰뚫음. ② 남북으로 관통함. 〈동서를 횡(橫), 남북을 종(縱)이라 함〉.
縱斷(종단 zòngduàn) ① 세로로 자름. ② 남북으로 자름. ↔ 횡단(橫斷).
縱列(종렬 zònglìe) 세로로 나란히 선열.
縱放(종방 zòngfàng) ① 마음대로 함. 방종(放縱). ② 자유자재(自由自在).
縱書(종서 zòngshū) 글자를 위에서부터 아래로 내리씀. ↔횡서(橫書).
縱心(종심 zòngxīn) 70세.
縱橫(종횡 zònghéng) ① 세로와 가로. ② 생각나는 대로 자유자재(自由自在). ③ 합종연횡(合縱連橫). 중국 전국시대(戰國時代)의 공수동맹(攻守同盟). → 합종(合縱). ④ 구불구불 굽은 모양. ⑤ 십자(十字).
縱橫無盡(종횡무진 zònghéngwújìn) 자유자재롭고 제한이 없는 것.

▶放縱(방종)·操縱(조종)·合縱連橫(합종연횡).

縷 실오리 루:

糸 11 ⑰

한 lǚ, lóu 일 ルイ, いと
영 string, rope

① 실 루, 실마디 루(綫). ② 곡진할 루(委曲). ③ 남루할 루(衣敝).
縷望(누망 lǚwàng) 가냘픈 한 가닥의 희망.
縷縷(누루 lǚlǚ) 실처럼 잇대어 있음.

總 다[皆] 총:

糸 11 ⑰

總總總總總總總總總

① 한 zǒng 일 ソウ,すべる 영 general
②-⑥ 한 cōng 일 ソウ, すべて 영 all

① 꿰맬 총, 훌 총(縫). ② 거느릴 총(統). ③ 합할 총(合). ④ 다 총(皆). ⑤ 끄덩이 잡을 총(括). ⑥ 볏집 총(禾稟). ⑦ 상투 짤 총, 총각 총(總角, 束髮). ⑧ 모을 총(聚).

書體 小篆 總 草書 総 (高校) 形聲

總括(총괄 zǒngkuò) ①여러 가지를 한데로 모아서 뭉침. 요점을 종합함. ②《論》어떤 개념의 외연(外延)을 늘여 많은 개념(概念)을 포괄(包括)함.
總本山(총본산 zǒngběnshān)《佛》우리 나라 불교의 최고 종정기관(宗政機關).
總本營(총본영 zǒngběnyíng) 여러 기관을 거느려서 사무를 총할(總轄)하는 곳.
總轄(총할 zǒngxiá) 전체를 관할(管轄)함.
總和(총화 zǒnghé) 전체를 모아 합한 수. 총계(總計).

▶ 國務總理(국무총리)·老總角(노총각)·副總裁(부총재)·株總(주총).

績 길쌈 적

糸 11 ⑰

績績績績績績績績績

한 jī 일 セキ, つむく, いさお
영 spin, merits

① 길쌈 적(緝麻). ② 공 적(功業). ③ 이룰 적(成). ④ 이을 적(繼). ⑤ 일 적(事).

書體 小篆 績 草書 绩 (高校) 形聲

績女(적녀 jīnǚ) 실을 잣는 여자.
績紡(적방 jīfǎng) 실을 자아 길쌈함.

▶ 功績(공적)·紡績(방적)·成績(성적)·實績(실적)·業績(업적)·治績(치적).

繁 번성할 번

糸 11 ⑰

繁繁繁繁繁繁繁繁繁

1 한 fán 일 ハン, さかえる, しげる 영 prosper **2** 한 pó

1 ① 많을 번(多). ② 성할 번(盛). ③ 번잡할 번(雜). **2** 말 배때끈 반(馬腹帶).

書體 小篆 繁 草書 繁 (高校) 會意

繁禮(번례 fánlǐ) 예식(禮式)을 번거롭게 함. 또는 그 의식(儀式). 욕례(縟禮).
繁文縟禮(번문욕례 fánwénrùlǐ) 규칙·예절·절차 따위가 지나치게 형식적이고 번거로워 까다로운 것.
繁衍(번연 fányǎn) 번성(繁盛)하여 벌어 나감. 만연함.

▶ 農繁(농번)·頻繁(빈번).

織 짤 직

糸 12 ⑱

織織織織織織織織織

織

1 🀄 zhī 🇯🇵 ショク, おる 🇬🇧 weave
2 🇯🇵 シ, おる

1 ① 짤 **직**, 낳이(직물) **직**(布帛總名). ② 만들 **직**(組織). **2** 실 다듬을 **지**, 실뽑을 **지**(治絲). **3** 기 **치**(旗).

書體: 小篆 織 / 草書 織 / 楷 (高校) 形聲

織機(직기 zhījī) 피륙을 짜는 기계.
織女星(직녀성 zhīnǚxīng)《天》별이름. 은하수 동쪽에 있는데 음력 7월 7일(칠석날) 밤에 은하수를 건너서 1년에 꼭 한 번씩 견우성과 만난다는 전설이 있음.
織烏(직오 zhīwū) 태양의 별칭.

▶ 絹織(견직)·交織(교직)·綾織(능직)·麻織(마직)·綿織(면직)·毛織(모직)·紋織(문직)·紡織(방직)·不織布(부직포)·斜紋織(사문직)·紗織(사직)·手織(수직)·製織(제직)·組織(조직).

繕 기울 선:

🀄 shàn 🇯🇵 セン, ゼン, つくろう
🇬🇧 mend, repair

① 기울 **선**, 꿰맬 **선**(補). ② 다스릴 **선**(治). ③ 쓸 **선**(寫). ④ 가손할 **선**, 길쌈할 **선**(繕).

繕補(선보 shànbǔ) 수선하여 보충함. 수보(修補). 보수(補修).

▶ 修繕(수선).

繡 수놓을 수:

🀄 xiù 🇯🇵 シュウ, ぬいとり
🇬🇧 embroider

① 수놓을 **수**(五采刺文). ② 성 **수**(姓).

繡屛(수병 xiùpíng) 수놓은 병풍.
繡裳(수상 xiùsháng) 수놓아 꾸민 치마.
繡衣夜行(수의야행 xiùyīyèxíng) 영광스러운 일이 남에게 알려지지 않음을 가리키는 말.

▶ 錦繡(금수)·錦繡江山(금수강산)·刺繡(자수).

繩 노끈 승

🀄 shéng 🇯🇵 ジョウ, なわ
🇬🇧 rope, string

① 노 **승**(索). ② 먹줄 **승**(直). ③ 법 **승**(法). ④ 다스릴 **승**(彈治). ⑤ 많을 **승**(衆多). ⑥ 칭찬할 **승**(譽). ⑦ 이을 **승**(繼).

繩繫(승계 shéngjì) 밧줄로 묶음.
繩矩(승구 shéngjǔ) ① 먹줄과 곡척(曲尺). ② 모범. 규범. 승준(繩準).
繩度(승도 shéngdù) ① 규칙. 법도(法度). 승척(繩尺). ② 험한 길을 밧줄에 의지하여 건너 감. 현도(懸度).

▶ 捕繩(포승).

繪 그림 회:

🀄 huì 🇯🇵 カイ, え, えがく
🇬🇧 draw, picture

① 그림 **회**(畫). ② 수놓을 **회**(會五采, 繡).

繪具(회구 huìjù) ① 회화에 쓰이는 물감·붓 같은 것. ② 채료(彩料).
繪圖(회도 huìtú) ① 그림. 도회(圖繪). ② 가옥·토지 등의 평면도.
繪像(회상 huìxiàng) 사람의 얼굴을 그림으로 그린 형상. 화상(畫像). 초상화(肖像畫).
繪塑(회소 huìsù) 흙으로 만든 색칠한 인형.
繪素(회소 huìsù) 그림. 그림을 그릴 때 백분(白粉)을 마지막에 칠하여 각각 그 색을 선명하게 나타나게 하는 것. 일설(一說)에는 채색을 하기 전에 먼저 백색을 칠한다 함.
繪畫(회화 huìhuà) 여러 가지 선(線)이나 색체로 평면상에 형상을 그려낸 것. 그림.

繫 맬 계:

糸 13 ⑲

⑧ xì, jì ⑨ ケイ, つなぐ
⑨ bind, fasten

① 얽을 계(縛). ② 맺을 계(結). ③ 맬 계(維). ④ 묶을 계, 약속할 계(約束). ⑤ 머물 계(滯留). ⑥ 이을 계(續).

書體 小篆 繫 草書 繫 (高校) 形聲

繫累(계루 jìlèi) ① 얽매어 관련됨. ② 부모(父母)·처자(妻子)·형제(兄弟) 등이 헤어지기 어려운 얽매임. ③ 자기 몸에 얽매인 번거로운 일. 계루(係累).
繫留(계류 jìliú) ① 붙잡아 묶음. 붙들어 머물게 함. ② 선박이 안벽(岸壁) 같은 데 정박(碇泊)함.
繫泊(계박 jìbó) 배를 매어둠.
繫縛(계박 jìfù) 묶어서 매어 둠. 속박(束縛). 계속(繫束).
繫索(계삭 jìsuò) 물건 같은 것을 붙잡아 매는 밧줄.
繫船浮標(계선부표 jìchuánfúbiāo) 항로 등의 위치를 표지하기 위하여 바다에 띄운 둥근 통 모양의 물건.
繫屬(계속 jìshǔ) 남에게 매달려 있음. 속박(束縛)함. 기반(羈絆).

▶ 連繫(연계).

繭 고치 견:

糸 13 ⑲

⑧ jiǎn ⑨ ケン, まゆ ⑨ cocoon

① 고치 견(蠶房). ② 발 부르틀 견(足病). ③ 목 쉴 견(繭聲, 氣微細). ④ 비단 견(絹布).
繭絲(견사 jiǎnsī) ① 고치와 실. 견사(絹絲). ② 고치에서 뽑은 실. ③ 고치에서 실을 뽑듯이 백성에게서 조세(租稅)를 계속으로 받아들이는 것.
繭蠶(견잠 jiǎncán) 고치가 된 누에.

繼 이을 계:

糸 14 ⑳

⑧ jì ⑨ ケイ, つぐ, つづく
⑨ succeed

이을 계(續也, 紹).

書體 小篆 繼 小篆 繼 草書 繼 (高校) 會意

繼代(계대 jìdài) 대를 물림. 대를 이어 나감.
繼嗣(계사 jìsì) 후사(後嗣)를 이음. 상속인(相續人).
繼承(계승 jìchéng) 뒤를 이어 받음. 승계(承繼).
繼葬(계장 jìzàng) 조상의 묘지 아래에 자손을 장사함.
繼志(계지 jìzhì) 앞 사람의 뜻을 이음.

▶ 承繼(승계)·引繼(인계)·引受引繼(인수인계)·中繼(중계)·後繼(후계).

纂 모을 찬:

糸 14 ⑳

⑧ zuǎn ⑨ サン, あつめる, あつまる
⑨ collect, edit

① 책 편찬할 찬, 모을 찬(集). ② 이을 찬(繼).

纂修(찬수 zuǎnxiū) 문서를 모아 정리함. 자료를 수집(蒐集)하여 책·역사를 편수(編修)함.
纂述(찬술 zuǎnshù) 글 지은 재료를 모아 문장으로 표현함.
纂輯(찬즙→찬집 zuǎnjí) 재료를 모아

분류(分類)하고 순서를 세워 편집함. 편집(編輯).
纂撰(찬찬 zuǎnzhuàn) 모아서 고름.
▶ 編纂(편찬).

續 이을 속

續續續續續續續續續

音 xù 일 ショク, ソク, つづく
영 continues

이을 속(繼).

書體 小篆 續 古文 賡 草書 䋇 中學 形聲

續斷(속단 xùduàn) ① 이어졌다 끊어졌다 함. 단속(斷續). ②《植》꿀풀과에 속하는 다년초(多年草). 뿌리·줄기는 지혈제(止血劑) 등의 약용(藥用).
續編(속편 xùbiān) 잇달아 편집한 책.
續會(속회 xùhuì) 회의를 다시 계속함.

▶ 繼續(계속)·勤續(근속)·斷續(단속)·相續(상속)·手續(수속)·連續(연속)·永續(영속)·接續(접속)·存續(존속)·持續(지속)·後續(후속).

纖 가늘 섬

【纖(糸부17획)의 속자】

纖 가늘 섬

音 xiān, qiàn 일 セン, ほそい
영 delicate

① 가늘 섬(羅縠細). ② 아낄 섬(儉嗇).

纖巧(섬교 xiānqiǎo) 가늘고 교묘함. 섬세(纖細)하고 능숙(能熟)함.
纖眉(섬미 xiānméi) 가는 눈썹. 미인을 형용한 말.

纖魄(섬백 xiānpò) 초승달. 섬월(纖月).
纖纖玉手(섬섬옥수 xiānxiānyùshǒu) 보드랍고 고운 여자의 손.
纖細(섬세 xiānxì) ① 가냘프고 가늘음. ② 미묘(微妙).

缶 部

장군 부

缶 장군 부

音 fǒu 일 フ, フウ, ほとぎ
영 barrel

① 양병 부, 장군 부(大腹斂口, 盎). ② 질장구 부(鼓以節歌).【撲과 같음】

缶器(부기 fǒuqì) 배가 넓고 아가리가 좁게 된 질그릇.

缺 이지러질/빠질 결

缺缺缺缺缺缺缺缺缺

音 quē 일 ケツ, かく
영 broken, miss

① 이지러질 결(器破, 虧). ② 번개 번쩍거릴 결(裂缺電光). ③ 깨어질 결, 이 빠질 결(毁).

書體 小篆 缺 草書 䍃 高校 形聲

缺勤(결근 quēqín) 근무처에 나가지 아니함. ↔ 출근(出勤).
缺損(결손 quēsǔn) ① 모자람. 부족(不足). ② 손해를 봄. 결산상의 손실(損失).
缺乏(결핍 quēfá) 모자람. 부족(不足).

함.
缺陷(결함 quēxiàn) 흠이 있어 완전하지 못함. 불비(不備).
缺畫(결획 quēhuà) 글자의 획(畫)을 생략하고 씀. 부모나 귀인(貴人)의 이름을 한자로 쓸 때 송구스러워 그 한자의 획을 생략하고 쓰는 일.

▶ 補缺(보결)·殘缺(잔결)·出缺(출결).

缶 18 24 罐 물동이 관

음 guàn 일 カン, ほとぎ, かん
영 jar, can

① 물동이 관(汲器). ② 양철통 관(洋筒).

网, 罒, 罓 部

그물 망

网 3 8 罔 없을 망

冂 冋 冈 罒 罔 罔 罔 罔

음 wǎng 일 ボウ, モウ, あみ, ない
영 net, not

① 없을 망(無). ② 속일 망(誣). ③ 맺을 망(結). ④ 그물 망(羅致). ⑤ 흐릴 망(無知).

書體 篆文 罔 草書 罔 高校 形聲

罔極(망극 wǎngjí) ① 어버이의 은혜가 그지 없음. ② 망극지통(罔極之痛)의 약어.
罔極之恩(망극지은 wǎngjízhīēn) 다함이 없는 부모님의 큰 은혜.
罔極之痛(망극지통 wǎngjízhītòng) 한없는 슬픔. 어버이나 임금의 상사(喪事)에 쓰는 말.
罔民(망민 wǎngmín) 국민을 속임.
罔赦之罪(망사지죄 wǎngshèzhīzuì) 용서할 수 없는 큰 죄.
罔疏(망소 wǎngshū) ① 그물코가 성김. ② 법규(法規)가 엄하지 않음. 법규(法規)에 유루(遺漏)된 점이 있음. 망소(網疏).
罔夜(망야 wǎngyè) 밤을 새움.
罔然(망연 wǎngrán) ① 마음이 황홀한 모양. 정신이 흐리멍덩한 모양. ② 피곤하여 지친 모양. 망망(罔罔). 망연(惘然).
罔晝夜(망주야 wǎngzhòuyè) 밤낮 없이 부지런히 일함.
罔知所措(망지소조 wǎngzhīsuǒcuò) 어찌할 바를 모름. 허둥지둥함.
罔測(망측 wǎngcè) 이치에 맞지 않아 헤아릴 수 없음.

网 8 13 罪 허물 죄:

罪 罪 罪 罪 罪 罪 罪 罪 罪 罪

음 zuì 일 ザイ, つみ, とが
영 crime, sin

① 허물 죄, 죄줄 죄(罰惡). ② 고기그물 죄(魚罔).

書體 小篆 罪 草書 罪 中學 形聲

罪目(죄목 zuìmù) 범죄 사실의 명목(名目).
罪悚(죄송 zuìsǒng) 죄스럽고 황송함.
罪迹(죄적 zuìjì) 범죄의 자취.
罪重罰輕(죄중벌경 zuìzhòngfáqīng) 죄는 크고 무거운데 비하여 형벌(刑罰)은 가벼움.
罪責(죄책 zuìzé) ① 범죄상의 책임. ② 죄벌(罪罰).

▶ 姦淫罪(간음죄)·輕罪(경죄)·功罪(공죄)·落胎罪(낙태죄)·濫用罪(남용죄)·賂物

罪(뇌물죄)·斷罪(단죄)·免罪(면죄)·侮辱罪(모욕죄)·無罪(무죄)·叛亂罪(반란죄)·犯罪(범죄)·私罪(사죄)·謝罪(사죄)·赦罪(사죄)·殺人罪(살인죄)·性犯罪(성범죄)·贖罪(속죄)·受贓罪(수재죄)·餘罪(여죄)·原罪(원죄)·寃罪(원죄)·怨罪(원죄)·違反罪(위반죄)·僞造罪(위조죄)·陰謀罪(음모죄)·竊盜罪(절도죄)·重罪(중죄)·親告罪(친고죄)·侵入罪(침입죄)·毀損罪(훼손죄).

置 둘[措] 치:

置置置置置置置置置置

음 zhì 일 チ, おく 영 put

① 베풀 **치**(設). ② 버릴 **치**(棄). ③ 역말 **치**(關驛). ④ 둘[措] **치**, 안치할 **치**(安止).

書體 小篆 草書 高校 形聲

置簿(치부 zhìbù) ① 금전이나 물품의 출납(出納)을 기록함. ② 치부책(置簿冊)의 준말.
置中(치중 zhìzhōng) ① 가운데나 중앙에다 둠. ② 바둑 둘 적에 한복판에나 한가운데에 또는 에워싼 중앙에다 한 점을 놓음.
置重(치중 zhìzhòng) 어떠한 곳에 중점을 둠. 어떤 일에 정신을 모아서 씀.
置之度外(치지도외 zhìzhīdùwài) 내버려 두고 문제도 삼지 않음. 도외시(度外視)하여 내버려 둠.
置換(치환 zhìhuàn) 바꾸어 놓음.

▶ 監置(감치)·警報裝置(경보장치)·拘置(구치)·代置(대치)·倒置(도치)·放置(방치)·配置(배치)·非常措置(비상조치)·備置(비치)·設置(설치)·安全裝置(안전장치)·安置(안치)·領置(영치)·豫置(예치)·留置(유치)·應急措置(응급조치)·裝置(장치)·措置(조치)·存置(존치)·且置(차치)·處置(처치).

罰 벌줄/벌할 벌

罰罰罰罰罰罰罰罰罰罰

음 fá 일 バツ, つみ 영 punish

① 벌줄 **벌**(小辠賞之對). ② 벌 받을 **벌**(天罰, 處罰). ③ 꾸짖을 **벌**(罰責).

書體 小篆 草書 高校 會意

罰金(벌금 fájīn) ① 징계하여 벌로 받는 돈. 벌로서 내는 돈. ② 벌금형(罰金刑)의 약어.
罰杯(벌배 fábēi) 술좌석에서 주령(酒令)을 어겨서 벌로 주는 술잔.
罰酒(벌주 fájiǔ) 벌로 먹이는 술. 벌배(罰杯).
罰責(벌책 fázé) ① 처벌하여 꾸짖음. ② 꾸짖어 가볍게 벌함.
罰則(벌칙 fázé) 죄를 범한 자를 처벌하는 규칙.

▶ 賞罰(상벌)·信賞必罰(신상필벌)·嚴罰(엄벌)·罪罰(죄벌)·重罰(중벌)·懲罰(징벌)·處罰(처벌)·天罰(천벌)·體罰(체벌)·刑罰(형벌).

署 관청/마을 서:

署署署署署署署署署署

음 shǔ 일 ショ, つかさ
영 public office

① 쓸 서(書). ② 마을 서, 관청 서(官舍). ③ 그물칠 서(羅絡). ④ 둘 서(置). ⑤ 대신일볼 서(署理).

書體 小篆 [圖] 草書 [圖] (高校) 形聲

署理(서리 shǔlǐ)《制》결원(缺員)이 있을 때 다른 사람이 직무를 대리함. 또는 그 사람.

署名(서명 shǔmíng) ① 서류 따위의 책임을 밝히기 위하여 직접 이름을 적어 넣음. ② 성명(姓名)을 기록함.

▶ 警察署(경찰서)·官公署(관공서)·本署(본서)·部署(부서)·秘書(비서)·連署(연서)·自署(자서)·支署(지서)·親署(친서).

罵 꾸짖을 매:
网 10 ⑤

🔊 mà 🔊 バ, ののしる
🔊 scold, curse

꾸짖을 매(惡言, 罵).

罵倒(매도 màdǎo) 몹시 꾸짖어 욕함.
罵辱(매욕 màrǔ) 꾸짖어 욕하여 창피하게 함. 후욕(詬辱).

罷 파할 파:
网 10 ⑤

罷 罷 罷 罷 罷 罷 罷 罷 罷

🔊 bà 🔊 ハイ, ヒ, 🔊 やめる stop

1 ① 느른할 피, 고달플 피(困極). ② 잔병 피(罷癃). **2** ① 그칠 피(止). ② 귀양보낼 패(遣囚). ③ 아비 패(閩人呼父曰郎罷). **3** ① 파할 파(休). ② 내칠 파(廢黜).

書體 小篆 [圖] 草書 [圖] (高校) 會意

罷免(파면 bàmiǎn) 직무(職務)를 그만두게 함. 면직(免職)시킴.
罷意(파의 bàyì) 하려던 의사를 버림. 단념(斷念).
罷議(파의 bàyì) 의논(議論)하던 것을 그만 둠.

▶ 草罷(혁파).

羅 걸릴 리
网 11 ⑥

🔊 lí 🔊 リ, かかる 🔊 be taken

① 만날 리(遭). ② 근심할 리(憂). ③ 걸릴 리(離).

羅難(이난 línán) = 이재(羅災).
羅病(이병 líbìng) 병에 걸림.
羅災(이재 lízāi) 재해(災害)를 입음. 재앙에 걸림. 이액(羅厄).
羅禍(이화 líhuò) 재앙에 걸림. 피해를 입음.

羅 벌릴 라
网 14 ⑲

羅 羅 羅 羅 羅 羅 羅 羅 羅

🔊 luó 🔊 ラ, うすぎぬ
🔊 silk, spread

① 새그물 라(鳥罟). ② 깁 라(綺縠). ③ 벌 라, 벌릴 라(列). ④ 지남철 라(羅針盤).

書體 小篆 [圖] 草書 [圖] (高校) 會意

羅紗(나사 luóshā) 포르투갈어(語) raxa의 음역(音譯). 서양에서 전래한 모직물(毛織物).
羅星(나성 luóxīng) 줄지어 빛나는 별.
羅列(나열 luóliè) ① 죽 벌여 놓음. ② 죽 열(列)을 지음.
羅卒(나졸 luózú) ① 순찰(巡察)을 도는 병졸(兵卒). ② 《國》지방관청에 딸렸던 사령(使令) 따위.
羅針盤(나침반 luózhēnpán)《物》반(盤)의 중앙에 자석을 비치(備置)하여 방위(方位)를 아는 기계. 나침의(羅針儀).
羅漢(나한 luóhàn)《佛》아라한(阿羅漢)의 약어. 소승불교(小乘佛敎)에

있어서 최상급의 수행자(修行者)로서 공덕이 구비한 학자의 칭호.

▶綺羅星(기라성)·大紋羅(대문라)·綾羅(능라)·網羅(망라)·般若波羅蜜(반야바라밀)·紗羅(사라)·森羅萬象(삼라만상)·生兜羅(생두라)·修羅(수라)·熟兜羅(숙향라)·新羅(신라)·阿修羅國(아수라장)·六波羅蜜(육바라밀)·紵兜羅(저향라)·青羅(청라)·總網羅(총망라)·兜羅(향라)·紅羅(홍라).

网 19 ④ 羈 굴레 기

🔊 jī 🇯🇵 キ, きずな 🇬🇧 bridle
① 말굴레 기(馬絆勒). ② 북상투 기(髻). ③ 구속받을 기, 절제할 기(羈絆).
羈束(기속 jīshù) 얽어매어 묶음.

羊 部
양 양

羊 ⁰⁶ 羊 양 양

丶 丷 亠 亠 羊 羊

🔊 yáng 🇯🇵 ヨウ, ひつじ 🇬🇧 sheep
① 양 양(柔毛畜). ② 노닐 양(游). ③ 상양새 양(商羊, 一足鳥).

書體 小篆 羊 草書 𦍌 中學 象形

羊頭狗肉(양두구육 yángtóugǒuròu) 양의 머리를 내걸어 놓고 개고기를 팖. 《喩》표면에 내세우는 것과 실물(實物)이 일치하지 않음. 또는 선전(宣傳)과 내용이 일치하지 않음.
羊酪(양락 yánglào) 양의 젖.
羊腸(양장 yángcháng) ① 양의 창자.

② 양의 창자 모양으로 구불구불 구부러진 산길.
羊質虎皮(양질호피 yángzhìhǔpí) 알맹이는 양(羊)이고 외피(外皮)는 호랑이. 《喩》겉축은 훌륭하나 실속이 없음을 일컫는 말.

▶緬羊(면양)·牧羊(목양)·白羊(백양).

羊 ⁰⁷ 羋 양 양

【羊(前條)의 본자】

羊 ³⁹ 美 아름다울 미(ː)

美 美 美 美 美 美 美 美 美

🔊 měi 🇯🇵 ビ, ミ, よい, うつくしい 🇬🇧 good, beauty

① 아름다울 미(嘉). ② 예쁠 미, 좋을 미(好). ③ 맛날 미(甘).

書體 小篆 美 草書 美 中學 會意

美感(미감 měigǎn) 사물의 아름다움에 대한 쾌감이나 그 감각. 미각(美覺).
美德(미덕 měidé) 아름다운 덕(德). 훌륭한 행위. 아름답고 갸륵한 덕행(德行).
美弗(미불 měifú) 미국의 화폐(貨幣) 단위(單位)인 달러. 미화(美貨).
美辭麗句(미사여구 měicílìjù) 아름다운 말과 훌륭한 글귀.
美容(미용 měiróng) ① 아름다운 얼굴. 미모(美貌). ② 용자(容姿)를 아름답게 함.
美人計(미인계 měirénjì) 미인을 미끼로 하는 계교.
美風(미풍 měifēng) 좋은 풍속. 미속(美俗).

▶甘美(감미)·古典美(고전미)·歐美(구미)·對美(대미)·渡美(도미)·反美(반미)·訪

美(방미)·不美(불미)·審美眼(심미안)·優美(우미)·自然美(자연미)·絶世美人(절세미인)·駐美(주미)·眞善美(진선미)·讚美(찬미)·歎美(탄미)·眈美(탐미)·八方美人(팔방미인)

羞 부끄러울 수
부수 5 / 총 11획

음 xiū 일 シュウ, はじる
영 shame, shy

① 부끄러울 수(恥). ② 음식 수(庶羞, 滋味).

羞愧(수괴 xiūkuì) =수치(羞恥).
羞澁疑阻(수삽의조 xiūsèyízǔ) 마음에 부끄러워 주저주저함. 부끄러움으로 주저하여 단행하지 못함.
羞色(수색 xiūsè) 부끄러워하는 빛.
羞惡之心(수오지심 xiū'èzhīxīn) 불의(不義)를 부끄러워하고 불선(不善)을 미워하는 마음.
羞辱(수욕 xiūrǔ) 부끄러움. 부끄럽고 욕되는 일. 치욕(恥辱).
羞恥(수치 xiūchī) 부끄러움. 수괴(羞愧).

群 무리 군
부수 7 / 총 13획

群群群尹君君君群群群

음 qún 일 グン, むれ
영 crowd, flock

① 무리 군(輩). ② 벗 군(朋友). ③ 많을 군(衆). ④ 떼 군(隊). ⑤ 모을 군(聚).

書體: 篆文 隸書 草書 *群* (高校) 形聲

群輕折軸(군경절축 qúnqīngzhézhóu) 아무리 가벼운 것이라도 많이 모이면 차축(車軸)이라도 꺾을 수 있음. 《喩》아무리 적은 힘이라도 단결하여 일치협력(一致協力)하면 강적(強敵)에 대항할 수 있음.
群鷄一鶴(군계일학 qúnjīyīhè) =계

군일학(鷄群一鶴).
群島(군도 qúndǎo) ① 서로 가까이 모여 있는 많은 섬들. ② 해양 중 어느 일정 해역(海域) 내에 있는 많은 섬들의 총칭.
群落(군락 qúnluò) ① 많은 부락(部落). 취락(聚落). ②《植》식물생태학상의 용어. 같은 자연 환경에서 자라는 식물군(植物群).
群盲撫象(군맹무상 qúnmángfǔxiàng) 많은 소경이 코끼리 몸을 더듬어 만져보고 자기가 만진 부분에 의하여 각각 코끼리가 어떻게 생겼다고 말하는 것.《喩》범인(凡人)들은 대사업이나 대인물의 일부 밖에 알지 못함. 우인(愚人)은 자기 주관에만 의하여 좁은 편견으로 대사(大事)를 그릇 판단함.
群雄割據(군웅할거 qúnxiónggējū) 많은 영웅들이 각각 한 지방에 웅거(雄據)하여 세력을 다투는 것.
群衆心理(군중심리 qúnzhōngxīnlǐ)《心》많은 사람이 모여 있을 때 개개인의 평상적 심리를 초월하여 발생하는 특이한 심리. 곧 남의 언동에 덩달아 이성(理性)보다 감정, 건설보다 파괴에 흐르며, 방해물이 있다면 흥분·잔인하게 되고, 방해물이 없다면 과장·방일(放逸)·무책임하게 되는 심리. 군집심리(群集心理).

▶ 拔群(발군)·語群(어군)·魚群(어군)·職群(직군)·學群(학군).

羨 부러워할 선:
부수 7 / 총 13획

1 음 xiàn 일 セン, うらやむ
영 envy 2 음 エン, 영 covet

1 ① 부러워할 선(貪慕). ② 넉넉할 선(餘分). ③ 넘칠 선(溢). ④ 길 선(長).
2 광중 길 선(墓道, 埏).

羨望(선망 xiànwàng) 부러워함.

羨慕(선모 xiànmù) 부러워하고 사모함. 흠선(欽羨).

義 옳을 의:

義義義義義義義義義

音 yì 日 ギ, よい, よろしい 英 right

① 옳을 의(由仁得宜). ② 의리 의(人所可行道理). ③ 뜻 의(意味).【誼와 같음】

書體 小篆 義 小篆 義 草書 義 中學 會意

義擧(의거 yìjǔ) 정의(正義)를 위하여 일을 일으킴.
義奮(의분 yìfèn) 정의를 위하여 분발함.
義憤(의분 yìfèn) 정의(正義)를 위한 분노(憤怒).
義士(의사 yìshì) ① 절의(節義)를 지키는 사람. ② 재물을 보시(布施)하는 사람.
義捐(의연 yìjuān) 자선사업(慈善事業) 등을 위하여 금품(金品)을 기부함.
義絶(의절 yìjué) ① 군신(君臣)·어버이와 자식·형제(兄弟) 등의 인연을 끊음. ② 의리(義理)를 위하여 연고(緣故) 관계를 끊음.
義俠(의협 yìxiá) 정의를 위하여 강자를 누르고 약자를 도와주는 것. 임협(任俠).

▶ 講義(강의)·廣義(광의)·敎義(교의)·論義(논의)·大義(대의)·德義(덕의)·道義(도의)·問義(문의)·不義(불의)·釋義(석의)·信義(신의)·禮義(예의)·奧義(오의)·意義(의의)·異義(이의)·仁義(인의)·字義(자의)·絶義(절의)·正義(정의)·定義(정의)·眞義(진의)·忠義(충의)·解義(해의)·狹義(협의).

羽 部

깃 우

羽 깃 우:

羽羽羽羽羽羽

音 yǔ 日 ウ, はね 英 feather, wing

① 깃 우(鳥翅). ② 우성 우(五音之一). ③ 펼 우(舒). ④ 모을 우(聚).

書體 小篆 羽 草書 羽 高校 象形

羽鱗(우린 yǔlín) 새와 물고기. 조류(鳥類)와 어류(魚類). 조어(鳥魚).
羽毛(우모 yǔmáo) ① 새의 깃. ② 새의 깃과 짐승의 털.
羽書(우서 yǔshū) 지급(至急)히 군인을 징집(徵集)하려 할 때 사용하는 새[鳥]깃을 붙인 격문(檄文). 우격(羽檄).
羽扇(우선 yǔshàn) 새의 깃으로 만든 부채.
羽聲(우성 yǔshēng) 오음(五音)〈궁(宮)·상(商)·각(角)·치(徵)·우(羽)〉의 하나.
羽翼(우익 yǔyì) ① 새의 날개. ② 새의 날개처럼 좌우에서 보좌(輔佐)하는 것. 또는 보좌(輔佐)하는 사람.
羽化(우화 yǔhuà) ① 곤충의 번데기가 변태(變態)하여 날개가 생기면서 성충(成蟲)이 되는 것. ② 날개가 돋은 선인(仙人)이 되어 하늘을 날음.
羽化登仙(우화등선 yǔhuàdēngxiān) 사람이 몸에 날개가 생겨 하늘로 올라가 신선이 됨.

翁 늙은이 옹

翁翁翁翁翁翁翁翁翁翁

翁

🔊 wēng 🇯🇵 オウ, おきな
🔤 old man

① 아비 옹(父). ② 늙은이 옹(老稱). ③ 새 목아래털 옹(鳥頸下毛). ④ 훨훨 날 옹(飛貌).

書體: 小篆 翁 草書 翁 (高校) 形聲

翁姑(옹고 wēnggū) 시아버지와 시어머니.
翁壻(옹서 wēngxù) 장인과 사위.
翁媼(옹온 wēngǎo) 할아버지와 할머니. 노옹(老翁)과 노부(老婦). 옹구(翁嫗).
翁主(옹주 wēngzhǔ) ① 한대(漢代)의 제왕(諸王) 또는 제후의 딸. ② 왕(王)의 서녀(庶女). ③ 조선 중엽 이전의 왕의 서녀(庶女) 및 세자빈(世子嬪) 이외의 임금의 며느리.

▶ 老翁(노옹)·白頭翁(백두옹)·不倒翁(부도옹)·塞翁(새옹)·漁翁(어옹).

翠

푸를/물총새 취:

【翠(羽부8획)와 같음】

翊

도울 익

🔊 yì 🇯🇵 ヨク, たすける 🔤 help

① 도울 익(輔). ② 공경할 익(敬). ③ 날 익(飛貌). ④ 고을 이름 익(馬翊).

翊戴(익대 yìdài) 군주(君主)로 봉대(奉戴)하여 돕고 공경함. 익대(翼戴).
翊成(익성 yìchéng) 도와주어 이루게 함.

翌

다음날 익

🔊 yì 🇯🇵 ヨク, あくるひ 🔤 next day

다음날 익, 이튿날 익, 밝는 날 익(明日).

翊戴(익대 yìdài) 군주(君主)로 봉대(奉戴)하여 돕고 공경함. 익대(翼戴).
翌年(익년 yìnián) 이듬해.
翌夜(익야 yìyè) 다음날 밤. 이튿날 밤.
翌月(익월 yìyuè) 다음달.
翌日(익일 yìrì) 다음날. 이튿날. 명일(明日).
翌朝(익조 yìzhāo) 이튿날 아침.
翌曉(익효 yìxiǎo) 이튿날 새벽.

習

익힐 습

習 習 習 習 習 習 習 習 習

🔊 xí 🇯🇵 シュウ, ならう
🔤 exercise, train

① 날기 익힐 습(學習鳥數飛). ② 거듭 습(重) ③ 익을 습(慣). ④ 가까이할 습(近習狎). ⑤ 슬슬 불 습(和舒貌).

書體: 小篆 習 草書 習 (中學) 會意

習讀(습독 xídú) 글을 익혀 읽음.
習癖(습벽 xípǐ) 버릇. 습관에 의하여 아주 몸에 젖은 버릇.
習俗(습속 xísú) 옛부터 내려온 습관(習慣)들이 생활화된 풍속(風俗). 세상의 일반적인 관습(慣習).
習染(습염 xírǎn) 버릇이 됨.

▶ 講習(강습)·見習(견습)·慣習(관습)·敎習(교습)·舊習(구습)·獨習(독습)·補習(보습)·復習(복습)·常習(상습)·修習(수습)·時習(시습)·惡習(악습)·業習(업습)·練習(연습)·演習(연습)·豫習(예습)·溫習(온습)·因習(인습)·傳習(전습)·風習(풍습)·學習(학습).

翔

날[飛] 상

🔊 xiáng 🇯🇵 ショウ, かける
🔤 flight, soar

① 뺑 돌아날 상(翱翔, 回飛). ② 엄숙할 상(莊敬貌).

翔空(상공 xiángkōng) 하늘로 날아다

님.

翔禽(상금 xiángqín) 공중을 나는 새.

▶ 飛翔(비상).

翠 푸를/물총새 취:
羽 8 ⑭

중 cuì 일 スイ, みどり 영 green

① 비취 취(青羽雀). ② 비취석 취(翡翠石). ③ 산기운 취(翠微, 山氣). ④ 푸를 취(翠色, 翠蛾).

翠空(취공 cuìkōng) 푸른 하늘.
翠光(취광 cuìguāng) 푸른 빛.
翠色(취색 cuìsè) 남색과 푸른색의 중간 빛. 비취빛. 창색(蒼色).
翠松(취송 cuìsōng) 푸르게 무성한 소나무. 창송(蒼松).
翠煙(취연 cuìyān) ① 푸른 연기. ② 멀리 보이는 푸른 숲에 낀 안개.
翠竹(취죽 cuìzhú) 푸른 대.

▶ 翡翠(비취).

翡 비취/물총새 비:
羽 8 ⑭

중 fěi 일 ヒ, かわせみ
영 kingfisher

① 비취 비(赤羽雀). ② 옥 이름 비(翡翠).

翡色(비색 fěisè) 고려 때의 청자기(青瓷器)의 빛깔.
翡翠(비취 fěicuì) ① 새의 이름. 물총새. ② 자주호반새와 물총새의 명칭. ③《鑛》짙은 초록색을 띤 보석의 일종. 장신구·장식품으로 소중히 쓰임. ④ 짙은 초록색을 띠어 아름다운 것.

翰 편지 한:
羽 10 ⑯

① ② ⑧ 중 カン, 일 ふで 영 letter
③-⑧ 중 hàn 일 ふみ, ふで 영 pen

① 날개 한(羽). ② 줄기 한(幹). ③ 하늘 닭 한(天鷄赤羽). ④ 날 한(飛). ⑤ 붓 한(筆). ⑥ 흰말 한(白色馬). ⑦ 글 한, 편지 한(書詞). ⑧ 벼슬 이름 한(官名, 翰林).

翰林(한림 hànlín) ① 학자들. 문인(文人)들. 또는 그들의 사회나 단체의 일컬음. 한화(翰花). 사단(詞壇). 문원(文苑).
翰墨(한묵 hànmò) 붓과 먹.《轉》문학(文學).
翰音(한음 hànyīn) ① 높이 날아가면서 울음.《喩》실력(實力)이 상부(相副)하지 않고 명성이 높아감.
翰藻(한조 hànzǎo) 시문(詩文). 문장·문조(文藻).
翰札(한찰 hànzhá) 편지. 찰한(札翰). 간찰(簡札). 필찰(筆札).

▶ 公翰(공한)·書翰(서한).

翻 번역할/날 번
羽 12 ⑱

중 fān 일 ヘン, ハン, ひるがえる
영 flutter, wave

① 번득일 번, 날 번(飛). ② 엎치락뒤치락 할 번(反覆).【飜은 속자】

翻刻(번각 fānkè) 원본대로 다시 제판(製版)하여 출판함.
翻倒(번도 fāndǎo) 거꾸로 됨. 거꾸로 함.
翻弄(번롱 fānnòng) 마음대로 희롱함. 제멋대로 놀림.
翻覆(번복 fānfù) 뒤엎음. 뒤엎음.
翻案(번안 fān'àn) ① 먼저 사람이 만든 안건을 뒤엎음. ② 옛사람의 시문(詩文)을 원안(原案)으로 하여 이리저리 고침. ③ 외국의 문예작품(文藝作品)을 줄거리는 그대로 두고 인정(人情)·풍속(風俗)·지명(地名)·인명(人名) 등만 자기 나라의 것으로 고침.
翻繹(번역 fānyì) 그 뜻을 미루어 넓

혀 서로 막힘이 없이 통하게 하고 또 사리의 옳고 그름을 논변하여 증명함.

翻譯(번역 fānyì) 한 나라의 말로 표현된 문장을 다른 나라 말로 옮김. 누역(縷譯).

羽 12 ⑱ 翼 날개 익

翼 翼 翼 翼 翼 翼 翼 翼 翼 翼

音 yì 일 ヨク, つばさ 영 wing

① 날개 익(翅). ② 공경할 익(敬). ③ 공손할 익(恭). ④ 도울 익(戴奉). ⑤ 붙들 익(扶). ⑥ 호위할 익(衛). ⑦ 별 이름 익(星名).

書體 小篆 翼 或體 翼 草書 翼 (高校) 形聲

翼戴(익대 yìdài) 임금을 도와 받듦음.
翼亮(익량 yìliàng) 임금을 도와 천하를 다스림.
翼覆嘔煦(익복구후 yìfùōuxù) 날개로 덮어 주고 입김을 불어 따뜻하게 하여 줌. 《轉》 남을 어루만져 사랑함.
翼善(익선 yìshàn) 선(善)한 일을 도와 실행시킴.
翼日(익일 yìrì) 이튿날. 익일(翌日). 명일(明日).

▶ 卵翼(난익)·輔翼(보익)·鵬翼(붕익)·飛翼(비익)·兩翼(양익)·右翼(우익)·羽翼(우익)·左翼(좌익).

羽 14 ⑳ 耀 빛날 요

音 yào 일 ヨウ, かがやく 영 bright

빛날 요(光).
耀德(요덕 yàodé) 덕(德)을 빛나게 함.
耀電(요전 yàodiàn) 번쩍이는 번갯불.

老, 耂 部

늙을 로/늙을로엄

老 ⓪ ⑥ 老 늙을 로:

老 老 耂 耂 老 老

音 lǎo 일 ロウ, としより, おいる 영 old, aged

① 늙을 로(年高). ② 늙은이 로, 늙으신네 로(尊稱). ③ 어른 로(老父, 老長). ④ 익숙할 로(熟練, 老練). ⑤ 쭈그러질 로(疲也), 衰).

書體 小篆 老 草書 老 (中學) 象形

老姑(노고 lǎogū) 할미.
老德(노덕 lǎodé) 《佛》 늙은 중.
老鈍(노둔 lǎodùn) 늙어서 언행이 둔함.
老少同樂(노소동락 lǎoshǎotónglè) 노소가 같이 즐김.
老翁(노옹 lǎowēng) 늙은 남자. 할아버지. 노수(老叟).
老慾(노욕 lǎoyù) 늙어가면서 생기는 욕심.
老人丈(노인장 lǎorénzhàng) 늙으신네. 노인을 부르는 존칭.
老婆心(노파심 lǎopóxīn) ① 친절(親切)하여 남의 일을 지나치게 걱정하는 마음. 필요 이상의 친절한 마음. ② 의견(意見) 충고(忠告) 따위를 말할 때 자기 마음을 겸손(謙遜)하여 하는 말.
老親(노친 lǎoqīn) 나이 많은 어버이.
老廢物(노폐물 lǎofèiwù) 신진대사의 결과 생긴 불필요한 물건. 배설물 같은 것. 특히 세포조직의 노폐(老廢)로 인하여 분해된 것.
老兄(노형 lǎoxiōng) ① 늙은 형. 나이 지긋한 형. ② 연장(年長)의 친구에 대한 경칭(敬稱). ③ 가깝지 않은 사이에 서로 부르는 말.

老獪(노회 lǎokuài) 노련(老鍊)하고 교활함.

老朽(노후 lǎoxiǔ) 낡아서 못쓰게 됨. 늙어서 소용이 없음. 또는 그 늙다리.

▶ 敬老(경로)·男女老少(남녀노소)·百年偕老(백년해로)·生老病死(생로병사)·養老(양로)·年老(연로)·元老(원로)·長老(장로)·初老(초로)·村老(촌로)·偕老(해로).

考 생각할 고(:)

考考考考考考

음 kǎo 일 コウ, かんがえる 영 think

① 오래 살 고(老). ② 돌아가신 아버지 고(父死稱). ③ 상고할 고(稽). ④ 이룰 고(成). ⑤ 칠 고(擊). ⑥ 마칠 고(終).

書體 小篆 草書 中學 形聲

考古(고고 kǎogǔ) 유물(遺物)·유적(遺跡)에 의하여 옛 일을 연구 고찰함.

考證(고증 kǎozhèng) 옛 문헌을 상고(詳考)하여 증거를 찾아 밝힘.

考察(고찰 kǎochá) ① 상고(詳考)하여 조사함. 생각하여 분명히 앎. ② 《中》 조사함. 시찰함.

▶ 檢定考試(검정고시)·國家考試(국가고시)·模擬考査(모의고사)·本考査(본고사)·思考(사고)·小考(소고)·熟考(숙고)·深思熟考(심사숙고)·聯合考査(연합고사)·豫備考査(예비고사)·長考(장고)·再考(재고)·中間考査(중간고사)·參考(참고)·學力考査(학력고사).

耆 늙을 기

1 음 qí 일 キ, としより 영 old man
2 일 シ

1 ① 늙은이 기(老). ② 스승 기(師傅).
③ 말 등 닮을 기(瘠耆, 馬脊創瘢). ④ 어른 기(長). 2 이를 지(致).

耆耈(기구 qígǒu) 늙은이. 노인. 〈耆는 60세, 耈는 90세〉.

耆年(기년 qínián) 60이 넘은 나이. 노인.

耆老(기로 qílǎo) 연로한 사람. 또는 늙다리. 〈耆는 60세. 老는 70세〉. 기모(耆耄).

耆蒙(기몽 qíméng) 늙은이와 어린이. 노유(老幼).

者 사람/놈 자

者者者者者者者者

음 zhě 일 シャ, もの 영 (this)one

① 놈 자, 것 자(即物之辭). ② 이 자(此). ③ 어조사 자(語助辭).

書體 小篆 草書 中學 會意

▶ 間者(간자)·記者(기자)·勞動者(노동자)·使者(사자)·作者(작자)·長者(장자)·弟者(제자)·尊者(존자)·主催者(주모자)·知者(지자)·讒者(첩자)·治者(치자)·筆者(필자)·學者(학자)·患者(환자).

耈 늙은이 구

음 gǒu 일 コウ, ク, としより
영 old man

늙은이 구(老耈).

耈老(구로 gǒulǎo) 늙은이. 90세 노인.

耈長(구장 gǒucháng) 나이가 지긋해 보이는 사람.

목숨 수

【壽(士부11획)의 고자】

而 部

말 이을 **이**

而 말이을/어조사 **이**

而而而而而而

음 ér 일 ジ, ニ, しかして 영 and
① 어조사 **이**(語助辭). ② 너 **이**(汝).
③ 말 이을 **이**, 또 **이**(承上起下辭因是辭抑又辭). ④ 에 **이**(於). ⑤ 같을 **이**(如). ⑥ 이에 **이**(乃).

書體 小篆 而 草書 而 中學 象形

而今以後(이금이후 érjīnyǐhòu)자금 이후(自今以後).
而立(이립 érlì) 30세의 일컬음.
而後(이후 érhòu) 지금부터. 지금부터 다음으로.

▶ 似而非(사이비)·形而上學(형이상학).

耐 견딜 **내:**

耐耐耐耐耐耐耐耐耐

음 nài 일 ダイ, ナイ, たえる
영 bear, endure

참을 **내**, 견딜 **내**(忍).

書體 草書 耐 高校 會意

耐久(내구 nàijiǔ) 오래 견디어 냄.
耐忍(내인 nàirěn) 참고 견딤. 어려운 일을 꾹 참음.
耐爆(내폭 nàibào) 특별하게 지은 건물이 폭탄을 맞아도 부서지지 않고, 능히 견디어 냄.
耐乏(내핍 nàifá) 궁핍(窮乏)함을 참고 견딤.

耐火構造(내화구조 nàihuǒgòuzào) 불에 견딜힘이 있도록 한 건물(建物)의 구조(構造).
耐火粘土(내화점토 nàihuǒzhāntǔ) 도자기 가마를 만들 때 쓰는 흙.

▶ 堪耐(감내)·忍耐(인내)·超耐熱(초내열).

耒 部

쟁기 **뢰**

耒 쟁기 **뢰**

음 lěi, lèi 일 ライ, ルイ, すき
영 plough

쟁기 **뢰**, 굽정이 **뢰**, 훌청이 **뢰**(手耕曲木).

耒耨(뇌누 lěinòu) 쟁기로 갈고 풀을 벰. 운경(耘耕).
耒耜(뇌사 lěisì) 쟁기. 농기구(農器具)의 하나. 〈耜는 쟁기날. 耒는 그 자루〉. 뇌삽(耒鍤).

耒 올 **래(:)**

【來(人부6획)의 약자】

耕 밭갈 **경**

耕耕耕耕耕耕耕耕耕耕

음 gēng 일 コウ, たがやす
영 cultivate

갈 **경**, 호리질할 **경**, 겨리질할 **경**(犂田).
【畊과 같음】

書體 小篆 耕 草書 耕 中學 形聲

耕墾(경간 gēngkěn) 논이나 밭을 개간하여 가는 것.
耕當問奴(경당문노 gēngdāngwènnú) 농사일은 머슴에게 묻는 것이 좋음.《喻》무슨 일이나 전문으로 하는 사람에게 물어 보는 것이 좋다는 뜻.
耕田鑿井(경전착정 gēngtiánzáojǐng) 국민들이 생업(生業)을 즐겨 평화로이 지냄을 일컫는 말.

▶ 農耕(농경)·深耕(심경)·牛耕(우경)·秋耕(추경)·筆耕(필경)·火耕(화경).

耒 4 ⑩ 耗 소모할 모

음 hào 일 ボウ, モウ, へる, ついやす 영 waste, consume

1 ① 빌 모(虛). ② 감할 모, 덜릴 모(減). ③ 어지러울 모(亂). ④ 다할 모(盡). **2** 호. 뜻은 **1**과 같음.

耗竭(모갈 hàojié) 닳아 없어짐.
耗減(모감 hàojiǎn) 줄어짐. 모손(耗損).
耗損(모손 hàosǔn) 줄어듦. 써서 해지거나 닳음.
耗土(모토 hàotǔ) 메마른 땅. 척토(瘠土).

耳 部
귀 이

耳 0 ⑥ 耳 귀 이:

耳 耳 耳 耳 耳 耳

음 ěr 일 ジ, みみ 영 ear

① 귀 이(主聽). ② 조자리 이(凡附於兩旁如人耳者亦曰耳). ③ 말 그칠 이,

뿐 이(語決辭). ④ 홀부들할 이(耳耳. 柔從). ⑤ 성할 이(盛). ⑥ 여덟 대 손자 이(八代孫).

書體 小篆 耳 草書 ろ 中學 象形

耳聾(이롱 ěrlóng) 귀가 먹어 들리지 않음. 귀머거리.
耳鳴症(이명증 ěrmíngzhèng)《醫》귀에서 소리가 나는 병.
耳目口鼻(이목구비 ěrmùkǒubí) 귀·눈·입·코.
耳聞目見(이문목견 ěrwénmùjiàn) 귀로 듣고 눈으로 봄. 곧 실지(實地)로 경험(經驗)함.
耳孫(이손 ěrsūn) ① 자기로부터 6대째의 손자. 현손(玄孫)의 아들. ② 원손(遠孫). 잉손(仍孫).
耳順(이순 ěrshùn) 60세. 공자가 60세가 되어서, 천지만물(天地萬物)의 이치에 통달하고, 사려(思慮)와 판단이 성숙(成熟)하여 남이 하는 말을 들으면 듣는 것에 따라서 이해가 되었다는 데서 이와 같이 일컬음.
耳懸鈴鼻懸鈴(이현령비현령 ěrxuánlíngbíxuánlíng)《國》귀에 걸면 귀걸이, 코에 걸면 코걸이.《轉》㉠ 정해 놓은 것이 아니고 둘러 댈 탓이라는 뜻. ㉡ 하나의 사물이 두 쪽에 관련되어 어느 한 쪽으로 결정짓기가 어렵다는 뜻.

▶ 內耳(내이)·木耳(목이)·外耳(외이)·耳耳(이이)·中耳(중이).

耳 3 ⑨ 耶 어조사 야

耶 耶 耶 耶 耶 耶 耶 耶 耶

음 yé, yē 일 ヤ, ジャ, か, や 영 particle

① 어조사 야(語助辭). ② 그런가 야(疑辭).

書體 草書 彷 高校 形聲

耶蘇敎(야소교 yēsūjiào)《宗》예수교, 기독교.

耳 4 ⑩ 耽 즐길 탐

音 dān 日 タン, たのしむ
英 pleasure

① 귀 축처질 탐(耳大而垂). ② 즐길 탐(過樂). ③ 웅크리고 볼 탐(虎視貌). ④ 즐거울 탐(樂). ⑤ 깊고 멀 탐(深遠). ⑥ 그릇될 탐(耽誤).

耽溺(탐닉 dānnì) 어떤 일을 몹시 즐겨하여 거기에 빠짐. 주색잡기(酒色雜氣)에 빠짐. 탐음(耽淫).

耽讀(탐독 dāndú) 책을 즐겨 읽음. 어떤 책을 유달리 즐겨 읽음.

耽美(탐미 dānměi) 미를 추구하여 거기에 빠짐.

耳 7 ⑬ 聖 성인 성:

聖聖耳聖聖聖聖聖聖

音 shèng 日 セイ, ショウ, ひじり
英 saint

① 성인 성(智德過人, 人格最高者). ② 착할 성(睿). ③ 통할 성(通). ④ 지극할 성(至極之稱). ⑤ 잘할 성(其道之長者, 詩聖樂聖). ⑥ 거룩할 성(至聖). ⑦ 임금 성(天子專稱). ⑧ 약주 성(超凡日聖清酒異名).

書體 小篆 聖 草書 聖 (中學) 形聲

聖架(성가 shèngjià)《宗》예수가 못 박힌 십자가.

聖潔(성결 shèngjié) 신성(神聖)하고 깨끗함.

聖經(성경 shèngjīng) ① 성인(聖人)이 지은 책. ②《宗》종교상 신앙(信仰)의 최고법전(最高法典)이 되는 책. 기독교(基督敎)의 신·구약성경(新舊約聖經), 불교(佛敎)의 불경(佛經), 회교(回敎)의 코란(Koran) 등.

聖觀世音(성관세음 shèngguānshìyīn)《佛》모든 관음의 근본이 되는 관음. 상호(相好)가 원만하고 대자비함을 표현하며 보관(寶觀) 가운데에 무량수불(無量壽佛)을 이고 있음.

聖堂(성당 shèngtáng) ① 공자(孔子)를 모신 묘(廟). 문묘(文廟). 성묘(聖廟). ②《宗》㉠ 천주교의 교회당, 또는 천주교회 안에 사제(司祭)가 미사를 올리는 집. ㉡ 기독교의 교회.

聖雄(성웅 shèngxióng) 거룩하리만큼 뛰어난 영웅.

聖人(성인 shèngrén) ① 만세(萬世)의 스승이 될 수 있을 정도로, 지덕(知德)이 뛰어나고 원만(圓滿)한 사람. 성자(聖者). ② 청주(清酌)의 별명. ③ 당(唐) 이래, 임금의 존칭으로 씀. ④《佛》㉠ 지덕(知德)이 뛰어나고 자선심(慈善心)이 깊은 사람. 성자(聖者). ㉡ 훌륭한 중, 상인(上人).

聖地巡禮(성지순례 shèngdìxúnlǐ) 순례자가 성지를 이곳저곳 방문하는 일.

聖餐(성찬 shèngcān)《宗》① 예수와 제자들에 의한 최후의 만찬(晚餐). 예수가 그 만찬에서 빵과 포도주를 들고 "이것은 나의 몸이요, 나의 피니라"라고 말한 것을 유래로, 예수의 피와 살을 상징하는 포도주와 빵을 회중(會衆)에 나누는 기독교의 의식. ② 부처 앞에 올리는 음식.

▶ 詩聖(시성)·神聖(신성)·亞聖(아성)·樂聖(악성)·至聖(지성)·賢聖(현성).

耳 7 ⑬ 聖 성인 성:

【聖(前條)과 같음】

聘 부를/맞을 빙

聘聘聘聘聘聘聘聘聘聘聘

음 pìn 일 ヘイ, めとる
영 marry, wife's

① 사신 보낼 빙(諸侯相問). ② 장가들 빙(娶). ③ 부를 빙(徵召).

書體 小篆 聘 草書 聘 高校 形聲

聘母(빙모 pìnmǔ)《國》아내의 어머니. 장모(丈母). 외고(外姑). 악모(岳母).
聘父(빙부 pìnfù) =장인(丈人).
聘丈(빙장 pìnzhàng) 아내의 아버지. 장인(丈人). 외구(外舅). 악장(岳丈).
聘宅(빙택 pìnzhái)《國》남의 처가에 대한 경칭.

聚 모을 취:

음 cuì 일 シュ, シュウ, あつまる
영 collect, gather

① 모을 취(會). ② 고을 취(邑落居). ③ 걷을 취(聚斂). ④ 쌓을 취(積). ⑤ 많을 취(衆).

聚骨(취골 jùgǔ) 한 가족의 뢰를 한곳에 장사하는 것.
聚落(취락 jùluò) 상호 부조 생활을 목적으로 하는 사람의 집단적 거주지. 〈落은 부락(部落)〉.
聚斂(취렴 jùliǎn) ① 모아 거둠. ② 중세(重稅)를 부과하여 엄하게 받아들이는 것.
聚蚊成雷(취문성뢰 jùwénchéngléi) 모기가 떼지어 나는 소리가 뇌성을 이룸. 《轉》여러 소인(小人)의 무리가 사실을 왜곡(歪曲)하여, 열심히 남의 욕을 함.
聚集(취집 jùjí) 모음. 모임. 집취(集聚).

聰 귀밝을 총

【聰(耳부11획)의 속자】

聞 들을 문(:)

聞聞聞聞聞聞聞聞聞聞聞

① 음 wén 일 ブン, きく 영 hear
②-④ モン, きく

① 들을 문(聽聞, 耳受聲). ② 들릴 문(聲徹). ③ 이름날 문(令聞, 名達). ④ 소문 문(風聞).

書體 小篆 聞 古文 㗴 草書 聞 中學 形聲

聞見(문견 wénjiàn) ① 듣는 것과 보는 것. ② 보고 듣고서 앎.
聞一知十(문일지십 wényīzhīshí) 한 가지를 듣고 열 가지를 미루어 앎.
聞則疾不聞則藥(문즉질불문약 wénzéjíbùwényào)《國》들으면 병이요, 못 들으면 약이다. 《喩》마음에 걸리는 말은 처음부터 듣지 않는 편이 도리어 나음.
聞知(문지 wénzhī) 듣고 앎.
聞風(문풍 wénfēng) 뜬소문을 들음.

▶ 見聞(견문)·寡聞(과문)·今時初聞(금시초문)·博聞(박문)·百聞(백문)·夕刊新聞(석간신문)·所聞(소문)·新聞(신문)·申聞鼓(신문고)·艶聞(염문)·前代未聞(전대미문)·傳聞(전문)·奏聞(주문)·淺聞(천문)·聽聞(청문)·醜聞(추문)·風聞(풍문)·後聞(후문).

聯 연이을/잇달 련

聯聯聯聯聯聯聯聯聯聯聯

음 lián 일 レン, つらなる
영 unite, join

① 연이을 련, 잇닿을 련(相繼不絕). ② 관계할 련(關聯).

自至臼舌舛舟艮色艸虍虫血行衣襾

| 耳 11 ⑰ | 書體 | 小篆 聯 | 草書 | 碎 | 高校 | 會意 |

聯隊(연대 liánduì) 《軍》2개 또는 3개의 대대(大隊)로 된 군대의 한 갈래.

聯立(연립 liánlì) 많은 사물이나 관계 따위가 동시에 아울러 섬.

聯盟(연맹 liánméng) 공동 목적을 위하여 동일한 행동을 취할 것을 맹약하여 이룬 단체.

聯綿(연면 liánmián) 길게 이어져 있는 모양. 연면(連綿).

聯袂(연메 liánmèi) 행동을 같이 하는 것. 연메연(連袂聯).

聯邦(연방 liánbāng) 한 주권국의 내부에 법률 제도를 자유로 정할 수 있는 몇 개의 주체가 있는 나라. 한 주권국을 형성하는 몇 개의 주체가 있어, 주권국의 주권에 저촉되지 않는 범위에서 주권을 갖는 나라. 곧 미국·스위스 따위.

▶ 關聯(관련)·大聯合(대연합)·詩聯(시연)·雙聯(쌍연)·柱聯(주련).

| 耳 11 ⑰ | 聰 | 귀 밝을/총명할 총 |

聰聰聰聰聰聰聰聰聰

🄰 cōng 🄹 ソウ, さとい 🄴 clever

① 귀 밝을 聰(耳聰通察). ② 민첩할 聰(敏捷).

| 書體 | 小篆 聰 | 草書 聰 | 高校 | 形聲 |

聰氣(총기 cōngqì) 《國》총명한 기질 (氣質).

聰明(총명 cōngmíng) ① 슬기롭고 도리에 밝음. ② 눈과 귀가 예민함.

聰明叡智(총명예지 cōngmíngruìzhì) 성인(聖人)이 갖추고 있는 네 가지 덕. 〈聰은 모든 것을 다 들음, 明은 모든 것을 다 봄, 叡는 모든 것에 통달함. 智는 모든 것을 알음〉.

聰智(총지 cōngzhì) 총명하고 지혜가 있음. 총혜(聰慧).

| 耳 11 ⑰ | 聲 | 소리 성 |

聲聲聲聲聲聲聲聲聲聲

🄰 shēng 🄹 セイ, ショウ, こえ 🄴 sound, voice

① 소리 聲(音). ② 풍류 聲(樂). ③ 명예 聲, 기릴 聲(名譽). ④ 소리 들릴 聲(聲敎).

| 書體 | 小篆 聲 | 草書 聲 | 中學 | 形聲 |

聲價(성가 shēngjià) 세상의 좋은 평판(評判). 성명(聲名).

聲東擊西(성동격서 shēngdōngjīxī) 동쪽을 친다고 성언(聲言)하고 실지로는 서쪽을 침. 용병술(用兵術)의 하나.

聲望(성망 shēngwàng) 명성(名聲)과 인망(人望). 좋은 평판. 명망(名望).

聲明書(성명서 shēngmíngshū) ① 성명하는 뜻을 쓴 글. ② 정치·외교·사회 등의 책임자가 신문 따위를 통하여 일반에게 그 견해를 발표하는 글월.

聲聞(성문 shēngwén) ① 명성(名聲). 성예(聲譽). ②《佛》부처의 설법(說法)을 듣고 사제(四諦)의 이치를 깨달아서 아라한(阿羅漢)이 된 불제자(佛弟子).

聲勢(성세 shēngshì) ① 명성과 위세(威勢) ② 음성의 여세(餘勢).

聲討(성토 shēngtǎo) 여러 사람이 모여서 어떤 일의 옳고 그름을 논의함.

▶ 假聲(가성)·去聲(거성)·哭聲(곡성)·怪聲(괴성)·嬌聲(교성)·鬼聲(귀성)·貴金屬聲(금속성)·奇聲(기성)·雷聲(뇌성)·大聲痛哭(대성통곡)·名聲(명성)·美聲(미성)·發聲(발성)·上聲(상성)·放聲大哭(방성대곡)·變聲(변성)·肉聲(육성)·音聲(음성)·異口同聲(이구동성)·入聲(입성)·第一聲(제일성)·終聲(종성)·鐘聲(종성)·中聲(중성)·初聲(초성)·銃聲(총성)·秋聲(추성)·仄聲(측성)·歎

聲(탄성)·平聲(평성)·砲聲(포성)·風聲(풍성)·喊聲(함성)·虛聲(허성)·虛張聲勢(허장성세)·混聲(혼성)·和聲(화성)·擴聲(확성)·歡呼聲(환호성).

職 벼슬/직분 직

耳 12획 ⑱

職 職 職 職 職 耴 聅 聁 職 職

일 ショク, つとめ, しごと
영 employment, work

① 주장할 **직**(主). ② 맡을 **직**, 직분 **직**(執掌). ③ 벼슬 **직**(品秩). ④ 많을 **직**(多). ⑤ 공바칠 **직**(貢). ⑥ 떳떳할 **직**(常). ⑦ 나눌 **직**(分).

書體 小篆 職 草書 後 高校 形聲

職階(직계 zhíjiē) 직분상(職分上)의 계급.
職權(직권 zhíquán) 직무상의 권력.
職能(직능 zhínéng) 직무상의 하는 일. 직무를 수행하는 능력.
職分(직분 zhífēn) 마땅히 다해야 할 본분(本分). 책무(責務).
職業(직업 zhíyè) ① 일. 관직상(官職上)의 일. ② 생계(生計)를 세우기 위하여 종사하는 일. 생업(生業).
職印(직인 zhíyìn) 관직을 나타내는 도장. 또는 직무상 쓰는 도장.
職責(직책 zhízé) 직무(職務)상의 책임(責任).
職銜(직함 zhíxián) 《制》 벼슬의 이름. 관함(官銜).

▶ 兼職(겸직)·公職(공직)·官職(관직)·敎職(교직)·求職(구직)·黨職(당직)·瀆職(독직)·賣職(매직)·免職(면직)·名譽職(명예직)·無職(무직)·補職(보직)·復職(복직)·事務職(사무직)·辭職願(사직원)·聖職(성직)·失職(실직)·要職(요직)·移職(이직)·任職員(임직원)·自由職(자유직)·雜職(잡직)·在職(재직)·前職(전직)·轉職(전직)·定規職(정규직)·停職(정직)·重職(중직)·天職(천직)·賤職(천직)·遷職(천직)·就職(취직)·退職(퇴직)·平生職場(평생직장)·平職員(평직원)·閑職(한직)·閒職(한직)·解職(해직)·顯職(현직)·休職(휴직).

聽 들을 청

耳 16획 ㉒

耵 耵 耵 聑 聑 聽 聽 聽 聽 聽

①-③ 중 tīng 일 テイ, きく
영 listen ④-⑧ 중 チョウ 영 hear

① 들을 **청**(聆). ② 받을 **청**(受). ③ 좇을 **청**(從). ④ 결단할 **청**(斷). ⑤ 꾀할 **청**(謀). ⑥ 기다릴 **청**(待). ⑦ 수소문할 **청**(偵察). ⑧ 맡길 **청**(任).

書體 小篆 聽 草書 聽 中學 形聲

聽覺(청각 tīngjué) 《生》 소리를 듣는 감각. 청감(聽感).
聽講(청강 tīngjiǎng) 강의를 들음.
聽力(청력 tīnglì) 소리를 듣는 능력.
聽聞(청문 tīngwén) ① 들음. ② 《佛》 설교(說敎)를 들음.
聽而不聞(청이불문 tīngérbùwén) ① 아무리 귀를 기울이고 들어도 들리지 않음. 〈聽은 주의하여 들음(listen), 聞은 저절로 들려옴(hear)〉. ② 듣고도 못들은 체함.
聽政(청정 tīngzhèng) 정사(政事)를 듣고 처리함. 정무(政務)를 봄.
聽衆(청중 tīngzhòng) 연설·설교 따위를 듣는 사람들.
聽診器(청진기 tīngzhěnqì) 《醫》 체내의 음향(音響)을 듣고 병의 유무를 진찰하는 기구.
聽取(청취 tīngqǔ) 자세히 들음.
聽許(청허 tīngxǔ) 허락함. 윤허(允許).

▶ 傾聽(경청)·公聽(공청)·難視聽(난시청)·盜聽(도청)·傍聽(방청)·視聽(시청)·視聽覺(시청각)·靜聽(정청)·幻聽(환청).

自至臼舌舛舟艮色艸虍虫血行衣襾　　　　671

耳 16 ②聾 귀먹을 롱

중 lóng 일 ロウ, つんぼ 영 deaf

귀먹을 롱(耳籠無聞).

聾昧(농매 lóngmèi) 사리(事理)에 어두움. 무지(無知)함.
聾盲(농맹 lóngmáng) 귀머거리와 소경.
聾啞(농아 lóngyā) ① 귀머거리와 벙어리. ② 귀머거리인 동시에 벙어리. 농암(聾暗).
聾者(농자 lóngzhě) 귀머거리.
聾昏(농혼 lónghūn) 귀머거리.

聿 部
붓 율/오직 율

聿 ⓪⑥ 聿 붓 율

중 yù 일 イツ, ついに, のべる
영 at last, pen

① 마침내 율, 드디어 율(遂). ② 지을 율(述). ③ 오직 율(惟). ④ 스스로 율(自). ⑤ 좇을 율(循). ⑥ 붓 율(筆).

聿修(율수 yùxiū) 선조의 덕(德)을 사모하여 서술(敍述)함.
聿遵(율준 yùzūn) 지어서 좇음.
聿皇(율황 yùhuáng) 가볍고 빠름. 경질(輕疾).

聿 ⑥⑫ 肅 엄숙할 숙

【肅(聿부7획)의 속자】

聿 ⑦⑬ 肅 엄숙할 숙

肅 肅 肅 肅 肅 肅 肅 肅 肅 肅

중 sù 일 シュク, つつしむ
영 respect

① 공손할 숙(恭). ② 공경할 숙(敬). ③ 나아갈 숙(進). ④ 엄숙할 숙(嚴貌). ⑤ 화한소리 숙(肅肅, 聲). ⑥ 경계할 숙(戒). ⑦ 정제할 숙(整). ⑧ 나라 이름 숙(國名, 肅愼).

書體 小篆 肅 或體 肅 草書 肅 (高校) 會意

肅軍(숙군 sùjūn) ① 군대의 부정(不正)을 바로 잡음. ② 부정(不正)한 군인을 숙정(肅正)함.
肅黨(숙당 sùdǎng) 불순한 당원을 숙청함.
肅拜(숙배 sùbài) ① 삼가 절한다는 뜻으로 윗사람에게 하는 편지 끝에 쓰는 말. ②《制》서울을 떠나 임지(任地)로 가는 관리가 임금께 작별(作別)을 아뢰던 일.
肅白(숙백 sùbái) 삼가 말씀드림. 편지의 첫머리 또는 말미(末尾)에 붙이는 말.
肅然(숙연 sùrán) ① 삼가는 모양. ② 산동성(山東省)에 있는 산 이름.
肅正(숙정 sùzhèng) 엄하게 부정(不正)을 바로 잡음. 부정(不正)을 엄중히 제거(除去)함.
肅淸(숙청 sùqīng) ① 난(亂)을 평정하여 어지러운 세상을 깨끗하게 함. 단속하여 부정(不正)을 없앰. ② 차고 맑은 모양. 또는 정적(靜寂)한 모양. ③ 불순분자를 몰아냄.

▶ 嚴肅(엄숙)·自肅(자숙)·靜肅(정숙).

聿 ⑧⑭ 肇 비롯할 조:

중 zhào 일 チョウ, はじめる

뜻 begin
① 비로소 조(始). ② 민첩할 조(敏).
肇基(조기 zhàojī) 비롯함. 토대를 쌓음. 기초를 확립함.
肇冬(조동 zhàodōng) 첫겨울.
肇始(조시 zhàoshǐ) 어떤 일이 비롯함. 또는 비롯하는 일.
肇業(조업 zhàoyè) 어떤 사업을 처음으로 시작함.
肇造(조조 zhàozào) 처음으로 만들음. 시건(始建).
肇秋(조추 zhàoqiū) 음력 7월을 일컬음. 맹추(孟秋).
肇夏(조하 zhàoxià) 초여름.

肉, 月 部
고기 육/육달 월

肉 고기 육

肉 ⺼ 内 内 肉 肉

음 ròu 일 ニク, ジク, にく
뜻 meat, flesh

1 ① 고기 육, 살 육(肌). ② 몸 육(肉身, 肉感). **2** ① 둘레 육(璧邊). ② 저울추 유(錘體). ③ 살찔 유(肥). ④ 찰 유(滿).

書體 小篆 草書 肉 中學 象形

肉間(육간 ròujiān) 푸줏간.
肉感(육감 ròugǎn) ① 육체상의 감각. ② 성적(性的) 감각.
肉談(육담 ròután) 《國》① 음담(淫談) 같은 야비한 이야기. ② 품격이 낮은 말.
肉跳風月(육도풍월 ròutiàofēngyuè) 글자의 뜻을 잘 못 써서 보기 어렵고, 가치 없는 시를 가리키는 말.
肉迫(육박 ròupò)＝육박(肉薄) ①.
肉薄(육박 ròubáo) ① 적지(敵地) 따위에 몸으로써 돌진(突進)함. ② 준열히 힐문함.
肉親(육친 ròuqīn) 어버이와 자식·형제자매(兄弟姊妹) 등, 혈족(血族) 관계가 있는 사람. 혈족(血族). 육연(肉緣). 육신(肉身).
肉彈(육탄 ròudàn) 육체를 탄환(彈丸) 대신 쓴다는 뜻.《喻》적지(敵地)에 돌입(突入)하여 감. 또는 그 육체.
肉脫(육탈 ròutuō) ① 살이 빠져 몸이 마름. ② 시체(屍體)의 살이 썩어서 없어짐.
肉脯(육포 ròupú) 쇠고기를 얇게 저미어서 말린 포.
肉筆(육필 ròubǐ) 당자가 실제로 쓴 글씨.
肉膾(육회 ròuhuì) 살코기나 간·천엽·양 따위를 잘게 썰어서 갖은 양념한 회.

▶ 苦肉之策(고육지책)·骨肉(골육)·筋肉(근육)·豚肉(돈육)·肥肉(비육)·生肉(생육)·弱肉强食(약육강식)·精肉(정육)·鳥肉(조육)·酒肉(주육)·片肉(편육)·皮肉(피육)·血肉(혈육).

月 고기 육

【肉(前條)과 같음】

肋 갈빗대 륵

음 lèi, lē 일 ロク, あばら
뜻 rib, costa

갈빗대 륵(脅骨檢肋五臟).

肋骨(늑골 lèigǔ) 《生》가슴을 둘러싸고 폐와 심장을 보호하는 뼈. 갈빗대.
肋膜(늑막 lèimó) 늑골(肋骨)의 안쪽에 있어서 폐(肺)의 외면(外面)을 덮

自 至 臼 舌 舛 舟 艮 色 艸 虍 虫 血 行 衣 襾

는 막(膜). 흉막(胸膜).
肋膜炎(늑막염 lèimóyán)《醫》늑막에서 일어나는 염증.

肉 3 ⑦ 肖 닮을/같을 초

肖 肖 肖 肖 肖 肖 肖

1 음 xiào 일 ショウ, にる 영 similar **2** 음 xiāo 영 small

1 ① 쇠약할 소(衰弱). ② 흩어질 소(失散). **2** ① 닮을 초(類似). ② 작을 초(小). ③ 같지 않을 초(子不似父謂之不肖不賢亦曰不肖). ④ 본받을 초(模倣).

書體 小篆 肖 草書 肖 (高校) 形聲

肖似(초사 xiàosì) 매우 닮음. 또는 비슷하게 함.
肖像(초상 xiàoxiàng) 사람의 얼굴이나 모양을 그림으로 그리거나 조각(彫刻)으로 새긴 것.
肖像畫(초상화 xiàoxiànghuà) 초상의 그림.

肉 3 ⑦ 肛 항문 항

음 lèi, lē 일 コウ, しりの あな 영 anus

① 배 뚱뚱할 항(膵肛, 脹大). ② 항문 항, 분문 항(大腸端肛門).

肛門(항문 gāngmén)《生》똥구멍.
肛門括約筋(항문괄약근 gāngménguāyuējīn)《生》항문을 오므리고 펴고 하는 것을 맡은 근육.
肛門狹窄(항문협착 gāngménxiázhǎi) 항문이 너무 좁아서 대변보기에 곤란한 상태.

肉 3 ⑦ 肝 간 간(:)

肝 肝 肝 肝 肝 肝

음 gān 일 カン, きも 영 liver

① 간 간(肝膽木藏). ② 마음 간(肝膽). ③ 요긴할 간(肝要).

書體 小篆 肝 草書 肝 (高校) 形聲

肝腦塗地(간뇌도지 gānnǎotúdì) 참살을 당하여 간(肝)과 뇌(腦)가 땅바닥에 으깨어졌다는 뜻.《喩》국사(國事)에 목숨을 돌보지 않고 힘을 다함을 일컬음.
肝膽(간담 gāndǎn) ① 간장(肝臟)과 담낭. 간과 쓸개. ② 마음.《中》용기(勇氣).
肝膽相照(간담상조 gāndǎnxiāngzhào) 서로 마음을 툭 털어 놓고 매우 친밀히 사귐.
肝銘(간명 gānmíng) 마음에 깊이 새겨서 잊지 않음.
肝要(간요 gānyào) 썩 요긴함. 아주 중요함.
肝肺(간폐 gānfèi) ① 간장(肝臟)과 폐장(肺臟). ② 진심(眞心).

▶ 心肝(심간)·脂肪肝(지방간)·忠肝(충간)·肺肝(폐간).

肉 4 ⑧ 股 넓적다리 고

음 gǔ 일 コ, すね, もも 영 thigh

① 다리 고(脛本髀幹). ② 나뉠 고(支別). ③ 굳을 고(固).

股間(고간 gǔjiān) 샅. 사타구니.
股肱(고굉 gǔgōng) 다리와 팔. 수족(手足).《轉》임금의 손발이 되어서 일하는 가장 신뢰할 수 있는 신하.
股肱之臣(고굉지신 gǔgōngzhīchén) 임금이 가장 믿는 중요한 신하.
股本(고본 gǔběn) 공동으로 하는 사업에 각각 내는 밑천.
股本金(고본금 gǔběnjīn) 밑천이 되는 돈.
股慄(고율 gǔlì) 두려워서 다리가 떨림. 고율(股栗). 고전(股戰).

肉 4 (8) 肢 팔다리 지

zhī / シ、てあし / arm and legs

팔다리 **지**(四肢, 體).
肢幹(지간 zhīgàn) 《生》 손발과 몸.
肢體(지체 zhītǐ) ① 동체(胴體)와 사지. ② 몸. 신체(身體). 체구(體軀).

▶ 四肢(사지).

肉 4 (8) 肥 살찔 비:

肥肥肥肥肥肥肥

féi / ヒ、こえる / fat, fertile

① 살찔 **비**(多肉). ② 거름 **비**(肥料). ③ 땅 이름 **비**(地名, 合肥).

書體 小篆 肥 草書 肥 (高校) 會意

肥己潤身(비기윤신 féijǐrùnshēn) 제 몸만 살찌게 함. 《喩》 제 이익만 차지함.
肥沃(비옥 féiwò) 땅이 기름져서 농작물(農作物)이 잘 되는 것. 비요(肥饒).
肥土(비토 féitǔ) 기름져 농작물이 잘 되는 토지.

▶ 輕肥(경비)·金肥(금비)·施肥(시비)·魚肥(어비)·天高馬肥(천고마비)·追肥(추비)·堆肥(퇴비).

肉 4 (8) 胚 아기밸 배

pēi / ハイ、はらむ / conceive

아기밸 **배**, 애설 **배**(婦孕一月日胚胎).
【胚와 같음】

肉 4 (8) 肩 어깨 견

肩肩肩肩肩肩肩

jiān / ケン、かた / shoulder

① 어깨 **견**(膊上). ② 이길 **견**(克). ③ 맡길 **견**(任). ④ 멜 **견**(負擔). ⑤ 세 살 된 짐승 **견**(三歲獸). ⑥ 능할 **견**(能).

書體 小篆 肩 或體 肩 草書 肩 (高校) 象形

肩胛骨(견갑골 jiānjiǎgǔ) 《生》 상지골(上肢骨)과 몸통을 연결하는 등의 위쪽에 있는 역삼각형(逆三角形)의 뼈. 어깨뼈.
肩臂痛(견비통 jiānbìtòng) 어깨와 팔이 아픈 신경통.
肩隨(견수 jiānsuí) 연장자(年長者)와 함께 걸어갈 때에 조금 뒤에 떨어져서 따라감.
肩章(견장 jiānzhāng) 제복(制服) 어깨에 붙여서 계급(階級) 따위를 나타내는 표지.

▶ 竝肩(병견)·比肩(비견)·雙肩(쌍견)·兩肩(양견)·脅肩(협견).

肉 4 (8) 肪 기름 방

fáng, fāng / ボウ、あぶら / fat, grease

① 기름 **방**, 비계 **방**(脂). ② 살찔 **방**(肥).

▶ 高脂肪質(고지방질)·乳脂肪(유지방)·脂肪(지방)·脂肪肝(지방간).

肉 4 (8) 肯 즐길/긍정할 긍:

肯肯肯肯肯肯肯肯

kěn / コウ、かえんずる / consent

① 즐길 **긍**(可). ② 뼈 사이 살 **긍**(著骨肉).

書體 小篆 肎 古文 肎 草書 肯 (高校) 會意

肯綮(긍경 kěnqìng) 사물의 급소·요

소. 〈肯은 뼈에 붙은 고기, 綮은 힘줄 얽힌 곳〉. 《故》 옛날 요리의 명수(名手)가 소를 잡을 때 칼이 긍경(肯綮)에 잘 맞아서 고기 살을 잘 베어낼 수 있었다는 고사. 《轉》 사물의 급소(急所)·요소(要所)를 일컬음.

肯構肯堂(긍구긍당 kěngòukěntáng) 아버지가 이룩한 일을 아들이 이어받음.

肯定(긍정 kěndìng) 그렇다고 인정함. 동의함. ↔부정(否定).

▶ 首肯(수긍).

肉 4 (8) 育 기를 육

음 yù, yō 일 イク, そだつ 영 rear, grow

① 기를 육(養). ② 날 육(生). ③ 자랄 육(育成).

書體 小篆 育 或體 草書 (中學) 形聲

育苗(육묘 yùmiáo) 묘목(苗木)이나 모를 기름.
育成(육성 yùchéng) 길러서 키움. 잘 자라나도록 기름. 양성(養成).
育兒(육아 yù'ér) 어린애를 길러서 키움.
育英(육영 yùyīng) ① 영재(英才)를 교육함. ② 교육(教育).

▶ 教育(교육)·德育(덕육)·發育(발육)·生育(생육)·成育(성육)·愛育(애육)·養育(양육)·知育(지육)·體育(체육)·化育(화육)·訓育(훈육).

肉 4 (8) 肴 안주 효

음 yáo 일 コウ, さかな 영 relish
안주 효(俎實啖肉).
肴味(효미 yáowèi) 술안주.
肴蔬(효소 yáoshū) 고기 안주와 나물.

肴核(효핵 yáohé) 술안주와 과실.

肉 4 (8) 肺 허파 폐:

肺肺肺肺肺肺肺肺

1 음 fèi 일 ハイ, こころ 영 lungs
2 일 はい

1 ① 부아 폐, 허파 폐(金藏主魄). ② 친할 폐(親). ③ 마음속 폐(衷心). 2 성할 패(盛貌). 【肺는 동자】

書體 小篆 肺 草書 衍 (高校) 形聲

肺肝(폐간 fèigān) ①《生》 폐장(肺臟)과 간장(肝臟). ② 깊은 마음속. 진심(眞心).
肺腑(폐부 fèifǔ) ①《生》 폐장(肺臟). ② 마음속. ③ 요긴한 곳. 요점(要點). ④ 자기에게 가깝고 친한 사람. 골육(骨肉)의 관계라 할 만큼 친한 사람.
肺腑之言(폐부지언 fèifǔzhīyán) 마음속을 찌르는 참된 말.
肺活量(폐활량 fèihuóliáng) 깊이 숨을 들이쉬어서, 힘껏 내쉴 때에 나오는 폐 내의 공기의 양. 폐량(肺量). 폐기량(肺氣量).

▶ 心肺(심폐).

肉 5 (9) 胃 밥통 위

胃胃胃胃胃胃胃胃

음 wèi 일 イ, いぶくろ 영 stomach
① 밥통 위, 양 위(腸胃, 脾穀腑). ② 별 이름 위(星名). ③ 성 위(姓). 【腪와 같음】

書體 小篆 胃 草書 胃 (高校) 會意

胃壁(위벽 wèibì) 위(胃)의 내면. 펩신, 염산(鹽酸)을 분비함.

胃酸(위산 wèisuān)《生》위액에 섞여 소화 작용을 하는 산.
胃腺(위선 wèixiàn)《生》위벽(胃壁) 안에 있으며, 위액을 분비하는 소화선(消化腺).
胃液(위액 wèiyè)《生》위에서 분비되는 무색투명의 소화액(消化液). 산성(酸性)을 띠고 있음.

▶脾胃(비위).

胄 자손 주

肉5/9

ⓒ zhòu 일 チュウ, よつぎ
영 heir, eldest son

① 자손 주(裔也, 系也, 嗣). ② 맏아들 주(胄子, 長). ③ 혈통 주(血統).

胄孫(주손 zhòusūn) 맏손자.
胄筵(주연 zhòuyán) 서연(書筵).
胄裔(주예 zhòuyì) 핏줄. 혈통(血統). 자손(子孫). 후윤(後胤). 예주(裔胄).

背 등 배(:)

肉5/9

背背背背背背背背

1 ⓒ bèi 일 ハイ, そむく 영 back
2 ⓒ bēi 일 せ 영 betray

1 ① 등 배(脊). ② 햇무리 배(日旁氣). ③ 집 북편 배(堂北). ④ 등에 태문 생길 배(台背, 壽徵). 2 ① 버릴 패(棄). ② 배반할 패(孤負反面違).

書體 小篆 草書 背 (高校) 形聲

背景(배경 bèijǐng) ① 그림에서 제재(題材)의 배후의 부분. ② 무대 뒷벽에 그린 경치 및 무대 위의 장치. ③ 소설 따위에서 인물을 둘러싼 주위의 정경(情景). ④ 배후의 세력. ⑤ 배후의 경치. ↔전경(前景).
背囊(배낭 bèináng) 가죽이나 피륙으로 만들어 물건을 넣어서 등에 걸머지는 것.
背戾(배려 bèilì) 어김. 도리를 어김.
背叛(배반 bèipàn) 신의를 저버리고 등지고 돌아섬. 서로 용납(容納)이 되지 않음. 이반(離反). 괴반(乖叛).
背書(배서 bèishū) ① 책장이나 서면(書面) 같은 것의 뒤쪽에 글씨를 씀. 또는 그 글씨. ② 이서(裏書).
背水陣(배수진 bèishuǐchén) 내·바다 따위를 배후에 두고 치는 진. 전한(前漢) 고조(高祖)의 공신(功臣) 한신(韓信)이 다루어 본 병법(兵法).《喩》㉠ 결사(決死)의 각오로써 적을 대함. ㉡ 실패하면 망한다는 각오로써 어떤 일을 시작함.
背恩忘德(배은망덕 bèiēnwàngdé) 입은 은덕을 저버리고 배반하는 일.
背馳(배치 bèichí) ① 엇나감. ② 반대로 되어 어긋남.

▶面從腹背(면종복배)·手背(수배)·違背(위배)·二律背反(이율배반)·紙背(지배)·向背(향배)·後背(후배).

胎 아이밸 태

肉5/9

ⓒ tāi 일 タイ, はらむ 영 conceive

① 아이밸 태(孕胎, 懷妊). ② 처음 태, 시작 태(胚胎).

胎敎(태교 tāijiào) 임부(妊婦)가 품행을 방정(方正)히 하여, 태아에게 좋은 감화(感化)를 미치도록 하는 일.
胎動(태동 tāidòng) ① 모체 내에서의 태아의 운동. ② 어떤 일이 일어날 기운(氣運)이 돌음.
胎夢(태몽 tāimèng) 잉태(孕胎)할 징조(徵兆)의 꿈.
胎盤(태반 tāipán)《生》태아의 영양 공급·호흡·배설 등의 작용을 하는 갯솜조직으로 되어 있는 기관.
胎生(태생 tāishēng) ①《生》모태(母胎) 안에서 적당히 발육하여 생기어 나옴. ↔ 난생(卵生). ② 어떠한 땅에 태어남.

▶ 落胎(낙태)·多胎兒(다태아)·母胎(모태)·胚胎(배태)·受胎(수태)·雙胎(쌍태)·孕胎(잉태)·墮胎(타태)·胞胎(포태)·換骨奪胎(환골탈태)·懷胎(회태).

胚 아기밸 배
肉 5 / 9

音 pēi 日 ハイ, はらむ 中 conceive

아기밸 배(胚胎, 婦孕一月日胚).【䏺와 같음】

胚芽(배아 pēiyá) 《植》 식물의 씨 속에 있는 발생초기의 어린 식물. 자엽(子葉)·배축(胚軸)·유아(幼芽)·유근(幼根)의 네 가지로 됨.

胚乳(배유 pēirǔ) 씨앗 속에 있어 싹이 틀 때까지 양분이 되는 물질.

胚孕(배잉 pēiyùn) 아이 또는 새끼를 뱀.

胚胎(배태 pēitāi) ① 아이나 새끼를 뱀. ② 사물의 시초. 사물의 원인이 되는 빌미.

胞 태/세포 포(:)
肉 5 / 9

胞胞胞胞胞胞胞胞

音 bāo 日 ホウ, えな, はらから
英 placenta

① 태보 포(胎衣). ② 한배 포, 동포 포(父所生曰同胞).

書體 小篆 胞 草書 胞 (高校) 形聲

胞胎(포태 bāotāi) 아이를 배는 것. 포의(胞衣).

▶ 僑胞(교포)·腦細胞(뇌세포)·單細胞(단세포)·同胞(동포)·同胞愛(동포애)·四海同胞(사해동포)·細胞(세포)·癌細胞(암세포)·女僑胞(여교포).

拇 엄지손가락 무:
肉 5 / 9

音 mǔ 日 ボウ, おや ゆび
英 thumb【拇와 同字】

엄지손가락 무(將指).

胡 오랑캐/성 호
肉 5 / 9

胡胡胡胡胡胡胡胡

音 hú 日 コ, えびす
英 how, Mongol

① 어찌 호(何). ② 오래 살 호(壽). ③ 멀 호(遐遠). ④ 창가장귀 호(戈頭). ⑤ 먹줄띠 호(牛狼領垂). ⑥ 고미 호(彫胡, 蒺米). ⑦ 깔깔 웃을 호(笑貌). ⑧ 오랑캐 호(胡馬).

書體 小篆 胡 草書 胡 (高校) 形聲

胡羯(호갈 hújié) 북방의 이민족(異民族). 〈羯은 흉노(匈奴)〉.

胡蒜(호산 húsuàn) 마늘.

胡人(호인 húrén) ① 북방 또는 서역(西域)의 이민족(異民族). ② 만주(滿洲) 사람. 야만인(野蠻人).

胡蝶之夢(호접지몽 húdiézhīmèng) 만물 일체관(一體觀)에 철저(徹底)한 사람의 심경(心境).《故》 장자(莊子)가 꿈에 나비가 되어, 피아(彼我)의 구별(區別)을 잊었다는 고사.

▶ 丙子胡亂(병자호란)·五胡(오호).

胤 자손 윤
肉 5 / 9

音 yìn 日 イン, たね
英 descendant

① 맏아들 윤(子孫相承也, 繼也, 嗣也, 續). ② 익힐 윤(習).

胤裔(윤예 yìnyì) 자손(子孫). 후손(後

孫).
胤子(윤자 yìnzǐ) 자손(子孫). 사자(嗣子).

肉 5 9 10 脉 줄기 맥

【脈(肉부6획)의 속자】

肉 5 9 10 胥 서로 서

음 xū 일 ショ, みな 영 all, together
① 다 서(皆). ② 서로 서(相). ③ 나비 서(蝴蝶). ④ 게젓 서(蟹醢). ⑤ 어조사 서(語助辭). ⑥ 쌓을 서(蓄積). ⑦ 도울 서(助). ⑧ 기다릴 서(待). ⑨ 도적 잡을 서(捕盜). ⑩ 끌릴 서(渝平, 相牽引). ⑪ 연좌될 서(胥徒胥靡, 相隨坐輕刑之名). ⑫ 땅 이름 서(地名, 蒲胥).
胥吏(서리 xūlì) 지방 관청에 딸린 하급 관리.
胥謀(서모 xūmóu) 서로 의논함.

肉 6 10 胯 사타구니 과

음 kuà 일 コ, また 영 groin
1 다리 고(股). **2** 사타구니 과, 샅 과(兩股間).
胯下(고하 kuàxià) 사타구니 밑.

肉 6 10 胱 오줌통 광

음 guāng 일 コウ, ぼうこう
영 bladder
오줌통 광(水腑).

肉 6 10 胴 큰창자/몸통 동

음 dòng 일 トウ, ドウ, だいちょう
영 colon
큰창자 동(大腸).

胴部(동부 dòngbù) 팔·다리·머리 부분을 뺀 몸의 둥걸. 몸통.

肉 6 10 胸 가슴 흉

胸 胸 胸 胸 胸 胸 胸 胸 胸 胸
음 xiōng 일 キョウ, むね 영 breast
① 가슴 흉(膺). ② 마음 흉(心情).
書體 小篆 草書 絶 中學 形聲

胸甲(흉갑 xiōngjiǎ) 전쟁터에서 가슴을 막기 위하여 가슴에 대는 갑옷의 하나.
胸腔(흉강 xiōngqiāng) 《生》가슴의 속 부분으로 하부는 횡격막과 경계하며 그 속에 허파·염통 따위가 있음.
胸膈(흉격 xiōnggé) 가슴과 배 사이. 《轉》마음속. 심중(心中).
胸襟(흉금 xiōngjīn) 가슴속. 흉회(胸懷).
胸背(흉배 xiōngbèi) ① 가슴과 등. ② 전방(前方)과 후방(後方). 앞뒤.
胸府(흉부 xiōngfǔ) 마음.
胸算(흉산 xiōngsuàn) 속셈.
胸中生塵(흉중생진 xiōngzhōng-shēngchén) 오랫동안 남을 그리워하면서 만나지 못하고 있는 것.
胸懷(흉회 xiōnghuái) 가슴 속의 생각. 흉금(胸襟).

▶ 氣胸(기흉)·心胸(심흉).

肉 6 10 能 능할 능

能 能 能 能 能 能 能 能 能 能
음 néng 일 ノウ, ドウ, よくする
영 able
1 세발자라 내(三足鼈). **2** ① 착할 능(善). ② 능할 능(勝任). ③ 곰 능(熊屬足似鹿). **3** 별 이름 태(星名, 台).

自至臼舌舛舟艮色艸虍虫血行衣襾　　　679

能 (능할 능)

書體: 小篆 / 草書 / 中學 / 象形

能辯(능변 néngbiàn) 말솜씨가 능란함. 또는 그 말.
能事(능사 néngshì) ① 할 수 있는 일. 또는 완수(完遂)해야 할 일. ② 특별히 뛰어난 재주.
能小能大(능소능대 néngxiǎonéngdà) 《國》 모든 일에 두루 능함.
能言鸚鵡(능언앵무 néngyányīngwǔ) 말은 잘하나 실제 학문이 없는 사람.

▶ 可能(가능)·官能(관능)·權能(권능)·金錢萬能(금전만능)·技能工(기능공)·機能(기능)·多才多能(다재다능)·萬能(만능)·無能(무능)·無所不能(무소불능)·放射能(방사능)·本能(본능)·不可能(불가능)·不能(불능)·非能率(비능률)·性能(성능)·順機能(순기능)·逆機能(역기능)·藝能(예능)·有能(유능)·才能(재능)·低能(저능)·全知全能(전지전능)·知能(지능)·職能(직능)·超能力(초능력)·效能(효능).

脂 (기름 지)

肉6/10

漢 zhī 日 シ, あぶら 英 fat, grease

① 기름 **지**, 비계 **지**(膏). ② 연지 **지**(臙脂).

脂肪(지방 zhīfáng) 호마(胡麻)·동물에서 뽑은 고체·액체의 불휘발성(不揮發性) 탄수화물로서, 지방산(脂肪酸)과 글리세린과의 결합물.

▶ 高脂肪質(고지방질)·手脂(수지)·樹脂(수지)·乳脂(유지)·低脂肪(저지방)·皮脂(피지)·合成樹脂(합성수지).

脅 (갈비 협)

肉6/10

漢 xié 日 キョウ, わき, おびやかす
英 rib, threat

① 갈비 **협**, 갈빗대 **협**(腋下). ② 거둘 협(斂). ③ 위협할 협, 으를 협(脅迫, 威力恐人). ④ 책망할 협(責).

書體: 小篆 / 草書 / 高校 / 形聲

脅勒(협륵 xiélè) 협박하여 우겨댐.
脅迫(협박 xiépò) ① 으르고 다잡음. ②《法》 사람을 공포에 빠지게 할 목적으로 해악(害惡)을 끼칠 뜻을 통고하는 것.

▶ 威脅(위협).

脇 (갈비/위협할 협)

肉6/10

【脅(前條)과 같음】

脆 (연할 취)

肉6/10

漢 cuì 日 ゼイ, もろい 英 fragile

① 연할 **취**, 쉬울 **취**(小耎物易斷). ② 약할 **취**(弱).

脆怯(취겁 cuìqiè) 의지(意志)가 약해서 소용이 없음.
脆弱(취약 cuìruò) 무르고 약함. 가냘픔.
脆軟(취연 cuìruǎn) 연함. 부드러움.

脈 (줄기 맥)

肉6/10

脈脈脈脈脈脈脈脈脈

漢 mài, mò 日 ミャク, バク, みゃく, すじ 英 pulse

① 맥 **맥**(血理臟腑之氣分流四支). ② 줄기 **맥**(山脈, 泉脈).

書體: 篆文 / 草書 / 高校 / 會意

脈動(맥동 màidòng) ① 표면에 나타나지 않고 밑바닥에서 끊임없이 행하여지는 움직임. ②《地》 바람·조류(潮流) 따위가 원인이 되어 주기적으로 끊임없이 움직이고 있는 지면의 진동.
脈絡(맥락 màiluò) ①《生》맥관(脈管). 혈관(血管). ②혈맥(血脈)의 연락(連絡). 인척(姻戚) 또는 혈족의 상호의 관계. 일관(一貫)하여 통해 있는 조리(條理).
脈絡貫通(맥락관통 màiluòguàntōng) 사리 연락에 환하게 트임.
脈理(맥리 màilǐ) ① 조리(條理). 이치(理致). ② 글이나 사물의 전체에 통하는 이치. ③ 맥을 짚어 병을 짐작하는 이치.
脈搏(맥박 màibó) 《生》심장이 혈액을 내보낼 때마다 동맥이 팔딱팔딱 뛰는 것.

▶ 鑛脈(광맥)·金脈(금맥)·氣盡脈盡(기진맥진)·亂脈相(난맥상)·動脈(동맥)·命脈(명맥)·山脈(산맥)·水脈(수맥)·葉脈(엽맥)·人脈(인맥)·一脈相通(일맥상통)·靜脈(정맥)·地脈(지맥)·支脈(지맥)·診脈(진맥)·學脈(학맥)·血脈(혈맥).

脊 등마루 척
肉6획 10

* 音 jǐ 日 セキ, せぼね 英 spine
① 등성마루 척(背呂). ② 결 척, 조리 척(倫脊, 理也. 條理). ③ 쌓을 척(積).
脊骨(척골 jǐgǔ) 《生》등골뼈. 척수골(脊髓骨)의 약어.
脊梁(척량 jǐliáng) ①《生》등마루뼈. 척추(脊椎). ② 길게 연이어 있는 고지(高地).
脊髓(척수 jǐsuǐ) 《生》척추골(脊椎骨) 뒤의 돌출(突出)한 부분 속에 있는 회백색의 물질. 뇌수(腦髓)와 함께 중추신경계(中樞神經系)를 이룸.
脊椎(척추 jǐchuí) 《生》등마루를 이루는 뼈. 척추골(脊椎骨).

脚 다리 각
肉7획 11

丿 月 月 胩 胠 胠 脚 脚 脚

音 jiǎo 日 キャク, カク, あし
英 leg, foot
① 종아리 각, 다리 각(脛). ② 발 각(足).

書體 篆文 脚 草書 结 中學 形聲

脚光(각광 jiǎoguāng) ① 극장(劇場)의 무대(舞臺) 전면(前面) 아래쪽에서 배우(俳優)를 비추는 광선. 풋라이트(footlight). ② 사람이나 사물의 어떤 방면(方面)에 있어서의 등장(登場)이 눈부실 만큼 찬란(燦爛)하고 빛남.
脚本(각본 jiǎoběn) ① 연극(演劇)의 무대(舞臺) 장치 및 배우(俳優)의 대사(臺詞) 따위를 적은 글. 희곡(戱曲). ② 시나리오.
脚色(각색 jiǎosè) ① 옛날 중국에서 사관(仕官)을 할 때에 내던 이력서. ② 극본. ③ 소설이나 사건 따위를 극·영화의 각본이 되게 고쳐 쓰는 것. ④ 사물의 짜임새. 구조(構造).
脚註(각주 jiǎozhù) 책 페이지 아래에 붙이는 주석(註釋).

▶ 健脚(건각)·塞脚(건각)·橋脚(교각)·三脚(삼각)·失脚(실각)·韻脚(운각)·立脚(입각)·註脚(주각)·行脚(행각).

脣 입술 순
肉7획 11

脣 脣 脣 脣 脣 脣 脣 脣 脣

音 chún 日 シュン, くちびる
英 lip
입술 순(口尚齒垣).

書體 小篆 脣 古文 𦟝 草書 脣 高校 形聲

脣亡齒寒(순망치한 chúnwángchǐhán) 입술이 없으면 이가 시리다는 뜻. 《喩》서로 이웃하고 있는 한 나라가 멸망하면 다른 한 나라도 위태함.
脣齒(순치 chúnchǐ) 입술과 이. 《喩》

서로 이해관계(利害關係)가 매우 밀접(密接)한 것.

脣齒輔車(순치보거 chúnchǐfǔchē) 상호부조(相互扶助)의 뜻. 순(脣)과 치(齒), 보(輔)와 거(車)는 서로서로 돕는 것이므로 이와 같이 이름. 〈輔는 협골(頰骨), 車는 치아의 하골(下骨)〉.

脣齒之勢(순치지세 chúnchǐzhīshì) 입술과 이처럼 서로 의지하는 관계.

脫 벗을/탈출할 탈

肌 肌 胎 胎 胎 胎 胎 胎 脱

1 圕 tuō 圕 ダツ, ぬぐ 圕 slip off, undress 2 圕 タイ, やせる

1 ① 벗어날 탈, 벗을 탈(免). ② 간략할 탈(略). ③ 뼈바를 탈, 파리할 탈(肉去骨). ④ 풀어질 탈(物自解). ⑤ 끼칠 탈(遺). ⑥ 그칠 탈(誤). ⑦ 혹 그럴듯할 탈(或然之辭). 2 천천할 태, 더딜 태(舒遲貌).

小篆 脫 小篆 脫 草書 脫 中學 形聲

脫殼(탈각 tuōqiào) ① 동물이 껍질을 벗음. 또는 벗김. ② 낟알의 껍데기를 벗겨 버림.

脫稿(탈고 tuōgǎo) 원고를 다 써서 마침.

脫穀(탈곡 tuōgǔ) ① 벼·보리의 이삭에서 낟알을 털어 냄. ② 낟알에서 겉겨를 털어냄.

脫喪(탈상 tuōsāng) 《國》 부모의 삼년상(三年喪)을 해상(解喪).

脫俗(탈속 tuōsú) ① 속기(俗氣)를 떠남. 속계(俗界)를 벗어남. 속세(俗世)로부터 초월(超越)함. ② 평범(平凡)에서 벗어남.

脫籍(탈적 tuōjí) 적(籍)에서 빠지거나 빼 내는 일.

脫還(탈환 tuōhuán) 도로 빼앗아 옴.

▶ 疏脫(소탈)·離脫(이탈)·逸脫(일탈)·逋脫(포탈)·解脫(해탈)·虛脫(허탈).

脯 포(脯) 포

圕 pú 圕 ホ, ほじし 圕 jerked beef

포 포(乾肉, 腊).

脯燔(포번 púfán) 말린 고기와 구운 고기.

脯肉(포육 púròu) 말린 고기. 포.

脯棗(포조 púzǎo) 마른 고기와 대추.

脹 부을 창:

圕 zhàng 圕 チョウ, ふくれる 圕 swelled belly

창증 날 **창**(皷脹, 腹滿).

脹滿(창만 zhàngmǎn) ① 배가 부름. ②《醫》복부에 액체·가스가 차서 배가 부르는 병.

▶ 鼓脹(고창)·膨脹(팽창).

脾 비위 비(:)

圕 pí 圕 ヒ, ひぞう 圕 spleen

지라 **비**, 만화 **비**, 비위 **비**(脾胃, 土臟).

脾胃(비위 píwèi) ①《生》비장(脾臟)과 위경(胃經). ② 사물에 대하여 좋고 언짢음을 느끼는 기분. ③ 싫은 것을 잘 참아내는 힘.

脾胃難定(비위난정 píwèinándìng) 《國》비위가 뒤집혀 가라앉지 아니함. 《轉》밉살스런 꼴을 보고 마음이 아니꼬움을 이르는 말.

脾肉之嘆(비육지탄 píròuzhītàn) 수완(手腕)을 부릴 기회가 없음을 한탄하는 것. 《故》유비(劉備)가 오랫동안 전장에 나가지 못하여 말을 못타고 넓적다리에 살점을 한탄하였음. 비육지탄(髀肉之嘆).

腋 겨드랑이 액

⊕ yè ⊕ エキ, わき ⊕ armpit

겨드랑이 **액**, 곁 **액**(左右脅間脈).

腋毛(액모 yèmáo) 양쪽 겨드랑이에 난 털.
腋臭(액취 yèchòu) 겨드랑이에서 나는 냄새. 암내.

腎 콩팥 신:

⊕ shèn ⊕ ジン, むらと ⊕ kidney

① 콩팥 **신**, 불알 **신**(水臟藏精). ② 자지 **신**(陰莖).

腎怯(신겁 shènqiè) 사정하기 전에 음경이 위축되는 일.
腎氣(신기 shènqì) 자지의 정력(精力).
腎囊(신낭 shènnáng) 《生》 불알.
腎岸(신안 shènàn) 《生》 불두덩.
腎臟(신장 shènzàng) 《生》 콩팥.
腎虛(신허 shènxū) 《醫》 정력(精力)·근기(根氣)가 없어지는 병.

▶ 副腎(부신).

腐 썩을 부:

腐腐腐腐腐腐腐腐腐

⊕ fǔ ⊕ フ, くさる ⊕ decay, rot

① 썩을 **부**(朽). ② 무를 **부**(爛). ③ 불알 썩히는 형벌 **부**(宮刑). ④ 두부 **부**(豆腐).

書體 小篆 腐 草書 腐 (高校) 象形

腐蝕(부식 fǔshí) ① 썩어서 모양이 뭉그러짐. ② 판면에 서화(書畫)를 구워 내어, 약액중(藥液中)에 담가서 썩혀, 그 서화(書畫)를 나타내는 제판기술(製版技術)의 하나.
腐植土(부식토 fǔzhítǔ) 식물이 썩어서 된 검은 흙.
腐心(부심 fǔxīn) 마음을 괴롭힘. 무슨일에 몹시 마음을 씀. 고심(苦心).
腐葉土(부엽토 fǔyètǔ) 풀·나무 따위가 썩어 섞인 흙. 원예에 쓰임.

▶ 豆腐(두부)·防腐(방부)·不淨腐敗(부정부패)·乳腐(유부)·陳腐(진부).

腑 장부 부

⊕ fǔ ⊕ フ, はらわた ⊕ viscera

장부 **부**, 육부 **부**(臟腑).

▶ 五臟六腑(오장육부)·六腑(육부)·肺腑(폐부).

腔 속빌 강

⊕ qiāng ⊕ コウ, から わきばら ⊕ coeliac

① 창자 **강**, 속빌 **강**(內空). ② 뼈대 **강**(骨體). ③ 말 허구리 **강**(馬腺). ④ 노래 곡조 **강**(歌曲調).

腔子(강자 qiāngzǐ) 배[복(腹)].
腔子裏(강자리 qiāngzǐlǐ) 뱃속.

▶ 口腔(구강)·腹腔(복강)·腹腔鏡(복강경).

腕 팔뚝 완(:)

⊕ wàn ⊕ ワン, うで ⊕ arm, wrist

팔뚝 **완**(手腕臂).

腕力(완력 wànlì) 주먹심. 뚝심.

▶ 敏腕(민완)·手腕(수완)·右腕(우완).

腦 골/뇌수 뇌

腦 腦 腦 腦 腦 腦 腦 腦 腦

[중] nǎo [일] ノウ, のうみそ [영] brain

머릿골 **뇌**, 정신 **뇌**(頭髓).

[書體] 小篆 草書 [高校] 會意

腦溢血(뇌일혈 nǎoyìxiě) 《醫》 뇌의 동맥이 터져 뇌의 조직 안에서 출혈하는 병. 뇌출혈(腦出血).

腦震蕩(뇌진탕 nǎozhèndàng) 머리를 세게 때렸을 경우에 뇌가 진동하여 뇌의 기능 장해를 일으키는 병.

腦出血(뇌출혈 nǎochūxiě) =뇌일혈(腦溢血).

▶ 大腦(대뇌)·頭腦(두뇌)·洗腦(세뇌)·小腦(소뇌)·首腦(수뇌)·髓腦(수뇌)·樟腦(장뇌)·電腦(전뇌)·電子腦(전자뇌).

肉 9 ⑬ 腫 종기 종:

[중] zhǒng [일] ショウ, シュ, はれもの, [영] swell

① 부스럼 **종**(癰). ② 부을 **종**(膚肉浮滿).

腫氣(종기 zhǒngqì) 커다란 부스럼. 종물(腫物).

▶ 囊腫(낭종)·腦腫瘍(뇌종양).

肉 9 ⑬ 腭 잇몸 악

【齶(齒부9획)과 같음】

肉 9 ⑬ 腰 허리 요

[중] yāo [일] ヨウ, こし [영] waist

허리 **요**(身體中).

[書體] 草書 [高校] 形聲

腰骨(요골 yāogǔ) 《生》 허리에 있는 뼈. 장골(腸骨)·생골(生骨)·치골(恥骨)의 각각 한 쌍으로 이룬 골반(骨盤).

腰折(요절 yāozhé) ① 허리가 꺾어짐. 늙어서 허리가 굽음. ② 《國》 몹시 우스워서 허리가 꺾어질 듯함.

腰痛(요통 yāotòng) 허리 아픈 병. 허리앓이.

▶ 山腰(산요)·細腰(세요)·柳腰(유요).

肉 9 ⑬ 腸 창자 장

[중] cháng, chǎng [일] チョウ, はらわた [영] intestines

① 창자 **장**(水穀道). ② 마음 **장**(腸心). ③ 나라 이름 **장**(國名, 無腸).

[書體] 小篆 草書 [高校] 形聲

▶ 肝腸(간장)·灌腸(관장)·斷腸(단장)·大腸(대장)·大腸菌(대장균)·大腸癌(대장암)·大腸炎(대장염)·盲腸(맹장)·十二指腸(십이지장)·羊腸(양장)·胃腸(위장)·直腸(직장)·脫腸(탈장)·換腸(환장).

肉 9 ⑬ 腹 배 복

[중] fù [일] フク, はら [영] belly

① 배 **복**(五臟六腑). ② 두터울 **복**(厚). ③ 안을 **복**(抱).

[書體] 小篆 草書 [高校] 形聲

腹腔(복강 fùqiāng) 복부(腹部)의 장기(臟器)가 들어 있는 부분.

腹背(복배 fùbèi) ① 배와 등. ② 앞과 뒤. ③ 서로 친근한 사람.

腹背受敵(복배수적 fùbèishòudí) 앞뒤로 적을 만남.

腹背之毛(복배지모 fùbèizhīmáo) 배와 등에 난 털. 《喩》 있으나 없으나

腹案(복안 fù'àn) ① 마음속에 품고 있는 생각. ② 심중(心中)에 미리 세워놓은 어떤 안(案).

腹臟(복장 fùzàng) ① 속에 품고 있는 생각. ② 속마음.

腹中(복중 fùzhōng) ① 뱃속. ② 마음속. 심중(心中).

▶ 鼓腹(고복)·空腹(공복)·同腹(동복)·滿腹(만복)·面從腹背(면종복배)·私腹(사복)·心腹(심복)·遺腹子(유복자)·異腹兄弟(이복형제)·抱腹絶倒(포복절도)·割腹(할복)·含哺鼓腹(함포고복)·胸腹(흉복).

腺 샘 선
肉 9 ⑬

㉿ xiàn 일 セン, せん 영 gland

① 멍울 선(頸骸核). ② 살구멍 선, 땀줄기 선(肉孔).

▶ 甲狀腺(갑상선)·淋巴腺(임파선)·前立腺癌(전립선암)·唾液腺(타액선)·扁桃腺(편도선)·皮脂腺(피지선).

腿 넓적다리 퇴:
肉 10 ⑭

㉿ tuǐ 일 タイ, もも 영 thigh

넓적다리 퇴, 신다리 퇴(股).

腿骨(퇴골 tuǐgǔ) 《醫》 다리뼈.

膀 오줌통 방
肉 10 ⑭

㉿ bǎng, páng 일 ボウ, ゆばりぶくろ 영 bladder

오줌통 방(水腑).

膀胱(방광 pángguāng) 《生》 오줌통.

膂 등성마루뼈 려
肉 10 ⑭

㉿ lǚ 일 リョ, せぼね 영 back born

① 등성마루 뼈 려, 사등이 뼈 려(脊骨). ② 힘셀 려(力). ③ 고기 려(肉).

膂力(여력 lǚlì) 등뼈의 힘. 체력(體力).

膂力過人(여력과인 lǚlìguòrén) 완력이 남보다 뛰어남.

膄 파리할 수
肉 10 ⑭

㉿ sòu, yú 일 ジュウ, やせる 영 emaciated

파리할 수(瘠).

膄瘠(수척 sòují) 여위고 파리함.

膈 가슴 격
肉 10 ⑭

㉿ gé, gě 일 カク, むねのうち 영 pit of the stomach

① 명치 격(心脾間). ② 쇠북틀 격(懸鐘格).

膈痰(격담 gétán) 가슴에 막히는 가래.

膈膜(격막 gémó) 《生》 흉강(胸腔)과 복강(腹腔)의 사이에 있어서 양자를 구별하는 막.

▶ 橫膈膜(횡격막).

膊 팔뚝 박
肉 10 ⑭

㉿ bó 일 ハク, かた 영 shoulder

① 어깨 박(肩). ② 지경 박(界埒). ③ 포 박(脯). ④ 찢을 박, 발길 박(磔). ⑤ 닭 날개 치는 소리 박(䏶膊擊聲).

▶ 三頭膊筋(삼두박근).

膏 기름 고
肉 10 ⑭

㉿ gāo 일 コウ, あぶら 영 fat
㉿ gào 일 こえる 영 plaster

① 기름 고(脂). ② 기름질 고(肥). ③ 명치끝 고(心下曰膏). ④ 고약 고(膏

藥). ⑤ 달 고(甘). ⑥ 기름지게 할 고(潤物).

膏粱珍味(고량진미 gāoliángzhēnwèi) 살찐 고기와 좋은 곡식으로 만든 맛있는 음식.
膏壤(고양 gāorǎng) 비옥한 토지. 기름진 땅.
膏沃(고옥 gāowò) 토지가 비옥함.
膏血(고혈 gāoxiě) ① 기름과 피. ② 사람이 애써서 얻은 이익. ③ 국민이 어렵게 모은 노력·재산.

▶ 石膏(석고)·軟膏(연고).

腸 창자 장

【腸(肉부 9획)의 속자】

膚 살갗 부

📖 fū 📖 フ, はだ 📖 skin
① 살 부, 피부 부(革外薄皮). ② 아름다울 부(美). ③ 클 부(大).

膚淺(부천 fūqiǎn) 생각이 얕음. 천박(淺薄).
膚學(부학 fūxué) 천박(淺薄)한 학문.
膚汗(부한 fūhán) 피부에 땀을 흘림.
膚合(부합 fūhé) 모여서 합함. 실처럼 가늘고 조각조각으로 된 구름이 모여서 합함.

▶ 身體髮膚(신체발부)·皮膚(피부)·皮膚癌(피부암)·皮膚炎(피부염).

膜 꺼풀/막 막

1 📖 mó 📖 マク, うすかわ 📖 membrane 2 📖 モ
1 홀떼기 막(肉間脈膜). 2 절 모(南膜, 番人拜稱).

▶ 角膜(각막)·結膜(결막)·鼓膜(고막)·內膜(내막)·肋膜炎(늑막염)·薄膜(박막)·腹膜炎(복막염)·細胞膜(세포막)·粘膜(점막)·瞳膜(망막)·橫隔膜(횡격막).

膝 무릎 슬

📖 xī 📖 シツ, ひざ 📖 knee, lap
① 무릎 슬, 종지뼈 슬(脛骨節). ② 치슬 말 슬(愛膝, 良馬).

膝關節(슬관절 xīguānjié) 무릎마디.
膝頭(슬두 xītóu) 무릎.
膝癢搔背(슬양소배 xīyǎngsāobèi) 무릎이 가려운데 등을 긁는다는 뜻으로 의논 따위가 도리에 맞지 않음을 비유한 말.
膝下(슬하 xīxià) ① 부모의 무릎 밑. 《轉》어버이의 따뜻한 사랑 아래. ② 부모에 대한 존칭.

膠 아교 교

📖 jiāo 📖 コウ, にかわ 📖 glue
① 굳을 교(固). ② 아교 교, 부레 교(膠漆黏). ③ 사곡할 교(邪曲). ④ 닭 울 교(鷄鳴). ⑤ 옹색할 교(不通). ⑥ 학교 교(周時代學校). ⑦ 흔들릴 교(擾). ⑧ 화할 교(和). ⑨ 붙을 교(附著).

膠匣(교갑 jiāoxiá) 쓴 약을 넣어서 먹는, 아교로 만든 갑. 교낭(膠囊).
膠狀(교상 jiāozhuàng) 물질의 끈끈한 상태.
膠粘(교점 jiāozhān) 아교가 묽음. 아교로 붙임.
膠柱鼓瑟(교주고슬 jiāozhùgǔsè) 비파나 거문고의 기둥을 아교풀로 고착(固着)시키면 한 가지 소리밖에 나지 않는 것과 같이 변통성이 없음을 이름.
膠著(고착 jiāozhù) ① 찐득찐득하게 단단히 달라붙음. ② 전선(戰線) 따위가 활발하게 움직이지 않고 현상(現狀)이 변하지 않음.

膠漆之交(교칠지교 jiāoqīzhījiāo) 매우 친밀한 사귐.

▶ 鹿角膠湯(녹각교탕)·阿膠(아교).

肉 11 ⑮ 膣 음도 질

[중] zhì [일] チツ, にくづく
[영] granulation

① 새살 날 **질**(肉生). ② 보지 **질**(生殖口陰道). 【膣과 같음】

肉 12 ⑯ 膨 부를 팽

[중] péng [일] ボウ, ふくれる
[영] swell

배 불룩할 **팽**(大腹).

膨大(팽대 péngdà) 부풀어 올라 점점 커짐.

膨滿(팽만 péngmǎn) ① 음식을 많이 먹어 배가 부풀어 가득 참. ② 점점 부풀어 터질듯하게 됨.

膨脹(팽창 péngzhàng) ① 부풀어서 퍼짐. ②《物》물체가 온도의 상승에 따라, 그 체적을 크게 하는 현상.

膨膨(팽팽 péngpéng) 한껏 부풀어 띵띵하게 됨. 팽창(膨脹).

▶ 急膨脹(급팽창)·大膨脹期(대팽창기).

肉 12 ⑯ 膳 선물/반찬 선:

[중] shàn [일] セン, ゼン, そなえもの
[영] side-dishes

① 반찬 **선**(具食美羞). ② 먹을 **선**(食). 【饍과 같음】

膳啗(선담 shàndàn) 음식물. 요리.

膳物(선물 shànwù) 남에게 선사하는 물건.

膳服(선복 shànfú) 음식물과 의복.

膳羞(선수 shànxiū) ① 생육(牲肉) [희생의 고기]과 맛 좋은 음식. 〈羞는 제물(祭物)의 뜻〉. ② 음식(飲食). 진수성찬(珍羞盛饌).

▶ 藥膳(약선).

肉 12 ⑯ 膵 췌장 췌:

[중] スイ, [일] すいぞう [영] pancreas

첩육경 **췌**, 이자 **췌**(甛肉經).

膵管(췌관 cuìguǎn)《生》이자의 췌액(膵液)을 십이지장으로 보내는 관.

膵液(췌액 cuìyè)《生》이자로부터 분비(分泌)되어 십이지장(十二指腸) 안으로 가는 소화액.

膵臟(췌장 cuìzàng)《生》이자.

肉 13 ⑰ 膺 가슴 응:

[중] yīng [일] ヨウ, むね [영] breast

① 가슴 **응**(胸). ② 친할 **응**(親). ③ 당할 **응**, 응할 **응**(當). ④ 받을 **응**(受). ⑤ 북두 **응**(馬帶). ⑥ 칠 **응**(擊).

膺懲(응징 yīngchéng) ① 이민족(異民族)을 쳐서 징계함. 외적을 토벌(討伐)함. ② 잘못을 회개하도록 징계함.

肉 13 ⑰ 膽 쓸개 담:

[중] dǎn [일] タン, きも
[영] gall-bladder

① 쓸개 **담**(肝之腑). ② 씻을 **담**(拭治). ③ 담 클 **담**(張膽, 勇甚).

膽大心小(담대심소 dǎndàxīnxiǎo) 배짱은 크게 갖되, 주의는 세심하게 함.

膽弱(담약 dǎnruò) 담력이 없음. 겁이 많음. 담소(膽小).

膽勇(담용 dǎnyǒng) 대담하고 용기가

있음.

▶ 肝膽(간담)·落膽(낙담)·大膽(대담)·心膽(심담)·龍膽(용담)·臥薪嘗膽(와신상담)·熊膽(웅담)·魂膽(혼담).

膝 무릎 슬
肉 13 ⑰

【膝(肉부11획)의 속자】

膾 회(膾) 회:
肉 13 ⑰

音 huì 日 カイ, なます 英 slice raw fish

① 회칠 회(魚肉腥細切). ② 냄새날 회(膾炙).

膾炙(회자·회적 huìzhì) ① 회와 구운 고기. 다 맛이 좋아서 사람들이 잘 먹는 것. ② 널리 사람들에게 알려지는 일.
膾截(회절 huìjié) 회를 만들기 위하여 자름.

▶ 生鮮膾(생선회).

膿 고름 농
肉 13 ⑰

音 lóng 日 ノウ, ドウ, うみ 英 pus
고름 농(腫血).
膿液(농액 lóngyè) 고름.
膿血(농혈 lóngxiě) 피고름.

▶ 蓄膿(축농)·化膿(화농).

臀 볼기 둔
肉 13 ⑰

音 tún 日 トン, デン, しり
英 hip, buttock
볼기 둔(腿臋髀).
臀部(둔부 túnbù) 엉덩이. 궁둥이의 언저리.

臂 팔 비:
肉 13 ⑰

音 bì, bèi 日 ヒ, ひじ, ただむき
英 forearm
팔뚝 비(肱).
臂胛(비갑 bìjiǎ) 팔과 어깨쭉지.
臂膊(비박 bìbó) 팔과 어깨.
臂不外曲(비불외곡 bìbùwàiqū) 팔이 내굽지 않음.《喩》자기와 가까운 관계가 있는 사람에게 인정이 더 쏠린다는 뜻.

▶ 肩臂痛(견비통)·半臂(반비).

臆 가슴 억
肉 13 ⑰

音 yì 日 オク, むね 英 breast
① 가슴 억(胸). ② 뜻 억(意). ③ 가득할 억(滿).
臆斷(억단 yìduàn) 자기 혼자의 생각으로 판단(判斷)함. 억결(臆決). 억판(臆判).
臆說(억설 yìshuō) ① 추측(推測)에 의한 의견. ② 가설(假說). 억설(憶說).
臆測(억측 yìcè) 제 멋대로 추측(推測)함. 이유와 근거 없이 헤아림. 억측(憶測).

臍 배꼽 제
肉 14 ⑱

音 qí 日 セイ, ほぞ, へそ 英 navel
배꼽 제(子初生所繫包斷之爲臍).
臍動脈(제동맥 qídòngmài)《生》태아의 배꼽 구멍을 통하여 탯줄 속을 지나 태반과 잇대어 있는 핏줄.
臍帶(제대 qídài)《生》탯줄.

臙 목구멍 연
肉 16 ⑳

音 yān 日 エン, べに 英 rouge

① 목구멍 **연**(喉). ② 연지 **연**(臙脂, 紅藍汁). ③ 조갯분 **연**(蚌粉).

臙脂(연지 yānzhī) 여자가 단장할 때 양쪽 뺨에 찍는 붉은 안료(顔料). 연지(臙支).

臟 오장 장:

肉 18 ②

臟臟臟臟臟臟臟臟臟

🔉 zàng, zāng 🇯🇵 ゾウ, はらわた
🇬🇧 entrail

오장 **장**(五臟腑).

書體 草書 臟 高校 形聲

臟器(장기 zàngqì) 《生》 내장의 여러 기관.

臟腑(장부 zàngfǔ) ① 《生》 내장의 총칭. 오장(五臟)과 육부(六腑). 〈오장(五臟)은 폐(肺)·심장(心臟)·간장(肝臟)·신장(腎臟)·비장(脾臟)이며, 육부(六腑)는 대장(大腸)·소장(小腸)·위(胃)·담(膽)·방광(膀胱)·삼초(三焦)임〉. ② 마음 속. 흉중(胸中).

臟汚(장오 zàngwū) 부정(不正)한 물건을 받는 더러운 행위.

▶ 肝臟(간장)·內臟(내장)·腹臟(복장)·脾臟(비장)·腎臟(신장)·心臟(심장)·五臟(오장)·胃臟(위장)·膵臟(췌장)·肺臟(폐장).

臣 部

신하 **신**

臣 신하 신

臣 0 ⑥

臣臣臣臣臣臣

🔉 chén 🇯🇵 シン, ジン, けらい
🇬🇧 subject, retainer

① 신하 **신**(事君之稱). ② 두려울 **신**(主臣惶恐之辭).

書體 小篆 臣 草書 臣 中學 象形

臣民(신민 chénmín) ① 군주국(君主國)의 관리와 민중(民衆). ② 군주국(君主國)의 국민. ③ 군주에 대한 인민. 신서(臣庶). 인민(人民). 군주(君主).

臣下(신하 chénxià) 임금을 섬기는 벼슬자리에 있는 사람.

▶ 家臣(가신)·奸臣輩(간신배)·功臣(공신)·君臣有義(군신유의)·權臣(권신)·近臣(근신)·亂臣(난신)·大臣(대신)·名臣(명신)·謀臣(모신)·武臣(무신)·文臣(문신)·使臣(사신)·逆臣(역신)·禮臣(예신)·遺臣(유신)·朝臣(조신)·宗臣(종신)·衆臣(중신)·重臣(중신)·忠臣(충신).

臣 턱 이/애

臣 0 ⑥

🇯🇵 イ, おとがい 🇬🇧 jaw

 턱 **이**(頤). 턱 **애**.【頤의 古字】

臥 누울 와:

臣 2 ⑧

臥臥臥臥臥臥臥

🔉 wò 🇯🇵 ガ, ふせる 🇬🇧 lie down

① 누울 **와**(偃也寐). ② 쉴 **와**(休息).

書體 小篆 臥 草書 臥 中學 會意

臥龍(와룡 wòlóng) ① 누워 있는 용(龍). 《喩》 때를 만나지 못한 영웅. ② 《人》 제갈공명(諸葛孔明)의 별호(別號). ③ 혜강(嵇康)을 가리킴.

臥席終身(와석종신 wòxízhōngshēn) 자기 수명에 죽음.

臥薪嘗膽(와신상담 wòxīnchángdǎn) 고생을 참고 견디면서 노력하는 것.

《故》오왕(吳王) 부차(夫差)가 섶나무 위에 자면서 월(越)에 복수(復讎)할 것을 잊지 않았고, 또 월왕(越王) 구천(勾踐)이 쓸개를 핥으면서 오왕(吳王)에게 복수할 것을 잊지 않아 피차 고생을 참고 견디었다 함.

臥治天下(와치천하 wòzhìtiānxià) 일 없이 천하를 다스림. 곧 태평 세대의 뜻.

▶ 長坐不臥(장좌불와).

臨 임할 림

臣 11 / 17

丨 丨 王 王 丨 臣 臣 臣 臨 臨 臨

音 lín 日 リン, のぞむ
英 look down, face

① 임할 림(莅). ② 볼 림(監也) ③ 클 림(大). ④ 군림할 림(君臨). ⑤ 괘 이름 림(卦名). ⑥ 여럿이 울 림(衆哭). ⑦ 굽힐 림(偏向以尊適卑).

書體 小篆 臨 草書 临 高校 形聲

臨渴掘井(임갈굴정 línkějuéjǐng) 목마른 뒤에 우물을 판다는 뜻《喩》준비 없이 갑자기 일을 당하여 허둥지둥하는 태도.

臨機應變(임기응변 línjīyīngbiàn) 그때그때 그 시기에 임하여 그 정세의 변화에 따라 잘 처리하는 수단.

臨農奪耕(임농탈경 línnóngduógēng) 농사지을 시기에 이르러 경작자를 바꾸는 것.《喩》이미 다 마련된 것을 빼앗는 것.

臨終(임종 línzhōng) ① 죽게 된 때를 당함. 임사(臨死). 망종(亡終). ② 부모가 돌아갈 때 모시고 있음. 종신(終身).

▶ 降臨(강림)·君臨(군림)·再臨(재림).

自 部

스스로 자

自 스스로 자

自 0 / 6

自 自 自 自 自 自

音 zì 日 ジ, シ, おのずから
英 oneself, from

① 몸소 자(己). ② 부터 자, 좇을 자(由也, 從). ③ 스스로 자(躬親). ④ 저절로 자(自自).

書體 小篆 自 古文 自 草書 自 中學 象形

自家撞著(자가당착 zìjiāzhuàngzhù) 한 사람의 언행(言行)이 앞뒤가 모순되는 것.

自彊(자강 zìqiáng) 자기 힘으로 노력하고 격려함. 스스로 근면하게 힘씀.

自激之心(자격지심 zìjīzhīxīn) 어떠한 일을 하여 놓고 자기 스스로 미흡하게 여기는 마음.

自決(자결 zìjué) ① 스스로 자기의 진퇴를 결정함. ② 자살(自殺).

自愧之心(자괴지심 zìkuìzhīxīn) 스스로 부끄러워하는 마음.

自給自足(자급자족 zìgěijìzú) 자기가 필요한 물건을 자기가 만든 물건으로 충당함.

自矜(자긍 zìjīn) 제 스스로 자기의 장점을 자랑함.

自力更生(자력갱생 zìlìgēngshēng) 피폐하여진 생활환경을 스스로의 힘으로써 회복함.

自刎(자문 zìwěn) 자기가 자기 목숨을 끊음. 자인(自刃).

自署(자서 zìshǔ) 자기의 서명(署名)을 제 스스로 씀.

自叙傳(자서전 zìxùzhuan) 자기가 쓴 자기의 전기(傳記). 남에게 구술하여 쓰게 한 자기의 전기.

自手成家(자수성가 zìshǒuchéngjiā) 《國》 물려받은 재산이 없는 사람이 자기의 힘으로 한 살림을 이룩함.

自繩自縛(자승자박 zìshéngzìfù) ① 제 줄로 제 몸을 옭아 묶는다는 뜻. 《喩》 제가 쓴 마음씨나 언행으로 말미암아 제 자신이 행동의 자유를 갖지 못하는 것. ② 《佛》 제 마음으로 번뇌를 일으키어 괴로워하는 것.

自習(자습 zìxí) 자기 스스로 배워 익힘.

自我(자아 zìwǒ) ① 자기. 나. ② 《哲》 자기를 의식하는 하나의 실체(實體). 의식자(意識者)가 다른 의식자(意識者)와 대상으로부터 스스로를 구별한 자기. ③ 《心》 인격 구조에 있어서의 중심부면. 개체 행동의 특성을 규정하는 주체적 조건. ↔비아(非我).

自慰(자위 zìwèi) ① 자기만이 즐기고 만족하는 것. ② 자독(自瀆). ③ 수음(手淫).

自酌(자작 zìzhuó) 술을 손수 따라 마심.

自淨作用(자정작용 zìjìngzuòyòng) 물이 흐르는 동안에 저절로 깨끗하게 되는 작용.

自嘲(자조 zìcháo) 스스로 자기를 비웃음.

自尊(자존 zìzūn) ① 스스로 제 몸을 높임. 제 스스로 높은 사람인 체함. ② 스스로 제 품위(品位)를 지킴.

自重(자중 zìzhòng) ① 물건 자체의 무게. ② 제 스스로 제 몸을 소중하게 하는 것. 자애(自愛). ③ 말과 행동을 조심하여 제 스스로의 인격(人格)을 훌륭하게 함. 자존(自尊).

自初至終(자초지종 zìchūzhìzhōng) 《國》 처음부터 끝까지의 이르는 동안. 또는 그 일.

自暴自棄(자포자기 zìbàozìqì) 마음에 불만이 있어 짐짓 몸가짐이나 행동을 마구 되는대로 함.

自虐(자학 zìnüè) 스스로 자기를 학대(虐待)함.

▶ 大自然(대자연)·獨自(독자)·茫然自失(망연자실)·無爲自然(무위자연)·焚身自殺(분신자살)·悠悠自適(유유자적)·隱忍自重(은인자중)·超自我(초자아)·投身自殺(투신자살).

自 ⁴⁰⁶ 臭 냄새 취:

臭 臭 臭 臭 臭 臭 臭 臭 臭 臭

⊙ chòu, xiù ⊙ シュウ, におい
⊙ smell, stink

① 냄새 취(氣通於鼻). ② 향기 취(香). ③ 썩을 취, 더럽힐 취(敗). ④ 고약한 이름 취(惡名, 醜聞, 污名).

書體 小篆 臭 草書 臭 (高校) 會意

臭氣(취기 chòuqì) 비위를 상하게 하는 좋지 못한 냄새.

臭味(취미 chòuwèi) ① 나쁜 냄새. ② 나쁜 짓을 하는 무리. 또는 그 동류(同類).

臭穢(취예 chòuhuì) 구리고 더러움.

▶ 口臭(구취)·無色無臭(무색무취)·腥臭(성취)·惡臭(악취)·油臭(유취)·乳臭(유취)·體臭(체취)·香臭(향취)·酷臭(혹취).

自 ⁴⁰⁶ 皈 돌아갈 귀:

【歸(止부14획)의 약자】

至

이를 **지**

至 이를 지
至⁰ ⁶

至 至 至 至 至 至

중 zhì 일 シ, いたる
영 reach, extremely

① 이를 **지**(到). ② 지극할 **지**(極). ③ 절기 **지**(節氣冬至).

書體 小篆 夁 古文 頁 草書 玉 中學 會意

至高(지고 zhìgāo) 더할 나위 없이 높음.

至公無私(지공무사 zhìgōngwúsī) 지극히 공평하고 사사로운 마음이 없음.

至死不屈(지사불굴 zhìsǐbùqū) 죽을 때까지 자기의 의견을 주장하여 굽히지 않음.

至上命令(지상명령 zhìshàngmìnglìng) 무조건 복종하지 않으면 안 되는 명령.

至誠感天(지성감천 zhìchénggǎntiān) 지극한 정성은 하늘도 감동함.

至嚴(지엄 zhìyán) 매우 엄함. 절엄(切嚴). 준엄(峻嚴).

至尊(지존 zhìzūn) ① 지극히 존귀함. ② 임금에 대한 존칭. 지귀(至貴).

▶ 乃至(내지)·冬至(동지)·北至(북지)·甚至於(심지어)·自初至終(자초지종)·夏至(하지).

致 다스릴 치:
至⁴ ⑩

致 致 致 致 致 致 致 致 致 致
중 zhì 일 チ, いたす
영 reach, extreme

① 이를 **치**(至). ② 극진할 **치**(極). ③ 버릴 **치**(委). ④ 불러올 **치**(使之至). ⑤ 풍치 **치**(風致趣). ⑥ 드릴 **치**(納). ⑦ 보낼 **치**(送). ⑧ 연구할 **치**(研究). ⑨ 일으킬 **치**(生起). 【緻와 통함】

書體 小篆 致 草書 致 中學 會意

致命(치명 zhìmìng) ① 목숨을 바치고 어느 일에 당함. ② 목숨을 바침. ③ 죽을 지경에 이름.

致富(치부 zhìfù) 《國》 재물을 모아 부자가 됨.

致誠(치성 zhìchéng) ① 있는 정성을 다함. ② 신(神)이나 부처에게 정성을 드림.

致賀(치하 zhìhè) 남의 경사(慶事)에 대하여 축하(祝賀)의 말을 하는 인사.

▶ 景致(경치)·極致(극치)·拉致(납치)·滿場一致(만장일치)·不一致(불일치)·所致(소치)·送致(송치)·馴致(순치)·雅致(아치)·言行一致(언행일치)·韻致(운치)·誘致(유치)·理致(이치)·一致團結(일치단결)·才致(재치)·祭政一致(제정일치)·風致(풍치)·筆致(필치)·合致(합치)·興致(흥치).

臺 집 대
至⁸ ⑭

臺 臺 臺 臺 臺 臺 臺 臺 臺 臺

중 tái, tāi 일 ダイ, だい, うてな
영 eminence

① 돈대 **대**, 집 **대**(臺榭築土觀四方而高者). ② 종 **대**, 하인 **대**(輿儓賤稱). ③ 코골 **대**(鼾息聲). ④ 잔디 **대**(莎草). ⑤ 관청 **대**(官廳). ⑥ 고관 **대**(高官). ⑦ 사람을 부르는 존칭 **대**(尊稱).

書體 小篆 臺 草書 臺 高校 會意

臺本(대본 táiběn) ① 연극의 각본.

② 영화 촬영의 토대가 되는 책. 시나리오.

臺詞(대사 táicí) 각본(脚本)에 따라 배우가 무대에서 하는 말.

臺狀(대장 táizhuàng) 신문의 한 면을 조판한 다음에 준장(準狀)과 맞대 보기 위하여 박아 내는 종이. 교정지(校正紙).

▶ 假設舞臺(가설무대)·家星臺帳(가옥대장)·鏡臺(경대)·國際舞臺(국제무대)·樓臺(누대)·墩臺(돈대)·燈臺(등대)·舞臺(무대)·世界舞臺(세계무대)·野外舞臺(야외무대)·億臺(억대)·演臺(연대)·靈臺(영대)·將臺(장대)·展望臺(전망대)·祭臺(제대)·座臺(좌대)·址臺(지대)·礎臺(초대)·燭臺(촉대)·築臺(축대)·寢臺(침대)·土臺(토대)·砲臺(포대).

臼, 臼 部

절구 구

臼 [臼0 ⑥] 절구 구

집 jiù 일 キュウ, うす 영 mortar

① 절구 구(杵臼舂). ② 별 이름 구(星名). ③ 땅 이름 구(地名).

臼頭深目(구두심목 jiutóushēnmù) 얼굴이 추한 여자를 형용하는 말.

臼狀(구상 jiùzhuàng) 절구처럼 생긴 가운데가 우묵하게 파인 모양.

臼齒(구치 jiùchǐ) 어금니.

臽 [臼2 ⑧] 빠질 함:

집 xiàn 일 カン, ちいさい おとしあな 영 pit

구덩이 함, 함정 함(小阱).【陷과 같음】

舅 [臼7 ⑬] 시아비/외삼촌 구

집 jiù 일 キュウ, しゅうと 영 husband's father

① 시아비 구(夫父). ② 외삼촌 구(母之兄弟). ③ 장인 구(妻父).

舅家(구가 jiùjiā) 시가(媤家). 시집.
舅姑(구고 jiùgū) 시부모와 장인 장모.

與 [臼7 ⑭] 더불/줄 여:

與 與 與 與 與 與 與 與

①-③ 집 yǔ ④-⑭ yú ⑮ 집 yù
일 ヨ, あたえる 영 give, together

① 너울너울 할 여. ② 어조사 여(語辭). ③ 헌출하게 보일 여. ④ 더불어 여(以). ⑤ 좋아할 여(善). ⑥ 허락할 여(許也, 從). ⑦ 미칠 여(及). ⑧ 같을 여(如). ⑨ 기다릴 여(待). ⑩ 화할 여(和). ⑪ 셈할 여(數). ⑫ 무리 여(衆). ⑬ 줄 여(施子). ⑭ 한적할 여. ⑮ 참여할 여(參與干).

書體 小篆 與 古文 州 草書 与 中學 會意

與件(여건 yǔjiàn) 추리 또는 연구의 출발점으로서 주어지거나 가정된 사물.

與黨(여당 yǔdǎng) ① 행정부의 편을 들어, 그 정책을 지지하는 정당(政黨). ↔ 야당(野黨). ② 한 편이 되는 무리. 동지(同志).

與民同樂(여민동락 yǔmíntónglè) 임금이 백성과 더불어 같이 즐김.

與信(여신 yǔxìn)《經》금융 기관에서 고객에게 신용을 부여하는 일. 즉 고객을 신용하는 일. ↔ 수신(受信).

與奪(여탈 yǔduó) 주는 것과 빼앗는 것.

與狐謀皮(여호모피 yǔhúmóupí) 여우하고 값진 모피(毛皮)를 얻을 의

논을 함.《喩》이해(利害)가 서로 반대되는 사람하고 의논하면 결코 이루어지지 않는다는 것.

▶ 干與(간여)·巨與(거여)·供與(공여)·關與(관여)·給與(급여)·寄與(기여)·黨與(당여)·貸與(대여)·賦與(부여)·不參與(불참여)·非參與(비참여)·賞與金(상여금)·授與(수여)·施與(시여)·讓與(양여)·容與(용여)·贈與(증여)·參與(참여)·天與(천여)·總與信(총여신)·親與(친여)·投與(투여).

興 일[盛] 흥(ː)

①-⑤ xīng コウ, おこる rise ⑥-⑪ xìng キョウ prosperous

① 일 흥, 일어날 흥(起). ② 지을 흥(作). ③ 성할 흥(盛). ④ 일으킬 흥(舉). ⑤ 거두어 모을 흥(軍興徵聚) ⑥ 기뻘 흥(悅). ⑦ 감동할 흥(感物而發). ⑧ 흥치 흥(興況意思). ⑨ 형상할 흥(象). ⑩ 시구의 구조법 흥(詩句構造法). ⑪ 시경 육의(六義)의 하나 흥(詩經).

書體 小篆 草書 中學 會意

興隆(흥륭 xīnglóng) 일이 잘 되어 번영함. 매우 번성함.
興亡盛衰(흥망성쇠 xīngwángshèngshuāi) 흥망과 성쇠. 흥하여 일어남과 망하여 세력이 약해짐.
興盡悲來(흥진비래 xīngjìnbēilái) 즐거운 일이 다하면 슬픈 일이 옴. 곧 흥망과 성쇠가 엇바뀜을 가리키는 말.
興行(흥행 xīngxíng) ① 행함. 좋은 행실을 힘써 수행(修行)함. ② 연극·영화 따위를 요금을 받고 구경시키는 것.

▶ 感興(감흥)·民族中興(민족중흥)·勃興(발흥)·發興(발흥)·復興(부흥)·詩興(시흥)·新興(신흥)·餘興(여흥)·遊興(유흥)·隆興(융흥)·酒興(주흥)·中興(중흥)·卽興(즉흥)·振興(진흥).

舊 예/옛 구ː

jiù キュウ, ふるい
antiquity, old

① 옛적 구(對新之稱昔). ② 오랠 구(久). ③ 늙은이 구(宿). ④ 친구 구(故舊交誼)【旧는 약자】

書體 小篆 或體 草書 中學 形聲

舊殼(구각 jiùqiào) 낡은 껍질. 곧 낡은 옛 관습.
舊敎(구교 jiùjiào)《宗》기독교의 한 파(派). 천주교를 일컬음. ↔신교(新敎). 개신교(改新敎).
舊臘(구랍 jiùlà) 지난 해의 섣달. 객랍(客臘). 구동(舊冬).
舊朋(구붕 jiùpéng) =구우(舊友).
舊讎(구수 jiùchóu) 옛 원수. 오래 전부터의 원수.
舊約聖經(구약성경 jiùyuēshèngching)《書》三九권. 성경(聖經)의 하나. 예수 이전의 약 1천년에 걸친 이스라엘 민족의 종교 문학과 기사(記事)를 모은 것. 원래는 유대교의 성전(聖典). 율법(律法)·예언서(豫言書)·성서문학(聖書文學)의 세 구분으로 기술(記述)되었음. ↔신약성경(新約聖經).
舊恩(구은 jiù'ēn) 옛날에 받은 은혜(恩惠).
舊態依然(구태의연 jiùtàiyīrán) 옛 모양 그대로임.
舊懷(구회 jiùhuái) 지난 옛 일을 그리는 마음.

▶ 復舊(복구)·守舊(수구)·新舊(신구)·親舊(친구)·懷舊(회구)

舌部

혀 설

舌 혀 설

舌舌舌舌舌舌

shé セツ, ゼツ, した tongue

혀 설(在口所以言語辨味).

書體: 小篆 舌 草書 舌 中學 象形

舌乾脣焦(설건순초 shégānchúnjiāo) 매우 잘 지껄인다는 뜻. 초순건설(焦脣乾舌).

舌芒于劍(설망우검 shémángyújiàn) 혀는 칼보다 날카로움. 논봉(論鋒)이 날카로운 모양.

舌禍(설화 shéhuò) ① 자기의 말이나 언론 때문에 받는 재앙. ② 남의 참소(讒訴)로 인하여 받는 재앙.

▶ 口舌(구설)·毒舌(독설)·辯舌(변설)·惡舌(악설)·兩舌(양설)·饒舌(요설)·長廣舌(장광설)·寸舌(촌설)·筆舌(필설).

乱 어지러울 란:

【亂(乙부12획)의 속자】

舍 집 사

舍舍舍舍舍舍舍舍

① shè ②~⑧ shě シャ, いえ house

① 놓을 사(釋). ② 집 사(屋). ③ 쉴 사(止息). ④ 베풀 사(施). ⑤ 폐할 사(廢). ⑥ 둘 사(置). ⑦ 삼십 리 사(一舍三十里). ⑧ 용서할 사(赦). 【捨와 같음】

書體: 小篆 舍 草書 舍 中學 會意

舍監(사감 shèjiān) ① 기숙사에서 기숙생을 감독하는 사람. ②《制》궁방(宮房)의 논밭을 관리하던 사람.

舍廊(사랑 shèláng)《國》바깥주인이 거처하며 손님을 접대하는 방. 사랑(斜廊).

舍利(사리 shèlì)《佛》Sartra의 음역(音譯). 석가모니 또는 고승(高僧)의 유골(遺骨). 부처나 고승(高僧)이 죽은 뒤 화장(火葬)하면 사리(舍利)라는 구슬이 나왔다 함. 불골(佛骨). 불사리(佛舍利).

舍屋(사옥 shèwū) 집. 주택(住宅).

舍弟(사제 shèdì) 자기 아우를 남 앞에 낮추어 일컫는 말. 가제(家弟). ↔사형(舍兄).

舍姪(사질 shèzhí) 자기의 조카를 남 앞에서 일컫는 말.

舍兄(사형 shèxiōng) 자기 형을 남 앞에서 낮추어 일컫는 말. 가형(家兄). ↔사제(舍弟).

▶ 客舍(객사)·官舍(관사)·館舍(관사)·校舍(교사)·寄宿舍(기숙사)·黨舍(당사)·豚舍(돈사)·旅舍(여사)·幕舍(막사)·茅舍(모사)·宿舍(숙사)·驛舍(역사)·屋舍(옥사)·獄舍(옥사)·寮舍(요사)·廳舍(청사)·畜舍(축사)·學舍(학사).

舒 펼 서:

shū ジョ, のびる unfold

① 펼 서(伸也, 展). ② 한가할 서(閒). ③ 느즐 서(緩). ④ 천천할 서(徐). ⑤ 자세할 서(詳). ⑥ 나라 이름 서(國名).

舒情(서정 shūqíng) 생각을 펼침. 서정(敍情).

辭 말씀 사

【辭(辛부12획)의 속자】

| 自至臼舌舛舟艮色艸虍虫血行衣襾 | 695 |

舌 9 ⑮
舖 펼/가게 포
【鋪(金부7획)의 속자】

舌 10 ⑯
舘 집 관
【館(食부8획)의 속자】

舞踊(무용 wǔyǒng) 춤. 댄스.

▶ 假面舞(가면무)·歌舞(가무)·假設舞臺(가설무대)·劍舞(검무)·鼓舞(고무)·群舞(군무)·亂舞(난무)·蹈舞(도무)·世界舞臺(세계무대)·僧舞(승무)·按舞(안무)·圓舞(원무)·佾舞(일무)·集團舞(집단무)·處容舞(처용무)·鶴舞(학무)·花冠舞(화관무).

舛 部
어그러질 천

舛 6 ⑫
舜 순임금 순
음 shùn 일 シュン, むくげ 영 the rose of Sharon
① 순임금 순(有虞氏號). ② 무궁화 순(木槿).

▶ 堯舜時代(요순시대).

舛 8 ⑭
舞 춤출 무:
丿 舞 舞 舞 舞 舞 舞 舞 舞
음 wǔ 일 ブ, ム, まう 영 dance
① 춤출 무, 춤 무(所以節音樂手舞足蹈). ② 희롱할 무(舞交變弄). ③ 좋아서 펄펄뛸 무(儛와 같음)

書體 小篆 舞 古文 舞 篆書 舞 中學 形聲

舞曲(무곡 wǔqǔ) ① 춤을 위하여 작곡된 악곡의 총칭. ② 춤과 음악.
舞蹈(무도 wǔdǎo) ① 조배(朝拜)의 의식(儀式). ② 발을 구르며 기뻐 춤춤. ③ 서양식의 댄스.

舟 部
배 주

舟 0 ⑥
舟 배 주
舟 舟 月 月 月 舟
음 zhōu 일 シュウ, ふね 영 ship
① 배 주(周流船). ② 잔대 주(尊下帶). ③ 띠 주(帶).

書體 小篆 月 草書 舟 高校 象形

舟橋(주교 zhōuqiáo) 배다리.
舟梁回甲(주량회갑 zhōuliánghuíjiǎ) 혼인한 지 61년만인 그날. 회혼(回婚).

▶ 輕舟(경주)·孤舟(고주)·同方舟(동방주)·方舟(방주)·漁舟(어주)·一葉片舟(일엽편주)·扁舟(편주)·虛舟(허주).

舟 4 ⑩
航 배 항:
航 航 月 月 月 舟 航 航 航 航
음 háng 일 コウ, ふね, わたる
영 ship, sail
① 쌍배 항, 배 항(方船). ② 배질할 항, 건널 항(以船渡水). 【杭과 통함】

航 (航)

篆文 航 **草書** 航 **(高校)** 形聲

航空(항공 hángkōng) 비행기나 비행선으로 공중을 비행함.
航送(항송 hángsòng) 물건을 선박(船舶)이나 항공기(航空機)에 의하여 수송(輸送)함.
航跡(항적 hángjī) 물 위를 배 따위가 지나간 뒤에 보이는 형적.

▶ 缺航(결항)·歸航(귀항)·寄航(기항)·難航(난항)·渡航(도항)·密航(밀항)·順航(순항)·外航(외항)·運航(운항)·直航(직항)·就航(취항)·回航(회항).

舫 쌍배 방

舟 4 / 10

🔊 fǎng 🇯🇵 ボウ, もやいぶね 🇬🇧 ship

① 쌍배 **방**(方船竝兩船). ② 사공 **방**.
舫船(방선 fǎngchuán) 쌍배.
舫屋(방옥 fǎngwū) 배 위에 있는 전각.
舫人(방인 fǎngrén) 뱃사공. 주인(舟人).
舫艇(방정 fǎngtǐng) 배.

般 일반 반

舟 4 / 10

般般般般般般般般般

🔊 bān, bō, pán 🇯🇵 ハン, はこぶ 🇬🇧 remove, common

① 돌이킬 **반**(旋). ② 즐길 **반**(樂). ③ 옮길 **반**(移). ④ 셈할 **반**(數列名). ⑤ 많을 **반**(多). ⑥ 일반 **반**(一般). ⑦ 모두 **반**(全般). ⑧ 큰 배 **반**(大船). ⑨ 되돌아올 **반**(還也, 反). ⑩ 펼 **반**(布). ⑪ 사람의 이름 **반**(人名魯公輸般). 【班과 통함】

小篆 般 **古文** 胎 **草書** 般 **(高校)** 會意

般若(반야 bānruò) 《佛》 Prajna의 음역(音譯). 지혜의 뜻. 만유(萬有)의 실상(實相)을 증험(證驗)하는 것으로 제불(諸佛)의 어머니라 함.
般若心經(반야심경 bānruòxīnjīng) 《書》 반야바라밀다심경(般若波羅蜜多心經)의 약(略). 당(唐)의 현장법사(玄奘法師) 번역. 색즉시공(色即是空)의 이치(理致)를 설법(說法)한 불경(佛經).

▶ 過般(과반)·今般(금반)·萬般(만반)·一般(일반)·全般(전반)·諸般(제반).

舵 키 타

舟 5 / 11

🔊 duò 🇯🇵 タ, かじ 🇬🇧 helm

키 **타**(正船木).【柁와 같음】

舵 키 타

舟 5 / 11

【舵(前條)와 같음】

舶 배 박

舟 5 / 11

🔊 bó 🇯🇵 ハク, おおぶね 🇬🇧 big ship

큰 배 **박**, 당두리 **박**(海中大船).
舶來(박래 bólái) ① 딴 나라로부터 물건이 배에 실리어 옴. ② 박래품(舶來品)의 약어.
舶載(박재 bózài) 배에 실음. 배에 실어 운반함.

▶ 大舶(대박)·船舶(선박).

舷 뱃전 현

舟 5 / 11

🔊 xián 🇯🇵 ゲン, ふなばた 🇬🇧 gun wale

뱃전 **현**(船邊).
舷燈(현등 xiándēng) 뱃전에 달아 둔

등(燈).
舷窓(현창 xiánchuāng) 뱃전에 있는 창. 선창(船窓).
舷柵(현책 xiánzhà) 뱃전에 만들어 놓은 난간.
舷側(현측 xiáncè) 뱃전.

▶右舷(우현).

舟 5 ⑪ 船 배 선

舟舟舟舟舟船船船船船

⾳ chuán 일 セン, ふね 영 ship
① 배 선(舟). ② 옷깃 선(衣領).

書體 小篆 船 草書 舩 中學 形聲

船渠(선거 chuánqú) 선박의 건조(建造)나 수선(修繕) 또는 짐을 싣기 위하여 둘레를 만든 부거(浮渠)·박거(泊渠)·소거(沼渠)의 총칭. 독(dock).
船樓(선루 chuánlóu) 배의 망대. 선각(船閣).
船腹(선복 chuánfù) 배의 중간 공간.
船埠(선부 chuánbù) 나루터. 부두(埠頭).
船檣(선장 chuánqiáng) 배의 돛대. 범장(帆檣).
船艙(선창 chuáncāng) 물가에 다리처럼 만들어서 배가 닿고 짐을 싣고 부릴 수 있게 된 곳.
船舷(선현 chuánxián) 뱃전.

▶客船(객선)·巨船(거선)·歸船(귀선)·龜船(귀선)·汽船(기선)·樓船(누선)·渡船(도선)·滿船(만선)·木船(목선)·帆船(범선)·商賈船(상고선)·商船(상선)·乘船(승선)·漁船(어선)·連絡船(연락선)·倭船(왜선)·傭船主(용선주)·運送船(운송선)·遊船(유선)·油漕船(유조선)·敵船(적선)·戰船(전선)·造船(조선)·釣船(조선)·重船(중선)·蒸氣船(증기선)·鐵船(철선)·破船(파선)·廢船(폐선)·風船(풍선)·下船(하선)·荷船(하선)·艦船(함선).

舟 7 ⑬ 艇 배 정

⾳ tǐng 일 テイ, こぶね 영 boat
거루 정, 작은 배 정(小船).
艇身(정신 tǐngshēn) 보트의 길이. 보트의 전신(全身).

▶救命艇(구명정)·短艇(단정)·上陸艇(상륙정)·潛水艇(잠수정)·漕艇(조정)·艦艇(함정).

舟 10 ⑯ 艙 부두 창

⾳ cāng 일 ソウ, さんばし 영 wharf
① 갑판 밑 창(甲板底). ② 선창 창(船艙).
艙間(창간 cāngjiān) 배의 동체(胴體)의 사이.
艙底(창저 cāngdǐ) 배의 밑창. 선저(船底).

▶船艙(선창)·貨物艙(화물창).

舟 13 ⑲ 檣 돛대 장

⾳ qiáng 일 ショウ, ふね 영 mast
돛대 장(舳柱).【檣과 같음】

舟 14 ⑳ 艦 큰배 함:

⾳ jiàn 일 カン, いくさぶね 영 warship
싸움배 함(四方施版以禦矢石戰船).
艦隊(함대 jiànduì) 군함 2척(隻) 이상으로써 편성된 해군 부대.
艦載機(함재기 jiànzàijī) 항공모함(航空母艦)에 실은 비행기.
艦艇(함정 jiàntǐng) 군함(軍艦)·구축함(驅逐艦)·수뢰정(水雷艇)·구명정(救命艇)의 총칭.

▶ 巨艦(거함)·軍艦(군함)·旗艦(기함)·母艦(모함)·輪送艦(수송함)·潛水艦(잠수함)·戰艦(전함)·砲艦(포함)·航空母艦(항공모함).

艮部

그칠 간

艮 그칠 간

🔊 gèn, 🇯🇵 gěn コン, かぎる
🔤 limit, stop

① 그칠 간(止). ② 한정할 간(限). ③ 괘 이름 간(卦名).

艮卦(간괘 gènguà) 《民》 ① 팔괘(八卦)의 하나. 상형(象形)은 ☶인데, 산(山)을 상징함. ② 육십사괘(六十四卦)의 하나. ☶ 둘을 포괜 것인데 아래 위에 산이 거듭됨.

艮方(간방 gènfāng) 《民》 ① 24 방위의 하나인 정동(正東)과 정북(正北)의 사이의 간방(間方). ② 팔방(八方)의 하나인 정동(正東)과 정북(正北)의 사이의 간방.

艮時(간시 gènshí) 하루를 24시로 나누었을 때의 자시(子時)로부터 넷째 시. 상오 2시 반부터 3시 반까지의 동안.

良 어질 량

良 良 良 良 良 良

🔊 liáng 🇯🇵 リョウ, よい
🔤 good, meet

① 착할 량, 어질 량(善). ② 자못 량, 매우 량(頗也) ③ 남편 량(夫稱良人). ④ 장인 량(器工). ⑤ 깊을 량(深). ⑥ 머리 량(首). ⑦ 때문 량(良有以).

書體 小篆 𡆥 古文 目 古文 㝹 草書 𠩺

中學 象形

良驥(양기 liángjì) 뛰어난 천리마(千里馬). 준마(駿馬).

良民(양민 liángmín) 선량한 백성. 국법(國法)을 잘 지키고 가업(家業)에 부지런한 사람.

良識(양식 liángshí) 건전한 식견(識見). 틀림이 없는 판단력(判斷力).

良藥苦口(양약고구 liángyàokǔkǒu) 효험이 많은 좋은 약은 입에 씀. 《喻》 충언(忠言)은 듣기 싫으나, 받아들이면 자신에 이로움.

良緣(양연 liángyuán) 좋은 인연. 좋은 연분(緣分).

良貨(양화 liánghuò) ① 좋은 실물(實物). ② 품질이 좋은 화폐.

▶ 改良(개량)·美風良俗(미풍양속)·不良(불량)·選良(선량)·贖良(속량)·淳良(순량)·純良(순량)·順良(순량)·馴良(순량)·溫良(온량)·優良(우량)·最良(최량)·閑良(한량)·賢良(현량).

艱 어려울 간

🔊 jiān 🇯🇵 カン, かたい
🔤 hard, difficulty

① 어려울 간(難). ② 근심 간(憂).

艱苦(간고 jiānkǔ) 가난함. 곤궁함. 괴롭고 고생스러운 것. 신고(辛苦).

艱困(간곤 jiānkùn) 구차하고 곤궁함.

艱難(간난 jiānnàn) =간고(艱苦).

艱難辛苦(간난신고 jiānnànxīnkǔ) 몹시 어려운 고생.

色 部

빛 색

色 빛 색

` ` ` ` ` ` 色

㉿ sè, shǎi ㊅ ショク, シキ, いろ
㊆ colour, sexual

① 낯 색(顏色). ② 어여쁜 계집 색(美女). ③ 빛 색(五采貌). ④ 화상 색(物色). ⑤ 핏대 올릴 색(作色怒). ⑥ 모양 색(行色). ⑦ 놀랄 색(驚).

書體 小篆 㿝 古文 㿝 草書 色 （中學） 會意

色骨(색골 sègǔ) 《國》여색(女色)을 즐기는 사람.
色魔(색마 sèmó) 많은 여성을 속이고 그 정조(貞操)를 빼앗는 남자. 여색(女色)에 미쳐 날뛰는 사람. 색광(色狂).
色盲(색맹 sèmáng) 색을 구별하지 못하는 시각.
色素(색소 sèsù) ① 물체의 색의 본질. ② 색소세포(色素細胞).
色眼鏡(색안경 sèyǎnjìng) ① 빛깔이 있는 안경. ② 주관과 감정에 사로잡힌 편벽된 관찰.
色調(색조 sèdiào) ① 색채의 강약(強弱)·농담(濃淡) 등의 정도. ② 빛깔의 조화(調和).
色卽是空(색즉시공 sèjíshìkōng) 《佛》 물질의 세계는 본래 공무(空無)라는 뜻.
色漆(색칠 sèqī) 빛깔을 바름.
色態(색태 sètài) ① 여자의 곱고 아름다운 자태(姿態). ② 빛깔의 맵시.

▶ 脚色(각색)·各樣各色(각양각색)·褐色(갈색)·紺色(감색)·苦色(고색)·古色蒼然(고색창연)·具色(구색)·橘色(귤색)·基色(기색)·氣色(기색)·幾色(기색)·難色(난색)·男色(남색)·藍色(남색)·綠色(녹색)·淡色(담색)·黛色(당색)·桃色(도색)·桃色(도색)·名色(명색)·暮色(모색)·無色無臭(무색무취)·物色(물색)·配色(배색)·變色(변색)·病色(병색)·補色(보색)·服色(복색)·本色(본색)·翡色(비색)·死色(사색)·四色黨爭(사색당쟁)·生色(생색)·異色(생색)·素色(소색)·遜色(손색)·顏色(안색)·暗色(암색)·染色(염색)·五色燦爛(오색찬란)·玉色(옥색)·倭色(왜색)·原色(원색)·潤色(윤색)·音色(음색)·異色(이색)·一色(일색)·姿色(자색)·紫色(자색)·赤色(적색)·正色(정색)·朱色(주색)·酒色(주색)·着色(착색)·彩色(채색)·彩色畫(채색화)·靑色(청색)·草色(초색)·秋色(추색)·春色(춘색)·脫色(탈색)·貪色(탐색)·退色(퇴색)·特色(특색)·敗色(패색)·行色(행색)·血色(혈색)·形形色色(형형색색)·好色(호색)·混色(혼색)·紅色(홍색)·黃色(황색)·灰色(회색)·黑色(흑색)·黑色宣傳(흑색선전)·喜色(희색).

艶 고울 염:

㉿ yàn ㊅ エン, なまめかしい
㊆ fascinating

① 고울 염(光彩). ② 얼굴 탐스러울 염(容色豐滿). 【豔과 같음】

艶麗(염려 yànlì) 화려하고 아름다움.
艶聞(염문 yànwén) 이성(異性) 사이의 정사(情事)에 관한 소문.
艶福(염복 yànfú) 이성(異性)이 잘 따르는 복.
艶書(염서 yànshū) 이성(異性)끼리의 사랑하는 편지.
艶姿(염자 yànzī) 곱고 예쁜 자태. 염용(艶容).
艶態(염태 yàntài) 아름다운 자태.

▶ 妖艶(요염).

艹, 十, 十 部
풀 초, 초두머리

艹⁰₆ 艹 풀 초
㊀ cǎo ㊐ ソウ, くさ ㊍ grass
1 풀 초, 새 초(百卉總名).【草와 같음】 **2** 풀 파릇파릇 날 철(發芽貌).

艹²₆ 艾 쑥 애 / 다스릴 예
㊀ ài, yì ㊐ ガイ, よもぎ
㊍ mug wort
1 ① 쑥 애(灸草蕭). ② 그칠 애(止). ③ 늙은이 애(蒼艾過七老). ④ 기를 애(頤艾養). ⑤ 어여쁠 애(少艾美好) ⑥ 편안할 애(保艾安).【苂와 같음】 **2** ① 다스릴 예(艾安治). ② 낫 예(鎌). ③ 베어들일 예(穫).【乂와 같음】
艾年(애년 àinián)《喩》50세. 머리털이 약쑥같이 희어진다는 데서 온 말.
艾老(애로 àilǎo) 50세 이상(以上)의 노인(老人).
艾安(애안 àiān) 세상(世上)이 평화(平和)롭게 다스려지는 것. 치안(治安). 강애(康艾).

艹³₇ 芍 함박꽃 작
㊀ sháo ㊐ シャク, えびすぐすり
㊍ peoy
1 함박꽃 작(芍藥可離草). **2** ① 연밥 적(蓮中子). ② 연꽃의 열매 적(蓮實).【菂과 같음】
芍藥(작약 sháoyào)《植》미나리아재비과의 다년생 풀. 뿌리는 약재로 씀.

艹³₇ 芒 싹 망
㊀ máng, wáng ㊐ ボウ, のぎ
㊍ awn, bear
① 싹 망, 가스랑이 망(草端). ② 질펀할 망(芒大貌). ③ 꼬리별 망(光芒). ④ 칼날 망(鋒刃). ⑤ 맥없고 재미없는 모양 망(罷倦貌). ⑥ 벼종 망(芒種). ⑦ 귀신의 이름 망(神名句芒).【苎·鋩과 같음】
芒履(망리 mánglǚ) 짚신.
芒芒(망망 mángmáng) ① 피곤한 모양. ② 넓은 모양. 망망(茫茫). 망호(茫乎). 망양(茫洋). ③ 정신을 잃어 어리둥절한 모양. 망연자실(茫然自失). ④ 많은 모양. ⑤ 큰 모양.
芒然(망연 mángrán) ① 무심(無心)한 모양. 거리낌 없는 모양. ② 어두움. 어리둥절한 모양. ③ 피곤(疲困)하여 싫증이 나는 모양.
芒種(망종 mángzhǒng) ① 벼·보리같이 까끄라기가 있는 곡식. ② 이십사절후의 하나. 소만(小滿)과 하지(夏至) 사이. 양력 6월 5일 경.
芒鞋(망혜 mángjié) 미투리. 망리(芒履). 마혜(麻鞋).

艹⁴₈ 芙 연꽃 부
㊀ fú, fóu ㊐ フ, はち
㊍ lotus flower
① 연꽃 부(芙蓉蓮花). ② 나무연꽃 부(木芙蓉拒霜花).
芙蓉(부용 fúróng)《植》① 연꽃. 부용(夫容). ② 목부용(木芙蓉). ③ 미인(美人)의 형용.
芙蓉花(부용화 fúrónghuā) 목부용(木芙蓉)의 꽃.

艹⁴₈ 芝 지초 지
㊀ zhī ㊐ シ, ひじり だけ

᠍Japanese touchwood

① 버섯 지, 지초 지(靈芝瑞草). ② 연꽃 이름 지(荷名氷芝).

芝蘭(지란 zhīlán) 좋은 지초(芝草). 영지(靈芝)와 향기 좋은 난초.《喩》선인(善人). 군자(君子).

芝蘭之交(지란지교 zhīlánzhījiāo) 벗 사이의 고상한 교제.

芝焚蕙嘆(지분혜탄 zhīfénhuìtàn) 동류(同類)가 입은 재앙(災殃)은 자기에게도 근심이 된다는 말.

芝宇(지우 zhīyǔ) 사람 얼굴에 대한 존칭. 지미(芝眉).

芝草(지초 zhīcǎo)《植》모균류에 속하는 버섯. 화상(火傷)·동상(凍傷) 등의 약재로 쓰임. 영지(靈芝).

▶ 靈芝(영지).

艹4⑧ 芟 풀벨 삼

᠍shān ᠍サン, かる ᠍mow

풀 벨 삼(刈草).

芟穢(삼예 shānhuì) ① 잡초(雜草)를 베어 버림. ② 세상에 해로운 것을 제거함. 삼제(芟除).《轉》세상의 난(亂)을 평정함.

芟夷(삼이 shānyí) ① 풀을 다 베어 버림. ② 난적(亂賊)을 삼제(芟除)하고 평정(平定)함.

芟除(삼제 shānchú) ① 풀을 베어 없애 버림. ② 적을 평정(平定)함. 삼서(芟鋤).

芟討(삼토 shāntǎo) 풀을 베듯이 적을 무찔러 평정함.

艹4⑧ 芥 겨자 개

᠍jiè, gài ᠍カイ, からしな ᠍mustard

① 겨자 개, 갓 개(辛菜). ② 지푸라기 개(草芥). ③ 티끌 개(纖芥).

芥子(개자 jièzǐ) 겨자. 겨자씨와 갓 씨의 총칭. 조미료(調味料)에 씀.《轉》매우 작음.

▶ 草芥(초개).

艹4⑧ 芭 파초 파

᠍ハ, バ, ばしょう ᠍plantain

파초 파(芭苴甘蕉).

芭蕉(파초 bājiāo)《植》파초과(芭蕉科)에 딸린 다년생풀. 잎은 긴 타원형이고 꽃은 황갈색임. 따스한 곳에서 남.

艹4⑧ 花 꽃 화

花花花花花花花花

᠍huā ᠍カ, ケ, はな ᠍flower

① 꽃 화(草木之葩). ② 꽃필 화(花開). ③ 천연두 화(天然痘). ④ 기생의 별명 화(娼妓某名). ⑤ 써 없앨 화(消耗).

書體 小篆 荸 或體 琴 草書 芘 中學 形聲

花崗岩(화강암 huāgāngyán)《鑛》석영(石英)·운모(雲母)·장석(長石) 따위를 주성분(主成分)으로 한 심성암(深成岩)의 한 가지. 단단하고 아름다워 석재(石材)로 쓰임.

花冠(화관 huāguān) ① 칠보(七寶)로 꾸민 여자의 예장(禮裝)의 관(冠). ② 나라 잔치 때 기녀(妓女)·무동(舞童)들이 쓰던 관(冠). ③《植》꽃부리.

花柳(화류 huāliǔ) ① 붉은 꽃과 푸른 버들. 아름다움의 형용(形容). ② 사내들을 상대로 노는 계집. 유녀(遊女). 또는 그런 곳. 화류계(花柳界).

花無十日紅(화무십일홍 huāwúshíri-hóng) 열흘 붉은 꽃이 없음.《喩》한번 성하면 반드시 멀지 않아 쇠한다는 뜻.

花紋席(화문석 huāwénxí) 꽃돗자리.
花樹會(화수회 huāshùhuì) 성이 같은 일가끼리 친목을 꾀하기 위하여 이룬 모임이나 잔치.
花信(화신 huāxìn) 꽃이 피었다는 소식. 화음(花音).
花蕊(화예 huāruǐ) 《植》꽃술. 꽃의 생식기관. 수술과 암술 두 가지가 있으며 화심(花心)을 이룸.
花中君子(화중군자 huāzhōngjūnzǐ) 꽃 중의 군자라는 뜻으로, 연꽃의 별명.
花中神仙(화중신선 huāzhōngshénxiān) 꽃 중의 신선이라는 뜻으로, 해당화(海棠花)가 깨끗하고 고상하므로 이르는 말.
花中王(화중왕 huāzhōngwáng) 꽃 중의 왕. 모란(牧丹)이 탐스럽고 찬란하므로 이르는 말.
花草欌(화초장 huācǎozàng) 문짝에 화초의 그림을 그리어 만든 의장.
花燭(화촉 huāzhú) ① 아름다운 초. ② 결혼식 등의 석상(席上)에 켠 촛불. 《轉》 결혼식. 혼례(婚禮). 화촉전(花燭典). 화촉(華燭).
花魂(화혼 huāhún) 꽃의 정신. 꽃의 마음.
花卉(화훼 huāhuì) 꽃과 풀. 화초(花草).

▶ 假花(가화)·開花(개화)·國花(국화)·菊花(국화)·綿上添花(금상첨화)·奇花(기화)·落花(낙화)·桃花煞(도화살)·梅花(매화)·綿花(면화)·無窮花(무궁화)·無花果(무화과)·百合花(백합화)·百花齊放(백화제방)·鳳仙花(봉선화)·松花(송화)·野生花(야생화)·御賜花(어사화)·蓮花(연화)·玉簪花(옥잠화)·源花(원화)·造花(조화)·菜松花(채송화)·探花(탐화)·海棠花(해당화)·香花(향화)·火花(화화)·黃花(황화).

花 꽃 화

【花(前條)와 같음】

芳 꽃다울/향기 방

芳芳芳芳芳芳芳芳

🅰 fāng 🅹 ホウ, かおる 🅴 flowery
① 꽃다울 방(芬芳香氣). ② 이름빛날 방(聲譽之美). ③ 덕스러울 방(德行之美).

書體 小篆 芳 草書 芳 (高校) 形聲

芳年(방년 fāngnián) 젊은 여자의 나이. 방기(芳紀).
芳名(방명 fāngmíng) ① 아름다운 이름. ② 남의 이름의 존칭.
芳名錄(방명록 fāngmínglù) 비망용(備忘用)으로 남의 성명을 기록한 책.
芳馨(방형 fāngxīn) 좋은 향기.

▶ 餘芳(여방)·遺芳(유방).

芴 황홀할 홀

🅰 wù 🅹 フツ, コツ, にら 🅴 turnip
❶ ① 순무 물(土芥菲). ② 뺵뺵할 물(軋芴緻密). ❷ ① 황홀할 홀(惚). ② 아둔한 모양 홀, 확실하지 않는 모양 홀.
【惚과 같음】
芴然(홀연 wùrán) 어리석은 모양.

芻 꼴 추

🅰 chú 🅹 スウ, まぐさ 🅴 fodder
① 꼴 추(芻蕘刈草). ② 짐승먹이 추(芻豢獸食). ③ 중 추(僧曰芯芻).
芻米(추미 chúmǐ) 꼴과 쌀. 소나 말의 먹이와 사람의 양식.
芻言(추언 chúyán) 무식하고 비천(卑賤)한 사람의 언어.
芻蕘之說(추요지설 chúráozhīshuō)

《喩》고루하고 촌스러운 말을 가리키는 말.

▶ 反芻(반추).

艹 4 ⑧ 芽 싹 아

芽芽芽芽芽芽芽芽

图 yá 일 ガ, ゲ, め 영 sprout

① 싹 아(萌). ② 비롯할 아(始).

書體 小篆 艹 草書 芽 高校 形聲

芽甲(아갑 yájiǎ) 처음 생긴 초목의 자엽(子葉).
芽椄(아접 yájiē) 대목(臺木)의 피부를 여러 가지 방법으로 절개(截開)하여 따낸 눈을 접하는 접목법의 한 가지.

▶ 麥芽(맥아)·萌芽(맹아)·發芽(발아).

艹 5 ⑨ 苑 나랏동산 원:

图 yuàn, yuán 일 エン, オン, その
영 garden

① 나랏동산 원(禁苑圃). ② 솔솔바람 원, 큰바람 원(苑風大風).

苑池(원지 yuànchí) ① 정원(庭園)과 못. ② 못이 있는 정원(庭園). 원지(園池).
苑花(원화 yuànhuā) 동산에 핀 꽃. 원화(園花).

▶ 宮苑(궁원)·鹿苑(녹원).

艹 5 ⑨ 苔 이끼 태

图 tái, tāi 일 タイ, こけ 영 moss

이끼 태(蘚). 【苔와 같음】

苔徑(태경 táijìng) 이끼가 깔린 지름길.

苔階(태계 táijiē) 이끼 돋은 층계.
苔碑(태비 táibēi) 이끼 돋은 비석. 태갈(苔碣).
苔蘚(태선 táixiǎn) 《植》이끼. 선태(蘚苔).
苔泉(태천 táiquán) 이끼가 덮인 샘.
苔甃(태추 táizhòu) 이끼 낀 기와.

▶ 白苔(백태)·海苔(해태).

艹 5 ⑨ 苗 싹 묘

苗苗苗苗苗苗苗苗苗

图 miáo 일 ビョウ, なえ
영 shoot of plant

① 싹 묘(穀草初生). ② 여름사냥 묘(夏獵). ③ 무리 묘(衆). ④ 이을 묘(苗裔胤). ⑤ 이삭 묘(秀). ⑥ 종족 이름 묘(苗族).

書體 小篆 苗 草書 苗 高校 會意

苗木(묘목 miáomù) 목본식물(木本植物)의 모종. 이식(移植)하기 전의 어린 나무.
苗床(묘상 miáochuáng) 온갖 모를 길러 내는 자리.
苗板(묘판 miáobǎn) 논에 벼종자를 뿌려서 모를 기르는 곳. 못자리.
苗圃(묘포 miáopǔ) 묘목을 기르는 밭.

▶ 種苗(종묘)·靑苗(청묘).

艹 5 ⑨ 苛 가혹할 가:

图 kē 일 カ, きびしい 영 severe

① 잔풀 가(小草). ② 까다로울 가(煩細). ③ 흔들 가(擾). ④ 살필 가(察). ⑤ 옴 가, 가려울 가(疥). ⑥ 꾸짖을 가(譴). ⑦ 가혹할 가, 매울 가(嚴酷也, 政煩).

苛斂(가렴 kēliǎn) 혹독하게 징수함.
苛斂誅求(가렴주구 kēliǎnzhūqiú)

세금 따위를 가혹하게 받고 물품을 강제로 청구하여 국민을 못살게 구는 일.

苛法(가법 kēfǎ) 너무 엄격한 법령(法令).

苛稅(가세 kēshuì) 가혹한 세금. 중세(重稅).

苛虐(가학 kēnüè) 가혹하고 사나움.

苛酷(가혹 kēkù) 매우 혹독함.

苟 진실로/구차할 구

草 5 / 9

苟 苟 苟 苟 苟 苟 苟 苟 苟

중 gǒu 일 コウ, いやしくも
영 truly, poor

① 풀 구(草). ② 다만 구(但). ③ 구차할 구(苟且草率). ④ 진실로 구(誠). ⑤ 겨우 구(纔). ⑥ 만일 구(若).

書體 小篆 苟 草書 苟 (高校) 形聲

苟簡(구간 gǒujiǎn) ① 소홀하고 간략함. ② 예법(禮法) 등을 간략하게 하는 일.

苟命(구명 gǒumìng) 구차한 목숨.

苟生(구생 gǒushēng) 구차한 생활. 구차히 살음.

苟容(구용 gǒuróng) 구차하게 남의 마음에 들도록 함.

苟全生命(구전생명 gǒuquán-shēngmìng) 구차하게 생명을 보전함.

苟且(구차 gǒuqiě) ① 몹시 가난하고 군색함. ② 군색스럽고 구구함.

苟活(구활 gǒuhuó) 절개를 굽혀 몸을 욕되게 하여 구차한 생활을 함.

若 같을 약 / 반야 야

草 5 / 9

若 若 若 若 若 若 若 若 若

1 중 rě 일 ジャク, ごとし 영 same
2 중 ruò 일 ニャク

1 ① 반야 야(般若梵語). ② 난야 야, 절 야(蘭若僧居). ③ 인끈 술 늘어진 모양 야(若若綬貌). 2 ① 같을 약(如). ② 너 약(汝). ③ 순할 약(順). ④ 및 약(豫及辭). ⑤ 두약풀 약, 향풀 약(杜若香草). ⑥ 더북할 약(若若盛多). ⑦ 젊을 약(年少). ⑧ 만약 약(假設辭).

書體 小篆 若 草書 若 (中學) 會意

若干(약간 ruògān) ① 얼마 안 됨. ② 얼마쯤.

若年(약년 ruònián) 청년(青年). 연소(年少).

若否(약부 ruòfǒu) 좋고 나쁨. 옳고 그름.

若崩厥角(약붕궐각 ruòbēngjuéjiǎo) 짐승이 무서워서 그 뿔을 땅에 처박고 절쩔매는 것과 같이 두려워서 어찌할 줄 모르는 모양.

若是(약시 ruòshì) 이와 같이. 여차(如此).

▶ 萬若(만약)·般若(반야)·自若(자약).

苧 모시 저:

草 5 / 9

중 zhù 일 チョ, からむし 영 ramie

모시 저(苧麻可爲布縷).【苧·紵와 같음】

▶ 白苧(백저)·細苧(세저)·黄苧(황저).

苦 쓸/괴로울 고

草 5 / 9

苦 苦 苦 苦 苦 苦 苦 苦 苦

중 kǔ 일 ク, にがい
영 bitter, painful

① 쓴 나물 고, 씀바귀 고(茶名荅). ② 쓸 고(味). ③ 부지런할 고(勤勞). ④ 괴로울 고(困悴辛楚). ⑤ 모질 고(濫惡). ⑥ 그릇이 엷어서 깨지기 쉬울 고, 추하고 나쁘게 될 고.

書體 小篆 苦 草書 苦 (中學) 形聲

苦諫(고간 gǔjiàn) 고충(苦衷)을 다하여 간절히 간함.

苦杯(고배 gǔbēi) 쓴 술잔. 《喩》 억울한 실패나 몹시 심한 고생.

苦笑(고소 gùxiào) 마지못하여 웃는 쓴 웃음.

苦心慘憺(고심참담 gùxīncǎndàn) 몹시 애태워 근심걱정을 많이 함.

苦盡甘來(고진감래 gǔjìngānlái) 고생이 끝나면 즐거움이 돌아옴.

苦衷(고충 gǔzhōng) 괴롭고 난처한 심정.

苦行(고행 gùxíng) 《佛》 ① 불법(佛法)을 닦기 위하여 육신(肉身)을 괴롭히고 고뇌(苦惱)를 견디어 내는 일. ② 절에서 고역(苦役)에 종사하는 일.

▶ 刻苦(각고)·甘苦(감고)·困苦(곤고)·勞苦(노고)·病苦(병고)·貧苦(빈고)·四苦(사고)·産苦(산고)·生活苦(생활고)·辛苦(신고)·愛別離苦(애별리고)·五陰盛苦(오음성고)·獄苦(옥고)·怨憎會苦(원증회고)·二重苦(이중고)·忍苦(인고)·千辛萬苦(천신만고)·痛苦(통고)·八苦(팔고)·鶴首苦待(학수고대).

英 꽃부리 영

英英英英英英英英英

일 エイ, はな, すぐれる
영 corolla, distinguished

① 꽃부리 영(華). ② 영웅 영(智出萬人). ③ 구름 뭉게뭉게 일 영(英英雲貌). ④ 풍류 이름 영(樂名六英). ⑤ 아름다울 영(美). 【瑛와 같음】

書體 小篆 英 草書 英 (中學) 形聲

英傑(영걸 yīngjié) 뛰어난 인물. 영웅(英雄).

英斷(영단 yīngduàn) 지혜롭고 용감하게 결단함. 뛰어난 결단. 영과(英果).

英敏(영민 yīngmǐn) 영리하고 민첩함. 영민(穎敏).

英譯(영역 yīngyì) 영어로 번역함.

英雄(영웅 yīngxióng) 재능과 지혜가 뛰어나 대중을 영도하고 세상을 경륜할 만한 사람. 영걸(英傑).

英才(영재 yīngcái) 뛰어난 재주가 있는 사람. 수재(秀才). 영사(英士). 영언(英彦).

英特(영특 yīngtè) 영걸스럽고 특별함. 영발(英拔).

▶ 群英(군영)·石英(석영)·育英(육영)·駐英(주영)·韓英(한영).

苷 감초 감

중 gān 일 カン, あまくさ
영 liquorice

감초 감(甘草).

苹 맑은대쑥 평

중 píng 일 ヘイ, ビョウ, よもぎ
영 mugwort

① 맑은대쑥 평(賴蕭可食). ② 사과 평(苹果).

苹車(평거 píngjū) 적에게 보이지 않게 자기를 엄폐(掩蔽)하는 수레.

苹果(평과 píngguǒ) 사과.

茂 무성할 무:

茂茂茂茂茂茂茂茂茂

중 mào 일 ボウ, モ, しげる
영 grow thick

① 풀 우거질 무(草盛). ② 아름다울 무(美). ③ 힘쓸 무(勉). 【懋와 통함】

茂 풀이 무성할 무 (中學)

書體: 小篆, 草書

茂林(무림 màolín) 나무가 무성한 숲.
茂盛(무성 màoshèng) 풀이나 나무가 우거짐. 성무(盛茂).
茂迹(무적 màojì) 뛰어난 공적의 자취.
茂行(무행 màoxíng) 훌륭하고 갸륵한 행위.
茂勳(무훈 màoxūn) 성한 공훈. 성훈(盛勳).

▶ 敏茂(민무).

范 범풀/성(姓) 범

fàn 일 ハン, はち, のり 영 bee

① 범풀 범(草名). ② 벌 범(蜂). ③ 궁 이름 범(周穆王宮名). ④ 주형 범(型). ⑤ 법 범(範). ⑥ 성 범(姓). 【範과 통함】

范鎔(범용 fànróng) 쇠를 녹여서 틀에 넣음. 쇳물을 거푸집에 부음.

茄 가지 가

①② qié ③ jiā 일 カ, なすび 영 egg-plant

① 연줄기 가(芙蕖莖). ② 오까풀 가(五茄藥名). ③ 가지 가(茄子菜名).
茄密(가밀 qiémì) 연(蓮).
茄房(가방 qiéfáng) 연밥. 연실(蓮實).
茄荷(가하 qiéhé) 연의 줄기. 연경(蓮莖).

茅 띠[草名] 모

máo 일 ボウ, かや, ちがや
영 Zoysia japonica

① 띠 모(菅). ② 표기 모(前茅旌識).
茅舍(모사 máoshè) ① 띠로 지붕을 인 보잘 것 없는 집. 모옥(茅屋). 모

당(茅堂). 모실(茅室). ② 자기 집의 겸칭
茅沙(모사 máoshā) 재(齋)나 제사(祭祀)를 지낼 때에 쓰이는 그릇에 담은 띠 묶음과 모래.
茅塞(모색 máosāi) 띠가 길에 깔려 있는 것처럼 욕심 때문에 마음이 흐려 있음.
茅屋(모옥 máowū) 모사(茅舍).
茅茨不剪(모자부전 máocíbùjiǎn) 지붕을 띠로 이은 대로 가지런히 자르지 않고 둠. 곧 소박한 생활의 일컬음.
茅草(모초 máocǎo) 《植》 띠.

▶ 冬茅(동모)·白茅(백모).

茫 아득할 망

茫茫茫茫茫茫茫茫茫茫

máng 일 ボウ, かすか 영 vast

① 망망할 망(茫茫廣大貌). ② 물이 질 편할 망(滄茫水貌). ③ 막연할 망(漠然).

書體: 草書 (高校) 形聲

茫漠(망막 mángmò) 흐리멍덩하고 똑똑하지 못한 모양. 묘막(眇漠).
茫茫(망망 mángmáng) ① 흐리멍덩하고 똑똑하지 못한 모양. ② 넓고 먼 모양. ③ 지쳐 피곤한 모양.
茫茫大海(망망대해 mángmángdàhǎi) 한없이 넓고 먼 큰 바다.
茫然自失(망연자실 mángránzìshī) 멍하니 제 정신을 잃은 모양. 매연자실(呆然自失).
茫蒼(망창 mángcāng) 큰일을 당하여 계획이 아직 서지 않음.

茶 차 다/차

茶茶茶茶茶茶茶茶茶

[중] chá [일] チャ, タ, ちゃ [영] tea

차풀 다(茗). 【本音 차】

[書體] 草書 [高校] 形聲

茶罐(다관 cháguàn) 차를 끓이는 주전자.

茶旗(다기 cháqí) 차의 잎.

茶道(다도 chádào) ① 차를 끓이는 것에 의하여 정신을 수양하고 예법을 높이는 도(道). ② 차를 만드는 법.

茶禮(다례《慣》차례 chálǐ) 음력 매달 초하룻날·보름날·명절날·조상(祖上)의 생일 등의 낮에 지내는 제사(祭祀). 다사(茶祀).

茶寮(다료 cháliáo) ① 끽다점(喫茶店). ② 요리점(料理店).

茶飯事(다반사 cháfànshì) 예사로운 일. 보통의 일.

茸 艸 6 ⑩ 풀날 **용:** 버섯 **이:**

①-④ [중] róng ⑤ ⑥ [중] rǒng [일] ジョウ, しげる [영] overgrow

[1] ① 풀 뾰죽뾰죽 날 **용**. ② 못생길 **용**. ③ 너불거릴 **용**(厖茸亂貌). ④ 예쁠 **용**(丰茸美貌). ⑤ 풀싹 뾰죽뾰죽 날 **용**(蘢茸草生貌). ⑥ 녹용 **용**(鹿茸). [2] 버섯 이[栮와 통용]

茸茂(용무 róngmào) 초목(草木)이 무성한 모양.

茸闒(용탑 róngtà) 어리석고 둔함.

▶ 鹿茸(녹용).

茶 艸 6 ⑩ 차 **다/차**

【茶(艸부6획)와 같음】

荆 艸 6 ⑩ 가시 **형**

[중] jīng [일] ケイ, いばら [영] thorn

① 굴싸리 **형**, 광대싸리 **형**(楚). ② 꽃 이름 **형**(花名紫荆). ③ 산 이름 **형**(山名). ④ 아내 **형**(荆妻). ⑤ 가시 **형**(荆棘). ⑥ 곤장 **형**(刑杖). ⑦ 땅 이름 **형**(地名).

荆棘(형극 jīngjí) ① 나무의 가시. ② 고난(苦難)의 길.

荆妻(형처 jīngqī) 자기 아내를 낮추어 일컫는 말. 내처(萊妻).

草 艸 6 ⑩ 풀 **초**

[중] cǎo [일] ソウ, くさ [영] grass

① 풀 **초**, 새 **초**(百卉總名). ② 추할 **초**(草率粗). ③ 초초할 **초**(草草苟簡). ④ 글씨 쓸 **초**(文藁). ⑤ 초서 **초**(草書, 書體之一).

[書體] 小篆 草書 [中學] 形聲

草芥(초개 cǎojiè) 풀과 지푸라기. 《轉》아무 소용이 없음.

草稿(초고 cǎogǎo) 문장이나 시 따위의 맨 처음 쓴 원고(原稿). 초안(草案).

草根木皮(초근목피 cǎogēnmùpí) ① 풀뿌리와 나무껍질. ② 한약(漢藥)의 원료(原料). ③ 험한 음식을 일컫는 말.

草露人生(초로인생 cǎolùrénshēng) 풀에 맺힌 이슬처럼 인생의 덧없음을 가리키는 말.

草本(초본 cǎoběn) ① ＝초고(草稿). ② 《植》지상부(地上部)가 연약하여 목질(木質)을 이루지 못하는 식물의 통칭. 풀 따위. 일년생·이년생·다년생의 구별이 있음.

草書(초서 cǎoshū) 서체(書體)의 한 가지. 행서(行書)보다 더 흘리어 쓰는 글씨.

草野(초야 cǎoyě) ① 풀이 우거진 들판. ② 시골. ③ 민간(民間). ④ 비천

(卑賤)함.
草衣(초의 cǎoyī) ① 속세(俗世)를 떠나서 숨어 사는 사람의 의복. ② 은자(隱者).

▶ 甘草(감초)·乾草(건초)·枯草(고초)·九節草(구절초)·卷煙草(권연초)·蕨草(궐초)·起草(기초)·蘭草(난초)·大麻草(대마초)·毒草(독초)·牧草(목초)·芳草(방초)·伐草(벌초)·福壽草(복수초)·本草(본초)·莎草(사초)·山川草木(산천초목)·三顧草廬(삼고초려)·水草(수초)·藥草(약초)·煙草(연초)·軟草綠(연초록)·益母草(익모초)·雜草(잡초)·除草(제초)·秋草(추초)·太陽草(태양초)·海草(해초)·香草(향초)·花草(화초).

艹 6 ⑩ 荒 거칠 황

荒荒荒荒荒荒荒荒荒荒

🔊 huāng 🇯🇵 コウ, あれる
🇬🇧 coarse, rough

① 거칠 황(蕪). ② 폐할 황(廢). ③ 클 황(大). ④ 흉년들 황(四穀不升饑). ⑤ 오랑캐 땅 황(荒服蠻夷). ⑥ 빠질 황(耽). ⑦ 멀 황(遠).

書體 小篆 荒 草書 荒 (高校) 形聲

荒唐(황당 huāngtáng) 언행이 거칠고 주책없음.
荒唐無稽(황당무계 huāngtángwújī) 말하는 사람이 황탄(荒誕)하여 믿을 수 없음. 황탄무계(荒誕無稽).
荒漠(황막 huāngmò) 거칠고 한없이 넓음.
荒忙(황망 huāngmáng) 어리둥절하여 어찌할 줄을 모름.
荒蕪地(황무지 huāngwúdì) 손을 대지 않고 버려두어 거칠어진 땅.
荒民(황민 huāngmín) 흉년 들어 고생하는 백성. 흉년을 만난 백성.
荒淫(황음 huāngyín) 주색에 빠짐. 함부로 음탕한 짓을 함.
荒廢化(황폐화 huāngfèihua) 내버려 두고 돌보지 않아서 못쓰게 됨.
荒忽(황홀 huānghū) ① 정신이 흐리멍덩한 모양. ② 광막(廣漠)한 모양. ③ 아름답고 신기함에 마음이 팔려 멍하니 서 있는 모양. 광채가 으리으리하여 빛남. 황홀(恍忽).

▶ 救荒(구황)·淫荒(음황)·破天荒(파천황)·虛荒(허황)·虛荒氣(허황기).

艹 7 ⑪ 荳 콩두

🔊 dòu 🇯🇵 トウ, まめ 🇬🇧 bean

① 콩 두(菽). ② 두구 두, 솔마리 두(藥名荳蔲).【豆의 俗字】

荳蔲(두구 dòukòu) 풀 이름. 육두구(肉荳蔲).
荳腐(두부 dòufū) =두부(豆腐).
荳餅(두병 dòubǐng) 콩기름을 짜낸 찌끼. 두병(豆餅). 콩깻묵.

艹 7 ⑪ 荷 멜/연꽃 하(ː)

荷荷荷荷荷荷荷荷荷荷

🔊 hè 🇯🇵 カ, になう 🇬🇧 bear

① 연꽃 하(芙蓉芙蕖之總名蓮花). ② 원망할 하(荷荷怨怒聲). ③ 멜 하(擔). ④ 박하 하(薄荷). ⑤ 질 하(負). ⑥ 더할 하.

書體 小篆 荷 草書 荷 (高校) 形聲

荷役(하역 héyì) 짐을 싣고 부리는 일. 또 그 사람.
荷葉(하엽 héyè) ① 연잎. ② 화가(畫家)가 돌의 주름살을 그리는 법.
荷主(하주 hézhǔ) ① 짐의 임자. ② 하물(荷物)의 발송인(發送人).
荷重(하중 hézhòng) ① 짐의 무게. ② 맡은 임무가 중하고 힘에 겨움.

▶ 薄荷(박하)·負荷(부하)·陽電荷(양전하)·陰電荷(음전하)·賊反荷杖(적반하장)·積荷(적하)·電荷(전하)·重荷(중하)·集荷(집하)·出荷(출하).

自 至 臼 舌 舛 舟 艮 色 艸 虍 虫 血 行 衣 襾　　　　　709

艸 7 ⑪ 莊　장엄할/씩씩할 장

莊莊莊莊莊莊莊莊莊莊

중 zhuāng 일 ソウ, ショウ, おごそか 영 manly, respect

① 씩씩할 **장**(嚴). ② 단정할 **장**(端). ③ 공경할 **장**(敬). ④ 여섯 갈래 거리 **장**, 육거리 **장**(六達衢). ⑤ 농막 **장**, 농가 **장**(田舍). ⑥ 가게 **장**(錢莊). ⑦ 별장 **장**(別莊). ⑧ 성 **장**(姓).

書體 小篆 莊　古文 朕　草書 莊　(高校) 形聲

莊士(장사 zhuāngshì) 뜻과 행실이 훌륭한 인물.
莊園(장원 zhuāngyuán) ① 별장(別莊). ② 봉건(封建) 제도하의 토지(土地) 소유(所有)의 한 형태. 중세기 경 사유(私有)의 넓은 토지를 일컬으며 과세(課稅)가 없었음.

▶ 農莊(농장)·別莊(별장)·山莊(산장).

艸 7 ⑪ 莖　줄기 경

일 ケイ, キョウ, くき 영 stem, trunk
① 줄기 **경**, 줄거리 **경**(草幹). ② 버팀기둥 **경**(枝柱).

▶ 根莖(근경)·陰莖(음경).

艸 7 ⑪ 莞　빙그레할 완 / 왕골 관

1 중 guān, guǎn 일 カン, まるがま 영 rush　2 wǎn

1 ① 골 **관**, 왕골 **관**(草名苻蘺). ② 왕골자리 **관**(小蒲席).【菅과 같음】　2 빙그레 웃는 모양 **완**(莞爾笑貌).

莞草(관초 guāncǎo) 《植》왕골.
莞然(완연 wǎnrán) 빙그레 웃는 모양. 완이(莞爾).

艸 7 ⑪ 莫　말 막

莫莫莫莫莫莫莫莫莫莫

중 mò 일 バク, マク, ない, むなしい 영 not, vast

1 ① 나물 **모**, 푸성귀 **모**(菜). ② 저물 **모**(日且冥).【暮와 같음】　2 ① 없을 **막**(無). ② 말 **막**(勿). ③ 정할 **막**(定). ④ 무성할 **막**(莫莫 茂). ⑤ 꾀할 **막**(謨). ⑥ 클 **막**(大). ⑦ 엷을 **막**(薄).【幕과 통함】　3 고요할 **맥**(靜).

書體 小篆 莫　草書 莫　(中學) 會意

莫可奈何(막가내하 mòkěnàihé) 어찌할 수 없음. 무가내하(無可奈何).
莫大(막대 mòdà) 더할 수 없이 큼. 말할 수 없이 큼. 최대(最大).
莫上莫下(막상막하 mòshàngmòxià) 우열(優劣)의 차가 없음.
莫須有(막수유 mòxūyǒu) ① 반신반의(半信半疑)하는 모양. ② 죄의 사실이 없는 사람을 모함하는 일.
莫逆之友(막역지우 mònìzhīyǒu) 서로 허물없이 썩 친한 벗.

▶ 無知莫知(무지막지)·不孝莫甚(불효막심)·索莫(삭막)·後悔莫及(후회막급).

艸 8 ⑫ 菊　국화 국

菊菊菊菊菊菊菊菊菊菊菊

중 jú 일 キク, きく 영 chrysanthemums

국화 **국**(秋華).【鞠은 고자】

書體 小篆 菊　草書 菊　(高校) 形聲

菊月(국월 júyuè) 음력 9월의 별명.
菊判(국판 júpàn) 폭 148mm, 길이 210mm의 도서(圖書). 또는 국전지(菊全紙；939×636mm)를 16등분

한 234×159mm 크기 인쇄용지.
菊花(국화 júhuā) 국화꽃.

▶ 山菊(산국)·野菊(야국)·殘菊(잔국)·夏菊(하국)·寒菊(한국)·黃菊(황국).

艸 8 ⑫ 菌 버섯 균

菌菌菌菌菌菌菌菌菌菌菌

- 중 jùn, jūn 일 キン, たけ
- 영 mushroom

① 버섯 **균**(朝គ一名地蕈一名橇). ② 곰팡이 **균**(徽菌). ③ 세균 **균**(細菌). ④ 무궁화 **균**(朝菌).

書體 小篆 草書 菌 高校 形聲

菌毒(균독 jùndú) 균류(菌類)가 가지고 있는 독(毒).
菌類(균류 jùnlèi) 은화식물(隱花植物)의 한 가지. 버섯 같은 것.
菌傘(균산 jùnsǎn) 버섯의 갓. 우산 모양으로 생겼으므로 그렇게 부름.

▶ 結核菌(결핵균)·共生菌(공생균)·大腸菌(대장균)·白癬菌(백선균)·病菌(병균)·保菌(보균)·殺菌(살균)·細菌(세균)·原因菌(원인균)·雜菌(잡균).

艸 8 ⑫ 菓 실과/열매 과:

- 중 guǒ 일 カ, くだもの
- 영 fruit, cake

① 실과 **과**(木實). ② 과자 **과**(菓子).
【果와 같음】

菓子(과자 guǒzǐ) ① 과일. ② 밀가루·쌀가루·설탕 따위의 재료로 만들어 간식으로 먹는 음식물.

▶ 茶菓(다과)·銘菓(명과)·氷菓(빙과)·乳菓(유과)·製菓(제과).

艸 8 ⑫ 菖 창포 창

- 중 chāng 일 ショウ, あやめ
- 영 iris, flag

창포 **창**(菖蒲似蒜).
菖蒲(창포 chāngpú) 《植》천남성과(天南星科)에 딸린 다년생 풀. 뿌리는 약재로 씀.

艸 8 ⑫ 菘 배추 숭

- 중 sōng 일 スウ, とうな
- 영 Chinese cabbage

배추 **숭**(江南菜名).
菘菜(숭채 sōngcài) 《植》배추.

艸 8 ⑫ 菜 나물 채:

菜菜菜菜菜菜菜菜菜菜菜

- 중 cài 일 サイ, あおもの, な
- 영 vegetable

① 나물 **채**(蔬). ② 반찬 **채**(飯饌).

書體 小篆 草書 菜 中學 形聲

菜根(채근 càigēn) 채소의 뿌리. 무 따위.《轉》변변치 못한 음식.
菜農(채농 càinóng) 남새를 가꾸는 농사.
菜緞(채단 càiduàn) 혼인 때에 신랑 집에서 신부 집에 보내는 청색·홍색 두 가지의 비단.
菜麻(채마 càimá) 심어서 가꾸는 나물·무·배추·미나리 따위.
菜蔬(채소 càishū) 남새. 푸성귀. 소채(蔬菜).
菜圃(채포 càipǔ) 규모가 큰 남새밭. 채원(菜園).

▶ 果菜類(과채류)·冷菜(냉채)·山菜(산채)·蔬菜(소채)·野菜(야채)·油菜(유채)·雜菜(잡채)·花菜(화채).

菩 보리나무 보

- 音 pú 日 ボ, ほとけぐさ
- 英 pipal tree

① 보리나무 보(菩提摩伽陀國樹名).
② 보살 보(佛號菩薩). ③ 깨칠 보(菩薩了).

菩薩(보살 púsà)《佛》① 범어(梵語) Bodhisatva의 음역(音譯). 곧 부처의 다음 가는 성인(聖人). 보리살타(菩提薩埵)의 약(略). ② 나이가 늙은 신녀(信女). ③ 석존(釋尊)의 전생. ④ 고승(高僧)의 존칭.

菩提(보제⇨보리 pútí)《佛》범어(梵語) Bodhi의 음역(音譯) ㉠ 각(覺)·지(智)·도(道) 등으로 번역. 제법(諸法)을 다 깨쳐 도(道)를 얻는 것. ㉡ 불과(佛果)를 얻어 정토(淨土)에 왕생(往生)하는 일.

菩提樹(보제수⇨보리수 pútíshù)《植》① 전마과(田麻科)의 낙엽 교목. 중국원산(中國原産). 봄에 황갈색의 작은 두상화가 핌. 재목은 염주를 만드는 데 쓰임. ② 뽕나무과의 교목. 동인도(東印度)의 가야산(迦耶山)의 기슭에서 남. 석가(釋迦)가 이 나무 아래서 큰 도(道)를 깨달아 얻었다고 됨.

菩提心(보제심⇨보리심 pútíxīn)《佛》성불(成佛) 득도(得道)한 마음. 불교(佛敎)의 구도심(求道心).

▶ 觀世音菩薩(관세음보살).

蒩 김치 지

- 音 支 日 シ, つけもの
- 英 pickled vegetables

김치 지(漬菜).

華 빛날 화

①-⑥ huá 日 カ, はなやか
英 brilliant ⑦ 音 huà 日 ケ, はなやか

① 빛날 화, 영화 화(榮也色). ② 쪼갤 화(破). ③ 꽃필 화(花開). ④ 외관 아름다울 화(外觀之美). ⑤ 흴 화(白). ⑥ 나라 이름 화(華夏).【花와 같음】⑦ 산 이름 화(西嶽名太華).

書體 小篆 草書 華 中學 象形

華僑(화교 huáqiáo) 외국에 있는 중국 사람.

華年(화년 huánián) ① 61세. ② 소년 시절의 꽃다운 나이.

華不再揚(화불재양 huábùzàiyáng) 한번 떨어진 꽃은 다시 가지에 올라 붙지 않음.

華奢(화사 huáshē) ① 화려하게 꾸미는 일. ② 썩 좋고 아름다움.

華嚴(화엄 huáyán)《佛》① 많은 수행(修行)을 쌓아서 훌륭한 공덕(功德)을 얻는 일. ② 화엄경(華嚴經)의 약어. ③ 화엄종(華嚴宗)의 약어.

華而不實(화이부실 huáérbùshí) 꽃뿐이고 열매가 없음.《喩》언행이 일치하지 않음.

華藏世界(화장세계 huázàngshìjiè) 세포적(細胞的)으로 나뉘어 있는 우주의 모든 세계.

華甋(화전 huázhān) 아름답게 수놓은 담요.

華燭(화촉 huázhú) ① 화려한 등화(燈火). ② 결혼(結婚). 화촉(花燭).

華燭洞房(화촉동방 huázhúdòngfáng) 첫날밤에 신랑 신부가 자는 방.

▶ 萬華鏡(만화경)·繁華(번화)·富貴榮華(부귀영화)·浮華(부화)·昇華(승화)·拈華示衆(염화시중)·榮華(영화)·外華(외화)·才華(재화)·精華(정화)·中華(중화)·菁華(청화)·豪華(호화).

菱 마름 릉

🔊 líng 🇯🇵 リョウ, ひし
🇬🇧 water-nut

마름 릉(芰).【浚과 같음】

菱實(능실 língshí)《植》마름.
菱藕(능우 língǒu) 마름 열매와 연뿌리. 능우(薐藕).
菱鐵(능철 língtiě) 마름쇠.
菱形(능형 língxíng)《數》네 변이 같고 대각선의 길이가 다른 사변형(四邊形). 마름모.

菽 콩 숙

🔊 shū 🇯🇵 シュク, まめ, 🇬🇧 bean

콩 숙(衆豆總名).【卡·叔과 통함】

菽豆(숙두 shūdòu) 콩.
菽麥(숙맥 shūmài) 콩과 보리.《喩》콩인지 보리인지 분별하지 못한다는 뜻으로 사물을 잘 분별하지 못하는 어리석은 사람을 비유하는 말. 숙맥불변(菽麥不辨)의 약어.
菽水之供(숙수지공 shūshuǐzhīgōng) 가난 중에도 부모를 잘 섬기는 일.

萄 포도 도

🔊 táo 🇯🇵 ドウ, ぶどう 🇬🇧 grape

포도 도, 들머루 도(葡萄蔓류).

萄乾(도건 táogān) 말린 포도, 건포도.
萄藤(도등 táoténg) 포도나무. 포도의 덩굴.

▶ 葡萄(포도)·葡萄酒(포도주).

萊 쑥 래

🔊 lái 🇯🇵 ライ, あかざ
🇬🇧 mug wort

① 쑥 래(蒿萊草萊田廢生草). ② 풀이 덧거칠게 나있을 래(草穢). ③ 밭 묵힐 래(田休不耕). ④ 땅 이름 래(在山東省地名).

萊服(내복 láifú)《植》무의 이명.
萊妻(내처 láiqī) ① 노내자〈老萊子 : 주대(周代)의 효자(孝子)〉의 아내. 주대(周代)의 현부인(賢婦人). ② 자기 아내의 겸칭. 형처(荊妻).

萌 움[芽] 맹

🔊 méng 🇯🇵 ボウ, ホウ, きざす
🇬🇧 shoot of grass

① 풀싹 맹(草芽). ② 비롯할 맹, 맹동할 맹(始). ③ 밭갈 맹(耕). ④ 움직이지 않는 모양 맹(牢乎).

萌動(맹동 méngdòng) ① 초목이 싹틈. ② 사물이 일어나기 시작함.
萌芽(맹아 méngyá) ① 식물의 새로 트는 싹. ② 사물의 처음.
萌漸(맹점 méngjiàn) 사물의 징후(徵候).

萍 부평초 평

🔊 píng 🇯🇵 ヘイ, ヒョウ, うきくさ
🇬🇧 great duckweed

① 마름 평(蘋). ② 개구리밥 평, 부평초 평(浮萍楊花所化).

萍泊(평박 píngbó) 정처 없이 여기 저기 떠돌아다님. 유랑함. 표박(飄泊).
萍水相逢(평수상봉 píngshuǐxiāngféng) 여행중에 우연히 벗을 만나는 일.
萍實(평실 píngshí) 태양의 이명
萍寓(평우 píngyù) 여기 저기 떠돌아 다니며 삶.
萍跡(평적 píngjì) 말풀의 자취. 또는 그와 같이 여기 저기 옮아다니는 일. 평적(萍迹).

萎 마를/시들 위

- wěi / イ, しおれる / wither
① 마를 위, 이울 위(枯). ② 풀 이름 위(草名). ③ 쇠약해질 위(衰). ④ 병이 날 위(病).

萎落(위락 wěiluò) 시들어 떨어짐.
萎絶(위절 wěijué) 시들고 말라서 떨어짐.
萎縮(위축 wěisuō) ① 시들어서 오그라들거나 쭈그러짐. ② 오그라들어 작아짐.

萬 일만 만:

萬萬萬萬萬萬萬萬萬萬

- wàn, mò / バン, マン, よろず / ten thousand
① 일만 만(千之十倍). ② 벌 만(蜂名). ③ 춤 이름 만(舞名). ④ 많을 만, 여럿 만(多數萬邦). ⑤ 만약 만(若). ⑥ 결단코 만(決). 【万은 약자】

小篆 草書 萬 中學 象形

萬劫(만겁 wànjié) 영원한 세월.
萬頃滄波(만경창파 wànqǐngcāngbō) 한없이 넓고 넓은 바다.
萬古不滅(만고불멸 wàngǔbùmiè) 오랜 옛적부터 길이 없어지지 않음.
萬古不朽(만고불후 wàngǔbùxiǔ) 만고에 사라지지 않음.
萬古絶色(만고절색 wàngǔjuésè) 만고(萬古)에 유례(類例)가 없을 만큼 아름다운 미색(美色).
萬古風雪(만고풍설 wàngǔfēngxuě) 오래 동안 겪어 온 많은 쓰라린 고생.
萬機親覽(만기친람 wànjīqīnlǎn) 임금이 온갖 정사(政事)를 친히 보살핌.
萬端愁心(만단수심 wànduānchóuxīn) 온갖 근심.
萬物之靈(만물지령 wànwùzhīlíng) 만물 중에서 가장 신성스러운 것. 곧 인간을 이름.
萬事瓦解(만사와해 wànshìwǎjiě) 모든 일이 모두 틀려 버림.
萬事太平(만사태평 wànshìtàipíng) ① 모든 일이 잘 되어서 어려움이 없음. ② 어리석어 모든 일에 아무 걱정이 없음.
萬事亨通(만사형통 wànshìhēngtōng) 온갖 일이 다잘 됨.
萬事休矣(만사휴의 wànshìxiūyǐ) 모든 방법이 헛되게 됨.
萬世不忘(만세불망 wànshìbùwàng) 영원히 은덕을 잊지 않음.
萬壽無疆(만수무강 wànshòuwújiāng) 한없이 목숨이 긺. 장수하기를 비는 말.
萬乘之國(만승지국 wànchéngzhīguó) 일만대(一萬臺)의 병거(兵車)를 갖춰 낼만한 힘을 가진 제후(諸侯)의 나라.
萬人之上(만인지상 wànrénzhīshàng) 영의정(領議政)·좌의정(左議政)·우의정(右議政)의 자리.
萬疊(만첩 wàndié) 여러 겹.
萬覇不聽(만패불청 wànbàbùtīng) ① 《國》 아무리 싸움을 걸어도 못 들은 체하고 응하지 않음. ② 바둑에서 큰 패가 생겼을 때 상대자가 어떤 패를 써도 듣지 않음.
萬化方暢(만화방창 wànhuàfāngchàng) 봄이 되어 온갖 물건이 변화스럽게 자라남.
萬彙群象(만휘군상 wànhuìqúnxiàng) 온 군중. 수없이 모여 이룬 무리.

▶ 金錢萬能(금전만능)·氣高萬丈(기고만장)·百萬長者(백만장자)·森羅萬象(삼라만상)·世上萬事(세상만사)·危險千萬(위험천만)·異域萬里(이역만리)·一way城(일파만파)·子孫萬代(자손만대)·千軍萬馬(천군만마)·千萬多幸(천만다행)·千變萬化(천변만화)·千辛萬苦(천신만고)·千差萬別(천차만

별)·千村萬落(천촌만락)·波瀾萬丈(파란만장).

萱 원추리 훤
艹⑬

xuān ケン, カン, わすれぐさ
day lily

원추리 훤(忘憂草一名宜男草).

萱堂(훤당 xuāntáng) 남의 어머니의 존칭. 자당(慈堂). 북당(北堂).
萱草(훤초 xuāncǎo)《植》원추리.

落 떨어질 락
艹⑬

【落(艹부9회)과 같음】

落 떨어질 락
艹⑨

luò, là, luō ラク, おちる おとす fall

① 떨어질 락(零). ② 마을 락(村落聚). ③ 하늘 락(碧落天). ④ 기걸할 락(磊落魁摧). ⑤ 쌀쌀할 락(冷落蕭索). ⑥ 낙척할 락(拓落不遇). ⑦ 헤어질 락(落落難合). ⑧ 낙성제 지낼 락(落成始成祭). ⑨ 술잔 락(鑿落飮器). ⑩ 쇠북에 피 바를 락(釁鐘). ⑪ 폐할 락(廢). ⑫ 논마지기 락(斗落). ⑬ 비로소 락(始).

書體 小篆 草書 中學 形聲

落款(낙관 luòkuǎn) 글씨나 그림에 자기의 이름을 쓰고 도장을 찍음. 관식(款識).
落膽(낙담 luòdǎn) ① 실망하여 갑자기 마음이 상함. ② 호되게 놀라서 간이 떨어지는 듯함.
落落長松(낙락장송 luòluòchángsōng) 가지가 축축 늘어진 키 큰 소나무.
落木空山(낙목공산 luòmùkōngshān) 잎이 떨어진 뒤의 쓸쓸하게 보이는 산.
落眉之厄(낙미지액 luòméizhīè) 눈앞에 닥친 재액(災厄).
落盤(낙반 luòpán) 광산(鑛山)의 굴 속에서 천장이나 벽이 무너져 떨어지는 일.
落榜(낙방 luòbǎng)《制》과거에 떨어짐. 낙제(落第). ↔급제(及第).
落傷(낙상 luòshāng) 넘어지거나 떨어져 다침.
落穗(낙수 luòsuì) 다 베어들인 뒤에 떨어져 있는 곡식의 이삭.
落心千萬(낙심천만 luòxīnqiānwàn) 몹시 낙심함.
落葉(낙엽 luòyè) 잎이 떨어짐. 또는 그 잎.
落伍(낙오 luòwǔ) ① 대오에서 떨어짐. ② 시대의 진보에 뒤떨어짐.
落點(낙점 luòdiǎn)《制》관리를 선임(選任)할 때에 삼망(三望)의 후보자 가운데 한 사람의 이름 위에 임금이 친히 점을 찍어서 뽑음.
落照(낙조 luòzhào) 저녁 햇빛. 석양(夕陽).
落札(낙찰 luòzhá)《經》경쟁 입찰 따위에 있어서 입찰의 목적인 물품 매매나 공사청부(工事請負)의 권리를 얻는 일.
落花流水(낙화유수 luòhuāliúshuǐ) ① 떨어지는 꽃과 흐르는 물. ② 정이 있어 서로 보고 싶어 하는 남녀(男女)의 애틋한 애정(愛情).

▶ 蔱落(경락)·群落(군락)·急落(급락)·那落(나락)·難攻不落(난공불락)·瀾落(누락)·段落(단락)·當落(당락)·騰落(등락)·沒落(몰락)·部落(부락)·崩落(붕락)·續落(속락)·衰落(쇠락)·零落(영락)·淪落(윤락)·一段落(일단락)·低落(저락)·轉落(전락)·村落(촌락)·墜落(추락)·秋風落葉(추풍낙엽)·聚落(취락)·墮落(타락)·脫落(탈락)·頹落(퇴락)·暴落(폭락)·下落(하락)·陷落(함락).

葅 김치 저

㊀ zū ㊈ ショ, つけもの
㊇ pickled vegetable

김치 저(淹菜). 【菹와 같음】

葉 잎/잎사귀 엽

葉葉葉葉葉葉葉葉葉葉

1 ㊀ yè, ㊈ ヨウ, は ㊇ leaf
2 ㊀ yié ㊈ ショウ, は

1 ① 잎 엽(枝葉花之對). ② 세대 엽(世代). 2 ① 성 섭(姓). ② 고을 이름 섭(南陽縣名).

書體 小篆 葉 草書 葉 (中學) 形聲

葉綠素(엽록소 yèlǜsù) 《植》녹색 식물의 세포 속에 포함되어 있는 엽록체(葉綠體) 안의 녹색의 색소(色素). 잎파랑이.

葉茶(엽차 yèchá) ① 찻잎을 달여서 만든 차. ② 한 번 우려낸 홍차를 재탕한 멀건 차.

▶ 枯葉(고엽)·金枝玉葉(금지옥엽)·記念葉書(기념엽서)·落葉(낙엽)·末葉(말엽)·三枝九葉草(삼지구엽초)·雙葉(쌍엽)·一葉片舟(일엽편주)·竹葉(죽엽)·枝葉(지엽)·蕉葉(초엽)·秋風落葉(추풍낙엽)·針葉樹林(침엽수림)·闊葉樹林(활엽수림).

著 나타날 저: / 부딪칠 착

著著著著著著著著著著

1 ㊀ zhù ㊈ チョ, あらわす
㊇ appear 2 ㊀ zhuó ㊈ チャク, つく, ㊇ stick

1 ① 무년 저, 옹저 저(太歲在戊曰雍著). ② 나타날 저(明也章). ③ 널리 알려질 저(著名). ④ 면장 사이 저(門屛閒). ⑤ 품계 저(朝著位次). ⑥ 글 지을 저(紀述). ⑦ 편찬할 저(輯算). ⑧ 조정의 석차 저(朝廷之席次). 2 ① 부딪칠 착(附也黏). ② 둘 착(置). ③ 입을 착(被服). ④ 벼슬 이름 착(官名著作). ⑤ 술준 착(殷樽名). 【着의 本字】

書體 草書 著 (中學) 形聲

著名(저명 zhùmíng) 이름이 드러남. 유명(有名).

著書(저서 zhùshū) 책을 지음. 또는 저술(著述)한 책.

著作權(저작권 zhùzuóquán) 《法》재산권(財産權)의 한 가지. 저작물(著作物)에 따라서 복제(複製)·간행(刊行)·번역(飜譯)·방송(放送) 등을 저작자(著作者)가 독점하는 권리.

著根(착근 zhuógēn) ① 모종낸 초목이 뿌리가 잘 내림. ② 타향에 옮아가 정을 붙이어 살게 됨.

著服(착복 zhuófú) ① =착의(著衣). ② 남의 금품(金品)을 속여 부당하게 자기의 소유로 함.

著席(착석 zhuóxí) 자리에 앉음.

著手(착수 zhuóshǒu) ① 손을 댐. 일을 시작함. 개시(開始). ② 《法》형법상(刑法上) 범죄(犯罪) 실행의 개시.

著岸(착안 zhuó'àn) 배가 육지의 언덕에 닿음.

著眼(착안 zhuóyǎn) 어떤 일을 눈여겨보거나 그 일의 내용(內容)을 파악(把握)하는 일. ↔출항(出港).

著火點(착화점 zhuóhuǒdiǎn) =발화점(發火點).

▶ 共著(공저)·論著(논저)·名著(명저)·原著(원저)·拙著(졸저)·編著(편저)·到著(도착)·發著(발착).

葛 칡 갈

㊀ gé, gě ㊈ カツ, くず

6획 竹米糸缶网羊羽老而耒耳聿肉臣

葛

영 arrowroot

칡 갈(蔓生締絡草).

葛巾(갈건 géjīn) 갈포(葛布)로 만든 두건.
葛根(갈근 gégēn) 《植》 칡의 뿌리.
葛藤(갈등 géténg) ① 칡과 등. ② 《佛》 중의 문답(問答). ③ 서로 뒤얽힘. ④ 불화(不和)함.
葛布(갈포 gébù) 칡의 섬유(纖維)로 짠 베.

葡 포도 포

중 pú 일 ホ, ブ, ぶどう 영 grape

① 포도 포, 들머루 포(葡萄蔓果一名草龍). ② 나라 이름 포(歐洲國名葡萄). 【蒲와 같음】

葡萄(포도 pútáo) 《植》 포도나무의 열매.
葡萄糖(포도당 pútáotáng) 《化》 포도·봉밀(蜂蜜) 같은 것의 단맛이 나는 즙 속에 포함되어 있는 당분(糖分)의 한 가지.

董 바를[正] 동:

중 dǒng 일 トウ, ただす
영 superintend

① 바를 동(正). ② 감독할 동(督). ③ 굳을 동(固). ④ 연뿌리 동(蓮根). ⑤ 비빔밥 동(骨董雜饍). ⑥ 고물 동(骨董).

董督(동독 dǒngdū) 감독하고 독촉함.
董率(동솔 dǒngshuài) 감독하며 거느림.
董役(동역 dǒngyì) 역사(役事)를 감독(監督)함.
董正(동정 dǒngzhèng) 바로 잡음. 독정(督正).
董狐之筆(동호지필 dǒnghúzhībǐ) 권세를 두려워하지 않고 있는 그대로의 사실을 써서 역사에 남김.

葬 장사지낼 장:

중 zàng 일 ソウ, ほうむる
영 hold a funeral

묻을 장, 장사지낼 장(藏也埋).

書體 小篆 草書 葬 高校 會意

葬禮(장례 zànglǐ) 장사지내는 의식.
葬禮式(장례식 zànglǐshì) 장사지내는 의식.
葬事(장사 zàngshì) 시체를 묻거나 화장하는 일.
葬儀社(장의사 zàngyíshè) 상여·영구차 따위를 세 놓는 집.
葬祭(장제 zàngjì) 장례(葬禮)와 제사(祭祀).
葬地(장지 zàngdì) 장사할 땅. 매장할 땅.

▶ 假埋葬(가매장)·改葬(개장)·高麗葬(고려장)·國民葬(국민장)·國葬(국장)·埋葬(매장)·佛葬(불장)·樹木葬(수목장)·水葬(수장)·殉葬(순장)·安葬(안장)·暗葬(암장)·移葬(이장)·平土葬(평토장)·風葬(풍장)·合葬(합장)·火葬(화장)·會葬(회장).

葱 파 총

중 cōng, chuāng 일 ソウ, しげる
영 grow thick

파 총, 풀 더북할 총(草盛貌葇葱). 【蔥은 古字】

葱根(총근 cōnggēn) ① 파의 흰 뿌리. ② 미인의 손가락이 흰 모양.
葱蒜(총산 cōngsuàn) 파와 마늘.
葱笛(총적 cōngdí) 파피리.
葱竹之交(총죽지교 cōngzhúzhījiāo) 파피리를 불고 죽마(竹馬)를 타고 함께 놀던 어렸을 때부터의 벗의 교분(交分). 죽마고우(竹馬故友).

蒐 모을 수

艸 10 (14)

음 sōu 일 シュウ, あつめる
영 gather, search

① 꼭두서니 수(茅蒐草名可染絳). ② 모을 수(聚). ③ 숨을 수(隱). ④ 찾을 수(求索).【搜와 같음】

蒐集(수집 sōují) 여러 가지 자료를 찾아서 모음. 수집(蒐輯). 수집(收集). 수라(蒐羅).

蒐集商(수집상 sōujíshāng) 골동품 따위를 모아 파는 장사. 또는 그 상인.

蒙 어릴 몽

艸 10 (14)

蒙蒙蒙蒙蒙蒙蒙蒙蒙蒙

음 méng, mēng 일 ボウ, モウ, こうむる, くらい 영 ignorant

① 어릴 몽(穉). ② 속일 몽(欺). ③ 새삼 넌출 몽(女蘿草名). ④ 덮을 몽(覆). ⑤ 입을 몽(被). ⑥ 무릅쓸 몽(冒). ⑦ 날릴 몽(蒙蒙飛揚). ⑧ 괘 이름 몽(卦名). ⑨ 나라 이름 몽(國名蒙古).

書體 小篆 蒙 草書 蒙 (高校) 形聲

蒙古(몽고 ménggǔ)《地》① 중국의 북쪽과 시베리아 남쪽의 사이에 있는 나라 이름. ② 원조(元朝)의 구호(舊號).
蒙鈍(몽둔 méngdùn) 어리석고 둔함.
蒙利(몽리 ménglì) 이익을 얻음.
蒙昧(몽매 méngmèi) 사리에 어리석고 어두움. 우매(愚昧). 완매(頑昧).
蒙養(몽양 méngyǎng) 어린이를 교육하는 것.
蒙然(몽연 méngrán) 어두운 모양.
蒙塵(몽진 méngchén) ① 임금이 난리를 만나 피신(避身)하는 일. ② 머리에 먼지를 쓰는 일.
蒙稚(몽치 méngzhì) 열등아(劣等兒). 연령에 비해서 지혜가 덜 발달한 아이.
蒙學(몽학 méngxué) ① 어린 아이들의 공부. ② 몽고(蒙古) 어학(語學).

▶ 啓蒙(계몽).

蒲 부들 포

艸 10 (14)

음 pú 일 ホ, ブ, がま 영 cattail

① 부들풀 포(水草可作席). ② 창포 포(菖蒲白菖). ③ 개버들 포(蒲柳楊).

蒲博(포박 púbó) 돈이나 물품 따위를 걸고 승부를 다투는 행위. 노름. 내기.
蒲節(포절 pújié) 음력 5월 5일의 별칭. 단오절(端午節).

蒸 찔 증

艸 10 (14)

蒸蒸蒸蒸蒸蒸蒸蒸蒸蒸

음 zhēng 일 ジョウ, むす
영 steam

① 삼대 증(麻中幹). ② 무리 증(衆). ③ 찔 증(薰蒸). ④ 홰 증(炬). ⑤ 섶 증(薪).【烝과 같음】

書體 小篆 蒸 或體 蒸 草書 蒸 (高校) 形聲

蒸溜(증류 zhēngliū)《物》액체를 끓여 생긴 증기를 냉각기(冷却機)로 응축액화(凝縮液化)함으로써 액체의 정제분리(精製分離)를 하는 것.
蒸民(증민 zhēngmín) 백성. 서민(庶民).
蒸濕(증습 zhēngshī) 찌는 듯이 덥고 습함.

▶ 水蒸氣(수증기)·汗蒸幕(한증막)·汗蒸湯(한증탕)·燻蒸(훈증).

蒼 푸를 창

艸 10 ⑭

蒼蒼蒼蒼蒼蒼蒼蒼蒼蒼

音 cāng 日 ソウ, あおい 英 blue

① 푸를 창(深靑色). ② 백성 창(蒼生百姓). ③ 흰털 창(蒼浪華髮). ④ 창황할 창(蒼黃悤遽貌). ⑤ 팔할 창(莽蒼草野色).

書體 小篆 蒼 草書 蒼 (高校) 形聲

蒼古(창고 cānggǔ) ① 아주 먼 옛날. ② 고색(古色)을 띠고 있어서 시세(時勢)에 맞지 않음.
蒼然(창연 cāngrán) ① 푸른 모양. ② 해질 무렵의 어두컴컴한 모양. ③ 고색(古色)의 형용. ④ 털의 흰 모양.
蒼卒(창졸 cāngzú) 급하여 허둥지둥함. 창졸(倉卒).
蒼黃(창황 cānghuáng) ① 청(靑)과 황(黃). ② 허둥지둥 당황하는 모양.

▶ 古色蒼然(고색창연)·廣濟蒼生(광제창생)·茫蒼(망창)·鬱蒼(울창)·天蒼蒼(천창창).

蓄 쌓을/모을 축

艸 10 ⑭

蓄蓄蓄蓄蓄蓄蓄蓄蓄蓄

音 xù 日 チク, たくわえる
英 accumulate

① 쌓을 축(積). ② 모을 축(聚). ③ 감출 축(藏).【畜과 같음】

書體 小篆 蓄 草書 蓄 (高校) 形聲

蓄積(축적 xùjī) 많이 모아서 쌓아 둠. 축적(畜積).

▶ 備蓄(비축)·蘊蓄(온축)·貯蓄(저축)·電蓄(전축)·含蓄(함축).

蓋 덮을 개(:)

艸 10 ⑭

蓋蓋蓋蓋蓋蓋蓋蓋蓋蓋

1 音 gài 日 ガイ, ふた 英 lid
2 音 gě 日 コウ, ふた

1 ① 뚜껑 개, 덮개 개(覆). ② 이엉 개(白茅苫). ③ 가리울 개(掩). ④ 우산 개(雨具傘). ⑤ 대개 개(大凡).【盍와 같음】 2 ① 이엉 덮을 합(苫覆). ② 부들 자리 합(蒲席). 3 ① 고을 이름 갑(齊下邑名). ② 성 갑(姓).【盇과 통함】

書體 小篆 蓋 草書 蓋 (高校) 形聲

蓋世(개세 gàishì) 위력이 세상을 뒤덮을 만한 큰 권세.
蓋然(개연 gàirán) 확실하지 못하나 그럴 것 같이 추측됨. ↔필연(必然).
蓋然性(개연성 gàiránxìng)《哲》추측해서 대개 그렇게 되리라고 생각되는 가능성. 개연율(蓋然率). 개연량(蓋然量).
蓋瓦(개와 gàiwǎ) ① 기와. ② 기와로 지붕을 이음.
蓋板(개판 gàibǎn) 서까래·부연(附椽)·목반자 따위의 위에 까는 널빤지.

▶ 頭蓋骨(두개골)·無蓋(무개)·覆蓋(복개)·屋蓋(옥개).

蓐 자리 욕

艸 10 ⑭

音 rù 日 ジョク, しとね
英 hay for seat

① 새싹 욕(陳草復生). ② 자리 욕(薦). ③ 가을 맡은 귀신 욕(秋神蓐收).

蓐母(욕모 rùmǔ) 산파(産婆).
蓐瘡(욕창 rùchuāng) 오랜 병상(病床) 생활로 말미암아 병상(病床)에 닿은 데가 곪은 종기.

自 至 臼 舌 舛 舟 艮 色 艸 虍 虫 血 行 衣 襾

蓬 쑥 봉
⺾ 11 ⑤

📖 péng 日 ホウ, よもぎ
영 mugwort

① 쑥 **봉**(蒿也禦亂草). ② 더북할 **봉**(蓬蓬盛貌). ③ 얼킬 **봉**(亂). ④ 봉래 **봉**(蓬萊神仙居所).

蓬頭亂髮(봉두난발 péngtóuluànfà) 쑥대강이 같이 흩어진 머리털.
蓬萊山(봉래산 pénglái shān) ① =봉래(蓬萊). ② 여름철의 금강산(金剛山)을 일컫는 말.
蓬髮(봉발 péngfà) 덥수룩하게 엉클어진 머리털. 봉두(蓬頭).

蓮 연꽃 련
⺾ 11 ⑤

蓮蓮蓮蓮蓮蓮蓮蓮蓮蓮

📖 lián 日 レン, はす 영 lotus

① 연밥 **련**(荷實). ② 연꽃 **련**(蓮花).

書體 小篆 蓮 草書 蓮 (高校) 形聲

蓮莖(연경 liánjīng) 연(蓮)의 줄기.
蓮根(연근 liángēn) 연(蓮)의 지하경(地下莖). 구멍이 많으며 식용(食用)함.
蓮塘(연당 liántáng) =연지(蓮池).
蓮實(연실 liánshí) 연밥.
蓮葉(연엽 liányè) 연 잎.
蓮蕊(연예 liánruǐ) 《植》 연꽃의 꽃술.
蓮華(연화 liánhuá) ① 연꽃. 연화(蓮花). ② 도제(陶製)의 수저.
蓮花世界(연화세계 liánhuāshìjiè) 《佛》 극락세계(極樂世界).

▶ 木蓮(목련)·睡蓮(수련)·紫木蓮(자목련).

蔑 업신여길 멸
⺾ 11 ⑤

📖 miè 日 ベツ, けずる, かろんずる 영 despise

① 없을 **멸**(無). ② 작을 **멸**(微). ③ 깎을 **멸**(削). ④ 업신여길 **멸**(輕易). ⑤ 버릴 **멸**(棄). ⑥ 땅 이름 **멸**(地名).【㨛와 같음】

蔑視(멸시 mièshì) 업신여김. 낮춰봄. 경시(輕視).

▶ 輕蔑(경멸)·凌蔑(능멸)·侮蔑(모멸).

蔓 덩굴 만
⺾ 11 ⑤

📖 wàn, mán, màn 日 バン, マン, つるくさ 영 vine

① 넌출 **만**, 덩굴 **만**(葛屬延). ② 순무 **만**(菁).

蔓延(만연 mànyán) 널리 퍼짐. 만연(蔓衍).
蔓衍(만연 mànyǎn) ① =만연(蔓延). ② 말이 많은 것.

蔘 삼 삼
⺾ 11 ⑤

📖 sān, shēn 日 サン, ジン, にんじん 영 inseng

① 인삼 **삼**(人蔘神草). ② 더덕 **삼**(沙蔘).【葠과 같음】

蔘茸(삼용 sānróng) 인삼(人蔘)과 녹용(鹿茸).
蔘圃(삼포 sānpǔ) 인삼을 재배하는 밭.

▶ 山蔘(산삼)·紅蔘(홍삼).

蔡 성(姓) 채:
⺾ 11 ⑤

1 📖 cài 日 サイ, おおかめ 영 big tortoise 2 日 サツ,

1 ① 채나라 **채**(國名蔡仲所封). ② 법 받을 **채**(法). ③ 거북 **채**(龜). 2 내칠 **살**, 귀양보낼 **살**(放).【縏와 같음】

蔬 나물 소

shū / ソ、ショ、な、あおもの / vegetable

나물 소(草菜通名).

小篆 蔬 草書 蔬 (高校) 形聲

蔬菜(소채 shūcài) 채소. 야채(野菜).
蔬圃(소포 shūpǔ) 채소밭.

▶ 菜蔬(채소).

蔭 그늘 음

yìn, yīn / イン、かげ / shade

① 덮을 음, 가리울 음(庇). ② 그늘 음(陰景).

蔭官(음관 yìnguān) 《制》부모의 공덕(功德)으로 얻은 벼슬.
蔭德(음덕 yìndé) 조상의 덕.

蔽 가릴 폐:

bì / ヘイ、フツ、おおう / cover

① 가리울 폐(掩). ② 다할 폐(盡). ③ 정할 폐(定). 【弊와 통함】

小篆 蔽 草書 蔽 (高校) 形聲

蔽塞(폐색 bìsāi) 가리어 막음.
蔽容(폐용 bìróng) 자취를 감춤.
蔽護(폐호 bìhù) 감싸서 보호함. 비호(庇護). 옹호(擁護).

▶ 隱蔽(은폐).

蕃 불을 번

fán, fān / バン、ハン、しげる / grow wildly

① 불을 번, 쉴 번(息.也, 滋). ② 많을 번(多). ③ 더북할 번(草茂). ④ 야만 번(蕃國). ⑤ 고을 이름 번(眞蕃). 【藩과 통함】

蕃盛(번성 fánshèng) ① 자손이 늘어서 퍼짐. ② 초목이 무성함. 번무(繁茂). 번연(蕃衍).
蕃熟(번숙 fánshú) 곡식 따위가 무성하고 잘 익음.
蕃息(번식 fánxī) 불고 늘어서 퍼짐. 번식(蕃殖). 번식(繁殖).
蕃殖期(번식기 fánzhíqī) 새끼를 치는 시기.
蕃孶(번자 fánzī) 자손(子孫)이 번성(繁盛)하는 일.
蕃昌(번창 fánchāng) 번성하는 모양. 번성하는 것. 번창(繁昌).

蕉 파초 초

jiāo, qiáo / ショウ、ばしょう / plantain

① 파초 초(芭蕉草名). ② 섶 초, 땔나무 초(薪). ③ 파리할 초(蕉萃).

蕉鹿夢(초록몽 jiāolùmèng) 인생의 득실(得失)이 허무하고 덧없는 것. 《故》 정(鄭)나라 사람이 사슴을 잡아 파초의 잎으로 덮어 감추어 두었으나, 너무 기뻐서 그 장소를 잊어버려 뒤에 그 사슴을 찾지 못하고 그것을 꿈으로 체념(諦念)하였다 함.
蕉萃(초췌 jiāocuì) 마르고 파리한 모양. 마름. 초췌(憔悴).

蕊 꽃술 예:

ruǐ / ズイ、しべ / flower-centre

① 꽃술 예. ② 꽃 예(花). ③ 약 이름 예. ④ 초목 떨기로 난 모양 예(草木叢生

自 至 臼 舌 舛 舟 艮 色 艸 虍 虫 血 行 衣 襾　　721

貌). 【蘂와 같음】

艸 12 ⑯ 蕩　방탕할 탕:

음 dàng 일 トウ, ひろやか 영 vast

① 넓고 클 탕(廣遠悠). ② 클 탕(大). ③ 법 없어질 탕(板蕩法廢). ④ 방탕할 탕(放蕩無檢束). ⑤ 움직일 탕, 흔들릴 탕(震動). ⑥ 평탄할 탕(平易). ⑦ 소탕할 탕, 털어서 없앨 탕(掃蕩).

蕩減(탕감 dàngjiǎn)《國》진 빚을 온통 삭쳐 줌.
蕩産(탕산 dàngchǎn) 재산을 탕진함. 파산(破産).
蕩蕩平平(탕탕평평 dàngdàngpíngpíng) 어느 쪽에도 치우치지 않음.

艸 12 ⑯ 蕪　거칠 무

음 wú 일 ブ, あれる 영 barren

① 덮거칠 무, 황무지 무(蕪穢荒). ② 난잡할 무, 어지러울 무(亂雜). ③ 번성할 무(繁貌). ④ 무 무(蕪菁).

蕪荒(무황 wúhuāng) 풀이 무성하고 땅이 매우 거친 것. 황무(荒蕪).

艸 12 ⑯ 蕭　쓸쓸할 소

음 xiāo 일 ショウ, よもぎ 영 mug wort

① 쑥 소(蒿). ② 쓸쓸할 소(悽寂寥貌). ③ 차면담 소(蕭牆門屛). ④ 말 우는 소리 소(聲). ⑤ 바람소리 소(風聲). ⑥ 도끼 이름 소(斧名).

蕭灑(소쇄 xiāosǎ) 말쑥하고 깨끗한 모양. 소천(蕭茜).
蕭瑟(소슬 xiāosè) 가을바람이 소리를 내며 부는 모양.
蕭然(소연 xiāorán) ① 쓸쓸한 모양. ② 텅 비어 있는 모양. ③ 떠들썩하고, 바쁜 모양.

艸 13 ⑰ 薄　얇을/엷을 박

薄 薄 薄 薄 薄 薄 薄 薄 薄 薄

음 báo, bó, bò 일 ハク, うすい 영 thin

① 얇을 박(不厚). ② 적을 박(少). ③ 가벼울 박(輕). ④ 힘입을 박, 외오라지 박(聊). ⑤ 모을 박(集). ⑥ 입힐 박(被). ⑦ 풀서리 박(林薄草叢). ⑧ 혐의 박(嫌). ⑨ 발 박(帷薄簾). ⑩ 빨리 달릴 박(薄薄疾驅). ⑪ 다각칠 박, 핍박할 박(迫). ⑫ 땅거미 박(薄暮晚). ⑬ 누에발 박(簿). ⑭ 넓을 박(博).

書體　小篆 薄　草書 薄　高校　形聲

薄利多賣(박리다매 bólìduōmài) 상품의 이익을 조금씩 남기고 많은 수량을 파는 일.
薄俸(박봉 báofèng) 적은 봉급. 박급(薄給).
薄氷(박빙 báobīng) 얇게 얼은 얼음.
薄色(박색 báosè) 못생긴 얼굴이나 그 사람.
薄遇(박우 báoyù) ① 불친절한 대우. ② 냉담한 대접. 박대(薄待). ↔ 우대(優待).
薄田薄畓(박전박답 báotiánbáodá) 지기(地氣)가 메마른 밭과 논.
薄志弱行(박지약행 báozhìruòxíng) 의지가 약하고 실천력이 미약함.
薄學(박학 báoxué) 학식이 얕고 좁음. 미숙한 학문.
薄行(박행 báoxíng) 경솔한 행동.

▶ 刻薄(각박)·輕薄(경박)·美人薄命(미인박명)·浮薄(부박)·野薄(야박)·肉薄(육박)·精神薄弱(정신박약)·瘠薄(척박)·淺薄(천박)·厚薄(후박)·稀薄(희박).

艸 13 ⑰ 薇　장미 미

음 wēi 일 ビ, わらび

艸 13

flowering fern
① 고비나물 미(蕨). ② 백일홍 미(紫薇花名). ③ 벼슬 이름 미(唐官名紫薇省). ④ 장미 미(薔薇).
薇蕨(미궐 wēijué) 고비와 고사리.
▶ 薔薇(장미).

薉 더러울 예:

㊀ wèi ㊂ ワイ, けがれ ㊃ dirty
① 더러울 예(汗). ② 김 묵을 예(荒蕪田中雜草). 【穢·薉와 같음】
薉貊(예맥 wèimò)《歷》고구려(高句麗)의 전신(前身)으로 고조선(古朝鮮) 안에 있었던 나라. 예매(濊貊)·예맥(薉貊)·예맥(穢貊). 한대(漢代) 요녕성(遼寧省) 봉성현(鳳城縣) 및 강원도 지방에 있었음.

薑 생강 강

㊀ jiāng ㊂ キョウ, しょうが
㊃ ginger
풀생강 강(禦濕菜).

薔 장미 장

㊀ qiáng ㊂ ショク, ばら ㊃ rose
1 물여뀌 색(澤生者蓼). **2** 장미꽃 장(薔薇)
薔薇(장미 qiángwēi)《植》장미과의 낙엽 떨기나무. 관상용임. 장미꽃.

薛 성(姓) 설

㊀ xuē ㊂ セツ, よもぎ
㊃ mug wort
① 설풀 설(賴蒿草名). ② 설나라 설(國名). ③ 성 설(姓).
薛越(설월 xuēyuè) 여기 저기 흩어서 버림.

薦 천거할 천:

薦薦薦薦薦薦薦薦薦薦
㊀ jiàn ㊂ セン, すすめる
㊃ recommend
① 쑥 천, 꼴 천(獸之所食草薦). ② 드릴 천(進). ③ 천거할 천(薦舉). ④ 천신할 천(薦新祭). ⑤ 짚자리 천(薦席). ⑥ 풀 모도록할 천(草稠).

書體 小篆 薦 草書 薦 高校 會意

薦舉(천거 jiànjǔ) 사람을 어떤 자리에 쓰도록 추천함. 추거(推擧).
▶ 公薦(공천)·自薦(자천)·推薦(추천)·推薦權者(추천권자)·他薦(타천).

薪 섶 신

㊀ xīn ㊂ シン, たきぎ
㊃ brushwood
① 섶 신, 땔나무 신(蕘也柴). ② 월급 신(薪水). ③ 성 신(姓). ④ 풀 신(草).
薪樵(신초 xīnqiáo) 땔나무.
薪炭(신탄 xīntàn) 땔나무와 숯.

薩 보살 살

㊀ sā ㊂ サツ, ぼさつ
㊃ bodhisattva
보살 살(菩薩普濟佛號).
薩埵(살타 sāduǒ)《佛》부처의 다음 가는 위치에 있으면서 용맹스러운 마음으로 불도(佛道)를 구(求)하고 자비스러운 마음으로 중생(衆生)을 구하는 사람. 곧 보살.

薯 감자 서:

shǔ ショ, やまのいも
Chinese yam

마 서(薯蕷藥名). 【藷와 같음】

薯童謠(서동요 shǔtóngyáo) 향가(鄕歌). 백제(百濟)의 서동(薯童)〈무왕(武王)의 아명(兒名)이라 함〉이 신라 서울에 와서 선화공주(善化公主)를 꾀어내기 위하여 지어서 거리의 아이들에게 부르게 했다 함.

薯豉(서시 shǔchǐ) 감자로 담근 된장.

薰 향풀 훈

xūn, xùn クン, かおりぐさ
fragrant grass

① 향풀 훈(香草似靡蕪). ② 훈할 훈, 피울 훈(灼). ③ 더울 훈(熱).

薰氣(훈기 xūnqì) 훈훈한 기운. 《喩》 세력가(勢力家)의 위력.

薰然(훈연 xūnrán) 마음이 온화(溫和)한 모양.

薰育(훈육 xūnyù) ① 사람을 가르쳐 기름. ② 《歷》 흉노(匈奴)의 옛 이름.

薰蒸(훈증 xūnzhēng) 찌는 듯이 무더움. 훈열(薰熱).

薰風(훈풍 xūnfēng) 첫 여름에 훈훈하게 부는 남풍. 온화한 바람. 남풍(南風). 남훈(南薰).

▶ 餘薰(여훈)・香薰(향훈).

藁 짚 고

gǎo コウ, わら straw
① 짚 고(禾稈). ② 거적 고(席賤也人). ③ 글초 잡을 고(文草). 【稿와 같음】

▶ 席藁待罪(석고대죄).

藉 깔/핑계할 자:

① jiè シャ, しく spread
② jí セキ, かる excuse

① ① 깔 자(薦). ② 도울 자(助). ③ 빌릴 자(借). ④ 핑계 댈 자(憑藉). ⑤ 온자할 자(醞藉含容意). ⑥ 잘 대접할 자, 위로할 자(慰藉厚待). ② ① 어수선할 적(狼藉雜亂). ② 성할 적(藉甚盛). ③ 와자할 적(藉名稱). ④ 드릴 적(貢獻). ⑤ 임금이 가는 밭 적(藉田).

藉藉(자자 jièjiè) ① 어지럽고 무질서한 모양. ② 떠들썩하게 지껄이는 모양. 적적(籍籍).

藉稱(자칭 jièchēng) 다른 일을 빙자하여 핑계함. 자탁(藉托).

藉甚(적심 jièshèn) 평판이 높음. 명성을 떨침. 적기(藉其).

▶ 狼藉(낭자)・憑藉(빙자)・慰藉(위자).

藍 쪽 람

lán ラン, あい
indigo-plant

① 쪽 람(染青草). ② 옷해질 람, 걸레 람(藍縷敝衣). ③ 절 람(伽藍僧居). ④ 성 람(姓).

藍縷(남루 lánlǚ) ① 누더기. ② 옷 따위가 해져 지저분함. 남루(襤縷).

藍色(남색 lánsè) 남빛.

藍青(남청 lánqīng) 짙고 검푸른 빛. 남전(藍靛).

▶ 青出於藍(청출어람).

藏 감출 장:

藏藏藏藏藏藏藏藏藏藏

① ② cáng ゾウ, おさめる

영 storage ③ 중 zàng
① 장풀 장(似亂草名). ② 감출 장(隱也蓄). ③ 곳집 장, 광 장(物所蓄).【臟과 통함】

書體 小篆 藏 草書 莊 高校 形聲

藏經(장경 cángjīng) 《佛》불교(佛敎) 경전(經典)의 총칭. 대장경(大藏經). 일체경(一切經).
藏書家(장서가 cángshūjiā) 서적을 많이 보관한 사람.
藏蹤秘迹(장종비적 cángzōngmìjì) 종적을 아주 감춤. 잠종비적(潛縱秘迹).

▶ 冷藏庫(냉장고)·大藏經(대장경)·埋藏(매장)·無盡藏(무진장)·秘藏(비장)·死藏(사장)·所藏(소장)·收藏(수장)·愛藏(애장)·貯藏(저장)·退藏(퇴장).

艸 15 ⑲ 藝 재주 예:

영 yì 일 ゲイ, わざ 영 talent, art
① 재주 예(才能). ② 글 예(文). ③ 대중할 예(準). ④ 극진할 예(極). ⑤ 심을 예(種). ⑥ 법 예(法). ⑦ 분별할 예(分別).

書體 篆文 藝 草書 藝 中學 形聲

藝能(예능 yìnéng) ① 어떤 기예에 뛰어난 재능. ② 배운 기예(技藝). ③ 예술과 기능. ④ 연극·영화·음악·무용 따위의 총칭.
藝術(예술 yìshù) ① 학예와 기술. ② 채색·음성·언어 형상에 의하여 미를 표현하는 수단.

▶ 曲藝(곡예)·工藝(공예)·技藝(기예)·陶藝(도예)·藤工藝(등공예)·木工藝品(목공예품)·武藝(무예)·文藝(문예)·文學藝術(문학예술)·書藝(서예)·手工藝品(수공예품)·手藝(수예)·新春文藝(신춘문예)·

演藝(연예)·園藝(원예)·六藝(육예)·學藝(학예).

艸 15 ⑲ 藥 약 약

영 yào 일 ヤク, くすり 영 medicine
약 약(金石草木劑愼曰藥).

書體 小篆 藥 草書 藥 中學 形聲

藥方文(약방문 yàofāngwén) 약을 짓기 위한 약명과 분량을 적은 종이.
藥師如來(약사여래 yàoshīrúlái) 《佛》중생의 병을 고치고 재해를 막아 준다고 하는 부처.
藥碾(약연 yàoniǎn) 한방의(漢方醫)가 약재를 갈아서 가루로 만드는 기구. 금속 또는 돌로 만들음.
藥劑(약제 yàojì) 조제(調製)한 약. 치료에 쓰는 약.
藥指(약지 yàozhǐ) 약손가락.
藥秤(약칭 yàochèn) 약저울.
藥湯罐(약탕관 yàotāngguàn) 탕약을 달이는 데 쓰는 질그릇.

▶ 感氣藥(감기약)·救急藥(구급약)·劇藥(극약)·內服藥(내복약)·農藥(농약)·毒藥(독약)·痲藥(마약)·萬病通治藥(만병통치약)·賣藥(매약)·名藥(명약)·妙藥(묘약)·民間藥(민간약)·百藥(백약)·補藥(보약)·常備藥(상비약)·生藥(생약)·泄瀉藥(설사약)·消毒藥(소독약)·洋藥(양약)·靈藥(영약)·外用藥(외용약)·醫藥(의약)·芍藥(사약)·低農藥(저농약)·製藥(제약)·齒藥(치약)·彈藥(탄약)·湯藥(탕약)·投藥(투약)·特效藥(특효약)·爆藥(폭약)·避妊藥(피임약)·韓藥(한약)·火藥(화약)·丸藥(환약).

艸 15 ⑲ 藤 등나무 등

영 téng 일 トウ, ふじ 영 rattan
등 등, 등덩굴 등(蔓生木藟).

藤花(등화 ténghuā) 등꽃.

▶ 葛藤(갈등).

藻 마름 조:
艸 16획 ⑳

🔊 zǎo 🇯🇵 ソウ, も
🇬🇧 water-caltrop

① 마름 조(水草有文). ② 글 조(文). ③ 좋아할 조(喜喜悅).

藻類(조류 zǎolèi) 은화(隱花) 식물인 수초(水草)의 총칭.
藻忭(조변 zǎobiàn) 매우 기뻐함.
藻雅(조아 zǎoyǎ) 시문(詩文)에 풍치가 있고 아담한 것.
藻翰(조한 zǎohàn) ① 아름답고 훌륭한 문장. ② 아담하고 품위가 있는 편지.

▶ 海藻類(해조류).

蕊 꽃술 예:
艸 16획 ⑳

🔊 ruǐ 🇯🇵 ズイ, しべ 🇬🇧 stamen
꽃술 예(花心鬚). 【蕋와 같음】

蘆 갈대 로
艸 16획 ⑳

🔊 lú, lǔ 🇯🇵 ロ, あし 🇬🇧 teed

1 ① 꼭두서니 려(茹蘆侑). ② 범고채 려(漏蘆藥名). **2** 갈대 로(葦).

蘆笛(노적 lúdí) 갈대잎을 말아서 만든 피리. 갈피리. 노가(蘆茄).
蘆花(노화 lúhuā) 갈대꽃.

蘇 깨어날/되살아날 소
艸 16획 ⑳

蘇 蘇 蘇 蘇 蘇 蘇 蘇 蘇 蘇

🔊 sū 🇯🇵 ソ, ス, よみがえる
🇬🇧 revive

① 차조기 소(紫蘇草名). ② 부소나무 소(扶蘇木名). ③ 나무할 소(樵蘇取草). ④ 술 소, 실 드릴 소(流蘇盤線). ⑤ 까무러질 소(蘇氣紊繁). ⑥ 깨어날 소, 회생할 소(死而復生). ⑦ 나라 이름 소(國名). ⑧ 성 소(姓). 【甦와 같음】

書體 小篆 蘇 草書 蘇 蘓 (高校) 形聲

蘇復(소복 sūfù) ① 병 뒤에 원기가 회복됨. ② 병 뒤에 원기(元氣)의 회복을 위하여 음식을 잘 먹음.
蘇生(소생 sūshēng) 다시 살아남. 회생(回生). 갱생(更生). 소활(蘇活).
蘇息(소식 sūxī) 숨을 돌려서 쉼.

蘊 쌓을 온:
艸 16획 ⑳

🔊 yùn 🇯🇵 ウン, オン, つむ, つもる
🇬🇧 pile up

1 마름 온(藻屬). **2** ① 쌓일 운(積). ② 익힐 운(習).

蘊憤(온분 yùnfèn) 분한 마음이 가슴에 가득하게 쌓임.
蘊奧(온오 yùnào) 학문·기예(技藝) 따위의 심오한 뜻.
蘊藉(온자 yùnjiè) ① 마음이 넓고 조용함. ② 함축성이 있고 여유가 있음.
蘊藏(온장 yùncáng) 깊숙이 간직하여 둠.
[蘊抱(온포 yùnbào) 가슴 속에 재주를 품음.

薔 장미 장
艸 17획 ⑳

🔊 qiáng 🇯🇵 ショウ, ばら 🇬🇧 rose
장미꽃 장(薔薇花名). 【蘠과 같음】

蘭 난초 란
艸 17획 ⑳

蘭 蘭 蘭 蘭 蘭 蘭 蘭 蘭 蘭 蘭

🗣 lán 🇯🇵 ラン, らん 🇬🇧 orchid
① 난초 **란**(香草一幹一花). ② 목란꽃 **란**(木蘭花名朝睾). ③ 나라 이름 **란**(國名和蘭).

書體 小篆 蘭 草書 蘭 高校 形聲

蘭交(난교 lánjiāo) 뜻이 맞아 서로 친밀한 사람들의 사귐.
蘭味(난미 lánwèi) 벗의 사귐이 깊은 것.
蘭芳(난방 lánfāng) 난초(蘭草)의 향기로운 냄새.
蘭房(난방 lánfáng) ① 난초 향기가 그윽한 방. 맑고 그윽한 방. 난실(蘭室). ② 부인이 쓰는 아름다운 방. 난규(蘭閨).
蘭室(난실 lánshì) 난초 향기가 그윽한 방.《轉》착한 사람이 사는 곳. 난방(蘭房).
蘭艾(난애 lán'ài) 난초와 쑥.《喩》군자(君子)와 소인(小人).
蘭草(난초 láncǎo)《植》난초과에 딸린 다년생 풀. 향기가 높음.
蘭叢(난총 láncóng) 난초의 숲.
蘭薰桂馥(난훈계복 lánxūnguìfù)《喩》① 덕행을 쌓아 미명(美名)을 후세에 남기는 것. ② 가문이 번영하고 자제가 뛰어난 것.

▶ 東洋蘭(동양란)·紫蘭(자란).

虎 部
범 호

虎 범 호(:)

虎 虎 虎 虎 虎 虎 虎 虎

🗣 hǔ 🇯🇵 コ, とら 🇬🇧 tiger
범 **호**(猛獸山獸之君).

書體 小篆 古文 古文 草書 中學 象形

虎踞龍盤(호거용반 hǔjùlóngpán) 용이 도사리고 범이 웅크리고 앉음. 용반호거(龍盤虎踞).《喩》웅장한 산세(山勢).
虎口(호구 hǔkǒu) ① 범의 입.《喩》매우 위험한 지경이나 경우. ② 바둑에서 상대 편 바둑이 이미 싸고 있는 그 속.
虎狼之心(호랑지심 hǔlángzhīxīn) 성질이 거칠고 사나와 인자스럽지 못한 마음.
虎尾春氷(호미춘빙 hǔwěichūnbīng) 범의 꼬리와 봄에 어는 얼음.《喩》매우 위험한 지경.
虎父犬子(호부견자 hǔfùquǎnzǐ)《喩》아버지는 잘났는데 아들은 못나고 어리석다는 말.
虎死留皮(호사유피 hǔsǐliúpí) 범은 죽어서 모피(毛皮)를 남김.《喩》사람은 사후(死後)에 명예를 남겨야 한다는 말.
虎嘯(호소 hǔxiào) 범이 큰 소리로 으르렁거림.《喩》영웅이 뜻을 얻어 활약하는 모양.
虎視耽耽(호시탐탐 hǔshìdāndān) 범이 먹이를 노리어 눈을 부릅뜨고 노려봄.《喩》기회를 노리고 있는 모양.
虎翼(호익 hǔyì) ① 사나운 호랑이에게 날개가 있다면 그 사나움을 막을 길이 없게 됨.《轉》세력가에게 권세를 더 줌. ② 진형(陣形)의 이름.
虎前乞肉(호전걸육 hǔqiánqǐròu)《國》범더러 고기 달라기.《喩》안 될 것을 하려고 하는 것.
虎擲龍拏(호척용나 hǔzhìlóngná) 범과 용의 싸움.《喩》영웅이 서로 다

自至臼舌舛舟艮色艸(虍)虫血行衣襾　　　　　727

틈.
虎穴(호혈 hǔxué) 범이 사는 굴.《喩》가장 위험한 곳.
虎患(호환 hǔhuàn) 범이 인축(人畜)에게 끼치는 해.

▶ 猛虎(맹호)·白虎(백호)·飛虎(비호)·龍虎相搏(용호상박)·左靑龍右白虎(좌청룡우백호)·狐假虎威(호가호위)

虐 모질 학
虍 2획
⑧

음 nüè 일 ギャク, しいたげる
영 cruel

① 사나울 **학**, 혹독할 **학**, 까다로울 **학**(酷也苛). ② 해롭게 할 **학**(殘).

虐待(학대 nüèdài) 가혹하게 대우함. 학우(虐遇).
虐殺(학살 nüèshā) 참혹하게 무찔러 죽임.
虐政(학정 nüèzhèng) 포학한 정치(政治). 가정(苛政).

▶ 加虐(가학)·苛虐(가학)·大虐殺(대학살)·自虐(자학)·貪虐(탐학).

虔 공경할 건:
虍 4획
⑩

음 qián 일 ケン, つつしむ
영 sincerity

① 공경할 **건**(恭敬). ② 빼앗을 **건**(强取). ③ 죽일 **건**(虔劉殺).

虔誠(건성 qiánchéng) 삼가고 정성(精誠)어린 것.

▶ 敬虔(경건).

處 곳 처:
虍 5획
⑪

虛虛虛虛虛虛虛虛虛
①-⑥ 음 chù ⑦ 음 chǔ 일 ショ, と

ころ 영 place, live

① 살 **처**(居). ② 그칠 **처**(止). ③ 정할 **처**(定). ④ 처치할 **처**(處置分別). ⑤ 처자 **처**, 처녀 **처**(女未嫁). ⑥ 구처할 **처**(區處). ⑦ 곳 **처**(處所).

書體　小篆　草書　(中學)　會意

處士(처사 chǔshì) ① 벼슬을 하지 않은 선비. ② 세파(世波)의 표면에 나서지 않고 조용히 초야(草野)에 파묻혀 사는 선비.
處身(처신 chǔshēn) ① 세상을 살아감에 있어서 몸을 가지는 일. ② 몸가짐. 행신(行身).
處地(처지 chùdì) ① 자기가 처해 있는 경우. 또는 환경. ② 서로 사귀어 지내는 관계. ③ 지위 또는 신분.
處置(처치 chǔzhì) 일을 감당하여 치러감. 처리(處理).

▶ 假處分(가처분)·各處(각처)·居處(거처)·近處(근처)·難處(난처)·老處女(노처녀)·對處(대처)·到處(도처)·某處(모처)·副處(부처)·部處(부처)·山林處士(산림처사)·傷處(상처)·善處(선처)·熱處理(열처리)·自處(자처)·再處理(재처리)·定處(정처)·措處(조처)·出處(출처)·婚處(혼처)·後處理(후처리).

虛 빌 허
虍 5획
⑪

【虛(虍부6획)의 속자】

虛 빌 허
虍 6획
⑫

虛虛虛虛虛虛虛虛虛
음 xū 일 キョ, コ, むなしい
영 empty, vain

① 빌 **허**, 헛될 **허**(空). ② 다할 **허**(罄). ③ 버금자리 **허**(次). ④ 약할 **허**(弱). ⑤ 거짓말 **허**(虛言). ⑥ 하늘 **허**(天空). ⑦ 터 **허**(故城). ⑧ 별 이름 **허**(宿名二十

八宿之一).

書體 小篆 虛 草書 虛 中學 形聲

虛構(허구 xūgòu) ① 사실이 없는 일을 사실처럼 조작함. ② 소설·희곡 등에서 실제로 없는 사건을 작가(作家)의 상상력으로 창작하는 것. 또는 그 이야기. 픽션.

虛飢(허기 xūjī) 굶어서 배가 고픔.

虛妄(허망 xūwàng) 허황하고 미덥지 않음. 거짓이 많고 망령됨. 허위(虛僞).

虛無(허무 xūwú) ① 아무 것도 없고 텅 빔. ② 노자(老子)의 학설. 마음에 사념(邪念)이 없어 다른 생각을 하지 않고 몸·마음은 자연에 맡김.

虛辭(허사 xūcí) 실속이 없는 빈말. 허언(虛言).

虛心坦懷(허심탄회 xūxīntǎnhuái) ① 마음에 아무런 사념(邪念)이 없이 평정(平靜)하고 평탄(坦坦)함. ② 애증에 끌리지 않는 공평한 태도.

虛張聲勢(허장성세 xūzhāngshēngshì) 실속은 없이 헛소문과 허세만 부리는 것.

虛虛實實(허허실실 xūxūshíshí) ① 계략이나 수단을 써서 서로 서로 상대방의 약점을 비난하여 싸움. ② 허실을 알아서 상대방의 동정을 알아냄.

虛華(허화 xūhuá) 실속은 없고 겉으로만 빛나서 아름다움.

虛荒(허황 xūhuāng) 마음이 들떠서 황당함.

▶ 謙虛(겸허)·空虛(공허)·血虛(혈허).

虜 사로잡을 로

lǔ リョ, ロ, とりこ
catch alive

① 사로잡을 로(掠). ② 종 로(奴隷).
【擄와 같음】

虜掠(노략 lǔlüè) 사람을 사로잡고 재물을 약탈함.
虜獲(노획 lǔhuò) 적을 사로잡음. 적의 목을 자름.

▶ 南倭北虜(남왜북로)·捕虜(포로)·虜收容所(포로수용소).

虞 염려할/나라 이름 우

yú グ, うれえる anxious

① 염려할 우(艱虞慮). ② 추우짐승 우(騶虞仁獸). ③ 즐거울 우(驩虞樂). ④ 갖출 우(備). ⑤ 그릇될 우(誤). ⑥ 편안할 우(安). ⑦ 우제지낼 우(葬после祭禮). ⑧ 우벼슬 우(山澤官名). ⑨ 나라 이름 우(帝舜國號).

虞犯(우범 yúfàn)《法》성격·환경 등에 비추어 죄를 범하거나 형벌 법령에 저촉될 우려가 있음을 이름.
虞祭(우제 yújì) 초우(初虞)·재우(再虞)·삼우(三虞)의 총칭.

號 이름 호(:)

號 號 號 號 號 號 號 號 號 號

①-④ hào ⑤-⑦ háo ゴウ, さけぶ shout, call

① 부르짖을 호(大呼). ② 엉엉 울 호(大哭). ③ 닭 울 호(鷄鳴). ④ 오호활 호(烏號弓名).【諺: 嘑와 통함】⑤ 부를 호(召). ⑥ 호령할 호(號令). ⑦ 이름 호(名稱).【號·唬와 같음】

書體 小篆 號 草書 號 中學 形聲

號旗(호기 hàoqí) 신호를 하기 위하여 사용하는 기.
號外(호외 háowài) 정기(定期) 이외 임시로 발행하는 신문이나 잡지.

▶ 口號(구호)·國號(국호)·記號(기호)·番號(번호)·別號(별호)·符號(부호)·負號(부

호)·商號(상호)·證號(시호)·信號(신호)·信號彈(신호탄)·雅號(아호)·暗號(암호)·年號(연호)·一連番號(일련번호)·赤信號(적신호)·電話番號(전화번호)·題號(제호)·創刊號(창간호)·靑信號(청신호)·稱號(칭호)·特輯號(특집호).

虧 이지러질 휴

音 kuī 日 キ, かける 英 break

① 이지러질 휴(缺). ② 덜릴 휴(氣損少).

虫 部

벌레 충

虫 벌레 충, 벌레 훼

1 音 chóng, chǒng 日 キ, むし 英 insect **2** 音 huī 日 チュウ, むし

1 벌레 훼(鱗介總名). **2** 충. 뜻은 **1**과 같음.

虹 무지개 홍

1 音 hóng 日 コウ, にじ 英 rainbow **2** 音 jiàng

1 무지개 홍(蝃蝀). **2** 골 이름 강(泗州縣名). **3** 공. 뜻은 **2**와 같음. **4** ① 어지러울 항, 무너질 항(潰). ② 칼 이름 항(劍名流彩虹).

虹橋(홍교 hóngqiáo) ① 무지개. 채교(彩橋). ② 무지개처럼 생긴 다리.
虹霓(홍예 hóngní) ① 무지개. ②《天》별 이름.
虹霓門(홍예문 hóngnímén) 문 얼굴의 윗머리가 무지개같이 반원형이 되게 만든 문. 홍예문(虹霓門).
虹棧(홍잔 hóngzhàn) 무지개처럼 굽은 다리.
虹泉(홍천 hóngquán) 폭포.

虽 비록 수

【雖(隹부9획)와 같음】

蚊 모기 문

音 wén 日 ブン, モン, か 英 mosquito

모기 문(齧人飛蟲蚋).

蚊脚(문각 wénjiǎo) 모기의 다리.《轉》모기 다리처럼 가는 글씨.
蚊雷(문뢰 wénléi) 많은 모기가 모여서 나는 소리가 뇌성(雷聲과 같음.
蚊帳(문장 wénzhàng) 모기장. 문황(蚊幌). 문주(蚊幬).
蚊陣(문진 wénzhèn) 모기의 떼.

蚌 조개 방

音 bàng, bèng 日 ホウ, ボウ, どぶがい 英 shellfish

조개 방(蛤屬含漿). 【蛖과 같음】

蚌鷸之勢(방휼지세 bàngyùzhīshì) 조개와 도요새가 서로 물고 버티어 놓지 않음. 곧 어금버금한 형세. 결국 제삼자만 이득을 얻게 됨을 비유. → 어부지리(漁父之利).

蚤 벼룩 조

音 zǎo 日 ソウ, のみ 英 flea

① 벼룩 조(齧人跳蟲). ② 일찍 조(早).
【蚤와 같음】

蚤起(조기 zǎoqǐ) 아침 일찍 일어남.

조기(早起), 숙기(夙起), 흥흥(夙興).

蚤歲(조세 zǎosuì) ① 젊은 시절. 젊은 때. 약년(弱年). ② 연초(年初). 세초(歲初).

蚤腸出食(조장출식 zǎochángchūshí)《國》벼룩의 간 내어 먹기.《喩》극히 적은 이익을 당치 않게 깎아먹는다는 뜻.

蚤知之士(조지지사 zǎozhīzhīshì) ① 선견지명(先見之明)이 있는 사람. ② 시기(時機)를 보는 데에 민감한 사람.

蚤寢晏起(조침안기 zǎoqǐnyànqǐ) 일찍 자고 늦게 일어남.

蛇 뱀 사:
虫 5 ⑪

1 ⑱ shé ⑲ ジャ、へび ⑳ snake
2 ⑱ yí ⑲ ダ、へび
1 든든할 이(委蛇自得貌). 2 타. ① 뜻은 1과 같음. ② 이무기 타(虵屬).
3 ① 뱀 사(毒蟲). ② 별 이름 사(玄武宿騰蛇)

書體 篆文 草書 [高校] 形聲

蛇心(사심 shéxīn) 간사(奸邪)하고 질투(嫉妬)가 심한 마음. 뱀 같이 표독(慓毒)스러운 마음.

蛇心佛口(사심불구 shéxīnfókǒu) 속은 간악(奸惡)하면서 말은 부처와 같이 착한 사람.

蛇足(사족 shézú)《故》뱀을 그리고 실지로는 없는 발을 붙인 일로 인하여 원 모양과는 다르게 되는 일.《喩》쓸데없는 일을 하다가 도리어 실패(失敗)함. 묘사첨족(描蛇添足)·화사첨족(畫蛇添足)의 약어.

蛇行(사행 shéxíng) ① 울퉁불퉁하고 구불구불함. ② 뱀처럼 구불거리고 감. 똑바로 가지 못하는 모양.

▶ 毒蛇(독사)·白蛇(백사)·殺母蛇(살모사)·龍頭蛇尾(용두사미)·花蛇(화사).

蛋 새알 단:
虫 5 ⑪

⑱ dàn ⑲ タン、たまご
⑳ bird's egg

새알 단(鳥卵).

蛋白(단백 dànbái) 알의 흰자위. 단백질로 된 물건.

蛋白質(단백질 dànbáizhì)《化》흰자질. 동식물세포(動植物細胞)의 원형질(原形質)의 주성분으로 생명(生命)의 기본적 구성물이며 사람의 삼대(三大) 영양소(營養素)의 하나인 함질소(含窒素) 유기화합물(有機化合物)임.

蛋黃(단황 dànhuáng)《生》알의 노른자. 난황(卵黃).

蛔 회충 회
虫 6 ⑫

⑱ huí ⑲ カイ、はらのむし
⑳ round worm

회 회, 거위 회(服中蟲).

蛔蟲(회충 huíchóng)《動》거위.

蛙 개구리 와
虫 6 ⑫

1 ⑱ wā ⑲ ワ、かえる ⑳ frog
2 ⑲ ワイ
1 ① 개구리 왜(蝦蟇). ② 음란한 소리 왜(淫聲). 2 와. 뜻은 1과 같음.

蛙鳴蟬噪(와명선조 wāmíngchánzào) 개구리와 매미가 시끄럽게 울어 댐.《轉》시끄럽게 떠들음.《喩》서투른 문장이나 쓸데없는 의론을 조롱하여 쓰는 말.

蛙聲(와성 wāshēng) ① 개구리소리. ② 음란(淫亂)한 음악(音樂)소리. ③ 시끄럽게 떠드는 소리.

自至臼舌舛舟艮色艸虍(虫)血行衣襾　　　　　731

蛙市(와시 wāshì) 개구리의 떼지어 우는 모습. 〈市는 군집(群集)의 뜻〉.
蛙吠(와폐 wāfèi) 개구리의 우는 소리. 와명(蛙鳴). 와고(蛙鼓).

蛤 조개 합
虫6/12

중 gé, há 일 コウ, はまぐり
영 clam

조개 합(蚌屬).

▶ 大蛤(대합)·白蛤(백합)·紅蛤(홍합).

蛾 누에나방 아
虫7/13

중 é, yí 일 ガ, ひむし
영 silkworm moth

① 누에나방 아. ② 나비 눈썹 아(蛾眉).
蛾眉(아미 éméi) ① 가늘고 길게 굽이진 누에나방의 촉각(觸角)처럼 아름다운 눈썹. 곧 미인의 눈썹.〈轉〉미인. ② 아미월(蛾眉月)의 약어.
蛾術(아술 éshú)〈喩〉새끼 개미가 어미 개미의 하는 것을 본 따서 끊임없이 흙을 날라 드디어 개미 둑을 이루는 것처럼, 사람도 성현(聖賢)의 가르침을 명심하고 그 지덕(知德)을 닦아 대성(大成)을 하여야 함을 일컫는 말.

蜀 나라 이름 촉
虫7/13

중 shǔ 일 ショク, あおむし
영 green caterpillar

① 촉규화벌레 촉, 해바라기벌레 촉(葵中蟲). ② 큰 닭 촉(大鷄). ③ 땅 이름 촉(地名).
蜀犬吠日(촉견폐일 shǔquǎnfèirì) 촉(蜀)의 땅은 사면이 높은 산으로 둘러싸였고 그 위에 운무(雲霧)가 짙게 덮여 해를 볼 수 있는 때가 매우 드물어, 모처럼 해를 보게 되면 개가 짖는다는 말.〈喩〉견식이 좁은 사람이 성현의 언행에 대하여 의심을 가지고 비난 공격함의 부당함을 꾸짖은 말.
蜀道(촉도 shǔdào) 촉(蜀)〈지금의 사천성(四川省)〉으로 통하는 위험한 길.〈喩〉인정(人情)과 세로(世路)의 어려움을 일컫는 말.
蜀魂(촉혼 shǔhún)〈動〉두견(杜鵑). 촉(蜀)의 망제(望帝)의 혼백(魂魄)이 화(化)하여 이 새가 되었다는 전설(傳說)에서 나온 말. 촉조(蜀鳥). 촉백(蜀魄). 자규(子規).

蜂 벌 봉
虫7/13

口中虫虫' 虫' 虫' 虫' 蚁 蜂 蜂

중 fēng 일 ホウ, はち 영 bee

벌 봉.【蠭과 같음】

書體 小篆 古文 草書 (高校) 形聲

蜂起(봉기 fēngqǐ)〈喩〉벌집을 찌르면 벌이 떼지어 날아 나오는 것처럼 사람들이 곳곳에서 떼지어 일어남. 여러 곳에서 병란(兵亂)이 일어나는 모양의 형용.
蜂蠟(봉랍 fēnglà) 꿀벌의 배 밑에 있는 납선(蠟腺)에서 나온 분비물. 밀랍(蜜蠟).
蜂目豺聲(봉목시성 fēngmùcháishēng) 벌과 같은 눈매와 승냥이와 같은 소리.〈喩〉흉악한 인상(人相).

▶ 武裝蜂起(무장봉기)·蜜蜂(밀봉)·養蜂(양봉)·女王蜂(여왕봉)·雄蜂(웅봉).

蜃 큰 조개 신
虫7/13

일 シン, おおがい 영 clam

① 큰 조개 신(大蛤).〈氣를 토하면 蜃樓가 나타난다 함〉. ② 이무기 신(蛟之屬). ③ 술잔 신(蜃①을 그린 제사 때 쓰는 잔).

蜃氣樓(신기루 shènqìlóu) 바다 위나 사막에서 기온의 이상한 분포 때문에 광선이 굴곡하여 먼 데 있는 물체가 눈앞에 나타나 보이는 현상.

蜃蛤(신합 shèngé)《動》무명조개. 〈蜃은 큰 조개. 蛤은 작은 조개〉.

蜘 거미 지
[虫8 획14]

音 zhī 日 チ, くも 英 spider

거미 지(蜘蛛, 網蟲).

蜘蛛(지주 chízhū)《動》거미. 절족동물(節足動物).

蜘蛛網(지주망 chízhūwǎng) 거미가 그물같이 쳐놓은 거미줄.

蜘蛛絲(지주사 chízhūsī) 거미줄.

蜜 꿀 밀
[虫8 획14]

宀宀宀宀宀宓宓宓宓蜜蜜蜜

音 mì 日 ミツ, みつ 英 honey

꿀 밀(蜂甘飴).

書體 小篆 蜜 / 或體 蜜 / 肉書 蜜 / 草書 蜜 (高校) 形聲

蜜蠟(밀랍 mìlà) ① 꿀을 짜내고 남은 찌끼에 물을 타서 끓여서 식힌 유지(油脂) 같은 것. ② 호박(琥珀)의 색깔이 밀랍과 닮은 것.

蜜水(밀수 mìshuǐ) 꿀물.

蜜月(밀월 mìyuè) 서양의 풍속으로 결혼 초의 즐겁고 달콤한 한 달 동안. 그동안 밀당수(蜜糖水)나 봉밀주(蜂蜜酒)를 마시는 습관이 있음.

蜜月旅行(밀월여행 mìyuèlǚxíng) 신혼여행.

▶ 般若波羅蜜(반야바라밀)·六波羅蜜(육바라밀).

蝓 달팽이 유
[虫9 획15]

音 yú 日 ユ, なめくじ 英 slug

달팽이 유.

蝕 좀먹을 식
[虫9 획15]

音 shí 日 ショク, むしばむ
英 worm-eaten

① 일식 식, 월식 식(日月食). ② 벌레먹을 식(蟲食).

蝕旣(식기 shíjì)《天》일식(日食)·월식(月食)으로 해나 달이 아주 가리어지는 현상. 개기식(皆旣食).

蝕甚(식심 shíshèn) 일식(日食) 또는 월식(月食) 때에 해 또는 달이 가장 많이 가리워진 때.

▶ 防蝕(방식)·腐蝕(부식)·侵蝕(침식)·浸蝕(침식)·浸蝕谷(침식곡).

蝙 박쥐 편
[虫9 획15]

音 biān, biǎn 日 ヘン, こうもり 英 bat

박쥐 편(蝙蝠, 仙鼠).

蝙蝠(편복 biānfú)《動》박쥐. 박쥐과의 짐승.

蝙蝠之役(편복지역 biānfúzhīyì)《國》박쥐의 구실.《喩》한 몸으로 두 가지 구실을 하여 교묘히 사는 방법. 박쥐는 어떤 때는 새의 행세를 하고 어떤 때는 짐승의 행세를 한다는 뜻에서 나옴.

蝼 도로래 유
[虫9 획15]

音 yóu, qiú 日 ユウ, けら
英 mole-cricket

① 도로래 유(螻蛄). ② 나라 이름 유(國名, 蝼蟈).

蝟 고슴도치 위
[虫9 획15]

音 wèi 日 イ, はりねずみ

自 至 臼 舌 舛 舟 艮 色 艸 虍 虫 血 行 衣 襾

영 hedgehog
고슴도치 위(似鼠毛如而刺如栗房).
蝟起(위기 wèiqǐ) 고슴도치의 털이 곤두섬.《喩》사태(事態)가 엉클어져 일어남.
蝟毛(위모 wèimáo) 고슴도치의 털.《喩》많은 수량. 수가 많은 모양.
蝟縮(위축 wèisuō)《轉》고슴도치가 적을 마주치면 외축(畏縮)하는 것처럼 두려워 웅크린 모양.

蝦 두꺼비/새우 하
虫9 / 획15

중 ㄏ, がま 영 toad
두꺼비 하(蝦蟆屬).
蝦蟹(하해 xiāxiè)《動》새우와 게.

蝨 이 슬
虫9 / 획15

중 shī 일 シツ, しらみ 영 louse
이 슬(齧人蟲).
蝨官(슬관 shīguān)《喩》나라를 좀먹고 민폐(民弊)를 일삼는 관리(官吏). 곧 이처럼 피를 빨아 먹는 기생충(寄生蟲)이라는 뜻.
蝨處褌中(슬처곤중 shīchǔkūnzhōng) 이가 속곳 속에 숨어 있음.《喩》견식(見識)이 좁고 일시의 안일(安逸)을 탐(貪)하는 사람.

蝴 나비 호
虫9 / 획15

중 hú 일 コ, こちょう 영 butterfly
들나비 호(蝴蝶, 野蛾).
蝴蝶(호접 húdié)《動》나비. 접아목(蝶亞目)에 속하는 곤충의 총칭.
蝴蝶夢(호접몽 húdiémèng)《故》장자(莊子)가 꿈에 나비로 화(化)하여 즐거운 나머지 자기와 나비와의 구별을 잊었던 일. 접몽(蝶夢).

蝤 거미 추
虫9 / 획15

중 qiū 일 シュウ, くも 영 spider
거미 추(蜘蛛).

蝶 나비 접
虫9 / 획15

口 蝶 虫 虫 虻 蝶 蝶 蝶 蝶

중 dié 일 チョウ, ちょう
영 butterfly
들나비 접(蝴蝶, 野蛾).
書體 草書 𮞉 高校 形聲
蝶兒(접아 dié'ér)《動》나비.〈兒는 조사(助辭)〉.
▶ 蝴蝶夢(호접몽).

蝸 달팽이 와
虫9 / 획15

중 wō 일 カ, かたつむり 영 snail
1 달팽이 왜(瓜牛). **2** 달팽이 와(蝸牛陵螺).
蝸角(와각 wōjiǎo) 달팽이의 촉각(觸角).《喩》아주 좁은 지경이나 작은 것
蝸角之勢(와각지세 wōjiǎozhīshì) 사소한 일로 다투는 형세.
蝸角之爭(와각지쟁 wōjiǎozhīzhēng)《故》달팽이 촉각 위에서 촉각(觸)·만(蠻) 두 나라가 서로 다툰 일.《喩》극(極)히 하찮은 일로 다투는 일. 와우각상지쟁(蝸牛角上之爭).

螂 사마귀 랑
虫10 / 획16

【蜋(虫부7획)과 같음】

螃 방게 방
虫10 / 획16

중 páng 일 ホウ, どろがに

🈒 small crab
방게 방.
螃蜞(방기 pángqí) 《動》 방게.

融 녹을 융
10/16

🈔 róng 🈕 ユウ、やわらぐ
🈒 melting

① 화할 융(和). ② 밝을 융(昭融明). ③ 융통할 융(融通). ④ 부드러워질 융(柔). ⑤ 불길 위로 오를 융(融散). ⑥ 귀신의 이름 융(神明, 祝融).

融通(융통 róngtōng) ① 거침없이 통함. ② 금전이나 물품이 없을 때 있는 곳에서 둘러 씀. ③ 임기응변으로 머리를 써서 일이 되게 함.
融合(융합 rónghé) ① 녹아서 하나로 합침. 융해하여 화합(和合)함. ② 《生》 융모충(絨毛蟲) 아래의 원생동물(原生動物)에서 두 개체가 합쳐 하나의 개체가 되는 형상.
融和(융화 rónghé) ① =융합(融合)①. ② 사이좋게 화합(和合)함.

▶ 金融(금융)·溶融(용융)·圓融(원융)·核融合(핵융합)·混融(혼융).

螢 반딧불 형
虫 10/16

螢螢螢螢螢螢螢螢螢螢

🈔 yíng 🈕 ケイ、ほたる 🈒 firefly
개똥벌레 형(腐草所化一名丹鳥一名宵燭).

書體 草書 螢 (高校) 形聲

螢光(형광 yíngguāng) ① 반딧불. ② 《物》 어떤 물체가 어떤 빛을 받았을 때 다만 이를 반사만 하는 대신으로 받은 빛과 다른 그 물체의 고유한 빛을 내는 현상. 등(燈)·계기(計器)나 시계의 눈 등에 쓰임.

螢光體(형광체 yíngguāngtǐ) 《物》 형광을 발하는 물질. 형석(螢石)·석유(石油)·수은증기(水銀蒸氣) 등.
螢石(형석 yíngshí) 《鑛》 광석의 한 가지. 무색·파랑·초록·빨강·보라 같은 빛깔을 지닌 광석.
螢雪之功(형설지공 yíngxuě) 고학(苦學)으로 면학(勉學)함. 또는 애써서 공부함.《故》 진(晉)의 차윤(車胤)과 손강(孫康)이 집이 가난해서 등잔 기름을 사지 못하고 형화(螢火)와 설광(雪光)을 등불의 대용으로 하여 독서하였다 함.
螢火(형화 yínghuǒ) =형광(螢光)①.

蛭 도로래 질
虫 11/17

🈔 dié, 🈔 zhì チツ、むし 🈒 worm
도로래 질(螲蛭).

螳 사마귀 당
虫 11/17

🈔 táng 🈕 トウ、かまきり
🈒 mantis
사마귀 당(螳螂臂有斧).

螳螂(당랑 tángláng) 《動》 버마재비. 또는 사마귀. 두부(頭部)는 삼각형(三角形)이고 복부는 비대함. 석랑(石螂). 당랑(螳螂).
螳螂窺蟬(당랑규선 tánglángkuīchán) 매미는 버마재비가 엿봄을 모르고 울고 있고, 버마재비는 매미를 덮칠려고 정신이 팔려 새가 자신을 엿보고 있음을 모른다는 뜻.《喻》 목전의 이익에만 눈이 어두워 뒤에서 닥치는 재해를 생각하지 못한다는 것.
螳螂之斧(당랑지부 tánglángzhīfǔ) 약소한 사람이 자기 역량은 생각하지 아니하고 강적에 반항하는 짓.《故》 제(齊)의 장공(莊公)이 출렵(出獵)할 때 버마재비가 앞다리를 처들고 그의 승차(乘車)에 덤볐다 함.

蟄 숨을 칩
虫 11 17

중 zhé 일 チュウ, チツ, ひそむ, かくれる 영 hibernate

① 벌레 움츠릴 **칩**(蟲藏). ② 우물거릴 **칩**(蟄和集貌).

蟄居(칩거 zhéjū) ① 나가서 활동하는 일이 없이 집 속에 죽치고 있음. ② =칩복(蟄伏).

蟄龍(칩룡 zhélóng) 숨어서 나타나지 않는 용. 《喻》활약할 때를 아직 얻지 못하여 숨어 있는 영웅. 복룡(伏龍).

蟄伏(칩복 zhéfú) ① 벌레 따위가 땅 속에서 겨울 동안 죽치고 있음. ② 자기 거처(居處)에 들어박혀 가만히 있음. 죽치고 숨어 있음.

蟄獸(칩수 zhéshòu) 겨울철에 땅 속에서 죽치고 들어 박혀 있는 짐승.

▶驚蟄(경칩).

蟠 서릴 반
虫 12 18

중 pán 일 ハン, わだかまる 영 coil

① 서릴 **반**(屈曲). ② 엎딜 **반**(伏). ③ 용 서릴 **반**(龍蟠).

蟠據(반거 pánjū) 어떠한 곳에 근거하여 웅거함.

蟠龍(반룡 pánlóng) 하늘에 오르기 전에 땅에서 서리고 있는 용.

蟬 매미 선
虫 12 18

중 chán 일 セン, せみ 영 cicada

① 매미 **선**. ② 관 꾸밀 **선**(冠飾). ③ 굼실거릴 **선**.

蟬殼(선각 chánqiào) 매미의 허물. 선태(蟬蛻).

蟬吟(선음 chányín) 매미가 울음. 매미의 울음소리.

蟬噪(선조 chánzào) 매미가 시끄럽게 울음. 《轉》떠들썩하여 시끄러움.

蟬脫(선탈 chántuō) 매미가 허물을 벗음. 《轉》낡은 형식을 버리고 새로워짐. 구습(舊習)을 벗음.

蟲 벌레 충
虫 12 18

ㅑ ㅑ ㅑ 中 虫 虫 虫 蚩 蚩 蟲

중 chóng 일 チュウ, むし 영 insect

① 벌레 **충**(毛羽鱗介總名). ② 김 오를 **충**(蟲蟲氣熏人).

書體 小篆 蟲 草書 蟲 (中學) 會意

蟲樣突起(충양돌기 chóngyàngtūqǐ) 《生》 맹장 아래 끝에 내밀어 맹장과 통한 돌기(突起).

蟲齒(충치 chóngchǐ) 벌레먹은 이.
蟲害(충해 chónghài) 벌레로 인하여 입은 농사의 손해.

▶昆蟲(곤충)·寄生蟲(기생충)·毒蟲(독충)·媒介蟲(매개충)·防蟲(방충)·病蟲害(병충해)·殺蟲劑(살충제)·成蟲(성충)·松蟲(송충)·蟯蟲(요충)·幼蟲(유충)·爬蟲類(파충류)·害蟲(해충)·蛔蟲(회충).

螳 사마귀 당
虫 13 19

중 dāng 일 トウ, かまきり 영 namtis

사마귀 **당**(螳蠰, 蟲名).

螳螂(당랑 dāngláng) 《動》버마재비. 당랑(螳螂).

螳螂拒轍(당랑거철 dānglángjùzhé) 당랑이 수레를 막음. 곧 힘이 미치지 못하는 일을 함을 일컫는 말.

蟹 게 해

🔤 xiè 🇯🇵 カイ, かに 🇬🇧 crab

게 해(介蟲旁行).
蟹甲(해갑 xièjiǎ) 게의 껍질. 해각(蟹殼).
蟹行文字(해행문자 xièxíngwénzì) 옆으로 쓰는 글씨. 횡서(橫書). 서양문자(西洋文字).

蟻 개미 의

🔤 yǐ 🇯🇵 ギ, あり 🇬🇧 ant

① 왕개미 **의**(蠪蟻蚍蜉). ② 검을 **의**(衣裳). ③ 술구더기 **의**(浮蟻醪汁滓酒).
蟻孔(의공 yǐkǒng) 개미의 구멍.
蟻集(의집 yǐjí) 개미떼처럼 많이 모임. 의취(蟻聚). 의합(蟻合).
蟻穴(의혈 yǐxué) 개미굴. 의공(蟻孔). 《喻》작은 일.

蟾 두꺼비 섬

🔤 chán 🇯🇵 セン, ひきがえる 🇬🇧 toad

① 두꺼비 **섬**(蟾蠩蛙屬). ② 달그림자 **섬**(蟾光月影).
蟾光(섬광 chánguāng) 달빛. 목광(目光).
蟾魄(섬백 chánpò) 달의 별명.
蟾眼(섬안 chányǎn) 벼루의 별명.
蟾蜍(섬여 chánchú) ①《動》두꺼비. ② 달의 별명. ③ 연적(硯滴).
蟾兔(섬토 chántù) 달의 별명(別名). 달에 두꺼비와 토끼가 산다고 함.

蠅 파리 승

🔤 yíng 🇯🇵 ヨウ, はえ 🇬🇧 fly

파리 **승**(逐臭蟲).

蠕 굼실거릴 유

1 🔤 rú 🇯🇵 ジュ, うごめく
🇬🇧 wriggle **2** 🔤 ruán, ruǎn 🇯🇵 ゼン

1 굼실거릴 **유**(微動貌). **2** 벌레 길 **연**(蠕蠕蟲行).
蠕動(연동 rúdòng) ① 굼틀굼틀 움직임. 벌레의 움직이는 모양. 준동(蠢動). ② 미동(微動)하는 모양. ③《生》소화관에서 볼 수 있는 운동의 하나.
蠕蟲(연충 rúchóng) 지렁이·거머리 따위와 같이 굼틀거려 기어다니는 벌레의 총칭.
蠕形動物(연형동물 rúxíngdòngwù)《生》동물계를 나눈 일부분(一部分). 발이 없고 몸으로 굼틀거리며 움직이는 벌레의 종류. 편충(扁蟲)·원충(圓蟲)·윤충(輪蟲)·환충(環蟲)·유충류(紐蟲類) 등이 이에 속함.

蠟 밀 랍

🔤 là 🇯🇵 ロウ, みつろう 🇬🇧 candle

① 밀 **랍**, 꿀찌끼 **랍**(蜜蜂). ② 백랍 **랍**(白蠟, 蠟梅). ③ 초 **랍**(燭).
蠟淚(납루 làlèi) 초가 녹아서 흘러내린 것. 납주(蠟珠).
蠟書(납서 làshū) 비밀의 누설과 습기를 막기 위하여 서류를 밀랍으로 싸서 봉하여 넣은 것. 납환(蠟丸).
蠟紙(납지 làzhǐ) ① 밀을 올린 종이. ② 파라핀을 바른 종이.
蠟燭(납촉 làzhú) 불 켜는 초.
蠟花(납화 làhuā)《喻》촛불.

蠢 꾸물거릴 준:

🔤 chǔn 🇯🇵 シュン, うごめく

영 wriggle

① 꾸물거릴 준(蠢動). ② 어리석을 준(愚).

蠢動(준동 chǔndòng) ① 벌레가 굼틀거리는 것. ② 보잘 것 없는 사람들이 소동을 일으키거나 미미(微微)한 잔적(殘敵)들이 행동함.

蠥 반딧불 약
虫 17획 ㉓

일 ヤク, ほたる 영 firefly

반딧불 **약**(蠲蠥, 螢).

蠲 밝을 견
虫 17획 ㉓

중 juān, guī 일 ケン, あきらか
영 bright, deduce

① 밝을 **견**(明). ② 조촐할 **견**(潔). ③ 덜 **견**(蠲賦, 除). ④ 반딧불 **견**(馬蠲, 蟲名).

蠲減(견감 juānjiǎn) 세금의 일부를 탕감함.

蠲潔(견결 juānjié) 오물을 제거해서 깨끗함. 연결(涓潔).

蠲免(견면 juānmiǎn) 조세(租稅) 따위를 면제함.

蠲除(견제 juānchú) ① 조세·부역 따위를 면제함. 견면(蠲免). ② 제거함.

蠲滌(견척 juāndí) 오물을 씻어 없앰.

蠲蕩(견탕 juāndàng) 덜 낸 조세 따위를 죄다 면제함.

蠲弊(견폐 juānbì) 폐해를 없앰.

蠶 누에 잠
虫 18획 ㉔

중 cán 일 サン, かいこ
영 silkworm

① 누에 **잠**(吐絲蟲). ② 누에 칠 **잠**(農蠶). ③ 땅 이름 **잠**(地名, 蠶陵).

蠶架(잠가 cánjià) 누에채반을 얹는 시렁.

蠶農(잠농 cánnóng) 누에 농사.

蠶絲(잠사 cánsī) 누에고치에서 자아낸 실. 명주실.

蠶絲牛毛(잠사우모 cánsīniúmáo) 《喩》 일의 가닥이 자차분하고도 어수선함.

蠶桑(잠상 cánsāng) 누에를 기르고 뽕나무를 심음.

蠶食(잠식 cánshí) 누에가 뽕잎을 먹음과 같이 남의 토지를 점점 병탄(倂呑)함.

蠶室(잠실 cánshì) ① 누에를 기르는 방. ② 《制》 궁형(宮刑)에 처(處)한 사람을 가두는 일종의 감옥.

▶ 養蠶(양잠)·秋蠶(추잠)·春蠶(춘잠).

蠺 누에 잠
虫 18획 ㉔

【蠶(虫부18획)과 같음】

蠹 좀 두
虫 18획 ㉔

중 tán 일 ト, しみ 영 moth

① 좀 **두**(白魚木蟲). ② 벌레 먹을 **두**(蝕).

蠹國病民(두국병민 tánguóbìngmín) 나라와 국민을 해치고 좀먹음.

蠹毒(두독 tándú) 좀벌레의 해(害). 《轉》 해독(害毒). 두해(蠹害).

蠹政(두정 tánzhèng) 백성을 해롭게 하는 정치.

蠹害(두해 tánhài) ① 좀이 책 따위를 갉아 먹는 해(害). ② 해독(害毒). 두독(蠹毒).

蠻 오랑캐 만
虫 19획 ㉕

중 mán 일 バン, えびす
영 southen savage

① 되 **만**, 오랑캐 **만**(南蠻, 鴃舌人). ② 새소리 **만**(綿蠻, 鳥聲). ③ 야만 **만**(野

蠻, 蠻行).

蠻勇(만용 mányǒng) 난폭한 용기. 야만적인 용기. 시비(是非) 선악(善惡)을 가리지 아니하고 힘만 믿는 용기.

蠻行(만행 mánxíng) 야만적인 행위. 예의에 벗어난 행동.

▶ 南蠻(남만)·野蠻(야만).

血 部

·피 **혈**

血 피 혈

血 血 血 血 血 血

음 xiě, xuè **일** ケツ, ち **영** blood

① 피 혈(血脈水穀精氣). ② 붙이 혈(血族, 血統). ③ 씩씩할 혈(熱血).

書體 小篆 血 草書 亾 (中學) 指事

血淚(혈루 xuèlèi) 피눈물. 몹시 슬프고 분통해서 나오는 눈물.

血脈(혈맥 xuèmài) ① 혈액이 통하는 핏줄. 혈관(血管). ② 혈통(血統). ③《佛》스승으로부터 제자에게 전하는 불법(佛法)의 전통(傳統). 법맥(法脈). 법통(法統).

血讎(혈수 xuèchóu) 죽기를 한하고 갚으려는 깊은 원수.

血眼(혈안 xuèyǎn) 기를 쓰고 덤비는 핏대오른 눈.

血壓(혈압 xuèyā)《生》혈관 속의 피의 압력. 심장의 수축력(收縮力)과 혈관벽(血管壁)의 저항력을 따라 정하여짐.

血怨骨讎(혈원골수 xuèyuàngǔchóu) 아주 깊은 원수.

血痕(혈흔 xuèhén) 피가 묻거나 흘린 흔적.

▶ 喀血(각혈;객혈)·高脂血症(고지혈증)·高血壓(고혈압)·壞血(괴혈)·冷血(냉혈)·腦貧血(뇌빈혈)·腦出血(뇌출혈)·多血質(다혈질)·大血鬪(대혈투)·無血(무혈)·白血(백혈)·補血(보혈)·貧血(빈혈)·鮮血(선혈)·輸血(수혈)·心血(심혈)·熱血(열혈)·流血(유혈)·凝血(응혈)·低血壓(저혈압)·赤血(적혈)·止血(지혈)·採血(채혈)·出血(출혈)·充血(충혈)·吐血(토혈)·敗血(패혈)·下血(하혈)·獻血(헌혈)·混血兒(혼혈아)·吸血鬼(흡혈귀).

衆 무리 중:

衆 衆 衆 衆 衆 衆 衆 衆 衆 衆

음 zhòng, zhōng **일** シュウ, もろもろ **영** crowd, many

① 많을 중(多). ② 무리 중(衆人). ③ 민심 중(庶民之心). ④ 고비뿌리 중(貫衆, 藥名).

書體 篆文 衆 草書 衆 (中學) 會意

衆寡不敵(중과부적 zhòngguǎbùdí) 적은 사람으로써 많은 사람을 이기지 못함.

衆口難防(중구난방 zhòngkǒunánfáng) 뭇 사람의 입은 막기가 어려움.

衆口鑠金(중구삭금 zhòngkǒushuòjīn) 뭇 사람의 평판이나 비난은 쇠와 같이 단단한 것도 녹임.《喩》여러 사람의 말의 무서움을 이르는 말.

衆論(중론 zhònglùn) ① 많은 사람의 의논. 중의(衆議). ② 어느 종파가 참이냐 거짓이냐 결정지우는 글.

衆生(중생 zhòngshēng) ① 많은 사람. 모든 사람. ②《梵》Sattva. 살타(薩埵)의 번역. 정식(情識)이 있는 생물. 인간을 비롯한 부처의 구제대상이 되는 미계(迷界)의 일체 생

自至臼舌舛舟艮色艸虍虫血行衣西

물. 유정(有情).

▶ 公衆(공중)·觀衆(관중)·群衆(군중)·多衆(다중)·大衆(대중)·民衆(민중)·拈華示衆(염화시중)·愚衆(우중)·聽衆(청중)·出衆(출중).

行 部
다닐 행

行 다닐 행(:) / 항렬 항(:)

行行行行行行

1 ③④ 음 xíng 일 ギョウ, いく, ゆく 영 go **2** ⑨-⑪ 음 háng 일 コウ, おこなう 영 perform

1 ① 항오 항(列也). ② 시장 항(市長). ③ 항렬 항(等輩). ④ 굳셀 항(行行剛強). **2** ① 다닐 행(步). ② 갈 행(往). ③ 길귀신 행(路神). ④ 오행 행(運). ⑤ 그릇 알긋거릴 행(行窳器不牢). ⑥ 길 행(道路). ⑦ 행서 행(行書體). ⑧ 쓸 행(用). ⑨ 순행할 행(巡行). ⑩ 행실 행(身之所行). ⑪ 운반할 행(運).

書體 小篆 草書 中學 象形

行脚(행각) xíngjiǎo) ①《佛》중이 여러 나라를 걸어 다니면서 불도(佛道)를 수행(修行)하는 것. ② 도보로 여러 곳을 돌아다님.
行樂(행락) xínglè) ① 놀며 즐김. ② 외출이나 여행을 하며 놀음.
行星(행성) xíngxīng)《天》항성(恒星)의 주위를 운행하는 별. 지구(地球)·금성(金星)·토성(土星) 따위. 유성(遊星). 혹성(惑星).
行狀(행장) xíngzhuàng) ① 행동. 몸가짐. 품행. 행적(行跡). ② 한문체(漢文體)의 하나. 사람이 죽은 뒤에 그 평생의 행적을 적은 글. 행술(行述).
行蹟(행적) xíngjì) 평생에 한 일. 행상(行狀).
行迹(행적) xíngjì) ① 몸가짐. 품행(行狀). ② 발자취. 발자국. 족적(足跡).
行悖(행패) xíngbèi)《國》체면에 어그러지도록 벗어나는 짓을 함.
行列(① 항렬 ② 행렬 xíngliè) ① ㉠ 줄지어 섬. 순서로 배열함. ㉡《國》같은 혈족간의 관계를 표시하는 계열. ② 여러 사람이 줄을 지어 감.

▶ 刊行(간행)·敢行(감행)·強行(강행)·擧行(거행)·苦行(고행)·慣行(관행)·急行列車(급행열차)·記念行事(기념행사)·紀行(기행)·亂行(난행)·論功行賞(논공행상)·斷行(단행)·單行本(단행본)·代行(대행)·德行(덕행)·同行(동행)·蠻行(만행)·武力行使(무력행사)·尾行(미행)·發行(발행)·背囊旅行(배낭여행)·犯行(범행)·並行(병행)·菩薩行(보살행)·步行(보행)·奉行(봉행)·不履行(불이행)·卑行(비행)·非行(비행)·飛行(비행)·山行(산행)·商行爲(상행위)·徐行(서행)·善行(선행)·盛行(성행)·性行爲(성행위)·所行(소행)·續行(속행)·修行(수행)·遂行(수행)·隨行(수행)·施行(시행)·施行錯誤(시행착오)·實行(실행)·惡行(악행)·暗行御史(암행어사)·夜行(야행)·言行一致(언행일치)·旅行(여행)·逆行(역행)·連行(연행)·緩行列車(완행열차)·運行(운행)·遠行(원행)·越權行爲(월권행위)·流行(유행)·銀行(은행)·陰陽五行(음양오행)·淫行(음행)·履行(이행)·移行(이행)·入行(입행)·恣行(자행)·潛行(잠행)·諸行無常(제행무상)·左衝右突(좌충우돌)·走行(주행)·直行(직행)·進行(진행)·執行(집행)·初行(초행)·醜行(추행)·通行(통행)·退行(퇴행)·跛行(파행)·平行棒(평행봉)·暴行(폭행)·品行(품행)·現行(현행)·橫行(횡행)·孝行(효행)·興行(흥행).

衍 넓을 연:

음 yǎn 일 エン, あふれる
영 overflow

① 성할 연(薺衍, 茂盛). ② 넓을 연(廣). ③ 물이 넘칠 연(水溢). ④ 벌을 연(曼衍, 無極). ⑤ 상자 연(篋衍笥). ⑥ 방자할 연, 놀 연(游衍, 自恣). ⑦ 걸찬 땅 연(衍沃, 平美地). ⑧ 아름다울 연(美). ⑨ 흐를 연(流).

衍曼(연만 yǎnmàn) 끝없이 넓혀 퍼짐. 만연(曼衍).
衍繹(연역 yǎnyì) 뜻을 넓혀 설명함.
衍盈(연영 yǎnyíng) 넘치어 참. 너무 가득함. 영연(盈衍).
衍沃(연옥 yǎnwò) 비옥한 땅.
衍義(연의 yǎnyì) 뜻을 넓혀서 설명함. 또는 넓힌 뜻.
衍溢(연일 yǎnyì) 치렁치렁 차서 넘침.
衍字(연자 yǎnzì) 글귀 가운데 잘못 들어간 쓸데없는 군구더기 글자.

▶ 敷衍(부연).

衍 자랑할 현:

音 xuàn 日 ゲン, てらう
英 self-praise

① 팔릴 현(行且賣). ② 자랑할 현(自矜自媒). 〔眩과 통함〕

衒氣(현기 xuànqì) 자만하는 마음.
衒耀(현요 xuànyào) 뽐내며 자랑함. 자기의 재학(才學)을 자랑스럽게 보임.
衒張(현장 xuànzhāng) 어떤 일을 과장하여 보이거나 말함. 겉치레만 과시하는 것. 과현(誇衒).
衒學(현학 xuànxué) 스스로 자기 학문을 자랑함. 학자인 체하는 것.

術 꾀/재주 술

音 shù, zhú 日 ジュツ, わざ
英 talent, trick

① 꾀 술, 재주 술(技). ② 업 술(業). ③ 심술부릴 술(心之所由). ④ 촌길 술(邑中道). ⑤ 방법 술(方法). ⑥ 술법 술(神仙之法).

書體 小篆 衕 草書 衝 (高校) 形聲

術計(술계 shùjì) 계략(計略). 모사(謀事). 술책(術策).
術數(술수 shùshù) ① =술계(術計). 술책(術策). ② 법제(法制)로서 나라를 다스리는 방법. ③ 점술가(占術家)의 술법(術法).
術策(술책 shùcè) 모략(謀略). 계략(計略). 술계(術計).

▶ 劍術(검술)·技術(기술)·魔術(마술)·武術(무술)·美術(미술)·社交術(사교술)·算術(산술)·商術(상술)·成形術(성형술)·手術(수술)·施術(시술)·神通術(신통술)·心靈術(심령술)·心術(심술)·曆術(역술)·鍊金術(연금술)·藝術(예술)·妖術(요술)·僞裝術(위장술)·醫術(의술)·仁術(인술)·戰術(전술)·占星術(점성술)·呪術(주술)·處世術(처세술)·鍼術(침술)·學術(학술)·航海術(항해술)·話術(화술).

街 거리 가(:)

音 jiē 日 ガイ, よつまた, まつ
英 street

① 네거리 가(四通道). ② 큰길 가(大路). ③ 별 이름 가(星名).

書體 小篆 街 草書 街 (中學) 形聲

街談(가담 jiētán) 아무 데서나 함부로 논의되는 말.
街談巷語(가담항어 jiētánxiàngyǔ) 세상의 풍설. 길거리나 항간에 떠도는 소문. 가담항의(街談巷議).
街巷(가항 jiēxiàng) 거리.〈街는 곧고 넓은 길, 巷은 굽고 좁은 길〉. 가구(街衢). 가충(街衖).

自至臼舌舛舟艮色艸虍虫血(行)衣两

▶ 商街(상가)·市街(시가)·十字街(십자가)·政街(정가)·地下商街(지하상가).

衙 [行7/⑬] 마을[官廳] 아

음 yá 일 ガ, つかさ, やくしょ
영 government office

① 마을 아. ② 벌집 아(蜂房).

衙官(아관 yáguān) ① 관리. ② 군부(軍府)에 속한 벼슬아치.

衙內(아내 yánèi) ① 궁성(宮城) 안. ②《制》당대(唐代) 궁성(宮城)을 수비하던 금병(禁兵). 아관(衙官).

衙屬(아속 yáshǔ) 지방 관청의 심부름꾼.

衙前(아전 yáqián)《國》지방 관청에 딸린 낮은 벼슬아치. 이서(吏胥).

▶ 官衙(관아).

衝 [行9/⑮] 찌를 충

衝衝衝衝衝衝衝衝衝

음 chōng, chòng 일 ショウ, つきあたる 영 collide with

① 충돌할 충, 찌를 충(突). ② 충동할 충(動). ③ 거리 충(通道). ④ 돌파할 충(突破).

書體 小篆 衝 草書 衝 (高校) 形聲

衝擊(충격 chōngjī) ① 부딪치는 것. ② 갑자기 심한 타격을 받는 일.

衝突(충돌 chōngtū) ① 서로 부딪치는 것. ② 다툼. 싸움. ③《物》운동하는 두 물체가 서로 접촉하여 격력(擊力)을 미치는 현상.

衝動(충동 chōngdòng) ① 심하게 마음을 찔러서 흔들어 놓음. ②《心》본능적·활동적·습관적 동작 따위와 같이 명확한 의지도 없이 외계의 자극으로 동작이나 행위를 일으키는 마음의 작용.

衝天(충천 chōngtiān) ① 하늘을 찌름. 높이 솟아 하늘을 찌를 듯함. ② 기세(氣勢)가 높은 모양.

▶ 士氣衝天(사기충천)·相衝(상충)·緩衝(완충)·緩衝(완충)·要衝(요충)·折衝(절충)·正面衝突(정면충돌)·左衝右突(좌충우돌).

衛 [行10/⑯] 지킬/호위할 위

衛衛衛衛衛衛衛衛衛

일 エイ, まもる 영 guard, protect

① 막을 위, 지킬 위(防也, 捍). ② 호위할 위(宿衛, 侍衛, 護). ③ 핏기운 위(血氣). ④ 나라 이름 위(國名, 康叔所封).

書體 小篆 衛 (高校) 形聲

衛生(위생 wèishēng) 신체의 건강의 보전(保全)과 증진(增進)을 도모하고 질병의 예방과 치유(治癒)에 힘쓰는 일. 양생(養生). 섭생(攝生).

衛星(위성 wèixīng)《天》혹성(惑星)의 주위를 운행하는 별. 지구에 대한 달 따위.

衛戍(위수 wèishù) ① 군대가 일정한 지역에 오래 주둔하여 경비하는 일. ② 국경을 지키는 것.

▶ 警衛(경위)·防衛(방위)·守衛(수위)·自衛(자위)·前衛(전위)·親衛(친위)·護衛(호위)·後衛(후위).

衞 [行10/⑯] 지킬/호위할 위

【衛(前條)와 같음】

衡 [行10/⑯] 저울대 형

음 héng 일 コウ, はかり

명 balance

1 ① 저울 **형**(秤). ② 수레멍에 **형**(車軛). ③ 눈퉁이 **형**(眉目之間) ④ 옥형 **형**(渾天儀). ⑤ 난간 **형**(棲殿邊欄楯). ⑥ 북두성의 가운데 별 **형**(星名中星). ⑦ 산 이름 **형**(山名). ⑧ 벼슬 이름 **형**(虞衡, 官名). **2** 가로 **횡**(縱之對).【橫과 통함】

書體 小篆 衡 古文 衡 奧書 草書 衡 (高校) 形聲

衡鑑(형감 héngjiàn) 저울과 거울. 《轉》 시비(是非)와 선악(善惡)을 판별하는 것.
衡平(형평 héngpíng) =평균(平均). 평형(平衡).
衡行(형행 héngxíng) 가로질러 감. 자기 마음대로 감. 마음대로 행동함. 횡행(橫行).

▶ 均衡(균형)·度量衡(도량형)·不均衡(불균형)·銓衡(전형)·平衡(평형).

衢 네거리 구

行 18 24

명 qú 일 ク, ちまた 영 crossroad

네거리 **구**(通衢四達街).
衢肆(구사 qúsì) 길거리의 가게. 시내(市內)의 상점(商店). 시사(市肆).
衢巷(구항 qúxiàng) =가항(街巷).

衣, 衤 部

옷 **의**. 옷의변

衣 옷 의

衣 0 6

衣衣衣衣衣衣

① 명 yī 일 イ, ころも 영 clothes
② 명 yì 일 エ, ころも

① 옷 **의**(衣裳, 庇身上下). ② 입을 **의**(服之).

書體 小篆 衣 隸書 衣 草書 衣 (中學) 象形

衣冠(의관 yīguān) ① 옷과 갓. 《轉》 의관(衣冠)을 차린 관리. ② 의관(衣冠)을 차릴 자격이 있는 귀인(貴人). 또는 그 집안. 진신(縉紳).
衣錦夜行(의금야행 yìjǐnyèxíng) 비단옷을 입고 밤에 다님. 《喩》 모처럼 성공을 하였으나 고향에 돌아가지 아니하여 남에게 알려지지 아니한 것.
衣錦之榮(의금지영 yìjǐnzhīróng) 비단 옷을 입고 고향에 돌아가는 영광. 《轉》 입신(立身) 출세하여 고향에 돌아가는 것. 금의환향(錦衣還鄕).
衣鉢(의발 yībō) 《梵》 Pātracivara 가사(袈裟)와 바리때. 《轉》 ㉠ 전법(傳法)의 표가 되는 물건. ㉡ 사부(師父)가 제자에게 도(道)를 전하는 것.
衣樣單子(의양단자 yīyàngdānzi) 신랑이나 신부의 옷 치수를 적은 단자.

▶ 錦衣還鄕(금의환향)·綠衣(녹의)·冬內衣(동내의)·民族衣裳(민족의상)·上衣下裳(상의하상)·俗衣(속의)·囚衣(수의)·壽衣(수의)·雨衣(우의)·着衣(착의)·天衣無縫(천의무봉)·寢衣(침의)·脫衣(탈의)·鶴衣(학의)·紅衣(홍의).

表 겉 표

衣 3 8

表表表表表表表表

명 biǎo 일 ヒョウ, あらわす, おもて
영 coat, surface

① 웃옷 **표**(上衣). ② 겉 **표**, 거죽 **표**(外). ③ 밝을 **표**(明). ④ 표 꽂을 **표**(識). ⑤ 정문세울 **표**(表異). ⑥ 거드름 부릴 **표**(威儀). ⑦ 글 **표**, 전문 **표**(箋). ⑧ 표

표할 **표**(出衆).

書體: 小篆 念, 古文 饊, 草書 表 中學 會意

表決(표결 biǎojué) 여러 사람이 회의 할 때에 가부(可否)의 의사를 표시 하여 결단함.
表具(표구 biǎojù) 병풍·족자 따위를 꾸미는 것. 표장(表裝).
表裏不同(표리부동 biǎolǐbùtóng) 마음이 음충맞아서 겉과 속이 같지 않음.
表面張力(표면장력 biǎomiànzhāng-lì) 액체의 표면이 그 분자력 때문에 그 표면적을 작게 하려고 하는 힘.
表白(표백 biǎobái) ① 여쭘. 아룀. ② 드러내어 밝힘.
表象(표상 biǎoxiàng) ① 겉으로 나타내는 모양. ② = 상징(象徵).
表示意思(표시의사 biǎoshìyìsī) 일정한 효과 의사를 외부에 표시하려는 의사.

▶ 公表(공표)·圖表(도표)·發表(발표)·別表(별표)·辭表(사표)·年表(연표)·意表(의표)·財務諸表(재무제표)·地表面(지표면).

衣3⁸ **衫** 적삼 **삼**

shān サン、きもの clothes
① 적삼 **삼**(小襦). ② 옷 **삼**(衣之通稱).

衣4⁽¹⁰⁾ **袞** 곤룡포 **곤:**

コン、こんい royal robe
곤룡포 **곤**, 임금의 옷 **곤**(龍袞衣, 九章法服). 【袞과 같음】
袞龍袍(곤룡포 gǔnlóngpáo) 《制》임금이 입던 정복(正服). 황색 또는 적색의 비단으로 지으며 가슴과 두 어깨에 발톱이 5개 달린 용의 무늬를 금실로 둥글게 수놓았음. 곤복(袞服). 곤룡(袞袞).

袞冕(곤면 gǔnmiǎn) 곤룡포와 면류관.

衣4⁽¹⁰⁾ **衰** 쇠할 **쇠**
상복(喪服) **최**

衰衰衰衰衰衰衰衰衰

1 쇠 shuāi 일 スイ、おとろえる 영 weaken
2 쇠 cuī 일 サイ 영 emaciate
1 ① 쇠할 **쇠**(浸微殘). ② 모손할 **쇠**(耗). ③ 약할 **쇠**(弱). 2 ① 같을 **최**(等). ② 상복 **최**(喪服). 【衰와 같음】

書體: 小篆 衰, 古文 衰, 草書 衰 高校 象形

衰亡(쇠망 shuāiwáng) 쇠퇴하여 멸망함.
衰弱(쇠약 shuāiruò) 몸이 쇠약하여 약하여짐.
衰殘(쇠잔 shuāicán) ① 힘이 빠져 거의 죽게 됨. ② 쇠약하여 없어짐. ③ 영락(零落)됨.
衰退(쇠퇴 shuāituì) ① 쇠하여 기운이 없어짐. ② 쇠하여 세력이 없어짐. 쇠퇴(衰頹).
衰廢(쇠폐 shuāibài) 쇠하여 해짐. 쇠하여 못쓰게 됨.
衰朽(쇠후 shuāixiǔ) 쇠하여 썩음. 노쇠(老衰)함.

▶ 老衰(노쇠)·盛衰(성쇠)·盛者必衰(성자필쇠)·榮枯盛衰(영고성쇠)·興亡盛衰(흥망성쇠).

衣4⁽⁹⁾ **衲** 기울[縫] **납**

nà 일 ノウ、つくろう 영 patch up
① 기울 **납**(補). ② 장삼 **납**(僧衣, 法服). ③ 승려의 자칭 **납**(僧自稱辭). ④ 거문고 이름 **납**(琴名, 百衲).
衲衣(납의 nàyī) 《佛》어깨에 걸치는 중의 옷. 장삼.
衲子(납자 nàzi) 《佛》① 중. 납의(衲

6획 竹米糸缶网羊羽老而耒耳聿肉臣

衣) 곧 장삼을 입은 데서 나온 말. ② 중의 겸칭(謙稱). 납승(衲僧).

衷 속마음 충
衣 4 ⑩

🇨 zhōng 🇯 チュウ, まごころ
🇬 sincerity

① 가운데 충(中). ② 정성 충(誠). ③ 착할 충(善). ④ 바를 충(正). ⑤ 속옷 충(褻衣裏). ⑥ 마음 충(方寸所蘊). ⑦ 알맞을 충(折衷斷其衷).

衷懇(충간 zhōngkěn) 진정으로 간청함.
衷心(충심 zhōngxīn) 속에서 진정으로 우러나는 마음.
衷情(충정 zhōngqíng) 마음에서 우러나오는 참된 정.

▶ 苦衷(고충)·折衷(절충).

衽 옷섶 임
衣 4 ⑨

🇨 rèn 🇯 ジン, えり, おくみ
🇬 lapels

① 옷섶 임, 옷깃 임(衣襟). ② 요 임(臥席).
衽席(임석 rènxí) 요. 자리.《轉》침실(寢室).

衾 이불 금:
衣 4 ⑩

🇨 qīn 🇯 キン, ふすま 🇬 coverlet

① 옷깃 금(衣領). ② 도포 금(士服). ③ 옷고름 금(結也衣糸). 【襟과 통함】④ 이불 금(寢衣, 大被).
衾褥(금욕 qīnrù) 이부자리와 요.
衾枕(금침 qīnzhěn) 이부자리와 베개.

衿 옷깃 금
衣 4 ⑨

🇨 jīn 🇯 キン, むすび 🇬 breast-tie

① 옷깃 금(衣領). ② 옷고름 금(衣系結).
衿契(금계 jīnxiè) 마음을 서로 허락하는 벗. 심우(心友).
衿喉(금후 jīnhóu) 옷깃과 목구멍.《轉》지세(地勢)가 적의 편에 불리하고, 자기편에는 요긴한 곳. 요해지(要害地). 금후(襟喉).

袂 소매 메
衣 4 ⑨

🇨 mèi 🇯 ベイ, そで 🇬 sleeve
소매 메(袖).
袂別(몌별 mèibié) 소매를 나눔.《轉》작별함.

袈 가사 가
衣 5 ⑪

🇨 jiā 🇯 カ, ケ, かさ 🇬 kasaya

가사 가(袈裟, 僧衣).
袈裟(가사 jiāshā)《梵》Kasāya의 음역(音譯). 적색(赤色)·부정색(不正色)·염색(染色) 등으로 번역(翻譯)함. 승의(僧衣)로서 탐(貪)·사(裟)·치(痴)의 삼독(三毒)을 버린 표적으로 어깨에 걸치는 것임. 삼의(三衣)·법의(法衣)·인욕의(忍辱衣)라고 도 함.

袋 자루 대
衣 5 ⑪

🇨 dài 🇯 タイ, ふくろ 🇬 bag, sack
부대 대, 자루 대(囊屬).

▶ 麻袋(마대)·負袋(부대)·手袋(수대)·魚袋(어대)·慰問袋(위문대)·包袋(포대).

袍 도포 포
衣 5 ⑪

🇨 páo 🇯 ホウ, うえの ころも
🇬 long gown

自 至 臼 舌 舛 舟 艮 色 艸 虍 虫 血 行 衣 襾　　745

① 도포 포(長襦). ② 관디 포(靑袍朝服). ③ 앞섶 포(衣前襟).

袖 소매 수
衣 5 ⑩

🔊 xiù シュウ、そで 🔤 sleeve
소매 **수**(衣袂).
袖納(수납 xiùnà) 편지 따위를 지니고 가서 손수 드림.
袖手(수수 xiùshǒu) 손을 옷소매 속에 넣음. 팔짱을 낌. 《轉》아무 일도 하지 않고 있는 것. 공수(拱手).
袖手傍觀(수수방관 xiùshǒubàngguān) ① 팔짱을 끼고 보고만 있음. ② 일을 하지 않고 그저 옆에서 보고만 있음.
袖傳(수전 xiùchuán) 편지 따위를 손수 가지고 가서 전함.

被 이불 피:
衣 5 ⑩

🔊 bèi ヒ、こうむる
🔤 wear, be done
① 이불 **피**(寢衣). ② 덮을 **피**(覆). ③ 미칠 **피**(及). ④ 나타날 **피**(著). ⑤ 창피할 **피**(裋被不帶). ⑥ 딴머리 **피**(首飾). ⑦ 상처받을 **피**(傷). ⑧ 더할 **피**(加).

書體 小篆 被 草書 被 高校 形聲

被告(피고 bèigào) 《法》민사·형사 소송에 있어서 법원에 소송을 당한 사람. ↔ 원고(原告).
被衾(피금 bèiqīn) 이부자리. 이불.
被訴(피소 bèisù) 제소(提訴)를 당함.
被疑者(피의자 bèiyízhě) 《法》범죄(犯罪)의 혐의(嫌疑)를 받고 있는 자로서 아직 기소되지 않은 사람. 혐의자(嫌疑者). 용의자(容疑者).
被奪(피탈 bèiduó) 빼앗김. 약탈을 당함.
被劾(피핵 bèihé) 탄핵을 당함.

袴 바지 고:
衣 6 ⑪

🔊 kù コ、はかま 🔤 trousers
1 바지 **고**(脛衣). **2** 사타구니 **과**(兩股間).

裁 마를/옷마를 재
衣 6 ⑫

①-③ cái サイ、したて decide ④ 🔤 たつ、したて 🔤 cutting
① 마름질할 **재**(裁縫, 製). ② 헤아릴 **재**(度). ③ 결단할 **재**(斷決). ④ 품재 **재**(品裁鑑別).

書體 小篆 裁 草書 裁 高校 形聲

裁決(재결 cáijué) ① 옳고 그름을 판단하여 결정함. ②《法》소원이나 행정소송에 대한 행정처분(行政處分).
裁斷(재단 cáiduàn) ① 옷감 따위를 본에 맞추어 마름. ② 옳고 그름과 착하고 약함을 가름. 재결(裁決).
裁量(재량 cáiliáng) 짐작하여 헤아림.
裁縫(재봉 cáiféng) ① 천 따위를 말라서 옷을 만듦. ② 재봉침(裁縫針)의 약어.
裁定(재정 cáidìng) 당부(當否)를 판단하여 결정함.
裁許(재허 cáixǔ) 재가(裁可).

▶ 決裁(결재)·獨裁(독재)·副總裁(부총재)·制裁(제재)·仲裁(중재)·體裁(체재)·總裁(총재).

裂 찢을 렬
衣 6 ⑫

裂

🔊 liè, liě 🇯🇵 レツ、さく、たつ
🇰🇷 be torn

① 찢어질 렬(破). ② 비단 자투리 렬(繒餘). ③ 갈릴 렬(分裂).

書體 小篆 裂 草書 裂 (高校) 形聲

裂開(열개 lièkāi) 찢어서 벌림. 찢어져서 벌어짐.
裂傷(열상 lièshāng) 피부(皮膚)에 입은 찢어진 상처.
裂罅(열하 lièxià) 터진 곳. 금간 곳.

▶ 決裂(결렬)·凍裂(동렬)·滅裂(멸렬)·分裂(분열)·四分五裂(사분오열)·炸裂(작렬)·支離滅裂(지리멸렬)·破裂(파열)·核分裂(핵분열).

裏

🔊 lǐ 🇯🇵 リ、うら 🇰🇷 inside

① 옷 안 리(衣內). ② 안 리, 속 리(表裏).

書體 小篆 裏 草書 裏 (高校) 形聲

裏面(이면 lǐmiàn) ① 속. 안. 내면(內面). 이면(裡面). ② 사물의 표면에 나타나지 않는 이면. 내부의 사실. 내정(內情).
裏書(이서 lǐshū) ① 종이 뒤에다 적음. ② 어음 기타 증권의 양도를 밝히기 위하여 일정한 방식을 좇아 그 뜻을 기록함. ③ 다른 방면으로부터 어떠한 사실의 확실함을 보증함.

▶ 腦裏(뇌리)·秘密裏(비밀리)·成功裏(성공리)·盛況裏(성황리)·暗暗裏(암암리)·表裏不同(표리부동).

裡

속 리:

【裏(前條)의 속자】

裔

후손 예:

🔊 yì 🇯🇵 エイ、もすそ、すそ
🇰🇷 descendant

① 옷 뒷자락 예(衣裾). ② 변방 예(四裔邊). ③ 씨 예(苗裔種類). ④ 후손 예(後裔). ⑤ 방자할 예(容裔從肆貌). ⑥ 갈 예(裔貌). ⑦ 흐를 예(流貌).

裔孫(예손 yìsūn) = 예주(裔胄).
裔胄(예주 yìzhòu) 먼 후손. 예손(裔孫). 말손(末孫).

▶ 末裔(말예)·後裔(후예).

裕

넉넉할 유:

裕 裕 裕 裕 裕 裕 裕 裕 裕

🔊 yù 🇯🇵 ユウ、ユ、ゆたか
🇰🇷 wealthy

① 넉넉할 유(饒). ② 너그러울 유(寬). ③ 느러질 유(緩).

書體 小篆 裕 草書 裕 (高校) 形聲

裕福(유복 yùfú) 살림이 넉넉함.

▶ 富裕(부유)·餘裕(여유)·豊裕(풍유).

補

기울/보충할 보:

衤 衤 衤 衤 衤 衤 衤 補 補 補

🔊 bǔ 🇯🇵 ホ、フ、おぎなう
🇰🇷 help, mend

① 기울 보(綴). ② 도울 보(裨). ③ 수선할 보(修繕). ④ 수 이름 보(數名, 十垓曰補).

書體 小篆 補 草書 補 (高校) 形聲

補強(보강 bǔqiáng) 모자라는 곳을 보태어 튼튼하게 함.

補給(보급 bǔjǐ) 물품을 뒷바라지로 보태어 대어 줌.
補償(보상 bǔcháng) 남에게 끼친 손해를 금전적으로 갚음.
補習(보습 bǔxí) 교과(教科)를 더 보충하여 익힘.
補腎(보신 bǔshèn) 보약을 먹어 정력(精力)을 도움.
補任(보임 bǔrèn) 어떠한 관직(官職)의 자리에 임명함.
補塡(보전 bǔtián) 보태어 채움.
補整(보정 bǔtián) 보충하고 정돈함.
補足(보족 bǔzú) 모자람을 보태어 넉넉하게 함.

▶ 立候補(입후보)·轉補(전보)·增補(증보)·添補(첨보)·候補(후보).

裝 꾸밀/차릴 장 (衣7/13)

㉿ zhuāng ㈀ ショウ, ソウ, よそおう ㈎ fill up, pack

① 행장 장, 봇짐 장(裹). ② 쌀 장(齎). ③ 꾸밀 장(飾). ④ 동일 장, 묶을 장(裝束). ⑤ 저장할 장(藏).

書體 小篆 裝 草書 裝 (高校) 形聲

裝甲(장갑 zhuāngjiǎ) ① 갑옷을 입고 투구를 갖춤. ② 적탄(敵彈)을 막기 위해 선체(船體)·차체(車體) 따위를 철갑판(鐵甲板)으로 싸는 것.
裝飾品(장식품 zhuāngshìpǐn) 치레를 하는 데 쓰는 물건.
裝塡(장전 zhuāngtián) ① 집어넣음. 집어넣어 장치함. ② 총포(銃砲)에 탄환 및 화약을 잼. 장약(裝藥).
裝幀(장정 zhuāngzhèng) ① 책을 매어 꾸밈. ② 책뚜껑의 모양. 배문자(背文字)·싸개·상자 따위에 대한 의장(意匠).
裝彈(장탄 zhuāngdàn) 총포(銃砲)에 탄환을 잼.

▶ 假裝行列(가장행렬)·改裝(개장)·警報裝置(경보장치)·軍裝(군장)·金裝(금장)·內裝(내장)·塗裝(도장)·武裝(무장)·變裝(변장)·服裝(복장)·扮裝(분장)·盛裝(성장)·新裝開業(신장개업)·鞍裝(안장)·安全裝置(안전장치)·洋裝(양장)·旅裝(여장)·雨裝(우장)·僞裝(위장)·衣裝(의장)·再武裝(재무장)·正裝(정장)·重武裝(중무장)·重裝備(중장비)·特裝(특장)·包裝(포장)·鋪裝(포장)·鋪裝道路(포장도로).

裟 가사(袈裟) 사 (衣7/13)

㉿ shā ㈀ サ, ほうい ㈎ cope

가사 사(袈裟, 佛衣).

裨 도울 비 (衣8/13)

㉿ bì, pí ㈀ ヒ, おぎなう ㈎ aid, benefit

① 도울 비(補). ② 더할 비(益). ③ 줄 비(與). ④ 작을 비(小). ⑤ 비장 비(偏將). ⑥ 관복 비(裨冕, 朝服).

裳 치마 상 (衣8/14)

㉿ cháng, sháng ㈀ ショウ, はかま ㈎ skirt

① 치마 상(下衣帬). ② 성할 상(盛貌).

書體 草書 裳 (高校) 形聲

裳衣(상의 shángyī) 치마와 저고리. 옷.

▶ 民族衣裳(민족의상)·上衣下裳(상의하상)·衣裳(의상)·表裳(표상)·下裳(하상).

裵 성/서성거릴 배 (衣8/14)

㉿ péi ㈀ ハイ, ながころも

swinging a gown
① 옷 치렁치렁할 배(衣長貌). ② 성 배(姓).【裵의 本字】

裵回(배회 péihuí) 천천히 이리저리 거닐음. 배회(徘徊).

衣8⑬ 裸 벗을 라:

🅐 luǒ 🅙 ラ, はだか 🅔 naked

① 벌거벗을 라(赤體). ② 털없는 벌레 라(裸蟲).

裸麥(나맥 luǒmài)《植》쌀보리. 보리의 한 가지.

裸體(나체 luǒtǐ) 발가벗은 알몸. 적라(赤裸).

▶ 半裸(반라)·赤裸裸(적나라)·全裸(전라).

衣8⑭ 製 지을 제:

🅐 zhì 🅙 セイ, したて, つくる 🅔 make

① 마를 제(裁). ② 지을 제(造). ③ 본새 제, 법제 제(式). ④ 우장옷 제(雨衣).

書體 小篆 草書 (中學) 形聲

製鍊(제련 zhìliàn) 광석에서 금속을 뽑아내어 정제함.

製麵(제면 zhìmiàn) 국수를 제조함.

製本(제본 zhìběn) ① 책을 만듦. 또는 장책(粧冊)하는 모든 일. ② 만든 물건의 표본.

製版(제판 zhìbǎn) 글자·사진·그림 따위를 인쇄판으로 만듦. 제판(製板).

▶ 家電製品(가전제품)·官製(관제)·舊製(구제)·謹製(근제)·木製(목제)·剝製(박제)·複製(복제)·縫製(봉제)·私製(사제)·手製(수제)·試製(시제)·新製(신제)·御製(어제)·完製品(완제품)·外製(외제)·乳製(유제)·銀製(은제)·精製(정제)·粗製(조제)·竹製(죽제)·天日製鹽業(천일제염업)·鐵製(철제)·特製(특제)·合成樹脂製(합성수지제)·燻製(훈제).

衣9⑭ 複 겹칠 복

1 🅐 fù 🅙 フク, あわせ 🅔 plural
2 🅙 フク, かさなる 🅔 repeat

1 거듭 부(重). 2 ① 겹옷 복(重衣). ② 복도 복(上下道).

書體 小篆 草書 (高校) 形聲

複權(복권 fùquán)《法》법률상 능력이 한 번 상실되었던 사람이 다시 권리를 회복함.

複軌(복궤 fùguǐ) =복선궤도(複線軌道).

複利(복리 fùlì) 이자에 다시 이자가 붙는 셈. 복변(複邊). 중리(重利). ↔단리(單利).

複讎戰(복수전 fùchóuzhàn) 앙갚음으로 싸우는 싸움.

複元(복원 fùyuán) 원형대로 다시 회복함.

複雜多端(복잡다단 fùzáduōduān) 어수선하여 갈피를 잡기가 어려움.

複合(복합 fùhé) 두 가지 이상을 겹쳐 합함.

▶ 重複(중복)·混合複式(혼합복식).

衣9⑭ 褐 갈색/굵은베 갈

🅐 hè 🅙 カツ, けおり 🅔 furs, serge

① 털옷 갈(毛布). ② 굵은베 갈(麤布). ③ 천한 사람 갈(賤人). ④ 갈옷 갈(賤者所服).

褐色(갈색 hèsè) 거무스름한 주황빛.

褐炭(갈탄 hètàn) 석탄의 한 가지. 탄화 작용이 불완전한 흑갈색의 석탄. 이탄(泥炭)과 역청탄(瀝青炭)의 중간. 탈 때에 매연(煤煙)과 냄새가 많이 나며 화력이 약함.

衣 9 ⑮ 褒 기릴 포

[중] baō [일] ホウ, はめる [영] prize

① 옷 뒷길 **포**(大裾). ② 포장할 **포**(揚美獎飾). ③ 도포 **포**(褒明長襦). ④ 고을 이름 **포**(邑名褒斜). 【褒의 속자】

褒美(포미 baōměi) ① 미행(美行)을 칭찬함. ② 칭찬하고 권하여 주는 물품. 상품(賞品).

褒賜(포사 baōcì) 칭찬하고 권장하여 물건을 하사함. 포뢰(褒賚). 포석(褒錫).

褒賞(포상 baōshǎng) 칭찬하여 권장하여 상을 줌.

褒揚(포양 baōyáng) 칭찬하고 추어올림.

褒慰(포위 baōwèi) 선행(善行)이나 공적을 칭찬하고 위로함.

褒章(포장 baōzhāng) 칭찬하고 권하여 더 힘쓰라고 내어 주는 휘장(徽章).

褒寵(포총 baōchǒng) 칭찬하고 총애함.

衣 9 ⑭ 褓 포대기 보

[중] bǎo [일] ホウ, むつき
[영] baby's quilt

포대기 **보**(襁褓, 小兒被).

褓負商(보부상 bǎofùshāng) 봇짐장수와 등짐장수. 부보상(負褓商).

褓商(보상 bǎoshāng) 봇짐장수.

褓乳(보유 bǎorǔ) 유소(幼少). 나이가 어림.

褓子(보자 bǎozi) 보자기.

▶ 册褓(책보)·寢臺褓(침대보).

衣 10 ⑮ 褥 요 욕

[중] rù [일] ジョク, しとね
[영] mattress

요 **욕**(裀褥藉).

褥席(욕석 rùxí) 요. 잠자리.

衣 10 ⑮ 褪 바랠 퇴:

[중] tuì [일] タイ, トン, あせる
[영] fade, lose colour

① 옷 벗을 **퇴**(卸衣). ② 빛 엷어질 **퇴**(色減). ③ 꽃이 질 **퇴**(花謝).

褪色(퇴색 tuìsè) 빛이 바램. 또는 바랜 빛. 투색(渝色).

衣 11 ⑯ 褶 사마치/주름 습 겹옷 첩

[1] [중] zhě [일] シュウ, あわせ [영] lined clothes [2] [중] xí [일] チョウ, あわせ

[1] 슬갑 **습**(騎服). [2] ① 덧옷 **첩**(襲). ② 겹옷 **첩**(袷衣).

褶曲(습곡 zhěqū) 《地》 옷 주름같이 산에 세로진 지층(地層)의 주름. 지각(地殼)에 작용하는 횡압력(橫壓力)으로 말미암아 생김.

衣 11 ⑯ 褸 남루할 루

[중] lǔ [일] ロ, ル, ぬう, つづる
[영] sew

① 옷 해어질 **루**(襤褸衣敝). ② 옷 꿰맬 **루**(紩衣).

▶ 襤褸(남루).

衣 12 ⑰ 襁 포대기 강

[중] qiǎng [일] キョウ, せおい　おび
[영] baby's quilt

6획 竹米糸缶网羊羽老而耒耳聿肉臣

포대기 강(襁褓負兒衣).
襁褓(강보 qiǎngbǎo) 포대기. 《轉》 어렸을 적.
襁褓幼兒(강보유아 qiǎngbǎoyòu'ér) 포대기에 싸서 기르는 시기의 젖먹이.

襚 주검옷 수

衣 13 / 18

音 suì 日 スイ, はなむけ
英 grave-clothes

① 주검옷 수(贈死衣). ② 의복을 줄 수(贈衣).
襚衣(수의 suìyī) 염할 때 시체에 입히는 옷. 세제지구(歲製之具).

襟 옷깃 금:

衣 13 / 18

音 jīn 日 キン, えり 英 gusset

① 옷깃 금(交衽). ② 가슴 금(胸襟).

▶ 胸襟(흉금).

襤 남루할 람

衣 14 / 19

音 lán 日 ラン, つづれ 英 rag

옷 해질 람(襤縷, 散衣).
襤褸(남루 lánlǚ) ① 누더기. ② 옷이 해져 지저분함.

襪 버선 말

衣 15 / 20

音 wà, mò 日 バツ, たび 英 socks
버선 말(足衣).

▶ 洋襪(양말).

襲 엄습할/덮칠 습

衣 16 / 22

音 xí 日 シュウ, おそう
英 accede to, invade

① 옷 덧입을 습(重衣). ② 합할 습(合). ③ 인할 습(因). ④ 염습할 습(殮尸). ⑤ 엄습할 습(掩其不備). ⑥ 벼슬 대물릴 습(嗣爵). ⑦ 반복할 습(反復). ⑧ 중첩할 습(重疊).

書體 小篆 大篆 草書 (高校) 形聲

襲擊(습격 xíjī) 갑자기 적을 엄습하여 침.
襲踏(습답 xítà) 앞 사람의 한 대로 밟아 함.
襲殮(습렴 xíliàn) 죽은 사람의 몸을 씻은 뒤에 옷을 입히는 것. 염습(殮襲).

▶ 强襲(강습)·空襲警報(공습경보)·急襲(급습)·奇襲(기습)·來襲(내습)·踏襲(답습)·世襲(세습)·掩襲(엄습)·逆襲(역습)·因襲(인습)·被襲(피습).

襾部

덮을 아

西 서녘 서

襾 0 / 6

音 xī 日 セイ, サイ, にし 英 west

① 서녘 서(日入方). ② 수박 서(西瓜). ③ 나라 이름 서(西班牙). ④ 서양 서(西洋). ⑤ 성 서(姓).

書體 小篆 大篆 草書 (中學) 象形

西經(서경 xījīng) 《地》 본초자오선을 0도로 하고 서쪽 180도까지의 경선

(經線). ↔동경(東經).

西歐(서구 xīōu) 유럽의 서쪽 여러 나라. ↔동구(東歐).

西紀(서기 xìjì) 서력(西曆) 기원(紀元)의 약어.

西方淨土(서방정토 xīfāngjìngtǔ) 《佛》서방십만억토(西方十萬億土)의 서쪽에 있는 극락세계.

西遊(서유 xīyóu) 서쪽 나라. 또는 서양에 유학함. 혹은 유럽(遊歷)함.

西藏(서장 xīzàng) 《地》티베트, 중국 남서부, 히말라야의 북 쪽에 있는 고원(高原) 지대. 제2차 대전 뒤 중국 통치하에 들어감.

▶ 古今東西(고금동서)·關西(관서)·東奔西走(동분서주)·東西(동서)·東西古今(동서고금)·東西南北(동서남북)·東西洋(동서양)·北西風(북서풍)·嶺西(영서)·湖西(호서).

要 요긴할 요(:) 兩 3 ⑨

要要要要要要要要要

①-⑪ ② ヨウ, もとめる ② request
⑫-⑮ ② ヨウ, かなめ ② important

① 구할 요(求). ② 살필 요(察). ③ 겁박할 요(劫). ④ 언약할 요(言約). ⑤ 옳게 밝힐 요, 취조할 요(取調). ⑥ 모일 요, 모을 요(會). ⑦ 허리 요(腰). ⑧ 억지로 할 요(勒). ⑨ 기다릴 요(待). ⑩ 부를 요(招). ⑪ 시골 요(要服, 坼外). ⑫ 중요로울 요(樞). ⑬ 반드시 요, 꼭 요(要當, 必). ⑭ 통계 요, 회계 요(統計, 會計). ⑮ 하고자할 요(欲).

書體 小篆 古文 草書 中學 象形

要綱(요강 yàogāng) 중요한 근본 되는 사항.
要擊(요격 yàojī) 대기하고 있다가 적을 마주 침. 요격(邀擊).

要訣(요결 yàojué) 중요한 비결. 또는 그것을 쓴 책.
要覽(요람 yàolǎn) 중요한 것만 간추려서 보게 한 책.
要塞(요새 yàosāi) ① 중요한 지점에 구축하여 놓은 견고(堅固)한 군사적(軍事的) 방어(防禦) 시설(施設). ② 국방상(國防上) 중요(重要)한 변방(邊方).
要旨(요지 yàozhǐ) 중요한 취지. 말의 긴요한 내용.
要諦(요체 yàodì) ① 가장 중요한 점. ② 중요한 진리.
要衝(요충 yàochōng) ① 중요한 곳. 요소(要所). ② 지세가 험준하여 적을 방비하기에 편리한 곳. 요충지(要衝地). 요해지(要害地).

▶ 肝要(간요)·强要(강요)·槪要(개요)·緊要(긴요)·所要(소요)·需要(수요)·摘要(적요)·切要(절요)·主要(주요)·重要(중요)·必要(필요).

要 요긴할 요(:) 兩 3 ⑨

【要(前條)와 같음】

覆 엎어질/다시 복 덮을 부 兩 12 ⑱

覆覆覆覆覆覆覆覆覆

1 ② フク, くつがえる ② repeat
2 ② フ ② turn over

1 ① 돌이킬 복(反覆). ② 엎칠 복(敗). ③ 엎지를 복(倒). ④ 오히려 복(反對). ⑤ 살필 복(檢覆, 審). ⑥먹먹할 복(射覆). 2 ① 덮을 부, 가리울 부(蓋). ② 쌀 부(包). ③ 고루고루 퍼질 부(布). ④ 엎드릴 부(伏兵).

書體 小篆 草書 高校 形聲

覆啓(복계 fùqǐ) 회답을 올림. 편지 첫머리에 씀.
覆考(복고 fùkǎo) 이리 뒤집고 저리 뒤

집어 잘 생각함. 반복하여 살펴 봄.
覆盆子(복분자 fùpénzǐ)《植》① 고무딸기. ② 고무딸기의 열매.
覆書(복서 fùshū) 편지의 회답. 반신(返信).
覆審(복심 fùshěn) ① 반복하여 자세히 살펴 봄. ②《法》상급심(上級審)에서 하급심(下級審)과는 전혀 관계없이 다시 심리(審理)·판결하는 일.
覆按(복안 fù'àn) 이리 뒤집고 저리 뒤집어 잘 살펴 봄.
覆藏(복장 fùcáng) 마음속에 숨겨 간직함.
覆蓋(부개 fùgài) ① 뚜껑. ② 뒤덮음. 뒤엎음.

▶ 翻覆(번복)·顚覆(전복)·被覆(피복).

両12⑱ **覆** 엎어질/다시 **복**
덮을 **부**
【覆(前條)과 같음】

両13⑲ **霸** 으뜸 **패:**
【霸(雨부13획)의 속자】

両19㉕ **羈** 굴레/나그네 **기**
【羈(网부19획)와 같음】

見 部
볼 견

見0⑦ **見** 볼**견:**
뵈올**현:**

１ 冂 冂 月 目 貝 見

1 jiàn ケン, みる see
2 xiàn observe

1 ① 볼 견(識見視). ② 만나볼 견(會見). ③ 당할 견(當). 2 ① 나타날 현(顯). ② 드러날 현(露). ③ 있을 현(在). ④ 보일 현(朝見).

書體 小篆 見 小篆 見 草書 見 (中學) 會意

見蚊拔劍(견문발검 jiànwénbájiàn) 모기를 보고 칼을 뺌.《喩》하찮은 일에 너무 크게 허둥지둥 덤빔.
見物生心(견물생심 jiànwùshēngxīn) 실물을 보면 욕심이 생김.
見性成佛(견성성불 jiànxìngchéngfó)《佛》자기 본래의 천성을 깨달으면서 부처가 됨.
見危致命(견위치명 jiànwēizhìmìng) 나라가 위급(危急)한 경우에 자기의 몸을 나라에 바침.

▶ 達見(달견)·望見(망견)·發見(발견)·邪見(사견)·想見(상견)·先見(선견)·所見(소견)·識見(식견)·外見(외견)·意見(의견)·淺見(천견)·卓見(탁견).

見2⑨ **观** 볼 **관**
【觀(見부18획)의 약자】

見4⑪ **規** 법 **규**

規 規 却 圥 圥 却 却 規 規 規

guī キ, のり, ただす
regulation

① 그림쇠 규(規矩正圓器). ② 발릴 규(箴規以法正人). ③ 계할 규(規求計). ④ 간할 규(規諫). ⑤ 꾀 규(規度謀). ⑥ 법어길 규(規避違法). ⑦ 새 이름 규(鳥名子規). ⑧ 법 규(規律法).

書體 小篆 規 草書 规 (高校) 會意

規矩(규구 guījǔ) ① 그림쇠. ② 규구

준승(規矩準繩)①. ③ 행위의 표준. 사물의 준칙. 일상생활에 지켜야 할 법도.

規範(규범 guīfàn) ① 규모(規模). ②《哲》㋀ 진(眞)·선(善)·미(美)를 얻기 위한 행위의 원리. ㋁ 판단(判斷)·평가(評價)·행위(行爲)의 기준.

規準(규준 guīzhǔn) ① 컴퍼스와 수준기(水準器). 모두 목수의 도구. ② =규구(規矩)②. ③《宗》기독교에서의 신(新)·구약성서(舊約聖書).

▶ 內規(내규)·黨規(당규)·法規(법규)·新規(신규)·例規(예규)·定規(정규).

覓 찾을 멱
見 4 ⑪

覓覓覓覓覓覓覓覓覓

㊊ mì ㊋ ベキ, もとめる
㊌ search for
① 구할 멱(求). ② 찾을 멱(尋).

覓句(멱구 mìjù) 시인이 훌륭한 시를 지으려고 애써 좋은 글귀를 찾는 일.
覓得(멱득 mìdé) 찾아서 얻음.
覓索(멱색 mìsuǒ) 찾음.

視 볼 시:
見 5 ⑫

視視視視視視視視視

㊊ shì ㊋ シ, みる ㊌ look at, sight
① 볼 시(瞻). ② 견줄 시(比). ③ 본 받을 시(效). ④ 대접 시(看待).

書體 小篆 視 古文 眡 草書 視 中學 形聲

視角(시각 shìjiǎo) ①《物》물체의 두 끝에서 눈으로 이르는 두 직선이 이루는 각. ② 사물을 보는 각도.
視空間(시공간 shìkōngjiān) 시각에 의하여 지각(知覺)되는 공간. 촉공간(觸空間).
視野(시야 shìyě) ① =시계(視界). ② 사물을 관찰하여 판단할 수 있는 범위.

▶ 可視距離(가시거리)·監視(감시)·巨視(거시)·輕視(경시)·起視(괄시)·近視眼(근시안)·難視聽(난시청)·內視鏡(내시경)·蔑視(멸시)·明視(명시)·無視(무시)·微視(미시)·斜視(사시)·熟視(숙시)·巡視(순시)·弱視(약시)·雄視(웅시)·遠視(원시)·凝視(응시)·敵視(적시)·正視(정시)·坐視(좌시)·注視(주시)·重視(중시)·直視(직시)·嫉視(질시)·賤視(천시)·透視(투시)·虎視眈眈(호시탐탐)·幻視(환시).

親 친할 친
見 9 ⑯

親親親親親親親親親

①-⑥ ㊊ qīn ㊋ シン, したしむ ㊌ familiar ⑦⑧ ㊊ ìng シン, おや ㊌ parents
① 사랑할 친(愛). ② 친할 친(近). ③ 몸소 친(躬). ④ 겨레 친, 일가 친(親戚九族). ⑤ 스스로 친, 손수 친(自). ⑥ 육친 친(六親父母兄弟妻子). ⑦ 사돈 친(婚家). ⑧ 친정 친(親庭).

書體 小篆 親 草書 親 中學 形聲

親見(친견 qīnjiàn) ① 실지로 친히 봄. ② 친히 면접함.
親告罪(친고죄 qīngàozuì)《法》검사(檢事)가 공소(公訴)를 제기함에 있어서 피해자 또는 그 밖의 법률이 정한 자의 고소나 청구가 있음을 필요로 한 범죄. 폭행죄·강간죄·명예훼손죄 따위.
親權(친권 qīnquán)《法》부모가 미성년의 자식이나 또는 독립할 수 없는 자식에 대하여 신상(身上)·재산상(財産上)의 보호·감독을 하는 권리와 의무.
親喪(친상 qīnsāng) 부모의 상사.
親疎(친소 qīnshū) 친함과 버성김.
親迎(친영 qīnyíng) ① 친히 나아가 맞이함. ② =친영례(親迎禮).
親展(친전 qīnzhǎn) ① 친히 만나 속을 숨김없이 터놓음. ② 몸소 펴서 봄. 편지 겉봉에 쓰는 말.
親庭(친정 qīntíng) 《國》 시집간 여자의 본집. 본가(本家). 친가(親家).
親戚(친척 qīnqi) 촌수가 가까운 겨레붙이. 〈親은 내친(內親), 戚은 외친(外親)〉.

▶ 母親(모친)·父子有親(부자유친)·父親(부친)·不親切(불친절)·先親(선친)·兩親(양친)·肉親(육친)·一家親戚(일가친척)·切親(절친)·和親(화친).

觀 볼 관
見 11획 / 18획

【觀(見부 18획)의 약자】

覺 깨달을 각
見 13획 / 20획

覚覚覚覚覚覚覺覺覺覺

1 음 jué 일 カク, さとる 영 perceive
2 음 jiào 일 キョウ
1 ① 깨달을 각(寤也曉). ② 깨우칠 각(知). ③ 밝힐 각(明). ④ 클 각(大). ⑤ 꼿꼿할 각(直). ⑥ 발각할 각(發). 2 꿈깰 교(夢醒).

書體 小篆 覺 草書 觉 (高校) 形聲

覺書(각서 juéshū) ① 어떠한 약속(約束)을 잊지 않고 지키겠다고 기록(記錄)해 둔 문서. ② 《政》 필요한 사항을 간단히 기재하여 원수(元首) 또는 외교(外交) 사절이 서명(署名)한, 국가 사이에서 교환(交換)되는 외교 문서.
覺醒(각성 juéxǐng) ① 깨어남. ② 잘못을 깨달아 정신을 차림.
覺悟(각오 juéwù) ① 미혹에서 벗어나 진리(眞理)를 깨달음. 도리를 깨달음. ② 앞으로 닥치어 올 일을 미리 알아차리고 마음을 정함.
覺者(각자 juézhě) 《佛》 ① 부처. 삼덕(三德)을 갖춘 사람. 깨달은 이. ②

우주·인생의 진리를 깨달아 안심립명(安心立命)의 경지에 이른 사람. 인격(人格)의 완성자(完成者).

▶ 感覺(감각)·警覺(경각)·究竟覺(구경각)·大覺(대각)·晩覺(만각)·妄覺(망각)·沒知覺(몰지각)·無感覺(무감각)·味覺(미각)·發覺(발각)·先覺(선각)·視覺(시각)·視聽覺(시청각)·自覺(자각)·正覺(정각)·知覺(지각)·錯覺(착각)·聽覺(청각)·觸覺(촉각)·幻覺(환각)·嗅覺(취각)·後覺(후각).

覽 볼 람
見 14획 / 21획

覽覽覽覽覽覽覽覽覽覽

음 lǎn 일 ラン, みる
영 see together

두루 볼 람(周觀).

書體 小篆 覽 草書 览 (高校) 形聲

覽古(남고 lǎngǔ) 고적(古蹟)을 찾아 그 당시의 모습을 생각하여 봄.
覽觀(남관 lǎnguān) 구경함. 관람(觀覽).
覽勝(남승 lǎnshèng) 좋은 경치를 구경함.

▶ 上覽(상람)·巡覽(순람)·閱覽(열람)·熱覽(열람)·遊覽(유람)·一覽(일람)·展覽(전람)·便覽(편람)·回覽(회람).

觀 볼 관
見 18획 / 25획

觀觀觀觀觀觀觀觀觀觀

① 음 guān ②~⑩ 음 guàn 일 カン, みる 영 observe, watch

① 볼 관(視). ② 보일 관(示). ③ 대궐 관(闕). ④ 집 관(樓觀道宮). ⑤ 태자의 궁 관(甲觀宮). ⑥ 무덤 관(京觀積屍封土). ⑦ 모양 관(儀觀容貌). ⑧ 놀 관(遊). ⑨ 구경 관(壯觀, 奇觀). ⑩ 괘 이름 관(卦名).

書體 小篆 觀 古文 觀 草書 觀 觀 中學 形聲

觀光(관광 guānguāng) ① 다른 나라의 문물을 시찰함. ② 다른 지방이나 나라의 풍경·풍토를 구경함. ③ 《國》과거 보러감.

觀念(관념 guānniàn) ① 생각. ② 《佛》눈을 감고 마음을 가라앉혀 깊이 생각하는 일. 관찰사념(觀察思念). ③ 자극이 사라진 뒤에도 의식 가운데 남는 심상(心像). ④ 《哲》이데아, 이성(理性)의 판단으로 얻은 최고의 개념.

觀燈(관등 guāndēng) 《佛》음력 4월 8일에 석등(夕燈)이라 하여 등을 달고 등대를 세우고 밤에 불을 켜서 석가모니의 탄일(誕日)을 기념하는 일.

觀象(관상 guānxiàng) 기상을 관측함.

觀賞(관상 guānshǎng) 보고 기리며 즐김.

觀相(관상 guānxiàng) ① 사람의 골상·손금 따위를 보고 재주나 운명을 판단하는 일. ② 천문·기상 등의 자연 현상을 관찰함. ③ 역점(易占)을 쳐서 나온 괘상(卦象)을 봄.

觀世音菩薩(관세음보살 guānshì-yīnpúsà) 보살의 하나. 대자대비(大慈大悲)하여, 중생이 고난(苦難) 중에 열심히 그 이름을 외면, 곧 구제를 받는다 함. 아미타불의 왼편에 있어 부처의 교화를 돕고, 그 형상에 따라 천수관음(千手觀音), 천안관음(千眼觀音) 등 32관음(觀音)으로 일컬으며, 인도 이래 보살 중 가장 널리 신앙됨.

觀照(관조 guānzhào) ① 사물에 파고들지 않고 평정(平靜)한 마음으로 가만히 바라봄. 정관(靜觀). ② 미(美)를 직접적으로 지각(知覺)함. ③ 《佛》지혜를 써서 사물을 비추어 봄.

▶ 可觀(가관)·概觀(개관)·客觀(객관)·景觀(경관)·經濟觀念(경제관념)·固定觀念(고정관념)·樂觀(낙관)·達觀(달관)·美觀(미관)·傍觀(방관)·悲觀(비관)·史觀(사관)·袖手傍觀(수수방관)·外觀(외관)·人生觀(인생관)·自然景觀(자연경관)·壯觀(장관)·靜觀(정관)·主觀(주관)·直觀(직관)·參觀(참관).

角部

뿔 각

角 뿔 각
0 / 7

角角角角角角角

1 음 jiǎo 일 カク, つの 영 horn
2 음 jué 일 ロク 영 angle

1 ① 뿔 각(芒角獸所載). ② 짜를 각(觸). ③ 다툴 각(競). ④ 비교할 각(校). ⑤ 모퉁이 각(隅). ⑥ 대평소 각(吹器). ⑦ 휘 각(量器). ⑧ 쌍상투 각(總角頭丱). ⑨ 별 이름 각(宿名, 二十八宿之一). ⑩ 이마의 뼈 각(額骨). ⑪ 오음의 하나 각(五音之一). ⑫ 모 각(直角, 銳角, 鈍角). ⑬ 십전 각(拾錢曰角). ⑭ 술잔 각(酒器漲). 2 ① 신선 이름 록(神仙名). ② 사람 이름 록(人名). 3 꿩 우는 소리 곡(雄雉鳴).

書體 小篆 角 草書 角 中學 象形

角膜(각막 jiǎomó) 《生》눈알의 외벽의 전면(前面)에 있는 둥근 접시 모양의 투명한 막. 안막(眼膜).

角逐(각축 jiǎozhú) 서로 이기려고 다툼. 서로 다투며 쫓아다님. 재능을 다툼.

▶ 老總角(노총각)·鹿角(녹각)·多角化(다

각화)·對角(대각)·頭角(두각)·反射角(반사각)·死角地帶(사각지대)·三角關係(삼각관계)·三角筋(삼각근)·三角洲(삼각주)·視角(시각)·入射角(입사각)·直角(직각)·觸角(촉각)·總角(총각)·八角亭(팔각정)·骰角(호각)

觝 씨름 저:

음 dǐ, zhǐ 일 テイ, ふれる 영 gore
① 찌를 저, 받을 저(觸). ② 씨름 저(角觝).

觝排(저배 dǐpái) 헤침. 물리침.
觝觸(저촉 dǐchù) 서로 부딪침. 저촉(抵觸). 《轉》㉠ 침범(侵犯)하여 걸려들음. ㉡ 모순(矛盾)됨.

解 풀 해:

角 角 角 角 角 解 解 解 解 解

1 음 jiě, jiè 일 カイ, とく 영 release
2 음 xiè 일 ゲ 영 interpret

1 ① 쪼갤 해, 빠갤 해(判). ② 풀릴 해(緩). ③ 깨우쳐 줄 해(曉). ④ 괘 이름 해(卦名). 2 ① 벗을 개(脫). ② 풀 개(釋). ③ 헤칠 개(散). ④ 발신할 개(解額發).

書體 小篆 解 草書 𦑱 中學 會意

解渴(해갈 jiěkě) ① 목마름을 풀어 버림. ② 금전의 융통이 생김. ③ 비가 내려 가물을 겨우 면함.
解夢(해몽 jiěmèng) 꿈의 길흉(吉凶)을 풀어서 판단함.
解釋(해석 jiěshì) ① 자신의 논리에 따라 풀어 이해함. 해소(解消). ② 알기 쉽게 풀이함.
解析(해석 jiěxī) ① 사물을 상세히 풀어서 이론적으로 연구함. ② 《數》㉠ 해석학(解析學). ㉡ 해석기하학(解析幾何學).
解憂(해우 jiěyōu) 근심을 없앰.
解脫(해탈 jiětuō) ① 구속(拘束)을 벗겨줌. 또는 벗어남. ② 《佛》미계(迷界)에 얽매인 굴레를 벗어남. 미혹(迷惑)에서 벗어나 깨달음.
解土(해토 jiětǔ) 언 땅이 풀림.

▶ 見解(견해)·結者解之(결자해지)·告解(고해)·高解像度(고해상도)·曲解(곡해)·空中分解(공중분해)·難解(난해)·圖解(도해)·讀解(독해)·沒理解(몰이해)·未解決(미해결)·分解(분해)·不可解(불가해)·氷解(빙해)·詳解(상해)·略解(약해)·諒解(양해)·誤解(오해)·瓦解(와해)·溶解(용해)·理解(이해)·字解(자해)·電解質液(전해질액)·精解(정해)·註解(주해)·和解(화해)

触 닿을/찌를 촉

【觸(角부13획)의 속자】

觧 풀 해:

【解(角부6획)의 속자】

觸 닿을/찌를 촉

觸 角 角 角 解 解 解 觸 觸 觸

음 chù 일 ショク, ふれる
영 gore, feel

① 받을 촉, 찌를 촉(觝). ② 느낄 촉, 마음에 비칠 촉(觸目). ③ 지날 촉(過). ④ 더러울 촉(汚瀆). ⑤ 범할 촉(犯).

書體 小篆 觸 草書 觸 高校 形聲

觸媒(촉매 chùméi) 《化》화학 변화에 있어서 자신은 조금도 반응(反應)이 없으나 다른 물질의 화학 반응을 촉진 또는 지연시키는 물질.
觸發(촉발 chùfā) ① 일을 당하여 감동이 일어남. ② 물건에 닿아 발동됨.
觸診(촉진 chùzhěn) 《醫》진찰법의 하나. 의사가 손으로 몸을 만져 보고 병을 진단하는 것. 주로 복부 내장질환(內臟疾患)의 진단.
觸風(촉풍 chùfēng) 바람을 쐬임.

▶ 感觸(감촉)·無接觸(무접촉)·一觸卽發(일촉즉발)·抵觸(저촉)·接觸(접촉).

言 部

말씀 언

言言言言言言言

① ㉿ yán ㉺ ゲン, いう ㉿ speech
② ㉿ ゴン, ことば ㉿ say

① ① 말할 언(語). ② 말씀 언(辭章). ③ 어조사 언(語辭). ④ 한 마디 언, 한 귀절 언(一句). ⑤ 나 언(我). ⑥ 우뚝할 언(言高大貌). ② 심사 화평할 은(意氣和悅貌).

書體 小篆 훕 小篆 훕 草書 言 中學 會意

言渡(언도 yándù) 《法》 민사 또는 형사 소송에 있어서 사실 심리를 마친 다음 그 행위에 대하여 법률을 적용하여 결과를 선언함.
言文一致(언문일치 yánwényīzhì) 말과 글의 일치. 실제로 쓰는 말과 글로 적은 말이 일치함. 어문일치(語文一致).
言辯(언변 yánbiàn) 말솜씨. 말재주.
言辭不恭(언사불공 yáncíbùgōng) 말투가 공손하지 않음.
言語道斷(언어도단 yányǔdàoduàn) 《佛》 ① 말로써 나타낼 수 없는 오묘한 진리. ② 말문이 막혔다는 뜻. 너무 어이가 없어서 말하려 하여도 말할 수 없음.
言質(언지→언질 yánzhì) 뒷날의 증거가 될 말.
言必稱(언필칭 yánbìchēng) 말할 때마다 반드시 일컬음.
言行相反(언행상반 yánxíngxiāngfǎn) 말과 행실이 서로 같지 않음.
言行一致(언행일치 yánxíngyīzhì) 말과 행함이 같음.

▶ 甘言(감언)·甘言利說(감언이설)·格言(격언)·苦言(고언)·公言(공언)·寡言(과언)·過言(과언)·巧言(교언)·極言(극언)·金言(금언)·斷言(단언)·妄言(망언)·名言(명언)·無言(무언)·默言(묵언)·發言(발언)·方言(방언)·宣言(선언)·豫言(예언)·有言無言(유구무언)·遺言(유언)·流言蜚語(유언비어)·一言半句(일언반구)·一言之下(일언지하)·箴言(잠언)·傳言(전언)·提言(제언)·助言(조언)·證言(증언)·直言(직언)·進言(진언)·讒言(참언)·譖言(참언)·讖言(참언)·添言(첨언)·忠言(충언)·贅言(췌언)·蔽一言(폐일언)·暴言(폭언)·爆彈宣言(폭탄선언)·虛言(허언)·形言(형언)·豪言壯談(호언장담)·確言(확언).

訂 고칠/바로잡을 정

訂 訂 訂 訂 訂 訂 訂 訂 訂

㉿ dìng ㉺ テイ, ただす ㉿ correct

① 의론할 정(平議). ② 바로잡을 정, 고칠 정(訂正, 校訂).

書體 小篆 訂 草書 訂 高校 形聲

訂訛(정와 dìng'é) 잘못을 고침.
訂正(정정 dìngzhèng) 잘못을 고쳐서 바로잡음. 글귀나 말 따위의 틀린 곳을 바르게 고침.

▶ 改訂(개정)·校訂(교정)·修訂(수정).

訃 부고 부:

㉿ fù ㉺ フ, しらせ
㉿ inform one's death

① 통부 부(告喪). ② 이를 부(至).【赴와 통함】

訃告(부고 fùgào) =부음(訃音).
訃報(부보 fùbào) =부음(訃音).
訃音(부음 fùyīn) 사람이 죽은 것을 알리는 통지. 부고(訃告). 부보(訃報). 부문(訃聞).

計 셀/헤아릴 계:

訁訁訁訁訁訁訐計

㉿ jì ㉿ ケイ, かぞえる, はかる
㉿ count, plan

① 셀 계, 셈 계(數). ② 셈 마칠 계(會計). ③ 꾀할 계(籌策).

書體 小篆 計 草書 け 中學 會意

計家(계가 jìjiā) 바둑을 다 둔 뒤에 승부를 판단하기 위하여 집의 수를 헤아림.
計略(계략 jìlüè) 계책과 모략(謀略). 꾀. 계모(計謀).
計數(계수 jìshù) ① 수효를 셈함. ② 계략(計略). 계획(計畫).
計定(계정 jìdìng) 《經》 부기(簿記)에서 기업활동상의 모든 거래를 밝히는 방식으로 차변(借邊)계정과 대변(貸邊)계정으로 크게 나누어진다.
計座(계좌 jìzuò) 계정구좌(計定口座)의 약어.
計畫(계획 jìhuà) 꾀하여 미리 작정함.

▶ 家計(가계)·家族計劃(가족계획)·奸計(간계)·掛鐘時計(괘종시계)·國家計劃(국가계획)·奇計(기계)·累計(누계)·謀計(모계)·妙計(묘계)·美人計(미인계)·密計(밀계)·百年大計(백년대계)·不計敗(불계패)·相計(상계)·生計(생계)·設計(설계)·歲計(세계)·小計(소계)·速計(속계)·時計(시계)·溫度計(온도계)·電子計算機(전자계산기)·集計(집계)·體溫計(체온계)·體重計(체중계)·總計(총계)·推計(추계)·統計(통계)·合計(합계)·會計(회계).

訊 물을 신:

㉿ xùn ㉿ ジン, とう ㉿ question

① 물을 신(問). ② 다스릴 신(治). ③ 죄 물을 신, 죄를 조사할 신(鞫罪). ④ 알릴 신, 간할 신(諫告). ⑤ 꾸짖을 신(責). ⑥ 소삭 신(音訊, 蘭訊, 芳訊).

訊檢(신검 xùnjiǎn) 물어서 살핌. 물어보고 조사함.
訊鞫(신국 xùnjū) ① 엄격히 캐어물어 살핌. ② 죄인을 취조함.
訊問(신문 xùnwèn) ① 물어서 캠. ② 죄를 물음.

討 칠/토론할 토(:)

訁訁訁訁訁訁訐訐討

㉿ tǎo ㉿ トウ, うつ ㉿ suppress

① 칠 토, 다스릴 토(治). ② 찾을 토(尋). ③ 벨 토(誅). ④ 꾸짖을 토(訶). ⑤ 구할 토(求). ⑥ 더듬을 토(深).

書體 小篆 討 草書 討 高校 會意

討論(토론 tǎolùn) ① 정당한 이치를 궁구함. ② 어떤 논제(論題)를 둘러싸고 여러 사람이 각각 의견을 말하며 의논함.
討伐(토벌 tǎofá) 군대를 보내어 침.
討索(토색 tǎosuǒ) 금품을 억지로 달라고 함.

▶ 檢討(검토)·聲討(성토)·征討(정토).

訓 가르칠 훈:

訁訁訁訁訁訁訐訓訓

㉿ xùn ㉿ クン, キン, おしえ
㉿ instruct

① 가르칠 훈(誨). ② 인도할 훈(導). ③

경계할 훈(誡). ④ 순하게 따를 훈, 거역하지 않을 훈(順應). ⑤ 주낼 훈(訓詁, 註解). ⑥ 뜻 일러줄 훈(說敎).

書體 小篆 訓 草書 訓 中學 形聲

訓戒(훈계 xùnjiè) 타일러 경계함. 훈계(訓誡).
訓讀(훈독 xùndú) 한문 글자의 뜻을 새기어 읽음.
訓蒙(훈몽 xùnméng) 어린 아이나 초학자를 가르침. 또는 그 책.
訓民(훈민 xùnmín) 백성을 가르침.
訓民正音(훈민정음 xùnmínzhèngyīn) 조선 세종이 지은 우리 글. 세종 25년 12월에 완성하고 28년 9월에 반포함. 초성(初聲) 17자. 중성(中聲) 11자. 합 28자. 연구에 참여한 사람은 정인지(鄭麟趾)·성삼문(成三問)·최항(崔恒)·신숙주(申叔舟)·이개(李塏)·이선로(李善老)·박팽년(朴彭年)·강희안(姜希顔).
訓誨(훈회 xùnhuì) 가르치고 이끌어 줌. 교훈(敎訓). 교회(敎誨).

▶ 家訓(가훈)·校訓(교훈)·敎訓(교훈)·內訓(내훈)·垂訓(수훈)·嚴訓(엄훈)·遺訓(유훈)·音訓(음훈).

言 3 ⑩ 託 부탁할 탁

中 tuō 일 タク, たのむ 영 request
① 부칠 탁, 부탁할 탁(憑依寄). ② 길 탁(信任委). ③ 핑계할 탁(稱託).

託孤(탁고 tuōgū) 고아의 뒷일을 믿을 만한 사람에게 부탁함.
託身(탁신 tuōshēn) 남에게 몸을 의탁함.
託言(탁언 tuōyán) ① 다른 일에 핑계를 대서 말함. ② 청탁해서 말함. ③ 말 부탁.
託迹(탁적 tuōjì) 종교나 또는 어떤 일에 몸을 의탁함. 탁분(託分).

▶ 結託(결탁)·供託(공탁)·寄託(기탁)·無依託(무의탁)·付託(부탁)·受託高(수탁고)·信託(신탁)·神託(신탁)·預託金(예탁금)·委託(위탁)·依託(의탁)·請託(청탁)·囑託(촉탁).

言 3 ⑩ 記 기록/기록할 기

記記記記記記記記記

中 jì 일 キ, しるす 영 record, sign
① 적을 기, 기록할 기(疏也志). ② 글 기(奏記書). ③ 기억할 기(記憶, 記念).

書體 小篆 記 草書 れ 中學 形聲

記問之學(기문지학 jìwènzhīxué) 남의 물음에 대답하기 위하여 단순히 고서(古書)를 외우기만 하고, 정말 이해하고 있지 않은 학문.
記帳(기장 jìzhàng) 장부에 기입함. 치부함.
記載(기재 jìzǎi) 기록하여 실음. 또는 그 문서.

▶ 觀察記(관찰기)·登記(등기)·明記(명기)·無記名(무기명)·別記(별기)·簿記(부기)·附記(부기)·上記(상기)·書記(서기)·速記(속기)·手記(수기)·新記錄(신기록)·身邊雜記(신변잡기)·實記(실기)·暗記(암기)·旅行記(여행기)·連記(연기)·年代記(연대기)·列記(열기)·誤記(오기)·偉人傳記(위인전기)·日記(일기)·一代記(일대기)·雜記(잡기)·傳記(전기)·顚末記(전말기)·左記(좌기)·體驗記(체험기)·總書記(총서기)·追記(추기)·脫出記(탈출기)·特記(특기)·表記(표기)·筆記(필기)·橫斷記(횡단기)·後記(후기)·勳記(훈기).

言 4 ⑪ 訛 그릇될 와:

中 é 일 カ, あやまる
영 commit an error
① 거짓말 와(僞). ② 어긋날 와(舛). ③

그릇될 **와**(謬). ④ 움직일 **와**(動). ⑤ 화할 **와**(化).

訛語(와어 éyǔ) ① 그릇되게 전해진 말. ② 사투리.

訛言(와언 éyán) ① 그릇된 말. ② 그릇된 소문.

訛傳(와전 échuán) 말을 그릇 전함.

訛脫(와탈 étuō) 그릇 전하여짐과 빠져 없어짐.

訞 간교한 말할 요

言 4 ⑪

중 yāo, tiān 일 ヨウ, わざわい
영 misfortune

① 간교한 말할 **요**(巧言). ② 재앙 **요**(災也訞孽).

訞怪(요괴 yāoguài) 요사스럽고 괴한 물건. 요괴(妖怪).

訞言(요언 yāoyán) 요사스러운 말. 간교(奸巧)한 말.

訝 의심할 아

言 4 ⑪

중 yà 일 カ, ゲ, いぶかる
영 suspicious

① 의심할 **아**(疑怪). ② 맞이할 **아**(迎).

訝鬱(아울 yàyù) 의아(疑訝)하여 가슴이 답답함.

訝惑(아혹 yàhuò) 의혹(疑惑).

▶ 疑訝(의아).

訟 송사할 송:

言 4 ⑪

訟訟訟訟訟訟訟訟訟

중 sòng 일 ショウ, うつたえる
영 suit, quarrel with

① 송사할 **송**(爭辯). ② 시비할 **송**(聚訟衆論異同). ③ 꾸짖을 **송**(責). ④ 여러 사람에게 관계되는 일 **송**(公). ⑤ 찬사 **송**(讚辭). ⑥ 괘 이름 **송**(卦名坎下乾上).

書體 小篆 訟 古文 𧧻 草書 訟
高校 形聲

訟事(송사 sòngshì) ① 백성끼리의 분쟁을 관청에 호소하여 그 판결을 구하는 일. ② 재판을 걸음. 소송(訴訟).

訟案(송안 sòngàn) 송사(訟事)의 기록.

▶ 訴訟(소송)·爭訟(쟁송)·還訟(환송).

訣 이별할 결

言 4 ⑪

중 jué 일 ケツ, わかれる 영 part

① 이별할 **결**(別). ② 영결할 **결**(死別). ③ 사례할 **결**(辭). ④ 비결 **결**(方術要法).

訣別(결별 juébié) 기약 없는 작별. 영원한 이별.

▶ 秘訣(비결)·永訣(영결)·要訣(요결).

訥 말 더듬거릴 눌

言 4 ⑪

중 nè 일 トウ, どもる 영 stammer

말 더듬거릴 **눌**(謇訥遲鈍言難).

訥辯(눌변 nèbiàn) 더듬는 말. 더듬거리는 말씨.

訥言(눌언 nèyán) 말더듬이. 더듬거리는 것. 구별이 없는 것.

訥言敏行(눌언민행 nèyánmǐnxíng) 말은 더듬으나 동작은 민첩함. 말은 느리나 실지 행동은 빠름.

▶ 語訥(어눌).

訪 찾을 방:

言 4 ⑪

訪訪訪訪訪訪訪訪訪

走邑酉采里 8획 金長門阜隶佳雨靑非

⑧ fǎng ⑨ ホウ, たずねる ⑨ visit
① 물을 **방**(問). ② 의논할 **방**(議). ③ 뵈올 **방**(謁見). ④ 찾아서 구할 **방**(求). ⑤ 꾀할 **방**(謀). ⑥ 심방할 **방**(訪問, 尋訪).

書體 小篆 訪 草書 訪 中學 形聲

訪問(방문 fǎngwèn) 남을 찾아 봄.
訪議(방의 fǎngyì) 묻고 의논함.

▶ 來訪(내방)·答訪(답방)·巡訪(순방)·禮訪(예방)·探訪(탐방).

言4⑪ 設 베풀 설

設設設設設設設設設設

⑧ shè ⑨ セツ, もうける ⑨ establish
① 베풀 **설**(陳). ② 만들 **설**(作). ③ 둘 **설**, 갖출 **설**(置也備). ④ 가령 **설**, 설령 **설**(假借辭).

書體 小篆 設 草書 设 中學 會意

設令(설령 shèlìng) ① 그렇다 치더라도. ② 가령. 설혹(設或). 설약(設若). 설사(設使).
設筵(설연 shèyán) 주연(酒宴)이나 의식(儀式)의 자리를 만듦.

▶ 假設(가설)·槪設(개설)·開設(개설)·建設(건설)·公共施設(공공시설)·埋設(매설)·倂設(병설)·竝設(병설)·附帶設備(부대설비)·敷設(부설)·附設(부설)·私設(사설)·常設(상설)·詳設(상설)·施設(시설)·新設(신설)·爲人設官(위인설관)·增設(증설)·陳設(진설)·創設(창설)·特設(특설).

言4⑪ 許 허락할 허

許許許許許許許許許許

1 ⑧ xǔ ⑨ キョ, ゆるす ⑨ consent
2 ⑧ permit
1 ① 허락할 **허**(與). ② 나아갈 **허**(進). ③ 기약할 **허**(期). ④ 곳 **허**(所). ⑤ 어조사 **허**(語助辭). ⑥ 나라 이름 **허**(國名). **2** 여럿이 힘쓰는 소리 **호**(許許衆力聲).

書體 小篆 許 草書 许 中學 形聲

許久(허구 xǔjiǔ) 매우 오래임.
許多(허다 xǔduō) 몹시 많음. 수두룩함.
許諾(허락 xǔnuò) 청하고 바라는 바를 들어 줌.
許容(허용 xǔróng) 허락하여 용납함.
許婚(허혼 xǔhūn) 혼인을 허락함.

▶ 官許(관허)·免許(면허)·不許(불허)·允許(윤허)·聽許(청허)·特許(특허).

言4⑪ 訳 번역할 역

【譯(言부13획)의 약자】

言5⑫ 訴 호소할 소

訴訴訴訴訴訴訴訴訴

⑧ sù ⑨ ソ, うったえる ⑨ appeal
① 하소연할 **소**(告). ② 송사할 **소**(訟).

書體 小篆 訴 或體 愬 草書 诉 高校 形聲

訴追(소추 sùzhuī)《法》① 검사가 공소(公訴)를 제기하여 추소(追訴)하는 일. ② 탄핵의 발의를 하여 파면을 구하는 행위.

▶ 告訴(고소)·公訴(공소)·控訴(공소)·起訴(기소)·上訴(상소)·哀訴(애소)·越訴(월소)·提訴(제소).

言5⑫ 診 진찰할 진

⑧ zhěn ⑨ シン, チン, みる ⑨ examine

診斷 (진단)

① 볼 진(視). ② 증험할 진(驗). ③ 맥 짚을 진, 맥 볼 진(候脈).

診斷(진단 zhěnduàn) 《醫》 의사가 환자의 병 증세를 진찰하여 증상(症狀)을 판단함. 병의 성질을 깊이 살핌.

診療(진료 zhěnliáo) 《醫》 진찰과 치료. 증상을 자세히 조사하여 고침.

診脈(진맥 zhěnmài) 《醫》 맥박을 진찰함. 병을 진찰함.

診察(진찰 zhěnchá) 《醫》 의사가 환자의 병의 원인과 증상을 살펴 봄. 진후(診候).

▶ 檢診(검진)·脈診(맥진)·問診(문진)·腹診(복진)·誤診(오진)·往診(왕진)·聽診(청진)·初診(초진)·打診(타진)·宅診(택진)·回診(회진)·休診(휴진).

註 글뜻 풀 주:

音 zhù 日 チュウ, しるす 英 note

① 주낼 주(解釋). ② 기록할 주(記物). ③ 기입할 주(記入).

註釋(주석 zhùshì) 낱말이나 문자의 뜻을 알기 쉽게 풀이함. 또는 그 글. 주석(注釋).

註解(주해 zhùjiě) 본문의 뜻을 알기 쉽게 풀이하는 것. 또는 그 글. 주해(注解).

▶ 脚註(각주).

証 간할 정/증거 증

音 zhèng 日 セイ, いさめる 英 remonstrate

1 간할 정(諫). **2** 【證과 통용】

詐 속일/거짓 사

音 zhà 日 サ, いつわる 英 swindle

① 거짓 사(僞). ② 속일 사(欺). ③ 간사할 사(詭譎).

書體 小篆 草書 行書 (高校) 形聲

詐欺(사기 zhàqī) ① 거짓말을 하여 남을 속이는 일. ②《法》고의로 사실을 속여서, 남에게 손해를 입히거나 또는 부당한 이익을 얻는 행위.

詐病(사병 zhàbìng) 꾀병.

詐僞(사위 zhàwěi) 남을 속이는 일. 거짓.

詐取(사취 zhàqǔ) 속여서 남의 물건을 빼앗음.

詐稱(사칭 zhàchēng) 관위(官位)·주소·성명·직업·나이 따위를 속여서 말하는 것. 사모(詐謀).

詐誕(사탄 zhàdàn) 언행이 간사하고 허황함.

▶ 奸詐(간사)·巧詐(교사)·變詐(변사).

詔 조서 조:

音 zhào 日 ショウ, つげる 英 imperial rescript

① 조서 조(上命). ② 가르칠 조(敎).

詔令(조령 zhàolìng) 조서(詔書). 임금의 명령. 조명(詔命).

詔使(조사 zhàoshǐ) 중국의 사신(使臣).

詔書(조서 zhàoshū) 임금의 명령을 쓴 문서.

詔旨(조지 zhàozhǐ) 임금의 명령. 칙지(勅旨).

詔勅(조칙 zhàochì) =조서(詔書).

評 평론할/평할 평:

音 píng 日 ヒョウ, しなさだめ

評

㉠criticize
① 평론할 **평**(品論). ② 헤아릴 **평**(量). ③ 고칠 **평**(訂). ④ 기롱할 **평**(評言).

書體 草書 評 (高校) 形聲

評決(평결 píngjué) 평의(評議)해서 결정함.
評論(평론 pínglùn) 사물의 좋고 나쁨을 비평하여 논하는 것. 또는 그 논문.
評釋(평석 píngshì) 시가(詩歌)·문장(文章)을 해석하고 비평함. 또는 그렇게 한 것.
評議(평의 píngyì) 모여서 의논함. 의견을 서로 내어 놓고 많은 사람이 상의함. 상담(相談).

▶苛評(가평)·考評(고평)·過大評價(과대평가)·過小評價(과소평가)·觀戰評(관전평)·論評(논평)·短評(단평)·漫評(만평)·不評(불평)·批評(비평)·書評(서평)·世評(세평)·惡評(악평)·再評價(재평가)·定評(정평)·寸評(촌평)·品評(품평)·好評(호평)·酷評(혹평).

詞 말씀 사

詞詞詞詞詞詞詞詞詞詞

㉠cí ㉡シ, ことば ㉢words
① 말 **사**(言). ② 글 **사**(文). ③ 고할 **사**(詞訟, 告).

書體 小篆 詞 草書 詞 (高校) 形聲

▶歌詞(가사)·改詞(개사)·冠詞(관사)·宮詞(궁사)·臺詞(대사)·動詞(동사)·名詞(명사)·副詞(부사)·數詞(수사)·作詞(작사)·助詞(조사)·弔詞(조사)·祝詞(축사)·致詞(치사)·品詞(품사)·賀詞(하사)·形容詞(형용사).

詠 읊을 영:

詠詠詠詠詠詠詠詠詠

㉠yǒng ㉡エイ, うたう ㉢recite
읊을 **영**(長言歌). 【咏과 같음】

書體 小篆 詠 或體 咏 草書 詠 (高校) 形聲

詠歌(영가 yǒnggē) 시가(詩歌)를 읊음. 또는 그 시가(詩歌).
詠物(영물 yǒngwù) 새·꽃·달 등 제재(題材)로 하여 시가(詩歌)를 짓는 대상물.
詠吟(영음 yǒngyín) 시나(詩) 노래를 읊조림. 음영(吟詠).
詠懷(영회 yǒnghuái) 회포를 시가로 읊음.

▶吟詠(음영)·題詠(제영).

詣 이를[至] 예:

㉠yì ㉡ケイ, いたる ㉢reach
① 이를 **예**(至). ② 나아갈 **예**(往). ③ 학업에 통달할 **예**(造詣學業深入).

▶造詣(조예)·參詣(참예).

試 시험할 시:

試試試試試試試試試

㉠shì ㉡シ, こころみる ㉢test, try
① 시험할 **시**(試驗用). ② 더듬을 **시**(嘗試深). ③ 비교할 **시**(明試較).

書體 小篆 試 草書 試 (中學) 形聲

試掘(시굴 shìjué) 시험적으로 광맥(鑛脈) 따위를 파보는 것.
試金石(시금석 shìjīnshí) ① 금(金)의 품위(品位)를 판정(判定)하는 돌. ② 어떤 사물의 가치(價値)·역량(力量)을 시험하는 재료가 되는 것.
試補(시보 shìbǔ) 사무수습중(事務修習中)의 관리. 어떤 직책(職責)에 나아가기 위한 수습(修習).

試作(시작 shìzuò) 시험 삼아서 만들어 봄. 또는 그 작품.

▶檢定考試(검정고시)·競試(경시)·考試(고시)·口述試驗(구술시험)·國家考試(국가고시)·面接試驗(면접시험)·無試驗(무시험)·応試(응시)·入試(입시)·入學試驗(입학시험)·中間試驗(중간시험)·初試(초시)·筆記試驗(필기시험)·行試(행시)·鄕試(향시)·會試(회시).

詩 글/시 시

詩詩詩詩詩詩詩詩詩詩

음 shī 일 シ, からうた, し 영 poetry

① 귀글 시(言志). ② 시 시. ③ 풍류가락 시(樂章). ③ 받들 시(承也持).

書體 小篆 古文 草書

中學 形聲

詩歌(시가 shīgē) ① 시와 노래. ② 언어의 특성을 교묘하게 구사하여 표현한 문학의 한 형태.
詩境(시경 shījìng) 시의 흥취가 돋는 아름다운 환경.
詩壇(시단 shītán) 시인의 동지. 시인으로 이루어진 사회.
詩調(시조 shīdiào) ① 시의 곡조. ② =시조(時調).
詩風(시풍 shīfēng) 어떤 시인이 그 시에 나타내는 독특한 기풍(氣風).
詩興(시흥 shīxīng) ① 시를 짓고 싶어 하는 마음. ② 시의 흥취.

▶古詩(고시)·唐詩(당시)·童詩(동시)·名詩(명시)·散文詩(산문시)·敍事詩(서사시)·敍情詩(서정시)·新詩(신시)·英詩(영시)·詠詩(영시)·五言詩(오언시)·律詩(율시)·作詩(작시)·漢詩(한시).

詭 속일 궤:

음 guǐ 일 キ, あざむく 영 deceive

① 다를 궤(異). ② 꾸짖을 궤(責). ③ 간사할 궤(詐). ④ 괴이할 궤(弔詭至怪).
詭辯(궤변 guǐbiàn) ① 교묘하게 사람을 미혹하는 말. ② 도리에 맞는 것을 그르다고 하고, 그른 일을 도리에 맞는다 하여 사람을 미혹하는 변론. 도리에 맞지 않은 변론. ③《論》하나의 전제에 대하여 그릇된 결론을 이끌어 내는 논법.

詮 갖출 전

음 quán 일 セン, とく, さとす
영 criticism

① 갖출 전(具). ② 평론할 전(評論事理). ③ 다스릴 전(理).

詰 꾸짖을 힐

음 jié, jí 일 キツ, なじる 영 reproach

① 물을 힐(問). ② 꾸짖을 힐(責讓). ③ 다스릴 힐(治). ④ 삼가할 힐(謹). ⑤ 밝는 아침 힐(明旦).
詰難(힐난 jiénàn) 힐문(詰問)하여 비난함.
詰問(힐문 jiéwèn) 힐책(詰責)하여 물음.
詰責(힐책 jiézé) 잘못을 따져 꾸짖음. →힐난(詰難).

話 말씀 화

話話話話話話話話話

음 huà 일 ワ, カ, はなす
영 speak, story

① 이야기 화(語). ② 착한 말 화(善).

書體 小篆 大篆 草書

中學 形聲

話頭(화두 huàtóu) 이야기의 말머리. 말의 서두(緖頭).

▶ 佳話(가화)·公衆電話(공중전화)·口演童話(구연동화)·茶話(다화)·談話(담화)·對話(대화)·童話(동화)·民話(민화)·秘話(비화)·揷話(삽화)·說話(설화)·受話(수화)·手話(수화)·神話(신화)·實話(실화)·哀話(애화)·野話(야화)·例話(예화)·寓話(우화)·逸話(일화)·電話(전화)·通話(통화)·韓話(한화)·會話(회화)·訓話(훈화).

該 해당할/갖출 해

該該該該該該該該該

㉠ gāi ㉡ カイ, そなえる, その ㉢ deserve

① 갖출 해(備). ② 모두 해(皆). ③ 겸할 해(兼). ④ 마땅할 해(宜). ⑤ 군호 해(軍中約). ⑥ 그 해(其也該日, 該案, 該處).

書體 小篆 該 草書 该 (高校) 形聲

該當(해당 gāidāng) 바로 들어맞음.
該當者(해당자 gāidāngzhě) 어떤 일에 알맞은 사람. 적합자(適合者).
該博(해박 gāibó) 학문과 지식에 널리 통함.

詳 자세할 상

詳詳詳詳詳詳詳詳

㉠ xiáng ㉡ ショウ, つまびらか ㉢ detail

❶ ① 자세할 상(審). ② 다 상(悉). ❷ 거짓 양(詐).

書體 小篆 詳 草書 详 (高校) 形聲

詳論(상론 xiánglùn) 자세히 의론(議論)함. 또는 그 논설(論說).
詳報(상보 xiángbào) 상세히 알림. 자세한 보고.
詳說(상설 xiángshuō) 자세하게 설명함. 상세한 풀이.
詳述(상술 xiángshù) 자세하게 진술함.
詳悉(상실 xiángxī) 자세히 알아서 빠짐이 없는 것. 상세히 살펴 봄.
詳解(상해 xiángjiě) 자세한 해석.

▶ 未詳(미상)·昭詳(소상)·仔詳(자상).

誇 자랑할 과:

誇誇誇誇誇誇誇誇

㉠ kuā ㉡ カ, コ, ほこる ㉢ pride, boast

자랑할 과(矜誇大言).

書體 小篆 誇 草書 诱 (高校) 形聲

誇大(과대 kuādà) ① 실제보다 과장하여 말함. ② 자만하여 뽐내는 것.
誇大妄想(과대망상 kuādàwàngxiǎng) 자기의 현재 상태를 턱없이 과장하여 엉뚱하게 생각하는 정신병의 한 가지.
誇示(과시 kuāshì) 뽐내어 보임. 자만하여 실제보다 크게 나타내어 보임. 떠벌리는 것.
誇張(과장 kuāzhāng) 실제보다 크게 나타내어 말함.

譽 기릴/명예 예

【譽(言부14획)의 약자】

誌 기록할 지

誌誌誌誌誌誌誌誌誌

㉠ zhì ㉡ シ, しるす ㉢ record

① 기록할 지(記). ② 사기 지(史傳史記事文).

書體: 小篆 誌 / 草書 誌 (高校) 形聲

誌面(지면 zhìmiàn) 잡지의 글이나 그림 따위를 싣는 곳.
誌上(지상 zhìshàng) 잡지 따위의 기사. 잡지의 지면(紙面).
誌石(지석 zhìshí) 죽은 사람의 이름·생졸(生卒) 행적·무덤의 소재(所在) 따위를 적어서 무덤 앞에 묻는 돌.

▶ 校誌(교지)·機關誌(기관지)·大衆誌(대중지)·墓誌(묘지)·武俠誌(무협지)·文藝誌(문예지)·文學誌(문학지)·碑誌(비지)·書誌(서지)·外誌(외지)·月刊誌(월간지)·日誌(일지)·雜誌(잡지)·專門誌(전문지)·情報誌(정보지)·綜合誌(종합지)·週刊誌(주간지)·學術誌(학술지)·會誌(회지).

認 알/인정할 인

認認認認認認認認認

中 rèn 日 ニン, ジン, みとめる
英 recognize

① 알 인(辨識). ② 허락할 인(許也, 認可).

書體: 篆文 認 / 草書 認 (中學) 形聲

認可(인가 rènkě) ① 인정하여 허락함. 인허(認許). 인용(認容). ② 《法》행정 행위의 한 가지. 제삼자의 행위를 보충하여 법률상의 효력을 부여하는 것.
認識(인식 rènshí) 사물을 감지(感知)하여, 그 의의를 분별하고 판단하는 마음의 작용.
認證(인증 rènzhèng) 《法》어떤 행위 또는 문서의 성립(成立)·기재(記載)가 정당한 절차로 된 것을 공적(公的) 기관에서 증명하는 것.

▶ 公認(공인)·內認可(내인가)·默認(묵인)·否認(부인)·承認(승인)·是認(시인)·誤認(오인)·容認(용인)·自認(자인)·再認識(재인식)·再確認(재확인)·追認(추인)·確認(확인).

誓 맹세할 서:

誓誓誓誓誓誓誓誓誓誓

中 shì 日 セイ, ちかう 英 swear, vow

① 맹세할 서(約信戒). ② 약속 서(約束). ③ 고할 서(告). ④ 경계할 서(警戒). ⑤ 문체 이름 서(書篇名, 甘誓, 湯誓, 泰誓, 牧誓費, 秦誓).

書體: 小篆 誓 / 草書 誓 (高校) 形聲

誓盟(서맹 shìméng) 맹서(盟誓). 서약(誓約). 맹약(盟約).
誓約(서약 shìyuē) 맹서(盟誓). 굳은 약속. 계약(契約). 맹약(盟約).
誓願(서원 shìyuàn) ① 맹서하고 원하는 것. ②《佛》부처가 중생(衆生)을 구원하려는 대원(大願)을 밝히고 그 달성을 맹서함.

▶ 盟誓(맹서;맹세)·宣誓(선서).

誕 낳을/거짓 탄:

誕誕誕誕誕誕誕誕誕

中 dàn 日 タン, うまれる
英 be born

① 클 탄(大). ② 이에 탄(發語辭乃). ③ 기를 탄(育). ④ 속일 탄(欺). ⑤ 넓을 탄(濶). ⑥ 허탄할 탄(妄). ⑦ 탄생할 탄(降誕). ⑧ 방탕할 탄(放).

書體: 小篆 誕 / 大篆 誕 / 草書 誕 (高校) 形聲

誕降(탄강 dànjiāng) 임금이나 성인(聖人) 등이 출생(出生)하는 것.
誕生(탄생 dànshēng) ① 어린아이를 출생하는 것. 출산(出産). ② 사물의 처음으로 생성(生成)되는 것.
誕辰(탄신 dànchén) 출생한 날. 생일(生日). 탄생일(誕生日). 탄일(誕日).

▶ 降誕(강탄)·釋誕(석탄)·聖誕(성탄)·虛誕(허탄)·荒誕(황탄).

誘 달랠/꾈 유

言 7 / 14

誘誘誘誘誘誘誘誘誘

中 yòu 日 コウ, さそう 英 induce

① 꾈 유, 달랠 유(相勸導). ② 가르칠 유(敎). ③ 나아갈 유(進). ④ 당길 유(引).

書體 小篆 誘 古文 誘 草書 誘 高校 形聲

誘拐(유괴 yòuguǎi) 꾀어냄. 꾀어서 데려감. 속여서 데려감.
誘說(유세 yòushuō) 감언이설(甘言利說)로 달래서 꾀는 것.
誘因(유인 yòuyīn) 어떤 작용을 일으키는 원인. 꾀어서 미혹하게 함.
誘致(유치 yòuzhì) 꾀어서 끌어 옴.

▶ 勸誘(권유).

語 말씀 어:

言 7 / 14

語語語語語語語語語

中 yǔ 日 ゴ, ことば 英 words
② 中 yù 日 ギョ 英 language

① 말씀 어(論難). ② 말할 어(告人).

書體 小篆 語 草書 語 中學 形聲

語系(어계 yǔxì) 말의 계통.
語鈍(어둔 yǔdùn) 혀가 굳어 말을 더듬는 것.
語錄(어록 yǔlù) 승려(僧侶)의 교리(敎理)를 설명한 책이나, 유학자(儒者學)의 언행을 모은 책.
語脈(어맥 yǔmài) 말과 말의 유기적인 관련. 말의 줄기.
語文一致(어문일치 yǔwényīzhì) 말과 글의 일치. 곧 말을 그대로 글로 옮기어 적을 수 있도록 하기 위하여 논리적·문법적으로 맞추는 일.
語不成說(어불성설 yǔbùchéngshuō) 말이 조금도 이치(理致)에 맞지 아니하는 것. 불성설(不成說).
語勢(어세 yǔshì) 말의 고저(高低)와 억양(抑揚)의 기운. 말의 가락. 말의 힘.
語源(어원 yǔyuán) 말이 성립(成立)한 근원. 말이 생겨난 역사적 밑뿌리.
語套(어투 yǔtào) 말버릇.
語弊(어폐 yǔbì) 말의 폐단이나 결점. 남의 오해를 받기 쉬운 말. 어병(語病).
語彙(어휘 yǔhuì) ① 낱말의 수효. ② 많은 말을 유별(類別)하여 모아 놓은 낱말. ③ 어떤 부문에서 쓰는 말의 전체.

▶ 敬語(경어)·古語(고어)·共通語(공통어)·慣用語(관용어)·口語(구어)·國語(국어)·禁語(금어)·機械語(기계어)·單語(단어)·獨語(독어)·同義語(동의어)·命令語(명령어)·母國語(모국어)·目的語(목적어)·民衆語(민중어)·密語(밀어)·反語(반어)·飜譯語(번역어)·北韓語(북한어)·佛語(불어)·卑俗語(비속어)·死語(사어)·常套語(상투어)·成語(성어)·俗語(속어)·修飾語(수식어)·熟語(숙어)·述語(술어)·詩語(시어)·新造語(신조어)·失語(실어)·言語(언어)·言語道斷(언어도단)·譯語(역어)·英語(영어)·外國語(외국어)·外來語(외래어)·用語(용어)·原語(원어)·類似語(유사어)·幼兒語(유아어)·流言蜚語(유언비어)·流行語(유행어)·隱語(은어)·日常語(일상어)·自國語(자국어)·接頭語(접두어)·造語(조어)·尊待語(존대어)·主語(주어)·主題語(주제어)·中國語(중국어)·抽象語(추상어)·勅語(칙어)·標語(표어)·標題語(표제어)·標準語(표준어)·韓國語(한국어)·漢語(한어)·漢字語(한자어)·合成語(합성어)·豪語(호어)·豪言壯語(호언장어).

誠 정성 성

chéng / セイ, まこと / sincere

① 미쁠 성(信). ② 공경할 성(敬). ③ 살필 성(審). ④ 진실 성(眞實). ⑤ 정성 성(純一無僞).

書體: 小篆 誠 / 草書 誠 (中學) 形聲

誠金(성금 chéngjīn) 정성으로 내는 돈.
誠實(성실 chéngshí) 정성스럽고 참되어 거짓이 없는 것.
誠心(성심 chéngxīn) 정성스러운 마음. 진심(眞心). 성의(誠意).
誠意(성의 chéngyì) 마음을 참되게 함. 참된 마음.

▶ 丹誠(단성)·熱誠(열성)·赤誠(적성)·積誠(적성)·精誠(정성)·至誠(지성)·忠誠(충성)·孝誠(효성).

誡 경계할 계:

jiè / カイ, いましめる / warn

① 경계할 계(警敕辭命). ② 고할 계(告). ③ 명할 계(命).

誣 속일 무:

wū / フ, ブ, しいる / slander

① 속일 무(欺罔). ② 간사할 무(詐).

誣告(무고 wūgào)《法》없는 일을 있는 것처럼 꾸며대어 남을 관청에 고발함.

▶ 惑世誣民(혹세무민).

誤 그르칠/그를 오:

誤誤誤誤誤誤誤誤誤

wù / ゴ, あやまる / error, mistake

그릇할 오(謬失).

書體: 小篆 誤 / 草書 誤 (中學) 形聲

誤謬(오류 wùmiù) 잘못. 그릇되어 이치에 어긋남. 차류(差謬). 유오(謬誤).
誤審(오심 wùshěn) 그릇된 심판(審判).
誤譯(오역 wùyì) 그릇된 번역. 또는 그릇 번역함.
誤認(오인 wùrèn) ① 그릇 인정함. 착인(錯認). ② 짐작이 틀림.
誤字(오자 wùzì) 잘못 쓴 글자.
誤診(오진 wùzhěn) 병을 잘못 진단하는 것.
誤差(오차 wùchā)《數》일정한 분량을 보이는 참 수치(數値)와 근사치(近似値)의 차이.

▶ 過誤(과오)·正誤(정오)·錯誤(착오)·脫誤(탈오).

誦 외울 송:

誦誦誦誦誦誦誦誦誦

sòng / ショウ, となえる / recite

① 풍유할 송(諷). ② 읽을 송, 외일 송(讀). ③ 말할 송(言). ④ 원망할 송(怨謗).

書體: 小篆 誦 / 草書 誦 (高校) 形聲

誦讀(송독 sòngdú) 외워서 읽음. 암송(暗誦). 독송(讀誦).

▶ 口誦(구송)·朗誦(낭송)·讀誦(독송)·暗誦(암송)·傳誦(전송).

說 말씀/고할 설 / 기쁠 열 / 달랠 세

說 説

説説説説説説説説説

① 일 セツ、とく 영 explain
② 일 エツ 영 theory ③ 일 ゼイ

① ① 고할 설(告). ② 말씀 설(辭). ③ 글 설(序述). ② ① 기꺼울 열(喜樂). ③ ① 달랠 세(誘). ② 쉴 세(舍).

書體 小篆 說 草書 说 中學 形聲

說服(설복 shuōfú) 알아듣도록 타일러 그리 믿게 함.
說往說來(설왕설래 shuōwǎngshuōlái) 서로 변론(辯論)을 주고받으며 옥신각신하는 것.
說破(설파 shuōpò) ① 상대방의 이론(異論)이나 구실을 깨뜨려 뒤엎음. ② 사물의 내용을 밝혀 말함.

▶ 假設(가설)·却說(각설)·甘言利說(감언이설)·講說(강설)·概說(개설)·敎說(교설)·基調演說(기조연설)·浪說(낭설)·論說(논설)·圖說(도설)·發說(발설)·社說(사설)·私說(사설)·邪說(사설)·辭說(사설조)·序說(서설)·小說(소설)·俗說(속설)·語不成說(어불성설)·力說(역설)·逆說(역설)·演說(연설)·連載小說(연재소설)·辱說(욕설)·淫談悖說(음담패설)·異說(이설)·雜說(잡설)·傳說(전설)·定說(정설)·衆說(중설)·直說(직설)·珍說(진설)·總說(총설)·風說(풍설)·學說(학설)·解說(해설)·虛說(허설)·橫說竪說(횡설수설).

讀 읽을 독 / 구절 두

【讀(言부15획)의 약자】

誰 누구 수

誰誰誰誰誰誰誰誰誰

영 shéi, shuí 일 スイ、たれ 영 who

① 누구 수(孰). ② 무엇 수(何). ③ 누구요 수(誰何詰問). ④ 발어사 수(發語辭誰昔).

書體 小篆 誰 草書 谁 中學 形聲

誰何(수하 shuíhé) ① 누구야 하고 그 성명을 물어 밝히는 말. ② 누구. 성명이 분명하지 않은 사람.

課 과정/과할 과

課課課課課課課課課

영 kè 일 カ、わりあて
영 taxes, lesson

① 구실 과(稅). ② 시험할 과(試). ③ 법식 과(程). ④ 차례 과(第). ⑤ 공부 과(勸課農桑). ⑥ 공로 과(功).

書體 小篆 課 草書 课 中學 形聲

課稅(과세 kèshuì) 세금을 매김. 또는 그 세금.
課程(과정 kèchéng) 할당된 일이나 학과.
課題(과제 kètí) 제목을 할당함. 또는 할당된 제목이나 문제.

▶ 考課(고과)·功課(공과)·公課金(공과금)·放課(방과)·賦課(부과)·日課(일과)·重課(중과)·學課(학과).

誹 헐뜯을 비

영 fěi 일 ヒ、そしる 영 slander

① 중얼거릴 비(怨誹謗言). ② 그르다 할 비(非議).

誹謗(비방 fěibàng) 남을 헐뜯어 욕함.

誼 정(情) 의

영 yì 일 ギ、よい、よしみ
영 right, proper

① 옳을 의(人所宜). ② 다스릴 의(理). ③ 의 의(親好).

▶ 友誼(우의)·情誼(정의).

調 고를 조

調調調調調調調調調

диào tiáo ⑪ チョウ, ととの
⑱ harmonize

1 ① 고를 조(和). ② 부드러울 조(柔). ③ 맞을 조(適). ④ 비웃을 조(嘲). ⑤ 나무 잎 흔들거릴 조(木葉動貌). ⑥ 가릴 조(選). ⑦ 구실 조(戶調賦). ⑧ 곡조 조, 가락 조(音調樂律). ⑨ 재주 조(才調韻致). ⑩ 계교할 조(計). **2** 아침 주(調飢朝).

書體 小篆 調 草書 调 中學 形聲

調達(조달 tiáodá) ① 자금이나 물자를 마련함. ② 조정(調整)하여 잘 통함.
調書(조서 tiáoshū) ① 조사(調査)한 일을 기록한 문서. ② 《法》재판의 증거(證據) 자료로 하기 위하여 조사 사항을 써 넣은 서류(書類).
調律(조율 tiáolǜ) 악기의 음률을 하나하나 표준음에 맞추어 고르는 일.
調印(조인 tiáoyìn) ① 도장을 찍음. ② 조약(條約)문서에 도장을 찍음.
調停(조정 tiáotíng) ① 틀어진 사이를 중간에 들어서서 화해를 붙이는 것. ② 《法》민사의 다툼을 법원이나 그 밖의 공적(公的)인 기관이 중간에 들어서 당사자가 서로 양보하는 정신으로 원만하게 화해시키는 일.

▶ 格調(격조)·高調(고조)·曲調(곡조)·基調(기조)·單調(단조)·短調(단조)·同調(동조)·不調(부조)·變調(변조)·悲調(비조)·聲調(성조)·順調(순조)·異國情調(이국정조)·長調(장조)·低調(저조)·協調(협조)·好調(호조)·和調(화조).

諂 아첨할 첨:

㊀ chǎn ⑪ テン, へつらう
⑱ flatter

아첨할 첨(佞言曰諂).
諂佞(첨녕 chǎnnìng) 매우 아첨함. 알랑거리며 아첨함. 첨유(諂諛).
諂笑(첨소 chǎnxiào) 아양떨며 웃는 것. 또는 그 웃음.

▶ 阿諂(아첨).

談 말씀 담:

談談談談言談談談談

㊀ tán ⑪ ダン, はなす
⑱ converse

① 말씀 담(言論). ② 바둑 둘 담(手談圍碁).

書體 小篆 談 草書 诶 中學 形聲

談論(담론 tánlùn) ① 담화(談話)와 의론(議論). ② 언론(言論).
談笑(담소 tánxiào) 이야기도 하고 웃기도 함.
談判(담판 tánpàn) 옳고 그름을 결말짓기 위하여 쌍방이 서로 의논함.
談合(담합 tánhé) 서로 의논함. 상담(相談).
談話(담화 tánhuà) ① 이야기. ② 한 단체나 또는 한 개인이 어떠한 사물에 대하여, 자기의 의견이나 태도를 분명히 밝히기 위하여 하는 말.

▶ 街談(가담)·懇談(간담)·經驗談(경험담)·怪談(괴담)·奇談(기담)·來歷談(내력담)·弄談(농담)·漫談(만담)·對談(대담)·德談(덕담)·面談(면담)·冒險談(모험담)·目擊談(목격담)·武勇談(무용담)·美談(미담)·密談(밀담)·半弄談(반농담)·放談(방담)·私談(사담)·相談(상담)·成功談(성공담)·俗談(속담)·惡談(악담)·言談(언담)·餘談(여담)·旅行談(여행담)·淫談悖說(음담패설)·人生談(인생담)·雜談(잡담)·壯談(장담)·才談(재담)·情談(정담)·政談(정담)·座談(좌담)·珍談(진담)·眞談(진담)·淸談(청담)·體驗談(체험담)·追憶談(추억담)·閑談(한담)·險談(험담)·豪言壯

談(호언장담)·婚談(혼담)·歡談(환담)·回顧談(회고담)·會談(회담)·後日談(후일담).

請 청할 청

請請請請請請請請請請

- 중 qǐng 일 セイ, こう 영 ask
- 일 ショウ 영 request

① 청할 청(乞). ② 뵈올 청(謁). ③ 물을 청(扣). ④ 가을에 조회할 청(秋朝見).

書體 小篆 䜌 草書 请 中學 形聲

請求權(청구권 qǐngqiúquán)《法》권리의 목적인 이익을 향수하기 위하여 다른 사람의 행위를 요구하는 것을 작용으로 하는 사권(私權)·채권(債權)·손해배상권 따위.

請負(청부 qǐngfù) 도급으로 일을 맡음.

請願(청원 qǐngyuàn) ① 청하고 원함. 또는 그 원(願). ②《法》국민이 법률의 정한 수속을 밟아서 손해의 구제, 공무원의 파면, 법률·명령·규칙의 제정·개폐(改廢), 그 밖의 일을 국회·관공서·지방 공공단체의 의회(議會)에 청구하는 일.

▶ 懇請(간청)·申請(신청)·要請(요청)·自請(자청)·提請(제청)·奏請(주청)·招請(초청)·被申請人(피신청인)·下請(하청).

諍 간할 쟁

- 중 zhèng 일 ソウ, いさめる
- 영 remonstrate

간할 쟁(救正諫).

諍訟(쟁송 zhèngsòng) 송사를 일으켜 서로 다툼. 송사(訟事).

諍友(쟁우 zhèngyǒu) 친구의 잘못을 충고하는 벗.

諒 헤아릴/믿을 량

諒諒諒諒諒諒諒諒諒

- 중 liàng, liáng 일 リョウ, まこと
- 영 sincere, regard

① 믿을 량, 미쁠 량(信). ② 생각하여 줄 량(思). ③ 의리 량(義理). ④ 알 량(知).

書體 小篆 䜌 草書 谅 高校 形聲

諒恕(양서 liàngshù) 사정을 참작하여 용서함.
諒知(양지 liàngzhī) 살펴서 알음.
諒解(양해 liàngjiě) 사정을 살펴서 너그러운 마음을 씀.

論 의논할 론

論論論論論論論論論

1 중 lún 일 ロン, とく 영 discuss
2 중 lùn 일 リン, とく 영 theory

1 차례 륜(言有理倫). 2 ① 말할 론(說). ② 생각 론(思). ③ 글뜻 풀 론(討論紬繹). ④ 의논할 론(議). ⑤ 변론할 론(辯).

書體 小篆 䜌 草書 论 中學 形聲

論據(논거 lùnjù) 논설(論說)의 근본이 되는 토대. 의논의 근거.
論決(논결 lùnjué) 토론하여 사물의 시비를 결정함.
論結(논결 lùnjié) 서로 의논하여 일을 끝냄.
論告(논고 lùngào) ① 자기 의견을 논술함. ②《法》재판에서 검사가 피고의 죄에 대하여 자기 견해를 논술하고 구형(求刑)하는 것.
論功行賞(논공행상 lùngōngxíngshǎng) 공적(功績)의 유무·대소를 논의하여 각각 알맞은 상을 줌.
論孟(논맹 lùnmèng) 사서(四書) 중

의 논어(論語)와 맹자(孟子)를 합쳐서 일컬음.

論駁(논박 lùnbó) 상대방의 그릇된 점을 공격하여 말함. 다른 사람의 설을 논하여 반박함.

論語(논어 lùnyǔ) 《書》 20권. 사서(四書)의 하나. 공자(孔子)가 죽은 뒤, 제자들이 선생의 생존시(生存時) 제자 또는 당시 사람과 주고받고 한 문답(問答)과 제자의 언행(言行)을 모아서 적은 것. 유가(儒家)의 경전(經典)으로 되어 있음.

論證(논증 lùnzhèng) ① 논의하여 증명함. ②《論》내려진 판단의 확실성·개연성(蓋然性)을 정하는 근거를 제시하는 것. 증명(證明). 입증(立證).

論旨(논지 lùnzhǐ) 논의(論議)의 취지. 논설(論說)의 중요한 뜻.

論評(논평 lùnpíng) 논의하여 비평함.

▶ 各論(각론)·講論(강론)·槪論(개론)·擧論(거론)·激論(격론)·結論(결론)·公論(공론)·空理空論(공리공론)·國論(국론)·談論(담론)·黨論(당론)·莫論(막론)·勿論(물론)·反論(반론)·辯論(변론)·本論(본론)·不可知論(불가지론)·非論理(비논리)·批判論(비판론)·序論(서론)·時論(시론)·詩論(시론)·愼重論(신중론)·言論(언론)·輿論(여론)·原論(원론)·唯物論(유물론)·議論(의론)·理論(이론)·異論(이론)·再論(재론)·爭論(쟁론)·正論(정론)·存在論(존재론)·衆論(중론)·持論(지론)·總論(총론)·卓上空論(탁상공론)·討論(토론)·通論(통론)·評論(평론).

諜 염탐할 첩

言9 / 16

㊀ dié ㊁ チョウ, しのび ㊂ spy

염탐할 첩, 반간할 첩(軍中反間).

諜報(첩보 diébào) 내밀히 적(敵)의 형편을 정탐(偵探)하여 자기편에 보고함. 또는 그 보고(報告).

諜者(첩자 diézhě) 간첩. 간인(間人). 간자(間者). 첩인(諜人).

諜知(첩지 diézhī) 적국(敵國)의 내정(內情)을 몰래 염탐하여 알아냄.

▶ 間諜(간첩)·防諜(방첩)·譜諜(보첩).

諡 시호 시:

言9 / 16

㊀ shì ㊁ シ, おくりな
㊂ posthumous name

① 행장 시(諡行). ② 시호 시(立號以易名).

諡號(시호 shìhào) 생전(生前)의 행적(行跡)을 사정하여, 사후(死後)에 임금이 내려 주는 칭호.

諦 살필 체

言9 / 16

㊀ dì ㊁ テイ, つまびらか
㊂ examine

살필 체(審).

諦念(체념 dìniàn) ① 도리를 깨닫는 마음. ② 희망을 버리고 생각하지 않음. 될 대로 되라는 마음.

▶ 妙諦(묘체)·要諦(요체)·眞諦(진체).

諧 화할 해

言9 / 16

㊀ xié ㊁ カイ, かなう
㊂ harmonize

① 화할 해(和也合). ② 글 해(諧書名). ③ 기롱지거리할 해(詼諧笑謔). ④ 고를 해(調).

諧調(해조 xiétiáo) 서로 화(和)하여 잘 어울림. 잘 어울린 곡조.

諧謔(해학 xiéxuè) 익살스럽고도 품위 있는 조롱(嘲弄). 회학(詼謔). 유머(humour).

諫 간할 간:

言9 / 16

㊀ jiàn ㊁ カン, いさめる

走邑酉采里 **8획** 金長門阜隶隹雨靑非

諫 간할 간

영 remonstrate
① 간할 간(諍也直言以悟人). ② 풍간할 간(諷). ③ 충고할 간(忠告). ④ 벼슬 이름 간(官名).

諫臣(간신 jiànchén) 임금에게 옳은 말로 간하는 신하.
諫言(간언 jiànyán) 간하는 말. 충고.
諫止(간지 jiànzhǐ) 못하도록 간함.

▶ 苦諫(고간)·固諫(고간)·直諫(직간)·忠諫(충간).

諭 타이를 유

图 yù 일 ユ, さとす 영 persuade
① 고할 유(告). ② 효유할 유(曉). ③ 비유할 유(譬).

諭告(유고 yùgào) =유시(諭示).
諭示(유시 yùshì) ① 타일러 훈계함. ② 관청에서 구두(口頭)나 문서로 타일러 가르침. 유고(諭告).
諭旨(유지 yùzhǐ) ① 뜻을 일러 주어 알림. ②《制》임금이 신하에게 내려 주는 글. 상유(上諭).

▶ 敎諭(교유)·上諭(상유)·說諭(설유)·勸諭(권유).

諮 물을 자:

图 zī 일 シ, といはかる 영 consult
① 꾀 자(謀). ② 물을 자(問).

諮問(자문 zīwèn) 남의 의견을 물음. 윗사람이 아랫사람의 의견을 묻는 것. 자순(諮詢). 자추(諮諏).
諮議(자의 zīyì) 자문(諮問)에 응(應)하여 시비(是非)를 평의(評議)하는 것.

諱 숨길/꺼릴 휘

图 huì 일 キ, いみきらう 영 shun
① 피할 휘(避). ② 꺼릴 휘(忌). ③ 숨길 휘, 휘할 휘(隱諱). ④ 죽은 사람 이름 휘(生名死諱).

諱日(휘일 huìrì) 조상(祖上)의 제일(祭日).

▶ 忌諱(기휘).

諳 알 암

图 ān 일 アン, そらんずる
영 memorize
① 알 암(悉也知). ② 기억할 암(記憶). ③ 익달할 암(練歷熟聞). ④ 깨달을 암(曉).

諳記(암기 ānjì) 외어서 기억함. 외움.
諳算(암산 ānsuàn) 필기의 도구나 주판을 쓰지 않고 머리로 계산하는 것. 암산(暗算).
諳誦(암송 ānsòng) 책을 보지 않고 읽음. 외어 읽는 것.

諷 풍자할 풍

图 fěng 일 フウ, ほのめかす
영 satirize
① 외울 풍(誦). ② 비유로 간할 풍(諷諫微刺).

諷刺(풍자 fěngcì) 빗대고 비유하는 뜻으로 결점을 말함. 풍자(風刺).

諸 모든 제

諸諸諸諸諸諸諸諸諸諸

图 zhū 일 ショ, もろもろ
영 over all
① 모을 제(衆). ② 말 잘할 제(諸諸辯給). ③ 어조사 제(語助辭). ④ 옷 이름 제(衣名諸于).

書體 小篆 諸　草書 诸　中學 形聲

諸君(제군 zhūjūn) 여러분.
諸位(제위 zhūwèi) 여러분.
諸子百家(제자백가 zhūzibǎijiā) 《歷》 춘추시대(春秋時代)의 많은 학자·학파. 또는 그 학자들의 저서(著書).
諸節(제절 zhūjié) ① 남의 집안의 모든 사람의 기거동작(起居動作). ② 한 사람의 기거동작(起居動作).
諸兄(제형 zhūxiōng) ① 집안 간의 여러 형들. ② 여러분. 많은 남자들에게 향해서 부르는 존칭.

▶ 財務諸表(재무제표).

諺 언문/속담 언:

言 9 / 16

音 yàn 일 ゲン, ことわざ
영 proverb

1 ① 용맹스러울 안(剛猛). ② 뻐득뻐득할 안(叛諺不恭). **2** 좀말 언, 상말 언(俗言俚語).

諺簡(언간 yànjiǎn) 한글로 적은 편지.
諺文(언문 yànwén) 한글을 폄하하여 일컫던 속칭(俗稱).
諺譯(언역 yànyì) 한글로 번역함. 언해(諺解).
諺字(언자 yànzì) 언문 글자. 곧 한글.
諺解(언해 yànjiě) 한문(漢文)을 한글로 풀이함. 또는 그 책. 언역(諺譯).

▶ 古諺(고언)·俗諺(속언)·俚諺(이언).

諾 허락할 낙

言 9 / 16

音 nuò 일 ダク, こたえあう
영 answer

① 대답할 낙(應辭答). ② 허락할 낙(許).

書體 小篆 䇷 草書 诺 (高校) 形聲

諾否(낙부 nuòfǒu) 승낙함과 승낙하지 아니함.

▶ 承諾(승낙)·應諾(응낙)·受諾(수락)·快諾(쾌락)·許諾(허락).

謀 꾀모

言 9 / 16

音 móu 일 ボウ, ム, はかりごと
영 plot, stratagem

① 꾀 모(計). ② 도모할 모(圖). ③ 의논할 모(議).

書體 小篆 䚻 古文 䚿 草書 谋 (高校) 形聲

謀略(모략 móulüè) 남을 해하려고 쓰는 꾀. 꾀와 방략(方略). 모계(謀計).
謀利輩(모리배 móulìbèi) 모리(謀利)를 일삼는 무리.
謀陷(모함 móuxiàn) 여러 가지 꾀를 써서 남을 어려움에 빠지게 함.

▶ 共謀(공모)·權謀(권모)·圖謀(도모)·無謀(무모)·密謀(밀모)·陰謀(음모)·主謀(주모)·中傷謀略(중상모략)·參謀(참모)·通謀(통모).

謁 뵐알

言 9 / 16

謁謁謁謁謁謁謁謁謁

音 yè 일 エツ, もうす
영 tell respectfully

① 사뢸 알, 아뢸 알(請謁白). ② 뵈올 알(見謁).

書體 小篆 䚾 草書 谒 (高校) 形聲

謁見(알현 yèjiàn) 신분이 높은 사람을 면회하는 것.

▶ 拜謁(배알)·朝謁(조알)·親謁(친알).

謂 이를 위

謂謂謂謂謂謂謂謂謂謂

wèi イ, いう tell

① 고할 위(告). ② 이를 위(與之言). ③ 일컬을 위(稱).

書體 小篆 謂 草書 谓 高校 形聲

▶ 可謂(가위)·所謂(소위)·云謂(운위).

謄 베낄 등

téng トウ, うつす copy

베낄 등, 등사할 등(移寫).

謄記(등기 téngjì) =등초(謄抄).
謄錄(등록 ténglù) 베껴서 기록함.
謄本(등본 téngběn) 원본을 베껴 적은 서류(書類). 원본(原本)의 사본(寫本).
謄寫(등사 téngxiě) ① 베껴 씀. ② 등사판으로 박음.
謄寫原紙(등사원지 téngxiěyuánzhǐ) 등사판에 찍어 낼 원고를 쓰는 기름종이.
謄寫版(등사판 téngxiěbǎn) 간단한 인쇄 기구의 하나. 등사기.

謔 희롱할 학

xuè ギャク, たわむれる joke, crack

기롱지거리할 학(謔浪, 調戱).

▶ 諧謔(해학).

謗 헐뜯을 방:

bàng ボウ, そしる blame

① 헐어 말할 방(毁). ② 나무랄 방(訕).

謗書(방서 bàngshū) 남을 비방하고 책망하는 편지.
謗聲(방성 bàngshēng) 남을 비방하는 소리.
謗毁(방훼 bànghuǐ) 헐뜯음. 또는 비방(誹謗).

▶ 誹謗(비방)·毁謗(훼방).

謙 겸손할 겸

謙謙謙謙謙謙謙謙謙

qiān ケン, へりくだる humble, modest

① 사양할 겸(敬也讓). ② 겸손할 겸(致恭不自滿). ③ 괘 이름 겸(卦名).

書體 小篆 謙 草書 谦 高校 形聲

謙德(겸덕 qiāndé) 겸손한 덕성(德性).
謙辭(겸사 qiāncí) 자기를 낮추는 말. 겸손한 말.
謙遜(겸손 qiānxùn) 자기를 낮추는 것. 사양하는 것. 겸양(謙讓). 겸퇴(謙退).

▶ 恭謙(공겸).

講 강론할/욀 강:

講講講講講講講講講

jiǎng コウ, とく explain, lecture

① 강론할 강(論). ② 강구할 강(究). ③ 익힐 강(習). ④ 강화할 강(和解).

書體 篆文 講 草書 讲 中學 形聲

講究(강구 jiǎngjiū) ① 사물의 이치를 생각하여 궁구(窮究)하는 것. ② 좋은 방법을 조사하여 궁리함.
講論(강론 jiǎnglùn) 사물의 이치를

강석(講釋)하고 토론(討論)함.
講習(강습 jiǎngxí) 학문·예술을 연구·학습하는 것. 또는 그 지도를 하는 것.
講座(강좌 jiǎngzuò) ① 학문 따위를 강의하는 장소. ② 강사(講師)가 강의한 것을 정기적으로 간행한 것. 일종의 강의록(講義錄). ③ 대학교수가 담당하는 교수내용(敎授內容).
講和條約(강화조약 jiǎnghétiáoyuē) 《法》강화할 때 맺는 조약.

▶ 開講(개강)·缺講(결강)·公開講座(공개강좌)·名講義(명강의)·補講(보강)·受講(수강)·終講(종강)·聽講(청강)·出講(출강)·特講(특강)·休講(휴강).

言 10 謝 사례할 사:
⑰

謝謝謝謝謝謝謝謝謝

音 xiè 일 シャ, れい, むくいる
영 thanks

① 말씀 사(辭). ② 끊을 사(絕). ③ 물러갈 사(退). ④ 이울 사(衰). ⑤ 고할 사(告). ⑥ 사례할 사(拜謝). ⑦ 꽃 떨어질 사(凋落).

書體 小篆 謝 草書 沙 中學 形聲

謝肉祭(사육제 xièròujì) 유럽 제국(諸國)에서 술과 육식을 끊고, 수도(修道)하는 사순절(四旬節) 직전의 사흘 동안, 민간에서 가면(假面)을 쓰고, 꽃수레를 끌고 다니기도 하며, 신이 나게 놀이를 하는 민속과 종교의 행사를 겸한 축제. 지방서는 풍년을 빌며, 악귀를 물리치기 위한 변장(變裝)도 함.
謝恩(사은 xiè'ēn) 받은 은혜에 대하여 감사의 뜻을 표하는 것.
謝絕(사절 xièjué) 거절함. 요구를 받아들이지 않고 물리치는 것.

▶ 感謝(감사)·薄謝(박사)·拜謝(배사)·新

陳代謝(신진대사)·深謝(심사)·月謝金(월사금)·陳謝(진사).

言 10 謠 노래 요
⑰

謠謠謠謠謠謠謠謠謠

音 ヨウ, うたう 영 song

① 노래 요(徒歌無章曲). ② 소문 요, 풍설 요(謠言, 謠傳).

書體 草書 海 高校 形聲

謠歌(요가 yáogē) 유행가(流行歌).
謠言(요언 yáoyán) 세상의 뜬소문. 유언(流言).

▶ 歌謠(가요)·農謠(농요)·童謠(동요)·民謠(민요)·俗謠(속요)·風謠(풍요).

言 11 謨 꾀 모
⑱

音 mó 일 ボ, ム, はかりごと
영 plan, plot

꾀 모(汎謨將定其謀)
謨訓(모훈 móxùn) 국가의 대계(大計)가 되는 가르침.

言 11 謬 그르칠 류
⑱

音 miù 일 ビュウ, あやまる
영 mistake, error

① 그를 류(誤). ② 어지러울 류(亂). ③ 속일 류(欺). ④ 어긋날 류(差). ⑤ 망녕되게 말할 류(妄言).

謬見(유견 miùjiàn) 틀린 견해(見解). 잘못된 생각.
謬習(유습 miùxí) 그릇된 습관. 못된 버릇.
謬傳(유전 miùchuán) ① 그릇된 소문. 잘못 전함. 오전(誤傳). ↔ 와전(訛傳). ② 잘못 들음. 오문(誤聞).

▶ 誤謬(오류).

謳 노래 구
言 11 / 18

중 ōu 일 オウ, うたう
영 recite, song

노래 **구**(吟也歌).

謳歌(구가 ōugē) ① 여러 사람이 소리를 맞추어 칭송하는 것. ② 임금의 인덕(仁德) 따위를 칭송함.

謹 삼갈 근:
言 11 / 18

謹謹謹謹謹謹謹謹謹

중 jǐn 일 キン, つつしむ 영 respect

① 삼갈 **근**(愼也愨). ② 공경할 **근**(敬). ③ 오로지 **근**(專).

書體 小篆 謹 草書 謹 (高校) 形聲

謹啓(근계 jǐnqǐ) 삼가 말씀 드림. 서간문(書簡文) 머리에 쓰는 말. 배계(拜啓).
謹告(근고 jǐngào) 삼가 아룀.
謹拜(근배 jǐnbài) 삼가 절한다는 뜻으로, 편지 맨 끝에 쓰이는 말.
謹封(근봉 jǐnfēng) ① 삼가 봉(封)함이란 말로, 보내는 편지나 물품의 겉봉 봉한 자리에 쓰는 말. ② 봉지 싼 보자기에 끼우는 근봉(謹封)이란 두 글자를 쓴 종이.
謹呈(근정 jǐnchéng) 남에게 물건을 공손히 바침. 삼가 증정(贈呈)함.
謹賀(근하 jǐnhè) 삼가서 축하함.

▶ 恭謹(공근).

謾 속일 만
言 11 / 18

①-③ 중 mán ⑥ 중 màn 일 マン, あざむく 영 deceive

① 속일 **만**(欺). ② 느릴 **만**(婿謾緩). ③ 설만할 **만**(媟汀). ④ 또 **만**(且). ⑤ 속일 **만**(欺誑). ⑥ 속여 말할 **만**(誑言).

謾欺(만기 mànqī) 속임. 속이는 것. 기만(欺謾;欺瞞).
謾語(만어 mànyǔ) 거짓말. 멋대로 뇌까리는 말.

▶ 欺謾(기만).

證 증거/증명할 증
言 12 / 19

證證證證證證證證證

중 zhèng 일 ショウ, あかし
영 evidense

① 증거 **증**, 증험할 **증**(驗). ② 질정할 **증**(質).

書體 小篆 證 草書 证 (中學) 形聲

證券(증권 zhèngquàn)《法》① 주권이나 어음 따위. ② 채권(債權)을 증명하는 증서(證書).
證憑(증빙 zhèngpíng) 증거(證據). 증거가 될 만한 빙거(憑據).
證迹(증적 zhèngjì) 증거가 되는 자취.
證驗(증험 zhèngyàn) 증거를 시험함. 실지로 사실을 경험함.

▶ 干證(간증)·檢證(검증)·考證(고증)·公證人(공증인)·論證(논증)·明證(명증)·物證(물증)·反證(반증)·傍證(방증)·辨證(변증)·保證(보증)·査證(사증)·實證(실증)·心證(심증)·例證(예증)·領收證(영수증)·立證(입증)·僞證(위증)·認證(인증)·確證(확증).

譌 그릇될 와:
言 12 / 19

중 é, guǐ, wá 일 ガ, ギ, いつわる
영 false

① 그릇 **와**, 와전할 **와**(謬). ② 화할 **와**(化). ③ 요괴스러운 말 **와**(妖言).【訛와 같음】

譎言(휼언 éyán) 거짓말. 와언(訛言).

譏 비웃을 기

🔊 jī 🇯🇵 キ, そしる 🇬🇧 scold

① 나무랄 기(誹). ② 꾸짖을 기(誚). ③ 엿볼 기, 기찰할 기(伺察).

譏謗(기방 jībàng) 헐뜯음. 비방(誹謗).

譏察(기찰 jīchá) 비밀히 탐사(探查)함. 넌지시 탐사함.

譏評(기평 jīpíng) 헐뜯어 비난함. 비평함. 악평(惡評). 기의(譏議).

譏諷(기풍 jīfěng) 슬며시 돌려서 비방하는 것.

識 알 식 / 기록할 지

1 🔊 shí 🇯🇵 シキ, しる 🇬🇧 know
2 🔊 zhì 🇯🇵 シ

1 알 식(見識知也認). **2** 기록할 지(記).

識見(식견 shíjiàn) 학식과 견문. 훌륭한 의견. 사물을 식별(識別)하고 관찰하는 힘. 견식(見識).

識別(식별 shíbié) 잘 알아서 분별함. 감별(鑑別).

識野(식야 shíyě) 의식하는 범위.

▶ 鑑識(감식)·沒常識(몰상식)·無識(무식)·無意識(무의식)·博識(박식)·博學多識(박학다식)·常識(상식)·良識(양식)·唯識(유식)·有識(유식)·意識(의식)·認識(인식)·一見識(일견식)·一字無識(일자무식)·知識(지식)·學識(학식).

譚 클 / 말씀 담

🔊 tán 🇯🇵 タン, はなし 🇬🇧 conversation

① 클 담(大). ② 나타날 담(誕). ③ 편안할 담(安縱). ④ 말씀 담(談). ⑤ 나라 이름 담(國名). 【覃·談과 같음】

譚思(담사 tánsī) 깊이 생각함.

▶ 民譚(민담)·英雄譚(영웅담).

譜 족보/적을 보

🔊 pǔ 🇯🇵 ホ, フ, けいづ 🇬🇧 genealogy

① 붙이 보(屬). ② 문서 보(牒). ③ 족보 보(籍錄世系).

譜系(보계 pǔxì) 한 족속의 세계(世系)를 적은 것. 계보(系譜). 족보(族譜).

譜表(보표 pǔbiǎo) 음부(音符), 휴지부(休止符) 따위를 적기 위한 다섯 줄의 평행선. 악보(樂譜).

譜學(보학 pǔxué) 계보(系譜)에 관한 학문.

▶ 系譜(계보)·曲譜(곡보)·世譜(세보)·殉愛譜(순애보)·樂譜(악보)·年譜(연보)·音譜(음보)·族譜(족보).

警 경계할/깨우칠 경

🔊 jǐng 🇯🇵 ケイ, キョウ, いましめる 🇬🇧 warn

① 경계할 경(戒也敕). ② 경동할 경(起). ③ 계엄할 경(戒行). ④ 깨달을 경(寤). ⑤ 주의시킬 경(告非常). ⑥ 소리 지를 경(聲).

警戒(경계 jǐngjiè) 타일러 주의시킴.

주의함.
警告(경고 jǐnggào) 경계하여 알림. 주의시키기 위하여 경계하여 알림.
警官(경관 jǐngguān) 경찰 사무를 맡은 관리. 경리(警吏). 경찰관.
警句(경구 jǐngjù) ① 짤막한 가운데, 진리를 포함한 간단한 문구(文句). ② 실정을 파고 든 기발(奇拔)·신랄한 문구(文句).
警報(경보 jǐngbào) 경계하라고 알리는 보도.
警備(경비 jǐngbèi) 만일을 염려하여 미리 경계하고 방비함.
警世(경세 jǐngshì) 세상 사람을 깨우침.
警笛(경적 jǐngdí) 사고를 알리거나 사람에게 주의를 주기 위하여 울리는 고동. 또는 그 소리.
警鐘(경종 jǐngzhōng) 경계하기 위하여 울리는 종. 비상사태를 알리는 종.
警察(경찰 jǐngchá)《制》사회의 안녕질서를 유지함을 책무(責務)로 하는 행정기관(行政機關).
警策(경책 jǐngcè) ① 경계하고, 채찍질함. ② 말을 달리게 하기 위한 채찍. ③ 어떤 글에서, 전문(全文)을 뚜렷하게 표현하는 기발(奇拔)한 짧은 문구(文句).
警護(경호 jǐnghù) 경계하고 보호함. 비상사태가 일어나지 않도록 하기 위하여 지키는 것. 또는 그 사람.

▶ **檢警**(검경)·**空襲警報**(공습경보)·**交通警察**(교통경찰)·**軍警**(군경)·**秘密警察**(비밀경찰)·**非常警報**(비상경보)·**巡警**(순경)·**夜警**(야경)·**女警**(여경)·**義警**(의경)·**自警**(자경)·**戰警**(전경)·**請警**(청경)·**總警**(총경)·**海警**(해경).

譬 비유할 비ː

🔊 pì 🇯🇵 たとえる 🇬🇧 etaphor
① 비유할 **비**, 빗대어 말할 **비**(喩). ② 깨우칠 **비**(曉). ③ 짝 **비**(匹).

譬喩(비유 pìyù) 사물의 설명에 있어서 그와 비슷한 것을 끌어 대어 설명하는 일. 비유(比喩).
譬諭(비유 pìyù) 비유하여 깨우쳐 줌.

譯 번역할 역

譯譯譯譯譯譯譯譯譯

🔊 yì 🇯🇵 エキ, ヤク, つたえる 🇬🇧 translate
① 통변할 **역**(傳譯四夷之言者). ② 번역할 **역**(詁釋經義).

書體 小篆 譯 草書 译 高校 形聲

譯者(역자 yìzhě) 번역한 사람.
譯註(역주 yìzhù) ① 번역과 주석. ② 번역자가 다는 주석. 역주(譯注).

▶ **共譯**(공역)·**對譯**(대역)·**名譯**(명역)·**翻譯**(번역)·**誤譯**(오역)·**意譯**(의역)·**直譯**(직역)·**抄譯**(초역)·**通譯**(통역).

議 의논할 의(ː)

議議議議議議議議議

🔊 yì 🇯🇵 ギ, はかる 🇬🇧 discuss
① 말할 **의**(語). ② 꾀할 **의**(謀). ③ 의논할 **의**(定事之宜).

書體 小篆 議 草書 议 中學 形聲

議事錄(의사록 yìshìlù) 회의의 경과를 기록한 것. 의사기록.
議案(의안 yìàn) 회의에서 심의할 원안(原案).
議政府(의정부 yìzhèngfǔ)《制》조선시대 제일 높은 중앙행정 관청. 내각(內閣)의 전신임.

▶ **閣議**(각의)·**建議**(건의)·**決議**(결의)·**國會議員**(국회의원)·**論議**(논의)·**代議員**(대의원)·**道議員**(도의원)·**動議**(동의)·**同議**

(동의)·謀議(모의)·問議(문의)·物議(물의)·密議(밀의)·發議(발의)·不可思議(불가사의)·相議(상의)·詳議(상의)·小會議室(소회의실)·熟議(숙의)·審議(심의)·連席會議(연석회의)·領議政(영의정)·右議政(우의정)·圓卓會議(원탁회의)·異議(이의)·再議(재의)·爭議(쟁의)·提議(제의)·衆議院(중의원)·參議院(참의원)·討議(토의)·評議(평의)·合議(합의)·抗議(항의)·協議(협의)·和議(화의)·會議(회의)

譴 꾸짖을 견:

言 14 ②

囲 qiǎn 日 ケン, とがめる
英 censure

① 꾸짖을 견(責也誚). ② 성낼 견(怒). ③ 귀양할 견(謫問).

譴告(견고 qiǎngào) 꾸짖고 훈계함.
譴怒(견노 qiǎnnù) 꾸짖고 성냄. 질책(叱責)함.
譴罰(견벌 qiǎnfá) 허물을 책망하여 처벌함.
譴責(견책 qiǎnzé) ① 허물을 꾸짖고 책망함. ② 직무상 허물이 있는 공무원에게 주는 징계처분의 한 가지.
譴罷(견파 qiǎnbà) 잘못이 있는 벼슬아치를 꾸짖고 파면함.

護 지킬/호위할 호:

言 14 ②

護護護護護護護護護

囲 hù 日 ゴ, まもる
英 guard, escort

① 두남둘 호, 호위할 호(保護擁全). ② 구조할 호(救助). ③ 벼슬 이름 호(官名).

書體 小篆 護 草書 涙 高校 形聲

護喪(호상 hùsāng) 장사(葬事)에 관한 온갖 일을 분별하고 보살핌. 또는 그 사람.
護持(호지 hùchí) ① 지켜 보호함.

수호. ② 신불(神佛)의 가호(加護).

▶ 加護(가호)·看護(간호)·監護(감호)·警護(경호)·過剰保護(과잉보호)·救護(구호)·防護(방호)·辯護(변호)·保護(보호)·庇護(비호)·守護(수호)·愛護(애호)·養護(양호)·擁護(옹호)·外護(외호)·援護(원호)·自己辯護(자기변호)·自然保護(자연보호)

譽 기릴/명예 예:

言 14 ②

譽譽譽譽譽譽譽與與譽

囲 yù 日 ヨ, ほまれ
英 honour, glory

① 기릴 예, 칭찬할 예(聲美稱). ② 이름 날 예(令聞). ③ 즐길 예(樂).

書體 小篆 譽 草書 誉 高校 形聲

▶ 名譽(명예)·聲譽(성예)·榮譽(영예)·稱譽(칭예)·毀譽(훼예)

讀 읽을 독 / 구절 두

言 15 ②

讀讀讀讀讀讀讀讀讀

1 囲 dú 日 ドク, よむ 英 read
2 囲 dòu 日 トウ 英 study

1 ① 글 읽을 독(誦書). ② 풍류 이름 독(樂名). 2 구절 두, 토 두(句讀, 文語絶句).

書體 小篆 讀 草書 読 中學 形聲

讀了(독료 dúliǎo) 책을 읽어 마침. 책을 다 읽음.
讀書三到(독서삼도 dúshūsāndào) 책을 읽을 때, 입으로 딴 말을 하지 않고, 눈으로 딴 것을 보지 않고, 마음을 하나로 가다듬어 반복숙독(反復熟讀)하면 그 내용을 잘 알 수 있다는 것.
讀心(독심 dúxīn) 남의 심중(心中)·사념(思念)을 알아내는 것.

讀解(독해 dújiě) 책을 읽어서 이해함. 책을 읽어서 의미를 앎.

讀會(독회 dúhuì) 《法》의회에서 의안(議案)을 심의결정(審議決定)하는 제일·제이·제삼의 단계(段階).

▶ 講讀(강독)·購讀(구독)·朗讀(낭독)·多讀(다독)·代讀(대독)·奉讀(봉독)·細讀(세독)·速讀(속독)·熟讀(숙독)·愛讀(애독)·熱讀(열독)·誤讀(오독)·音讀(음독)·正讀(정독)·精讀(정독)·耽讀(탐독)·通讀(통독)·判讀(판독)·必讀(필독)·解讀(해독).

變 변할 변ː

言 16 ㉓

biàn ヘン, かわる change

① 변할 변(化). ② 고칠 변(更也改). ③ 재앙 변(災異). ④ 죽을 변(死喪).

書體 小篆 變 草書 変 中學 形聲

變改(변개 biàngǎi) 바꾸어 고침. 변경(變更). 변역(變易).
變怪(변괴 biànguài) ① 이상한 재변. ② 도리에 벗어난 악한 짓.
變德(변덕 biàndé) 이랬다저랬다 하여 변하기 잘하는 마음씨.
變死(변사 biànsǐ) 병 이외의 원인으로 죽음.
變移(변이 biànyí) 달라져 감.
變奏曲(변주곡 biànzòuqǔ) 하나의 주제(主題)가 되는 선율을 바탕 삼아, 선율·율동·화성을 여러 가지로 변화시켜 나가는 기악의 형식. 바리에이션(variation).
變遷(변천 biànqiān) 달라져 변함.
變通(변통 biàntōng) ① 그때그때의 경우에 따라 막힘없이 일을 처리함. ② 물건을 서로 빌려 맞추어 씀.
變化(변화 biànhuà) 성질 같은 것이 변하여 다르게 됨.

▶ 可變(가변)·激變(격변)·硬變(경변)·固定不變(고정불변)·怪變(괴변)·急變(급변)·大變革(대변혁)·突變(돌변)·突然變異(돌연변이)·病變(병변)·逢變(봉변)·不變(불변)·事變(사변)·沿變(연변)·永久不變(영구불변)·異變(이변)·臨機應變(임기응변)·災變(재변)·政變(정변)·朝變夕改(조변석개)·地變(지변)·慘變(참변)·天變(천변)·千變萬化(천변만화)·天災地變(천재지변)·豹變(표변)·凶變(흉변).

讎 원수 수

言 16 ㉓

chóu, shòu シュウ, あた, かたき enemy

① 짝 수(匹). ② 원수 수(仇). ③ 대거리할 수(言相讎對). ④ 비교할 수(校). ⑤ 갚을 수(售也償).

讎家(수가 chóujiā) 원수가 되는 상대자.
讎仇(수구 chóuchóu) 원수.

▶ 仇讎(구수)·復讎(복수)·恩讎(은수).

讐 원수 수

言 16 ㉓

【讎(前條)와 같음】

讒 참소할 참

言 17 ㉓

chán ザン, そしる slander

① 참소할 참(僭). ② 간악할 참(佞).

讒間(참간 chánjiān) 참소하여 남의 사이를 벌리게 함. 이간질함.
讒口(참구 chánkǒu) 근거 없는 말을 퍼뜨려 남을 해치는 간사하고 못된 입.
讒訴(참소 chánsù) 간악한 말로 헐뜯어 없는 죄도 있는 것처럼 사람에게 고해바침.
讒言(참언 chányán) 거짓 꾸며서 참소하는 말.
讒陷(참함 chánxiàn) 참소하여 남을

죄에 빠지게 함.

讓 사양할 양:

讓讓讓讓讓讓讓讓讓

- 中 ràng 日 ジョウ, ゆずる
- 英 decline

① 사양 양, 사양할 양(謙). ② 꾸짖을 양(責).

書體 小篆 䚻 草書 㐮 (中學) 形聲

讓渡(양도 ràngdù)《法》권리·이익·재산 및 법률상의 지위 등을 남에게 넘겨 줌.
讓步(양보 ràngbù) ① 어떤 것을 사양하여 남에게 미루어 줌. ② 제 주장을 굽혀 남의 의견을 좇음.
讓與(양여 ràngyǔ) 남에게 넘겨 줌.
讓位(양위 ràngwèi) 임금의 자리를 물려 줌.

▶ 謙讓(겸양)·辭讓(사양)·禪讓(선양)·禮讓(예양)·推讓(추양)·互讓(호양).

讖 예언 참

- 中 chán 日 シン, しるし 英 secret

참서 참, 비결 참(圖讖符命).
讖言(참언 chányán) 앞일의 길흉에 대한 예언.

▶ 圖讖(도참)·符讖(부참).

讚 기릴/칭찬할 찬:

讚讚讚讚讚讚讚讚讚

- 中 zàn 日 サン, ほめる 英 praise

① 밝을 찬(明). ② 도울 찬(佐). ③ 기릴 찬(稱美).【賛과 통함】

書體 草書 讃 (高校) 形聲

讚美(찬미 zànměi) 아름다운 덕을 기림. 기리어 칭송함. 찬송(讚頌).
讚佛(찬불 zànfó) 부처의 공덕(功德)을 찬미(讚美)함.
讚頌(찬송 zànsòng) 덕을 찬미하여 말하며 기림.
讚揚(찬양 zànyáng) 아름다움을 기리고 착함을 표창함. 칭찬함.

▶ 激讚(격찬)·面讚(면찬)·禮讚(예찬)·自讚(자찬)·絶讚(절찬)·稱讚(칭찬).

谷 部

골 곡

谷 골곡

谷谷谷谷谷谷谷

1 中 gǔ 日 コク, たに 英 valley
2 中 yù 日 ヨク

1 ① 골 곡, 실 곡(谿谷山間水道). ② 궁진할 곡(窮). ③ 기를 곡(養). 2 ① 성 욕(姓也吐谷渾). ② 나라 이름 욕(國名).

書體 小篆 峾 草書 谷 (中學) 象形

谷泉(곡천 gǔquán) 산골짜기에서 나는 샘.

▶ 溪谷(계곡)·山谷(산곡)·深谷(심곡)·幽谷(유곡)·進退維谷(진퇴유곡)·峽谷(협곡).

谿 시내 계

- 中 xī 日 ケイ, たに

영 stream, brook
① 시내 **계**(川澗水注). ② 활 이름 **계**(豀子孫).

豀谷(계곡 xīgǔ) 물이 흐르는 산골짜기. 계곡(溪谷).
豀川(계천 xīchuān) 골짜기에서 흐르는 물.
豀壑之慾(계학지욕 xīhèzhīyù) 한없는 욕심.

▶ 淸豀(청계).

豀 넓을 활
谷 10 ⑰

중 huō, huá, huò 일 カツ, とおる 영 drainage

① 내 뚫린 골 **활**(通谷). ② 소통할 **활**(疏也開). ③ 도랑 넓을 **활**(豀達大記度).

豀達(활달 huòdá) ① 사방이 트이고 넓음. ② 도량이 넓음.
豀然(활연 huòrán) ① 넓은 모양. ② 시원하게 깨닫는 모양.
豀然貫通(활연관통 huòránguàntōng) 도(道)를 환히 깨달음.

▶ 開豀(개활).

豆 部

콩 두

豆 콩 두
豆 ⑦

豆 豆 豆 豆 豆 豆 豆

중 dòu 일 トウ, ツ, 영 まめ bean
① 나무제기 **두**(籩豆祭器). ② 예그릇 **두**(俎豆禮器). ③ 말 **두**(量名). ④ 콩 **두**(菽). ⑤ 팥 **두**(赤豆). 【荳와 같고, 斗와 통함】

書體 小篆 豆 古文 ᠑ 草書 豆 (中學) 象形

豆滿江(두만강 dòumǎnjiāng) 《地》 장백산에서 근원하여 동으로 흘러 한국(韓國)과 중국의 경계를 이루고 동해에 들어감. 길이 520km. 주운(舟運)은 강구(江口)에서 85km까지 이용됨. 강의 유역(流域)에서는 재목·철·갈탄 등이 많이 남.
豆腐(두부 dòufǔ) 콩으로 만든 음식의 한 가지. 물에 불린 콩을 매에 갈아 베자루에 넣고 짜서 익힌 다음 간수를 쳐서 엉기게 한 것.
豆乳(두유 dòurǔ) 진한 콩국.

▶ 綠豆(녹두)·大豆(대두)·軟豆(연두)·豌豆(완두)·原豆(원두)·巴豆(파두).

豈 어찌 기
豆 ③ ⑩

豈 豈 豈 豈 豈 豈 豈 豈 豈 豈

1 중 qǐ 일 キ, なんで 영 how
2 중 kǎi

1 ① 어찌 **기**(焉也非然辭). ② 일찍 **기**(曾). 2 승전악 **개**(勝戰樂).

書體 小篆 豈 草書 豈 (高校) 形聲

豈樂(개악 qǐyuè) 싸움에 이겼을 때의 음악. 개악(愷樂).

豐 풍년 풍
豆 ⑪ ⑱

豐 豐 豐 豐 豐 豐 豐 豐 豐 豐

중 fēng 일 ホウ, ブ, ゆたか
영 abundant
① 왕콩 **풍**(豆之豐滿者). ② 클 **풍**(大豐也多). ③ 두터울 **풍**(厚). ④ 더북할

풍(盛). ⑤ 풍년 풍(有年). ⑥ 괘 이름 풍(卦名). ⑦ 읍 이름 풍(邑名).

書體 小篆 豐 古文 豐 草書 豐 (中學) 象形

豐樂(풍락 fēngyuè) 물건이 풍족하고 백성이 안락함.
豐滿(풍만 fēngmǎn) ① 물건이 풍족함. ② 몸이 비대함.
豐味(풍미 fēngwèi) 푸지고 구수한 맛.
豐盛(풍성 fēngshèng) 넉넉하고 많음.
豐漁(풍어 fēngyú) 물고기가 많이 잡힘.
豐饒(풍요 fēngráo) ① 풍족하고 많음. ② 농사가 잘됨.

豕 部

돼지 시

豕 07 돼지 시

🈳 shǐ 🈶 シ, ぶた, いのこ
🈯 pig, hog

돼지 시, 돝 시(豚).
豕交獸畜(시교수축 shǐjiāoshòuchù) 사람 대우를 예(禮)로써 하지 않음을 비유(比喻)함.
豕突(시돌 shǐtū) 산돼지처럼 앞뒤를 헤아림 없이 함부로 달려듦.
豕牢(시뢰 shīláo) ① 돼지우리. ② 뒷간.
豕心(시심 shǐxīn) 돼지처럼 욕심이 많고 부끄러움이 없는 마음.
豕喙(시훼 shǐhuì) 돼지와 같이 길고 뾰족한 입. 사람의 욕심이 많은 인상(人相)을 이름.

豚 4⑪ 돼지 돈

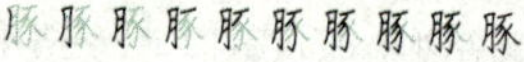

🈳 tún 🈶 トン, ぶた 🈯 pig

① 새끼돼지 돈(小豕). ② 복 돈(魚名河豚). ③ 우리 속 돼지 돈(圈豚).

書體 小篆 豚 大篆 豚 草書 豚 (高校) 會意

豚犬(돈견 túnquǎn) ① 돼지와 개. ② 어리석은 사람. ③ 자기 아들을 낮추어 일컬음.
豚兒(돈아 tún'ér) 자기 아들들의 겸칭 (謙稱).
豚肉(돈육 túnròu) 돼지고기.
豚柵(돈책 túnzhà) 돼지우리.

象 5⑫ 코끼리 상

🈳 xiàng 🈶 ショウ, ゾウ, そう 🈯 elephant

① 코끼리 상(南方大獸長鼻牙). ② 법 받을 상(法). ③ 빛날 상(光耀). ④ 형상할 상(形). ⑤ 상춤 상(舞名). ⑥ 상술준 상(樽名). ⑦ 역관 상(通信官). ⑧ 망상이 상(罔象水怪).【象는 속자】

書體 草書 象 (高校) 象形

象嵌青瓷(상감청자 xiàngqiànqīngcí) 장식문양을 상감으로 세공하여 만든 청자.
象牙塔(상아탑 xiàngyátǎ) 프랑스의 비평가 생트 뵈브(Sainte Beuve)가 시인 비니(Vigny)의 태도를 평한 말. 예술 지상주의 작가들이 속세를 떠나서 오로지 예술만을 즐기는 경지를 일컬음.《轉》학자가 현실적 사회에서 도피하여 관념적 연구생활을 함을 일컬음.
象齒焚身(상치분신 xiàngchǐfénshēn) 코끼리가 상아(象牙)를 가졌으므로 죽음을 당한다는 뜻.《喩》재물(財物)이 많으므로 화를 입음.

象形文字(상형문자 xiàngxíng wénzì) 물건의 형상을 본떠서 만든 글자. 한자의 日·月·山·川 따위.

▶ 巨象(거상)·具象(구상)·氣象(기상)·對象(대상)·萬象(만상)·物象(물상)·事象(사상)·印象(인상)·天象(천상)·抽象(추상)·表象(표상)·現象(현상)·形象(형상).

象 코끼리 상

【象(前條)의 속자】

豪 호걸 호

háo ゴウ, えらもの, すぐれる
mighty, warrior

① 호걸 호(俊). ② 호협할 호(俠). ③ 돼지 갈기 호(豕鬣). 【毫와 통함】

豪傑(호걸 háojié) ① 재주와 슬기가 뛰어난 사람. ② 무용(武勇)이 뛰어난 사람. ③ 자질구레한 일에 구애되지 않고 도량이 넓고 기개(氣槪)가 있는 사람.

豪氣(호기 háoqì) ① 장한 의기. ② 호방(豪放)한 기상.

豪放(호방 háofàng) 의기(意氣)가 장하여 작은 일에 거리낌이 없음. 호탕(豪宕). 호일(豪逸).

豪奢(호사 háoshē) 매우 사치함.

豪雨(호우 háoyǔ) 줄기차게 내리는 비. ↔ 소우(小雨).

豪快(호쾌 háokuài) 기상이 활발하고 작은 일에 얽매이지 않음.

豪華燦爛(호화찬란 háohuácànlàn) 매우 화려하고 빛남. 매우 사치스럽고 눈부심.

▶ 強豪(강호)·文豪(문호)·富豪(부호)·酒豪(주호)·土豪(토호).

豫 미리 예:

yù ヨ, あらかじめ
before hand

① 기쁠 예(悅). ② 편안할 예(逸也, 安). ③ 미리 예, 먼저 예(早也, 先). ④ 놀 예(遊). ⑤ 참여할 예(參與). ⑥ 머뭇거릴 예(猶豫). ⑦ 괘 이름 예(卦名).

豫感(예감 yùgǎn) 사전(事前)에 그 일을 알아차림. 미리 제육감(第六感)으로 알음.

豫斷(예단 yùduàn) 미리 판단함.

豫審(예심 yùshěn)《法》사건(事件)의 공판(公判) 회부(回附)를 결정하는 데 필요한 사항 및 증거(證據) 보전(保全)을 위하여 미리 조사하는 일.

豫診(예진 yùzhěn) 미리 진찰함. 또는 그 일.

豫探(예탐 yùtàn) 미리 탐지함.

▶ 猶豫(유예).

豬 돼지 저

zhū チョ, いのしし
wild boar

① 돼지 저(豕). ② 물이 괼 저(水所停). ③ 못 이름 저(澤名, 孟豬).

豸部

발 없는 벌레 **치**, 갖은 돼지**시**변

豹 표범 표

豸 3획 / 총 10획

🇨🇳 bào 🇯🇵 ヒョウ, ひょう
🇬🇧 leopard

아롱범 **표**, 표범 **표**(猛獸似虎圜文).

豹紋(표문 bàowén) 표범 가죽의 무늬. 또는 그와 같이 고운 무늬.
豹變(표변 bàobiàn) 군자(君子)가 구악(舊惡)을 고치고 선(善)에 옮기는 것이 표범의 무늬가 빛나는 것처럼 현저함. 선(善)에 옮김. 빈천에서 현달(顯達)함. 《轉》 태도가 갑자기 변함.
豹死留皮(표사유피 bàosǐliúpí) 《喻》 죽은 표범은 껍질을 남긴다는 말로, 죽은 뒤에도 명예는 남긴다는 말.

貊 오랑캐 맥

豸 6획 / 총 13획

🇨🇳 mò, háo, hé 🇯🇵 バク, えびす
🇬🇧 savage

① 오랑캐 **맥**(蠻貊). ② 고요할 **맥**(靜). ③ 맥이 **맥**(食鐵似態夷).

貊弓(맥궁 mògōng) 소수맥(小水貊)에서 나던 품질이 썩 좋은 활.

貌 모양 모

豸 7획 / 총 14획

貌貌貌貌貌貌貌貌貌貌

1 🇨🇳 mào 🇯🇵 ボウ, かたち 🇬🇧 shape
2 🇯🇵 バク 🇬🇧 figure

1 모양 **모**, 꼴 **모**, 얼굴 **모**, 짓 **모**, 겉 **모**(容儀). **2** ① 모뜰 **막**(描畫). ② 멀 **막**(遠).

書體 小篆 或體 須篆 大篆 草書

高校 會意

貌樣(모양 màoyàng) 됨됨이. 생김생김. 형상. 형편. 맵시 따위의 겉에 나타난 꼴.

▶ 面貌(면모)·美貌(미모)·變貌(변모)·外貌(외모)·容貌(용모)·風貌(풍모).

貍 삵 리

豸 7획 / 총 14획

🇨🇳 lí, mái, 🇯🇵 yù り, たぬき
🇬🇧 wild cat

① 삵 **리**, 살쾡이 **리**(狐貌野猫). ② 너구리 **리**(野家). 【狸와 동자】

貍奴(이노 línú) 《動》 고양이의 별명.
貍德(이덕 lítóu) 살쾡이의 습성(習性). 탐욕스럽게 먹음을 이름.

貓 고양이 묘:

豸 9획 / 총 16획

🇨🇳 māo, máo 🇯🇵 ビョウ, ねこ
🇬🇧 cat

고양이 **묘**(捕鼠獸). 【猫의 正字】

貝部

조개 패

貝 조개 패:

貝 0획 / 총 7획

目 目 目 目 目 貝 貝

🇨🇳 bèi 🇯🇵 バイ, かい 🇬🇧 shellfish

① 자개 **패**, 조개 **패**(海介蟲). ② 재물 **패**(貨). ③ 비단 **패**(錦名).

辵邑酉采里 8획 金長門阜隶佳雨靑非

貝

書體: 小篆 貝 / 草書 况 / 中學 / 象形

貝殼(패각 bèiqiào) 조가비.
貝類(패류 bèilèi) 여러 가지 조개의 종류.
貝柱(패주 bèizhù) 조개 관자(貫子).
貝塚(패총 bèizhǒng) 고대(古代) 사람이 조개를 먹고 버린 조가비의 무더기. 조개무지.
貝貨(패화 bèihuò) 조가비로 만든 화폐.

▶ 魚貝類(어패류).

貞 곧을 정

貞 貞 貞 貞 貞 貞 貞 貞

- zhēn
- テイ, ジョウ, ただしい
- virtuous

① 곧을 정(正). ② 굳을 정(固).

書體: 小篆 貞 / 草書 貞 / 中學 / 形聲

貞潔(정결 zhēnjié) 여자의 정조가 곧고 깨끗함.
貞男(정남 zhēnnán) 동정(童貞)을 깨뜨리지 아니한 남자.
貞女(정녀 zhēnnǚ) 절개가 굳은 여자.
貞烈(정렬 zhēnliè) 여자의 지조가 곧고 매움.
貞淑(정숙 zhēnshū) 여자의 지조가 곧고 마음씨가 얌전함.
貞節(정절 zhēnjié) 굳은 마음과 변하지 않는 절개.
貞操(정조 zhēncāo) ① 여자의 깨끗한 절개. ② 이성(異性) 관계의 순결을 지키는 일.

▶ 童貞(동정)·不貞(부정)·忠貞(충정).

員 인원/관원 원

【員(口부7획)과 같음】

負 짐질 부:

負 負 負 負 負 負 負 負 負

- fù
- フ, ブ, おう
- carry, incur

① 짐질 부(背荷物). ② 빚질 부(受貸不償). ③ 저버릴 부(背恩). ④ 질 부(敗). ⑤ 믿을 부(有所恃).

書體: 小篆 負 / 草書 負 / 高校 / 會意

負擔(부담 fùdān) ① 짐을 짐. 또는 그 짐. ② 할 일을 책임짐. ③ 부담농(負擔籠)의 약어.
負商(부상 fùshāng) 등짐장수.
負傷(부상 fùshāng) 상처를 입음.
負債(부채 fùzhài) 빚.
負荷(부하 fùhé) ① 짐을 짐. ② 짐을 맡김.

▶ 名勝負(명승부)·褓負商(보부상)·自負(자부)·請負(청부)·抱負(포부).

財 재물 재

財 財 財 財 財 財 財 財 財

- cái
- サイ, ザイ, たから
- finance, property

① 재물 재(貨). ② 뇌물 재(賄). ③ 보배 재(人所寶).

書體: 小篆 財 / 草書 财 / 中學 / 形聲

財界(재계 cáijiè) 실업계 및 금융계 인사의 사회.
財團(재단 cáituán) 어떤 목적을 달성하기 위하여 결합된 재산의 집단체.
財閥(재벌 cáifá) 일단(一團)이 되어 경제계에 세력을 뻗친 자본가의 파벌.
財政(재정 cáizhèng) ① 개인의 금융 사정. ② 《經》 국가 또는 지방 공공

단체가 그의 재력을 얻고, 또는 이것을 관리하기 위한 일체의 작용.

▶ 家財道具(가재도구)·大財閥(대재벌)·文化財(문화재)·背任受財(배임수재)·私財(사재)·消費財(소비재)·損財(손재)·受財罪(수재죄)·理財(이재)·人間文化財(인간문화재)·資本財(자본재)·資財(자재)·積財(적재)·中間財(중간재)·蓄財(축재)·橫財(횡재)

貢 바칠/이바지 공:
貝 3획 ⑩

貢貢貢貢貢貢貢貢貢貢

⑧ gòng ⑨ コウ, ク, みつぎ
⑩ tribute

① 바칠 공(獻). ② 천거할 공(薦). ③ 세 바칠 공(稅). ④ 나아갈 공(進).

書體 小篆 貢 草書 荚 (高校) 形聲

貢納(공납 gòngnà) 공물(貢物)을 바침.
貢物(공물 gòngwù) 조정에 바치는 물건.
貢獻(공헌 gòngxiàn) ① 공물(貢物)을 바침. ② 이바지함.

▶ 朝貢(조공).

貧 가난할 빈
貝 4획 ⑪

貧貧貧貧貧貧貧貧貧貧貧

⑧ pín ⑨ ヒン, ビン, まずしい
⑩ poor

구차할 빈, 가난할 빈(無財乏).

書體 小篆 貧 古文 宆 草書 貧 (中學) 形聲

貧局(빈국 pínjú) ① 빈곤한 사회. ② 메마른 땅. ③ 빈상(貧相).
貧窮(빈궁 pínqióng) 빈곤(貧困).
貧農(빈농 pínnóng) 구차한 농민.
貧陋(빈루 pínlòu) 가난하고 누추함.

貧民窟(빈민굴 pínmínkū) 빈민이 모여 사는 구역.
貧富(빈부 pínfù) 가난과 넉넉함. 또는 가난한 사람과 잘 사는 사람.
貧弱(빈약 pínruò) ① 가난하고 약함 또는 그 사람. ② 보잘 것 없음.
貧者餠(빈자병 pínzhěbǐng) 빈대떡.
貧妻(빈처 pínqī) 가난에 쪼들리는 아내.
貧賤(빈천 pínjiàn) 가난함과 천함. 가난하고 천함.
貧賤之交(빈천지교 pínjiànzhījiāo) 빈천할 때 사귄 벗.
貧寒(빈한 pínhán) 가난하여 집안이 쓸쓸함.
貧巷(빈항 pínxiàng) 빈민이 사는 곳. 빈민굴(貧民窟).

▶ 極貧(극빈)·腦貧血(뇌빈혈)·安貧(안빈)·赤貧(적빈)·淸貧(청빈)·最貧(최빈).

貨 재물 화:
貝 4획 ⑪

貨貨貨貨貨貨貨貨貨貨貨

⑧ huò ⑨ カ, しなもの, たから
⑩ goods, cargo

① 재물 화(財). ② 선물할 화(賂). ③ 팔 화(以物售人). ④ 물건 화(貨物).

書體 小篆 貨 草書 貨 (中學) 形聲

貨物(화물 huòwù) ① 물품. ② 화차(貨車) 따위로 옮기는 짐.
貨主(화주 huòzhǔ) 화물의 주인. 짐주인.
貨車(화차 huòchē) 화물 운반을 주로 하는 차. 화물 열차.
貨幣(화폐 huòbì) 《經》사회에 유통하여 교환의 매개·지불의 수단·가격의 표준·축적의 목적물로 쓰이는 물건.

▶ 硬貨(경화)·金貨(금화)·銅貨(동화)·美

貨(미화)·百貨(백화)·寶貨(보화)·小貨物(소화물)·惡貨(악화)·良貨(양화)·外貨(외화)·銀貨(은화)·雜貨(잡화)·財貨(재화)·總通貨(총통화)·韓貨(한화).

貝 4 ⑪ **販** 판매할 **판**

[중] fàn [일] ハン, うる, あきなう
[영] sell, trade

장사 **판**, 판매할 **판**, 무역할 **판**(賤買貴賣者).

[書體] 小篆 草書 [高校] 形聲

販路(판로 fànlù) 상품이 팔리는 지역·분야·대상 등.

販賣(판매 fànmài) 상품을 팔음.

▶ 街販(가판)·購販(구판)·訪販(방판)·市販(시판)·自動販賣機(자동판매기)·增販(증판)·直販(직판)·總販(총판).

貝 4 ⑪ **貪** 탐할 **탐**

[중] tān [일] タン, トン, むさぼる
[영] covet, greed

탐할 **탐**, 욕심낼 **탐**(欲物愛財).

[書體] 小篆 草書 [高校] 形聲

貪官汚吏(탐관오리 tānguānwūlì) 욕심이 많고 행실이 깨끗하지 못한 관리.

貪吝(탐린 tānlìn) 욕심이 많고 인색함.

貪墨(탐묵 tānmò) 욕심이 많고, 마음이 검음.

貪愛(탐애 tān'ài) 남의 베풀음을 탐내어 받음.

貪虐(탐학 tānnüè) 욕심(慾心)이 많고 모질음.

▶ 食貪(식탐).

貝 4 ⑪ **貫** 꿸 **관(:)**

[중] guàn [일] カン, つらぬく
[영] go through

① 꿸 **관**(穿). ② 마칠 **관**(中). ③ 돈꿰미 **관**(緡錢). ④ 본 **관**(本貫鄕籍). ⑤ 벼리 **관**(條貫規繩).

[書體] 小篆 草書 [高校] 形聲

貫祿(관록 guànlù) 행동에 따르는 무게. 인격(人格)에 구비된 위엄.

貫流(관류 guànliú) 꿰뚫어 흐름.

貫徹(관철 guànchè) 뚫어 냄. 끝까지 이루어 냄.

貫通(관통 guàntōng) 꿰뚫어 통함. 조리가 명료함.

貫行(관행 guànxíng) 계속해서 실행함. 끝까지 행함.

貫鄕(관향 guànxiāng) ① 시조(始祖)가 난 땅. ② 본. 본관(本貫).

▶ 本貫(본관)·一貫(일관)·鄕貫(향관).

貝 4 ⑪ **責** 꾸짖을/책임 **책**

[1] [중] zé [일] セキ, せめる [영] condemn
[2] [일] サイ [영] duty

[1] 빚 **채**(負債). [2] ① 꾸짖을 **책**(誚). ② 조를 **책**(求). ③ 맡을 **책**(任). ④ 나무랄 **책**(誅). ⑤ 재촉할 **책**(追取). ⑥ 제탓할 **책**(自訟).

[書體] 小篆 草書 [中學] 形聲

責望(책망 zéwàng) 허물을 꾸짖음.

責務(책무 zéwù) 당연히 해야 할 의무.

7

貝 4

責罰(책벌) zéfá) 견책과 형벌.
責任(책임) zérèn) ① 맡아서 해야 할 임무. ②《法》행위의 결과에서 생기는 손실이나, 제재(制裁)를 한 몸에 떠어 맡는 일.

▶ 呵責(가책)·苛責(가책)·譴責(견책)·歸責(귀책)·免責(면책)·無責任(무책임)·問責(문책)·罰責(벌책)·斡旋責(알선책)·連絡責(연락책)·引責(인책)·自責(자책)·組織責(조직책)·罪責(죄책)·重責(중책)·職責(직책)·叱責(질책)·總責(총책)·詰責(힐책).

質 바탕 질
【質(貝부8획)의 약자】

賢 어질 현
【賢(貝부8획)의 약자】

貯 쌓을/저축할 저:

貯貯貯貯貯貯貯貯貯

중 zhù 일 チョ, たくわえる
영 saving, store up

① 쌓을 저, 저축할 저(積). ② 감출 저(藏也居). ③ 둘 저(置).

書體 小篆 貯 草書 ちょ 中學 形聲

貯水池(저수지 zhùshuǐchí) 상수도(上水道)나 관개용(灌漑用)으로 둑을 쌓고 물을 모아 두는 곳.
貯藏(저장 zhùcáng) 쌓아서 간직하여 둠.
貯蓄(저축 zhùxù) 절약하여 모아 둠.

貰 세낼 세:

❶ 중 shì 일 セイ, かりる 영 hire

❷ 영 borrow

❶ ① 빌릴 세(貸). ② 세낼 세(賒). ❷ 사. ① 뜻은 ❶과 같음. ② 죄사할 사(寬罪).

貰家(세가 shìjiā) 셋집.

▶ 房貰(방세)·月貰(월세)·傳貰(전세).

貶 낮출 폄:

중 biǎn 일 ヘン, おとす
영 diminish

① 덜릴 폄(損). ② 떨어질 폄(墜). ③ 귀양 보낼 폄(謫). ④ 꺾을 폄(抑). ⑤ 감할 폄(減).

貶薄(폄박 biǎnbó) 남을 폄척(貶斥)하고 관직을 깎아 낮춤.
貶下(폄하 biǎnxià) 치적(治績)이 좋지 않은 원을 폄출(貶黜)함.
貶毀(폄훼 biǎnhuǐ) 깎고 헐뜯음. 폄척(貶斥). 훼예(毀譽).

▶ 褒貶(포폄).

貳 두/갖은두 이:

중 èr 일 ニ, ジ, ふたつ, そえる
영 two, second

① 두 이, 둘 이(二). ② 버금 이(副). ③ 의심 낼 이(攜貳疑). ④ 거듭 이(重複). ⑤ 짝 이(匹). ⑥ 마음 변할 이(心變). ⑦ 두마음 이(二心). ⑧ 대신 이(代). ⑨ 이별할 이(別).【二와 같음】

貴 귀할 귀:

貴貴貴貴貴貴貴貴貴貴

중 guì, guǐ 일 キ, とうとい
영 precious, noble

① 귀할 귀, 높을 귀(位高尊). ② 귀히

여길 **귀**(物不賤).

書體 小篆 賢 草書 芄 (中學) 形聲

貴骨(귀골 guìgǔ) ① 귀하게 자란 사람. ② 귀하게 될 골격. ③ 뼈대가 잔약한 사람의 별명.
貴鵠賤鷄(귀곡천계 guìhújiànjī) 먼 뎃것을 귀히 여기고, 가까운 것을 천히 여기게 되는 인정을 일컫는 말.

▶ 高貴(고귀)·騰貴(등귀)·富貴多男(부귀다남)·富貴榮華(부귀영화)·貧富貴賤(빈부귀천)·尊貴(존귀)·珍貴(진귀)·品貴(품귀)·顯貴(현귀)·稀貴(희귀).

買 살 매:
貝 5 ⑫

買買買買買買買買買

🌏 mǎi 🇯🇵 バイ, マイ, かう 🇬🇧 buy

살 **매**(買賣市).

書體 小篆 買 草書 買 (中學) 會意

買名(매명 mǎimíng) 명예를 구함.
買占(매점 mǎizhān) 딸릴 것을 짐작하고 물건을 휩쓸어 사 둠.
買辦(매판 mǎibàn) ① 상품을 사들이는 일을 맡은 사람. ② 외국인 상점 또는 회사에 고용되어 매매의 중개를 하는 사람. 또는 중간 상인.

▶ 競買(경매)·購買(구매)·賣買(매매)·收買(수매)·豫買(예매)·仲買人(중매인)·衝動購買(충동구매)·還買(환매).

貸 빌릴 대:
貝 5 ⑫

貸貸貸貸貸貸貸貸貸貸

1 🌏 dài 🇯🇵 タイ, かす 🇬🇧 lend
2 🇯🇵 トク, かす

1 ① 빌릴 **대**, 꿀 **대**(借施). ② 갚을 **대**(以物與人更還其主假). **2** 빌 **특**(借).

書體 小篆 貸 草書 貸 (高校) 形聲

貸邊(대변 dàibiān) 부기(簿記)에서 장부상의 계산 구좌에 출금(出金)을 기입하는 쪽. 자본금·적립금·이익금도 포함됨. ↔차변(借邊).
貸付(대부 dàifù) 변리와 기한을 정하고 돈이나 물건 따위를 빌려 줌.
貸借(대차 dàijiè) ① 빌려 줌과 빌려 옴. ② 부기의 대변(貸邊)과 차변(借邊).
貸借對照表(대차대조표 dàijièduìzhàobiǎo) 회사의 일정시점 현재의 자산 및 부채상태를 명백히 하기 위한 회계보고서.

▶ 賃貸(임대)·賃貸借(임대차).

費 쓸 비:
貝 5 ⑫

費費費費費費費費費費

① 🌏 fèi ② 🌏 bì 🇯🇵 ヒ, ついやす 🇬🇧 cost, consume

① 고을 이름 **비**(魯邑名). ② 없앨 **비**, 허비할 **비**(散財用耗損).

書體 小篆 費 草書 芃 (高校) 形聲

費目(비목 fèimù) 비용을 지출하는 명목.
費用(비용 fèiyòng) 드는 돈. 쓰이는 돈.

▶ 家計費(가계비)·減價償却費(감가상각비)·經費(경비)·經常費(경상비)·慶弔事費(경조사비)·工費(공비)·浪費(낭비)·物流費用(물류비용)·私敎育費(사교육비)·私費(사비)·消費(소비)·損費(손비)·食費(식비)·旅費(여비)·育成會費(육성회비)·自費(자비)·雜費(잡비)·戰費(전비)·學費(학비)·虛費(허비)·會費(회비).

貼 붙일 첩
貝 5 ⑫

🌏 tiē 🇯🇵 チョウ, つく

7획 見 角 言 谷 豆 豕 豸 貝 赤 走 足 身 車 辛 辰

영 plaster, paste
① 붙일 **첩**(依附). ② 접어둘 **첩**(黏置).
③ 전당할 **첩**(以物爲質).
貼付(첩부 tiēfù) 착 들어 붙임.
貼藥(첩약 tiēyào) 《醫》 약방문에 따라 여러 가지 약재를 배합하여 싼 한 방약.

貿 무역할 무:
貝 5 / 12

중 mào 일 ボウ, あきなう 영 trade
① 몰아살 **무**, 무역할 **무**(交易財貨). ② 어릿어릿할 **무**(貿貿無識貌).
書體 小篆 貿 草書 兌 高校 形聲
貿易(무역 màoyì) 《經》 ① 팔고 사고 바꿈질을 함. ② 외국과 장사 거래를 함.

賀 하례할 하:
貝 5 / 12

중 hè 일 ガ, よろこぶ 영 celebrate
① 하례할 **하**(慶). ② 하례 **하**(朝賀稱慶). ③ 위로할 **하**(勞). ④ 더할 **하**(加).
書體 小篆 賀 草書 賀 中學 形聲
賀客(하객 hèkè) 축하하는 손님.
賀禮(하례 hèlǐ) 축하하는 예식.
賀宴(하연 hèyàn) 축하하는 뜻으로 베푼 잔치.
賀正(하정 hèzhèng) 새해를 축하함.

▶ 慶賀(경하)·年賀(연하)·祝賀(축하).

賂 뇌물 뢰
貝 6 / 13

중 lù 일 ロ, まいなう 영 bribe

① 선물 **뢰**(賄賂以財與人). ② 줄 **뢰**(遺也, 贈). ③ 끼칠 **뢰**(遺).
賂物(뇌물 lùwù) 자기의 목적을 이루기 위하여 권력관계자에게 몰래 주는 재물.
賂謝(뇌사 lùxiè) 뇌물의 금품. 뇌물.

▶ 賄賂(회뢰)·受賂(수뢰).

賃 품삯 임:
貝 6 / 13

중 lìn 일 チン, かりる, やとう
영 hire, rent
① 머슴 **임**, 더부살이 **임**, 품팔이 **임**(傭). ② 빌 **임**(借). ③ 세낼 **임**(以財雇物).
書體 小篆 賃 草書 任 高校 形聲
賃金(임금 lìnjīn) ① 삯전. ② 일에 대한 보수.
賃貸(임대 lìndài) 물품을 남에게 빌려주고 손료(損料)를 받음. ↔ 임차(賃借).
賃借料(임차료 lìnjièliào) 빌려쓰는 요금. ↔ 임대료(賃貸料).

▶ 家賃(가임)·勞賃(노임)·船賃(선임)·運賃(운임)·借賃(차임).

賄 재물/뇌물 회:
貝 6 / 13

중 huì 일 カイ, ワイ, まいなう
영 bribe
① 재물 **회**(財帛總名). ② 선물 **회**(贈送).
賄賂(회뢰 huìlù) ① 사사 이익을 꾀하기 위하여 권력자에게 비밀히 주는 정당하지 못한 금품. ② 관공리에게 뇌물을 보냄. ↔ 수뢰(受賂).

▶ 收賄(수회)·贈賄(증회).

資 재물/밑천 자

貝 6 ⑬

資資資資資資資資資

- 중 zī 일 シ, たから, もとで
- 영 capital, resources

① 재물 자(貨). ② 취할 자(取). ③ 쓸 자(用). ④ 도울 자(助). ⑤ 자품 자(稟). ⑥ 자릴 자(賴也, 憑).

書體 小篆 資 草書 資 (高校) 形聲

資本主義(자본주의 zīběnzhǔyì) 모든 재화가 상품화되고 사람의 노동력도 상품이 되어서, 생산 수단을 가지는 계급이 그것을 가지지 않은 계급의 노동력을 이용하여, 잉여 가치의 생산을 하는 경제 조직.

資産(자산 zīchǎn) ① 전량(錢糧). 재산(財産). ② 소득을 축적한 것. ③ 금전으로 계산할 수 있는 유형·무형의 값있는 물건으로 부채의 담보로 할 수 있는 것.

▶ 減資(감자)·救護物資(구호물자)·軍資(군자)·機資材(기자재)·路資(노자)·短資(단자)·無資格(무자격)·物資(물자)·民俗資料(민속자료)·民資(민자)·賦存資源(부존자원)·外資(외자)·原資材(원자재)·融資(융자)·再投資(재투자)·增資(증자)·地下資源(지하자원)·天然資源(천연자원)·總資本(총자본)·出資(출자)·投融資(투융자)·投資(투자)·學資(학자)·合資(합자)

賈 성(姓) 가 / 장사 고

貝 6 ⑬

- 중 gǔ 일 コ, あきなう
- 영 commerce ❷ 중 jiǎ 일 カ

❶ 앉은장사 고(坐賣). ❷ ① 값 가(售直). ② 성 가(姓).【價와 같음】

賈船(고선 gǔchuán) 상선(商船).
賈人(고인 gǔrén) 상인(商人).

賊 도적 적

貝 6 ⑬

賊賊賊賊賊賊賊賊賊

- 중 éi 일 ゾク, ぬすむ, そこなう
- 영 thief

① 도적 적(寇賊盜). ② 해칠 적.

書體 小篆 賊 草書 賊 (高校) 形聲

賊魁(적괴 zéikuí) 도둑의 괴수.
賊窟(적굴 zéikū) 도둑의 소굴.
賊黨(적당 zéidǎng) 도둑의 무리.
賊徒(적도 zéitú) =적당(賊黨).
賊壘(적루 zéilěi) 적의 보루(堡壘). 적의 진지.
賊反荷杖(적반하장 zéifǎnhézhàng) 《國》 도둑이 도리어 몽둥이를 들음. 《喩》 잘못한 사람이 도리어 성을 냄.
賊情(적정 zéiqíng) 도둑의 군사력의 실정. 적의 형편.

▶ 國賊(국적)·盜賊(도적)·山賊(산적)·逆賊(역적)·殘賊(잔적)·海賊(해적).

賓 손 빈

貝 7 ⑭

賓賓賓賓賓賓賓賓賓賓

- 중 bīn 일 ヒン, まらうど 영 guest

① 손 빈, 손님 빈(客). ② 인도할 빈(寅賓導). ③ 복종할 빈(賓服懷德). ④ 배척할 빈(擯斥). ⑤ 율 이름 빈(律名蕤賓). ⑥ 성 빈(姓).

書體 小篆 賓 古文 賓 草書 賓 (高校) 形聲

賓客(빈객 bīnkè) ① 손. ② 문하(門下)의 식객(食客). ③ 태자를 보도(補導)하는 벼슬.

賓貢(빈공 bīngòng) 외국인이 입조(入朝)하여 공물(貢物)을 바침.

賓筵(빈연 bīnyán) 손을 대접하는 자리.

賓主(빈주 bīnzhǔ) 손과 주인. 주객(主客).

▶ 國賓(국빈)·貴賓(귀빈)·來賓(내빈)·迎賓(영빈)·外賓(외빈)·主賓(주빈).

賦 과할/부세 부:

賦 賦 賦 賦 賦 賦 賦 賦 賦 賦

음 フ, とりたて, みつぎ
영 taxation

① 구실 부(稅). ② 거둘 부(斂). ③ 헤아릴 부(量). ④ 줄 부(給與). ⑤ 받을 부, 탈 부(禀受). ⑥ 글 부(詩之流).

書體 小篆 賦 草書 䀻 中學 形聲

賦課(부과 fùkè) 세금을 물리기 위하여 그것을 정함.
賦與(부여 fùyǔ) 나누어 줌. 빌려 줌.

▶ 詩賦(시부)·年賦(연부)·月賦(월부)·天賦(천부)·割賦(할부).

賜 줄/하사할 사:

賜 賜 賜 賜 賜 賜 賜 賜 賜

음 cì 일 シ, たまう 영 bestow

① 줄 사(上予下錫). ② 고마울 사, 은혜 사(惠).

書體 小篆 賜 草書 賜 高校 形聲

賜暇(사가 cìxiá) 휴가를 줌. 말미를 줌.
賜諡(사시 cìshì) 시호(諡號)를 내림.
賜額書院(사액서원 cìéshūyuàn) 임금이 이름을 지어 준 서원.
賜藥(사약 cìyào) 임금이 죽어야 할 신하에게 독약을 내려 줌.

▶ 賞賜(상사)·御賜花(어사화)·恩賜(은사)·下賜(하사)·厚賜(후사).

賞 상줄 상

賞 賞 賞 賞 賞 賞 賞 賞 賞 賞

음 shǎng 일 ショウ, ほめる
영 praise, prize

① 구경할 상(玩). ② 아름다울 상(嘉). ③ 상줄 상(賜有功).

書體 小篆 賞 草書 賞 中學 形聲

賞鑑(상감 shǎngjiàn) 감별(鑑別)하여 완상(玩賞)함.
賞金(상금 shǎngjīn) 상으로 주는 돈.
賞罰(상벌 shǎngfá) 상(賞)과 벌(罰).
賞與金(상여금 shǎngyújīn) 상금으로 주는 돈. 보너스.
賞狀(상장 shǎngzhuàng) 상으로 주는 증서.
賞讚(상찬 shǎngzàn) 기림. 칭찬함.
賞牌(상패 shǎngpái) 상으로 주는 메달.
賞勳(상훈 shǎngxūn) 공훈에 대하여 상 줌.

▶ 鑑賞(감상)·觀賞(관상)·論功行賞(논공행상)·副賞(부상)·受賞(수상)·授賞(수상)·施賞(시상)·恩賞(은상)·銀賞(은상)·入賞(입상)·最優秀賞(최우수상)·褒賞(포상)·懸賞金(현상금).

賠 물어줄 배:

음 péi 일 バイ, つぐなう
영 compensate

배상 배, 물어줄 배(補償).
賠償(배상 péicháng) 끼친 손해에 대하여 물어 줌.

賢 어질 현

賢 賢 賢 賢 賢 賢 賢 賢 賢 賢

[중] xián [일] ケン, かしこい
[영] wise, sage
① 어진이 **현**, 어질 **현**(有德行). ② 좋을 **현**(善). ③ 나을 **현**(勝). ④ 구멍 **현**(大穿孔).

[書體] 小篆 草書 [中學] 形聲

賢君(현군 xiánjūn) 어진 임금.
賢明(현명 xiánmíng) 어질고 영리하여 사리에 밝음.
賢母良妻(현모양처 xiánmǔliángqī) 어진 어머니면서 또한 착한 아내.
賢問(현문 xiánwèn) 어진 질문. ↔우문(愚問).
賢婦(현부 xiánfù) ① 어진 아내. ② 여자로서의 부덕(婦德)과 재능이 있는 사람.
賢淑(현숙 xiánshū) 여자의 마음이 어질고 깨끗함.
賢臣(현신 xiánchén) 어진 신하.
賢妻(현처 xiánqī) 어진 아내. 현명한 아내. 양처(良妻).
賢哲(현철 xiánzhé) 지혜가 깊고 사리에 밝음.

▶ 大賢(대현)·名賢(명현)·聖賢(성현)·儒賢(유현)·竹林七賢(죽림칠현).

貝 8 ⑮ **賣** 팔 **매:**

[중] mài [일] バイ, マイ, うる [영] sell
팔 **매**(出貨鬻物).

[書體] 小篆 草書 [中學] 會意

賣却(매각 màiquè) 팔아 버림.
賣官賣職(매관매직 màiguānmàizhí) 돈을 받고 관직을 시킴.
賣渡(매도 màidù) 팔아넘김.
賣盡(매진 màijìn) 모조리 팔음.

▶ 競賣(경매)·構內賣店(구내매점)·急賣(급매)·大投賣(대투매)·都賣(도매)·密賣(밀매)·發賣(발매)·別賣(별매)·散賣(산매)·小賣(소매)·暗賣(암매)·豫賣(예매)·自動販賣機(자동판매기)·專賣(전매)·直賣(직매)·投賣(투매)·特賣(특매)·販賣(판매).

貝 8 ⑮ **賤** 천할 **천:**

[중] jiàn [일] セン, いやしい
[영] bean, humble
① 천할 **천**(不貴卑下). ② 흔할 **천**(價低). ③ 첩 **천**(賤率).

[書體] 小篆 草書 [高校] 形聲

賤骨(천골 jiàngǔ) 빈천(貧賤)하게 생긴 골격(骨格).
賤視(천시 jiànshì) 업신여겨 봄. 업신여김.

▶ 貴賤(귀천)·免賤(면천)·微賤(미천)·卑賤(비천)·貧富貴賤(빈부귀천)·貧賤(빈천)·至賤(지천).

貝 8 ⑮ **質** 바탕 **질**

1 [중] zhì [일] シツ, もと [영] quality
2 [일] チ, すなお
1 ① 문서 **질**(質劑券). ② 바를 **질**(正). ③ 이룰 **질**(成). ④ 바탕 **질**(主也, 樸). ⑤ 질박할 **질**(朴). ⑥ 미쁠 **질**, 믿을 **질**(信). ⑦ 증험할 **질**(驗). **2** ① 폐백 **지**(交質以物相贄). ② 전당 잡는 집 **지**(質屋).

[書體] 小篆 草書 [中學] 形聲

質權(질권 zhìquán) 《法》 채권자가 채무자나 제삼자로부터 받은 담보물에 대하여 다른 채권자에 앞서 자기의 채권의 변상(辨償)을 받을 수 있는 권리.
質明(질명 zhìmíng) 날이 샐 무렵.
質朴(질박 zhìpǔ) 자연 그대로서 단순함. 질박(質樸).
質責(질책 zhìzé) 책망하여 바로 잡음.

▶ 角質(각질)·球質(구질)·均質(균질)·氣質(기질)·蛋白質(단백질)·糖質(당질)·對質(대질)·同質(동질)·媒質(매질)·物質(물질)·變質(변질)·本質(본질)·性質(성질)·素質(소질)·水質(수질)·實質(실질)·惡質(악질)·弱質(약질)·良質(양질)·言質(언질)·肉質(육질)·音質(음질)·異質(이질)·人質(인질)·資質(자질)·才質(재질)·材質(재질)·低質(저질)·罪質(죄질)·脂肪質(지방질)·地質(지질)·紙質(지질)·體質(체질)·土質(토질)·特質(특질)·品質(품질)·形質(형질)·畫質(화질).

賭 내기 도
貝 9 ⑯

중 dǔ 일 ト, かけ
영 gambling, betting

내기 도(博奕取財).

賭博(도박 dǔbó) 돈이나 재물을 걸고 하는 노름.
賭書(도서 dǔshū) 글씨 잘 쓰기를 겨룸.
賭租(도조 dǔzū) ① 소작 제도의 한 형태. ② 소작하는 사람이 지주(地主)에게 내는 일정한 대가(代價).

賴 의뢰할 뢰
貝 9 ⑯

賴賴賴賴賴賴賴賴賴

중 lài 일 ライ, たのむ 영 reliance
① 믿을 뢰(恃). ② 힘입을 뢰(蒙).
③ 자뢰할 뢰(藉).

 小篆 賴 草書 耗 高校 形聲

賴德(뇌덕 làidé) 남의 덕을 입음. 남의 은혜를 입음.

賴力(뇌력 làilì) 남의 힘을 입음.
賴庇(뇌비 làibì) 믿고 의지함.
賴子(뇌자 làizi) =무뢰한(無賴漢).

▶ 信賴(신뢰)·依賴(의뢰).

賻 부의 부:
貝 10 ⑰

중 fù 일 フ, おくりもの
영 consolatory present

부의 부(以貨助喪).

賻儀(부의 fùyí) 초상난 집에 부조를 보내는 돈이나 물건.
賻助(부조 fùzhù) 초상난 집에 물건이나 돈을 보냄.

購 살 구
貝 10 ⑰

중 gòu 일 コウ, あがなう
영 purchase

살 구, 구해드릴 구(以財求設賞募).

購讀(구독 gòudú) 서적·신문·잡지 따위를 사서 읽음.
購買(구매 gòumǎi) 물건을 사들임.
購入(구입 gòurù) 물품을 사들임.

▶ 衝動購買(충동구매).

贅 혹 췌:
貝 11 ⑱

중 zhuì 일 ゼイ, むだ, こぶ
영 superfluous

① 붙일 췌(屬). ② 데릴사위 췌(質). ③ 혹 췌(附贅疣瘤). ④ 모을 췌(會). ⑤ 군 것 췌(餘剩).

贅論(췌론 zhuìlùn) 필요없는 너저분한 이론.
贅文(췌문 zhuìwén) 없어도 좋은 쓸데없는 글.
贅辯(췌변 zhuìbiàn) 군말. 쓸데없는 말.

贅壻(췌서 zhuìxù) 데릴사위.
贅言(췌언 zhuìyán) 쓸데없는 너저분한 말.
贅行(췌행 zhuìxíng) 하지 않아도 좋은 군 행동.

贈 줄/증여할 증

贈 贈 贈 贈 贈 贈 贈 贈 贈 贈

- 중 zèng 일 ゾウ, おくる
- 영 give, present

① 줄 증(送遺). ② 더할 증(增).

書體 小篆 贈 草書 贈 高校 形聲

贈別(증별 zèngbié) ① 전송함. ② 떠나는 사람에게 시문(詩文)·물품 따위를 선사함.
贈諡(증시 zèngshì) 임금이 시호(諡號)를 내림.
贈賄(증회 zènghuì) ① 물품을 선사함. ② 뇌물을 보냄.

▶ 寄贈(기증)·受贈(수증)·遺贈(유증).

贊 도울 찬:

贊 贊 贊 贊 贊 贊 贊 贊 贊 贊

- 중 zàn 일 サン, たすける, ほめる
- 영 support, praise

① 도울 찬(佐). ② 밝힐 찬(明). ③ 참례할 찬(參). ④ 기릴 찬(頌). ⑤ 나아갈 찬(進).

書體 小篆 贊 草書 贊 高校 會意

贊頌(찬송 zànsòng) 찬성하고 칭찬함.
贊助(찬조 zànzhù) 뜻을 같이 하여 도와 줌.

▶ 自贊(자찬)·絶贊(절찬)·稱贊(칭찬)·協贊(협찬).

贓 장물 장

- 중 zāng 일 ソウ, まいないもの
- 영 stolen goods

장물 잡힐 장(吏受賂非理所得財).
贓吏(장리 zānglì) 부정한 재물을 탐하는 관리. 뇌물을 받는 관리.
贓物(장물 zāngwù) 범죄 행위로 얻은 재물. 장품(贓品).
贓錢(장전 zāngqián) 정당하지 못한 짓을 해서 얻은 돈.

贖 속죄할 속

- 중 shú 일 ショク, あがなう
- 영 redeem

① 속바칠 속(納金免罪). ② 살 속, 무역할 속(貿).
贖錢(속전 shúqián) 죄를 벗어나려고 바치는 돈.
贖罪(속죄 shúzuì) ① 재물을 내고 죄를 면하는 것. 속형(贖刑). ②《宗》기독교에서 예수가 인류(人類)를 대신하여 십자가에 못 박혀 죽음으로써 인류의 죄를 대속(代贖)하였다는 것.

赤 部

붉을 적

赤 붉을 적

赤 赤 赤 赤 赤 赤 赤

- 중 chì 일 セキ, シャク, あか 영 red

① 붉을 **적**(南方色). ② 빨강색 **적**(紅色). ③ 빌 **적**(空盡無物).

書體: 小篆 炙, 古文 숲, 草書 赤 中學 會意

赤褐色(적갈색 chìhèsè) 붉은 빛을 띤 갈색. 고동색.

赤狗(적구 chìkǒu) 공산당 앞잡이를 얕잡아 일컫는 말.

赤口毒舌(적구독설 chìkǒudúshé) 남을 몹시 저주하는 것.

赤旗(적기 chìqí) ① 붉은 기. ② 공산주의를 상징하는 기.

赤裸裸(적나라 chìluǒluǒ) ① =적신(赤身). ② 아무 숨김없이 본디 모습 그대로 드러냄. 명명지(明明地).

赤道(적도 chìdào) ①《地》지심에 있어서 지축에 수직되는 면이 지표(地表)와 맞닿는 가상선(假想線). 남북 양극에서의 같은 거리의 점의 궤적으로서 위도(緯度)를 헤아리는 기준선이 되며 지구에서 가장 더운 곳임. ② ㉠《天》태양의 행도(行道). ㉡ 지구의 적도와 천구(天球)가 맞닿는 가상선(假想線).

赤壁戰(적벽전 chìbìzhàn) 중국 삼국(三國) 시대에 적벽(赤壁)에서 유비(劉備)·손권(孫權)의 군사와 조조(曹操)의 군사 사이에 벌어진 큰 싸움. 조조가 크게 패하였음.

赤貧(적빈 chìpín) 아주 가난하여 아무 것도 없는 것.

赤手空拳(적수공권 chìshǒukōngquán) 맨손과 맨주먹.

赤手成家(적수성가 chìshǒuchéngjiā) 매우 가난한 집안에 태어나서 맨손으로 살림을 이룸.

赤信號(적신호 chìxìnhào) ① 교통 기관의 정지(停止) 신호(信號). 붉은 깃발이나 등을 이용함. ② 앞길에 위험이 있다는 표지(標識). ③ 위험 신호.

赤子(적자 chìzǐ) ① 갓난아이. 영아(嬰兒). ② 임금이 백성을 일컫던 말.

赤字(적자 chìzì) ① 붉은 잉크로 쓴 교정의 글씨. ②《經》수지(收支) 결산에서 지출이 수입보다 많은 것. ↔ 흑자(黑字).

赤潮(적조 chìcháo) 플랑크톤이 번식하여 바닷물이 붉게 되는 현상.

赤化(적화 chìhuà) ① 붉게 됨. ② 공산주의에 물듦.

赦 용서할 사:

📖 shè 🇯 シャ, ゆるす 🇬🇧 pardon

죄사할 **사**, 용서할 **사**(釋罪).

赦免(사면 shèmiǎn) ① 지은 죄를 용서하여 벌을 면제하는 것. ②《法》국가 원수(元首)의 특권에 의하여 공소권을 소멸시키거나 형(刑)의 언도(言渡)의 일부 또는 전부를 소멸시키는 것. 면사(免赦).

赦罪(사죄 shèzuì) ① 죄를 용서함. ②《宗》고해성사(告解聖事)에 의하여 죄를 사함.

▶ 免赦(면사)·恩赦(은사)·特赦(특사).

赫 빛날 혁

📖 hè 🇯 カク, かがやく 🇬🇧 bright

① 불 이글이글할 **혁**(火赤豫). ② 빛날 **혁**(烜赫發). ③ 환할 **혁**(烜戱光明). ④ 성할 **혁**(赫赫盛).

赫赫(혁혁 hèhè) ① 빛나는 모양. 크게 나타나는 모양. ② 형세가 성한 모양. ③ 가뭄이 심한 모양. 몹시 볕이 쐬어 더운 것.

走邑酉釆里 8획 金長門阜隶隹雨靑非　799

走部

달릴 주

走⁰⁷ 走 달릴 주

走走走走走走走

음 zǒu 일 ソウ, はしる 영 run hurry

① 달릴 주(奔). ② 좇 주(僕). ③ 달아날 주(疾趨). ④ 갈 주(往).

書體 古文 夌 草書 圥 中學 會意

走狗(주구 zǒugǒu) 사냥 때에 부리는 잘 달리는 개. 엽견(獵犬). 《喩》 남의 앞잡이 노릇하는 사람.

走馬加鞭(주마가편 zǒumǎjiābiān) 《國》 달리는 말에 채찍질을 함. 《喩》 ㉠ 형편이나 힘이 한창 좋을 때 더욱 힘을 더한다는 뜻. ㉡ 힘껏 하는데도 자꾸 더하라고 격려하는 것.

走馬看花(주마간화 zǒumǎkànhuā) 말을 달리면서 꽃을 봄. 《喩》 사물의 겉면만 훑어보고 그 깊은 속을 살펴보지 않음. → 주마간산(走馬看山).

▶ 競走(경주)·逃走(도주)·疾走(질주)·脫走(탈주)·敗走(패주)·暴走(폭주)

走²⁹ 赴 다다를/부임할 부:

赴赴赴赴赴走赴赴

음 fù 일 フ, おもむく
영 arrive, proceed

① 달릴 부(奔). ② 다다를 부(趨而至).

書體 小篆 赴 草書 赴 高校 形聲

赴告(부고 fùgào) 사람이 죽은 것을 알리는 통지. 부고(訃告). 부음(訃音).
赴任(부임 fùrèn) 임명을 받아 신임지(新任地)로 감.

走³⁰ 起 일어날 기

起起起起起起走起起起

음 qǐ 일 キ, おこる, たつ
영 rise, occur

① 일 기, 일어날 기(興). ② 기동할 기(起居擧事動作). ③ 설 기(立). ④ 일으킬 기(建築).

書體 小篆 起 古文 䞆 草書 起 中學 形聲

起家(기가 qǐjiā) ① 벼슬에 등용되어 입신출세(立身出世)함. ② 쇠퇴하거나 단절된 집안을 일으킴.
起死回生(기사회생 qǐsǐhuíshēng) ① 중병으로 다 죽어가던 병자를 되살림. ② 사업의 실패 따위로 일어설 수가 없게 된 것을 다시 일으킴.
起訴(기소 qǐsù) 《法》 법원에 공소(控訴)를 제기함. 특히 검찰관이 소송을 제기하는 것.
起承轉結(기승전결 qǐchéngzhuǎnjié) 한시(漢詩)의 절구(絕句) 및 율시(律詩)의 구성. 곧 운율(韻律) 전체의 배열의 명칭. 절구(絕句)의 첫 머리를 기(起), 첫 머리를 대받아 쓰는 것을 승(承), 정취(情趣)를 한 번에 돌리는 것을 전(轉), 전체의 끝맺음을 결(結)이라 함. 율시(律詩)에서도 2귀씩 4분함.
起債(기채 qǐzhài) ① 국가나 공공 단체에서 공채(公債)를 모집하는 것. ② 빚을 냄.
起草(기초 qǐcǎo) ① 글의 초안을 잡음. 기안(起案). ② 글을 씀. 글을 쓰기 시작함. 기고(起稿).

▶ 蹶起(궐기)·突起(돌기)·勃起(발기)·蜂起(봉기)·想起(상기)·惹起(야기)·緣起(연기)·再起(재기)·提起(제기)·早起(조기)·七

顧八起(칠전팔기)·喚起(환기)·興起(흥기).

超 뛰어넘을 초

超超超超超超超超超

chāo チョウ, こえる, おどる
excel, superior

① 뛰어 넘을 초(躍過越). ② 높을 초(超然卓).

書體 小篆 超 草書 (高校) 形聲

超然(초연 chāorán) ① 남과 격리된 모양. 높이 뛰어난 모양. ② 세상이나 또는 남과 관계하지 않는 모양.
超越(초월 chāoyuè) ① 보통보다 뛰어남. ② 세상의 속된 일에서 떠남. ③ 뛰어넘음. ④ 가볍고 빠른 모양. ⑤《哲》경험·가능의 범위를 넘어섬.
超人(초인 chāorén) 범속(凡俗)을 초탈(超脫)하여 완전하고 위대한 사람. 또는 이상적인 사람. 비범인(非凡人).
超逸(초일 chāoyì) 보통보다 뛰어남. 월등함.
超脫(초탈 chāotuō) 기품이 높아 세속(世俗) 일에 관여하지 아니함. 탈속(脫俗).
超特急(초특급 chāotèjí) 특급(特急)보다도 속도가 더 빠름.

▶ 入超(입초)·出超(출초).

越 넘을/건널 월

越越越越越越越越越

1 yuè エツ, こえる overpass 2 カツ

1 ① 넘을 월, 건널 월(渡). ② 멀 월(遠). ③ 떨 월(超). ④ 이에 월(於). ⑤ 날릴 월(發揚). ⑥ 떨어질 월(墜). ⑦ 나라 월(南蠻總名). 2 ① 부들자리 활(蒲席). ② 실 구멍 활(瑟孔).

書體 小篆 越 草書 城 (高校) 形聲

越畔之思(월반지사 yuèpànzhīsī) 자기 직책을 준수하고 남의 직권을 침범하지 않으려고 근신하는 생각.
越俎(월조 yuèzǔ) 자기 직분을 넘어서 남의 일에 간섭하는 것. 또는 남의 권한을 침범하는 것.

▶ 優越(우월)·移越(이월)·左中越(좌중월)·超越(초월)·追越(추월)·卓越(탁월)·派越(파월).

趙 나라 조:

zhào チョウ, さす pierce
① 조나라 조(國名造父所封). ② 찌를 조(刺). ③ 추창할 조(趨). ④ 오랠 조(久).

趣 뜻/취미 취:

趣趣趣趣趣趣趣趣趣

1 qù シュ, おもむく object 2 ソク meaning

1 ① 추창할 취(趣向疾). ② 뜻 취(指意). 2 재촉할 촉(催).〖促과 같음〗 3 추마 벼슬 추(趣馬掌馬官).

書體 小篆 趣 草書 拫 (高校) 形聲

趣味(취미 qùwèi) ① 정취(情趣)를 이해하고 감상할 수 있는 힘. ② 좋아하여서 하는 것. 즐기는 일. ③ 본업(本業) 이외에 즐기는 것. 곧 전문적인 필요에서 하지 않는 독서(讀書)·서도(書道)·음악·미술 따위.
趣旨(취지 qùzhǐ) 생각 까닭. 취의(趣意).

趣向(취향 qùxiàng) ① 취미(趣味)의 방향(方向). ② 목적(目的)을 정하여 그에 향하는 것.

▶ 妙趣(묘취)·詩趣(시취)·意趣(의취)·雅趣(아취)·情趣(정취)·風趣(풍취)·興趣(흥취).

趣 달아날 추
走 10획 ⑰

1 ⓒ qū ⓙ シュ, おもむく ⓔ run
2 ⓙ スウ ⓔ hasten

1 ① 달아날 추(走也, 行). ② 자주 걸을 추, 추창할 추(趣蹌捷步). 2 빠를 촉(疾).

趣勢(추세 qūshì) ① 되어 가는 형편. 향하여 나아가는 형세(形勢). ② 세상이 되어 가는 형편.

▶ 歸趣(귀추).

足, 足 部
발 족, 발족변

足 발 족
足 0획 ⑦

足足足足足足足

1 ⓒ zú ⓙ ショク, あし ⓔ foot
2 ⓙ ソク, あし

1 ① 발 족(趾). ② 흡족할 족(滿). ③ 그칠 족(止). ④ 넉넉할 족(無欠). 2 ① 더할 주(添物益). ② 아당할 주(足恭偏僻).

書體 小篆 足 草書 ㄟ 中學 象形

足鎖(족쇄 zúsuǒ) 죄인의 발목에 채우던 쇠사슬.

足跡(족적 zújī) ① 발자국. ② 옛날의 업적(業績). 옛 자취. 족허(足下). ③ 편지 받을 사람의 성명(姓名) 아래에 쓰는 존칭의 한 가지.

足恭(주공 zúgōng) 도에 넘은 공경. 지나친 존경.《轉》아첨.

▶ 具足(구족)·具足戒(구족계)·禁足(금족)·滿足(만족)·發足(발족)·不足(부족)·蛇足(사족)·洗足(세족)·手足(수족)·失足(실족)·力不足(역부족)·遠足(원족)·一擧手一投足(일거수일투족)·自給自足(자급자족)·自己滿足(자기만족)·自足(자족)·長足(장족)·充足(충족)·太不足(태부족)·豊足(풍족)·洽足(흡족).

趺 책상다리할 부
足 4획 ⑪

ⓒ fū ⓙ フ, あし
ⓔ sit cross-legged

도사리고 앉을 부(跏趺佛坐).

趺坐(부좌 fūzuò)《佛》발등을 다리 위에 얹고 도사리고 앉는 좌접(坐接). 원만(圓滿) 안좌(安坐)의 뜻을 나타내는 좌법(坐法)임.

▶ 跏趺坐(가부좌)·半跏趺坐(반가부좌).

跆 밟을 태
足 5획 ⑫

ⓒ tái ⓙ タイ, ふむ
ⓔ trample down

밟을 태(蹋).

跆拳(태권 táiquán) 당수(唐手).

跋 밟을 발
足 5획 ⑫

ⓒ bá ⓙ バツ, ふむ ⓔ step on

① 밟을 발(踐也蹋). ② 심지 밑둥 발(燭跋本). ③ 걷고 건널 발(跋涉水草行). ④ 발뒤꿈치 발(足後). ⑤ 뛸 발(跋扈强梁). ⑥ 글 이름 발(書名).

跋文(발문 báwén) 책의 끝에 적는 글.

발사(跋辭). 후서(後序).
跋涉(발섭 báshè) 산을 넘고 물을 건너서 여러 지방으로 돌아다님.
跋扈(발호 báhù) ① 제멋대로 날뜀. ② 사나워서 손을 댈 수 없음. 또는 아랫사람이 제멋대로 권위를 부려 윗사람을 침범함. 〈호(扈)〉는 물속에 넣어서 물고기를 잡는 대[竹]광주리로서 큰 고기는 그것을 뛰어 넘어 도망하므로 쓰이게 된 말〉.

跌 거꾸러질 질

足 5 ⑫

音 diē 日 テツ, つまずく
영 fall down

① 거꾸러질 질(差跌蹶). ② 빨리 달아날 질(疾行).
跌倒(질도 diēdǎo) 발을 헛디디어 거꾸러짐.

▶ 差跌(차질).

跏 책상다리할 가

足 5 ⑫

音 jiā 日 カ, あぐら
영 sit cross-legged

도사리고 앉을 가(跏趺屈曲坐).
跏趺(가부 jiāfū) 《佛》 두 발등을 포개고서 도사려 앉는 좌법(坐法). 결가부좌(結跏趺坐).

跗 발등 부

足 5 ⑫

音 fū 日 フ, あしの こう 영 instep

① 발등 부(足背). ② 껍질 부.
跗坐(부좌 fūzuò) 그릇을 올려놓는 받침.

跛 절름발이 파

足 5 ⑫

1 音 bǒ 日 ハ, びっこ 영 lame person 2 日 ヒ

1 ① 절뚝발이 파(足偏廢). 2 기울어지게 설 피(仄立).
跛蹇(파건 bǒjiǎn) 절름발이.
跛鼈千里(파별천리 bǒbiēqiānlǐ) 절름발이일지라도 천리나 되는 길을 감. 《喻》꾸준히 노력만 한다면 둔한 사람일지라도 성공을 함.
跛者(파자 bǒzhě) 절름발이.
跛行(파행 bǒxíng, háng) 절뚝거리며 걸음.

距 상거(相距)할 거:

足 5 ⑫

距 距 距 距 距 距 距 距 距 距

音 jù 日 キョ, へだたり
영 distance, gap

① 며느리발톱 거(鷄距). ② 지날 거, 상거 거(相距). ③ 뛸 거(躍). ④ 이를 거(至). ⑤ 어길 거(違). ⑥ 겨룰 거(抗). ⑦ 미늘 거(刀鋒倒刺).

書體 小篆 距 草書 距 高校 形聲

距離(거리 jùlí) ① 두 곳 사이의 떨어진 길이. ② 《數》두 점 사이의 간격의 길이. 그 두 점을 연결하는 직선(直線)의 길이로 나타냄.

跡 자취/발자취 적

足 6 ⑬

跡 跡 跡 跡 跡 跡 跡 跡 跡 跡

音 jī 日 セキ, シャク, あと
영 footstep

자취 적(步處前人所留).【迹·蹟과 같음】

書體 篆文 蹟 草書 迹 高校 形聲

跡捕(적포 jībǔ) 뒤를 밟아가서 잡음.

▶ 古跡(고적)·軌跡(궤적)·奇跡(기적)·史跡(사적)·遺跡(유적)·人跡(인적)·潛跡(잠

적)·戰跡(전적)·足跡(족적)·追跡(추적)·筆跡(필적)·行跡(행적)·痕跡(흔적).

跪 꿇어앉을 궤

⊕ guì ⊕ キ, ひざまずく
⊕ kneel down

꿇어앉을 궤.

跪拜(궤배 guìbài) 무릎을 꿇고 절함.
跪捧(궤봉 guìpěng) 무릎을 꿇고 받들어 바침.
跪謝(궤사 guìxiè) 무릎을 꿇고 용서를 빎.
跪坐(궤좌 guìzuò) 무릎을 꿇고 앉음.

路 길 로:

⊕ lù ⊕ ロ, みち ⊕ road, path
① 길 로(道). ② 중요할 로(樞要). ③ 클 로(大). ④ 수레 이름 로(車路). ⑤ 성 로(姓). 〖輅와 통함〗

書體 小篆 踏 草書 泬 中學 形聲

路歧(노기 lùqí) 갈림길. 길이 갈리는 곳.
路毒(노독 lùdú) 여행(旅行)에 시달리어 생긴 피로(疲勞) 또는 병.
路柳墻花(노류장화 lùliǔqiánghuā) 누구든지 꺾을 수 있는 길가의 버들과 담 밑의 꽃.《轉》창부(娼婦).
路面(노면 lùmiàn) 길바닥.
路盤工事(노반공사 lùpángōngshì) 철도를 깔기 위해 그 길바닥을 다듬는 일.
路傍(노방 lùbàng) 길 옆. 길 가.
路傍草(노방초 lùbàngcǎo) 길가에 난 풀.
路邊(노변 lùbiān) 길 가.
路不拾遺(노불습유 lùbùshíyí) 길에 물건이 떨어져 있더라도 주워서 자기가 가지려는 짓을 아니함.《轉》모든 백성이 그처럼 정직할 정도로 나라가 잘 다스려진 모양.
路上(노상 lùshàng) ① 길바닥. ② 길 위. ③ 가는 도중. 중도(中途).
路線(노선 lùxiàn) ① 어느 지점에서 다른 지점에 이르는 도로나 철도(鐵道) 선로(線路) 따위. ② 일정한 목표로 나아가는 길.
路資(노자 lùzī) 먼 길을 오가는 데 소용되는 돈. 노비(路費). 반비(盤費). 노수(路需).
路程(노정 lùchéng) 길의 이수(里數). 여행의 경로. 행정(行程). 여정(旅程).
路標(노표 lùbiāo) 길의 방향·거리 따위를 나타내는 길가나 갈림길에 세운 돌. 또는 나무의 표말뚝. 도표(道標).

▶ 街路(가로)·公路(공로)·歸路(귀로)·岐路(기로)·陸路(육로)·前路(전로)·正路(정로)·直航路(직항로)·進路(진로)·鐵路(철로)·通路(통로)·海路(해로)·行路(행로)·險路(험로)·狹路(협로).

跳 뛸 도/조

⊕ tiào ⊕ チョウ, はねる
⊕ jump ⊕ ⊕ トウ

1 ① 뛸 조(躍也蹀). ② 건널 조(越).
〖越와 같음〗 2 도. 뜻은 1과 같음.

書體 小篆 跳 小篆 跳 草書 沁 高校 形聲

跳躍(도약 tiàoyuè) 뛰어 오름. 훌쩍 뜀.

踐 밟을 천:

【踐(足부8획)의 약자】

踊 뛸 용:

yǒng ヨウ、おどる dance

① 뛸 용(跳). ② 뒤축 없는 신 용(踊貴則足腰). 【踴과 통함】

踊貴(용귀 yǒngguì) 물가가 오름. 물건 값이 비싸짐. 등귀(騰貴).
踊躍(용약 yǒngyuè) ① 뛰어 오름. 훌쩍 뛰면서 좋아함. ② 힘차게 날뛰는 동작의 형용.

▶ 舞踊(무용).

踏 밟을 답

tà, tā トウ、ふむ tread
밟을 답(踐). 【蹋과 같음】

踏步(답보 tàbù) 제자리걸음.
踏査(답사 tàchá) 그 곳에 실지로 가서 자세히 조사함.
踏襲(답습 tàxí) 선인(先人)이 남긴 일을 그대로 밟아 있는 것. 도습(蹈襲). 습용(襲用).

踐 밟을 천:

jiàn セン、ふむ tread upon
밟을 천(蹋也履).

踐歷(천력 jiànlì) ① 여러 곳을 돌아다님. ② 행하여 온 경력. 관직(官職) 따위의 지내온 자취. 벌력(閥歷). 이력(履歷).
踐約(천약 jiànyuē) 약속을 이행함.
踐言(천언 jiànyán) 말한 바를 실행함.

▶ 實踐(실천).

踞 걸어앉을 거:

jù キョ、コ、うずくまる take a seat

걸어앉을 거(踞坐蹲).

踞牀(거상 jùchuáng) 마루 위에서 웅크리고 있음. 걸상에 걸어앉음.
踞侍(거시 jùshì) 웅크리고 옆에서 기다리는 것.
踞坐(거좌 jùzuò) 걸어앉음.
踞廁(거치 jùcè) 뒷간에 웅크리고 앉은 채 사람을 맞이함. 사람을 깔봄. 불근신(不謹愼)한 태도(態度)를 말함.

踦 절름발이 기

yǐ, qī キ、かたあし lame person

① 절름발이 기(一足跛). ② 기울어질 기(傾側).

踦嶇(기구 yǐqū) 험준한 모양.
踦跂(기기 yǐqí) 절름발이. 파건(跛蹇).

踰 넘을 유

yú ユ、こえる overpass

넘을 유(越). 【逾와 통함】

踰年(유년 yúnián) 해를 넘김.
踰嶺(유령 yúlǐng) 고개를 넘음.
踰越(유월 yúyuè) ① 본분을 넘음. 분에 지나침. ② 한도를 넘는 것. 법도를 넘는 것.
踰侈(유치 yúchǐ) 분에 넘치는 호사. 사치의 정도가 지나침.
踰閑(유한 yúxián) 법도를 벗어남. 예의를 지키지 아니함.

踵 발꿈치 종

足 9획 (16)

중 zhǒng 일 ショウ, かかと
영 heel

① 발꿈치 종(足跟). ② 이을 종(踵無繼). ③ 접할 종(接). ④ 인할 종(因). ⑤ 밟을 종(躡).

踵決肘見(종결주견 zhǒngjuézhǒujiàn) 몹시 가난하여 옷과 신이 모두 해짐.

踵接(종접 zhǒngjiē) 발꿈치가 연달아 이음. 곧 사람들이 계속하여 왕래함. 《轉》사물이 뒤를 이어 일어남. 접종(接踵).

▶接踵(접종).

蹂 밟을 유

足 9획 (16)

중 róu 일 ジュウ, ふむ
영 trample down

① 밟을 유(踐也履). ② 쌀 씻을 유(蹂黍).

蹂躪(유린 róulìn) ① 짓밟음. ② 폭력으로 남의 권력을 누름. 유린(蹂躙).
蹂踐(유천 róujiàn) 짓밟음. 유린(蹂躪).

蹄 굽 제

足 9획 (16)

중 tí 일 テイ, ひずめ 영 hoof
① 토끼올무 제. ② 굽 제(獸足).

蹄涔(제잠 tícén) 소나 말의 발자국 속에 고인 물. 아주 적게 고인 물. 《喩》미소(微少)한 것.
蹄形磁石(제형자석 tíxíngcíshí) 말굽자석.

蹅 밟을 사

足 9획 (16)

중 chǎ 일 サ, ふむ 영 tread on

밟을 사(履).

蹇 절 건

足 10획 (17)

중 jiǎn 일 ケン, ちんば
영 limp slightly

① 절 건(跛). ② 험할 건(險難). ③ 교만할 건(偃蹇驕傲).

蹇脚(건각 jiǎnjiǎo) ① 절름발이. ② 절뚝발이.

蹈 밟을 도

足 10획 (17)

중 dǎo 일 トウ, ふむ 영 step

밟을 도(踐).

蹈常襲故(도상습고 dǎochángxígù) 선인(先人)의 의론(議論)·시문(詩文) 또는 주의방침(主義方針)을 도용(盜用)하여 자기 것으로 함.
蹈襲(도습 dǎoxí) =도상습고(蹈常襲故).

▶舞蹈(무도).

蹉 미끄러질 차

足 10획 (17)

중 cuō 일 サ, つまずく 영 slip

① 지날 차(過). ② 미끄러질 차(蹉跎失時).

蹉跌(차질 cuōdiē) ① 거꾸러짐. 발을 헛디디어 넘어짐. ② 실패함.
蹉跎(차타 cuōtuó) ① 발을 헛디디어 넘어짐. ② 시기를 잃음. 기대가 어긋남. ③ 불행하여서 뜻을 얻지 못함. 실패함.

蹟 자취 적

足 11획 (18)

중 jī 일 セキ, シャク, あと
영 traces

사적 적, 행적 적(行蹟, 前事).【迹과 같

蹤 자취 종
足 11 / 18

音 zōng 日 ジョウ, あと 英 traces

자취 종(跡).

蹤跡(종적 zōngjì) ① 사람이 간 뒤. 행방(行方). ② 발자국. 발자취. ③ 뒤에 드러난 형적. 뒷자국. 사적(事跡). ④ 미행함. 추적(追跡).

蹤跡不知(종적부지 zōngjìbùzhī) 있는 곳이나 간 곳을 알 수 없음.

蹴 찰 축
足 12 / 19

音 cù 日 シュク, シュウ, ふむ, ける 英 kick

찰 축, 밟을 축(踏也踏). 【蹵과 같음】

蹴球(축구 cùqiú) ① 제기. 공차기. ② 《運》11사람씩 두 패로 갈려 가죽공을 차서 상대방 문 안에 넣어 승부를 겨루는 경기.

蹴殺(축살 cùshā) 발로 차서 죽임.

蹶 일어설/넘어질 궐
足 12 / 19

1 音 jué 日 ケツ, はねおきる 英 spring up 2 音 juě 日 ケイ

1 ① 쓰러질 궐(僵). ② 미끄러질 궐(跌). ③ 뺄 궐(拔). ④ 뛸 궐(跳). 2 ① 움직일 궤(動). ② 급히 걸을 궤(行遽).

蹶起(궐기 juéqǐ) 벌떡 일어남. 마음먹고 힘차게 분기함.

蹶然(궐연 juérán) 갑자기 뛰어 일어남. 벌떡 일어나는 모양.

躁 조급할 조
足 13 / 20

音 zào 日 ソウ, さわぐ 英 be nervous

① 움직일 조(動). ② 바시댈 조(不靜). ③ 빠를 조(急進疾).

躁狂(조광 zàokuáng) 미쳐 날뜀.

躁急(조급 zàojí) 성질이 참을성 없이 썩 급함. 떠들며 급히 서두름. 조요(躁擾).

躁症(조증 zàozhèng) 조급한 성질.

躁暴(조포 zàobào) 초조하게 굴며 사나움.

躊 머뭇거릴 주
足 14 / 21

音 chóu 日 チュウ, ためらう 英 hesitate

머뭇거릴 주(躊躇進退).

躊躇(주저 chóuchú) 머뭇거림. 망설임.

躍 뛸 약
足 14 / 21

躍 躍 躍 躍 躍 躍 躍 躍 躍

音 yuè 日 ヤク, おどる 英 leap and bound

1 뛸 약(跳也, 進). 2 적. 뜻은 1과 같음.

書體 小篆 躍 草書 躍 (高校) 形聲

躍動(약동 yuèdòng) ① 생기 있고 활발하게 움직임. ② 힘차게 활동함.

躍進(약진 yuèjìn) ① 매우 빠르게 진보함. ② 뛰어 일어나 돌진함. 힘차게 전진함.

▶ 跳躍(도약)·飛躍(비약)·暗躍(암약)·勇躍(용약)·活躍(활약).

躑 머뭇거릴 척
足 15 / 22

音 zhí 日 テキ, たたずむ 英 walk up and down

① 머뭇거릴 척(躑躅跂貌). ② 철쭉꽃 척(躑躅).

躑躅(척촉 zhízhú) ① 보행(步行)이 머뭇거리는 모양. 제자리걸음함. ② 《植》 철쭉.

躪 짓밟을 린
足 20획 (27)

音 lìn 日 リン, ふみにじる
英 trample down

짓밟을 린(踐躪).

躪轢(인력 lìnlì) 짓밟아서 심히 상처를 입힘.

▶ 踐躪(유린).

身 部
몸 신

身 몸 신
身 0획 (7)

身身身身身身身

音 shēn, yuán 日 シン, み 英 body
① 몸 신(躬). ② 아이 밸 신(有身懷孕). ③ 칙지 신, 교지 신(告身, 給符). ④ 몸소 신(親). 【娠과 통함】

書體 小篆 身 草書 身 中學 象形

身老心不老(신로심불로 shēnlǎoxīnbùlǎo) 몸은 늙었으나 마음은 늙지 않았음.
身命(신명 shēnmìng) 몸과 목숨. 생명(生命). 구명(軀命).
身分(신분 shēnfèn) ① 상하·존비(尊卑)의 별(別). 곧 개인의 사회적인 지위와 계급. ②《法》 법률상의 특수한 지위와 자격.
身數(신수 shēnshù) 그 사람이 지닌 운수.
身元(신원 shēnyuán) ① 출생·신분·성행(性行) 따위의 일체. ② 일신상(一身上)의 관계.

▶ 屈身(굴신)·單身(단신)·等身(등신)·滿身(만신)·法身(법신)·保身(보신)·終身(종신)·出身(출신)·獻身(헌신)·化身(화신).

躬 몸 궁
身 3획 (10)

音 gōng 日 キュウ, み, みずから
英 body, for oneself 【躳과 같음】

① 몸 궁(身). ② 몸소 궁(親也, 實踐躬行). ③ 몸소 행할 궁(親行).

躬行(궁행 gōngxíng) 몸소 행함. 실천함.

躶 벌거벗을 라
身 8획 (15)

音 luǒ 日 ラ, はだか 英 naked
① 벌거벗을 라(赤體). ② 털 없는 벌레 라(躶蟲).【裸와 같음】

躶身(나신 luǒshēn) 발가벗은 알몸. 나체(裸體).

軀 몸 구
身 11획 (18)

音 qū 日 ク, からだ
英 body, stature

허우대 구, 몸 구(四體).

軀殼(구각 qūké) 몸. 육체(肉體). ↔ 정신(精神).
軀幹(구간 qūgàn) ① =구체(軀體). ②《生》몸의 동부(軀體). 몸통.
軀命(구명 qūmìng) 몸과 목숨. 신명(身命).

▶ 巨軀(거구)·老軀(노구)·體軀(체구).

軆 몸 체
身 13획 (20)

【體(骨부13획)의 속자】

車部

수레 거, 수레 차

車 수레 거/차

車車百百百車車

1 音 chē 日 キョ, くるま 英 waggon
2 音 jū 日 シャ 英 vehicle

1 ① 수레 **거**(輅也, 輿輪總名). ② 그물 **거**(문車網名). ③ 잇몸 거(齒根).
2 **차**. ① 뜻은 1과 같음. ② 성 **차**(姓).

書體 小篆 車 草書 车 (中學) 象形

車軌(거궤 chēguǐ) 수레가 지나간 자국. 차철(車轍).
車馬(거마 chēmǎ) 차(車)와 말. 수레에 맨 말. 탈것의 통칭(通稱).
車軸(거축·차축 chēzhóu) 수레바퀴의 굴대.
車輻(거폭 chēfú) 수레의 바퀴살. 《轉》 의장병(儀仗兵).
車輛(차량 chēliàng) ① 수레의 총칭. ② 연결된 기차의 한 칸.
車線(차선 chēxiàn) 한 개의 차량이 지나가게 된 넓이.

軋 삐걱거릴 알

音 yà, gá, zhá 日 アツ, きしる 英 creak

① 앗을 알(勢相傾). ② 편할 알(軮軋無涯際). ③ 수레 삐걱거릴 알(車輾).

軋轢(알력 yàlì) ① 수레가 삐걱거림. 서로 스쳐감. ② 의견(意見)이 맞지 않아 서로 충돌(衝突)이 됨. 불화(不和). 반목(反目). 분쟁(紛爭).

軌 수레바퀴 궤

軌軌軌軌軌軌軌軌

音 guǐ 日 キ, わだち 英 track

① 굴대 궤(車軸兩轍閒). ② 법 궤(法也則). ③ 좇을 궤(循).

書體 小篆 軌 草書 軌 (高校) 形聲

軌道(궤도 guǐdào) ① 차가 지나간 뒤의 선. 바퀴 자리. ② 차가 다니는 길. ③ 기차나 전차를 운행하기 위하여 궤철(軌鐵:레일)을 깔아 놓은 길. 철로(鐵路). 철도(鐵道). ④《天》천체가 공전하는 일정한 길. ⑤《物》물체가 일정한 힘에 작용되어 운동할 때에 그리는 일정한 경로. ⑥ 정해져 있는 길을 통과함. 또는 그 길. ⑦ 바른 길을 좇음.
軌範(궤범 guǐfàn) ① =궤도(軌道). ②《哲》판단(判斷)·행위(行爲) 또는 평가 따위의 근본이 되는 규준(規準)이나 원리. 규범(規範).
軌跡(궤적 guǐjì) ① 수레바퀴가 지나간 자국. ② 선인(先人)의 행적(行跡). ③《數》기하학에서 어떤 일정한 조건에 적합한 점을 연결한 선.
軌迹(궤적 guǐjì) ① =궤적(軌跡). ②《轉》선인(先人)이 밟은 바른 행위(行爲)의 행적(行跡).

▶ 廣軌(광궤)·本軌(본궤)·不軌(불궤)·常軌(상궤)·狹軌(협궤).

軍 군사 군

軍軍軍軍軍軍軍軍

音 jūn 日 グン, いくさ
英 army, military

① 군사 군(衆旅). ② 진칠 군(師所駐).

書體 小篆 軍 草書 軍 (中學) 會意

軍紀(군기 jūnjì) 군대의 규율 또는 풍기. 군율(軍律).

軍機(군기 jūnjī) 군사상의 비밀로서 함부로 드러내지 못할 중요한 일.

軍團(군단 jūntuán) 《軍》두 개 이상의 사단(師團)으로 편성된 군대편제(軍隊編制).

軍隊(군대 jūnduì) 일정한 규율 아래 조직 편제(編制)된 장병(將兵)의 집단(集團). 병대(兵隊).

軍閥(군벌 jūnfá) ① 군인의 파벌. ② 군부(軍部)를 배경으로 하거나 중심으로 한 정치적 당파나 세력.

軍師(군사 jūnshī) ① 전략을 세우는 사람. 참모(參謀). ② 병법에 대한 지식이 깊은 사람. ③ 무슨 일에 대해서도 책략에 능숙한 사람. 책사(策士).

軍需(군수 jūnxū) 군사상의 수요(需要). 또는 군사상에 필요한 물자(物資). ↔ 민수(民需).

軍裁(군재 jūncái) 군법 회의.

軍政(군정 jūnzhèng) ① 군사에 관한 행정 사무. ② 군시(軍時) 또는 사변(事變) 때에 군대의 힘에 의하여 행하는 정치.

軍縮(군축 jūnsuō) 군비축소(軍備縮小)의 약어.

▶ 減軍(감군)·強軍(강군)·建軍(건군)·孤軍奮鬪(고군분투)·空軍(공군)·官軍(관군)·國軍(국군)·農軍(농군)·多國籍軍(다국적군)·獨不將軍(독불장군)·叛軍(반군)·水軍(수군)·我軍(아군)·女軍(여군)·倭軍(왜군)·友軍(우군)·援軍(원군)·陸軍(육군)·陸海空軍(육해공군)·義勇軍(의용군)·將軍(장군)·敵軍(적군)·賊軍(적군)·全軍(전군)·從軍(종군)·創軍(창군)·千軍萬馬(천군만마)·撤軍(철군)·海軍(해군)·行軍(행군)·回軍(회군).

軒 집 헌

3획 / 10획

軒軒軒軒軒軒軒軒軒軒

중 xuān 일 ケン, のき 영 eaves

① 초헌 헌(大夫車). ② 껄껄 웃을 헌(軒渠笑貌). ③ 주적댈 헌(自得貌). ④ 풍류 틀 헌(軒縣樂設). ⑤ 추녀 끝 헌(檐宇). ⑥ 고기 굵게 저밀 헌(肉膾麤切).

書體 小篆 軒 草書 軒 高校 形聲

▶ 東軒(동헌).

軟 연할 연:

4획 / 11획

軟軟軟軟軟軟軟軟軟

중 ruǎn 일 ゼン, ナン, やわらか 영 soft

부드러울 연, 연할 연(柔). 【輭의 속자】

書體 草書 軟 高校 形聲

軟骨(연골 ruǎngǔ) 《生》물렁물렁하고 탄력성 있는 뼈. 곧 관절의 양쪽 뼈와 콧마루·귓바퀴 등에 있는 뼈. 《轉》의지가 약하여 무슨 일에 대해서도 반대를 못하는 사람. 나이가 어린 사람.

軟禁(연금 ruǎnjìn) 정도가 너그러운 감금. 신체적 자유는 구속하지 않고 다만 외부와의 연락을 허락하지 않고, 어느 종류의 제한 또는 감시를 하는 일.

▶ 柔軟(유연).

軸 굴대 축

5획 / 12획

중 zhóu, zhòu 일 ジク, よこがみ 영 axle

① 바디집 축(杼軸, 織具). ② 질책 축(卷軸書帙). ③ 속바퀴 축(轂乎). ④ 앓을 축(病). ⑤ 중요할 축(中心樞要).

軸索突起(축색돌기 zhóusuǒtūqǐ) 신경세포가 가진 두 가지의 돌기 가운데 흥분을 원심적(遠心的)으로 전도

하는 구실을 하는 것. →신경섬유(神經纖維).

▶ 卷軸(권축)·基軸(기축)·機軸(기축)·主軸(주축)·地軸(지축)·車軸(차축)·天方地軸(천방지축)·樞軸(추축)·回轉軸(회전축).

輕 가벼울 경
【輕(車부7획)의 속자】

較 비교할/견줄 교

① jiào ② カク, くらべる
③ compare ② コウ

① ① 수레 귀 각(車耳車上曲銅). ② 밝을 각(較然明). ③ 대강 각(大較略). ④ 다툴 각(獵較競). ② 비교할 교(比較相角不等).【校와 같음】

篆文 較 草書 較 (高校) 形聲

▶ 比較(비교)·年較差(연교차)·日較差(일교차).

載 실을 재:

①-⑩ zài ⑪ zǎi ② サイ, のせる ③ load, record

① 실을 재(乘). ② 이길 재(勝). ③ 비롯할 재(始). ④ 일 재(事). ⑤ 가득할 재(滿). ⑥ 운전할 재(運). ⑦ 어조사 재(語助辭). ⑧ 받을 재(受). ⑨ 쓸 재(記). ⑩ 곧 재(則). ⑪ 해 재(年).

小篆 載 草書 载 (高校) 形聲

載積(재적 zǎijī) 실어 쌓음.

▶ 揭載(게재)·記載(기재)·登載(등재)·滿載(만재)·連載(연재)·積載(적재)·轉載(전재)·搭載(탑재)·艦載(함재).

輓 끌/애도할 만:

③ wǎn ② バン, ひく
③ pull a waggon

① 수레 끌 만(引車). ② 애도할 만(哀悼).【挽과 통함】

輓歌(만가 wǎngē) ① 상여를 메고 갈 때 부르는 노래. ② 죽은 사람을 애도(哀悼)하는 노래. 만가(挽歌).
輓詞(만사 wǎncí) 죽은 이를 슬퍼하여 지은 글.
輓章(만장 wǎnzhāng) 죽은 이를 슬퍼하여 지은 글. 장사 때 비단 또는 헝겊에 적어서 기를 만들어 상여 뒤를 따름. 만시(輓詩)·만사(輓詞).

輔 도울 보:

③ fǔ ② ホ, フ, ほおぼね
③ cheekbone

① 수레 덧방나무 보(兩旁夾車木). ② 광대뼈 보(頰骨). ③ 도울 보(弼也, 助).
輔國(보국 fǔguó) ① 나라 일을 도움. ② 보국숭록대부(輔國崇祿大夫)의 약어.
輔仁(보인 fǔrén) 친밀한 벗끼리 서로 도와서 인덕(仁德)을 닦음.
輔佐人(보좌인 fǔzuǒrén) ① 보좌하는 사람. ②《法》민사 소송에 있어서 당사자 또는 소송 대리인과 더불어 기일에 출석하여 그 진술을 보충하는 사람.
輔弼(보필 fǔbì) 천하의 정사(政事)를 도움.《轉》재상(宰相).

輕 가벼울 경

qīng ケイ, かるい light
① 가벼울 경(不重). ② 천할 경(踐). ③ 빠를 경(疾). ④ 업신여길 경(侮).

書體 小篆 輕 草書 軽 中學 形聲

輕擧妄動(경거망동) qīngjǔwàngdòng 가볍고 분수없이 행동함. 도리나 사정을 생각하지 아니하고 경솔하게 행동함.
輕妄(경망) qīngwàng 말이나 행동이 경솔함. 방정맞음.
輕蔑(경멸) qīngmiè 깔보고 업신여김. ↔존경(尊敬).
輕薄(경박) qīngbó ① 침착(沈着)하지 못함. 경솔(輕率)함. ② 겉치레뿐이고 성실성(誠實性)이 없음. ③ 행동이 경솔하고 생각이 천박(淺薄)함.
輕敵必敗(경적필패) qīngdíbìbài 적을 업신여기면 반드시 실패함.
輕忽(경홀) qīnghū 경솔하고 소홀함.

輛 수레 량:

liàng リョウ, くるまの かず number of waggon
① 백 수레 량(百乘). ② 수레 수효 량(車數詞).【兩 통합】

▶ 車輛(차량).

輝 빛날 휘

輝輝輝輝輝輝輝輝輝輝
huī キ, かがやき
brightness
빛날 휘(光).

書體 篆文 煇 草書 輝 高校 形聲

輝光(휘광) huīguāng 빛이 남. 비치는 빛.

輝映(휘영) huīyìng 밝게 비침.
輝耀(휘요) huīyào 밝게 빛남.
輝煌(휘황) huīhuáng 광채(光彩)가 눈부시게 빛남.

▶ 光輝(광휘).

輦 가마 련

niǎn レン, てぐるま
royal carriage
① 연 련(玉輦駕人以行). ② 당길 련(輓運). ③ 궁중의 길 련(宮道曰輦道京師曰輦下).
輦道(연도) niǎndào ① 궁중의 길. ② 임금의 수레만이 내왕(來往)하는 길.
輦輿(연여) niǎnyú 임금이 타는 수레. 여련(輿輦).

輩 무리 배:

輩輩輩輩輩輩輩輩輩輩輩
bèi ハイ, ともがら
party, faction
① 무리 배(類). ② 견줄 배(比). ③ 순서 배(排列).

書體 小篆 輩 草書 輩 高校 形聲

輩出(배출) bèichū 연달아 많이 나옴.

▶ 奸臣輩(간신배)·大先輩(대선배)·同年輩(동년배)·謀利輩(모리배)·不良輩(불량배)·先輩(선배)·先後輩(선후배)·年輩(연배)·雜人輩(잡인배)·政商輩(정상배)·暴力輩(폭력배)·後輩(후배).

輪 바퀴 륜

輪輪輪輪輪輪輪輪輪輪
lún リン, わ wheel
① 바퀴 륜(車所以轉). ② 땅 길이 륜

(廣輪九州域縱橫). ③ 우렁찰 **륜**(輪焉高大). ④ 서릴 **륜**(輪困委曲). ⑤ 돌 **륜**(輪轉廻旋). ⑥ 둘레 **륜**(外周).

輪廓(윤곽 lúnkuò) ① 겉모양. ② 테두리. ③ 개관(概觀).
輪作(윤작 lúnzuò) 같은 땅에 여러 가지 농작물을 해마다 바꾸어 경작하는 것.
輪廻(윤회 lúnhuí) ① 차례로 돌아감. ②《佛》수레 바퀴가 돌고 돌아 끝이 없는 것과 같이 중생(衆生)의 영혼은 육체와 함께 멸하지 않고 전전(轉傳)하여 무시무종(無始無終)으로 돈다고 함. 윤회생사(輪廻生死)의 약어.

▶ 半輪(반륜)·法輪(법륜)·年輪(연륜)·五輪(오륜)·月輪(월륜)·一輪(일륜)·日輪(일륜)·車輪(차륜)·花輪(화륜).

輯 모을 집

🅒 jí 🅙 シュウ, あつまる
🅔 gather, collect

① 화목할 **집**(和世睦). ② 걷을 **집**(斂). ③ 모을 **집**(聚). ④ 모일 **집**(集合).
輯成(집성 jíchéng) 여럿을 모아서 한 가지의 서적(書籍) 따위를 완성함.
輯載(집재 jízǎi) 편집을 하여 기재(記載)함.

▶ 編輯(편집)·特輯(특집).

輸 굴릴/보낼 수

🅒 shū 🅙 シュ, おくる
🅔 transport

① 떨어뜨릴 **수**(墜). ② 쏟을 **수**(寫). ③ 질 **수**(輸贏勝負). ④ 보낼 **수**(送). ⑤ 수운할 **수**(委輸). ⑥ 짐바리 **수**(所送物).

輸送(수송 shūsòng) ① 기차·비행기·자동차 따위로 사람이나 물건을 실어 보냄. ② 실어서 보냄.
輸入(수입 shūrù) 외국에서 상품(商品)을 들여옴. ↔ 수출(輸出).
輸出(수출 shūchū) 외국(外國)으로 상품(商品)을 보냄.
輸血(수혈 shūxuè)《醫》중병(重病) 환자에게 수혈할 수 있는 혈액형의 피를 가진 건강한 사람의 피를 뽑아 환자의 혈관에 주사하는 것.

▶ 空輸(공수)·禁輸(금수)·密輸(밀수)·運輸(운수)·直輸(직수).

輻 바퀴살 복/폭

🅒 fú 🅙 フク, や 🅔 spokes

1 바퀴살 **복**(輪輹). **2** 바퀴살통 **폭**(輻轅競聚).
輻射(복사 fúshè)《物》① 중앙의 한 점으로부터 둘레로 내쏨. ② 빛이나 열이 결을 이루어 일정한 속도로 공간을 진행하는 현상.
輻輳(폭주 fúcòu) 여러 가지 물건이 한데 모여듦. 폭주(輻湊).
輻輳并臻(폭주병진 fúcòubìngzhēn) 수레바퀴 살이 모두 가운데 있는 바퀴 통으로 모여드는 것 같이 한 곳으로 모든 것이 몰리어 드는 모양을 이르는 말.

輾 돌아누울 전:

1 🅒 zhǎn 🅙 テン, まろぶ 🅔 roll about **2** 🅒 niǎn 🅙 デン

1 ① 돌아누울 **전**(轉之半). ② [國字] 타작 **전**(打稻). **2** 연자매 **년**(轉輪治

穀).

輾轉(전전 zhǎnzhuǎn) 잠을 못 이루고 뒤적임. 돌아누움. 〈輾은 반전(反轉), 轉은 일회전(一回轉)〉. 옆으로 돌아누워도 편안하게 잠이 안 온다는 말.

輾轉反側(전전반측 zhǎnzhuǎnfǎncè) = 전전불매(輾轉不寐).

輾轉不寐(전전불매 zhǎnzhuǎnbùmèi) 이리저리 뒤척이며 잠을 이루지 못함.

輿 수레 여:

획10 총17

輿 輿 輿 輿 輿 輿 輿 輿 輿

음 yú 일 ヨ, こし 영 sedan chair

① 수레 바탕 여(車底). ② 천지 여(堪輿天地總名). ③ 기운 어릴 여(扶輿佳氣). ④ 무리 여(衆). ⑤ 비롯할 여(權輿始). ⑥ 짐질 여(負荷). ⑦ 남여 여(舁輿).

書體 小篆 輿 草書 輿 高校 形聲

輿駕(여가 yújià) 임금이 타는 수레.
輿論(여론 yúlùn) 일반적으로 공통되는 공론(公論). 세론(世論).
輿望(여망 yúwàng) 여러 사람의 기대.

▶ 喪輿(상여).

轂 속바퀴 곡

획10 총17

음 gǔ 일 コク, こしき 영 hub

① 속바퀴 곡, 바퀴통 곡(車輻所湊). ② 천거할 곡(推轂薦人).

轂擊肩摩(곡격견마 gǔjījiānmó) 수레 바퀴통끼리 맞부딪침과, 사람어깨끼리 맞비빈다는 뜻으로 번화하게 사람이 많이 모여 드는 모양을 나타내는 말.

轂下(곡하 gǔxià) 임금의 밑. 임금의 슬하.

轄 다스릴 할

획10 총17

음 xiá 일 カツ, とりしまる
영 control, govern

① 굴대빗장 할(車軸鐵鍵). ② 수레 소리 할(車聲). ③ 맡아볼 할(管轄).

▶ 管轄(관할)·分轄(분할)·直轄(직할)·直轄市(직할시)·統轄(통할).

轉 구를 전:

획11 총18

轉 轉 轉 轉 轉 轉 轉 轉 轉

①-⑤ zhuǎn ⑥⑦ zhuàn
일 テン, ころぶ 영 roll over

① 구를 전(動運). ② 돌아누울 전(輾轉旋). ③ 넘어질 전(倒). ④ 돌 전(回). ⑤ 변할 전(變遷). ⑥ 옮길 전(遷). ⑦ 굴릴 전(運之).

書體 小篆 轉 草書 轉 高校 形聲

轉嫁(전가 zhuǎnjià) ① 다른 데로 다시 시집감. 재혼. ② 자기의 허물이나 책임 따위를 남에게 덮어씌움.
轉結(전결 zhuǎnjié) 한시(漢詩) 절구(絕句)의 셋째 구와 넷째 구.
轉機(전기 zhuǎnjī) 사물이 어떤 상태에서 다른 상태로 바뀌는 기회나 때.
轉訛(전와 zhuǎn'é) 어떤 말이 그릇 전하여 본래의 뜻과는 다른 말이 됨.
轉移(전이 zhuǎnyí) ① 장소를 옮김. 옮김. 전사(轉徙). ②〔醫〕한 장기의 암종(癌腫)이 딴 장기로 옮아 새로운 종양을 만들음.
轉載(전재 zhuǎnzǎi) 신문·잡지 따위에서 이미 발표된 기사를 딴 데에다 다시 옮겨 실음.
轉轉(전전 zhuǎnzhuǎn) ① 다음에서

다음으로 바뀌어 변하여 가는 모양. ② 점점. 차차. ③ 여기저기 굴러다니는 모양.

轉注(전주 zhuǎnzhù) 한자 육서(六書)의 한 가지. 글씨의 뜻이 바뀌어 딴 뜻으로 쓰이는 것. 보통 그 음도 바뀌어짐. →육서(六書).

轉禍爲福(전화위복 zhuǎnhuòwéifú) 재화(災禍)가 바뀌어 오히려 복이 됨.

▶ 公轉(공전)·反轉(반전)·變轉(변전)·旋轉(선전)·運轉(운전)·流轉(유전)·移轉(이전)·自轉(자전)·回轉(회전).

轍 바퀴자국 철
車 12 ⑲

중 zhé 일 テツ, わだち
영 wheel-marks

바퀴자국 철(車迹).

轍鮒之急(철부지급 zhéfùzhījí) 수레바퀴 자국에 괸 물에 있는 붕어의 위급한 형세.《喩》몹시 위급한 환경 속에 있는 사람.

轍迹(철적 zhéjì) ① 수레바퀴가 지나간 자국. ② 전차(戰車)가 지나간 자취와 말굽의 흔적.

▶ 前轍(전철).

轎 가마 교
車 12 ⑲

중 jiào 일 キョウ, かご
영 palanquin

① 가마 교(竹轎). ② 남여 교(籃轎小車).

轎馬(교마 jiàomǎ) 오가는 데 쓰는 가마와 말.

轎夫(교부 jiàofū) 가마를 매어 주고 삯을 받는 사람. 교군(轎軍).

轎子(교자 jiàozi) 가마. 견여(肩輿).〈子는 조사(助辭)〉

轟 울릴/수레 소리 굉
車 14 ㉑

중 hōng 일 コウ, とどろく
영 thunderous

① 수레 모는 소리 굉(車聲). ② 울릴 굉(大砲雷鳴轟).

轟飮(굉음 hōngyǐn) 함부로 술을 마심. 광음(狂飮). 굉취(轟醉).

轟醉(굉취 hōngzuì) 술에 몹시 취함. 만취(滿醉).

轟沈(굉침 hōngshēn) 함선(艦船)을 포격하여 침몰시키는 것.

轢 차에 치일/삐걱거릴 력
車 15 ㉒

중 lì 일 レキ, ラク, ふみにじる
영 creak

① 수레바퀴에 치일 력(輘轢車陵踐). ② 서로 부닥칠 력(軋).

轢死(역사 lìsǐ) 차에 치어 죽음.
轢殺(역살 lìshā) 차로 치어 죽임.
轢蹙(역축 lìcù) 눌러 오그라뜨림.

▶ 軋轢(알력).

轡 고삐 비:
車 15 ㉒

중 pèi 일 ヒ, たづな 영 reins

고삐 비(馬轡靶).

轡長則踏(비장즉답 pèichángzétà)《國》고삐가 길면 밟힌다.《喩》나쁜 짓을 오래 계속하면 끝내 들키고 만다는 뜻.

轡銜(비함 pèixián) 고삐와 재갈. 만륵(轡勒).

辛 部

매울 신

辛 매울 신

辛辛辛辛辛辛辛

음 xīn 일 シン, からい
영 hot, pungent

① 매울 신(金味艱苦悲酸). ② 고생 신(辛苦). ③ 혹독할 신(苛酷). ④ 여덟째 천간 신(天干第八位).

書體 小篆 辛 草書 辛 (中學) 象形

辛艱(신간 xīnjiān) 대단히 어려움. 쓰라린 괴로움.
辛辣(신랄 xīnlà) ① 맛이 몹시 쓰고 매움. ② 심히 엄격(嚴格)함.
辛時(신시 xīnshí) 24시(四時)의 20째. 곧 하오 6시 반부터 7시 반까지.
辛楚(신초 xīnchǔ) 대단한 괴로움.

▶ 苦辛(신고).

辝 말씀 사

【辭(辛부12획)의 속자】

辣 매울 랄

음 là 일 ラツ, からい
영 pungent, servere

① 몹시 매울 랄(味辛甚). ② 매서울 랄(酷烈).

▶ 辛辣(신랄).

辦 힘들일 판

음 bàn 일 ベン, つとめる
영 make efforts

① 힘들일 판(致力). ② 갖출 판(具).

▶ 買辦(매판).

辨 분별할 변:

辨辨辨辨辨辨辨辨辨

음 biàn 일 ベン, わきまえる
영 distinguish

① 판단할 변(判). ② 분별할 변(別). ③ 구별할 변(區別). ④ 아홉 갈피 변(井地九夫爲辨). ⑤ 구비할 변(具).

書體 小篆 辨 草書 辨 (高校) 形聲

辨說(변설 biànshuō) 일의 잘잘못을 가려 말함.
辨證法(변증법 biànzhèngfǎ) ① 변론의 술(術). ②《哲》헤겔이 주장한 철학의 방법. 세계는 모순(矛盾)에 차 있고, 모순은 더욱 높은 처지에서 통일됨으로써 해결되는 것으로 이러한 모순과 통일을 되풀이하면서 세계는 발전해 나간다고 보는 사고 방식.

▶ 思辨(사변).

辭 말씀 사

辭辭辭辭辭辭辭辭辭辭

음 cí 일 ジ, ことば 영 words, speech

① 말씀 사(言). ② 사례할 사(別去). ③ 사양할 사(去不受). ④ 글 사(文章). ⑤ 감사할 사(謝禮). ⑥ 거절할 사(不應).

書體 小篆 辭 大篆 辭 草書 辭 (高校) 形聲

辭訣(사결 cíjué) 작별의 인사를 함.
辭令(사령 cíling) ① 말 주변. ② 사령

장(辭令狀)의 약어.

辭書(사서 císhū) ① 단어나 어귀를 모아 일정한 차례로 벌여 놓고, 그 발음과 뜻을 풀어 적은 책. 사전(辭典). ② ＝사표(辭表).

辭讓(사양 círàng) 자기에게 이로운 일을 겸손히 사절하거나 남에게 양보함.

辭典(사전 cídiǎn) ＝사서(辭書).

辭表(사표 cíbiǎo) 사직(辭職)의 뜻을 적어 제출하는 문서. 사장(辭狀).

▶ 謙辭(겸사)·固辭(고사)·告辭(고사)·答辭(답사)·遁辭(둔사)·美辭(미사)·修辭(수사)·飾辭(식사)·式辭(식사)·言辭(언사)·祝辭(축사)·致辭(치사)·訓辭(훈사).

辛 14 ㉑ **辯** 말씀 **변:**

[중] biàn [일] ベン, かたる, わける
[영] eloquence

① 말 잘할 **변**(善言). ② 풍유할 **변**(諷諭). ③ 논쟁할 **변**(論爭). ④ 가릴 **변**(分別).

[書體] 小篆 草書 [高校] 形聲

辯巧(변교 biànqiǎo) 말솜씨가 훌륭함.

辯舌(변설 biànshé) 말솜씨. 입담 있게 잘하는 말솜씨. 변구(辯口).

辯才(변재 biàncái) ① 말 재주. ② 변설(辯舌)과 지능(知能). ③《佛》 법의(法義)를 잘 해설하는 재능.

辯護(변호 biànhù) 남의 이익을 위하여 변명함.

▶ 强辯(강변)·巧辯(교변)·口辯(구변)·詭辯(괴변)·論辯(논변)·訥辯(눌변)·能辯(능변)·雄辯(웅변)·抗辯(항변).

辰 部

별 **진**

辰 0 ⑦ **辰** 별 **진** 날 **신**

[1] [중] chén [일] シン, たつ [영] time
[2] [일] シン, とき

[1] ① 때 **진**(時). ② 다섯째지지 **진**(地支第五位). ③ 별 **진**(日月合宿謂之辰). ④ 북두성 **진**(北辰天樞). ⑤ **진시** 진(上午八時). [2] 날 **신**(日也生辰).

[書體] 小篆 古文 草書 [中學] 象形

辰方(진방 chénfāng) 방위의 이름. 동동남(東東南).

辰宿(진수 chénsù) 온갖 성좌(星座)의 별들. 성수(星宿).

辰月(진월 chényuè) 월건(月建)이 진(辰)으로 된 달. 곧 음력 3월.

辰日(진일 chénrì) 일진(日辰)이 진(辰)으로 된 날.

辰坐(진좌 chénzuò) 묏자리나 집터 따위가 진방(辰方) 곧, 동남동에서 서북서를 향해 앉은 자리.

▶ 佳辰(가신)·嘉辰(가신)·吉辰(길신)·星辰(성신)·日辰(일진)·壬辰倭亂(임진왜란).

辰 3 ⑩ **辱** 욕될 **욕**

[중] rǔ [일] ジョク, はすかしめる
[영] disgrace, shame

① 욕될 **욕**(恥). ② 굽힐 **욕**(屈). ③ 더럽힐 **욕**(汙). ④ 욕할 **욕**(僇). ⑤ 고마워할 **욕**(辱知).

辱及父兄(욕급부형 rǔjífùxiōng) 자제(子弟)의 잘못이 부형에게까지 욕되게 함.

辱說(욕설 rǔshuō) ① 남을 저주하는 말. ② 남을 미워하는 말. ③ 남의 명예를 더럽히는 말.

▶ 屈辱(굴욕)·侮辱(모욕)·逢辱(봉욕)·雪辱(설욕)·榮辱(영욕)·汚辱(오욕)·忍辱(인욕)·恥辱(치욕).

農 농사 농

🔊 nóng 🇯🇵 ノウ, ドウ, たつくる
🇬🇧 agriculture

① 농사 농(耕種闢土植穀). ② 힘쓸 농(勉).

書體 小篆 農 大篆 農 草書 農 中學 會意

農耕(농경 nónggēng) 전답을 가는 일. 곧 농사.

農旗(농기 nóngqí) 농촌에서 흔히 부락 단위로 만들어 농사철에 풍악을 치고 농사일을 하면서 꽂아 놓는 기.

農繁期(농번기 nóngfánqī) 농사일이 바쁜 시기. 농시(農時). ↔농한기(農閒期).

農樂(농악 nónglèyuè) 농부들의 취주악(吹奏樂)·나발·징·꽹과리·북·소고 따위를 불며 치는 것.

農藥(농약 nóngyào) 농산물이나 가축의 병충해를 구제(驅除)하는 데 쓰는 약품.

農謠(농요 nóngyáo) 농부들이 부르는 속요(俗謠). 농부가(農夫歌).

農蠶(농잠 nóngcán) 농사짓는 것과 누에치는 것. 농상(農桑).

農村振興(농촌진흥 nóngcūnzhènxīng) 농촌의 실력을 향상시키는 일.

▶ 勸農(권농)·酪農(낙농)·都農(도농)·貧農(빈농)·士農工商(사농공상)·小作農(소작농)·營農(영농)·有機農(유기농)·離農(이농)·自作農(자작농)·在村股農(재촌탈농)·低農藥(저농약)·田農(전농)·專業農(전업농)·破農(파농)·協同農場(협동농장).

辵, 辶, 辶 部

쉬엄쉬엄 갈 **착**, 책받침

辺 가변

【邊(辵부15획)의 약자】

辻 네거리 십

🔊 shí 🇯🇵 つじ 🇬🇧 cross-road

① 네거리 십(四街里, 十字路). ② 큰길 십(大道路).

込 담을 입

🔊 rù 🇯🇵 こむ, こめる
🇬🇧 get between

① 담을 입(入滿之意). ② 낄 입, 찰 입(入). ③ 할 입(爲). ④ 모을 입(群集).

迂 에돌 우

🔊 yū 🇯🇵 ウ, まがる 🇬🇧 circuitous

① 굽을 우(曲). ② 피할 우(避). ③ 멀 우(遠也闊).

迂鈍(우둔 yūdùn) 세상(世上)일에 어둡고 둔함.

迂路(우로 yūlù) 멀리 구부러져 돌아

중 나갈 영(出迎).

迅 빠를 신

xùn ジン, シン, はやい
rapid, speedy

① 빠를 신(疾). ② 억셀 신(狼子有力).

迅擊(신격 xùnjī) 몹시 빠르게 침. 급격(急擊).
迅速(신속 xùnsù) 대단히 빠름.

▶ 迅擊(신격)·迅急(신급)·迅雷(신뢰)·迅速(신속)·迅羽(신우)·迅雨(신우)·迅走(신주).

迄 이를 흘

qì キツ, いたる
reach, arrive

① 이를 흘(至). ② 이르러 미칠 흘(以迄). ③ 마침 흘(竟).

过 지날 과:

【過(辵부9획)의 약자】

迎 맞을 영

① ② yíng ゲイ, むかえる
welcome ③ ④ ギョウ,
receive

① 맞을 영(逆也接). ② 만날 영(逢).
③ 장가들어 올 영(親迎壻逆婦). ④ 마중 나갈 영(出迎).

迎賓(영빈 yíngbīn) 손님을 맞음.
迎入(영입 yíngrù) 맞아들임.
迎接(영접 yíngjiē) 손님을 맞아 대접함.
迎合(영합 yínghé) ① 남의 마음에 들도록 힘씀. ② 미리 기일을 약속(約束)하고 회합(會合)함.

▶ 奉迎(봉영)·逢迎(봉영)·送迎(송영)·親迎(친영)·歡迎(환영).

近 가까울 근:

jìn キン, ちかい near
コン approach

① 가까울 근(不遠). ② 천할 근(通俗).
③ 알기 쉬울 근(易). ④ 닮을 근(似).
⑤ 일맞을 근(切實). ⑥ 친척 근(近親).
⑦ 거의 근(庶幾). ⑧ 가까이할 근(附也親).

近郊(근교 jìnjiāo) 도시에 가까운 주변.
近隣(근린 jìnlín) 가까운 이웃.
近墨者黑(근묵자흑 jìnmòzhěhēi) 먹을 가까이 하면 검어진다는 말. 《喩》악한 사람을 가까이 하면 그 버릇에 물들기 쉽다는 뜻.
近傍(근방 jìnbàng) 아주 가까운 곁.
近似(근사 jìnsì) ① 아주 비슷함. ② 그럴싸하게 좋음.
近因(근인 jìnyīn) 가까운 원인. 직접적인 원인.
近朱近墨(근주근묵 jìnzhūjìnmò) 붉은 것에 가까이 하면 붉어지고, 검은 것에 가까이 하면 검어짐. 《喩》사람이 그 환경에 따라 변하여 감.

近處(근처 jìnchù) 가까운 곳. 근방(近方).
近親結婚(근친결혼 jìnqīnjiéhūn) 가까운 혈족(血族)끼리 하는 결혼.

▶ 附近(부근)·卑近(비근)·遠近(원근)·隣近(인근)·漸近(점근)·接近(접근)·至近距離(지근거리)·最近(최근)·側近(측근)·親近(친근)·逼近(핍근).

返 돌아올 반ː

返 フ 反 返 返 返 返

🔊 fǎn 🇯🇵 ハン, ヘン, かえる
🇬🇧 come back, return

돌아올 반(還也復).

書體 小篆 返 或體 洀 草書 反 高校 形聲

返却(반각 fǎnquè) 도로 돌려보냄. 빌렸던 것을 도로 줌.
返戾(반려 fǎnlì) 도로 돌려보냄.
返命(반명 fǎnmìng) 복명(復命).
返喪(반상 fǎnsāng) 객지에서 죽은 시체를 고향으로 돌려 옴. 반구(返柩).
返送(반송 fǎnsòng) =환송(還送).
返葬(반장 fǎnzàng) 객지에서 죽은 사람을 제 곳으로 옮겨다가 장사함.
返品(반품 fǎnpǐn) 일단 산 물건이나 사입한 물건을 도로 돌려보냄.
返還(반환 fǎnhuán) 도로 돌려보냄.

▶ 往返(왕반).

迥 멀 형

🇯🇵 ケイ, とおい 🇬🇧 far, distant
① 멀 형(寥遠). ② 빛날 형(光輝). ③ 성 형(姓).

迦 부처 이름 가

🔊 jiā 🇯🇵 カ 🇬🇧 Buddha's name

부처의 이름 가(釋迦佛號).
迦藍(가람 jiālán)《佛》승려가 살면서 불도(佛道)를 닦는 곳. 절에 딸린 집들을 일컬음.
迦比羅(가비라 jiābǐluó)《歷》석가(釋迦)가 탄생한 옛날의 지명. 북인도(北印度)의 히말라야 산맥의 기슭.
迦葉(가섭 jiāyè)《佛》범어(梵語)로 Kāsyapa. ① 인도 성(姓)의 하나. ② 과거칠불(七佛)의 여섯 번째 부처. 가섭파(迦葉波).

迪 나아갈 적

🔊 dí 🇯🇵 テキ, すすむ 🇬🇧 advance
① 나아갈 적(進). ② 순할 적(循道順). ③ 열어줄 적(導迪開發). ④ 밟을 적(蹈). ⑤ 이를 적(至).

迫 핍박할 박

🔊 pò, pǎi 🇯🇵 ハク, せまる
🇬🇧 approach

① 핍박할 박(逼也近也急). ② 곤란할 박, 궁할 박(迫阨窘). ③ 서둘 박(急). ④ 줄일 박(縮).

書體 小篆 迫 草書 白 高校 形聲

迫擊(박격 pòjí) 대들어 몰아 침.
迫急(박급 pòjí) 바싹 다가서 매우 급함.
迫頭(박두 pòtóu) 절박하게 닥쳐옴.
迫力(박력 pòlì) 남을 위압하는 힘. 급박한 힘. 일을 밀고 나가는 힘.
迫切(박절 pòqiè) 인정이 없고 야박함.
迫害(박해 pòhài) 핍박(逼迫)하여 해롭게 함.

▶ 强迫(강박)·窮迫(궁박)·急迫(급박)·緊迫(긴박)·臨迫(임박)·壓迫(압박)·切迫(절박)·逼迫(핍박)·脅迫(협박).

迭 갈마들 질

辶5⁄9

音 dié 일 テツ、イツ、かわる
영 change

① 갈마들일 질(更遞). ② 대신 질(迭代). ③ 침노할 질(侵突).

迭起(질기 diéqǐ) 서로 바꾸어 일어남. 질여(迭與).
迭代(질대 diédài) 바뀌고 바뀌어서 세상의 대(代)를 이어가는 것. 서로 바꾸어 대신함.

▶ 更迭(경질).

述 펼 술

辶5⁄9

音 shù 일 ジュツ、のべる
영 write, state

① 이을 술(續). ② 지을 술(著述讓也修). ③ 좇을 술(繼述循). ④ 조회할 술(述職諸侯朝). ⑤ 밝힐 술(布陳).

書體 小篆 大篆 草書 (高校) 形聲

述語(술어 shùyǔ) 문장 성분의 하나. 주어에 대하여 그 동작·상태·성질 등을 설명하는 말.
述義(술의 shùyì) 뜻을 폄. 뜻을 말함.
述懷(술회 shùhuái) 마음먹은 여러 가지 생각을 말함. 또는 그 말. 언지(言志).

▶ 講述(강술)·敎述(교술)·口述(구술)·記述(기술)·論述(논술)·上述(상술)·敍述(서술)·略述(약술)·自述(자술)·著述(저술)·陳述(진술)·後述(후술).

迴 돌아올 회

辶6⁄10

【回(口부3획)와 같음】

迷 미혹할 미:

辶6⁄10

迷迷迷迷迷迷迷迷迷

音 mí 일 メイ、まよう 영 wander

① 반할 미, 혹할 미(惑). ② 희미할 미(亂). ③ 망설일 미(未決).

書體 小篆 草書 (高校) 形聲

迷宮(미궁 mígōng) ① 출구를 쉽게 알 수 없도록 지은 궁전. ② 한 번 들어가면 빠져 나올 수 없는 곳.
迷路(미로 mílù) ① 갈피를 잡을 수 없이 된 길. ② 《生》귓속 깊은 부분. 내이(內耳).
迷惑(미혹 míhuò) 마음이 어둡고 흐려서 무엇에 홀림. 정신이 헷갈려 헤맴.

▶ 低迷(저미)·昏迷(혼미).

迹 자취 적

辶6⁄10

音 jì 일 セキ、あと 영 traces

① 발자국 적(足迹). ② 자취 적(凡有形可見者曰迹). ③ 업적 적(成業). ④ 보기 적(先例). ⑤ 뒤따를 적(追後).【跡·蹟과 같음】

▶ 追跡(추적).

追 따를 추

辶6⁄10

追追追追追追追追追

1 音 zhuī 일 ツイ、おう 영 pursue
2 일 タイ 영 chase

1 ① 쫓을 추(逐). ② 따를 추(逮也隨). ③ 미룰 추(上溯已往). 2 ① 옥 다듬을 퇴(追琢治玉). ② 쇠북꼭지 퇴(鐘紐).

追 (追)

書體: 小篆 / 草書 / 中學 形聲

追加(추가 zhuījiā) 나중에 더 보탬.
追考(추고 zhuīkǎo) 미루어 생각함. 추사(追思).
追及(추급 zhuījí) 뒤좇아서 따라감. 뒤좇아 미침.
追悼(추도 zhuīdào) 죽은 이를 추상(追想)하여 슬퍼함.
追友江南(추우강남 zhuīyǒujiāngnán) 벗을 따라 멀리 감을 가리키는 말.
追從(추종 zhuīcóng) ① 뒤좇아 따라감. 뒤좇아 하는 대로 함. ② 아첨하여 좇음.
追蹤(추종 zhuīzōng) ① 사람의 뒤를 좇음. ②《轉》옛일을 물음.
追懷(추회 zhuīhuái) 지나간 일 또는 사람을 생각하여 그리워함.

▶ 訴追(소추).

退 물러갈 퇴:

tuì タイ, しりぞく retreat

① 물러갈 퇴(却). ② 갈 퇴(去). ③ 겸양할 퇴(謙退遜讓). ④ 물리칠 퇴(退之).

書體: 小篆 / 古文 / 草書 / 中學 會意

退却(퇴각 tuìquè) ① 뒤로 물러남. ② 가져온 물건 따위를 물리쳐서 받아들이지 않음.
退物(퇴물 tuìwù) ① 윗사람이 쓰던 것을 물리어 준 물건. ② 퇴박맞은 물건.
退署(퇴서 tuìshǔ) 물러가는 더위.
退俗(퇴속 tuìsú)《佛》중이 도로 속인(俗人)이 됨. 퇴사(退寺). 환속(還俗).
退役(퇴역 tuìyì) ① 병역에서 물러남. ② =퇴임(退任).
退字(퇴자 tuìzì) ①《制》상납하는 포목(布木)의 품질이 낮아「退」자가 찍혀 도로 물려 나온 물건. ② 퇴박맞은 물건.
退潮(퇴조 tuìcháo) 썰물.
退治(퇴치 tuìzhì) 물리쳐서 없애 버림.

▶ 減退(감퇴)·擊退(격퇴)·謙退(겸퇴)·臨戰無退(임전무퇴)·名譽退職(명예퇴직)·不退轉(불퇴전)·辭退(사퇴)·衰退(쇠퇴)·勇退(용퇴)·隱退(은퇴)·一進一退(일진일퇴)·自退(자퇴)·停年退任(정년퇴임)·早退(조퇴)·潮退(조퇴)·中退(중퇴)·進退兩難(진퇴양난)·進退維谷(진퇴유곡)·撤退(철퇴)·出退勤(출퇴근)·脫退(탈퇴)·敗退(패퇴)·後退(후퇴).

送 보낼 송:

sòng ソウ, おくる send

① 보낼 송(遣). ② 전송할 송(餞). ③ 가질 송(將). ④ 활 잘 쏠 송(縱送善射). ⑤ 줄 송.

書體: 小篆 / 大篆 / 草書 / 中學 形聲

送舊迎新(송구영신 sòngjiùyíngxīn) 가는 해를 보내고 새해를 맞음.
送達(송달 sòngdá) =송부(送付). 보내어 줌.
送致(송치 sòngzhì) 보내어 이르게 함.
送風機(송풍기 sòngfēngjī) 바람을 일으켜 내는 기계.
送還(송환 sònghuán) 돌려보냄.

逃 도망할 도

táo トウ, のがれる escape, flee

① 달아날 도, 피할 도(避). ② 도망꾼 도(亡). ③ 빠져갈 도(脫). ④ 도망할 도

(逸去).

書體 小篆 逃 草書 逃 (高校) 形聲

逃名(도명 táomíng) 지조를 굳게 지켜 세속과 구차스럽게 화합하지 않는 것.

逃躱(도타 táoduǒ) 도주하여 피신함.

逅 만날 후:

음 hòu 일 コウ, であう
영 meet by chance

우연히 만날 후(邂逅不期而會).

逆 거스를 역

逆逆逆逆逆逆逆逆逆逆

음 nì 일 ゲキ, ギャク, さからう
영 oppose

① 거스를 역(不順). ② 맞을 역(迎). ③ 배반할 역(反). ④ 어지럽게 할 역(亂). ⑤ 역적 역(逆賊).

書體 小篆 逆 草書 逆 (中學) 形聲

逆料(역료 nìliào) 미리 헤아림. 미리 생각해 봄.

逆宣傳(역선전 nìxuānchuán) 남의 유리한 재료를 도리어 불리하도록 이용하여 선전하는 것.

逆說(역설 nìshuō) ① 반대로 뒤집혀진 이론. ②《論》언뜻 보기에는 진리에 어긋나는 것 같으나 도리어 그 속에 일종의 진리를 품은 말. 패러독스(paradox).

逆數(역수 nìshù) ① 사시(四時)가 틀려 한서(寒暑)가 불순(不順)함. ② 거꾸로 미래를 셈함. ③《數》거꾸로 센 수. ④ 어떤 수에 대하여 1을 그 수로 나눈 값을 일컫는 말.

逆襲(역습 nìxí) 쳐들어오는 적을 도로 이쪽에서 불의에 습격함.

逆耳(역이 nì'ěr) 듣기에 거슬림.〈충간(忠諫)을 말함〉.

逆婚(역혼 nìhūn) 형제자매 중에서 차례를 바꾸어 나이 적은 사람이 먼저 결혼하는 일. 도혼(倒婚).

逋 도망갈 포

음 bū 일 ホ, のがれる 영 flee

① 포흠할 포(欠負官物). ② 도망갈 포(亡).

逋徒(포도 būtú) 나라로부터 도망친 사람. 망명자(亡命者).

逋逃(포도 būtáo) 죄를 범하고 도망감. 또는 그 사람.

逋脫(포탈 būtuō) ① 도망하여 피함. ② 과세를 피하여 면함.

透 꿰뚫을 투

透透透透透透透透透透

음 tòu 일 トウ, とおる
영 permeate

① 통할 투(通). ② 사무칠 투(徹). ③ 지나칠 투(過).

書體 小篆 透 草書 透 (高校) 形聲

透過(투과 tòuguò) 꿰뚫고 지나감.

透寫(투사 tòuxiě) 그림이나 글씨를 다른 얇은 종이 밑에 받쳐 놓고 그대로 그리거나 씀.

透水層(투수층 tòushuǐcéng) 모래땅처럼 물이 잘 빠지는 지층.

透徹(투철 tòuchè) ① 꿰뚫어 통함. ② 철저함.

▶ 明透(명투)·滲透(삼투)·浸透(침투).

逍 노닐 소

음 xiāo 일 ショウ, ぶらつく

영 stroll about
노닐 소, 거닐 소(逍遙自適).
逍遙(소요 xiāoyáo) 거니는 것. 목적 없이 슬슬 돌아다님.
逍遙遊(소요유 xiāoyáoyóu) ① 목적 없이 슬슬 돌아다니며 놂. 사물에 구애 받지 않고 즐겨 자적(自適)한다는 뜻. ② 장자(莊子)의 편명(篇名).
逍風(소풍 xiāofēng) ① 운동의 목적으로 먼 길을 걸음. ② =산책(散策).

逐 쫓을 축

逐逐豕豕豕豕豕逐逐逐

1 음 zhú 일 チク, おう 영 expel
2 영 eject
1 ① 쫓을 축(追). ② 물리칠 축(斥).
2 날리는 모양 적(逐逐馳貌).

書體 小篆 逐 草書 逐 (高校) 會意

逐鹿(축록 zhúlù) ① 사슴을 쫓음. ② 정권 또는 지위를 얻기 위하여 다툼. ③ 의원 선거에 입후보하여 경쟁하는 일.
逐日(축일 zhúrì) ① 하루하루를 쫓음. 날마다. ② 말이 매우 빨리 달림.
逐條(축조 zhútiáo) 어떤 문장이나 법조문 같은 것을 한 가지씩 한 가지씩 차례차례 보아가는 것.

▶ 角逐(각축)·驅逐(구축)·追逐(추축).

途 길 도:

途途余余余涂涂途途

음 tú 일 ト, ズ, みち 영 road, path
길 도(路也, 道). 【塗와 같음】

書體 草書 途 (高校) 形聲

途上(도상 túshàng) ① 길 위. 노상(路上). ② 중도(中途). 도중(途中).
途中(도중 túzhōng) ① 길을 가고 있는 중. ② 일을 하고 있는 중.
途次(도차 túcì) 가는 길에. 가는 편에.

▶ 開發途上國(개발도상국)·窮途(궁도)·歸途(귀도)·別途(별도)·用途(용도)·壯途(장도)·前途洋洋(전도양양)·中途(중도)·中途金(중도금).

這 이 저:

這這言言言言這這這這

1 음 zhè 일 シャ, むかえる
영 receive 2 일 ゲン, この 영 this
1 ① 맞을 저(迎). ② 이것 저, 여기 저(此). 2 맞이할 언(迎). 3 [國字] 갖가지 갖(條條).

這間(저간 zhèjiān) 그 동안. 그 당시. 요즈음.
這般(저반 zhèbān) ① 이것. 이것을. 저개(這箇). ② 요즈음.
這番(저번 zhèfān) 바로 지난 적의 그 때.

通 통할 통

通通予甬甬甬通通通通

음 tōng, tǒng 일 トウ, ツウ, とおる
영 through

① 뚫릴 통, 통할 통, 사무칠 통(達). ② 형통할 통(亨). ③ 통창할 통(暢). ④ 사귈 통(交好). ⑤ 다닐 통(往來). ⑥ 모두 통(總). ⑦ 지날 통(通過). ⑧ 널리 통(普通). ⑨ 간음할 통(姦通). ⑩ 벌 통(文書數詞一通).

書體 小篆 通 草書 通 (中學) 形聲

通古今(통고금 tōnggǔjīn) ① 예나 이제나 변함이 없이 한결같음. ② 고금(古今)을 통하여 환히 앎.
通達(통달 tōngdá) ① 알려 주는 일.

② 막힘이 없이 환히 앎.

通情(통정 tōngqíng) ① 정(情)을 통함. ② 일반적으로 공통되는 인정(人情)이나 사정(事情).

通徹(통철 tōngchè) 막힘이 없이 통함.

通則(통칙 tōngzé) 일반적으로 공통되는 규칙과 법칙.

▶ 開通(개통)·固執不通(고집불통)·共通(공통)·觀測通(관측통)·貫通(관통)·交通(교통)·內通(내통)·能通(능통)·同時通譯(동시통역)·萬病通治(만병통치)·萬事亨通(만사형통)·無事通過(무사통과)·變通(변통)·普通(보통)·不通(불통)·四通五通(사통사통)·私通(사통)·相通(상통)·消息通(소식통)·疏通(소통)·神通(신통)·言語不通(언어불통)·聯合通信(연합통신)·流通(유통)·融通(융통)·意思疏通(의사소통)·一脈相通(일맥상통)·貯金通帳(저금통장)·傳通(전통)·精通(정통)·左側通行(좌측통행)·直通(직통)·總通貨(총통화)·最後通牒(최후통첩)·亨通(형통)·回通(회통)·會通(회통).

逝 갈[往] 서:

逝 逝 逝 逝 逝 逝 逝 逝 逝

音 shì 일 セイ, ゆく, しぬ
영 pass away, demise

① 갈 서(往也, 行). ② 지나갈 서(過). ③ 죽을 서(死). ④ 이에 서(發語辭).

書體 小篆 小篆 草書 (高校) 形聲

逝去(서거 shìqù) 돌아가심. 사망의 경칭(敬稱). 장서(長逝).

逝者(서자 shìzhě) 한번 가면 다시 되돌아오지 않는 것들.

逝川(서천 shìchuān) 흘러가는 냇물. 서수(逝水). [喻] 한번 가면 다시 돌아오지 않는 것.

速 빠를 속

速 速 速 速 速 速 速 速 速

音 sù 일 ソク, すみやか
영 quick, rapid

① 빠를 속(疾). ② 부를 속(召). ③ 더러울 속(陋). ④ 사슴 발자취 속(鹿跡曰速). ⑤ 서둘 속(急).

書體 小篆 大篆 草書 (中學) 形聲

速斷(속단 sùduàn) ① 빨리 결단을 내림. 속결(速決). ② 지레 짐작으로 그릇 판단하거나 결정함.

速射(속사 sùshè) 총포 따위를 빨리 계속하여 쏘는 것.

▶ 加速(가속)·減速(감속)·强速球(강속구)·高速道路(고속도로)·過速(과속)·光速(광속)·球速(구속)·急速(급속)·等速(등속)·敏速(민속)·時速(시속)·神速(신속)·音速(음속)·低速(저속)·全速(전속)·早速(조속)·拙速(졸속)·遲速(지속)·超高速(초고속)·秒速(초속)·超音速(초음속)·快速(쾌속)·風速(풍속).

造 지을 조:

造 造 造 造 造 造 造 造 造

音 zào 일 ゾウ, つくる make,
영 create

① 지을 조, 만들 조(作). ② 처음 조(始). ③ 이룰 조(至). ④ 올 조(來). ⑤ 나아갈 조(就). ⑥ 잠깐 조(大急遽). ⑦ 때 조(時代).

書體 小篆 古文 草書 (中學) 形聲

造林(조림 zàolín) 나무를 심어서 숲을 이루게 함.

造詣(조예 zàoyì) 학문이나 기술이 깊은 지경에까지 나아감.

造形(조형 zàoxíng) 물건의 형체를 꾸며 만들음.

造化(조화 zàohuà) ① 온 세상 만물(萬物)을 낳고 죽이고 하는 자연의 힘과 재주. ② 천지(天地). 우주(宇宙). ③ 인공(人工)으로 어찌할 수

邑 酉 采 里 8획 金 長 門 阜 隶 隹 雨 靑 非   825

없이 신통(神通)하게 된 사물을 가리키는 말.

▶改造(개조)·建造(건조)·構造(구조)·捏造(날조)·模造(모조)·變造(변조)·新造(신조)·神造(신조)·釀造(양조)·僞造(위조)·人造(인조)·製造(제조)·築造(축조)·創造(창조).

逢 만날/상봉할 봉
辵 7획 ⑪

逢 逢 逢 逢 逢 逢 逢 逢 逢

中 féng 日 ホウ, あう 英 meet
① 북소리 봉(逢逢鼓聲). ② 만날 봉(遇也値). ③ 맞을 봉(迎).

書體 小篆 草書 中學 形聲

逢變(봉변 féngbiàn) ① 남에게 욕을 봄. ② 뜻밖에 변을 당함.
逢迎(봉영 féngyíng) ① 맞이하여 접대함. ② 남의 마음에 들도록 함.
逢辱(봉욕 féngrǔ) 욕된 일을 당함.
逢遇(봉우 féngyù) 우연히 서로 만남.
逢着(봉착 féngzhuó) 맞닿・딱 당함. 맞닥뜨림. 당면함. 봉착(逢着).
逢禍(봉화 fénghuò) 화를 당함.

▶相逢(상봉).

連 이을 련
辵 7획 ⑪

連 連 連 連 車 連 連 連 連

中 lián 日 レン, つらなる
英 connect, join
① 연할 련(接也聯). ② 이을 련(續).
③ 끌릴 련(率). ④ 붙일 련(蟬連屬綴).
⑤ 어려울 련(連蹇難). ⑥ 머무를 련(遲久).

書體 小篆 草書 中學 會意

連繫(연계 liánxì) ① 이음. ② 다른 사람의 죄에 관련되어 옥에 갇힘.
連記(연기 liánjì) 쭉 잇달아서 적음. 연명(連名)하여 적음.
連帶(연대 liándài) ① 서로 연결함. ② 어떤 일에 대하여 두 사람 이상이 같이 관계를 가짐. 또는 책임을 짐.
連帶保證(연대보증 liándàibǎozhèng) 《法》보증인이 주된 채무자와 연대하여 채무를 부담하는 보증.
連陸(연륙 liánlù) 육지에 잇닿음.
連署(연서 liánshǔ) 같은 문서에 여러 사람이 죽 잇달아 서명(署名)함.
連鎖反應(연쇄반응 liánsuǒfǎnyīng) 《物》어떤 반응이 원인이 되어서 연속하여 일어나는 반응.
連戰連勝(연전연승 liánzhànliánshèng) 싸울 때마다 번번이 연달아 이김.
連座(연좌 liánzuò) ① 잇달아 앉음. ② 다른 범죄자에 관련되어 죄를 같이 받는 것. 연좌(連坐).
連判狀(연판장 liánpànzhuàng) 동지끼리 약속을 굳게 하기 위하여 연명 날인(連名捺印)한 서장(書狀).

▶一連(일련)·一連番號(일련번호).

逮 미칠/잡을 체
辵 8획 ⑫

逮 逮 逮 隶 隶 隶 逮 逮 逮

❶ 中 dǎi 日 テイ, とらえる
英 capture ❷ 中 dài 日 タイ, とらえる 英 arrest
❶ ① 미칠 체(及). ② 잡아가둘 체(繫囚). ③ 단아할 체(逮逮安和貌). ❷ ① 미칠 태(及). ② 좇을 태(追).

書體 小篆 草書 高校 形聲

逮鞠(체국 dǎijū) 체포하여 문초함.
逮捕(체포 dàibǔ) 죄인을 좇아가서 붙들음.

週 주일 주

走 8획 ⑫

🔊 zhōu 🇯🇵 シュウ, めぐる
🔤 circuit, week

① 두루 주(周). ② 주일 주, 이레 주.

週給(주급 zhōujǐ) 한 주일마다 주는 급료.
週期(주기 zhōuqī) ① 한 바퀴 도는 시기. 주기(周期). ② 일정한 시간마다 동일한 현상이 꼭 같이 반복될 때의 그 일정한 시간.

▶ 隔週(격주)·今週(금주)·來週(내주)·每週(매주)·一週(일주).

進 나아갈 진:

走 8획 ⑫

🔊 jìn 🇯🇵 シン, すすむ 🔤 advance

① 오를 진(登進). ② 나아갈 진(前進). ③ 천거할 진(薦). ④ 본 받을 진(效). ⑤ 더할 진(加). ⑥ 가까이할 진(近).

書體 小篆 / 草書 / 隸 (中學) 會意

進甲(진갑 jìnjiǎ) 환갑 다음에 맞는 생일. 62세 생일.
進水(진수 jìnshuǐ) 새로 만든 배를 처음으로 물에 띄우는 것.
進陟(진척 jìnzhì) 일이 잘 되어 감. 벼슬이 올라감.
進寸退尺(진촌퇴척 jìncùntuìchǐ) 나아간 것은 적고 물러선 것은 많음. 《喩》소득은 적고 손실은 많음.
進退兩難(진퇴양난 jìntuìliǎngnán) 나아가지도 물러서지도 못하게 됨. 입장이 어려움.
進退維谷(진퇴유곡 jìntuìwéigǔ) 진퇴할 길이 끊어져 어찌할 수 없음. 궁지에 빠짐.
進化(진화 jìnhuà) 진보하여 차차 더 나은 것이 됨. ↔퇴화(退化).
進化論(진화론 jìnhuàlùn) 《生》생물은 환경에 적응하면서 간단에서 복잡, 하등에서 고등, 동종(同種)에서 이종(異種)으로 진화하여, 생존경쟁에 적합한 것만이 존속해 나간다는 이론. 다윈의 학설.

▶ 更進(경진)·急進(급진)·邁進(매진)·驀進(맥진)·奮進(분진)·先進(선진)·昇進(승진)·榮進(영진)·勇進(용진)·漸進(점진)·精進(정진)·推進(추진)·促進(촉진)·行進(행진)·後進(후진).

逸 편안할 일

走 8획 ⑫

逸 逸 逸 逸 逸 逸 逸 逸 逸 逸

🔊 yì 🇯🇵 イチ, イツ, にげる, すぐれる
🔤 escape, excellence

① 놓일 일(縱). ② 숨을 일(遁也隱). ③ 허물 일(失). ④ 놓을 일(放). ⑤ 편안할 일(逸樂). ⑥ 뛰어날 일(優). ⑦ 달아날 일(奔逸). 【佚과 같음】

書體 小篆 / 草書 / 隸 (高校) 會意

逸居(일거 yìjū) 일 없이 한가롭게 편안하게 지냄.
逸事(일사 yìshì) 세상에 알려지지 않은 일.
逸書(일서 yìshū) ① 서경(書經)에 빠진 글. ② 분실되어 세상에 전하여지지 않는 서적(書籍).
逸隱(일은 yìyǐn) 속세를 피하여 숨음. 또는 그 사람.
逸才(일재 yìcái) 뛰어난 재주. 또는 그 사람.
逸脫(일탈 yìtuō) 벗어남. 빠져남.
逸品(일품 yìpǐn) 썩 뛰어난 물건.
逸話(일화 yìhuà) 세상에 아직 알려지지 않은 이야기.

▶ 放逸(방일)·散逸(산일)·安逸(안일)·隱逸(은일)·超逸(초일).

逼 핍박할 핍

音 bī 日 ヒョク, フク, せまる
英 urgency

① 가까울 **핍**(近). ② 핍박할 **핍**(迫也驅). ③ 궁핍할 **핍**(窮逼).

逼迫(핍박 bīpò) ① 바싹 닥쳐 옴. 절박(切迫). ② 괴롭게 굴음.
逼塞(핍색 bīsāi) 꽉 막힘. 몹시 군색함.
逼眞(핍진 bīzhēn) 실물과 흡사함.
逼逐(핍축 bīzhú) 핍박하여 쫓음. 바싹 쫓아 옴.
逼奪(핍탈 bíduó) ① 위협하여 빼앗음. ② 임금을 협박하여 그 자리를 빼앗음.

遁 숨을 둔:

1 音 dùn 日 トン, のがれる
英 escape 2 音 シュン 英 hide
1 ① 달아날 **돈**(逃). ② 숨을 **돈**(隱). ③ 피할 **돈**(回避). ④ 끊을 **돈**(絕). 2 둔. 뜻은 1과 같음.

遁甲(둔갑 dùnjiǎ) 귀신을 부리어 변신(變身)하는 술법의 한 가지.
遁辭(둔사 dùncí) 관계나 책임을 회피하려고 억지로 꾸며서 하는 말.
遁世(둔세 dùnshì) ① 속세(俗世)에서 은둔(隱遁)함. ② 속세를 등지고 불문(佛門)에 들어감. 둔세(遯世).
遁迹(둔적 dùnjì) 종적을 감춤.
遁走(둔주 dùnzǒu) 도망쳐 달아남.
遁竄(둔찬 dùncuàn) 도망쳐 숨음.
遁避(둔피 dùncuàn) 세상(世上)을 피하여 숨음.

▶ 隱遁(은둔).

遂 드디어 수

音 suì, suí 日 スイ, とげる, ついに
英 accomplish, at last

① 사무칠 **수**(達). ② 나아갈 **수**(進). ③ 이룰 **수**(成就從志). ④ 마침내 **수**(竟). ⑤ 인할 **수**(因). ⑥ 마칠 **수**(結果). ⑦ 자랄 **수**(生育). ⑧ 다할 **수**(盡). ⑨ 갖출 **수**(具). ⑩ 실개천 **수**(小溝).

書體 小篆 古文 草書 (高校) 形聲

遂誠(수성 suìchéng) 정성을 다함.
遂意(수의 suìyì) 뜻을 이룸.
遂行(수행 suìxíng) 계획한 대로 해냄.

▶ 旣遂(기수)·未遂(미수)·完遂(완수).

遇 만날 우:

音 yù 日 グ, グウ, あう 英 meet

① 만날 **우**(道路相逢). ② 마주칠 **우**(遭). ③ 대접할 **우**(待也接). ④ 뜻밖에 **우**(意外).

書體 小篆 草書 (中學) 形聲

遇待(우대 yùdài) 신분에 맞게 대접함. 대우(待遇).

▶ 境遇(경우)·奇遇(기우)·待遇(대우)·不遇(불우)·禮遇(예우)·優遇(우우)·載遇(재우)·遭遇(조우)·知遇(지우)·處遇(처우)·千載一遇(천재일우).

遊 놀 유

音 yóu 日 ユウ, ユ, あそぶ
英 play, pleasure

① 놀 **유**(遨). ② 벗 사귈 **유**(交友). ③ 여행 **유**(旅行). ④ 유세할 **유**(遊說).
【游와 같음】

書體 篆文 草書 [中學] 形聲

遊擊(유격 yóujī) ① 미리 공격할 적을 정하지 않고 임기응변으로 아군을 원호하여 적을 무찌름. ② 유군(遊軍)으로 적을 무찌름. ③ 야구(野球)의 유격수(遊擊手)의 약칭.

遊廓(유곽 yóukuò) 창녀(娼女)가 모여 영업을 하는 곳. 유곽(遊郭). 유리(遊里).

遊覽(유람 yóulǎn) 여러 곳을 돌아다니며 구경함.

遊獵(유렵 yóuliè) ① 산이나 들을 돌아다니면서 사냥을 함. ② 놀러 다니면서 하는 사냥.

遊離(유리 yóulí) ① 외따로 떨어짐. ②《化》㉠ 개체가 딴 물건과 합하지 않고 있음. ㉡ 어떤 화합물에서 분리됨.

遊說(유세 yóushuì) ① 제후를 역방(歷訪)하여 자기의 주장을 설명하고 권함. ② 각처로 돌아다니며 자기 또는 자기 소속 정당(政黨)의 주장을 선전하는 일.

▶ 客遊(객유)·交遊(교유)·漫遊(만유)·巡遊(순유)·外遊(외유)·遠遊(원유)·周遊(주유)·閑遊(한유)·豪遊(호유)·戲遊(희유).

辵 9 ⑬ 運 옮길/운전할 운:

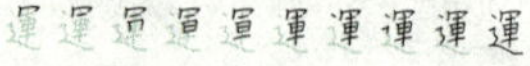

[중] yùn [일] ウン, はこぶ, めぐる
[영] carry, traffic

① 운전할 **운**(轉也, 行). ② 움직일 **운**(動). ③ 옮길 **운**(徙). ④ 운수 **운**(運祚曆數). ⑤ 땅 길이 **운**(土地南北日運).

書體 小篆 草書 [中學] 形聲

運柩(운구 yùnjiù) 시체를 넣은 널을 운반함.

運命(운명 yùnmìng) ① 사람에게 닥쳐오는 모든 화복과 길흉. ② 사람의 행동을 지배하는 큰 힘. 운세(運勢).

運搬(운반 yùnbān) 물건 또는 사람을 옮겨 나름.

運數(운수 yùnshù) 사람의 몸에 돌아오는 길흉과 화복.

運用(운용 yùnyòng) 움직여 이용함. 부리어 씀. 활용(活用).

運筆(운필 yùnbǐ) 글씨나 그림을 그리기 위하여 붓을 놀림. 용필(用筆). 행필(行筆).

▶ 開運(개운)·國運(국운)·武運(무운)·文運(문운)·門運(문운)·不運(불운)·悲運(비운)·衰運(쇠운)·水運(수운)·輸運(수운)·惡運(악운)·陸運(육운)·天運(천운)·海運(해운)·幸運(행운).

辵 9 ⑬ 遍 두루 편

[중] biàn [일] ヘン, あまねし
[영] all around

두루 **편**(周).

書體 篆文 草書 [高校] 形聲

遍歷(편력 biànlì) 널리 돌아다님. 편답(遍踏).

遍在(편재 biànzài) 두루 퍼지어 있음. ↔편재(偏在).

遍照(편조 biànzhào) 불광(佛光)이 두루 비침.

▶ 普遍(보편)·普遍妥當(보편타당).

辵 9 ⑬ 過 지날 과:

①-③ [중] guò, guō [일] カ, すぎる
[영] pass ④⑤ [중] guò [일] カ, あやまる [영] fault

① 넘을 **과**(越). ② 그릇할 **과**(誤失). ③ 허물 **과**(罪愆). ④ 지날 **과**(經). ⑤ 과.

뜻은 ①②③과 같음.

[書體] 小篆 草書 [中學] 形聲

過感(과감 guògǎn) 지나치게 느끼는 고마움.

過恭(과공 guògōng) 지나치도록 공손함.

過渡期(과도기 guòdùqī) 구상태(舊狀態)에서 새로운 상태로 변해가는 시기. 낡은 것은 벗어났으나 아직 새 것은 이루어지지 않아 동요와 불안에 싸인 시기.

過料(과료 guòliào) 《法》 공법상(公法上)의 의무의 이행(履行)을 강제하는 수단으로서, 또는 공법상(公法上)의 의무의 위반에 대한 벌로서 과하는 금전.

過謬(과류 guòmiù) 어긋나 잘못됨.

過不足(과부족 guòbùzú) 남음과 모자람.

過小評價(과소평가 guòxiǎopíngjià) ① 너무 작게 값을 침. ② 너무 얕잡아 봄.

過言(과언 guòyán) ① 지나친 말. ② 말을 잘못함. 실언(失言).

過剩(과잉 guòshèng) ① 여분(餘分). 나머지. ② 사물이 예정한 분량보다 지나치게 많음.

過程(과정 guòchéng) 일이 되어 나가는 경로. 역정(歷程).

過怠(과태 guòdài) 태만. 과실(過失). 잘못. 실수.

過限(과한 guòxiàn) 기한이 이미 지남.

▶ 看過(간과)·改過遷善(개과천선)·經過(경과)·功過(공과)·無事通過(무사통과)·默過(묵과)·不過(불과)·謝過(사과)·赦過(사과)·濾過(여과)·一過(일과)·罪過(죄과)·超過(초과)·通過(통과)·透過(투과).

遐 멀 하
辵 9 ⑬

[중] xiá [일] カ, とおい [영] far, distant

① 멀 **하**(遠). ② 무엇 **하**(何).

遐觀(하관 xiáguān) 멀리 바라 봄. 먼 곳을 내다 봄.

遐棄(하기 xiáqì) ① 멀리 물리치고 돌보지 않음. 먼 곳에 내다 버림. 《轉》 가족을 남겨 두고 죽는 것. ② 스스로 그 자리를 떠나버림.

遐年(하년 xiánián) 오래 살음. 장수(長壽).

遐齡(하령 xiálíng) ① 나이가 많음. ② 오래 살음. 하수(遐壽). 하년(遐年).

遐壽(하수 xiáshòu) 오래 살음. 장수(長壽).

遐邇(하이 xiá'ěr) 먼 곳과 가까운 곳. 원근(遠近).

▶ 昇遐(승하).

遑 급할 황
辵 9 ⑬

[중] huáng [일] コウ, いそぐ [영] hurry

① 급할 **황**(急). ② 겨를 **황**(暇).

遑急(황급 huángjí) 당황하고 급함.

遑汲(황급 huángjí) 황황(遑遑)하고 급박(急迫)함.

遑遑罔措(황황망조 huánghuáng-wǎngcuò) 마음이 급하여 어찌할 줄 모르고 허둥지둥함.

道 길 도:
辵 9 ⑬

道 道 道 道 道 道 道 道 道 道

[중] dào [일] ドウ, みち [영] road, way

① 길 **도**(路). ② 이치 **도**(理). ③ 순할 **도**(順). ④ 도 **도**(仁義忠孝之德義). ⑤ 말할 **도**(言). ⑥ 말미암을 **도**(由). ⑦ 좇을 **도**(從). ⑧ 행정구역 이름 **도**(行政區域).

[書體] 小篆 古文 草書 [中學] 會意

7

辵 9

道家(도가 dàojiā) 도교를 신봉하는 학자.
道樂(도락 dàolè) ① 본 직업 외의 일에 즐겨 빠짐. ② 주색(酒色) 등 좋지 못한 유흥(遊興)에 빠짐. ③ 색다른 일을 좋아함.
道士(도사 dàoshì) ① 신선의 술법을 닦는 사람. 방사(方士). ② 도교(道敎)를 닦는 사람. ③ 불도를 수행(修行)하는 사람. ④ 도의(道義)를 체득한 사람. 군자(君子).
道術(도술 dàoshù) ① 도가(道家)의 방술(方術). ② 도덕과 학술. ③ 무위(無爲) 자연의 도(道)를 체득하고 있는 것.
道僧(도승 dàosēng)《佛》도를 깨달은 중. 도통한 중.
道程(도정 dàochéng) 길의 이수(里數). 여행의 경로. 도리(道里). 노정(路程).
道聽塗說(도청도설 dàotīngtúshuō) 노상(路上)에서 들은 이야기를 곧 딴 사람에게 이야기하는 것.《轉》길거리의 뜬소문. 무근지설(無根之說).

▶ 街道(가도)·家財道具(가재도구)·江邊道路(강변도로)·劍道(검도)·高速道路(고속도로)·苦集滅道(고집멸도)·公衆道德(공중도덕)·求道(구도)·軌道(궤도)·氣道(기도)·茶道(다도)·達道(달도)·當道(당도)·大道(대도)·得道(득도)·沒道德性(몰도덕성)·無限軌道(무한궤도)·方道(방도)·報道(보도)·步道(보도)·複道(복도)·佛道(불도)·上下水道(상하수도)·書道(서도)·勢道(세도)·洗面道具(세면도구)·修道(수도)·水道(수도)·修道僧(수도승)·食道(식도)·食道樂(식도락)·食道癌(식도암)·言語道斷(언어도단)·力道(역도)·沿道(연도)·王道(왕도)·尿道炎(요도염)·柔道(유도)·人道(인도)·殘忍無道(잔인무도)·赤道(적도)·傳道(전도)·正道(정도)·中道(중도)·車道(차도)·天道(천도)·鐵道(철도)·炊事道具(취사도구)·彈道(탄도)·跆拳道(태권도)·通道(통도)·覇道(패도)·片道(편도)·鋪裝道路(포장도로)·筆記道具(필기도구)·下水道管(하수도관)·險道(험도)·黃道(황도)·橫斷步道(횡단보도)·孝道(효도).

達 통달할/사무칠 달

達達達達達達達達達

中 dá, 日 tà タツ, とおる
英 attain, reach

① 사무칠 달(通). ② 결단할 달(決). ③ 날 달(生). ④ 나타날 달(顯). ⑤ 천거할 달(薦). ⑥ 방자할 달(挑達放恣). ⑦ 이를 달(到達). ⑧ 이룰 달(成就). ⑨ 보낼 달(配送).

書體 小篆 逹 或體 达 草書 达 中學 形聲

達見(달견 dájiàn) 뛰어난 의견. 사리에 밝은 의견.
達觀(달관 dáguān) ① 사물을 넓게 관찰함. ② 환경에 좌우되지 않고 희로애락(喜怒哀樂)을 초월하는 것. ③ 세속을 벗어난 높은 견식.
達磨(달마 dámó) ①《人》중국 남북조시대(南北朝時代)의 고승(高僧). 보리달마(菩提達磨). 천축(天竺) 향지왕(香至王)의 셋째 아들. 인도에서 중국으로 건너 와서 선종(禪宗)의 시조(始祖)가 되었음. 달마(達摩). ② 범어(梵語) Dharma의 음역(音譯). 진리·본체(本體)를 뜻함.

▶ 到達(도달)·導達(도달)·未達(미달)·發達(발달)·配達(배달)·上達(상달)·速達(속달)·送達(송달)·熟達(숙달)·示達(시달)·榮達(영달)·傳達(전달)·調達(조달)·進達(진달)·暢達(창달)·通達(통달)·下達(하달).

違 어길 위

違違違違違違違違違

中 wéi 日 イ, ちがう, たがう
英 violate, disobey

① 어길 위(背也, 離). ② 미적미적할 위(依違不決). ③ 다를 위(異). ④ 되돌아

올 위(悖戾). ⑤ 갈 위(去).

違 (高校) 形聲

違約(위약 wéiyuē) 약속을 위반함.
違憲(위헌 wéixiàn) ① 국법(國法)을 위반함. 위법(違法). ② 헌법을 위반함. ㉠ 국민이 헌법을 위반함. ㉡ 법령이 헌법에 위반됨.
違和(위화 wéihé) 병에 걸림. 조화(調和)를 잃음.

▶ 無違(무위)·非違(비위)·相違(상위).

遙 멀 요

㢱 yáo 일 ヨウ, はるか
영 far, distant

① 멀 요(遠). ② 노닐 요(逍遙徜徉).

遙 (高校) 形聲

遙遠(요원 yáoyuǎn) 멀고도 멂.

遜 겸손할 손:

㢱 xùn 일 ソン, へりくだる
영 modest, humble

① 순할 손(順). ② 겸손할 손(謙恭). ③ 도망할 손(遁). ④ 사양할 손(辭避).

遜遁(손둔 xùndùn) 물러남. 물러나서 피함.
遜辭(손사 xùncí) 겸손한 말.
遜色(손색 xùnsè) 서로 견주어 보아서 못한 점. 다른 것보다 못한 모양.
遜讓(손양 xùnràng) 제 몸을 낮추어 양보함. 겸손하고 사양함. 겸양(謙讓).

▶ 謙遜(겸손)·恭遜(공손)·不遜(불손)·傲慢不遜(오만불손).

遝 뒤섞일 답

㢱 tà 일 トウ, こみあう
영 bustle, crowd

① 뒤섞일 답(雜遝). ② 뒤미쳐 따를 답(遝遝行相及).

遝至(답지 tàzhì) 한 군데로 몰려들음.

遞 갈마들 체

㢱 dì 일 テイ, かける, かわる
영 replace, change

① 갈마들일 체(遞代更迭). ② 멀 체(迢遞遠). ③ 역말 체(傳遞驛).

遞 (高校) 形聲

遞加(체가 dìjiā) 등급을 좇아 순차로 더하여 감.
遞減(체감 dìjiǎn) 등급을 좇아서 순차(順次)로 감함.
遞改(체개 dìgǎi) 사람을 갈아들임. 경질(更迭).
遞夫(체부 dìfū) 우편물을 전하여 주는 사람. 체전부(遞傳夫). 우체부(郵遞夫).
遞送(체송 dìsòng) 차례로 여러 곳을 거쳐서 보냄.
遞信(체신 dìxìn) 순차로 여러 곳을 거쳐서 소식이나 편지 따위를 전하는 일.
遞傳(체전 dìchuán) 차례로 여러 곳을 거쳐서 소식이나 편지를 전하여 보냄.
遞增(체증 dìzēng) 등급을 좇아서 순서로 더해감.
遞次(체차 dìcì) 차례대로. 순차적으로 감. ↔체감(遞減).

▶ 郵遞(우체)·傳遞(전체).

遠 멀 원:

遠 遠 壴 壴 袁 袁 溒 溒 遠 遠

- 음 yuǎn
- 일 エン, とおい
- 영 far, distant

① 멀 원(遙). ② 심오할 원, 길 원(高奧). ③ 멀리할 원(遠之, 離).

書體 小篆 𨗟 古文 𢕌 中學 形聲

遠隔(원격 yuǎngé) 멀리 떨어져 있음. 현격(懸隔).

遠見(원견 yuǎnjiàn) ① 먼 장래의 일까지 바라봄. ② 먼 곳에서 바라봄. ③ 먼 곳을 바라봄. ④ 높은 곳에 올라가서 먼 곳에 있는 적의 형편을 살핌.

遠計(원계 yuǎnjì) 먼 장래 일의 계획.

遠郊(원교 yuǎnjiāo) 도회에서 먼 마을이나 들. ↔근교(近郊).

遠交近攻(원교근공 yuǎnjiāojìngōng) 먼 나라와 친하게 사귀어 가까운 나라를 치는 것.

遠心力(원심력 yuǎnxīnlì) 《物》 물체가 원운동(圓運動)을 할 때 구심력(求心力)에 반대하여 바깥쪽으로 작용하는 힘. ↔ 구심력(求心力).

遠征(원정 yuǎnzhēng) ① 먼 곳에의 여행(旅行). 원행(遠行). ② 멀리 정벌(征伐)하러 감. ③ 먼 곳에 가서 운동경기(運動競技) 따위를 함.

▶ 敬遠(경원)·久遠(구원)·望遠鏡(망원경)·疎遠(소원)·深謀遠慮(심모원려)·深遠(심원)·永遠(영원)·永遠不滅(영원불멸)·遙遠(요원)·悠遠(유원).

溯 거스를 소

- 음 sù
- 일 ソ, さかのぼる
- 영 go back to

① 거스를 소(逆流). ② 맞이할 소(迎). ③ 향할 소(嚮). ④ 하소연할 소, 호소할 소(訴).

溯源(소원 sùyuán) ① 물의 근원을 찾아 거슬러 올라감. ② 학문의 본원(本源)을 궁구(窮究)함. 사물의 근원을 거슬러 찾아냄.

溯風(소풍 sùfēng) 바람이 불어오는 쪽을 향함. 앞에서 불어오는 바람. ↔ 배풍(背風).

溯洄(소회 sùhuí) 물을 거슬러 올라감.

遣 보낼 견:

遣 遣 遣 𢀖 𢀖 𢀖 遣 遣 遣

- 음 qiǎn
- 일 ケン, つかわす
- 영 send, dispatch

① 보낼 견(送也袪). ② 쫓을 견(逐). ③ 견전제 견(祖奠).

書體 小篆 𨖫 草書 𢀖 高校 形聲

遣歸(견귀 qiǎnguī) 돌려 줌. 돌려보냄.

遣外(견외 qiǎnwài) 해외에 파견함.

▶ 分遣(분견)·消遣(소견)·派遣(파견).

適 마침/맞을 적

適 適 適 啇 啇 啇 滴 適 適

- 음 shì
- 일 テキ, かなう
- 영 fit, sutable

① 갈 적(往也 如此至). ② 맞갖을 적, 편안할 적. ③ 마침 적(適然偶爾). ④ 깨달을 적(悟). ⑤ 시집갈 적(嫁). ⑥ 쫓을 적(從). ⑦ 주장할 적(專主). ⑧ 친히 할 적(親). ⑨ 좇을 적(意所必從).

書體 小篆 𨘢 草書 适 中學 形聲

適口之餠(적구지병 shìkǒuzhībǐng) 입에 맞는 떡이라는 뜻. 《喩》 마음에 맞는 사물을 가리키는 말.

適歸(적귀) shìguī 따라 감. 향하여 감. 적종(適從).

適嗣(적사) shìsì 정실(正室)이 낳은 장남. 바른 후사(後嗣). 적사(嫡嗣).

適時適地(적시적지) shìshíshìdì 때와 장소가 알맞음.

適應(적응) shìyìng ① 걸맞아서 서로 어울림. ② 약이 병에 맞아서 잘 들음. ③ 생물이 생존하기 위하여 그 환경에 알맞도록 그 형태나 구조를 변하는 현상. 또는 그 과정.

適宜(적의) shìyí ① 맞추기에 마땅함. ② 마땅한 데로 좇음. ③ 각자의 생각대로. 편의대로.

適者生存(적자생존) shìzhěshēngcún 생존경쟁의 결과 그 환경에 맞는 것만이 살아남음.

適材適所(적재적소) shìcáishìsuǒ 적당한 인재를 적당한 자리에 씀.

適正規模(적정규모) shìzhèngguīmó 농가 경영상 가장 적당하다고 추정한 경험 규모.

▶ 不適格者(부적격자)·不適應(부적응)·不適切(부적절)·不適合(부적합)·時期適切(시기적절)·悠悠自適(유유자적)·有效適切(유효적절)·自適(자적)·最適(최적)·快適(쾌적)·好適(호적).

遭 만날 조

辶 11획 ⻌ 15

🔊 zāo 🇯🇵 ソウ, あう 🇬🇧 meet

① 만날 조(遭遇, 逢). ② 마주칠 조(迊). ③ 뻥 둘릴 조(周遭, 巡).

遭故(조고) zāogù 부모의 상사를 만남. 당고(當故).

遭難(조난) zāonàn 재앙과 곤란을 당함. 재난을 만남.

遭逢(조봉) zāoféng ① 우연히 서로 만남. ② 임금의 신임을 받음. 조우(遭遇).

遭遇戰(조우전) zāoyùzhàn 양쪽의 군사가 우연히 만나서 일으키는 전투.

遭禍(조화) zāohuò 재화를 만남.

遮 가릴 차(:)

辶 11획 ⻌ 15

🔊 zhē 🇯🇵 シャ, さえぎる 🇬🇧 intercept, cover

① 가릴 차(蔽). ② 막을 차(攔也遏). ③ 잔말할 차(周遮語多). ④ 이것 차(這). ⑤ 훼방할 차(妨).

遮光(차광) zhēguāng 광선을 가리어 막음.

遮斷(차단) zhēduàn 막아 끊음. 막아서 그치게 함. 차절(遮絕).

遮日(차일) zhērì ① 햇볕을 가리려고 치는 장막. ② 햇볕을 가림.

遲 더딜/늦을 지

辶 12획 ⻌ 16

遲遲遲遲遲遲遲遲

🔊 chí 🇯🇵 チ, おそい 🇬🇧 late, slow

① 오랠 지(久). ② 더딜 지(緩). ③ 천천할 지(徐行). ④ 쉴 지(棲遲息). ⑤ 때 놓칠 지(時機失). ⑥ 가다릴 지(待). ⑦ 이에 지(乃).

書體 小篆 大篆 草書 高校 形聲

遲久(지구) chíjiǔ 더디고 오램. 오래도록 기다림. 기다리는 것이 오래 되었음.

遲鈍(지둔) chídùn 재빠르지 못하고 몹시 둔함.

遲遲不振(지지부진) chíchíbùzhèn 일의 되어감이 몹시 느림.

遲滯(지체) chízhì 기한이 뒤짐. 어물어물하여 늦어짐.

遲 더딜/늦을 지

辶 12획 ⻌ 16

【遲(前條)의 속자】

遵 좇을 준:

遵遵遵遵遵遵遵遵遵

음 zūn 일 ジュン, したがう 영 obey
① 좇을 준(循). ② 행할 준(行). ③ 지킬 준(遵奉, 遵守).

書體 小篆 草書 高校 形聲

遵據(준거 zūnjù) 예로부터의 전례나 명령에 의거함.
遵法(준법 zūnfǎ) 법령을 지킴. 법령을 좇음.
遵守(준수 zūnshǒu) 그대로 좇아 지킴. 준봉(遵奉).
遵用(준용 zūnyòng) 좇아 씀.
遵行(준행 zūnxíng) 그대로 따라 행함.

遷 옮길 천:

遷遷遷遷遷遷遷遷遷

음 qiān 일 セン, うつる 영 remove
① 옮길 천(徙也移). ② 바꿀 천(變易). ③ 옮을 천(去下之高). ④ 귀양 보낼 천(謫). ⑤ 벼슬 바꿀 천(徙官).

書體 小篆 草書 高校 形聲

遷都(천도 qiāndū) 서울을 옮김.
遷墓(천묘 qiānmù) 무덤을 다른 곳으로 옮김. 천장(遷葬).
遷善(천선 qiānshàn) 나쁜 짓을 고쳐 착하게 됨.
遷延(천연 qiānyán) ① 물러감. 어슬렁거려 거닒. 당양(倘佯). 배회(徘徊). ② 일을 더디게 하여 지체함. ③ 시일을 미루어 감.

▶ 改過遷善(개과천선)·孟母三遷(맹모삼천)·變遷(변천)·左遷(좌천).

選 가릴 선:

選選選選選選選選選

음 xuǎn 일 セン, えらぶ 영 select
① 가릴 선, 뽑을 선(擇). ② 셀 선(數). ③ 재물 선(白選貨貝). ④ 조금 있다가 선(少選須臾). ⑤ 뽑을 선(銓選, 擇). ⑥ 도래샘 선(環舞).

書體 小篆 草書 中學 形聲

選良(선량 xuǎnliáng) ① 훌륭한 인물을 골라서 뽑음. 또는 뽑힌 사람. ② 국회의원(國會議員).
選民(선민 xuǎnmín) 한 사회에서 특히 뛰어나게 혜택을 받아 잘 사는 소수의 사람.
選出(선출 xuǎnchū) 여럿 중에서 고르거나 뽑아 냄.

▶ 間選(간선)·改選(개선)·決選(결선)·競選(경선)·公明選擧(공명선거)·官選(관선)·國選(국선)·落選(낙선)·多選(다선)·黨選(당선)·大選(대선)·落選(낙선)·民選(민선)·補選(보선)·嚴選(엄선)·豫選(예선)·五枝選多(오지선다)·運動選手(운동선수)·人選(인선)·入選(입선)·自由選擧(자유선거)·再選(재선)·精選(정선)·直選(직선)·初選(초선)·總選(총선)·取捨選擇(취사선택)·特選(특선)·被選(피선)·互選(호선).

遺 남길/끼칠 유

遺遺遺遺遺遺遺遺遺

①~⑤ 음 yí 일 ユイ, のこす 영 survive ⑥⑦ 음 wèi 일 イ,
① 잃어버릴 유(失). ② 남을 유(餘). ③ 더할 유(加). ④ 자취 유(陳迹). ⑤ 잊을 유(忘). ⑥ 끼칠 유, 줄 유(贈). ⑦ 먹일 유(餽).

書體 小篆 草書 中學 形聲

遺戒(유계 yíjiè) 예전 사람이 끼친 훈계. 후세(後世) 사람을 위하여 끼쳐 둔 교훈. 유계(遺誡). 유훈(遺訓).

遺稿(유고 yígǎo) 죽은 사람이 남긴 시문(詩文)의 원고(原稿). 유고(遺藁).

遺敎(유교 yíjiào) 전인(前人)이 남긴 가르침. 유훈(遺訓).

遺棄(유기 yíqì) 버림. 버려두고 돌아 보지 아니함.

遺書(유서 yíshū) ① 잃어버린 책. 산일(散佚)된 책. ② 전인(前人)이 지은 글을 후인(後人)이 간행한 책. ③ 전인(前人)이 소장(所藏)하고 있던 책. ④ 유언하는 글.

遺言(유언 yíyán) ① 전대(前代)의 사람이 남겨 놓은 말. 성인(聖人)의 유훈(遺訓). ② 임종(臨終) 때에 자손들에게 부탁하는 말. ③《法》생시(生時)에 자기가 죽은 뒤에 법률상(法律上)의 효력을 낼 목적으로 한 의사표시.

遺業(유업 yíyè) 전인(前人)이 남겨 놓은 사업(事業). 유서(遺緖).

遺跡(유적 yíjì) ① 남아 있는 옛 자취. ② 남은 사적(事蹟). 유적(遺蹟). 유적(遺迹).

遺蹟(유적 yíjì) 끼친 사적(事跡). 남은 사적(事跡). 남은 행적.

遺風(유풍 yífēng) ① 남아 있는 명성(名聲). ② 하루에 천리를 달리는 말. 준마(駿馬). ③ 빠르고 센 바람. ④ 남아 있는 고풍(古風). 여풍(餘風). ⑤ 옛부터 전해 오는 풍습. ⑥ 선인(先人)에게 닮은 전형(典型).

遺訓(유훈 yíxùn) 예전 사람이 끼친 훈계. 죽은 사람이 끼쳐 남긴 교훈. 유계(遺戒).

遺勳(유훈 yíxūn) 길이 후세(後世)에 까지 남아 있는 공훈. 큰 공로.

▶ 文化遺産(문화유산)·補遺(보유)·拾遺(습유)·贈遺(증유)·子遺(자유).

遼 멀 료

획 liáo 일 リョウ, とおい
영 far, distant

① 멀 료(遠). ② 강 이름 료(川名遼河). ③ 나라 이름 료(國名遼東).

遼隔(요격 liáogé) 멀리 아득히 떨어져 있음. 요절(遼絶). 요활(遼闊).

遼遠(요원 liáoyuǎn) 멀고도 멂. 요요(遼遙).

避 피할 피:

避 避 避 避 避 避 避 避 避

획 bì 일 ヒ, さける 영 avoid, hide

① 숨을 피(隱遁). ② 피할 피(逃). ③ 어길 피(違). ④ 싫어할 피(厭).

書體 小篆 辟 草書 辟 高校 形聲

避難(피난 bìnàn) 천재(天災) 지변(地變) 따위의 재난을 피하여 있던 곳을 옮김.

避亂(피란 bìluàn) ① =피난(避難). ② 전쟁·내란 따위의 난리를 피하여 있던 곳을 옮김.

避妊(피임 bìrèn) 인위적으로 임신을 피함. 피임(避姙).

避獐逢虎(피장봉호 bìzhāngfénghū)《國》노루 피하다가 범 만남.《喩》적은 해를 피하려다가 큰 화를 당한다는 뜻.

▶ 忌避(기피)·逃避(도피)·遁避(둔피)·厭避(염피)·退避(퇴피)·回避(회피).

邀 맞을 요

획 yāo 일 ヨウ, むかえる
영 intercept

① 맞을 요(招). ② 구할 요(求). ③ 부를

요(呼).
邀擊(요격 yāojí) 도중에서 기다리고 있다가 적을 냅다 치는 일. 기다리고 있다가 적을 맞아 침. 요격(要擊).

邁 갈[行] 매

㉠ mài ㉡ マイ, バイ, ゆく
㉢ dash forward

① 멀리 갈 매(遠行). ② 지나갈 매(過).
③ 늙을 매(老). ④ 돌아보지 않고 갈 매(邁邁不顧). ⑤ 힘쓸 매(勵).

邁進(매진 màijìn) 씩씩하게 나아감. 용감하게 나아감.
邁進一路(매진일로 màijìnyīlù) 씩씩하게 한 곳으로 빨리 나아감. 매진할 따름.

邂 우연히 만날 해:

㉠ xiè ㉡ カイ, であう ㉢ meet by chance

우연히 만날 해(邂逅, 不期而遇).

還 돌아올 환

1 ①~④ ㉠ hái ⑤ ㉠ huán ㉡ セン, かえる ㉢ return **2** ㉡ カン, かえる

1 ① 돌아올 환(反). ② 돌아갈 환(退歸). ③ 돌려보낼 환(償). ④ 돌아볼 환(顧). ⑤ 돌릴 환(繞). **2** ① 돌 선(周還, 轉). ② 가벼울 선(便捷). ③ 빠를 선(速).

書體 小篆 瓔 草書 형 (高校) 形聲

還給(환급 huángěi) 물건을 도로 돌려 줌.
還付(환부 huánfù) ① 도로 보냄. ② 물건을 도로 돌려 줌. 환부(還附).
환급(還給).
還生(환생 huánshēng) ① 되살아 남. ② 다시 태어남. 환생(幻生).
還俗(환속 huánsú) 중이 도로 속인(俗人)이 됨. 귀속(歸俗).
還收(환수 huánshōu) 내 놓은 것을 도로 거두어들임.

▶ 歸還(귀환)·錦衣還鄕(금의환향)·返還(반환)·奉還(봉환)·償還(상환)·生還(생환)·送還(송환)·奪還(탈환).

邊 가 변

㉠ biān ㉡ ヘン, ほとり
㉢ edge, border

① 가 변(側). ② 변방 변(邊邑). ③ 곁할 변(旁近). ④ 모퉁이 변(陲).

書體 小篆 邊 草書 (高校) 形聲

邊境(변경 biānjìng) 나라의 경계가 되는 곳.
邊利(변리 biānlì)《國》변돈에서 느는 이자.
邊方(변방 biānfāng) =변경(邊境).
邊塞(변새 biānsài) ① =변성(邊城). ② 이적(夷狄)에 가까운 국경(國境).
邊城(변성 biānchéng) 국경에 있는 성(城). 변새(邊塞).
邊守(변수 biānshǒu) 변경(邊境)을 지킴. 변수(邊戍). 변방(邊防).
邊土(변토 biāntǔ) 변방의 땅. 변지(邊地).

▶ 江邊(강변)·官邊(관변)·廣大無邊(광대무변)·近邊(근변)·爐邊(노변)·路邊(노변)·多邊化(다변화)·大路邊(대로변)·道路邊(도로변)·無邊(무변)·斜邊(사변)·水邊(수변)·身邊(신변)·邊雜記(신변잡기)·沿邊(연변)·一邊(일변)·日邊(일변)·低邊(저변)·周邊(주변)·天邊(천변)·川邊(천변)·海邊(해변).

邑, 阝部

고을 **읍**, 우부방

邑 고을 읍

邑 邑 邑 邑 邑 邑 邑

音 yì 日 ユウ, むら, みやこ
영 district city

① 고을 **읍**(都邑西縣爲郡四井爲邑).
② 흑흑 느낄 **읍**(於邑氣結). ③ 답답할 **읍**(邑邑憂鬱).

書體 小篆 뭅 草書 邑 中學 會意

邑內(읍내 yìnèi) ① 읍의 안. ②《制》관찰관아(觀察官衙)를 제한 지방관아(地方官衙)가 있던 마을. 읍저(邑底). 읍중(邑中). 읍하(邑下).
邑誌(읍지 yìzhì) 고을의 연혁·지리·풍속 같은 것을 기록한 책.
邑豪(읍호 yìháo) 고을에서 재력이나 권력이 으뜸가는 사람.

▶ 都邑(도읍).

邙 북망산 망

音 máng 日 ボウ 영 mountain
북망산 **망**(北邙洛陽山名).

那 어찌 나:

チ 那 那 那 那 那 那

①-⑥ 音 nà, nā 日 チ, なんぞ
영 why ⑦ 音 nǎ ⑧ 音 nèi 日 ダ
영 how

① 어찌 **나**(何). ② 많을 **나**(多). ③ 편안할 **나**(安). ④ 클 **나**(大). ⑤ 다할 **나**(盡). ⑥ 도읍 **나**(都). ⑦ 어찌 **나**(何). ⑧ 저 **나**(語助, 彼).

書體 小篆 那 草書 那 高校 形聲

那落(나락 nàluò)《梵》Naraka의 음역(音譯). 나락가여하(那落迦如何)의 약어. 내락(內落). 지옥(地獄).
那邊(나변 nàbiān) ① 어느 곳. 어디. ② 그 곳. 저기.

▶ 刹那(찰나).

邦 나라 방

邦 邦 邦 邦 邦 邦 邦

音 bāng 日 ホウ, くに 영 nation

① 나라 **방**(國). ② 봉할 **방**(封).

書體 小篆 邦 古文 邦 草書 邦 高校 形聲

邦慶(방경 bāngqìng) 나라의 경사.
邦域(방역 bāngyù) ① 나라의 경계. 국경(國境). ② 나라의 통치권(統治權)이 미치는 범위(範圍). 영토(領土).
邦人(방인 bāngrén) 자기 나라 사람.
邦貨(방화 bānghuò) ① 그 나라의 화폐. ② 그 나라의 화물(貨物).

▶ 東邦(동방)·萬邦(만방)·聯邦(연방)·友邦(우방)·異邦(이방)·合邦(합방).

邪 간사할 사

邪 邪 邪 邪 邪 邪 邪

1 音 xié 日 ジャ, よこしま
영 wickedness **2** 音 yé 日 ヤ

1 ① 간사할 **사**(邪佞姦思不正). ② 사기 **사**(不祥, 邪氣). **2** ① 축축한 땅 **야**(汙邪下地). ② 그런가 **야**(語助疑辭). ③ 땅 이름 **야**(地名琅邪).

書體 小篆 草書 (高校) 形聲

邪敎(사교 xiéjiào) ① 올바르지 못한 가르침. ② 올바르지 못한 종교. 사종(邪宗).
邪戀(사련 xiéliàn) 도리에 벗어난 연애.

▶ 正邪(정사)·忠邪(충사)·破邪(파사).

邯 조나라 서울 한
邑5(8)

㉿ hán ㊐ カン

1 조나라 서울 **한**(邯鄲趙都). **2** 사람 이름 **감**.

邯鄲之夢(한단지몽 hándānzhīmèng) 사람의 일생에 부귀란 헛되고 덧없다는 뜻. 노생(盧生)이 한단(邯鄲)에서 도사 여옹(呂翁)의 베개를 빌려서 베고 잠이 들었다가 부귀와 영화에 찬 평생의 꿈을 꾸었다 함. 한단침(邯鄲枕). 일취지몽(一炊之夢).
邯鄲學步(한단학보 hándānxuébù) 《故》 자기의 본분을 버리고 남의 행위를 본받는 것은 어느 것이나 실패한다는 뜻. 《故》 옛날 연(燕) 나라의 소년이 조(趙) 나라의 서울 한단(邯鄲)에 가서 그 곳 사람들의 걸음걸이를 본받다가 아직 충분(充分)히 배우지도 못하고 제 나라에 돌아와 보니 한단(邯鄲)의 걸음걸이도 안 되고 자기의 본 걸음걸이도 잊어버렸다 함. 한단지보(邯鄲之步).

邱 언덕 구
邑5(8)

㉿ qiū ㊐ キュウ, おか ㊊ hill

① 언덕 **구**(丘). ② 땅 이름 **구**(地名).

邸 집 저:
邑5(8)

㉿ dǐ ㊐ テイ, やしき ㊊ mansion

① 사처 **저**, 주막 **저**(郡國京舍). ② 홀바탕 **저**(主本). ③ 병풍 **저**(皇邸, 屛).

邸宅(저택 dǐzhái) 집. 구조가 큰 집.
邸下(저하 dǐxià) 왕세자(王世子)의 존칭.

▶ 官邸(관저)·私邸(사저)·潛邸(잠저).

郁 성[盛]할 욱
邑6(9)

㉿ yù ㊐ イク, さかん ㊊ prosperous

① 문채날 **욱**(文盛貌). ② 자욱할 **욱**(馥郁, 氣厚).

郁馥(욱복 yùfù) 향기가 매우 깊은 모양.
郁郁靑靑(욱욱청청 yùyùqīngqīng) 향기가 높고, 수목이 무성하여 푸른 빛깔이 썩 곱고도 깨끗한 것.

郊 들 교
邑6(9)

郊郊郊郊夕交郊郊郊

㉿ jiāo ㊐ コウ, いなか, はずれ ㊊ suburbs

① 들 **교**(邑外). ② 시외 **교**(市外).

書體 小篆 草書 (高校) 形聲

郊迎(교영 jiāoyíng) 교외까지 나가서 출영(出迎)함. 성문 밖에 나가서 마중함. 교로(郊勞).
郊外(교외 jiāowài) 도시 주위의 들. 들 밖. 교경(郊坰).

▶ 近郊(근교)·遠郊(원교)·春郊(춘교).

郞 사내 랑
邑6(9)

【郎(邑부7획)의 약자】

郎 사내 랑

郎郎郎郎郎郎郎郎郎

🔊 láng, làng 🇯🇵 ロウ, おとこ, おっと 🇬🇧 man, husband

① 사내 랑(男子稱). ② 남편 랑(婦稱夫). ③ 벼슬 이름 랑(官名).

書體 小篆 草書 (中學) 形聲

郎君(낭군 lángjūn) ① 남의 아들의 경칭(敬稱). ② 귀공자(貴公子). ③ 새로이 진사(進士)에 급제한 사람. ④ 자기의 남편을 일컫는 말.
郎子(낭자 lángzi) 남의 아들을 부르는 경칭(敬稱). 영식(令息). 영랑(令郎).

▶ 佳郎(가랑)·新郎(신랑)·女郎(여랑)·令郎(영랑)·花郎(화랑).

郡 고을 군:

郡郡郡郡郡郡郡郡郡郡

🔊 jùn 🇯🇵 グン, こおり 🇬🇧 district
고을 군(縣所屬).

書體 小篆 草書 (中學) 形聲

郡界(군계 jùnjiè) 한 군(郡)과 딴 군과의 경계.
郡部(군부 jùnbù) ① 도시에서 떨어져 있는 지방. ② 군(郡)의 구역에 속하는 지방. ↔시군(市郡).

▶ 隣郡(인군)·一郡(일군).

部 떼/부분 부

部部部部部部部部部

🔊 bù 🇯🇵 ブ, わける, すべる 🇬🇧 part, post

① 떼 부, 항오 부(曲行伍). ② 나눌 부(分). ③ 거느릴 부(統). ④ 마을 부(署). ⑤ 지경 부(界).

書體 小篆 草書 (中學) 形聲

部署(부서 bùshǔ) 할일을 담당함. 할당된 직무. 근무상 나누어진 부분.
部數(부수 bùshù) ① 정기 간행물의 발행수. ② 책의 수효.
部首(부수 bùshǒu) 한문(漢文) 자전(字典)에서 글자를 찾는 길잡이가 되는 글자의 한 부분. 궁자(弓字)는 인(引)·홍(弘)의 부수(部首)가 되는 따위.

▶ 幹部(간부)·經理部(경리부)·文藝部(문예부)·司令部(사령부)·野球部(야구부)·外部(외부)·販賣部(판매부).

郭 성(姓)/성곽 곽

郭郭郭郭郭郭郭郭郭

🔊 guō 🇯🇵 カク, くるわ 🇬🇧 castle-well

① 성곽 곽(外城). ② 둘레 곽(外圍). ③ 성 곽(姓).

書體 小篆 草書 (高校) 形聲

郭內(곽내 guōnèi) 성곽(城郭) 안.
郭外(곽외 guōwài) 성곽(城郭) 밖.

▶ 城郭(성곽)·外郭(외곽)·輪郭(윤곽).

郵 우편 우

郵郵郵郵郵郵郵郵郵

🔊 yóu 🇯🇵 ユウ, しゅくば 🇬🇧 post-town

① 역말 우(驛). ② 지날 우(過). ③ 우편 우, 우체 우(郵遞).

郵送(우송 yóusòng) 물건이나 편지를 우편으로 보냄.
郵便(우편 yóubiàn) 편지나 소포(小包) 따위를 운송(運送)하는 정부의 사업. 국가의 독점사업(獨占事業)으로 체신부장관(遞信部長官)의 관리(管理)에 속함.
郵票(우표 yóupiào) 우편 요금을 낸 표시로 우편물에 붙이는 증표(證票).

都 도읍 도

都都都都都都都都都都

음 dū, dōu 일 ト, ツ, みやこ
영 capital city

① 도읍 도(天子所居). ② 도무지 도(總). ③ 거할 도(居). ④ 성할 도(盛). ⑤ 아아 도(歎美辭).

書體 小篆 草書 (中學) 形聲

都給(도급 dūjǐ)《國》어떠한 공사에 들 모든 비용을 미리 작정하고 도맡아 하게 하는 것.
都是(도시 dūshì) 도무지.
都邑(도읍 dūyì) 서울.
都下(도하 dūxià) 서울 안. 서울 지방.
都會(도회 dūhuì) 사람이 많이 모여 살고 번잡한 곳. 도회지(都會地). 도시(都市).

▶ 京都(경도)·古都(고도)·舊都(구도)·遷都(천도)·還都(환도)·皇都(황도).

鄉 시골 향

鄉鄉鄉鄉鄉鄉鄉鄉鄉鄉

음 xiāng 일 キョウ, ふるさと
영 one's native place

① 시골 향(五州百家之內). ② 고향 향(生地). ③ 향 향(周代行政區劃名).

書體 小篆 草書 (中學) 形聲

鄉歌(향가 xiānggē) ① 시골 노래. ②《國》신라 중엽(中葉)에서 고려 초기(初期)까지에 걸쳐 민간에 널리 유행하였던 우리나라 고유의 시가(詩歌). 모두 향찰(鄕札)로 기록되어 있음. 현재 전하는 것은 삼국유사(三國遺事)에 14수, 균여전(均如傳)에 11수, 도합 25수임.
鄉貫(향관 xiāngguàn) ① 고향의 호적(戶籍). 본적(本籍). 적관(謫貫). ② 시조(始祖)의 고향(故鄕). 본관(本貫). 관향(貫鄕).
鄉導(향도 xiāngdǎo) 길을 인도(引導)함. 또는 그 사람. 안내(案內). 향도(嚮道). 향도(嚮導).
鄉背(향배 xiāngbèi) ① 좇음과 배반함. 향배(向背). ② 따름과 떠남. 거취(去就).
鄉愁(향수 xiāngchóu) ① 고향을 그리워하는 마음. 타향에 있는 사람이 고향을 그리워 느끼는 슬픔. ② 일찍 겪고 친하게 지냈던 일들을 그리워 느끼는 마음.
鄉樂(향악 xiāngyuè) 우리나라의 고유한 풍류. ↔당악(唐樂).
鄉友(향우 xiāngyǒu) 같은 고향의 벗.
鄉村(향촌 xiāngcūn) 시골. 향리(鄕里).
鄉土(향토 xiāngtǔ) ① 자기가 태어난 곳. 고향. ② 서울에서 떨어져있는 마을이나 지방. 촌(村).

▶ 家鄉(가향)·故鄉(고향)·歸鄉(귀향)·錦衣還鄉(금의환향)·同鄉(동향)·望鄉(망향)·異鄉(이향)·在鄕(재향)·帝鄕(제향)·他鄕(타향)·懷鄕(회향).

鄙 더러울 비:

음 bǐ 일 ヒ, いやしい

走(邑)(酉)采里 8획 金長門阜隶隹雨靑非

뜻 vulgar, mean
① 더러울 비, 더러울 비(陋). ② 시골 비(都之對). ③ 변방 비(邊鄙邊邑). ④ 인색할 비(鄙吝嗇財). ⑤ 비천할 비(卑賤).

鄙見(비견 bǐjiàn) 자기 의견의 겸칭(謙稱). 비견(卑見).
鄙近(비근 bǐjìn) 고상하지 못하고 천박함. 흔하여 천한 것에 가까움. 비리천근(鄙俚淺近).
鄙陋(비루 bǐlòu) ① 마음이 고상하지 못하고 하는 짓이 더러움. ② 학문이나 견식이 천박함.
鄙俗(비속 bǐsú) 아주 속됨. 촌스러움.
鄙劣(비열 bǐliè) 마음이 더럽고 못남. 비열(卑劣).
鄙淺(비천 bǐqiǎn) 낮고 얕음. 촌스럽고 천박함. 비천(卑淺). 비박(鄙薄).

鄭 [邑 12 / 15] 나라 정:

음 zhèng 일 テイ, ジョウ
뜻 family-name
① 나라 이름 정(周叔友所封國). ② 고을 이름 정(縣名南鄭).

鄭重(정중 zhèngzhòng) ① 자주. 빈번. ② 친절함. 은근함. ③ 점잖고 무게가 있음.

鄰 [邑 12 / 15] 이웃 린

음 lín 일 リン, となり
뜻 neighbourhood
① 이웃 린(近). ② 이웃할 린(親比). ③ 도울 린(臣鄰輔弼). ④ 수레 구르는 소리 린(車聲). 【隣은 속자】

鄰家(인가 línjiā) 이웃집. 인옥(鄰屋). 인사(鄰舍).
鄰邑(인읍 línyì) 이웃 마을. 인촌(鄰村).

酉 部
닭 유

酉 [酉 0 / 7] 닭 유

酉 酉 酉 酉 酉 酉 酉

음 yǒu 일 ユウ, ユ, とり
① 별 유(西方辰). ② 열째 지지 유(地支第十位). ③ 나아갈 유(就). ④ 술 유. ⑤ 닭 유.

書體 小篆 酉 古文 丣 草書 酉 中學 象形

酉方(유방 yǒufāng) 24방위(方位)의 하나. 서쪽.
酉時(유시 yǒushí) 하오 5시부터 7시까지의 시각.
酉坐(유좌 yǒuzuò) 묏자리나 집터 따위에 있어서 유방(酉方). 곧 서쪽을 등지고 있는 자리.
酉初(유초 yǒuchū) 유시(酉時)의 처음. 곧 상오 5시경.

酋 [酉 2 / 9] 우두머리 추

음 qiú 일 シュウ, かしら, おさ
뜻 chieftain
① 괴수 추, 두목 추(酋魁道). ② 술 익을 추(酒熟). ③ 끝날 추, 마칠 추(終).

酋長(추장 qiúzhǎng) ① 미개인(未開人)들의 우두머리. ② 도둑들의 두목(頭目). 추령(酋領). 괴수(魁帥). 추거(酋渠).

酌 [酉 3 / 10] 대작할/잔질할 작

酌 酌 酌 酌 酌 酌 酌 酌

酌 zhuó シャク, くむ
fill a cup
① 잔질할 작(行觴斟). ② 짐작할 작, 대중할 작(斟酌審擇). ③ 술 작(酒).

書體 小篆 酌 草書 妁 (高校) 形聲

酌婦(작부 zhuófù) 연회에서나 술집에서 손님에게 술을 따라 주는 여자.
酌水成禮(작수성례 zhuóshuǐchénglǐ) 가난한 집안의 혼인 예식.
酌定(작정 zhuódìng) 일을 그러리라 짐작하여 결정함.

▶ 對酌(대작)·獨酌(독작)·酬酌(수작)·斟酌(짐작)·參酌(참작)·添酌(첨작).

配 짝/나눌 배:

配配配配配配配配配

pèi ハイ, たぐい, あう
pair, mate

① 짝 배(匹). ② 짝할 배(配之). ③ 도울 배(侑). ④ 귀양 보낼 배(流刑隷).

書體 小篆 配 草書 配 (高校) 形聲

配當(배당 pèidāng) ① 몫몫이 분배(分配)함. 나누어 줌. ② 재산을 분배함. ③《經》주식회사(株式會社)가 이익금(利益金)을 할당(割當)하여 주주(株主)에게 분배하는 것. 또는 그 돈.
配色(배색 pèisè) 색을 배합함. 또는 배합한 색.
配屬(배속 pèishǔ) 사람을 각자(各自)의 일할 자리에 배치하여 종사하게 함.
配匹(배필 pèipǐ) 부부로서 알맞은 짝. 배우(配偶). 배우(配耦).
配合(배합 pèihé) ① 조화(調和). 평형(平衡). ② 한데 알맞게 섞어 합침.《喩》친밀함. 짝을 지어서 부부가 되게 함.

▶ 分配(분배)·手配(수배)·流配(유배)·支配(지배)·直配(직배)·宅配(택배).

酒 술 주(:)

酒酒酒酒酒酒酒酒酒

jiǔ シュ, さけ wine

① 술 주(米麴所釀). ② 냉수 주(玄酒明水). ③ 벼슬 이름 주(官名).

書體 小篆 酒 草書 㴘 (中學) 形聲

酒家(주가 jiǔjiā) ① 술집. ② 술꾼. 주객(酒客).
酒客(주객 jiǔkè) ① 술을 좋아하는 사람. ② 술 마시는 사람. 술꾼.
酒果脯醯(주과포혜 jiǔguǒpúxī) 술과 과실과 육포(肉脯)와 식혜. 주포주과(酒脯酒果).《喩》간략한 제물(祭物).
酒談(주담 jiǔtán) 술김에 하는 객쩍은 말.
酒黨(주당 jiǔdǎng) 술꾼.
酒毒(주독 jiǔdú)《醫》술의 중독으로 얼굴에 붉은 점이 생기는 증세.
酒量(주량 jiǔliàng) 술을 마시는 분량. 주호(酒戶).
酒幕(주막 jiǔmù) 시골의 길목에서 술과 밥을 팔거나 나그네를 재우는 집. 탄막(炭幕).
酒癖(주벽 jiǔpǐ) ① 술을 좋아하는 버릇. ② 술을 마시면 나타나는 버릇. 주성(酒性).
酒保(주보 jiǔbǎo) ① 술집의 고용인(雇傭人). ② 술을 파는 사람. ③ 술을 제조하는 사람. ④ 군대의 영내(營內)에서 음식이나 그 밖의 일용품을 파는 곳.
酒邪(주사 jiǔxié) 술을 마신 뒤의 나쁜 버릇.
酒色雜技(주색잡기 jiǔsèzájì) 술·여색(女色)·도박 등 잡스러운 놀음.
酒席(주석 jiǔxí) 술자리.

走(邑)(西)采里 8획 金長門阜隸隹雨靑非　843

酒案床(주안상 jiǔ'ànchuáng) 술과 안주를 차린 상.
酒宴(주연 jiǔyàn) 술잔치.
酒煎子(주전자 jiǔjiānzi) 술을 데우기도 하고 술을 담아 잔에 따르기도 하는 그릇.
酒池肉林(주지육림 jiǔchíròulín)《用》 술은 못을 이루고 고기는 숲을 이룬다는 뜻으로 굉장한 술잔치를 벌여 놓고 호화(豪華)스럽게 노는 것.
酒荒(주황 jiǔhuāng) 술이 몹시 취하여 마음이 거칠어짐.
酒興(주흥 jiǔxīng) ① 술을 마신 뒤의 흥취(興趣). ② 술자리에서 하는 오락·놀이.

▶ 甘酒(감주)·禁酒(금주)·斗酒(두주)·麥酒(맥주)·銘酒(명주)·美酒(미주)·白酒(백주)·燒酒(소주)·藥酒(약주)·洋酒(양주)·釀酒(양주)·御賜酒(어사주)·飮酒(음주)·淸酒(청주)·濁酒(탁주).

醉 취할/술취할 취:
酉4⑪

【醉(酉부8획)의 속자】

酢 초 초/술 권할 작
酉5⑫

1 중 zuò 일 ソ, す 영 vinegar
2 중 cù 일 ス, す

1 초 초, 단 것 초(酸漿酸). 2 술 권할 작(酬酢).

酢酸(초산 cùsuān)《化》자극성과 향기가 있는 무색의 액체. 탄소·산소·수소의 화합물. 초산(醋酸).

▶ 酬酢(수작).

酬 갚을/술 권할 수
酉6⑬

중 chóu 일 シュウ, むくいる
영 return, repay

① 술 권할 수(勸酒). ② 갚을 수(報).
酬答(수답 chóudá) ① 묻는 말에 대답함. ② 보답(報答)함. 응답(應答). 수보(酬報).
酬應(수응 chóuyīng) ① 대답함. 응답(應答). ② 술잔을 되돌려서 권함. ③ 남의 부탁에 응함.
酬酢(수작 chóucù) ① 응대(應對)함. ② 주객(主客)이 서로 술을 권함.

▶ 報酬(보수)·應酬(응수).

酪 쇠젖 락
酉6⑬

중 lào 일 ラク, ちちしる 영 milk

타락 락, 쇠젖 락(乳漿).

酪農(낙농 làonóng) 소·염소 등의 젖을 짜서, 이것을 원료(原料)로 하여 버터·치즈·밀크 등을 제조 가공(加工)하는 농업(農業). 또는 농가(農家).
酪製品(낙제품 làozhìpǐn) 우유나 양젖을 원료로 하여 만든 제품.

▶ 乾酪(건락)·牛酪(우락).

酵 삭일 효:
酉7⑭

중 xiào 일 コウ, わく 영 ferment

술괼 효(發酵以酒母起麪).
酵母(효모 xiàomǔ)=효모균(酵母菌).
酵素(효소 xiàosù)《化》 단백질에 닮은 화합물의 한 가지. 널리 생물체에 존재하고 어떤 유기물을 변화시키는 작용을 함. 효모균(酵母菌)·디아스타제 따위.

▶ 發酵(발효).

酷 심할 혹
酉7⑭

중 kù 일 コク, むごい 영 severe

① 혹독할 **혹**(虐也慘). ② 심할 **혹**(甚). ③ 술맛 텁텁할 **혹**(酒厚味).

酷烈(혹렬 kùliè) ① 혹독(酷毒)하여 매우 심함. ② 향기가 높음.

酷評(혹평 kùpíng) 너무 가혹하게 하는 비평. 가평(苛評).

▶ 苛酷(가혹)·冷酷(냉혹)·殘酷(잔혹)·慘酷(참혹).

酸

酉 7 ⑭ 실[味覺] **산**

[중] suān [일] サン, す [영] acid, sour

① 실 **산**(酢味). ② 새큼새큼할 **산**, 아플 **산**(悲痛). ③ 산소 **산**(酸素).

酸味(산미 suānwèi) ① 신 맛. ② 괴로움.

酸性(산성 suānxìng) ① 신 맛이 있는 물질의 성질. ②《化》산이 그 수소 이온에 따라 수용액이 신 맛을 나타내고 청색 리트머스 시험지를 붉은 색으로 변하게 하는 성질. ↔ 알칼리성.

酸辛(산신 suānxīn) ① 맛이 맵고 심. ② 세상이 괴로움. 신산(辛酸). 고초(苦楚).

酸化(산화 suānhuà)《化》① 어떤 물질이 산소와 화합하는 것. 또는 수소(水素)를 뺏는 일. ② 이온 혹은 원자가 전자(電子)를 잃고 다시 양성(陽性)으로 되는 변화. ↔ 환원(還元).

▶ 甘酸(감산)·辛酸(신산)·塩酸(염산)·硝酸(초산)·醋酸(초산)·黃酸(황산).

醃

酉 8 ⑮ 절일 **엄**

[중] yān [일] エン, アン, つけもの [영] pickle

① 절일 **엄**(鹽漬魚物). ② 김치 **엄**(菹).

醃藏(엄장 yāncáng) 어육(魚肉)·소채(蔬菜) 따위를 소금에 절여서 저장(貯藏)함.

醃菹(엄저 yānzū) 겉절이.

醃造(엄조 yānzào) 술이나 간장 따위를 만드는 일.

醇

酉 8 ⑮ 전국술 **순**

[중] chún [일] ジュン, まじりない
[영] pure, good

① 전국술 **순**(不澆酒). ② 두터울 **순**(厚). ③ 삼갈 **순**(醇謹重). ④ 순수할 **순**(純粹).

醇味(순미 chúnwèi) 다른 맛이 섞이지 않고 지닌 그대로의 순수하고 진한 맛. 좋은 술맛. 순미(純味).

醇朴(순박 chúnpǔ) 인정미가 많고 꾸밈이 없음. 순박(淳朴).

醇白(순백 chúnbái) ① 아주 흼. ② 마음이 더럽지 않고 깨끗함. 정백(精白). 순백(純白).

醇粹(순수 chúncuì) ① 다른 것이 조금도 섞이지 않음. ② 사념(邪念)·사욕(邪慾)이 없음. 순수(純粹). ③ 완전함.

醇化(순화 chúnhuà) ①《哲》잡다(雜多)한 지식을 분류하여 불순한 분자(分子)를 없애고 지식의 계통을 세움. 이상화(理想化). ② 예술 작품에서 재료를 취사선택(取捨選擇)하여 불순한 분자를 없애고 조직화 또는 순수화함. ③ 점잖은 가르침의 감화(感化).

醇厚(순후 chúnhòu) 순박하고 인정(人情)이 두터움.

▶ 芳醇(방순).

醉

酉 8 ⑮ 취할 **취:**

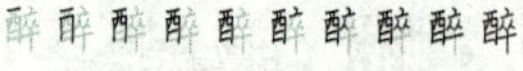

[중] zuì [일] スイ, よう [영] get drunk

① 술 취할 **취**(爲酒所酣). ② 침혹할 **취**(心醉). ③ 궤란할 **취**(潰).

辵(邑)(酉)采里 8획 金長門阜隶隹雨靑非

書體: 小篆 醗, 草書 碎 (高校) 形聲

醉客(취객 zuìkè) 술에 취한 사람. 취한(醉漢).

醉談(취담 zuìtán) 술에 취하여 마구 하는 말.

醉夢(취몽 zuìmèng) 술에 취하여 자는 동안에 꾸는 꿈.

醉生夢死(취생몽사 zuìshēngmèngsǐ) 《喩》 취하여 살고 꿈속에서 죽는다는 뜻으로 아무 의미 없이 한평생을 흐리멍덩하게 살아감.

醉態(취태 zuìtài) 술에 취하여 거칠어진 태도.

醉興(취흥 zuìxìng) 술에 취하여 일어나는 흥겨움.

▶ 陶醉(도취)·麻醉(마취)·滿醉(만취)·微醉(미취)·宿醉(숙취)·心醉(심취).

醋 초 초 / 술 권할 작

1. 음 cù 일 サク, さす 영 offer wine
2. 음 ソ, す 영 vinegar

1 술 권할 **작**(酬醋主客相酌). **2** 초 **초**(酸漿).

醋酸(초산 cùsuān) 《化》 자극성의 향기가 있는 무색의 액체로 산성이 약한 염기산(鹽基酸). 식초의 주성분을 이룸. 주류(酒類)를 공기 중에 방치하면 초산(醋酸)이 됨. 산초(酢酸).

醋漿(초장 cùjiāng) 산장(酸漿). 간장에 초를 타고 양념을 넣은 조미료.

醒 깰 성

음 xǐng 일 セイ, さめる, さとる 영 become sober

① 술 깰 **성**(醉解). ② 꿈 깰 **성**(夢覺). ③ 깨달을 **성**(覺醒).

醒覺(성각 xǐngjué) ① 깨달음. 각성(覺醒). ② 눈을 떠서 정신(精神)을 차림. ③ 잘못을 깨달아 정신을 차림. ④ 주의를 환기(喚起)시킴.

醒悟(성오 xǐngwù) 깨달음.

▶ 覺醒(각성).

醜 더러울/추할 추

醜 醜 醜 醜 醜 醜 醜 醜 醜

음 chǒu 일 シュウ, みにくい 영 ugly, dirty

① 추할 **추**(惡). ② 같을 **추**(類). ③ 무리 **추**(衆). ④ 자라 똥구멍 **추**(鼈). ⑤ 더러울 **추**(穢). ⑥ 부끄러울 **추**(恥). ⑦ 견줄 **추**(比較).

書體: 小篆 醜, 草書 醜 (高校) 形聲

醜聞(추문 chǒuwén) 추잡한 소문. 추성(醜聲). 스캔들.

醜惡(추악 chǒu'è) ① 더럽고 지저분하여 아주 못생김. ② 마음씨나 행동이 아주 추잡하고 나쁨.

醜態(추태 chǒutài) 창피스럽고 아름답지 못한 짓.

▶ 美醜(미추).

醫 의원/의사 의

醫 醫 醫 醫 醫 醫 醫 醫

①-③ 음 yī 일 イ, いやす 영 cure
④ 일 イ, いしゃ 영 doctor

① 의원 **의**(治病者). ② 병 고칠 **의**(療). ③ 구할 **의**(救). ④ 초 **의**(梅漿酏).

書體: 小篆 醫, 草書 医 (中學) 會意

醫療(의료 yīliáo) 의술로 병을 고치는 일.

醫師(의사 yīshī) ①《制》 주대(周代)의 벼슬 이름. 의자(醫者)의 우

두머리. ② 서양식 시설과 의료법에 의하여 병의 진찰·치료를 하는 사람. 의자(醫者). 의인(醫人).

醫術(의술 yīshù) 의학에 관한 기술. 병을 고치는 기술. 인술(仁術). 의방(醫方). 도규술(刀圭術).

醫藥(의약 yīyào) ① 의술과 약품. ② 의료에 쓰이는 약품. ③ 의사와 약제사. ④ 진료(診療)와 조제(調劑).

醫院(의원 yīyuàn) 병자를 치료하는 특별한 시설을 한 집.

醫學(의학 yīxué) 《醫》 병이나 의료(醫療)에 대하여 연구하는 과학.

▶ 軍醫(군의)·名醫(명의)·獸醫(수의)·侍醫(시의)·御醫(어의)·女醫(여의)·漢醫(한의)·漢方醫(한방의).

醬 장 장ː

酉 11 ⑱

[중] jiàng [일] ショウ, ひしお, みそ
[영] bean paste

① 식혜 **장**(醯). ② 간장 **장**(醬油).

醬石花蟹(장석화해 jiàngshíhuāxiè) 장굴젓.

醬湯飯(장탕반 jiàngtāngfàn) 장국밥.

醮 초례 초

酉 12 ⑲

[중] jiào [일] ショウ, やつれる
[영] emaciate

① 초례제 **초**(冠娶祭名). ② 마를 **초**(憔).

醮禮(초례 jiàolǐ) 혼인 지내는 예식(禮式).

醮禮廳(초례청 jiàolǐtīng) 예(禮)를 지내는 곳. 전안청(奠雁廳).

醱 술 괼 발

酉 12 ⑲

[중] fā, [일] pō ハツ, かもす
[영] forment

술 괼 **발**(醱醅重釀).

醱酵(발효 fāxiào) 《化》 효모균(酵母菌)의 작용에 의하여 유기화합물(有機化合物)이 분해(分解)하여 알코올류·유기산류(有機酸類)·탄산가스 등을 만드는 일. 술·간장 따위는 이 작용을 이용하여 만들음. 발효(發酵). 발배(醱醅).

醵 추렴할 거/갹

酉 13 ⑳

[1] [중] jù [일] キャク, さかもり
[영] contribute jointly [2] [일] キョ

[1] ① 술추렴 **거**(斂錢共飮酒). ② 추렴걷을 **거**(斂錢). [2] **갹**. 뜻은 [1]과 같음.

醵金(거금·갹금 jùjīn) 돈을 추렴하여 냄.

醵飮(거음·갹음 jùyǐn) 술추렴.

醵出(거출·갹출 jùchū) 돈이나 물건을 추렴하여 냄.

釀 술 빚을 양

酉 17 ㉔

[중] niàng, niáng [일] ジョウ, かもす
[영] brew

술 빚을 **양**(醞酒).

釀蜜(양밀 niàngmì) 꿀을 만들음.

釀造(양조 niàngzào) 술·간장을 담가서 만드는 것.

釀酒(양주 niàngjiǔ) 술을 담금. 또는 담근 술.

釆 部

분별할 **변**

釆 분별할 변

釆 0 ⑦

[중] biàn [일] ヘン, ベン, わける

采 풍채 채:

⑤-⑨ 중 cǎi, ⑩ 중 cài サイ、いろどり 영 colouring

① 캘 **채**(取也, 採). ② 채색 **채**(采色). ③ 일 **채**(事). ④ 가릴 **채**(擇). ⑤ 풍채 **채**(風采). ⑥ 많을 **채**(多貌). ⑦ 아름다울 **채**(美貌). ⑧ 채읍 **채**(食邑). ⑨ 빛날 **채**(光). ⑩ 채색 **채**(彩色).

采緞(채단 cǎiduàn) 혼인 때 신랑집에서 신부집으로 미리 보내는 청색(靑色)·홍색(紅色) 등의 치마·저고리감.

采色(채색 cǎisè) ① 여러 가지의 고운 빛깔, 채색(彩色). ② 얼굴 빛, 안색, 풍채(顏色風采).

釈 풀 석

【釋(采부13획)의 약자】

釉 유약 유

중 yòu 일 ユウ、つや、ひかり
영 lustre

물건 빛날 **유**(物有色).

釉藥(유약 yòuyào) 잿물. 도자기를 만든 후, 구울 때에 표면에 덧씌워 광택과 무늬를 아름답게 하는 유리 같은 분말의 약품.

釋 풀 석

釋釋釋釋釋釋釋釋釋

중 shì 일 セキ、シャク、とく
영 interpret, explain

① 놓을 **석**(捨). ② 주낼 **석**(註解). ③ 내놓을 **석**(放). ④ 둘 **석**(舍也, 置). ⑤ 풀릴 **석**(消散). ⑥ 부처의 칭호 **석**(釋迦, 佛號).

釋迦(석가 shìjiā) ①《人》석가모니(釋迦牟尼). 생몰(生沒) B.C. 565~486. 범어(梵語) Sakyamuni의 음역(音譯). 불교(佛敎)의 교조(敎祖).

釋迦牟尼(석가모니 shìjiāmóuní) = 석가(釋迦).

釋明(석명 shìmíng) ① 똑똑히 풀어 밝힘. ② 사정을 자세히 설명하여 오해(誤解)를 풀고 양해를 구함. 또는 책임의 소재(所在)를 명백히 함.

釋然(석연 shìrán) ① 마음이 환하게 풀림. ② 미심쩍던 것이나 원한 따위가 확 풀리고 마음이 환하게 밝음.

釋奠(석전 shìdiàn) 공자(孔子)를 제사 지내는 큰 제사(祭祀). 2월과 8월의 상정일(上丁日)에 짐승의 희생과 여러 가지 음식을 차려 놓고 제사함. 〈奠은 공물을 차린다는 뜻〉. 석전대제(釋奠大祭). 석채(釋菜). 사전(寺奠).

里 部

마을 리

里 마을 리:

里里里里里里里

중 lǐ 일 リ、さと 영 village

① 마을 **리**(五鄰爲里). ② 근심할 **리**(憂). ③ 이수 **리**(里數路程).

里 (小篆 里, 草書 里) 中學 會意

里數(이수 lǐshù) ① 거리를 리(里)의 단위로 헤아린 수(數). ② 동리(洞里)의 수효.

里程表(이정표 lǐchéngbiǎo) 육로(陸路)의 이정을 기록한 표.

里巷(이항 lǐxiàng) ① 마을. 촌리(村里). ② 마을과 거리.

▶ 洞里(동리)·隣里(인리)·田里(전리)·村里(촌리)·鄕里(향리).

重 무거울 중:

重 重 重 重 重 重 重 重 重

① ② 훈 zhòng 일 ジュウ, おもい
훈 heavy ⑦~⑨ 훈 chóng 일 チョウ, おもい 영 double

① 거듭 중(複也疊). ② 늦곡식 중(後熟穀). ③ 무거울 중(輕之對). ④ 삼갈 중(愼). ⑤ 두터울 중(厚). ⑥ 두 번 중(再). ⑦ 무겁게 여길 중(重之). ⑧ 높일 중(尊). ⑨ 짐바리 중(輜重).

小篆 重, 草書 重 中學 形聲

重喪(중상 chóngsàng) 탈상(脫喪)하기 전에 부모상을 거듭 당함.

重修(중수 chóngxiū) 낡고 헌 것을 다시 손대어 고침. 개수(改修).

重役(중역 zhòngyì) ① 은행·회사의 중임을 맡은 임원(任員). 이사(理事)·지배인·감사(監査) 따위. ② 책임이 무거운 구실 또는 그런 자리의 사람.

重鎭(중진 zhòngzhèn) ① 무거운 문진(文鎭). 병권(兵權)을 잡고 요새지(要塞地)를 지키는 사람. ② 중요한 자리에 있는 사람.

重疊(중첩 chóngdié) 거듭 거듭됨. 겹쳐짐.

重厚(중후 zhònghòu) 태도가 점잖고 침착함.

▶ 加重(가중)·輕重(경중)·過重(과중)·九重宮闕(구중궁궐)·宮重(궁중)·捲土重來(권토중래)·貴重(귀중)·起重(기중)·鈍重(둔중)·莫重(막중)·默重(묵중)·比重(비중)·三重苦(삼중고)·所重(소중)·愼重(신중)·愛之重之(애지중지)·嚴重(엄중)·肉重(육중)·隱忍自重(은인자중)·二重(이중)·二重奏(이중주)·自重(자중)·莊重(장중)·低體重化(저체중화)·鄭重(정중)·尊重(존중)·體重(체중)·體重計(체중계)·置重(치중)·偏重(편중)·荷重(하중).

野 들 야:

野 野 野 野 野 里 野 野 野 野

음 yě 일 ヤ, の, いなか
영 field, wild

① 들 야(郊外). ② 촌스러울 야(朴野). ③ 들판 야(原野). ④ 백성 야(百姓). ⑤ 야만 야(野蠻). ⑥ 야심 야(野心).

小篆 野, 草書 野 中學 形聲

野壇法席(야단법석 yětánfǎxí) ① 들에 베푼 강좌. ② 한 곳에 많은 사람이 모여서 서로 다투고 떠들어 시끄러운 판.

野望(야망 yěwàng) ① 무리한 욕심을 이루려는 희망. ② 남 몰래 품고 있는 큰 희망. 야심. 야욕(野慾).

野薄(야박 yěbó) 야속하고 박정(薄情)함.

野卑(야비 yěbēi) 성질이나 행동이 야(野)하고 비루(鄙陋)함. 속되고 천함. 고상(高尙)하지 못함.

野性(야성 yěxìng) ① 자연 상태 그대로의 거친 성질. 교양이 없고 야비한 성질. ② 고요한 전원생활(田園生活)을 사랑하는 마음.

野獸(야수 yěshòu) 들이나 산에 사는 짐승.

野心(야심 yěxīn) ① 순복(馴服)하지

않고 도리어 해치려는 마음. 이리새 끼같이 잘 길러도 사람에게 따르지 않고 나중에는 도리어 기른 사람을 해치려는 마음. 야성(野性). ② 전원생활(田園生活)을 즐기는 마음. ③ ㉠ 무리한 욕심을 이루려는 마음. ㉡ 남 몰래 품은 생각.

野趣(야취 yěqù) 소박한 취미. 자연 그대로의 취미.

野合(야합 yěhé) ① 정식 혼례를 하지 않고 부부가 됨. 일설(一說)에는 나이의 차가 너무 심한 결혼. ② 야외에서의 합주(合奏). ③ 야전(野戰). ④ 부부 아닌 남녀가 정을 통함. ⑤ 좋지 못한 목적으로 한데 어울림.

▶ 廣野(광야)·內野(내야)·綠野(녹야)·分野(분야)·山野(산야)·視野(시야)·林野(임야)·在野(재야)·朝野(조야)·草野(초야)·平野(평야)·荒野(황야)·下野(하야).

量 수량/헤아릴 량

①-③ liáng ④-⑥ liàng
リョウ、はかる measure

① 헤아릴 량(商量度). ② 생각할 량, 생각하여 분별할 량(思慮分別). ③ 예상할 량(豫想). ④ 휘 량(斗斛名). ⑤ 한정할 량(限). ⑥ 국량 량(度量).

量檢(양검 liàngjiǎn) 헤아려 검사함.
量決(양결 liàngjué) 사정을 헤아려 판결함.
量入計出(양입계출 liàngrùjìchū) 수지를 꼭 알맞게 함.
量入爲出(양입위출 liàngrùwéichū) 수입을 헤아려 보고 지출(支出)을 조절(調節)함.

▶ 假量(가량)·感慨無量(감개무량)·減量(감량)·輕量(경량)·計量(계량)·過量(과량)·局量(국량)·器量(기량)·多量(다량)·大量(대량)·度量(도량)·度量衡(도량형)·斗量(두량)·無量(무량)·物量(물량)·微量(미량)·分量(분량)·思量(사량)·小量(소량)·數量(수량)·食量(식량)·雅量(아량)·力量(역량)·熱量(열량)·料量(요량)·容量(용량)·流量(유량)·殘量(잔량)·裁量(재량)·適量(적량)·率量(전량)·定量(정량)·酒量(주량)·重量(중량)·質量(질량)·總量(총량)·總生産量(총생산량)·推量(추량)·測量(측량)·限量(한량)·含量(함량)·刑量(형량).

釐 다스릴 리

① lí キ、りん whit
② り、あたえる give

① ① 의리 리(理). ② 이 리(分之十分一). ③ 털끝 리(毫釐). ④ 줄 리(子). ⑤ 다스릴 리(保釐). ② 복 희(福).

釐改(이개 lígǎi) 개혁함.
釐正(이정 lízhèng) 다스려 바름. 고쳐 바름. 개혁함.
釐定(이정 lídìng) 바르게 개정(改定)함.

金 部

쇠 금

金 쇠 금 / 성(姓) 김

① jīn キン、かね gold
② コン money

① ① 쇠 금(五金西方之行). ② 한 근 금(斤). ③ 병장기 금(兵). ④ 금나라 금(國名). ⑤ 금 금(黃金). ⑥ 돈 금(貨幣). ⑦ 귀할 금(貴也華). ⑧ 오행 금(五

行之一). ⑨ 풍류 이름 금(樂器). **2** ① 성 김(姓). ② 땅 이름 김(地名).

小篆 金 古文 金 草書 金 中學 形聲

金剛(금강 jīngāng) 금강석(金剛石) 또는 금강사(金剛砂)의 약어. 매우 견고(堅固)하여 아무 것에도 파괴되지 않음. 또는 그런 것.

金剛經(금강경 jīngāngjìng) 《書》 1권. 불경(佛經)의 하나. 요진(姚秦)의 구마라십(鳩摩羅什)이 한문(漢文)으로 번역한 경전(經典). 금강반야바라밀다경(金剛般若波羅蜜多經)의 약칭. 반야(般若)의 경지(境地)를 금강(金剛)의 견실(堅實)함에 비유한 경문(經文).

金科玉條(금과옥조 jīnkēyùtiáo) 몹시 귀중한 법칙이나 규정.

金蘭之交(금란지교 jīnlánzhījiāo) 합심하면 날카로움이 쇠와 같고 그 향긋함이 난초와 같다는 말로 친구의 두터운 정의를 이르는 말.

金箔(금박 jīnbó) 금을 얇은 종이 조각 같이 늘인 조각.

金肥(금비 jīnféi) 농가에서 돈을 주고 사서 쓰는 인조비료, 화학비료 ↔ 퇴비(堆肥).

金生水(금생수 jīnshēngshuǐ) 오행(五行)의 운행형태의 하나. 〈金에서 水가 남을 이름〉.

金石文(금석문 jīnshíwén) ① 금문(金文)과 석문(石文). 즉 종정(鐘鼎)·비갈(碑碣)에 새긴 문자. ② 중국의 고대문자.

金石之約(금석지약 jīnshízhīyuē) 금석과 같이 굳은 맹약.

金言(금언 jīnyán) ① 생활의 본보기로 할 만한 귀중한 내용을 가진 말. 격언(格言). ② 부처의 입에서 나온 불멸(不滅)의 법어(法語). ③ 굳게 맹세한 말.

金烏玉兎(금오옥토 jīnwūyùtù) 해와 달.

金融(금융 jīnróng) ① 돈의 융통. ② 《經》영리(營利)를 위하여서 하는 경제사회의 자금의 대차(貸借) 및 수요공급의 관계.

金字塔(금자탑 jīnzìtǎ) ① 이집트의 피라미드(pyramid) 모양이 「金」자(字)와 같은 탑. ② 길이 후세에 전해질 저작이나 사업.

金枝玉葉(금지옥엽 jīnzhīyùyè) 귀여운 자손. 《喩》임금의 집안과 자손.

金指環(금지환 jīnzhǐhuán) 금가락지.

金波(금파 jīnbō) ① 달빛. 달그림자. 월광(月光). 월영(月影). ② 달빛에 비쳐서 금빛으로 빛나는 물결. ③ 곡식이 누렇게 익은 들.

▶權利金(권리금)·代金(대금)·貸金(대금)·鍍金(도금)·募金(모금)·罰金(벌금)·砂金(사금)·謝金(사금)·賞金(상금)·稅金(세금)·送金(송금)·純金(순금)·義捐金(의연금)·一刻千金(일각천금)·一攫千金(일확천금).

釘 못 정

① ② 中 dīng 日 テイ, くぎ 英 nail
③ 中 dìng 英 spike

① 창 정(矛名). ② 못 정(鐵尖). ③ 불린금 정(釘釹).

釘頭(정두 dīngtóu) 못대가리.

釜 가마 부

中 fǔ 日 フ, かま 英 cauldron

① 가마 부(無足鼎). ② 휘 부(量名).

釜中生魚(부중생어 fǔzhōngshēngyú) 오랫동안 솥에 밥을 짓지 못하였으므로 솥 속에 고기가 생겨났다는 뜻. 《喩》아주 가난함.

針 바늘 침:

針針針針針針針針針針

針

음 zhēn 일 シン, はり
영 needle, pin

① 바늘 침(縫具). ② 침 침(刺病). ③ 바느질할 침(縫切). ④ 찌를 침(刺).

書體 篆文 鍼 草書 針 中學 形聲

針灸(침구 zhēnjiǔ) 침질과 뜸질로 병을 고치는 요법(療法).
針小棒大(침소봉대 zhēnxiǎobàngdà) 《喩》 조그마한 일을 크게 불리어서 말함.

▶ 短針(단침)·方針(방침)·磁針(자침)·指針(지침)·注射針(주사침).

釣

낚시 조

음 diào 일 チョウ, つる
영 fishing with a hook

① 낚시 조(鉤魚). ② 낚을 조(取). ③ 구할 조(求).

釣竿(조간 diàogān) 낚싯대.
釣橋(조교 diàojiáo) ① 성(城)의 외호(外濠)에 가설(架設)한 다리. 조교(弔橋). ② 양쪽 언덕에 줄·쇠사슬 따위를 건너질러 거기에 의지하여 매달아 놓은 다리.
釣鉤(조구 diàogōu) 낚싯바늘.
釣綸(조륜 diàolún) 낚싯줄. 조민(釣緡).
釣船(조선 diàochuán) 고기를 낚는 배. 낚싯배. 조주(釣舟).
釣叟(조수 diàosǒu) 고기를 낚는 늙은이. 조부(釣父).
釣魚(조어 diàoyú) 물고기를 낚음. 낚시질.
釣舟(조주 diàozhōu) 고기를 낚는 배. 낚싯배. 조선(釣船).

釵

비녀 채

음 chāi 일 サイ, かんざし
영 women's hair-pin

1 비녀 채(婦人岐笄, 兩股笄). **2** 뜻은 **1**과 같음.

釵梳(채소 chāishū) 비녀와 빗.
釵釧(채천 chāichuàn) 비녀와 팔찌.

鈇

작도 부

음 fū 일 フ, おの 영 axe

① 작도 부(莝析刀). ② 도끼 부(鈇鉞鈇鑕斧).

鈇鉞(부월 fūyuè) ① 작은 도끼와 큰 도끼. ② 옛날에 임금이 대장(大將)이나 또는 제후에게 생살권(生殺權)을 주는 뜻으로 손수 주던 것. 《轉》 정벌(征伐)·형륙중형(刑戮重刑)의 뜻으로 쓰는 말. ③ 나무로 만든 의장(儀仗)에 쓰는 은빛 또는 금빛 나는 도끼. 부월(斧鉞). 또는 그 형구. 작두. 부질(鈇鑕).

鈍

노둔할 둔

鈍 鈍 鈍 鈍 鈍 鈍 鈍 鈍 鈍

음 dùn 일 ドン, にぶい
영 dull, blunt

① 노둔할 둔(頑鈍). ② 무딜 둔(不利).

書體 小篆 鈍 草書 鈍 高校 形聲

鈍角(둔각 dùnjiǎo) 《數》 90도 이상 180도 이하의 각. ↔ 예각(銳角).
鈍器(둔기 dùnqì) 무딘 칼 따위의 연장.
鈍利(둔리 dùnlì) ① 무딤과 날카로움. ② 불운(不運)과 행운.
鈍朴(둔박 dùnpǔ) 미련하면서도 순박(淳朴)함.
鈍才(둔재 dùncái) 재주가 둔함. 또는 그 사람.
鈍濁(둔탁 dùnzhuó) 둔하고 흐리터분함.

鈍筆(둔필 dùnbǐ) 재기가 없는 글씨.
▶ 銳鈍(예둔)·愚鈍(우둔)·利鈍(이둔)·遲鈍(지둔)·癡鈍(치둔).

鈔 노략할 초
[金4 ⑫]

㉠㉡ chāo ㉢ chào ショウ, かきうつす copy
① 노략할 **초**, 취할 **초**(取也略). ② 베낄 **초**(謄寫). ③ 지폐 **초**(楮幣).
鈔本(초본 chāoběn) 내용의 필요한 부분만 뽑아서 베낀 문서, 또는 서적. 초본(抄本).
鈔寫(초사 chāoxiě) 책을 그대로 베낌.

鈴 방울 령
[金5 ⑬]

líng レイ, すず bell
방울 **령**(鐸).
鈴語(영어 língyǔ) 풍경 소리. 영성(鈴聲).
鈴鐸(영탁 língduó) 방울. 요령. 탁령(鐸鈴).
▶ 搖鈴(요령)·電鈴(전령).

鉀 갑옷 갑
[金5 ⑬]

jiǎ コウ, よろい
suit of an armour
갑옷 **갑**(鎧). 【甲과 같음】

鉄 쇠 철
[金5 ⑬]

【鐵(金부13획)의 속자】

鉅 톱/클 거:
[金5 ⑬]

jù キョ, つりばり hook

①클 **거**(大). ②갈구리 **거**(鉤). ③강한 쇠 **거**(大剛鐵). 【巨·詎와 통함】

鉉 솥귀 현
[金5 ⑬]

xuàn ゲン, みみづる
ear of a kettle
솥귀 **현**.
鉉席(현석 xuànxí) 삼공(三公)의 지위. 또는 그 지위의 사람. 현대(鉉臺).

鉑 금박 박
[金5 ⑬]

bó ハク, はく gold-foil
금박 **박**(金薄).

鉛 납 연
[金5 ⑬]

qiān, yán エン, なまり
lead
①납 **연**(錫類靑金). ②분 **연**(白粉).

| 書體 | 小篆 鉛 | 草書 钰 | 高校 | 形聲 |

鉛管(연관 qiānguǎn) 납으로 만든 관. 주로 급수·배수·가스 공사 따위에 사용함.
鉛版(연판 qiānbǎn) 활자를 조판(組版)한 것으로 지형(紙型)을 떠서 그 지형(紙型)에다 납·주석·안티몬으로 된 합금을 녹여 부어 만든 복제인쇄판.
鉛筆(연필 qiānbǐ) ① 흑연(黑鉛)의 분말과 점토(粘土)를 섞어 구워서 심을 만들어 나무 축에 박은 필기용구(用具). ② 연분(鉛粉)으로 글씨를 쓰는 붓.
▶ 亞鉛(아연)·黑鉛(흑연).

鉢 바리때 발

중 bō 일 ハツ, ハチ, はち
영 brass bowl

바리때 발(盂屬食器).

鉢器(발기 bōqì)《佛》비구(比丘)의 밥그릇. 철발(鐵鉢).
鉢盂(발우 bōyú)《佛》승려의 밥그릇. 〈발(鉢)은 범어(梵語). 우(盂)는 한어(漢語)〉.

▶ 沙鉢(사발)·藥沙鉢(약사발)·衣鉢(의발)·粥沙鉢(죽사발)·托鉢(탁발).

鉤 갈고리 구

중 gōu 일 コウ, かぎ 영 hook

① 갈고리 구(懸物者). ② 갈고랑쇠 구(鐵曲). ③ 그림쇠 구(鉤矩規). ④ 끌 구(牽). ⑤ 갉아댕길 구(鉤索). ⑥ 곱장칼 구(劍屬).

鉤距(구거 gōujù) 미늘. 낚시 끝의 가시랭이처럼 된 갈고리. 《喩》낚시에 미늘이 있어서 이것을 삼킬 때에는 아무렇지도 않으나 뱉으려면 미늘에 걸리어 곤란(困難)한 것과 같이 사람으로 하여금 어떤 술책에 빠뜨려 내정을 탐색(探索)함.
鉤鎌(구겸 gōulián) ① 낫. ② 무구(武具)의 한 가지. 긴 손잡이가 있어 적선(敵船)을 끌어당기거나 또는 줄 따위를 끊는 데 쓰임.

鉦 징 정

중 zhēng 일 ショウ, どら 영 gong

징 정(鐃也, 伐鼓).

鉦鼓(정고 zhēnggǔ) 징과 북. 행군 때에 징을 치면 휴식의 신호로 군(軍)이 쉬고, 북을 치면 진군(進軍)의 신호로 움직임. 《轉》병사(兵事).

鉸 가위 교

① 중 jiǎo ② 일 コウ, はさみ
영 scissors

① 가위 교(交刃刀). ② 금장식 교(裝飾).

鉸刀(교도 jiǎodāo) 가위. 교도(交刀).
鉸鉸(교교 jiǎojiāo) 경첩. 돌쩌귀처럼 문짝을 다는 데 쓰는 장식.

銀 은 은

銀銀銀銀銀銀銀銀銀銀

중 yín ギン, しろがね 영 silver

① 은 은(白金). ② 돈 은(金錢).

書體 小篆 銀 草書 紀 中學 形聲

銀金寶貝(은금보패 yínjīnbǎobèi) 금 은보석을 아울러 일컫는 말.
銀幕(은막 yínmù) 영화의 영사막. 스크린.《轉》㉠ 영화. ㉡ 영화계(映畫界).
銀箔(은박 yínbó) 은을 종이처럼 아주 얇게 만든 물건.
銀盤(은반 yínpán) ① 은으로 만든 소반. 은제(銀製)의 바리. 은접시. ② 달의 별명. 은섬(銀蟾). ③ 얼음판의 미칭.
銀釵(은채 yínchāi) 은비녀. 은비(銀篦).
銀河(은하 yínhé) ①《天》맑은 날 밤에 흰 구름 모양으로 남북으로 길게 보이는 수억(數億)의 항성(恒星)의 무리. 은한(銀漢). 은하수(銀河水). 하한(河漢). 천하(天河). 성하(星河). ② 도가(道家)에서 눈[목(目)]을 말함. 은해(銀海).
銀河水(은하수 yínhéshuǐ) = 은하(銀河).

▶ 金銀(금은)·勞銀(노은)·水銀(수은)·純銀(순은)·洋銀(양은).

銃 총 총

銃銃銃銃銃銃銃銃銃
chòng ジュウ, てっぽう
gun
① 도끼 구멍 총(斧穿). ② 총 총(小銃).

書體 草書 銃 (高校) 形聲

銃劍(총검 chòngjiàn) ① 총과 칼. ② 총 끝에 꽂아 적을 무찌를 때 쓰는 칼. 총창(銃槍).
銃砲(총포 chòngpào) ① 소총(小銃)과 대포(大砲). ② 총(銃).
銃丸(총환 chòngwán) 소총(小銃)의 탄환(彈丸). 총탄.

▶ 拳銃(권총)·機關銃(기관총)·短銃(단총)·獵銃(엽총)·鳥銃(조총).

銅 구리 동

銅銅銅銅銅銅銅銅銅銅
tóng ドウ, あかがね
copper
① 구리 동(赤金). ② 산골 동(自然銅石髓鉱).

書體 小篆 銅 草書 銅 (高校) 形聲

銅像(동상 tóngxiàng) 구리쇠로 만든 사람의 형상.
銅版(동판 tóngbǎn) 구리판에 글자와 무늬 등을 새긴 인쇄하는 데 쓰이는 원판.
銅貨(동화 tónghuò) 구리로 만든 돈. 동전(銅錢).

▶ 金銅(금동)·細形銅劍(세형동검)·電氣銅(전기동)·靑銅(청동).

銑 무쇠 선

xiǎn, xǐ セン, つやがね
lustrous gold
① 윤택한 금 선(金之澤者). ② 쇠북귀 선(鐘之兩角). ③ 활꽃이에 금 올릴 선(飾弓以金).

銑鐵(선철 xiǎntiě) 《鑛》 무쇠. 철광을 용광로에 의해하여 처음 연출(鍊出)한 것으로 2~5%의 탄소 및 소량의 규산·인·황 등을 포함한 불순한 쇠. 잘 부러지기 쉬우나 녹기 쉬운 냄비·솥 따위의 주물(鑄物)을 만드는 재료로 쓰임. 주철(鑄鐵).

銓 사람 가릴 전(:)

quán セン, えらぶ select
① 사람 가릴 전(選法). ② 저울질할 전(權衡度).

銓考(전고 quánkǎo) 인물·재능 등을 전형하여 상고(詳考)함.
銓衡(전형 quánhéng) ① 저울. 권형(權衡). ② 사람의 됨됨이나 재능을 시험하여 뽑음. 또는 그런 일을 맡은 관원(官員). 선고(選考).

銖 저울눈 수

hū ュ, かりめ
measure of a beam
저울눈 수(錙銖百黍).

銘 새길 명

銘銘銘銘銘銘銘銘銘銘
íng イ, るす engrave
① 새길 명(刻識以事). ② 기록할 명(記誦志).

銘 (명)

銘刻(명각 míngkè) ① 쇠와 돌에 글자를 새기는 것. 또는 그 글자. 각명(刻銘). ② 깊이 마음에 새김.
銘感(명감 mínggǎn) 마음에 새겨 감사함. 명사(銘謝).
銘旗(명기 míngqí) 초상 때 쓰는 죽은 사람의 관위(官位)·성명(姓名) 등을 쓴 기. 명정(明旌). 명정(銘旌).
銘肌鏤骨(명기누골 míngjīlòugǔ) 살에 새기고 뼈에 새김. 《喩》마음에 간직하여 잊지 않는 것. 명심(銘心).
銘心不忘(명심불망 míngxīnbùwàng) 명심하여 잊어버리지 않음.

▶ 刻銘(각명)·感銘(감명)·墓銘(묘명)·誌銘(지명)·座右銘(좌우명).

銜 재갈 함

㊥ xián ㊐ カン, くつわ, くつばみ
㊞ bit

① 재갈 함(馬口勒). ② 머금을 함(口銜物). ③ 관함 함, 직함 함(官階). ④ 원망할 함, 함원할 함(憾). ⑤ 느낄 함, 감동할 함(感).

銜勒(함륵 xiánlè) 재갈. 말의 입에 물리는 쇠로 만든 물건. 마함(馬銜).
銜泣(함읍 xiánqì) 소리를 내지 않고 울음.

銳 날카로울 예:

銳銳銳銳銳銳銳銳銳
① ㊥ ruì ㊐ エイ, するどい
㊞ sharp ② ㊐ タイ ㊞ acute

① ① 날카로울 예(凡物纖利者). ② 날쌜 예(利). ③ 가시랭이 예, 까끄라기 예(芒). ② 창 태(矛屬).

銳氣(예기 ruìqì) 날카로운 성질.
銳鈍(예둔 ruìdùn) ① 날카로움과 둔함. ② 민첩함과 둔함.
銳利(예리 ruìlì) ① 칼날, 연장 따위가 날카롭고 잘 들음. ② 두뇌·판단력 따위가 날카롭고 명확함.
銳敏(예민 ruìmǐn) ① 날카롭고 민첩함. 재빠름. ② 느낌이 매우 날카로운 것.
銳精(예정 ruìjīng) 정신을 한 군대로 모아 일에 힘씀. 쇄의(銳意).
銳志(예지 ruìzhì) 마음을 한군데로 모음. 열심히 일함. 예의(銳意).
銳智(예지 ruìzhì) 예민한 지식. 날카로운 지혜.

▶ 新銳(신예)·精銳(정예)·尖銳(첨예).

銷 쇠녹일 소

㊥ xiāo ㊐ ショウ, とける ㊞ melt

① 녹을 소(盡). ② 녹일 소(鑠金). ③ 사라질 소, 흩어질 소(消). 【消와 같음】

銷刻(소각 xiāokè) 깎아서 줄임. 지워버림. 쇄마(鎖磨).
銷耗(소모 xiāohào) 사용(使用)하여 줄임. 소모(消耗).
銷失(소실 xiāoshī) 사라져 버림. 소락(銷落).
銷鎔(소용 xiāoróng) 쇠를 불의 힘으로 녹임.
銷殘(소잔 xiāocán) 삭아 없어짐.
銷沈(소침 xiāochén) 사라져 버림. 기운이 없어짐. 기운이 가라앉음.
銷夏(소하 xiāoxià) 여름의 더위를 견디는 것. 소서(銷暑).
銷魂(소혼 xiāohún) 슬퍼하여 넋이 사라짐.

▶ 意氣銷沈(의기소침).

鋒 칼날 봉

[中] fēng [日] オウ, きっさき
[英] tip of lance

① 칼날 봉(刀劍芒). ② 앞잡이 봉(軍之前列). ③ 창 봉(兵器).

鋒利(봉리 fēnglì) 날카로움. 예리(銳利).
鋒銳(봉예 fēngruì) 성질이 날카롭고 민첩함.
鋒尖(봉첨 fēngjiān) 창끝.

▶ 先鋒(선봉)·筆鋒(필봉).

鋪 펼/가게 포

①-③ [中] pū [日] ホ, しく [英] pave
④⑤ [中] pù [日] ホ, みせ [英] shop

① 문고리 포(門首銜環). ② 펼 포(陳). ③ 아플 포(病). ④ 전방 포(賈肆). ⑤ 베풀 포(設).

鋪道(포도 pūdào) 돌을 깔거나 또는 아스팔트를 깔아 잘 손질한 길.
鋪石(포석 pūshí) 도로에 깔아둔 돌.
鋪裝(포장 pūzhuāng) 길 위에 돌·시멘트·아스팔트를 깔아서 굳게 다지어 꾸미는 것.

▶ 名鋪(명포)·非鋪裝道路(비포장도로)·典當鋪(전당포)·店鋪(점포).

鋼 강철 강

[中] gāng, gàng [日] コウ, はがね
[英] steel

강쇠 강(鋼鐵).

書體 草書 𨦇 (高校) 形聲

鋼鐵(강철 gāngtiě) 《鑛》소량의 탄소를 포함한 쇠의 합금.
鋼版(강판 gāngbǎn) 인쇄기구의 하나. 철필(鐵筆)을 사용하여 원지(原紙)를 긁어 인쇄함. 등사판.

▶ 製鋼(제강)·鐵鋼(철강).

錄 기록할 록

1 [中] lù [日] リョ, しるす [英] record
2 [日] ロク

1 사실할 려(錄囚寬省). 2 ① 변변치 않을 록(錄錄循常). ② 기록할 록(記). ③ 문서 록(籍). ④ 취할 록(采也取). ⑤ 나타낼 록(表). ⑥ 목록 록(總).

書體 小篆 錄 草書 𨦇 (高校) 形聲

錄紙(녹지 lùzhǐ) 남에게 보이기 위하여 사실의 대강만 추려 적은 종이 쪽.
錄勳(녹훈 lùxūn) 훈공을 장부에 적음.

▶ 記錄(기록)·登錄(등록)·目錄(목록)·付錄(부록)·備忘錄(비망록)·收錄(수록)·實錄(실록)·再錄(재록)·抄錄(초록).

錐 송곳 추

[中] zhuī [日] スイ, きり [英] gimlet

송곳 추(銳也, 鐵).

錐處囊中(추처낭중 zhuīchǔnángzhōng) 주머니 안에 있는 송곳은 반드시 그 끝이 주머니를 뚫고 나옴. 《喩》뛰어난 사람은 반드시 그 재능을 나타낼 기회가 있다는 말.

▶ 試錐(시추)·圓錐(원추)·立錐(입추).

錘 저울추 추

[中] chuí [日] スイ, おもり [英] weight

① 저울눈 추(稱錘八銖). ② 마치 추(爐錘鍛器). ③ 저울 추(稱錘).

▶ 扇錘(선추)·時計錘(시계추).

金 8 ⑯ 錠 덩이 정

[중] dìng [일] テイ, たかつき [영] candle stick

① 촛대 정(鐙). ② 열구자 틀 정(薦熟物器). ③ 덩이 정(純金銀貨幣定率). ④ 주석 정, 백철 정(錫屬). ⑤ 남비 정(薦熟物器).

錠劑(정제 dìngjì) 가루약을 뭉쳐 만든 약제. 환제(丸劑). 정자약(錠子藥)

金 8 ⑯ 錢 돈 전:

① [중] qián [일] セン, かね [영] money
② [일] セン, ぜに [영] coin

① 돈 전(貨泉鑄幣). ② 가래 전(錢鎛田器).

[書體] 小篆 草書 [中學] 形聲

錢穀(전곡 qiángǔ) ① 돈과 곡식. ② 부세(賦稅)와 재정(財政).

錢主(전주 qiánzhǔ) 사업의 밑천을 대어 준 사람. 빚을 준 사람.

▶ 口錢(구전)·金錢萬能(금전만능)·急錢(급전)·銅錢(동전)·無錢(무전)·本錢(본전)·稅錢(세전)·葉錢(엽전)·銀錢(은전)·紙錢(지전)·換錢(환전).

金 8 ⑯ 錦 비단 금:

[중] jǐn [일] キン, にしき [영] silk fabric

비단 금(裏色織文).

[書體] 小篆 草書 [高校] 形聲

錦綺(금기 jǐnqǐ) 비단과 능직(綾織). 아름다운 옷.

錦上添花(금상첨화 jǐnshàngtiānhuā) 아름다움 위에 아름다움을 한 층 더함.

錦繡(금수 jǐnxiù) ① 비단과 바느질. ② 아름다운 옷이나 옷감. 《喩》 아름다운 것. 금수(錦綉).

錦繡江山(금수강산 jǐnxiùjiāngshān) ① 비단에 수를 놓은 듯이 아름다운 산천. ② 우리나라 삼천리 강산의 아름다움을 일컫는 말.

錦心繡口(금심수구 jǐnxīnxiùkǒu) 아름다운 착상(着想)과 아름다운 말. 시(詩)와 문장(文章)에 뛰어남.

錦衣夜行(금의야행 jǐnyīyèxíng) 입신출세(立身出世)를 하여도 고향에 돌아가지 않는 것. 곧 사람들에게 알려질 수 없다는 뜻.

錦衣晝行(금의주행 jǐnyīzhòuxíng) 입신출세(立身出世)하여 부귀를 고향에 빛냄. 입신출세(立身出世)하여 고향에 돌아가는 것.

錦衣還鄕(금의환향 jǐnyīhuánxiāng) 비단옷 입고 고향에 돌아온다는 말로, 출세하여 고향에 돌아감.

▶ 經錦(경금)·綠錦(녹금)·緯錦(위금)·赤錦(적금)·朝霞錦(조하금)·綵錦(채금)·綴錦(철금)·平織錦(평직금).

金 8 ⑯ 錫 주석 석

[중] xī [일] セキ, シャク, すず [영] tip

① 주석 석, 백철 석(金錫鉛類). ② 줄 석(賜).

錫蘭(석란 xīlán) 《地》 세일론(Ceylon).

錫杖(석장 xīzhàng) 스님이 쓰는 지팡이. 선장(禪杖).

▶ 巡錫(순석)·朱錫(주석).

鋼 막을 고
金8 / 16

㊥ gù ㊎ コ, ふさぐ
㊄ tinker, mend
① 땜질할 고(鑛塞). ② 벼슬길 막을 고(禁錮重繫). ③ 오랜 병 고(錮疾).

錮疾(고질 gùjí) 오래도록 낫지 않는 병. 고질(痼疾). 숙아(宿痾).

▶ 禁錮(금고).

錯 섞일 착
金8 / 16

錯錯錯錯錯錯錯錯錯錯

1 ㊥ cuò ㊎ サク, まじる
㊄ confused
2 ㊎ ソ, たがう ㊄ tangled

1 ① 섞일 착(雜). ② 버무릴 착(混). ③ 갈마들일 착(交錯迭). ④ 맷돌 착(磨). ⑤ 그르칠 착(誤也, 乖). ⑥ 줄 착(鑢). 2 ① 그만둘 조(止). ② 둘 조(置). ③ 행할 조(行). ④ 돈 조(錯刀王莽錢名).【措와 같음】

書體 小篆 鑄 草書 錯 高校 形聲

錯覺(착각 cuòjué) 잘못 인식(認識)함.
錯亂(착란 cuòluàn) ① 섞이어 어지러움. ② 미침[狂]. 정신이 돌음.
錯視(착시 cuòshì) 착각으로 무엇을 잘못 봄.
錯誤(착오 cuòwù) 잘못. 실수. 과실. 착과(錯過). 착류(錯謬).
錯雜(착잡 cuòzá) 뒤섞임. 엉망이 됨. 혼잡(混雜). 난잡(亂雜).

▶ 開口卽錯(개구즉착)·交錯(교착)·倒錯(도착)·時代錯誤(시대착오)·施行錯誤(시행착오)·失錯(실착).

錨 닻 묘
金9 / 17

㊥ máo ㊎ ビョウ, いかり
㊄ anchor

닻 묘(鐵錨).
錨地(묘지 máodì) 닻을 내려서 정박(碇泊)하는 곳.

▶ 揚錨(양묘).

鍊 단련할/쇠불릴 련:
金9 / 17

鍊鍊鍊鍊鍊鍊鍊鍊

㊥ liàn ㊎ レン, ねる ㊄ temper
① 불린 쇠 련(精金). ② 단련할 련(治). ③ 불릴 련, 달 련(煎冶銅鐵使精熟).

書體 小篆 鍊 草書 鍊 高校 形聲

鍊金(연금 liànjīn) 쇠붙이를 불에 달구어 두드림.
鍊金術(연금술 liànjīnshù) 고대 동양·서양에서 유행하는 일종의 응용화학. 그 주안점(主眼點)은 비금속을 황금으로 만들고 또 특수한 영약(靈藥)을 만들려고 한 것. 고대 중국에 도교(道教)의 방사(方士) 등이 선전한 연단(鍊丹)은 이런 따위임.
鍊磨(연마 liànmó) ① 단련하고 갊. ② 깊이 그 도(道)를 닦음. 연마(練磨). 연마(研磨).
鍊武(연무 liànwǔ) 무예를 단련함.

▶ 教鍊(교련)·鍛鍊(단련)·老鍊(노련)·洗鍊(세련)·修鍊(수련)·熟鍊(숙련)·試鍊(시련)·轉地訓鍊(전지훈련)·製鍊(제련)·操鍊(조련)·訓鍊(훈련).

鍍 도금할 도:
金9 / 17

㊥ dù ㊎ ト, めっき ㊄ gilding
도금할 도, 금 올릴 도(以金飾物).

鍍金(도금 dùjīn) 물체의 산화·부식을 방지하며 또는 장식하기 위하여 그 표면에 금·은·니켈·크롬 등의 얇은 금속막을 입히는 것. 그 방법에 따라 건식(乾式)과 습식(濕式)으로 나눔.

鍛 쇠 불릴 단
金9⑰

㉿ duàn ㉿ タン, きたえる
㉿ temper

쇠 불릴 단(鍛鍊打鐵冶金).

鍛工(단공 duàngōng) 대장장이.
鍛鍊(단련 duànliàn) ① 금속(金屬)을 불에 달구어 두드림. ② 혹독(酷毒)한 관리가 무리하게 사람을 죄에 빠지게 하는 것. ③ 학문(學問)과 예술(藝術)을 배우고 익힘. ④ 몸과 마음을 닦아 기름. ⑤ 죄인을 학대(虐待)하는 것.
鍛冶(단야 duànyě) 쇠붙이를 단련하여 기물(器物)을 만듦. 또는 그 직공.
鍛冶硏磨(단야연마 duànyěyánmó) 단련하고 또 단련하여 갈고 닦는 것.
鍛鐵(단철 duàntiě) ① 쇠를 단련함. ②《鑛》선철(銑鐵)에서 탄소분을 감소시켜 만든 쇠. 연철(鍊鐵).

鍮 놋쇠 유
金9⑰

㉿ yù ㉿ トウ, チュウ, しんちゅう
㉿ brass

놋쇠 유(石銅似金).

鍮器(유기 yúqì) 놋그릇.

鍵 자물쇠/열쇠 건:
金9⑰

㉿ jiàn ㉿ ケン, かぎ ㉿ key, lock

① 열쇠 건(關鍵筦). ② 수레굴대 건(車轄).

鍵盤(건반 jiànpán) 피아노·올갠 등의 앞줄에 나란히 있는 흑백의 작은 판으로, 손가락으로 두들겨 소리를 냄. 키.

鍼 침(鍼) 침
金9⑰

㉿ zhēn ㉿ シン, はり ㉿ needle

1 ① 바늘 침(縫具). ② 침 침(鍼石刺病).【針과 같음】 **2** 사람 이름 겸(人名 秦鍼虎).

鍼灸(침구 zhēnjiǔ) 침술(針術)과 뜸 질하는 것. 침구(針灸).
鍼線(침선 zhēnxiàn) ① 바늘과 실. ② 바느질거리.

▶ 手指鍼(수지침)·一鍼(일침).

鍾 술병 종
金9⑰

㉿ zhōng ㉿ ショウ, さかつぼ
㉿ wine-bottle

① 술병 종(酒器). ② 휘 종(量名十釜). ③ 체 종, 거문고 종(遞鐘). ④ 뭉길 종(聚). ⑤ 눈물 흘릴 종(龍鍾垂淚狀). ⑥ 음률 이름 종(律名黃鍾).

鍾念(종념 zhōngniàn) 불쌍하게 생각함.
鍾鉢(종발 zhōngbō) 작은 보시기.
鍾乳石(종유석 zhōngrǔshí)《鑛》방해석(方解石)이 석회동(石灰洞) 안에서 얼음 기둥처럼 아래로 내려서 있는 것. 고드름 돌.

鎔 쇠녹일 용
金10⑱

㉿ róng ㉿ ヨウ, とかす, いる
㉿ melt

① 불릴 용, 녹일 용(鎔鑄). ② 거푸집 용(鑄器模範).【熔은 속자】

鎔鑛爐(용광로 róngkuànglú) 광석(鑛石) 또는 쇠붙이를 녹이는 큰 화로(火爐).

鎔巖(용암 róngyán) 화산이 분화할 때 화구(火口)에서 흘러나온 암장. 이것이 식으면 굳어져 바위가 됨.

鎔冶(용야 róngyě) 쇠붙이를 녹여서 물건을 주조하는것. 용야(熔冶).

鎔融(용융 róngróng) 고체(固體)가 열에 녹아 버리는 일. 용해(融解).

鎔點(용점 róngdiǎn) 고체가 액체로 되는 열도(熱度).

鎔接(용접 róngjiē) 쇠붙이를 고도의 전열(電熱)이나 가스열로 붙여 땜질 하는 일.

鎔鑄(용주 róngzhù) 쇠를 녹여 기물(器物)을 만듦.《轉》일을 성취시킴.

鎔解(용해 róngjiě) 금속을 녹임. 또는 녹음.

鎔和(용화 rónghé) 녹여서 섞음.

鎖 자물쇠/쇠사슬 쇄:
金10 ⑱

鎖鎖鎖鎖鎖鎖鎖鎖鎖鎖

일 サ, かけがね, じょう 영 lock

① 자물쇠 쇄(鍵). ② 쇠사슬 쇄(鏁). ③ 둘 쇄(封). ④ 항쇄 쇄(項鎖). ⑤ [新字] 체인(chain).

書體 小篆 鎖 草書 鎖 (高校) 形聲

鎖骨(쇄골 suǒgǔ)《生》흉부 위쪽에 수평 방향으로 꾸부러진 좌우 두 개의 어깨뼈.

鎖國(쇄국 suǒguó) 외국과의 국교(國交)를 끊음.

鎖金(쇄금 suǒjīn) 자물쇠.

鎖門(쇄문 suǒmén) 문을 걸어 잠금.

▶ 封鎖(봉쇄)·連鎖(연쇄)·足鎖(족쇄)·鐵鎖(철쇄)·閉鎖(폐쇄).

鏁 자물쇠/쇠사슬 쇄:
金10 ⑱

【鎖(前條)와 같음】

鎬 호경(鎬京) 호:
金10 ⑱

중 gǎo, hào 일 コウ, かがやく
영 bright

① 쟁개비 호(溫器). ② 호경 호(鎬京 武王所都). ③ 빛날 호(耀).

鎭 진정할/누를 진:
金10 ⑱

鎭鎭鎭鎭鎭鎭鎭鎭鎭鎭

①-③ 중 zhèn 일 チン, しずめる
영 repress ④-⑦ 일 テン

① 진정할 진(安). ② 홀 진(玉鎭寶器). ③ 수자리 진(戍). ④ 누를 진(按也壓). ⑤ 변방 진(藩鎭). ⑥ 진정시킬 진(安之). ⑦ 무거울 진(重).

書體 小篆 鎭 草書 鎭 (高校) 形聲

鎭山(진산 zhènshān) 도읍의 뒤에 자리 잡고 있는 산.

鎭壓(진압 zhènyā) ① 눌러 진정시킴. ② 눌러서 위압함.

鎭重(진중 zhènzhòng) 점잖고 무게가 있음.

鎭護(진호 zhènhù) 진압하여 지킴. 난을 진압시켜 나라를 지킴. 진수(鎭守).

▶ 文鎭(문진)·邊鎭(변진)·重鎭(중진).

鏞 쇠북 용
金11 ⑲

중 yōng 일 ヨウ, おおがね
영 large bell

큰 쇠북 용(大鐘).

鏡 거울 경:
金11 ⑲

鏡鏡鏡鏡鏡鏡鏡鏡鏡鏡

图 jìng 일 ケイ, キョウ, かがみ
영 mirror

① 거울 **경**. ② 살필 **경**(鑒). ③ 안경 **경**(眼鏡).

書體 小篆 鏡 草書 镜 (高校) 形聲

鏡戒(경계 jìngjiè) ① 사리에 맞도록 꾸짖음. ② 명확한 경계. 경계(鏡誡).
鏡考(경고 jìngkǎo) 다른 예에 비추어 스스로 반성(反省)하는 것.
鏡中美人(경중미인 jìngzhōngměirén) 거울에 비친 미인. 《喻》 실속보다는 겉치레가 더한 사람.
鏡花水月(경화수월 jìnghuāshuǐyuè) 눈에 보이나 손으로 잡을 수 없음. 《喻》 시취(詩趣)가 말로 표현할 수 없을 정도로 훌륭함.

▶ 銅鏡(동경)·望遠鏡(망원경)·明鏡(명경)·反射鏡(반사경)·雙眼鏡(쌍안경)·潛望鏡(잠망경)·破鏡(파경).

鏤 새길 루
金11 ⑲

① ② 새길 **루** lòu. ロウ, くろがね
영 steel ③ 일 ル

① 새길 **루**(刻). ② 강철 **루**(剛鐵). ③ 속루칼 **루**(屬鏤劍名).

鏤刻(누각 lòukè) ① 조각함. ② 문장의 말을 꾸밈.
鏤句(누구 lòujù) 글을 썩 잘 짓는 것. 또는 그 글.
鏤氷(누빙 lòubīng) 《喻》 무익한 노력.
鏤身(누신 lòushēn) 살갗에 그림·글자 등을 새기는 문신(文身). 누부(鏤膚).
鏤月裁雲(누월재운 lòuyuècáiyún) 《喻》 교묘하고 아름다운 세공(細工).
鏤塵吹影(누진취영 lòuchénchuīyǐng) 《喻》 쓸데없는 노력. 먼지에 새기고 그림자를 입으로 분다는 데서 온 말.

鏤板(누판 lòubǎn) 판목에 글씨 등을 새김. 침판(鋟版).

鐘 쇠북 종
金12 ⑳

图 hōng 일 ショウ, シュ, かね
영 bell

① 쇠북 **종**(懸樂金音). 【鍾과 통함】

書體 小篆 鐘 或體 銿 草書 铿 (中學) 形聲

鐘閣(종각 zhōnggé) 커다란 종을 달아 놓은 집.
鐘磬(종경 zhōngqìng) 종과 경쇠.
鐘鼓(종고 zhōnggǔ) 종과 북.
鐘樓(종루 zhōnglóu) 종을 달아 두는 누각.
鐘銘(종명 zhōngmíng) 종에 새긴 글.
鐘聲(종성 zhōngshēng) 종소리.

▶ 警鐘(경종)·掛鐘(괘종)·晩鐘(만종)·醒鐘(성종)·曉鐘(효종).

鐵 쇠 철
金13 ㉑

图 tiě 일 テツ, かなもの 영 iron

① 검은 쇠 **철**(黑金). ② 단단할 **철**(鐵石).

書體 小篆 鐵 古文 銕 草書 鐵 (中學) 形聲

鐵脚(철각 tiějiǎo) 쇠같이 튼튼한 다리.
鐵甲(철갑 tiějiǎ) ① 쇠로 만든 갑옷. 철의(鐵衣). ② 쇠의 녹.
鐵骨(철골 tiěgǔ) ① 굳센 골격. ② 건조물(建造物)의 축부(軸部)에 사용하는 철재(鐵材). 철근(鐵筋).
鐵拳(철권 tiěquán) 쇠같이 굳은 주먹.

鐵筋(철근 tiějīn) 콘크리트 속에 박아서 뼈대로 삼는 굵은 철선(鐵線). 철골(鐵骨).

鐵壁(철벽 tiěbì) 쇠같이 굳은 아주 튼튼한 벽. 견고(堅固)한 성. 《喻》매우 견고한 것.

鐵甕山城(철옹산성 tiěwèngshānchéng) 튼튼하고 굳은 물건을 가리키는 말.

鐵椎(철추·철퇴 tiěchuí) 쇠몽둥이. 철추(鐵鎚).

鐵則(철칙 tiězé) 변경할 수 없는 부동(不動)의 규칙.

▶ 鋼鐵(강철)·私鐵(사철)·銑鐵(선철)·軟鐵(연철)·鍊鐵(연철)·精鐵(정철)·製鐵(제철)·鑄鐵(주철)·寸鐵(촌철).

鐶 고리 환

金 13 ㉑

[음] huán [일] カン, たまき, わ
[영] metal ring

고리 환(圓郭有孔).
鐶鈕(환뉴 huánniǔ) 손잡이.

鐸 방울 탁

金 13 ㉑

[음] duó [일] タク, すず [영] hand bell

① 요령 탁(金鐸武用大鈴). ② 목탁 탁(木鐸文用).

▶ 木鐸(목탁).

鑄 쇠 부어만들 주

金 14 ㉒

鑄 鑄 鑄 鑄 鑄 鑄 鑄 鑄 鑄

[음] zhù [일] シュ, チュウ, いる
[영] cast, strike

쇠 불릴 주(鎔金入範).

書體 小篆鑄 草書鑄 高校 形聲

鑄物(주물 zhùwù) 쇠붙이를 녹여 부어 만든 물건.

鑄字(주자 zhùzì) 쇠붙이로 부어 만든 글자.

鑄造(주조 zhùzào) 쇠를 녹여 부어 물건을 만들음.

鑄幣(주폐 zhùbì) 쇠를 녹여 화폐를 만들음.

鑄型(주형 zhùxíng) ① 주물(鑄物)을 부어 넣기 위하여 만든 틀. ② 활체자(活體字)를 만드는 틀.

鑄貨(주화 zhùhuò) 쇠붙이를 녹여서 화폐를 만들음.

鑑 거울 감

金 14 ㉒

鑑 鑑 鑑 鑑 鑑 鑑 鑑 鑑 鑑 鑑

[음] jiàn [일] カン, かがみ
[영] mirror of metal

① 밝을 감(明). ② 비칠 감(照). ③ 거울 감(鏡). ④ 책 이름 감(書名自唐金鑑錄宋資治通鑑). ⑤ 본뜰 감(模範). ⑥ 경계할 감(誡).

書體 小篆鑑 草書鑑 高校 形聲

鑑別(감별 jiànbié) 잘 관찰하여 분별함. 감정(鑑定).

鑑賞(감상 jiànshǎng) 예술작품의 가치를 음미하고 이해함.

鑑識(감식 jiànshí) ① =감정(鑑定) ①. ②《法》범죄가 일어났을 때 지문과 필적 등을 조사해서 알아냄.

鑑定(감정 jiàndìng) 고서(古書)·고화(古畫) 등의 진위(眞僞)나 선악(善惡)·우열(優劣)을 분별하여 정하는 것. 감식(鑑識).

鑑察(감찰 jiànchá) 자세히 보아 살핌.

▶ 龜鑑(귀감)·圖鑑(도감)·寶鑑(보감)·印鑑(인감)·惠鑑(혜감).

辵邑酉采里 8획 金長門阜隶隹雨靑非

鑛 쇳돌 광:

金 15 ⑧

鑛鑛鑛鑛鑛鑛鑛鑛鑛鑛

音 kuàng 일 コウ, あらがね
영 ore, mineral
① 쇳돌 광(鑛朴). ② 쇳덩이 광(銅鐵樸).【礦과 같음】

書體 草書 鑛 高校 形聲

鑛坑(광갱 kuàngkēng) 광물을 파내기 위하여 뚫은 구멍.
鑛脈(광맥 kuǎngmài) 광물의 줄기. 바위틈이나 단층(斷層)의 사이에, 지중(地中)의 깊은 곳에서 분출(噴出)한 광물의 용맥이 침전·결정되어 맥상(脈狀)으로 박힌 광상(鑛床). 쇳줄.

▶ 金鑛(금광)·銅鑛(동광)·鉛鑛(연광)·銀鑛(은광)·採鑛(채광)·鐵鑛(철광).

鑪 화로 로

金 16 ㉔

音 lú 일 ロ, ひばち, いろり
영 brazier
① 화로 로(火函). ② 살 로(錍鑪箭名). ③ 주전자 로(酒器).【爐와 같음】
鑪戶(노호 lúhù) ① 대장간. ② 대장장이.

鑽 뚫을 찬

金 19 ㉗

① 音 zuān 일 サン, たがね 영 drill
② 音 zuàn 일 サン, のみ 영 bore
① 뚫을 찬(穿). ② 송곳 찬(穿物錐).【鑚과 같음】
鑽研(찬연 zuānyán) 갈고 닦음. 깊이 연구함. 연찬(研鑽).

▶ 硏鑽(연찬).

鑿 뚫을 착

金 20 ㉘

① 音 záo 일 サク, うがつ 영 bore
② 일 ソウ

① ① 뚫을 착(穿). ② 끌 착(所以穿木). ③ 얼음 뜰 착(取冰). ④ 깎을 착(剝木爲舟). ⑤ 깨끗할 착(鑿鑿鮮明). ⑥ 쓿은 쌀 착(精米). ② 구멍 조(穿空).
鑿空(착공 záokòng) ① 굴을 팜.《轉》새로운 길을 만듦. ② 공론(空論)을 말함. 농공(弄空). ③ 동굴.〈쓿은 공(孔)〉
鑿掘(착굴 záojué) 파헤쳐 열음. 구멍을 뚫음.
鑿井(착정 záojǐng) 우물을 팜.
鑿鑿(착착 záozáo) ① 말이 조리에 맞음. ② 선명한 모양.

▶ 掘鑿(굴착)·穿鑿(천착).

長, 镸 部
긴 장

長 긴 장(ː)

長 0 ⑧

長長長長長長長長

①~⑦ 音 cháng 일 チョウ, ながい 영 long ⑧ 音 zhǎng 영 the oldest
① 긴 장, 길이 장(短之對). ② 늘 장, 장천 장(常). ③ 길 장(永也, 遠). ④ 클 장(大). ⑤ 오랠 장(久). ⑥ 착할 장(善). ⑦ 넉넉할 장(優). ⑧ 클 장(大). ⑨ 맏 장(孟). ⑩ 나아갈 장(進). ⑪ 기를 장(養). ⑫ 높을 장(尊). ⑬ 벼슬 이름 장(官名庶長). ⑭ 나머지 장(餘). ⑮ 좋을 장(長物). ⑯ 멀쑥할 장(冗長). ⑰ 많을 장(多). ⑱ 잴 장(度).

[書體] 小篆  古文  草書  [中學] 象形

長鼓(장고 chánggǔ) 장구. 장고(杖鼓).

長廣舌(장광설 chángguǎngshé) ① 웅변(雄辯). ② 긴 말로 수다를 떠는 것. 장설(長舌). 광장설(廣長舌).

長老(장로 zhǎnglǎo) ① 나이 먹은 사람의 존칭. ② 학문(學問)과 경험이 많은 사람의 존칭. ③《宗》㉠ 중에 대한 존칭. ㉡ 기독교(基督敎) 교회(敎會)의 성직(聖職)의 하나.

長蛇陣(장사진 cháng shézhèn) ① 썩 많은 사람이 줄을 지어 길게 늘어서 있음. ② 군진(軍陣)의 하나.

長生不死(장생불사 chángshēngbùsǐ) 오래 살아 죽지 않음.

長幼有序(장유유서 zhǎngyòuyǒuxù) 연장자(年長者)와 연소자(年少者)의 가정 또는 사회에 있어서의 위치의 순서. 오륜(五倫)의 하나.

長長秋夜(장장추야 chángchángqīuyè) 길고 긴 가을 밤.

長長夏日(장장하일 chángchángxiàrì) 길고 긴 여름 해.

長足進步(장족진보 chángzújìnbù) 아주 빠르게 진행되는 진보나 발전.

▶ 家長(가장)·課長(과장)·校長(교장)·局長(국장)·社長(사장)·生長(생장)·署長(서장)·成長(성장)·所長(소장)·市長(시장)·驛長(역장)·年長(연장)·延長(연장)·院長(원장)·園長(원장)·助長(조장)·總長(총장)·學長(학장)·會長(회장).

8

門 0

門 部

문 문

門 0 ⑧ **門** 문 **문**

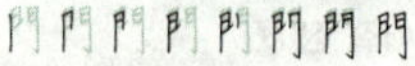

[중] mén [일] モン, かど
[영] gate, door

① 문 **문**. ② 집 **문**(家). ③ 집안 **문**(家族一門). ④ 가문 **문**(門閥). ⑤ 무리 **문**(孔門輩). ⑥ 길 **문**(門外漢其道).

[書體] 小篆  草書  [中學] 象形

門樓(문루 ménlóu) ① 문 위에 세운 다락집. ② 성문(城門)·궁문(宮門)·지방 관청의 문 위에 세운 다락집. 초루(譙樓).

門閥(문벌 ménfá) ① 가문(家門). 문지(門地). ② 지체가 높고 유서(由緖)가 있는 가문(家門).

門外漢(문외한 ménwàihàn) 사물의 범위 외에 있어 직접 그 일에 상관하지 않는 사람. 전문(專門) 이외의 사람.

門前乞食(문전걸식 ménqiánqǐshí) 남의 집 앞에 가서 빌어먹음.

門前沃畓(문전옥답 ménqiánwòdá) 집 앞의 기름진 논.

門中(문중 ménzhōng) ① 동성(同姓) 동본(同本)의 가까운 집안. ② 망자(亡者)에 대하여 하는 말.

門地枋(문지방 ménfāngfāng) 문 아래 문설주 사이에 가로 놓인 나무.

門戶開放(문호개방 ménhùkāifàng) ① 문을 확 열어 놓음. ② 출입 또는 임관(任官) 등의 제한을 덜음. ③ 일국(一國)의 시장 또는 항구를 외국인의 경제활동을 위하여 열어 놓는 것.

▶ 家門(가문)·開門(개문)·關門(관문)·軍門(군문)·同門(동문)·名門(명문)·法門(법문)·專門(전문)·正門(정문)·鐵門(철문)·出門(출문)·通用門(통용문)·閉門(폐문).

門 2 ⑩ **閃** 번쩍일 **섬**

[중] shǎn [일] セン, ひらめく
[영] flash

① 피할 **섬**(躱避). ② 언뜻 볼 **섬**(暫見貌). ③ 번쩍번쩍할 **섬**(閃閃動貌). ④ 갸웃이 볼 **섬**(閃頭門中).

閃光(섬광 shǎnguāng) 번쩍이는 빛.
閃電(섬전 shǎndiàn) 번쩍이는 번갯불. 《喩》매우 빠른 것.
閃火(섬화 shǎnhuǒ) 번쩍이는 불빛.

閃 閉 달을 폐:
門 3 ⑪

閉 閉 閉 閉 閉 閉 閉 閉 閉 閉

1 📖 bì 📖 ヘイ, とじる 📖 shut
2 📖 ヘイ, とざす 📖 close

1 ① 닫을 **폐**(闔門). ② 마칠 **폐**(閉會, 終). ③ 덮을 폐, 가릴 **폐**(掩). **2** ① 막을 **별**(塞). ② 감출 **별**(藏).

書體 小篆 閉 草書 𢎘 中學 象形

閉塞(폐색 bìsāi) ① 닫아서 막음. ② 칩거(蟄居)하여 지식이 좁음.
閉會辭(폐회사 bìhuìcí) 폐회 시에 사회자(司會者)가 폐회를 선언하는 인사의 말.

▶開閉(개폐)·密閉(밀폐)·幽閉(유폐).

開 열 개
門 4 ⑫

開 開 開 開 開 開 開 開 開 開 開

📖 kāi 📖 カイ, ひらく 📖 open

① 열 **개**(啓也闢). ② 통할 **개**(通). ③ 발할 **개**(發). ④ 베풀 **개**(張). ⑤ 풀 **개**(解). ⑥ 시작 **개**(始). ⑦ 필 **개**(開花).

書體 小篆 開 古文 開 草書 𢎘 中學 會意

開墾(개간 kāikěn) 산야(山野)·황무지(荒蕪地)를 개척(開拓)하는 것.
開館式(개관식 kāiguǎnshì) 개관하는 의식.
開心(개심 kāixīn) 슬기를 일깨워 열음.
開眼(개안 kāiyǎn) 《佛》① 불도(佛道)의 진리를 깨달음. ② 예도(藝度)의 진리(眞理)를 깨달음. ③ 보이지 않던 눈이 뜨이는 것.
開拓(개척 kāituò) ① 황무지(荒蕪地)를 개간(開墾)하여 논밭을 만드는 것. ② 영토 등을 넓히는 것. ③ 신제(新第). 새로운 방면·진로(進路) 등을 여는 것.
開化(개화 kāihuà) ① 세상이 열리고 문화가 진보하는 것. ② 문화를 열음.

▶公開(공개)·滿開(만개)·未開(미개)·開拓(미개척)·散開(산개)·疏開(소개)·續開(속개)·新裝開業(신장개업)·再開發(재개발)·展開(전개)·切開(절개)·天地開闢(천지개벽)·打開(타개).

閏 윤달 윤:
門 4 ⑫

閏 閏 閏 閏 閏 閏 閏 閏 閏 閏

📖 rùn 📖 ジュン, うるう 📖 intercalary

윤달 **윤**(氣盈朔虛積餘附月).

書體 小篆 閏 草書 𢎘 高校 會意

閏年(윤년 rùnnián) ① 양력에서 윤일(閏日)이 든 해. ② 음력에서 윤달이 든 해.
閏餘(윤여 rùnyú) ① 나머지. ② 윤달.
閏月(윤월 rùnyuè) ① 윤달. 음력에서는 달이 지구를 도는 것으로 역법(曆法)을 정하므로 1년이 지구공전 기보다 10일과 몇 시간이 적어서 그 쌓인 일수(日數)가 곧 윤월(閏月)이 되어 2년에 한 번, 5년에 두 번, 19년에 칠윤(七閏)이 됨. ② 양력에서 윤일(閏日)이 든 달.
閏集(윤집 rùnjí) 원본(原本)에서 빠진 글을 따로 모아 편집한 문집(文集). 유보집(遺補集).

閑 한가할 한

閑閑閑閑閑門門閉閉閑

- 중 xián 일 カン, ひま
- 영 leisure, slack

① 막을 한(防也禦). ② 호위할 한(衛). ③ 한정 한(法). ④ 마구 한(馬廐). ⑤ 문지방 한(門閾). ⑥ 한가할 한(平穩). ⑦ 익힐 한(習). ⑧ 고요할 한(靜). 【閒의 속자】

書體 小篆 閑 草書 유 中學 會意

閑良(한량 xiánliáng) ① 호반(虎班)의 출신으로 아직 무과(武科)에 급제하지 못한 사람. ② 무과(武科) 및 잡과(雜科)의 응시자. ③ 돈 잘 쓰고 잘 노는 사람.
閑寂(한적 xiánjì) 한가롭고 고요함. 한가롭고 쓸쓸함. 한적(閒寂).

▶ 農閑(농한)·等閑(등한)·忙中閑(망중한)·有閑(유한)·夏閑(하한).

閒 한가할 한 / 사이 간

1 중 xián 일 カン, ひま 영 not busy
2 일 カン, あいだ 영 between

1 ① 한가할 한(安). ② 겨를 한(暇).
2 ① 사이 간(隙也中). ② 쇠뇌 이름 간(弩名黃閒). ③ 사이할 간(隔). ④ 가까울 간(厠). ⑤ 갈마들일 간(迭). ⑥ 사잇길 간(閒道). ⑦ 이간할 간(反閒). ⑧ 병나을 간(瘳). ⑨ 나무랄 간(訾). ⑩ 섞일 간(雜). ⑪ 잠시 간(暫時). ⑫ 대신 간(代). ⑬ 간살 간(六尺爲閒). 【속자는 閒, 閑】

閒暇(한가 xiánxiá) ① 별로 할 일이 없이 시간적인 여유를 가짐. 한가(閑暇). ② 나라가 잘 다스려져 태평한 것.
閒居(한거 xiánjū) ① 일이 없어 한가한 것. 하는 일이 없이 혼자 있음. ② 조용한 주거(住居). 한거(閑居). 유루(幽樓).
閒隙(한극 xiánxì) 한가한 틈. 겨를.
閒寂(한적 xiánjì) 쓸쓸하고 고요함. 한적(閑寂).

間 사이 간(:)

【閒(前條)의 속자】

間間間間間閒閒閒閒閒

書體 小篆 間 草書 百 中學 會意

이하 단어들은 본자인 간(閒)으로 사용되지 않고 속자(俗字)인 간(間)으로 통용(通用)되고 있음.

間隔(간격 xiángé) 물건과 물건의 거리. 사이. 틈.
間伐(간벌 xiánfá) 산림을 손질하는 방법의 하나. 간격을 두고 나무를 잘라 다른 나무의 발육을 돕는 것.
間色(간색 xiánsè) 두 가지 이상의 원색과 여색(余色)과의 배합으로 되는 색. 중간색(中間色). 잡색(雜色).
間諜行爲(간첩행위 xiándiéxíngwéi) 간첩 노릇.
間歇(간헐 xiánxiē) 일정한 시간을 두고 일어났다 말다함.
間或(간혹 xiánhuò) 이따금. 어쩌다가.

▶ 居間(거간)·姑婦間(고부간)·庫間(고간;곳간)·空間(공간)·區間(구간)·國際間(국제간)·今明間(금명간)·期間(기간)·多少間(다소간)·多者間(다자간)·短期間(단기간)·當分間(당분간)·同氣間(동기간)·馬廐間(마구간)·母子間(모자간)·眉間(미간)·民間(민간)·瞥眼間(별안간)·夫婦間(부부간)·父子間(부자간)·不知不識間(부지불식간)·師弟之間(사제지간)·山脚俚地(산간벽지)·生活空間(생활공간)·石間水(석간수)·世間(세간)·瞬間(순간)·瞬息間(순식간)·時間(시간)·時空間(시공간)·植

走 邑 酉 采 里 8획 金 長 門 阜 隶 隹 雨 靑 非

物人間(식물인간)·實時間(실시간)·夜間(야간)·兩端間(양단간)·兩眉間(양미간)·於焉間(어언간)·於中間(어중간)·如何間(여하간)·年間(연간)·怨讐之間(원수지간)·離間(이간)·人間(인간)·一瞬間(일순간)·林間(임간)·這間(저간)·井間(정간)·早晩間(조만간)·左右之間(좌우지간)·畫間(주간)·週間(주간)·中間(중간)·椎間(추간)·厠間(측간)·親舊之間(친구지간)·彼此間(피차간)·伺如間(하여간)·巷間(항간)·行間(행간)·兄弟之間(형제지간)·弘益人間(홍익인간).

閔 성(姓) 민
門 4 ⑫

① mǐn 일 ビン, やむ 영 taken ill
② 일 ミン, やむ

① 병 민(病). ② 민망할 민(傷).【憫과 통함】③ 성(姓) 민
閔急(민급 mǐnjí) 우환(憂患)과 병.
閔惜(민석 mǐnxī) 불쌍히 여기고 아낌. 민석(憫惜).
閔然(민연 mǐnrán) 불쌍히 여기는 모양. 근심하는 모양.
閔凶(민흉 mǐnxiōng) 부모의 상중(喪中).

閘 수문 갑
門 5 ⑬

음 zhá 일 コウ, ひのくち 영 bolt

① 문빗장 갑(閉門具). ② 수문 갑(通舟水門).
閘頭(갑두 zhátóu) 때때로 여닫는 수문(水門).
閘門(갑문 zhámén) 수문(水門)의 문짝.
閘夫(갑부 zháfū) 수문의 개폐(開閉)를 맡은 사람.

関 빗장/닫을 관
門 6 ⑭

【關(門부11획)의 약자】

閣 집/큰집 각
門 6 ⑭

閣閣閣閣閣閣閣閣閣閣

음 gé, gǎo 일 カク, たかどの
영 towered namsion

① 층집 각(樓). ② 찬장 각(庋閣藏食物). ③ 사다리 각(栈道). ④ 꼿꼿할 각(閣閣端直貌). ⑤ 개구리 소리 각(蛙聲). ⑥ 내각 각(內閣).

書體 小篆 閣 草書 閣 (高校) 形聲

閣僚(각료 géliáo) 내각을 조직하는 장관(長官); 대신(大臣).
閣議(각의 géyì) 내각의 회의.
閣筆(각필 gébǐ) 붓을 놓고 쓰는 것을 멈춤.〈閣은 지(止)의 뜻〉. 각필(擱筆).
閣下(각하 géxià) ① 높은 집의 아래. 고루(高樓)의 아래. ② 높은 신분의 존칭.

▶ 改閣(개각)·內閣(내각)·樓閣(누각)·碑閣(비각)·沙上樓閣(사상누각)·旅閣(여각)·入閣(입각)·殿閣(전각)·組閣(조각)·鐘閣(종각).

閥 문벌 벌
門 6 ⑭

음 fá 일 バツ, いえがら
영 lineage, pedigree

① 벌열 벌(閱閱功狀). ② 가문 벌(門地). ③ 공적 벌(功積). ④ 왼편 문 벌(門在左曰閥).
閥族(벌족 fázú) ① 신분이 높은 가문의 일족. ② 벌(閥)을 만들고 있는 일족.

▶ 官閥(관벌)·軍閥(군벌)·大財閥(대재벌)·門閥(문벌)·財閥(재벌)·族閥(족벌)·派閥(파벌)·學閥(학벌).

閨 안방 규

門 6 (14)

音 guī 日 ケイ, おんな, くくり
英 lady, side door

① 협문 규(宮中小門). ② 월문 규(上圓下方). ③ 색시 규(閨秀, 女稱). ④ 도장 규(女子所居).

閨房(규방 guīfáng) 안방. 침실(寢室). 규합(閨閤)②.
閨範(규범 guīfàn) 여자의 가르침. 또는 여자가 지켜야 할 본보기.
閨秀(규수 guīxiù) ① 어진 부인. 문학(文學)과 서화(書畫)에 뛰어난 부인. 재원(才媛). ② 처녀.
閨閤(규합 guīhé) ① 궁중(宮中) 또는 집안의 적은 문. ② 안방. 침실(寢室). 규방(閨房). 《轉》 여자.

▶ 空閨(공규)·深閨(심규)·紅閨(홍규).

閭 마을 려

門 7 (15)

音 lú 日 リョ, むら 英 village

① 이문 려(里門). ② 마을 려(五比). ③ 돌 이름 려(尾閭海泄水石). ④ 짐승 이름 려(獸名).

閭門(여문 lúmén) 마을 입구의 문. 이문(里門).
閭閻(여염 lǘyán) ① 마을. 이문(里門). ② 촌민(村民)·민간인(民間人).
閭閻家(여염가 lǘyánjiā) 여염집.
閭巷(여항 lǘxiàng) 촌리(村里). 동내(洞內). 민간(民間). 여리(閭里).

閱 볼[覽] 열

門 7 (15)

閱閱閱閱閱閱閱閱閱閱

音 yuè 日 エツ, あらため
英 peruse

① 겪을 열, 지낼 열(歷). ② 군대 점호할 열(大閱簡軍實). ③ 용납할 열(容). ④ 벌열 열(閥閱). ⑤ 볼 열(觀). ⑥ 읽을 열(讀).

書體 小篆 閱 草書 高校 形聲

閱讀(열독 yuèdú) 책을 읽음. 열람(閱覽).
閱覽(열람 yuèlǎn) ① 조사해 봄. ② 책을 읽음.
閱兵(열병 yuèbīng) 군대의 실정(實情)·병마(兵馬) 등을 직접 검열하여 보는 것. 열무(閱武).
閱兵式(열병식 yuèbīngshì) 정렬한 군대를 검열하는 의식.

▶ 檢閱(검열)·校閱(교열)·査閱(사열).

閻 마을 염

門 8 (16)

音 yán 日 エン, ちまた
英 commoner's residential quarters

① 이문 염(里中門). ② 마을 염(閭閻). ③ 항간 염(巷間). ④ 염라 염, 저승 염(閻羅地獄大王名).

閻羅大王(염라대왕 yánluódàwáng) = 염마(閻魔).

▶ 閭閻(여염).

闇 어두울 암

門 9 (17)

音 àn 日 アン, くらい 英 dark

① 어두울 암(冥也幽). ② 숨을 암(隱晦). ③ 여막 암(諒闇, 喪廬).

闇鈍(암둔 àndùn) 어리석고 우둔함.
闇昧(암매 ànmèi) 못나고 어리석어 몽매함.
闇市場(암시장 ànshìchǎng) 암시세의 상품을 매매하는 상점이 모여 있는 곳.
闇弱(암약 ànruò) 어리석고 빙충맞음. 암잔(闇孱).

闊 넓을 활

음 kuò 일 カツ, ひろい
영 spacious

① 근고할 활(契闊勤苦). ② 어그러질 활(乖闊). ③ 간단할 활(簡闊). ④ 우활할 활(迂闊).

闊達(활달 kuòdá) 마음이 넓고 작은 일에 개의하지 않는 것. 활달(豁達).
闊步(활보 kuòbù) ① 큰 걸음으로 당당히 걸음. ② 뽐내며 걸음.
闊葉樹(활엽수 kuòyèshù) 《植》잎사귀가 넓은 큰 나무의 총칭. 광엽수(廣葉樹). ↔ 침엽수(針葉樹).

▶ 寬闊(관활)·廣闊(광활).

闌 차면 란

음 lán, làn 일 ラン, てすり
영 handrail

① 차면 란(門遮). ② 늦을 란(晩). ③ 드물 란(希). ④ 다할 란(盡). ⑤ 어슷비슷할 란(闌干縱橫). ⑥ 난간 란(闌干).

闌干(난간 lángān) ① 손잡이. 난간(欄干). ② 종횡으로 얽힌 모양. ③ 눈물이 많이 나오는 모양. ④ 눈시울.

闕 대궐 궐

음 quē, què 일 ケツ, ごもん
영 palace, omit

① 대궐 궐(門觀象魏). ② 뚫을 궐(穿). ③ 궐할 궐(不供). ④ 허물 궐(失也過). ⑤ 빌 궐(空).

闕席裁判(궐석재판 quēxícáipàn) 재판의 대상자가 결석한 상황에서의 재판.
闕食(궐식 quēshí) 끼니를 거름. 결식(缺食).

闕參(궐참 quēcān) 참여할 일에 빠짐.

▶ 宮闕(궁궐)·大闕(대궐)·退闕(퇴궐).

關 빗장/닫을 관

關 門 閇 閏 閨 閱 闌 闌 闗 關

❶ 음 guān 일 カン, あずかる
영 relate to ❷ 음 ワン

❶ ① 통할 관(通). ② 굴대소리 관(開關車 聲). ③ 사룀 관, 고할 관(白). ④ 겪을 관(涉). ⑤ 말미암을 관(由). ⑥ 관문 관(界上門). ⑦ 새 우는 소리 관(關關鳥鳴聲). ❷ ① 화살먹일 관(關矢持弓). ② 문지방 관(閫). ③ 수돌쩌귀 완(門牡). ④ 빗장 완(捩機). ⑤ 관계될 완(要會處). 【彎과 통함】

書體 小篆 關 草書 夒 (中學) 形聲

關稅(관세 guānshuì) ① 관문(關門)에서 물품에 부과하는 세금. 관정(關征). ② 수출입의 물품에 매기는 세금.
關與(관여 guānyú) ① 그 일에 관계함. ② 《法》형사 사건 재판 집행에 있어서, 검사가 소추(訴追) 사실에 입증하는 행위.
關節(관절 guānjié) ① 물건과 물건이 연결되는 곳. ② 《生》두 개의 뼈가 연결되는 부분. ③ 요로(要路)에 있는 사람에게 뇌물(賂物)을 보내고 부탁하는 일.

▶ 機關(기관)·難關(난관)·稅關(세관)·海關(해관)·鄕關(향관).

闡 밝힐 천:

음 chǎn 일 セン, ひらく 영 open

① 열 천(開). ② 밝힐 천(明). ③ 클 천(大).

闡究(천구 chǎnjiū) 깊이 연구하여 밝

혀 냄.
闡明(천명 chǎnmíng) 겉으로 드러내어 밝힘. 천양(闡揚).
闡發(천발 chǎnfā) 열어서 나타냄.
闡揚(천양 chǎnyáng) 명백하게 들어 나타냄. 천명(闡明).
闡繹(천역 chǎnyì) 개진(開陳)함.
闡幽(천유 chǎnyōu) 숨은 것을 밝힘.
闡提(천제 chǎntí) 《佛》 살생하는 악한 성질로 꽉 차 있음을 이름.

闢 열 벽
13 ㉑

㉠ pì ㉑ ヘキ, ビャク, ひらく, さく
㉓ open, avoid

① 열 벽(開). ② 폐할 벽, 피할 벽(避).
闢發(벽발 pìfā) 선인(先人)이 갖지 아니하였던 생각을 해내는 것.
闢邪(벽사 pìxié) 사설(邪說)을 풀어 밝혀서 물리침.
闢土拓地(벽토척지 pìtǔtuòdì) 버려 두었던 땅을 갈아 개간함.

▶ 開闢(개벽).

阜, 阝 部
언덕 부, 좌부변

阜 언덕 부:
阜 0 ⑧

㉠ fù ㉑ フウ, フ, ㉓ おか hill
① 둔덕 부, 언덕 부. ② 클 부(大). ③ 살찔 부(肥). ④ 많을 부(盛多). ⑤ 두둑할 부(高厚). ⑥ 메뚜기 부(阜螽蜚).
阜蕃(부번 fùfán) 가축 등을 번식시킴.
阜成(부성 fùchéng) 성(盛)하게 함.

성(盛)하게 됨.
阜財(부재 fùcái) 재물을 풍부하게 함.
阜螽(부종 fùzhōng) 《動》 메뚜기.
阜垤(부질 fùdié) 조금 높은 언덕. 부릉(阜陵).
阜通(부통 fùtōng) 널리 통용케 함.

阡 밭둑길 천
阜 3 ⑥

㉠ qiān ㉑ セン, みち
㉓ path in the field

① 밭둑길 천(阡陌田間道). ② 무덤 천(墓道).
阡阡(천천 qiānmò) 풀과 나무가 우거진 모양.

阨 막힐 액
阜 4 ⑦

1 ㉠ è ヤク, ふさがる ㉓ in distress
2 ㉑ アイ

1 ① 막힐 액(限塞). ② 거리낄 액(礙). ③ 액색할 액(迫). 2 ① 좁은 목 애(狹也險). 【隘와 같음】

阨困(액곤 èkùn) 괴로움. 괴로워함. 곤궁(困窮). 곤액(困阨).
阨窮(액궁 èqióng) 운(運)이 나빠 괴로워함. 번뇌(煩惱)하고 괴로워 함. 곤궁(困窮).
阨塞(액색 èqióng) 통로(通路)가 막힘.

阪 언덕 판
阜 4 ⑦

㉠ bǎn ㉑ ハン, さか ㉓ slope
① 산비탈 판(山脅). ② 못둑 판, 언덕 판(澤障).
阪上走丸(판상주환 bǎnshàngzǒuwán) 언덕 위에서 공을 굴림. 〈喩〉 세(勢)에 편승(便乘)하여 일을 하면 쉽게 일할 수 있음. 또는 그 일이 자연의 힘에 따라 진첩된다는 것.

阜 4 / 7 阮 원나라 원

ⓒ ruǎn ⓙ ゲン ⓔ state

1 ① 원나라 원(國名). **2** 완. 뜻은 **1**과 같음.

阮丈(완장 ruǎnzhàng) 남의 삼촌(三寸)의 존칭.

阜 4 / 7 防 막을 방

防防防防防防防

ⓒ fáng ⓙ ボウ, ふせぐ ⓔ defend, protect

① 방비할 방(禦也備). ② 둔덕 방(大防陵如墳). ③ 병풍 방(屛風). ④ 언덕 방(隄). ⑤ 막을 방(守禦). ⑥ 방죽 방(止水).

畫體 小篆 防 或體 陛 草書 防 (中學) 形聲

防毒(방독 fángdú) 독가스를 막음.
防犯(방범 fángfàn) 범죄가 일어나지 않게 막음.
防腐(방부 fángfǔ) 썩지 못하게 함.
防備(방비 fángbèi) 적을 막기 위한 설비.
防禦(방어 fángyù) 침입을 막아냄. 또는 그 설비(設備).
防疫(방역 fángyì) 전염병이 퍼지지 않게 미리 예방하는 것.
防衛(방위 fángwèi) 적의 공격을 막아 지킴. 방수(防守).
防彈(방탄 fángdàn) 탄환을 막음. 탄환으로 다치지 않게 몸을 잘 지킴.
防波堤(방파제 fángbōdī) 거친 파도를 막기 위하여 만들어진 둑.
防護(방호 fánghù) 막아 지켜서 보호함.

阜 5 / 8 阻 막힐 조

ⓒ zǔ ⓙ ソ, はばむ, へだたる
ⓔ interrupt, hinder

① 막힐 조(隔). ② 어려울 조(艱難).
③ 근심할 조(憂). ④ 그칠 조(止). ⑤ 의심할 조(疑).

阻隔(조격 zǔgé) 방해하여 사이를 떨어지게 함. 끌어 갈라놓음. 엇갈림.
阻面(조면 zǔmiàn) ① 오랫동안 서로 만나 보지 못함. ② 절교(絕交).
阻塞(조색 zǔsāi) 경계(境界)하여 막음. 경계(境界)하여 닫힘.
阻心(조심 zǔxīn) 중첩한 험조(險阻). 험조중첩(險阻重疊). 조격(阻隔). 저심(岨深).
阻礙(조애 zǔ'ài) 막아서 가림. 막혀서 거리낌.
阻隘(조애 zǔ'ài) 험하고 좁음.
阻絕(조절 zǔjué) 막히고 끊어짐. 교통이 두절(杜絕)됨. 또는 그 곳.
阻止(조지 zǔzhǐ) 방해하여 멎게 함. 방해함. 가로막음. 조격(阻隔).
阻害(조해 zǔhài) 막아서 못하게 해침. 방해(妨害). 훼방(毀謗). 조애(阻礙).
阻險(조험 zǔxiǎn) ① 험난함. 또는 그런 곳. ② 험한 곳을 미끼로 하여 으스댐.

▶ 隔阻(격조).

阜 5 / 8 阿 언덕 아

1 ⓒ a, à ⓙ ア, きし ⓔ bank
2 ⓒ e ⓙ オク, おか ⓔ hill

1 ① 언덕 아(大陵水岸曲阜). ② 아첨할 아(比也曲). ③ 기둥 아(棟). ④ 가지 죽죽 벋을 아(阿那美貌). ⑤ 항아 아(月御曰纖阿). ⑥ 건성으로 대답할 아(慢應聲). ⑦ 가는 비단 아(細繒). ⑧ 벼슬 이름 아(商官名阿衡). **2** 누구 옥(阿誰, 孰).

阿膠(아교 ājiāo) 동물의 가죽·뼈 따위를 고아 굳힌 황갈색의 접착제(接着劑). 갖풀.

阿羅漢(아라한 āluóhàn)《梵》Arhan의 음역(音譯). 불교(佛敎)의 수업자(修業者)로 번뇌를 잘라 버리고 깨달음을 얻어 공덕(功德)을 갖춘 사람을 일컬음. 나한(羅漢).

阿媚(아미 āmèi) 어미. 어머니.

阿彌陀(아미타 āmítuó)《佛》Amitabha의 음역(音譯). 아미타불(阿彌陀佛). 아미타여래(阿彌陀如來). 서방정토(西方淨土)의 교주(敎主). 정토종(淨土宗)·진종(眞宗)의 본존(本尊). 미타(彌陀).

阿房宮(아방궁 āfánggōng)《歷》궁전(宮殿) 이름. 진(秦) 시황제(始皇帝) 35년(B.C. 212)에 지금의 섬서성(陝西省) 장안현(長安縣)의 서북 위수(渭水)의 남쪽에 세운 궁전.

阿附(아부 āfù) 남의 비위를 맞추고 알랑거림.

阿芙蓉(아부용 āfúróng) 양귀비꽃.

阿鼻叫喚(아비규환 ābíjiàohuàn)《佛》① 아비지옥(阿鼻地獄)과 규환지옥(叫喚地獄). ② 뜻밖의 변으로 여러 사람이 몹시 비참한 지경에 빠졌을 때 그 고통에서 헤어나려고 악을 쓰며 소리를 지르는 모양을 말함.

阿修羅(아수라 āxiūluó)《佛》범어(梵語) Asura의 음역으로 아소라(阿素羅)·아소락(阿素洛)·아순륜(阿順倫)으로도 음역함. 비천(非天)·부단정(不端正)·비류(非類) 등으로 번역함. 육도팔부중(六道八部衆)의 하나. 고대(古代) 인도의 선신(善神)이었으나 뒤에 제석천(帝釋天)과 싸우게 되어 악신(惡神)이 되었음.

阿世(아세 āshì) 세상에 아첨하는 것.

阿諛(아유 āyú) 추종(追從)하여 아첨함. 주착없이 여기저기에 붙는 사람. 아미(阿媚). 아첨(阿諂).

阿片(아편 āpiàn)《藥》마취제(痲醉劑)의 하나. 모르핀을 주성분으로 함. 미숙(未熟)한 앵속(罌粟)의 과즙(果汁)으로 만들음.

阜 5획 陀 비탈질/부처 타

tuó 일 ダ, さか 영 slope

① 비탈 타. ② 땅 이름 타.【陁와 같음】

陀羅尼(타라니 → 다라니 tuóluóní)《佛》Dharani의 음역(音譯). ① 총지(總持). 범문(梵文)을 그대로 독송(讀誦)하면 무변(無邊)의 의미를 품고 있어 각종 장애를 제거하고 공덕을 받는 일. ② 주문(呪文). 주부(呪符).

阜 5획 附 붙을 부:

fú 일 フ, つく, よる

영 adhere, rely on

① 의지할 부(依). ② 가까울 부(近). ③ 부딪칠 부(著). ④ 붙일 부(寄託). ⑤ 붙임나무 부, 속국 부(附庸). ⑥ 덧붙일 부(加).

書體 小篆 草書 (高校) 形聲

附錄(부록 fùlù) ① 본문(本文) 끝에 덧붙이는 기록. ② 신문(新聞)·잡지(雜誌) 등의 본지외(本紙外)에 덧붙여서 따로 내는 지면(紙面)이나 책자(冊子).

附隨(부수 fùsuí) 붙좇음. 붙어서 따라감.

附言(부언 fùyán) 덧붙여서 말함. 또는 그 말.

附與(부여 fùyǔ) 붙여서 줌.

附逆(부역 fùnì) 국가에 반역하는 일에 가담함.

附和雷同(부화뇌동 fùhéléitóng) 주의(主義)·주장이 없이 타설(他說)에 이유 없이 찬성하는 것.

▶ 附加(부가)·附近(부근)·附帶(부대)·附圖(부도)·附錄(부록)·附設(부설)·附屬(부

속)·附隨(부수)·附言(부언)·附與(부여)·附逆(부역)·附子(부자)·附著(부착)·附着(부착)·附則(부칙)·附合(부합)·附缸(부항).

阝6⁄9 陋 더러울 루:

lòu ロウ, せまい
narrow, dirty

① 좁을 루(陿陜). ② 추할 루(醜猥). ③ 더러울 루(側陋疎惡). ④ 고루할 루(孤陋獨學).

陋名(누명 lòumíng) ① 창피스러운 평판에 오르내리는 이름. ② 억울하게 뒤집어 쓴 불명예. 오명(汚名).
陋習(누습 lòuxí) 나쁜 버릇. 천한 습관. 누속(陋俗).
陋屋(누옥 lòuwū) ① 좁고 더러운 집. ② 자기 집의 비칭(卑稱). 누택(陋宅).
陋醜(누추 lòuchǒu) 더럽고 추함.
陋巷(누항 lòuxiàng) ① 좁고 더러운 뒷골목. ② 좁은 동네. ③ 소로(小路).

▶ 固陋(고루).

阝6⁄9 降 내릴 강: 항복할 항

降降降降降降降降

1 xiáng コウ, くだる surrender
2 jiàng コウ, おろす fall
1 항복할 항(服). 2 ① 내릴 강(下). ② 떨어질 강(落). ③ 떨어드릴 강(貶). ④ 돌아갈 강(歸).

書體 小篆 夅 小篆 降 草書 降 中學 形聲

降旗(항기 xiángqí) 항복하는 뜻을 나타내는 흰 기(旗). 백기(白旗).
降伏(항복 xiángfú) ① 전쟁에 패배하여 적(敵)에게 굴복함. 항복(降服). ②《佛》불법(佛法)의 힘으로 악마(惡魔)를 물리침. ③ 상대방(相對方)의 자신(自信)을 부수고 신복(信服)하게 하는 것.
降等(강등 jiàngděng) 등급이나 계급이 내림.
降雪(강설 jiàngxuě) 눈이 내림. 내린 눈.
降雨(강우 jiàngyǔ) 비가 오는 것. 오는 비.
降下(강하 jiàngxià) 내려감. 내림. 낮게 됨. 하강(下降).

▶ 急降下(급강하)·霜降(상강)·乘降(승강)·昇降(승강)·下降(하강).

阝6⁄9 限 막을/한할 한:

限限限限限限限限

xiàn カン, ゲン, かぎり
boundary, limit

① 한정 한(度). ② 막힐 한(阻). ③ 지경 한(界). ④ 가지런할 한(齊). ⑤ 검정할 한(檢). ⑥ 문지방 한(門閫).

書體 小篆 限 草書 限 中學 形聲

限界(한계 xiànjiè) 경계(境界). 한정. 사물의 정하여 놓은 범위.
限度(한도 xiàndù) ① 일정하게 정한 정도. ② 한정(限定).
限外(한외 xiànwài) ① 한계의 밖. ② 제한 밖.

▶ 局限(국한)·權限(권한)·極限(극한)·期限(기한)·無期限(무기한)·無制限(무제한)·無限(무한)·無限軌道(무한궤도)·上限(상한)·時限爆彈(시한폭탄)·年限(연한)·有限(유한)·制限(제한)·最大限(최대한)·下限價(하한가).

阝7⁄10 陛 대궐 섬돌 폐:

7획 見 角 言 谷 豆 豕 豸 貝 赤 走 足 身 車 辛 辰

陛

음 bì 일 ヘイ、きざはし
영 steps to the throne
대궐 섬돌 **폐**(殿陛天子階).
陛下(**폐하** bìxià) 임금의 존칭.

陜 좁을 협 / 땅 이름 합

1 음 jiá, xiá 일 コウ、せまい
영 narrow 2 일 キョウ、せまい
1 좁을 **협**(隘陜不廣).【狹과 같음】2
땅 이름 **합**(陜川).

陝 땅 이름 섬

음 shǎn 일 セン 영 province
고을 이름 **섬**(弘農縣名古虢國).

陞 오를 승

음 shēng 일 ショウ、のぼる
영 rise
① 오를 **승**(登也, 躋). ② 올릴 **승**(進).
【升과 같음】
陞降(**승강** shēngjiàng) ① 오르고 내림. 또는 자동차(自動車)·기차(汽車) 같은 것에 타거나 내림. ② 서로 제 주장을 고집하여 굽히지 아니함.
陞階(**승계** shēngjiē) 품계(品階)가 오름. 승계(昇階).
陞級(**승급** shēngjí) 등급이 오름. 승급(昇級).

陟 오를 척

음 zhì 일 チョク、のぼる
영 rise, ascend
① 오를 **척**(登). ② 올릴 **척**(進).
▶ 進陟(진척).

院 집 원

院院院院院院院院院院

음 yuàn 일 エン、イン、つかさ
영 public building
① 원집 **원**(宅也館有垣). ② 공해 **원**(官廨). ③ 절 **원**(寺院, 僧院, 道院). ④ 학교 **원**(大學院, 書院).

書體 小篆 䧹 草書 㿲 (高校) 形聲

院內(**원내** yuànnèi) 원자(院字)가 붙은 각종 기관의 내부. 병원·학원·민의원·참의원 따위의 내부. ↔원외(院外).
院外(**원외** yuànwài) 원(院)자가 붙은 기관의 외부(外部). 병원·학원·민의원·참의원 따위의 외부(外部). ↔ 원내(院內).
院長(**원장** yuànzhǎng) 병원·학원 등의 원자(院字)가 붙은 기관의 우두머리.

▶ 家畜病院(가축병원)·監督院(감독원)·感化院(감화원)·開院(개원)·孤兒院(고아원)·敎育院(교육원)·新禱院(기도원)·棋院(기원)·企劃院(기획원)·來院(내원)·大學院(대학원)·文化院(문화원)·美粧院(미장원)·法院(법원)·病院(병원)·保育院(보육원)·福祉院(복지원)·寺院(사원)·上院(상원)·書院(서원)·少年院(소년원)·修道院(수도원)·修鍊院(수련원)·養老院(양로원)·硏究院(연구원)·練修院(연수원)·療養院(요양원)·元老院(원로원)·音樂院(음악원)·議院(의원)·醫院(의원)·入院(입원)·再活院(재활원)·情報院(정보원)·情報通信網(정보통신망)·衆議院(중의원)·仲裁院(중재원)·支院(지원)·參議院(참의원)·總務院(총무원)·託兒院(탁아원)·通院(통원)·退院(퇴원)·下院(하원)·學院(학원)·翰林院(한림원)·韓醫院(한의원)·行政院(행정원)·休養院(휴양원).

陣 진칠 진

陣陣陣陣陣陣陣陣陣陣

辵邑酉采里 8획 金長門阜隶隹雨靑非

音 zhèn 日 チン, たむろ z
영 encampment
① 진칠 진(師旅行列). ② 영문 진(軍營).

書體 草書 陣 高校 會意

陣頭(진두 zhèntóu) ① 배치한 군(軍)의 선두(先頭). 선봉(先鋒). ② 일의 선두.
陣列(진열 zhènliè) 진(陣)의 배열(排列).
陣營(진영 zhènyíng) 군대가 집결된 곳. 군사가 주둔하는 가옥(假屋). 영소(營所).
陣容(진용 zhènróng) ① 진세(陣勢)의 형편. ② 어떤 단체를 이룬 사람들의 짜임새.
陣痛(진통 zhèntòng) 출산(出産) 직전의 복통(腹痛).

▶ 對陣(대진)·敵陣(적진)·前陣(전진)·退陣(퇴진)·布陣(포진)·筆陣(필진).

阜 7
10 除 덜/제할 제:

除除除除除除除除除

音 chú 日 ジョ, のぞく
영 exclude, divide
① 섬돌 제(階). ② 문안 뜰 제(門屛間). ③ 벼슬 줄 제(拜官). ④ 버릴 제(去). ⑤ 제법 제(乘除籌法). ⑥ 다스릴 제(修除治). ⑦ 바뀔 제(歲除易). ⑧ 갈 제(去).

書體 小篆 除 草書 陖 中學 形聲

除減(제감 chújiǎn) 수효(數爻)를 덜어서 줄임.
除去(제거 chúqù) 덜어 버림. 떨어 버림.
除隊(제대 chúduì) 병사가 복무연한(服務年限)을 마치고 현역(現役)에서 해제되는 것.
除幕式(제막식 chúmùshì) 동상(銅像)과 기념비(記念碑) 등의 준공(竣工)이 끝났을 때 그것을 덮은 막(幕)을 떼어버리는 의식(儀式).
除名(제명 chúmíng) 명부에서 이름을 빼어버림. 동료(同僚)로부터 빼놓음.
除煩(제번 chúfán) ① 글을 쓸 때 앞부분을 생략함. ② 편지의 첫머리에 쓰는 말. 번다한 인사말을 줄였다는 뜻. 제례(除禮). 전략(前略).
除夕(제석 chúxī) 한 해의 맨 마지막 날의 밤. 제야(除夜). 세제(歲除).
除雪(제설 chúxuě) 쌓인 눈을 치우는 일.
除夜(제야 chúyè) =제석(除夕).
除籍(제적 chújí) ① 호적(戶籍)에서 그 이름을 뺌. ② 관리의 적(籍)을 빼 버림. ③ 학생의 적(籍)을 빼 버림.
除草(제초 chúcǎo) 잡초를 덜어 버림. 풀뽑기.

▶ 控除(공제)·驅除(구제)·免除(면제)·防除(방제)·排除(배제)·不名譽除隊(불명예제대)·削除(삭제)·掃除(소제)·切除(절제)·解除(해제).

阜 8
11 陪 모실 배:

音 péi 日 バイ, したがう
영 accompany
① 버금 배(貳). ② 따를 배(隨). ③ 도울 배(助). ④ 거듭 배(陪臣重). ⑤ 모실 배(側也伴). ⑥ 찰 배(滿). ⑦ 더할 배(益).

陪席(배석 péixí) 손위의 사람과 동석(同席)함.
陪審(배심 péishěn) 《法》 재판관(裁判官)의 법률(法律) 적용에 국민의 건전한 상식적(常識的) 판단을 돕기 위하여 국민 중에서 뽑힌 일정한 수의 법률 전문가 아닌 사람들, 곧 배심원이 심리(審理)나 기소(起訴)에 참가하는 일. 심리배심·기

陰 그늘 음

阜 8획 ⑪

陰陰陰陰陰陰陰陰陰陰

음 yīn 일 イン, オン, かげ, くもり
영 shade, cloudy

① 응달 음, 음지 음(水南山北). ② 음기 음(陽之對地道妻道臣道). ③ 부인에게 예 가르칠 음(陰敎婦禮). ④ 가만할 음(默). ⑤ 그늘질 음, 가릴 음(蔭). ⑥ 그늘 음(影). ⑦ 비둥어리 음(碑背). ⑧ 음침할 음(闇). ⑨ 흐릴 음(曇). ⑩ 세월 음(光陰). ⑪ 몰래 음(秘密).

書體 小篆 陰 草書 中學 形聲

陰刻(음각 yīnkè) 어떤 그림이나 글씨를 옴폭하게 파내어 새김. 〈돌에 새길 경우는 대부분 陰刻임〉. 요조(凹彫). ↔ 양각(陽刻).

陰德(음덕 yīndé) ① 사람에게 알려지지 않은 덕행(德行). ② 지(地)의 덕(德).《轉》부인의 덕(德). 부덕(婦德).

陰散(음산 yīnsàn) 날씨가 흐리고 으스스함.

陰濕(음습 yīnshī) 그늘지고 축축함.

陰陽(음양 yīnyáng) ① 음(陰)과 양(陽). ② 이학(易學)에 있어 만물을 만들어 내는 상반(相反)된 두 개의 성질의 기(氣). ③《物》전기(電氣) 또는 자기(磁氣)의 음극(陰極)과 양극(陽極).

陰鬱(음울 yīnyù) ① 밝지 못하고 텁텁함. ② 마음이 답답하고 맑지 못함. ③ 무더움.

陰害(음해 yīnhài) 넌지시 남을 해함.

▶ 光陰(광음)·綠陰(녹음)·夜陰(야음)·五陰盛苦(오음성고)·寸陰(촌음)·太陰(태음)·太陰曆(태음력).

陳 베풀/펼칠 진(:)

阜 8획 ⑪

陳陳陳陳陳陳陳陳陳陳陳

① ~ ⑦ 음 chén 일 チン, ならべる
영 spread out ⑧ ジン

① 벌일 진(列生 布). ② 묵을 진(故). ③ 오랠 진(久). ④ 고할 진(告). ⑤ 베풀 진(張). ⑥ 섬돌 진(堂途). ⑦ 나라이름 진(國名舜後所封). ⑧ 진 진(行伍之列).【陣과 같음】

書體 小篆 陳 古文 陘 草書 陈 高校 會意

陳艮醬(진간장 chéngènjiāng) 오래 묵어서 아주 진하게 된 간장. 농장(濃醬).

陳穀(진곡 chéngǔ) 묵은 곡식.

陳腐(진부 chénfǔ) 케케묵음. 새롭지 못함. 진투(陳套).

陳謝(진사 chénxiè) ① 까닭을 말하여 사과함. ② 예(禮)를 말함.

陳述(진술 chénshù) ① 구두로 말함. 아뢰어 말함. 구술(口述). ②《法》민(民)·형사소송(刑事訴訟)에서 소송 당사자 또는 증인·감정인 등 소송 관계인이 그 관계 사항을 구술 또는 서면으로 말하는 것.

▶ 開陳(개진)·新陳代謝(신진대사).

陵 언덕 릉

阜 8획 ⑪

陵陵陵陵陵陵陵陵陵陵

음 líng 일 リョウ, おか, つか
영 imperial mausoleum

① 큰 언덕 릉(丘陵大阜). ② 임금의 무덤 릉(山陵帝王葬). ③ 업신여길 릉(侵陵犯侮). ④ 가파를 릉(陵遲陵夷頹靡). ⑤ 짓밟을 릉(轢). ⑥ 탈 릉(乘). ⑦ 높을 릉(峻).

走 邑 酉 采 里 **8획** 金 長 門 阜 隶 隹 雨 青 非

書體: 小篆 陵, 草書 陵, 高校, 形聲

陵駕(능가 língjià) 훨씬 뛰어나고 더함. 능가(凌駕).
陵蔑(능멸 língmiè) 업신여기어 깔봄. 능답(陵踏).
陵辱(능욕 língrǔ) ① 업신여기어 욕보임. ② 여자를 폭력(暴力)으로 범함. 능욕(凌辱).

▶ 丘陵(구릉)·王陵(왕릉).

陶 질그릇 도
阜 8 ⑪

陶陶陶陶陶陶陶陶陶陶

1 음 táo 일 コウ, すえもの
영 porcelain 2 음 yáo 일 トウ, すえもの

1 ① 질그릇 도(瓦器). ② 통할 도(暢). ③ 불쌍히 여길 도(鬱陶哀思). ④ 화할 도(化). ⑤ 성 도(姓). ⑥ 땅 이름 도(地名). ⑦ 달릴 도(陶陶馳貌). 2 ① 화락할 요(陶陶和樂). ② 순임금의 신하 요(舜臣皐陶).

書體: 小篆 陶, 草書 陶, 高校, 形聲

陶工(도공 táogōng) 도기(陶器)를 만드는 사람. 도인(陶人).
陶器(도기 táoqì) 질그릇. 오지그릇. 흙으로 초벌 구운 위에 잿물을 입혀 구운 것.
陶冶(도야 táoyě) 도기(陶器)를 굽고 쇠붙이를 녹임. 《轉》 심신(心身)을 닦아 기름.
陶窯(도요 táoyáo) 도기(陶器)를 굽는 가마.
陶瓷器(도자기 táocíqì) 질그릇. 오지그릇. 사기그릇의 총칭.
陶醉(도취 táozuì) ① 기분 좋게 술에 취함. ② 무엇에 마음이 끌려 열중(熱中)하는 것. 도연(陶然).

陷 빠질 함:
阜 8 ⑪

陷陷陷陷陷陷陷陷陷陷

음 xiàn 일 カン, おちいる
영 sink, involve

① 빠질 함(沒也地隤). ② 함정 함(陷穿).

書體: 小篆 陷, 草書 陷, 高校, 形聲

陷溺(함닉 xiànnì) ① 함정에 떨어지고 물에 빠짐. ② 주색(酒色)에 젖음. 침닉(沈溺). 탐닉(耽溺). ③ 골탕 먹여 괴롭힘.
陷落(함락 xiànluò) ① 빠짐. 땅 같은 것이 움푹 꺼져 들어감. ② 적의 성(城)·요새(要塞) 등을 공격(攻擊)하여 빼앗음. ③ 꾀임에 빠짐. ④ 패배(敗北)함.
陷壘(함루 xiànlěi) 진루(陣壘)가 함락됨.
陷沒(함몰 xiànmò) ① 떨어져 빠짐. ② 재난을 당하여 멸망함.
陷入(함입 xiànrù) 빠져 들어감. 함몰(陷沒).
陷穽(함정 xiànjǐng) 짐승 등을 잡기 위하여 파놓은 구덩이. 《喩》 사람을 속여 빠지게 함.

陸 뭍/육지 륙
阜 8 ⑪

陸陸陸陸陸陸陸陸陸陸

음 lù, liù 일 リク, ロク, ぐが, おか
영 land

① 뭍 륙(高平日陸). ② 길 륙(路). ③ 어긋날 륙(陸離參差). ④ 뛸 륙(陸梁跳). ⑤ 녹록할 륙(陸陸碌碌). ⑥ 두터울 륙(厚).

書體: 小篆 陸, 草書 陸, 中學, 形聲

陸橋(육교 lùqiáo) 내[천(川)]가 아닌

곳에 건 다리. 낭떠러지나 산곡(山谷) 따위를 건너기 위하여 가설한 구름다리.

陸軍(육군 lùjūn) 육상(陸上)의 전투 및 방어(防禦)를 맡은 군대. ↔ 해군(海軍)·공군(空軍).

陸路(육로 lùlù) 육상(陸上)의 길. 언덕길.

陸上(육상 lùshàng) 뭍. 육지(陸地).

陸地(육지 lùdì) 뭍. 대지(大地). 육상(陸上).

▶ 內陸(내륙)·大陸(대륙)·上陸(상륙)·上陸艇(상륙정)·延着陸(연착륙)·軟着陸(연착륙)·離陸(이륙)·離着陸(이착륙)·着陸(착륙)·海陸(해륙).

阜 8획 ⑪ 隆 높을 륭

【隆(阜부9획)과 같음】

阜 8획 ⑪ 險 험할 험:

【險(阜부13획)의 약자】

阜 9획 ⑫ 陽 볕 양

陽 陽 陽 陽 陽 陽 陽 陽 陽

중 yáng 일 ヨウ, ひなた, ひ
영 sunlight

① 볕 양, 해 양. ② 밝을 양. ③ 거짓 양(佯). ④ 양양할 양(陽陽自得). ⑤ 환할 양(文章貌). ⑥ 양기 양. ⑦ 봄 양(靑陽春). ⑧ 양지쪽 양(山南水北).

書體 小篆 陽 草書 ⅳ 中學 形聲

陽刻(양각 yángkè) 철형(凸形)으로 새김. 철조(凸彫). ↔ 음각(陰刻).

陽氣(양기 yángqì) ① 양(陽)의 기운. 만물이 움직이고 이제 바로 생기려는 기운. ② 맑고 환한 것. 변화한 것. ③ 시후(時候)·계절(季節). ④ 남자의 정기(精氣)와 성욕(性慾).

陽德(양덕 yángdé) 양(陽)의 덕(德). 만물을 생성 발육시키는 덕.

陽傘(양산 yángsǎn) 볕을 가리기 위하여 쓰는, 우산처럼 만든 물건.

陽春佳節(양춘가절 yángchūnjiājié) 따뜻한 봄의 절기.

陽春和氣(양춘화기 yángchūnhéqì) 봄의 따뜻하고 맑은 기운.

▶ 補陽(보양)·斜陽(사양)·夕陽(석양)·陰陽(음양)·陰陽五行(음양오행)·重陽(중양)·遮陽(차양)·春陽(춘양)·春陽木(춘양목)·太陽(태양)·曝陽(폭양).

阜 9획 ⑫ 隄 방죽 제

중 dī 일 テイ, つつみ
영 dike, bank

① 방죽 제(防). ② 언덕 제(岸). ③ 못 제(塘). ④ 돌다리 제(梁).

隄塘(제당 dītáng) 둑. 방천.

隄防(제방 dīfáng) 방천. 둑. 제방(堤坊).

隄扞(제한 dīhàn) 둑. 방천. 제장(隄障).

阜 9획 ⑫ 隅 모퉁이 우

중 yú 일 グウ, グ, すみ 영 corner

① 모퉁이 우(方). ② 모 우(廉稜). ③ 기슭 우(猶崖).

隅角(우각 yújiǎo) ① 모퉁이. 구석. ② 입체각(立體角).

隅坐(우좌 yúzuò) 구석에 앉음. 상대편과 가지런히 되지 않게 돌아앉음. 〈겸손의 뜻을 표함〉.

阜 9획 ⑫ 隆 높을/융성할 륭

隆 隆 隆 隆 隆 隆 隆 隆 隆

중 lóng 일 リュウ, さかん

헹 prosperous

① 성할 륭(盛). ② 높을 륭(尊). ③ 가운데 우뚝할 륭(物之中高). ④ 두둑할 륭(豊). ⑤ 클 륭(大). ⑥ 괘 이름 륭(雷師, 豊隆).

書體 小篆 隆 草書 隆 (高校) 形聲

隆起(융기 lóngqǐ) ① 높이 들어 올림. 높이 일어남. 높아짐. ② 성(盛)하게 일어남.

隆盛(융성 lóngshèng) 번영(繁榮)함. 힘이 성(盛)한 것.

隆崇(융숭 lóngchóng) 높음. 산이 높은 모양.

隆昌(융창 lóngchāng) ① 번영(繁榮)함. 성(盛)하게 됨. 융성(隆盛). ② 중국 남북조(南北朝) 시대(時代)의 제(齊)나라 울림왕(鬱林王)의 연호(年號).

隆治(융치 lóngzhì) 세상이 잘 다스려지는 것.

隆興(융흥 lóngxīng) ① 성(盛)하게 일어남. 사물이 성(盛)한 것. ② 《地》 땅 이름. 지금의 강서성(江西省) 남창현(南昌縣).

隊 떼/무리 대
阜 9 ⑫

隊 隊 隊 隊 隊 隊 隊 隊 隊

음 duì 일 タイ, スイ, くみ
영 company

떼 대, 무리 대(隊伍, 部也, 羣).

書體 小篆 隊 草書 隊 (高校) 形聲

隊列(대열 duìliè) 대(隊)를 지어 늘어선 행열. 정렬(整列). 열(列). 줄.

隊伍(대오 duìwǔ) 군대의 항오(行伍). 군대의 조직(組織). 〈伍는 오인조(五人組)〉.

隊員(대원 duìyuán) 대를 이끌고 있는 구성원.

隊長(대장 duìzhǎng) ① 군대의 장(長). ② 일대(一隊)의 우두머리.

▶ 啓蒙隊(계몽대)·鼓笛隊(고적대)·軍隊(군대)·歸隊(귀대)·發隊(발대)·部隊(부대)·守備隊(수비대)·樂隊(악대)·聯隊(연대)·原隊(원대)·遠征隊(원정대)·遊擊隊(유격대)·一列橫隊(일렬횡대)·入隊(입대)·自隊(자대)·除隊(제대)·縱隊(종대)·特攻隊(특공대)·編隊(편대)·砲隊(포대)·艦隊(함대).

隋 수나라 수
阜 9 ⑫

1 음 suí 일 ダ, おちる 영 fall
2 음 スイ, おちる

1 ① 떨어질 타(落). ② 고기 찢을 타(肉裂). 2 수나라 수(國號楊堅受對).

階 섬돌 계
阜 9 ⑫

階 階 階 階 階 階 階 階 階

음 jiē 일 カイ, はし, だん
영 stairs degree

① 섬돌 계(陛). ② 층뜰 계(登堂道). ③ 벼슬 차례 계(級). ④ 층 계(階梯差等). ⑤ 삼태성 계(三台星泰階).

書體 小篆 階 草書 階 (高校) 形聲

階除(계제 jiēchú) 계단. 층층대.
階梯(계제 jiētī) ① 사닥다리. 계단. ② 단서. 입문(入門).
階次(계차 jiēcì) 지위의 높고 낮음. 지위(地位)·품계(品階)·등급(等級)의 순서.

▶ 位階(위계)·層階(층계)·品階(품계).

隔 막을 격
阜 10 ⑬

隔 隔 隔 隔 隔 隔 隔 隔 隔

음 gé 일 カク, へだてる 영 block

① 막을 격, 막힐 격(塞也, 障). ② 멀 격(遠).

書體 小篆 隔 草書 (高校) 形聲

隔離(격리 gélí) ① 멀리 떨어지게 함. ② 전염병 환자를 떨어진 곳으로 옮겨 교통을 차단하고 병독의 전염을 막는 일.
隔隣(격린 gélín) 가까이 이웃함.
隔面(격면 gémiàn) 절교(絶交).
隔壁(격벽 gébì) 벽(壁) 사이의 거리. 아주 가깝다는 뜻.
隔塞(격색 gésāi) 멀리 떨어져 막힘.
隔世(격세 géshì) ① 시대가 멀어지는 것. ② 별세계(別世界).
隔世之感(격세지감 géshìzhīgǎn) 아주 바뀌어 딴 세상과 같은 느낌.

▶ 間隔(간격)·疏隔(소격)·遠隔(원격)·懸隔(현격).

阜 10 ⑬ 隕 떨어질 운:

1 yǔn イン, おちる fall down 2 エン

1 ① 떨어질 운(墜). ② 곤란할 운(隕穫困迫). 2 폭원 원(幅隕均).
隕命(운명 yǔnmìng) 죽음. 목숨을 잃음.
隕石(운석 yǔnshí) 땅에 떨어지는 유성(流星). 운성(隕星).

阜 10 ⑬ 隘 좁을 애

ài アイ, せまい narrow

1 ① 좁을 애(陜). ② 좁은 목정이 애(險塞). ③ 더러울 애(陋). ④ 막을 애(塞). 2 막힐 액(阻塞). [阨과 같음]
隘路(애로 àilù) ① 좁은 산과 산 사이의 길. ② 일을 할 때 그 성공을 방해하는 원인.

阜 10 ⑬ 隙 틈 극

xì ゲキ, すきま
gap, crack

① 틈 극(壁際孔). ② 날날 극(怨隙釁). ③ 틈탈 극(暇也閒).
隙孔(극공 xìkǒng) 틈. 틈새. 극하(隙罅).
隙地(극지 xìdì) 빈터. 공지(空地).

阜 11 ⑭ 際 즈음 제

jì サイ, まじわり
intercourse

① 가 제(邊). ② 어울릴 제, 모을 제(會也合). ③ 댈 제, 닿을 제(接). ④ 끝 제(極). ⑤ 만날 제(逢). ⑥ 사귈 제(交際).

書體 小篆 際 草書 (高校) 形聲

際涯(제애 jìyá) 끝. 한(限). 제한(際限).
際會(제회 jìhuì) ① 서로 만남. ② 임금과 신하가 뜻밖에 서로 맞남. 조우(遭遇).

▶ 交際(교제)·國際(국제)·實際(실제)·此際(차제).

阜 11 ⑭ 障 막힐/장애 장

zhàng ショウ, さえぎる
obstruct

① 막힐 장(隔). ② 가리울 장(保障). ③ 장지 장(屛障). ④ 가로막을 장(隔塞界).

書體 小篆 障 草書 (高校) 形聲

障壁(장벽 zhàngbì) 서로 격한 벽. 지경. 둘레. 요새. 보루. 보장(保障).
障礙(장애 zhàngài) 거리껴서 거치적거림. 장애(障碍).
障害(장해 zhànghài) 거리껴서 해가 되게 함. 또는 그 물건.

▶ 故障(고장)·綠內障(녹내장)·白內障(백내장)·保障(보장)·身體障碍(신체장애)·支障(지장)·天障(천장).

阜 12 ⑤ 隣 이웃 린

隣 隣 隣 隣 隣 隣 隣 隣

音 lín 日 リン, となり
영 neighbourhood

① 이웃 린(近). ② 이웃할 린(親比). ③ 도울 린(臣隣輔弼). ④ 수레 구르는 소리 린(車聲).

書體 小篆 𨻶 草書 㐭 高校 形聲

隣家(인가 línjiā) 이웃집. 인사(隣舍).
隣境(인경 línjìng) 인접한 지경.
隣交(인교 línjiāo) 이웃 간의 교제. 이웃과의 사교. 인호(隣好).
隣國(인국 línguó) 이웃 나라. 인방(隣邦).
隣近(인근 línjìn) 이웃.
隣保(인보 línbǎo) 이웃 간의 집. 또는 그 사람들. 〈보(保)는 5가(家)의 조직(組織)인 인오(隣伍)에 의하여 서로 보증(保證)하는 것〉.
隣誼(인의 línyì) 이웃 사이의 정의.
隣接(인접 línjiē) 이웃함. 접근(接近).
隣村(인촌 líncūn) 이웃하여 있는 마을.

▶ 近隣(근린)·善隣(선린).

阜 13 ⑯ 隨 따를 수

隨 隨 隨 隨 隨 隨 隨 隨

音 suí 日 スイ, したがう 영 follow

① 따를 수(從也順). ② 괘 이름 수(卦名). ③ 나라 이름 수(國名). ④ 맡길 수(任名).

書體 小篆 𨽾 草書 㐭 高校 形聲

隨時應變(수시응변 suíshíyīngbiàn) 때를 따라서 변하는대로 따름.
隨意(수의 suíyì) 생각대로, 마음대로. 구속과 제한이 없는 것.
隨筆(수필 suíbǐ) 견문(見聞)·예험(禮驗)·감상(感想) 등을 붓 가는대로 쓴 글. 만필(漫筆).

▶ 半身不隨(반신불수)·附隨(부수).

阜 13 ⑯ 險 험할 험:

險 險 險 險 險 險 險 險 險

音 xiǎn 日 ケン, けわしい
영 danger

① 험할 험(危也難). ② 간악할 험(邪也惡). 【嶮과 같음】

書體 小篆 險 草書 㐭 高校 形聲

險口(험구 xiǎnkǒu) ① 남의 흠을 들추어내어 헐뜯는 입. 또는 그런 사람. ② 걸핏하면 남에게 험상궂은 욕을 잘 퍼부어 대는 사람. 악구(惡口).
險相(험상 xiǎnxiàng) 험한 인상(人相). 험한 얼굴.
險惡(험악 xiǎn'è) ① 인심(人心)·천후(天候)·도로 등이 나쁘고 험함. ② 사물의 형세가 매우 나쁨.
險隘(험애 xiǎnài) 길이 험하고 좁음.
險峻(험준 xiǎnjùn) 험하고 높음. 험함. 험험(險峻). 준조(峻阻).

▶ 冒險(모험)·保險(보험)·危險千萬(위험천만)·陰險(음험)·探險(탐험).

隰 진펄 습

阜 14 ⑰

图 xí 回 シュウ, さわ 영 marshes
진펄 습(阪下濕也).

隰坰(습경 xíjiōng) 낮고 습기(濕氣) 많은 들. 〈숲의 밖을 坰이라고 함〉.
隰畔(습반 xípàn) 연못 가.
隰草(습초 xícǎo) 습지(隰地)에 자라는 풀.

隱 숨을 은

阜 14 ⑰

①-⑦ 图 yǐn 回 イン, かくれる
영 bide ⑧⑨ オン

① 숨을 은(藏). ② 은미할 은(微). ③ 아낄 은(私). ④ 숨길 은(隱諱蔽匿). ⑤ 속 걱정할 은(隱憂痛). ⑥ 불쌍히 여길 은(惻隱仁心). ⑦ 점칠 은(隱度占). ⑧ 의지할 은(隱几依). ⑨ 쌓을 은(築).

書體 小篆 隱 草書 [形] 高校 形聲

隱匿(은닉·은익 yǐnnì) ① 숨기 감추어버림. ② 숨은 악한 일.
隱遁(은둔·은둔 yǐndùn) 세상(世上)을 피해 숨음.
隱密(은밀 yǐnmì) ① 남 몰래 하는 것. ② 숨겨 비밀로 함.
隱喩(은유 yǐnyù) 비유법의 하나. 사물을 비유 또는 설명하는 데 있어, 본 뜻을 숨기고 겉으로는 다만 비유하는 형상만 내놓음. "미꾸라지 용 되었다." 따위.
隱忍自重(은인자중 yǐnrěnzìzhòng) 괴로움을 참고 몸가짐을 조심함.
隱跡(은적 yǐnjì) 자취를 감춤.

▶ 惻隱(측은).

阜 14

隶 部

미칠 이

隸 종 례

隶 8 ⑯

图 lì 回 レイ, しもべ 영 slave

① 종 례(僕隸賤稱). ② 붙이 례(配隸附屬). ③ 검열할 례(閱). ④ 팔분 례(書名篆之捷者).

書體 篆文 隸 草書 隸 高校 形聲

隸書(예서 lìshū) 한자 서체(書體)의 하나. 전서(篆書)의 자획(字畫)을 간략하게 고친 것. 진(秦)의 시황제(始皇帝) 때 정막(程邈)이 창시함. 한대(漢代)에 다시 고쳐 팔분(八分) 한례(漢隸)라 했으나 송대(宋代) 구양수(歐陽修)의 집고록(集古錄)에서 이를 예서(隸書)라 부르고 지금은 팔분(八分)이라 함.
隸屬(예속 lìshū) 붙어 따름. 지배하(支配下)에 있음. 또는 그 사람. 부하.

隹 部

새 추

隹 새 추

隹 0 ⑧

图 zhuī 回 スイ, とり
영 short-tailed bird

새 추.

隻 외짝 척

음 zhī 일 セキ, かたわれ 영 single
① 외짝 척(物單稱). ② 외 새 척(鳥一首). ③ 척 척(船艦數詞).

雀 참새 작

음 què, qiāo, qiǎo 일 ジャク, すずめ 영 sparrow
① 참새 작(依人小鳥). ② 귀리 작(雀麥燕麥). ③ 공작 작(鳥名孔雀).

雀舌(작설 quèshé) 차(茶)의 별칭. 〈차의 싹이 매우 부드럽기에 일컬음〉.
雀舌茶(작설차 quèshéchá) 새싹을 따서 만든 맛좋은 차.
雀躍(작약 quèyuè) 참새가 뛰어 나르는 것처럼 춤을 추며 기뻐함. 작립(雀立).

▶ 孔雀(공작)·雲雀(운작)·朱雀(주작).

雁 기러기 안:

음 yàn 일 ガン, かり 영 wild goose
기러기 안.【鴈과 같음】

雁足(안족 yànzú) 기러기발. 현악기(絃樂器)의 줄을 고르는 제구. 금휘(琴徽). 안주(雁柱).
雁柱(안주 yànzhù) 금주(琴柱). 기러기발. 거문고의 줄을 고르는 도구. 〈금주(琴柱)의 줄진 모양이 기러기의 줄진 모양과 비슷함에서 일컬음〉.
雁行(안항 yànxíng) ① 기러기가 줄을 지어 날아가는 것 ② 줄지어 가는 기러기처럼 조금씩 기울어 뒤처져가는 것.《轉》형제(兄弟). ③ 선두(先頭)에 서는 것.

雄 수컷 웅

음 xióng 일 ユウ, おす, まさる 영 male, brave
① 수컷 웅(雌雄羽屬之牡). ② 웅장할 웅(武稱). ③ 영웅 웅(英雄).

雄據(웅거 xióngjù) 어떤 땅에 자리잡고 굳세게 막아 지킴.
雄略(웅략 xiónglüè) 뛰어나게 훌륭한 계책. 웅대한 계획.
雄辯(웅변 xióngbiàn) 조리가 있고, 힘 있게 거침없이 잘 하는 말.
雄步(웅보 xióngbù) 씩씩한 걸음걸이. 의젓한 걸음.
雄飛(웅비 xióngfēi) ① 용감하게 날음. ② 형세가 성하게 활동함.
雄姿(웅자 xióngzī) 웅건한 모양. 용감한 모양.
雄雌(웅자 xióngcí) ① 수컷과 암컷. ② 승부(勝負).

▶ 群雄(군웅)·大雄寶殿(대웅보전)·大雄殿(대웅전)·英雄(영웅)·英雄譚(영웅담)·雌雄(자웅)·豪雄(호웅).

雅 맑을 아(:)

음 yǎ, yā 일 ア, ガ, ただしい 영 refined, polited
① 바를 아(正). ② 떳떳할 아(常). ③ 거동 아(開儀儀). ④ 맑을 아(儒雅素). ⑤ 악기 이름 아(樂器名).

雅客(아객 yǎkè) ① 풍류스러운 사람. 아사(雅士). ② 수선(水仙)의 별명(別名).

雅量(아량 yǎliàng) 마음의 도량(度量).

雅樂(아악 yǎyuè) ① 옛날 종묘(宗廟)·궁정(宮廷)에서 쓰던 고전(古典) 음악. ② 바른 음악.

雅趣(아취 yǎqù) 아담한 정취(情趣) 또는 취미.

雅兄(아형 yǎxiōng) 벗에 대한 존칭.

雅號(아호 yǎhào) 문인(文人)·학자(學者)·서화가(書畫家) 등이 본명(本名) 이외에 갖는 이름.

▶ 高雅(고아)·溫雅(온아)·優雅(우아)·典雅(전아)·淸雅(청아)·風雅(풍아).

集 모을 집

음 jí 일 シュウ, あつまる 영 gather

① 모을 집(聚也會). ② 나아갈 집(就). ③ 편안할 집(安). ④ 이룰 집(成). ⑤ 가지런할 집(齊). ⑥ 문집 집(經史子集諸書總要).

書體 小篆 或體 集草書 集 中學 會意

集大成(집대성 jídàchéng) 훌륭한 것을 모아 하나의 완전한 작품(作品)을 만듦. 또는 그 물건. 집성(集成).

集積(집적 jījī) 모아 쌓음. 또는 모이어 쌓임.

▶ 歌集(가집)·結集(결집)·群集(군집)·文集(문집)·選集(선집)·召集(소집)·蒐集(수집)·收集(수집)·詩集(시집)·雲集(운집)·全集(전집)·採集(채집)·叢集(총집)·聚集(취집).

雇 품팔 고

음 gù 일 コ, やとう 영 employ

① 뻐꾹새 호(九雇農桑候鳥). ② ① 더부살이 고, 머슴 고(雇賃傭). ② 품팔 고(雇傭, 傭員).

雇用(고용 gùyòng) 품삯을 주고 부림.

雇人(고인 gùrén) 부림을 받아 품팔이하는 사람. 머슴살이 하는 사람.

雇主(고주 gùzhǔ) 남을 고용하여 부리는 사람.

▶ 日雇(일고)·解雇(해고).

雉 꿩 치

음 zhì 일 チ, きじ 영 pheasant

① 꿩 치(野鷄). ② 폐백 치(雉性耿介士所摯). ③ 성뒷담 치(雉堞城五堵). ④ 목말 치(雉經縊).

雉鷄(치계 zhìjī) 꿩과 닭.

雌 암컷 자

음 cí 일 シ, めす 영 female

① 암컷 자(牝). ② 약할 자(弱). ③ 약이름 자(藥名雌黃).

雌雄(자웅 cíxióng) ① 암컷과 수컷. ② 우열(優劣)·승패(勝敗)의 뜻.

雌雄同株(자웅동주 cíxióngtóngzhū) 《植》 소나무·밤나무 따위와 같이 한 나무에 암꽃과 수꽃이 같이 달리는 나무. ↔자웅이주(雌雄異株).

雌雄異株(자웅이주 cíxióngyìzhū) 《植》 뽕나무와 은행나무 따위처럼, 암꽃과 수꽃이 서로 딴 나무에 있음. ↔ 자웅동주(雌雄同株).

▶ 雌雄(웅자).

雜 섞일 잡

【雜(佳부10획)의 속자】

雔 비록 수

【雖(隹부9획)와 같음】

雖 비록 수

雖 雖 雖 雖 雖 雖 雖 雖 雖

중 suī 일 スイ, いえども 영 even if
① 비록 수(設兩辭假令). ② 벌레 이름 수(蟲名).

書體 小篆 雖 草書 雖 中學 形聲

雙 쌍/둘 쌍

雙 雙 雙 雙 雙 雙 雙 雙 雙

중 shuāng 일 ソウ, そろい
영 pair, couple
① 둘 쌍, 쌍 쌍(鳥二枚). ② 짝 쌍(偶).
③ 한쌍 쌍(兩隻). ④ 짐승 이름 쌍(獸名雙雙).

書體 小篆 雙 草書 雙 高校 會意

雙劍(쌍검 shuāngjiàn) ① 쌍수검(雙手劍)의 약어. ② 18기(枝) 또는 24반무예(般武藝)의 하나.
雙肩(쌍견 shuāngjiān) ① 양쪽 어깨. 두 어깨. ② 자기의 부담 또는 책임. ③ 두 마리의 짐승. 〈肩은 나이 세 살 된 짐승〉.
雙曲線(쌍곡선 shuāngqūxiàn)《數》정점으로부터 평면상의 두 정점에의 거리의 차가 일정한 점을 잇는 곡선. 전혀 분리된 두 분지(分枝)로 되었음.
雙童(쌍동 shuāngtóng) 쌍동이. 쌍생아(雙生兒). 쌍자(雙子).
雙眼鏡(쌍안경 shuāngyǎnjìng)《物》두 개의 망원경의 광축(光軸)을 평행하게 나열하여 두 눈으로 동시에 멀리까지 확대하여 쉽게 바라볼 수 있게 한 광학기계.
雙胎(쌍태 shuāngtāi) 한 태 안에 태아가 둘 있음. 또는 그 두 태아.

▶ 雙化無雙(변화무쌍)·定慧雙修(정혜쌍수).

雛 새 새끼 추

중 chú 일 スウ, ひな 영 chick
① 새 새끼 추(鳥子). ② 새 이름 추(鳳屬鴟雛). ③ 병아리 추(鷄子). ④ 어린 아이 추(小兒).

雛鳳(추봉 chúfèng) 봉의 새끼.《喻》훌륭하게 뛰어난 자제(子弟). 봉추(鳳雛).
雛孫(추손 chúsūn) 어린 손자.

雜 섞일 잡

雜 雜 雜 雜 雜 雜 雜 雜 雜 雜

중 zá 일 ザツ, まじる
영 mixed, confused
섞일 잡, 섞을 잡(五彩相合參錯).

書體 小篆 雜 草書 雜 高校 形聲

雜歌(잡가 zágē) ① 속된 노래. ② 정악(正樂) 이외의 노래. ③《國》조선 말 평민들이 지어 창곡화(唱曲化)하여 부르던 노래. 지방에 따라 민요로 굳어졌음. 타령(打鈴).
雜念(잡념 zániàn) ① 주견(主見)이 없는 여러 모의 생각. 잡려(雜慮). ② 수업(修業)을 방해하는 여러 가지의 잡다(雜多)한 생각.
雜多(잡다 záduō) 여러 가지 모양의 물건이 번잡롭게 섞임.

▶ 亂雜(난잡)·煩雜(번잡)·複雜多岐(복잡다기)·複雜多端(복잡다단)·身邊雜記(신변잡기)·粗雜(조잡)·錯雜(착잡)·醜雜(추잡)·混雜(혼잡).

離 떠날 리:

lí / リ、はなれる / leave, separate

① 베풀 리(陳). ② 걸릴 리(麗). ③ 지날 리(歷). ④ 떠날 리(別). ⑤ 떠돌아다닐 리(流離散). ⑥ 아름다울 리(陸離美貌). ⑦ 둘 리(兩). ⑧ 반벙어리 리(侏離語不分明). ⑨ 외손 리(娣妹之孫日離孫). ⑩ 귀신 이름 리(神名長離). ⑪ 말 이름 리(馬名纖離). ⑫ 땅 이름 리(地名鐘離). ⑬ 풀 이름 리(草名江離). ⑭ 자리 뜰 리(去).

書體: 小篆 離 / 草書 離 / (高校) 象形

離陸(이륙 lìlù) 항공기(航空機) 등이 날려고 지면에서 떠오름. ↔ 착륙(着陸).
離散(이산 lísàn) 떨어져 흩어짐. 헤어져 떠남.
離乳(이유 lírǔ) 젖먹이에게 젖을 뗌. 젖떨어짐.
離婚(이혼 líhūn) 부부간의 인연을 끊음. 이연(離緣). 이리(離離).

▶ 距離(거리)·隔離(격리)·乖離(괴리)·亂離(난리)·別離(별리)·分離(분리)·愛別離苦(애별리고)·支離滅裂(지리멸렬)·直線距離(직선거리).

難 어려울 난(:)

1 ① ② nán ③–⑥ nàn / ダン、むずかしい / difficult
2 nuó / ナン

1 ① 어려울 난(艱難不易). ② 구슬 이름 난(珠名木難). ③ 근심 난(患). ④ 막을 난(阻). ⑤ 꾸짖을 난(責). ⑥ 힐난할 난(詰辨). **2** ① 성할 나(盛貌). ② 탈 나(國難大難).

書體: 小篆 難 或體 難 草書 難
(中學) 形聲

難堪(난감 nánkān) 견디어 내기가 어려움.
難攻不落(난공불락 nángōngbùluò) 치기 어려워 함락하지 못함.
難澁(난삽 nánsè) 어렵고 빡빡스러워 순조롭게 진행되지 못함.
難色(난색 nánsè) ① 난처한 기색(氣色). ② 싫어하는 얼굴 빛.
難兄難弟(난형난제 nánxiōngnándì) 누구를 형이라 아우라 하기 어렵다는 뜻. 《喻》두 사물의 낫고 못함을 분간하기 어려움.

▶ 艱難(간난)·經營難(경영난)·經濟難(경제난)·苦難(고난)·困難(곤란)·交通難(교통난)·國難(국난)·論難(논란)·多難(다난)·盜難(도난)·猛非難(맹비난)·無難(무난)·非難(비난)·生活難(생활난)·受難(수난)·食糧難(식량난)·甚難(심난)·運營難(운영난)·人力難(인력난)·資金難(자금난)·災難(재난)·財政難(재정난)·遭難(조난)·衆口難防(중구난방)·至難(지난)·進退兩難(진퇴양난)·就業難(취업난)·避難(피난)·海難(해난)·行эээ知難(행이지난)·險難(험난)·火難(화난)·禍難(화난)·患難(환난)·換難(환난)·患難相恤(환난상휼).

雨 部
비 우

雨 비우:

yǔ, yù / ウ、あめ / rain

① 비 우(水蒸爲雲降爲雨). ② 비올 우

走邑酉采里 8획 金長門阜隶隹雨靑非

(自上而下).

書體: 小篆 雨 / 古文 䨞 / 草書 㲾 / 中學 / 象形

雨過天晴(우과천청 yǔguòtiānqíng) 비가 그치고 날씨가 개어 맑음.

雨露之澤(우로지택 yǔlùzhīzé) ① 넓고 큰 임금의 은혜. ② 비와 이슬의 혜택.

雨順風調(우순풍조 yǔshùnfēngdiào) 바람 불고 비 오는 것이 때와 분량이 알맞음. 오풍십우(五風十雨).

雨天順延(우천순연 yǔtiānshùnyán) 회합 등을 미리 정한 날에 비가 오면 그 다음 날로 차례로 연기하는 일.

雨後竹筍(우후죽순 yǔhòuzhúsǔn) 비 온 뒤에 솟는 죽순. 《喩》 어떤 일이 한 때에 많이 일어남을 비유하는 말.

▶ 甘雨(감우)·降雨(강우)·穀雨(곡우)·祈雨祭(기우제)·梅雨(매우)·冒雨(모우)·暮雨(모우)·雲雨之情(운우지정)·紙雨傘(지우산)·翠雨(취우)·測雨(측우)·暴雨(폭우)·風雨(풍우)·寒雨(한우)·核雨傘(핵우산)·豪雨(호우).

雨 3 ⑪ 雪 눈 설

雪雪雪雪雪雪雪雪雪

㉿ xuě, xuè ㉥ セツ, ゆき ㉤ snow

① 눈 설(陰凝爲雪六出花). ② 씻을 설(雪恥, 洗).

書體: 小篆 䨮 / 草書 㲱 / 中學 / 象形

雪泥鴻爪(설니홍조 xuěníhóngzhǎo) 눈위의 기러기의 발자국이 눈이 녹으면 없어짐. 《喩》 인생의 무상(無常)한 자취는 흔적이 없음.

雪膚花容(설부화용 xuěfūhuāróng) 눈같이 흰 살결과 꽃같이 아름다운 얼굴.

雪上加霜(설상가상 xuěshàngjiāshuāng) 눈 위에 서리가 덮침. 《喩》 불행(不幸)한 일이 연거푸 겹쳐 일어남.

雪辱(설욕 xuěrǔ) 부끄러움을 씻음.

▶ 角雪糖(각설탕)·白雪(백설)·北風寒雪(북풍한설)·嚴冬寒雪(엄동설한)·殘雪(잔설)·積雪(적설)·除雪(제설)·暴雪(폭설).

雨 4 ⑫ 雰 눈날릴 분

㉿ fēn ㉥ フン, きり ㉤ fog, mist

① 안개 분(霧). ② 눈 펄펄 날릴 분(雰雰雪貌). ③ 상서로운 기운 분(瑞氣).
【氛과 같음】

雰圍氣(분위기 fēnwéiqì) ① 지구를 싸고 있는 대기(大氣). ② 주위에 떠도는 일반적인 기분.

雰虹(분홍 fēnhóng) 무지개.

雨 4 ⑫ 雲 구름 운

雲雲雲雲雲雲雲雲雲

㉿ yún ㉥ ウン, くも ㉤ cloud

① 구름 운(山川氣陰陽聚). ② 은하수 운(雲漢). ③ 팔대 손 운(八代孫曰雲孫). ④ 하늘 운(天也靑雲).

書體: 小篆 雲 / 古文 云 / 草書 雲 / 中學 / 形聲

雲捲天晴(운권천청 yúnjuǎntiānqíng) 구름이 걷히고 하늘이 맑게 갬. 《喩》 병이나 근심이 씻은 듯이 없어짐의 비유.

雲泥之差(운니지차 yúnnízhīchā) 서로의 차이가 심함을 일컫는 말.

雲龍風虎(운룡풍호 yúnlóngfēnghǔ) 용(龍)은 구름을 좇고 범은 바람을 따름. 《喩》 ㉠ 의기와 기질이 서로 맞음. ㉡ 성주(聖主)가 현신(賢臣)을 얻음.

雲消霧散(운소무산 yúnxiāowùsǎn)

구름처럼 사라지고 안개처럼 흩어짐. 《喩》자취 없이 사라짐. 운산무소(雲散霧消).

雲集霧散(운집무산 yúnjíwùsàn) 구름처럼 모이고 안개처럼 흩어짐. 《喩》별안간 많은 것이 모이고 흩어짐.

雲合霧集(운합무집 yúnhéwùjí) 구름처럼 합하고 안개처럼 모임. 어느 때든지 많이 모임의 형용. 운집(雲集).

▶ 卷層雲(권층운)·暮雲(모운)·白雲(백운)·星雲(성운)·暗雲(암운)·紫雲(자운)·積雲(적운)·靑雲(청운)·層雲(층운)·風雲兒(풍운아).

零 떨어질 령

零零零零零零零零零零

1 ③④⑬ líng 일 レイ, れい
영 odd, zero
2 lián 일 レン, はした

1 ①비 뚝뚝 떨어질 **령**(雨餘落). ②셈 나머지 **령**(畸零數餘). ③부서질 **령**(碎). ④떨어질 **령**(落). **2** 오랑캐 이름 **련**.

書體 小篆 零 草書 零 (高校) 形聲

零度(영도 língdù) 도수(度數)를 잴 때에 기점(基點)으로 하는 도(度).

零落(영락 língluò) ①풀과 나무가 말라 시들어 떨어짐. 조락(凋落). ②떨어져 흩어짐. 쓸쓸함. ③죽음. ④떨어져 폐(廢)함. 몰락(沒落).

零細(영세 língxì) 극히 작고 가늘어 변변하지 않음.

零下(영하 língxià) 한난계(寒暖計)의 빙점 이하.

雷 우레 뢰

雷雷雷雷雷雷雷雷雷雷

중 léi 일 ライ, かみなり
영 thunder

①천동 **뢰**, 우레 **뢰**(陰陽薄動聲). ②조화신 **뢰**(造化神黔雷). ③북 이름 **뢰**(鼓名雷鼓). ④남따라 소리지를 **뢰**(附和雷同).

書體 小篆 雷 大篆 雷 草書 雷 (高校) 形聲

雷同(뇌동 léitóng) 시비의 분별이 없이 함부로 말에 동의함.

▶ 機雷(기뢰)·落雷(낙뢰)·水雷(수뢰)·迅雷(신뢰)·魚雷(어뢰)·地雷(지뢰)·避雷(피뢰).

雹 우박 박

중 báo 일 ハク, ひよう 영 hail
우박 **박**, 누리 **박**(雨冰).

電 번개 전:

電電電電電電電電電電

중 diàn 일 テン, いなびかり
영 lightning

①번개 **전**(震電陰陽激耀). ②전기 **전**(電氣). ③번쩍할 **전**(電光).

書體 小篆 電 草書 電 (中學) 會意

電擊(전격 diànjī) ①번개처럼 급히 공격함. ②인체에 감전(感電)된 충격(衝擊).

電光石火(전광석화 diànguāngshíhuǒ) 번갯불과, 돌을 쳐서 번쩍하는 불. 《喩》매우 빠름. 시간이 극히 짧음을 일컬음.

電壓(전압 diànyā) 《物》전장(電場) 또는 도체내(導體內)의 두 점간의 전위(電位)의 차(差). 실용단위(實用單位)는 볼트(volt).

▶感電(감전)·急電(급전)·雷電(뇌전)·漏電(누전)·放電(방전)·送電(송전)·停電(정전)·蓄電(축전)·打電(타전).

需 쓰일/쓸 수

雨 6 (14)

需需需需需需需需需需

음 xū 일 ジュ, もとめる
영 demand, request

① 음식 수(食). ② 머뭇거릴 수(需待遲疑). ③ 기다릴 수(須). ④ 찾을 수(索). ⑤ 괘 이름 수(卦名). ⑥ 쓸 수(需要).

書體 小篆 需 草書 㐮 高校 會意

需給(수급 xūjǐ) 수요(需要)와 공급(供給).
需要(수요 xūyào) ① 필요해서 얻고자 함. ②《經》재화(財貨)에 대하여 가지는 욕망(欲望).
需要供給(수요공급 xūyàogōnggěi) 필요해서 얻고자 함에 응하여 대어 줌.
需用(수용 xūyòng) 구(求)하여 씀. 또는 그 물건.

▶軍需(군수)·民需(민수)·特需(특수)·必需(필수)·婚需(혼수).

霄 하늘 소

雨 7 (15)

음 xiāo 일 ショウ, そら 영 sky

① 하늘 소(雲霄天氣). ② 진눈깨비 소(雨覚).

霄壤(소양 xiāorǎng) 하늘과 땅.《喩》매우 차이(差異)가 큼.
霄壤之判(소양지판 xiāorǎngzhīpàn)《喩》두 사물이 하늘과 땅과 같이 차이가 엄청남. 천양지판(天壤之判). 천양지간(天壤之間).
霄漢(소한 xiāohàn) 창공(蒼空).

震 벼락 진

雨 7 (15)

震震震震震震震震震震

음 zhèn 일 シン, いなずま
영 thunder

① 벼락 진(雷). ② 진동할 진(動). ③ 위엄 진(威). ④ 두려울 진(懼). ⑤ 괘 이름 진(卦名). ⑥ 지진 진(震災).

書體 小篆 震 草書 震 高校 形聲

震撼(진감 zhènhàn) 울려서 흔들림.
震驚(진경 zhènjīng) 떨며 놀람.
震恐(진공 zhènkǒng) 떨며 두려워함.
震懼(진구 zhènjù) 떨며 두려워함.
震怒(진노 zhènnù) 임금의 노여움.
震檀(진단 zhèntán) 우리나라의 이칭.
震動(진동 zhèndòng) 흔들려 움직임.
震源地(진원지 zhènyuándì) 지각(地殼) 내부에 있는 지진 진동의 발생점.
震天動地(진천동지 zhèntiāndòngdì) 음향(音響) 같은 것이 하늘을 진동하게 하고 땅을 흔듦.《喩》세력이나 위엄이 천하에 떨침.

▶餘震(여진)·地震(지진).

霑 젖을 점

雨 8 (16)

음 zhān 일 テン, うるおう
영 get wet

① 젖을 점(濕也, 濡). ② 비 지정거릴 점, 비 적실 점(雨淋).

霑潤(점윤 zhānrùn) 젖음. 땀이나 물기가 배어 번짐.
霑被(점피 zhānbèi) ① 젖음. 물기나 땀이 물건에 뱀. ② 은혜를 베풂 또는 입음.
霑汗(점한 zhānhàn) 땀이 뱀. 또는 젖음.

▶均霑(균점).

霖 장마 림

음 lín 일 リン, ながあめ
영 long rain

① 장마 **림**(久雨不止). ② 단비 **림**(甘霖時雨).

霖雨(임우 línyǔ) 장마비. 음우(淫雨).

▶ 長霖(장림).

霜 서리 상

음 shuāng 일 ソウ, ショウ, しも
영 hoar-frost

① 서리 **상**(露凝). ② 해지낼 **상**(星霜歷年). ③ 흰털 **상**(白髮). ④ 엄할 **상**(至嚴秋霜).

書體 小篆 霜 草書 霜 (中學) 形聲

霜降(상강 shuāngjiàng) ① 24절후의 하나. 양력 10월 22·23일경. ② 서리가 내림.
霜菊(상국 shuāngjú) 서리가 내릴 때에 핀 국화 꽃.
霜露(상로 shuānglù) 서리와 이슬.
霜雪(상설 shuāngxuě) 서리와 눈. 《喩》서리와 눈처럼 결백함.
霜異(상이 shuāngyì) ① 철 아닌 때에 내린 서리. ② 상재(霜災).
霜楓(상풍 shuāngfēng) 서리가 내리어 붉게 된 단풍잎.

▶ 砒霜(비상)·雪上加霜(설상가상)·秋霜(추상)·風霜(풍상).

霞 노을 하

음 xiá 일 カ, かすみ 영 glow

① 노을 **하**(日旁形雲). ② 멀 **하**(遐).
霞光(하광 xiáguāng) 아침저녁의 노을. 또는 그 빛.
霞彩(하채 xiácǎi) 아침·저녁노을. 아름다운 색채(色彩).

▶ 朝霞(조하).

霧 안개 무:

음 wù 일 ム, ブ, きり 영 fog

① 안개 **무**(地氣發天下應而成). ② 안개 자욱할 **무**(氛霧).

書體 小篆 霧 草書 霧 (高校) 形聲

霧散(무산 wùsǎn) ① 안개가 개임. ② 안개가 개이는 것처럼 자취 없이 흩어짐.

▶ 輻射霧(복사무)·噴霧(분무)·五里霧中(오리무중)·雲霧(운무).

霰 싸락눈 산

음 xiàn, sǎn 일 セン, サン, あられ
영 hail

① 싸락눈 **산**(粒雪). ② 별 **산**(星).
霰雹(산박 xiànbáo) 싸락눈과 우박.
霰散(산산 xiànsǎn) 싸락눈처럼 흩어짐.
霰雪(산설 xiànxuě) 빗방울이 땅에 가까워 온 다음 갑자기 응결(凝結)된 것. 진눈깨비.
霰彈(산탄 xiàntán) 발사(發射)한 탄환(彈丸)이 흩어지면, 그 속에 재운 탄자(彈子)가 폭발(爆發)하여 우박처럼 흩어지는 탄환(彈丸).

露 이슬 로(:)

음 lù, lòu 일 つゆ 영 dew, open

① 이슬 로(陰之液霜之始). ② 이슬 줄 로(雨露膏澤). ③ 드러낼 로(羸). ④ 드러낼 로(暴露彰也現). ⑤ 나라 이름 로(國名露西亞).

書體 小篆 露 草書 露 中學 形聲

露骨(노골 lòugǔ) ① 조금도 가식이 없이 있는 그대로 숨김없이 드러냄. ② 뼈가 드러남.
露面(노면 lòumiàn) 얼굴을 드러냄.
露盤(노반 lùpán) ① 승로반(承露盤)의 약어. ②《佛》탑의 구륜(九輪)의 최하부에 있는 네모 난 반(盤).
露積(노적 lùjī) 지붕이 없는 곳에 물건을 쌓아 둠.
露呈(노정 lùchéng) 어떤 일이나 사실을 드러냄.
露地栽培(노지재배 lùdìzāipéi) 보통 밭이나 화단에 꽃이나 채소 따위를 심음. ↔ 온실재배(溫室栽培).

▶ 甘露(감로)·白露(백로)·霜露(상로)·玉露(옥로)·雨露(우로)·朝露(조로)·草露(초로)·暴露(폭로)·風露(풍로).

霸 으뜸 패ː

雨 13 획

1 중 bà 일 ハ, はたがしら 영 supreme ruler 2 중 pò 일 ハク, はたがしら

1 ① 으뜸 패(霸業把持諸侯之權). ② 패왕 패(以武道治天下者). 2 달력 백(月始生霸霸然朔死霸望生霸).
霸功(패공 bàgōng) 패자(霸者)가 되는 공훈.
霸權(패권 bàquán) 패자(霸者)의 권리. 승자(勝者)의 권력.
霸氣(패기 bàqì) ① 패자(霸者)가 되는 의기. 또는 제패(制霸)할 수 있는 기상(氣象). ② 야심(野心). 야망(野望).
霸道(패도 bàdào) 패자(霸者)의 길. 무력에 의해서 천하를 통일하는 길. ↔ 왕도(王道).
霸王(패왕 bàwáng) ① 패자(霸者)와 왕자(王者). 패도(霸道)와 왕도(王道). ② 제후의 우두머리.
霸者(패자 bàzhě) ① 제후의 우두머리. ② 가장 힘이 강한 사람. 최우승자(最優勝者).

▶ 王霸(왕패)·爭霸(쟁패)·制霸(제패).

霹 벼락 벽

雨 13 획

중 pī 일 ヘキ, かみなり
영 thunder-clap

벼락 벽(霹靂迅雷).
霹靂(벽력 pīlì) ① 벼락. 공중에 있는 전기가 땅 위에 있는 물체(物體)의 방전작용(放電作用)으로 일어나는 현상(現象). ② 낙뢰(落雷)함.

▶ 靑天霹靂(청천벽력).

霽 갤 제ː

雨 14 획

중 jì 일 セイ, はれる 영 clear up

개일 제(雨止).
霽月(제월 jìyuè) 비가 그치고 개인 하늘에 뜬 달.
霽月光風(제월광풍 jìyuèguāngfēng) 도량이 넓고 시원함.
霽威(제위 jìwēi) 노기가 풀림. 기분이 상쾌하게 됨.
霽天(제천 jìtiān) 조금도 흐림 없이 깨끗이 갠 하늘.

靂 벼락 력

雨 16 획

중 lì 일 レキ, かみなり
영 thunder-clap

벼락 력, 벽력 력(霹靂迅雷).

靈 신령 령

靈靈靈靈靈靈靈靈靈靈

- 중 líng 일 レイ, リョウ, たましい
- 영 spirit, divine

① 신령 령(神). ② 혼백 령(魂魄). ③ 좋을 령(善). ④ 신통할 령(神之精明). ⑤ 괼 령(寵).

書體 小篆 靈 或體 靈 草書 靈 (高校) 形聲

靈感(영감 línggǎn) ① 신불(神佛)의 영묘(靈妙)스러운 감응(感應). ② 심령(心靈)의 미묘한 작용으로 얻어지는 감정.

靈山(영산 língshān) ① 진기하게 뛰어난 산.신령이 산다는 산. ② 도가(道家)에서 말하는 산의 별명. ③ 《佛》영취산(靈鷲山)의 약어.

靈驗(영험 língyàn) 사람의 기원(祈願)에 대한 신불(神佛)의 영묘(靈妙)한 감응(感應).

靈魂(영혼 línghún) ① 혼(魂). 영(靈). ② 육체 이외에 따로 존재한다고 생각되는 정신의 근원.

▶ 亡靈(망령)·妄靈(망령)·聖靈(성령)·幽靈(유령)·魂靈(혼령).

靑部

푸를 **청**

靑 푸를 청

靑靑靑靑靑靑靑靑

- 중 qīng 일 セイ, ショウ, あおい
- 영 blue

① 푸를 **청**(東方木色). ② 대껍질 **청**(竹皮). ③ 죽력 **청**(汗青殺青簡書). ④ 젊을 **청**(青年).

書體 小篆 靑 草書 靑 (中學) 形聲

靑丘(청구 qīngqiū) 중국에서 한국(韓國)을 일컫는 말. 〈청(靑)은 동쪽〉. 청구(靑邱).

靑根(청근 qīnggēn)《植》무.

靑藍(청람 qīnglán) ① 제자가 스승보다 뛰어남. 출람(出藍). ②《化》쪽의 잎에 들어있는 천연적인 색소. 물과 알칼리에 용해되지 않는 푸른 가루로 감색(紺色)의 물감으로 씀.

靑龍(청룡 qīnglóng) ① 푸른 용(龍). ② 사신(四神)의 하나로 동방을 지키는 신(神). ③《動》갯가재의 별명. 하고과(蝦蛄科)에 속하는 절족동물(節足動物).

靑碧(청벽 qīngbì) 푸른 옥(玉)의 색(色).

靑史(청사 qīngshǐ) 역사서적(歷史書籍). 〈옛날 종이가 없었던 시대에 대[竹]의 청피(青皮)에 기록한 데에서 유래함〉.

靑孀寡婦(청상과부 qīngshuāngguǎfù) 나이가 젊었을 때 남편을 여읜 여자. 곧 아주 젊었을 때부터의 과부.

靑松(청송 qīngsōng) 푸른 솔.

靑眼(청안 qīngyǎn) ① 친한 사람을 대할 때의 안구(眼球).《故》진(晉)의 원적(阮籍)이 자기와 가까운 사람은 청안(青眼)으로 맞이하고 거만한 사람을 보면 백안(白眼)으로 맞이하였다 함. ② 안구(眼球)가 푸름. 서양 사람의 눈.

靑雲客(청운객 qīngyúnkè) ① 청운의 뜻을 품은 사람. ② 높은 벼슬에 오른 사람.

靑瓷(청자 qīngcí) 고려 때 만든 푸른 빛깔의 자기. 송나라 청자를 본떴다 함. 청자(靑磁).

靑天白日(청천백일 qīngtiānbáirì) ①

청명한 하늘의 밝은 날. ② 마음씨가 음침하지 않고 명백함.
靑天霹靂(청천벽력 qīngtiānpīlì) 맑게 갠 하늘에 벼락치는 것. 《轉》돌연의 사태. 돌연한 변화.
靑華瓷器(청화자기 qīnghuácíqì) 흰 바탕에 푸른 빛깔로 그림을 그린 자기. 청화백자(靑華白瓷). 청화백지(靑華白地). 청화백사기(靑華白沙器).

▶ 紺靑(감청)·群靑(군청)·綠靑(녹청)·丹靑(단청)·淡靑(담청)·深靑(심청).

靑 푸를 청

【靑(청부0획)과 같음】

靖 편안할 정(ː)

음 jìng 일 セイ, やすらか 영 pacify
① 꾀할 정(謀). ② 다스릴 정(理). ③ 화할 정(和). ④ 편안할 정(安). ⑤ 생각할 정(思). 【靜과 통함】
靖匡(정광 jìngkuāng) 천하를 편안하게 바로잡음.
靖國(정국 jìngguó) 나라를 편안하게 다스림.
靖亂(정란 jìngluàn) 천하의 어지러움을 진정시킴.

靜 고요할 정

음 jìng 일 セイ, ジョウ, しずか 영 still, quiet
① 고요할 정, 조용할 정(動之對). ② 꾀할 정(謀). ③ 편안할 정(安). ④ 쉴 정(息). ⑤ 쓸쓸할 정(寂).

書體 小篆 / 草書 / 中學 形聲

靜觀(정관 jìngguān) 조용히 사물을 관찰함. 주위의 정세(情勢)의 변화에 따라서 움직이지 아니하고 조용히 사태의 추이(推移)를 바라봄.
靜養(정양 jìngyǎng) 심신을 침착하게 하여 병을 요양함.
靜態(정태 jìngtài) 정지하여 있는 상태. 조용한 모양.

▶ 動靜(동정)·安靜(안정)·平靜(평정).

非 部

아닐 비

非 아닐 비(ː)

非 非 非 非 非 非 非 非

음 fēi 일 ヒ, あらず, そむく 영 not, non
① 아닐 비(不是). ② 나무랄 비(皆). 어길 비(違). ④ 그를 비(不正). ⑤ 없을 비(無). ⑥ 몹쓸 비(惡).

書體 小篆 / 草書 / 中學 象形

非公開(비공개 fēigōngkāi) 여러 사람에게 공개하지 않음.
非金屬(비금속 fēijīnshǔ) 금속 원소로 되지 않은 물질.
非難(비난 fēinàn) ① 남의 잘못을 험담함. ② 욕을 함. 비방함. 비난(批難).
非禮(비례 fēilǐ) 예의에 어긋남. 무례(無禮).
非理(비리 fēilǐ) 도리에 맞지 않음. 비도(非道).
非賣品(비매품 fēimàipǐn) 일반 사람에게 팔지 아니하는 물품.
非命橫死(비명횡사 fēimìnghèngsǐ)

뜻밖의 재앙으로 제 명대로 못 살고 죽음.

非夢似夢(비몽사몽 fēimèngsìmèng) 꿈인지 생시인지 어렴풋한 상태. 사몽비몽(似夢非夢).

非常(비상 fēicháng) ① 보통이 아님. 비범(非凡). ② 정상적인 상태가 아닌 것. 뜻밖의 일. 사변(事變), 급변(急變). ③《佛》무상(無常). 항상 변하는 것.

非運(비운 fēiyùn) 불행(不幸).

非違(비위 fēiwéi) 법에 어긋남. 도리에 어긋남.

非現實的(비현실적 fēixiànshíde) 현실적이 아닌 것. 공상적인 것.

非一非再(비일비제 fēiyīfēizài) ① 한두 번이 아님. ② 하나 둘이 아님. 수두룩함.

非訾(비자 fēizǐ) 비방함. 험담함.

非才(비재 fēicái) ① 재능이 없음. 변변하지 못한 재능. ② 자기의 겸칭(謙稱).

非興(비흥 fēixīng) ① 흥미가 없음. 불흥(不興). ② 천박함. 경박함.

▶ 猛非難(맹비난)·似而非(사이비)·是非(시비)·是非之心(시비지심)·離邊非中(이변비중)·超非常(초비상).

非 11 ⑲ 靡 쓰러질 미

①-⑥ ⓟ mí ⓙ ヒ, なびく
ⓔ sweep over ⑦-⑩ ⓟ mí ⓙ ヒ

① 없을 미(無). ② 사치할 미(侈靡奢麗). ③ 어여쁠 미(靡曼美色). ④ 쓰러질 미(披靡偃). ⑤ 붙좇을 미(靡順隨). ⑥ 벌을 미(施靡連延貌). ⑦ 흐트러질 미(散). ⑧ 얽을 미(繫). ⑨ 썩을 미(爛也, 滅). ⑩ 허비할 미(靡費損).

靡麗(미려 mílí) ① 화려하고 사치스러움. 화치(華侈). ② 매우 아름다움. 화려하고 아름다움. 미화(美華).

靡敝(미폐 míchǎng) 쇠하여 피곤함. 쇠잔해짐. 파폐(罷弊).

▶ 風靡(풍미).

面 部
낯 면

面 ⑨ ⓞ 낯 면:

面面面面面面面面面

ⓟ miàn ⓙ メン, ベン, おもて
ⓔ surface, face

① 얼굴 면, 낯 면(顏). ② 향할 면(向). ③ 앞 면(前). ④ 보일 면(見). ⑤ 방위 면(方面當四方之一). ⑥ 겉 면(表也, 外). ⑦ 면 면(行政區劃之一).

書體 小篆 圙 草書 面 中學 象形

面貌(면모 miànmào) 얼굴 모양. 면용(面容).

面目(면목 miànmù) ① 얼굴. ② 얼굴의 생김새. ③ 모양. ④ 남을 대하는 얼굴.

面駁(면박 miànbó) 면전(面前)에서 논박(論駁)함.

面紗布(면사포 miànshābù) 결혼식 때에 신부가 머리에 쓰고 땅에 질질 끌리도록 길게 늘이는 흰 빛의 사(紗).

面叱(면질 miànchì) 바로 맞대놓고 꾸짖음.

▶ 假面(가면)·鏡面(경면)·界面調(계면조)·舊面知己(구면지기)·鬼面(귀면)·急斜面(급사면)·基底面(기저면)·路面(노면)·多面(다면)·多方面(다방면)·斷面(단면)·當面(당면)·圖面(도면)·得意滿面(득의만면)·文化面(문화면)·物心兩面(물심양면)·反面教師(반면교사)·方面(방면)·背面(배면)·白面書生(백면서생)·壁面(벽면)·覆面(복면)·斜面(사면)·社會面(사회면)·相面

(상면)·生面不知(생면부지)·西面(서면)·洗面(세면)·水面(수면)·水平面(수평면)·額面(액면)·兩面(양면)·延面積(연면적)·緩曲面(완곡면)·緩斜面(완사면)·外曲面(외면)·裏面(이면)·場面(장면)·底面(저면)·外面(외면)·前面(전면)·全面戰(전면전)·接觸面(접촉면)·正面(정면)·正面衝突(정면충돌)·地面(지면)·紙面(지면)·誌面(지면)·地表面(지표면)·直面(직면)·眞面目(진면목)·鐵面皮(철면피)·體面(체면)·側面(측면)·七面鳥(칠면조)·他面(타면)·平面(평면)·表面(표면)·表面積(표면적)·下水面(하수면)·海面(해면)·海水面(해수면)·畫面(화면).

革 部

가죽 혁

革 가죽 혁

革革革革革革革革

1 중 gé 일 カク, かわ 영 hides
2 중 jí 일 キョク 영 leather

1 ① 가죽 혁(去毛生皮). ② 고칠 혁(改). ③ 날개 벌릴 혁(翼). ④ 갑주 혁(金革甲冑). ⑤ 가죽바 혁(轡首). 2 병급할 극(兵革急).

書體 小篆 革 古文 革 草書 革 中學 象形

革命(혁명) géming ① 이전의 왕통(王統)을 뒤집고 다른 왕통(王統)이 대신하여 통치자(統治者)가 되는 일. 또는 한 계급으로부터 비합법적(非合法的) 수단에 의하여 현정치권력(現政治權力)을 빼앗고, 국체(國體) 또는 정체(政體)를 변혁하는 일. ② 12지(支)의 오해(午亥)가 든 해. ③ 어떤 상태가 급격하게 발전·변동하는 일. ④ 신유년(辛酉年)의 이칭. 점술가(占術家)에서 하는 말로 이 해에는 변란(變亂)이 많다고 함.

革新(혁신) géxīn 묵은 풍속(風俗)·습관(習慣)·조직(組織)·방법(方法) 등을 바꾸어 새롭게 하는 일. 개혁(改革)하여 새롭게 함.

革罷(혁파) gébà 폐지(廢止).

革鞭(혁편) gébiān 가죽으로 만든 채찍.

▶ 改革(개혁)·大變革(대변혁)·大革命(대혁명)·民主改革(민주개혁)·變革(변혁)·保革(보혁)·易姓革命(역성혁명).

靭 질길 인

중 rèn 일 ジン, しなやか
영 durable

질길 인(堅柔難斷).

靴 신 화

중 xuē 일 カ, くつ 영 footgear

① 신 화, 목화 화(鞾屬履). ② 양화 화(洋靴). 【鞾와 같음】

靴工(화공) xuēgōng 양화를 짓는 직공.

▶ 軍靴(군화)·短靴(단화)·木靴(목화)·洋靴(양화)·長靴(장화).

靷 가슴걸이 인

중 yǐn 일 イン, ひきづな 영 cinch

가슴걸이 인(駕牛馬具在胃引車軸).

靷性(인성) yǐnxìng 《物》한 쪽을 분리시키고자 하는 데 저항하는 고체의 성질.

靺 말갈(靺鞨) 말

중 mò 일 マツ, あかひも
영 red string

① 붉은 끈 **말**(䋈韎). ② 나라 이름 **말**(國名韎鞨).

韎鞨(말갈 mòhé) ①《歷》만주(滿洲) 동북 지방에 있던 퉁구스계(系)의 일족. ② 말갈(韎鞨)에서 생산되는 보석.

鞋 신 혜

革6⑮

음 xié 일 アイ、ケイ、くつ 영 shoes

가죽신 **혜**(革履).

鞋襪(혜말 xiéwà) 신과 버선.
鞋底(혜저 xiédǐ) 신 바닥. 발 밑.
鞋廛(혜전 xiéchán) 신을 파는 상점.

鞍 안장 안:

革6⑮

음 ān 일 アン、くら 영 saddle

안장 **안**(馬鞍具).

鞍匣(안갑 ānxiá) 안장 위를 덮는 형겊.
鞍具(안구 ānjù) 말안장에 딸린 여러 가지 기구.
鞍馬之勞(안마지로 ānmǎzhīláo) 먼 길을 달려가는 수고로움.
鞍轡(안비 ānpèi) 안장과 고삐.
鞍裝(안장 ānzhuāng) 말의 등에 얹어서 사람이 탈 수 있게 가죽으로 만든 제구.
鞍銜(안함 ānxián) 안장과 재갈.

鞏 굳을 공

革6⑮

음 gǒng 일 キョウ、かたい 영 firm, stable

① 가죽테 **공**(以皮束物). ② 굳을 **공**(固). ③ 나라 이름 **공**(國名鞏關). ④ 오랑캐 이름 **공**(羌名煎鞏). ⑤ 고을 이름 **공**(州名).

鞏固(공고 gǒnggù) 견고(堅固)하고 튼튼함. 확고(確固)하여 움직이지 않음. 견고(堅固).

鞠 성(姓)/국문할 국

革8⑰

음 jū 일 キク、やしなう 영 breed

① 기를 **국**, 칠 **국**(養). ② 고할 **국**(告). ③ 구부릴 **국**(鞠曲). ④ 어린아이 **국**(鞠子稚). ⑤ 궁할 **국**(窮). ⑥ 찰 **국**(盈). ⑦ 제기 **국**(蹋鞠毬子).

鞠躬(국궁 jūgōng) 존경하는 뜻으로 몸을 굽힘. 《轉》주의하고 힘씀.
鞠育(국육 jūyù) 어떤 사람을 사랑하여 기름. 국양(鞠養).
鞠衣(국의 jūyī) 고대(古代), 왕후육복(王后六服)의 하나. 빛깔은 새 움이 돋는 뽕잎을 닮게 함.
鞠子(국자 jūzi) 어린아이. 치자(稚子).
鞠劾(국핵 jūhé) 송사를 심리(審理)함.

鞦 그네 추

革9⑱

음 qiū 일 シュウ、ぶらんこ 영 swing

① 그네 **추**(鞦韆北方戲). ② 말고들개 **추**(馬鞦).

鞦韆(추천 qiūqiān) 그네. 한(漢) 무제(武帝) 때 시작된 놀이라고 함.

鞨 말갈(靺鞨) 갈

革9⑱

음 hé 일 カツ 영 nation

① 말갈나라 **갈**(靺鞨北方國名). ② 말갈 보석 **갈**(寶名紅靺鞨).

▶ 靺鞨(말갈).

鞫 국문할 국

革9⑱

음 jū 일 キク、きわめる

영 trial for felong
① 초사 받을 국, 문초 받을 국. ② 언덕 국(水之外). ③ 다할 국(盡).

鞫問(국문 jūwèn) =국신(鞫訊).

鞫訊(국신 jūxùn) 죄를 신문함. 국문(鞫問). 국신(鞫訊).

鞫正(국정 jūzhèng) 조사하여 바로잡음. 신국(訊鞫).

鞫廳(국청 jūtīng) 《制》 역적(逆賊) 같은 중한 죄인을 신문(訊問)하기 위하여 임시로 만든 관청.

鞫治(국치 jūzhì) ① 죄를 신문하여 다스림. ②《制》 중한 죄인을 국청(鞫廳)에서 신문하여 다스리던 일.

鞭 채찍 편
音 9 / 18

중 biān 일 ベン, むち 영 whip

① 채찍 편(鞭策馬箠). ② 볼기채 편, 태장 편(鞭扑笞).

鞭擊(편격 biānjī) 채찍질함.

鞭撻(편달 biāntà) ① 채찍으로 때림. ② 경계하고 격려함.

鞭笞(편태 biānchī) ① 채찍질함. 징계(懲戒)함. ② 채찍. 회초리.

▶ 敎鞭(교편).

韃 매질할 달
音 13 / 22

중 dá, tà 일 タツ 영 tribe

매질할 달, 오랑캐 달.

▶ 鞭韃(편달).

韆 그네 천
音 15 / 24

중 qiān 일 セン, ぶらんこ 영 swing

그네 천.

韋 部

다룸가죽 위

韋 다룸가죽 위
音 0 / 09

중 wéi 일 イ, なめしがわ

영 tanned leather

① 다룸가죽 위(柔皮). ② 훌부들할 위(脂韋柔輭). ③ 화할 위(依韋諧和). ④ 군복 위(韎韋武服). ⑤ 성 위(姓).

韋帶(위대 wéidài) 다룬 가죽으로 만든 띠.

韋編(위편 wéibiān) 책을 꿰어 맨 가죽 끈.

韋編三絕(위편삼절 wéibiānsānjué) 책을 많이 읽음. 《故》 공자(孔子)가 주역(周易)을 애독하여 가죽으로 맨 책 끈이 세 번이나 끊어졌다 함.

韋弦之佩(위현지패 wéixuánzhīpèi) 자기의 성질을 고치는 경계의 표지로 삼음. 《故》 서문표(西門豹)의 성질은 급하였으므로 부드러운 가죽을 차고 다니며 부드러운 성질을 기르는 경계의 표지로 삼았으며, 동안우(董安于)의 성질은 느리었으므로 활시위를 차고 다니며 급한 성질을 기르는 경계를 표지로 삼았다 함.

韌 질길 인
音 3 / 12

중 rèn 일 ジン, しなやか 영 tough

질길 인(堅柔難斷).

韌帶(인대 rèndài) 관절의 뼈를 잇고 있는 탄력성 있는 힘살.

韓 한국/나라 한(:)
音 8 / 17

[중] hán [일] カン [영] nation

① 한나라 **한**(國名韓萬所封). ② 나라 이름 **한**(朝鮮國名三韓). ③ 우물담 **한**(井垣). ④ 한국 **한**(大韓, 朝鮮改稱).

[書體] 小篆  草書  [中學] 形聲

韓國(한국 hánguó) 《歷》 ㉠ 1897년 8월 16일에 세운 대한제국(大韓帝國)의 약칭. ㉡ 1948년 8월 15일에 세운 대한민국(大韓民國)의 약칭.

韓國統監府(한국통감부 hánguótǒngjiānfǔ) 《制》 1905년 을사보호조약 이후에 설치되었던 관청. 일본이 한국침략을 꾀하기 위하여 두었음.

9

韓服(한복 hánfú) 우리나라 고래의 의복. ↔ 양복(洋服).

韓山苧(한산저 hánshānzhù) 충청남도 한산(韓山)에서 나는 모시. 품질이 매우 좋음.

▶ 舊韓末(구한말)·來韓(내한)·訪韓(방한)·北韓語(북한어)·英韓辭典(영한사전)·滯韓(체한)·統韓(통한).

韭部

부추 **구**

韭 0

韭 0 ⑨ **韭** 부추 **구**

[중] iǔ [일] キュウ, にら [영] leek

부추 **구**(革鐘乳葷菜).

韭菜(구채 jiǔcài) 《植》 부추.

韭 7 ⑯ **韰** 좁을 **해**

[중] xiè [일] カイ, せまい [영] narrow

① 좁을 **해**(陿). ② 빠를 **해**(速). 【[亻+韰]와 같음】

韰惈(해과 xièguǒ) 과단성 있고 용감스러움.

韰倮(해라 xièluǒ) 마음씨가 너그럽지 못하고 아주 좁음.

音部

소리 **음**

音 0 ⑨ **音** 소리 **음**

音 音 音 音 音 音 音 音 音

[중] yīn [일] イン, オン, [영] おと sound

① 소리 **음**(聲). ② 말소리 **음**(音聲). ③ 편지 **음**, 소식 **음**(音信). ④ 음 **음**(訓之對, 文字讀聲). ⑤ 음악 **음**(音樂).

[書體] 小篆  草書  [中學] 指事

音感(음감 yīngǎn) 음(音)에 대한 감각. 음의 높낮이·음색(音色) 등을 듣고 분별(分別)하는 능력.

音階(음계 yīnjiē) 《樂》 일정한 음정(音程) 사이에 각각 다른 악음(樂音)을 일정한 질서에 의하여 높고 낮은 순위로 배열한 계단. 악곡(樂曲)을 조직하는 근저(根抵)임.

音律(음률 yīnlǜ) ① 소리. 음악의 가락. 음조(音調). ② 음악. ③ 오음(五音)과 육률(六律).

音盤(음반 yīnpán) 축음기의 레코드.

音色(음색 yīnsè) 《物》 발음체의 종류를 분별할 만한 소리의 성질.

音韻(음운 yīnyùn) 소리. 음색(音色). ② 언어의 외형(外形)을 구성하는 음(音)과 운(韻)의 배합(配合)·고저

(高低)·억양(抑揚) 등에서 나오는 목소리. ③ 한자의 음(音)과 운(韻). ④ 음절을 구성하는 음의 단위. 자음(子音)과 모음(母音).

音節(음절) yīnjié) ① 자음(子音)과 모음(母音)이 어울러 한 음(音)을 이룬 소리마디. ②《國》음률(音律)의 곡조. 음곡(音曲).

音程(음정 yīnchéng) 두 악음(樂音)의 진동수의 비(比). 곧 악음(樂音)의 높낮이의 차. 음비(音比).

音調(음조 yīndiào) ① 소리의 고저(高低)·장단(長短)의 가락. ② 음악의 곡조. ③ 시나 문장의 가락. 격조(格調).

音響(음향 yīnxiǎng) ① 소리와 그 울림. ② 소리울림.

音訓(음훈 yīnxùn) ① 한자의 음과 새김. ② 글자의 발음과 의미.

▶ 高音(고음)·單音(단음)·讀音(독음)·同音(동음)·母音(모음)·美音(미음)·脣音(순음)·餘音(여음)·原音(원음)·子音(자음)·雜音(잡음)·低音(저음)·促音(촉음)·淸音(청음)·初音(초음)·濁音(탁음)·表音(표음)·惠音(혜음).

韻 운(韻) 운:
音 10획 19

韻 韻 韻 韻 韻 韻 韻 韻 韻

🔖 yùn 🔖 イン, しらべ, ひびき
🔖 rhyme, rime

① 울림 운(同聲相應). ② 화할 운(音譜和). ③ 운 운(音員, 爲韻). ④ 운치 운(韻致, 風度).【韵과 같음】

書體 小篆 韻 草書 韻 (高校) 形聲

韻文(운문 yùnwén) ① 운율(韻律)을 가진 글. 시(詩)·부(賦) 따위와 같은 것. ② 시의 형식을 갖춘 글. 시가(詩歌). ↔ 산문(散文).

韻士(운사 yùnshì) 운치가 있는 사람. 풍류(風流)가 있는 사람. 운인(韻

人).

韻律(운율 yùnlù) 시(詩)의 음악적 형식. 악센트에 의한 것과 음수(音數)의 형식에 의한 것이 있음.

韻致(운치 yùnzhì) 고아(高雅)한 품위(品位)가 있는 기상. 풍치(風致). 풍운(風韻). 흥치(興致).

韻響(운향 yùnxiǎng) ① 울리는 소리. ② 시의 신비스러운 운치와 음조(音調).

▶ 疊韻(누운)·俗韻(속운)·詩韻(시운)·神韻(신운)·押韻(압운)·餘韻(여운)·音韻(음운)·次韻(차운)·淸韻(청운).

響 울릴 향:
音 13획 22

響 響 響 響 響 響 響 響 響 響

🔖 xiǎng 🔖 キョウ, ひびき
🔖 sound, echo

① 소리 울릴 향(聲之外日響即影響). ② 소리 마주칠 향(應聲). ③ 악기 향(樂器方響).

書體 小篆 響 草書 響 (高校) 形聲

響鈸(향발 xiǎngbó) 나라 잔치 때에 쓰던 악기의 한 가지. 제금처럼 생겼음.

響應(향응 xiǎngyìng) 소리에 이어서 울리는 소리가 우함.《喩》어떤 사람의 주장에 따라 그와 행동을 같이 취함.

響箭(향전 xiǎngjiàn) 울리는 화살. 효시(嚆矢).

▶ 交響曲(교향곡)·交響樂團(교향악단)·反響(반향)·惡影響(악영향)·影響(영향)·殘響(잔향).

頁部
머리 혈

頁 머리 혈

🔤 yè 🇯🇵 ケツ、ページ、こうべ
🇬🇧 head, page

① 머리 혈, 마리 혈(頭). [新字] ② 페이지(page) 엽(册葉).

頂 정수리 정

頂頂頂頂頂頂頂頂頂

🔤 dǐng 🇯🇵 テイ、チョウ、いただき
🇬🇧 top

① 이마 정(顙). ② 꼭대기 정(物之最上部). ③ 일 정(戴). ④ 관 꼭대기 치장하는 장식 정(冠上飾).

書體 小篆 傾 大篆 顜 草書 顶 (中學) 形聲

頂門一針(정문일침 dǐngményīzhēn) 정수리에 바늘을 찌름.《喩》남의 급소(急所)를 눌러 정신을 차리도록 간절하고 매서운 충고를 함. 정문금추(頂門金椎).
頂上(정상 dǐngshàng) ① 꼭대기. 두상(頭上). ② 산꼭대기. 산정(山頂). ③ 그 이상 없음. 최상(最上).
頂點(정점 dǐngdiǎn) ① 맨 꼭대기의 점. ②《數》㉠ 각을 이루는 두 직선이 만나는 점. ㉡ 다면체에 있어서 셋 이상의 평면이 만나는 점.

▶ 登頂(등정)·山頂(산정)·絕頂(절정).

頃 이랑/잠깐 경

頃頃頃頃頃頃頃頃頃

①-② 🔤 qǐng 🇯🇵 ケイ、しばらく
🇬🇧 a moment ③-⑦ 🇯🇵 キョウ

1 ① 백이랑 경(田百畝). ② 아까 경(俄). ③ 머리 비뚤일 경(頭不正). ④ 산이름 경(山名西頃). ⑤ 잠깐 경(暫). ⑥ 쯤 경(比時). ⑦ 요즘 경, 요사이 경(近時). **2** 반걸음 규(半步).

書體 小篆 傾 草書 頃 (高校) 會意

頃刻(경각 qǐngkè) 극히 짧은 시각. 눈 깜짝하는 사이.

項 목 항:

項項項項項項項項項

🔤 xiàng 🇯🇵 コウ、うなじ
🇬🇧 nape of the neck

① 목뒤 항, 목덜미 항(頭後頸). ② 클 항(大). ③ 조목 항, 항목 항(箇條).

書體 小篆 項 草書 項 (高校) 形聲

項目(항목 xiàngmù) 일을 세분(細分)한 가닥. 조목(條目).
項羽壯士(항우장사 xiàngyǔzhuàngshì) 항우(項羽)와 같은 장사.《喩》힘이 아주 센 사람.
項腫(항종 xiàngzhǒng)《醫》목에 나는 종기.

▶ 同類項(동류항)·別項(별항)·事項(사항)·要項(요항)·條項(조항).

順 순할 순:

順順順順順順順順順

🔤 shùn 🇯🇵 ジュン、したがう
🇬🇧 obey, order

① 쫓을 순(從). ② 화할 순(和). ③ 순할 순(循理不逆). ④ 차례 순(次第, 順序). ⑤ 성 순(姓).

順 書體 小篆 順 草書 吮 中學 形聲

順德(순덕 shùndé) ① 꾸밈없는 유순한 덕. ② 덕을 좇음.
順流(순류 shùnliú) ① 물이 흐르는 쪽으로 따름. 곧 제 곳으로 내려감. ② 물이 아래로 흘러감. ↔역류(逆流).
順逆(순역 shùnnì) ① 좇음과 거스름. ② 순리(順理)와 역리(逆理).
順延(순연 shùnyán) 차례차례로 연기함.
順應(순응 shùnyīng) ① 외부의 사정이나 그 때의 형편에 따라 변화함. 적응(適應). ② 고분고분하여 순하게 따름. ③ 자극이 계속됨을 따라 그에 대한 감각이 점점 약하여지는 현상.
順天(순천 shùntiān) ① 천도(天道)를 좇음. 천명(天命)을 따름. ② 《歷》부(府) 이름. 명대(明代)에 설치함. 지금의 북경(北京).
順坦(순탄 shùntǎn) ① 성질이 까다롭지 않음. ② 길이 평탄함.
順和(순화 shùnhé) 순탄하고 평화로움.
順化(순화 shùnhuà) ① 조화(造花)에 순응함. ②《佛》중의 죽음.

▶ 恭順(공순)·不順(불순)·溫順(온순)·耳順(이순)·和順(화순)·孝順(효순).

須 頁 3 ② 모름지기 수

須 須 須 須 須 須 須 須 須

音 xū 일 シュ, ス, しばらく
영 for a moment

① 턱길 수, 수염 수(頤毛同鬚). ② 기다릴 수(待). ③ 잠깐 수(斯須). ④ 거리 수, 재료 수(資也, 用). ⑤ 종첩 수(餘須婢妾). ⑥ 생선 아가미 벌덕거릴 수(魚動腮). ⑦ 모름지기 수, 반드시 수(必). ⑧ 풀 이름 수(草名夫須). ⑨ 별 이름 수(星名須女).

須 書體 小篆 須 草書 頂 中學 會意

須彌壇(수미단 xūmítán)《佛》사원(寺院)의 불전(佛殿)에 불상(佛像)을 안치하는 단. 불좌(佛座).
須要(수요 xūyào) 없어서는 안 될 일. 소중한 것. 필요(必要).

▶ 必須(필수).

頌 頁 4 ③ 기릴/칭송할 송:

頌 頌 頌 頌 頌 頌 頌 頌 頌

1 음 sòng 일 ショウ, ほめる
영 admire 2 음 ヨウ, 영 praise

1 얼굴 용, 모양 용(貌). 【容과 같음】
2 ① 기릴 송, 칭송할 송(頌德稱述). ② 외일 송(歌誦).

書體 小篆 頌 大篆 願 草書 頂 高校 形聲

頌歌(송가 sònggē) ① 찬양하는 노래. 구가(謳歌). ② 공덕(功德)을 찬양하는 노래. ③ 신(神)이나 부처를 찬양하는 노래.
頌禱(송도 sòngdǎo) =송축(頌祝).
頌辭(송사 sòngcí) 찬양하는 말.
頌祝(송축 sòngzhù) 경사스러움을 칭송하여 축하함.

▶ 讚頌(찬송)·稱頌(칭송).

預 頁 4 ③ 맡길/미리 예:

음 yù 일 ヨ, あらかじめ
영 beforehand

① 미리 예(先). ② 참여할 예(參與干). ③ 미칠 예(及).

預金(예금 yùjīn) 일정한 계약에 의하여 은행이나 우체국 같은 곳에 금전을 맡겨 두는 것. 또는 그 돈.
預備(예비 yùbèi) 앞서 미리 준비함.
預言(예언 yùyán) ① 미래의 길흉화

복 따위를 미리 헤아려서 하는 말. ②
《宗》신비한 영감(靈感)에 의하여
미래를 예측하여 말하는 것. 예언(豫
言).
預入(예입 yùrù) 기탁(寄託)함. 맡겨 둠.
預置金(예치금 yùzhìjīn) 어떤 목적을
위하여 일정기간 동안 일정액을 맡
기는 돈.

頑 완고할 완
頁 4 ⑬

🀄 wán 🇯🇵 ガン, かたくな
🇬🇧 obstinate

① 완악할 완(鈍心愚). ② 완고할 완(固
陋). ③ 탐할 완(貪).
頑強(완강 wánqiáng) ① 완고하고
굳셈. 태도가 검질기고 굳셈. ② 몸이
건강한 것.
頑固(완고 wángù) ① 성질이 검질기
게 굳고 고집이 셈. ② 어리석어 사리
의 분별을 못함.
頑鈍(완둔 wándùn) 머리가 완고하고
둔함.
頑陋(완루 wánlòu) 완고하고 천루(賤
陋)함. 고루(固陋).
頑迷(완미 wánmí) 완고하여 사리에
어둡고 흐림.
頑惡(완악 wán'è) 성질이 완고하고 모
질음.

頒 나눌 반
頁 4 ⑬

1 🀄 bān 🇯🇵 フン, わける
🇬🇧 promulgate 2 🇯🇵 ハン

1 물고기 머리 클 분(魚大首貌). 2 ①
반포할 반(布也賜). ② 머리털 반쯤 셀
반(頭半白). ③ 관자노리 반(頷兩旁).
頒敎文(반교문 bānjiàowén) 나라에
경사가 있을 때에 백성에게 널리 반
포하던 교서(敎書).
頒給(반급 bānjǐ) 임금이 봉록(俸祿)
이나 또는 물건을 나눠줌.

頒賜(반사 bāncì) 임금이 물건을 내려
줌. 반뢰(頒賚).
頒布(반포 bānbù) 세상에 널리 펴서
퍼뜨림.
頒行(반행 bānxíng) 법률·명령을 널
리 펴서 실행하도록 함.

頓 조아릴 돈:
頁 4 ⑬

1 🀄 dùn 🇯🇵 トン, ぬかずく
🇬🇧 bow the head 2 🀄 du

1 ① 꾸벅거릴 돈, 조을 돈(下首地至).
② 모아 쌓을 돈(貯). ③ 그칠 돈(止). ④
놓을 돈(捨). ⑤ 무너질 돈(委頓貌). ⑥
급할 돈(陡頓處). ⑦ 배부를 돈(食一次).
⑧ 가지런할 돈(整頓). 2 무딜 둔(固
鈍). 3 오랑캐 이름 돌(單于太子冒頓).
頓首(돈수 dùnshǒu) ① 남에게 공경
하는 태도로 머리를 땅에 닿도록 꾸
벅거림. 고두(叩頭). ② 상대방을 존
경하여 편지의 맨 끝에 쓰는 말.
頓悟(돈오 dùnwù)《佛》문득 깨달음.

▶ 斗頓(두둔)·査頓(사돈)·整頓(정돈).

頗 자못 파
頁 5 ⑭

頗 頗 頗 頗 頗 頗 頗 頗 頗

🀄 pō 🇯🇵 ハ, かたよる 🇬🇧 inclined

① 비뚤어질 파(偏頗不正). ② 자못 파
(僅可).

書體 小篆 頗 草書 頗 (高校) 形聲

頗僻(파벽 pōpì) 한쪽으로 치우침. 불
공평(不公平). 편파(偏頗).

▶ 偏頗(편파).

領 거느릴/옷깃 령
頁 5 ⑭

領 領 領 領 領 領 領 領 領

10획 馬骨高髟鬥鬯鬲鬼 **11획** 魚鳥鹵鹿麥麻

訓 líng 日 レイ, リョウ, おさめる
英 lead

① 옷깃 령(衣體). ② 고개 령(項). ③ 거느릴 령(統理). ④ 받을 령(受). ⑤ 중요로울 령(要領). ⑥ 차지할 령(占領).

書體 小篆 領 草書 (中學) 形聲

領空(영공 lǐngkōng) 영토와 영해(領海) 위의 하늘.
領導者(영도자 lǐngdǎozhě) 영도하거나 또는 할 수 있는 사람.
領事(영사 lǐngshì)《制》① 외국에 있으면서 본국의 통상(通商)·교통의 이익을 도모하며 아울러 재류민의 보호를 담당하고 있는 관리. ②《法》영사(領事)가 주재지(駐在地)에서 사무를 보는 관청.
領率(영솔 lǐngshuài) 부하를 통솔함.
領袖(영수 lǐngxiù) ① 옷깃과 소매. 《轉》남의 위에 서서 모범이 될 만한 사람. ② 한 단체의 우두머리. 간부(幹部). ③《宗》장로교(長老敎)에 있어서 조직이 덜 된 교회를 인도하는 직분.
領收證(영수증 lǐngshōuzhèng) =영수서(領受書).
領域(영역 lǐngyù) ① 소유의 지역. 영분(領分). ②《法》국제법상(國際法上) 한 나라의 주권(主權)에 속하여 있는 전지역(全地域). ③ 학문 연구 따위에 관계자가 관심을 가지고 있는 부문(部門).
領議政(영의정 lǐngyìzhèng)《制》의 정부(議政府)의 으뜸 벼슬. 내각을 총괄(總括)하던 최고의 지위임.
領置(영치 lǐngzhì)《法》형사소송법상 소유자·소지자 또는 보관자가 임의로 제출한 물건이나 남겨 둔 물건을 영장 없이 법원이 취득(取得)하는 행위. 압수(押收).
領土(영토 lǐngtǔ) 한 나라의 통치권(統治權)이 미치는 지역. 영지(領地).
領海(영해 lǐnghǎi)《法》항만(港灣)·내해(內海) 이외의 한 나라의 주권이 미치는 해역(海域).

▶ 綱領(강령)·大統領(대통령)·本領(본령)·副統領(부통령)·受領(수령)·首領(수령)·要領(요령)·正副統領(정부통령)·中領(중령)·橫領(횡령)

頁6⑤ **頤** 턱 이

訓 yí 日 イ, あご 英 jaw, chin

① 턱 이(頷). ② 턱 끄덕거릴 이(頤指). ③ 기를 이(養). ④ 턱 까불거릴 이. ⑤ 늙은이 이. ⑥ 많다고 느낄 이(夥頤). ⑦ 괘 이름 이(卦名).

頤使(이사 yíshǐ) ① 턱으로 가리킴. ② 사람을 자유로이 부림. 이령(頤令). 이지(頤指).
頤神養性(이신양성 yíshényǎngxìng) 마음을 가다듬어 정신을 수양함.
頤養(이양 yíyǎng) 기름.
頤指氣使(이지기사 yízhǐqìshǐ) 말 대신 은연히 뜻만 보여 사람으로 하여금 알게 함. 곧 사람을 마음대로 부림.

頁7⑥ **頭** 머리 두

頭頭頭頭頭頭頭頭頭頭

訓 tóu, tòu 日 トウ, ズ, かしら
英 head, top

① 머리 두, 마리 두(首). ② 위 두(上). ③ 두목 두(頭目). ④ 시초 두(始初).

書體 小篆 頭 草書 (中學) 形聲

頭角(두각 tóujiǎo) ① 머리 끝. ② 학식·재능 또는 하는 일이 여럿 가운데서 뛰어나게 나타남. ③ 단서(端緖).
頭蓋骨(두개골 tóugàigǔ)《生》두개(頭蓋)를 이루고 있는 뼈의 총칭.
頭腦(두뇌 tóunǎo) ①《生》뇌(腦).

머릿골. 뇌수(腦髓). 《轉》심사(心思). ② 조리(條理). ③ 인식(認識)하고 판단(判斷)하는 힘. 재주. ④ 우두머리. 두목(頭目). 장(長). 수장(首長). ⑤《國》풍수지리(風水地理)에 있어서 팔수(八首)와 혈(穴)이 이루어진 곳에서 조금 높은 곳.

頭音(두음 tóuyīn) 음절의 머리에서 나는 소리. 곧 아버지의 세 음절에서는 ㅇ·ㅂ·ㅈ 등의 첫 소리. ↔말음(末音).

▶ 街頭(가두)·口頭(구두)·露頭(노두)·冒頭(모두)·沒頭(몰두)·白頭(백두)·船頭(선두)·先頭(선두)·年頭(연두)·店頭(점두)·陣頭(진두)·出頭(출두).

髥 구레나룻 염
[7/16]

㈜ ゼン, ほおひげ ㈜ whiskers
구레나룻 염(頰髥).

頸 목 경
[7/16]

㈜ jǐng, ㈜ gěng ケイ, くび
㈜ neck
목 경(項).
頸骨(경골 jǐnggǔ) 목의 뼈.
頸部(경부 jǐngbù) 목의 부분.
頸椎神經(경추신경 jǐngzhuīshénjīng) 경추의 좌우 곁을 통한 여덟 쌍의 신경.

頹 무너질 퇴
[7/16]

㈜ tuí ㈜ タイ, くずれる
㈜ fall, collapse
① 기울어질 퇴(傾). ② 사나운 바람 퇴(暴風). ③ 쇠할 퇴(衰). ④ 무너질 퇴(崩壞). ⑤ 좇을 퇴(從). ⑥ 대머리 퇴(首禿).
頹落(퇴락 tuíluò) 무너지고 떨어짐.

頹勢(퇴세 tuíshì) 쇠퇴(衰退)하는 추세. 퇴세(退勢). 쇠운(衰運).
頹俗(퇴속 tuísú) 쇠퇴(衰退)하여 문란(紊亂)해진 풍속(風俗).
頹弊(퇴폐 tuíbì) 쇠하여 무너짐.
頹廢(퇴폐 tuífèi) ① 쇠약하여 내리 무너짐. ② 퇴패(頹敗).

頻 자주 빈
[7/16]

頻 頻 頻 頻 頻 頻 頻 頻 頻

㈜ pín ㈜ ヒン, しきりに
㈜ frequent
① 자주 빈(數). ② 자주할 빈, 연이을 빈(連也比). ③ 찡그릴 빈(急蹙貌).

書體 小篆 | 草書 | 高校 會意

頻度(빈도 píndù) 잦은 도수(度數). 어떤 일이 되풀이되어 일어나는 정도.
頻發(빈발 pínfā) 일이 자주 생겨남.
頻煩(빈번 pínfán) 도수(度數)가 잦아 복잡함.
頻繁(빈번 pínfán) ① = 빈번(頻煩). ② 바쁨.
頻數(빈삭 pínshuò) 매우 잦음. 빈번(頻繁).
頻出(빈출 pínchū) ① 자주 외출(外出)함. ② 자주 나옴.

賴 의뢰할 뢰:
[7/16]

【賴(貝부9획)의 속자】

顆 낱알 과
[8/17]

㈜ kē ㈜ カ, つぶ ㈜ granule
① 머리 과, 덩이 과(物一頭). ② 무덤 과(蓬顆).
顆粒(과립 kēlì) ① 둥글고 자질구레한 것을 일컬음. ② 마마나 홍역으로 피부에 돋는 수포(水泡).

題 제목 제

題題題題題題題題題題

①-⑤ 中 tí 日 テイ, しるし 英 title
⑥ 日 ダイ, だい

① 이마 제(額). ② 제목 제(題目). ③ 평론할 제(品題). ④ 글 제(書題). ⑤ 쓸 제(署). ⑥ 흘겨볼 제(小視). 【睇와 같음】

書體 小篆 題 草書 형성 中學 形聲

題目(제목 tímù) ① 부르는 이름. 명호(名號). 명칭(名稱). ② 겉장에 쓴 책의 이름. 책의 표제(表題). ③ 글제. ④ 품평(品評).
題號(제호 tíhào) 책자 같은 것의 제목.
題畵(제화 tíhuà) 산수화(山水畫)·인물화(人物畫) 등의 그림에 그 내용과 알맞은 시(詩)나 글을 적어 넣는 것. 제품(題品).

▶ 課題(과제)·難題(난제)·命題(명제)·問題(문제)·宿題(숙제)·御題(어제)·外題(의제)·議題(의제)·主題(주제).

額 이마 액

額額額額額額額額額

中 é 日 ガク, ひたい 英 forehead

① 이마 액(顙). ② 현판 액(題). ③ 수호 액(分量).

書體 小篆 額 草書 형성 高校 形聲

額面(액면 émiàn) ① 편액(扁額). ② 공채(公債)·주식(株式)·화폐(貨幣) 같은 것의 권면(券面)에 적힌 가격. 액면가격(額面價格). ③ 표면에 내세운 사물의 가치.
額數(액수 éshù) 돈의 머릿수. 정수(定數). 정액(定額).
額子(액자 ézi) 그림 등을 전시, 진열하기 위한 틀.
額字(액자 ézì) 현판에 쓴 글자.

▶ 高額(고액)·金額(금액)·多額(다액)·稅額(세액)·少額(소액)·全額(전액).

顎 턱 악

中 è 日 ガク, あご 英 jaw

아래위턱 뼈 악(頷骨上下).
顎骨(악골 ègǔ) 턱을 이루는 뼈.

▶ 上顎(상악)·下顎(하악).

顔 얼굴 안

顔顔顔顔顔顔顔顔顔顔

中 yán 日 ガン, かお 英 face

① 얼굴 안(額角容). ② 산 우뚝할 안(屛顔山高). ③ 성 안(姓).

書體 小篆 顔 大篆 顔 草書 형성 中學 形聲

顔料(안료 yánliào) ① 연지·분과 같은 화장의 재료. ② 그림물감. ③ 염색(染色)의 재료. 염료(染料). ④ 도료(塗料)·인쇄 잉크의 재료.
顔面(안면 yánmiàn) ① 얼굴. ② 서로 얼굴이나 알 만한 사이.
顔面薄待(안면박대 yánmiànbódài) 아는 사람을 푸대접함.
顔面不知(안면부지 yánmiànbùzhī) 만난 일이 없어 얼굴을 모름. 또는 모르는 사람.
顔色(안색 yánsè) ① 얼굴빛. 얼굴에 나타난 기색. ② 의사(意思). 심정(心情). ③《中》색채.
顔回(안회 yánhuí)《人》B.C. 513~482 공자(孔子)의 수제자(首弟子). 자(字)는 연(淵), 노(魯)나라 사람. 십철(十哲)의 한 사람으로 제자(弟子) 중에서 학덕(學德)이 가장 뛰어

나고, 덕행(德行) 제일(第一)이며 아성(亞聖)이라 불리움. 32세에 공자(孔子)보다 앞서 죽음.

顔厚(안후 yánhòu) 낯가죽이 두꺼움. 《喩》염치가 없이 뻔뻔함. 후안(厚顔).

▶ 童顔(동안)·笑顔(소안)·溫顔(온안)·容顔(용안)·醉顔(취안)·紅顔(홍안)·和顔(화안)·厚顔(후안)·厚顔無耻(후안무치).

願 원할 원:

음 yuàn 일 ガン、ねがう
뜻 desire, want

① 하고자할 원, 원할 원(欲). ② 바랄 원(顒望). ③ 부러워할 원(羨慕). ④ 생각할 원(思).

書體 小篆 願 草書 形聲 中學

願力(원력 yuànlì) 《佛》부처에게 빌어 원하는 것을 이루려 하는 마음의 힘. 염력(念力). 본원력(本願力).
願望(원망 yuànwàng) ① 원하고 바람. ② 원하는 일.
願書(원서 yuànshū) 청원(請願)하는 뜻을 기록한 문서(文書). 지원(志願)의 서면(書面).
願人(원인 yuànrén) 원하는 사람. 원서를 내는 사람.

▶ 祈願(기원)·民願(민원)·辭職願(사직원)·誓願(서원)·所願(소원)·訴願(소원)·宿願(숙원)·哀願(애원)·念願(염원)·自願(자원)·志願(지원)·請願(청원)·出願(출원)·希願(희원).

顚 엎드러질/이마 전:

음 diān 일 テン、ひたい
뜻 brow, decline

① 이마 전(頂). ② 엎드러질 전(仆倒).

③ 전일(專一)할 전(顚顚專一). ④ 비뚜름할 전(傾斜).【顚과 통함】

顚倒(전도 diāndǎo) ① 거꾸로 됨. 거꾸로 함. ② 엎어져서 넘어짐. 자빠짐. 전부(顚仆). ③ 상심(常心)을 잃음. 덤벙거려 정신을 잃음. ④《佛》범부(凡夫)가 사리(事理)에 어두워서 진리(眞理)를 비진리(非眞理)로, 비진리(非眞理)를 진리(眞理)로 바꾸어 봄.
顚落(전락 diānluò) 굴러 떨어짐. 전추(顚墜). 전락(轉落).
顚末(전말 diānmò) 일의 처음부터 끝까지의 사정. 사건의 경과와 결과. 본말(本末).

▶ 七顚八起(칠전팔기).

顛 엎드러질/이마 전:

【顚(前條)의 속자】

類 무리/같을 류:

음 lèi 일 ルイ、たぐい
뜻 same, kind

① 착할 류(善). ② 같을 류(肖似). ③ 나눌 류(分). ④ 견줄 류(比). ⑤ 법 류(法). ⑥ 무리 류(等). ⑦ 종류 류(種類). ⑧ 제사 이름 류(祭名). ⑨ 짐승 이름 류(獸名).

書體 小篆 類 草書 會意 高校

類例(유례 lèilì) 같거나 비슷한 예증(例證)이나 실례.
類類相從(유유상종 lèilèixiāngcóng) 같은 동아리 또는 종류끼리 서로 왕래하며 사귐.
類似(유사 lèisì) 서로 비슷함.
類人猿(유인원 lèirényuán) 《動》유

인원과(類人猿科)에 딸린 동물의 총칭.

類推(유추 lèituī) 어떤 사물에서 다른 사물의 성질 상태를 미루어 짐작함. 유비(類比).

類型(유형 lèixíng) 유사한 형(型).

▶ 穀類(곡류)·果菜類(과채류)·糖類(당류)·同類意識(동류의식)·部類(부류)·分類(분류)·書類(서류)·魚類(어류)·魚貝類(어패류)·鹽類(염류)·肉類(육류)·衣類(의류)·人類(인류)·藻類(조류)·鳥類(조류)·種類(종류)·酒類(주류)·地衣類(지의류)·爬蟲類(파충류)·貝類(패류)·哺乳類(포유류)·海藻類(해조류).

顧 돌아볼 고

頁 12 ㉑

gù コ, かえりみる
look after

① 돌아볼 **고**(回首旋視). ② 돌아보 줄 **고**(眷). ③ 도리어 **고**(發語辭, 反).

書體 小篆 顧 草書 高校 形聲

顧客(고객 gùkè) 단골손님. 화객(花客).

顧見(고견 gùjiàn) 뒤를 돌아다 봄. 돌이켜 생각함.

顧慮(고려 gùlǜ) ① 다시 돌이켜 생각함. ② 앞일을 걱정함. 염려를 함.

顧問(고문 gùwèn) ① 의견을 물음. 또는 물음을 받는 사람. ② 상담(相談)함. 또는 상담역(相談役). ③ 자문(諮問)에 응하여 의견을 말하는 직무. 또는 그 직책(職責)에 있는 사람. ④《制》조선 고종(高宗) 때 갑오경장(甲午更張) 뒤 외국 사람을 고빙(雇聘)하여 설치한 고문관(顧問官). ⑤ 방문(訪問)함.

顧恤(고휼 gùxù) 불쌍히 여겨 돌보아 줌.

▶ 內顧(내고)·思顧(사고)·三顧草廬(삼고초려)·愛顧(애고)·左顧(좌고)·回顧(회고)·回龍顧祖(회룡고조)·後顧(후고).

顯 나타날 현:

頁 14 ㉓

xiǎn ケン, あらわれる
appear

① 나타날 **현**(著也明). ② 밝을 **현**(明). ③ 통달할 **현**(達). ④ 높을 **현**(高).

書體 小篆 顯 草書 高校 形聲

顯考(현고 xiǎnkǎo) 돌아간 아버지의 신주(神主)의 첫머리로 쓰는 말. 돌아간 아버지의 존칭.

顯微鏡(현미경 xiǎnwēijìng)《物》눈으로는 볼 수 없는 아주 작은 물체를 확대하여 확실히 볼 수 있게 한 광학기계(光學機械).

顯妣(현비 xiǎnbǐ) 돌아간 어머니의 존칭. 돌아간 어머니의 신주(神主) 첫머리에 쓰는 말.

顯示(현시 xiǎnshì) 나타내어 보임.
顯著(현저 xiǎnzhù) 뚜렷이 드러남.
顯效(현효 xiǎnxiào) 현저한 효험.

▶ 貴顯(귀현)·榮顯(영현).

顴 광대뼈 권:

頁 18 ㉗

quán ケン, ほおばね
cheekbone

광대뼈 **권**(頰骨).

顴骨(권골 quángǔ)《生》광대뼈.

風部

바람 풍

風 바람 풍

凡凡凡凡凤凤風風風

- 🈶 fēng
- 🇯🇵 フウ, かぜ, ならわし
- 🇬🇧 wind, manners

① 바람 풍(大塊噓氣). ② 흘레할 풍(牡牝相誘). ③ 울릴 풍(王者聲敎). ④ 풍속 풍(風俗). ⑤ 경치 풍(風景). ⑥ 위엄 풍(威風). ⑦ 병풍 풍(中風病名). ⑧ 모양 풍(容姿).

書體 小篆 㠭 古文 凨 草書 凨 中學 形聲

風角匠(풍각장 fēngjiǎojiàng) 문전으로 돌아다니며 노래를 부르거나 악기를 연주하여 돈을 구걸하는 사람.

風格(풍격 fēnggé) ① 풍채(風采)와 품격(品格). ② 고상한 인품. ③ 미술품 따위의 뜻.

風骨(풍골 fēnggǔ) ① 풍채(風采)와 골격(骨格). 체격. ② 모양. ③ 뛰어난 골상(骨相).

風光(풍광 fēngguāng) ① 경치. 풍색(風色). 풍경(風景). ② 모양. 인품(人品). 품격(品格). ③ 모습. 안색.

風琴(풍금 fēngqín) ① 거문고의 한 가지. ② 풍령(風鈴). ③ 건반(鍵盤) 악기의 한 가지. 오르간. ④ 손풍금[手風琴]의 약어.

風蘭(풍란 fēnglán) 《植》난초과(蘭草科)에 딸린 다년생 풀. 산 속의 고목(枯木) 위에서 나며 향내 있는 흰 꽃이 핌.

風流(풍류 fēngliú) ① 유풍(遺風). 여택(餘澤). ② 속된 일을 떠나서 풍치가 있고 멋지게 노는 일. 운치 있는 일. 풍아(風雅). ③ 《國》음악을 예스럽게 일컫는 말.

風磨雨洗(풍마우세 fēngmóyǔxǐ) 비바람에 씻기고 닦임.

風貌(풍모 fēngmào) 풍채와 용모. 사람의 겉모습.

風物(풍물 fēngwù) ① 경치. 경물(景物). 《國》농악(農樂)에 쓰는 꽹과리·날라리·소고·북·장구·징 따위를 일컬음.

風靡(풍미 fēngmí) ① 위세(威勢)에 따라서 저절로 쏠림. 바람에 따라 풀이 쓰러지듯이 솔려가는 것. ② 바람이 휩쓰는 것.

風飛雹散(풍비박산 fēngfēibáosàn) 사방으로 날아 흩어짐. 풍산(風散). 엉망으로 깨어져 흩어져 버림.

風霜(풍상 fēngxiāng) ① 바람과 서리. ② 세월. 성상(星霜). ③ 많이 겪은 세상의 고난(苦難). ④ 글의 내용이 서릿발 같이 차고 엄한 형용. 풍상지기(風霜之氣).

風水(풍수 fēngshuǐ) ① 바람과 물. ② 중국 후한(後漢) 말에 일어난 음양오행설(陰陽五行說)에 근거를 두고 집·묘(墓) 같은 것의 위치를 정하는 술법(術法). 우리나라는 신라 말부터 여기에 심취(心醉)했음.

風雲(풍운 fēngyún) ① 바람과 구름. 《喩》㉠ 지세(地勢)가 높고 멀음. ㉡ 높은 자리. 고위(高位). ② 용이 바람과 구름을 타고 하늘로 오르는 것처럼 영웅·호걸이 기회를 얻어 출세함. ③ 지금이라도 변사(變事)가 일어날 것 같은 험악한 형세. ④ 운문(雲紋)의 하나.

風雲兒(풍운아 fēngyúnér) 좋은 기회를 타고 활약하여 세상에 두각을 나타낸 사람.

風前燈火(풍전등화 fēngqiándēnghuǒ) ① 사물이 오래 견디지 못하고 매우 위급한 자리에 놓여 있음을 가리키는 말. ② 사물이 덧없음을 가리키는 말.

▶家風(가풍)·強風(강풍)·改革風(개혁풍)·季節風(계절풍)·古風(고풍)·狂風(광풍)·國風(국풍)·氣風(기풍)·南風(남풍)·突風(돌풍)·美風良俗(미풍양속)·沒風林(몰풍림)·屛風(병풍)·復古風(복고풍)·北風寒雪(북풍한설)·事業作風(사업작풍)·沙風(사풍)·扇風(선풍)·旋風(선풍)·禪風(선풍)·逍風(소풍)·送風(송풍)·新風俗(신풍속)·逆風(역풍)·烈風(열풍)·溫風(온풍)·威風堂堂(위풍당당)·作風(작풍)·整風(정풍)·中風(중풍)·珍風景(진풍경)·疾風怒濤(질풍노도)·秋風落葉(추풍낙엽)·春風(춘풍)·颱風(태풍)·通風(통풍)·暴風(폭풍)·爆風(폭풍)·暴風雨(폭풍우)·學風(학풍)·寒風(한풍)·海風(해풍)·虛風(허풍)·畫風(화풍)·薰風(훈풍).

颱 태풍 태

風 5 획
14

음 tái 일 タイ, たいふう
영 typhoon

몹시 부는 바람 태(暴風之一).
颱風(태풍 táifēng) 남양(南洋) 지방에서 불어오는 폭풍(暴風). 구풍(颶風). 태풍(台風).

颻 나부낄 표

風 11 획
20

【飄(次條)와 같음】

飄 나부낄 표

風 11 획
20

음 piāo 일 ヒョウ, つむじかぜ
영 whirlwind

① 회오리바람 표(回風吹). ② 나부낄 표(飄颻風貌). ③ 떨어질 표(落).
飄散(표산 piāosàn) 펄럭이며 날아 흩어짐.
飄然(표연 piāorán) ① 바람에 가볍게 나부끼는 모양. 표표(飄飄). ② 훌쩍 떠나거나 오는 모양. 표호(飄乎). ③ 일정한 거소(居所) 없이 왔다 갔다 하는 모양. ④ 세상일에 구애(拘碍)

하지 않는 모양.
飄風(표풍 piāofēng) ① 회오리바람. 선풍(旋風). ② 세게 불어오는 바람.

飛 部

날 비

飛 날 비

飛 0 획
9

飛飛飛飛飛飛飛飛

음 fēi 일 ヒ, とぶ 영 fly

① 날 비(鳥翥). ② 여섯 말 비(六馬). ③ 흩어질 비(飛散).

書體 小篆 飛 草書 飛 中學 象形

飛擊震天雷(비격진천뢰 fēijīzhèntiānléi) 선조(宣祖) 때 이장손(李長孫)이 발명한 폭탄(爆彈)의 한 종류.
飛禽走獸(비금주수 fēiqínzǒushòu) 날짐승과 길짐승.
飛翔(비상 fēixiáng) 하늘을 날아다님.
飛躍(비약 fēiyuè) ① 높이 뛰어 오름. ② 많이 활약함. ③ 급속히 진보함.
飛躍的(비약적 fēiyuède) 급히 눈부시게 발전하는 것.
飛鳥不入(비조불입 fēiniǎobùrù) 새도 날아들어 가지 못할 만큼 성이나 진지(陣地)의 방비(防備)가 물샐 틈 없음.
飛行機(비행기 fēixíngjī) 항공기(航空機)의 한 가지. 프로펠러의 회전 또는 분사추진력(噴射推進力)을 이용하여 기체(機體)를 전진시켜 공중을 나르게 하는 기계.
飛虎(비호 fēihū) 나는 듯이 날쌘 범. 《喩》움직임이 용맹스럽고 날쌘 것.
飛火(비화 fēihuǒ) ① 튀는 불똥. ②

남의 일에 까닭 없이 걸려들음. 후림불.

▶ 高空飛行(고공비행)·亂飛(난비)·雄飛(웅비)·魂飛魄散(혼비백산).

飜 번역할 번

훈 fān 음 ハン, ホン, ひるがえる 영 flicker

뒤칠 **번**, 번득일 **번**(反復飛).

書體: 草書 <u>高校</u> 形聲

飜譯(번역) 한나라의 글이나 말을 다른 나라의 글이나 말로 옮기는 일.

食, 飠, 𩙿 部
밥 식

食 밥/먹을 식 / 밥 사

食食食食食食食食食

1 훈 shí 음 ショク, くう 영 eat
2 훈 sì 음 シ, かて 영 food
3 훈 yì

1 먹일 **사**(以食與人飯). 2 사람 이름 **이**(人名酈食其). 3 ① 밥 **식**(殽饌). ② 먹을 **식**(茹). ③ 씹을 **식**(啗). ④ 제식(祭日血食). ⑤ 헛말할 **식**(食言).【飼와 같음】

書體: 小篆 草書 <u>中學</u> 象形

食困症(식곤증) 《醫》 식후에 나른하고 졸음이 오는 증세.
食單(식단) shídān ① 음식점이나 또는 식당에서 제공할 수 있는 요리의 종목, 또는 그 순서를 적은 일람표. ② 가정에서 한 주일 또는 한 달 동안의 매 식사마다의 요리 예정표.
食道樂(식도락) shídàolè 여러 가지 음식을 즐겨 먹어 보는 것을 도락(道樂)으로 삼는 일.
食糧(식량) shíliáng 먹을 양식. 양식(糧食).
食傷(식상) shíshāng 《醫》 음식물의 중독(中毒)이나 과식(過食)으로 일어나는 배앓이·토사·곽란 같은 병.
食言(식언) shíyán 약속한 말을 지키지 않음. 거짓말을 함. 허언(虛言).
食鹽(식염) shíyán 소금.
食飲全廢(식음전폐) shíyǐnquánfèi 음식을 전혀 먹지 아니함.
食滯(식체) shízhì 《醫》 먹은 음식이 소화가 안 되는 병.

▶ 間食(간식)·斷食(단식)·小食(소식)·素食(소식)·主食(주식)·晝食(주식)·菜食(채식)·草食(초식)·寢食(침식)·暴食(폭식)·寒食(한식)·會食(회식).

飢 주릴 기

飢飢飢飢飢飢飢飢飢飢

훈 jī 음 キ, うえる 영 starve

① 주릴 **기**, 굶을 **기**(餓). ② 흉년 들 **기**(五穀不成).【饑와 통함】

書體: 小篆 草書 <u>高校</u> 形聲

飢渴(기갈) jīkě 배고프고 목마름. 굶주림.
飢饉(기근) jījǐn ① 농작물이 잘 되지 않아 먹을 것이 부족한 것. 기근(饑饉). 황근(荒饉). ② 물자가 매우 부족한 것.
飢死(기사) jīsǐ 굶어 죽음. 아사(餓死). 기사(饑死).

▶ 療飢(요기)·寒飢(한기)·虛飢(허기).

飮 마실 음:

飮飮飮飮飮飮飮飮飮飮

① 음 yǐn 일 イン, のむ 영 drink
② 일 オン, のむ

① 마실 음(咽水歐). ② 마시게 할 음(予人以).

書體 小篆 飮 古文 𩚬 草書 飮 中學 形聲

飮福(음복 yǐnfú) 제사를 지내고 난 뒤에 제관들이 제상에 놓인 술이나 제물을 나누어 먹는 것.
飮用水(음용수 yǐnyòngshuǐ) 먹는 물. 음료수.

▶ 過飮(과음)·米飮(미음)·溜飮(유음)·痛飮(통음)·暴飮(폭음).

飯 밥 반:

飯飯飯飯飯飯飯飯飯飯

① 음 fàn 일 ハン, くう 영 eat
② ③ 일 ハン, めし 영 boiled rice

① 밥 반(餐也, 炊穀). ② 먹을 반(食).
③ 칠 반(飼).

書體 小篆 飯 草書 飯 中學 形聲

飯羹(반갱 fàngēng) 밥과 국.
飯囊(반낭 fànnáng) 무능하고 하는 일 없이 놀고 있는 사람을 조롱하여 일컫는 말. 반대(飯袋).
飯床器(반상기 fànchuángqì) 밥상 하나를 차리게 만든 한 벌의 그릇.
飯匙(반시 fànchí) 숟가락.
飯店(반점 fàndiàn)《中》요리점(料理店). 여관(旅館).
飯酒(반주 fànjiǔ) 밥에 곁들여서 먹는 술.
飯饌(반찬 fànzhuàn) 밥에 곁들여 먹는 온갖 음식.

▶ 麥飯(맥반)·美飯(미반)·夕飯(석반)·殘飯(잔반)·朝飯(조반)·酒飯(주반).

飼 기를 사

음 sì 일 シ, やしなう
영 raise, breed

① 먹일 사(以食食人). ② 칠 사(畜禽獸).

飼料(사료 sìliào) 짐승을 기르는 먹이.
飼育(사육 sìyù) 짐승을 기름.

▶ 放飼(방사).

飽 배부를 포:

飽飽飽飽飽飽飽飽飽飽

음 bǎo, bào, páo 일 ホウ, あく
영 be fed up

① 배부를 포(食充滿). ② 먹기 싫을 포, 물릴 포(厭也, 飫). ③ 흡족할 포(飽滿, 飽和).

書體 小篆 飽 古文 𩜷 草書 飽

高校 形聲

飽滿(포만 bǎomǎn) 만복(滿腹)이 되도록 음식을 먹음.
飽腹(포복 shífù) 배 차도록 먹음. 포식(飽食).
飽食(포식 shíshí) 배가 부르게 잔뜩 먹음.
飽和(포화 shíhé)《物》① 어떤 양을 포함하여 최대한도(最大限度)에 달한 상태. ② 일정한 조건에서 작용이나 변화가 더 이상 진행되지 못하는 극도에 이른 상태.

飾 꾸밀 식

飾飾飾飾飾飾飾飾飾

শি shì 일ショク, かざる
ornament

① 꾸밀 식(修飾, 裝). ② 가선 두를 식(緣飾). ③ 문채 날 식(文飾). ④ 분 바를 식(粉飾). ⑤ 정제할 식(整飾).

書體 小篆 飾 草書 飾 (高校) 形聲

飾辯(식변 shìbiàn) 변설을 꾸밈. 말을 잘함.
飾說(식설 shìshuō) 꾸민 말. 식언(飾言). 식사(飾辭).
飾言(식언 shìyán) 말을 꾸밈. 거짓으로 꾸며서 하는 말.

▶ 假飾(가식)·服飾(복식)·修飾(수식)·外飾(외식)·裝飾(장식)·虛飾(허식).

餃 교자(餃子) 교

jiǎo 일コウ, あめ dumpling
경단 교.

餃餌(교이 jiǎoěr) 싸라기 가루로 만든 일종의 음식. 경단. 또는 찐 고기만두.
餃子(교자 jiǎozi) 찐 고기만두, 또는 물만두[水餃子].

餅 떡 병:

【餅병교(食부 8획)의 속자】

養 기를 양:

養養養養養養養養養養

yǎng 일ヨウ, やしなう
bring up, foster

① 기를 양, 자랄 양(育也, 長). ② 취할 양(取). ③ 마음 수란할 양(憂貌). ④ 몸 위할 양(養生). ⑤ 살찔 양(滋養). ⑥ 하인 양(厮養, 踐役). ⑦ 봉양할 양(下奉上).

書體 小篆 養 古文 養 草書 養 (中學) 形聲

養鷄場(양계장 yǎngjīchǎng) 닭을 기르기 위하여 마련한 곳.
養德(양덕 yǎngdé) 덕을 닦음. 인격(人格)을 수양함.
養豚(양돈 yǎngtún) 돼지를 기름.
養老(양로 yǎnglǎo) 노인을 위로하여 안락하게 지내도록 함.
養兵(양병 yǎngbīng) 군사를 양성함.
養分(양분 yǎngfēn) 영양이 되는 성분. 영양분(榮養分).
養生(양생 yǎngshēng) 건강에 주의함. 병에 걸리지 않고 오래 살기를 꾀함.
養成(양성 yǎngchéng) 길러냄.
養殖(양식 yǎngzhí) 인공적으로 길러서 번식하게 함.
養魚場(양어장 yǎngyúchǎng) 특별한 설비를 해 두고 물고기를 길러 번식(繁殖)시키는 곳.
養育(양육 yǎngyù) 길러 자라게 함.
養子(양자 yǎngzǐ) 수양아들. 아들 없는 집에서 대를 잇기 위하여 동성동본(同姓同本)인 친족 남자를 데려다 기르는 아들. ↔실자(實子).
養蠶(양잠 yǎngcán) 누에를 침.
養志(양지 yǎngzhì) ① 뜻을 높임. 자기가 마음먹은 뜻을 이루기 위해 끊임없이 노력함. ② 부모의 뜻을 좇아 즐겁게 해드림.
養畜(양축 yǎngchù) 가축(家畜)을 기름.
養親(양친 yǎngqīn) 부모를 모셔 돌봐드림.

▶ 供養(공양)·敎養(교양)·培養(배양)·保養(보양)·奉養(봉양)·休養(휴양)·富營養化(부영양화)·素養(소양)·修養(수양)·營養(영양)·營養食(영양식)·療養(요양)·休養院(휴양원)·滋養(자양)·涵養(함양)·休養(휴양)·休養院(휴양원).

餌 미끼 이:

🈠ěr 🈑ジ、えじき 🈒bait

① 미끼 이, 이깝 이(釣餌啗魚具). ② 흰 떡 이(粉餅). ③ 먹일 이(食). ④ 먹이 이(飼料).

餌食(이사 ěrshí) ① 새나 짐승의 먹이. ② 사람을 낚는 미끼.
餌藥(이약 ěryào) 평소에 몸을 건강하게 하기 위하여 쓰는 약.

▶ 食餌(식이)·藥餌(약이).

餓 주릴 아:

餓餓餓餓餓餓餓餓餓

🈠è 🈑ガ、うえる 🈒hungry

굶을 아(甚才飢).

書體 小篆 餓 草書 俄 (高校) 形聲

餓鬼(아귀 èguǐ) ①《佛》파율(破律)의 악업(惡業)을 저질러 아귀도(餓鬼道)에 빠진 귀신. ②《國》㉠ 염치(廉恥)없이 먹을 것이나 탐하는 사람. ㉡ 싸움을 잘하는 사람.
餓狼(아랑 èláng) 굶은 이리.《喩》위험이나 재난을 말함.
餓死(아사 èsǐ) 굶어 죽음.
餓死之境(아사지경 èsǐzhījìng) 극도(極度)에 이른 가난. 굶어 죽게 된 지경. 아사선상(餓死線上).

▶ 飢餓(기아)·饑餓(기아)·凍餓(동아).

餔 먹일 포:

🈠bù 🈑ホ、ゆうめし 🈒evening meal

① 저녁곁두리 포(申時食). ② 먹을 포(食). ③ 먹일 포(與食).【哺와 같음】

餔時(포시 bùshí) 저녁밥을 먹을 때. 신시(申時). 곧 오후 네시 무렵. 포시(哺時).
餔啜(포철 bùchuò) ① 먹고 마심. 음식(飮食). ② 하는 일 없이 식록(食祿)을 타 먹음. 포체(餔餟).

餘 남을 여

餘餘餘餘餘餘餘餘餘餘

🈠yú 🈑ヨ、あまり 🈒rest, excess

① 나머지 여(殘). ② 남을 여(賸, 饒). ③ 끝 여(末). ④ 나라 이름 여(扶餘, 朝鮮古國名).

書體 小篆 餘 草書 馀 (中學) 形聲

餘暇(여가 yúxiá) 남은 시간. 겨를.
餘慶(여경 yúqìng) ① 선조(先祖)들이 착한 일을 많이 한 보람으로 그 자손이 누리게 되는 경사. ② 덕택. 여복(餘福). ↔ 여앙(餘殃).
餘裕綽綽(여유작작 yúyùchāochāo) 쓰고 남을 만큼 아주 넉넉함. 작유여지(綽有餘地).
餘震(여진 yúzhèn)《地》큰 지진이 있는 뒤에 잇달아 일어나는 작은 진동.
餘他(여타 yútā) 그 밖의 다른 것.

▶ 窮餘之策(궁여지책)·迂餘曲折(우여곡절)·剩餘(잉여)·殘餘(잔여).

餞 보낼 전:

🈠jiàn 🈑セン、はなむけ 🈒send off

① 전별 잔치 전(送行宴). ② 보낼 전(送). ③ 정과 전(蜜餞, 正果).

餞杯(전배 jiànbēi) 송별의 술잔.
餞別(전별 jiànbié) ① 떠나는 사람을

배웅함. 잔치를 베풀어 작별함. 송별(送別). ② 송별의 뜻으로 주는 돈이나 물품.
餞別宴(전별연 jiànbiéyàn) 전별하는 잔치.
餞送(전송 jiànsòng) 전별(餞別)하여 보냄.

餅 밀가루 떡 병
食8 ⑰

🔖 bǐng 🔖 ヘイ, もち
🔖 wheatflour cake

밀가루 떡 병(麪麨).
餅師(병사 bǐngshī) 떡장수.
餅餌(병이 bǐng'ěr) 떡. 〈餅은 밀가루 떡, 餌는 쌀로 만든 떡〉. 병담(餅餤).

▶ 月餅(월병)·煎餅(전병).

館 집 관
食8 ⑰

館館館館館館館館館

🔖 guǎn 🔖 カン, やかた
🔖 hotel, house

① 객사 관(候館, 客舍). ② 집 관(院). ③ 관부 관(官府).

書體 小篆 館 草書 館 高校 形聲

館舍(관사 guǎnshè) ① 건물(建物)·관우(館宇). ②《國》외국사신(外國使臣)을 유숙(留宿)시키던 집.
館長(관장 guǎnzhǎng) ① 도서관(圖書館)·박물관(博物館)·학관(學館)과 같은 관(館)의 장(長). ②《制》성균관(成均館)의 우두머리 벼슬.

▶ 開館(개관)·客館(객관)·公館(공관)·公使館(공사관)·大使館(대사관)·美術館(미술관)·博物館(박물관)·別館(별관)·本館(본관)·城館(성관)·水族館(수족관)·新館(신관)·旅館(여관)·領事館(영사관)·映畫館(영화관)·倭館(왜관)·會館(회관)·休館(휴관).

餳 엿 당
食10 ⑲

🔖 táng 🔖 トウ, あめ
🔖 wheat-gluten

엿 당(飴).

餻 흰떡 고
食10 ⑲

🔖 gāo 🔖 コウ, こなもち
🔖 bar-shaped rice cake

흰떡 고(饗餻粉養餌餅).

饅 만두 만
食11 ⑳

🔖 mán 🔖 マン, まんじゅう
🔖 bun

① 만두 만(饅頭, 餅). ② 밀 음식 만(麪食).
饅頭(만두 mántou) 밀가루 같은 것을 반죽하여 소를 넣고 둥글게 빚어서, 삶거나, 찌거나 기름에 띄워 지져서 만든 음식. 촉(蜀)의 제갈공명(諸葛孔明)이 처음 만들었다 함.

饌 반찬 찬:
食12 ㉑

🔖 zhuàn 🔖 セン, そなえもの
🔖 side-dish

반찬 찬(具食).
饌間(찬간 zhuànjiān) 반찬을 만드는 곳.
饌母(찬모 zhuànmǔ) 남의 집에서 반찬을 만들어 주는 여자.
饌需(찬수 zhuànxū) 반찬거리나 그 종류.
饌欌(찬장 zhuànzàng) 잔 그릇과 음식 따위를 넣어 두는 장.

▶ 飯饌(반찬)·盛饌(성찬)·素饌(소찬)·酒饌(주찬).

10획 馬骨高髟鬥鬯鬲鬼　11획 魚鳥鹵鹿麥麻

饍 반찬 선:
食12 획

🔊 shàn 🇯🇵 ゼン, おかず
🔤 side-dish

차반 선, 반찬 선(美食).【膳과 같음】
饍御(선어 shànyù) 천자(天子)의 음식.

饑 주릴 기
食12 획

🔊 jī 🇯🇵 キ, うえる
🔤 starve, hungry

① 흉년들 기(穀不熟). ② 주릴 기, 굶주릴 기(餓).

饑渴(기갈 jīkě) 굶주림과 목마름. 음식물이 귀한 것. 기갈(飢渴).
饑窮(기궁 jīqióng) 배가 고파서 몹시 고생을 함.
饑饉(기근 jījǐn) 흉년(凶年).〈饑는 곡식이 익지 않음, 饉은 채소가 잘 되지 않음을 일컬음〉.
饑餓(기아 jī'è) 굶주림. 기아(飢餓).
饑荒(기황 jīhuāng) 기근(饑饉).

饒 넉넉할 요
食12 획

🔊 ráo 🇯🇵 ジョウ, ニョウ, ゆたか
🔤 fertile, rich

① 용서할 요(饒贷, 寬怒). ② 넉넉할 요(豊). ③ 배부를 요(飽). ④ 남을 요(餘). ⑤ 더할 요(益). ⑥ 즐길 요(逸). ⑦ 두터울 요(厚). ⑧ 땅 걸찰 요(饒肥, 地味).

饒貸(요대 ráodài) 너그럽게 용서함.
饒命(요명 ráomìng) 목숨을 도와 줌. 목숨을 건져 줌.
饒舌(요설 ráoshé) 잘 지껄임. 말이 많음.

▶ 富饒(부요)·豊饒(풍요).

饗 잔치할 향:
食13 획

🔊 xiǎng 🇯🇵 キョウ, もてなす
🔤 entertain

① 잔치할 향(大飲賓). ② 흠향할 향(祭而神歆).
饗宴(향연 xiǎngyàn) 주식(酒食)을 베풀어서 대접하는 잔치.
饗應(향응 xiǎngyīng) 특별히 마음써서 융숭하게 대접함. 또는 그 대접.

首 部
머리 수

首 머리/우두머리 수
首 0 획 / 9

首首首首首首首首首

①-⑥ 🔊 shǒu 🇯🇵 シュ,くび 🔤 head
⑦-⑩ 🇯🇵 シュ, かしら 🔤 chief

① 머리 수(頭). ② 먼저 수(先). ③ 비롯할 수, 처음 수(始). ④ 임금 수(君). ⑤ 우두머리 수(首領帥). ⑥ 괴수 수(戎首魁帥). ⑦ 향할 수(嚮). ⑧ 꾸벅거릴 수, 자백할 수(有咎自陳). ⑨ 시 한 편 수(詩歌一篇). ⑩ 항복할 수(降服).

書體: 小篆 𩠐 ／ 草書 𩠐 ／ 中學 ／ 象形

首魁(수괴 shǒukuí) ① 앞장을 선 사람. ② 두목(頭目). 장본인(張本人). ③《法》내란(內亂) 등을 지도하고 앞장서서 실행하는 사람.
首肯(수긍 shǒukěn) ① 그러하다고 고개를 끄덕임. ② 옳음을 인정함. 동의(同義)함. 찬의(贊意)를 표함.

首腦(수뇌 shǒunǎo) 우두머리. 중요한 자리를 맡고 있는 사람.
首班(수반 shǒubān) ① 제일(第一)의 석차(席次). 수석(首席). ② 《法》 행정부(行政府)의 우두머리.
首相(수상 shǒuxiàng) 《法》 내각(內閣)의 우두머리. 국무총리(國務總理). 내각총리대신(內閣總理大臣).
首座(수좌 shǒuzuò) ① 《佛》 선종(禪宗)의 승당(僧堂)에서 좌선(座禪) 스님 중에서 우두머리가 되는 스님. ② 첫째의 자리. 맨 윗자리.
首勳(수훈 shǒuxūn) 첫째가는 큰 공훈.

▶ 魁首(괴수)·卷首(권수)·黨首(당수)·白首(백수)·部首(부수)·歲首(세수)·元首(원수)·自首(자수)·賊首(적수).

香 部

향기 **향**

香 0 ⑨ **香** 향내 **향**

[중] xiāng [일] キョウ, コウ, かおり
[영] fragrance

① 향내 **향**, 향기 **향**(氣芬芳). ② 약 이름 **향**(藥名丁香沈香乳香).

書體 小篆  草書  [中學] 會意

香氣(향기 xiāngqì) 향기로운 냄새. 향냄새.
香囊(향낭 xiāngnáng) 향을 넣어 차고 다니는 말총으로 짠 주머니.
香茶(향다 xiāngchá) 좋은 향기가 나는 차.
香爐(향로 xiānglú) 향을 피우는 조그만 화로.
香料(향료 xiāngliào) ① 향내를 풍기는 물품. 그윽한 향기를 품고 있는 원료. ② 향을 바치는 대신에 죽은이의 영전(靈前)에 바치는 돈. 향전(香典). 향전(香奠).
香味(향미 xiāngwèi) 음식물의 향기로운 맛.
香水(향수 xiāngshuǐ) ① 향내를 풍기는 물. ② 화장품의 한 가지. ③ 《佛》 불전(佛前)에 올리는 물.
香辛料(향신료 xiāngxīnliào) 고추·후추·겨자·깨·마늘·파 따위와 같이 식물의 종자·잎·줄기·뿌리 따위로 음식물에 매운 맛이나 향기를 주는 조미료(調味料).
香油(향유 xiāngyóu) ① 좋은 냄새가 나는 기름. ② =향수(香水). ③ 《國》 참기름.
香臭(향취 xiāngchòu) ① =향기(香氣). ② 향기와 악취(惡臭).
香盒(향합 xiānghé) 제사 때 쓰는 향을 담는 합. 향합(香合).
香薰(향훈 xiāngxūn) 꽃다운 향기.

▶ 墨香(묵향)·芳香(방향)·焚香(분향)·燒香(소향)·暗香(암향)·肉香(육향)·清香(청향)·春香(춘향).

香 9 ⑱ **馥** 향기 **복**

[중] fù [일] フク, かおり
[영] fragrance

향기 **복**(芬馥, 香氣).

馥馥(복복 fùfù) =복욱(馥郁).
馥郁(복욱 fùyù) 향기 높은 모양. 복복(馥馥).

香 11 ⑳ **馨** 꽃다울 **형**

① [중] xīn [일] ケイ, かおる [영] fine scent ② [일] キョウ, かおる

① 향내 멀리 날 **형**(香遠聞). ② 이러할

형(寧馨, 語辭).
馨氣(형기 xīnqì) 향기. 냄새.
馨香(형향 xīnxiāng) 향기로운 냄새. 그윽한 향기.

馬 部

말 마

馬⁰⁰ 말 마:

馬馬馬馬馬馬馬馬馬

㊊ mǎ ㊐ バ, メ, マ, うま ㊇ horse

① 말 **마**(畜名). ② 아지랑이 **마**(野田浮氣). ③ 추녀 끝 **마**(屋四角). ④ 벼슬 이름 **마**(官名, 司馬). ⑤ 나라 이름 **마**(馬韓朝鮮古國名). ⑥ [新字] 마르크 (Mark, 獨逸貨幣單位).

書體 小篆 馬 古文 影 草書 马 中學 象形

馬脚(마각 mǎjiǎo) ① 말다리. 마족(馬足). ② 겉치레하였던 본성(本性). 진상(眞相).
馬脚露出(마각노출 mǎjiǎolòuchū) 숨기고 있던 간사한 꾀가 부지중에 드러나.
馬券(마권 mǎquàn) 경마(競馬)할 때에 파는 승마투표권(勝馬投票權).
馬力(마력 mǎlì) ①《物》동력(動力)의 단위(單位). 약 한 필의 말의 힘에 의한 공률(工率)의 중력 단위로서, 1초 동안에 75kg의 중량을 1m 움직이는 힘이며 전력(電力)으로는 746W에 상당함. ② 짐을 싣는 마차(馬車). ③ 강한 체력.
馬糞(마분 mǎfèn) =마시(馬矢). 말똥.
馬術(마술 mǎshù) 말 타는 기술.

馬耳東風(마이동풍 mǎ'ěrdōngfēng)《肩》남의 비평이나 의견을 조금도 귀담아 듣지 아니하고 곧 흘려버림.
馬賊(마적 mǎzéi) ① 말을 훔치는 도둑. ② 말을 탄 비적(匪賊). 또는 그 떼.
馬蹄(마제 mǎtí) ① 말의 발굽. ② 사람이 타고 있는 말. ③ 장자(莊子)의 편명(篇名).
馬銜(마함 mǎxián) ① 말재갈. ② 해신(海神)의 이름.

▶ 犬馬(견마)·牽馬(견마)·競馬(경마)·軍馬(군마)·騎馬(기마)·竹馬(죽마)·駿馬(준마)·天馬(천마)·悍馬(한마).

馱³⑬ 짐 실을 타

㊊ tuò, duò, tuǒ ㊐ タ, タイ, おわせる ㊇ load

① 탈 **타**(騎). ② 짐 실을 **타**(負荷以畜載物).
馱價(타가 tuojià) 짐을 날라 주거나 져다 준 삯.
馱賃(타임 tuólìn) 타마(駄馬)에 의(依)한 운송대금(運送代金).《轉》운송임(運送賃). 심부름 삯.
馱載(타재 tuózài) 짐을 실음. 또는 하물(荷物).

馳³⑬ 달릴 치

㊊ chí ㊐ チ, はしる ㊇ scuttle

① 달릴 **치**(馳鶩, 疾驅). ② 거둥길 **치**(馳道, 御路). ③ 전할 **치**(傳達).
馳驅(치구 chíqū) ① 말을 타고 달림. ② 분주(奔走)하게 돌아다님.
馳突(치돌 chítū) 힘차게 돌진(突進)함. 말을 달려서 거침없이 나아감.
馳報(치보 chíbào) 빨리 달려가서 알림.
馳逐(치축 chízhú) ① 말을 달려서 뒤좇음. 달려서 좇음. ② 경마(競馬)를 함.

馴 길들일 순
馬 3 (13)

1 音 xún 일 ジュン, ならす
영 tame 2 일 クン

1 ① 길들일 순(馬順擾也從). ② 길들 순(漸致). ③ 착할 순(善). 2 ① 순할 훈(順). ② 가르칠 훈(教).

馴鹿(순록 xúnlù)《動》사슴의 한 가지. 사슴과에 딸린 짐승. 북쪽 추운 지방에 삶. 암수가 다 뿔이 있음.
馴養(순양 xúnyǎng) 동물을 길들여서 기름.
馴致(순치 xúnzhì) ① 직접 변하여 어떠한 상태에 이르게 함. ② 짐승을 길들임.
馴行(순행 xúnxíng) 착한 행실. 선행(善行).

駁 논박할 박
馬 4 (14)

音 bó 일 ハク, ただす 영 refute

① 얼룩말 박, 고라말 박, 유부루말 박(馬雜色). ② 섞일 박(雜). ③ 논박할 박(非難攻擊).

駁擊(박격 bójī) 다른 사람의 주장이나 이론(理論)을 비난 공격함. 박의(駁議).
駁論(박론 bólùn) 상대방의 설(說)을 비난 공격함. 또는 그 의론(議論).
駁文(박문 bówén) 옳고 그름을 논하여 공격하는 글.
駁說(박설 bóshè) 남의 설(說)을 비난 공격함. 또는 그 설(說).

▶ 攻駁(공박)·論駁(논박)·面駁(면박)·反駁(반박)·斑駁(반박).

駅 역/역말 역
馬 4 (14)

【驛(馬부13획)의 약자】

駐 머무를 주:
馬 5 (15)

音 zhù 일 チュウ, とどまる
영 halt

① 말 머무를 주(馬止). ② 머무를 주(滯在). ③ 임금 탄 말 머무를 주(蹕駐行在所).

駐屯(주둔 zhùtún) 군대가 어떤 지역에 머무름. 둔주(屯駐).
駐在(주재 zhùzài) ① 한 곳에 머물러 있음. ② 관리가 파견되어 직무상 그 곳에 머무러 있음.

▶ 常駐(상주)·進駐(진주).

駑 둔한 말 노
馬 5 (15)

音 nú 일 ド, にぶい 영 stupid, dull

① 노둔할 말 노(駑駘最下乘). ② 노둔할 노(魯鈍).

駑鈍(노둔 núdùn) 어리석고 둔하여 쓸모가 없음. 또는 자기재능(自己才能)의 겸칭(謙稱). 노둔(駑鈍).
駑馬(노마 númǎ) 걸음이 느린 말. 둔한 말.《喻》재능이 둔하고 남에게 빠지는 사람. 노태(駑駘).
駑馬十駕(노마십가 númǎshíjià)《喻》재능이 없는 사람도 열심히 노력만 하면 재능이 있는 사람을 따를 수 있음.

駒 망아지 구
馬 5 (15)

音 jū 일 ク, こま 영 foal, pony

① 망아지 구(二歲馬). ② 애말 구(位駒小馬). ③ 나무등걸 구(枯樹本). ④ 노래 이름 구(歌名, 驪駒).

駒隙(구극 jūxì)《喻》세월은 빨리 흘러가고 인생은 덧없음.
駒影(구영 jūyǐng) 해 그림자. 일광(日光).

駕 멍에 가(ː)

馬5⑮

jià カ, ガ, のりもの
carriage

① 임금 탄 수레 가(車駕). ② 멍에 멜 가(馭). ③ 멍에 가(馬在軛中).

駕轎(가교 jiàjiào) ① 임금이 타던 가마. 두 마리의 말이 앞뒤에서 채가 흔들리지 아니하도록 겨누르고 감. 정가교(正駕轎)와 공가교(空駕轎)의 구별이 있음. ② 쌍가마.

駕馬(가마 jiàmǎ) 그모만 집 모양으로 생기어, 앞뒤에서 멜빵에 걸어 메게 된 탈것. 보교(步轎)·장독교(帳獨轎)·장보교(帳步轎)·사인교(四人轎)·덩 등이 있음. 승교(乘轎).

▶ 凌駕(능가)·御駕(어가).

駝 낙타 타

馬5⑮

tuó タ, ダ, らくだ camel

① 낙타 타(駱駝, 橐駝, 封牛). ② 곱사등이 타(佝僂).

駝鳥(타조 tuóniǎo) 《動》 타조과에 속하는 새. 현재(現在)의 조류(鳥類) 중에서 가장 큰 것. 열대지방에 분포함.

▶ 駱駝(낙타).

駱 낙타 락

馬6⑯

luò ラク, らくだ camel

① 가리온 락(白馬黑鬣). ② 낙타 락(駱駝).

駱驛(낙역 luòyì) 왕래(往來)가 끊임이 없는 모양.

駱駝(낙타 luòtuó) 《動》 낙타과(駱駝科)에 속하는 단봉낙타(單峰駱駝)의 통칭. 사막 생활에 없어서는 아니 될 중요한 가축임. 약대. ② 낙타(駱駝)의 털. 또는 그것으로 만든 옷감.

駿 준마 준ː

馬7⑰

jùn シュン, すぐれる
swift horse

1 ① 준마 준(馬之美稱). ② 클 준(大). ③ 빠를 준(疾速). ④ 높을 준(高).
2 순. 뜻은 **1**과 같음.

駿骨(준골 jùngǔ, gū) 준마(駿馬)의 뼈. 《喩》 현재(賢才).

駿驥(준기 jùnjì) 뛰어나게 좋은 말.
駿良(준량 jùnliáng) 뛰어나고 좋음.
駿馬(준마 jùnmǎ) 잘 달리는 좋은 말. 준족(駿足).

駿敏(준민 jùnmǐn) 뛰어나고 재빠름.
駿逸(준일 jùnyì) ① 뛰어나게 빠름. ② 세력이 몹시 성함. ③ 사람의 재능이 뛰어남.

駿足(준족 jùnzú) ① =준마(駿馬). ② 다리가 빨라 잘 달림. 《喩》 뛰어난 사람.

騎 탈 기

馬8⑱

騎騎騎騎騎騎騎騎騎

① qí キ, のる ride
② キ, またがる cavalier

① 마병 기(軍騎, 馬軍). ② 말 탈 기(跨馬).

| 書體 | 小篆 騎 | 草書 骑 | 高校 | 形聲 |

騎士(기사 qíshì) ① 말을 타는 무사. ② 중세(中世) 유럽의 무사(武士)의 한 계급.

騎手(기수 qíshǒu) ① 말을 전문으로 타는 사람. ② 경마 따위에 말을 타고 달리는 선수.

騎虎之勢(기호지세 qíhǔzhīshì) 범을

타고 달리는 기세. 《喩》힘차게 무슨 일에 손댔던 것을 그만두려고 해도 그만둘 수가 없는 것.

▶ 輕騎(경기)·精騎(정기)·鐵騎(철기).

騏 준마 기

馬 8획 (18)

㊀ qí ㊁ キ, くろみどり
㊂ spotted horse

철총이 **기**, 얼룩말 **기**.

騏驥(기기 qíjì) 썩 빨리 달리는 말. 《喩》현인(賢人).
騏驎(기린 qílín) ① 썩 빨리 달리는 말. 뛰어나게 좋은 말. ②《動》상상상의 동물. 성인이 이 세상에 나기 전에 나타난다고 함. 기린(麒麟).

驗 시험 험:

馬 8획 (18)

【驗(馬부13획)의 약자】

騙 속일 편

馬 9획 (19)

㊀ piàn ㊁ ヘン, かたる ㊂ cheat

① 속일 **편**(欺). ② 말에 뛰어오를 **편**(躍上馬).

騙弄(편롱 piànnòng) 사람을 속여 우롱(愚弄)함.
騙取(편취 piànqǔ) 남을 속여서 재물이나 이익 등을 빼앗음.
騙哄(편홍 piànhōng) 속임.

騰 오를 등

馬 10획 (20)

騰騰騰騰騰騰騰騰騰

㊀ téng ㊁ トウ, のぼる
㊂ ascend, rise

① 달릴 **등**(馳). ② 뛰놀 **등**(踊躍). ③ 날칠 **등**(升).

書體 小篆 騰 草書 脟 高校 形聲

騰降(등강 téngjiàng) 오르는 것과 내리는 것. 오름과 내림. 등강(登降).
騰貴(등귀 téngguì) 물건 값이 오름. 등약(騰躍). 등용(騰踊).
騰極(등극 téngjí) 임금의 자리에 오름. 등극(登極).
騰越(등월 téngyuè) 뛰어 오름. 뛰어 넘음.

▶ 高騰(고등)·反騰(반등)·奔騰(분등)·沸騰(비등)·暴騰(폭등).

騶 마부 추

馬 10획 (20)

㊀ zōu ㊁ スウ, シュウ, うまかい
㊂ coachman

① 거덜 **추**, 마부 **추**(騶徒廐御). ② 짐승 이름 **추**(騶虞仁獸).

騶從(추종 zōucóng) 귀인을 받들어 그를 따라 다니는 기사(騎士). 추복(騶僕).

騷 시끄러울/소란할 소

馬 10획 (20)

騷騷騷騷騷騷騷騷騷

㊀ sāo ㊁ ソウ, さわぐ
㊂ noisy, clamourous

① 근심스러울 **소**(遭憂日離騷愁). ② 흔들릴 **소** 소동할 **소**(擾也, 動). ③ 급할 **소**(急貌). ④ 처량스러울 **소**(騷屑, 蕭騷, 凄).

書體 小篆 騷 草書 骚 高校 形聲

騷動(소동 sāodòng) ① 야단법석(野壇法席)이 되어 마음이 가라앉지 않음. ② 여럿이 싸우거나 떠들어 댐. 큰 변. 소란(騷亂).
騷亂(소란 sāoluàn) 시끄럽고 어수선함. 소동(騷動).

騷屑(소설 sāoxiè) 바람이 시원스럽게 부는 모양. 살랑살랑 부는 바람 소리.
騷訛(소와 sāo'é) 잘못 전해져서 소동이 난 소문.
騷擾(소요 sāoráo) 떠들썩하여 어지러움.
騷音(소음 sāoyīn) 시끄러운 소리.

驁 준마 오

①-③ 囹 áo ④ ⑤ 囹 ào 囻 ゴウ, よいうま 囻 swift horse

① 준마 오(駿馬). ② 뻣뻣할 오(不軟順). ③ 깔볼 오(輕視). ④ 오. 뜻은 ① ② ③과 같음. ⑤ 풍류 이름 오(樂章名驁夏).

驁蹇(오건 áojiǎn) =오방(驁放). 건방짐.
驁放(오방 àofàng) 교만하여 제 멋대로 하는 것. 건방진 것. 오건(驁蹇).

驅 몰 구

驅驅驅驅驅驅驅驅驅
囹 qū 囻 ク, かる, かける
囻 drive away

① 몰 구(奔馳驟). ② 쫓아 보낼 구(逐遣). ③ 앞잡이 구.

書體 小篆 [圖] 古文 [圖] 草書 [圖] (高校) 形聲

驅迫(구박 qūpò)《國》 못 견디게 굴음. 학대함.
驅步(구보 qūbù) 달음박질.
驅使(구사 qūshǐ) ① 사람이 동물을 몰아서 부림. 구역(驅役). ② 자유자재로 다루어 씀.
驅除(구제 qūchú) 몰아내어 없애 버림.
驅逐(구축 qūzhú) 몰아 쫓아냄.
驅逐艦(구축함 qūzhújiàn) 어뢰(魚雷)를 주요 무기로 하여 적의 함선을 격침하는 것을 임무로 하는 속력이 빠른 소형(小型)의 군함.
驅蟲(구충 qūchóng) =제충(除蟲).

▶先驅(선구)・乘勝長驅(승승장구).

驕 교만할 교

① 囹 jiāo 囻 キョウ, おごる
囻 proud ② 囻 haughty

① ① 교만할 교(自矜). ② 방자할 교(逸傲縱恣). ③ 키 여섯 자 되는 말 교(馬高六尺). ② 부리 짧은 사냥개 효(短喙犬).

驕慢(교만 jiāomàn) 겸손하지 않고 뽐내어 방자함.
驕色(교색 jiāosè) 교만하고 뽐내는 모양.
驕傲(교오 jiāoào) 교만하고 오만함.
驕侈(교치 jiāochǐ) 교만하고 사치스러움.
驕惰(교타 jiāoduò) 교만하고 게으름.
驕怠(교태 jiāodài) 교만하고 태만함.

驗 시험 험:

驗驗驗驗驗驗驗驗驗驗
囹 yàn 囻 ケン, こころみる
囻 try, examine

① 증험할 험(證也, 效). ② 시험할 험(考視). ③ 보람 험(効).

書體 小篆 [圖] 草書 [圖] (高校) 形聲

驗問(험문 yànwèn) 사문(査問)함 조사함. 험신(驗訊).
驗算(험산 yànsuàn)《數》 어떤 계산의 정부(正否)를 알기 위하여 하는 계산. 검산(檢算).
驗證(험증 yànzhèng) 표지. 증거.
驗效(험효 yànxiào) 효력. 효험(效驗).

驚 놀랄 경

🔊 jīng 🔊 ケイ, キョウ, おどろく
🔊 astonish

① 두려울 경(惶也, 懼). ② 놀랄 경(駭). ③ 말 놀랄 경(馬駭).

書體 小篆 驚 草書 筓 (中學) 形聲

驚氣(경기 jīngqì) = 경풍(驚風).
驚倒(경도 jīngdǎo) 매우 놀람.
驚浪(경랑 jīnglàng) 거센 파도. 경도(驚濤). 경파(驚波).
驚愕(경악 jīngè) 몹시 놀람. 놀라고 두려워함. 경해(驚駭).
驚異(경이 jīngyì) 놀라서 이상하게 여김. 놀라움.
驚天動地(경천동지 jīngtiāndòngdì) ① 하늘을 놀라게 하고 땅을 움직임. ② 몹시 세상을 놀라게 함.
驚蟄(경칩 jīngzhé) 24절기의 하나. 우수(雨水) 다음의 절기로, 양력 3월 5일경. 땅 속의 벌레가 동면(冬眠)에서 깨어 꿈질거리기 시작하는 시기라는 뜻.
驚歎(경탄 jīngtàn) ① 몹시 감심(感心)함. 몹시 칭찬함. ② 놀라 탄식함.
驚惶(경황 jīnghuáng) 놀라고 황급함.

▶ 勿驚(물경).

驛 역/역말 역

驛驛驛驛驛驛驛驛驛驛

🔊 yì 🔊 エキ, えき, しゅくば
🔊 station

① 잇닿을 역, 잇댈 역(駱驛連屬). ② 싹 뾰죽뾰죽할 역(驛驛苗貌). ③ 역말 역(遞馬). ④ 역말 집 역(傳舍). ⑤ 정거장 역(汽車停車場).

書體 小篆 驛 草書 驛 (高校) 形聲

驛頭(역두 yìtóu) 역(驛) 부근.
驛舍(역사 yìshè) 역참(驛站)에 사람이나 말의 유숙(留宿)을 위하여 지어 놓은 집. 역관(驛館).
驛傳(역전 yìyì) ①《制》옛날 어느 역참(驛站)에서 다음의 역참(驛站)에 사람이나 짐을 차례로 전하여 보내던 일. 역체(驛遞). ② 역전경주(驛傳競走)의 약어.

▶ 簡易驛(간이역)·汽車驛(기차역)·始發驛(시발역)·地下鐵驛(지하철역)·鐵道驛(철도역)·換乘驛(환승역).

驢 나귀 려

🔊 lǘ 🔊 ロ, うさぎうま 🔊 ass

나귀 려.

驢馬(여마 lǘmǎ)《動》① 당나귀. ② 당나귀와 말.
驢鳴犬吠(여명견폐 lǘmíngquǎnfèi) 당나귀의 울음과 개의 짖음.《喩》문젯거리도 되지 못하는 변변치 않은 문장.
驢背(여배 lǘbèi) 당나귀의 등.

驥 천리마 기

🔊 jì 🔊 キ, すぐれうま
🔊 swift horse

천리마 기.

驥尾(기미 jìwěi) 천리마(千里馬)의 꼬리.《喩》뛰어난 사람의 뒤.
驥服鹽車(기복염거 jìfúyánchē) 천리마(千里馬)가 소금 실은 수레를 끌음. 《喩》 유능(有能)한 현사(賢士)가 천역(賤役)에 종사함.

驥子龍文(기자용문) jìzǐlóngwén) 훌륭한 자제(子弟)를 일컫는 말. 배선명(裴宣明)의 두 아들 경란(景鸞)·경홍(景鴻)이 모두 뛰어난 재주를 갖고 있어 하동지방(河東地方)에서는 경란(景鸞)을 기자(驥子), 경홍(景鴻)을 용문(龍文)이라 칭(稱)하였음.

驥足(기족) jìzú) 준마(駿馬)의 발. 《喩》 뛰어난 재능이 있음.

骨 部

뼈 골

骨 뼈 골
10획

骨骨骨骨骨骨骨骨骨骨

音 gǔ, gū 일 コツ, ほね 영 bone

① 뼈 골(肉之覈). ② 신라 귀족 골(第一骨). ③ 살 골, 요긴할 골(事物之骨子). ④ 꼿꼿할 골(剛直).

書體 小篆 骨 草書 骨 中學 會意

骨幹(골간) gǔgàn) 《生》 뼈대.
骨董(골동) gǔdǒng) ① 물건이 물에 떨어지는 소리. ② 골동품(骨董品)의 약(略). 옛날의 서화(書畫)·도기(陶器)·칠기(漆器)·도검(刀劍)이나 그 밖의 미술적인 기명(器皿).
骨盤(골반) gǔpán) 《生》 요부(腰部)에 있는 모든 뼈대. 짧은 원통상(圓筒狀)을 이루고 있는 데, 남자에게는 방광(膀胱)·정낭선(精囊腺) 등이 있고, 여자에게는 방광(膀胱)·자궁(子宮) 등이 들어 있음.
骨山(골산) gǔshān) 돌로 에워싼 산.
骨髓(골수) gǔsuǐ) ① 《生》 뼈 내부에 차 있는 결체질의 적색 또는 황색의 연한 조직. ② 요점(要點). 주안(主眼). ③ 골격(骨格)과 마음 속.
骨肉相殘(골육상잔) gǔròuxiāngcán) ① 부자·형제 사이에 서로 해를 끼침. ② 같은 민족끼리 전쟁을 함.
骨肉相爭(골육상쟁) gǔròuxiāngzhēng) =골육상잔(骨肉相殘).
骨肉之親(골육지친) gǔròuzhīqīn) 부자(父子)·형제(兄弟) 또는 그와 같이 가까운 혈족(血族). 뼈와 살이 서로 떨어질 수 없는 것과 같은 깊은 관계. 친족(親族).
骨折(골절) gǔzhé) 뼈가 부러짐. 절골(折骨).
骨痛(골통) gǔtòng) 《醫》 뼈가 바늘로 찌르듯이 쑤시는 병.
骨寒症(골한증) gǔhánzhèng) 《醫》 뼛속에 한기(寒氣)를 느끼는 병.

▶ 脚骨(각골)·刻骨(각골)·枯骨(고골)·筋骨(근골)·跟骨(근골)·肌骨(기골)·壽骨(수골)·手骨(수골)·弱骨(약골)·玉骨(옥골)·人骨(인골)·眞骨(진골)·皮骨(피골)·喉骨(후골)·胸骨(흉골).

骸 뼈 해
6획
16획

音 hái 일 ガイ, ほね 영 skeleton

뼈 해(百骸, 骨).

骸骨(해골) háigǔ) ① 신체의 뼈. ② 살은 다 없어지고 뼈만 남은 시해(尸骸). ③ 죽은 사람의 몸. 시체(屍體). ④ 관직(官職)에서 물러남. 〈재직중(在職中)의 몸은 임금의 소유(所有)로 되어 있기 때문〉.

▶ 死骸(사해)·遺骸(유해)·殘骸(잔해)·形骸(형해).

髀 넙적다리뼈 비
8획
18획

1 音 bì 일 ヒ, もも 영 thigh

2 음 bǐ 일 ヘイ, もも

1 넓적다리뼈 비(股骨). 2 볼기짝 폐(髀). 【髀와 같음】

髀骨(비골 bìgǔ) ①《生》넓적다리뼈. ② 골반(骨盤)을 이루는 큰 뼈. 무명골(無名骨). 관골(髖骨).

髀臼(비구 bìjiù) 《生》치골(恥骨)과 비골(髀骨) 사이의 오목하게 들어간 곳.

髀肉之嘆(비육지탄 bǐròuzhītàn) 오랫동안 전장(戰場)에 나가지 않아서 말을 못 타고 넓적다리에 살이 쪘음을 탄식함. 《喻》영웅이 할 일이 없이 허송세월하면서 아무 공도 세우지 못함을 탄식함. 비육지탄(髀肉之嘆).

髓 뼛골 수

骨 13 ②

음 suǐ 일 スイ, ずい 영 marrow
① 뼛속기름 수(骨中脂). ② 마음속 수(心底).

髓腦(수뇌 suǐnǎo) ① =뇌수(腦髓). ② 사물의 가장 중요한 곳. 요점(要點).

▶ 骨髓(골수)·腦髓(뇌수)·心髓(심수)·精髓(정수)·眞髓(진수)·脊髓(척수).

體 몸 체

骨 13 ②

體體體體體體體體體體

음 tǐ, tī 일 タイ, テイ, からだ
영 body, trunk
① 몸 체(身). ② 사지 체(四肢). ③ 몸받을 체(體之). ④ 모양 체, 꼴 체(形狀, 狀態). ⑤ 물건 체, 것 체(物體液體). ⑥ 근본 체(本). ⑦ 본받을 체(效). 【軆와 같음】

書 小 體 草 體 語 中學 形
篆 書 聲

體貌(체모 tǐmào) ① 형체(形體)와 상모(相貌). 용모(容貌). ② 예의를 바로 하여 경의(敬意)를 표함.

體積(체적 tǐjī) 입체가 차지하는 공간의 크기. 입체의 크기.

體臭(체취 tǐchòu) ① 몸의 냄새. ② 그 사람에게 고착(固着)된 독특한 기분이나 버릇.

體統(체통 tǐtǒng) ① 신분에 걸맞은 체면. 대체(大體). 대요(大要). ② 규정된 의식(儀式). 또는 제도 ③ 관리의 체면.

體驗(체험 tǐyàn) 자기가 실제로 경험함. 또는 그러한 경험.

▶ 簡體字(간체자)·個體(개체)·客體(객체)·計體(계체)·固體(고체)·國體(국체)·君師父一體(군사부일체)·機體(기체)·氣體(기체)·裸體(나체)·團體(단체)·胴體(동체)·媒體(매체)·母體(모체)·文體(문체)·物我一體(물아일체)·物體(물체)·反體(반체)·本體(본체)·三位一體(삼위일체)·生體(생체)·書體(서체)·船體(선체)·輸出業體(수출업체)·屍體(시체)·身體(신체)·實體(실체)·液體(액체)·弱體(약체)·業體(업체)·軟體動物(연체동물)·聯合體(연합체)·藝體能(예체능)·流體(유체)·肉體(육체)·異體(이체)·人體(인체)·一體(일체)·立體(입체)·字體(자체)·自體(자체)·雜體(잡체)·低體重兒(저체중아)·全體(전체)·政體(정체)·正體不明(정체불명)·主體(주체)·肢體(지체)·地體(지체)·天體(천체)·總體(총체)·椎體(추체)·筆體(필체)·下體(하체)·合體(합체)·抗體(항체)·解體(해체)·形體(형체)·渾然一體(혼연일체).

高 部

높을 고

高 높을 고

高 0 ⑩

高高高高高高高高高

⑥-⑧ 음 gāo 일 コウ, たかい
영 high, tall

① 높을 고(崇). ② 위 고(上). ③ 멀 고(遠). ④ 높일 고(敬). ⑤ 성 고(姓). ⑥ 높이 고(低之對). ⑦ 고상할 고(高尙). ⑧ 비쌀 고(物價不廉).

書體 小篆 高 草書 高 **中學** 象形

高見(고견 gāojiàn) ① 높이 뛰어난 식견(識見). ② 상대방의 의견을 높여 이르는 말.
高潔(고결 gāojié) 고상(高尙)하고 결백(潔白)함.
高談峻論(고담준론 gāotánjùnlùn) ① 고상하고 준엄함 언론(言論). ② 자만하고 과장하여 하는 언론(言論).
高踏的(고답적 gāodàde) ① 세상의 범속(凡俗)과 사귀지 않는 모양. 귀족취미(貴族趣味). ② 형식을 중히 여기고, 귀족적인 사상을 존중하는 모양.
高臺廣室(고대광실 gāotáiguǎngshì) 규모가 굉장히 큰 집.
高麗瓷器(고려자기 gāolícíqí) 고려 시대에 만든 자기. 여러 가지 빛깔의 자기(瓷器)가 있으나 청자(靑瓷)가 가장 유명함. 특히 비색청자(翡色靑瓷)에다 무늬를 새긴 상감청자(象嵌靑瓷)는 세계적인 보물임.
高麗葬(고려장 gāolìzàng) ① 고구려 때 늙고 병든 사람을 산 채로 광중(壙中)에 두었다가 죽으면 그 곳에 매장하던 일. ② 《中》고분(古墳).
高嶺土(고령토 gāolǐngtǔ) ① 도자기를 만드는 데 쓰는 흙. ② 《鑛》장석(長石)이 분해되어 생긴 흙.
高邁(고매 gāomài) 일반 사람보다 훨씬 높고 뛰어남. 초매(超邁).
高峰峻嶺(고봉준령 gāofēngjùnlǐng) 높은 산봉우리와 험한 산마루.
高山(고산 gāoshān) 높은 산.
高揚(고양 gāoyáng) 높이 양양(揚揚)함. 높이 선양(宣揚)함.
高枕短命(고침단명 gāozhěnduǎnmìng) 베개를 높이 베면 오래 못산다는 말.

高秤(고칭 gāochèng) 저울을 세게 달음.

高⓪⑪ 높을 고

【高(高부 0획)의 속자】

髟 部

머리 늘어질 **표**, 터럭 **발**

髟 4 ⑭ 髯 구레나룻 염

中 rán 日 ゼン, ほおひげ
英 whiskers

구레나룻 염.

髯口(염구 ránkǒu) 희극 용어. 배우의 윗입술에 붙이는 수염.
髯虜(염로 ránlǔ) 털보의 오랑캐. 이국인(異國人)을 일컫는 말.
髯主簿(염주부 ránzhǔbù) 《動》양(羊)의 별명.

髟 5 ⑤ 髭 윗수염 자

中 zī, cī 日 シ, くちひげ
英 moustache

윗수염 자(口上鬚).

髭鬚(자수 zīxū) 윗수염과 턱에 난 수염. 아래 위의 나룻.
髭歲(자세 zīsuì) 더벅머리의 어린 나이. 유년(幼年). 초치(髫齒).

髟 5 ⑤ 髮 터럭/털 **발**

髮 髮 髮 髮 髮 髮 髮 髮 髮 髮

中 fà, fā 日 ハツ, かみ 英 hair

① 터럭 **발**, 머리카락 **발**(頭上毛). ② 모래땅 **발**, 메마른 땅 **발**(窮髮, 不毛之地).

書體 小篆 髮 古文 䰂 草書 髮

高校 形聲

髮膚(발부 fàfū) 머리털과 피부. 《轉》 신체(身體). 몸.
髮妻(발처 fàqī) 맨 처음에 배필이 된 아내.

▶ 假髮(가발)·間髮(간발)·金髮(금발)·落髮(낙발)·亂髮(난발)·短髮(단발)·頭髮(두발)·毛髮(모발)·白髮(백발)·削髮(삭발)·散髮(산발)·銀髮(은발)·理髮(이발)·長髮(장발)·調髮(조발)·編髮(편발)·黑髮(흑발).

髟 12획 총22획 鬚 수염 수

🔊 xū 🇯🇵 シュ、ひげ 🇬🇧 beard

턱 수염 **수**, 아랫수염 **수**(頤毛).

鬚根(수근 xūgēn) 사람의 수염 같은 잔뿌리가 많은 초목(草木)의 뿌리.
鬚眉(수미 xūméi) ① 수염과 눈썹. ② 남자를 일컫는 말.
鬚目(수목 xūmù) 수염과 눈매.
鬚髮(수발 xūfà) 수염과 머리털.
鬚髯(수염 xūrán) 턱수염과 구레나룻.

鬥 部

싸울 투

鬥 0획 총10획 鬥 싸울 투/각

🔊 dòu 🇯🇵 トウ、たたかう 🇬🇧 fight struggle

1 싸울 **각**, 다툴 **각**(鬭). **2** **투**. 뜻은 **1**과 같음.

鬥 4획 총14획 鬦 싸울 투

【鬭(鬥부14획)의 속자】

鬥 5획 총15획 鬧 지껄일 뇨:

🔊 nào 🇯🇵 ドウ、さわがしい 🇬🇧 noisy

시끄러울 **뇨**(喧鬧, 擾).

鬧歌(요가 nàogē) 떠들썩하면서 노래함. 또는 그러한 노래.
鬧市(요시 nàoshì) 번잡한 시장.
鬧熱(요열 nàorè) 번화함. 번성(繁盛).

鬥 10획 총20획 鬭 싸울 투

鬭 鬭 鬭 鬭 鬭 鬭 鬭 鬭 鬭

🔊 dòu, dōu 🇯🇵 トウ、たたかう 🇬🇧 fight, struggle

싸움 **투**, 싸울 **투**(鬭爭, 競).

書體 篆文 鬭 草書 鬭 高校 形聲

鬭犬(투견 dòuquǎn) 개를 서로 싸우게 하고 보는 구경거리. 또는 그 개.
鬭鷄(투계 dòujī) 닭을 서로 싸우게 하고 보는 구경거리. 또는 서로 싸우는 닭.
鬭技(투기 dòujì) 재주를 서로 겨룸.
鬭士(투사 dòushì) ① 전쟁에 종사하는 사람. 무사(武士). 군인(軍人). ② 투지(鬭志)가 만만(滿滿)한 사람.
鬭魚(투어 dòuyú) 《動》 버들붕어.
鬭牛(투우 dòuniú) 소를 서로 싸우게 하여 보는 구경거리. 또는 그 소.
鬭爭(투쟁 dòuzhēng) 서로 싸움. 싸움.
鬭牋(투전 dòujiān) 두꺼운 종이로 손가락 넓이만 하고 다섯 치쯤 되게 만들어 그림으로 끗수를 표한 노름 제구의 한 가지.

鬪志(투지 dòuzhì) 싸우려고 하는 마음.
鬪很(투흔 dòuhěn) 남과 싸움. 말다툼.

▶ 敢鬪(감투)·健鬪(건투)·劍鬪(검투)·格鬪(격투)·決鬪(결투)·孤軍奮鬪(고군분투)·苦鬪(고투)·拳鬪(권투)·亂鬪劇(난투극)·奮鬪(분투)·死鬪(사투)·暗鬪(암투)·爭鬪(쟁투)·戰鬪(전투)·血鬪(혈투)·花鬪(화투).

鬯 部

울창주 **창**

鬱 답답할 울
[鬯19획, 총29획]

음 yù 일 ウツ, むらがりしける
영 thick, dense

① 나무 더부룩할 울(木叢生, 積也, 盛). ② 막힐 울(滯). ③ 마음에 맺힐 울(鬱陶, 憤結). ④ 아가위 울(棣屬). ⑤ 답답할 울(鬱鬱氣蒸). ⑥ 멀리 생각할 울(悠思).

鬱氣(울기 yùqì) 답답한 기분.
鬱念(울념 yùniàn) 맺혀서 가시지 않는 생각.
鬱怒(울노 yùnù) 맺혀서 풀리지 않는 노여움.
鬱密(울밀 yùmì) 나무가 무성하게 빽빽함.
鬱勃(울발 yùbó) ① 기운이 왕성한 모양. 구름이 뭉게뭉게 일어나는 모양. ② 근심 때문에 가슴이 답답한 모양. ③ 초목(草木)이 무성한 모양. ④ 의기(意氣)가 흥기(興起)하는 모양.
鬱憤(울분 yùfèn) 분한 마음이 가슴에 가득히 쌓임. 또는 맺혀서 풀어지지 않는 분노(憤怒). 숙원(宿怨). 적분(積忿). 울노(鬱怒).
鬱鬱(울울 yùyù) ① 뜻대로 되지 않아 기분이 우울한 모양. 불평(不評)이 가득 찬 모양. 민민(悶悶). ② 수목(樹木)이 빽빽하게 우거진 모양. ③ 기운이 왕성(旺盛)하게 오르는 모양.
鬱積(울적 yùjī) 꽁꽁 맺히고 맺히는 울화통. 울화가 쌓이고 쌓임.
鬱情(울정 yùqíng) 울적한 심정(心情).
鬱火(울화 yùhuǒ) 속이 답답하여 나는 화.

▶ 暗鬱(암울)·抑鬱(억울)·憂鬱(우울)·陰鬱(음울)·躁鬱(조울)·沈鬱(침울).

鬲 部

오지병 **격**

鬲 오지병 격
[鬲0획, 총10획]

1 음 lì 일 カク, かなえ 영 porcelain
2 음 gé 일 レキ

1 ① 오지병 격(瓦瓶). ② 땅 이름 격(趙地名). 2 다리 굽은 솥 력(曲脚鼎).

鬷 가마 종
[鬲9획, 총19획]

음 zōng 일 ソウ, かま 영 cauldron

① 가마 종(釜屬). ② 많을 종(衆).

鬷假(종가 zōngjiǎ) 상하가 서로 상화(相和)하고 대중(大衆)을 총집(總集)해도 언쟁(言爭)하는 자가 없음. 대정(大政)을 모름지기 상하상화(上下相和)하게 함. 일설(一說)

엔 대악(大樂)을 연주(演奏)하고 한결같은 느낌을 가지게 함.

鬻 鬲 11 ㉑ 죽 **호**

[일] コ, かゆ [영] glutinous rice gruel

죽 **호**(粥). 【餬와 통함】

鬺 鬲 11 ㉑ 삶을 **상**

[중] shāng [일] ショウ, にる

[영] boil, cook

삶을 상(烹煮).

鬺烹(상팽 shāngpēng) 희생(犧牲)을 삶아 신에게 바침.

鬻 鬲 12 ㉒ 죽 **죽**

[1] [중] yù [일] シュク, かゆ [영] gruel
[2] [중] zhou [일] イク [3] lù

[1] ① 미음 **죽**(糜). ② 죽 **죽**(饘鬻, 飯餘餬屬). 【粥과 같음】 [2] 팔 **육**(賣). [3] ① 기를 **국**(養). ② 어릴 **국**(稚). 【鞠과 통함】

鬻賣(육매 yùlùmài) 팔음. 판매(販賣)함.

鬼 部

귀신 **귀**

鬼 鬼 0 ⑩ 귀신 **귀:**

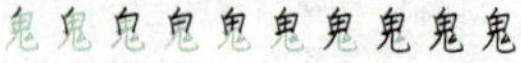

[중] guǐ [일] キ, おに [영] ghost

귀신 **귀**, 도깨비 **귀**.

[書體] 小篆 古文 草書 [高校] 象形

鬼哭(귀곡 guǐkū) 망령(亡靈)의 울음 소리.

鬼面(귀면 guǐmiàn) ① 귀신의 얼굴. ② 무서운 얼굴. ③ 무서운 외관(外觀).

鬼神(귀신 guǐshén) ① 눈에 뵈지 않는 무서운 신령(神靈). ② 선조(先祖) 또는 산천(山川)의 신. ③ 사자(死者)의 영혼. 〈신(神)은 하늘의 신(神). 귀(鬼)는 사람의 영혼〉.

鬼才(귀재 guǐcái) 인간이 한 것이라고 생각되지 않을 만큼 뛰어난 재주. 또는 그런 재주를 가진 사람.

▶ 百鬼(백귀)·邪鬼(사귀)·神鬼(신귀)·餓鬼(아귀)·惡鬼(악귀)·債鬼(채귀).

魁 鬼 4 ⑭ 괴수 **괴**

[중] kuí [일] カイ, かしら

[영] leader, boss

① 으뜸 **괴**(首). ② 괴수 **괴**(渠魁, 帥). ③ 클 **괴**(大). ④ 별 이름 **괴**(北斗首星). ⑤ 언덕 **괴**(小阜).

魁首(괴수 kuíshǒu) ① 우두머리. ② 나쁜 무리의 우두머리. 수괴(首魁).

魂 鬼 4 ⑭ 넋 **혼**

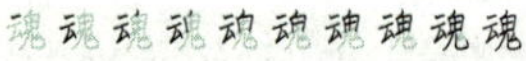

[중] hún [일] コン, たましい

[영] soul, spirit

혼 **혼**, 넋 **혼**(魂魄, 附氣之神一身之精).

[書體] 小篆 段注本 草書 [高校] 形聲

魂怯(혼겁 húnqiè) 몹시 놀라거나 무

서워서 혼이 빠지도록 겁을 냄.
魂膽(혼담 húndǎn) 혼과 담(膽). 정신.
魂魄(혼백 húnpò) ① 넋. 영혼. 〈혼(魂)은 사람이 하늘부터 받는 양적(陽的)인 것이고 백(魄)은 땅으로부터 받는 음적(陰的)인 것임. 혼(魂)은 정신적인 활동을 하고, 백(魄)은 육체의 생명을 주관(主管)함〉. ② 기(氣). 정기(正氣). 본성(本性).
魂飛魄散(혼비백산 húnfēipòsàn) 혼백이 흩어짐. 몹시 놀라 어쩔 줄 모르는 형편을 일컫는 말. 혼불부체(魂不附體).
魂昇魄降(혼승백강 húnshēngpòjiàng) 죽은 사람의 영혼은 하늘로 올라가고 시체는 땅으로 내려감.

▶ 孤魂(고혼)·民族魂(민족혼)·商魂(상혼)·心魂(심혼)·靈魂(영혼)·寃魂(원혼)·鎭魂曲(진혼곡)·鬪魂(투혼).

魃 가물 발
鬼5⑤

🔤 bá 🇯ハツ、ひでりの かみ
🇬🇧 drought demon

① 가물귀신 **발**(旱鬼一名旱母). ② 가물 **발**(旱).

魃蜮(발역 báyù) 가물귀신과 함사(含沙)하여 사람을 쏜다는 괴물.《轉》괴물(怪物). 가물음과 요변(妖變)의 뜻.

▶ 旱魃(한발).

魄 넋 백
鬼5⑤

1 🔤 pò 🇯ハク、たましい 🇬🇧 soul
2 🔤 bó 🇯タク **3** 🔤 tuò

1 넋 **백**(附形之靈人生始化心之精爽). **2** 넋 잃을 **박**(落魄, 志行衰惡). **3** 넋 잃을 **탁**(落魄, 失業).

魅 매혹할 매
鬼5⑮

🔤 mèi 🇯ビ、ミ、もののけ
🇬🇧 ghost, spectre

도깨비 **매**, 산매 **매**(魑魅, 怪物).

魅力(매력 mèilì) 남의 마음을 끌어 홀리게 하는 이상한 힘.
魅了(매료 mèiliǎo) 완전히 매혹(魅惑)됨.
魅惑(매혹 mèihuò) 남의 마음을 끌어 홀리게 함.

魏 성(姓) 위
鬼8⑱

🔤 wèi 🇯ギ、たかい 🇬🇧 lofty

① 위나라 **위**(舜禹所都). ② 대궐 **위**(象魏闕). ③ 클 **위**(大). ④ 우뚝할 **위**(魏然).

魏武帝(위무제 wèiwǔdì) =조조(曹操).

魔 마귀 마
鬼11㉑

🔤 mó 🇯マ、まもの
🇬🇧 devil, demon

① 마귀 **마**(狂鬼迷人). ② 귀신 **마**(鬼). ③ 마술 **마**(不可思議之術法).

魔窟(마굴 mókū) ① 악마가 사는 곳. ② 부정(不正)한 일을 하는 자들이 모여 있는 곳.
魔手(마수 móshǒu) 흉악한 손길. 해치는 손길.
魔術(마술 móshù) ① 요술(妖術). ② 사람을 홀리는 괴기(怪奇)한 술법(術法). 마법(魔法).

▶ 病魔(병마)·色魔(색마)·睡魔(수마)·詩魔(시마)·惡魔(악마)·天魔(천마).

魚 部

물고기 어

魚 0 ⑪ 魚 물고기 어

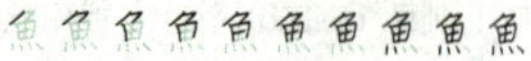

[중] yú [일] ギョ, ゴ, うお [영] fish

① 물고기 어, 생선 어(鱗蟲總名). ② 좀 어(衣魚).

書體 小篆 草書 (中學) 象形

魚介(어개 yújiè) 어류(魚類)와 패류(貝類). 해산물(海産物)의 총칭.

魚東肉西(어동육서 yúdōngròuxī) 제사 음식을 진설(陳設)할 때에 어찬(魚饌)은 동쪽에 육찬(肉饌)은 서쪽에 놓는 순서(順序).

魚頭肉尾(어두육미 yútóuròuwěi) 물고기는 대가리 쪽이 맛이 있고, 짐승의 고기는 꼬리 쪽에 맛이 있다는 말. 어두봉미(魚頭鳳尾).

魚卵(어란 yúluǎn) 물고기의 알.

魚魯不辨(어로불변 yúlǔbùbiàn) 「魚」자와 「魯」자를 구별하지 못할 정도로 무식(無識)함.

魚雷(어뢰 yúléi) 어형수뢰(魚形水雷)의 약어. 모양이 물고기 같으며 공격용 수뢰(水雷)의 한 가지.

魚網鴻離(어망홍리 yúwǎnghónglí) 물고기를 잡으려고 그물을 쳤더니 기러기가 잡힘. 《喩》 바라는 것은 얻지 못하고 도리어 바라지도 않던 것을 얻음.

魚目混珠(어목혼주 yúmùhùnzhū) 물고기의 눈알과 구슬이 섞임. 《喩》 가짜와 진짜가 뒤섞임.

魚變成龍(어변성룡 yúbiànchénglóng) 물고기가 변하여 용이 됨. 《喩》 곤궁하던 사람이 부귀하게 됨.

魚遊釜中(어유부중 yúyóufǔzhōng) 물고기가 솥 가운데서 놀음. 《喩》 살아 있어도 남은 생명이 짧음.

▶ 乾魚(건어)·淡水魚(담수어)·養魚(양어)·人魚(인어)·釣魚(조어).

魚 4 ⑮ 魯 노나라/노둔할 로

[중] lǔ [일] ロ, にぶい, おろか
[영] dull-witted

① 노둔할 로, 어리석을 로(愚也, 鈍). ② 나라 이름 로(伯禽所封國名).

魯鈍(노둔 lǔdùn) 어리석고 둔함. 바보. 우둔(愚鈍).

魯朴(노박 lǔpǔ) 어리석고 소박함.

魯魚亥豕(노어해시 lǔyúhàishǐ) 글자의 모양이 비슷하여 베낄 때에 잘못되는 과오(過誤). 즉 「魯」자(字)와 「魚」자(字), 「亥」자(字)와 「豕」자(字)를 서로 혼동함을 일컬음. 해시지오(亥豕之誤). 언마지오(焉馬之誤).

魚 4 ⑮ 魴 방어 방

[중] fáng [일] ボウ, おしきうお
[영] yellow-tail

방어 방.

魴魚䞓(방어전 fángyújuǎn) 방어지짐이.

魴魚赬尾(방어정미 fángyúchēngwěi) 방어(魴魚)의 꼬리가 붉음. 방어(魴魚)의 꼬리는 원래 흰 것인데 그 깃이 붉어진 것은 고생(苦生)을 많이 하였기 때문임. 《喩》 백성의 노고(勞苦)가 심한 것을 일컫는 말.

魚 5 ⑯ 鮑 절인 물고기 포:

[중] bào [일] ホウ, しおづけ
[영] salted fish

① 절인 물고기 **포**(以鹽漬魚). ② 성 **포**(姓).
鮑魚之肆(포어지사 bàoyúzhīsì) 자반(佐飯)을 파는 가게.《喩》소인(小人)들의 모인 곳.
鮑俎(포조 bàozǔ) 마른 자반이 제단(祭壇)에 오름.《喩》재능이 없는 자가 높은 지위에 있음.

鮮 고울/드물 선(:)

鲜 鲜 鲜 鲜 鲜 鲜 鮮 鮮 鮮 鮮

①-⑥ 中 xiān ⑦ 中 xiǎn 日 セン, あきらか 英 bright fresh

① 생선 **선**(生魚). ② 나라 이름 **선**(國名). ③ 좋을 **선**(善). ④ 조촐할 **선**(潔). ⑤ 고울 **선**, 빛날 **선**(明). ⑥ 새 **선**(新). ⑦ 적을 **선**(少).

書體 小篆 鮮 草書 鮮 中學 形聲

鮮度(선도 xiāndù) 어육(魚肉)이나 채소 같은 것의 신선한 정도.
鮮明(선명 xiānmíng) ① 산뜻하고 밝음. 조촐하고 깨끗함. ② 흐리멍덩한 점이 없이 분명함.
鮮食(선식 xiānshí) ① 금방 도살(屠殺)한 조수(鳥獸)의 고기. 또는 그러한 고기를 먹음. ② 미식(美食)을 함.
鮮魚(선어 xiānyú) 갓 잡은 신선한 물고기.
鮮血(선혈 xiānxuè) ① 생생한 피. 상하지 아니하고 선명함. ② 새빨간 빛을 형용한 말.
鮮繪(선회 xiānhuì) 신선한 회.

▶ 生鮮(생선)·生鮮繪(생선회)·新鮮(신선)·朝鮮(조선).

鯁 생선뼈 경

中 gěng 日 コウ, ほね
英 bones of fish

① 생선뼈 **경**(魚骨). ② 가시 셀 **경**.
鯁骨(경골 gěnggǔ) 강직한 기상. 경골(硬骨).
鯁論(경론 gěnglùn) 강직한 의논(議論). 정론(正論). 당론(讜論).
鯁鍔(경악 gěngè) 거리낌 없이 생각하는 바를 정직하게 말함.
鯁言(경언 gěngyán) ① 바른 언론(言論). 정론(正論). 당언(讜言). ② 거리낌 없이 분명하고 바르게 말함. 또는 그러한 말.
鯁切(경절 gěngqiè) 강직하고 성실함.
鯁正(경정 gěngzhèng) 성격이 강직하여 남에게 굴함이 없음. 당직(讜直).

鯉 잉어 리

中 lǐ 日 リ, こい 英 carp

① 잉어 **리**. ② 편지 **리**(書札).
鯉素(이소 lǐsù) 편지. 이어척소(鯉魚尺素)의 약어.《故》잉어의 뱃속에서 흰 비단에 쓴 편지가 나왔다는 고사에서 나온 말.
鯉魚(이어 lǐyú)《動》잉어.
鯉庭(이정 lǐtíng) 아들이 아버지의 교훈을 받는 곳. 가정교육의 장소.《故》공자(孔子)의 아들 이(鯉)가 뜰로 가는 것을 불러 세우고 공자(孔子)가 시(詩)와 예(禮)를 배워야 한다고 훈계(訓戒)한 고사(故事)에서 나온 말.

鯤 곤어 곤

中 kūn 日 コン, はらご
英 roe, fish-egg

① 물고기알 **곤**(鯤鮞, 魚子). ② 곤어 **곤**(北溟大魚).
鯤鵬(곤붕 kūnpéng) 곤어(鯤魚)와 붕조(鵬鳥). 큰 물고기와 큰 새.《轉》더 할 수 없이 큰 것.

鯨 고래 경

jīng ケイ, ゲイ, くじら whale

고래 **경**(海中大魚).

鯨骨(경골 jīnggǔ) 고래의 뼈.
鯨濤(경도 jīngtāo) 큰 물결.
鯨獵(경렵 jīngliè) 고래잡이.
鯨飮(경음 jīngyǐn) 고래가 물을 마시는 것처럼 술을 많이 마심을 일컬음.
鯨戰蝦死(경전하사 jīngzhànxiāsǐ)《國》고래 싸움에 새우등 터진다.《喩》강자(强者)가 싸우는 틈에 끼어 약자(弱者)가 아무 상관없이 화(禍)를 당하는 것.
鯨呑(경탄 jīngtūn) 고래가 작은 물고기를 통째로 삼킴.《喩》강자(强者)가 약자(弱者)를 병합(倂合)하여 자기 마음대로 함.

▶ 捕鯨(포경).

鰌 미꾸라지 추

qiū, qiú シュウ, どじょう loach

① 미꾸라지 **추**(鰍). ② 빙자할 **추**(籍). ③ 찰 **추**(蹴). ④ 해추 **추**(海鰌).【鰍와 같음】

鰌之(추지 qiūzhī) 그것에 다가옴.

鰍 미꾸라지 추

qiū シュウ, どじょう loach

미꾸라지 **추**.【鰌와 같음】

鱷 악어 악

è ガク, わに crocodile

악어 **악**(似鼉吞人).【蝎과 같음】

鰒 전복 복

fù フク, あわび ear-shell

전복 **복**.

鰲 자라 오

áo ゴウ, すっぽん terrapin

큰 자라 **오**(大鼈).

鰊 잉어 루

ロウ, にしん carp

잉어 **루**(鯉魚).

鰳 잉어 륵

lè ロク, ひら carp

잉어 **륵**(似鱘小首細鱗).

鰻 뱀장어 만

mán バン, マン, うなぎ eel

뱀장어 **만**(鰻鱺, 似蛇).

鰻鱺(만리 mánlí)《動》뱀장어.
鰻鱺魚(만리어 mánlíyú)《動》뱀장어. 참장어과(科)에 속하는 바닷물고기.
鰻井(만정 mánjǐng) 샘 이름. ① 홍소성(紅蘇省) 진강현(鎭江縣)의 북(北). 고산감로사(固山甘露寺)의 경내(境內). ② 절강성(浙江省) 절강현(浙江縣)의 구산(龜山).

鯽 붕어 적

jì セキ, ふな crucian carp

① 붕어 **적**(鮒). ② 검붉은 자개 **적**(紫

| 10획 | 馬骨高髟鬥鬯鬲鬼 | 11획 | 魚鳥鹵鹿麥麻 | 933

貝).

鱉 자라 별
魚 12 ⑩

㉠biē ㉺ベツ, すっぽん
㉻terrapin

자라 별(龜屬).【鼈의 속자】

鱊 실뱅어 율
魚 12 ㉓

㉠yù ㉺イツ, こざかな
㉻tiny white-bait

실뱅어 율.

鱗 비늘 린
魚 12 ㉓

㉠lín ㉺リン, うろこ ㉻scales
① 비늘 린(魚甲). ② 물고기 린(魚類總稱).
鱗介(인개 línjiè) 물고기와 조개 종류.
鱗葉(인엽 línyè) 동아(冬芽)를 싸서 보호하는 비늘 모양의 잎. 양파·나리의 지하경(地下莖).

▶ 銀鱗(은린)·片鱗(편린).

鱠 회 회
魚 13 ㉔

㉠kuài ㉺カイ, なます
㉻slices of raw fish

회 회(肉腥細切).【고음「괴」, 膾와 같음】

鱷 악어 악
魚 16 ㉗

㉠è ㉺ガク, わに ㉻crocodile

악어 악.【鰐과 같음】

鱸 농어 로
魚 16 ㉗

㉠lú ㉺ロ, すずき ㉻sea-bass

① 농어 로(鱸魚). ② 꺽저기 로, 천징어 로(似鱖四鰓魚).
鱸魚(노어 lúyú)《動》농어.

鳥部
새 조

鳥 새 조
鳥 0 ⑪

鳥 鳥 鳥 鳥 鳥 鳥 鳥 鳥 鳥

㉠niǎo, diǎo ㉺チョウ, とり
㉻bird

새 조(羽族總名).

書體 小篆 草書 中學 象形

鳥瞰圖(조감도 niǎokàntú) 높은 곳에서 내려다 본 것처럼 그린 지도. 또는 풍경화. 부감도(俯瞰圖).
鳥窮則啄(조궁즉탁 niǎoqióngzézhuó) 새가 쫓기다 도망할 곳을 잃으면 도리어 상대방을 주둥이로 쪼음. 궁서설묘(窮鼠嚙猫).《喩》약한 자도 궁지에 빠지면 강적을 해침.
鳥篆(조전 niǎozhuàn) ① 고문(古文)의 전자(篆字). 새의 발자취와 비슷하므로 이렇게 말함. 조주(鳥籀). ② 새의 발자취. 전자(篆字) 비슷하므로 이런 말이 생김.
鳥足之血(조족지혈 niǎozúzhīxiě) '새 발의 피'라는 뜻으로 대상의 적음을 가리키는 말.
鳥喙(조훼 niǎohuì) 새의 부리. 새의 주둥이.

▶ 白鳥(백조)·飛鳥(비조)·益鳥(익조)·海鳥(해조)·害鳥(해조)·黃鳥(황조)·候鳥(후조).

934

鳦 제비 을

🔊 yǐ 🇯🇵 イツ, つばめ 🇬🇧 swallow
1 제비 을(玄鳦, 燕). **2** 알. 뜻은 **1**과 같음.

鴈 기러기 안(ː)

【雁(佳부4획)과 같음】

鳧 물오리 부

🔊 fú 🇯🇵 フ, かも 🇬🇧 wild duck
① 물오리 부(水鳥鴛屬). ② 청둥오리 부.

鳩 비둘기 구

🔊 jiū 🇯🇵 ク, キュウ, はと
🇬🇧 dove, pigeon
① 비둘기 구(鳥名鶻鳩鷹所化). ② 벼슬 이름 구(五鳩, 少皡官名). ③ 편안히 할 구(安). ④ 모을 구(聚也, 集).

鳩巢(구소 jiūcháo) ① 비둘기 둥우리. ② 초라한 집. 비둘기는 둥우리를 만드는 데 서툴러 까치가 만든 집에 산다고 하여 이런 말이 생김.
鳩首(구수 jiūshǒu) 머리를 모음. 여럿이 머리를 맞대고 의논함.
鳩首會議(구수회의 jiūshǒuhuìyì) 머리를 맞대고 회의함.
鳩便(구편 jiūbiàn) 전서구(傳書鳩)를 써서 하는 통신.
鳩合(구합 jiūhé) 모음. 모임. 구집(鳩集). 규집(糾集).

▶ 軍用鳩(군용구).

鳱 까치 간

1 🔊 gàn, gān 🇯🇵 カン, かささぎ 🇬🇧 magpie **2** 🔊 hàn
1 까치 간(鳱鵲, 鵲). **2** 안. 뜻은 【雁】을 보라.

鳲 접동새 두

🇯🇵 ト, ほととぎす 🇬🇧 cuckoo
접동새 두, 두견새 두(杜鵑).

鳲 뻐꾸기 시

🔊 shī 🇯🇵 シ, ふふどり
🇬🇧 common cuckoo
뻐꾸기 시(鳲鳩布穀).

鳳 새 봉ː

鳳鳳鳳鳳鳳鳳鳳鳳鳳鳳

🇯🇵 ホウ, ほうおう 🇬🇧 phoenix
새 봉, 봉황 봉.

書體 小篆 鳳　草書 鳳　(高校) 形聲

鳳舞(봉무 fèngwǔ) 봉황이 춤추고 놂. 천하가 태평한 모양.
鳳仙花(봉선화 fèngxiānhuā) 《植》 봉선화과에 딸린 1년초.
鳳姿(봉자 fèngzī) ① 봉황의 모양. ② 품위(品位) 있는 모양. 봉용(鳳容).
鳳枕(봉침 fèngzhěn) 봉황의 모양을 수놓은 베개.
鳳凰(봉황 fènghuáng) ① 상상(想像)의 서조(瑞鳥)의 이름. 성왕(聖王)이 나오면 나타난다 함.〈수컷을 봉(鳳)이라 하며, 암컷을 황(凰)이라 함. 몸에는 오색(五色)의 문채(文彩)가 있으며 조류(鳥類)의 수장(首長)이라 함. ② 후궁(後宮)의 궁전(宮殿) 이름. ③ 수레의 이름. 봉황거(鳳凰車).

鳴 울 명

鳴鳴鳴鳴鳴鳴鳴鳴鳴鳴

- 中 míng 日 メイ、なく
- 英 sing, crow

① 새울음 명(鳥聲). ② 울 명(凡出聲皆曰鳴).

書體 小篆 鳴 草書 鳴 中學 會意

鳴鼓(명고 mínggǔ) 북을 울림.
鳴琴(명금 míngqín) ① 거문고를 탐. 탄금(彈琴). ② 폭포 소리 따위의 형용.
鳴吠(명폐 míngfèi) 닭이 울고 개가 짖음. 《喩》 변변하지 못한 재주.

▶ 共鳴(공명)·百家爭鳴(백가쟁명)·悲鳴(비명)·自鳴鐘(자명종).

鳶 솔개 연

- 中 yuān 日 エン、とび、たこ
- 英 kite

① 솔개 연(鷲鳥鴟類). ② 연 연(紙鳶).

鳶尾(연미 yuānwěi) 《植》 붓꽃과에 속하는 다년초. 첫여름에 엷은 자색(紫色)의 큰 꽃이 핌.

▶ 紙鳶(지연).

鴈 기러기 안

鴈鴈鴈鴈鴈鴈鴈鴈鴈

- 中 yàn 日 ガン、かん
- 英 wild goose

기러기 안.【雁과 같음】

鴕 타조 타

- 中 tuó 日 タ、ダ、だちょう 英 ostrich

영 타조 타(熱帶産大鳥).

鴛 원앙 원

- 中 yuān 日 エン、おしどり
- 英 female mandarin duck

수원앙새 원, 수징경이 원.

鴛鴦(원앙 yuānyāng) 《動》 오리과에 속하는 물새. 암수가 서로 떨어지지 아니하며 사이가 좋으므로 옛부터 부부간의 애정에 비유함.
鴛鴦衾(원앙금 yuānyāngqīn) ① 원앙을 수놓아 짠 피륙으로 만든 이불. ② 부부가 같이 덮는 이불.
鴛鴦枕(원앙침 yuānyāngzhěn) ① 원앙을 수놓은 베개. ② 부부가 같이 베는 베개.

鴟 솔개 치

- 中 chī 日 シ、とび 英 kite

① 솔개 치(鴟鴞, 惡鳥). ② 수알치 치(角鴟). ③ 부엉이 치(鵂鴟). ④ 말똥구리 치(茅鴟). ⑤ 토란 치(蹲鴟, 芋). ⑥ 마음대로 날칠 치, 도량할 치(鴟張, 跋扈). ⑦ 올빼미 치(梟鴟).

鴟目虎吻(치목호문 chīmùhūwěn) 부엉이의 눈초리와 호랑이의 입언저리. 《喩》 사납고 잔인함.
鴟張(치장 chīzhāng) 부엉이가 날개를 활짝 편 것처럼 형세가 굳세고 거침없음.
鴟梟(치효 chīxiāo) 《動》 올빼미.《轉》 흉악한 사람.
鴟鵂(치휴 chīxiū) 《動》 새의 이름. 수리부엉이.

鵡 앵무새 무:

- 日 ム、おうむ 英 parrot

앵무새 무(鸚鵡能言鳥同䳇).【䳇와 같음】

鳥

鴢 오리 요
鳥 5획 / 16획

음 yāo, yǎo, yòu 일 ヨウ, かも
영 duck

오리 요(似鷖).

鴦 원앙 앙
鳥 5획 / 16획

음 yāng 일 オウ, おしどり
영 mandarin duck

암징경이 앙, 암원앙새 앙(鴛鴦, 匹鳥).

鴨 오리 압
鳥 5획 / 16획

음 yā 일 オウ, あひる 영 duck

집오리 압(家鶩舒鳧).

鴶 뻐꾹새 알
鳥 6획 / 17획

음 jí, jiá カツ, ふぶどり
영 cuckoo

뻐꾹새 알(布穀類).

鴷 딱따구리 렬
鳥 6획 / 17획

음 liè 일 レツ, きつつき
영 woodpecker

딱따구리 렬(啄木鳥).

鴻 기러기 홍
鳥 5획

鴻鴻鴻鴻鴻鴻鴻鴻鴻鴻

음 hóng 일 コウ, おおきい
영 great, large

① 기러기 홍(隨陽鳥, 鴈之大者). ② 클 홍(大). ③ 곧게 달릴 홍(鴻絅直馳). ④ 기운덩이 홍(鴻濛).

書體 小篆 [그림] 草書 [그림] (高校) 形聲

鴻鵠(홍곡 hónghú) 기러기와 고니. 큰 인물을 일컬음.

鴻鵠之志(홍곡지지 hónghúzhīzhì) 빈천(貧賤)하면서도 큰 뜻을 품음. 원대한 포부.

鴻基(홍기 hóngjī) 큰 터전. 대사업(大事業)의 기초. 홍기(洪基).

鴻大(홍대 hóngdà) 큼. 광대(廣大).

鴻圖(홍도 hóngtú) ① 큰 계획. 홍유(鴻猷). 홍도(洪圖). ② 큰 판도(版圖). 큰 영토(領土).

鴻雁(홍안 hóngyàn) ① 기러기.〈대(大)를 홍(鴻), 소(小)를 안(雁)이라 일컬음〉. ② 시경(詩經)의 소아(小雅)의 편명(篇名). 재난으로 흩어져 떠돌아다니는 백성을 주(周)의 선왕(宣王)이 구(救)한 사실을 적었음. 《傳》떠돌아 다니는 백성의 고통. 애홍(哀鴻).

鴻業(홍업 hóngyè) 큰 사업. 대업(大業). 임금의 업(業). 홍업(洪業).

鴻恩(홍은 hóngēn) 큰 은혜. 홍은(洪恩).

鴻荒(홍황 hónghuāng) 아주 오랜 옛날. 태고(太古). 황고(荒古). 홍황(洪荒).

鴿 집비둘기 합
鳥 6획 / 17획

음 gē 일 コウ, いえばこ
영 dove, house pigeon

집비둘기 합.

鵑 두견새 견
鳥 7획 / 18획

음 juān 일 ケン, ほととぎす
영 cuckoo

① 접동새 견, 두견새 견, 뻐꾹새 견(杜鵑蜀魄一名杜宇一名子規). ② 진달래 견(花名, 杜鵑).

鵑血滿胸(견혈만흉 juānxiěmǎnxiōng) 두견새(杜鵑)이 피를 토하고

가슴이 벅차오름. 정사(情思)의 극(極)히 간절함을 뜻함.

▶ 杜鵑(두견).

鵡 앵무새 무:
鳥 7 18

㉠ wǔ ㉑ ム, ブ, おうむ ㉓ parrot

앵무새 **무**(鸚鵡能言鳥).

鵬 새 붕
鳥 8 19

㉠ péng ㉑ ホウ, おおとり ㉓ roc

① 붕새 **붕**(大鵬鯤魚所化). ② 큰새 **붕**(大鳥名).

鵬圖(붕도 péngtú) 붕새가 북쪽에서 남쪽으로 단번에 구만리(九萬里)를 날아가려고 하는 큰 계획. 대계획(大計畫). 장지(壯志).
鵬霄(붕소 péngxiāo) 먼 하늘.
鵬程(붕정 péngchéng) 붕새가 날아가는 먼 길. 《喩》 머나먼 앞 길.
鵬程萬里(붕정만리 péngchéngwànlǐ) 앞길이 썩 멀음.

▶ 大鵬(대붕).

鵲 까치 작
鳥 8 19

㉠ què ㉑ ジャク, かささぎ ㉓ magpie

① 까치 **작**. ② 대까치 **작**(練鵲白毛如練). ③ 개 이름 **작**(宋鵲).

鵲橋(작교 quèqiáo) 까치의 다리[교(橋)]. 7월 칠석에 견우와 직녀의 두 별을 서로 만나게 하기 위하여 까마귀와 까치가 모여 은하(銀河)에 놓는다는 가상적(假想的)인 다리.
鵲語(작어 quèyǔ) 까치의 짖는 소리. 기쁨의 징조. 작성(鵲聲).
鵲噪(작조 quèzào) 까치가 지저귀어 떠드는 소리. 기쁜 일의 징조.

鵲喜(작희 quèxǐ) 까치가 지저귀는 소리는 기쁜 소식을 알려 주는 징조라는 뜻.

▶ 烏鵲(오작).

鸝 꾀꼬리 려
鳥 8 19

㉠ lí ㉑ レイ, うぐいす ㉓ nightingale

1 꾀꼬리 **려**. **2** 리. 뜻은 **1**과 같음.

鸝黃(여황 líhuáng) 새 이름. 초작(楚雀)의 이명. 황앵(黃鶯).
鸝鶦(여호 líhú) 새 이름. 제호(鵜胡). 사다리새.

鳶 솔개 연
鳥 8 19

㉠ エン, とび ㉓ kite

① 솔개 **연**(鴟). ② 날 **연**(飛). ③ 돌아 날 **연**(翔). 【鳶의 속자】

鶅 꿩 치
鳥 8 19

㉠ zī ㉑ チ, シ, きじ ㉓ pheasant

꿩 **치**(東方雉名).

鶚 독수리 악
鳥 9 20

㉠ è ㉑ ガク, みさご ㉓ vulture

독수리 **악**(鷹鵰之屬鶚擊之鳥性好峙立).
鶚視(악시 èshì) 독수리와 같이 눈자위가 날카로운 모양.

鶯 꾀꼬리 앵
鳥 10 21

㉠ yīng ㉑ オウ, うぐいす ㉓ nightingale

꾀꼬리 **앵**(黃鳥, 一名金衣公子).

鶯

鶯谷(앵곡 yīnggǔ) 꾀꼬리가 골짜기에 있음. 《轉》세상에서 아직 높은 지위나 명예를 얻지 못한 일.
鶯梭(앵사 yīngsuō) 꾀꼬리가 나무 가지 사이를 날아도는 모양. 《喻》베틀에서 씨줄을 나르는 북이 왔다 갔다 하는 모양.
鶯舌(앵설 yīngshé) 꾀꼬리의 혀. 《轉》꾀꼬리의 울음소리.
鶯粟(앵속 yīngsù) 《植》양귀비의 이명.
鶯啼(앵제 yīngtí) 꾀꼬리의 울음.
鶯遷(앵천 yīngqiān) 꾀꼬리가 깊은 골짜기에서 나와 높은 나무로 옮김. 《喻》관직(官職)의 승진(昇進)이나 전거(轉居)할 때 축하하는 말로 쓰임. 천앵(遷鶯).

鶴 학/두루미 **학**

鶴鶴鶴鶴鶴鶴鶴鶴鶴鶴

중 hè, háo, mò 일 カク, つる 영 crane

① 두루미 **학**, 학 **학**(仙禽似鵠). ② 새털 함치르르할 **학**(鳥肥澤).

書體 小篆 鶴 草書 鶴 (高校) 形聲

鶴舞(학무 hèwǔ) ① 학춤. 또는 학이 춤을 춤. ② 우아하고 아름답게 춤추는 자태의 형용.
鶴髮(학발 hèfà) 백발(白髮). 학의 깃털같이 센 머리칼.
鶴壽(학수 hèshòu) 학(鶴)이 오래 산다는 데서 장수(長壽)의 뜻으로 씀.
鶴首苦待(학수고대 hèshǒukǔdài) 학의 목처럼 길게 늘여 몹시 기다림.
鶴氅衣(학창의 hèchǎngyī) 빛이 희고 소매가 넓고 가를 흑색으로 꾸민 웃옷. 학(鶴)의 우모(羽毛)로 만든 털옷.

▶ 白鶴(백학).

鶻 송골매 **골**

중 gú 일 コツ, はやぶさ 영 goshawk

① 송골매 **골**. ② 오랑캐 **골**(北夷種, 回鶻).

鶻突(골돌 gútū) ① 분명하지 못한 일.
鶻圇(골륜 gúlún) 분명하지 못한 모양. 혼돈(渾沌).
鶻影(골영 gúyǐng) 송골매의 나는 모양.

鷄 닭 **계**

鷄鷄鷄鷄鷄鷄鷄鷄鷄鷄

중 jī 일 ケイ, にわとり 영 cock, hen
닭 **계**(知時畜翰音有五德). 【雞와 같음】

書體 小篆 雞 草書 鷄 (中學) 形聲

鷄犬相聞(계견상문 jīquǎnxiāngwén) 닭이 울고 개가 짖는 소리가 여기저기에서 들림. 《轉》인가(人家)가 북적거리는 모양.
鷄冠(계관 jīguān) ① 닭의 볏. ② 닭털로 짠 관(冠).
鷄口牛後(계구우후 jīkǒuniúhòu) 소의 꼬리보다는 닭의 입이 되라는 뜻. 《喻》큰 것의 꼴찌 됨보다는 작은 것의 우두머리 됨이 오히려 나음을 가리키는 말.
鷄群一鶴(계군일학 jīqúnyīhè) 많은 닭 가운데 한 마리 학. 《喻》많은 평범한 사람 가운데서 뛰어난 사람. 계군고학(鷄群孤鶴).
鷄卵有骨(계란유골 jīluǎnyǒugǔ) 《國》계란에도 뼈가 있음. 《喻》복이 없는 사람은 아무리 좋은 기회를 만나도 덕을 못 본다는 뜻.
鷄肋(계륵 jīlèi) ① 연약한 뼈대. ② 닭의 갈비는 먹을 나위는 없으나 버리기도 아깝다는 말. 《喻》그다지 소용은 없으나 버리기는 아까운 사물을 가리키는 말. ③ 자기의 논문집(論文集) 등의 서문(序文)을 겸손히 일컫는 말.

鷄林八道(계림팔도 jīlínbādào) 우리나라를 일컬음.

鷄盲(계맹 jīmáng) 밤소경. 직맹(直盲). 야맹(夜盲).

鷄鳴(계명 jīmíng) 닭의 울음.

鷄鳴狗吠(계명구폐 jīmínggǒufèi) 닭이 울고 개가 짖음. 계견상문(鷄犬相聞). 《喩》인가(人家)나 촌락이 잇대어 있음.

鷄鳴之助(계명지조 jīmíngzhīzhù) 현숙한 왕비(王妃)의 내조.

鷄鳴丑時(계명축시 jīmíngchǒushí) 닭 우는 시간인 상오 1시부터 3시 사이.

鷄糞(계분 jīfèn) 닭의 똥. 질소·인산분이 많아 거름으로 씀.

鷄舍(계사 jīshè) 달장. 닭의 집.

鷗 갈매기 구
鳥 11 ②

[중] ōu [일] オウ, かもめ [영] sea-gull

갈매기 구(似漚而白鷺).

鷗盟(구맹 ōuméng) ① 은거(隱居)하여 갈매기와 벗이 됨. ② 속세(俗世)와 관계없는 풍류(風流)의 사귐.

鷸 도요새 휼
鳥 12 ②

[중] yù [일] イツ, しぎ [영] stork

① 도요새 휼, 황새 휼. ② 맞버틸 휼. ③ 훌쩍 날 휼.

鷸蚌相持(휼방상지 yùbàngxiāngchí) 황새와 조개와의 싸움. 《喩》 제삼자에게 이익을 빼앗김. 휼방지쟁어부지리(鷸蚌之爭漁夫之利).

鷺 백로 로
鳥 12 ②

[중] lù [일] ロ, しらさぎ [영] egret

① 백로 로, 해오라기 로(鷺鷥). ② 따오기 로(朱鷺). ③ 곡조 이름 로(曲名, 朱鷺).

鷺汀(노정 lùtīng) 해오라기가 서 있는 물가.

▶ 白鷺(백로).

鷹 매 응(:)
鳥 13 ②

[중] yīng [일] ヨウ, オウ, たか [영] hawk, eagle

매 응.

鷹視(응시 yīngshì) 매와 같이 눈을 부릅뜨고 봄.

鷽 작은 비둘기 학
鳥 13 ②

[중] xué [일] カク, うそ [영] bullfinch

① 작은 비둘기 학(小鳩). ② 산까치 학(山鵲).

鷽鳩(학구 xuéjiū) 《動》작은 비둘기. 소구(小鳩). 《喩》 소인(小人).

鷽鳩笑鵬(학구소붕 xuéjiūxiàopéng) 작은 비둘기가 봉새를 비웃고 조롱함. 《喩》 작은 것은 큰 것의 일을 알지 못함. 또는 비천한 사람이 훌륭한 사람을 비웃음.

鹵 部

소금밭 로

鹵 소금밭/개펄 로
鹵 0 ⑪

[중] lǔ [일] ロ, しおつち [영] salt field

① 염밭 로(西方鹽地). ② 거칠 로(鹵

莽輕脫苟且). ③ 개펄 로, 황무지 로(斥鹵地不生物). ④ 의장 로(鹵簿, 天子儀衛). ⑤ 훔칠 로(鹵掠).

鹵掠(노략 lŭlüè) 재물(財物)을 약탈함. 약탈(掠奪).

鹵獲(노획 lŭhuò) 전쟁에서 적의 물품을 얻음. 또는 그 물건.

鹵 8획 / 13획 塩 소금 염

【鹽(鹵부13획)과 같음】

鹵 9획 / 20획 鹹 짤 함

音 xián 日 カン, しおけ 英 salty
짤 함(鹽味).
鹹苦(함고 xiánkǔ) 짜고 씀.
鹹味(함미 xiánwèi) 짠 맛.
鹹水(함수 xiánshuǐ) ① 바닷물 같이 짠 물. ② 바닷물.
鹹水湖(함수호 xiánshuǐhú)《地》물맛이 짠 호수. 흔히 내륙호(內陸湖)의 건조한 곳에 있으며, 물이 나가는 데가 없음. 이스라엘의 사해(死海) 따위. 염호(鹽湖). ↔담수호(淡水湖).
鹹土(함토 xiántŭ) 염분(鹽分)이 섞인 흙. 함양(鹹壤). 함지(鹹地).

鹵 13획 / 24획 鹼 소금물 검

1 音 jiān 日 ケン, しおみず 英 salt water 2 日 カン
1 ① 소금물 검(鹽分). ② 잿물 검(灰瀘水). ③ 비누 검(汚垢洗料). 【흑음「감·첨」】 2 감. 뜻은 1 과 같음.

鹵 13획 / 24획 鹽 소금 염

鹽 鹽 鹽 鹽 鹽 鹽 鹽 鹽 鹽 鹽

音 yán 日 エン, しお 英 salt
① 소금 염(煮海爲鹽). ② 자반 염, 절일 염(鹽魚肉). ③ 후렴 염(歌曲別名).
【塩은 속자】

書體 小篆 鹽 草書 鹽 (高校) 形聲

鹽氣(염기 yánqì) 염분이 섞인 습기.
鹽類(염류 yánlèi) 염분이 있는 여러 가지의 종류.
鹽分(염분 yánfēn) 소금기. 짠맛.
鹽酸(염산 yánsuān)《化》약품(鹽盆)의 하나. 염화수소(鹽化水素)의 수용액(水溶液).
鹽素(염소 yánsù)《化》공기보다 무거우며 특이하고 강한 냄새가 있는 녹황색의 기체원소의 하나. 산화제(酸化劑)·표백제(漂白劑) 및 살균제(殺菌劑) 등에 씀.

鹿 部

사슴 록

鹿 0획 / 11획 鹿 사슴 록

鹿 鹿 鹿 鹿 鹿 鹿 鹿 鹿 鹿 鹿

音 lù 日 ロク, しか 英 deer
① 사슴 록(麞屬仙獸). ② 모진곳집 록(積穀所圓曰囷方曰鹿). ③ 작은 수레 록(鹿車, 小車). ④ 술 그릇 록(酒器). ⑤ 녹록할 록(鹿鹿). ⑥ 칼 이름 록(劒名, 獨鹿).

書體 小篆 鹿 草書 鹿 (高校) 象形

鹿角(녹각 lùjiǎo) ① 사슴의 뿔. ② 사슴의 뿔과 같이 대나 나무를 짜서 세워 적의 침입을 막는 물건.
鹿獵(녹렵 lùliè) 사슴 사냥.

鹿茸(녹용 lùróng)《醫》사슴의 새로 돋은 연한 뿔. 피를 돕고 심장을 강하게 하는 힘이 있어 보약으로 귀하게 씀.

鹿茸人蔘(녹용인삼 lùróngrénsān)《醫》약으로 쓰는 녹용과 인삼.

鹿苑(녹원 lùyuàn) ① 사슴을 기르는 동산. ②《佛》녹야원(鹿野苑)의 약어. 석가(釋迦)가 처음으로 설법(說法)한 곳.

鹿皮(녹피→녹비 lùpí) 사슴 가죽.

▶ 馴鹿(순록)·麋鹿(우록)·逐鹿(축록).

麒 기린 기
鹿 8획 19획

훈 qí 일 キ, きりん 영 giraffe

기린 **기**(麒麟).

麒麟(기린 qílín) ① 성인(聖人)이 세상(世上)에 나기 전에 나타난다고 하는 상상(想像)의 동물(動物). 용(龍)·거북·봉황(鳳凰)과 함께 사령(四靈)이라 하며, 상서(祥瑞)로운 짐승으로 침. ② 가장 걸출(傑出)한 인물(人物)을 말함. 기린아(麒麟兒).

麒麟兒(기린아 qílínér) 재주와 지혜가 뛰어난 아이. 용구(龍駒). 봉추(鳳雛).

麓 산기슭 록
鹿 8획 19획

훈 lù 일 ロク, ふもと
영 foot of a mountain

① 산기슭 **록**(山足). ② 산감 **록**, 산 지키는 관리 **록**(守山林吏).

麓川(녹천 lùchuān) 길 이름.

麗 고울 려
鹿 8획 19획

麗麗麗麗麗麗麗麗麗

① 훈 lì 일 リ, うるわしい

영 beautiful ② 훈 lí 일 レイ

① ① 부딪칠 **리**(附著). ② 나라 이름 **리**(高麗, 東國名). ② ① 고울 **려**(美). ② 빛날 **려**(華). ③ 걸릴 **려**(附). ④ 베풀 **려**(施). ⑤ 짝 **려**(偶數). ⑥ 문루 **려**(麗譙高樓). ⑦ 나라 이름 **려**(高麗).

書體 小篆 麗 大篆 麗 草書 麗 髙校 麗 象形

麗句(여구→여귀 lìjù) 아름답게 잘 표현된 문구(文句).

麗辭(여사 lìcí) 고운 말씨.

麗色(여색 lìsè) ① 아름다운 빛깔. ② 아름다운 얼굴 빛.

麗艶(여염 lìyàn) 아름답고 예쁨. 염려(艶麗).

麗朝(여조 lìcháo) 고려(高麗) 왕조(王朝)의 약어.

麗澤(여택 lìzé) 벗끼리 서로 도와 학문을 닦고 수양에 힘쓰는 것.

▶ 綺麗(기려)·美麗(미려)·秀麗(수려)·雅麗(아려)·壯麗(장려)·華麗(화려).

麝 사향사슴 향
鹿 9획 21획

훈 xiāng 일 コウ, じゃこうじか
영 musk deer

사향사슴 **향**(麝香鹿).

麝 사향노루 사:
鹿 10획 21획

훈 shè 일 シャ, ジャ, じゃこう
영 musk

사향노루 **사**, 궁노루 **사**.

麝鼠(사서 shèshǔ)《動》사향뒤쥐.

麝香(사향 shèxiāng) 궁노루의 향낭(香囊)을 말려서 만든 향료(香料). 흥분제로 쓰임. 테베트·사천성(四川省)·운남성(雲南省) 등지에서 남.

麝香鹿(사향록 shèxiānglù)《動》사향노루의 한 가지. 중앙아시아·한국(韓國)·만주(滿洲)에 삶. 일명 사향

견(麝香犬)이라고도 함.

麟 기린 린
鹿 12 ㉓

🔠 lín 🔠 リン, きりん 🔠 giraffe
기린 린(仁獸毛蟲長).
麟角(인각 línjiǎo)기린의 뿔.《喻》지극히 드물음.
麟鳳(인봉 línfèng) 기린과 봉황새.《喻》뛰어난 현인(賢人).
麟筆(인필 línbǐ) 사관(史官)의 붓. 사필(史筆).

麤 성길 추
鹿 22 ㉝

🔠 cū 🔠 ソ, あらい 🔠 wild, sparse
① 성길 **추**(疎). ② 클 **추**(大). ③ 거칠 **추**, 추할 **추**(物不精).
麤鹵(추로 cūlǔ) 거칠고도 유치함.
麤惡(추악 cū'è) 품질이 거칠고 나쁨.
麤雜(추잡 cūzá) 거칠고 막되어서 조촐한 데가 없음.

麥 部
보리 **맥**

麥 보리 맥
麥 0 ⑪

🔠 mài 🔠 バク, ミャク, むぎ 🔠 barley
① 보리 **맥**(芒穀來麰秋種夏熟). ② 메밀 **맥**(蕎麥). ③ 돌귀리 **맥**(燕麥, 草名). ④ 귀리 **맥**(䴥麥).

書體 小篆 麥　草書 麦　中學　會意

麥藁帽子(맥고모자 màigǎomàozi) 맥고로 만들어 여름에 쓰는 모자.
麥麴(맥국 màiqū) 누룩.
麥浪(맥랑 màilàng) 이삭이 팬 보리나 밀이 바람에 물결처럼 나부끼는 모양.
麥嶺(맥령 màilǐng)《國》보릿고개. 묵은 곡식은 얼마 아니하고 보리는 아직 여물지 않아 농사 생활에 가장 어려운 음력 4·5월.
麥麵(맥면 màimiàn) 밀가루로 만든 국수.
麥飯(맥반 màifàn) 보리밥.
麥酒(맥주 màijiǔ) ① 보리로 빚은 술. ② 비어(beer).

▶ 裸麥(나맥)·大麥(대맥)·小麥(소맥)·燕麥(연맥)·精麥(정맥)·胡麥(호맥).

麦 보리 맥
麥 0 ⑦

【麥(前條)의 속자】

麵 국수 면
麥 4 ⑮

🔠 miàn 🔠 ベン, メン, むぎこ 🔠 wheat flour
① 밀가루 **면**(麥末). ② 국수 **면**(溫飩).
麵麴(면곡 miànqū) 밀가울로 만든 누룩. 면국(麵麴).
麵麴(면국 miànqū) 밀가루로 만든 누룩.
麵腹(면복 miànfù) 쉽사리 소화되는 국수 먹은 배[腹]. 곧, 손쉽게 얻은 것은 오래가지 못함.
麵子(면자 miànzi) 국수.
麵包(면포 miànbāo) 빵. 면포(麵麴).

麴 누룩 국
麥 6 ⑰

【麯(麥부8획)과 같음】

麥 部

麴 누룩 국
麥8획 (19)

qū キク, こうじ malt

① 누룩 국(麴蘖, 酒母). ② 꽃 이름 국(麴塵華名黃色).

麴君(국군 qūjūn) 술의 이명. 국생(麴生).
麴母(국모 qūmǔ) 누룩밀.
麴生(국생 qūshēng) 술의 별명.《書》국군(麴君).
麴蘖(국얼 qūniè) ① 누룩. ② 술.
麴子(국자 qūzi) 누룩. 국자(麯子).
麴塵(국진 qūchén)《植》화초(花草)의 이름. 꽃은 담황색. 임금의 옷은 이 꽃의 색(色)으로 물들였는데 그 옷을 국진의(麴塵衣) 또는 국의(麴衣)라고 함.

麵 국수 면
麥9획 (20)

【麪(麥부4획)의 속자】

麻 部
삼 마

麻 삼 마
麻0획 (11)

má, mā バ, マ, あさ hemp

① 삼 마(枲屬). ② 윤음 마, 임금의 말씀 마(白麻黃麻朝廷綸命). ③ 깨 마(胡麻).

書體: 小篆 麻 草書 麻 (高校) 會意

麻莖(마경 májīng) 삼대.
麻姑搔痒(마고소양 mágūsāoyǎng) 사물이 뜻대로 되는 일의 비유.《故》채경(蔡經)이 마고(麻姑)의 손톱을 보고 만일 등이 가려울 때 이 선녀를 시켜서 그 곳을 긁게 하면 기분이 좋으리라고 생각했다는 고사.
麻立干(마립간 mǎlìgān)《制》신라의 임금의 칭호.
麻冕(마면 mámiǎn) 삼베로 만든 관.
麻木(마목 mámù) ① 근육이 굳어져 감각이 없어지는 병. ② 문둥병 증세가 피부에 나타나기 시작할 때의 살갗이 허는 자리.
麻痺(마비 mábì)《醫》신경이나 심줄이 그 구실을 못하거나 없어져서 생기는 병.
麻雀(마작 máquè) 중국의 실내 오락의 한 가지. 136개의 패쪽을 쓰며 보통 네 사람이 함.
麻中之蓬(마중지봉 mázhōngzhīpéng) 삼밭 속에 나는 쑥.《喩》교육에는 좋은 환경이 필요하다는 뜻.
麻醉劑(마취제 mázuìjì) 마취작용(麻醉作用)을 하는 약. 마약(麻藥).

▶ 亂麻(난마)·大麻(대마)·亞麻(아마)·油麻(유마)·黃麻(황마).

麽 잘 마
麻3획 (14)

mè, má, mǎ, mó バ, マ, こまかい tiny-fine

① 잘 마(幺麽細瑣微). ② [中字]무엇 마, 어찌 마(何). ③ [中字]어조사 마(語助辭).

麽蟲(마충 mèchóng) 작은 벌레.

麾 기(旗) 휘
麻4획 (15)

huī キ, さしずばた command

① 대장기 휘(麾下大將旗). ② 가르칠 휘, 지휘할 휘(指麾).

麾軍(휘군 huījūn) 군대를 지휘함.
麾旗(휘기 huīqí) 지휘기(指揮旗). 휘정(麾旌).
麾動(휘동) ① 지휘하여 선동함. ② 지휘하여 움직임.
麾鉞(휘월 huīyuè) 대장이 가지는 기와 큰 도끼.
麾下(휘하 huīxià) ① 장군의 통솔 아래 있는 모든 병졸(兵卒). ② 대장(大將)의 진영(陣營).

黃 部

누를 **황**

黃 (⓪⑫) 누를 황

黃黃黃黃黃黃黃黃黃

huáng / コウ, オウ, きいろ / yellow

① 누를 황(中央土色). ② 급히 서두를 황(倉黃). ③ 늙은이 황(黃耉). ④ 어린아이 황(小兒之稱黃口).

書體 小篆 黃 古文 炙 草書 黃 中學 形聲

黃經(황경 huángjīng) 《天》 황도(黃道)를 중심으로 한 경도(經度). 천구상(天球上)에서 태양이나 별의 위치를 나타내기 위하여 쓰는 춘분점(春分點)부터의 그 별까지의 각거리(角距離). ↔황위(黃緯).

黃道(황도 huángdào) 《天》 천구(天球)에 투영(投影)된 지구의 공전(公轉) 궤도면(軌道面). 지구에서 보면 이 대원(大圓) 위를 태양이 1년 동안에 한 바퀴 돌음. 적도(赤道)와 만나는 점을 춘분점(春分點)과 추분점(秋分點)이라고 함.

黃沙(황사 huángshā) ① 누른 빛깔의 모래. ② 사막(砂漠).
黃色新聞(황색신문 huángsèxīnwén) 독필(毒筆)로써 선동적(煽動的) 경향을 가진 신문. 엘로페이퍼(yellow paper)에서 온 말.
黃泉(황천 huángquán) ① 지하의 샘. ② 사람이 죽어서 가는 길. 저세상. 황토(黃土).
黃體(황체 huángtǐ) 《生》 배란(排卵)한 성숙난포(成熟卵胞)가 변화한 것. 황체 호르몬을 분비(分泌)하고, 그 소장(消長)은 자궁입막(子宮入膜)의 변화, 월경의 출현, 임신지속(妊娠持續), 유선(乳腺) 발육 따위에 관계됨.
黃昏(황혼 huánghūn) 해가 져서 어둑어둑할 무렵.

▶ 卵黃(난황)·綠黃(녹황)·淡黃(담황)·浮黃(부황)·生地黃(생지황)·亞黃酸(아황산)·牛黃(우황)·硫黃(유황)·二酸化黃(이산화황)·雌黃(자황)·朱黃(주황)·地黃(지황)·天地黃(천지황)·脫黃(탈황)·玄黃(현황).

黃 (⓪⑪) 누를 황

【黃(前條)의 속자】

黍 部

기장 **서**

黍 (⓪⑫) 기장 서:

shǔ / ショ, きび / millet

메기장 서, 기장 서.

黍離之歎(서리지탄 shǔlízhītàn) 나

라가 멸망하여 궁전(宮殿)의 자리가 수수밭이나 밀밭으로 변한 것을 보고 탄식(歎息)하는 일.

黎 검을 려

1 음 lí 일 レイ, あけぼの 영 gray of dawn 2 음 リ

1 ① 무리 려(黎民, 衆). ② 동틀 려(黎明, 天欲曙). ③ 검을 려(黑). ④ 배접할 려(作履黏以黍米). 2 리. 뜻은 1과 같음.

黎明(여명 límíng) ① 밝아오는 새벽. ② 희망의 빛.

黏 풀 점

음 nián 일 デン, ネン, ねばる
영 tick, cohere

① 풀 점(糊). ② 붙일 점(相著).

黏連(점련 niánlián) 서류를 첨부함.
黏膜(점막 niánmó) 《生》 생물체 안의 소화관(消化管)·기관(氣管)·비뇨생식도(泌尿生殖道)들의 내면을 덮은 끈끈하고 부드러운 막(膜)의 총칭.
黏性(점성 niánxìng) 《物》 ① 차지고 끈끈한 성질. ② 유체(流體)가 운동할 때에 나타나는 내부 마찰.
黏液(점액 niányè) ① 끈끈한 액체. ② 《生》 생물체 안의 점액선(黏液腺) 등에서 분비되는 끈끈한 액체.
黏著(점착 niánzhuó) 끈기가 있어 착 달라붙음.
黏土(점토 niántǔ) 흙 종류의 한 가지. 석영(石英)·장석(長石) 등의 돌이 풍화 분해된 흙. 물에 이기면 점성을 가짐.

黑 部

검을 흑

黑 검을 흑

黑 黑 黑 黑 黑 黑 黑 黑 黑 黑

음 hēi 일 コク, くろ, くらい
영 black, dark

① 검을 흑(北方陰色, 晦). ② 검은 사마귀 흑(黑子, 黶). ③ 캄캄할 흑(暗黑). ④ 그를 흑, 잘못 흑(是非黑白).

書體 小篆 草書 黑 中學 會意

黑頭宰相(흑두재상 hēitóuzǎixiàng) 나이가 아주 젊은 재상(宰相).
黑幕(흑막 hēimù) ① 무대에서 쓰는 검은 막(幕). ② 겉으로 들어나지 않은 음흉한 내막.
黑白不分(흑백불분 hēibáibùfēn) ① 검은 것과 흰 것이 뒤섞임. ② 옳고 그른 것이 분명하지 아니함.
黑字(흑자 hēizì) ① 먹 따위로 쓴, 빛이 검은 글자. ② 수지결산(收支決算)의 결과 잔여(殘餘)가 생김. ↔적자(赤字).

▶ 純黑(순흑)·暗黑(암흑)·漆黑(칠흑).

黑 검을 흑

【黑(前條)의 속자】

黔 검을 검

1 음 qián 일 ケン, くろい 영 black
2 일 キン

1 검을 검(黔首, 黎). 2 귀신 이름 금(神名黔嬴黔雷).

默 잠잠할 묵

일 モク, しずか 영 quiet, still

잠잠할 묵, 조용할 묵(恭默, 靜也, 不語).

小篆 默 草書 默 (高校) 形聲

默契(묵계 mòxiè) 말 없는 가운데 뜻이 서로 맞음.
默過(묵과 mòguò) 묵묵히 지나침. 모르는 체 넘겨 버림.
默禱(묵도 mòdǎo) 말없이 마음속으로 빎.
默讀(묵독 mòdú) 소리를 내지 않고 읽음. ↔음독(音讀).
默禮(묵례 mòlǐ) 묵묵히 고개만 숙이어 표하는 예.
默秘(묵비 mòmì) 잠자코 말하지 아니함.
默殺(묵살 mòshā) ① 알고도 모르는 체하고 내버려 둠. ② 어떤 일에 대하여 이렇다 저렇다는 시비를 아니함.
默視(묵시 mòshì) 묵묵한 태도로써 눈 익혀 봄.
默重(묵중 mòzhòng) 말이 적고 태도에 무게가 있음.
默許(묵허 mòxǔ) 말하지 않고 슬그머니 허락함. 묵인(默認). 묵낙(默諾).

▶ 寡默(과묵)·暗默(암묵)·沈默(침묵).

黜 내칠 출

중 chù 일 チュツ, しりぞける
영 repulse

① 내칠 출(退也, 貶下). ② 물리칠 출(擯斥).

黜放(출방 chùfàng) 내어 쫓음. 방출(放黜).
黜否(출부 chùfǒu) 무능한 사람을 물리침.
黜遠(출원 chùyuǎn) 내어 쫓아 멀리함.
黜責(출책 chùzé) 내어 쫓고 책임을 물음.
黜斥(출척 chùchì) 내어 쫓고 쓰지 않음.
黜廢(출폐 chùfèi) 내어 쫓아 버림.
黜學(출학 chùxué) 학칙을 어긴 학생을 학교로부터 내어 쫓음.
黜會(출회 chùhuì) 단체 또는 회합에서 내어 쫓음.

▶ 竄黜(찬출).

點 점 점(ː)

중 diǎn 일 テン, ちょぼ, てん
영 dot, spot

① 더러울 점(汚). ② 뭉갤 점. 글자 지울 점(以筆滅字). ③ 가무잡잡할 점(小黑). ④ 검은 점 점(黑點). ⑤ 상고할 점(檢點). ⑥ 가리킬 점(指點). ⑦ 글자에 점찍을 점(點畫). ⑧ 경점 점(更點). ⑨ 흉볼 점(缺點). ⑩ 곳 점(箇所, 要點). ⑪ 넣을 점(入). ⑫ 고개 끄덕일 점(點頭). ⑬ 수효 점(件數).

小篆 點 草書 點 (高校) 形聲

點景(점경 diǎnjǐng) 산수화(山水畫) 가운데 인물·동물 따위를 그려 넣어 그 경치를 돋구게 함.
點睛(점정 diǎnjīng) 사람이나 동물을 그릴 때 최후로 눈동자를 그려서 그 그림을 산 것처럼 완성함. 화룡점정(畫龍點睛)의 약어. 《轉》사물의 안목(眼目)이 되는 중요한 곳. → 점안(點眼).
點指(점지 diǎnzhǐ) 신불(神佛)이 자식을 낳게 하여 주는 일.
點播(점파 diǎnbō) 씨앗 한 개나 두서

15획 齒 16획 龍龜 17획 龠

너 개씩을 한 포기로 심는 씨 뿌리는 법의 한 가지.

▶ 據點(거점)·缺點(결점)·觀點(관점)·起點(기점)·基點(기점)·得點(득점)·終點(종점)·中心點(중심점)·重點(중점)·採點(채점)·總點(총점)·出發點(출발점)·合格點(합격점)·黑點(흑점).

黑 8획 (20) 黨 무리 당

黨 黨 黨 黨 黨 黨 黨 黨 黨 黨

음 dǎng 일 トウ, なかま, とも
영 party, company

① 무리 당(朋也, 輩). ② 편벽될 당(偏). ③ 견줄 당(比). ④ 자주 당(頻). ⑤ 곳 당(所). ⑥ 알 당(知). ⑦ 마을 당, 동네 당(五百家稱). ⑧ 고향 당(鄕里). ⑨ 일가 당(親戚). 【儻과 같음】

書體 小篆 黨 草書 黨 高校 形聲

黨魁(당괴 dǎngkuí) 당(黨)의 우두머리. 당수(黨首).
黨論(당론 dǎnglùn) ① 붕당(朋黨)에서 논의된 의견. ② 당의 의견이나 의논. ③ 바른 의론(議論). 정론(正論).
黨籍(당적 dǎngjí) ① 당원(黨員)의 성명(姓名)·신분(身分)·주소(住所) 등을 적은 것. ② 당원으로서의 소속.
黨派(당파 dǎngpài) 붕당(朋黨)의 나누어진 갈래.

▶ 結黨(결당)·公黨(공당)·朋黨(붕당)·政黨(정당)·脫黨(탈당)·鄕黨(향당).

黑 15획 (27) 黷 더러울 독

음 dú 일 トク, けがれる 영 pollute

① 더러울 독, 흐릴 독(濁也, 汚). ② 설만할 독(押也, 媒). ③ 가무잡잡할 독(黝貌). ④ 자주 독(頻瀆, 數). ⑤ 검을 독

(黷黷黑). ⑥ 때 낄 독(垢). ⑦ 무릅쓸 독(蒙).

黷職(독직 dúzhí) 관공리(官公吏)가 그 지위를 이용하여 부정행위를 함.
黷貨(독화 dúhuò) 옳지 못한 수단으로 얻은 돈.

黹 部
바느질할 치

黹 0획 (12) 黹 바느질할 치

음 zhǐ 일 チ, ぬう, さす 영 sew
바느질할 치(縫紩衣).

黽 部
맹꽁이 맹

黽 0획 (13) 黽 맹꽁이 맹

1 음 mǐn 일 ビン, あおがえる
영 Kaloula tornieri
2 음 miǎn 일 ボウ

1 힘쓸 민(蛙屬其行勉强自力故曰黽勉). 2 땅 이름 면(弘農郡名黽池). 3 ① 땅 이름 맹(楚地名黽隘). ② 맹꽁이 맹(鼃䵷似靑蛙而腹大). ③ 대 이름 맹(地名, 求黽).

黽勉(민면 mǐnmiǎn) 힘씀. 힘써 연구함.

黽 5획 (18) 鼅 두꺼비 거

음 jū, qù 일 キョ, がま 영 toad

두꺼비 거(鼀蟾, 蟾蠩).

黽 5 18 鼁 개구리 구

일 ク, 일 かえる, 영 frog

① 개구리 구(鼃屬, 水蟲). ② 거북 구(鼀鼊, 水蟲名似龜). ③ 큰 거북 구, 점박이 거북 구(螭蟠).

黽 5 18 鼂 성(姓) 조

일 zāo 일 チョウ, あさ
영 morning

① 조채옥 조(鼂采, 美玉). ② 벌레 이름 조(蟲名曰鼂). ③ 성 조(姓). ④ 아침 조(朝). 【晁와 같음】

鼂不及夕(조불급석 zāobùjíxī) 아침까지는 무사(無事)하나 저녁때면 어떻게 될 지 모름. 위급(危急)함이 닥쳐옴을 뜻함.

鼂飽(조포 zāobǎo) 잠시 동안의 정(情)의 만족(滿足). 순간(瞬間)의 만족(滿足).

黽 6 19 鼃 개구리 왜

1 일 wā 일 ア, かえる 영 frog
2 일 á

1 ① 개구리 왜(蝦蟆). ② 음란한 소리 왜(淫聲). **2** 와. 뜻은 **1**과 같음.

鼃咬(와교 wājiāo) 음란한 노래. 혹은 속(俗)된 음악.

鼃聲(와성 wāshēng) 음란한 음악의 소리.

黽 11 24 鰲 자라 오

일 áo 일 ゴウ, おおすっぽん
영 tortoise

큰 자라 오(大鼈背負三神山). 【鰲와 같음】

鰲足(오족 áozú) 해귀(海龜)의 발.

黽 12 25 鼈 자라 별

일 biē 일 ベツ, すっぽん
영 terrapin

① 자라 별(介蟲龜屬眼聽). ② 고사리 별(蕨).

鼎 部

솥 정

鼎 0 13 鼎 솥 정

일 dǐng 일 テイ, かなえ
영 iron pot

① 솥 정(烹飪器三足兩耳). ② 바야흐로 정(鼎盤, 方). ③ 늘어질 정(鼎鼎大舒貌). ④ 새로울 정(新). ⑤ 마땅할 정(鼎來, 當). ⑥ 세 갈래 정(鼎之, 三肢).

鼎談(정담 dǐngtán) 3인이 둘러 앉아 하는 이야기. 또는 그 이야기.

鼎立(정립 dǐnglì) 솥발과 같이 셋이 섬. 병립(竝立)하는 모양.

鼎沸(정비 dǐngfèi) ① 솥의 물이 끓듯이 의논(議論)이 들끓음. ② 천하가 어지러워짐.

鼎足(정족 dǐngzú) ① 솥발. ②《喩》㉠ 삼자(三者)가 대립함. 세 곳에 할거(割據)함. ㉡ 솥의 세 발처럼 삼자(三者)가 협력(協力)하는 것.

鼎足之勢(정족지세 dǐngzúzhīshì) 솥발처럼 셋이 맞서서 대립한 형세.

鼎坐(정좌 dǐngzuò) 세 사람이 솥발모양으로 서로 대하고 앉음.

15획 齒 16획 龍 龜 17획 龠

鼎 솥뚜껑 멱

鼎 2 ⑤

㉿ mì ㉿ ベキ, ふた, おおい
㉿ lid of a kettle
솥뚜껑 **멱**(鼎蓋).【冪과 같음】

鼓 部

북 고

鼓 북 고

鼓 0 ⑬

鼓鼓鼓鼓鼓鼓鼓鼓鼓

㉿ gǔ ㉿ コ, ク, ㉿ つづみ drum
① 북 **고**(樂器革音). ② 휘 **고**(量器斛別名). ③ 별 이름 **고**(牽牛星, 河鼓).

書體 小篆 鼓 大篆 鼓 草書 鼓 (高校) 會意

鼓動(고동 gǔdòng) ① 북을 울리는 소리. ② 심장이 뛰는 소리. 동계(動悸).
鼓膜(고막 gǔmó) 《生》 외이(外耳)와 중이(中耳)의 사이에 있어 음향(音響)을 전달하는 구실을 하는 막.
鼓舞(고무 gǔwǔ) ① 북을 치면서 춤을 춤. ② 분기(奮起)하게 함. 용기를 내게 함. 격려(激勵).
鼓腹(고복 gǔfù) 배를 두드림. 세상이 태평하고 생활이 안락(安樂)하여, 잘 먹고 만족한 것을 형용한 말.
鼓盆之痛(고분지통 gǔpénzhītòng) 처상(妻喪)을 당함. 상처한 슬픔. 고분지통(叩盆之痛).
鼓手(고수 gǔshǒu) 북을 치는 사람.
鼓子(고자 gǔzi) 생식기가 불완전한 남자. 내관(內官).

▶ 小鼓(소고)·申聞鼓(신문고)·迎鼓(영고)·鐘鼓(종고)·晉鼓(진고).

鼓 두드릴 고

鼓 0 ⑬

㉿ gǔ ㉿ コ, ク, うつ ㉿ beat
① 두드릴 **고**, 울릴 **고**(擊也, 鳴). ② 고동할 **고**(動盪之振作之). ③ 풀무 **고**(扇火動橐鼓鑄). ④ 어루만질 **고**(憮).

鼠 部

쥐 서

鼠 쥐 서:

鼠 0 ⑬

㉿ shǔ ㉿ ソ, ねずみ
㉿ rat, mouse
① 쥐 **서**(穴蟲, 似獸善盜). ② 우물쭈물할 **서**(首鼠持兩端). ③ 산 이름 **서**(隴西山名, 鳥鼠). ④ 좀도둑 **서**(鼠賊). ⑤ 근심할 **서**(慼).

鼠肝蟲臂(서간충비 shǔgānchóngbì) 쥐의 간과 벌레의 발.《喩》 하찮은 물건.
鼠技(서기 shǔjì) 재력(才力)이 변변치 못하여 쓸모가 없는 짓.
鼠膽(서담 shǔdǎn) 쥐의 쓸개.《喩》 담력(膽力)이 약한 것을 홍보는 말.
鼠遁(서둔 shǔdùn) 쥐처럼 살금살금 도망하는 것. 서찬(鼠竄).
鼠狼(서랑 shǔláng) 《動》 족제비. 족제비과(科)에 속하는 동물. 모피(毛皮)는 목도리·외투 등의 의장(衣裝)에 사용되고 붓도 만들음.
鼠輩(서배 shǔbèi) 많은 쥐들.《轉》 보잘 것 없는 무리. 소인(小人)들.

鼠思(서사 shǔsī) 《喩》자잘한 일을 근심함.

鼠疫(서역 shǔyì) 《醫》흑사병(黑死病). 페스트. 쥐에 기생하는 벼룩으로부터 전염하는 데서 일컫는 말.

鼠賊(서적 shǔzéi) 좀도둑. 서도(鼠盜).

鼠縮(서축 shǔsuō) 곡식을 쥐가 먹는 까닭에 나는 축(縮). 〈縮은 일정한 수효에서 부족이 생기는 것〉.

鼠破(서파 shǔpò) 쥐가 쏠아서 결단냄. 서설(鼠齧).

鼠蹊部(서혜부 shǔxībù) 《生》불두덩 옆의 아랫배의 양측면과 허벅다리와의 사이.

鼻 部

코 비

 鼻 코 비:

鼻 鼻 鼻 鼻 鼻 鼻 鼻 鼻 鼻 鼻

🗠 bí 🇯 ビ, ヒ, はな 🇬 nose

① 코 비(肺之竅脾之發). ② 비롯할 비(鼻祖, 始).

書體 小篆 鼻 草書 𪖌 中學 形聲

鼻腔(비강 bíqiāng) 콧속. 콧구멍.
鼻笑(비소 bíxiào) 코웃음.
鼻炎(비염 bíyán) 콧속에 나는 염증.
鼻音(비음 bíyīn) 입 안의 어떤 부분을 막았다가 코 안으로 내는 소리. 「ㅁ·ㄴ·ㅇ」같은 유성자음(有聲子音)이 이에 속함. 콧소리.
鼻祖(비조 bízǔ) ① 처음으로 사업을 일으킨 사람. 원조(元祖). ② 시조(始祖).

鼻下政事(비하정사 bíxiàzhèngshì) 코 밑에 닥친 일만 처리하는 정사. 《喩》겨우 먹고 살아가는 일.

▶ 隆鼻(대비)·酸鼻(산비).

齊 部

가지런할 제

齊 가지런할 제

齊 齊 齊 齊 齊 齊 齊 齊 齊 齊

1 🗠 qí 🇯 シ, ひとしい 🇬 symmetry 2 🗠 jì 🇯 セイ, そろう 3 🗠 zhāi

1 상옷 아랫단할 자(齊衰衣下縫). 2 ① 엄숙할 제(莊也, 肅). ② 정제할 제(整). ③ 가지런할 제(等). ④ 빠를 제(循齊, 疾速). ⑤ 나라 이름 제(國名, 大公所封). ⑥ 공손할 제(齊齊恭慤貌). ⑦ 고를 제, 화할 제(和). 3 재계할 재(致齊齊潔).

書體 小篆 齊 草書 髙 高校 象形

齊家(제가 qíjiā) 집을 다스림. 집안을 잘 다스려 정제(整齊)하게 함. 치가(治家).

齊民(제민 qímín) ① 백성을 평등하게 함. ② 서민(庶民). 평민(平民).

齊整(제정 qízhěng) 가지런히 정돈함. 잘 정돈함. 정제(整齊).

齊唱(제창 qíchàng) 여러 사람이 함께 노래를 부름.

▶ 均齊(균제)·百花齊放(백화제방)·一齊(일제)·整齊(정제).

齋 재계할/집 재

㉠ zhāi ㉡ サイ, シ, ものいみ
㉢ purify oneself

① 재계할 재(齋戒, 洗心潔也, 莊也, 恭). ② 집 재(燕居室).

齋家(재가 zhāijiā) ① 재주(齋主)의 집안. ② 상가(喪家)를 무당이나 중들이 일컫는 말.
齋潔(재결 zhāijié) 근신하여 몸을 깨끗하게 함. 결재(潔齋).
齋戒(재계 zhāijiè) 신(神)을 제사할 때 심신(心身)을 깨끗이 하고, 음식을 가려 먹어 부정(不淨)을 금기(禁忌)하는 것. 또는 그러한 행위. 재계(齊戒).
齋供(재공 zhāigòng) 《佛》불전(佛前)에 재반(齋飯)을 바치는 것.
齋壇(재단 zhāitán) ① 하늘을 제사하는 곳. ② 중이나 도사(道士)가 경문(經文)을 외우면서 신불(神佛)을 제사하는 곳.
齋會(재회 zhāihuì) ① 중들이 모여 경을 읽고 불공하여 죽은 사람을 제도(濟度)하는 것. ② 불교를 믿는 남녀가 모여 중을 공양하는 것.

▶山齋(산재)·書齋(서재).

齎 가질 재/제

1 ㉠ jī ㉡ サイ, もたらす ㉢ take with 2 ㉡ セイ, もたらす

1 ① 탄식할 재(齎咨, 歎辭). ② 쌀 재(行道所用遺也, 裝). ③ 가질 재(持).
2 제. 뜻은 1과 같음.

齎貸(재대 jīdài) 꾸어줌.

齒 部

이 **치**

齒 이 치

㉠ chǐ ㉡ シ, は ㉢ teeth

① 이 치(上齒下牙口齗骨). ② 나이 치(年). ③ 벌 치(列). ④ 같을 치(類).

書體 小篆 古文 草書 中學 形聲

齒腔(치강 chǐqiāng) 잇속의 빈 곳. 이촉의 끝에 잔 구멍이 벌어져 있고 그 속에는 치수(齒髓)를 지니고 있음.
齒骨(치골 chǐgǔ) 이틀을 이루고 있는 뼈.
齒根(치근 chǐgēn) 《生》이촉. 이의 치조(齒槽)에 끼어서 들어가 있는 부분. 원추형(圓錐形)을 이루고 사기질로 싸여 있음.
齒德(치덕 chǐdé) 연령과 덕행(德行). 나이가 많고 덕행(德行)이 높음.
齒亡舌存(치망설존 chǐwángshécún) 치폐설존(齒敝舌存).
齒亡脣亦支(치망순역지 chǐwángchúnyìzhī) 《國》이가 없으면 입술에 의지(依支)함. 《喩》있던 것이 없어져서 부자유하더라도 없는 대로 참고 살아나간다는 뜻.
齒算(치산 chǐsuàn) 나이. 연령(年齡). 연치(年齒).
齒石(치석 chǐshí) 이의 한쪽에 엉켜 붙은 단단한 물질.
齒牙(치아 chǐyá) ① 이. ② 이와 어금니. ③ 말. 언어(言語).
齒齗(치은 chǐyín) 《生》잇몸. 치간(齒齦). 치경(齒莖).

▶ 拔齒(발치)·乳齒(유치)·年齒(연치)·義齒(의치)·切齒(절치)·蟲齒(충치)·皓齒(호치).

齺齣(저작) 음식물(飮食物)을 씹음. 저작(咀嚼).

齕 물흘
齒 3 / 18

漢 hé 日 コツ, ケツ, かじる, かむ
英 bite, chew

물 흘, 씹을 흘(齧齕, 齧).

齔 잇몸 치
齒 3 / 18

日 チ, 日 はぐき 英 gum
① 잇몸 치(齒齔貌). ② 씹을 치(齧).

齗 말다툼할 은
齒 4 / 19

漢 yín, kěn, kǔn 日 ギン, はぐき
英 gum
① 말다툼할 은(齗齗辯爭). ② 미워할 은(忿疾意). ③ 잇몸 은(齒根肉).
齗齶(은악 yín'è) 잇몸. 치은(齒齦).
齗齗(은은 yínyín) ① 논쟁(論爭)하는 모양. ② 성이 나서 미워하는 모양.

齡 나이 령
齒 5 / 20

漢 líng 日 レイ, よわい, とし
英 age
나이 령(年).

齟 이 어긋날 저
齒 5 / 20

漢 jǔ 日 ショ, ソ, くいちがう
英 be discrepant
이 어긋날 저(齟齬, 齒不相値).
齟齬(저어 jǔyǔ) ① 아래윗니가 서로 잘 맞지 않음. ② 사물이 서로 어긋남. 사물이 서로 모순(矛盾)됨.

齧 깨물 설
齒 6 / 21

漢 niè 日 ゲツ, かむ 英 bite, gnaw
깨물 설, 씹을 설(噬).
齧殺(설살 nièshā) 깨물어 죽임.
齧噬(설서 nièshì) 깨물음. 서설(噬齧).
齧鐵(설철 niètiě) 불가사리.
齧齒類(설치류 nièchǐlèi) 《動》 포유류(哺乳類) 중의 한 목(目). 쥐나 토끼처럼 물건을 갉아 먹는 동물(動物).

▶ 齩齧(교설)·噬齧(서설).

齨 어금니 구
齒 6 / 21

日 キュウ, うすば
英 molar, jaw-tooth
① 어금니 구(臼齒). ② 여덟된 말 구(馬八歲).

齩 뼈 깨물 교
齒 6 / 21

漢 yǎo 日 ゴウ, かむ
英 biting, gnaw
뼈 깨물 교, 물 교(齧骨).
齩齧(교설 yǎoniè) 씹어 깨물음.

齪 악착할 착
齒 7 / 22

漢 chuò 日 サク, ソク, こせつく
英 worry narrow minded
① 악착할 착(齷齪, 急促局陿貌). ② 이 마치는 소리 착(齒相近聲).

▶ 齷齪(악착).

齲 너리먹을 우

중 qǔ 일 ク, ウ, むしば
영 decayed tooth
너리먹을 우, 충치 우(齒病).
齲齒(우치 qǔchǐ) 벌레가 파먹은 것처럼 구멍이 생긴 이.

齶 잇몸 악

중 è 일 ガク, はぐき 영 gum
잇몸 악(齒齦).

齷 악착할 악

중 wò 일 アク, こせつく
영 narrow-minded, worry
① 악착할 악, 속 좁을 악(齷齪, 迫). ② 이마치는 소리 악(齒相近聲).
齷齪(악착 wòchuò) 이가 잘다는 뜻. 《轉》 ㉠ 도량이 매우 좁음. ㉡ 조그만 일에 끈기 있고 모질음. ㉢ 잔인하고 깜찍스러움. 촉(促). 악착(握齪).
齷齪熱(악착열 wòchuòrè) 인체(人體)에 치미는 더위. 유월[六月]경의 무더운 서열(暑熱).

龍 部

용 룡

龍 용 룡

龍龍龍龍龍龍龍龍龍

1 중 lóng 일 リュウ, りゅう
영 dragon **2** 일 ロウ, たつ

1 ① 용 룡. ② 귀신 이름 룡(神名, 燭龍). ③ 별 이름 룡(星名, 蒼龍). ④ 말 이름 룡(馬高八尺曰龍). ⑤ 임금님 룡(天子事物之用語, 龍顔, 龍駕). **2** 두 덕 롱(田中高處壟同). **3** 잿빛 방.

書體 小篆 龍 草書 龍 社 高校 象形

龍歌鳳笙(용가봉생 lónggēfēngshēng) 맑은 노래와 아름다운 풍류(風流)를 가리킴.
龍骨(용골 lónggǔ) ① 용의 뼈. ② 선박 바닥에 있는 배골이 되는 양재(梁材).
龍骨突起(용골돌기 lónggǔtūqǐ)《動》 조류(鳥類)의 흉골(胸骨)에 있는 돌기. 날개를 움직이는 근육이 붙어 있는 부분.
龍頭蛇尾(용두사미 lóngtóushéwěi) 용의 머리와 뱀의 꼬리.《喻》시작은 좋은데 나중은 나빠짐. 처음은 왕성하나 나중은 떨치지 못함.
龍夢(용몽 lóngmèng) 용꿈. 용꿈을 꾸면 좋은 일이 있을 조짐이라 함.
龍紋(용문 lóngwén) 용을 그린 오색(五色)의 무늬. 용문(龍文).
龍尾鳳湯(용미봉탕 lóngwěifèngtāng) 맛이 좋은 음식을 가리킴.
龍蟠鳳逸(용반봉일 lóngpánfèngyì) 《喻》비범(非凡)한 재주를 갖고 있으면서도 그 뜻을 이루지 못하는 것.
龍鳳(용봉 lóngfèng) 용과 봉황.《喻》뛰어난 인물.
龍鳳大幕(용봉대막 lóngfèngdàmù) = 용봉장전(龍鳳帳殿).
龍鳳帳殿(용봉장전 lóngfèngzhàngdiàn) 용과 봉의 형상을 아로새긴 임시로 꾸며 놓은 어좌(御座).
龍飛鳳舞(용비봉무 lóngfēifèngwǔ) 용이 날고 봉황이 춤춤.《喻》산형(山形)의 영묘(靈妙)함을 일컬음.
龍蛇飛騰(용사비등 lóngshéfēiténg) 《喻》용이 움직이는 것 같이 아주 활기(活氣) 있는 필력(筆力).

龍顔(용안 lóngyán) 임금의 얼굴. 천안(天顔).

龍驤麟振(용양인진 lóngxiānglín-zhèn) 용처럼 솟아오르고 기린처럼 휘두름. 《喩》 세위(勢威)가 떨침.

龍驤虎視(용양호시 lóngxiānghǔshì) 용이 솟아오르고 호랑이가 노려봄. 《轉》 뜻이 원대(遠大)함.

龍潛(용잠 lóngqián) 임금이 될 사람이 아직 즉위(卽位)하기 전을 일컬음. 잠룡(潛龍).

龍樽(용준 lóngzūn) 용을 그린 술그릇.

龍虎相搏(용호상박 lónghǔxiāngbó) 용과 호랑이가 서로 싸움. 두 사람의 강자(强者)가 서로 승패(勝敗)를 다투는 것.

▶ 袞龍袍(곤룡포)・恐龍(공룡)・飛龍(비룡)・靑龍(청룡)・回龍顧祖(회룡고조).

龔 공손할 공

6획 / 22획

gōng / キョウ, つつしむ / respectful

① 공손할 공(恭). ② 줄 공(給). ③ 이바지할 공(奉). ④ 성 공(姓).

龜 部

거북 귀

龜 거북 귀/구
터질 균

0획 / 16획

龜 龜 龜 龜 龜 龜 龜 龜

1 guī / キ, かめ / tortoise
2 jūn / キュウ, かめ
3 qiū / キン, かめ

1 ① 거북 귀. ② 본 뜰 귀(龜鑑). ③ 점칠 귀(龜卜). ④ 별 이름 귀(星名, 天龜). 2 손 얼어터질 균. 3 나라 이름 구.
【龟는 속자】

書體 小篆 古文 草書 高校 象形

龜脚(귀각 guījiǎo) 선인장(仙人掌)의 별명.

龜鑑(귀감 guījiàn) 모범(模範). 본보기. 귀경(龜鏡).

龜甲(귀갑 guījiǎ) 거북등의 껍데기. 여러 가지 병의 약재로 씀.

龜頭(귀두 guītóu) ① =귀부(龜趺). ② 음경의 앞부분.

龜齡(귀령 guīlíng) 거북의 나이. 매우 긴 수명(壽命). 장수(長壽). 학수(鶴壽).

龜毛兎角(귀모토각 guīmáotùjiǎo) 거북의 털과 토끼의 뿔. 《喩》 있을 수 없거나 아주 없음을 일컬음.

龜背刮毛(귀배괄모 guībèiguāmáo) 거북의 등에서 털을 긁음. 《喩》 될 수 없는 것을 무리하게 구하는 것.

龜鼈(귀별 guībiē) ① 거북과 자라. ② 남을 업신여김.

龜趺(귀부 guīfū) 거북 모양으로 만든 비석(碑石)의 받침돌.

龜船(귀선 guīchuán) 거북선. 조선 선조 때 이순신(李舜臣)이 만든 거북 모양을 한 세계 최초의 철갑선(鐵甲船).

龜玉(귀옥 guīyù) 귀갑(龜甲)과 옥(玉). 《轉》 귀중한 것.

龜兆(귀조 guīzhào) 거북의 등 껍데기를 태울 때 나타나는 징조.

龜州大捷(귀주대첩 guīzhōudàjié) 《歷》 고려 현종(顯宗) 9년(1231) 거란군(契丹軍)을 격파한 대승전(大勝戰). 상원수(上元帥) 강감찬(姜邯贊)이 귀주(龜州)에서 소배압(蕭排押)의 군(軍)을 격파함.

龜板(귀판 guībǎn) 거북의 배 껍데기. 학질 따위에 약으로 씀.

龜貝(귀패 guībèi)《歷》거북의 등 껍데기와 조개껍데기. 고대에 화폐로 사용했음.

龜胸龜背(귀흉귀배 guīxiōngguībèi) 안팎곱사등이.

龜手(균수 guīshǒu) 얼어 터진 손.

龜裂(균열 guīliè) ① 거북의 등 무늬처럼 갈라져 터지는 것. 갈라서 터짐. ② 친한 사이에 틈이 생김. 귀탁(龜坼).

거북이 기어갈 **구**

[중] ク, かめが はう [영] crawl

거북이 기어갈 구(龜行).

龠 部

피리 약

龠 피리 **약**

[중] yuè [일] ヤク, ふえ [영] flute

① 피리 **약**(管龠, 三孔樂名). ② 홉사 **약**(量名容千二百黍).

附錄

1. 總畫 索引/958
2. 字音 索引/978

[부록 1] 總畫 索引

① 본 字典에 收錄된 標題字를 總畫數 別로 配列하되, 같은 總畫은 部首 順으로 配列하였다.

② 標題字는 가운데 위치하고, 그 왼쪽에는 部首, 오른쪽 숫자는 본문의 페이지를 나타낸다.

1획							
一 一 1	一 丈 2	寸 寸 238	二 互 17	十 卅 120	心 心 294		
乙 乙 12	上 4	小 小 243	五 18	午 120	戈 戈 326		
	下 4	尸 尸 245	井 19	卜 卡 125	戶 戶 330		
	丨 个 8	山 山 250	亠 亢 21	厂 厄 128	手 手 332		
2획	丶 丸 9	川 川 256	人 仁 24	又 及 132	支 支 365		
一 丁 1	丿 久 11	工 工 257	什 24	友 132	文 文 374		
七 2	乙 乞 13	己 巳 259	仄 25	反 132	斗 斗 375		
丿 乃 11	也 14	已 259	今 25	收 132	斤 斤 376		
乙 九 13	二 于 17	己 259	仇 25	双 132	方 方 379		
亅 了 15	亠 亡 20	巾 巾 260	介 26	士 壬 190	无 无 382		
二 二 16	几 凡 87	干 干 266	儿 允 66	大 天 196	日 日 382		
人 人 23	刀 刃 90	广 广 270	元 67	夭 196	曰 曰 397		
入 入 72	刃 90	弋 弋 278	入 內 73	太 198	月 月 401		
八 八 75	十 千 119	弓 弓 279	八 公 76	夫 198	木 木 406		
几 几 87	卄 120	手 才 332	六 78	子 孔 218	欠 欠 442		
刀 刀 90	又 叉 131		兮 78	小 少 243	止 止 446		
力 力 104	口 口 135	4획	冂 円 81	尸 尹 245	毋 母 455		
匕 匕 115	囗 165	一 不 5	凵 凶 88	尢 尤 245	比 比 456		
十 十 118	土 土 172	丑 5	刀 分 91	尺 246	毛 毛 457		
卜 卜 124	士 士 190	与 6	切 92	屮 屯 250	氏 氏 458		
又 又 131	夕 夕 193	丨 中 8	勹 勿 114	己 巴 260	水 水 459		
	大 大 195	丶 丹 9	匕 化 115	幺 幻 269	火 火 503		
3획	女 女 204	丿 之 11	匚 匹 117	廾 廿 277	爪 爪 518		
一 万 2	子 子 218	予 15	匹 117	弓 弔 279	父 父 519		
三 3	子 218	二 云 17	十 升 120	引 279	爻 爻 520		

片 片 521	力 功 105	工 左 257	用 用 549	人 伊 30	口 吊 140
牙 牙 522	加 105	巧 258	由 550	休 31	吋 140
牛 牛 523	勹 包 114	巨 258	田 550	伐 31	同 140
犬 犬 526	匕 北 115	巾 布 261	甲 550	伍 31	名 141
玉 王 536	十 卉 120	巾 市 261	田 申 551	伏 31	吏 142
肉 月 672	半 121	干 平 267	疋 疋 558	会 32	后 142
	卩 卯 125	广 庁 269	白 白 568	伝 32	向 143
5획	卜 占 125	幺 幼 269	皮 皮 571	佀 32	吐 143
一 世 6	厂 厉 128	广 広 270	皿 皿 572	兌 68	口 因 166
且 6	厶 去 130	弓 弘 280	目 目 576	儿 充 68	回 166
丘 7	口 古 136	弗 280	矛 矛 584	兆 68	団 167
丙 7	叩 136	心 必 295	矢 矢 585	先 69	土 在 173
丶 主 10	句 136	戈 戊 326	石 石 587	光 69	圭 173
丿 乎 11	只 136	手 打 333	示 示 593	入 全 74	地 174
乏 12	台 137	斤 斥 377	内 内 600	八 共 79	壯 191
人 仔 26	可 137	日 旦 383	禾 禾 601	冂 再 82	夕 多 194
仕 26	叫 137	木 未 406	穴 穴 610	冫 冰 84	大 夷 200
他 26	叭 137	本 407	立 立 615	決 84	女 好 205
仗 26	召 137	札 408		冲 84	奸 205
仝 27	史 138	止 正 446	**6획**	刀 列 93	妄 206
代 27	号 138	母 母 455	一 丞 7	刑 93	如 206
付 27	叱 138	氏 民 458	丞 8	刎 93	妃 206
仙 27	司 138	水 氷 460	両 8	刘 94	子 字 219
以 28	右 138	永 460	耒 8	力 劣 106	存 220
令 28	叹 139	汁 461	互 19	勹 匈 114	宀 宇 223
儿 兄 67	囗 四 165	氾 461	二 亘 19	匚 匡 116	宅 223
充 68	囚 165	汀 461	亠 交 21	匠 116	守 223
冂 冊 81	土 圧 173	犬 犯 527	亦 22	十 卅 121	写 224
册 82	夕 外 193	玄 玄 534	亥 22	卋 121	安 224
冫 冬 84	大 央 199	玉 玉 536	人 件 29	卍 121	寸 寺 239
几 処 88	失 199	瓦 瓦 544	仰 29	卩 印 126	小 当 244
凵 凸 88	女 奴 205	瓜 瓜 544	仲 29	危 126	尖 244
出 89	子 孕 219	甘 甘 546	仮 29	口 合 139	尸 尽 246
凹 89	小 尒 244	生 生 547	企 30	各 139	川 州 256
刀 刊 92	尸 尼 246		任 30	吉 140	巾 帆 261

巾 師 261	火 灯 503	辶 辺 817	八 兵 79	口 囲 167	尸 局 247
干 年 267	灰 503	込 817	冫 況 84	図 167	山 岐 251
弋 式 278	牛 牟 523	辻 817	冶 85	困 167	川 巡 256
弓 弛 280	牝 523	邑 邡 837	冷 85	囲 167	工 巫 258
彐 当 284	白 百 569	阜 阡 870	刀 判 94	土 圾 174	巾 希 261
心 忙 296	示 礼 593		初 94	坊 175	广 庇 270
戈 戍 326	竹 竹 618	**7획**	刂 別 95	坂 175	广 床 270
戎 326	米 米 628	丨 串 9	利 95	均 175	序 270
成 326	糸 糸 633	乙 乱 14	別 95	坎 175	廴 廷 276
成 327	缶 缶 654	二 些 19	力 助 106	址 175	延 276
手 扥 333	羊 羊 658	兄 19	労 107	坑 176	廾 弄 277
支 收 366	羽 羽 660	亜 20	励 107	坐 176	弓 弟 280
日 旨 383	老 老 663	亠 亨 22	努 107	壱 191	彡 形 284
早 383	耒 耒 665	人 伯 32	劫 107	士 壯 191	彳 彷 286
旬 384	而 而 665	伴 33	匸 匣 116	売 191	役 286
旭 384	耳 耳 666	你 33	匸 医 117	声 191	心 忌 295
曰 曲 398	聿 聿 671	伸 33	卩 即 126	夂 麦 192	忍 295
曳 398	肉 肉 672	似 34	卵 127	夆 192	忘 296
月 有 402	肋 672	伽 34	却 127	大 夾 200	応 296
木 朴 408	臣 臣 688	但 34	口 君 143	女 妙 207	志 296
机 408	臣 688	位 34	呑 144	妓 207	快 297
朱 408	自 自 689	住 35	吟 144	妣 207	戈 我 327
朽 409	至 至 691	佐 35	含 144	妊 207	戒 327
欠 次 443	臼 臼 692	低 35	否 144	妥 207	手 扮 333
止 此 447	舌 舌 694	佑 35	吳 145	妖 207	扱 333
歹 死 450	舟 舟 695	何 36	吸 145	妨 208	扶 333
氣 気 458	艮 艮 698	余 36	吹 145	子 孝 220	批 333
水 汎 461	色 色 699	佛 36	呈 145	宀 宋 224	抄 334
汐 461	艸 艸 700	体 36	吾 146	完 224	技 334
汗 462	艾 700	作 37	吼 146	宏 225	投 335
江 462	虫 虫 729	儿 兌 70	告 146	寸 寿 239	抒 335
汚 462	血 血 738	免 70	吻 146	対 239	抑 335
汝 462	行 行 739	克 70	呪 147	尢 尨 245	把 335
汰 462	衣 衣 742	児 71	呀 147	尸 尾 246	折 336
池 463	西 西 750	兎 71	呂 147	尿 246	抗 336

手 択 336	火 灵 504	身 身 807	人 使 39	口 呪 147	女 姓 210	
攴 攸 366	灼 504	車 車 808	侍 40	周 147	子 孟 220	
改 366	牛 牡 524	辛 辛 815	侈 40	呼 148	季 221	
攻 367	牢 524	辰 辰 816	例 40	呻 148	孤 221	
日 旱 384	玉 玗 537	辵 迂 817	供 41	呵 148	学 221	
曰 更 398	瓦 𤬚 545	迄 818	依 41	味 148	宀 宗 225	
木 杆 409	田 男 551	迅 818	儿 兒 71	和 149	官 225	
杏 409	町 552	过 818	兔 72	命 149	定 226	
材 409	矢 矣 585	邑 邪 837	入 兩 74	咆 149	宙 226	
李 409	示 社 594	邦 837	八 其 79	咏 150	宝 227	
村 410	禾 秀 601	邑 837	具 80	咖 150	宜 227	
杓 410	私 601	那 837	典 80	呿 150	宛 227	
杜 410	禿 601	酉 西 841	冂 冒 82	口 固 168	実 227	
杞 410	穴 究 611	采 采 846	凵 函 90	国 168	小 尙 244	
杖 410	立 竍 615	里 里 847	刀 刮 96	囹 168	尸 屈 247	
条 411	糸 系 633	阜 陀 870	到 96	土 坡 176	屆 247	
束 411	羊 芋 658	阪 870	制 96	坤 176	屇 247	
来 411	肉 肛 673	阤 870	刷 97	坦 176	居 247	
止 步 447	肝 673	阮 871	券 97	垂 177	山 岬 251	
毋 每 455	肓 673	防 871	刹 97	坮 177	岩 251	
水 求 461	舌 乱 694	夊 麦 942	刻 98	坪 177	岡 251	
汲 463	艮 良 698	**8획**	刺 98	夕 夜 194	岳 252	
決 463	艸 芐 700	一 並 8	力 劵 107	大 奇 200	岸 252	
汰 463	芒 700	丿 乖 12	効 108	奈 201	己 祀 260	
汽 464	見 見 752	乙 乳 14	劾 108	奉 201	巾 帛 262	
沃 464	角 角 755	亅 事 16	十 卑 121	奂 201	帖 262	
沈 464	言 言 757	二 亞 20	協 122	女 妬 208	帙 262	
沱 464	谷 谷 782	亠 享 22	卒 122	妻 208	干 幷 268	
没 465	豆 豆 783	京 23	卓 122	妹 208	幸 268	
沐 465	豕 豕 784	人 佳 38	卜 卦 125	姑 209	广 店 271	
沙 465	貝 貝 786	併 38	卩 卷 127	姉 209	底 271	
沖 465	赤 赤 797	佩 38	厶 参 131	始 209	府 271	
沢 466	走 赴 799	來 39	又 叔 133	妾 209	庚 271	
火 災 504	走 799	侁 39	取 133	姉 209	庖 271	
灸 504	足 足 801		受 134	委 210	弓 弧 281	

弓	弦 281	手	拈 339	木	枚 413	爪	爭 518	肉	育 675	阜	附 872
彳	征 287		拒 340		枕 413		爬 518		肴 675	隹	佳 882
	彼 287		拓 340		枝 414	片	版 521		肺 675	雨	雨 886
	彿 287		拔 340	欠	欧 443	爿	牀 521	臣	臥 688	靑	青 892
	往 287		拗 340		欣 443	牛	物 524	自	臽 692		靑 893
	徑 288		拘 341	止	武 448		牧 524	舌	舍 694	非	非 893
心	忠 296		拙 341		步 448	犬	狂 527	艸	芙 700		
心	念 297		招 341	歹	殁 450	犬	狀 527		芝 700	**9획**	
	忽 297		拋 342		殀 450		狗 528		芭 701	丿	乘 12
	怖 298	支	放 367	母	毒 456		狐 528		芟 701	亠	亭 23
	快 298		政 368	水	沸 466		狙 528		芥 701		亮 23
	忿 298	文	斉 374		沫 466	玉	玩 537		花 701	人	侯 41
	怡 299	斤	斧 377		沮 466	瓦	瓩 545		芳 702		侮 41
	怪 300	方	於 379		河 466	田	画 552		芲 702		侶 42
	性 300	日	旺 384		沼 467	白	的 570		花 702		便 42
	怯 301		昂 384		沿 467	目	盲 576		芽 703		侵 42
戈	或 328		昊 385		油 467		直 576	虍	虎 726		係 42
戶	戾 330		昌 385		治 467	矢	知 585		虐 727		促 43
	所 331		明 385		沾 467	示	社 593	衣	表 742		俊 43
	肩 331		昇 385		況 468		祀 594		衫 743		俄 43
	房 331		昃 385		泄 468	禾	秉 602	車	軋 808		俗 43
手	承 334		昆 385		泊 468		季 602	辵	近 818		保 44
	押 337		易 386		泂 468	穴	空 611		迎 818		信 45
	披 337		昏 386		泌 469	立	竓 615		返 819		俠 45
	抵 337		昔 387		法 469	米	籵 629	邑	邱 838		俞 45
	抱 337	月	朋 402		泣 470	糸	糾 633		邯 838	入	兪 75
	抹 337		服 403		波 470	网	罔 655		邸 838	冂	冑 82
	抽 338	木	東 411		泡 470	老	考 664	釆	采 847		冒 82
	拂 338		杯 411		注 471	肉	股 673	金	金 849	冖	冠 83
	担 338		杳 412		泥 471		肧 674	長	長 863	凵	函 90
	拇 338		松 412		泳 472		肥 674	門	門 864	刀	則 98
	拍 339		板 412	火	炉 504		肩 674	阜	阜 870		剋 99
	抛 339		析 413		炊 504		肪 674		阿 871		刺 99
	拐 339		果 413		炎 504		肯 674		阻 871		削 99
	拉 339		林 413		炙 505		肢 674		陀 872		前 100

力	勇 108	女	姻 212	心	恢 302	木	枛 415	水	洽 474	白	皆 570
	勃 108		妍 212		恨 303		某 415		洲 474		皈 571
	勁 108		姿 212		恤 303		柄 415		流 475	皿	盈 572
	勅 108	宀	客 227		恰 304		柿 415		派 475		盆 572
	勉 109		室 228		恪 304		柏 415		浅 475		盃 572
勹	匍 114		宥 228	戈	哉 328		枸 415	火	炸 506	目	相 577
十	南 123		宣 228		威 328		柿 415		炭 505		盾 578
	単 124		宦 229		咸 328		柁 415		炯 505		眉 578
卩	卽 127	寸	封 239	戶	扁 331		染 416		炳 505		眈 578
	即 127	尸	屋 248	手	挐 339		柑 416		点 506		省 578
厂	厘 128		屍 248		拜 342		柔 416	牛	牲 525		看 579
	厚 129		屎 248		括 342		査 416	犬	狡 528	矛	矜 584
又	叛 134	山	峠 252		拾 343		枢 417		狩 528	石	研 587
口	咲 150		峙 252		拭 343		柵 417		狡 528		砂 587
	咤 150	己	巷 260		拷 343		柰 417		独 529	示	袿 594
	哏 150	巾	帝 262		拱 343		柳 417	玉	珊 537		祈 594
	咽 151		帥 262		持 344		柴 417		珀 537	內	禹 600
	哀 151	幺	幽 269		指 344		柱 417		玲 537	禾	秋 602
	咸 151	广	度 272		挑 345	止	歪 448		耽 537		科 602
	品 151	廴	廻 277		按 345	歹	殆 451		珏 538		秕 603
	哉 152		建 277	支	故 368		殃 451		珍 538		秒 603
土	垢 177	彡	彦 285	斤	斫 377	殳	段 453	瓦	瓩 545	穴	穽 612
	型 177	彳	律 288	方	施 379	比	毗 456		瓱 545		窃 612
大	奎 201		徊 288	无	旣 382		毘 457		瓰 545		窄 612
	奏 202		待 288	日	星 387	水	泉 468	甘	甚 547		穿 612
	契 202		後 288		映 387		洙 472	田	畓 552		突 612
	奔 202	心	怒 298		昨 388		洗 472		畋 552	立	妢 615
女	姜 210		急 299		昧 388		洋 472		界 552		竝 615
	姙 210		思 299		春 388		盆 472		畏 552		竓 615
	姨 211		怠 299		昭 389		洛 473	疒	疤 559	竹	竿 618
	姮 211		怨 300		是 389		津 473		疫 559	米	籵 629
	姦 211		恒 301		昱 389		洩 473		疥 559	糸	紀 633
	姪 211		恍 301	曰	曷 399		洞 473	癶	癸 566		紅 634
	姫 211		忽 301	木	架 414		活 474		発 566		約 634
	威 212		悔 302		枯 414		洪 474	白	皇 570	羊	美 658

老	者 664	衣	袂 744	首	首 915	氵	淸 85	女	娘 213	心	恩 303
而	耐 665	西	要 751	香	香 916		涼 85	子	孫 221		恥 303
耳	耶 666		要 751				淨 86	宀	宮 229		息 304
肉	胃 675	見	覌 752	**10획**			凌 86		害 229		恭 304
	胎 676	言	訂 757	丿	乘 12		凋 86		宰 229		悦 304
	背 676		計 757	人	修 45		凍 86		宴 230		悖 305
	胄 676		計 758		俱 46	刀	剔 100		容 230		悔 305
	胤 677	貝	貞 787		俯 46		剖 100		家 230		悚 305
	胡 677		負 787		俳 46		剛 101		宵 305		悌 305
	胞 677		貟 787		個 47		剝 101	寸	寬 234		悛 306
	胥 677	車	軍 808		倂 47	匚	匪 117		將 240		悟 306
	胚 677		軌 808		俸 47	厂	原 129		射 240		惱 307
	脉 678	辶	迫 819		倉 47	口	員 152	尸	屑 248	戶	扇 331
	胥 678		迦 819		倆 47		哨 153		展 248	手	拳 343
艸	苔 703		迪 819		倒 48		哭 153	山	峯 252		拿 344
	苛 703		迥 819		倍 48		哩 153		島 253		挐 345
	苑 703		述 820		借 49		哥 153		峴 253		挫 345
	苗 703		迭 820		候 49		哲 153		峻 253		挾 346
	芋 704	邑	郎 838		倚 49		唐 154		峽 253		挿 346
	苦 704		郊 838		倖 49		唆 154		峰 253		挽 346
	苟 704		郁 838		倣 50		哺 154	工	差 258		挺 346
	若 704	酉	酋 841		值 50	口	圃 168	巾	席 263		捉 346
	苜 705	里	重 848		倡 50		固 168		師 263		振 346
	英 705	阜	限 873		倨 51	土	埃 177		帰 263		捏 347
	茂 705		陋 873		倫 51		城 178	广	庫 272		捕 347
	苹 705		降 873		倦 51		埋 178		座 272		捐 347
	范 706	面	面 894		倭 51		埈 178		庭 273		搜 347
	茄 706	革	革 895		俴 52	夂	夏 192	弓	弱 281	支	效 368
	茅 706	韋	韋 897	儿	党 72	大	奚 203	彳	徐 289	斗	料 375
虫	虹 729	韭	韭 898	八	眞 81		套 203		徒 289	方	旅 380
	虽 729	音	音 898		兼 81	女	姿 212		徑 289		旁 380
行	衍 739	頁	頁 900	冖	冤 83		娩 213	心	恋 301	日	時 389
衣	衲 743	風	風 908		冥 83		娠 213		恐 302		晉 390
	衽 744	飛	飛 909	冫	准 85		娟 213		恣 302		晋 390
	衿 744	食	食 910		凄 85		娛 213		恕 302	日	書 399

10획

月	朕 403	水	消 478	疒	疸 560	糸	紮 635	舟	般 696	辶	迷 820
	朔 403		涅 478		病 561		紐 635	艸	芻 702		迴 820
木	校 418		浸 478	皿	盉 572		紋 635		茫 706		追 820
	栓 418		浿 478		益 573		納 635		茶 706		退 821
	栗 418		涉 479	目	眞 579		純 635		茸 707		送 821
	株 419		涕 479		眠 579		紙 636		荊 707		逃 821
	根 419	火	然 506		眛 579		紗 636		草 707		逅 822
	格 419		烏 506		眩 580		級 636		茶 707		逆 822
	核 419		烈 506		眞 580		索 637	邑	郡 839
	案 420		烟 507	矢	矩 586		紡 637	虍	虔 727		郞 839
	桂 420		烝 507	石	砲 587		紛 637	虫	蚤 729	酉	酌 841
	桃 420		烙 507		破 588		素 637		蚊 729		酒 842
	栽 420	牛	特 525	示	祔 594	缶	缺 654		蚌 729		配 842
	桎 421	犬	狹 529		祐 594	羽	翁 660	衣	衰 743	金	釘 850
	桓 421		狷 529		祕 594		翠 661		袞 743		釜 850
	桑 421		狼 529		祝 595	老	耆 664		衷 744		針 850
	桐 421	玄	玆 535		祖 595	耒	耕 665		袈 744	門	閃 864
	桜 421	玉	珠 538		神 595		耗 666		袍 744	阜	陞 873
欠	欬 443		珪 538		祠 596	耳	耽 667		袍 744		陟 874
歹	殉 451		班 539	禾	秘 603	肉	能 678		袖 745		陣 874
	殊 451		珮 539		租 603		胴 678		被 745		院 874
	殘 452		琉 539		秤 603		胸 678	言	訓 758		陛 874
殳	殷 453	瓦	瓷 545		秦 603		胯 678		訊 758		陝 874
	殺 453	田	畔 552		秧 604		胱 678		討 758		陜 874
气	氣 459		畜 553		秩 604		脂 679		託 759		除 875
水	泰 471		畝 553	穴	窆 612		脅 679		記 759	隹	隻 883
	浚 475		留 553		窈 612		脇 679	豆	豈 783	馬	馬 917
	浮 475	疒	疲 559	立	竜 615		脈 679	豸	豹 786	骨	骨 923
	浦 476		疱 559		站 616		脆 679	貝	財 787	高	高 924
	浩 476		疵 559		竝 616		脊 680		貢 788		髙 925
	浬 476		疳 559	竹	笑 619	自	臭 690	走	起 799	鬥	鬥 926
	浮 476		痂 560	米	耗 629		飯 690	身	躬 807	鬲	鬲 927
	浪 476		疾 560		粉 629	至	致 691	車	軒 809	鬼	鬼 928
	海 477		症 560		粃 629	舟	航 695	辰	辱 816		
	浴 477		疹 560		粃 629		舫 696	辶	迹 820		

부록 1 總畫 索引

11획						
	口 問 155	寸 將 240	心 恩 307	支 教 369	木 械 424
乙 乾 14	商 155	尉 241	患 307	救 370	梳 424
人 偫 52	啄 155	專 241	悼 308	敏 370	梯 424
偉 52	唾 155	尸 屛 249	悽 308	敗 370	梱 424
假 52	崒 156	山 崇 253	情 308	文 斎 375	欠 欲 443
偕 53	啓 156	崩 254	悧 309	奢 375	殳 殺 453
做 53	啞 156	崙 254	惟 310	斎 375	殷 453
偏 53	啁 157	崔 254	惜 310	斗 斜 376	毛 毫 457
健 54	口 圈 168	崑 254	惚 310	斤 斷 377	水 液 479
側 54	國 169	崗 254	戈 戚 328	斬 377	涯 479
停 54	土 域 178	崖 254	戶 扈 332	方 旋 380	淑 480
偵 55	基 179	川 巢 256	手 捧 347	族 381	涼 480
偶 55	培 179	巢 256	捨 348	旌 381	凄 480
僞 55	執 179	巾 帳 263	捷 348	无 旣 382	淋 480
偷 55	堂 179	常 264	据 348	日 晩 390	涵 480
儿 兜 72	堅 180	帶 264	捻 348	晝 391	淡 481
八 與 81	堆 180	帽 264	捲 348	晟 391	淘 481
冂 冕 83	埜 180	广 庵 273	捺 348	晨 391	淚 481
冫 減 86	夕 梦 194	康 273	掃 348	日 曹 400	淨 481
几 凰 88	女 娶 213	庶 273	掖 349	月 朗 403	淫 482
刀 副 101	娼 213	庸 274	授 349	望 404	混 482
剪 101	婆 214	弓 張 281	排 349	望 404	深 482
力 勒 109	婢 214	強 282	掘 349	木 梱 421	淳 482
動 109	婉 214	彐 彗 284	採 350	梧 422	淵 482
務 110	婚 214	彡 彩 285	掛 350	梅 422	淺 483
勘 110	婦 214	彫 285	掠 350	梁 422	清 483
勹 匐 115	姪 215	彬 285	控 351	桶 422	添 483
匕 匙 116	子 孰 222	彳 得 289	探 351	梔 422	淸 483
匸 區 117	宀 宿 231	徘 290	推 351	梦 423	渋 484
匿 117	寂 231	徙 290	接 351	梧 423	火 烽 507
卜 高 125	密 232	從 290	掬 352	梨 423	烹 507
厂 厠 129	寇 232	御 291	掩 352	梭 423	黒 508
厶 參 131	寄 232	心 悉 305	措 352	梗 423	焉 508
口 唱 154	寅 232	悠 306	攴 敍 369	條 423	爻 爽 520
唯 154	寇 233	悪 307	教 369	梵 424	牛 牽 525

11획 ~ 12획									
犬	猖 529	禾	移 604	肉	脯 681	貝	貨 788	阜	陵 876	卩	卿 128
	猛 529	穴	窓 613		脫 681		貧 788		陸 877	厂	厥 129
	猝 530		窒 613	舟	舳 696		責 789		陷 877		厨 130
	猜 530		窕 613		舷 696		貫 789		陶 877	口	喆 157
	猟 530	立	章 616		舵 696		貪 789		険 878		喇 157
玄	率 535		竟 616		舶 696		販 789		隆 878		喀 157
玉	現 539		竝 617		船 697		貭 790	隹	雀 883		善 157
	球 539	竹	符 619	艸	荳 708		賢 790	雨	雪 887		喊 158
	理 540		笙 619		荷 708	赤	赦 798	頁	頃 900		喜 158
瓜	瓠 544		笛 619		莖 709	足	跌 801		頂 900		喉 158
瓦	瓶 545		答 619		莫 709	車	軟 809	食	飢 910		喚 158
瓦	甌 545		笠 619		莊 709	走	逍 822	魚	魚 930		喙 158
生	産 548		第 620		莞 709		逋 822	鳥	鳥 933		喘 158
田	畢 553	米	粒 629	虍	處 727		透 822	鹵	鹵 939		喝 159
	異 553		粗 629		虛 727		通 823	鹿	鹿 940		喩 159
	略 554		粘 630	虫	蛇 730		逞 823	麥	麥 942		喧 159
疋	疏 558	糸	細 638		蛋 730		途 823	麻	麻 943		喪 159
疒	痒 561		紳 638	行	衒 740		逐 823	黑	黑 945		喫 160
	痔 561		累 638		術 740		速 824				喬 160
	痍 561		紫 638	衣	袋 744		造 824	12획			單 160
	痕 561		組 639		袈 744		逝 824	人	傘 56		営 161
白	皎 571		絃 639		袴 745		連 825		傑 56	口	圍 170
皿	盒 573		終 639	見	規 752		逢 825		傅 56		圓 170
	盖 573		紹 639		覓 753	邑	郭 839		傀 56	土	堁 180
目	眼 580		紼 639	言	訛 759		部 839		傍 56		堯 181
	眸 580		紺 639		訟 760		郵 839		備 57		堡 181
	眺 580		絆 640		訣 760	酉	酔 843	冫	凖 86		堤 181
	眷 580		経 640		訑 760	釆	釈 847	几	凱 88		報 181
	眾 581	羊	羞 659		訝 760	里	野 848	凵	歯 90		堪 181
石	硅 588	羽	翌 661		訥 760	金	釵 851	刀	剩 102		場 182
	研 589		翊 661		訪 760		釣 851		創 102		堵 182
示	祥 596		習 661		設 761	門	閉 865		割 102		堰 182
	票 596	老	耆 664		許 761	阜	陪 875	力	勝 110	士	壹 191
	祭 597	肉	脣 680		訳 761		陰 876		勞 111		壻 191
内	禽 600		脚 680	豕	豚 784		陳 876	十	博 124		壺 191

大	奢 203	彳	徨 291	支	敬 372	欠	欽 444	玉	琢 541	竹	答 621
	奠 203		循 292	文	斑 375		欺 444		琺 541		筏 621
	奧 203	心	悲 307	斤	斯 377	止	歯 448		琵 541		筒 621
女	媮 215		悳 308	日	普 391	歹	殖 452		琴 541		筍 621
	媒 215		悶 308		智 392		殘 452		琥 541		筋 621
	媛 215		惑 309		晶 392	殳	殼 454		琶 541		策 622
	媚 215		惡 310		晴 392	水	減 484	生	甥 549	米	粟 630
	婿 215		惠 310		景 392		渤 484		甦 549		粥 630
	媧 216		惱 311		晳 392		渡 484	田	畵 554		粨 630
	媼 216		惰 311		替 400		渠 484		番 554		粧 630
宀	寒 233		惺 312		最 400		港 485		異 555	糸	絕 640
	富 233		惶 312	日	曾 400		溫 485	疒	痘 561		結 640
	寐 233		惻 312	月	朝 404		測 485		痙 562		絢 641
	寓 234		愕 313		期 405		渦 485		痢 562		給 641
寸	尊 241	戈	戟 328	木	棄 424		渫 485		痤 562		絞 641
	尋 242	戶	扉 332		棗 425		渾 486		痛 562		絡 641
尢	就 245		雇 332		棉 425		游 486	癶	登 566		統 641
尸	属 249	手	掌 349		棋 425		渴 486		發 567		絲 642
	屠 249		揀 352		棒 425		湖 486	白	皓 571	羽	翔 661
山	嵒 255		插 353		棊 425		湯 487	皿	盜 573	聿	肅 671
己	巽 260		揆 353		棍 425		湜 487		盛 573	肉	脾 681
巾	帽 264		担 353		棚 426		滿 487	目	着 581		脹 681
	幅 265		提 353		森 426		湮 487	矢	短 586		腑 682
	幇 265		揖 353		棧 426		湧 487	石	硬 589		腕 682
	幀 265		描 353		棘 426	火	無 508		硝 589		腋 682
幺	幾 269		揚 354		棟 426		焚 508		硫 589		腎 682
广	廁 274		換 354		棹 427		焰 509		硯 590		腔 682
	廢 274		揭 354		棱 427		焦 509	禾	稀 605	舌	舒 694
弋	弑 278		握 354		棲 427		然 509		稅 605	舛	舜 695
弓	彌 282		援 355		椅 427	爪	爲 519		程 605	艸	菊 709
	彈 282		揶 355		棺 427	片	牌 522	穴	窘 613		菘 710
	强 282		揮 355		植 427	牛	犁 526	立	童 617		菌 710
彡	彭 285	支	散 371		椎 428	犬	猫 530		竣 617		菓 710
彳	徧 291		敢 371		椒 428		猪 530	竹	等 620		菜 710
	復 291		敦 371	欠	款 444		猶 531		筆 620		菖 710

艹	蒎 711	貝	貳 790	門	開 866	人	傷 59	女	嫁 216	手	搭 357
	菩 711		貶 790		間 866		債 59		嫂 216	支	敬 372
	華 711		貴 790		閑 866		僅 60	宀	寧 234		数 372
	萩 712		貰 790		閔 867		働 60		寝 234	斗	斟 376
	萊 712		貯 790	阜	隅 878		僉 60	干	幹 268	斤	新 378
	菱 712		貼 791		陽 878		傾 60	广	廊 274	日	暇 393
	萠 712		買 791		隕 878	刀	剽 103		廈 274		暄 393
	萍 712		貸 791		隆 878	力	募 111		廉 274		暎 393
	葡 712		費 791		隊 879		勢 112	ヨ	彙 284		暑 393
	萎 713		賀 792		隋 879		勤 112	彳	徬 292		暖 394
虍	虛 727		貿 792	隹	雁 883		勸 113		微 292		暗 394
	虞 728	走	越 800		雅 883	口	嗚 161	心	想 311	日	會 400
虫	蛔 730		超 800		雄 883		嗜 161		愁 312	木	椿 428
	蛙 730	足	跋 801		集 884		嗣 161		惹 312		椰 428
	蛤 731		跆 801	戶	雇 884		嗇 161		意 313		楚 429
血	衆 738		跛 802	雨	雲 887		嗔 161		愈 313		楊 429
行	街 740		跗 802		雰 887		嗅 161		愚 314		榔 429
依	裂 745		跏 802	革	靭 895	囗	園 170		愛 314		楗 429
	裁 745		距 802	韋	韌 897		圓 170		感 314		楔 429
	補 746		跌 802	頁	項 900	土	塊 182		愼 315		楓 429
	裕 746	車	軸 809		順 900		塋 183		愧 315		業 430
	裡 746		軽 810		須 901		塔 183		愴 315		楫 430
見	視 753	辶	逮 825	鳥	鳦 934		塗 183		惕 315		極 430
角	觚 756		逸 826	黃	黃 944		塑 183		慄 316		楞 430
言	訴 761		進 826		黄 944		塢 183		慊 316		楼 431
	診 761		週 826	黍	黍 944		塘 184		慌 316		楷 431
	証 762	邑	都 840	黑	黑 945		塞 184		搏 355	欠	歆 444
	詔 762	酉	酢 843	黹	黹 947		塚 184	手	損 355		歇 445
	註 762	釆	釉 847				塡 184		搜 356	止	歲 448
	詐 762	里	量 849	13획			塲 185		搗 356	殳	殿 454
	評 762	金	鈇 851	乙	亂 15		塩 185		搬 356		毀 454
	詠 763		鈍 851	人	傭 57	大	奧 203		搔 356	水	滸 487
	詞 763		鈔 852		催 57	女	媳 216		搖 356		源 487
豕	象 784	門	閏 865		傲 57		嫌 216		搔 356		溪 488
	豢 785		開 865		傳 58		嫉 216		搾 357		準 488

水	溜 488	玉	瑞 542	禾	稠 606	艹	落 714	言	譽 765	金	鉉 852
	溢 488		瑟 542		稜 606		落 714		誇 765		鉅 852
	溝 488	甘	嘗 547		稟 606		萱 714		詳 765		鉀 852
	溫 489	田	當 556		稚 606		著 715	豸	貊 786		鉛 852
	溶 489		畸 556	穴	窟 613		葉 715	貝	賄 792		鈴 852
	涇 489		畵 556	竹	筵 622		葛 715		賃 792		鉄 852
	溯 489		畺 557	米	粮 630		葩 715		賂 792		鉑 852
	溺 489	广	痰 562		梁 631		葱 716		賊 793		鉢 853
	滅 490		痴 563	糸	絛 642		董 716		資 793		鉤 853
	滋 490		痿 563		經 642		葡 716		賈 793		鉦 853
	滄 490		麻 563		絹 642		葬 716	足	跡 802	門	閘 867
	滑 490		痲 563		絳 643	虍	號 728		踐 803	阜	階 879
	滸 490		痳 563		継 643		虞 728		路 803		隔 879
	滔 491		瘄 563		続 643	虫	蜂 731		跳 803		隙 880
	滓 491		瘀 563	罓	罪 655		蛾 731		跪 803		隘 880
火	熙 510		瘟 563		置 656		蜃 731	車	載 810		隕 880
	煇 510		瘁 564		罫 656		蜀 731		較 810	隹	雌 884
	煮 510	皿	盟 574	羊	群 659	行	衙 741	舌	辭 815		雉 884
	煎 510		盞 574		羨 659	衣	裔 746	辰	農 817	雨	雷 888
	煉 510	目	睛 581		義 660		裏 746	辶	遂 827		雹 888
	煌 510		睡 581	耳	聖 667		裝 747		遊 827		電 888
	煥 511		督 581		聖 667		裟 747		逼 827		零 888
	煤 511		睦 582		聘 668		裨 747		遇 827	青	靖 893
	煞 511	矢	矮 586	聿	肅 671		裸 748		遁 827	革	靭 895
	煖 511	石	碣 590	肉	腦 682	角	解 756		過 828		靴 895
	煙 511		碑 590		腹 683		觸 756		遍 828	頁	頌 901
	煩 512		碎 590		腰 683		解 756		運 828		預 901
	照 512		碁 590		腫 683	言	詣 763		道 829		頑 902
片	牒 522		硼 590		腸 683		試 763		逅 829		頒 902
犬	獻 531		碇 590		膠 683		詰 764		遐 829		頓 902
	猿 531	示	祿 597		腺 684		詭 764		違 830	食	飮 911
	獅 531		禀 597	臼	舅 692		話 764		達 830		飯 911
	猾 531		禁 597	舌	辭 694		詩 764	邑	鄕 840	馬	馱 917
玉	瑚 541		福 599	舟	艇 697		詮 764	酉	酬 843		馳 917
	瑕 541	内	禽 600	艹	萬 713		該 765		酪 843		馴 918

鳥	鳩 934	土	墓 186	手	摸 358	水	漱 495	立	竭 618	肉	臀 684
	梟 934	士	壽 192		摭 358		漢 495	竹	箇 622		膀 684
	鳳 934	夕	夢 195	支	敲 372		漫 495		箏 622		膊 684
黽	黿 947	大	奪 203	斗	斡 376		漸 496		箋 622	至	臺 691
鼎	鼎 948		奬 204	方	旗 381	火	熄 512		算 623	臼	與 692
鼠	鼠 949	女	嫠 217	日	暢 394		煽 512		管 623	舛	舞 695
鼓	鼓 949		嫡 217		暝 394		熔 513		箔 623	艸	蒐 717
		子	孵 222	木	榜 431		熏 513		箇 623		蒙 717
14획		宀	寡 234		榮 431		熊 513	米	粹 631		蒲 717
人	像 60		實 235		榴 431		熙 513		精 631		蒸 717
	僕 61		察 235		槃 432	爻	爾 520	糸	綠 643		蒼 718
	僚 61		寤 235		槌 432	片	牓 522		綜 643		蓋 718
	僥 61		寡 235		槍 432	犬	獄 532		網 644		蓄 718
	僑 61		寢 235		榻 432	玉	瑤 542		維 644		蓐 718
人	僞 61		寧 236		構 432		瑣 542		綱 644	虫	蜜 732
	僭 62		寧 237		槁 432		瑠 542		綺 645		蜘 732
	僧 62		寨 237		槎 433	瓦	甄 546		綾 645	衣	裹 747
儿	兢 72	寸	對 242		榿 433		甀 546		綴 645		裳 747
冫	潔 86	尸	屢 249		槐 433	疋	疑 558		綿 645		製 748
刀	劃 103	巾	幕 265		樣 433	疒	瘋 564		綻 645		複 748
厂	厭 130	广	廓 275	欠	歌 445		瘉 564		緊 646		褐 748
口	嗽 161		廙 275	歹	殞 452		瘍 564		総 646		褓 749
	嗾 161	彡	彰 286	水	滯 491	皿	盡 574	网	署 656	言	誌 765
	嘗 162	心	態 316		滌 491		監 574		罰 656		誓 766
	嘆 162		慈 316		滿 492	目	睿 582	羽	翠 662		認 766
	嘉 162		慘 317		滲 492		睾 582		翡 662		誕 766
	嘔 162		慟 317		滴 492		睹 582	耳	聚 668		語 767
囗	團 171		慨 318		漁 493	石	碧 591		聡 668		誘 767
	圖 171		慠 318		漂 493		碩 591		聞 668		誣 768
土	塼 185		慣 318		漏 493	示	禍 598	聿	肇 671		読 768
	場 185		慢 318		漆 493		福 598	肉	腐 682		誠 768
	塵 185		慷 320		漕 494	禾	稱 607		膏 684		說 768
	塾 185	戈	截 329		漠 494		種 607		腹 684		誤 768
	塹 185	手	摠 357		演 494	立	端 617		膈 684		誡 768
	境 185		摘 357		漑 494		竭 617		腿 684		誦 768

豕	豪 785	門	閨 868	冫	凛 86	彳	徵 293	手	撰 360	水	澈 498
豸	貌 786	阜	障 880		凜 87		德 293		撲 360		澄 498
	貍 786		際 880	刀	劇 103		徹 293	支	敷 372		澁 498
貝	賓 793	隹	雜 884		劈 104	心	慕 317		敵 372		潰 498
	賦 794	雨	需 889		劉 104		慙 317		數 373	火	熱 513
赤	赫 798	革	鞏 895		劍 104		慫 317	日	暮 395		熟 513
走	趙 800	頁	領 902	力	勸 113		慧 318		暴 395	犬	獎 532
足	踊 804		頗 902	口	嘱 162		慰 319		暫 395		獗 532
車	輔 810	風	颱 909		嘲 163		慮 319	木	槪 433	玉	璃 542
	輕 810	食	飼 911		嘻 163		慶 319		槨 433		璇 542
	輓 810		飾 911	土	墜 186		慾 319		槽 433	田	畿 557
辛	辣 815		飽 911		增 186		憂 320		樋 434	广	瘦 564
辵	遜 831	馬	駁 918		墳 187		憎 320		椿 434		瘠 564
	遙 831		駅 918		墮 187		憚 320		樂 434		瘟 564
	遝 831	彡	髯 925		墨 187		慾 320		樓 434		瘡 564
	遞 831	門	閏 926		墟 187		憐 321		槿 434		瘢 565
	遠 832	鬼	魁 928	大	奭 204		憧 321		樟 435	皿	盤 575
	遣 832		魂 928	女	嬌 217		憤 321		標 435	目	瞑 582
	遡 832	鳥	塢 934	宀	審 237		憫 322		樞 435		瞋 582
邑	鄙 840		鳰 934		寫 237	戈	戮 329		樣 436	石	磁 591
酉	酷 843		鴇 934		寬 238	手	摩 357		模 436		碼 591
	酵 843		鳳 934	尸	層 249		撑 358	欠	歐 445		確 591
	酸 844		鳴 935		履 249		撈 358		歎 445		磐 592
金	鋏 853		鳶 935	巾	幟 266		撓 358	殳	毅 454	禾	稻 607
	銀 853	麻	麾 943		幣 266		撑 358		毆 454		稷 607
	銃 854	鼻	鼻 950		幢 266		摯 358	水	滕 491		稼 608
	銖 854	齊	齊 950	广	廟 275		撚 359		漿 496		稿 608
	銘 854				廢 275		撩 359		潑 496		穀 608
	銑 854		**15획**		廚 275		撒 359		潛 496		稽 608
	銓 854	人	僻 63		廛 275		撞 359		潔 496	穴	窮 614
	銅 854		儀 63		廠 275		撤 359		潭 497		窯 614
	銜 855		價 63		廣 276		撫 497		潤 497	竹	箸 624
門	関 867		儉 64	廾	弊 277		撥 359		潮 497		箋 624
	閣 867		儒 64	弓	彈 282		撮 360		潟 497		箭 624
	閥 867		億 64	彡	影 286		播 360		澎 498		箱 624

竹	範 624	虫	蝀 732	足	踐 804	馬	駐 918	土	甕 188	木	樹 436
	節 624		蜎 732		踏 804		駒 918		壇 188		樵 436
	篆 625		蝠 732		踞 804		駑 918		壞 188		樽 437
	篇 625		蝕 732	身	躶 807		駕 919		壁 188		樗 437
米	糊 631		蝡 732	車	輦 811		駝 919	大	奮 204		橘 437
	糎 632		蝴 733		輪 811	彡	髮 925	子	學 222		橋 437
糸	縅 646		蝨 733		輝 811		髭 925	寸	導 242		機 438
	線 646		蝸 733		輞 811	鬥	鬧 926	山	嶮 255		橫 438
	緖 646		蝶 733		輩 811	鬼	魄 929	弓	彊 283		橛 438
	縣 647		蝦 733	辵	適 832		魃 929	彐	彛 284		榮 438
	緣 647		螢 733		遮 833		魅 929	心	憙 321		橢 438
	締 647	行	衝 741		遭 833	魚	魯 930		憑 321	止	歷 449
	編 648	衣	褒 749	邑	鄭 841		魴 930		憺 322	水	澱 498
	緩 648		褪 749		鄰 841	鳥	鴈 935		憩 322		澤 498
	緯 648		褥 749	酉	醉 844	麥	麪 942		憲 322		激 499
	練 649	言	誰 769		醇 844	麻	麾 943		憶 322		濃 499
	縄 649		誼 769		醃 844	黍	黎 945		懈 323		澳 499
	緻 649		誹 769		醋 845	鼎	鼐 949		懆 323		濁 499
网	罷 657		課 769	金	銷 855	齒	齒 951		憾 323	火	熹 514
	罵 657		諂 770		銳 855				懷 324		熾 514
肉	膜 685		談 770		鋒 856	**16획**			懊 324		燈 514
	膝 685		調 770		鋪 856	人	儒 65	戈	戱 329		燁 514
	膠 685		請 771	門	閼 868	八	冀 81		戰 329		燃 514
	膓 685		諍 771		閻 868	冖	冪 84	手	擁 360		燒 515
	膚 685		諒 771	阜	隣 881	冫	凝 87		撻 360		燕 515
	膣 686		論 771	雨	震 889	刀	劍 104		操 361		燐 515
舌	舖 695	貝	賜 794		霄 889		劑 104		擇 361	犬	獨 532
艹	蔡 719		賠 794	革	鞋 896	力	勳 113		擄 361		獪 533
	蔓 719		賢 794		鞍 896	又	叡 135		據 362	瓜	瓢 544
	蔘 719		賞 794		鞏 896	口	噴 163		攜 362	皿	盧 575
	蓬 719		賣 795	頁	頤 903		噸 163		擔 362	目	瞞 583
	蓮 719		賤 795	食	餃 912		器 163	支	整 373	石	磚 592
	蔑 719		質 795		餠 912	口	圜 172	日	曇 396		磨 592
	蔬 720	走	趣 800		養 912	土	墻 187		曉 396		磬 592
	蔭 720	足	踦 804		餌 913		墾 187		曆 396	示	禦 599

禾	積 609	行	衡 741	辵	遅 833	食	餘 913	心	懇 323	犬	獲 533
	穆 609	衣	褶 749		遲 833	馬	駱 919		應 323		獵 533
	穎 609		襁 749		遺 834	骨	骸 923		懦 324	玉	璨 542
	穟 609	見	親 753		遵 834	魚	鮑 930	戈	戲 330		環 543
穴	窺 614	言	諡 772		遷 834	鳥	鴦 935	手	擊 361	瓦	甑 546
竹	築 625		謀 772		選 834		鵑 935		擦 362	疒	癎 565
	篡 625		諧 772		遼 835		鴉 935		擡 362		療 565
	篤 626		諦 772	酉	醒 845		鴕 935		攄 363		癈 565
米	穀 632		諫 772	金	錄 856		鴨 936		擬 363		癌 565
	糕 632		諱 773		錘 856		鴟 936	攴	斂 373	目	瞰 583
	糖 632		諭 773		鋼 856		鷥 936		斂 373		瞬 583
糸	縣 649		諳 773		錐 856	黑	黔 945	日	曖 396		瞳 583
	縛 649		諸 773		錦 857		默 946	木	檀 439		瞭 583
	縚 649		諷 773		錫 857	龍	龍 953		橳 439		瞥 583
网	罹 657		諮 773		錢 857	龜	龜 954		檣 439	矢	矯 586
羽	翰 662		諾 774		錠 857				檄 439	石	礁 592
肉	膳 686		謀 774		錯 858	**17획**			橋 439	示	禧 599
	膵 686		諺 774		鋼 858	人	優 65		檢 440	示	禪 599
	膨 686		謁 774	門	閣 868		償 65		檜 440	禾	穗 609
白	興 693		謂 775	阜	險 881		償 65	歹	殮 452	竹	簇 626
舌	舘 695	豕	豫 785		隨 881		儷 66	水	濕 499	米	糠 632
舟	艙 697		豬 785	隶	隸 882	力	勵 113		濤 500		糞 632
艸	蕊 720	豸	貓 786	隹	雖 885	厂	厳 130		濫 500		糟 632
	蕃 720	貝	賭 796	雨	霜 889	口	嚆 163		濟 500	糸	縱 650
	蕨 720		賴 796		霖 890		嚎 173		濠 500		縫 650
	蕉 720	足	踰 804	青	靜 893	土	壑 188		濬 501		縮 650
	蕭 721		踏 805	韭	韰 898		壓 188		濯 501		繁 651
	蕪 721		踩 805	頁	頭 903		壕 189		濱 501		縷 651
	蕩 721		蹄 805		頸 904	女	嬪 217	火	營 515		績 651
虫	螃 733		踵 805		頼 904		嬰 217		燭 516		總 651
	螂 733	車	輯 812		頰 904	山	嶽 255		燥 516	耳	聯 668
	融 734		輸 812		頻 904		嶼 255		燮 516		聰 669
	螢 734		輻 812		頹 904		嶺 255		燦 516		聲 669
行	衛 741	辛	辨 815	食	餔 913	弓	彌 283		燧 516	肉	膺 686
	衛 741		辦 815		餓 913	彳	徽 294	爿	牆 521		膽 686

17획

부수	字	쪽
肉	膾	687
	膝	687
	臂	687
	臀	687
	臆	687
	膿	687
臣	臨	689
艮	艱	698
艸	薄	721
	薇	721
	薪	722
	薦	722
	薛	722
	薔	722
	薉	722
	薑	722
虍	虧	729
虫	螳	734
	螢	734
	蟄	735
襾	褻	749
言	謗	775
	講	775
	謊	775
	膽	775
	謙	775
	謝	776
	謠	776
谷	谿	782
	豁	783
貝	購	796
	購	796
走	趨	801
足	蹉	805
	蹈	805

足	蹇	805
車	輾	812
	轄	813
	輿	813
	轂	813
辵	邀	835
	避	835
	邂	836
	還	836
	邁	836
酉	醜	845
金	鍍	858
	鍊	858
	錨	858
	鍛	859
	鍼	859
	鍵	859
	鍾	859
	鎔	859
門	闇	868
	闊	869
	闌	869
阜	隱	882
	隰	882
隹	雖	885
雨	霞	890
	霜	890
革	鞠	896
韋	韓	897
頁	顆	904
食	餕	913
	館	914
	餠	914
馬	駿	919
魚	鮮	931

鳥	鴛	936
	鴻	936
	鴿	936
	鵠	936
麥	麪	942
黍	黏	945
黑	點	946
	黜	946
齊	齋	951
龠	龠	955

18획

又	叢	135
土	壘	189
	壙	189
王	璧	284
戈	戴	330
手	擧	362
手	擲	363
	擴	363
	據	364
	擺	364
	擾	364
斤	斷	378
日	曙	396
	曜	397
	曛	397
月	朦	405
木	櫟	440
	檻	440
	櫃	440
	權	440
止	歸	449
歹	殯	452
水	瀆	501

水	濾	501
	瀉	501
	瀑	501
火	燻	517
	燼	517
爪	爵	519
犬	獵	534
玉	璿	543
瓦	甕	546
	甕	546
广	癒	565
	癖	565
目	瞻	583
石	礎	592
示	禮	599
禾	穡	610
竹	簡	626
	簫	626
米	糧	632
糸	織	651
	繕	652
	繡	652
羽	翻	662
	翼	663
耳	職	670
肉	臍	687
臼	舊	693
艸	薩	722
	薰	723
	藉	723
	薯	723
	藁	723
	藏	723
	藍	723
虫	蟬	735

虫	蟠	735
	蟲	735
衣	襚	750
	襟	750
襾	覆	751
	覆	752
見	觀	754
言	謨	776
	謬	776
	謹	777
	謳	777
	謾	777
豆	豊	783
貝	贅	796
足	蹟	805
	蹤	806
	軀	807
車	轉	813
酉	醫	845
	醬	846
	鼇	849
金	鎔	859
	鎬	860
	鎖	860
	鎭	860
	鎰	860
門	闕	869
隹	雜	885
	雛	885
	雙	885
革	鞦	896
	鞫	896
	鞭	896
	鞭	897
頁	題	905

頁	顎	905
	顔	905
	額	905
香	馥	916
馬	騎	919
	騏	920
	驗	920
骨	髀	923
鬼	魏	929
魚	鯉	931
	鯁	931
鳥	鵑	936
	鵝	937
黽	黿	947
	蠅	948
	黿	948
齒	齕	952
	齠	952

19획

土	壟	189
	壞	189
	壟	199
	壞	199
子	孼	223
宀	寵	238
心	懷	324
	懲	324
	懶	324
手	攀	364
日	曝	397
	曠	397
木	櫛	441
	櫓	441
	櫓	441

水	瀟 502	衣	襤 750	髟	鬍 927	竹	籍 627	魚	鰐 932	足	躍 806
	瀨 502	襾	覇 752	魚	鯤 931		簒 653		鰍 932		躊 806
	潛 502	言	譌 777		鯨 932	糸	繼 653		鮨 932	辛	辯 816
火	爆 517		證 777	鳥	鵬 937	羽	耀 663		鰒 932	金	鐵 861
牛	犢 526		譜 778		鶺 937	肉	臘 687	鳥	鶚 937		鐸 862
犬	獸 534		譚 778		鷲 937	舟	艦 697	鹵	鹹 940		鐶 862
玉	璽 543		譏 778		鵲 937	艸	藻 725	鹿	麛 941	門	闢 870
	瓊 543		識 778		鷲 937		蘆 725	麥	麵 943	雨	霸 891
瓜	瓣 544	貝	贊 797	鹵	壚 940		藥 725	黑	黨 947		霹 891
田	疇 557		贈 797	鹿	麗 941		蘇 725	齒	齔 952	頁	顧 907
	疆 557	足	蹶 806		麒 941		蘊 725		齡 952	飛	飜 910
疒	癡 566		蹴 806		麓 941	虫	蠕 736			食	饌 914
目	矇 584	車	轎 814	麥	麴 943	衣	襪 750	[21획]			饍 915
石	礙 593		轍 814	電	靏 948	見	覺 754	尸	屬 250		饒 915
示	禱 600		轟 814	齒	齗 952	角	觸 756	心	懼 325		饑 915
禾	穫 610	辛	辭 815			言	警 778	手	攝 364	馬	驚 921
	穩 610	辵	邊 836	[20획]			譬 779		攜 365		驅 921
竹	簾 626	酉	醱 846	力	勸 113		譯 779	木	欄 441	髟	鬝 928
	簧 626		醮 846	口	嚴 164		議 779		櫻 441		鬚 928
竹	簿 627	金	鏡 860	土	壤 190	足	躁 806	歹	殲 452	鬼	魔 929
糸	繪 652		鏞 860	女	孀 217	身	體 807	水	灌 502	鳥	鶯 937
	繩 652		鏤 861		孃 217	酉	醸 846	火	爛 517		鶺 938
	繫 653	門	關 869	宀	寶 238	采	釋 847	疒	癩 566		鶴 938
	繭 653	隹	難 886	山	巖 255	金	鐘 861	竹	籐 627		鷄 938
网	羅 657		離 886	心	懸 325	門	闡 869	糸	纖 654	鹿	麝 941
舟	艟 697	雨	霧 890		懺 325	雨	露 890		續 654	齊	齋 951
色	艶 699	非	靡 894	月	朧 406		霰 890	艸	藿 725	齒	齡 952
艸	藥 724	音	韻 899	火	爐 517	風	飄 909		蘭 725		齦 952
	藝 724	頁	顚 906	牛	犧 526		飆 909	虫	蠟 736		齧 952
	藤 724		顙 906	犬	獻 534	食	饅 914		蠢 736		
虫	蟾 735		願 906	玉	瓏 543	香	馨 916	見	覽 754	[22획]	
	蟻 736		類 906	疒	癢 566	馬	騶 920		譽 780	人	儺 66
	蠅 736	食	饐 914	石	礦 593		騰 920	言	譴 780	口	囊 164
	蟹 736		饋 914	立	競 618		騷 920		護 780		囍 164
	蟾 736	馬	騙 920	竹	籌 627	門	鬪 926	貝	贓 797	弓	彎 283

木	權 441	音	響 899	玉	瓚 543	24획		鳥	鷹 939	27획
	欁 442	食	饗 915	竹	籤 628	口	囑 164	鹵	鹽 940	足	躪 807
欠	歡 446	馬	驕 921	糸	纖 654		囋 164		鹼 940	金	鑽 863
水	灑 502	彡	鬚 926	虫	蠻 737	木	欖 442	黽	鼇 948	頁	顴 907
	灘 502	鬲	鬻 928		蠲 737	目	矗 584	齒	齲 953	馬	驥 922
田	疊 557	魚	鰻 932	言	讐 781	缶	罐 655		齵 953	魚	鱸 933
疒	癬 566		鰾 932		讎 781	网	羈 658		齷 953	黑	黷 947
穴	竊 614		鰯 932		戀 781	老	耋 664			龜	龜 955
竹	籠 627		鰭 932	金	鑛 863	虫	蠱 737	25획		
耳	聽 670		鰲 932	頁	顯 907	虫	蠶 737	广	廳 276	28획
	聾 671	鳥	鷗 939	馬	驗 921		蠹 737	水	灣 502	金	鑿 863
肉	臟 688	齒	齯 952		驛 922	行	衢 742	火	爛 518	29획
衣	襲 750	龍	龔 954		驚 922	言	讒 781	虫	蠻 737	邑	鬱 927
言	讀 780			骨	體 924		讖 782	襾	覊 752	
貝	贖 797	23획			髓 924		讓 782	見	觀 754	33획
足	躑 806	山	巖 255	魚	鱉 933	西	釀 846	黽	鼈 948	魚	鱺 933
車	轡 814	心	戀 325		鱔 933	金	鑢 863			鹿	麤 942
	轢 814	手	攣 365		鱗 933	雨	靆 891	26획		
金	鑄 862	手	攫 365	鳥	鷺 939		靈 892	木	欝 442	
	鑑 862		攪 365		鷸 939	革	韉 897	言	讚 782	
雨	霽 891	日	曬 397	鹿	麟 942	魚	鱠 933	馬	驢 922	
革	韃 897	木	欐 442			鳥	鷽 939			

[부록 2] 字音 索引 (가나다 順)

본 字典에 收錄된 標題字의 讀音을 가나다 順으로 配列하되, 같은 讀音에서는 部首 順으로 配列하였다.

가		각		肝	673	瞰	583	襁	749	각	
仮	29	刻	98	艮	698	紺	639	講	775	醵	846
伽	34	却	127	艱	698	苷	705	鋼	856	거	
佳	38	各	139	諫	772	鑑	862	降	873	倨	51
假	52	恪	304	間	866	갑		개		去	130
價	63	㼉	375	閒	866	匣	116	个	8	居	247
加	105	桷	421	鴈	934	岬	251	介	26	巨	258
可	137	殼	454	갈		甲	550	佃	32	拒	340
呵	148	珏	538	喝	159	鉀	852	個	47	拠	342
咖	150	脚	680	曷	399	閘	867	凱	88	据	348
哥	153	覺	754	渴	486	강		慨	318	擄	358
嘉	162	角	755	竭	617	剛	101	改	366	擧	362
嫁	216	閣	867	葛	715	姜	210	概	433	據	362
家	230	鬥	926	褐	748	岡	251	溉	494	渠	484
暇	393	간		鞨	896	崗	254	疥	559	距	802
架	414	刊	92	감		康	273	皆	570	踞	804
歌	445	墾	187	減	86	强	282	盖	573	車	808
痂	560	奸	205	勘	110	強	282	箇	622	醵	846
稼	608	姦	211	坎	175	疆	283	芥	701	鉅	852
苛	703	干	266	堪	181	慷	320	蓋	718	黽	947
茄	706	幹	268	感	314	江	462	開	865	건	
街	740	懇	323	憾	323	畺	557	객		乾	14
袈	744	揀	352	敢	371	疆	557	喀	157	件	29
賈	793	杆	409	柑	416	穅	609	客	227	健	54
跏	802	癎	565	減	484	糠	632	갱		巾	260
迦	819	看	579	甘	546	綱	644	坑	176	建	277
駕	919	竿	618	疳	559	腔	682	更	398	楗	429
		簡	626	監	574	薑	722			虔	727

寒	805	肩	674	硬	589	計	758	高	925	攻	367
鍵	859	鐍	737	磬	592	誡	768	鼓	949	槓	433
걸		見	752	竟	616	谿	782	鼓	949	空	611
乞	13	譴	780	競	618	階	879	곡		貢	788
傑	56	遣	832	経	640	鷄	938	哭	153	鞏	896
검		鵑	936	經	642	고		曲	398	龔	954
俭	52	결		耕	665	叩	136	梏	422	꽃	
儉	64	決	84	莖	709	古	136	穀	608	串	9
劍	104	潔	86	警	778	告	146	穀	632	과	
劒	104	決	463	輕	810	固	168	谷	782	寡	235
檢	440	潔	496	輕	810	姑	209	穀	813	戈	326
黔	940	結	640	鏡	860	孤	221	곤		果	413
黚	945	缺	654	頃	900	庫	272	困	167	瓜	544
겁		訣	760	頸	904	雇	332	坤	176	科	602
劫	107	겸		驚	922	拷	343	崑	254	胯	678
怯	301	兼	81	鯁	931	故	368	昆	385	菓	710
게		慊	316	鯨	932	敲	372	梱	424	誇	765
憩	322	謙	775	계		枯	414	棍	425	課	769
揭	354	경		係	42	槁	432	袞	743	过	818
격		京	23	啓	156	痼	563	鯤	931	過	828
擊	361	傾	60	契	202	皋	582	골		顆	904
格	419	勁	108	季	221	稿	608	滑	490	곽	
檄	439	卿	128	屆	247	糕	632	骨	923	廓	275
激	499	境	185	屆	247	考	664	鶻	938	槨	433
膈	684	庚	271	戒	327	股	673	공		欟	442
隔	879	徑	288	桂	420	膏	684	供	41	郭	839
鬲	927	逕	289	械	424	苦	704	公	76	관	
견		慶	319	溪	488	藁	723	共	79	串	9
堅	180	敬	372	界	552	袴	745	功	105	冠	83
肩	331	敬	372	癸	566	賈	793	孔	218	官	225
牽	525	景	392	稽	608	錮	858	工	257	寬	234
犬	526	更	398	系	633	雇	884	恐	302	寬	238
甄	546	梗	423	繼	643	顧	907	恭	304	慣	318
絹	642	瓊	543	繼	653	饈	914	拱	343	棺	427
繭	653	痙	562	繫	653	高	924	控	351	款	444

盔	472	壞	188	구		苟	704	窟	613	귀
灌	502	壤	189	丘	7	衢	742	궁		歸	263
管	623	怪	300	久	11	謳	777	宮	229	歸	449
罐	655	愧	315	九	13	購	796	弓	279	飯	571
舘	695	拐	339	仇	25	驅	807	窮	614	飯	690
莞	709	槐	433	俱	46	邱	838	躬	807	貴	790
观	752	魁	928	具	80	鉤	853	권		鬼	928
觀	754	괵		區	117	韭	898	倦	51	龜	954
觀	754	宏	225	区	117	駒	918	券	97	규
貫	789	轟	814	口	135	驅	921	券	107	叫	137
関	867	교		句	136	鳩	934	勸	113	圭	173
關	869	交	21	嘔	162	鷗	939	勸	113	奎	201
館	914	僑	61	垢	177	鼅	948	卷	127	揆	353
괄		喬	160	寇	233	齁	952	圈	168	珪	538
刮	96	嬌	217	懼	325	龜	954	拳	343	硅	588
括	342	巧	258	拘	341	龜	955	捲	348	窺	614
광		憍	320	救	370	국		權	441	糾	633
光	69	攪	365	枸	415	口	165	眷	580	規	752
匡	116	教	369	枢	417	国	168	顴	907	閨	868
壙	189	教	369	構	432	國	169	궐		균
広	270	校	418	欧	443	局	247	厥	129	均	175
廣	276	橋	437	歐	445	掬	352	橛	438	箘	623
曠	397	狡	528	殴	454	菊	709	獗	532	菌	710
狂	527	皎	571	求	461	鞠	896	蹶	806	龜	954
鑛	593	矯	586	溝	488	鞫	896	闕	869	귤
胱	678	絞	641	灸	504	麴	942	궤		橘	437
鑛	863	膠	685	狗	528	麹	943	佹	39	극
괘		較	810	球	539	군		几	87	克	70
卦	125	轎	814	矩	586	君	143	机	408	剋	99
掛	350	郊	838	究	611	群	659	櫃	440	劇	103
罫	656	鉸	853	窘	613	軍	808	潰	498	戟	328
괴		餃	912	耉	664	郡	839	詭	764	棘	426
乖	12	驕	921	舅	692	굴		跪	803	極	430
傀	56	鮫	952	臼	692	屈	247	軌	808	隙	880
塊	182			舊	693	掘	349				

근				기		耆	664	捃	348	노		단	
僅	60	企	30	羈	752	捏	353	努	107	丹	9
勤	112	其	79	記	759	남		奴	205	但	34
斤	376	冀	81	譏	778	南	123	怒	298	単	124
根	419	嗜	161	豈	783	男	551	駑	918	單	160
權	434	器	163	起	799	납		농		団	167
筋	621	基	179	踦	804	納	635	濃	499	團	171
謹	777	奇	200	飢	910	衲	743	膿	687	壇	188
近	818	妓	207	饑	915	낭		農	817	斷	377
금		寄	232	騎	919	囊	164	뇌		断	378
今	25	岐	251	騏	920	娘	213	惱	307	旦	383
檎	439	己	259	驥	922	廊	274	悩	311	檀	439
琴	541	幾	269	麒	941	내		腦	682	段	453
禁	597	忌	295	긴		乃	11	뇨		短	586
禽	600	技	334	緊	646	內	73	尿	246	端	617
衾	744	旗	381	길		奈	201	撓	358	蛋	730
衿	744	既	382	吉	140	柰	417	鬧	926	鍛	859
襟	750	旣	382	김		耐	665	눌		달	
金	849	期	405	金	849	녀		訥	760	撻	360
錦	857	杞	410	끽		女	204	뉴		疸	560
급		棄	424	喫	160	년		紐	635	達	830
及	132	棋	425	나		年	267	능		韃	897
圾	174	基	425	懦	324	撚	359	能	678	담	
急	299	機	438	拏	339	녈		니		憺	322
扱	333	欺	444	拿	344	涅	478	你	33	担	338
汲	463	气	458	挐	345	념		尼	246	擔	362
級	636	氣	459	那	837	念	297	泥	471	曇	396
給	641	汽	464	낙		拈	339	닉		淡	481
긍		畸	556	諾	774	捻	348	匿	117	潭	497
亘	19	畿	557	난		녕		溺	489	痰	562
亙	19	碁	590	暖	394	寧	234	다		膽	686
兢	72	祈	594	煖	511	寗	236	多	194	談	770
矜	584	紀	633	難	886	甯	237	茶	706	譚	778
肯	674	綺	645	날				茶	707	답	
		羇	658	捏	347					畓	552

答	621	댁	跳	803	動	109	登	566	람		
踏	804	宅	223	蹈	805	同	140	等	620	濫	500
遝	831	덕		逃	821	憧	321	籐	627	藍	723
당		德	293	途	823	東	411	藤	724	檻	750
党	72	悳	308	道	829	桐	421	膽	775	覽	754
唐	154	도		都	840	棟	426	騰	920	랍	
堂	179	倒	48	鍍	858	洞	473	라		拉	339
塘	184	刀	90	陶	877	瞳	583	剌	98	蠟	736
当	244	到	96	독		童	617	懶	324	랑	
幢	266	図	167	毒	456	胴	678	癩	566	朗	403
当	284	圖	171	瀆	501	董	716	羅	657	浪	476
撞	359	堵	182	犢	526	銅	854	裸	748	狼	529
溏	487	塗	183	独	529	두		躶	807	螂	733
當	556	導	242	獨	532	兜	72	락		郞	838
糖	632	屠	249	督	581	斗	375	樂	434	郎	839
螳	734	島	253	禿	601	杜	410	洛	473	래	
蟷	735	度	272	篤	626	痘	561	烙	507	耒	8
饐	914	徒	289	讀	769	荳	708	絡	641	來	39
黨	947	悼	308	讀	780	蠹	737	落	714	来	411
대		挑	345	黷	947	讀	769	落	714	秂	665
代	27	搗	356	돈		讀	780	酪	843	萊	712
垈	177	桃	420	噸	163	豆	783	駱	919	랭	
大	195	棹	427	敦	371	頭	903	란		冷	85
対	239	櫂	440	沌	464	塢	934	乱	14	략	
對	242	淘	481	豘	545	둔		亂	15	掠	350
帯	264	渡	484	豚	784	屯	250	卵	127	略	554
待	288	滔	491	頓	902	臀	687	欄	441	량	
戴	330	濤	500	돌		遁	827	爛	517	両	8
擡	362	盜	573	埃	180	鈍	851	乱	694	亮	23
汏	462	睹	582	突	612	득		蘭	725	俩	47
臺	691	禱	600	동		得	289	闌	869	兩	74
袋	744	稻	607	仝	27	등		랄		凉	85
貸	791	綯	649	働	60	滕	491	剌	99	冽	90
隊	879	萄	712	冬	84	灯	503	喇	157	梁	422
		賭	796	凍	86	燈	514	辣	815	涼	480

량~리 [부록2] 字音 索引

粮	630	攣	365	**례**		**롱**		褸	749	肋	672
粱	631	煉	510	例	40	蘢	189	鏤	861	鰳	932
糧	632	練	649	礼	593	弄	277	陋	873	**름**	
良	698	聯	668	禮	599	朧	406	鱸	932	凛	86
諒	771	蓮	719	隸	882	瓏	543	**류**		凜	87
輬	811	輦	811	**로**		籠	627	刘	94	**릉**	
量	849	連	825	劳	107	聾	671	劉	104	凌	86
려		鍊	858	勞	111	**뢰**		柳	417	楞	430
侶	42	**렬**		撈	358	儡	65	榴	431	稜	606
儷	66	列	93	擄	361	耒	665	流	475	綾	645
励	107	劣	106	櫓	441	賂	792	溜	488	菱	712
勵	113	烈	506	炉	504	賴	796	琉	539	陵	876
厉	128	裂	745	爐	517	雷	888	瑠	542	**리**	
呂	147	鴷	936	牢	524	頼	904	留	553	利	95
慮	319	**렴**		盧	575	**료**		硫	589	厘	128
戾	330	廉	274	窂	612	了	15	謬	776	吏	142
旅	380	斂	373	老	663	僚	61	類	906	哩	153
濾	501	殮	452	蘆	725	撩	359	**륙**		簾	217
犁	526	簾	626	虜	728	料	375	六	78	履	249
臀	684	**렵**		路	803	療	565	戮	329	李	409
閭	868	猎	530	鑪	863	瞭	583	陸	877	梨	423
驢	922	獵	533	露	890	遼	835	**륜**		欐	442
鴬	937	獦	534	魯	930	**룡**		倫	51	浬	476
麗	941	**령**		鱸	933	竜	615	崙	254	犂	526
黎	945	令	28	鷺	939	龍	953	輪	811	理	540
력		囹	168	鹵	939	**루**		**률**		璃	542
力	104	嶺	255	**록**		塁	189	律	288	厘	546
暦	396	灵	504	祿	597	屢	249	慄	316	痢	562
歷	449	玲	537	綠	643	僂	275	栗	418	离	600
轢	814	鈴	852	錄	856	楼	431	率	535	罹	618
靂	891	零	888	鹿	940	樓	434	**륭**		糎	632
련		靈	892	麓	941	淚	481	隆	878	罹	657
恋	301	領	902	**론**		漏	493	隆	878	裡	746
憐	321	齡	952	論	771	累	638	**륵**		裏	746
戀	325					縷	651	勒	109	貍	786

里	847	莫	709	網	644	萌	712	冒	82	夢	195
鯉	849	**만**		罔	655	甍	947	募	111	曚	397
離	886	万	2	芒	700	**멱**		帽	264	朦	405
鯉	931	卍	121	茫	706	冪	84	幎	264	梦	423
린		娩	213	邙	837	覓	753	慕	317	曚	584
燐	515	彎	283	**매**		鼏	949	摸	358	蒙	717
躪	807	慢	318	勱	113	**면**		暮	395	**묘**	
鄰	841	埋	346	埋	178	免	70	某	415	卯	125
隣	881	晚	390	売	191	冕	83	模	436	墓	186
鱗	933	滿	487	妹	208	勉	109	母	455	妙	207
麟	942	滿	492	媒	215	棉	425	毛	457	廟	275
림		漫	495	寐	233	眠	579	牟	523	描	353
林	413	灣	502	昧	388	綿	645	牡	524	杳	412
淋	480	瞞	583	枚	413	緜	647	貌	545	猫	530
痲	563	萬	713	梅	422	面	894	眸	580	蚨	552
臨	689	蔓	719	每	455	麪	942	矛	584	畝	553
霖	890	蠻	737	煤	511	麵	943	秅	615	苗	703
립		謾	777	昧	579	**멸**		耗	629	貓	786
立	615	鞔	810	罵	657	滅	490	耗	666	錨	858
笠	619	饅	914	買	791	蔑	719	茅	706	**무**	
粒	629	鰻	932	賣	795	**명**		謀	774	務	110
마		**말**		邁	836	冥	83	謨	776	巫	258
摩	357	抹	337	魅	929	名	141	貌	786	戊	326
痲	563	末	407	**맥**		命	149	**목**		拇	338
碼	591	沫	466	麦	192	明	385	木	406	撫	359
磨	592	襪	750	脉	678	暝	394	沐	465	无	382
馬	917	靺	895	脈	679	皿	572	牧	524	武	448
魔	929	**망**		貊	786	瞑	582	目	576	母	455
麻	943	望	404	麥	942	銘	854	睦	582	無	508
麼	943	亡	20	麦	942	鳴	935	穆	609	蚨	552
막		妄	206	**맹**		**예**		**몰**		畝	553
寞	234	忙	296	孟	220	袂	744	歿	450	姆	677
幕	265	忘	296	猛	529	**모**		沒	465	舞	695
漠	494	惘	309	盟	574	侮	41	**몽**		茂	705
膜	685	望	404	盲	576	冒	82	梦	194	蕪	721

誣 768	민	攀 364	彷 286	輩 811	범	法 469
貿 792	悶 308	斑 375	徬 292	配 842		珐 541
霧 890	懣 317	槃 432	房 331	陪 875		벽
鵡 935	憫 322	渤 490	放 367	백	法 469	僻 63
鶩 937	敏 370	班 539	方 379	伯 32		劈 103
묵	民 458	畔 552	旁 380	帛 262		壁 188
墨 187	瘖 563	盤 575	榜 431	柏 415		甓 546
默 946	閔 867	磐 592	膀 522	苩 545		癖 565
문	밀	絆 640	紡 637	白 568		碧 591
刎 93	密 232	般 696	肪 674	百 569		闢 870
吻 146	蜜 732	蟠 735	膀 684	竡 617		霹 891
問 155	박	返 819	舫 696	粕 630		변
文 374	剝 101	頒 902	芳 702	魄 929		便 42
紊 635	博 124	飯 911	蚌 729	번		卞 125
紋 635	拍 339	발	螃 733	煩 512		變 781
聞 668	搏 355	勃 108	訪 760	番 554		辨 815
蚊 729	撲 360	拔 340	謗 775	繁 651		辯 816
門 864	朴 408	撥 359	邦 837	翻 662		辺 817
물	泊 468	浡 475	防 871	蕃 720		邊 836
勿 114	珀 537	渤 484	魴 930	飜 910		采 846
物 524	箔 623	潑 496	배	벌		별
미	縛 649	発 566	俳 46	伐 31		別 95
味 148	膊 684	發 567	倍 48	筏 621		别 95
媚 215	舶 696	跋 801	北 115	罰 656		瞥 583
尾 246	薄 721	醱 846	培 179	閥 867		驚 933
彌 283	迫 819	鉢 853	徘 290	범		鼈 948
微 292	鉑 852	髮 925	拜 342	凡 87		병
未 406	雹 888	魃 929	排 349	帆 261		丙 7
眉 578	駁 918	방	杯 411	梵 424		並 8
米 628	반	倣 50	盃 572	氾 461		併 38
美 658	伴 33	傍 56	肧 674	汎 461		并 47
薇 721	半 121	坊 175	背 676	犯 527		兵 79
迷 820	反 132	妨 208	胚 677	範 624		屏 249
麋 894	叛 134	尨 245	裵 747	范 706		幷 268
	搬 356	幇 265	賠 794			

柄	415	輻	812	府	271	噴	163	婢	214	牝	523
炳	505	馥	916	復	291	墳	187	庇	270	貧	788
瓶	545	鰒	932	扶	333	奔	202	悲	307	賓	793
病	561	본		敷	372	奮	204	扉	332	頻	904
秉	602	本	407	斧	377	忿	298	批	333	빙	
竝	616	봉		浮	476	憤	321	毗	456	冰	84
餅	912	俸	47	父	519	扮	333	比	456	憑	321
餠	914	夆	192	付	594	焚	508	毘	457	氷	460
보		奉	201	符	619	盆	545	沸	466	聘	668
保	44	封	239	簿	627	盆	572	琵	541	사	
堡	181	峯	252	缶	654	氛	615	碑	590	事	16
報	181	峰	253	腐	682	粉	629	祕	594	些	19
宝	227	捧	347	腑	682	糞	632	秘	603	仕	26
寶	238	棒	425	膚	685	紛	637	秕	603	似	34
普	391	烽	507	芙	700	雰	887	粃	629	使	39
步	447	絳	643	覆	751	불		翡	662	史	138
歩	448	縫	650	覆	752	不	5	肥	674	司	138
菩	711	蓬	719	訃	757	佛	36	脾	681	唆	154
補	746	蜂	731	負	787	弗	280	臂	687	嗣	161
褓	749	逢	825	賦	794	彿	287	禆	747	四	165
譜	778	鋒	856	賻	796	拂	338	誹	769	士	190
輔	810	鳳	934	赴	799	沸	466	譬	779	奢	203
복		부		趺	801	붕		費	791	娑	212
伏	31	不	5	跗	802	崩	254	轡	814	寫	224
僕	61	付	27	部	839	朋	402	鄙	840	写	237
匐	115	俯	46	釜	850	棚	426	非	893	寺	239
卜	124	傅	56	鈇	851	硼	590	飛	909	射	240
復	291	剖	100	阜	870	鵬	937	髀	923	巳	259
服	403	副	101	附	872	비		鼻	950	祀	260
福	598	否	144	鳬	934	備	57	빈		師	261
福	599	咐	150	북		匕	115	嬪	217	師	263
腹	683	夫	198	北	115	匪	117	彬	285	徙	290
複	748	婦	214	분		卑	121	殯	452	思	299
覆	751	孵	222	体	36	妃	206	濱	501	捨	348
覆	752	富	233	分	91	妣	207	瀕	502	斜	376

斯	377	삭		像	60	索	637	奭	204	鮮	931
査	416	削	99	償	65	色	699	席	263	설	
梭	423	朔	403	商	155	생		惜	310	卨	125
槎	433	索	637	喪	159	牲	525	昔	387	囓	164
死	450	산		嘗	162	生	547	晢	392	屑	248
沙	465	傘	56	孀	217	甥	549	析	413	楔	429
瀉	501	山	250	尙	244	省	578	汐	461	泄	468
獅	531	散	371	峠	252	笙	619	潟	497	洩	473
砂	587	珊	537	常	264	서		石	587	渫	485
社	593	産	548	床	270	壻	191	碩	591	舌	694
社	594	算	623	想	311	婿	215	釋	847	薛	722
祀	594	酸	844	桑	421	嶼	255	释	847	設	761
祠	596	霰	890	爽	520	序	270	錫	857	說	768
私	601	살		牀	521	庶	273	선		雪	887
秒	629	撒	359	狀	527	徐	289	仙	27	齧	952
糸	633	殺	453	甞	547	恕	302	先	69	섬	
紗	636	殺	453	相	577	抒	335	善	157	殲	452
絲	642	煞	511	祥	596	紓	369	宣	228	纖	654
舍	694	薩	722	箱	624	暑	393	扇	331	纎	654
辭	694	삼		翔	661	曙	396	旋	380	蟾	736
蛇	730	三	2	裳	747	書	399	煽	512	閃	864
裟	747	森	426	詳	765	棲	427	璇	542	陝	874
詐	762	滲	492	象	784	瑞	542	璿	543	섭	
詞	763	芟	701	象	785	緖	646	癬	566	攝	364
謝	776	蔘	719	賞	794	署	656	禪	599	涉	479
賜	794	衫	743	霜	890	胥	678	線	646	燮	516
赦	798	삽		驤	928	舒	694	繕	652	성	
踳	805	卅	120	새		薯	723	羨	659	城	178
辭	815	挿	346	塞	184	西	750	腺	684	声	191
辭	815	插	353	塞	188	誓	766	膳	686	姓	210
邪	837	澁	484	璽	543	逝	824	船	697	性	300
食	910	澀	498	색		黍	944	蟬	735	惺	312
飼	911	상		嗇	161	鼠	949	選	834	成	327
麝	941	上	4	穡	163	석		銑	854	星	387
		傷	59	塞	184	夕	193	饍	915	晟	391

字	쪽	字	쪽	字	쪽	字	쪽	字	쪽	字	쪽
殼	453	溯	489	솔		愁	312	酬	843	馴	918
盛	573	瀟	502	率	535	戌	326	銖	854	술	
省	578	燒	515	송		手	332	隋	879	戌	326
聖	667	甦	549	宋	224	搜	347	隨	881	術	740
聖	667	疏	558	悚	305	授	349	雖	885	述	820
聲	669	瘙	564	松	412	搜	356	錐	885	숭	
誠	768	笑	619	訟	760	收	366	需	889	崇	253
醒	845	簫	626	誦	768	數	372	須	901	菘	710
세		素	637	送	821	數	373	首	915	슬	
世	6	紹	639	頌	901	樹	436	髓	924	瑟	542
卋	8	蔬	720	쇄		殊	451	鬚	926	膝	685
勢	112	蕭	721	刷	97	水	459	숙		滕	687
巵	121	蘇	725	曬	397	洙	472	叔	133	蝨	733
歲	448	訴	761	殺	453	漱	495	塾	185	습	
洗	472	逍	822	殺	453	燧	516	孰	222	拾	343
稅	605	遡	832	灑	502	狩	528	宿	231	溼	489
細	638	銷	855	瑣	542	獸	534	淑	480	濕	499
說	768	霄	889	碎	590	瘦	564	熟	513	習	661
貰	790	騷	920	鎖	860	睡	581	肅	671	褶	749
소		속		鎖	860	秀	601	肅	671	襲	750
召	137	俗	43	쇠		穗	609	菽	712	隰	882
唉	150	屬	249	衰	743	粹	631	순		승	
塑	183	屬	250	수		繡	652	巡	256	丞	7
宵	230	束	411	修	45	羞	659	循	292	乘	12
小	243	粟	630	收	132	羹	664	旬	384	乘	12
少	243	續	643	受	134	腹	684	殉	451	僧	62
巢	256	續	654	嗽	161	蒐	717	淳	482	勝	110
巢	256	贖	797	囚	165	虽	729	盾	578	升	120
所	331	速	824	垂	177	袖	745	瞬	583	吶	147
掃	348	손		壽	192	襚	750	筍	621	承	334
搔	356	孫	221	嫂	216	誰	769	純	635	昇	385
昭	389	巽	260	守	223	讎	781	唇	680	姅	615
梳	424	損	355	宿	231	讐	781	舜	695	繩	649
沼	467	遜	831	寿	239	輸	812	醇	844	繼	652
消	478			帥	262	遂	827	順	900	蠅	736

승~양

陞 874	湜 487	心 294	(악)	罌 255	腋 682
(시)	熄 512	沈 464	堊 180	巖 255	阨 870
侍 40	蝕 732	深 482	岳 252	庵 273	額 905
匙 116	識 778	甚 547	嶽 255	暗 394	(앵)
埘 183	食 910	(십)	惡 307	癌 565	桜 421
始 209	飾 911	什 24	惡 310	諳 773	櫻 441
媤 216	(신)	十 118	愕 313	闇 868	鶯 937
尸 245	伸 33	卅 121	握 354	(압)	(야)
屎 248	信 45	拾 343	樂 434	圧 173	也 14
屍 248	呻 148	阰 545	腭 683	壓 188	冶 85
市 261	娠 213	竝 615	顎 905	押 337	夜 194
弑 278	愼 315	料 629	鰐 932	鴨 936	惹 312
施 379	新 378	辻 817	鱷 933	(앙)	揶 355
時 389	晨 391	(쌍)	鴉 937	仰 29	椰 428
是 389	申 551	双 132	齷 953	央 199	耶 666
柿 415	神 595	雙 885	齷 953	怏 298	若 704
枾 415	紳 638	(씨)	(안)	昂 384	野 848
杮 415	腎 682	氏 458	安 224	殃 451	(약)
柴 417	臣 688	(아)	岸 252	秧 604	弱 281
猜 530	薪 722	亜 20	按 345	鴦 936	約 634
矢 585	蜃 731	亞 20	案 420	(애)	若 704
示 593	訊 758	俄 43	眼 580	哀 151	藥 724
視 753	身 807	兒 71	雁 883	埃 177	蕴 737
試 763	辛 815	児 71	鞍 896	崖 254	躍 806
詩 764	辰 816	啞 156	顔 905	愛 314	龠 955
諡 772	迅 818	我 327	鳫 934	曖 396	(양)
豕 784	(실)	牙 522	鴈 935	涯 479	壤 190
鳲 934	失 199	痾 563	(알)	碍 590	孃 217
(식)	実 227	芽 703	斡 376	礙 593	揚 354
媳 216	室 228	蛾 731	謁 774	艾 700	楊 429
式 278	實 235	衙 741	軋 808	隘 880	様 433
息 304	悉 305	訝 760	鶻 936	(액)	樣 436
拭 343	(심)	阿 871	(암)	厄 128	洋 472
植 427	審 237	雅 883	岩 251	掖 349	痒 561
殖 452	尋 242	餓 913	巖 255	液 479	癢 566

芊	658	醃	844	然	509	葉	715	豫	785	蘊	725
羊	658	**업**		煙	511	**영**		銳	855	**옹**	
讓	782	業	430	燃	514	詠	150	預	901	甕	188
釀	846	**여**		燕	515	營	161	**오**		擁	360
陽	878	与	6	研	587	塋	183	五	18	甕	546
養	912	予	15	研	589	嬰	217	伍	31	翁	660
어		余	36	硯	590	影	286	傲	57	**와**	
圄	168	與	81	筵	622	映	387	午	120	渦	485
御	291	如	206	緣	647	暎	393	吳	145	瓦	544
於	379	汝	462	臙	687	榮	431	吾	146	臥	688
漁	493	與	692	衍	739	永	460	嗚	161	蛙	730
瘀	563	興	813	軟	809	泳	472	奧	203	蝸	733
禦	599	餘	913	鉛	852	營	515	奧	203	訛	759
語	767	**역**		鳶	935	盈	572	娛	213	譌	777
魚	930	亦	22	鶯	937	穎	609	寤	235	**완**	
억		域	178	**열**		英	705	悟	306	婉	214
億	64	役	286	咽	151	詠	763	懊	318	完	227
憶	322	易	386	悅	304	迎	818	懊	324	宛	227
抑	335	疫	559	熱	513	**예**		梧	423	玩	537
臆	687	訳	761	說	768	叡	135	汚	462	緩	648
언		譯	779	閱	868	睿	375	澳	499	腕	682
堰	182	**역**		**염**		曳	398	烏	506	莞	709
彦	285	逆	822	厭	130	樂	438	誤	768	頑	902
焉	508	駅	918	塩	185	洩	473	鰲	921	**왈**	
言	757	驛	922	染	416	睿	582	鼇	932	曰	397
諺	774	**연**		炎	504	穢	610	鼇	948	**왕**	
얼		咽	151	焰	509	艾	700	**옥**		往	287
孼	223	姸	212	艷	699	蕊	720	屋	248	旺	384
엄		娟	213	閻	868	薉	722	沃	464	王	536
儼	66	宴	230	髯	904	藝	724	獄	532	**왜**	
嚴	130	延	276	髻	925	裔	746	玉	536	倭	51
嚴	164	捐	347	壚	940	詣	763	**온**		媧	216
广	270	沿	467	鹽	940	譽	765	温	485	歪	448
掩	352	淵	482	**엽**		譽	780	溫	489	矮	586
嚴	373	演	494	燁	514			穩	610	翺	948

외					
外 193	용	隅 878	猿 531	魏 929	遊 827
畏 552	傭 57	雨 886	苑 703	유	遺 834
요	勇 108	麟 953	員 787	乳 14	酉 841
僥 61	容 230	욱	遠 832	俞 45	釉 847
凹 89	庸 274	旭 384	阮 871	儒 65	鍮 859
堯 181	湧 487	昱 389	院 874	兪 75	육
夭 198	溶 489	郁 838	願 906	唯 154	月 672
妖 207	熔 513	운	駕 935	喩 159	肉 672
拗 340	用 549	云 17	월	嫗 215	育 675
搖 356	茸 707	殞 452	月 401	宥 228	윤
擾 364	踊 804	煇 510	越 800	幼 269	允 66
曜 397	鎔 859	運 828	위	幽 269	尹 245
樂 434	鏞 860	隕 880	位 34	悠 306	潤 497
殀 450	우	雲 887	偉 52	惟 310	胤 677
瑤 542	于 17	韻 899	僞 55	愈 313	閏 865
窈 612	佑 35	울	僞 61	攸 366	율
窯 614	偶 55	欝 442	危 126	有 402	聿 671
耀 663	優 65	鬱 927	囲 167	柔 416	鷸 933
腰 683	又 131	웅	圍 170	油 467	융
要 751	友 132	熊 513	委 210	游 486	戎 326
要 751	右 138	雄 883	威 212	猶 531	融 734
訐 760	宇 223	원	尉 241	由 550	은
謠 776	寓 234	元 67	慰 319	瘉 564	恩 303
遙 831	尤 245	円 81	威 328	瘐 564	檃 440
邀 835	愚 314	冤 83	爲 519	癒 565	殷 453
饒 915	憂 320	原 129	痿 563	内 600	銀 853
鷂 936	牛 523	員 152	緯 648	維 644	隱 882
욕	玗 537	園 170	胃 675	蝚 732	齗 952
慾 320	祐 594	圓 170	萎 713	蝓 732	을
欲 443	禹 600	圓 170	蝟 732	蠕 736	乙 12
浴 477	羽 660	媛 215	衛 741	裕 746	釔 934
蓐 718	虞 728	寃 232	衞 741	誘 767	음
褥 749	迂 817	怨 300	謂 775	諭 773	吟 144
辱 816	遇 827	援 355	違 830	踰 804	姪 215
	郵 839	源 487	韋 897	蹂 805	淫 482

蔭	720	以	28	印	126	자		酢	843	椿	434
陰	876	伊	30	咽	151	仔	26	醋	845	樟	435
音	898	夷	200	因	166	刺	98	雀	883	檣	440
飮	911	姨	211	姻	212	姉	209	鵲	937	欌	442
읍		尒	244	寅	232	姊	209	잔		漿	496
揖	353	已	259	引	279	姿	212	棧	426	牆	521
泣	470	弛	280	忍	295	子	218	殘	452	狀	527
邑	837	彛	284	湮	487	字	219	残	452	奬	532
응		彝	284	認	766	恣	302	盞	574	章	616
凝	87	怡	299	靭	895	慈	316	잠		粧	630
応	296	易	386	靷	895	滋	490	暫	395	腸	683
應	323	爾	520	朝	897	炙	505	潛	496	膓	685
膺	686	異	553	일		煮	510	潜	502	臟	688
鷹	939	异	555	一	1	玆	535	箴	624	牆	697
의		痍	561	壹	191	玼	537	蠶	737	莊	709
依	41	移	604	壱	191	瓷	545	蚕	737	葬	716
倚	49	而	665	日	382	疵	559	잡		薔	722
儀	63	耳	666	溢	488	磁	591	雜	884	藏	723
医	117	匜	688	逸	826	紫	638	雑	885	蔣	725
宜	227	茸	707	임		者	664	장		裝	747
意	313	貳	790	任	30	自	689	丈	2	贓	797
擬	363	頤	903	壬	190	藉	723	仗	26	醬	846
椅	427	餌	913	妊	207	諮	773	匠	116	長	863
歪	448	익		姙	210	資	793	場	182	障	880
毅	454	弋	278	衽	744	雌	884	塲	185	재	
疑	558	益	572	賃	792	髭	925	墙	187	再	82
矣	585	益	573	입		작		壮	191	哉	152
義	660	翊	661	入	72	作	37	壯	191	在	173
蟻	736	翌	661	廾	120	斫	377	奨	204	宰	229
衣	742	翼	663	叺	139	昨	388	将	240	哉	328
誼	769	인		甘	277	灼	504	將	240	才	332
議	779	人	23	込	817	炸	506	帳	263	斎	375
醫	845	仁	24	잉		爵	519	張	281	材	409
이		刃	90	剩	102	芍	700	掌	349	栽	420
二	16	刄	90	孕	219	酌	841	杖	410	滓	491

災	504	滴	492	磚	592	蝶	733	鉦	853	弔	279
裁	745	炙	505	箋	622	**정**		錠	857	彫	285
財	787	的	570	箭	624	丁	1	靖	893	懆	323
載	810	積	609	篆	625	井	19	靜	893	措	352
齋	951	笛	619	詮	764	亭	23	頂	900	操	361
齎	951	籍	627	輾	812	停	54	鼎	948	早	383
쟁		績	651	轉	813	偵	55	**제**		曹	400
爭	518	賊	793	銓	854	淨	86	制	96	朝	404
箏	622	赤	797	錢	857	呈	145	劑	104	条	411
諍	771	跡	802	電	888	定	226	堤	181	條	423
저		蹟	805	顚	906	幀	265	帝	262	棗	425
低	35	迪	819	顫	906	庭	273	弟	280	槽	433
底	271	迹	820	餞	913	廷	276	悌	305	漕	494
抵	337	適	832	**절**		征	287	提	353	潮	497
楮	441	鏑	932	切	92	情	308	斉	374	照	512
沮	466	**전**		截	329	挺	346	梯	424	燥	516
狙	528	伝	32	折	336	政	368	濟	500	爪	518
猪	530	傳	58	窃	612	整	373	祭	597	眺	580
箸	624	全	74	竊	614	旌	381	第	620	祖	595
紵	639	典	80	節	624	晶	392	臍	687	租	603
苧	704	前	100	絶	640	正	446	製	748	窕	613
著	715	剪	101	**점**		汀	461	諸	773	粗	629
葅	715	塡	184	占	125	淨	481	蹄	805	糟	632
觝	756	塼	185	夨	201	町	552	除	875	組	639
豬	785	奠	203	店	271	睛	581	隄	878	絛	642
貯	790	專	241	拈	339	碇	590	際	880	肇	671
這	823	展	248	漸	496	程	605	霽	891	藻	725
邸	838	廛	275	点	506	穽	612	題	905	蚤	729
齟	952	悛	306	粘	630	精	631	齊	950	詔	762
적		戰	329	霑	889	艇	697	齋	951	調	770
吊	140	栓	418	黏	945	訂	757	**조**		趙	800
嫡	217	殿	454	點	946	証	762	兆	68	跳	803
寂	231	澱	498	**접**		貞	787	凋	86	躁	806
摘	357	煎	510	接	351	鄭	841	助	106	造	824
敵	372	田	550	椄	427	釘	850	嘲	163	遭	833

釣	851	痤	562	죽		汁	461	湛	711	질	
阻	871	죄		竹	618	증		蜘	732	叱	138
鳥	933	罪	655	粥	630	增	186	誌	765	姪	211
鼂	948	주		鬻	928	憎	320	識	778	嫉	216
족		主	10	준		曾	400	遲	833	帙	262
族	381	住	35	俊	43	烝	507	遅	833	桎	421
簇	626	做	53	儁	64	甑	546	직		疾	560
足	801	胄	82	准	85	症	560	直	576	秩	604
존		厨	130	準	86	蒸	717	稷	607	窒	613
存	220	周	147	埈	178	証	762	織	651	膣	686
尊	241	呪	147	峻	253	證	777	職	670	蛭	734
졸		喘	161	樽	437	贈	797	진		貭	790
卒	122	奏	202	浚	475	지		眞	81	質	795
拙	341	宙	226	準	488	之	11	嗔	161	跌	802
猝	530	州	256	濬	501	只	136	塵	185	迭	820
종		廚	275	竣	617	叱	150	尽	246	짐	
宗	225	晝	391	蠢	736	地	174	振	346	斟	376
從	290	朱	408	遵	834	址	175	晋	390	朕	403
慫	319	柱	417	駿	919	志	296	晉	390	집	
種	607	株	419	중		指	344	津	473	什	24
終	639	注	471	中	8	持	344	珍	538	執	179
綜	643	洲	474	仲	29	摯	358	疹	560	輯	812
縱	650	珠	538	衆	581	支	365	盡	574	集	884
腫	683	疇	557	象	738	旨	383	眞	579	징	
踵	805	稠	606	重	848	智	392	真	580	徵	293
蹤	806	籌	627	즉		枝	414	瞋	582	懲	324
鍾	859	胄	676	則	98	止	446	秦	603	澄	498
鐘	861	舟	695	即	126	池	463	診	761	차	
騣	927	註	762	卽	127	知	585	辰	816	且	6
좌		走	799	即	127	祉	594	進	826	借	49
佐	35	躊	806	즐		紙	636	鎭	860	叉	131
坐	176	週	826	櫛	429	肢	674	陣	874	差	258
左	257	酒	842	楖	441	脂	679	陳	876	次	443
座	272	鑄	862	즙		至	691	震	889	此	447
挫	345	駐	918	楫	430	芝	700			茶	706

茶	707	懺	325	**책**		阡	545	帖	262	椒	428
蹉	805	斬	377	冊	81	穿	612	捷	348	楚	429
車	808	站	616	册	82	扦	615	堞	522	樵	436
遮	833	讒	781	柵	417	籵	629	疊	557	焦	509
착		讖	782	策	622	薦	722	褶	749	硝	589
捉	346	**창**		責	789	賤	795	諜	772	礁	592
搾	357	倉	47	**처**		踐	803	貼	791	礎	592
着	581	倡	50	凄	85	踐	804	**청**		秒	603
著	715	創	102	処	88	遷	834	淸	85	肖	673
錯	858	唱	154	妻	208	闡	869	庁	270	艸	700
鑿	863	娼	213	悽	308	阡	870	廳	276	草	707
齪	952	廠	275	凄	480	韆	897	晴	392	蕉	720
찬		彰	286	處	727	**철**		淸	483	超	800
撰	360	愴	315	**척**		凸	88	清	483	酢	843
燦	516	昌	385	剔	100	哲	153	聽	670	醋	845
璨	542	暢	394	呎	147	喆	157	請	771	醮	846
瓚	543	槍	432	尺	246	徹	293	靑	892	鈔	852
簒	625	滄	490	戚	328	撤	359	青	893	**촉**	
纂	653	猖	529	拓	340	澈	498	**체**		促	43
讃	782	瘡	564	擲	363	綴	645	体	36	嘱	162
贊	797	窓	613	斥	377	轍	814	切	92	囑	164
鑽	863	脹	681	滌	491	鉄	852	替	400	燭	516
饌	914	艙	697	瘠	564	鐵	861	涕	479	爥	518
찰		菖	710	脊	680	**첨**		滯	491	蠋	584
刹	97	蒼	718	躑	806	僉	60	締	647	蜀	731
察	235	**채**		陟	874	尖	244	諦	772	觸	756
擦	362	債	59	隻	883	檐	439	體	807	触	756
札	408	寨	237	**천**		沾	467	逮	825	**촌**	
참		彩	285	千	119	添	483	遞	831	吋	140
僭	62	採	350	喘	158	瞻	583	體	924	寸	238
參	131	菜	710	天	196	簽	626	**초**		村	410
参	131	蔡	719	川	256	籤	628	初	94	**총**	
塹	185	采	847	泉	468	諂	770	哨	153	叢	135
慙	317	釵	851	淺	475	**첩**		抄	334	塚	184
慘	317			浅	483	妾	209	招	341	寵	238

忽	301	雛	885	贅	796	治	467	(칭)		(탄)	
悤	307	鰍	896	(취)		熾	514	侈	52	呑	144
摠	357	驟	920	取	133	痔	561	秤	603	嘆	162
総	646	鰌	932	吹	145	痴	563	稱	607	坦	176
總	651	鰍	932	娶	213	癡	566	(쾌)		彈	282
聡	668	麤	942	就	245	稚	606	快	297	弾	282
聰	669	(축)		橇	439	緻	649	獪	533	歎	445
葱	716	丑	6	炊	504	置	656	(타)		灘	502
銃	854	畜	553	翠	661	致	691	他	26	炭	505
(촬)		祝	595	翠	662	雉	884	咤	150	綻	645
撮	360	築	625	聚	668	馳	917	唾	155	誕	766
(최)		縮	650	脆	679	鴟	935	墮	187	(탈)	
啐	156	蓄	718	臭	690	鷦	937	妥	207	奪	203
催	57	蹴	806	趣	800	黹	947	惰	311	脫	681
崔	254	軸	809	醉	843	齒	951	打	333	(탐)	
最	400	逐	823	醉	844	鯔	952	柁	415	探	351
衰	743	(춘)		(측)		(칙)		橢	438	眈	578
(추)		春	388	仄	25	則	98	舵	696	耽	667
墜	186	椿	428	側	54	勅	108	施	696	貪	789
抽	338	(출)		厠	129	(친)		陀	872	(탑)	
推	351	出	89	廁	274	親	753	馱	917	塔	183
椎	428	黜	946	惻	312	(칠)		駝	919	搭	357
槌	432	(충)		昃	385	七	2	鮀	935	榻	432
樞	435	充	68	測	485	漆	493	(탁)		(탕)	
秋	602	充	68	(층)		(침)		卓	122	湯	487
芻	702	冲	84	層	249	侵	42	啄	155	蕩	721
蝥	733	忠	296	(치)		寢	234	托	333	(태)	
趨	801	沖	465	侈	40	寢	235	拓	340	兌	70
追	820	虫	729	値	50	枕	413	棹	427	台	137
酋	841	蟲	735	齒	90	沈	464	濁	499	太	198
醜	845	衝	741	峙	252	浸	478	濯	501	怠	299
鍾	856	衷	744	幟	266	針	850	琢	541	態	316
錐	856	(췌)		恥	303	鍼	859	託	759	殆	451
隹	882	瘁	564	梔	422	(칩)		鐸	862	汰	463
		膵	686	齒	448	蟄	735			泰	471

笞 619	腿 684	板 412	鞭 897	泡 470		品 151
胎 676	褪 749	版 521	騙 920	浦 476		稟 597
苔 703	退 821	瓣 544	**편**	瀑 501		稟 606
跆 801	頹 904	販 789	窆 612	疱 559		**풍**
颱 909	**투**	辦 815	貶 790	砲 587		楓 429
택	偸 55	阪 870	**평**	胞 677		瘋 564
択 336	套 203	**팔**	坪 177	脯 681		諷 773
擇 361	妬 208	八 75	平 267	舖 695		豊 783
沢 466	投 335	叭 137	苹 705	葡 716		風 908
澤 498	透 822	**패**	萍 712	蒲 717		**피**
탱	鬪 926	佩 38	評 762	袍 744		彼 287
撑 358	鬥 926	悖 305	**폐**	褒 749		披 337
撐 358	閗 926	敗 370	幣 266	逋 822		疲 559
樘 437	**특**	浿 478	廢 274	鋪 856		皮 571
터	特 525	牌 522	廢 275	鮑 911		被 745
攄 364	**파**	狽 529	弊 277	餔 913		避 835
토	坡 176	珮 539	癈 565	鮑 930		**필**
兎 71	婆 214	霸 752	肺 675	**폭**		匹 117
兔 72	巴 260	貝 786	蔽 720	幅 265		弼 282
吐 143	把 335	覇 891	閉 865	暴 395		必 295
土 172	播 360	**팽**	陛 873	曝 397		泌 469
討 758	擺 364	彭 285	**포**	瀑 501		畢 553
통	波 470	澎 498	包 114	爆 517		疋 558
慟 317	派 475	烹 507	匍 114	輻 812		筆 620
桶 422	爬 518	膨 686	咆 149	**표**		**핍**
樋 434	琶 541	**편**	哺 154	剽 103		乏 12
洞 473	疤 559	便 42	圃 168	杓 410		逼 827
痛 562	破 588	偏 53	布 261	標 435		**하**
筒 621	罷 657	徧 291	庖 271	漂 493		下 4
統 641	芭 701	扁 331	怖 298	瓢 544		何 36
通 823	跛 802	片 521	抱 337	票 596		夏 192
퇴	頗 902	篇 625	抛 339	表 742		廈 274
堆 180	**판**	編 648	捕 347	豹 786		河 466
推 351	判 94	蝙 732	暴 395	飄 909		瑕 541
槌 432	坂 175	遍 828	曝 397	飇 909		

荷	708	咸	328	海	477	헐		협		壺	191
蝦	733	檻	440	蟹	736	歇	445	俠	45	好	205
賀	792	涵	480	解	756	험		協	122	弧	281
遐	829	緘	646	解	756	嶮	255	夾	200	戶	330
霞	890	呇	692	該	765	險	878	峽	253	扈	332
학		艦	697	諧	772	險	881	挾	346	昊	385
学	221	銜	855	邂	836	驗	920	狹	529	毫	457
學	222	陷	877	鰲	898	驗	921	脅	679	浩	476
瘧	565	鹹	940	骸	923	혁		脇	679	湖	486
虐	727	합		핵		爀	517	陜	874	濠	500
謔	775	合	139	劾	108	赫	798	형		狐	528
鶴	938	盒	573	核	419	革	895	亨	22	瑚	541
鷽	939	蛤	731	행		현		兄	67	琥	541
한		陜	874	倖	49	峴	253	刑	93	瓠	544
寒	233	鴿	936	幸	268	弦	281	型	177	皓	571
恨	303	항		杏	409	懸	325	形	284	糊	631
旱	384	亢	21	行	739	玄	534	泂	468	胡	677
汗	462	姮	211	향		現	539	炯	505	虎	726
漢	495	巷	260	享	22	眩	580	荊	707	號	728
翰	662	恒	301	向	143	絃	639	螢	734	蝴	733
邯	838	抗	336	鄕	840	絢	641	衡	741	護	780
閑	866	港	485	響	899	縣	649	逈	819	豪	785
閒	866	肛	673	饗	915	舷	696	馨	916	鎬	860
限	873	航	695	香	916	衒	740	혜		顥	928
韓	897	行	739	麘	941	賢	790	兮	78	혹	
할		降	873	허		賢	794	彗	284	惑	309
割	102	項	900	墟	187	鉉	852	惠	310	或	328
轄	813	해		虛	727	顯	907	慧	318	酷	843
함		亥	22	虛	727	혈		鞋	896	혼	
函	90	偕	53	許	761	孑	218	호		婚	214
函	90	奚	203	헌		穴	610	乎	11	昏	386
含	144	害	229	憲	322	血	738	互	17	混	482
咸	151	懈	323	獻	531	頁	900	号	138	渾	486
啣	157	楷	431	獻	534	혐		呼	148	魂	928
喊	158	欬	443	軒	809	嫌	216	壕	189		

홀		환		荒	708	효		喙	158	흔	
忽	297	丸	9	遑	829	效	108	毁	454	欣	443
惚	310	喚	158	黃	944	嚆	163	虫	729	痕	561
芴	702	圜	172	黃	944	孝	220	휘		흘	
홍		宦	229	회		效	368	彙	284	迄	818
弘	280	幻	269	会	32	曉	396	徽	294	齕	952
洪	474	患	307	回	166	爻	520	揮	355	흠	
紅	634	換	354	囬	167	肴	675	煇	510	欠	442
虹	729	桓	421	廻	277	酵	843	諱	773	欽	444
鴻	936	歡	446	徊	288	후		輝	811	歆	444
화		煥	511	恢	302	侯	41	麾	943	흡	
化	115	環	543	悔	305	候	49	휴		吸	145
和	149	還	836	懷	324	厚	129	休	31	恰	304
火	503	鐶	862	懐	324	后	142	携	357	洽	474
画	552	활		會	400	吼	146	攜	362	흥	
畫	554	活	474	灰	503	喉	158	攜	365	興	693
畵	556	滑	490	獪	533	嗅	161	烋	506	희	
禍	598	猾	531	繪	652	後	288	虧	729	喜	158
禾	601	豁	783	膾	687	朽	409	흉		囍	164
花	701	闊	869	蛔	730	逅	822	恤	303	姬	211
花	702	황		賄	792	鵂	939	鷸	939	希	261
華	711	况	19	廻	820	훈		兇	68	憙	321
話	764	況	84	繪	933	勳	113	凶	88	戱	329
貨	788	凰	88	획		熏	513	匈	114	戲	330
靴	895	徨	291	劃	103	燻	517	恟	302	熙	510
확		恍	301	獲	363	薰	723	胸	678	熙	513
廓	275	惶	312	獲	533	訓	758	횡		熹	514
擴	363	愰	315	画	552	훤		黑	508	犧	526
攫	365	慌	316	畫	554	喧	159	黑	945	禧	599
確	591	況	468	畵	556	暄	393	黒	945	稀	605
穫	610	煌	510	횡		萱	714			힐	
		皇	570	橫	438	훼				詰	764
						卉	120				

「호+」국어사전」개정 증보판. 어원뿐 아니라 문학적 용례와 어문 정보, 국문학 해설과 생활 상식 등을 수록한 국어사전이다. 한글 맞춤법, 표준어 규정, 외래어 표기법 등을 담았으며, 한자 해설과 한자사전도 덧붙였다. 별책부록으로 최신 외래어사전도 제공한다.

어휘력과 문장력 향상을 위한
한플러스 국어대사전

- 우리말의 근간을 이루는 기초 낱말의 어원을 밝힘.
- 기초 낱말에 복합어를 제시하여 어휘력 향상에 도움을 줌.
- 어렵고 까다로운 한자어의 의미를 쉽게 이해할 수 있도록 한자 새김을 수록
- 낱말과 관련된 역사, 문화, 제도 등에 관한 정보를 참고로 제시
- 현대 국어에서 사용되는 단어를 많이 실음.
- 국어 생활에 필요한 정보와 자료를 부록으로 제공

남영신 지음 | 3,604쪽 | 1도 | 170×245 | 46,000원

30년 강의 노하우가 담긴
「일본어 학습의 스테디셀러」

일본어 초급자도 쉽고 빠르게 찾을 수 있는
「일본어 한자읽기 사전」개정 증보

- 일본어 학습자들이 겪고 있는 일본어 한자읽기에 대한 어려움 해소
- 급변하는 일본 사회에서 변화·생성되고 있는 일본어 한자 단어와 약어(略語)를 추가한 한자읽기 사전
- 일본어 초급자가 일본어 학습에 필요한 한자를 쉽고 빠르게 찾을 수 있도록 한 '찾기 쉬운 일본어 한자읽기 사전'

김영진 지음 | 1,464쪽 | 2도 | 126×180 | 23,000원

www.cyber.co.kr에서 직접 주문하시면 배송이 빠르고 관리가 철저합니다.　　BM 성안당